W0401833

Der Varta-Führer

VARTA

www.varta-guide.de

Hotels & Restaurants in Deutschland

Mehr als 4.300 Betriebe getestet und bewertet.
Mit Reisekarte und den wichtigsten Cityplänen.

2024

…stfildern

…rer GmbH, Marco–Polo–Str. 1, 73760 Ostfildern
…/11 4502–182, Fax: 0711 4502–185, info@varta–guide.de, www.varta–guide.de

Verlag, Vertrieb & Kartografie
MAIRDUMONT GmbH & Co. KG, Marco–Polo–Straße 1, 73760 Ostfildern

Redaktionsleitung
Holger Pirsch, Redaktionsschluss: 7.9.2023

Satz, Cover & Design
PPP Pre Print Partner GmbH & Co. KG, Mauritiuswall 35–39, 50676 Köln
Tel.: 0221 921 555–0, welcome@PPP.eu, www.PPP.eu

Anzeigenmarketing
VARTA–Führer GmbH, Media

Bildnachweis

Titel	© Seezeitlodge Hotel GmbH, Nohfelden-Gonnesweiler
Seite 92/93	© koszivu - stock.adobe.com
Seite 94	© Hotel Talblick
Seite 95	© Natur-Hunde-Hotel Bergfried
Seite 96	© Blickner Alm
Seite 97	© Gut Feuerschwendt
Seite 98	© Hubertus Mountain Refugio
Seite 99	© Landhotel Gabriele
Seite 100	© Seehotel Moldan
Seite 101	© Neumühle Resort & Spa
Seite 102	© Landrefugium Obermüller
Seite 103	© Landhotel Haus Waldeck
Seite 104	© Romantik Alpenhotel Waxenstein
Seite 105	© Käte Müller | Orania Berlin
Seite 106	oben: © Hotel Bornmühle; Hund: © prystai - stock.adobe.com
Seite 107	© Seehotel Heidehof
Seite 108	oben: © Kavaliershaus; Hund: © Przemyslaw Iciak - stock.adobe.com
Seite 109	Hunde: © inkevalentin - stock.adobe.com; unten: © Atlantic Wangerooge
Seite 110	oben: © Hotel Alte Schule; Hund: © lubero - stock.adobe.com
Seite 111	© Landhaus Blumengarten
Seite 112	© Hubertushöhe
Seite 113	© Hotel Duene
Seite 114	© Kitchenkiss Photography

Druck
ppm Fulda GmbH & Co. KG, Frankfurter Str. 8, 36043 Fulda
Gedruckt auf zertifiziertem Papier.

Copyright © 2023 VARTA–Führer GmbH

Nachdruck und elektronische Vervielfältigung, auch auszugsweise, aller enthaltenen Beiträge und Abbildungen ist ohne vorherige schriftliche Zustimmung der Redaktion unzulässig und strafbar, soweit sich aus dem Urheberrechtsgesetz nichts anderes ergibt.
Die Redaktion des Varta–Führers empfiehlt in dieser Ausgabe eine Hotel– und Restaurantauswahl in Deutschland. Die Nichtnennung eines Hauses stellt dabei keine Aussage über dessen Qualität dar. Die Zusammenstellung der Daten erfolgte mit größtmöglicher Sorgfalt. Dennoch können Angaben falsch oder überholt sein, insbesondere bei den Öffnungszeiten und Preisen. Dies bedauern wir und bitten um Mitteilung, können aber keine Haftung übernehmen.

Der Varta-Führer

VARTA

Impressum 2

Reisekarte

Erläuterungen zur Reisekarte 4

Die Reisekarte im Überblick 5

Reisekarte Deutschland 6

Vorwort 71

Hinweise zur Benutzung 73

Varta-Tipps – Unsere Besten 76

Hundefreundliche Hotels in Deutschland 92

Der Varta-Führer

Hotels und Restaurants von Aachen bis Bad Zwischenahn 116

Ortsregister 1194

Erläuterungen zur Reisekarte

Die Reisekarte des **Varta-Führers** zeigt alle Städte und Gemeinden in Deutschland, in denen die Redaktion empfehlenswerte Betriebe gefunden hat, mit roten und blauen Ortspunkten.

Darüber hinaus enthält sie wichtige Orte, die Ihnen die Orientierung erleichtern sollen. Alles Weitere erfahren Sie dann im Datenteil des Buches, in dem die Orte alphabetisch aufgelistet sind. Hinter jedem Ortsnamen finden Sie eine Zahl, gefolgt von einem Buchstaben:

BERLIN 26 B visitberlin.de

Seitenzahl, auf der Sie den Ort im Kartenteil finden zzgl. Buchstabe, der das **Planfeld** innerhalb der Karte bezeichnet.

- Autobahn mit Anschlussstelle | in Bau
- 3 Autobahnanschlussstelle
- Vier- oder mehrspurige Autostraße, ein- oder zweibahnig | in Bau
- Fernverkehrsstraße | in Bau
- Wichtige Hauptstraße | Hauptstraße
- Nebenstraße | Sonstige Straße
- 7 E 4 7 3 Straßennummerierungen
- Eisenbahn | Eisenbahnfähre
- Autofähre | Schifffahrtslinie
- Internationaler Flughafen | Flughafen
- Staatsgrenze mit Grenzübergang
- Verwaltungsgrenze

Die Reisekarte im Überblick

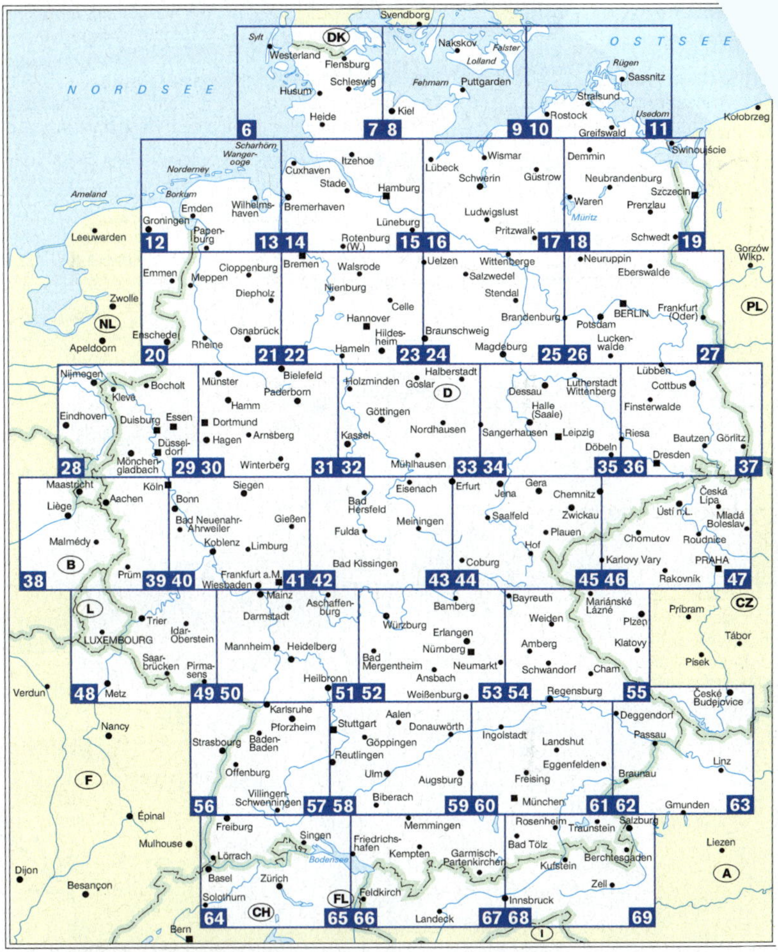

Der Varta-Führer digital

Der Varta-Führer ist auch als eBook erhältlich. Ganz einfach online laden und mobil auf Ihrem Smartphone oder Tablet nutzen.

Weitere Hotel- und Restaurantempfehlungen sowie zahlreiche Freizeittipps erhalten Sie unter: **www.varta-guide.de**

Jordsand
List auf Sylt
Kampen
Wenningstedt-Braderup
Lister Ley
Sylt-Munkmarsch
Westerland
Sylt-Keitum
Sylt-Tinnum
Sylt
Sylt-Morsum
Sylt-Archsum
Sylt-Rantum
Nordfriesische Inseln
Hörnumtief
Föhr
Hörnum
Nieblum
Wyk auf Föhr
Oland
Norddorf
Norderaue
Kirchwarft
Hunnenswarft
Gröde
Gröde-Appelland
Langeneß
Rixwarft
Nordmarsch-Langeneß
Amrum
Süderaue
Halligen
Hooge
Japsand
Habel
Nordstrandischmoor
Neuwarft
Norderoogsand
Pellworm
Alte Kirche
Tammensiel
Pellworm
Süden
Nordstrand
Pellworm
Süderoog
Südfall
Süderoogsand
Heverstrom
Simonsberg
Bredebro
Løgumk
Højer
Møgeltønder
Tønder
Jejsing
Vidå
Neukirchen
Süderlügum
5
Nordfriesland
Klixbüll
Niebüll
199
Leck
Risum-Lindholm
Dagebüll
Enge-Sande
Schlüttsiel
5
Reußenköge
Bredstedt
Hattstedt
Oldenswort
Eiderstedt
Tetenbüll
202
Tating
Garding
Tönning
5
St. Peter-Ording
Eider
Dithmarschen
Wesselburen
Reinsbüttel
Wöhrden
Blauort
203
Büsum
Meldorfer Bucht
Trischen
Friedrichskoog
Kronprinzenkoog
Helgoland
Helgoland
Helgoländer Bucht
13
0
10
20 km

DANMARK
Aabenraa
Arnå
Hjordkær
Lendemark
Tinglev
Kliplev
Gråsten
Egernsund
Søndera
Sundeved
Nordborg
Havnbjerg
Als
Guderup
Augustenborg
Vester Sottrup
Hørup
Høruphav
Broager
Sønderborg
Kegnæs
Lyø
Averna
Glücksburg (O.)
Flensburger Förde
Padborg
Harrislee
Flensburg
Flensborg
Langballig
Schafflund
Handewitt
Jarplund-Weding
Hürup
Stadum
Großenwiehe
Lindewitt
Wanderup
Oeversee
Satrup
Großsolt
Sörup
Sterup
Steinbergkirche
Gelting
Angeln
Kappeln
Tarp
Süderzollhaus
Jörl
Süderbrarup
Boren
Schlei
Böklund
Tolk
Nübel
Viöl
Jübek
Rieseby
Schwansen
Silberstedt
Schleswig
Waabs
Barkelsby
Treia
Husum
Ostenfeld
Rantrum
Eckernförde
Eckernförder Bucht
Dänischer Wohld
Strande
Dänischenhagen
Gettorf
Altenholz
Kieler Förde
Labo
Schwabstedt
Kropp
Owschlag
Hüttener Berge
Wittensee
Friedrichstadt
Eider
Stapelholm
Lunden
Alt Duvenstedt
Kronshagen
Heikendorf
Mönk
KIEL
Lohe-Föhrden
Büdelsdorf
Fockbek
Hohn
Rendsburg
Hennstedt
Erfde
Pahlen
Westensee
Molfsee
Weddingstedt
Dellstedt
Jevenstedt
Hamdorf
Flintbek
Tellingstedt
Heide
Wrohm
Breiholz
Nord-Ostsee-Kanal
Nordhastedt
Albersdorf
Hanerau-Hademarschen
Nortorf
Bordesholm
Hemmingstedt
Wankendorf
Hohenwestedt
Aukrug
Aalbek
Wasbek
Neumünster
Meldorf
Schafstedt
Schenefeld
Trappenkamp
Wacken
Brokenlande
Boostedt
Hochdonn
Burg
Hohenaspe
Brokstedt
Rickling
Sankt Michaelisdonn
Neuendorf-Sachsenbande
Hohenlockstedt
Kellinghusen
Großenaspe
E45
Dithmarschen

14
15

Havnbjerg
Lyø
Als
Guderup
Avernakø
Skarø
Vindeby
Thurø By
Thurø
Drejø
Tåsinge
Sottrup
Augustenborg
Hjortø
Birkholm
Rudkøbing
Strynø
Hørup
Høruphav
Sønderborg
Ærøskøbing
Langeland
Kegnæs
Ærø
Marstal
Bugt
Sydlangeland
Langelandsbælt
Steinbergkirche
Gelting
Sterup
Kappeln
Süderbrarup
Boren
Schlei
Schwansen
Waabs
Barkelsby
Kieler Bucht
Eckernförder Bucht
Eckernförde
Dänischer Wohld
Strande
Dänischenhagen
Kieler Förde
Laboe
Gettorf
Altenholz
Wittensee
Kronshagen
Heikendorf
Schönberg
Hohwachter Bucht
Heiligenhafen
Mönkeberg
Schönkirchen
Passade
KIEL
Klausdorf
Schwentinental
Selenter See
Panker
Hohwacht
Wangels-Weißenhaus
Westensee
Selent
Lütjenburg
Oldenburg
Raisdorf
Molfsee
Wagrien
Flintbek
Preetz
Lehmkuhlen
Lensahn
Schönwalde
Holsteinische Schweiz
Nortorf
Bordesholm
Plön
Malente
Plöner See
Bösdorf
Eutin
Grömitz
Wankendorf
Aalbek
Wasbek
Neumünster
Bosau
Neustadt in Holstein
Bornhöved
Seedorf
Süsel
Neustädter Bucht
Lübecker Bucht
Trappenkamp
Brokenlande
Boostedt
Rickling
Scharbeutz
Timmendorfer Strand
Ahrensbök
Schackendorf
Trave
Pronstorf
Pansdorf
Ratekau
Travemünde
Großenaspe
Wahlstedt
15
0
10
20 km

Vejrø
Rågø Sand
Rågø
Fejø
Femø
Lilleø
Askø
Vordingborg
Nørre Alslev
Stubbekø
Horslunde
Sandby
Nakskov
Stokkemarke
Bandholm
D A N M A R K
Eskilstrup
Falkerslev
Tingsted
Guldborg-Sund
Søllested
Østofte
Radsted
Nykøbing Fa
Sundby
Kappel
Maribo
Søndersø
Toreby
Vaggerløse
Holeby
Kramnitse
Rødby
Øster Ulslev
Lolland
Rødbyhavn
Nysted
Nykøbing Strandhus
Rødsand
Gedesby
Gedser
Femern Bælt
Fehmarnbelt
Fehmarn
Landkirchen
Burg a.F.
Staberdorf
Fehmarnsund
Großenbrode
Mecklenburger Bucht
Graal-Müritz
Kellenhusen (O.)
WARNEMÜNDE
Elmenhorst-Lichtenhagen
Kühlungsborn
Admannshagen-Bargeshagen
Rerik
Bastorf
Bad Doberan
128
ROSTOCK
Kröpelin
Kritzmow
Papendorf
Salzhaff
Poel
Insel Poel
Neubukow
Bölkow
Kavelstorf
Klützer Winkel
Ostseebad Boltenhagen
Wismarbucht
Satow
Elmenhorst
Kalkhorst
Klütz
Blowatz
Neuburg-Steinhausen
Bucht
E47
E55
E22
9
22
105
103
207
20
19
43
44
45
46
47
48
49
50
4
6
7
8
10
12
13
14
15
16
18
17

Ørslev
E55
Stege Bugt
Kalvehave
59
Stege
Stensved
Tærø
143
Damsholte
Hjelm Bugt
Møn
Alslev
Grøn-sund
Stubbekøbing
NMARK
Eskilstrup
Falkerslev
Tingsted
Horbelev
Nykøbing Falster
Falster
Vaggerløse
Nykøbing Strandhuse
E55
Gedesby
Gedser
Darßer Ort
Ostseebad Prerow
Zingst
Zingst
Darß
Pramort
Wieck a.Darß
Ahrenshoop
Born
Grabow
Wustrow
Barth
Saaler Bodden
Saal
Niepars
Dierhagen
105
-Damgarten
Graal-Müritz
Ribnitz-
Trinwillershagen
Daskow
Gelbensande
WARNEMÜNDE
Elmenhorst-Lichtenhagen
Rövershagen
Semlow
31
Blankenhagen
Marlow
Recknitz
Admannshagen-
E55
Bad Doberan
103
Bad Sülze
Bargeshagen
Dettmannsdorf
Tribsees
ROSTOCK
Broderstorf
Sanitz
E22
Kröpelin
110
Kritzmow
Papendorf
Tessin
Bölkow
Dummerstorf
20
Satow
Kavelstorf
Cammin
E22
19
Walkendorf
Gnoien
110
17
0
10
20 km

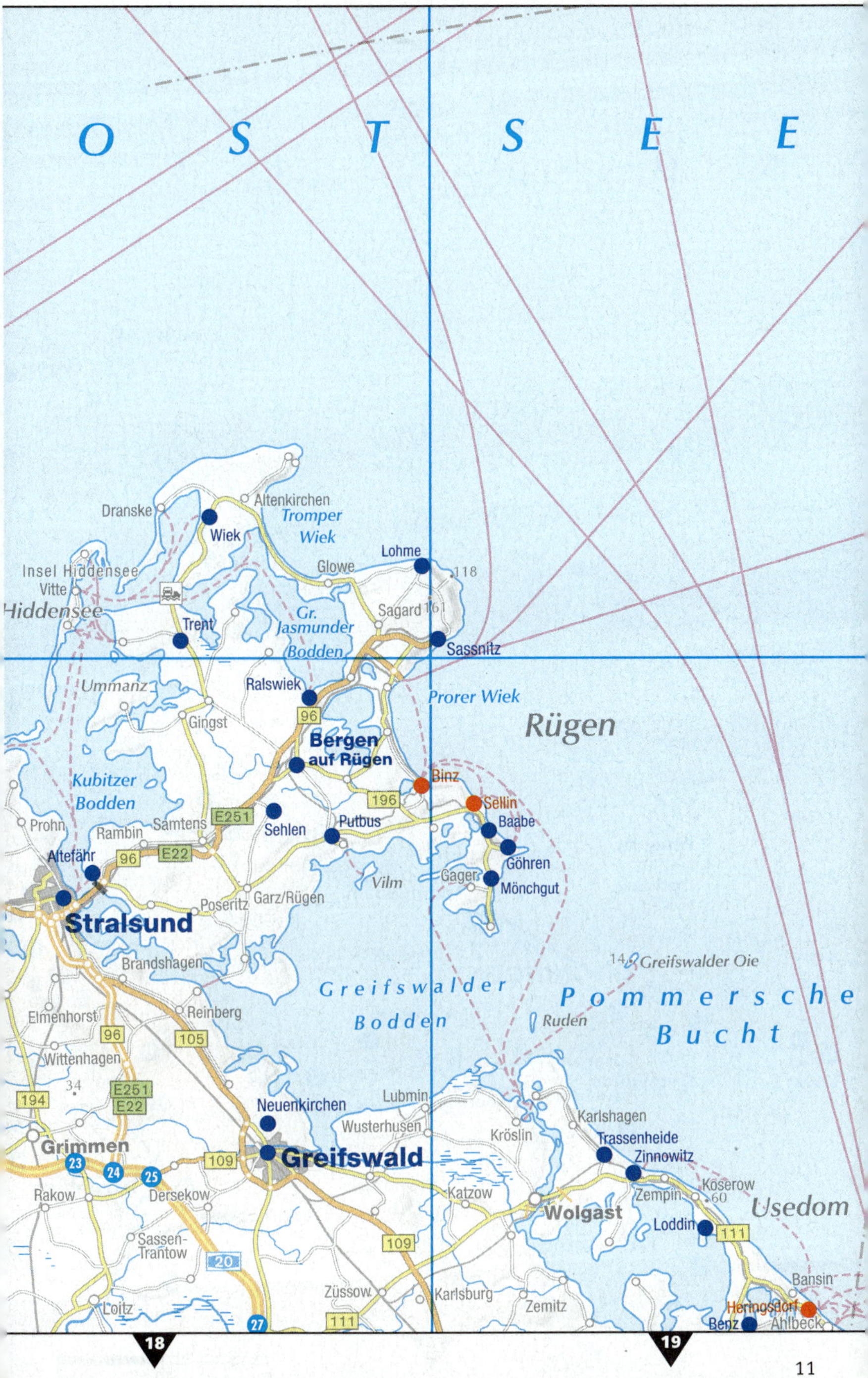
O S T S E E
Dranske
Altenkirchen
Tromper Wiek
Wiek
Lohme
Glowe
Insel Hiddensee
Vitte
Hiddensee
Sagard
Gr. Jasmunder Bodden
Trent
Sassnitz
Ummanz
Ralswiek
Prorer Wiek
Rügen
Gingst
Bergen auf Rügen
Kubitzer Bodden
Binz
Sellin
Baabe
Prohn
Rambin
Samtens
Sehlen
Putbus
Göhren
Altefähr
Gager
Mönchgut
Vilm
Garz/Rügen
Poseritz
Stralsund
Brandshagen
Greifswalder Oie
Greifswalder Bodden
Pommersche Bucht
Elmenhorst
Reinberg
Ruden
Wittenhagen
Lubmin
Neuenkirchen
Wusterhusen
Karlshagen
Kröslin
Trassenheide
Zinnowitz
Grimmen
Greifswald
Rakow
Dersekow
Katzow
Zempin
Koserow
Wolgast
Usedom
Loddin
Sassen-Trantow
Züssow
Karlsburg
Zemitz
Bansin
Heringsdorf
Loitz
Benz
Ahlbeck
18
19

N O R D S E E
O s t f r i e s i s c h e I
Langeoog
Baltrum
Norderney
Juist
Dornum
Borkum
Memmert
Norddeich
Norden
Hage
Rottumerplaat
Rottumeroog
Simonszand
Berumerfehn
Rechtsupweg
Marienhafe
Greetsiel
Wirdum
Aurich
Krummhörn
Südbrookmerland
Pewsum
Hinte
Großes Meer
Ihlow
Uithuizen
Warffum
Ulrum
Wehe-den Hoorn
Winsum
Middelstum
't Zandt
Loppersum
Eems
Ems
Emden
Oldersum
Delfzijl
Appingedam
Bedum
Reitdiep
NEDERLAND
Ten Boer
Neermoor
Dollart
Dollard
Jemgum
Zuidhorn
Aduard
Eems-kanaal
Siddeburen
GRONINGEN
Nieuwolda
Hoogkerk
Slochteren
Nieuwe-schans
Bunde
Leer (Ostfr.)
Ihrhove
Beerta
Leek
Peize
Haren
Paterswolde
Hoogezand-Sappemeer
Scheemda
Weener
Roden
Zuidlaardermeer
Winschoten
Bellingwolde
Wymeer
Westoverledingen
Völlene
Veendam
Oude Pekela
Bellingwedde
Wedde
Norg
Vries
Zuidlaren
Rhede
Papenburg
Nieuwe Pekela
Anloo
Vlagtwedde
Aschendorf (Ems)
Börgermoor
Assen
Rolde
Gieten
Onstwedde
Lehe
Oosterwolde
Stellingwerf
Appelscha
Smilde
Stadskanaal
Gasselte
Heede
A7
A28
A31
E22
E232

20

0 10 20 km

6
Helgoländer Bucht
Trischen
Scharhörn
Neuwerk
Großer Knechtsand
Cuxhaven
Spiekeroog
Wangerooge
Mellum
Neuharlingersiel
Esens
Wangerland
Wittmund
Jever
Schortens
Wilhelmshaven
Jade
Weser
Langwarden
Burhave
Butjadingen
Langen
BREMERHAVEN
Nordholz
Spieka
Midium
Dorum
Wurster Nordseeküste
Wremen
Stollhamm
Nordenham
Sande
Jadebusen
Seefeld
Dedesdorf
Loxstedt
Lunestedt
Zetel
Bockhorn
Varel
Neuenburg
Großefehn
Wiesmoor
Strackholt
Uplengen
Remels
Hesel
Rodenkirchen
Ovelgönne
Sandstedt
Hagen im Bremischen
Brake
Westerstede
Wiefelstede
Rastede
Elsfleth
Neuenkirchen
Schwanewede
Zwischenahner Meer
Bad Zwischenahn
Apen
Barßel
Rhauderfehn
Ostrhauderfehn
Ammerland
OLDENBURG
Stedingen
Hunte
Berne
Lemwerder
Vegesack
Blumenthal
Hude
Edewecht
Westerscheps
Saterland
Scharrel
Kampe
Wardenburg
Bookholzberg
Delmenhorst
Ganderkesee
Deichhausen
Hasbruch
Friesoythe
Küstenkanal
Bockhorst
Esterwegen
Gehlenberg
Surwold
Bösel
Garrel
Markhausen
Westerburg
Hatten
Neerstedt
Großenkneten
Dötlingen
21

7
22
Cuxhaven
BREMERHAVEN
Bremerhaven
Brunsbüttel
Otterndorf
Wingst
Wurster Nordseeküste
Langen
Schiffdorf
Nordenham
Loxstedt
Bremervörde
Brake
Hagen im Bremischen
Schwanewede
Osterholz-Scharmbeck
Ritterhude
Lilienthal
Worpswede
Zeven
Groß Meckelsen
Scheeßel
Rotenburg (Wümme)
Hude
Delmenhorst
BREMEN
Stuhr
Ganderkesee
Oyten
Achim
Weyhe
Langwedel
Glückstadt
Drochtersen
Stade
Neuendorf-Sachsenbande
Scharhörn
Neuwerk
Großer Knechtsand
Elbe
Weser
Land Hadeln
Geestland
Kehdingen
Würden
Butjadingen
Stedingen
Oste
Hunte
Lune
Wümme
Friedrichskoog
Kronprinzenkoog
Marne
Eddelak
Sankt Michaelisdonn
Hochdonn
Burg
Wacken
Wilster
Balje
Freiburg
Krempe
Neuhaus/Oste
Geversdorf
Oederquart
Wischhafen
Cadenberge
Oberndorf
Lüdingworth
Nordleda
Neuenkirchen
Bülkau
Ihlienworth
Nordholz
Spieka
Midlum
Dorum
Neuenwalde
Steinau
Hemmoor
Hechthausen
Himmelpforten
Wremen
Langwarden
Burhave
Drangstedt
Bad Bederkesa
Lintig
Kührstedt
Lamstedt
Oldendorf
Estorf
Klein-Fredenbeck
Ebersdorf
Elm
Deinste
Stollhamm
Sellstedt
Hipstedt
Oerel
Kutenholz
Hesedorf
Bargstedt
Seefeld
Dedesdorf
Lunestedt
Beverstedt
Basdahl
Rodenkirchen
Ahlerstedt
Kuhstedt
Gnarrenburg
Selsingen
Sandstedt
Axstedt
Ovelgönne
Vollersode
Rhade
Heeslingen
Elsfleth
Neuenkirchen
Blumenthal
Vegesack
Tarmstedt
Elsdorf
Berne
Grasberg
Falkenberg
Lemwerder
Deichhausen
Seehausen
Hasbruch
Bookholzberg
Ottersberg
Sottrum
Grundbergsee
Ahausen
Kirchwalsede
Brinkum
Leeste
Riede
Thedinghsn.
Barrien
Neerstedt
Dötlingen
Goldbach
Werdener Heide
0
10
20 km

8

Trappenkamp
Boostedt
Rickling
Schackendorf
Trave
Bad Segeberg
Pronstorf
Ahrensbök
Pansdorf
Ratekau
Bad Schwartau
Eckhorst
Stockelsdorf
LÜBECK
Reinfeld (H.)
Hamberge
Brokenlande
Brokstedt
Hohenlockstedt
Kellinghusen
Wrist
Großenaspe
Wahlstedt
Itzehoe
Breitenburg
Lägerdorf
Bad Bramstedt
Hartenholm
Schmalfeld
Westerhorn
Bokel
Lentföhrden
Brande-Hörnerkirchen
Kaltenkirchen
Leezen
Bad Oldesloe
Horst
Barmstedt
Alveslohe
Kisdorf
Nahe
Sülfeld
Elmshorn
Hemdingen
Bilsen
Ellerau
Henstedt-Ulzburg
Bargfeld-Stegen
Elmenhorst
Tremsbüttel
Quickborn
Ellerhoop
Tangstedt
Bargteheide
Berkenthin
Borstel-Hohenraden
Hasloh
Norderstedt
Ammersbek
Uetersen
Tornesch
Appen
Ahrensburg
Rellingen
Pinneberg
FUHLSBÜTTEL
Großhansdorf
Lütjensee
Mölln
Haseldorf
Holm
Halstenbek
Alster
Großensee
Trittau
Breitenfelde
Hollern-Twielenfleth
Schenefeld
WANDSBEK
Barsbüttel
Kuddewörde
HAMBURG
Wedel
BLANKENESE
ALTONA
ST. PAULI
Glinde
Jork
HORN
Oststeinbek
Aumühle
NEUENFELDE
BERGE-DORF
Reinbek
Schwarzenbek
Dassendorf
Altes Land
FISCHBEK
HARBURG
Vier-
Wentorf b.H.
Büchen
Neukloster
Buxtehude
Ochsenwerder
Escheburg
Neuengamme
Geesthacht
Harsefeld
Neu Wulmstorf
Apensen
Kirchwerder
Elbe
Marschacht
Beckdorf
Moisburg
Stelle
Sauensiek
Hollenstedt
Lauenburg
Seevetal
Winsen
Buchholz
Aarbach-kate
Bendestorf
Heidenau
Jesteburg
Brackel
Radbruch
Bardowick
Scharnebeck
Tostedt
Adendorf
Sittensen
Wistedt
Handeloh
Hanstedt
Toppenstedt
Vögelsen
Reppenstedt
Neetze
Lüneburg
Salzhausen
Kirchgellersen
Deutsch Evern
Egestorf
Melbeck
Fintel
Lüneburger Heide
Bienenbüttel
Soderstorf
Elbe-Seitenkanal
Schneverdingen
Amelinghausen
Brockel
Bispingen
Rehlingen
Hemslingen
Heber
Bad Bevensen
Neuenkirchen
Wittorf
Behringen
Ebstorf
Visselhövede
Soltau
Munster
Lintzel
Uelzen

23

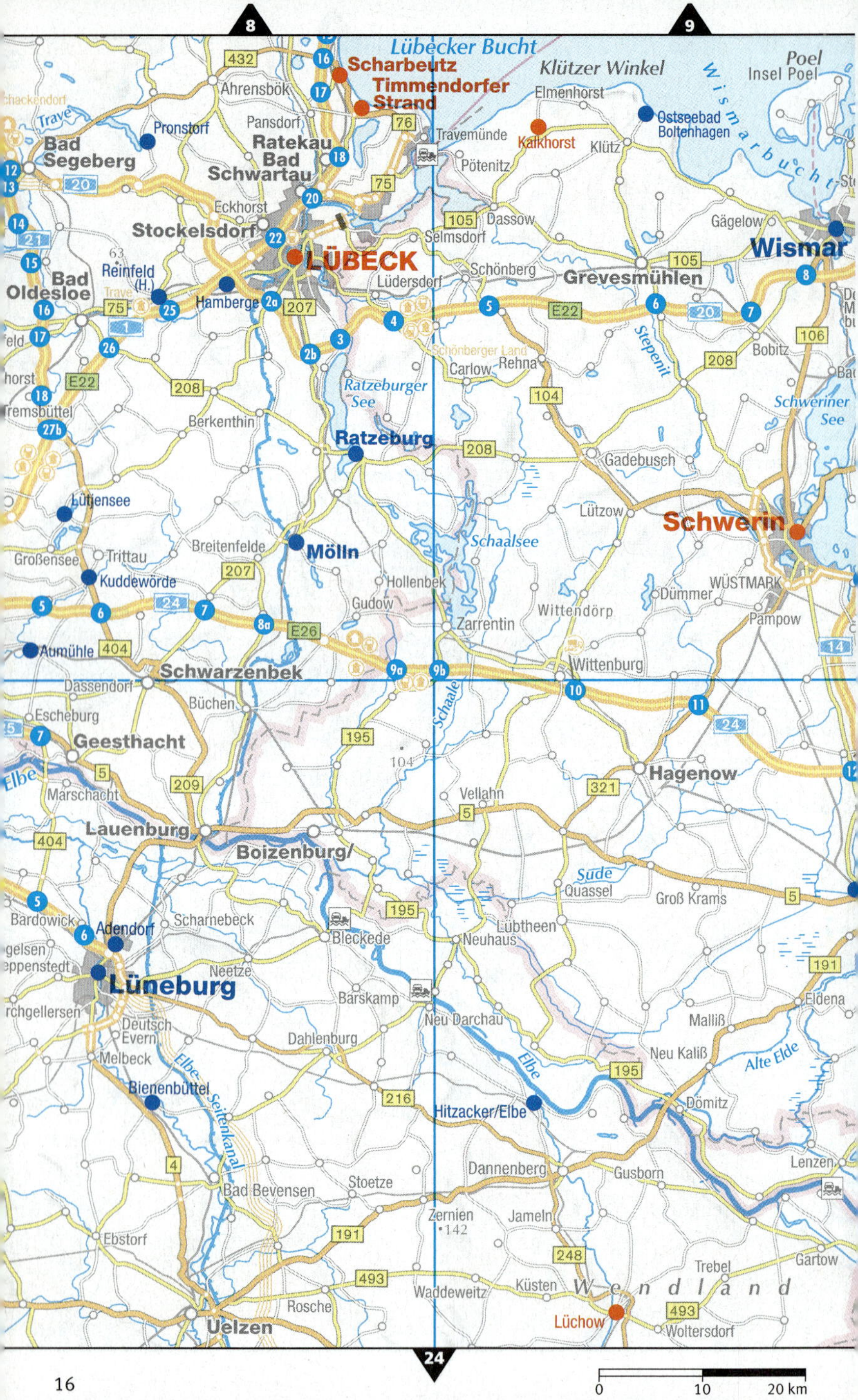
8
9
Lübecker Bucht
Klützer Winkel
Poel
Insel Poel
Wismarbucht
Scharbeutz
Timmendorfer Strand
Ahrensbök
Pansdorf
Ratekau
Bad Schwartau
Pronstorf
Trave
Bad Segeberg
Travemünde
Pötenitz
Elmenhorst
Kalkhorst
Klütz
Ostseebad Boltenhagen
Dassow
Gägelow
Wismar
Eckhorst
Stockelsdorf
Selmsdorf
LÜBECK
Schönberg
Grevesmühlen
Lüdersdorf
Reinfeld (H.)
Bad Oldesloe
Hamberge
Schönberger Land
Carlow
Rehna
Stepenitz
Bobitz
Ratzeburger See
Schweriner See
Berkenthin
Ratzeburg
Gadebusch
Lütjensee
Lützow
Schwerin
Schaalsee
Breitenfelde
Mölln
Großensee
Trittau
Kuddewörde
Hollenbek
Gudow
Zarrentin
Wittendörp
Dümmer
WÜSTMARK
Pampow
Aumühle
Schwarzenbek
Wittenburg
Dassendorf
Büchen
Escheburg
Geesthacht
Schaale
Hagenow
Elbe
Marschacht
Vellahn
Lauenburg
Boizenburg/
Sude
Quassel
Groß Krams
Bardowick
Adendorf
Scharnebeck
Bleckede
Lübtheen
Neuhaus
Lüneburg
Neetze
Barskamp
Eldena
Deutsch Evern
Neu Darchau
Malliß
Dahlenburg
Melbeck
Neu Kaliß
Alte Elde
Bienenbüttel
Elbe-Seitenkanal
Hitzacker/Elbe
Dömitz
Dannenberg
Gusborn
Lenzen
Bad Bevensen
Stoetze
Zernien
•142
Jameln
Ebstorf
Trebel
Gartow
Waddeweitz
Küsten
Wendland
Rosche
Lüchow
Uelzen
Woltersdorf
24
0
10
20 km

10

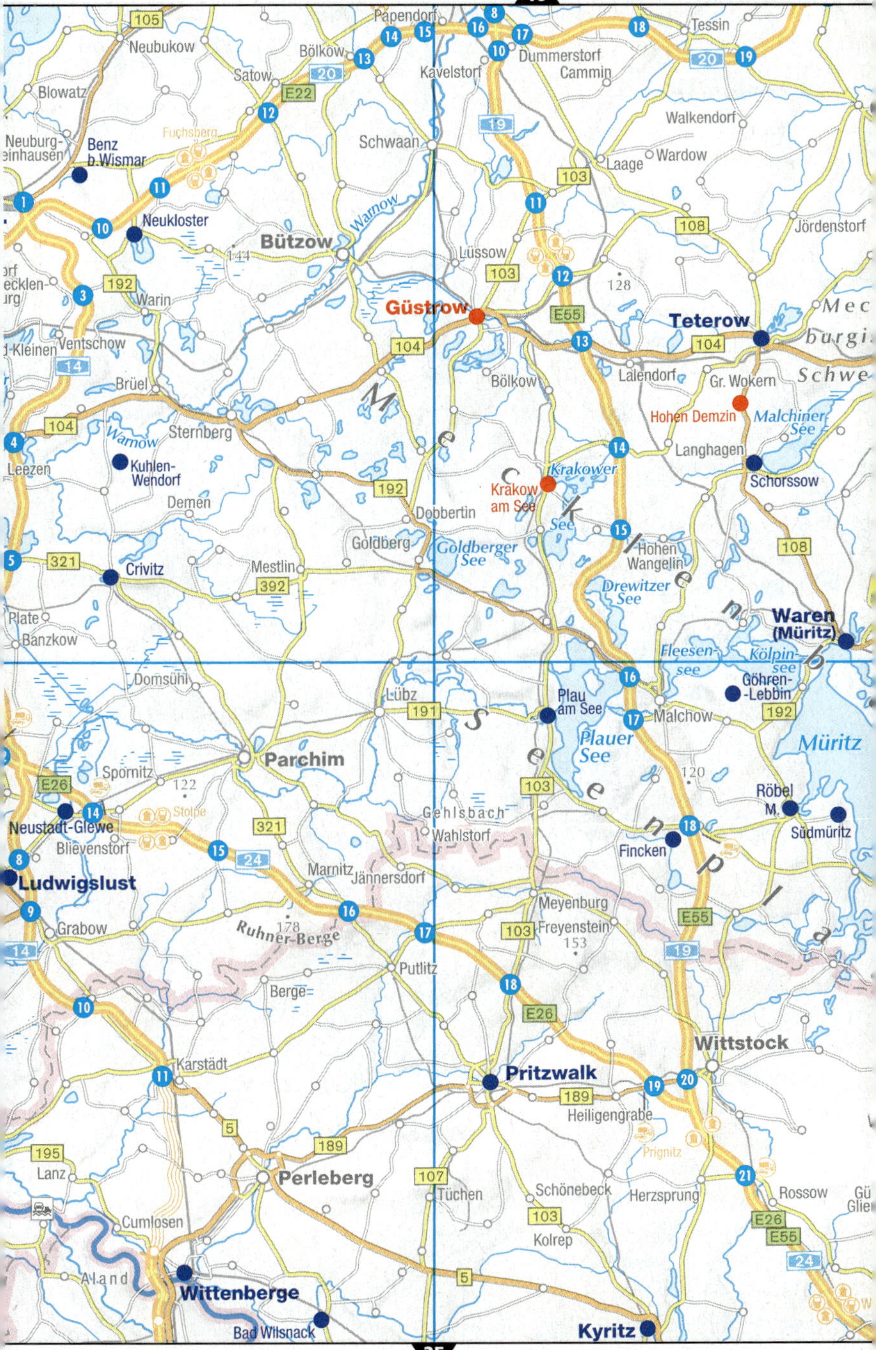

Neubukow
Blowatz
Papendorf
Bölkow
Satow
Kavelstorf
Dummerstorf
Cammin
Tessin
Walkendorf
Neuburg-
Steinhausen
Benz
b.Wismar
Fuchsberg
Schwaan
Laage
Wardow
Neukloster
Bützow
Warnow
Lüssow
Jördenstorf
Warin
Güstrow
128
Teterow
Mecklenburgische Schweiz
Ventschow
Brüel
Bölkow
Lalendorf
Gr. Wokern
Hohen Demzin
Malchiner See
Sternberg
Warnow
Leezen
Kuhlen-
Wendorf
Langhagen
Schorssow
Krakower See
Krakow am See
Demen
Dobbertin
Goldberg
Goldberger See
Hohen Wangelin
Mecklenburgische Seenplatte
Crivitz
Mestlin
Drewitzer See
Plate
Banzkow
Waren (Müritz)
Fleesensee
Kölpinsee
Domsühl
Lübz
Plau am See
Göhren-
-Lebbin
Malchow
Parchim
Plauer See
Müritz
Spornitz
122
120
Stolpe
Gehlsbach
Röbel M.
Neustadt-Glewe
Blievenstorf
Wahlstorf
Fincken
Südmüritz
Ludwigslust
Marnitz
Jännersdorf
Meyenburg
Grabow
Ruhner Berge
178
Freyenstein
153
Putlitz
Berge
Wittstock
Karstädt
Pritzwalk
Heiligengrabe
Prignitz
Lanz
Perleberg
Tüchen
Schönebeck
Herzsprung
Rossow
Cumlosen
Kolrep
Aland
Wittenberge
Bad Wilsnack
Kyritz
105
20
E22
19
103
108
192
104
14
E55
321
392
191
E26
24
189
5
195
107

25

10
Tessin
Cammin
Walkendorf
Gnoien
Laage
Wardow
Rakow
Dersekow
Sassen-Trantow
Loitz
Gützkow
Jarmen
Demmin
Tutow
Trebel
Dargun
Peene
Jördenstorf
Demminer Land
128
Teterow
Mecklen-burgische Schweiz
Kummerower See
Kummerow
Lalendorf
Gr. Wokern
Malchin
Burow
Spanteko
108
Ivenack
Hohen Demzin
Malchiner See
Langhagen
Altentreptow
Reuterstadt Stavenhagen
Krakower See
Schorssow
Rosenow
Hohen Wangelin
Ostpeene
Neu-brandenburg
Drewitzer See
Waren (Müritz)
Fleesen-see
Kölpin-see
Göhren-Lebbin
Tollense-see
Penzlin
Burg Stargard
Malchow
Groß Nemerow
Plauer See
Müritz
120
/M.
Röbel
Südmüritz
Fincken
Rechlin
Roggentin
Neustrelitz
Feldberg
Feldberger Seenlandschaft
Woblitz-see
Mirow
Wesenberg
153
Mecklenburgische Seenplatte
Strelitzer Seenplatte
Lychen
Wittstock
Fürstenberg
Großer Stechlinsee
Heiligengrabe
Prignitz
Wallitz
Rheinsberg
Menz
Dannenwalde
Templin
116
Herzsprung
Rossow
Gühlen-Glienicke
Ruppiner Schweiz
Schulzendorf
Alt-lüdersdf.
Dierberg
Gransee
Zehdenick
Kyritz
Walsleben
Alt Ruppin
Lindow (Mark)
26
0
10
20 km

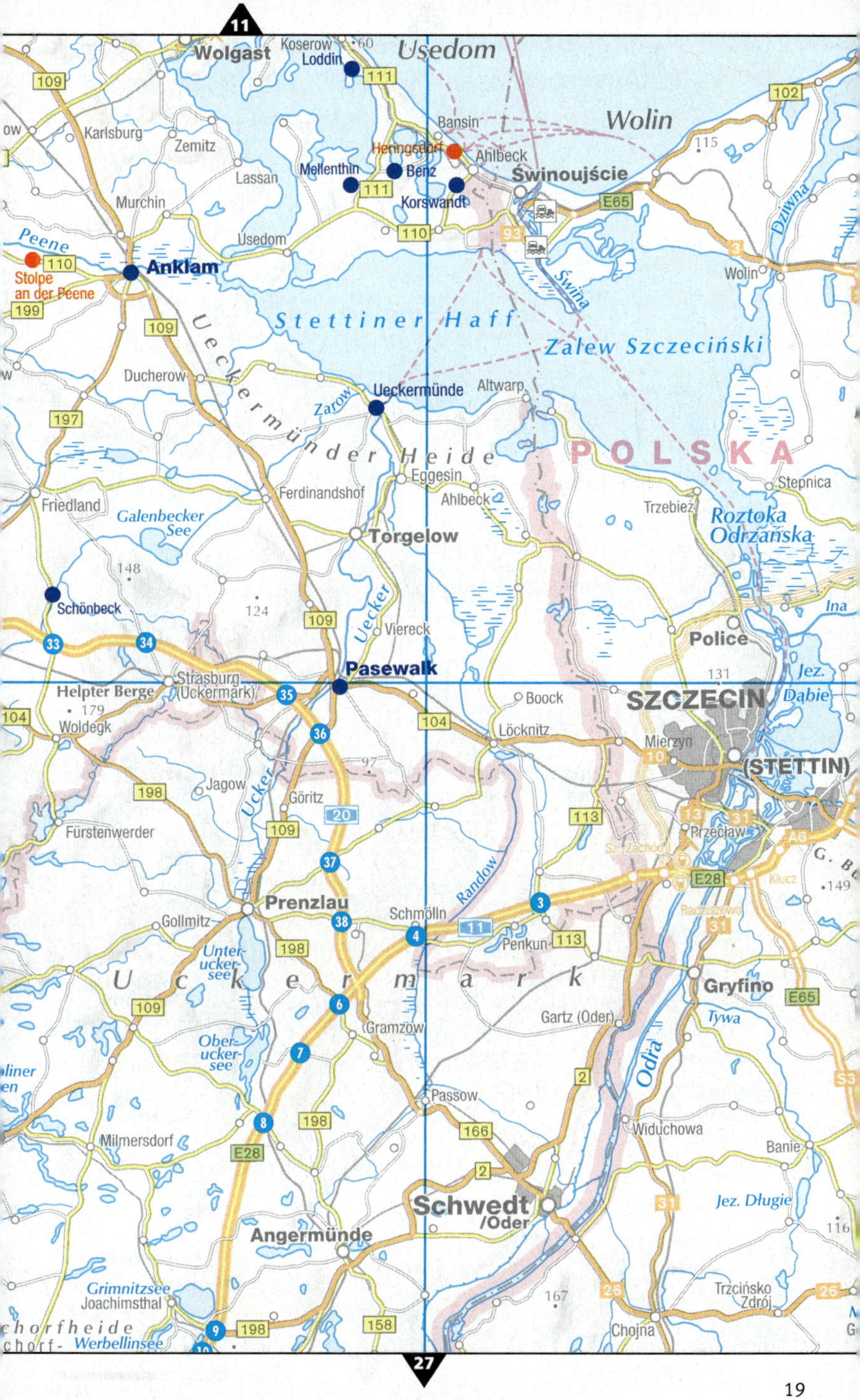
11
Wolgast
Koserow
Loddin
Usedom
Wolin
Bansin
Heringsdorf
Ahlbeck
Świnoujście
Mellenthin
Benz
Korswandt
Karlsburg
Zemitz
Lassan
Murchin
Usedom
Peene
Stolpe an der Peene
Anklam
Stettiner Haff
Zalew Szczeciński
Świna
Wolin
Dziwna
Ueckermünder Heide
Ducherow
Ueckermünde
Altwarp
Zarow
POLSKA
Eggesin
Ahlbeck
Ferdinandshof
Stepnica
Trzebież
Roztoka Odrzańska
Friedland
Galenbecker See
Torgelow
Schönbeck
Uecker
Viereck
Ina
Police
Pasewalk
Strasburg (Uckermark)
Helpter Berge
Woldegk
Boock
SZCZECIN (STETTIN)
Jez. Dąbie
Löcknitz
Mierzyn
Jagow
Göritz
Fürstenwerder
Przecław
Randow
Prenzlau
Gollmitz
Schmölln
Penkun
Unter-uckersee
Uckermark
Gryfino
Gramzow
Gartz (Oder)
Tywa
Ober-uckersee
Odra
Passow
Widuchowa
Banie
Milmersdorf
Schwedt /Oder
Jez. Długie
Angermünde
Grimnitzsee
Joachimsthal
Trzcińsko Zdrój
Chojna
Werbellinsee
27

12
Anloo
Assen
Rolde
Oosterwolde
Gieten
Onstwedde
Vlagtwedde
Aschendorf (Ems)
Börgermo
Lehe
Heede
Stadskanaal
Gasselte
Appelscha
Smilde
Neu börg
Kluse
Walchum
Musselkanaal
Borger
Ter Apel
Diever
Beilen
Westerbork
Orvelte
Odoorn
Rütenbrock
Lathen
Ems
Dwingeloo
NEDERLAND
Emmen
Emmer-Compascuum
Söge
Eursinge
Ruinen
Zweeloo
Sleen
Haren (Ems)
Hoogeveen
Oosterhesselen
Meppen
Haselünne
Dalen
Nieuw-Amsterdam
Schöninghsdorf
Zuidwolde
Coevorden
Schoonebeek
Twist
Slagharen
Balkbrug
Emlichheim
Geeste
Dedemsvaart
Gramsbergen
Ringe
Vechte
Bawinkel
Avereest
Hardenberg
Hoogstede
Georgsdorf
Nieuwleusen
Oudleusen
Ommen
Wilsum
Esche
Lingen (Ems)
Wietmarschen
Lang
Itterbeck
Uelsen
Neuenhaus
Den Ham
Westerhaar-Vriezenveensewijk
Getelo
Lage
Mes
Lünne
Hellendoorn
Twenterand
Tubbergen
Ootmarsum
Nordhorn
Emsbüren
Wierden
Almelo
Denekamp
Weerselo
Nijverdal
Rijssen-Holten
Oldenzaal
Borne
Schüttorf
Salzbergen
Losser
Bad Bentheim
Rheine
Hof van Twente
Stad Delden
Hengelo
Goor
Markelo
Beckum
Gronau
Ochtrup
Neuenkirchen
Wettringen
Twente Kan.
Laren
Diepenheim
ENSCHEDE
Lochem
Haaksbergen
Metelen
Heek
Steinfurt
Borculo
Neede
Vorden
Alstätte
Eibergen
Ahaus
Schöppingen
Horstmar
Ruurlo
Laer
Zwillbrock
Ottenstein
Hengelo
Groenlo
Legden
Altenberge
Vreden
Zelhem
Rosendahl
Stadtlohn
Billerbeck
Havixbeck
Lichtenvoorde
Winterswijk
Gescher
Coesfeld
Baumberge
Varsseveld
Südlohn
Hondsrug
Bourtanger Moor
Emsland
29
0
10
20 km

13
Bockhorst
Friesoythe
Küstenkanal
Esterwegen
Gehlenberg
Surwold
Bösel
Garrel
Westerburg
Hunte
Hatten
Ganderkesee
Neerstedt
Großenkneten
Dötlingen
Markhausen
Lorup
Börger
Vrees
Ahlhorn
Harpstedt
Dünsen
Wildeshausen
Hümmling
Werlte
Lindern (Old.)
Molbergen
Cloppenburg
Emstek
Visbek
Colnrade
Oldenburgisches
Münsterland
Lastrup
Cappeln (Oldenburg)
Goldenstedt
Twistringen
Lang-förden
Lähden
Löningen
Essen
Bakum
Vechta
Barnstorf
Ehrenburg
Herzlake
Menslage
Quaken-brück
Eydelstedt
Dinklage
Lohne
Drebber
Dohren
Badbergen
Rehden
Barver
Berge
Nortrup
Hase
Diepholz
Ankumer Höhe
Bippen
Eggermühlen
Holdorf
Steinfeld
Gehrde
Wagenfeld
Lengerich
Ankum
Bersen-brück
Dammer Berge
Fürstenau
Neuenkirchen-
Damme
Alf-hausen
Vörden
Dümmer
Freren
Rieste
Alfsee
Lemförde
Merzen
Brockum
Beesten
Voltlage
Neuen-kirchen
Bramsche
Stemwede
Rahden
Espelkamp
Hopsten
Recke
Wallenhorst
Oster-cappeln
Bohmte
Wester-kappeln
Mettingen
Preuß. Oldendorf
Lübbecke
Hörstel
Ibbenbüren
Lotte
Belm
Wiehengebirge
Bad Essen
Hüllhorst
OSNABRÜCK
Hasbergen
Bissendorf
Rödinghausen
Kirch-lengern
Tecklenburg
Hagen
Georgs-marien-hütte
Melle
Bünde
Saerbeck
Teutoburger Wald
Lengerich
Grönegau
Hiddenhausen
Emsdetten
Hilter a.T.W.
Herford
Ladbergen
Lienen
Bad Iburg
Dissen
Spenge
Enger
Greven
Bad Laer
Bad Rothenfelde
Borgholzhausen
Jöllen-beck
Glandorf
Werther
Versmold
Halle (W.)
BIELEFELD
Ostbevern
Brake
Steinhagen
Sassenberg
Ems
Harse-winkel
Brack-wede
Oerling-hsn.
Telgte
Warendorf
Senne-stadt
MÜNSTER
Beelen
30

14
Ganderkesee
Delmenhorst
Stuhr
Brinkum
Weser
Achim
Kirchwalsede
Hatten
Neerstedt
Leeste
Weyhe
Riede
Langwedel
Werdener Heide
Dötlingen
Barrien
Thedinghsn.
Blender
Kirchlinteln
Harpstedt
Dünsen
Syke
Emtinghausen
Verden (A.)
Wildeshausen
Schwarme
Martfeld
Bassum
Neubruchhausen
Bruchhausen-Vilsen
Dörverden
Visbek
Colnrade
Hassel
Aller
Goldenstedt
Sudwalde
Hoya
Twistringen
Asendorf
Eystrup
Bücken
Rethem
Schwaförden
Ehrenburg
Haßbergen
Barnstorf
Mellinghausen
Wietzen
Eydelstedt
Sulingen
Siedenburg
Marklohe
Drebber
Borstel
Steimbke
Rehden
Barver
Barenburg
Pennigsehl
Nienburg
Stöckse
Diepholz
Liebenau
Kirchdorf
Estorf
Husum
Wagenfeld
Aue
Bahrenborstel
Steyerberg
Landesbergen
Dümmer
Stolzenau
Neustadt
Uchte
Leese
Rehburg-
Steinhuder Meer
Lemförde
Loccum
Brockum
Rahden
Diepenau
Warmsen
Raddestorf
Steinhude
Hagenburg
Stemwede
Bad Rehburg
Wunstorf
Lavelsloh
Sachsenhagen
Wiedensahl
Pollhagen
Haste
Espelkamp
Lindhorst
Bohmte
Petershagen
Lahde
Bad Nenndorf
Preuß. Oldendorf
Hille
Stadthagen
Beckedorf
Bad Essen
Lübbecke
Minden
Rodenberg
Barsinghsn.
Hartum
Apelern
Bückeburg
Nienstädt
Rödinghausen
Hüllhorst
Porta Westfalica
Obernkchn.
Lauenau
Auetal
Hülsede
Bad Eilsen
Kirchlengern
Eimbeckhausen
Melle
Bünde
Bad Oeynhsn.
Eisbgn.
Wesergebirge
Süntel
Hess. Oldendorf
Bad Münder a.Deister
Löhne
Veltheim
Rinteln
Gesmold
Hiddenhausen
Vlotho
Fischbeck
Spenge
Enger
Herford
Exter-tal
Coppenbrügge
Borgholzhausen
Hohenhausen
Bad Salzuflen
Hameln
Jöllenbeck
Werther
Brake
Kalletal
Halle (W.)
Bielefeld
Bösingfeld
Aerzen
Kirchohsen
Leopoldshöhe
Dörentrup
Lemgo
Steinhagen
Brackwede
Lage
Barntrup
Bad Pyrmont
Emmerthal
Oerlinghsn.
Heiden
Helpup
Hehlen
Sennestadt
Detmold
Blomberg
Lügde
Ottenstein
31
0
10
20 km

15
Neuenkirchen
Wittorf
Visselhövede
Soltau
Munster
Breloh
H e i d e
Ebstorf
Lintzel
Uelzen
Bomlitz
Dorfmark
Wietzendorf
Faßberg
Müden
Suderburg
Wrestedt
Wieren
Walsrode
Bad Fallingbostel
Düshorn
Unterlüß
Hermannsburg
Bad Bodenteich
Bergen
Hodenhagen
Osterheide
Belsen
Örtze
Seitenkanal
Sülze
Sprakensehl
Hankensbüttel
Eschede
Gilten
Essel
Allertal
Winsen
Eldingen
Schwarmstedt
Buchholz
Elbe-
Wietze
Groß Oesingen
Hambühren
Celle
Lachendorf
Wahrenholz
Lindwedel
Hohne
Wesendorf
Leine
Wienhausen
Mellendorf
Burgwedel
Wathlingen
Wedemark
Wettmar
Ehlershausen
Müden
Aller
Sassenburg
Westerbeck
Bissendorf
Bröckel
Resse
Großburgwedel
Hänigsen
Meinersen
Isernhagen
Gifhorn
Langenhagen
Kirchhorst
Uetze
Isenbüttel
Burgdorf
Leiferde
Rötgesbüttel
Calberlah
Dollbergen
Hillerse
Garbsen
Seelze
Lehrter See
Immensen
Sievershsn.
Edemissen
Zweidorfer Holz
Meine
Schwülper
Lehrte
Mittellandkanal
HANNOVER
Hemmingen
H-Wülferode
Vöhrum
Lehre
Gehrden
Peine
Wendeburg
Ronnenberg
Laatzen
Sehnde
BRAUNSCHWEIG
Wennigsen
Algermissen
Ilsede
Pattensen
Hohenhameln
Adenstedt
Lahstedt
Vechelde
Bredenbeck
Oberg
Sickte
Gestorf
Sarstedt
Groß Lafferde
Vallstedt
Cremlingen
Hoheneggelsen
Harsum
Springe
Schellerten
Giesen
Lengede
Schulenburg
Nordstemmen
Söhlde
Wolfenbüttel
LEBENSTEDT
WATENSTEDT
Dettum
Eldagsen
Ottbergen
Hildesheimer Börde
Denkte
Elze
SALZGITTER
HILDESHEIM
Flöthe
Kissenbrück
Gronau
Holle
Elbe
Baddeckenstedt
Eime
Diekholzen
Salzhemmendorf
Börßum
Brüggen
Sibbesse
Bad Salzdetfurth
Sehlde
Innerste
SALZGITTER-BAD
Hornburg
Bodenburg
Schladen-Werla
Duingen
Bockenem
Liebenburg
Halle
Lutter
Wöltingerode
Vienenburg
Alfeld
Immenrode
Bodenwerder
Grünenplan
Jerstedt
Langelshm.
Rhüden
32
71
E45
44
45
3
46
209
47
27
28
49
191
244
50
214
4
51
7
52
352
E45
3
188
54
2
188
444
214
42
44
5
49
4
40
2
51
E30
58
443
52
52
53
1
56
57
59
11
65
4
5
6
444
7
32
31
30
494
1
38
4
61
3
62
39
40
41
7
17
442
39
63
44
1
243
248
8
240
36
6
82
9
10
65
240
82
66
12
14

16
33
Ebstorf
191
•142
Jameln
248
Trebel
Gartow
493
Waddeweitz
Küsten
Wendland
Rosche
Lüchow
Woltersdorf
Uelzen
71
Clenze
Suhlendorf
Wustrow
Arendsee
Lemgow
Schnega
Wrestedt
Suderburg
Wieren
Bergen
Bad Bodenteich
39
Salzwedel
Seitenkanal
Sprakensehl
Hankensbüttel
Wittingen
Diesdorf
244
Eldingen
Beetzendorf
Elbe-
Knesebeck
Altmark
Kalbe
Kakerbeck
Groß Oesingen
4
Wahrenholz
Klötze
Brome
Hohne
Wesendorf
Ehra-Lessien
Tülau
Müden
Aller
Sassenburg
Westerbeck
Parsau
Drömling
Gardelegen
Rühen
Meinersen
Wey-hausen
Gifhorn
Mieste
Isenbüttel
Vorsfelde
Grafhorst
Ohre
Leiferde
Rötgesbüttel
Fallersleben
Oebisfelde-
214
Hillerse
Calberlah
Wolfsburg
Velpke
Calvörde
Meine
Mittellandkanal
Mörse
Groß Twülpstedt
Schwülper
Lehre
Flechtingen
-Weferlingen
Wendeburg
Grasleben
Haldensleben
Vechelde
Braunschweig
Mariental
Königslutter
Cremlingen
Obersickte
Erxleben
Bebertal
Hohe Börde
Vallstedt
313
Helmstedt
Elm
E30
Thiede
Sickte
Dettum
Harbke
Büddenstedt
Wefensleben
Watenstedt
Wolfenbüttel
Ummendorf
Eichenbarleben
Dahlum
Schöningen
Eilsleben
Niederndodeleben
Salzgitter
Denkte
Schöppenstedt
82
Magdeburger Börde
Barneberg
Flöthe
Kissenbrück
Hötensleben
Seehausen
Jerxheim
245
Ausleben
246a
Ampfurth
Wanzleben-Börde
Börßum
79
Großes Bruch
Hamersleben
36
Salzgitter-Bad
Hornburg
246
Oschersleben
Schladen-Werla
Huy
Hessen
Liebenburg
Dingelstedt am Huy
Hadmersleben
Alte Weddingen
Bode
Wöltingerode
Dardesheim
Immenrode
Osterwieck
Schwanebeck
Wester-egeln
Jerstedt
Großalsleben
Langelshm.
Vienenburg
Zilly
•314
Gröningen
81
Kroppenstedt
Egeln
0
10
20 km

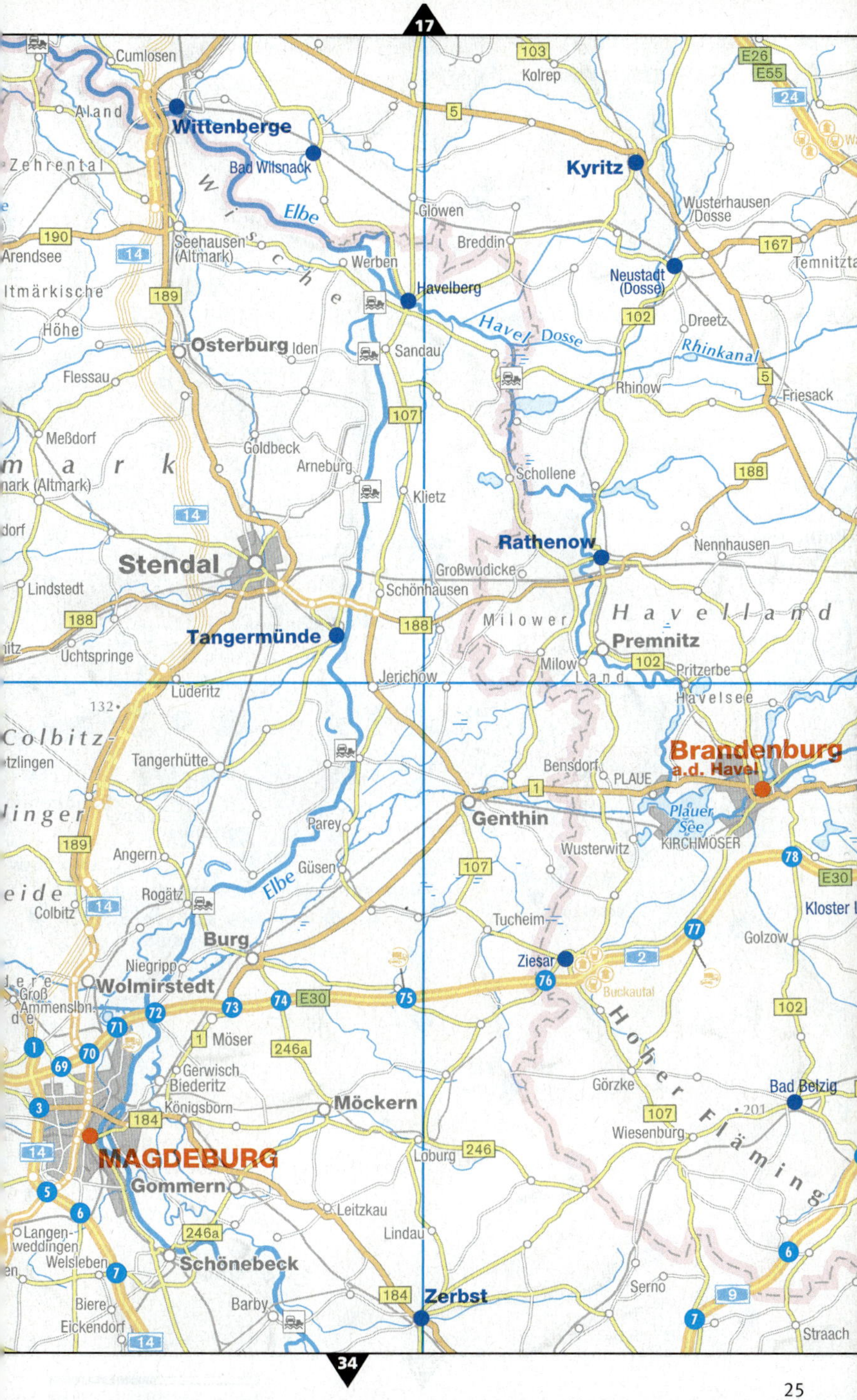
17
Cumlosen
Aland
Wittenberge
Bad Wilsnack
Zehrental
Elbe
Arendsee
Seehausen (Altmark)
Werben
Altmärkische
Höhe
Havelberg
Osterburg
Iden
Sandau
Flessau
Meßdorf
Goldbeck
Arneburg
Klietz
Stendal
Lindstedt
Uchtspringe
Tangermünde
Schönhausen
Großwudicke
Jerichow
Lüderitz
Colbitz-
Tangerhütte
Angern
Rogätz
Colbitz
Burg
Niegripp
Wolmirstedt
Groß Ammensleben
Möser
Gerwisch
Biederitz
Königsborn
Möckern
MAGDEBURG
Gommern
Leitzkau
Loburg
Lindau
Langenweddingen
Welsleben
Schönebeck
Biere
Eickendorf
Barby
Zerbst
Parey
Güsen
Genthin
Kolrep
Kyritz
Wusterhausen /Dosse
Glöwen
Breddin
Neustadt (Dosse)
Temnitztal
Dreetz
Havel
Dosse
Rhinkanal
Rhinow
Friesack
Schollene
Rathenow
Nennhausen
Milower
Havelland
Premnitz
Milow
Land
Pritzerbe
Havelsee
Brandenburg a.d. Havel
Bensdorf
PLAUE
Plauer See
KIRCHMÖSER
Wusterwitz
Tucheim
Kloster L
Golzow
Ziesar
Buckautal
Hoher Fläming
Görzke
Bad Belzig
Wiesenburg
Serno
Straach
34

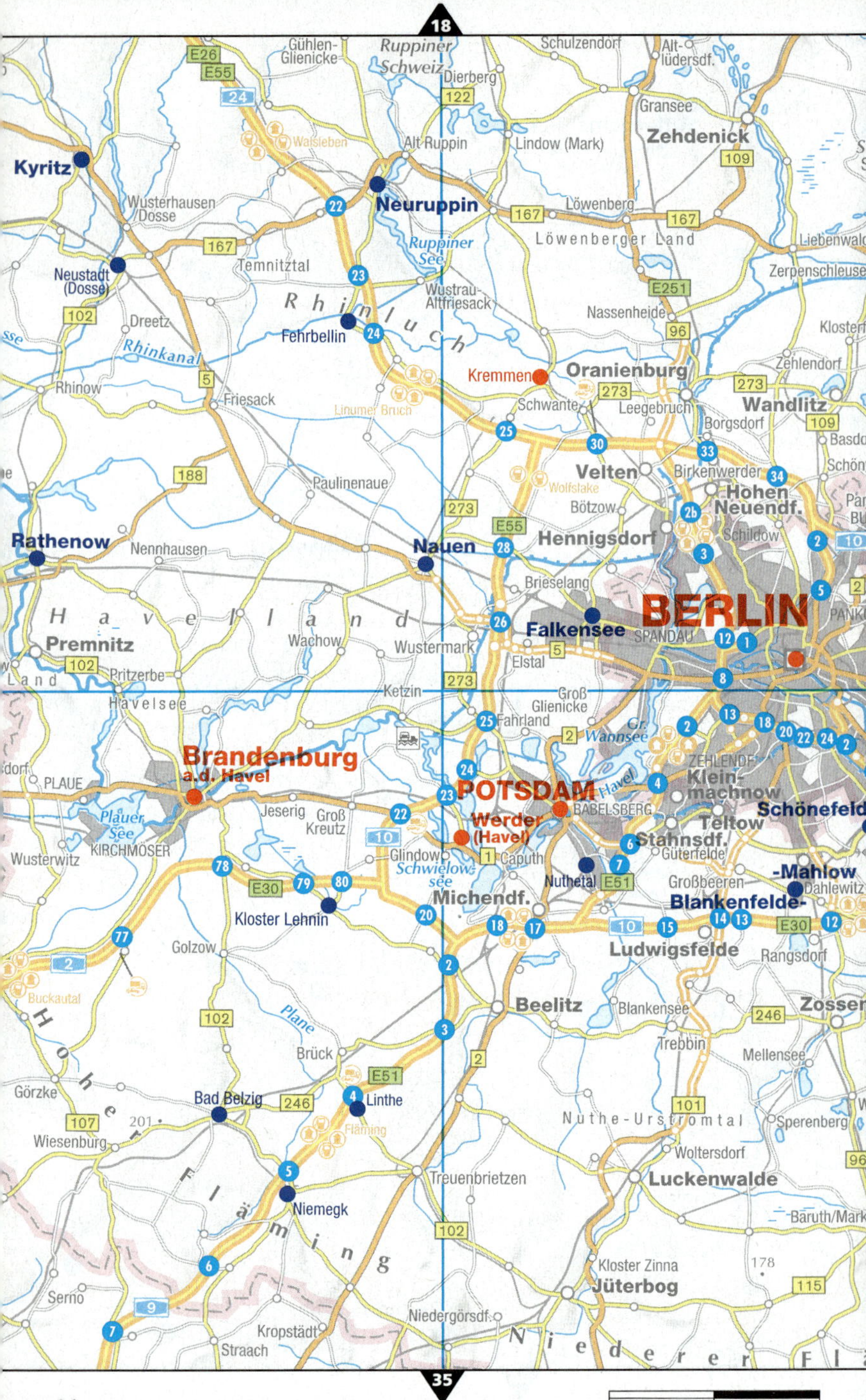
18
35
Kyritz
Neuruppin
Zehdenick
Wusterhausen /Dosse
Neustadt (Dosse)
Temnitztal
Rhinluch
Ruppiner Schweiz
Ruppiner See
Gühlen-Glienicke
Dierberg
Alt Ruppin
Lindow (Mark)
Schulzendorf
Alt-lüdersdf.
Gransee
Löwenberg
Löwenberger Land
Liebenwald
Zerpenschleuse
Walsleben
Wustrau-Altfriesack
Fehrbellin
Dreetz
Rhinkanal
Rhinow
Friesack
Linumer Bruch
Kremmen
Oranienburg
Nassenheide
Zehlendorf
Klosterf
Wandlitz
Schwante
Leegebruch
Borgsdorf
Basdo
Schönw
Velten
Birkenwerder
Hohen Neuendf.
Wolfslake
Bötzow
Hennigsdorf
Schildow
Pan
BU
Paulinenaue
Rathenow
Nennhausen
Nauen
Brieselang
Falkensee
BERLIN
SPANDAU
PANKO
Havelland
Premnitz
Wachow
Wustermark
Elstal
Pritzerbe
Havelsee
Land
Ketzin
Groß Glienicke
Fahrland
Gr. Wannsee
ZEHLENDF.
Klein-machnow
Brandenburg a.d. Havel
PLAUE
Plauer See
KIRCHMÖSER
Wusterwitz
POTSDAM
Havel
BABELSBERG
Teltow
Schönefeld
Jeserig
Groß Kreutz
Werder (Havel)
Caputh
Glindow
Schwielowsee
Stahnsdf.
Güterfelde
Nuthetal
Großbeeren
-Mahlow
Dahlewitz
Blankenfelde-
Kloster Lehnin
Michendf.
Ludwigsfelde
Rangsdorf
Golzow
Buckautal
Beelitz
Blankensee
Zossen
Plane
Trebbin
Mellensee
Brück
Hoher Fläming
Görzke
Bad Belzig
Linthe
Fläming
Nuthe-Urstromtal
Sperenberg
Wiesenburg
201
Woltersdorf
Treuenbrietzen
Luckenwalde
Niemegk
Baruth/Mark
Kloster Zinna
178
Jüterbog
Serno
Niedergörsdf.
Kropstädt
Straach
Niederer Fläming
E26
E55
24
122
109
167
E251
96
102
5
273
188
E30
10
E51
2
246
101
107
9
115
1
12
13
14
15
17
18
20
22
23
25
26
28
30
33
34
2b
3
4
6
7
8
77
78
79
80

0 10 20 km

19

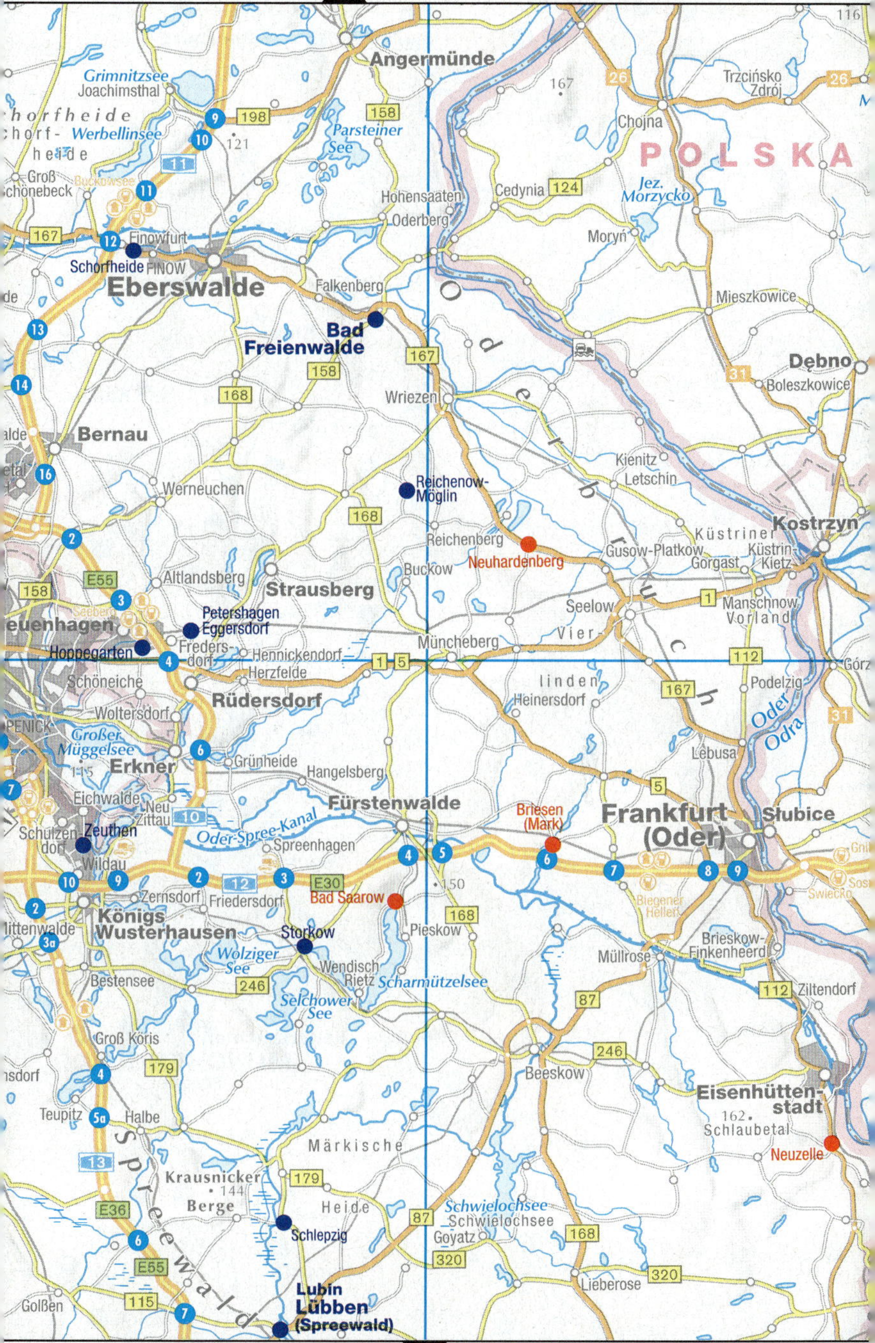

Angermünde
Grimnitzsee
Joachimsthal
Schorfheide
Werbellinsee
Groß Schönebeck
Buckowsee
Parsteiner See
Hohensaaten
Oderberg
Cedynia
Chojna
Trzcińsko Zdrój
POLSKA
Jez. Morzycko
Moryń
Finowfurt
Schorfheide FINOW
Eberswalde
Falkenberg
Bad Freienwalde
Mieszkowice
Dębno
Boleszkowice
Oderbruch
Wriezen
Bernau
Werneuchen
Reichenow-Möglin
Kienitz
Letschin
Reichenberg
Neuhardenberg
Küstriner Vorland
Kostrzyn
Küstrin-Kietz
Gorgast
Gusow-Platkow
Buckow
Altlandsberg
Strausberg
Seelow
Manschnow
Petershagen Eggersdorf
Neuenhagen
Hoppegarten
Fredersdorf
Hennickendorf
Herzfelde
Müncheberg
Vierlinden
Schöneiche
Rüdersdorf
Heinersdorf
Podelzig
Oder Odra
Woltersdorf
Köpenick
Großer Müggelsee
Erkner
Grünheide
Hangelsberg
Lebus
Eichwalde
Neu Zittau
Fürstenwalde
Briesen (Mark)
Frankfurt (Oder)
Słubice
Schulzendorf
Zeuthen
Wildau
Oder-Spree-Kanal
Spreenhagen
Zernsdorf
Friedersdorf
Bad Saarow
Königs Wusterhausen
Storkow
Pieskow
Biegener Hellen
Świecko
Wolziger See
Wendisch Rietz
Scharmützelsee
Müllrose
Brieskow-Finkenheerd
Ziltendorf
Bestensee
Selchower See
Groß Köris
Beeskow
Eisenhüttenstadt
Teupitz
Halbe
Märkische Heide
Schlaubetal
Neuzelle
Spreewald
Krausnick
Berge
Schlepzig
Schwielochsee
Goyatz
Lieberose
Golßen
Lubin Lübben (Spreewald)

36

Doorn
Leersum
Amerongen
Veenendaal
Ede
Renkum
Wageningen
Wijk b. D.
Rijswijk
Rhenen
ARNHEM
Kesteren
Buren
Echteld
Tiel
Beneden-Leeuwen
Druten
Andelst
Elst
Beuningen
Rheden
Dieren
Doesburg
Hengelo
Zelhem
Doetinchem
Angerlo
Oude IJssel
Wehl
Didam
Huissen
Duiven
Zevenaar
Bergh
Zeddam
Gaanderen
Bemmel
Gendt
Pannerden
's-Heerenberg
Ulft
Elten
Gendringen
Millingen
Rijnwaarden
Ubbergen
NIJMEGEN
Emmerich
Isselburg
Rhein
Kranenburg
Kleve
Rees
Lith
Kerkdriel
Ravenstein
Wijchen
Oss
Heumen
Groesbeek
Geffen
Schaijk
Grave
Cuijk-St. Agatha
Bedburg-Hau
Kalkar
Rosmalen
Heesch
Nistelrode
Mill-St. Hubert
Maas
Oeffelt
Gennep
Goch
's-Hertogenbosch
Zeeland
Uden
Berlicum
St.-Michielsgestel
Heeswijk-Dinther
NEDERLAND
Uedem
Xanten
Boxmeer
St. Anthonis
Weeze
Veghel
Boekel
Vierlingsbeek
Niers
Sonsbeck
Schijndel
St.-Oedenrode
Erp
Kevelaer
Liempde
ZuidWillemsvaart
Gemert
Issum
Son en Breugel
Best
Beek en Donk
Bakel-Milheeze
Venray
Geldern
Lieshout
Meerlo-Wanssum
Nuenen
Helmond
Lottum
EINDHOVEN
Mierlo
Deurne
Horst
Arcen
Straelen
Kerken
Rheurdt
Veldhoven
Geldrop
Grubbenvorst
Sevenum
Wachtendonk
Heeze
Asten
Waalre
Someren
Maasbree
Venlo
Kempen
Grefrath
Leende
Tegelen
Valkenswaard
Meijel
Maarheeze
Helden
Nettetal
Tönisvorst
Lobberich
Kaldenkirchen
Bergeyk
Nederweert
Kessel
Süchteln
Budel
Beesel
Viersen
Achel
Hamont
Weert
Roggel
Neerpelt
Zuid-Willemsvaart
Haelen
Schwalmtal
Brüggen
Swalmen
Overpelt
Stramproy
Roermond
Niederkrüchten
MÖNCHENGLADB.
Eksel
Bocholt
Heel
Bree
Kinrooi
Thorn
Wegberg
Rheindahlen
Hechtel
Peer
Opitter
Maasbracht
Montfort
Posterholt
Wassenberg
Wickrath
Meeuwen-Gruitrode
Maaseik
BELGIË
Echt
Erkelenz
Neeroeteren
Waldfeucht
Houthalen-Helchteren
Opglabbeek
Dilsen
Susteren
Heinsberg
Hückelhoven
BELGIQUE
Born
Selfkant
Genk
As
Sittard
Zonhoven
Eisden
Gangelt
Rur
Titz
Geilenkirchen
Maasmechelen
Stein
Geleen
Linnich
E35
A12
A348
314
317
A18
A325
E31
A15
322
A50
8
3
67
57
9
504
A59
A73
272
266
E25
270
277
A270
58
A67
279
E34
40
61
A2
69
273
280
74
E25
271
73
52
221
46
78
75
E314
56
57
44
55
38
39

20
Groenlo
Vreden
Legden
Altenberge
Stadtlohn
Rosendahl
Havix-
beck
Lichten-
voorde
Winterswijk
Gescher
Billerbeck
Baumberge
MÜNSTER
Südlohn
ROXEL
Coes-
feld
Nottuln
Aalten
Velen
HILTRUP
Münster-
land
Borken
Bocholt
Rhede
Heiden
Reken
Dülmen
Senden
Ascheberg
(W.)
Raesfeld
Hohe
Mark
Lüding-
hausen
Nordkirchen
Haltern
am See
Olfen
Selm
Schermbeck
WULFEN
Lippe
Wesel
Hünxe
Dorsten
Marl
Oer-
Erkenschw.
Datteln
Werne
Lünen
Berg-
kamen
Waltrop
Wesel-Datteln-K.
Herten
RECKLING-
HAUSEN
WESTER-
HOLT
Voerde
KIRCHHELLEN
Gladbeck
Kamen
Castrop-Rauxel
Dinslaken
Rheinberg
WALSUM
BOTTROP
HERNE
DORTMUND
RHEINKAMP
HAMBORN
STERKRADE
Kamp-
Lintfort
Neukirchen
-Vluyn
OBER-
HSN.
GELSEN-
KIRCHEN
Holzwickede
HÖRDE
BOCHUM
MOERS
MÜLHM.
a.d.R.
ESSEN
Witten
Schwerte
Neukchn.-
-Vluyn
DUISBURG
Hattingen
Ruhr
Herdecke
Wetter
RHEINHSN.
HÜLS
UERDINGEN
KETTWIG
WERDEN
Sprock-
hövel
Gevels-
berg
HAGEN
Nachrodt-
HOHEN-
LIMBURG
KREFELD
ANGERMUND
Langen-
berg
LANK-LATUM
KAISERSWERTH
Heiligen-
haus
Velbert
Wibling-
werde
Willich
Ratingen
Ennepetal
Wülfrath
BARMEN
ELBERFELD
Schwelm
Breckerfeld
Meer-
busch
DÜSSEL-
DORF
Mett-
mann
WUPPERTAL
Schalks-
mühle
Lüden-
scheid
Kaarst
Radevorm-
wald
BRÜGGE
Korschenbr.
Erkrath
NEUSS
Hilden
Haan
REMSCHEID
Wupper-
Stausee
Bever-
Stausee
Halver
SOLINGEN
Wupper
Hückeswagen
Kerpe-
Stausee
KAPELLEN
(ERFT)
Zons
Langenfeld
Kierspe
Jüchen
Leichlingen
Wermels-
kirchen
Wipper-
fürth
Meine
Dormagen
Greven-
broich
Monhm.
Rhein
Gr.-Dhünn-
Stausee
Marienheide
Burscheid
WORRINGEN
Odenthal
Kürten
Gummers-
bach
Rommers-
kchn.
STOMMELN
Lindlar
Bedburg
Pulheim
LEVERKUSEN
BERG.
GLADB.
Engels-
kchn.
Berg-
neustadt
NIEDER-
AUSSEM
Aggertal
Bergheim
BRAUWEILER
LÖVENICH
BENSBERG
Wiehl
40

0 10 20 km

21
Altenberge
Havixbeck
Baumberge
Nottuln
ROXEL
Münsterland
MÜNSTER
HILTRUP
Telgte
Ostbevern
Sassenberg
Warendorf
Everswinkel
WOLBECK
Versmold
Steinhagen
Harsewinkel
Ems
Beelen
Gütersloh
-Clarholz
Herzebrock-
Rheda-
-Wiedenbrück
Rietberg
Senden
Sendenhorst
Oelde
Ennigerloh
Drensteinfurt
Lüdinghausen
Ascheberg (W.)
Nordkirchen
Olfen
Selm
Ahlen
Beckum
Vellern
Beckumer Berge
Langenberg
Wadersloh
BAD WALDLIESBORN
HAMM (W.)
BOCKUM-HÖVEL
UENTROP
PELKUM
Lippetal
CAPPEL
Lippstadt
Lippe
BENNINGHAUSEN
Datteln
Werne
Bergkamen
Lünen
Waltrop
Kamen
Bönen
Rhynern
Welver
Bad Sassendorf
Erwitte
Werl
Soest
Anröchte
Am Haarstrang
Unna
DORTMUND
Wickede (R.)
Möhnesee
Soester Börde
Rüthen
Holzwickede
HÖRDE
Witten
Fröndenberg (Ruhr)
Ense
Menden
NEHEIM
Warstein
Herdecke
Wetter
Schwerte
Lendringsen
OEVENTROP
Arnsberg
Ruhr
Hemer
Iserlohn
Olsberg
Bestwig
Meschede
HAGEN
HOHENLIMBURG
Nachrodt-
-Wiblingwerde
Balve
Sorpesee
Sundern
Ennepetal
Altena
Breckerfeld
Werdohl
Neuenrade
Lüdenscheid
Schalksmühle
Eslohe
Radevormwald
BRÜGGE
Sauerland
Plettenberg
Lenne
Wupper-Stausee
Bever-Stausee
Halver
Verse-Stausee
Herscheid
Finnentrop
Schmallenberg
Hückeswagen
Kerpe-Stausee
Ebbegebirge
Wipperfürth
Kierspe
Attendorn
Lennestadt
Marienheide
Meinerzhagen
Biggesee
Kirchhundem
Rothaargebirge
Gummersbach
Bergneustadt
Olpe
Welschen Ennest
Eder
Bad Berleburg
Lindlar
Engelskchn.
Reichshof
Wenden
Hilchenbach
Erndtebrück
Wiehl
Kreuztal
40
41

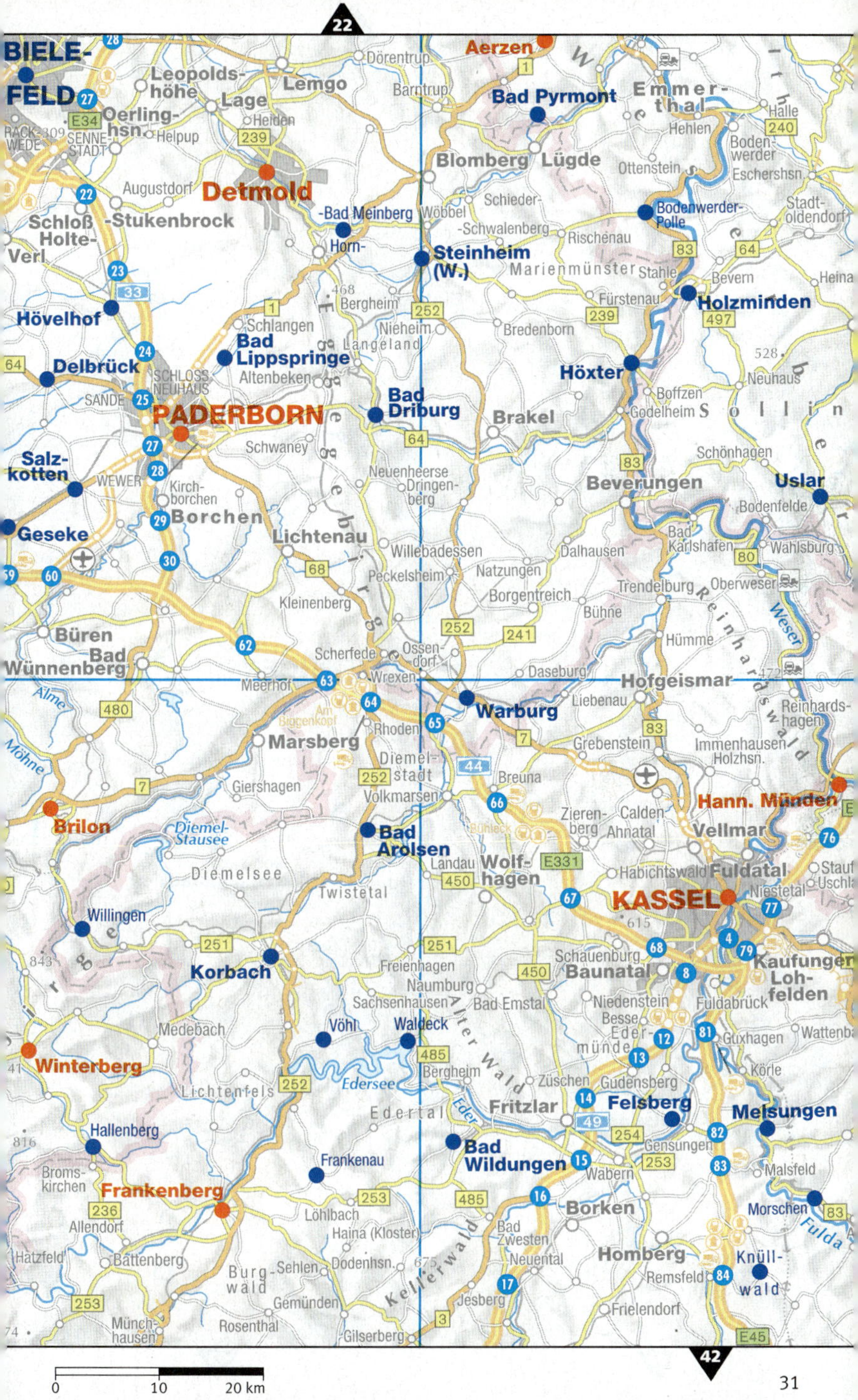
22
BIELE-FELD
Leopoldshöhe
Lemgo
Dörentrup
Aerzen
Barntrup
Bad Pyrmont
Emmerthal
Halle
Lage
Heiden
Oerlinghsn.
Helpup
Senne-stadt
E34
239
Hehlen
240
Bodenwerder
Blomberg
Lügde
Ottenstein
Eschershsn.
Augustdorf
Detmold
Schieder-Schwalenberg
Bodenwerder-Polle
Stadtoldendorf
Schloß Holte-Stukenbrock
Bad Meinberg
Horn-
Wöbbel
Rischenau
Verl
Steinheim (W.)
Marienmünster
Stahle
Bevern
Heinade
83
64
23
33
468
Bergheim
Fürstenau
Holzminden
Hövelhof
1
Schlangen
252
239
497
Nieheim
Bredenborn
Bad Lippspringe
Langeland
Altenbeken
528
24
Höxter
Neuhaus
64
Delbrück
Schloss Neuhaus
Sande
25
Boffzen
Godelheim
Solling
Bad Driburg
Brakel
PADERBORN
64
27
Schwaney
Schönhagen
Neuenheerse
83
Salzkotten
28
Wewer
Kirchborchen
Dringenberg
Beverungen
Uslar
Bodenfelde
Borchen
29
Lichtenau
Bad Karlshafen
Geseke
Willebadessen
Dalhausen
Wahlsburg
30
68
80
60
Peckelsheim
Natzungen
Trendelburg
Oberweser
Kleinenberg
Borgentreich
Bühne
Büren
252
241
Hümme
Reinhardswald
Weser
Bad Wünnenberg
62
Scherfede
Ossendorf
Daseburg
Hofgeismar
Meerhof
63
Wrexen
472
Alme
480
64
Am Biggenkopf
Rhoden
Warburg
Liebenau
Reinhardshagen
Möhne
Marsberg
65
7
83
Grebenstein
Immenhausen
Holzhsn.
Diemelstadt
44
Giershagen
252
Volkmarsen
Breuna
7
Brilon
66
Calden
Hann. Münden
Diemel-Stausee
Bad Arolsen
Bühleck
Zierenberg
Ahnatal
Vellmar
76
Diemelsee
Landau
Wolfhagen
E331
Habichtswald
Fuldatal
Staufenberg
Uschlag
450
Twistetal
67
KASSEL
Niestetal
77
Willingen
615
251
251
4
79
843
Korbach
68
Kaufungen
Freienhagen
Schauenburg
Baunatal
8
Lohfelden
Naumburg
450
Sachsenhausen
Bad Emstal
Niedenstein
Fuldabrück
Medebach
Vöhl
Waldeck
Besse
Edermünde
12
81
Guxhagen
Wattenbach
Winterberg
485
13
Körle
Bergheim
Kellerwald
Züschen
Gudensberg
Lichtenfels
252
Edersee
14
Felsberg
Melsungen
Ederta
Eder
Fritzlar
49
Hallenberg
254
Gensungen
82
816
Bad Wildungen
15
253
83
Malsfeld
Bromskirchen
Frankenau
Wabern
Frankenberg
16
Morschen
Fulda
83
236
253
Löhlbach
485
Borken
Allendorf
Haina (Kloster)
Bad Zwesten
Hatzfeld
Battenberg
Burgwald
Sehlen
Dodenhsn.
675
Neuental
Homberg
Knüllwald
Remsfeld
84
253
17
Gemünden
Jesberg
Frielendorf
Münchhausen
Rosenthal
Gilserberg
3
E45
42
0
10
20 km

23

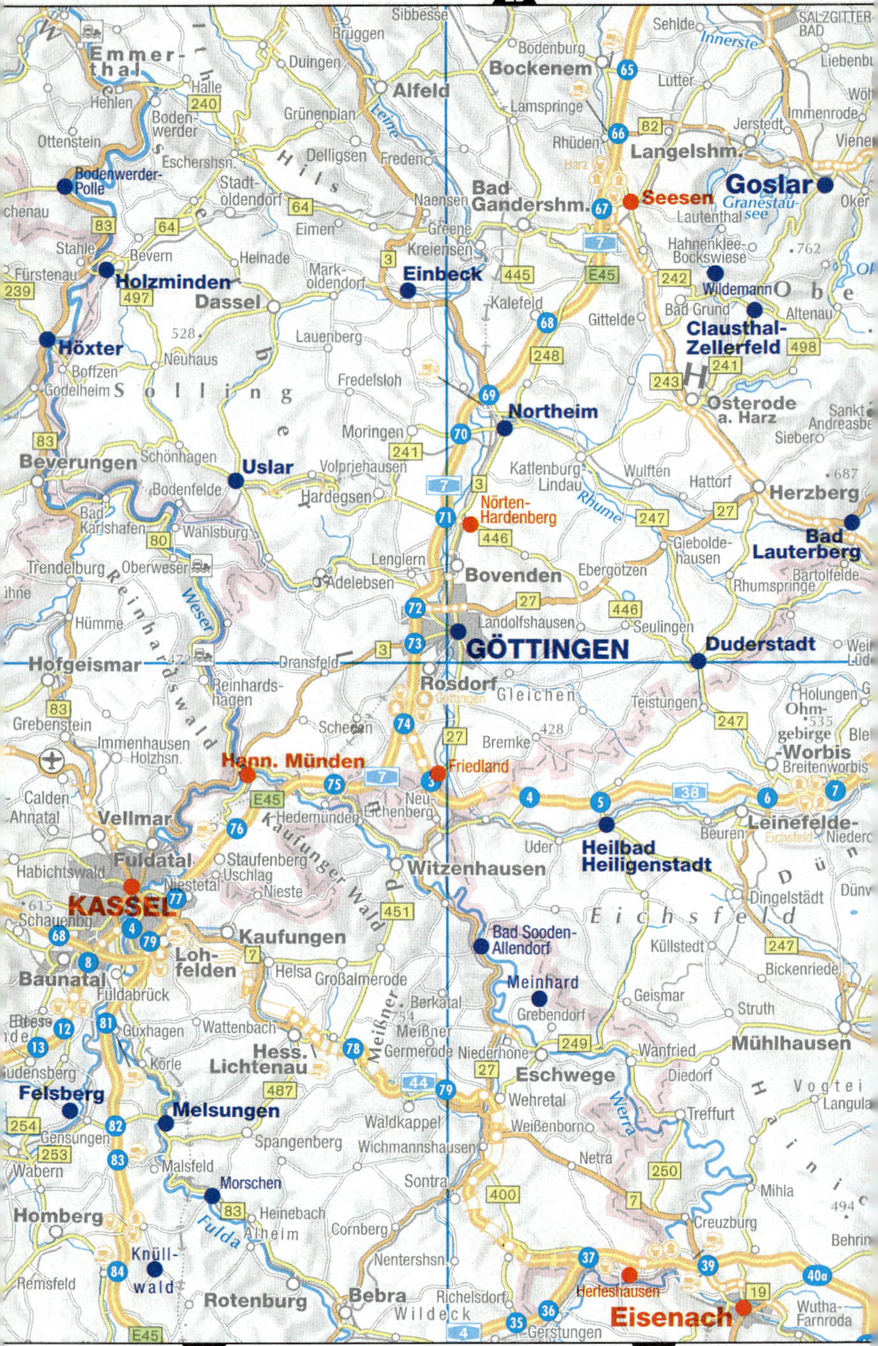

Emmer-thal
Halle
Hehlen
Bodenwerder
Ottenstein
Eschershsn.
Bodenwerder-Polle
Stadtoldendorf
Duingen
Brüggen
Sibbesse
Alfeld
Grünenplan
Leine
Delligsen
Freden
Hils
Eimen
Naensen
Greene
Kreiensen
Bodenburg
Bockenem
Lamspringe
Rhüden
Sehlde
Innerste
Lutter
Langelshm.
Jerstedt
Immenrode
Goslar
Granestausee
Seesen
Lautenthal
Bad Gandershm.
Hahnenklee-Bockswiese
Wildemann
Bad Grund
Altenau
Clausthal-Zellerfeld
Gittelde
Kalefeld
Einbeck
Heinade
Markoldendorf
Bevern
Stahle
Fürstenau
Holzminden
Dassel
Höxter
Boffzen
Godelheim
Neuhaus
Lauenberg
Fredelsloh
Solling
Moringen
Northeim
Osterode a. Harz
Sieber
Sankt Andreasberg
Beverungen
Schönhagen
Uslar
Volpriehausen
Hardegsen
Katlenburg-Lindau
Rhume
Wulften
Hattorf
Herzberg
Bad Lauterberg
Bodenfelde
Bad Karlshafen
Wahlsburg
Nörten-Hardenberg
Gieboldehausen
Trendelburg
Oberweser
Lenglern
Bovenden
Ebergötzen
Rhumspringe
Bartolfelde
Adelebsen
Weser
Reinhardswald
Hümme
Landolfshausen
Seulingen
GÖTTINGEN
Duderstadt
Hofgeismar
Dransfeld
Rosdorf
Gleichen
Teistungen
Holungen
Ohm-gebirge
Grebenstein
Reinhardshagen
Scheden
Bremke
Worbis
Breitenworbis
Immenhausen
Holzhsn.
Hann. Münden
Friedland
Calden
Ahnatal
Vellmar
Hedemünden
Neu-Eichenberg
Uder
Heilbad Heiligenstadt
Beuren
Leinefelde-
Eichsfeld
Niederorschel
Habichtswald
Fuldatal
Staufenberg
Uschlag
Kaufunger Wald
Witzenhausen
Niestetal
Nieste
Dingelstädt
KASSEL
Schauenbg.
Eichsfeld
Kaufungen
Bad Sooden-Allendorf
Küllstedt
Lohfelden
Helsa
Großalmerode
Bickenriede
Baunatal
Fuldabrück
Meinhard
Grebendorf
Berkatal
Geismar
Struth
Guxhagen
Wattenbach
Meißner
Germerode
Niederhone
Wanfried
Mühlhausen
Körle
Hess. Lichtenau
Eschwege
Diedorf
Felsberg
Melsungen
Wehretal
Werra
Treffurt
Vogtei
Gensungen
Spangenberg
Waldkappel
Wichmannshausen
Weißenborn
Wabern
Malsfeld
Netra
Sontra
Morschen
Heinebach
Mihla
Homberg
Alheim
Fulda
Cornberg
Creuzburg
Behringen
Knüll-wald
Nentershsn.
Herleshausen
Remsfeld
Rotenburg
Bebra
Wildeck
Richelsdorf
Gerstungen
Eisenach
Wutha-Farnroda

42 43

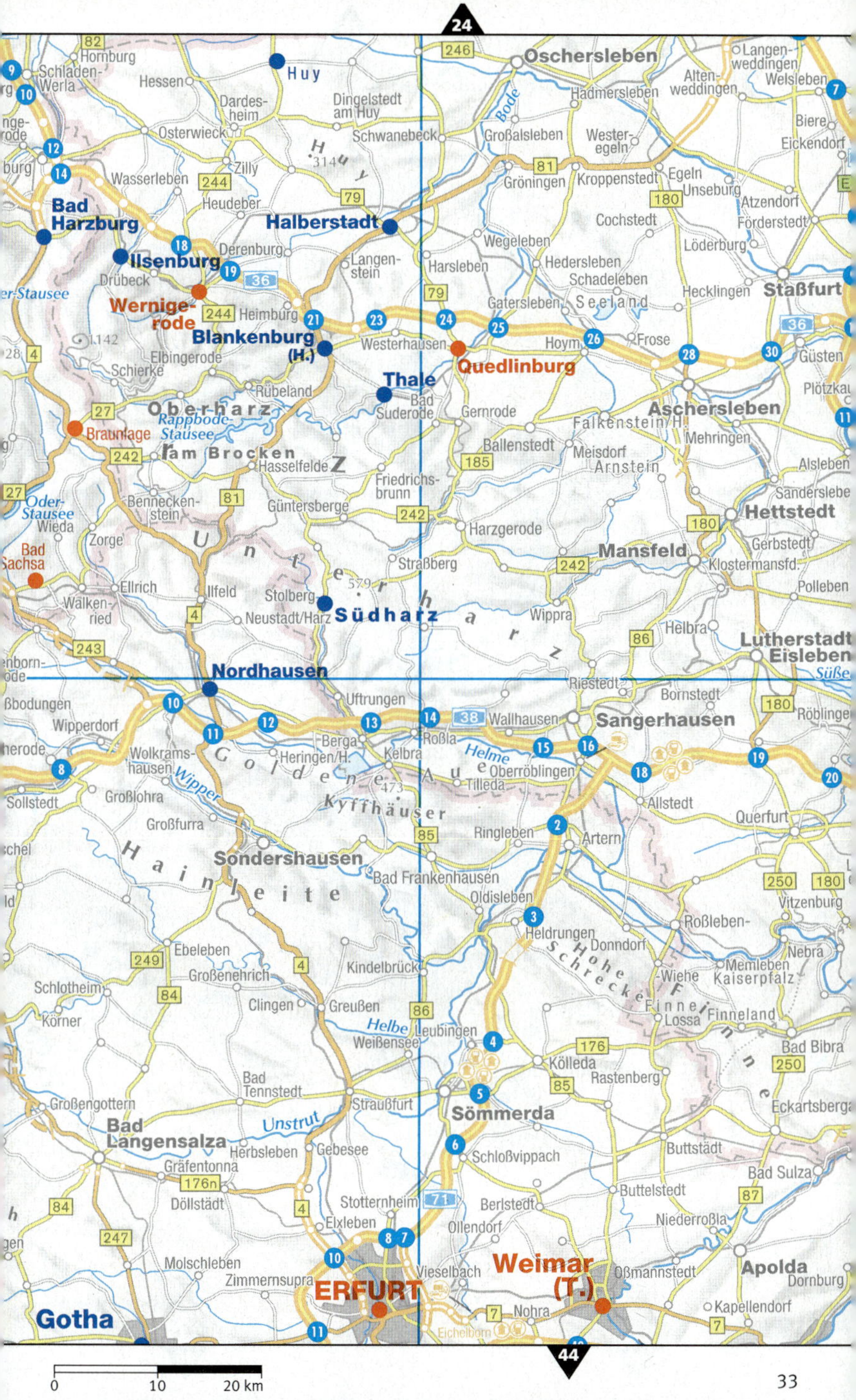
24
44
Oschersleben
Huy
Halberstadt
Bad Harzburg
Ilsenburg
Wernigerode
Blankenburg (H.)
Quedlinburg
Thale
Bad Suderode
Aschersleben
Staßfurt
Hettstedt
Mansfeld
Lutherstadt Eisleben
Südharz
Nordhausen
Sangerhausen
Sondershausen
Bad Frankenhausen
Sömmerda
Bad Langensalza
Gotha
ERFURT
Weimar (T.)
Apolda
Braunlage
Bad Sachsa
Oberharz am Brocken
Rappbode-Stausee
Oder-Stausee
Unterharz
Goldene Aue
Kyffhäuser
Hainleite
Hohe Schrecke
Finne
Seeland
Bode
Helme
Wipper
Helbe
Unstrut
Hornburg
Schladen-Werla
Hessen
Dardesheim
Dingelstedt am Huy
Schwanebeck
Osterwieck
Zilly
Wasserleben
Heudeber
Derenburg
Drübeck
Langenstein
Heimburg
Elbingerode
Schierke
Rübeland
Hasselfelde
Benneckenstein
Wieda
Zorge
Ellrich
Walkenried
Ilfeld
Stolberg
Neustadt/Harz
Güntersberge
Friedrichsbrunn
Straßberg
Harzgerode
Gernrode
Ballenstedt
Westerhausen
Harsleben
Wegeleben
Gröningen
Großalsleben
Hadmersleben
Westeregeln
Kroppenstedt
Egeln
Unseburg
Cochstedt
Hedersleben
Schadeleben
Gatersleben
Hoym
Frose
Falkenstein/H.
Meisdorf
Arnstein
Mehringen
Langenweddingen
Altenweddingen
Welsleben
Biere
Eickendorf
Atzendorf
Förderstedt
Löderburg
Hecklingen
Güsten
Plötzkau
Alsleben
Sandersleben
Gerbstedt
Klostermansfd.
Polleben
Helbra
Wippra
Riestedt
Bornstedt
Röblingen
Uftrungen
Wallhausen
Roßla
Kelbra
Berga
Heringen/H.
Oberröblingen
Tilleda
Allstedt
Querfurt
Artern
Ringleben
Wipperdorf
Wolkramshausen
Bleicherode
Großlohra
Sollstedt
Großfurra
Oldisleben
Heldrungen
Donndorf
Roßleben
Vitzenburg
Wiehe
Memleben Kaiserpfalz
Nebra
Lossa
Finneland
Bad Bibra
Kölleda
Rastenberg
Eckartsberga
Leubingen
Weißensee
Greußen
Kindelbrück
Ebeleben
Großenehrich
Clingen
Schlotheim
Körner
Großengottern
Bad Tennstedt
Straußfurt
Herbsleben
Gebesee
Gräfentonna
Döllstädt
Stotternheim
Elxleben
Schloßvippach
Buttstädt
Bad Sulza
Buttelstedt
Berlstedt
Niederroßla
Ollendorf
Vieselbach
Oßmannstedt
Dornburg
Kapellendorf
Nohra
Eichelborn
Molschleben
Zimmernsupra
1142
314
579
473
0
10
20 km

25

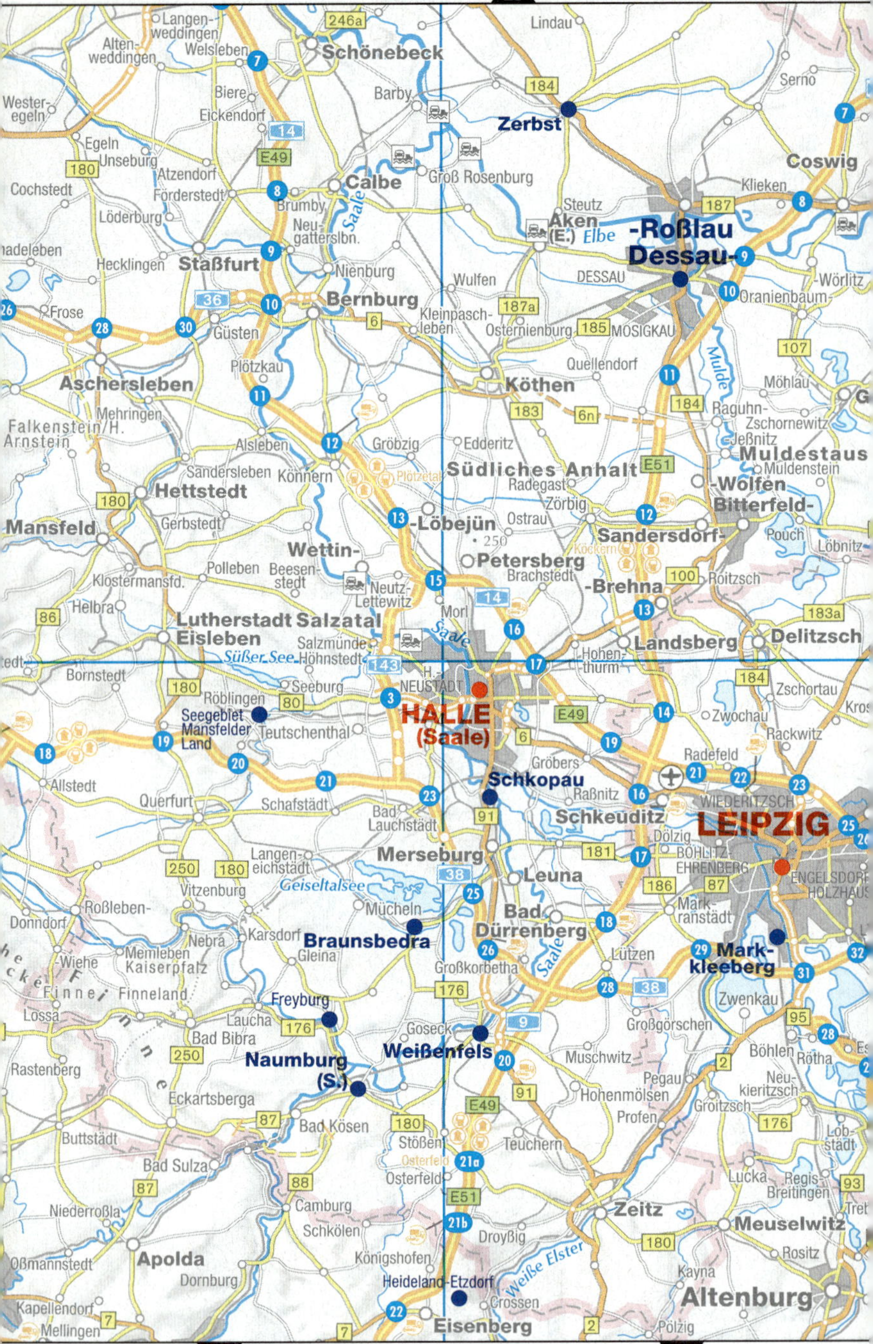

Schönebeck
Langen-weddingen
Alten-weddingen
Welsleben
Wester-egeln
Biere
Eickendorf
Barby
Zerbst
Lindau
Serno
Coswig
Egeln
Unseburg
Atzendorf
Förderstedt
Cochstedt
Löderburg
Calbe
Groß Rosenburg
Brumby
Neu-gattersleben
Saale
Steutz
Aken (E.)
Elbe
Klieken
-Roßlau
Dessau-
DESSAU
Wörlitz
Oranienbaum-
Hecklingen
Staßfurt
Nienburg
Wulfen
Bernburg
Frose
Güsten
Kleinpaschleben
Osternienburg
MOSIGKAU
Aschersleben
Plötzkau
Quellendorf
Köthen
Mulde
Möhlau
Raguhn-
Zschornewitz
Jeßnitz
Muldestausee
Muldenstein
Mehringen
Falkenstein/H.
Arnstein
Alsleben
Gröbzig
Edderitz
Südliches Anhalt
Radegast
-Wolfen
Bitterfeld-
Sandersleben
Könnern
Plötzetal
Hettstedt
Zörbig
Mansfeld
Gerbstedt
-Löbejün
Ostrau
Sandersdorf-
Pouch
Löbnitz
Wettin-
Petersberg
Brachstedt
Köckern
Klostermansfd.
Polleben
Beesenstedt
Neutz-Lettewitz
-Brehna
Roitzsch
Helbra
Morl
Lutherstadt Eisleben
Salzatal
Salzmünde
Landsberg
Delitzsch
Süßer See
Höhnstedt
Hohenthurm
Bornstedt
Seeburg
Röblingen
H.-NEUSTADT
HALLE (Saale)
Zschortau
Seegebiet Mansfelder Land
Teutschenthal
Zwochau
Rackwitz
Gröbers
Radefeld
Allstedt
Schkopau
Raßnitz
WIEDERITZSCH
Querfurt
Schafstädt
Bad Lauchstädt
Schkeuditz
LEIPZIG
Dölzig
Langeneichstädt
Merseburg
BÖHLITZ-EHRENBERG
ENGELSDORF
HOLZHAUSEN
Vitzenburg
Geiseltalsee
Leuna
Roßleben-
Mücheln
Bad Dürrenberg
Markranstädt
Donndorf
Nebra
Karsdorf
Braunsbedra
Gleina
Memleben
Kaiserpfalz
Wiehe
Lützen
Markkleeberg
Großkorbetha
Finne
Finneland
Freyburg
Zwenkau
Lossa
Laucha
Goseck
Großgörschen
Bad Bibra
Weißenfels
Böhlen
Rötha
Rastenberg
Naumburg (S.)
Muschwitz
Neukieritzsch
Pegau
Eckartsberga
Hohenmölsen
Groitzsch
Profen
Bad Kösen
Buttstädt
Stößen
Teuchern
Lobstädt
Bad Sulza
Osterfeld
Lucka
Regis-Breitingen
Niederroßla
Camburg
Zeitz
Meuselwitz
Schkölen
Droyßig
Apolda
Roßmannstedt
Königshofen
Rositz
Dornburg
Weiße Elster
Kayna
Heideland-Etzdorf
Crossen
Altenburg
Kapellendorf
Mellingen
Eisenberg
Pölzig

44
45

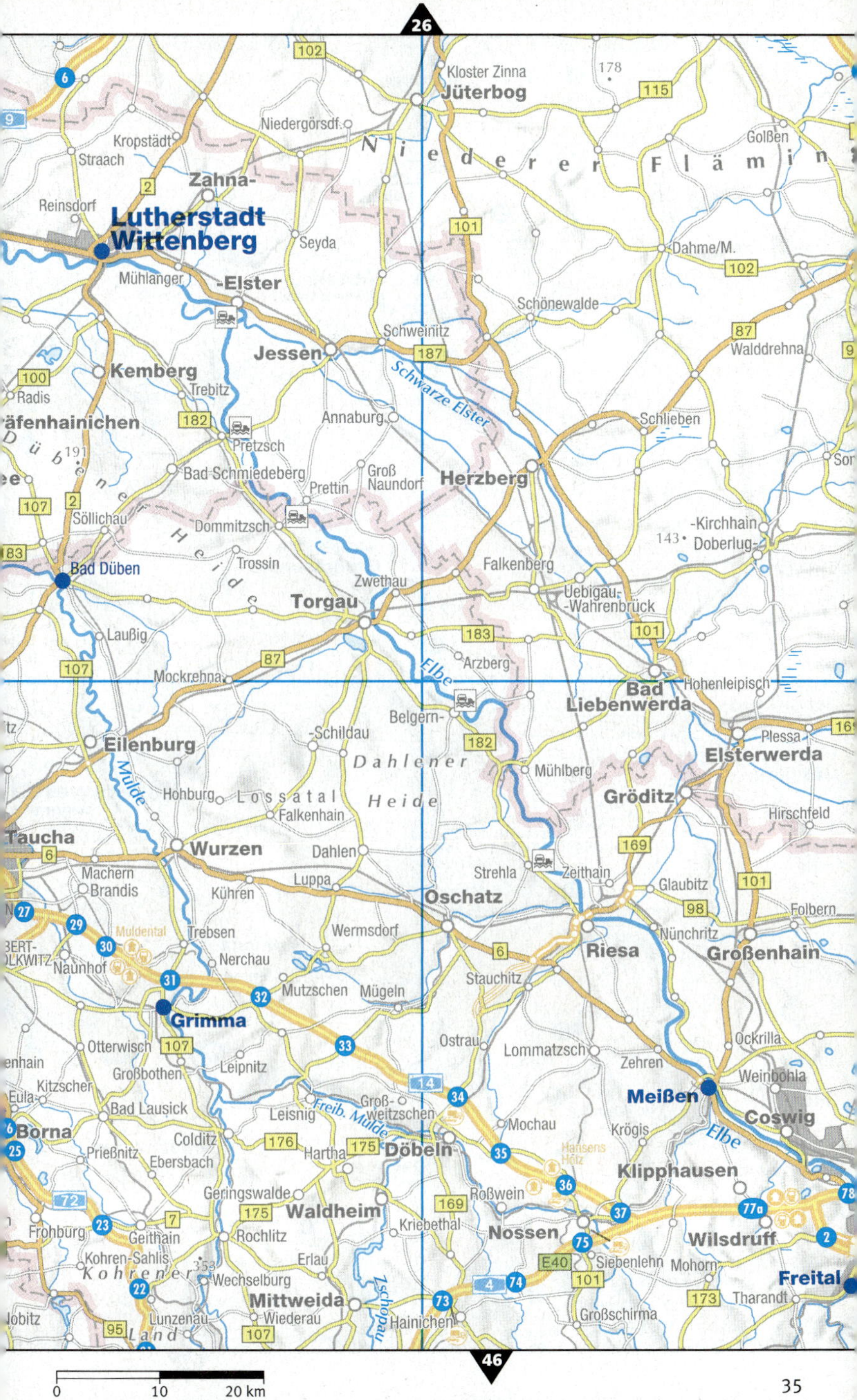
26
46
Kloster Zinna
Jüterbog
Niederer Fläming
Niedergörsdf.
Kropstädt
Straach
Zahna-
Reinsdorf
Lutherstadt Wittenberg
Seyda
Mühlanger
-Elster
Dahme/M.
Schönewalde
Golßen
Jessen
Schweinitz
Walddrehna
Kemberg
Trebitz
Radis
Schwarze Elster
Annaburg
Schlieben
äfenhainichen
Pretzsch
Bad Schmiedeberg
Prettin
Groß Naundorf
Herzberg
Dübener Heide
Söllichau
Dommitzsch
-Kirchhain
Doberlug-
Trossin
Bad Düben
Zwethau
Falkenberg
Torgau
Uebigau-
-Wahrenbrück
Laußig
Arzberg
Elbe
Mockrehna
Bad Liebenwerda
Hohenleipisch
Belgern-
Eilenburg
-Schildau
Plessa
Elsterwerda
Dahlener Heide
Mühlberg
Mulde
Hohburg
Lossatal
Falkenhain
Gröditz
Hirschfeld
Taucha
Wurzen
Dahlen
Strehla
Zeithain
Machern
Brandis
Luppa
Glaubitz
Kühren
Oschatz
Folbern
Muldental
Trebsen
Wermsdorf
Riesa
Nünchritz
Großenhain
Naunhof
Nerchau
Stauchitz
Mutzschen
Mügeln
Grimma
Otterwisch
Ostrau
Lommatzsch
Ockrilla
Großbothen
Leipnitz
Zehren
Weinböhla
Kitzscher
Eula
Meißen
Coswig
Groß-
weitzschen
Freib. Mulde
Leisnig
Bad Lausick
Mochau
Borna
Krögis
Colditz
Döbeln
Hartha
Prießnitz
Ebersbach
Hansens Holz
Klipphausen
Geringswalde
Roßwein
Waldheim
Frohburg
Geithain
Kriebethal
Nossen
Wilsdruff
Rochlitz
Kohren-Sahlis
Kohrener Land
Siebenlehn
Mohorn
Freital
Erlau
Wechselburg
Zschopau
Mittweida
Wiederau
Tharandt
Hainichen
Großschirma
Lunzenau
178
191
143
353
102
115
101
102
87
187
100
182
107
2
183
87
107
183
101
182
169
6
101
98
6
107
176
175
175
169
7
101
173
95
107
E40
A 9
A 14
A 4
A 72
A 13
9
27
29
30
31
32
33
34
35
36
37
77a
78
2
75
74
73
23
22
25
6
0
10
20 km

27
47
Märkische Heide
Schlepzig
Schwielochsee
Schwielochsee
Goyatz
Lieberose
Golßen
Fläming
Spreewald
Bersteital
Lübben
Lubin
Straupitz
Drachhausen
Tauer
Peitz
Dahme/M.
Rüblingsheide
Luckau
Lübbenau (Spreewald)
Burg (Spreewald)
Heinersbrück
Sielow
COTTBUS
Chośebuz
Vetschau
Walddrehna
Calau
Kolkwitz
Schlieben
Crinitz
Sonnewalde
Niederlausitz
Drebkau
Altdöbern
Altdöberner See
Doberlug-Kirchhain
Finsterwalde
Großräschen
Welzow
Spremberg
Grodk
Sallgast
Freienhufener Eck
Freienhufen
Sedlitz
Schipkau
Senftenberg
Schwarze Pumpe
Bad Liebenwerda
Hohenleipisch
Lauchhammer
Schwarzheide
Senftenberger See
Großkoschen
Lauta
Laubusch
Hosena
Burghammer
Plessa
Elsterwerda
Tettau
Ruhland
Gröditz
Hoyerswerda
Wojerecy
Hirschfeld
Groß-kmehlen
Ortrand
Wittichenau
Knappenrode
Bernsdorf
Zeithain
Cosel-Zeisholz
Groß Särchen
Glaubitz
Schwepnitz
Königswartha
Rakecy
Folbern
Nünchritz
Schönfeld
Thiendorf
Riesa
Großenhain
Königsbrück
Kamenz
Kamjenc
Neschwitz
Oberlausitz
Radeburg
Panschwitz-Kuckau
Crostwitz
Ockrilla
Ottendorf-Okrilla
Großnaundorf
Elstra
Kleinwelka
Zehren
Weinböhla
Pulsnitz
Göda
Bautzen
Meißen
Moritzburg
Weixdf.
Rammenau
Gaußig
Krögis
Coswig
Elbe
Groß-röhrsdorf
Bischofswerda
Schirgiswalde-Kirschau
Klipphausen
Radebeul
KLOTZSCHE
Radeberg
Großharthau
Neukirch
Wilthen
Stolpen
Steinigtwolmsdorf
Wilsdruff
DRESDEN
Neustadt
Sohland
Mohorn
Freital
Lohmen
Hohnstein
Vel. Šenov
Tharandt
Bannewitz
Possendorf
Heidenau
Pirna
Stadt Wehlen
Sebnitz
Kreischa
Dohna
Naundorf
Mikulášovice
Rumburk

Odra
Krosno
Odrzańskie
Nietków
Czerwieńsk
Zawada
Przylep
Guben
Gubin
Bobrowice
125
ZIELONA GÓRA
(GRÜNBERG)
Stary Kisielin
Racula
Świdnica
Ochla
Jänschwalde
Bóbr
E65
S3
32
97
27
112
Krzyst-
kowice
Nowogród
Bobrzański
Brody
Lubsko
Jasień
Kożuchów
Forst (L.)
Stypułów
A18
7
Olszyna
P O L S K A
197
Tuplice
Trzebiel
8
Żary
Żary Zach.
27
297
Żagań
Nysa
Neiße
115
12
Lipinki
Łużyckie
Bożnów
Döbern
227
Szprotawa
Tschernitz
56
Bad Muskau
Żary Płd.
E36
Łęknica
Weißwasser
Iłowa
Krauschwitz
Weißkeißel
Wuskidź
156
Przewóz
115
Gozdnica
Lubosźow
D O L N
Rietschen
Řěčicy
Ruszów
Boxberg/O.L.
B O R Y
Kreba-Neudorf
Chrjebja-Nowa Wjas
197
Hähnichen
Golnice
Klitten
Rothenburg
Niesky
Stary Węgliniec
Bolesławiec
Mücka
Neiße
E40
Krasnik Dolny
Horka
Quitzdorf
Talsperre
Quitzdorf
115
Pieńsk
Czerwona
Woda
Malschwitz
Malešecy
Kodersdorf
A4
94
Bolesławiec
4
91
E40
92
93
94
Weißen-
berg
Melaune
Zgorzelec
Godzieszów
Nowogrodziec
Hochkirch
Bukecy
L a u s i t z
Görlitz
Żarska Wieś
334
Gościszów
6
6
Zgorzelec
30
Kittlitz
Reichenbach/O.L.
Pisarzowice
Lubań
Niwnice
556
Cunewalde
Sohland
Lwówek
Śląski
297
Löbau
Olszyna
Oppach
Hagenwerder
Kemnitz
Bernstadt
Sulików
178
P O G Ó R Z E I Z E R S K I E
Gryfów Śląski
469
ersbach-
Kottmar
Herrnhut
Ostritz
Zawidów
Leśna
Lubomierz
Jiříkov
Černousy
13
Złotniki
Lubańskie
Chmieleń
96
99
Jindřichovice
Neugersdorf
Odewitz
Hirschfelde
Višňová
Bulovka
Mirsk
30

0 10 20 km

28
Herselt
Heusden-Zolder
Opglabbeek
Dilsen
Born
Sittard
Scherpenheuvel
Diest
Zonhoven
As
Eisden
Maasmechelen
Geleen
E314
A2
Lummen
Genk
Stein
Bekkevoort
Halen
Herk-de-Stad
Diepenbeek
Zutendaal
Beek
Tielt
Hasselt
Meerssen
Nuth
Kortenaken
E313
A13
Lanaken
Bilzen
A79
Nieuwerkerken
Alken
Hoeselt
Valkenburg
Voerendaal
Butsel
Linter
Wellen
Kortessem
Veldwezelt
Simpelveld
Tienen
Zoutleeuw
St.-Truiden
MAASTRICHT
Margraten
Gulpen
E40
Orsmaal-Gussenhoven
Borgloon
131
NEDERLAND
Eijsden
Tongeren
Mheer
Landen
Gingelom
Heers
Wonck
Vaal
Plombières
Oreye
Visé
Jodoigne
Juprelle
E25
Kelmis
A3
Dalhem
Aubel
Orp-Jauche
Hannut
Waremme
354
159
Herstal
Herve
Ans
LIÈGE
(LUIK)
E40
Limbourg
BELGIË
St-Nicolas
Braives
Dison
Engis
Fléron
Lac de la Gileppe
Eghezée
St.-Georges
Seraing
Chaudfontaine
A15
Verviers
BELGIQUE
Trooz
Pepinster
Neupré
Amay
E42
Jalhay
Huy
Esneux
Theux
Fernelmont
220
Meuse
Namèche
Andenne
Tinlot
Comblain-au-Pont
Aywaille
Remouchamps
Spa
Francorchamps
Marchin
NAMUR
(NAMEN)
E46
Ohey
Ouffet
Hamoir
Gesves
A26
Dave
Stoumont
Havelange
Warbomont
Trois Ponts
Stavelot
Assesse
Durbuy
Yvoir
Hamois
Somme-Leuze
E25
A4
Ciney
Manhay
Dinant
Erezée
Vielsalm
Hotton
Lierneux
341
E411
652
Marche-en-Famenne
La Roche-en-Ardenne
Gouvy
Houyet
Rochefort
561
Houffalize
Givet
Troisvierges
Beauraing
Bertogne
Wellin
E46
547
438
589
Allerborn
St-Hubert
Bastogne
LUXEMBOURG
Gedinne
Libin
Bièvre
A26
Wiltz
Famenne
Condroz
Ardenne
48

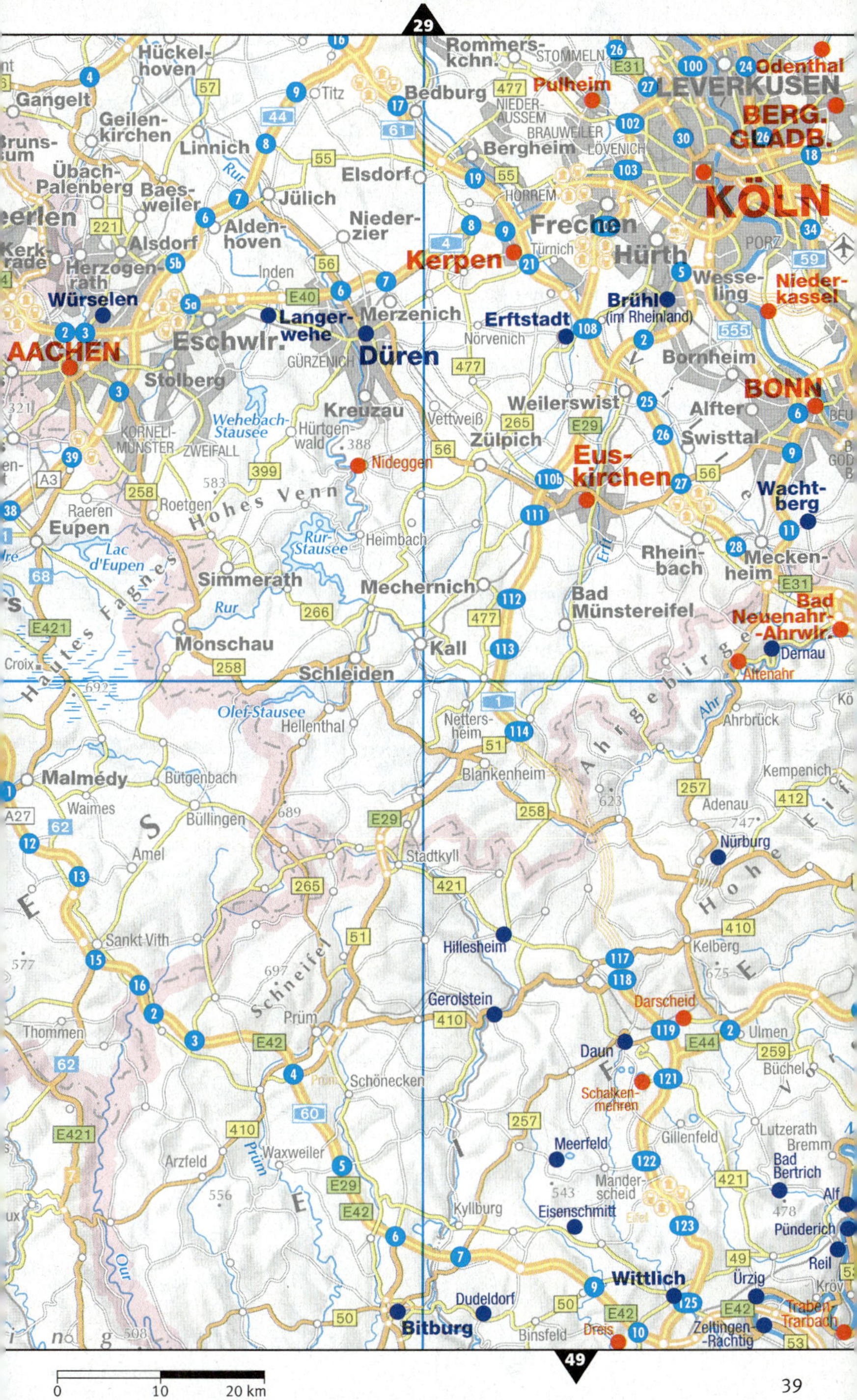
29
Hückelhoven
Gangelt
Geilenkirchen
Linnich
Titz
Bedburg
Rommerskchn.
STOMMELN
Pulheim
LEVERKUSEN
Odenthal
BERG. GLADB.
Übach-Palenberg
Baesweiler
Jülich
Elsdorf
NIEDERAUSSEM
BRAUWEILER
Bergheim
LÖVENICH
KÖLN
Alsdorf
Aldenhoven
Niederzier
HORREM
Frechen
Kerpen
Türnich
Hürth
PORZ
Herzogenrath
Inden
Würselen
Langerwehe
Merzenich
Erftstadt
Brühl (im Rheinland)
Wesseling
Niederkassel
AACHEN
Eschwlr.
GÜRZENICH
Düren
Nörvenich
Bornheim
Stolberg
Kreuzau
Vettweiß
Weilerswist
Alfter
BONN
KORNELIMÜNSTER
Wehebach-Stausee
Hürtgenwald
Zülpich
Swisttal
ZWEIFALL
Nideggen
Euskirchen
Wachtberg
Raeren
Roetgen
Hohes Venn
Eupen
Lac d'Eupen
Rur-Stausee
Heimbach
Rheinbach
Meckenheim
Simmerath
Mechernich
Bad Münstereifel
Bad Neuenahr-Ahrwlr.
Rur
Hautes Fagnes
Monschau
Kall
Dernau
Croix
Schleiden
Altenahr
Ahrgebirge
Ahr
Olef-Stausee
Hellenthal
Nettersheim
Ahrbrück
Blankenheim
Malmédy
Bütgenbach
Waimes
Büllingen
Kempenich
Adenau
Nürburg
Amel
Stadtkyll
Hohe Eifel
Hillesheim
Kelberg
Sankt Vith
Schneifel
Prüm
Gerolstein
Darscheid
Thommen
Ulmen
Daun
Büchel
Schönecken
Schalkenmehren
Lutzerath
Gillenfeld
Bremm
Waxweiler
Meerfeld
Bad Bertrich
Arzfeld
Manderscheid
Alf
Eifel
Kyllburg
Eisenschmitt
Pünderich
Our
Reil
Wittlich
Ürzig
Kröv
Dudeldorf
Traben-Trarbach
Bitburg
Binsfeld
Dreis
Zeltingen-Rachtig
49
0 10 20 km

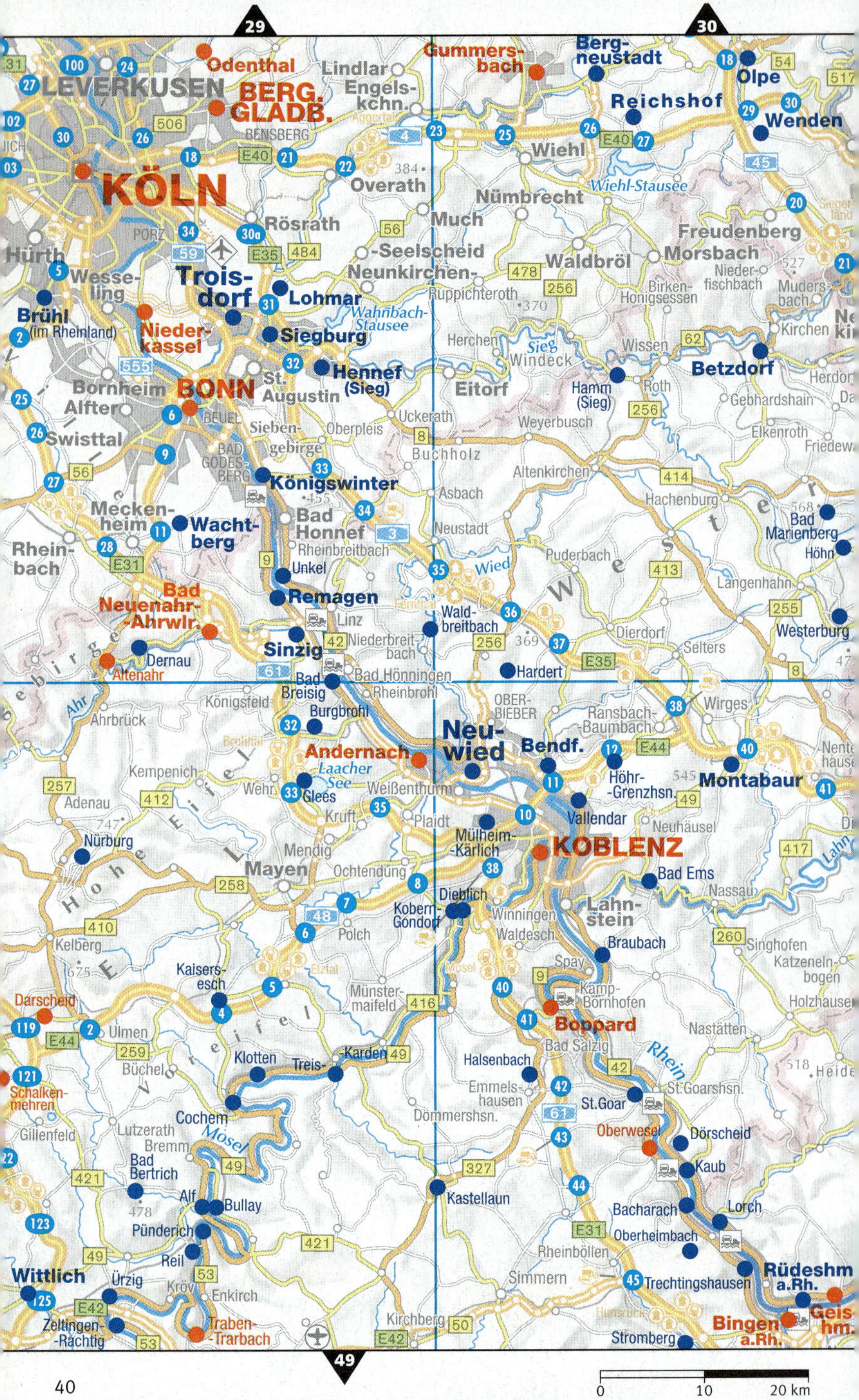
29
30
LEVERKUSEN
Odenthal
BERG. GLADB.
BENSBERG
Lindlar
Engels-kchn.
Aggertal
Gummers-bach
Berg-neustadt
Olpe
Reichshof
Wenden
KÖLN
PORZ
Wiehl
Overath
Nümbrecht
Wiehl-Stausee
Hürth
Wesse-ling
Rösrath
Much
Freudenberg
Trois-dorf
-Seelscheid
Neunkirchen-
Waldbröl
Morsbach
Brühl
(im Rheinland)
Lohmar
Wahnbach-Stausee
Ruppichteroth
Birken-Honigsessen
Nieder-fischbach
Muders-bach
Nieder-kassel
Siegburg
Herchen
Sieg
Windeck
Wissen
Kirchen
Bornheim
BONN
St. Augustin
Hennef (Sieg)
Eitorf
Hamm (Sieg)
Roth
Betzdorf
Herdorf
Alfter
BEUEL
Uckerath
Weyerbusch
Gebhardshain
Swisttal
Sieben-gebirge
Oberpleis
Buchholz
Elkenroth
BAD GODES-BERG
Königswinter
Asbach
Altenkirchen
Hachenburg
Mecken-heim
Wacht-berg
Bad Honnef
Neustadt
Bad Marienberg
Rhein-bach
Rheinbreitbach
Puderbach
Unkel
Wied
Langenhahn
Bad Neuenahr-Ahrwlr.
Remagen
Linz
Wald-breitbach
Westerburg
Dernau
Altenahr
Sinzig
Niederbreit-bach
Dierdorf
Selters
Hardert
Bad Breisig
Bad Hönningen
Rheinbrohl
Königsfeld
OBER-BIEBER
Ransbach-Baumbach
Wirges
Ahrbrück
Burgbrohl
Neu-wied
Bendf.
Andernach
Laacher See
Höhr-Grenzhsn.
Montabaur
Kempenich
Wehr
Glees
Weißenthurm
Vallendar
Adenau
Kruft
Plaidt
Neuhäusel
Nürburg
Mendig
Mülheim-Kärlich
KOBLENZ
Mayen
Ochtendung
Bad Ems
Lahn
Nassau
Kobern-Gondorf
Dieblich
Lahn-stein
Polch
Winningen
Waldesch
Kelberg
Braubach
Singhofen
Katzeneln-bogen
Kaisers-esch
Elztal
Spay
Kamp-Bornhofen
Holzhausen
Darscheid
Münster-maifeld
Mosel
Boppard
Nastätten
Ulmen
Bad Salzig
Rhein
Büchel
Klotten
Treis-
-Karden
Halsenbach
Schalken-mehren
Emmels-hausen
St. Goar
St. Goarshsn.
Heidenrod
Gillenfeld
Cochem
Dommershsn.
Lutzerath
Bremm
Oberwesel
Dörscheid
Mosel
Kaub
Bad Bertrich
Alf
Bullay
Kastellaun
Bacharach
Lorch
Pünderich
Oberheimbach
Reil
Rheinböllen
Wittlich
Ürzig
Kröv
Simmern
Trechtingshausen
Rüdeshm a.Rh.
Enkirch
Hunsrück
Geis-hm.
Zeltingen-Rachtig
Traben-Trarbach
Kirchberg
Bingen a.Rh.
Stromberg
Westerwald
Hohe Eifel
Vordereifel
Eifel
49
0
10
20 km

31

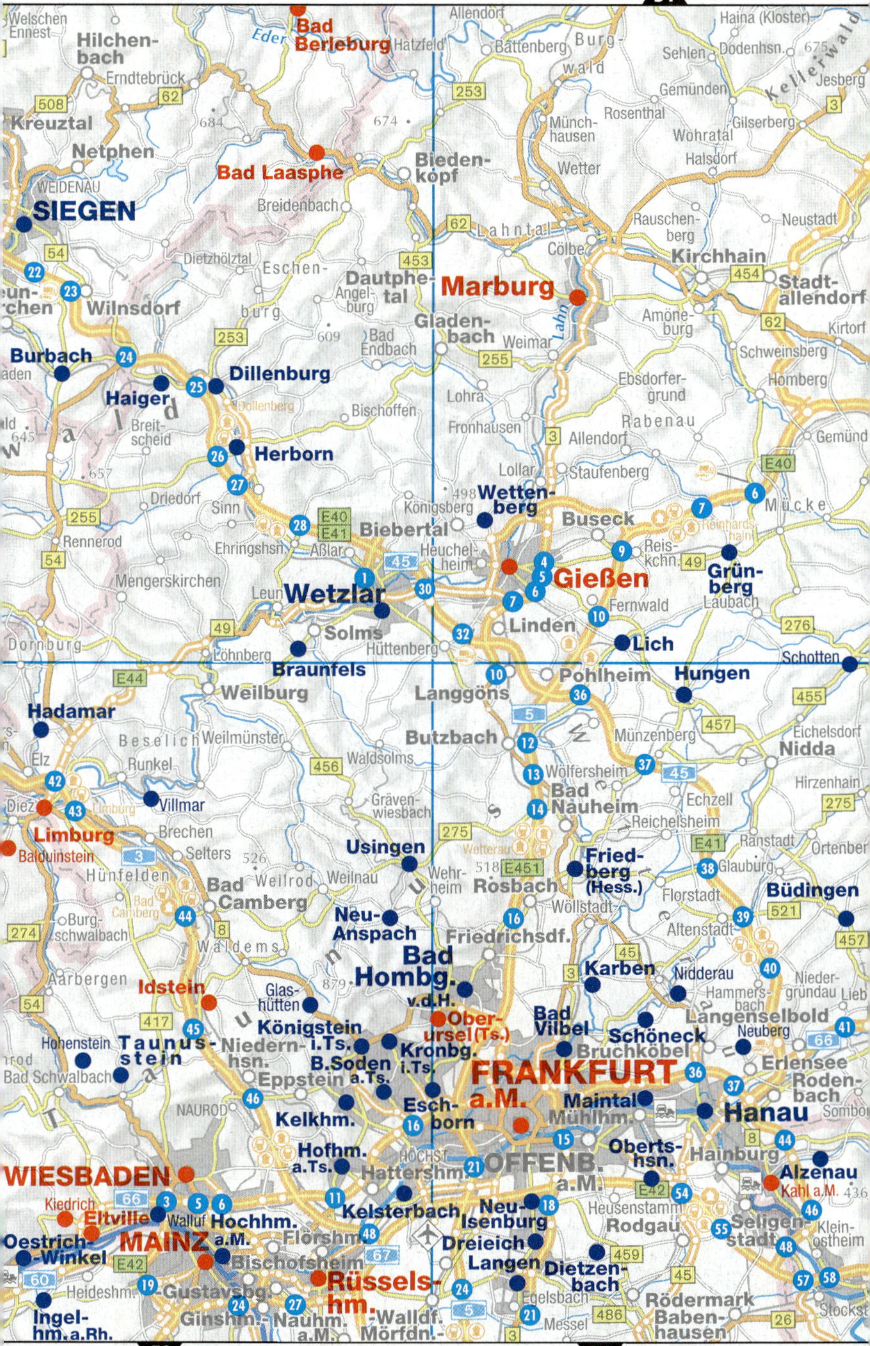

Welschen Ennest
Hilchenbach
Erndtebrück
Bad Berleburg
Eder
Hatzfeld
Allendorf
Battenberg
Burgwald
Haina (Kloster)
Sehlen
Dodenhsn.
675
Kellerwald
Jesberg
508
62
253
Gemünden
Kreuztal
684
674
Rosenthal
Münchhausen
Wohratal
Gilserberg
3
Netphen
Bad Laasphe
Biedenkopf
Wetter
Halsdorf
WEIDENAU
SIEGEN
Breidenbach
Rauschenberg
Neustadt
62
Lahntal
Cölbe
Kirchhain
54
Dietzhölztal
Eschenburg
453
Dautphetal
Angelburg
Marburg
454
Stadtallendorf
Wilnsdorf
Lahn
Amöneburg
62
Kirtorf
609
Bad Endbach
Gladenbach
Weimar
253
255
Schweinsberg
Burbach
24
Dillenburg
Homberg
Haiger
25
Dillenburg
Ebsdorfergrund
Bischoffen
Lohra
Rabenau
Breitscheid
645
Fronhausen
3
Allendorf
Gemünd
26
Herborn
Lollar
Staufenberg
E40
657
27
Driedorf
Sinn
498
Wettenberg
Königsberg
6
7
Mücke
255
28
E40
E41
Biebertal
Buseck
Reinhardshain
Rennerod
Ehringshsn.
Aßlar
Heuchelheim
Reiskchn.
9
49
Grünberg
54
45
4
5
Gießen
Mengerskirchen
1
6
Leun
Wetzlar
30
7
Fernwald
Laubach
10
Solms
32
Linden
276
49
Dornburg
Hüttenberg
Lich
Löhnberg
Braunfels
10
Pohlheim
Hungen
Schotten
E44
Weilburg
Langgöns
36
455
Hadamar
5
457
Butzbach
Beselich
Weilmünster
Münzenberg
Eichelsdorf
12
Nidda
Elz
Runkel
Waldsolms
456
37
13
Wölfersheim
45
Hirzenhain
42
Bad Nauheim
Echzell
275
Diez
43
Villmar
Grävenwiesbach
14
Limburg
Reichelsheim
Limburg
Brechen
275
E41
Ranstadt
Ortenberg
Balduinstein
3
Selters
526
Usingen
Wetterau
518
E451
Friedberg (Hess.)
38
Glauburg
Hünfelden
Bad Camberg
Weilrod
Weilnau
Wehrheim
Rosbach
Florstadt
Büdingen
Bad Camberg
44
Wöllstadt
Burg-Schwalbach
Neu-Anspach
16
Altenstadt
39
521
274
8
Friedrichsdf.
457
Waldems
Bad Hombg. v.d.H.
45
Aarbergen
879
3
Karben
Nidderau
40
Niedergründau
Idstein
Glashütten
Hammersbach
54
Oberursel (Ts.)
Bad Vilbel
Langenselbold
417
45
Königstein i.Ts.
Schöneck
Neuberg
41
Taunusstein
Hohenstein
Niedernhsn.
Kronbg. i.Ts.
Bruchköbel
66
B.Soden a.Ts.
FRANKFURT a.M.
Erlensee
Bad Schwalbach
Eppstein
36
Rodenbach
46
Eschborn
Maintal
37
NAUROD
Kelkhm.
Mühlhm.
Hanau
16
15
Hofhm. a.Ts.
HÖCHST
8
44
Hattershm.
21
OFFENB. a.M.
Obertshsn.
Hainburg
WIESBADEN
Alzenau
66
3
5
6
E42
54
Kahl a.M.
436
Kiedrich
11
Kelsterbach
Neu-Isenburg
18
Heusenstamm
46
Eltville
Walluf
Hochhm. a.M.
Flörshm.
48
Seligenstadt
Klein-ostheim
Oestrich-Winkel
MAINZ
Rodgau
55
Bischofsheim
67
Dreieich
48
E42
Langen
459
60
Heidesheim
19
Gustavsbg.
Rüsselshm.
24
Dietzenbach
45
57
58
Egelsbach
Rödermark
Ingelhm. a.Rh.
24
27
5
21
Ginshm.
Nauhm. a.M.
Walldf.
Mörfdn.
Messel
486
Babenhausen
26
Stockstadt
3

50
51

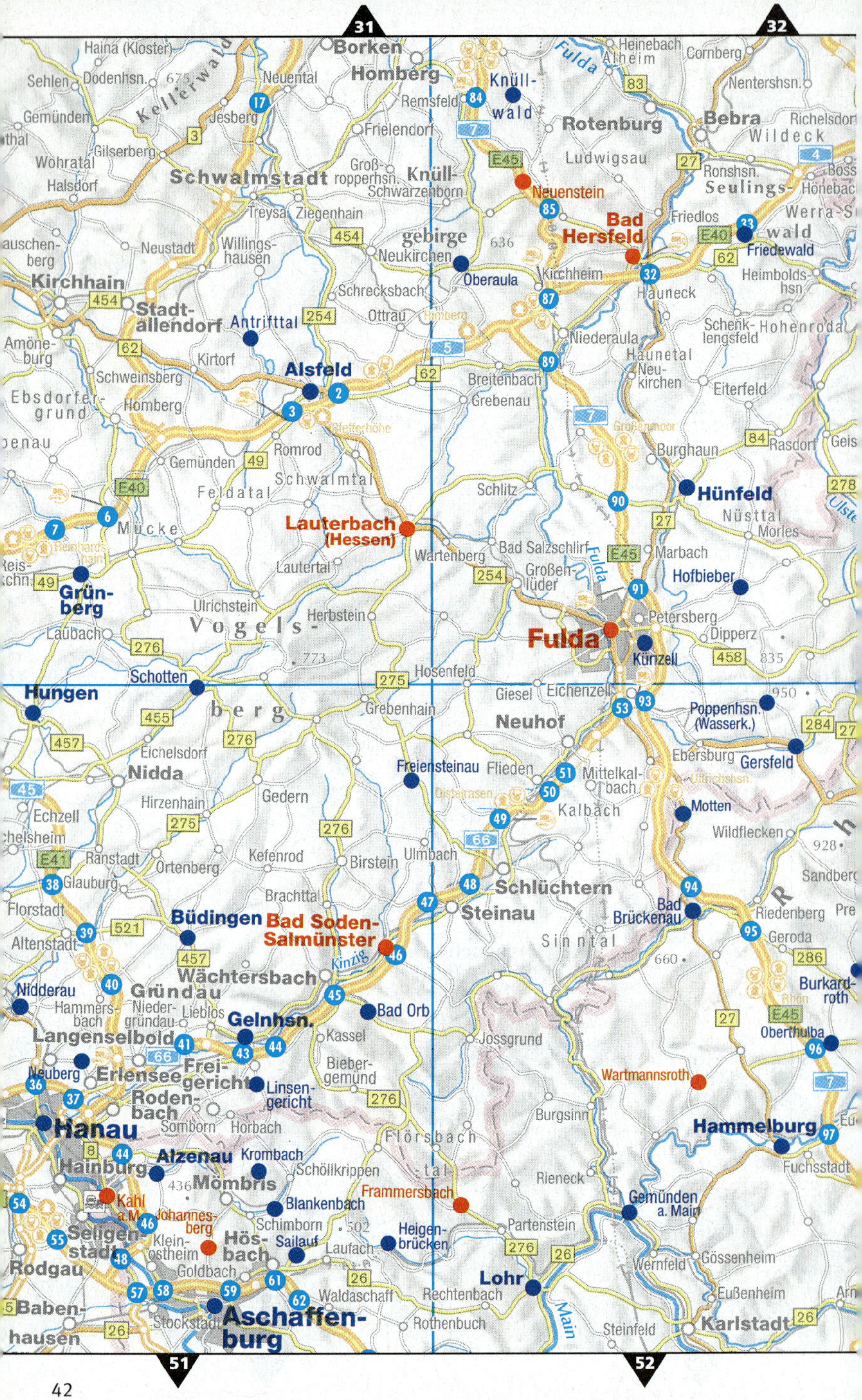

31
32
51
52
Haina (Kloster)
Borken
Homberg
Heinebach
Alheim
Cornberg
Fulda
Sehlen
Dodenhsn.
675
Kellerwald
Neuental
Remsfeld
Knüll-
wald
Nentershsn.
Gemünden
Jesberg
Frielendorf
Rotenburg
Bebra
Richelsdorf
Wildeck
thal
Gilserberg
Groß-
ropperhsn.
Knüll-
Schwarzenborn
Ludwigsau
Ronshsn.
Wohratal
Schwalmstadt
Neuenstein
Seulings-
Hönebach
Halsdorf
Treysa
Ziegenhain
gebirge
Bad
Hersfeld
Friedlos
Werra-S
wald
Friedewald
Rauschen-
berg
Neustadt
Willings-
hausen
Neukirchen
636
Oberaula
Kirchheim
Heimbolds-
hsn
Kirchhain
Schrecksbach
Hauneck
Stadt-
allendorf
Antrifttal
Ottrau
Rimberg
Niederaula
Schenk-
lengsfeld
Hohenroda
Amöne-
burg
Kirtorf
Haunetal
Neu-
kirchen
Schweinsberg
Alsfeld
Breitenbach
Grebenau
Eiterfeld
Ebsdorfer-
grund
Homberg
Pfefferhöhe
Großenmoor
Burghaun
Rasdorf
Geis
Romrod
Gemünden
Schwalmtal
Schlitz
Hünfeld
Feldatal
Nüsttal
Morles
Mücke
Lauterbach
(Hessen)
Reinhards-
hain
Bad Salzschlirf
Wartenberg
Marbach
Lautertal
Großen-
lüder
Hofbieber
Grün-
berg
Ulrichstein
Herbstein
Petersberg
Laubach
Vogels-
Fulda
Dipperz
Künzell
773
835
Schotten
Hosenfeld
Giesel
Eichenzell
950
Hungen
berg
Grebenhain
Neuhof
Poppenhsn.
(Wasserk.)
Eichelsdorf
Ebersburg
Gersfeld
Nidda
Freiensteinau
Flieden
Mittelkal-
bach
Distelrasen
Ulrichshsn.
Hirzenhain
Gedern
Kalbach
Motten
Echzell
Wildflecken
Reichelsheim
Kefenrod
Birstein
Ulmbach
928
Ranstadt
Ortenberg
Schlüchtern
Sandberg
Glauburg
Brachttal
Steinau
Bad
Brückenau
Riedenberg
Florstadt
Büdingen
Bad Soden-
Salmünster
Sinntal
Geroda
Altenstadt
Kinzig
660
Wächtersbach
Burkard-
roth
Nidderau
Gründau
Hammers-
bach
Nieder-
gründau
Lieblos
Bad Orb
Gelnhsn.
Langenselbold
Kassel
Jossgrund
Oberthulba
Neuberg
Erlensee
Frei-
gericht
Bieber-
gemünd
Linsen-
gericht
Wartmannsroth
Roden-
bach
Hanau
Somborn
Horbach
Burgsinn
Hammelburg
Flörsbach
Fuchsstadt
Hainburg
Alzenau
Krombach
Schöllkrippen
-tal
Rieneck
436
Mömbris
Kahl
a. M.
Frammersbach
Johannes-
berg
Blankenbach
Gemünden
a. Main
Seligen-
stadt
Klein-
ostheim
Schimborn
502
Heigen-
brücken
Partenstein
Hös-
bach
Sailauf
Laufach
Rodgau
Goldbach
Wernfeld
Gössenheim
Lohr
Waldaschaff
Rechtenbach
Main
Eußenheim
Baben-
hausen
Stockstadt
Aschaffen-
burg
Rothenbuch
Steinfeld
Karlstadt
Arn
Rhön
Ulster

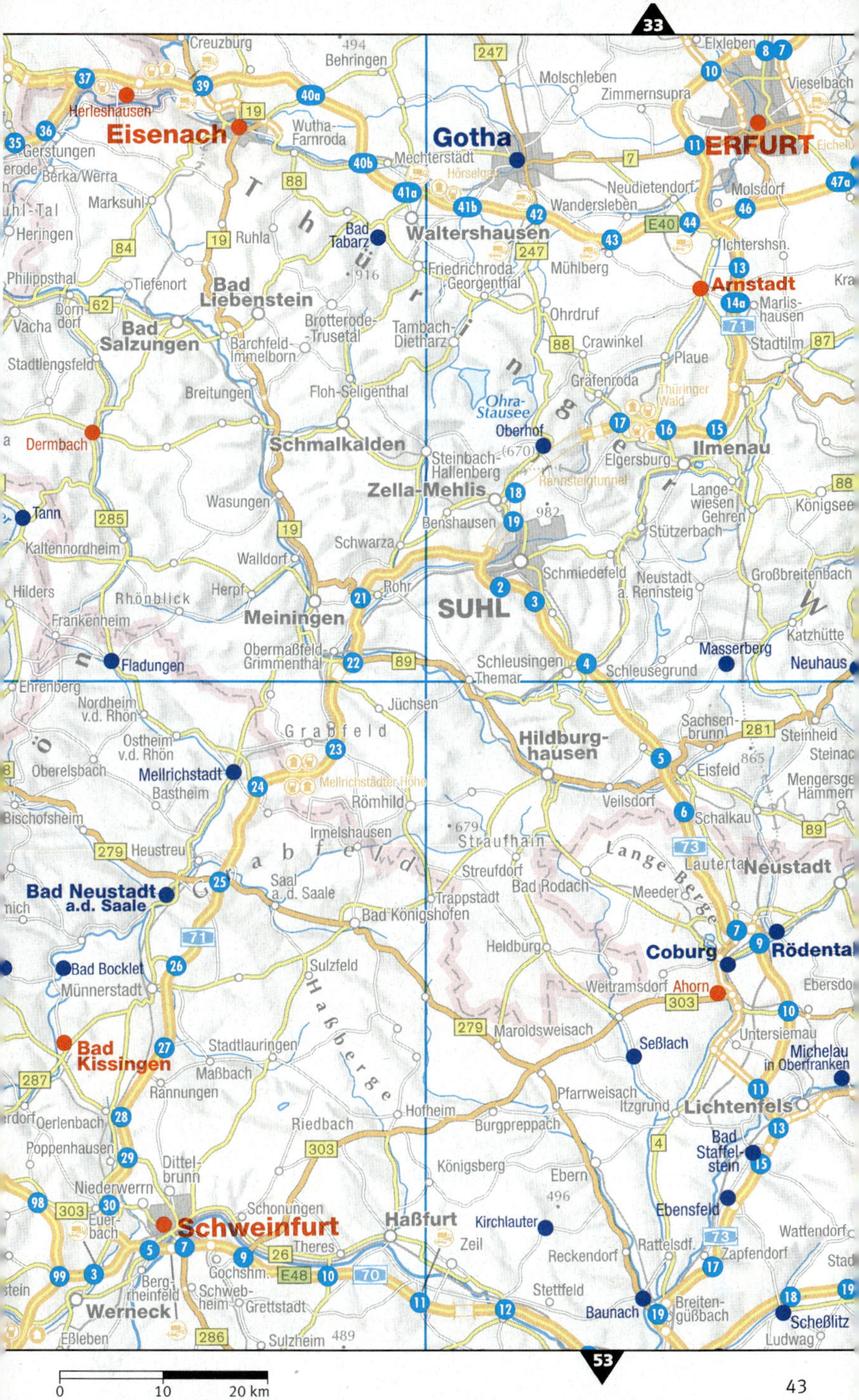
33
53
Creuzburg
Behringen
Herleshausen
Eisenach
Wutha-Farnroda
Gerstungen
Berka/Werra
Marksuhl
Heringen
Philippsthal
Vacha
Dorndorf
Tiefenort
Bad Salzungen
Bad Liebenstein
Ruhla
Bad Tabarz
Stadtlengsfeld
Barchfeld-Immelborn
Brotterode-Trusetal
Breitungen
Floh-Seligenthal
Dermbach
Schmalkalden
Tann
Kaltennordheim
Wasungen
Walldorf
Hilders
Rhönblick
Herpf
Frankenheim
Meiningen
Fladungen
Obermaßfeld-Grimmenthal
Gotha
Mechterstädt
Hörselgau
Waltershausen
Friedrichroda
Georgenthal
Tambach-Dietharz
Molschleben
Zimmernsupra
Neudietendorf
Wandersleben
Mühlberg
Ohrdruf
Crawinkel
Gräfenroda
Plaue
Ohra-Stausee
Oberhof
Thüringer Wald
Elgersburg
Ilmenau
Steinbach-Hallenberg
Zella-Mehlis
Rennsteigtunnel
Benshausen
Schwarza
Rohr
Schmiedefeld
SUHL
Langewiesen
Gehren
Stützerbach
Königsee
Neustadt a. Rennsteig
Großbreitenbach
Katzhütte
Masserberg
Neuhaus
Schleusingen
Themar
Schleusegrund
Elxleben
Vieselbach
ERFURT
Eichelb
Molsdorf
Ichtershsn.
Arnstadt
Marlishausen
Stadtilm
Kra
Ehrenberg
Nordheim v.d. Rhön
Ostheim v.d. Rhön
Oberelsbach
Mellrichstadt
Bastheim
Bischofsheim
Heustreu
Bad Neustadt a.d. Saale
Bad Bocklet
Münnerstadt
Bad Kissingen
Oerlenbach
Poppenhausen
Niederwerrn
Euerbach
Schweinfurt
Bergrheinfeld
Werneck
Eßleben
Jüchsen
Grabfeld
Mellrichstädter Höhe
Römhild
Irmelshausen
Saal a.d. Saale
Bad Königshofen
Sulzfeld
Haßberge
Stadtlauringen
Maßbach
Rannungen
Riedbach
Hofheim
Dittelbrunn
Schonungen
Haßfurt
Theres
Gochshm.
Schwebheim
Grettstadt
Sulzheim
Hildburghausen
Sachsenbrunn
Steinheid
Eisfeld
Veilsdorf
Schalkau
Mengersgereuther Hämmern
Straufhain
Streufdorf
Bad Rodach
Lange Berge
Lautertal
Neustadt
Meeder
Trappstadt
Heldburg
Coburg
Rödental
Weitramsdorf
Ahorn
Ebersdorf
Untersiemau
Maroldsweisach
Seßlach
Michelau in Oberfranken
Pfarrweisach
Itzgrund
Lichtenfels
Burgpreppach
Bad Staffelstein
Königsberg
Ebern
Ebensfeld
Kirchlauter
Zeil
Reckendorf
Rattelsdf.
Zapfendorf
Wattendorf
Stettfeld
Baunach
Breitengüßbach
Scheßlitz
Ludwag
0
10
20 km

33
34
Elxleben
Ollendorf
Niederroßla
Schkölen
Weimar (T.)
Oßmannstedt
Apolda
Dornburg
Königshofen
Heideland-Etzdorf
Vieselbach
Kapellendorf
ERFURT
Nohra
Mellingen
JENA
Eisenb
Bürgel
Bad Klosterlausnitz
Molsdorf
Bad Berka
Magdala
Hermsdorf
Kraftsdorf
Ichtershsn.
Arnstadt
Kranichfeld
Tannroda
Blankenhain
Stadtroda
Marlishausen
Kahla
Münch
Stadtilm
Plaue
Teichel
Remda-
Orlamünde
Hummelshain
Uhlstädt-Kirchhasel
Neustadt a.d.O.
Triptis
Saale
Ilmenau
Rottenbach
Rudolstadt
Oppurg
Pößneck
Krölpa
Auma-Wei
Langewiesen
Gehren
Königsee
Bad Blankenburg
Saalfeld /Saale
Ranis
Talsperre Zeulenroda
Stützerbach
Unterwellenborn
Hohenwarte-talsperre
Kaulsdorf
Ziegenrück
Zeulenroda-Triebes
Neustadt Rennsteig
Großbreitenbach
Oberweißbach
Leutenberg
Schleiz
Pausa
Katzhütte
Reichmannsdorf
Mühltroff
Masserberg
Lichte
Probstzella
Remptendorf
Neuhaus
Gräfenthal
Saalburg
Tanna
Ludwigsstadt
Ebersdorf
Bleiloch-talsperre
Sachsenbrunn
Steinheid
Lauscha
Tettau
Steinach
Wurzbach
Bad Lobenstein
Eisfeld
Steinbach
Gefell
Mengersgereuth-Hämmern
Tschirn
Hirschberg
Schalkau
Teuschnitz
Frankenwald
Lichtenbg.
Töpen
Neustadt
Sonneberg
Nordhalben
Bad Steben
Lautertal
Pressig
Naila
Köditz
Wilhelmsthal
Geroldsgrün
Steinwiesen
Selbitz
Rödental
Stockheim
Schwarzenbach
Hof
Coburg
Mitwitz
Schauenstein
Konradsreuth
Ahorn
Ebersdorf
Wallenfels
Oberkotzau
Sonnefeld
Kronach
Helmbrechts
Weißenbrunn
Presseck
Untersiemau
Rugendorf
Schwarz
Michelau in Oberfranken
Redwitz
Küps
Münchberg
Burgkunstadt
Unter-steinach
Stadtsteinach
Marktleugast
Stammbach
Zell
Sparneck
Kupferbg.
Lichtenfels
Main-leus
Wirsberg
Marktleuthen
Bad Staffelstein
Main
Klosterlangheim
Markt-schorgast
Weißenstadt
Weismain
Kulmbach
Neuenmarkt
Gefrees
Ebensfeld
Himmelkron
Fichtelgebirge
Wattendorf
Arnstein
Thurnau
Bad Berneck i. F.
Bischofsgrün
Tröstau
Zapfendorf
Stadelhofen
Neudrossenfeld
Goldkronach
Fichtelberg
Bindlach
Warmensteinach
Breitengüßbach
Wonsees
Nagel
Scheßlitz
Bayreuth
Ludwag
Königsfeld
Hollfeld
53
54

35

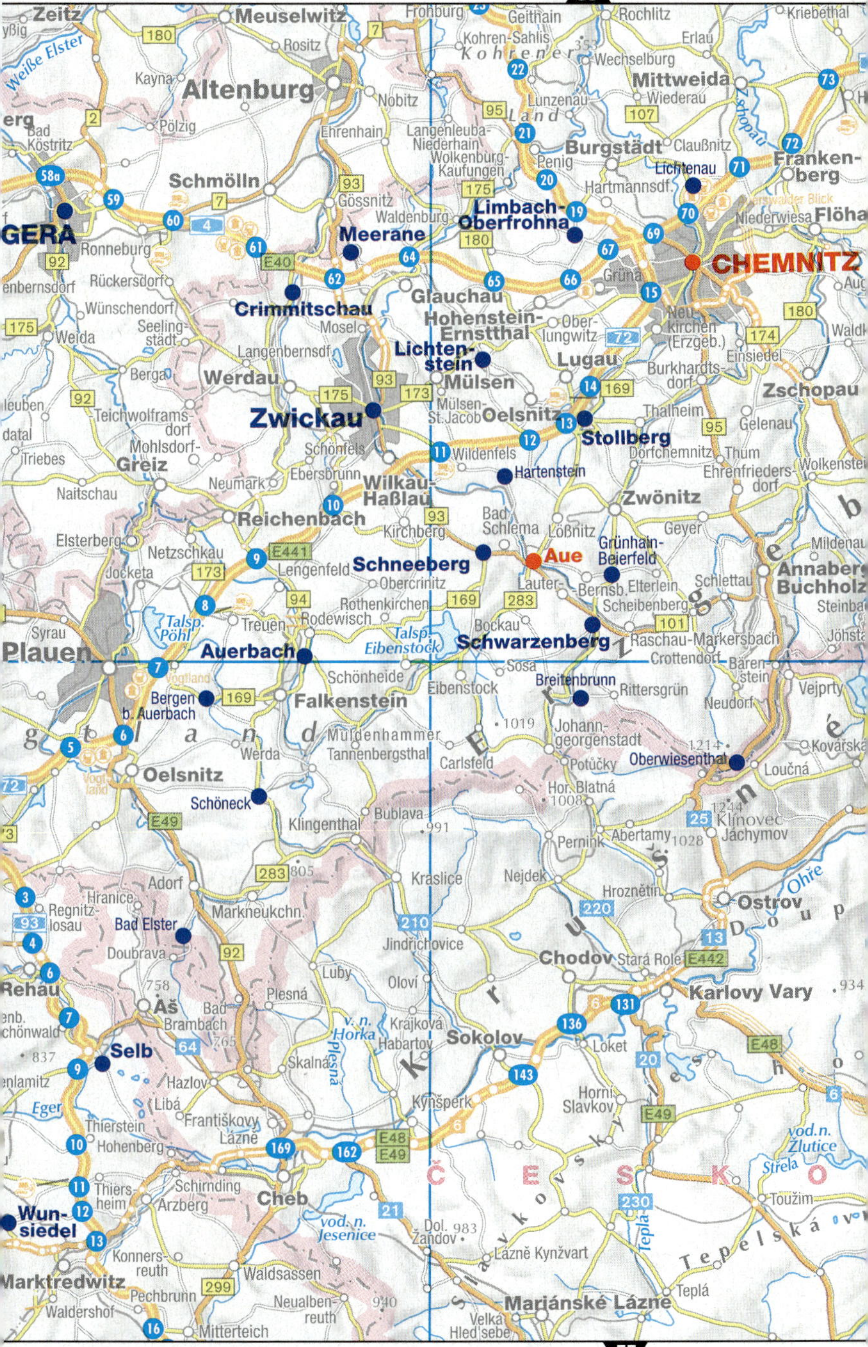

55

0 10 20 km

35
36

55

0 10 20 km

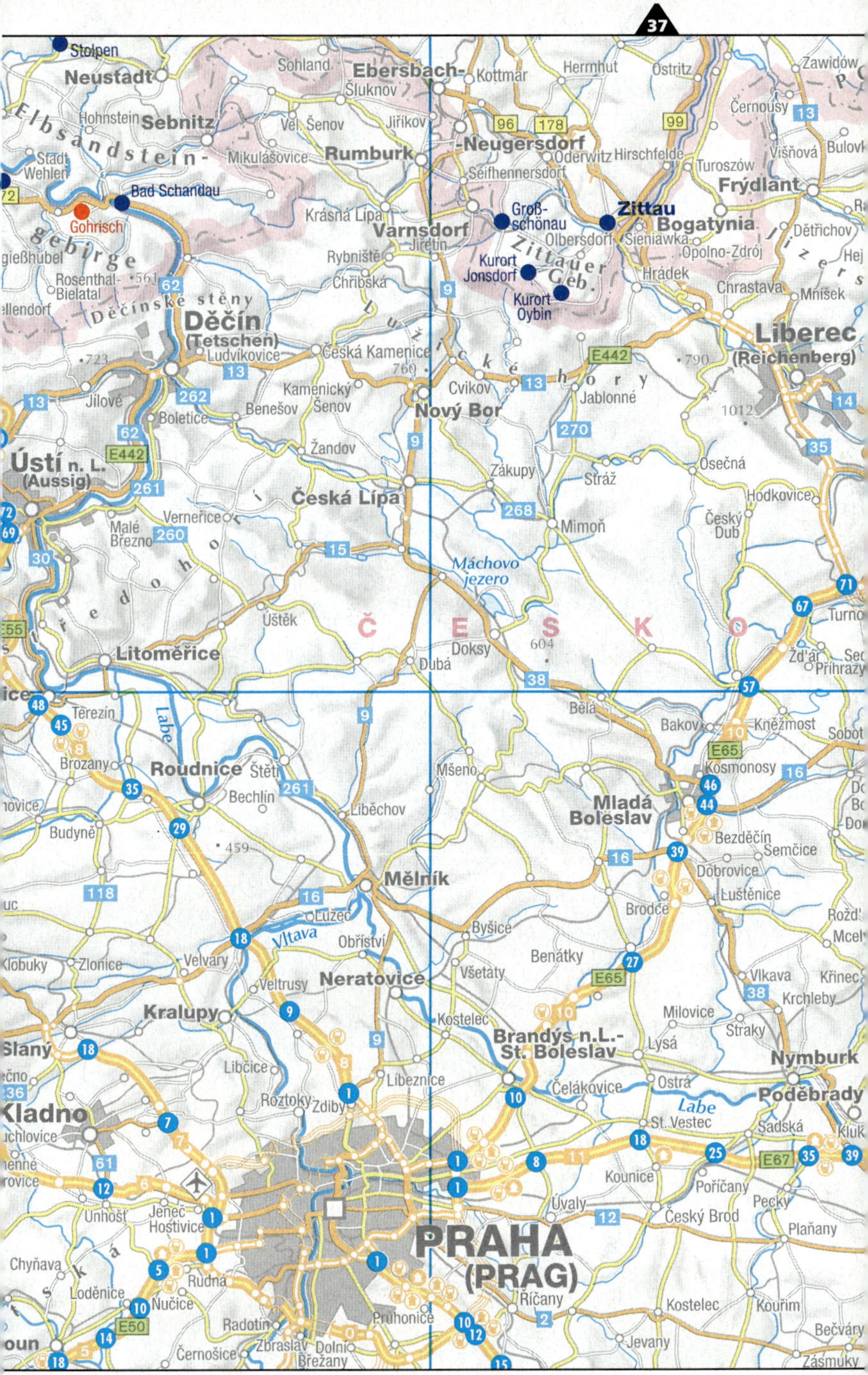
37
Stolpen
Neustadt
Sohland
Ebersbach-
Šluknov
Kottmar
Herrnhut
Ostritz
Zawidów
Hohnstein
Sebnitz
Elbsandstein-
gebirge
Vel. Šenov
Jiříkov
Neugersdorf
Černousy
Stadt Wehlen
Mikulášovice
Rumburk
Oderwitz
Hirschfelde
Turoszów
Višňová
Seifhennersdorf
Frýdlant
Bad Schandau
Gohrisch
Krásná Lípa
Varnsdorf
Großschönau
Zittau
Bogatynia
Jiřetín
Olbersdorf
Sieniawka
Opolno-Zdrój
Dětřichov
Rybniště
Chřibská
Kurort Jonsdorf
Zittauer Geb.
Hrádek
Rosenthal-Bielatal
Kurort Oybin
Chrastava
Mníšek
Děčínské stěny
Děčín
(Tetschen)
Ludvíkovice
Česká Kamenice
Liberec
(Reichenberg)
Lužické hory
Jílové
Kamenický Šenov
Cvikov
Jablonné
Boletice
Benešov
Nový Bor
Ústí n. L.
(Aussig)
Žandov
Zákupy
Osečná
Česká Lípa
Stráž
Hodkovice
Verneřice
Malé Březno
Mimoň
Český Dub
Máchovo jezero
Úštěk
ČESKO
Litoměřice
Doksy
Dubá
Žďár
Příhrazy
Terezín
Labe
Bělá
Bakov
Kněžmost
Brozany
Roudnice
Štětí
Mšeno
Kosmonosy
Bechlín
Mladá Boleslav
Budyně
Liběchov
Bezděčín
Semčice
Dobrovice
Mělník
Luštěnice
Lužec
Brodce
Vltava
Obříství
Byšice
Zlonice
Velvary
Benátky
Všetaty
Vlkava
Křinec
Veltrusy
Neratovice
Krchleby
Kralupy
Kostelec
Milovice
Straky
Slaný
Brandýs n.L.-St. Boleslav
Lysá
Nymburk
Libčice
Líbeznice
Čelákovice
Ostrá
Poděbrady
Kladno
Roztoky
Zdiby
St. Vestec
Sadská
Kounice
Pořičany
Pečky
Unhošť
Jeneč
Hostivice
Úvaly
Český Brod
Plaňany
PRAHA
(PRAG)
Chyňava
Rudná
Loděnice
Nučice
Říčany
Kostelec
Kouřim
Radotín
Průhonice
Bečváry
Černošice
Zbraslav
Dolní Břežany
Jevany
Zásmuky

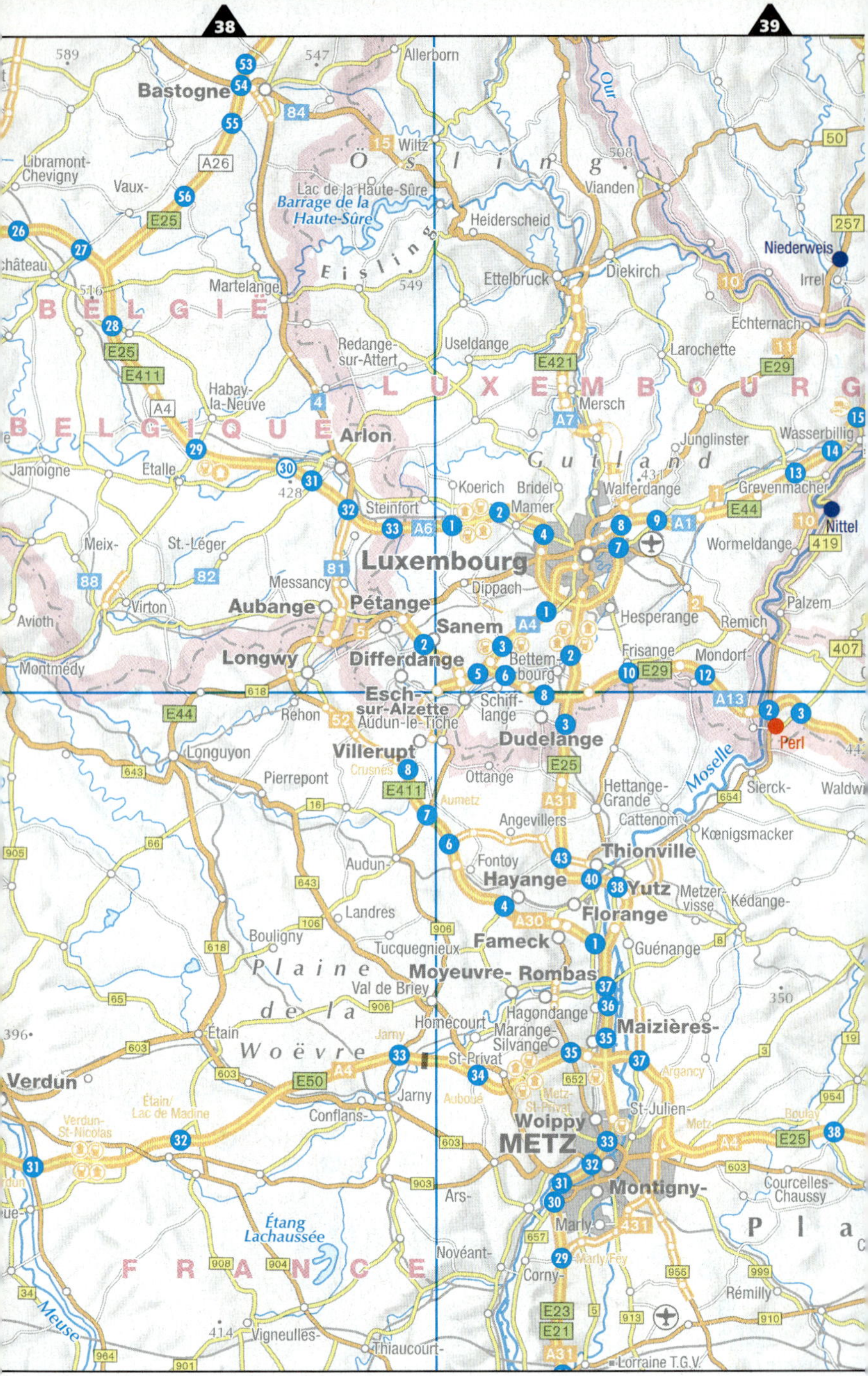

38
39
Bastogne
Allerborn
Wiltz
Ö s l i n g
Vianden
Our
Lac de la Haute-Sûre
Barrage de la Haute-Sûre
Heiderscheid
Libramont-Chevigny
Vaux-
Martelange
E i s l i n g
Ettelbruck
Diekirch
Niederweis
Irrel
Echternach
Larochette
BELGIË
BELGIQUE
Redange-sur-Attert
Useldange
Habay-la-Neuve
LUXEMBOURG
Mersch
Junglinster
Wasserbillig
Arlon
Jamoigne
Etalle
G u t l a n d
Koerich
Bridel
Mamer
Walferdange
Grevenmacher
Steinfort
Nittel
Wormeldange
Meix-
St.-Léger
Luxembourg
Messancy
Dippach
Virton
Aubange
Pétange
Sanem
Hesperange
Palzem
Avioth
Remich
Frisange
Mondorf-
Montmédy
Longwy
Differdange
Bettembourg
Esch-sur-Alzette
Schifflange
Rehon
Audun-le-Tiche
Dudelange
Perl
Villerupt
Longuyon
Crusnes
Ottange
Pierrepont
Hettange-Grande
Moselle
Sierck-
Cattenom
Angevillers
Aumetz
Kœnigsmacker
Fontoy
Thionville
Audun-
Hayange
Yutz
Metzervisse
Kédange-
Landres
Florange
Bouligny
Fameck
Guénange
Tucquegnieux
P l a i n e
d e l a
W o ë v r e
Moyeuvre-
Rombas
Val de Briey
Homécourt
Hagondange
Maizières-
Marange-Silvange
Étain
Jarny
St-Privat
Argancy
Verdun
Auboué
Étain/Lac de Madine
Verdun-St-Nicolas
Conflans-
Metz-St-Privat
Woippy
St-Julien-
METZ
Boulay
Metz
Montigny-
Courcelles-Chaussy
Ars-
Marly
Étang Lachaussée
Marly/Fey
FRANCE
Novéant-
Corny-
Rémilly
Meuse
Vigneulles-
Thiaucourt-
Lorraine T.G.V.
P l a

0 10 20 km

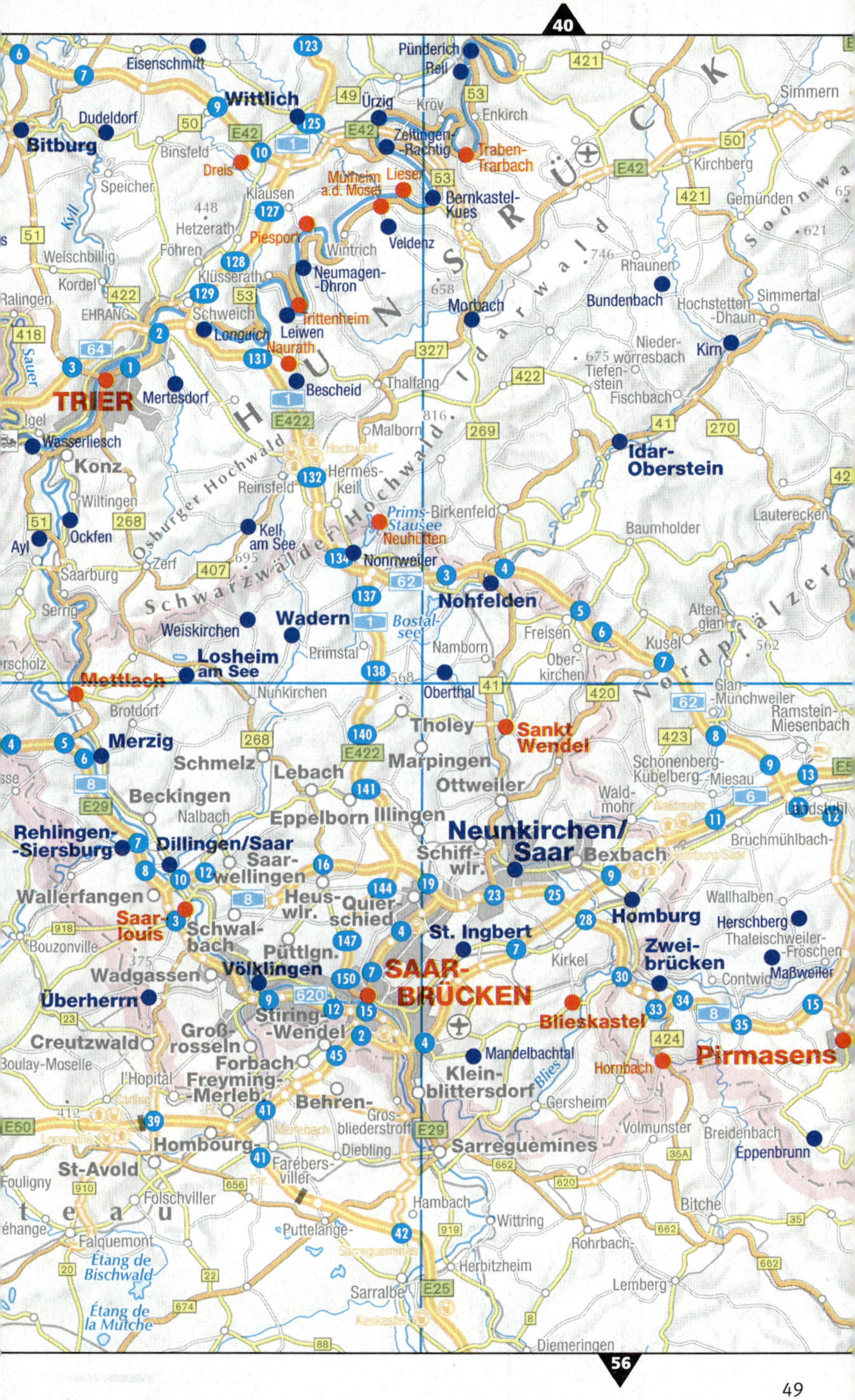
40
Eisenschmitt
Pünderich
Reil
Wittlich
Ürzig
Kröv
Enkirch
Simmern
Dudeldorf
Bitburg
Binsfeld
Zeltingen-Rachtig
Traben-Trarbach
Kirchberg
Dreis
Speicher
Mülheim a.d. Mosel
Lieser
Bernkastel-Kues
Gemünden
Klausen
Hetzerath
Piesport
Veldenz
Kyll
Föhren
Wintrich
Welschbillig
Rhaunen
Klüsserath
Neumagen-Dhron
Kordel
Trittenheim
Morbach
Bundenbach
Hochstetten-Dhaun
Simmertal
Ralingen
EHRANG
Schweich
Longuich
Leiwen
Naurath
Kirn
Nieder-wörresbach
Tiefenstein
Fischbach
Sauer
TRIER
Mertesdorf
Bescheid
Thalfang
Igel
Wasserliesch
Malborn
Hochwald
Idar-Oberstein
Konz
Reinsfeld
Hermeskeil
Wiltingen
Birkenfeld
Lauterecken
Prims-Stausee
Neuhütten
Ockfen
Kell am See
Baumholder
Ayl
Zerf
Nonnweiler
Saarburg
Nohfelden
Serrig
Wadern
Bostalsee
Weiskirchen
Freisen
Altenglan
Kusel
Losheim am See
Primstal
Namborn
Oberkirchen
Mettlach
Oberthal
Glan-Münchweiler
Ramstein-Miesenbach
Nunkirchen
Brotdorf
Tholey
Sankt Wendel
Merzig
Schmelz
Lebach
Marpingen
Schönenberg-Kübelberg
Miesau
Ottweiler
Beckingen
Nalbach
Waldmohr
Landstuhl
Eppelborn
Illingen
Rehlingen-Siersburg
Dillingen/Saar
Neunkirchen/Saar
Bexbach
Bruchmühlbach-
Saarwellingen
Schiffwlr.
Wallerfangen
Heuswlr.
Quierschied
Wallhalben
Homburg
Herschberg
Saarlouis
Schwalbach
St. Ingbert
Thaleischweiler-Fröschen
Bouzonville
Püttlgn.
Zweibrücken
Wadgassen
Völklingen
SAARBRÜCKEN
Kirkel
Contwig
Maßweiler
Überherrn
Stiring-Wendel
Blieskastel
Creutzwald
Großrosseln
Mandelbachtal
Pirmasens
Boulay-Moselle
Forbach
Hornbach
L'Hopital
Freyming-Merleb.
Kleinblittersdorf
Blies
Behren-
Gersheim
Grosbliederstroff
Volmunster
Breidenbach
Hombourg-
Eppenbrunn
Diebling
Sarreguemines
St-Avold
Farébersviller
Fouligny
Folschviller
Hambach
Bitche
Wittring
Puttelange-
Falquemont
Rohrbach-
Étang de Bischwald
Herbitzheim
Lemberg
Sarralbe
Étang de la Mutche
Diemeringen
HUNSRÜCK
Idarwald
Hochwald
Osburger Hochwald
Schwarzwälder Hochwald
Soonwald
Nordpfälzer
56

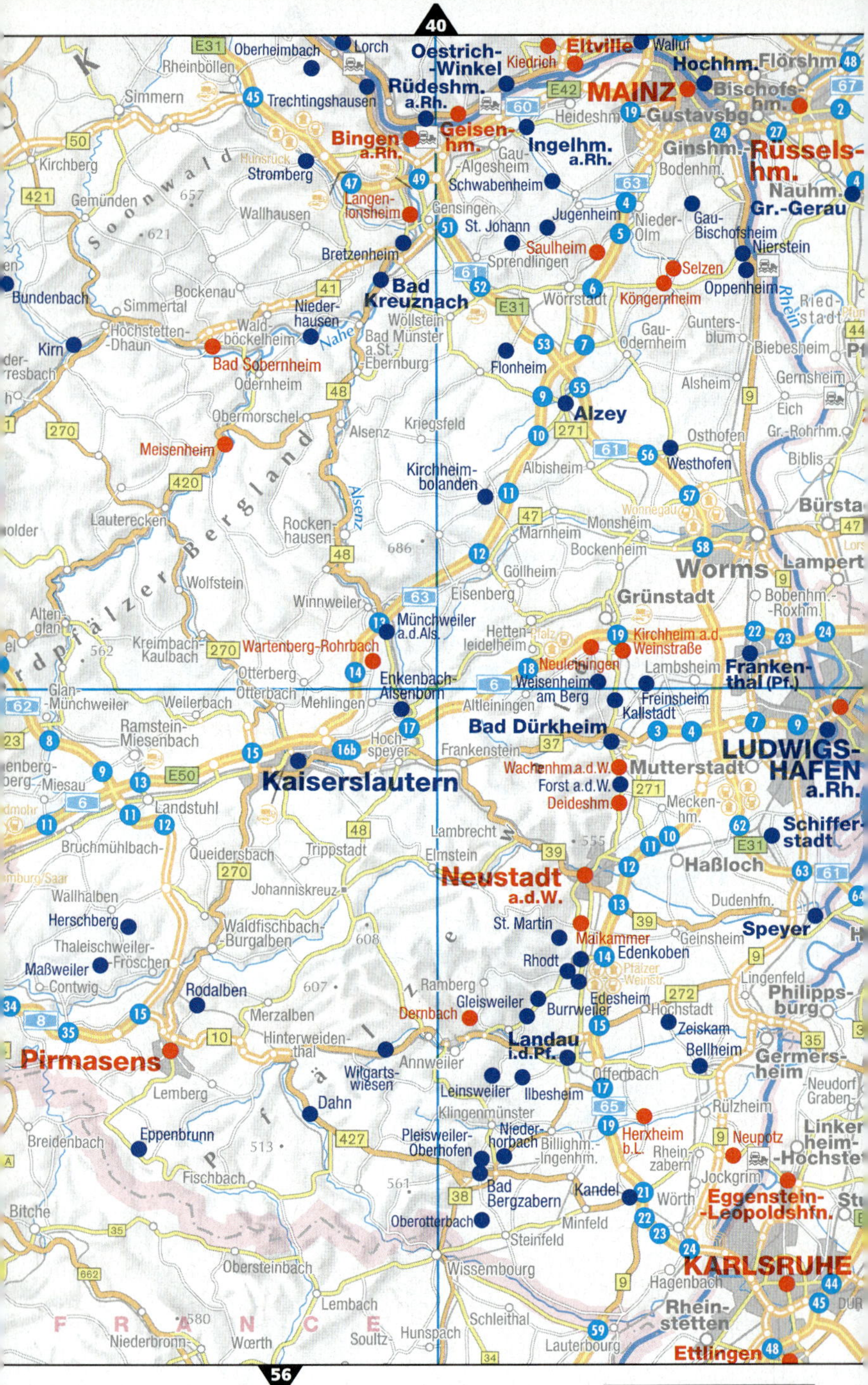

40
Oberheimbach
Lorch
Oestrich-Winkel
Kiedrich
Eltville
Walluf
Hochhm.
Flörshm.
Rheinböllen
Simmern
Trechtingshausen
Rüdeshm. a.Rh.
MAINZ
Bischofshm.
Gustavsbg.
Heidesheim
Bingen a.Rh.
Geisenhm.
Ingelhm. a.Rh.
Ginshm.
Rüsselshm.
Kirchberg
Soonwald
Hunsrück
Stromberg
Gau-Algesheim
Schwabenheim
Bodenhm.
Nauhm.
Gr.-Gerau
Gemünden
Langenlonsheim
Gensingen
Jugenheim
Nieder-Olm
Gau-Bischofsheim
Wallhausen
St. Johann
Saulheim
Nierstein
Bretzenheim
Sprendlingen
Selzen
Bundenbach
Bockenau
Bad Kreuznach
Wörrstadt
Köngernheim
Oppenheim
Rhein
Simmertal
Niederhausen
Wöllstein
Riedstadt
Hochstetten-Dhaun
Waldböckelheim
Nahe
Bad Münster a.St.-Ebernburg
Gau-Odernheim
Guntersblum
Kirn
Bad Sobernheim
Flonheim
Biebesheim
Odernheim
Alsheim
Gernsheim
Obermorschel
Alzey
Eich
Alsenz
Kriegsfeld
Osthofen
Gr.-Rohrhm.
Meisenheim
Biblis
Nordpfälzer Bergland
Kirchheimbolanden
Albisheim
Westhofen
Lauterecken
Rockenhausen
Wonnegau
Monsheim
Marnheim
Bockenheim
Bürsta
Worms
Lampert
Wolfstein
Göllheim
Grünstadt
Bobenhm.-Roxhm.
Eisenberg
Winnweiler
Altenglan
Münchweiler a.d.Als.
Hettenleidelheim
Pfalz
Kirchheim a.d. Weinstraße
Kreimbach-Kaulbach
Wartenberg-Rohrbach
Neuleiningen
Lambsheim
Frankenthal (Pf.)
Otterberg
Enkenbach-Alsenborn
Weisenheim am Berg
Glan-Münchweiler
Weilerbach
Otterbach
Mehlingen
Altleiningen
Freinsheim
Kallstadt
Ramstein-Miesenbach
Hochspeyer
Bad Dürkheim
LUDWIGSHAFEN a.Rh.
Frankenstein
Wachenhm.a.d.W.
Mutterstadt
Kaiserslautern
Forst a.d.W.
Deideshm.
Landstuhl
Mecken-hm.
Schifferstadt
Lambrecht
Bruchmühlbach-Miesau
Queidersbach
Trippstadt
Elmstein
Haßloch
Neustadt a.d.W.
Johanniskreuz
Wallhalben
Dudenhfn.
Herschberg
St. Martin
Speyer
Waldfischbach-Burgalben
Maikammer
Geinsheim
Thaleischweiler-Fröschen
Rhodt
Edenkoben
Maßweiler
Contwig
Pfälzer Weinstr.
Lingenfeld
Rodalben
Ramberg
Philippsburg
Merzalben
Gleisweiler
Edesheim
Dernbach
Burrweiler
Hochstadt
Zeiskam
Pirmasens
Hinterweidenthal
Landau i.d.Pf.
Bellheim
Germersheim
Wilgartswiesen
Annweiler
Offenbach
Lemberg
Leinsweiler
Ilbesheim
Neudorf Graben
Dahn
Klingenmünster
Rülzheim
Pfälzerwald
Breidenbach
Eppenbrunn
Pleisweiler-Oberhofen
Niederhorbach
Billighm.-Ingenhm.
Herxheim b.L.
Rheinzabern
Neupotz
Linkenheim-Hochstetten
Fischbach
Jockgrim
Bad Bergzabern
Kandel
Wörth
Eggenstein-Leopoldshfn.
Bitche
Oberotterbach
Minfeld
Steinfeld
Obersteinbach
Wissembourg
KARLSRUHE
Hagenbach
Lembach
Schleithal
Rheinstetten
FRANCE
Niederbronn
Woerth
Soultz
Hunspach
Lauterbourg
Ettlingen
56
0
10
20 km

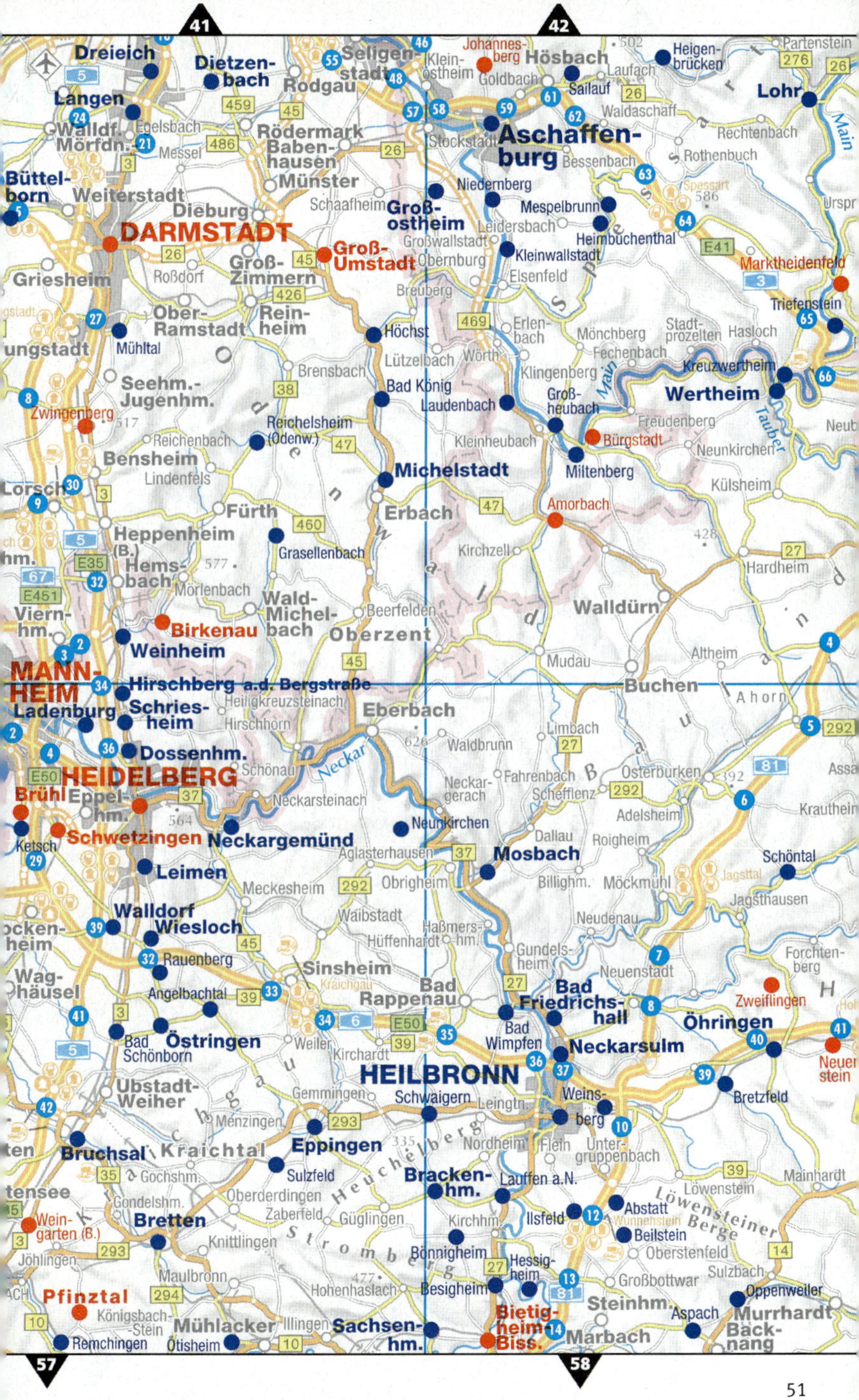
41
42
Dreieich
Dietzenbach
Rodgau
Seligenstadt
Klein-ostheim
Johannesberg
Hösbach
Heigenbrücken
Partenstein
Langen
Walldf.
Mörfdn.
Egelsbach
Messel
Rödermark
Babenhausen
Stockstadt
Goldbach
Sailauf
Laufach
Waldaschaff
Lohr
Aschaffenburg
Bessenbach
Rechtenbach
Rothenbuch
Main
Büttelborn
Weiterstadt
Münster
Dieburg
Schaafheim
Groß-ostheim
Niedernberg
Mespelbrunn
Spessart
Urspr
DARMSTADT
Groß-Umstadt
Großwallstadt
Leidersbach
Heimbuchenthal
Griesheim
Roßdorf
Groß-Zimmern
Obernburg
Kleinwallstadt
Elsenfeld
Marktheidenfeld
Breuberg
Ober-Ramstadt
Rein-heim
Höchst
Erlenbach
Mönchberg
Stadtprozelten
Hasloch
Triefenstein
Mühltal
Lützelbach
Wörth
Klingenberg
Fechenbach
Kreuzwertheim
Seehm.-Jugenhm.
Brensbach
Bad König
Laudenbach
Groß-heubach
Wertheim
Zwingenberg
Reichenbach
Reichelsheim (Odenw.)
Freudenberg
Bürgstadt
Tauber
Neub
Bensheim
Lindenfels
Kleinheubach
Neunkirchen
Michelstadt
Miltenberg
Külsheim
Lorsch
Fürth
Erbach
Amorbach
Heppenheim (B.)
Grasellenbach
Kirchzell
Hardheim
Hemsbach
Mörlenbach
Viernhm.
Birkenau
Wald-Michelbach
Beerfelden
Oberzent
Walldürn
Weinheim
Mudau
Altheim
MANNHEIM
Hirschberg a.d. Bergstraße
Heiligkreuzsteinach
Buchen
Ahorn
Ladenburg
Schriesheim
Hirschhorn
Eberbach
Limbach
Dossenhm.
Waldbrunn
HEIDELBERG
Schönau
Neckar
Fahrenbach
Osterburken
Brühl
Eppelhm.
Neckarsteinach
Neckargerach
Schefflenz
Krauthein
Ketsch
Schwetzingen
Neckargemünd
Neunkirchen
Dallau
Adelsheim
Roigheim
Leimen
Aglasterhausen
Mosbach
Schöntal
Meckesheim
Obrigheim
Billighm.
Möckmühl
Jagsttal
Jagsthausen
Walldorf
Wiesloch
Waibstadt
Neudenau
Hockenheim
Haßmersheim
Hüffenhardt
Gundelsheim
Forchtenberg
Rauenberg
Sinsheim
Neuenstadt
Waghäusel
Kraichgau
Bad Rappenau
Bad Friedrichshall
Zweiflingen
Angelbachtal
Östringen
Öhringen
Bad Schönborn
Weiler
Kirchardt
Bad Wimpfen
Neckarsulm
Neuenstein
HEILBRONN
Ubstadt-Weiher
Gemmingen
Schwaigern
Leingtn.
Weinsberg
Bretzfeld
Menzingen
Eppingen
Nordheim
Flein
Untergruppenbach
Bruchsal
Kraichtal
Heuchelberg
Sulzfeld
Brackenhm.
Lauffen a.N.
Löwenstein
Mainhardt
Gochshm.
Oberderdingen
Zaberfeld
Löwensteiner Berge
Gondelshm.
Güglingen
Abstatt
Wunnenstein
Ilsfeld
Weingarten (B.)
Bretten
Kirchhm.
Beilstein
Stromberg
Knittlingen
Bönnigheim
Oberstenfeld
Jöhlingen
Hessigheim
Sulzbach
Maulbronn
Hohenhaslach
Besigheim
Großbottwar
Oppenweiler
Pfinztal
Königsbach-Stein
Steinhm.
Aspach
Murrhardt
Mühlacker
Illingen
Sachsenhm.
Bietigheim-Biss.
Marbach
Backnang
Remchingen
Ötisheim
57
58

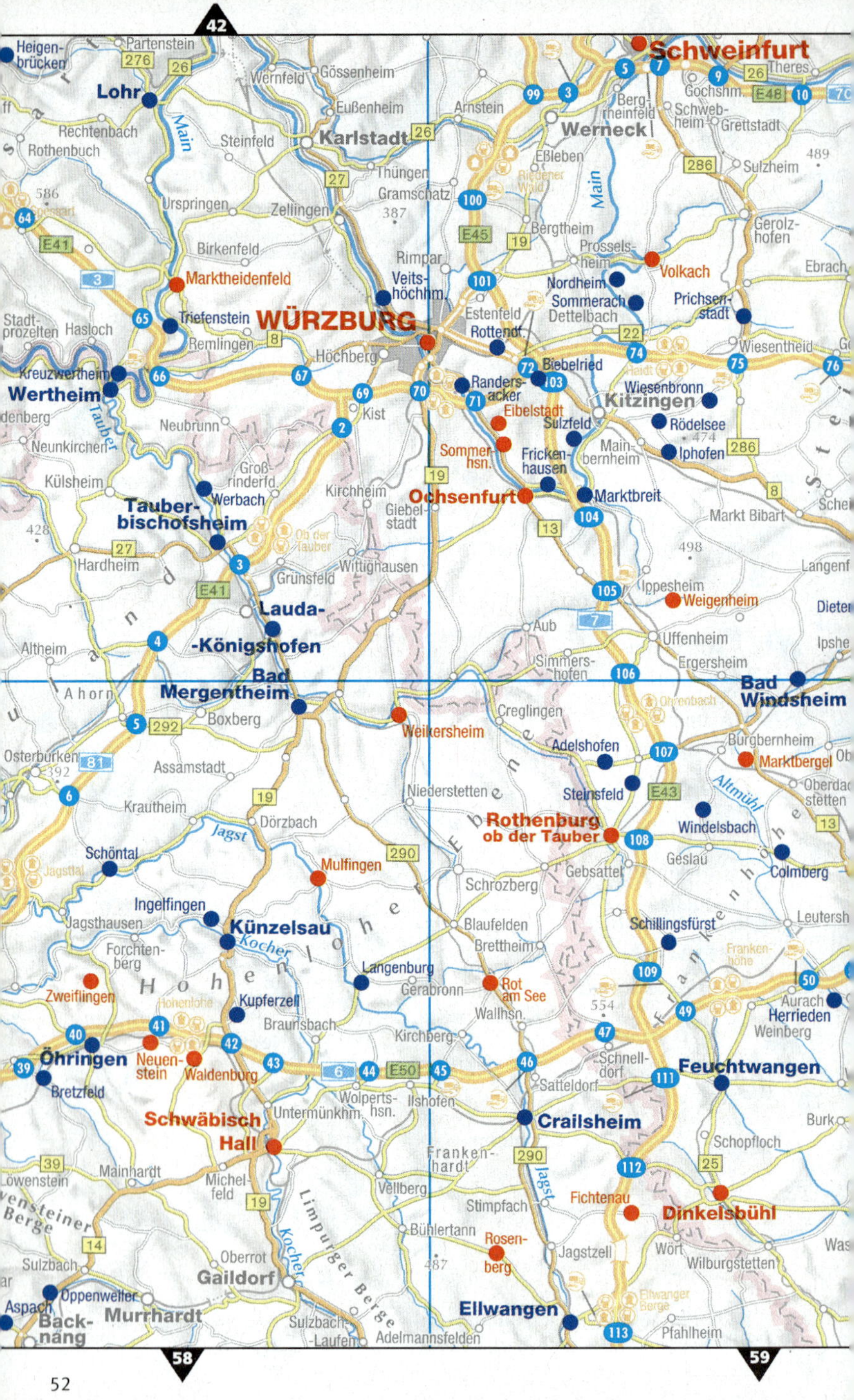
42
Heigen-brücken
Partenstein
Lohr
Wernfeld
Gössenheim
Rechtenbach
Rothenbuch
Eußenheim
Arnstein
Schweinfurt
Gochshm.
Theres
Berg-rheinfeld
Schweb-heim
Grettstadt
Werneck
Steinfeld
Karlstadt
Eßleben
Sulzheim
Thüngen
Gramschatz
Urspringen
Zellingen
Main
Bergtheim
Gerolz-hofen
Birkenfeld
Rimpar
Prossels-heim
Volkach
Ebrach
Marktheidenfeld
Veits-höchhm.
Nordheim
Sommerach
Dettelbach
Prichsen-stadt
Stadt-prozelten
Hasloch
Triefenstein
WÜRZBURG
Estenfeld
Rottendf.
Remlingen
Höchberg
Wiesentheid
Kreuzwertheim
Wertheim
Biebelried
Randers-acker
Wiesenbronn
Kitzingen
Neubrunn
Kist
Eibelstadt
Sulzfeld
Rödelsee
Tauber
Neunkirchen
Groß-rinderfd.
Sommer-hsn.
Fricken-hausen
Main-bernheim
Iphofen
Külsheim
Werbach
Kirchheim
Giebel-stadt
Ochsenfurt
Marktbreit
Markt Bibart
Tauber-bischofsheim
Ob der Tauber
Hardheim
Grünsfeld
Wittighausen
Ippesheim
Weigenheim
Langenf
Lauda-
-Königshofen
Aub
Uffenheim
Dieter
Altheim
Simmers-hofen
Ergersheim
Ipshe
Ahorn
Bad Mergentheim
Bad Windsheim
Boxberg
Weikersheim
Creglingen
Ohrenbach
Osterburken
Burgbernheim
Assamstadt
Adelshofen
Marktbergel
Niederstetten
Steinsfeld
Oberdac stetten
Krautheim
Dörzbach
Jagst
Rothenburg ob der Tauber
Windelsbach
Schöntal
Mulfingen
Schrozberg
Gebsattel
Geslau
Colmberg
Jagsttal
Ingelfingen
Jagsthausen
Künzelsau
Blaufelden
Schillingsfürst
Leutersh
Kocher
Brettheim
Forchten-berg
Hohenlohe
Franken-höhe
Langenburg
Zweiflingen
Gerabronn
Rot am See
Kupferzell
Wallhsn.
Aurach
Herrieden
Weinberg
Braunsbach
Kirchberg
Öhringen
Neuen-stein
Waldenburg
Schnell-dorf
Feuchtwangen
Bretzfeld
Satteldorf
Wolperts-hsn.
Ilshofen
Untermünkhm.
Schwäbisch Hall
Crailsheim
Burk
Franken-hardt
Schopfloch
Löwenstein
Mainhardt
Michel-feld
Vellberg
Fichtenau
Dinkelsbühl
Löwensteiner Berge
Stimpfach
Bühlertann
Rosen-berg
Jagstzell
Wört
Wilburgstetten
Sulzbach
Oberrot
Limpurger Berge
Gaildorf
Oppenweiler
Aspach
Back-nang
Murrhardt
Sulzbach-Laufen
Adelmannsfelden
Ellwangen
Ellwanger Berge
Pfahlheim
58
59

43
44
Haßfurt
Kirchlauter
Zeil
Reckendorf
Rattelsdf.
73
Zapfendorf
Wattendorf
Stadelhofen
Arnstein
Thurnau
24
70
Neu-
drossenfeld
17
20
E48
21
22
23
85
Bindlach
Stettfeld
Baunach
Breiten-
güßbach
18
19
Scheßlitz
22
Wonsees
Bayreuth
41
11
12
Oberaurach
13
Ludwag
Memmelsdorf
Königsfeld
Hollfeld
Eckersdorf
Mistel-
bach
42
Viereth-Trunstadt
14
15
Rauhenebrach
Bamberg
Glashütten
24
Aufseß
Plankenfels
Walsdorf
Teuchatz
Heiligen-
stadt
Waischenfeld
Ahorntal
Creußen
Stegaurach
22
Strullendorf
Freiahorn
Burgwindheim
Burgebrach
Hirschaid
25
Streitberg
Muggendorf
Oberails-
feld
Trockau
43
2
Heine
iselwind
26
505
Fränkische
Eggols-
heim
Ebermann-
stadt
9
Schlüsselfeld
E45
Wachenroth
Mühlhsn.
Hallern-
dorf
73
470
Pretzfeld
Gößwein-
stein
Potten-
stein
Pegnitz
77
78
27
Schweiz
Regenthal
urghaslach
Steigerwald
79
Adelsdorf
Kirchehrenbach
Bronn
44
Mich
feld
Höchstadt
80
Forchheim
Egloff-
stein
Leupoldstein
45
Lonnerstadt
Heroldsbach
28
Kunreuth
Hiltpoltstein
Betzen-
stein
Uehlfeld
3
Baiersdorf
46
Münch-
steinach
Heßdorf
Effeltrich
Gräfenberg
2
Dachsbach
Buben-
reuth
Plech
81
Neunkirchen a.Br.
Simmels-
dorf
47
Neuhaus
Guten-
stetten
Weisendorf
Eckental
E51
Aurach
Forth
Neustadt
an der Aisch
33
ERLANGEN
48
Steinensittenbach
82
Herzogen-
aurach
Emskirchen
Tennenlohe
Schnaittach
35
84
Herolds
berg
Lauf
a.d.P.
Hersbruck
Markt
Erlbach
Langen-
zenn
Veitsbronn
VACH
49
Pommelsbrunn
4
85
Rückersdorf
50
14
Neuhof
a.d.Zenn
8
Röthenbach
Happurg
Hartma
hof
Wilhermsdorf
39
86
Engelthal
Birg
Cadolzburg
FÜRTH
NÜRNBERG
Alfeld
Zirndorf
E50
63
52
62
Altdorf
b. Nürnbg.
Roßtal
Ober-
asbach
Groß-
habersdorf
Stein
59
90
Feucht
Lauterhofe
Lehrberg
Bruckberg
KATZWANG
Oberölsb.
91
E56
Pilsach
299
Heilsbronn
Schwabach
Wendel-
stein
54
8
Burg-
thann
Berg
92a
14
57
Schwanstetten
Postbauer-
Heng
54
6
E50
55
Ansbach
Neuen-
dettelsau
Rednitzhem-
bach
Main-
Pölling
Neumarkt
i. d. Opf.
53
466
2
E45
Allersberg
Jura
52
Windsbach
Abenberg
Roth
55
Berngau
Burg-
oberbach
Wolframs-
Eschenbach
Donau-
299
Merkendorf
Georgensgmünd
Hilpoltstein
9
Kanal
Freystadt
Ornbau
13
Spalt
Mühlhausen
Fränkisches Seenland
56
Bechhofen
Röttenbach
Erasbach
Seubersdo
Heideck
Altmühlsee
Großer
Brombachsee
Pollanten
Alfershausen
Gunzen-
hausen
Pfofeld
Pleinfeld
Thalmässing
Berching
Holnstein
689
Laibstadt
Großhöbing
Breitenbrun
Ellingen
Greding
Litterzhofen
Gnotzheim
Weißenburg
Bergen
57
Beilngries
Hahnenkamm
Burgsalach
Greding
Kinding
Raitenbuch
Heidenhm
Markt Berolzheim
58
Paulushofen
Titting
Kipfenberg
Oettingen
Treuchtlingen
Pappenheim
Wachenzell
Pollenfeld
Dörndorf
60
0
10
20 km

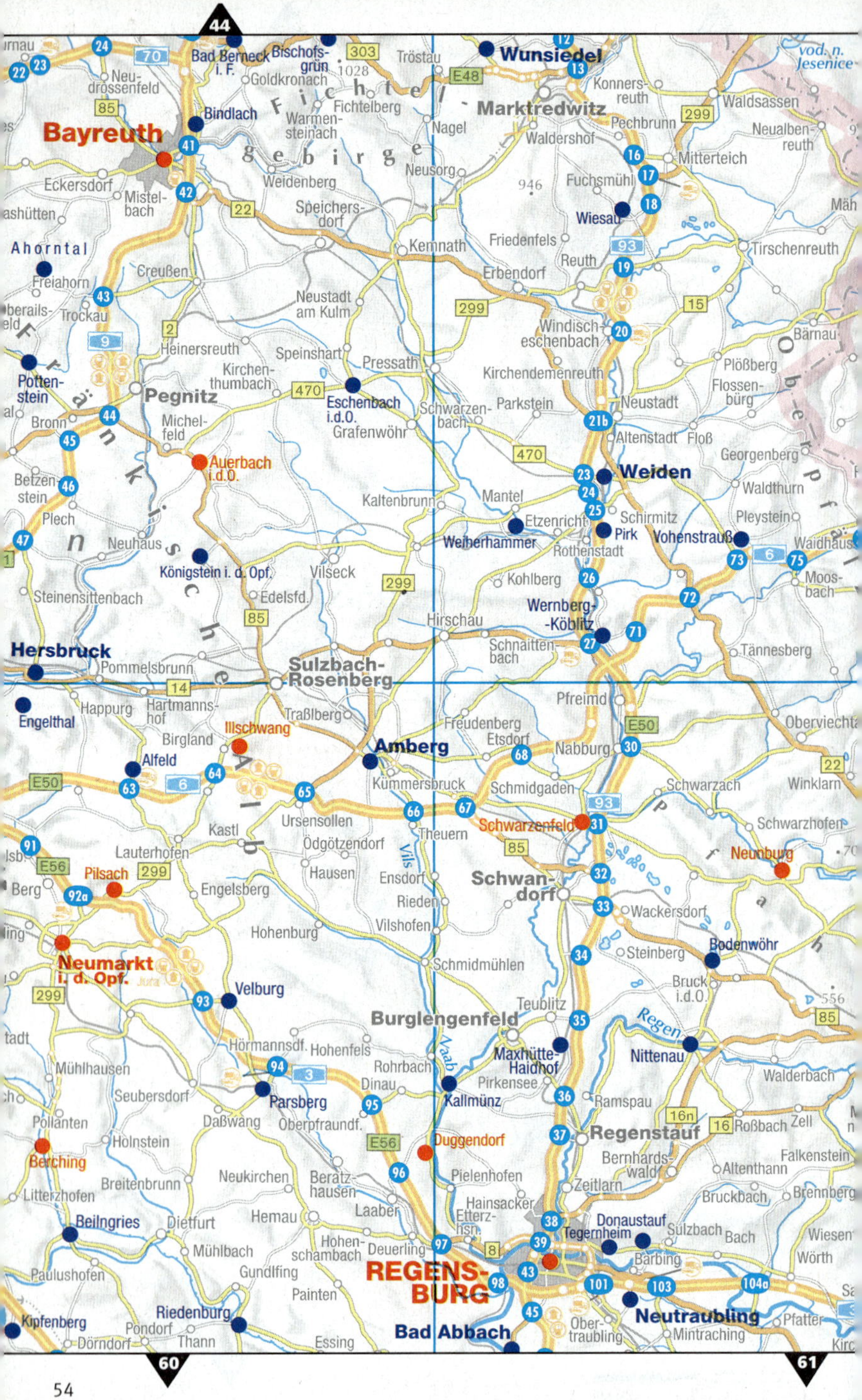
44
60
61
Bayreuth
Bad Berneck i. F.
Bischofsgrün
Goldkronach
Neudrossenfeld
Bindlach
Fichtelgebirge
Fichtelberg
Warmensteinach
Weidenberg
Eckersdorf
Mistelbach
Speichersdorf
Tröstau
Wunsiedel
Marktredwitz
Konnersreuth
Waldsassen
Nagel
Neusorg
Pechbrunn
Waldershof
Neualbenreuth
Mitterteich
Fuchsmühl
Wiesau
Friedenfels
Kemnath
Reuth
Erbendorf
Tirschenreuth
Ahorntal
Creußen
Freiahorn
Neustadt am Kulm
Trockau
Windischeschenbach
Bärnau
Fränkische Schweiz
Heinersreuth
Speinshart
Pressath
Kirchendemenreuth
Plößberg
Pottenstein
Kirchenthumbach
Pegnitz
Eschenbach i.d.O.
Grafenwöhr
Schwarzenbach
Parkstein
Neustadt
Flossenbürg
Oberpfälzer Wald
Bronn
Michelfeld
Altenstadt
Floß
Georgenberg
Auerbach i.d.O.
Weiden
Betzenstein
Plech
Kaltenbrunn
Mantel
Waldthurn
Schirmitz
Pleystein
Etzenricht
Pirk
Neuhaus
Weiherhammer
Vohenstrauß
Waidhaus
Rothenstadt
Königstein i. d. Opf.
Vilseck
Kohlberg
Moosbach
Steinensittenbach
Edelsfd.
Wernberg-Köblitz
Hirschau
Hersbruck
Pommelsbrunn
Sulzbach-Rosenberg
Schnaittenbach
Tännesberg
Engelthal
Happurg
Hartmannshof
Traßlberg
Pfreimd
Freudenberg
Etsdorf
Oberviechtach
Birgland
Illschwang
Alfeld
Amberg
Nabburg
Kümmersbruck
Schmidgaden
Schwarzach
Winklarn
Ursensollen
Theuern
Schwarzenfeld
Schwarzhofen
Kastl
Ödgötzendorf
Lauterhofen
Neunburg
Berg
Pilsach
Hausen
Ensdorf
Schwandorf
Engelsberg
Rieden
Vils
Wackersdorf
Hohenburg
Vilshofen
Neumarkt i. d. Opf.
Jura
Schmidmühlen
Steinberg
Bodenwöhr
Bruck i.d.O.
Velburg
Teublitz
Burglengenfeld
Regen
Mühlhausen
Hörmannsdf.
Hohenfels
Maxhütte-Haidhof
Nittenau
Rohrbach
Walderbach
Seubersdorf
Dinau
Naab
Pirkensee
Kallmünz
Parsberg
Ramspau
Pollanten
Daßwang
Oberpfraundf.
Roßbach
Zell
Holnstein
Duggendorf
Regenstauf
Falkenstein
Berching
Breitenbrunn
Neukirchen
Beratzhausen
Pielenhofen
Bernhardswald
Altenthann
Litterzhofen
Zeitlarn
Bruckbach
Brennberg
Hemau
Laaber
Hainsacker
Etterzhsn.
Donaustauf
Beilngries
Dietfurt
Tegernheim
Sulzbach
Bach
Wiesent
Mühlbach
Hohenschambach
Deuerling
Barbing
Wörth
Paulushofen
Gundlfing
REGENSBURG
Painten
Riedenburg
Neutraubling
Pfatter
Kipfenberg
Pondorf
Thann
Essing
Bad Abbach
Obertraubling
Mintraching
Dörndorf
vod. n. Jesenice
946
1028
556

53
Rosenberg
Fichtenau
Jagstzell
Wört
Wilburgstetten
Wassertrüdingen
Gnotzhm.
Hahnenkamm
Weißenburg
Heidenhm.
Markt Berolzheim
Ellwangen (Jagst)
113
Pfahlheim
Oettingen
Treuchtlingen
Pappenheim
466
Rainau
Ries
Wemding
Hüttlingen
Wallerstein
2
Langenaltheim
Solnhofen
Westhsn.
668
114
Aalen
Lauchhm.
Bopfingen
Kirchheim
29
Nördlingen
Monheim
Mörnsheim
Fünfstetten
Wellheim
Essingen
115
Ebnat
7
Oberkochen
25
Harburg
Buchdorf
Rennert
Marxheim
Königsbronn
Hohenaltheim
Kaisheim
Neresheim
Bertoldsheim
E43
466
651
Nattheim
Donauwörth
Genderkingen
16
Steinheim am Albuch
19
Bissingen
Burgheim
116
Dischingen
Rain
Heidenheim
Asbach-Bäumenhm.
Oberndorf
Lutzingen
Mertingen
Ehekirc
Herbrechtingen
Giengen
16
Allmannshofen
Münster
117
Wittislingen
Höchstädt a.d.Donau
Lech
Nordendorf
Lauingen
118
Sontheim
Dillingen a.d.Donau
Wertingen
2
Thierhaupten
Gundelfingen
Brenz
Meitingen
Donauried
Aindling
Rammingen
Niederstotzingen
16
Holzheim
Biberbach
Petersdorf
119
Langenau
Donau
Gundremmingen
Zusam
Langweid
Leiphm.
Günzburg
Welden
64
Elchingen
Burgau
Adelsried
Gersthofen
Affing
66
67
E52
121
8
69
70
Horgau
71a
72
73
74b
Roth
Jettingen-Scheppach
Zusmarshausen
Neusäß
Neu-Ulm
16
531
AUGSBURG
Friedberg (Bayern)
28
Pfaffenhofen
Ichenhsn.
Dinkelscherben
Diedorf
Stadtbergen
Eurasburg
Ellzee
Burtenbach
Ustersbach
122
Neuburg
Gessertshausen
Haunstetten
E43
Weißenhorn
300
Kissing
Ziemetshsn.
Fischach
Bobingen
Ried
123
Vöhringen
Mering
Thannhsn.
Ellenberg
7
Krumbach (Schwaben)
Königsbrunn
Oberschwe
Iller
Merching
Mickhausen
Großaitingen
Buch
124
Illertissen
Mindel
Schwabmünchen
17
Egling
Lechfeld
Günz
16
Altenstadt
125
Babenhausen
Hiltenfingen
Pfaffenhausen
Langerringen
Klosterlechfeld
Weil
Schwabhsn.
300
655
Tussenhausen
Ettringen
126
Untermühlhausen
Boos
Kirchdorf a.d.Iller
Türkheim
Penzing
Schondorf
25
26
27
28
312
Erkheim
Mindelheim
Buchloe
24
Landsberg a.L.
Utting
127
Heimertingen
E54
20
Pürgen
15
16
18
19
22
23
Finning
96
Sontheim
Bad Wörishofen
Waal
Ummendorf
13
14
Memmingen
129
Ottobeuren
16
12
Dießen a.Am.
67
0
10
20 km

53
54
67
Weißenburg
Burgsalach
Raitenbuch
Titting
Greding
Kinding
Paulushofen
Beilngries
Dietfurt
Hemau
Mühlbach
Hohenschambach
Deuerling
Etterzhsn.
Gundlfing
Painten
Treuchtlingen
Pappenheim
Wachenzell
Pollenfeld
Kipfenberg
Dörndorf
Riedenburg
Thann
Essing
Ihrlerstein
Kelheim
Arnsberg
Pondorf
Hexenagger
Eichstätt
Denkendorf
Altmannstein
Saal
Solnhofen
Dollnstein
Stammham
Mendorf
Laimerstadt
Eining
Teuerting
Mörnsheim
Altmühltal
Hofstetten
Köschinger Forst
Hepberg
Kösching
Marching
Bad Gögging
Hausen
Biesenhard
Adelschlag
Eitensheim
Wellheim
Pförring
Nassenfels
Gaimersheim
Buxheim
Großmehring
Donau
Neustadt a.d.D.
Abensberg
Marxheim
Rennertshofen
Bergheim
Vohburg
Rohr
Ried
INGOLSTADT
Mühlhsn.
Bertoldsheim
Münchsmünster
Siegenburg
Wildenberg
Neuburg a.d.D.
Zell
Ernsgaden
Manching
Lichtenau
Aiglsbach
Elsendorf
Burgheim
Rain
Wagenhofen
Karlshuld
Donaumoos
Karlskron
Geisenfeld
Lindkirchen
Unterlauterbach
Pobenhausen
Reichertshofen
Pfeffenhausen
Ehekirchen
Mainburg
Münster
Freinhausen
Wolnzach
Klingsmoos
Edelshausen
Großgundertshsn.
Pöttmes
Hohenwart
Pörnbach
Volkenschwand
Thierhaupten
Uttenhofen
In der Hollerau
Obermünchen
Au i.d.H.
Schrobenhausen
Pfaffenhofen a. d. I.
Nandlstadt
Aindling
Aresing
Sünzhsn.
Mauern
Petersdorf
Attenkirchen
Gerolsbach
Schweitenkchn.
Wang
Ilmmünster
Hallertau
Moosburg
Aichach
Allenberg
Reichertshausen
Hilgertshausen
Jetzendorf
Aiterbach
Affing
Zolling
Haag a.d.Amper
Isar
Hohenkammer
Tandern
Allershausen
Freising
Sielenbach
Petershsn.
Kranzberg
Altomünster
Berglern
Friedberg (Bayern)
Markt Indersdorf
Kammerberg
Amper
Fürholzen
Eurasburg
Fahrenzhausen
Oberding
Erdweg
Röhrmoos
Langen
Haunstetten
Schwabhausen
Hallbergmoos
Kissing
Odelzhsn.
Unterschleißheim
Neufahrn
Notzing
Erding
Ried
Egenhfn.
Sulzemoos
Bergkirchen
Dachau
Eching
Mering
Einsbach
Garching
Oberschweinbach
Merching
Maisach
Karlsfeld
Oberschleißhm.
Ismaning
Markt Schwaben
Egling
Mammendorf
Olching
Gröbenzell
Unterföhring
Pastetten
Fürstenfeldbruck
Puchheim
Feldkirchen
Poing
Forstinning
Grafrath
Schwabhsn.
Türkenfeld
Germering
MÜNCHEN
Gilching
Gräfelfing
Haar
Vaterstetten
Untermühlhausen
Planegg
Ottobrunn
Zorneding
Ebersberg
Penzing
Schondorf
Inning
Weßling
Gauting
Unterhaching
Hohenbrunn
Kirchseeon
Pürgen
Utting
Seefeld
Pullach
Taufkirchen
Oberpframmern
Finning
Ammersee
Starnberg
Grünwald
Höhenkirchen-Siegertsbrunn
Herrsching am A.
Baierbrunn
Oberhaching
Glonn
Starnberger See
Berg
Schäftlarn
Straßlach-Dingharting
Aying
Hohenthann
Dießen a.Am.
Andechs
Feldafing
Höhenrain
Sauerlach
Großhelfendorf
0
10
20 km

55
68
69
REGENSBURG
Donaustauf
Sulzbach
Bach
Wiesenfelden
Wörth
Falkenfels
Stallwang
Haselbach
Teisnach
Patersdorf
Langd
Saulburg
Ascha
Mitterfels
St. Englmar
Neukirchen
1095
Ruh-
mannsfelden
Neutraubling
Pfatter
Steinach
Bayer. Wald
Steinburg
Gotteszell
Ober-
traubling
Mintraching
Kirchroth
Perasdorf
Köfering
Parkstetten
Schwarzach
Poign
Schönach
Untrezeitldorn
Bogen
Grafling
Bad Abbach
Alteglofsheim
Mötzing
Offen-
berg
Aufhausen
Donau
Nieder-
winkling
Metten
Mietraching
Sünching
Alburg
Straubing
Schierling
Unterdeggenbach
Perkam
Aiterhofen
Irlbach
Deggendorf
Paring
Buch-
hsn.
Geiselhöring
Mitterharthausen
Straßkirchen
Natternberg
Lang-
quaid
Mallersdf.-
Pfaffenbg.
Laber-
weinting
Hainsbach
Oberschneiding
Hengersberg
Plattling
Leiblfing
Moos
Ober-
lindhart
Hofkirchen
Langen-
isarhfn.
Rottenburg
Neufahrn
Bayerbach
Mengkofen
Ganacker
Wallersdorf
Aholming
Pilsting
Großköllnbach
Oberpöring
Oster
Ergoldsbach
Mühlhsn.
Moost-
henning
Landau
Altenmarkt
Wallerfing
Hohen-
thann
Postau
Weng
Isar
Exing
Künzing
Pleinti
Essenbach
Dingolfing
Eichendf.
Kröhstorf
Weihmichl
Wörth
Nieder-
viehbach
Haunersdf.
Freundorf
Roßbach
Ergolding
Oberviehbach
Reisbach
Mariakchn.
Aldersbach
Altdorf/
Niederb.
Simbach
Arnstorf
Aidenbach
Landshut
Vils
Frontenhausen
Malgersdf.
Aham
Münchnerau
Haberskirchen
454
Unterzeitlarn
Dietelskchn.
Schönau
Baumgarten
Schalkham
Obertrennbach
Nöham
Bad
Birnbach
Geisenhausen
Reicheneibach
Falken-
berg
Hirschbach
Vilsheim
Vilsbiburg
Gangkofen
Pfarrkirchen
Altfraunhofen
Aich
Altersham
Baierbach
Egglkofen
Eggenfelden
Triftern
Rott
Massing
Unter-
dietfurt
Walburgs-
kirchen
Boden-
kirchen
Velden
Neumarkt-
St. Veit
Ulbering
Adlberg
Taufkirchen
Mitterskirchen
Wurmanns-
quick
Tann
Brodfurth
Pleiskirchen
Buchbach
Zeilarn
Schildthurn
Eggstetten
Oberbergkirchen
Reischach
Salmanskirchen
Winhöring
Simbach a.I.
Dorfen
Schwind-
kchn.
Obertauf-
kirchen
Ampfing
Neuötting
Inn
Stammham
Braunau a.I.
Heldenstein
Mühldorf
Teising
Ranshofen
St. Wolfgang
Altötting
Isen
Reichertsheim
Wald-
kraiburg
Neukchn.
Kirchdorf
Kraiburg
a.I.
Unter-
neukirchen
Burghausen
Haag
Gars a.I.
Grünthal
Burgkirchen
a.d.A.
Hochburg
Helpfa
Rechtmehring
Garching
Unterreit
Raitenhaslach
St. Georg
Albaching
Peters-
kirchen
Salzach
ÖSTERREICH
Gundertsh
Wasserburg
a.I.
Babensham
Tacherting
Kirchweidach
Werberg
Schnaitsee
Emertsham
Tittmoning
Moosdorf
Pfaffing
Trostberg
Kirchheim
Ostermiething
St. Georgen
Griesstätt
Obing
Altenmarkt
Palling
Fridolfing
Schwerting
Aßling
Amerang
Rott
a.I.
Vogtareuth
604
Seeon-
Seebruck
Traunreut
Obertrumer
See
Tuntenhausen
Halfing
Traunwalchen
Waging a.S.
Oberndorf
E53
E552
E5
3
92
94
156
8
11
12
15
15n
20
299
304
388
588
85
38
39
43
98
101
103
104a
45
46
47
48
105
106
107
108
109
29
25
27
111
24
23
22
21
19
17
16
13
1126
437
53
Hoc
Aff
Kößl
Haar
Bi
kir
Utten

55
Teisnach
Patersdorf
Langdorf
Zwiesel
Frauenau
Ruhmannsfelden
Gotteszell
Regen
Rinchnach
Bayerischer Wald
Böhmerwald
Šumava
Hochdorf
Kirchdf.
Kirchberg
Spiegelau
Grafling
Metten
Mietraching
Innernzell
Grafenau
Schönberg
Deggendorf
Hunding
St. Oswald-Riedlhütte
Hohenau
Mauth
Finsterau
Philippsreut
Stražný
Lenora
Volary
Stožec
Hinterschmiding
Freyung
Grainet
Nová Pec
Jandelsbrunn
Schwarzenberg
Röhrnbach
Waldkirchen
Breitenberg
Ulrichsberg
Gr. Mühl
Hengersberg
Moos
Schöllnach
Langenisarhfn.
Aholming
Iggensbach
Fürstenstein
Eging
Aicha
Tittling
Neukirchen
Osterhofen
Altenmarkt
Künzing
Pleinting
Kröhstorf
Vilshofen
Windorf
Ruderting
Hutthurm
Hauzenberg
Salzweg
Ilz
Thyrnau
Untergriesbach
Wegscheid
Kollerschlag
Peilstein
Freundorf
Aunkirchen
Roßbach
Aldersbach
Aidenbach
Donau
Heining
Donautal
Passau
Obernzell
Oberkappel
Rohrbach
Beutelsbach
Reisbach
Ortenburg
Fürstenzell
Jochenstein
Haarbach
B.-Höhenstadt
Sauwald
Baumgarten
Neuburg
Engelhartszell
Lembach
Pfarrkirchen
Bad Birnbach
Bad Griesbach i.R.
Sulzb. a.I.
Münzkirchen
Hofkirchen
Hirschbach
Altersham
Ruhstorf
Schwaim
Rottal
Pocking
Asbach
Taufkirchen
Waldkchn.
Triftern
Kößlarn
Enzenkirchen
Neukchn.
St. Marienkirchen
Andorf
St. Willibald
Peuerbach
Ulbering
Rotthalmünster
Bad Füssing
Kirchham
Antiesenhofen
Raab
Waizenkirchen
Malching
Ering
Eggstetten
Inn
Obernberg a. I.
St. Martin i. I.
Lambrechten
Zell a. d. Pr.
Prambachkirchen
Simbach a.I.
Braunau a.I.
Innviertel
Neumarkt i.H.
Altheim
Ried
Taiskchn. i.I.
Grieskirchen
B. Schallerbach
Ranshofen
Burgkirchen
Weng i.I.
Neukchn.
Kirchhm.
Weibern
Gallspach
Pichl b.W.
Mauerkirchen
Aspach
Sonnleiten
Haag a.H.
Aistersheim
Lohnsburg
Helpfau-Uttendf.
St. Georgen
St. Johann a. W.
Eberschwang
Gaspoltshofen
Gunskirchen
Schalchen
Mattighofen
Waldzell
Gundertshsn.
Hausruck
Ottnang
Munderfing
Frankenburg
Schwanenstadt
Lambach
Moosdorf
Schneegattern
Vöcklamarkt
Vöcklabruck
Attnang-Puchheim
Lindach
Palting
Frankenmkt.
Timelkam
Mattsee
Schwerting
Obertrumer See
Oberndorf
Straßwalchen
Neumarkt
Seewalchen a. A.
Vorchdorf
Alm
Pettenbach
69
0
10
20 km

Prachatice
Lhenice
Netolice
Holašovice
Lišov
Třeboň
Rudolfov
Rožmberk
Svět
ČESKÉ BUDĚJOVICE (BUDWEIS)
Nová Bystřice
Grametten
Litschau
Chlum
Ledenice
Borovany
Stráţkovice
Suchdol
Zlatá Koruna
1084
Velešín
Trhové Sviny
Langegg
Schrems
Český Krumlov
Horní Planá
Besednice
N. Hrady
Pyhra-bruck
České Velenice
Gmünd
Horní Stropnice
Kirchberg
Černá
Vltava
vod. nádrž Lipno
Kaplice
Benešov
722
Weitra
Frymburk
993
Rožmberk
Pohorská Ves
1017
Přední Výtoň
Lipno n. Vlt.
Dol. Dvořiště
Wullowitz
Groß-pertholz
Jagenbach
827
Vyšší Brod
Windhaag
Karlstift
Langschlag
Groß Gerungs
Haslach
1112
Sandl
Liebenau
841
Helfenberg
Hinter-weißenbach
Weigetschlag
950
Bad Leonfelden
St. Oswald
Harrachstal
999
Arbesbach
Neufelden
Weiters-felden
Purrath
848
St. Veit
Zwettl
Reichenau
Kefermarkt
Unter-weißenbach
Hellmonsödt
Gutau
850
Königswiesen
Bärnkopf
1039
Gramastetten
Gallneukirchen
Pregarten
Bad Zell
Linden
Walding
538
Ottensheim
Eferding
Wilhering
Tragwein
Pabneu-kirchen
Alkoven
LINZ
St. Georgen
St. Thomas
Waldhausen
Ysperta
Leonding
Steyregg
Ober-scharten
Traundorf
Schwertberg
Perg
St. Nikola
Sarmingstein
Mauthausen
Arbing
Grein
Traun
Enns
Donau
March-trenk
Ansfelden
St. Florian
Hörstorf
St. Valentin
Ybbs
Ardagger Stift
Kemmelbach
St. Marien
Strengberg
Wels
Neuhofen
Kronstorf
Haag
Blindenmarkt
Kematen
Amstetten
Wolfern
Aschbach Markt
Krems-münster
Rohr i.K.
Steyr
St. Peter
Ulmerfeld
Euratsfeld
Steinakirchen
Purg
Sierning
Seitenstetten Markt
Kematen
Randegg
Bad Hall
750
Kürnberg
807
Gresten
Grünburg
Waidhofen Ybbsitz
Lausssa
Č E S K O
Ö S T E R R E I C H
Weinsberger Wald
Mostviertel
Ybbstal
E551
E49
E55
E60
A7
A1
A25
A9
S10
145
128
130
34
156
24
39
3
163
119
41
310
38
127
126
124
119a
125
25
22
12
15
11
8
7
4
123
129
131
36
160
158
155
151
174
13
1
309
142
132
108
195
139
42
122
121
5
140
115
138

56

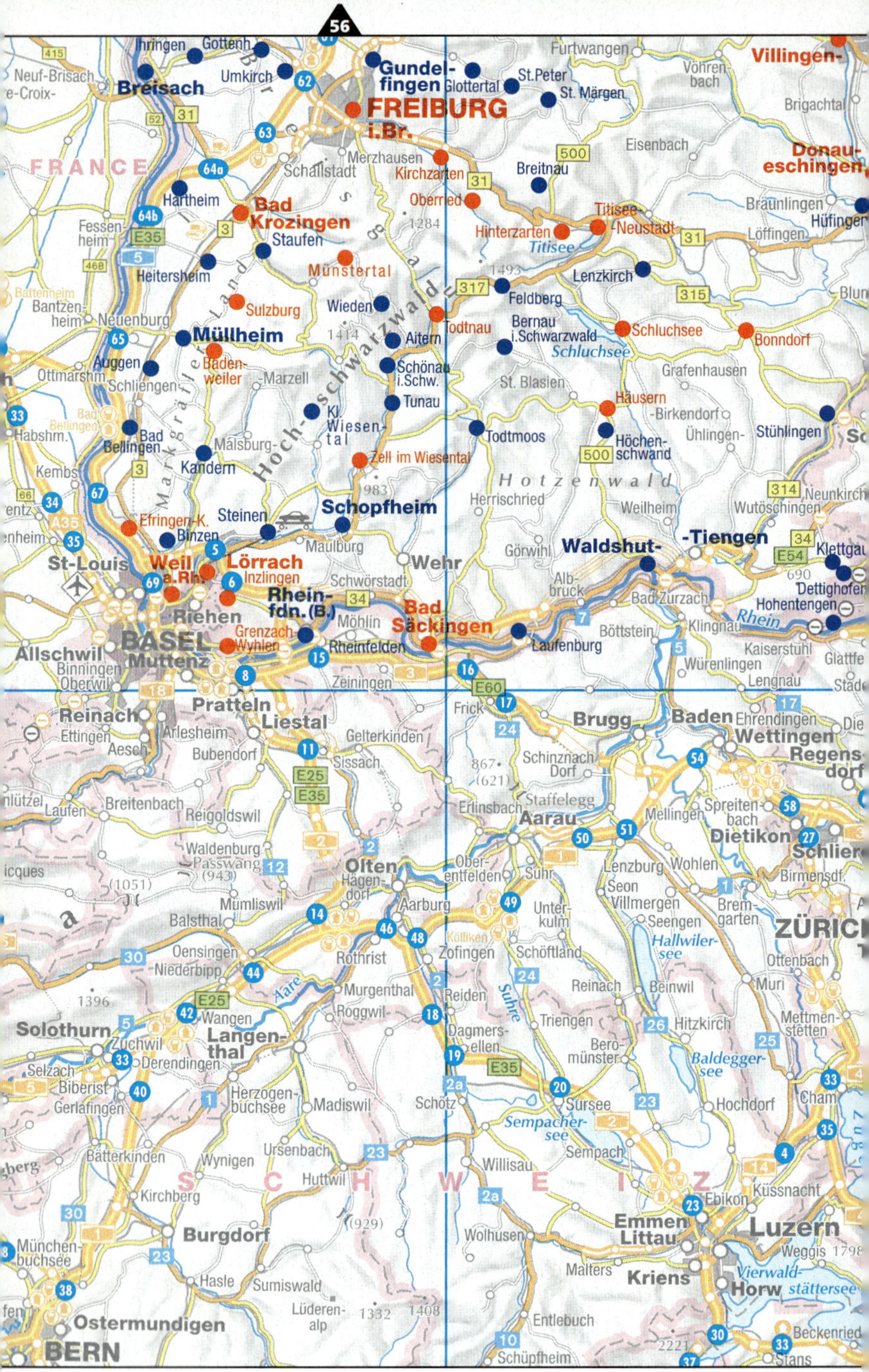
FRANCE
Neuf-Brisach
Breisach
Ihringen
Gottenh.
Umkirch
Gundel-fingen
Glottertal
St.Peter
St. Märgen
Furtwangen
Vöhren-bach
Villingen-
Brigachtal
FREIBURG i.Br.
Merzhausen
Schallstadt
Kirchzarten
Oberried
Eisenbach
Breitnau
Donau-eschingen
Bräunlingen
Hüfingen
Löffingen
Hartheim
Bad Krozingen
Staufen
Hinterzarten
Titisee-Neustadt
Titisee
Fessen-heim
Heitersheim
Münstertal
Lenzkirch
Feldberg
Bantzen-heim
Neuenburg
Sulzburg
Wieden
Todtnau
Bernau i.Schwarzwald
Schluchsee
Bonndorf
Müllheim
Aitern
Auggen
Ottmarshm.
Schliengen
Baden-weiler
Marzell
Schönau i.Schw.
St. Blasien
Grafenhausen
Bad Bellingen
Habshm.
Kl. Wiesen-tal
Tunau
Todtmoos
Häusern
Birkendorf
Ühlingen-
Stühlingen
Bellingen
Malsburg-
Kandern
Zell im Wiesental
Höchen-schwand
Kembs
Markgräfler Land
Hoch-schwarzwald
Breisgau
Hotzenwald
Herrischried
Weilheim
Wutöschingen
Neunkirch
Efringen-K.
Steinen
Schopfheim
Binzen
Maulburg
Waldshut-
-Tiengen
Klettgau
St-Louis
Weil a.Rh.
Lörrach
Inzlingen
Wehr
Görwihl
Alb-bruck
Dettighofen
Schwörstadt
Bad Zurzach
Hohentengen
Riehen
Rhein-fdn.(B.)
Möhlin
Bad Säckingen
Böttstein
Klingnau
Rhein
BASEL
Grenzach-Wyhlen
Rheinfelden
Laufenburg
Kaiserstuhl
Glattfe
Allschwil
Binningen
Muttenz
Würenlingen
Oberwil
Zeiningen
Lengnau
Pratteln
Liestal
Frick
Reinach
Brugg
Baden
Ehrendingen
Ettingen
Arlesheim
Gelterkinden
Wettingen
Aesch
Bubendorf
Sissach
Schinznach Dorf
Regens-dorf
Breitenbach
Laufen
Reigoldswil
Erlinsbach
Staffelegg
Aarau
Mellingen
Spreiten-bach
Dietikon
Schlier
Waldenburg
Passwang
Olten
Hägen-dorf
Ober-entfelden
Suhr
Lenzburg
Wohlen
Birmensdf.
Mümliswil
Aarburg
Unter-kulm
Seon
Villmergen
Brem-garten
ZÜRICH
Balsthal
Seengen
Kölliken
Rothrist
Zofingen
Schöftland
Hallwiler-see
Oensingen
Niederbipp
Reinach
Beinwil
Ottenbach
Muri
Aare
Murgenthal
Reiden
Roggwil
Suhre
Triengen
Hitzkirch
Mettmen-stetten
Solothurn
Wangen
Zuchwil
Langen-thal
Dagmers-ellen
Bero-münster
Baldegger-see
Derendingen
Selzach
Biberist
Gerlafingen
Herzogen-buchsee
Madiswil
Schötz
Sursee
Hochdorf
Cham
Sempacher-see
Sempach
Bätterkinden
Wynigen
Ursenbach
Huttwil
Willisau
SCHWEIZ
Kirchberg
Ebikon
Küssnacht
Emmen
Littau
Luzern
Burgdorf
Wolhusen
München-buchsee
Weggis
Malters
Kriens
Vierwald-stättersee
Horw
Hasle
Sumiswald
Lüderen-alp
Entlebuch
Ostermundigen
Beckenried
BERN
Schüpfheim
Stans

0 10 20 km

57
58
Bad Dürrheim
Wurmlingen
Mühlheim
Leibertingen
Krauchenwies
Mengen
Hohentengen
Bad Saulgau
Fridingen
Tuttlingen
Neuhausen
Meßkirch
Ostrach
Immendingen
Geisingen
Emmingen-
-Liptingen
Mühlingen
Sauldorf
Wald
Pfullendorf
Altshausen
Wilhelmsdorf
Illmensee
Herdwangen-
-Schönach
Stockach
Engen
Aach
Ludwigshafen
Tengen
Bodman-
Steißlingen
Frickingen
Linzgau
Horgenzell
Hilzingen
Singen
Überlingen
Überlinger See
Salem
Deggenhausertal
Thayngen
Radolfzell a.B.
Uhldingen-Mühlhofen
Markdorf
Schaffhausen
Beringen
Allensbach
Zeller See
Büsingen
Gottmadingen
Gailingen am Hochrhein
Rielasingen-Worblingen
Reichenau
Mittelzell
Meersburg
Meckenbeuren
Neuhausen
Diessenhofen
Gaienhofen
Ermatingen
Hagnau
Immenstaad
Tettnang
Jestetten
Stein
Öhningen
Steckborn
Kreuzlingen
Konstanz
Friedrichshafen
Lottstetten
Rheinau
Truttikon
Kleinandelfingen
Pfyn
Weinfelden
Kesswil
Langenargen
Bodensee
Flaach
Thur
Eglisau
Neftenbach
Frauenfeld
Sulgen
Romanshorn
Bülach
Amriswil
Arbon
Aadorf
Münchwilen
Wil
Bischofszell
Rorschach
Embrach
Elgg
Zuzwil
Waldkirch
Wittenbach
Rheineck
Kloten
Winterthur
St.Gallen
Bassersdorf
Weisslingen
Turbenthal
Rümlang
Uzwil
Heiden
Effretikon
Flawil
Kirchberg
Speicher
Volketswil
Gossau
Teufen
Dübendorf
Fehraltdorf
Bauma
Degersheim
Herisau
Altstätten
Gais
Zollikon
Bütschwil
Greifensee
Uster
Appenzell
Eichberg
Wetzikon
Lichtensteig
Urnäsch
Oberriet
Küsnacht
Toggenburg
Hemberg
Egg
Hinwil
Wattwil
Zürichsee
Rüti
Wald (ZH)
Meilen
Ebnat-Kappel
Alpstein
Sennwald
Stäfa
Eschenbach (SG)
Horgen
Uznach
Wädenswil
Jona
Nesslau
Wildhaus-
Gams
Eschen
Rapperswil-Jona
Kaltbrunn
Richterswil
Lachen
-Alt-St. Johann
Zug
Menzingen
Siebnen
Schänis
Churfirsten
Buchs
Schaan
Unterägeri
Sattelegg
Quinten
Walenstadt
Vaduz
Ägerisee
Niederurnen
Walensee
Sevelen
Einsiedeln
Sihlsee
Näfels
Wägitaler See
Glarus Nord
Flums
Triesen
Sattel
Balzers
Goldau
Unteriberg
Sargans
Glarus
Mels
Vilters-Wangs
Weglosen
Schwyz
Ibergeregg
Richisau
Gersau
Schwanden
Glarus Süd
Bad Ragaz
Urner See
Muotathal
Landquart

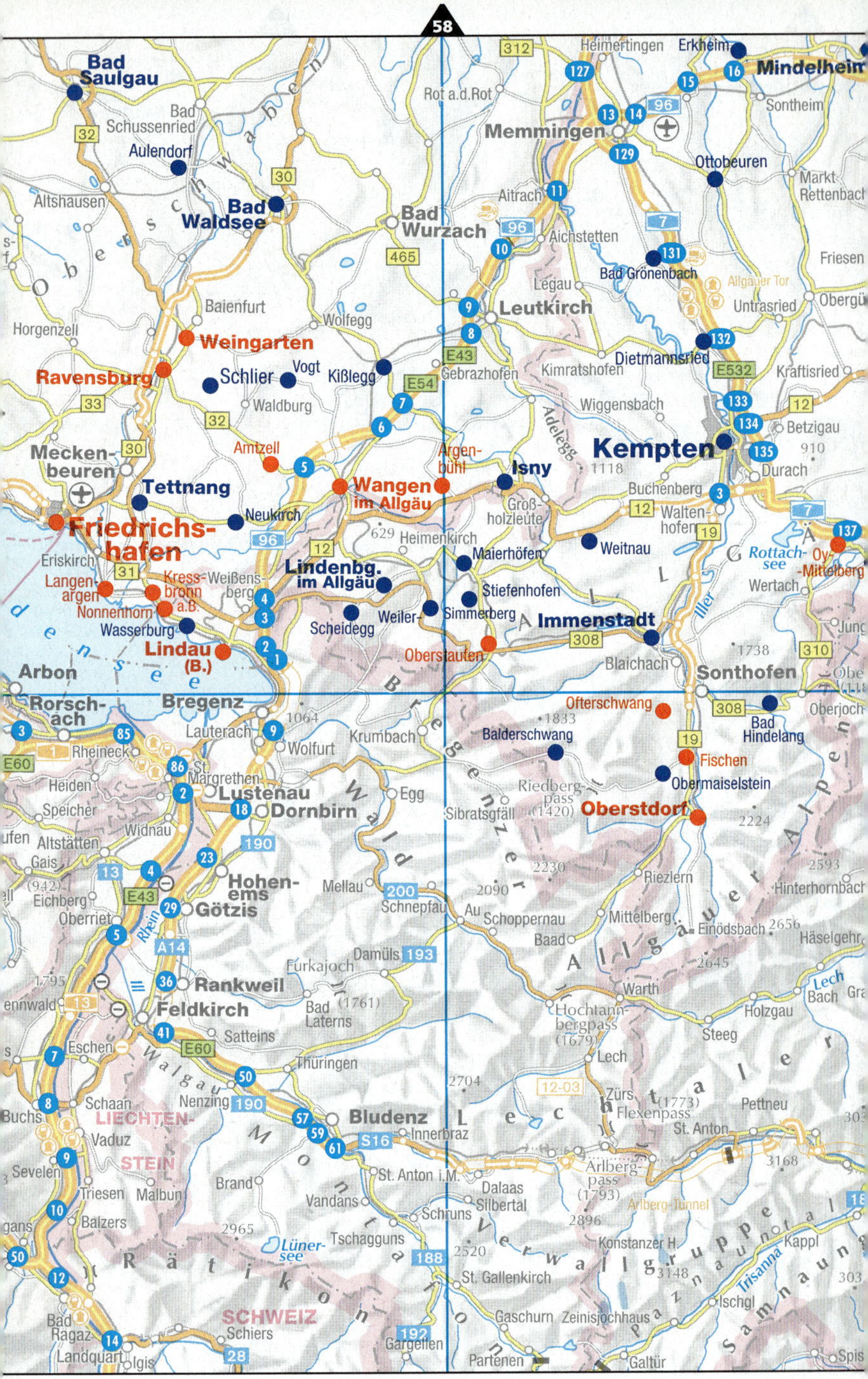
58
Bad Saulgau
Bad Schussenried
Aulendorf
Altshausen
Bad Waldsee
Oberschwaben
Bad Wurzach
Rot a.d.Rot
Memmingen
Heimertingen
Erkheim
Mindelheim
Sontheim
Ottobeuren
Markt Rettenbach
Aitrach
Aichstetten
Legau
Bad Grönenbach
Allgäuer Tor
Friesen
Untrasried
Obergü
Leutkirch
Baienfurt
Wolfegg
Horgenzell
Weingarten
Ravensburg
Schlier
Vogt
Kißlegg
Waldburg
Gebrazhofen
Kimratshofen
Dietmannsried
Kraftisried
Wiggensbach
Adelegg
Kempten
Betzigau
Durach
Mecken-beuren
Tettnang
Amtzell
Argen-bühl
Wangen im Allgäu
Isny
Buchenberg
Groß-holzleute
Walten-hofen
Friedrichs-hafen
Neukirch
Heimenkirch
Weitnau
Rottach-see
Oy-Mittelberg
Eriskirch
Langen-argen
Kress-bronn a.B.
Weißens-berg
Lindenbg. im Allgäu
Maierhöfen
Stiefenhofen
Wertach
Nonnenhorn
Wasserburg
Lindau (B.)
Scheidegg
Weiler-Simmerberg
Immenstadt
Oberstaufen
Blaichach
Sonthofen
Iller
Jung
Bodensee
Arbon
Rorschach
Bregenz
Lauterach
Wolfurt
Krumbach
Bregenzer Wald
Ofterschwang
Balderschwang
Bad Hindelang
Oberjoch
Fischen
Obermaiselstein
Rheineck
St. Margrethen
Heiden
Speicher
Lustenau
Dornbirn
Egg
Riedberg-pass (1420)
Sibratsgfäll
Oberstdorf
Widnau
Altstätten
Gais
Hohen-ems
Götzis
Mellau
Schnepfau
Au
Schoppernau
Riezlern
Mittelberg
Einödsbach
Hinterhornbach
Häselgehr
Eichberg
Oberriet
Rhein
Damüls
Furkajoch
Baad
Allgäuer Alpen
Rankweil
Feldkirch
Bad Laterns (1761)
Warth
Hochtann-bergpass (1679)
Holzgau
Steeg
Lech
Bach
Satteins
Eschen
Walgau
Thüringen
Zürs
Flexenpass (1773)
Lechtaler
Pettneu
Schaan
Buchs
LIECHTEN-STEIN
Vaduz
Nenzing
Bludenz
Innerbraz
St. Anton
Sevelen
Triesen
Malbun
Brand
St. Anton i.M.
Dalaas
Silbertal
Arlberg-pass (1793)
Arlberg-Tunnel
Balzers
Vandans
Schruns
Tschagguns
Lüner-see
Verwallgruppe
Konstanzer H.
Kappl
Paznauntal
Rätikon
Montafon
St. Gallenkirch
Trisanna
Ischgl
Samnaun
Bad Ragaz
Landquart
Igis
Schiers
SCHWEIZ
Gargellen
Gaschurn
Zeinisjochhaus
Partenen
Galtür
Spis

0 10 20 km

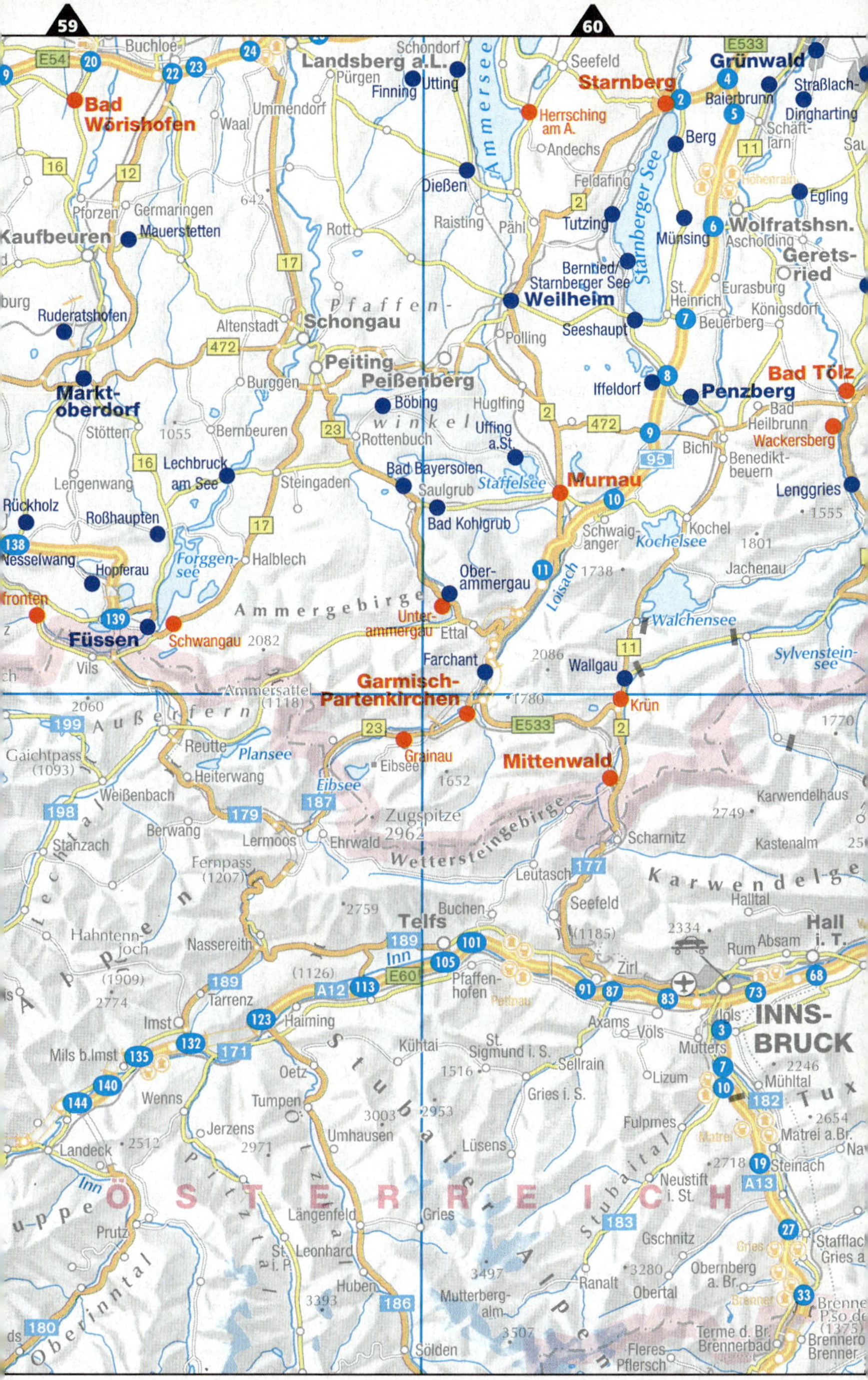

59
60
Buchloe
E54
Landsberg a.L.
Schondorf
Pürgen
Finning
Utting
Ammersee
Seefeld
Herrsching am A.
Andechs
Starnberg
Grünwald
E533
Straßlach
Baierbrunn
Dingharting
Schäftlarn
Bad Wörishofen
Waal
Ummendorf
Berg
Feldafing
Egling
Pforzen
Germaringen
642
Dießen
Tutzing
Münsing
Wolfratshsn.
Kaufbeuren
Mauerstetten
Rott
Raisting
Pähl
Starnberger See
Ascholding
Gerets-ried
Bernried/Starnberger See
St. Heinrich
Eurasburg
Weilheim
Königsdorf
Pfaffen-winkel
Ruderatshofen
Altenstadt
Schongau
Seeshaupt
Beuerberg
Polling
Peiting
Peißenberg
Bad Tölz
Burggen
Böbing
Iffeldorf
Penzberg
Markt-oberdorf
Hugling
Bad Heilbrunn
Stötten
1055
Bernbeuren
Rottenbuch
Uffing a.St.
Bichl
Wackersberg
Lechbruck am See
Benediktbeuern
Lengenwang
Steingaden
Bad Bayersoien
Saulgrub
Staffelsee
Murnau
Lenggries
Rückholz
Roßhaupten
Bad Kohlgrub
Schwaiganger
Kochel
Kochelsee
1555
1801
Nesselwang
Forggensee
Halblech
Hopferau
Ober-ammergau
Loisach
1738
Jachenau
Pfronten
Ammergebirge
Unter-ammergau
Ettal
Walchensee
Füssen
Schwangau
2082
Farchant
2086
Wallgau
Sylvensteinsee
Vils
Ammersattel (1118)
Garmisch-Partenkirchen
1780
Krün
2060
Außerfern
E533
1770
Gaichtpass (1093)
Reutte
Plansee
Grainau
Eibsee
Mittenwald
Heiterwang
1652
Weißenbach
Eibsee
Karwendelhaus
Zugspitze 2962
2749
Berwang
Lermoos
Ehrwald
Wettersteingebirge
Scharnitz
Stanzach
Kastenalm
Fernpass (1207)
Leutasch
Lechtal
Karwendelgebirge
Halltal
Alpen
2759
Buchen
Seefeld (1185)
Telfs
Hahntennjoch (1909)
Nassereith
2334
Hall i.T.
Rum
Absam
Inn
Zirl
Pfaffenhofen
Pettnau
(1126)
E60
A12
Tarrenz
2774
Haiming
Axams
Völs
Natters
Imst
INNS-BRUCK
Mils b.Imst
Kühtai
St. Sigmund i.S.
Sellrain
Mutters
2246
Oetz
1516
Lizum
Mühltal
Wenns
Gries i.S.
Tux
Tumpen
2953
3003
2654
Ötztal
Jerzens
Umhausen
Fulpmes
Matrei
Matrei a.Br.
Landeck
2512
2971
Lüsens
2718
Steinach
Inn
Pitztal
Stubaital
Neustift i.St.
A13
ÖSTERREICH
Stubaier Alpen
Längenfeld
Gries
Prutz
Gschnitz
Stafflach
Gries a.
St. Leonhard i.P.
Gries
3280
Obernberg a.Br.
Oberinntal
3497
Ranalt
Obertal
Brenner
Huben
Mutterberg-alm
3393
Brenner P.so del (1375)
3507
Terme d. Br.
Brennerbad
Brennero Brenner
Fleres
Pflersch
Sölden

60

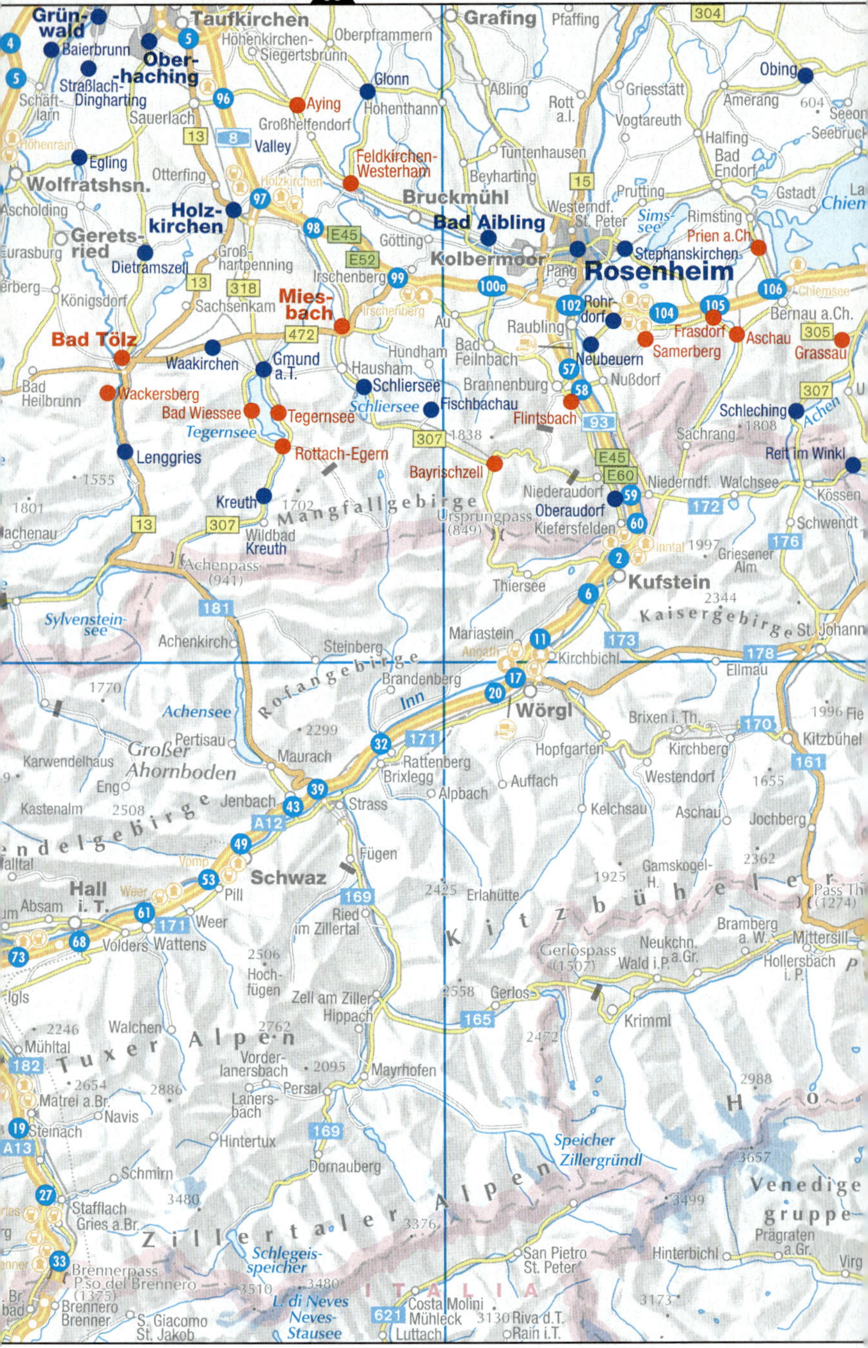
Grün-wald
Baierbrunn
Taufkirchen
Höhenkirchen-Siegertsbrunn
Oberpframmern
Grafing
Pfaffing
304
Ober-haching
Straßlach-Dingharting
Schäftlarn
Sauerlach
96
Aying
Glonn
Hohenthann
Aßling
Rott a.I.
Griesstätt
Amerang
Obing
604
Seeon-Seebruck
Großhelfendorf
13
8
Valley
Höhenrain
Egling
Otterfing
Holzkirchen
Feldkirchen-Westerham
Tuntenhausen
Vogtareuth
Halfing
Bad Endorf
Wolfratshsn.
97
Beyharting
15
Prutting
Gstadt
Chiemsee
Ascholding
Holz-kirchen
98
E45
Bruckmühl
Westerndf. St. Peter
Simssee
Rimsting
Gerets-ried
Eurasburg
Dietramszell
Groß-hartpenning
E52
Götting
Bad Aibling
Kolbermoor
Prien a.Ch.
Stephanskirchen
Rosenheim
Pang
Irschenberg
99
100a
106
Chiemsee
13
318
Königsdorf
Sachsenkam
Mies-bach
Irschenberg
Au
102
Rohrdorf
104
105
Bernau a.Ch.
Bad Tölz
472
Waakirchen
Gmund a.T.
Hundham
Raubling
Fraßdorf
Aschau
305
Grassau
Samerberg
Hausham
Bad Feilnbach
Neubeuern
Bad Heilbrunn
Wackersberg
Schliersee
57
Nußdorf
Brannenburg
58
307
Schleching
Bad Wiessee
Tegernsee
Schliersee
Fischbachau
Flintsbach
93
1808
Sachrang
Achen
Tegernsee
307
1838
Lenggries
Rottach-Egern
E45
Reit im Winkl
Bayrischzell
E60
1555
Niederaudorf
Niederndf.
Walchsee
Kreuth
1702
Mangfallgebirge
Oberaudorf
59
Kössen
1801
Ursprungpass (849)
172
Achenau
13
307
Wildbad Kreuth
Kiefersfelden
60
Schwendt
Inntal
1997
176
Achenpass (941)
2
Griesener Alm
Thiersee
Kufstein
181
6
2344
Sylvenstein-see
Kaisergebirge
Achenkirch
Mariastein
11
173
St. Johann
Steinberg
Angath
Kirchbichl
178
Ellmau
Rofangebirge
Brandenberg
17
1770
Inn
20
Wörgl
Achensee
2299
Brixen i. Th.
170
1996
Kitzbühel
Pertisau
171
Hopfgarten
Kirchberg
Karwendelhaus
Großer Ahornboden
Maurach
32
Rattenberg
161
Brixlegg
Auffach
Westendorf
Eng
39
Alpbach
1655
Kastenalm
2508
Jenbach
43
Strass
Kelchsau
Aschau
Jochberg
Karwendelgebirge
A12
49
Fügen
Gamskogel-H.
2362
Vomp
1925
Schwaz
53
2425
Erlahütte
Kitzbüheler
Pass Thurn (1274)
Hall i.T.
Weer
Pill
169
Absam
61
Ried
Bramberg a. W.
Mittersill
171
Weer
im Zillertal
68
Volders
Wattens
Neukchn. a.Gr.
Hollersbach i. P.
73
Gerlospass (1507)
2506
Wald i.P.
Hoch-fügen
Igls
Zell am Ziller
2558
Gerlos
Hippach
Krimml
2246
Walchen
2762
165
Mühltal
Tuxer Alpen
2472
182
Vorder-lanersbach
2095
Mayrhofen
2654
2886
Matrei a.Br.
Persal
Lanersbach
2988
Navis
19
Steinach
169
Hohe
A13
Hintertux
Speicher Zillergründl
3657
Schmirn
Dornauberg
Venediger-gruppe
27
3480
3499
Stafflach
Gries a.Br.
Zillertaler Alpen
3376
Prägraten a.Gr.
Schlegeis-speicher
San Pietro St. Peter
Hinterbichl
Virgen
33
Brennerpass P.so del Brennero (1375)
3480
ITALIA
3510
L. di Neves Neves-Stausee
Costa Molini
3173
Brennero Brenner
S. Giacomo St. Jakob
621
Mühleck
3130
Riva d.T. Rain i.T.
Luttach

0 10 20 km

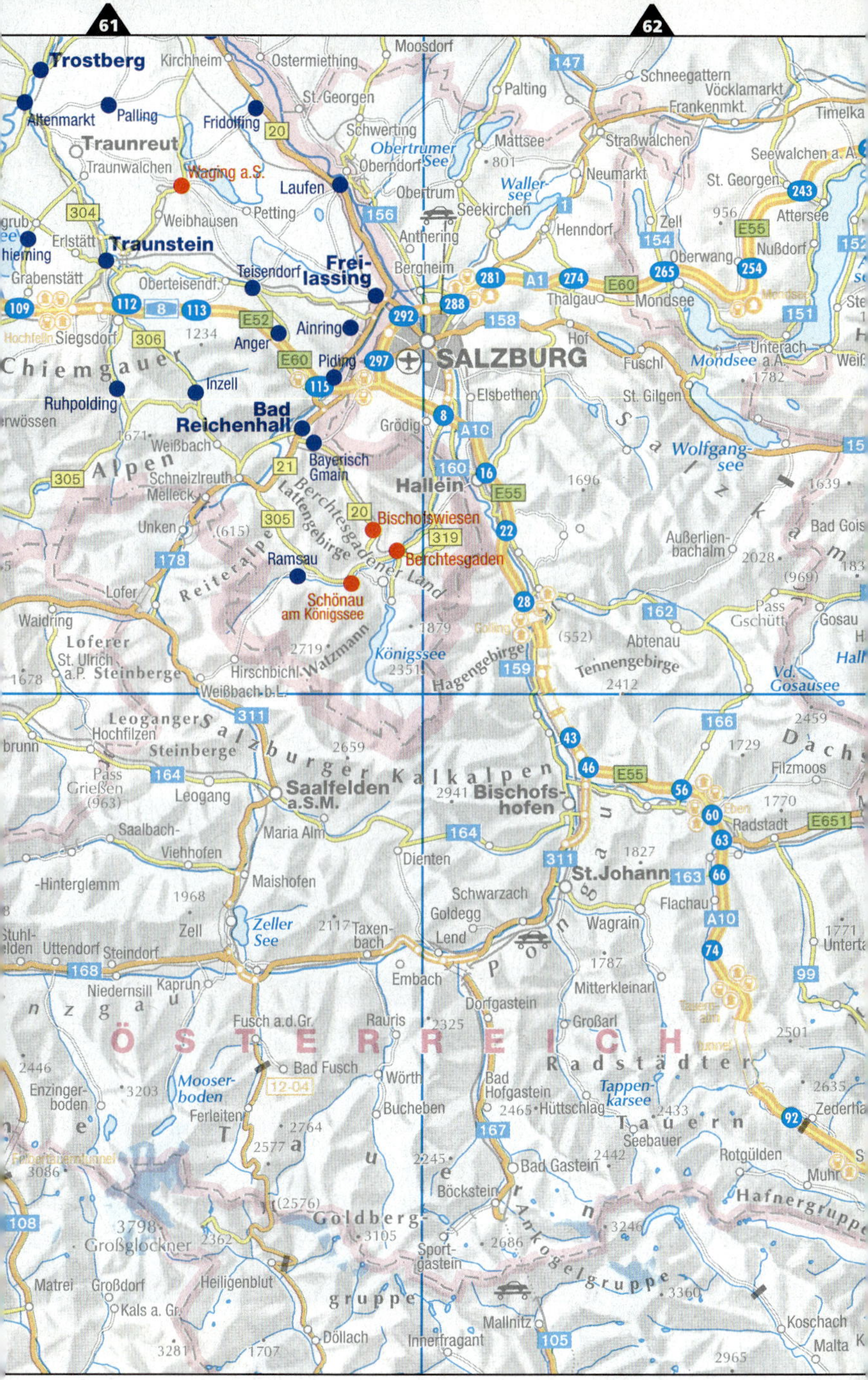
61
62
Trostberg
Kirchheim
Ostermiething
Moosdorf
Palting
Schneegattern
Vöcklamarkt
Frankenmkt.
Timelka
Altenmarkt
Palling
Fridolfing
St. Georgen
Schwerting
Obertrumer See
Mattsee
Straßwalchen
Traunreut
Traunwalchen
Waging a.S.
Oberndorf
Laufen
Obertrum
Waller-see
Neumarkt
Seewalchen a. A.
St. Georgen
Weibhausen
Petting
Seekirchen
Henndorf
Zell
Attersee
Nußdorf
Erlstätt
Traunstein
Anthering
Oberwang
Grabenstätt
Oberteisendf.
Teisendorf
Frei-lassing
Bergheim
Thalgau
Mondsee
Siegsdorf
Anger
Ainring
Hof
Unterach
Chiemgauer
Alpen
Inzell
Piding
SALZBURG
Fuschl
Mondsee a.A.
Ruhpolding
Bad Reichenhall
Elsbethen
St. Gilgen
Grödig
Wolfgang-see
Weißbach
Bayerisch Gmain
Schneizlreuth
Melleck
Hallein
Berchtesgadener Land
Lattengebirge
Bischofswiesen
Berchtesgaden
Unken
Salzkammergut
Außerlien-bachalm
Bad Goisern
Ramsau
Reiteralpe
Schönau am Königssee
Lofer
Waidring
Loferer Steinberge
St. Ulrich a.P.
Watzmann
Königssee
Golling
Hagengebirge
Abtenau
Tennengebirge
Pass Gschütt
Gosau
Vd. Gosausee
Hirschbichl
Weißbach b.L.
Leoganger Steinberge
Hochfilzen
Salzburger Kalkalpen
Pass Grießen
Leogang
Saalfelden a.S.M.
Bischofs-hofen
Dachstein
Filzmoos
Radstadt
Eben
Saalbach-Hinterglemm
Viehhofen
Maria Alm
Dienten
St. Johann
Flachau
Maishofen
Schwarzach
Goldegg
Wagrain
Zell
Zeller See
Taxenbach
Lend
Uttendorf
Steindorf
Niedernsill
Kaprun
Embach
Pongau
Mitterkleinarl
Untertauern
Dorfgastein
Großarl
ÖSTERREICH
Fusch a.d.Gr.
Rauris
Radstädter Tauern
Bad Fusch
Wörth
Enzinger-boden
Mooser-boden
Bad Hofgastein
Hüttschlag
Tappen-karsee
Zederhaus
Ferleiten
Bucheben
Seebauer
Hohe Tauern
Rotgülden
Bad Gastein
Muhr
Böckstein
Hafnergruppe
Großglockner
Goldberggruppe
Ankogelgruppe
Sport-gastein
Matrei
Großdorf
Heiligenblut
Kals a. Gr.
Mallnitz
Döllach
Innerfragant
Koschach
Malta

RESTAURANTS FROM SPAIN

AUTHENTISCH.
TRANSPARENT.
EXZELLENT.

Die weltweit höchste Anerkennung für Restaurants, die die wahre Essenz Spaniens auf den Teller bringen. Erleben Sie die Seele Spaniens in jedem Gericht!

- ✓ **Spanische Identität**
- ✓ **Vielfältiges & Authentisches kulinarisches Angebot**
- ✓ **Die hochwertigsten Zutaten aus Spanien**
- ✓ **Traditionsreiche Rezepte und Herstellungsprozesse**
- ✓ **Auserlesene spanische Weine**
- ✓ **Erfahrenes und geschultes Personal mit starkem Bezug zur spanischen Kultur**

Nur das Beste für Sie!
Wählen Sie Restaurants from Spain und tauchen Sie ein in die Welt der spanischen Gastronomie.

Scannen und die Restaurants from Spain entdecken:

Restaurants from Spain

FWS CERTIFIED QUALITY

EUROPEAN UNION

GOBIERNO DE ESPAÑA

iCEX

www.foodswinesfromspain.con

Für dieses Projekt ist eine Kofinanzierung durch Mittel der Europäischen Union mögli

Liebe Leserin, lieber Leser,

ereignisreiche Jahre liegen hinter uns und wir blicken gespannt und voller Hoffnung auf 2024. Der russische Angriffskrieg auf die Ukraine war und ist omnipräsent und hat bis heute weitreichende Folgen auf die wirtschaftliche Lage in Europa. Die gestiegenen Preise für Lebensmittel, Gas und Strom, die befristete Mehrwertsteuersenkung auf Speisen in Restaurants sowie der massive Personalmangel ließen der Hotellerie und Gastronomie auch nach der Pandemie wenig Zeit zum Aufatmen. Trotz aller Herausforderungen, die Hotels und Restaurants in den vergangenen Jahren durchstehen mussten, hat sich wieder einmal gezeigt, wie widerstandsfähig, robust und kreativ die Branche ist.

Das veränderte Reiseverhalten der Gäste mit stärkerem Fokus auf nachhaltige Unterkünfte und erlebnisorientierte Gastronomie sowie die Dauerbrenner Personalisierung und Digitalisierung sind die klar erkennbaren Trends für die nächsten Jahre. Zudem scheint die Zeit der ehrfürchtigen Gourmettempel vorbei zu sein, stattdessen verbreiten sich mehr und mehr die Casual-Fine-Dining-Konzepte in der deutschen Gastronomieszene.

Wie immer hat sich unser Expertenteam auch für 2024 für Sie auf die Suche nach den besten Adressen im Land gemacht und dabei viel Neues und Spannendes gefunden. Insgesamt empfehlen wir in unserer 67. Auflage über 4.300 Hotels und Restaurants in allen Preiskategorien, darunter über 170 Neuzugänge und nahezu 100 Betriebe im Low-Budget-Segment. Darüber hinaus dürfen sich mehr als 800 Betriebe über die Auszeichnung „Varta-Tipp“ freuen.

Immer mehr Hotels in Städten und auf dem Land heißen Hunde willkommen und bieten sogar einige Vorzüge speziell für Vierbeiner – angefangen von Auslaufplätzen und Trainingsparcours über Wellnessanwendungen und Badeplätze bis hin zu Dogsitting und speziellen Hundemenüs im Hotelrestaurant ist inzwischen alles dabei, was man sich als Hunderbesitzer:in nur wünschen kann. Aus diesem Grund widmen wir uns in unserem Special im Einleitungsteil diesem Thema und stellen Ihnen 20 hundefreundliche Domizile in Deutschland etwas näher vor.

Abschließend noch ein Hinweis in eigener Sache: Sie haben es sicher bemerkt, nach 25 Jahren Preisstabilität mussten wir den Preis für den **Varta-Führer** um 10 Prozent erhöhen. Diese Entscheidung ist uns nicht leicht gefallen. Die gestiegenen Papier-, Satz- und Druckkosten zwingen uns leider zu dieser Maßnahme, um weiterhin wirtschaftlich arbeiten zu können. Vielen Dank für Ihr Verständnis!

Nun wünsche ich Ihnen viel Vergnügen mit dem **Varta-Führer** 2024, genussvolle Erlebnisse und eine wunderbare Zeit in den besten Hotels und Restaurants. Haben Sie Anregungen, Wünsche oder neue Empfehlungen, so freue ich mich über Ihre Zuschrift.

Herzlichst
Ihr

Holger Pirsch, Redaktionsleiter

Mia 6180
Unser Beitrag
zur Tisch-
und Esskultur.
DIE BESTECKMACHER
PICARD & WIELPÜTZ
SINCE 1927
SOLINGEN • GERMANY
www.briefanker.de

Hinweise zur Benutzung

Alle empfohlenen Hotels, Restaurants, Gaststätten, Bars und Cafés werden in der Reihenfolge der Orte dargestellt.
Innerhalb der Orte finden Sie zuerst Hotels, dann Restaurants und anschließend weitere Empfehlungen, jeweils sortiert nach Varta-Diamanten und unserer Auszeichnung **„Varta-Tipp“.**

Auf den folgenden Seiten finden Sie eine Erläuterung der Einträge und Symbole.

Seitenzahl, auf der Sie den Ort im Kartenteil finden zzgl. Buchstabe, der das **Planfeld** innerhalb der Karte bezeichnet.

In unserer **digitalen Ausgabe für das iPad** können Sie die Internet-Adresse direkt im Browser öffnen.

BERLIN 26 B visitberlin.de

Berlin | EW 3.431.675 | 34 m | Potsdam 37 km, Frankfurt/Oder 90 km

Brandenburger Tor, Holocaust Mahnmal, Siegessäule, Akademie der Künste am Pariser P… …ter den Li… …al Fried… …Staatsoper, Gendar- m… …otheenstäd… …Oranien… Museumsinsel (… …ulturerbe) … …galerie … …um, Fernsehturm, Potsdamer Platz, Reichstag, Kurfürstendamm, Jüdisches Museum, Klosterruine Chorin, Schloss Charlottenburg, Checkpoint Charlie.
Einen Cityplan finden Sie auf Seite 214–219.

Anzahl der Einwohner

Höhe über dem Meeresspiegel

Entfernungen zu relevanten Orten

Erläuterungen zu den Einträgen von Hotels, Restaurants, Gaststätten, Bars und Cafés finden Sie auf den folgenden Seiten. ››

Pfeile am Ende einer Seite, signalisieren die Fortsetzung des Eintrags auf der folgenden Seite.

Der Varta-Führer digital

Der Varta-Führer ist auch als eBook erhältlich. Ganz einfach online laden und mobil auf Ihrem Smartphone oder Tablet nutzen.

Weitere Hotel- und Restaurantempfehlungen sowie zahlreiche Freizeittipps erhalten Sie unter: www.varta-guide.de

BEBRA www.bebra.de

Hessen … ersfeld 15 km, Eisenach 45 km

Eise… m mit Schmalspurbahn, Stadtgalerie, Friedrichshütte,

Nature… spark.

- Hotel
- Restaurant
- Bar
- Weinstube
- Brauereigaststätte
- Café oder Konditorei

www.bebras-hessischer-hof.de

Kasseler Str. 4, PLZ 36179, **T 06622 9360**, F 936123

	Varta-Bewertung Hotels	Varta-Bewertung Restaurants
◆◆◆◆◆	Dieses Haus ist in jeder Hinsicht erstklassig und richtungsweisend für die Hotellerie.	Luxuriöses Flair, erstklassiger Service und außergewöhnliche Küchenleistung.
◆◆◆◆◇	Hervorragend geführtes Hotel mit eleganter Ausstattung, in dem Sie sich rundum wohl fühlen.	Qualitativ anspruchsvolle und kreative Gerichte, erlesene Weinauswahl, aufwendige Restaurantausstattung.
◆◆◆◇◇	Hier erwarten Sie ein großzügiger Komfort und ein äußerst aufmerksamer Hotelservice.	Stilvolle Tischkultur, hochwertiges Ambiente sowie hervorragendes Speise- und Getränkeangebot.
◆◆◇◇◇	Empfehlenswertes Haus mit sehr guter Hotelleistung und wohnlichen Gästezimmern.	Sehr gute Küche, freundlicher Service, gepflegter Rahmen.
◆◇◇◇◇	Hotel oder Pension mit freundlicher Atmosphäre und ansprechender Gestaltung.	Überdurchschnittlich gutes Angebot, angenehme Atmosphäre.

€ Gut & Günstig Diese Auszeichnung erhalten Hotels und Restaurants mit guter Ausstattung und ausgewogenem Preis-Leistungsverhältnis. Meistens liegt der Einzelzimmerpreis unter 90 € und der Doppelzimmerpreis unter 120 €. Im Restaurant kosten die meisten Hauptgerichte weniger als 16 €.

BECKUM 30 B www.beckum.de

… Lippstadt 23 km, Münster 41 km

… rm, Soestwarte (Aussichtsturm), Freizeitsee

… chmiede, Steinkistengräber, Windmühle am

… Zementmuseum, Werseradweg.

Öffnungszeiten Hotels

24 h
Die Rezeption ist rund um die Uhr besetzt.

Öffnungszeiten Restaurants

- mittags geöffnet
- abends geöffnet
- Ruhetage, Ferienzeiten

Diese Angaben wurden uns von den Betrieben mitgeteilt. Kurzfristige Änderungen sind möglich. Es empfiehlt sich, Küchen- und Restaurantöffnungszeiten telefonisch zu erfragen. Öffnungszeiten an Feiertagen (z. B. Weihnachten, Fasching/Karneval, Ostern, Pfingsten) sind direkt im Hotel bzw. Restaurant zu erfragen.

www.alt-vellern.de

… 1 87170, F 871758

… 50 € 24 h

… mit neuerem Anbau, gemütliche Einrichtung, un-… ahl.

www.zur-windmuehle.de

… 02521 86030, F 860313

Mo, So Di-So

… nkmalgeschützten Windmühle von 1853, schmackhafte deutsche und internationale Küche, einige Gästezimmer vorhanden.

BEDBURG 29 C www.bedburg.de

EW 24.879 | 65 m | Jülich 25 km, Köln 30 km

2. Jh.), hist. Ortskern Alt-Kaster mit Burgruine, Stadtmauer und -tore,

mobilmuseum, Kasterer See.

Außergewöhnliche Hotels und Restaurants, die sich über ihre Varta-Bewertung hinaus auszeichnen. Eine Liste aller Betriebe mit dieser Auszeichnung sowie eine Erläuterung finden Sie auf den nächsten Seiten.

www.guthohenholz.de

★★★ S garni

181, T 02272 407500, F 4075020

(GreenSign)	mit dem Nachhaltigkeitszertifikat GreenSign ausgezeichnet	(Symbol)	Konferenz- oder Gesellschaftsräume
★	Deutsche Hotelklassifizierung	(Symbol)	Restaurant vorhanden
(Symbol)	Nichtraucherzimmer vorhanden	(Symbol)	Hallenbad
(Symbol)	Wireless LAN	(Symbol)	Freibad
(Symbol)	Lift	(Symbol)	Sauna
P	Parkplätze	(Symbol)	Fitnessraum mit mindestens 5 Geräten
(Symbol)	Garage oder Parkhaus	(Symbol)	Golfplatz in der Nähe
(Symbol)	ruhige Zimmer vorhanden	(Symbol)	Kegelbahn und/oder Bowlingbahn
garni	In diesem Betrieb wird nur Frühstück serviert.	(Symbol)	Tennisplatz
		(Symbol)	Haustiere erlaubt
		(Symbol)	Barrierefrei
		(Symbol)	Elektro-Ladestation

Gut Hohenholz

VARTA-TIPP Küche

70 | Sa-So Di-So M

Faszinierend, mit was für eine ... Repertoire mit vielen Ideen. I... Qualität mit optimalen Leistu...

Danielshof

★★★ S

Hauptstr. 3, PLZ 50181 (OT: Kaster), **T 02272 9800,** F 980200

39 Zimmer | 1 Suite | Ez 69–98 €, Dz 111–122 €, exkl. Frühstück, 4,00 €

In res... ertes Hotel, t... s mit Antiquitäten ausgestattete Zimmer, ... onaler Küche

(Symbol)	separater Raum für Raucher vorhanden
P	Parkplätze
(Symbol)	Terrasse, Gartenlokal oder Biergarten
(Symbol)	Gästezimmer vorhanden
(Symbol)	Kreditkarten werden nur teilweise oder gar nicht akzeptiert.
(Symbol)	Haustiere erlaubt
(Symbol)	Barrierefrei
(Symbol)	Elektro-Ladestation

Hotelpreise

Preis für Einzel- und Doppelzimmer

Frühstückspreis pro Person (In der Regel ist das Frühstück im Zimmerpreis enthalten, ansonsten erfolgt ein separater Hinweis.)

Bitte beachten Sie, dass alle genannten Preise nur Annäherungswerte sind. Insbesondere Zimmerpreise richten sich vor allem in Großstädten nach Angebot und Nachfrage. Bei Messen oder Großveranstaltungen können die Preise deutlich über den Angaben im Varta-Führer liegen. Bei Betrieben ohne Angabe von Preisen lagen uns leider keine Angaben vor.

Restaurantpreise

Preisspanne für Hauptgerichte und Menüs

BE... .de

Nie... emerhaven 2

f.de

Hau... T 04745 94

47 Z... Dz 124–152

Exklu... parkähnlich ... nd

Suite

Böseho f

P

80 | Hauptgericht 15–24 €, Menü 28–54 €

Anspruchsvolle saisonale Gerichte, empfehlensw... ur, schöne Sommerterrasse mit Blick über den See.

Varta-Tipps – Unsere Besten

Auf den folgenden Seiten finden Sie, nach Orten alphabetisch sortiert, alle Hotels und Restaurants, die von uns mit einem „Varta-Tipp" für ihre außergewöhnliche Leistung ausgezeichnet wurden. Hier spiegeln sich unsere Recherche-Ergebnisse wider. Hotels und Restaurants, die erstmals mit dem „Varta-Tipp" empfohlen werden, haben wir für Sie mit dem Wort „Neu" gekennzeichnet.
Detaillierte Informationen zu den einzelnen Betrieben geben wir Ihnen im Datenteil auf den jeweils angegebenen Seiten.

Ausgezeichnete Hotels 2024

VARTA★TIPP Service

Der Service dieser Häuser überzeugt über das normale Maß an Zuwendung und Dienstleistung in erstklassiger Weise.

Aerzen:	Schlosshotel Münchhausen	122
Baden-Baden:	Brenners Park-Hotel & Spa	155
Baden-Baden:	Der Kleine Prinz	157
Badenweiler:	Schwarzmatt	161
Baiersbronn:	Bareiss	163
Baiersbronn:	Traube Tonbach	164
Bayreuth:	Goldener Anker	175
Bergisch Gladbach:	Schloss Bensberg	183
Berlin:	Adlon Kempinski	192
Berlin:	Regent	192
Berlin:	The Ritz-Carlton	193
Burg (Spreewald):	Zur Bleiche	281
Cuxhaven:	Badhotel Sternhagen	297
Deidesheim:	Deidesheimer Hof	305
Dreis:	Waldhotel Sonnora	330
Düsseldorf:	Breidenbacher Hof	345
Freiamt:	Ludinmühle	428
Freiburg im Breisgau:	Colombi Hotel	430
Gernsbach:	Schloss Eberstein	466
Glücksburg:	Alter Meierhof Vitalhotel	471
Hamburg:	Fairmont Hotel Vier Jahreszeiten	501
Hamburg:	The Fontenay	505
Herxheim:	Krone	561
Juist (Insel):	Achterdiek	594
Karlsruhe:	Maison-Suisse	603
Köln:	Excelsior Hotel Ernst	629
Krün:	Schloss Elmau	659
Lindau (Bodensee):	VILLINO	698
Meersburg:	Residenz am See	736
München:	Mandarin Oriental	760
München:	München Palace	764
Münster:	Hof Zur Linde	790
Nonnenhorn:	Haus am See	825
Ofterschwang:	Sonnenalp Resort	864
Saarow, Bad:	Seepalais	958
Sylt (Insel):	Aarnhoog	1049
Sylt (Insel):	Fährhaus Sylt	1050
Uhldingen-Mühlhofen:	Fischerhaus	1088
Wolfsburg:	The Ritz-Carlton	1171
Wörishofen, Bad:	Fontenay | le petit château	1174
Zweiflingen:	Wald & Schlosshotel Friedrichsruhe	1189

VARTA-TIPP Service

Freundliche, professionelle und vorbildliche Gästebetreuung in allen Hotelbereichen.

Andernach:	PURS	135
Argenbühl:	Ellgass Allgäu Hotel	138
Aschau:	Residenz Heinz Winkler	141
Baden-Baden:	Belle Epoque	157

Baiersbronn: Sackmann 166
Baiersbronn: Engel Obertal 168
Balduinstein: Landhotel Zum Bären 170
Berlin: Hotel de Rome 192
Berlin: Hotel Luc 194
Bispingen: Stimbekhof 237
Bodenmais: Mooshof 244
Bonndorf: Hotel Gasthof Sommerau 253
Bruchhausen-Vilsen: Forsthaus Heiligenberg 275
Burg (Spreewald): Spree Balance 281
Büsum: Hotel Jess am Meer 286
Celle: Fürstenhof Celle 288
Deidesheim: Ketschauer Hof 307
Dresden: Bülow Palais 333
Dresden: Suitess 336
Durbach: Ritter 342
Durbach: Rebstock 343
Eisenach: Auf der Wartburg 366
Erfurt: Magdalenengut 378
Erfurt: Domizil 379
Essen: Schlosshotel Hugenpoet 385
Ettlingen: Erbprinz 392
Fichtenau: Meiser Vital Hotel 400
Fischen: Parkhotel Burgmühle 402
Frankenberg (Eder): Die Sonne Frankenberg 408
Füssing, Bad: Holzapfel 452
Geisenheim: Burg Schwarzenstein 462
Gengenbach: Die Reichsstadt 464
Gohrisch: QUARTIER 5 474
Grainau: Alpenhotel Waxenstein **Neu!** 481
Güstrow: Kurhaus am Inselsee 494
Gütersloh: Parkhotel 495
Häusern: Adler 541
Heidelberg: Europäischer Hof 543
Herleshausen: Hotel Hohenhaus 556
Hinterzarten: Erfurths Bergfried 565
Hinterzarten: Kesslermühle 566
Hinterzarten: Reppert 566
Hohen Demzin: Schlosshotel Burg Schlitz 571
Hornbach: Kloster Hornbach **Neu!** 577
Isselburg: Parkhotel Wasserburg Anholt 592
Kissingen, Bad: Laudensacks Parkhotel 623
Köngernheim: Jordan's Untermühle **Neu!** 645
Konstanz: RIVA 648
Krün: Das Kranzbach 659
Laasphe, Bad: Jagdhof Glashütte 666
Langenau: Gasthof Zum Bad 674
Lindau (Bodensee): Alte Schule Lindau 697
Lübeck: Die Reederin 707
Lychen: mein.lychen 714
Magdeburg: Residenz Joop 715
Mainz: Atrium 720
Mulfingen: Jagstmühle 753
Mülheim an der Mosel: Weinromantikhotel Richtershof 754
München: Beyond by Geisel 761
Münstertal: Spielweg 793
Nachrodt-Wiblingwerde: Schloss Hotel Holzrichter 795
Naurath (Wald): RÜSSELs Landhaus 797
Neuhardenberg: Schloss Neuhardenberg 805
Norderney (Insel): Seesteg 827
Nörten-Hardenberg: Hardenberg BurgHotel 832
Oberstaufen: Alpenkönig 853
Oberstdorf: Franks 856
Oberwesel: Burghotel Auf Schönburg 860
Oy-Mittelberg: Vitalhotel Die Mittelburg 876
Peterstal-Griesbach, Bad: Dollenberg 883
Pfinztal: Villa Hammerschmiede 885
Pfronten: Blaue Burg Falkenstein 887
Pfronten: Schlossanger-Alp 887
Piesport: schanz.hotel 888
Radebeul: Villa Sorgenfrei 902

Rotenburg (Wümme): Landhaus Wachtelhof 932

Rothenburg ob der Tauber: Hotel Markusturm 934

Rottach-Egern: Parkhotel Egerner Höfe 936

Rügen (Insel): Roewers Privathotel - The Spa Concept 947

Saarlouis: La Maison 956

Schalkenmehren: MICHELS Wellness- & Wohlfühlhotel 967

Schermbeck: Landhotel Voshövel 971

Schirgiswalde-Kirschau: Bei Schumann 973

Schmallenberg: Waldhaus Ohlenbach 979

Schönau a.Königssee: Alpenhotel Zechmeisterlehen 982

Schwangau: Das Rübezahl 994

Schwetzingen: Villa Benz 1000

Soden-Salmünster, Bad: Spezerei & Hotel Fiori 1008

Sonnenbühl: Hirsch 1010

St. Peter-Ording: Landhaus an de Dün 1018

Stolpe an der Peene: Gutshaus Stolpe 1025

Sylt (Insel): Budersand Hotel 1046

Sylt (Insel): Hotel Village 1047

Sylt (Insel): Severin's Resort & Spa 1049

Sylt (Insel): Benen-Diken-Hof 1050

Sylt (Insel): Söl'ring Hof 1051

Sylt (Insel): Watthof 1052

Sylt (Insel): Landhaus Stricker 1053

Sylt (Insel): Stadt Hamburg 1055

Sylt (Insel): I Love Sylt Hotel Terminus 1055

Sylt (Insel): Villa Monika 1056

Tübingen: Hotel La Casa 1082

Villingen-Schwenningen: Rindenmühle 1107

Wackersberg: Benediktenhof 1115

Waging a.See: Landhaus Tanner 1116

Waldbronn: Schwitzer's am Park 1118

Waldenburg: Villa Blum 1120

Wangels: Weissenhaus 1124

Wartmannsroth: Neumühle Resort & Spa 1130

Weikersheim: Laurentius 1133

Wiesbaden: Nassauer Hof 1153

Wiessee, Bad: Landhaus Marinella 1158

Winterberg: Berghotel Astenkrone 1165

Wolnzach: Haimerlhof 1173

Würzburg: Rebstock 1178

VARTA★TIPP Ambiente

In seiner Architektur oder Innenausstattung außergewöhnliches Hotel mit exklusiver Wohlfühlatmosphäre und individuellem Flair.

Baden-Baden: Brenners Park-Hotel & Spa 155

Bergisch Gladbach: Schloss Bensberg 183

Berlin: Adlon Kempinski 192

Berlin: Hotel de Rome 192

Berlin: Regent 192

Dresden: Bülow Palais 333

Hamburg: Fairmont Hotel Vier Jahreszeiten 501

Hohen Demzin: Schlosshotel Burg Schlitz 571

Krün: Schloss Elmau 659

Laasphe, Bad: Jagdhof Glashütte 666

München: Mandarin Oriental 760

Rügen (Insel): Kurhaus Binz 943

Trier: Villa Hügel 1078

VARTA-TIPP Ambiente

Bemerkenswertes Hotel, das sich durch ein besonders ansprechendes Ambiente auszeichnet.

Amorbach: Der Schafhof 133
Andernach: PURS 135
Andernach: Monte Mare 136
Arnstadt: Stadthaus Arnstadt 140
Aying: Brauereigasthof Aying 153
Baden-Baden: Belle Epoque 157
Baden-Baden: Der Kleine Prinz 157
Bautzen: Moments 174
Bayreuth: Urban Art Hotel Liebesbier 176
Bayrischzell: Hotel Alpenhof 177
Berching: Post Berching 180
Berleburg, Bad: Altes Museum 185
Berlin: The Ritz-Carlton 193
Berlin: Schloss Hotel Berlin by Patrick Hellmann 196
Berlin: Château Royal **Neu!** 198
Berlin: Hotel am Steinplatz 199
Berlin: Hotel Telegraphenamt **Neu!** 199
Berlin: Louisa's Place 200
Berlin: Orania.Berlin 201
Berlin: Wilmina 204
Berlin: Provocateur 207
Berlin: The Hoxton **Neu!** 208
Birnbach, Bad: Hofgut Hafnerleiten 236
Birnbach, Bad: Sonnengut 236
Bodenmais: Mooshof 244
Boppard: Park Hotel 254
Braunlage: The Hearts Hotel 258
Briesen (Mark): Gut Klostermühle 274
Celle: Fürstenhof Celle 288
Cloppenburg: sevenoaks 294
Detmold: Detmolder Hof 310
Dinkelsbühl: Goldene Rose **Neu!** 317
Dresden: Suitess 336
Düsseldorf: The Fritz 352
Erkrath: Wahnenmühle 382
Essen: Schlosshotel Hugenpoet 385
Flintsbach a.Inn: Dannerwirt 404
Frankfurt am Main: Sofitel Frankfurt Opera 411
Frankfurt am Main: LUME 414
Frankfurt am Main: Gekko House 416
Frankfurt am Main: The Pure **Neu!** 418
Fürstenfeldbruck: Fürstenfelder 449
Füssing, Bad: Parkhotel 453
Garmisch-Partenkirchen: Werdenfelserei 457
Gießen: Heyligenstaedt 469
Görlitz: Emmerich Hotel 475
Groß-Umstadt: Farmerhaus-Lodge 490
Hamburg: The George 514
Hamm (Westfalen): Gut Kump 527
Heidelberg: Europäischer Hof 543
Herleshausen: Hotel Hohenhaus 556
Herrsching a. Ammersee: Romantik Boutique Hotel Chalet am Kiental 559
Hornbach: Kloster Hornbach 577
Kalkhorst: Schlossgut Gross Schwansee 597
Karlsruhe: Maison-Suisse 603
Kassel: Renthof 606
Kirchzarten: rainhof scheune 622
Köln: Excelsior Hotel Ernst 629
Köln: Wasserturm Hotel 633
Kremmen: Schloss Ziethen 654
Kressbronn: Boutique Hotel Friesinger 655
Kronach: Die Kronacher Stadthotels 656
Krün: Das Kranzbach 659
Langenlonsheim: Jugendstil-Hof 675
Lieser: Schloss Lieser 694
Lindau (Bodensee): Boutique-Hotel Adara 697
Lübeck: Die Reederin 707

Mainz: Atrium 720
Malente: Gut Immenhof 724
Mannheim: Hotel Speicher 7 726
Meersburg: Villa Seeschau 736
München: Beyond by Geisel 761
Münster: Mauritzhof 791
Neuenhaus: Domicil Lebensart 803
Neuleiningen: Alte Pfarrey 808
Neumarkt i.d.OPf.: AlmRefugio Landhotel 810
Neuzelle: Klosterhotel Neuzelle 819
Norderney (Insel): Seesteg 827
Norderney (Insel): 1884 Norderney **Neu!** 828
Norderney (Insel): Haus Norderney 829
Oberstdorf: Exquisit 856
Oberwesel: Burghotel Auf Schönburg 860
Offenburg: Hotel Liberty 864
Panker: Ole Liese 878
Pfinztal: Villa Hammerschmiede 885
Pfronten: Blaue Burg Falkenstein 887
Piesport: schanz.hotel 888
Pirna: Designhotel Laurichhof 891
Quedlinburg: Am Brühl 901
Radebeul: Villa Sorgenfrei 902
Regensburg: David 911
Regensburg: Orphée Großes Haus 912
Rothenburg ob der Tauber: Hotel Markusturm 934
Rothenburg ob der Tauber: Mittermeiers Alter Ego 935
Rothenburg ob der Tauber: Villa Mittermeier 935
Rottach-Egern: Seehotel Überfahrt 937
Rüsselsheim: Höll am Main 949
Saarlouis: La Maison 956
Saarow, Bad: Villa Contessa 957
Schirgiswalde-Kirschau: Bei Schumann 973
Schluchsee: Mühle 977
Schorndorf: Boutique Hotel Pfauen 986
Senftenberg: Wellnesshotel Seeschlößchen 1003
Stuttgart: Der Zauberlehrling 1035
Stuttgart: EmiLu Hotel 1035
Sylt (Insel): Hotel Village 1047
Sylt (Insel): Hotel Strand am Königshafen 1048
Sylt (Insel): Landhaus Stricker 1053
Sylt (Insel): Jörg Müller 1054
Sylt (Insel): Stadt Hamburg 1055
Tegernsee: Caro & Selig **Neu!** 1059
Timmendorfer Strand: Fuchsbau 1067
Titisee-Neustadt: Treschers Schwarzwald-Hotel 1069
Traben-Trarbach: Jugendstilhotel Bellevue 1074
Unterammergau: Boutique-Hotel Lartor 1092
Usedom (Insel): Strandhotel Atlantic 1097
Wangels: Weissenhaus **Neu!** 1124
Wartmannsroth: Neumühle Resort & Spa 1130
Weimar: Hotel Schillerhof 1137
Weimar: Grande Albergo Giancarlo 1137
Wernigerode: Boutique-Hotel Anno 1910 1148
Wilhelmshaven: Fliegerdeich 1161
Wolfsburg: The Ritz-Carlton 1171
Wuppertal: Park Villa 1176
Wuppertal: Postboutique Hotel 1176

Ausgezeichnete Restaurants 2024

VARTA★TIPP Küche

Exzellente Küchenleistung, kreative Zubereitung, professionelle Präsentation.

Andernach: PURS **Neu!** 135
Augsburg: August 150

Baiersbronn: Bareiss 163
Baiersbronn: Schwarzwaldstube 165
Baiersbronn: Schlossberg 167
Bergisch Gladbach: Vendôme 183
Berlin: Lorenz Adlon Esszimmer 192
Berlin: Facil 196
Berlin: Rutz 210
Berlin: Horváth 210
Berlin: Restaurant Tim Raue 210
Berlin: CODA 211
Berlin: Cordo **Neu!** 211
Bonn: Halbedel's Gasthaus 252
Cuxhaven: Sterneck 298
Deidesheim: Schwarzer Hahn 306
Deidesheim: L.A. Jordan 307
Doberan, Bad:
Gourmet Restaurant Friedrich Franz 319
Donaueschingen: ÖSCH NOIR 321
Dorsten: Goldener Anker 323
Dreis: Restaurant Sonnora 330
Düsseldorf: 1876 Daniel Dal-Ben 353
Ehningen: Landhaus Feckl 364
Frankenberg (Eder): Philipp Soldan 409
Frankfurt am Main: Gustav 419
Frankfurt am Main: Lafleur 419
Frankfurt am Main: Carmelo Greco 420
Glücksburg: Meierei Dirk Luther 472
Grassau: ES:SENZ 483
Hamburg: Haerlin 504
Hamburg: Lakeside **Neu!** 505
Hamburg: bianc 515
Hamburg: The Table Kevin Fehling 515
Hamburg: 100/200 516
Hannover: Jante 534
Herleshausen: La Vallée Verte 556
Karlsruhe: restaurant sein **Neu!** 604
Köln: Ox & Klee 637
Konstanz: Ophelia 649
Krün: Luce d'Oro 659
Leipzig: Falco 687
Leipzig: Stadtpfeiffer 690
Mannheim: Opus V 727
München: Atelier 760
München: EssZimmer 772
München: Jan **Neu!** 773
München: KOMU **Neu!** 773
München: Tantris Restaurant 773
München: Tohru in der Schreiberei 774
München: Werneckhof Sigi Schelling 777
Münster: Coeur D'Artichaut **Neu!** 792
Neuenahr-Ahrweiler, Bad:
Steinheuers Restaurant 802
Neunburg vorm Wald:
Obendorfers Eisvogel 811
Nürnberg: Essigbrätlein 840
Nürnberg: Restaurant etz 840
Paderborn: Balthasar 877
Perl:
Victor's Fine Dining by Christian Bau 882
Peterstal-Griesbach, Bad: Le Pavillon 884
Piesport: schanz.restaurant 889
Pilsach: HIO – Der Acker kocht **Neu!** 889
Rostock: Der Butt 930
Rottach-Egern:
Gourmetrestaurant Dichter 937
Rust: Ammolite 950
Saarbrücken: Esplanade 954
Saarbrücken: Gästehaus Klaus Erfort 955
Saarlouis: LOUIS restaurant 956
Salach:
Gourmetrestaurant „fine dining RS" 961
Stuttgart: Speisemeisterei 1037
Sulzburg: Hirschen 1044
Sylt (Insel): Söl'ring Hof 1052
Sylt (Insel): Bodendorf's 1053
Tölz, Bad: Schwingshackl ESSKULTUR 1072
Velbert: Haus Stemberg 1104
Vogtsburg im Kaiserstuhl:
Schwarzer Adler 1109
Wachenheim a.d. Weinstraße:
Restaurant Intense **Neu!** 1113

Waldbronn: Cédric Schwitzer´s Gourmet-Restaurant 1118
Wangels: Courtier 1125
Wirsberg: Aura by Alexander Herrmann & Tobias Bätz 1166
Wolfsburg: Aqua 1171
Zweiflingen: Gourmet-Restaurant Le Cerf 1189

VARTA-TIPP Küche

Hier werden die Speisen in ausgezeichneter Qualität und Optik zubereitet.

Aachen: La Bécasse 116
Aachen: St. Benedikt 118
Ahorn: Schlossrestaurant Hohenstein 123
Altenahr: Gasthaus Assenmacher 129
Amorbach: Abt- und Schäferstube 133
Amtzell: Schattbuch **Neu!** 134
Andernach: YOSO **Neu!** 135
Arnsberg: Menge 138
Asperg: Schwabenstube 142
Aue: St. Andreas 144
Auerbach i.d.OPf.: Soulfood 145
Augsburg: Sartory Restaurant 147
Augsburg: Alte Liebe 151
Augsburg: Nose & Belly 152
Aying: Brauereigasthof Aying 153
Baden-Baden: Fritz & Felix 155
Baden-Baden: Le Jardin de France im Stahlbad 159
Baden-Baden: Maltes hidden kitchen 159
Baiersbronn: Dorfstuben 164
Baiersbronn: 1789 165
Baiersbronn: Schatzhauser **Neu!** 166
Bamberg: VITA **Neu!** 173
Berchtesgaden: Gourmet Restaurant PUR 181
Berlin: Hugos Restaurant 195
Berlin: Skykitchen 203
Berlin: Prism 210
Berlin: Bandol sur Mer 211
Berlin: ernst **Neu!** 212
Berlin: Golvet 212
Berlin: Irma la Douce 213
Berlin: Nobelhart & Schmutzig 213
Berlin: Restaurant Faelt 214
Berlin: Tulus Lotrek 214
Berlin: Victor & Victoria **Neu!** 215
Berlin: Bieberbau 216
Berlin: Bonvivant **Neu!** 216
Berlin: Bricole 216
Berlin: Colette Tim Raue 217
Berlin: Long March Canteen 219
Berlin: Restaurant 136 219
Berlin: Restaurant BRIKZ 220
Berlin: Richard Restaurant & Bistro 220
Berlin: Tante Fichte Speiselokal 221
Berlin: theNOname - Restaurant 221
Berlin: Volt 221
Berlin: Die Nußbaumerin 223
Berlin: Lucky Leek 224
Bietigheim-Bissingen: Maerz - Das Restaurant 233
Billerbeck: Domschenke 233
Bingen am Rhein: Das Bootshaus 234
Birkenau: WILD X BERG **Neu!** 235
Bischofswiesen: Solo Du 237
Blankenhain: Restaurant Masters **Neu!** 240
Blieskastel: Hämmerle's Barrique 241
Bonn: Yunico 250
Bonndorf: Hotel Gasthof Sommerau 254
Brandenburg an der Havel: Inspektorenhaus 257
Bremerhaven: FINE DINING by Phillip Probst **Neu!** 271
Bremerhaven: Natusch Fischereihafen Restaurant 272

Brilon: Almer Schlossmühle 275
Brühl (Baden): Krone Das Gasthaus 276
Bühlertal: Bergfriedel 279
Burghausen: restaurant | 271 282
Bürgstadt: Weinhaus Stern 283
Celle: Taverna & Trattoria Palio 288
Cham: Am Ödenturm 290
Chemnitz: Villa Esche 292
Darmstadt: OX casual fine dining 303
Darscheid: Kucher's Gourmet-Restaurant 303
Deggendorf: Kook 36 Restaurant 304
Dermbach: Rhöner Botschaft | BjoernsOx 309
Dernbach (Pfalz): Schneider 310
Detmold: Jan Diekjobst Restaurant 311
Dierhagen: Ostseelounge 313
Donaueschingen: Die Burg 321
Dornum: Fährhaus 322
Dorsten: Rosin 323
Dortmund: Grammons Restaurant 327
Dortmund: The Stage 327
Dresden: Caroussel Nouvelle 333
Dresden: ElbUferei **Neu!** 334
Dresden: elements 337
Dresden: Genuss-Atelier 337
Duggendorf: DIE GOURMET STUBE im Gasthaus Hummel 341
Duisburg: Mod by Sven Nöthel 341
Durbach: [maki:'dan] im Ritter 342
Düsseldorf: Pink Pepper 349
Düsseldorf: Fritz's Frau Franzi 353
Düsseldorf: Nagaya 353
Düsseldorf: DR.KOSCH 353
Düsseldorf: Im Schiffchen 354
Düsseldorf: Jae Restaurant **Neu!** 354
Düsseldorf: Phoenix 354
Düsseldorf: YOSHI by Nagaya 355
Düsseldorf: Agata's 355
Düsseldorf: Am Kai 355
Düsseldorf: Le Flair 356
Efringen-Kirchen: Traube 362
Eggenstein-Leopoldshafen: Das garbo im Löwen 362
Eibelstadt: Gambero Rosso Da Domenico 364
Eisenach: Weinrestaurant Turmschänke 366
Eltville: Jean 369
Elzach: Gasthaus Rössle 371
Endingen: Merkles Restaurant 373
Endingen: Dutters Stube 374
Erkelenz: TROYKA 381
Essen: Hannappel 388
Essen: Müllers auf der Rü & Schote Gourmet 389
Essen: PIERBURG – ERIKA BERGHEIM 389
Ettlingen: Gourmetrestaurant 392
Euskirchen: Bembergs Häuschen 393
Feldberger Seenlandschaft: Klassenzimmer 397
Feldkirchen-Westerham: Restaurant im Aschbacher Hof 398
Fellbach: Oettinger's Restaurant 399
Finsterwalde: Goldener Hahn 401
Flensburg: Das Grace 403
Föhr (Insel): NAMINE WITT **Neu!** 405
Föhr (Insel): Alt Wyk 406
Forchheim: Zöllner's Weinstube 406
Frammersbach: Schwarzkopf 408
Frankenberg (Eder): SonneStuben 409
Frankfurt am Main: Main Tower 420
Frankfurt am Main: Restaurant Villa Merton 420
Frankfurt am Main: Seven Swans 421
Frankfurt am Main: Weinsinn 421
Frankfurt am Main: Erno's Bistro 422
Frankfurt am Main: L'arôme Fine Cuisine **Neu!** 423
Frankfurt am Main: Masa Japanese Cuisine **Neu!** 424
Frasdorf: Gourmet Restaurant im Karner 426

Freiburg im Breisgau: Zirbelstube 432
Freiburg im Breisgau: Wolfshöhle 434
Freiburg im Breisgau: Eichhalde **Neu!** 434
Freiburg im Breisgau: Kuro.Mori 435
Friedland: Genießer Stube – Daniel Raub 443
Friedland: Schillingshof 444
Friedrichshafen: Die Speiserei im Maier **Neu!** 445
Fulda: Goldener Karpfen 448
Fulda: Christian & Friends Tastekitchen 449
Fürstenfeldbruck: Fürstenfelder 449
Fürth: Tim's Kitchen 450
Gehrden: Berggasthaus Niedersachsen 461
Geisenheim: Müllers auf der Burg by Nelson Müller 462
Gengenbach: Die Reichsstadt 465
Gengenbach: Ponyhof Stammhaus by Tobias Wussler 465
Gernsbach: Werners Restaurant 467
Grenzach-Wyhlen: Eckert 484
Gummersbach: Die Mühlenhelle 493
Halle (Saale): Speiseberg 498
Haltern am See: Ratsstuben 500
Hamburg: Jacobs Restaurant 507
Hamburg: HYGGE -Brasserie & Bar 513
Hamburg: Zeik 516
Hamburg: Jellyfish 517
Hamburg: Landhaus Scherrer 517
Hamburg: Piment 518
Hamburg: FELIX Restaurant **Neu!** 519
Hamburg: Philipps Restaurant 521
Hamburg: THE LISBETH **Neu!** 522
Hamburg: Tschebull 522
Hann. Münden: Biorestaurant 528
Hannover: VOTUM 534
Hannover: Handwerk 535
Hauzenberg: Landgasthof Anetseder 542
Hayingen: Bio-Fine-Dining-Restaurant 1950 542
Heidelberg: Restaurant Oben 547
Heidelberg: Scharffs Schlossweinstube 547
Heidelberg: Adriatic Seven 548
Heroldsberg: Freihardt 557
Herrsching a. Ammersee: Chalet am Kiental 559
Hersfeld, Bad: L'étable 561
Herxheim: Pfälzer Stuben 562
Höchstädt a. d. Donau: Glocke Restaurant 569
Hohenkammer: Camers Schlossrestaurant 572
Idstein: Henrich Höer's Speisezimmer 583
Illertissen: Vier Jahreszeiten 584
Illschwang: Cheval Blanc 585
Immenstaad: Seehof 586
Inzlingen: Krone 588
Jena: SCALA Turm Restaurant 593
Johannesberg: Auberge de Temple - Helbigs Gasthaus 594
Kahl a. Main: Zeller 595
Kappelrodeck: Rebstock 600
Karlsruhe: Tawa Yama FINE **Neu!** 604
Karlsruhe: Bistro Margarete **Neu!** 604
Kernen im Remstal: Malathounis 613
Kerpen: Schloss Loersfeld 614
Kiedrich: Weinschänke Schloss Groenesteyn 615
Kiel: Ahlmanns 617
Kiel: KOS Fine dining 618
Kirchdorf: Christians Restaurant 619
Kirchdorf an der Iller: Landgasthof Löwen 619
Kirchheim a. d. Weinstr.: Schwarz Gourmet 619
Kissingen, Bad: Laudensacks Gourmet-Restaurant 623
Koblenz: GOTTHARDT'S 626
Koblenz: Schiller's Manufaktur 627
Koblenz: Gerhards Genussgesellschaft 627
Köln: Taku 632
Köln: PULS 635
Köln: Alfredo 637

Köln: astrein – essen und trinken 637
Köln: La Cuisine Rademacher 638
Köln: La Société 638
Köln: NeoBiota 638
Köln: Restaurant Maximilian Lorenz 639
Köln: Sahila 639
Köln: Zur Tant 640
Köln: Pottkind 642
Köln: Prunier Cologne 642
Königsbronn: ursprung - das Restaurant 646
Königsbronn: Gasthaus Widmann's Löwen 646
Konstanz: San Martino Gourmet 649
Kötzting, Bad: Leo's by Stephan Brandl 651
Krakow am See: Ich weiß ein Haus am See 652
Krozingen, Bad: Storchen 657
Lahr: Adler 669
Langenargen: SEO Küchenhandwerk 673
Langenau: Gasthof Zum Bad 674
Langenzenn: Keidenzeller Hof 675
Lauingen (Donau): Lodner Genusswerkstatt 680
Lautenbach: Restaurant Sonne 681
Lauterbach (Hessen): schuberts 681
Leipzig: Michaelis Restaurant 688
Leipzig: Frieda 690
Leipzig: Kuultivo **Neu!** 690
Lichtenberg: Harmonie 693
Limburg: Restaurant 360° 696
Lindau (Bodensee): VILLINO 698
Lindau (Bodensee): Restaurant Valentin 699
Lörrach: Wirtshaus Mättle 704
Lottstetten: Gasthof Zum Kranz **Neu!** 704
Lübeck: Wullenwever 708
Magdeburg: Landhaus Hadrys 717
Maikammer: Dorf-Chronik 718
Mainz: GenussWerkstatt 720
Mainz: Favorite Restaurant 721
Mainz: Gebert's Weinstuben 722
Mainz: Steins Traube 722
Maisach: Gasthof Heinzinger 723
Mannheim: Doblers 727
Mannheim: Marly 728
Marburg: Marburger Esszimmer by Denis Feix **Neu!** 728
Marktbergel: Rotes Ross 730
Marktheidenfeld: Weinhaus Anker 731
Maselheim: Lamm 733
Meerbusch: Anthony's Kitchen 735
Meersburg: Casala Das Restaurant 736
Meisenheim: Meisenheimer Hof 737
Meppen: von Euch 740
Meschede: Landhotel Donner 742
Miesbach: Manuelis 746
Mittenwald: Das Marktrestaurant 747
Mulfingen: Jagstmühle 753
München: Vinothek by Geisel 762
München: Tantris DNA 774
München: Acquarello 774
München: Brothers **Neu!** 775
München: Les Deux 775
München: Mural Restaurant 776
München: Showroom 777
München: Sparkling Bistro 777
München: Huber 780
München: Johannas 780
München: Mural Farmhouse **Neu!** 781
München: Weinhaus Neuner 783
Münster: BOK - Brust oder Keule 792
Münster: Restaurant Spitzner **Neu!** 793
Münstertal: Spielweg 794
Naurath (Wald): RÜSSELs Landhaus 797
Nenndorf, Bad: Das August 798
Neuenahr-Ahrweiler, Bad: Sanct Peter seit 1246 - Restaurant Brogsitter **Neu!** 801
Neuenahr-Ahrweiler, Bad: Sanct Peter seit 1246 - Restaurant Weinkirche **Neu!** 802
Neuendorf-Sachsenbande: Zum Dückerstieg 803

Neuhausen: Alte Baiz 806
Neuhütten: Le Temple 807
Neuleiningen: Alte Pfarrey 809
Neunburg vorm Wald: Turmstube 812
Neupotz: Zum Lamm 813
Neustadt an der Weinstraße: Irori **Neu!** 816
Neustadt an der Weinstraße: Urgestein 816
Neuzelle: Wilde Klosterküche 819
Nideggen: Burg Nideggen - Brockel Schlimbach 819
Niederkassel: Clostermanns Le Gourmet 821
Niederwinkling: Buchner Welchenberg 1658 822
Norderney (Insel): Seesteg 827
Norderney (Insel): Restaurant Müllers by Nelson Müller **Neu!** 828
Nördlingen: Wirtshaus Meyers Keller 832
Nürnberg: Gourmet-Restaurant Waidwerk 838
Nürnberg: Entenstuben 841
Nürnberg: Tisane 842
Nürnberg: Veles Restaurant 842
Nürnberg: ZweiSinn Meiers | Fine Dining 842
Nürnberg: Wonka 844
Oberried: Die Halde 851
Oberstaufen: die.speisekammer **Neu!** 852
Oberstdorf: Ess Atelier Strauss 857
Oberstdorf: Ondersch Genusswirtschaft 858
Oberursel: Kraftwerk 859
Ochsenfurt: Flockenwerk **Neu!** 861
Odenthal: Gourmetrestaurant 862
Ofterschwang: Silberdistel 864
Öhningen: Falconera 865
Oldenburg: Restaurant Kevin Gideon 868
Oldenburg: Kaiserküche 869
Osnabrück: Friedrich **Neu!** 872
Osnabrück: Kesselhaus 873
Osnabrück: Iko Restaurant 873
Panker: Restaurant 1797 878
Pappenheim: Zur Sonne 879
Perasdorf: Gasthaus Jakob 882
Peterstal-Griesbach, Bad: Kaminstube 884
Pfinztal: Villa Hammerschmiede 885
Pforzheim: Riva by Tristan Brandt **Neu!** 886
Pfronten: PAVO 887
Pfronten: Restaurant 1250 887
Pfronten: Schlossanger-Alp 888
Pirmasens: Die Brasserie 891
Pleiskirchen: Huberwirt 893
Plochingen: Stumpenhof 894
Plön: Robert Stolz 894
Potsdam: kochZIMMER 896
Potsdam: Villa Kellermann 897
Presseck: Gasthof Berghof - Ursprung 898
Prien: Wachter Foodbar **Neu!** 899
Pulheim: Gut Lärchenhof 900
Radebeul: Atelier Sanssouci 902
Ratshausen: Adler 906
Rauhenebrach: Gasthof Hofmann 907
Ravensburg: Hermanns **Neu!** 908
Recklinghausen: Restaurant Engels in der Burg **Neu!** 909
Regensburg: Roter Hahn 913
Regensburg: Storstad 913
Regensburg: Aska 913
Rheda-Wiedenbrück: Reuter 920
Rheinau: Gioias Restaurant 921
Rheine: Beesten 922
Rinteln: Speisekammer Anno 1583 **Neu!** 925
Rippoldsau-Schapbach, Bad: Klösterle Hof 925
Rosenberg: Landgasthof Adler 928
Rot am See: Landhaus Hohenlohe 932
Rottach-Egern: Le Duc Tegernsee 937
Rötz: Gregor's 939
Rügen (Insel): Genusswerkstatt I By Robert Schindler 944
Rügen (Insel): Freustil 945

Rüthen: Landhotel Knippschild 952
Sachsa, Bad: Joseph's Fine Dining **Neu!** 958
Säckingen, Bad: Genuss-Apotheke 959
Salach: Burgrestaurant „oifach andersch“ 961
Salem: Reck's Restaurant 962
Samerberg: Gasthof Alpenrose 964
Sasbachwalden: Engel 964
Saulheim: mundart Restaurant 966
Scharbeutz: DiVa 968
Schirgiswalde-Kirschau: Gourmetrestaurant JUWEL 973
Schluchsee: Restaurant Mühle 977
Schmallenberg: Hofstube Deimann 978
Schmallenberg: Gasthof Schütte 979
Schorndorf: Gourmetrestaurant Nico Burkhardt 986
Schramberg: Gasthof Hirsch 987
Schwäbisch Hall: Rebers Pflug 991
Schwäbisch Hall: Eisenbahn 992
Schwarzenfeld: esskunst 995
Schweinfurt: Kugelmühle 996
Schweinfurt: Kings & Queens 996
Schwendi: Esszimmer by Julius Reisch 997
Schwerin: Gourmetrestaurant „1751“ 998
Schwerin: Cube by Mika **Neu!** 999
Seesen: Restaurant Harzfenster **Neu!** 1001
Selzen: Kaupers Restaurant im Kapellenhof 1002
Simonswald: Hugenhof 1005
Sobernheim, Bad: Das Jungborn 1007
Sommerhausen: Philipp 1009
Sonnenbühl: Hirsch 1010
Sonnenbühl: Dorfstube 1010
St. Wendel: Kunz 1019
Starnberg: Aubergine 1021
Stolpe an der Peene: Gutshaus Stolpe 1026
Stuttgart: Der Zauberlehrling 1035
Stuttgart: Restaurant 5 1037
Stuttgart: Wielandshöhe 1038
Stuttgart: Délice 1038
Stuttgart: Hupperts Restaurant 1038
Stuttgart: New Josch **Neu!** 1039
Stuttgart: Ritzi 1039
Stuttgart: Fässle le restaurant 1040
Sylt (Insel): KAI3 1046
Sylt (Insel): Tipken's by Nils Henkel **Neu!** 1049
Sylt (Insel): Siebzehn84 1054
Sylt (Insel): Restaurant JM 1054
Tangstedt (Stormarn): Gutsküche Wulksfelde 1057
Teinach-Zavelstein, Bad: Berlins Krone 1061
Teisnach: Oswald's Gourmetstube 1063
Tiefenbronn: Bauernstuben 1066
Timmendorfer Strand: Gourmetrestaurant Orangerie 1069
Todtnau: derWaldfrieden 1071
Tölz, Bad: Schwingshackl HEIMATKÜCHE 1073
Trier: Becker's Restaurant 1078
Trier: Bagatelle **Neu!** 1079
Trittenheim: Wein- und Tafelhaus 1080
Tuttlingen: Restaurant Anima 1083
Uhingen: Schloß Filseck 1088
Ulm: Seestern 1090
Ulm: Siedepunkt 1091
Ulm: bi:braud **Neu!** 1091
Usedom (Insel): Kulmeck 1099
Usedom (Insel): The O'Room - Fine Dining 1099
Vaihingen an der Enz: Lamm Roßwag 1102
Villingen-Schwenningen: Rindenmühle 1107
Vöhringen: Speisemeisterei Burgthalschenke 1111
Volkach: Restaurant Weinstock 1111
Wachenheim a.d. Weinstraße: The Izakaya 1114
Waging a.See: Landhaus Tanner 1116
Waiblingen: Bachofer 1117

Waldkirchen: Johanns 1121
Wangen im Allgäu: Landgasthaus Adler 1126
Wartenberg-Rohrbach: Mühlenrestaurant 1129
Weigenheim: Le Frankenberg 1132
Weikersheim: Laurentius 1133
Weil am Rhein: Café Gupi **Neu!** 1133
Weingarten: Syrlin Speisewelt - Markos 1138
Weingarten (Baden): Zeit | Geist 1139
Weinstadt: Restaurant Cédric **Neu!** 1141
Weißenbrunn: Gasthof Alex **Neu!** 1143
Werder (Havel): Alte Überfahrt 1145
Wernigerode: Restaurant Pietsch 1148
Wernigerode: Zeitwerk 1148
Wiesbaden: Ente 1153
Wildberg: Claus Weitbrecht - Das Gourmetrestaurant 1159
Wilthen: Erbgericht Tautewalde 1163
Windorf: Feilmeiers Landleben 1164
Wuppertal: Restaurant Shiraz 1177
Würzburg: KUNO 1408 1180
Würzburg: Aifach Reisers 1181
Xanten: Landhaus Köpp 1183
Zell im Wiesental: Berggasthof Schlüssel 1184
Zwingenberg: Kaltwassers Wohnzimmer 1191
Zwischenahn, Bad: Apicius 1192

VARTA★TIPP Service

Besonders aufmerksamer und fachlich hervorragender Service.

Baiersbronn: Bareiss 163
Baiersbronn: Schwarzwaldstube 165
Bergisch Gladbach: Vendôme 183
Berlin: Facil 196
Berlin: Rutz **Neu!** 210
Bietigheim-Bissingen: Maerz - Das Restaurant **Neu!** 233
Frankenberg (Eder): Philipp Soldan 409
Freiburg im Breisgau: Zirbelstube 432
München: Tantris Restaurant 773
Perl: Victor's Fine Dining by Christian Bau 882
Saarbrücken: Gästehaus Klaus Erfort 955
Schluchsee: Restaurant Mühle 977
Sommerhausen: Philipp 1009
Sylt (Insel): Söl'ring Hof 1052
Weingarten: Syrlin Speisewelt - Markos **Neu!** 1138
Wolfsburg: Aqua 1171
Zweiflingen: Gourmet-Restaurant Le Cerf 1189

VARTA-TIPP Service

Gepflegter, freundlicher Service mit spürbar herzlicher Gastlichkeit.

Aachen: St. Benedikt 118
Amtzell: Schattbuch **Neu!** 134
Andernach: PURS 135
Aschau: Residenz Heinz Winkler 141
Asperg: Schwabenstube 142
Aue: St. Andreas 144
Augsburg: August 150
Aying: Brauereigasthof Aying 153
Baden-Baden: Le Jardin de France im Stahlbad 159
Baden-Baden: Maltes hidden kitchen 159
Baiersbronn: Dorfstuben 164
Baiersbronn: 1789 165
Baiersbronn: Schatzhauser **Neu!** 166
Baiersbronn: Schlossberg 167
Bamberg: VITA **Neu!** 173

Berchtesgaden:
Gourmet Restaurant PUR 181

Berlin: Lorenz Adlon Esszimmer 192

Berlin: Hugos Restaurant 195

Berlin: Orania.Restaurant **Neu!** 201

Berlin: Horváth **Neu!** 210

Berlin: Restaurant Tim Raue 210

Berlin: Hallmann & Klee **Neu!** 212

Berlin: Nobelhart & Schmutzig **Neu!** 213

Berlin: Kin Dee 218

Berlin: Restaurant BRIKZ 220

Berlin: Brasserie Am Gendarmenmarkt 222

Bischofswiesen: Solo Du 237

Blieskastel: Hämmerle's Barrique 241

Bonn: Yunico **Neu!** 250

Celle: Taverna & Trattoria Palio 288

Cuxhaven: Sterneck 298

Deggendorf: Kook 36 Restaurant **Neu!** 304

Deidesheim: Schwarzer Hahn 306

Deidesheim: L.A. Jordan 307

Dermbach: Rhöner Botschaft | BjoernsOx **Neu!** 309

Dierhagen: Ostseelounge 313

Doberan, Bad: Gourmet Restaurant Friedrich Franz 319

Donaueschingen: ÖSCH NOIR 321

Donaueschingen: Die Burg **Neu!** 321

Dorsten: Rosin 323

Dortmund: Grammons Restaurant **Neu!** 327

Dortmund: La Cuisine Mario Kalweit 327

Dreis: Restaurant Sonnora 330

Dresden: elements 337

Duggendorf: DIE GOURMET STUBE im Gasthaus Hummel 341

Düsseldorf: Pink Pepper 349

Düsseldorf: Nagaya 353

Düsseldorf: 1876 Daniel Dal-Ben 353

Düsseldorf: Im Schiffchen 354

Düsseldorf: YOSHI by Nagaya **Neu!** 355

Efringen-Kirchen: Traube 362

Ehningen: Landhaus Feckl 364

Endingen: Merkles Restaurant 373

Erkelenz: TROYKA 381

Essen: Hannappel 388

Ettlingen: Gourmetrestaurant 392

Feldberger Seenlandschaft:
Klassenzimmer 397

Feldkirchen-Westerham:
Restaurant im Aschbacher Hof 398

Fellbach: Oettinger's Restaurant 399

Föhr (Insel): Alt Wyk 406

Frankfurt am Main: Gustav 419

Frankfurt am Main: Carmelo Greco **Neu!** 420

Frankfurt am Main:
Restaurant Villa Merton 420

Frankfurt am Main: Weinsinn 421

Freiburg im Breisgau: Wolfshöhle **Neu!** 434

Freiburg im Breisgau: Kuro.Mori **Neu!** 435

Freyung: Landgasthaus Schuster 440

Friedland: Schillingshof 444

Garmisch-Partenkirchen: Husar 460

Gernsbach: Werners Restaurant 467

Glücksburg: Meierei Dirk Luther 472

Grassau: ES:SENZ 483

Grenzach-Wyhlen: Eckert 484

Hamburg: Haerlin 504

Hamburg: Lakeside 505

Hamburg: Jacobs Restaurant 507

Hamburg: bianc 515

Hamburg: The Table Kevin Fehling 515

Hamburg: Zeik **Neu!** 516

Hamburg: Landhaus Scherrer 517

Hamburg: Piment 518

Hannover: Jante 534

Heidelberg: Restaurant Oben 547

Heidelberg: Scharffs Schlossweinstube 547

Herleshausen: La Vallée Verte 556

Herrsching a. Ammersee:
Chalet am Kiental 559

Hersfeld, Bad: L'étable 561

Hohenkammer: Camers Schlossrestaurant 572
Illschwang: Cheval Blanc **Neu!** 585
Kappelrodeck: Rebstock 600
Karlsruhe: restaurant sein 604
Karlsruhe: Tawa Yama FINE **Neu!** 604
Kerpen: Schloss Loersfeld 614
Kiedrich: Weinschänke Schloss Groenesteyn 615
Kirchdorf: Christians Restaurant 619
Kirchheim a. d. Weinstr.: Schwarz Gourmet 619
Kissingen, Bad: Laudensacks Gourmet-Restaurant 623
Koblenz: Schiller's Manufaktur **Neu!** 627
Köln: Taku 632
Köln: Ox & Klee **Neu!** 637
Köln: Zur Tant 640
Köngen: Schwanen 644
Konstanz: Ophelia 649
Korschenbroich: Gasthaus Stappen 651
Kötzting, Bad: Leo's by Stephan Brandl 651
Krün: Luce d'Oro 659
Langenargen: SEO Küchenhandwerk 673
Langenzenn: Keidenzeller Hof 675
Leipzig: Falco 687
Leipzig: Michaelis Restaurant 688
Leipzig: Stadtpfeiffer 690
Lindau (Bodensee): VILLINO 698
Lottstetten: Gasthof Zum Kranz **Neu!** 704
Lüchow: Field 709
Magdeburg: Landhaus Hadrys 717
Mainz: Favorite Restaurant 721
Mannheim: Opus V 727
Marburg: Marburger Esszimmer by Denis Feix **Neu!** 728
Meersburg: Casala Das Restaurant 736
Mettlach: Buchnas Landküche & Dorfküche **Neu!** 744
Mulfingen: Jagstmühle 753
München: Atelier 760
München: EssZimmer 772
München: Jan **Neu!** 773
München: KOMU **Neu!** 773
München: Tantris DNA 774
München: Tohru in der Schreiberei 774
München: Essence 775
München: Les Deux 775
München: Showroom **Neu!** 777
München: Sparkling Bistro 777
Münster: Coeur D'Artichaut **Neu!** 792
Münster: BOK - Brust oder Keule 792
Murnau: Restaurant im Alpenhof Murnau 795
Naurath (Wald): RÜSSELs Landhaus 797
Neuenahr-Ahrweiler, Bad: Sanct Peter seit 1246 - Restaurant Brogsitter **Neu!** 801
Neuenahr-Ahrweiler, Bad: Steinheuers Restaurant 802
Neuenstein: Goldene Sonne **Neu!** 804
Neuhausen: Alte Baiz 806
Neuhütten: Le Temple **Neu!** 807
Neuleiningen: Alte Pfarrey 809
Neunburg vorm Wald: Obendorfers Eisvogel 811
Neustadt an der Weinstraße: Urgestein 816
Nürnberg: Gourmet-Restaurant Waidwerk 838
Nürnberg: Essigbrätlein 840
Nürnberg: Restaurant etz 840
Nürnberg: Tisane **Neu!** 842
Nürnberg: Veles Restaurant **Neu!** 842
Nürnberg: ZweiSinn Meiers | Fine Dining 842
Oberboihingen: Zur Linde 847
Oberried: Die Halde 851
Oberstaufen: die.speisekammer 852
Oberstdorf: Ess Atelier Strauss 857
Odenthal: Gourmetrestaurant 862
Ofterschwang: Silberdistel 864
Osnabrück: Kesselhaus 873
Paderborn: Balthasar 877

Panker: Restaurant 1797 878
Pappenheim: Zur Sonne 879
Passau:
Weingut | restaurant.weinbar.vinothek 881
Peterstal-Griesbach, Bad: Le Pavillon 884
Peterstal-Griesbach, Bad: Kaminstube 884
Pfronten: PAVO 887
Pfronten: Schlossanger-Alp 888
Piesport: schanz.restaurant 889
Plochingen: Stumpenhof 894
Potsdam: kochZIMMER 896
Pulheim: Gut Lärchenhof 900
Radebeul: Atelier Sanssouci 902
Ravensburg: Atelier Tian |
Das Restaurant der Veitsburg **Neu!** 908
Regensburg: Aska 913
Rostock: Der Butt 930
Rottach-Egern:
Gourmetrestaurant Dichter 937
Rust: Ammolite 950
Saarbrücken: Esplanade 954
Saarlouis: LOUIS restaurant **Neu!** 956
Säckingen, Bad: Genuss-Apotheke 959
Salach:
Gourmetrestaurant „fine dining RS“ 961
Scharbeutz: DiVa 968
Schirgiswalde-Kirschau:
Gourmetrestaurant JUWEL 973
Schorndorf:
Gourmetrestaurant Nico Burkhardt 986
Schramberg: Gasthof Adler 987
Schwäbisch Hall: Rebers Pflug 991
Schwäbisch Hall: Eisenbahn 992
Schweinfurt: Kugelmühle 996
Selzen: Kaupers Restaurant
im Kapellenhof **Neu!** 1002
Starnberg: Aubergine 1021
Stolpe an der Peene: Gutshaus Stolpe 1026
Stuttgart: Der Zauberlehrling 1035
Stuttgart: Restaurant 5 1037
Stuttgart: Speisemeisterei 1037
Stuttgart: Wielandshöhe 1038
Stuttgart: Délice 1038
Stuttgart: Hupperts Restaurant 1038
Sulzburg: Hirschen 1044
Sylt (Insel): KAI3 1046
Sylt (Insel): Bodendorf’s 1053
Teinach-Zavelstein, Bad:
Berlins Krone 1061
Teisnach: Oswald’s Gourmetstube 1063
Timmendorfer Strand:
Gourmetrestaurant Orangerie **Neu!** 1069
Tölz, Bad: Schwingshackl ESSKULTUR 1072
Trier: Becker’s Restaurant 1078
Trittenheim: Wein- und Tafelhaus 1080
Tuttlingen: Restaurant Anima 1083
Uhingen: Schloß Filseck 1088
Ulm: Siedepunkt 1091
Velbert: Haus Stemberg 1104
Vogtsburg im Kaiserstuhl:
Schwarzer Adler 1109
Volkach: Restaurant Weinstock 1111
Wachenheim a.d. Weinstraße:
Restaurant Intense **Neu!** 1113
Waldbronn: Cédric Schwitzer´s
Gourmet-Restaurant 1118
Wangels: Courtier 1125
Wangen im Allgäu:
Landgasthaus Adler 1126
Weigenheim: Le Frankenberg 1132
Weingarten (Baden): Zeit | Geist 1139
Wernigerode: Zeitwerk **Neu!** 1148
Wiesbaden: Ente 1153
Wiessee, Bad: Freihaus Brenner 1158
Wirsberg: Aura by
Alexander Herrmann & Tobias Bätz 1166
Wuppertal: Restaurant Shiraz 1177
Würzburg: KUNO 1408 1180
Xanten: Landhaus Köpp 1183
Zwischenahn, Bad: Apicius 1192

Hundefreundliche Hotels in Deutschland

Viele Hundebesitzerinnen und Hundebesitzer haben es sicher schon einmal erlebt: Der Urlaub ist gebucht, man freut sich auf die schönste Zeit des Jahres – und ist doch traurig, weil der Hund zu Hause bleiben muss. Schließlich ist der Vierbeiner nicht nur ein Haustier, sondern ein Familienmitglied, mit dem man gerne auch die Urlaubszeit verbringen möchte. Als Alternative zu Campingplätzen und Ferienwohnungen bietet sich hierfür der Aufenthalt in einem hundefreundlichen Hotel an.

Immer mehr Hotels in Städten und auf dem Land heißen Hunde willkommen und bieten sogar einige Vorzüge speziell für Vierbeiner an. Von Auslaufplätzen und Trainingsparcours über Wellnessanwendungen und Badeplätze bis hin zu Dogsitting und speziellen Hundemenüs im Hotelrestaurant ist inzwischen alles dabei, was man sich als Hundebesitzer:in nur wünschen kann. In einigen Hotels kann man sogar nur übernachten, wenn man einen Hund mitbringt – hier steht einem gelungenen Urlaub mit der Fellnase nichts mehr im Wege. Auf den folgenden Seiten stellen wir Ihnen eine kleine Auswahl an hundefreundlichen Hotels in Deutschland vor, in denen sich sowohl Vierbeiner als auch Zweibeiner pudelwohl fühlen können.

Hotel Talblick in Bad Ditzenbach

Urlaub mit der Fellnase auf der Schwäbischen Alb

Das familiär geführte Hotel Talblick in Bad Ditzenbach besticht durch seine ruhige Lage im Grünen am Rande der Schwäbischen Alb. Die gemütlich eingerichteten Zimmer vermitteln schwäbische Gastlichkeit und überzeugen mit persönlichem Service und dem Charme eines familiär geführten Hauses. Wer gerne wandert und mit seinem Hund durch die Gegend streift, der ist hier genau richtig für Wandertouren und Ausflüge in die herrliche Naturlandschaft der Region. Der Aufenthalt mit Hund ist hier kein Problem – man kann seinen vierbeinigen Freund mit zum Frühstück und ins Restaurant nehmen. Im Hotel Talblick sind Hunde nicht nur geduldet, sondern herzlich willkommen! Und für alle Hundefreunde, die sich für ein paar Stunden auch mal ohne Hund entspannen wollen, bietet man eine kostenlose Hundebetreuung an. Wer Ferien mit seinem Hund genießen will und gerne auf Wanderschaft geht, der findet in diesem hundefreundlichen Hotel einen geeigneten Ort für einen erholsamen Urlaub in der Natur.

Die Annehmlichkeiten für Hunde

- Hundedecke
- Fressnapf
- Park oder Wald in der Nähe
- Hundehandtücher
- Hund im Restaurant erlaubt
- Hundeschild am Zimmer
- Alle Hunderassen erlaubt
- Hund im Frühstücksraum erlaubt
- Kühl-/Gefriermöglichkeit für Gebarftes

Preis pro Hund am Tag: 10 €

Hotel Talblick
Ditzenbacher Str. 85
73342 Bad Ditzenbach
Tel.: +49 7334 921230
E-Mail: info@talblick-auendorf.de
Web: www.talblick-auendorf.de

Natur-Hunde-Hotel Bergfried in Rötz

Hundeparadies im Bayerischen Wald

Das Natur-Hunde-Hotel Bergfried liegt inmitten der unberührten Natur des Bayerischen Waldes und hat sich zur Aufgabe gemacht, nicht nur Zweibeinern, sondern auch vierbeinigen Gästen zu einem erlebnisreichen und unvergesslich schönen Urlaub im Bayerischen Wald zu verhelfen. Die Zimmer bestechen durch bayerische Natürlichkeit und exklusives Design und sind natürlich hundefreundlich eingerichtet. Für Entspannung bei Frauchen und Herrchen sorgt der Wellnessbereich mit Saunalandschaft und Kosmetikbehandlungen. Mit speziellen Behandlungen für die Hundegesundheit ist auch bei den tierischen Gästen für Entspannung und Wohlbefinden gesorgt. Der 15.000 qm große Außenbereich bietet einen Naturschwimmteich mit Liegeplätzen, einen Adventure-Parcours, eine eingezäunte Spielwiese mit Agility-Möglichkeiten, verschiedene Grill- und Feuerstellen sowie gemütlich-rustikale Holzhütten. In der integrierten Hundeschule kann man an Erziehungsspaziergängen oder beispielsweise an Clickertraining oder Anti-Jagdtraining teilnehmen. Für die Gesundheit des Hundes kann man im Natur-Hunde-Hotel Bergfried verschiedenste Möglichkeiten der Beratung, Therapie und Weiterbildung nutzen, z.B. Hundephysiotherapie oder Schwimmtherapie.

Die Annehmlichkeiten für Hunde

- Hundebett
- Fressnapf
- Eingezäunte Hundewiese
- Hunde-SPA
- Park oder Wald in der Nähe
- Dogsitting
- Hundehandtücher
- Hund im Restaurant erlaubt
- Hundeschild am Zimmer
- Alle Hunderassen erlaubt
- Haustierapotheke
- Hundewaschplatz
- Hund im Frühstücksraum erlaubt
- Kühl-/Gefriermöglichkeit für Gebarftes

Preis pro Hund am Tag: kostenlos
Maximal 3 Hunde pro Zimmer, weitere Hunde auf Anfrage

Natur-Hunde-Hotel Bergfried
Bauhof 7
92444 Rötz
Tel.: +49 9976 94000
E-Mail: info@hotel-bergfried.de
Web: www.urlaub-mit-hund-bayern.eu

Blickner Alm in Ruhpolding
Hier machen Hunde Urlaub!

Das Hotel Blickner Alm liegt in traumhafter Hanglage auf 1.000 Metern Höhe, umgeben von Wiesen und Wäldern. Mit Blick auf das weitläufige Ruhpoldinger Tal erlebt man hier einen außergewöhnlichen Urlaub mit Hund. Das Anwesen ist exklusiv nur für Hundebesitzer zugänglich und bietet alle Annehmlichkeiten für einen entspannten Urlaub mit dem vierbeinigen Begleiter. Direkt am Haus befinden sich ein Hundebadeteich, ein eingezäunter Hundeübungsplatz sowie ein eingezäuntes Hundefreilaufgelände. Wer gerne mit seinem Hund wandert, der findet rund um die Blickner Alm über 250 km Wanderwege im wunderschönen Chiemgau – von der großen Bergtour bis zur gemütlichen Almwanderung ist hier alles dabei. Auf der Blickner Alm darf der Hund – bitte angeleint – auch mit zu den Mahlzeiten ins Restaurant und auf die Terrasse. Wer einen entspannten Genuss- und Wanderurlaub mit seinem Hund in der herrlichen Natur des Chiemgaus verbringen will, der ist auf der Blickner Alm genau richtig.

Die Annehmlichkeiten für Hunde

- Hundedecke
- Fressnapf
- Park oder Wald in der Nähe
- Eingezäunte Hundewiese
- Hundehandtücher
- Hund im Restaurant erlaubt
- Hundeschild am Zimmer
- Alle Hunderassen erlaubt
- Hund im Frühstücksraum erlaubt
- Kühl-/Gefriermöglichkeit für Gebarftes

Preis pro Hund am Tag: kostenlos
Maximal 4 Hunde pro Zimmer

Blickner Alm
Bacherwinkl 10
83324 Ruhpolding
Tel.: +49 8663 7190316
E-Mail: info@blickner-alm.de
Web: www.unserurlaubmithund.de

Gut Feuerschwendt in Neukirchen vorm Wald

Urlaub mitten in der Natur

Das Naturparadies Gut Feuerschwendt im Ilztal im Bayerischen Wald bietet ideale Bedingungen für einen entspannten Urlaub mit Hund: Großzügiges Wohnen in Chalets, Doppelzimmern und Suiten, viel Freiraum und jede Menge Tierliebe erwarten Hund und Herrchen/Frauchen hier. Bei Ankunft liegen bereits ein bequemes Hundebett, ein Napf mit Begrüßungsleckerli und ein Hundehandtuch bereit, und auf dem 43 ha großem Areal des Guts können die Vierbeiner nach Lust und Laune toben und mit neuen Hundefreunden spielen. Unzählige Spazier- und Wanderwege laden zu ausgedehnten Gassirunden ein, und für das Hundetraining stehen ein Agilityparcours, eine umzäunte Spielwiese und die Möglichkeit an der Teilnahme von Einheiten der Hundeschule zur Verfügung. Für Entspannung bei Herrchen und Frauchen sorgen das große Hallenbad mit Blick ins Grüne und direktem Zugang zur Terrasse mit bequemen Liegestühlen sowie die Heusauna. Im Gut Feuerschwendt ist für einen erholsamen Urlaub für Mensch und Hund bestens gesorgt!

Die Annehmlichkeiten für Hunde

- Hundedecke
- Fressnapf
- Eingezäunte Hundewiese
- Park oder Wald in der Nähe
- Dogsitting
- Hundehandtücher
- Hund im Restaurant erlaubt
- Alle Hunderassen erlaubt
- Hundewaschplatz
- Hund im Frühstücksraum erlaubt
- Kühl-/Gefriermöglichkeit für Gebarftes

Preis pro Hund am Tag: erster Tag 25 €, jeder weitere Tag 5 €

Gut Feuerschwendt
Gut Feuerschwendt 1
94154 Neukirchen vorm Wald
Tel.: +49 8505 91290
E-Mail: info@gut-feuerschwendt.de
Web: www.gut-feuerschwendt.de

HUBERTUS Mountain Refugio in Balderschwang

Hundefreundliche Auszeit im Allgäu

Das HUBERTUS Mountain Refugio ist ein einzigartiges Domizil auf 1.044 Metern Höhe, umgeben von der einmaligen Naturlandschaft der Allgäuer Berge. Im Sommer findet man hier ideale Bedingungen zum Wandern und Radfahren. Das Haus selbst ist harmonisch in die natürliche Umgebung integriert und bietet einen komfortablen Rückzugsort nach einem ereignisreichen Tag in der Natur. Hier sind nicht nur Zweibeiner herzlich willkommen, auch Vierbeiner sind gern gesehene Gäste und dürfen eine wohlverdiente Auszeit im Allgäu verbringen. Rund um das Hotel können Mensch und Hund Wiesen, Wälder und Berge der traumhaften Allgäuer Landschaft erkunden und sich nach Herzenslust austoben. Annehmlichkeiten wie Fress- und Wassernapf, Hundedecke und Hundelager, eine Hundedusche im Sommer zur Reinigung nach Wanderungen sowie eigene Bademäntel für Hunde sorgen für einen rundum gelungenen Urlaub mit Vierbeiner im Allgäu.

Die Annehmlichkeiten für Hunde

- Hundedecke
- Fressnapf
- Park oder Wald in der Nähe
- Hundehandtücher
- Hundeschild am Zimmer
- Alle Hunderassen erlaubt
- Hundewaschplatz
- Kühl-/Gefriermöglichkeit für Gebarftes

Preis pro Hund am Tag: 30 €
Maximale Anzahl Hunde pro Zimmer abhängig von der Zimmergröße und der Größe des/der Hunde. Hunde sind nicht in allen Zimmerkategorien erlaubt

HUBERTUS Mountain Refugio
Dorf 5
87538 Balderschwang
Tel.: +49 8328 9200
E-Mail: info@hotel-hubertus.de
Web: www.hotel-hubertus.de

Landhotel Gabriele in Unterwössen

Mit dem Liebling an den Chiemsee

Im Herzen des Chiemgaus, am Chiemsee, liegt das Landhotel Gabriele in Unterwössen und hat nicht nur die Chiemgauer Berge und das „Bayerische Meer" als Ausflugsziele zu bieten, sondern auch angrenzende Orte für große Sportereignisse wie Ruhpolding, Reit im Winkl oder Kitzbühel. Geräumige, moderne und gut ausgestattete Zimmer garantieren eine erholsame Nachtruhe im familiengeführten Landhotel, das auf eine über 50-jährige Tradition zurückblicken kann. Urlaub in den Bergen im Chiemgau und am Chiemsee bedeutet Erholung und Entspannung in herrlicher Naturlandschaft, die ideal geeignet ist für abwechslungsreiche Tage mit dem Vierbeiner. Wanderfreunde finden tolle Strecken und Wanderrouten direkt vor der Haustür. Der Wössner See, ein kleiner, abseits in einem Talkessel idyllisch gelegener Badesee, ist vom Hotel bequem zu Fuß zu erreichen. Futternäpfe warten bereits bei der Ankunft, und im Restaurant genießen Hundefreunde ihre Mahlzeiten in einem eigenen Bereich zusammen mit ihrem Hund. Wer sich aktiv mit seinem Hund erholen will, der ist im Landhotel Gabriele im Chiemgau genau richtig.

Die Annehmlichkeiten für Hunde

- Park oder Wald in der Nähe
- Hundehandtücher
- Hund im Restaurant erlaubt
- Alle Hunderassen erlaubt
- Hund im Frühstücksraum erlaubt
- Kühl-/Gefriermöglichkeit für Gebarftes

Preis pro Hund am Tag: 10 €
Maximal 2 Hunde pro Zimmer

Landhotel Gabriele
Bründlsberggasse 14
83246 Unterwössen
Tel.: +49 8641 97570
E-Mail: info@hotel-gabriele.de
Web: www.chiemgau-wanderhotel-gabriele.de

Seehotel Moldan in Postmünster

Spiel, Spaß & Freude für alle!

Umgeben von der herrlichen Natur des Rottals liegt das Seehotel Moldan, auch Dogotel genannt, unmittelbar am Rottauensee. Das Haus ist ein hundegerechtes Wohlfühlhotel, in dem Mensch und Hund einen tierisch guten Urlaub verbringen können. Hundefreunde und ihre Vierbeiner finden hier zahlreiche Gründe, um die schönste Zeit des Jahres in Bayern zu verbringen: Der Aufenthalt im Seehotel Moldan ist nur Gästen mit Hund gestattet. Zwei- und Vierbeiner finden hier ein über 10.000 qm großes, eingezäuntes Terrain mit einem Hundepool, einem Hundeshop sowie mehreren Hundewiesen. Hunde dürfen mit ins Restaurant und zu den Wellnessanwendungen, und Physiotherapie gibt es auch für Hunde. Gut erzogene und sozial verträgliche Hunde laufen frei, und rund um das Hotel gibt es dank der ländlichen Lage direkt am See viele Möglichkeiten zum Spazieren, Wandern und Radfahren. Wer seinem Hund etwas Besonderes gönnen möchte, der kann seinen Liebling im Seehotel Moldan sogar mit einem Hundemenü bekochen lassen. Im Seehotel Moldan kommen Mensch und Hund im Urlaub gleichermaßen auf ihre Kosten! Besonders zu erwähnen ist das überragende Frühstücksbuffet.

Die Annehmlichkeiten für Hunde

- Hundedecke
- Fressnapf
- Eingezäunte Hundewiese
- Hunde-SPA
- Park oder Wald in der Nähe
- Dogsitting
- Hundehandtücher
- Hund im Restaurant erlaubt
- Hundeschild am Zimmer
- Alle Hunderassen erlaubt
- Haustierapotheke
- Hundewaschplatz
- Hund im Frühstücksraum erlaubt
- Kühl-/Gefriermöglichkeit für Gebarftes

Preis pro Hund am Tag: kostenlos
Unbegrenzt viele Hunde pro Zimmer
Das Seehotel Moldan akzeptiert nur Gäste mit Hund

Seehotel Moldan
Seestraße 10
84389 Postmünster
Tel.: +49 8561 470
E-Mail: mm@dogotel.de
Web: dogotel.de

Hotel Neumühle Resort & Spa in Wartmannsroth

Erholungsurlaub mit Fellnase

Zwischen Wasser, Wald und Wiesen befindet sich das hundefreundliche Hotel Neumühle Resort & Spa am Ufer der fränkischen Saale und bietet hervorragende Bedingungen für den Urlaub von Zwei- und Vierbeinern. Das Hotelgelände umfasst nicht nur das Wellnesshotel mit dem idyllischen Charakter eines mittelalterlichen Dorfes, sondern auch eine romantische Liegewiese sowie zahlreiche Geheimplätze entlang der fränkischen Saale, die es vor allem für Vierbeiner zu erkunden lohnt. Für den entspannten Urlaub mit Hund steht ein Futter- und Wassernapf während des Aufenthaltes zur Verfügung, und auch einige Hundeleckerli hat man hier natürlich vorrätig. Eines der Highlights in der Neumühle ist das Gourmetmenü des renommierten Küchendirektors Dirk Abel – und selbst das muss man als Herrchen oder Frauchen nicht alleine einnehmen, denn das Ofenzimmer im Restaurant steht exklusiv Gästen mit Hundebegleitung zur Verfügung.

Die Annehmlichkeiten für Hunde

- Hundedecke
- Fressnapf
- Park oder Wald in der Nähe
- Dogsitting
- Alle Hunderassen erlaubt

Preis pro Hund am Tag: 25 €
Maximal 2 Hunde pro Zimmer

Neumühle Resort & Spa
Neumühle 54
97797 Wartmannsroth
Tel.: +49 9732 8030
E-Mail: info@neumuehle-resort.de
Web: neumuehle-resort.de

Landrefugium Obermüller in Untergriesbach

Wellness auf vier Pfoten – Auszeit mit Panoramablick

Das Landrefugium Obermüller in Untergriesbach ist eingebettet in ein typisches Wald- und Bauernland mit grenzenlosem Panoramablick über das Donautal und bietet einen herzlichen und familiären Service, eine kreative saisonale Küche sowie zahlreiche Wellnessangebote zum Entspannen und Erholen. Hier weiß man um die Bedürfnisse von Hundebesitzern: Labradorrüde Drago gehört zur Familie und ist auch auf Reisen immer dabei, darum ist das hundefreundliche Landrefugium Obermüller bestens ausgestattet für einen Urlaub mit Hund. Neben einem Begrüßungsleckerli kann man sich hier auf eine herrliche Landschaft zum Wandern, tierliebes Personal, wunderschöne Panoramaaussichten und Kulinarik zum Verwöhnen freuen. Ebenso erwarten Sie die Hunde-Bar „Bello", Handtücher für die nassen Tage im Jahr sowie tolle Wander- und Gassirunden im bayerisch-österreichischen Donautal. Der 2000 qm große Wellnessbereich mit Schwimmbad, verschiedenen Saunen und Panoramablick ist der ideale Rückzugsort und sorgt für Erholung vom stressigen Alltag. So steht einem perfekten Urlaub für Mensch und Hund nichts im Wege!

Die Annehmlichkeiten für Hunde

- Park oder Wald in der Nähe
- Hundehandtücher
- Hund im Restaurant erlaubt
- Hund im Frühstücksraum erlaubt
- Kühl-/Gefriermöglichkeit für Gebarftes

Preis pro Hund am Tag: 12–15 €
Maximal 2 Hunde pro Zimmer
Begrüßungsbox für Hunde, eigene Hundepauschalen

Landrefugium Obermüller
Sonnenweg 12
94107 Untergriesbach
Tel.: +49 8593 90050
E-Mail:
info@balancehotel-obermueller.de
Web: balancehotel-obermueller.de

Landhotel Haus Waldeck in Philippsreut

Wellnessurlaub im Bayerischen Wald

Das Landhotel Haus Waldeck ist ein kleines, feines Hotel inmitten des größten zusammenhängenden Waldgebiets Europas, dem Bayerischen Wald. Hier finden Mensch und Tier Ruhe und Erholung in einzigartiger Natur, umgeben von weitläufigen Wäldern und großflächigen Wiesen, die zum Toben, Spielen und Wandern einladen. Im Haus Waldeck geht man auf die speziellen Bedürfnisse der vierbeinigen Gäste ein und bietet zahlreiche Annehmlichkeiten für einen entspannten Urlaub mit Hund. Es gibt eine Hundedusche am Hotel sowie zwei Eingänge mit Hundehandtüchern und Trocknungsgeräten, auf Wunsch gibt es kostenlose Hundekörbe, Wasser- und Fressnäpfe und gerne auch ein „Wuffi"-Fon (Babyfon für Hunde). Austoben können sich Hund und Herrchen/Frauchen im Badeteich für Hunde, auf dem eingezäunten Hundeplatz, einem Agilityplatz sowie in der Hundehalle. Und auch Entspannung ist für Vierbeiner hier kein Fremdwort, denn im Landhotel Haus Waldeck bietet man Wellnessanwendungen speziell für Hunde.

Die Annehmlichkeiten für Hunde

- Hundedecke
- Fressnapf
- Eingezäunte Hundewiese
- Hunde-SPA
- Park oder Wald in der Nähe
- Dogsitting
- Hundehandtücher
- Hund im Restaurant erlaubt
- Hundeschild am Zimmer
- Alle Hunderassen erlaubt
- Haustierapotheke
- Hundewaschplatz
- Hund im Frühstücksraum erlaubt
- Kühl-/Gefriermöglichkeit für Gebarftes

Preis pro Hund am Tag: 9 €
Maximal 3 Hunde pro Zimmer
Hundeplatz, Hundehalle, Hundeprogramm kostenfrei und zubuchbar

Landhotel Haus Waldeck
Alzenbergstraße 9
94158 Philippsreut
Tel.: +49 8557 729
E-Mail: info@haus-waldeck-koch.de
Web: www.haus-waldeck-koch.de

Romantik Alpenhotel Waxenstein in Grainau

Urlaub mit Hund an der Zugspitze

Das Romantik Alpenhotel Waxenstein verkörpert die Vision eines bayerischen Landhauses direkt an der Zugspitze, das mit dem Flair und der Eleganz Frankreichs besticht. Wer hier urlaubt, der kann sich auf ein erstklassiges Wohnambiente, zeitgenössische Kunstwerke namhafter Pariser Künstler, feinste Gourmetkulinarik, Wellness Deluxe und das beste Aktivprogramm direkt vor der Tür freuen. Hier können Mensch und Hund einen entspannten Wohlfühlurlaub verbringen: Nicht nur gibt es hier am Fuße der Zugspitze zahlreiche Gassi- und Spazierwege direkt am Hotel, auch werden Mensch und Hund gleichermaßen herzlich begrüßt. Bei Ankunft gibt es einen Welcome Snack für den Vierbeiner sowie alle nötigen Infos für einen entspannten Urlaub. Zudem gibt es eine Doggybar und einen Verleih von Körbchen, Futternapf, Leinen und Spielsachen. Wer die exzellente Küche im Gourmetrestaurant „Henri Philippe" probieren möchte, kann beruhigt sein: auch hier darf der vierbeinige Freund gerne mit.

Die Annehmlichkeiten für Hunde

- Hundedecke
- Fressnapf
- Park oder Wald in der Nähe
- Dogsitting
- Hundehandtücher
- Hund im Restaurant erlaubt
- Hundeschild am Zimmer
- Alle Hunderassen erlaubt
- Haustierapotheke
- Hundewaschplatz
- Kühl-/Gefriermöglichkeit für Gebarftes

Preis pro Hund am Tag: 20 € (ohne Futter)
Maximal 2 Hunde pro Zimmer
Hotel befindet sich mitten in der Natur!

Romantik Alpenhotel Waxenstein
Höhenrainweg 3
82491 Grainau
Tel.: +49 8821 9840
E-Mail: info@waxenstein.de
Web: www.waxenstein.de

Hotel Orania.Berlin

Berlin für Zwei- und Vierbeiner

Wer seinen vierbeinigen Freund gerne auf eine Städtereise nach Berlin mitnehmen will, der ist im hundefreundlichen Hotel Orania.Berlin genau richtig. Die Gäste bekommen alles, was sie zum gemeinsamen Berlinaufenthalt brauchen. Als kleines Willkommensgeschenk gibt es einen hausgebackenen Hundekuchen, zudem bietet man Schlafkomfort vom Feinsten dank der bequemen Hundebetten von hyggins in verschiedenen Größen, in denen jeder Hund Platz findet, egal ob Dackel oder Dogge. Das Orania.Berlin am Oranienplatz in Kreuzberg bietet eine Oase der Ruhe und Gelassenheit in einem zeitlos eleganten Hotel für reisende Ästheten, ein Restaurant für Kosmopoliten, einen Salon für Meetings und Events sowie eine Lounge & Bar mit einer Bühne für Konzerte. Die großzügigen Suiten und Zimmer begeistern mit warmem Licht, asiatischer Leichtigkeit, naturbelassenen Materialien aus aller Welt und zeitlos lässiger Eleganz aus Italien. Übrigens: Das Guestrelation-Team gibt gerne erprobte Tipps, wo man die besten Auslaufgebiete findet und welche Orte in Berlin hundefreundlich sind. Hunde-Geheimtipps gibt es bei den vierbeinigen „Feel Good Managerinnen" Falte und Frau Merkel.

Die Annehmlichkeiten für Hunde

- Hundedecke
- Fressnapf
- Hund im Restaurant erlaubt
- Hundeschild am Zimmer
- Alle Hunderassen erlaubt
- Hund im Frühstücksraum erlaubt

Preis pro Hund: 50 € Servicepauschale pro Aufenthalt
Maximal 2–3 Hunde pro Zimmer, je nach Zimmerkategorie

Hotel Orania.Berlin
Oranienplatz 17
10999 Berlin-Kreuzberg
Tel.: +49 30 69539680
E-Mail: info@orania.berlin
Web: orania.berlin

Hotel Bornmühle in Groß Nemerow

Hundeparadies an der Mecklenburgischen Seenplatte

Das Hotel Bornmühle in Groß Nemerow ist ein inhabergeführtes Haus im Herzen der Mecklenburgischen Seenplatte und bietet sechs einzigartige Erlebniswelten unter einem Dach. Für Erholung und Entspannung sorgen topausgestattete Zimmer und Suiten mit naturnaher Einrichtung und atemberaubendem Blick ins Grüne oder Blaue für Erholung von Hund und Herrchen/Frauchen. Das großzügige Areal lädt zu ausgiebigen Gassigängen, Wanderausflügen und Joggingtouren inmitten einer wunderschönen Landschaft ein. Zudem gibt es in der Umgebung viele naturbelassene Wiesen zum gemeinsamen Herumtollen. Hundegerecht ausgestattet ist auch das Zimmer – mit speziellem Hundebett, größengerechtem Trink- und Fressnapf und feinem Begrüßungsleckerli. Darüber hinaus hält man hier einige besondere Highlights für den Vierbeiner bereit: Bei der Ankunft erhält der Hund ein kleines Willkommenspaket mit leckeren Überraschungen, im Eingangsbereich befindet sich ein separater Waschplatz mit Hundehandtüchern, es gibt eine Trocken- und Dosenfutterauswahl und an der Rezeption sind eine gutsortierte Haustierapotheke, Kontaktdaten eines Tierarztes sowie sichere Hundeleinen erhältlich. So steht einem entspannten Urlaub mit Hund nichts mehr im Wege.

Die Annehmlichkeiten für Hunde

- Hundedecke
- Fressnapf
- Park oder Wald in der Nähe
- Hundehandtücher
- Hund im Restaurant erlaubt
- Hundeschild am Zimmer
- Alle Hunderassen erlaubt
- Hundewaschplatz
- Hund im Frühstücksraum erlaubt
- Kühl-/Gefriermöglichkeit für Gebarftes

Preis pro Hund am Tag: 25 €
Maximal 2 Hunde pro Zimmer, inkl. Willkommensbox

Hotel Bornmühle
Bornmühle 35
17094 Groß Nemerow
Tel.: +49 39605 600
E-Mail: info@bornmuehle.de
Web: www.bornmuehle.de

Seehotel Heidehof Klein Nemerow

Erholsame Tage mit der Fellnase

Inmitten der Mecklenburgischen Seenplatte am Ufer des wunderschönen Tollensesees liegt das familiengeführte Seehotel Heidehof in Groß Nemerow. Umgeben von unberührter Natur kann man hier mit Familie und Vierbeiner eine erholsame Auszeit verbringen und die faszinierende Region mit ihren vielen Seen, Burgen, Schlössern und Naturparks entdecken. Das Seehotel Heidehof hat sich auf die speziellen Bedürfnisse von Hundebesitzern eingerichtet und bietet den idealen Rahmen für einen entspannten Urlaub mit dem Vierbeiner - ganz gleich, ob gemeinsames Erkunden, Trainieren, Schlemmen oder Relaxen im Urlaub ganz oben stehen. Die weitläufige Hotelanlage am Ufer des Sees ist ein Paradies für Vierbeiner und ihre Herrchen/Frauchen, denn das großzügige Areal lädt zu ausgiebigen Spaziergängen oder Joggingtouren inmitten einer atemberaubenden Landschaft ein. Natürlich wartet auch auf dem Zimmer eine hundegerechte Ausstattung – angefangen beim speziellen Hundebett über größengerechte Trink- und Fressnäpfe bis hin zu Hundeleinen in verschiedenen Längen sowie Hundehandtüchern ist alles dabei, was man sich im Urlaub mit Hund wünschen kann.

Die Annehmlichkeiten für Hunde

- Hundedecke
- Fressnapf
- Park oder Wald in der Nähe
- Hundehandtücher
- Hund im Restaurant erlaubt
- Hundeschild am Zimmer
- Alle Hunderassen erlaubt
- Hund im Frühstücksraum erlaubt

Preis pro Hund am Tag: 15 €
Maximal 2 Hunde pro Zimmer
Hunde-Willkommensbox (mit Leckerlis u.v.m.)

Seehotel Heidehof
Seestraße 11
17094 Klein Nemerow
Tel.: +49 39605 2600
E-Mail: info@hotel-heidehof.de
Web: www.seehotel-heidehof.de

Kavaliershaus Suitehotel am Finckener See

Historische Atmosphäre für Mensch und den besten Freund

Das Suitehotel am Finckener See liegt an der Mecklenburgischen Seenplatte in wald- und wiesenreicher Umgebung zwischen der Müritz und dem Plauer See auf der Route mehrerer ausgewiesener Radwander- und Fernwege und ist somit ideal geeignet für einen Urlaub zusammen mit dem Vierbeiner. Das Haus wurde Ende des 18. Jahrhunderts als Wohnhaus „zu dem neuen Fincken" errichtet und bietet heute 12 individuell gestaltete Suiten und Zimmer, ein Restaurant, einen kleinen Wellnessbereich mit Sauna, Ruheraum und Saunagarten sowie eine Scheune für Veranstaltungen. Austoben können sich Mensch und Tier am eigenen kleinen Badestrand mit Bootssteg sowie auf der Liege- und Spielwiese. Außerdem befinden sich eine Streuobstwiese und mehrere Bäume als Naturdenkmal im Hotelpark. Die weitläufige Landschaft um Fincken herum bietet unzählige Strecken für ausgedehnte Wanderungen durch Wald oder Felder und hervorragende Laufrouten. Genau das Richtige für erholungsbedürftige Hundeliebhaber mit Sehnsucht nach Natur in dörflicher Lage.

Die Annehmlichkeiten für Hunde

- Hundedecke
- Fressnapf
- Park oder Wald in der Nähe
- Hundehandtücher
- Hund im Restaurant erlaubt
- Alle Hunderassen erlaubt
- Hundewaschplatz
- Hund im Frühstücksraum erlaubt

Preis pro Hund am Tag: 15 €
Maximal 2 Hunde pro Zimmer

Kavaliershaus
Suitehotel am Finckener See
Hofstr. 12
17209 Fincken
Tel.: +49 39922 82700
E-Mail:
kavaliershaus@nalbach-architekten.de
Web:
www.kavaliershaus-finckenersee.de

Das Hotel Atlantic auf Wangerooge

An die Nordsee mit dem (See-) Hund

In ruhiger, bevorzugter Lage, nur wenige Schritte vom Nordseestrand und vom Wattenmeer entfernt, befindet sich das hundefreundliche Hotel Atlantic auf der Nordseeinsel Wangerooge. Das kleine, aber feine Hotel ist privat geführt und bietet eine persönliche, ungezwungene Atmosphäre, in der sich Hund und Herrchen/Frauchen gleichermaßen wohlfühlen können. Für den mitreisenden Vierbeiner gibt es eine Hundedecke und Hundehandtücher, ebenso steht ein Fressnapf bereit und beim Frühstück muss man die Fellnase auch nicht im Zimmer warten lassen. Bei schönem Wetter kann man im mediterran anmutenden Garten frühstücken. Die Nordseeinsel Wangerooge bietet hervorragende Voraussetzungen für einen Urlaub mit Hund an der Nordsee: Ein Hundestrand und Hundedusche stehen zur Verfügung. Doch nicht nur der Spaziergang am Strand ist eine Wohltat für Zwei- und Vierbeiner, auch Joggingrunden, z.B. in den Osten und Westen der Insel, sind für Hund und Mensch besonders schön auf Wangerooge.

Die Annehmlichkeiten für Hunde

- Hundedecke
- Fressnapf
- Hundehandtücher
- Alle Hunderassen erlaubt
- Hund im Frühstücksraum erlaubt

Preis pro Hund am Tag: kostenlos
Maximal 2 Hunde pro Zimmer

Hotel Atlantic
Peterstraße 13
26486 Wangerooge
Tel.: +49 4469 1801
E-Mail: info@atlantic-wangerooge.de
Web: www.atlantic-wangerooge.de

Hotel Alte Schule in Bad Berleburg

Hundeurlaub mit historischem Flair

Das Hotel Alte Schule mit den Gästehäusern Altes Museum und Fliegendes Klassenzimmer liegt inmitten der romantisch-historischen Altstadt Bad Berleburgs gegenüber dem barocken Schloss Berleburg der Fürsten Sayn-Wittgenstein. Hier bietet man knisternde Kamine und Ohrensessel für Kurz-, Wochenend- oder Wanderurlaub mit und ohne Vierbeiner. Für den Urlaub mit Hund hat man vier Zimmer im Haupthaus mit separatem Eingang speziell mit Eichen-Landhausdielen „hundegerecht" eingerichtet, im Gästehaus Fliegendes Klassenzimmer stehen sieben Zimmer für den Urlaub mit Hund zur Verfügung. Zusammen mit Hund wohnt man hier in den schönsten Zimmern, die das Hotel zu bieten hat – ob mit frei im Raum stehender Badewanne oder im gemütlichen Zimmer mit Bruchsteinwand. Und auch ins Restaurant darf der vierbeinige Urlaubsbegleiter. Wer gerne aktiv das Sauerland erkundet und mit seinem Hundefreund durch die Natur streift, der findet im Hotel Alte Schule das ideale Domizil für einen entspannten Urlaub mit dem Vierbeiner.

Die Annehmlichkeiten für Hunde

- Fressnapf
- Park oder Wald in der Nähe
- Hund im Restaurant erlaubt
- Hundeschild am Zimmer
- Alle Hunderassen erlaubt
- Hund im Frühstücksraum erlaubt

Preis pro Hund am Tag: 8,50 €
Maximal 2 Hunde pro Zimmer
Leinenpflicht

Hotel Alte Schule
Goetheplatz 1
57319 Bad Berleburg
Tel.: +49 2751 9204780
E-Mail: info@hotel-alteschule.de
Web: www.hotel-alteschule.de

Landhaus Blumengarten in Horn-Bad Meinberg

Entspannte Ferien im Teutoburger Wald

Umrahmt von Wiesen und Wäldern liegt das hundefreundliche Landhaus Blumengarten in Horn-Bad Meinberg im Naturpark Teutoburger Wald / Eggegebirge. Weitab der Hauptverkehrsstraßen bietet der traditionsreiche Familienbetrieb Gastlichkeit in gemütlicher und persönlicher Atmosphäre. Das Haus verfügt über 14 komfortable Zimmer sowie eine Ferienwohnung mit geschmackvoller Einrichtung. Für Erholung sorgen der parkähnliche Garten mit Teichanlage, die Caféterrasse, eine Liegewiese, eine Grillhütte sowie der Wellnessbereich mit Sauna, Solarium und Infrarotkabine. Das Landhaus eignet sich perfekt für einen entspannten Urlaub mit Fellnase – zum Beispiel bei ausgedehnten Spaziergängen in herrlichen Naturlandschaften. Hier sind alle Hunde willkommen, egal ob Rassehund oder Mischling, ob groß oder klein, ob jung oder alt. Auf Wunsch bekommen Hundebesitzer hier eine Box, Decken, Handtücher, Futter- und Wassernapf, Spielzeug und Futter zur Verfügung gestellt. Hundefreunde finden hier ideale Voraussetzungen für ein entspanntes Miteinander und können den Urlaub mit ihrem vierbeinigen Freund so richtig genießen.

Die Annehmlichkeiten für Hunde

- Hundedecke
- Fressnapf
- Park oder Wald in der Nähe
- Hundehandtücher
- Hund im Restaurant erlaubt
- Hundeschild am Zimmer
- Alle Hunderassen erlaubt
- Hund im Frühstücksraum erlaubt
- Kühl-/Gefriermöglichkeit für Gebarftes

Preis pro Hund am Tag: 6 €
Maximal 3 Hunde pro Zimmer
Landhaus Blumengarten
Bangern 17
32805 Horn-Bad Meinberg
Tel.: +49 5234 3186
E-Mail: info@landhaus-blumengarten.de
Web: www.landhaus-blumengarten.de

Hotel Hubertushöhe in Schmallenberg

Das Sauerland mit dem Hund entdecken

Das familiär geführte Hotel Hubertushöhe im idyllischen Latrop liegt direkt am Wald und am berühmten Wanderweg Rothaarsteig. Erstklassiger Service, Qualitätsgastronomie und liebevoll eingerichtete Zimmer zeichnen dieses Haus aus. Das Sauerland ist ein Paradies für Wanderfreunde – und im hundefreundlichen Hotel Hubertushöhe kann man die Freude am Wandern mit seinem vierbeinigen Freund teilen. Das Hotel mit seinem Team bringt viel Verständnis für Hundebesitzer mit und hat sich auf den Urlaub mit dem Hund im Sauerland spezialisiert: Bei der Ankunft wartet ein feines Willkommensleckerli, Gassiwege sind unmittelbar ab dem Hotel verfügbar und nach dem Spaziergang wartet schon die Hundedusche inklusive Handtücher und Shampoo. Alle Zimmer können bei Bedarf mit einem Futter- und einem Wassernapf sowie einem Liegeplatz ausgestattet werden und überall im Hotel gibt es Wasserstellen. Des Weiteren kann das Angebot für individuelles Hundetraining einer Hundeschule, die sich in der Nähe befindet, genutzt werden. Im Hotel Hubertushöhe kommen Zwei- und Vierbeiner gleichermaßen in Urlaubsstimmung!

Die Annehmlichkeiten für Hunde

- Hundedecke
- Fressnapf
- Park oder Wald in der Nähe
- Hundehandtücher
- Hund im Restaurant erlaubt
- Hundeschild am Zimmer
- Alle Hunderassen erlaubt
- Haustierapotheke
- Hundewaschplatz
- Hund im Frühstücksraum erlaubt
- Kühl-/Gefriermöglichkeit für Gebarftes

Preis pro Hund am Tag: 8 €

Hotel Hubertushöhe
Latrop 11
57392 Schmallenberg
Tel.: +49 2972 97110
E-Mail: info@hubertushoehe-latrop.de
Web: www.hubertushoehe-latrop.de

Hotel Duene auf Sylt

Strandurlaub mit dem Vierbeiner

Hier ist der perfekte Ort, um das Meer von seiner schönsten Seite zu erleben. Die luxuriös eingerichteten Zimmer, Suiten und Apartments sowie die angrenzenden Ferienwohnungen und Ferienhäuser für Familien liegen direkt in den Dünen, in unmittelbarer Nähe zum Strand und zum offenen Meer. Das Hotel eignet sich daher hervorragend als Ausgangspunkt für kleine und große Spaziergänge auf der Insel. Für den Sommer gibt viele ausgewiesene Hundestrände, und in der Nebensaison darf der Hund sogar an allen Stränden von Sylt frei laufen. Schon bei der Ankunft mit dem Vierbeiner warten ein entsprechend vorbereitetes Zimmer, ein Hundetuch und ein Napf. Wer das Treppensteigen für seinen Hund vermeiden möchte, der findet im hundefreundlichen Hotel Duene auch ebenerdige Unterkünfte mit Terrasse. Und auch beim Frühstück muss man als Herrchen/Frauchen nicht alleine bleiben, denn auch hier darf das vierbeinige Familienmitglied mit. Im Hotel Duene steht einem Strandurlaub auf Sylt mit Hund nichts mehr im Wege!

Die Annehmlichkeiten für Hunde

- Hundedecke
- Fressnapf
- Park oder Wald in der Nähe
- Hundehandtücher
- Hund im Restaurant erlaubt
- Hundeschild am Zimmer
- Alle Hunderassen erlaubt
- Hund im Frühstücksraum erlaubt
- Kühl-/Gefriermöglichkeit für Gebarftes

Preis pro Hund am Tag: 15 €

Hotel Duene
Stiindeelke 1
25980 Sylt
Tel.: +49 4651 1660
E-Mail: info@hotel-duene.de
Web: www.hotel-duene.de

Der Varta-Führer

VARTA

1570 Orte
2505 Hotels
1746 Restaurants
10 Bars
13 Weinstuben
16 Brauereigaststätten
24 Cafés oder Konditoreien

34 Betriebe mit ◆◆◆◆◆
253 Betriebe mit ◆◆◆◆◇
1088 Betriebe mit ◆◆◆◇◇
1999 Betriebe mit ◆◆◇◇◇
779 Betriebe mit ◆◇◇◇◇

41 Hotels mit Auszeichnung VARTA★TIPP Service
13 Hotels mit Auszeichnung VARTA★TIPP Ambiente
115 Hotels mit Auszeichnung VARTA-TIPP Service
125 Hotels mit Auszeichnung VARTA-TIPP Ambiente

80 Restaurants mit Auszeichnung VARTA★TIPP Küche
17 Restaurants mit Auszeichnung VARTA★TIPP Service
436 Restaurants mit Auszeichnung VARTA-TIPP Küche
223 Restaurants mit Auszeichnung VARTA-TIPP Service

AACHEN 39 A www.aachen.de

Nordrhein-Westfalen | EW 241.683 | 173 m | Köln 70 km, Brüssel 145 km
Aachener Dom mit Domschatzkammer (UNESCO-Weltkulturerbe), Hist. Rathaus mit Krönungssaal und Karlsfresken, Drehturm Belvedere, Kornelimünster, Spielbank Aachen, Elisenbrunnen.

Parkhotel Quellenhof www.parkhotel-quellenhof.de

Monheimsallee 52 (C2), PLZ 52062, **T 0241 91320,** F 9132100
122 Zimmer | 8 Suiten, Dz 149–419 € | 24 h

Das klassisch-elegante Grandhotel mit seiner neoklassizistischen Fassade bietet exklusive Zimmer und Suiten sowie einen 900 qm großen SPA-Bereich, der im asiatischen ZEN-Stil gestaltet ist. Zum Haus gehören weiterhin eine großzügige Lobby mit einladendem Entree, eine Teehalle, ein Hotelrestaurant sowie zwei große Ballsäle. Tipp: Fragen Sie nach den renovierten Zimmern in der 3. Etage.

Innside by Meliá www.innside.com

★★★★

Sandkaulstraße 20 (C2), PLZ 52062, **T 0241 510370,** F 51037999
158 Zimmer | 24 h

Stylishes Designhotel im Herzen der Stadt. Die Gästezimmer sind puristisch eingerichtet und bieten neben modernen Kommunikationsmitteln auch Kingsize- und Doppelbetten mit erstklassigem Schlafkomfort. Elegante Bar im obersten Stockwerk mit Dachterrasse und atemberaubendem Ausblick auf die Stadt.

Art Hotel Superior www.art-hotel-superior.de

★★★★ S

Am Branderhof 101 (↘ C5), PLZ 52066, **T 0241 60970,** F 60972550
60 Zimmer | 5 Suiten | 24 h

Eine sehr sympathische Businessadresse mit individuell und gemütlich eingerichteten Gästezimmern - alle mit kostenfreiem WLAN. Für Entspannung sorgt ein gepflegter SPA-Bereich. Das hauseigene Restaurant „Il Mercato“ bietet eine abwechslungsreiche mediterrane und regionale Küche.

La Bécasse www.labecasse.de

VARTA-TIPP Küche

Hanbrucher Straße 1 (↙ A4), PLZ 52064, **T 0241 74444**
45 | Menü 98–128 € | Di-Sa Mo, So

Ein absolutes Aushängeschild für Spitzengastronomie! Seit mehr als 15 Jahren von uns mit einem „Varta-Tipp Küche“ ausgezeichnet, heißt es hier nach wie vor hohe Kontinuität und Passion. Die marktfrische Küche von Andreas Schaffrath ist innovativ und präsentiert sich mit einem herzhaften mediterranen Touch. Das Abendmenü (3 bis 6 Gänge) kann sich der Gast selbst zusammenstellen. Ein liebenswürdiger und zugewandter Service begleitet den Restaurantbesuch. Zu korrespondierenden Weinen und Getränken berät Daniel Hündgen. Tipp: wechselndes Mittagsmenü zum kleinen Preis.

Folgen Sie uns: facebook.com/vartaguide

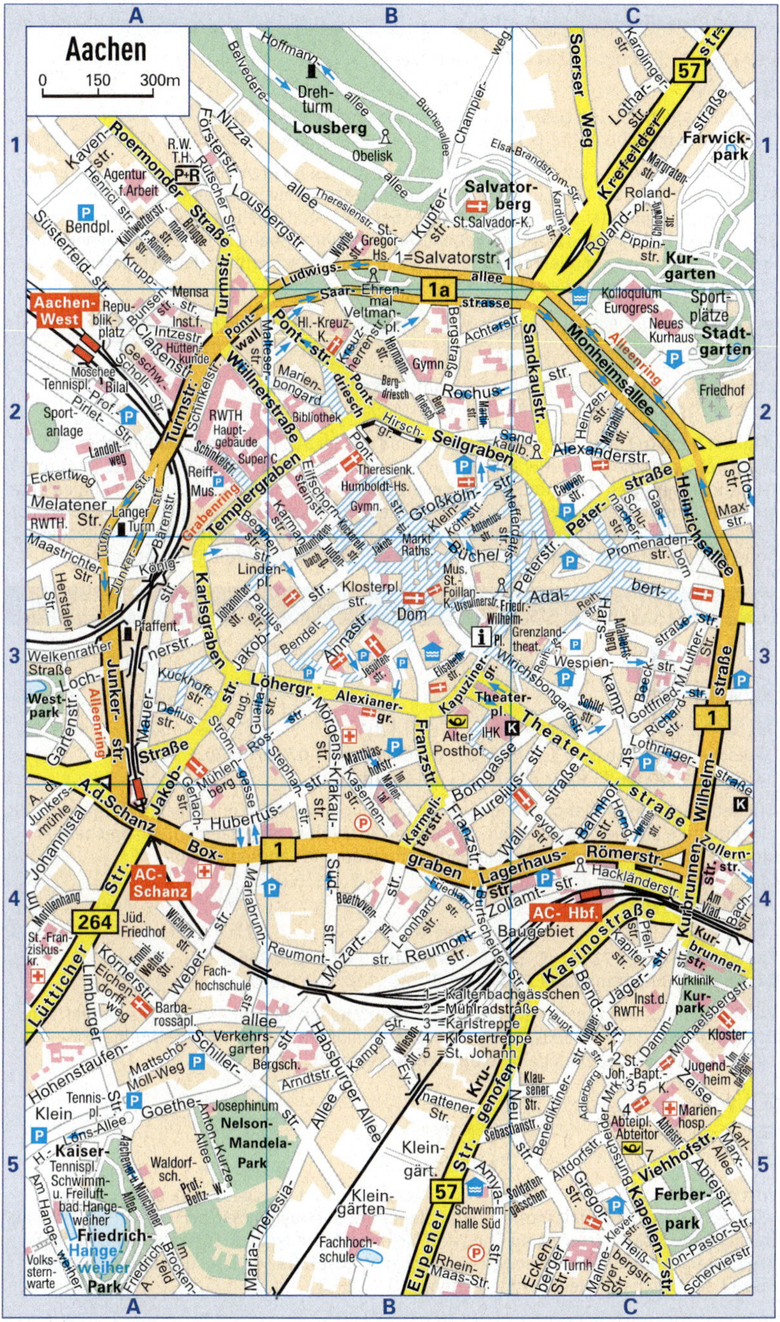
Aachen
0 150 300m
A
B
C
1
2
3
4
5
Hoffmann-allee
Dreh-turm
Lousberg
Obelisk
Belvedere-allee
Nizza-allee
Lousbergstr.
Theresienstr.
Buchenallee
Champier-weg
Elsa-Brandström-Str.
Salvator-berg
St.Salvador-K.
Kupferstr.
Soerser Weg
Karolingerstr.
Lothar-str.
Krefelder-straße
57
Farwick-park
Margraten-str.
Roland-pl.
Rolandstr.
Pippin-str.
Kur-garten
Kardinalstr.
Kaven-str.
Roermonder Straße
R.W. T.H.
P+R
Agentur f.Arbeit
Henrici str.
Bendpl.
Süsterfeld-str.
Rütscher Str.
Försterstr.
Turmstr.
Ludwigs-allee
St.-Gregor-Hs.
1=Salvatorstr.
1a
Saar-strasse
Ehren-mal
Veltman-pl.
Achterstr.
Kolloquium Eurogress
Neues Kurhaus
Sport-plätze
Stadt-garten
Monheimsallee
Alleenring
Friedhof
Aachen-West
Repu-blik-platz
Mensa
Inst.f. Hütten-kunde
Intzestr.
Claßenstr.
Bunsenstr.
Moschee
Bilal
Tennispl.
Sport-anlage
Prof.-Pirlet-Str.
Landolt-weg
Pontwall
Wüllnerstraße
Schinkelstr.
RWTH Haupt-gebäude
Super C
Bibliothek
Hl.-Kreuz-K.
Pontstr.
Kreuzherrenstr.
Marien-bongard
Pont-driesch
Berg-driesch
Gymn.
Rochusstr.
Bergstraße
Sandkaulstr.
Heinzen-str.
Alexanderstr.
Hirsch-gr.
Seilgraben
Sand-kaulb.
Theresienk.
Humboldt-Hs.
Gymn.
Großkölnstr.
Kleinkölnstr.
Mefferdatisstr.
Peter-straße
Couven-str.
Heinrichsallee
Otto-str.
Max-str.
Eckertweg
Melatener Str.
RWTH.
Langer Turm
Reiff-Mus.
Templergraben
Grabenring
Karmanstr.
Eilfschornsteinstr.
Markt
Raths.
Büchel
Antoniusstr.
Promenadenstr.
Maastrichter Str.
Herstaler Str.
Königstr.
Junkerstr.
Karlsgraben
Linden-pl.
Annuntiatenbach
Klosterpl.
Dom
Mus.
St.-Foillan-K.
Ursulinerstr.
Friedr.-Wilhelm-Pl.
Peterstr.
Adalbertstr.
Grenzland-theat.
Harscampstr.
Pfaffent.
Johanniterstr.
Paulusstr.
Jakobstr.
Bendelstr.
Annastr.
Jesuitenstr.
Elisabethstr.
Kapuzinergr.
Theater-pl.
Wespien-str.
Welkenrather Straße
Loch-nerstr.
Kuckhoffstr.
Löhergr.
Alexianergr.
Theaterstraße
Schildstr.
Boeckstr.
M.Luther-Str.
Wilhelmstraße
West-park
Alleenring
Gartenstr.
Mauerstr.
Deliusstr.
Straße
Stromgasse
Paugasse
Rosstr.
Morgensstr.
Alter Posthof
IHK
Gottfriedstr.
Richardstr.
Lothringerstraße
Junkersmühle
A.d.Schanz
Jakobstr.
Mühlenberg
Gerlachstr.
Hubertusstr.
Stephanstr.
Krakaustr.
Kasernenstr.
Matthiashofstr.
Franzstr.
Karmeliterstr.
Borngasse
Aureliusstr.
Wallstr.
Leydelstr.
Bahnhofstr.
Hohenstaufenallee
Box-graben
1
Südstr.
Lagerhaus-str.
Römerstr.
Hackländerstr.
Zollern-str.
Johannistal
AC-Schanz
Marienbongard
Beethovenstr.
Leonhardstr.
Friedlandstr.
Zollamtstr.
AC- Hbf.
Kasinostraße
Kurbrunnenstr.
Am Viad.
Bachstr.
Str.
Lütticher Str.
264
Jüd. Friedhof
St.-Franziskus-kr.
Körnerstr.
Emmi-Welter-Str.
Webergasse
Fach-hochschule
Reumontstr.
Mozartstr.
Baugebiet
Kapitelstr.
Pfeilstr.
Jägerstr.
Inst.d. RWTH
Kurklinik
Kur-park
Michaelsbergstr.
Kloster
Limburger Str.
Eichendorffweg
Barba-rossapl.
allee
1 =Kaltenbachgässchen
2 =Mühlradstraße
3 =Karlstreppe
4 =Klostertreppe
5 =St. Johann
Hauptstr.
Bendelstr.
Verkehrs-garten
Bergsch.
Habsburger Allee
Kamperstr.
Arndtstr.
Weiser Str.
Mattschö-Moll-Weg
Schillerstr.
Tennis-pl.
Goethestr.
Klein
Lous-Allee
Kaiser-
Josephinum
Nelson-Mandela-Park
Anton-Kurze-Allee
Eyst.
Wattenerstr.
Krugenofen
Klau-sener Str.
Neustr.
Sebastianstr.
Benediktinerstr.
Adlerberg
Kippergasse
St.-Joh.-Bapt.-K.
Abteipl.
Abteitor
Jugend-heim
Marien-hosp.
Karl-Marx-Allee
Viehhofstr.
Abteistr.
Tennispl.
Schwimm-u. Freiluft-bad Hange-weiher
Aachener-u.-Münchener-Allee
Waldorf-sch.
Prof.-Beltz-W.
Klein-gärt.
57
Amya-str.
Soldaten-gässchen
Altdorfstr.
Gregorstr.
Kapellen-str.
Ferber-park
Von-Pastor-Str.
Klein-gärten
Fachhoch-schule
Maria-Theresia-Allee
Eupener Str.
Schwimm-halle Süd
Rhein-Maas-Str.
Ecken-berger Str.
Turnh.
Malme-dyer Str.
Klever-str.
Heiß-bergstr.
Schervierstr.
Friedrich-Hange-weiher Park
Am Hange-weiher
Volks-stern-warte
Im Brocken-feld
Friedrichstr.

St. Benedikt
www.stbenedikt.de

VARTA-TIPP Küche VARTA-TIPP Service

Benediktusplatz 12, PLZ 52076 (OT: Kornelimünster), **T 02408 2888**
24 | Hauptgericht 44–52 €, Menü 107–172 € | Di-Sa Do-Sa Mo, So

Hinter denkmalgeschützten Mauern überzeugen Küche, Ambiente sowie die herzliche Gastfreundschaft. Inhaber und Küchenchef Maximilian Kreus begeistert seine Gäste mit einer französisch inspirierten, weltoffenen Küche. Seine kulinarischen Gaumenfreuden können Sie à la carte oder in Menüform genießen. Dazu kredenzt Ihnen der charmante Service um Restaurantleiterin Karin Weißer passende Weine von ausschließlich deutschen Winzern. Tipp: Mittags preisgünstiges Lunchmenü.

Plaisir Neu!
www.plaisiraachen.de

Schlossstr. 16, PLZ 52066 (OT: Burtscheid), **T 0241 89464514**
Hauptgericht 40–50 €, Menü 98–142 € | Mi-Sa Mo, Di, So

„Plaisir“ heißt in Frankreich DER GENUSS... und das ist auch das Motto von Inhaber und Küchenchef Hamid Heidarzadeh. Er steht für eine moderne, unverfälschte und präzise zubereitete Küche mit eigener Handschrift. Dabei arbeitet er gerne mit lokalen und saisonalen Zutaten und kauft bei bekannten Händlern und Erzeugern in erntefrischer Qualität ein. Und das Ambiente? Ein schöner Terrazzoboden, schlicht-reduziertes Design in Schwarzweiß sowie hohe Decken mit edlem Stuck sorgen für eine ganz besondere Wohlfühlatmosphäre.

AALEN 59 A
www.aalen-tourismus.de

Baden-Württemberg | EW 66.813 | 430 m | Ulm 64 km, Stuttgart 70 km

Adler
www.adler-aalen.de

★★★★

Deutschordenstraße 8, PLZ 73432 (OT: Waldhausen), **T 07367 9500,** F 950400
38 Zimmer | Ez 70–95 €, Dz 80–130 €, 10,00 €

Gut geführtes Geschäftshotel in ruhiger Ortsrandlage. Wohnlich mit hellen Naturholzmöbeln eingerichtete Zimmer, die in unterschiedlichen Kategorien buchbar sind. Ansprechender kleiner Freizeitbereich mit Schwimmbad, Dampfbad und Landhaussauna.

Wilder Mann
www.wildermann-aalen.de

Karlstraße 2-4, PLZ 73433 (OT: Wasseralfingen), **T 07361 71366,** F 971709
27 Zimmer | 3 Apartments | Ez 70–95 €, Dz 80–110 €, 9,00 €

Wirklich gut übernachten kann man in dem zentrumsnah gelegenen Hotel. Es bietet freundlich gestaltete Zimmer und Apartments mit zeitgemäßem Komfort. Einige Wohneinheiten sind mit einer Terrasse oder einem Balkon ausgestattet.

Wilder Mann

90 | Hauptgericht 13–38 € | Mi-So Mo, Di

Lust auf „Schwäbischen Rostbraten mit Maultäschle und hausgemachten Spätzle“ oder „Seeteufelscheibchen mit Garnele und Calamaretti auf Basmatireis an Thai-Currysud“? Und danach eine leckere Mousse au Chocolat? Schmackhafte regional-internationale Gerichte wie diese bekommen Sie in modern-ländlicher Atmosphäre serviert - und zur warmen Jahreszeit auch im herrlichen Sommergarten.

Läuterhäusle
www.laeuterhaeusle.de

Waldhäuser Straße 109, PLZ 73432 (OT: Unterkochen), **T 07361 98890**
120 | Hauptgericht 16–34 €, Menü 32–54 € | So Fr-Sa Mo, Di, Mi, Do

In dem freundlich geführten Restaurant mit schönem Gartenlokal beglückt die Küchencrew ihre Gäste mit einer verfeinerten regionalen Küche, aber auch mit mediterranen Spezialitäten. Für Übernachtungsgäste stehen 12 Zimmer zur Verfügung.

Landgasthof Lamm
www.lamm-ebnat.de

Unterkochener Straße 16, PLZ 73432 (OT: Ebnat), **T 07367 2412**
70 | Hauptgericht 15–41 €, Menü 49–69 € | Mo, Do-So Di, Mi

Gemütliche Restaurantstuben mit behaglicher Atmosphäre, freundlichem Service und schönem Biergarten. Serviert wird eine zeitgemäße bürgerliche Küche mit mediterranen Akzenten. Für Übernachtungsgäste stehen gepflegte Zimmer zur Verfügung. Auch Kochkurse werden angeboten.

ABBACH, BAD 61 A
www.bad-abbach.de

Bayern | EW 11.101 | 371 m | Regensburg 10 km, Kelheim 16 km

Schwögler
www.schwoegler.de

Stinkelbrunnstraße 18, PLZ 93077, **T 09405 962300**
100 | Hauptgericht 19–33 €, Menü 44–92 € | So Mi-Sa Mo, Di

Ein charmanter Landgasthof mit wohltuend modernem Ambiente. Hier können Sie sowohl regionale Spezialitäten als auch mediterran und asiatisch inspirierte Gerichte genießen. Dazu reicht man eine sehr gute Weinkarte, die so manche Rarität bereithält. Bei schönem Wetter kann man auch auf der Terrasse speisen.

ABENBERG 53 C
www.abenberg.de

Bayern | EW 5.445 | 414 m | Spalt 6 km, Nürnberg 40 km

Burg Abenberg
www.hotel-burg-abenberg.com

★★★★ S garni

Burgstraße 16, PLZ 91183, **T 09178 982990,** F 9829910
22 Zimmer | 2 Suiten | Ez 85–150 €, Dz 150–180 €, inkl. Frühstück

Geschichtsträchtige Burg aus dem 11. Jhd. mit hist. Flair. Zwischen Mittelalter und Gegenwart wohnt man hier in im Jahr 2022 renovierten, stilvollen Zimmern im Schottenturm oder im nahegelegenen Gästehaus inmitten der Altstadt. Morgens werden Sie mit einem reichhaltigen Frühstück verwöhnt.

Burg Abenberg

50 | Hauptgericht 24–31 € | Di-Sa Mo, So

Hell und freundlich gestaltetes Restaurant mit stilvoller, moderner Atmosphäre und einmaligem hist. Ambiente. Auf den Tisch kommen kreative internationale und regionale Gerichte sowie Dry Aged Beef. Für ein romantisches Dinner stehen das stimmungsvoll eingerichtete Kamin- sowie das Balkonzimmer zur Verfügung.

ABSTATT 51 D www.abstatt.de

Baden-Württemberg | EW 4.531 | 241 m | Heilbronn 11 km, Stuttgart 35 km

Das Wildeck www.das-wildeck.de

★★★★

Heilbronner Straße 16, PLZ 74232, **T 07062 9780,** F 978178
34 Zimmer | 2 Suiten | Ez 79–135 €, Dz 134–165 €, inkl. Frühstück

Hübsches Designhotel am Fuß der Löwensteiner Berge. Die Zimmer (einige mit Südbalkon) sind modern und komfortabel eingerichtet. Hier trifft puristisches Design auf klare Formen. Im Restaurant mit Terrasse erwartet Sie eine schmackhafte Küche, zubereitet aus besten Produkten der Region.

ACHERN 57 A www.achern.de

Baden-Württemberg | EW 26.835 | 145 m | Offenburg 20 km, Baden-Baden 25 km

Schwarzwälder Hof www.hotel-sha.de

★★★

Kirchstraße 38, PLZ 77855, **T 07841 69680,** F 29526
20 Zimmer | Ez 65–95 €, Dz 99–140 €, inkl. Frühstück

Persönlich geführtes Urlaubshotel mit ansprechender Atmosphäre und schönem Kräuter-Blumengarten. Geschmackvoll eingerichtete Gästezimmer mit moderner Ausstattung, teils mit Balkon. Sehr gutes Frühstück.

Chez Georges

50 | Hauptgericht 9–28 €, Menü 18–47 € | So Mo, Do-Sa Di, Mi

Elegant und stilvoll eingerichtetes Hotelrestaurant mit angenehmem Ambiente und herzlichem Service. Die Speisekarte bietet regionale Spezialitäten aus heimischen Produkten, z.B. „Kotelett vom Iberico Schwein | kräftige Jus | karamellisierte Zwiebeln | Nussbutter-Kartoffelpüree | Romanesco“. Dazu ein gutes, fair kalkuliertes Weinsortiment.

Sonne Eintracht hotel-sonne-eintracht.com

★★★★

Hauptstraße 112, PLZ 77855, **T 07841 6450,** F 645645
65 Zimmer | Ez 75–97 €, Dz 121–147 €, inkl. Frühstück | 24 h

Behaglich eingerichtetes Tagungshotel in verkehrsgünstiger Lage mit schönem Panoramafrühstücksraum. Gepflegte Gästezimmer mit stilvollem Ambiente. Im Restaurant wird traditionell, saisonal und mediterran gekocht.

Kininger's Hirsch
www.kiningers-hirsch.de

Oberacherner Straße 26, PLZ 77855 (OT: Oberachern), **T 07841 21579**
65 | Hauptgericht 21–34 €, Menü 44 € | Mi-So Mo, Di

Kleiner Familienbetrieb am Fuße des Schwarzwaldes in herrlich ruhiger Lage inmitten von Obstgärten und Weinreben. Hier erwartet Sie eine marktfrische Küche unter Verwendung saisonaler Zutaten. Übernachten kann man auch. Die 5 Gästezimmer sind individuell und rustikal eingerichtet.

ACHIM 22 B
www.achim.de

Niedersachsen | EW 29.991 | 15 m | Verden 18 km, Bremen 21 km

Bootshaus
www.hotel-bootshaus.de

★★★★ garni

Uesener Weserstraße 17, PLZ 28832 (OT: Uesen), **T 04202 51980,** F 519851
45 Zimmer | 1 Suite | Ez 84–94 €, Dz 104–119 €, inkl. Frühstück

Exponierte Lage am alten Jachthafen im Stadtteil Uesen. Von den Zimmern, den Terrassen oder dem Restaurant hat man einen reizvollen Blick in die Wesermarsch. Der Weser-Radweg führt direkt am Haus vorbei.

Gieschen's Hotel
www.gieschens-hotel.de

★★★ S garni

Obernstraße 12, PLZ 28832, **T 04202 88480,** F 8848100
50 Zimmer | Ez 80–90 €, Dz 110–120 €, inkl. Frühstück | 27.–30.12.23

Hist. Stadthotel in zentraler Lage. Das Haus verfügt über gepflegte, solide eingerichtete Zimmer mit individueller Einrichtung. Im Restaurant wird eine klassische deutsche und internationale Küche serviert.

ADELSDORF 53 A
www.adelsdorf.de

Bayern | EW 7.744 | 264 m | Höchstadt 8 km, Nürnberg 41 km

Landhotel 3 Kronen
www.3kronen.de

S garni

Hauptstraße 8, PLZ 91325, **T 09195 9200,** F 920480
36 Zimmer | Ez 70–100 €, Dz 80–150 €, ab 16,00 €

Ein freundlich geführtes Landhotel mit 300-jähriger Familientradition. Die Gästezimmer sind geschmackvoll im modernen Landhausstil eingerichtet und tragen eine individuelle Handschrift. Das Restaurant verfügt über mehrere gemütliche Stuben sowie eine Hofterrasse.

ADELSHOFEN 52 D
www.adelshofen.de

Bayern | EW 924 | 429 m | Rothenburg ob der Tauber 9 km, Bad Mergentheim 37 km

Landhaus zum Falken
www.landhaus-zum-falken.de

Tauberzell 41, PLZ 91587 (OT: Tauberzell), **T 09865 941940**
60 | Hauptgericht 10–26 €, Menü 20–35 € | Mi-So Mo, Di 28.1.–29.2.24, 10.–20.11.24

In diesem traditionellen Gasthaus werden überwiegend regionale Gerichte aufgetischt. Die Scheune mit ihrem urig-rustikalen Charme steht für Veranstaltungen zur Verfügung. Man verfügt auch über liebevoll eingerichtete Zimmer. Eigene Imkerei.

ADELSRIED 59 D www.adelsried.de

Bayern | EW 2.270 | 485 m | Augsburg 17 km, Dillingen/Donau 29 km

Parkhotel Schmid www.parkhotel-schmid.de

Augsburger Straße 28, PLZ 86477, **T 08294 2910,** F 291291
94 Zimmer | Ez ab 69 €, Dz ab 119 €, inkl. Frühstück

Gewachsenes Business- und Freizeithotel mit sehr guter Autobahnanbindung an die A8. Komfortable Zimmer unterschiedlicher Kategorien mit persönlicher Note. Modern ausgestattete Veranstaltungsräume. In der karibischen Pool- und Saunalandschaft kann man zwischen Palmen und Felsen entspannen.

ADENDORF 15 D www.adendorf.de

Niedersachsen | EW 10.104 | 28 m | Lüneburg 5 km, Hamburg 53 km

Castanea Resort Hotel www.castanea-resort.de

★★★★S

Scharnebecker Weg 25, PLZ 21365, **T 04131 22330,** F 22332233
164 Zimmer | 9 Suiten | 7 Apartments | 24 h

Hotel am Rande eines Golfplatzes mit großzügigem Empfangsbereich und Galerie. Moderne Zimmer unterschiedlicher Kategorien. SPA, Health & Wellness im 1.700 qm großen „Castanea SPA". Zwei Restaurants mit regionaler und internationaler Küche.

AERZEN 22 D www.aerzen.de

Niedersachsen | EW 10.617 | 99 m | Hameln 10 km, Barntrup 13 km

Schlosshotel Münchhausen www.schlosshotel-muenchhausen.com

VARTA★TIPP Service

★★★★★S

Schwöbber 9, PLZ 31855, **T 05154 70600,** F 7060130
68 Zimmer | 8 Suiten | 1 Apartment | Ez ab 195 €, Dz ab 215 €, 35,00 € | 24 h

Ein imposanter Renaissancebau aus dem 16. Jhd. mit gediegen-eleganter Atmosphäre und einem wunderschönen Schlosspark. Hier sorgt man sich fantastisch motiviert und mit hoher Professionalität um das Wohl der Gäste. Die Zimmer und Suiten sind nobel mit antikem Mobiliar und vielen liebevollen Accessoires ausgestattet. Dazu der moderne SPA mit Pool- und Saunabereich sowie die hübsche Schlossbar mit Wintergartenambiente. Golffreunde finden direkt um das Schloss zwei Golfplätze sowie eine Driving Range.

Schlosskeller Restaurant

72 | Hauptgericht 23–72 € | Sa-So Mo-So

Im stimmungsvollen Ambiente des liebevoll dekorierten Gewölbekellers werden Sie mit bodenständigen Klassikern aus deutschen Landen und der Welt verwöhnt. Im Sommer wird auch auf der Terrasse am Schlossweiher serviert.

AHORN 43 D www.ahorn.de

Bayern | EW 4.552 | 369 m | Coburg 5 km, Lichtenfels 22 km

Schloss Hohenstein www.schlosshotel-hohenstein.de

Hohenstein 1, PLZ 96482 (OT: Hohenstein), **T 09565 5429560,** F 5429561
15 Zimmer | 3 Suiten

Das liebevoll restaurierte Schlossanwesen, umgeben von einem romantischen Park mit eigener Kapelle, stammt aus dem 13. Jhd. und beheimatet heute ein kleines, individuelles Hotel mit stilvoll eingerichteten Gästezimmern, die sich auf das Haupthaus sowie das Gästehaus „Meierei" verteilen. Für Events stehen diverse Veranstaltungsräume zur Verfügung.

Schlossrestaurant Hohenstein

VARTA-TIPP Küche

35 | Hauptgericht 26–41 €, Menü 59–71 € | Mi-So Mo, Di

Dieses geschichtsträchtige Haus nebst atemberaubendem Spiegelsaal und gediegenem Gartensalon ist ein wirklich schöner Ort, um die produktorientierte klassische Küche von Andreas Rehberger zu genießen. Er arbeitet mit großer Sorgfalt und handwerklichem Können. Bei seinen kreativen, regional inspirierten Gerichten steht die nachhaltige Verbundenheit mit der Natur und ihren Erzeugnissen stets im Vordergrund. Dazu eine gut zusammengestellte Weinkarte mit Schwerpunkt Franken, Deutschland und Österreich.

AHORNTAL 53 B www.ahorntal.de

Bayern | EW 2.200 | 400 m | Glashütten/Oberfranken 6 km, Bayreuth 20 km

Burg Rabenstein www.burg-rabenstein.de

Rabenstein 33, PLZ 95491, **T 09202 9700440,** F 970044520
22 Zimmer | 3 Suiten | Ez ab 117 €, Dz ab 158 €, inkl. Frühstück

Hoch über dem Ailsbachtal thront die geschichtsträchtige Burg. Sie wohnen in geräumigen Zimmern und Suiten mit warmer, eleganter Ausstattung. Das Frühstück wird im lichtdurchfluteten Markgrafensaal serviert. Die großzügige Außenanlage beherbergt eine Tropfsteinhöhle, eine Falknerei und einen Biergarten.

AHRENSBURG 15 B www.ahrensburg.de

Schleswig-Holstein | EW 31.945 | 46 m | Hamburg 21 km, Lübeck 38 km

Am Schloss www.hotel-am-schloss.de

★★★ S garni

Am Alten Markt 17, PLZ 22926, **T 04102 8055,** F 1801
77 Zimmer | 2 Suiten | 2 Apartments | Ez ab 75 €, Dz ab 85 €, 15,50 € | 24 h »

Eine freundliche und gepflegte Adresse ist dieses familiengeführte Haus gegenüber der Schlosskirche. Die Zimmer und Suiten sind zeitgemäß und gemütlich ausgestattet. Innovative Regionalküche bietet das moderne Restaurant „Söbentein".

AHRENSHOOP, OSTSEEBAD 10 D www.ostseebad-ahrenshoop.de

Mecklenburg-Vorpommern | EW 721 | 3 m | Ribnitz-Damgarten 16 km, Rostock 46 km

The Grand www.the-grand.de

Schifferberg 24, PLZ 18347 (OT: Ahrenshoop), **T 038220 6780,** F 678459
81 Zimmer | 20 Suiten | 1 Apartment | Ez 125–255 €, Dz 145–369 €, 7,00–35,00 € | 24 h

Direkt am Strand befindet sich diese exklusive Adresse. Das Hotel bietet hochwertig eingerichtete Zimmer und Suiten mit Balkon oder Terrasse. Umfangreiches Wellnessangebot auf 3.000 qm, u.a. Pool mit Gegenstromanlage, mehrere Saunen und Massageservice. Regionale und internationale Küche erwartet den Gast im Restaurant „Weitblick".

Namenlos & Fischerwiege www.hotel-namenlos.de

★★★★

Dorfstraße 44, PLZ 18347, **T 038220 6060,** F 606222
55 Zimmer | 33 Suiten | 5 Apartments | Ez 80–195 €, Dz 115–280 €, inkl. Frühstück | 1.–24.12.23

Idyllische Lage im Grünen inmitten der Sanddünen. Das Hotel besteht aus vier romantischen Häusern mit strohgedeckten Dächern und zeitgemäßem Interieur. Hier erwarten den Gast wohnlich eingerichtete Landhauszimmer unterschiedlicher Kategorien. SPA-Bereich mit Schwimmbad, Saunalandschaft und romantischen Ruheinseln.

Namenlos & Fischerwiege

60 | Mo-So

In dem sympathischen Restaurant mit schöner Seeterrasse wird überwiegend regional gekocht. Auf der Speisekarte finden sich u.a. Gerichte vom Borner Weidelamm sowie frische Fisch- und Wildspezialitäten. Unbedingt probieren sollten Sie die Kuchen und Torten aus der hauseigenen Konditorei.

Landhaus Morgensünn www.hoteluntermreetdach.de

Bauernreihe 4b, PLZ 18347 (OT: Niehagen), **T 038220 6410,** F 64126
43 Zimmer | 5 Suiten | 8 Apartments | Ez 95–125 €, Dz 120–180 €, inkl. Frühstück

Direkt am Bodden liegt das 1993 im typischen Reetdachstil erbaute Hotel, zu dem auch die Gästehäuser „Susewind", „Am Kiel" und das Haus Strandgut gehören. Die Zimmer und Apartments sind im eleganten Landhausstil eingerichtet. Die Küche im Restaurant orientiert sich am Wechsel der Jahreszeiten.

Seezeichen www.seezeichen-hotel.de

Dorfstraße 22, PLZ 18347, **T 038220 678300,** F 679767
53 Zimmer | 3 Suiten | 30 Apartments | Ez ab 75 €, Dz ab 100 €

Schön wohnt man hier in diesem geschmackvoll eingerichteten Hotel in direkter Strandlage. Das Personal freundlich, tipptopp gepflegt die Zimmer, schmackhaft und frisch das Frühstück am Morgen. Es gibt auch einen Wellnessbereich mit drei Saunen und Massageangebot.

AIBLING, BAD 68 B www.bad-aibling.de

Bayern | EW 18.052 | 492 m | Rosenheim 12 km, Miesbach 25 km

Das Lindner www.das-lindner.com

★★★★

Marienplatz 5, PLZ 83043, **T 08061 90630,** F 906399
56 Zimmer | 12 Suiten | Ez ab 109 €, Dz ab 149 €, 18,90 €

Das ehem. Schloss Prantshausen mit seiner über 1.400-jährigen Geschichte beherbergt heute individuell eingerichtete Stilzimmer mit romantischem Charme. Besonders romantisch sind die Schlosszimmer mit Marmorbad. Zwei Restaurants mit regionaler Küche.

Schmelmer Hof www.schmelmer-hof.de

★★★★

Schwimmbadstraße 15, PLZ 83043 (OT: Harthausen), **T 08061 4920,** F 492551
110 Zimmer | 15 Suiten | Ez ab 89 €, Dz ab 120 €, inkl. Frühstück

Familiengeführtes Wellness- und Tagungshotel am Ortsrand, eingebettet in ein weitläufiges Anwesen mit eigenem Badesee und Sandstrand. Komfortable Zimmer im gemütlichen Alpenstil sowie mit klassisch-modernem Ambiente. Ansprechender Wellnessbereich mit Pool und verschiedenen Saunen. Restaurant mit regionaler Küche.

AINRING 69 A www.ainring.de

Bayern | EW 9.918 | 445 m | Freilassing 5 km, Anger 7 km

Rupertihof www.rupertihof.de

★★★ S

Rupertiweg 17, PLZ 83404, **T 08654 48820,** F 4882116
80 Zimmer | Ez ab 65 €, Dz ab 120 €, inkl. Frühstück | 24 h

Sie möchten eine Auszeit vom Alltag? Dann sind Sie hier richtig! Das familiengeführte Ferienhotel im Berchtesgadener Land hat sich neu herausgeputzt. Nahezu alle Bereiche des Hauses wurden renoviert. Sowohl im Stammhaus als auch im 50 Meter entfernten Gästehaus stehen wohnliche Zimmer zur Verfügung, die mit viel Holz und warmen Farben ausgestattet sind. Für Entspannung sorgt der hauseigene Wellnessbereich. Im behaglichen Restaurant gibt es typisch bayerische Gerichte, aber auch Spezialitäten aus der internationalen Küche.

AITERN 64 A www.aitern.de

Baden-Württemberg | EW 550 | 630 m | Feldberg 15 km, Lörrach 35 km

Belchenhotel Jägerstüble www.belchenhotel.de

★★★★

Obermulten 3, PLZ 79677 (OT: Belchen), **T 07673 888180,** F 8881864
30 Zimmer | 2 Apartments | Ez ab 110 €, Dz ab 200 €, inkl. Frühstück

Das persönlich geführte Ferienhotel liegt unterhalb des Belchens im Naturschutzpark auf 1.100 m Höhe. Die Gästezimmer zeigen sich geradlinig, individuell und sehr gemütlich. Entspannung verspricht der hauseigene Wellnessbereich. Behagliches Restaurant mit rustikalem Flair und typisch Schwarzwälder Gastlichkeit.

ALDERSBACH 62 A www.aldersbach.de

Bayern | EW 4.302 | 328 m | Vilshofen 10 km, Passau 32 km

das asam
www.das-asam.de

Freiherr-von-Aretin-Platz 2, PLZ 94501, **T 08543 6247624**
Hauptgericht 20–33 € | So Mo, Do-Sa Di, Mi

Hier speisen Sie im altehrwürdigen Ambiente der historischen Klosteranlage. Das Restaurant im 1. Stock mit seiner hohen Decke und den wunderschönen Stuckverzierungen serviert eine abwechslungsreiche Küche mit modern inspirierten Gerichten. Alternativ lädt die Klosterschänke zum Lunch, zu Kaffee und Kuchen oder zur Brotzeit ein. Im Hotel übernachtet man gepflegt und zeitgemäß.

ALDINGEN 57 D
www.aldingen.de

Baden-Württemberg | EW 7.600 | 650 m | Spaichingen 5 km, Trossingen 6 km

Hotel Aurelia
www.hotel-aurelia.de

★★★★

Hauptstraße 11-13, PLZ 78554, **T 07424 980440,** F 9804444
45 Zimmer | Ez ab 104 €, Dz ab 124 €, 15,00 €

Das Hotel befindet sich mitten im Zentrum. Die wohnlichen Zimmer präsentieren sich als gelungenes Zusammenspiel aus zeitlos elegantem Interieur und moderner Technik. Kleiner Relaxbereich mit Blick über die Dächer von Aldingen. Im Restaurant „Maja" wird regional und international gekocht.

ALF 40 C
www.alf-mosel.de

Rheinland-Pfalz | EW 836 | 95 m | Cochem 29 km, Bernkastel-Kues 41 km

Bömers Mosellandhotel
www.boemershotel.de

★★★ S

Ferdinand-Remy-Straße 27, PLZ 56859, **T 06542 2310,** F 1275
34 Zimmer | 3 Apartments | Ez ab 79 €, Dz ab 109 €, inkl. Frühstück

Das heimelige Wohlfühlhotel wird privat geführt und bietet behagliche Wohlfühlzimmer in unterschiedlichen Kategorien. Dazu ein schöner Hotelgarten nebst lauschiger Sonnenterrasse - exklusiv für Hotelgäste. Das Haus ist nur wenige Gehminuten vom idyllischen Moselufer entfernt.

Burg Arras
www.arras.de

Burgweg 1, PLZ 56859, **T 06542 22275,** F 2595
10 Zimmer

Auf einer Bergkuppe mit herrlicher Aussicht auf das Moseltal liegt diese hist. Burganlage. Stilvoll und wohnlich, teils mit edlen Antiquitäten möblierte Zimmer. Zum familiär geführten Haus gehören auch ein behagliches Restaurant mit Burgterrasse und ein Museum. Reichhaltiges Frühstück.

ALFELD (MITTELFRANKEN) 54 C
www.alfeld-mfr.de

Bayern | EW 1.086 | 485 m | Amberg 30 km, Nürnberg 45 km

Landgasthof Sörgel
www.landgasthof-soergel.de

Lieritzhofen 25, PLZ 91236, **T 09157 256**
Hauptgericht 14–28 € | Di-Mi, Fr-So Mo, Do

Schmackhafte Küche, herzliche Gastfreundschaft und gemütliche Atmosphäre zeichnen diesen Landgasthof aus. In den lichtdurchfluteten Gasträumen und auf der sonnigen Außenterrasse werden regionale und internationale Gerichte aufgetischt. Natürlich stehen auch Klassiker wie „Fränkischer Sauerbraten mit Kartoffelkloß, Preiselbeeren und buntem Salatteller" auf der Karte. Das Fleisch bezieht man größtenteils aus der hauseigenen Metzgerei. Für Veranstaltungen steht ein großer Festsaal zur Verfügung, und im Gästehaus gegenüber gibt es preiswerte und zweckmäßige Übernachtungsmöglichkeiten.

ALLERSBERG 53 D www.allersberg.de

Bayern | EW 8.500 | 385 m | Ingolstadt 65 km, Regensburg 94 km

Kattenbeck www.hotel-allersberg.de

€ Gut & Günstig garni

Marktplatz 12-14, PLZ 90584, **T 09176 98300,** F 1702
19 Zimmer | 1 Apartment | Ez 55–75 €, Dz 79–95 €, 8,00 €

Persönlich geführtes Haus direkt hinter dem Allersberger Torturm. Komfortable Zimmer mit guter Ausstattung für Geschäftsreisende.

ALLMANNSHOFEN 59 B www.allmannshofen.de

Bayern | EW 819 | 440 m | Augsburg 33 km, Günzburg 51 km

Kloster Holzen www.kloster-holzen.de

Klosterstraße 1, PLZ 86695 (OT: Holzen), **T 08273 99590,** F 99591504
63 Zimmer | 2 Suiten | Ez 96–104 €, Dz 139–179 €, inkl. Frühstück | ⃠ 23.12.23–7.1.24

Die imposante Klosteranlage befindet sich auf einer Anhöhe in Allmannshofen. Das Hotel bietet seinen Gästen neuzeitlich eingerichtete Zimmer mit klaren Linien und edlen Holzböden. Im Klostergasthof und dem dazugehörigen Biergarten wird Regionales serviert.

ALPIRSBACH 57 C www.alpirsbach.de

Baden-Württemberg | EW 6.310 | 441 m | Freudenstadt 17 km, Schramberg 20 km

Rössle www.roessle-alpirsbach.de

Aischbachstraße 5, PLZ 72275, **T 07444 956040**
70 | Hauptgericht 18–35 €, Menü 33–35 € | Fr-So Mo-Di, Fr-So ⃠ Mi, Do ⃠ 16.2.–8.3.24, 25.10.–16.11.24

Ein traditionsreiches Gasthaus mit Schwarzwälder Charme und familiärer Atmosphäre. Serviert wird eine bürgerlich-regionale Küche zu moderaten Preisen. Auf der Karte findet man Gerichte wie „Filets von der Dorade auf Tomatencarpaccio mit Bärlauchpesto und Butternudeln" oder „Medaillon vom Hirschrücken mit Hagebutte und Kräuterschupfnudeln". Wirklich nett übernachtet man in einem der behaglich ausgestatteten Gästezimmer.

ALSFELD 42 A www.alsfeld.de

Hessen | EW 15.993 | 268 m | Fulda 43 km, Gießen 50 km

Jetzt abonnieren: instagram.com/vartaguide

hôtel villa raab
www.villa-raab.de

Altenburger Straße 60, PLZ 36304, **T 06631 911470**
40 Zimmer | 2 Suiten

Nicht nur als Eventlocation eine gefragte Adresse, auch Freizeitgäste finden hier hervorragende Bedingungen für eine entspannte Auszeit! Auf dem Gelände einer früheren Pfeifenfabrik ist hier ein weitläufiges Hotelensemble entstanden. Die Zimmer sind liebevoll gestaltet und bieten zeitgemäßen Komfort. Wer es besonders luxuriös mag, bucht eine der zwei Suiten „Ludwig & Marie“ mit freistehenden Badewannen, großen Kuschelsofas und kunstvollen Tapeten an Wänden und Decken. Das Restaurant „tante mathilde“ ist ebenso wie die Suiten in der Jugendstilvilla untergebracht und serviert frische Heimatküche.

Zum Schäferhof
www.hotel-zum-schaeferhof.de

Ziegenhainer Straße 30, PLZ 36304 (OT: Eudorf), **T 06631 96600,** F 966060
20 Zimmer | Ez ab 80 €, Dz ab 125 €, inkl. Frühstück

Familiärgeführtes Haus in ruhiger, ländlicher Umgebung mit guter Verkehrsanbindung. Modern und individuell eingerichtete Gästezimmer. Kleiner Wellnessbereich mit Sauna und Fitnessraum. Im Restaurant wird regional gekocht.

ALT DUVENSTEDT 7 D
www.alt-duvenstedt.de

Schleswig-Holstein | EW 1.877 | 8 m | Rendsburg 7 km, Schleswig 25 km

Töpferhaus
www.toepferhaus.com

Am See 1, PLZ 24791 (OT: Bistensee), **T 04338 99710,** F 997171
46 Zimmer | 3 Suiten | 24 h

Hier kommt man immer wieder gerne her. Moderne Landhausatmosphäre in idyllischer Seelage, dazu wohnlich und individuell eingerichtete Hotelzimmer im nordischen Stil. Relaxen kann man im hauseigenen SPA-Bereich mit Sauna und Ofuro-Bad.

LammButtRind
www.lammbuttrind.com

80 | Hauptgericht 16–23 € | Mo-So

Das hat Charme: außen der herrliche Bistensee, drinnen lässig-elegante Atmosphäre. Serviert wird eine leichte und zeitgenössische portugiesische Küche, bei der überwiegend regionale Erzeugnisse aus Schleswig-Holstein Verwendung finden. Im Sommer lockt die herrliche Seeterrasse.

ALTDORF B. NÜRNBERG 53 D www.altdorf.de

Bayern | EW 16.550 | 444 m | Neumarkt/Oberpfalz 17 km, Nürnberg 29 km

Alte Nagelschmiede www.alte-nagelschmiede.de

Oberer Markt 13, PLZ 90518, **T 09187 95270,** F 952727
25 Zimmer | 2 Suiten | Ez ab 72 €, Dz ab 110 €, inkl. Frühstück | ⦸ 24.12.23–7.1.24

Stilvoll-rustikal gestaltetes Hotel im Stadtzentrum mit individuell eingerichteten Gästezimmern in hist. Gemäuern. Das hauseigene Restaurant serviert fränkische Küche und mediterrane Spezialitäten. Schöne Terrasse mit Blick auf den hist. Marktplatz.

Rotes Roß www.rotes-ross-altdorf.de

Oberer Markt 5, PLZ 90518, **T 09187 5272**
100 | Hauptgericht 14–29 € | Mi-So ⦸ Mo, Di

Das familiengeführte Restaurant im Herzen von Altdorf empfängt Sie in urig-traditionellem Ambiente - es wirkt angenehm unkompliziert und einladend. Die Küche bietet sowohl fränkische als auch gehobene internationale Spezialitäten. Für Feierlichkeiten stehen behagliche Räumlichkeiten zur Verfügung.

Zur schönen Aussicht hegnenberg-kreuzeder.de

Hegnenberg 9, PLZ 90518 (OT: Hegnenberg), **T 09187 5232**
70 | Hauptgericht 11–34 €, Menü 43–65 € | Do-So ⦸ Mo, Di, Mi

Eine Ausflugsgastronomie wie aus dem Bilderbuch! Der Name ist Programm im rustikal-schick gestylten Gastraum und auf der reizvollen Terrasse unter Bäumen. Herrlich der Blick auf das Nürnberger Land, freundlich der Service und überaus schmackhaft die kreativ-bodenständige Heimatküche. Auf der Speisekarte Schmackhaftes wie „Rosa Gebratenes vom Bio-Weiderind | Quinoa | geschmorte Aubergine | Gewürzbutter | glasierte Wassermelone". Tipp: Sonntags klassische Bratengerichte.

ALTENAHR 39 B www.altenahr-ahr.de

Rheinland-Pfalz | EW 1.871 | 170 m | Adenau 18 km, Bonn 31 km

Gasthaus Assenmacher www.gasthaus-assenmacher.de

VARTA-TIPP Küche

Brückenstraße 12 (B 257), PLZ 53505, **T 02643 1848**
60 | Hauptgericht 20–39 €, Menü 45–108 € | Mi-So ⦸ Mo, Di

Am Fuß der historischen Burgruine Are begrüßt Sie dieses schmucke Gasthaus im Ortskern - familiär geführt und behaglich eingerichtet. Egal ob im schicken Restaurant, in der gemütlich-rustikalen Gaststube oder auf der herrlichen Sommerterrasse, Küchenchef Christian Storch bietet frische regionale sowie traditionelle Gerichte, die er mit Geschmack und Raffinesse zubereitet. Zum Übernachten hat man wohnliche Gästezimmer und moderne Ferienwohnungen.

ALTENBERGE 20 D www.altenberge.de

Nordrhein-Westfalen | EW 10.054 | 79 m | Münster 15 km, Steinfurt 15 km

Penz Am Dom
www.penz-am-dom.de

Kirchstraße 13, PLZ 48341, **T 02505 9399530**
58 | Hauptgericht 28–31 € | Mo-Di, Do-Fr Mo-Di, Do-Sa

Wo es so gemütlich und lebendig zugeht und man so herzlich umsorgt wird wie bei Familie Penz, kommt man gerne auch öfter zum Essen. In einem um 1840 erbauten Wohn- und Wirtschaftshaus vis-à-vis dem Dom befindet sich dieses reizende Restaurant. Der Patron kocht modern und regional mit mediterranen und französischen Akzenten. Mittags Business Lunch.

ALTENMARKT 69 A
www.altenmarkt.de

Bayern | EW 4.289 | 499 m | Bad Reichenhall 52 km, München 82 km

Landgasthof Angermühle
www.angermuehle-landgasthof.de

Angermühle 1, PLZ 83352, **T 08621 98470**
50 | Hauptgericht 17–34 €, Menü 40–50 € | Di-Sa Mo, So

In diesem gepflegten oberbayerischen Landgasthof kann man nicht nur in freundlichen Hotelzimmern übernachten, sondern auch richtig gut essen. Das im modernen Landhausstil gehaltene Restaurant bietet eine feine bodenständige Küche mit regionalem und saisonalem Bezug. Lust auf „Saiblingsfilet | Bärlauch-Frischkäse-Ravioli"? Im Sommer lädt der lauschige Gastgarten zum Verweilen ein. Das Teichhaus mitten im Grünen eignet sich sehr gut für Feierlichkeiten und Events.

ALTENSTADT (ILLER) 59 C
www.altenstadt-iller.de

Bayern | EW 5.013 | 530 m | Illertissen 7 km, Memmingen 23 km

Zum Rössle
www.gasthof-roessle.de

★★★

Memminger Straße 62, PLZ 89281, **T 08337 7403330,** F 740333309
21 Zimmer | Ez 85–100 €, Dz 115–130 €, inkl. Frühstück

Familiengeführtes Haus in verkehrsgünstiger Lage mit entspannter Atmosphäre. Gepflegte, ansprechend eingerichtete Zimmer mit zeitgemäßer Ausstattung. In den gemütlichen Gaststuben wird schwäbische Küche serviert.

ALTENSTEIG 57 B
www.altensteig.de

Baden-Württemberg | EW 10.185 | 504 m | Nagold 14 km, Freudenstadt 25 km

Rössle Berneck
www.roessle-berneck.de

★★★ S garni

Marktplatz 8, PLZ 72213 (OT: Berneck), **T 07453 932000,** F 9320020
22 Zimmer | 2 Suiten | Ez ab 85 €, Dz ab 115 €, 14,00 €

Ob Kurzurlaub oder auf der Durchreise - hier wohnen Sie bei freundlichen Gastgebern in modernen Zimmern und freuen sich am Morgen auf ein frisches Frühstück. Zudem locken die ruhige Lage sowie die attraktiven Hotelarrangements. Gutbürgerliches Restaurant mit saisonaler und regionaler Küche.

ALTÖTTING 61 D
www.altoetting.de

Bayern | EW 12.610 | 403 m | Landshut 61 km, Passau 84 km

Hotel Zur Post
www.hotelzurpost-altoetting.de

★★★★

Kapellplatz 2, PLZ 84503, **T 08671 973370**
93 Zimmer | 8 Suiten | Ez ab 75 €, Dz ab 129 €, inkl. Frühstück

Das denkmalgeschützte, mehr als 700 Jahre alte Traditionshaus am Altöttinger Kapellplatz hat man von 2019 bis 2021 umfangreich saniert. Die geschmackvollen Zimmer sind in unterschiedlichen Kategorien buchbar - vom liebevoll eingerichteten Pilgerzimmer bis hin zur großzügigen Deluxe-Juniorsuite. Frühstücken können Sie im lichtdurchfluteten Gewölberaum oder auf der toskanisch anmutenden Terrasse.

ALVESLOHE 15 A
www.alveslohe.eu

Schleswig-Holstein | EW 2.626 | 28 m | Hamburg 32 km, Bad Segeberg 39 km

Gut Kaden
www.gutkaden.de

Kadener Straße 9, PLZ 25486, **T 04193 99290**
40 Zimmer | 1 Suite | Ez ab 140 €, Dz ab 170 €, inkl. Frühstück

Ein zeitgemäß ausgestattetes Gästehaus auf dem Gelände des gleichnamigen Golf- und Land-Clubs. Neben wohnlichen Gästezimmern bietet das Hotel auch ein Restaurant, fünf Tagungsräume, eine Sauna sowie einen Fitnessraum. Gute Verkehrsanbindung zur Autobahn A7.

ALZENAU 42 C
www.alzenau.de

Bayern | EW 19.062 | 126 m | Hanau 12 km, Aschaffenburg 19 km

Krone
www.krone-alzenau.de

Hahnenkammstraße 37, PLZ 63755 (OT: Wasserlos), **T 06023 94720,** F 31660
22 Zimmer | Ez 88–110 €, Dz 120–140 €, inkl. Frühstück

Ein gut geführtes Traditionshotel mit pittoresker Architektur und stilvoller Innenausstattung. Stetige Investitionen zeigen sich insbesondere in den wohnlich-eleganten Gästezimmern. Im benachbarten Hotel Krone am Park befinden sich ein kleiner Wohlfühlbereich sowie zwei Kegelbahnen.

Krone

65 | Hauptgericht 16–33 € | So Mo-Mi, Sa-Sa Do, Fr

››

Ob im ländlich-gediegenen Restaurant oder auf der schönen Sommerterrasse, man bekommt hier eine saisonale Slow-Food-Küche sowie feine regionale Gerichte von „Variation edler Fische mit Blattspinat, Pilaw-Reis und Safranschaum" bis „Ofenfrisches Spessart-Rehschäuferl mit Pilzen, Frühlingsgemüse, Cranberries und Spätzle". Großer Beliebtheit erfreut sich das Sonntagsbuffet.

ALZEY 50 B www.alzey.de

Rheinland-Pfalz | EW 17.516 | 194 m | Bad Kreuznach 25 km, Worms 27 km

Weinhotel Kaisergarten www.weinhotel-kaisergarten.de

Hospitalstraße 17, PLZ 55232, **T 06731 997600,** F 991722
47 Zimmer | Ez ab 119 €, Dz ab 149 €, inkl. Frühstück | 24 h

Für Tagungen und Privatgäste gleichermaßen ideal. Das Hotel liegt im Herzen von Alzey, ist schön in modernem Stil eingerichtet, hat eine Tiefgarage und bietet Konferenzmöglichkeiten sowie eine geschmackvolle Gemeinschaftslounge. Die Zimmer sind in drei Kategorien buchbar. Restaurant mit regionaler Küche.

AMBERG 54 C www.tourismus.amberg.de

Bayern | EW 41.592 | 374 m | Nürnberg 64 km, Regensburg 66 km

Drahthammer Schlößl www.drahthammerschloessl.de

★★★★

Drahthammerstraße 30, PLZ 92224, **T 09621 7030,** F 88424
42 Zimmer | 1 Suite | Ez 85–155 €, Dz 105–185 €, inkl. Frühstück

Das ehem. Hammerschlosswerk am Stadtrand mit Villencharakter und kleinem Park liegt idyllisch am einstigen Landesgartenschaugelände. Heute logieren Sie in individuell eingerichteten Zimmern. Liebevoll gestalteter Wellnessbereich mit Bio-Sauna, Salzgrotte und Heilkräuteroase.

Drahthammer Schlößl

200 | Hauptgericht 16–34 € | Fr-So Di-Sa Mo

Ob in der gediegen-rustikalen Jägerstube oder im mediterran gestalteten Wintergarten - überall umgibt Sie ein gemütliches Ambiente. Serviert werden pfiffig kombinierte leichte Gerichte, traditionell oberpfälzische Spezialitäten sowie feine internationale Speisen. Eigene exquisite Kreationen mit spezieller Note runden das Angebot ab.

Allee Parkhotel Maximilian www.allee-parkhotel-maximilian.de

★★★★ garni

Pfalzgrafenring 1, PLZ 92224, **T 09621 3300,** F 330330
47 Zimmer | 10 Suiten | Ez 85–117 €, Dz 105–137 €, inkl. Frühstück | 24 h

Das Hotel mit seiner ungewöhnlichen, halbovalen Architektur ist die perfekte Adresse für Businessgäste. Es verfügt über gepflegte, praktisch eingerichtete Zimmer unterschiedlicher Größe sowie einen kleinen Wellnessbereich im Untergeschoss. Die Altstadt ist bequem zu Fuß erreichbar.

Brunner www.hotel-brunner.de

★★★S garni

Batteriegasse 3, PLZ 92224, **T 09621 4970,** F 497155
39 Zimmer | 2 Suiten | Ez ab 87 €, Dz ab 121 €, inkl. Frühstück | 24 h

Zeitgemäßes Haus in ruhiger Altstadtlage unweit des Bahnhofs mit komfortabel ausgestatteten Zimmern und Suiten. Die individuellen Kunstzimmer wurden vorwiegend von Amberger Künstlern gestaltet. Reichhaltiges Frühstücksbuffet. Fahrrad- und E-Bike-Verleih.

Fronfeste
www.hotel-fronfeste.de

€ Gut & Günstig

Fronfestgasse 8, PLZ 92224, **T 09621 179552,** F 63389
30 Zimmer | 5 Suiten | Ez ab 78 €, Dz 96–109 €, 14,00 €

Originelles Themenhotel in den Gemäuern eines alten Gefängnisses aus dem Jahre 1700. Aus den einstigen Zellen sind moderne Gästezimmer entstanden. Ruhige Lage im begrünten Stadtgraben und dem anliegenden Englischen Garten.

AMORBACH 51 B
www.amorbach.de

Bayern | EW 3.988 | 165 m | Miltenberg 10 km, Heidelberg 67 km

Der Schafhof
www.schafhof.de

VARTA-TIPP Ambiente

★★★★

Schafhof 1, PLZ 63916, **T 09373 97330,** F 4120
24 Zimmer | 8 Suiten | Ez ab 95 €, Dz ab 110 €, inkl. Frühstück

Dieses exzellent geführte Hotel ist in ein ehem. Klostergut integriert. Elsässische Künstler schufen für die Gäste eine Oase der Besinnlichkeit. Sie logieren in Zimmern mit romantisch-historischem Charme, ohne auf modernen Komfort verzichten zu müssen. Im alten Kelterhaus befinden sich Tagungs- und Veranstaltungsräume. Hauseigenes Trauzimmer.

Abt- und Schäferstube

VARTA-TIPP Küche

62 | Hauptgericht 20–45 €, Menü 62–75 € | Sa-So Mo-So

Hist. Gaststuben mit Natursteinwänden und rustikaler Holzausstattung - kombiniert mit elegantem Interieur und gepflegter Tischkultur. Hier erwartet Sie eine klassisch fundierte Küche mit kreativen Elementen. Top-Produkte sind bei Achim Krutsch eine Selbstverständlichkeit, überaus geschmacksintensiv die daraus zubereiteten Gerichte. Ergänzt wird die gehobene Kulinarik durch das gut sortierte Weinsortiment und den freundlichen Service.

AMRUM (INSEL) 6 A/B
www.amrum.de

Schleswig-Holstein | Sylt (Westerland) 22 km, Kiel 131 km
Nebel: Leuchtturm, Mühle mit Heimatmuseum, Heimatlosenfriedhof, reetgedeckte St.-Clemens-Kirche, Friesenhaus Öömraang Hüs. Norddorf: Amrumer Odde (nördlichste Spitze der Insel), Seevogelschutzgebiet, Wattweg zur Insel Föhr (nur mit Führer möglich). Wittdün: Naturkundliches Informationszentrum Schutzstation Wattenmeer.

NORDDORF

Seeblick
www.seeblicker.de

★★★★ S

Strandstraße 13, PLZ 25946, **T 04682 9210,** F 2574
41 Zimmer | 5 Suiten | Ez 90–120 €, Dz 145–235 €, inkl. Frühstück | 24 h

»

Genuss- und Wellnessresort mit modernem Lifestyle-Konzept und leidenschaftlichen Gastgebern. Designorientierte Hotelzimmer in unterschiedlichen Stilrichtungen. Gepflegter SPA-Bereich mit Schwimmbad, Sauna und Ruhebereich. Im Restaurant serviert man heimische Küche mit Kräutern aus dem eigenen Garten.

Hüttmann
www.sonnenhotels.de

★★★★ garni

Ual Saarepswai 4, PLZ 25946, **T 04682 9220,** F 922113
54 Zimmer | 9 Suiten | 11 Apartments | Ez ab 81 €, Dz ab 154 €, ab 17,50 €

Aus mehreren Häusern bestehender Hotelkomplex mit speziell ausgestatteten Allergikerzimmern. Neue deutsche Küche sowie regionale Spezialitäten werden im Hauptrestaurant gereicht, im Café-Bistro „Dat Sünn Huus" leichte Gerichte sowie hausgemachte Kuchen.

Ual Öömrang Wiartshüs
www.uoew.de

Bräätlun 4, PLZ 25946, **T 04682 836**
61 | Hauptgericht 17–34 € | Mo, Mi-So Di

Reetgedecktes Friesenhaus unmittelbar an der Norddorfer Marsch und dem Wattenmeer. Hübsche Gaststuben im ländlichen Stil mit viel Lokalkolorit. Geboten wird eine regionale Küche unter Verwendung einheimischer Produkte. Großer Cafégarten. Sie möchten übernachten? Kein Problem, es stehen geschmackvoll eingerichtete Zimmer zur Verfügung.

AMSTETTEN 58 B
www.amstetten.de

Baden-Württemberg | EW 4.020 | 590 m | Geislingen 5 km, Ulm 26 km

Stubersheimer Hof
www.stubersheimer-hof.de

Bräunisheimer Straße 1, PLZ 73340 (OT: Stubersheim), **T 07331 4429970**
35 | Hauptgericht 25–30 € | So Mi-So Mo, Di

Im schönen, liebevoll renovierten Bauernhof hat man auch innen ein Stück Historie erhalten - sowohl im gemütlich-stilvollen Restaurant als auch in den sieben Wohlfühlzimmern im Landhausstil. Gekocht wird regional-saisonal - und das zu fairen Preisen.

AMTZELL 66 A
www.amtzell.de

Baden-Württemberg | EW 4.257 | 556 m | Wangen 9 km, Ravensburg 17 km

Schattbuch
www.schattbuch.de

VARTA-TIPP Küche **VARTA-TIPP** Service

Schattbucher Straße 10 (im Gewerbegebiet), PLZ 88279 (OT: Geiselharz), **T 07520 953788**
35 | Menü 105–135 € | Mi-Fr Mi-Sa Mo, Di, So

Das stilvoll-moderne Restaurant eignet sich sowohl für den unkonventionellen Business Lunch am Mittag als auch für ein außergewöhnliches Dinner am Abend. Letzteres gibt es in Form eines finessenreichen Tastingmenüs (4 bis 6 Gänge), für das Sebastian Cihlars verantwortlich zeichnet. Sein Kochstil: ein gelungener Mix aus Klassik und Moderne. Dafür verwendet er überwiegend marktfrische Zutaten aus der Region. Christian Marz sorgt mit Witz, Charme und jeder Menge Fachkenntnis für einen reibungslosen Ablauf im Service.

Jetzt vorbeischauen: pinterest.com/vartaguide

ANDERNACH 40 C www.andernach-tourismus.de

Rheinland-Pfalz | EW 29.966 | 70 m | Koblenz 17 km, Bonn 46 km

PURS purs.com/purs

VARTA-TIPP Ambiente VARTA-TIPP Service

Steinweg 30-32, PLZ 56626, **T 02632 9586750**
11 Zimmer | Ez 250–310 €, Dz 280–340 €, inkl. Frühstück | 24 h

Die Zimmer und Suiten dieses noblen kleinen Boutique-Hotels tragen die Handschrift des Star-Designers Axel Vervoordt. Das Farbspiel der Räume und die hochwertigen Einrichtungselemente untermalen den historisch bedeutungsvollen Charakter der Alten Kanzlei. Im Gewölbekeller finden regelmäßig Weinverkostungen mit renommierten Winzern aus der Umgebung statt. Hauseigene Bibliothek.

PURS purs.com/purs/restaurant

VARTA★TIPP Küche VARTA-TIPP Service

40 | Menü 190–260 € | Mi-Sa Mo, Di, So

Minimalistisch, hochwertig und edel wie das Hotel kommt auch das Gourmetrestaurant daher. Hier steht mit Yannick Noack ein höchst talentierter Chefkoch am Herd. Er begeistert mit einer modernen, handwerklich perfekten Küche mit herausfordernden, kreativen Speisenfolgen. Dabei kommen vorwiegend regionale, stets hochwertige Zutaten zum Einsatz. Der Service ist gut organisiert und geschult, die Weinberatung ist top. Nach dem Dinner empfiehlt sich ein Besuch in der PURS Bar.

YOSO purs.com/purs/yoso

VARTA-TIPP Küche

Schafbachstraße 14, PLZ 56626, **T 02632 4998643**
38 | Menü 109–145 € | Mi-Sa Mo, Di, So

Mit einem neuen Konzept, neuen Look und einem neuen Küchenchef ist das Gourmetrestaurant 2023 wieder an den Start gegangen. Chefkoch Peter Fridén vereint gleich zwei kulinarische Welten in einem: die asiatisch-japanische Küche und die skandinavische Küche. Dabei verbindet er die besten Elemente beider Kulturen und interpretiert sie auf kreative Weise neu. Serviert wird ein anspruchsvolles, 4- bis 6-gängiges Menü, das auch als vegetarische Variante erhältlich ist. Passend dazu die Einrichtung: schlicht und elegant, natürliche Materialien wie Bambus und Holz vermitteln ein Gefühl von Wärme und Authentizität.

Hotel am Ochsentor purs.com/am-ochsentor

Schafbachstraße 20-24, PLZ 56626, **T 02632 9894060,** F 989406444
24 Zimmer | 2 Suiten | Ez ab 129 €, Dz ab 219 €, inkl. Frühstück

Das Hotel liegt inmitten der Altstadt und ist nur wenige Gehminuten vom Marktplatz entfernt. Hier wohnt man individuell: schicke Möbel, darauf abgestimmte Stoffe und stilvolles Design zeichnen die Gästezimmer aus. Dazu ein herzlicher Service und ein gutes Frühstück.

Ai Pero purs.com/am-ochsentor/restaurants-ochsentor

100 | Hauptgericht 14–41 €, Menü 59–79 € | Mo-Di, Do-So Mi »

Sie suchen ein Restaurant mit authentischer italienischer Küche zu einem sehr guten Preis-Leistungs-Verhältnis? Dann probieren Sie hier doch die traditionelle Pizza aus dem Holzofen, herrliche Antipasti oder hausgemachte Pasta. Aber auch schmackhafte Fleischgerichte wie „Kalbsmedaillons | Barolojus | Salbei | Parmaschinken | Rosmarinkartoffeln | Caponata" haben ihren Platz auf der Karte. Und die gemütlich-familiäre Atmosphäre ist Ihnen hier ebenso gewiss wie eine umfangreiche Weinauswahl.

Monte Mare — www.monte-mare.de/andernach

VARTA-TIPP Ambiente

garni

Klingelswiese 1, PLZ 56626, **T 02632 9872219**
20 Zimmer | 4 Suiten | Ez 109–129 €, Dz 129–149 €, 12,50 € | 23.–26.12.23

Ausschlafen, gut essen, Sport treiben, wandern oder einfach nach Herzenslust relaxen - all das können Sie in diesem modernen Wellness- und Businesshotel, das direkt mit der monte mare SAUNA SPA SPORTS-Anlage verbunden ist. Die Gästezimmer hat man liebevoll bis ins kleinste Detail gestaltet. Besonderen Komfort bieten die exklusiven Suiten, die thematisch an die vier Elemente Feuer, Wasser, Luft und Erde angelehnt sind.

ANGELBACHTAL 51 C — www.angelbachtal.de

Baden-Württemberg | EW 5.018 | 159 m | Heilbronn 40 km, Mannheim 45 km

Heckerstuben im Wasserschloss Eichtersheim — www.heckerstuben.de

Schlosstraße 1, PLZ 74918 (OT: Eichtersheim), **T 07265 499907**
60 | Hauptgericht 26–34 € | So Do-So Mo, Di, Mi

Im einmaligen Ambiente des hist. Wasserschlosses erwartet Sie eine frisch zubereitete Regionalküche, bei der fast ausschließlich Bio-Produkte und Viktualien heimischer Erzeuger Verwendung finden. Hübsche Terrasse mit Rundumblick in den Schlossgarten.

ANGER 69 A — www.anger.de

Bayern | EW 4.394 | 558 m | Bad Reichenhall 10 km, Traunstein 22 km

Wellness-und Landhotel Prinz — www.landhotel-prinz.de

garni

Dorfstraße 5, PLZ 83454 (OT: Aufham), **T 08656 1084,** F 983878
30 Zimmer | 7 Suiten | 8 Apartments | Ez 79–130 €, Dz 138–194 €, inkl. Frühstück | 24 h

Eine wirklich liebenswerte Adresse - ideal für Romantiker! Das schmucke Hotel liegt ruhig und sonnig in den Bergen im kleinen Luftkurort Aufham. Und drinnen sieht es ebenso ansprechend aus: Die Zimmer präsentieren sich im wohnlich-alpenländischen Stil. Für Entspannung sorgt ein kleiner, exklusiver Wellnessbereich.

ANKLAM 19 A — www.anklam.de

Mecklenburg-Vorpommern | EW 12.797 | 6 m | Greifswald 35 km, Pasewalk 48 km

Anklamer Hof Neu! — www.anklamer-hof.de

garni

Pelzerstraße 1, PLZ 17389, **T 03971 836830**
74 Zimmer | 4 Suiten | Ez 135–225 €, Dz 155–245 €, inkl. Frühstück | 24 h

Das ehemalige Post- und Telegrafenamt Anklams hat nach aufwendiger Renovierung und Erweiterung so einiges zu bieten: Wohnlich und modern zeigen sich die Gästezimmer, die in unterschiedlichen Kategorien buchbar sind. Der hauseigene SPA-Bereich ist mit einem Schwimmbad, zwei Saunen sowie einem Fitnessbereich ausgestattet. Für Tagungen hat man zeitgemäß gestaltete Businessräume. Im Restaurant, das sich in den hist. Räumen der aufwendig sanierten „Alten Post“ befindet, werden hanseatische und saisonale Gerichte serviert.

ANSBACH 53 C www.ansbach.de

Bayern | EW 41.910 | 405 m | Nürnberg 61 km, Würzburg 78 km

Das Hürner www.das-huerner.de

Schloßstraße 7, PLZ 91522, **T 0981 2086220,** F 208622100
97 Zimmer | 9 Suiten | 6 Apartments | Ez 99–119 €, Dz 146–179 €, inkl. Frühstück

Ein zeitgemäß ausgestattetes Stadthotel mit wohnlich-modernen Zimmern, kleinem Fitnessbereich, Sauna und schöner Sonnenterrasse. Im hauseigenen Brauhaus-Restaurant gibt es das traditionsreiche Hürner-Bier, dazu werden fränkische Spezialitäten serviert.

Schwarzer Bock www.schwarzerbock.com

★★★★

Pfarrstraße 31, PLZ 91522, **T 0981 421240,** F 4212424
16 Zimmer | 3 Suiten | 3 Apartments | Ez ab 89 €, Dz ab 139 €, inkl. Frühstück

Hist. Rokokohaus im Herzen der Altstadt. Hier setzt man auf Nachhaltigkeit und 100 % Bio-Qualität. Renovierte Gästezimmer mit moderner Ausstattung. In den gediegenen fränkischen Gaststuben wird eine bodenständige Regionalküche aufgetischt.

Zur Windmühle www.hotel-windmuehle.de

★★★ S

Rummelsberger Straße 1 (an der B 14), PLZ 91522, **T 0981 972000,** F 97200199
74 Zimmer | 1 Apartment | Ez 70–150 €, Dz 98–200 €, inkl. Frühstück

Traditionsreicher Gasthof, dessen Geschichte bis ins Jahr 1735 zurückreicht. Modern eingerichtete Zimmer im Stammhaus sowie im Anbau. Ansprechender Saunabereich mit naturbelassener Felsengrotte. In der gemütlichen Gaststube wird fränkische und saisonale Küche serviert.

ANTRIFTTAL 42 A www.antrifttal.de

Hessen | EW 2.023 | 298 m | Alsfeld 10 km, Bad Hersfeld 51 km

Lakeside Resort Michaela Neu! www.lakeside-resort-michaela.de

★★★★

Am Stausee 1, PLZ 36326 (OT: Seibelsdorf), **T 06631 70770**
18 Zimmer | 1 Suite | Ez 69–125 €, Dz 89–169 €, Frühstück ab 12,50 €

Ein tolles Urlaubshotel! Umgeben von malerischer Natur direkt am Antriftsee erwarten Sie renovierte, zeitgemäß eingerichtete Gästezimmer, meist mit direktem oder seitlichem Seeblick. Im hauseigenen À-la-carte-Restaurant sowie auf der Sonnenterrasse kann man sich kulinarisch verwöhnen lassen. Ob Wandern, Radfahren oder Bootstour - das Freizeitangebot ist groß. Die Seebühne ist eine beliebte Location für Trauungen.

APPENWEIER 57 A www.appenweier.de

Baden-Württemberg | EW 10.200 | 152 m | Offenburg 9 km, Straßburg 22 km

Gasthof Engel www.gasthof-engel.de

Dorfstraße 43, PLZ 77767 (OT: Nesselried), **T 07805 919181**
90 | Hauptgericht 18–33 € | Di, Fr-So Mo-Di, Fr-So Mi, Do

Die Zutaten für die bodenständig-badische Küche kommen weitestgehend von heimischen Produzenten. Daraus entstehen dann z. B. „Aufgeschlagene Rahmsuppe von Strauchtomaten" oder „Lammrückenfilet unter der Kräuterkruste, Ratatouille, Kartoffelgratin". In dem sympathischen Haus kann man auch übernachten: Die Zimmer sind einfach, aber gepflegt.

ARGENBÜHL 66 A www.argenbuehl.de

Baden-Württemberg | EW 6.550 | 681 m | Isny 7 km, Wangen 13 km

Ellgass Allgäu Hotel www.hotel-ellgass.de

VARTA-TIPP Service

Dorfplatz 10, PLZ 88260 (OT: Eglofs), **T 07566 1578,** F 941039
29 Zimmer | Ez ab 95 €, Dz ab 135 €, inkl. Frühstück

Schon von außen ein Blickfang, attraktiv die tolle Lage am idyllischen Dorfplatz. Beton, Holz und Glas dominieren den modernen Hotelneubau. Man wohnt in zeitgemäß und minimalistisch eingerichteten Wohlfühlzimmern. Von Familie Ellgass und ihren Mitarbeiter:innen werden Sie während des Aufenthaltes ausgesprochen herzlich betreut. Morgens erwartet Sie ein frisches, gut sortiertes Frühstücksbuffet.

Hofwirtschaft Ellgass www.dasellgass.de

Hauptgericht 15–32 € | Mo-So

Mit gemütlichen Gaststuben und einer charmanten Terrasse direkt am Dorfplatz ist hier für lauter hübsche Plätze gesorgt. Serviert wird Feines aus dem Allgäu und aus Oberschwaben. Sehr zu empfehlen sind die Spezialitäten vom Ellgasser Weiderind. Tischreservierung empfehlenswert.

ARNSBERG 30 D www.arnsberg-info.de

Nordrhein-Westfalen | EW 75.288 | 200 m | Meschede 21 km, Soest 22 km

Menge www.hotel-menge.de

★★★ S

Ruhrstraße 60, PLZ 59821, **T 02931 52520,** F 525250
18 Zimmer | Ez 89–145 €, Dz 98–188 €, inkl. Frühstück

Der engagiert und sympathisch geführte Familienbetrieb zeigt sich mit modern eingerichteten Gästezimmern. Direkt am Ruhrtalradweg zwischen dem Wandergebiet „Naturpark Arnsberger Wald" und der historischen Arnsberger Altstadt ist das Haus der perfekte Ausgangspunkt für Radtouren.

Menge

VARTA-TIPP Küche

50 | Hauptgericht 28–42 €, Menü 46–86 € | Di-Sa Mo, So

Passend zum ländlich-eleganten Ambiente samt freundlich-unkompliziertem Service hält das Restaurant im gleichnamigen Hotel auch kulinarisch die Flagge hoch: Ob Fisch oder Fleisch - auf die mit Sorgfalt und Raffinesse zubereiteten Gerichte von Patron Christoph Menge kann man sich wirklich freuen. Dabei setzt er fast ausschließlich auf heimische und nachhaltige Produkte aus biologischem und ökologischem Anbau. Das lichtdurchflutete Gartenzimmer eignet sich bestens für Familienfeiern.

Rodelhaus
www.rodelhaus.de

★★★ S garni

Zu den drei Bänken 1, PLZ 59757 (OT: Neheim), **T 02932 97040,** F 22437
21 Zimmer

Eine angenehme Adresse in ruhiger Waldrandlage. Das schicke Interieur der Gästezimmer kommt an: topmodern mit hellen Naturtönen, viel Holz und einzelnen Akzenten in frischem Grün. Dieser Stil setzt sich im Restaurant fort - hier wie auf der tollen Terrasse serviert man regionale Küche.

JU52
www.flugplatzhotel-arnsberg-menden.com

Flugplatz 1, PLZ 59757 (OT: Voßwinkel), **T 02377 7877100,** F 7877150
10 Zimmer | Ez 75–100 €, Dz 105–120 €, inkl. Frühstück

Ein kleines, freundlich geführtes Hotel am Flughafen Arnsberg-Menden. Die Zimmer sind schick und funktional - überall apartes, klares Design. Auch die Führung ist beispielhaft. Im Restaurant frisch zubereitete Regionalgerichte mit internationalen Einflüssen.

Ratskeller
www.ratskeller-arnsberg.de

Alter Markt 36, PLZ 59821, **T 02931 3672**
80 | Hauptgericht 13–33 € | So Di-So Mo

Ein sympathischer Gasthof inmitten der historischen Altstadt. Die Küche offeriert ein breites Angebot von knackig-frischen Salaten über leichte Wokvariationen bis hin zu regionalen Spezialitäten. Lauschiger Biergarten direkt am Maximilianbrunnen. Es gibt auch fünf liebevoll eingerichtete Zimmer zum Übernachten.

ARNSCHWANG 55 C
www.arnschwang.de

Bayern | EW 1.960 | 480 m | Grafenwiesen 7 km, Gleißenberg 9 km

Brunner Hof
www.brunner-hof.de

★★★★

Kirchgasse 13, PLZ 93473, **T 09977 257**
45 Zimmer | Ez 107–158 €, Dz 234–326 €, inkl. Halbpension

Sehr geschmackvoll und charmant ist das im typisch bayerischen Landhausstil erbaute Hotel - von den mit viel Liebe zum Detail ausgestatteten Natur- und Wohlfühlzimmern über die behaglichen Restauranträume bis zum großzügigen SPA-Bereich mit Sky-Infinitypool. 2023 hat man einige Zimmer sowie den Beautystadl renoviert und erweitert.

ARNSTADT 43 B
www.arnstadt.de

Thüringen | EW 23.539 | 288 m | Erfurt 21 km, Suhl 43 km

Folgen Sie uns: facebook.com/vartaguide

Stadthaus Arnstadt
www.stadthaus-arnstadt.de

VARTA-TIPP Ambiente

garni

Pfarrhof 1, PLZ 99310, **T 03628 5869991**
6 Zimmer | 2 Suiten | Ez ab 109 €, Dz ab 129 €, inkl. Frühstück

Kleines Boutique-Hotel in einem behutsam sanierten Fachwerkhaus im Stadtkern. Über 400-jährige Geschichte trifft hier auf Komfort von heute! Unter dem Motto „Übernachten im Denkmal" empfängt Sie dieses Haus, das von 1870 bis 1990 Teil der Möller'schen Handschuhfabrik war, mit beeindruckenden Kellergewölben, bemalten Kassettendecken und edlen Antiquitäten. Sie wohnen in großzügigen, lichten Zimmern - größtenteils mit Blick auf den ruhigen Pfarrhof und die frühgotische Oberkirche oder in den idyllischen Garten.

ARNSTORF 61 B
www.arnstorf.de

Bayern | EW 6.601 | 395 m | Plattling 32 km, Passau 58 km

Schlossparkhotel
www.schloss-mariakirchen.de

★★★★

Obere Hofmark 3, PLZ 94424 (OT: Mariakirchen), **T 08723 978710,** F 9787190
54 Zimmer | 1 Suite | Ez ab 47 €, Dz ab 93 €, 11,00 €

Hier logieren Sie entweder im romantischen Wasserschloss oder im originell designten Anbau mit moderner, reflektierender Glasfassade. Geschmackvolle Zimmer mit freundlichen Farben und hochwertiger Einrichtung. Das Haus verfügt auch über eine Parkanlage, eine Hausbrauerei mit Biergarten sowie einen ansprechenden Wellnessbereich.

AROLSEN, BAD 31 C
www.bad-arolsen.de

Hessen | EW 16.404 | 290 m | Korbach 18 km, Kassel 45 km

Schäfer's Restaurant
www.schaefers-restaurant.de

Schlossstraße 15, PLZ 34454, **T 05691 7652**
50 | Hauptgericht 20–31 €, Menü 39–63 € | Sa-So Mi-So Mo, Di

Ein nettes Restaurant mit moderner, minimalistischer Einrichtung. Der Chef steht am Herd und bietet eine schmackhafte internationale Küche. Die wechselnde Speisekarte orientiert sich dabei am jahreszeitlichen Angebot. Drinks, kleine Snacks und Fingerfood werden in der Lounge-Bar serviert.

ASCHAFFENBURG 42 C
www.info-aschaffenburg.de

Bayern | EW 67.844 | 138 m | Hanau 27 km, Darmstadt 41 km

Goldammer Restaurant Neu!
restaurant-goldammer.de

Würzburger Str. 200, PLZ 63743, **T 06021 4420033**
Hauptgericht 29–46 € | Mi-So Mo, Di 1.–7.1.24

Diese Adresse ist definitiv einen Besuch wert! Hier verbinden sich leidenschaftliche Gastlichkeit, ambitionierte Küche und eine einladende Atmosphäre zu einem vollendeten Genusserlebnis. Serviert wird ein Mix aus regionaler und gehoben-internationaler Küche. Dabei kommen sowohl Vegetarier als auch Liebhaber von Fleisch und Fisch auf ihre Kosten. Im Sommer können Sie auch auf der Gartenterrasse speisen. Zum Portfolio des Hauses gehören zudem drei moderne und stilsicher designte Doppelzimmer direkt über dem Restaurant.

Spessartstuben www.hotel-spessartstuben.de

Jahnstraße 7, PLZ 63808 (OT: Haibach), **T 06021 63660**
80 | Hauptgericht 13–30 €, Menü 20–60 € | So Mo-Fr, So Sa

Ein fränkisches Wirtshaus im besten Sinne, denn hier wird man herzlich bewirtet, und auch das Ambiente stimmt: ausgesprochen gemütlich die Gaststuben mit viel Holz, bequemen Eckbänken und Kachelofen. Im Sommer kann man auch auf der lauschigen Terrasse speisen. Der Hausherr bietet eine bodenständige Küche mit regionalen und internationalen Einflüssen. Zum Übernachten hat man hübsche, renovierte Zimmer.

ASCHAU 68 B www.aschau.de

Bayern | EW 5.686 | 615 m | Prien 13 km, Rosenheim 23 km

Residenz Heinz Winkler www.residenz-heinz-winkler.de

VARTA-TIPP Service

★★★★★

Kirchplatz 1, PLZ 83229, **T 08052 17990,** F 179966
32 Zimmer | 12 Suiten | Ez 225–305 €, Dz 250–330 €, inkl. Frühstück | 24 h

Inmitten einer atemberaubenden Bergkulisse erstreckt sich dieses beeindruckende Juwel. Beim Betreten des Hotels sticht jedem Gast sofort die pompöse Eingangshalle ins Auge. Die individuellen Zimmer und Suiten haben ihren ganz eigenen Charme und sorgen mit ihrer stilvoll-eleganten Ausstattung für jede Menge Behaglichkeit sowie einen entspannenden Urlaubseffekt. Das opulente Gourmetfrühstück können Sie bei schönem Wetter auf der idyllischen Terrasse genießen. Hausgäste profitieren von attraktiven Packages und jahreszeitlichen Arrangements.

Residenz Heinz Winkler

VARTA-TIPP Service

120 | Hauptgericht 34–68 €, Menü 175–205 € | So Mo-So

Über mehr als drei Jahrzehnte gehörte diese Adresse zur gastronomischen Elite im Land. Und auch nach dem Tod des unvergessenen Heinz Winkler hat sie nichts von ihrer Strahl- und Anziehungskraft verloren. Hier speisen Sie im eleganten, venezianisch angehauchten Restaurant mit seinen italienischen Stilelementen sowie im hellen, sonnendurchfluteten „Gartensalon". Bei Redaktionsschluss für diese Buchausgabe wurde bekannt, dass Stefan Barnhusen und Daniel Pape zukünftig die Küchenleitung übernehmen. Mit diesen beiden jungen Talenten möchte man das kulinarische Erbe des verstorbenen Spitzenkochs weiterführen und gleichzeitig neue Akzente setzen. Man darf gespannt sein ... Zu den korrespondierenden Weinen berät Maître Alexander Winkler in gewohnt souveräner Manier.

ASCHEBERG (WESTFALEN) 30 A www.ascheberg-touristinfo.de

Nordrhein-Westfalen | EW 15.184 | 63 m | Lüdinghausen 14 km, Münster 23 km

Clemens-August www.hotel-clemens-august.de

€ Gut & Günstig ★★★ S

Burgstraße 54, PLZ 59387 (OT: Davensberg), **T 02593 6040,** F 604178
86 Zimmer | 1 Apartment | Ez 79–99 €, Dz 119–149 €, inkl. Frühstück | 23.12.23–5.1.24, 25.3.–7.4.24

Freundlich und familiär wird dieses Haus geleitet. Die Zimmer sind unterschiedlich geschnitten und zeitgemäß eingerichtet. Zum Haus gehören mehrere Veranstaltungssäle, ein Fahrradverleih, eine Kegelbahn und ein gemütliches Restaurant mit regionaler Küche.

ASPACH 51 D www.aspach.de

Baden-Württemberg | EW 8.000 | 295 m | Backnang 3 km, Ludwigsburg 19 km

Restaurant Lamm www.lamm-aspach.de

Hauptstraße 23, PLZ 71546 (OT: Großaspach), **T 07191 20271**
40 | Hauptgericht 24–36 €, Menü 36–68 € | Di-Do, So Mo

Was diese historische Schank- und Speisewirtschaft so beliebt macht? In den behaglichen Stuben im Obergeschoss und auf der netten Balkonterrasse ist es gemütlich und unkompliziert, die Gastgeber sind sympathisch und man kocht schmackhaft und frisch. Es gibt z.B. „Gebratener Wolfsbarsch mit Rosmaringnocchi, gegrillter Spitzpaprika, grüner Spargel und Weißweinsauce". Tipp: preisgünstiger Mittagstisch.

ASPERG 58 A www.asperg.de

Baden-Württemberg | EW 13.100 | 270 m | Ludwigsburg 5 km, Stuttgart 19 km

Adler Asperg www.adler-asperg.de

★★★★ S garni

Stuttgarter Straße 2, PLZ 71679, **T 07141 26600,** F 266060
70 Zimmer | 3 Apartments | Ez 119–179 €, Dz 129–189 €, 21,00 € | 24 h

Ein gewachsener Familienbetrieb vor den Toren Ludwigsburgs. Christian und Dory Ottenbacher führen das Traditionshaus bereits in der vierten Generation. Hier erwarten Sie wohnliche Gästezimmer und geräumige Themenapartments mit sehr guter Ausstattung. Dazu ein moderner SPA- und Wellnessbereich mit Hallenbad und Saunalandschaft.

Schwabenstube

VARTA-TIPP Küche **VARTA-TIPP** Service

35 | Hauptgericht 42–49 €, Menü 100–130 € | Mi-Sa Mo, Di, So

Das gastronomische Herzstück des Hauses! Im Gourmetrestaurant dürfen Sie sich auf raffinierte Köstlichkeiten aus der regionalen und internationalen Küche freuen, die Sie wahlweise à la carte oder in Menüform genießen können. Ebenso geschätzt: die familiäre, gemütliche Atmosphäre sowie der bestens geschulte Service unter der souveränen Leitung von Marco Hünicke. Im hist. Gewölbekeller lagern viele regionale Tropfen aus Baden und Württemberg, aber auch europäische Spitzenweine.

Aguila

Schillerstraße 3, PLZ 71679
40 | Hauptgericht 12–26 € | Mi-Fr, So Mo, Di, Sa

Weinbar und Brasserie mit ungezwungen-legerer Atmosphäre. Aus der Küche kommt neben erlesenen Weinen, Whiskys und Cocktails ein Mix aus spanischen Tapas und schwäbischen Köstlichkeiten.

ATTENDORN 30 C www.urlaub-in-attendorn.de

Nordrhein-Westfalen | EW 24.336 | 255 m | Olpe 14 km, Siegen 40 km

Burghotel Schnellenberg
www.burg-schnellenberg.de

★★★★

Schnellenberg 1, PLZ 57439, **T 02722 6940,** F 694169
42 Zimmer | 5 Suiten | 3 Apartments | 24 h

Burghotel in waldreicher Umgebung. Hinter hist. Mauern erwarten Sie geschmackvolle Zimmer, die teils mit Antiquitäten und Granitbädern ausgestattet sind. Stilvolles Burgrestaurant mit hist. Flair und gehobener Landhausküche. Es werden auch mittelalterliche kulinarische Veranstaltungen für Gesellschaften angeboten.

Hanse Hotel
www.hansehotel-attendorn.de

★★★★

Finnentroper Straße 26, PLZ 57439, **T 02722 63800,** F 6380100
99 Zimmer | 24 h

Ein topmodernes Hotel direkt neben der Atta-Höhle, das gleichermaßen für Geschäfts- und Privatreisende geeignet ist. Trotz geradliniger Formen überzeugen die Zimmer mit Wohnlichkeit und Atmosphäre. Entspannen kann man in der hauseigenen Saunalandschaft mit Dachterrasse. Im Restaurant wird internationale Küche serviert.

Haus Platte
www.platte.de

★★★★ S

Repetalstraße 219, PLZ 57439 (OT: Niederhelden), **T 02721 1310,** F 131415
49 Zimmer | Ez ab 125 €, Dz ab 164 €, inkl. Frühstück

Traditionsreiches Hotel in idyllischer Lage nahe dem Biggesee. Modern und stilvoll eingerichtete Zimmer unterschiedlicher Kategorien. Für Entspannung sorgt eine hübsche Wellnessoase mit Saunalandschaft. Regionale Landhausküche mit internationalen Einflüssen wird im Restaurant „Lebenswerk“ serviert.

Café Harnischmacher
www.harnischmacher.com

Niederste Straße 5, PLZ 57439, **T 02722 2370**
65 | Di–Fr 09:00 –18:00 Uhr, Sa, So 8:00–17:00 Uhr

Traditionelles Konditorhandwerk seit den 1930er Jahren. Das gepflegte Café in der Ortsmitte bietet ein ansprechendes Sortiment an hausgemachten Kuchen und Torten, Gebäck sowie anderen süßen Köstlichkeiten. Spezialität: Attendorner Iserköppe (hausgemachte Pralinen).

AU I.D. HALLERTAU 60 B
www.markt-au.de

Bayern | EW 5.719 | 467 m | Wolnzach 12 km, Freising 24 km

Gasthaus Spitzer
www.gasthaus-spitzer.de

Lohweg 10, PLZ 84072 (OT: Seysdorf), **T 08752 7455**
170 | Hauptgericht 22–39 €, Menü 69–79 € | Do-So Mo, Di

Im bayerischen Dreiländereck erwartet Sie dieses moderne, lichtdurchflutete Restaurant nebst Bar und großzügiger Terrasse mit angrenzendem Biergarten. Frisch, saisonal und schmackhaft kommt die regionale Slowfoodküche daher. Probieren Sie z.B. „Lachsforelle | Risotto | Fichtensprossen | Moos | Waldpilze | kaltgerührte Brombeeren“. Zum Haus gehören noch eine Kochschule und ein Vintagedekoladen.

Jetzt abonnieren: instagram.com/vartaguide

AUE 45 B www.aue.de

Sachsen | EW 16.614 | 350 m | Klingenthal 30 km, Chemnitz 35 km

Blauer Engel www.hotel-blauerengel.de

★★★★

Altmarkt 1, PLZ 08280 (OT: Bad Schlema), **T 03771 5920,** F 592200
39 Zimmer | 5 Suiten | Ez 100–140 €, Dz 149–219 €, inkl. Frühstück | 24 h

Das erste Haus am Platz mit seiner hist. Gründerzeitfassade hat man liebevoll renoviert. Hier wird dem Gast einiges geboten: wohnliche und geräumige Zimmer mit zeitgemäßem Komfort, ansprechender Sauna- und Relaxbereich, sehr gutes Frühstück, herzliche Gastfreundschaft... Sehenswert: Biermuseum mit größter Bierkrugsammlung in Sachsen.

St. Andreas

VARTA-TIPP Küche **VARTA-TIPP** Service

16 | Hauptgericht bis 50 €Menü 95–150 € | Mi-Sa Mo, Di, So

In dem kleinen, intimen Gourmetbereich verbindet sich Historie mit stimmigem, stilvoll-modernem Interieur. Der zuvorkommende Service, die erstklassige Weinauswahl und nicht zuletzt die innovativen und handwerklich akkurat zubereiteten Speisen von Patron Benjamin Unger garantieren genussvolle Stunden. Das Beste aus der Neuen deutschen Küche gibt es in Form eines siebengängigen Degustationsmenüs. Bruder Claudius ist ein umsichtiger Maître und berät kenntnisreich in Sachen Wein. In der behaglichen „Tausendgüldenstube" mit ihrer prunkvollen Kassettendecke werden traditionelle regionale Gerichte aufgetischt.

Der Varta-Führer digital

Der Varta-Führer ist auch als eBook erhältlich. Ganz einfach online laden und mobil auf Ihrem Smartphone oder Tablet nutzen.

Weitere Hotel- und Restaurantempfehlungen sowie zahlreiche Freizeittipps erhalten Sie unter: **www.varta-guide.de**

AUERBACH I.D.OPF. 54 A www.auerbach.de

Bayern | EW 8.859 | 434 m | Pegnitz 16 km, Amberg 37 km

Soulfood www.restaurant-soulfood.com

VARTA-TIPP Küche

Unterer Markt 35, PLZ 91275, **T 09643 2052225**
42 | Hauptgericht 19–36 €, Menü 94 € | Fr-So Mi-So Mo, Di 1.–31.1.24

Ein betont schlicht gestaltetes Restaurant mit großen Fenstern und feiner Tischkultur. Das Konzept, Spitzengastronomie zu einem bezahlbaren Preis anzubieten, geht auf. Die Karte offeriert zwei Menüs in vier Gängen. Die Gerichte von Küchenchef Michael Laus überzeugen in puncto Kreativität, Optik und Qualität. Dazu ein ansprechendes Weinangebot mit Schwerpunkt Deutschland. Christine Heß ist der „Sonnenschein" im Service.

AUERBACH/VOGTL. 45 A www.erholung-vogtland.de

Sachsen | EW 18.500 | 555 m | Plauen 26 km, Aue 29 km

Renoir www.restaurant-renoir.de

Schönheider Straße 235, PLZ 08209 (OT: Schnarrtanne), **T 03744 215119**
28 | Hauptgericht 25–39 €, Menü 59–79 € | So Mi-Sa Mo, Di 23.–25.12.23, 2.–11.1.24

Ein stilvoll gestaltetes Restaurant mit gemütlicher Atmosphäre. Kopien von Gemälden des namensgebenden Künstlers zieren die Wände. Serviert wird eine klassisch französische und internationale Frischeküche.

AUGGEN 64 A www.auggen.de

Baden-Württemberg | EW 2.800 | 264 m | Badenweiler 8 km, Freiburg 31 km

Bären www.auggen-baeren.de

Bahnhofstraße 1, PLZ 79424, **T 07631 936840**
47 Zimmer

Das komfortable Hotel besteht aus dem aufwendig sanierten Gasthof und dem 2017 fertiggestellten Neubau. Die wohnlichen Zimmer verfügen über einen Balkon oder eine Terrasse mit Aussicht auf den großzügig gestalteten Innenhof oder die Kirschplantagen. In die einstige Scheune hat man moderne Tagungs- und Veranstaltungsräume integriert.

Zur Krone www.hotelkroneauggen.de

garni

Hauptstraße 6, PLZ 79424, **T 07631 6075,** F 16913
31 Zimmer | 2 Suiten | Ez 85–89 €, Dz 99–139 €, inkl. Frühstück

Um einen idyllischen Bauerngarten mit kleinem Teich, großer Wiese und altem Baumbestand gruppieren sich Stammhaus und Gästehäuser. Sehr gediegen und liebevoll mit außergewöhnlichen Exponaten regionaler Künstler eingerichtete Zimmer. Kleiner Wellnessbereich mit Sauna, Solarium und Hallenbad.

AUGSBURG 59 D www.augsburg-tourismus.de

Bayern | EW 275.000 | 494 m | München 68 km, Ulm 80 km

Renaissance-Rathaus mit Goldenem Saal, Maximilianprachtstraße mit drei Prachtbrunnen, Schaezlerpalais mit Barockgalerie, Dom Unsere Liebe Frau, Basilika St. Ulrich und Afra, Marionettentheater Augsburger Puppenkiste, Mozarthaus, Brechthaus, Staatl. Textil- und Industriemuseum, Synagoge und jüdisches Kulturmuseum, Fuggerei, Fugger und Welser Erlebnismuseum, Maximilianmuseum, Augsburger Wassermanagementsystem (UNESCO-Weltkulturerbe).

Einen Cityplan finden Sie auf Seite 148–149.

Dorint An der Kongresshalle hotel-augsburg.dorint.com

★★★★ S garni

Imhofstraße 12 (B5), PLZ 86159, **T 0821 59740,** F 5974100
184 Zimmer | 14 Suiten | 24 h

Prägnant runder Hotelturm am Wittelsbacher Park, angrenzend an das Kongresszentrum Augsburg. Dezent-elegante Zimmerausstattung mit modernen Formen und Farbtönen. Relaxbereich mit osmanischem Dampfbad und klassisch finnischer Sauna.

Schon probiert?

Der Varta-Führer ist auch als eBook für Ihren TabletPC oder Ihr Smartphone verfügbar!

Hotel Maximilian's
www.hotelmaximilians.com

★★★★★S garni

Maximilianstraße 40 (D4), PLZ 86150, **T 0821 50360,** F 5036777
132 Zimmer | Ez 200–400 €, Dz 250–500 €, ab 29,00 € | 24 h

Kernsaniertes und erweitertes Grandhotel auf hist. Grund. Das Haus blickt auf eine eindrucksvolle Geschichte von mehr als 500 Jahren zurück. Die Gästezimmer bestechen durch zurückhaltende Eleganz und sehr guten Wohnkomfort. Der 360 qm große Wellnessbereich präsentiert sich im orientalischen Stil. Abends lädt die neugestaltete „Bar 3M" zu einem Drink ein.

Sartory Restaurant
www.sartory-augsburg.de

VARTA-TIPP Küche

24 | Menü 129–179 € | Mi-Sa Mo, Di, So

Elegant, modern und puristisch kommt das kleine Gourmetrestaurant daher, welches Sie im Stile eines „Salon Privé" empfängt und benannt ist nach Johann Georg Sartory, dem berühmten Augsburger Küchenchef aus dem 19. Jhd. Hier genießen Sie aber nicht nur die persönlich-intime Atmosphäre, sondern auch den überaus herzlichen und fachlich versierten Service sowie die aromenstarken Geschmackserlebnisse des Küchenchefs. Simon Lang kocht international inspiriert auf französischer Basis. Das ganze Spektrum seines Könnens erleben Sie in Form eines exquisiten 7-Gang-Menüs.

maximilian°s
www.maximilians-augsburg.de

T 0821 5036650
100 | Hauptgericht 17–40 €, Menü 51–61 € | Mo-So Mo-Sa

Das Zweitrestaurant im modernen Bistrostil bietet saisonal wechselnde Spezialitäten aus der internationalen Küche. Aus der offenen Showküche kommen Gerichte wie „Gebratenes Lammkarree mit Pistaziendukkah, cremigem Paprikahummus und Salzzitronenjus". In den Sommermonaten lockt die Terrasse im Innenhof mit Blick auf das historische Schaezlerpalais. Tipp: Sonntags Brunch.

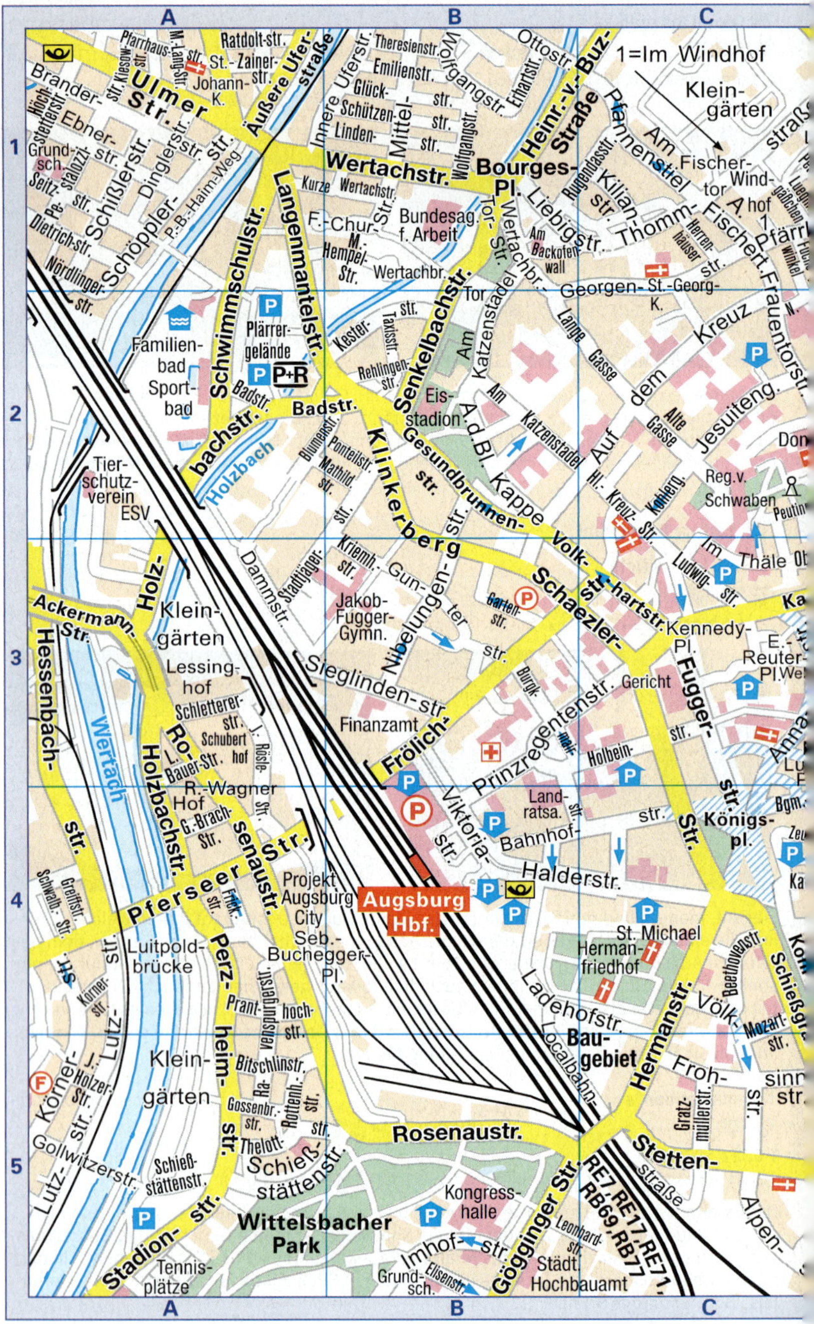
A
B
C
1
2
3
4
5
1=Im Windhof
Klein-
gärten
Ulmer
Str.
Brander-
str.
Ebner-
str.
Pfarrhaus-
str.
M.-Lang-
Str.
Kiesow-
str.
Ratdolt-str.
St.-Zainer-
str.
Johann-
K.
Äußere Ufer-
straße
Innere Uferstr.
Theresienstr.
Emilienstr.
Glück-
str.
Schützen-
str.
Linden-
str.
Mittel-
str.
Wolfgangstr.
Ottostr.
Erhartstr.
Heinr.-v.-Buz-
Straße
Pfannenstiel
Am
Fischer-
tor
Wind-
hof
Kilian-
str.
Thomm-
Fischer-
Pfärrl
Frauentorstr.
Grund-
sch.
Seitz-
str.
Pe-
stalozzi-
str.
Schißlerstr.
Dinglerstr.
Schöppler-
str.
Dietrich-str.
Nördlinger
str.
P.-B.-Haim-Weg
Wertachstr.
Bourges-
Pl.
Kurze
Wertachstr.
Langenmantelstr.
F.-Chur-
str.
M.-
Hempel-
Str.
Bundesag.
f. Arbeit
Wertachbr.
Tor-
Str.
Wertachbr.
Tor
Liebigstr.
Am
Backofen-
wall
Herren-
häuser
str.
Georgen-
St.-Georg-
K.
Schwimmschulstr.
Familien-
bad
Sport-
bad
Plärrer-
gelände
P+R
Badstr.
Badstr.
Kester-
str.
Taxisstr.
Rehlingen-
str.
Senkelbachstr.
Am
Katzenstadel
Lange
Gasse
Kreuz
dem
Auf
Jesuiteng.
Alte
Gasse
Eis-
stadion
Am
Katzenstadel
Ad.Bl.
Kappe
bachstr.
Holzbach
Tier-
schutz-
verein
ESV
Blumenstr.
Ponteilstr.
Mathild.
str.
str.
Klinkerberg
Gesundbrunnen-
str.
Hl.-
Kreuz-
Str.
Kohlerg.
Reg.v.
Schwaben
Volk-
hartstr.
Im
Thäle
Ludwig-
str.
Kennedy-
Pl.
E.-
Reuter-
Pl.
Fugger-
str.
Gericht
Dammstr.
Stadtjäger-
str.
Kriemh.
str.
Gun-
ter
str.
Nibelungen-
str.
Garten-
str.
Schaezler-
str.
Holz-
bach
Ackermann-
Str.
Klein-
gärten
Lessing-
hof
Jakob-
Fugger-
Gymn.
Sieglinden-str.
Burgk-
Prinzregentenstr.
Finanzamt
Frölich-
str.
Holbein-
str.
Hessenbach-
str.
Wertach
Schletterer-
str.
Schubert
hof
L.-
Bauer-Str.
J.-Rösle-
Str.
R.-Wagner
Hof
G.-Brach-
Str.
Holzbachstr.
Ro-
senaustr.
Viktoria-
str.
Land-
ratsa.
Bahnhof-
str.
Halderstr.
Königs-
pl.
Projekt
Augsburg
City
Augsburg
Hbf.
Pferseer
Str.
Schwalb.-
Str.
Greiffstr.
Luitpold-
brücke
Perz-
heim-
str.
Seb.-
Buchegger-
Pl.
St. Michael
Herman-
friedhof
Hermanstr.
Beethovenstr.
Schießgr.
Völk-
Mozart-
str.
Körner-
str.
Lutz-
str.
Prant-
hoch-
str.
Vespurgerstr.
Klein-
gärten
Bitschlinstr.
Ra-
Gossenbr.-
str.
Rottenh.-
str.
Ladehofstr.
Localbahn-
Bau-
gebiet
Froh-
sinn
str.
Gratz-
müllerstr.
Körner-
J.-
Holzer-
Str.
Gollwitzerstr.
Lutz-
str.
Schieß-
stättenstr.
Thelott-
str.
Schieß-
stättenstr.
Rosenaustr.
Stetten-
straße
Kongress-
halle
Wittelsbacher
Park
Stadion-
str.
Tennis-
plätze
Imhof-
str.
Grund-
sch.
Elisenstr.
Gögginger
Str.
RE7,RE17,RE71,
RB69,RB77
Leonhard-
str.
Städt.
Hochbauamt
Alpen-

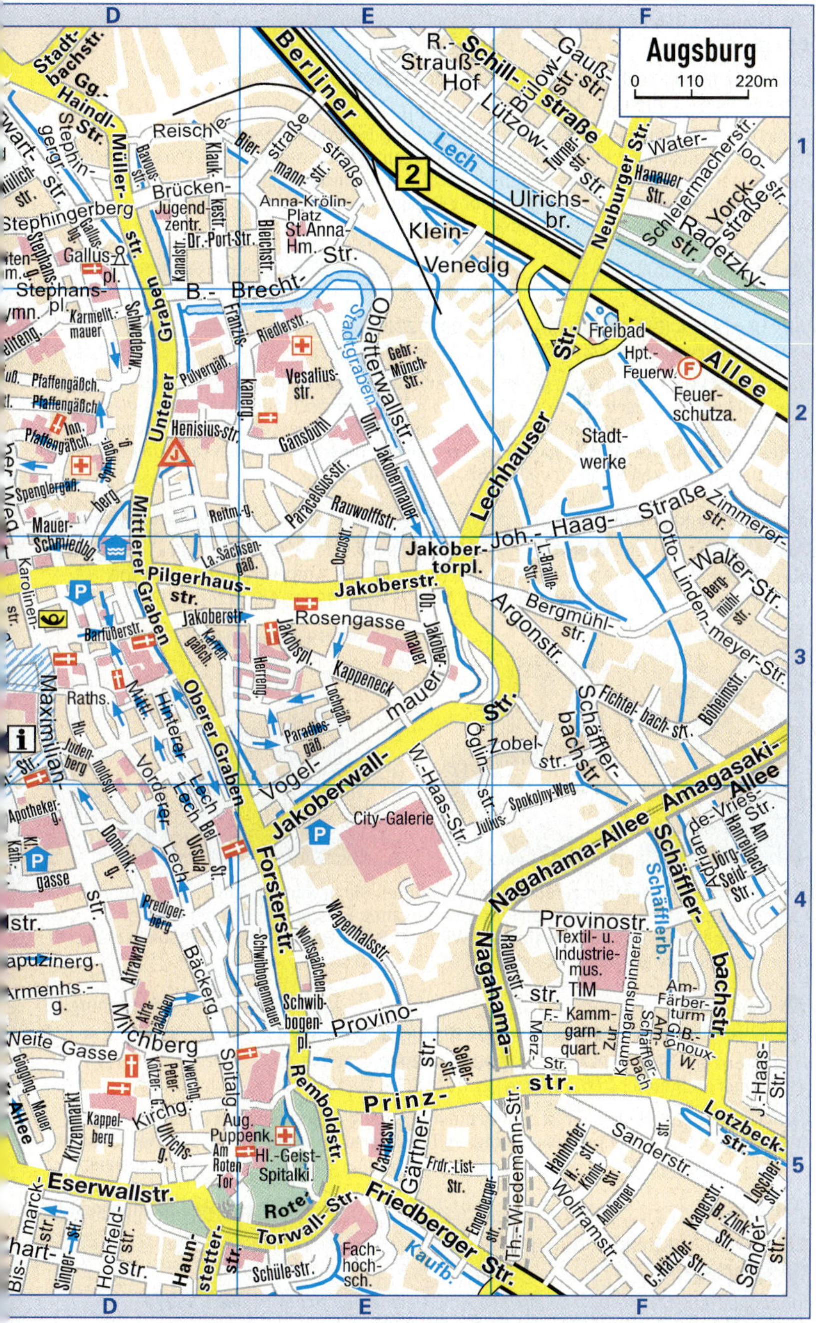
Augsburg
0 110 220m
D
E
F
1
2
3
4
5
Stadtbachstr.
Gg.-Haindl-Str.
Müller-str.
Stephingergr.
Stephin-gerberg
Reischle-str.
Bier-mann-str.
Klauk.
Bavous-str.
Brücken-
Jugend-zentr.
Kanalstr.
Dr.-Port-Str.
Bleichstr.
Anna-Krölin-Platz
St.Anna-Hm.
Str.
Berliner Allee
Lech
R.-Strauß-Hof
Schill-straße
Bülow-str.
Gauß-str.
Lützow-str.
Turner-str.
Neuburger Str.
Water-loo-str.
Hanauer Str.
Schleiermacherstr.
Yorck-straße
Radetzky-str.
Ulrichs-br.
Klein-Venedig
Gallus-pl.
Stephans-pl.
Karmelit.-mauer
Schwedenw.
Unterer Graben
B.-Brecht-
Franzis-
Riedlerstr.
Vesalius-str.
Gebr.-Münch-Str.
Oblatterwallstr.
Stadtgraben
Freibad
Hpt.-Feuerw.
Feuer-schutza.
Pfaffengäßch.
Pulvergäß.
kanerg.
Henisius-Str.
Gänsbühl
Unt. Jakobermauer
Lechhauser Str.
Stadt-werke
Inn.
Spenglergäß.
Mauer-berg
Mauer-Schmiedbg.
Mittlerer Graben
Reitm.-g.
La.-Sächsen-gäß.
Paracelsus-str.
Rauwolffstr.
Occostr.
Jakober-torpl.
Joh.-Haag-Straße
Zimmerer-str.
L.-Braille-Str.
Otto-Linden-meyer-Str.
Walter-Str.
Berg-mühl-str.
Karolinen-str.
Pilgerhaus-str.
Jakoberstr.
Rosengasse
Ob. Jakober-mauer
Bergmühl-str.
Argonstr.
Barfüßerstr.
Jakobspl.
Herreng.
Kappeneck
Lochgäß.
Maximilian-Str.
Raths.
Mittl.
Hinterer Lech
Oberer Graben
Paradies-gäß.
Jakoberwall-mauer Str.
Schäffler-bachstr.
Fichtel-bach-str.
Böheimstr.
Hl.-Juden-berg
Vorderer Lech
Vogel-
Jakoberwall-
W.-Haas-Str.
Öglin-str.
Zobel-str.
Apotheker-g.
Kl. Kath.-gasse
Dominik.-g.
Bei St. Ursula
Forsterstr.
City-Galerie
Julius-Spokojny-Weg
Nagahama-Allee
Amagasaki-Allee
Schäffler-bachstr.
Schäfflerb.
Adrian-de-Vries-Str.
Jörg-Seid-Str.
Am Hanreibach
str.
Prediger-berg
Apuzinerg.
Armenhs.-g.
Afrawald
Afra-gäßchen
Bäckerg.
Schwibbogenmauer
Wolfsgäßchen
Wagenhalsstr.
Nagahama-str.
Raunerstr.
Provinostr.
Textil- u. Industrie-mus. TIM
Kammgarnspinnerei
Am Färber-turm
Schwib-bogen-pl.
Provino-
F.-Kamm-garn-quart.
Merz-Str.
Zur Kammgarnspinnerei
Am Schäffler-bach
G.-B.-Gignoux-W.
Milchberg
Weite Gasse
Göggingr. Mauer
Allee
Kitzenmarkt
Kappel-berg
Peter-Kötzer-g.
Zwerchg.
Kirchg.
Ulrichs-g.
Spitalg.
Aug. Puppenk.
Am Roten Tor
Hl.-Geist-Spitalki.
Rote Tor
Remboldstr.
Caritasw.
Gärtner-str.
Seiler-str.
Prinz-str.
Th.-Wiedemann-Str.
Frdr.-List-Str.
Engelberger str.
Hainhofer-str.
H.-König-str.
Sanderstr.
Lotzbeck-str.
J.-Haas-Str.
Loscher-str.
Wolframstr.
Amberger str.
Kagerstr.
B.-Zink-Str.
C.-Hätzler-Str.
Sander-str.
Eserwallstr.
Bis-marck-str.
hart-str.
Singer-str.
Hochfeld-str.
Haun-stetter-str.
Torwall-Str.
Schüle-str.
Fach-hoch-sch.
Friedberger Str.
Kaufb.

Leonardo Hotel Augsburg
www.leonardo-hotels.de

garni

Langenmantelstraße 31 (A2), PLZ 86153, **T 0821 710420,** F 71042999
235 Zimmer | 6 Suiten | 24 h

Direkt an der Wertach im belebten Stadtjägerviertel liegt dieses zeitgemäße Businesshotel, das sich aus einem Haupt- und einem Turmgebäude zusammensetzt. Die klimatisierten Zimmer und Suiten zeigen sich in einem stilvollen und zeitgemäßen Design. Das Haus punktet mit seinem modernen Open-Lobby-Design, das Rezeption, Restaurant, Bar und Co-Working-Station fließend miteinander verbindet.

Maison Viktoria
www.hotels-maison.com/viktoria-augsburg

garni

Viktoriastraße 4 (B4), PLZ 86150, **T 0821 9997220**
28 Zimmer | Ez ab 80 €, Dz ab 87 €, 13,50 €

Das schmucke Boutique-Hotel gegenüber dem Augsburger Hauptbahnhof bringt ein Stück Frankreich ins bayerische Schwaben. Es verbindet französisch geprägtes Savoir-vivre, elegantes Interior Design und zeitgemäße Annehmlichkeiten. Die wohnlichen Gästezimmer verteilen sich auf vier Stockwerke und zeigen sich in unterschiedlichen Farb- und Stilwelten. Morgens frühstücken Sie in stilvollem Bistro-Ambiente.

Patchworkhotel Alpenhof
www.alpenhof-hotel.de

★★★★ garni

Donauwörther Straße 233, PLZ 86154 (OT: Oberhausen), **T 0821 42040,** F 4204200
120 Zimmer | 4 Suiten | 2 Apartments | Ez 75–125 €, Dz 99–154 €, bis 20,00 €

Traditionsreiches, herzlich geführtes Familienhotel. Die in warmen Farben gestalteten Gästezimmer sind gemütlich und individuell eingerichtet. Entspannung findet man im 500 qm großen „Spa Palaestra“. Das Restaurant Wilde 13 ist für Gruppen ab 10 Personen bei vorheriger Reservierung geöffnet.

Dom-Hotel
www.domhotel-augsburg.de

★★★ S garni

Frauentorstraße 8 (C2), PLZ 86152, **T 0821 343930,** F 34393200
49 Zimmer | 5 Suiten | 4 Apartments | Ez 85–150 €, Dz 110–170 €, inkl. Frühstück

Familiär geführtes Haus auf hist. Grund einer ehemaligen Dompropstei im Stadtzentrum. Die wohnlichen und geräumigen Zimmer verfügen teils über Loggien mit schöner Aussicht auf das Domviertel. Kleiner Wellnessbereich mit Sauna, Schwimmbad und Fitnessraum.

August
www.restaurantaugust.de

VARTA★TIPP Küche VARTA-TIPP Service

Johannes-Haag-Straße 14 (F2), PLZ 86152 (OT: Jakobervorstadt), **T 0821 35279**
12 | Menü 190–219 € | Do-Sa Mo, Di, Mi, So

In der prachtvollen, denkmalgeschützten Villa Haag mit ihren exklusiven Salons läuft die Kreativmaschine von Christian Grünwald weiterhin hochtourig. Das Markenzeichen seiner Gourmetküche sind sein unverwechselbarer Stil und das virtuose Zusammenspiel der Texturen und Aromen. Aus handverlesenen Lebensmitteln entstehen beeindruckende Gesamtkunstwerke, inklusive eigens konzipierter Tische mit eingelassenen Glasschaukästen. Dazu kredenzt die diskrete, zuverlässige Crew im Service erlesene Weine aus nah und fern. Im Sommer locken die beiden Terrassen mit Blick in den Park.

Alte Liebe www.alte-liebe-augsburg.de

VARTA-TIPP Küche

Alpenstraße 21, PLZ 86159, **T 0821 65057850**
58 | Menü 150 € | Mi-Sa ⦸ Mo, Di, So

Im charmanten Bismarckviertel befindet sich das stylishe Ecklokal. Hier bietet Inhaber und Chefkoch Benjamin Mitschele eine nachhaltige Küche auf Top-Niveau. Er kocht mit sehr viel Gefühl für Aromen und stimmige Kombinationen. Die Gerichte haben stets einen regionalen Bezug und sind getragen vom Lauf der Jahreszeiten. Dazu ein freundlich-versierter Service und eine fachmännisch zusammengestellte Weinkarte mit Schwerpunkt Deutschland, Frankreich und Österreich.

Die Ecke www.restaurant-die-ecke.de

Elias-Holl-Platz 2 (D3), PLZ 86150, **T 0821 510600**
70 | Hauptgericht 24–49 €, Menü 66–105 € | Mi-So ⦸ Mo, Di

Das gemütliche Restaurant ist eine kulinarische Institution und besteht seit 1577. Gepflegte Tischkultur, viel Holz und moderne Kunst prägen das Ambiente. Dazu eine saisonorientierte, klassisch gehaltene Küche mit mediterranen Einflüssen. Im Sommer lockt der lauschige Innenhof.

Feinkost Kahn www.feinkost-kahn.de

Annastraße 16 (D3), PLZ 86150, **T 0821 312031**
60 | Hauptgericht 19–44 € | Mo-Sa ⦸ So

In dem bekannten Feinkosthaus in der Augsburger Innenstadt kann man auch hervorragend speisen. Modern-gemütliches Ambiente, ein freundlicher, versierter Service und nicht zuletzt die frische, produktorientierte Küche von Thomas Abele machen dieses Restaurant aus.

Magnolia www.magnolia-restaurant.de

Beim Glaspalast 1 (↘ F3), PLZ 86153, **T 0821 3199999**
80 | Hauptgericht 15–40 €, Menü 66–99 € | Di-Fr Di-Sa ⦸ Mo, So »

Das Restaurant im Glaspalast bietet nicht nur Wohlfühlatmosphäre und einen herzlichen Service, sondern auch eine frische regionale Küche mit mediterranem Einschlag. Wie wär's z.B. mit „Seeteufel mit Basilikumkruste | Proseccoschaum | Avocado | Orangenfregola | karamellisierter Fenchel"? Tipp: Preisgünstiger Mittagstisch.

Nose & Belly
www.noseandbelly.de

VARTA-TIPP Küche

Heilig-Kreuz-Straße 10 (C2), PLZ 86152, **T 0821 50895791**
45 | Menü 93–135 € | Mi-Sa ⦸ Mo, Di, So

In dem kleinen, modernen Restaurant mit seiner schnörkellos-schlichten Einrichtung wird ambitioniert gekocht. Serviert wird eine frische, kompromisslose Produktküche, die Sie als 4- bis 7-gängiges Menü genießen können - auch in einer vegetarischen Variante. Dazu eine europäisch ausgerichtete Weinkarte mit einer ausgewogenen Auswahl erlesener Tropfen sowie ein freundlich-kompetenter Service.

AULENDORF 66 A
www.aulendorf.de

Baden-Württemberg | EW 9.758 | 576 m | Saulgau 15 km, Ravensburg 23 km

Arthus
www.ritterkeller.de

★★★★

Radgasse 1, PLZ 88326, **T 07525 92210,** F 9221221
30 Zimmer | 2 Suiten | Ez 99–132 €, Dz 139–209 €, inkl. Frühstück

Dieses Erlebnishotel bietet individuell gestaltete Themenzimmer, die an die Zeit des Mittelalters erinnern. Hier verbinden sich authentische Dekorationen mit modernen Annehmlichkeiten. Einige der Gästezimmer sind mit einer freistehenden Badewanne ausgestattet. Regelmäßig gibt es Rahmenprogramme im hist. Ritterkeller.

AUMÜHLE 15 B
www.amt-hohe-elbgeest.de

Schleswig-Holstein | EW 3.024 | 30 m | Hamburg 33 km, Lauenburg 35 km

Waldesruh am See
www.waldesruh-am-see.de

Am Mühlenteich 2, PLZ 21521, **T 04104 69530,** F 2073
12 Zimmer

Das ehem. Jagdschloss und heutige Hotel liegt in der Nähe des hübschen Mühlenteichs. Die wohnlich-eleganten Gästezimmer hat man mit erlesenen Antiquitäten ausgestattet. Im Restaurant mit offenem Kamin und auf der romantischen Seeterrasse wird eine authentische Regionalküche serviert.

AURICH 12 D
www.aurich-tourismus.de

Niedersachsen | EW 40.447 | 6 m | Emden 26 km, Leer 35 km

Am Schloss Aurich
www.hotel-am-schloss-aurich.de

★★★★

Bahnhofstraße 1, PLZ 26603, **T 04941 95520,** F 955268
40 Zimmer | 2 Suiten | Ez 75–140 €, Dz 125–205 €, inkl. Frühstück

Das denkmalgeschützte Gebäude mit der prachtvollen weißen Fassade kombiniert historisches Flair mit modernem Komfort. Genauso stilvoll und individuell zeigen sich die Zimmer und Suiten. Im Restaurant „Pittoresk“ serviert man regionale Speisen mit internationalen Einflüssen.

Hochzeitshaus
www.hochzeitshaus-aurich.de

Bahnhofstraße 4, PLZ 26603, **T 04941 604460,** F 6044628
14 Zimmer | Ez ab 105 €, Dz ab 130 €, inkl. Frühstück

Ein nettes kleines Hotel mit Charme und Atmosphäre! Die hist. Villa inmitten einer 3.000 qm großen Gartenanlage beherbergt stilvoll restaurierte Räumlichkeiten sowie anspruchsvolle, mit Liebe zum Detail eingerichtete Gästezimmer. Für Feste, Tagungen und kulturelle Veranstaltungen gibt es spezielle Arrangements.

Landgasthof Alte Post
www.landgasthof-alte-post.de

★★★★

Esenser Straße 299, PLZ 26607 (OT: Ogenbargen), **T 04947 509790,** F 50979100
164 Zimmer | 6 Suiten | 2 Apartments | Ez ab 77 €, Dz ab 120 €, inkl. Frühstück

Reetgedecktes Haus mit persönlicher Atmosphäre. Man bietet freundliche Gästezimmer mit zeitgemäßer Ausstattung sowie geschmackvoll eingerichtete Themensuiten. Zum Hotel gehören auch eine Traditionsgaststätte mit Saalbetrieb sowie ein im nordisch-maritimen Ambiente gestalteter Wellnessbereich.

AYING 68 A
www.aying.de

Bayern | EW 4.843 | 610 m | Bad Aibling 21 km, München 29 km

Brauereigasthof Aying
www.brauereigasthof-aying.de

VARTA-TIPP Ambiente

★★★★ S

Zornedinger Straße 2, PLZ 85653, **T 08095 90650,** F 906566
48 Zimmer | 4 Suiten | Ez 100–300 €, Dz 130–370 €, inkl. Frühstück

Dieser hervorragend geführte Gasthof im Dorfkern von Aying befindet sich seit mehr als 200 Jahren im Familienbesitz. Wohnliche, individuell im Landhausstil eingerichtete Zimmer stehen sowohl im Gasthof als auch im denkmalgeschützten Herrenhaus zur Verfügung. Überzeugend ist auch das Frühstück hinsichtlich Qualität, Originalität und Auswahl.

Brauereigasthof Aying
www.brauereigasthof-aying.de/gastronomie

VARTA-TIPP Küche VARTA-TIPP Service

64 | Hauptgericht 29–38 €, Menü 72–98 € | Mi-So ⃠ Mo, Di

Bei Küchenchef Tobias Franz heißt es richtig gut essen und zwar gehobene bayerische Schmankerlküche zu moderaten Preisen. Lust auf „Seeteufel in Olivenbutter gebraten mit Wildkräuterschaum, Lauchcreme und Lauch-Pfirsich-Salat“? Tipp: Biermenü mit Ayinger Bierbegleitung! Die Gaststuben gemütlich und bestens gepflegt, der Service fachkundig, freundlich und charmant.

AYL 49 A www.saar-obermosel.de

Rheinland-Pfalz | EW 1.559 | 176 m | Saarburg 4 km, Konz 10 km

WEINhotel Ayler Kupp www.saarwein-hotel.de

★★★ S garni

Trierer Straße 49a, PLZ 54441, **T 06581 988380,** F 988381
17 Zimmer | 1 Apartment | Ez ab 94 €, Dz ab 104 €, inkl. Frühstück

Die bekannte Spitzenlage „Ayler Kupp“ gibt diesem Haus seinen Namen. Hier wohnen Sie in einfachen, aber gepflegten Gästezimmern, teils mit Balkon und Aussicht ins Grüne. Ein Getränkekühlschrank mit einer Auswahl an Rieslingen steht im Hotelflur zur Verfügung. Idyllischer Garten.

WEINrestaurant Ayler Kupp

40 | Menü 69–90 € | So Mo, Do-So Di, Mi

Ausflugsziele gibt es in dieser Weinregion einige, und als Abschluss kehren Sie hier ein und lassen sich eine zeitgemäß interpretierte regionale Küche schmecken. Dazu gibt es attraktive Rieslinge vom Weingut Peter Lauer und anderen Top-Winzern der Saar.

BACHARACH 40 D www.rhein-nahe-touristik.de

Rheinland-Pfalz | EW 2.034 | 70 m | Bingen 14 km, St. Goar 14 km

Altkölnischer Hof www.altkoelnischer-hof.de

★★★ S garni

Blücherstraße 2, PLZ 55422, **T 06743 947780,** F 94778106
29 Zimmer | 1 Suite | Ez 85–140 €, Dz 105–150 €, inkl. Frühstück

Denkmalgeschütztes Fachwerkhaus direkt am hist. Marktplatz. Die behaglichen Landhauszimmer sind mit traditionellen Holzmöbeln ausgestattet. Bürgerliches Restaurant mit Terrasse direkt am Marktplatz.

BAD ...

Alle Orte mit Zusatz Bad, wie Bad Wiessee, sind unter den Ortsnamen, also Wiessee zu finden.

BADEN-BADEN 57 A www.baden-baden.de

Baden-Württemberg | EW 54.777 | 181 m | Karlsruhe 41 km, Stuttgart 105 km

Casino, Kurhaus, Festspielhaus, Trinkhalle, Kloster Lichtenthal, Lichtentaler Allee, Gönneranlage, Römische Badruinen, Altes und Neues Schloss, Stiftskirche, Russische Kirche, Michaelsberg, Stourdza-Kapelle, staatl. Kunsthalle, römisch-irisches Friedrichsbad, Merkurberg, Rebland.

Einen Cityplan finden Sie auf Seite 156.

Brenners Park-Hotel & Spa www.brenners.com

VARTA★TIPP Ambiente VARTA★TIPP Service

★★★★★S

Schillerstraße 4/6 (B4), PLZ 76530, **T 07221 9000,** F 9008744
100 Zimmer | 33 Suiten | 1 Apartment | 24 h

Ein professionell geführtes Grandhotel der alten Schule - das spiegelt sich im eindrucksvollen Ambiente und der Verpflichtung gegenüber dem Gast wider! Die Stadtoase inmitten einer zauberhaften Parkanlage vereint Eleganz und Tradition mit innovativer Zukunftskonzeption. Ruhe und Privatsphäre bieten die erlesen eingerichteten Zimmer und Suiten. Beeindruckend die SPA-Vielfalt in der hist. Villa Stéphanie (direkt neben dem Hotel).

Fritz & Felix www.fritzxfelix.com

VARTA-TIPP Küche

60 | Hauptgericht 18–40 €, Menü 95–149 € | Mo-So

Das trendige Gastrokonzept vereint Esszimmer, Wohnraum, Arbeitsplatz und Relaxzone zu einem unkompliziert-lässigen und kommunikativen Treffpunkt. Der Gast hat die Wahl zwischen Restaurant, Terrasse, Bar und einem Bereich mit offener Showküche. Mittelpunkt und ein ganz besonderer Hotspot ist der große Designergrill als Blickfang. Kulinarisch bietet man eine ehrliche, aromenbetonte Jahreszeitenküche. Auch in punkto Wein ist man bestens aufgestellt.

Maison Messmer www.hommage-hotels.com

★★★★★S

Werderstraße 1 (B3), PLZ 76530, **T 07221 30120,** F 3012100
152 Zimmer | 11 Suiten | 24 h

Das luxuriöse Nichtraucherhotel direkt neben dem Kasino hat man 2019 umfangreich renoviert. Der Charme des Art déco prägt die hochwertig ausgestatteten Zimmer. Im obersten Stockwerk steht eine Penthousesuite zur Verfügung. Ein Höchstmaß an Komfort und Wohlbefinden bietet der 800 qm große „Royal Spa" mit Indoorpool und Saunabereich.

Am Sophienpark www.hotel-am-sophienpark.de

★★★★

Sophienstraße 14 (B3), PLZ 76530, **T 07221 3560,** F 356121
73 Zimmer | 3 Suiten | 5 Apartments | Ez ab 130 €, Dz ab 190 €, inkl. Frühstück | 24 h

Tradition und Moderne verbinden sich in diesem vorbildlich geführten Haus am Park. Ausgesprochen ansprechend die denkmalgeschützte Architektur, das sorgfältig restaurierte Treppenhaus sowie die charmanten Zimmer mit zeitgemäßem Wohnkomfort. Das Frühstück kann man auch auf der Sommerterrasse mit Blick in den Park einnehmen.

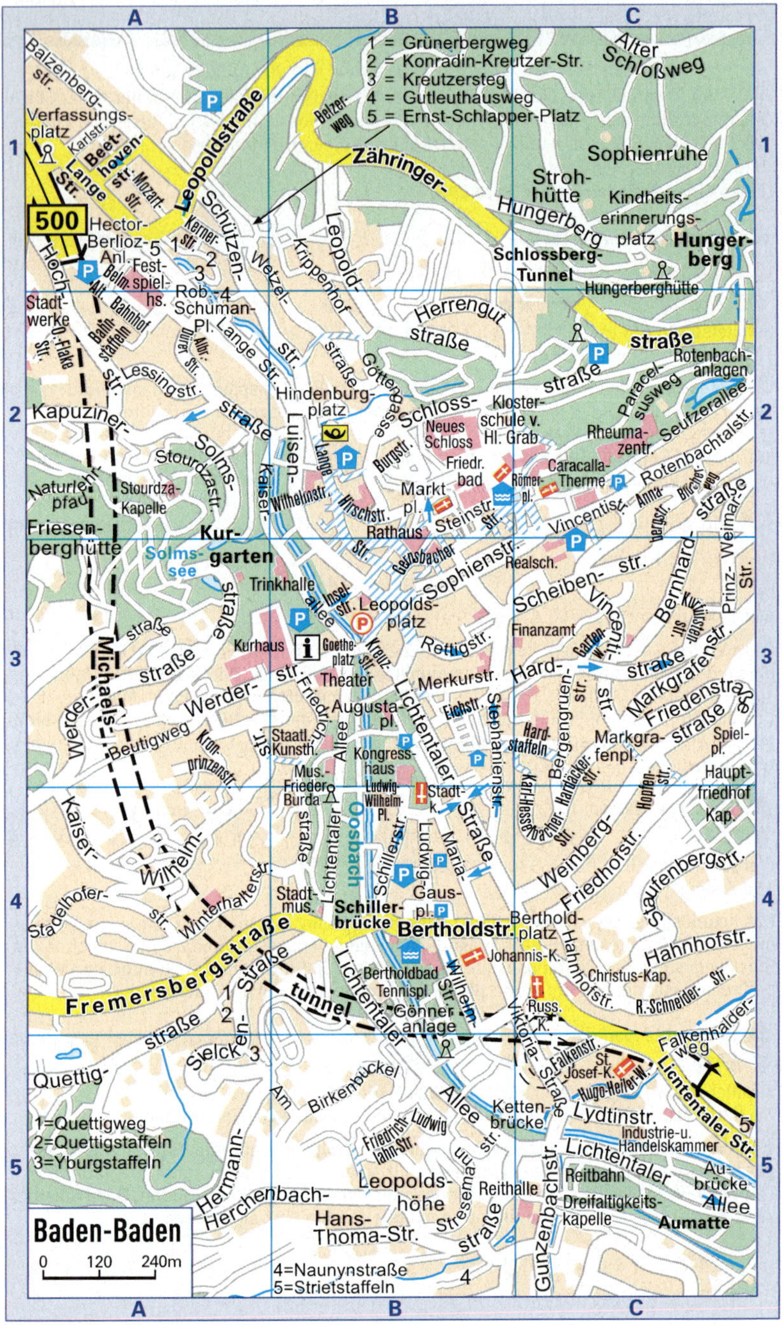
A
B
C
1
2
3
4
5
1 = Grünerbergweg
2 = Konradin-Kreutzer-Str.
3 = Kreutzersteg
4 = Gutleuthausweg
5 = Ernst-Schlapper-Platz
Alter Schloßweg
Balzenberg-str.
Verfassungs-platz
Karlstr.
Beet-hoven-str.
Lange Str.
Mozart-str.
Leopoldstraße
Belzer-weg
Zähringer-
Sophienruhe
Stroh-hütte
Kindheits-erinnerungs-platz
Hungerberg
Hunger-berg
500
Hector-Berlioz-Anl.
Kerner-str.
Schützen-
Wetzel-str.
Krippenhof
Leopold-straße
Fest-spiel-hs.
Schlossberg-Tunnel
Hungerberghütte
Hoch-
Stadt-werke
Rob. Schuman-Pl.
Lange Str.
Herrengut straße
straße
Rotenbach-anlagen
O.-Flake Str.
Bahn-staffeln
Lessingstr.
Paracel-susweg
Kapuziner-
Solms-
Hindenburg-platz
Göttergasse
Schloss-
Neues Schloss
Kloster-schule v. Hl. Grab
Rheuma-zentr.
Seufzerallee
Rotenbachtalstr.
Stourdzastr.
Stourdza-Kapelle
Lange
Burgstr.
Friedr. bad
Römer-pl.
Caracalla-Therme
Naturlehr-pfad
Friesen-berghütte
Kaiser-
Luisen-
Wilhelmstr.
Hirschstr.
Markt pl.
Steinstr.
Vincentistr.
Anna-
Rathaus
Kur-garten
Solms-see
Trinkhalle
Gernsbacher Str.
Sophienstr.
Realsch.
Scheiben-str.
Bernhard-
Prinz-Weimar-Str.
Insel-str.
Leopolds-platz
Finanzamt
Vincenti-
Kurfürsten-str.
straße
Kurhaus
Goethe-platz
Kreuz-str.
Rettigstr.
Michaels-
straße
Werder-
str.
Theater
Merkurstr.
Hard-str.
Markgrafenstr.
Friedenstraße
Werder-
Friedrichstr.
Augusta-pl.
Lichtentaler-
Eichstr.
Stephanienstr.
Bergengruen-str.
Beutigweg
Kron-prinzenstr.
Staatl. Kunsth.
Allee
Kongress-haus
Hard-staffeln
Markgra-fenpl.
straße
Spiel-pl.
Mus. Frieder Burda
Ludwig-Wilhelm-Pl.
Stadt-k.
Karl-Hesselbacher-Str.
Hardäcker-str.
Haupt-friedhof
Kap.
Kaiser-
Wilhelm-
straße
Lichtentaler
Oosbach
Schillerstr.
Ludwig-
Maria-
Straße
Weinberg-
Hopfen-str.
Friedhofstr.
Staufenbergstr.
Stadelhofer-str.
Winterhalterstr.
Stadt-mus.
Schiller-brücke
Gaus-pl.
Bertholdstr.
Berthold-platz
Hahnhofstr.
Fremersbergstraße
Straße
tunnel
Bertholdbad
Tennispl.
Wilhelm-Str.
Johannis-K.
Christus-Kap.
Hahnhofstr.
R.-Schneider-Str.
Lichtentaler
Gönner-anlage
Russ. K.
Falkenhalder-weg
straße
Sielcken-
Quettig-
Birkenbuckel
Am
Viktoria-
Falkenstr.
St. Josef-K.
Hugo-Heller-W.
Lichtentaler Str.
Ketten-brücke
Lydtinstr.
Allee
Ludwig
Friedrich-Jahn-Str.
1=Quettigweg
2=Quettigstaffeln
3=Yburgstaffeln
Hermann-
Herchenbach-
Leopolds-höhe
Stresemann-straße
Reithalle
Gunzenbachstr.
Industrie-u. Handelskammer
Lichtentaler Allee
Reitbahn
Au-brücke
Dreifaltigkeits-kapelle
Aumatte
Hans-Thoma-Str.
4=Naunynstraße
5=Strietstaffeln
Baden-Baden
0 120 240m

Belle Epoque
www.hotel-belle-epoque.de

VARTA-TIPP Ambiente VARTA-TIPP Service

★★★★ garni

Maria-Victoria-Straße 2 (B4), PLZ 76530, **T 07221 300660,** F 300666
20 Zimmer | 5 Suiten | Ez ab 159 €, Dz ab 219 €, inkl. Frühstück | 24 h

Ein malerischer Anblick, diese stilsicher und liebevoll eingerichtete Neorenaissancevilla, die von einem wunderschönen Park umgeben ist. Wenn es ums Verwöhnen und Wohlfühlen geht, gehört das Boutique-Hotel zweifellos zu den Top-Adressen der Stadt. Die individuell gestalteten Zimmer und Suiten (20 bis 34 qm) haben eine ganz persönliche Note und sind mit hübschen Antiquitäten ausgestattet. Die Mitarbeiter:innen sind freundlich und top geschult.

Der Kleine Prinz
www.derkleineprinz.de

VARTA-TIPP Ambiente VARTA★TIPP Service

★★★★

Lichtentaler Straße 36 (B4), PLZ 76530, **T 07221 346600,** F 3466059
40 Zimmer | 8 Suiten | 2 Apartments | Ez ab 119 €, Dz ab 179 €, inkl. Frühstück | 24 h

Dieses charmante, inhabergeführte Hotel empfängt Sie in einer 1890 erbauten Stadtvilla mitten im Zentrum. Das Haus überzeugt durch erstklassige Servicekultur und individuelle Zimmer, die mit Stilmöbeln und Antiquitäten ausgestattet sind. Zum Entspannen und Verweilen laden die gemütliche Kaminlounge mit Bibliothek und der idyllische Innenhof ein. Im Gourmetrestaurant wird französisch-regionale Küche serviert.

Heliopark Bad Hotel zum Hirsch
www.heliopark-hirsch.de

★★★★ garni

Hirschstraße 1 (B2, Anfahrt über Wilhelmstraße), PLZ 76530, **T 07221 9390,** F 939111
71 Zimmer | 12 Suiten | Ez ab 97 €, Dz ab 130 €, inkl. Frühstück | 24 h

Ein Hauch von Belle Époque begegnet Ihnen in diesem Boutique-Hotel, das sich direkt in der Fußgängerzone befindet. Das Haus bietet wohnliche Zimmer in unterschiedlichen Kategorien. Die meisten Zimmer verfügen über eine eigene Thermalwasserleitung. 200 qm großer SPA-Bereich mit Saunalandschaft. Restaurant mit Sommerterrasse. Cigarlounge.

Roomers
www.roomers-badenbaden.com

Lange Straße 100 (A1), PLZ 76530, **T 07221 901930**
130 Zimmer | 33 Suiten | Ez 200–500 €, Dz 200–500 € | 24 h

Ein stylishes Luxus-Lifestyle-Hotel, gestaltet von Designer Piero Lissoni. Das Haus bietet großzügige Zimmer und Suiten, eine Loungebar mit Dachgarten und Panoramablick sowie einen hübschen SPA-Bereich mit Rooftop-Pool.

moriki
www.moriki-badenbaden.de

Hauptgericht 19–42 € | Mo-So

Voll im Trend liegt dieses durchgestylte Restaurant. Serviert wird eine moderne pan-asiatische Küche. Dazu gibt es verschiedene Sushi-Variationen. Für Veranstaltungen und Feierlichkeiten steht ein geräumiger Private-Dining-Room zur Verfügung.

Jetzt abonnieren: instagram.com/vartaguide

Auerhahn
www.gasthaus-auerhahn.de

garni

Geroldsauer Straße 160 (an der B 500), PLZ 76534 (OT: Geroldsau), **T 07221 7435,** F 7432
28 Zimmer | Ez 79 €, Dz 109–129 €, inkl. Frühstück

Bereits seit 1912 versprüht der gut geführte Familienbetrieb puren Landhauscharme. Die indivduellen Zimmer im Schwarzwaldstil sind behaglich mit viel Holz gestaltet. Für Paare und Verliebte gibt es ein Romantikzimmer mit Hochzeitsbaldachinbett.

Auerhahn

80 | Hauptgericht 19–28 € | Mo-Mi, Sa-So Mo-Mi, Fr-So Do

In der hübschen Gaststube serviert man Ihnen eine marktorientierte Saisonalküche zu einem guten Preis-Leistungsverhältnis. Gerichte wie „Badische Hechtklößchen im Klingelbergersößle, dazu feine Butternüdelchen und junger Blattspinat" oder „Badischer Sauerbraten im Spätburgundersößle mit Spätzle vom Brett, Preiselbeerbirne und buntem Salatteller" machen Appetit.

Rebenhof
www.hotel-rebenhof.de

garni

Weinstraße 58, PLZ 76534 (OT: Neuweier), **T 07223 96310,** F 963131
38 Zimmer | 7 Suiten | Ez 94–119 €, Dz 119–239 €, inkl. Frühstück

Familiär gut geführtes Haus inmitten der Weinberge. Ruhige, stilvoll eingerichtete Zimmer, teilweise zur Bergseite, teilweise zur Rheinebene gelegen. Schöner Wellnessbereich mit Sauna, Dampfbad und Liegewiese. Im Restaurant mit großer Fensterfront wird regionale und internationale Küche serviert.

Am Markt
www.hotel-am-markt-baden.de

garni

Marktplatz 18 (B2), PLZ 76530, **T 07221 27040,** F 270444
22 Zimmer | 2 Apartments | Ez 80–90 €, Dz 110–155 €, inkl. Frühstück

Persönlich geführtes Haus mitten in der Altstadt, etwas erhöht von der Fußgängerzone. Die Zimmer sind zweckmäßig und wohnlich eingerichtet. Im Sommer kann man auch auf der Terrasse am Marktplatz frühstücken.

Hubers
www.hubers-hotel.de

★★★ garni

Merkurstraße 9 (B3), PLZ 76530, **T 07221 2700,** F 270270
27 Zimmer

Familiär geführtes Haus in der Nähe des Augustaplatzes im Herzen der Stadt. Freundlich eingerichtete Nichtraucherzimmer mit zeitgemäßer Ausstattung und kostenlosem Sky-TV. Die Café-Bar „Bruder & Schwester" serviert mittags kleine Snacks und abends kühle Drinks zum Vorglühen oder Runterkommen.

Rathausglöckel - Historisches Hotel Garni
www.rathausgloeckel.de

★★★★ garni

Steinstraße 7-9 (B2), PLZ 76530, **T 07221 90610,** F 906161
14 Zimmer | 4 Suiten | Ez 90–120 €, Dz 125–169 €, inkl. Frühstück

Traditionelles Altstadthotel aus dem 16. Jhd. im Herzen des berühmten Bäderviertels. Die vollständig modernisierten Gästezimmer sind mit warmen Farben und fließenden Stoffen individuell gestaltet und verteilen sich auf zwei historische Häuser. Stimmungsvolle Bar im hist. Weinkeller.

Le Jardin de France im Stahlbad
www.lejardindefrance.de

VARTA-TIPP Küche **VARTA-TIPP** Service

Augustaplatz 2 (B3), PLZ 76530, **T 07221 3007860**
35 | Hauptgericht 44–70 €, Menü 95–145 € | Di-Sa ⊘ Mo, So

Das Restaurant von Sophie und Stéphan Bernhard ist seit mehr als 25 Jahren ein Garant für exzellente Gastlichkeit und große Kochkunst. So exquisit und stilvoll wie der Rahmen zeigt sich auch die Küche des Patrons. Er bietet moderne, durchdachte Speisen, die mit kreativen Elementen verfeinert sind, aber dennoch ihre klassisch französischen Wurzeln bewahren. Der geschulte Service ist Teil des Genusserlebnisses: charmant und voller Hingabe ist Frau Bernhard die perfekte Mittlerin zwischen Gast und Küche.

Maltes hidden kitchen
www.malteshiddenkitchen.com

VARTA-TIPP Küche **VARTA-TIPP** Service

Gernsbacher Straße 24 (B3 im Kaffeehaus Baden-Baden), PLZ 76530, **T 07221 7025020**
25 | Menü 120–150 € | Mi-Sa ⊘ Mo, Di, So

Das gepflegte Kaffeehaus in der Fußgängerzone verwandelt sich am Abend in ein ambitioniertes Restaurant, das sich inzwischen zu einem angesagten Treffpunkt für Gourmets etabliert hat. Jungkoch Malte Kuhn kredenzt ein anspruchsvolles Fine-Dining-Menü mit abgestimmter Weinbegleitung. Seine Küche ist ausdrucksstark, produktorientiert und dennoch auf das Wesentliche reduziert. Der Service begeistert mit Freude, Professionalität und Leidenschaft.

Nigrum
www.restaurant-nigrum.com

Schlossstraße 20 (B3), PLZ 76530, **T 07221 3979008**
35 | Menü 99–149 € | Mi-Sa Mo, Di, So

Sie mögen es elegant, extravagant und trendy? Passend zur stimmungsvollen Atmosphäre wird in dem kleinen, aber feinen Restaurant kreativ, modern und ambitioniert gekocht. Das wechselnde Menü ist ein kulinarischer Streifzug rund um die Welt, in dem man Akzente zwischen Avantgarde und Klassik setzt. Die Weinkarte bietet sowohl regionale als auch internationale Tropfen.

Schloss Neuweier
www.schloss-neuweier.de/restaurant

Mauerbergstraße 21 (im Schloss Neuweier), PLZ 76534 (OT: Neuweier), **T 07223 800870**
70 | Menü 80–152 € | Mi-Sa Mo, Di, So

Casual Fine Dining in gemütlicher Atmosphäre, umgeben von Weinbergen. Im Restaurant und auf der überdachten Außenterrasse wird ambitioniert gekocht. Die Küchencrew setzt auf heimische Produkte von hoher Qualität, die biologisch und nachhaltig erzeugt werden. Das vier- bzw. fünfgängige Menü gibt es auch als vegetarische Variante. Dazu serviert man edle Tropfen aus dem eigenen Familienweingut. Zum Haus gehören auch ein Eventbereich, eine Vinothek sowie ein Boutique-Hotel mit gepflegten Gästezimmern.

Heiligenstein
www.hotel-heiligenstein.de

Heiligensteinstraße 19a, PLZ 76534 (OT: Neuweier), **T 07223 96140**
70 | Hauptgericht 19–36 €, Menü 42–60 € | Fr-So Mo-Mi, Fr-So Do

Seit über 30 Jahren ist dieser Familienbetrieb bekannt für sein freundliches Ambiente, die herzliche Atmosphäre und eine sehr gute Küche. Serviert werden leckere Köstlichkeiten wie „Gebratenes Forellenfilet | Bärlauchrisotto | wilder Brokkoli“ oder „Entenbrust | Sauce Choron | gebratener grüner Spargel | Kartoffelplätzchen“. Dazu eine große Weinkarte mit mehr als 400 regionalen und internationalen Weinen.

Heine’s Wine & Dine
www.heine-wine-dine.com

Merkurstraße 3 (B3), PLZ 76530, **T 07221 3979466**
32 | Hauptgericht 32–45 €, Menü 69–109 € | Mo-Di, Fr-So Mi, Do 21.–26.12.23

Eintreten, abschalten, wohlfühlen - das ist hier garantiert! Modernes Design, lässige Atmosphäre und ein überaus liebenswerter Service. In der Küche legt man Wert auf frische regionale Produkte. Die anspruchsvollen Gerichte können Sie wahlweise à la carte oder in Menüform genießen. Dazu kredenzt Inhaber und IHK-Sommelier Michael Heine überwiegend deutsche und europäische Weine.

Rizzi The Restaurant
www.rizzi-baden-baden.de

Augustaplatz 1 (B3, im Palais Gagarin), PLZ 76530, **T 07221 25838**
80 | Hauptgericht 20–48 € | Mo-So

Direkt im Park der Lichtentaler Allee im Herzen der Kurstadt befindet sich dieses Restaurant mit Lounge und großer Sonnenterrasse. Hier erwarten Sie mediterrane Speisen, ein umfangreiches Steakangebot sowie eine große internationale Weinauswahl. Wöchentlich wechselndes Businessmenü.

Klosterschänke
www.restaurant-klosterschaenke.de

Klosterschänke 1 (B3), PLZ 76530, **T 07221 25854**
45 | Hauptgericht 27–34 € | So Di-So Mo

Regional-mediterrane Küche mit Blick in die Rheinebene - das erwartet Sie hier. Dazu noch warmes, gemütliches Ambiente, ein herzlicher Service und im Sommer eine traumhafte Terrasse. Die Chefin kocht selbst, z.B. „Lammrücken rosa gebraten | Bohnengemüse | Gnocchi | Thymiansauce".

Weinstube zum Engel Neu!
www.weinstube-zum-engel.de

Mauerbergstraße 62, PLZ 76534 (OT: Neuweier), **T 07223 9912392**
Hauptgericht 22–37 € | Di-Sa Mo, So

In dieser charmant eingerichteten Weinstube serviert man eine frische Küche, die mit Liebe und Leidenschaft zubereitet wird. Auf der Karte finden Sie einen Mix aus regionalen und saisonalen Gerichten mit mediterranen Einflüssen. Dazu gibt es hervorragende Weine aus dem Baden-Badener Rebland. Im Sommer lädt die Terrasse zum Verweilen ein.

BADENWEILER 64 A
www.badenweiler.de

Baden-Württemberg | EW 4.004 | 425 m | Lörrach 27 km, Freiburg 38 km

Schwarzmatt
www.schwarzmatt.de

VARTA TIPP Service

★★★★S garni

Schwarzmattstraße 6a, PLZ 79410, **T 07632 82010,** F 820120
38 Zimmer | 4 Suiten | 14 Apartments | Ez 165–185 €, Dz 250–390 €, inkl. Frühstück

Ein Abstecher hierher lohnt sich immer. In diesem traditionsreichen Ferienhotel lebt die ehrliche Gastfreundschaft. Familie Mast-Bareiss und ihre Mitarbeiter:innen tun so ziemlich alles dafür, dass man sich hier ganz wie zu Hause fühlt. Wohnlich und gediegen zeigen sich die im eleganten Landhausstil eingerichteten Zimmer. Für Entspannung sorgt ein schöner Sauna- und Wellnessbereich. Und morgens dürfen Sie sich auf ein exzellentes Frühstück freuen.

Schwarzmatt

80 | Hauptgericht 24–34 €, Menü 55–72 € | Mo-So

Klassisch eingerichtetes Restaurant mit gehobenem, marktorientiertem Speisenangebot. Die Küchencrew verwendet regionale Produkte von heimischen Erzeugern und Öko-Bauernhöfen. Der Service überzeugt mit authentischer Gastlichkeit.

Anna
www.hotel-anna.de

Oberer Kirchweg 2, PLZ 79410, **T 07632 7970,** F 797150
36 Zimmer | Ez 75–100 €, Dz 144–186 €, inkl. Frühstück | 24 h

Traditionsreiches Haus in idyllischer ruhiger Lage, in der 4. Generation familiengeführt. Helle, freundlich eingerichtete Zimmer mit kostenlosem WLAN. Für Entspannung sorgen ein großzügiges Thermalhallenbad mit Panoramablick, eine einladende Gartenterasse mit Vogesenblick, eine gemütliche Golfbar und ein behagliches Restaurant.

Schlossberg
www.das-schlossberg.com

Schlossbergstraße 3, PLZ 79410, **T 07632 82850,** F 828519
19 Zimmer | 11 Suiten | Ez 80–150 €, Dz 130–160 €, inkl. Frühstück | 24 h

Engagiert geführtes Haus, umgeben von einem liebevoll gepflegten Garten mit schönem Ausblick auf die Rheinebene und den Römerberg. Hier erwarten Sie ruhige, gemütliche Zimmer mit Balkon oder Terrasse. Schöner Frühstücksraum mit Blick ins Grüne.

Wellnesshotel am Park
www.hotel-am-park-badenweiler.de

Römerstraße 8, PLZ 79410, **T 07632 7580,** F 758299
35 Zimmer | 2 Suiten | Ez 100–120 €, Dz 186–206 €, inkl. Frühstück

Wellnesshotel mit mediterranem Flair in herrlicher Lage unweit des Kurparks und der Cassiopeia-Therme. Wohnliche Gästezimmer mit Blick auf den Kurpark oder ins Rheintal. Schöner Wellnessbereich mit Thermalhallenbad.

Zur Sonne
www.zur-sonne.de

Moltkestraße 4, PLZ 79410, **T 07632 75080,** F 750865
35 Zimmer | 1 Suite | 4 Apartments

Traditionshaus im Ortszentrum, das nur wenige Schritte vom Wald, dem Kurpark und der Cassiopeia-Therme entfernt ist. Hier erwarten Sie wohnliche Gästezimmer und ein reichhaltiges Frühstücksbuffet mit hausgemachten Spezialitäten aus dem Südschwarzwald. Rustikal-elegante Restaurantstuben mit gemütlichem Ambiente.

BAIERBRUNN 60 D
www.baierbrunn.de

Bayern | EW 3.123 | 626 m | Wolfratshausen 14 km, München 15 km

Waldgasthof Buchenhain
www.hotelbuchenhain.de

Am Klettergarten 7, PLZ 82065 (OT: Buchenhain), **T 089 7448840,** F 7938701
42 Zimmer | 1 Suite | Ez ab 89 €, Dz ab 139 €, inkl. Frühstück

Das traditionelle bayerische Hotel empfängt seine Besucher mit behaglichen Zimmern, die im rustikalen Landhausstil oder mit bayerisch-moderner Einrichtung buchbar sind. Einige Unterkünfte verfügen über einen Balkon. Frühstücken kann man im Sommer auch auf der Terrasse. Tipp: Oldtimer-Vermietung für Gäste.

Restaurant im Waldgasthof Buchenhain

200 | Hauptgericht 14–27 € | Mo-So

Urige Gaststuben mit viel Holz, Kachelöfen und gemütlichen Nischen. Aus der Küche kommen überwiegend heimische Gerichte wie beispielsweise „Hausgemachte Käsespätzle mit Sennkäse und Röstzwiebeln“ oder „Schweinebraten in Dunkelbiersauce mit Kartoffelknödeln und Speck-Krautsalat“. Lauschiger Biergarten mit altem Kastanienbestand.

BAIERSBRONN 57 A www.baiersbronn.de

Baden-Württemberg | EW 14.500 | 584 m | Freudenstadt 7 km, Baden-Baden 42 km

Bareiss www.bareiss.com

VARTA TIPP Service

★★★★★S

Hermine-Bareiss-Weg, PLZ 72270 (OT: Mitteltal), **T 07442 470,** F 47320
99 Zimmer | 10 Suiten | 48 Apartments | Ez ab 340 €, Dz ab 640 €, inkl. Halbpension | 24 h

Das familiengeführte, luxuriöse Ferienresort liefert die perfekte Atmosphäre für stressfreien Urlaub. Schon die herrliche Lage am Rande des Oberen Murgtals ist einzigartig, hinzu kommen die im edlen Landhausstil eingerichteten Zimmer und Suiten sowie die exzellente Servicekultur. Der Facettenreichtum der Angebote im Hotel ist einzigartig: Kulinarik von der einfachen Wanderhütte bis zum Gourmetrestaurant, 6.000 qm SPA-Landschaft mit In- und Outdoorpools, Saunen und Beauty-Offerten, Kinderprogramm (7 Tage in der Woche) sowie ein umfassendes Sport-, Freizeit- und Kulturprogramm.

Bareiss

VARTA TIPP Küche VARTA TIPP Service

32 | Hauptgericht 120–140 €, Menü 210–265 € | Do-So Mo, Di, Mi

Mit ehrfurchtgebietender Konstanz ist und bleibt das „Bareiss“ eines der europäischen Spitzenrestaurants. Hier ist Ihnen eines gewiss: eine erstklassige Küche, die mit Harmonie und Präzision überzeugt. Die Menüs von Claus Peter Lumpp sind spannend und kreativ - jeder Gang glänzt durch Produktqualität und exzellente Aromen! Auch der eloquente Service unter der Leitung von Maître Thomas Brandt lässt es an nichts fehlen, und Teoman Mezda berät als kompetenter Sommelier mit Sensibilität zu den korrespondierenden Weinen, die es in großer Fülle und Top-Qualität gibt.

Kaminstube

32 | Hauptgericht 25–35 €, Menü 57–102 € | Sa-So Mo-So

Eleganz und Wohlfühlatmosphäre vermittelt die behagliche Stube: viel Holz, alte Gemälde und ein schmucker Kaminofen. Serviert wird eine zeitgemäß-klassische Küche mit internationalen Einflüssen. Während der warmen Jahreszeit lockt die Terrasse mit Blick ins Ellbachtal.

Dorfstuben

VARTA-TIPP Küche VARTA-TIPP Service

40 | Hauptgericht 17–29 € | Mo-So

Urig-heimeliges Ambiente herrscht in den beiden originalgetreu eingerichteten Bauernstuben aus dem 19. Jahrhundert. Dazu eine abwechslungsreiche Speisekarte mit einem guten Querschnitt traditioneller Gerichte aus dem Schwarzwald und aus Schwaben. Wie wäre es z.B. mit „Geschmorter Rinderroulade in Spätburgundersauce“ oder „Hausgemachte Maultaschen in der Brühe“? Dazu passt ein frisch gezapftes Pils oder ein badisches 'Viertele'. Charmanter, aufmerksamer Service.

Schon probiert?

Der Varta-Führer ist auch als eBook für Ihren TabletPC oder Ihr Smartphone verfügbar!

Traube Tonbach

www.traube-tonbach.de

VARTA★TIPP Service

★★★★★S garni

Tonbachstraße 237, PLZ 72270 (OT: Tonbach), **T 07442 4920,** F 492692
144 Zimmer | 15 Suiten | 6 Apartments | Ez 229–509 €, Dz 309–749 €, inkl. Frühstück | 24 h

Eine echte „Perle“ der deutschen Hotellandschaft! Was dieses traditionsreiche Ferienhotel auszeichnet? Hier wird Servicekultur großgeschrieben. Gastfreundschaft als Verpflichtung - dies ist seit vielen Jahren das Motto von Familie Finkbeiner und all ihren Mitarbeiterinnen und Mitarbeitern. Das hervorragende SPA- und Wellnessangebot, das Freizeit- und Kinderprogramm, die überaus wohnlichen Zimmer und Suiten sowie die kulinarische Vielfalt werden höchsten Gästeansprüchen gerecht.

Schwarzwaldstube

VARTA★TIPP Küche VARTA★TIPP Service

42 | Menü 245–295 € | Sa-So Mi-So Mo, Di 8.1.–1.2.24, 29.7.–22.8.24

Wer eine der besten Gourmetküchen des Landes entdecken möchte, sollte die wiederaufgebaute Schwarzwaldstube besuchen! Der helle, moderne Gastraum mit einer bis in die Giebelspitze vollverglasten Stirnwand zum Tonbachtal gibt von allen Sitzplätzen das wunderschöne Panorama auf den gegenüberliegenden Wald frei. Offenbar beflügelt von dieser exklusiven Atmosphäre verwöhnt Küchenchef Torsten Michel seine Gäste einmal mehr mit kulinarischen Höchstleistungen. Unverwechselbar, stilprägend, kontrastreich, überraschend... was hier aus besten Zutaten kreiert wird, ist schlichtweg besonders und absolutes Spitzenniveau! Ninia Mihilli leitet den freundlichen und zugewandten Service mit Übersicht und hilft bei kleinen Sonderwünschen gerne weiter.

1789

VARTA-TIPP Küche VARTA-TIPP Service

29 | Menü 145–180 € | Mo-Di, Fr-So Mi, Do

In der einstigen Köhlerstube, in der die hist. Urzelle der Traube Tonbach war, ist dieses Restaurant beheimatet. Der Name „1789" ist angelehnt an das Gründungsjahr des traditionsreichen Familienbetriebes. Kleine Fenster, warme Lehmputzwände, Hirnholzparkett und umlaufende Sitzbänke aus Eichenholz sorgen für ein ausgesprochen gemütliches Ambiente. Einen tollen Kontrast dazu stellt die moderne Gourmetküche von Florian Stolte dar. Seine asiatisch inspirierten Menüs sind abwechslungsreich, weltgewandt und kreativ. An der Gästefront wirkt eine sympathische, fürsorgliche Servicemannschaft.

Schatzhauser

VARTA-TIPP Küche VARTA-TIPP Service

60 | Hauptgericht 18–198 € | Mo-So Mo-Sa

Den Namen verdankt das Restaurant dem guten Waldgeist aus dem berühmten Märchen „Das Kalte Herz", der den Menschen Wünsche erfüllt. Auf der Speisekarte dominiert die schwäbisch-badische Küche, darunter Lieblingsgerichte wie „Hausgemachte Maultaschen", „Forelle Müllerin" oder „Lammhäxle". Oder lieber ein Steakcut vom Lavasteingrill? Der herrliche Ausblick auf das Tonbachtal, eine gut kuratierte Weinkarte und ein liebenswerter Service komplettieren das Angebot.

Wiegt weniger ist aber genauso gut:
Der Varta-Führer ist auch als eBook für Ihren TabletPC oder Ihr Smartphone verfügbar!

Sackmann

www.hotel-sackmann.de

VARTA-TIPP Service

★★★★S garni

Murgtalstraße 602, PLZ 72270 (OT: Schwarzenberg), **T 07447 2890,** F 289400
80 Zimmer | 16 Suiten | 7 Apartments | Ez 148–202 €, Dz 222–538 €, inkl. Vollpension

Die perfekte Adresse für ein Genusswochenende zu zweit. Seit der Generalsanierung präsentiert sich das familiengeführte Hotel im romantischen Murgtal stilvoll und extravagant. Klassik und Tradition sind Ihnen hier ebenso gewiss wie kompetenter, zuvorkommender Service und viele kleine Aufmerksamkeiten. Die Gästezimmer sind gemütlich und im typischen Landhausstil eingerichtet. Wer es etwas moderner mag, bucht ein Zimmer in der neuen Design-Kategorie (größtenteils mit Loggia). Toll die großzügige SPA-Landschaft auf zwei Ebenen mit Sky-Infinity-Pool.

Schlossberg

VARTA★TIPP Küche VARTA-TIPP Service

34 | Hauptgericht 48–68 €, Menü 155–205 € | Mi-So ⃠ Mo, Di ⃠ 10.–24.1.24, 26.6.–10.7.24, 13.–20.11.24

Gelungen hat man hier hochwertiges, geradliniges Interieur mit klassisch-elegantem Charme verbunden. Es ist und bleibt ein großes kulinarisches Vergnügen, bei Jörg und Nico Sackmann zu dinieren. Wirklich bemerkenswert, mit welcher Leidenschaft für Kulinarik sich Vater und Sohn Abend für Abend in die Herzen der großen Gourmetgemeinde kochen. Ihre erlesenen Kreationen, die Sie in Form eines 8-Gänge-Menüs genießen können, überzeugen mit Konstanz, Präzision und einer beeindruckenden Aromenvielfalt. Uwe Joel leitet als gewohnt zugewandter und kompetenter Restaurantleiter durch den Abend und Sommelier Manuel Vogel steht den Gästen in punkto Weinberatung mit Fachkenntnis zur Seite.

Murgstube / RheinHOLZ

36 | Hauptgericht 18–45 €, Menü 68–78 € | Mo-So

Gemütlich-schick und zeitgemäß zeigt sich auch das Zweitrestaurant. Hier trifft bodenständige Regionalküche auf weltoffene Kreativität. Wie wär's z.B. mit „Tomahawk vom Milchkalb | würzige Landbutter | Kräutersalat | Kartoffelschnitze" oder „Murgforelle mit Aromaten | Gurken-Kiwi-Carpaccio | Zitronenvinaigrette | Koriander"? Gut sortierte Weinkarte mit Schwerpunkt Deutschland und Frankreich.

Ailwaldhof

www.ailwaldhof.de

★★★★ garni

Ailwald 3, PLZ 72270 (OT: Klosterreichenbach), **T 07442 8360,** F 836200
22 Zimmer | 6 Suiten | Ez 80–120 €, Dz 160–208 €, inkl. Frühstück

Exklusives Ferienhotel in ruhiger Lage inmitten einer über 14 ha großen Naturparklandschaft. Wohnliche Gästezimmer mit zeitgemäßem Komfort. 1.000 qm große Wellness- und SPA-Landschaft. Restaurant mit mediterraner Terrasse.

Engel Obertal
www.engel-obertal.de

VARTA-TIPP Service

Rechtmurgstraße 28, PLZ 72270 (OT: Obertal), **T 07449 850,** F 85200
79 Zimmer | 10 Suiten | 6 Apartments | Ez 217–370 €, Dz 412–662 €, inkl. Frühstück | 24 h

Dieses traditionsreiche Wohlfühl- und Wellnesshotel ist der perfekte Rückzugsort für Erholungssuchende. Ein ganz besonderes Highlight ist zweifelsfrei der außergewöhnlich großzügig angelegte SPA-Bereich. Hier bleiben keine Wünsche offen. Auch in punkto Service- und Dienstleistungsbereitschaft kann das Hotel punkten. Freundlichkeit und Gastfreundschaft werden hier groß geschrieben. In den eleganten Restauranträumen und der heimeligen „Engelwirt's Stube" werden regional-schwäbische und internationale Speisen serviert. Seit 2020 verfügt das Hotel zusätzlich über luxuriöse Chalets in moderner Holzbauweise.

Heselbacher Hof
www.heselbacher-hof.de

Heselbacher Weg 72, PLZ 72270 (OT: Heselbach), **T 07442 8380,** F 838100
40 Zimmer | 1 Apartment | Ez ab 152 €, Dz ab 250 €, inkl. Vollpension

Ruhig gelegenes Ferienhotel unter familiärer Führung mit geschmackvoll eingerichteten Zimmern. Großzügiger Wellnessbereich mit Innen- und Außenpool sowie Saunalandschaft. Behagliche Gaststuben mit zum Tal gelegener Terrasse. Gepflegte Gartenanlage.

Wellness- & Nationalpark Hotel Schliffkopf
www.schliffkopf.de

Schwarzwaldhochstraße 1, PLZ 72270, **T 07449 9200,** F 920199
49 Zimmer | 6 Suiten | Ez 170–180 €, Dz 300–340 €, inkl. Halbpension

Herrliche Einzellage in 1.025 m Höhe mit einzigartiger Aussicht auf die großartige Schwarzwaldlandschaft. Behagliche, rustikal eingerichtete Zimmer unterschiedlicher Kategorien. Für Erholung sorgt die große Wellnesslandschaft „BergSpa". Das Hotelrestaurant im Landhausstil bietet verfeinerte Regionalküche sowie saisonorientierte internationale Gerichte.

Forsthaus Auerhahn
www.forsthaus-auerhahn.de

Hinterlangenbach 108 (Zufahrt über Schönmünzach), PLZ 72270 (OT: Hinterlangenbach), **T 07447 9340,** F 934199
50 Zimmer | 6 Suiten | 10 Apartments | Ez ab 130 €, Dz ab 262 €, inkl. Vollpension

Ruhig und verborgen am Ende des Tals gelegenes Ferienhotel mit geschmackvollen Landhauszimmern unterschiedlicher Kategorien in mehreren Gebäuden. Sehr schöner Wellnessbereich mit Saunalandschaft, Innen- und Außenpool sowie Panoramaruheraum. Restaurant mit regionaler Küche.

Lamm
www.lamm-mitteltal.de

Ellbachstraße 4, PLZ 72270 (OT: Mitteltal), **T 07442 4980,** F 49878
46 Zimmer | Ez ab 61 €, Dz ab 143 €, inkl. Frühstück

Das familiär geführte, umweltzertifizierte Ferienhotel hat sich in den letzten Jahren zu einem ansprechenden Boutique-Hotel entwickelt. Es bietet seinen Gästen gepflegte Zimmer und einen hübschen Wellnessbereich mit freistehenden Blockhäusern. Behagliches Restaurant mit regionalen und internationalen Speisen.

Sackmanns Wanderhotel Löwen

www.sackmanns-wanderhotel-loewen.de

★★★ S

Murgtalstraße 604, PLZ 72270 (OT: Schwarzenberg), **T 07447 9320,** F 932111
23 Zimmer | 1 Suite | 14 Apartments | Ez 69–84 €, Dz 114–160 €, inkl. Frühstück

Nicht nur Wanderer und Aktivurlauber schätzen diese traditionsreiche, familiengeführte Adresse im romantischen Murgtal. Das freundliche Ambiente der im hellen Landhausstil eingerichteten Zimmer lädt zum Wohlfühlen ein. In der urigen, holzgetäfelten Gaststube „Tannenzäpfle" werden Sie mit bodenständiger und regionaler Küche verwöhnt. Zum Haus gehört auch noch eine Panoramahütte auf 620 Metern Höhe, die über mehrere Wanderwege fußläufig erreichbar ist.

Rosengarten

www.rosengarten-baiersbronn.de

★★★ S

Bildstöckleweg 35, PLZ 72270, **T 07442 84340,** F 843434
28 Zimmer | 1 Suite | Ez 79–89 €, Dz 160–190 €, inkl. Halbpension

Heimeliges Hotel mit liebevoll eingerichteten Zimmern unterschiedlicher Kategorien. Kleiner Wellnessbereich mit Hallenschwimmbad, Sauna und Dampfbad. Frische Kräuterküche wird im Restaurant serviert. Zwei Ferienwohnungen vorhanden.

Meierei im Waldknechtshof

www.waldknechtshof.de

Baiersbronner Straße 4, PLZ 72270 (OT: Klosterreichenbach), **T 07442 84840**
50 | Menü 46–120 € | Mo, Do-So Di, Mi

Ländlich-rustikales Restaurant, das frisch zubereitete Regionalgerichte mit internationalen Akzenten in Menüform serviert. Geräumige Apartments für Übernachtungsgäste.

Forellenhof Buhlbach

www.bareiss.com/forellenhof-buhlbach

Schliffkopfstraße 64, PLZ 72270 (OT: Buhlbach), **T 07442 470**
80 | Hauptgericht 15–24 € | Mo-So

Das stattliche Anwesen im Landschaftsschutzgebiet Buhlbachtal gehört zum Hotelunternehmen Bareiss und beherbergt eine schmucke Ausflugsgastronomie sowie eine qualitätsorientierte Fischzucht. Die Ausstattung der heimeligen Gaststuben ist regional inspiriert, auf der Karte locken neben Regional- und Vespergerichten auch frische Forellen und Saiblinge. Lauschige Terrasse mit herrlichem Panoramablick.

BALDERSCHWANG 66 D

www.balderschwang.de

Bayern | EW 246 | 1.044 m | Sonthofen 12 km, Kempten 33 km

Hubertus Mountain Refugio Allgäu
www.hotel-hubertus.de

Dorf 5, PLZ 87538, **T 08328 9200,** F 920100
66 Zimmer | 17 Suiten | Ez ab 180 €, Dz ab 360 €, inkl. Halbpension

Inmitten einer wald- und wiesenreichen Landschaft befindet sich das gewachsene Wellnesshotel. Hier hat man kontinuierlich zum Wohle der Gäste investiert. Fragen Sie nach den detailverliebten „UNIKAT-Zimmern" mit Bergblick! Attraktiv auch der großzügige SPA-Neubau auf über 4.500 qm mit Infinitypool. Zum Ensemble gehören ein alpiner Zen-Garten mit japanischem Onsenbecken, verschiedene Saunen und ein Naturbadeteich.

Torghele's Wald & Fluh
www.torgheles-hotelerei.com

Schlipfhalden 31, PLZ 87538 (OT: Schlipfhalden), **T 08328 1052,** F 381
35 Zimmer

Das regionaltypische Ferien- und Wellnesshotel ist ein gewachsener Familienbetrieb mit wohnlichen Zimmern und Studios, darunter schicke Bio-Zimmer, die mit Naturdesignmöbeln eingerichtet sind. Auch Familienzimmer und Ferienwohnungen stehen hier zur Verfügung. Dazu eine beeindruckende SPA-Vielfalt mit Wasserwelt, Saunabereich, Relaxzonen und Wohlfühlanwendungen. Im Restaurant und auf der Terrasse kommen frische Wild- und andere Fleischspezialitäten auf den Tisch.

BALDUINSTEIN 41 C
www.gemeinde-balduinstein.de

Rheinland-Pfalz | EW 601 | 160 m | Limburg 11 km, Nassau 32 km

Landhotel Zum Bären
www.landhotel-zum-baeren.de

VARTA-TIPP Service

Bahnhofstraße 24, PLZ 65558, **T 06432 800780,** F 8007820
10 Zimmer | Ez 87–115 €, Dz 165 €, inkl. Frühstück

Bei Familie Buggle, in deren Besitz sich das Hotel seit Generationen befindet, genießen Sie wohnliche Atmosphäre und zuvorkommenden Service. Die Inhaber versprühen engagierte Freude und leidenschaftliche Gastfreundschaft. Die Zimmer sind individuell im Landhausstil eingerichtet. Am Morgen lockt die gute Frühstücksauswahl.

Restaurant im Landhotel zum Bären

40 | Hauptgericht 26–55 €, Menü 55 € | Do-So ⃠ Mo, Di, Mi

Im gediegen-eleganten Ambiente legt man den Schwerpunkt auf eine frische regionale Küche mit mediterranem Akzent. Lust auf „Barbarie-Entenbrust mit Pfifferlingsrisotto und frischem Blattspinat" oder „Gegrillter Pulpo mit Couscous, Artischocke und Tomatenschaum"? Dazu eine gut sortierte Weinkarte und ein liebenswerter Service. Im Sommer wird auch auf der idyllischen Gartenterrasse serviert.

BALTRUM (INSEL) 12 B
www.baltrum.de

Niedersachsen | EW 496 | 5 m | Norderney 10 km, Hagermarsch 11 km

Strandhof
www.strandhof-baltrum.de

Westdorf 123, PLZ 26579, **T 04939 890,** F 8913
45 Zimmer | 8 Suiten | 12 Apartments | Ez 80–110 €, Dz 136–209 €, 9,00–22,00 €

Ein gepflegtes Feriendomizil direkt neben den Sanddünen. Das Haus verfügt über ruhige und funktionell ausgestattete Zimmer, teilweise mit großem Balkon. Restaurant mit großzügiger Sonnenterrasse und herrlichem Blick auf das Wattenmeer.

BALVE 30 C www.hoennetal.de

Nordrhein-Westfalen | EW 12.095 | 250 m | Menden 15 km, Werdohl 15 km

Antoniushütte www.hotel-antoniushuette.de

Eisborner Dorfstraße 10, PLZ 58802 (OT: Eisborn), **T 02379 9150,** F 644
51 Zimmer | 6 Suiten | Ez 89–290 €, Dz 130–290 €, inkl. Frühstück

Sehr gut geführtes Ferien- und Tagungshotel am Ortsrand. Die geschmackvoll gestalteten Designersuiten mit eigenem Whirlpool vermitteln toskanisches Lebensgefühl. Etwas einfacher sind die rustikalen Zimmer in der 100 Meter entfernten Dependance. Gehobene mediterrane Küche wird im Restaurant „Hermann's" serviert.

Haus Recke www.haus-recke.de

Binolen 1, PLZ 58802 (OT: Binolen), **T 02379 209**
19 Zimmer | 1 Suite | 5 Apartments | Ez ab 80 €, Dz ab 154 €, inkl. Frühstück

Landhotel in geschmackvoll restauriertem, 200 Jahre altem Gehöft. Liebevoll und komfortabel eingerichtete Zimmer und Apartments. Gemütliche Gaststuben mit offenem Kamin, in denen regionale Küche mit Sauerländer Spezialitäten serviert wird.

BAMBERG 53 A www.bamberg.info

Bayern | EW 77.000 | 262 m | Coburg 46 km, Nürnberg 55 km
Altstadt (UNESCO-Weltkulturerbe), Fränkisches Brauereimuseum, Diözesanmuseum, E.T.A.-Hoffmann-Theater, Gärtnerstadt, Antiquitätenviertel, Domberg Dom, Alte Hofhaltung, Neue Residenz, Welterbe-Besucherzentrum.

Bamberger Hof Bellevue www.bambergerhof.de

Schönleinsplatz 4, PLZ 96047, **T 0951 98550,** F 985562
50 Zimmer | 16 Suiten | 1 Apartment | Ez 125–135 €, Dz 155–185 € | 24 h

Dieses hübsche Gebäude aus der Jahrhundertwende liegt im Herzen der Altstadt und vereint historischen Charme und zeitgemäße Eleganz. Die Gästezimmer sind modern bis stilvoll eingerichtet. Für jeden Anspruch das passende Zimmer. Sehr herzlicher Gästeumgang.

Residenzschloss
www.welcome-hotels.com/hotels/residenzschloss-bamberg

★★★★

Untere Sandstraße 32, PLZ 96049, **T 0951 60910,** F 6091701
184 Zimmer | 4 Suiten | Ez 114–284 €, Dz 144–314 €, inkl. Frühstück | ⏲ 24 h

Der denkmalgeschützte Bau aus dem 18. Jhd. ist heute ein großzügiges Tagungshotel mit neuzeitlichem Anbau und hauseigener Barockkapelle. Zum Haus gehören auch elegante Veranstaltungsräume, eine Barockkapelle, ein Ballsaal und zwei Restaurants.

Villa Geyerswörth
www.villageyerswoerth.de

★★★★ S

Geyerswörthstraße 15-21a, PLZ 96047, **T 0951 91740,** F 9174500
40 Zimmer | 3 Suiten | Ez 120–144 €, Dz 179–199 €, ☕ 18,00 € | ⏲ 24 h

Das Hotel besteht aus zwei wunderschön restaurierten Villen, die durch die Lobby verbunden sind. Sie logieren in geschmackvoll eingerichteten Stilzimmern mit toskanischem Landhausflair und Marmorbädern. Bei schönem Wetter können Sie morgens auf der Terrasse mit Blick auf den Ludwig-Donau-Main-Kanal frühstücken. In der Brasserie „La Villa" wird gehobene französische Küche serviert.

Hotel Bamberg
www.bwhotel-bamberg.de

★★★ S garni

Luitpoldstraße 7, PLZ 96052, **T 0951 510900,** F 51090590
96 Zimmer | 2 Suiten | Ez 85–120 €, Dz 110–180 €, ☕ ab 10,00 € | ⏲ 24 h ⊘ 23.–28.12.23

Zeitgemäßes Businesshotel - verkehrsgünstig zwischen Bahnhof und hist. Altstadt gelegen. Zur Verfügung stehen moderne, klimatisierte Gästezimmer in unterschiedlichen Kategorien. Schöner Frühstücksbereich mit sonniger Außenterrasse.

Hotel Europa
www.hotel-europa-bamberg.de

Untere Königstraße 6+8, PLZ 96052 (OT: Gärtnerstadt), **T 0951 3093020,** F 30930230
46 Zimmer | Ez ab 79 €, Dz ab 109 €, ☕ ab 12,50 € | ⏲ 24 h ⊘ 24.–26.12.23

Ein charmantes, denkmalgeschütztes Stadtdomizil mit stilvoll eingerichteten Zimmern, die sich auf Haupt- und Nebengebäude verteilen. Das Frühstück wird im Wintergarten und bei schönem Wetter im herrlichen Innenhof serviert. Das Restaurant bietet eine marktfrische Kreativküche. Die hauseigene Tiefgarage erreichen Sie über die Untere Königstraße 30.

Nepomuk
www.hotel-nepomuk.de

★★★★

Obere Mühlbrücke 9, PLZ 96049, **T 0951 98420,** F 9842100
24 Zimmer | 1 Suite | Ez ab 88 €, Dz ab 128 €, ☕ ab 5,80 €

Hist. alte Fachwerkanlage in romantischer Flusslage inmitten der Altstadt. Hier erwarten Sie ein gelungener Mix aus Tradition und Moderne, freundlich gestaltete Gästezimmer und ein sehr gutes Frühstück.

Eckerts
www.das-eckerts.de

200 | Hauptgericht 16–22 € | ◔ Mo-So ◑ Mo-Di, Fr-So

Exponierte Lage mit herrlichem Blick auf Regnitz und Altstadt. Serviert werden neu interpretierte traditionelle Gerichte aus regionalen und saisonalen Produkten. Nachmittags genießt man Flammkuchen, Kuchen, hausgemachtes Eis oder eine zünftige Brotzeit. Das Ambiente: ruhig und gemütlich mit modern-fränkischem Interiordesign. Schöne Dachterrasse mit Panoramablick.

Weinhaus Messerschmitt www.hotel-messerschmitt.de

★★★★ S garni

Lange Straße 41, PLZ 96047, **T 0951 297800,** F 2978029
67 Zimmer | 3 Suiten | 2 Apartments | 24 h

Das hist. Haus aus dem Jahre 1422 liegt in der Stadtmitte und bietet ausgesprochen wohnliche und mit Liebe zum Detail eingerichtete Gästezimmer. Im gediegenen Restaurant werden saisonorientierte Gerichte aus der regionalen und internationalen Küche aufgetischt.

Welcome Kongresshotel www.welcome-hotels.com/hotels/bamberg-kongresshotel

★★★ S garni

Mußstraße 7, PLZ 96047, **T 0951 70000,** F 7000516
171 Zimmer | 4 Suiten | Ez ab 104 €, Dz ab 129 €, inkl. Frühstück | 24 h

Das großzügige Geschäftshotel neben der Kongresshalle hat die Form eines Schiffes. Das Haus verfügt über eine 3.000 qm große Konferenz- und Veranstaltungsfläche sowie klimatisierte Gästezimmer mit zeitgemäßem Komfort und moderner Technik. Die gemütlich-rustikale Gaststätte „Plückers" nebst Biergarten lockt mit fränkischer und internationaler Küche.

VITA **Neu!** vita-bamberg.de

VARTA-TIPP Küche **VARTA-TIPP** Service

Obere Sandstraße 34, PLZ 96049, **T 0951 57397**
25 | Hauptgericht 15–39 €, Menü 89–119 € | Mo-Di, Do-So Mi

Das kleine, schicke Lokal liegt mitten in der Altstadt. Chefkoch Fabio Galizia offeriert hier einen exklusiven Mix aus Soulfood und Gourmetküche. Seine Gerichte sind klar, schnörkellos und zeitgemäß. Sie haben die Wahl zwischen den verschiedenen À-la-carte-Optionen oder einem vier- bis fünfgängigen Degustationsmenü. Sommelière Anja Körber begeistert mit ihrer kompetenten Weinberatung. Auf der Karte stehen hochwertige nationale und internationale Tropfen. Im Sommer lässt es sich auch wunderbar auf der charmanten Innenhofterrasse speisen.

BANNEWITZ 36 C www.bannewitz.de

Sachsen | EW 10.900 | 300 m | Dresden 5 km, Freital 9 km

Hotel Bannewitz www.hotel-bannewitz.de

€ Gut & Günstig ★★★ S garni

Kreischaer Straße 2h, PLZ 01728 (OT: Possendorf), **T 035206 395090,** F 395092
21 Zimmer | 2 Apartments | Ez ab 52 €, Dz ab 82 €, 9,50 €

Vor den Toren Dresdens steht das wohnlich-zeitgemäße Hotel mit seinen geschmackvoll eingerichteten Gästezimmern. Für Langzeitgäste gibt es auch einige Apartments mit Kitchenette. Persönlich-familiär die Atmosphäre, frisch das Frühstücksbuffet.

BARSINGHAUSEN 22 D www.barsinghausen-info.de

Niedersachsen | EW 33.961 | 112 m | Stadthagen 17 km, Hannover 25 km

Gasthaus Müller www.gasthausmueller.de

Goltener Straße 2, PLZ 30890 (OT: Göxe), **T 05108 2163**
60 | Hauptgericht 15–39 €, Menü 55–89 € | So Do-So Mo, Di, Mi »

In diesem traditionsreichen Haus pflegt man die Liebe zur anspruchsvollen Küche. Das Angebot reicht von Rotbarsch über Lammhaxe bis Wiener Schnitzel vom Kalbsrücken, dazu wunderbare Weine der deutschen Winzerelite, herzlicher Service und ein gemütlich-elegantes Ambiente. Tischreservierung empfehlenswert.

Stiller's Restaurant
www.stiller-geniessen.de

Egestorfer Straße 36a, PLZ 30890, **T 05105 61818**
50 | Hauptgericht 22–37 €, Menü 45–64 € | So Mi-So Mo, Di

Sympathisches Restaurant mit freundlich-elegantem Ambiente. Auf den Tisch kommen regionale und mediterrane Speisen zu vergleichsweise günstigen Preisen. Mögen Sie z.B. „Thunfischsteak | Aprikose I rote Zwiebel I Tomate I Gremolata" oder „Rinderfilet | Rosmarinkartoffeln I Ratatouille I Jus"? Schöner Bier- und Weingarten.

BARTH 10 D
www.stadt-barth.de

Mecklenburg-Vorpommern | EW 8.815 | 2 m | Ribnitz-Damgarten 29 km, Stralsund 34 km

Pommernhotel Barth
www.pommernhotel.de

€ Gut & Günstig ★★★ garni

Divitzer Weg 2, PLZ 18356, **T 038231 45580,** F 4558222
31 Zimmer | 4 Suiten

Familiengeführtes Haus in ruhiger Stadtrandlage. Gepflegte Zimmer in unterschiedlichen Kategorien. Für Radfahrer sind kostenfreie Abstellplätze vorhanden. Bürgerliches Restaurant mit regionaler und mediterraner Küche sowie schöner Terrasse.

BAUNACH 53 A
www.vg-baunach.de

Bayern | EW 4.192 | 238 m | Haßfurt 28 km, Coburg 39 km

Rocus
www.restaurant-rocus.de

Bahnhofstraße 16, PLZ 96148, **T 09544 20640**
70 | Hauptgericht 38–48 €, Menü 80–105 € | So Mi-So Mo, Di

Helles, freundliches Restaurant in einem ehem. Bahnhof aus dem Jahr 1904. Klassisch gehaltene Karte mit spanisch beeinflusster Frischmarktküche. Im Sommer locken der idyllische Innenhof und die Terrasse.

BAUTZEN 36 D
www.bautzen.de

Sachsen | EW 40.000 | 220 m | Görlitz 44 km, Dresden 53 km

Moments
www.moments-hotel.de

VARTA-TIPP Ambiente

★★★★ garni

Goschwitzstraße 27, PLZ 02625, **T 03591 2038700,** F 2038716
14 Zimmer | 1 Suite | Ez ab 95 €, Dz ab 95 €, 18,00 €

Das geschichtsträchtige Gebäude hat sich nach umfangreicher Sanierung in ein individuelles Boutique-Hotel verwandelt. Die Zimmer sind nach verschiedenen Themen eingerichtet und tragen Namen wie „Romantica", „Harmonie", „Alpenblick" oder „Urgestein". Im Erdgeschoss befindet sich in den originalgetreu restaurierten Räumen der ehemaligen Goethe-Apotheke das Restaurant „Wolfgang's".

Bautzner Senfstube www.senf-stube.de

€ Gut & Günstig

Schloßstraße 3, PLZ 02625, **T 03591 598015**
45 | Hauptgericht 15–25 € | Mo-So

Das urige Lokal ist bei Touristen und Einheimischen gleichermaßen beliebt. Hier serviert man herzhafte Senfgerichte wie z.B. „Würziges Feuerfleisch, scharf abgeschmeckt mit Bautzener Rustikal-Senf, dazu Böhmische Hefeknödel". Hübsche Terrasse mit Blick auf die historische Schloßstraße.

Jetzt vorbeischauen: pinterest.com/vartaguide

BAYERISCH GMAIN 69 A www.bayerisch.gmain.de

Bayern | EW 2.994 | 540 m | Bad Reichenhall 3 km, Berchtesgaden 15 km

Klosterhof www.klosterhof.de

★★★★ S

Steilhofweg 19, PLZ 83457, **T 08651 98250,** F 66211
65 Zimmer | 4 Suiten | Ez 193–421 €, Dz 291–635 €, inkl. Vollpension | 24 h

Ein inhabergeführtes Haus in wunderschöner, absolut ruhiger Alleinlage. Das großzügig erweiterte Hotel & Health Resort bietet wohnliche, sehr individuell eingerichtete Panoramazimmer mit herrlicher Aussicht auf die Bergwelt sowie einen großzügigen Wellnessbereich. Halbpensionsgäste genießen ihr Abendmenü im Restaurant „GenussArt". Zu leckeren Drinks, Cocktails und Livemusik lädt die hauseigene Hotelbar ein.

BAYERSOIEN, BAD 67 A www.gemeinde-bad-bayersoien.de

Bayern | EW 1.113 | 812 m | Bad Kohlgrub 6 km, Schongau 19 km

Parkhotel am Soier See www.parkhotel-bayersoien.de

★★★★★

Am Kurpark 1, PLZ 82435, **T 08845 120,** F 9695
108 Zimmer | 37 Suiten | 15 Apartments | Ez 94–188 €, Dz 168–336 €, inkl. Frühstück

Komfortables Ferien- und Tagungsdomizil. Unterschiedlich eingerichtete Zimmer, die sich auf drei miteinander verbundene Gebäude verteilen. 1.500 qm großer Wellnessbereich mit afrikanischer Saunalandschaft. Mehrere Restaurants, große Seeterrasse.

BAYREUTH 54 A www.bayreuth-tourismus.de

Bayern | EW 72.935 | 340 m | Hof 54 km, Bamberg 62 km
Markgräfliches Opernhaus (UNESCO-Weltkulturerbe), Richard-Wagner-Festspielhaus, Neues Schloss mit Hofgarten, Eremitage mit Altem Schloss, Orangerie und Sonnentempel, Haus Wahnfried mit Richard-Wagner-Museum, Kunstmuseum, hist. Museum.

Goldener Anker www.anker-bayreuth.de

VARTA★TIPP Service

★★★★

Opernstraße 6, PLZ 95444, **T 0921 7877740,** F 78777474
38 Zimmer | 2 Suiten | Ez 118–185 €, Dz 178–348 €, inkl. Frühstück | 24 h 23.12.23–8.1.24

»

Das vorbildlich geführte Traditionshaus liegt direkt neben dem Markgräflichen Opernhaus. Bereits seit über zwei Jahrhunderten dient dieses aus Sandstein erbaute Gebäude als Gasthaus und hat seither eine breite Anhängerschaft. Lassen Sie sich von den individuell und charmant gestalteten Zimmern und dem sehr persönlichen Service verzaubern! Zum Hotel gehört auch ein voll ausgestattetes Ferienhaus mit 2 Ferienwohnungen am grünen Bayreuther Stadtrand.

Restaurant im Hotel Goldener Anker

40 | Hauptgericht 29–48 €, Menü 45–78 € | Mi-So ⦸ Mo, Di

Das Restaurant zeigt sich stilvoll und mit einem Hauch von Nostalgie. Die an ein Wiener Kaffeehaus erinnernden, holzvertäfelten Gasträume sind verziert mit dekorativen Details, die Jugendstil mit Art déco verbinden. Die Speisekarte wechselt regelmäßig und bietet saisonale und regionale Gerichte aus marktfrischen Produkten.

Urban Art Hotel Liebesbier

www.liebesbier.de

VARTA-TIPP Ambiente

Andreas-Maisel-Weg 1, PLZ 95445, **T 0921 46008020**
67 Zimmer | Ez ab 118 €, Dz ab 127 €, ab 12,00 €

Das trendige Designhotel befindet sich auf dem Brauereigelände von Maisel & Friends. Die zeitgemäß und sehr hochwertig ausgestatteten Zimmer und Apartments sowie die Innen- und Außenflächen des Hotels wurden von mehr als 50 internationalen Künstler:innen der Urban-Art-Szene individuell gestaltet. Zum Haus gehören ein Fitnessraum, eine Gästesauna, Veranstaltungsräume sowie ein Restaurant mit stylishem Gastrogarten. Zeitgemäße Check-In-Möglichkeit via Smartphone.

Zur Sudpfanne

www.sudpfanne.com

Oberkonnersreuther Straße 6, PLZ 95448 (OT: Oberkonnersreuth), **T 0921 52883**
60 | Hauptgericht 17–38 € | So Fr-Sa ⦸ Mo, Di, Mi, Do

Auf eine frische internationale Küche gepaart mit fränkischen Spezialitäten aus der Region darf man sich sowohl im stilvoll-gemütlichen Restaurant als auch in der legeren Brasserie freuen - von Klassikern wie Wiener Schnitzel über Saisonales bis zum Menü. Für Veranstaltungen steht der großzügige, lichtdurchflutete König-Ludwig-Saal zur Verfügung. Schön sitzt man im Sommer auch draußen unter jahrzehntealten, schattenspendenden Linden.

BAYRISCHZELL 68 B

www.bayrischzell.de

Bayern | EW 1.592 | 800 m | Miesbach 24 km, Kufstein 26 km

Hotel Alpenhof
www.der-alpenhof.de

VARTA-TIPP Ambiente

★★★★ garni

Osterhofen 1, PLZ 83735 (OT: Osterhofen), **T 08023 90650,** F 906520
40 Zimmer | 8 Suiten

Am Fuße des Wendelsteins inmitten einer herrlichen Berglandschaft liegt dieses geschmackvolle Hotel. Das Haus verfügt über liebevoll ausgestattete Gästezimmer. Besonders attraktiv sind die individuellen und großzügigen Themensuiten. Für Entspannung sorgt ein hübscher SPA-Bereich. Gutes Frühstücksbuffet mit frischen Produkten aus der Region. E-Bike-Verleih.

Seeberg

180 | Mo-So

Hübsch gestaltete, gemütliche Gaststube mit rustikalem Ambiente. Aus der Küche kommen bayerisch-traditionelle Köstlichkeiten und internationale Gerichte. Auf den Sonnenterrassen speist man mit Blick auf die Berge.

BEILNGRIES 53 D
www.beilngries.de

Bayern | EW 8.652 | 368 m | Neumarkt/Oberpfalz 29 km, Ingolstadt 36 km

Die Gams
www.hotel-gams.de

★★★★ garni

Hauptstraße 16, PLZ 92339, **T 08461 6100,** F 610100
60 Zimmer | 2 Apartments | Ez ab 108 €, Dz 134–168 €, inkl. Frühstück

Wie schön sich Tradition und Moderne verbinden lassen, sieht man hier z.B. an den tollen modernen und gleichzeitig ländlich designten Gästezimmern. Doch keine Sorge, der geschätzte „Gams"-Charme ist in diesem familiär geführten Haus erhalten geblieben. Ein schöner Rückzugsort ist das SPA-Haus mit Saunen, beheiztem Dachpool und angrenzender Sonnenterrasse.

Fuchsbräu
www.fuchsbraeu.de

★★★★ garni

Hauptstraße 23, PLZ 92339, **T 08461 6520,** F 652160
71 Zimmer | 2 Suiten | Ez 99–125 €, Dz 130–184 €, inkl. Frühstück | 24 h

Familienbetrieb in der 5. Generation mit individuell und freundlich, im modernen Landhausstil eingerichteten Zimmern, teilweise mit Balkon und Holzboden. Kleiner Freizeitbereich mit finnischer Sauna und Fitnessraum, schöner Garten. Im Restaurant mit Biergarten wird regionale Slowfoodküche serviert.

Schattenhofer
www.braugasthof-schattenhofer.de

garni

Hauptstraße 44, PLZ 92339, **T 08461 64130,** F 641389
49 Zimmer

Eine traditionsreiche Adresse im Herzen der Beilngrieser Altstadt. Nach zweijähriger Komplettsanierung sind hinter den historischen Mauern helle, moderne Wohlfühlzimmer entstanden. Für Entspannung sorgt ein kleiner Saunabereich. Morgens erwartet den Gast ein gutes Frühstück mit heimischen Schmankerln, frischem Obst und Kaffeespezialitäten. Im denkmalgeschützten Bräustüberl werden hausgemachte Brotzeiten, regionale und saisonale Speisen sowie brauereieigenes, frisch gezapftes Bier serviert.

Der Millipp
www.millipp.de

★★★★ S garni

Hauptstraße 9, PLZ 92339, **T 08461 1203,** F 7870
34 Zimmer | 2 Suiten | Ez ab 110 €, Dz ab 131 €, inkl. Frühstück | 24 h

Aufwendig restaurierter Gasthof mit Landmetzgerei, dessen Geschichte bis ins 15. Jhd. zurückreicht. Geschmackvoll und gemütlich eingerichtete Zimmer, teils mit nostalgischem Fachwerk. Für Entspannung sorgt eine kleine Saunalandschaft. Rustikales Restaurant mit regionaler Küche und lauschigem Innenhofbiergarten.

BEILSTEIN 51 D
www.beilstein.de

Baden-Württemberg | EW 6.178 | 258 m | Heilbronn 17 km, Ludwigsburg 27 km

Mayer's Burgrestaurant Hohenbeilstein
www.burg-beilstein.de

Langhansstraße 1, PLZ 71717 (OT: Hohenbeilstein), **T 07062 65077**
65 | Hauptgericht 17–35 €, Menü 44–66 € | Sa-So Mi-So Mo, Di

Hoch über Beilstein am Rande der Löwensteiner Berge liegt - umringt von Weinreben - diese hist. Burganlage. Aber nicht nur wegen der tollen Aussicht lohnt sich ein Besuch, man kann hier auch wunderbar speisen. In der heimeligen Gaststube wird eine saisonale Küche mit regionalen Produkten serviert. Probieren Sie z.B. „Wildragout mit Waldpilzen und Spätzle vom Brett" oder „Saltimbocca von der Poulardenbrust auf Tomatenrisotto"! Für Feierlichkeiten empfiehlt sich das ausgebaute Kellergewölbe.

BELLHEIM 50 D
www.suedpfalz-tourismus-vg-bellheim.de

Rheinland-Pfalz | EW 9.188 | 116 m | Germersheim 7 km, Landau 13 km

Lindner's
www.lindner-hotel.de

€ Gut & Günstig garni

Postgrabenstraße 52-54, PLZ 76756, **T 07272 972060,** F 9720630
21 Zimmer | Ez ab 75 €, Dz ab 104 €, inkl. Frühstück | 22.12.23–14.1.24

Gepflegtes Familienhotel mit wohnlichen Zimmern unterschiedlicher Kategorien. Ideale Adresse für Rad- und Wandertouristen. Gutes Frühstück.

BELLINGEN, BAD 64 A
www.bad-bellingen.de

Baden-Württemberg | EW 4.480 | 257 m | Lörrach 20 km, Freiburg 40 km

Folgen Sie uns: facebook.com/vartaguide

Kurhotel Markushof
www.hotel-markushof.de

Badstraße 6, PLZ 79415, **T 07635 31080,** F 310888
48 Zimmer | 2 Suiten | 1 Apartment | Ez 75–95 €, Dz 140–190 € | 24 h

Direkt am Kurpark liegt diese wohnliche Adresse. Das Haus bietet funktionell eingerichtete Gästezimmer. Im rustikalen Restaurant werden badische Gerichte und regionale Weine serviert. Im Nachbarhaus „Quellenhof“ steht den Gästen eine große Gartenanlage mit Liegewiese und Freischwimmbad zur Verfügung.

BELZIG, BAD 25 D
www.bad.belzig.com

Brandenburg | EW 11.250 | 105 m | Treuenbrietzen 24 km, Brandenburg 37 km

Paulinen Hof
www.paulinenhof.de

GREENSIGN

Kuhlowitzer Dorfstraße 1, PLZ 14806 (OT: Kuhlowitz), **T 033841 44080,** F 440825
40 Zimmer

In landschaftlich reizvoller Lage empfängt Sie dieser 100 Jahre alte Vierseithof. Modernes Wohlfühlflair, historischer Charme und idyllische Ruhe - all das verspricht dieses liebevoll renovierte Hotel. Die hellen, zeitgemäßen Zimmer hat man mit hochwertigen Materialien und nach ökologischen Gesichtspunkten eingerichtet. Dazu ein schöner SPA mit 2 Saunen, Dampfbad und Schwimmbad. Im Restaurant wird regional-bodenständig gekocht.

BEMPFLINGEN 58 A
www.bempflingen.de

Baden-Württemberg | EW 3.390 | 336 m | Metzingen 5 km, Nürtingen 11 km

Krone
www.kronebempflingen.de

Brunnenweg 40, PLZ 72658, **T 07123 31083**
60 | Hauptgericht 28–43 €, Menü 68 € | Do-Sa Mi-Sa Mo, Di, So

Traditionsreiches Restaurant mit liebevoll gestalteten, rustikalen Gasträumen. Die Speisekarte bietet klassische internationale Gerichte wie z.B. „Kalbsfilet rosa gebraten auf Limonenrisotto, Morchelrahm und kleines Gemüse“. Freundlicher Service. Kleine Gartenterrasse.

BENDESTORF 15 C
www.bendestorf.de

Niedersachsen | EW 2.275 | 36 m | Harburg 12 km, Hamburg 39 km

Meinsbur Boutiquehotel
www.lieblingsplatz-hotels.de/meinsbur

Gartenstraße 2, PLZ 21227, **T 04183 77990,** F 6087
14 Zimmer | 2 Suiten

Das hübsche Boutique-Hotel ist die ideale Adresse für einen Zwischenstopp auf dem Weg zur Nordsee! Das über 400 Jahre alte Fachwerkhaus mit Reetdach, eingerahmt von einem großzügigen Garten mit altem Baumbestand, gefällt wegen seiner individuellen Einrichtung. Über die hist. Holztreppe gelangt man zu den stilvollen Wohlfühlzimmern, die vor ein paar Jahren komplett renoviert wurden.

BENDORF 40 D
www.bendorf.de

Rheinland-Pfalz | EW 17.173 | 80 m | Koblenz 11 km, Bonn 63 km

Romantik Hotel Villa Sayn
www.villasayn.com

★★★★

Koblenz-Olper-Straße 111, PLZ 56170 (OT: Sayn), **T 02622 94490,** F 944944
16 Zimmer | 5 Suiten | Ez ab 105 €, Dz ab 130 €

Hier lässt sich der Alltag vergessen! Die unter Denkmalschutz stehende Villa aus dem Jahre 1862 präsentiert sich in mediterranem Ambiente. Die Gästezimmer sind freundlich und sehr stilvoll im toskanischen Stil eingerichtet. Das Gourmetrestaurant „La Toscana" mit malerischer Balkonterrasse serviert internationale Küche mit mediterranen Einflüssen.

BENZ (BEI WISMAR) 17 A
www.amt-neuburg.de

Mecklenburg-Vorpommern | EW 628 | 31 m | Wismar 11 km, Rostock 54 km

Schloss Gamehl
www.schloss-gamehl.de

Gamehl 26, PLZ 23970 (OT: Gamehl), **T 038426 22000,** F 22693
19 Zimmer | 5 Suiten | 2 Apartments | Ez 140–170 €, Dz 170–200 €, inkl. Frühstück

Ein repräsentatives Anwesen in landschaftlich reizvoller Lage. Das Haus wurde 1860 im neugotischen Stil erbaut. Es verfügt über liebevoll eingerichtete Zimmer und Suiten mit individueller Raumgestaltung und hochwertigem Interieur. Das Restaurant befindet sich im originalgetreu restaurierten Festsaal. Nette Sonnenterrasse mit Blick auf den Park.

BERCHING 53 D
www.berching.de

Bayern | EW 8.617 | 385 m | Beilngries 8 km, Neumarkt 21 km

Post Berching
www.post-berching.de

VARTA-TIPP Ambiente

★★★★

Johannesbrücke 5, PLZ 92334, **T 08462 200420**
32 Zimmer | 3 Suiten | Ez 109–140 €, Dz 138–180 €, inkl. Frühstück | ⦸ 24.12.23, 2.–14.1.24

In den Mauern eines wunderschönen barocken Palais von 1736 befindet sich das liebevoll sanierte Hotel. Individuell und freundlich eingerichtete Zimmer, eine Wellnesslounge mit Sauna, Massagen und Beauty-Behandlungen sowie ein gemütliches Gewölberestaurant sorgen für reichlich Wohlfühlflair. Großzügige Tagungsräume machen das Haus auch für Geschäftsreisende zu einer interessanten Destination.

BERCHTESGADEN 69 A
www.berchtesgaden.de

Bayern | EW 7.662 | 572 m | Bad Reichenhall 18 km, Salzburg 24 km

Kempinski
www.kempinski.com/berchtesgaden

★★★★★S

Hintereck 1, PLZ 83471 (OT: Obersalzberg), **T 08652 97550,** F 97559999
138 Zimmer | 12 Suiten | Ez 300–415 €, Dz 340–615 €, 40,00 € | 24 h

Mit seiner exklusiven Lage auf 1.000 Metern Höhe sowie dem atemberaubenden Ausblick auf die Berchtesgadener Bergwelt ist das Luxushotel ein Rückzugsort der ganz besonderen Art. Auf drei Etagen erwarten Sie komfortable Zimmer und Suiten mit großen Panoramafenstern sowie edlen Granitbädern. Sehr gutes SPA-Angebot mit Innen- sowie beheiztem Außenpool. Darüber hinaus gibt es vielfältige Optionen für sportliche Aktivitäten und Kulinarik auf höchstem Niveau.

Gourmet Restaurant PUR

VARTA-TIPP Küche **VARTA-TIPP Service**

32 | Menü 165–215 € | Mi-Sa Mo, Di, So

Ruhige Farben und puristisches Interieur sorgen in diesem Fine-Dining-Restaurant für atmosphärische Gelassenheit. Chefkoch Ulrich Heimann begeistert in seinem Menü (5 oder 7 Gänge) mit klassisch europäischen Gourmetkompositionen, die sich durch unverfälschten Geschmack und beste regionale Zutaten auszeichnen. Das geschulte Serviceteam unter der Leitung von Christian Sundt-Johannesen begleitet Sie mit Kompetenz und Liebenswürdigkeit durch den Abend.

Alpinhotel

www.alpinhotel.de

Rossfeldstraße 34, PLZ 83471, **T 08652 63015,** F 66469
18 Zimmer, Dz ab 98 €, inkl. Frühstück

Das familiär geführte Hotel wurde liebevoll und aufwendig saniert. Die Mühe hat sich gelohnt: Das geschmackvolle Haus fügt sich bestens in die hiesige Bergwelt ein. Es bietet freundliche Zimmer im alpinen Stil. Einmalige Lage, hübsche Panoramaterrasse. E-Ladestation für Elektroautos vorhanden.

Neuhäusl

www.neuhaeusl.de

Wildmoos 45, PLZ 83471 (OT: Oberau), **T 08652 9400,** F 940240
29 Zimmer | 9 Suiten

Persönlich geführtes Wohlfühlhotel mit gemütlichen Zimmern im alpinen Stil. Wellnessbereich auf 250 qm mit finnischer Sauna, Dampfbad und Solestollen. Charmante Gaststuben mit bayerischer Küche und sonnendurchflutetem Wintergarten.

Lockstein 1 **Neu!**

www.biohotel-kurz.de

Locksteinstraße 1 (im Biohotel Kurz), PLZ 83471, **T 08652 9800**
Menü 60 € | Mo-So

Wer bei Christl und Gabi Kurz einkehrt, darf sich auf eine phantasievolle vegane und vegetarische Küche freuen, die Ihnen in mehreren kleinen Gängen serviert wird. Dabei verwendet die Chefin ausschließlich frische Produkte, weitgehend aus biologischem Anbau. Das Ambiente ist ländlich-gemütlich mit schön gedeckten Holztischen und frischen Blumen. In dem über 500 Jahre alten Bauernhaus kann man auch übernachten.

Berchtesgadener Esszimmer

www.esszimmer-berchtesgaden.com

Nonntal 7, PLZ 83471 (OT: Nonntal), **T 08652 6554301**
15 | Hauptgericht 32–45 €, Menü 98–125 € | Di-Sa Mo, So

»

Ein innovatives, junges Restaurant, das für Regionalität, Nachhaltigkeit und Qualität steht. Sie speisen in den liebevoll renovierten Gewölbezimmern des ehemaligen „Gasthaus Nonntal“. Der Patron kocht traditionell-bodenständig mit modernen Einflüssen. Dabei verwendet er überwiegend heimische Zutaten, u.a. Pilze und Wildkräuter aus dem Berchtesgadener und Salzburger Raum.

BERG (STARNBERGER SEE) 67 B www.gemeinde-berg.de

Bayern | EW 8.141 | 639 m | Starnberg 6 km, München 27 km

Schloss Berg www.hotelschlossberg.de

Ölschlag 9, PLZ 82335, **T 08151 9630,** F 96352
44 Zimmer, Dz 79–199 €, inkl. Frühstück

Ein familiengeführtes Hotel am idyllischen Ostufer des Starnberger Sees. Das Feriendomizil ist nicht nur mit einem wunderschönen Panoramablick gesegnet, es bietet auch wohnliche Zimmer in verschiedenen Kategorien - wahlweise zur Land- oder zur Seeseite. Für Entspannung sorgt eine Wohlfühloase mit Dampfbad, Sauna, Infrarotkabine und Ruhebereich. Gemütliche Kaminbar. Hauseigener E-Bike-Verleih.

BERGEN B. AUERBACH 45 C www.vogtlandtourist.de

Sachsen | EW 997 | 473 m | Plauen 20 km, Hof 45 km

Landhaus Marienstein www.landhaus-marienstein.de

Thomas-Müntzer-Straße 9, PLZ 08239, **T 037463 8510,** F 851
14 Zimmer | 1 Apartment | Ez 76–96 €, Dz 145–199 €, 9,00–18,00 €

Romantisches Ferienhotel mit Fachwerk und Granitmauern. Helle, im Landhausstil eingerichtete Zimmer. Wellnessetage mit finnischer Sauna und Dampfbad. Im Restaurant regionale Küche (nur auf Vorbestellung geöffnet).

BERGHAUPTEN 56 D www.berghaupten.de

Baden-Württemberg | EW 2.418 | 172 m | Gengenbach 2 km, Offenburg 7 km

Hirsch www.hirsch-berghaupten.de

Dorfstraße 9, PLZ 77791, **T 07803 93970**
80 | Hauptgericht 16–33 €, Menü 45–55 € | Sa-So Di-Sa Mo

Ein gepflegtes Gasthaus mit ländlicher Atmosphäre und herzlicher Gastfreundschaft. Große Auswahl an klassischen und traditionell badischen Gerichten, z.B. „Kalbsrückensteak mit frischen Pfifferlingen, Rahmsauce und hausgemachte Spätzle“. Dazu serviert man gute regionale Weine. Bei schönem Wetter lädt die lauschige Gartenterrasse zum Verweilen ein. Helle, freundliche Hotelzimmer.

BERGISCH GLADBACH 40 A www.bergischgladbach.de

Nordrhein-Westfalen | EW 109.425 | 100 m | Köln 15 km, Bonn 36 km

Jetzt abonnieren: instagram.com/vartaguide

Schloss Bensberg

www.schlossbensberg.com

VARTA TIPP Ambiente VARTA TIPP Service

★★★★★S garni

Kadettenstraße, PLZ 51429 (OT: Bensberg), **T 02204 420**
120 Zimmer | 36 Suiten | Ez ab 155 €, Dz ab 175 €, ab 38,00 € | 24 h

In dieser wunderschönen Schlossanlage logieren Sie in fürstlich ausgestatteten Zimmern und Suiten. Elegante Stilmöbel, hochwertige Stoffe, edle Bäder... Luxus pur so weit das Auge reicht. Dazu eine bezaubernde SPA- und Saunalandschaft auf 1.000 qm mit Pool und modernem Saunabereich. Wirklich toll das Frühstück! Und auch das Service- und Dienstleistungsniveau ist in allen Bereichen des Hotels vorbildlich.

Vendôme

VARTA TIPP Küche VARTA TIPP Service

38 | Menü 240–285 € | Mi-So Mo, Di

Wie man es in dem luxuriösen Grandhotel erwartet, ist auch im durchgestylten Gourmetrestaurant alles überaus hochwertig und stilvoll. Dem steht die Küche von Joachim Wissler in nichts nach. Er ist ein Ausnahmetalent und gehört zur absoluten Kochelite im Land. Seine fantasievollen Menüs sind eine gelungene Mischung aus klassischer Kochkunst, Kreativität und Moderne. Dass Wissler inzwischen verstärkt den Fokus auf die vegetarische Küche setzt, kommt bei den Gästen sehr gut an. Vorbildlich die eingespielte und top motivierte Servicecrew samt Sommelière Hannah Schmiderer.

Trattoria Enoteca

60 | Hauptgericht 22–39 €, Menü 54–64 € | Sa-So Mo-So

Trattoria mit mediterraner Einrichtung und warmen Farben. Serviert wird schmackhafte italienische Landküche. Mögen Sie z.B. „Heimischer Rinderschaufelbug | dreierlei Bohnen | Amalfizitrone | Polenta"? Mittags wechselndes Lunchmenü.

Malerwinkel

www.malerwinkel-hotel.de

garni

Fischbachstraße 3, PLZ 51429 (OT: Bensberg), **T 02204 95040,** F 9504100
40 Zimmer | 2 Suiten | 2 Apartments | Ez ab 98 €, Dz ab 169 €, inkl. Frühstück

Das persönlich geführte Privathotel besteht aus mehreren hist. Fachwerkhäusern. Hier erwarten den Gast gepflegte Zimmer unterschiedlichster Größen und Einrichtungsstile. Für Entspannung sorgt der begrünte Innenhof. Eine Übernachtungsadresse, die für Geschäftsleute wie Wochenendtouristen gleichermaßen attraktiv ist.

BERGKIRCHEN 60 C www.bergkirchen.de

Bayern | EW 7.391 | 521 m | Dachau 4 km, Fürstenfeldbruck 14 km

Gasthaus Weißenbeck www.weissenbeck.de

Ludwig-Thoma-Straße 56, PLZ 85232 (OT: Unterbachern), **T 08131 72546**
120 | Hauptgericht 19–32 €, Menü 52–57 € | Sa-So Mo, Di

Frische und wirklich gute Produkte kommen in diesem sympathischen Gasthaus auf den Tisch. Mutter und Tochter stehen am Herd und begeistern mit ihrer süddeutsch-mediterranen Landhausküche. Auf der Karte stehen Gerichte wie „Gegrillter Schwertfisch mit Ragout von Schmortomaten und Kalamata-Oliven, Linsenpüree und Paprikacreme". Reizvolles Gartenlokal.

BERGNEUSTADT 30 C www.bergneustadt.de

Nordrhein-Westfalen | EW 20.000 | 240 m | Gummersbach 10 km, Olpe 19 km

Rengser Mühle www.rengser-muehle.de

Niederrengse 4, PLZ 51702 (OT: Niederrengse), **T 02763 91450**
95 | Hauptgericht 19–40 € | Mi-So Mo, Di

Idyllisch am Bachlauf gelegene ehem. Getreidemühle aus dem 16. Jhd. mit rustikalem Ambiente. Serviert werden markt- und saisonabhängige Spezialitäten aus der Region, z.B. „Zarter bergischer Kalbstafelspitz auf leichter Meerrettichsauce mit Kartoffelkroketten". Idyllischer Kaffeegarten.

BERGZABERN, BAD 50 D www.bad-bergzaberner-land.de

Rheinland-Pfalz | EW 7.763 | 170 m | Landau 14 km, Karlsruhe 35 km

Schlosshotel Bergzaberner Hof www.bergzaberner-hof.de

★★★★

Königstraße 55-57, PLZ 76887, **T 06343 9365860,** F 93658699
21 Zimmer | 2 Suiten | Ez 89–125 €, Dz 155–175 €, inkl. Frühstück

Das stilvolle Hotel befindet sich in der ehemaligen „Remise" des Bergzaberner Schlosses. Die mit Liebe zum Detail eingerichteten Zimmer und Suiten bestechen durch ihren besonderen Charme und den unverwechselbaren Charakter. Erholsame Stunden garantiert der Wellnessbereich im originalen Rohsteingewölbe. Im Restaurant „[becks]" werden regionale und internationale Gerichte serviert.

BERLEBURG, BAD 30 D www.blb-tourismus.de

Nordrhein-Westfalen | EW 20.083 | 420 m | Bad Laasphe 21 km, Winterberg 23 km

Alte Schule www.hotel-alteschule.de

★★★ S

Goetheplatz 1, PLZ 57319, **T 02751 9204780,** F 9204781
40 Zimmer | 4 Suiten | Ez 79–115 €, Dz 139–219 €, inkl. Frühstück

Geschmackvoll ausgestattetes Themenhotel direkt am Schloss des Fürsten Sayn-Wittgenstein. Das Gebäude, in dem von 1923 bis 1954 die örtliche Schule untergebracht war, beherbergt heute wohnliche Gästezimmer mit individuellem Charme. Das Restaurant befindet sich im ehemaligen Schulraum und bietet sowohl regionale als auch internationale Küche.

Altes Museum
www.hotel-altesmuseum.de

VARTA-TIPP Ambiente

★★★ S garni

Goetheplatz 3, PLZ 57319, **T 02751 9204780,** F 9204781
7 Zimmer | 2 Suiten | Ez 103–115 €, Dz 144–164 €, inkl. Frühstück

In diesem Gästehaus logieren Sie im ehem. Stadtmuseum, das im Jahre 1825 nach einem großen Brand wieder aufgebaut und nun liebevoll zum Hotel umgebaut wurde. Die individuelle Zimmereinrichtung verbindet modernes Design mit romantisch-nostalgischem Charme. Ideale Adresse für einen Kurzurlaub zu zweit.

BERLIN 26 B
visitberlin.de

Berlin | EW 3.431.675 | 34 m | Potsdam 37 km, Frankfurt/Oder 90 km

Brandenburger Tor, Holocaust-Mahnmal, Siegessäule, Akademie der Künste am Pariser Platz, Straße Unter den Linden, Reiterdenkmal Friedrichs II., Deutsche Staatsoper, Gendarmenmarkt, Dorotheenstädtischer Friedhof, Oranienburger Straße, Dom, Museumsinsel (UNESCO-Weltkulturerbe) mit Alter Nationalgalerie und Pergamonmuseum, Fernsehturm, Potsdamer Platz, Reichstag, Kurfürstendamm, Jüdisches Museum, Klosterruine Chorin, Schloss Charlottenburg, Checkpoint Charlie.

Einen Cityplan finden Sie auf Seite 186–191.

Jetzt vorbeischauen: pinterest.com/vartaguide

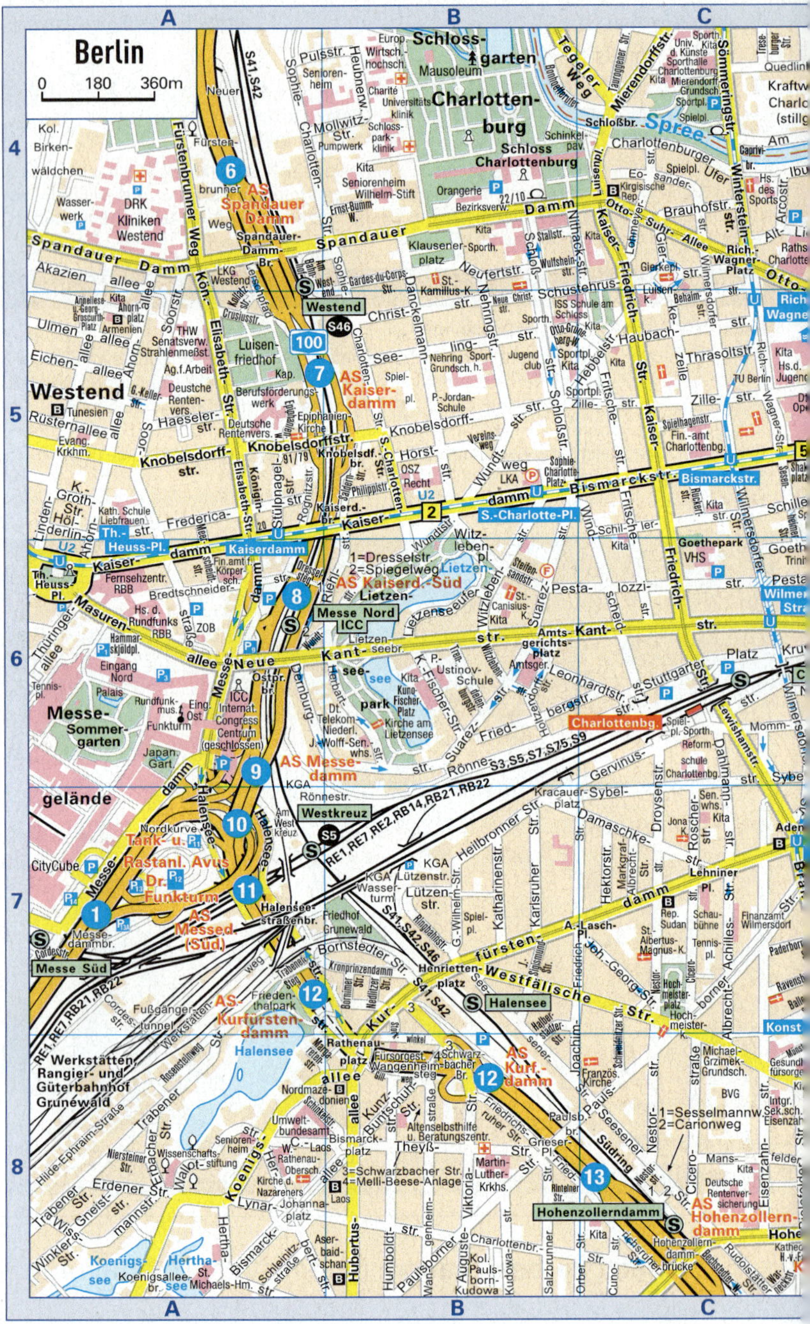

A
B
C
4
5
6
7
8
Berlin
0 180 360m
Schloss-garten
Mausoleum
Charlotten-burg
Schloss Charlottenburg
Orangerie
Spree
Tegeler Weg
Schloßbr.
Charlottenburger Ufer
Spandauer Damm
Otto-Suhr-Allee
Kol. Birken-wäldchen
DRK Kliniken Westend
AS Spandauer Damm
Westend
S46
100
AS Kaiser-damm
Luisen-friedhof
Klausener-platz
Neufertstr.
Schustehrusstr.
Haubachstr.
Thrasoltstr.
Zillestr.
Knobelsdorffstr.
Akazienallee
Ulmenallee
Eichenallee
Rüsternallee
Soorstr.
Fürstenbrunner Weg
Elisabeth-Str.
Königin-Elisabeth-Str.
Sophie-Charlotten-Str.
Danckelmannstr.
Nehringstr.
Schloßstr.
Kaiser-Friedrich-Str.
Wilmersdorfer Str.
Richard-Wagner-Platz
Bismarckstr.
Kaiserdamm
Th.-Heuss-Pl.
S.-Charlotte-Pl.
Frederica-str.
Masurenallee
Messedamm
AS Kaiserd.-Süd
Lietzen-see
Lietzensee
Messe Nord ICC
Neue Kantstr.
Kantstr.
Amts-gerichts-platz
Leonhardtstr.
Stuttgarter Platz
Charlottenbg.
Goethepark
Pestalozzistr.
Wilmersdorfer Str.
Witzleben-pl.
Suarezstr.
Messe-gelände
Sommer-garten
Funkturm
ICC Internat. Congress Centrum (geschlossen)
AS Messe-damm
Westkreuz
S5
Tank- u. Rastanl. Avus
Dr. Funkturm
AS Messed. (Süd)
Messe Süd
CityCube
Halenseestr.
Halenseestraßenbr.
Rönnestr.
Kracauer-platz
Gervinusstr.
Sybelstr.
Damaschkestr.
Heilbronner Str.
Katharinenstr.
Karlsruher Str.
Lützenstr.
Friedhof Grunewald
Bornstedter Str.
Henrietten-platz
Halensee
Westfälische Str.
Kurfürstendamm
AS Kurfürsten-damm
AS Kurf.-damm
Lehniner Pl.
Albrecht-Achilles-Str.
Joachim-Friedrich-Str.
Werkstätten, Rangier- und Güterbahnhof Grunewald
Rathenau-platz
Koenigsallee
Hubertusallee
Bismarckallee
Hertha-see
Koenigs-see
Caspar-Theyß-Str.
Paulsborner Str.
Hohenzollerndamm
AS Hohenzollern-damm
Südring
1=Sesselmannweg
2=Carionweg
3=Schwarzbacher Str.
4=Melli-Beese-Anlage
1=Dresselstr.
2=Spiegelweg
Cicerostr.
Nestorstr.

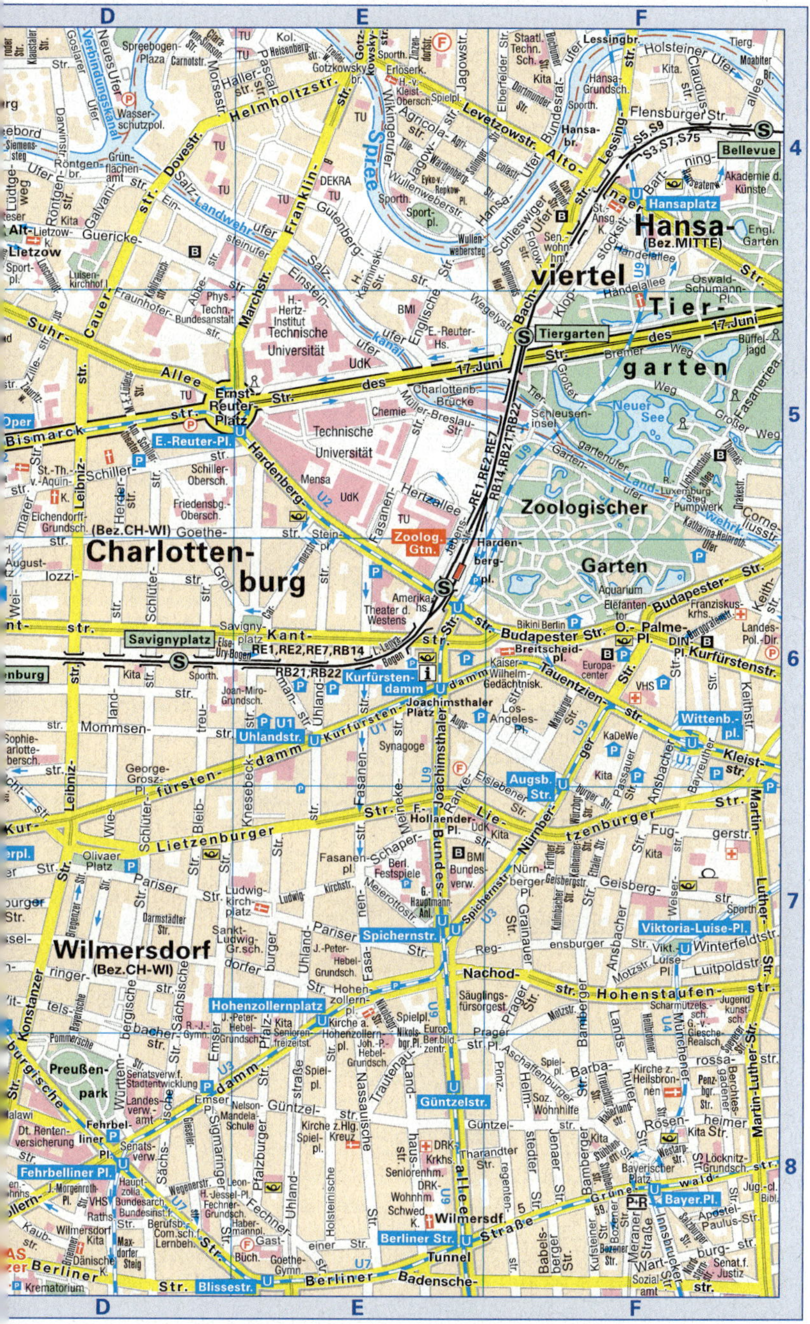
D
E
F
4
5
6
7
8
Hansa-
(Bez.MITTE)
viertel
Tier-
garten
Zoologischer
Garten
Charlotten-
burg
(Bez.CH-WI)
Wilmersdorf
(Bez.CH-WI)
Bellevue
Hansaplatz
Tiergarten
E.-Reuter-Pl.
Ernst-
Reuter-
Platz
Zoolog.
Gtn.
Savignyplatz
Kurfürsten-
damm
Uhlandstr.
Wittenb.-
pl.
Augsb.
Str.
Spichernstr.
Viktoria-Luise-Pl.
Hohenzollernplatz
Güntzelstr.
Fehrbelliner Pl.
Berliner Str.
Bayer.Pl.
Blissestr.
Technische
Universität
UdK
Neuer
See
Aquarium
Bikini Berlin
Europa-
center
KaDeWe
Bismarck
Suhr-
Allee
Hardenberg-
Kant-
Budapester Str.
Kurfürstenstr.
Tauentzien-
Lietzenburger
Hohenstaufen-
Nachod-
Kleist-
Martin-Luther-Str.
Bundes-
allee
Berliner
Badensche-
Levetzowstr.
Alt-
Helmholtzstr.
Spree
Landwehr-
kanal
17.Juni
des
Str.
Flensburger Str.
Holsteiner Ufer
Joachimsthaler
Platz
Hertzallee
Mommsen-
Pariser
Güntzel-
Preußen-
park
Amerika-
hs.
Theater d.
Westens
Synagoge
Tunnel
RE1,RE2,RE7,RB14
RB21,RB22
S5,S9
S3,S7,S75

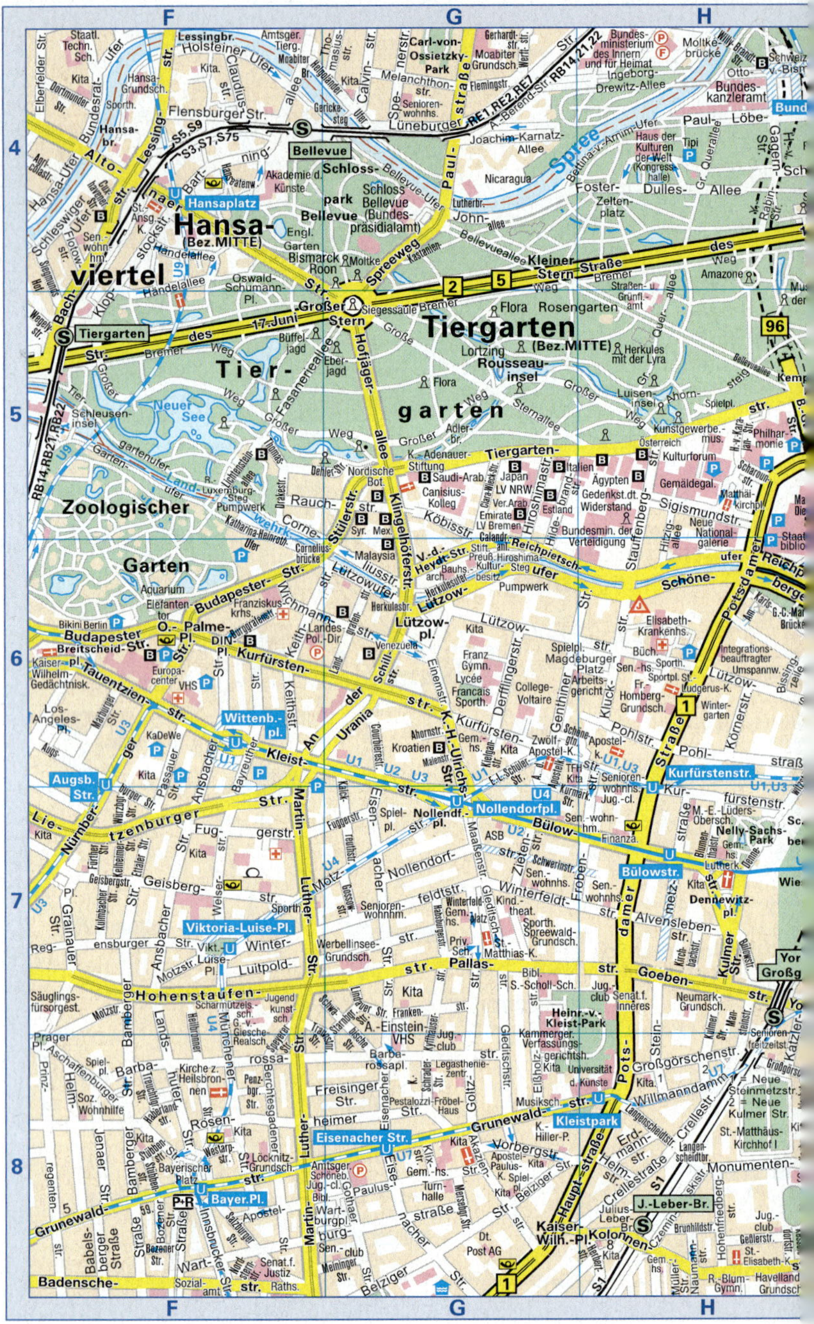
F
G
H
4
5
6
7
8
Hansa-
viertel
(Bez.MITTE)
Hansaplatz
Bellevue
Schloss-
park
Bellevue
Schloss
Bellevue
(Bundes-
präsidialamt)
Tiergarten
(Bez.MITTE)
Tier-
garten
Großer
Stern
Siegessäule
Neuer
See
Zoologischer
Garten
Spree
Haus der
Kulturen
der Welt
(Kongress-
halle)
Bundes-
kanzleramt
Moltke-
brücke
Lessingbr.
Flensburger Str.
Altonaer Str.
Händelallee
Straße des 17.Juni
Spreeweg
John-Foster-Dulles-Allee
Paulstr.
Lüneburger Str.
Carl-von-Ossietzky-Park
Rosengarten
Luiseninsel
Rousseau-
insel
Tiergartenstr.
Reichpietschufer
Schöneberger Ufer
Lützowufer
Landwehrkanal
Klingelhöferstr.
Hofjägerallee
Stülerstr.
Budapester Str.
Kurfürstenstr.
Lützowpl.
Breitscheid-Pl.
Kaiser-Wilhelm-Gedächtniskirche
Europa-center
KaDeWe
Tauentzienstr.
Wittenbergpl.
Kleiststr.
An der Urania
Nollendorfpl.
Bülowstr.
Kurfürstenstr.
Potsdamer Str.
Nürnberger Str.
Augsb. Str.
Viktoria-Luise-Pl.
Winterfeldtstr.
Pallasstr.
Goebenstr.
Hohenstaufenstr.
Martin-Luther-Str.
Heinr.-v.-Kleist-Park
Kleistpark
Grunewaldstr.
Eisenacher Str.
Bayer.Pl.
Kaiser-Wilh.-Pl.
J.-Leber-Br.
Yorckstr.
Großgörschenstr.
Kulmer Str.
Dennewitz-pl.
Nelly-Sachs-Park
Magdeburger Platz
Philharmonie
Kulturforum
Gemäldegal.
Neue Nationalgalerie
Staatsbibliothek
Elisabeth-Krankenhs.
Badensche-Str.
Hauptstraße
Monumentenstr.
Crellestraße
1 = Neue Steinmetzstr.
2 = Neue Kulmer Str.

J
K
L
4
5
6
7
8
Friedrichstr.
RB21
Museumsinsel
City Quartier
Berliner Dom
Lustgtn.
Fernsehturm
St.-Marien-K.
Rotes Rathaus
Spandauer Str.
Karl-Liebknecht-Str.
Rathausstr.
Grunerstr.
Molkenmarkt
Nikolaiviertel
Berl. Raths.
Dt.Bundestag
Marschall-br.
Bundespressea.
Reichstagufer
Dorotheenstr.
Doro-Humboldt-Uni.
Neue Wache
Dt. Hist. Mus.
Unter den Linden
Humboldt Forum (Berliner Schloss)
Rathausbr.
Marstall
Ephraim-palais
Stadtbibl.
Mühlendammbr.
Spree
Pariser Platz
Brandenburger Tor
Brandenb. Tor
Unter d. Linden
Komische Oper
Bebelpl.
Staatsoper
Werderscher Markt
Schlossplatz
Breite Str.
Mühlendamm
Märk. Mus.
Fischerinsel
Platz d. 18. März
Behrenstr.
Französische Str.
Hausvogteipl.
Holocaust Mahnmal
Goethe
Jägerstr.
Gendarmenmarkt
Deutscher Dom
Taubenstr.
Kurstr.
Niederwallstr.
Gertraudenstr.
Spittelmarkt
Wallstr.
Spreekanal
Lennéstr.
Ebertstr.
Hannah-Arendt-Str.
Mohrenstr.
Stadtmitte
Kronenstr.
Leipziger Str.
Krausenstr.
Schützenstr.
Seydelstr.
Kommandantenstr.
Sebastianstr.
Alte Jakobstr.
Beisheim Center
MALL OF BERLIN
Voßstr.
Potsdamer Pl.
Leipziger Platz
Bundesrat
Bundesmin.d. Finanzen
Mus. f. Kommunikation
Zimmerstr.
Axel-Springer-Str.
Bundesdruckerei
Stresemannstr.
Niederkirchnerstr.
M.-Gropius-Bau
Topographie des Terrors
Kochstr.
Rudi-Dutschke-Str.
Oranienstr.
Wal-Sport-platz
Otto-Suhr-Siedl.
deckpark
Anhalter Str.
Friedrichstr.
Besselstr.
Ritterstr.
Museum "Berlinische Galerie"
Askan. Pl.
Anhalter Bhf.
Mendelss. Barth.-Park
Schöneberger Str.
Hedemannstr.
Bessel-Park
Kreuzberg
(Bez. FR-KR)
Lindenstr.
Jüdisches Museum
Neuenburger Str.
Alte Jakobstr.
Ritterstr.
Franz-Klühs-Str.
Wassertorstr.
Halleschesufer
Tempelhofer Ufer
Möckernbr.
Möckernstr.
Hallesches Tor
Gitschiner Str.
Prinzenstr.
Zossener Str.
Waterlooufer
Landwehrkanal
Dt. Technik-mus.
Amerika-Gedenkbibl.
Blücherstr.
Baerwaldstr.
Urbanhafen
Mehringdamm
Obentrautstr.
Park am Gleisdreieck
Wartenburgstr.
Yorckstr.
Yorckstraße
Großbeerenstr.
Hornstr.
Gneisenaustr.
Gneisenaustraße
Kreuzberg
(Bez.FR-KR)
Urbanstr.
Südstern
Hagelberger Str.
Bergmannstr.
Zossener Str.
Solmsstr.
Friesenstr.
Marheinekeplatz
Viktoriapark
Kreuzberg 66
National-denkm.
Methfesselstr.
Katzbachstr.
Pl.d.Luftbrücke
Alexis-Str.
Columbiadamm
Dudenstr.
Flughafen
Jüterboger Str.
Lilienthalstr.
96
Berlin
0
180
360m

J
K
L
1
2
3
4
5
Gesund-
brunnen
(Bez.MITTE)
Mauer-
park
Friedrich-Ludwig-Jahn-Sportpark
Voltastr.
Bernauer Str.
Eberswalder Str.
Schwartz-kopffstr.
Bundesnachrichtendienst
Nordbf.
Naturkunde-museum
Rosenthaler Pl.
Torstr.
Oranienb. Tor
Oranienburg. Tor
Oranienburger Str.
Weinmeister-str.
Mitte
(Bez.MITTE)
Kliniken des
Campus
Charité
Mitte
Universität
Hackescher Markt
Friedrichstr.
Bundestag
Museums-insel
Unter d. Linden
Brandenb. Tor
Hausvogtei-pl.
Stadt-mitte
Mohrenstr.
Spittel-markt
Potsdamer Pl.
Kochstr.
Invalidenstr.
Chausseestr.
Leipziger Str.
Französische Str.
Behrenstr.
Unter den Linden
Oranienburger Str.
Wilhelmstr.
Friedrichstr.
Spandauer Str.
Karl-Liebknecht-Str.
Gertraudenstr.
Rudi-Dutschke-Str.
Oranienstr.
Kochstr.
Mauerstr.
Berlin
0
180
360m

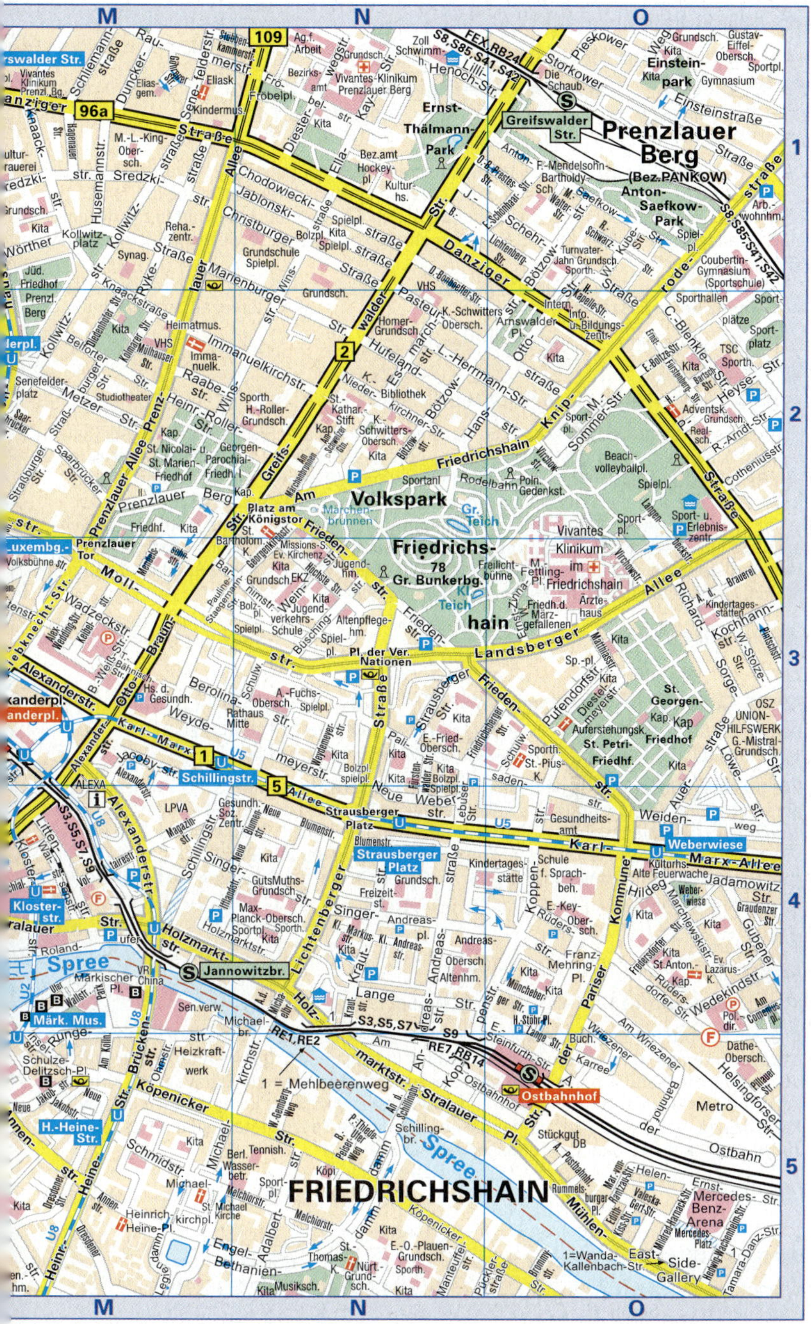
M
N
O
1
2
3
4
5
Prenzlauer Berg
(Bez. PANKOW)
Greifswalder Str.
Ernst-Thälmann-Park
Anton-Saefkow-Park
Einstein-park
Einsteinstraße
Danziger Str.
Volkspark Friedrichshain
Gr. Teich
Kl. Teich
Gr. Bunkerbg.
Landsberger Allee
Vivantes Klinikum im Friedrichshain
Platz am Königstor
Pl. der Ver. Nationen
Prenzlauer Allee
Prenzlauer Tor
Luxemb.-Pl.
Alexanderstr.
Alexanderpl.
Karl-Marx-Allee
Schillingstr.
Strausberger Platz
Weberwiese
Jannowitzbr.
Spree
Märk. Mus.
Klosterstr.
H.-Heine-Str.
Ostbahnhof
FRIEDRICHSHAIN
Mercedes-Benz-Arena
East-Side-Gallery
St. Georgen-Friedhof
St. Petri-Friedhf.
109
96a
1 = Mehlbeerenweg
1=Wanda-Kallenbach-Str.

Adlon Kempinski
www.kempinski.com/adlon

VARTA★TIPP Ambiente VARTA★TIPP Service

★★★★★S

Unter den Linden 77 (J4), PLZ 10117 (OT: Mitte), **T 030 22610,** F 22612222
387 Zimmer | 78 Suiten | Ez 270–720 €, Dz 270–720 €, 45,00 € | 24 h

Das Luxusdomizil mit seiner Lage am historischen Brandenburger Tor, der legendären Geschichte und den hohen Servicestandards setzt seit vielen Jahren Maßstäbe in der traditionsreichen Grand Hotellerie. Neben einer perfekten Gästebetreuung erwarten Sie dezent-elegant ausgestattete Zimmer und Suiten, mehrere Restaurants sowie ein großzügiger Day SPA.

Lorenz Adlon Esszimmer
www.lorenzadlon-esszimmer.de

VARTA★TIPP Küche VARTA-TIPP Service

35 | Menü 250–290 € | Mi-Sa Mo, Di, So 1.–14.1.24

Luxuriöses Ambiente, edle Tischkultur, dazu ein spektakulärer Blick auf den Pariser Platz... zweifellos eine der elegantesten Fine-Dining-Adressen der Stadt! Nach dem Ausscheiden von Hendrik Otto steht in dem ehrwürdigen Haus am Brandenburger Tor mit Reto Brändli seit 2022 ein hochbegabter Spitzenkoch am Herd. Auf Basis der klassischen französischen Haute Cuisine kreiert Brändli eine moderne und asiatisch beeinflusste Aromaküche, die nicht nur geschmacklich überzeugt, sondern auch mit überraschender Ästhetik und Liebe zum Detail. Die vielseitige Weinkarte umfasst über 1.000 Gewächse und bietet einige Raritäten. Fachkundig und aufmerksam agiert der Service.

Hotel de Rome
www.roccofortehotels.com

VARTA★TIPP Ambiente VARTA-TIPP Service

★★★★★S

Behrenstraße 37 (K4), PLZ 10117 (OT: Mitte), **T 030 4606090,** F 4606092000
145 Zimmer | 37 Suiten | Ez 280–750 €, Dz 280–750 €, 39,00 € | 24 h

Das prächtige Gebäude aus dem Jahr 1889 (einst Sitz der renommierten Dresdner Bank) beherbergt heute ein aufwendig und stilgetreu restauriertes Luxushotel. Uneingeschränktes Wohlfühlen garantieren die fabelhaften Zimmer und Suiten mit ihren schönen Stuckdecken sowie eigens angefertigten Möbeln. Entspannung bietet der SPA-Bereich mit 20 Meter langem Pool, Sauna und Fitnessraum. Tipp: Genießen Sie auf der Dachterrasse bei einem Drink die Berliner Skyline.

Chiaro

80 | Hauptgericht 18–44 € | Mo-Fr Mo-So

Das neu gestaltete Hotelrestaurant reflektiert mit seinem urbanen Look und dem kosmopolitischen Interieur perfekt den Zeitgeist Berlins. In elegantem Lifestyle-Ambiente treffen gedeckte, dunkle Wandfarben auf bedacht ausgewählte Farbakzente. Extravagante Kunstwerke, raffinierte Textilien sowie ein gut durchdachtes Lichtkonzept komplettieren das stylishe Raumdesign. Serviert werden authentische italienische Spezialitäten. Sehr nett sitzt man zur warmen Jahreszeit auf der Terrasse im Innenhof.

Regent
www.regenthotels.com/regent-berlin

VARTA★TIPP Ambiente VARTA★TIPP Service

★★★★★S

Charlottenstraße 49 (K4), PLZ 10117 (OT: Mitte), **T 030 20338,** F 20336119
195 Zimmer | 39 Suiten | Ez 280–535 €, Dz 280–535 €, 35,00 € | 24 h

Seit mehr als 25 Jahren wird in diesem Haus Hotelgeschichte geschrieben. Das Luxushotel mit seiner schönen Travertinfassade ist eine Wohlfühloase inmitten der quirligen Großstadt! Individueller Service und klassische Eleganz prägen dieses Haus, das zweifellos zu den Top-Adressen in Berlin zählt. Die stilvoll eingerichteten Zimmer und Suiten verfügen über großzügige Marmorbäder. Der exklusive Health Club bietet SPA, Saunen und ein hochmodernes Fitnessstudio.

Charlotte & Fritz

www.charlotteundfritz.com

T 030 20336363
86 | Hauptgericht 19–44 € | Do-Sa Mo, Di, Mi, So

Im modern-elegant gestalteten Casual-Dining-Restaurant, das ein wenig an die Berliner Salonkultur des 19. Jahrhunderts erinnert, bietet man eine heimatliche, frische Küche mit internationalen Einflüssen. Während der warmen Jahreszeit lockt die Summer Lounge im ruhigen Innenhof.

The Ritz-Carlton

www.ritzcarlton.com/Berlin

VARTA-TIPP Ambiente VARTA-TIPP Service

garni

Potsdamer Platz 3 (J5), PLZ 10785 (OT: Tiergarten), **T 030 337777,** F 337775555
303 Zimmer | 40 Suiten | 1 Apartment | Ez ab 215 €, Dz ab 330 €, 38,00 € | 24 h

Luxus pur am Potsdamer Platz. Und der beginnt bereits in der repräsentativen Lobby mit opulenter Marmortreppe und endet nicht erst beim exzellenten SPA-Bereich. Klassisch-elegant und top ausgestattet sind die Zimmer und Suiten. Ein schöner Rückzugsort ist die asiatisch angehauchte Tea Lounge. Zimmerservice wird rund um die Uhr angeboten. Für Veranstaltungen gibt es perfekte Räumlichkeiten. In jeder Hinsicht erstklassig ist das Bemühen um den Gast.

Pots

www.potsrestaurant.com

54 | Hauptgericht 28–38 €, Menü 69–119 € | Mo-Fr Di-Sa

Der neue kulinarische Hotspot der Berliner Restaurantszene. Gemütliche Sitznischen und eine offene Showküche sorgen für eine angenehm unkomplizierte Atmosphäre. Hier werden bekannte Klassiker der gesamtdeutschen Küche neu interpretiert. Auf der Weinkarte findet man rund 350 Weine aus Deutschland und der ganzen Welt.

Waldorf Astoria

www.waldorfastoriaberlin.de

garni

Hardenbergstraße 28 (E6), PLZ 10623 (OT: Charlottenburg), **T 030 8140000,** F 8140001
232 Zimmer | 80 Suiten | Ez ab 220 €, Dz ab 250 € | 24 h

Luxusherberge in der Berliner City West. Die Lage gegenüber der Kaiser-Wilhelm-Gedächtniskirche und dem Zoologischen Garten könnte kaum repräsentativer sein, ebenso Führung und Service! Die Innenarchitektur orientiert sich am Art-decó-Stil des New Yorks der zwanziger und dreißiger Jahre. Von den oberen Etagen des 118 Meter hohen Gebäudes hat man einen atemberaubenden Blick über die Hauptstadt.

Dorint Kurfürstendamm

hotel-berlin.dorint.com

garni

Augsburger Straße 41 (E6), PLZ 10789 (OT: Charlottenburg), **T 030 8009990**
311 Zimmer | 44 Suiten | Ez 120–490 €, Dz 129–490 €, inkl. Frühstück | 24 h

››

Das vom Architekten Jan Kleihues gestaltete Hotel verbindet elegantes Design mit zeitgemäßer Kunst. Ein besonderer Blickfang ist die imposante 17-stöckige Natursteinfassade aus Kirchheimer Muschelkalk. Die geräumigen Zimmer und Suiten sind mit dunklem Mobiliar, moderner Technik und hohen Fenstern ausgestattet.

Le Faubourg
www.lefaubourg.berlin

70 | Hauptgericht 26–30 € | Mo-Fr Mi-Sa So

Französische Cuisine mitten in Berlin. Mittags bietet man preisgünstige Lunchgerichte und am Abend eine gehobene Feinschmeckerküche mit besten Zutaten aus der Region. Man setzt auf eine zeitgemäße und weltoffene Interpretation der klassischen Küche. Dazu passen die hervorragenden Weine, die ungezwungene Atmosphäre sowie der freundliche Service.

Grand Hyatt
www.hyatt.com

★★★★★S garni

Marlene-Dietrich-Platz 2 (J5), PLZ 10785 (OT: Tiergarten), **T 030 25531234,** F 25531235
342 Zimmer | 20 Suiten | 24 h

Mehrstöckiger moderner Bau im Ensemble des Potsdamer Platzes. Komfortable Businesszimmer mit sehr gutem technischen Komfort. Wellness- und SPA-Bereich auf 800 qm über den Dächern der Stadt mit Innenpool, Außenterrasse, Whirlpool, Sauna und Dampfbad.

Vox
www.vox-restaurant.de

120 | Hauptgericht 25–40 €, Menü 84–135 € | Mo-So

Modern-sachlich eingerichtetes Hotelrestaurant mit edlem Ambiente. Serviert werden moderne, asiatisch inspirierte Gerichte wie „Kabeljau | grüner Spargel | Honigtomate | Szechuan-Dashi | Yuzu“ oder „Schweinebauch | Sauerkrautschaum | Birne | Rettich | Sesam“. Oder mögen Sie lieber authentisches japanisches Sushi? Große Showküche, wöchentlich wechselnder Business Lunch.

Folgen Sie uns: facebook.com/vartaguide

Hotel Luc
hotel-luc.com

VARTA-TIPP Service

garni

Charlottenstraße 50 (K5), PLZ 10117 (OT: Mitte), **T 030 587097710**
92 Zimmer | 22 Suiten | 24 h

In einem imposanten Eckgebäude am hist. Gendarmenmarkt befindet sich das luxuriöse Boutique-Hotel. Die Zimmer und Suiten hinter der denkmalgeschützten Plattenbaufassade im Stil des „DDR-Art-déco“ überzeugen durch Geradlinigkeit, edel anmutende Farbtöne, gemütliches Interieur und großzügige Marmorbadezimmer. Einige Gästezimmer haben einen tollen Ausblick auf den Französischen Dom und verfügen über einen kleinen Balkon. Langschläfer wird es freuen: Das à la carte Frühstück wird bis 15 Uhr angeboten. Für sportbegeisterte Gäste gibt es einen gut ausgestatteten Fitnessbereich. Auch der beispielhafte Service macht dieses Hotel zu einer exklusiven Adresse.

Heritage Restaurant
heritage-restaurants.com/berlin

80 | Hauptgericht 26–129 € | Di-Sa Mo, So

Im eleganten Restaurant wird eine frische, moderne Fusionsküche serviert. Die Karte offeriert interessante Gerichte wie „Stubenküken | Pico de Gallo | Wilder Brokkoli | Salat“ oder „Bretonische Sardinenfilets | Tomate | Paprika | Fenchel | Safran | Knoblauch | Zwiebeln | Röstbrot“. An lauen Sommerabenden empfiehlt sich die schöne Restaurantterrasse. Der angrenzende Clubroom mit geschichtsträchtigem Tresor kann für bis zu 20 Personen exklusiv gebucht werden.

InterContinental
www.berlin.intercontinental.com

Budapester Straße 2 (F6), PLZ 10787 (OT: Tiergarten), **T 030 26020,** F 26022600
558 Zimmer | 50 Suiten | 24 h

Zentral im Tiergarten gelegen, bietet das kürzlich renovierte Luxushotel mit seiner denkmalgeschützten Schachbrettfassade großzügige Zimmer und Suiten mit modernem Designkonzept. Insbesondere von den oberen Etagen hat man einen tollen Ausblick auf die Stadt. Der Konferenz- und Veranstaltungsbereich auf einer Gesamtfläche von 6.200 qm zeigt sich nicht nur optisch, sondern auch technisch „state of the art“.

Hugos Restaurant

VARTA-TIPP Küche **VARTA-TIPP** Service

42 | Menü 180–220 € | Do-Sa Mo, Di, Mi, So

Für bekennende Feinschmecker ein Muss! Im 14. Stock des Hotels mit atemberaubendem Blick über Berlin verwöhnt Sie Eberhard Lange mit seinen exzellent zubereiteten, französisch-mediterran beeinflussten Speisen, die Ihnen in Form eines 6- oder 8-gängigen Menüs kredenzt werden. Zum Genusserlebnis passen die so begeisterte wie begeisternde, top geschulte Servicecrew und die fachkundig zusammengestellte Weinkarte von Chefsommelier Andrew Connor.

JW Marriott Hotel **Neu!**
www.marriott.com

Stauffenbergstraße 26 (H6), PLZ 10785 (OT: Tiergarten), **T 030 20650,** F 20651010
505 Zimmer | 33 Suiten | 24 h

Mit seiner exponierten Lage am Tiergarten und der Nähe zum Potsdamer Platz ist das Luxushotel der perfekte Ausgangspunkt für einen Berlinaufenthalt. Die Zimmer und Suiten verbinden klassischen Stil mit zeitgemäßer Funktionalität. Ein Teil der Gästezimmer wurde bereits renoviert, bis 2025 sollen die Renovierungsarbeiten abgeschlossen sein. Das neu eröffnete Restaurant „JW Steakhouse“ bietet erstklassige Steaks von Rindern aus der Region.

Marriott
www.berlinmarriott.de

Inge-Beisheim-Platz 1 (J5), PLZ 10785 (OT: Tiergarten), **T 030 220000,** F 220001000
379 Zimmer | 9 Suiten | Ez ab 149 €, Dz ab 159 €, inkl. Frühstück | 24 h

Das Businesshotel in der Nähe des Potsdamer Platzes hat man 2020 umfangreich modernisiert. Das Haus besticht durch seine effektvolle zeitgenössische Architektur mit kathedralenartiger Atriumhalle. Das Design der Zimmer und Suiten auf den insgesamt neun Etagen ist gestalterisch an die Bauhaus-Bewegung angelehnt. Moderner Wellnessbereich mit Schwimmbad und rund um die Uhr geöffnetem Fitnessstudio.

Palace
www.palace.de

Budapester Straße 45 (F6, am Europa-Center), PLZ 10787, **T 030 25020,** F 25021119
278 Zimmer | 39 Suiten | Ez 225–800 €, Dz 225–800 €, 39,00 € | 24 h »

Privat geführtes Business- und Konferenzhotel in der City West mit individuell ausgestatteten Zimmern unterschiedlicher Kategorien und exklusiver Club Lounge. Der „Palace Spa“ bietet neben Swimming- und Whirlpool auch eine großzügige Saunalandschaft und ein modernes Gym.

Pullman Berlin Schweizerhof
www.pullman-berlin-schweizerhof.com

Budapester Straße 25 (F6), PLZ 10787 (OT: Tiergarten), **T 030 26960,** F 26961000
377 Zimmer | 10 Suiten | Ez 125–455 €, Dz 125–455 €, 24,00 € | 24 h

Lässiger Schick und modernes Design prägen das elegante, im Bauhausstil gestaltete Hotel im Stadtteil Tiergarten. Die Gästezimmer vereinen avantgardistisches Interieur und schlichte Funktionalität. Für Entspannung sorgt die „Fit & Spa Lounge“.

Blend Kitchen & Bar
www.restaurant-blend.com

74 | Hauptgericht 21–42 €, Menü 59 € | Mo-So

Das modern designte Restaurant möchte als „Melting Pot“ der Foodszene verstanden werden und serviert eine frische, innovative Küche - basierend auf den verschiedenen kulinarischen Stilrichtungen der facettenreichen Hauptstadt. Dazu gibt’s ausgesuchte Weine, lokal produzierte Biere und Berliner Cocktails. Mittags: preisgünstiges Lunchmenü.

Schloss Hotel Berlin by Patrick Hellmann
www.schlosshotelberlin.com

VARTA-TIPP Ambiente

★★★★★S

Brahmsstraße 10 (A8), PLZ 14193 (OT: Grunewald), **T 030 8958430,** F 89584800
53 Zimmer | 10 Suiten | Ez 249–369 €, Dz 279–399 €, 35,00 € | 24 h

Das traditionsreiche Schlosshotel befindet sich mitten im Nobelbezirk Grunewald und wurde vom internationalen Modedesigner Patrick Hellmann eingerichtet. Das im Jahre 1911 im Renaissancestil der französischen Paläste erbaute Haus vereint wie kaum ein anderes Luxushotel den Glanz und Glamour des vergangenen Jahrhunderts. Fashion, Lifestyle und einzigartiges Design prägen die eleganten Zimmer und Suiten. Der Stilmix von klassischen Elementen und modernem Interieur ist hervorragend gelungen. Für Entspannung sorgt ein prachtvoller SPA-Bereich.

Jetzt abonnieren: instagram.com/vartaguide

The Mandala Hotel
www.themandala.de

★★★★★S

Potsdamer Straße 3 (J5), PLZ 10785 (OT: Tiergarten), **T 030 590050000,** F 590050500
158 Zimmer | 96 Suiten | 24 h

Tolles Hotelkonzept, bei dem Design, Licht, Ästhetik und Wohlfühlatmosphäre perfekt miteinander harmonieren. Exklusive Komfortzimmer mit heller, geradliniger Einrichtung - vom geräumigen, 40 qm großen City Studio bis zur loftartigen, 130 qm großen „Mandala Superior Suite“. 600 qm großer ONO-SPA im 11. Stock mit tollem Blick über Berlin.

Facil
www.facil.de

VARTA★TIPP Küche **VARTA★TIPP** Service

48 | Menü 178–258 € | Mo-Fr ⃠ Sa, So ⃠ 21.–24.12.23, 6.–21.1.24

Seit vielen Jahren ein kulinarischer Treffpunkt für leidenschaftliche Genießer! Erstklassige Speisen und höchste Professionalität im Service gepaart mit puristisch-elegantem Lifestyle-Ambiente - diese Qualitäten machen das lichtdurchflutete Restaurant im 5. Stock des Hotels zu einer der besten Gourmetadressen in der Hauptstadt. Die modernen und hochkreativen Menüs von Michael Kempf und Joachim Gerner verdienen höchste Anerkennung. Dazu ein exzellentes Weinangebot mit edlen Gewächsen aus aller Welt. Im Sommer speisen Sie umgeben von Bambus auf der lauschigen Dachterrasse.

The Mandala Suites
www.themandalasuites.de

Friedrichstraße 185-190 (K5), PLZ 10117 (OT: Mitte), **T 030 202920,** F 20292920
81 Zimmer | 81 Suiten | 81 Apartments, Dz 210–880 € | 24 h

Sehr ansprechendes Boardinghouse mit großzügig geschnittenen Wohnungen, die alle mit Kitchenette ausgestattet sind. Frühstückslounge im 8. Stock mit Blick zum Potsdamer Platz. Sauna- und Fitnessbereich in der obersten Etage.

The Westin Grand Berlin
www.marriott.com

Friedrichstraße 158-164 (K4), PLZ 10117 (OT: Mitte), **T 030 20270,** F 20273362
400 Zimmer | 34 Suiten | 5 Apartments | Ez 169–499 €, Dz 179–499 € | 24 h

Das luxuriöse Hotel mit seiner imposanten Atrium-Lobby befindet sich in exponierter Lage am Boulevard Unter den Linden. Das Haus bietet elegante Gästezimmer in unterschiedlichen Kategorien. Besonders herrschaftlich logieren Sie in den historischen Themensuiten. Für Entspannung sorgt die großzügige Westin Spa & Fitnesslounge.

Abba Hotel
www.abbahoteles.com/de

★★★★

Lietzenburger Straße 89 (E7), PLZ 10719 (OT: Wilmersdorf), **T 030 8871860,** F 88007851
214 Zimmer | 4 Suiten | Ez ab 69 €, Dz ab 69 € | 24 h

Komfortables Businesshotel mit stylish-moderner Inneneinrichtung. Hier wohnen Sie in schlicht und freundlich eingerichteten Zimmern unterschiedlicher Kategorien. Zum Haus gehören eine großzügige Lobby, ein Restaurant, ein Fitnessraum, eine Loungebar sowie diverse Konferenzräume.

Arcotel John F
johnf.arcotel.com

★★★★ S

Werderscher Markt 11 (L4), PLZ 10117 (OT: Mitte), **T 030 4050461900,** F 405046100
190 Zimmer | 3 Suiten | 5 Apartments | Ez 88–325 €, Dz 88–325 € | 24 h

Zentral in Berlin-Mitte gelegenes Hotel neben dem Auswärtigen Amt. Klimatisierte Zimmer mit speziell für das Haus entworfenen Möbelstücken und raffinierten Designelementen. Wellness- und Fitnessbereich im sechsten Stock mit Blick über den Berliner Townhouse Park.

Centrovital
www.centrovital-berlin.de

★★★★

Brauereihof 6, PLZ 13585 (OT: Spandau), **T 030 818750,** F 81875119
158 Zimmer | 24 h

Modernes Gesundheits- und Tagungshotel am Spandauer See mit umfangreichem Wellness- und Fitnessangebot. Das Haus verfügt über geschmackvolle Zimmer - alle modern in Stil und Technik. Regionale Küche erwartet den Gast im Restaurant.

Château Royal Neu! www.chateauroyalberlin.com/de

VARTA-TIPP Ambiente

Neustädtische Kirchstraße 3 (K4), PLZ 10117, **T 030 23456770**
93 Zimmer | 26 Suiten | Ez 195–245 €, Dz 220–295 €, ab 35,00 € | 24 h

Das extravagante Boutique-Hotel besteht aus zwei denkmalgeschützten sanierten Gebäuden von 1850 und 1910 sowie einem Neubau. Die Inneneinrichtung des Hauses ist von Materialien inspiriert, die in der Blütezeit Berlins Ende des 19. und Anfang des 20. Jhd. beliebt waren: farbiger Marmor, Fischgrätparkett, Eiche, Zinn und handgefertigte Craqueléfliesen. In den individuell gestalteten Zimmern sind Werke verschiedener Künstler:innen zu sehen. Das Restaurant „dőttir“ im EG legt den Fokus auf vegetarische Gerichte.

Crowne Plaza Berlin - Potsdamer Platz www.crowneplaza.com/potsdamerplatz

Hallesche Straße 10 (J6), PLZ 10963 (OT: Kreuzberg), **T 030 8010660,** F 801066660
256 Zimmer | 19 Suiten | Ez 129–499 €, Dz 139–599 €, inkl. Halbpension | 24 h

Neuzeitliches Hotel im ehem. Postpalais. Hinter der historischen Fassade im Stil des Art déco erwarten den Gast moderne, designorientierte Zimmer in drei Kategorien. Großzügige Tagungs- und Eventfläche. Fitness- und Wellnessbereich mit Sauna und Dampfbad.

Layla www.layla-restaurant.com

T 01512 8010660
140 | Hauptgericht 20–49 €, Menü 55–110 € | Mi-Sa Mo, Di, So

Ein modern gestaltetes Restaurant mit großzügigem Lounge- und Barbereich. Hier trifft Fine Dining auf ungezwungene Atmosphäre. Die traditionelle Küche des Mittleren Ostens kombiniert mit internationalen Einflüssen bietet für jeden etwas.

DoubleTree by Hilton Berlin Ku'damm Neu! www.hilton.com/de

Los-Angeles-Platz 1 (F6), PLZ 10789 (OT: Charlottenburg), **T 030 21270,** F 2127117
420 Zimmer | 24 h

Das 2023 wiedereröffnete Hotel (ehemals Steigenberger) ist der neue „Place to be“ für Businessgäste und Städtereisende! Nach umfangreicher Renovierung zeigt sich das Haus in komplett neuem Lifestyle-Design. Die Fassade bekam ein Facelifting, der Haupteingang rückte in die Mitte und neben den Zimmern und Suiten erstrahlen alle öffentlichen Bereiche, die 800 qm große Veranstaltungsfläche, das À-la-carte-Restaurant sowie die Bar in neuem Glanz. Großzügig ausgestatteter, lichtdurchfluteter Fitnessbereich mit zwei Saunen.

Estrel www.estrel.com/de/hotel

S

Sonnenallee 225, PLZ 12057 (OT: Neukölln), **T 030 68310,** F 68312345
1125 Zimmer | 70 Suiten | Ez 155–355 €, Dz 175–375 €, ab 25,00 € | 24 h

Deutschlands größter Veranstaltungs- und Hotelkomplex mit Gästezimmern in zeitlos modernem Stil. Das Haus verfügt über ein Congress Center mit 30.000 qm Fläche, einen 400 qm großen Wellnessbereich, vier Restaurants, drei Bars, die Open-Air-Location „Waterfront“ mit Schiffsanleger sowie eine zeitgenössische Kunstsammlung.

Hilton www.hiltonberlinhotel.de

Mohrenstraße 30 (K5), PLZ 10117 (OT: Mitte), **T 030 202300,** F 202301
601 Zimmer | 29 Suiten | Ez ab 139 €, Dz ab 139 € | 24 h

Elegantes Businesshotel am Gendarmenmarkt. In warmen Farben gehaltene, elegante Zimmer in unterschiedlichen Kategorien. Umfangreicher Tagungs- und Veranstaltungsbereich. Fitness Club mit Sauna und Swimmingpool. Restaurant „Beletage“ mit Panoramablick auf den Gendarmenmarkt.

Hotel am Steinplatz — www.marriott.com

VARTA-TIPP Ambiente

Steinplatz 4 (E6), PLZ 10623 (OT: Charlottenburg), **T 030 5544440,** F 554444550
87 Zimmer | 3 Suiten | Ez ab 245 €, Dz ab 255 €, ab 35,00 € | 24 h

Ein privates Boutique-Hotel der besonderen Art! Der Jugendstilbau aus dem Jahr 1907 wurde aufwendig und liebevoll saniert. Zu den Stammgästen zählten nach dem Zweiten Weltkrieg Persönlichkeiten wie Günter Grass, Romy Schneider oder Heinrich Böll. Nach bewegter Vergangenheit empfängt Sie das Haus heute mit stilvoll und luxuriös eingerichteten Gästezimmern sowie einem exklusiven Wellnessbereich.

Restaurant am Steinplatz

50 | Hauptgericht 24–34 €, Menü 69 € | Mo-Fr Di-Sa So

Durch die offene Küche des eleganten Restaurants können die Gäste der Küchenmannschaft bei der Vor- und Zubereitung der einfallsreichen Gerichte zuschauen. Die Weinkarte ist gut sortiert und bietet u. a. eine tolle Auswahl an Winzersekt. Bei schönem Wetter kann man auch im großen begrünten Innenhof speisen. Montag bis Freitag: preiswertes Lunchmenü (wahlweise 2 oder 3 Gänge).

Hotel Telegraphenamt **Neu!** — www.telegraphenamt.com

VARTA-TIPP Ambiente

Monbijoustraße 11 (K3), PLZ 10117 (OT: Mitte), **T 030 9940590**
97 Zimmer

Wie schon der Name verrät, befindet sich das 2022 eröffnete Designhotel im ehem. Haupttelegrafenamt der Stadt. Die Gestaltung der Innenräume ist beeinflusst vom Berlin der 1920er Jahre, originale Gebäudeelemente wie die hist. Säulen und Kappendecken sowie die Ziegelsteinwände wurden in das moderne Interiordesign integriert. Hier wohnen Sie in extravagant ausgestatteten Zimmern, Maisonetten oder Suiten (21 bis 140 qm). Im Restaurant „Root“ mit seiner offenen Küche werden neben Sushispezialitäten auch Grillgerichte und internationale Speisen serviert.

Hotel Zoo Berlin — www.hotelzoo.de

Kurfürstendamm 25 (E7), PLZ 10719 (OT: Charlottenburg), **T 030 884370**
141 Zimmer | 14 Suiten | 24 h

Das Traditionshotel, das erstmals 1911 seine Pforten öffnete, hat sich nach seiner umfangreichen Renovierung in ein verspieltes Themenhotel verwandelt. Das Interiorkonzept von US-Stardesignerin Dayna Lee sorgt für ein besonderes Townhouse-Gefühl. Die Zimmer und Suiten begeistern mit edlen Stoffen und exotischen Elementen aus aller Welt. Das hauseigene Restaurant „Grace“ steht dem extravaganten Einrichtungsstil des Hotels in nichts nach.

Indigo - East Side Gallery — www.ihg.com/hotelindigo

★★★★

Mühlenstraße 13-19 (O5), PLZ 10243 (OT: Friedrichshain), **T 030 29772060**
118 Zimmer | 24 h

»

An Individualität ist das hier kaum zu überbieten: industrielle Architektur und Retro-Gestaltungselemente aus DDR-Zeiten verschmelzen zu einem jungen, frischen Design. Die Zimmer des Boutique-Hotels sind modern und technisch gut ausgestattet. Spektakulär ist die Aussicht von der Rooftopbar. 24-Stunden-Fitnesscenter.

KPM Hotel & Residences www.kpmhotel.de

GREENSIGN

Englische Straße 6 (E5), PLZ 10587 (OT: Charlottenburg), **T 030 3740990**
117 Zimmer | 58 Apartments | 24 h

Direkt am Gelände der gleichnamigen Porzellanmanufaktur befindet sich dieses Hotel. Die lichtdurchfluteten Zimmer, Suiten und Longstay-Apartments zeichnen sich durch Komfort, Individualität und eine klare Designhandschrift aus. Hochwertige Stoffe und edle Hölzer in warmen, natürlichen Tönen sorgen für einen harmonisch-behaglichen Raumeindruck. Das Restaurant „DONG A" nebst Jazzbar befindet sich im EG und serviert südostasiatische Speisen.

Leonardo Berlin Mitte www.leonardo-hotels.com

★★★★ garni

Bertolt-Brecht-Platz 4 (K3), PLZ 10117 (OT: Mitte), **T 030 374405000,** F 374405008
309 Zimmer | 24 h

Das Hotel befindet sich in einem zehnstöckigen Glasbau in bester Spreeuferlage. Das moderne Konzept kommt an: Die Zimmer sind geradlinig und klar designt, die großzügige Lobby, die mit der Bar eine Einheit bildet, ist das Herzstück des Hauses. Einige Zimmer verfügen über einen Balkon. Kleiner Wellnessbereich.

Leonardo Royal www.leonardo-hotels.com

★★★★ S

Otto-Braun-Straße 90 (N2), PLZ 10249 (OT: Friedrichshain), **T 030 7554300,** F 755430810
346 Zimmer | 13 Suiten | 24 h

Vor ein paar Jahren hat man das denkmalgeschützte Hotel umfassend renoviert. Hier trifft hist. Bausubstanz auf zeitgemäßes Ambiente. Die 6,50 Meter hohe Open Lobby zeigt sich mit stilvollen Art-déco-Elementen, in den geräumigen Zimmern sorgen geschmackvolle Designmöbel, hochwertige Textilien und eine harmonische Raumgestaltung für exzellenten Wohnkomfort. Etwas Besonderes sind die „Leonettes"-Zimmer - von Frauen für Frauen designt. Kleiner Wellnessbereich in der 7. Etage.

Louisa's Place www.louisas-place.de

VARTA-TIPP Ambiente

Kurfürstendamm 160 (C7), PLZ 10709 (OT: Wilmersdorf), **T 030 631030,** F 63103100
47 Zimmer | 47 Suiten | Ez ab 275 €, Dz ab 275 €, 26,00 € | 24 h

Das glanzvoll restaurierte Berliner Stadthaus direkt am berühmten Prachtboulevard empfängt Sie mit dem Charme der guten alten Zeit. Harmonisch integriert in den historischen Rahmen bietet das Hotel exklusive Suiten und Studios mit individuellem Charakter. Zu den umfassenden Dienstleistungen des Hauses gehören Roomservice, Private Dining sowie Concierge- und Limousinenservice. Netter Wellnessbereich mit beheiztem Innenpool (4x10 Meter).

Meliá Berlin www.melia.com

★★★★ S

Friedrichstraße 103 (K6, Ecke Am Weidendamm), PLZ 10117 (OT: Mitte), **T 030 20607900,** F 2060790444
364 Zimmer | 16 Suiten | 24 h

Das am Spreeufer gelegene Hotel bietet eine großzügige Lobby mit Lounge und Bar sowie moderne, klimatisierte Gästezimmer. Diese sind mit geschmackvollem Interieur und zeitgemäßer Technik ausgestattet. Zum Haus gehören auch eine Tapasbar sowie eine Sauna mit Terrasse über den Dächern Berlins. Der Fitnessraum ist rund um die Uhr geöffnet.

NH Collection Berlin Mitte www.nh-hotels.de

★★★★ S

Leipziger Straße 106-111 (K5), PLZ 10117 (OT: Mitte), **T 030 22388599**
392 Zimmer | 1 Apartment | 24 h

Modernes Hotel in zentraler Lage mit hervorragender Verkehrsanbindung. Zeitgemäß ausgestattete Zimmer und Suiten unterschiedlicher Kategorien. Sehr gute Tagungsmöglichkeiten. Stilvolles Restaurant mit regionaler und mediterraner Küche.

nhow Berlin www.nhow-berlin.com

Stralauer Allee 3 (↘ O5), PLZ 10245 (OT: Friedrichshain), **T 030 2902990,** F 2902992000
304 Zimmer | 46 Suiten | 24 h

Modernes Lifestyle-Hotel am Spreeufer. Das außergewöhnliche Innendesign zeigt sich insbesondere in den Gästezimmern. Hier dominieren die Farben Pink, Blau, Gold und Grau. Zum Haus gehören eine multimedial ausgestattete Music Lounge sowie ein Fitnessbereich mit Precor-Sportgeräten. Im Restaurant „fabrics“ wird zeitgemäß interpretierte internationale Küche serviert.

Novotel Am Tiergarten www.all.accor.com

★★★★

Straße des 17. Juni 106-108 (F5), PLZ 10623 (OT: Charlottenburg), **T 030 600350,** F 60035666
274 Zimmer | 11 Suiten | 24 h

Modernes Stadthotel in zentraler Lage, direkt gegenüber der S-Bahn-Haltestelle Tiergarten. Funktional und wohnlich eingerichtete Gästezimmer mit komfortabler Ausstattung und kostenloser Minibar. Das hoteleigene Restaurant bietet ein zeitgemäßes Foodkonzept mit mediterraner Küche.

Orania.Berlin www.orania.berlin

VARTA-TIPP Ambiente

Oranienplatz 17 (↘ M5), PLZ 10999 (OT: Kreuzberg), **T 030 69539680**
41 Zimmer | 16 Suiten | 24 h

Das charmante Luxusdomizil in dem hist. Gebäude aus dem Jahre 1913 atmet Berliner Geschichte. In den 1920er Jahren beherbergte es das „Oranienpalast Kabarett-Kaffee“. Die Zimmer und Suiten bestechen durch ihr originelles Design mit naturbelassenen Materialien, warmen Farben und dezenten orientalischen Einflüssen. Zum Haus gehören auch ein Literatursalon, eine Bar sowie ein Fitnessbereich mit modernen TechnoGym-Geräten.

Orania.Restaurant **Neu!**

VARTA-TIPP Service

Hauptgericht 19–36 €, Menü 65 € | Mo-So

››

Das in warmen Farben ausstaffierte Restaurant mit offener Küche gibt sich weltoffen und charmant. Die Pekingente in 4 Gängen ist das große kulinarische Highlight, aber auch die innovativen À-la-carte-Gerichte können sich durchaus sehen lassen. Chef de Cuisine Phillipp Vogel konzentriert sich auf das Wesentliche, seine Kompositionen sind reduziert auf wenige Hauptkomponenten, bei denen er nicht nur auf top Qualität, sondern auch auf Nachhaltigkeit achtet. Restaurantmanager Kai Gilly leitet mit viel Charme und Humor sowie professioneller Expertise den zugewandten Service.

Riu Plaza Berlin
www.riu.com

Martin-Luther-Straße 1 (F6), PLZ 10777, **T 030 2809000**
357 Zimmer

Das 17-stöckige Hotel befindet sich im Schöneberger Philipsturm. Die Zimmer sind modern, geradlinig und funktionell ausgestattet. Mehr Komfort bieten die Juniorsuiten und Suiten. WLAN ist gratis im gesamten Haus verfügbar. Gut ausgestattetes Fitnessstudio (Nutzung kostenlos).

Sana
www.berlin.sanahotels.com

★★★★

Nürnberger Straße 33-34 (F7), PLZ 10777 (OT: Wilmersdorf), **T 030 20051510,** F 20051519
208 Zimmer | 13 Suiten | 42 Apartments | Ez 83–300 €, Dz 83–300 € | 24 h

Individuell gestaltetes Hotel mit schwarzer Granitfassade und markanter hoher Lobby. Technisch gut ausgestattete Zimmer mit Smart-TV. Wellnessbereich im 7. Stock mit Swimmingpool, Fitnessraum, Sauna und türkischem Dampfbad. Das Restaurant serviert internationale Küche und portugiesische Spezialitäten.

Scandic
www.scandichotels.com/berlin

Gabriele-Tergit-Promenade 19 (J6), PLZ 10963 (OT: Tiergarten), **T 030 7007790,**
F 7007792211
561 Zimmer | 11 Suiten | 24 h

Modernes Stadthotel an der Promenade zwischen Potsdamer Platz und Landwehrkanal. Zimmereinrichtung im hellen, klaren Skandinaviendesign. Großzügiger Veranstaltungsbereich. Schönes Frühstücksrestaurant auf der dritten Etage.

SO | Berlin Das Stue
www.so-berlin-das-stue.com

★★★★★S

Drakestraße 1 (F5), PLZ 10787 (OT: Tiergarten), **T 030 3117220,** F 31172290
78 Zimmer | 19 Suiten, Dz 250–3100 €, 35,00 € | 24 h

Errichtet im markanten Gebäude der ehem. königlichen dänischen Gesandtschaft empfängt Sie dieses Boutique-Hotel mit individuell eingerichteten Zimmern und Suiten in sieben Kategorien. Hier trifft klassisches Interieur auf modernes Design. Luxuriöser SPA- und Fitnessbereich.

Steigenberger Hotel Am Kanzleramt
www.hrewards.com

Ella-Trebe-Straße 5 (↘ H4), PLZ 10557, **T 030 7407430,** F 740743999
339 Zimmer | 24 Suiten | Ez 160–350 €, Dz 160–350 € | 24 h

Im neuen Geschäftsviertel südlich des Hauptbahnhofs befindet sich dieses Hotel, das für Geschäftsreisende und Städtetouristen gleichermaßen geeignet ist. Wohnlichkeit und modernes Design zeichnen die Zimmer und Suiten aus. Zeitgemäßes Konferenz- und Tagungscenter auf 2.400 qm.

Titanic Chaussee Berlin

www.titanic.com.tr

Chausseestraße 30 (J2), PLZ 10115 (OT: Mitte), **T 030 311685800**
389 Zimmer | 24 h

Sie planen einen City-Trip mit Wellness und Erholung? Dann sind Sie hier genau richtig! Das Boutique-Hotel empfängt Sie mit hellen, modernen Zimmern und einem 3.000 qm großen SPA-Bereich. Im Restaurant „Pascarella“ wird mediterran gekocht. Großzügige Lobby-Bar im 1960er-Jahre-Stil.

Titanic Gendarmenmarkt

www.titanic.com.tr

Französische Straße 30 (K4), PLZ 10117 (OT: Mitte), **T 030 20143700,** F 2014370890
208 Zimmer | 14 Suiten | 24 h

Für dieses Hotel hat man das ehem. Kostümmagazin der Staatsoper aufwendig saniert und restauriert. Das Haus bietet elegant und modern eingerichtete Zimmer, darunter fünf exklusive Duplexsuiten. 1.000 qm großer SPA-Bereich auf zwei Etagen mit türkischem Hamam. Herzstück des Hauses ist der Ballsaal im UG, der über eine weitläufige Marmortreppe zu erreichen ist. „Beef Grill Club by Hasir“ mit offener Showküche.

Vienna House Andel's

www.wyndhamhotels.com

Landsberger Allee 106 (↘ O2), PLZ 10369 (OT: Lichtenberg), **T 030 4530530**
557 Zimmer | 23 Suiten | 24 h

Ein durchgestyltes Business- und Veranstaltungshotel mit modernen Gästezimmern nach einem Designkonzept von Jestico + Whiles. Zum Haus gehören ein 3.800 qm großer Veranstaltungsbereich sowie ein Wellnessbereich mit verschiedenen Saunen, Solarium und Whirlpool.

Skykitchen

www.skykitchen.berlin

VARTA-TIPP Küche

T 030 4530532620
55 | Menü 149 € | Di-Sa Mo, So

Das Restaurant in der 12. Etage des Hotels gehört auch 2024 zu den gastronomischen Hotspots der Hauptstadt. Hier erwarten Sie eine kosmopolitische Atmosphäre und ein toller Blick auf die Skyline Berlins. Chef de Cuisine Sascha Kurgan ist Garant für unaufgeregte, unverfälschte und höchst aromenbetonte Speisen. Das fixe Menü (auch als vegetarische Variante) ist ein Crossover der französischen, asiatischen und regionalen Küche. Dazu eine gut zusammengestellte Weinkarte mit einer ausgewogenen Auswahl aus Europa und der Neuen Welt. Für einen reibungslosen Ablauf an der Gästefront sorgen die charmante Restaurantleiterin Barbara Merll und ihr Team.

Wilmina
wilmina.com

VARTA-TIPP Ambiente

Kantstraße 79 (B/C6), PLZ 10627 (OT: Charlottenburg), **T 030 2018050**
44 Zimmer

Ein hipper Rückzugsort inmitten der quirligen Hauptstadt! Das 2022 eröffnete Hotel im ehem. Charlottenburger Frauengefängnis ist Teil eines denkmalgeschützten Ensembles aus dem 19. Jhd. Herzstück des Gebäudes ist das vierstöckige Atrium mit den ehemaligen Zellengängen. Blickfang ist eine Lichtinstallation mit gläsernen, von der Decke hängenden Pendelleuchten. Die Gästezimmer vereinen historische Authentizität mit zeitgemäßem Komfort. Helle Farben, weiche Texturen und warme, hochwertige Materialien sorgen für eine wohnliche Atmosphäre. Toll die großzügige, über der Penthouse-Etage gelegene Dachterrasse.

Lovis
lovisrestaurant.com

Hauptgericht 23–38 €, Menü 79–99 € | Di-Sa ⦸ Mo, So

Das Restaurant befindet sich im ehem. Schleusenhof des Gefängnisses. Eyecatcher ist ein kleiner umschlossener Garten, der hinter einer großen Glaswand seltene Farne, Reben, Kletterpflanzen und eine alte, hochgewachsene Birke präsentiert. Küchenchefin Sophia Rudolph und ihr Team interpretieren traditionelle Gerichte neu und setzen dabei konsequent auf saisonale und regionale Produkte. Die Terrasse gehört zweifellos zu den schönsten Outdoor-Dinner-Locations der Hauptstadt.

25hours Hotel Bikini
www.25hours-hotels.com/hotels/berlin/bikini-berlin

garni

Budapester Straße 40 (F6), PLZ 10787, **T 030 1202210**
149 Zimmer | 24 h

Dieses stylishe Hotel passt bestens in das kosmopolitische Berlin! Es ist Teil von Bikini Berlin, eines denkmalgeschützten Architekturensembles aus den 1950er Jahren. Die Gästezimmer präsentieren sich im verspielt-urbanen Jungledesign. Im Dachrestaurant „Neni" wird orientalische Küche angeboten. Sauna mit Blick auf den Tiergarten.

AC Hotel Berlin Humboldthain Park
www.marriott.de

garni

Hochstraße 3 (↗ J1), PLZ 13357 (OT: Wedding), **T 030 460030**
132 Zimmer | 24 h

Der attraktive, klare Stil zieht sich von der Fassade über die öffentlichen Bereiche bis in die Zimmer. Moderne Lifestyle-Ästhetik gepaart mit europäischem Flair zeichnet dieses Hotel aus. Die komfortabel ausgestatteten Zimmer sind in soften Farben und Naturtönen gehalten. Handgemixte Cocktails und kreative kulinarische Spezialitäten gibt es in der „AC Lounge".

Ackselhaus
www.ackselhaus.de

garni

Belforter Straße 21 (M2), PLZ 10405 (OT: Prenzlauer Berg), **T 030 44337633,** F 443376500
35 Zimmer | 5 Suiten | 13 Apartments | Ez ab 120 €, Dz ab 120 €, inkl. Frühstück

In einem liebevoll restaurierten Gründerzeitbau mitten im Szeneviertel Prenzlauer Berg können Sie unterschiedliche Wohnwelten genießen. Hinter den Zimmertüren verbergen sich Themen wie „New York", „Ozean", „Afrika" oder „Picasso". Der mediterrane Garten im Innenhof ist ein ganz besonderes Highlight.

AMANO East Side
www.amanogroup.de/de/hotels/amano-east-side

Stralauer Platz 30-31 (O5), PLZ 10243 (OT: Friedrichshain), **T 030 39779000**
174 Zimmer | 1 Suite, Dz 70–120 €, inkl. Frühstück | 24 h

Ein Haus für Designfans! Das zentral zwischen Ostbahnhof und East Side Gallery gelegene Hotel besticht durch sein minimalistisch-künstlerisches Interieur. Die modernen Zimmer wurden detailverliebt mit Gold, Marmor, dunklem Holz und avantgardistischen Komponenten ausgestattet. Sie sind in vier Kategorien (Standard, Comfort, Business, Superior) buchbar. Herzstück des Hauses ist die East Side Bar.

Aspria
www.aspria.com/de/berlin-kudamm/hotel

Karlsruher Straße 19-22 (B7), PLZ 10711 (OT: Wilmersdorf), **T 030 890688868,**
F 890688899
42 Zimmer | 24 h

Einen Wellnesskurzurlaub verspricht dieses Boutique-Hotel am Kurfürstendamm. Eindrucksvoll die großzügig geschnittenen Designzimmer. Der angeschlossene Fitnessclub mit SPA-Bereich bietet auf sechs Etagen viel Platz zum Trainieren, Arbeiten und Entspannen. Auch Sportkurse sowie Massagen und Beauty-Anwendungen werden angeboten.

Casa Camper
www.casacamper.com/de/berlin/hotel.html

Weinmeisterstraße 1 (L3), PLZ 10178 (OT: Mitte), **T 030 20003410,** F 20003411
51 Zimmer | 3 Suiten | 24 h

Ein modernes Hotel im Herzen von Berlin. Die funktionalen und wohnlich eingerichteten Designerzimmer stecken voller Emotionalität und Geradlinigkeit. Sauna und Fitnesscenter nutzen Hausgäste kostenfrei. Das ganztägig geöffnete „Café Camaleon" bietet frisch zubereitete saisonale Gerichte mit mediterranen Zutaten.

Cosmo
www.cosmo-hotel.de

Spittelmarkt 13 (L5), PLZ 10117 (OT: Mitte), **T 030 58582222,** F 58582229
84 Zimmer | 7 Suiten | 24 h

Designhotel direkt am Auswärtigen Amt gelegen. Moderne Zimmer in den Farben Weiß, Grau und Beige mit großen Panoramafenstern. Kreative Crossover-Küche aus nachhaltigen Zutaten im Restaurant „scent" mit Ausblick über den angrenzenden Park.

Grimm's Hotel
www.grimms-hotel.de/hotel-potsdamer-platz

Flottwellstraße 45 (J6), PLZ 10785 (OT: Tiergarten), **T 030 2580080,** F 2580084111
104 Zimmer | 6 Suiten

Eine wirklich nette Adresse: Open Lobby mit gemütlicher Kaminatmosphäre, dazu die modernen Zimmer und ein kleiner Saunabereich in der 8. Etage mit hübscher Dachterrasse. Das Design jedes Stockwerkes ist an ein bestimmtes Märchen angepasst. Im Restaurant „Tischlein deck Dich" wird regional und saisonal gekocht.

H10 Berlin Ku'damm
www.h10hotels.com

Joachimsthaler Straße 31-32 (E6), PLZ 10719 (OT: Charlottenburg), **T 030 322922300,**
F 322922301
199 Zimmer | 14 Suiten | 22 Apartments | 24 h

»

Zeitgemäßes Stadthotel in einem ehem. Schulgebäude aus dem 19. Jhd. mit neuzeitlichem Anbau. Komfortable Gästezimmer mit puristischem Innendesign und modernem Komfort. Exquisites Frühstücksbuffet aus natürlichen „Null-Kilometer"-Produkten, kombiniert mit typischen mediterranen Köstlichkeiten.

June Six Hotel Neu! www.june-six-hotels.com/hotels/berlin-city-west

Knesebeckstraße 80 (E6), PLZ 10623 (OT: Charlottenburg), **T 030 2095140**
84 Zimmer | 1 Suite, Dz 124–374 €, inkl. Frühstück | 24 h

Sie wohnen zentral in einem zeitgemäßen Boutique-Hotel direkt am Berliner Savignyplatz. Die Gästezimmer überzeugen durch ihr modernes Designkonzept mit frischen Farben und eigens für das Hotel produzierten Möbeln und Artwork. Besonders empfehlenswert sind die Wohneinheiten in der 7. Etage mit mehr Freiraum und Zugang zum eigenen Panoramabalkon. Im EG befindet sich die urban-elegante „June Wine Bar" mit netter Sommerterrasse.

Jetzt vorbeischauen: pinterest.com/vartaguide

Lulu Guldsmeden www.guldsmedenhotels.com/berlin

Potsdamer Straße 67 (J5), PLZ 10785 (OT: Tiergarten), **T 030 25558723**
81 Zimmer | 24 h

Das trendige Domizil befindet sich in einem renovierten Berliner Altbau aus dem Jahr 1850. Die unterschiedlich eingerichteten Zimmer (teils im Loftstil) bieten zeitgemäßen Komfort. Für skandinavische Gemütlichkeit sorgen viel Holz und Himmelbetten. Der grüne Innenhof lädt zum Entspannen ein.

Oderberger www.hotel-oderberger.berlin

Oderberger Straße 57 (L1), PLZ 10435 (OT: Prenzlauer Berg), **T 030 780089760**
70 Zimmer | 3 Suiten | 2 Apartments | 24 h

Das Hotel befindet sich auf dem Gelände eines prächtigen ehem. Schwimmbads aus dem Jahr 1902. Die Gästezimmer zeigen sich in elegantem puristischen Design. Sie sind mit Eichendielenparkett und Boxspringbetten ausgestattet. Herzstück des Hauses ist der 20 m lange und 1.35 m tiefe Pool. Das trendige Frühstücksrestaurant befindet sich im einstigen Heizkraftwerk des Stadtbades.

Precise Tale Berlin Potsdamer Platz Neu! www.precisehotels.com/tale-berlin

Stresemannstraße 95-97 (J6), PLZ 10963, **T 030 2200950**
61 Zimmer | 50 Suiten | 24 h

Sowohl Freizeitgäste als auch Geschäftsreisende werden sich in diesem Hotel unweit des Potsdamer Platzes wohlfühlen. Hier stehen geräumige und hochwertig ausgestattete Zimmer, Suiten, Studios und Longstay-Apartments zur Verfügung. Das vegetarische All-Day-Café bietet tagsüber eine reiche Auswahl an frischem Brot, Gebäck und Eintöpfen aus der ganzen Welt. Ein kleiner, exklusiver Fitness- und Wellnessbereich ergänzt das Angebot.

BERTA Neu! www.bertarestaurant.com

Stresemannstraße 99 (J6), PLZ 10963, **T 0162 8861827**
Hauptgericht 18–36 € | Di-Sa Mo-So

Neuer kulinarischer Hotspot für Foodies und Trendsetter! In dem vergnüglichen Casual-Fine-Dining-Restaurant fühlt man sich für einige Stunden wie in Tel Aviv. Dafür sorgen die belebte Atmosphäre mit moderner nahöstlicher Musik sowie die ansteckend unterhaltsame Crew in der offenen Küche, die mit heiterer Ausgelassenheit ihre Gerichte kreiert. Auf der Speisekarte findet sich ein Mix aus traditionellen Jerusalemer Familienrezepten und innovativen Gerichten der israelisch-levantinischen Küche. Benannt ist das Lokal nach der Großmutter des Küchenchefs, die in Berlin gelebt hat, bevor sie nach Tel Aviv emigrierte.

Provocateur — www.provocateur-hotel.com

VARTA-TIPP Ambiente

Brandenburgische Straße 21 (D7), PLZ 10707 (OT: Wilmersdorf), **T 030 22056060**
58 Zimmer | 2 Suiten | 24 h

Das extravagante Boutique-Hotel ist eine Hommage an das Paris der 1920er Jahre in burleskem Stil. Eine klassische Lobby sucht man hier vergebens, der Gast betritt direkt ein großes „Wohnzimmer“ mit Ecken, Nischen, Gastronomie und Bar. Die edlen Zimmer sind mit dunklem Naturstein, verführerischen Samtstoffen und schönen Beleuchtungselementen ausgestattet. Das Interiordesign ist sinnlich und detailverliebt.

Scandic Berlin Kurfürstendamm — www.scandichotels.de

Augsburger Straße 5 (F7), PLZ 10789 (OT: Wilmersdorf), **T 030 212420**
217 Zimmer | Ez 81–219 €, Dz 89–300 € | 24 h

Nichtraucherhotel in zentraler Lage. Das Haus verfügt über moderne, designorientierte Zimmer, eine hübsche Bistro-Hotelbar sowie einen Fitnessbereich über den Dächern Berlins mit finnischer Sauna und türkischem Dampfbad. Tagungsräume auf der 7. Etage mit atemberaubendem Blick über die City West.

Sir Savigny — www.sirhotels.com/de/savigny

Kantstraße 144 (D6), PLZ 10623 (OT: Charlottenburg), **T 030 323015600**
44 Zimmer

Lifestyle-Hotel in einem hist. Gebäude von 1893 direkt neben dem Savignyplatz. Klimatisierte Zimmer in warmen Grautönen mit zeitgemäßer Technik und komfortablen Betten. Exzellente Burger serviert man im Restaurant „The Butcher“ mit offener Küche.

stilwerk Hotel KantGaragen **Neu!** — stilwerk.com/de/microsite/willkommen-in-berlin

Kantstraße 126 (D6), PLZ 10625 (OT: Charlottenburg), **T 030 31515501**
61 Zimmer

Direkt neben dem Mobilitätsdenkmal KantGaragen empfängt das moderne Boutique-Hotel auf der Fläche der ehemaligen Werkstatthalle designaffine Gäste. Die Zimmer, die in unterschiedlichen Kategorien buchbar sind, bieten einen Mix aus geradlinigem Interior mit Manufakturqualität, angenehmem Komfort und urbaner Lässigkeit. Der im Haus integrierte Bookstore mit kleinem Café lädt zum Verweilen ein. Eine großzügige Eventfläche über den Dächern Berlins rundet das Angebot ab.

The Circus Hotel — www.circus-berlin.de

Rosenthaler Straße 1 (L2), PLZ 10119 (OT: Mitte), **T 030 28391433,** F 28391484
60 Zimmer | 10 Suiten | 4 Apartments | Ez 100–150 €, Dz 130–210 €, 10,00–20,00 € | 24 h

»

Das designorientierte Boutique-Hotel am Rosenthaler Platz ist in einem wunderschön restaurierten, denkmalgeschützten Gebäude aus dem 19. Jhd. beheimatet. Die wohnlichen, individuellen und in Naturtönen ausgestatteten Zimmer sind in unterschiedlichen Kategorien buchbar. Bei schönem Wetter können Sie gemütlich im begrünten Innenhof frühstücken. Es gibt auch eine Dachterrasse mit Honesty Bar.

The Hoxton Neu! thehoxton.com/charlottenburg

VARTA-TIPP Ambiente

garni

Meinekestraße 18-19 (E6), PLZ 10719 (OT: Charlottenburg), **T 030 880020,** F 88002107
234 Zimmer | Ez 79–195 €, Dz 89–195 €, inkl. Frühstück

Das 2023 eröffnete Design- und Lifestyle-Hotel hat sich dem Stil der 1920er Jahre verschrieben. Die originellen Zimmer zeigen sich im Retroflair und sind mit Vintagemöbeln, Jugendstilelementen sowie Art-déco-Motiven der Goldenen Zwanziger ausgestattet. Im 7. Stock stehen Tagungs- und Veranstaltungsräumlichkeiten zur Verfügung. Auch ein gemütlicher Wintergarten samt Kachelofen steht für Gäste bereit. Kulinarisch können Sie sich im nordindisch inspirierten Restaurant „Tandoor Chop House" verwöhnen lassen.

The Yard www.hotel-theyard.berlin

GREENSIGN ★★★★ S garni

Alexandrinenstraße 125 (L6), PLZ 10969 (OT: Kreuzberg), **T 030 25923890,** F 2592389500
55 Zimmer | 24 h

Ruhig im angesagten Bezirk Friedrichshain-Kreuzberg liegt dieses zunächst unscheinbare Gebäude. Das Interieur: trendy, minimalistisch, modern. Die Zimmer sind zwar nicht allzu groß, aber funktional und hochwertig ausgestattet. Für Entspannung sorgen der großzügige Wellnessbereich, ein Gartenzimmer sowie der hübsch gestaltete Innenhof.

Titanic www.titanic.com.tr

S garni

Elisabeth-Mara-Straße 4 (L5), PLZ 10117 (OT: Mitte), **T 030 76771870,** F 767718720
226 Zimmer | 24 h

Stadthotel in zentraler Lage zwischen Alexanderplatz und Potsdamer Platz, nur wenige Schritte vom U-Bahnhof Spittelmarkt entfernt. Helle, komfortable Zimmer mit kostenfreiem WLAN-Zugang. Stilvoll eingerichtete, helle Lobby mit Lounge und Bar-Restaurant.

Amo by Amano www.amanogroup.de/de/hotels/amo

S garni

Friedrichstraße 113 (K3), PLZ 10117 (OT: Mitte), **T 030 347472690**
93 Zimmer | 24 h

Das erste unterirdische Hotel Deutschlands schlägt stilistisch einen Bogen von Art déco zu Industrial Design, während der Altbaucharme des Hauses erhalten geblieben ist. Übernachtet wird oberirdisch, während sich Rezeption, Lobby, Frühstücksrestaurant und Bar im Untergeschoss befinden. Israelische Küche bietet das hauseigene Restaurant „Joseph".

Grimm's Hotel www.grimms-hotel.de

★★★ S garni

Alte Jakobstraße 100 (L5), PLZ 10179 (OT: Mitte), **T 030 28444100,** F 28444101
39 Zimmer | 3 Suiten | 3 Apartments | 24 h

Das Designhotel ist nur wenige Gehminuten von der Berliner Fischerinsel und dem Nikolaiviertel entfernt. Die farbenfrohen Gästezimmer machen dem Hotelnamen alle Ehre und thematisieren die Märchenwelt der Gebrüder Grimm.

Hansablick
www.hansablick.de

★★★ garni

Flotowstraße 6 (F4), PLZ 10555 (OT: Hansaviertel), **T 030 3904800,** F 3926937
34 Zimmer | 1 Apartment | Ez 99–109 €, Dz 109–210 €, inkl. Frühstück | 24 h

Im Grünen direkt an der Spree erwartet Sie das typische Altberliner Jugendstilhaus. Empfang in der 1. Etage. Die freundlich eingerichteten Gästezimmer verfügen über kostenloses WLAN. Der Fitnessraum ist für Hotelgäste kostenfrei. Gutes Frühstück.

Hotel Zoe
www.amanogroup.de/de/hotels/hotel-zoe

Große Präsidentenstraße 6-7 (L3), PLZ 10178 (OT: Mitte), **T 030 21300150**
88 Zimmer | 12 Suiten | 24 h

Individueller könnten die Zimmer in diesem modern-urbanen Hotel nicht sein: sie spielen mit dunklen Kontrasten, unbehandeltem Beton sowie warmen Lichtelementen und erzeugen somit eine außergewöhnliche Atmosphäre. Im Erdgeschoss gibt es eine Bar und einen hübschen Frühstücksbereich mit angrenzendem Wintergarten.

MANI
www.amanogroup.de/de/hotels/mani

Torstraße 136 (L2), PLZ 10119 (OT: Mitte), **T 030 53028080**
63 Zimmer | 24 h

Ein trendiges, intimes Boutique-Hotel. Klare Linien und wertige Materialien überall im Haus. Minimalistisch eingerichtete Zimmer mit Echtholzparkett, Lederwandbezügen und modernen Bädern. iPads sowie Fahrräder können an der Rezeption ausgeliehen werden. Modernes Konferenzzentrum mit umlaufender Dachterrasse, die einen tollen Blick auf Berlin bietet.

MANI

48 | Hauptgericht 27–40 € | Mi-Sa Mo, Di, So

Klares, puristisches Interieur, dunkle Farbtöne und eine offene Küche prägen dieses äußerst geschmackvolle Hotelrestaurant. Geboten wird eine moderne israelische Küche mit arabischem und französischem Einschlag, die zum Teilen einlädt. Bei schönem Wetter kann man auch auf der einladenden Außenterrasse speisen.

Monbijou
www.monbijouhotel.com

garni

Monbijouplatz 1 (L3), PLZ 10178 (OT: Mitte), **T 030 61620300**
101 Zimmer | 12 Suiten | 1 Apartment | 24 h

Praktisch ist die Lage dieses Boutique-Hotels, nur wenige Schritte von der S-Bahn entfernt und ganz in der Nähe des belebten Hackeschen Marktes. Im zeitgenössischen britischen Stil eingerichtete Zimmer mit großen Fenstern, Holzböden und guter Technik.

Rutz
www.rutz-restaurant.de

VARTA★TIPP Küche VARTA★TIPP Service

Chausseestraße 8 (J3), PLZ 10115 (OT: Mitte), **T 030 24628760**
30 | Menü 300–320 € | Mo-Fr Sa, So

Mit ehrfurchtgebietender Konstanz zählt das „Rutz" für uns auch 2024 wieder zu den Top-Restaurants in Deutschland. Eingerichtet in niveauvoller Schlichtheit, ist es genau diese dezent-puristische Geradlinigkeit, die dem Interieur eine besonders urbane und edle Note verleiht. Am Herd glänzen Marco Müller und Dennis Quetsch mit ihrer kreativen Aromenküche. Das 8-gängige Inspirationsmenü ist mit so vielen Details gespickt, dass es hier unendlich viel zu entdecken gibt. Aber so vielschichtig die Kompositionen auch sind, so harmonisch fügen sie sich zusammen. Dazu ein überwältigendes Weinsortiment, das in punkto Umfang, Individualität und Vielseitigkeit seinesgleichen sucht. Falco Mühlichen führt gemeinsam mit seinem top geschulten Team als umsichtiger und zugewandter Maître souverän durch den Abend.

Horváth
www.restaurant-horvath.de

VARTA★TIPP Küche VARTA-TIPP Service

Paul-Lincke-Ufer 44a (L7), PLZ 10999 (OT: Kreuzberg), **T 030 61289992**
40 | Menü 170–220 € | Mi-Sa Mo, Di, So

Das legendäre Lokal mit seinem modernen Innendesign gehört zweifellos zur gastronomischen Spitzenklasse in der Hauptstadt. Eyecatcher ist ein markantes buntes Wandgemälde des Pop-Art-Künstlers Jim Avignon. Küchenchef Sebastian Frank kreiert wahre Geschmacksexplosionen. Er interpretiert die österreichische Küche neu und offeriert handwerklich anspruchsvolle und ideenreiche Speisen in Form eines exzellenten Menüs (6 oder 8 Gänge). Janine Woltaire leitet den unaufdringlichen und zugewandten Service mit leichter Hand, während Michael Stiel als formidabler Sommelier für die passende Wein- oder alkoholfreie Getränkebegleitung sorgt. Toll die Terrasse am Ufer des Landwehrkanals.

Prism
www.prismberlin.de

VARTA-TIPP Küche

Fritschestraße 48 (C6), PLZ 10627 (OT: Charlottenburg), **T 030 54710861**
30 | Menü 195 € | Di-Sa Mo, So

Stylish, minimalistisch und urban das Interieur, freundlich und geschult der Service, dazu die moderne, arabisch-metropolitane Küche von Gal Ben Moshe. Seine kontrastreichen und geschmacklich vielfältigen Gerichte aus besten Produkten schaffen für den Gast ein aufregendes und dynamisches kulinarisches Erlebnis. In punkto Weinberatung haben Sie mit Gastgeberin und Sommelière Jaqueline Lorenz eine kompetente Ansprechpartnerin. Sie kann aus einer preisgekrönten Liste von über 500 Etiketten schöpfen, die alle glasweise erhältlich sind.

Restaurant Tim Raue
www.tim-raue.com

VARTA★TIPP Küche VARTA-TIPP Service

Rudi-Dutschke-Straße 26 (K5), PLZ 10969 (OT: Kreuzberg), **T 030 25937930**
40 | Menü 268–356 € | Fr-Sa Di-Sa Mo, So 24.12.23–1.1.24

Kulinarisch spannende Entdeckungsreisen beim Kreativmeister. Kaum jemand interpretiert die asiatische Küche so zeitgemäß und einzigartig wie Tim Raue. Sein innovativer Kochstil passt in keine Schublade! Mit leidenschaftlicher Hingabe entstehen exquisite Kompositionen, die in Menüform serviert werden. Auch ein veganes Menü steht auf der Karte. Die passenden Weinempfehlungen kommen von Chef-Sommelier Raphael Reichardt. Das Ambiente: lässig-modern, geprägt von der urbanen Atmosphäre der Großstadt.

Bandol sur Mer — www.bandolsurmer.de

VARTA-TIPP Küche

Torstraße 167 (K2), PLZ 10115 (OT: Mitte), **T 030 67302051**
18 | Menü 138–159 € | Mo-Fr ⃠ Sa, So

Casual Fine Dining mitten in der Hauptstadt! Das kleine, ungezwungene Lokal mit seiner offenen Küche und dem eher reduziert gehaltenen Ambiente bietet gehobene französische Speisen, die von Chefkoch Andreas Saul zeitgemäß interpretiert werden. Dabei legt er auf die Qualität der Produkte und deren sorgfältige Verarbeitung besonderen Wert. Sommelière und Gastgeberin Lisa Karsten sorgt für die passende Weinbegleitung.

Folgen Sie uns: facebook.com/vartaguide

CODA — www.coda-berlin.com

VARTA★TIPP Küche

Friedelstraße 47 (L7), PLZ 12047 (OT: Neukölln), **T 030 91496396**
30 | Menü 244–318 € | Di-Sa ⃠ Mo, So

Überraschend, inspirierend, einzigartig: Im schicken, minimalistisch eingerichteten Restaurant widmet sich René Frank ausschließlich dem Dessert. Er orientiert sich zwar an den Regeln moderner Patisserie, experimentiert aber mit allerlei Techniken und ausgefallenen Aromen. Bei der Zubereitung der Gerichte verzichtet er weitgehend auf weißen Zucker, setzt stattdessen auf die Grundsüße der Produkte. Freuen Sie sich auf eine 4-stündige Geschmacksreise durch die progressive Dessertwelt des „World's Best Pastry Chef 2022". Große Auswahl an fein selektierten Weinen.

Cookies Cream — www.cookiescream.com

Behrenstraße 55 (K4), PLZ 10117 (OT: Mitte), **T 030 27492940**
80 | Menü 90–110 € | Di-Sa ⃠ Mo, So

Das Fine-Dining-Restaurant im trendigen „Industrial Style", das man über einen Hinterhof in der Behrenstraße erreicht, ist längst zum renommierten Hotspot der Hauptstadt avanciert. Weiß gestrichene Backsteinmauern, hohe Decken und schummriges Licht machen das besondere Flair des lebhaften Lokals aus. Aber auch das wechselnde Menü (5 bis 7 Gänge) lässt Feinschmeckerherzen höher schlagen. Aus frischen Zutaten werden vegetarische und vegane Gourmetspeisen kreiert. Internationale Champagner- und Weinkarte.

Cordo — www.cordo.berlin

VARTA★TIPP Küche

Große Hamburger Straße 32 (L3), PLZ 10115 (OT: Mitte), **T 030 27581215**
45 | Menü 140–160 € | Di-Sa ⃠ Mo, So

››

Die Kreativitätsmaschine von Yannic Stockhausen läuft unvermindert auf Hochtouren. Fleiß, Neugierde und Leidenschaft, gepaart mit Disziplin und Ehrgeiz - genau diese Mischung an Attributen macht ihn zu einem Ausnahmekünstler am Herd. In ungezwungen-lässiger Atmosphäre offeriert Stockhausen seine norddeutsch geprägte Produktküche in Form eines anspruchsvollen Menüs, das man auch als vegetarische Variante bestellen kann. Dazu gibt es ausgesuchte Weine, vornehmlich aus dem Bio-Bereich. Hierzu gibt die charmante Sommelière Nina Scheinhart freundlich und kompetente Auskunft.

ernst **Neu!** www.ernstberlin.de

VARTA-TIPP Küche

Gerichtstraße 54, PLZ 13347 (OT: Wedding), **T 0335 676111600**
8 | Menü ab 250 € | Mi-Sa Mo, Di, So

Das kleine Restaurant wirkt von außen eher unscheinbar, denn es befindet sich in einem Wohnhaus in der Gerichtstraße. An den wenigen Thekenplätzen mit direktem Blick in die Küche können die Gäste ein innovatives Degustationsmenü aus regionalen und saisonalen Zutaten genießen. Jeder einzelne Gang wird vom Küchenteam erklärt, und man erfährt viel Interessantes rund um die verwendeten Produkte. Zu den anspruchsvollen Speisen werden vom aufmerksamen Serviceduo die passenden Weine serviert. Die Tischreservierung erfolgt online über ein Ticketsystem.

Golvet www.golvet.de

VARTA-TIPP Küche

Potsdamer Straße 58 (H6), PLZ 10785 (OT: Tiergarten), **T 030 89064222**
70 | Menü 160 € | Mi-Sa Mo, Di, So

Das Fine-Dining-Restaurant hoch oben im achten Stock über dem Potsdamer Platz begeistert nicht nur wegen des sensationellen Ausblicks, auch die exquisite Küche ist einen Besuch wert. Was die Region und Europa kulinarisch ausmacht, landet bei Jonas Zörner in ungewöhnlicher Begleitung und Kombination auf dem Teller. Dabei verwendet er ausschließlich regionale Lebensmittel aus kontrolliertem Anbau und artgerechter Haltung. Die Gerichte werden optisch eindrucksvoll präsentiert und auch die Weinberatung ist stimmig.

Hallmann & Klee **Neu!** www.hallmann-klee.de

VARTA-TIPP Service

Böhmische Straße 13, PLZ 12055 (OT: Neukölln), **T 030 23938186**
40 | Menü 95–110 € | Mi-Sa Mo, Di, So

Das elegante, helle Ecklokal am kleinen Böhmischen Platz im Richardkiez ist eine echte Fine-Dining-Perle und hat längst seine Anhängerschaft gefunden. Das geradlinige Interieur, in edlem Weiß eingedeckte Tische und der Verzicht auf unnötiges Chichi lenken den Blick auf das Wesentliche - die Küche von Rosa Beutelspacher. Sie steht für authentische Geschmackskombinationen, die klar und kreativ sind. Regionale Produkte treffen dabei auf klassisches Handwerk und ausgefallene Aromen. Begleitet wird der Restaurantbesuch von einem zugewandten Team unter der Leitung der charmanten Gastgeberin Sarah Hallmann.

il punto www.ilpunto.net

Neustädtische Kirchstraße 6 (J4), PLZ 10117 (OT: Mitte), **T 030 20605540**
60 | Hauptgericht 16–39 € | Mo-Fr Mo-Sa So

Das aufwendig und elegant eingerichtete Restaurant im Herzen von Berlin darf sich über viele Stammgäste freuen. Geboten wird eine einfallsreiche und nicht alltägliche italienische Küche auf hohem Niveau. Geschulter Service. Gut sortierte Weinkarte.

Irma la Douce www.irmaladouce.de

VARTA-TIPP Küche

Potsdamer Straße 102 (H6), PLZ 10785 (OT: Tiergarten), **T 030 23000555**
60 | Hauptgericht 28–36 € | Di-Sa Mo, So

Französisch inspiriertes Fine Dining präsentiert man Ihnen in diesem eleganten, im Brasseriestil gestalteten Restaurant. Blickfang ist ein illuminierter gläserner Weinkühlschrank mit einer nostalgischen Bahnhofsuhr in der Mitte. Chefkoch Michael Schulz arbeitet konzentriert, gekonnt und ambitioniert. Exzellente Produkte, perfektes Handwerk und intensive Aromen verschmelzen zu klassischen Gerichten mit modernen Einflüssen. In punkto Wein dürfen Sie sich auf die Empfehlungen von Restaurantleiter und Sommelier Sascha Hammer verlassen.

Kitchen Library www.kitchen-library.de

Bleibtreustraße 55 (D6), PLZ 10623 (OT: Charlottenburg), **T 030 3125449**
25 | Menü 88–114 € | Mi-Sa Mo, Di, So

Ein schönes, gemütliches Restaurant, in dem man sich auf eine spannende Crossover-Küche mit modernen internationalen Einflüssen freuen darf. Aus guten Produkten entstehen solch pfiffige Gerichte wie „Flank Steak | Topinambur | Kirschen | Portulak“. In der Kitchen-Library-Bibliothek findet man ein umfangreiches Bücherrepertoire. Hier können Restaurantbesucher in den ausgestellten Büchern schmökern, während sie auf das Essen warten.

Lode & Stijn www.lode-stijn.de

Lausitzer Straße 25 (L7), PLZ 10999 (OT: Kreuzberg), **T 030 65214507**
32 | Menü 120–140 € | Mi-Sa Mo, Di, So

In den letzten Jahren hat sich das Restaurant zum beliebten Anlaufpunkt für Feinschmecker entwickelt. Im hell und schlicht gehaltenen Lokal geht es atmosphärisch wie kulinarisch einfach, familiär und ungekünstelt zu. Serviert wird allabendlich ein festes saisonales Menü - auf Wunsch auch vegetarisch und/oder mit passender Weinbegleitung. Tischreservierung empfehlenswert.

Nobelhart & Schmutzig www.nobelhartundschmutzig.com

VARTA-TIPP Küche **VARTA-TIPP** Service

Friedrichstraße 218 (K5), PLZ 10969 (OT: Kreuzberg), **T 030 25940610**
43 | Menü 175–200 € | Di-Sa Mo, So 1.–11.1.24

Das trendige Gastrokonzept des Berliner Hype-Restaurants hat längst seine Anhänger gefunden. Reduziert, ausdrucksstark, kreativ - unter dem Motto „brutal lokal“ verarbeitet Micha Schäfer ausschließlich regionale Zutaten von Erzeugern aus Brandenburg und der unmittelbaren Umgebung. Eine Trennung von Gastraum und Küche gibt es hier nicht, man sitzt direkt an der Theke und kann den Protagonisten bei der Arbeit zuschauen. Offeriert wird ein wechselndes Menü mit zehn bestens aufeinander abgestimmten Gängen. Alexander Seiser berät kenntnisreich zu den Weinen und Juliane Winkler leitet umsichtig und routiniert den zuvorkommenden Service.

Oukan Dining
www.oukan.de

Ackerstraße 144 (J1), PLZ 10115, **T 030 54774716**
Hauptgericht 24–28 €, Menü 49–89 € | Di-Sa ⃠ Mo, So

Nicht ganz einfach zu finden ist dieses Lokal, dessen Eingang sich in einem Hinterhof befindet. Das Interieur überzeugt mit konsequentem Minimalismus und viel Liebe zum Detail. Pechschwarzer Granit und geflämmtes Zedernholz setzen Akzente. In diesem Ambiente bietet man eine japanisch und buddhistisch inspirierte Küche, die ausschließlich mit rein pflanzenbasierten Produkten zubereitet wird. Auf der Getränkekarte findet man neben ausgesuchten Weinen und Cocktails auch ganz besondere asiatische Tees.

pars Restaurant **Neu!**
www.pars.berlin

Grolmanstraße 53 (D6), PLZ 10623 (OT: Charlottenburg), **T 030 49919786**
Menü 68–110 € | Mi-Sa ⃠ Mo, Di, So

Kristiane Kegelmann, die Gründerin von „Pars Pralinen", hat hier ihr eigenes Restaurant eröffnet. In dem durchgestylten Lokal mit seiner offenen, einladenden Atmosphäre setzen hochwertige und ausgewählte Materialien besondere Akzente. So z.B. der quer gemaserte Holzboden, der mit den geradlinigen, metallischen Tischen und antiken Gipsreliefs an den Wänden kontrastiert. Während tagsüber (selbstverständlich) die kunstvolle Pralinenkollektion erworben werden kann, kann der Gast am Abend zwischen einem saisonal inspirierten 4- oder 7-Gänge-Menü wählen.

Restaurant Faelt
www.faelt.de

VARTA-TIPP Küche

Vorbergstraße 10a (G8), PLZ 10823 (OT: Schöneberg), **T 030 78959001**
24 | Menü 129 € | Mo-Di, Fr-So ⃠ Mi, Do

Gehoben und dennoch wunderbar unprätentiös! In diesem stilvoll-dezenten Front-Cooking-Lokal in einem schmucken Altbau von 1903 im Schöneberger Akazienkiez stimmen nicht nur Atmosphäre und Service, es wird auch ausgezeichnet gekocht. Björn Swanson und Matthias Schlönvoigt bieten hier sehr ausdrucksstarke, moderne und aromenintensive Gerichte, die in Menüform serviert werden. Dazu gibt es erlesene Weine, die auch glasweise ausgeschenkt werden. Übrigens: Der Restaurantname (schwedisch = „Feld") bezieht sich auf die nordischen Wurzeln des Küchenchefs und seinen produktorientierten Kochstil.

the Cord
thecord.de

EUREF-Campus 23-24 (G5), PLZ 10829 (OT: Schöneberg), **T 030 26476792**
100 | Hauptgericht 26–121 €, Menü 79–99 € | Di-Sa ⃠ Mo, So

Auf dem EUREF-Campus am hist. Gasometer, wo sich zahlreiche Unternehmen der Mobilität und der Nachhaltigkeit verschrieben haben, befindet sich dieses Lifestyle-Restaurant. Gold, Messing, dunkles Holz und edles Art-déco-Interieur sorgen für einen mondänen Rahmen. Kulinarisch setzt man auf zeitgemäße Signaturegerichte, die vegan und vegetarisch, aber auch mit Fisch und Fleisch die Highlights der Saison zum Ausdruck bringen.

Tulus Lotrek
www.tuluslotrek.de

VARTA-TIPP Küche

Fichtestraße 24 (L8), PLZ 10967 (OT: Kreuzberg), **T 030 41956687**
40 | Menü 197 € | Mo, Do-So ⃠ Di, Mi

Nicht nur Kreuzberger mögen dieses sympathische Lokal mit seiner lässigen Wohnzimmeratmosphäre, das perfekt ins urbane, quirlige Berlin passt. Geboten wird eine moderne europäische Küche, die sich in keine Schublade stecken lässt. Was bei Maximilian Strohe in Menüform auf den Tisch kommt, ist topfrisch, ideenreich und ausgesprochen schmackhaft. Den Service leitet Ilona Scholl mit viel Übersicht, während Felix Fuchs als kenntnisreicher Sommelier zu den Weinen wertvolle Tipps gibt. Tischreservierung unbedingt zu empfehlen.

Victor & Victoria Neu! www.victorvictoriaberlin.com

VARTA-TIPP Küche

Charlottenstraße 59 (K5), PLZ 10117 (OT: Mitte), **T 030 992115611**
75 | Hauptgericht 23–42 € | Mo-So

Der Name des Restaurants ist eine Hommage an den gleichnamigen Film mit Julie Andrews. Hier vereinen sich urbanes Flair, elegantes Ambiente und moderne französische Küche. Während im Erdgeschoss das Daily Bistro Victoria zum entspannten Business Lunch oder Kaffee und späteren Cocktails mit Freunden einlädt, kredenzt man Ihnen im Obergeschoss von Donnerstag bis Samstag (jeweils ab 18:30 Uhr) anspruchsvolle Fine-Dining-Gerichte in Menüform. Eine verglaste Showroomküche gewährt spannende Einblicke in die Arbeit der Crew um Küchenchef Stephan Krogmann. Für Raucher empfiehlt sich die integrierte Cigar Lounge.

1811 Neu! www.1811.berlin

Schlüterstraße 55 (D6), PLZ 10629 (OT: Charlottenburg), **T 030 8813440**
40 | Hauptgericht 26–35 €, Menü 65–91 € | Di-Fr Di-Sa Mo, So

Ein Alt-Berliner Restaurant mit langer Geschichte, das man behutsam renoviert hat. In gemütlich-familiärer Atmosphäre erwartet Sie eine frische regionale und saisonale Küche mit französischen und mediterranen Einflüssen. Wie wäre es z.B. mit „Filet vom Heilbutt mit Rieslingsauce, Apfel-Spitzkohl und Estragon"? Dazu gibt es ausgewählte Bio-Weine von kleinen Weingütern.

893 Ryotei www.893ryotei.de

Kantstraße 135 (D6), PLZ 10623 (OT: Charlottenburg), **T 030 91703121**
Hauptgericht 16–100 €, Menü 89–110 € | Di-Sa Mo, So

Was von außen eher unscheinbar und verlassen ausschaut, entpuppt sich im Innern als szeniges Lokal mit urbaner Club-Atmosphäre. Im Mittelpunkt steht die offene Küche. Ansprechendes japanisches Speisenangebot mit südamerikanischen Einflüssen. Sehr gute Produktqualität bietet das umfangreiche Sashimi- und Sushi-Angebot. Zum Restaurant gehört auch eine Cocktailbar.

Balthazar Spreeufer 2 www.balthazar-restaurant.de

Spreeufer 2 (L4), PLZ 10178 (OT: Mitte), **T 030 30882156**
120 | Hauptgericht 22–32 €, Menü 48–99 € | Sa-So Mi-So Mo, Di

Im historischen Nikolaiviertel befindet sich dieses Restaurant. In vier luftig-hellen Räumen, die an den Stil des Art déco erinnern, serviert man eine metropolitane Küche. Wie wäre es z.B. mit „Tranche und Tatar vom Ikarimi-Lachs mit Yuzucreme und japanischem Gurkensalat"? Große Spreeterrasse.

Bieberbau
www.bieberbau-berlin.de

VARTA-TIPP Küche

Durlacher Straße 15 (F8), PLZ 10715 (OT: Wilmersdorf), **T 030 8532390**
45 | Menü 64–102 € | Mo-Di, Do-Fr Mi, Sa, So

Ein Juwel in Berlins Gastronomielandschaft! Das hist. Ambiente mit Fachwerkbalken und alten Stuck-Meisterwerken an den Wänden sorgt fast schon für eine museale Atmosphäre. Inhaber und Chefkoch Stephan Garkisch beeindruckt mit einer frischen deutschen Küche mit mediterranem Touch. Bei seinen Gerichten stehen Kräuter und Gewürze stets im Mittelpunkt. In punkto Weinberatung ist man bei der sympathischen Gastgeberin Anne Garkisch in den besten Händen.

Bob & Thoms
bobthoms.berlin

Welserstraße 10-12 (F7), PLZ 10777 (OT: Schöneberg), **T 030 20929492**
15 | Menü 90 € | Mi-Sa Mo, Di, So

Das kleine, intime Lokal in der Nähe des Viktoria-Luise-Platzes ist ein Zwei-Mann-Betrieb. Die Protagonisten: Gastgeber Oliver Körber und Chefkoch Felix Thoms. In recht puristisch-reduziertem Ambiente werden wechselnde Menüs serviert, aus denen auch à la carte bestellt werden kann. Die Küche ist modern, frisch und schmackhaft. Gut die offene Weinbegleitung. Während der warmen Jahreszeit kann man auch auf der schattigen Terrasse schlemmen. Tischreservierung ratsam.

Bonvivant
www.bonvivant.berlin

VARTA-TIPP Küche

Goltzstraße 32 (G7), PLZ 10781 (OT: Schöneberg), **T 0176 61722602**
77 | Menü 99–110 € | Sa-So Di-Sa Mo

Das Lokal des gekachelten Eckhauses im Schöneberger Akazienkiez ist kein gewöhnliches Restaurant, sondern eine sogenannte Bistronomie, bestehend aus Barbereich und Bistro. Das innovative Konzept geht auf! Neben vegetarischem Soulfood liegt der Fokus auf spannenden Cocktailkreationen. Nikodemus Berger kocht ausgesprochen fantasievoll und präsentiert saisonale und regionale Speisen in Form eines 5- bis 6-gängigen Menüs, das auch als vegane Variante erhältlich ist. Die Preise sind fair, der Service freundlich und die Atmosphäre gesellig.

Bricole
bricole.de

VARTA-TIPP Küche

Senefelderstraße 30 (M1), PLZ 10437 (OT: Prenzlauer Berg), **T 030 84421362**
20 | Menü 118 € | Mo-Fr Sa, So

Eine moderne Bistronomie inmitten des Szeneviertels Prenzlauer Berg. Hier lässt man sich in angenehm ungezwungener Atmosphäre von Küchenchef Steven Zeidler richtig gut bekochen. Sein Credo: eine globale Küche mit Bodenhaftung, bei der frische Produkte sorgfältig ausgewählt und verarbeitet werden. Serviert wird ein attraktives 6-gängiges Menü, das auch als vegetarische Variante bestellt werden kann. Dazu eine ambitionierte Weinkarte und ein freundlicher, entspannter Service.

Jetzt abonnieren: instagram.com/vartaguide

Colette Tim Raue
www.brasseriecolette.de/berlin

VARTA-TIPP Küche

Passauer Straße 5-7 (F6), PLZ 10789, **T 030 21992174**
80 | Hauptgericht 23–43 €, Menü 85–119 € | Mo-So

Wer angenehm locker, aber dennoch hochklassig genießen möchte, ist hier absolut richtig. Das Lokal befindet sich neben der Tertianum-Seniorenresidenz vis-à-vis dem KaDeWe. Serviert wird eine feine Brasserieküche, die in punkto Machart und Produktqualität deutlich edler als allgemein üblich daherkommt. Auf der Terrasse kann man das bunte Treiben der Großstadt beobachten. Kleine Mittagskarte.

eins44
www.eins44.com

Elbestraße 28/29 (L8), PLZ 12045 (OT: Neukölln), **T 030 62981212**
55 | Hauptgericht 30–36 €, Menü 95–110 € | Di-Sa Mo, So 24.12.23–8.1.24

Im dritten Hinterhof der Otto-Reichel-Höfe versteckt sich dieses stylish-urbane Lokal. Hier sorgen Werkbänke, die zu Esstischen umfunktioniert wurden, handverlesene Lampen und ein schöner alter Fliesenspiegel für reichlich Industriecharme. Toll sitzt man auf der eingebauten Empore mit Loftcharakter. Angeboten werden schmackhafte, unkomplizierte Gerichte, die aus nur wenigen Komponenten bestehen. Das Weinrepertoire reicht von Individualisten der Naturweinszene bis hin zu klassischen, alteingesessenen Winzern.

FREA Neu!
www.frea.de

Kleine Hamburger Straße 2 (K3), PLZ 10115 (OT: Mitte), **T 030 98396198**
60 | Menü 55–75 € | Mo-So

Längst hat dieses trendige Eckrestaurant, das sich der pflanzenbasierten „Zero Waste"-Philosophie verschrieben hat, seine Anhängerschaft gefunden. Warmes Holz, eine einsehbare Küche sowie ein kleiner Urban Jungle aus Zimmerpflanzen prägen das Interiordesign. Geboten wird fleischfreies Fine Dining in Form einer nachhaltigen Küche, die nicht nur der Umwelt guttut, sondern nebenbei auch noch hervorragend schmeckt. Aus finessenreichen modernen Gerichten können Sie sich Ihr Menü mit 3 bis 5 Gängen selbst zusammenstellen. Dazu gibt es eine kleine Auswahl an biodynamischen Weinen.

Gärtnerei
www.gaertnerei-berlin.com

Torstraße 179 (K2), PLZ 10115 (OT: Mitte), **T 030 24631450**
65 | Hauptgericht 22–44 € | Mo-So

Graugrüne Sofas, lackierte Holztische und ästhetisch ansprechende Deko-Akzente - schlicht und unprätentiös zeigt sich dieses Restaurant an der beliebten Restaurantmeile „Torstraße". Auch wenn man hier kulinarisch nicht völlig auf Fleisch verzichtet, so liegt der Fokus jedoch eindeutig auf vegetarischer Kost. Dazu gibt es ausgewählte Weine aus Österreich und lokale (Craft-)Biere.

Grill Royal
www.grillroyal.com

Friedrichstraße 105b (K3), PLZ 10117 (OT: Mitte), **T 030 28879288**
160 | Hauptgericht 39–178 € | Mo-So

Angesagtes Szenerestaurant am Spreeufer. Edel-rustikales Ambiente mit großen Fensterfronten, dunklen Holzdielen und hübscher Loungebeleuchtung. Auf den Grill kommen Porterhaussteaks, Filets, mächtige Entrecotes sowie Meeresspezialitäten in fantastischer Qualität. Die 1850 Positionen umfassende Weinkarte sucht ihresgleichen.

heimlichTreu
www.heimlichtreu.de

Anklamer Straße 38 (K2), PLZ 10115 (OT: Mitte), **T 030 48494599**
Hauptgericht 26–32 € | Mo-Fr Mo-So

In diesem originellen Hinterhofjuwel trifft entspannte Atmosphäre auf abwechslungsreiche Küche. Gemütliches Loftfeeling, viel Holz und ein Hauch Industriecharme - so lässt sich das Ambiente am besten beschreiben. Dazu verwöhnt man neugierige Genießer mit handwerklich perfektem Soulfood. Ein Muss: die leckeren Cocktailkreationen auf der Barkarte.

India Club
www.india-club-berlin.com

Behrenstraße 72 (J4), PLZ 10117 (OT: Mitte), **T 030 20628610**
86 | Hauptgericht 21–53 € | Mo-Sa

Hier ist allein schon das Interieur einen Besuch wert: elegant und farbenfroh zugleich mit schweren Mahagonimöbeln im britisch-kolonialen Stil, dazu dunkle Holzvertäfelungen und bunte Deckenleuchter. Aber auch das Essen kann überzeugen. Geboten wird eine authentische nordindische Küche. Die Besonderheit: Brot, Fleisch und Gemüse werden in speziellen Tandoori-Öfen gegart.

Kin Dee
www.kindeeberlin.com

VARTA-TIPP Service

Lützowstraße 81 (H6), PLZ 10785 (OT: Tiergarten), **T 030 2155294**
60 | Menü 79 € | Di-Sa Mo, So

Das ungezwungen-lässige Restaurant ist längst kein Geheimtipp mehr in der Berliner Gastroszene. Hier erwartet Sie eine spannende Menüfolge im „Family Style" mit unterschiedlichen Gerichten zum Teilen, so wie man es in der thailändischen Kultur kennt. Auf Basis traditioneller Rezepte treffen saisonale und regionale Produkte auf originale Thai-Aromen. Angenehm natürlich und sehr aufmerksam werden Sie vom Service umsorgt.

Kopps
www.kopps-berlin.de

Linienstraße 94 (K2), PLZ 10115 (OT: Mitte), **T 030 43209775**
75 | Menü 77–99 € | Mi-Sa Mo, Di, So

Besonders ist hier sowohl das gemütliche und stilvolle Vintageflair als auch die raffinierte vegane Gourmetküche. Verwendet werden ausschließlich Erzeugnisse aus regionalem und saisonalem Anbau in Bio-Qualität. Jeden ersten Sonntag im Monat gibt es ein wechselndes Lunchmenü.

Le Petit Royal
www.lepetitroyal.de

Grolmanstraße 59 (D6), PLZ 10623, **T 030 330060750**
50 | Hauptgericht 12–72 € | Di-Sa Mo, So

In einem verwinkelten Gründerzeitaltbau befindet sich die West-Dependance des Szenehotspots „Grill Royal" (Berlin-Mitte). Schwerpunkte auf der Karte sind hochwertige Steaks und frische Fischgerichte, aber auch beliebte Klassiker aus der französischen Küche wie Boeuf Tartare, Entrecote oder Moules Frites. Für Weinliebhaber hält man 500 erlesene Tropfen bereit.

Long March Canteen
longmarchcanteen.com

VARTA-TIPP Küche

Wrangelstraße 20 (D5), PLZ 10997 (OT: Kreuzberg), **T 0178 8849599**
130 | Hauptgericht 10–22 €, Menü 48–63 € | Mo-So

Durch sein cooles urbanes Ambiente und die ausgezeichnete Küche hat das chinesische Lokal in Kreuzberg längst seine Fangemeinde gefunden. Die leicht dämmrige Atmosphäre mit Neonleuchten sowie die schwarz-roten Farbnuancen nebst schlichter Tischkultur heben sich deutlich vom plüschigen Interieur sonstiger Asia-Restaurants ab. Aus der offenen Küche kommen verschiedenste Dim Sum und Dumplings (kleine Gerichte, quasi „chinesische Tapas“) - ideal zum Teilen. Auf der Weinkarte finden sich bemerkenswerte Weine renommierter Winzer. Reservierung unbedingt empfehlenswert.

Parc Fermé
www.classic-driver.eu

Wiebestraße 36-37 (D4), PLZ 10553 (OT: Moabit), **T 030 20613050**
26 | Hauptgericht 16–38 € | Mi-Sa Mo, Di, So

Fine Dining in der Classic Remise Berlin! Hier erwartet Sie ein gelungener Stilmix aus denkmalgeschützter Industriearchitektur und modernen Designelementen. Die Küche hat eine klassisch französische Basis, bindet zeitgemäße Elemente mit ein und stellt die saisonalen Produkte in den Mittelpunkt. Auf Anfrage kann man das Restaurant für besondere Anlässe auch außerhalb der regulären Öffnungszeiten exklusiv buchen.

Ponte **Neu!**
www.ponte-berlin.de

Regensburger Str. 5 (F7), PLZ 10777 (OT: Schöneberg), **T 030 21912410**
30 | Hauptgericht 23–30 € | So Mi-So Mo, Di

Ein saniertes Eckhaus mitten im Schöneberger Kiez. Im geschmackvollen Gastraum mit seinen stilvoll eingedeckten Tischen und auf der lauschigen Terrasse können Sie sich mit italienisch-bodenständigen Köstlichkeiten wie hausgemachter Pasta, „Doradenfilet in Kapernsauce“ oder „Zicklein aus dem Ofen“ verwöhnen lassen. Tipp: Roher Spinatsalat mit Speckwürfeln und Parmesan-Crumble (Spezialität des Hauses).

Restaurant 136
136-berlin.com

VARTA-TIPP Küche

Linienstraße 136 (K3), PLZ 10115, **T 030 27909683**
35 | Menü 99–125 € | Di-Sa Mo, So

Ein sympathisches Lokal im Zentrum von Berlin. In entspannter Atmosphäre serviert man eine ambitionierte italienisch-peruanische Crossover-Küche. Im regelmäßig wechselnden Degustationsmenü bietet Chefkoch Vicente Matias Diaz Silva 5 bis 7 spannende Offerten dieser besonderen Fusionsküche, die stark auf Aromen beruht, sich aber gleichzeitig klassisch zeigt. Dazu gibt es eine kleine, aber feine Auswahl ausgewählter italienischer Weine.

Restaurant 1687
www.1687.berlin

Mittelstraße 30 (J4), PLZ 10117 (OT: Mitte), **T 030 20630611**
60 | Hauptgericht 18–38 € | Mo-Fr Sa, So

Moderne europäische Küche mit französischen Akzenten gibt es in diesem schicken Restaurant am Neustädtischen Kirchplatz - da liest man auf der Karte z.B. „Maishähnchenbrust | Edamame | Rettich | Zitrone“. Nicht zu vergessen der wöchentlich wechselnde Mittagstisch. Auch frühstücken kann man hier.

Restaurant BRIKZ
www.restaurantbrikz.com

VARTA-TIPP Küche **VARTA-TIPP** Service

Grolmanstraße 53/54 (D6), PLZ 10623 (OT: Charlottenburg), **T 030 31803780**
30 | Hauptgericht 26–56 €, Menü ab 95 € | Di-Sa Mo, So

Man schmeckt einfach sein Können und seine Leidenschaft! Patron Arne Anker versteht es, feinsinnige Gerichte mit perfekt kombinierten Komponenten und charakteristischem Säurespiel zu kreieren. Diese gibt es in Form eines wechselnden mehrgängigen Menüs oder à la carte. Tolle Küche aus tollen Produkten - da macht es richtig Spaß, zu essen! Auch die Atmosphäre stimmt, dafür sorgen das entspannte und ungezwungene Ambiente, aber auch der ausgesprochen freundliche Service nebst treffsicheren Weinempfehlungen.

Restaurant Macionga Neu!
www.restaurantmacionga.com

Xantener Straße 9 (D7), PLZ 10707 (OT: Wilmersdorf), **T 030 98559168**
58 | Hauptgericht 18–24 € | Mo, Do-So Di, Mi

Erlesene Weine und eine raffinierte Küche erwarten Sie in diesem kleinen, zwanglosen Speiselokal. Klarheit, modernes Design und sehenswerte Kunst beeindrucken hier gleichermaßen. Die regional und saisonal orientierten Speisen werden mit Liebe und vor allem mit Geschmack zubereitet. Von der wechselnden Karte wählt man z.B. „Schweinerücken | gebackener Spitzkohl mitOniglack | Zwiebel-Apfelmarmelade". Dazu eine exzellente Weinkarte mit mehr als 750 Positionen.

Richard Restaurant & Bistro
www.restaurant-richard.de

VARTA-TIPP Küche

Köpenicker Straße 174 (O5), PLZ 10997 (OT: Kreuzberg), **T 030 49207242**
40 | Hauptgericht 18–42 €, Menü 98–120 € | So Mo-So

Dass Hans Richard auch ein hervorragender Maler ist, erkennt man an den dekorativen Bildern in dem großzügig, einladend und sehr geschmackvoll eingerichteten Restaurant. Neben der Kunst setzt der Patron aber auch auf präzises Kochen und verwirklicht zwei Konzepte unter einem Dach: Aus erstklassigen Produkten kreiert Chefkoch Francesco Contiero von Donnerstag bis Samstag ein themen- und saisonbezogenes 6-Gänge-Fine-Dining-Menü auf klassischer Basis, das es auch als vegetarische Variante gibt. An den übrigen Wochentagen können die Gäste eine mediterran beeinflusste Bistro-Küche genießen.

Rutz Zollhaus
www.rutz-zollhaus.de

Carl-Herz-Ufer 30 (L7), PLZ 10961 (OT: Kreuzberg), **T 030 233276670**
80 | Hauptgericht 18–35 €, Menü bis 75 € | Di-Sa Mo, So

Das Berliner Traditionslokal am Landwehrkanal erstrahlt nach intensiver Sanierung in einem hellen und modernen Look. Geschmackvoll hat man Altes und Neues harmonisch miteinander verbunden. Serviert wird eine zeitgemäß interpretierte Landküche. Hübsch auch die Sommerterrasse mit mächtigen Kastanienbäumen.

Schmidt Z & KO
www.schmidt-z-ko.de

Rheinstraße 45-46, PLZ 12161 (OT: Friedenau), **T 030 200039570**
70 | Hauptgericht 10–24 €, Menü 65 € | Di-Fr Do-Sa Mo, So

Hier speisen Sie - umgeben von zahlreichen Weinflaschen - in geradlinig-moderner Atmosphäre. Die aus Eiche gefertigten Tische und Stühle tragen die Handschrift eines Pfälzer Möbeldesigners und stammen von Barriquefässern lokaler Weingüter. Die Küche setzt auf eine Vielzahl regionaler Produkte, ist unprätentiös, authentisch und modern interpretiert. Dazu eine große Weinauswahl für vinophilen Genuss.

Tante Fichte Speiselokal — www.tantefichte.berlin

VARTA-TIPP Küche

Fichtestraße 31 (L7), PLZ 10967 (OT: Kreuzberg), **T 030 69001522**
44 | Menü 95–125 € | Mi-Sa Mo, Di, So

Ein wahres Wohnzimmer für Genießer ist dieses Speiselokal in Kreuzberg. Parkettboden, Designerleuchten und Tapeten mit Retromustern in warmen Erdtönen sorgen für eine heimelige Atmosphäre. Dominik Matokanovic begeistert mit einer mediterranen Aromenküche. In seinem stimmigen Menü (auch als vegetarische Variante erhältlich) gelingt ihm die Balance zwischen bodenständigen Klassikern und gehobener Fine-Dining-Küche. Schön die Sommerterrasse im Vorgarten.

The Grand — www.the-grand-berlin.com

Hirtenstraße 4 (M3), PLZ 10178 (OT: Mitte), **T 030 2789099555**
160 | Hauptgericht 19–109 € | Di-Sa Mo, So

Die Location ist eine Mischung aus Restaurant, Bar, Klub und Eventflächen. Ganz schön stylish hat man es hier. Ein Hingucker ist der extra angefertigte Kronleuchter, der von der Decke des ersten Stocks bis ins Erdgeschoss hängt. Serviert werden deutsch-französische Köstlichkeiten sowie erstklassige Grillgerichte. Hübsche Terrasse im Innenhof.

theNOname - Restaurant — www.the-noname.de

VARTA-TIPP Küche

Oranienburger Straße 32 (K3, Heckmann-Höfe), PLZ 10117 (OT: Mitte), **T 030 279099027**
36 | Menü 105–135 € | Di-Sa Mo, So

Zum originellen Ambiente mit opulent verschnörkeltem Stuck, Jugendstilleuchten, Bondage-Street-Art und großzügigen, fünf Meter hohen Decken beeindruckt das Szenerestaurant mit Casual Fine Dining. Tim Tanneberger gibt mit seiner ideenreichen, produktorientierten Küche, die auf Nachhaltigkeit und Regionalität setzt, die kulinarische Richtung vor. Dazu gibt es überraschende Weine, selbstkreierte Drinks sowie gute alkoholfreie Alternativen.

Volt — www.restaurant-volt.de

VARTA-TIPP Küche

Paul-Lincke-Ufer 21 (E7), PLZ 10999 (OT: Kreuzberg), **T 030 338402320**
80 | Menü 79–94 € | Di-Sa Mo, So

Das stimmungsvolle Restaurant befindet sich im 1928 erbauten Umspannwerk Kreuzberg. Hinter dem denkmalgeschützten Gemäuer verbirgt sich ein großzügiger Gastraum mit goldfarbenen Kugelleuchten. Hier pflegt man einen produktfokussierten Kochstil, der regionale Esskultur und zeitgenössische Küche perfekt miteinander verbindet. Im Compartment steht ein Private-Dining-Room zur Verfügung.

Barra www.barraberlin.com

Okerstraße 2 (L8), PLZ 12049 (OT: Neukölln), **T 030 81860757**
Hauptgericht 9–34 € | Mo-Fr Sa, So

Mit seiner lässig-ungezwungenen Atmosphäre passt das minimalistisch eingerichtete Restaurant hervorragend in den Berliner Schillerkiez. Die schmackhafte und produktorientierte Szeneküche richtet sich nach dem aktuellen Marktangebot. Dazu gibt es leckere Craftbiere und interessante Naturweine (abseits des Mainstreams).

Borchardt www.borchardt-restaurant.de

Französische Straße 47 (K4), PLZ 10117 (OT: Mitte), **T 030 81886262**
180 | Mo-So

Klassiker der Berliner Gastroszene, der auf eine 150-jährige Geschichte zurückblicken kann. Serviert werden kulinarische Köstlichkeiten der modernen französischen und internationalen Küche. Lauschiger Hofgarten.

Brasserie Am Gendarmenmarkt www.brasserieamgendarmenmarkt.de

VARTA-TIPP Service

Taubenstraße 30 (K5), PLZ 10117 (OT: Mitte), **T 030 20453501**
120 | Hauptgericht 14–40 € | Di-Fr Di-Sa Mo, So

Eine kulinarische Institution in Berlins Gastroszene! Der gelungene Designmix aus Art déco und Jugendstil sorgt hier für gediegen-elegantes Ambiente. Der freundliche und zuvorkommende Service kredenzt eine schmackhafte deutsch-französische Regionalküche. Lust auf „Schwertfischfilet vom Lavasteingrill auf Baby-Pak-Choi, Pilzcreme und Cognac-Pfeffer-Reduktion"? Tipp: Mittags Quick Lunch zum kleinen Preis.

Der Weinlobbyist **Neu!** www.derweinlobbyist.de

Kolonnenstraße 62 (H8), PLZ 10827 (OT: Schöneberg), **T 030 30640772**
36 | Menü 49–69 € | Mo, Do-So Di, Mi

Lauschiges Ambiente fernab des Großstadttrubels. In diesem Lokal - ein Mix aus Bistro und Weinbar - genießen die Gäste einen Hauch südlichen Flairs. Die rund 600 Positionen umfassende Weinkarte beinhaltet eine umfangreiche Auswahl verschiedener Winzersekte sowie erlesene deutsche und österreichische Gewächse. Neben Klassikern wie Flammkuchen kreiert die Küchencrew auch ein 5-Gänge-Menü, das regelmäßig wechselt. An warmen Sommertagen empfiehlt sich der sehr idyllische Innenhof.

Die Nußbaumerin
www.nussbaumerin.de

VARTA-TIPP Küche

Leibnizstraße 55 (D6), PLZ 10629 (OT: Charlottenburg), **T 030 50178033**
50 | Hauptgericht 20–39 €, Menü 36 € | Mo-Fr Sa, So

Wo Qualität und Preis stimmen, kehrt man gerne zum Essen ein! In dem behaglich-stilvollen Restaurant mit seinen grünen Wänden, formschönen Leuchten und großen güldenen Spiegeln kocht Johanna Nußbaumer nach traditionellen Rezepten, erweitert mit Neuinterpretationen von Klassikern der österreichischen Küche. Probieren Sie z.B. „Original Wiener Schnitzel mit lauwarmem Erdäpfel-Gurkensalat", „Wiener Rindersaftgulasch" oder „Kaiserschmarrn mit Rumrosinen und Zwetschkenröster"! Freundlicher Service.

Fischer & Lustig Neu!
www.fischerundlustig.de

Poststraße 26 (L8), PLZ 10178 (OT: Mitte), **T 030 56829990**
110 | Hauptgericht 17–26 € | Di-So Mo

Skulpturen, edle Tapeten, viel Holz, Fotografien von Seemännern und Bullaugen als Spiegel prägen das modern-maritime Ambiente dieses Restaurants im Nikolaiviertel. Hier kommt auf den Tisch, was aus dem Wasser kommt. Das Angebot reicht von Bouillabaisse und Labskaus über Regenbogenforelle vom Grill bis Cordon Bleu vom Steinbutt. Hübsche Terrasse unter schattenspendendem alten Baumbestand.

Hauptstadtrestaurant Gendarmerie
www.restaurant-gendarmerie.de

Behrenstraße 42 (K4), PLZ 10117 (OT: Mitte), **T 030 76775270**
230 | Hauptgericht 19–195 € | Mo-So

Das Restaurant beeindruckt mit einer einmaligen Raumkulisse. Das Ambiente ist eine Hommage an die Hauptstadt, die hier mit all ihren Facetten kunstvoll widergespiegelt wird. Blickfang ist das riesige Holzrelief von Jean-Yves Klein. Serviert wird eine moderne französische Brasserieküche. Täglich wechselnder Mittagstisch.

Jungbluth
www.jungbluth-restaurant.de

Lepsiusstraße 63 (↘ D8), PLZ 12163 (OT: Steglitz), **T 030 79789605**
45 | Hauptgericht 29–34 €, Menü 46–74 € | Sa-So Di-So Mo

Im schlichten, aber gemütlichen Gastraum wird eine ambitionierte Frischeküche serviert. Die wechselnde Speisekarte orientiert sich am Marktangebot und bietet solch wohlschmeckende Gerichte wie „Brust von der Maispoularde | Petersilienwurzelcreme | Bamberger Hörnchen | Staudensellerie". Schön sitzt man im Sommer auf den beiden Terrassen.

Kochu Karu
www.kochukaru.de

Eberswalder Straße 35 (M1), PLZ 10437 (OT: Prenzlauer Berg), **T 030 80938191**
46 | Hauptgericht 14–29 €, Menü 69–83 € | Mi-Sa Mo, Di, So

Koreanisch-spanische Fusionküche erwartet Sie in diesem kleinen Lokal. Das Angebot reicht von Tintenfischsalat mit Chorizo über Korea Tacos bis hin zu Gogi Dumplings (im Reisblatt gedämpftes Rindfleisch mit Tofu). Nicht nur das Essen ist typisch, auch das Interieur mit seinem schlichten Design. Im angeschlossenen Deli kann man verschiedene Lebensmittel erwerben, die auch im Restaurant Verwendung finden.

Lamazere Brasserie
www.lamazere.de

Stuttgarter Platz 18 (C6), PLZ 10627 (OT: Charlottenburg), **T 030 31800712**
40 | Hauptgericht 28–35 €, Menü 52–62 € | Di-So Mo

Authentisch französisch speisen Sie in dieser charmanten Brasserie. Ob bestes Fleisch, feines Gemüse oder frischer Wildfang aus dem Mittelmeer, hier kann man eigentlich alles empfehlen. Dazu gibt es ausgewählte Tropfen aus Frankreichs berühmten Weingebieten. Herrliche Terrasse mit Blick auf den Stuttgarter Platz.

Lokal
www.lokal-berlinmitte.de

Linienstraße 160 (K3), PLZ 10115 (OT: Mitte), **T 030 28449500**
60 | Hauptgericht 19–35 € | Di-Sa Mo, So

In diesem Restaurant gefallen sowohl das helle Interieur mit den naturbelassenen, massiven Holztischen als auch die schmackhaften Speisen. Serviert wird eine pfiffige deutsche Küche mit internationalem Einschlag. Beispiel gefällig? „Rinderfilet | Topinambur | Gurke | Pumpernickel | Kohlröschen".

Lucky Leek
www.lucky-leek.com

VARTA-TIPP Küche

Kollwitzstraße 54 (M2), PLZ 10405 (OT: Prenzlauer Berg), **T 030 66408710**
50 | Menü 45–79 € | Mi-So Mo, Di

In der Nähe des Kollwitzplatzes zelebriert die vielseitige Josita Hartanto veganes Fine Dining auf beachtlichem Niveau - und das klingt auf der Speisekarte z.B. so: „Tandoori-Blumenkohl | Maracujajoghurt | gebratene Kichererbsen | Pak Choi | Auberginenconfit". Serviert wird ein Menü in 3 bis 5 Gängen (auf Wunsch mit Weinbegleitung). Die Einrichtung ist unaufdringlich elegant, der Service unkompliziert und freundlich.

Mine Restaurant
www.minerestaurant.de

Meinekestraße 10 (E6), PLZ 10719, **T 030 88926363**
Hauptgericht 25–99 €, Menü 79 € | Mo-So

Das stimmungsvolle Lokal mit seiner vintage-anmutenden Einrichtung aus Natursteinwänden, Fliesenboden, einfachen Tischen und Stühlen sowie der großen, hellen Fensterfront bietet eine italienisch fokussierte Produktküche. Machen Ihnen z.B. „Seebarsch mit Spargel und Amalfi-Zitronen-Zabaione" Appetit? Dann sollten Sie das Restaurant besuchen.

Ottenthal
www.ottenthal.com

Kantstraße 153 (E6), PLZ 10623 (OT: Charlottenburg), **T 030 3133162**
55 | Hauptgericht 26–40 €, Menü 50–80 € | Mo-Sa So

Ein freundliches Restaurant mit Bistro-Atmosphäre und angeschlossener Weinhandlung. Die klassische und neue österreichische Küche klingt u.a. so: „Vorarlberger Kässpätzle mit original Bergkäse, Röstzwiebeln und Gurkensalat". Und wer dann noch Lust auf ein Dessert hat, sollte unbedingt den handgezogenen Apfelstrudel probieren.

Remi
www.remi-berlin.de

Torstraße 46 (M3), PLZ 10119, **T 030 27593090**
80 | Hauptgericht 24–36 € | Sa Di-Sa Mo, So

Die stylishe Brasserie im rundum verglasten Erdgeschoss des Suhrkamp-Verlags ist das Schwesterrestaurant von „Lode & Stijn“ in Kreuzberg. Sichtbeton, dezente hellgraue Tische und lackierte Holzstühle sorgen für eine unkomplizierte, legere Atmosphäre. Aus der offenen Küche kommt eine saisonale À-la-Carte-Auswahl, die sich zu einem 4-gängigen Menü kombinieren lässt.

Renger-Patzsch — www.renger-patzsch.com

Wartburgstraße 54 (G8), PLZ 10823 (OT: Schöneberg), **T 030 7842059**
60 | Hauptgericht 19–28 €, Menü 38–41 € | Mo-Sa ⃠ So

Gemütliches Ecklokal. An den Wänden großformatige Schwarz-Weiß-Fotos des Industrie- und Landschaftsfotografen Albert Renger-Patzsch, auf der Karte regionale und mediterrane Spezialitäten sowie Flammkuchen.

Restaurant Osterberger — www.osterberger.de

Elisabethkirchstraße 2 (K2), PLZ 10115 (OT: Mitte), **T 030 26565661**
70 | Hauptgericht 17–56 € | Di-Sa ⃠ Mo, So ⃠ 1.–21.1.24

In diesem inhabergeführten Kiezlokal mit seinem unaufdringlichen, zeitlosen Ambiente kann man richtig gut speisen. Serviert wird eine kreative und aromenstarke Bistroküche mit leckeren Gerichten wie „Rosa gebratener Lammrücken mit grünen Bohnen und pikantem Karottenpüree“ oder „Gartengemüse mit Sellerie, Karotten, Kräuterseitling, Zuckerschoten, confierten Tomaten und Mandelsauce“. Eine deutsch-französisch ausgerichtete Weinkarte und eine gute Cocktailauswahl komplettieren das Angebot.

Rotisserie WeinGrün — www.rotisserie-weingruen.de

Gertraudenstraße 10-12 (L4), PLZ 10178 (OT: Mitte), **T 030 20621900**
80 | Hauptgericht 20–50 €, Menü 43–59 € | Mo-Fr ⃠ Sa, So

Blanke Holztische, dezentes Licht und ein großes dekoratives Weinregal prägen das Ambiente in diesem sympathischen Ecklokal an der Friedrichsgracht. Beliebt ist das Restaurant wegen seiner Spezialitäten vom Flammenwandgrill. Zu den Klassikern zählen „Spare Ribs vom Havelländer Apfelschwein“ oder „Finnischer Flammlachs“. Dazu gibt es leckere Weine aus Deutschland und Österreich.

TISK Speisekneipe — www.tisk-speisekneipe.de

Neckarstraße 12 (↘ L8), PLZ 12053 (OT: Neukölln), **T 030 398200000**
50 | Menü 62–82 € | Di-Sa ⃠ Mo, So

Die Küche in diesem herrlich unprätentiösen Szenerestaurant konzentriert sich auf Berliner Klassiker in neuem Gewand und basiert auf frischen regionalen Produkten sowie dem selbst geernteten Gemüse. Das Ambiente: alte, aufgearbeitete Tische und Stühle, markante grüne Fliesen und ein großer s-förmiger Tresen als Blickfang.

To The Bone Neu! — tothebone.bonita.berlin/de/home

Torstraße 96, PLZ 10119 (OT: Mitte), **T 030 40753440**
Hauptgericht 14–23 € | Mo-So

Im szenig-lebendigen und farbenfroh gestalteten Lokal lässt man sich von den Traditionsgerichten der norditalienischen Küche inspirieren. Neben modern inspirierten Pasta- und Gemüsegerichten gibt es auch verschiedene Steakcuts aus der Toskana. Die Weinkarte ist eine Rundreise durch die besten Weinregionen Italiens.

Trio Neu! www.trioberlin.net

Linienstraße 13, PLZ 10178 (OT: Mitte), **T 030 33901310**
60 | Hauptgericht 12–30 € | Mo, Do-So Di, Mi

Gleich hinter der Volksbühne befindet sich das moderne Wirtshaus. Im dezent-gemütlichen Gastraum sorgen eine geschwungene Fensterfront, lindgrüne Wände, schmucke Leuchten im Bauhausstil und dunkelrote Tische für kosmopolitische Wohnzimmeratmosphäre. Serviert wird eine bodenständige Küche zu fairen Preisen. Das Angebot reicht von Matjessalat mit Apfel und Dill über Senfeier mit Kartoffelstampf bis zum allseits beliebten Apfelstrudel.

Jäger & Lustig Neu! www.jaegerundlustig.de

€ Gut & Günstig

Grünberger Straße 1, PLZ 10243 (OT: Friedrichshain), **T 030 3029009912**
130 | Hauptgericht 14–23 € | Mo-So

Sie mögen es sympathisch-nachbarschaftlich? Dann wird Ihnen diese charmante, bürgerlich-rustikale Adresse im Herzen von Friedrichshain gefallen! Viel Holz, traditionelle Butzenfenster und originelle Details sorgen für eine heimelige Atmosphäre. Hier pflegt man die echte Heimatküche mit Gerichten wie Jägergulasch, Königsberger Klopse oder Kalbsbäckchen. Dazu gibt es frisch gezapfte Biere und Winzerwein. In den Sommermonaten lockt der lauschige Biergarten.

Marlene Bar www.berlin.intercontinental.com

Budapester Straße 2 (F6, im Hotel InterContinental), PLZ 10787 (OT: Tiergarten),
T 030 26023003
130 | Hauptgericht 8–14 € | Mo-So

Die gemütliche Hotelbar ist stadtbekannt und wurde kürzlich renoviert. Mit ihrer schlichten, modernen und stilvollen Einrichtung ist sie ein beliebter Treffpunkt sowohl für Hotelgäste als auch Berliner. Geboten werden internationale Drinks, einzigartige Cocktails sowie eine große Auswahl an Bränden, Likören, Gins und Whiskeys.

Vox Bar www.vox-restaurant.de

Marlene-Dietrich-Platz 2 (J2, im Grand Hyatt Berlin), PLZ 10785 (OT: Tiergarten),
T 030 25531774
80 | Hauptgericht 11–34 € | Mo-So

Dunkler Parkettboden, elegante Loungesessel und Collagen aus Schwarz-Weiß-Fotos bekannter Jazzlegenden prägen das Ambiente dieser edlen Bar. Die Whiskyauswahl ist beeindruckend und kaum zu toppen. Separate Smoker's Lounge.

BERNAU IM SCHWARZWALD 64 B www.bernau-schwarzwald.de

Baden-Württemberg | EW 1.900 | 915 m | Waldshut 32 km, Freiburg 50 km

Das Rössle www.roessle-bernau.de

★★★S garni

Sankt-Johann-Weg 2, PLZ 79872, **T 07675 922050,** F 1716
36 Zimmer | Ez 128–138 €, Dz 248–306 €, inkl. Halbpension

So mancher Gast kommt gerne wieder, denn schon allein die idyllische, waldreiche Umgebung lockt. Aber auch schön wohnlich ist es hier, egal ob Sie nun im Stammhaus oder im neueren SPA-Haus übernachten. Vom Hallenbad hat man einen wunderschönen Ausblick ins Grüne.

BERNECK I.FICHTELGEBIRGE, BAD 44 D www.badberneck.de

Bayern | EW 4.579 | 393 m | Bayreuth 15 km, Münchberg 21 km

Merkel www.merkelhotel.de

garni

Marktplatz 13, PLZ 95460, **T 09273 9930,** F 99343
20 Zimmer | 1 Apartment | Ez ab 54 €, Dz ab 88 €, inkl. Frühstück

Das familiengeführte Gästehaus auf Bad Bernecks altem Marktplatz bietet solide Gästezimmer und eine gemütliche Wirtsstube, in der regionale und saisonale Gerichte aufgetischt werden. Für Gäste mit E-Bike stehen Steckdosen zum Aufladen und eine abschließbare Garage zur Verfügung.

BERNKASTEL-KUES 49 B www.bernkastel.de

Rheinland-Pfalz | EW 6.907 | 110 m | Zell 45 km, Trier 50 km

Christiana's WeinArtHotel www.wein-arthotel.de

★★★ S garni

Lindenweg 18, PLZ 54470 (OT: Kues), **T 06531 6627,** F 7611
17 Zimmer

In diesem modernen, privat geführten Designhotel dreht sich alles rund um das Thema Wein. Es stehen geschmackvoll und geradlinig eingerichtete Nichtraucherzimmer in verschiedenen Kategorien zur Verfügung. Für jedes Zimmer steht ein Spitzenwinzer von der Mosel Pate. Die Küche im behaglichen Restaurant hat sich auf Steaks spezialisiert.

Zum Kurfürsten www.zum-kurfuersten.de

★★★★ S garni

Amselweg 1, PLZ 54470 (OT: Kueser Plateau), **T 06531 96770,** F 4625
73 Zimmer | 11 Suiten

Vital- und Wellnesshotel direkt am Kurpark auf dem Kueser Plateau oberhalb der Weinberge. Modern eingerichtete Zimmer und Suiten. Der 4.500 qm große SPA-Bereich verteilt sich auf mehrere Gebäude und bietet 10 Saunen und Dampfbäder, 3 ganzjährig beheizte Pools sowie einen Naturbadesee. Umfangreiches gastronomisches Angebot.

Burgblickhotel www.burgblickhotel.de

★★★ S garni

Goethestraße 29, PLZ 54470 (OT: Kues), **T 06531 9722770,** F 97227718
20 Zimmer | Ez ab 89 €, Dz ab 119 €, inkl. Frühstück

Ein gut geführtes Haus mit freundlichen Gastgebern. Die wohnlichen Zimmer sind mit Parkettböden und schlicht gehaltenem Mobiliar sowie modernen Bädern ausgestattet. Für Entspannung sorgt der Saunabereich im Weinkeller. Hauseigene Weinbar, gemütliches Restaurant mit bodenständiger Küche.

Roussel's „La Bonne Adresse" Neu! www.roussel.de/restaurant

Am Ring 37, PLZ 54470 (OT: Andel), **T 06531 97260**
Hauptgericht 24–34 €, Menü 39–109 € | Mi-So ⃠ Mo, Di ⃠ 24.12.23–4.2.24

Oberhalb der Mosel und unmittelbar an den Rebhängen finden Sie dieses exquisite französische Lokal nebst Weingut und Feriendomizil. Aufgetischt werden drei bis sechs Gänge. Der Küchenchef legt allergrößten Wert auf erstklassige Zutaten, die er unverfälscht zu hervorragenden Speisen verarbeitet. Dazu kredenzt der herzliche Service erlesene Weine vom eigenen Weingut.

Rôtisserie Royale
www.rotisserie-royale.de

Burgstraße 19, PLZ 54470 (OT: Bernkastel), **T 06531 6572**
30 | Hauptgericht 16–30 €, Menü 34–63 € | Mo-Di, Do-So Mi

In diesem denkmalgeschützten Fachwerkhaus im historischen Ortskern erfreut man Sie mit einer leichten französischen Küche - z.B.: „Rosa gebratener Lammrücken mit provencalischen Kräutern auf Rotweinjus, Ratatouille und Kartoffelgratin". Im Gästehaus stehen einfache, aber gepflegte Zimmer zur Verfügung.

BERNRIED AM STARNBERGER SEE 67 B
www.bernried.de

Bayern | EW 2.158 | 600 m | Tutzing 7 km, Weilheim 13 km

Marina
www.marina-bernried.de

★★★★

Am Yachthafen 1-15, PLZ 82347, **T 08158 9320,** F 7117
87 Zimmer | 3 Suiten | Ez 127–202 €, Dz 149–247 €, inkl. Frühstück | 24 h

Hotelanlage mit Jachthafen am Starnberger See mit unterschiedlich eingerichteten Zimmern, teils mit Balkon oder Terrasse. Hübscher Wellnessbereich mit großzügigem Indoorpool, finnischer Sauna, Fitnessraum und vielfältigen Massageangeboten. Weitläufige Liegewiese mit hauseigenem Seeufer und Badefloß.

Seeblick
www.seeblick-bernried.de

Tutzinger Straße 9, PLZ 82347, **T 08158 2540,** F 3056
102 Zimmer | 8 Suiten | Ez ab 98 €, Dz ab 170 €, inkl. Frühstück

In 4. Generation familiär geführtes Ferien- und Tagungshotel am Westufer des Starnberger Sees, teils mit nostalgischem Charme. Die Zimmer und Suiten überzeugen durch frische Farben, ein klares Design und eine liebevoll ausgewählte, zeitgemäße Einrichtung. Für Entspannung sorgt der Wellnessbereich mit Schwimmbad und finnischer Sauna. Im Restaurant wird regional gekocht.

BERTRICH, BAD 40 C
www.gesundland-vulkaneifel.de

Rheinland-Pfalz | EW 1.000 | 150 m | Zell 17 km, Wittlich 25 km

Häcker's Fürstenhof
www.haeckers-fuerstenhof.com/de

★★★★ S

Kurfürstenstraße 36, PLZ 56864, **T 02674 9340,** F 737
65 Zimmer | 5 Suiten | 1 Apartment | Ez 139 €, Dz 258 €, inkl. Frühstück | 24 h

Am Kurpark gelegenes Wohlfühlhotel mit klassisch und elegant ausgestatteten Zimmern. Exklusiver Wellnessbereich mit Saunalandschaft und Glaubersalz-Thermalbad. In den stilvollen Restauranträumen wird internationale Küche serviert.

BESCHEID 49 A
www.hermeskeil.de

Rheinland-Pfalz | EW 411 | 421 m | Hermeskeil 13 km, Trier 25 km

Zur Malerklause
www.malerklause.de

Im Hofecken 2, PLZ 54413, **T 06509 558**
16 | Hauptgericht 29–46 €, Menü 86–119 € | So Do-Sa Mo, Di, Mi 18.12.23–12.1.24

Einen Hauch Nostalgie versprüht das üppig dekorierte Dorfgasthaus. Das heimelige Ambiente lädt zu einer gehobenen, klassischen Gourmetküche ein. Familiärer, herzlicher Service. Idealer Treffpunkt für gediegenes Tafeln.

BESIGHEIM 51 D www.besigheim.de

Baden-Württemberg | EW 12.500 | 185 m | Bietigheim 5 km, Heilbronn 20 km

Marktwirtschaft www.marktwirtschaft-besigheim.de

Marktplatz 2, PLZ 74354, **T 07143 9099091**
70 | Mo, Do-So ⃠ Di, Mi

Hier trifft hist. Fachwerk auf modernes, zeitgenössisches Flair. In dem geselligen Restaurant am Marktplatz bilden Ambiente, Service und Küche eine stimmige Einheit. Die abwechslungsreiche Karte bietet schmackhafte Gerichte mit regionalen Akzenten. In der gegenüberliegenden Brasserie und Vinothek „Marktkeller" gibt es feine internationale Köstlichkeiten und die passenden Weine.

BETZDORF 40 B www.betzdorf.de

Rheinland-Pfalz | EW 9.951 | 211 m | Siegen 23 km, Olpe 38 km

Breidenbacher Hof www.hotel-breidenbacher-hof.de

★★★ S garni

Klosterhof 7, PLZ 57518, **T 02741 97790,** F 9779777
19 Zimmer | 3 Apartments | Ez 78–85 €, Dz 102–110 €, inkl. Frühstück

Traditionsbetrieb seit 1893. Helle, individuell eingerichtete Zimmer mit moderner Ausstattung und kostenlosem WLAN. Im Restaurant genießen Sie typische Westerwälder Spezialitäten und saisonale Gerichte aus hochwertigen Produkten.

BIBERACH (BADEN) 57 C www.biberach-baden.de

Baden-Württemberg | EW 3.679 | 193 m | Zell am Harmersbach 4 km, Lahr 14 km

Badischer Hof www.badischer-hof.de

★★★★ S garni

Dörfle 20, PLZ 77781 (OT: Prinzbach), **T 07835 6360,** F 636299
50 Zimmer | 8 Suiten | 2 Apartments | Ez 129–214 €, Dz 276–348 €, inkl. Vollpension

Geschmackvolles Ferienhotel unter familiärer Führung, umgeben von Wiesen und Wäldern. Geräumige Zimmer, die sich auf das Stammhaus sowie zwei Gästehäuser verteilen. Ansprechender Freizeit- und Wellnessbereich mit In- und Outdoorpool, Saunalandschaft und Fitnessraum. Das Restaurant ist bekannt für seine sehr guten Wildspezialitäten.

BIBERACH AN DER RISS 58 D www.biberach-tourismus.de

Baden-Württemberg | EW 32.334 | 533 m | Ulm 42 km, Bodensee 55 km

Parkhotel Jordanbad www.jordanbad-parkhotel.de

★★★★ S garni

Jordanbad 7, PLZ 88400 (OT: Jordanbad), **T 07351 343300,** F 343310
119 Zimmer | 3 Suiten | Ez ab 126 €, Dz ab 208 €, inkl. Frühstück »

Hotel mit familiärer Gastlichkeit und modern eingerichteten Zimmern inmitten einer großzügigen Parkanlage. Kostenlose Nutzung der Jordanbad-Therme. Hauseigener „ParkSPA“ mit vielseitigen Massage- und Anwendungsangeboten. Zwei Restaurants mit internationaler Küche und Spezialitäten vom Lavagrill.

BIEBELRIED 52 B www.kitzingen.info

Bayern | EW 1.275 | 277 m | Kitzingen 6 km, Würzburg 14 km

Leicht www.hotel-leicht.de

★★★★

Hauptstraße 2, PLZ 97318, **T 09302 9140,** F 3163
71 Zimmer | 2 Suiten | 2 Apartments | Ez 89–120 €, Dz 146–162 €, inkl. Frühstück | ⃠ 22.12.23–7.1.24

Traditionsreicher, familiengeführter Gasthof mit persönlicher Atmosphäre. Wohnliche, zweckmäßig eingerichtete Zimmer im ländlichen Stil mit kostenfreiem WLAN. In den gemütlichen Gaststuben serviert man fränkische Gerichte mit modernen und internationalen Einflüssen.

BIELEFELD 22 C www.bielefeld.de

Nordrhein-Westfalen | EW 327.199 | 118 m | Paderborn 43 km, Osnabrück 53 km
Alter Markt mit hist. Patrizierhäusern, Crüwellhaus, Theater am Alten Markt, Leineweberdenkmal, Stadttheater, Sparrenburg mit unterirdischen Gängen, Ravensberger Spinnerei, Kunsthalle, hist. Museum, Bauernhausmuseum, Museumshof Senne.

Hotel Légère www.legere-hotelgroup.com

GREENSIGN ★★★★

Neumarkt 2, PLZ 33602, **T 0521 489580,** F 48958466
120 Zimmer | 24 h

Am Neumarkt steht das Businesshotel in puristisch-modernem Stil - hier bestechen die geschmackvollen Fotografien des Fotodesigners Ullrich H. M. Wolf. Klimatisierte Gästezimmer in drei Kategorien (zwischen 20 und 28 qm). Die stimmungsvolle „faces Lounge & Bar“ steht sowohl Hotel- als auch externen Gästen zur Verfügung.

Steigenberger Hotel Bielefelder Hof www.bielefelder-hof.de

★★★★ S

Am Bahnhof 3, PLZ 33602, **T 0521 52820,** F 5282100
161 Zimmer | 19 Suiten | 24 h

Eine gute Adresse für Geschäftsreisende ist das Traditionshotel gegenüber dem Hauptbahnhof. Das historische Gebäude zeichnet sich durch seine beeindruckende Fassade aus. Auf den Gast warten neuzeitlich-funktional ausgestattete Zimmer. Ein Highlight ist die exklusive Turmsuite, die sich im Erker des Gebäudes befindet. Zum Haus gehören auch ein Fitnessraum sowie ein hoteleigenes Restaurant, in dem regionale und saisonale Speisen aufgetischt werden.

Schon probiert?
Der Varta-Führer ist auch als eBook für Ihren TabletPC oder Ihr Smartphone verfügbar!

Historisches Gasthaus Buschkamp
www.museumshof-senne.de

Buschkampstraße 75, PLZ 33659 (OT: Senne), **T 0521 492800**
100 | Hauptgericht 10–36 €, Menü 32–85 € | ◔ Sa-So ◕ Mi-So ⊘ Mo, Di

Traditionsgastronomie im Museumshof Senne. Mit seiner original historischen Einrichtung, dem liebenswerten Service und der frischen, bodenständigen Küche steht das Haus wie kein anderes für typisch westfälische Gastlichkeit. Tipp: Hausgemachte Spezialitäten wie Suppen, Soßen, Konfitüre oder Brot gibt's auch zum Mitnehmen für Zuhause.

Höptners Abendmahl
www.abendmahl-restaurant.de

Johannisstraße 11a, PLZ 33611 (OT: Schildesche), **T 0521 86105**
20 | Hauptgericht 29–55 €, Menü 90–145 € | ◕ Mi-Sa ⊘ Mo, Di, So

Ausgesprochen charmant ist dieses kleine, stimmungsvolle Lokal mit angeschlossener Weinhandlung. Hier erwartet Sie eine gehobene deutsch-saisonale Küche, die in Form eines kleinen oder großen Abendmahls serviert wird. Dazu gibt es erlesene Tropfen aus nah und fern. Tischreservierung erwünscht.

Restaurant GUI
www.gui-restaurant.de

Gehrenberg 8, PLZ 33602, **T 0521 5222119**
36 | Hauptgericht 30–45 €, Menü 70–80 € | ◔◕ Di-Sa ⊘ Mo, So

Das moderne, freundliche Restaurant gehört zweifellos zu den Top-Adressen der Stadt. In der offenen Küche werden beste saisonale Produkte kreativ und innovativ verarbeitet. Das Ergebnis: feine mediterrane Gerichte wie z.B. „Bergforelle | glasierte Kartoffeln | Brunnenkresseveloutė". Preiswertes Lunchmenü.

Tomatissimo
www.tomatissimo.de

Am Tie 15, PLZ 33619 (OT: Kirchdornberg), **T 0521 163333**
60 | Hauptgericht 22–48 €, Menü 75–98 € | ◔ So ◕ Mi-So

Nettes Restaurant mit zeitgemäßem Ambiente und freundlichem Service. Aus der Küche kommen schmackhaft zubereitete Mittelmeergerichte sowie hochwertige Steaks vom Holzkohlegrill. Gut sortierte Weinkarte. Auch Kochkurse werden angeboten.

Klötzer's
www.kloetzer-delikatessen.de

Ritterstraße 33, PLZ 33602, **T 0521 9677520**
70 | Hauptgericht 18–39 €, Menü 39–65 € | ◔◕ Mo-Sa ⊘ So

Gut frequentiertes Restaurant in der Bielefelder Fußgängerzone. Geboten wird regionale Küche mit mediterranen und asiatischen Einflüssen. Angeschlossenes Feinkostgeschäft mit großer Frischetheke und internationalem Spitzengourmetsortiment.

BIENENBÜTTEL 15 D www.bienenbuettel.de

Niedersachsen | EW 6.849 | 30 m | Lüneburg 15 km, Bispingen 41 km

Gut Bardenhagen www.gut-bardenhagen.de

Bardenhagener Straße 3-9, PLZ 29553, **T 05823 9539960,** F 955917
31 Zimmer | 4 Suiten | Ez 125–170 €, Dz 155–210 €, inkl. Frühstück

Denkmalgeschütztes Gutshaus von 1908 mit idyllischer Park- und Gartenlandschaft. Geschmackvoll ausgestattete Zimmer und Suiten, die sich auf verschiedene Gebäude verteilen. Ansprechender Wellnessbereich mit Pool und mehreren Saunen. Besonders bei Heiratswilligen ist diese Adresse sehr gefragt.

Gut Evening

40 | Menü 39–95 € | Di-Sa Mo, So

Modernes Restaurant mit direktem Zugang zum parkähnlichen Garten. Geboten wird eine frische, leichte Saisonküche zu fairen Preisen. Umfangreiche Weinkarte mit rund 300 Positionen. Großer Festsaal für Veranstaltungen. Gruppen ab 12 Personen können das Restaurant exklusiv für ein Showkochen buchen.

BIETIGHEIM-BISSINGEN 58 A www.bietigheim-bissingen.de

Baden-Württemberg | EW 44.000 | 238 m | Stuttgart 22 km, Heilbronn 25 km

Otterbach www.hotel-otterbach.de

S garni

Bahnhofstraße 153, PLZ 74321 (OT: Bissingen), **T 07142 5840,** F 64142
85 Zimmer | 2 Suiten

Das moderne Businesshotel mit seiner futuristischen Außenfassade ist nur wenige Gehminuten vom Bahnhof entfernt. Es bietet geschmackvolle Zimmer mit neuzeitlichem Ambiente, die sich auf das Haupthaus und den Neubau verteilen. Im gediegen-elegant eingerichteten À-la-carte-Restaurant serviert man klassische Gerichte aus der regionalen und internationalen Küche.

Rose www.maerzundmaerz.de

S garni

Kronenbergstraße 14, PLZ 74321 (OT: Bietigheim), **T 07142 42004,** F 45928
31 Zimmer | 7 Suiten | 1 Apartment

Angenehmes Wohnen, ein gutes Frühstück und herzliche Gastfreundschaft machen diesen traditionsreichen Familienbetrieb zur perfekten Übernachtungsadresse. Sie sind Businessgast? Dann fragen Sie nach den modernen, geräumigen Deluxezimmern.

Maerz - Das Restaurant

VARTA-TIPP Küche VARTA TIPP Service

35 | Menü 139 € | Mi-Sa Mo, Di, So

Mit Bodenständigkeit, Herzlichkeit und Kreativität haben die Brüder Maerz die Herzen der Feinschmecker erobert. Getreu seiner Philosophie „Heimweh | Fernweh" stellt Benjamin Maerz sowohl regionale als auch internationale Top-Produkte in den Mittelpunkt seiner wechselnden kulinarischen Kreationen, die eine Demonstration perfekten Handwerks sowie eleganter und intelligenter Kombinationen sind. Bruder Christian führt als Gastgeber die professionell-herzliche Crew im Service und berät als gelernter Sommelier mit enormem Fachwissen zu den korrespondierenden Weinen.

BILLERBECK 29 B www.billerbeck.de

Nordrhein-Westfalen | EW 11.600 | 115 m | Coesfeld 6 km, Steinfurt 20 km

Domschenke www.domschenke-groll.com

★★★★ garni

Markt 6, PLZ 48727, **T 02543 93200,** F 932030
31 Zimmer | 1 Suite | 24 h

Direkt gegenüber dem Ludgerusdom in der Ortsmitte befindet sich das familiengeführte Hotel. Die recht geräumigen Zimmer zeigen sich im modernen, anspruchsvollen Design. Tipp: Lassen Sie sich auf keinen Fall das schmackhafte Frühstück entgehen.

Domschenke

VARTA-TIPP Küche

50 | Hauptgericht 16–45 €, Menü 61–85 € | Mo-So

Westfälische Gastfreundschaft 'par excellence'. Engagiert und leidenschaftlich führen die Grolls dieses Restaurant. In den behaglichen, lichtdurchfluteten Gasträumen mit mediterraner Note versammelt sich eine bunt gemischte Gästeschar und freut sich auf die kulinarischen Gaumenfreuden des Patrons, z.B. „Rinderfilet | Portweinsauce | Spargelragout | Belper Knolle" oder „Rehroulade | Pilze | Spitzkohl | Rotweinzwiebeln". Ein Muss im Sommer: die lauschige Terrasse.

Weissenburg www.hotel-weissenburg.de

★★★★★S garni

Gantweg 18, PLZ 48727, **T 02543 750,** F 75275
95 Zimmer | 11 Suiten | Ez ab 90 €, Dz ab 135 €, inkl. Frühstück »

Inmitten einer malerischen Parklandschaft mit Wildgehege liegt dieser gewachsene Familienbetrieb, der bei Tagungs- und Freizeitgästen gleichermaßen beliebt ist. Hier stehen Ihnen wohnliche Zimmer und ein 700 qm großer Wellnessbereich zur Verfügung. Behagliches Restaurant mit schöner Terrasse.

BILSEN 15 A www.bilsen.de

Schleswig-Holstein | EW 760 | 28 m | Pinneberg 18 km, Norderstedt 18 km

Jagdhaus Waldfrieden www.waldfrieden.com

Kieler Straße 1 (an der B 4), PLZ 25485, **T 04106 61020,** F 69196
24 Zimmer | Ez 95–110 €, Dz 145–189 €, inkl. Frühstück

Das 1902 erbaute Traditionshaus präsentiert sich heute als stilvolles Refugium mit gepflegter Parkanlage, historischer Villa und reizvollen Nebengebäuden. In den Gästezimmern verbinden schicke Möbel und weiche Stoffe das Alte und das Neue zeitgemäß. Im behaglichen Kaminzimmer, im Wintergarten und auf der Terrasse wird eine marktfrische Regionalküche serviert.

BINDLACH 54 A www.bindlach.de

Bayern | EW 7.297 | 362 m | Bayreuth 3 km, Bamberg 68 km

Landhaus Gräfenthal www.landhaus-graefenthal.de

Obergräfenthal 7, PLZ 95463 (OT: Obergräfenthal), **T 09208 289**
60 | Hauptgericht 23–31 €, Menü ab 68 € | Sa-So Mo, Mi-So Di

Fränkische Gemütlichkeit in der Bauern- und Zirbelstube und elegantes Flair im Restaurant. Serviert werden verfeinerte Regionalgerichte sowie internationale Speisen. Netter Service. Schöne Sommerterrasse mit mediterranem Flair.

BINGEN AM RHEIN 50 A www.bingen.de

Rheinland-Pfalz | EW 25.000 | 100 m | Bad Kreuznach 15 km, Mainz 28 km

Papa Rhein Hotel www.paparheinhotel.de

GREENSIGN

Hafenstraße 47, PLZ 55411, **T 06721 35010**
113 Zimmer | 12 Suiten | Ez ab 129 €, Dz ab 209 €, inkl. Frühstück

Das hippe Lifestyle-Hotel mit seinem maritimen Vintage-Designlook befindet sich direkt am Bingener Fähranleger. Die unterschiedlich großen Zimmer und Suiten sind modern ausgestattet und bieten einen außergewöhnlichen Rundumblick auf Rhein, Weinberge und das gegenüberliegende Niederwalddenkmal. Für Entspannung sorgt der „Hafen Spa" mit Sauna, Dampfbad, Innenpool und Außen-Plungepool. Rooftoplounge auf der Dachterrasse.

Das Bootshaus

VARTA-TIPP Küche

140 | Menü 69 € | Di-Sa Mo, So

Richtig einladend ist das schmucke Vintage-Restaurant mit seinem urigen Boden, den Altholzmöbeln sowie den hellen Lederstühlen im Shabbylook. Das Team um Nils Henkel legt den Fokus auf eine regionale, authentische und gesunde Soulfoodküche mit Schwerpunkt auf Gemüse. Dabei haben Top-Produkte und bestes Handwerk oberste Priorität. Während man mittags eine kleine Auswahl an À-la-carte-Gerichten anbietet, wird am Abend ein Dinnermenü serviert. Großzügige Terrasse mit weitläufigem Blick über die Flussauen des Rheins.

BINZEN 64 A — www.binzen.de

Baden-Württemberg | EW 3.076 | 284 m | Lörrach 5 km, Basel (Schweiz) 9 km

Mühle — www.muehlebinzen.de

Mühlenstraße 26, PLZ 79589, **T 07621 6072,** F 65808
32 Zimmer | 3 Suiten | 24 h

Familiär geführtes Hotel in herrlich ruhiger Lage. Das Haus bietet stilvoll eingerichtete Zimmer und eignet sich sowohl für Feriengäste als auch für Geschäftsreisende. In den hübschen Gaststuben können Sie sich mit bodenständigen Markgräfler Spezialitäten und gehobenen internationalen Speisen verwöhnen lassen.

Ochsen — www.ochsen-binzen.de

★★★

Hauptstraße 42, PLZ 79589, **T 07621 4220888,** F 4220889
24 Zimmer | 1 Suite | Ez ab 72 €, Dz ab 110 €, inkl. Frühstück

In diesem traditionsreichen Gasthof im Ortszentrum wohnen Sie in großzügigen, sehr behaglich eingerichteten Zimmern. Ganz besonderen Komfort bietet die 55 qm große „Ochsensuite". Unverfälschte Gastlichkeit, gepflegtes Ambiente und eine klassisch-international ausgerichtete Küche erwarten Sie im Restaurant.

BIRKENAU 51 A — www.birkenau.de

Hessen | EW 10.021 | 147 m | Weinheim/Bergstraße 4 km, Heidelberg 17 km

Lammershof — www.lammershof.de

★★★★

Abtsteinacher Straße 2, PLZ 69488 (OT: Löhrbach), **T 06201 845030,** F 845030
11 Zimmer | Ez ab 99 €, Dz ab 139 €, 14,00 €

Das denkmalgeschützte Fachwerkanwesen von 1709 hat man aufwendig saniert. Die individuell und mit Liebe zum Detail eingerichteten Zimmer verteilen sich auf das Stammhaus und den Anbau. Auf den Wiesen des 45 Hektar großen Hofguts weiden amerikanische Präriebisons und schottische Galloway-Rinder.

WILD X BERG

VARTA-TIPP Küche

18 | Menü 105–145 € | Mi-Sa Mo, Di, So

Natürlichkeit, Saisonalität und einwandfreie Produktherkunft sind die Basis für die verfeinerte Regionalküche, die Ihnen in der hübschen kleinen Gourmetstube serviert wird. Das aufwendige Menü von Küchenchef Philip Thier umfasst zwischen 4 und 6 Gänge und ist auf Vorbestellung auch als vegetarische Variante erhältlich. Alternativ werden in den behaglichen „Stuben" (täglich geöffnet) sowie auf der großzügigen Terrasse traditionelle Klassiker und heimische Spezialitäten aufgetischt.

BIRNBACH, BAD 62 C www.badbirnbach.de

Bayern | EW 5.526 | 376 m | Passau 44 km, Regensburg 120 km

Hofgut Hafnerleiten www.hofgut.info

VARTA-TIPP Ambiente

Brunndobl 16, PLZ 84364 (OT: Brunndobl), **T 08563 91511**
15 Zimmer | 2 Suiten | Ez 110–160 €, Dz 160–240 €, inkl. Frühstück

Die prachtvolle Hotelanlage bietet ihren Gästen verschiedene Themenhäuser und romantische Teichsuiten. Jedes der individuell und hochwertig ausgestatteten Häuschen hat seinen ganz eigenen Charme. Ein herrlicher Rückzugsort, umgeben von einem zauberhaften Landschaftsbild. Wenn Sie mögen, können Sie beim Hausherrn Erwin Rückerl einen Koch-, Grill- oder Baristakurs buchen.

Sonnengut www.sonnengut.de

VARTA-TIPP Ambiente

★★★★ S

Am Aunhamer Berg 2, PLZ 84364, **T 08563 3050,** F 305100
88 Zimmer | 7 Suiten | Ez ab 153 €, Dz ab 298 €, inkl. Frühstück | 24 h

Ein familiär geführtes Wellnesshotel mit exklusivem, lichtdurchflutetem SPA-Bereich, eingebettet in die wunderschöne Natur des Rottals. Die liebevoll im Landhausstil eingerichteten Zimmer verfügen alle über einen Balkon oder eine Terrasse. Im Restaurant und auf der großzügigen Terrasse wird eine verfeinerte Regionalküche serviert. Das Haus ist die perfekte Adresse für einen Aktivurlaub oder ein romantisches Wochenende zu zweit.

Jetzt vorbeischauen: pinterest.com/vartaguide

BISCHOFSGRÜN 44 D www.bischofsgruen.de

Bayern | EW 1.940 | 676 m | Wunsiedel 18 km, Bayreuth 27 km

Kaiseralm www.kaiseralm.de

★★★★

Fröbershammer 31, PLZ 95493, **T 09276 800,** F 8145
95 Zimmer | 5 Suiten | Ez ab 95 €, Dz ab 150 €, inkl. Frühstück | 24 h

Familiär geführtes Ferien- und Tagungshotel mit Panoramablick auf Bischofsgrün und Ochsenkopf. Gemütliche, im Landhausstil eingerichtete Zimmer und Suiten. Einladender Wellnessbereich mit Schwimmbad, Sauna, Terrasse und Liegewiese. Restaurant mit fränkischer und internationaler Küche.

BISCHOFSWIESEN 69 A www.bischofswiesen.de

Bayern | EW 7.500 | 615 m | Berchtesgaden 5 km, Bad Reichenhall 14 km

Kulturhof Stanggass www.kulturhof.bayern

Berchtesgadener Straße 111, PLZ 83483 (OT: Stanggaß), **T 08652 95850**
34 Zimmer | 2 Suiten, Dz 210–220 €, inkl. Frühstück

Dezenter Luxus und Eleganz prägen das Ambiente dieses hübschen Natur- und Designhotels, das aus mehreren Gebäuden besteht. Die Zimmer, Stadln und Suiten - fast alle mit Balkon oder Terrasse - verfügen über zeitgemäßen Komfort und sind individuell und sehr wertig mit Naturmaterialien wie Lehm und hellem Mondholz eingerichtet. Highlight ist fraglos der großzügige Naturschwimmteich nebst Liegefläche. Oder Sie relaxen im separaten Saunabereich. Wunderschöner Weitblick auf die schneebedeckten Gipfel von Watzmann und Hochkalter.

Solo Du

VARTA-TIPP Küche VARTA-TIPP Service

16 | Menü 105–125 € | Mi-Sa ⦸ Mo, Di, So

Ein Treffpunkt für besondere Genussmomente! In der kleinen, holzverkleideten Gourmetstube mit unaufgeregter, entspannter Atmosphäre offeriert Zsolt Fodor an vier Abenden in der Woche regelmäßig wechselnde Feinschmeckermenüs aus hervorragenden, möglichst heimischen und fair gehandelten Produkten. Mit Feingefühl und innovativen Ideen kombiniert er die handverlesenen Zutaten zu schmackhaften Gerichten. Dazu serviert Maître und Sommelier Martin Bielik ausgesuchte Weine. Alternativ bietet das Gasthaus bodenständige Küche mit bezahlbaren regionalen Speisen aus Bayern und Österreich.

BISPINGEN 15 C www.bispingen.de

Niedersachsen | EW 6.311 | 74 m | Soltau 16 km, Lüneburg 45 km

Stimbekhof www.stimbekhof.de

VARTA-TIPP Service

Oberhaverbeck 2, PLZ 29646 (OT: Oberhaverbeck), **T 05198 981090**
32 Zimmer | Ez ab 135 €, Dz ab 175 €, inkl. Frühstück

Wer Ruhe und Natur sucht, ist hier genau richtig! Das von einem jungen Gastgeberteam engagiert und leidenschaftlich geführte Haus ist umgeben von naturbelassenen Wäldern, kleinen Flüssen und idyllischen Heideflächen. Die individuell gestalteten Gästezimmer wurden mit viel Detailtreue in die teils über 100 Jahre alten Gemäuer des Hofensembles eingefasst und zeigen sich im modern-charmanten Landhausstil. Im Hofcafé werden hausgemachte Kuchen und leckere Apfelwaffeln (unbedingt probieren!) angeboten.

Heidehotel Rieckmann www.hotel-rieckmann.de

★★★ S

Kirchweg 1-2, PLZ 29646, **T 05194 9510,** F 95134
21 Zimmer | Ez 66–110 €, Dz 86–199 €, inkl. Frühstück

Freundlich geführter Heidegasthof in zentraler Lage. Helle, in warmen Farben eingerichtete Gästezimmer mit zweckmäßiger Ausstattung. Das Haus bietet zudem einen idyllischen Sommergarten, einen kleinen Fitnessraum, einen Fahrradverleih sowie eine E-Bike-Ladestation.

Rieckmanns Tafelhuus

90 | Hauptgericht 11–30 €, Menü 20–42 € | Mi-So ⦸ Mo, Di

Restaurant mit frischer regionaler Küche, traditionellen Heidespezialitäten sowie internationalen Speisen aus heimischen Produkten. Bei schönem Wetter lädt der Sommergarten mit blühenden Rhododendren zum Verweilen ein.

König-Stuben
www.koenig-stuben.de

★★★ S garni

Luheweg 25, PLZ 29646, **T 05194 98100,** F 981019
25 Zimmer | Ez 72–86 €, Dz 109–139 €, inkl. Frühstück | ⃠ 3.1.–3.3.24

Persönlich geführter Landgasthof mit stilvollem Ambiente am Rande des Naturschutzparks Lüneburger Heide. Unterschiedliche, von funktional bis geschmackvoll und teils mit Stilmöbeln eingerichtete Gästezimmer. Kleiner Wellnessbereich mit Schwimmbad und Sauna.

BITBURG 49 A
www.bitburg.de

Rheinland-Pfalz | EW 14.886 | 350 m | Trier 25 km, Prüm 33 km

Eifelbräu
www.eifelbraeu.de

★★★★

Römermauer 36, PLZ 54634, **T 06561 9100,** F 910100
30 Zimmer | 2 Suiten | Ez 92–124 €, Dz 135–140 €, inkl. Frühstück

Der historische Gasthof ist eine sehr gepflegte Adresse. Auf drei Etagen stehen liebevoll gestaltete Gästezimmer zur Verfügung. Im Restaurant „Eifelstube“ mit uriger Brauhausatmosphäre wird deftige bürgerliche Küche serviert.

BLANKENBACH 42 C
www.gemeinde-blankenbach.de

Bayern | EW 1.602 | 190 m | Aschaffenburg 15 km, Frankfurt am Main 48 km

Behl's Genusshotel im Brennhaus
www.behl.de

Krombacher Straße 2, PLZ 63825, **T 06024 4766,** F 5766
23 Zimmer | 3 Suiten | Ez ab 85 €, Dz ab 120 €, inkl. Frühstück

Familiär geführtes Haus mit Fachwerk, Sandstein und modernen Anbauten. Zeitgemäß ausgestattete Hotelzimmer stehen im ehem. Brennhaus zur Verfügung. Eine frische fränkische und internationale Küche bietet man in den behaglichen Restauranträumen.

BLANKENBURG (HARZ) 33 A
www.blankenburg-tourismus.de

Sachsen-Anhalt | EW 21.834 | 200 m | Quedlinburg 13 km, Wernigerode 16 km

Schlosshotel Blankenburg
www.schlosshotel-blankenburg.de

GREENSIGN ★★★★

Schnappelberg 5, PLZ 38889, **T 03944 36190,** F 3619199
66 Zimmer | 2 Suiten | Ez ab 106 €, Dz ab 136 €, inkl. Frühstück | ⏲ 24 h

Das Hotel ist in das 100 ha große Ensemble der Blankenburger Schlossgärten eingebettet. Hier erwarten Sie geschmackvoll eingerichtete Zimmer mit dezenter Eleganz. Im „Wellness-Schlossgewölbe" sorgen zwei Saunen für Entspannung. Regionale und saisonale Küche wird im Restaurant serviert.

Villa Viktoria Luise

www.viktoria-luise.de

Hasselfelder Straße 8, PLZ 38889, **T 03944 91170,** F 911717
15 Zimmer | Ez 79–115 €, Dz 125–179 €, inkl. Frühstück

Diese liebevoll restaurierte Jugendstilvilla vereint historischen Charakter mit modernem Ambiente und persönlichem Service. Hier logieren Sie in stilvoll-behaglichen Gästezimmern mit herrlichem Blick auf das Schloss und den Barockgarten. Zum Haus gehören auch ein Kaminzimmer, ein Restaurant mit Sonnenterrasse sowie eine kleine Sauna.

BLANKENFELDE-MAHLOW 26 D

www.blankenfelde-mahlow.de

Brandenburg | EW 25.501 | 43 m | Schönefeld 8 km, Berlin 20 km

Van der Valk Hotel

berlin.vandervalk.de

★★★★ S

Eschenweg 18 (im Gewerbegebiet), PLZ 15827 (OT: Dahlewitz), **T 033708 580,** F 58888
270 Zimmer | 5 Suiten | Ez ab 95 €, Dz ab 117 €, inkl. Frühstück | 24 h

Neuzeitliches Businesshotel am südlichen Stadtrand von Berlin mit guter Verkehrsanbindung zur Autobahn. Das Haus bietet geräumige und farbenfroh eingerichtete Zimmer in unterschiedlichen Kategorien. Atrium-Restaurant mit regionaler und internationaler Küche.

Folgen Sie uns: facebook.com/vartaguide

BLANKENHAIN 44 A

www.blankenhain.de

Thüringen | EW 6.500 | 360 m | Weimar 17 km, Erfurt 25 km

Spa & GolfResort Weimarer Land

www.golfresort-weimarerland.de

★★★★★S

Weimarer Straße 60, PLZ 99444, **T 036459 61640,** F 61644009
94 Zimmer | 18 Suiten | Ez ab 309 €, Dz ab 409 €, inkl. Frühstück | 24 h

Was dieses Hotel zu bieten hat, kann sich wirklich sehen lassen: idyllische Lage, geschmackvolle Landhauszimmer mit hochwertiger Ausstattung, resorteigene Golfanlage, Poolbar im 3.500 qm großen SPA-Bereich, Gastronomievielfalt... Die perfekte Adresse für Familien, Golffans sowie Genuss- und Wellnessurlauber.

Restaurant Masters

VARTA-TIPP Küche

16 | Menü 90–180 € | Mo-Di, Do-So Mi

Klasse und Niveau auf der ganzen Linie: gemütlich-elegant das Interieur, geschult und freundlich der Service, finessenreich und stimmig die frankophile Küche mit regionalen Produkten und mediterranen Akzenten. Küchenchef Danny Schwabe versteht sein Handwerk, er hat ein Händchen für feine Aromen und Kontraste - zu erleben in einem 4- bis 6-gängigen Menü. Dazu empfiehlt Sommelier Thomas Strobbe exquisite Weine aus der Region Saale/Unstrut und Franken, aber auch Gewächse aus den klassischen Anbaugebieten der „Alten Welt".

Restaurant The First **Neu!**

T 036459 616404000
30 | Hauptgericht 38–45 €, Menü 95–110 € | Di-Sa Mo, So

Ausgezeichnet essen, und das in echter Wohlfühlatmosphäre? Beides ist Ihnen in dem schönen, lichtdurchfluteten Wintergartenrestaurant gewiss. Aus der offenen Showküche kommen italienisch geprägte Speisen mit europäischem Einfluss. Serviert wird ein fixes 5-Gang-Menü in wechselnden Kompositionen und stets mit überraschenden Geschmackserlebnissen. Dazu kredenzt der liebenswerte und sehr zuvorkommende Service die passende Weinbegleitung.

Wiegt weniger ist aber genauso gut:
Der Varta-Führer ist auch als eBook für Ihren TabletPC oder Ihr Smartphone verfügbar!

Zum güldenen Zopf
www.zumzopf.de

Rudolf-Breitscheid-Straße 2, PLZ 99444, **T 036459 61644800**
60 | Hauptgericht 16–24 € | So Mo, Do-So Di, Mi

Die Geschichte des traditionsreichen Hauses reicht bis ins Jahr 1541 zurück. In dem schicken und äußerst geschmackvoll renovierten Gastraum erwartet Sie eine klassische Thüringer Küche mit besten Zutaten aus der Region. Auf der Karte z.B. „Sauerbraten vom Weiderind mit Apfelrotkohl und Thüringer Klößen" oder „Haxe vom Lamm auf geschmortem Wurzelgemüse und Kartoffelsenfstampf".

BLAUBEUREN 58 D
www.blaubeuren.de

Baden-Württemberg | EW 12.495 | 516 m | Ulm 18 km, Ehingen 19 km

Ochsen
www.ochsen-blaubeuren.de

★★★ S

Marktstraße 4, PLZ 89143, **T 07344 969890,** F 9698969
50 Zimmer | 2 Suiten | 1 Apartment | Ez 69–139 €, Dz 89–159 €, inkl. Frühstück | 24 h
23.12.23–8.1.24, 4.–18.8.24, 23.12.24–7.1.25

Hist. Fachwerkhaus mit schöner Fassade aus dem 18. Jhd. Zweckmäßig und zeitgemäß eingerichtete Zimmer unterschiedlicher Kategorien. Gemütliche Gaststuben, in denen eine regionale und saisonorientierte Küche angeboten wird.

BLIESKASTEL 49 D
www.blieskastel.de

Saarland | EW 23.182 | 213 m | Zweibrücken 12 km, Homburg 13 km

Hämmerle's Barrique
www.haemmerles.de

VARTA-TIPP Küche **VARTA-TIPP** Service

Bliestalstraße 110a, PLZ 66440, **T 06842 52142**
20 | Menü 139–159 € | Di-Fr Mo, Sa, So

Eine Atmosphäre, die fasziniert. Im eleganten Gourmetrestaurant agiert ein toll motiviertes Team, das sich mit Freude und Leidenschaft um das Wohl der Gäste kümmert. Von ausgezeichneter Qualität ist die ambitionierte, zeitgemäße Küche auf französischer Basis, die Ihnen Cliff Hämmerle hier in Menüform kredenzt. Alternativ können Sie im Restaurant „Landgenuss" bodenständige Regionalgerichte genießen. Zum Übernachten steht eine wohnliche Suite zur Verfügung.

BÖBING 67 A
www.boebing.de

Bayern | EW 1.880 | 752 m | Peißenberg 8 km, Murnau am Staffelsee 22 km

Bromberg Alm
www.bromberg-alm.de

Bromberg 10, PLZ 82389, **T 08867 92045**
150 | Hauptgericht 14–32 €, Menü 22–60 € | Mo, Do-So Di, Mi

Hier passt einfach alles zusammen: traumhafte Lage mit herrlicher Aussicht in den Pfaffenwinkel und ins Oberland, gemütliche Gaststuben, familiär-herzliche Atmosphäre und eine frische, bodenständige Regionalküche. Auf der Speisekarte machen z.B. Hirschgulasch, Zwiebelrostbraten vom Grill oder Wiener Schnitzel vom Kalb Appetit. Ein tolles Preis-Leistungsverhältnis bietet das 4-gängige Almmenü am Abend. Einladend die großzügige Panoramaterrasse.

BÖBLINGEN 57 B
www.boeblingen.de

Baden-Württemberg | EW 46.714 | 464 m | Stuttgart 21 km, Reutlingen 36 km

V8 HOTEL Motorworld
www.v8hotel.de

★★★★ S garni

Charles-Lindbergh-Platz 1, PLZ 71034, **T 07031 3069880,** F 306988888
153 Zimmer | 7 Suiten | 7 Apartments | 24 h

Mit seiner modernen, klaren Architektur gliedert sich das 2018 eröffnete Themen- und Designhotel ideal in das Tagungs- und Veranstaltungszentrum Motorworld ein. In den Zimmern und Apartments sowie in den öffentlichen Bereichen ist das Automobil das Leitmotiv. Das Restaurant „PICK-UP" im Retrolook serviert internationale Gerichte. Weitere Zimmer stehen im benachbarten V8 Hotel Classic zur Verfügung.

Reussenstein
www.reussenstein.com

★★★ S garni

Kalkofenstraße 20, PLZ 71032, **T 07031 66000,** F 660055
45 Zimmer | Ez 80–125 €, Dz 99–165 €, 15,00 €

Am Stadtrand gelegenes Hotel mit heimeliger Atmosphäre. Unterschiedlich eingerichtete Zimmer mit zeitgemäßem Komfort. Als Gast genießen Sie besondere Extras wie kostenfreies WLAN, Kopfkissenbar oder den hoteleigenen Indoor-Barfußpark. Regionales Frühstücksbuffet im Landhauszimmer.

Reussenstein

80 | Hauptgericht 27–36 €, Menü 60–75 € | Sa Di-Sa Mo, So

Dieser vorbildlich geführte Familienbetrieb ist Garant für niveauvolle Gastronomie. Hier ist ein klasse Küchenteam am Werk, das authentische schwäbische Gerichte wie Maultaschen, Rinderkutteln oder Zwiebelrostbraten zum Besten gibt. Auch Kochkurse werden angeboten.

BOCHOLT 29 A www.bocholt.de

Nordrhein-Westfalen | EW 73.403 | 25 m | Borken 18 km, Wesel 24 km

Am Erzengel www.am-erzengel.de

★★★★ garni

Münsterstraße 252, PLZ 46397, **T 02871 247700,** F 24770247
60 Zimmer | Ez ab 85 €, Dz ab 105 €, 9,90 €

Gut geführtes Privathotel für Urlaubs- und Geschäftsreisende in verkehrsgünstiger Lage nahe am Stadtwald. Individuell mit edlen Materialien und warmen Farben eingerichtete Zimmer und Suiten. Im Restaurant werden kreative Gerichte einer modernen, saisonal beeinflussten Küche serviert.

Residenz www.hotelresidenz.de

★★★★ garni

Kaiser-Wilhelm-Straße 28-32, PLZ 46395, **T 02871 99750,** F 9975599
48 Zimmer | 4 Suiten | Ez 76–98 €, Dz 127–135 €, 15,50 €

Freundliches Stadthotel mit komfortabel ausgestatteten Zimmern, die stilvoll und mit Liebe zum Detail eingerichtet wurden. Mediterran anmutende Terrasse mit großzügigem Hotelgarten. Im Restaurant „Borkhardt's" bietet man leichte und frische Gerichte mit regionalem Einfluss.

Mussumer Krug www.mussumerkrug.de

Mussumer Kirchweg 143, PLZ 46395 (OT: Mussum), **T 02871 13678**
70 | Hauptgericht 24–32 € | Mi-Sa Mo, Di, So

Eine moderne, innovative und dennoch bodenständige Küche sowie ein sehr gutes Preis-Leistungsverhältnis zeichnen diesen historischen Gasthof aus. Auf der Speisekarte stehen z.B. Gerichte wie „Gegrillter Rinderrücken | Stroganoff | Treviso | Rote Bete | Kartoffelcreme" oder „Ravioli | Cashew | Frischkäse | Sellerie | Parmesanschaum".

BOCHUM 29 D www.bochum-tourismus.de

Nordrhein-Westfalen | EW 378.596 | 100 m | Herne 6 km, Essen 16 km
Rathaus mit Gussstahlglocke, Dt. Bergbau-Museum, Eisenbahnmuseum, Zeiss-Planetarium, Museum Bochum, Stadtpark mit Tierpark und Aussichtsturm, Propsteikirche St. Peter und Paul, Jahrhunderthalle, Schauspielhaus, Musical „Starlight Express".

Wald & Golfhotel Lottental www.lottental.de

★★★ garni

Grimbergstraße 52a, PLZ 44797 (OT: Stiepel), **T 0234 97960,** F 9796293
79 Zimmer | 2 Suiten | Ez ab 70 €, Dz ab 80 €, 13,50 € | 24 h

Zeitgemäß ausgestattetes Hotel in ruhiger Lage im Ortsteil Stiepel. In modernem Design eingerichtete Zimmer unterschiedlicher Kategorien. Kleiner Wellnessbereich mit Pool, Sauna und Fitnessraum. Sehr gute Tagungsmöglichkeiten.

Livingroom www.livingroom-bochum.de

Luisenstraße 9-13, PLZ 44787, **T 0234 9535685**
250 | Hauptgericht 12–79 € | Mo-Sa So

»

Das Restaurant mit Bar und Lounge gehört zu den bevorzugten Locations der Innenstadt. Hier erwartet Sie ein breites Angebot moderner internationaler Speisen - von kleinen Snacks über Grillsteaks bis hin zu schmackhaften Fischgerichten. Umfangreiche Weinauswahl. Preiswerter Mittagstisch.

BOCKLET, BAD 43 C — www.badbocklet.de

Bayern | EW 4.514 | 230 m | Bad Kissingen 10 km, Bad Neustadt 22 km

Kurhaus Hotel Bad Bocklet — www.kurhaus-bad-bocklet.de

Kurhausstraße 2, PLZ 97708, **T 09708 770,** F 77199
92 Zimmer | Ez ab 72 €, Dz ab 99 €, 14,00 €

Das Hotel liegt traumhaft im wunderschönen Kurpark des Staatsbades. Hier verfolgt man einen ganzheitlichen Ansatz zur Regeneration - getreu dem Motto „Gesundheit, Wellness und Spiritualität“. Der charmante Mix aus historischem Bestand und modernem Komfort zeigt sich in allen Bereichen des Hauses. Stilvoll-zeitgemäß ausgestattete Zimmer, meist mit Blick auf den Kurpark.

BODENMAIS 55 D — www.bodenmais.de

Bayern | EW 3.500 | 689 m | Regen 13 km, Deggendorf 35 km

Mooshof — www.hotel-mooshof.de

VARTA-TIPP Ambiente VARTA-TIPP Service

★★★★ S

Mooshof 7, PLZ 94249 (OT: Mooshof), **T 09924 7750,** F 7238
80 Zimmer | 33 Suiten | Ez 152–192 €, Dz 296–320 €, inkl. Vollpension | ⃠ 4.–25.12.23

Imposant, großzügig, geschmackvoll - ein privat geführtes SPA-Hideaway par excellence! Das gewachsene Traditionshaus ist eingebettet in eine weitläufige Gartenanlage. Die komfortabel und wohnlich ausgestatteten Zimmer, Apartments und Suiten verfügen größtenteils über einen Balkon. Beeindruckend die Wellnesswelt auf 5.000 qm, top der Service. Mehrere Restaurantbereiche nebst großzügiger Panoramaterrasse laden zum Verweilen ein.

Bodenmaiser Hof — www.bodenmaiser-hof.de

★★★★ S

Rißlochweg 4, PLZ 94249, **T 09924 9540,** F 95440
40 Zimmer | 8 Suiten | 2 Apartments | Ez ab 124 €, Dz ab 240 €, inkl. Vollpension

Familienhotel mit persönlicher Note und ungezwungener Atmosphäre. Hier erwarten Sie wohnlich ausgestattete Gästezimmer in verschiedenen Kategorien. Besonders luxuriös sind die Lofts im Anbau. Großzügige Sauna- und Wasserwelt auf 3.500 qm. Gemütliches Wintergartenrestaurant mit Schauküche und Terrasse.

Böhmhof

www.boehmhof.de

Böhmhof 1, PLZ 94249 (OT: Böhmhof), **T 09924 94300,** F 943013
35 Zimmer | 14 Suiten | 1 Apartment | Ez 126–180 €, Dz 233–340 €, inkl. Halbpension | ⦸ 23.–25.12.23, 14.–19.4.24, 23.–25.12.24

Am Waldrand auf 730 m Höhe gelegenes Wellness- und Vitalhotel, das sich seit 1674 in Familienbesitz befindet. Unterschiedlich geschnittene Zimmer mit neuzeitlicher Ausstattung. Ansprechender Wellnessbereich mit Hallenbad, beheiztem Außenpool und Saunalandschaft. Gemütliches Restaurant mit regionaler Küche.

Neue Post

www.hotel-neue-post.de

Kötztinger Straße 25, PLZ 94249, **T 09924 9580,** F 958100
60 Zimmer | 4 Suiten | Ez 100–148 €, Dz 202–268 €, inkl. Vollpension | ⏲ 24 h

Zentral gelegenes Ferienhotel mit großzügigem Hallenbereich und modernen Zimmern in Zirbel- oder Kirschholzmöblierung. Gepflegter Wellnessbereich mit Hallenbad, Außenwhirlpool und Saunalandschaft. Geschmackvoll eingerichtetes Restaurant.

Wellnesshotel Hofbräuhaus

www.hotel-hofbraeuhaus.de

Marktplatz 5, PLZ 94249, **T 09924 7770,** F 777200
68 Zimmer | 4 Suiten | Ez ab 114 €, Dz ab 200 €, inkl. Vollpension

Ehem. Brauereigasthof mit wohnlichen Zimmern und hellem Eichenmobiliar. Schöner Wellnessbereich mit zahlreichen verschiedenen Saunen, einer ansprechenden Badelandschaft und einem herrlichen Blick auf die Berge des Bayerischen Waldes. Rustikales Restaurant mit bayerisch-internationaler Küche.

BODENWERDER-POLLE 31 B

www.muenchhausenland.de

Niedersachsen | EW 15.600 | 75 m | Hameln 23 km, Höxter 33 km

Graf Everstein - Uwe Multhoff

www.graf-everstein.de

Amtsstraße 6, PLZ 37647 (OT: Polle), **T 05535 999780**
50 | Hauptgericht 14–28 €, Menü 28–42 € | Fr-So Do-So ⦸ Mo, Di, Mi

Unterhalb der Poller Burgruine liegt dieses Restaurant. Hier dürfen Sie sich auf eine feine regionale Frischeküche mit saisonal orientierten Gerichten freuen. Von den Fenstertischen hat man einen schönen Blick auf die umliegende Landschaft.

BODENWÖHR 54 D

www.bodenwoehr.de

Bayern | EW 4.142 | 374 m | Schwandorf 17 km, Cham 36 km

Brauereigasthof Jacob

www.brauerei-jacob.de

Ludwigsheide 2, PLZ 92439, **T 09434 941041,** F 941044
26 Zimmer | 2 Suiten | Ez 75–81 €, Dz 110–125 €, inkl. Frühstück

Landestypischer Gasthof direkt am Ufer des idyllischen Hammersees mit geräumigen Zimmern im Landhausstil. In den urig-rustikalen Restauranträumen werden regionale Schmankerl und hausgebraute Bierspezialitäten aufgetischt.

BODMAN-LUDWIGSHAFEN 65 A www.bodman-ludwigshafen.de

Baden-Württemberg | EW 4.427 | 397 m | Stockach 12 km, Konstanz 31 km

Seehotel Villa Linde www.seehotelvillalinde.de

Kaiserpfalzstraße 50, PLZ 78351, **T 07773 959930**
14 Zimmer | 2 Suiten | Ez 145–215 €, Dz 175–325 €, inkl. Frühstück

Das geschmackvoll renovierte Hotel liegt malerisch am Ufer des Bodensees. Die Fassade des Gebäudes hat man fast originalgetreu nach dem Vorbild des „alten" Hotel Linde aus den 1920er Jahren wiederhergestellt. Architektonisch begeistert das Haus durch zeitlose Eleganz und mediterranes Flair. Die individuell gestalteten Zimmer haben alle Seeblick.

s'Äpfle Bistro

24 | Hauptgericht 13–37 € | Di-Sa Mo, So

Ist es nicht herrlich, hier bei schönem Wetter auf der Terrasse zu sitzen und auf den Bodensee zu schauen? Und wenn man dann auch noch eine frische, kreative Regionalküche genießen darf... Dem niveauvollen Essen wird auch das hochwertige und geschmackvolle Interieur gerecht, zu dem sich ein freundlicher und kompetenter Service gesellt.

Seehotel Adler www.seehotel-adler.de

Hafenstraße 4, PLZ 78351 (OT: Ludwigshafen), **T 07773 93390,** F 933939
60 Zimmer | 3 Suiten | Ez ab 95 €, Dz ab 160 €, inkl. Frühstück

Geschmackvolles Wellness- und Ferienhotel direkt am Bodenseeufer. Bequem und wohnlich eingerichtete Zimmer mit komfortabler Ausstattung. Exklusive Wellnessoase „Adler Spa" mit verschiedenen Saunen, Dampfbad, beheiztem Außenpool und Sonnenterrasse. Restaurant mit Seeterrasse und badisch-mediterraner Küche.

BÖHMENKIRCH 58 B www.boehmenkirch.de

Baden-Württemberg | EW 5.500 | 550 m | Heidenheim/Brenz 17 km, Göppingen 26 km

Landgasthof Rössle www.roessle.steinenkirch.de

Albstraße 9, PLZ 89558 (OT: Steinenkirch), **T 07332 923900,** F 9239050
40 Zimmer | 1 Apartment | Ez 55–98 €, Dz 90–127 €, ab 6,00 €

Ein gewachsenes Hotel, das sich für einen Kurzurlaub oder eine Geschäftsreise gleichermaßen eignet. Die komfortablen Zimmer sind mit Liebe zum Detail im wohnlichen Landhausstil eingerichtet. Gemütlicher Wellnessbereich mit Sauna und Fitnessraum. Das Restaurant serviert regionale und saisonale Spezialitäten.

BOKEL 15 A www.amt-hoernerkirchen.de

Schleswig-Holstein | EW 637 | 16 m | Itzehoe 29 km, Hamburg 55 km

Bokel-Mühle am See www.bokelmuehle.de

Neel-Greve-Straße 2, PLZ 25364, **T 04127 94200,** F 9420150
28 Zimmer | 1 Suite | Ez 99–134 €, Dz 118–190 €, 10,00 €

Ehem. Wassermühle in traumhafter Seelage. Die wohnlichen Zimmer sind mit edlen Materialien wie Eichendielen, Craqueléfliesen und bedruckten Leinenstoffen ausgestattet und verfügen teilweise über einen Balkon oder eine Terrasse. Kaminzimmer mit typisch regionaler Küche. Uriger Frühstücksraum im ältesten Gebäudeteil.

BOLTENHAGEN, OSTSEEBAD 9 C www.boltenhagen.de

Mecklenburg-Vorpommern | EW 2.420 | 5 m | Wismar 26 km, Schwerin 47 km

Iberotel Boltenhagen www.iberotel.de

★★★★ S

Baltische Allee 1, PLZ 23946 (OT: Tarnewitz), **T 038825 3840,** F 3848701
191 Zimmer | 9 Suiten | 24 h

Das weitläufige Ferienhotel auf der Halbinsel Tarnewitz erwartet seine Gäste mit einem umfangreichen Sport- und Wellnessangebot. Alle Zimmer verfügen über Meerblick. Restaurant mit internationaler Küche. Eigener Jachthafen. Direkter Strandzugang.

Gutshaus Redewisch www.gutshaus-redewisch.de

Redewischer Straße 46, PLZ 23946 (OT: Redewisch), **T 038825 3760,** F 37637
21 Zimmer | 1 Suite | Ez ab 90 €, Dz ab 130 €, inkl. Frühstück | 24 h

Schönes Landhotel in ruhiger Lage mit hist. Ambiente und geräumigen, geschmackvoll eingerichteten Zimmern. Das Haus verfügt auch über ein gemütliches Kaminzimmer, eine finnische Sauna, einen Fitnessraum sowie ein Restaurant mit regionaler Küche und Sommerterrasse.

BONN 40 A www.bonn.de

Nordrhein-Westfalen | EW 319.841 | 45 m | Köln 30 km, Frankfurt/Main 175 km

Beethovenhaus, Beethovendenkmal, Beethon, Münster mit Kreuzgang, Kreuzbergkirche mit heiliger Stiege, Doppelkirche Schwarz-Rheindorf, Name-Jesu-Kirche, altes Rathaus, Universität - kurfürstliches Schloss mit Hofgarten, Sterntor, Alter Zoll, Rheinpromenade, Poppelsdorfer Schloss, Bad Godesberger Villenvorort, Kunst- und Ausstellungshalle, Landesmuseum, Frauenmuseum, Arithmeum, Ägyptisches Museum, Naturpark Siebengebirge, Gedenkstätte Adenauerhaus.

Einen Cityplan finden Sie auf Seite 248–250.

Bonn Marriott Hotel www.marriott.de

Platz der Vereinten Nationen 4 (E5), PLZ 53113, **T 0228 280500,** F 28050555
336 Zimmer | 34 Suiten | 24 h

Im ehem. Regierungsviertel und direkt am Rheinufer liegt dieses großzügige Lifestyle-Hotel. Das Haus bietet stilvoll eingerichtete Zimmer mit ergonomischen Arbeitsbereichen sowie tollen Ausblicken auf die Stadt, den Rhein und das Siebengebirge. Hohen Wohlfühlfaktor garantiert der hauseigene Wellnessbereich. Umfangreiches gastronomisches Angebot.

A
B
C
1
2
3
4
5
Kölnstraße
Kaiser-Karl-Ring
Augustusring
Römerstr.
LVR-Klinik Bonn
Ludwig-Erhard-Berufskolleg
Robert-Wetzlar-Schule
Chlodwigplatz
Lievelingsweg
Potsdamer Platz
AS Bonn-Zentrum
6 = Am Alten Poststadion
Ortsteil Nordstadt
(zu Bonn)
Markthalle
Bornheimer Str.
Güterbf.
Bonn-West
Thomastr.
Hochstadenring
Alter Friedhof
Collegium Leoninum
Stadthaus
Berliner Platz
Oxfordstr.
Ortst. Weststadt
(zu Bonn)
Stadtwerke Bonn Versorgungsbetriebe
AS Bonn-Endenich
Endenicher Str.
Rabinstraße
Bonn Hbf
S23/RB23
RB30
Landesmuseum
Beethovenplatz
Baumschulallee
Münsterplatz
Martinsplatz
Markt
Altes Rathaus
Kaiserplatz
Ortst. Südstadt
(zu Bonn)
Endenicher Allee
Ernst-Moritz-Arndt-Gymnasium
Universität Bonn
Campus Poppelsdorf
Mensa
Baustelle
Meckenheimer Allee
Poppelsdorfer Allee
Schloss Poppelsdorf
Botanischer Garten
AS Bonn-Poppelsdf.
Reuterstr.
Sebastianstr.
Kekuléstr.
Cl.-August-Str.
C.-August-Platz
Kirschallee
Ermekeil-Kaserne
Talweg
Prinz-Albert-Str.
Königstr.
Argelanderstr.
Kapellenstr.
1 = Poppelsdorfer Pl.
2 = Pfarrer-Hürth-Straße
3 = Im jungen Wingert
Friedhof
Kapelle
Altenheim
Johannes Sch.
Heinrich-Lützeler-Str.
St. Marien-Hospital
R.-Koch-Str.
M.-Grundmann-Haus
565
56
8
6
7
18

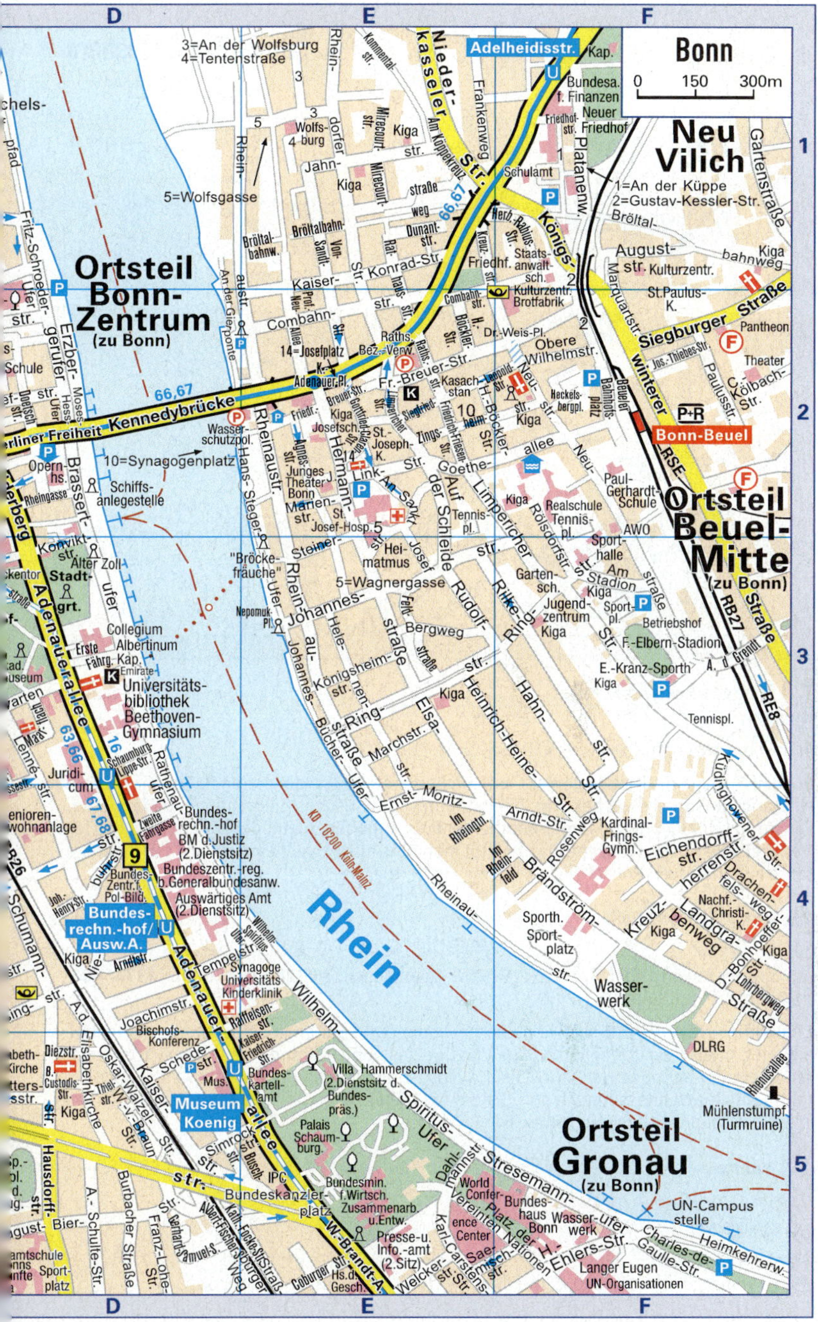
Bonn
0 150 300m
D
E
F
1
2
3
4
5
Ortsteil Bonn-Zentrum (zu Bonn)
Neu Vilich
Ortsteil Beuel-Mitte (zu Bonn)
Ortsteil Gronau (zu Bonn)
Rhein
Kennedybrücke
Adelheidisstr.
Bonn-Beuel
Bundesrechn.-hof/ Ausw.A.
Museum Koenig
3=An der Wolfsburg
4=Tentenstraße
5=Wolfsgasse
1=An der Küppe
2=Gustav-Kessler-Str.
10=Synagogenplatz
14=Josefplatz
5=Wagnergasse
Niederkasseler Str.
Königsstr.
Siegburger Straße
Adenauerallee
Konrad-Str.
Kaiser-str.
Combahn-str.
Obere Wilhelmstr.
Goethe-allee
Rheinaustr.
Hans-Steger-Ufer
Johannes-str.
Rudolf-str.
Rilke-Ring
Heinrich-Heine-Str.
Ernst-Moritz-Arndt-Str.
Brändström-str.
Kreuz-str.
Landgrafenweg
Eichendorff-str.
Marchstr.
Elsa-Brändström-Str.
Bergweg
Hahn-str.
Rheinau-str.
Wilhelm-Spiritus-Ufer
Stresemann-Ufer
Platz der Vereinten Nationen
Charles-de-Gaulle-Str.
Heimkehrerw.
Schumann-str.
Kaiser-str.
Bundeskanzlerplatz
Universitätsbibliothek
Beethoven-Gymnasium
Collegium Albertinum
Juridicum
Bundesrechn.-hof
BM d. Justiz (2.Dienstsitz)
Bundeszentr.-reg. b.Generalbundesanw.
Auswärtiges Amt (2.Dienstsitz)
Synagoge
Universitäts Kinderklinik
Bischofs-Konferenz
Villa Hammerschmidt (2.Dienstsitz d. Bundespräs.)
Palais Schaumburg
Bundesmin. f.Wirtsch. Zusammenarb. u.Entw.
Presse-u. Info.-amt (2.Sitz)
World Conference Center
Bundeshaus Bonn
Wasserwerk
Langer Eugen UN-Organisationen
UN-Campus
Mühlenstumpf (Turmruine)
DLRG
Kardinal-Frings-Gymn.
Realschule
Jugendzentrum
Betriebshof
F.-Elbern-Stadion
E.-Kranz-Sporthalle
Tennispl.
Kulturzentr. Brotfabrik
Pantheon Theater
Paul-Gerhardt-Schule
AWO
Schiffsanlegestelle
Alter Zoll
"Bröckefräuche"
Opern-hs.
Junges Theater Bonn
St. Josef-Hosp.
Sporth.
Sportplatz
Kiga
P+R
KD 10200 Köln-Mainz
RB27
RE8
RSE
66,67
63,66
67,68
16
D
E
F

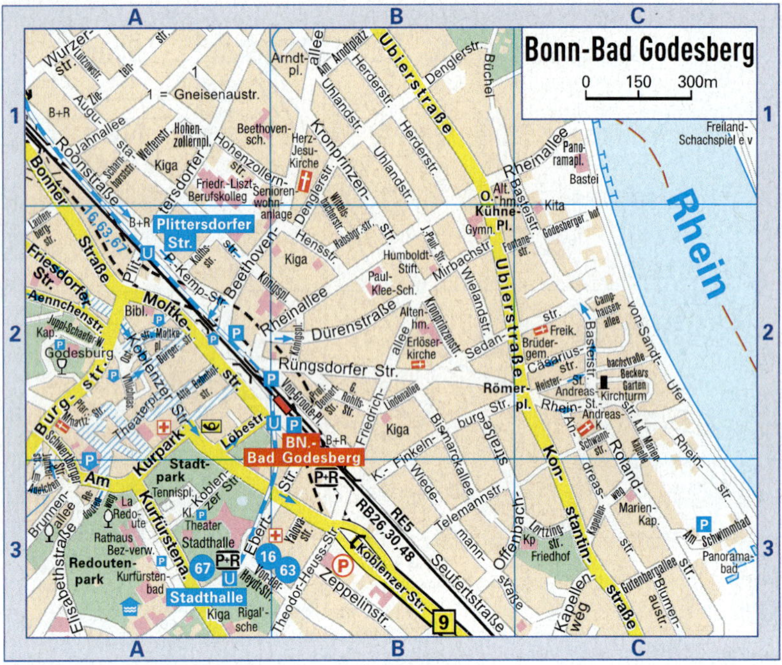

🍽 Konrads Restaurant & Bar

www.konrads-bonn.de

50 Plätze | Hauptgericht 22–46 € | Di-Sa ⦸ Mo, So

In der 17. Etage des Hotels genießt man nicht nur einen spektakulären Panoramablick, man wird auch anspruchsvoll bekocht. Ein modernes, puristisches Ambiente mit bodentiefen Fenstern, dunklem Holz und petrolfarbenen Polstermöbeln bietet den Rahmen für das leger-französische Küchenkonzept. Dazu bietet man eine attraktive Weinauswahl. Für Veranstaltungen stehen zwei Private-Dining-Rooms zur Verfügung.

Kameha Grand Bonn

www.kamehabonn.de

GREENSIGN garni

Am Bonner Bogen 1 (↘ F5), PLZ 53227 (OT: Oberkassel), **T 0228 43345000,** F 43345005
254 Zimmer | 36 Suiten | 24 h

Eine raffinierte Architektur sowie opulente Zimmer und Suiten in einem Mix aus edlem Design und modernem Lifestyle sind die Vorzüge des noblen Grandhotels, das sich am rechten Rheinufer befindet. Herzstück des Hauses ist die 27 Meter hohe, komplett verglaste Hotelhalle. Wellnessbereich auf 730 qm mit beheiztem Infinity-Außenpool. Ein beliebter Treffpunkt am Abend ist die „Stage Bar & Lounge“.

🍽 Yunico

VARTA-TIPP Küche **VARTA-TIPP** Service

T 0228 43345500
35 Plätze | Hauptgericht 48–170 €, Menü 109–219 € | Mi-Sa ⦸ Mo, Di, So

Auf der obersten Etage des Hotels empfängt Sie das japanische Fine-Dining-Restaurant. Die Einrichtung ist cool und edel zugleich, die Küche hervorragend. Christian Sturm-Willms und sein Team verbinden Elemente der japanischen Welt mit denen der modernen mediterranen Küche. Dabei kommen selbstverständlich auch Vegetarier und Veganer auf ihre Kosten. Toll auch die umfangreiche Sake-Auswahl! Melanie Hetzel ist als liebenswürdige Restaurantleiterin erste Ansprechpartnerin. Im Sommer lockt die herrliche Dachterrasse mit spektakulärer Aussicht.

Ameron Hotel Königshof
www.hotel-koenigshof-bonn.de

★★★★ garni

Adenauerallee 9 (D3), PLZ 53111, **T 0228 26010,** F 2601529
129 Zimmer | 7 Suiten | Ez ab 99 €, Dz ab 139 €, ab 20,00 € | 24 h

Direkt am Rhein empfängt Sie das elegante Hotel. Es bietet geschmackvoll eingerichtete Zimmer unterschiedlicher Kategorien sowie gute Tagungsmöglichkeiten. Kleiner Vitality-SPA-Bereich nebst großzügigem Fitnessraum.

Oliveto

100 | Hauptgericht 18–59 €, Menü 59–69 € | Mo-Fr, So Mo-So

Das elegante Fine-Dining-Restaurant mit seinem zeitlos-dezenten Interieur bietet alle Facetten einer leichten italienischen Küche – von rustikalen Klassikern bis hin zu feinen Neukreationen. Hotspot ist zweifellos die großzügige Terrasse direkt am Flussufer. Mittags Lunchangebot mit verschiedenen Tagesgerichten.

Collegium Leoninum
www.leoninum-bonn.de

★★★★ S garni

Noeggerathstraße 34 (B3, in der Nova Vita Residenz), PLZ 53111, **T 0228 62980,**
F 62984079
69 Zimmer | 24 h

Neugot. Gebäude im Herzen der Stadt, das hist. Bausubstanz mit neuzeitlichen Elementen vereint. Funktional ausgestattete Hotelzimmer unterschiedlicher Kategorien, teilweise mit Balkon oder Terrasse. Zum Haus gehören auch ein kleiner Wellnessbereich mit beheiztem Schwimmbad, ein Restaurant mit internationaler Küche, eine Sonnenterrasse sowie acht moderne Veranstaltungsräume.

Dorint Venusberg
hotel-bonn.dorint.com

★★★★ S garni

An der Casselsruhe 1 (↘ B5), PLZ 53127 (OT: Kessenich), **T 0228 2880,** F 288288
85 Zimmer | 10 Suiten | 24 h

Im französischen Landhausstil erbautes, in einem Park hoch über dem Rhein gelegenes Refugium. Hier stehen elegante, anspruchsvolle Zimmer in unterschiedlichen Kategorien zur Verfügung. Im Restaurant und auf der Sommerterrasse werden leichte, mediterran beeinflusste Gerichte serviert.

Rheinhotel Dreesen
www.rheinhoteldreesen.de

★★★★ garni

Rheinstraße 45-49 (C2), PLZ 53179 (OT: Bad Godesberg), **T 0228 82020,** F 8202153
72 Zimmer | 2 Suiten | Ez 120–170 €, Dz 158–208 €, ab 18,00 € | 24 h

Das beeindruckt: toll die Lage direkt am Rheinufer in Bad Godesberg, dazu das hist. Gebäude mit seiner beeindruckenden Jugendstilfassade. Richtig schick und wertig hat man die Zimmer im modernen Stil eingerichtet. Besonders zu empfehlen sind die Deluxezimmer mit Balkon und Flussblick. Im eleganten Restaurant „Gobelin" erwartet Sie eine junge, deutsch-alpin inspirierte Küche.

Boutiquehotel Dreesen
www.boutiquehoteldreesen.de

garni

Mirbachstraße 2A (B2), PLZ 53173 (OT: Rüngsdorf), **T 0228 830060,** F 8300690
24 Zimmer | 2 Suiten

Liebevoll renovierte Jugendstilvilla mit Gästehaus inmitten des ehem. Diplomaten- und Botschaftsviertels. Großzügig geschnittene Zimmer mit Stuck und stilvollem Mobiliar. Heller, lichtdurchfluteter Frühstücksraum mit Zugang zum Garten.

Insel Hotel
www.inselhotel.com

★★★★ garni

Theaterplatz 5-7 (A2), PLZ 53177 (OT: Bad Godesberg), **T 0228 35000,** F 3500333
67 Zimmer | 1 Suite | 1 Apartment | Ez ab 70 €, Dz ab 100 €, inkl. Frühstück | 24 h

Zentral zwischen Kurpark und Theaterplatz gelegenes Privathotel mit geschmackvollen Zimmern unterschiedlicher Größe und Einrichtung. Ansprechender Wellnessbereich mit Sauna und Ruheraum. Gemütliches Restaurant mit saisonaler Küche.

Aigner
www.hotel-aigner.de

★★★ garni

Dorotheenstraße 12 (C2), PLZ 53111 (OT: Altstadt), **T 0228 604060,** F 6040670
42 Zimmer | 6 Apartments | Ez 76–139 €, Dz 114–159 €, inkl. Frühstück | 24 h

Komfortables, privat geführtes City-Hotel im Herzen der verkehrsberuhigten Altstadt. Zeitgemäß ausgestattete, freundlich eingerichtete Zimmer. Reichhaltiges Frühstück, das im Sommer auch im begrünten Innenhof eingenommen werden kann.

Halbedel's Gasthaus
www.halbedels-gasthaus.de

VARTA★TIPP Küche

Rheinallee 47 (B1), PLZ 53173 (OT: Bad Godesberg), **T 0228 354253**
28 | Hauptgericht 45–55 €, Menü 100–150 € | Di-So Mo

Das elegant eingerichtete Restaurant befindet sich in einer schmucken Jugendstilvilla von 1914. Die aufmerksame Servicecrew verwöhnt Sie mit einer ausgezeichneten, klassisch französischen Küche. Chef de Cuisine Rainer-Maria Halbedel kocht seit Jahrzehnten auf Top-Niveau. Seine kreativen Gerichte sind immer wieder eine Überraschung für Auge und Geschmackssinn. Hochkarätige Weinkarte mit rund 800 Positionen.

Redüttchen — www.reduettchen.de

Kurfürstenallee 1 (A3), PLZ 53177 (OT: Bad Godesberg), **T 0228 68898840**
50 | Hauptgericht 26–56 €, Menü 68–110 € | Di-Sa, Mo, So

Das Lokal liegt im ehemaligen Gärtnerhaus der Redoute inmitten des wunderschönen Parks von Bad Godesberg. In der gemütlichen Gaststube und auf der lauschigen Terrasse serviert man schmackhafte Menüs (3-6 Gänge). Ob Fleischliebhaber oder Vegetarier - hier ist für jeden Geschmack etwas dabei! Persönlicher, kompetenter Service samt guter Weinberatung.

Strandhaus — www.strandhaus-bonn.de

Georgstraße 28 (B1), PLZ 53111 (OT: Altstadt), **T 0228 3694949**
50 | Hauptgericht 35–47 €, Menü 52–89 € | Mo-Fr, Sa, So

Fische hinter beleuchtetem Glas, eine mit Muscheln dekorierte Bar und allerlei Accessoires aus der Welt der Seefahrt sorgen hier für ein maritimes Flair. Dazu serviert man Ihnen eine frische, saisonale Küche. Überdachte Terrasse.

Savvy Nosh — www.savvynosh.de

Königswinterer Straße 626b, PLZ 53227 (OT: Oberkassel), **T 0228 94494900**
25 | Hauptgericht 13–22 €, Menü 82 € | Di-Fr, Fr-Sa, Mo, So

Das sympathisch-relaxte Deli-Bistro wird nicht nur freundlich geführt, man bekommt auch eine gute, frische und gesunde Küche zum fairen Preis. Samstags wird ein einheitliches 4-Gänge-Menü angeboten. Im angeschlossenen Concept Store können Sie Feinkost, Kochutensilien und Homeaccessoires sowie Beauty- und Lifestyle-Produkte erwerben.

BONNDORF 64 B — www.bonndorf.de

Baden-Württemberg | EW 6.895 | 845 m | Schluchsee 14 km, Titisee-Neustadt 26 km

Möhringers Schwarzwald Hotel — www.schwarzwaldhotel.com

★★★★

Rothausstraße 7, PLZ 79848, **T 07703 93210,** F 9321999
60 Zimmer | Ez 101–175 €, Dz 182–290 €, inkl. Frühstück

Stilvolles Ferienhotel, das bereits in der 4. Generation familiengeführt ist. Individuell eingerichtete, sonnendurchflutete Gästezimmer. Schöner Wellnessbereich auf 1.200 qm mit Badewelt und Saunalandschaft auf zwei Ebenen. Mehrere Restaurants mit regionaler Frischeküche.

Hotel Gasthof Sommerau — www.sommerau.de

VARTA-TIPP Service

Sommerau 1, PLZ 79848 (OT: Sommerau), **T 07703 670,** F 1541
16 Zimmer | 4 Suiten | Ez 110 €, Dz 160 €, inkl. Frühstück

››

Mit Hingabe und großem persönlichen Engagement kümmern sich Familie Hegar und ihre Mitarbeiter:innen um das Wohl ihrer Gäste. Das idyllisch gelegene Schwarzwaldhaus mit seiner traditionellen Holzarchitektur bietet wohnlich eingerichtete Zimmer, die alle über einen glasüberdachten Balkon verfügen. Toll das moderne Saunahaus mit Naturbadeteich.

Hotel Gasthof Sommerau

VARTA-TIPP Küche

50 | Hauptgericht 23–48 €, Menü 45–98 € | Mi-So Mo, Di

Im heimeligen Gastraum mit großem Kachelofen werden bodenständige, meist aus regionalen Produkten zubereitete Gerichte serviert. „Lammhüfte mit Wildkräuterkruste, Bohnenallerlei, Amalfizitrone, Polentaknödel" oder „Aubergine mit Honig-Gewürzlack, Auberginencreme, Dinkelgraupen, knackiges Gemüse" sind wunderbare Beispiele dafür. Die liebenswerte Crew im Service sorgt für unkomplizierte Gastlichkeit.

BÖNNIGHEIM 58 A www.boennigheim.de

Baden-Württemberg | EW 7.579 | 221 m | Ludwigsburg 20 km, Stuttgart 38 km

Saltimbocca im Adler am Schloss www.adler-saltimbocca.de

Schlossstraße 34, PLZ 74357, **T 07143 82020**
18 Zimmer | Ez ab 65 €, Dz ab 79 €

Eine Oase zum Entspannen, Feiern und Genießen! Die liebevoll und individuell eingerichteten Zimmer befinden sich im Hauptgebäude sowie im ca. 100 m entfernten Gästehaus. Morgens erwartet Sie ein sehr gutes Frühstücksbuffet.

BOPPARD 40 D www.boppard-tourismus.de

Rheinland-Pfalz | EW 15.181 | 67 m | Koblenz 21 km, Bingen 41 km

Bellevue Rheinhotel www.bellevue-boppard.de

★★★★ S

Rheinallee 41, PLZ 56154, **T 06742 1020,** F 102602
95 Zimmer | 3 Suiten | 1 Apartment | Ez 75–120 €, Dz 79–160 €, 12,50 € | 24 h

Die Eleganz der Belle Epoque und die Fantasie des Jugendstils spiegeln sich im Flair dieses Hotels wider, das auf eine über 130-jährige Familientradition zurückblicken kann. Geschmackvolle, teils mit Antiquitäten eingerichtete Zimmer mit Stadtsicht oder Rheinblick. Netter SPA-Bereich mit Pool, Sauna und Dampfbad.

Le Chopin www.lechopin-boppard.de

38 | Menü 65–115 € | Do-Sa Mo, Di, Mi, So 17.–21.12.23

Stilvoll und elegant mit Jugendstilelementen eingerichtetes Abendrestaurant. Serviert wird gehobene internationale Küche mit französischem Einschlag. Gut sortierte Weinkarte mit Schwerpunkt MIttelrhein.

Park Hotel www.park-villa.de

VARTA-TIPP Ambiente

★★★★

Römerstraße 38, PLZ 56154 (OT: Bad Salzig), **T 06742 93930,** F 939393
18 Zimmer | 5 Suiten | Ez ab 100 €, Dz ab 149 €, inkl. Frühstück

Prächtige Rheinvilla mit individueller Note und interessanten Themenzimmern. Ob „Leonardo da Vinci", „Afrika", „Provence" oder „Laura Ashley" - alle Zimmer sind individuell und liebevoll ausgestattet. Für Entspannung und Wohlbefinden sorgt ein großzügiger SPA-Bereich. In der modernen „EssBAR" bietet man Hausgästen eine Karte mit Einzelgerichten und einem wechselnden Menü an. Morgens erwartet Sie ein frisches und ausgewogenes Vitalfrühstück.

Eiserner Ritter

www.eiserner-ritter.de

€ Gut & Günstig ★★★ S

Zur Peterskirche 10, PLZ 56154 (OT: Weiler), **T 06742 93000**
13 Zimmer | Ez ab 85 €, Dz ab 110 €, inkl. Frühstück

Traditionsreicher Landgasthof mit familiärer Führung. Hier stehen wohnliche und geräumige Gästezimmer zur Verfügung, die erst kürzlich renoviert wurden. Im stilvoll-behaglichen Restaurant serviert man eine verfeinerte Regionalküche.

BORKEN/WESTFALEN 29 A

www.borken.de

Nordrhein-Westfalen | EW 41.323 | 50 m | Bocholt 18 km, Gladbeck 40 km

Stadthotel Borken

www.stadthotel-borken.de

Raesfelder Straße 2, PLZ 46325, **T 02861 8252800**
56 Zimmer | 2 Suiten | Ez ab 75 €, Dz ab 90 €, inkl. Frühstück

Das renovierte Stadthotel ist für Geschäftsreisende und Urlauber gleichermaßen attraktiv. Die Gästezimmer, die in den drei Kategorien Basic, Classic und Premium buchbar sind, bieten modernen Wohnkomfort und zeitgemäße Technik. Den Sauna- und Fitnessbereich nutzen Hausgäste kostenfrei.

BORKUM (INSEL) 12 A

www.borkum.de

Niedersachsen | EW 5.186 | 2 m | Leer 32 km, Emden 50 km

Arthotel Bakker

www.arthotel-bakker.de

garni

Neue Straße 6b, PLZ 26757, **T 04922 9325749**
45 Zimmer | Ez 96–139 €, Dz 113–139 €, ab 16,50 €

Ein Inselhotel der besonderen Art! Hübsch anzuschauen ist das toprenovierte Feriendomizil mit seiner charakteristischen roten Backsteinfassade. In den unterschiedlich großen Gästezimmern sorgen puristisches Design mit klaren Linien und warmen Farben für jede Menge Wohlfühlatmosphäre. Toll der einladende Wellnessbereich mit Saunen und großzügiger Dachterrasse. Und eine gemütliche Kaffeebar mit angeschlossenem Spielzimmer gibt es auch.

Strandhotel Hohenzollern

www.strandhotel-hohenzollern.com

★★★★

Jann-Berghaus-Straße 63, PLZ 26757, **T 04922 92330,** F 923344
27 Zimmer | 12 Suiten | Ez 115–225 €, Dz 135–275 €, inkl. Frühstück

Das familienfreundliche Hotel an der Strandpromenade verbindet traditionelles Flair mit modernem Ambiente. Hier wohnen Sie in hübsch eingerichteten Zimmern mit Blick aufs Meer oder Balkon zur Landseite. Kleiner Wellnessbereich mit finnischer Sauna und Dampfbad. Im stilvollen Restaurant „Palée" wird überwiegend regional gekocht.

BOSAU 8 D www.gemeinde-bosau.de

Schleswig-Holstein | EW 3.443 | 25 m | Plön 8 km, Eutin 14 km

Strauers Hotel am See www.strauer.de

Gerold Damm 2-4, PLZ 23715, **T 04527 9940,** F 994111
28 Zimmer | 8 Suiten | Ez ab 78 €, Dz ab 118 €, inkl. Frühstück

Ruhe und Entspannung verspricht diese Übernachtungsadresse. Die hell und freundlich eingerichteten Zimmer bieten einen herrlichen Blick auf den Plöner See. Klassisches Restaurant mit regionaler und internationaler Küche. Zahlreiche Freizeitmöglichkeiten (Wellness, Golf, Segeln) in unmittelbarer Umgebung.

BOTTROP 29 A www.bottrop.de

Nordrhein-Westfalen | EW 117.241 | 55 m | Oberhausen 7 km, Essen 8 km

Bahnhof Nord www.bahnhofnord.de

Am Vorthbach 10, PLZ 46240 (OT: Eigen), **T 02041 988944**
80 | Hauptgericht 12–42 €, Menü 28–59 € | Fr-Sa ⃠ Mo, Di, Mi, Do, So

Zweifellos eine der außergewöhnlichsten Locations im Herzen der Stadt. Das Restaurant befindet sich in einem ehemaligen Bahnhofsgebäude. Geschmackvolle Einrichtung im modernen Landhausstil. Saisonal ausgerichtete Speisekarte mit internationalen Gerichten. Im Sommer lockt ein netter Biergarten.

BRACKENHEIM 51 D www.neckar-zaber-tourismus.de

Baden-Württemberg | EW 15.279 | 192 m | Lauffen am Neckar 8 km, Heilbronn 15 km

Adler www.adlerbotenheim.de

Hindenburgstraße 4, PLZ 74336 (OT: Botenheim), **T 07135 98110**
17 Zimmer | Ez 85–95 €, Dz 125–135 €, inkl. Frühstück

Sehr persönlich führt Familie Rembold diesen Landgasthof im Ortskern. Hier wohnen Sie in geräumigen und hübsch eingerichteten Zimmern. Ein besonderes Lob verdient das sehr gute Frühstück.

Adler

60 | Hauptgericht 20–34 €, Menü 42 € | Mo, Mi-So ⃠ Di

Gerne lässt man sich in den gemütlichen, holzvertäfelten Gaststuben mit Gerichten aus der regionalen und neuen deutschen Küche verwöhnen. Wie wäre es z.B. mit „Bäckle und Filet vom Schwein in der Paprikakruste mit Zucchinigemüse und Kartoffelroulade"? Hübsches Gartenlokal.

BRANDENBURG AN DER HAVEL 25 D www.brandenburgferien.de

Brandenburg | EW 71.032 | 32 m | Genthin 30 km, Potsdam 32 km

Inspektorenhaus
www.inspektorenhaus.de

VARTA-TIPP Küche

Altstädtischer Markt 9, PLZ 14770 (OT: Altstadt), **T 03381 3282139**
35 | Hauptgericht 12–30 €, Menü 59–65 € | Mi-Sa ⦸ Mo, Di, So

Sympathisch-gemütlich hat man es in diesem geschichtsträchtigen Gebäude inmitten der Altstadt. Die Atmosphäre entspannt-lässig mit geradlinigem, skandinavisch inspiriertem Ambiente. Inhaber und Chefkoch Benjamin Döbbel legt größten Wert auf topfrische Zutaten, die von heimischen Metzgern und Biohöfen kommen. Er kocht abwechslungsreich, kreativ und saisonbezogen. Im Sommer serviert man auch auf der ruhigen Hofterrasse.

BRAUBACH 40 D
www.braubach.de

Rheinland-Pfalz | EW 3.048 | 65 m | Oberlahnstein 5 km, Koblenz 11 km

Zum Weißen Schwanen
www.zum-weissen-schwanen.de

★★★★

Brunnenstraße 4, PLZ 56338, **T 02627 9820,** F 8802
27 Zimmer | 1 Suite | 3 Apartments | Ez ab 55 €, Dz ab 90 €, inkl. Frühstück | 24 h

Stimmungsvolles Ambiente bietet dieses hübsche Fachwerkanwesen mit Mühle, Kelterhaus und Landgasthof. Hier übernachten Sie in individuellen Zimmern, die sich auf mehrere Gebäude verteilen. Für die gehobene regionale Küche im rustikal gehaltenen Restaurant werden ausschließlich hochwertige Produkte verwendet. Idyllische Hofterrasse.

BRAUNFELS 41 A
www.braunfels.de

Hessen | EW 10.997 | 236 m | Wetzlar 10 km, Weilburg 13 km

Geranio
www.ristorante-geranio.de

Am Kurpark 2, PLZ 35619, **T 06442 931990**
90 | Hauptgericht 17–43 €, Menü 85 € | Fr-So Mi-So ⦸ Mo, Di

Ehrwürdiges Fachwerkhaus mit geschmackvoll-rustikal eingerichteten Gasträumen. Gekocht wird mediterran mit saisonalem Einfluss - z.B. „Tagliatelle | Morcheln | Pfifferlinge | schwarze Sommertrüffel". Schön sitzt man auch auf der Terrasse.

BRAUNLAGE 33 A
www.braunlage.de

Niedersachsen | EW 6.314 | 560 m | Clausthal-Zellerfeld 23 km, Osterode 30 km

Design Hotel Viktoria
www.designhotel-viktoria.de

Herzog-Wilhelm-Str. 10, PLZ 38700, **T 05520 9999081,** F 9999082
29 Zimmer | 6 Suiten

In diesem neuzeitlichen Designhotel vereinen sich klassische Elemente und moderne Eleganz. Die stilvoll eingerichteten Nichtraucherzimmer verteilen sich auf das Haupthaus und das Nebengebäude „Bachhaus". Unterstellmöglichkeiten für Fahrräder und Skiausrüstungen sind vorhanden. In knapp 10 Gehminuten erreichen Sie die Wurmberg-Seilbahn.

The Hearts Hotel
www.theheartshotel.com

VARTA-TIPP Ambiente

Am Jermerstein 15-19, PLZ 38700, **T 05520 9989997**
65 Zimmer

Inmitten der bezaubernden Harzlandschaft auf über 620 Metern Höhe hat man ein altes Schulungszentrum in ein hippes Lifestyle-Hotel verwandelt. Ob „Tiny", „Cozy" oder „Basic" - alle Themenzimmer sind Unikate und verteilen sich auf verschiedene Gebäude. Sie wurden mit viel Leidenschaft und alten Materialien im Industrielook eingerichtet. Das Freizeitangebot ist vielfältig und reicht von Fitness- und Yogakursen über geführte Wanderungen bis hin zu Wildkräuterpicknicks. Im Restaurant „Leo's" erwartet den Gast eine finessenreiche Kreativküche.

Vitalhotel Sonneneck
www.vitalhotel-sonneneck.de

★★★★

Hindenburgstraße 24, PLZ 38700 (OT: Hohegeiß), **T 05583 94800,** F 939033
18 Zimmer | 9 Suiten | 3 Apartments | Ez 89–109 €, Dz 129–159 €, inkl. Frühstück | 24 h

Idyllisch gelegenes Haus inmitten grüner Bergwiesen. Das Hotel bietet liebevoll eingerichtete Zimmer und einen 300 qm großen Wellnessbereich. Einmalig ist der Panoramablick auf die Harzer Berge. Für das leibliche Wohl ist bestens im behaglichen Wintergarten-Restaurant sowie im Gasthaus „Sonneck Alm" gesorgt.

Landhotel Villa Foresta
www.landhotel-villa-foresta.de

€ Gut & Günstig

Am Jermerstein 1, PLZ 38700, **T 05520 93220,** F 932213
22 Zimmer | Ez 70–85 €, Dz 90–120 €, inkl. Frühstück

Das ruhig am Waldrand gelegene Hotel bietet liebevoll eingerichtete Zimmer im Landhausstil. Im Gästehaus stehen zudem vier Ferienwohnungen zur Verfügung. Ausgedehnte Wanderwege in unmittelbarer Umgebung.

BRAUNSBEDRA 34 C
www.braunsbedra.de

Sachsen-Anhalt | EW 11.280 | 110 m | Naumburg (Saale) 19 km, Halle (Saale) 28 km

Warias Hotel & Restaurant
www.daswarias.de

Markt 13-14, PLZ 06242, **T 034633 9090**
Di-Sa ⃠ Mo, So

Richtig gut isst man bei Steffen Warias, und zwar kreative deutsche Speisen mit frischen Zutaten aus der Region. Gut das Preis-Leistungsverhältnis, freundlich der Service. Zum Haus gehören auch zeitgemäße Veranstaltungsräume, drei Bowlingbahnen sowie gepflegte Gästezimmer.

BRAUNSCHWEIG 24 C
www.braunschweig.de

Niedersachsen | EW 250.310 | 74 m | Helmstedt 30 km, Hildesheim 46 km

Burgplatz mit Braunschweiger Löwe, Dom St. Blasii, Burg Dankwarderode und Vieweghaus, Residenzschloss, Altstadtmarkt, Magniviertel, Okerumflut mit Floßanlegern, Schloss Richmond mit Park, Riddagshausen mit Klosterkirche und Naturschutzgebiet.

A
B
C
1
2
3
4
5
Braunschweig
0 150 300m
Heizkraftwerk Mitte
Reiherstr.
Hamburger Straße
Das Kult
Am Nordpark
A.-Nordbhf.
Nordpark
Franz-Liszt-Str.
Tennispl.
Inst. d. TU
Kloster Alb.-Magnus
Panther-
Baugebiet
Tuchmacher-ring
ring
Mittelweg
Nord-
straße
Geysostr.
1=Drasewitztwete
Bruckner-str.
Langer
Inst. d. TU
Sommer-
Hs. d. Elektrotechnik
Hans-
Str.
Hasenwinkel
St.-Andr. Friedh.
Feuerw.-str.
Sporthalle Sportamt
Tunicastr.
Reben-
ring
Inst.d.TU
Friedh.
Naturhist. Museum Inst. d. TU
Mensa 1
Katharinenstr.
Konstan.-Uhde-Str.
Inst.
Schleinitzstr.
Bibl.-Universitäts-pl.
Inst. d. TU
Techn. Universität
Aud. Max.
Spielmannstr.
Zimmer-
Institut der TU
Figuren-theater
Göttingstr.
Hagen-
ring
Kamp
straße
Gliesmaroder Str.
Karl-
Schunter-
Waterloostr.
Wabe-
Aller-strasse
Roonstr.
Wenden-ring
Huttenstr.
Pestalozzistr.
A. Wendenwehr
Mühlenpfordtstr.
Pockelsstraße
Gaußstr.
Bültenweg
Masch-platz
Löbbeckes Insel
Inselwall-park
Bammelsburger Str.
Am Gaußberg
Schubertstr.
Inselwall
Berufsbild.-Sch. I
A. Wendentor
Sozial- u. Verw.-gericht
Wendentorwall
Inst.
NDR
Freibad
Botan. Garten
Fallersl.-Tor-Wall
Landesschul-schulbehörde
Am Fallersl. Tore
Humboldtstr.
Gliesmaroder Str.
Karlstr.
Bund Bildender Künstler
Zeppelinstr.
Heinrich-
Stein-
brecherstr.
Masch-str.
Wehr-str.
Inselwall
Kaiserstr.
Gr. Hof
Wilhelm-
Bockstwete
Neue Knochenhauerstr.
Fallersleber Str.
Neuer Botan. Garten
Kita
Wiesen-str.
Kolping-haus
Petritorwall
Okerstr.
A. N. Petritore
Neuer Weg
Beckenwerker-str.
Weberstr.
Alte Waage
Reichsstr.
Hagen-brücke
Wendenstr.
Schöppenstedter Str.
Theaterwall
Theater-park
Spiel-pl.
Moltkestr.
Jasperallee
Altewiek-ring
Rade-klint
Lange Straße
Küchen-str.
Casparistr.
Bohl-
weg
Wilhelmstr.
Steinweg
Am Staatsth.
Theater
Fasanen-
Bergstr.
Husarenstr.
A.d. Petrikirche
Hintern Brüdern
Schild
Höhe
Marstall
Reg. vertr.
Dankwardstr.
A. Schloßgarten
Museum-park
Bismarckstr.
Kasernenstr.
Hzgn.-Elisab.-Hm.
Friedh.
Breite Str.
Scharrnstr.
Sack
Burgpl.
Dom
Dompl.
Raths.
Ritterbrunnen
Platz a. Ritterbr.
Herzog-Anton-Ulrich-Museum
Magnitor
wall
Parkstr.
Hochstr.
BBS VI
Gutenbergstr.
Gülden-
straße
Echternstraße
Altstadt-raths.
An d. Martinik.
Gördelinger Str.
Schützenstr.
Schuhstr.
Neue Str.
Burgpass.
Schlosspl.
Georg-Eckert-Str.
Museumstr.
Helmstedter
Kastanien-allee
Techn. Sch.
Berufsbild.-sch. V
Kohl-markt
Brabandtstr.
Turnierstr.
Damm
Münzstr.
Ölschlägern
Steintorwall
Umflutgr.
Adolfstr.
Bertramstr.
Neuap. K.
Körnerstr.
Stobenstr.
Echternstraße
Steinstr.
Südstr.
Fr.-Wilhelm-Str.
Bruchstr.
Leopoldstr.
Ritterstr.
Kuhstr.
Städt. Mus.
Leonhardstraße
Real-sch.
Marthastr.
BBS
Fr.-Wilh.-Pl.
Wallstr.
Ägidien-markt
Klint
Löwenwall
Östl.
Kl. Leonardstr.
Gieseler
Prinzenw.
Kalenwall
Alter Bahnhof
Bruchtorwall
H.-Agidien
Mönchstr.
Aug.-str.
Adolfstr.
Villierstr.
Bertramstr.
Gerstäckerstr.
Dom-friedh.
Leonhardpl.
Wilhelmitor-wall
Gieselerwall
Europa-pl.
K.-Adenauer-Str.
Kiryat-Tivon-Park
Lessing-pl.
J.-F.-Kennedy-Pl.
Augusttorwall
Kurt-Schumacher-Straße
Lachmannstr.
Kl.Campestr.
Magni-friedh.
A.d. Stadthalle
Stadt-halle
Altewiekring
Volks-wagenhalle
Nîmes-Str.
Stadt-bad
Luisenstr.
Holzhof
Theodor-Heuss-Straße
Rimpaus Garten
Adolf-str.
Schul-verw.-amt
Ottmerstraße
Viewegs-Garten
W.-Brandt-Pl.
P.-J.-Krahe-Str.
Oberg.-str.
Augen-klinik
Hennebergstr.
Ev. K. Diak. Werk
Campe-
Viewegstr.
Rent.-Vers.
ARTmax
Bahnhof
Wolfenbütteler Straße
Am Bürgerpark
G.-Wolters-Str.
Böckler-str.
Charlottenstr.
Leisewitz-str. HBK
Autor-str.
BMA
Alten
Kramerstraße
Sport-platz
Bürger-
Badetwete
Gertruden str.
Berliner Platz
Friedrichstr.
Verk.-V.
Ekbertstraße
Am
Werkstättenweg
Sport-platz
DLRG
BTHC Tennis-pl.
Fr.-Kreiß-Weg
park
H.-Büssing-Ring
ZOB
Braunschweig Hbf.
Böcklerstr.

Steigenberger Parkhotel
www.steigenberger.com

★★★★ S garni

Nîmes-Straße 2 (A4), PLZ 38100, **T 0531 482220,** F 48222888
180 Zimmer | 17 Suiten | Ez 89–499 €, Dz 99–499 €, ab 22,00 € | 24 h

Zeitgemäß-elegant gestaltetes Hotel im idyllischen Bürgerpark von Braunschweig und vis-à-vis der Volkswagenhalle. Modern in Design und Technik sind die Zimmer und Suiten, schick der Fitness- und Wellnessbereich mit diversen Saunen und Aussichtsterrasse. In der „Brasserie an der Oker“ werden französische und lokale Spezialitäten serviert.

Landhaus Seela
www.hotel-landhaus-seela.de

★★★★ S garni

Messeweg 41, PLZ 38104 (OT: Riddagshausen), **T 0531 3700110,** F 37001193
53 Zimmer | 2 Suiten | 24 h

Ein familiengeführtes Hotel am östlichen Stadtrand. Im zeitlos-klassischen Stil präsentieren sich die Gästezimmer, manche verfügen über einen Balkon. Regionale und internationale Speisen im Restaurant „Helmuts“.

Premier Inn
www.premierinn.de

S garni

Jöddenstraße 3 (A3), PLZ 38100, **T 0531 707200,** F 70720898
203 Zimmer | 24 h

Das moderne Lifestyle-Hotel ist Teil des Welfenhofareals und befindet sich in der Braunschweiger Fußgängerzone. Es bietet seinen Gästen geschmackvoll renovierte Zimmer der Premium-Economy-Kategorie. Große interaktive Lobby mit bequemen Sitzgruppen und Loungebar. Snacks gibt es abends an der Bar.

Frühlings-Hotel
www.fruehlingshotel.de

★★★ S garni

Bankplatz 7 (A3), PLZ 38100, **T 0531 243210,** F 24321599
55 Zimmer | 3 Suiten | Ez 89–199 €, Dz 99–199 €, inkl. Frühstück | 24 h

Das zentral gelegene Haus ist eine ideale Adresse für Städtereisende. Hier stehen funktionale Zimmer sowie Apartments mit Pantry-Küche zur Verfügung. Der historische Altstadtmarkt ist nur wenige Gehminuten vom Hotel entfernt. Im Haus befindet sich das beliebte À-la-carte-Restaurant „Vielharmonie“.

Das Alte Haus
www.altehaus.de

Alte Knochenhauerstraße 11 (A4), PLZ 38100, **T 0531 6180100**
20 | Menü 110–135 € | Mi-Sa Mo, Di, So

Das elegante, modern und schnörkellos eingerichtete Lokal in Braunschweigs Innenstadt punktet mit einem gelungenen Mix aus bodenständig-regionaler und klassisch-moderner Küche. Dazu werden gute deutsche Weine ausgeschenkt. Freundlicher Service.

Monkey Rosé Neu!
www.monkey-rose.de

Altstadtmarkt 1 (A3), PLZ 38100, **T 0531 28973388**
72 | Hauptgericht 23–39 €, Menü 60–80 € | Di-Sa Mo, So

Eine wirklich einladende Location ist diese stimmungsvolle Weinbrasserie im altehrwürdigen Gewandhaus am Altstadtmarkt. Bei der schmackhaften Crossover-Küche setzt man auf Abwechslung, Regionalität und Frische. Das Angebot reicht von Cordon Bleu vom Kalb über Burger bis hin zu hausgemachter Pasta. In der Weinkarte gibt es so einige interessante Tropfen zu entdecken, toll auch die große Auswahl an offenen Weinen.

Überland

www.ueberland-bs.de

Willy-Brandt-Platz 18 (↘ C4), PLZ 38102, **T 0531 18053410**
100 | Hauptgericht 18–39 € | Di-So ⦸ Mo

Im höchsten Gebäude der Stadt, dem BusinessCenter II im BraWoPark am Bahnhof, befindet sich dieses exklusive Sky-Restaurant. Konzept und Speisekarte tragen die Handschrift von TV-Koch Tim Mälzer. Im Mittelpunkt des kulinarischen Angebots stehen Premiumfleisch, frische Fischgerichte sowie hausgemachte Pasta. Die Rooftopterrasse im 19. Obergeschoss bietet zweifellos den schönsten Blick über Stadt und Region.

Zucker

www.zucker-restaurant.de

Frankfurter Straße 2 (A4), PLZ 38122, **T 0531 281980**
65 | Hauptgericht 33–49 €, Menü 79–94 € | Mo-Sa ⦸ So

Modernes Lokal in einer ehem. Zuckerraffinerie auf dem ARTmax-Gelände. Ungezwungene Atmosphäre mit Loftambiente und weiß gedeckten Tischen. Frische internationale Küche - z.B. „Rindergulasch mit böhmischen Knödeln und Feldsalat".

Ristorante Italiano

www.da-piero-bs.de

Salzdahlumer Straße 301, PLZ 38126 (OT: Südstadt-Rautheim-Mascherode), **T 0531 43598**
80 | Hauptgericht 12–36 €, Menü 48–65 € | Di-So ⦸ Mo

Behagliches Restaurant mit rustikalem Charme. Schmackhafte Gerichte aus der mediterranen Küche. Gutes italienisches Weinsortiment.

BREDSTEDT 6 B

www.nordseeurlaub.sh

Schleswig-Holstein | EW 5.100 | 7 m | Husum 16 km, Flensburg 39 km

Ulmenhof & Spa

www.ulmenhof.de

★★★

Tondernsche Straße 4, PLZ 25821, **T 04671 91810**, F 918171
23 Zimmer | 2 Suiten | Ez ab 79 €, Dz ab 119 €, inkl. Frühstück

Jugendstilvilla von 1903 mit modernem Anbau. Die Gästezimmer sind teils mit antiken Einrichtungsgegenständen ausgestattet. Badehaus im Garten mit Pool und Sauna. Hotelgastronomie mit marktfrischen regionalen Gerichten.

BREISACH 56 D

www.breisach.de

Baden-Württemberg | EW 14.364 | 225 m | Colmar 24 km, Freiburg im Breisgau 30 km

Der Varta-Führer digital

Der Varta-Führer ist auch als eBook erhältlich. Ganz einfach online laden und mobil auf Ihrem Smartphone oder Tablet nutzen.

Weitere Hotel- und Restaurantempfehlungen sowie zahlreiche Freizeittipps erhalten Sie unter: **www.varta-guide.de**

Kapuzinergarten
www.kapuzinergarten.de

★★★ garni

Kapuzinergasse 26, PLZ 79206, **T 07667 93000,** F 930093
43 Zimmer | 1 Suite | 2 Apartments | Ez 89–190 €, Dz 119–195 €, inkl. Frühstück

Zwischen Schwarzwald und Vogesen liegt das familiengeführte Hotel. Klosterzimmer, Landhauszimmer oder doch lieber ein Maisonette-Apartment? Alle Räume sind individuell und liebevoll mit Natur- und Massivholzmöbeln eingerichtet. Für Veranstaltungen aller Art empfiehlt sich das Eventrestaurant mit tollem Panoramablick.

Landgasthof Adler
www.adler-breisach.de

€ Gut & Günstig ★★★ garni

Hochstetter Straße 11, PLZ 79206 (OT: Hochstetten), **T 07667 93930,** F 939393
18 Zimmer

Traditionsreicher Landgasthof in ruhiger Lage mit ländlich eingerichteten Zimmern, die über eine moderne Ausstattung verfügen. Das rustikale Restaurant mit schöner Sonnenterrasse serviert regionale und internationale Küche.

BREISIG, BAD 40 A
www.bad-breisig.de

Rheinland-Pfalz | EW 9.000 | 70 m | Koblenz 30 km, Bonn 33 km

Historisches Weinhaus Templerhof
www.templerhof.de

Koblenzer Straße 45, PLZ 53498, **T 02633 9435**
40 | Hauptgericht 22–52 € | So Mo-Di, Fr-So Mi, Do

Traditionsreiches Lokal unter engagierter familiärer Leitung. „Gegrillte Lammfilets mit Rosmarinjus, Kartoffelsoufflé und Ratatouille“ ist nur ein Beispiel für die saisonale Frischeküche, die die Gäste in das Restaurant lockt - aber natürlich auch die behaglichen Stuben und der freundliche Service.

Der Varta-Führer digital

Der Varta-Führer ist auch als eBook erhältlich. Ganz einfach online laden und mobil auf Ihrem Smartphone oder Tablet nutzen.

Weitere Hotel- und Restaurantempfehlungen sowie zahlreiche Freizeittipps erhalten Sie unter: **www.varta-guide.de**

BREITENBRUNN/ERZGEB. 45 D www.breitenbrunn-erzgebirge.de

Sachsen | EW 5.776 | 660 m | Zwickau 54 km, Chemnitz 58 km

Landhotel Rittersgrün www.landhotel-rittersgruen.de

★★★★

Karlsbader Straße 23, PLZ 08359 (OT: Rittersgrün), **T 037757 1880,** F 188199
28 Zimmer | 2 Suiten | Ez 88 €, Dz 166 €, inkl. Frühstück | 24 h

Barrierefreies Land- und Ferienhotel, umgeben von Wiesen und Wäldern des Naturparks Erzgebirge. Gemütliche Zimmer mit zeitgemäßer Ausstattung und kostenfreiem WLAN. Gastronomie mit regionaler und internationaler Küche.

BREITENBURG 15 A mein-itzehoe.de/region-itzehoe

Schleswig-Holstein | EW 1.210 | 6 m | Itzehoe 4 km, Glückstadt 17 km

Hotel Breitenburg www.hotel-breitenburg.de

★★★★ S

Gut Osterholz 1, PLZ 25524, **T 04828 8188**
80 Zimmer | 10 Suiten | Ez ab 150 €, Dz ab 175 €, inkl. Frühstück

Dieses 2021 eröffnete Haus hat so einige Vorzüge: ruhige, naturnahe Lage, umgeben von altem Baumbestand und einer 27-Loch-Golfanlage, SPA auf 2.500 qm mit Innenpool, Saunen und Fitnessraum und nicht zuletzt die schönen, lichtdurchfluteten Zimmer mit ihrer modernen, geschmackvollen Einrichtung. Im Restaurant „Johann" wird eine frische regionale Küche serviert.

BREITNAU 64 B www.hochschwarzwald.de/breitnau

Baden-Württemberg | EW 1.948 | 1.018 m | Hinterzarten 5 km, Freiburg 31 km

Kaisers Tanne www.kaisers-tanne.de

★★★★

Am Wirbstein 27 (an der B 500), PLZ 79874, **T 07652 12010,** F 120159
30 Zimmer | 4 Suiten | Ez 140–170 €, Dz 260–300 €, inkl. Vollpension

Familienfreundliches Ferienhotel im südlichen Schwarzwald in traumhaft ruhiger Lage. Behaglich ausgestattete Gästezimmer in unterschiedlichen Kategorien. Netter Wohlfühlbereich mit Hallenbad, finnischen Saunen, Solarium und Liegewiese. Im urigen Restaurant mit Gartenterrasse wird regional gekocht.

BREMEN 14 C www.bremen-tourismus.de

Bremen | EW 548.547 | 11 m | Hannover 110 km, Hamburg 120 km

Roland-Statue und got. Rathaus mit Renaissancefassade (UNESCO-Weltkulturerbe), Bremer Stadtmusikanten, St.-Petri-Dom, Dommuseum, Böttcherstraße, Glockenspiel, Haus des Reichs, Schnoorviertel (Künstlerviertel), Weserpromenade Schlachte.

Park Hotel Bremen www.hommage-hotels.com

★★★★★S garni

Im Bürgerpark 1 (C1, Anfahrt über Hollerallee), PLZ 28209 (OT: Schwachhausen),
T 0421 34080, F 3408602
172 Zimmer | 20 Suiten | 24 h

Im 200 Hektar großen Bürgerpark empfängt Sie das Traditionshotel. Herzstück ist die beeindruckende Kuppelhalle mit Veranda und Blick auf den Hollersee. Die Gästezimmer überzeugen durch elegantes Mobiliar und zeitgemäßen Komfort. Großzügiger SPA-Bereich auf 1.200 qm.

Park Restaurant

80 | Menü 65–109 € | Di-Sa Mo, So

Elegantes Restaurant mit anspruchsvoller Ausstattung und aufwendiger Raumgestaltung: Mobiliar im Empirestil, wertvolle Antiquitäten, warme Farben und edle Stoffe. Serviert werden französisch inspirierte regionale und saisonale Spezialitäten, die in Menüform serviert werden. Auch ein rein veganes Menü steht zur Auswahl.

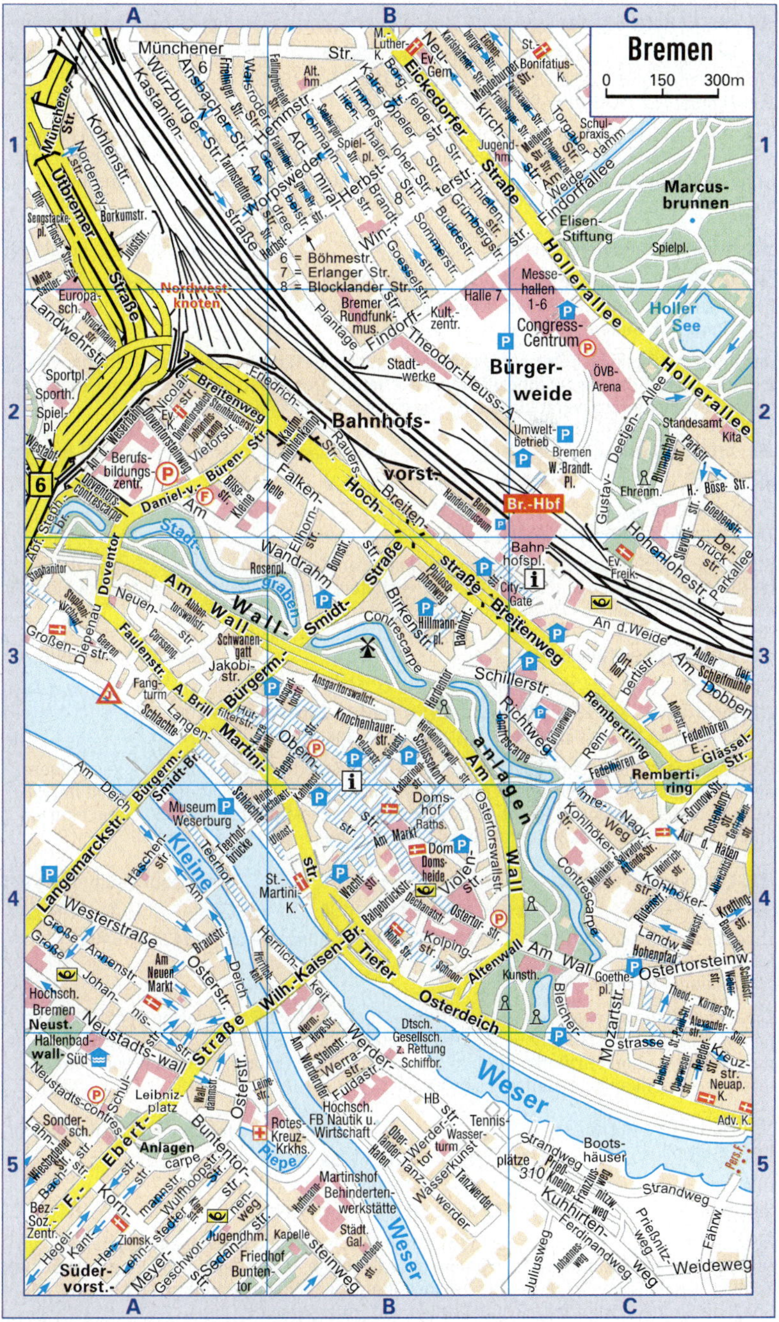
Bremen
0 150 300m
A
B
C
1
2
3
4
5
Münchener Str.
Utbremer Straße
Kohlenstr.
Norderney-str.
Borkumstr.
Juiststr.
Nordwest-knoten
Europa-sch.
Landwehrstr.
Sportpl.
Sporth.
Spiel-pl.
Würzburger Str.
Kastanien-str.
Ansbacher Str.
Worpsweder Str.
Hemmstr.
Ad-miral-str.
Herbst-str.
Eickedorfer Straße
Holler-allee
Findorffallee
Elisen-Stiftung
Marcus-brunnen
Spielpl.
Holler See
Messe-hallen 1-6
Halle 7
Congress-Centrum
ÖVB-Arena
Bürger-weide
Theodor-Heuss-A.
Stadt-werke
Findorff-str.
Kult.-zentr.
Bremer Rundfunk-mus.
Plantage
6 = Böhmestr.
7 = Erlanger Str.
8 = Blocklander Str.
Breitenweg
Bahnhofs-vorst.
Hoch-straße
Breitenweg
Br.-Hbf
Bahn-hofspl.
City-Gate
Umwelt-betrieb
Bremen W.-Brandt-Pl.
Standesamt
Kita
Parkstr.
Ehrenm.
H.-Böse-Str.
Hohenlohestr.
Parkallee
An d.Weide
Am Dobben
Schillerstr.
Rembertiring
Remberti-ring
Fedelhören
Daniel-v.-Büren-Str.
Berufs-bildungs-zentr.
Stadt-graben
Am Wall
Wandrahm
Smidt-Straße
Contrescarpe
Hillmann-pl.
Bürgerm.-Smidt-Br.
Faulenstr.
Doventor
Großen-str.
Fang-turm
Langen-str.
Martini-str.
Obern-str.
Doms-hof
Raths.
Dom
Doms-heide
St.-Martini-K.
Wall
Am Wall
Altenwall
Osterdeich
Kunsth.
Ostertorsteinw.
Goethe-pl.
Mozartstr.
Bleicher-str.
Museum Weserburg
Kleine Weser
Teerhof
Langemarckstr.
Westerstraße
Am Neuen Markt
Hochsch. Bremen Neust.
Hallenbad-wall-Süd
Neustadts-wall
Wilh.-Kaisen-Br.
Tiefer
Osterstr.
Herrlich-keit
Werder-str.
Dtsch. Gesellsch. z. Rettung Schiffbr.
Weser
Hochsch. FB Nautik u. Wirtschaft
Rotes-Kreuz-Krkhs.
Piepe
Leibniz-platz
Anlagen
F.-Ebert-Str.
Sonder-sch.
Bez.-Soz.-Zentr.
Süder-vorst.
Buntentor-steinweg
Jugendhm.
Friedhof Buntentor
Kapelle
Martinshof Behinderten-werkstätte
Städt. Gal.
Tennis-plätze
Wasser-turm
Boots-häuser
Strandweg
Kuhhirten-weg
Ferdinandweg
Juliusweg
Weideweg
Adv. K.
Neuap. K.
Straße
310

ACHAT Hotel Bremen City www.achat-hotels.com/hotel/bremen

Birkenstraße 15 (B3), PLZ 28195, **T 0421 517250,** F 51725100
163 Zimmer | Ez 75–390 €, Dz 75–390 € | 24 h

Kein Hotel von der Stange ist das moderne Designhotel. Sehr gelungen ist die schicke, geradlinige Zimmereinrichtung. Alle Räume spielen mit Farben, Formen und einem eigens entworfenen Möbeldesign. Für Entspannung sorgt ein kleiner SPA-Bereich mit angeschlossener Terrasse.

Atlantic Grand Hotel Bremen www.atlantic-hotels.de

Bredenstraße 2 (B4), PLZ 28195, **T 0421 620620,** F 62062500
234 Zimmer | 5 Suiten | 24 h

Das moderne Businesshotel verfügt über sehr gut ausgestattete Zimmer mit gehobenem Wohnkomfort. Hübscher Wellnessbereich mit Sauna, Dampfbad und separatem Fitnessraum. Das Restaurant bietet klassische deutsche und französische Küche.

Atlantic Hotel Airport www.atlantic-hotels.de/hotel-airport-bremen

Flughafenallee 26, PLZ 28199, **T 0421 55710,** F 5571100
112 Zimmer | 3 Suiten | 24 h

Business- und Stadthotel mit direkter Anbindung an den Flughafen und das „Airport Center Bremen". Moderne und zeitlos-elegant gestaltete Zimmer. Restaurant mit internationaler Küche und Blick auf das Flughafenrollfeld. Fitnessbereich in der 2. Etage.

Atlantic Hotel Universum www.atlantic-hotels.de

Wiener Straße 4, PLZ 28359 (OT: Horn-Lehe), **T 0421 24670,** F 2467500
150 Zimmer | 4 Suiten | Ez ab 129 €, Dz ab 139 €, inkl. Frühstück | 24 h

Dieses Businesshotel empfängt Sie im innovativen Stadtteil Technologiepark gegenüber dem Bremer Universum Science Center. Die Zimmer sind klar und modern designt und in verschiedenen Kategorien buchbar. Das hauseigene Restaurant „CAMPUS" bietet eine umfangreiche Speisenauswahl mit regionalen Einflüssen.

Courtyard by Marriott www.courtyardbremen.de

Theodor-Heuss-Allee 2 (C2), PLZ 28215 (OT: Findorff-Bürgerweide), **T 0421 696400,** F 69640555
155 Zimmer | 3 Suiten | 24 h

Ein zeitgemäßes Konferenz- und Tagungshotel im hist. Lloyd-Gebäude von 1913 direkt neben dem Bremer Hauptbahnhof. Das Haus bietet geräumige Zimmer mit gehobener Ausstattung und sehr gutem Schlafkomfort. In „Lloyd's Bar & Restaurant" werden Bremer Spezialitäten und amerikanische Gerichte serviert.

Dorint City-Hotel hotel-bremen-city.dorint.com

Hillmannplatz 20 (B3), PLZ 28195, **T 0421 620000,** F 62000222
230 Zimmer | 4 Suiten | Ez 99–179 €, Dz 99–179 € | 24 h

Neuzeitliches Haus in der Innenstadt, ideal für Geschäfts- und Individualreisende. Geschmackvoll ausgestattete Gästezimmer mit exklusiven Accessoires und sehr gutem Schlafkomfort. Großzügiger Tagungs- und Veranstaltungsbereich. Entspannung bietet der „Vital Spa" mit Sauna, Dampfbad, Schneebecken und Fitnessbereich.

Munte am Stadtwald

www.hotel-munte.de

★★★★ S garni

Parkallee 299, PLZ 28213 (OT: Schwachhausen), **T 0421 22020,** F 2202609
120 Zimmer | 5 Suiten | Ez 100–170 €, Dz 112–228 €, inkl. Frühstück | 24 h

Das privat geführte Hotel liegt angenehm ruhig gegenüber dem Stadtwald. Geschmackvolle, ländlich-moderne Zimmer, sehr gutes Frühstück, herzliches Personal - man spürt das Engagement der Gastgeber. Besonders viel Komfort und Freiraum bieten die großzügig, hell und freundlich eingerichteten Suiten. Ansprechender, 800 qm großer Wellness- und Fitnessbereich mit Schwimmbad und verschiedenen Saunen. Gute Tagungsmöglichkeiten bietet das Haus ebenfalls.

Restaurant Wels

60 | Hauptgericht 16–35 € | Fr-Sa Mo, Di, Mi, Do, So

Einladendes Hotelrestaurant mit freundlich-heller Einrichtung und einem eindrucksvollen Süßwasseraquarium im Eingangsbereich. Auf den Tisch kommen außergewöhnliche Fisch- und Wildkreationen. Probieren Sie z.B. „Welsfilet im Kartoffelmantel mit Vanilletomaten und grünem Erbsenpüree" oder „Gebratener Rehrücken mit Traubenjus, glasierten Möhren und Mandelschupfnudeln".

del bosco

T 0421 2202500
80 | Hauptgericht 10–29 € | Mo-Fr Mo-Sa So

In der hübschen Trattoria darf man sich auf italienische Küche in geschmackvoller, gemütlicher Atmosphäre mit mediterraner Note freuen. Nicht nur bei Hausgästen sehr beliebt ist der wöchentlich wechselnde Mittagstisch (Mo-Fr).

Radisson Blu

www.radissonhotels.com

★★★★ S garni

Böttcherstraße 2 (B4, Eingang Wachtstr.), PLZ 28195, **T 0421 36960,** F 3696960
235 Zimmer | 3 Suiten | Ez 109–250 €, Dz 119–295 €, 23,00 € | 24 h

Internationales Geschäftshotel mitten in der Altstadt. Hier erwarten Sie renovierte Gästezimmer mit guter technischer Ausstattung. Das Restaurant „The Lobby" im Atrium bietet frische internationale Küche. Active Club mit zwei Saunen und modernsten Fitnessgeräten.

Steigenberger

www.bremen.steigenberger.com

★★★★ S garni

Am Weser-Terminal 6 (A3), PLZ 28217, **T 0421 478370,** F 47837699
137 Zimmer | 2 Suiten | Ez 100–350 €, Dz 100–350 €, ab 24,00 € | 24 h

Moderne Businessadresse im Weser-Quartier. Das Haus verfügt über helle, klassisch eingerichtete Zimmer, einen großzügigen SPA- und Fitnessbereich sowie ein Restaurant mit Panoramaglasfront und schöner Aussicht auf das Flussambiente.

ÜberFluss

www.designhotel-ueberfluss.de

S garni

Langenstraße 72 (A3), PLZ 28195, **T 0421 322860,** F 3228677
51 Zimmer | 1 Suite | 12 Apartments | Ez 179–369 €, Dz 199–389 € | 24 h

Aufwendig restauriertes Stadthotel direkt an der Weser mit schicker Designereinrichtung. Im UG wurden hist. Teile der Bremer Stadtmauer aus dem 13. Jhd. harmonisch in den modernen Wellnessbereich integriert. Sie übernachten in wohnlich-komfortablen Zimmern, teils mit Flussblick.

Atlantic Hotel an der Galopprennbahn
www.atlantic-hotels.de

★★★★

Ludwig-Roselius-Allee 2, PLZ 28329, **T 0421 333000**, F 33300500
120 Zimmer | 1 Suite | Ez ab 78 €, Dz ab 99 € | 24 h

Modernes Designhotel mit dezent farbig gestalteten Zimmern, teilweise mit Blick auf die Galopprennbahn und den Golfplatz. Sauna- und Fitnessbereich in der 4. Etage. Mediterrane Küche im Restaurant „DERBY".

Atlantic Hotel Vegesack
www.atlantic-hotels.de/hotel-vegesack-bremen

Sagerstraße 20, PLZ 28757 (OT: Vegesack), **T 0421 66050**, F 664774
86 Zimmer | 4 Suiten | Ez ab 98 €, Dz ab 118 € | 24 h

Neuzeitliches Privathotel im Norden der Stadt mit ansprechendem Ambiente. Geräumige Zimmer mit klassischer Ausstattung. Am Morgen wartet ein reichhaltiges Frühstück, das man im Sommer auch auf der großzügigen Terrasse einnehmen kann.

H+ Hotel Bremen
www.h-hotels.com

Wachtstraße 27-29 (B4, Am Markt), PLZ 28195, **T 0421 36010**, F 3601555
131 Zimmer | 24 h

Unweit vom hist. Marktplatz gelegenes Geschäfts- und Tagungshotel. Zeitgemäß und funktional eingerichtete Zimmer. Gutes Frühstück.

Robben Grollander Krug
www.hotel-robben.de

★★★★

Emslandstraße 30, PLZ 28259 (OT: Grolland), **T 0421 514620**, F 5146299
41 Zimmer | Ez ab 104 €, Dz ab 129 €, inkl. Frühstück

Charmant geführter Familienbetrieb direkt am Naturpark „Links der Weser". Sie wohnen entweder in modern gestalteten Zimmern mit begehbarer Dusche und Fußbodenheizung oder in hellen, gemütlichen Landhauszimmern. Im behaglichen Restaurant, im lichtdurchfluteten Wintergarten und auf der Sommerterrasse unter schattigen Linden werden regionale und saisonale Spezialitäten serviert.

7 Things - my basic hotel
www.7things.de

€ Gut & Günstig ★★ S

Universitätsallee 4, PLZ 28359 (OT: Lehe), **T 0421 69677377**, F 69655166
89 Zimmer | Ez 67–90 €, Dz 78–112 €, 8,50 € | 24 h

Direkt am Campus Park der Universität begeistert dieses peppig-junge Hotel seine Gäste mit klaren Linien, modernen Materialien und frischen Farben. Die vollklimatisierten Nichtraucherzimmer verfügen über bequeme Betten mit Motivwandbildern und zeitgemäße Technik. Für Langzeitgäste gibt es sogenannte Long-Stay-Zimmer.

Wiegt weniger ist aber genauso gut:
Der Varta-Führer ist auch als eBook für Ihren TabletPC oder Ihr Smartphone verfügbar!

Due Fratelli Ristorante
www.due-fratelli-bremen.de

Am Markt 13 (B4), PLZ 28195 (OT: Peterswerder), **T 0421 67352817**
120 | Hauptgericht 16–36 €, Menü 49–125 € | Mo-Sa

In diesem beliebten Ristorante ist man mit Herz und Engagement bei der Sache. Hübsch das Ambiente, schmackhaft die moderne italienische Küche. Die Pasta ist selbstverständlich hausgemacht und kann jeweils auch als vegetarische Variante bestellt werden. Dazu eine gut zusammengestellte Weinauswahl. Mittags preisgünstiges Lunchmenü.

Al Pappagallo
www.alpappagallo.de

Außer der Schleifmühle 73 (↘ C3), PLZ 28203 (OT: Ostertor), **T 0421 327963**
80 | Hauptgericht 24–40 €, Menü 45–69 € | Mo-Fr Mo-Sa ⃠ So

Modern gehaltenes Restaurant mit Wintergarten und Terrasse im Innenhof. Elvira und Gianni Ferrulli bieten hier eine klassische italienische Küche, die von gutem Handwerk und besten Produkten zeugt. Probieren Sie z.B. eines der leckeren Fischgerichte wie „Wolfsbarsch in der Salzkruste mit Marktgemüse und Rosmarinkartoffeln"! Charmanter Service.

Chapeau La Vache
www.chapeau-la-vache.de

Hollerallee 77 (C2), PLZ 28209, **T 0421 33111777**
100 | Hauptgericht 29–44 €, Menü 60–99 € | Mo-Sa ⃠ So

In einer hist. Villa direkt neben dem Bremer Standesamt empfängt Sie dieses charmante Restaurant. An den Wänden hängen Bilder des Starfotografen Jean-Baptiste Mondino. Dazu edles Parkett und geschmackvolle Kronleuchter. Hier liebt man den legeren Stil der typisch französischen Brasserie und kredenzt den Gästen eine frische, produktorientierte Küche, die Spaß macht.

Schröters Leib und Seele
www.schroeters-schnoor.de

Schnoor 13 (B4), PLZ 28195, **T 0421 326677**
40 | Hauptgericht 17–40 €, Menü 49–78 € | Di-Sa ⃠ Mo, So

Schöne, individuell gestaltete Räumlichkeiten samt Sommergarten und Weinkeller verbreiten hier Gemütlichkeit. Dazu eine moderne internationale Küche - es gibt z.B. „Gebratene Blutwurst auf Kartoffelmousseline" oder „Gelbes Thai-Curry von Edelfischen". Preiswertes Mittagsangebot.

Bremer Ratskeller
www.ratskeller-bremen.de

Am Markt (B4), PLZ 28195, **T 0421 321676**
180 | Hauptgericht 15–35 €, Menü 28–80 € | Mo-So ⃠ 01.01.24

»

Ältester Weinkeller Deutschlands mit zahlreichen Säulen und großen Zierfässern. Umgeben von nostalgischem Flair wird eine gutbürgerliche Küche zu fairen Preisen serviert. Eine echte Wohlfühloase, die von Einheimischen zurecht als „gute Stube" der Stadt bezeichnet wird.

Das Kleine Lokal — www.das-kleine-lokal.de

Besselstraße 40 (C4), PLZ 28203, **T 0421 7949084**
28 | Menü 83–120 € | Do-Sa Mo, Di, Mi, So

Nostalgisch und originell eingerichtetes Lokal im Souterrain mit entspannter, intimer Atmosphäre. Serviert wird eine kreative Frischeküche aus saisonalen Produkten der Region. Gute Weinempfehlungen, netter Service, hübsche Terrasse.

Küche 13 — www.kueche13.de

Beim Steinernen Kreuz 13 (C4), PLZ 28203 (OT: Ostertor), **T 0421 20824721**
40 | Hauptgericht 15–30 €, Menü 35–55 € | Di-Sa Mo, So

Das kleine, lebhafte Lokal hat sich in der Hansestadt längst einen Namen gemacht. Die wechselnde Karte ist saisonal ausgerichtet und bietet pfiffige Gerichte wie z.B. „Pfifferlingsrisotto mit Zwiebellauch, marinierten Blaubeeren, Petersilienpesto und Parmesan". Die Preise sind fair und der Service freundlich.

Café Knigge — www.knigge-shop.de

Sögestraße 42 (B3), PLZ 28195, **T 0421 13060**
300 | Hauptgericht 11–15 € | Mo–Sa 09.00–18:00 Uhr, So 11:00–18:00 Uhr

Für jeden Bremen-Besucher ein 'süßer' Pflichttermin! Das traditionsreiche Kaffeehaus ist noch immer in Familienbesitz. Drinnen herrscht modern-behagliche Atmosphäre auf mehreren Ebenen, und auf der Terrasse können Sie das Geschehen in der Fußgängerzone beobachten. Die reich bestückte Theke bietet eine vorzügliche Auswahl an Kuchen, Torten, Teegebäck und feinen Pralinen. Bekannt ist man auch für den hausgemachten Bremer Klaben (eine hanseatische Spezialität) und die leckeren Baumkuchenspitzen.

BREMERHAVEN 14 A — www.bremerhaven.de

Bremen | EW 114.031 | 2 m | Cuxhaven 43 km, Bremen 63 km
Dt. Schifffahrtsmuseum, dt. Auswandererhaus, Klimahaus, hist. Museum Bremerhaven (Morgenstern Museum), Zoo am Meer, Weserdeich, Museumshafen mit Freilichtmuseum, Hafen Bus, Schaufenster Fischereihafen mit Atlanticum, Museumsschiff FMS Gera, techn. Museum U-Boot Wilhelm Bauer, Besucherzentrum Lloyd-Werft, Radarturm mit Aussichtsplattform.

Haverkamp — www.hotel-haverkamp.de

★★★★ S

Prager Straße 34, PLZ 27568, **T 0471 48330,** F 4833281
99 Zimmer | 10 Suiten | 2 Apartments | Ez 139–169 €, Dz 192–220 €, inkl. Frühstück | 24 h

Persönlich geführtes Hotel in einer ruhigen Seitenstraße der Fußgängerzone. Die lässigen Zimmer zeichnen sich durch warme Farben, weiche Materialien, handgepickte Wohnaccessoires und moderne Technik aus. Kleiner, aber feiner Wellnessbereich mit Schwimmbad und finnischer Sauna.

Restaurant Weinrot

70 | Hauptgericht 22–32 € | Mo-So

In diesem stimmungsvollen Restaurant dürfen Sie sich auf regionale und internationale Speisen freuen - da lässt man sich z.B. „Lachsfiletmedaillons I Limonenrahm I Kaiserschotenstroh I Fettuccine" oder „Rumpsteak vom Grill I Trüffeljus I Tomaten-Lauch-Gemüse I Pommes Dauphine" schmecken. Oder wie wäre es mit einer hausgemachten Pizza aus den Steinofen? Hübsch die begrünte Terrasse im Sommer.

The Liberty

www.liberty-bremerhaven.com

★★★★ S garni

Columbusstraße 67, PLZ 27568, **T 0471 902240,** F 90224143
98 Zimmer | 5 Suiten | Ez 98–148 €, Dz 128–178 €, inkl. Frühstück | 24 h

Die Lage dieses Hotels ist so exklusiv wie praktisch: die Havenwelten und das Deutsche Auswandererhaus befinden sich in direkter Nachbarschaft. Dazu ein stylishes Design und moderne Technik in den Zimmern. Am Abend lockt die „New York Bar" im Penthousegeschoss (5. Etage) mit toller Aussicht.

FINE DINING by Phillip Probst Neu!

VARTA-TIPP Küche

17 | Menü 99–157 € | Mi-Sa Mo, Di, So

Im lichtdurchfluteten Fine-Dining-Bereich, der durch eine Glaswand mit dem Hauptrestaurant MULBERRY ST verbunden ist, bietet Phillip Probst an vier Abenden in der Woche ein anspruchsvolles Menü mit 4 bis 7 raffinierten Gängen. Bei seinen Gerichten legt Probst großen Wert auf Geschmack und Aroma, zahlreiche Produkte kommen aus der Region. Dazu kredenzt der fürsorgliche und empathische Service erstklassige Weine. Durch die bodentiefen Fenster können Sie während des Essens das gemütliche Treiben am Hafenbecken beobachten.

MULBERRY ST

35 | Hauptgericht ab 27 €, Menü ab 59 € | Mo-Sa So

Namensgeber für das Casual Restaurant im Erdgeschoss des Hotels ist die gleichnamige Straße in New York City. Sie ist gleichzeitig Symbol für die kulinarische Vielfalt, die Sie hier erwartet. Serviert werden anspruchsvolle Gerichte zwischen Tradition und Moderne, so z.B. „Gebratener Ikarimi-Lachs | Spinat | Pilze | Pastinake | Beurre blanc" oder „Geschmorte Rinderschulter | Le-Puy-Linsen | Möhre | Kartoffel-Trüffel-Schaum | Portweinjus".

Amaris

www.hotel-amaris.de

★★★ S garni

Elbestraße 18, PLZ 27570 (OT: Geestemünde), **T 0471 9020770,** F 902077100
48 Zimmer | 8 Suiten | 1 Apartment | Ez ab 91 €, Dz ab 116 €, inkl. Frühstück | 24 h

Neuzeitliches Hotel im Gebäude der ehem. Landeszentralbank mit modernem Design, das für Businessreisende und Urlaubsgäste gleichermaßen geeignet ist. Geräumige und stilvoll eingerichtete Gästezimmer mit kostenlosem WLAN. Gutes Frühstück.

Atlantic Hotel Sail City

www.atlantic-hotels.de

★★★★

Am Strom 1, PLZ 27568, **T 0471 309900,** F 30990500
120 Zimmer | 1 Suite | 24 h

»

Komplett barrierefreies Hotel in einem markanten Gebäude am Bremerhavener Weserdeich. Moderne Gästezimmer mit faszinierendem Ausblick auf die Weser. Kleine Wellnesscorner mit Panoramasauna. Das Restaurant „Strom“ serviert frische regionale und saisonale Gerichte.

Best Western Plus Hotel — www.bestwestern.de

★★★★ garni

Fischkai 2, PLZ 27572 (OT: Fischereihafen), **T 0471 80935300,** F 80935353
96 Zimmer | 2 Suiten | Ez 117–219 €, Dz 149–251 €, inkl. Frühstück | 24 h

Der erste Eindruck: die bemerkenswerte, puristisch-elegante Architektur, teils schwebend über dem Kai mit großzügigen Glasfassaden! Lichtdurchflutete Zimmer in ruhigen, geschmackvollen Farben bieten dem Businessgast allen Komfort. Vom Frühstücksraum hat man einen schönen Blick über das Hafenareal.

Nordsee Hotel City — www.nordseehotels.com

★★★ S garni

Theodor-Heuss-Platz 14-18, PLZ 27568, **T 0471 90083600,** F 900836666
102 Zimmer | 2 Suiten | 24 h

Die Fußgängerzone hat man direkt vor der Tür und die Havenwelten sind auch nicht weit. Daneben bietet das Haus mit seiner schlichten Fassade freundliche Gästezimmer mit modernem Design. Nettes Frühstücksrestaurant mit Blick auf den Theodor-Heuss-Platz und das Stadttheater.

Schon probiert?
Der Varta-Führer ist auch als eBook für Ihren TabletPC oder Ihr Smartphone verfügbar!

Natusch Fischereihafen Restaurant — www.natusch.de

VARTA-TIPP Küche

Am Fischbahnhof 1, PLZ 27572, **T 0471 71021**
130 | Hauptgericht 24–45 €, Menü 50–63 € | Di-So Mo

Diese Adresse ist aus Bremerhavens Gastroszene nicht mehr wegzudenken. Urgemütliche Location mit viel Holz und maritimen Accessoires. Die Karte offeriert traditionelle norddeutsche Fischgerichte mit internationalen Einflüssen und variiert je nach Jahreszeit und Marktangebot. Macht Ihnen z.B. „Leicht gegrilltes Steak vom Gelbflossenthunfisch auf Mango-Papaya-Relish mit Wakame-Algen und schwarzem Venerereis“ Appetit? Im Service wirkt ein exzellent eingespieltes Team.

PIER 6
www.pier6.de

Barkhausenstraße 6, PLZ 27568, **T 0471 48364080**
90 | Hauptgericht 15–32 €, Menü 25–63 € | Mo-Sa So

Tolle Lage - direkt an der Weser. Ein weiterer Trumpf ist das Konzept: In großzügigem, hellem Ambiente werden Traditionsgerichte neu interpretiert. So heißt es z.B. „Lachsfilet gebraten | Kartoffel-Spinat-Roulade | Karottenstifte | junge Erbsen | Pernodschaum"! Tipp für den eiligen Mittagsgast: preisgünstiger Lunch inkl. einem kleinen Softgetränk oder einem Glas Wein (0,1 l).

BRETTEN 51 C
www.erlebe-bretten.de

Baden-Württemberg | EW 29.979 | 176 m | Bruchsal 15 km, Pforzheim 18 km

Lamm Werkstatt
www.lammbretten.de

Pforzheimer Straße 15/17, PLZ 75015, **T 07252 85392**
140 | Hauptgericht 12–19 € | Mo-Mi, Fr-Fr, So Mo-Mi, Fr-So Do

In diesem 300 Jahre alten Fachwerkgebäude wird ambitioniert gekocht. Die Speisekarte bietet eine Vielzahl an klassischen und modern interpretierten Gerichten. Die Pizza wird nach altem sizilianischen Rezept im Holzofen gebacken! Zum Restaurant gehören auch ein idyllischer Biergarten, ein gemütlicher Gewölbekeller und eine Vinothek.

Restaurant Maxime
www.guy-graessel.de

Melanchthonstraße 35, PLZ 75015, **T 07252 7138**
25 | Hauptgericht 21–38 €, Menü 74 € | Do-So Do-Sa Mo, Di, Mi

Im traditionsreichen Café Hesselbacher in der Fußgängerzone bietet Meisterkoch Guy Graessel ein zweigeteiltes Gastronomiekonzept: Vormittags und nachmittags herrscht Cafébetrieb, mittags und abends steht der moderne Gastraum den Restaurantbesuchern offen. Serviert wird eine klassische französische Küche mit badischen Einflüssen.

BRETZENHEIM 50 A
www.bretzenheim.de

Rheinland-Pfalz | EW 2.437 | 105 m | Bad Kreuznach 6 km, Mainz 38 km

Hinterconti
www.hinterconti.com

garni

Naheweinstraße 17, PLZ 55559, **T 0671 79670910**
14 Zimmer | Ez ab 69 €, Dz ab 95 €, inkl. Frühstück | 24 h

››

Das in einem hist. Bauerngehöft untergebrachte Hotel bietet großzügige, modern und komfortabel ausgestattete Zimmer - von puristisch-modern bis verspielt-verträumt. Das Frühstück wird in der ehemaligen Scheune serviert. Verkehrsgünstige Lage unweit der Autobahnen A60 und A61.

BRETZFELD 52 C www.bretzfeld.de

Baden-Württemberg | EW 12.128 | 210 m | Öhringen 7 km, Heilbronn 26 km

Landhaus Rössle www.roessle-brettach.de

Mainhardter Straße 26, PLZ 74626 (OT: Brettach), **T 07945 911111**
60 | Hauptgericht 35–37 €, Menü 63–83 € | Mi, So Mi-So Mo, Di

Die Küche im modern-elegant eingerichteten Restaurant ist frisch und produktbezogen. Serviert werden wohlschmeckende Gerichte nach klassisch französischem Vorbild. Im Sommer lädt der Garten am Rappenbächle zum Verweilen ein. Zum Übernachten hat man freundlich und liebevoll eingerichtete Nichtraucherzimmer.

BRIESEN (MARK) 27 D www.amt-odervorland.de

Brandenburg | EW 2.150 | 43 m | Bad Saarow 23 km, Frankfurt/Oder 25 km

Gut Klostermühle www.gut-klostermuehle.com

VARTA-TIPP Ambiente

GREENSIGN

Mühlenstraße 11, PLZ 15518 (OT: Alt Madlitz), **T 033607 59290,** F 5929150
81 Zimmer | 23 Suiten | Ez ab 129 €, Dz ab 169 €, inkl. Frühstück

Hier können Sie die Seele baumeln lassen! Ausgesprochen ruhig wohnen Sie in dem liebevoll restaurierten Fischerhaus aus dem 14. Jhd. mit seinen Dependancen und Ferienwohnungen. Auf 2.500 qm bietet Ihnen der hauseigene SPA-Bereich vielfältige Möglichkeiten zum Erfrischen und Entspannen. Umfangreiches Angebot an Ayurvedaanwendungen.

BRILON 31 C www.brilon.de

Nordrhein-Westfalen | EW 27.508 | 450 m | Korbach 37 km, Lippstadt 44 km

Rech www.hotel-rech.de

Hoppecker Straße 1, PLZ 59929, **T 02961 97540,** F 975454
26 Zimmer | Ez ab 72 €, Dz ab 99 €, inkl. Frühstück

Das freundlich geführte Haus bietet wohnliche, mit viel Holz eingerichtete Gästezimmer. Kleiner Wellnessbereich mit finnischer Sauna, römischem Dampfbad und Solarium. Das Restaurant serviert heimische Spezialitäten und leichte Speisen. Auch Tagungsmöglichkeiten sind vorhanden.

Hotel Waldbahnhof www.waldbahnhof-sauerland.de

Korbacher Straße 10, PLZ 59929 (OT: Wald), **T 02961 96050**
11 Zimmer

Aus einem denkmalgeschützten Bahnhofsgebäude ist ein hübsches kleines Hotel entstanden. Das Baudenkmal von 1913 hat man mit viel Liebe renoviert. Schon von außen sorgen neobarocke Elemente und echtes Fachwerk unter den originalen Dachziegeln für jede Menge hist. Charme. Im OG stehen komfortable Zimmer unterschiedlicher Größen und Preiskategorien zur Verfügung. Das Restaurant befindet sich im historischen Wartesaal und bietet frische regionale Spezialitäten.

Almer Schlossmühle — www.almer-schlossmuehle.de

VARTA-TIPP Küche

Schlossstraße 13, PLZ 59929 (OT: Alme), **T 02964 9451430**
70 | Hauptgericht 22–45 €, Menü 39–59 € | Sa-So Mi-So Mo, Di

Drinnen wie draußen richtig romantisch: der historische Rahmen des Mühlengebäudes, jede Menge rustikales Holz, die hübsche Terrasse vorm Haus. Freuen Sie sich auf eine regionale und österreichische Küche - von Martin Steiner in bester Tradition gekocht. Wie wär's z.B. mit „Original Wiener Schnitzel vom Kalbsrücken“ oder „Almer Bachforelle nach Müllerin Art“? Übernachten kann man in gepflegten Apartments.

BRUCHHAUSEN-VILSEN 22 B — www.bruchhausen-vilsen.de

Niedersachsen | EW 7.200 | 52 m | Syke 17 km, Verden/Aller 31 km

Forsthaus Heiligenberg — www.forsthaus-heiligenberg.de

VARTA-TIPP Service

★★★★ garni

Heiligenberg 3, PLZ 27305, **T 04252 93200,** F 932020
31 Zimmer | 4 Suiten | Ez ab 99 €, Dz ab 149 €, inkl. Frühstück

Hist. Fachwerkensemble, dessen Ursprung auf ein Kloster von 1218 zurückgeht. Hier logieren Sie in liebevoll und individuell eingerichteten Landhauszimmern. Frühstück und Service sind vorbildlich. Das Restaurant mit großem offenen Kamin serviert raffinierte Menüs und regionale Spezialitäten. Zum Haus gehören auch eine Saunalandschaft, eine liebevoll angelegte Gartenterrasse sowie ein Spielplatz. Auch für Hochzeiten (und andere private Events) bietet dieses Hotel einen unvergesslich schönen Rahmen.

BRUCHSAL 51 C — www.bruchsal-erleben.de

Baden-Württemberg | EW 42.871 | 114 m | Karlsruhe 24 km, Heidelberg 37 km

Scheffelhöhe — www.scheffelhoehe.de

★★★★ garni

Adolf-Bieringer-Straße 20, PLZ 76646, **T 07251 8020,** F 802156
91 Zimmer | Ez 99–159 €, Dz 139–199 €, inkl. Frühstück | 24 h 27.12.23–1.1.24, 27.12.24–5.1.25

Modernes Hotel in Hanglage mit schönem Blick über Bruchsal und die Rheinebene. Das Haus verfügt über komfortable Zimmer und Suiten, eine gemütliche Hotelbar, mehrere Tagungsräume, einen Wellnessbereich sowie einen modernen Fitnessraum. Regional-mediterrane Küche serviert das Restaurant „Belvedere“.

das kleine feine — www.daskleinefeine.de

Langental-Siedlung 2a, PLZ 76646, **T 07251 3022722**
210 | Hauptgericht 18–89 € | Mi-So Mo, Di

››

Direkt am Golfclub Bruchsal mitten im Grünen ist dieses Gourmetrestaurant zu finden. Modern, ideenreich und ausdrucksstark - so die Gourmetgerichte, die man Ihnen hier in zeitgemäß-elegantem Ambiente kredenzt. Auch die kleine, aber feine Weinkarte kann sich sehen lassen. Tipp: Restaurant „lago“ im EG als einfach-unkomplizierte Alternative mit großer Flammkuchenauswahl und Business Lunch.

BRÜCKENAU, BAD 42 D — www.bad-brueckenau.de

Bayern | EW 6.756 | 332 m | Fulda 33 km, Schweinfurt 53 km

Dorint Resort & Spa — www.hotel-bad-brueckenau.dorint.com

★★★★ S

Heinrich-von-Bibra-Straße 13, PLZ 97769, **T 09741 850,** F 85425
154 Zimmer | 16 Suiten | 24 h

Malerisch gelegenes Haus umgeben von einer großen barocken Parkanlage. Gepflegte, freundliche Gästezimmer mit zeitgemäßer Ausstattung. Großzügiger Wellnessbereich auf 2.800 qm mit Saunalandschaft und Außenpool. Feine regionale und internationale Küche wird in „Ludwig’s Restaurant“ serviert.

Badhotel — www.badhotel-badbrueckenau.de

★★★ S

Amand-von-Buseck-Straße 8-10, PLZ 97769, **T 09741 937600,** F 93760444
29 Zimmer | 4 Suiten | Ez 85–93 €, Dz 110–130 €, inkl. Frühstück

Stilvolles Kur- und Urlaubshotel in bevorzugter Lage im Herzen des Kurparks mit familiärer Atmosphäre. Zweckmäßig und behaglich eingerichtete Zimmer mit komfortablen Boxspringbetten. Gemütliches Restaurant mit überwiegend fränkischer Küche.

BRÜHL (BADEN) 51 C — www.bruehl-baden.de

Baden-Württemberg | EW 14.209 | 100 m | Heidelberg 13 km, Mannheim 15 km

Krone Das Gasthaus — www.krone-dasgasthaus.de

VARTA-TIPP Küche

Ketscher Straße 17, PLZ 68782, **T 06202 6070252**
60 | Hauptgericht 25–39 €, Menü 48–75 € | So Mi-So Mo, Di

In dem hübschen Ecklokal mit behaglicher Einrichtung und lauschigem Hofgarten kocht man regional-international, so z.B. „Filet vom Wolfsbarsch | Artischocken | Ofentomaten | Gnocchi | Oliven“. Was bei Patron Andreas Bretzel auf die Teller kommt, ist frisch und schmeckt richtig gut. Charmant-liebenswerter Service.

BRÜHL (RHEINLAND) 39 B — www.bruehl.de

Nordrhein-Westfalen | EW 44.029 | 62 m | Köln 14 km, Bonn 25 km

Hotel Ling Bao — www.phantasialand.de

★★★★ S

Berggeiststraße 31-41, PLZ 50321, **T 02232 3690410,** F 3690601
175 Zimmer | 10 Suiten | Ez 172–205 €, Dz 224–305 €, inkl. Frühstück | 24 h

Im original chinesischen Stil erbautes Hotel mit direktem Zugang zum Freizeitpark Phantasialand. Sie wohnen in geschmackvoll eingerichteten Zimmern. Hotelgarten mit Innen- und Außenpool. Zwei Restaurants, in denen asiatische Speisen serviert werden.

Hotel Matamba
www.phantasialand.de

★★★ S garni

Berggeiststraße 31-41 (am Freizeitpark Phantasialand), PLZ 50321, **T 02232 3691510,** F 3690601
120 Zimmer | 3 Suiten | 24 h

Das Themenhotel im afrikanischen Stil bietet individuell geschnittene Zimmer mit leuchtenden Stoffen und dunklen Holzelementen. Morgens wartet ein liebevoll zusammengestelltes Frühstück mit Spezialitäten des afrikanischen Kontinents. Dschungelgarten mit exotischen Pflanzen.

Glaewe's Restaurant
www.glaewesrestaurant.de

Balthasar-Neumann-Platz 28-30, PLZ 50321, **T 02232 13591**
30 | Hauptgericht 28–30 € | So Mi-So Mo, Di

Etwas versteckt gelegenes Restaurant inmitten eines Geschäfts- und Einkaufszentrums. Das familiengeführte Lokal offeriert schmackhafte Crossover-Gerichte im Wandel der Jahreszeiten.

BRUNSBÜTTEL 14 B
www.brunsbuettel.de

Schleswig-Holstein | EW 14.000 | 1 m | Itzehoe 25 km, Heide 41 km

RIVER LOFT Hotel & Spa Neu!
www.river-loft-hotel.de

Am Freizeitbad 2 a, PLZ 25541, **T 025541 839490**
83 Zimmer

Direkt am Nord-Ostsee-Kanal empfängt Sie das stylishe Lifestylehotel. Das Haus bietet moderne, lichtdurchflutete Lofts in unterschiedlichen Größen, die teils mit freistehender Badewanne oder privater Sauna ausgestattet sind. Hohe Decken, bodentiefe Panoramafenster und hochwertige Materialien wie Eichenholz, Schwarzstahl und heller Ziegelstein sorgen für einen hohen Wohnkomfort. Im Restaurant „Outer Roads" wird regional und international gekocht.

BUCHBACH 61 C
www.buchbach.de

Bayern | EW 3.051 | 449 m | Landshut 38 km, München 65 km

Hotel Renner
www.hotel-renner.de

€ Gut & Günstig ★★★

Veldener Straße 1, PLZ 84428, **T 08086 949880,** F 9498829
9 Zimmer | Ez ab 63 €, Dz ab 99 €, inkl. Frühstück

Das gut geführte Haus überzeugt mit schönen Zimmern, die technisch zeitgemäß ausgestattet sind. Hübscher kleiner Wellnessbereich mit Sauna und Dampfbad. Restaurant mit regionalen Spezialitäten und Klassikern der deutschen Küche.

BUCHHOLZ IN DER NORDHEIDE 15 C
www.buchholz.de

Niedersachsen | EW 40.000 | 72 m | Hamburg 35 km, Lüneburg 48 km

Henry's Neu!
www.restauranthenrys.de

Steinbecker Straße 111, PLZ 21244 (OT: Steinbeck), **T 04181 20000**
Hauptgericht 12–27 € | Mi-So

»

Das inhabergeführte Restaurant im Flair Hotel Zur Eiche erfreut mit einer gehobenen und nachhaltigen Landhausküche. Gekocht wird mit topfrischen Produkten, die teils aus der Heide kommen. Auf der Karte locken schmackhafte Gerichte wie „Maishähnchenbrust | Ratatouillecreme | gerösteter Pak Choi | geräucherte Rosmarinkartoffeln" oder „Zanderfilet gebraten | Fenchel-Tomaten-Gemüse | Beurre blanc | geröstete Kerne | Kartoffelsenfstampf".

BÜCKEBURG 22 D www.bueckeburg.de

Niedersachsen | EW 18.930 | 61 m | Minden 10 km, Stadthagen 13 km

Ambiente www.ambiente-hotel.de

★★★★ garni

Herminenstraße 11, PLZ 31675, **T 05722 9670,** F 967444
34 Zimmer | 2 Suiten | 24 h

Familiär geführter Betrieb in zentraler, aber ruhiger Innenstadtlage. Hell und freundlich eingerichtete Zimmer mit moderner Ausstattung. Gemütliches Restaurant im Glashaus mit schönem Sommergarten und internationaler Küche.

Grosse Klus www.klus.de

★★★ S garni

Am Klusbrink 19, PLZ 31675 (OT: Röcke), **T 05722 95120,** F 951250
32 Zimmer | 2 Suiten | 1 Apartment

Inhabergeführtes Haus mit neuzeitlichem Hotelbau neben dem hist. Fachwerkgebäude, direkt an der Verbindungsstraße von Bückeburg nach Minden gelegen. Geschmackvoll eingerichtete Zimmer, schöner Hotelgarten, gemütliches Restaurant mit moderner Bar.

BÜDELSDORF 7 D www.buedelsdorf.de

Schleswig-Holstein | EW 10.242 | 10 m | Rendsburg 2 km, Eckernförde 24 km

Heidehof www.heidehof.de

★★★★ garni

Hollerstraße 130, PLZ 24782, **T 04331 3430,** F 343444
108 Zimmer | 6 Suiten | 4 Apartments | Ez 77–96 €, Dz 102–112 €, 13,00 € | 24 h

Das am Ortsrand gelegene Hotel bietet zeitgemäß ausgestattete Zimmer und einen schönen Wellnessbereich mit Saunalandschaft und Fitnessraum. Gute Verkehrsanbindung zur Autobahn A7.

BÜHL 57 A www.buehl.de

Baden-Württemberg | EW 29.479 | 138 m | Baden-Baden 17 km, Offenburg 41 km

Burg Windeck www.burg-windeck.de

★★★ S

Kappelwindeckstraße 104, PLZ 77815 (OT: Kappelwindeck), **T 07223 94920,** F 949290
21 Zimmer | Ez 96 €, Dz 125–153 €, inkl. Frühstück

Umgeben von Weinbergen liegt dieses charmante Hotel. Die im Landhausstil gehaltenen Gästezimmer wurden mit viel Liebe zum Detail umgebaut und renoviert. Umweltfreundliche Materialien, ausgewählte Stoffe und modernste Technik sorgen für eine romantische Burgatmosphäre.

Burg Windeck

80 | Hauptgericht 22–34 €, Menü 47–66 € | Mo, Mi-So Mo, Mi-Sa Di

Das Panoramarestaurant bietet einen unvergleichlichen Ausblick auf das Rheintal. Kulinarisch werden Sie mit einer feinen badisch-französischen Küche verwöhnt. Im Sommer lockt die wunderschöne Burghofterrasse.

Rebstock Kappelwindeck www.rebstock-kappelwindeck.de

★★★

Kappelwindeckstraße 85, PLZ 77815 (OT: Kappelwindeck), **T 07223 9127220,** F 40142
12 Zimmer | Ez 75–99 €, Dz 99–125 €, inkl. Frühstück

Gemütliches Hotel mit familiärer Atmosphäre am Fuße des Schwarzwalds mit Blick auf die Rheinebene. Komfortable Gästezimmer unterschiedlicher Kategorien mit kostenfreiem WLAN. Das Frühstück wird im Wintergarten serviert. Bürgerliches Restaurant mit badischer Küche.

Gude Stub Casa Antica www.gudestub-casa-antica.de

Dreherstraße 9, PLZ 77815, **T 07223 30606**
48 | Hauptgericht 18–27 € | Mo, Mi-Fr, So Mo, Mi-So Di

In dieser zünftigen badischen Weinstube wird mit Leidenschaft gekocht und serviert. Padrone Andrea Alesi offeriert frische schmackhafte Gerichte aus unterschiedlichen Regionen Italiens. Wie wäre es z.B. mit „Buchweizennudeln mit Buschbohnen, Kartoffeln, Bergkäse und Salbei-Knoblauchbutter“? Täglich wechselnder Mittagstisch.

BÜHLERTAL 57 A www.buehlertal.de

Baden-Württemberg | EW 8.000 | 194 m | Bühl 4 km, Baden-Baden 20 km

Bergfriedel www.bergfriedel.de

VARTA-TIPP Küche

Haabergstraße 23, PLZ 77830 (OT: Obertal), **T 07223 72270**
120 | Hauptgericht 20–48 €, Menü 55–119 € | Mi-So Mo, Di

Freundlich und versiert wird man in den behaglichen Restaurantstuben umsorgt. Die Küche von Andreas Schäuble ist geprägt von handwerklicher Präzision, regionalen Produkten und einem sehr guten Preis-Genussverhältnis. Die Speisekarte ist vielfältig, das Angebot reicht von badischen Spezialitäten über vegetarische Köstlichkeiten bis hin zu verschiedenen Feinschmeckermenüs. Dazu ein breitgefächertes Weinangebot. Zum Übernachten: liebevoll eingerichtete Zimmer.

BULLAY 40 C www.bullay.de

Rheinland-Pfalz | EW 1.640 | 114 m | Alf 2 km, Traben-Trarbach 19 km

Boutique Hotel Moselgarten www.das-moselgarten.de

★★★★

Alte Poststraße 10, PLZ 56859, **T 06542 9639880**
19 Zimmer | 2 Suiten | Ez 70–107 €, Dz 133–169 €, inkl. Frühstück

Sehr gepflegt, familiär geführt und dann noch an der Mosel gelegen - in dem neuzeitlichen Boutique-Hotel wohnt es sich schön. Wenn Sie sich etwas Besonderes gönnen möchten, dann buchen Sie die geschmackvoll-moderne „Junior Suite Comfort Plus“! Im Restaurant mit großer Glasfront wird internationale Küche mit regionalem Touch serviert.

BÜNDE 22 C www.buende.de

Nordrhein-Westfalen | EW 45.000 | 100 m | Herford 13 km, Osnabrück 40 km

Zum Adler www.adler-restaurant.de

Moltkestraße 1, PLZ 32257, **T 05223 4926453**
50 | Hauptgericht 12–75 €, Menü 39–85 € | Mo-So

Das innovative Gastrokonzept am Marktplatz kommt bei den Gästen bestens an! Während man mittags leichte herzhafte Speisen serviert, wird abends eine moderne internationale Küche aufgetischt. Für Fleischliebhaber gibt es feine Steakspezialitäten vom Grill. Ein sympathisches Restaurant, in dem Ambiente, Qualität, Service und Preise stimmen.

BUNDENBACH 49 B www.bundenbach.de

Rheinland-Pfalz | EW 981 | 400 m | Kirn 10 km, Kaiserslautern 70 km

Forellenhof www.hotel-forellenhof.de

★★★ S

Reinhardtsmühle 1, PLZ 55606 (OT: Rudolfshaus), **T 06544 373,** F 1080
28 Zimmer | 1 Suite | Ez 78–85 €, Dz 118–125 €, inkl. Frühstück

In traumhafter ruhiger Umgebung erwartet Sie dieses kleine, aber feine Hotel. Die renovierten Nichtraucherzimmer sind funktional ausgestattet und verfügen größtenteils über einen Balkon. Im Restaurant mit Wintergarten und Seeterrasse wird u.a. Wild aus eigener Jagd serviert. Das Haus ist bekannt für seine Whisky-Tasting-Programme.

BURBACH 41 A www.burbach-siegerland.de

Nordrhein-Westfalen | EW 14.486 | 380 m | Dillenburg 18 km, Siegen 21 km

Snorrenburg

www.snorrenburg.de

★★★ S garni

Römer 8, PLZ 57299, **T 02736 44930,** F 298445
16 Zimmer | Ez 95 €, Dz 115 €, inkl. Frühstück

In dem kleinen Hotel stehen individuell gestaltete Themenzimmer zur Verfügung. Wählen Sie z.B. zwischen dem asiatischen Luxus des Bambuszimmers, dem farbenfrohen Jugendstil des Pfauenzimmers oder dem romantischen Ambiente der Englischen Suite mit Himmelbett. Das Frühstück wird im Jugendstilwintergarten mit Panoramablick serviert.

BURG (SPREEWALD) 36 B

www.burgimspreewald.de

Brandenburg | EW 4.459 | 57 m | Lübbenau 14 km, Cottbus 19 km

Zur Bleiche

www.bleiche.de

VARTA★TIPP Service

S garni

Bleichestraße 16, PLZ 03096, **T 035603 620,** F 60292
90 Zimmer | 27 Suiten | Ez 430–530 €, Dz 590–690 €, inkl. Vollpension | 24 h

Ein vorbildlich geführtes Haus, das sich wunderbar in die reizvolle Spreewaldvegetation einfügt. Der 5.000 qm große SPA-Bereich lässt das Herz eines jeden Wellnessurlaubers höher schlagen. Sie wohnen in behaglich im Landhausstil eingerichteten Zimmern und Suiten. Wer Ruhe sucht, relaxt im großzügig angelegten Garten oder stöbert in der hauseigenen Bibliothek. In verschiedenen Hotelrestaurants nebst Terrassen bietet Alexander Müller eine niveauvolle, klassisch-moderne Küche in Form eines Gourmet-Abendmenüs.

Landhotel Burg

www.landhotel-burg.de

★★★★ S garni

Ringchaussee 125, PLZ 03096 (OT: Kauper), **T 035603 646,** F 64800
94 Zimmer | 12 Suiten | 11 Apartments | 24 h

Schönes Ferienhotel mit liebevoll eingerichteten Zimmern und Suiten, die teilweise über einen Balkon verfügen. Es gibt auch familienfreundliche Apartments mit getrenntem Wohn- und Schlafbereich. Großzügige SPA-Landschaft mit verschiedenen Saunen sowie beheiztem Außenpool. Für kulinarische Vielfalt sorgen mehrere Restaurants. Für Kinder stehen ein Spielzimmer und ein Streichelzoo zur Verfügung.

Spree Balance

www.spreebalance.de

VARTA-TIPP Service

★★★★ S garni

Ringchaussee 154, PLZ 03096, **T 035603 759490,** F 759499
38 Zimmer | 3 Suiten | Ez 104–134 €, Dz 154–184 €, inkl. Frühstück

››

Elegant-modernes Interieur sowie ein persönlicher und aufmerksamer Service geben diesem Kur- und Wellnesshotel seinen unverwechselbaren Charakter. Die geräumigen und ausgesprochen wohnlichen Zimmer hat man farblich den Elementen Feuer, Erde und Natur zugeordnet. Ansprechendes Massage- und Kosmetikangebot. Frische regionale Küche wird im Restaurant „Konrad's" serviert.

Spreewald Thermenhotel www.spreewald-thermenhotel.de

★★★★ garni

Ringchaussee 152, PLZ 03096, **T 035603 18850,** F 188599
83 Zimmer | Ez 142–158 €, Dz 196–228 €, inkl. Frühstück | 24 h

Das Hotel befindet sich in unmittelbarer Nachbarschaft zur Spreewald Therme (direkter Zugang). Warme Farben, stilvolles Interieur und eine ergonomisch günstige Raumaufteilung mit offen gestaltetem Hotelbad sind die Vorzüge der Gästezimmer. Helles, freundliches Restaurant mit großen Panoramafenstern.

Restaurant Speisenkammer www.speisenkammer-burg.de

Waldschlösschenstraße 48, PLZ 03096, **T 035603 750087**
Menü 91 € | Mi-Sa Mo, Di, So

Auf dem 13.000 qm großen Ferienhof direkt am Wasser kann man nicht nur gut übernachten, sondern auch hervorragend speisen. Im unprätentiösen kleinen Restaurant serviert man eine weltoffene Spreewaldküche, die mit viel Liebe und ausgezeichneten Produkten zubereitet wird. Tischreservierung empfehlenswert.

BURGBROHL 40 C www.burgbrohl.de

Rheinland-Pfalz | EW 3.400 | 170 m | Andernach 15 km, Bad Neuenahr-Ahrweiler 25 km

Schloss Burgbrohl www.schloss-burgbrohl.de

★★★★ garni

Auf der Burg 1, PLZ 56659, **T 02636 800140,** F 8001420
62 Zimmer | 3 Apartments | 24 h

Ferien- und Tagungshotel auf einer Anhöhe in einem Seitental des Rheins. Geschmackvolle Gästezimmer in einem Mix aus Barock und Moderne. 200 qm großer Wellnessbereich „Castellum SPA" mit Saunalandschaft. Schöne Schlossterrasse mit Panoramablick.

BURGHAUSEN 61 D www.burghausen.de

Bayern | EW 19.300 | 421 m | Altötting 16 km, Salzburg 59 km

restaurant | 271 www.restaurant271.de

VARTA-TIPP Küche

Mautnerstraße 271, PLZ 84489, **T 08677 9179949**
45 | Hauptgericht 19–39 €, Menü 55–95 € | Sa Di-Sa Mo, So

Schon das edle Ambiente - clean, minimalistisch, mit viel Holz - macht das Restaurant in der Altstadt besonders. Aber auch die Küche weiß zu überzeugen. Inhaber und Chefkoch Dominik Lobentanzer kreiert originelle, zeitgemäße Gerichte mit regionalem Einschlag. Wie wäre es z.B. mit „Saibling | Spinat | Kartoffel | Zuckerschoten | Sauce Albufera" oder lieber „Schweinebauch | Kartoffel | wilder Brokkoli | schwarzer Knoblauch"? Dazu kredenzt man erlesene Weine. Tipp: individuell und geschmackvoll eingerichtete Gästezimmer.

BÜRGSTADT 51 B www.gaeste-info-buergstadt.de

Bayern | EW 4.226 | 150 m | Miltenberg 2 km, Wertheim 28 km

Adler www.adler-buergstadt.de

Hauptstraße 30, PLZ 63927, **T 09371 97880,** F 978860
28 Zimmer | 1 Suite | Ez 75–99 €, Dz 120–160 €, inkl. Frühstück

Familienbetrieb mit charmanten Gastgebern. Die liebevoll eingerichteten Zimmer verteilen sich auf mehrere Gästehäuser. Das Haus bietet zudem eine idyllische Gartenanlage, einen Bio-Naturpool, eine finnische Sauna, einen Fahrradabstellraum mit Lademöglichkeit für E-Bikes sowie ein Restaurant mit regionaler Küche.

Weinhaus Stern www.hotel-weinhaus-stern.de

VARTA-TIPP Küche

Hauptstraße 23-25, PLZ 63927, **T 09371 40350**
40 | Hauptgericht 18–34 €, Menü 42–75 € | Do-So Mo, Di, Mi

In dem stilvoll eingerichteten hist. Gebäude aus dem Jahre 1638 werden Sie mit einer feinen bodenständigen Küche verwöhnt. Wie wäre es z.B. mit „Bachsaibling aus dem Hochspessart - im Ganzen gebraten - mit Ingwer, Koriander und Butterreis"? Herrlich ist es, an warmen Tagen auf der lauschigen Gartenterrasse zu speisen. Tolles Weinangebot und hausgebrannte Edelobstbrände. Für Übernachtungsgäste gibt es einfache, aber gepflegte Zimmer.

BURGWEDEL 23 A www.burgwedel.de

Niedersachsen | EW 20.239 | 53 m | Celle 28 km, Hannover 30 km

Kokenhof www.kokenhof.com

Isernhägener Straße 3, PLZ 30938 (OT: Großburgwedel), **T 05139 8030,** F 803555
54 Zimmer | 14 Apartments | Ez ab 119 €, Dz ab 156 €, inkl. Frühstück | 24 h

Geschichtsträchtiges Fachwerkhaus mit modernem Design, edlem Mobiliar und liebevollem Interieur. Geschmackvoll eingerichtete Landhauszimmer. Für Entspannung sorgt der ansprechende Wellnessbereich mit Whirlpool, Schwimmbad, finnischer Sauna und Sanarium. Zum Haus gehören auch ein Restaurant mit regionaler Küche, elf voll ausgestattete Tagungsräume, ein Kaminzimmer sowie ein Bankettsaal mit integrierter Bar.

Marktkieker www.marktkieker.de

S garni

Am Markt 7, PLZ 30938 (OT: Großburgwedel), **T 05139 99940,** F 999429
12 Zimmer | Ez 86–105 €, Dz 120–149 €, inkl. Frühstück

Denkmalgeschütztes, über 350 Jahre altes Fachwerkbauernhaus mit neuerem Anbau. Moderne, mit viel Liebe zum Detail ausgestattete Zimmer. Nettes Frühstücksrestaurant. Für Entspannung sorgen die vielen Sitzmöglichkeiten im Außenbereich unter alten Eichen.

Gasthaus Lege www.gasthaus-lege.de

Engenser Straße 2, PLZ 30938 (OT: Thönse), **T 05139 8233**
28 | Hauptgericht 27–36 €, Menü 54–100 € | So Mi-So Mo, Di

»

Gemütlich hat man es in diesem hübschen Fachwerkhaus. Zur gepflegten Atmosphäre passt die authentische Gastfreundschaft von Familie Schulze sowie das kreative, vielseitige Speisenangebot mit regionalen und internationalen Gerichten.

BURKARDROTH 42 D www.burkardroth.de

Bayern | EW 7.420 | 304 m | Bad Kissingen 14 km, Bad Neustadt an der Saale 24 km

Zum Weißen Rössl www.weisses-roessl-rhoen.de

Von-Henneberg-Straße 15, PLZ 97705 (OT: Stralsbach), **T 09734 201**
50 | Hauptgericht 10–38 €, Menü 105 € | Sa-So Mi-So Mo, Di

Die einstige Dorfwirtschaft (seit mehr als 100 Jahren im Familienbesitz) hat sich zu einem modernen Landgasthof entwickelt. Was hier auf den Tisch kommt ist regional, nachhaltig und ausgesprochen schmackhaft. Wie wäre es z.B. mit „Saiblingsfilet, Beurre blanc, Gremolata, Pfifferlinge, Kirschtomaten, Feta und Graupenrisotto"? Oder Sie lassen sich mit einem 5- oder 7-Gänge-Menü im kulinarischen Wohnzimmer „sechzehn15" verwöhnen... Für Übernachtungsgäste hat man einfache, aber liebevoll eingerichtete Zimmer im Landhausstil.

BURRWEILER 50 D www.urlaubsregion-edenkoben.de

Rheinland-Pfalz | EW 829 | 246 m | Weyher in der Pfalz 2 km, Rhodt unter Rietburg 3 km

Ritterhof zur Rose www.ritterhofzurrose.de

Weinstraße 6A, PLZ 76835, **T 06345 407328**
40 | Hauptgericht 29–35 €, Menü 50–87 € | Mo, So Mo, Do-So Di, Mi

Das charmante Haus inmitten der Pfälzer Weinlandschaft hat seinen traditionellen Charakter bewahrt - gemütlich-elegante Räumlichkeiten und ein unvergleichlich schöner Sommergarten machen es zu einer echten Wohlfühladresse. Freundlich umsorgt speist man hier regional-saisonale Gerichte wie „Geschmorte Lammhaxe in Rosmarinjus mit Ratatouillegemüse und Oliven-Kartoffelpüree".

BURSCHEID 29 D www.burscheid.de

Nordrhein-Westfalen | EW 18.771 | 195 m | Leverkusen 11 km, Solingen 13 km

Zum Schmuck-Kastl www.schmuck-kastl.com

Sträßchen 26, PLZ 51399 (OT: Sträßchen), **T 02174 894541**
100 | Hauptgericht 28–39 €, Menü 35–68 € | Mi-So Mo, Di

Ländliches Restaurant an der B51 mit stimmungsvollem Ambiente und liebevollem Dekor. Serviert wird internationale und österreichisch beeinflusste Küche. Idyllischer Biergarten mit Blick ins Drautal.

BÜSINGEN AM HOCHRHEIN 65 A www.buesingen.de

Baden-Württemberg | EW 1.352 | 395 m | Schaffhausen (Schweiz) 5 km, Singen 19 km

Zur Alten Rheinmühle www.alte-rheinmuehle.ch

garni

Junkerstraße 93, PLZ 78266, **T 07734 931990,** F 9319940
16 Zimmer | 2 Suiten | Ez 123–157 €, Dz 165–190 €, inkl. Frühstück

Die hübsche Lage am Ufer des Rheins ist wirklich eindrucksvoll! Das liebevoll restaurierte Fachwerkgebäude bietet geschmackvolle Gästezimmer, die mit stilvollen Möbelstücken aus dem 17. und 18. Jhd. eingerichtet sind. Dazu ein behagliches Restaurant mit offenem Kamin und freundlicher Atmosphäre. Serviert wird eine finessenreiche heimische Küche mit saisonalen Einflüssen. Im Sommer lockt der schöne Kastaniengarten.

BÜSUM 6 D www.buesum.de

Schleswig-Holstein | EW 4.781 | 2 m | Heide 20 km, Meldorf 22 km

Küstenperle www.hotel-kuestenperle.de

★★★★S garni

Dithmarscher Straße 39, PLZ 25761, **T 04834 962110**
100 Zimmer | 7 Suiten | 7 Apartments | Ez ab 69 €, Dz ab 89 € | 24 h

Modern, maritim und mit frischem, nordisch-gemütlichem Flair zeigen sich die Hotelzimmer und Ferienwohnungen des familienfreundlichen Lifestylehotels. Zum Haus gehören auch ein Restaurant mit großer Sonnenterrasse, eine Bar, Veranstaltungsräume sowie ein SPA- und Wellnessbereich.

Lighthouse Hotel & Spa www.hotel-lighthouse.de

garni

Am Museumshafen 11, PLZ 25761, **T 04834 98420,** F 98420499
111 Zimmer | 14 Suiten | 3 Apartments | Ez 139–269 €, Dz 139–269 €, inkl. Frühstück | 24 h

Eine wohnlich-moderne Ferienadresse. Die Themen Seefahrt und Wasser ziehen sich durch das gesamte Haus. Helle, sanfte Farben und skandinavisch-schlichte Einrichtungselemente prägen die Zimmer. Der „Ocean Spa" mit drei Saunen und Whirlpool sorgt für Entspannung.

Schnüsch www.schnuesch.de

20 | Menü 111–175 € | Do-Sa Mo, Di, Mi, So

»

Bepflanzte Deckenglaskugeln, Porträts regionaler Produzenten und dezente Beleuchtung prägen das Ambiente des stylishen, dunkel gehaltenen Fine-Dining-Restaurants. Die Küche ist nordisch, frisch und ideenreich und überzeugt mit solidem Handwerk, sehr guten Produkten sowie einzigartigen Geschmackskombinationen. Donnerstags bietet man ein 4-Gang-Kennenlernmenü an. Freitags und samstags wird dann ein großes Degustationsmenü serviert, auf Wunsch mit korrespondierender Weinbegleitung.

Windjammer
www.hotel-windjammer.de

garni

Dithmarscher Straße 17, PLZ 25761, **T 04834 6661,** F 3040
14 Zimmer | Ez 69–118 €, Dz 98–178 €, inkl. Frühstück

Dieses familiengeführte Hotel hat man kürzlich umfassend renoviert. Hier erwarten Sie wohnlich-zeitgemäße Gästezimmer, gastorientierte Mitarbeiter:innen und am Morgen ein frisches, regionales Frühstücksbuffet. Zum Strand gelangen Sie nach nur wenigen Schritten. Verschiedene Ferienwohnungen stehen in der Dependance „Sea Captain" zur Verfügung.

Zur alten Post
www.zur-alten-post-buesum.de

★★★★

Hafenstraße 2, PLZ 25761, **T 04834 95100,** F 4944
34 Zimmer

Gegenüber der romantischen Büsumer Fischerkirche liegt dieses einladende Refugium. Die Zimmer sind gepflegt, zeitlos und farbenfroh. Vor einiger Zeit wurde das Haus um einen modernen Hotelneubau erweitert. Im Restaurant serviert man Fisch- und Krabbenspezialitäten, aber auch ausgesuchte Fleischgerichte.

Hotel Jess am Meer
www.jess-am-meer.de

VARTA-TIPP Service

garni

Dithmarscher Straße 28, PLZ 25761, **T 04834 7004210,** F 7004072
11 Zimmer | Ez ab 80 €, Dz ab 115 €, inkl. Frühstück

Ankommen und wohlfühlen. Das „Jess" ist mehr als ein Hotel! Eine Oase für Naturliebhaber und Familien. In dem kleinen, charmanten Haus wird Gastfreundschaft großgeschrieben. Hotelchef Marcus Jessen ist ausgesprochen freundlich und hat immer Zeit für ein kleines Pläuschchen. Neben hellem Holz und Naturmaterialien dominieren frische maritime Farben die Zimmereinrichtung. Toll auch das liebevoll arrangierte Frühstück! Und wer entspannen möchte: eine Sauna gibt es hier auch.

Das Frühstückshotel
www.fruehstueckshotel-buesum.de

€ Gut & Günstig garni

Blauort 16-18, PLZ 25761, **T 04834 6010,** F 60188
33 Zimmer | 3 Suiten | Ez 49–99 €, Dz 69–199 €, 12,50–17,50 € | 10.–27.12.23

Familiengeführtes Haus - ruhig in einem Wohngebiet gelegen. Gepflegte Zimmer in frischen maritimen Farben zu moderaten Preisen, die alle über einen Balkon verfügen. Das Frühstück wird in vier verschiedenen Variationen angeboten. Für Entspannung sorgen der kleine Saunabereich sowie der Garten mit Strandkorb.

Kolles Alter Muschelsaal
www.kolles-alter-muschelsaal.de

Hafenstraße 27, PLZ 25761, **T 04834 2440**
100 | Hauptgericht 19–39 € | Mi-So Di-So Mo

Nostalgisches, mit zahllosen Muscheln geschmücktes Traditionsrestaurant. Serviert werden überwiegend Fischspezialitäten. Zu den Hausklassikern gehören „Original Büsumer Krabbensuppe" oder „Holsteiner Matjesfilets | Hausfrauensoße | Bratkartoffeln".

BÜTTELBORN 51 A www.buettelborn.de

Hessen | EW 14.023 | 90 m | Groß-Gerau 3 km, Darmstadt 12 km

Monika www.hotelmonika.de

★★★★ garni

Im Mehlsee 1-5, PLZ 64572, **T 06152 1810,** F 18150
41 Zimmer | 3 Apartments | Ez 94–99 €, Dz 144–160 €, inkl. Frühstück

Das familiengeführte Businesshotel liegt perfekt zwischen Frankfurt und Darmstadt. Es wird persönlich geführt und bietet geradlinig-moderne, äußerst gepflegte Gästezimmer. Im Restaurant wird niveauvolle saisonale Küche serviert. Günstig ist die Nähe zur Autobahn A67.

BUXTEHUDE 15 C www.buxtehude.de

Niedersachsen | EW 39.837 | 2 m | Stade 22 km, Harburg 22 km

Hotel Navigare www.hotel-navigare.com

★★★★ garni

Harburger Straße 4, PLZ 21614, **T 04161 74900,** F 7490303
32 Zimmer | Ez 119–280 €, Dz 159–380 €, 25,00 € | 24 h

Hinter dem hist. Gemäuer dieses wunderschön renovierten Gebäudes erwarten Sie moderne, thematisch eingerichtete Räume, die das Ambiente verschiedener Regionen der Welt widerspiegeln. Restaurant mit überwiegend regionaler Avantgarde-Küche. Nette Hotelbar im Gewölbekeller.

Hotel An der Linah www.hotelanderlinah.de

garni

Harburger Straße 44, PLZ 21614, **T 04161 60090,** F 600910
30 Zimmer | 1 Apartment | Ez 65–85 €, Dz 95–105 €, 12,50 €

Das freundlich geführte Stadt- und Businesshotel im hanseatischen Baustil ist nur wenige Gehminuten von der Altstadt entfernt. Es bietet helle, hübsch eingerichtete Zimmer mit zweckmäßiger Ausstattung und einen gemütlichen Frühstücksraum.

CALW 57 B www.calw.de

Baden-Württemberg | EW 22.962 | 347 m | Pforzheim 28 km, Tübingen 40 km

Kloster Hirsau www.hotel-kloster-hirsau.de

★★★★ garni

Wildbader Straße 2, PLZ 75365 (OT: Hirsau), **T 07051 96740,** F 967469
42 Zimmer | 1 Suite | Ez ab 82 €, Dz ab 135 €, inkl. Frühstück

Umgebaute ehem. Klosterherberge von 1450. Das behaglich eingerichtete, hist. Gebäude bietet freundliche Zimmer mit zeitgemäßem Komfort. Kleiner Wellness- und Beautybereich mit Hallenbad und Sauna. Im ländlich-eleganten Restaurant werden regionale und überregionale Spezialitäten serviert. Schöne Sommerterrasse.

Folgen Sie uns: facebook.com/vartaguide

CELLE 23 A www.celle-tourismus.de

Niedersachsen | EW 69.980 | 40 m | Hannover 40 km, Soltau 48 km

Celler Tor

www.celler-tor.de

Scheuener Straße 2, PLZ 29229 (OT: Groß Hehlen), **T 05141 5900,** F 590490
73 Zimmer | 4 Suiten | Ez ab 99 €, Dz ab 124 €, 22,00 € | 24 h

Das gewachsene Land- und Tagungshotel befindet sich bereits seit 1438 in Familienbesitz. Wohnliche Zimmer in unterschiedlichen Kategorien. Ansprechender Wellness- und Beautybereich. Leichte internationale Küche im Restaurant.

Fürstenhof Celle

www.fuerstenhof-celle.com

VARTA-TIPP Ambiente **VARTA-TIPP** Service

Hannoversche Straße 55-56, PLZ 29221 (OT: Neuenhäusen), **T 05141 2010,** F 201120
62 Zimmer | 5 Suiten | Ez 110–265 €, Dz 140–360 €, inkl. Frühstück | 24 h

Als Barockpalais um 1680 erbaut, ist das Hotel heute ein Ort von Tradition und privater Gastfreundschaft mit einzigartigem Ambiente. Der exklusive Wohnkomfort in den elegant-luxuriös eingerichteten Zimmern, das gute Service- und Dienstleistungsniveau sowie der gepflegte SPA- und Wellnessbereich machen das Haus seit vielen Jahren zu einer echten Wohlfühladresse.

Taverna & Trattoria Palio

VARTA-TIPP Küche **VARTA-TIPP** Service

70 | Hauptgericht 19–42 €, Menü 64–78 € | Do-So Mo-So

Einladende Trattoria mit toskanisch-rustikalem Ambiente. Mit Chef de Cuisine Holger Lutz steht ein verantwortlicher Mann am Herd, der konzentriert, gekonnt und mit Ideenreichtum arbeitet. Erstklassige Zutaten fügt er zu aromenstarken Speisen zusammen, die ein genialer Querschnitt der klassischen italienischen Küche sind. Aufmerksam, freundlich und geschult agiert der Service. Im Sommer lockt die schöne Terrasse unter Kastanien.

Caroline Mathilde
www.caroline-mathilde.de

Alter Bremer Weg 37, PLZ 29223, **T 05141 980780,** F 98078555
53 Zimmer | 2 Suiten | 3 Apartments | Ez 103–115 €, Dz 141–158 €, inkl. Frühstück | 24 h

Das im klassischen Villenstil erbaute Haus liegt inmitten einer wunderschönen Grünanlage und ist nur wenige Gehminuten von der Celler Altstadt entfernt. Die Zimmer sind wohnlich und spiegeln durch ihre individuelle Ausstattung den Charakter des Hauses wider. Das Bistro „Kanapé“ bietet ausgesuchte kulinarische Köstlichkeiten und Weine.

der allerKrug
www.allerkrug.de

Alte Dorfstraße 14, PLZ 29227 (OT: Altencelle), **T 05141 84894**
65 | Menü 39–65 € | Sa-So Mi-So Mo, Di

Traditionelles Gasthaus an der Aller mit sehr guter Küche und authentischer Gastfreundschaft. Das Speisenangebot von Patron Sven Hütten ist saisonal wie regional ausgerichtet und wird mit französischen Einflüssen ergänzt. Probieren Sie z.B. „Gratiniertes Kalbskotelett | Hollandaisejus | Ofengemüse | Gnocchi“! Dazu eine ausgewogene Weinauswahl und ein liebenswerter Service.

Köllner's Landhaus
www.koellners-landhaus.de

Im Dorfe 1, PLZ 29223 (OT: Boye), **T 05141 951950**
50 | Hauptgericht 25–40 €, Menü 40–79 € | So Mi-Sa Mo, Di 1.–12.1.24

Inmitten einer 11.000 qm großen Parkanlage liegt das liebevoll renovierte Fachwerkhaus aus dem Jahre 1589. Hier erwarten Sie behagliche, lichtdurchflutete Räumlichkeiten mit elegantem Landhausflair. Die schmackhafte euro-asiatische Küche von Juniorchef Maximilian Köllner klingt z.B. so: „Filet von der Eismeerforelle mit Misosauce, Pak Choi und Karotten-Ingwer-Püree“. Zum Übernachten stehen sechs individuell eingerichtete Doppelzimmer bereit.

Schapers
www.hotel-schaper.de

Heese 6-7, PLZ 29225, **T 05141 94880**
30 | Hauptgericht 24–39 €, Menü 43–70 € | Di-Sa Mo, So

Im gemütlichen Restaurant serviert man schmackhafte regionale Spezialitäten sowie mediterrane Kreationen mit saisonalem Einfluss. Appetit auf „Maispoulardenbrust im Mangoldmantel, frische Pfifferlinge, Schnittlauchrahm, buntes Sommergemüse, Kartoffelpüree“? Der Service ist freundlich und zuvorkommend.

Postmeister von Hinüber
www.weinkeller-celle.de

Zöllnerstraße 25, PLZ 29221, **T 05141 28444**
40 | Hauptgericht 11–30 €, Menü 35–42 € | Sa Di-Sa Mo, So

Etwas versteckt in einem kleinen Innenhof gelegenes, rustikales Weinlokal in einem historischen Fachwerkhaus. Wöchentlich wechselnde Speisekarte mit moderner Küche. Große Auswahl deutscher und internationaler Weine. Gemütliche Atmosphäre.

Café Müller
www.cafe-mueller-celle.de

Blumenstraße 14, PLZ 29227 (OT: Westercelle), **T 05141 85006**
100 | Hauptgericht 8–16 € | Di–Sa 10:00–18:00 Uhr, So 11:00–18:00 Uhr »

Beliebtes Café mit einem außergewöhnlichen Eingang in Tortenform. Große Auswahl an Gebäck, Pralinen, Kuchen, Torten und hausgemachten Eisspezialitäten. Herrlich ruhiger Kaffeegarten mit Fischteich.

CHAM 55 C www.cham.de

Bayern | EW 16.433 | 370 m | Furth im Wald 19 km, Straubing 43 km

Randsberger Hof www.randsbergerhof.de

★★★★

Randsbergerhofstraße 15-19, PLZ 93413, **T 09971 85770,** F 20299
79 Zimmer | 7 Apartments

Einst Adelssitz, heute komfortables Hotel mit wohnlichen Gästezimmern und vielseitigen Wellness-, Sport- und Freizeitmöglichkeiten. Vom Skypool im 6. Stock hat man einen fantastischen Blick auf die Bayerwaldberge. Restaurant mit regionaler Küche.

Am Ödenturm www.oedenturm.de

VARTA-TIPP Küche

Am Ödenturm 11, PLZ 93413 (OT: Chammünster), **T 09971 89270**
120 | Hauptgericht 11–28 €, Menü 25–55 € | Mi, Fr-Sa Di-Sa Mo, So

Appetit auf „Gegrilltes Seeteufelfilet | hausgemachte Gnocchi | Bio-Fenchel | Artischocke | Limettenschaum“ oder „Rosa gebratene Entenbrust | Couscous | Gemüse | orientalisches Kräutergewürzöl“? Dann besuchen Sie diesen sympathischen Berggasthof in bayerischer Idylle. Patron Ernst Hunger kocht richtig gut und manchmal bewusst etwas bodenständiger - aber immer mit erlesenen Produkten und saisonalem Bezug. Reizvolle Terrasse mit Aussicht. Zum Übernachten hat man einfache, aber gepflegte Zimmer.

CHEMNITZ 45 B www.chemnitz-tourismus.de

Sachsen | EW 243.089 | 296 m | Dresden 70 km, Leipzig 78 km
Altes und Neues Rathaus am mittelalterl. Markt, Stadtkirche St. Jakobi, Roter Turm, Karl-Marx-Monument, Theaterplatz mit Opernhaus, neugot. Kirche und König-Albert-Bau, Versteinerter Wald, Schlosskirche, Industriemuseum, Burg Rabenstein, Wasserschloss Klaffenbach, Henry-van-de-Velde-Museum in der Villa Esche.

An der Oper www.hoteloper-chemnitz.de

★★★★ S

Straße der Nationen 56 (B3), PLZ 09111, **T 0371 6810,** F 670606
91 Zimmer | 16 Suiten | 6 Apartments | 24 h

Das denkmalgeschützte Gebäude finden Sie gleich gegenüber dem weitläufigen Opernplatz mit dem berühmten Opernhaus und den Kunstsammlungen Chemnitz. Hier erwarten Sie tageslichtdurchflutete und komfortabel ausgestattete Zimmer mit zeitgemäßer Technik. Im Restaurant „SCALA“ mit direktem Blick auf den Theaterplatz bietet man internationale Küche.

Chemnitzer Hof www.chemnitzer-hof.de

★★★★ S

Theaterplatz 4 (B3), PLZ 09111, **T 0371 6840,** F 6762587
92 Zimmer | 3 Suiten | 1 Apartment | Ez 69–299 €, Dz 69–299 €, ab 14,90 € | 24 h »

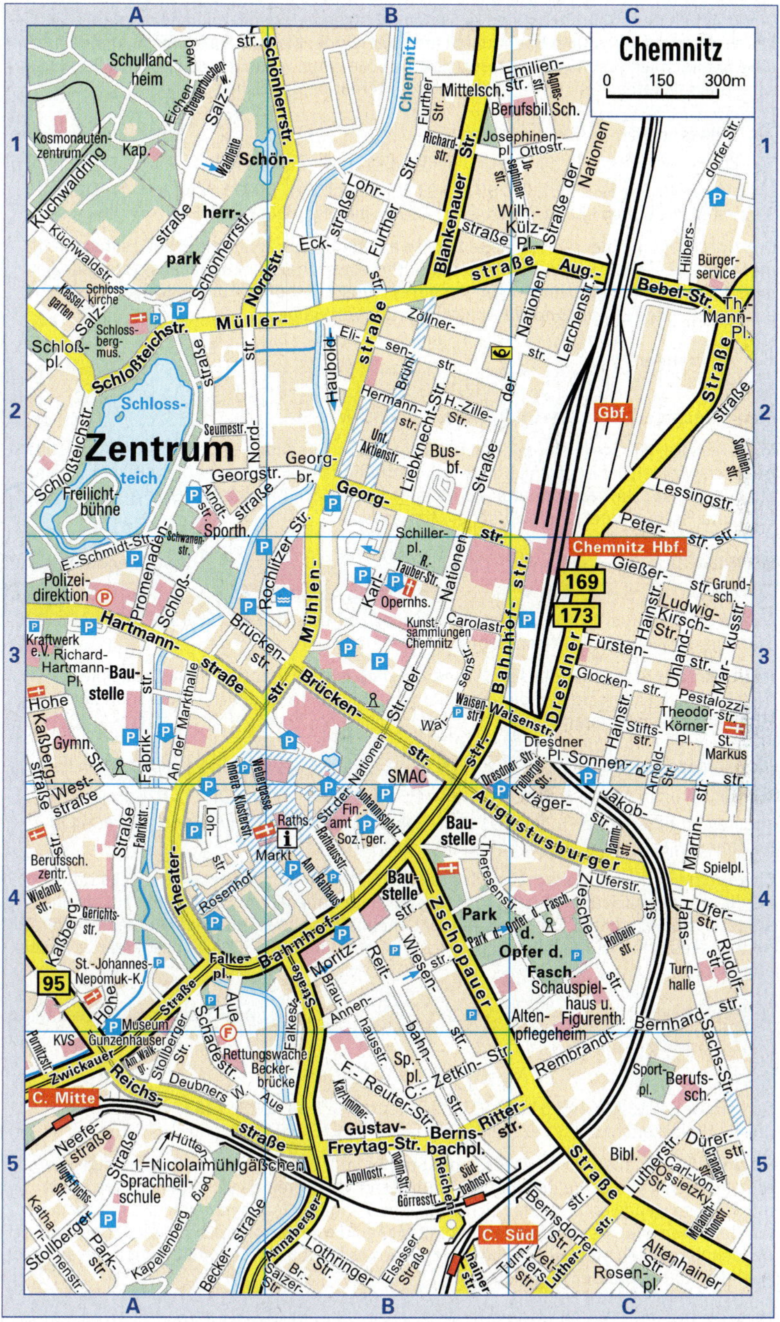
Chemnitz
0 150 300m
A
B
C
1
2
3
4
5
Zentrum
Schulland-heim
Kosmonauten-zentrum
Kap.
Küchwaldring
Küchwaldstr.
Schön-herr-park
Schönherrstr.
Nordstr.
Salz-w.
Eichen-weg
Steegebuchen-
Waldleite
Schloss-kirche
Schloss-berg-mus.
Kessel-garten
Schloß-pl.
Schloßteichstr.
Müller-str.
Schloss-teich
Freilicht-bühne
Seumestr.
Georgstr.
Georg-br.
Arndt-str.
Sporth.
Schwanen-str.
E.-Schmidt-Str.
Polizei-direktion
Promenaden-
Hartmann-straße
Kraftwerk e.V.
Richard-Hartmann-Pl.
Bau-stelle
Hohe
Kaßberg-straße
Gymn.
West-straße
Fabrik-str.
An der Markthalle
Theater-str.
Innere Klosterstr.
Webergasse
Rathaus
Markt
Rosenhof
Fin.-amt
Soz.-ger.
Johannisplatz
Am Rathaus
SMAC
Brücken-str.
Mühlen-str.
Rochlitzer Str.
Hauboldstr.
Eck-straße
Chemnitz
Further Str.
Mittelsch.
Berufsbil.Sch.
Lohr-straße
Richard-str.
Blankenauer Str.
Josephinen-pl.
Ottostr.
Emilien-str.
Agnes-str.
Straße der Nationen
Wilh.-Külz-Pl.
Aug.-Bebel-Str.
Th.-Mann-Pl.
Bürger-service
Hilbers-dorfer Str.
Zöllner-str.
Eli-sen-str.
Brühl
Hermann-str.
H.-Zille-Str.
Liebknecht-Str.
Unt. Aktienstr.
Bus-bf.
Gbf.
Lessingstr.
Peter-str.
Chemnitz Hbf.
Gießer-str.
Grund-sch.
Ludwig-Kirsch-Str.
Hainstr.
Uhland-str.
Fürsten-str.
Glocken-str.
Pestalozzi-str.
Theodor-Körner-Pl.
St. Markus
Sophien-str.
Lerchenstr.
169
173
Schiller-pl.
R.-Tauber-Str.
Opernhs.
Kunst-sammlungen Chemnitz
Carolastr.
Bahnhof-str.
Waisen-str.
Waisenstr.
Dresdner Str.
Dresdner Pl.
Sonnen-str.
Stifts-str.
Jakob-str.
Jäger-str.
Augustusburger Str.
Freiberger Str.
Bau-stelle
Theresenstr.
Park d. Opfer d. Fasch.
Zschopauer Straße
Moritz-str.
Reit-bahn-str.
Wiesen-str.
Annen-str.
Brau-hausstr.
Schauspiel-haus u. Figurenth.
Alten-pflegeheim
Holbein-str.
Zesche-str.
Turn-halle
Hans-Sachs-Str.
Rudolf-str.
Ufer-str.
Uferstr.
Martin-str.
Spielpl.
Bernhard-str.
Rembrandt-str.
Sport-pl.
Berufs-sch.
Dürer-str.
Carl-von-Ossietzky-Str.
Melanchthonstr.
Lutherstr.
Bibl.
Altenhainer Str.
Rosen-pl.
Bernsdorfer Str.
Turn-Vet-ters-str.
Luther-str.
C. Süd
Reichenhainer Str.
Südbahnstr.
Görresstr.
Apollostr.
Bernsbachpl.
Ritter-str.
Gustav-Freytag-Str.
F.-Reuter-Str.
C.-Zetkin-Str.
Sp.-pl.
Karl-Immer-
Falke-pl.
Falkestr.
Aue
Schadestr.
Rettungswache
Becker-brücke
Deubners W.
Reichs-straße
Zwickauer Str.
Museum Gunzenhauser
KVS
C. Mitte
95
St.-Johannes-Nepomuk-K.
Gerichts-str.
Berufssch. zentr.
Wieland-str.
Neefe-straße
Hüttenberg
1=Nicolaimühlgäßchen
Sprachheil-schule
Hugo-Fuchs-Str.
Katharinenstr.
Stollberger Str.
Park-str.
Kapellenberg
Becker-straße
Annaberger Str.
Lothringer Str.
Elsasser Straße
Salzer-str.
Stollberger Str.

Direkt neben dem Opernhaus, den Kunstsammlungen und der Petrikirche empfängt Sie dieses Hotel, das 1929/30 im Bauhausstil errichtet wurde. Klassisch-gediegene Inneneinrichtung mit reichlich Marmor, Sandstein, Holz und Messing. Wohnliche Gästezimmer in unterschiedlichen Kategorien. Im Restaurant wird internationale Küche serviert.

Alexxanders www.alexxanders.de

garni

Ludwig-Kirsch-Straße 9 (C3), PLZ 09130 (OT: Sonnenberg), **T 0371 4311111,** F 4311113
33 Zimmer | 5 Suiten | Ez 114–124 €, Dz 139 €, inkl. Frühstück

Das Hotel liegt in einer ruhigen Seitenstraße am Rande des Zentrums. Der Gast bekommt hier alles, was er von einem gepflegten Stadthotel erwartet: funktional ausgestattete Zimmer, solide Technik und am Morgen ein gutes Frühstücksbuffet. Für Langzeitgäste stehen auch großzügige Boardinghouse-Apartments zur Verfügung.

Alexxanders

60 | Hauptgericht 21–49 € | Mi-Fr Di-Sa Mo, So

Modernes Restaurant in einem denkmalgeschützten Gebäude mit persönlicher Atmosphäre. Geboten wird leichte deutsche Küche mit internationalen Einflüssen. Die pfiffigen Gerichte klingen z.B. so: „In Thymianbutter gebratener Seeteufel mit buntem Spargelgemüse, Tagliatelle und Fischvelouté". Preisgünstiger Mittagstisch.

BIENDO www.biendo-hotel.de

★★★ garni

Straße der Nationen 12 (B3, im Rawerma-Haus), PLZ 09111, **T 0371 4331920,** F 43319220
100 Zimmer | 6 Suiten | 3 Apartments

Im Herzen der Stadt befindet sich dieses zeitgenössische Stadthotel. Das Haus bietet zweckmäßige Zimmer in geradlinig-modernem Stil. Schön ist der Frühstücksraum in der 6. Etage mit tollem Panoramablick.

Schloss Rabenstein www.hotel-schloss-rabenstein.de

★★★★ garni

Thomas-Müntzer-Höhe 14, PLZ 09117 (OT: Rabenstein), **T 0371 4446640,** F 44466422
15 Zimmer | Ez ab 81 €, Dz ab 100 €, inkl. Frühstück

Eingebettet in die romantische Landschaft des Rabensteiner Waldes liegt dieses Hotel mit herrlichem Ausblick über den Schlosspark zur Burg Rabenstein. Sie wohnen in stilvoll gestalteten Gästezimmern. Die Designbäder sind mit Rainshowerduschen und teils mit Whirlpool ausgestattet. In den behaglichen Restauranträumen wird eine frische, kreative Küche angeboten.

Villa Esche www.restaurant-villaesche.de

VARTA-TIPP Küche

Parkstraße 58 (A5), PLZ 09120 (OT: Kapellenberg), **T 0371 2361363**
48 | Hauptgericht 26–31 €, Menü 72 € | Di-Sa Fr-Sa Mo, So

Fraglos die kulinarische Top-Adresse der Stadt. In der ehem. Remise der vom belgischen Künstler Henry van de Velde erbauten Gründerzeitvilla vereinen sich kulinarische Ideen mit solidem Handwerk. Falk Heinrich verwöhnt Sie mit feinen regionalen und internationalen Gerichten wie „Eismeerforellenfilet mit Mangold und Kartoffelpüree" oder „Geschmorte Rehschulter mit Fichtenknödel und Steinpilzbohnen". Tolle Wein- und Champagnerauswahl. Auch Kochkurse werden angeboten.

Schalom
www.schalom-chemnitz.de

Heinrich-Zille-Straße 15 (B2), PLZ 09111, **T 0371 6957769**
30 | Hauptgericht 13–32 € | Di-Do, Sa-So Mo, Fr

In einem 1870 erbauten Eckhaus empfängt Sie dieses jüdische Restaurant. Schlicht-modernes Ambiente mit Eichendielen, Wandgemälden und einem in Szene gesetzten Klavier. Serviert werden ausschließlich koschere Gerichte und israelische Weine. Im Sommer können Sie auch im Freien speisen.

CHIEMING 69 A
www.chieming.de

Bayern | EW 4.743 | 537 m | Traunstein 11 km, Seeon 15 km

Gut Ising
www.gut-ising.de

★★★★ S garni

Kirchberg 3, PLZ 83339 (OT: Ising), **T 08667 790,** F 79432
105 Zimmer | 4 Suiten | 7 Apartments | Ez 155–320 €, Dz 215–430 €, inkl. Frühstück | 24 h

Die historisch gewachsene Hotelanlage befindet sich direkt am Chiemsee und wartet mit einem umfangreichen Sport- und Freizeitangebot sowie unterschiedlich eingerichteten Gästezimmern auf, die sich auf mehrere Häuser verteilen. Entspannen kann man in einem der größten Außenwhirlpools Deutschlands.

Zum Goldenen Pflug

250 | Hauptgericht 21–29 €, Menü 58–68 € | Mo-So

Traditionelle Gaststuben mit Gewölben, Säulen, Stuck und Holzfußböden. Die Geschichte des Traditionsgasthauses reicht über 400 Jahre zurück. Serviert werden Schmankerl aus dem Chiemgau sowie internationale Gerichte. Im Sommer locken sonnige Terrassen und ein uriger Innenhofbiergarten.

Ristorante Il Cavallo

Schloßstraße 5, PLZ 83339 (OT: Ising)
120 | Hauptgericht 9–24 € | Sa-So Mi-So Mo, Di

Wer Lust hat auf Pizza, Pasta oder andere italienische Köstlichkeiten, ist hier genau richtig! Das Restaurant befindet sich direkt in der großen Reithalle. Die edlen Kirschbaummöbel, die Stühle mit hochwertigem dunklen Leder und der raumprägende, originale Steinofen im Gastraum sorgen für ein Stück „la dolce vita“ am Chiemsee.

CLAUSTHAL-ZELLERFELD 32 B www.clausthal-zellerfeld.de

Niedersachsen | EW 15.769 | 560 m | Osterode 13 km, Goslar 15 km

Harzhotel Zum Prinzen www.zum-prinzen.de

garni

Goslarsche Straße 20, PLZ 38678 (OT: Zellerfeld), **T 05323 96610,** F 966110
19 Zimmer | Ez 56–64 €, Dz 72–80 €, 12,00 €

Denkmalgeschütztes Haus, das um das Jahr 1800 herum erstmals als Gaststätte geführt wurde. Stammgäste schätzen die freundliche Atmosphäre und den sehr guten Service. Die Zimmer sind im klassischen Stil eingerichtet. Ansprechendes Frühstücksbuffet mit hausgemachten Spezialitäten.

Jetzt abonnieren: instagram.com/vartaguide

CLOPPENBURG 21 A www.cloppenburg.de

Niedersachsen | EW 34.139 | 38 m | Vechta 26 km, Oldenburg 42 km

Münsterländer Hof www.muensterlaenderhof.de

★★★★

Bahnhofstraße 30, PLZ 49661, **T 04471 702070,** F 702077
18 Zimmer | 2 Suiten | Ez 90–104 €, Dz 120–124 €, inkl. Frühstück | 24 h

Liebevoll eingerichtetes Haus mit bayerisch-österreichischer Atmosphäre. Stilvoll ausgestattete Gästezimmer mit Wohlfühlcharakter. Behagliches Restaurant mit regionaler und internationaler Küche.

sevenoaks www.sevenoakshotel.de

VARTA-TIPP Ambiente

garni

Museumstraße 8, PLZ 49661, **T 04471 8505845,** F 8505846
11 Zimmer | Ez 98–115 €, Dz 125–143 €, 9,50 €

Dieses außergewöhnliche Designhotel befindet sich in einem ehem. Verwaltungsgebäude. Individueller könnten die Zimmer wohl kaum sein - alle mit unterschiedlichen Details in Farbe, Materialien, Muster, Accessoires... Sie können zwischen Themen wie „Orient", „Karibik", „New York" oder „Afrika" wählen. Seinen Namen verdankt das Haus den sieben Eichen (engl. seven oaks), die auf dem Grundstück stehen.

Margaux www.schaefers-hotel-cloppenburg.de

Lange Straße 66, PLZ 49661, **T 04471 2484**
32 | Hauptgericht 19–39 € | Mi-Sa Mo, Di, So

Das sympathische Restaurant im „Schäfers Hotel" bietet nicht nur eine nette Terrasse, sondern auch ein gutes regionales und internationales Speisenangebot. Lust auf „Filet vom Wolfsbarsch auf tomatisiertem Fenchelgemüse mit Kräuterkartoffeln und altem Balsamico"? Im Bistro nebenan gibt es preiswerten Mittagstisch und Steakspezialitäten.

COBURG 43 D www.coburg-tourist.de

Bayern | EW 41.039 | 292 m | Bamberg 46 km, Hof 90 km

Stadt Coburg
www.hotel-stadt-coburg.de

garni

Lossaustraße 12, PLZ 96450, **T 09561 8740,** F 874222
40 Zimmer | 2 Suiten | Ez 99–145 €, Dz 128–155 €, 12,00 € | 2.–8.1.24

Familiengeführtes Traditionshaus im Stadtzentrum. Wohnlich und funktional zeigen sich die klassisch eingerichteten Zimmer. Fränkische Gerichte im Restaurant „Backstüble" (mit offenem Grill).

COCHEM 40 C
www.ferienland-cochem.de

Rheinland-Pfalz | EW 4.940 | 90 m | Mayen 32 km, Zell 37 km

Cochemer Jung
www.cochemer-jung.de

★★★ S garni

Moselpromenade 2, PLZ 56812, **T 02671 605220,** F 60522148
31 Zimmer

Das umweltbewusste Niedrigenergiehaus bietet moderne Zimmer in drei Kategorien - wahlweise mit Blick auf die Altstadt oder die Mosel. Im Restaurant „Das Meyers" wird kreative internationale Küche serviert. Von der hübschen Terrasse schaut man direkt auf die Promenade.

Hotel Am Panoramabogen
www.panorama-hotel.de

S garni

Klostergartenstraße 44, PLZ 56812 (OT: Sehl), **T 02671 914140,** F 9141414
49 Zimmer | 3 Suiten

Das familiengeführte Landhotel besteht aus zwei miteinander verbundenen Gebäuden (Stammhaus und Haus Apollo). Die Zimmer sind individuell und wohnlich gestaltet. Zum Haus gehören auch ein Hallenbad, eine Sauna, ein Wellnessstudio, ein Restaurant mit regionaler Küche sowie eine Loungebar.

Villa Vinum
www.villa-vinum-cochem.de

S garni

Moselpromenade 60, PLZ 56812, **T 02671 9165445,** F 9165446
12 Zimmer

Das schmucke kleine Boutique-Hotel in direkter Mosellage ist schon etwas Besonderes mit dem persönlichen Charme sowie den farbenfroh und individuell ausgestatteten Zimmern. Das Frühstücksbuffet ist toll, die Mitarbeiter:innen sind herzlich. Die Cochemer Weinberge liegen direkt vor der Haustür.

Haus Erholung
www.haus-erholung.de

€ Gut & Günstig S garni

Moselpromenade 64, PLZ 56812, **T 02671 7599,** F 4362
15 Zimmer | 1 Suite | Ez 90–136 €, Dz 104–165 €, inkl. Frühstück

Gepflegtes Haus am Flussufer mit schräg gegenüberliegendem Gästehaus. Hell und freundlich ausgestattete Zimmer mit Balkon und tollem Blick auf die Mosel. Einen kleinen Wellnessbereich gibt es auch.

COLMBERG 52 D
www.colmberg.de

Bayern | EW 1.976 | 450 m | Rothenburg ob der Tauber 15 km, Ansbach 15 km

Burg Hotel Colmberg
www.burg-colmberg.de

Burg 1-3, PLZ 91598, **T 09803 91920,** F 262
26 Zimmer | 2 Suiten

1.000-jährige Burganlage mit unterschiedlichen, von nostalgisch bis modern eingerichteten Zimmern. Die luxuriöse Turmwächter-Suite ist eine exklusive Rückzugsmöglichkeit mit Rundumaussicht auf die fränkische Natur. Mehrere Restaurants mit regionaler Küche.

COTTBUS 36 B
www.cottbus-tourismus.de

Brandenburg | EW 100.000 | 75 m | Dresden 94 km, Berlin 130 km

Lindner Congress Hotel
www.lindner.de

GREENSIGN

Berliner Platz, PLZ 03046, **T 0355 3660,** F 366999
189 Zimmer | 11 Suiten | Ez ab 84 €, Dz ab 94 €, ab 15,00 € | 24 h

Klassisches Tagungshotel mit imposanter Spiegelfassade in zentraler Lage. Hell möblierte und funktional ausgestattete Gästezimmer. Kleiner Fitnessbereich mit Sportgeräten. Im Restaurant „Primo" werden regionale und internationale Spezialitäten serviert.

Lou im Cavalierhaus
www.cavalierhaus-branitz.de

Zum Kavalierhaus 9, PLZ 03042 (OT: Branitz), **T 0355 49397030**
60 | Hauptgericht 40–48 €, Menü 90–140 € | Do-So Mo, Di, Mi

Moderne, ambitionierte Küche im hist. Flair des Branitzer Parks. Das Cavalierhaus direkt neben dem Schloss verwandelt sich an vier Abenden in der Woche in ein stilvolles Fine-Dining-Restaurant. Gekocht wird frisch, regional und saisonal mit internationalen Einflüssen. Einen perfekten Eindruck von Tim Sillacks Kochkunst bekommen Sie, wenn Sie sich für das Fürstenmenü (4 bis 6 Gänge) entscheiden. Übernachten kann man in einem der drei liebevoll eingerichteten Pensionszimmer im Obergeschoss.

CRAILSHEIM 52 D
www.crailsheim.de

Baden-Württemberg | EW 32.829 | 414 m | Schwäbisch Hall 32 km, Aalen 41 km

Post-Faber
www.postfaber.de

Lange Straße 2-4, PLZ 74564, **T 07951 9650,** F 965555
57 Zimmer | 1 Suite | Ez 95–110 €, Dz 120–130 €, inkl. Frühstück

Familiär geführtes Stadt- und Tagungshotel in zentraler Lage am Beginn der Fußgängerzone. Geschmackvoll eingerichtete Zimmer für Geschäftsreisende mit kostenlosem WLAN. Im Restaurant wird schwäbisch-fränkische Küche sowie leichte mediterrane Gerichte serviert.

CRIMMITSCHAU 45 A
www.crimmitschau.de

Sachsen | EW 19.396 | 300 m | Zwickau 15 km, Gera 31 km

Villa Vier Jahreszeiten
www.villa-vierjahreszeiten.de

Gabelsberger Straße 12, PLZ 08451, **T 03762 7598110,** F 7598129
10 Zimmer | 3 Suiten | Ez ab 113 €, Dz ab 150 €, inkl. Frühstück

Liebevoll und aufwendig restaurierte Fabrikantenvilla von 1903 in hübscher Lage am Bismarckpark. Die stilvollen Zimmer haben Garten- oder Parkblick und sind mit hist. Betten und Originalmöbeln aus der Gründerzeit eingerichtet. Hausgäste nutzen das Vital Center im Nebengebäude kostenfrei.

CRIVITZ 17 A www.amt-crivitz.de

Mecklenburg-Vorpommern | EW 4.942 | 40 m | Schwerin 23 km, Wismar 51 km

Schloss Basthorst www.schloss-basthorst.de

Schlossstraße 18, PLZ 19089 (OT: Basthorst), **T 03863 5250,** F 525555
101 Zimmer | 9 Apartments | Ez ab 130 €, Dz ab 158 €, inkl. Frühstück | 24 h

Geschichtsträchtiges Anwesen in idyllischer Lage. Die wohnlich und individuell eingerichteten Zimmer verteilen sich auf das 200-jährige Herrenhaus, das liebevoll restaurierte Turmhaus sowie die Waldresidenz. Für Entspannung sorgt ein 1.300 qm großer Wellnessbereich.

Jetzt vorbeischauen: pinterest.com/vartaguide

CUXHAVEN 14 A www.cuxhaven.de

Niedersachsen | EW 50.846 | 2 m | Bremerhaven 43 km, Bremen 111 km
Alte Liebe, Windsemaphor, Schloss Ritzebüttel, Kugelbake, Hamburger Leuchtturm, Alter Wasserturm, Ringelnatzmuseum, Hapag Hallen, Feuerschiff Elbe 1, Fort Kugelbake, Museum „Windstärke 10“, Leuchtturm, Wattenmeer, Küstenheide.

Badhotel Sternhagen www.badhotel-sternhagen.de

VARTA TIPP Service

★★★★★S

Cuxhavener Straße 86, PLZ 27476 (OT: Duhnen), **T 04721 4340,** F 434444
47 Zimmer | 24 Suiten | Ez 220–285 €, Dz 320–375 €, inkl. Frühstück | 24 h 24.11.–19.12.24

Das vorbildlich geführte Vital- und Thalasso-Hotel hat man in den vergangenen Jahren kontinuierlich erneuert und verschönert. Hier lebt die ehrliche Gastgebermentalität! Das spüren Sie in allen Bereichen des Hauses. Die geräumigen Zimmer, Apartments und Suiten (größtenteils mit herrlichem Meerblick) sind mit hochwertigen Möbeln und Kunstwerken im hanseatischen Stil eingerichtet. Dazu ein toller Wellnessbereich mit professionellen Anwendungen für Gesundheit, Beauty und Fitness. Morgens erwartet Sie ein reichhaltiges nordisches Frühstücksbuffet.

Sterneck

VARTA★TIPP Küche VARTA-TIPP Service

20 | Menü 95–205 € | Sa Mi-Sa Mo, Di, So 17.–30.6.24, 20.11.–19.12.24

In klassisch-elegantem Ambiente mit typisch maritimem Interieur und herrlichem Panoramablick auf Wattenmeer und Elbmündung beeindrucken die kulinarischen Genüsse ebenso wie der geschulte und fürsorgliche Service. Beste Zutaten, subtile Aromen und perfektes Handwerk zeichnen die Küche von Spitzenkoch Marc Rennhack aus. Seine Kochkunst orientiert sich an der modernen Klassik, aber auch spanische und orientalische Elemente fließen in seine modernen und ausgefallenen Speisen ein. Chefin der Weine ist Sommelière Anika Nührenberg, die ihr großes Fachwissen in sensiblen Empfehlungen und spannenden Tipps zu bündeln weiß.

Schaarhörn

80 | Hauptgericht 16–36 €, Menü 44–62 € | Mo-So 24.11.–19.12.24

Die große Fensterfront ermöglicht den uneingeschränkten Blick auf das niedersächsische Wattenmeer. Die Karte offeriert Fischspezialitäten, hausgemachte Pasta und Gerichte aus der modernen deutschen Küche. Nachmittags gibt es Kaffee, Kuchen und Torten aus der hauseigenen Konditorei.

Strandperle www.strandperle-hotels.de

★★★★★ garni

Duhner Strandstraße 15, PLZ 27476 (OT: Duhnen), **T 04721 40060,** F 4006196
82 Zimmer | 19 Suiten | 16 Apartments | Ez 159–190 €, Dz 179–240 €, inkl. Frühstück | 24 h

Ein privat geführtes Ferienhotel in bester Strandlage, das kürzlich um einen modernen Neubau erweitert wurde. Das Haus bietet seinen Gästen komfortabel eingerichtete Zimmer und Apartments unterschiedlichster Kategorien. Dazu eine einzigartige Wellnessoase in der obersten Etage des Hotels mit eindrucksvollem Blick auf das Wattenmeer und den Weltschifffahrtsweg.

Strandhotel Duhnen und Aparthotel Kamp
www.kamp-hotels.de

★★★★ S garni

Duhner Strandstraße 5-9, PLZ 27476 (OT: Duhnen), **T 04721 4030,** F 403333
94 Zimmer | 9 Suiten | 19 Apartments | Ez ab 79 €, Dz ab 135 €, inkl. Frühstück | 24 h

Das familiär geführte Haus kann auf eine 125-jährige Hotelgeschichte zurückblicken. Einfach toll die bezaubernde Lage am Sandstrand, äußerst engagiert und aufmerksam die Gastgeber, geschmackvoll die geräumigen Gästezimmer. Ein exklusives Penthouse-Erlebnis bieten die beiden Skysuiten. Dazu ein schöner Wellness- und SPA-Bereich auf 600 qm mit großzügiger Saunalandschaft.

Vier Jahreszeiten

100 | Hauptgericht 16–39 €, Menü 50–60 € | Mo-So

Helle, lichtdurchflutete Restauranträume mit gemütlichem Ambiente. Serviert wird eine saisonale Frischeküche mit internationalen Einflüssen. Zu den Spezialitäten des Hauses gehören frischer Nordseefisch, Cuxländer Rind und Deichlamm.

Das Donners
www.donners.bestwestern.de

★★★★ S garni

Am Seedeich 2, PLZ 27472, **T 04721 5090,** F 509134
70 Zimmer | Ez 103–117 €, Dz 157–242 €, inkl. Frühstück | 24 h

Hier überzeugen wohnlich eingerichtete Zimmer mit großen Fenstern und teilweise mit Balkon. Die Komfortzimmer bieten zudem Seeblick. Zum Haus gehören auch ein SPA-Bereich mit Schwimmbad und verschiedenen Saunen sowie ein Panoramarestaurant in der 6. Etage mit traumhaftem Blick auf den Weltschifffahrtsweg.

Moin & Meer Hotel
www.moin.info

★★★★ S garni

Steinmarner Straße 83-89, PLZ 27476 (OT: Döse), **T 04721 664822,** F 664824
56 Zimmer | 8 Suiten | Ez ab 89 €, Dz ab 109 €, inkl. Frühstück

Im Villenstil erbautes, strandnahes Ferienhotel mit modernem Komfort und Wohlfühlatmosphäre. Sie logieren in geschmackvoll eingerichteten Zimmern. Kleiner Wellnessbereich mit Indoorpool, finnischer Sauna und Dampfbad. Maritimes Lifestylerestaurant „Kost & Bar" mit moderner internationaler und regionaler Küche.

Muschelgrund
www.muschelgrund.de

★★★★ S garni

Muschelgrund 1, PLZ 27476 (OT: Sahlenburg), **T 04721 2090,** F 209209
20 Zimmer | Ez ab 67 €, Dz ab 97 €, inkl. Frühstück

Familienbetrieb mit persönlicher Note am Sahlenburger Strand. Die individuell eingerichteten Gästezimmer verfügen teils über eine Loggia. Reichhaltiges Frühstücksbuffet. Kleiner Wellnessbereich mit zwei Saunen. Kaffeespezialitäten, Tee, ein breites Zeitschriftenangebot sowie eine Tauschbücherei bietet die gemütliche Muschellounge.

Seeschwalbe
www.hotel-seeschwalbe.de

★★★ S garni

Cuxhavener Straße 87-89, PLZ 27476 (OT: Duhnen), **T 04721 420100,** F 420144
54 Zimmer | 2 Suiten | Ez ab 77 €, Dz ab 110 €, inkl. Frühstück

Familiär und persönlich geführtes Hotel, das nur zwei Gehminuten vom Strand entfernt ist. Die komfortablen Gästezimmer verfügen teils über Seeblick. Ein Highlight des Hauses ist die maritime Hotelbar „Alexander von Humboldt".

Wattenkieker
www.wattenkieker.de

★★★ S

Am Sahlenburger Strand 27, PLZ 27476 (OT: Sahlenburg), **T 04721 2000,** F 200200
22 Zimmer | Ez 89–139 €, Dz 99–209 €, inkl. Frühstück

Modernes Ferienhotel in direkter Lage am Sahlenburger Strand. Geschmackvoll eingerichtete Zimmer mit Balkon und Seeblick. Entspannen kann man in der kleinen Saunalandschaft. Das Restaurant serviert regionale Gerichte und Fischspezialitäten.

Strandhus
www.hotel-strandhus.de

★★★ S garni

Am Sahlenburger Strand 25, PLZ 27476 (OT: Sahlenburg), **T 04721 399930,** F 3999341
20 Zimmer | 2 Apartments | Ez ab 100 €, Dz 110–185 €, inkl. Frühstück

Gepflegte Übernachtungsadresse hinterm Deich am Sahlenburger Strand in direkter Nachbarschaft zum Campingplatzgelände. Komfortable Zimmer in unterschiedlichen Größen, die mit exklusiven Materialien wie Holz und Naturstoffen eingerichtet sind. Kleiner Wellnessbereich mit Hallenbad und finnischer Sauna.

Folgen Sie uns: facebook.com/vartaguide

DACHAU 60 C
www.dachau.de

Bayern | EW 49.503 | 505 m | München 17 km, Augsburg 54 km

Schwarzberghof
www.schwarzberghof.eu

Augsburger Straße 105, PLZ 85221, **T 08131 338060**
Hauptgericht 18–28 € | Mi-So ⃠ Mo, Di

Rustikal und stilvoll zugleich! In gemütlicher Atmosphäre werden Sie in dem mit hellem Naturholz ausgestatteten Restaurant bekocht, z.B. mit Zwiebelrostbraten, Lammkarree, Zanderfilet. Bei schönem Wetter ist die lauschige Gartenterrasse ein richtig charmanter Ort, und gemütlich-ländliche Gästezimmer hat man hier auch.

DAHN 50 C
www.dahner-felsenland.de

Rheinland-Pfalz | EW 4.552 | 210 m | Bad Bergzabern 19 km, Pirmasens 20 km

Pfalzblick Wald SPA Resort
www.pfalzblick.de

★★★★ S

Goethestraße 1, PLZ 66994, **T 06391 4040,** F 404540
98 Zimmer | Ez ab 195 €, Dz ab 356 €, inkl. Vollpension

Ein gewachsenes Ferien- und Wellnesshotel in schöner Aussichtslage nahe der Grenze zum Elsass. Das Haus bietet geschmackvolle Gästezimmer in verschiedenen Kategorien - von einfachen Standardzimmern bis hin zu modern-eleganten Deluxezimmern. Dazu ein großzügiger SPA- und Freizeitbereich, u.a. mit Sauna-Insel, Beautycenter, beheiztem Infinitypool und Naturbadeteich. Zum Haus gehören auch eine weitläufige Genusswelt mit Panoramaterrasse und eine Vinothek.

DARMSTADT 51 A www.darmstadt-tourismus.de

Hessen | EW 162.428 | 144 m | Frankfurt/Main 28 km, Wiesbaden 44 km

Ludwigssäule auf dem Luisenplatz, Schlossmuseum, Stadtkirche mit Fürstengruft, Weißer Turm, Hessisches Landesmuseum Darmstadt, Herrngarten, Prinz-Georg-Palais mit Porzellansammlung, Ludwigskirche (Nachbildung des römischen Pantheons), Künstlerkolonie auf der Mathildenhöhe mit Hochzeitsturm und Russischer Kapelle, Museum Künstlerkolonie im Ernst-Ludwig-Haus, Grube Messel (UNESCO-Weltnaturerbe).

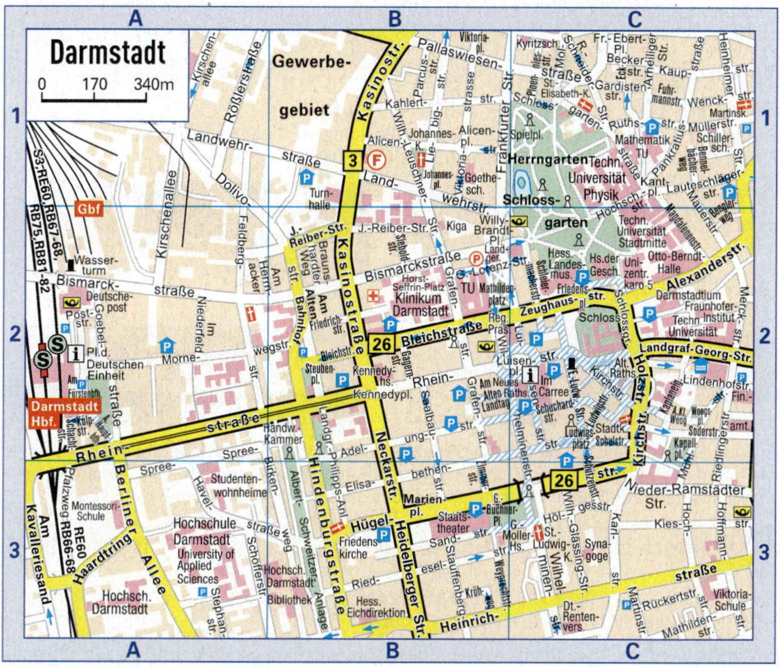

Jagdschloss Kranichstein www.hotel-jagdschloss-kranichstein.de

★★★★ S garni

Kranichsteiner Straße 261, PLZ 64289 (OT: Kranichstein), **T 06151 130670,** F 1306799
48 Zimmer | 3 Suiten | Ez ab 84 €, Dz ab 94 €, 19,00 € | 24 h

Eingebettet in eine bezaubernde Wald- und Seenlandschaft empfängt Sie dieses außergewöhnliche Schlosshotel. Hier überzeugen die ruhige Lage, der freundliche Service sowie die wohnlich und individuell ausgestatteten Gästezimmer, die in fünf Kategorien buchbar sind. Französisch-deutsche Spezialitäten serviert man im Restaurant „Kavaliersbau“ mit großer Sommerterrasse.

Hotel Darmstadt
www.hotel-darmstadt.bestwestern.de

★★★ S garni

Grafenstraße 31 (B2), PLZ 64283, **T 06151 28100,** F 2810400
77 Zimmer | Ez ab 89 €, Dz ab 99 €, 14,00 € | 24 h 22.12.23–7.1.24

Modernes Stadt- und Businesshotel in der Stadtmitte mit sehr freundlichem Gästeumgang. Die ruhigen Zimmer unterschiedlicher Kategorien verfügen über kostenfreies WLAN. Schönes Frühstücksrestaurant mit gemütlichem Dachgarten.

Jungstil
www.hotel-jungstil.org

★★★★ garni

Frankfurter Straße 77 (↗ B1), PLZ 64293, **T 06151 971000,** F 97100179
32 Zimmer

In diesem zentral gelegenen Themenhotel wohnen Sie in designorientierten Zimmern mit zeitgemäßer Technik. Den Hotelgast erwarten Annehmlichkeiten wie komfortable Queensizebetten, Kühlschrank oder kostenfreies WLAN. Man kümmert sich sehr freundlich um seine Gäste.

L'Orangerie
www.orangerie-darmstadt.de

Bessunger Straße 44 (↘ B3), PLZ 64285 (OT: Bessungen), **T 06151 3966446**
130 | Hauptgericht 36–42 €, Menü 65–98 € | Di-So Mo

Elegantes Restaurant mit lauschiger Gartenterrasse im hist. Orangeriegebäude einer barocken Gartenanlage aus dem 17. Jhd. In stilvoller Atmosphäre werden frisch zubereitete Gerichte aus der traditionellen italienischen Küche mit internationalen Einflüssen serviert.

Das Krü
www.daskrue.de

Ludwigstraße 8 (C2), PLZ 64283, **T 06151 272441**
40 | Hauptgericht 22–30 €, Menü 49 € | Mo-Fr

Die lässig-moderne Location ist ein Mix aus Restaurant, Café und Weinbar. Ob zum unkomplizierten Lunch in der Mittagspause oder zum Dinner am Abend - hier serviert man eine schmackhafte Crossover-Küche mit Gerichten wie „Französische Perlhuhnbrust | Mais-Buttermilch-Brot | Bohnenallerlei" oder „Tagliatelle mit Miso-Garnelen | Soja | Limette | Junglauch". Die Weinkarte bietet sowohl Bekanntes als auch spannende Weine von jungen, innovativen Winzern.

Olbrick
olbrick-darmstadt.de

Frankfurter Straße 67 (↗ B1), PLZ 64293, **T 06151 6290160**
65 | Hauptgericht 19–60 € | Di-Sa Mo, So

Hier trifft moderne gehobene Küche auf geschmackvoll-exzentrisches Innendesign. Die ehemalige Schlachthofgaststätte hat sich in ein avantgardistisches Restaurant mit Art-déco-Flair inklusive eleganter Bar verwandelt. Sie speisen unter einer Decke von zahlreichen Glühbirnen und lassen sich solch pfiffige Gerichte wie „Japanese Surf & Turf | Primefilet tranchiert | Jakobsmuscheln | Teriyaki-Steakhouse-Sauce | Kimchimayonnaise“ schmecken. Dazu gibt es eine große Cocktailauswahl und ausgesuchte Weine.

OX casual fine dining — www.ox-restaurant.de

VARTA-TIPP Küche

Mauerstraße 6 (C2), PLZ 64289 (OT: Martinsviertel), **T 06151 9615333**
24 | Menü 125–200 € | Mi-Sa ⃠ Mo, Di, So

Casual Fine Dining im Darmstädter Martinsviertel. Hier genießt man in angenehm locker-legerer Atmosphäre die gehobene Küche von David Rink, die modern und kreativ sowie frankophil-iberisch und international geprägt ist. In seinen Menüs (5 bis 7 Gänge) kommen exzellente Produkte zum Einsatz und werden Aromen gelungen kombiniert. Dazu serviert man ausgesuchte Weine aus nah und fern. Im angeschlossenen Feinkostladen gibt es mediterrane Spezialitäten wie Seafood, Pasta, Snacks, Chutneys, Saucen und Gewürze sowie exklusive Produkte aus eigener Herstellung für zu Hause.

DARSCHEID 39 D — www.gesundland-vulkaneifel.de

Rheinland-Pfalz | EW 846 | 490 m | Daun 6 km, Cochem 29 km

Kucher's Genuss- und Businesshotel — www.kucherslandhotel.de

★★★★ garni

Karl-Kaufmann-Straße 2, PLZ 54552, **T 06592 629,** F 3677
28 Zimmer | Ez 75–95 €, Dz 125–149 €, inkl. Frühstück | ⃠ 18.–25.12.23

Das familiär geführte Landhotel liegt wirklich klasse - hier, inmitten der Vulkaneifel, genießt man Ruhe und einen schönen Blick ins Grüne. Zum Wohlbefinden tragen aber auch die ansprechenden, unterschiedlich eingerichteten Themenzimmer, die gastfreundlichen Mitarbeiter:innen und das gute Frühstück bei.

Kucher's Gourmet-Restaurant

VARTA-TIPP Küche

25 | Hauptgericht 48–56 €, Menü 97–127 € | Mi-Sa ⃠ Mo, Di, So ⃠ 18.–26.12.23

Dass man bei den Kuchers vorzüglich speisen kann, ist längst kein Geheimnis mehr. Junior Florian, der seit einigen Jahren die Küchenleitung übernommen hat, versteht sein Handwerk. Seine modernen, raffinierten Kreationen versprechen Genuss für alle Sinne. Der Rahmen dazu: zeitgemäßes Lifestyle-Ambiente und freundlich-professioneller Service. Im 1990 gebauten Weinkeller lagern mehr als 20.000 Flaschen, darunter einige Raritäten. Eine schöne Alternative zum Gourmetrestaurant ist „Kucher's Weinwirtschaft“. Hier serviert man Ihnen eine pfiffige Landhausküche mit frischen regionalen Produkten.

Folgen Sie uns: facebook.com/vartaguide

DAUN 39 D — www.gesundland-vulkaneifel.de

Rheinland-Pfalz | EW 8.217 | 410 m | Cochem 34 km, Mayen 40 km

Panorama

www.hotelpanorama.de

Rosenbergstraße 26, PLZ 54550, **T 06592 9340,** F 934230
26 Zimmer | Ez 100–113 €, Dz 160–186 €, inkl. Frühstück | ⃠ 17.–24.12.23, 18.2.–11.3.24, 8.–26.8.24, 15.–24.12.24

Kur- und Wellnesshotel in ruhiger Hanglage oberhalb der Stadt. Unterschiedlich gestaltete Gästezimmer - u.a. stehen spezielle Allergikerzimmer in der 1. Etage zur Verfügung. Neuzeitlicher SPA-Bereich mit attraktivem Indoorpool und schöner Saunalandschaft. Köstliches aus der Regionalküche wird im Restaurant aufgetischt.

Schon probiert?

Der Varta-Führer ist auch als eBook für Ihren TabletPC oder Ihr Smartphone verfügbar!

DEGGENDORF 61 B

www.deggendorf.de

Bayern | EW 31.111 | 314 m | Straubing 36 km, Passau 69 km

Burgwirt

www.hotel-burgwirt.de

Deggendorfer Straße 7, PLZ 94469 (OT: Natternberg), **T 0991 30045,** F 31287
30 Zimmer | 4 Suiten | Ez 63–79 €, Dz 98–105 €, inkl. Frühstück

Gemütliches Hotel unter familiärer Führung direkt am Donau-Radweg. Wohnliche Gästezimmer mit mediterranem Flair. Saunalandschaft „Venezia“ mit Bio-Sauna, Dampfsauna und finnischer Sauna. Gehobene bayerische Küche wird im Restaurant serviert.

Kook 36 Restaurant

www.kook36.de

VARTA-TIPP Küche **VARTA-TIPP** Service

Oberer Stadtplatz 18, PLZ 94469, **T 09938 9196636**
26 | Menü 115–139 € | Mi-So ⃠ Mo, Di

Im 4. Stock des ERL-Gebäudes in der Deggendorfer Innenstadt wird ambitioniert gekocht. Im modern-rustikal gehaltenen Restaurant mit Lounge und einsehbarer Küche sorgt Daniel Klein für ganz besondere Geschmackserlebnisse. Gefühlt wird die Küchenleistung des jungen Chefkochs von Jahr zu Jahr besser und ausgefeilter. Erstklassige Produkte, feine Aromen sowie jede Menge Kraft und Geschmack stecken in den modern umgesetzten Gerichten, die Sie in Form eines 5- bis 7-gängigen Menüs genießen können. Der herzliche und offene Service zeigt sich ebenfalls auf top Niveau, dafür sorgen die charmante Gastgeberin Josefine Noke und die Crew an der Gästefront.

DEGGENHAUSERTAL 65 B www.deggenhausertal.de

Baden-Württemberg | EW 4.061 | 544 m | Ravensburg 22 km, Überlingen 25 km

Biohotel Mohren www.mohren.bio

Kirchgasse 1, PLZ 88693 (OT: Limpach), **T 07555 9300,** F 930100
42 Zimmer | 2 Suiten | 1 Apartment | Ez 99–160 €, Dz 160–190 €, inkl. Frühstück

Herrlich ruhig liegt dieses moderne Bio-Hotel mit seinen gemütlichen Landhauszimmern. Für Entspannung sorgt der NaturSPA mit Saunalandschaft, Ruhegarten, Anwendungsbereich und großem Kneippbecken. Täglich Langschläfer-Bio-Frühstück vom Buffet bis 11:30 Uhr.

Biohotel Mohren

150 | Hauptgericht 18–39 €, Menü 30–55 € | Sa-So Mi-So Mo, Di

In den gemütlichen Restaurantstuben, auf der Panoramaterrasse und im Sommergarten mit Blick auf den Bodensee werden Regionalgerichte mit Produkten aus der eigenen Land- und Viehwirtschaft serviert.

Landhotel Adler www.landhotel-adler.de

Roggenbeurer Straße 2, PLZ 88693 (OT: Wittenhofen), **T 07555 202,** F 5273
22 Zimmer | Ez 85–95 €, Dz 120 €, inkl. Frühstück

Über 100 Jahre alter Landgasthof mit herzlicher Atmosphäre sowie geschmackvoll und individuell eingerichteten Zimmern. Für Entspannung sorgt ein romantischer Lavendelgarten. Im Restaurant serviert man regionale Küche und frische Wildspezialitäten.

Wiegt weniger ist aber genauso gut:
Der Varta-Führer ist auch als eBook für Ihren TabletPC oder Ihr Smartphone verfügbar!

DEIDESHEIM 50 D www.deidesheim.de

Rheinland-Pfalz | EW 3.746 | 117 m | Bad Dürkheim 7 km, Mannheim 31 km

Deidesheimer Hof www.deidesheimerhof.de

VARTA TIPP Service

Marktplatz 1, PLZ 67146, **T 06326 96870,** F 7685
28 Zimmer | 4 Suiten | Ez 164–245 €, Dz 209–285 €, 30,00 € | 24 h

Das schmucke Domizil am Deidesheimer Marktplatz ist ein renommierter Ort, der schon viele Staatsgäste und Prominente in seinen Bann gezogen hat! Die Kombination von historisch gewachsener Gastlichkeit mit modernem Komfort sorgt für Wohlbefinden von der ersten Minute an. Die individuellen, teils mit Stilmöbeln ausgestatteten Zimmer, das sehr gute Frühstück und der außerordentlich gastfreundliche Service sind Garanten für einen erholsamen Aufenthalt.

Schwarzer Hahn

VARTA★TIPP Küche **VARTA-TIPP** Service

46 | Hauptgericht 39–62 €, Menü 120–170 € | Do-Sa Mo, Di, Mi, So

Hochwertig geht es hier zu. Das gilt sowohl für das Restaurant selbst (prachtvolles Kreuzgewölbe mit moderner, loungeartiger Atmosphäre) als auch für die Küche von Stefan Neugebauer und Felix Jarzina. Das Duo am Herd kocht sehr aufwendig und kreativ mit ausgezeichneten Produkten. Geboten wird ein Menü in 4 bis 7 Gängen, Sie können aber auch à la carte speisen. Dazu ein freundlicher und umsichtiger Service nebst professioneller Weinberatung durch Maître und Sommelier Konstantinos Papadinas. Regelmäßig Kochkurse.

St. Urban

www.restaurant-sankt-urban.de

120 | Hauptgericht 23–39 €, Menü 39–78 € | Di-So Mo

Mehrere gemütliche, rustikale Gaststuben und eine hübsche Terrasse mit historischem Flair bieten einen entspannten, unkomplizierten Rahmen für die feine Pfälzer Landhausküche, die Ihnen hier serviert wird.

Kaisergarten

www.kaisergarten-deidesheim.com

garni

Weinstraße 12, PLZ 67146, **T 06326 700077,** F 700099
85 Zimmer | 8 Suiten | Ez ab 120 €, Dz ab 150 €, 26,00 € | 24 h

Die perfekte Adresse für eine Auszeit in der Pfalz! Das Wellness- und Tagungshotel befindet sich direkt gegenüber dem bekannten Weingut „Reichsrat von Buhl". Die geräumigen Gästezimmer in drei Kategorien überzeugen durch ihre zeitgemäße Ausstattung und ihr geschmackvolles Interiordesign. Entspannung bietet ein 450 qm großer Fitness- und SPA-Bereich mit Saunalandschaft, revitalisierenden Erlebnisduschen und Sonnenterrasse.

Riva

80 | Hauptgericht 16–58 € | Mo-So

Ein sympathisches Restaurant mit modernem, geradlinigem Interieur. Das Angebot reicht von Pizza aus dem Steinbackofen über saisonal variierende Pastagerichte bis zu internationalen Spezialitäten. Aber auch Steakliebhaber kommen hier voll auf ihre Kosten. Die Weinkarte bietet eine Vielzahl an offenen Weinen von renommierten Pfälzer Winzern. Der Service ist freundlich und angenehm unkompliziert.

Jetzt abonnieren: instagram.com/vartaguide

Ketschauer Hof
www.ketschauer-hof.com

VARTA-TIPP Service

Ketschauerhofstraße 1, PLZ 67146, **T 06326 70000,** F 700099
18 Zimmer | 13 Suiten | Ez ab 205 €, Dz ab 240 €, inkl. Frühstück | 24 h

Behutsam renoviertes Herrenhaus auf dem ehem. Winzeranwesen des Weingutes „Bassermann-Jordan". Die Zimmer und Suiten sind mit ausgesuchten Designmöbeln, edlen Eichenholzdielen und hochwertiger Technik ausgestattet. Hier bietet man so einige Annehmlichkeiten, damit sich der Gast rundum wohlfühlt - angefangen beim Willkommensdrink über kostenfreie Minibargetränke (im Übernachtungspreis enthalten) bis hin zu einem exklusiven À-la-carte-Frühstück am Morgen.

L.A. Jordan

VARTA★TIPP Küche VARTA-TIPP Service

46 | Menü 135–245 € | Di-Sa Mo, So

Modern-lässiges Ambiente mit perfekt in Szene gesetzten Designerelementen, dazu eine ausdrucksstarke Küche und ein ausgesprochen freundlicher Service - was will man mehr? Die Speisen von Küchenchef Daniel Schimkowitsch sind durchdacht, anspruchsvoll und außerordentlich kreativ. Er verbindet hervorragende Produkte mit Aromen aus aller Welt. Die passenden Weinempfehlungen kommen von Chef-Sommelier Stephan Nitzsche. Das angeschlossene „Restaurant 1718" eignet sich perfekt für den unkomplizierten, schnellen Mittagslunch.

Restaurant fumi
www.josef-biffar.de

Im Kathrinenbild 1 (im Weingut Biffar), PLZ 67146, **T 06326 7001210**
60 | Hauptgericht 32 €, Menü 79–89 € | Sa-So Mi-So Mo, Di

Ein japanisches Restaurant in einem deutschen Weingut? Zweifellos eine ungewöhnliche Kombination, aber es funktioniert! Zur modernen fernöstlichen Küche, die weit mehr als Sushi und Tempura bietet, serviert man hauseigene Weine. Viel Holz, warme Farben und asiatische Kunst machen es hier zudem angenehm gemütlich.

Leopold Restaurant
www.von-winning.de

Weinstraße 10 (im Weingut von Winning), PLZ 67146, **T 06326 9668888**
80 | Hauptgericht 19–98 € | Mo-So Mo-Sa

Puristisch-modernes Lokal mit warmen Farbtönen, Holzfußboden und Weinstubenflair. Serviert wird schmackhafte bodenständige Küche mit kreativem Touch. Kleine Lounge-Ecke mit Kamin.

DELBRÜCK 31 A
www.stadt-delbrueck.de

Nordrhein-Westfalen | EW 30.828 | 100 m | Paderborn 16 km, Rheda-Wiedenbrück 22 km

Waldkrug
www.waldkrug.de

★★★★ S

Graf-Sporck-Straße 34, PLZ 33129, **T 05250 98880,** F 988877
49 Zimmer | Ez ab 88 €, Dz ab 136 €, inkl. Frühstück

››

Westfälische Gastlichkeit und behagliches Ambiente erwarten Sie in diesem familiengeführten Hotel. Wohnliche Gästezimmer in verschiedenen Preis- und Ausstattungskategorien. Großzügige Badelandschaft und Saunawelt. Helles, freundliches Restaurant mit saisonaler Küche.

DELMENHORST 14 C www.delmenhorst.de

Niedersachsen | EW 77.000 | 7 m | Bremen 17 km, Oldenburg 37 km

Goldenstedt www.hotel-goldenstedt.de

Urselstraße 18, PLZ 27751 (OT: Stickgras/Annenriede), **T 04221 998960,** F 9989610
35 Zimmer | Ez ab 75 €, Dz ab 105 €, 9,00 €

Das privat geführte Hotel bietet gut ausgestattete Zimmer, einen Fitnessraum sowie eine hauseigene Kegelbahn. Einige Gästezimmer sind mit extralangen Betten (2,20 m) ausgestattet. Im Restaurant wird regionale und deutsche Küche serviert.

DENKENDORF (WÜRTTEMBERG) 58 A www.denkendorf.de

Baden-Württemberg | EW 10.500 | 291 m | Esslingen 6 km, Nürtingen 11 km

Ristorante La Visione www.lavisione.de

Marie-Curie-Straße 3, PLZ 73770, **T 0711 88283820**
72 | Hauptgericht 11–39 € | Mo-Fr Mo-Sa So

Hier verbinden sich italienische Kochkunst, schwäbische Finesse und ein außergewöhnlich stylishes Ambiente zu einem stimmigen Gastrokonzept. Aus der einsehbaren Küche kommen authentische saisonale Gerichte wie „Risotto Carnaroli | Bresaola-Rinderschinken | Robiolakäse | frische Sommertrüffel" oder „Entrecote vom Black Angus (Sous Vide) | Madeira-Soße | saisonales Gemüse". Natürlich gibt es auch eine Pizza-Auswahl und verschiedene hausgemachte Pastagerichte. Die Vinothek im hinteren Bereich eignet sich perfekt als privater Diningroom.

DENZLINGEN 56 D www.denzlingen.de

Baden-Württemberg | EW 13.363 | 234 m | Emmendingen 7 km, Freiburg 19 km

Rebstock-Stube www.rebstock-stube.de

Hauptstraße 74, PLZ 79211, **T 07666 2071**
60 | Hauptgericht 28–48 €, Menü 84–99 € | Di-Sa Mo, So

Gemütliches Traditionshaus mit heimeligen, holzgetäfelten Räumen. Hier werden ambitionierte französisch-badische Kreationen aufgetischt. Dazu ein ansprechendes Weinangebot sowie ein umsichtiger, liebenswerter Service.

DERMBACH 43 A www.dermbach.de

Thüringen | EW 3.500 | 360 m | Bad Salzungen 19 km, Schmalkalden 20 km

Rhöner Botschaft | Saxenhof www.rhoener-botschaft.de

Bahnhofstraße 2, PLZ 36466, **T 036964 869230**
32 Zimmer | 5 Apartments | Ez 100–180 €, Dz 120–180 €, ab 20,00 €

Ein schmuckes, denkmalgeschütztes Fachwerkhaus. Modern, schön und wohnlich sind die Zimmer (20 - 60 qm) eingerichtet. Als Hommage an den großen Dichter, Genießer und Gast des Sächsischen Hofs sind die Zimmerkategorien nach Ernest Hemingway, seinen vier Ehefrauen und seiner Yacht Pilar benannt. Im ruhigen Nebengebäude stehen noch fünf große Apartments zur Verfügung.

Rhöner Botschaft | BjoernsOx

VARTA-TIPP Küche VARTA-TIPP Service

16 | Menü ab 169 € | Mi-Sa Mo, Di, So

Das kleine Fine-Dining-Restaurant ist die kulinarische „Spielwiese" für Bjoern Leist. Seine Küche ist wie eine Geschmacksreise durch die Rhön. In einem Mix aus Tradition und Innovation kreiert der Spitzenkoch an vier Abenden in der Woche ein 8-gängiges Überraschungsmenü. Die charmante Michelle Leist bringt den Gästen die Küche näher, berät zu den korrespondierenden Weinen und begleitet Sie durch einen rundum genussvollen Abend.

Rhöner Botschaft | Wohnzimmer

50 | Hauptgericht 15–42 €, Menü 35–59 € | So Mi-Sa Mo, Di

Eine schöne Alternative zum Gourmetrestaurant: sympathisch-ungezwungene Atmosphäre, gutes Essen, faire Preise... Neben regionalen Klassikern wie „Roulade vom Rhönland-Rind" bietet man auch exzellente Forellengerichte sowie diverse Steaks. Sonntags ist „Bratentag".

DERNAU 40 A www.dernau.de

Rheinland-Pfalz | EW 1.786 | 125 m | Ahrweiler 6 km, Bonn 30 km

Hofgarten www.hofgarten-dernau.de

Bachstraße 26, PLZ 53507, **T 02643 1540**
100 | Hauptgericht 9–32 €, Menü 32–42 € | Mo, Mi-So Di

Das ganzjährig geöffnete Wein- und Speiselokal liegt oberhalb der Pfarrkirche im pittoresken Dorfkern. Serviert wird eine feine, bodenständige Küche zu fairen Preisen. Zauberhaft sitzt man im Sommer im begrünten Hofgarten. Wer den Restaurantbesuch mit einem Kurzurlaub verbinden möchte: gepflegte Gästezimmer gibt es hier ebenfalls.

Jetzt vorbeischauen: pinterest.com/vartaguide

DERNBACH (PFALZ) 50 D www.dernbach-pfalz.de

Rheinland-Pfalz | EW 486 | 219 m | Landau i.d. Pfalz 14 km, Mannheim 53 km

Haus Dernbachtal www.dernbachtal.de

garni

Am Berg 3a, PLZ 76857, **T 06345 9597743,** F 954444
12 Zimmer | Ez ab 99 €, Dz ab 139 €, inkl. Frühstück

Gepflegter Familienbetrieb in ruhiger Lage. Ländlich eingerichtete Zimmer mit Blick auf das Dernbachtal und den Pfälzerwald. Sehr gutes Frühstück mit frischen Spezialitäten aus der Region. Kleiner Wellnessbereich mit Saunalandschaft.

Schneider
www.schneider-dernbachtal.de

VARTA-TIPP Küche

Hauptstraße 88, PLZ 76857, **T 06345 8348**
86 | Hauptgericht 27–38 €, Menü 65–80 € | So Mi-So Mo, Di

Seit vielen Jahren pflegt man in diesem hist. Landgasthof eine lebendige Gastronomie. Für Genusserlebnisse sorgt die verfeinerte regionale und internationale Küche. Macht Ihnen z.B. „Rosa gebratener Hirschrücken | allerlei Sellerie | Schupfnudeln | Cassis | Jus“ Appetit? Darüber hinaus bietet man eine tolle Weinauswahl. Familie Püngeler glänzt durch Herzlichkeit und großes gastgeberisches Potential.

DESSAU-ROSSLAU 34 B
www.dessau-rosslau-tourismus.de

Sachsen-Anhalt | EW 83.396 | 61 m | Köthen 20 km, Leipzig 60 km

Bauhausmuseum, Bauhaus und Meisterhäuser (UNESCO-Weltkulturerbe), Gartenreich Dessau-Wörlitz mit Park- und Schlossanlagen (UNESCO-Weltkulturerbe), Technikmuseum Hugo Junkers, Naturkunde- und Vorgeschichtemuseum, Kurt-Weill-Zentrum, Moses-Mendelssohn-Zentrum, anhaltische Gemäldegalerie, anhaltisches Theater Dessau, Wasserburg Roßlau, Bauhausmuseum.

ToBi ornot ToBe
www.tobiornotto.be

Johannisstraße 14, PLZ 06844, **T 0340 26163330**
70 | Hauptgericht 15–38 €, Menü 25–55 € | Mo-So

Gemütliches Restaurant mit gläsern-luftigem Bauhausambiente. Die Küche von Tobias Felger ist geprägt von Frische und Regionalität. Mittags serviert man preiswerte Brasseriegerichte, am Abend wird etwas anspruchsvoller gekocht. Dazu gibt es erlesene Weine befreundeter Winzer.

DETMOLD 31 A
www.detmold.de

Nordrhein-Westfalen | EW 73.003 | 130 m | Lemgo 12 km, Paderborn 32 km

Detmolder Hof
www.hotel-detmolderhof.de

VARTA-TIPP Ambiente

★★★★ garni

Lange Straße 19, PLZ 32756, **T 05231 980990,** F 98099220
13 Zimmer | 1 Suite | Ez 104–114 €, Dz 154–164 €, inkl. Frühstück

Ein charmantes kleines Stadthotel mit persönlicher Note. Neben der exponierten Innenstadtlage überzeugen die hervorragende Gästebetreuung sowie die farbenfrohen Stilzimmer, welche mit erlesenem Echtholzparkett und geräumigen Natursteinbädern ausgestattet sind. Das morgendliche Frühstück wird auf Wunsch auch auf dem Zimmer serviert.

Jan Diekjobst Restaurant www.jandiekjobst.de

VARTA-TIPP Küche

45 | Hauptgericht 26–42 €, Menü 100–140 € | Sa Di-Sa Mo, So

Gemütlichkeit, herzlicher Service, feine Küche... Chefkoch Jan Diekjobst präsentiert seine Speisen nicht nur in großartiger Optik, sie sind allesamt handwerklich präzise, aromenpronociert und ungemein finessenreich. Bei der Zubereitung der Gerichte legt er größten Wert auf die Verwendung regionaler und saisonaler Produkte. Sie haben die Auswahl zwischen zwei Menüs, können aber auch à la carte speisen. Samstags wird zur Mittagszeit eine kleine Lunchkarte angeboten.

DETTIGHOFEN 64 B www.dettighofen.de

Baden-Württemberg | EW 1.090 | 488 m | Zürich (Schweiz) 35 km, Löffingen 46 km

Hofgut Albführen www.albfuehren.de

★★★★ garni

Albführen 20, PLZ 79802 (OT: Albführen), **T 07742 92960,** F 9296149
25 Zimmer | 9 Suiten | 2 Apartments | Ez ab 115 €, Dz ab 210 €, inkl. Frühstück

Großzügiges Hofgut mit Pferdezentrum in idyllischer Naturlandschaft. Die individuellen Unterkünfte sind geschmackvoll mit allerlei Antiquitäten im englischen Landhausstil eingerichtet. Im behaglichen Restaurant stehen regionale und saisonale Angebote im Mittelpunkt.

Der Varta-Führer digital

Der Varta-Führer ist auch als eBook erhältlich. Ganz einfach online laden und mobil auf Ihrem Smartphone oder Tablet nutzen.

Weitere Hotel- und Restaurantempfehlungen sowie zahlreiche Freizeittipps erhalten Sie unter: **www.varta-guide.de**

DETTMANNSDORF 10 D www.badsuelze.de

Mecklenburg-Vorpommern | EW 985 | 37 m | Bad Sülze 10 km, Rostock 33 km

Landhaus Schloss Kölzow www.schloss-koelzow.de

Am Park 5, PLZ 18334 (OT: Kölzow), **T 038228 6190,** F 61988
15 Zimmer | 2 Suiten | 1 Apartment | Ez ab 85 €, Dz ab 92 €

Saniertes Kleinod mit langer Familientradition inmitten eines denkmalgeschützten Parks. Stilvoll mit antiken Möbeln eingerichtete Zimmer und Suiten mit schöner Aussicht in den gepflegten Park. Das ländliche Frühstück kann im lichtdurchfluteten „Blauen Salon“ oder im Kaminzimmer eingenommen werden. Gute Tagungsmöglichkeiten.

DIEBLICH 40 D www.dieblich.net

Rheinland-Pfalz | EW 2.500 | 72 m | Koblenz 15 km, Cochem 39 km

Landhaus Halferschenke Neu! halferschenke-dieblich.de

Hauptstraße 63, PLZ 56332, **T 02607 7499154**
70 | Hauptgericht 24–42 €, Menü 55–99 € | So Mo, Do-So Di, Mi

Herzliche und liebenswürdige Gastgeber sorgen dafür, dass sich die Besucher in diesem Restaurant rundum wohlfühlen. Das liegt aber auch am charmanten Landhausflair des hübschen Bruchsteinhauses aus dem Jahre 1832. Christoph Schmah sorgt als Chefkoch für den kulinarischen Genuss. Ob regional oder zeitgeistig modern - die Karte bietet schmackhafte, ehrliche Gerichte wie „Geschmorte Lammhaxe | Tomaten-Basilikum-Risotto | Thymianjus". Übernachten kann man in gemütlichen und modernen Landhauszimmern.

Schon probiert?
Der Varta-Führer ist auch als eBook für Ihren TabletPC oder Ihr Smartphone verfügbar!

DIERHAGEN 10 C www.ostseebad-dierhagen.de

Mecklenburg-Vorpommern | EW 1.503 | 1 m | Ribnitz-Damgarten 14 km, Rostock 35 km

Strandhotel Fischland www.strandhotel-fischland.de

★★★★S garni

Ernst-Moritz-Arndt-Straße 6, PLZ 18347, **T 038226 520,** F 52999
156 Zimmer | 8 Suiten | 82 Apartments | Ez 185–331 €, Dz 185–331 €, inkl. Frühstück | 24 h

Inmitten des wild-romantischen Küstenwaldes direkt hinter dem feinsandigen Strand von Dierhagen liegt dieses wunderschöne Feriendomizil. Beispielhafter Service, herrliche Meerblickzimmer sowie der großzügige SPA & SPORT-Bereich „FISCHLAND SPA" sind nur einige Vorzüge. Im weitläufigen Hotelpark gibt es auch Ferienhäuser und kleine Landhausvillen. Facettenreiches Sport- und Freizeitprogramm für Freizeitsportler und Familien.

Ostseelounge

www.gourmetrestaurant-ostseelounge.de

VARTA-TIPP Küche VARTA-TIPP Service

24 | Menü 148–172 € | Di-Sa Mo, So 8.1.–31.3.24

Unverändert zählt dieser Gourmethotspot zu den Top-Adressen in Mecklenburg-Vorpommern! Durch den atemberaubenden Blick auf die Ostsee hat das Fine-Dining-Restaurant einen echten Trumpf. Aber auch das, was André Beiersdorff und Matthias Stolze in der Küche vollbringen, ist genial und bildet ein harmonisches Zusammenspiel mit dem erlesenen Weinangebot und der sympathischen Servicecrew. Tischreservierung empfehlenswert.

Fischland Restaurant

160 | Mo-So

Richtig einladend ist das attraktive Restaurant mit seiner stilvollen Tischkultur, das sich bis 19:00 Uhr als gemütliches Familienrestaurant präsentiert und sich danach in ein lässig-elegantes Abendrestaurant für Erwachsene verwandelt. Serviert werden frische saisonale Gerichte mit mediterranen Einflüssen. Im Sommer ist die großzügige Restaurantterrasse eine gute Alternative für lauschige Abende im Freien. Für Kaffee und Kuchen am Nachmittag oder einen Drink nach dem Dinner empfiehlt sich die gemütliche „FISCHLAND BAR“.

Folgen Sie uns: facebook.com/vartaguide

Strandhotel Dünenmeer

www.strandhotel-duenenmeer.de

★★★★★S garni

Birkenallee 20, PLZ 18347, **T 038226 5010,** F 501555

119 Zimmer | 16 Suiten | 38 Apartments | Ez 206–368 €, Dz 206–368 €, inkl. Frühstück | 24 h

››

Komfortables Ferienhotel hinter schilfbedeckten Dünen. Hier stehen Ihnen attraktive Zimmer und Suiten sowie Dünenapartments zur Verfügung. Exklusiver SPA-Bereich auf zwei Etagen mit Blick auf die Ostsee und uriger Dünensauna mit offenem Kamin und Zugang zum Meer. Mehrere Restaurants.

Ostseehotel — www.ostseehotel-dierhagen.de

Wiesenweg 1, PLZ 18347, **T 038226 510,** F 51871
162 Zimmer | Ez ab 54 €, Dz ab 111 €, inkl. Frühstück | 24 h

Das Ferienhotel bietet geschmackvolle Gästezimmer mit zeitgemäßem Ambiente. Natürlich geöltes Holz, warme Farben und ein gelungenes Lichtdesign sorgen für Wohlfühlatmosphäre. Zum Haus gehören auch ein Wellnessbereich mit Sporthalle sowie ein Restaurant mit regionaler Küche, Cafébar und Terrasse.

DIESSEN A. AMMERSEE 67 B — www.tourist-info-diessen.de

Bayern | EW 10.141 | 544 m | Weilheim 17 km, Landsberg 21 km

Seefelder Hof — www.seefelder-hof.de

Alexander-Koester-Weg 6, PLZ 86911, **T 08807 1022,** F 1024
25 Zimmer | Ez 102–175 €, Dz 123–199 €, inkl. Frühstück | 24 h

Im ältesten Ortsteil Dießens liegt dieses seit drei Generationen familiär geführte Haus. Die Zimmereinrichtung reicht von bayerisch-rustikal bis zeitgemäß-modern. Im gemütlichen Restaurant werden bayerisch-mediterrane Spezialitäten sowie Fisch aus dem Ammersee serviert.

Strandhotel SüdSee — www.strandhotel-diessen.de

Jahnstraße 10, PLZ 86911, **T 08807 92220**
17 Zimmer | Ez ab 90 €, Dz ab 150 €, inkl. Frühstück

Kleines Urlaubshotel direkt am Südufer des Ammersees mit eigenem Strandbad. Gemütlich im Landhausstil eingerichtete Zimmer unterschiedlicher Kategorien. Im Café-Restaurant kann man saisonale Gerichte, fangfrischen Fisch aus dem Ammersee und an den Wochenenden selbstgebackenen Kuchen genießen.

Seehaus — www.seehaus.de

Seeweg Süd 22, PLZ 86911 (OT: Riederau), **T 08807 7300**
108 | Hauptgericht 22–38 €, Menü 56–115 € | Do-So Mi-So Mo, Di

Restaurant mit rustikalem Charme und lauschiger Terrasse in idyllischer Seeuferlage. Die wechselnde Speisekarte bietet kreative deutsche und internationale Küche. Das saisonale Angebot reicht von frischem Ammerseefisch bis hin zu schmackhaften Lammgerichten.

DIETERSHEIM 53 A www.dietersheim.de

Bayern | EW 2.141 | 301 m | Neustadt a. d. Aisch 5 km, Bad Windsheim 12 km

Landgasthof Fiedler www.landgasthof-fiedler.de

Oberrossbach 3, PLZ 91463 (OT: Oberroßbach), **T 09161 2425,** F 61259
21 Zimmer | 3 Suiten | Ez 85–99 €, Dz 112–135 €, inkl. Frühstück

Ein familiär geführter Gasthof mit Gästehaus in ruhiger Ortsrandlage. Geräumige Zimmer mit ansprechender Einrichtung, teils mit Terrasse oder Balkon. Gemütliches Restaurant mit behaglichen Stuben und schönem Wintergarten. Auf der Speisekarte stehen Spezialitäten rund um den Aischgrunder Karpfen sowie Gerichte aus der internationalen Küche.

DIETMANNSRIED 66 B www.dietmannsried.de

Bayern | EW 7.463 | 682 m | Kempten (Allgäu) 14 km, Memmingen 23 km

das flax allgäu www.dasflaxhotels.com

€ Gut & Günstig
Schlosserstraße 4, PLZ 87463, **T 08374**
107 Zimmer | 24 h

Zeitgenössisch geprägtes Design mit reduzierten Formen und natürlichen, warmen Farben, Sichtbeton und kontrastierenden Texturen - so präsentiert sich dieses 2020 eröffnete Hotel. Die Zimmer (19 bis 22 qm) sind in vier Kategorien buchbar. Zum Haus gehören eine gemütliche Loungebar, ein moderner Coworking Space sowie ein kleiner Sauna- und Fitnessbereich.

DIETRAMSZELL 68 A www.dietramszell.de

Bayern | EW 5.546 | 784 m | Geretsried 10 km, Greiling 11 km

Moarwirt www.moarwirt.de

Sonnenlängstraße 26, PLZ 83623 (OT: Hechenberg), **T 08027 1008**
150 | Hauptgericht 19–29 €, Menü 49–64 € | Do-So ⃠ Mo, Di, Mi

In diesem Bio-Landhotel kann man nicht nur gut übernachten, sondern auch vorzüglich speisen. In der Küche legt man größten Wert auf die Regionalität und Herkunft der Produkte. Die Speisekarte bietet Leckeres wie „Steak von der Tölzer Lachsforelle mit Rucolabutter, Brotsalat und Auberginenlasagne“ oder „Landhendlbrust mit Kartoffel-Germknödel in brauner Mohnbutter, sautierten Reherl und karamellisierter Aprikose“. Ausgefallene Weinkarte mit tollen Alpenweinen.

DIETZENBACH 41 D www.dietzenbach.de

Hessen | EW 32.750 | 135 m | Offenbach 9 km, Frankfurt am Main 17 km

Tafelrunde www.tafelrunde-dietzenbach.de

Bensheimer Straße 2-10, PLZ 63128 (OT: Hexenberg), **T 06074 6901450**
60 | Hauptgericht 15–27 €, Menü 30–43 € | Mi-So ⃠ Mo, Di »

In stilvollem, altertümlichem Ambiente erwartet Sie eine köstliche deutsche Küche mit Gerichten wie „Saftig geschmorte Ochsenbäckchen“ oder „Büsumer Edelfischpfanne“. Auch ein veganes Menü steht auf der Speisekarte. Beliebte Events sind Comedy-Abenteuer-Dinner oder Ritterabende.

DILLENBURG 41 A www.dillenburg.de

Hessen | EW 23.602 | 232 m | Siegen 29 km, Wetzlar 31 km

Bartmanns Haus www.hotelbartmannshaus.de

Untertor 1, PLZ 35683, **T 02771 265610,** F 26561200
27 Zimmer | 3 Suiten | 1 Apartment | Ez 88–135 €, Dz 130–165 €, 8,50–12,50 €

Neuzeitlicher Hotelkomplex mit modernen Wohlfühlzimmern in verschiedenen Kategorien. Hell und freundlich gestalteter Frühstücksraum. WLAN im gesamten Haus kostenfrei.

DILLINGEN A.D. DONAU 59 A www.dillingen-donau.de

Bayern | EW 18.200 | 433 m | Donauwörth 27 km, Augsburg 44 km

Storchennest www.storchen-nest.de

Demleitnerstraße 6, PLZ 89407 (OT: Fristingen), **T 09071 4569**
50 | Menü 49 € | Mi-So Mo, Di

Gasthaus mit 400-jähriger Geschichte. Serviert wird überwiegend regionale Küche mit mediterranen und internationalen Einflüssen unter Verwendung heimischer Produkte, die teilweise auch aus dem eigenen Gemüsegarten stammen. Schöne Gartenwirtschaft.

DILLINGEN/SAAR 49 C www.dillingen-saar.de

Saarland | EW 20.954 | 182 m | Saarlouis 5 km, Merzig 14 km

La Bécasse www.la-becasse.de

Berckheimstraße 1, PLZ 66763, **T 06831 60147**
30 | Menü 67–92 € | Mi-Fr, So Mi-Sa Mo, Di

Ansprechendes Gastrokonzept in der Dillinger Stadthalle: Während im Restaurant anspruchsvolle französische Menükreationen serviert werden, bietet das Bistro „Chez Fabrice“ frische kreative Gerichte zu fairen Preisen. Von der Terrasse hat man einen herrlichen Blick in die Parkanlage.

DINGOLFING 61 A www.dingolfing.de

Bayern | EW 18.506 | 365 m | Landau an der Isar 16 km, Landshut 30 km

Ambient Hotel Tassilo www.hotel-tassilo.de

★★★ S

Mühlbachgasse 2, PLZ 84130, **T 08731 319890,** F 379999
14 Zimmer | 9 Apartments | Ez ab 73 €, Dz ab 86 €, 6,50 €

Eine solide Businessadresse mit wohnlich und funktional eingerichteten Zimmern. Hübsche, im venezianischen Stil gestaltete Frühstückslounge. Zu den weiteren Annehmlichkeiten gehören kostenloses WLAN im gesamten Haus, eine Ladestation für E-Bikes und E-Fahrzeuge sowie eine Fahrradgarage.

DINKELSBÜHL 52 D www.dinkelsbuehl.de

Bayern | EW 11.500 | 442 m | Feuchtwangen 11 km, Rothenburg o.d.Tauber 49 km

Goldene Rose Neu! www.hotelgoldenerose.de

VARTA-TIPP Ambiente

Marktplatz 4, PLZ 91550, **T 09851 57750**
57 Zimmer | 10 Suiten | 14 Apartments | Ez 199–299 €, Dz 289–339 €, inkl. Frühstück | 24 h

Nach umfassender Renovierung und Neugestaltung ist aus dem altehrwürdigen Fachwerkbau ein modernes Altstadt-Spa-Hotel entstanden. Sie wohnen in zeitgemäß und wohnlich designten Zimmern und Studios. Morgens erwartet Sie ein hervorragendes Frühstück. Zum Haus gehören auch ein Restaurant, ein Kinosaal sowie ein Dachboden-Spa mit Sauna und Infinitypool. Abends gibt es an der „Queen Vicky Bar" leckere bayerische Tapas.

Meiser Design Hotel www.meiser-hotels.de/design

Neue Allee 4, PLZ 91550, **T 09851 5291700,** F 5291706888
150 Zimmer | 6 Suiten | Ez 79–179 €, Dz 109–199 €, inkl. Frühstück | 24 h

Vor den Toren der historischen Altstadt liegt dieses 2019 eröffnete Designhotel. Die klimatisierten Zimmer haben Wohlfühlcharakter. Geschmackvolles, zeitgemäßes Interieur aus schönem Holz, wertigen Stoffen und warmen Farben sowie zurückhaltende Elemente versprühen ein besonderes Flair. Der freundliche Service tut ein Übriges. Das hauseigene Restaurant bietet ein modernes „Open Kitchen"-Konzept.

Deutsches Haus www.deutsches-haus-dkb.de

Weinmarkt 3, PLZ 91550, **T 09851 6058,** F 7911
16 Zimmer | 2 Suiten | Ez 89–169 €, Dz 139–179 €, ab 12,00 €

Ein familiengeführtes Hotel mit wunderschöner Fachwerkfassade und romantischem Flair. In diesem Patrizierhaus von 1440 erwarten Sie unterschiedlich und sehr individuell eingerichtete Gästezimmer mit stilvollem Interieur und zeitgemäßem Komfort.

Altdeutsches Restaurant

50 | Hauptgericht 11–35 €, Menü 39–64 € | Mo-So

Das Restaurant mit seinem elegant-rustikalen Charme passt sich ganz dem Stil des historischen Hauses an. Serviert werden sowohl heimatbezogene Gerichte als auch eine zeitgemäß interpretierte klassische Küche. Nett sitzt man auf der Terrasse am Weinmarkt.

Hezelhof Hotel www.hezelhof.com

Segringer Straße 7, PLZ 91550, **T 09851 555420,** F 5554260
53 Zimmer | 2 Suiten

Boarding- und Tagungshotel in einem behutsam restaurierten Patrizierhaus aus dem 16. Jhd. mit modernen, teils puristisch ausgestatteten Apartments in unterschiedlicher Größe. Das Restaurant bietet hochwertige Steakspezialitäten aus Südamerika. Weitere Gästezimmer stehen im gegenüberliegenden Hotel „Luise & Luisenhof" zur Verfügung.

Meiser Altstadt Hotel
www.meiser-hotels.de/altstadt

★★★★

Weinmarkt 10, PLZ 91550, **T 09851 582900,** F 582901
11 Zimmer | Ez 79–179 €, Dz 109–209 €, inkl. Frühstück

Eine charmante Adresse inmitten der Altstadt, direkt am bekannten Weinmarkt. Anspruchsvolles Ambiente und entspannte Atmosphäre zum Wohlfühlen sind hier garantiert! Die komfortablen Gästezimmer in unterschiedlichen Kategorien verbinden exklusive Moderne mit historischer Tradition. Das Restaurant präsentiert sich im eleganten „Dolce Vita"-Flair und bietet regionale sowie leichte, zeitgemäße Crossover-Küche.

Jetzt abonnieren: instagram.com/vartaguide

DINKLAGE 21 B
www.dinklage.de

Niedersachsen | EW 12.673 | 27 m | Lohne 8 km, Vechta 14 km

Vila Vita Burghotel
www.vilavitaburghotel.de

★★★★ S

Burgallee 1, PLZ 49413, **T 04443 8970,** F 897444
55 Zimmer | Ez 110–165 €, Dz 130–220 €, inkl. Frühstück | 24 h

Stattliches Fachwerkanwesen im norddeutschen Stil in einem 54 ha großen Park. Ländlich-traditionell, mit viel Holz eingerichtete Zimmer. Beachtenswerter Wellnessbereich auf 680 qm mit großzügiger Badelandschaft, Solarium, Tepidarium und Meditationsraum. Elegant-rustikales Restaurant mit regionaler und internationaler Küche.

Hotel Wiesengrund
www.wiesengrund-hotel.de

Lohner Straße 17, PLZ 49413, **T 04443 2050,** F 3798
20 Zimmer | Ez 77–89 €, Dz 98–120 €, 7,50–20,00 € | 24 h

Nordisch, individuell, unkompliziert - so präsentiert sich das inhabergeführte Business- und Boutique-Hotel vor den Toren der Stadt. Hier wohnen Sie in modernen Zimmern, die mit hochwertigen Boxspringbetten ausgestattet sind. Zu den Inklusivleistungen zählen u.a. Kaffee- und Teespezialitäten an der Koffje-Bar, kostenfreies WLAN sowie ein 24-Stunden-Check-In.

DINSLAKEN 29 A
www.dinslaken.de

Nordrhein-Westfalen | EW 67.190 | 30 m | Wesel 14 km, Duisburg 16 km
Trabrennbahn, Mühlenmuseum.

Am Park
www.niederrhein-hotels.com/hotel-am-park

garni

Althoffstraße 16, PLZ 46535, **T 02064 601070,** F 6010755
24 Zimmer | 2 Suiten | Ez ab 107 €, Dz ab 145 €, inkl. Frühstück

Familiär geführtes Hotel in ruhiger Lage direkt am Altmarkt. Helle, modern eingerichtete Gästezimmer. In unmittelbarer Nähe befindet sich der Naturpark Hohe Mark mit zahlreichen Wanderwegen.

DITZENBACH, BAD 58 B
www.badditzenbach.de

Baden-Württemberg | EW 3.560 | 509 m | Bad Boll 12 km, Göppingen 19 km

Vitalhotel Sanct Bernhard
www.wellnesshotel-sanct-bernhard.de

Sonnenbühl 1, PLZ 73342, **T 07334 96410,** F 964141
32 Zimmer | 5 Suiten | Ez ab 168 €, Dz ab 168 €, inkl. Halbpension

Das Haus bietet beste Voraussetzungen für einen gesundheitsorientierten Urlaub. Komfortabel und behaglich in freundlichen Farben ausgestattete Zimmer und Suiten. Neugestalteter Wellness- und SPA-Bereich mit Badelandschaft, Salzgrotten und Solebad.

DOBERAN, BAD 9 D
www.bad-doberan-heiligendamm.de

Mecklenburg-Vorpommern | EW 11.617 | 15 m | Rostock 17 km, Wismar 48 km

Grand Hotel Heiligendamm
www.grandhotel-heiligendamm.de

Prof.-Dr.-Vogel-Straße 6, PLZ 18209 (OT: Heiligendamm), **T 038203 7400,** F 7407699
198 Zimmer | 100 Suiten | 24 h

Luxuriöse Hotelanlage bestehend aus mehreren Gebäuden im klassizistischen Stil. Nobel eingerichtete Gästezimmer mit Blick auf den Park oder die Ostsee. 3.000 qm großer SPA- und Wellnessbereich mit Innen- und Außenpool, Ostsee-Hamam und Meeresanwendungen. Kinderclub und Spielplatz für kleine Gäste.

Gourmet Restaurant Friedrich Franz

VARTA★TIPP Küche VARTA-TIPP Service

26 | Hauptgericht 55–95 €, Menü 179–260 € | Di-Sa Mo, So

Handbemalte Seidentapeten, edle Stilmöbel, gehobene Tischkultur und ein atemberaubender Ostseeblick - das klassisch-moderne Gourmetrestaurant bietet beste Voraussetzungen für die kulinarischen Glanzleistungen von Küchenchef Ronny Siewert. Er verwöhnt Sie mit spannungsreichen Kreationen aus Topprodukten, oftmals mit Fisch oder Krustentieren. Die raffiniert zubereiteten Speisen können Sie in Form eines Feinschmeckermenüs (4 bis 6 Gänge) genießen. Restaurantleiter und Sommelier Norman Rex sorgt für einen reibungslosen Ablauf im Service. Tischreservierung empfehlenswert.

Kurhaus Restaurant

80 | Hauptgericht 30–68 € | Mo-So

Helles, elegant eingerichtetes Restaurant. Serviert wird eine leichte, regional inspirierte Küche mit frischen Produkten aus der Region. Großzügige Sonnenterrasse.

Folgen Sie uns: facebook.com/vartaguide

Villa Sommer

www.hotel-villa-sommer.de

€ Gut & Günstig garni

Friedrich-Franz-Straße 23, PLZ 18209, **T 038203 73430,** F 734329
12 Zimmer | 2 Suiten | Ez ab 69 €, Dz ab 75 €, inkl. Frühstück

Kleines Jugendstilhotel am Ende des Villenviertels mit familiärem Ambiente. Reizvolle, individuell eingerichtete Zimmer unterschiedlicher Größe. Ein Highlight des Hauses ist die unmittelbare Nähe zur nostalgischen Traditionsbahn Molli.

Jagdhaus Heiligendamm

www.jagdhaus-heiligendamm.de

Seedeichstraße 18 b, PLZ 18209, **T 038203 735775**
80 | Hauptgericht 25–39 €, Menü 55–75 € | Mo, Do-So Di, Mi

Gemütlich die liebenswert dekorierten Räume, schmackhaft die frische Kräuterküche. Appetit auf „Saiblingsfilet | Yuzu | bunte Winterbete | Rosmarinkartoffel“ oder „Medaillon vom Rinderfilet | Trüffel-Feigenkruste | Pilze | Rotkohlpüree“? Freundlicher, flinker Service.

DONAUESCHINGEN 64 B

www.donaueschingen.de

Baden-Württemberg | EW 21.475 | 686 m | Tuttlingen 28 km, Schramberg 41 km

Der Öschberghof

www.oeschberghof.com

GREENSIGN ★★★★★S

Golfplatz 1, PLZ 78166, **T 0771 840,** F 84600
127 Zimmer | 10 Suiten | Ez 352 €, Dz 532–627 €, inkl. Halbpension | 24 h

Das Golf-, Wellness- und Tagungsresort bietet exklusiv eingerichtete Zimmer, kulinarische Vielfalt, einen 5.000 qm großen SPA-Bereich sowie drei hauseigene Golfplätze. Die Zimmer zeichnen sich durch modernes Design und ihre innovative Raumgestaltung aus. Das Haus profitiert von seiner ruhigen und dennoch gut erreichbaren Lage zwischen Schwarzwald, Bodensee und der Schweiz.

ÖSCH NOIR

VARTA-TIPP Küche VARTA-TIPP Service

35 | Hauptgericht 35–45 €, Menü 180–225 € | Mi-So Mo, Di

Das Ambiente des Gourmetrestaurants besticht durch klare Linien, stilvolle Lichteffekte und glanzvolles Design. Glänzen kann auch die Crew hinterm Herd: Chefkoch Manuel Ulrich und sein Team kreieren eine moderne französische Küche, die auf besten Produkten und handwerklich präziser Zubereitung basiert. Sie haben die Wahl zwischen dem MENÜ NOIR und dem vegetarischen MENÜ VERT. Die kompetenten Weinempfehlungen von Sommelier Michael Häni und ein professioneller Service runden das harmonische Fine-Dining-Erlebnis ab.

Die Burg

www.burg-aasen.de

VARTA-TIPP Küche VARTA-TIPP Service

Burgring 6, PLZ 78166 (OT: Aasen), **T 0771 17510050**
60 | Hauptgericht 23–37 €, Menü 80–150 € | So Mi-So Mo, Di

Mit großem Engagement und Leidenschaft betreiben die Brüder Grom dieses gastronomische Kleinod - Jason am Herd, Niklas im Service. Das schlichte und geradlinige Interieur ist die geschmackvolle Kulisse für eine erstklassige, handwerklich präzise Küche, die auf heimischen, jahreszeitlichen und vitalen Aspekten basiert. Bei seinem innovativen, siebengängigen „Burg"-Menü gelingt es Jason Grom, die Gäste auf eine außergewöhnliche Gourmetreise mitzunehmen. Das gilt ebenso kompromisslos auch für das Menü „Gartenliebe" (vegetarische Variante). Niklas Grom leitet freundlich und kompetent den Service, gibt gerne kenntnisreiche Tipps zur top sortierten Weinkarte und berücksichtigt feinfühlig Gästewünsche.

Schützen

www.schuetzen-donaueschingen.de

Josefstraße 2, PLZ 78166, **T 0771 17510677**
50 | Hauptgericht 17–42 €, Menü 65–90 € | Mi-Fr Mi-So Mo, Di

„Hausgemachte Kürbismaultaschen mit Salbeisahne, Kürbischutney und getrocknetem Ziegenfrischkäse" oder vielleicht doch lieber „Italienisches Flanksteak mit Steinpilz-Cognacrahm, Marktgemüse und Kartoffelpüree"? Hier kocht man traditionell-regional mit marktfrischen Produkten. Und das Restaurant selbst? Gemütliche Wirtshausatmosphäre mit geschmackvollem Dekor und gepflegter Tischkultur.

DONAUSTAUF 54 D

www.vg-donaustauf.de

Bayern | EW 4.100 | 358 m | Regensburg 10 km, Straubing 40 km

Posthotel

www.posthotel-donaustauf.de

★★★★ garni

Maxstraße 43, PLZ 93093, **T 09403 9100,** F 910910
73 Zimmer | 2 Suiten | Ez 103–113 €, Dz 152–162 €, inkl. Frühstück

In dem geschichtsträchtigen Hotel stehen geschmackvoll eingerichtete Gästezimmer bereit. Auch der neuzeitlich gestattete Tagungsbereich sowie der moderne Wellnesskomfort sprechen für dieses Haus. Das Restaurant „Zum Postillion" zeigt sich im eleganten Landhausstil und serviert sowohl bayerische Schmankerl als auch internationale Köstlichkeiten.

DONAUWÖRTH 59 B

www.donauwoerth.de

Bayern | EW 20.300 | 410 m | Nördlingen 28 km, Augsburg 42 km

Parkhotel
www.parkhotel-donauwoerth.de

Sternschanzenstraße 1, PLZ 86609 (OT: Parkstadt), **T 0906 706510,** F 7065180
51 Zimmer | 7 Suiten | Ez ab 105 €, Dz ab 140 €, inkl. Frühstück

Oberhalb der alten Reichsstadt liegt dieses gut geführte Hotel. Sie wohnen in hübsch eingerichteten Zimmern mit italienischem Landhausflair. Zum Haus gehören auch ein netter Wellnessbereich mit Sauna sowie ein neuzeitliches Restaurant mit tollem Panoramablick.

DORMAGEN 29 C
www.dormagen.de

Nordrhein-Westfalen | EW 62.498 | 45 m | Neuss 17 km, Köln 20 km

Schloss Friedestrom
www.friedestrom.de

Parkstraße 2, PLZ 41541 (OT: Zons), **T 02133 5030,** F 503290
44 Zimmer | Ez 75–199 €, Dz 95–219 € | 24 h

Direkt am linken Rheinufer liegt dieses komfortable Haus. Ansprechende Zimmerausstattung im französischen Landhausstil. Besonders nett sind die Studios, teilweise mit Klimaanlage und Rheinblick. Im Restaurant „Zum Volksgarten" wird eine frische internationale Küche aufgetischt.

Jetzt abonnieren: instagram.com/vartaguide

DORNUM 12 B
www.dornum.de

Niedersachsen | EW 4.752 | 5 m | Esens 14 km, Norden 21 km

Fährhaus
www.faehrhaus-nessmersiel.de

Dorfstraße 42, PLZ 26553 (OT: Neßmersiel), **T 04933 303**
19 Zimmer | Ez 75–90 €, Dz 120–160 €, inkl. Frühstück

Kleines, familiär geführtes Ferienhotel am Fähranleger nach Baltrum. Hier wohnen Sie in gepflegten Nichtraucherzimmern mit zeitloser Einrichtung. Fragen Sie nach den besonderen Frühjahrs-, Sommer- und Weihnachtsarrangements. Für Radfahrer verfügt man über einen abgeschlossenen Fahrradraum und eine Ladestation für E-Bikes.

Fährhaus

VARTA-TIPP Küche

65 | Hauptgericht 17–40 € | Mo-Di, Do-So ⃠ Mi ⃠ 7.1.–14.3.24

Gemütlich, ländlich und bodenständig. Maximilian Eberleh und Gerold Janssen verarbeiten möglichst biologische und fair erzeugte Produkte und begeistern ihre Gäste mit einer ambitionierten Saisonküche. Auf der wechselnden Karte stehen solch schmackhafte Gerichte wie „Weißes Nordsee-Heilbuttfilet | Gründeicher Bio-Mangold | kross gebratene Austernpilze | Pommerysenfsaatsauce | friesische Kleikartoffeln". An warmen Tagen sitzt man ganz besonders schön auf der netten Terrasse.

DÖRSCHEID 40 D
www.loreley-touristik.de

Rheinland-Pfalz | EW 405 | 340 m | Boppard 27 km, Koblenz 47 km

FETZ - Das Loreleyhotel
www.fetz-hotel.de

★★★ S garni

Oberstraße 19, PLZ 56348, **T 06774 267,** F 919087
30 Zimmer | Ez 75–140 €, Dz 120–165 €, inkl. Frühstück

Vorzeige-Landgasthaus, das vor allem bei Wanderern und Ausflüglern sehr beliebt ist. Wohnlich und farbenfroh gestaltete Nichtraucherzimmer, teils mit offenen Bädern und herrlichem Fernblick über das Rheintal. Für Entspannung sorgt ein kleiner Saunabereich. Sehr gutes Frühstück.

FETZ - Das Loreleyhotel

100 | Hauptgericht 20–40 €, Menü 36–57 € | Sa-So Mo-So

Wenn Sie eine frische regionale Küche mögen, sind Sie hier genau richtig. Wie wäre es z.B. mit „Rumpsteak vom Simmentaler Eifelrind mit Gin-Kräuterbutter, Rosmarinkartoffeln und Speckbohnen"? Dazu gibt es edle Tropfen vom familieneigenen Weingut. Großzügige Terrasse.

Schon probiert?

Der Varta-Führer ist auch als eBook für Ihren TabletPC oder Ihr Smartphone verfügbar!

DORSTEN 29 A
www.dorsten.de

Nordrhein-Westfalen | EW 75.547 | 31 m | Recklinghausen 16 km, Oberhausen 23 km

Rosin
www.frankrosin.de

VARTA-TIPP Küche   VARTA-TIPP Service

Hervester Straße 18, PLZ 46286 (OT: Wulfen), **T 02369 4322**
40 | Menü 112–190 € | Di-Sa Mo, So

Frank Rosin kennt man als exzellenten Gastronomen, sympathischen Fernsehkoch und Kochbuchautor. Auch nach über 30 Jahren ist sein Gourmetrestaurant Garant für eine innovative, prägnante Produktküche auf konstant hohem Niveau. Das ist aber noch nicht alles: Für jede Menge Charme sorgen das modern-elegante Ambiente sowie der liebenswerte Service. Und auch auf die Weinempfehlungen von Chef-Sommelière Susanne Spies können Sie sich verlassen.

Goldener Anker
www.bjoern-freitag.de

VARTA★TIPP Küche

Lippetor 4, PLZ 46282, **T 02362 22553**
40 | Menü 130–170 € | Mo-Fr Sa, So

Äußerlich wirkt das hist. Gebäude in der Innenstadt zwar recht einfach, doch drinnen empfängt Sie das Haus mit sachlich-modern und hochwertig eingerichteten Räumlichkeiten. Hier beglückt Sie Patron Björn Freitag zusammen mit seinem Küchenchef Mick Verheijen mit einer fantasievollen, leichten Gourmetküche nach klassisch französischem Vorbild. Geboten wird ein wechselndes Menü in 4 bis 7 Gängen. Dazu gibt es fachkundig ausgewählte Weine. Hauseigene Kochschule.

DORTMUND 29 B www.dortmund-tourismus.de

Nordrhein-Westfalen | EW 575.944 | 86 m | Castrop-Rauxel 13 km, Bochum 17 km
Reinoldikirche, St.-Petri-Kirche mit Antwerpener Schnitzaltar, Museum Ostwall, Konzerthaus, Brauereimuseum, Westfalenpark mit Deutschem Rosarium und Florianturm (Fernsehturm), Westfälisches Industriemuseum Zeche Zollern II/IV, Arbeitsschutzausstellung (DASA), Westfalenhallen, Spielbank Hohensyburg, Schloss Cappenberg.

Dorint An den Westfalenhallen hotel-dortmund.dorint.com

Lindemannstraße 88 (A4), PLZ 44137, **T 0231 91130,** F 9113999
219 Zimmer | 5 Suiten | Ez 95–205 €, Dz 95–218 € | 24 h

Das renovierte Geschäftshotel befindet sich vis-à-vis der Messe Westfalenhallen und dem Signal Iduna Park. Sie wohnen in geräumigen, stilvoll eingerichteten Zimmern und genießen alle Business- und Tagungsannehmlichkeiten. Im Restaurant „Davidis“ werden internationale und regionale Spezialitäten serviert.

L'Arrivée www.larrivee.de

★★★★

Wittbräucker Straße 565, PLZ 44267 (OT: Höchsten), **T 0231 880500,** F 88050100
70 Zimmer | 3 Suiten | 24 h

Business- und Freizeithotel am südlichen Stadtrand, umgeben von einer großzügigen Parkanlage. Modern eingerichtete Zimmer, teils mit Balkon oder Terrasse. Hauseigener SPA- und Wellnessbereich auf 1.000 qm, schicker Pool mit Gegenstromanlage.

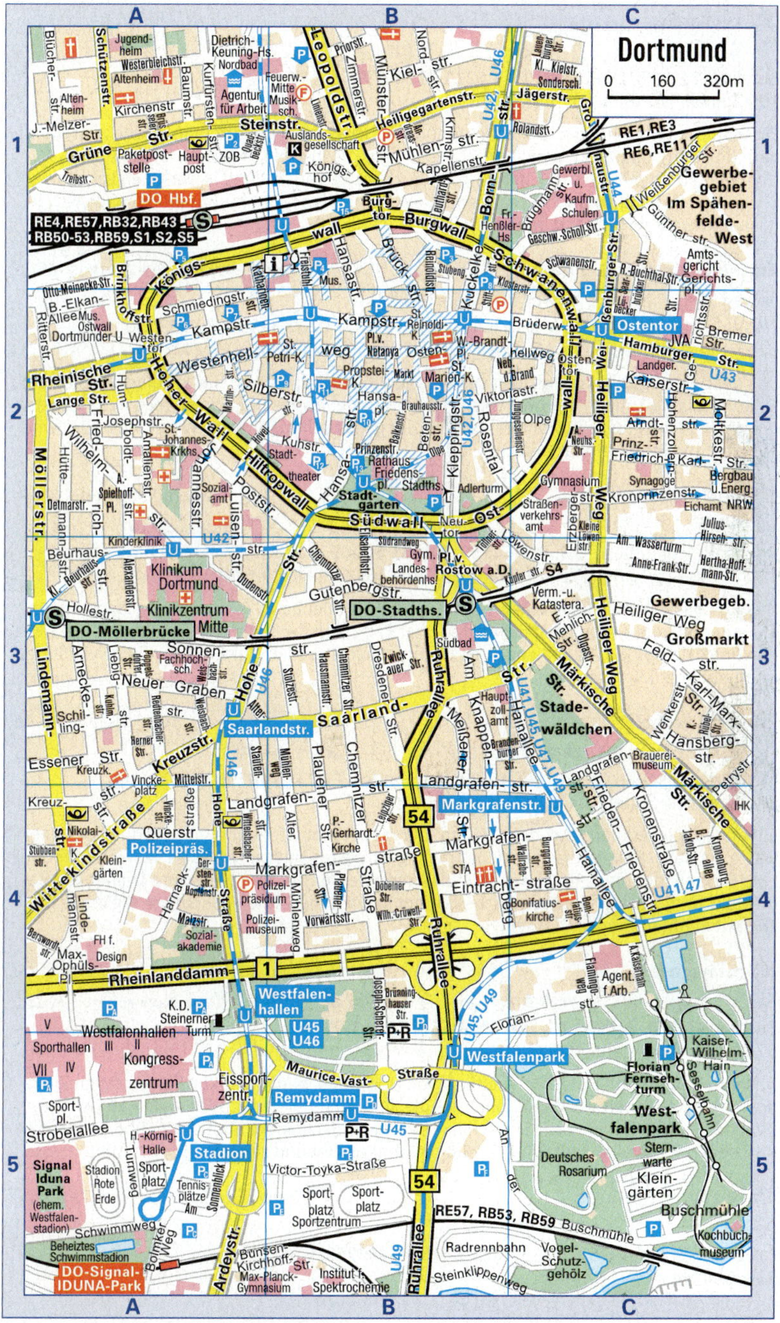
Dortmund
0
160
320m
A
B
C
1
2
3
4
5
DO Hbf.
RE4,RE57,RB32,RB43
RB50-53,RB59,S1,S2,S5
RE1,RE3
RE6,RE11
Steinstr.
Grüne Str.
Leopoldstr.
Münsterstr.
Heiligegartenstr.
Mühlenstr.
Kapellenstr.
Jägerstr.
Burgtor
Burgwall
Königswall
Schwanenwall
Ostentor
Hamburger Str.
Kaiserstr.
Brückstr.
Kampstr.
Westenhellweg
Ostenhellweg
Brüderweg
Westentor
Rheinische Str.
Lange Str.
Hoher Wall
Hiltropwall
Südwall
Ostwall
Neutor
Stadtgarten
Prinzenstr.
Rathaus
Friedensplatz
Stadthaus
Hansastr.
Hansaplatz
Kuckelke
Kleppingstr.
Silberstr.
Kuhstr.
Propstei-K.
St. Petri-K.
St. Reinoldi-K.
Markt
Marien-K.
W.-Brandt-Pl.
Viktoriastr.
Olpe
Rosental
Adlerturm
Gymnasium
Straßenverkehrsamt
Heiliger Weg
Gewerbegebiet Im Spähenfelde-West
Amtsgericht
Gerichtspl.
Bremer Str.
Landger.
JVA
Arndtstr.
Prinz-Friedrich-Karl-Str.
Kronprinzenstr.
Synagoge
Bergbau u.Energ. NRW
Eichamt
Am Wasserturm
Anne-Frank-Str.
Hertha-Hoffmann-Str.
Julius-Hirsch-Str.
Möllerstr.
Klinikum Dortmund
Klinikzentrum Mitte
Kinderklinik
DO-Möllerbrücke
Hollestr.
Beurhausstr.
Sonnenstr.
Neuer Graben
Hohe Str.
Saarlandstr.
Kreuzstr.
Lindemannstr.
Essener Str.
Wittekindstraße
Polizeipräs.
Polizeipräsidium
Polizeimuseum
Sozialakademie
Markgrafenstraße
Landgrafenstr.
Markgrafenstr.
Chemnitzer Straße
Plauener Str.
Vorwärtsstr.
Ruhrallee
Gutenbergstr.
DO-Stadths.
Rostow a.D.
Südbad
Am Knappenberg
Hainallee
Märkische Str.
Stadewäldchen
Gewerbegeb. Großmarkt
Heiliger Weg
Kronenstraße
Friedenstr.
Eintrachtstraße
Bonifatiuskirche
Hauptzollamt
Brauereimuseum
Rheinlanddamm
1
54
Westfalenhallen
Kongresszentrum
Sporthallen
K.D. Steinerner Turm
Eissportzentr.
Maurice-Vast-Straße
Remydamm
Strobelallee
Stadion
Signal Iduna Park (ehem. Westfalenstadion)
Stadion Rote Erde
Sportplatz
Tennisplätze
Schwimmweg
Beheiztes Schwimmstadion
DO-Signal-IDUNA-Park
Ardeystr.
Victor-Toyka-Straße
Sportzentrum
Bunsen-Kirchhoff-Str.
Max-Planck-Gymnasium
Institut f. Spektrochemie
Westfalenpark
Florian Fernsehturm
Florianstr.
Deutsches Rosarium
Sternwarte
Kleingärten
Buschmühle
Kochbuchmuseum
Kaiser-Wilhelm-Hain
Radrennbahn
Vogelschutzgehölz
RE57, RB53, RB59
Steinklippenweg
Agent. f.Arb.
U41,47
U45,U49
U45
U46
U49
U42
U43
U44
S4
P+R

Leonardo
www.leonardo-hotels.de

Burgwall 11-13 (B1), PLZ 44135, **T 0211 7771977**
190 Zimmer | 24 h

Ein moderner Hotelneubau mitten in der Dortmunder City in unmittelbarer Nähe zum Hauptbahnhof. Zeitgemäße, klimatisierte Gästezimmer, die in drei Kategorien buchbar sind. Überall moderner Industrial-Chic-Style, so auch im Restaurant und in der Open Lobby mit Rezeption, Bar und kostenfrei nutzbarer Co-Working-Area. Zum Haus gehören auch ein Fitnessraum und ein Veranstaltungsbereich.

Parkhotel Wittekindshof
www.parkhotel-wittekindshof.de

★★★★

Westfalendamm 270, PLZ 44141 (OT: Gartenstadt), **T 0231 51930,** F 5193100
62 Zimmer | 3 Suiten | Ez 115–168 €, Dz 145–195 €, 17,00 € | 24 h

Das gepflegte Traditionshaus liegt verkehrsgünstig an der B1 und bietet seinen Gästen helle, komfortable Zimmer mit zeitgemäßer Ausstattung. Im geschmackvoll renovierten Restaurant „Widu" mit großer Gartenterrasse und der gemütlich-rustikalen „Wittekindstube" wird regional und international gekocht.

Radisson Blu
www.radissonhotels.com

An der Buschmühle 1 (C5), PLZ 44139, **T 0231 10860,** F 1086777
190 Zimmer | 5 Suiten | Ez 99–254 €, Dz 124–269 €, inkl. Frühstück | 24 h

Das Businessdomizil liegt verkehrsgünstig am Westfalenpark. Komfortabel ausgestattete Zimmer und gute Tagungsmöglichkeiten. Wer Entspannung sucht: Active Club mit beheizbarem Pool, Dampfbad, Sauna und Fitnessraum. Im Restaurant „GINGER" wird eine vielfältige internationale Küche serviert.

Der Lennhof
www.der-lennhof.de

★★★★

Menglinghauser Straße 20, PLZ 44227 (OT: Barop), **T 0231 758190,** F 7581960
34 Zimmer | 4 Suiten | 24 h

Ein altes Fachwerkhaus aus dem 14. Jhd. mit modernem Interieur und individuell designten Gästezimmern. Besonders geschichtsträchtig ist dieses Haus angesichts seiner Verbindung zum Fußball, denn das Hotel war einst das zentrale Domizil für Spieler und Trainer von Borussia Dortmund. Im hauseigenen Restaurant serviert man eine nachhaltige regionale Küche mit mediterranen Einflüssen.

Esplanade
www.esplanade-dortmund.de

★★★★

Burgwall 3 (B1), PLZ 44135, **T 0231 58530,** F 5853270
97 Zimmer | 18 Apartments | 24 h

Das inhabergeführte Hotel am Stadtwall von Dortmund wurde erst kürzlich umfangreich renoviert und erweitert. Panoramablick auf die Reinoldikirche oder Blick in den grünen Innenhof? Für welche Aussicht Sie sich auch immer entscheiden, die Zimmer überzeugen mit durchdachtem Design, geschmackvollem Wohnkomfort und zeitgemäßer Technik.

Hampton by Hilton
www.hiltonhotels.de/deutschland

★★★S

Faßstraße 3, PLZ 44263 (OT: Hörde), **T 0231 9479900,** F 947990100
130 Zimmer

Das moderne Geschäftshotel liegt direkt am See und ist trotzdem nur 4 Kilometer vom Stadtzentrum und Hauptbahnhof entfernt. Das Haus bietet freundliche, funktionale Zimmer, darunter zwei barrierefreie und acht Familienzimmer. Zum Freizeitangebot gehört ein rund um die Uhr geöffnetes Fitnesscenter.

Steigenberger
www.dortmund.steigenberger.de

Berswordtstr. 2 (A4), PLZ 44139, **T 0231 90210,** F 9021999
166 Zimmer | 4 Suiten | Ez 90–299 €, Dz 95–313 € | 24 h

Nur wenige Gehminuten von den Westfalenhallen, dem Stadion und dem berühmten Kreuzviertel entfernt liegt dieses Hotel mit zweckmäßig eingerichteten Zimmern. Kleiner Wellness- und Fitnessbereich mit Sauna und Dampfbad. Restaurant mit regionaler Küche und Sommerterrasse.

Coffee Fellows Hotel
www.coffee-fellows.com/hotel/dortmund

Schwarze-Brüder-Straße 1 (B2), PLZ 44137, **T 0231 54509870,** F 55749471
65 Zimmer

2018 eröffnetes Boutique-Hotel im Herzen von Dortmund. Die Gästezimmer sind hell, im modernen Industrial Style gehalten und mit viel Liebe zum Detail eingerichtet. Im angeschlossenen Coffeeshop werden frisch zubereitete Bagels, süße Naschereien und hochwertige Kaffeevariationen angeboten.

Grammons Restaurant
www.grammons.de

VARTA-TIPP Küche **VARTA-TIPP** Service

Wieckesweg 29, PLZ 44309, **T 0231 93144465**
32 | Menü 159–169 € | Do Mi-Sa Mo, Di, So

Inhaber und Küchenchef Dirk Grammon sorgt in diesem modernen, sehr stimmungsvoll gestalteten Gourmetlokal für eine sinnliche, elegante und tiefgründige Küche, die in Erinnerung bleibt. Seine Kochkunst unterliegt unverkennbar den französischen Wurzeln, ist aber stets weltoffen und legt den Fokus auf höchste Produktqualität. Serviert wird ein aufwendig kreiertes Degustationsmenü (bis 7 Gänge), das keine Wünsche offen lässt. Für die stimmige Weinbegleitung sorgt Sommelier Peter Jakob.

La Cuisine Mario Kalweit
www.mariokalweit.de

VARTA-TIPP Service

Lübkestraße 21, PLZ 44141 (OT: Gartenstadt), **T 0231 5316198**
25 | Hauptgericht 30–44 €, Menü 65–76 € | Di-Sa Mo, So

Unprätentiös und charmant zeigt sich das Restaurant in der ehem. Tennisclubvilla. Hier kommt keine Schwellenangst auf, stattdessen genießen Sie die einfallsreichen Tafelfreuden von Mario Kalweit - wie etwa „Zander im Gemüsemantel gebraten mit glasiertem Schwarzkohl und Zwiebelsud“. Mit Engagement, Können und ihrer charmant-herzlichen Art ist Susanne Thoenes der „Sonnenschein“ im Service.

The Stage
www.thestage-dortmund.com

VARTA-TIPP Küche

Karlsbader Straße 1a, PLZ 44225 (OT: Hombruch), **T 0231 7100111**
40 | Menü 95–149 € | Di-Sa Mo, So

››

In der 7. Etage des Dula-Centers geht es kulinarisch exklusiv zu! Hier verwöhnt Sie Michael Dyllong mit seiner modernen, innovativen Gourmetküche. Was im geradlinig-schick designten Restaurant an Aromenvielfalt, feinen Kontrasten und Tiefgang geboten wird, ist ebenso bemerkenswert wie die fantastische Aussicht auf die Skyline von Dortmund. Der Service ist aufmerksam und geschult. Das attraktive Weinangebot umfasst ausgesuchte Tropfen sowie einige Raritäten.

Restaurant VIDA www.vida-dortmund.com

Hagener Straße 231, PLZ 44229 (OT: Kirchhörde), **T 0231 95009940**
45 | Hauptgericht 24–49 €, Menü 59–78 € | Di-Sa Mo, So

Jung, lässig und urban zeigt sich dieses stylishe Restaurant am grünen Stadtrand von Dortmund. Originelles Interieur: Die Tapeten kommen aus Paris, die Fliesen aus New York, dazu Stühle aus Belgien und Lampen aus Dänemark. Serviert wird ein Mix aus mediterraner, asiatischer und gutbürgerlicher Küche.

Café Strickmann www.cafe-strickmann.de

Wißstraße 26-28 (B2), PLZ 44137, **T 0231 140015**
30 | Hauptgericht 10–17 € | Mo–Fr 09:00–18:00 Uhr, Sa 08:30–17:00 Uhr

Die Dortmunder mögen dieses traditionsreiche Kaffeehaus in der Nähe des Stadtgartens, das 2021 sein hundertjähriges Bestehen feiern konnte. Die Kuchen und Torten sind von exzellenter Qualität. Die hausgemachte Apfeltarte sollten Sie unbedingt probieren! Im Sommer sitzt man wunderbar im windgeschützten Terrassengärtchen oder vor dem Café.

Jetzt abonnieren: instagram.com/vartaguide

DOSSENHEIM 51 C www.dossenheim.de

Baden-Württemberg | EW 12.185 | 153 m | Schriesheim 3 km, Heidelberg 5 km

midori - the green guesthouse www.midori-guesthouse.com

garni

Friedrich-Ebert-Straße 4, PLZ 69221, **T 06221 872980,** F 87298142
70 Zimmer | 4 Suiten | Ez 74–130 €, Dz 94–147 €

Das umweltfreundliche Nichtraucherhotel verfügt über geräumige, minimalistisch eingerichtete Zimmer, die in den Kategorien „Blue“ (Standard), „Yellow“ (Comfort) und „Green“ (Suite) buchbar sind. Sehr gutes Frühstücksbuffet. Skylounge mit Dachterrasse, die einen spektakulären Blick auf Heidelberg und die Rheinebene bietet.

Jetzt vorbeischauen: pinterest.com/vartaguide

DRACHSELSRIED 55 C www.drachselsried.de

Bayern | EW 2.362 | 535 m | Bodenmais 8 km, Viechtach 14 km

Der Varta-Führer digital

Der Varta-Führer ist auch als eBook erhältlich. Ganz einfach online laden und mobil auf Ihrem Smartphone oder Tablet nutzen.

Weitere Hotel- und Restaurantempfehlungen sowie zahlreiche Freizeittipps erhalten Sie unter: **www.varta-guide.de**

Riedlberg
www.riedlberg.de

Riedlberg 1, PLZ 94256, **T 09924 94260,** F 7273
58 Zimmer | 15 Suiten | Ez ab 136 €, Dz ab 252 €, inkl. Vollpension

In toller Alleinlage auf 730 Metern Höhe direkt am Großen Arber liegt dieses familiengeführte Sport- und Ferienhotel. Hier erwarten Sie neuzeitliche Zimmer mit ansprechender Farbgestaltung und gutem Platzangebot. Besonders exklusiv logieren Sie in den luxuriösen Chaletsuiten. Für Entspannung sorgt der 5.000 qm große Wellnessbereich.

Hotel der Bäume
www.hotelderbaeume.de

garni

Asbach 10, PLZ 94256 (OT: Asbach), **T 09923 2212,** F 3767
28 Zimmer | 3 Suiten | Ez 60–69 €, Dz 96–185 €, 14,00 €

Ein echtes Paradies für Naturliebhaber! Sie wohnen in Baumzimmern, die mit modernen Holzmöbeln und passenden Bildern mit Naturmotiven eingerichtet sind. Hübsch auch der Wellnessbereich „Baum-SPA" mit Sauna, Dampfbad, Indoorpool und Außenkneippbecken.

DREIEICH 41 D
www.dreieich.de

Hessen | EW 45.984 | 170 m | Offenbach 13 km, Frankfurt/Main 14 km

Alte Bergmühle
www.alte-bergmuehle.de

Geißberg 25, PLZ 63303 (OT: Dreieichenhain), **T 06103 81858,** F 88999
14 Zimmer | 1 Suite | Ez 85 €, Dz 110–135 €, inkl. Frühstück

In diesem familiär geführten Haus erwarten Sie liebevoll gestaltete Landhauszimmer mit englischem und französischem Interieur. In den holzgetäfelten Gaststuben und auf der schönen Innenhofterrasse werden regionale und internationale Speisen serviert.

DREIS 49 A
www.vg-wittlich-land.de

Rheinland-Pfalz | EW 1.400 | 170 m | Wittlich 8 km, Trier 32 km

Anzeige

Waldhotel Sonnora

www.hotel-sonnora.de

VARTA★TIPP Service

Auf'm Eichelfeld 1, PLZ 54518, **T 06578 98220,** F 1402
15 Zimmer | Ez 210–295 €, Dz 260–360 €, inkl. Frühstück | ⊘ 18.12.23–11.1.24

Eine echte Institution in der Eifel. Bereits seit 1978 existiert dieser vorbildlich geführte Familienbetrieb in einzigartiger Lage, umgeben von Wald und einem 20.000 qm großen Park. Höchster Wohnkomfort? Dezenter Luxus? Exzellenter Service? Ein klares „Ja"! Das außergewöhnliche Hotel mit seinen hochwertig eingerichteten Zimmern verspricht Entspannung, Erholung und Genuss in wunderschönem Ambiente. Auf keinen Fall verpassen sollten Sie das exzellente Gourmetfrühstück.

Restaurant Sonnora

VARTA★TIPP Küche VARTA-TIPP Service

40 | Hauptgericht 75–125 €, Menü 298 € | Fr-So Do-So ⊘ Mo, Di, Mi ⊘ 18.12.23–11.1.24

Ein absolutes Aushängeschild für Spitzengastronomie! Harmonisch, ausdrucksstark, kreativ: Die zeitgemäße Hochküche kombiniert sowohl klassische als auch regionale Elemente, setzt auf präzises Handwerk und höchste Produktqualität. Noch immer ist auf den Tellern von Clemens Rambichler die Handschrift seines Lehrmeisters Helmut Thieltges zu erkennen, der dieser Gourmetadresse über vier Jahrzehnte zu internationalem Ruhm verholfen hat. Zweifellos wird dieser Klasse auch das erlesene Interieur gerecht, alles vom Feinsten! Das i-Tüpfelchen: die aufmerksame und zuvorkommende Servicecrew nebst fachkundiger Weinberatung.

DRENSTEINFURT 30 A — www.drensteinfurt.de

Nordrhein-Westfalen | EW 15.239 | 64 m | Hamm 19 km, Münster 22 km

Lohmann — www.hotel-restaurant-lohmann.de

★★★ garni

Alberslloher Straße 25, PLZ 48317 (OT: Rinkerode), **T 02538 203,** F 952444
8 Zimmer | Ez ab 60 €, Dz ab 90 €, inkl. Frühstück

Das älteste Gasthaus im Ortsteil Rinkerode befindet sich bereits seit dem 18. Jhd. in Familienbesitz. Komfortabel und individuell eingerichtete Gästezimmer. Das Restaurant mit Café und Biergarten unter alten Linden serviert westfälische und mediterrane Küche.

DRESDEN 36 C — www.dresden.de/tourismus

Sachsen | EW 530.745 | 113 m | Görlitz 98 km, Leipzig 111 km

Altstadt mit Frauenkirche und Albertinum, barocker Zwinger mit Gemäldegalerie, Mathematisch-Physikalischer Salon und Porzellansammlung, Theater- und Schlossplatz, Taschenbergpalais, Residenzschloss mit Grünem Gewölbe (Juwelensammlung), Semperoper, Hofkirche (Kathedrale) mit 78 Heiligenstatuen, Brühlsche Terrasse, Schloss Pillnitz in chinesischem Stil, Dresdner Elbtal.

Einen Cityplan finden Sie auf Seite 332.

Bilderberg Bellevue Hotel — www.bilderberg-bellevue-dresden.de

garni

Große Meißner Straße 15 (B1), PLZ 01097, **T 0351 8050,** F 8051609
340 Zimmer | 21 Suiten | Ez 89–399 €, Dz 99–409 €, 25,00 € | 24 h

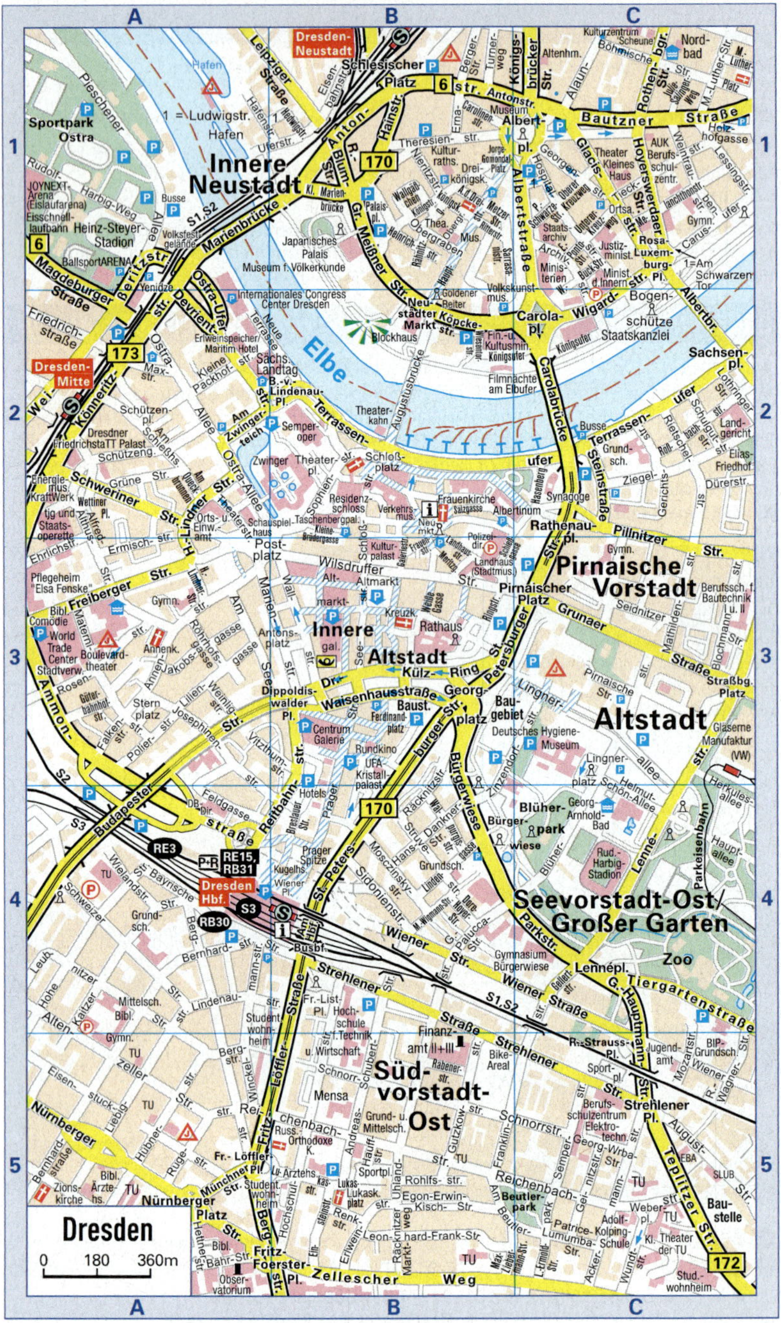
A
B
C
1
2
3
4
5
Dresden-Neustadt
Dresden-Mitte
Dresden Hbf.
Innere Neustadt
Innere Altstadt
Pirnaische Vorstadt
Altstadt
Seevorstadt-Ost/ Großer Garten
Süd-vorstadt-Ost
Elbe
Sportpark Ostra
Heinz-Steyer-Stadion
Japanisches Palais
Museum f. Völkerkunde
Internationales Congress Center Dresden
Sächs. Landtag
Semper-oper
Zwinger
Residenz-schloss
Frauenkirche
Albertinum
Synagoge
Rathaus
Kulturpalast
Deutsches Hygiene-Museum
Blüher-park
Zoo
Großer Garten
Leipziger Straße
Bautzner Straße
Königsbrücker Str.
Albertstraße
Carolabrücke
Augustusbrücke
Marienbrücke
Terrassenufer
Wilsdruffer Str.
Grunaer Straße
Pillnitzer Str.
Schweriner Str.
Freiberger Str.
Ammonstr.
Budapester Straße
Magdeburger Straße
Prager Str.
Wiener Str.
Strehlener Str.
Tiergartenstraße
Teplitzer Str.
Nürnberger Str.
Zellescher Weg
St. Petersburger Str.
Bürgerwiese
Lennépl.
Neustädter Markt
Carolapl.
Albertpl.
Pirnaischer Platz
Postplatz
Altmarkt
Neumarkt
Schloßplatz
Theaterpl.
Fritz-Foerster-Pl.
Münchner Pl.
Dresden
0 180 360m

Das komfortable Hotel ist eingebettet in die malerischen Bellevuegärten und bietet geschmackvoll renovierte Zimmer in unterschiedlichen Kategorien. Fitness- und Wellnessbereich mit dem größten Hotelpool Dresdens. Zum gastronomischen Angebot zählen das „Pöppelmanns - Bar & Dine“ und ein schöner Biergarten am Ufer der Elbe mit direktem Blick auf die Dresdner Altstadt.

Bülow Palais www.buelow-palais.de

VARTA★TIPP Ambiente VARTA-TIPP Service

★★★★★S garni

Königstraße 14 (B1), PLZ 01097 (OT: Barockviertel), **T 0351 80030,** F 8003100
58 Zimmer | 11 Suiten | Ez ab 155 €, Dz ab 155 €, ab 30,00 € | 24 h

Das noble, privat geführte Hotel mit seiner barock anmutenden Fassade gehört zweifellos zu den Top-Adressen in Dresden. Die Zimmer überzeugen durch ihre exklusive Ausstattung mit edlen Stoffen, warmen Farben und hochwertigen Accessoires. Karibisches Flair versprüht der „Palais SPA“. Nicht zu vergessen das hervorragende Gourmetfrühstück und das vorbildliche Dienstleistungsniveau in allen Bereichen des Hauses. Auf Wunsch bietet man Chauffeurdienste und Shuttleservices.

Caroussel Nouvelle

VARTA-TIPP Küche

45 | Hauptgericht 26–40 €, Menü 120–150 € | Mo-So

Ehrlich, entspannt, kosmopolitisch - so zeigt sich das stilvoll-elegante Hotelrestaurant. Je nach Geschmack und Anlass können Sie hier zwischen einem Gourmetmenü (auch als vegetarische Variante) oder bekannten Klassikergerichten wählen. Verantwortlich dafür zeichnet Küchenchef Sven Vogel. Seine Küche ist zeitgemäß und international inspiriert, wenngleich der Einfluss der französischen Haute Cuisine erkennbar ist. Dazu ein niveauvoller Service unter der Leitung von Dennis Gläßer und ein stimmiges Weinangebot mit Schwerpunkt Deutschland. Tipp: Aperitif an der loungigen „PALAIS BAR“.

Gewandhaus Dresden www.gewandhaus-hotel.de

GREENSIGN ★★★★★S garni

Ringstraße 1 (B3), PLZ 01067, **T 0351 49490,** F 4949490
97 Zimmer | 3 Suiten | Ez 160–330 €, Dz 190–380 €, 30,00–60,00 € | 24 h

Das geschichtsträchtige, von 1768 bis 1770 als Tuchmacherhaus errichtete Barockgebäude bietet wohnlich eingerichtete Zimmer und Suiten, die durch exklusive Stoffe sowie edle Designermöbel geprägt sind. Zum Haus gehören auch eine Bibliothek, ein SPA-Bereich sowie fünf modern ausgestattete Tagungsräume.

[m]eatery www.meatery.de/meatery-dresden

60 | Hauptgericht 16–66 €, Menü 49 € | Mo-Fr Di-Sa So »

Das etablierte [m]eatery-Konzept weiß auch in Dresden zu überzeugen. Hier speisen Sie in einer stylish-edlen Atmosphäre. Serviert werden hauseigene gereifte Steaks (Dry Aged Beef), frische Fischspezialitäten vom Grill sowie selbstgemachte und qualitativ hochwertige Burger.

Hyperion Hotel
www.h-hotels.com

Schloßstraße 16 (B2), PLZ 01067 (OT: Altstadt), **T 0351 501200,** F 50120555
235 Zimmer | 5 Suiten | 24 h

Dieses Hotel befindet sich vis-à-vis dem Residenzschloss und verfügt über geschmackvoll eingerichtete Zimmer und Suiten mit unterschiedlichen Raumschnitten. Hübscher SPA-Bereich im hist. Felsenkeller mit Saunalandschaft und Fitnessraum.

Maritim
www.maritim.de

Devrientstraße 10-12 (A2), PLZ 01067, **T 0351 2160**
328 Zimmer | 31 Suiten | 24 h

Komfortables Geschäftshotel am Elbufer mit unterirdischer Verbindung zum Kongresszentrum. Hier erwarten Sie großzügige und moderne Gästezimmer. Exklusiver Wellnessbereich mit Pool und Saunalandschaft. Im hoteleigenen Restaurant mit Wintergarten und Terrasse wird international gekocht.

Steigenberger Hotel de Saxe
www.desaxe-dresden.steigenberger.de

Neumarkt 9 (B3), PLZ 01067, **T 0351 43860,** F 4386888
185 Zimmer | 7 Suiten | Ez 109–352 €, Dz 129–372 €, 28,00 € | 24 h

Im hist. Zentrum - vis-à-vis der Frauenkirche - liegt dieses Hotel. Hier übernachten Sie in modernen und komfortabel eingerichteten Zimmern mit Ausblick auf die barocke Pracht Dresdens. Großzügig angelegte „Spa World Comfort“ mit diversen Saunen. Das Restaurant im 1. Stock bietet regionale und internationale Spezialitäten.

Arcotel HafenCity
hafencity.arcotel.com

★★★★

Leipziger Straße 29 (↖ A1), PLZ 01097 (OT: Neustadt), **T 0351 4481110**
183 Zimmer | 10 Suiten, Dz 74–286 €, bis 21,00 € | 24 h

Ebenso jung, hipp und modern wie die umliegende Hafencity präsentiert sich das 2021 eröffnete Lifestyle-Hotel. Die hellen, freundlichen Zimmer überzeugen mit schnörkellosem Design und moderner Technik. Besonders attraktiv sind die Themenzimmer mit Namen wie „Welten Blick“, „Bunte Bude“ oder „Käptn's Kajüte“. Dazu ein offenes Gestaltungskonzept aus Rezeption, Gastronomiebereich und Lounge-Areal.

ElbUferei
www.elbuferei.de

VARTA-TIPP Küche

Hauptgericht 18–46 €, Menü 54 € | Mo-So

Modern-maritimes Ambiente, unkonventioneller Service und eine frische ambitionierte Küche ziehen nicht nur Hotelgäste an. Hier ist Wohlfühlen, Abschalten und Genießen angesagt. Küchenchef Marcel Kube kocht unkompliziert, modern und kreativ. Dabei verwendet er bevorzugt saisonale Produkte von lokalen Erzeugern aus Sachsen. Wie wäre es z.B. mit „Maishähnchensupreme | Vadouvanjus | Karotte | Falafel“? Jeden ersten Sonntag im Monat: mediterraner Brunch. Tolle Sommerterrasse mit Altstadtblick.

Elbflorenz
www.hotel-elbflorenz.de

Rosenstraße 36 (A3), PLZ 01067, **T 0351 86400,** F 8640100
214 Zimmer | 21 Suiten | 24 h

Im toskanischen Stil präsentiert sich dieses privat geführte Business- und Familienhotel. Es bietet seinen Gästen verschiedene Zimmerkategorien, einen kleinen Sauna- und Fitnessbereich, ein italienisches Restaurant, eine großzügige Lobbybar sowie eine separate Tagungsetage.

Hilton
www.hiltonhotels.de

An der Frauenkirche 5 (B2), PLZ 01067 (OT: Altstadt), **T 0351 86420,** F 8642725
333 Zimmer | 12 Suiten | Ez 119–285 €, Dz 134–299 €, inkl. Frühstück | 24 h

Das Hotel liegt direkt an der Frauenkirche. Es bietet moderne Gästezimmer mit großem Schreibtisch und guter technischer Ausstattung. Zum Haus gehören ein 1.100 qm großer Wellnessbereich, 12 Veranstaltungsräume sowie mehrere Restaurants und Bars.

Innside by Meliá
www.melia.com

★★★★ S

Salzgasse 4 (B2), PLZ 01067 (OT: Altstadt), **T 0351 795150,** F 795154099
180 Zimmer | 17 Suiten | 24 h

Schlichter Hotelbau mit moderner Atriumlobby. Helle, stylishe Gästezimmer mit bequemen Kingsizebetten und innovativ gestalteten Bädern. Ansprechender Wellnessbereich mit Sauna und Dampfbad. Bei schönem Wetter kann man auch auf der Terrasse frühstücken.

VEN Restaurant
www.ven-dresden.de

Rampische Straße 9 (B2), PLZ 01067 (OT: Altstadt)
120 | Hauptgericht 17–30 €, Menü 48–66 € | Di-Sa Mo, So

Schauen Sie sich das Restaurant am besten selbst an, denn die urbane Atmosphäre, die bemerkenswerte Raumhöhe und das stylishe Interieur sind wirklich beeindruckend! In diesem stimmungsvollen Rahmen serviert man Ihnen eine international beeinflusste Fusionsküche. Nette Innenhofterrasse.

NH Dresden Altmarkt
www.nh-hotels.de

★★★★ S

An der Kreuzkirche 2 (B3), PLZ 01067, **T 0351 501550,** F 50155100
240 Zimmer | 11 Suiten

Die Lage ist ideal: direkt am Altmarkt! Und man wohnt richtig schön, dafür sorgen die modern und schnörkellos eingerichteten Zimmer sowie der zuvorkommende Service. Nett sind das Restaurant in der ersten Etage sowie der Wellnessbereich mit Dampfbad und Regenduschen. Gute Tagungsmöglichkeiten.

Schloss Eckberg
www.schloss-eckberg.de

★★★★ S

Bautzner Straße 134, PLZ 01099, **T 0351 80990,** F 8099199
84 Zimmer | 5 Suiten | Ez 70–165 €, Dz 90–230 €, 25,00 € | 24 h

Traditionsreicher Herrensitz mit großem Parkgelände. Im neugotischen Schloss sowie im Kavaliershaus stehen Zimmer unterschiedlicher Kategorien zur Verfügung. Stilvolles Restaurant mit feiner bürgerlicher Küche. Elbterrasse mit Blick auf die Dresdner Altstadt.

Suitess
www.suitess-hotel.com

VARTA-TIPP Ambiente **VARTA-TIPP** Service

★★★★★S garni

An der Frauenkirche 13 (B2), PLZ 01067 (OT: Altstadt), **T 0351 417270,** F 41727160
25 Zimmer | 14 Suiten | 4 Apartments | Ez 109–260 €, Dz 129–260 €, 35,00 € | 24 h

Dieses exklusive Hotel mit originaler Barockfassade befindet sich inmitten der wiedererrichteten Altstadt. Hier logieren Sie in komfortablen Zimmern oder extravaganten Suiten, die im Biedermeierstil und mit erlesenen Accessoires eingerichtet sind. Dazu schöne Badezimmer aus italienischem Marmor. Mit einem sehr guten Frühstück über den Dächern Dresdens starten Sie in den Tag. Auch Service, Wellnessbereich und das gastronomische Angebot überzeugen.

Moritz an der Frauenkirche
www.moritz-dresden.de

24 | Hauptgericht 20–42 €, Menü 69–89 € | Mo-So

Das moderne Restaurant eignet sich bestens für ein abendliches Dinner zu zweit oder mit Freunden. Serviert wird regionale und saisonale Küche mit internationalem Einfluss. Vom Wintergarten hat man einen herrlichen Blick auf die Kuppel der Frauenkirche.

Amedia Plaza
www.amediahotels.com/deutschland/dresden-plaza

★★★★S garni

Jüdenhof 9 (B2), PLZ 01067 (OT: Altstadt), **T 0351 213120,** F 21312999
105 Zimmer | 2 Suiten | 24 h

Das Hotel hat man wunderbar in das rekonstruierte Barockensemble Dinglingerhaus-Jüdenhof am Dresdner Neumarkt integriert. Blickfang in der Lobby sind Kunstwerke der Künstlerin Simone Gutsche-Sikora. Die modernen, farbenfrohen Zimmer schmücken unterschiedliche großformatige Schwarz-Weiß-Aufnahmen von Dresdner Sehenswürdigkeiten.

Hotel Indigo Dresden
www.hotelindigo.com/dresden

★★★★★S garni

Wettiner Platz 1 (A2), PLZ 01067, **T 0351 3155290,** F 315529100
132 Zimmer

Direkt am Wettiner Platz liegt dieses zunächst unscheinbar wirkende Gebäude. Das Interieur: Ein Mix aus modernem Industriedesign und historischer Barockarchitektur - stylish, trendy und hochwertig. Die Zimmer sind zwar nicht allzu groß, dafür aber bestens ausgestattet. Hauseigener Fitnessbereich.

Leonardo Dresden Altstadt
www.leonardo-hotels.com

★★★★★S garni

Magdeburger Straße 1a (A2), PLZ 01067 (OT: Altstadt), **T 0351 486700,** F 48670100
162 Zimmer | Ez 59–249 €, Dz 69–259 €, 14,00 € | 24 h

Modernes siebenstöckiges Geschäfts- und Stadthotel in Altstadtnähe. Komfortabel eingerichtete Zimmer mit zeitgemäßer Ausstattung, teils Blick auf das Jenidzengebäude und die Elbe. Restaurant mit Terrasse und internationaler Küche.

Schloss Hotel
www.schlosshotel-pillnitz.de

★★★★★S garni

August-Böckstiegel-Straße 10, PLZ 01326 (OT: Hosterwitz/Pillnitz), **T 0351 26140,** F 2614400
45 Zimmer | 3 Suiten | Ez ab 107 €, Dz ab 107 €, inkl. Frühstück | 24 h

Das privat geführte Schlosshotel befindet sich auf dem Gelände der Sommerresidenz, welche einst dem König von Sachsen gehörte. Hier wohnen Sie in romantischen Zimmern mit dezentem, mediterranem Touch. Das gastronomische Angebot reicht vom behaglichen Kaminrestaurant über das lichtdurchflutete Wintergartencafé bis zum sonnigen Biergarten.

Taschenbergpalais Kempinski Neu! www.kempinski.com/de

★★★★★S garni

Taschenberg 3 (B2), PLZ 01067 (OT: Altstadt), **T 0351 49120,** F 4912812
213 Zimmer | 32 Suiten | 24 h

Die sächsische Luxusherberge mit ihrer einzigartigen barocken Architektur wurde 2023 umfassend renoviert. Bei Redaktionsschluss für diese Buchausgabe war das Hotel noch geschlossen. Neubewertung folgt.

Das Palais Neu!

T 0351 4912710
60 | Hauptgericht 17–44 € | Mo-Di, Do-So Mi

Das ehemalige „Palais Bistro“ ist mit seiner neuen hellen Innenausstattung und den charakteristischen Kronleuchtern nach der umfassenden Renovierung noch eleganter geworden. Gekocht wird modern und unkompliziert. Serviert werden bewährte Klassiker wie Beef Tatar oder Wiener Schnitzel sowie internationale Gerichte, die speziell auf die aktuell verfügbaren Saisonzutaten abgestimmt sind. Toll die Terrasse, direkt im Herzen der historischen Altstadt.

elements www.restaurant-elements.de

VARTA-TIPP Küche VARTA-TIPP Service

Königsbrücker Straße 96, PLZ 01099 (OT: Neustadt), **T 0351 2721696**
34 | Hauptgericht 35–45 €, Menü ab 95 € | Mi-Sa Mo, Di, So

Stylishes Restaurant mit Loftambiente und reichlich Industriecharme auf dem Areal einer ehem. Maschinenfabrik. Stephan Mießner bietet eine gehobene internationale Küche - wahlweise à la carte oder in Menüform. Seine modernen Gerichte sind pfiffig, aufwendig und aromenintensiv. Dazu gibt es eine attraktive Weinauswahl. Nach dem Essen kann man es sich in der hübschen Zigarrenlounge noch gemütlich machen.

Elements Deli

Königsbrücker Straße 96, PLZ 01099 (OT: Neustadt), **T 0351 2721696**
Hauptgericht 18–28 € | Di-Sa Mo, So

Rustikale Holzmöbel, liebevoll arrangierte Deko, pfiffiges Geschirr... Im Deli ist das Ambiente legerer und die Küche überwiegend regional. Serviert wird Schmackhaftes wie z.B. „Wolfsbarschfilet | ofengebackene Zucchini | Brunnenkresse“. Im Sommer sitzt man sehr schön auf der angeschlossenen Terrasse.

Genuss-Atelier www.genuss-atelier.net

VARTA-TIPP Küche

Bautzner Straße 149, PLZ 01099 (OT: Radberger Vorstadt), **T 0351 25028337**
40 | Hauptgericht 17–34 €, Menü 60–100 € | Sa Di-Sa Mo, So 1.–22.1.24 »

Mit dem Mix aus Restaurant, Bar, Separé und Lounge trifft man den Nerv der Zeit. Warmes Licht, Sandstein und viele liebevoll in Szene gesetzte Details sorgen im Gewölbekeller der historischen Villa für eine stimmungsvolle Atmosphäre. Marcus Blonkowski und seine Crew bieten hier eine regionale Küche mit europäischen Einflüssen. Die servierten Gerichte sind ausdrucksstark, unkompliziert und aufs Wesentliche konzentriert. Tipp: Überraschungsmenü (4 bis 8 Gänge)! Dazu ein spannendes Weinangebot mit Gewächsen aus Sachsen und der Saale-Unstrut Region.

STRESA Neu!
www.restaurant-stresa.de

Augsburger Straße 85, PLZ 01277 (OT: Striesen), **T 0351 65615730**
48 | Hauptgericht 21–36 €, Menü 49–75 € | ◔ Di-Fr ◑ Di-Sa ⊘ Mo, So ⊘ 24.12.23, 01.01.24

Im Erdgeschoss eines Gründerzeithaus im Stadtteil Striesen befindet sich dieses Restaurant. Die historische Architektur des Gebäudes bildet einen schönen Kontrast zur modernen und dezent-eleganten Inneneinrichtung. Ein attraktiver Rahmen für die richtig gute, klassisch basierte und bodenständige Küche. Fair kalkulierte Weinkarte mit stark regionalem Bezug. Große Terrasse vor dem Haus.

Alte Meister
www.altemeister.net

Theaterplatz 1a (B2), PLZ 01067 (OT: Altstadt), **T 0351 4810426**
65 | Hauptgericht 18–29 €, Menü 42–59 € | ◔◑ Di-So ⊘ Mo

Das gepflegte Restaurant-Café der weltberühmten gleichnamigen Galerie befindet sich in den Räumen des ehemaligen Braun'schen Ateliers. Hier serviert man Ihnen eine kreative Jahreszeitenküche. Bezaubernder Blick auf Theaterplatz und Semperoper.

e-VITRUM by Mario Pattis
www.vitrum-dresden.de

Lennéstraße 1 (C3), PLZ 01069 (OT: Seevorstadt-Ost/Großer Garten), **T 0351 4204250**
80 | Hauptgericht 15–30 € | ◔ Mo-Sa ⊘ So

Im futuristischen Glasgebäude der Volkswagenfabrik befindet sich das auf zwei Ebenen angelegte Restaurant. Auf der saisonal wechselnden Karte von Chefkoch Mario Pattis finden sich moderne Gerichte aus heimischen Produkten. Im Sommer lockt die große Terrasse vor dem Gebäude.

Heiderand
www.heiderand.restaurant

Ullersdorfer Platz 4, PLZ 01324 (OT: Bühlau/Weißer Hirsch), **T 0351 2683166**
50 | Hauptgericht 29–45 € | ◑ Mi-So ⊘ Mo, Di ⊘ 23.–24.12.23

Zeitgemäß, authentisch und in neuem Design zeigt sich dieses Restaurant, das viele Dresdner noch als Erlebnisgaststätte mit eigenem Tanzsaal kennen. Nicht nur optisch, auch personell gab es 2020 eine Veränderung: Martin Walther führt nun das traditionsreiche „Heiderand“ in vierter Generation. Er ist Inhaber und Küchenchef in Personalunion und bietet eine modern interpretierte internationale Küche. Dazu gibt es tolle Weine aus Sachsen und anderen nationalen und internationalen Anbaugebieten.

Schmidt's Restaurant
www.schmidts-dresden.de

Moritzburger Weg 67, PLZ 01109 (OT: Hellerau), **T 0351 8044883**
48 | Hauptgericht 20–37 € | ◑ Di-Sa ⊘ Mo, So

Modernes, mediterran angehauchtes Restaurant mit großer Fensterfront und schönem Innenhof auf dem Gelände der Hellerauer Werkstätten. Die wöchentlich wechselnde Speisekarte bietet jahreszeitlich inspirierte, marktfrische Gerichte.

Twist Bar
www.melia.com

Salzgasse 4 (B2, im Innside by Meliá), PLZ 01067 (OT: Altstadt), **T 0351 795150**
50 | Mo-So

Die Bar befindet sich in der sechsten Etage des Innside by Meliá. Von hier hat man eine spektakuläre Aussicht auf die Frauenkirche. Übliche Standards findet man auf der Karte kaum, stattdessen ausgefallene Cocktailkreationen, beispielsweise den hauseigenen „Twist Gin".

Café Kreutzkamm Neu!
kreutzkamm.de

Altmarkt 25 (B3), PLZ 01067 (OT: Altstadt), **T 0351 4954172**
35 | Mo–Sa 10:00–18:00 Uhr

Beim ehemaligen Hofkonditor und Hoflieferanten (gegründet 1825) sollte man unbedingt vorbeischauen! Das beliebte Café mit nostalgischem Charme befindet sich in der Altmarkt-Galerie und ist vor allem für seinen exzellenten Stollen berühmt. Aber auch den delikaten Baumkuchen, die köstlichen Torten sowie die verschiedenen Pralinen und Feingebäcke können wir wärmstens empfehlen.

Coselpalais Grand Café & Restaurant
www.coselpalais-dresden.de

An der Frauenkirche 12 (B2), PLZ 01067 (OT: Altstadt), **T 0351 4962444**
Hauptgericht 13–20 € | Mo, Di, Mi, Do, Fr, Sa, So mittags+abends

Das barocke Palais mit seinem historischen Ambiente ist sowohl bei Einheimischen als auch bei Dresden-Touristen sehr beliebt. Die großzügige gläserne Theke bietet viele süße Leckereien aus der hauseigenen Patisserie, darunter die legendäre Lübecker Nuss-Sahne-Torte oder die beliebte Pistazien-Rahm-Torte. Im angeschlossenen Souvenirshop gibt es köstliche Pralinen, edle Präsente und historische Andenken für Zuhause.

DRIBURG, BAD 31 A
www.bad-driburg.com

Nordrhein-Westfalen | EW 19.100 | 220 m | Paderborn 20 km, Detmold 28 km

Gräflicher Park Hotel & Spa
www.graeflicher-park.de

★★★★S garni

Brunnenallee 1, PLZ 33014, **T 05253 95230,** F 9523205
135 Zimmer | 14 Suiten | Ez ab 154 €, Dz ab 199 €, inkl. Frühstück | 24 h

Das hübsche Domizil mit seiner hist. Fassade liegt eingebettet in eine 64 Hektar große Parkanlage. Repräsentative Empfangs- und Aufenthaltsräume, ein SPA-Bereich mit historischen Badehäusern sowie die mit italienischen Stilmöbeln eingerichteten Gästezimmer sorgen für Wohlbefinden.

Caspar's Restaurant

140 | Hauptgericht 18–30 € | Mo-So

Behagliches Restaurant mit hellen Möbeln und raumhohen Bücherregalen. Hier wird eine innovative Frischeküche serviert. Nachmittags gibt es frische Kuchen aus der hauseigenen Konditorei. Alternativ serviert das Restaurant „Pferdestall" regional-bodenständige Küche.

Landhotel Schwallenhof
www.schwallenhof.de

★★★ S garni

Brunnenstraße 34, PLZ 33014, **T 05253 981300,** F 981388
39 Zimmer | 4 Suiten | Ez 72–139 €, Dz 118–160 €, inkl. Frühstück

Ruhig und idyllisch gelegener ehem. Bauernhof, der sich seit über 200 Jahren in Familienbesitz befindet. Man bietet geschmackvoll eingerichtete Zimmer im Landhausstil mit Blick in den Garten. Kleiner Wellnessbereich mit Indoorpool und Sauna. Hist. Kaminrestaurant mit kreativer Frischeküche und Sommerterrasse.

DÜBEN, BAD 35 A
www.bad-dueben.de

Sachsen | EW 7.999 | 98 m | Bitterfeld 15 km, Halle 30 km

Heide Spa
www.heidespa.de

★★★★ S garni

Bitterfelder Straße 42, PLZ 04849, **T 034243 33660,** F 33666
98 Zimmer | Ez ab 119 €, Dz ab 198 €, inkl. Frühstück | 24 h

Das kürzlich erweiterte Wellnesshotel steht für Erholung und Lifestyle. Hier erwarten Sie helle, freundliche Wohlfühlzimmer und -suiten sowie eine großzügige Bade- und Saunalandschaft, die Hausgäste kostenfrei nutzen können. Zwei Restaurants mit mediterraner und regionaler Küche.

DUDELDORF 49 A
www.eifel-direkt.de

Rheinland-Pfalz | EW 1.190 | 290 m | Bitburg 11 km, Wittlich 25 km

Torschänke
www.torschaenke-dudeldorf.de

Philippsheimer Straße 1, PLZ 54647, **T 06565 2024**
70 | Hauptgericht 23–32 €, Menü 40–66 € | Di-Sa Mo, So

Das Angebot an frischen schmackhaften Speisen reicht hier von regionalen Klassikern wie „Rumpsteak aus der Eifel mit Kräuterkruste" oder „Filet von der Rotbarbe auf der Haut gebraten" bis hin zu saisonalen Wildgerichten. Dazu ein ländliches Ambiente sowie ausgesprochen freundliche Gastgeber.

DUDERSTADT 32 B-D
www.duderstadt.de

Niedersachsen | EW 21.129 | 180 m | Göttingen 29 km, Osterode 33 km

Der Kronprinz
www.der-kronprinz.de

★★★★★ S garni

Fuhrbacher Straße 31-33, PLZ 37115 (OT: Fuhrbach), **T 05527 9100,** F 910250
50 Zimmer | 2 Suiten | Ez ab 85 €, Dz ab 119 €, inkl. Frühstück

In dem ländlichen Hotel kümmert man sich engagiert und persönlich um die Gäste. Sie übernachten in stilvollem Ambiente. Die Zimmer unterscheiden sich durch Größe und Lage. Für Hausgäste ist die Nutzung der Technogym-Geräte im Fitnessbereich kostenfrei. Gute, ehrliche Speisen serviert man im gemütlichen Dorfgasthaus.

DUGGENDORF 54 C
www.vg-kallmuenz.de

Bayern | EW 1.630 | 338 m | Regensburg 24 km, Neumarkt i.d.Oberpfalz 52 km

DIE GOURMET STUBE im Gasthaus Hummel
www.gasthaushummel.de

VARTA-TIPP Küche **VARTA-TIPP** Service

Heitzenhofener Straße 16, PLZ 93182 (OT: Wischenhofen), **T 09473 324**
12 | Menü 125–135 € | Do-Sa Mo, Di, Mi, So

Eine wirklich nette Adresse! Gemütliches Kaminfeuer, helles Holz und feine Tischkultur sorgen hier für ein ländlich-modernes Ambiente. Patron Stefan Hummel begeistert mit einer jungen, gehobenen Küche, erstklassigen Zutaten, verschiedensten Aromen und Texturen sowie einer Menge kulinarischer Ideen. Das angebotene Menü ist innovativ und gut durchdacht. Der Service ist zuvorkommend, angenehm natürlich und sehr freundlich.

Gasthaus Hummel - Alter Saal

Heitzenhofener Straße 16, PLZ 93182 (OT: Wischenhofen), **T 09473 324**
180 | Hauptgericht 13–30 € | So Mi-So Mo, Di

Mit viel Liebe hat man die ehem. Stallungen ausgebaut und den heutigen Fenstersaal mit schönem Blick ins Naabtal zum Gastraum umgestaltet. Serviert wird eine bodenständige Wirtshausküche zu fairen Preisen, z.B. „Lammhüfte mit Kräuterkruste, Bohnengemüse und Rosmarinkartoffeln". Sonntags gibt es ofenfrische Bratengerichte. Im Obergeschoss des Gasthauses stehen vier schlicht-rustikale Zimmer zur Verfügung.

DUISBURG 29 C
www.duisburg.de/tourismus

Nordrhein-Westfalen | EW 486.855 | 33 m | Essen 24 km, Krefeld 25 km

Duisburg-Ruhrorter Häfen (größter Binnenhafen Europas), Museum der Deutschen Binnenschifffahrt, Landschaftspark Duisburg-Nord, Wilhelm-Lehmbruck-Museum, Zoo mit Deutschlands größtem Delfinarium, Stadttheater, spätgot. Salvatorkirche.

Landhaus Milser
www.landhausmilser.de

★★★★ garni

Zur Sandmühle, PLZ 47259 (OT: Huckingen), **T 0203 75800,** F 7580199
56 Zimmer | 2 Suiten | 24 h

Eine ansprechende Übernachtungsadresse mit mediterraner Note. Die wohnlichen Zimmer und Suiten sind in hellen, dezenten Tönen gehalten. Hübscher Wellnessbereich mit Sauna, Dampfbad und Whirlpool. Im behaglichen „Ristorante Da Vinci" mit Gewölbedecke und Blick auf den See reicht man traditionelle italienische Speisen.

Mod by Sven Nöthel
www.mod-dining.com

VARTA-TIPP Küche

Grafschafter Straße 197a, PLZ 47199 (OT: Baerl), **T 0176 23557864**
50 | Hauptgericht 40–42 €, Menü 89–139 € | Di-Sa Mo, So

Hier hat man aus einem ehem. Kuhstall eine zeitgemäße Location mit schicker, aber lässiger Atmosphäre geschaffen. In der offenen Küche zelebrieren Sven Nöthel und seine Crew ein gehobenes, nordisch inspiriertes Fine-Dining-Konzept, bei dem regionale Zutaten klar im Mittelpunkt stehen. Der Gast hat die Wahl zwischen einem vegetarischen Menü („Acker & Saat") und einem Menü mit Fisch und Fleisch („Beete & Bauer"). Wer möchte kann auch à la carte bestellen. Das Weinangebot reicht von spannenden Weinen aufstrebender Jungwinzer bis hin zu europäischen Spitzengewächsen.

Küppersmühle
www.kueppersmuehle-restaurant.de

Philosophenweg 49, PLZ 47051 (OT: Innenhafen), **T 0203 5188880**
65 | Menü 49–69 € | Mi-So Mo, Di

Das Restaurant befindet sich in einem ehem. Mühlenspeicher am Innenhafen, der zu einem modernen Büro-, Gastronomie- und Museumsgebäude umgebaut wurde. Hier erwartet Sie eine frische saisonale Küche - ehrlich und leidenschaftlich zubereitet. Das Ambiente: klare Linien, dezente Stahltöne, elegante Möbel und ein grandioser Blick auf das Hafenbecken.

Villa Patrizia
www.villa-patrizia.de

Mülheimer Straße 213, PLZ 47058 (OT: Duissern), **T 0203 330480**
34 | Hauptgericht 14–45 €, Menü 93–120 € | Mo-Fr Mo-Sa

Freunde gepflegter Gastlichkeit werden sich in diesem einladenden und stimmungsvollen Ristorante wohlfühlen. Lieblingsplatz der Gäste ist der lichtdurchflutete Wintergarten. An fein gedeckten Tischen werden schmackhafte Gerichte aus der gehobenen italienischen Küche serviert. Mittags preisgünstiges Businessmenü.

DÜLMEN 29 B
www.duelmen-marketing.de

Nordrhein-Westfalen | EW 47.000 | 67 m | Haltern 12 km, Coesfeld 15 km

Weberei Bendix
www.hotel-bendix.de

garni

Lüdinghauser Straße 70-74, PLZ 48249, **T 02363 377377**
43 Zimmer | Ez ab 79 €, Dz ab 120 €, inkl. Frühstück

Ein echtes Schmuckstück! Hinter der eindrucksvollen Fassade des einstigen Webereigebäudes ist eine zeitgemäße Übernachtungsadresse entstanden. Die Kombination aus historischem Gebäude und modernen Einrichtungselementen zieht sich durch das gesamte Hotel. Lifestyle pur herrscht in den überaus wohnlich eingerichteten Zimmern und Apartments. Das Haus ist für Freizeitgäste und Geschäftsreisende gleichermaßen geeignet.

DURBACH 57 C
www.durbach.de

Baden-Württemberg | EW 3.824 | 208 m | Offenburg 9 km, Baden-Baden 54 km

Ritter
www.ritter-durbach.de

VARTA-TIPP Service

★★★★ S

Tal 1, PLZ 77770, **T 0781 93230,** F 9323100
87 Zimmer | 7 Suiten | Ez 120–160 €, Dz 230–290 €, inkl. Frühstück | 24 h

Gewachsenes Hotel mit modern gestylten Zimmern und gelebtem Gastgebertum inmitten einer reizvollen Weinlandschaft. Ein besonderes Highlight sind die exklusiven SPA-Suiten. Der 1.200 qm große Wellnessbereich umfasst verschiedene Saunen, Ruheräume, einen Innenpool und einen Whirlpool. Die geschmackvoll gestaltete „Ritter Lounge" bildet den geselligen Mittelpunkt des Hauses. Ein vorbildlicher Betrieb, in dem Herzlichkeit und Persönlichkeit groß geschrieben werden.

[maki:'dan] im Ritter

VARTA-TIPP Küche

64 | Hauptgericht 21–34 €, Menü 65–105 € | Mo-So

Bei diesem innovativen Foodkonzept wird die Spitzenküche legerer, greifbarer und erlebbarer. Für die bunte kulinarische Mischung an Köstlichkeiten, die Chefkoch André Tienelt und seine Crew hier für Sie zubereiten, gibt es keine vorgegebene Reihenfolge. Der Gast entscheidet, mischt und probiert nach Lust und Laune. Für den perfekten Weingenuss sorgt Sommelier Marco Feger. Im Sommer können Sie auch auf der lauschigen Terrasse speisen.

Rebstock

www.rebstock-durbach.de

VARTA-TIPP Service

★★★★ gami

Halbgütle 30, PLZ 77770 (OT: Halbgütle), **T 0781 4820,** F 482160
43 Zimmer | 8 Suiten | 16 Apartments | Ez 91–150 €, Dz 170–230 €, inkl. Frühstück

Ein herrliches Feriendomizil in reizvoller Landschaft! Der Gast merkt, dass hier sehr gut harmonierende und erfahrene Gastgeber wirken, die sich liebevoll um seine Wünsche kümmern. Sie wohnen in geschmackvoll ausgestatteten Zimmern und Suiten. Dazu ein hübscher Wellnessbereich auf 600 qm mit Outdoorpool, Dampfbad und drei verschiedenen Saunen. Zu den Rebstock-Inklusivleistungen gehören Mountainbikeverleih sowie freie Fitnesscenter-Nutzung.

Rebstock

60 | Hauptgericht 25–44 €, Menü 48–105 € | Di-So Mo

Hier vereinen sich traditionelle Küche und regionaltypisches Schwarzwaldambiente in hervorragender Weise. Die abwechslungsreiche Speisekarte bietet Regionales mit internationalen Einflüssen, z.B. „Saltimbocca vom Kaninchenrücken, cremige Pfifferlinge, Peperonata, Risotto". Wunderschöne Terrasse im Grünen.

DÜREN 39 A

www.dueren.de

Nordrhein-Westfalen | EW 88.953 | 125 m | Aachen 32 km, Köln 37 km

Dorint Hotel Düren

hotel-dueren.dorint.com

★★★★ gami

Moltkestraße 35, PLZ 52351, **T 02421 44020,** F 4402100
120 Zimmer | Ez 89–169 €, Dz 99–179 €, ab 22,00 € | 24 h

Der schlichte, neuzeitliche Hotelneubau neben dem Theodor-Heuss-Park beherbergt zeitgemäß und wohnlich ausgestattete Zimmer mit offenem Badezimmerkonzept. Im Restaurant „DURON Bar | Grill" gibt es u.a. Steaks, Burger und Flammkuchen.

DÜRKHEIM, BAD 50 D

www.bad-duerkheim.com

Rheinland-Pfalz | EW 20.209 | 132 m | Grünstadt 11 km, Mannheim 24 km

Kurpark-Hotel

www.kurpark-hotel.de

★★★★ S gami

Schlossplatz 1-4, PLZ 67098, **T 06322 7970,** F 797158
113 Zimmer | Ez ab 94 €, Dz ab 155 €, 15,00 € | 24 h

Modernes Business- und Urlaubshotel direkt am mediterranen Kurpark. Gemütlich eingerichtete Zimmer mit sehr gutem Wohnkomfort. Direkter Zugang zur Spielbank (Eintritt für Hotelgäste gratis) und zum Wellnesszentrum Vitalis. Stilvolles Restaurant mit internationaler und saisonaler Küche.

Wellness- und Gartenhotel Heusser
www.hotel-heusser.de

Seebacher Straße 50-52, PLZ 67098 (OT: Seebach), **T 06322 9300,** F 930499
93 Zimmer | 5 Suiten | Ez 112–130 €, Dz ab 97 €, inkl. Frühstück | 24 h

Der florierende Hotelbetrieb inmitten einer asiatisch anmutenden Gartenanlage besteht aus verschiedenen Gebäuden, die alle miteinander verbunden sind. Die Zimmer sind individuell, unterschiedlich groß und teils modern gestaltet. Nationale und internationale Küche serviert man im Restaurant „Gartenblick". Toll: über 2.000 qm großer SPA-Bereich mit Panorama-Außensauna und Outdoorpool auf der Wellnessterrasse. Ein Highlight ist zweifellos das japanische Teehaus.

Restaurant und Weinstube Käsbüro
www.kasburo.de

Dorfplatz 1, PLZ 67098 (OT: Seebach), **T 06322 680963**
120 | Hauptgericht 22–39 € | So Mo, Do-So Di, Mi

Das historische Haus wird bereits seit dem 17. Jhd. als Gaststätte genutzt. In mehreren gemütlichen Stuben wird eine regional-mediterrane Küche aufgetischt. Im Sommer wird auch im hübsch begrünten Innenhof serviert.

Weinstube Bach-Mayer
www.bach-mayer.de

Gerberstraße 13, PLZ 67098, **T 06322 92120**
50 | Sa-So Mo, Do-So Di, Mi

Traditionsreiche und gepflegte Weinstube im Alten Fürstlichen Jagdhaus mit gemütlichen Gaststuben. Geboten wird eine feine saisonale Landküche mit Pfälzer Spezialitäten wie Saumagen, Leberknödel oder Bratwurst. Bei schönem Wetter lockt der idyllische Garten.

Schon probiert?
Der Varta-Führer ist auch als eBook für Ihren TabletPC oder Ihr Smartphone verfügbar!

DÜRRHEIM, BAD 65 A
baddeurrheim.de

Baden-Württemberg | EW 12.634 | 703 m | Schwenningen 5 km, Villingen 8 km

Parkhotel Waldeck Schrenk
www.hotel-waldeck.com

Waldstraße 18, PLZ 78073, **T 07726 663100,** F 8001
36 Zimmer | 2 Suiten | 2 Apartments | 24 h

Kur- und Wellnesshotel mit guten Tagungsmöglichkeiten in ruhiger Lage. Schöner SPA-Bereich auf 500 qm mit mehreren Saunen, Kneipp-Tretbecken und Wellnessgarten. Mehrere Restaurants mit regionaler und internationaler Küche.

Salinensee
www.hotel-salinensee.de

Am Salinensee 1, PLZ 78073, **T 07726 37050,** F 3705255
27 Zimmer | Ez 87–120 €, Dz 142–190 €, inkl. Frühstück

Inmitten einer bezaubernden Naturkulisse direkt am Salinensee empfängt Sie dieses gepflegte Haus. Es bietet seinen Gästen moderne Zimmer und Suiten, einen SPA mit Indoorpool und Saunen sowie ein behagliches Restaurant nebst großzügig angelegter Terrasse.

DÜSSELDORF 29 C www.duesseldorf-tourismus.de

Nordrhein-Westfalen | EW 640.000 | 36 m | Krefeld 31 km, Wuppertal 35 km
Altstadt mit Geburtshaus Heinrich Heines und Reiterstandbild Jan Wellems, Königsallee mit Tritonengruppe, Rheinuferpromenade, Kunstsammlung NRW, Heinrich-Heine-Institut, MedienHafen und Rheinpark Bilk mit Rheinturm, Gehry-Bauten und Landtag, Deutsche Oper am Rhein im Hofgarten, NRW Forum im Ehrenhof, Schloss und Park Benrath, Kaiserswerth mit Kaiserpfalz, Carlstadt mit Carlsplatz.
Einen Cityplan finden Sie auf Seite 346–347.

Breidenbacher Hof www.breidenbacherhof.com/de

VARTA TIPP Service

★★★★★S garni

Königsallee 11 (C4), PLZ 40212, **T 0211 160900,** F 16090111
106 Zimmer | 21 Suiten | Ez 495–1220 €, Dz 495–1220 €, 28,00–55,00 € | 24 h

Das im klassischen Stil eingerichtete Grandhotel gehört zweifelsohne zu den Top-Adressen im Land. Hier fühlt man sich rundum wohl - angefangen bei der persönlichen Atmosphäre und dem diskreten Service über die hochwertigen und gleichermaßen geschmackvollen Zimmer sowie den attraktiven Wellnessbereich bis hin zum exklusiven Frühstück. Ein besonderer Blickfang ist die geschwungene Marmortreppe in der Lobby.

The Duchy www.theduchy-restaurant.com

T 0211 16090500
87 | Hauptgericht 26–89 € | Di-Sa Mo, So

››

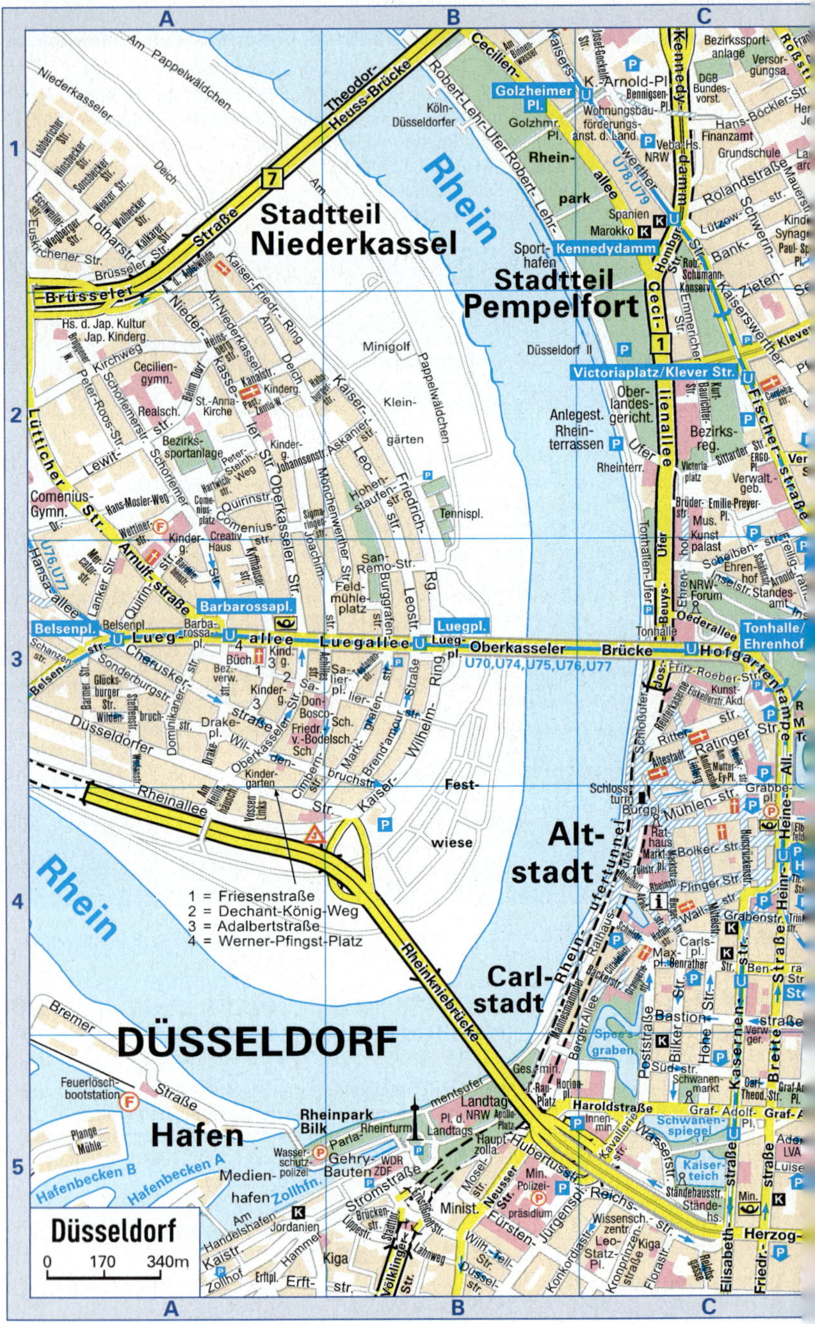
Stadtteil Niederkassel
Stadtteil Pempelfort
Rhein
Altstadt
Carlstadt
DÜSSELDORF
Hafen
Theodor-Heuss-Brücke
Oberkasseler Brücke
Rheinkniebrücke
Luegallee
Rheinallee
Kennedydamm
Golzheimer Pl.
Victoriaplatz/Klever Str.
Barbarossapl.
Belsenpl.
Luegpl.
Tonhalle/Ehrenhof
U70,U74,U75,U76,U77
U78,U79
1 = Friesenstraße
2 = Dechant-König-Weg
3 = Adalbertstraße
4 = Werner-Pfingst-Platz
Medienhafen
Hafenbecken A
Hafenbecken B
Rheinturm
Landtag NRW
Festwiese
Kleingärten
Minigolf
Tennispl.
Düsseldorf
0 170 340m

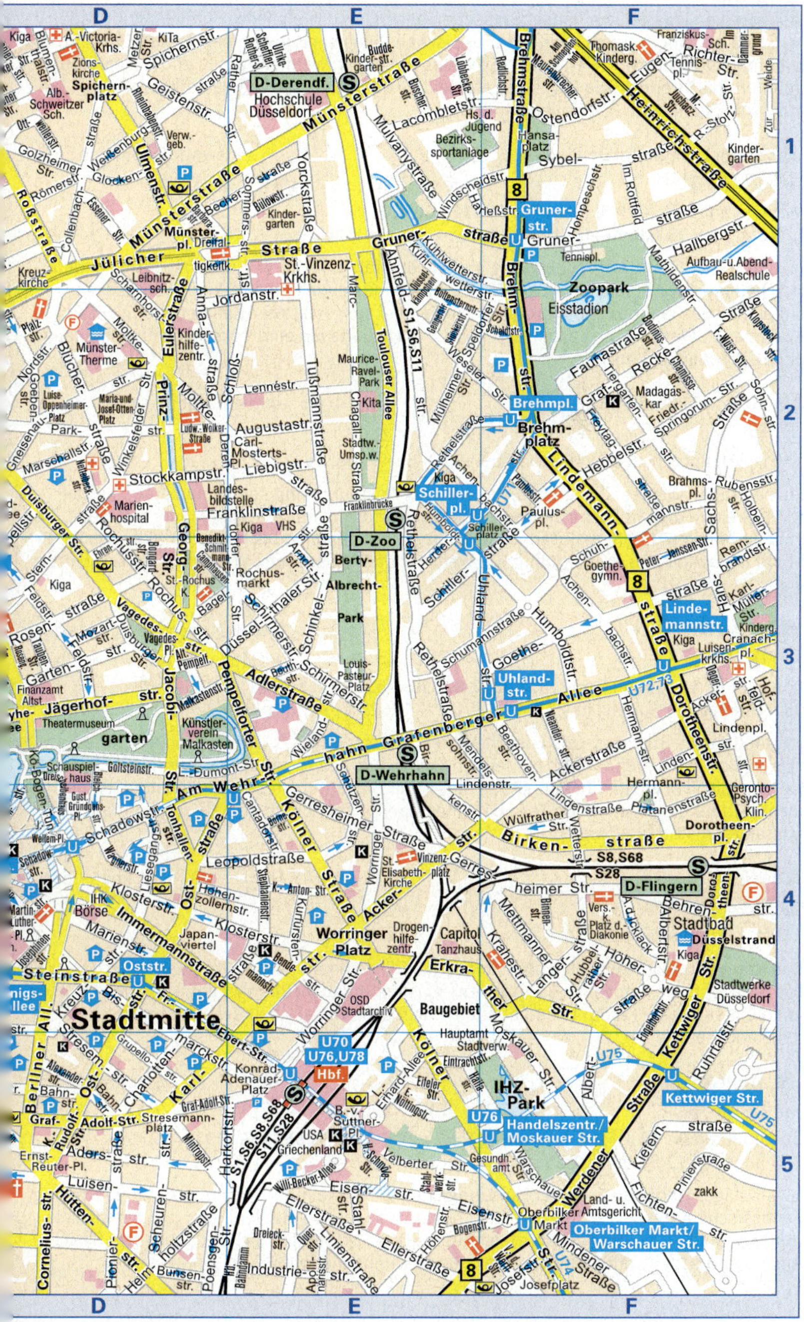
D
E
F
1
2
3
4
5
D-Derendf.
Hochschule Düsseldorf
Münsterstraße
Jülicher Straße
Gruner-straße
Brehmstraße
Heinrichstraße
Zoopark
Eisstadion
Brehmpl.
Brehmplatz
Lindemannstraße
Schillerpl.
D-Zoo
Berty-Albrecht-Park
Toulouser Allee
Grafenberger Allee
D-Wehrhahn
Birkenstraße
D-Flingern
Dorotheenstr.
Uhlandstr.
Lindemannstr.
Jägerhofstr.
Hofgarten
Theatermuseum
Schadowstr.
Oststr.
Stadtmitte
Hbf.
Worringer Platz
Kölner Straße
Immermannstraße
Klosterstr.
Charlottenstr.
Graf-Adolf-Str.
Berliner Allee
IHZ-Park
Handelszentr./Moskauer Str.
Kettwiger Str.
Oberbilker Markt/Warschauer Str.
Ellerstraße
Erkrather Str.
Capitol Tanzhaus
Stadtbad Düsselstrand
Münster-Therme
Marien-hospital
Pempelforter Str.
Adlerstraße
Nordstr.
Duisburger Str.
Prinz-Georg-Str.
U70 U76, U78
S1, S6, S8, S68, S11, S28
Stadtwerke Düsseldorf
Josefplatz

Inspiriert von klassischen Pariser Brasserien begeistert das elegante Hotelrestaurant seine Gäste mit einer schmackhaften französischen Cuisine mit regionalem Bezug. Eine stilvolle Komposition aus Holzelementen, Spiegeln und Kunst, warmen Farben und feinen Stoffen definiert das Interieur. Die Raw Bar bietet leichte Köstlichkeiten wie Austern und Kaviar, kreative Drinks und edle Champagnersorten.

Derag Livinghotel De Medici
www.living-hotels.com

Mühlenstraße 31 (C4), PLZ 40213, **T 0211 160920**
170 Zimmer | 58 Apartments | 24 h

In einem hist., denkmalgeschützten Gebäude empfängt Sie dieses luxuriöse Hotel. In den Durchgängen und Fluren gilt es eine schöne Sammlung von Kunstwerken zu entdecken. Ein einmaliges Wohnerlebnis versprechen die edel ausgestatteten Zimmer und Serviced Apartments. Wer es ganz besonders exklusiv mag, sollte die eindrucksvolle Fürstensuite im ehem. Wappensaal buchen.

Brasserie Stadthaus
www.brasserie-stadthaus.de

120 | Hauptgericht 27–54 € | Mi-Sa Di-Sa Mo, So

Eine gefragte Adresse! Das großzügige, lebhafte Restaurant mit seiner markanten Kassettendecke und dem hübschen Innenhof bietet eine frische französische Küche. Von Foie gras und Austern über Steak Tartare sowie gegrilltem Hummer bis hin zu Bœuf bourguignon bleibt fast kein Wunsch unerfüllt. Dazu werden natürlich erlesene Weine aus Frankreich serviert.

Hotel Kö59
www.hommage-hotels.com

Königsallee 59 (C5), PLZ 40215, **T 0211 82850,** F 82851111
287 Zimmer | 34 Suiten | Ez 259–599 €, Dz 279–629 €, 39,00 € | 24 h

Internationales Business- und Lifestyle-Hotel in bester Citylage. Die Zimmer und Suiten zeigen sich in frischen Farben, modernem Design und zeitgemäßem Komfort. Die Lobby Lounge, die sich im atemberaubenden Stein- und Glasatrium des Hotels befindet, ist der ideale Ort für einen Afternoon Tea oder einen Aperitif am Abend. Zum Haus gehört auch ein großer Veranstaltungsbereich.

Kö59
koe59.com

130 | Hauptgericht 25–55 €, Menü 59–89 € | Mo-So

Das Hotelrestaurant zeigt sich offen, modern und kosmopolitisch. Dazu passt auch das Foodkonzept: Die innovative Speisekarte - masterminded by Björn Freitag - legt den Fokus auf lokal-saisonale Produkte und offeriert eine frische rheinische Küche mit internationalen Einflüssen.

Hyatt Regency
www.hyatt.com

Speditionstraße 19 (A5), PLZ 40221 (OT: Hafen), **T 0211 91341234,** F 91341235
303 Zimmer | 13 Suiten | 24 h

19-stöckiges Gebäude auf einer Landzunge direkt am Rheinufer. Moderne Zimmer in zeitgenössischem Design mit teils spektakulärem Blick auf den Medienhafen und die Düsseldorfer Altstadt. Das durchgestylte Restaurant „DOX" präsentiert sich als angesagte French-American-Brasserie mit Seafood, Steaks und Champagnerlounge.

Maritim
www.maritim.de

Maritim-Platz 1, PLZ 40474 (OT: Lohausen), **T 0211 52090,** F 52091000
533 Zimmer | 38 Suiten | 24 h

Großzügiges Konferenzhotel in der Nähe des Messegeländes mit elegant eingerichteten Zimmern und Suiten. Exklusiver Wellnessbereich mit Pool, Sauna, Dampfbad, Fitness und Massage. Mehrere Restaurants mit internationalen und regionalen Spezialitäten.

Radisson Blu Media Harbour Hotel
www.radissonhotels.com

★★★★ S

Hammer Straße 23 (A5), PLZ 40219 (OT: Hafen), **T 0211 3111910,** F 31119110
135 Zimmer | 3 Suiten | 24 h

Das moderne, internationale Geschäftshotel mit seiner originellen v-förmigen Fassade aus brasilianischem Schiefer ist der Blickfang im Düsseldorfer Medienhafen. Sämtliche Gästezimmer wurden von dem namhaften italienischen Gastrodesigner Matteo Thun entworfen. Das Restaurant mit verglastem, begehbarem Weinkeller serviert regionale und internationale Küche.

Jetzt vorbeischauen: pinterest.com/vartaguide

Steigenberger Icon Parkhotel
www.duesseldorf.steigenberger.de

★★★★★S

Königsallee 1a (C4), PLZ 40212, **T 0211 13810,** F 1381592
130 Zimmer | 11 Suiten | Ez 175–835 €, Dz 215–875 €, ab 34,00 € | 24 h

Ein klassisch-elegantes Haus mit prunkvoller Fassade in exponierter Lage am Anfang der Shopping- und Ausgehmeile Königsallee. Hier erwarten Sie luxuriös eingerichtete Zimmer und Suiten mit hohen Decken und zeitgemäßem Wohnkomfort. Hausgäste haben kostenfreien Zugang zur hoteleigenen Sauna- und Fitnessarea.

Pink Pepper
www.pinkpepper-restaurant.com

VARTA-TIPP Küche **VARTA-TIPP** Service

30 | Menü 139–174 € | Di-Sa Mo, So

Im gehobenen Fine-Dining-Restaurant sorgt Benjamin Kriegel für kulinarische Highlights. Viel Samt, florale Accessoires sowie sanfte, warme Farbakzente bestimmen das opulente Interiordesign. Der Chef am Herd ist in Düsseldorf kein Unbekannter. Dass Kriegel auf Spitzenniveau kocht, hat er bereits im „Fritz's Frau Franzi“ bewiesen und zeigt es auch hier: Seine Küche ist international inspiriert, dennoch setzt er auf saisonale und regionale Ingredienzen, die sich auf dem Teller zu einem Gesamtkunstwerk zusammenfügen. In punkto Wein setzt man ausschließlich auf europäische Gewächse. Dazu ein lockerer und gleichermaßen kompetenter Service.

Clayton Hotel
www.claytonhotelduesseldorf.com

Immermannstraße 41 (D4), PLZ 40210, **T 0211 8340,** F 161216
393 Zimmer | 24 h

Das 1974 erbaute Hotel befindet sich im japanischen Viertel. Hier wohnen Sie in hellen, geschmackvoll renovierten Zimmern, die in unterschiedlichen Kategorien buchbar sind. Entsprechend der fernöstlichen Prägung sind das Teppanyaki-Restaurant und die Sushi-Bar in der Lobby in japanischer Hand. Hübscher SPA-Bereich in der 11. Etage.

Indigo
www.indigoduesseldorf.com

★★★★

Kaiserswerther Straße 20 (C2), PLZ 40477 (OT: Pempelfort), **T 0211 49990,** F 4999100
126 Zimmer | 2 Suiten | 24 h

Dieses Boutique-Hotel steht für einen sichtbaren Design- und Modeschwerpunkt. Jede Etage ist eine Hommage an ein Modejahrzehnt – von den 1950ern bis zu den 2000er-Jahren. Die Gästezimmer sind individuell mit Stoffen und Mustern in leuchtenden Farben gestaltet. Darüber hinaus verfügt das Haus über eine Gartenterrasse, eine Cocktaillounge und ein stylishes Restaurant.

Innside Düsseldorf Hafen
www.melia.com

★★★★

Speditionstraße 9 (A5), PLZ 40221, **T 0211 447170,** F 447178009
134 Zimmer | 9 Suiten | Ez 99–600 €, Dz 134–600 €, inkl. Frühstück | 24 h

Modernes Designhotel im Düsseldorfer Medienhafen. Zurückhaltende Farben, edle Materialien und ein puristisches Ambiente prägen die Gästezimmer. Schmuckstück des Hauses ist die ringsum verglaste Skylounge mit Bar und Restaurant im 16. Stock mit atemberaubendem 360-Grad-Blick auf den Hafen. Zum Haus gehört auch ein kleiner Wellfitbereich mit finnischer Sauna und Fitnessstudio.

Lindner Hotel Düsseldorf Seestern
www.lindnerhotels.com

GREENSIGN ★★★★ S

Lütticher Straße 130 (↖ A1), PLZ 40547 (OT: Lörick), **T 0211 59970,** F 5997339
286 Zimmer | Ez 89–499 €, Dz 99–519 €, 23,00 € | 24 h

Komfortables Hotel in verkehrsgünstiger Lage gegenüber den Rheinauen. Elegante, teils im Bootsstil designte Zimmer unterschiedlicher Kategorien. Modernes „Wellfit-Center" mit Sauna und Fitnessraum. Restaurant mit internationaler Küche.

Meliá
www.melia.com

★★★★ S

Inselstraße 2 (C3), PLZ 40479 (OT: Pempelfort), **T 0211 522840,** F 522842299
201 Zimmer | 11 Suiten | 24 h

Gegenüber dem Hofgarten gelegenes Stadt- und Businesshotel mit guter Verkehrsanbindung und avantgardistischem Innendesign. Klimatisierte, modern und komfortabel ausgestattete Zimmer und Suiten. Das Haus verfügt auch über ein modernes Wellnesscenter, neun Veranstaltungsräume sowie ein Restaurant mit kreativer mediterraner Küche.

The Wellem
www.hyatt.com

Mühlenstraße 34 (C4), PLZ 40213, **T 0211 547650622,** F 547650666
102 Zimmer | 102 Suiten | 24 h

Das imposante Luxus-Boutique-Hotel - benannt nach Kurfürst Jan Wellem - ist definitiv kein Hotel „von der Stange"! Herzstück des denkmalgeschützten Gebäudes ist die großzügige Eingangshalle mit dem prächtigen Treppenaufgang. Die majestätisch anmutenden Räume des ehem. Gerichtsgebäudes aus dem frühen 20. Jhd. verschmelzen mit einer modernen und stilvollen Innenarchitektur. Die Studios und Suiten verfügen über Originalkunstwerke von renommierten Künstlern. Jede Wohneinheit hat einen separaten Schlaf- und Wohnbereich. Für kulinarische Vielfalt sorgen mehrere Restaurants.

Van der Valk Airporthotel Düsseldorf
www.airporthotelduesseldorf.de

★★★★ S

Am Hülserhof 57, PLZ 40472 (OT: Rath), **T 0211 200630,** F 20063200
194 Zimmer | 22 Suiten | Ez ab 89 €, Dz ab 89 €, inkl. Frühstück

Geradlinig-modern gestaltetes Hotel in verkehrsgünstiger Lage. Hier erwarten den Gast großzügig geschnittene Zimmer und Themensuiten mit Panoramafenstern. Darüber hinaus gibt es ein Business Center, einen modernen Wellnessbereich mit Panoramasauna sowie zwei Restaurants.

25hours Hotel Düsseldorf Das Tour www.25hours-hotels.com

Louis-Pasteur-Platz 1 (E3), PLZ 40210, **T 0211 900910**
198 Zimmer

Leitthema des 2018 eröffneten Hotels sind die Gegensätze zwischen deutscher Ingenieurskunst und französischem Künstlerflair. Die Zimmer gibt es in verschiedenen Kategorien - teils mit verträumt-künstlerischem Charme und warmen Tönen, teils mit geradlinigem Design und klaren Farben. Restaurant mit Rooftopbar auf der 16. und 17. Etage.

b'mine Düsseldorf **Neu!** www.bmine.de/hotel-duesseldorf

Höherweg 90 (F4), PLZ 40233, **T 0211 900620**
202 Zimmer | 24 h

Ein modernes Design- und Lifestyle-Hotel, in dem die Gäste dank eines gläsernen, patentierten CarLifts mit dem eigenen PKW bis vor ihr Hotelzimmer gelangen. Alle Stellplätze vor den designstarken Zimmern sind mit einer Wallbox zum Laden von E-Fahrzeugen ausgestattet. In der 6. Etage befindet sich das „THE ROOF" - ein Gastrohotspot mit Restaurant, Bar und Lounge. Der attraktive Fitness- und Wellnessbereich sowie ein großzügiger Eventbereich runden das Angebot ab.

HENRI Hotel www.henri-hotels.com/duesseldorf

Am Wehrhahn 86 (E3), PLZ 40211, **T 0211 44767700,** F 44767776
79 Zimmer | 79 Apartments | 24 h

Die Studios und öffentlichen Bereiche dieses stylishen Themenhotels sind im Stil der 1960er- und 1970er Jahre eingerichtet. Darüber hinaus bietet das Haus einen großzügigen Empfangsbereich mit Wohnlounge sowie einen kleinen Wellness- und Fitnessbereich im ersten Stock.

Innside Düsseldorf Derendorf www.melia.com

Derendorfer Allee 8 (↗ D1), PLZ 40476 (OT: Derendorf), **T 0211 175460,** F 17546175
160 Zimmer | 40 Suiten | Ez 99–519 €, Dz 118–568 € | 24 h

Modernes Lifestyle-Hotel im Gewerbepark nahe der Königsallee. Großzügige Designerstudios und -suiten mit futuristisch gestalteten Badezimmern. Kleiner Wellnessbereich mit Sauna, Dampfbad und Fitnessraum. Stylishes Restaurant mit internationaler Küche und schöner Terrasse.

me and all hotel duesseldorf.meandallhotels.com

GREENSIGN

Immermannstraße 23 (D4), PLZ 40210, **T 0211 542590**
177 Zimmer | 24 h

Das lifestyle-orientierte Boutique-Hotel empfängt Sie im berühmten japanischen Viertel im Zentrum der Stadt. Die Zimmer punkten mit funktionaler Eleganz und geradlinig-hochwertigem Design. Herzstück des Hauses ist die „working area" in der Lobby. Hübsch die Lounge mit Aussicht in der 11. Etage.

me and all Hotel
www.meandallhotels.com

garni

Hansaallee 1a (A3), PLZ 40549 (OT: Oberkassel), **T 0211 54014300**
249 Zimmer | 16 Suiten | 24 h

Bunt, glitzernd und pompös - so könnte man das 2022 eröffnete Boutique-Hotel kurz und knapp beschreiben. Blickfang am Empfang ist ein großformatiges Kunstwerk im Pop-Art-Stil, das die englische Königsfamilie als Schafsherde zeigt. Wohnlich und zeitgemäß zeigen sich die Gästezimmer mit ihren offen konzipierten Bädern. Edle Materialien wie Samt, Mohair, Kristall oder Gold schaffen eine warme, gemütliche Atmosphäre. Das Haus bietet auch einen Fitnessbereich, Coworking Spaces und zwei Boardrooms.

Muze Hotel
www.muzehotel.de

garni

Prinz-Georg-Straße 126 (D3), PLZ 40479 (OT: Pempelfort), **T 0211 3611560**
60 Zimmer

Das 2021 eröffnete Boutique-Hotel setzt auf eine Symbiose aus Kunst und Design. Die Zimmer und öffentlichen Bereiche hat man bis ins kleinste Detail durchgestylt: Poliertes Holz, heller Travertinstein und abgerundete Linien in den Möbeln sorgen für ein warmes, behagliches Ambiente. Dazu findet man im gesamten Haus zeitgenössische Arbeiten internationaler Künstler.

Ruby Coco Hotel
www.ruby-hotels.com

garni

Steinstraße 13 (D4), PLZ 40212, **T 0211 54766260**
92 Zimmer

Das schicke Themenhotel befindet sich im Gebäude der Kö-Galerie und ist eine Hommage an die französische Modelegende Coco Chanel. Ausgesprochen hochwertig zeigen sich die Gästezimmer: sie sind ausnahmslos mit einem großen Bett, einer Regendusche sowie dimmbarem Licht und einem Marshall-Verstärker ausgestattet.

Ruby Luna Hotel
www.ruby-hotels.com

garni

Kasernenstraße 39 (D4), PLZ 40213, **T 0211 26006370**
198 Zimmer | 24 h

Das denkmalgeschützte ehem. Commerzbankgebäude ist ein Paradebeispiel für die Aufbruchstimmung der Wirtschaftswunderzeit. Die Innengestaltung greift diese Zeitepoche der 1950er und 1960er Jahre auf. Das „schwebende“ offene Erdgeschoss wurde rundum verglast und lässt durch die überdimensionale Betonstruktur ein außergewöhnliches Raumgefühl in den öffentlichen Bereichen entstehen. Die Zimmer zeigen sich im gewohnten Lean-Luxury-Style: viel Weiß, hohe Decken, großes, bequemes Bett sowie ins Zimmer integrierte Glasregendusche.

The Fritz
www.the-fritz-hotel.de

VARTA-TIPP Ambiente

garni

Adersstraße 8 (C5), PLZ 40215 (OT: Friedrichstadt), **T 0211 370750**
31 Zimmer | 2 Suiten | Ez 141–472 €, Dz 141–472 €, inkl. Frühstück | 24 h

Ein Haus für Designliebhaber und Genießer! Das Interieur des stylishen Boutique-Hotels ist die raffinierte Antwort auf einen modernen, unabhängigen Lifestyle und besticht durch spannende Gegensätze: Wertvoller Marmor und luxuriöse Farben wie Gold und Schwarz treffen auf zurückhaltendes, warmes Holz. Die Zimmer überzeugen durch urbane Modernität und zeitgemäße Technik. WLAN und Minibar sind im Zimmerpreis inkludiert.

Fritz's Frau Franzi
www.fritzs-frau-franzi.de

VARTA-TIPP Küche

45 | Hauptgericht 39–49 €, Menü 136–152 € | Mi-Sa Mo, So 1.–18.1.24

Hier trifft lässige Extravaganz auf gehobene Gourmetküche. Edle, dunkelblaue Sofabänke, schwere, plüschige Sessel, kühler Marmorboden, anthrazitfarbene Tische und warmes Holz sorgen in dem Fine-Dining-Restaurant für ein wohlig-stylishes Ambiente. Chefkoch Tobias Rocholl bietet eine weltoffene, finessenreiche Küche, die in Menüform serviert wird. Seine experimentelle Ader, die Detailverliebtheit und die Begeisterung für das Handwerk spürt man bei all seinen Gerichten. Der liebenswerte Service versorgt Sie mit den passenden Weinen.

Auszeit Hotel
www.auszeit-hotel.de

★★★★ garni

Auf'm Hennekamp 71, PLZ 40225 (OT: Bilk), **T 0211 3020590,** F 30205999
54 Zimmer | 24 h

Nur wenige Gehminuten vom Volksgarten entfernt befindet sich dieses freundlich geführte Stadthotel. Die Zimmer sind zeitgemäß und in edler Holzoptik (allergiefreundlich) ausgestattet. Bekannt ist das Haus für sein großes und ausgewogenes Frühstücksbuffet mit vielen selbstgemachten Produkten.

Nagaya
nagaya.de

VARTA-TIPP Küche VARTA-TIPP Service

Klosterstraße 42 (D4), PLZ 40211, **T 0211 8639636**
35 | Menü 179–218 € | Di, Do-Sa Di-Sa Mo, So

Auch 2024 gehört das „Nagaya" für uns zu den japanischen Top-Adressen in Deutschland. Wer das Besondere liebt, kommt an diesem Restaurant nicht vorbei! Die modern-puristische Einrichtung überzeugt ebenso wie die kunstvollen, aromenreichen Kreationen von Yoshizumi Nagaya, die auch Elemente der klassischen Haute Cuisine aufgreifen. Im Weinkeller lagern mehr als 450 hochwertige Weine. Ein großes Lob verdient der zuvorkommende und äußerst eloquente Service.

1876 Daniel Dal-Ben
www.1876.restaurant

VARTA★TIPP Küche VARTA-TIPP Service

Grunerstraße 42a (E1), PLZ 40239 (OT: Mörsenbroich), **T 0211 1717361**
12 | Menü 200 € | Mi-Sa Mo, Di, So

Man betritt dieses kleine, gemütliche Gourmetrestaurant im Düsseldorfer Zooviertel stets mit Wiedersehensfreude. Nicht allein des herzlichen Service wegen, auch die frisch und kreativ zubereitete Küche erfreut das Feinschmeckerherz jedes Mal aufs Neue. Chefkoch Daniel Dal-Ben verwöhnt Sie in entspannter Wohnzimmeratmosphäre mit erlesenen Tafelspitzen, dabei bilden Fisch und Meeresfrüchte einen großen Bestandteil seines Menüs. Dazu empfiehlt Sommelier Enzo Caso erstklassige Weine. Tischreservierung notwendig.

DR.KOSCH
www.dr-kosch.de

VARTA-TIPP Küche

Roßstraße 39 (E4, Ecke Römerstraße), PLZ 40476, **T 0176 80487779**
28 | Menü 122–144 € | Do-Sa Mo, Di, Mi, So

››

Diese angenehm unprätentiöse Gastrobar mit ihrer lebendigen Atmosphäre steht nach wie vor auf der Beliebtheitsskala der Düsseldorfer ganz weit oben. Die Gäste bestellen hier am liebsten das Menü in fünf oder sechs Gängen - die beste Art, die modernen, finessenreichen Kreationen von Volker Drkosch kennenzulernen. Bei seinen Gerichten setzt er konsequent auf nachhaltig erzeugte Zutaten. Die Weinkarte ist alles andere als langweilig und bietet einige Raritäten. Tipp: Unbedingt reservieren.

Im Schiffchen — www.im-schiffchen.de

VARTA-TIPP Küche VARTA-TIPP Service

Kaiserswerther Markt 9, PLZ 40489 (OT: Kaiserswerth), **T 0211 401050**
45 | Hauptgericht 32–72 €, Menü 136–183 € | Di-Sa Mo, So

Noch immer ist dieser traditionsreiche Gourmettempel am Kaiserswerther Markt ein absoluter Gästemagnet. Serviert werden beliebte Klassiker der französischen Küche sowie italienisch inspirierte saisonale Gerichte. Wenn Sie das große achtgängige Menü bestellen, können Sie das ganze kulinarische Spektrum von Patron Jean-Claude Bourgueil kennenlernen. Freundlich und unaufgeregt agiert der Service unter der Leitung der charmanten Raquel Plum.

Jae Restaurant Neu! — jae-restaurant.de

VARTA-TIPP Küche

Keplerstraße 13, PLZ 40215 (OT: Friedrichstadt), **T 0211 99919966**
20 | Menü 109–149 € | Di-Sa Mo, So

Aus einer ehem. Eckkneipe im Stadtteil Friedrichstadt hat Jörg Wissmann eine beachtenswerte Fine-Dining-Adresse gemacht. Eyecatcher des puristisch gestalteten Lokals ist der lange Tresen vor der offenen Küche, an der bis zu zwölf Personen sitzen können. Was man bei dem erfahrenen Chef de Cuisine geboten bekommt, ist eine moderne europäische Gourmetküche mit koreanischen Einflüssen. Hier treffen Top-Produkte auf gelungene Kontraste aus typischen asiatischen Aromen. Alle Gerichte des Menüs sind durchdacht, absolut schlüssig und technisch anspruchsvoll. Der Service ist freundlich und aufmerksam.

Phoenix — www.phoenix-restaurant.de

VARTA-TIPP Küche

Dreischeibenhaus (D4), PLZ 40211, **T 0211 30206030**
40 | Hauptgericht 58–61 €, Menü 93–140 € | Di-Fr Di-Sa So

Im Erdgeschoss des Dreischeibenhauses - der einstigen Telefonzentrale der Thyssen-Hauptverwaltung - setzt man auf zeitgenössische Kunst, edles Design und zeitgemäßes Fine Dining. Maßgeschneiderte Sitzmöbel, ein dunkelgrüner Natursteinboden und polierter Edelstahl an den Wänden sorgen für Eleganz. Unter der kulinarischen Leitung von Philipp Wolter serviert man eine weltoffene moderne Küche mit starkem regionalen Bezug. Gelungen bringt man die tollen Aromen der frischen Produkte zum Ausdruck. Tipp: Dienstag bis Freitag PHOENIX Lunch. Die Bel Étage im ersten OG eignet sich für private Festivitäten und geschäftliche Veranstaltungen.

Restaurant Setzkasten www.setzkasten-duesseldorf.de

Berliner Allee 52 (D5, Zugang über Einkaufsmarkt im UG), PLZ 40212, **T 0211 2005716**
58 | Menü 129 € | Fr-Sa Mo-Mi, Fr-Sa Do, So

Spitzenküche im Supermarkt. Geht nicht? Sehr wohl: Im „Zurheide Center im Crown" befindet sich das zeitgemäß-elegant gestylte Restaurant. Egal ob Sie sich für das Lunchmenü am Mittag oder die 6-gängige „Setzkasten-Genussreise" am Abend entscheiden - ein Besuch hier wird zum genussreichen Vergnügen. Die Weinkarte offeriert eine umfangreiche Auswahl erlesener Tropfen.

YOSHI by Nagaya nagaya.de

VARTA-TIPP Küche **VARTA-TIPP** Service

Kreuzstraße 17 (D4), PLZ 40211, **T 0211 86043060**
20 | Menü 169–189 € | Fr-Sa Di-Sa Mo, So

Ein Ableger von Yoshizumi Nagayas Stammhaus in der Klosterstraße. Außen eher unscheinbar, im Innern zeigt sich das schlauchförmige Restaurant schlicht-elegant mit dunklen Wänden und geradlinigem Mobiliar. Aus der offenen Showküche kommen klassische japanische Gerichte, die durch ein ausgeklügeltes Zusammenspiel von Aromen, Klarheit und Innovation brillieren. Auch der Service „glänzt" mit asiatischer Freundlichkeit. Mittags auch für Businessgäste interessant.

20° Restobar www.20grad.com

Mutter-Ey-Platz 3 (C3), PLZ 40213, **T 0211 86392030**
Hauptgericht 22–46 € | Mo-Sa So

Im geschmackvollen Ambiente des Düsseldorfer Andreasquartiers vereint man Bar und Restaurant zu einem gelungenen Gastronomiekonzept. Zum Dinner dürfen Sie sich auf moderne Gerichte der mallorquinischen Bistroküche freuen. Zusätzlich lädt die große Terrasse im Amphitheaterstil in der warmen Jahreszeit zum Genuss im Freien ein.

Agata's www.agatas.de

VARTA-TIPP Küche

Kirchfeldstraße 59 (D2), PLZ 40477 (OT: Unterbilk), **T 0211 20030616**
40 | Hauptgericht 32–42 €, Menü 149–179 € | Mi-Sa Mo, Di, So

In unaufdringlich-zeitlosem, aber dennoch modernem Ambiente überrascht Marcel Förster mit einer kreativen, modernen und finessenreichen Küche, die Spaß macht und bei der ausschließlich frische Produkte Verwendung finden. Serviert wird ein wechselndes Menü (5 oder 7 Gänge), auf Wunsch mit Weinbegleitung. Vom geschulten Service werden Sie freundlich und kompetent betreut.

Am Kai www.amkai-duesseldorf.de

VARTA-TIPP Küche

Kaistraße 16 (A5), PLZ 40221 (OT: Hafen), **T 0211 3006750**
60 | Hauptgericht 22–59 €, Menü 105–120 € | Mo-Sa So

»

Nach der Konzeptänderung präsentiert sich das Restaurant mit seiner gläsernen Architektur in einem neuen urbanen Brasseriestil und bleibt dennoch eine beeindruckende Konstante in der Düsseldorfer Gastroszene. Die Küche ist französisch frisch, einfach und lecker. Serviert werden unkomplizierte Gerichte in einer klaren Sprache mit frischen Produkten aus der Region, z.B. „Rücken vom jungen Reh | Semmelknödel | Topinambur | Cassisjus". Die Terrasse mit schöner Aussicht auf die Industrieromantik des Medienhafens ist im Sommer sehr beliebt.

Le Bouchon **Neu!** www.lebouchon-duesseldorf.de

Blücherstraße 70 (D2), PLZ 40477 (OT: Pempelfort), **T 0211 97713417**
50 | Hauptgericht 26–39 €, Menü 79–99 € | Mi-Fr, So Mi-So Mo, Di

Ein Mix aus Restaurant, Bistro und Weinbar. In gemütlicher und ungezwungener Atmosphäre serviert man eine frankophile Küche und sorgfältig ausgewählte Weine aus den wichtigsten Anbaugebieten Frankreichs. Regelmäßig finden Kochkurse mit Chefkoch Patrick Zielonka statt.

Jetzt abonnieren: instagram.com/vartaguide

Le Flair www.restaurant-leflair.de

VARTA-TIPP Küche

Marc-Chagall-Straße 108 (E2), PLZ 40477 (OT: Pempelfort), **T 0211 51455688**
25 | Menü 109–136 € | Mi-So Mo, Di

Flair, Charme und erlesene Gaumenfreuden erwarten Sie in diesem puristisch-gemütlichen Restaurant im Düsseldorfer „Le Quartier Central". Ganz im Stil der Pariser Bistronomie offeriert Küchenchef Dany Cerf elegante Kompositionen der französischen Haute Cuisine in Form eines fixen Menüs - auf Wunsch mit passender Weinbegleitung. Um das Wohl der Gäste kümmert sich Lebensgefährtin Nicole Bänder mit lebendiger Natürlichkeit. Tischreservierung empfehlenswert.

Lido Hafen **Neu!** www.lido1960.de/hafen

Am Handelshafen 15 (A5), PLZ 40221, **T 0211 15768730**
150 | Hauptgericht 28–46 € | Di-Sa Mo, So

Sichtbeton, Glas und ein 360°-Blick über den Medienhafen - die puristische Architektur inmitten des Hafenbeckens sorgt in diesem Restaurant für eine ganz besondere Atmosphäre! In dem lichtdurchfluteten offenen Raum über zwei Etagen trifft Einfachheit auf subtilen Luxus. Dazu ein zeitgemäßes Casual-Dining-Konzept mit einer modern interpretierten internationalen Küche. Die Weinkarte setzt den Fokus auf hochwertige Weine von kleinen, innovativen Winzern aus Frankreich, Deutschland und Italien.

Mbassy by Frank's www.mbassybyfranks.com

Ratinger Straße 9 (C3), PLZ 40213, **T 0211 15858794**
Hauptgericht 24–43 € | Di-Sa Mo, So

Hinter der 300 Jahre alten Fassade des ehem. Palais Spinrath hat man ein attraktives Gastrokonzept aus Bistro, Club und Restaurant vereint. Im Fine-Dining-Restaurant erwartet Sie geschmackvolles Interieur gepaart mit einer ambitionierten Küche, bei der überwiegend saisonale und regionale Produkte Verwendung finden. Alternativ bietet das frankophil anmutende Bistro eine „Chef's Table Experience" für bis zu 20 Personen am Abend.

Rossini
restaurant-rossini.de

Kaiserstraße 5 (C3), PLZ 40479 (OT: Pempelfort), **T 0211 494994**
45 | Hauptgericht 18–54 € | Di-Sa Mo, So

Elegantes Restaurant mit klassischem Ambiente und aufmerksamem Service. Serviert wird eine gehobene italienische Küche nach Rezepten der „Alta Cucina". Die gemütliche Wine Lounge ist ein idealer Treffpunkt für einen Drink in lockerer Atmosphäre. Im Sommer sitzt man schön auf der überdachten Außenterrasse im Innenhof.

Stappen in Oberkassel
www.gasthaus-stappen.de/duesseldorf

Luegallee 50 (A3), PLZ 40545 (OT: Oberkassel), **T 0211 93077600**
70 | Hauptgericht 24–54 €, Menü ab 69 € | So Mi-So Mo, Di

Ein gemütlich-modernes Restaurant mit ungezwungener Atmosphäre. Gekocht wird regional und saisonal mit frischen Produkten. Auf der Karte locken u.a. der traditionelle Düsseldorfer Senfrostbraten, aber auch spannende Gerichte wie „Lackierte Barbarie-Entenbrust mit Süßkartoffel-Kichererbsen-Curry, Kaiserschoten und jungem Lauch".

Zweierlei
www.zweierlei-restaurant.de

Schwerinstraße 40 (C2), PLZ 40477 (OT: Pempelfort), **T 0211 9894587**
28 | Hauptgericht 22–34 €, Menü 59–89 € | Di-Sa Mo, So

Schick das modern-elegante Restaurant mit seinen bequemen Lederbänken und -stühlen, den braunen Holztischen und edlen Vorhängen. Serviert wird kreative internationale Küche, z.B. „Pulpo | Linsen | Artischocke | getrocknete Tomate | fermentierter Knoblauch". Zudem bietet man Gerichte für zu Hause an, die ganz einfach finalisiert werden können.

Bistro Fatal
www.bistro-fatal.com

Hermannstraße 29 (F3), PLZ 40233 (OT: Flingern), **T 0211 36183023**
45 | Hauptgericht 23–31 € | Mi-Sa Mo, Di, So

Das Lokal von Alexandre und Sarah Bourgeuil ist immer gut besucht. In hellem Ambiente und lockerer Atmosphäre lässt man sich feine regional und südeuropäisch beeinflusste Gerichte schmecken. Es gibt auch ein paar Sitzplätze im Freien.

Brasserie Hülsmann

Belsenplatz 1 (A3), PLZ 40545 (OT: Oberkassel), **T 0211 86399330**
130 | Di-Sa Mo, So

Wer es gerne gesellig mag und dabei gut speisen möchte, ist hier genau richtig. Toll die unkomplizierte, aber überaus leckere Brasserieküche! Genussgarantie versprechen „Geschmorte Kalbsbäckchen", „Kabeljau in Dijon-Senfsauce" oder „Hirschwurst mit Apfel und Püree". Dazu leckere Weine und ein freundlich-sympathischer Service.

EssBar
www.hm-essbar.de/?lang=de

Kaiserstraße 27 (C3), PLZ 40479 (OT: Pempelfort), **T 0211 91193905**
50 | Hauptgericht 19–45 €, Menü 50–60 € | Di-Sa Mo, So

Ein großer, gemütlicher Gastraum, in dem dunkle Farben dominieren, dazu ein freundlich-herzlicher Service sowie eine schmackhafte französisch-deutsche Küche mit asiatischen Einflüssen. Letztere gibt es z.B. als „Loup de Mer | Dashisud | feines Gemüse | Udonnudeln".

Fleher Hof
www.fleherhof.de

Fleher Straße 254, PLZ 40223 (OT: Flehe), **T 0211 31195711**
50 | Hauptgericht 19–37 €, Menü 59–79 € | So Mi-So Mo, Di

Was hinter der schönen Backsteinfassade auf den Teller kommt, ist deftige, rheinisch-westfälische Küche - modern interpretiert. Schmackhaft z.B. „Brust vom französischen Bauernhuhn | Romanesco | Paprika | Haselnuss“. Das Ambiente ist urig und der Service ausgesprochen nett.

L'arte in Cucina
www.arteincucina.de

Gerricusplatz 6, PLZ 40625 (OT: Gerresheim), **T 0211 52039590**
35 | Hauptgericht 20–45 € | Di-Sa Mo, So

In dem gemütlich-sympathischen Ristorante gegenüber der Basilika St. Margareta gibt es Typisches aus der Toskana. Neben Antipasti und Pasta zählen auch die schmackhaften Fleischgerichte (z.B. „Irisches Lammkarree | Auberginen-Mandel-Creme | Sauce vom weißen Pfeffer“) zu den Spezialitäten.

Münstermanns Kontor
www.muenstermann-kontor.de

Hohe Straße 11 (C4), PLZ 40213 (OT: Carlstadt), **T 0211 1300416**
45 | Hauptgericht 12–43 € | 24.12.23–9.1.24

Bei Familie Münstermann genießt man täglich wechselnde Gerichte und ausgewählte Weine - von klassisch und altbewährt bis fein und raffiniert. In unkomplizierter, entspannter Atmosphäre lässt man sich z.B. „Gebratenes Kabeljaufilet mit asiatischem Blattspinat, erfrischendem Orangenfenchel, Goma-Sesamdressing, pikantem Curryschaum und knusprigen Pommes Frites“ schmecken.

Parlin
www.parlin-weinbar.de

Altestadt 12-14 (C3), PLZ 40213, **T 0211 87744595**
Hauptgericht 23–39 € | Mi-So Mo, Di

Längst kein Geheimtipp mehr! In der lebendigen Brasserie mit schöner Stuckdecke wird die deutsch-französische Küche gepflegt. Auf der Karte steht Leckeres wie „Chiligarnelen | Tomatenrisotto | Rucola | Pesto“ oder „Hirschrücken | Pfifferlinge | Preiselbeere | Kartoffelgratin | Jus“. Tischreservierung empfehlenswert.

Qomo
www.qomo-restaurant.com

Stromstraße 20 (B5), PLZ 40221, **T 0211 86320018**
144 | Hauptgericht 24–68 € | Mo-So

In diesem Restaurant sollte man schwindelfrei sein! In 172,50 Metern Höhe begeistert nicht nur die geniale Aussicht auf das Rheinland, das Ruhrgebiet und das Bergische Land, sondern auch die japanische Fusionsküche, die hier serviert wird. Die Weinkarte bietet eine schöne Auswahl sowohl an europäischen Weinen als auch an Sakes.

Rob's Kitchen
www.robs-kitchen.de

Lorettostraße 23 (↘ B5), PLZ 40219 (OT: Unterbilk), **T 0211 54357428**
50 | Hauptgericht 16–29 € | Mo-Sa So

In diesem trendig-modernen und lebendigen Restaurant in Unterbilk hat man sich eine saisonale Frischeküche mit besten Zutaten aus der Region auf die Fahnen geschrieben. So liest man auf der Karte z.B. „Thunfisch | Wasabi-Kartoffelpüree | Pak Choi" oder „Schwarzfederhuhn | Kartoffelkuchen | Blumenkohl".

Rocaille
www.rocaille.de

Weißenburgstraße 19 (D1), PLZ 40476 (OT: Pempelfort), **T 0211 97711737**
Mo-Sa ⃠ So

Das Ecklokal ist Café, Bistro und Weinbar in einem. Morgens gibt es leckere Frühstücksvariationen, ab mittags serviert man marktfrische internationale Gerichte, die durch regionale Klassiker ergänzt werden. Grandios die Weinkarte mit weit über 1.000 ausgewählten Weinen aus aller Welt. Sehr zu empfehlen ist die original französische Patisserie aus der hauseigenen Backstube.

Rubens
www.rubens-restaurant.de

Kaiserstraße 5 (C3), PLZ 40479 (OT: Pempelfort), **T 0211 15859800**
80 | Hauptgericht 20–36 €, Menü 64–95 € | Di-Sa ⃠ Mo, So

Hier kommt all das, was die österreichische Küche kulinarisch zu bieten hat, auf den Teller. Da dürfen Klassiker wie Wiener Schnitzel vom Kalb, Tafelspitz, Kaiserschmarrn oder Apfelstrudel natürlich nicht fehlen. Die Heimat der beiden Gastgeber zeigt sich aber nicht nur beim Essen: auch das Mineralwasser, das Bier und selbstverständlich die Weine kommen aus der Alpenrepublik.

Die Bar im Breidenbacher Hof
www.breidenbacherhof.com

Königsallee 11 (C4, im Hotel Breidenbacher Hof), PLZ 40212, **T 0211 160900**
40 | Hauptgericht ab 32 € | Mo, Do-So ⃠ Di, Mi

Elegante Bar und Cigar-Lounge mit begehbarem Humidor, extravagant designt mit edlem Holz und illuminiertem schwarzen Marmor. Umfangreiche Auswahl an exquisiten Spirituosen und Cocktails. 124 verschiedene kubanische und dominikanische Zigarrensorten. Angenehm legerer Service.

Zum Schiffchen
www.brauerei-zum-schiffchen.de

Hafenstraße 5 (C4), PLZ 40213, **T 0211 132421**
420 | Hauptgericht 13–30 € | Mo-So

Im Herzen der Altstadt gelegenes Restaurant mit gemütlichen Räumlichkeiten, das erstmals 1628 erwähnt wurde. Auf der Speisekarte stehen überwiegend Düsseldorfer und rheinische Gerichte.

Café Heinemann
www.konditorei-heinemann.de

Martin-Luther-Platz 32 (D4), PLZ 40212, **T 0211 132535**
150 | Hauptgericht 7–14 € | Mo–Sa 9:00–18:00 Uhr, So+Feiertag 10:00–18:00 Uhr

Zweifellos der Klassiker unter den Cafés! Hier haben bereits viele Promis, Stars und Sternchen ihren Kaffee getrunken. Eine Spezialität sind die hausgemachten Champagnertrüffel, aber nicht nur die sind eine Sünde wert, auch die schokoladige Herrentorte und die üppig belegten Obstkuchen. Neben den feinen Konditoreikreationen wird auch Frühstück angeboten, und eine kleine Mittagskarte gibt es ebenfalls.

EBENSFELD 43 D www.ebensfeld.de

Bayern | EW 5.682 | 255 m | Lichtenfels 11 km, Bamberg 20 km

Veitsberg www.pension-veitsberg.de

€ Gut & Günstig garni

Prächtinger Straße 14-16, PLZ 96250, **T 09573 6400,** F 31430
18 Zimmer | 6 Apartments | Ez ab 45 €, Dz ab 90 €, inkl. Frühstück

Das persönlich geführte Haus mit Pensionscharakter liegt am Fuße des Veitsbergs. Hier übernachten Sie in hell und freundlich eingerichteten Zimmern. Entspannen kann man im gemütlichen Kaminzimmer. Die große Sonnenterrasse lädt zum Verweilen ein.

EBERSBACH AN DER FILS 58 B www.ebersbach.de

Baden-Württemberg | EW 15.300 | 350 m | Göppingen 10 km, Esslingen 20 km

Zum Bäckerhaus www.zumbaeckerhaus.de

Dorfstraße 13, PLZ 73061 (OT: Roßwälden), **T 07163 8757**
64 | Hauptgericht 11–27 €, Menü 59–69 € | Fr Mi-Sa Mo, Di

Bei Priska Speißer und Markus Eberhardinger heißt es richtig gut essen, und zwar bodenständige schwäbische Gerichte wie „Rostbraten mit Bratkartoffeln“. Oder Sie lassen sich einfach vom Menü „Bäckerhaus“ überraschen. Für sämtliche Speisen verwendet man fast ausschließlich nachhaltige Produkte aus der Region. Sonntags gibt es frische Kuchen und Torten aus der hauseigenen Backstube.

ECHING (LANDKREIS FREISING) 60 D www.eching.de

Bayern | EW 13.415 | 469 m | Freising 17 km, München 21 km

Olymp www.olympmunich.com

garni

Wielandstraße 3, PLZ 85386, **T 089 327100,** F 32710112
136 Zimmer | 1 Suite | 27 Apartments | Ez ab 119 €, Dz ab 144 €, inkl. Frühstück

Modernes Businesshotel in einem über 160 Jahre alten Gebäude. Komfortable Zimmer im mediterranen Landhausstil. Auch Apartments für Langzeitgäste sind vorhanden. Elegantes Restaurant mit regionaler und internationaler Küche. Zeitgemäßer Wellnessbereich.

Akram's www.akrams-eching.de

Obere Hauptstraße 10d, PLZ 85386, **T 089 36006464**
Hauptgericht 15–28 € | Di-So Mo

Würden Sie in einem Boardinghouse solch ein niveauvolles Restaurant vermuten? Freuen Sie sich auf eine inspirierende Mischung aus ständig wechselnden Gerichten der europäischen, indischen und ayurvedischen Küche. Appetit machen Nudelgerichte, Fisch- und Fleischspezialitäten, aber auch feine vegetarische Speisen wie „Blumenkohl-Kichererbsen-Marsala mit ayurvedischen Gewürzen und Safranreis“. Zum Übernachten stehen zeitgemäße Apartments unterschiedlicher Größe, Ausstattung und Preisklasse zur Verfügung.

EDENKOBEN 50 D www.edenkoben.de

Rheinland-Pfalz | EW 6.613 | 149 m | Landau 10 km, Speyer 23 km

Das Prinzregent
www.dasprinzregent.de

Unter dem Kloster 1, PLZ 67480, **T 06323 9520,** F 952222
60 Zimmer | Ez 94–124 €, Dz 148–208 €, inkl. Frühstück

Umrahmt vom üppigen Grün der Weinberge empfängt Sie das familiengeführte Urlaubs- und Tagungshotel als Oase der Ruhe. Die Gästezimmer sind wohnlich und individuell designt. Im Restaurant erwartet Sie eine zeitgemäße Trendküche mit mediterranen Einflüssen.

Pfälzer Hof
www.pfaelzerhof-edenkoben.de

Weinstraße 85, PLZ 67480, **T 06323 938910,** F 9389111
28 Zimmer | 2 Suiten | Ez 100–130 €, Dz 139–189 €, inkl. Frühstück | ⦸ 2.–27.1.24

Familienbetrieb mit wohnlichen, klassisch oder modern eingerichteten Gästezimmern. Kleiner Wohlfühlbereich mit Sauna und Tepidarium. Behagliches Restaurant mit regionaler und mediterraner Küche. Im romantischen Gewölbekeller finden Weinproben statt.

Jetzt vorbeischauen: pinterest.com/vartaguide

EDESHEIM 50 D
www.edesheim.de

Rheinland-Pfalz | EW 2.231 | 151 m | Landau 6 km, Karlsruhe 46 km

Schloss Edesheim
www.schloss-edesheim.de

Luitpoldstraße 9, PLZ 67483, **T 06323 94240,** F 942411
41 Zimmer | 14 Suiten | Ez 99–134 €, Dz 155–176 €, inkl. Frühstück | 24 h

Das hist. Haus ist eingebettet in einen über 5 Hektar großen Park mit Weinbergen und Wasseranlagen. Sie logieren in individuell eingerichteten Zimmern, die mit modernen Annehmlichkeiten ausgestattet sind.

Gourmetrestaurant

32 | Hauptgericht 28–32 €, Menü 42–69 € | Mo-So

Ausgestattet mit ausgefallenen Wandmalereien, Empire-Kronleuchtern und einem offenen Kamin eröffnet sich dem Gast ein herrschaftliches Ambiente. Serviert wird eine marktfrische Küche mit mediterranen Einflüssen. Schöne Parkterrasse im Schlosshof.

EFRINGEN-KIRCHEN 64 A
www.efringen-kirchen.de

Baden-Württemberg | EW 8.682 | 258 m | Lörrach 9 km, Müllheim 23 km

Traube
www.traube-blansingen.de

VARTA-TIPP Küche VARTA-TIPP Service

Alemannenstraße 19, PLZ 79588 (OT: Blansingen), **T 07628 9423780**
15 | Menü 150 € | Mi-So Mo, Di 18.12.23–9.1.24

Das hist. Landhaus in dem kleinen Weindorf hat man sorgfältig und liebevoll renoviert. Chefkoch Brian Wawryk sorgt für Spitzenkulinarik auf den Tellern. Der gebürtige Kanadier kocht mit Mut, Finesse und handwerklicher Präzision. Bei seinen Gerichten verbindet sich Tradition mit innovativer und provokanter Küche. Daniela Hasse kredenzt dazu erlesene Tropfen aus dem gut bestückten Weinkeller. In der ersten und zweiten Etage stehen auch einige Hotelzimmer zur Verfügung.

Walsers
www.walsers-hotel.de

Bahnhofstraße 34, PLZ 79588, **T 07628 8055244**
80 | Hauptgericht 26–39 €, Menü 59–76 € | Mo-Di, Fr-So Mo-Di, Do-So Mi

Ob im gemütlichen Restaurant, im lichtdurchfluteten Wintergarten oder im schattigen Kastaniengarten - hier lässt es sich wunderbar speisen. Serviert werden abwechslungsreiche, marktfrische Speisen aus heimischen Produkten, so z.B. „Geschnetzeltes vom Kalb | Steinchampignons in Rahm | Spätzle“.

EGGENSTEIN-LEOPOLDSHAFEN 50 D
www.egg-leo.de

Baden-Württemberg | EW 16.000 | 112 m | Karlsruhe 12 km, Mannheim 63 km

Das garbo im Löwen
www.garbo-loewen.de

VARTA-TIPP Küche

Hauptstraße 51, PLZ 76344 (OT: Eggenstein), **T 0721 780070**
40 | Hauptgericht 35–39 €, Menü 135–155 € | Mi-Fr Mi-Sa Mo, Di, So

Reduziert, ausdrucksstark, kreativ. Küchenchef Marcel Kazda kombiniert in seinen wechselnden Menüs (4 bis 6 Gänge) badische und mediterrane Elemente und setzt auf beste Produktqualität. Dazu ländlich-elegantes Ambiente sowie ein zugewandter und umsichtiger Service unter der Leitung von Maître Philipp Spielmann. Übrigens: Eine spezielle „Take-Away-Karte“ gibt es auch! Im Hotel zum Löwen stehen liebenswerte Gästezimmer zur Verfügung.

Zum Goldenen Anker
www.hotel-anker-eggenstein.de

Hauptstraße 16-20, PLZ 76344 (OT: Eggenstein), **T 0721 706029**
55 | Hauptgericht 18–36 €, Menü 48–62 € | Mo-Fr, So Sa

In diesem familiär geführten Landgasthof kann man nicht nur angenehm übernachten, sondern auch vorzüglich speisen. Ob im modernen Restaurant oder im lauschigen Innenhof - Armin Radtke und seine Crew überraschen mit einer jungen badischen Kreativküche. Appetit macht z.B. „Filet vom Wolfsbarsch | Pimentoschaum | Blattspinat | bunte Paprika | Tagliatelle".

EGLING 68 A www.egling.de

Bayern | EW 5.400 | 609 m | Wolfratshausen 7 km, Bad Tölz 21 km

Hanfstingl www.hotel-hanfstingl.de

€ Gut & Günstig ★★★ garni

Kirchstraße 7, PLZ 82544 (OT: Neufahrn), **T 08171 34670,** F 346729
27 Zimmer | 4 Apartments | Ez ab 64 €, Dz ab 103 €, inkl. Frühstück

Familiär geführtes Haus mit bayerischer Gastlichkeit und hellen, zweckmäßig ausgestatteten Zimmern. Kleiner Wellnessbereich mit Sauna. Nachmittags werden auf der hübschen Sonnenterrasse Kaffeespezialitäten und hausgemachte Kuchen serviert.

Zum Bruckenfischer www.bruckenfischer.com

€ Gut & Günstig

Dürnstein 1 (direkt an der Schäftlarner Brücke), PLZ 82544, **T 08178 3635**
Hauptgericht 16–27 € | Mo-Mi, Fr-So ⃠ Do

Dass das idyllisch zwischen Isar und Isarkanal gelegene Ausflugslokal eine gefragte Adresse ist, liegt an den heimelig-ländlichen Stuben nebst gemütlichem Biergarten, am freundlichen Service und nicht zuletzt an der bodenständigen und preislich moderat kalkulierten Küche, die es z.B. in Form von hausgeräucherter Forelle, Schweinebraten oder ofenwarmem Apfelstrudel gibt.

EHINGEN 58 D www.ehingen.de

Baden-Württemberg | EW 24.786 | 515 m | Ulm 28 km, Ravensburg 70 km

Adler www.adlerehingen.de

★★★★

Hauptstraße 116, PLZ 89584, **T 07391 500460,** F 50046500
57 Zimmer | 1 Suite | Ez ab 80 €, Dz ab 95 €, inkl. Frühstück

Freundlich geführtes Haus, ruhig und doch zentral in der Ehinger Altstadt gelegen. Warme Farben und moderne Wohnaccessoires bestimmen die Einrichtung der behaglichen Gästezimmer. Für Entspannung sorgt der „Adler Lifestyle Spa & Club" auf über 300 qm. Das rustikale Restaurant „Paulas Alb" bietet regionale Küche.

BierKulturHotel Schwanen www.bierkulturhotel.de

★★★★

Schwanengasse 18-20, PLZ 89584, **T 07391 770850,** F 7708577
50 Zimmer | 9 Suiten | Ez 90–130 €, Dz 100–150 €, 12,00 € | ⃠ 24.12.23–1.1.24

In diesem geschmackvollen Themenhotel logieren Sie in zeitgemäß ausgestatteten Gästezimmern mit unterschiedlichen Designkonzepten. Besonders originell sind die sogenannten Bierkistenzimmer mit einer Möbelkombination aus Bett, Schrank und Sitzgruppe. Bierspezialitäten und moderne schwäbische Küche bietet man im neu designten Brauhaus.

EHNINGEN 57 B www.ehningen.de

Baden-Württemberg | EW 8.451 | 444 m | Stuttgart 25 km, Freudenstadt 65 km

Landhaus Feckl
www.landhausfeckl.de

Keltenweg 1, PLZ 71139 (OT: Herdstelle), **T 07034 23770,** F 2377277
21 Zimmer | Ez ab 94 €, Dz ab 104 €, ab 18,00 €

Das engagiert geführte Haus punktet mit angenehm vertrauter Gastfreundschaft, einladend-behaglichem Ambiente sowie wohnlichen Zimmern im Landhausstil (zum Teil mit Balkon). Morgens erwartet Sie ein frisches, gutes Frühstück. Zahlreiche Freizeitmöglichkeiten in der unmittelbaren Umgebung.

Landhaus Feckl

VARTA★TIPP Küche VARTA-TIPP Service

90 | Hauptgericht 32–48 €, Menü 96–120 € | Mi-Sa ⃠ Mo, Di, So ⃠ 18.8.–8.9.24

Ob im Restaurant, in der Gewölbestube oder im Wintergarten - hier erwartet Sie liebevoll inszeniertes Landhausambiente gepaart mit genussvollen Momenten voller Spannung und Kreativität. In der Küche sorgt Patron Franz Feckl für einen interessanten Mix aus Moderne und Klassik, geschmacklich intensiv und handwerklich perfekt. Dazu kommen die sehr gute Qualität der Produkte und ein stimmiges Preis-Leistungsverhältnis! Auch die charmante und gut eingespielte Servicecrew trägt dazu bei, dass man dieses Restaurant immer wieder gerne besucht.

EIBELSTADT 52 B
www.eibelstadt.de

Bayern | EW 2.808 | 180 m | Würzburg 10 km, Wertheim 45 km

Kapellenberg
www.hotel-kapellenberg.de

Am Kapellenberg 2, PLZ 97246, **T 09303 980070**
83 Zimmer | 3 Suiten | Ez 102–112 €, Dz 135–155 €, inkl. Frühstück

Moderner Hotelbau am Ortsrand. Wohnliche Zimmereinrichtung mit warmen Farbtönen und schlichten Formen. Für Entspannung sorgt ein kleiner Saunabereich. Im Restaurant werden sowohl fränkische als auch internationale Gerichte serviert.

Weinforum Franken
www.weinforum-franken.de

Hauptstraße 37, PLZ 97246, **T 09303 9845090,** F 98450911
15 Zimmer | 3 Suiten | Ez ab 100 €, Dz ab 110 €, inkl. Frühstück | 24 h

Kleines Designhotel im Herzen von Eibelstadt mit außergewöhnlichem Ambiente. Die unterschiedlich großen Zimmer sind modern, individuell und mit viel Liebe zum Detail eingerichtet. Die bekannte Künstlerin Hilde Würtheim hat das Hotel mit Originalen ihrer Kunst ausgestattet. Zum Haus gehören auch eine Vinothek, ein Restaurant sowie eine Außenterrasse mit Blick auf den Marktplatz. Im großen, verwinkelten Gewölbekeller lagern erlesene Weine aus der Region.

Gambero Rosso Da Domenico
www.gambero-rosso.eu

VARTA-TIPP Küche

Mühle 2, PLZ 97246, **T 09303 9843782**
40 | Menü 40–60 € | Mi-So ⃠ Mo, Di

Unaufdringliches Ambiente, entspannte Atmosphäre und italienische Küche auf höchstem Niveau bietet das Lokal im Jachthafen Eibelstadt. Bei Familie Cannizzaro erwarten Sie herzliche Gastfreundschaft und eine ausgewogene Speisekarte mit Pasta-, Fisch- und Fleischgerichten. Auch die Weine hat der Patron mit großer Sorgfalt ausgewählt. Hin und wieder finden Themenabende statt.

EICHSTÄTT 60 A www.eichstaett.de

Bayern | EW 13.070 | 391 m | Weißenburg 24 km, Ingolstadt 27 km

Hotel Schönblick www.schoenblick-hotel.net

★★★★ garni

Hohes Kreuz 11, PLZ 85072, **T 08421 936080,** F 936086
22 Zimmer | 1 Suite | Ez 100–137 €, Dz 174–219 €, inkl. Frühstück | 24 h

Ein zeitlos-elegantes Hideaway mit atemberaubender Aussicht auf die Altstadt von Eichstätt. Die wohnlichen Zimmer sind mit Balkon oder Terrasse ausgestattet. Moderner Wellnessbereich mit Panorama-Innenpool und Saunalandschaft. Im eleganten Restaurant mit Terrasse werden regionale und internationale Spezialitäten serviert.

Hotel garni Fuchs www.hotel-fuchs.de

€ Gut & Günstig garni

Ostenstraße 8, PLZ 85072, **T 08421 6789,** F 80117
19 Zimmer | Ez 48–95 €, Dz 80–120 €, inkl. Frühstück | 1.–14.1.24

Familiengeführtes Garnihotel mit zweckmäßigen Gästezimmern in zentraler Lage. Behagliches Konditorei-Café mit großer Auswahl hausgebackener Kuchen und Torten.

EINBECK 32 A www.einbeck-marketing.de

Niedersachsen | EW 33.385 | 112 m | Northeim 17 km, Alfeld 24 km

Freigeist www.freigeist-einbeck.de

★★★★ garni

Tiedexer Tor 5, PLZ 37574, **T 05561 3199970,** F 319997999
63 Zimmer | Ez ab 115 €, Dz ab 125 €, 19,00 € | 24 h

Das Hotel befindet sich in unmittelbarer Nachbarschaft zum Automobil- und Motorradmuseum PS.SPEICHER. Hier sorgen Designelemente wie roter Klinker, Sichtbeton, geölte Eichenböden, Stahl und Glas, Industrielampen und Fatboy-Sitzsäcke für eine extravagante Atmosphäre. Die 23 bis 40 qm großen Zimmer sind zurückhaltend und mit moderner Technik eingerichtet.

Genusswerkstatt www.genusswerkstatt-einbeck.de

Tiedexer Tor 3b (im PS. Speicher), PLZ 37574
Hauptgericht 22–45 € | Di-So Di-Sa Mo

Das moderne Restaurant mit offener Showküche ist nicht nur für die Besucher des PS.SPEICHERS interessant. Auf der Speisekarte findet man überwiegend Gegrilltes wie Dry-Aged-Steaks oder norwegisches Fjordlachsfilet, aber auch ein komplett veganes Menü mit Raucharomen. Dazu gibt es frische Salate, die nach Jahreszeit wechseln. Die Mittagskarte ist etwas kleiner gehalten.

EISENACH 43 A www.eisenach.info

Thüringen | EW 42.847 | 220 m | Erfurt 58 km, Kassel 76 km

Auf der Wartburg
www.wartburghotel.de

VARTA-TIPP Service

★★★★★ garni

Auf der Wartburg 2, PLZ 99817 (OT: Wartburg), **T 03691 7970,** F 797100
37 Zimmer | 1 Suite | Ez 199–300 €, Dz 299–470 €, 26,50 € | 24 h

Das stilvoll renovierte Gebäude wartet mit angenehmem Landhausambiente, geschmackvoll und individuell eingerichteten Zimmern sowie einer tollen Aussicht auf den Thüringer Wald auf. Die persönliche Atmosphäre, das tolle Burgfrühstück und der zuvorkommende Service motivieren zum Besuch dieses traditionsreichen Hauses.

Landgrafenstube

80 | Hauptgericht 22–39 €, Menü 76 € | Mo-So

Originelles nostalgisches Ambiente und atemberaubender Ausblick über den Thüringer Wald. Serviert wird eine aromenreiche Landküche unter Verwendung saisonaler und regionaler Produkte. Einfachere Mittagskarte für Businessgäste.

Folgen Sie uns: facebook.com/vartaguide

Boutiquehotel Villa Anna
www.hotel-villa-anna.de

★★★★ garni

Fritz-Koch-Straße 12, PLZ 99817, **T 03691 23950,** F 239530
15 Zimmer | Ez 89–109 €, Dz 129–159 €, inkl. Frühstück | 23.–24.12.23

Hist. Villenbau mit dem Charme der Gründerzeit, der im Jahr 2021 renoviert wurde. Ansprechend eingerichtete Zimmer in verschiedenen Kategorien. Frühstück im lichtdurchfluteten Frühstücksraum - im Sommer auch im Garten.

Göbel's Sophien Hotel
www.sophienhotel.de

★★★★ garni

Sophienstraße 41, PLZ 99817, **T 03691 2510,** F 25111
73 Zimmer | 4 Apartments | Ez ab 85 €, Dz ab 130 €, inkl. Frühstück | 24 h

Ein gepflegtes Stadthotel in Altstadtnähe. Neuzeitliche Gästezimmer in vier Kategorien. Beauty- und Wellnesslounge mit Salzraum, finnischer Blockbohlensauna und Fitnessraum. Restaurant mit klaren Linien und warmen Farbtönen, in dem Thüringer Küche angeboten wird.

Berghotel Eisenach
www.berghotel-eisenach.de

★★★★ garni

An der Göpelskuppe 1, PLZ 99817, **T 03691 22660,** F 226644
16 Zimmer | 2 Suiten | Ez ab 79 €, Dz ab 137 €, inkl. Frühstück | 24 h

Neben dem Burschenschaftsdenkmal errichtetes Natursteinhaus mit hochwertig eingerichteten Zimmern. Restaurant mit regionaler und internationaler Küche. Terrasse mit schöner Aussicht auf die Wartburg.

Weinrestaurant Turmschänke
www.turmschaenke-eisenach.de

VARTA-TIPP Küche

Karlsplatz 28, PLZ 99817, **T 03691 213533**
80 | Hauptgericht 24–39 €, Menü 42–65 € | Di-Sa 21.1.–15.2.24

Im mittelalterlichen Turmverlies empfängt Sie dieses Restaurant. Schöne Details wie Bleiglasfenster, alte Gobelins und hist. Gestühl sorgen für ein originelles Ambiente. Patron Ulrich Rösch kredenzt eine schmackhafte, klassisch gehaltene Küche mit regionalen und euroasiatischen Einflüssen. Lust auf „Bäckchen und Presa vom Iberico-Schwein mit zweierlei Blumenkohl und Tortilla“? Sehr beliebt sind die mehrmals im Jahr stattfindenden Weinabende.

EISENSCHMITT 39 D www.gesundland-vulkaneifel.de

Rheinland-Pfalz | EW 291 | 350 m | Wittlich 18 km, Bitburg 21 km

Molitors Mühle www.molitors-muehle.de

★★★★ S garni

Eichelhütte 15, PLZ 54533 (OT: Eichelhütte), **T 06567 9660,** F 966100
40 Zimmer | 2 Suiten | 2 Apartments | Ez 100–120 €, Dz 170–240 €, inkl. Frühstück

Ein Geheimtipp für Individualisten! Die ehem. Kornmühle von 1870 liegt idyllisch im Salmtal. Hier erwarten Sie ruhige Aussichtszimmer, die mit Antiquitäten und Stilmöbeln eingerichtet sind. Für Entspannung sorgt die hübsche Wellnessoase auf 1.900 qm.

EISLINGEN/FILS 58 B www.eislingen.de

Baden-Württemberg | EW 19.840 | 336 m | Göppingen 5 km, Schwäbisch Gmünd 11 km

Eislinger Tor www.salvia-hotels.de/hotel-eislinger-tor

★★★★

Gutenbergstraße 1, PLZ 73054, **T 07161 945000**
31 Zimmer | Ez ab 88 €, Dz ab 168 €, inkl. Frühstück

Gefragt ist dieses Hotel wegen seiner gepflegten, funktionalen und modernen Einrichtung. Das Haus bietet wohnliche Zimmer in unterschiedlichen Kategorien und ist sowohl für Individualreisende als auch für Businessgäste bestens geeignet. Im Restaurant werden schwäbische und mediterrane Speisen serviert.

LOOM Hotel www.salvia-hotels.de/loom-hotel

Seewiesenstraße 18, PLZ 73054, **T 07161 945000**
72 Zimmer | Ez ab 68 €, Dz ab 88 €, 22,50–27,50 €

Das 2021 eröffnete Lifestyle-Hotel ist Teil des neugestalteten Buntweberei-Areals. Hier lässt es sich gut tagen, aber auch für Freizeit- und Individualreisende bietet das Haus einiges: individuelle Note mit einem Stilmix aus Tradition und Moderne, wertig-moderne Zimmer im Industrial Design sowie eine Rooftopbar mit großzügiger Sonnenterrasse im 6. Stock.

ELLWANGEN (JAGST) 59 A www.ellwangen.de

Baden-Württemberg | EW 24.749 | 440 m | Aalen 18 km, Dinkelsbühl 22 km

Hirsch www.hirsch-ellwangen.de

★★★ S

Maierstraße 2, PLZ 73479 (OT: Neunheim), **T 07961 91980,** F 919870
38 Zimmer | 1 Suite | Ez 67–107 €, Dz 97–134 €, inkl. Frühstück

In diesem familiär geführten Traditionshaus mit seinem modernen Hotelneubau erwarten Sie zeitgemäß und komfortabel ausgestattete Zimmer in unterschiedlichen Kategorien. Für Veranstaltungen und Events gibt es variable Veranstaltungsräume.

Hirsch

170 | Hauptgericht 15–40 €, Menü 50–70 € | So Di-So Mo

Charmant die unterschiedlichen, gemütlichen Gaststuben, die hübsche Deko und die fast familiäre Atmosphäre. Serviert wird eine durchdachte, ausbalancierte Küche, die bevorzugt auf lokale Produkte und saisonale Zutaten setzt. Mit einem sogenannten „Produzentenmenü" (3 bis 5 Gänge) frönt man der heimischen Erzeugnisse. Aber auch schwäbische Wirtshausklassiker wie Maultaschen oder Zwiebelrostbraten findet man auf der Karte. Während der warmen Jahreszeit lockt die überdachte Sonnenterrasse.

Klozbücher

www.klozbuecher.com

Rosenberger Straße 47, PLZ 73479 (OT: Eggenrot), **T 07961 9249190,** F 924919100
13 Zimmer

Ein charmantes Landhotel mit angeschlossener Feinkostmetzgerei und Cateringservice. Die zeitlos-modern eingerichteten Zimmer bestechen durch helle Farben, kleine Akzente und dekorative Holzelemente. Neue Hirschhütte mit Biergarten für Feiern und Events. Gemütliches Restaurant für Hausgäste mit regionaler und mediterraner Küche.

ELSTER, BAD 45 C

www.badelster.de

Sachsen | EW 3.690 | 546 m | Schönberg 33 km, Plauen 35 km

Hotel König Albert

www.hotelkoenigalbert.de

GREENSIGN

Carl-August-Klingner-Straße 1, PLZ 08645, **T 037437 5400**
108 Zimmer | 12 Suiten | Ez ab 132 €, Dz ab 196 €, inkl. Frühstück | 24 h

Dieses Hotel überzeugt mit großzügig geschnittenen Zimmern, die in warmen Farbtönen gestaltet sind. Hoteleigener Bademantelgang zur Soletherme mit Saunawelt und zum historischen Albert Bad. Mehrere Restaurants.

PARKHOTEL Helene

www.parkhotel-helene.de

Parkstraße 33, PLZ 08645, **T 037437 500,** F 5099
25 Zimmer | Ez 60–90 €, Dz 100–160 €, inkl. Frühstück | 24 h 17.–24.12.23

Wellnesshotel in einer Villa von 1889 unmittelbar am Albert-Park. Funktionale Komfortzimmer unterschiedlicher Größe. Entspannung bietet ein kleiner Saunabereich. Regionale und internationale Spezialitäten erwarten Sie in „Albert's Parkrestaurant".

ELTVILLE 41 C

www.eltville.de

Hessen | EW 17.667 | 90 m | Wiesbaden 14 km, Rüdesheim 15 km

Kronenschlösschen www.kronenschloesschen.de

Rheinallee, PLZ 65347 (OT: Hattenheim), **T 06723 640,** F 7663
18 Zimmer | 10 Suiten

Ein „Landhotel par exellence"! Das schmucke, familiengeführte Haus ist eine Mischung aus liebevoll restaurierter historischer Bausubstanz und modernem Komfort. Die Zimmer und Suiten im Haupthaus sind individuell gestaltet und verfügen alle über ein Marmorbad. Weitere Zimmer stehen im gegenüberliegenden Gästehaus zur Verfügung. Hübsch der angrenzende Privatpark mit seinem alten Baumbestand.

Kronenschlösschen

40 | Menü 110–148 € | Do-Sa Mo, Di, Mi, So

Die warmen Farben und die verspielte Eleganz dieses exklusiven Gourmetrestaurants lassen den Gast sofort in einen Zustand der Entspannung eintauchen. Serviert wird eine leichte, moderne Küche, die Sie in Form eines aufwendigen Menüs (4 bis 6 Gänge) genießen können. Dazu kredenzt der versierte Service erlesene Weine aus nah und fern. Im Zweitrestaurant, dem Bistro, gibt es traditionelle Gerichte wie „Wiener Schnitzel mit Gurkensalat, Petersilienkartoffeln und Preiselbeeren". Während der Sommermonate können Sie auch im Freien speisen.

Eltvinum eltvinum.eatbu.com/?lang=de

Schmittstraße 2, PLZ 65343, **T 06123 601780**
7 Zimmer | Ez ab 100 €, Dz ab 155 €, 10,00–15,00 €

Charmantes kleines Hotel in einem schmucken Fachwerkhaus aus dem Jahre 1513. Hochwertige Zimmerausstattung mit Eichenholzparkett, modernen Designmöbeln und Antiquitäten. Für Veranstaltungen und individuelle Weinproben steht der renovierte Gewölbekeller zur Verfügung.

Eltvinum

60 | Hauptgericht 15–28 € | Mo-Fr

Ein geschmackvolles Restaurant mit minimalistisch eingerichtetem Gastraum und ungezwungener Atmosphäre. Serviert wird eine frische regionale Landhausküche zu fairen Preisen, z.B. „Tafelspitzsülze | Kräuterschmand | Röstkartoffeln". Dazu gibt es gute Rheingauer Weine. Schöner Innenhof.

Frankenbach www.hotel-frankenbach.de

Wilhelmstraße 13, PLZ 65343, **T 06123 9040,** F 63602
35 Zimmer | Ez 95–115 €, Dz 120–165 €, inkl. Frühstück

Solide führt Familie Frankenbach dieses Haus im hist. Zentrum der Stadt. Gut ausgestattete Gästezimmer, teilweise mit Balkon und direktem Zugang zur mediterranen Dachterrasse. Weitere Unterkünfte stehen im Gästehaus „Gutenberg Hof" zur Verfügung.

Jean

VARTA-TIPP Küche

25 | Hauptgericht 29–48 €, Menü 79–149 € | So Do-So Mo, Di, Mi »

Einen Hauch von Nostalgie vermittelt das behagliche Restaurant. Johannes „Jean" Frankenbach erfreut mit einer modernen deutschen Küche auf klassisch französischer Basis, bei der ausschließlich heimische Produkte Verwendung finden. Gut sortierte Weinkarte mit Gewächsen aus dem Rheingau, aus Deutschland sowie aus internationalen Anbaugebieten. Bei schönem Wetter wird auch im Platanenhof serviert.

Die Adler Wirtschaft — www.franzkeller.de

Hauptstraße 31, PLZ 65347 (OT: Hattenheim), **T 06723 7982**
60 | Menü 54–86 € | Mi-Sa ⊘ Mo, Di, So

In der reizenden Gaststube sorgen runde Eichenholztische und liebevoll arrangierte Accessoires für ein behagliches Ambiente. Die kleine, aber feine Speisenauswahl mit einem Mix aus klassischer Küche mit deftiger Hausmannskost wird regelmäßig neu zusammengestellt. Dazu gibt es edle Tropfen aus dem Rheingau, aus Baden und Rheinhessen. Im Sommer empfiehlt sich die großzügige Weinterrasse.

Gutsausschank im Baiken — www.baiken.de

Wiesweg 86, PLZ 65343, **T 06123 900345**
80 | Sa-So Do-So ⊘ Mo, Di, Mi

Auf einer Anhöhe hoch über Eltville liegt dieser idyllische Gutshof. Unter Verwendung hochwertiger Zutaten bietet man hier eine frische, unprätentiöse Regionalküche. Dazu werden leckere Weine aus dem Rheingau serviert. Hübsche Terrasse.

Zum Krug — www.zum-krug-rheingau.de

Hauptstraße 34, PLZ 65347 (OT: Hattenheim), **T 06723 99680**
60 | Hauptgericht 28–35 €, Menü 60–90 € | Do-Sa Di-Sa ⊘ Mo, So

In einem alten Fachwerkhaus im Hattenheimer Ortskern befindet sich das behagliche Restaurant. Für die gefällige saisonale Frischeküche (z.B. „Rumpsteak vom Bio-Weiderind mit knusprig gerösteten Zwiebeln, Bratkartoffeln und Salat") verwendet man überwiegend heimische Produkte. Es gibt auch liebevoll eingerichtete Gästezimmer.

ELZACH 57 C — www.zweitaelerland.de

Baden-Württemberg | EW 7.002 | 361 m | Waldkirch 14 km, Haslach 15 km

Elzland Hotel 9 Linden — www.elzland-hotel-neunlinden.de

Neunlindenstraße 5, PLZ 79215, **T 07682 947930**
33 Zimmer | 6 Apartments | Ez ab 90 €, Dz ab 190 €, inkl. Frühstück

Das Partnerhotel des ElzLand Hotel Pfauen beeindruckt bereits von außen mit seiner geradlinigen Holzfassade. Auch im Innern sorgen klare Linien, natürliche Materialien, sanfte Beige- und Mokkatöne sowie ein ausgeklügeltes Lichtkonzept für echte Wohlfühlatmosphäre. Sie wohnen in großzügigen, lichtdurchfluteten Zimmern und Apartments mit gläsernen Bädern. Für Langzeitgäste hat man auch Ferienwohnungen.

ElzLand Hotel Pfauen — www.elzland-hotel-pfauen.de

★★★★

Pfauenstraße 6, PLZ 79215 (OT: Oberprechtal), **T 07682 947910,** F 9479213
63 Zimmer | 9 Suiten | Ez ab 170 €, Dz ab 299 €, inkl. Vollpension

Das umfassend erneuerte Haus richtet seinen Fokus auf Wellness und Gesundheit. Hier begeistern nicht nur die wunderbare Aussicht auf das Elztal, sondern auch die freundlich-modernen Zimmer sowie das vielfältige Angebot im „Vital Spa". Schöne Adresse für Erholungssuchende, Genussliebhaber und Aktivurlauber.

Gasthaus Rössle
www.roessleelzach.de

Hauptstraße 19, PLZ 79215, **T 07682 212**
11 Zimmer | Ez ab 60 €, Dz ab 120 €

Bereits in der 4. Generation führen Kristin und Manuel Häringer dieses charmante Gasthaus im Ortszentrum. Die gemütlichen und sehr geschmackvoll eingerichteten Zimmer zeigen einen gelungenen Mix aus ländlichem Flair und Moderne. Morgens wartet ein tolles Frühstück auf Sie.

Gasthaus Rössle
VARTA-TIPP Küche

120 | Hauptgericht 17–27 €, Menü 45–55 € | Mo-Di, Do-So Mi

Behagliches Ambiente, herzliche Gastfreundschaft und zwangloser Genuss erwarten Sie im Restaurant. Serviert wird schmackhafte badische Küche zu gastfreundlichen Preisen. Der Chef kocht bevorzugt Gerichte mit Produkten regionaler Herkunft aus dem Elztal und dem Breisgau. Beliebt sind „Rössle"-Klassiker wie „Rinderzunge in Scheiben | Madeirasauce | hausgemachte Nudeln" oder „Kalbfleischküchle | Rahmsauce | Champignons | hausgemachte Knöpfle". Hübsch die kleine Terrasse vor dem Haus.

Schäck's Adler
www.schaecks-adler.de

Waldkircher Straße 2, PLZ 79215 (OT: Oberprechtal), **T 07682 1291**
65 | Hauptgericht 22–39 €, Menü 35–48 € | Fr-So Mi-So Mo, Di

Viel altes Holz, ein heimeliger Kachelofen, liebevolle Deko - da kommt Gemütlichkeit auf. Dazu eine sehr gute Küche, bei der man auf Frische, Qualität und regionale Produkte großen Wert legt. Für Übernachtungsgäste gibt es behagliche Gästezimmer.

EMDEN 12 D
www.emden-touristik.de

Niedersachsen | EW 51.292 | 1 m | Aurich 23 km, Leer 29 km

Hotel am Delft
www.hotel-am-delft.de

★★★★

Am Delft 27, PLZ 26721, **T 04921 39190,** F 3919190
120 Zimmer | Ez 65–175 €, Dz 149–203 €, inkl. Frühstück | 24 h

Eine schöne Adresse am alten Binnenhafen: geradliniges Design, wertige Materialien, warme Töne, gutes Platzangebot und moderne Technik. Die Zimmer sind in den Kategorien Classic, Superior und Deluxe buchbar. Zum Haus gehört auch ein Fitness- und Saunabereich.

EMMENDINGEN 56 D
www.emmendingen.de

Baden-Württemberg | EW 26.287 | 201 m | Waldkirch 12 km, Freiburg 15 km

Taome Feng Shui Stadthotel
www.taome.de

★★★ S garni

Karl-Friedrich-Straße 63/1, PLZ 79312, **T 07641 9686288,** F 9686299
40 Zimmer | 3 Suiten | 2 Apartments | Ez 79–99 €, Dz 105–125 €

In attraktiver Citylage finden Sie dieses moderne Nichtraucherhotel, das nach den Prinzipien des Feng Shui ausgestattet wurde. Wohnliche Zimmer mit Balkon. Internetzugang (LAN) und Getränke aus der Minibar sind im Zimmerpreis inklusive. Panorama-Frühstücksrestaurant mit kleiner Dachterrasse.

EMMERICH AM RHEIN 28 B
www.emmerich.de

Nordrhein-Westfalen | EW 29.652 | 18 m | Arnheim 34 km, Wesel 40 km

Landhaus Zu den 3 Linden
www.zu-den-3-linden.de

Reeser Straße 545, PLZ 46446 (OT: Praest), **T 02822 8800**
25 | Hauptgericht 24–31 €, Menü 53–66 € | So Do-So Mo, Di, Mi

Der ländlich gelegene Familienbetrieb bietet seit Jahren eine wohlschmeckende, zeitgemäße Küche mit französischer Ausrichtung - z.B. „Rücken vom Ibericoschwein mit Pfirsich und Sellerie an Schupfnudeln". Vom liebenswerten Service wird man bestens betreut.

Folgen Sie uns: facebook.com/vartaguide

EMMINGEN-LIPTINGEN 65 A
www.emmingen-liptingen.de

Baden-Württemberg | EW 4.480 | 750 m | Tuttlingen 8 km, Stockach 20 km

Schenkenberger Hof
www.schenkenberger-hof.com

Schenkenbergerhof 22, PLZ 78576, **T 07465 9202950**
45 | Hauptgericht 20–41 € | Mi-So Mo, Di

Ein Landgasthaus wie im Bilderbuch: herzliche Gastgeber, urgemütliche Räumlichkeiten und dazu eine frische, ehrliche Regionalküche. Auf der Speisekarte Schmackhaftes wie „Ragout vom Reh aus der Bittelbrunner Jagd | hausgemachte Spätzle | Röstgemüse". Sehr einladende Terrasse. Schmankerl für Zuhause kann man im angeschlossenen Hofladen erwerben.

EMS, BAD 40 D
www.bad-ems.info

Rheinland-Pfalz | EW 9.179 | 85 m | Koblenz 18 km, Montabaur 20 km

Emser ThermenHotel
www.emser-thermenhotel.de

★★★★

Viktoriaallee 24, PLZ 56130, **T 02603 97900**
84 Zimmer | Ez 143–158 €, Dz 198–228 €, inkl. Frühstück

Wer einen entspannten Wellnessurlaub erleben möchte, sollte dieses Hotel auf der Bucket List stehen haben! Direkt am Ufer der Lahn empfängt Sie das 2021 eröffnete Haus. Die stilvoll und modern ausgestatteten Zimmer sind alle nach Süden ausgerichtet. Durch die großen Panoramafenster hat man eine schöne Aussicht auf den Fluss. Ein besonderes Highlight ist die SkyLounge auf dem Dach des Hotels. Therme und Sauna können Übernachtungsgäste ganz bequem über einen Bademantelgang erreichen.

Häcker's Grand Hotel www.haeckers-grandhotel.com

Römerstraße 1-3, PLZ 56130, **T 02603 7990,** F 799252
106 Zimmer | 7 Suiten | Ez ab 107 €, Dz ab 216 €, inkl. Frühstück | 24 h

Direkt an der Lahn liegt dieser hist. Barockbau von 1711. Das traditionsreiche Haus wartet mit einer repräsentativen Empfangshalle, eleganten Balkonzimmern und einem schönen Wellnessbereich auf. In der exklusiven „Crystal Horse Bar" kann man sich ausgewählte Kaffeesorten, hausgemachte Kuchenspezialitäten und hochwertige Drinks schmecken lassen.

Jetzt vorbeischauen: pinterest.com/vartaguide

EMSDETTEN 21 C www.emsdetten.de

Nordrhein-Westfalen | EW 35.447 | 45 m | Rheine 14 km, Münster 30 km

Lindenhof www.lindenhof-emsdetten.de

Alte Emsstraße 7, PLZ 48282, **T 02572 9260,** F 926200
51 Zimmer | 2 Suiten | 5 Apartments | Ez 95–105 €, Dz 119–129 €, inkl. Frühstück | 20.12.23–8.1.24

Aus verschiedenen Gebäuden bestehendes, privat geführtes Hotel mit gemütlich, individuell und neuzeitlich eingerichteten Gästezimmern. Das Haus verfügt zudem über einen hauseigenen Saunabereich, einen idyllischen Garten mit Seerosenteich sowie kostenfreie Fahrradgaragen.

Lindenhof

80 | Hauptgericht 23–36 €, Menü 45–69 € | Di-Sa Mo, So 20.12.23–8.1.24

Altdeutsch eingerichtetes Restaurant, das mit zahlreichen Antiquitäten versehen ist. Im Angebot: klassisch-regionale Speisen mit mediterranem Einfluss. Herzlicher Service, ansprechende Weinauswahl.

ENDINGEN 56 D www.endingen.de

Baden-Württemberg | EW 10.000 | 186 m | Freiburg im Breisgau 28 km, Offenburg 47 km

Zollhaus www.zollhaus-endingen.de

Hauptstraße 3, PLZ 79346, **T 07642 9202343,** F 9202348
4 Zimmer | 1 Suite | Ez 115–145 €, Dz 125–165 €, inkl. Frühstück

Das kleine, individuelle Hotel befindet sich in einem denkmalgeschützen, von Grund auf restaurierten Gebäude aus der Barockzeit. Klares Design, schlichte Formen, sinnliche Farben und hochwertige, natürliche Materialien bestimmen die Zimmereinrichtung.

Merkles Restaurant www.merkles-restaurant.de

VARTA-TIPP Küche VARTA-TIPP Service

Hauptstraße 2, PLZ 79346, **T 07642 7900**
20 | Menü 149–169 € | Do-Sa Mo, Di, Mi, So

»

Ein besonders wertvolles Mosaiksteinchen unter den Kaiserstühler Feinschmeckerrestaurants. Wunderschön, hier zu tafeln, es stimmt einfach alles: Ambiente, Küchenleistung und auch der professionelle Service! Thomas Merkle begeistert uns immer wieder mit spannenden Gerichten - fantasievoll, kreativ und fein gewürzt. Sein ganzes Spektrum lernen Sie am besten im Rahmen einer Genussreise in 6 oder 7 Gängen (wahlweise mit begleitenden Weinen) kennen. Tischreservierung ratsam.

Pfarrwirtschaft und Garten

Hauptstraße 2, PLZ 79346, **T 07642 924311**
66 | Do-Fr, So Mi-So Mo, Di

Das Zweitrestaurant, das sich im gleichen Gebäude wie das Gourmetrestaurant befindet, ist modern, aber zugleich gemütlich eingerichtet. Serviert werden leckere Gerichte für jeden Tag, so z.B. „Roulade vom Landhuhn | Grillgemüse | Kräutergnocchi | Thymianjus". Dazu gibt es gute Kaiserstühler Tropfen und frisch gezapftes Bier vom Fass.

Dutters Stube — www.dutters-stube.de

VARTA-TIPP Küche

Winterstraße 28, PLZ 79346 (OT: Kiechlinsbergen), **T 07642 1786**
45 | Hauptgericht 28–36 €, Menü 72 € | Do-Sa Mo, Di, Mi, So

Ambientiger Tafelgenuss in einem gut geführten, authentischen Traditionsgasthaus. Hier offeriert Arthur Dutter eine feine saisonale Frischmarktküche auf stabilem Niveau mit überwiegend badischer Ausrichtung. Dazu serviert man heimische Weine. Rustikal und bodenständig präsentiert sich die „Dorfwirtschaft" (auch mittwochs und sonntags geöffnet) im hist. Gewölbekeller. Hier werden z.B. ofenfrische Flammkuchen, kleine Gerichte und deftige Vesper serviert. Im 1. Stock stehen vier gemütliche Doppelzimmer zur Verfügung.

ENGE-SANDE 6 B — www.enge-sande.de

Schleswig-Holstein | EW 1.127 | 7 m | Niebüll 10 km, Flensburg 30 km

Berger's Landgasthof — www.bergers-landgasthof.de

Dorfstraße 28, PLZ 25917 (OT: Enge), **T 04662 3190**
35 | Hauptgericht 14–36 €, Menü 40–43 € | Mo-So

Ein netter Landgasthof mit familiärer Atmosphäre. In verschiedenen Gasträumen und auf der Terrasse werden regionaltypische Speisen serviert. Mit den Wildkräutern aus dem eigenen Garten werden Limonade und Liköre hergestellt. Übernachten können Sie in einem der behaglich eingerichteten Gästezimmer.

ENGELTHAL 53 D — www.engelthal.de

Bayern | EW 1.140 | 371 m | Hersbruck 6 km, Nürnberg 30 km

Weißes Lamm — www.hotel-weisseslamm.de

€ Gut & Günstig ★★★ S garni

Hauptstraße 24, PLZ 91238, **T 09158 929990**, F 9299992
35 Zimmer | 5 Suiten | Ez 60–98 €, Dz 82–118 €, inkl. Frühstück

Liebevoll renovierter Landgasthof mit herzlich-familiärer Atmosphäre und behaglichen Gästezimmern, die im traditionellen oder modernen Landhausstil eingerichtet sind. Im urig-rustikalen Restaurant wird eine schmackhafte fränkische Küche aus regionalen Zutaten angeboten. Reizvoller Biergarten.

ENKENBACH-ALSENBORN 50 C www.enkenbach-alsenborn.de

Rheinland-Pfalz | EW 7.124 | 399 m | Kaiserslautern 10 km, Grünstadt 26 km

Kölbl www.hotel-restaurant-koelbl.de

Hauptstraße 3, PLZ 67677 (OT: Enkenbach), **T 06303 3071**
60 | Hauptgericht 16–35 €, Menü 37–65 € | So Mi-So Mo, Di

In diesem sympathischen Restaurant mit modernem Pfälzer Gaststubenambiente erwartet Sie eine saisonal ausgerichtete Regionalküche auf klassischer Basis. Zum Übernachten stehen zweckmäßige Gästezimmer bereit.

ENZKLÖSTERLE 57 A www.enzkloesterle.de

Baden-Württemberg | EW 1.204 | 538 m | Wildbad 12 km, Freudenstadt 29 km

Enztalhotel www.enztalhotel.de

★★★★ garni

Freudenstädter Straße 67, PLZ 75337, **T 07085 180,** F 1818
47 Zimmer | 2 Suiten | 5 Apartments | Ez 138–168 €, Dz 276–378 €, inkl. Vollpension | 24 h

Gediegenes und charmant geführtes Traditionshotel mit gemütlichen Gästezimmern und großzügigem Wellnessbereich. Elegantes Restaurant im traditionellen Schwarzwälder Stil mit marktfrischen Spezialitäten aus der Region. Schöne Gartenterrasse.

EPPENBRUNN 50 C www.pirmasens-land.de

Rheinland-Pfalz | EW 1.427 | 285 m | Pirmasens 13 km, Saarbrücken 76 km

Kupper www.hotelkupper.de

€ Gut & Günstig ★★★ garni

Himbaumstraße 22, PLZ 66957, **T 06335 9130,** F 913113
22 Zimmer | Ez 63–80 €, Dz 96–130 €, inkl. Frühstück

Familiär geführter Feriengasthof nahe der deutsch-französischen Grenze mit Wanderwegen vor der Haustür. Zweckmäßig eingerichtete Zimmer unterschiedlicher Kategorien. Kleiner Wellnessbereich mit Erlebnisbad und Sauna. Rustikales Restaurant mit Biergarten und gutbürgerlicher Küche.

Jetzt vorbeischauen: pinterest.com/vartaguide

EPPINGEN 51 C www.eppingen.de

Baden-Württemberg | EW 20.919 | 199 m | Bretten 20 km, Heilbronn 26 km

Villa Waldeck www.villa-waldeck.de

★★★★ garni

Waldstraße 80, PLZ 75031, **T 07262 61800,** F 3366
45 Zimmer | 1 Suite | Ez ab 95 €, Dz ab 140 €, inkl. Frühstück

Familiär geführtes Haus in ruhiger Waldrandlage. Komfortabel ausgestattete Gästezimmer unterschiedlicher Kategorien. Garten mit Angel- und Schwimmteich. Im lichtdurchfluteten Restaurant wird regionale und saisonale Küche serviert.

Altstadthotel Wilde Rose
www.altstadthotel-wirtskeller-eppingen.de

Kirchgasse 29-31, PLZ 75031, **T 07262 91400,** F 914090
10 Zimmer | Ez 99 €, Dz 140 €, inkl. Frühstück

Hübsches Fachwerkhaus inmitten der Eppinger Altstadt mit herrlichem Innenhof. Einfache, aber gepflegte Gästezimmer mit zweckmäßiger Ausstattung. Im urig-rustikalen Kellerrestaurant mit offener Schauküche im historischen Baumannschen Haus aus dem Jahre 1582 wird saisonale und italienische Küche serviert.

ERDING 60 D
www.erding.de

Bayern | EW 36.000 | 463 m | Freising 17 km, München 37 km

Hotel Victory Therme Erding
www.therme-erding.de/uebernachtungen

Thermenallee 1a, PLZ 85435, **T 08122 5503550,** F 5503559
135 Zimmer | Ez ab 145 €, Dz ab 255 €, inkl. Frühstück | 24 h

Das „etwas andere" Hotel ist eine Rekonstruktion der HMS Victory und eines venezianischen Palastes. Das Thema Wasser zieht sich durch alle Bereiche des Hauses. Die individuell thematisierten Zimmer überzeugen durch geschmackvolles Interieur, moderne Kommunikationstechnik und raffinierte Lichtsysteme. Das Wellenparadies bietet Badespaß für die ganze Familie.

Restaurant Empire

T 08122 5503802
64 | Hauptgericht 19–36 €, Menü 45–119 € | Mo-So

Ein freundliches Restaurant mit hohen Decken, Palmen und hellem, cremefarbenem Ambiente. Es gibt Internationales wie „Norwegische Fjordforelle mit Kartoffelmousseline, Blattspinat und Trüffelschaum" oder „Zart geschmorte Bäckchen vom Ibericoschwein mit Kartoffelpüree und Gemüse".

ERFTSTADT 39 B
www.erftstadt.de

Nordrhein-Westfalen | EW 51.576 | 100 m | Euskirchen 17 km, Düren 20 km

Haus Bosen
www.hausbosen.de

Herriger Straße 2, PLZ 50374 (OT: Lechenich), **T 02235 691618**
46 | Hauptgericht 16–25 € | Mi-So Mo, Di

Direkt in Sichtweite des Rathauses liegt dieses hübsche Fachwerkhaus. In den ländlichen Gaststuben und auf der lauschigen Sommerterrasse wird deutsche und internationale Küche aufgetischt. Die Preise sind maßvoll kalkuliert. Der Service ist freundlich und aufmerksam.

Schon probiert?
Der Varta-Führer ist auch als eBook für Ihren TabletPC oder Ihr Smartphone verfügbar!

ERFURT 44 A www.erfurt-tourismus.de

Thüringen | EW 214.000 | 200 m | Erfurt-Bindersleben (Flughafen) 7 km, Eisenach 58 km
Mariendom und Severikirche auf dem Domberg, Zitadelle auf dem Petersberg, Fischmarkt mit neugot. Rathaus, Kunsthalle im Haus zum Roten Ochsen, Krämerbrücke, Prachtstraße Anger mit Ursulinenkloster und Angermuseum, Augustinerkloster und -kirche, Alte Synagoge, Predigerkirche und-kloster, egapark mit Gartenbaumuseum, Staatskanzlei, Schloss Molsdorf, Museum für Thüringer Volkskunde, Kaisersaal, Michaeliskirche.
Einen Cityplan finden Sie auf Seite 378.

Victor's Residenz-Hotel www.victors.de

★★★★ garni

Häßlerstraße 17, PLZ 99096 (OT: Daberstedt), **T 0361 65330,** F 6533599
68 Zimmer | 9 Suiten | 24 h

Komfortables Tagungs- und Stadthotel im südlichen Zentrum von Erfurt gelegen. Großzügig geschnittene Zimmer im Laura-Ashley-Stil, die in verschiedenen Kategorien buchbar sind. Bei schönem Wetter kann man auch auf der sonnenverwöhnten Terrasse im Innenhof frühstücken. Im Restaurant wird international gekocht.

Excelsior www.excelsior.bestwestern.de

★★★★ garni

Bahnhofstraße 35 (C3), PLZ 99084, **T 0361 56700,** F 5670100
92 Zimmer | Ez 100–160 €, Dz 125–180 €, inkl. Frühstück | 24 h

Zentral gelegenes Hotel in einem eleganten Jugendstilgebäude - ideal für Städte- und Geschäftsreisende. Sie logieren in individuellen und wohnlich eingerichteten Zimmern. Das Haus verfügt zudem über eine Sauna sowie 6 verschiedene Konferenzräume.

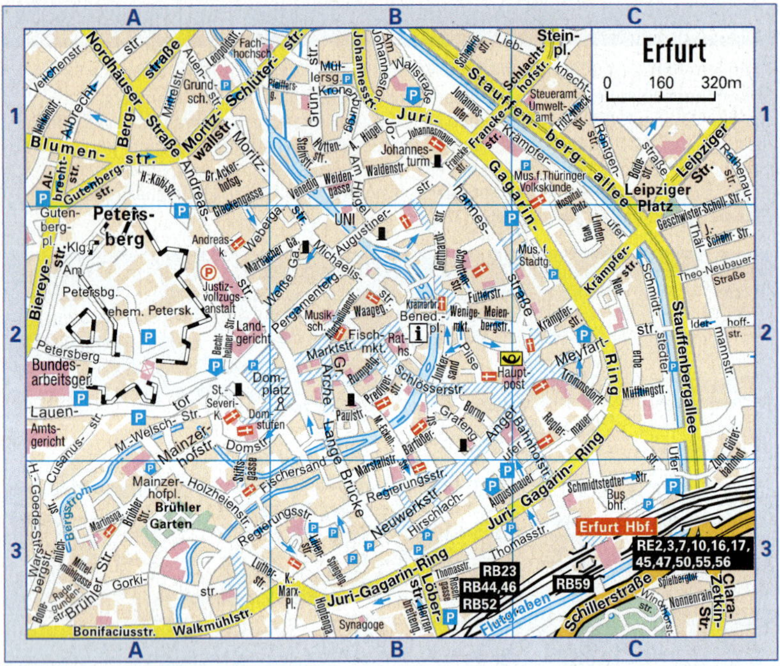

Hotel Krämerbrücke

www.hotel-kraemerbruecke.de

★★★★

Gotthardtstraße 27 (B2), PLZ 99084, **T 0361 67400,** F 6740444
91 Zimmer | 9 Suiten | Ez 129–169 €, Dz 159–199 €, ab 5,00 € | 24 h

Neuzeitliches Geschäftshotel in einem hist. Gebäude direkt an der Krämerbrücke. Schlichte, modern gehaltene Zimmer. Zum Haus gehören auch ein Wintergarten, mehrere Veranstaltungs- und Bankettträume sowie ein traditionsreiches Restaurant. Ein besonderes Highlight sind die frisch renovierten Zimmer im „Haus zum Roten Turm“, die sich direkt auf der Krämerbrücke befinden.

Légère Hotel

www.legere-hotelgroup.com

GREENSIGN

Gothaer Straße 33, PLZ 99094 (OT: Molsdorf), **T 0361 6660300**
150 Zimmer | 24 h

Direkt auf dem Messegelände befindet sich das 2022 eröffnete Businesshotel. Das Design der Gästezimmer ist an den Bauhausstil angelehnt. 600 qm großer Tagungsbereich mit direktem Zugang zum Congress Center. Zum Haus gehören auch ein Restaurant mit Bar und Terrasse sowie ein gemütlicher Wellness- und Fitnessbereich.

Magdalenengut

www.magdalenengut.de

VARTA-TIPP Service

Brauhausgasse 3, PLZ 99090 (OT: Alach), **T 036208 243891,** F 243891
5 Zimmer

Sie mögen es ruhig und liebenswert-behaglich? In dem barocken Vierseithof am Rande von Erfurt steht das Bemühen um den Gast im Mittelpunkt. Inmitten der charmanten Gutshofidylle erwarten Sie überaus wohnlich und hochwertig eingerichtete Studios und Suiten. Die weitläufige Hofanlage bietet den Gästen insbesondere in der warmen Jahreszeit zahlreiche Möglichkeiten zum Entspannen und Genießen. Im hauseigenen Hofladen gibt es Spezialitäten aus der Region.

Restaurant Magda

www.restaurant-magda.de

20 | Menü ab 75 € | Sa-So Mi-Sa Mo, Di

Ein wirklich bezauberndes Ambiente: Außen saniertes Fachwerk mit einladender Terrasse und Kräutergarten, innen heimelige Atmosphäre auf zwei Etagen mit kleinen romantischen Fenstern, wunderschönen originalen Klosterplatten und heimeligem Kaminofen. Serviert wird ein saisonal inspiriertes 4-Gänge-Menü (nur mit Vorreservierung), das regelmäßig wechselt.

Zumnorde

www.hotel-zumnorde.de

★★★★ S

Anger 50-51 (B2, Eingang Weitergasse 26), PLZ 99084, **T 0361 56800,** F 5680400
58 Zimmer | 7 Suiten | 1 Apartment | Ez ab 99 €, Dz ab 129 €, inkl. Frühstück | 24 h

Persönlich geführtes Hotel mitten in der Altstadt mit geräumigen und geschmackvoll eingerichteten Zimmern. Im rustikalen Restaurant und im Biergarten unter Weinranken wird eine moderne Thüringer Küche serviert. Zufahrt über Barfüßerstraße.

Domizil

www.hotel-domizil-erfurt.de

VARTA-TIPP Service

★★★★ garni

Andreasstraße 36 (B2), PLZ 99084, **T 0361 38033100,** F 38033101
8 Zimmer | Ez 135–195 €, Dz 145–229 €, inkl. Frühstück

In dem sorgsam sanierten Hotel verbinden sich historisches Ambiente und die Annehmlichkeiten der Moderne. Egal ob mit Garten- oder Stadtblick, in den sehr geschmackvoll eingerichteten Zimmern muss man sich einfach wohlfühlen. Das leckere Frühstück am Morgen sollten Sie nicht versäumen.

Bachstelze

www.bachstelze-erfurt.de

Hamburger Berg 5, PLZ 99094 (OT: Bischleben), **T 0361 7968386**
24 | Menü 95–115 € | Mi-Sa Mo, Di, So

Hier wird Gastronomie liebevoll inszeniert! Die verwinkelte alte Backsteinvilla nebst kleinem Biergarten versprüht jede Menge nostalgischen Charme. Spitzenköchin Maria Groß hat sich hier ein kleines Paradies geschaffen. Ihre Küche: bodenständig, naturverbunden und leidenschaftlich. Bei all ihren Gerichten legt sie den Schwerpunkt auf frische, saisonale Lebensmittel und regionale Produzenten. Breites Repertoire an kulinarischen Events (Küchenpartys, Kochkurse...).

Schon probiert?

Der Varta-Führer ist auch als eBook für Ihren TabletPC oder Ihr Smartphone verfügbar!

Clara - Restaurant im Kaisersaal

www.restaurant-clara.de

Futterstraße 15-16 (B2), PLZ 99084, **T 0361 5688207**
22 | Menü 119–163 € | Mi-Sa

Elegantes Design, klare Raumaufteilung, durchdachtes Lichtkonzept - wirklich einladend zeigt sich dieses Gourmetrestaurant. Für einen unbeschwerten, genussvollen Abend sorgt aber nicht nur das exklusive Ambiente, sondern auch der freundliche, zuvorkommende Service und die hervorragende Kulinarik! Serviert wird eine produktorientierte Aromenküche mit saisonalen, regionalen und internationalen Einflüssen. Dazu ein umfangreiches Weinangebot mit rund 250 Positionen.

ESTIMA by Catalana

www.estima-erfurt.de

Allerheiligenstraße 3 (B2), PLZ 99084 (OT: Altstadt), **T 0361 5506335**
20 | Menü 120–135 € | Mi-Sa ⃠ Mo, Di, So

In diesem kleinen, behaglichen Lokal in der Erfurter Altstadt begibt man sich auf eine kulinarische Reise in den spanisch-französischen Mittelmeerraum. Was die Crew um Chef de Cuisine Sebastian Ernst auf die Teller zaubert, ist klar strukturiert und zeugt von richtig gutem Handwerk. Für das moderne, sehr durchdachte Degustationsmenü (4 bis 7 Gänge) werden stets frische und authentische Zutaten verwendet, die man zum Teil direkt von den Erzeugern vor Ort bezieht. Ein vegetarisches Menü wird ebenfalls angeboten. Am Chef's Table können Sie den Köchen bei der Arbeit zuschauen.

Il Cortile Neu!

ilcortile.de

Johannesstraße 150 (B1), PLZ 99084, **T 0361 5664411**
50 | Menü ab 110 € | Mi-Sa ⃠ Mo, Di, So

Das in der Erfurter Altstadt gelegene Restaurant überzeugt mit gemütlich-rustikaler Atmosphäre, herzlichem Service und einer schmackhaften, mediterran inspirierten Küche. Hier verarbeitet man frische, sorgfältig ausgewählte Produkte zu kreativen, einfallsreichen Speisen wie „Steinbutt | Gemüse-Pot-au-feu | Safranschaum". Dazu gibt es ausgewählte Weine aus Deutschland und Italien. Bei schönem Wetter kann man das Essen auch unter freiem Himmel im ruhigen Innenhof genießen.

Das Ballenberger

www.das-ballenberger.de

Gotthardtstraße 25/26 (B2), PLZ 99084, **T 0361 64456088**
45 | Hauptgericht 28–34 €, Menü 63–109 € | Mo-Sa ⃠ So

Beliebtes Restaurant mit Feinkosttheke im Herzen der Altstadt. Die kreativen, mediterran angehauchten Gerichte klingen z.B. so: „Rinderfilet | bunte Linse | Kürbis | Rosmarin" oder „Seesaibling | Couscous | Ratatouille | Rauchpaprika". Auch Frühstück wird angeboten.

ERKELENZ 28 D www.erkelenz.de

Nordrhein-Westfalen | EW 45.942 | 92 m | Mönchengladbach 15 km, Aachen 38 km

Lindenhof www.erkelenz-hotel.de

★★★★

Konrad-Adenauer-Platz 1, PLZ 41812, **T 02431 99911000,** F 9991190
21 Zimmer | 1 Suite

Eine persönlich geführte Adresse mit modernen, klimatisierten Zimmern, die in warmen Brauntönen gehalten sind. Regionale Gerichte und saisonale Spezialitäten werden im Restaurant „Anton's" serviert. WLAN und Parken sind kostenfrei. Kleine hoteleigene Fitnessoase.

TROYKA www.troyka.de

VARTA-TIPP Küche **VARTA-TIPP** Service

Rurstraße 19, PLZ 41812 (OT: Neu-Immerath), **T 02431 9550060**
40 | Menü 159 € | So Mi-So Mo, Di

„TROYKA", das ist das russische Wort für „Dreigespann", in persona die beiden Küchenchefs Alexander Wulf und Marcel Kokot sowie Sommelier Ronny Schreiber, die man alle noch aus der „Burgstuben-Residenz" in Heinsberg in bester Erinnerung hat. In ihrem Gourmetrestaurant mit offener Küche, Bistro, Weinkeller und Chef's Table verwöhnt Sie das kreative Gastrotrio in zwanglosem Rahmen mit einem gehobenen Feinschmeckermenü in 6 Gängen. Dabei interpretiert die Crew am Herd die russische Küche komplett neu und das mit erstklassigen regionalen und überregionalen Produkten. Für die passende Begleitung sorgt eine sorgfältig zusammengestellte Auswahl an erstklassigen Weinen. Auch das Champagner- und Schaumweinangebot kann sich sehen lassen.

ERKHEIM 59 C www.erkheim.de

Bayern | EW 2.951 | 595 m | Memmingen 14 km, Mindelheim 14 km

Erkheimer Landhaus www.erkheimer-landhaus.de

€ Gut & Günstig

Färberstraße 37, PLZ 87746, **T 08336 813970,** F 8139720
10 Zimmer | 2 Suiten | Ez 75–95 €, Dz 95–115 €, inkl. Frühstück

Ruhig gelegene Unterkunft mit einfachen, aber gepflegten Gästezimmern - teilweise mit Balkon. Das Haus ist umgeben von einem großen Garten mit Liege- und Spielwiese. Neu gestalteter Saunabereich. Im Restaurant und auf der Terrasse zum Garten werden bayerisch-regionale Gerichte serviert.

ERKRATH 29 C www.erkrath.de

Nordrhein-Westfalen | EW 43.639 | 60 m | Düsseldorf 10 km, Wuppertal 26 km

Wahnenmühle www.wahnenmuehle.de

VARTA-TIPP Ambiente

garni

Wahnenmühle 1, PLZ 40699 (OT: Hochdahl), **T 02104 1399332,** F 1418727
5 Zimmer | Ez 95–140 €, Dz 105–150 €, inkl. Frühstück

Die idyllisch gelegene Leinölmühle aus dem 18. Jhd. beherbergt heute ein reizendes kleines Gästehaus. Die individuell eingerichteten Zimmer, die nach Städten und Regionen benannt sind, bieten einen Mix aus Tradition und Moderne. Hübscher Hotelgarten. Herzliche, familiäre Atmosphäre mit hoher Aufenthaltsqualität.

Hopmanns Olive www.hopmannsolive.de

Ziegeleiweg 1-3, PLZ 40699 (OT: Hochdahl), **T 02104 803632**
40 | Hauptgericht 18–48 €, Menü 69 € | So Mo, Do-So Di, Mi

Ein helles, modernes Restaurant mit ansprechendem Ambiente und gepflegter Tischkultur. Serviert wird eine leichte mediterrane und regional beeinflusste Küche. An warmen Tagen lässt es sich hervorragend im grünen Sommergarten speisen. In unmittelbarer Nähe liegt der historische Lokschuppen, der sich ideal als Eventlocation eignet.

ERLANGEN 53 A www.erlangen.info

Bayern | EW 113.796 | 280 m | Nürnberg 18 km, Bamberg 40 km
Schloss und Schlossgarten mit Orangerie, Hugenottenbrunnen und Reiterstandbild des Markgrafen Christian Ernst, Neustädter Universitätskirche, Altstädter Dreifaltigkeitskirche, Hugenottenkirche am Hugenottenplatz, Kunstpalais im Palais Stutterheim, Markgrafentheater, Martin-Luther-Platz, Botanischer Garten, Heinrich-Kirchner-Skulpturengarten.

Bayerischer Hof www.bayerischer-hof-erlangen.de

★★★★

Schuhstraße 31, PLZ 91052, **T 09131 7850,** F 25800
159 Zimmer | 5 Suiten | 1 Apartment | 24 h

In der historischen Altstadt gelegenes Business- und Urlaubshotel mit persönlichem Charme und ansprechendem Ambiente. Sie wohnen in stil- und geschmackvoll eingerichteten Zimmern mit moderner technischer Ausstattung.

Creativhotel Luise www.hotel-luise.de

★★★S garni

Sophienstraße 10, PLZ 91052, **T 09131 1220,** F 122100
94 Zimmer | 2 Suiten | Ez ab 90 €, Dz ab 100 €, inkl. Frühstück | 24 h

Umweltbewusstes Hotel in ruhiger Innenstadtlage mit hellen, freundlichen Zimmern, die teils nach Feng-Shui-Grundsätzen eingerichtet sind. Hübsche Wellnessoase mit Sauna, Dampfbad und Eisgrotte.

Polster | Landhotel www.gasthaus-polster.de

Am Deckersweiher 26, PLZ 91056 (OT: Kosbach), **T 09131 75540,** F 755445
13 Zimmer | Ez 90 €, Dz 120–130 €, inkl. Frühstück

Ein echtes Kleinod typisch fränkischer Gastlichkeit. Hinter der schönen Fachwerkfassade erwarten Sie ein behagliches Ambiente und wohnliche Zimmer, die im dezent-eleganten Landhausstil eingerichtet sind. Dazu ein hübscher Hotelgarten.

Polster | Gasthaus

80 | Menü 52–62 € | Di-So Mo

Ob im klassisch-eleganten Gourmetrestaurant oder etwas bodenständiger in der gemütlichen Fränkischen Stube, in der Küche haben Qualität und Frische der Produkte oberste Priorität - das sieht und schmeckt man. Im Sommer können Sie auch im hübschen Polstergarten speisen.

Rotes Ross
www.hotelrotesross.de

garni

Eltersdorfer Straße 15a, PLZ 91058 (OT: Eltersdorf), **T 09131 690810,** F 6908157
20 Zimmer | Ez 89 €, Dz 113 €, inkl. Frühstück | 24 h

Familiengeführtes Businesshotel in ruhig-ländlicher Lage mit hellen, funktional eingerichteten Zimmern. Für Entspannung sorgen eine Sauna, ein Dampfbad sowie ein kleiner Poolbereich hinter dem Haus. Gutes Frühstück mit selbstgebackenen Brötchen.

ESCHBORN 41 D
www.eschborn.de

Hessen | EW 20.486 | 126 m | Bad Soden am Taunus 5 km, Frankfurt am Main 7 km

Leonardo Hotel
www.leonardo-hotels.de

Kölner Straße 6, PLZ 65760, **T 06196 20720**
234 Zimmer | 24 h

Moderner Stil und warme Farben begleiten Sie vom Empfang bis in die technisch sehr gut ausgestatteten Zimmer dieses 2022 eröffneten Geschäftshotels. Großzügig gestalteter Open-Lobby-Bereich, in dem Rezeption, Bar, Restaurant, Working Spaces und Lounge ineinander übergehen.

ESCHENBACH I.D.OPF. 54 A
www.eschenbach-opf.de

Bayern | EW 3.877 | 440 m | Bayreuth 24 km, Weiden 25 km

Glutschaufel
www.glutschaufel.de

Obersee 1, PLZ 92676, **T 09645 602900,** F 60290295
14 Zimmer | 1 Suite | 1 Apartment | Ez 86–99 €, Dz 125–175 €, inkl. Frühstück

Liebevoll saniertes Haus in idyllischer Lage im Landschaftsschutzgebiet „Großer Rußweiher". Modern und individuell eingerichtete Zimmer und Apartments, teils mit Terrasse oder Balkon.

ESLOHE 30 D
www.eslohe.de

Nordrhein-Westfalen | EW 8.892 | 310 m | Meschede 19 km, Schmallenberg 20 km

Hennemann
www.hotel-hennemann.de

★★★★

Olper Straße 28, PLZ 59889 (OT: Cobbenrode), **T 02973 97510,** F 975149
22 Zimmer | 3 Suiten | 2 Apartments | Ez ab 90 €, Dz ab 150 €, inkl. Frühstück »

Familiengeführtes Wohlfühlhotel mit zeitgemäß ausgestatteten Zimmern im ländlichen Stil. Kleiner Wellness- und Beautybereich mit großzügigem Panoramapool. Hauseigenes Tenniscenter mit 3 Hallenplätzen und 2 Außenplätzen. Restaurant mit bürgerlicher Küche.

Haus Hochstein
www.haus-hochstein.de

★★★ S

Südstraße 6, PLZ 59889 (OT: Wenholthausen), **T 02973 97110,** F 971111
14 Zimmer | 2 Suiten | Ez ab 90 €, Dz ab 142 €, inkl. Frühstück

Seit 140 Jahren familiär geführtes Landhotel mitten im Sauerland. Die wohnlich eingerichteten Gästezimmer sind mit Echtholzmöbeln und hochwertigen Stoffen ausgestattet. Kleine Wellnesslounge mit Sauna und Tiefenwärmekabine. Im modern gestalteten Restaurant wird regionale Küche aufgetischt.

ESSEL 23 A
www.schwarmstedt.de

Niedersachsen | EW 1.080 | 26 m | Walsrode 25 km, Celle 33 km

Heide Kröpke
www.hotel-heide-kroepke.de

★★★★ S

Esseler Damm 1, PLZ 29690 (OT: Ostenholzer Moor), **T 05167 9790,** F 979291
60 Zimmer | 4 Suiten | 4 Apartments | 24 h

Ein familiär geführtes Hotel in attraktiver Einzellage. Hier erwarten Sie wohnliche und großzügig geschnittene Zimmer, ein geschmackvoller Wellness- und Beautybereich sowie gute Tagungsmöglichkeiten. Direkt neben dem Hotelgrundstück befinden sich auch zwei romantische Ferienhäuser.

Heide Kröpke

125 | Hauptgericht 21–38 €, Menü 42–54 € | Sa-So Mo-So

Hell und freundlich gestaltetes Restaurant mit regionaler und internationaler Küche (Spezialität: Heidschnuckengerichte, z.B. „Heidschnuckenwürfel | Wacholder-Vanille-Rahmsauce | Pfannengemüse | hausgemachte Buchweizennudeln"). Im Sommer lockt die behagliche Gartenterrasse.

Der Varta-Führer digital

Der Varta-Führer ist auch als eBook erhältlich. Ganz einfach online laden und mobil auf Ihrem Smartphone oder Tablet nutzen.

Weitere Hotel- und Restaurantempfehlungen sowie zahlreiche Freizeittipps erhalten Sie unter: **www.varta-guide.de**

ESSEN 29 C www.visitessen.de

Nordrhein-Westfalen | EW 569.884 | 116 m | Duisburg 24 km, Wuppertal 36 km
Zeche Zollverein (UNESCO-Weltkulturerbe), Museum Folkwang, Ruhr Museum, Aalto-Musiktheater, Hist. Stadtteil Kettwig, Baldeneysee, Villa Hügel, Grugapark, Abteikirche St. Ludgerus in Werden.
Einen Cityplan finden Sie auf Seite 386.

Schlosshotel Hugenpoet www.hugenpoet.de

VARTA-TIPP Ambiente VARTA-TIPP Service

★★★★★S garni

August-Thyssen-Straße 51, PLZ 45219 (OT: Kettwig), **T 02054 12040,** F 120450
36 Zimmer | 8 Suiten | 1 Apartment | Ez ab 190 €, Dz ab 210 €, 30,00 € | 24 h 1.–21.1.24

Das über 300-jährige Wasserschloss ist ein echtes Schmuckstück. Die geräumigen Gästezimmer zeigen sich in einem Stilmix aus hist. Charme und zeitgemäßem Komfort. Besonders exklusiv wohnt man in der hochwertig eingerichteten Villa „Türmchen". Schön auch der hoteleigene Park. Für kleinere Veranstaltungen stehen verschiedene Räumlichkeiten zur Verfügung.

Restaurant 1831

40 | Hauptgericht 36–48 €, Menü 80–140 € | Mi-Sa Mo, Di, So 1.–21.1.24 »

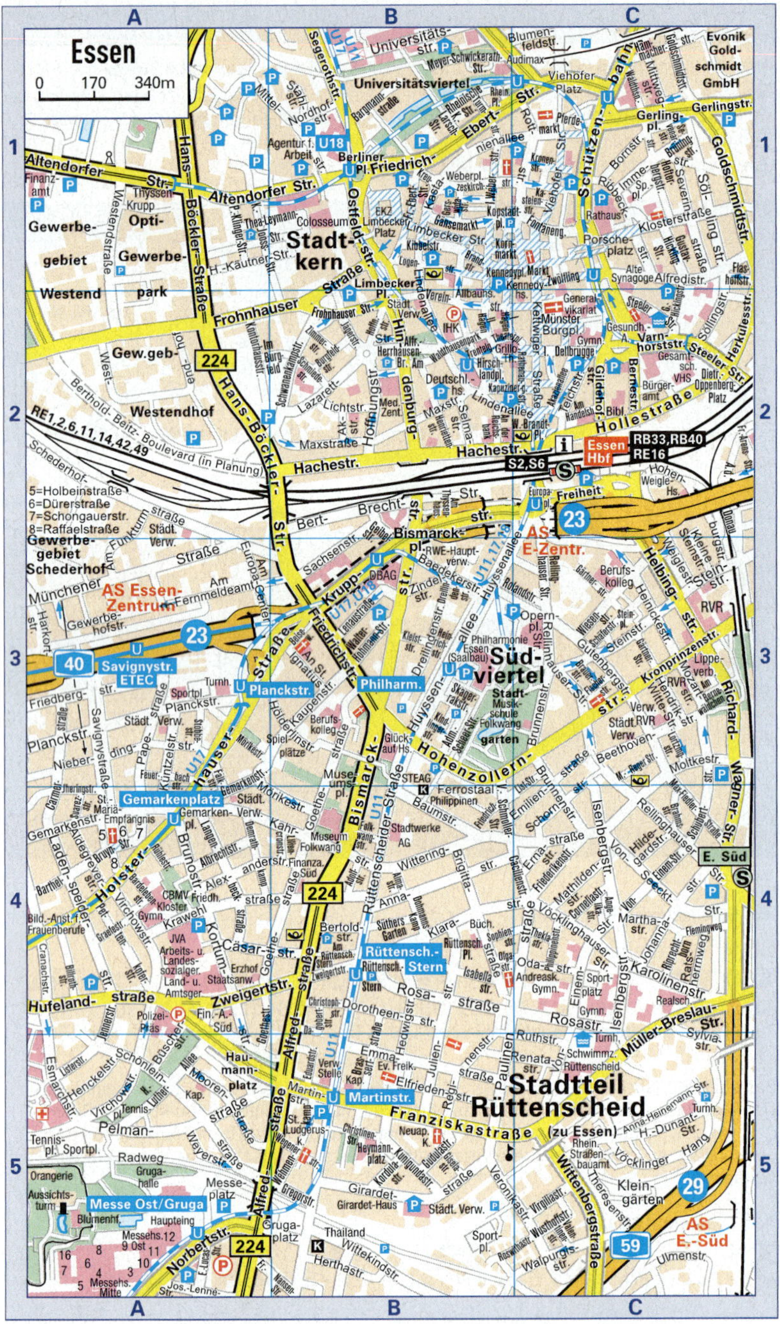
Essen
0 170 340m
A
B
C
1
2
3
4
5
Universitätsviertel
Universitätsstr.
Segerothstr.
Evonik Goldschmidt GmbH
Gerlingstr.
Goldschmidtstr.
Altendorfer Str.
Friedrich-Ebert-Str.
Berliner Pl.
Viehofer Platz
Schützenbahn
Stadtkern
Limbecker Pl.
Kennedypl.
Markt
Rathaus
Porschepl.
Alte Synagoge
Alfredistr.
Klosterstraße
Münster
Burgpl.
Hirschlandpl.
Frohnhauser Straße
Hans-Böckler-Straße
Gewerbegebiet Westend
Opti-Gewerbepark
Gew.geb.
Westendhof
Berthold-Beitz-Boulevard (in Planung)
RE1,2,6,11,14,42,49
Hachestr.
Essen Hbf
RB33,RB40
RE16
S2,S6
Hollestraße
Freiheit
Bismarckpl.
Huyssenallee
Kruppstraße
5=Holbeinstraße
6=Dürerstraße
7=Schongauerstr.
8=Raffaelstraße
Gewerbegebiet Schederhof
AS Essen-Zentrum
AS E-Zentr.
Münchener Straße
Savignystr. ETEC
Planckstr.
Philharm.
Philharmonie Essen (Saalbau)
Südviertel
Stadtgarten
Hohenzollernstr.
Kronprinzenstr.
Helbingstr.
Richard-Wagner-Str.
Gemarkenplatz
Holsterhauser Str.
Rüttenscheider Straße
Rüttensch.-Stern
Alfred-straße
Hufelandstraße
Zweigertstr.
Rosastr.
Müller-Breslau-Str.
Martinstr.
Franziskastraße
Stadtteil Rüttenscheid (zu Essen)
E. Süd
Messe Ost/Gruga
Grugahalle
Norbertstr.
Wittenbergstraße
AS E.-Süd
Orangerie
Ulmenstr.
224
23
40
29
59

Der Name des Restaurants geht auf Freiherr Friedrich Leopold von Fürstenberg zurück, der das Schloss im Jahr 1831 erwarb und ein Schmuckstück aus diesem besonderen Ort machte. Hier erwartet Sie ungezwungen-legeres, aber dennoch anspruchsvolles Fine Dining. Die Küche setzt auf regionale und internationale Gerichte wie „Stubenküken | Bärlauch | Süßholzlack | Kohlrabi | Erbse | grüner Spargel". Das Weinrepertoire ist vielfältig - von Geheimtipps bis hin zu Altbewährtem.

Atlantic Congress Hotel

www.atlantic-congress-hotel-messe-essen.de

★★★★ S garni

Messeplatz 3 (A5), PLZ 45131 (OT: Rüttenscheid), **T 0201 946280,** F 94628818
248 Zimmer

Direkt neben der Messe, der Grugahalle und dem Grugapark befindet sich dieses moderne Businesshotel. Das Haus bietet seinen Gästen zeitgemäße und designorientierte Deluxezimmer und Suiten sowie eine 1.200 qm große Eventfläche mit neun multifunktionalen Tagungsräumen. Im obersten Stockwerk mit Zugang zur Dachterrasse gibt es zudem einen hübschen Fitness- und Wellnessbereich.

Mintrops Land Hotel Burgaltendorf

www.mintrops-landhotel.de

★★★★ S garni

Schwarzensteinweg 81, PLZ 45289 (OT: Burgaltendorf), **T 0201 571710,** F 5717147
53 Zimmer | 3 Suiten

Freizeit- und Businesshotel am Stadtrand von Essen. Der Gast hat die Wahl zwischen komfortablen Galeriezimmern und Designer-Cottagezimmern. Im Restaurant „Mumm" setzt man vorwiegend auf saisonale Küche, bevorzugt aus organisch-biologischem Anbau. Moderne Tagungsetage.

Mintrops Stadt Hotel Margarethenhöhe

www.mintrops-stadthotel.de

★★★★ S garni

Steile Straße 46, PLZ 45149 (OT: Margarethenhöhe), **T 0201 43860,** F 4386100
41 Zimmer | 1 Suite | 2 Apartments

Dieses individuelle Land- und Tagungshotel liegt inmitten der historischen Krupp-Siedlung mit ihren verwinkelten Gassen und den hübschen, denkmalgeschützten Fassaden. Das Haus bietet moderne Themen- und Landhauszimmer, teils mit Balkon oder Terrasse. Im Restaurant „M" wird eine saisonal und regional beeinflusste Crossover-Cuisine aufgetischt.

Essener Hof

www.essener-hof.com

★★★★ S garni

Am Handelshof 5 (C2), PLZ 45127, **T 0201 24250,** F 2425751
114 Zimmer | 1 Suite | 3 Apartments | 24 h

Mit nahezu 140 Jahren Tradition gehört dieses Haus zweifellos zu den Klassikern der Stadt. Erst kürzlich hat man einige Gästezimmer sowie die Lobby renoviert. Das Hotel bietet wohnliche Zimmer in unterschiedlichen Kategorien sowie geräumige Apartments für Familien und Longstay-Gäste.

Hotel an der Gruga

www.hotelgruga.de

★★★ S garni

Eduard-Lucas-Straße 17 (A5), PLZ 45131 (OT: Rüttenscheid), **T 0201 841180,** F 8411869
39 Zimmer | Ez 86–116 €, Dz 101–141 €, ab 16,00 € | 24 h 23.12.23–1.1.24

Privat geführtes Boutique-Hotel in ruhiger Seitenstraße in unmittelbarer Nähe zum Grugapark. Moderne und stilvolle Gästezimmer in vier verschiedenen Kategorien. Das Haus verfügt zudem über einen modernen Tagungsraum und einen kostenlosen Fahrradverleih. Gutes Frühstück.

Folgen Sie uns: facebook.com/vartaguide

Maximilians
www.wbw-hotels.de

★★★ S garni

Manfredstraße 10 (B5), PLZ 45131 (OT: Rüttenscheid), **T 0201 450170**
31 Zimmer | Ez 79–204 €, Dz 45–112 €, ab 16,00 € | 24 h

Modernes Designhotel im Essener Szeneviertel Rüttenscheid. Stilvoll und individuelle eingerichtete Zimmer in drei verschiedenen Kategorien. Zu den Annehmlichkeiten des Hauses gehören unter anderem kostenloses WLAN und Sky-TV auf Flatscreens. Gutes und abwechslungsreiches Frühstück. Besonders beliebt bei Messe- und Businessreisenden.

NH Essen
www.nh-hotels.com

★★★★

Am Porscheplatz 9 (C1), PLZ 45127, **T 0201 37921140,** F 37921600
182 Zimmer | 24 h

Direkt am Porscheplatz erwartet Sie schönes modernes Design in warmen Farben und klaren Formen, von der Lobby bis in die hell und freundlich gestalteten Zimmer (ab 22,5 qm). Am Sonntag besteht die Option, spät zu frühstücken und auszuchecken.

Webers Hotel im Ruhrturm
www.webershotel.de

★★★ S

Huttropstraße 60 (C3), PLZ 45138 (OT: Huttrop), **T 0201 17003300,** F 17003333
137 Zimmer | 8 Apartments | 24 h

Ein markantes Hochhaus, in dem einst die Zentrale der Firma EON-Ruhrgas beheimatet war. Modern und zweckmäßig ist die Ausstattung dieses auf Geschäftsleute zugeschnittenen Hotels. Großer Konferenzbereich. Blickfang ist die Hotelbar „RUHRLounge" in einem 10 Meter hohen gläsernen Foyer.

Sengelmannshof
www.sengelmannshof.de

★★★ S

Sengelmannsweg 35, PLZ 45219 (OT: Kettwig), **T 02054 95970,** F 83200
27 Zimmer | Ez ab 82 €, Dz ab 110 €, inkl. Frühstück | 23.12.23–3.1.24

Gut geführtes kleines Hotel mit individuell gestalteten Gästezimmern, das sich seit 1817 in Familienbesitz befindet. Rustikales Restaurant mit regionaler und internationaler Küche. Schöne Sommerterrasse.

Hannappel
www.restaurant-hannappel.de

VARTA-TIPP Küche **VARTA-TIPP** Service

Dahlhauser Straße 173, PLZ 45279 (OT: Horst), **T 0201 534506**
50 | Hauptgericht 35–44 €, Menü 98–138 € | So Mi-So Mo, Di

Seit vielen Jahren ein beliebter Anlaufpunkt für Feinschmecker aus nah und fern. Bereits in der vierten Generation führt Patron Kurt Hannappel dieses Lokal mit sehr viel Leidenschaft und Engagement. Nur zu gerne genießt man in schlicht-eleganter Atmosphäre die modern interpretierte klassische Küche von Chefkoch Tobias Weyers. Seine facettenreichen Speisen überzeugen durch Können, Finesse und topfrische Produkte. Kompetent und ausgesprochen freundlich agiert der Service. Die vorgeschlagenen Weine ergänzen eindrucksvoll die Menüfolge.

Müllers auf der Rü & Schote Gourmet
www.nelson-mueller.de

VARTA-TIPP Küche

Rüttenscheider Straße 62 (B4), PLZ 45130 (OT: Rüttenscheid), **T 0201 79937701**
50 | Menü 165–189 € | Mo-Sa So

Modern, gemütlich und hochwertig zeigt sich diese Location, in der Nelson Müller zwei Restaurants und seine Kochschule unter einem Dach vereint hat. Während in der Brasserie eine bodenständige Hausmannskost zu bezahlbaren Preisen aufgetischt wird, offeriert der Spitzenkoch im „Schote Gourmet" (Di-Sa nur abends geöffnet) ein innovatives Feinschmeckermenü (5 bis 8 Gänge - auf Wunsch mit Weinbegleitung), das es auch als vegetarische Variante gibt (mit Voranmeldung). In der offenen Küche können Sie der Crew auf die Finger schauen. Die kompetente Servicebrigade lebt die familiäre Gastfreundschaft.

PIERBURG – ERIKA BERGHEIM
www.pierburg-essen.com

VARTA-TIPP Küche

Schmachtenbergstraße 184, PLZ 45219 (OT: Kettwig), **T 02054 5907**
80 | Hauptgericht 28–38 €, Menü 99–115 € | Sa-So Mi-So Mo, Di

Erika Bergheim, die fast zwei Jahrzehnte als Chefköchin im Essener Schlosshotel Hugenpoet fungierte, hat hier ein neues Kapitel aufgeschlagen. Das Traditionslokal von 1901 wurde kernsaniert und hat einen kompletten Relaunch erfahren. Ruhige, warme Töne, klare Linien, geschmackvolle Materialien, Kunst an den Wänden - der schicke, moderne Look kommt an! Dazu eine bewährt frische saisonale Küche, die offen für gutbürgerliche Klassiker ist und bei der auch das Verhältnis von Preis und Leistung stimmt. Überwiegend europäisch ausgerichtete Weinkarte. Fürsorglicher Service.

Oase Due
www.oase-due.de

Rüttenscheider Straße 189 (B5), PLZ 45131 (OT: Rüttenscheid), **T 0201 790640**
42 | Hauptgericht 8–39 €, Menü 22–56 € | Di-Sa Mo, So

Beliebtes Ristorante an Essens bekannter Flaniermeile mit sympathischen Gastgebern. Hier wird die leichte italienische Küche aus frischen, hochwertigen Produkten gepflegt. Zur Spezialität des Hauses gehören Fisch- und Wildgerichte in verschiedenen Variationen sowie hausgemachte Pasta.

Parkhaus Hügel
www.parkhaus-huegel.de

Freiherr-vom-Stein-Straße 209, PLZ 45133 (OT: Bredeney), **T 0201 471091**
30 | Hauptgericht 21–30 € | So Mi-Sa Mo, Di 27.12.23–5.1.24 »

Traditionsadresse in sehr schöner Seelage mit großer Gartenterrasse. Geboten wird eine moderne Küche auf klassischer Basis mit mediterranen und euro-asiatischen Einflüssen. Internationale Weinkarte. Zahlreiche Veranstaltungsmöglichkeiten. Neuzeitlich-funktionelle Gästezimmer.

Anneliese

www.restaurant-anneliese.de

Petzelsberg 10, PLZ 45259 (OT: Heisingen), **T 0201 61795081**
20 | Menü 59–89 € | Do-Sa Mo, Di, Mi, So

In diesem intimen, wirklich liebenswerten kleinen Restaurant wird eine moderne und kreative Küche mit regionalen Einflüssen aufgetischt. Auf der Karte locken kulinarische Leckereien wie „Wolfsbarsch | Weintraube | Zucchini | Pancetta | Veilchensenf". Dazu eine erlesene Auswahl an Weinen und ein ungezwungener, persönlicher Service.

Casino Zollverein

www.casino-zollverein.de

Gelsenkirchener Straße 181, PLZ 45309 (OT: Katernberg), **T 0201 830240**
150 | Hauptgericht 25–47 € | Sa-So Di-So Mo

Ein nicht alltägliches Restaurant mit reichlich Industriecharme. Die einstige Kompressorenhalle der Zeche Zollverein mit ihren 6 Meter hohen Betonsäulen und den zahlreichen Stahlträgern zeigt sich heute als moderne Gastronomie mit Restaurant und Lounge auf zwei Ebenen. Gekocht wird regional und saisonal.

Chefs & Butchers

www.chefsandbutchers.de

Im Löwental 64, PLZ 45239 (OT: Werden), **T 0201 40870000**
80 | Hauptgericht ab 20 €, Menü ab 75 € | Mi-So Mo, Di

Dunkle Grautöne und dezente Industrie-Ästhetik bestimmen das Interiordesign in diesem À-la-carte-Restaurant. Die Küche ist bodenständig-regional und saisonal ausgerichtet - sie bietet Leckeres wie „Steinbutt | Kohlrabi | Mandel | Pommerysenf". Im Sommer kann man hier auch im Freien speisen.

Jagdhaus Schellenberg

www.jagdhaus-schellenberg.de

Heisinger Straße 170a, PLZ 45134 (OT: Heisingen), **T 0201 437870**
260 | Hauptgericht 22–49 € | So Mi-So Mo, Di 29.1.–11.2.24

Was man hier auf der Karte liest, sind moderne Crossovergerichte wie „Kürbisrisotto | Tofuriegel | Birne | geröstete Mandel" oder „Goldbarschfilet | Steinpilze | Kerbelpüree | rote Bete". Genießen können Sie das entweder im hist. Fachwerkbereich, im lichtdurchfluteten Wintergarten oder auf der traumhaften Terrasse mit einzigartigem Weitblick auf den Baldeneysee und das Ruhrtal.

Paul's Brasserie

www.pauls-brasserie.de

Huyssenallee 7 (B3), PLZ 45128 (OT: Südviertel), **T 0201 26675976**
60 | Hauptgericht 21–56 € | Di-Fr Di-Sa Mo, So 24.12.23–1.1.24

Ein Hauch von französischem Lebensgefühl im Herzen von Essen! Die frische und schmackhafte Küche gibt es hier z.B. als „Gebratenes Steinbuttfilet | Steinpilzpolenta | grüner Spargel" oder als „Rücken vom Ibericoschwein | Rosmarinkartoffeln | Aprikosen im Speckmantel". Freundlich und liebenswert der Service. Dienstag bis Freitag: preisgünstiger Plat du jour.

Schick Essen
schick-essen.net

Friederikenstraße 49-51 (C4), PLZ 45130 (OT: Rüttenscheid), **T 0201 43988406**
40 | Hauptgericht 13–36 € | Di-Sa Mo, So

Die einstige Szenekneipe ist heute ein unkompliziertes Casual-Dining-Restaurant. Die Einrichtung ist minimalistisch, aber nicht ungemütlich. Auf der Karte stehen zeitgemäße und marktfrische Bistrogerichte. Gutes Preis-Leistungsverhältnis. Netter Service.

ESSEN, BAD 21 D
www.badessen.info

Niedersachsen | EW 15.648 | 62 m | Osnabrück 25 km, Diepholz 40 km

Höger's
www.hoegers.de

★★★★

Kirchplatz 25, PLZ 49152, **T 05472 94640,** F 946434
35 Zimmer | 1 Suite | Ez ab 56 €, Dz ab 96 €, inkl. Frühstück

Ein gewachsenes Stadthotel mit überzeugender familiärer Leitung und Tradition seit 1512. Hier erwarten Sie wohnliche Zimmer und Suiten. Sie zeugen von Stil und Geschmack, sind technisch gut ausgestattet und in unterschiedlichen Kategorien buchbar. Für Entspannung sorgt ein kleiner Saunabereich.

ESSLINGEN AM NECKAR 58 A
www.esslingen-marketing.de

Baden-Württemberg | EW 89.242 | 241 m | Stuttgart 14 km, Göppingen 28 km
Stadtkirche St. Dionys (Glasmalereien), Frauenkirche, Münster St. Paul, Altes Rathaus, Burg, Tore und Türme der ehem. Stadtbefestigung, mittelalterl. Stadtkern, Stadtmuseum, Archäolog. Museum, Mittelalter- und Weihnachtsmarkt.

Hotel am Berg
www.hotel-am-berg-esslingen.de

★★★ garni

Im Gehren 6, PLZ 73732 (OT: Liebersbronn), **T 0711 31059960,** F 310599643
57 Zimmer | Ez ab 95 €, Dz ab 160 €, inkl. Frühstück

In diesem freundlich geführten Hotel lässt es sich sehr gut wohnen. Alles ist durchdacht, modern und überaus wertig. Die Gästezimmer sind wohnlich und technisch gut ausgestattet. Morgens erwartet den Gast ein reichhaltiges, mit viel Liebe zubereitetes Frühstücksangebot.

Posthörnle
www.posthoernle.de

Pliensaustraße 56, PLZ 73728, **T 0711 50629131**
45 | Hauptgericht 19–32 €, Menü 43–60 € | Mi-So Mo, Di

Inmitten der Esslinger Fußgängerzone liegt dieses modern und schlicht eingerichtete Restaurant. Die wechselnde Speisekarte bietet Gerichte der gehobenen deutschen und regionalen Küche, die in Menüform serviert werden.

ETTENHEIM 56 D
www.ettenheim.de

Baden-Württemberg | EW 12.382 | 193 m | Offenburg 33 km, Freiburg 40 km

Pasquale's Fine Dining Neu!
www.adlerettenheim.de

Friedrichstr. 44, PLZ 77955, **T 07822 3590**
60 | Hauptgericht 15–35 €, Menü 40–59 € | Mo-Di, Do-So Mi

»

Hier reicht das kulinarische Spektrum von einfacher Gasthausküche über italienische Klassiker bis hin zum anspruchsvollen Degustationsmenü für Feinschmecker. Pasquale Farina, der gebürtig aus Sardinien stammt, verfeinert traditionelle Rezepturen verschiedenster Küchenstile und passt sie behutsam dem Zeitgeist an. Die servierten Speisen sind kreativ und handwerklich präzise zubereitet. Eine ansprechende Auswahl an Weinen komplettiert das Angebot.

ETTLINGEN 57 A www.ettlingen.de

Baden-Württemberg | EW 38.819 | 133 m | Karlsruhe 7 km, Pforzheim 30 km

Erbprinz www.erbprinz.de

VARTA-TIPP Service

★★★★★S garni

Rheinstraße 1, PLZ 76275, **T 07243 3220,** F 322322
122 Zimmer | 7 Suiten | 5 Apartments | Ez ab 205 €, Dz ab 245 €, inkl. Frühstück | 24 h

Das kontinuierlich gewachsene Traditionshaus bietet seinen Gästen wohnlich-elegante Zimmer, die mal mit italienischen Stil- und mal mit modernen Designermöbeln ausgestattet sind. Ein tolles Sekt-Frühstücksbuffet, Highspeed-Internet, Shuttleservice sowie die kostenfreie Nutzung des SPA sind nur einige der Annehmlichkeiten, die Sie hier erwarten. Dass dieses Haus engagiert geführt wird, spürt man nicht zuletzt am freundlichen Gästeumgang.

Gourmetrestaurant

VARTA-TIPP Küche VARTA-TIPP Service

60 | Menü 155–185 € | Mi-Sa Mo, Di, So

Die exklusive Einrichtung samt feiner Tafelkultur und effektvoller Beleuchtung sowie die französisch-mediterran geprägte Gourmetküche von Ralph Knebel verwöhnen Augen und Gaumen. Dazu kredenzt der aufmerksame und zugewandte Service hochkarätige Weine. Vor oder nach dem Essen empfiehlt sich die gemütliche Aperitif- und Digestiflounge und an warmen Sommertagen die lauschige Terrasse.

Sibylla Weinstuben

65 | Hauptgericht 22–66 €, Menü 52 € | Mo-So

Elegant-rustikal eingerichtetes Restaurant. Regional geprägte Küche mit sehr gutem Preis-Leistungsverhältnis - auf der Karte stehen badische Leibgerichte ebenso wie internationale Klassiker und liebevoll zubereitete Gourmetgerichte. Bei schönem Wetter kann man auch auf der lauschigen Sommerterrasse speisen.

Jetzt vorbeischauen: pinterest.com/vartaguide

Radisson Blu www.radissonhotels.com

★★★★S garni

Am Hardtwald 10, PLZ 76275, **T 07243 3800,** F 380666
199 Zimmer | 4 Suiten | Ez 99–250 €, Dz 99–250 € | 24 h

Tagungs- und Businesshotel am Industriegebiet. Komfortable und technisch gut ausgestattete Zimmer im skandinavischen Stil. Umfangreiches Tagungsangebot. Sehr gute Anbindung zu den Autobahnen A5 und A8. Restaurant „Rhapsody“ mit internationaler und regionaler Küche.

Watthalden www.hotel-watthalden.de

Pforzheimer Straße 67a (am Watthaldenpark), PLZ 76275, **T 07243 7140,** F 7143333
83 Zimmer | 4 Apartments | Ez 90–135 €, Dz 115–170 €, inkl. Frühstück | 24 h

Am Stadtrand gelegenes Nichtraucherhotel, ideal für Tagungs- und Geschäftsreisende. Sachlich eingerichtete, moderne Gästezimmer. Saisonal-kreative Küche wird im Restaurant „Hartmaier's" serviert, mediterrane und regionale Köstlichkeiten gibt es in der „Watt's Brasserie".

Hartmaier's Villa www.hartmaiers.de

Pforzheimer Straße 67, PLZ 76275, **T 07243 761720**
64 | Hauptgericht 25–43 €, Menü 61–92 € | Mo, Mi-So Di

In einer klassizistischen Villa von 1818 befindet sich dieses schlicht-elegante Restaurant. Hier bietet man eine feine saisonale Küche, z.B. „Mignon vom Rinderfilet mit Sommertrüffeln, Blattspinat und Schupfnudeln". Dazu kredenzt Ihnen der nette Service Spitzengewächse namhafter Winzer.

EUSKIRCHEN 39 B www.euskirchen.de

Nordrhein-Westfalen | EW 58.938 | 160 m | Bonn 26 km, Düren 30 km

Welcome Parkhotel Euskirchen www.welcome-hotels.com/hotels/euskirchen

Alleestraße 1, PLZ 53879, **T 02251 7750**
92 Zimmer | 26 Suiten | Ez ab 139 €, Dz ab 159 €, inkl. Frühstück | 24 h

Stilvolles Businesshotel mit bequemen und edel eingerichteten Gästezimmern sowie luxuriösen Bädern in braunem Marmor. Im Restaurant „Ambiente" wird saisonal gekocht. Ansprechender Wellnessbereich mit intimer SPA-Suite.

Design Hotel www.design-hotel-euskirchen.de

Frauenberger Straße 181, PLZ 53879, **T 02251 3311,** F 73847
26 Zimmer | 3 Suiten | 24 h

Extravagantes Haus unweit vom Stadtzentrum. Interessante Zimmergestaltung mit Hilfe von Farben, Bildern, Wandmalereien und Dekomaterial. Opulent eingerichtetes Frühstücksrestaurant, gemütlicher Wintergarten, kostenlose Wasser- und Obstbar in der Lobby.

Bembergs Häuschen www.burgflamersheim.de

VARTA-TIPP Küche

Burg Flamersheim , PLZ 53881 (OT: Flamersheim), **T 02255 945752**
30 | Menü 149–219 € | Mi-Sa Mo, Di, So

Zweigeteiltes Konzept auf Burg Flamersheim: Im edel-gediegenen Restaurant verwöhnt Sie Oliver Röder mit spannenden Gourmetkreationen aus besten regionalen Produkten, während im rustikal-gemütlichen Gasthaus „Eiflers Zeiten" bodenständige Gerichte aufgetischt werden. Die Gastronomie ist in den ehem. Wirtschaftsgebäuden der geschmackvoll restaurierten Burganlage untergebracht. Im ehem. Gutshof, dem sogenannten „Nachtquartier", gibt es auch ein paar Gästezimmer.

Stadtwaldvinum
www.stadtwaldvinum.de

Münstereifeler Straße 148, PLZ 53879, **T 02251 63313**
75 | Hauptgericht 25–40 €, Menü 52 € | Mi-Fr, So Mi-So Mo, Di

Restaurant mit stilvoll-ländlichem Charme. Serviert wird eine marktorientierte und abwechslungsreiche Frischeküche mit mediterraner Note. Umfangreiche Auswahl an italienischen und deutschen Spitzenweinen. Mediterrane Gartenterrasse unter Palmen und Zitronen.

FALKENSEE 26 B
www.falkensee.de

Brandenburg | EW 40.846 | 32 m | Potsdam 23 km, Berlin 30 km

Sawito
restaurant-sawito.com

Spandauer Straße 14, PLZ 14612, **T 03322 1218566**
40 | Hauptgericht 18–30 €, Menü 79–89 € | Di-Sa Mo, So

Edel-modernes Ambiente, sympathische Gastgeber und eine ehrlich gekochte Küche auf mediterraner Basis. Letztere gibt es z.B. als „Presa vom Basatxerri-Schwein | Salzzitrone | Focaccia | Tomate | Feta | Olive“. Dazu eine schöne deutsch-europäische Weinauswahl. In den Sommermonaten empfiehlt sich die hübsche Terrasse.

FARCHANT 67 B
www.farchant.de

Bayern | EW 3.655 | 672 m | Garmisch-Partenkirchen 4 km, Eschenlohe 9 km

Explorer Hotel Garmisch Neu!
www.explorer-hotels.com/garmisch

€ Gut & Günstig garni

Frickenstraße 22, PLZ 82490, **T 08821 94079445**
100 Zimmer

Ein trendiges Design-Budgethotel für sportbegeisterte Gäste in unmittelbarer Nähe zur Zugspitze. Zur Verfügung stehen praktische, moderne Zimmer mit reichlich Platz für das eigene Equipment. Zum Haus gehören eine Bike- und Ski-Area sowie ein Sport-SPA mit Sauna- und Fitnessbereich.

FASSBERG 23 B
www.fassberg.de

Niedersachsen | EW 6.149 | 71 m | Hermannsburg 11 km, Munster 13 km

Niemeyer's Posthotel
www.niemeyers-posthotel.de

★★★★

Hauptstraße 7, PLZ 29328 (OT: Müden), **T 05053 98900,** F 989064
30 Zimmer | 2 Suiten | 1 Apartment | Ez 115–155 €, Dz 180–245 €, inkl. Frühstück

Dieses alteingesessene Hotel ist seit über 140 Jahren in Familienbesitz. Hinter seiner schönen Fachwerkfassade verbindet das Haus ländliche Tradition mit zeitgemäßem Komfort. Sie wohnen in individuell und stilvoll eingerichteten Zimmern. Schöner Wellnessbereich. Parkähnliche Gartenanlage mit alten Eichen und lauschigen Nischen.

Schäferstuben

34 | Hauptgericht 19–50 €, Menü 45–58 € | Sa-So Di-So Mo 1.–31.1.24

„Carpaccio vom Rinderfilet", „Rückenstück vom Ikarimi-Räucherlachs", „Schollenfilets Finkenwerder Art"... Bekommen Sie Appetit? Leckere Gerichte wie diese gibt es in dem ländlichen Restaurant mit seinen gemütlichen Nischen. An lauen Sommerabenden lockt die nette Gartenterrasse.

FEHMARN (INSEL) 9 C www.fehmarn.de

Schleswig-Holstein | Großenbrode 11 km, Heiligenhafen 16 km
Nikolaikirche, Hafen Burgstaaken, Burgruine Glambeck, Meereszentrum, U-Boot-Museum, Heimatmuseum, Mühlenmuseum Lemkenhafen, Wasservogelreservat.

FEHMARN

Strandhotel Bene www.bene-fehmarn.de

Am Südstrand 17, PLZ 23769 (OT: Burgtiefe), **T 04371 8653,** F 3765
43 Zimmer | Ez 140–245 €, Dz 150–265 €, inkl. Frühstück | 24 h

Das moderne Ferienhotel liegt direkt am langen, feinsandigen Südstrand. Es bietet geschmackvoll und wohnlich eingerichtete Zimmer - wahlweise mit Blick auf Meer oder Dünen. In der kalten Jahreszeit empfehlen sich die sogenannten Wellnesszimmer mit eigener Sauna. Das der Ostsee zugewandte Restaurant serviert regionale und saisonale Spezialitäten mit euro-asiatischen Einflüssen.

Burg-Klause www.burg-klause.de

Blieschendorfer Weg 1, PLZ 23769 (OT: Burg), **T 04371 50020,** F 1735
39 Zimmer | 1 Suite | 24 h

Ein modernes, familiengeführtes Hotel in der Nähe des historischen Marktplatzes. Die charmant und individuell eingerichteten Zimmer verteilen sich auf das Stammhaus und den Neubau. Im behaglichen Restaurant wird regionale und überregionale Saisonküche serviert. Gepflegter SPA-Bereich mit drei verschiedenen Saunen.

Schützenhof www.hafen-hotel.de

Menzelweg 2 (Burgstaaken), PLZ 23769 (OT: Burgstaaken), **T 04371 50080,** F 500814
30 Zimmer | 1 Suite | Ez ab 55 €, Dz ab 69 €, inkl. Frühstück

Ruhig in einem Wäldchen gelegenes Haus in unmittelbarer Nähe zum Fischereihafen Burgstaaken. Modern und stilvoll eingerichtete Zimmer mit zeitgemäßer Ausstattung. Kreative gutbürgerliche Küche sowie frischer Fisch wird im Restaurant „waidwerk" serviert.

Margaretenhof www.restaurant-margaretenhof.com

Dorfstraße 7, PLZ 23769 (OT: Neujellingsdorf), **T 04371 87670**
49 | Hauptgericht 21–39 €, Menü 52–69 € | So Mi-So Mo, Di

Behagliches Landhausrestaurant in einem ehemaligen Bauernhaus aus dem Jahre 1810. Die frische regionale Küche mit asiatischen Einflüssen klingt beispielsweise so: „Gebratene Filets von Zander, Dorsch und Bio-Lachs in roter Thaicurrysoße | gebackene Garnele | Wokgemüse | Reis".

FEHRBELLIN 26 A www.amt-fehrbellin.de

Brandenburg | EW 8.670 | 40 m | Neuruppin 13 km, Berlin 66 km

Theodors
www.theodors.de

Am Bollwerk 1, PLZ 16818 (OT: Wustrau-Altfriesack), **T 033925 8803,** F 88055
11 Zimmer | Ez ab 90 €, Dz ab 105 €, inkl. Frühstück

Stilvoll restaurierte Villa am Ufer des Ruppiner Sees. Die Zimmer mit mediterranem Flair sind hell und freundlich eingerichtet. Für Entspannung sorgt ein großzügiger Saunabereich mit Ruheliegen. Mediterrane Küche wird in den behaglichen Gasträumen und auf der Seeterrasse serviert.

FELDBERG 64 B
www.feldberg-schwarzwald.de

Baden-Württemberg | EW 1.854 | 1.277 m | Todtnau 11 km, Freiburg 37 km

Burg Hotel
www.burg-feldberg.de

Grafenmattweg 2, PLZ 79868, **T 07676 9399280,** F 939928828
33 Zimmer

Hier ist erholsamer Schwarzwaldurlaub garantiert! In sonniger und ruhiger Lage empfängt Sie dieses Hotel. Weitere Vorzüge: persönliche Atmosphäre, wohnliche Zimmer und ein gutes Frühstück. Für Entspannung sorgt ein kleiner, aber exklusiver Saunabereich.

Schlehdorn
www.schlehdorn.de

★★★★

Am Sommerberg 1 (an der B 500), PLZ 79868 (OT: Altglashütten), **T 07655 91050,** F 910543
35 Zimmer | 6 Suiten | 1 Apartment

Ein familiär geführtes Haus mit komfortablen Zimmern und hellen Landhauswohnungen. Viel Holz, wohnliche Stoffe und liebevoll arrangierte Einrichtungsdetails sorgen für eine behagliche Atmosphäre. Hübsch gestalteter Wellnessbereich.

Adler Bärental
www.adler-feldberg.de

★★★

Feldbergstraße 4, PLZ 79868 (OT: Bärental), **T 07655 933933,** F 930521
16 Zimmer | 7 Apartments | Ez ab 80 €, Dz ab 115 €, inkl. Frühstück | 24 h

Ein hübscher hist. Gasthof im regionaltypischen Stil, hoch über dem Titisee gelegen. Die Apartments und Zimmer im Landhausstil sind hell und wohnlich eingerichtet. Idealer Ausgangspunkt für Wanderungen und sportliche Aktivitäten.

Adler Bärental

110 | Hauptgericht 25–36 €, Menü 47–60 € | Mo, Do-So Di, Mi

In den liebevoll eingerichteten Schwarzwaldstuben wird eine badisch-regionale Küche angeboten. Appetit macht z.B. „Knusprig gebratenes Schwarzfederhuhn | Trüffelgnocchi | Spitzkohl" oder „Gebratenes Lauchringer Bachsaiblingsfilet | Perldinkelrisotto | Rote-Bete-Spitzkohlgemüse | Meerrettichsauce". Gut zusammengestellte Weinkarte mit heimischen und ausländischen Gewächsen.

Köhlerei am See
www.koehlerei-am-see.de

Raitenbucherstraße 36, PLZ 79868 (OT: Altglashütten), **T 07655 91050,** F 910543
13 Zimmer | Ez 98–113 €, Dz 130–150 €, inkl. Frühstück

Inmitten der wundervollen Kulisse des Schwarzwaldes am Ufer des urigen Windgfällweihers liegt dieses charmante Hotel. Die liebevoll renovierten Gästezimmer (teils mit eigenem Balkon) zeichnen sich durch ihr ansprechendes Designkonzept mit viel Holz, wertigem Interieur und gedeckten Farben aus. Ein besonderes Highlight ist die Fasssauna mit Panoramablick auf den See. Im ländlich-modernen Restaurant und auf der Sonnenterrasse werden badische und Schwarzwälder Spezialitäten aufgetischt.

Tannhof
www.tannhof-feldberg.de

Im Dobel 1, PLZ 79868 (OT: Bärental), **T 07655 93320,** F 933222
20 Zimmer, Dz ab 242 €, inkl. Vollpension

Kleines, sehr persönlich geführtes Wellnesshotel in ruhiger Lage am Fuße des Feldbergs speziell für Paare. Gemütliche, helle Gästezimmer mit individueller Einrichtung. Ansprechender Wellnessbereich mit Schwimmbad, mehreren Saunen und Beauty-Anwendungen.

Peterle
www.hotel-peterle.de

€ Gut & Günstig ★★★

Schuppenhörnlestraße 18, PLZ 79868 (OT: Falkau), **T 07655 677,** F 1771
14 Zimmer | Ez 57–77 €, Dz 108–129 €, inkl. Frühstück

Familiär geführtes Landgasthaus. In den individuell eingerichteten Zimmern finden sich Ausstattungsmerkmale aus der Schwarzwaldgeschichte. Im Restaurant wird kreative Regionalküche aufgetischt. Frisch renovierter kleiner Wellnessbereich mit zwei Saunen und Dampfbad.

Florian'S
www.hotelwaldeck.com

Windgfällstraße 19, PLZ 79868 (OT: Altglashütten), **T 07655 91030**
70 | Hauptgericht 16–39 €, Menü 42–85 € | Mo-Di, Do-So ⃠ Mi

Gehobene Kulinarik am Fuße des Feldbergs. Hier hat Gastfreundschaft einen ebenso hohen Stellenwert wie die schmackhafte, mediterran geprägte Küche des Patrons. Auf der Karte liest man z.B. „Filet vom Seeteufel mit Basilikumpesto, mediterranem Gemüse und kleinen Rosmarinkartoffeln". Im angeschlossenen Hotel hat man freundliche, moderne Zimmer.

FELDBERGER SEENLANDSCHAFT 18 D feldberger-seenlandschaft.de

Mecklenburg-Vorpommern | EW 4.651 | 100 m | Neubrandenburg 34 km, Schwerin 171 km

Alte Schule
www.hotelalteschule.de

Zur Alten Schule 5, PLZ 17258 (OT: Fürstenhagen), **T 039831 22023,** F 22031
18 Zimmer | Ez 100–110 €, Dz 120–140 €, inkl. Frühstück

Ruhe, ländliche Idylle und erstklassige Kulinarik erwarten Sie in diesem schmucken Domizil. Die einstige Schule bildet das heutige Haupthaus des kleinen Landhotels. Schöne Zimmer, die wertig, stimmig und wohnlich gestaltet sind. Im neu erbauten Gästehaus gibt es großzügige Maisonettewohnungen.

Klassenzimmer

VARTA-TIPP Küche **VARTA-TIPP** Service

25 | Menü 75–150 € | Mi-So ⃠ Mo, Di

»

Im einstigen Klassenzimmer befindet sich das Gourmetrestaurant mit seiner geradlinig-stilvollen Einrichtung. Hübsche Details wie ein alter Kachelofen, der Holzboden und hohe Sprossenfenster sorgen für eine gemütliche Atmosphäre. Chefkoch Daniel Schmidthaler kocht, was gefällt bzw. was der Markt und die Jahreszeiten hergeben. Er setzt konsequent und mit Respekt vor der Natur auf eine moderne, regionale Landküche, die er in Form eines Überraschungsmenüs offeriert. Weiter geht es mit einem Service, der dank Nicole Schmidthaler einfach nur herzlich, zuvorkommend, echt und ehrlich ist. Gern gebucht werden die interessanten Kochkurse des Patrons.

FELDKIRCHEN 60 D www.feldkirchen.de

Bayern | EW 7.435 | 523 m | München 13 km, Markt Schwaben 13 km

Bauer www.bauerhotel.de

Münchner Straße 6, PLZ 85622, **T 089 90980,** F 9098414
102 Zimmer | 1 Suite | 2 Apartments | Ez ab 86 €, Dz ab 106 €, inkl. Frühstück | 24 h

Ein persönlich geführtes Haus - seit Jahren in Familienbesitz. Wohnlich und individuell gestaltete Zimmer. In den elegant-modern eingerichteten Gasträumen wird eine verfeinerte Regionalküche aus sorgfältig ausgewählten Produkten serviert.

FELDKIRCHEN-WESTERHAM 68 A www.feldkirchen-westerham.de

Bayern | EW 10.468 | 551 m | Glonn 10 km, Bad Aibling 13 km

Aschbacher Hof www.aschbacher-hof.de

Aschbach 3, PLZ 83620 (OT: Aschbach), **T 08063 80660,** F 806620
20 Zimmer | Ez 115–135 €, Dz 155–175 €, inkl. Frühstück | 8.–21.1.24

In diesem familiengeführten Haus wohnen Sie in komfortablen Balkonzimmern, die liebevoll mit individuell geschreinerten Naturholzmöbeln eingerichtet sind. Bei guter Sicht hat man einen tollen Ausblick auf die bayerischen und österreichischen Alpen.

Restaurant im Aschbacher Hof

VARTA-TIPP Küche **VARTA-TIPP** Service

120 | Hauptgericht 18–35 €, Menü 26–46 € | Mo-So 8.–21.1.24

Mit Engagement und sichtbarer Freude kümmert man sich hier um das Wohl der Gäste. In den behaglichen Gaststuben wird eine modern-regionale Saisonküche aufgetischt. Macht Ihnen z.B. „Rosa gebratene Entenbrust auf Pfifferlingsrisotto mit jungem Brokkoli und Madeirajus“ Appetit? Nachmittags gibt’s Kuchen und Torten aus der eigenen Konditorei. Herrliche Panoramaterrasse.

FELLBACH 58 A www.stadtmarketing-fellbach.de

Baden-Württemberg | EW 44.354 | 287 m | Waiblingen 3 km, Stuttgart 8 km

Hirsch www.hirsch-fellbach.de

Fellbacher Straße 2-6, PLZ 70736 (OT: Schmiden), **T 0711 95130,** F 5181065
100 Zimmer | 2 Suiten | 2 Apartments | Ez 78–97 €, Dz 112–126 €, inkl. Frühstück

Ein vorbildlich geführter Familienbetrieb mit über 100-jähriger Tradition. Wirklich schön, wie man hier hist. Ambiente mit moderner Geradlinigkeit kombiniert hat. Die Zimmer im Haupt- und Gästehaus sind etwas einfacher, aber gepflegt und wohnlich, die Zimmer im Lehenhof sind topmodern und klar im Stil. Morgens darf man sich auf ein gutes Frühstück freuen. In der Weinstube „Im Schnitzbiegel" werden schmackhafte schwäbische Gerichte serviert.

Oettinger's Restaurant

VARTA-TIPP Küche VARTA-TIPP Service

30 | Hauptgericht 28–39 €, Menü 55–94 € | Sa Mi-Sa Mo, Di, So 23.12.23–10.1.24

Das elegante Gourmetrestaurant ist das kulinarische Herzstück des Hotels. Mit seinem wechselnden Menü präsentiert Chefkoch Kay Lurz eine innovative Gangfolge, in der nichts berechenbar, aber alles virtuos zubereitet ist, Dabei setzt er auf erstklassige Zutaten, und auch die Optik kommt nicht zu kurz. Der persönliche und angenehm lockere Service unter der Leitung von Sabrina Schuller trägt maßgeblich dazu bei, dass man sich hier rundum wohlfühlt - ganz zu schweigen von der exzellenten Weinauswahl mit vielen heimischen Gewächsen. Tischreservierung empfehlenswert.

Weinstube Moiakäfer www.weinstube-moiakaefer.de

Rommelshauser Straße 9, PLZ 70734, **T 0711 5781515**
80 | Hauptgericht 13–22 € | Mo-Fr Sa, So

Wer frische regional-saisonale Küche mag, ist bei Stephanie Hofmeister richtig. Die hübschen Gasträume befinden sich in einem ehem. Wohnhaus einer schwäbischen Weingärtnerfamilie. Die Speisekarte bietet Schmackhaftes wie z.B. „Körschtaler Lachsforelle auf Rahm-Alb-Leisa mit handgeschabten Spätzle". Im Sommer kann man auch auf der begrünten Hofterrasse speisen. Für kleine Veranstaltungen steht ein stimmungsvoller Gewölbekeller zur Verfügung. Hier finden auch themengeführte Wein- und Destillatproben statt.

FELSBERG 31 D www.felsberg.de

Hessen | EW 11.283 | 160 m | Kassel 25 km, Bad Hersfeld 45 km

Zum Rosenhof
www.zumrosenhof.de

Rockshäuser Straße 9, PLZ 34587 (OT: Hesserode), **T 05662 2774,** F 6422
8 Zimmer

Kleines, privat geführtes Landhotel. Das hübsche Gebäude mit seiner charakteristischen Fassade zählt zu den ältesten Fachwerkhäusern im Ort. Individuell und stilvoll gestaltete Zimmer mit zeitgemäßem Komfort. Hübsches Frühstückszimmer im Glashaus.

FEUCHTWANGEN 52 D
www.feuchtwangen.de

Bayern | EW 12.200 | 452 m | Dinkelsbühl 12 km, Crailsheim 21 km

Greifen-Post
www.hotel-greifen.de

Marktplatz 8, PLZ 91555, **T 09852 6800,** F 68068
35 Zimmer | 3 Apartments | Ez 74–105 €, Dz 119–154 €, inkl. Frühstück

Ob Landhaus-, Romantik- oder Biedermeierzimmer - in diesem über 600 Jahre alten Haus stehen Ihnen Zimmer verschiedenster Epochen zur Verfügung. Es gibt auch ein Badehaus im romanischen Stil mit Hallenbad, Sauna, Dampfbad und Tepidarium.

Greifen-Post

100 | Hauptgericht 10–36 €, Menü 31–85 € | Di-So Di-Sa Mo

Restaurant mit verschiedenen gemütlichen Stuben und hist. Flair. Serviert wird eine leichte, regional beeinflusste Aromaküche aus heimischen Produkten. Regelmäßig werden Kochkurse und Kochworkshops angeboten.

FICHTENAU 52 D
www.fichtenau.de

Baden-Württemberg | EW 4.530 | 517 m | Dinkelsbühl 5 km, Feuchtwangen 16 km

Meiser Vital Hotel
www.meiser-hotels.de/vital

VARTA-TIPP Service

★★★★ S

Grenzstraße 43, PLZ 74579 (OT: Neustädtlein), **T 07962 711940,** F 71194888
67 Zimmer | 5 Suiten | Ez 119–199 €, Dz 169–279 €, inkl. Frühstück

Das perfekte Domizil für Erholung und Entspannung. Familiärer Charakter, gastorientierte Mitarbeiter:innen sowie liebevoll und hochwertig eingerichtete Romantikzimmer machen das Haus zu einer Oase der Harmonie. Im gemütlichen Restaurant mit den heimeligen Stuben und dem lichtdurchfluteten Wintergarten wir regionale und internationale Küche serviert. Toll die 1.500 qm große Wellnessoase mit Innen- und Außenpool.

FILDERSTADT 58 A
www.filderstadt.de

Baden-Württemberg | EW 44.326 | 371 m | Nürtingen 12 km, Stuttgart 16 km

Schwanen Stuttgart-Airport/Messe
www.hotelschwanen.de

Obere Bachstraße 1, PLZ 70794 (OT: Bernhausen), **T 0711 7878250,** F 787825411
109 Zimmer | 9 Suiten | 22 Apartments | Ez 125–145 €, Dz 155–175 €, inkl. Frühstück

Ein praktisches Geschäftshotel mit modernen, wohnlichen Zimmern im Neubau und funktional-sachlichen Zimmern im Altbau. Kulinarisch hat man die Wahl zwischen dem Ristorante „La Fortuna" (Pizza, Pasta...) oder dem rustikalen Wirtshaus „Schwanenbräu" (bürgerlich-regionale Speisen) mit Biergarten.

FINCKEN 18 C www.amt-roebel-mueritz.de

Mecklenburg-Vorpommern | EW 540 | 84 m | Röbel 12 km, Malchow 15 km

Kavaliershaus Suitehotel am Finckener See www.kavaliershaus-finckenersee.de

Hofstraße 12, PLZ 17209, **T 039922 82700,** F 827029
12 Zimmer | 11 Suiten | Ez ab 108 €, Dz ab 140 €, inkl. Frühstück

Denkmalgeschützes, klassizistisches Kavaliershaus aus dem 18. Jh. Es bietet individuell gestaltete Suiten zwischen 50 und 120 qm. Zum Haus gehören auch eine Veranstaltungsscheune, ein Saunagarten, ein Kinderspielhaus sowie ein kleiner Badestrand.

FINNING 60 C www.ammersee-region.de/finning

Bayern | EW 1.570 | 560 m | Landsberg am Lech 10 km, Dießen 12 km

Zum Staudenwirt www.staudenwirt.de

Staudenweg 6, PLZ 86923 (OT: Oberfinning), **T 08806 92000**
300 | Hauptgericht 7–28 €, Menü 65–110 € | Mo, Do-So ⦸ Di, Mi

Bereits in der dritten Generation steht man hier für gepflegte Gastlichkeit und eine frische, bodenständige Heimatküche aus überwiegend regionalen Produkten. Wer länger bleiben möchte: Man verfügt auch über wohnliche Gästezimmer im gepflegten Landhausstil.

FINSTERWALDE 36 A www.finsterwalde-touristinfo.de

Brandenburg | EW 16.561 | 107 m | Lübbenau 55 km, Cottbus 55 km

Goldener Hahn www.goldenerhahn.com

VARTA-TIPP Küche

Bahnhofstraße 3, PLZ 03238, **T 03531 2214**
30 | Hauptgericht 20–50 €, Menü 55–150 € | Mi-Sa ⦸ Mo, Di, So

In diesem gemütlichen Gasthof isst und wohnt man gut. Das Haus wird von Iris und Frank Schreiber engagiert und mit Sinn für Tradition geführt. In der Küche entstehen aus marktfrischen, erstklassigen Produkten leckere Gerichte wie „Zanderfilet mit Stachelbeere | Kohlrabi und Erbsen | Estragon | Seefenchel". Dazu ein liebenswerter Service und eine fair kalkulierte Weinauswahl. Zum Übernachten hat man gepflegte Gästezimmer. Tipp: Regelmäßig finden kulinarische Lesungen statt.

FISCHBACHAU 68 A www.fischbachau.de

Bayern | EW 6.000 | 800 m | Miesbach 18 km, München 72 km

Alter Wirt www.alterwirt-fischbachau.de

Leitzachtalstraße 209, PLZ 83730 (OT: Hundham), **T 08028 9053610**
50 | Hauptgericht ab 18 € | Do-So ⦸ Mo, Di

»

Ein traditionsreiches Wirtshaus mit urigen Gaststuben und lauschigem Biergarten. In der Küche setzt man auf Regionalität und Nachhaltigkeit. Auf der Karte stehen schmackhafte Gerichte wie „Lachsforellenfilet | Kräuterrisotto | Schwammerl". Man hat auch wohnlich eingerichtete Zimmer.

FISCHEN 66 D www.fischen.de

Bayern | EW 2.994 | 761 m | Oberstdorf 6 km, Sonthofen 7 km

Parkhotel Burgmühle www.parkhotel-burgmuehle.de

VARTA-TIPP Service

★★★★ S garni

Auf der Insel 2-4, PLZ 87538, **T 08326 9950,** F 7352
68 Zimmer | 24 Suiten | Ez 175–201 €, Dz 310–430 €, inkl. Vollpension

Genuss-Urlaub 'par excellence'! Seit vielen Jahren genießt das familiär geführte Ferienhotel im Ortszentrum einen erstklassigen Ruf. Das liegt einerseits an der vorzüglichen Gästebetreuung, aber auch an den geräumigen und wohnlich eingerichteten Zimmern und Suiten. Für Entspannung sorgt ein 2.000 qm großer Wellness- und Vitalbereich. Im eleganten Feinschmeckerrestaurant servieren Küchenchef Markus Nägele und sein Team ein anspruchsvolles Abendmenü mit regionaler, Allgäuer Note.

Rosenstock Neu! www.hotel-rosenstock.de

★★★★ S garni

Berger Weg 14, PLZ 87538, **T 08326 364560,** F 3645699
45 Zimmer | 1 Suite | Ez 108–169 €, Dz 166–319 €, inkl. Halbpension | ⏲ 24 h

Ein wirklich herrlich gelegenes Ferienhotel! Inmitten der zauberhaften Landschaft des Oberallgäus können Sie hier so richtig entschleunigen. Dafür sorgen die gemütlichen, individuell eingerichteten Zimmer, der hübsche Wellnessbereich und das exquisite Frühstück am Morgen. Achtung: Das Adults-Only-Hotel empfängt ausschließlich Erwachsene und Jugendliche ab 15 Jahren! Der Shuttle zum Bahnhof sowie Tickets für die örtlichen Bergbahnen sind für Hausgäste kostenlos.

Tanneck www.hotel-tanneck.de

★★★★ S garni

Maderhalm 20, PLZ 87538 (OT: Maderhalm), **T 08326 9990,** F 999133
62 Zimmer | 6 Suiten | 3 Apartments | Ez ab 152 €, Dz ab 304 €, inkl. Vollpension

Geschmackvoll gestaltetes Ferienhotel mit unterschiedlich geschnittenen und eingerichteten Zimmern, teils mit schöner Aussicht auf die Berge. Großzügiger Wellnessbereich mit Pools, Saunen, Sonnenterrasse und Alpinpark mit Naturteich. Im Restaurant erwarten Sie gediegen-elegantes Ambiente sowie alpin-mediterrane Küche.

FISCHERBACH 57 C www.fischerbach.de

Baden-Württemberg | EW 1.680 | 276 m | Haslach 5 km, Offenburg 32 km

Wirtschaft Hotel Fuxxbau www.fuxxbau-fischerbach.de

€ Gut & Günstig S garni

Vordertalstraße 17, PLZ 77716 (OT: Vordertal), **T 07832 2997,** F 5575
19 Zimmer | Ez ab 62 €, Dz ab 100 €, inkl. Frühstück

Idyllisch gelegener Schwarzwaldgasthof mit wohnlichen Gästezimmern, teils mit Balkon und Blick auf das Fischerbachtal. Schöner Hotelgarten mit kleiner Kneippanlage. Im Restaurant werden regionale und saisonale Spezialitäten serviert.

FLADUNGEN 43 A www.fladungen-rhoen.de

Bayern | EW 2.185 | 414 m | Mellrichstadt 18 km, Kaltennordheim 20 km

Sonnentau www.sonnentau.com

★★★★ garni

Wurmbergstraße 1-3, PLZ 97650, **T 09778 91220,** F 912255
49 Zimmer | 2 Suiten | 2 Apartments | Ez ab 79 €, Dz 142–158 €, inkl. Frühstück | 24 h

Gewachsenes Wohlfühlhotel mit mehreren Gästehäusern und ansprechendem Freizeitbereich an einem Südhang oberhalb Fladungens. Helle, großzügig geschnittene Zimmer. Umfangreicher Wellnessbereich mit Saunalandschaft, Schwimmbad und Salzstollen. Panoramarestaurant mit regionaler Küche.

Folgen Sie uns: facebook.com/vartaguide

FLENSBURG 7 A www.taff.sh

Schleswig-Holstein | EW 88.502 | 12 m | Schleswig 36 km, Husum 44 km
Nordertor, hist. Altstadt, Kirchen, Marineschule Mürwik, hist. Kaufmannshöfe, Museumsberg, Schifffahrtsmuseum, Science Center Phänomenta, hist. Hafen.

Das James www.dasjames.com

★★★★★S garni

Fördepromenade 30, PLZ 24944 (OT: Sonwik), **T 0461 1672360**
81 Zimmer | 24 h

Ein urbanes Stadt- und Ferienhotel mit lässig-britischem Charme im Hafenviertel Sonwik. Aus den schmuck designten Zimmern, Lofts und Family Suites genießt man einen wunderbaren Ausblick auf den Jachthafen und die vorgelagerten Wasserhäuser. Zum Haus gehört ein großzügiger SPA-Bereich mit Saunawelt und einem 21 Meter langen Rooftop-Pool. Tolles Frühstücksbuffet mit regionalen und marktfrischen Produkten.

Das Grace

VARTA-TIPP Küche

58 | Menü 140–190 € | Do-So Mo, Di, Mi

Neben dem Ausblick auf den Jachthafen genießen Sie hier ein außergewöhnliches Ambiente mit einer sieben Meter hohen Decke und glamourösen, in Seide gehüllten Kronleuchtern. Dazu eine weltoffene, modern-saisonale Küche. Diese gibt es in Form zweier Menüs („Farm" und „Förde") mit bis zu 6 Gängen. Verantwortlich dafür ist Quirin Brundobler, der die Küchenleitung innehat. Bei der Zubereitung seiner exzellenten Gerichte verwendet er hochwertige Produkte von der eigenen „James Farm" oder von heimischen Erzeugern. Die passenden Weinempfehlungen hat Restaurantleiterin und Sommelière Morlin Jochimsen.

Hafen Flensburg www.hotel-hafen-flensburg.de

★★★★ garni

Schiffbrücke 33, PLZ 24939, **T 0461 160680,** F 16068480
69 Zimmer | 1 Suite | 6 Apartments | Ez 115–209 €, Dz 155–249 €, 22,00 € | 24 h

In geschichtsträchtiger Kulisse direkt an der Förde und nur wenige Kilometer von der dänischen Grenze liegt dieses Designhotel. Das Hotelensemble besteht aus mehreren, zum Teil denkmalgeschützten Gebäuden. Einladend, stilvoll und maritim - so zeigen sich die geräumigen Gästezimmer, die in unterschiedlichen Kategorien buchbar sind.

Boutiquehotel Petuh
www.petuh.de

★★★★

Wilhelmstraße 4, PLZ 24937, **T 0461 80707280**
20 Zimmer

Aus der 100 Jahre alten, denkmalgeschützten Ziegelei ist nach umfassender Renovierung ein charmantes Boutique-Hotel entstanden. Richtig schick hat man in den Zimmern Klassisches mit Modernem verbunden - hochwertig, wohnlich und mit viel Liebe zum Detail eingerichtet. Morgens erwartet Sie ein sehr gutes Frühstück.

Hotel Alte Post
altepost-flensburg.de

Rathausstraße 2, PLZ 24937, **T 0461 8070810**
77 Zimmer | Ez ab 92 €, Dz ab 122 €, 14,00 € | 24 h

Das Hotel am Rande der Flensburger Innenstadt ist im hist. Gebäude der früheren Zentralpost beheimatet. Das Einrichtungskonzept des Hauses ist geprägt vom skandinavischen Lebensstil. Hier erwarten Sie künstlerisch gestaltete Design- und Themenzimmer. Moderne Küche und geschmackvolles Ambiente bietet das Restaurant.

Piet Henningsen
www.restaurant-piet-henningsen.de

Schiffbrücke 20, PLZ 24939, **T 0461 24576**
45 | Hauptgericht 15–42 € | Mo-So

Traditionsreiches, seit 1886 bestehendes Restaurant am Flensburger Hafen. Serviert werden Fischspezialitäten und regionale Klassiker sowie eine gute Auswahl an Steak- und Fleischgerichten.

FLINTSBACH A.INN 68 B
www.flintsbach.de

Bayern | EW 3.076 | 479 m | Rosenheim 18 km, Kufstein 19 km

Dannerwirt
www.dannerwirt.de

VARTA-TIPP Ambiente

★★★

Kirchplatz 4, PLZ 83126, **T 08034 90600,** F 906050
27 Zimmer | 1 Suite | Ez ab 75 €, Dz ab 102 €, inkl. Frühstück

Am Fuße des Wendelsteins liegt dieser traditionsreiche Gasthof. Familie Schweinsteiger ist mit viel Herzblut bei der Sache. Die behaglich mit viel Holz eingerichteten Zimmer versprühen ländlichen Charme. In den typisch bayerischen Stuben wird regionale Wirtshausküche aufgetischt.

FLONHEIM 50 B
www.alzey-land.de

Rheinland-Pfalz | EW 2.696 | 145 m | Alzey 11 km, Bad Kreuznach 21 km

Landhotel Espenhof
www.espenhof.de

★★★ S

Poststraße 1, PLZ 55237 (OT: Uffhofen), **T 06734 94040,** F 940450
16 Zimmer | 4 Suiten | Ez 79–98 €, Dz 125–135 €, inkl. Frühstück

Rheinhessische Gemütlichkeit gepaart mit mediterranem Flair - das trifft den Charakter dieses kleinen, familiär geführten Landhotels mit angeschlossenem Weingut und Gästehaus. Hier stehen Ihnen beschaulich eingerichtete Nichtraucherzimmer zur Verfügung.

Restaurant im Landhotel Espenhof

55 | Hauptgericht 10–33 € | Do-Sa

Das angeschlossene Weinrestaurant bietet regionale rheinhessische Spezialitäten und gutseigene Weine. Hübsche, südländisch anmutende Hofterrasse.

FOCKBEK 7 C www.fockbek.de

Schleswig-Holstein | EW 6.280 | 16 m | Rendsburg 3 km, Schleswig 25 km

Weinbek www.weinbek.de

Rendsburger Straße 34, PLZ 24787, **T 04331 61230**
24 Zimmer | Ez ab 89 €, Dz ab 104 €, inkl. Frühstück

Das Traditionshotel, das sich selbst als nördlichstes Weinhotel Deutschlands bezeichnet, empfängt Sie hinter seinen historischen Mauern mit individuell gestalteten Zimmern. Zum Haus gehören auch ein gemütliches Restaurant, ein kleiner Saunabereich sowie ein Weinkaufsladen.

FÖHR (INSEL) 6 B www.foehr.de

Schleswig-Holstein | Niebüll 15 km, Flensburg 57 km

Nationalpark Wattenmeer (UNESCO-Weltnaturerbe), Ringwall Lembecksburg bei Borgsum, Kirche St. Johannis mit denkmalgeschütztem Friedhof in Nieblum, Kirche St. Laurentii in Süderende, Kirche St. Nicolai in Wyk-Boldixum, Friesenmuseum mit Bockwindmühle, Nationalparkzentrum und Seepromenade in Wyk.

NIEBLUM

NAMINE WITT Neu! www.naminewitt.de

VARTA-TIPP Küche

Alkersumer Stieg 4, PLZ 25938, **T 04681 9643523**
50 | Hauptgericht 24–38 € | Mi-So Mo, Di

In freundlich-lockerer Atmosphäre mit Blick auf den wunderschön angelegten Garten erwartet Sie im Fine-Dining-Bereich eine international beeinflusste Fusionsküche, die auf Nachhaltigkeit, Frische und Regionalität basiert. Die umfangreiche Weinkarte bietet schwerpunkmäßig Weine von deutschen Winzern, aber auch erlesene Tropfen aus anderen europäischen Destinationen. Im angeschlossenen Bistro mit Terrasse und Feinkostladen gibt es frische Tagesgerichte sowie leckere Produkte aus der hauseigenen Manufaktur.

WYK AUF FÖHR

Upstalsboom
www.resort-suedstrand-foehr.de

garni

Gmelinstraße 11, PLZ 25938, **T 04681 9920**
167 Zimmer | 10 Suiten, Dz 190–500 €, 14,50–29,00 € | 24 h

Das 2018 eröffnete Ferienresort liegt direkt am weißen Sandstrand der Insel. Es bietet moderne Zimmer im skandinavischen Stil - größtenteils mit Blick auf das Wattenmeer. Großzügige Wellnessanlage mit Innen- und Außenpool, Dampfbad und mehreren Saunen. Zum Haus gehören auch 23 exklusive Residenzen für Langzeitgäste. Nordisch-deutsche Küche wird im Restaurant serviert.

Duus-Hotel
www.duus-hotel.de

garni

Hafenstraße 40, PLZ 25938, **T 04681 59810,** F 598140
20 Zimmer | Ez 80–95 €, Dz 130–160 €, inkl. Frühstück

In der Altstadt am Hafen gelegenes Haus mit modernem Design, das durch skandinavischen Lifestyle und nordische Leichtigkeit geprägt ist. Die freundlichen und hellen Zimmer bieten teilweise Blick auf den Hafen. Für Entspannung sorgt die hauseigene Sauna. Reichhaltiges Frühstücksbuffet.

Alt Wyk
www.alt-wyk.de

VARTA-TIPP Küche **VARTA-TIPP** Service

Große Straße 4, PLZ 25938, **T 04681 3212**
30 | Menü 99–137 € | Fr-Sa Di-Sa Mo, So 9.1.–29.2.24

Beliebte Feinschmeckeradresse direkt in der Fußgängerzone. Wohltuend sind nicht nur das friesische Landhausambiente und der überaus herzliche Service, sondern auch die hervorragenden Speisen. Die Küche von Patron René Dittrich ist authentisch, weltoffen und schnörkellos, die Produkte immer saisonal und frisch. Ein wechselndes Menü in 4 bis 6 Gängen garantiert kulinarische Abwechslung. Übrigens: Für Übernachtungsgäste hat man schöne Ferienwohnungen.

Jetzt abonnieren: instagram.com/vartaguide

FORCHHEIM 53 B
www.forchheim.de

Bayern | EW 31.000 | 265 m | Bamberg 25 km, Nürnberg 38 km

Zöllner's Weinstube
www.zoellners-weinstube.de

VARTA-TIPP Küche

Sigritzau 1, PLZ 91301 (OT: Sigritzau), **T 09191 13886**
60 | Hauptgericht 20–39 €, Menü 50–78 € | Mi-So Mo, Di

Das hübsche Kreuzgewölbe sorgt für eine ganz besondere Atmosphäre, ebenso die gemütliche Einrichtung und die elegante Tafelkultur. Johannes Zöllner steht selbst am Herd und bietet eine moderne Küche mit saisonalen Produkten. Lust auf „Französische Perlhuhnbrust | Madeirajus | Pfifferlinge | Gemüse | Gratin"? Dazu gibt es edle Weine von renommierten Winzern. Die Preise sind fair, der Service sympathisch. Die urige „Stube" eignet sich bestens für kleine Feierlichkeiten.

Zum Alten Zollhaus
www.zollhaus-forchheim.de

Hauptstraße 4, PLZ 91301, **T 09191 970990**
70 | Hauptgericht 20–29 € | ◔ So ◐ Mi-Sa ⃠ Mo, Di

Hist. Haus in der Innenstadt mit modernem Bistroambiente und nettem Biergarten. Marktfrisch, saisonal und schmackhaft ist die traditionelle fränkische Küche mit Einflüssen aus der ganzen Welt.

Der Varta-Führer digital

Der Varta-Führer ist auch als eBook erhältlich. Ganz einfach online laden und mobil auf Ihrem Smartphone oder Tablet nutzen.

Weitere Hotel- und Restaurantempfehlungen sowie zahlreiche Freizeittipps erhalten Sie unter: **www.varta-guide.de**

FORST AN DER WEINSTRASSE 50 D
www.vg-deidesheim.rlp.de

Rheinland-Pfalz | EW 838 | 120 m | Deidesheim 2 km, Bad Dürkheim 5 km

Lucashof
www.lucashof.de

garni

Wiesenweg 1a, PLZ 67147, **T 06326 336,** F 5794
7 Zimmer | Ez 75–100 €, Dz 110–150 €, inkl. Frühstück

Das kleine Landhotel befindet sich auf einem Weingut inmitten der umliegenden Weinberge. Hier erwarten Sie gemütliche Zimmer mit mediterraner Note und gehobener Ausstattung - teils mit Terrasse oder Balkon. Hübsch das helle Frühstückszimmer mit Blick auf das Haardtgebirge.

Gutsausschank Spindler
www.gutsausschank-spindler.de

Weinstraße 44, PLZ 67147, **T 06326 5850**
120 | Hauptgericht 15–37 € | ◔ ◐ Di-Sa ⃠ Mo, So

Bei Familie Spindler gibt es eine authentische Pfälzer Küche und Weine aus dem eigenen Weingut. Die Preise sind fair, das Ambiente gemütlich und der Service freundlich. Romantische Terrasse unter Reblauben und altem Baumbestand.

Weinstube Acham-Magin Neu!
acham-magin.de

Weinstraße 67, PLZ 67147, **T 06326 315**
Hauptgericht 17–30 € | ◔ Fr-So ⃠ Mo, Di

Die heimelige, rustikal eingerichtete Schankwirtschaft des gleichnamigen Weinguts serviert typische Gerichte aus der Pfalz und hauseigene Bio-Weine. Dazu eine gesellige Atmosphäre und ein freundlicher Service. Für kleinere Gruppen arrangiert man Weinproben mit einem Abstecher in den Sandsteingewölbekeller aus dem 18. Jahrhundert.

FORSTINNING 60 D
www.forstinning.de

Bayern | EW 3.646 | 512 m | München 26 km, Wasserburg am Inn 36 km

Zum Vaas
www.zum-vaas.de

Münchener Straße 88, PLZ 85661, **T 08121 43091**
Hauptgericht 14–27 € | Mi-So Mo, Di

Am Nordrand des Ebersberger Forstes erwartet Sie dieser gemütliche Landgasthof. Lebensfreude und Spaß am Beruf - das ist es, was Küche und Service ihren Gästen hier vermitteln. Man kocht frisch, unkompliziert und saisonal. Natürlich stehen auch regionale Klassiker wie Tafelspitz oder Schweinebraten auf der Karte.

FRAMMERSBACH 42 D
www.frammersbach.de

Bayern | EW 4.507 | 246 m | Lohr 12 km, Bad Orb 30 km

Schwarzkopf
www.schwarzkopf-spessart.de

VARTA-TIPP Küche

Lohrer Straße 80, PLZ 97833, **T 09355 307**
60 | Hauptgericht 19–36 €, Menü 39–75 € | Do-Sa Mo, Di, Mi, So

Im gemütlich-ländlichen Restaurant verwendet Stefan Pumm für seine feine klassische Küche fast ausschließlich saisonale Lebensmittel aus der Region. Macht Ihnen z.B. „Dreierlei vom Reh aus dem Spessart auf feinem Kohlrabi mit Krusteln und Aprikosenchutney" Appetit? Im Sommer können Sie auch auf der begrünten Gartenterrasse speisen. Für Übernachtungsgäste hat man gepflegte Zimmer. Regelmäßig Kochkurse.

FRANKENAU 31 C
www.frankenau.de

Hessen | EW 2.988 | 430 m | Korbach 26 km, Marburg 47 km

Landhaus Bärenmühle
www.baerenmuehle.de

Bärenmühle, PLZ 35110 (OT: Ellershausen), **T 06455 759040,** F 7590422
15 Zimmer | 3 Suiten | 6 Apartments | Ez 139–182 €, Dz 164–296 €, 14,50–24,50 €

Stilvolles Refugium in idyllischer, naturnaher Lage. Hier erwarten Sie liebevoll eingerichtete Zimmer, Suiten und Wohnungen, die sich auf drei Gebäude verteilen. Für Entspannung sorgt ein Saunahaus mit gemütlichem Ruheraum. Kleines, aber feines Restaurant mit heimeligem Wohlfühlambiente.

FRANKENBERG (EDER) 31 C
www.frankenberg.de

Hessen | EW 18.894 | 296 m | Korbach 31 km, Marburg 39 km

Die Sonne Frankenberg
www.sonne-frankenberg.de

VARTA-TIPP Service

Marktplatz 2-4, PLZ 35066, **T 06451 7500,** F 750500
62 Zimmer | 6 Suiten | Ez 139–189 €, Dz 199–279 €, inkl. Frühstück | 24 h

Mehrere behutsam restaurierte Gebäude vereinen sich zu diesem schmucken Altstadthotel. Das Interieur der Zimmer und Suiten besticht durch seine hellen, freundlichen Farben und die ausgesprochen wohnliche Atmosphäre. In allen Bereichen des Hauses wirken engagierte Mitarbeiter:innen. Für Entspannung sorgt ein mediterran-orientalisch anmutender SPA-Bereich.

Philipp Soldan

VARTA-TIPP Küche VARTA-TIPP Service

40 | Hauptgericht 32–48 €, Menü 75–129 € | ◔ So ◑ Do-Sa ⊘ Mo, Di, Mi

Leichtigkeit, Offenheit und Transparenz versprechen nicht nur das Raumkonzept, sondern auch die exzellente Kulinarik von Erik Arnecke, dessen Küchenleistung sich gefühlt von Jahr zu Jahr steigert. Er verbindet moderne Kreationen mit klassischen Elementen. Das Ergebnis: eine leichte Gourmetküche, bei der die Natur und ihre Produkte in den Mittelpunkt rücken. In den beiden begehbaren Weinklimaräumen, die in das Restaurant integriert sind, lagern exquisite Tropfen ausgewählter Winzer. Umsorgt werden Sie von einer gut motivierten Servicecrew.

SonneStuben

VARTA-TIPP Küche

68 | Hauptgericht 22–36 € | ◔◑ Mo-So

Im Zweitrestaurant werden Sie mit einer anspruchsvollen regionalen Küche verwöhnt. Timo Schröder und Markus Willich verwenden für ihre Gerichte erstklassige Zutaten aus saisonalem und regionalem Anbau. Appetit machen z.B. „Käse-Wildbratwurst aus heimischer Jagd auf Champagnerkraut | cremiges Kartoffelpüree | Adorfer Senf“ oder „Auf der Haut gebratenes Filet vom Saibling auf Kartoffelrisotto | gerösteter grüner Spargel | Noilly-Prat-Schaum“.

Der Varta-Führer digital

Der Varta-Führer ist auch als eBook erhältlich. Ganz einfach online laden und mobil auf Ihrem Smartphone oder Tablet nutzen.

Weitere Hotel- und Restaurantempfehlungen sowie zahlreiche Freizeittipps erhalten Sie unter: **www.varta-guide.de**

FRANKENTHAL (PFALZ) 50 B www.frankenthal.de

Rheinland-Pfalz | EW 47.793 | 96 m | Ludwigshafen 10 km, Worms 12 km

Victor's Residenz-Hotel www.victors.de/hotels/victor-s-residenz-hotel-frankenthal

★★★★ garni

Mina-Karcher-Platz 9, PLZ 67227, **T 06233 3430,** F 343434
104 Zimmer | 8 Suiten | ⏲ 24 h

Architektonisch reizvoller Rundbau mit gläserner Turmspitze. Das Haus bietet auf acht Stockwerken helle, im klassischen Stil eingerichtete Zimmer. Frühstück gibt es im Panoramacafé mit tollem Blick über die Dächer der Stadt und das Pfälzer Umland.

FRANKFURT AM MAIN 41 D www.frankfurt-tourismus.de

Hessen | EW 746.878 | 98 m | Wiesbaden 38 km, Heidelberg 90 km

Maintower, Rathaus Römer mit Kaisersaal, Europäische Zentralbank, Römerberg mit Gerechtigkeitsbrunnen, Hist. Museum, Schirn Kunsthalle, got. Dom, Museum für Moderne Kunst, Senckenberg-Museum, Paulskirche, Jüdisches Museum, Alte Oper, Goethehaus, Museumsufer mit dem Städelschen Kunstinstitut und dem Museum für Angewandte Kunst, Palmengarten, Zoo, Neue Altstadt.

Einen Cityplan finden Sie auf Seite 412–413.

Steigenberger Icon Frankfurter Hof www.frankfurter-hof.steigenberger.de

★★★★★S garni

Am Kaiserplatz (C3), PLZ 60311, **T 069 21502,** F 215900
303 Zimmer | 42 Suiten | 1 Apartment | Ez 249–699 €, Dz 249–699 €, 38,00 € | 24 h

Traditionsreiches, stilvoll renoviertes Grandhotel inmitten des historischen Bankenviertels. Elegant und luxuriös zugleich präsentieren sich die Zimmer und Suiten. Für Entspannung sorgt ein 1.000 qm großer SPA- und Wellnessbereich mit orientalischem Touch. Umfangreiches gastronomisches Angebot.

Hilton www.hiltonhotels.de

★★★★★S garni

Hochstraße 4 (D3), PLZ 60313, **T 069 133800,** F 133820
342 Zimmer | 14 Suiten | 24 h

Internationales Businesshotel, nur wenige Meter von der Frankfurter Börse entfernt. Das Haus beeindruckt mit seiner markanten, transparenten Architektur und dem imposanten Atrium. Sie wohnen in hellen und geräumigen Gästezimmern mit Panoramablick. Zum Hotel gehören auch eine Executive Lounge, ein Health & Fitness Club, ein 25 x 15 Meter großes Schwimmbad sowie ein Restaurant mit schöner Parkterrasse.

Hilton Frankfurt Airport — www.hiltonhotels.de/deutschland/hilton-frankfurt-airport

THE SQUAIRE, Am Flughafen, PLZ 60549, **T 069 26012000,** F 26012006020
249 Zimmer | 17 Suiten | 24 h

Das internationale Geschäftshotel befindet sich im futuristischen Gebäude „The Squaire" am Frankfurter Flughafen mit direkter Anbindung an das Terminal 1. Modern und anspruchsvoll gestaltete Zimmer und Suiten. Trendige Lounge & Bar im Atrium des Hotels. 24-Stunden-Fitness-Center. Im Restaurant „RISE" reicht das Angebot von internationalen Spezialitäten bis zu regionalen Klassikern.

Lindner Main Plaza — www.lindner.de

GREENSIGN ★★★★ S

Walther-von-Cronberg-Platz 1 (E4), PLZ 60594 (OT: Sachsenhausen), **T 069 664010,** F 664014004
118 Zimmer | 7 Suiten | 70 Apartments | 24 h

Spektakulärer Turmbau in fantastischer Lage am Sachsenhausener Mainufer. Stilvoll-elegante Zimmer - teils klassisch-edel, teils modern-elegant. Imposanter Ausblick auf die Stadt. 450 qm großer Wellnessbereich. Amerikanische Küche im „New Brick Restaurant".

Marriott — frankfurt-marriott.de

Hamburger Allee 2 (A3), PLZ 60486 (OT: Westend-Süd), **T 069 79550,** F 79552432
593 Zimmer | 23 Suiten | 24 h

Das internationale Businesshotel befindet sich direkt gegenüber der Frankfurter Messe. Es bietet ab der 26. Etage moderne, schallisolierte Zimmer mit Panoramablick. Alle Zimmer verfügen über hochwertige Betten, einen Minikühlschrank und Highspeed-Internet. Mehrere Restaurants.

Radisson Blu — www.radissonhotels.com

★★★★ S

Franklinstraße 65 (A2), PLZ 60486, **T 069 7701550,** F 77015510
434 Zimmer | 14 Suiten | Ez 99–550 €, Dz 99–550 €, 28,00 € | 24 h

Das dominante, exklusive Hotel mit seiner besonderen kreisförmigen Architektur bietet stilvolle Zimmer im zurückgenommenen skandinavischen Schick. Von hier genießen Sie entweder den Blick auf die belebte Stadt oder den nahegelegenen Taunus. Pool- und Fitnessbereich in der 18. Etage.

Sofitel Frankfurt Opera — www.sofitel-frankfurt.com

VARTA-TIPP Ambiente

★★★★★S

Opernplatz 16 (C3), PLZ 60313, **T 069 2566950,** F 256695802
150 Zimmer | 31 Suiten | Ez ab 204 €, Dz ab 204 €, 37,00 € | 24 h

Im Stil eines französischen Stadtpalais empfängt Sie diese Luxusherberge an der Frankfurter Oper. Die 30-45 qm großen Zimmer und Suiten bieten exklusives Design, edlen Schlafkomfort sowie Wohlfühlbäder mit Regenduschen. Für Entspannung sorgt ein kleiner SPA-Bereich. Im Restaurant „Schönemann" sowie im Sommergarten auf dem Opernplatz werden neu interpretierte Klassiker der französischen Küche serviert.

Frankfurt a. M.
0 180 360m
A
B
C
1
2
3
4
5
Anschlussstelle Ffm.-Miquelallee
Miquel-allee
Weinbg.-Siedl.
Westend-Nord
Botanischer Garten
Grüneburg-park
Palmengarten
Bockenhmr. Warte
Leipziger Str.
Bremer Platz
Rothschild-park
Alte Oper
Westend-Süd
Festh. Messe
Ffm. Messe
Forum Agora
Europa-viertel
Europa-Allee
Heuss-Allee
Hamburger A.
Adalbertstr.
Schloßstraße
Senckenberg-anlage
Zeppelinallee
Bockenheimer Landstraße
Taunusanlage
Mainzer Landstr.
Gallusviertel
Galluswarte
Frankf.(M) Hbf
S7,RE,RB,ICE,IC
Düsseldorfer Str.
Baseler Str.
Gutleutviertel
Gutleutstraße
Westhafen
Main
Friedensbrücke
Kennedy-allee
Stresemann-allee
Theodor-Stern-Kai
Klinikum der J.-W.-Goethe-Universität
Sommerhoffpark
Kraftwerk Stadtwerke
1=Westhafenbrücke
2=Zanderstraße
3=Stichlingstraße
4=Flußkrebssteg
5=Am Druckwasserwerk
1=Kopenhagener Str.
2=Stockholmer Str.
3=Lissabonner Str.
4=Madrider Str.
5=Dubliner Str.
6=Londoner Str.
7=Warschauer Str.
8=Athener Str.
1=Wilhelm-Schickard-Str.
2=Adam-Riese-Platz
1=Kl. Wiesenau
2=Erich-Fromm-Platz
66
21
8
8/44
44
43

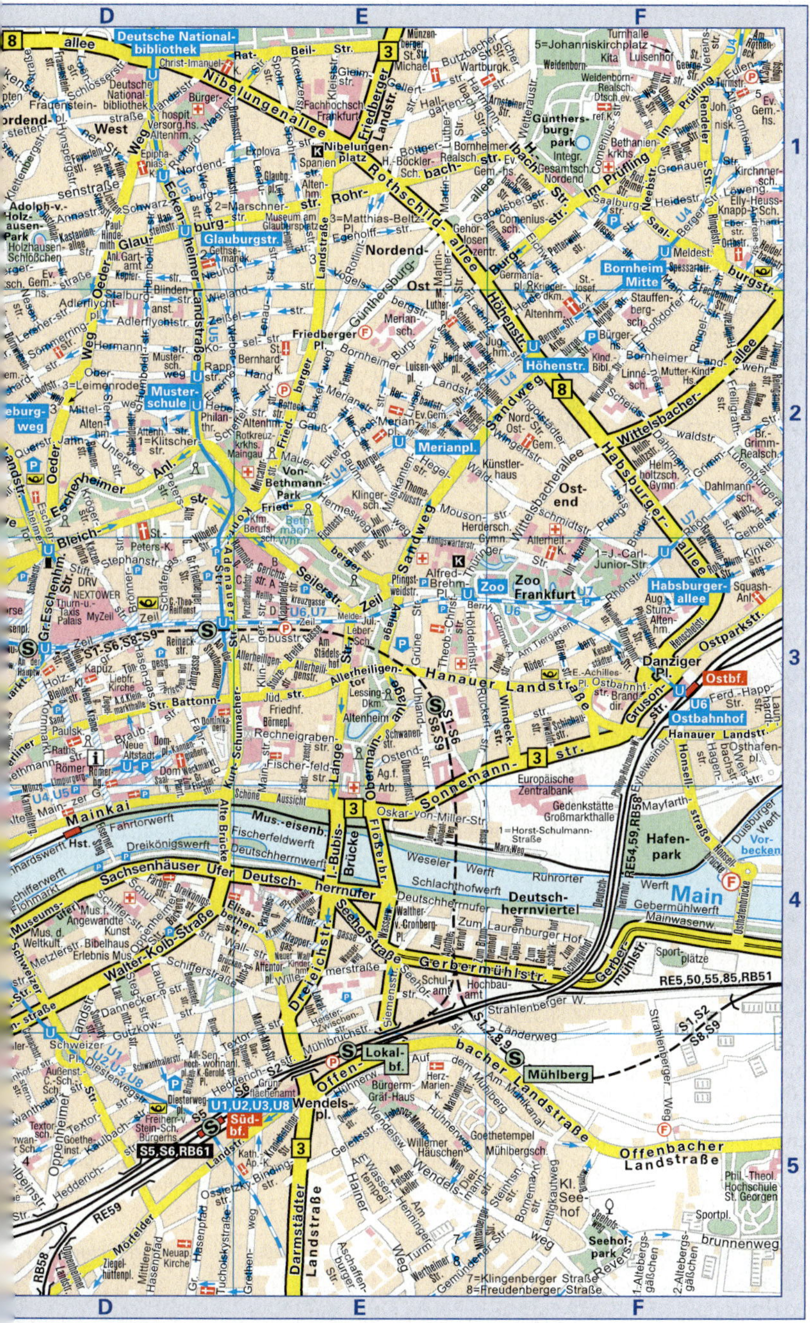
D
E
F
1
2
3
4
5
Deutsche National-bibliothek
Nibelungenallee
Glauburgstr.
Bornheim Mitte
Höhenstr.
Musterschule
Merianpl.
Zoo
Zoo Frankfurt
Habsburgerallee
Ostbf.
Ostbahnhof
Hanauer Landstraße
Sonnemannstr.
Europäische Zentralbank
Hafenpark
Main
Mainkai
Sachsenhäuser Ufer
Deutschherrnufer
Deutschherrnviertel
Gerbermühlstr.
Lokalbf.
Mühlberg
Offenbacher Landstraße
Südbf.
U1,U2,U3,U8
S5,S6,RB61
Wendelspl.
Darmstädter Landstraße
Walter-Kolb-Straße
Eschenheimer Anl.
Bleichstr.
Zeil
Römer
Nordend-Ost
Ostend
West
Günthersburgpark
Bethmann-Park
Friedberger Pl.
Danziger Pl.
Gr.Eschenheim.Str.
Konrad-Adenauer-Str.
Kurt-Schumacher-Str.
Alte Brücke
Ignatz-Bubis-Brücke
Flößerbr.
Dreieichstr.
Seehofpark
Sportpl.
RE5,50,55,85,RB51
5=Johanniskirchplatz
1=Horst-Schulmann-Straße
7=Klingenberger Straße
8=Freudenberger Straße

Jetzt vorbeischauen: pinterest.com/vartaguide

The Westin Grand Frankfurt
westingrandfrankfurt.com

Konrad-Adenauer-Straße 7 (D3), PLZ 60313, **T 069 29810,** F 2981810
372 Zimmer | 17 Suiten | 24 h

Mit neuem Design und einzigartigem Well-Being-Konzept ist das Hotel nach einer Komplettsanierung seit Sommer 2022 wieder am Start. In den neu gestalteten Zimmern und Suiten sorgen bequeme Heavenly-Betten, hochwertige Textilien, gemütliche Naturfarben, helle Holzmöbel und moderne Bäder für ideales Wohlbefinden während des Aufenthalts. Gepflegter Wellnessbereich mit Sauna, Sanarium und Indoorpool. Umfangreiches gastronomisches Angebot mit mehreren Restaurants. Zudem bietet der „Grab 'n Go"-Shop in der Lobby durchgängig frische lokale Snacks und Getränke an.

Innside Frankfurt Eurotheum
www.melia.com

garni

Neue Mainzer Straße 66-68 (C3), PLZ 60311, **T 069 210880,** F 21088222
74 Zimmer | 74 Apartments | 24 h

Lichtdurchflutete, klimatisierte Wohnweltsuiten zwischen der 22. und 29. Etage des Eurotheum-Hochhauses im Finanzviertel unweit des Zentrums. Apartments und Suiten mit einmaligem Design und spektakulärem Ausblick. Wellnessbereich mit Fitnessgeräten, Ruhebereich und Panoramasauna. „22° Lounge & Bar" mit atemberaubendem Blick über die Frankfurter Skyline.

JW Marriott Hotel
www.marriott.de

Thurn-und-Taxis-Platz 2 (D3), PLZ 60313, **T 069 2972370,** F 297237317
218 Zimmer | 49 Suiten | Ez 299–899 €, Dz 299–899 €, 42,00 € | 24 h

Businesshotel mit innovativer Architektur und klassisch-modernem Interieur. Die großzügigen Zimmer und Suiten des 99 Meter hohen Hotelturms im „Palais Quartier" verteilen sich auf 25 Stockwerke und ermöglichen einen weiten Blick auf die Skyline der Stadt. Der Zugang zum Fitnessbereich mit Pool wird durch die Kooperation mit „Fitness First" im gleichen Gebäude ermöglicht.

LUME
lumeboutiquehotel.com

VARTA-TIPP Ambiente

Neckarstraße 7-13 (C4), PLZ 60329, **T 069 756660**
133 Zimmer | 4 Suiten | Ez 119–699 €, Dz 139–719 €, 26,00 € | 24 h

Das moderne Boutique-Hotel, dessen Name sich aus den Begriffen „Luxurious", „Urban", „Modern" und „Experience" zusammensetzt, besteht aus mehreren denkmalgeschützten Gründerzeitvillen. Außen eine eindrucksvolle hist. Fassade, innen Luxus pur: repräsentative Lobby mit glänzendem Marmor, gediegenes Eichenparkett im Salon, ausladende Lüster und großflächige Glasarbeiten in den öffentlichen Bereichen. In den Zimmern und Suiten finden sich handgefertigte Möbelstücke und edle Samtstoffe, aber auch moderne geometrische Muster und zeitgenössische Designerleuchten.

Le Petit Royal
www.lepetitroyal-frankfurt.de

80 | Hauptgericht 29–159 € | Di-Fr Di-Sa Mo, So

Dependance des bekannten Berliner Szenerestaurants „Grill Royal“. Maßgefertigte Polstermöbel, klassische Ikora-Glaslampen sowie ausgewählte zeitgenössische Kunstwerke prägen das Ambiente des Souterrainlokals. Das kulinarische Augenmerk liegt auf Grill- und fangfrischen Meeresspezialitäten. Dazu gibt es eine französisch orientierte Weinkarte. Für den kleinen Hunger oder einen After-Work-Drink empfiehlt sich die French Bento Bar nebenan.

Meliá Frankfurt City
www.melia.com

★★★★ garni

Senckenberganlage 13 (A2), PLZ 60325, **T 069 6681980**
431 Zimmer

Das moderne Lifestyle-Designhotel hat man in den 140 Meter hohen Hybridturm „One Forty West“ integriert. In den Etagen 1 bis 23 des Gebäudes befinden sich geräumige, klimatisierte Zimmer und Suiten. Sie sind in einem eleganten, minimalistischen Design gehalten und teilweise mit einem privaten Balkon ausgestattet. Von der exklusiven „THE LEVEL“-Lounge im 15. Stock des Hotels hat man einen atemberaubenden Stadtblick.

Mövenpick Hotel Frankfurt City
movenpick.accor.com

★★★★ garni

Den Haager Straße 5 (A4), PLZ 60327 (OT: Europaviertel), **T 069 7880750,** F 788075888
288 Zimmer | 5 Suiten | 24 h

Urlaubs- und Geschäftshotel im Stadtzentrum mit guten Tagungsmöglichkeiten. Schallisolierte Zimmer mit moderner Ausstattung. Zum Haus gehören auch ein Restaurant mit internationaler Küche, eine Dachterrasse mit Panoramablick sowie ein Fitnessbereich in der obersten Etage.

nhow Frankfurt Neu!
www.nh-hotels.de

garni

Brüsseler Straße 1-3 (B3), PLZ 60327, **T 069 170850**
375 Zimmer | Ez ab 115 €, Dz ab 150 €

Sowohl Geschäftsreisende als auch Touristen trifft man in diesem trendigen Lifestyle-Hotel, das sich im westlichen Bankenviertel der Stadt befindet. Auf 14 Stockwerken der insgesamt 47 Etagen des 190 Meter hohen Wolkenkratzers „ONE Tower“ stehen wohnliche Zimmer mit farbenfrohem Design und zeitgemäßer Technik zur Verfügung. Pop-Art-Motive und Graffiti prägen das Interiordesign. Ein besonderes Highlight ist das trendige Casual-Dining-Restaurant nebst futuristischer NFT-Skybar in der 47. Etage.

Roomers
www.roomers-hotels.com/frankfurt-legend

garni

Gutleutstraße 85 (C4), PLZ 60329 (OT: Gutleutviertel), **T 069 2713420,** F 27134299
116 Zimmer | 11 Suiten | 24 h

Was von außen eher nüchtern daherkommt, entpuppt sich im Inneren als luxuriöses Designhotel. Das Haus liegt nur wenige Minuten vom Main entfernt und überzeugt durch seine minimalistisch und sinnlich gestylten Zimmer. Dunkler Naturstein, kühler Stahl und Beleuchtungselemente von Zumtobel sorgen für ein außergewöhnliches Flair. Exklusive SPA-Landschaft mit angrenzender Skylounge.

Burbank Restaurant

P

120 | Hauptgericht 19–48 €, Menü 110 € | Mo-Fr Mo-So

Knallige Designakzente und gemütliche Sitznischen aus goldenem Samt prägen das Ambiente. Kulinarisch trifft kalifornische auf panasiatische Küche. Ob Business Lunch oder geselliges Dinner am Abend - ein Besuch lohnt sich.

25hours Hotel The Goldman

www.25hours-hotels.com

Hanauer Landstraße 127 (F3), PLZ 60314 (OT: Ostend), **T 069 40586890,** F 4058689890
97 Zimmer | 24 h

Designgags und verspielte Accessoires prägen die Ausstattung des Hotels im Frankfurter Ostend. Außergewöhnlich gestaltete Themenzimmer, die teils von Frankfurter Persönlichkeiten, teils vom UN-Hauptquartier in New York inspiriert wurden. Restaurant mit italienischer Küche.

25hours Hotel The Trip

www.25hours-hotels.com

Niddastraße 56-58 (B4), PLZ 60329, **T 069 2566770,** F 256677288
152 Zimmer | 2 Suiten | 24 h

Inspiriert von der schillernden und oft rauen Wirklichkeit des Frankfurter Bahnhofsviertels präsentiert sich dieses Designhotel. Jede Etage widmet sich einer anderen Themenwelt. In der Zimmereinrichtung spiegeln sich Afrika und Asien, Ozeanien und die Arktis, die Tropen und die Berge als Leitmotive wider. Das Restaurant im Erdgeschoss bietet internationale und orientalische Küche.

Folgen Sie uns: facebook.com/vartaguide

b'mine Frankfurt

www.bmine.de/de/hotel-frankfurt

Georg-Baumgarten-Straße 1, PLZ 60549 (OT: Flughafen), **T 069 6952370**
241 Zimmer | 24 h

Das moderne Lifestyle-Hotel punktet mit seinem patentierten CarLoft-Konzept: Innovative Aufzüge transportieren Ihr Fahrzeug direkt auf den Stellplatz Ihres Zimmers. Das gesamte Hotel zeigt sich als „Zuhause für unterwegs“ - von der Welcome Area im Erdgeschoss über die designstarken und wohnlich gestalteten Gästezimmer bis zum großzügigen Rooftoprestaurant in der 12. Etage mit zeitgemäßer Gastronomie- und Barkultur.

Cult

www.hotelcult.de

★★★★ garni

Offenbacher Landstraße 56 (E5), PLZ 60599 (OT: Sachsenhausen), **T 069 9624460,**
F 962446666
69 Zimmer | 24 h

Neuzeitliches Businesshotel mit komfortablen Zimmern. Zahlreiche Inklusivleistungen wie Frühstück, Sky-TV, Tagespresse oder kostenfreier WLAN-Zugang. Kleiner Wellnessbereich mit Sauna. Stylishe Bar im Erdgeschoss.

Gekko House

www.gekko-house.com

VARTA-TIPP Ambiente

Mainzer Landstraße 167 (A4), PLZ 60327 (OT: Gallus), **T 069 2991430**
128 Zimmer | 24 h

Richtig stylish wohnt man in diesem Lifestylehotel mitten im Gallusviertel. Die Kombination aus Industrial Design mit französischem Schick macht den besonderen Charme des Hauses aus. Das Ambiente der Zimmer: ausgefallen und trendig mit erlesenen Materialien, lasiertem Beton und ausgefallenem Lichtkonzept. Im Erdgeschoss gibt es ein American-BBQ-Restaurant. Im Sommer lockt die Rooftopbar auf der achten Etage - Skylineblick inklusive.

Gerbermühle
www.gerbermuehle.de

Gerbermühlstraße 105 (E4), PLZ 60594 (OT: Sachsenhausen), **T 069 68977790,** F 689777966
19 Zimmer | 6 Suiten | 24 h

Ehem. Mühle, die zum Designhotel umgebaut wurde. Moderne Gästezimmer mit extravaganter Ausstattung und luxuriösen Bädern. Im Restaurant internationale Gerichte und Frankfurter Spezialitäten zu gastfreundlichen Preisen. Tolle Sommerterrasse.

Hotel Villa Orange
www.villa-orange.de

garni

Hebelstraße 1 (E2), PLZ 60318, **T 069 405840,** F 40584100
38 Zimmer | Ez 110–145 €, Dz 135–180 €, inkl. Frühstück | 24 h

Privat geführtes Haus mit Wohlfühlatmosphäre. Individuell mit viel Holz eingerichtete, helle Zimmer, teils mit Himmelbetten und freistehenden Nostalgiebadewannen. Entspannung bietet eine kleine Bibliothek. In der warmen Jahreszeit kann man auf der Terrasse frühstücken.

Libertine Lindenberg
www.thelindenberg.com/de/libertine

Frankensteiner Straße 20 (E4), PLZ 60594 (OT: Sachsenhausen), **T 069 66161550,** F 66161552
27 Zimmer | 1 Suite | 10 Apartments | Ez ab 89 €, Dz ab 109 €, inkl. Frühstück

Hübsch sanierte Gründerzeitvilla mitten im Apfelweinviertel. Den Gästen stehen individuell gestaltete Suiten zur Verfügung. Zum Hotel gehören auch ein hauseigenes Tonstudio, eine Kochlandschaft für Selbstversorger, ein Tante-Emma-Lädchen sowie ein öffentliches Wohnzimmercafé. Außerdem werden Fahrräder verliehen.

SAKS Urban Design Hotel Frankfurt
www.saksfrankfurt.com

★★★★ S

Mendelssohnstraße 79 (B2), PLZ 60325, **T 069 78988490,** F 7898849199
39 Zimmer | Ez 85–599 €, Dz 95–619 €

Mit seiner sehr guten, zeitgemäß-funktionalen Ausstattung ist dieses Designhotel die ideale Adresse für Geschäftsreisende. Die Zimmer bieten u.a. ein komfortables Boxspringbett mit hochwertiger Matratze, Highspeed-WLAN sowie ein transparentes, zum Zimmer komplett verglastes Bad mit Regendusche. Kleiner SPA-Bereich in der 6. Etage.

Scandic Frankfurt Hafenpark Neu!
www.scandichotels.de

Eytelweinstraße 1 (F4), PLZ 60314 (OT: Ostend), **T 069 2197770**
505 Zimmer | 4 Suiten | Ez 109–399 €, Dz 109–399 €, 17,00–22,00 € | 24 h ››

Nur wenige Meter vom Main entfernt und in direkter Nachbarschaft zur EZB setzt das 2023 eröffnete Businesshotel auf innovative Architektur, Nachhaltigkeit und skandinavische Gemütlichkeit. Erdige Farben und naturbelassene Materialien dominieren das Design. Die Zimmer - in fünf verschiedenen Kategorien buchbar - sind modern und funktional ausgestattet. Zum Haus gehören auch eine einladende F&B-Area mit offener Showküche, ein hauseigener Fitnessraum inklusive Sauna sowie ein 600 qm großer Ballroom.

The Blasky Hotel Neu!

www.theblasky.com

★★★★ garni

Ziegelhüttenweg 43, PLZ 60598 (OT: Sachsenhausen), **T 069 68099975**
104 Zimmer | 2 Suiten | Ez 74–104 €, Dz 94–799 €, 7,50–25,00 € | 24 h

In einem ehem. Bürokomplex in Sachsenhausen befindet sich diese zeitgemäße Übernachtungsadresse. Die Zimmer und Lofts wurden im sogenannten Scandilook gestaltet und sind in verschiedenen Kategorien buchbar.

The Blasky Restaurant Neu!

70 | Hauptgericht 15–44 €, Menü 98–119 € | Mo-So

Das Restaurant mit Bar und umlaufender Terrasse im Dachgeschoss des Hotels bietet regionale und saisonale Kostbarkeiten. Der grenzenlose Ausblick reicht bis in den Taunus.

The Pure Neu!

www.the-pure.de

VARTA-TIPP Ambiente

garni

Niddastraße 86 (B4), PLZ 60329, **T 069 7104570,** F 710457177
50 Zimmer | Ez 150–350 €, Dz 180–400 €, inkl. Frühstück | 24 h

Ein modernes Designhotel in einem 5-stöckigen Industriegebäude aus dem 19. Jhd., das liebevoll restauriert und umgestaltet wurde. Hier erwarten Sie top gestylte Zimmer, die im sachlich-minimalistischen Stil eingerichtet sind. Helligkeit, klare Linien und Leichtigkeit prägen das gesamte Ambiente des Hauses. Kleiner, aber feiner SPA-Bereich. Und einen 24 Stunden geöffneten Fitnessraum gibt es auch.

Manhattan

www.manhattan-hotel.com

garni

Düsseldorfer Straße 10 (B4), PLZ 60329, **T 069 2695970,** F 269597777
55 Zimmer | Ez 55–700 €, Dz 65–900 €, inkl. Frühstück | 24 h

Modernes Business- und Lifestyle-Hotel in unmittelbarer Nähe zum Hauptbahnhof. Die zeitgemäß und ansprechend gestalteten Zimmer verfügen teilweise über Holzparkettfußboden. Regelmäßig finden Ausstellungen und Vernissagen sowie Abende mit Lesungen oder Musikveranstaltungen im Haus statt.

Gustav
www.restaurant-gustav.de

VARTA★TIPP Küche VARTA-TIPP Service

Reuterweg 57 (C2), PLZ 60323 (OT: Westend-Süd), **T 069 74745252**
45 | Menü 175–195 € | Di-Sa ⊘ Mo, So

Eine besondere „Perle“ der deutschen Gourmetlandschaft! In dem kunstvoll und schnörkellos gestalteten Lokal mit seinen vom Bauhaus inspirierten Farben und Formen darf sich der Genießer auf eine einfallsreiche und handwerklich perfekte Küche von Jochim Busch freuen. Insbesondere seine vegetarischen Speisen zeigen Kombinationsfreude in Perfektion. Aus den Gerichten der Abendkarte stellt sich der Gast sein Menü zusammen. Dazu ein liebenswürdiger und unaufgeregter Service nebst brillanter Weinberatung.

Der Varta-Führer digital

Der Varta-Führer ist auch als eBook erhältlich. Ganz einfach online laden und mobil auf Ihrem Smartphone oder Tablet nutzen.

Weitere Hotel- und Restaurantempfehlungen sowie zahlreiche Freizeittipps erhalten Sie unter: **www.varta-guide.de**

Lafleur
www.restaurant-lafleur.de

VARTA★TIPP Küche

Palmengartenstraße 11 (B2), PLZ 60325 (OT: Westend-Süd), **T 069 90029100**
40 | Menü 205–225 € | Mi-Sa ⊘ Mo, Di, So

Das lichtdurchflutete Gourmetrestaurant im „Gesellschaftshaus Palmengarten“ erinnert mit seinem Namen an das berühmte Weingut Château Lafleur im Pomerol. Chef de Cuisine Andreas Krolik hat nie besser gekocht und offeriert eine zeitgemäß-klassische Küche, die sich durch Harmonie, Finesse und eine beeindruckende Vielschichtigkeit auszeichnet. Mit Können und handwerklichem Geschick kombiniert er regionale Produkte mit mediterranen Elementen. Seine besondere Affinität zu Fisch und Meeresfrüchten spiegelt sich in seinen kreativen, klaren und geschmacksintensiven Gerichten wider. Die von Sommelière Alexandra Himmel kenntnisreich zusammengestellte Weinauswahl bietet ein ausgewogenes Repertoire, darunter auch einige Raritäten.

Carmelo Greco
www.carmelo-greco.de

VARTA★TIPP Küche VARTA-TIPP Service

Ziegelhüttenweg 1-3 (D5), PLZ 60598 (OT: Sachsenhausen), **T 069 60608967**
50 | Hauptgericht 42–65 €, Menü 159 € | Mo-Fr Mo-Sa So

Die elegant-modern gestylte Genießeroase gehört seit vielen Jahren zu den besten Fine-Dining-Italienern in Deutschland. Am Herd begeistern Carmelo Greco und Benedetto Russo mit einer kreativen und unverfälschten italienischen Spitzenküche. Die schnörkellosen, aromenreichen Gerichte sind von Top-Qualität. Beste Produkte werden mit spannenden Kontrasten präsentiert, exakt bis ins kleinste Detail. All das können Sie als Degustationsmenü (auch als vegetarische Variante) genießen. Ungezwungen und gleichermaßen professionell der Service nebst Weinberatung.

Main Tower
www.maintower-restaurant.de

VARTA-TIPP Küche

Neue Mainzer Straße 52-58 (C3), PLZ 60311, **T 069 36504777**
80 | Menü 148–189 € | Di-Sa Mo, So

Eine gefragte Adresse ist das Panoramarestaurant mit seinem zeitlos-eleganten Interieur in der 53. Etage des Main Towers. Bei einem atemberaubenden Ausblick auf die Frankfurter City genießen Sie in 187 Metern Höhe die erstklassigen, saisonal wechselnden Kreationen von Küchenchef Martin Weghofer, die in Form eines 5- bis 7-gängigen Tastingmenüs serviert werden. Dazu kredenzt man deutsche und internationale Weine. Tischreservierung empfehlenswert! Hinweis: Bei bestätigter Tischreservierung entfällt die Liftgebühr und auch der Besuch der Aussichtsplattform ist kostenfrei.

Restaurant Villa Merton
www.restaurant-villa-merton.de

VARTA-TIPP Küche VARTA-TIPP Service

Am Leonhardsbrunn 12 (A1), PLZ 60487 (OT: Bockenheim), **T 069 703033**
70 | Hauptgericht 32–46 €, Menü 120–165 € | Mo-Sa So

Ein kulinarisches Juwel ist die aus der Gründerzeit stammende Villa im „Diplomatenviertel". Im stilvoll-eleganten Fine-Dining-Restaurant zelebrieren André Großfeld und Philippe Giar eine gehobene Kreativküche auf Top-Niveau. Ihre Speisen basieren auf klassisch französischen Wurzeln und überzeugen durch Frische, Aromenvielfalt und Komplexität. Während am Abend ein siebengängiges Gourmetmenü kredenzt wird, dürfen Sie sich mittags auf Regionales und Bodenständiges zu moderaten Preisen freuen. Die Weinkarte ist feinfühlig zusammengestellt und dem Küchenstil angepasst. Im Service glänzt Markus Klug mit großer Sachkenntnis und sensiblem Gespür für den Gästewunsch.

Seven Swans

www.sevenswans.de

VARTA-TIPP Küche

Mainkai 4 (D4), PLZ 60311 (OT: Altstadt), **T 069 21996226**
24 | Menü ab 159 € | Di-Sa Mo, So

Ein Kleinod mitten in Frankfurt und zugleich ein tolles Beispiel dafür, dass sich cooles, minimalistisches Ambiente und erstklassige Kulinarik keineswegs ausschließen! In unaufgeregter Atmosphäre erwartet Sie eine progressive vegane Küche mit Bio-Produkten aus der hauseigenen Permakultur - präsentiert in Form eines innovativen und ungewöhnlichen Degustationsmenüs. Küchenchef Ricky Saward steht für Spontanität, Experimentierfreude und Produktverliebtheit. Der unkomplizierte Service und die ausgesuchten Weine machen den niveauvollen Abend perfekt.

Jetzt vorbeischauen: pinterest.com/vartaguide

Weinsinn

www.weinsinn.de

VARTA-TIPP Küche **VARTA-TIPP** Service

Weserstraße 4 (C4), PLZ 60329, **T 069 56998080**
40 | Menü 110–140 € | Di-Sa Mo, So

Anspruchsvolle Kulinarik, puristisch-urbanes Design und eine entspannte Atmosphäre erwarten Sie in diesem vinophilen Restaurant im Hochparterre eines eleganten Gründerzeitgebäudes. Regional, weltgewandt und offen zeigt sich die Küche des talentierten Daniel Pletsch. Das wechselnde Menü (bis zu 6 Gänge) wird aus tagesfrischen Zutaten zusammengestellt. Dazu ein sehr guter Service sowie eine ansprechende Weinauswahl mit mehr als 300 Positionen.

10012

www.tenotwelve.de

Neue Mainzer Straße 6-10 (C4), PLZ 60311, **T 069 21990822**
Hauptgericht 19–41 € | Di-Fr Di-Sa Mo, So

Ein Hauch Big-Apple-Feeling in der Mainmetropole! Modernes Restaurant-Lounge-Bar-Konzept im Erdgeschoss des Winx-Towers, einem Hochhaus auf dem Maintor-Areal. Der Name bezieht sich auf die Postleitzahl des New Yorker Stadtteils SoHo. In stylish-urbanem Rahmen werden internationale Trendgerichte serviert. Probieren Sie z.B. „Rinderfilet | Karottencreme | Austernpilze | Plantjus | Drilling" oder „Lachsfilet | Süßkartoffel | marinierte Zucchini | Kerne". Dazu gibt es Weine aus aller Welt.

Carte blanche

www.carteblanche-ffm.de

Egenolffstraße 39 (E1), PLZ 60316 (OT: Nordend), **T 069 27245883**
38 | Menü 88–104 € | Mi-So Mo, Di

»

Im Gründerzeitviertel Nordend liegt dieses Lokal mit seiner gemütlichen, nostalgisch anmutenden Wohnzimmeratmosphäre. Hier pflegt man legere Gastlichkeit und die „freie Hand". So gibt es keine Speisekarte im üblichen Sinne, dafür berichtet Patron und Küchenchef Sebastian Ziese den Gästen am Tisch von seinem aktuellen Tageseinkauf und zaubert anschließend ein raffiniertes Überraschungsmenü in 5 bis 7 Gängen (wahlweise mit Weinbegleitung). Dazu ein angenehm ungezwungener Service.

Cron am Hafen
www.cron-am-hafen.de

Speicherstraße 39-45 (B5), PLZ 60327 (OT: Gutleutviertel), **T 069 24009933**
100 | Hauptgericht 10–44 €, Menü 39–79 € | Mo-So

In direkter Nähe zum Westhafen sitzt man hier wahlweise im modern-eleganten Restaurant oder auf der großen Sommerterrasse am Main und lässt sich kreative mediterrane Küche schmecken. Am Wochenende und an ausgewählten Feiertagen Brunch.

Erno's Bistro
www.ernosbistro.de

VARTA-TIPP Küche

Liebigstraße 15 (C2), PLZ 60323, **T 069 721997**
24 | Hauptgericht 55–79 €, Menü 145–185 € | Mo-Fr Sa, So

Seit über vier Jahrzehnten ein beständiger Klassiker in Frankfurts Gastroszene! Charmantes Bistroambiente, dazu eine klassische „Cuisine Française" auf erstklassigem Niveau. Wie wäre es z.B. mit „Hummer mit Artischocken und Ochsenherztomate, Fregola Sarda, Bisque" oder „Entrecote mit Keniabohnen und Pommes Allumettes, Sauce Béarnaise"? Die Weinkarte umfasst mehr als 600 Positionen. Locker-souveräner Service. Tischreservierung empfehlenswert.

Estragon
www.estragon-frankfurt.de

Jahnstraße 49 (D2), PLZ 60318, **T 069 5978038**
30 | Hauptgericht 24–35 €, Menü 47 € | Di-Sa Mo, So

Gemütlich eingerichtetes Lokal mit Wohnzimmeratmosphäre. Geboten wird klassisch und mediterran orientierte Küche, die überwiegend in Menüform serviert wird. Schöner Sommergarten, gutes Preis-Leistungsverhältnis.

Frankfurter Botschaft
www.frankfurterbotschaft.de

Westhafenplatz 6-8 (B5), PLZ 60327, **T 069 15342522**
80 | Menü 76–102 € | Di-Sa Mo, So

Fine Dining am Frankfurter Westhafen. Wie das Deck eines großen Kreuzfahrtschiffes liegt das Restaurant über der Mainpromenade. Puristisch-modernes Interieur mit großer Glasfront und Blick auf den Main. Serviert wird eine internationale Küche mit kreativen Gerichten wie „Weidekalb | Pinienkernkruste | Morchelrisotto | grüner Spargel". Im Sommer sind die Plätze auf der einladenden Terrasse entlang des Westhafens absolute Logenplätze.

Franziska
www.mook-group.de/franziska

Hainer Weg 72 (39. Etage im Henninger Turm), PLZ 60599 (OT: Sachsenhausen), **T 069 66377640**
100 | Menü 90–120 € | So Mo-So

Das Rooftoprestaurant im 39. Stock des Henninger Turms hat sich zum Hotspot in Frankfurts Gastroszene entwickelt. Bodentief verglaste Panoramafenster ermöglichen in 140 Metern Höhe einen herrlichen 360-Grad-Ausblick auf die Frankfurter Skyline und das Umland. Aus der offenen Showküche kommen moderne Gerichte wie „Butterzartes Ochsenbäckchengulasch, Semmel-Kartoffel-Lauch-Roulade, Schalottenmarmelade".

Heimat
www.heimat-restaurant.de

Berliner Straße 70 (D3), PLZ 60311, **T 069 29725994**
40 | Hauptgericht 26–35 € | Mo-Sa ⃠ So

Kleines, sympathisches Restaurant in einem restaurierten 1950er-Jahre-Oval. Zeitgemäß, mit saisonalen Einflüssen und produktbezogen - so zeigt sich die Küche. Dazu eine sehr gute, europäisch ausgerichtete Weinauswahl und ein angenehm unkomplizierter Service.

Folgen Sie uns: facebook.com/vartaguide

Holbein's
www.meyer-frankfurt.de

Holbeinstraße 1 (C4), PLZ 60596, **T 069 66056666**
100 | Hauptgericht 25–49 €, Menü 65–75 € | Di-So ⃠ Mo

Gut frequentiertes Szenelokal im Städel Museum. Stimmungsvolles Bistroambiente mit großer Glasfront und elegantem Interieur. Aus der kleinen Showküche kommen leichte, euroasiatische Gerichte. Mittags preisgünstiges Lunchmenü.

L'arôme Fine Cuisine **Neu!**
www.larome-frankfurt.de

VARTA-TIPP Küche

Neue Mainzer Straße 20 (C4), PLZ 60311, **T 069 30079501**
52 | Menü 109–139 € | Di-Sa ⃠ Mo, So ⃠ 24.–30.12.23

In bester Innenstadtlage in den ehemaligen Räumen des VEVAY am Willy-Brandt-Platz empfängt Sie dieses schlichte, durchgestylte Restaurant. Im Erdgeschoss können Sie dem handwerklich souveränen Küchenchef Hai Hoang Minh bei seinem kreativen Live Cooking über die Schulter schauen. Seine weltoffene europäisch-asiatische Küche erleben Sie in Form eines 4- bis 6-gängigen Menüs. Dabei geht der gebürtige Vietnamese in punkto Frische und Qualität keine Kompromisse ein. Dazu kredenzt Ihnen der liebenswerte Service erlesene Weine mit Schwerpunkt Deutschland.

L'Écume
www.restaurant-lecume.de

Friedberger Landstraße 62 (E2), PLZ 60316 (OT: Nordend-Ost), **T 069 90437307**
25 | Menü 88–158 € | Mi-So ⃠ Mo, Di

Moderne französische Küche im Frankfurter Nordend. Die kleine Karte von Chefkoch Alexander Sadowczyk bietet raffinierte, produktbezogene Speisen wie „Pollack | Sauce Gribiche | Gegrillter Romanasalat" oder „Lamm | grüner Spargel | Espelette | schwarze Olive". Das Ambiente ist bistro-like, der Service nett und unkompliziert. Tolle Champagnerauswahl.

Lohninger
www.lohninger.de

Schweizer Straße 1 (D4), PLZ 60594 (OT: Sachsenhausen), **T 069 247557860**
48 | Hauptgericht 24–49 €, Menü bis 125 € | Di-Sa ⃠ Mo, So

»

Das elegante Restaurant befindet sich in einem schönen Altbau mit hohen Stuckdecken und Jugendstilelementen. Serviert wird moderne und leichte österreichische Küche mit mediterranen, asiatischen und amerikanischen Elementen. Das Angebot reicht von „Ochsenbackerlgulasch | Buchweizenspätzle | eingelegte Paprika | Majoran“ bis „Gegrillter Miso-Lachs | Shiitakepilze | Orangen-Ingwer-Marinade | Wasserkressesalat“. Mittags kleines Lunchangebot.

Masa Japanese Cuisine Neu! masa-frankfurt.de

VARTA-TIPP Küche

Hanauer Landstraße 131, PLZ 60314, **T 069 651922**
22 | Hauptgericht 38–68 €, Menü 145–160 € | Di-Sa Mo, So

Etwas versteckt in einem Stadthaus im Frankfurter Ostend befindet sich dieses Restaurant. In unprätentiös-fernöstlicher Atmosphäre sitzen Sie wahlweise an kleinen Tischen oder direkt an der Foodtheke. Die Küche von Masaru Oae ist zweifellos etwas Besonderes. Sein wechselndes Omakase-Menü (7 oder 9 Gänge) zeichnet sich durch authentische Lebensmittel, erstklassige Performance und hervorragenden Geschmack aus. Dabei verschmelzen die japanische und europäische Küche auf eine überwältigende Art und Weise. Zu den Speisen kredenzt der überaus herzliche Service erlesene Weine und hochwertigen Sake.

Medici www.restaurantmedici.de

Weißadlergasse 2 (D3), PLZ 60311, **T 069 21990794**
70 | Hauptgericht 19–44 €, Menü 68 € | Mo-Fr Sa, So

Feinschmecker- und Fischrestaurant in der Innenstadt. Frische moderne Küche zu angemessenen Preisen. Schöne Außenterrasse.

Mon Amie Maxi www.mook-group.de/monamiemaxi

Bockenheimer Landstraße 31 (C3), PLZ 60311, **T 069 71402121**
100 | Hauptgericht 25–100 € | Mo-Fr, So Mo-So

Pompöse Kronleuchter, üppige Blumenarrangements, anheimelnde Aubussonteppiche - optisch und kulinarisch feiert man hier die französische Lebensart. Die Karte bietet bekannte Brasserieklassiker wie Bœuf Bourguignon, Schnecken, Hummer oder Foie Gras. Eine separate Austernkarte gibt es ebenfalls. Große internationale Weinauswahl. Für kleine Veranstaltungen steht ein exklusiver Private-Dining-Room zur Verfügung.

SVEA Frankfurt www.svea-frankfurt.com

Brückenstraße 42 (D4), PLZ 60594 (OT: Sachsenhausen), **T 069 20025857**
45 | Hauptgericht 19–33 € | Di-Sa Mo, So

Wer authentische nordische Küche mag, ist hier goldrichtig! Gekocht wird nach schwedischen Originalrezepten, naturbelassen und modern interpretiert. Auf der Karte findet man Fisch- und Fleischgerichte, aber auch vegetarische und vegane Speisen. Das Ambiente: skandinavisch minimalistisch mit schlichten Holztischen und teils freiem Ziegelmauerwerk.

Tempaccio www.tempaccio.de

Liebigstraße 47 (B/C2), PLZ 60323 (OT: Westend), **T 069 20733079**
40 | Hauptgericht ab 28 €, Menü 50–70 € | Di-Sa Mo, So

Norditalienische Küche in bester Westendlage. In dem zeitgemäß-gemütlichen Ecklokal kredenzt der vom Comer See stammende Chefkoch typische Klassiker aus seiner Heimat, aber auch anspruchsvollere Gerichte wie „Jakobsmuscheln an Süßkartoffel und Tamarinden". Hübsch die schattige Sommerterrasse vor dem Haus.

Zenzakan
www.mook-group.de/zenzakan

Taunusanlage 15 (C3), PLZ 60325 (OT: Westend-Süd), **T 069 97086908**
250 | Hauptgericht 40–90 € | Mo-Sa So

Ganz in schwarz gehaltenes Restaurant in Frankfurts exklusivem Pan-Asian-Supperclub. Außergewöhnliches Ambiente mit raffiniertem Lichtkonzept und fernöstlicher Atmosphäre. Serviert werden authentische Gerichte aus China, Thailand, Vietnam und Japan in moderner Interpretation.

Coq au Vin
www.coq-au-vin.de

Wallstraße 19 (D/E4), PLZ 60594 (OT: Sachsenhausen), **T 069 96200338**
35 | Hauptgericht 18–33 €, Menü 32–49 € | Di-So Mo

Französische Küche, typisches Pariser Bistroflair und ein reizender Service - dieses Lokal muss man mögen! Die aufgetischten Gerichte sind nicht überambitioniert, aber frisch und schmackhaft zubereitet. Nette Sommerterrasse.

Emma Metzler
www.emmametzler.de

Schaumainkai 17 (im Museum Angewandte Kunst), PLZ 60594 (OT: Sachsenhausen), **T 069 83040094**
60 | Hauptgericht 19–34 €, Menü 35–44 € | Di-So Mo

Einladende Museumsgastronomie im markanten weißen Bau des amerikanischen Stararchitekten Richard Meyer. Hier dürfen Sie sich auf eine frische, alltagstaugliche Bistroküche aus saisonalen und regionalen Zutaten freuen. Großzügige Terrasse im Grünen mit Blick auf den Museumspark. Preiswerter Mittagstisch.

Fichtekränzi
www.fichtekraenzi.de

Wallstraße 5 (E4), PLZ 60594 (OT: Sachsenhausen), **T 069 612778**
100 | Hauptgericht 6–19 € | Mo-So

Insbesondere bei Einheimischen genießt diese 1849 gegründete Apfelweinwirtschaft Kultstatus. Blickfang im dunkel getäfelten Gastraum sind die original Pariser Art-déco-Lampen. Die Speisekarte bietet schmackhafte Klassiker wie „Handkäse mit Musik" oder „Frankfurter Würstchen mit Kartoffelsalat". Im Sommer kann man auch unter der großen schattenspendenden Platane im Garten sitzen.

Zum Eichkatzerl
www.eichkatzerl.de

Dreieichstraße 29 (E4), PLZ 60594 (OT: Sachsenhausen), **T 069 617480**
140 | Hauptgericht 11–19 € | Mo-So

Eines der ältesten Apfelweinlokale in Sachsenhausen - erste Erwähnung im Jahr 1880. Serviert wird gutbürgerliche Küche, z.B. „Frankfurter Schnitzel mit Grüner Soße und Bratkartoffeln", „Handkäs mit Musik" oder „Gegrilltes Halsrippchen mit Sauerkraut". Den Apfelwein gibt es auch zum Mitnehmen. Netter Sommergarten.

Zum Gemalten Haus
www.zumgemaltenhaus.de

Schweizer Straße 67 (D5), PLZ 60594 (OT: Sachsenhausen), **T 069 614559**
240 | Hauptgericht 8–22 € | Mi-So Mo, Di

Das traditionsreiche Lokal im Apfelweinviertel Sachsenhausen ist sowohl für Alteingesessene als auch für nationale und internationale Frankfurt-Besucher ein „Muss“: Im holzgetäfelten Gastraum aus den 1930er Jahren mit seinen hübschen Wandbildern kommen Äppelwoi und schmackhafte Hausmannskost auf den Tisch.

Zur Buchscheer
www.buchscheer.de

Schwarzsteinkautweg 17 (D5), PLZ 60598 (OT: Sachsenhausen), **T 069 635121**
90 | Hauptgericht 9–27 €, Menü 15–34 € | Sa-So Mi-So Mo, Di

Eine der ältesten Apfelweinwirtschaften Frankfurts - seit 1876 familiengeführt. Auf der Speisekarte stehen Frankfurter Spezialitäten und traditionelle Gerichte mit saisonalem Bezug. Zur warmen Jahreszeit empfiehlt sich der Sommergarten.

Wiegt weniger ist aber genauso gut:
Der Varta-Führer ist auch als eBook für Ihren TabletPC oder Ihr Smartphone verfügbar!

FRASDORF 68 B
www.frasdorf.de

Bayern | EW 2.995 | 598 m | Aschau 5 km, Prien am Chiemsee 12 km

Karner
www.landgasthof-karner.com

garni

Nussbaumstraße 6, PLZ 83112, **T 08052 17970,** F 179754
37 Zimmer | 4 Suiten | Ez 109–149 €, Dz 109–169 €

Ein Mix aus stilvollem Ambiente und bayerischer Gemütlichkeit erwartet Sie in diesem traditionsreichen Landgasthof. Wohnlich und komfortabel hat man die Zimmer und Suiten gestaltet. Dazu ein netter Wellnessbereich mit verschiedenen Saunen und osmanischem Dampfbad.

Gourmet Restaurant im Karner

VARTA-TIPP Küche

25 | Menü 175 € | Sa Do-Sa Mo, Di, Mi, So

Ein stimmiges Genusserlebnis mit Anspruch und Spaß in zwanglosem Rahmen. Viel altes Holz und wertiges, farbenfrohes Interieur sorgen für modernes Landhausflair. Dazu die zeitgemäße Kreativküche von Manuel Wimmer. Auf klassisch französischer Basis kocht der junge Chef de Cuisine unverkrampft und aromenreich mit weltoffenen Akzenten. Seine Leidenschaft für frische regionale Produkte von heimischen Anbietern kann man sehen und schmecken. Serviert wird ein wechselndes Gourmetmenü. Tischreservierung erforderlich.

Westerndorfer Stube **Neu!**

40 | Hauptgericht 17–34 € | Fr-So Di-So Mo

Auch im Zweitrestaurant wird engagiert gekocht, das sieht und schmeckt man. Bei Gerichten wie „Sous vide gegartes Kalbsscherzl mit Pfifferlingrahmsauce und Kartoffelgratin“ oder „Rindergulasch mit Kohlrabi und Spinatknödel“ legt man Wert auf heimische und saisonale Produkte. Drinnen behagliches Ambiente, draußen ein lauschiges Gartenrestaurant .

Jetzt vorbeischauen: pinterest.com/vartaguide

Michael's Leitenberg
www.michaels-leitenberg.de

Weiherweg 3, PLZ 83112, **T 08052 2224**
60 | Menü 130–185 € | So Mo-Di, Fr-So Mi, Do

Hier ist man gerne zu Gast! Der junge Patron sorgt mit seinen modernen und raffinierten Gerichten für außergewöhnliche Geschmackserlebnisse. Das schicke Ambiente und der zuvorkommende Service schaffen einen angenehm ungezwungenen Rahmen. Schöne Weinauswahl mit Schwerpunkt Deutschland, Österreich und Italien.

STUBN in der Frasdorfer Hütte
www.stubn.co

Am Zellboden , PLZ 83112, **T 0**
Hauptgericht 24–34 €, Menü 57–81 € | Do-So Mo, Di, Mi

Wer das Restaurant auf einem Hochplateau in den Chiemgauer Alpen besucht, sollte gut zu Fuß sein! Vom öffentlichen Parkplatz sind es ca. 45 Gehminuten bis zur urigen Berghütte auf 950 m über NN. In der Gaststube und auf der Terrasse serviert man frische Gerichte aus dem Alpenland, modern interpretiert. Mittags wird eine klassische Brotzeitcuisine angeboten. Übernachten kann man hier auch: Im OG stehen gemütliche Landhauszimmer zur Verfügung.

FRAUENAU 55 D
www.frauenau.de

Bayern | EW 2.683 | 616 m | Zwiesel 8 km, Grafenau 21 km

Eibl-Brunner
www.eibl-brunner.de

★★★★S garni

Hauptstraße 18, PLZ 94258, **T 09926 9510,** F 951160
56 Zimmer | 3 Suiten | 1 Apartment, Dz 149–209 €, inkl. Halbpension

Ein gewachsenes Wellnesshotel mit hell und behaglich ausgestatteten Zimmern in verschiedenen Größen. Dazu ein gepflegter Wellnessbereich auf 2.500 qm mit Saunalandschaft und großzügiger Wasserwelt. In den gemütlichen Restaurantstuben wird eine verfeinerte Regionalküche serviert.

St. Florian
www.st-florian.de

Althüttenstraße 22, PLZ 94258, **T 09926 9520,** F 8266
39 Zimmer | Ez 92–122 €, Dz 248–288 €, inkl. Frühstück | 24 h

Behaglich eingerichtetes Ferienhotel mit familiärer Atmosphäre. Komfortabel ausgestattete Zimmer, Apartments und Suiten. Gutes Wellnessangebot mit Schwimmbad, Saunen und Beauty-Anwendungen. Restaurant mit regionaler Küche.

Der Varta-Führer digital

Der Varta-Führer ist auch als eBook erhältlich. Ganz einfach online laden und mobil auf Ihrem Smartphone oder Tablet nutzen.

Weitere Hotel- und Restaurantempfehlungen sowie zahlreiche Freizeittipps erhalten Sie unter: **www.varta-guide.de**

FREIAMT 56 D
www.freiamt.de

Baden-Württemberg | EW 4.219 | 305 m | Emmendingen 10 km, Freiburg 21 km

Ludinmühle
www.ludinmuehle.de

VARTA TIPP Service

Brettental 31, PLZ 79348 (OT: Brettental), **T 07645 91190,** F 9119899
62 Zimmer | 5 Suiten | Ez 137–199 €, Dz 292–366 €, inkl. Frühstück

Natur pur - so weit das Auge reicht! Das persönlich und engagiert geführte Ferienhotel bietet seinen Gästen ein umfangreiches Freizeit- und Wellnessangebot. Der SPA-Bereich erstreckt sich über 2.000 qm. Die Zimmer sind gemütlich, bequem und komfortabel eingerichtet. Nicht zu vergessen das vorbildliche Service- und Dienstleistungsniveau sowie das ausgezeichnete Frühstück.

Ludinmühle

140 | Hauptgericht 27–44 €, Menü 59–89 € | Mo-So

Im stilvollen Restaurant mit seinen verschiedenen gemütlichen Gasträumen herrscht authentische Schwarzwälder Gastlichkeit. Bodenständig und zugleich weltoffen präsentiert sich die Küche. Auf der Karte locken Gerichte wie „Gebratenes Zanderfilet mit fruchtigem Orangenfenchel und Quinoa“.

Zur Krone
www.krone-freiamt.de

Mussbach 6, PLZ 79348 (OT: Mussbach), **T 07645 227**
40 | Hauptgericht 20–40 €, Menü 30–50 € | Sa-So Mo, Fr-So Di, Mi, Do

Ein sympathisches Gasthaus mit ländlicher Atmosphäre. Aus der Küche kommt ein breit gefächertes Angebot an regionalen und internationalen Gerichten. Es stehen auch acht Gästezimmer zum Übernachten zur Verfügung.

FREIBERG/SACHSEN 46 A
www.freiberg-service.de

Sachsen | EW 41.701 | 410 m | Chemnitz 35 km, Dresden 49 km

Genussbar by Ronny Löser
www.genussbar-freiberg.de

Mönchsstraße 1, PLZ 09599, **T 03731 2188290**
60 | Hauptgericht 13–29 €, Menü 40–60 € | Di-Sa Mo, So

Im stimmungsvollen Gewölberestaurant des Freiberger Kunsthandwerkerhofs wird europäisch-saisonal gekocht. Auf der Karte locken Gerichte wie „Argentinisches gereiftes Roastbeef | Trüffelkrokette | Gemüsetörtchen | Whisky-Pfeffersoße“ oder „Geschmorte Kaninchenkeule | pikantes Tomatenragout | Spätzle“. Dazu empfiehlt Gastgeber Ronny Löser fachkundig die passenden Weine.

Vinothek und Weinbar Herder Zehn
herder10.com

Untergasse 4, PLZ 09599, **T 03731 23013**
25 | Sa Mi-Sa Mo, Di, So

Ein Eldorado für Weinliebhaber: Die umfangreiche Weinkarte umfasst mehr als 2.000 Positionen. Als Begleitung gibt es gute bodenständige Foodklassiker, so z.B. „Kalbsfilet | Morchelfond | Trüffelravioli“ oder „Thai Chicken | Cashew | Soja | Jasminreis“. Regelmäßig finden interessante Weinverkostungen statt.

FREIBURG IM BREISGAU 56 D www.freiburg.de

Baden-Württemberg | EW 244.994 | 278 m | Titisee 30 km, Basel (Schweiz) 65 km

Got. Münster und hist. Kaufhaus am Münsterplatz, Museum für Stadtgeschichte, Martinstor, Schwabentor, Augustinermuseum, Altes und Neues Rathaus, Haus zum Walfisch, Colombischlössle mit Museum für Ur- und Frühgeschichte, Schlossberg, Fasnetmuseum, Alte Wache.

Colombi Hotel www.colombi.de

VARTA TIPP Service

★★★★★S garni

Rotteckring 16 (B2), PLZ 79098, **T 0761 21060,** F 2106620
112 Zimmer | Ez 189–261 €, Dz 303–362 €, ab 26,00 € | 24 h

Die „Grande Dame" der Südschwarzwälder Spitzenhotellerie. Ein geschichtsträchtiges Haus, das für exklusiven Wohnkomfort und großzügige Gastlichkeit steht. Man wahrt die

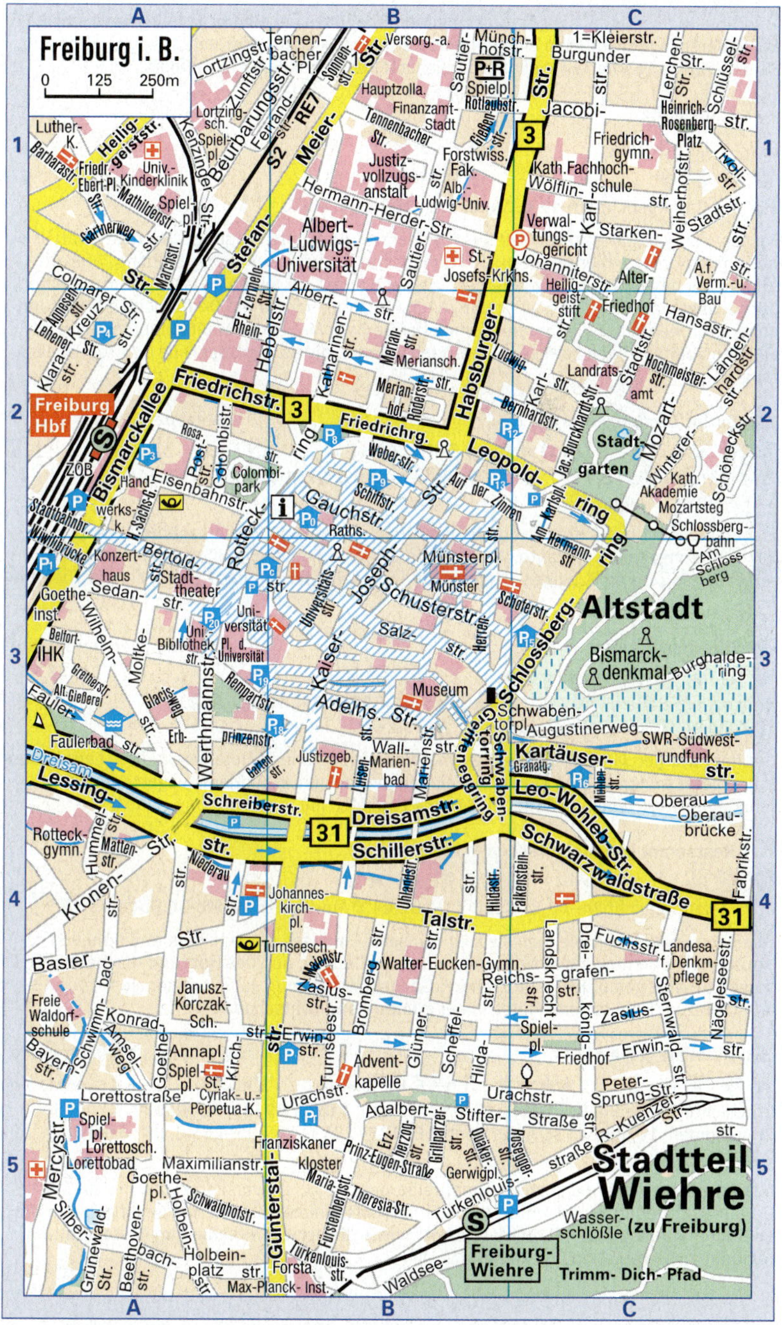
Freiburg i. B.
0 125 250m
A
B
C
1
2
3
4
5
1=Kleierstr.
Altstadt
Stadtteil Wiehre
(zu Freiburg)
Freiburg Hbf
Freiburg-Wiehre
Albert-Ludwigs-Universität
Münsterpl.
Münster
Stadtgarten
Bismarckdenkmal
Schlossbergbahn
Am Schlossberg
Schwabentorpl.
Museum
Stadttheater
Colombipark
Univ.-Kinderklinik
Hauptzolla.
Finanzamt-Stadt
Justizvollzugsanstalt
Forstwiss. Fak.
Alb.-Ludwig-Univ.
Kath. Fachhochschule
Verwaltungsgericht
St. Josefs-Krkhs.
Heilig-geist-stift
Friedhof
Landratsamt
Kath. Akademie
Mozartsteg
Friedrich-gymn.
Heinrich-Rosenberg-Platz
A.f. Verm.-u. Bau
Konzerthaus
IHK
Goethe-inst.
Uni. Bibliothek
Raths.
Faulerbad
Justizgeb.
Wall-Marien-bad
SWR-Südwestrundfunk
Oberaubrücke
Rotteck-gymn.
Johannes-kirch-pl.
Turnseesch.
Walter-Eucken-Gymn.
Landesa. f. Denkm-pflege
Janusz-Korczak-Sch.
Freie Waldorfschule
Annapl.
St. Cyriak- u.-Perpetua-K.
Advent-kapelle
Franziskaner kloster
Lorettosch.
Lorettobad
Gerwigpl.
Goethe-pl.
Holbein-platz
Forsta.
Max-Planck-Inst.
Wasser-schlößle
Trimm-Dich-Pfad
Friedrichstr.
Friedrichrg.
Bismarckallee
Leopoldring
Schlossbergring
Rotteckring
Habsburgerstr.
Stefan-Meier-Str.
Kaiser-Joseph-Str.
Schusterstr.
Salzstr.
Gauchstr.
Bertoldstr.
Eisenbahnstr.
Werthmannstr.
Dreisamstr.
Schillerstr.
Schreiberstr.
Leo-Wohleb-Str.
Schwarzwaldstraße
Kartäuserstr.
Talstr.
Günterstalstr.
Basler Str.
Lessingstr.
Hermann-Herder-Str.
Tennenbacher Str.
Johanniterstr.
Starkenstr.
Hansastr.
Merianstr.
Merian-hof
Weberstr.
Auf der Zinnen
Herrenstr.
Adelhs. Str.
Schwabentorring
Greiffeneggring
Augustinerweg
Burghaldering
Sedanstr.
Wilhelmstr.
Moltkestr.
Erbprinzenstr.
Rempartstr.
Urachstr.
Lorettostraße
Maximilianstr.
Prinz-Eugen-Straße
Maria-Theresia-Str.
Türkenlouisstr.
Waldseestr.
Erwinstr.
Zasiusstr.
Konradstr.
Kronenstr.
Mercystr.
Sternwaldstr.
Nägeleseestr.
Fabrikstr.
Mozartstr.
Karlstr.
Burgunder Str.
Jacobistr.
Wölflinstr.
Colmarer Str.
Lehener Str.
Klarastr.
Kreuzstr.
Heiliggeiststr.
Mathildenstr.
Lortzingstr.
Zunftstr.
Beurbarungsstr.
Albertstr.
Hebelstr.
Rheinstr.
Katharinenstr.
Universitätsstr.
Oberau
Dreisam
3
31
S2 RE7
P+R

Tradition und verbindet sie geschickt mit Moderne, dazu ein eindrucksvolles Serviceniveau. Sie logieren in individuellen Zimmern, die partiell mit edlen Antiquitäten ausgestattet sind. Für Entspannung sorgt ein Wellnessbereich mit Pool, Sauna und Dampfbad.

Zirbelstube

VARTA-TIPP Küche VARTA-TIPP Service

117 | Hauptgericht 48–59 €, Menü 118–160 € | Mi-Sa Mo, Di, So

Fast schon legendär ist diese seit über drei Jahrzehnten unter Gourmets hoch geschätzte Fine-Dining-Adresse. Hier erwarten Sie kulinarische Höchstleistungen, gehobene Tafelkultur und ein bestens geschulter Service. Die hohe Kunst der feinen, klassisch französischen Küche zeigt sich in den überaus gelungenen Gerichten von Harald Derfuß, die in Menüform angeboten werden. Der erfahrene Sommelier Gerhard Mauerhan berät kompetent und mit viel Sensibilität zu den korrespondierenden Weinen, die es in großer Fülle und Top-Qualität gibt.

Dorint Thermenhotel

hotel-freiburg.dorint.com

★★★★ S

An den Heilquellen 8, PLZ 79111 (OT: St. Georgen), **T 0761 49080,** F 4908100
121 Zimmer | 5 Suiten, Dz ab 109 € | 24 h

Ein ansprechendes Nichtraucherhotel inmitten des Landschaftsschutzgebietes Mooswald. Zur Verfügung stehen elegante, komfortable Zimmer in unterschiedlichen Kategorien. Direkter Zugang zur großzügigen Thermen- und Saunalandschaft des KEIDEL Mineral-Thermalbads.

Hirschen in Lehen

www.hirschen-freiburg.de

★★★★

Breisgauer Straße 47, PLZ 79110 (OT: Lehen), **T 0761 8977690,** F 87994
70 Zimmer | 3 Suiten | Ez ab 118 €, Dz ab 188 € | 24 h

Gepflegt wohnen lässt es sich in diesem persönlich geführten Hotel im Stadtteil Lehen. Das Haus bietet seinen Gästen individuell eingerichtete Zimmer, modern ausgestattete Konferenzräume sowie einen charmanten Wellnessbereich mit Außenpool.

Restaurant im Hotel Hirschen in Lehen

70 | Hauptgericht 24–48 €, Menü 79–102 € | Mo-Di, Fr-So Mo-Di, Do-So Mi

Badische Gastlichkeit wie man sie sich wünscht! Gelungen hat man dem traditionellen Haus eine modern-elegante Note gegeben. Tiefe Decken, dunkles Holz und Nischentische sorgen für eine gemütliche Atmosphäre. Gekocht wird richtig gut mit regionalem und saisonalem Bezug. Tipp: schöne Plätze in der grünen Gartenwirtschaft.

Hotel Stadt Freiburg

www.hotel-stadt-freiburg.de

★★★★ S

Breisacher Straße 84, PLZ 79110 (OT: Mooswald), **T 0761 89680,** F 8095030
204 Zimmer | 10 Suiten | 36 Apartments | Ez 175–225 €, Dz 205–255 €, inkl. Frühstück | 24 h

Das Haus liegt verkehrsgünstig in unmittelbarer Nähe zur Universitätsklinik und zur Messe. Geräumige, modern eingerichtete und klimatisierte Zimmer. Zu den Highlights gehören die lichtdurchflutete Lobby mit offenem Kamin sowie die schicke Hotelbar. Im Restaurant wird regional und international gekocht.

Designhotel am Stadtgarten www.hotel-freiburg.de

Karlstraße 12 (C2), PLZ 79104 (OT: Neuburg), **T 0761 2829002,** F 2829022
34 Zimmer | 24 h

Modernes Designhotel in zentraler Lage mit elegantem Ambiente. Großzügige und zeitgemäß ausgestattete Zimmer mit hochwertigen Betten und gläsernen Duschen. In der gemütlichen Café-Bar-Lounge werden neben dem Frühstück auch kleine Speisen und Kuchen serviert.

FourSide Hotel Freiburg www.fourside-hotels.com

Elisabeth-Geissler-Ruckmich-Straße 10, PLZ 79106 (OT: Herdern), **T 0761 45626000**
128 Zimmer | 24 h

Ein funktionell eingerichtetes Low-Budget-Hotel im neuen Stadtviertel „Quartier Güterbahnhof Nord". Das Haus ist für Businessgäste und Individualreisende gleichermaßen geeignet. Die Zimmer sind solide und zeitgemäß mit erstklassigem Designmobiliar, bequemen Betten und einem modernen Duschbad ausgestattet. Sportbegeisterte Gäste können im Partnerstudio „Fitnessloft" (gegenüber dem Hotel) trainieren.

Green City Hotel Vauban www.green-city-hotel-vauban.de

★★★ S garni

Paula-Modersohn-Platz 3 (↙ A5), PLZ 79100, **T 0761 8885740,** F 88857444
49 Zimmer | 24 h

In diesem Hotel arbeiten Menschen mit und ohne Handicap gleichberechtigt und engagiert Hand in Hand. Die Gästezimmer sind allesamt mit regionalen, umweltfreundlichen Materialien ausgestattet. Die großzügige Lobby ist der zentrale Mittelpunkt des Hauses. Auch ein moderner Konferenzraum ist vorhanden.

Hampton by Hilton www.hiltonhotels.de

Zita-Kaiser-Straße 32 (↗ B1), PLZ 79106 (OT: Herdern), **T 0761 2168977,** F 2168971
175 Zimmer | 24 h

Modernes Businesshotel auf dem Gelände des ehemaligen Güterbahnhofs Nord. Die Zimmer sind schön hell und geradlinig-modern. Zum Haus gehören eine Bar mit 24-Stunden-Snack-Angeboten sowie ein Fitnesscenter.

Park Hotel Post www.park-hotel-post.de

★★★★ garni

Eisenbahnstraße 35 (A2), PLZ 79098, **T 0761 385480,** F 31680
45 Zimmer | 1 Apartment | Ez 114–179 €, Dz 155–229 €, inkl. Frühstück | 24 h

Inspiriert von der Literatur empfängt Sie dieses Themenhotel in zentraler Lage am Colombipark. Die individuell gestalteten Zimmer sind nach bekannten Künstlern, Schriftstellern oder Literaturkritikern benannt. Die Flure der drei Etagen zieren hochwertige Fotografien von Schwarzwald, Markgräflerland, Kaiserstuhl und Freiburg.

The Alex www.the-alex-hotel.de

garni

Rheinstraße 29 (A2), PLZ 79104, **T 0761 296970,** F 2969779
39 Zimmer | Ez 99–206 €, Dz 109–218 €, 15,00 € | 24 h 22.12.23–14.1.24 ››

Schön wohnlich hat man es in dem kleinen, privat geführten Hotel in der Freiburger Innenstadt mit seinen zeitgemäßen Zimmern und dem freundlichen, modernen Frühstücksraum. Zum Haus gehören auch eine Weinbar mit Außenterrasse und eine gemütliche Kaminlounge.

Victoria — www.hotel-victoria.de

★★★★ garni

Eisenbahnstraße 54 (A2), PLZ 79098, **T 0761 207340,** F 20734444
64 Zimmer | 3 Suiten | Ez 90–165 €, Dz 117–210 € | 24 h

Das familiengeführte Traditionshotel präsentiert sich heute als zeitgemäßes und umweltfreundliches Haus, das mit regenerativen Energien betrieben wird. Es bietet seinen Gästen geschmackvolle Zimmer von klassisch bis modern, teils stuckverziert und mit Ausblick zum Colombipark. Besonders originell und komfortabel wohnen Sie in der Havanna Suite, die im kubanischen Stil eingerichtet ist. Unbedingt besuchen sollten Sie die Hemingway Bar im hist. Gewölbekeller! Morgens erwartet Sie ein liebevoll angerichtetes Frühstücksbuffet.

Zum Roten Bären — www.roter-baeren.de

Oberlinden 12 (B3), PLZ 79098, **T 0761 387870,** F 3878717
25 Zimmer | 3 Suiten | Ez 85–150 €, Dz 110–210 €, 15,00–25,00 €

Traditionsreiches Hotel mit 700-jähriger Geschichte im Quartier Oberlinden in der oberen Altstadt. Unterschiedlich ausgestattete Gästezimmer, die teilweise am ruhigen Innengarten gelegen sind. Gute Tagungsmöglichkeiten. Im Restaurant wird kreative badische Küche serviert.

Oberkirchs Weinstuben — www.hotel-oberkirch.de

Münsterplatz 22 (B3, Hotelzugang über Schusterstrasse 11), PLZ 79098, **T 0761 2026868,** F 2026869
26 Zimmer | 3 Suiten | 1 Apartment | Ez 90–199 €, Dz 159–259 €, inkl. Frühstück

Hist. Haus in zentraler Altstadtlage. Individuell mit viel Holz eingerichtete Gästezimmer, teils mit einzigartigem Ausblick auf die Fassade des Freiburger Münsters. Regionale Spezialitäten werden in den behaglichen Stuben oder auf der Münsterplatzterrasse serviert.

Wolfshöhle — www.wolfshoehle-freiburg.de

VARTA-TIPP Küche **VARTA-TIPP** Service

Konviktstraße 8 (B3), PLZ 79098, **T 0761 30303**
80 | Hauptgericht 48–53 €, Menü 143–158 € | Fr-Sa Di-Sa Mo, So

Warme Farben, viel Holz und eine geradlinig-moderne Einrichtung prägen das Ambiente des netten Traditionslokals, das sich an einer der schönsten Straßen der Freiburger Altstadt befindet. Patron und Küchenchef Martin Fauster ist gebürtiger Österreicher, entsprechende Einflüsse sind auf der Speisekarte zu erkennen. Seine Küche ist von ehrlichen und guten Produkten geprägt, die er mit Respekt zubereitet. Seine kreativen, aromenreichen Gerichte können Sie à la carte oder in Menüform (bis 6 Gänge) genießen. Der Service ist aufmerksam und freundlich, gelungen sind die Weinempfehlungen.

Eichhalde — www.eichhalde-freiburg.de

VARTA-TIPP Küche

Stadtstraße 91 (↗ C1), PLZ 79104 (OT: Herdern), **T 0761 58992920**
45 | Hauptgericht 32–47 €, Menü 130–175 € | Mo-Di, Fr-Fr, So Mo-Di, Fr-So Mi, Do

Dem traditionsreichen Lokal hat man neues Leben eingehaucht! Ansprechend ist hier nicht nur die modern-puristische Einrichtung, sondern auch die produktbezogene italienische Hochküche. Die Speisen kommen mit mediterraner Leichtigkeit und dennoch kraftvoll daher - das ist der unverkennbare Stil von Patron Federico Campolattano. Es gibt eine À-la-carte-Auswahl sowie ein fixes, saisonal geprägtes Menü. Dazu kredenzt der liebenswerte Service ausgewählte Weine aus den verschiedenen Anbaugebieten Italiens.

Jacobi **Neu!** www.jacobi-freiburg.de

Herrenstraße 43 (B3), PLZ 79098, **T 0761 38030**
31 | Menü 138–177 € | Mi-Sa ⦸ Mo, Di, So

Ambiente, Küche, Service... anspruchsvoll ist hier alles. In der einsehbaren Küche wird modern-saisonal und handwerklich ausgezeichnet gekocht. Sehr gut die frischen regionalen, aber auch internationalen Produkte, die in dem 7 bis 9 Gänge umfassenden Menü Verwendung finden. Dazu eine wohlüberlegte Weinauswahl mit Klassikern und edlen Tropfen von jungen, aufstrebenden Winzern. Zum Übernachten hat man gepflegte Gästezimmer im angeschlossenen Hotel „Schwarzwälder Hof".

Gasthaus zur Linde www.zur-linde-freiburg.de

Basler Landstraße 79, PLZ 79111 (OT: St. Georgen), **T 0761 45345235**
60 | Hauptgericht 32–42 €, Menü 56–92 € | So Mi-So ⦸ Mo, Di

Gemütlich-moderne Gaststuben mit schönem Kachelofen - das ist Wohlfühlambiente für jedermann! Gekocht wird feinbürgerlich und raffiniert, manchmal auch mit asiatischen, französischen und Schweizer Einflüssen. Appetit macht z.B. „Rehrücken | Pilze | Cassis | Chicorée | Süßkartoffel | Kürbis".

Kuro.Mori www.kuro-mori.de

VARTA-TIPP Küche **VARTA-TIPP** Service

Grünwälder Straße 2 (B3), PLZ 79098, **T 0761 38848226**
60 | Hauptgericht 16–32 €, Menü 65–80 € | Di-Sa ⦸ Mo, So

„Schwarzwald trifft Asien" in diesem gastronomischen Hotspot in der Freiburger Altstadt. Die Location ist eine Mischung aus Restaurant, Lounge und Bar. Bei Küchenchef Hannes Eberhard werden raffinierte, aber einfache asiatische Speisen durch regionale Zutaten neu interpretiert. Lust auf „Zander | indisches Curry | Minze | Artischocke"? Das Ambiente: ein denkmalgeschützter Altbau mit hohen Decken und großer Lichtkuppel, dazu schlichtes Design und eine offene Küche. Tipp: Business Lunch am Mittag.

Löwengrube loewengrube-freiburg.de

Konviktstraße 12 (B3), PLZ 79098, **T 0761 76991188**
45 | Hauptgericht 24–38 € | Mo-Sa ⦸ So

In diesem charmanten hist. Gebäude im Herzen der Altstadt trifft rustikales Ambiente auf moderne Küche. Serviert werden international und regional inspirierte Gerichte aus überwiegend heimischen Produkten, darunter solch überraschende Kombinationen wie „Rinderschulter Mais Chipotle Pimientos de Padrón" oder „Rochenflügel Muscheln Berglinse Sauce Vierge".

Drexlers www.drexlers-restaurant.de

Rosastraße 9 (A2), PLZ 79098, **T 0761 5957203**
45 | Menü 75–102 € | Mo, Do-Sa ⦸ Di, Mi, So ››

Modern eingerichtetes Lokal mit ungezwungener Atmosphäre. Gekocht wird zeitgemäß und saisonal. Serviert wird ein ausgefeiltes Menü, bestehend aus 6 Gängen mit einem Amuse Bouche. Allein wegen der umfangreichen Weinauswahl ist dieses Restaurant einen Besuch wert.

Das Blümchen www.bluemchen.restaurant

€ Gut & Günstig

Unterdorf 2, PLZ 79112 (OT: Opfingen), **T 07664 6123889**
140 | Hauptgericht 5–8 €, Menü 29–42 € | Sa-So Di-So Mo

Klassische Gasthausküche war gestern! Stattdessen verfolgt man hier ein einzigartiges Schwarzwald-Tapas-Prinzip: Jeder Gast kann aus einer Vielzahl kleiner Gerichte sein individuelles, buntes Menü aus der Speisekarte zusammenstellen. Gekocht wird regional, frisch und modern. Dazu eine gemütliche Atmosphäre und ein herzlicher Service. Zum Übernachten hat man geschmackvoll renovierte Nichtraucherzimmer.

Café Graf Anton www.colombi.de

Rotteckring 16 (B2), PLZ 79098, **T 0761 2106213**
50 | Hauptgericht 19–28 € | Mo–Sa 9:00–18:00 Uhr, So 10:00–18:00 Uhr

Café und Bistro mit eleganter Ausstattung und südlich anmutendem Flair. Angeboten werden erstklassige Kuchen, Torten, Pralinen und Petits Fours, aber auch kleine pikante und regionale Speisen. Schöne Terrasse mit Blick auf den Park und das Colombischlössle.

FREIENSTEINAU 42 C www.freiensteinau.de

Hessen | EW 3.303 | 447 m | Bad Soden-Salmünster 23 km, Fulda 31 km

Landgasthof Zur Post www.gasthofzurpost-nieder-moos.de

Zum See 10, PLZ 36399 (OT: Nieder-Moos), **T 06644 295**
60 | Hauptgericht 15–36 €, Menü 29–39 € | Fr-So Mi-So Mo, Di 22.1.–13.2.24

Der gemütliche Landgasthof wird bereits in der 6. Generation betrieben. Die Herzlichkeit der Gastgeber kommt ebenso an wie die schmackhafte Küche, bei der überwiegend nachhaltige, regionale Produkte Verwendung finden. Im Sommer lockt der lauschige Biergarten. Zum Übernachten stehen 5 einfache, aber gepflegte Gästezimmer sowie eine Ferienwohnung zur Verfügung.

FREIENWALDE, BAD 27 A www.bad-freienwalde.de

Brandenburg | EW 12.403 | 10 m | Eberswalde 28 km, Frankfurt (Oder) 65 km

Zur Fährbuhne www.hotel-faehrbuhne.de

€ Gut & Günstig

Fährweg 17, PLZ 16259 (OT: Hohenwutzen), **T 033368 5050,** F 50511
18 Zimmer | Ez 65 €, Dz 105 €, inkl. Frühstück

Das Haus besticht mit seiner einmaligen Lage direkt an der Oder in idyllischer Natur. Komfortabel und freundlich eingerichtete Zimmer mit Blick auf den Fluss. Im Restaurant und im Biergarten mit Blick über die Oder werden heimische Fisch- und Wildgerichte serviert.

FREILASSING 69 A www.freilassing.de

Bayern | EW 16.074 | 422 m | Salzburg (Österreich) 7 km, Bad Reichenhall 19 km

Moosleitner www.moosleitner.com

Wasserburger Straße 52, PLZ 83395 (OT: Brodhausen), **T 08654 63060**
60 Zimmer | 2 Apartments | Ez 89–119 €, Dz 145–175 €, inkl. Frühstück | 24 h

Hist. Gasthof mit Gästehaus in zeitgemäßer Landhausausstattung. Die Zimmer sind wohnlich und funktionell. Hübscher Wellnessbereich mit finnischer Sauna und Sanarium. Behagliches Restaurant mit bayerischer Gastlichkeit und einer marktorientierten Küche.

FREINSHEIM 50 B www.freinsheim.de

Rheinland-Pfalz | EW 4.994 | 100 m | Bad Dürkheim 7 km, Ludwigshafen am Rhein 22 km

Altstadthof www.shop.weinkeller-schick.de

garni

Hauptstraße 27, PLZ 67251, **T 06353 932250,** F 9322550
15 Zimmer | 1 Apartment

Ein restauriertes Weingut in der Ortsmitte. Geradlinig eingerichtete Hotelzimmer mit individuell gefertigten Möbeln und modernen Bädern. Hübscher Innenhof, in dem auch gefrühstückt werden kann. In der Weinbar lassen sich die hauseigenen Erzeugnisse probieren.

Hotel Amtshaus www.amtshaus-freinsheim.de

Hauptstraße 29, PLZ 67251, **T 06353 5019355**
20 Zimmer | 6 Suiten | Ez 60–90 €, Dz 70–99 €, 12,00 €

Das kleine, feine Boutique-Hotel im Herzen der hist. Altstadt ist das perfekte Quartier für einen Kurzurlaub in der Pfalz! Alles ist tipptopp gepflegt und die Mitarbeiter:innen sind freundlich. Die charmanten Zimmer befinden sich in barockzeitlichen Gebäuden. Der hoteleigene, parkähnliche Garten entlang der Stadtmauer ist ein echtes Kleinod.

Restaurant Atable

40 | Hauptgericht 38–40 €, Menü 65–105 € | Mi-Sa Di-Sa Mo, So

Richtig gut isst man in diesem modern gehaltenen Restaurant. Für ein angenehmes Rundum-Wohlgefühl sorgt aber nicht nur die frische, französisch inspirierte Küche, sondern auch das beachtenswerte Weinangebot und der liebenswerte Service. In der warmen Jahreszeit kann man auch im Innenhof des historischen Anwesens speisen.

Landhotel Altes Wasserwerk www.landhotel-altes-wasserwerk.de

★★★★ garni

Burgstraße 9, PLZ 67251, **T 06353 932520,** F 9325252
35 Zimmer | 2 Apartments | Ez 88–99 €, Dz 124–165 €, inkl. Frühstück

Das stilvoll renovierte Fachwerkhaus mit zwei neuen Gebäudekomplexen und einem mittelalterlichen Turm aus dem 15. Jahrhundert liegt direkt neben der historischen Stadtmauer. Hier stehen moderne, ansprechend eingerichtete Zimmer und Tagungsräume zur Verfügung. Zum Haus gehört auch das Traditionsweingut Kassner-Simon.

WEINreich www.weinstube-weinreich.de

Hauptstraße 25, PLZ 67251, **T 06353 9598640**
80 | Hauptgericht 19–32 €, Menü 45–57 € | Do, Sa-Sa Di-Sa Mo, So

››

Ein charmantes Restaurant mit geradlinigem Interieur. Hier bietet man eine schmackhafte Regionalküche zu fairen Preisen. Dazu gibt es exzellente Weine renommierter Winzer aus der Pfalz. Mediterran anmutender Innenhof umgeben von Weinreben und Zypressen. Fünf sympathische Gästezimmer gibt es auch.

FREISING 60 D www.freising.de

Bayern | EW 45.900 | 448 m | München 34 km, Landshut 35 km

Marriott www.muenchen-airport-marriott.de

Alois-Steinecker-Straße 20, PLZ 85354, **T 08161 9660,** F 9666281
252 Zimmer | 2 Suiten | 24 h

Modernes Hotel in Flughafennähe mit sehr guten Tagungsmöglichkeiten. Einladende Zimmer mit hochwertiger Ausstattung. Entspannung bietet die „LAVIDA Vital Lounge und Spa" mit Pool und mehreren Saunen. Im Restaurant „Stub'n" wird zeitgemäße bayerische Küche serviert.

FREITAL 36 C www.freital.de

Sachsen | EW 39.276 | 171 m | Dresden 14 km, Freiberg 22 km

Brasserie Ehrlich brasserie-ehrlich.de

Wiesenweg 1, PLZ 01705 (OT: Wurgwitz), **T 0351 30934232**
32 | Menü 55–89 € | So Do-Sa Mo, Di, Mi

Ungezwungen, gemütlich und familiär geht es zu in diesem kleinen, inhabergeführten Restaurant vor den Toren von Dresden. In punkto Interieur und Angebot hat man sich von den traditionellen französischen Brasserien inspirieren lassen. Serviert wird eine frische saisonale Slowfoodküche zu fairen Preisen. Die Produkte stammen von heimischen Erzeugern. Lust auf „Rosa Kalbsrücken mit Knobigras-Kruste, Oliven, Pinie, Bohnencassoulet und Gnocchi"? Schöne Weinauswahl, auch mit sächsischen Tropfen. Zum Übernachten hat man zwei gepflegte Landhauszimmer.

FREUDENSTADT 57 C www.freudenstadt.de

Baden-Württemberg | EW 22.282 | 732 m | Baden-Baden 60 km, Stuttgart 86 km

Fritz Lauterbad www.fritz-lauterbad.de

★★★★

Am Zollernblick 1, PLZ 72250 (OT: Lauterbad), **T 07441 950990,** F 9509910
68 Zimmer | 6 Suiten | Ez ab 77 €, Dz ab 140 €

Dieses familiär geführte Haus zeigt sich als modernes Designhotel mit regionalem Schwarzwaldflair. Die geräumigen Gästezimmer, die sich auf das Stammhaus und den Neubau verteilen, sind in unterschiedlichen Kategorien buchbar. Für Wellnessvergnügen sorgt ein 1.000 qm großer SPA-Bereich mit Infinitypool.

Grüner Wald www.gruener-wald.de

★★★★S

Kinzigtalstraße 23, PLZ 72250 (OT: Lauterbad), **T 07441 860540,** F 8605425
42 Zimmer | 2 Suiten | Ez 105–115 €, Dz 200–236 €, inkl. Frühstück | 7.–26.1.24

In 4. Generation familiengeführtes Wellnesshotel am südlichen Stadtrand von Freudenstadt mit eleganten Zimmern im modernen Landhausstil. Schöner SPA- und Beautybereich mit Schwimmbad, Sauna und Dampfbad.

Grüner Wald

160 | Hauptgericht 25–38 €, Menü 38–63 € | Sa-So Mo-So 7.–26.1.24

Gepflegtes Hotelrestaurant mit Terrasse und Wintergarten. Man speist in elegant-behaglichem Wohnzimmerambiente mit einem imposanten Kachelofen. Auf der Karte stehen feine Schwarzwaldspezialitäten ebenso wie internationale Kreationen. Regelmäßig finden Genussevents wie Barbecues oder Lagerfeuerabende statt.

Lauterbad

www.lauterbad-wellnesshotel.de

★★★★ S

Amselweg 5, PLZ 72250 (OT: Lauterbad), **T 07441 860170,** F 8601710
43 Zimmer | 4 Suiten | Ez ab 121 €, Dz ab 246 €, inkl. Frühstück

Auffällig designtes Wellnesshotel mit viel Stein, Glas und Holz in ruhiger Lage im Herzen des Schwarzwalds. Geschmackvoll eingerichtete Zimmer mit moderner Ausstattung. Der ansprechende Wellnessbereich „Lauterbad Therme" bietet auf 1.800 qm einen Innenpool, einen Infinity-Außenpool, verschiedene Saunen, einen Fitnesspark sowie eine Liegewiese.

Stüble im Lauterbad

80 | Hauptgericht 15–37 € | Mo-So

Das „Stüble" ist mit dem recycelten Holz einer alten badischen Kapelle ausgestattet. Die Wände und Decken sind handgehobelt und tragen die Patina einer alten Bauernstube aus dem vorigen Jahrhundert. In gemütlichem, urigem Wirtshausflair wird feine deutsche und internationale Küche serviert. Gut sortierte Weinkarte, aufmerksamer Service.

Waldblick

www.waldblick-kniebis.de

★★★★

Eichelbachstraße 47, PLZ 72250 (OT: Kniebis), **T 07442 8340,** F 83415
31 Zimmer | 11 Suiten | Ez 142–199 €, Dz 288–356 €, inkl. Vollpension

Kleines Wellnesshotel in idyllischer ruhiger Lage auf dem Kniebis. Individuell mit Liebe zum Detail eingerichtete Gästezimmer. 1.500 qm großer Wellnessbereich mit Indoorpool und vier Saunen. Das Restaurant serviert kreative Regionalküche.

Adler

www.adler-fds.de

★★★ S

Forststraße 15-17, PLZ 72250, **T 07441 91520,** F 915252
21 Zimmer | 2 Suiten | Ez ab 89 €, Dz ab 124 €, inkl. Frühstück

Angenehm persönlich wird das traditionsreiche Haus geführt. Hier erwarten Sie wohnlich eingerichtete Zimmer, freundlicher Service und ein gutes Frühstück. Im Restaurant können Sie regionale Spezialitäten genießen.

Warteck
hotelwarteck.de

Stuttgarter Straße 14, PLZ 72250, **T 07441 91920,** F 919293
13 Zimmer

Hier fühlen sich Business- und Feriengäste gleichermaßen wohl! Das kleine, familiengeführte Hotel ist nur wenige Schritte vom Marktplatz entfernt. Die klassisch eingerichteten Zimmer sind modern und wohnlich. Morgens erwartet Sie ein vielseitiges Frühstücksbuffet.

FREYBURG (UNSTRUT) 34 C
www.freyburg-info.de

Sachsen-Anhalt | EW 4.832 | 110 m | Naumburg 8 km, Leipzig 66 km

Weinhotel Freylich Zahn
www.freylich-zahn.de

Schützenstraße 9, PLZ 06632, **T 034464 359390**
26 Zimmer | Ez ab 89 €, Dz ab 99 €

Ein wahres Schmuckstück ist dieses persönlich geführte Weinhotel in einem umgebauten alten Speicher im Ortskern. Alles ist überaus geschmackvoll, stimmig und wertig gehalten - toll die wohnlichen Zimmer, die mit warmen Farben, bequemen Boxspringbetten und Designermöbeln ausgestattet sind. Ebenso attraktiv: das Restaurant „51°“ mit internationaler Küche. Nicht zu vergessen der gastorientierte Service der Mitarbeiter:innen.

Unstruttal
www.unstruttal.info

Markt 11, PLZ 06632, **T 034464 7070,** F 70741
17 Zimmer | Ez ab 80 €, Dz ab 99 €, inkl. Frühstück

Eine ehem. Posthalterei mit urigem Gewölbekeller von 1653. Man bietet behagliche Landhauszimmer mit individuellem Touch sowie ein bürgerliches Restaurant mit idyllischem Gartenlokal.

Folgen Sie uns: facebook.com/vartaguide

FREYUNG 62 B
www.freyungurlaub.de

Bayern | EW 6.955 | 655 m | Grafenau 15 km, Passau 36 km

Zur Post
www.posthotel-freyung.de

Stadtplatz 2, PLZ 94078, **T 08551 57960,** F 579620
30 Zimmer | 4 Suiten | Ez 70–95 €, Dz 125–145 €, inkl. Frühstück

In 5. Generation familiär geführter Gasthof in der Ortsmitte mit gemütlicher Atmosphäre. Komfortabel eingerichtete Zimmer unterschiedlicher Kategorien mit Blick zum großen Garten. Kleiner Wellnessbereich mit Whirlpool und Sauna. In der rustikalen Gaststube wird bayerisch gekocht.

Landgasthaus Schuster
www.landgasthaus-schuster.de

VARTA-TIPP Service

Ort 19, PLZ 94078 (OT: Ort), **T 08551 7184**
30 | Hauptgericht 26–42 €, Menü 44–94 € | Do-So Do-Sa Mo, Di, Mi

In diesem behaglichen, im eleganten Landhausstil eingerichteten Restaurant lebt ein schönes Stück bayerische Gastfreundschaft. Die traditionelle Küche ist saisonfrisch und bietet Leckeres wie „Maishenderl mit Wiesenthymian, Kirschensoße, Blumenkohl". Chefin Bärbel Schuster ist die gute Seele im Service und sorgt für einen reibungslosen Ablauf an der Gästefront. Hauseigene Kochschule.

FRICKENHAUSEN A.MAIN 52 B www.frickenhausen-main.de

Bayern | EW 1.325 | 180 m | Ochsenfurt 3 km, Kitzingen 13 km

Meintzinger www.hotel-meintzinger.de

garni

Babenbergplatz 2-4, PLZ 97252, **T 09331 87110,** F 7578
29 Zimmer | 3 Suiten | 1 Apartment | Ez 99–110 €, Dz 165–175 €, inkl. Frühstück

Freundlich geführtes Hotel und Weingut mit mittelalterlicher Anmutung. Hübsche Gästezimmer mit modernem Wohnkomfort und individueller Einrichtung. Ansprechender Wellnessbereich mit Sauna, Dampfbad und Sebastian-Kneipp-Fußbecken.

Ehrbar Fränkische Weinstube www.ehrbar-weinstube.de

Hauptstraße 17, PLZ 97252, **T 09331 651**
110 | Hauptgericht 9–32 €, Menü 25–39 € | So Mi-So Mo, Di 5.2.–7.3.24

In dem gemütlichen Restaurant sitzt man in rustikalen Gaststuben mit historischem Flair oder im idyllischen Weingarten. Es gibt regionale Küche und fränkische Weine. Traditionsgericht des Hauses: Knusprige Ente.

FRICKINGEN 65 B www.frickingen.de

Baden-Württemberg | EW 2.990 | 500 m | Überlingen 11 km, Pfullendorf 23 km

Löwen www.loewen-altheim.de

Hauptstraße 41, PLZ 88699 (OT: Altheim), **T 07554 8631**
60 | Hauptgericht 17–31 €, Menü 40–49 € | Di-Sa Mo, So

Am Fuße der Dorfkirche im kleinen Örtchen Altheim liegt diese traditionsreiche Adresse. Im Sommer lockt die lauschige Terrasse unter Kastanienbäumen, im Winter der gemütliche Gastraum mit viel Holz und Kachelofen. Die Küche, die sich durch Frische und Natürlichkeit auszeichnet, bietet Regionales und Saisonales wie z.B. „Lammfilet in Portweinsauce mit Blattspinat und Kartoffelgratin".

FRIDOLFING 69 A www.wagingersee.de

Bayern | EW 4.060 | 384 m | Tittmoning 7 km, Waging a. See 12 km

Gasthaus Unterwirt www.gasthaus-unterwirt.de

Hadrianstraße 26, PLZ 83413, **T 08684 9697609**
Hauptgericht 19–35 € | So Mi-So Mo, Di

Ein richtiges „Schmuckkästchen" ist dieses liebevoll renovierte Gasthaus im Ortszentrum. Für die frische, schmackhafte Küche werden biologische und regionale Lebensmittel verwendet. Typisch bayerisches Flair bietet der gemütliche Biergarten. Zum Übernachten hat man fünf gepflegte Hotelzimmer.

FRIEDBERG (BAYERN) 59 D www.friedberg.de

Bayern | EW 28.894 | 514 m | Augsburg 7 km, München 75 km

Goldener Stern www.gasthaus-goldenerstern.de

Dorfstraße 1, PLZ 86316 (OT: Rohrbach), **T 08208 407**
80 | Hauptgericht 14–29 €, Menü 50–89 € | Mi-Sa Mo, Di

In diesem schmucken, lebendigen Gasthaus sorgt ein leidenschaftliches Team für eine äußerst schmackhafte Küche - von bayerisch-bodenständig bis modern-innovativ. Auf der Speisekarte steht Leckeres wie „Ofenfrischer Schweinebraten vom Steinacher Stroh-Wellness-Schwein“ oder „Gegrilltes Bachsaiblingsfilet“. Sehr begehrt sind die Kochkurse von Patron Stefan Fuß.

Wiegt weniger ist aber genauso gut:
Der Varta-Führer ist auch als eBook für Ihren TabletPC oder Ihr Smartphone verfügbar!

FRIEDBERG (HESSEN) 41 D www.friedberg-hessen.de

Hessen | EW 27.758 | 140 m | Frankfurt am Main 29 km, Gießen 33 km

Bastian’s Restaurant www.bastians-restaurant.de

Erbsengasse 16, PLZ 61169 (OT: Dorheim), **T 06031 6726551**
30 | Menü 59–99 € | Di-Sa Mo, So

Hell, modern und gemütlich - so präsentiert sich dieses sympathische Restaurant. Serviert wird eine modern interpretierte französisch-deutsche Küche. Aus dem Wasser gibt es z.B. „Argentinische Rotgarnele | Erbse | Karotte | Spargel“ und von der Weide „Schweineschulter | Sauerkraut | Kümmel | Senf“. Die Preise sind fair, die Weinauswahl gelungen.

FRIEDEWALD 42 B www.gemeinde-friedewald.de

Hessen | EW 2.424 | 387 m | Bad Hersfeld 13 km, Kassel 87 km

Göbel’s Schlosshotel Prinz von Hessen www.goebels-schlosshotel.de

★★★★★ garni

Schlossplatz 1, PLZ 36289, **T 06674 92240,** F 9224250
92 Zimmer | 14 Suiten | Ez ab 170 €, Dz ab 300 €, inkl. Halbpension | 24 h

Elegantes Haus mit Blick auf das Wasserschloss. Großzügige Zimmer und Themensuiten. Luxuriöser Wellnessbereich „Kristall SPA“ auf 2.000 qm. Lichtdurchflutetes Restaurant im verglasten Pavillon (internationale und regionale Küche).

Jetzt vorbeischauen: pinterest.com/vartaguide

Folgen Sie uns: facebook.com/vartaguide

FRIEDLAND 32 C

www.friedland.de

Niedersachsen | EW 8.008 | 181 m | Göttingen 15 km, Kassel 45 km

Landhaus Biewald

www.biewald-friedland.de

★★★★ S garni

Weghausstraße 20, PLZ 37133, **T 05504 93500,** F 935040
21 Zimmer | 1 Suite | Ez 99–120 €, Dz 129–150 €, ab 19,00 €

Ein engagiert geführter Familienbetrieb im alten Ortskern, idyllisch zwischen Leine und Mühlgraben gelegen. Die Ursprünge des hübschen Landhauses reichen bis in das 17. Jhd. zurück. Hier haben Sie die Wahl zwischen liebevoll im Landhausstil eingerichteten Zimmern im historischen Fachwerkhaus oder den modernen Zimmern im Hotelneubau. Attraktiv auch die Wellness-Suite. Morgens gibt es ein frisches Landfrühstück.

Genießer Stube – Daniel Raub

VARTA-TIPP Küche

24 | Hauptgericht 49–62 €, Menü 125–175 € | Di-Sa Mo, So

Das elegant eingerichtete Gourmetrestaurant vermittelt Wohlbefinden in punkto Ambiente, Küche und Service. Chef de Cuisine Daniel Raub verwöhnt Sie hier mit einem wechselnden, saisonal ausgerichteten Feinschmeckermenü (4, 6 oder 8 Gänge). Seine eindrucksvolle Genussküche basiert auf natürlichen Zutaten in bester Qualität und Zubereitung. Er beweist dabei ein Gespür für interessante Details, das richtige Maß an Kreativität und eine angenehme Leichtigkeit. Der freundliche Service berät mit Fachkenntnis zu den Weinen von der sehr gut bestückten Karte.

Zur Tränke Neu!

60 | Hauptgericht 12–39 € | Mo-So

Das Zweitrestaurant liegt direkt am Neubau des Hotels und bietet in ungezwungener Atmosphäre eine abwechslungsreiche Auswahl regionaler und internationaler Spezialitäten. Lust auf „Knuspriges Schnitzel vom Harzer Strohschwein mit Spiegelei, Speck und Bratkartoffeln" oder lieber ein „Vegetarisches Risotto mit Kirschtomaten, jungem Blattspinat und Pinienkernen"? Einen großen Festsaal für Veranstaltungen gibt es auch.

Schillingshof www.schillingshof.de

VARTA-TIPP Küche **VARTA-TIPP** Service

Lappstraße 14, PLZ 37133 (OT: Groß Schneen), **T 05504 228**
45 | Hauptgericht 32–45 €, Menü 61–154 € | Sa Mi-Sa Mo, Di, So

Elegant-rustikal sind die Gaststuben in diesem hübschen Fachwerkhaus von 1648. Ein reizvoller Kontrast dazu ist die moderne Küche von Stephan Schilling, der für seine kreativen Gerichte neben regionalen Produkten auch Zutaten aus aller Welt verwendet. Das gute Miteinander des vorbildlich geführten Familienbetriebes zeigt sich auch beim zuverlässigen und aufmerksamen Service. Und schön übernachten können Sie im Schillingshof ebenfalls.

FRIEDRICHSHAFEN 65 B www.friedrichshafen.de

Baden-Württemberg | EW 59.000 | 400 m | Ravensburg 20 km, Konstanz 31 km
Zeppelin Museum, Schulmuseum, Schlosskirche, Aussichtsturm an der Hafenmole (22m), Zeppelin-Rundflüge, Dornier Museum.

Krone www.ringhotel-krone.de

★★★★ S garni

Untere Mühlbachstraße 1, PLZ 88045 (OT: Schnetzenhausen), **T 07541 4080,** F 43601
140 Zimmer | 10 Suiten | 24 h

Traditionsreiches Wellness- und Tagungshotel inmitten von Obstbaumwiesen im ländlichen Ortsteil Schnetzenhausen. Die gemütlichen Zimmer sind mit heimischen Hölzern und warmen Farben eingerichtet. Ansprechender Wellnessbereich mit beheiztem Freibad und verschiedenen Saunen.

Maier www.hotel-maier.de

Poststraße 1-3, PLZ 88048 (OT: Fischbach), **T 07541 4040,** F 404100
75 Zimmer | 24 h

Der familiengeführte Betrieb ist in den vergangenen Jahren stetig gewachsen und immer moderner geworden. Erst kürzlich hat man das bestehende, geschichtsträchtige Stammhaus um einen neuzeitlichen Erweiterungsbau ergänzt. Das umfangreiche Zimmerangebot reicht von klassisch-traditionell eingerichteten Gästezimmern bis zu hochmodernen Designzimmern. Das Ufer des Bodensees ist nur wenige Gehminuten vom Hotel entfernt.

Die Speiserei im Maier Neu!

VARTA-TIPP Küche

130 | Hauptgericht 18–36 €, Menü 44–74 € | Di-Sa Mo, So

Dem stilvoll-charmanten Rahmen des Hotels wird auch das Restaurant mit seinem behaglichen Landhausflair voll und ganz gerecht, ebenso die lauschige Terrasse im Patio. 2023 hat Philipp Heid hier die Leitung der Küche übernommen und den Kompass klar auf Slow Food gestellt. Bei seiner lässig-modernen Küche setzt er den Schwerpunkt auf Handwerk, Regionalität und Nachhaltigkeit. Die Gäste erfahren bereits auf der Speisekarte, wo die verwendeten Zutaten herkommen. Dazu ein ausgewogenes Weinangebot mit erlesenen Tropfen aus Deutschland, Österreich und der Schweiz.

Traube am See www.traubeamsee.de

Meersburger Straße 11, PLZ 88048 (OT: Fischbach), **T 07541 9580,** F 958888
91 Zimmer | 2 Suiten | 24 h

Ein gut geführtes Ferienhotel unweit des Bodenseeufers. Die individuell und hochwertig eingerichteten Zimmer, die sich auf zwei unterirdisch verbundene Gebäude verteilen, verfügen teils über Seeblick. Für Wohlbefinden sorgt ein großzügiger Wellnessbereich mit Hallenbad, Saunen und Dampfbad. Morgens erwartet Sie ein exzellentes Frühstück.

Traube am See

240 | Hauptgericht 12–30 €, Menü 19–50 € | Mo-Do, So Mo-So

Gemütliches Restaurant mit drei verschiedenen Gasträumen, die rustikal, mediterran und ländlich gestaltet sind. Serviert werden schmackhafte, liebevoll zubereitete regionale Gerichte. Schöne Außenterrasse.

City Krone www.hotel-city-krone.de

Schanzstraße 7, PLZ 88045, **T 07541 7050,** F 705100
111 Zimmer | 8 Suiten | 2 Apartments | Ez ab 86 €, Dz ab 99 €, inkl. Frühstück | 24 h

Stadthotel in zentraler Lage - nur wenige Meter vom Bodensee und der Uferpromenade entfernt. Helle, individuell gestaltete Gästezimmer. Kleiner Wellnessbereich mit Dachterrasse, finnischer Sauna und Hallenbad.

Lukullum Neu! www.lukullum.de

Friedrichstraße 21, PLZ 88045, **T 07541 6818**
86 Zimmer

In direkter Nähe zum Friedrichshafener Bodenseeufer befindet sich dieses geschmackvolle Hotel. In den Zimmern und Suiten, die sich über vier Stockwerke verteilen, sorgen warmes Holz, komfortable Betten, großzügige Badezimmer und bequeme Sitzecken für ein heimeliges Gefühl. Im durchgestylten Restaurant mit seinem offenen Loungebereich und den gemütlichen Nischen wird eine nachhaltige, regionale Soulfood-Küche aufgetischt. Für Nachtschwärmer empfiehlt sich die Skybar mit tollem Blick über den See und auf die Schweizer Alpen.

Styles Hotel www.styles-hotel-friedrichshafen.de

★★★ S

Ailinger Straße 128, PLZ 88046, **T 07541 36000,** F 3600175
142 Zimmer | Ez ab 95 €, Dz ab 115 €, 14,00 € | 24 h

Das moderne Nichtraucherhotel eignet sich sowohl für Touristen als auch für Businessgäste. Es bietet komfortable Zimmer, flexible Tagungsräume sowie einen lichtdurchfluteten Frühstücksbereich.

Buffalo Steakhouse www.buffalo-steakhouse-fn.de

Allmannsweiler Straße 134, PLZ 88046, **T 07541 7005868**
Hauptgericht 15–69 € | Mi-Sa Mo, Di, So

Lust auf Steak? Hier gibt es richtig gutes Dry Aged Beef, das auf dem Holzkohle-Showgrill zubereitet wird. Das Steakhouse verfügt über eigene Fleischreifeschränke, in denen das Färsenfleisch einheimischer Rinder auf den idealen Reifegrad wartet. Wer lieber Fisch mag, entscheidet sich z.B. für „Tuna, Garnele und Lachsfilet in der Gusspfanne mit Blattspinat und Ofentomaten".

FRIEDRICHSHALL, BAD 51 D www.friedrichshall.de

Baden-Württemberg | EW 18.305 | 178 m | Heilbronn 10 km, Mosbach 24 km

Schloss Lehen www.welcome-hotels.com

Hauptstraße 2, PLZ 74177 (OT: Kochendorf), **T 07136 98970,** F 989720
21 Zimmer | 2 Suiten | 1 Apartment | Ez 69–169 €, Dz 89–179 €, inkl. Frühstück

In diesem umgebauten, von einem kleinen Park umgebenen Wasserschloss erwarten Sie individuell eingerichtete Zimmer in verschiedenen Kategorien. Authentische Landhausküche wird im Restaurant serviert. Sonnige Terrasse.

Zur Sonne www.sonne-badfriedrichshall.de

★★★ garni

Deutschordenstraße 16, PLZ 74177 (OT: Jagstfeld), **T 07136 95610,** F 956111
19 Zimmer | 1 Suite | Ez 75–85 €, Dz 98–110 €, inkl. Frühstück

Kleines, familiär geführtes Haus direkt am Neckar. Zweckmäßige Gästezimmer, teilweise mit Boxspringbetten und Neckarblick. Fahrradfahrer sind willkommen (überdachter Fahrradparkplatz, E-Bike-Ladestation).

FRIEDRICHSTADT 7 C www.friedrichstadt.de

Schleswig-Holstein | EW 2.600 | 2 m | Husum 15 km, Heide 25 km

Restaurant Ursprung Neu! www.hotel-aquarium.de

Am Mittelburgwall 4-8 (im Hotel Aquarium), PLZ 25840, **T 04881 93050**
216 | Hauptgericht 41–50 €, Menü 55–139 € | Di-So ⃠ Mo ⃠ 17.–24.12.23

Hier spürt man, dass engagierte Gastgeber am Werk sind! Da wären zum einen großzügige Restauranträume, die modern daherkommen, aber dennoch die Gemütlichkeit eines Wohnzimmers verbreiten, zum anderen der herzliche Service und nicht zuletzt schmackhafte klassische Speisen - kreiert aus frischen und regionalen Produkten.

FRIESENHEIM 56 D www.friesenheim.de

Baden-Württemberg | EW 13.218 | 161 m | Lahr 5 km, Offenburg 14 km

Mühlenhof www.landhotel-muehlenhof.de

Hauptstraße 33, PLZ 77948 (OT: Oberweier), **T 07821 6320**
120 | Hauptgericht 8–25 €, Menü 42 € | Mo, Mi-So ⃠ Di

Ein wirklich attraktives Restaurant - schön gemütlich, offen gehalten und dank bodentiefer Fenster angenehm hell. Man bietet eine frische, schmackhafte Küche mit regionalen und saisonalen Einflüssen. Dazu eine schöne Weinauswahl mit überwiegend heimischen Gewächsen. Für Übernachtungsgäste hat man behagliche, teils im gehobenen Landhausstil eingerichtete Zimmer zu vergleichsweise günstigen Preisen.

FRÖNDENBERG/RUHR 30 C www.froendenberg.de

Nordrhein-Westfalen | EW 23.000 | 120 m | Wickede 10 km, Dortmund 29 km

Golf Hotel Gut Neuenhof www.golfhotel-gut-neuenhof.de

S garni

Eulenstraße 58, PLZ 58730, **T 02373 917770,** F 70046
16 Zimmer | Ez 125 €, Dz 150 €, 14,90 €

Das Hotel liegt direkt neben dem Clubhaus des Golfclubs Gut Neuenhof. Flure und Lobby dienen als Ausstellungsräume für lokale Künstler:innen. Zeitlos eingerichtete, modern ausgestattete Nichtraucherzimmer mit Balkon oder Gartenterrasse. Im Restaurant „Il Campo" mit Sonnenterrasse wird regional und international gekocht.

FULDA 42 B www.tourismus-fulda.de

Hessen | EW 64.854 | 257 m | Kassel 110 km, Würzburg 110 km

Jetzt abonnieren: instagram.com/vartaguide

Hotel Esperanto
www.hotel-esperanto.de

★★★★ S garni

Esperantoplatz, PLZ 36037, **T 0661 242910,** F 24291151
326 Zimmer | 14 Suiten | Ez 134–144 €, Dz 154–239 €, inkl. Frühstück | 24 h

Großzügiges Hotel im Kongress- und Kulturzentrum Fulda. Die komfortablen und technisch gut ausgestatteten Zimmer sind in warmen Rottönen gehalten. Das Haus bietet einen attraktiven Wellness- und Beautybereich auf 4.000 qm sowie umfangreiche Tagungsmöglichkeiten. Zum gastronomischen Angebot gehört u.a. das Grillrestaurant „Toro Negro“ im 6. Stock, in dem Liebhaber der brasilianischen Küche auf ihre Kosten kommen.

Goldener Karpfen
www.hotel-goldener-karpfen.de

Simpliziusbrunnen 1, PLZ 36037, **T 0661 86800,** F 8680100
60 Zimmer | 4 Suiten | Ez 155–250 €, Dz 195–330 €, inkl. Frühstück | 24 h

Komfortables Stadthotel mit über 300-jähriger Fassade für Geschäfts- und Städtereisende, das seit über 100 Jahren familiengeführt ist. Die Zimmer zeigen sich mal traditionell mit Antiquitäten bestückt, mal im weltläufigen Stil oder im Minimalschick des zeitgenössischen Designers Rolf Sachs.

Goldener Karpfen

VARTA-TIPP Küche

80 | Hauptgericht 20–50 €, Menü 65–99 € | Mo-Sa So

Das nostalgisch-elegant eingerichtete Restaurant ist bekannt für sein feines saisonales Speisenangebot. Heimische Erzeugnisse und ausgewählte internationale Gewürze und Produkte werden zu exzellenten Gerichten kombiniert. Kostprobe gefällig? „Tiefseesalzwassergarnelen auf mediterranem Risotto mit knusprigem Reisflocken-Chili-Topping und Rieslingsauce“. Das Serviceteam ist freundlich und aufmerksam.

Maritim
www.maritim.de

Pauluspromenade 2, PLZ 36037, **T 0661 2820,** F 282499
112 Zimmer | 1 Suite | 24 h

Gepflegte Businessadresse am Schlossgarten mit großer Atriumlobby. Modern eingerichtete Zimmer mit guter technischer Ausstattung. Das Frühstück wird im barocken Restaurant „Apollo Saal“ mit imposantem Deckenfresko serviert. Internationale und regionale Küche serviert das rustikale Restaurant „Dianakeller“ im historischen Gewölbe.

Hotel Platzhirsch
www.platzhirsch-fulda.de

★★★★

Unterm Heilig Kreuz 3-5, PLZ 36037, **T 0661 9015000,** F 90150099
105 Zimmer | 7 Suiten | Ez ab 93 €, Dz ab 105 €, 9,00–17,00 € | 24 h

Das geschmackvolle Hotel befindet sich inmitten der Fuldaer Innenstadt. Dank zeitgemäßer Technik sowie farblich aufeinander abgestimmten Wohnaccessoires werden die Zimmer und Suiten zu gemütlichen Bleiben. Zum Haus gehören auch ein Fitnessraum, ein Restaurant mit saisonaler Küche, eine gemütliche Bar & Lounge sowie drei Tagungsräume.

Christian & Friends Tastekitchen www.christianandfriends.de

VARTA-TIPP Küche

Nonnengasse 5, PLZ 36037, **T 0162 4139588**
17 | Menü 129 € | Mi-Sa Mo, Di, So

Ein Hauch von Wohnzimmeratmosphäre umgibt Sie in dem kleinen Restaurant, zu dem inzwischen auch die benachbarte Weinbar „Bordeaux & Friends" gehört. Chefkoch Christian Steska offeriert hier ein fixes Dinnermenü in acht Gängen, das regelmäßig wechselt. Er ist bekannt für seine raffinierten, teils gewagten Kreationen aus besten Zutaten. Die gut sortierte Weinkarte bietet auch Nicht-Alltägliches.

Café Thiele www.cafe-thiele.de

Mittelstraße 2, PLZ 36037, **T 0661 72774**
150 | Mo–Sa 9:00–18:00 Uhr, So 10:00–18:00 Uhr

Ältestes Café Fuldas (gegründet 1892). Täglich bis zu 50 verschiedene Torten- und Kuchensorten. Hausspezialität: Crème Giovanni. Schöne Sonnenterrasse unterhalb der Stadtpfarrkirche.

FÜRSTENFELDBRUCK 60 C www.fuerstenfeldbruck.de

Bayern | EW 38.000 | 517 m | München 26 km, Landsberg 38 km

Fürstenfelder www.fuerstenfelder.com

VARTA-TIPP Ambiente

★★★★ garni

Mühlanger 5, PLZ 82256, **T 08141 88875500**
94 Zimmer | Ez ab 135 €, Dz ab 170 €, inkl. Frühstück | 24 h

Das bio-zertifizierte Hotel mit seiner schlicht-modernen Architektur befindet sich gegenüber dem Zisterzienserkloster Fürstenfeld. Hier wohnen Sie in wertig-schicken Zimmern, die sich durch natürliche Farben, schlichte Eleganz und Naturmaterialien auszeichnen. Lassen Sie sich mit einem ausgezeichneten Frühstück verwöhnen und verweilen Sie in der gemütlichen Lobbybar oder im ruhigen Hotelgarten mit Teich. Einen kleinen Saunabereich gibt es auch.

Fürstenfelder

VARTA-TIPP Küche

150 | Hauptgericht 19–32 €, Menü 34–62 € | Mo-So Di-Sa

Im ehem. Stall des Klosters Fürstenfeld mit seinem böhmischen Kappengewölbe wird ambitioniert gekocht! In zeitlos-elegantem Ambiente bietet man ein naturnahes Küchenkonzept mit bodenständigen Biozutaten direkt vom Erzeuger. Das Repertoire der Crossover-Karte reicht von alpenländisch bis orientalisch, von vegan bis zum klassischen Sauerbraten. Es gibt auch eine Terrasse sowie einen wunderschönen Selbstbedienungsbiergarten mit Blick auf die Barockkirche. Tipp: Mittags Lunchbuffet.

Zur Post www.hotelpost-ffb.de

★★★★ garni

Hauptstraße 7, PLZ 82256, **T 08141 31420,** F 16755
40 Zimmer | Ez 99–110 €, Dz 124–155 €, inkl. Frühstück | 21.12.23–8.1.24 ››

Traditionsreiches Haus mit persönlichem Service, dessen Geschichte bis ins Jahr 1620 zurückreicht. Individuelle Zimmer, die teils im englischen Landhausstil und teils im Biedermeierstil eingerichtet sind. Gemütliches Restaurant mit regionaler und internationaler Küche.

Marthabräu Neu! www.marthabraeu.de

Augsburger Straße 41, PLZ 82256, **T 08141 8884868**
120 | Hauptgericht 15–25 € | Di-So Mo

Direkt neben der König-Ludwig-Brauerei empfängt Sie dieses urig-gemütliche Gasthaus mit schönem Biergarten und großer Festhalle. Serviert wird eine frische, raffinierte Wirtshausküche, aber auch bayerische Klassiker wie Backhendl, ofenfrischer Schweinebraten oder Fleischpflanzerl stehen auf der Karte. Dazu gibt es regionaltypische Biere und ausgesuchte Weine.

FÜRTH 53 C www.fuerth.de

Bayern | EW 119.808 | 295 m | Nürnberg 7 km, München 172 km

Ambient Hotel am Europakanal www.ambienthotel.de

★★★ garni

Unterfarrnbacher Straße 222, PLZ 90766 (OT: Unterfarrnbach), **T 0911 973720,** F 9737215
40 Zimmer | 3 Suiten | 3 Apartments | Ez ab 75 €, Dz ab 95 €, inkl. Frühstück

Persönlich geführtes Hotel in verkehrsgünstiger, ruhiger Lage. Hell und funktional eingerichtete Zimmer sowie individuell gestaltete Themenzimmer im Gästehaus. Fahrradverleih, E-Auto-Ladestation.

Kupferpfanne www.ew-kupferpfanne.de

Königstraße 85, PLZ 90762, **T 0911 771277**
40 | Hauptgericht 28–42 €, Menü 86 € | Mo-Sa So

Heimeliges Restaurant mit Fachwerk und holzvertäfelten Wänden auf zwei Ebenen inmitten der Fürther Altstadt. Handgeschriebene Karte mit saisonorientierten klassischen Gerichten, z.B. „Atlantikseezunge in Zitronenbutter gebraten mit Petersilienkartoffeln".

Tim's Kitchen www.timskitchenfuerth.com

VARTA-TIPP Küche

Friedrichstraße 22, PLZ 90762, **T 0911 740560**
30 | Menü 85–140 € | Do-Sa Mo, Di, Mi, So 1.–7.1.24

Gleichermaßen angenehm sind hier das wohnlich-elegante Interieur und die gemütliche Gartenterrasse im begrünten Innenhof. Bei Tim Reinwald begibt man sich auf eine spannende kulinarische Reise durch verschiedene Länder der Erde. Er kocht geschmackvoll, frisch und produktorientiert. Neben einem 3- bis 7-gängigen Menü mit Fisch und Fleisch gibt es auch eine vegetarische Variante. In punkto Wein setzt man auf viele Bio-Gewächse sowie die Anbauländer Frankreich, Deutschland und USA.

FÜSSEN 67 A www.fuessen.de

Bayern | EW 14.500 | 808 m | Hohenschwangau 4 km, Kempten (Allgäu) 44 km

Biohotel Eggensberger
www.eggensberger.de

Enzensbergstraße 5, PLZ 87629 (OT: Hopfen am See), **T 08362 91030,** F 9103478
42 Zimmer | 3 Suiten | 3 Apartments | Ez 137–181 €, Dz 184–336 €, inkl. Frühstück

Bio- und Wellnesshotel in einzigartiger Panoramalage mit freiem Blick über den See. Helle, großzügige und mit vielen Naturmaterialien ausgestattete Zimmer mit reizvollen Ausblicken. Ansprechender Wellnessbereich inklusive Therapiezentrum auf 1.600 qm mit Hallenbad und schönem Garten-SPA. Biorestaurant mit regionaler Küche.

Hirsch
www.hotelfuessen.de

Kaiser-Maximilian-Platz 7, PLZ 87629, **T 08362 93980,** F 939877
71 Zimmer | Ez 79–150 €, Dz 110–250 €, ab 18,50 € | ⃠ 7.–28.1.24

Das familiengeführte Hotel ist ein im Jugendstil erbautes Gebäude mit wunderhübscher Fassade. Hier erwarten Sie wohnliche Zimmer mit individueller Note. Fragen Sie nach den Motivzimmern, die einem Thema aus der Umgebung oder Geschichte gewidmet sind! Das hauseigene Restaurant bietet gehobene bayerische Küche.

Hotel Sonne Füssen Neu!
www.hotel-fuessen.de

Prinzregentenplatz 1, PLZ 87629, **T 08362 9080**
80 Zimmer | 24 h

Mitten im Stadtzentrum mit direktem Zugang zur Fußgängerzone liegt dieses traditionsreiche Hotel. Hier wohnen Sie in kreativ gestalteten Gästezimmern in unterschiedlicher Größe und Ausstattung - von romantisch-verspielt bis puristisch-extravagant. Relaxen kann man in der 200 qm großen Orient-Wellnessoase. Flammkuchen, Burger, Salatbowls und regionale Gerichte serviert das hauseigene Restaurant „RIWA".

Luitpoldpark-Hotel
www.luitpoldpark-hotel.de

Bahnhofstraße 1-3, PLZ 87629, **T 08362 9040,** F 904678
131 Zimmer | 7 Suiten | Ez 92–132 €, Dz 134–214 €, inkl. Frühstück | 24 h ⃠ 22.1.–18.2.24

Neuzeitliches Hotel mit großzügiger Lobby und hellen, geräumigen Zimmern. Ansprechende Sauna- und Wellnesslandschaft auf drei Ebenen. Im Restaurant „Kurfürst von Bayern" wird saisonale und moderne regionale Küche serviert.

Am Hopfensee
www.hotel-am-hopfensee.de

Uferstraße 10, PLZ 87629 (OT: Hopfen am See), **T 08362 50570,** F 505773
45 Zimmer | 4 Suiten | 1 Apartment | Ez 143–165 €, Dz 160–248 €, inkl. Frühstück

Ferienanlage mit Aparthotel am Ufer des Hopfensees. Schöner Blick auf die Allgäuer und Tiroler Alpen. Gediegen und zeitgemäß eingerichtete Zimmer. Ansprechender Wellnessbereich mit Saunalandschaft, Infinitypool und orientalischem Hamam. Restaurant mit Wintergarten und internationalem Speisenangebot.

Schlosskrone
www.schlosskrone.de

Prinzregentenplatz 2-4, PLZ 87629, **T 08362 930180,** F 9301850
62 Zimmer | 4 Suiten | 5 Apartments | Ez ab 79 €, Dz ab 99 €, inkl. Frühstück ››

Gepflegtes Haus in zentraler Lage neben der Fußgängerzone. Geschmackvoll eingerichtete Landhauszimmer, ansprechender Wellnessbereich. Mehrere Restaurants und hauseigene Konditorei mit täglich frischen Kuchen und Torten.

Wellness-Hotel Sommer www.hotel-sommer.de

★★★★ S garni

Weidachstraße 74, PLZ 87629, **T 08362 91470,** F 914714
70 Zimmer | 10 Suiten | Ez 158–306 €, Dz 246–434 €, inkl. Halbpension | 24 h

Familiengeführtes Wellnesshotel, ruhig gelegen mit Blick auf Schloss Neuschwanstein und die Alpen. Liebevoll eingerichtete Zimmer und Suiten mit Balkon oder Terrasse. Großzügiger SPA-Bereich mit Panoramasauna und Außenpool. Restaurant mit regionaler und internationaler Küche.

Hotel Filser www.hotel-filser-fuessen.de

★★★ S garni

Säulingstraße 3, PLZ 87629, **T 08362 91250,** F 912573
34 Zimmer | 1 Apartment | Ez ab 65 €, Dz ab 129 €, inkl. Frühstück

Privat geführtes Kurhotel in ruhiger, zentraler Lage - nur 5 Gehminuten vom Forggensee entfernt. Nett eingerichtete Landhauszimmer mit zeitgemäßer Ausstattung, überwiegend mit Balkon. Netter Wellnessbereich mit Sauna, Massagen und Anwendungen.

FÜSSING, BAD 62 C www.badfuessing.de

Bayern | EW 6.869 | 324 m | Passau 31 km, Salzburg (Österreich) 110 km

Ortner's Resort www.ortners-resort.com

★★★★★ S garni

Pockinger Straße 1-7, PLZ 94072, **T 08531 2790,** F 279298
96 Zimmer | Ez 172–198 €, Dz 294–604 €, inkl. Halbpension

Das gewachsene, im Chaletstil erbaute Wellnessresort eignet sich hervorragend für eine Auszeit. Es sind das sehr wohnliche und geschmackvolle Ambiente und die persönliche Atmosphäre, die dieses Haus auszeichnen. Die individuellen Zimmer und Suiten, die sich auf mehrere Gebäude verteilen, sind in unterschiedlichen Kategorien und inkl. Genusshalbpension buchbar. Stammgäste schätzen das umfangreiche Freizeitangebot. Die „Ortner's Thermenwelt" ist die größte und schönste hoteleigene Therme in Bayern.

Das Mühlbach www.muehlbach.de

★★★★ S garni

Bachstraße 15, PLZ 94072 (OT: Safferstetten), **T 08531 2780,** F 278427
61 Zimmer | 5 Suiten | Ez 175–190 €, Dz 292–366 €, inkl. Vollpension | 24 h

In diesem Thermenhotel verbinden sich Tradition und moderner Komfort harmonisch miteinander. Wohnliche Zimmer, eine hübsche Lounge sowie der attraktive Beauty- und Wellnessbereich sorgen für einen entspannten und erholsamen Aufenthalt.

Holzapfel www.hotel-holzapfel.de

VARTA-TIPP Service

★★★★ S garni

Thermalbadstraße 4+5, PLZ 94072, **T 08531 9570,** F 957280
105 Zimmer | 12 Suiten | Ez 129–133 €, Dz 242–278 €, inkl. Frühstück | 24 h

Liebenswert, heimelig und ausgesprochen familiär präsentiert sich dieses gut geführte Kur- und Ferienhotel. Das Stammhaus verfügt über bequeme Zimmer mit traditionellem Flair, im Neubau stehen besonders exklusive Zimmer und Suiten zur Verfügung. Toll auch das umfangreiche Beauty- und SPA-Angebot.

Glockenturm

21 | Hauptgericht 17–30 €, Menü 60–90 € | So Mo-Di, Fr-Sa Mi, Do

In dem vom Hausgastbereich separierten À-la-carte-Restaurant sorgen feine Tischkultur, hochwertige Materialien und gemütliche Sessel für perfektes Wohlfühlambiente. Hier kredenzt man Ihnen ein regional und international beeinflusstes Feinschmeckermenü. Der Service versteht es ebenso zu begeistern wie die gut sortierte Weinkarte.

Parkhotel

www.parkhotel.stopp.de

VARTA-TIPP Ambiente

★★★★ garni

Waldstraße 16, PLZ 94072, **T 08531 9280,** F 2061
99 Zimmer | 3 Suiten | Ez 108–123 €, Dz 212–250 €, inkl. Frühstück

Eine Oase der Ruhe mitten im Grünen! Ausgesprochen schön wohnt man in diesem familiengeführten Hotel in der Nähe des Kurparks. Das Haus verfügt über geräumige, mit Liebe zum Detail ausgestattete Komfortzimmer und überzeugt mit einer sehr gepflegten Sauna- und Wellnesslandschaft sowie einem serviceorientierten Hotelteam.

Toskana

60 | Hauptgericht 10–22 €, Menü 18–35 € | Mo-So

Mediterranes Ambiente und eine frische internationale Küche erwarten Sie in diesem Hotelrestaurant. Auf der Speisekarte finden sich Gerichte wie „Gebratener Kalbsrücken in der Parmesankruste auf Gemüsepolenta mit Weintrauben und Marsalasauce“ oder „Gegrilltes Doradenfilet auf Erbsen-Kartoffelstampf mit Auberginenchips und Zitronen-Ingwerbutter“.

Bio-Thermalhotel Falkenhof
www.hotel-falkenhof.de

Paracelsusstraße 4, PLZ 94072, **T 08531 9743,** F 974400
40 Zimmer | 6 Suiten | Ez 128–149 €, Dz ab 118 €, inkl. Frühstück

Das Biohotel mit hauseigenem Thermalbad empfängt Sie mit wohnlichen Gästezimmern, die baubiologisch und hochwertig ausgestattet sind. Für Erholung und Regeneration sorgen u.a. ein Panoramapool, ein Saunabereich sowie Physio- und Massageanwendungen. Im Restaurant werden feine Bio-Köstlichkeiten serviert.

Kurhotel Sonnenhof
www.kurhotelsonnenhof.de

Schillerstraße 4, PLZ 94072, **T 08531 22640,** F 2264207
80 Zimmer | 18 Suiten | Ez 116–125 €, Dz 224–236 €, inkl. Halbpension

Kur- und Wellnesshotel im Herzen von Bad Füssing. Großzügige Gästezimmer mit Balkon oder Terrasse. Umfangreicher Wellnessbereich mit Thermalbadelandschaft, Sauna und Fitnessraum. Sonnige Gartenterrasse im Innenhof.

Wunsch Hotel Mürz
www.muerz.de

Birkenallee 7-9, PLZ 94072, **T 08531 9580,** F 29876
47 Zimmer | 5 Suiten | Ez 83–123 €, Dz 146–286 €, inkl. Frühstück

Behagliches Wellness- und Kurhotel im regionalen Baustil. Gepflegte, wohnlich eingerichtete Zimmer und Suiten. Schöner Wellnessbereich mit hauseigener Therme und Saunalandschaft. Regionale Spezialitäten und internationale Küche serviert das Restaurant.

GAGGENAU 57 A
www.gaggenau.de

Baden-Württemberg | EW 29.700 | 142 m | Rastatt 10 km, Baden-Baden 16 km

Restaurant Vinophil Neu!
www.vinophil-murgtal.de

Max-Roth-Straße 16, PLZ 76571 (OT: Ottenau), **T 07225 9884880**
50 | Hauptgericht 21–39 €, Menü 39–69 € | Di-Sa Mo, So

Ein gelungener Mix aus Restaurant und Weinbar. Das Interieur ist sehr geschmackvoll in dezenter Eleganz gestaltet und vermittelt eine angenehm private Atmosphäre. Die Küche ist modern, produktbezogen und regional inspiriert. Auf der wechselnden Karte finden sich Gerichte wie „Rosa gebratene Entenbrust | Tellerzwiebeln | Zwiebelcreme | wilder Spargel". Zu korrespondierenden Weinen und Getränken berät der Sommelier freundlich und kompetent.

GAIENHOFEN 65 A
www.gaienhofen.de

Baden-Württemberg | EW 3.207 | 425 m | Öhningen 8 km, Radolfzell 12 km

Hotel Hirschen Horn - Refugium am See
www.hotelhirschen-bodensee.de

Kirchgasse 3, PLZ 78343 (OT: Horn), **T 07735 93380,** F 933859
75 Zimmer | Ez ab 104 €, Dz ab 230 €, inkl. Frühstück | 8.1.–7.2.24

Ein traditionsreiches Haus in malerischer Lage, direkt im Anschluss an das Naturschutzgebiet Bodenseeufer. Hohen Wohnkomfort, zeitgemäße Technik und gemütliche Atmosphäre bieten die Zimmer und Suiten. Zum Hotel gehören auch ein behagliches Restaurant, eine 1.000 qm große Wellnesswelt mit Infinitypool, Naturgarten und Saunalandschaft sowie eine neue Dependance, in der weitere Gästezimmer zur Verfügung stehen.

Hoeri am Bodensee
www.hoeri-am-bodensee.de

Uferstraße 20-23, PLZ 78343 (OT: Hemmenhofen), **T 07735 8110,** F 811222
80 Zimmer | 3 Suiten | Ez 95–218 €, Dz 145–235 €, inkl. Frühstück | 24 h

In relativ ruhiger Lage am Bodenseeufer empfängt Sie dieses charmante Wellnesshotel. Das Haus bietet individuell eingerichtete Zimmer in unterschiedlichen Kategorien, teilweise mit Seeblick und Balkon. Pure Entspannung bietet das „SEE SPA". Von der hauseigenen Liegewiese gelangen Sie direkt ans Wasser.

Seensucht

70 | Hauptgericht 17–39 €, Menü 38–48 € | So Mo-So

So speist man gerne: helles, freundliches Ambiente, schönes Interieur, tolle Terrasse, Blick zum See. Gekocht wird regional mit internationalen Einflüssen, so z.B. „Rinderfiletmedaillon | Trüffelpommes | Gemüse | Petersilien-Trüffelbutter" oder „Zandermedaillon | weißer Tomatenschaum | Grießschnitte | Radieschen".

GAILINGEN AM HOCHRHEIN 65 A
www.gailingen.de

Baden-Württemberg | EW 2.850 | 469 m | Singen 20 km, Konstanz 46 km

Rheingold
www.hotelrheingold.de

Hauptstraße 21-23, PLZ 78262, **T 07734 306010,** F 3060199
36 Zimmer | Ez 75–99 €, Dz 121–145 €, inkl. Frühstück

Der moderne Hotelneubau, bei dem man die ehemals denkmalgeschützte Fassade erhalten konnte, bietet ansprechende, wohnlich gestaltete Zimmer. Das gesamte Haus ist barrierefrei. Das Restaurant mit schöner Sommerterrasse serviert saisonale Küche und gutbürgerliche Köstlichkeiten.

Schon probiert?
Der Varta-Führer ist auch als eBook für Ihren TabletPC oder Ihr Smartphone verfügbar!

GANDERKESEE 14 C
www.ganderkesee.de

Niedersachsen | EW 31.988 | 27 m | Delmenhorst 6 km, Wildeshausen 19 km

Backenköhler's Hotel und Akademie
www.hotel-backenkoehler.de

Dorfring 40, PLZ 27777 (OT: Stenum), **T 04223 730,** F 73399
50 Zimmer | 3 Suiten | 1 Apartment | Ez 77–84 €, Dz 118–131 €, inkl. Frühstück

Gewachsenes Land- und Tagungshotel in idyllischer Umgebung direkt am Wald. Die Vorteile dieses Hauses? Wohnliche Landhauszimmer, ein ansprechender Wellnessbereich und last but not least gepflegte Restauranträume.

GARBSEN 23 C
www.garbsen.de

Niedersachsen | EW 61.818 | 54 m | Hannover 12 km, Wunstorf 14 km

Bullerdieck
www.hotel-bullerdieck.de

★★★★

Bürgermeister-Wehrmann-Straße 21, PLZ 30826 (OT: Frielingen), **T 05131 4580**, F 458222
48 Zimmer | 4 Apartments | Ez ab 79 €, Dz ab 99 €, inkl. Frühstück

Toll die Lage, herzlich die Gastgeber, richtig geschmackvoll und wohnlich die Zimmer (auch geräumige Familienzimmer und Apartments), dazu ein idyllischer, saisonal geöffneter Biergarten sowie ein großzügiger Tagungs- und Veranstaltungsbereich.

Landhaus am See
www.landhausamsee.de

★★★★

Seeweg 27-29, PLZ 30827 (OT: Berenbostel), **T 05131 46860**, F 468666
49 Zimmer | 2 Suiten | Ez 80–110 €, Dz 140–210 €, inkl. Frühstück

Direkte Lage am Ufer des Berenbosteler Sees. Moderne, hell gestaltete Hotelzimmer, teils mit Blick auf den See und den Garten. Entspannung pur bietet der Saunabereich mit Panoramasauna und Ruheraum. Sehr gutes Frühstücksbuffet.

Landhaus am See

60 | Hauptgericht 32–49 €, Menü 75–110 € | Mo-Sa So

In elegantem Landhausambiente bietet man eine frische saisonale Küche mit wechselnden Tagesangeboten. Dazu gibt es erlesene Weine jenseits des Mainstreams. Hübsche Seeterrasse.

GARCHING B. MÜNCHEN 60 D
www.garching.de

Bayern | EW 16.575 | 482 m | München 14 km, Freising 18 km

Courtyard by Marriott
www.marriott.de

Walther-von-Dyck-Straße 12, PLZ 85748, **T 089 61425044**
256 Zimmer | 2 Suiten | 24 h

Das neuzeitliche Businesshotel hat man in das Gebäude des Garchinger Forschungs- und Kongresszentrums integriert. Die Zimmer bieten attraktives, helles Design und darüber hinaus die bewährten Marriott-Standards wie kostenloses Highspeed-WLAN und luxuriöse Komfortbetten. Regional und international speisen kann man im hauseigenen Restaurant „THE FACULTY“. Ein Fitnessraum steht Gästen rund um die Uhr zur Verfügung.

Dorint Hotel Neu!
www.dorint.com/de

Parkring 51-53, PLZ 85748, **T 089 3603800**
207 Zimmer | 24 h

Das Hotel befindet sich auf dem Business Campus und ist dank seiner guten Verkehrsanbindung zum Flughafen, zur Münchener Innenstadt und zur Allianz Arena für Geschäftsreisende und Individualreisende gleichermaßen attraktiv. Neben großzügigen Zimmern in modernem Design bietet das Haus auch Longstay-Apartments, ausreichend Tagungskapazitäten, eine abwechslungsreiche Gastronomie mit regionalem Bezug sowie einen Fitnessbereich. Highlight ist die große Dachterrasse im 5. Stock mit Rooftopbar.

GARMISCH-PARTENKIRCHEN 67 D www.gapa.de

Bayern | EW 27.752 | 708 m | Oberammergau 20 km, Mittenwald 25 km

Einen Cityplan finden Sie auf Seite 458.

HYPERION Hotel www.h-hotels.com

garni

Alpspitzstraße 12 (B4), PLZ 82467 (OT: Garmisch), **T 08821 7830,** F 71374
65 Zimmer | 24 h

Inmitten der malerischen Altstadt vor einer wunderschönen Naturkulisse empfängt Sie dieses Hotel. Die Zimmer sind großzügig geschnitten, die Einrichtung ist eine Mischung aus Modernem und Regionalem - hochwertig und wohnlich. Hübsch auch der Schwimmpavillon mit hoteleigenem Hallenbad.

Obermühle www.hotel-obermuehle.de

★★★★ S garni

Mühlstraße 22 (B4), PLZ 82467 (OT: Garmisch), **T 08821 7040,** F 704112
128 Zimmer | 25 Suiten | 6 Apartments, Dz 190–450 €, inkl. Vollpension | 24 h

Das familiengeführte Haus am Fuß der Zugspitze wurde erst kürzlich umfangreich renoviert. Die individuell gestalteten Zimmer und Suiten bestechen durch modernen Komfort und alpinen Lifestyle. Sie sind mit Balkon oder Terrasse ausgestattet. Ein ansprechendes gastronomisches Angebot, sehr gute SPA-Anwendungen und die herzliche Atmosphäre machen das Hotel zu einer hervorragenden Ferienadresse.

Reindl's Partenkirchner Hof www.reindls.de

★★★★ S garni

Bahnhofstraße 15 (B2), PLZ 82467 (OT: Partenkirchen), **T 08821 943870,** F 94387250
61 Zimmer | 11 Suiten | Ez 115–200 €, Dz 170–380 €, inkl. Frühstück | 24 h

Traditionsreicher Familienbetrieb im Ortszentrum mit geschmackvoll im Landhausstil eingerichteten Zimmern. Moderner Wellnessbereich mit Schwimmbad, Saunalandschaft, Fitnessraum und Hot-Whirlpool im Wintergarten mit Aussicht auf die Alpspitze.

Riessersee Hotel www.riessersee-hotel.de

GREENSIGN garni

Rieß 5 (C4), PLZ 82467 (OT: Rieß), **T 08821 7580,** F 758123
166 Zimmer | 62 Suiten | 24 h

Wellnesshotel in malerischer Lage mit herrlichem Blick zur Zugspitze. Geräumige und komfortabel ausgestattete Zimmer. Kleiner Wohlfühlbereich mit zwei Saunen, Dampfbad und Indoorpool. Restaurant mit typisch bayerischer Küche und schöner Sonnenterrasse.

Werdenfelserei www.werdenfelserei.de

VARTA-TIPP Ambiente

garni

Alleestraße 28 (A3), PLZ 82467, **T 08821 57558,** F 81603
51 Zimmer | 8 Suiten | Ez ab 257 €, Dz ab 318 €, inkl. Frühstück ››

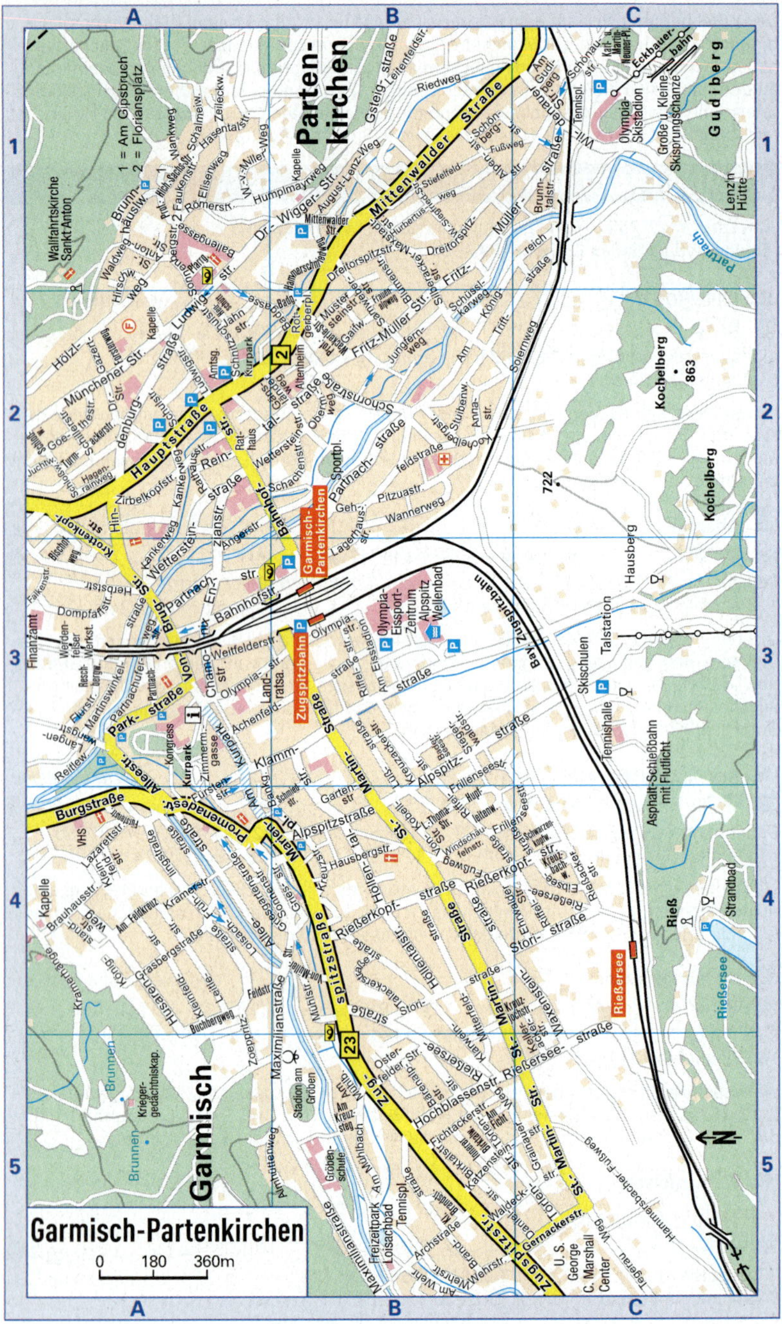
Garmisch-Partenkirchen
0 180 360m
Partenkirchen
Garmisch
1 = Am Gipsbruch
2 = Floriansplatz
Wallfahrtskirche Sankt Anton
Mittenwalder Straße
Hauptstraße
Bahnhofstr.
Zugspitzstraße
St.-Martin-Straße
Burgstraße
Promenadestr.
Alleestr.
Parkstraße
Von-Brug-Str.
Ludwigstraße
Münchener Str.
Partnachstraße
Wettersteinstraße
Alpspitzstraße
Rießerkopfstraße
Hochblassenstr.
Rießersee-straße
Maximilianstraße
Garmisch-Partenkirchen
Zugspitzbahn
Bay. Zugspitzbahn
Rießersee
Olympia-Eissport-Zentrum
Alpspitz Wellenbad
Kongress
Kurpark
Olympia-Skistadion
Große u. Kleine Skisprungschanze
Eckbauerbahn
Gudiberg
Kochelberg
863
722
Hausberg
Talstation
Skischulen
Tennishalle
Asphalt-Schießbahn mit Flutlicht
Rieß
Strandbad
Rießersee
Partnach
Lenz'n Hütte
Stadion am Gröben
Grödenschule
Freizeitpark Loisachbad
U.S. George C. Marshall Center
Hammersbacher-Fußweg
Kriegergedächtniskap.
Brunnen
Finanzamt
Kapelle
VHS
A
B
C
1
2
3
4
5

Das Interiordesign des familiär geführten Boutique- und Naturhotels ist eine liebenswerte Hommage an die Heimat. Die Zimmer, Studios und Suiten sind unterschiedlich groß, flexibel und wandelbar. Sie wurden in Vollholzbauweise errichtet und bestechen durch ihre exzellente Ausstattung. Highlight ist ein beheizter Infinitypool auf dem Dach des Hauses. Im Restaurant „Wurzelwerk“ können Sie à la carte speisen oder das saisonal wechselnde „Feuerwerkmenü“ genießen.

Zugspitze
www.hotel-zugspitze.de

★★★★ S

Klammstraße 19 (B3), PLZ 82467 (OT: Garmisch), **T 08821 9010**
48 Zimmer | 7 Suiten | Ez ab 95 €, Dz ab 180 €, inkl. Frühstück | 24 h

Umfangreich renoviertes Urlaubshotel im alpenländischen Stil mit behaglichen Zimmern und großzügigen Apartments. Ansprechender Wellnessbereich mit Schwimmbad, Sauna und Liegewiese auf 1.000 qm. Im Restaurant werden regionale und saisonale Spezialitäten serviert.

Leiners Familienhotel
www.leiners.de

Wildenauer Straße 20 (C1), PLZ 82467 (OT: Partenkirchen), **T 08821 95280,** F 9528100
47 Zimmer | 2 Apartments

Ein freundlich geführtes Haus in direkter Lage am Olympia-Skistadion. Wunderschöne, wertige Zimmer im modernen Landhausstil mit tollem Blick auf die umliegende Bergwelt. Das Hotel ist auf Familien mit Kindern spezialisiert. Für die kleinen Gäste bietet man Kinderbetreuung an. Verspielt designte Wellnesswelt mit Hallenbad, Babybecken und zwei Saunen.

Quartier
www.quartier-gapa.de

Sankt-Martin-Straße 26 (B3), PLZ 82467 (OT: Garmisch), **T 08821 9646482**
19 Zimmer | 19 Suiten | Ez 210–265 €, Dz 210–265 €, ab 18,00 €

Das moderne Bio-Hotel besticht durch seinen schnörkellosen, klaren und schlichten Stil. In den schicken Naturholzlodges trifft unaufdringlicher Luxus auf skandinavisches Design. Von der großzügigen Dachterrasse hat man einen tollen Blick auf die Berge.

Rheinischer Hof
www.rheinischerhof-garmisch.de

★★★★

Zugspitzstraße 76 (B5), PLZ 82467 (OT: Garmisch), **T 08821 9120**
39 Zimmer | 6 Suiten | 4 Apartments

Traditionsreiches, familiengeführtes Hotel im Ortsteil Garmisch, das 2023 umfangreich umgebaut und renoviert wurde. Die hellen, rustikal eingerichteten Zimmer verteilen sich auf das Haupthaus und das Apartmentgebäude und sind in vier Kategorien buchbar. Morgens erwartet Sie ein reichhaltiges Frühstücksbuffet. Kleiner Wellnessbereich mit Saunen und Außenpool.

Staudacherhof
www.staudacherhof.de

★★★★ S

Höllentalstraße 48 (B4), PLZ 82467 (OT: Garmisch), **T 08821 9290,** F 929333
51 Zimmer | 3 Suiten | 3 Apartments | Ez ab 125 €, Dz ab 205 €, inkl. Frühstück

Das privat geführte Haus bietet Gästezimmer unterschiedlicher Größe, teilweise mit schönem Ausblick auf die Berge. Mediterran anmutender Wellnessbereich auf 1.400 qm. Für Entspannung sorgen auch eine Lounge mit offenem Kamin, ein Pavillon und die Terrasse des Hauses.

4Eck - Restaurant & Bar
www.4-eck.com

Klammstraße 8 (B3), PLZ 82467 (OT: Garmisch), **T 08821 7984240**
40 | Hauptgericht 29–52 €, Menü 68–159 € | Mo-Sa So

Tagsüber ist das Lokal ein Bistro und Café für den schnellen Business Lunch oder einen Nachmittagskaffee. Am Abend verwandelt sich das 4Eck in ein lässiges Lifestyle-Restaurant mit Wohnzimmeratmosphäre. Gekocht wird ambitioniert und weltoffen mit überwiegend regionalen Produkten. Schöne Terrasse mit Bergblick.

Husar
www.restauranthusar.de

VARTA-TIPP Service

Fürstenstraße 25 (A4), PLZ 82467, **T 08821 9677922**
80 | Hauptgericht 20–50 € | Di-Sa Mo, So

Das Lokal von Verena und Christian Merget empfängt Sie in einem geschichtsträchtigen Gebäude mit hist. Fassadenmalerei. Sehr freundlicher Service, nette Atmosphäre und eine frische, deutsch-alpenländische Küche mit internationalem Einfluss machen dieses Restaurant aus. Die lauschige Terrasse mit schöner Aussicht auf die Werdenfelser Bergwelt ist im Sommer der absolute Renner.

GARREL 21 A
www.garrel.de

Niedersachsen | EW 14.658 | 20 m | Cloppenburg 13 km, Bremen 73 km

Heidegrund
www.hotel-heidegrund.de

★★★★ S

Drei-Brücken-Weg 10, PLZ 49681 (OT: Petersfeld), **T 04495 890,** F 89100
58 Zimmer | 24 h

In herrlich ruhiger Lage unmittelbar an der Thülsfelder Talsperre befindet sich diese gepflegte Übernachtungsadresse. Komfortabel ausgestattete Gästezimmer. Hübsch gestalteter Wellnessbereich „WaldSPA“ mit Naturbadeteich, Saunahäusern und Panoramawintergarten. Restaurant mit saisonaler Küche.

Zur Post
www.hotelzurpost-garrel.de

★★★★

Hauptstraße 34, PLZ 49681, **T 04474 8000,** F 7847
35 Zimmer | Ez ab 77 €, Dz ab 99 €, inkl. Frühstück

Hotel im Herzen des Oldenburger Münsterlandes. Neu eingerichtete Gästezimmer mit modernen Bädern und komfortabler Ausstattung. Im Restaurant werden internationale Küche und Steaks serviert. Ladestation für Elektroautos vorhanden.

Bürgerklause Tapken
www.buergerklause-tapken.de

€ Gut & Günstig ★★★★ garni

Hauptstraße 8, PLZ 49681, **T 04474 8092,** F 919403
21 Zimmer | Ez ab 79 €, Dz ab 119 €, inkl. Frühstück

Familienbetrieb in ruhiger Lage mit gemütlicher Atmosphäre. Wohnliche, im Landhausstil eingerichtete Zimmer im Haupt- und Nebenhaus, teilweise mit Balkon. Im Restaurant mit Wintergartenflair wird regionale Küche mit saisonalem Einschlag serviert.

GÄRTRINGEN 57 B
www.gaertringen.de

Baden-Württemberg | EW 11.758 | 476 m | Böblingen 8 km, Stuttgart 31 km

Kerzenstüble
www.kerzenstueble.de

Böblinger Straße 2-4, PLZ 71116, **T 07034 92400,** F 924040
28 Zimmer | 1 Apartment | Ez 78–90 €, Dz 104 €, 10,00 €

In dem familiengeführten Hotel hält man komfortabel eingerichtete Zimmer für Sie bereit. Im Restaurant bietet man regionale und überregionale Küche. Im Sommer lädt die Terrasse zum Verweilen ein.

GAU-BISCHOFSHEIM 50 B
www.gau-bischofsheim.de

Rheinland-Pfalz | EW 1.823 | 123 m | Mainz 13 km, Pirmasens 93 km

Das Nack
www.das-nack.de

Pfarrstraße 13, PLZ 55296, **T 06135 3043**
110 | Hauptgericht 24–40 € | So Mi-So Mo, Di

Hist. Weingut mit gemütlicher Gaststube, Gewölbekeller und verschiedenen Salons. Serviert werden gehobene Gerichte der regionalen, internationalen und mediterranen Küche sowie heimische Weine.

GEHRDEN 23 C
www.gehrden.de

Niedersachsen | EW 14.418 | 76 m | Hannover 12 km, Bad Nenndorf 16 km

Berggasthaus Niedersachsen
www.berggasthaus-niedersachsen.de

VARTA-TIPP Küche

Köthnerberg 4, PLZ 30989, **T 05108 3101**
45 | Hauptgericht 17–32 €, Menü 37–89 € | Sa-So Do-So Mo, Di, Mi

Ausgesprochen herzlich umsorgt man Sie in diesem behaglichen Gasthaus am Gehrdener Berg. Serviert wird eine schmackhafte saisonale Küche mit mediterranen Einflüssen. Probieren Sie z.B. „Kalbsschnitzel mit Sauce Béarnaise, saisonalem Gemüse und Risoleekartoffeln“ oder „Maispoularde mit Tomaten, Oliven und Polenta“. Im Sommer ein Muss: die großzügige Terrasse.

GEISENHEIM 50 B
www.geisenheim.de

Hessen | EW 11.704 | 88 m | Rüdesheim 3 km, Wiesbaden 23 km

Burg Schwarzenstein
www.burg-schwarzenstein.de

VARTA-TIPP Service

Rosengasse 32, PLZ 65366 (OT: Johannisberg), **T 06722 99500,** F 995099
51 Zimmer | 11 Suiten | Ez ab 220 €, Dz ab 220 €, ab 35,00 € | 24 h 1.–31.1.24

Inmitten der Weinberge liegt dieses hübsche Refugium. Dass man Historie und Moderne durchaus stimmig miteinander vereinen kann, zeigt das gelungene Ensemble aus hist. Burggebäude, moderner Parkresidenz, lichtdurchflutetem Pavillon und charmantem Gästehaus. Unter Leitung der engagierten Gastgeber Michael und Stephanie Teigelkamp wird das Hotel kontinuierlich verschönert und erweitert. Eine Oase der Ruhe mit tollem Panoramablick weit hinein in den Rheingau.

Müllers auf der Burg by Nelson Müller

VARTA-TIPP Küche

40 | Hauptgericht 18–58 €, Menü 95–128 € | Mi-So Mo, Di 1.1.–7.2.24

Als erste Dependance des MÜLLERS auf der Rü wurde das erfolgreiche Essener Brasseriekonzept von Spitzenkoch Nelson Müller in den Rheingau adaptiert. Eine Meeresfrüchtebar aus poliertem Marmor mit edlen Schalentieren und Austern bildet den Blickfang des modernen Pavillons mit seinen weitläufigen Terrassen. In ungezwungener Atmosphäre können Sie sich deutsche und französische Hausmannskost schmecken lassen. Das Angebot reicht von „Kalbscurrywurst | hausgemachte Currysauce | belgische Pommes Frites" bis zu „Müllers Backfisch | Limette | Senfsaat | hausgemachte Remoulade".

Waldhotel Rheingau
www.waldhotel-rheingau.de

★★★★

Marienthaler Straße 20, PLZ 65366, **T 06722 99600,** F 9960106
55 Zimmer | 1 Suite | Ez ab 90 €, Dz ab 120 €, 14,00 €

Stilvolles Wellnesshotel in idyllischer Lage. Die modernen Wine-Style-Zimmer sind von der Tradition des jahrundertealten Weinanbaus inspiriert. Kleiner Wellnessbereich mit Schwimmbad, Sole-Caldarium und Panorama-Gartensauna. Regionale und tradionelle Gerichte werden im Restaurant serviert.

Zwei und Zwanzig
www.zwei-und-zwanzig.de

Lindenplatz 1, PLZ 65366, **T 06722 7108312**
50 | Hauptgericht 8–16 € | Di-So Mo

Das sympathisch geführte Lokal zeigt sich im puristisch-geradlinigen Bistrostil. Hier kocht man vegan mit guten, ökologisch erzeugten Produkten und sehr viel Herzblut. Das regional ausgerichtete Speisenangebot wird durch eine aktuelle Wochenkarte ergänzt.

GEISINGEN 65 A www.geisingen.de

Baden-Württemberg | EW 6.300 | 667 m | Donaueschingen 13 km, Tuttlingen 16 km

Zum Hecht www.zumhecht.de

Hauptstraße 41, PLZ 78187, **T 07704 281**
45 | Hauptgericht 26–34 €, Menü 56–74 € | So Mi-So Mo, Di

Individualität in punkto Küche, Ambiente und Service - das zeichnet diesen Gasthof aus. Es erwarten Sie geschmackvolle Räumlichkeiten in eleganter und sehr warmer Atmosphäre. Auf der Karte stehen aromenreiche internationale Gerichte zu fairen Preisen. Und gepflegt übernachten kann man hier ebenfalls.

GEISLINGEN 58 B www.geislingen.de

Baden-Württemberg | EW 28.397 | 464 m | Göppingen 18 km, Ulm 31 km

Burghotel www.burghotel-schiehle.de

garni

Schalkstetter Straße 1, PLZ 73312, **T 07331 93260,** F 932636
23 Zimmer | 1 Suite | Ez 69–89 €, Dz 109–119 €, 7,00–9,00 €

Freundliches, familiengeführtes Haus in ruhiger Lage. Gepflegte Gästezimmer mit klassischer Einrichtung, teils mit eigenem Balkon. Beheiztes Hallenbad. Große Liegewiese. Bei schönem Wetter kann auch auf der Terrasse gefrühstückt werden.

GELDERN 28 B www.geldern.de

Nordrhein-Westfalen | EW 33.725 | 25 m | Wesel 28 km, Krefeld 30 km

See Park Janssen www.seepark.de

★★★★ S

Danziger Straße 5, PLZ 47608, **T 02831 9290,** F 929299
88 Zimmer | Ez 107–185 €, Dz 166–231 €, inkl. Frühstück | 24 h

Modernes, familiengeführtes Geschäfts- und Tagungshotel mit schöner Pool- und Saunalandschaft auf 8.000 qm. Wohnliche Gästezimmer. Einen schönen Ausblick auf den See bieten die Panoramazimmer im Neubau. Restaurant mit neuzeitlichem Ambiente und schöner Terrasse mit Seeblick.

Folgen Sie uns: facebook.com/vartaguide

GELNHAUSEN 42 C www.gelnhausen.de

Hessen | EW 22.104 | 159 m | Wächtersbach 11 km, Hanau 21 km

Bergschlösschen www.restaurant-bergschloesschen.de

Am Schlösschen 4, PLZ 63571, **T 06051 472647**
75 | Mo, Mi-Fr, So Mo, Mi-So Di

Elegantes Ambiente, gepflegte Tischkultur und eine schmackhafte italienische Küche erwarten Sie in diesem sympathischen Restaurant. Im Sommer lockt die großzügige Terrasse mit tollem Ausblick über die Stadt.

GELSENKIRCHEN 29 B www.gelsenkirchen.de

Nordrhein-Westfalen | EW 265.000 | 52 m | Essen 9 km, Bochum 11 km
Altstadt, Hans-Sachs-Haus, Bleckkirche, Schloss Berge, Schloss Horst, Wissenschaftspark Rheinelbe, Musiktheater im Revier, Veltins-Arena mit Schalkemuseum, Halde Rungenberg, Hafen Graf Bismarck.

Heiner's Parkhotel www.heiners.info

★★★★ S

Am Bugapark 1d, PLZ 45899 (OT: Horst), **T 0209 1772222**
36 Zimmer | 4 Suiten | Ez ab 95 €, Dz ab 135 €, 18,50 € | 24 h

Das Hotel ist im ehem. Magazin der Zeche Nordstern beheimatet – vis-à-vis zum Förderturm mit der Herkules-Skulptur des Künstlers Markus Lüpertz. Es bietet seinen Gästen freundliche und gut ausgestattete Zimmer mit kostenlosem WLAN. Auf Wandbildern wird die Bergbaugeschichte des Ruhrgebietes erzählt. Im Restaurant setzt man auf traditionelle, regionsbezogene Küche.

Restaurant UNVERHOFFT www.unverhofft.de

Middelicher Straße 72, PLZ 45891 (OT: Erle), **T 0209 77390**
130 | Hauptgericht 18–45 € | Mo-So

Passend zum ruhigen und sehr gepflegten Golfclub Haus Leythe hat man die Gastronomie geschickt in den Komplex eingebunden. Die Küche im geschmackvoll eingerichteten Restaurant ist unkompliziert, modern und abwechslungsreich. Clubraum mit Kamin und Panoramablick, herrliche Sommerterrasse.

Jetzt vorbeischauen: pinterest.com/vartaguide

GEMÜNDEN A. MAIN 42 D www.stadt-gemuenden.info

Bayern | EW 10.290 | 160 m | Lohr 13 km, Karlstadt 16 km

Imhof www.hotel-imhof.de

€ Gut & Günstig ★★★ S

Frankenstraße 1, PLZ 97737 (OT: Langenprozelten), **T 09351 97110,** F 971133
32 Zimmer | Ez 85–95 €, Dz 118–134 €, inkl. Frühstück

Familiär geführtes Haus, das 2023 in zeitgemäßem Design renoviert wurde. Neben funktionalen Zimmern im Stammhaus stehen moderne Landhauszimmer im Anbau zur Verfügung. Das Restaurant serviert fränkische Gerichte mit steirisch-bayerischem und internationalem Einfluss.

GENGENBACH 57 C www.gengenbach.info

Baden-Württemberg | EW 11.130 | 175 m | Offenburg 10 km, Lahr 25 km

Die Reichsstadt www.die-reichsstadt.de

VARTA-TIPP Service

★★★★

Engelgasse 33, PLZ 77723 (OT: Kinzigtal), **T 07803 96630,** F 966310
22 Zimmer | 8 Suiten | Ez ab 100 €, Dz ab 200 €, inkl. Halbpension

Ein aufwendig restauriertes Gebäude aus dem 18. Jh. mitten in der Altstadt. In diesem reizenden Boutique-Hotel hat man Design und Tradition perfekt miteinander vereint. Die unterschiedlich großen Zimmer zeichnen sich durch klare Linien, warme Erdtöne, Altholzböden und bequeme Boxspringbetten aus. Für Entspannung sorgt der kleine, aber stilvolle „Reichsstadt SPA". Aufmerksam der Service, ausgezeichnet das Frühstück, gemütlich der Loungebereich mit Kamin.

Die Reichsstadt

VARTA-TIPP Küche

75 | Hauptgericht 30–42 €, Menü 85–145 € | Di-Sa ⦸ So

Neben einem ambitionierten Gourmetmenü (3 bis 6 Gänge) werden auch saisonal-badische Gerichte (z.B. „Zweierlei vom Ortenauer Kalb mit Pfefferrahmsauce, Pfifferlingen und Spätzle") offeriert. Gerhard Hummel kocht mit Geschick, Raffinesse und gutem Gespür für beste Produkte. Dazu freundlicher Service und ein stilvoll-elegantes Ambiente. Mediterranes Flair versprüht das gemütliche Gartenrestaurant.

Pfeffer & Salz
www.pfefferundsalz-gengenbach.de

★★★ garni

Mattenhofweg 3, PLZ 77723, **T 07803 93480,** F 934840
24 Zimmer | Ez 70 €, Dz 108–134 €, inkl. Frühstück

Genuss, Entspannung und Natur verspricht dieses familienfreundliche Weinhotel am Rande der Stadt. Die komfortabel eingerichteten Zimmer sind in natürlichen Farben gehalten und mit Naturmaterialien ausgestattet. Im Restaurant wird badisch-regional gekocht. Für Entspannung sorgt eine Fasssauna mit Liegewiese.

Schwarzwaldhotel Gengenbach
www.schwarzwaldhotel-gengenbach.de

★★★★ garni

In der Börsiglache 4, PLZ 77723, **T 07803 93900,** F 939099
59 Zimmer | 3 Suiten | 4 Apartments | Ez 100–123 €, Dz 132–155 €, 13,00–20,00 €

Zeitgemäßes Hotel in unmittelbarer Nähe zum Flussufer der Kinzig. Funktional ausgestattete Gästezimmer. Wellnessbereich mit Hallenbad, Sauna, Dampfbad und Fitnessraum. Gute Verkehrsanbindung zur Messe Offenburg. Im Restaurant „Zur Kirsche" wird traditionelle badische Küche mit europäischen Einflüssen serviert.

Jetzt abonnieren: instagram.com/vartaguide

Pfeffermühle
www.pfeffermuehle-gengenbach.de

€ Gut & Günstig ★★★ garni

Oberdorfstraße 24, PLZ 77723, **T 07803 93350,** F 6628
25 Zimmer | 1 Suite | Ez ab 62 €, Dz ab 92 €, inkl. Frühstück

Familiär geführtes Haus unweit der hist. Altstadt. Zweckmäßig eingerichtete Zimmer zu vergleichsweise günstigen Preisen. Im gemütlichen Restaurant regionale Küche mit mediterranem Einfluss sowie hausgemachte Kuchen.

Ponyhof Stammhaus by Tobias Wussler
www.ponyhof.co

VARTA-TIPP Küche

Mattenhofweg 6, PLZ 77723, **T 07803 1469**
110 | Hauptgericht 27–45 €, Menü 72–96 € | Sa-So Mi-So ⦸ Mo, Di

››

Ein Familienbetrieb, wie er im Buche steht! Das badische Wirtshaus seiner Eltern hat Tobias Wussler zu einer beachtenswerten Gourmetadresse weiterentwickelt. Serviert wird eine neu interpretierte regionale Wirtshausküche, traditionell und modern zugleich. Auch vegetarische Gerichte und Fischspezialitäten stehen auf der Speisekarte. Bei den Zutaten legt Wussler großen Wert auf heimische Produkte, schonende Verarbeitung und einen vernünftigen Umgang mit der Natur. In den Gasträumen liebenswertes, historisch-rustikales Flair. Dazu ein versierter und absolut sympathischer Service.

GEORGSMARIENHÜTTE 21 C www.georgsmarienhuette.de

Niedersachsen | EW 34.000 | 100 m | Osnabrück 10 km, Münster 51 km

Rittergut Osthoff www.hotel-rittergut-osthoff.de

Rittergut Osthoff 3a, PLZ 49124 (OT: Kloster Oesede), **T 05401 880890**
30 Zimmer | Ez 97–125 €, Dz 130–150 €

Südlich von Osnabrück, in den Wäldern um Georgsmarienhütte, empfängt Sie dieses charmante Landhotel mit herrschaftlichem Herrenhaus, Gestüt und Reitanlage. Das Anwesen bietet behagliche, mit Liebe zum Detail eingerichtete Zimmer in unterschiedlichen Kategorien. Im Restaurant kocht man international mit regionalen Einflüssen.

GERA 45 A tourismus.gera.de

Thüringen | EW 99.987 | 203 m | Zwickau 45 km, Jena 45 km

Gewürzmühle www.hotelgewuerzmuehle.de

Clara-Viebig-Straße 4, PLZ 07545, **T 0365 824330,** F 8243344
28 Zimmer | Ez 69–74 €, Dz 89–99 €, 15,00 € | 24.12.23–1.1.24

Gepflegtes Hotel in einer ehemaligen Gewürzfabrik von 1922 in einer ruhigen Seitenstraße in der Innenstadt, nur wenige Gehminuten vom Einkaufszentrum Gera Arcaden entfernt. Solide möblierte Gästezimmer.

GERNSBACH 57 A www.gernsbach.de

Baden-Württemberg | EW 14.000 | 174 m | Gaggenau 5 km, Baden-Baden 11 km

Schloss Eberstein www.schlosseberstein.com

VARTA TIPP Service

Schloss Eberstein 1 (über Schloßstraße), PLZ 76593, **T 07224 995950,** F 9959550
16 Zimmer | 5 Suiten | Ez 120–210 €, Dz 165–210 €, inkl. Frühstück

Ein Hideaway für Kulinariker und Individualisten. Die hist. Burg mit königlichem Flair verfügt über luxuriöse Zimmer und Suiten, die individuell mit edlen Naturmaterialien und stilvollen Details gestaltet sind. Entspannung bieten die hauseigene Bibliothek und der ruhige Garten. Dazu ein toller Service mit persönlicher Note. Insbesondere für Firmenfeiern oder private Veranstaltungen bietet dieses Hotel ein außergewöhnliches Ambiente.

Werners Restaurant

VARTA-TIPP Küche VARTA-TIPP Service

40 | Hauptgericht 29–55 €, Menü 105–140 € | So Mi-So Mo, Di

Stilvoll-elegant und modern präsentiert sich das frisch renovierte Gourmetrestaurant. Neu ist nicht nur das Ambiente, sondern auch der Küchenchef! Mit Edmund Schmidt hat sich Patron Bernd Werner einen erfahrenen und ambitionierten Mann ins Team geholt. Serviert wird eine weltoffene und zeitgemäße Gourmetküche. Aus handverlesenen, frischen Zutaten entstehen außergewöhnliche Gerichte, die Sie in Form eines vier- bis sechsgängigen Menüs genießen können. Zusammen mit dem sympathischen Service sowie der exzellenten Weinauswahl wird der Besuch zum genussreichen Vergnügen. Von der herrlichen Panoramaterrasse hat man einen überwältigenden Blick auf Murg- und Rheintal.

Hazienda Apartmenthotel

www.romantiklandhaus.de

Pflasteräcker 26, PLZ 76593, **T 07224 989304,** F 651359
10 Zimmer | 10 Apartments | 24 h

Kleines, charmantes Landhaus mit südländischer Atmosphäre, eingebettet in einen 1.400 qm großen mediterranen Garten. Sie wohnen in individuell und liebevoll eingerichteten Juniorsuiten. Zum Haus gehören auch eine Tapasbar und eine gemütliche Frühstücksterrasse.

GEROLSTEIN 39 D

www.gerolsteiner-land.de

Rheinland-Pfalz | EW 7.492 | 358 m | Prüm 20 km, Daun 21 km

Löwenstein

www.loewenstein-hotel.de

★★★ S

Zur Büschkapelle 5, PLZ 54568, **T 06591 819390,** F 81939777
35 Zimmer | 1 Suite | Ez 80–100 €, Dz 130–180 €, inkl. Frühstück

Helle, tipptopp gepflegte Zimmer (teils mit tollem Weitblick in die Eifeler Natur), freundliche Gästebetreuung, schöner Saunabereich... ein Hotel zum Wohlfühlen! Im Restaurant und auf der herrlichen Gartenterrasse serviert man regionale und saisonale Speisen.

GERSFELD (RHÖN) 42 D

www.gersfeld.de

Hessen | EW 5.968 | 486 m | Bad Brückenau 25 km, Fulda 27 km

Gersfelder Hof

www.gersfelder-hof.de

★★★★

Auf der Wacht 14, PLZ 36129, **T 06654 1890,** F 189888
80 Zimmer | 19 Apartments | Ez 80–105 €, Dz 129–139 €, inkl. Frühstück | 24 h

Weitläufiges Seminar- und Ferienhotel unweit der Wasserkuppe. Individuelle Gästezimmer mit Balkon, geräumige Apartments im Gästehaus. Kleiner Wellnessbereich mit Hallenbad und Panoramasauna. Rustikal gestaltetes Restaurant „WEBER'S" mit moderner deutscher Küche.

Sonne
www.sonniges.de

€ Gut & Günstig

Amelungstraße 1, PLZ 36129, **T 06654 96270,** F 7649
30 Zimmer | 12 Apartments | Ez 55–68 €, Dz 80–90 €, inkl. Frühstück

Kleines, in der 3. Generation famliengeführtes Haus. Komfortabel und individuell eingerichtete Zimmer mit kostenlosem WLAN. Zum Relaxen steht eine Sauna mit Infrarotkabine bereit. Leichte Küche und Rhöner Hausmannskost werden im behaglichen Restaurant serviert.

Kaufmann's **Neu!**
www.kaufmanns-am-schlosspark.de

Schlossplatz 11, PLZ 36129, **T 06654 9178055**
Hauptgericht 18–35 €, Menü ab 68 € | Sa-So Do-So Mo, Di, Mi

In den Räumen der früheren Schlossbrauerei präsentiert Patron und Chefkoch Michael Kaufmann in entspannter Atmosphäre eine unverfälschte, regionale Frischeküche mit raffinierten, saisonal inspirierten Speisen wie „Im Ganzen gebratene Rhöner Bachforelle | Blattsalate | Zitronenbutter | Petersilienkartoffeln". Oder Sie entscheiden sich für ein 5- bis 8-gängiges Gourmetmenü (Voranmeldung erforderlich). Die gut sortierte Weinkarte kann sich sehen lassen.

GESEKE 31 A
www.geseke.de

Nordrhein-Westfalen | EW 21.447 | 104 m | Paderborn 18 km, Soest 30 km

Feldschlösschen
www.hotel-feldschloesschen.net

Salzkottener Straße 42 (an der B 1), PLZ 59590, **T 02942 9890,** F 989399
62 Zimmer | 2 Suiten | Ez 75 €, Dz 110 €, inkl. Frühstück

In vierter Generation familiengeführtes Urlaubs- und Tagungshotel in einem markanten Jugendstilgebäude aus dem Jahre 1909. Lichtdurchflutete, gemütlich mit warmen Farben eingerichtete Gästezimmer. Das Restaurant serviert regionale und internationale Küche.

Folgen Sie uns: facebook.com/vartaguide

GIENGEN 59 A
www.giengen.de

Baden-Württemberg | EW 19.828 | 464 m | Heidenheim 12 km, Ulm 33 km

Lobinger Parkhotel
www.lobinger-hotels.de/parkhotel/hotel/das-hotel

★★★★

Steigstraße 110, PLZ 89537, **T 07322 9530,** F 953111
72 Zimmer | 9 Suiten | Ez ab 85 €, Dz ab 95 €, inkl. Frühstück | 24 h

Persönlich geführtes Urlaubshotel mit freundlicher Atmosphäre. Liebevoll eingerichtete, mit verschiedenen Designelementen ausgestattete Zimmer mit moderner Ausstattung. Das Haus bietet zudem eine Sauna- und Fitnessoase, ein Restaurant mit regionaler Küche, eine E-Tankstelle sowie einen Porscheverleih.

GIESSEN 41 B
www.giessen-entdecken.de

Hessen | EW 88.507 | 159 m | Wetzlar 15 km, Marburg 30 km

Heyligenstaedt
www.restaurant-heyligenstaedt.de

VARTA-TIPP Ambiente

garni

Aulweg 41, PLZ 35392, **T 0641 4609650,** F 46096599
20 Zimmer | 1 Suite | Ez ab 118 €, Dz ab 264 €, 16,00 € | 24 h

Bereits äußerlich beeindruckt dieses Boutique-Hotel mit seiner denkmalgeschützten Industriefassade aus dem Jahre 1876. Im Inneren trifft Fachwerk auf modernes Interieur. Die Gästezimmer sind in unterschiedlichen Farbstilen möbliert und mit allem technischen Komfort ausgestattet. Kein Zimmer gleicht dem anderen. Hausgästen steht eine Sauna mit Dachterrasse zur Verfügung.

Heyligenstaedt

100 | Hauptgericht 26–95 €, Menü 69–89 € | Do-Fr Di-Sa Mo, So 1.–8.1.24

Äußerst geschmackvoll hat man das hist. Fabrikgebäude aus dem 18. Jhd. eingerichtet. Hier verbinden sich neue und alte Architektur harmonisch miteinander. Serviert wird eine kreative internationale Küche. Mittags kommt man gerne zum preisgünstigen Quick Lunch.

Altes Eishaus
www.hotel-giessen.de

garni

Wißmarer Weg 45, PLZ 35396, **T 0641 389080,** F 3013528
35 Zimmer | Ez 60–100 €, Dz 95–120 €, 12,00 € | 21.12.23–7.1.24

Ein familiär geführtes Haus unmittelbar an der Lahn. Geschmackvoll eingerichtete Zimmer, überwiegend mit Balkon oder Terrasse. Im historischen Restaurant mit Biergarten setzt man auf eine gutbürgerliche regionale Küche.

Residenz
www.residenz-hotel-giessen.de

garni

Wiesecker Weg 12, PLZ 35396, **T 0641 39980,** F 399888
33 Zimmer | 2 Suiten | 31 Apartments | Ez 80 €, Dz 99 €, inkl. Frühstück

Ob Urlaub, Kurztrip oder Geschäftsreise - das inhabergeführte Stadthotel punktet mit seiner persönlichen Atmosphäre und der guten Verkehrsanbindung. Hier erwarten Sie helle, freundlich eingerichtete Zimmer, überwiegend mit Balkon oder Terrasse. Gutes Frühstück.

GILCHING 60 C
www.gilching.de

Bayern | EW 20.000 | 553 m | München 20 km, Augsburg 49 km

Courtyard by Marriott
www.marriott.de/mucms

garni

Friedrichshafener Straße 3a, PLZ 82205, **T 089 614260,** F 61426099
174 Zimmer | 20 Suiten | Ez 89–299 €, Dz 99–309 €, inkl. Frühstück | 24 h

Der Hotelneubau befindet sich im Technologie-Park der Stadt. Das Leitmotiv „Fliegen“ als Hommage an die legendären Dornier-Flugzeuge zieht sich gestalterisch bis in den Zimmerbereich. Moderne Konferenzeinrichtungen. Restaurant „Fahrwerk“ mit offener Showküche.

GLASHÜTTEN 41 C
www.gemeinde-glashuetten.de

Hessen | EW 5.304 | 510 m | Königstein im Taunus 7 km, Idstein 16 km

Glashüttener Hof
www.glashuettenerhof.com

Limburger Straße 86, PLZ 61479, **T 06174 6922**
120 | Hauptgericht 23–44 € | Mi-So ⦸ Mo, Di

Hübsch eingerichtetes Restaurant mit schmackhafter internationaler Frischeküche und jahreszeitlich orientierten Spezialitäten. Preiswerter Mittagstisch. Neun Gästezimmer vorhanden.

GLEES 40 C
www.brohltal-tourismus.de

Rheinland-Pfalz | EW 604 | 284 m | Mendig 7 km, Andernach 15 km

Seehotel Maria Laach
www.seehotel-maria-laach.de

★★★★ S garni

Am Laacher See 1, PLZ 56653 (OT: Maria Laach), **T 02652 5840,** F 584522
69 Zimmer | 1 Apartment | 24 h

Gut geführtes Hotel direkt neben dem Laacher See und dem über 900-jährigen Benediktinerkloster Maria Laach. Überall finden sich Reminiszenzen an das Kloster und seine traditionellen Handwerkskünste. Das gesamte Haus wurde erst kürzlich komplett kernsaniert und bietet funktionale Zimmer sowie ein neuzeitliches Restaurant mit nationalen und internationalen Speisen.

GLEISWEILER 50 D
www.gleisweiler.de

Rheinland-Pfalz | EW 609 | 285 m | Landau (Pfalz) 8 km, Haßloch (Holiday Park) 29 km

Herrenhaus Barthelemy
www.herrenhaus-barthelemy.de

garni

Bergstraße 4, PLZ 76835, **T 06345 953022,** F 953023
6 Zimmer | 1 Suite | Ez 115–125 €, Dz 127–133 €, 12,50 € | ⦸ 8.1.–14.3.24

Unter Denkmalschutz stehendes, hübsch restauriertes Anwesen mit individuell gestalteten Zimmern und Suiten. Einrichtung mit edlen Stoffen, geschmackvollen Accessoires und teils antiken Möbelstücken. Romantischer Garten. In der Remise gibt es zusätzlich noch drei hübsche Ferienwohnungen.

GLONN 68 A
www.markt-glonn.de

Bayern | EW 4.890 | 536 m | Feldkirchen-Westerham 11 km, München 28 km

Steirer Eck
www.biorestaurant-steirereck.de

Herrmannsdorf 7, PLZ 85625 (OT: Herrmannsdorf), **T 08093 909445**
Menü 79–199 € | Mi-So ⦸ Mo, Di

Frisch, saisonal und mit natürlichen Produkten aus der Region kocht man in diesem sympathischen Bio-Restaurant. Auf der handgeschriebenen Speisekarte stehen zeitgemäße österreichische Gerichte. Lust auf „Steirisches Backhendl" oder lieber „Kärntner Kasnudeln"? Lauschiger Biergarten.

GLOTTERTAL 56 D
www.glottertal.de

Baden-Württemberg | EW 3.038 | 320 m | Waldkirch 12 km, Freiburg 14 km

Hirschen
www.hirschen-glottertal.de

★★★★ garni

Rathausweg 2, PLZ 79286, **T 07684 810,** F 1713
49 Zimmer | Ez 95–139 €, Dz 179–215 €, inkl. Frühstück

Das traditionsreiche Haus ist seit Generationen im Familienbesitz. Es verfügt über wohnliche Gästezimmer in unterschiedlichen Kategorien. Zum Hotel gehören eine Saunalandschaft, ein Panoramapool mit Gegenstromanlage sowie ein weitläufiger Park.

Hirschen

45 | Hauptgericht 22–44 €, Menü 45–65 € | Di-So Mo

Verschiedene geschmackvoll eingerichtete Gaststuben. Aus der Küche kommen schmackhafte regional und saisonal beeinflusste Gerichte. Probieren Sie z.B. „Gebratener Wolfsbarsch an Safransauce mit grünem Spargel auf Morchelrisotto" oder „Dry-Aged-Rinderfilet unter der Senfkruste an Rotweinsauce mit Rübligemüse und Steckrübenstampf".

Zum Kreuz
www.zum-kreuz.de

★★★ S garni

Landstraße 14, PLZ 79286, **T 07684 206,** F 800839
36 Zimmer | 1 Suite | Ez 65–75 €, Dz 150–205 €, inkl. Frühstück | 8.–18.1.24

Ein Haus mit langer Familientradition - seit 11 Generationen werden hier Gäste begrüßt. Helle, im Landhausstil gestaltete Zimmer in unterschiedlichen Kategorien. Hübscher Wellnessbereich auf zwei Etagen. Gemütliches Hotelrestaurant im ländlichen Stil, in dem badische Küche unter Verwendung frischer saisonaler Produkte serviert wird.

Zum goldenen Engel
www.goldener-engel-glottertal.de

€ Gut & Günstig garni

Friedhofweg 2, PLZ 79286, **T 07684 250,** F 267
14 Zimmer | 3 Suiten | Ez ab 70 €, Dz 100–130 €, inkl. Frühstück

Hier pflegt man seit mehr als 500 Jahren echte Gasthoftradition. Überaus gemütliche Zimmer (im Schwarzwaldstil mit bemalten Bauernmöbeln oder als romantische Wohlfühlzimmer), ein freundlicher, gastorientierter Service und das tolle Frühstück am Morgen zeichnen dieses Haus aus.

Zum goldenen Engel

120 | Hauptgericht 19–38 €, Menü 52–67 € | Mo-Di, Do-So Mi

Heimelige Atmosphäre und herzliche Gastlichkeit erwarten Sie in diesem Schwarzwaldgasthaus. Dazu bietet man eine bodenständige und ehrliche Küche, bei der überwiegend heimische Produkte verwendet werden. Was halten Sie z.B. von „Zweierlei vom Glottertäler Hirsch mit Kohlrabi, Pfifferlingen und Petersiliengnocchi"? Tipp: Preisgünstiger Mittagstisch in zwei Gängen.

GLÜCKSBURG 7 A
www.gluecksburg-urlaub.de

Schleswig-Holstein | EW 5.834 | 17 m | Flensburg 11 km, Kappeln/Schlei 43 km

Alter Meierhof Vitalhotel
www.alter-meierhof.de

VARTA★TIPP Service

★★★★★ S garni

Uferstraße 1, PLZ 24960, **T 04631 61990,** F 619999
54 Zimmer | 2 Suiten | Ez 210–470 €, Dz 260–520 €, inkl. Frühstück | 24 h

››

Das privat geführte Hotel überzeugt seit vielen Jahren mit einem vorbildlichen Service- und Dienstleistungsniveau. Die Zimmer und Suiten bestechen durch hohen Wohnkomfort und zeitlose Eleganz. Sie sind mit ausgesuchten Antiquitäten, Eichenparkett und stilvollen Accessoires ausgestattet. Toll der orientalisch anmutende SPA-Bereich mit Hamam, Saunalandschaft sowie beheiztem Innen- und Außenpool. Den herrlichen Blick bis zur dänischen Küste gibt's gratis dazu.

Meierei Dirk Luther

VARTA★TIPP Küche VARTA-TIPP Service

26 | Menü 215–240 € | Mi-Sa | Mo, Di, So | 20.12.23–13.1.24

Das Gourmetrestaurant besticht nicht nur durch den tollen Ausblick auf die Förde, sondern auch durch sein elegantes Innendesign. Stilvolle Tischkultur sowie warme Grau- und Schlammtöne bilden den Rahmen für die kulinarischen Feuerwerke von Dirk Luther und Sebastian Buchta. Dabei setzt das Küchenduo auf erstklassige Produkte, handwerkliche Perfektion und klassisch französische Kochkunst mit modernen Akzenten. Dazu kredenzt der herzlich zuvorkommende Service edle Tropfen aus dem gut bestückten Weinkeller.

Brasserie

70 | Hauptgericht 24–43 €, Menü 65–85 € | Mo-So

Ob Genießerfrühstück, Lunch oder Dinner - das stimmungsvolle Restaurant mit seiner offenen Showküche ist eine gute Alternative zum Gourmetrestaurant. Leckeres aus der hauseigenen Patisserie kann man im Sommer auf der lauschigen Strandterrasse genießen.

Strandhotel
strandhotelgluecksburg.de

★★★★ S

Kirstenstraße 6, PLZ 24960 (OT: Sandwig), **T 04631 61410,** F 614111
45 Zimmer | 3 Suiten | 9 Apartments | Ez ab 129 €, Dz ab 189 €, inkl. Frühstück | 24 h

Direkt am Strand der Flensburger Förde liegt dieses Ferienhotel im skandinavischen Stil. Das Haus bietet seinen Gästen individuell geschnittene, liebevoll dekorierte Zimmer und einen kleinen, aber feinen Wellnessbereich. Wer länger bleiben möchte: im Nebengebäude (nur 2 Gehminuten vom Haupthaus entfernt) gibt es auch Ferienwohnungen.

Felix

100 | Hauptgericht 20–37 €, Menü 73–99 € | Mo-So

Liebevoll eingerichtetes Restaurant im modernen skandinavischen Stil. Kombination aus leichter Bistroküche und gehobenen Feinschmeckermenüs, dazu tagesaktuelle Empfehlungen. Motivierte Servicecrew.

Ostsee-Strandhaus
www.ostsee-strandhaus-holnis.de

★★★ S garni

An der Promenade 1, PLZ 24960, **T 04631 622071,** F 622072
29 Zimmer | Ez 99–209 €, Dz 109–219 €, 18,50 €

Modern, jung und mit nordischem Flair zeigt sich dieses Designhotel in einzigartiger Strandlage. Die Zimmer und Suiten (alle mit Balkon oder Terrasse) sind lichtdurchflutet und sehr geschmackvoll eingerichtet. Toll der Blick über die Flensburger Förde. Das hauseigene Strandcafé und die Rezeption sind 100 m vom Hotelgebäude entfernt.

Smucke Steed
www.smucke-steed.de

Paulinenallee 5, PLZ 24960, **T 04631 4445161**
16 Zimmer

Wenn Sie eine Auszeit brauchen, empfiehlt sich dieses kleine, feine Landhotel. Hinter hist. Mauern erwarten Sie moderne, licht gestaltete Zimmer. Im Sommer können Sie das hausgemachte Frühstück (mit vielen Bio-Produkten) auf der Terrasse mit Blick auf das Schwennautal und die Flensburger Förde genießen. Hübsch die finnische Gartensauna.

GMUND A.TEGERNSEE 68 A
www.gmund.de

Bayern | EW 5.890 | 740 m | Miesbach 11 km, Bad Tölz 14 km

Gasthaus Jennerwein
www.jennerwein-gasthaus.de

Münchner Straße 127, PLZ 83703 (OT: Dürnbach), **T 08022 706050**
65 | Hauptgericht 18–32 € | Fr-So Mo, Do-So Di, Mi

Traditionsreiches Gasthaus mit familiärem Charme. Alte Wandvertäfelungen, knarrende Holzdielen, blank gescheuerte Tische und ein prächtiger alter Kachelofen sorgen für eine heimelige Atmosphäre. Das Speisenrepertoire reicht von zünftigen bayerischen Gerichten bis hin zu feinen Schmankerln aus Österreich und Südtirol. Hübscher Biergarten.

Ostiner Stub'n
www.ostiner-stubn.de

Schlierseer Straße 60, PLZ 83703 (OT: Ostin), **T 08022 7059810**
40 | Hauptgericht 24–28 €, Menü 49–69 € | Do-So Mo, Mi-So Di

In erster Linie kommt man natürlich wegen des guten Essens hierher, aber auch die Atmosphäre stimmt: behaglich-moderne Gaststuben mit zeitgemäßem Landhausambiente. Serviert werden Gerichte wie „ Gegrillte Poulardenbrust an Estragon-Senfsauce mit Butterreis und Pfifferlingen" oder „Doradenfilet mit gebratenen Artischokenherzen, Paprika, Krustentiersauce und Kartoffelkrapfen". Mittags kleine Lunch-Karte.

GNOTZHEIM 53 C
www.gnotzheim.de

Bayern | EW 813 | 473 m | Gunzenhausen 10 km, Dinkelsbühl 34 km

Gasthof Gentner
www.gasthof-gentner.de

Spielberg 1, PLZ 91728 (OT: Spielberg), **T 09833 988930**
60 | Hauptgericht 18–35 €, Menü 35–48 € | Do-Sa Mo, Di, Mi, So

Fränkischer Gasthof mit drei unterschiedlich gestalteten, gemütlichen Gaststuben. Moderne Küche unter Verwendung frischer regionaler Produkte. Sieben individuell eingerichtete Gästezimmer vorhanden.

GÖHREN-LEBBIN 18 C
www.goehren-lebbin.de

Mecklenburg-Vorpommern | EW 577 | 74 m | Malchow 7 km, Röbel 15 km

Hotel Schloss Fleesensee
www.schlosshotel-fleesensee.com

Schlossstraße 1, PLZ 17213, **T 039932 80100**, F 80103590
175 Zimmer | 20 Suiten | Ez 175–235 €, Dz 195–255 €, inkl. Frühstück | 24 h »

Großzügiges Urlaubsresort, das vor allem bei Golfern sehr beliebt ist. Die klassisch-elegant eingerichteten Zimmer verteilen sich auf das Schloss und die Dependancen. Geschmackvolle Hotelbar mit Smoker's Lounge. Für Entspannung sorgt das SCHLOSS Spa mit Saunalandschaft, beheiztem Außenpool und Fitness Area. Shuttleservice zum See.

Seehotel Fleesensee
www.tui-blue.com

★★★★ S garni

Seeblick 30, PLZ 17213, **T 039932 4700,** F 470910
156 Zimmer | 12 Suiten | 24 h

Das Haus glänzt nicht nur durch seine idyllische Lage am Fleesensee, sondern auch durch seine modern ausgestatteten Gästezimmer und den 950 qm großen Wellnessbereich. Auch ein kleiner Bootsanlegeplatz sowie eine hoteleigene Badeplattform am See sind vorhanden. Im Sommer kann man auch auf der Terrasse mit Seeblick frühstücken.

GOHRISCH 47 A
www.gohrisch.de

Sachsen | EW 2.240 | 250 m | Bad Schandau 3 km, Pirna 13 km

QUARTIER 5
www.quartier-5.de

VARTA-TIPP Service

★★★★ S garni

Neue Hauptstraße 118, PLZ 01824, **T 035021 599880,** F 599881
11 Zimmer | 2 Apartments | Ez 79–159 €, Dz 99–199 €, inkl. Frühstück

Schon die Anfahrt durch den Nationalpark Sächsische Schweiz stimmt Sie ein auf die Idylle dieses hübsch gelegenen Landgasthofs, fernab vom Trubel der bekannten Kurorte Bad Schandau und Rathen. Erst vor wenigen Jahren hat man das Haus umfangreich renoviert. Hier verbinden sich traditioneller Charme und zeitgemäße Elemente. Sie wohnen modern und stilvoll, genießen den guten, aufmerksamen Service und können sich wahlweise im Restaurant „CUCINA" oder im Fine-Dining-Restaurant „KRONLEUCHTERZIMMER" kulinarisch verwöhnen lassen.

GÖPPINGEN 58 B
www.goeppingen.de

Baden-Württemberg | EW 57.422 | 323 m | Geislingen 20 km, Schwäbisch Gmünd 22 km

elaya hotel
www.elaya-hotels.com/goeppingen

★★★★★ S garni

Pfarrstraße 2, PLZ 73033, **T 07161 965000,** F 96500999
84 Zimmer | 24 h

Das außergewöhnliche Stadthotel am Kornhausplatz folgt den Stiltrends der 1950er und 1960er Jahre. In den hellen, freundlichen Zimmern treffen Tradition auf moderne Technik und Design auf Wohlfühlatmosphäre. Gratis-WLAN im gesamten Hotelbereich sowie auf der Terrasse. Leihfahrräder.

GÖRLITZ 37 C www.goerlitz.de

Sachsen | EW 56.878 | 208 m | Bautzen 43 km, Cottbus 90 km

Insel der Sinne www.inseldersinne.de

★★★★

Am See 33, PLZ 02827, **T 035822 5540**
46 Zimmer

Direkt am Ufer des Berzdorfer Sees liegt dieses Wohlfühlhotel. Zeitgemäß, naturnah und maritim präsentieren sich die Zimmer. Großzügige Glasfronten ermöglichen einen uneingeschränkten Blick ins Grüne oder auf den See. Hübscher Wellness- und Anwendungsbereich. Hauseigener Strandzugang.

Tuchmacher www.romantikhotels.com

★★★★

Peterstraße 8, PLZ 02826, **T 03581 47310,** F 4731111
60 Zimmer | 7 Suiten | Ez 93–106 €, Dz 113–176 €, 15,00 €

Die liebevoll restaurierten Renaissance-Bürgerhäuser im hist. Stadtzentrum beherbergen individuell und stilgetreu eingerichtete Zimmer unterschiedlicher Größe. Barocke Holzbalkendecken und klassisches Design machen das Wohnen zum Erlebnis. Zum Hotel gehört auch eine kleine Wellnessoase mit Fitnessbereich.

Börse www.boerse-goerlitz.de

garni

Untermarkt 16 (in der Alten Börse), PLZ 02826, **T 03581 76420,** F 764279
27 Zimmer | Ez 89–99 €, Dz 125–145 €, inkl. Frühstück

Wunderschönes Barockhaus im Herzen der Altstadt. Die stilvoll und komfortabel eingerichteten Zimmer tragen die Namen von großen europäischen Städten. Weitere Übernachtungsmöglichkeiten bieten das „Gästehaus im Flüsterbogen“ sowie die „Herberge zum sechsten Gebot“ (fußläufig erreichbar).

Emmerich Hotel www.emmerich-hotel.net

VARTA-TIPP Ambiente

Untermarkt 1, PLZ 02826, **T 03581 766600,** F 7666029
15 Zimmer | 3 Suiten | Ez 100–150 €, Dz 115–165 €, ab 16,50 €

Ein charmantes, inhabergeführtes Boutique-Hotel im Herzen der Altstadt. Wer das Besondere mag, ist hier genau richtig! Hinter der schmucken Fassade verbergen sich wohnliche Zimmer und Suiten. Edler Naturstein, warmes Eichenholz und liebevoll ausgesuchtes Interieur verleihen den Gästezimmern ihren individuellen Charme. Benannt ist das Haus nach Bürgermeister Georg Emmerich, einem einflussreichen Görlitzer, der die Stadt in ihrer Blüte mitgestaltete.

Via Regia www.hotel-vr.de

★★★★

Jauernicker Straße 15/16, PLZ 02826, **T 03581 7644330,** F 76443322
40 Zimmer | 3 Apartments | Ez ab 78 €, Dz ab 83 €, 12,50 €

Baudenkmal inmitten des hübschen Gründerzeitviertels. Bei der Gestaltung der Gästezimmer hat man auf die Verbindung von zeitgenössischem Design und hist. Architektur großen Wert gelegt. Das Restaurant „Via Regia“ bietet schlesisch-polnische und internationale Küche.

GOSLAR 32 B www.goslar.de

Niedersachsen | EW 50.125 | 255 m | Hildesheim 50 km, Braunschweig 50 km

Hist. Altstadt mit Kaiserpfalz und Rathaus mit Huldigungssaal sowie Erzbergwerk Rammelsberg mit Museum und Besucherbergwerk (UNESCO-Weltkulturerbe).

Njord Hotel www.hotelnjord.com

★★★★ garni

Parkstraße 2, PLZ 38644 (OT: Hahnenklee), **T 05325 5289370,** F 52893799
25 Zimmer | 2 Suiten | 1 Apartment | Ez ab 75 €, Dz ab 110 €, inkl. Frühstück

Charmantes Hotel mit modernen, hellen Zimmern direkt am idyllischen Kranichsee gelegen. Hübscher kleiner Wellnessbereich. Sehr gutes Frühstück mit Bio-Produkten und Viktualien aus dem Umland. Nordische Küche wird im Restaurant „Madhus" serviert.

Alte Münze www.hotel-muenze.de

★★★★ garni

Münzstraße 10-11, PLZ 38640, **T 05321 22546,** F 18416
18 Zimmer | Ez ab 75 €, Dz ab 99 €, inkl. Frühstück

Das ansprechende Hotel empfängt Sie in drei hist. Gebäuden in der Altstadt. Die Gästezimmer verbinden moderne Elemente mit nostalgischem Charme. Zum Haus gehören noch eine gemütliche Lounge, eine Bibliothek und ein reizvoller Innenhof. Gefrühstückt wird im Wintergarten. Restaurant mit internationaler Küche.

Haus am Hochwald www.hausamhochwald.de

€ Gut & Günstig ★★★ S garni

Langeliethstraße 14c, PLZ 38644 (OT: Hahnenklee), **T 05325 51620**
16 Zimmer | 1 Suite | 2 Apartments

Familiär geführtes Hotel in ruhiger Lage mit gemütlichen Zimmern, die größtenteils über eine Terrasse oder einen Balkon verfügen. Attraktives Wellness- und Freizeitangebot mit Sauna, Schwimmbad und Whirlwanne. Sehr gutes Preis-Leistungsverhältnis.

GÖSSWEINSTEIN 53 B www.goessweinstein.de

Bayern | EW 4.059 | 457 m | Ebermannstadt 16 km, Pegnitz 22 km

Zur Post www.zur-post-goessweinstein.de

€ Gut & Günstig S garni

Balthasar-Neumann-Straße 10, PLZ 91327, **T 09242 278,** F 578
12 Zimmer | 2 Apartments | Ez 47 €, Dz 90 €, inkl. Frühstück

Sympathisch geführter Gasthof mit Familientradition und persönlicher Atmosphäre. Wohnlich eingerichtete Nichtraucherzimmer mit moderner Ausstattung. In den behaglichen Restaurantstuben und auf der Gartenterrasse serviert man eine feine fränkische Küche, bei der überwiegend heimische Produkte Verwendung finden.

GOTHA 43 B www.gotha-adelt.de

Thüringen | EW 46.653 | 310 m | Erfurt 24 km, Eisenach 32 km

Am Schlosspark www.hotel-am-schlosspark.de

★★★★ S garni

Lindenauallee 20-24, PLZ 99867, **T 03621 4420,** F 442452
94 Zimmer | 16 Suiten | Ez ab 93 €, Dz ab 130 €, inkl. Frühstück | 24 h

Das Hotel liegt nur wenige Schritte von Park und Schloss Friedenstein entfernt. Es erwarten Sie geräumige Zimmer im klassischen Stil. Ansprechender Wellnessbereich mit Saunalandschaft. Lichtdurchflutetes Restaurant mit Wintergartencharakter.

Der Lindenhof www.der-lindenhof-gotha.de

Schöne Aussicht 5, PLZ 99867, **T 03621 7720,** F 772410
81 Zimmer | 6 Suiten | 24 h

Stadthotel in einem ehem. Kasernengebäude. Elegante, mit italienischen Designermöbeln eingerichtete Lobby. Helle, gemütliche Gästezimmer. Großzügiger Wellnessbereich mit Sauna, Sanarium und Dampfbad. Restaurant mit Sommerterrasse.

Landhaus & Burg Hotel Romantik www.landhaus-hotel-romantik.de

Salzgitterstraße 76, PLZ 99867 (OT: Siebleben), **T 03621 36490,** F 364949
23 Zimmer | 10 Suiten | Ez 89–106 €, Dz 109–195 €, inkl. Frühstück | 24 h

Das familiengeführte Haus liegt ein wenig versteckt im Ortsteil Siebleben. Hier haben Sie die Wahl zwischen behaglichen, individuell eingerichteten Landhauszimmern und verspielt-romantischen Burgzimmern mit Blick ins Grüne. Der parkähnliche Garten sowie die kleine Saunaoase im 2. OG laden zum Entspannen ein.

Der Varta-Führer digital

Der Varta-Führer ist auch als eBook erhältlich. Ganz einfach online laden und mobil auf Ihrem Smartphone oder Tablet nutzen.

Weitere Hotel- und Restaurantempfehlungen sowie zahlreiche Freizeittipps erhalten Sie unter: **www.varta-guide.de**

GOTTENHEIM 56 D www.gottenheim.de

Baden-Württemberg | EW 2.580 | 194 m | Freiburg 15 km, Lahr/Schwarzwald 55 km

Zur Krone www.krone-gottenheim.de

Hauptstraße 57, PLZ 79288, **T 07665 6712**
30 | Hauptgericht 21–35 €, Menü 42–68 € | Di-Mi, Fr-Sa Mo, Do, So

Nicht nur übernachten kann man in dem traditionsreichen, familiengeführten Haus, das mit viel Herzblut und Leidenschaft geführt wird. Im Restaurant kocht man saisonal und regional, dabei stehen frische heimische Produkte im Fokus.

GÖTTINGEN 32 B www.goettingen-tourismus.de

Niedersachsen | EW 135.299 | 150 m | Northeim 22 km, Duderstadt 31 km

Altes Rathaus und Gänselieselbrunnen am Markt, Fachwerkhaus Junkernschänke, Johanniskirche, Marienkirche, Alte Universitätsbibliothek, Bismarckhäuschen, Renaissance-Adelspalais Hardenberger Hof, Theaterplatz, Auditorium Maximum mit Kunstsammlung.

Eden

www.eden-hotel.de

★★★★

Reinhäuser Landstraße 22a, PLZ 37083, **T 0551 507200,** F 5072111
100 Zimmer | Ez 89–169 €, Dz 109–205 €, inkl. Frühstück | 24 h

Ein modernes, traditionsreiches Hotel in absolut ruhiger Zentrumslage. Das Haus bietet seinen Gästen komfortable Zimmer, zwei Partnerrestaurants und einen neuzeitlichen Veranstaltungsbereich. Für weiteren Komfort sorgt ein großzügiger Wellnessbereich mit Saunenvielfalt, beheiztem Hallenbad und Fitnessraum.

Freigeist

www.freigeist-goettingen.de

★★★★

Berliner Straße 30, PLZ 37073, **T 0551 999530**
118 Zimmer | 2 Suiten | Ez ab 109 €, Dz ab 119 € | 24 h

Hinter der Klinkerfassade des modernen Hotelneubaus verbergen sich schicke Zimmer, die mit zeitgemäßer Technik, bodentiefen Fenstern und ausgesuchten Designmöbeln ausgestattet sind. Das hauseigene Restaurant „INTUU" präsentiert eine moderne Nikkeiküche - also das Beste aus Japan und Südamerika. Komplettiert wird das Angebot durch eine Bar, einen SPA- und Fitnessbereich sowie diverse Veranstaltungsräume.

Freizeit In

www.freizeit-in.de

★★★★ S

Dransfelder Straße 3, PLZ 37079 (OT: Groß Ellershausen), **T 0551 90010,** F 9001100
212 Zimmer | 2 Suiten | Ez ab 69 €, Dz ab 79 €, inkl. Frühstück | 24 h

Beliebtes Tagungs- und Eventhotel mit zeitgemäß ausgestatteten Zimmern. Das „VITAL SPA" auf 9.500 qm mit Sauna und Fitnessbereich sorgt für Entspannung. Abwechslungsreiches Gastronomieangebot mit Schlemmerfrühstück, Sonntagsbrunch und kulinarischen Veranstaltungen.

Gebhards

www.gebhardshotel.de

★★★★ S

Goetheallee 22-23, PLZ 37073, **T 0551 49680,** F 4968110
50 Zimmer | 5 Suiten | Ez 110–165 €, Dz 168–198 €, inkl. Frühstück | 24 h

1854 erbautes Traditionshotel am alten Stadtwall. Die Zimmer sind zweckmäßig, behaglich und mit dem nötigen Gespür für Individualität eingerichtet. Zum Haus gehören auch ein kleiner Wellnessbereich mit Sauna und Whirlpool sowie Tagungs- und Veranstaltungsräume.

Georgia-Augusta Stuben

68 | Hauptgericht 28–46 € | Sa-So Di-So Mo

Das im Jugendstil gehaltene Restaurant mit seiner dunklen Holztäfelung, den schönen Art-déco-Lampen und dem alten Dielenboden offeriert deutsche und regionale Küche. Die Speisekarte wechselt regelmäßig und orientiert sich am Marktangebot.

Park Inn by Radisson
www.parkinn-hotel-goettingen.de

★★★★ garni

Kasseler Landstraße 25c, PLZ 37081 (OT: Grone), **T 0551 2707070,** F 2707070555
114 Zimmer | 23 Suiten | 24 h

Ein modernes Geschäftshotel, das nur 2 km vom Bahnhof und 3 km von der Autobahn entfernt ist. Das Haus verfügt über neuzeitliche und freundliche Zimmer. Die Family- und Business-Suiten bieten kleine Extras. Fitness- und Saunabereich mit Dachterrasse.

Stadt Hannover
www.hotelstadthannover.de

★★★ garni

Goetheallee 21, PLZ 37073, **T 0551 547960,** F 45470
32 Zimmer | Ez 89–115 €, Dz 128–142 €, inkl. Frühstück | 24 h

Geschichtsträchtiges, in 4. Generation familiengeführtes Haus direkt am Beginn der Fußgängerzone der hist. Altstadt, das einst als Professorenvilla diente. Stilvoll eingerichtete Zimmer mit zeitgemäßer Ausstattung. Das reichhaltige Frühstücksbuffet wird in den historischen Salons serviert.

Café Cron und Lanz
www.cronundlanz.de

Weender Straße 25, PLZ 37073, **T 0551 50088710**
250 | Mo–Sa 8:30–18:30 Uhr

Traditionsreiches Haus im Herzen Göttingens mit elegantem Kaffeehausambiente. Außerordentlich reiches Angebot an erlesener Confiserie. Tipp: Konditorfrühstück.

GRAAL-MÜRITZ 10 C
www.graal-mueritz.de

Mecklenburg-Vorpommern | EW 4.262 | 5 m | Ribnitz-Damgarten 14 km, Rostock 28 km

IFA Hotel
www.ifa-graal-mueritz-hotel.com

★★★★ S garni

Waldstraße 1, PLZ 18181, **T 038206 730,** F 734444
150 Zimmer | 8 Suiten | 7 Apartments | 24 h

Am Strand gelegenes Ferienhotel im Landhausstil umgeben von einer weitläufigen Parkanlage. Man übernachtet in modern eingerichteten Zimmern und Suiten oder etwas unabhängiger in einem Bungalow auf dem Hotelgelände. Zum Haus gehören auch ein schöner Wellnessbereich mit Schwimmbad und Saunalandschaft, ein Restaurant mit regionaler und internationaler Küche sowie eine Kaminbar.

Haus am Meer
www.ham-ostsee.de

★★★ S garni

Zur Seebrücke 36, PLZ 18181, **T 038206 7390,** F 73939
34 Zimmer | 7 Apartments | Ez 60–100 €, Dz 89–170 €, inkl. Frühstück

Das persönlich geführte Haus befindet sich auf einem großzügigen Grundstück mit altem Baumbestand, gleich hinter der Düne und in direkter Nachbarschaft zur Seebrücke. Das Hotel bietet unterschiedlich möblierte Zimmer mit Garten-, Park- oder Meerblick sowie großzügig geschnittene Apartments. Fragen Sie nach den Massage- und Wellnessanwendungen.

Restaurant Buhne 36

T 038206 73944
80 | Hauptgericht 15–25 €, Menü 30–40 € | Mo-So 18.–24.12.23

Im hell und freundlich eingerichteten Restaurant und auf der herrlichen Terrasse wird eine frische und anspruchsvolle Regionalküche serviert. Nachmittags wechselnde Kuchenauswahl und leckere Eisspezialitäten.

GRAFENAU 62 A — www.grafenau.de

Bayern | EW 8.607 | 609 m | Freyung 16 km, Regen 31 km

Das Reiners — www.dasreiners.de

garni

Grüb 20, PLZ 94481 (OT: Grüb), **T 08552 96490**
29 Zimmer | 3 Suiten, Dz ab 59 €, 7,00–22,00 €

Sympathisches Urlaubsdomizil im Bayerischen Wald mit familiärem Charakter. Sie wohnen in ruhigen, rustikal ausgestatteten Zimmern mit Balkon und inspirierender Aussicht. Kleiner Wellnessbereich mit Hallenbad und finnischer Sauna.

Schon probiert?
Der Varta-Führer ist auch als eBook für Ihren TabletPC oder Ihr Smartphone verfügbar!

GRAFENWIESEN 55 C — www.grafenwiesen.de

Bayern | EW 1.519 | 439 m | Kötzting 4 km, Lam 13 km

Spirit & Spa Birkenhof am Elfenhain — www.hotel-birkenhof.de

★★★★

Auf der Rast 7, PLZ 93479, **T 09941 40040,** F 4004250
83 Zimmer | 5 Suiten | Ez ab 151 €, Dz ab 324 €, inkl. Vollpension

Ferien- und Wellnesshotel in ruhiger Ortsrandlage mit gutem Freizeitangebot. Geschmackvoll eingerichtete Zimmer mit heimischen Hölzern und farbenfrohen Details, die sich auf die Wohnwelten „ElfenReich“, „NeptunsReich“ und „WaldReich“ verteilen. Ansprechende, mehrstöckige Bade- und Saunalandschaft auf 4.000 qm mit Dachpool.

GRAINAU 67 C — www.grainau.de

Bayern | EW 3.700 | 758 m | Garmisch-Partenkirchen 7 km, Mittenwald 25 km

Alpenhof Grainau — www.alpenhof-grainau.de

★★★★

Alpspitzstraße 34, PLZ 82491, **T 08821 9870,** F 98777
39 Zimmer | 1 Apartment | Ez 79–167 €, Dz 180–234 €, inkl. Frühstück

Wohnliche, im modernen Landhausstil eingerichtete Zimmer mit Balkon oder Terrasse und schöner Aussicht auf die Bergwelt bietet dieses Ferien- und Wellnesshotel am Fuß der Zugspitze. Toller parkähnlicher Garten auf 7.000 qm. Bayerische Spezialitäten und internationale Gerichte werden im Restaurant serviert.

Alpenhotel Waxenstein

www.waxenstein.de

VARTA-TIPP Service

Höhenrainweg 3, PLZ 82491 (OT: Untergrainau), **T 08821 9840,** F 8401
41 Zimmer | 3 Suiten | 1 Apartment | Ez 100–198 €, Dz 140–425 €, inkl. Frühstück

In einer malerischen Bilderbuchlandschaft direkt am Fuße der Zugspitze ist das Hotel zu jeder Jahreszeit ein alpines Urlaubserlebnis und der perfekte Rückzugsort für Sportbegeisterte, Erholungssuchende und Gourmets. Die Atmosphäre der individuell gestalteten Zimmer und Suiten ist geprägt von französischer Wohnkultur. Das geschmackvolle Interieur verbindet edle Hölzer, dezente Stoffe und zeitgenössische Kunstwerke namhafter Pariser Künstler. Auch der stimmungsvolle Wellnessbereich, das tolle Frühstück und der persönliche Service sorgen für einen rundum erholsamen Aufenthalt.

Henri-Philippe

80 | Hauptgericht 32–48 €, Menü 44–148 € | Mo-So

Das wunderschöne, stimmige Ambiente des attraktiven Ferienhotels zieht sich bis ins Restaurant. Da passt die frische, abwechslungsreiche Küche schön ins Bild. Beliebt sind die wechselnden Gourmetmenüs an den Wochenenden. Toll die Panoramaterrasse mit herrlicher Aussicht auf eine grandiose Bergkulisse.

Wiegt weniger ist aber genauso gut:
Der Varta-Führer ist auch als eBook für Ihren TabletPC oder Ihr Smartphone verfügbar!

Am Badersee
www.hotelambadersee.de

★★★★

Am Badersee 1-5, PLZ 82491, **T 08821 8210,** F 821292
135 Zimmer | 1 Suite | Ez ab 140 €, Dz ab 160 €, inkl. Frühstück | 24 h

Malerisch gelegen am türkisblauen Badersee vor der Kulisse des Zugspitzmassivs, schafft das Hotel eine Verbindung aus Tradition und Moderne. Ruhig träumt man in den Seehaus- und Landhauszimmern und atmet im kleinen, aber feinen Landhaus-SPA wieder durch. Im Restaurant mit Panoramafront und einladendem Wintergarten wird bayerisch und international gekocht.

Eibsee-Hotel
www.eibsee-hotel.de

★★★★ S

Am Eibsee 1-3, PLZ 82491 (OT: Eibsee), **T 08821 98810,** F 82585
119 Zimmer | 12 Suiten | 24 h

Am Fuße der Zugspitze in exklusiver Alleinlage am wunderschönen Eibsee begrüßt Sie dieses komfortable Ferien- und Wellnesshotel. Stilvoll-gemütlich zeigen sich die Wohlfühlzimmer und -suiten, wahlweise mit See- oder Bergblick. Für Entschleunigung sorgt der großzügige „seeSPA“ mit Indoorpool, Sauna- und Ruhebereichen. Verschiedene Restaurantstuben mit malerischer Seeterrasse.

Gasthaus am Zierwald
www.zierwald.de

Zierwaldweg 2, PLZ 82491, **T 08821 98280**
50 | Hauptgericht 14–24 €, Menü 21–32 € | Mo-Di, Do-So Mi

In dem herzlichen und urgemütlichen Restaurant wird frisch, schmackhaft und regional gekocht - auf der Karte locken z.B. „Pikante Lammbratwürste mit Bratkartoffeln“ oder „Feine Kalbsbäckle in Spätburgunder zart geschmort“. Von der Caféterrasse hat man einen herrlichen Panoramablick auf Waxenstein und Zugspitze.

GRAINET 62 B
www.grainet.de

Bayern | EW 2.433 | 679 m | Freyung 10 km, Passau 40 km

Hüttenhof
www.hotel-huettenhof.de

★★★★ S

Hobelsberg 23, PLZ 94143 (OT: Hobelsberg), **T 08585 96050,** F 960550
54 Zimmer | 24 Suiten | 1 Apartment, Dz ab 254 €, inkl. Halbpension

Das familiär geführte Ferienhotel an den südlichen Ausläufern des Nationalparks Bayerischer Wald hat man in den letzten Jahren umfangreich erweitert. Es bietet behaglich mit warmen Farben und viel Holz eingerichtete Zimmer und Suiten, einen 3.000 qm großen Wellnessbereich mit In- und Outdoor-Infinitypool sowie gemütliche Gaststuben.

GRASELLENBACH 51 A www.gemeinde-grasellenbach.de

Hessen | EW 3.954 | 389 m | Wald-Michelbach 6 km, Fürth/Odw. 12 km

Siegfriedbrunnen www.siegfriedbrunnen.com

★★★★ S

Hammelbacher Straße 7, PLZ 64689 (OT: Gras-Ellenbach), **T 06207 6080,** F 1577
61 Zimmer | 2 Suiten | 5 Apartments | Ez 81–159 €, Dz 162 €, inkl. Frühstück

Ruhig gelegenes Ferien- und Kurhotel mit rustikalem Charme und unterschiedlichen Zimmerkategorien. Kleine Wellness- und Beautywelt mit Pool, Caldarium, Dampfbad und Saunalandschaft. Restaurant mit regionaler und internationaler Küche.

GRASSAU 68 B www.grassau.de

Bayern | EW 6.943 | 538 m | Prien 14 km, Reit im Winkl 18 km

Das Achental www.das-achental.com

Mietenkamer Straße 65, PLZ 83224, **T 08641 4010**
179 Zimmer | 36 Suiten | 24 h

Das komfortable Hotelresort ist eingebettet in die beeindruckende Naturkulisse zwischen Chiemsee und Kampenwand. Es bietet seinen Gästen wohnlich-luxuriöse Zimmer im alpenländischen Schick, einen exzellent gepflegten 18-Loch-Golfplatz sowie einen 2.000 qm großen Wellnessbereich mit Saunalandschaft, Indoor-Infinitypool und umfangreichem SPA-Angebot. Den Gästen bietet man zahlreiche Annehmlichkeiten, so sind z.B. Parken, WLAN, Sky-TV und Minibarverzehr (aller alkoholfreien Getränke) für Hausgäste gratis.

ES:SENZ

VARTA★TIPP Küche VARTA-TIPP Service

40 | Menü 195–295 € | Mi-Sa Mo, Di, So

Absolut stimmig fügt sich das lässig-moderne Fine-Dining-Restaurant mit seiner breiten Glasfront, dem exquisiten Interieur und hochstehender Kulinarik in den edlen Rahmen des Hauses. Spitzenkoch Edip Sigl setzt zweifelsohne neue kulinarische Maßstäbe in der Region. Mit seiner regional und saisonal ausgerichteten Gourmetküche brennt er hier regelrecht ein kulinarisches Feuerwerk ab. Mit vollmundigen und ausdrucksstarken Gerichten verbindet er in seinem 6-gängigen Gourmetmenü die klassische Basis mit unglaublicher Kreativität. Sommelier Iiro Lutter sorgt für eine perfekt abgestimmte Weinbegleitung.

GREIFSWALD 11 C www.greifswald.info

Mecklenburg-Vorpommern | EW 57.899 | 7 m | Stralsund 31 km, Anklam 37 km
Universitätsgebäude (Barock), Dom St. Nikolai, St.-Jacobi-Kirche, St.-Marienkirche, Fischer- und Kapitänshäuser, Museumshafen, Pommersches Landesmuseum, Klosterruine Eldena, Hist. Holzklappbrücke, Caspar-David-Friedrich-Zentrum (Geburtshaus).

Galerie www.hotelgalerie.de

garni

Mühlenstraße 10, PLZ 17489, **T 03834 7737830,** F 7737831
14 Zimmer | 3 Apartments | Ez 85–90 €, Dz 120 €, inkl. Frühstück »

Ansprechendes Haus in der Altstadt von Greifswald in direkter Nachbarschaft zur Gemäldegalerie des Pommerschen Landesmuseums. Liebevoll gestaltete, teils recht geräumige Zimmer. Ausstellungen von moderner und zeitgenössischer Kunst in den Zimmern und in den öffentlichen Bereichen.

Natürlich Büttners
www.natuerlich-buettners.de

Rakower Straße 9, PLZ 17489, **T 03834 8870737**
50 | Hauptgericht 16–37 €, Menü 48–60 € | Mi-So ⦸ Mo, Di

Direkt am Pommerschen Landesmuseum pflegt man in diesem hübschen Restaurant einen naturverbundenen, zeitgemäßen Küchenstil. Dazu ein sehr gutes Preis-Leistungsverhältnis und ein liebenswerter Service. Im angeschlossenen Laden gibt es selbst hergestellte Produkte aus der eigenen Manufaktur.

Tischlerei
www.facebook.com/restaurant.tischlerei

Salinenstraße 22, PLZ 17489, **T 03834 884848**
80 | Hauptgericht 23–35 €, Menü 40–50 € | Di-Sa ⦸ Mo, So

Ein ansprechendes Restaurant mit ungezwungener Atmosphäre direkt am Hafen. Gekocht wird teils regional, teils international - aber immer topfrisch. Kleines, aber feines Weinangebot. Schöne Terrasse.

GRENZACH-WYHLEN 64 A
www.grenzach-wyhlen.de

Baden-Württemberg | EW 15.000 | 280 m | Basel (Schweiz) 6 km, Lörrach 12 km

Eckert
www.eckert-grenzach.de

Basler Straße 20, PLZ 79639 (OT: Grenzach), **T 07624 91720,** F 2414
46 Zimmer | 2 Suiten

Das familiär geführte Lifestylehotel ist nur 2 Kilometer von der Schweizer Grenze entfernt. Großen Wert hat man hier auf die Qualität der Einrichtung gelegt. Moderne Designmöbel - stylish, trendig und wirklich toll - zeichnen das Haus von den farbenfroh eingerichteten Zimmern (Tipp: Suite mit kleinem Wohnzimmer und freistehender Badewanne) bis zur loungigen Lobby aus.

Eckert

VARTA-TIPP Küche **VARTA-TIPP** Service

60 | Hauptgericht 28–42 €, Menü 115–140 € | Mi-Fr, So Mi-So ⦸ Mo, Di

Noch reizvoller wird das ohnehin schon attraktive, modern-elegante Restaurant durch den freundlichen und fachkundigen Service. Und es gibt noch etwas für Augen und Gaumen: die junge, innovative Küche, die Sie sowohl à la carte als auch in Menüform genießen können. Nicolai P. Wiedmer und Andreas Berger verarbeiten sehr gute regionale Produkte zu ausdrucksstarken, stimmigen Gerichten mit schönen Kontrasten. Erlesene Tropfen bietet die rund 450 Positionen umfassende Weinkarte, zu der Sommelière Atlanta Lehmann kompetent berät.

Rührberger Hof
www.ruehrbergerhof.com

Inzlinger Straße 1, PLZ 79639 (OT: Rührberg), **T 07624 91610**
180 | Hauptgericht 26–36 € | Mi-So ⦸ Mo, Di

Unweit der Schweizer Grenze erwartet Sie dieser familiär geführte Betrieb. Hier sitzen Sie in ländlich-modern gestalteten Gaststuben und lassen sich klassische, saisonale Spezialitäten (z.B. „Gebratenes Zanderfilet an Gutedelvelouté mit Spinat und Gnocchi“) schmecken. Dazu gibt es ausgesuchte Weine aus nah und fern. Für Übernachtungsgäste bietet man große, helle Zimmer mit zurückhaltend-eleganter Einrichtung.

GREVEN 21 C www.greven-tourismus.de

Nordrhein-Westfalen | EW 35.887 | 45 m | Münster 15 km, Rheine 31 km

Altdeutsche Schänke www.altdeutsche-schaenke.de

Dorfstraße 18, PLZ 48268 (OT: Gimbte), **T 02571 2261**
80 | Hauptgericht 17–33 € | Mi-So Mo, Di

Hist. Haus mit urgemütlichem Ambiente und altem, offenem Kamin. Abwechslungsreiche Speisekarte mit regionalbetonten Gerichten wie „Rindfleisch mit Zwiebelsauce“ oder „Rumpsteak vom Black-Angus-Rind“. Hübsch sitzt man während der warmen Jahreszeit auf der Gartenterrasse im Grünen.

Ristorante Etna www.ristorante-etna.de

Grevener Landstraße 4, PLZ 48268 (OT: Reckenfeld), **T 02575 1791**
105 | Hauptgericht 11–22 € | Mi-So Mo, Di

Genussvoll und entspannt geht es in diesem freundlich geführten Familienbetrieb zu. In modernem Ambiente können Sie sich auf die ganze Vielfalt der italienisch-mediterranen Küche freuen. Von klassischen Antipasti über leckere Pastaspezialitäten bis zu feinen Fleischgerichten und Pizza ist für jeden etwas dabei.

GREVENBROICH 29 C www.grevenbroich.de

Nordrhein-Westfalen | EW 61.891 | 50 m | Neuss 16 km, Düsseldorf 28 km

Drei Könige
www.drei-koenige.net

Neusser Straße 49, PLZ 41516 (OT: Kapellen), **T 02182 812153**
45 | Hauptgericht 29–33 €, Menü 42–46 € | Sa-So Di-So Mo

Ehem. Postrelaisstation aus dem 18. Jh. Gepflegte Gaststuben mit eleganter Einrichtung und schönem Sommergarten. Saisonal und international geprägte Speisen. Auch Gästezimmer vorhanden.

Jetzt abonnieren: instagram.com/vartaguide

GRIESBACH I.ROTTAL, BAD 62 C
www.badgriesbach.de

Bayern | EW 8.448 | 453 m | Pfarrkirchen 19 km, Passau 38 km

Hotel Maximilian
www.maximilian-badgriesbach.com

Kurallee 1, PLZ 94086 (OT: Bad Griesbach-Therme), **T 08532 7950,** F 795151
205 Zimmer | 20 Suiten | Ez ab 163 €, Dz ab 276 €, inkl. Halbpension | 24 h

Aufwendig gestaltetes Hotel mit einem 2.500 qm großen Wellnessbereich. Die noblen Landhauszimmer wurden mit hellen, freundlichen Farben eingerichtet. Mehrere Restaurants. Beliebtes Haus bei Golfern mit direkter Verbindung zu allen 18-Loch-Meisterschaftsplätzen und zur Golfschule.

Das Aunhamer
www.das-aunhamer.de

★★★★

Aunhamer Weg 48, PLZ 94086, **T 08532 9279000**
83 Zimmer | 24 h

„Adults only" heißt es in diesem schmucken Themenhotel, das sich exklusiv an Gäste ab 14 Jahre richtet. Das Haus empfängt Sie mit individuell eingerichteten Zimmern und Suiten sowie zahlreichen SPA-Möglichkeiten auf über 1.000 qm. Am Abend lockt die gemütliche Lobbybar am offenen Kamin.

DAS LUDWIG
www.ludwig-badgriesbach.com

★★★★S

Am Kurwald 2, PLZ 94086 (OT: Bad Griesbach-Therme), **T 08532 7990,** F 799799
168 Zimmer | 13 Suiten | Ez ab 134 €, Dz ab 228 €, inkl. Vollpension | 24 h

Ein auf Familien, Wellnessgäste und Golfer zugeschnittenes Ferienhotel in idyllischer Lage hoch über dem Rottal. Das Haus bietet großzügige und gemütliche Zimmer und Suiten in verschiedensten Kategorien, teilweise mit Balkon oder Loggia. Beeindruckend ist die 3.000 qm große Thermen- und Saunalandschaft. Umfangreiches Angebot für kleine Gäste nebst professioneller Kinderbetreuung.

Fürstenhof
www.fuerstenhof-badgriesbach.com

★★★★S

Thermalbadstraße 28, PLZ 94086 (OT: Bad Griesbach-Therme), **T 08532 9810,** F 981135
148 Zimmer | 8 Suiten | Ez ab 138 €, Dz ab 254 €, inkl. Frühstück | 24 h

Die hervorragende Lage mit Panoramablick auf das Rottal ist längst nicht alles: Geschmackvolle Zimmer in harmonischen Pastelltönen, ein 4.400 qm großer Health- und Wellnessbereich sowie eine großzügige Thermenoase machen das Hotel aus. Bei schönem Wetter lädt die Panoramaterrase zu einem Frühstück mit Blick über das Rottal.

Hartls Parkhotel www.parkhotel-badgriesbach.de

★★★★ S

Am Kurwald 10, PLZ 94086 (OT: Bad Griesbach-Therme), **T 08532 280,** F 28204
150 Zimmer | 5 Suiten | 24 h

Auf einer Anhöhe über dem Rottal liegt dieses Thermal-Wellnesshotel. Sie haben die Wahl zwischen traditionellen oder modern eingerichteten Zimmern. Ein besonderes Highlight ist zweifellos die 3.600 qm große SPA-Landschaft inklusive Beautybereich.

Gutshof Sagmühle www.gutshof-sagmuehle.de

Golfplatz Sagmühle 1, PLZ 94086, **T 08532 96140**
24 Zimmer | 2 Suiten

Das familiengeführte Hotel empfängt Sie in ruhiger Lage direkt am Golfplatz Sagmühle. Die unterschiedlich geschnittenen Zimmer überzeugen durch hochwertige Ausstattung und farbenfrohes Design. Im Restaurant und auf der Sonnenterrasse serviert man moderne europäische Küche.

GRIMMA 35 C www.grimma.de

Sachsen | EW 30.000 | 128 m | Leipzig 36 km, Dresden 84 km

Kloster Nimbschen www.kloster-nimbschen.de

★★★★

Nimbschener Landstraße 1, PLZ 04668, **T 03437 9950,** F 995299
86 Zimmer | 6 Suiten | 3 Apartments | Ez ab 89 €, Dz ab 109 €, inkl. Frühstück

Aufwendig restaurierte Klosteranlage mit hist. Flair in einem kleinen Park. Auf dem Gutshof und in den einstigen Stallungen und Speicheranlagen verteilen sich stilvoll eingerichtete Zimmer im Haupthaus und einfachere Zimmer im Nebenhaus, ein Restaurant, eine Klosterschänke, ein Bowlinggewölbe, eine Kochschule sowie mehrere Festräume für Hochzeiten und Veranstaltungen.

GRÖMITZ, OSTSEEBAD 8 D www.groemitz.de

Schleswig-Holstein | EW 6.913 | 14 m | Lübeck 54 km, Kiel 74 km

aja Grömitz www.aja.de/standorte/groemitz.html

Am Strande 35, PLZ 23743, **T 0800 252737678,** F 696352589
222 Zimmer | 24 h

Direkt in der ersten Strandreihe liegt dieses Haus. Trendig-moderne Gästezimmer mit Komfort-Kingsizebetten und großzügiger Regendusche. Nach dem Baukastensystem kann der Gast verschiedene Leistungen hinzubuchen. Restaurant mit norddeutscher Küche.

Strandidyll www.strandidyll.de

★★★★

Uferstraße 26, PLZ 23743, **T 04562 1890,** F 18989
29 Zimmer | 16 Suiten | Ez ab 90 €, Dz ab 130 €, inkl. Frühstück

Gepflegtes und gut geführtes Haus direkt an der Ostsee. Individuell eingerichtete, lichtdurchflutete Zimmer und Suiten in zeitgenössischem Design. Cafébetrieb mit Sonnenterrasse, auf der auch gefrühstückt werden kann. Auch Ferienwohnungen vorhanden.

Villa am Meer www.villa-am-meer.de

Seeweg 6, PLZ 23743, **T 04562 2550,** F 255299
30 Zimmer | Ez 74–148 €, Dz 136–188 €, inkl. Frühstück

Familiär geführtes Haus mit persönlicher Note. Direkt am Deich in einer Sackgasse gelegen, nur 100 Meter vom Strand entfernt. Traditionelle, behagliche Zimmereinrichtung. Reichhaltiges Frühstücksbuffet mit frischen Zutaten.

GRONAU 20 D www.gronau.de

Nordrhein-Westfalen | EW 46.549 | 38 m | holländische Grenze 3 km, Ahaus 10 km

Schepers www.hotel-schepers.de

★★★★

Ahauser Straße 1, PLZ 48599 (OT: Epe), **T 02565 93320,** F 93325
42 Zimmer | 2 Suiten | Ez 80–115 €, Dz 125–151 €, inkl. Frühstück

Inmitten einer schönen Parkanlage mit hist. Mühle empfängt Sie dieser Familienbetrieb. Sie haben die Wahl zwischen modernen Designzimmern und klassisch-eleganten Landhauszimmern. Im Penthouse steht den Gästen ein Wellnessbereich mit verschiedenen Saunen kostenfrei zur Verfügung. Restaurant mit Frühstücksterrasse direkt am Fluss.

GRÖNENBACH, BAD 66 B www.bad-groenenbach.de

Bayern | EW 5.281 | 718 m | Memmingen 15 km, Kempten (Allgäu) 25 km

allgäu resort www.allgaeu-resort.de

★★★★S

Sebastian-Kneipp-Allee 7, PLZ 87730, **T 08334 5346500,** F 53468555
121 Zimmer | 5 Suiten | Ez ab 99 €, Dz ab 149 €, inkl. Frühstück | ⏲ 24 h

Ruhig gelegenes Medical- und Wellnesshotel im Herzen der Allgäuer Voralpen. Wohnliche und geräumige Gästezimmer, größtenteils mit Balkon oder Terrasse. Umfassendes SPA-Angebot. Ambitionierte Küche im Restaurant „Weitblick“ mit Biergarten.

Landhotel Grönenbach www.landhotel-groenenbach.de

★★★S

Ziegelbergerstraße 3, PLZ 87730, **T 08334 98480,** F 984858
23 Zimmer | 2 Suiten | 1 Apartment | Ez 97–110 €, Dz 135–145 €, inkl. Frühstück | ⃠ 22.12.23–7.1.24

Freundliches Landhotel in ruhiger Ortsrandlage. Geschmackvoll eingerichtete Zimmer mit zeitgemäßer Ausstattung. Kleiner Saunabereich. Im Restaurant mit Sommerterrasse wird regional gekocht.

GROSS MECKELSEN 14 D sittensen.de/

Niedersachsen | EW 511 | 35 m | Hamburg 64 km, Bremen 71 km

Zur Kloster-Mühle hotel-kloster-muehle.de

GREENSIGN

Kuhmühler Weg 7, PLZ 27419 (OT: Kuhmühlen), **T 04282 594190,** F 5941919
14 Zimmer | 1 Suite | Ez 76–210 €, Dz 110–290 €, ☕ 14,50 €

Romantisches Mühlenanwesen mit mediterranem Flair in traumhafter Lage. Geschmackvoll und komfortabel eingerichtete Landhauszimmer. Ein ganz besonderes Highlight ist das Wellnesszimmer mit eigener Sauna, Whirlwanne und Massagedusche.

Zur Kloster-Mühle

65 | Hauptgericht 16–42 € | Di-Sa Mo, So 22.12.23–4.1.24

Landgasthaus mit südländischem Ambiente. Auf der saisonal wechselnden Speisekarte finden sich kreative internationale Gerichte mit mediterranen Akzenten. Bei schönem Wetter kann man auf der Gartenterrasse unter Kastanien mit Blick auf den Mühlenteich speisen. Regelmäßig Kochkurse.

Schröder
www.hotel-schroeder.de

★★★ S garni

Am Kuhbach 1, PLZ 27419, **T 04282 50880,** F 3535
38 Zimmer | Ez 67–87 €, Dz 90–120 €, inkl. Frühstück

Einladender Familienbetrieb in ruhiger Lage. Großzügige, individuell eingerichtete Gästezimmer. Für Entspannung sorgt ein kleiner Saunabereich. In den modernen Restauranträumen wird eine frische saisonale Küche serviert.

Schon probiert?
Der Varta-Führer ist auch als eBook für Ihren TabletPC oder Ihr Smartphone verfügbar!

GROSS NEMEROW 18 D
www.burg-stargard.de

Mecklenburg-Vorpommern | EW 1.147 | 75 m | Neubrandenburg 12 km, Berlin 130 km

Bornmühle
www.bornmuehle.de

★★★★ S garni

Bornmühle 35, PLZ 17094, **T 039605 600,** F 60399
97 Zimmer | 8 Suiten | 4 Apartments | Ez 90–109 €, Dz 130–150 €, inkl. Frühstück

Dieses familiär geführte Hotel ist für Businessgäste und Freizeitreisende gleichermaßen interessant. Die kontinuierlichen Investitionen zeigen sich im kürzlich eröffneten Neubau, in den wohnlich-eleganten Zimmern, tollen Veranstaltungsräumlichkeiten sowie in der großzügigen SPA-Landschaft mit Saunen und Indoor-Salzwasserschwimmbad.

The View

120 | Hauptgericht 18–27 €, Menü ab 39 € | Mo-So

Das Panoramarestaurant besteht aus mehreren Räumlichkeiten und bietet neben der zauberhaften Aussicht auf die Seelandschaft einen abwechslungsreichen Mix aus regionaler und internationaler Küche. Hier lässt man sich z.B. „Kabeljaufilet | Meerrettichsauce | Gurkengemüse | Rote-Bete-Polenta“ schmecken.

GROSS-GERAU 50 B
www.gross-gerau.de

Hessen | EW 24.076 | 88 m | Rüsselsheim 11 km, Darmstadt 15 km

Pizarro Fine Dining
www.restaurant-pizarro.de

Frankfurter Straße 13, PLZ 64521, **T 0177 7447204**
25 | Menü 59–89 € | Mi-Sa Mo, Di

Was ursprünglich als charmante kleine Weinbar begann, hat sich inzwischen zur gefragten Fine-Dining-Adresse gemausert. Neben kleinen Snacks und einer internationalen Weinauswahl gibt es täglich ein wechselndes Überraschungsmenü mit 3 oder 6 Gängen. Die Atmosphäre dazu ist schick-modern, der Service freundlich und aufmerksam.

GROSS-UMSTADT 51 A www.gross-umstadt.de

Hessen | EW 21.823 | 160 m | Dieburg 7 km, Darmstadt 22 km

Farmerhaus-Lodge www.farmerhaus-lodge.de

VARTA-TIPP Ambiente

garni

Carlo-Mierendorff-Straße 5, PLZ 64823, **T 06078 9307570,** F 9407579
8 Zimmer | 2 Suiten | Ez 100–205 €, Dz 115–220 €, 12,00–20,00 €

Kleines Boutique-Hotel in einer ehem. Hofreite. Das gesamte Haus präsentiert sich in afrikanischem Lodge-Ambiente. Die sechs Doppelzimmer und zwei Suiten sind allesamt Unikate. Kostenfreies WLAN, Minibar, Nespresso-Kaffeemaschine sowie gratis Mineralwasser sind Annehmlichkeiten, auf die sich die Gäste hier freuen dürfen. Hübscher Innenhof.

Farmerhaus www.farmerhaus.de

Am Farmerhaus 1, PLZ 64823, **T 06078 911191**
85 | Hauptgericht 35–48 €, Menü 70–130 € | Mi-Sa Mo, Di, So

Hier erwartet Sie eine Erlebnisgastronomie der besonderen Art. Das Lokal im authentischen Afrikalook bietet eine aromenreiche Würzküche mit afrikanischen Spezialitäten wie z.B. Krokodil, Namibia-Rind oder Springbock. Tipp: Im Sommer lohnt es sich, einen exotischen Drink auf der lauschigen Terrasse zu genießen.

GROSSEFEHN 13 C www.grossefehn.de

Niedersachsen | EW 13.646 | 5 m | Aurich 13 km, Emden 35 km

Holtroper Krug www.holtroper-krug.de

Mühlenweg 6, PLZ 26629, **T 04943 1525**
230 | Sa-So Do-So Mo, Di, Mi

Der traditionsbewusst geführte Familienbetrieb von Rainer Preuß gehört zweifelsohne zu den Top-Adressen der Region, denn hier gibt es in gemütlicher Atmosphäre schmackhafte regionale Gerichte. Tipp: Regelmäßig finden Steakabende statt.

GROSSHEUBACH 51 B www.info-grossheubach.de

Bayern | EW 5.046 | 132 m | Wertheim 29 km, Aschaffenburg 40 km

Rosenbusch www.hotel-rosenbusch.de

€ Gut & Günstig ★★★

Engelbergweg 6, PLZ 63920, **T 09371 650400,** F 6504029
20 Zimmer | Ez 70 €, Dz 90–118 €, inkl. Frühstück | 24 h

Familiär geführtes Hotel in schöner ruhiger Lage. Die zeitgemäß ausgestatteten Nichtraucherzimmer verfügen größtenteils über einen Balkon. Für Entspannung sorgt ein kleiner Wellnessbereich mit Sauna und Whirlwanne. Im Restaurant werden regionale und gutbürgerliche Gerichte serviert.

Zur Krone www.gasthauskrone.de

Miltenberger Straße 1, PLZ 63920, **T 09371 2663**
80 | Hauptgericht 16–40 €, Menü 47–57 € | Mi-So Mo, Di

Besonders angenehm sitzt man hier im tollen Biergarten, aber auch drinnen hat man es sehr schön dank dekorativer Elemente und zugleich gemütlichem Interieur. Die ambitionierte regionale Küche bietet z.B. „Ochsenbacke geschmort in Rotweinsoße auf Nudeln und buntem Gemüse".

GROSSOSTHEIM 51 B www.grossostheim.de

Bayern | EW 16.560 | 137 m | Aschaffenburg 9 km, Darmstadt 33 km

Das Weinhaus Becker www.das-weinhaus-becker-grossostheim.de

Breite Straße 5, PLZ 63762, **T 06026 4954**
100 | Hauptgericht 15–30 € | Mo-Mi, Fr-So Do

Im zauberhaften hist. Ortskern befindet sich das traditionelle, rustikale Gasthaus. Drinnen gemütliche Atmosphäre, draußen ein lauschiger Sommergarten. Gekocht wird gutbürgerlich und fränkisch unter Verwendung regionaler Zutaten. Dazu gibt es ausgewählte Weine heimischer Winzer.

GROSSRÄSCHEN 36 B www.grossraeschen.de

Brandenburg | EW 8.863 | 115 m | Senftenberg 15 km, Finsterwalde 23 km

Seehotel Großräschen travdo-hotels.de/hotels/seehotel-grossraeschen

★★★★ garni

Seestraße 88, PLZ 01983, **T 035753 690660,** F 690669
60 Zimmer | 4 Suiten | 24 h

Ruhig gelegenes Hotel direkt am entstehenden Großräschener See. Hier erwarten Sie großzügig gestaltete Gästezimmer in verschiedenen Stilrichtungen. Weltberühmte Gemälde - meisterhaft reproduziert - kann man im hauseigenen Fälschermuseum bewundern, das als Frühstücksraum dient.

GROSSSCHÖNAU 47 B www.grossschoenau.de

Sachsen | EW 5.767 | 350 m | Görlitz 57 km, Dresden 124 km

Landhotel Quirle-Häusl www.quirle.de

★★★★ garni

Hauptstraße 51/52, PLZ 02799 (OT: Waltersdorf), **T 035841 606060,** F 606066
24 Zimmer | 1 Suite | Ez 60–85 €, Dz 90–120 €, ab 14,50 € | 22.–27.12.23

Freundlich geführter Hotelbetrieb in einem Oberlausitzer Fachwerkhaus von 1839. Hier erwarten Sie wohnliche Landhauszimmer, ein kleiner Wellnessbereich mit Sauna und Salzoase sowie ein behagliches Restaurant mit Biergarten.

GRÜNBERG 41 B www.gruenberg.de

Hessen | EW 14.320 | 273 m | Gießen 22 km, Alsfeld 30 km

Sporthotel
www.sporthotel-gruenberg.de

★★★★

Am Tannenkopf 1, PLZ 35305, **T 06401 8020,** F 802166
44 Zimmer | Ez 90–99 €, Dz 121–129 €, inkl. Frühstück | 24 h

In schöner Lage am Fuße des Vogelsbergs empfängt Sie dieses Hotel mit angeschlossener Sportschule. Das Haus bietet zeitgemäße Gästezimmer, gut ausgestattete Tagungsräume sowie einen Sauna- und Fitnessbereich. Sehr gut essen kann man im hauseigenen Restaurant nebst Sonnenterrasse.

GRÜNHAIN-BEIERFELD 45 B
www.gruenhain-beierfeld.de

Sachsen | EW 6.022 | 550 m | Zwickau 40 km, Chemnitz 45 km

Köhlerhütte
www.koehlerhuette.com

Am Fürstenberg 7, PLZ 08344 (OT: Waschleithe), **T 03774 15980,** F 1598100
18 Zimmer | 3 Suiten | 2 Apartments | Ez 70–110 €, Dz 119–154 €, inkl. Frühstück

Familiengeführtes Haus mit über 150-jähriger Tradition in ruhiger Waldrandlage. Geschmackvoll im Landhausstil eingerichtete Gästezimmer. Kleine Entspannungsoase mit finnischer Sauna und Infrarot-Thermium. Im Restaurant wird regional und international gekocht.

GRÜNWALD 60 D
www.gemeinde-gruenwald.de

Bayern | EW 11.139 | 581 m | München 14 km, Wolfratshausen 18 km

Schlosshotel Grünwald
www.schlosshotelgruenwald.de

Zeillerstraße 1, PLZ 82031, **T 089 6496260,** F 64962635
19 Zimmer | 4 Suiten | Ez 90–130 €, Dz 140–160 €, inkl. Frühstück | 24 h

Geschichtsträchtiges Haus auf dem Isar-Hochufer. Zimmer und Suiten im eleganten Landhausstil mit großzügigen Marmorbädern und toller Aussicht auf das Isartal. Das Restaurant bietet delikate Gerichte aus der italienischen Küche. Schöne Terrasse.

Alter Wirt
www.alterwirt.de

★★★ S

Marktplatz 1, PLZ 82031, **T 089 6419340,** F 64193499
50 Zimmer

Modernes Bio-Hotel, das sich bereits seit 1919 unter familiärer Führung befindet. Die konsequent ökologisch gestalteten Zimmer sind mit stilvollen Vollholzmöbeln, Böden aus geölter Kastanie, heimischen Hölzern, Filz, Naturmaterialien und hochwertigen Naturbetten ausgestattet. Im Bio-Restaurant trifft urtypisch bayerisches Kochhandwerk auf moderne internationale Küche.

GUMMERSBACH 30 C www.gummersbach.de

Nordrhein-Westfalen | EW 49.665 | 250 m | Olpe 29 km, Remscheid 39 km

Die Mühlenhelle www.muehlenhelle.de

VARTA-TIPP Küche

Hohler Straße 1, PLZ 51645 (OT: Dieringhausen), **T 02261 290000**
40 | Hauptgericht 26–44 €, Menü 74–175 € | So Do-So Mo, Di, Mi

In dieser denkmalgeschützten Villa bietet Michael Quendler eine moderne europäische Küche, die erfrischend unkompliziert und geradlinig daherkommt. Seine schmackhaften, innovativen Gerichte können Sie sowohl à la carte als auch in Menüform genießen. Gastgeberin und Sommelière Birgitta Quendler hat dazu die passenden Weinempfehlungen. Saisonale und regionale Speisen stehen im mediterran gehaltenen Bistro auf der Karte. Zum Übernachten hat man 16 wohnlich eingerichtete Hotelzimmer, die auch als attraktives Arrangement buchbar sind.

GUNDELFINGEN A. D. DONAU 59 A www.gundelfingen-donau.de

Bayern | EW 7.715 | 438 m | Dillingen a. d. Donau 10 km, Giengen a. d. Brenz 15 km

Neuhof am See www.neuhof.de

Äußere Günzburger Straße 1 (Zufahrt über Haldenweg), PLZ 89423, **T 09073 958690**
40 | Hauptgericht 24–41 €, Menü 75–82 € | So Mo, Di, Mi, Do, Fr, Sa

Das liebevoll renovierte Wirtshaus präsentiert sich in stilvollem Landhausambiente. Serviert werden frische bodenständige Gerichte wie „Geschmorte Rinderschulter | Spitzkohl | gebackene Zwiebelringe | Spätzle". Im Sommer lockt der urige Biergarten direkt am See unter herrlich gewachsenen Kastanien. Der Seehaus-Eventpavillon bietet zudem den perfekten Rahmen für Veranstaltungen jeder Art.

GÜNZBURG 59 C www.guenzburg.de

Bayern | EW 19.676 | 490 m | Ulm 25 km, Krumbach 26 km

Römer www.hotel-roemer.de

garni

Ulmer Straße 26, PLZ 89312, **T 08221 367380,** F 3673877
24 Zimmer | 1 Suite | Ez 79–95 €, Dz 99–132 €, inkl. Frühstück

Hotelneubau auf einem römischen Gussfundament aus dem 3. Jhd. Das familienfreundliche Haus liegt nur wenige Minuten vom hist. Marktplatz entfernt. Modern eingerichtete Zimmer mit Parkettboden und kostenlosem WLAN. Abschließbare Fahrradgarage.

GUNZENHAUSEN 53 C www.gunzenhausen.de

Bayern | EW 16.176 | 416 m | Weißenburg 22 km, Ansbach 28 km

Parkhotel Altmühltal www.aktiv-parkhotel.de

★★★★ S

Zum Schießwasen 15, PLZ 91710, **T 09831 5040,** F 89422
67 Zimmer | 17 Suiten | 2 Apartments | Ez 99–109 €, Dz 160–176 €, inkl. Frühstück | 24 h

Neuzeitliches Stadt- und Tagungshotel mit komfortabel eingerichteten Zimmern im Landhausstil, die auch für Allergiker geeignet sind. Den Gästen steht eine 400 qm große Bade- und Saunalandschaft zur Verfügung. Im Restaurant und auf der Terrasse werden jahreszeitlich abgestimmte fränkische Spezialitäten serviert.

Adlerbräu www.hotel-adlerbraeu.de

★★★ S garni

Marktplatz 10-12, PLZ 91710, **T 09831 88670,** F 886750
56 Zimmer | 2 Suiten | Ez 60–125 €, Dz 104–159 €, inkl. Frühstück | 2.–14.1.24

Richtig individuell und charmant wohnt man in diesem traditionsreichen Gasthof, der seit 1868 in Familienbesitz ist und bereits 1564 erstmals urkundlich erwähnt wurde. Die gepflegten Gästezimmer verteilen sich auf das Stammhaus und die Dependance „Haus Altmühlaue". Für Entspannung sorgt ein kleiner Saunabereich. Regionale und internationale Küche gibt es im gemütlichen Restaurant oder auf der ruhigen Gartenterrasse.

GÜSTROW 17 B www.guestrow-tourismus.de

Mecklenburg-Vorpommern | EW 28.540 | 28 m | Teterow 25 km, Schwerin 63 km

Kurhaus am Inselsee www.kurhaus-guestrow.de

VARTA-TIPP Service

★★★★ S garni

Heidberg 1, PLZ 18273, **T 03843 8500,** F 850100
48 Zimmer | 3 Suiten | 1 Apartment | Ez 98–128 €, Dz 148–178 €, inkl. Frühstück | 24 h

Ein gut geführtes, traditionsreiches Haus mit familiärer Atmosphäre, wohnlichen Zimmern und sehr gutem Frühstück. Die Gästezimmer zur Seeseite verfügen über einen Balkon. Für Entspannung und Wohlbefinden sorgt ein kleiner Wellnessbereich. Im gediegen-elegant eingerichteten Restaurant und auf der Gartenterrasse wird deutsche und regionale Küche serviert.

GUTENZELL-HÜRBEL 58 D www.gutenzell-huerbel.de

Baden-Württemberg | EW 1.837 | 549 m | Biberach 20 km, Ulm 40 km

Klosterhof www.klosterhof-gutenzell.de

★★★ S garni

Schlossbezirk 2, PLZ 88484 (OT: Gutenzell), **T 07352 92330,** F 923346
18 Zimmer | Ez 85–105 €, Dz 115–135 €, inkl. Frühstück

In diesem Haus - eine ehemalige Torwache - spürt man das Engagement und die Liebe zum Detail. Hier übernachten Sie in schlichten, aber gepflegten Zimmern im ländlichen Stil, die sich auf das Haupthaus sowie das neue Gästehaus verteilen. Gemütliche Restauranträume, in denen regionale Spezialitäten serviert werden.

GÜTERSLOH 30 B www.guetersloh-marketing.de

Nordrhein-Westfalen | EW 97.700 | 75 m | Rheda-Wiedenbrück 9 km, Bielefeld 17 km

Parkhotel www.parkhotel-gt.de

VARTA-TIPP Service

★★★★ S garni

Kirchstraße 27, PLZ 33330, **T 05241 8770,** F 877400
103 Zimmer | 4 Suiten | Ez 99–214 €, Dz 99–214 €, 21,00 € | 24 h

Eine hervorragende Adresse für anspruchsvolle Geschäfts- und Privatreisende. Das freundlich und engagiert geführte Haus ist umgeben von einem hoteleigenen Garten mit altem Baumbestand. Sie logieren in geräumigen und wohnlichen Zimmern in unterschiedlichen Kategorien. Zum Hotel gehören auch ein kleiner Wellnessbereich mit Sauna und Dampfbad sowie zwei Restaurants mit regionaler und italienischer Küche. Nicht zu vergessen: das frische Frühstück am Morgen.

Appelbaum www.hotel-appelbaum.de

★★★★ garni

Neuenkirchener Straße 59, PLZ 33332, **T 05241 95510,** F 955123
65 Zimmer | 6 Apartments | Ez ab 85 €, Dz ab 105 €, inkl. Frühstück

Ein privat geführtes Stadthotel in direkter Nähe zum Stadtpark mit aufmerksamer und persönlicher Gästebetreuung. Die unterschiedlich eingerichteten Zimmer sind solide ausgestattet. Wellnessbereich mit Sauna, Dampfbad und kleiner Dachterrasse. Umfangreiches Frühstücksbuffet rund um das Thema Apfel.

HAAN 29 C www.haan.de

Nordrhein-Westfalen | EW 29.156 | 160 m | Wuppertal 14 km, Düsseldorf 19 km

Hotel Stadtquartier www.stadtquartier.nrw

★★★★ garni

Neuer Markt 23, PLZ 42781, **T 02129 9220,** F 922100
88 Zimmer | 2 Apartments | 24 h

Zeitgemäßes Geschäfts- und Tagungshotel am Rande der Fußgängerzone. Funktionell ausgestattete Gästezimmer, teilweise mit großen Terrassen, Balkonen oder exklusiven Infrarotkabinen. Großzügiger Wellnessbereich mit Schwimmbad und Saunabereich.

Folgen Sie uns: facebook.com/vartaguide

HADAMAR 41 C www.hadamar.de

Hessen | EW 12.729 | 130 m | Limburg 10 km, Westerburg 18 km

Nassau-Oranien www.nassau-oranien.de

★★★★ garni

Am Elbbachufer 12, PLZ 65589, **T 06433 9190,** F 919100
60 Zimmer | 5 Suiten | 1 Apartment | Ez 99–119 €, Dz 119–135 €, inkl. Frühstück | 24 h

Familiär geführtes Hotel in einem denkmalgeschützten Fachwerkhaus von 1690, das man um einen neueren Anbau erweitert hat. Die Zimmer sind im gemütlichen Landhausstil eingerichtet. Der behagliche Stil setzt sich auch in den beiden Restaurants „Grand Mère" und „Gud Stubb" fort. Netter SPA-Bereich mit Schwimmbad, Dampfbad und Sauna.

HAGEN 30 C www.hagenagentur.de

Nordrhein-Westfalen | EW 185.996 | 106 m | Dortmund 17 km, Wuppertal 23 km
Schloss Hohenlimburg, Jugendstilarchitektur, Alte Synagoge, Stadtmuseum Hagen, Hohenhof, Museum für Ur- und Frühgeschichte, Wasserschloss Werdringen, Planetenmodell, Volkssternwarte, Westfälisches Freilichtmuseum für Handwerk und Technik.

Arcadeon www.arcadeon.de

★★★★

Lennestraße 91, PLZ 58093 (OT: Halden), **T 02331 35750,** F 3575200
78 Zimmer | 2 Suiten | Ez ab 149 €, Dz ab 159 €, inkl. Frühstück | 24 h

Modernes Seminar- und Tagungshotel, dessen Bauweise an ein mittelalterliches Kloster erinnert. 20.000 qm großer Park mit altem Baumbestand und Naturteich. Helle, freundliche Gästezimmer mit Eichenholzparkett. Regionale Küche wird im Restaurant serviert.

SAXX Hotel www.saxx-hotelgroup.com

Bahnhofstraße 7, PLZ 58095, **T 02331 9768800**
39 Zimmer | 6 Suiten | Ez 149–219 €, Dz 149–219 €, ab 18,00 €

Das 2021 eröffnete Businesshotel empfängt Sie in bester Citylage zwischen Hauptbahnhof und Stadtkern. Die Zimmer sind in unterschiedlichen Kategorien buchbar. Das Interieur zeigt sich in einem Mix aus urbanem Flair und modernem Lifestyle. Für Longstay-Aufenthalte hat man unweit des Hotels in der Goldbergstraße auch noch großzügige Apartments.

Der Varta-Führer digital

Der Varta-Führer ist auch als eBook erhältlich. Ganz einfach online laden und mobil auf Ihrem Smartphone oder Tablet nutzen.

Weitere Hotel- und Restaurantempfehlungen sowie zahlreiche Freizeittipps erhalten Sie unter: **www.varta-guide.de**

HAGNAU AM BODENSEE 65 B www.hagnau.de

Baden-Württemberg | EW 1.447 | 393 m | Meersburg 4 km, Friedrichshafen 14 km

Burgunderhof www.burgunderhof.de

garni

Am Sonnenbühl 70, PLZ 88709, **T 07532 807680,** F 8076855
8 Zimmer | 2 Suiten

Kleines Wohlfühlhotel für Erwachsene in wunderschöner Lage umgeben von Weinbergen und Obstwiesen. Liebevoll eingerichtete Zimmer mit Balkon oder Terrasse. Sehr gutes Frühstück. Angeschlossenes Weingut und Destillerie.

Der Löwen www.loewen-hagnau.de

Hansjakobstraße 2, PLZ 88709, **T 07532 433980,** F 43398300
22 Zimmer | 2 Suiten | 1 Apartment | Ez 90–145 €, Dz 120–205 €, inkl. Frühstück | 24 h
24.–26.12.23

Hist. Gasthaus mit neuerem Anbau und modernen Zimmern unterschiedlicher Größe, das sich seit 1906 in Familienbesitz befindet. Hauseigener Privatstrand. Hübsch angelegter japanischer Teichgarten. Im Restaurant mit Kreuzgewölbe und im Garten wird frische Bodenseeküche serviert.

Villa am See
www.villa-am-see.de

★★★★ garni

Meersburger Straße 4, PLZ 88709, **T 07532 43130,** F 431310
7 Zimmer | 1 Apartment | Ez 110–220 €, Dz 160–360 €, inkl. Frühstück | 24 h

Die geschmackvoll rekonstruierte Jugendstilvilla ist eingebettet in einen zauberhaften Garten und bietet wohnliche, mit italienischen Landhausmöbeln eingerichtete Zimmer. Stammgäste schätzen die persönliche Note des Hauses ebenso wie das abwechslungsreiche Frühstück und die exponierte Lage direkt an der Hagnauer Strandpromenade.

Zur Winzerstube
www.zur-winzerstube.de

★★★★

Seestraße 1, PLZ 88709, **T 07532 494860,** F 2999
18 Zimmer | 2 Suiten, Dz ab 165 €, inkl. Frühstück | 1.1.–25.3.24

Was dieses Haus so interessant macht? Es liegt schön ruhig am kleinen Fischerhafen direkt am Bodensee, hat gepflegte und zeitgemäß eingerichtete Gästezimmer überwiegend mit Balkon und einen schönen Garten mit Badezugang zum See. Im Restaurant werden saisonale Gerichte und frische Fischspezialitäten serviert.

Rebstöckle
www.hotel-rebstoeckle.de

Seestraße 10, PLZ 88709, **T 07532 43190**
45 | Hauptgericht 16–30 € | Mi-Fr Mi-Sa Mo, Di, So

Das Restaurant bietet nicht nur eine nette Atmosphäre, man isst auch gut, nämlich regionale Gerichte wie „Kalbsbäckle in Himbeeressig geschmort | Pfifferlingsknöpfle | wilder Brokkolitempura | rote Zwiebelmarmelade“ oder „Seezander kross auf der Haut gebraten | Basmatiduftreis | Curryfrüchtesoße | grünes Spargel-Erbsenpüree“. Und gepflegt übernachten kann man hier ebenfalls.

HAIGER 41 A
www.haiger.de

Hessen | EW 18.813 | 289 m | Dillenburg 7 km, Siegen 23 km

Villa Busch
www.villabusch.com

Westerwaldstraße 4, PLZ 35708, **T 02773 9189031**
150 | Hauptgericht 26–40 € | Mi-Fr, So Mi-So Mo, Di

In der schmucken Villa wird kreativ und weltoffen gekocht. Das Angebot reicht von gutbürgerlichen Speisen bis hin zur gehobenen Gourmetküche. Mögen Sie z.B. „Duett von Steinbutt und Seeteufel auf Safranrisotto mit Gemüse“? Hauseigene Kochschule.

HALBERSTADT 33 A
www.halberstadt-tourismus.de

Sachsen-Anhalt | EW 40.256 | 122 m | Magdeburg 53 km, Braunschweig 62 km

Villa Heine
www.hotel-heine.de

★★★★ S

Kehrstraße 1, PLZ 38820, **T 03941 31400,** F 31500
61 Zimmer | 1 Suite | Ez 95–125 €, Dz 145–175 €, inkl. Frühstück | 24 h

»

In der ehem. Fabrikantenvilla sowie im neueren Parkflügel stehen großzügige, klassisch eingerichtete Zimmer zur Verfügung. Schöner SPA-Bereich mit Pool, Sauna und Beauty-Angebot. Mit dem Restaurant „Wintergarten" und dem „Brauhaus Heine" steht ein umfangreiches kulinarisches Angebot zur Verfügung.

Am Grudenberg
www.hotel-grudenberg.de

garni

Grudenberg 10, PLZ 38820, **T 03941 69120,** F 691269
18 Zimmer | Ez ab 60 €, Dz ab 95 €, 10,00 €

Das hübsche Fachwerkhaus beherbergt charmante Gästezimmer mit individueller Note. Sehr ansprechend sind die sogenannten Wellnesszimmer im Seitenflügel mit eigener Sauna. Im Sommer kann man auch im ruhigen Innenhof frühstücken.

HALLBERGMOOS 60 D
www.hallbergmoos.de

Bayern | EW 10.084 | 460 m | Freising 9 km, München 18 km

Daniel's
www.hotel-daniels.de

garni

Hauptstraße 11, PLZ 85399 (OT: Goldach), **T 0811 55120,** F 551213
38 Zimmer | 13 Apartments | Ez 79–199 €, Dz 99–229 €, 5,00–20,00 €

Neuzeitliche Hotelanlage mit niveauvollem Ambiente und persönlichem Service. Das Haus bietet wohnliche Zimmer, die mit italienischen Stilmöbeln eingerichtet sind. Für Langzeitgäste stehen 1- und 2-Zimmer-Apartments zur Verfügung.

HALLE (SAALE) 34 D
www.stadtmarketing-halle.de

Sachsen-Anhalt | EW 231.565 | 88 m | Leipzig 42 km, Gera 74 km
Marktplatz mit Händeldenkmal, Roter Turm mit dem größten Glockenspiel Deutschlands, Dom, Alter Markt mit Eselsbrunnen, Hallmarkt, Franckesche Stiftungen, Stiftung Moritzburg, Stadtgottesacker, Burg Giebichenstein, Leipziger Turm.

Dorint Charlottenhof
www.hotel-halle-saale.dorint.com

★★★★ S

Dorotheenstraße 12, PLZ 06108, **T 0345 29230,** F 2923100
166 Zimmer | 4 Suiten | Ez 88–183 €, Dz 108–216 €, 22,00–28,00 € | 24 h

Modernes Stadthotel mit verspielter Architektur und Jugendstilinterieur. Klassisch ausgestattete Zimmer in zarten Pastelltönen. Vital Club in der obersten Etage mit Fitnessraum, Sauna und Dampfbad. Großzügiger Tagungsbereich. Im hauseigenen À-la-carte-Restaurant „Charlott" regionale und internationale Küche.

Speiseberg
www.bergschenke-halle.com

VARTA-TIPP Küche

Kröllwitzer Straße 45, PLZ 06120, **T 0151 56519090**
18 | Menü 145 € | Mi-Sa Mo, Di, So

Inmitten der hist. Gemäuer der traditionsreichen Bergschenke befindet sich das kleine, aber feine Fine-Dining-Restaurant. Das wechselnde Menü steckt mit seinen 8 Gängen voller saisonaler, moderner und innovativer Einflüsse. Bei Chef de Cuisine Konstantin Kuntzsch ist Produktqualität das A und O, und die merkt man bei all seinen minimalistischen, geschmacksintensiven Kreationen. Schön dazu das angenehm klare, fast schon puristisch anmutende Ambiente sowie der freundliche und aufmerksame Service. Pro Abend werden max. 15 Personen angenommen. Tischreservierung notwendig.

HALLE (WESTF.) 21 D www.hallewestfalen.de

Nordrhein-Westfalen | EW 22.400 | 125 m | Bielefeld 16 km, Gütersloh 18 km

Court Hotel www.courthotel.de

★★★★

Roger-Federer-Allee 6, PLZ 33790, **T 05201 8990,** F 899440
106 Zimmer | 5 Suiten | 24 h

Sport- und Tagungshotel mit ansprechender Wohnkultur. Die recht geräumigen Zimmer wurden mit hochwertigen Materialien (z.B. Tempurmatratzen) ausgestattet. Zum Haus gehören auch ein großzügiger Wellnessbereich auf 1.000 qm sowie ein Restaurant mit internationaler Küche und Seeterrasse.

Der Varta-Führer digital

Der Varta-Führer ist auch als eBook erhältlich. Ganz einfach online laden und mobil auf Ihrem Smartphone oder Tablet nutzen.

Weitere Hotel- und Restaurantempfehlungen sowie zahlreiche Freizeittipps erhalten Sie unter: **www.varta-guide.de**

HALLENBERG 31 C www.stadt-hallenberg.de

Nordrhein-Westfalen | EW 4.380 | 420 m | Winterberg 15 km, Frankenberg/Eder 23 km

Diedrich Wellnesshotel & SPA www.hotel-diedrich.de

★★★★ S

Nuhnestraße 2, PLZ 59969, **T 02984 9330**
65 Zimmer | 2 Suiten | Ez 180–204 €, Dz 316–512 €, inkl. Halbpension | 17.–26.12.23

Familie Diedrich hat hier ein echtes Schmuckstück: wertig und geschmackvoll die wohnlich-eleganten Zimmer, schön der großzügige SPA- und Wellnessbereich mit zwei Schwimmbädern und Saunalandschaft. Weiterer Wohlfühlfaktor: die angenehm persönliche Atmosphäre.

Sauerländer Hof www.sauerlaender-hof.de

GREENSIGN ★★★★

Merklinghauser Straße 27 (B 236), PLZ 59969, **T 02984 92370,** F 923720
31 Zimmer | Ez 55–119 €, Dz 110–238 €, inkl. Frühstück | 24 h

Freundlich geführtes Hotel mit Zimmern unterschiedlicher Größe und Ausstattung. Einrichtung mit mediterranen Farben und alpinem Charme. Kleiner Wellnessbereich mit finnischer Sauna und Dampfbad. Ländliches Restaurant mit Terrasse.

HALSENBACH 40 D www.halsenbach.de/

Rheinland-Pfalz | EW 1.240 | 450 m | Emmelshausen 3 km, Boppard 12 km

Restaurant Feinheit Neu! www.feinheit-hotel.de

Auf der Katz 6, PLZ 56283, **T 06747 9500085**
42 | Hauptgericht 14–32 €, Menü 46–67 € | Di-Fr Di-Sa Mo, So

››

In diesem geschmackvoll eingerichteten Restaurant darf man sich auf herzlichen Service sowie eine anspruchsvolle und ehrliche Küche freuen. Die regional und saisonal inspirierten Gerichte gibt es zudem zu wirklich fairen Preisen. Wie wäre es z.B. mit „Knuspriges Schnitzel vom Rothirsch mit Haselnussspätzle und Apfel-Frühlingslauchgemüse“? Dazu eine ausgewogene Weinkarte mit den besten Tropfen der Region. Zum Übernachten hat man ausgesprochen wohnliche Gästezimmer.

Wiegt weniger ist aber genauso gut:
Der Varta-Führer ist auch als eBook für Ihren TabletPC oder Ihr Smartphone verfügbar!

HALTERN AM SEE 29 B www.haltern-am-see.de

Nordrhein-Westfalen | EW 37.651 | 40 m | Dülmen 12 km, Recklinghausen 13 km

Am Turm www.hotel-amturm.de

garni

Turmstraße 4, PLZ 45721, **T 02364 96010,** F 960122
14 Zimmer | 1 Suite | Ez ab 89 €, Dz ab 119 €, inkl. Frühstück

Familiengeführtes kleines Hotel, das für Geschäftsreisende und Urlauber gleichermaßen geeignet ist. Geräumige Zimmer mit hochwertigen Möbeln aus Kirschholz und Buche. Das Restaurant bietet internationale Küche.

Ratsstuben www.hotel-haltern.de

VARTA-TIPP Küche

Mühlenstraße 3, PLZ 45721 (OT: Haltern), **T 02364 3465**
24 | Menü 129–189 € | Di-Sa Mo, So

Dezent-reduziert, stylish und modern zeigt sich dieses Restaurant. Hier verwöhnt Sie Daniel Georgiev mit einer schmackhaften, international inspirierten Haute Cuisine in Form eines wechselnden Gourmetmenüs (bis zu 7 Gänge). Dazu ein gastorientierter, sehr angenehmer Service und ein abwechslungsreiches Weinsortiment mit rund 300 ausgesuchten Gewächsen. Im angeschlossenen Ratshotel hat man 12 individuelle, gemütliche Zimmer.

HAMBERGE 16 A amt-nordstormarn.de

Schleswig-Holstein | EW 1.490 | 13 m | Lübeck 10 km, Bad Oldesloe 15 km

Restaurant Hauck www.restaurant-hauck.de

Stormarnstraße 14, PLZ 23619, **T 0451 8997100**
40 | Hauptgericht 16–39 € | Do-Sa Mo, Di, Mi, So

Im hell und freundlich gestalteten Restaurant werden marktorientierte und saisonale Gerichte aufgetischt. Lust auf „Kotelett vom Iberico-Schwein, Ratatouille und Kartoffelgratin“ oder „Heilbuttfilet, Garnelen-Gurkengemüse in Rahm, Kartoffelstampf“? Erlesene Auswahl internationaler Weine.

HAMBURG 15 A www.hamburg-tourism.de

Hamburg | EW 1.746.342 | 6 m | Lübeck 65 km, Kiel 93 km

Alster, Hafen, Hafenpromenade, Museumsschiff Cap San Diego, Fischmarkt, Speicherstadt und Kontorhausviertel mit Chilehaus (UNESCO-Weltkulturerbe), Dt. Zollmuseum, Köhlbrandbrücke, Barockkirche St. Michaelis, Rathaus, Kunsthalle, Park Planten un Blomen, Stadtteil St. Pauli mit Vergnügungsstraße Reeperbahn, Wattenmeer (UNESCO-Weltnaturerbe).

Einen Cityplan finden Sie auf Seite 502–503.

Fairmont Hotel Vier Jahreszeiten www.hvj.de

VARTA★TIPP Ambiente VARTA★TIPP Service

★★★★★S garni

Neuer Jungfernstieg 9-14 (C3), PLZ 20354 (OT: Neustadt), **T 040 34940**, F 34942600
156 Zimmer | 33 Suiten | 24 h

»

A
B
C
1
2
3
4
5
Sternschanze
Schlump
Sternschanze
Messehallen
Feldstr.
St. Pauli
Landungs-brücken
Dammtor
Stephanspl.
Gänsemarkt
Rödingsmkt.
Baumwall
Universität Hamburg
Planten un Blomen
Messe-gelände
Heiligengeist-feld
"Hamburger Dom"
Millerntor Stadion
Große Wall-anlagen
Alter Botanischer Garten
Alter Elbpark
Sternschanzenpark
Reeperbahn
St. Pauli Hafenstraße
Ludwig-Erhard-Str.
Johannisbollwerk
Vorsetzen
Holstenwall
Glacischaussee
Budapester Str.
Schanzenstr.
Altonaer Str.
Schäferkampsallee
Schröderstiftstraße
Grindelallee
Rothenbaumchaussee
Rentzelstraße
An der Verbindungsbahn
Gorch-Fock-Wall
Stephansplatz
Feldstraße
Stresemannstr.
Neuer Kamp
Millerntordamm
Helgoländ. Allee
Sievekingplatz
Zivil-Justiz-gebäude
Congress Center Hamburg
Museum f. Hamburg. Geschichte
Brahms-Museum
Hauptkirche St. Michaelis
Elbphilharmonie
Miniatur Wunderland
Kehrwieder
Sandtorhöft
Cap San Diego
Museumsschiff
Niederhafen
Brandenbg. Hfn.
Fährkanal
St. Pauli-Elbtunnel
Personenfähre
1 = Brockmannsweg
1 = Grindelw.
2 = Fröbelstr.
1 = Schanzenweg
2 = Beim Kraftwerk
3 = Bornsteinplatz
33 = Gerhardstraße
34 = Herberstraße
38 = Davidstreppe
R1
4

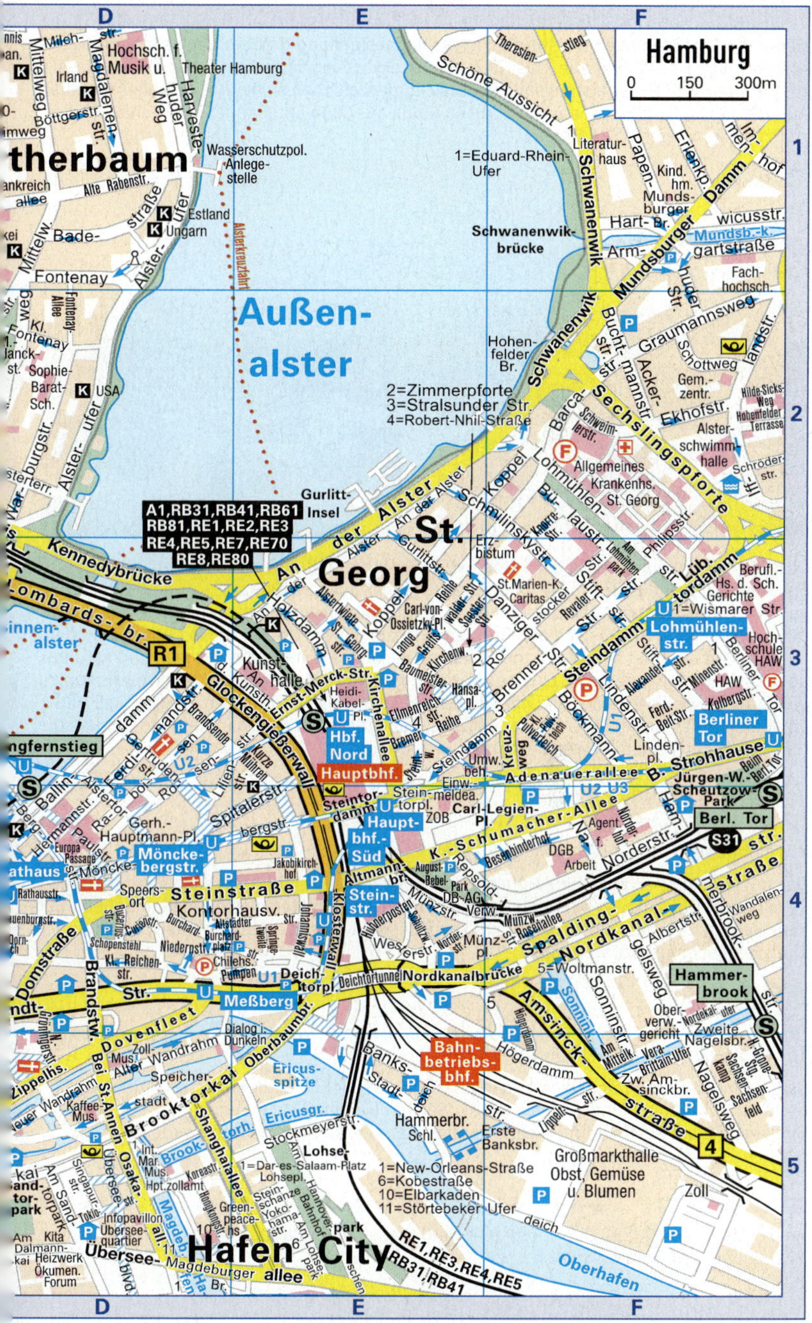
Hamburg
0 150 300m
D
E
F
1
2
3
4
5
Außen-
alster
St.
Georg
Hafen City
therbaum
Hochsch. f. Musik u. Theater Hamburg
Wasserschutzpol. Anlege-stelle
Estland
Ungarn
Irland
USA
Fontenay
Alsterkreuzfahrt
1=Eduard-Rhein-Ufer
Schwanenwik-brücke
Schöne Aussicht
Literatur-haus
Schwanenwik
Mundsburger Damm
Sechslingspforte
Hohen-felder Br.
2=Zimmerpforte
3=Stralsunder Str.
4=Robert-Nhil-Straße
Gurlitt-Insel
A1,RB31,RB41,RB61
RB81,RE1,RE2,RE3
RE4,RE5,RE7,RE70
RE8,RE80
Kennedybrücke
Lombardsbr.
R1
An der Alster
Allgemeines Krankenhs. St. Georg
Alster-schwimm-halle
Erz-bistum
St.Marien-K.
Caritas
Lohmühlen-str.
1=Wismarer Str.
Berufl.-Hs. d. Sch.
Gerichte
Hoch-schule HAW
Berliner Tor
Steindamm
Kunst-halle
Glockengießerwall
Hbf. Nord
Hauptbhf.
Haupt-bhf.-Süd
Stein-str.
Steintordamm
Carl-Legien-Pl.
ZOB
Adenauerallee
Jürgen-W.-Scheutzow-Park
Berl. Tor
S31
Beim Strohhause
Kurt-Schumacher-Allee
Agent. f. Arbeit
Norderstr.
Hammerbrook
Spaldingstraße
Nordkanalstr.
Nordkanalbrücke
5=Woltmanstr.
Mönckebergstr.
Gerh.-Hauptmann-Pl.
Spitalerstr.
Steinstraße
Kontorhausv.
Chilehs.
Meßberg
Deichtorpl.
Deichtortunnel
Dovenfleet
Alter Wandrahm
Brooktorkai
Shanghaiallee
Ericusspitze
Ericusgr.
Bahn-betriebs-bhf.
Högerdamm
Amsinckstraße
Hammerbr. Schl.
Erste Banksbr.
Großmarkthalle Obst, Gemüse u. Blumen
Zoll
Oberhafen
Lohse-park
1=Dar-es-Salaam-Platz
1=New-Orleans-Straße
6=Kobestraße
10=Elbarkaden
11=Störtebeker-Ufer
Übersee-quartier
Infopavillon
Überseeallee
Magdeburger
RE1,RE3,RE4,RE5
RB31,RB41
Jungfernstieg
Ballindamm
Rathaus
Domstraße
Brandstw.
Speicher-stadt
Kaffee-Mus.
Int. Mar. Mus.
Hpt.zollamt
Osaka-allee
Am Sandtorpark
Kita
Dalmann-kai
Heizwerk
Ökumen. Forum

Das luxuriöse Hotel mit seiner prachtvollen Gründerzeitfassade und seiner einmaligen Lage an der Binnenalster ist eine Institution in der Hansestadt und darüber hinaus Inbegriff der europäischen Grandhotellerie. Das Haus vereint exklusiven Wohnkomfort sowie erstklassiges Service- und Dienstleistungsniveau. Die Zimmer zeichnen sich durch stilvolles Mobiliar, zeitlose Eleganz und hanseatische Zurückhaltung aus. Zum Entspannen empfiehlt sich der großzügig konzipierte SPA-Bereich.

Haerlin
www.restaurant-haerlin.de

VARTA-TIPP Küche VARTA-TIPP Service

50 | Menü 295–375 € | Di-Sa Mo, So

Das Gourmetrestaurant trägt den Namen des Vier-Jahreszeiten-Gründers. Hier entfalten ein opulenter Kristallleuchter sowie handbemalte chinesische Seidentapeten und Goldprägungen ihre volle Wirkung. Mit optischen Reizen präsentieren sich aber auch die hervorragenden, überwiegend französisch-mediterranen Kreationen von Kochvirtuose Christoph Rüffer. Seine Küche zeichnet sich durch top Produkte, geschickt kombinierte Aromen und mitunter überraschende Texturen aus. Ein besonderes Highlight ist der maßgefertigte Weinschrank aus Glas und poliertem Messing mit edlen Tropfen und echten Raritäten. Umsichtiger und entspannter Restaurantleiter ist Marius Jürke, der mit seinem zugewandten Serviceteam die Gäste über den Abend hinweg begleitet.

Jahreszeiten Grill

80 | Hauptgericht 44–98 €, Menü 99–149 € | Mo-So

Das auf zwei Ebenen angelegte Hotelrestaurant erstrahlt nach einer intensiven Umbauphase in neuem Glanz. Es ist bei Hamburger:innen und Hotelgästen gleichermaßen beliebt. Serviert werden regionale Klassiker der hanseatischen Küche mit internationalen Akzenten. Tipp: wechselndes Mittagsmenü.

Nikkei Nine

104 | Hauptgericht 38–140 €, Menü 89–134 € | Mo-So

Restaurant im Souterrain des Hotels mit Bar und offener Küche. Behagliche Einrichtung im fernöstlichen Stil mit einem Hauch Exotik. Serviert werden frische peruanisch-japanische Speisen, die auf einem traditionellen japanischen Holzkohlegrill erhitzt werden.

Hotel Atlantic
www.brhhh.com/atlantic-hamburg

★★★★★S

An der Alster 72-79 (E3), PLZ 20099 (OT: St. Georg), **T 040 28880,** F 247129
221 Zimmer | 33 Suiten | 24 h

Das schmucke Hotel mit seiner prunkvollen weißen Außenfassade liegt malerisch an Hamburgs Außenalster. In den letzten Jahren hat man das Haus aufwendig saniert. Dabei ist der unverwechselbare Grandhotelcharme erhalten geblieben. Hier wohnen Sie in erlesen und hochwertig ausgestatteten Zimmern und Suiten. Im Sommer lädt der schöne säulenumrahmte Innenhof zum Verweilen ein.

Atlantic Grill & Health

60 | Hauptgericht 18–56 €, Menü 62–72 € | Mo-So

Casual Dining mit Alsterblick. Großzügige Fensterfronten, moderner, maritimer Landhausstil und eine offene Showküche sorgen für eine entspannte Atmosphäre. Hier setzt man auf eine gesunde Küche mit regionalen, saisonalen und nachhaltigen Aspekten.

The Fontenay www.thefontenay.com

VARTA-TIPP Service

GREENSIGN ★★★★★S

Fontenay 10 (D2), PLZ 20354, **T 040 60566050,** F 6056605888
130 Zimmer | 17 Suiten | Ez ab 350 €, Dz 430–580 €, ab 42,00 € | 24 h

Offen, kosmopolitisch und ausgesprochen gastfreundlich: Das Luxushotel mit seiner skulpturalen Architektur nebst 27 Meter hohem Atrium überzeugt durch außergewöhnliches Ambiente und top Service. In den Zimmern sorgen warme Farben, edles Echtholzparkett, hohe Decken und große Fenster für exklusiven Wohnkomfort. Schön entspannen kann man im „Fontenay SPA". Tipp: Hotelbar im sechsten Stock mit spektakulärer Aussicht auf die Alster und die Elbphilharmonie.

Lakeside

VARTA-TIPP Küche VARTA-TIPP Service

40 | Menü 225 € | Di-Sa Mo, So

Äußerst elegant und modern, dazu lichtdurchflutet und mit spektakulärem Panoramablick über Hamburg zeigt sich das kulinarische „Herzstück" des Hauses. Auch die Küche ist modern und zeitgemäß, hat aber eine klassische Basis. Julian Stowasser stellt in seinem siebengängigen Menü ausgesuchte Produkte perfekt in den Mittelpunkt. Seine Speisen zeichnen sich durch eine hohe Geschmacksdichte und Komplexität aus. Korrespondierende Weine gibt es in großer Zahl und natürlich auch in bester Qualität, dass die Gäste sehr gern die Expertise von Chef-Sommelière Stefanie Hehn in Anspruch nehmen. Der Service unter der Leitung von Mâitre Michel Buder ist der Premiumklasse des Restaurants in jeder Beziehung ebenbürtig.

Wiegt weniger ist aber genauso gut:
Der Varta-Führer ist auch als eBook für Ihren TabletPC oder Ihr Smartphone verfügbar!

Fraser Suites Hamburg www.frasershospitality.com

★★★★★S garni

Rödingsmarkt 2 (C4), PLZ 20459 (OT: Altstadt), **T 040 3808636888**
154 Zimmer | 44 Suiten | 86 Apartments | Ez 210–270 €, Dz 210–270 €, 20,00–30,00 € | 24 h

»

Die Luxusherberge befindet sich im denkmalgeschützten Gebäude der ehem. Oberfinanzdirektion direkt am Alsterfleet. Die Zimmer und Suiten (in verschiedenen Kategorien) zeichnen sich durch moderne Technik, wohnliche Eleganz und ein gutes Platzangebot aus. Einige Räume sind für Langzeitgäste konzipiert. Zum Haus gehören auch eine Bibliothek, eine Bar, eine Sauna sowie ein Fitnessraum.

The Dining Room
www.thediningroom.de

T 040 3808636401
72 | Hauptgericht 18–44 €, Menü 50–105 € | Mo-So

Ein Stück New York in Hamburg! In der Bibliothek der ehem. Oberfinanzdirektion residiert dieses elegante Restaurant. Es ist eingerichtet im Stil der 1920er „The Great Gatsby"-Jahre und eine Hommage an diese Zeit. Serviert werden internationale Spezialitäten sowie neu interpretierte Klassiker wie zum Beispiel Lobster Thermidor oder Filet Wellington. In der „O.V.A.L. Bar" gibt es passende Cocktails.

Grand Elysée
www.grand-elysee.com

★★★★★S garni

Rothenbaumchaussee 10 (C2), PLZ 20148 (OT: Rotherbaum), **T 040 414120,** F 41412733
510 Zimmer | 15 Suiten | 24 h

In unmittelbarer Nähe zur City liegt das größte Privathotel Deutschlands mit seiner weitläufigen, eleganten Halle sowie den geräumigen und komfortabel ausgestatteten Zimmern. Für Entspannung sorgt ein Wellness- und SPA-Bereich mit Pool, Saunalandschaft und Fitnessraum. Toll die Rooftopbar in der 7. Etage.

THEO's Prime Beef Restaurant
www.theos-hamburg.de

78 | Hauptgericht 29–49 € | Mo-Sa So

Hier kommt echtes New Yorker Steakhousegefühl auf. Dafür sorgen bequeme beigefarbene Ledersessel und -bänke sowie alte Schwarzweißfotografien an den Wänden. Aus der Küche kommt allerbestes Prime Beef aus den USA, Irland und Deutschland. In der Oyster Bar können Sie vorweg einen klassischen Aperitif genießen.

Le Méridien Hamburg
www.lemeridienhamburg.com

★★★★★S garni

An der Alster 52-56 (E3), PLZ 20099 (OT: St. Georg), **T 040 21000,** F 21001111
275 Zimmer | 14 Suiten | 24 h

Zentraler Mittelpunkt des Hotels ist der Eingangsbereich. Hier verschmelzen Rezeption und Lobby in den sogenannten Le Méridien Hub, einen interaktiven Aufenthaltsort. Die hell möblierten Gästezimmer präsentieren sich im Art-Tech-Design. Die Deluxezimmer bieten einen schönen Alsterblick. Umfangreiches Tagungsangebot.

Heritage
www.heritage-restaurants.com/hamburg

90 | Hauptgericht 24–62 €, Menü 95 € | Di-Sa Mo, So

Das elegante, in Braun- und Goldtönen gehaltene Restaurant befindet sich auf der 9. Etage des Hotels. In frischem, modernem Ambiente mit einmaligem Blick über die Außenalster serviert man Steaks vom Dry Aged Beef aus dem 800 Grad heißen Southbendofen.

Louis C. Jacob
www.hotel-jacob.de

★★★★★S

Elbchaussee 401-403, PLZ 22609 (OT: Nienstedten), **T 040 822550,** F 82255444
85 Zimmer | 19 Suiten | Ez 174–364 €, Dz 214–404 €, 35,00 € | 24 h

Wenn Sie ein besonderes Haus mit Charme suchen, dann sind Sie hier genau richtig! Das prächtige Gebäude an der Elbe ist eine hanseatische Institution. Die Zimmer und Suiten sind stilvoll und individuell eingerichtet, in den Bädern dominieren Marmor und Granit. Fragen Sie nach den verschiedenen Arrangements für Theater, Museen und Konzerte.

Jacobs Restaurant
www.jacobs-restaurant.de

VARTA-TIPP Küche **VARTA-TIPP** Service

45 | Hauptgericht 29–64 €, Menü 98–149 € | Di-Sa Mo, So

In diesem geschmackvollen Gourmetrestaurant stimmen nicht nur Atmosphäre und Service, es wird auch ausgezeichnet gekocht! Küchenchef Thomas Martin bleibt seiner Linie treu: Unter dem Motto „Einfachheit auf höchstem Niveau" glänzt er seit Jahren mit seiner ursprünglichen französischen Hochküche. Das Ergebnis: unverfälschte, selbsterklärende Gerichte mit absolutem Fokus auf den Geschmack. Zu den korrespondierenden Weinen berät Mika Müller mit großer Sachkenntnis und Feingefühl. Wunderschöne Terrasse mit Elbblick.

Marriott
www.marriott.com/hamdt

ABC-Straße 52 (C3), PLZ 20354 (OT: Neustadt), **T 040 35050,** F 35051777
278 Zimmer | 9 Suiten | 24 h

Neuzeitlicher Hotelkomplex mit großzügigen Zimmern in unterschiedlichen Kategorien. Ansprechender Wellness- und Beautybereich. Saisonale Gerichte und beliebte Steakhousespezialitäten serviert das Restaurant „Cast Iron Grill".

Side
www.side-hamburg.de

★★★★★S

Drehbahn 49 (C3), PLZ 20354 (OT: Neustadt), **T 040 309990,** F 30999399
178 Zimmer | 10 Suiten | Ez 190–350 €, Dz 190–350 €, 24,00–32,00 € | 24 h

Hochwertig eingerichtetes Designhotel, das 2018 umfangreich renoviert wurde. Highlight ist die 30 Meter hohe Lobby mit einem Lichtkonzept von Robert Wilson. Das Interieur der Zimmer und der öffentlichen Bereiche trägt die Handschrift des italienischen Architekten Matteo Thun. Geschmackvoll gestalteter SPA-Bereich mit großzügigem Pool, Sauna, Dampfbad und Cardiobereich.

[m]eatery
www.meatery.de/meatery-hamburg

110 | Hauptgericht 19–69 € | Mo-So

Trendiges Restaurant mit modernem Steakhousecharakter und einsehbarem Fleischreifeschrank. Im Angebot: Steaks aus Argentinien, den USA und Europa, frische Fische vom Grill sowie schmackhafte Tatar- und Burgerspezialitäten.

Steigenberger
www.hrewards.com/de/steigenberger-hotel-hamburg

Heiligengeistbrücke 4 (C4), PLZ 20459 (OT: Neustadt), **T 040 368060,** F 36806777
233 Zimmer | 12 Suiten | 24 h

Das rundum erneuerte Geschäftshotel ist zweifellos die „Grande Dame" der Hamburger Hotellerie und empfängt Sie mit seiner typisch hanseatischen Architektur und direktem Blick auf das Alsterfleet. Die renovierten Zimmer und Suiten zeigen sich mit schlichter Eleganz und sind mit allen technischen Raffinessen ausgestattet. Das „Stadthaus-Restaurant" mit integrierter Bar und neuem Wintergarten serviert internationale Küche.

The Westin
www.westinhamburg.com

Platz der Deutschen Einheit 2 (C5), PLZ 20457 (OT: Hafencity), **T 040 8000101010**
244 Zimmer | 39 Suiten | Ez 220–500 €, Dz 220–500 €, inkl. Frühstück | 24 h

Das Luxushotel hat man in das Gebäude der Elbphilharmonie integriert. Von den eleganten Zimmern und Suiten genießen Sie eine fantastische Aussicht auf die Dächer der Hafencity, auf die Elbe und auf die Alster. Für Entspannung sorgt eine 1.300 qm große Wellness- und Fitnesslandschaft mit 20 Meter langem Innenpool. Im Restaurant „Fang & Feld" serviert man Regionales und frischen Fisch aus der Nordsee. Toll auch die Bar in der 8. Etage.

Arcotel Onyx
onyx.arcotel.com

★★★★ S

Reeperbahn 1A (A4), PLZ 20359 (OT: St. Pauli), **T 040 2094090,** F 2094092550
215 Zimmer | 2 Suiten | 2 Apartments | 24 h

Stylishes Business- und Stadthotel direkt an der Reeperbahn. Hochwertige Materialien und funktionales Design prägen die pfiffig eingerichteten Zimmer. Gefrühstückt wird in der Lobbybar, die sich abends in eine gelungene Mischung aus Wiener Kaffeehaus und gemütlicher Bar verwandelt.

Arcotel Rubin
rubin.arcotel.com

★★★★ S

Steindamm 63 (F3), PLZ 20099 (OT: St. Georg), **T 040 2419290**
217 Zimmer | 6 Suiten | 24 h

Schickes Designhotel im Kulturviertel St. Georg mit rotgrauer Schachbrettfassade. Außergewöhnliche Innenausstattung mit Glaselementen, hellen Hölzern und rubinrot leuchtenden Details. Erstklassige Spirituosen, köstliche Cocktails und gepflegten Biergenuss bietet die Bar im EG.

Barceló
www.barcelo.com/de-de/barcelo-hamburg

★★★★ S

Ferdinandstraße 15 (D3), PLZ 20095, **T 040 2263620,** F 226362999
193 Zimmer | 14 Suiten | Ez 150–250 €, Dz 150–250 €, ab 22,00 € | 24 h

Neuzeitliches Businesshotel, das sich durch ein innovatives, avantgardistisches Design auszeichnet. Sie wohnen in puristisch eingerichteten Gästezimmern mit deckenhohen Fenstern sowie Soundsystem mit USB und Bluetooth. Elegantes Restaurant, stylishe Lobbybar.

Böttcherhof
www.boettcherhof.com

GREENSIGN ★★★★ S

Wöhlerstraße 2, PLZ 22113 (OT: Billbrook), **T 040 731870,** F 73187899
164 Zimmer | 7 Suiten | 3 Apartments | Ez 115–210 €, Dz 135–230 €, ab 21,50 € | 24 h

Modernes Geschäftshotel mit komfortabel und wohnlich eingerichteten Zimmern. Schöner Wellnessbereich auf 500 qm mit mehreren Saunen, Dampfbad und Kneippbecken. Im Restaurant mit Wintergarten wird regional und international gekocht. Trendige Smoker's Bar.

Courtyard by Marriott www.courtyardhamburgairport.de

★★★★ S garni

Flughafenstraße 47, PLZ 22415 (OT: Fuhlsbüttel/Flughafen), **T 040 531020,** F 53102222
159 Zimmer | 12 Suiten | Ez 124–289 €, Dz 124–289 €, 24,00 € | 24 h

Unweit der Innenstadt am Flughafen gelegenes Domizil für Geschäfts- und Privatgäste, das im charmanten Landhausstil erbaut wurde. Geschmackvoll eingerichtete Zimmer mit moderner Ausstattung. Fischgerichte und Steakspezialitäten serviert das Restaurant „Horizon".

Courtyard by Marriott Hamburg City www.marriott.com/hamhc

Adenauerallee 52 (F3), PLZ 20097 (OT: St. Georg), **T 040 29842040**
277 Zimmer | 5 Suiten | 24 h

Das Businesshotel bietet seinen Gästen modern ausgestattete Zimmer, eine multifunktionale Lounge sowie großzügige Seminar- und Veranstaltungsflächen. Blick über die Dächer der Stadt ermöglicht der Wellnessbereich mit finnischer Sauna, Ruheraum und Außenterrasse im 5. Stock. Im Restaurant „Böckmann's" wird regional und saisonal gekocht.

east www.east-hamburg.de

★★★★ S

Simon-von-Utrecht-Straße 31 (A4), PLZ 20359 (OT: St. Pauli), **T 040 309930,** F 30993200
172 Zimmer | 8 Suiten | 2 Apartments | 24 h

Das zeitgemäße Designhotel in direkter Nachbarschaft zur Hamburger Reeperbahn ist ein Haus für Individualisten. Lebendig, kreativ und in einer reizvollen Mischung aus Alt und Neu erzählt es die Geschichte der ehem. Eisengießerei. Einige der Zimmer verfügen über bequeme Wasserbetten. Einladend der Innenhof mit Loungebereich. Das Restaurant mit seinen hohen Decken, der bodentiefen Fensterfront und dem gemütlichem Gewölbe gehört zu den angesagtesten Ausgehadressen Hamburgs.

elaya hotel hamburg finkenwerder www.elaya-hotels.com/hamburg-finkenwerder

★★★★ S

Hein-Saß-Weg 40, PLZ 21129 (OT: Finkenwerder), **T 040 3008490,** F 300849900
170 Zimmer | 5 Suiten | 24 h

Unmittelbar am Elbufer liegt dieses Businesshotel. Das Haus bietet technisch sehr gut ausgestattete Zimmer und Suiten. Modern-eleganter Einrichtungsstil mit warmen Farbtönen und edlen Stoffen. Die Panoramafenster ermöglichen einen tollen Blick auf die Elbe. Im Restaurant „River View" serviert man kreative Crossoverküche mit lokalen Produkten.

Empire Riverside Hotel www.empire-riverside.de

Bernhard-Nocht-Straße 97 (A4), PLZ 20359 (OT: St. Pauli), **T 040 311190,** F 3111970601
327 Zimmer | 12 Suiten | Ez 119–399 €, Dz 119–399 €, 28,00 € | 24 h

Imposanter, bronzeverkleideter Hotelturm auf dem Gelände der ehemaligen Bavaria-Brauerei. Gästezimmer mit zeitloser Eleganz und atemberaubendem Blick über Hafen, Elbe oder Stadt. Kleiner Fitness- & SPA-Bereich mit finnischer Sauna und Dampfbad. Cocktailbar im 20. Stock. Das Restaurant „waterkant" mit offener Showküche serviert fangfrische Fischgerichte.

Henri
www.henri-hotels.com/hamburg.html

Bugenhagenstraße 21 (D4), PLZ 20095, **T 040 5543570**
65 Zimmer | 7 Suiten | 24 h

Ein neuzeitliches Hotel mit betont lässiger Atmosphäre in einem ehem. Handelshaus im Hamburger Kontorhausviertel. Auf sieben Stockwerken stehen funktionale und sehr wohnlich eingerichtete Zimmer in drei Kategorien zur Verfügung. Das Frühstück wird in der behaglichen Kontorlounge serviert. Im kleinen SPA-Bereich relaxen Sie mit Blick über die Dächer der Altstadt.

Lindner Hotel Am Michel
www.lindner.de

GREENSIGN

Neanderstraße 20 (B4), PLZ 20459 (OT: Neustadt), **T 040 3070670,** F 307067777
259 Zimmer | 8 Suiten | Ez 129–509 €, Dz 149–529 € | 24 h

Nur einen Steinwurf von Michel und Reeperbahn wohnt man in diesem Geschäftshotel in großzügigen, multimedial ausgestatteten Gästezimmern. Wellfit-Center auf der 7. Etage mit tollem Panoramablick. Frühstücksrestaurant mit Sommerterrasse im ruhig gelegenen Innenhof.

Lindner Park-Hotel Hagenbeck
www.lindnerhotels.com

GREENSIGN ★★★★ S

Hagenbeckstraße 150, PLZ 22527 (OT: Stellingen), **T 040 800808100,** F 800808188
134 Zimmer | 7 Suiten | 24 h

Dieses familienfreundliche Hotel liegt direkt an Hamburgs berühmtem Tierpark und Tropenaquarium Hagenbeck. Die themenorientierten Zimmer spiegeln den afrikanischen und asiatischen Stil des 19. Jhd. eindrucksvoll wider.

Mövenpick
www.movenpick.com/hamburg

★★★★ S

Sternschanze 6 (A2), PLZ 20357 (OT: Eimsbüttel), **T 040 3344110,** F 3344113333
226 Zimmer | 10 Suiten | 24 h

Im umgebauten Wasserturm im angesagten Sternschanzenpark empfängt Sie dieses Hotel, das für Individualtouristen und Businessgäste gleichermaßen geeignet ist. Auf 16 Etagen stehen wohnliche Gästezimmer in unterschiedlichen Kategorien zur Verfügung. Aus den oberen Stockwerken hat man einen traumhaften Ausblick über die Stadt. Zum Haus gehören eine Hotelbar, ein Restaurant, ein Fitnessraum und ein Saunabereich.

Radisson Blu
www.radissonblu.de

★★★★ S

Flughafenstraße 1-3, PLZ 22335 (OT: Fuhlsbüttel/Flughafen), **T 040 3003000,** F 30030010
266 Zimmer | 5 Suiten | 24 h

Das zeitgemäße Businesshotel befindet sich direkt gegenüber dem Flughafenterminal. Die klimatisierten Gästezimmer sind in den Stilrichtungen „Ocean" oder „Urban" gestaltet und bestechen durch modernes Design sowie hochwertige Ausstattung. Im hauseigenen Restaurant „Circle" wird kreative Küche mit norddeutschen Einflüssen serviert.

Reichshof Hamburg
www.reichshof-hotel-hamburg.de

Kirchenallee 34-36 (E3), PLZ 20099 (OT: St. Georg), **T 040 3702590**
278 Zimmer | 9 Suiten | 24 h

Das frühere Grandhotel zeigt sich heute als einzigartige Verbindung von Historie und Moderne. Die im Art-déco-Stil gestalteten Zimmer und Suiten sind mit ausgesuchten Möbeln und zeitgemäßen Annehmlichkeiten ausgestattet. Zum Haus gehört auch ein 250 qm großer Entspannungs- und Fitnessbereich. Im „Stadt Restaurant" setzt man auf Bio und Regionalität.

Renaissance www.renaissance-hamburg.com

Große Bleichen (C4), PLZ 20354 (OT: Neustadt), **T 040 349180,** F 34918969
205 Zimmer | 21 Suiten | 24 h

Beliebtes Hotel mit Klinkerfassade in zentraler Innenstadtlage. Großzügig geschnittene Zimmer mit nordisch inspiriertem Dekor und moderner Ausstattung. Im Restaurant „BRICKS" werden regionale und internationale Gerichte serviert. Für Veranstaltungen stehen acht renovierte Meetingräume mit modernem Street-Art-Design bereit.

Sir Nikolai Hotel www.sirhotels.com/de/nikolai

Katharinenstraße 29 (C5), PLZ 20457, **T 040 29996660**
94 Zimmer

Luxusherberge am Nikolaifleet. Die Räume im Erdgeschoss gehen fließend ineinander über und reichen von der Bibliothek über den glasüberdachten Innenhof mit offenem Kamin bis hinaus auf zwei Sonnenterrassen. Die Zimmer und Suiten sind elegante, persönliche Refugien, ausgestattet mit Queen- und Kingsizebetten sowie antikem Mobiliar.

Jetzt vorbeischauen: pinterest.com/vartaguide

Steigenberger Hotel Treudelberg www.treudelberg.com

Lemsahler Landstraße 45, PLZ 22397 (OT: Lemsahl-Mellingstedt), **T 040 608220,** F 608228888
131 Zimmer | 4 Suiten | Ez 159–299 €, Dz 179–299 €, ab 28,00 € | 24 h

Nach umfangreicher Renovierung präsentiert sich das Hamburger Traditionshaus in neuem Look. Das Hotel befindet sich inmitten des Alstertaler Naturschutzgebietes. In den unterschiedlich ausgestatteten Gästezimmern trifft eleganter Landhausstil auf modernes Ambiente. Zum Haus gehören auch ein SPA-Bereich, ein Aparthotel für Longstay-Aufenthalte, ein SPA-Bereich, eine hoteleigene 27-Loch-Golfanlage sowie ein großzügiger Veranstaltungsbereich.

Lemsahler

54 | Hauptgericht 30–43 €, Menü 45–49 € | Di-Sa Mo, So

Stimmungsvoll und mit elegantem Interieur zeigt sich das Fine-Dining-Restaurant. Es teilt sich in einen hell gestalteten Bereich mit einladendem Wintergarten und einen in dunklen Tönen gehaltenen Bereich mit einer eindrucksvollen Holzdecke. Serviert werden moderne internationale Gerichte sowie norddeutsche Spezialitäten in überraschenden Variationen.

Tortue Hamburg www.tortue.de

Stadthausbrücke 10 (C4), PLZ 20355, **T 040 33441400**
126 Zimmer | 8 Suiten | 4 Apartments | 24 h

››

Das Designhotel befindet sich im neuen Hamburger Stadthof-Quartier. Der Interiorstil im denkmalgeschützten Gebäude vermittelt französisches Flair. Die vorwiegend in dunklen Farben eingerichteten Zimmer bestechen durch exklusiv angefertigte Tapeten, XXL-Boxspringbetten und edle Accessoires aus verschiedenen Designepochen. Kulinarisch hat man die Wahl zwischen der französischen Brasserie „chez l'ami TORTUE" und dem Asiafood-Restaurant „Jin Gui".

Zollenspieker Fährhaus
www.zollenspieker-faehrhaus.de

★★★★ S

Zollenspieker Hauptdeich 141, PLZ 21037 (OT: Kirchwerder), **T 040 7931330,** F 79313388
62 Zimmer | 4 Suiten | Ez 100–200 €, Dz 120–230 €, 21,50–32,00 € | 24 h

Traditionshaus am Elbestrom. Rustikal-behagliche Zimmer im hist. Stammhaus sowie großzügige, moderne Zimmer im neuen Hotelkomplex. Für Entspannung sorgt eine ansprechende Saunalandschaft. Restaurant mit regionaler und internationaler Küche, Sonnenterrasse, Kaminbar.

25hours Altes Hafenamt
www.25hours-hotels.com

Osakaallee 12 (D5), PLZ 20457, **T 040 5555750**
49 Zimmer | 24 h

Das stylishe Designhotel befindet sich im ältesten Haus der Hafencity. Keines der 49 Zimmer gleicht dem anderen. Überall sind Elemente aus der Welt des alten Hafenmeisters und Bezüge zum denkmalgeschützten Haus platziert. Das Restaurant bietet orientalisch-mediterrane Küche.

25hours Hafencity
www.25hours-hotels.com

Überseeallee 5 (E5), PLZ 20457 (OT: HafenCity), **T 040 2577770,** F 257777888
170 Zimmer | 9 Suiten | 24 h

Außergewöhnliches Lifestyle-Hotel in der Hafencity, das im Stil eines Seemannsheimes eingerichtet wurde. Die Gästezimmer (Kojen) sind in verschiedenen Kategorien buchbar. Für Entspannung sorgt die Hafensauna auf der obersten Etage. Deutsche Küche aus Zutaten mit Herkunftsnachweis serviert das Restaurant „Heimat".

Ameron Hamburg Speicherstadt
www.hotel-speicherstadt.de

Am Sandtorkai 4 (D5), PLZ 20457 (OT: HafenCity), **T 040 6385890**
192 Zimmer | 8 Suiten | 24 h

Der Charme der 50er und 60er Jahre ist in diesem Haus allgegenwärtig: von der Lobby über das Restaurant bis hin zu liebenswert arrangierten Farben, Mustern und klassischen Möbeln in den Gästezimmern. Besonders großzügig geschnitten sind die Juniorsuiten der 7. Etage mit einzigartigem Blick auf die Hafencity oder auf die Speicherstadt.

Boston
www.boston-hamburg.de

★★★★ S

Missundestraße 2 (↙ A2), PLZ 22769 (OT: Altona), **T 040 589666700,** F 589666777
46 Zimmer | 13 Suiten | 10 Apartments | 24 h

Designhotel am Rande des trendigen Schanzenviertels. Unterschiedlich geschnittene Zimmer in den Kategorien „Classic" und „Design". Kleiner Wellnessbereich mit finnischer Sauna und Fitnessraum. Restaurant mit offener Showküche und saisonalen Grillspezialitäten.

Europäischer Hof
www.europaeischer-hof.de

★★★★

Kirchenallee 45 (E3), PLZ 20099 (OT: St. Georg), **T 040 248248,** F 24824799
275 Zimmer, Dz ab 140 €, inkl. Frühstück | 24 h

Privat geführtes Traditionshotel nahe dem Hauptbahnhof mit sehr gut ausgestatteten Zimmern. Einzigartiger, 2.100 qm großer Wellnessbereich über 7 Etagen mit Schwimmbad, Spaßbad und Saunaetage, der 2023 komplett renoviert wurde. Rustikal-legeres Restaurant mit bayerischer und regionaler Küche.

Hotel du Nord
www.hotel-dunord.de

★★★★

Im Alten Dorfe 40, PLZ 22359 (OT: Volksdorf), **T 040 33466290,** F 334662999
25 Zimmer | 4 Suiten

Kleines Designhotel für Businessgäste und Individualreisende. Geräumige Gästezimmer mit schlicht-moderner Ausstattung. Gemütliche Frühstückslounge mit schöner Sonnenterrasse. Im modernen Restaurant „Villaggio" wird italienische und internationale Küche serviert.

INNSIDE Hamburg Hafen
www.melia.com

★★★★ S

Högerdamm 30 (F5), PLZ 20097, **T 040 6119900,** F 6119902905
207 Zimmer | 24 h

Avantgardistisch, stylish und urban präsentiert sich dieses Businesshotel am Mittelkanal. Die Zimmer bestechen durch ihr modernes Design mit monochromer Schwarzweißoptik und indirekten Lichteffekten. Zum Haus gehören auch ein Restaurant mit Außenterrasse und Waterfrontdeck sowie ein Fitnessstudio in der 6. Etage.

Landhaus Flottbek
www.landhaus-flottbek.de

★★★★

Baron-Voght-Straße 179, PLZ 22607 (OT: Groß-Flottbek), **T 040 8227410**
26 Zimmer | 1 Suite | Ez 109–130 €, Dz 130–180 €, 25,00 € | 24 h

Sie suchen Ruhe und einen Ort, der die Seele beflügelt? Der wunderschöne Bauernhof ist ein wahres Kleinod. Sie logieren in liebevoll eingerichteten Landhauszimmern, die mal im Skandistyle, mal im Scheunenstyle oder im Beachhouseflair daherkommen. Dazu ein großzügig angelegter Garten mit altem Baumbestand.

HYGGE -Brasserie & Bar
www.hygge-hamburg.de

VARTA-TIPP Küche

T 040 82274160
84 | Hauptgericht 21–42 €, Menü 39–85 € | Mo-So

Das hist. Stallgebäude mit seinen 200 Jahre alten Deckenbalken zeigt sich gemütlich und heimelig, aber dennoch trendig in skandinavischem Design. Von sehr guter Qualität ist die moderne, leichte Landhausküche, die man Ihnen hier serviert - z.B. „Gebratenes Filet vom Zander, Beurre blanc, Verjus, eingelegte Trauben, Rahmkraut und Kartoffelpüree". Auch viele vegetarische Speisen stehen auf der Karte. Hübsch der Loungebereich mit Bar.

Premier Inn Hamburg City

www.premierinn.de

Willy-Brandt-Straße 20 (D4), PLZ 20457, **T 040 30393790**
182 Zimmer | 24 h

Das Hotel auf dem ehemaligen Spiegel-Gelände hat eine gute Anbindung an Altstadt, Hauptbahnhof und Messe. Schön und angenehm komfortabel wohnen Sie in den modernen Gästezimmern. Für beste Schlafqualität sorgen spezielle Hochqualitätsfederkernbetten.

Wiegt weniger ist aber genauso gut:
Der Varta-Führer ist auch als eBook für Ihren TabletPC oder Ihr Smartphone verfügbar!

Raphael Hotel Wälderhaus

www.raphaelhotelwaelderhaus.de

Am Inselpark 19, PLZ 21129 (OT: Finkenwerder), **T 040 302156100,** F 302156103
82 Zimmer, Dz ab 84 €, 17,00 € | 24 h

Ein ökologisch ausgerichtetes Nichtraucherhotel in einem einzigartigen Multifunktionsgebäude, das im Rahmen der Internationalen Bauausstellung und der Internationalen Gartenschau entstanden ist. Hier wohnen Sie in geräumigen Zimmern mit heller Holzausstattung und neuzeitlichen Bädern. Tipp: Im Haus gibt es eine Dauerausstellung zum Thema Wald und Nachhaltigkeit.

The George

www.thegeorge-hotel.de

VARTA-TIPP Ambiente

Barcastraße 3 (F2), PLZ 22087 (OT: Uhlenhorst), **T 040 2800300,** F 28003030
125 Zimmer | 7 Suiten | 24 h

Hier können Sie zurückhaltenden Luxus mit Niveau genießen. Das Haus erinnert an die britische Tradition und ist geprägt von klassischen Stilelementen mit multikulturellen Einflüssen aus Kolonialtagen. Die Dachterrasse im 7. Stock bietet einen wunderbaren Blick auf die Alster. Im durchgestylten Restaurant „DaCaio" trifft mediterrane Sonnenküche auf italienische Spitzenweine.

Fritz im Pyjama

www.fritz-im-pyjama.de

Schanzenstraße 101-103 (A2), PLZ 20357 (OT: Eimsbüttel), **T 040 82222830,** F 822228322
17 Zimmer

Ein kleines Boutique-Hotel für Businesstraveller, Designfreaks und Individualisten. Die Zimmer wurden sehr geschmackvoll im Vintagestil der 1950er bis 1970er Jahre eingerichtet. Gratis-WLAN, Flatscreens, Sky-TV sowie Kaffee- und Teeecke sind einige der Annehmlichkeiten, die den Gast hier erwarten. Das Hamburger Messeviertel ist fußläufig zu erreichen.

bianc
www.bianc.de

VARTA★TIPP Küche VARTA-TIPP Service

Am Sandtorkai 50 (D5), PLZ 20457 (OT: HafenCity), **T 040 18119797**
40 | Menü ab 230 € | Mi-Sa Mo, Di, So 1.–14.1.24

Ein wunderbarer Platz zum Genießen ist dieses durchgestylte Restaurant, das sich zwischen den Bürogebäuden in der Hamburger Hafencity befindet. Das Ambiente: ein Mix aus italienischer Leichtigkeit und moderner Eleganz - dafür sorgt das wertige Interieur mit apulischem Naturstein, Olivenparkett und Holzlamellen. In diesem exklusiven Rahmen verwöhnt Sie Matteo Ferrantino mit seinen modern-mediterranen und ausgesprochen fantasievollen Gourmetkreationen, die nachhaltig in Erinnerung bleiben. Dazu eine professionelle Servicecrew und vortreffliche Weinempfehlungen.

The Table Kevin Fehling
www.thetable-hamburg.de

VARTA★TIPP Küche VARTA-TIPP Service

Shanghaiallee 15 (E5), PLZ 20457, **T 040 22867422**
22 | Menü 275 € | Di-Sa Mo, So

In der Hafencity befindet sich eines der innovativsten Restaurants der Stadt: Diese reizvolle Location mit ihrer urban-kosmopolitischen Atmosphäre besteht nur aus einer großen offenen Küche und einem langen, geschwungenen Kirschholztisch, an dem bis zu 20 Gäste Platz finden. Spitzenkoch Kevin Fehling bietet hier eine weltoffene, raffinierte Küche, die er optisch reizvoll in Szene setzt. Sein Menü ist ein kulinarisches Feuerwerk für Augen und Gaumen! Die passenden Weinempfehlungen hat Sommelier David Eitel.

Schon probiert?

Der Varta-Führer ist auch als eBook für Ihren TabletPC oder Ihr Smartphone verfügbar!

Zeik www.zeik.de

VARTA-TIPP Küche VARTA-TIPP Service

Sierichstraße 112, PLZ 22299 (OT: Winterhude), **T 040 46653531**
34 | Menü 119–136 € | Di-Sa Mo, So

Das intime, geradlinig-moderne Lokal in Winterhude hat zahlreiche Stammgäste! Der Grund: Hier wird ehrlich, kreativ und frisch gekocht. Inspiriert von der Vielfalt der norddeutschen Küche kreiert Chefkoch Maurizio Oster seine produktorientierten Speisen, die aufgrund des stimmigen Zusammenspiels mit Süße und Säure aromatisch und ausdrucksstark sind. Neben dem regelmäßig wechselnden Menü hat er auch eine anspruchsvolle vegetarische Gangfolge im Repertoire. Ein zuvorkommendes, gut geschultes Serviceteam begleitet den Restaurantbesuch.

100/200 www.100200.kitchen

VARTA★TIPP Küche

Brandshofer Deich 68 (↘ F5), PLZ 20539 (OT: Rothenburgsort), **T 040 328901450**
35 | Menü 150–230 € | Fr-Sa Di-Sa Mo, So

Industriecharme direkt an den Elbbrücken in einem ehem. Speicher am Brandshofer Deich. Ein Raum, ein Herd, ein Gedanke: Die Küche als Ort der Begegnung - das ist das ganzheitliche Konzept dieses außergewöhnlichen Restaurants. Eine Speisekarte gibt es nicht, stattdessen kreiert Thomas Imbusch ein themenbezogenes Überraschungsmenü. Dabei orientiert sich der kreative Spitzenkoch am saisonalen Marktangebot. Partnerin Sophie Lehmann sorgt für die passende Weinbegleitung. Die Platzreservierung erfolgt vorab über ein Online-Ticketsystem. Hinweis: Walk-in-Gäste können auf der Empore aus einer kleinen À-la-carte-Auswahl wählen.

Fischereihafen Restaurant www.fischereihafenrestaurant.de

Große Elbstraße 143, PLZ 22767 (OT: Altona), **T 040 381816**
180 | Hauptgericht 15–68 € | Mo-So

Eine der Topadressen für Krustentier- und Fischgerichte in Hamburg. Mix aus klassisch gehobenem Ambiente und hanseatischer Gemütlichkeit. Toller Blick auf die Hafenkulisse. Kowalkes Mittagstisch mit wechselndem Angebot von 11.30 bis 15.00 Uhr.

Schon probiert?
Der Varta-Führer ist auch als eBook für Ihren TabletPC oder Ihr Smartphone verfügbar!

Jellyfish

www.jellyfish-restaurant.de

VARTA-TIPP Küche

Weidenallee 12 (A1), PLZ 20357 (OT: Eimsbüttel), **T 040 4105414**
36 | Menü 118–198 € | Sa-So Mo, Do-So Di, Mi

Im Mittelpunkt steht hier ganz klar die aromenreiche, kreative Fisch- und Seafoodküche von Stefan Fäth, die am Abend in Form eines Menüs (4, 6 oder 8 Gänge) serviert wird. Mittags können Sie aus der kleinen Bistrokarte wählen. Und auch das Drumherum stimmt: Das moderne, stimmungsvolle Ambiente sorgt ebenso wie der charmante Service für eine Atmosphäre zum Wohlfühlen. Tischreservierung empfehlenswert.

Landhaus Scherrer

www.landhausscherrer.de

VARTA-TIPP Küche **VARTA-TIPP** Service

Elbchaussee 130, PLZ 22763 (OT: Ottensen), **T 040 883070030**
48 | Hauptgericht 24–80 €, Menü 121–174 € | Mo-Sa

Was wäre Hamburg ohne dieses Kultlokal? Seit fast vier Jahrzehnten mischt Heinz O. Wehmann in der gehobenen Gastroszene der Hansestadt mit. Seine norddeutsche Hochküche verbindet traditionelle Rezepte kreativ mit klassisch französischen Elementen. Im Service beobachtet man die Wünsche der Gäste mit vorbildlicher Aufmerksamkeit. Gut bestückte Weinkarte mit namhaften nationalen und internationalen Gewächsen.

Morellino la légère

www.morellino-hamburg.eu

Falkenried 54, PLZ 20251 (OT: Eppendorf), **T 040 4206295**
12 | Hauptgericht 28–38 €, Menü 125–178 € | Di-Sa Mo, So

Hier wird mit Liebe und Leidenschaft gekocht. In minimalistisch-stilvoller Atmosphäre serviert man eine ambitionierte, mediterran inspirierte Küche mit modernen Einflüssen der Nordic Cuisine. Dazu ein charmanter Service nebst professioneller Weinbegleitung.

Piment
www.restaurant-piment.de

VARTA-TIPP Küche **VARTA-TIPP** Service

Lehmweg 29, PLZ 20251 (OT: Hoheluft-Ost), **T 040 42937788**
28 | Hauptgericht 38–55 €, Menü 155–178 € | Mo-Di, Do-Sa Mi, So

Das kleine, intime Eppendorfer Lokal mit seinen stuckverzierten Decken ist seit über 20 Jahren ein beliebter Treffpunkt für Gourmets. Wahabi Nouri kocht mit großer Sorgfalt und Kreativität. Seine klassisch französische Küche verfeinert er mit den heimatlichen marokkanischen Einflüssen. Der freundliche und zugewandte Service berät mit Expertise zu den passenden Weinen, die es in Top-Qualität gibt. Tischreservierung empfehlenswert.

Am Kai
www.amkai.hamburg

Große Elbstraße 145b-d, PLZ 22767 (OT: Altona), **T 040 38037730**
200 | Hauptgericht 22–70 €, Menü 89 € | Di-Sa Mo, So

Beliebtes Seafoodrestaurant mit modern designter Einrichtung und lichtdurchflutetem Wintergarten. Große Fensterfronten ermöglichen einen herrlichen Blick auf den Hamburger Hafen. Im Sommer lockt die wind- und regengeschützte Terrasse.

Bootshaus Grill & Bar
www.bootshaus-hafencity.de

Am Kaiserkai 19 (C5), PLZ 20457 (OT: Hafencity), **T 040 33473744**
Hauptgericht 32–75 € | Di-Sa Mo, So

Puristisch im Design, aber dennoch einladend ist dieses lebhafte Grill- und Barrestaurant oberhalb des Grasbrookhafens. Herzstück der offenen Küche ist der 300 Grad heiße Jospergrill, der mit Holzkohle befeuert wird. Neben exzellenten Steaks (Rib Eye, New York Strip, Ladies Cut Filet...) liegt der Fokus vor allem auf spannenden Drinks und erlesenen Weinen.

Brook
www.restaurant-brook.de

Bei den Mühren 91 (D5), PLZ 20457 (OT: Hafencity), **T 040 37503128**
80 | Hauptgericht 17–36 €, Menü 45–49 € | Di-Sa Mo, So

Gegenüber der hist. Speicherstadt erwartet Sie dieses moderne, mit klaren Linien gestaltete Lokal. Hier genießen Sie den schönen Blick auf die alte Hafen- und Lagerhauskulisse. Die mediterrane Küche mit euro-asiatischen Einflüssen klingt z.B. so: „Thunfisch in Sesamkruste auf Wasabi-Kartoffelpüree mit Vichy-Karotten und grünem Spargel“. Auch „Business Luncher“ kommen auf ihre Kosten.

Carls
www.carls-brasserie.de

Am Kaiserkai 69 (C5), PLZ 20457 (OT: Hafencity), **T 040 300322400**
200 | Hauptgericht 16–46 €, Menü 72 € | Mo-So

Ensemble aus Brasserie, Bistro und Bar. Das zeitgemäße Konzept („by Thomas Martin“) kommt an: Französische Kochkunst trifft auf saisonale Produkte aus Norddeutschland. Im Sommer lockt die Terrasse mit Blick auf die Elbphilharmonie. Für besondere Anlässe: der schöne Salon Privé mit direktem Zugang zur Promenade.

Cox
www.restaurant-cox.de

Lange Reihe 68 (E3), PLZ 20099 (OT: St. Georg), **T 040 249422**
110 | Hauptgericht 18–35 € | Di-Sa Mo, So

Neuzeitliches Restaurant in bester Innenstadtlage. Serviert werden regionale Speisen modern interpretiert. Täglich wechselnder Mittagstisch, charmanter Service.

FELIX Restaurant Neu! www.felix-restaurant.com

VARTA-TIPP Küche

Rupertistraße 26, PLZ 22609 (OT: Nienstedten), **T 040 53751921**
Hauptgericht 28–44 €, Menü 99–144 € | Sa Di-Sa Mo, So 1.–10.1.24, 18.–24.3.24

Die Atmosphäre des cool gestalteten Restaurants in einer Eckvilla im Stadtteil Nienstedten ist herrlich zwanglos und entspannt. Hier verbinden sich französisches Savoir Vivre und norddeutsche Lebensart aufs Feinste. Sie sitzen rund um die einsehbare Küche, in der Felix Bechtolf fürs kulinarische Geschehen verantwortlich zeichnet. Er präsentiert französische Klassiker mit modernem Twist. Die präzise und ideenreich zubereiteten Gerichte vom jungen Deutsch-Franzosen zeugen von Kunstfertigkeit und Können, wenn er erstklassige Zutaten zu genussreichen und aromenprononcierten Speisen kombiniert. Dazu ein freundlicher, souveräner Service.

Finkenwerder Elbblick www.finkenwerder-elbblick.de

Focksweg 42, PLZ 21129 (OT: Finkenwerder), **T 040 7425191**
130 | Hauptgericht 27–33 € | Mi-So Mo, Di

Fischspezialitätenrestaurant mit Aussicht auf den Schiffsverkehr von der Elbterrasse. Auf der Karte stehen klassische Fischgerichte wie Matjes, Maischolle oder Rotbarschfilet, aber auch Spezialitäten wie Hamburger Pannfisch oder Labskaus.

Gallo Nero www.gallo-nero.net

Sierichstraße 46, PLZ 22301 (OT: Winterhude), **T 040 27092229**
100 | Hauptgericht 9–35 € | Mo-So

Behaglich eingerichtetes Ristorante mit vielen Nischen und verwinkelten Ecken. Serviert wird klassische sizilianische Küche. Ansprechendes Weinangebot mit mehr als 150 Positionen edler Tropfen aus verschiedenen Regionen Italiens. Geschulter Service.

Grill Royal Hamburg Neu! www.grillroyal-hamburg.com

Ballindamm 17 (D3), PLZ 20095 (OT: Altstadt), **T 069 22899777**
50 | Hauptgericht 50–119 € | Mo-So

Als erste Dependance der Berliner Institution wurde das erfolgreiche Gastronomiekonzept in die Hansestadt adaptiert. Hinter der schlichten Sandsteinfassade eines denkmalgeschützten Kontorhauses am Ballindamm entfaltet sich auf drei Ebenen der großzügige, offen gestaltete Gastraum mit hohen Fensterfronten. Neben modern und zeitgemäß zubereiteten Speisen gibt es erlesene Steakcuts - von Sirloin (Finnland-Rumpsteak) über Wagyu-Beef aus Niedersachsen bis T-Bone-Steak vom US-Black-Angus. Die umfassende Weinkarte bietet großen Marken und Klassiker aus Europa, aber auch edle Tropfen von jungen Winzern mit biodynamischen Ansätzen.

Heimatjuwel www.heimatjuwel.de

Stellinger Weg 47, PLZ 20255 (OT: Eimsbüttel), **T 040 42106989**
25 | Menü 75–99 € | Di-Sa Mo, So

››

Getreu dem Motto „Wer Heimat heißt, muss Heimat kochen!“ bietet Marcel Görke in seinem geradlinig-rustikalen Restaurant Casual Fine Dining mit frischen regionalen Produkten. Das Menü (auf Wunsch mit Weinbegleitung) folgt dem Wechsel der Jahreszeiten. Kleine Terrasse.

Lenz — restaurant-lenz.de

Poppenbütteler Chaussee 3, PLZ 22397 (OT: Duvenstedt), **T 040 60558887**
120 | Hauptgericht 19–60 € | ◔◐ Mo, Do-So ⊘ Di, Mi

Das moderne Landhaus wird gerne als „Duvenstedts Wohnzimmer“ bezeichnet. Kein Wunder, denn die Atmosphäre ist ausgesprochen gemütlich. Dazu eine gelungene Kombination aus feiner Regionalküche und leichter Nouvelle Cuisine. Dabei legt man auf die Verwendung frischer Produkte ganz besonderen Wert. Tipp: preiswerter Mittagstisch.

Mash — www.mashsteak.de

Große Elbstraße 148-150, PLZ 22767, **T 040 809008111**
150 | Hauptgericht 21–189 € | ◔ Mo-Fr, So ◐ Mo-So

Stylishes Premiumsteakhouse mit gehobenem, stilvollem Ambiente und höchsten Ansprüchen an Qualität und Service. Vom Uruguay-Rib-Eye bis hin zum Kobe-Prime-Cut - hier kommen Fleischliebhaber voll und ganz auf ihre Kosten. Dazu gibt es exquisite Weine aus Deutschland, Europa und Übersee.

Folgen Sie uns: facebook.com/vartaguide

Memory — www.memory.metro.bar

Sülldorfer Landstraße 222, PLZ 22589 (OT: Blankenese), **T 040 86626938**
40 | Hauptgericht 28–49 €, Menü 59–89 € | ◐ Di-Sa ⊘ Mo, So

Kleines Restaurant mit eleganter Tischkultur und ambitionierter Feinschmeckerküche, bei der überwiegend Produkte aus der Region Verwendung finden. Gute Weinauswahl. Hübsche Terrasse.

Nil — www.restaurant-nil.de

Neuer Pferdemarkt 5 (↙ A3), PLZ 20359 (OT: St. Pauli), **T 040 4397823**
90 | Hauptgericht 23–38 €, Menü 49–52 € | ◐ Mo-So

Ein sympathisches Lokal auf drei Ebenen (Parterre, Souterrain und Galerie). Originelle Mischung aus Industrieromantik und 50er-Jahre-Nostalgie. Die Atmosphäre ist ungezwungen, die niveauvolle Küche vereint deutsche Esskultur mit mediterraner Leichtigkeit. Kompetenter, individueller Service. Regelmäßig Kochkurse.

Oechsle — www.oechsle-restaurant.de

Bundesstraße 15 (B1), PLZ 20146 (OT: Rotherbaum), **T 040 4107585**
40 | Hauptgericht 19–38 € | ◔ So ◐ Mi-So ⊘ Mo, Di

In dem liebevoll sanierten Eckhaus aus der Gründerzeit hat sich eine zeitgemäße Bistronomie etabliert. Der Service zuvorkommend und freundlich, das Ambiente zeitlos, klar und klassisch. Dazu passen die frischen traditionellen Gerichte wie „Lammrücken | Peperonata | gebratene Polenta | Rosmarinjus“. Sehr gutes Weinsortiment mit den Schwerpunkten Deutschland und Frankreich.

Petit Bonheur
www.petitbonheur-restaurant.de

Hütten 85-86 (B4), PLZ 20355 (OT: Neustadt), **T 040 33441526**
100 | Hauptgericht 32–62 €, Menü 65–90 € | Mo-Fr Mo-Sa So

Lust auf „Loup de Mer vom Grill" und danach „Crème brûlée"? Hier bekommen Sie eine authentische französische Küche serviert. Dazu sorgen Lederbänke vor dunkelrot gehaltenen Wänden, große Spiegel, Messing und elegante Kronleuchter für reichlich frankophilen Charme. Ansprechende Weinkarte mit deutsch-französischem Schwerpunkt.

Philipps Restaurant
www.philipps-restaurant.de

VARTA-TIPP Küche

Turnerstraße 9 (A3), PLZ 20357 (OT: St. Pauli), **T 040 63735108**
70 | Hauptgericht 30–42 €, Menü 65–86 € | Di-Sa Mo, So

Egal ob geschäftlich oder privat: das freundliche Lokal mitten im Karoviertel eignet sich für jeden Anlass. Die Atmosphäre ist angenehm unprätentiös, ebenso der freundlich-legere Service. Da passt auch das kulinarische Konzept gut in das moderne Bild: international beeinflusste, leicht zugängliche Kreativküche, z.B. „Gebratenes Filet vom Seeteufel | Safran-Erbsen-Risotto | Nduja-Stippe". Nett sitzt man im Sommer auf der kleinen Terrasse.

Portomarin
www.portomarin.de

Dorotheenstraße 180, PLZ 22299 (OT: Winterhude), **T 040 46961547**
40 | Hauptgericht 24–35 €, Menü 75 € | Di-Sa

Elegantes, in Rottönen gemütlich eingerichtetes Lokal. Serviert wird eine klassisch-innovative spanische Küche mit regionalen Akzenten. Hervorragendes spanisches Weinsortiment.

Restaurant CORNELIA POLETTO
www.cornelia-poletto.de

Eppendorfer Landstraße 80, PLZ 20249 (OT: Eppendorf), **T 040 4802159**
35 | Hauptgericht 29–38 €, Menü 79–170 € | Di-Sa Mo, So

Im mediterranen Restaurant beeindrucken sowohl die ungezwungene Atmosphäre als auch die feinen Speisen der sympathischen TV-Köchin. Die Antipasti à la Poletto sind ein „Muss"! Tolle Weinauswahl. Regelmäßig werden Kochkurse zu den unterschiedlichsten kulinarischen Themengebieten veranstaltet.

RIVE Fisch & Faible
www.rive.de

Van-der-Smissen-Straße 1, PLZ 22767 (OT: Altona), **T 040 3805919**
150 | Hauptgericht 29–39 €, Menü 53–75 € | Di-Fr, So Mo

Stimmungsvolles Designerbistro unmittelbar am Hafen mit tollem Elbblick und ungezwungener, lockerer Atmosphäre. Die Küche verbindet gekonnt beste Produkte mit Aromen und Einflüssen von der Südspitze Südamerikas bis zum Nordkap. Die attraktive Karte offeriert überwiegend Fisch- und Seafoodgerichte, aber auch Vegetarier und Fleischliebhaber kommen auf ihre Kosten. Immer wieder faszinierend: die herrliche Sommerterrasse.

Stock's Restaurant
www.stocks.de

An der Alsterschleife 3, PLZ 22399 (OT: Poppenbüttel), **T 040 6113620**
130 | Hauptgericht 12–38 € | Di-So Mo

»

In einem hübschen Fachwerkhaus mit Reetdach direkt an der Alsterschleife begeistert das Restaurant seine Gäste seit Jahren mit einer feinen norddeutschen und internationalen Küche. Fisch- und Seafoodfans dürfen sich auf schmackhafte Gerichte wie „Hamburger Pannfisch | Bratkartoffeln | Pommerysenfsauce“ oder „Filet vom Zander | Rahmsauerkraut | Stocks Püree“ freuen. Auch Sushi und Sashimi findet man auf der Karte. Nette Terrasse mit viel Grün und herrlichem Blick über das Alstertal.

Strauchs Falco — www.falco-hamburg.de

Koreastraße 2 (D5, in den Elbarkaden), PLZ 20457, **T 040 226161511**
115 | Hauptgericht 16–75 € | Mo-So

Das im Loungestil gestaltete Restaurant in den Elbarkaden der Hamburger HafenCity bietet eine mediterran-hanseatische Küche, die kompromisslos auf frische Produkte setzt. Dazu ein sehr gutes Business-Lunch-Konzept mit täglich wechselnden Gerichten. Großzügige Sonnenterrasse.

Tarantella — www.tarantella.hamburg

Stephansplatz 10 (C3), PLZ 20354 (OT: Neustadt), **T 040 65067790**
120 | Hauptgericht 19–115 € | Mo-Fr Mo-Sa So

Schickes Bistro-Restaurant im Erdgeschoss des Spielbankgebäudes am Stephansplatz. Moderne internationale Küche, Steakspezialitäten und Fischgerichte prägen die Speisekarte. Nette Terrasse mit Blick auf den Park.

THE LISBETH — www.cantinepapalisbeth.de

VARTA-TIPP Küche

Deichstraße 32 (D5), PLZ 20459 (OT: Altstadt), **T 040 36096767**
44 | Hauptgericht 17–35 €, Menü 96–118 € | Mo-Fr Di-Sa So

Das Lokal in der hist. Deichstraße ist der neue Lieblingsort für Einheimische und Hamburg-Besucher. Während Sie mittags in ungezwungener Kantinenatmosphäre mit einer modernen „Kneipenküche“ verwöhnt werden, verwandeln sich die aufwendig renovierten Räume des alten Kaufmannshauses am Abend in ein kleines, gemütliches Casual-Fine-Dining-Restaurant. Dann zeigt Inhaber und Küchenchef André Stolle sein ganzes Können. In dem 4 bis 6-gängigen „Hamburger Renaissancemenü“ werden Klassiker der norddeutschen Küche neu interpretiert. Dazu gibt es erlesene Weine aus nah und fern.

Tim's Restaurant **Neu!** — www.tims-restaurant.de

Große Elbstraße 27, PLZ 22767 (OT: Altona), **T 040 31171007**
130 | Hauptgericht 24–59 € | Mo-So

Die einzigartige Lage direkt am Fischmarkt, stylishes Interieur, sehr gutes Essen und ein überaus herzlicher Service machen dieses Restaurant aus. Die abwechslungsreiche Karte bietet internationale Speisen mit norddeutschen Einflüssen. Während im Sommer Fisch und Meeresfrüchte überwiegen, werden im Winter auch Wild- und Schmorgerichte angeboten.

Tschebull — www.tschebull.de

VARTA-TIPP Küche

Mönckebergstraße 7 (E4), PLZ 20095 (OT: Altstadt), **T 040 32964796**
160 | Hauptgericht 26–39 €, Menü 65–75 € | Di-Sa Mo, So

Ein Hauch von Alpenrepublik im hohen Norden. Im 1. Stock des Levantehauses haben Sie die Wahl zwischen dem gemütlich-unkomplizierten Beisl, dem schlicht-eleganten Glockenraum oder dem klassischen Gourmetbereich im Edelweißraum. Hier bietet Alexander Tschebull eine kreative österreichische Küche mit internationalen Einflüssen. Auf der abwechslungsreichen Speisekarte findet man innovative neue Kreationen, die geschmacklich den Bogen zwischen mediterranen Gefilden und seiner Heimat schlagen.

WITTHÜS
www.witthues.com

Elbchaussee 499a, PLZ 22587 (OT: Nienstedten), **T 040 860173**
60 | Hauptgericht 20–36 €, Menü 38–55 € | Sa-So Mo, Do-So

Ausgesprochen charmant hat man es in dem kleinen hist. Reetdachhaus mit regionaltypischer Einrichtung. Familiäre Atmosphäre und eine gute internationale Küche zeichnen dieses Restaurant aus. Nachmittags Kaffee und Kuchen (aus der hauseigenen Bäckerei). Reizende Terrasse.

Wolfs Junge
www.wolfs-junge.de

Zimmerstraße 30 (F1), PLZ 22085 (OT: Uhlenhorst), **T 040 20965157**
35 | Menü 99 € | Mi-Sa Mo, Di, So

Ob preiswerter Mittagstisch oder feines Menü am Abend - hier kehrt man gerne ein! Ungezwungen-modern die Atmosphäre, in der Küche fokussiert man sich auf regionale, nachhaltige Bioprodukte. Zahlreiche Gemüsesorten baut der Inhaber selbst an, und auch die Kräuter kommen größtenteils aus dem eigenen kleinen Garten direkt neben dem Restaurant. Unbedingt probieren: hausgemachte Würste.

YOSHI im Alsterhaus
www.yoshi-hamburg.de

Jungfernstieg 16-20 (C3), PLZ 20354 (OT: Neustadt), **T 040 36099999**
60 | Hauptgericht 21–95 €, Menü 30–120 € | Mo-Sa So

Großzügig, hell und puristisch zeigt sich das japanische Restaurant in der 4. Etage des Alsterhauses. Im Angebot: Sushi und Sashimi, aber auch diverse Fisch- und Fleischgerichte stehen auf der Karte. Im Sommer empfiehlt sich ein Platz auf der 70 qm großen, umlaufenden Terrasse.

Alt Helgoländer Fischerstube
www.althelgolaenderfischerstube.de

Fischmarkt 4a-c (A5), PLZ 22767 (OT: Altona), **T 040 3194696**
120 | Hauptgericht 17–67 €, Menü 47 € | Mo-So

Traditionelles Fischrestaurant im Herzen St. Paulis mit maritimem Flair und persönlicher Atmosphäre. Zu den Spezialitäten des Hauses gehören Hamburger Pannfisch, Helgoländer Matjesteller und Seemannslabskaus.

Brechtmanns Bistro
www.brechtmann-bistro.de

Erikastraße 43, PLZ 20251 (OT: Eppendorf), **T 040 41305888**
Hauptgericht 20–52 €, Menü 40–59 € | Mi-Sa Mo, Di, So

Locker-rustikal und angenehm entspannt zeigt sich dieses Restaurant. Die engagierten Gastgeber legen sehr viel Wert auf exzellenten Service in einer gemütlich-familiären Umgebung. Dazu eine modern inspirierte Regionalküche mit asiatischen Einflüssen. Tipp: Knusprige Oldenburger Gans (im November/Dezember - auch für Zuhause).

Coast by east

www.coast-hamburg.de

Großer Grasbrook 14 (D5), PLZ 20459 (OT: HafenCity), **T 040 30993230**
160 | Hauptgericht 23–55 € | Mi-Sa Mo-So

Das hippe Gourmetbistro im modernen Glasbau befindet sich an den Marco-Polo-Terrassen in der Hafencity. Bunter Küchenmix - das Spektrum reicht von Sushikreationen über asiatische und landestypische Gerichte bis hin zu Gegrilltem vom Robatagrill.

Das Dorf

www.restaurant-dorf.de

Lange Reihe 39 (E3), PLZ 20099 (OT: St. Georg), **T 040 245614**
65 | Hauptgericht 19–27 €, Menü 37–39 € | Mo-So

Etwas versteckt in einem gewölbeartigen und denkmalgeschützten Souterrain befindet sich dieses urige Lokal. Sie sitzen auf bequem gepolsterten Kirchenbänken und sind umgeben von Kachelöfen, Antiquitäten, Fotos, Skizzen und Aquarellen. Serviert wird eine gehobene deutsche Küche zu fairen Preisen. Dazu eine kleine, aber feine Weinauswahl mit Schwerpunkt Deutschland und Österreich.

HACO

www.restaurant-haco.com

Clemens-Schultz-Straße 18 (A4), PLZ 20359 (OT: St. Pauli), **T 040 74203939**
38 | Menü 129 € | Mi-Sa Mo, Di, So

Hier orientiert sich nicht nur die Karte, sondern auch das Ambiente an den nordischen Geschmackswelten. Kühle Wände, cleane Holztische auf Dielenparkett und unverkleidete Designerglühbirnen sorgen für ein lässig-legeres Ambiente. Das wechselnde Speisenangebot richtet sich nach der Marktlage. Da gibt es natürlich viel Fisch, saisonales Gemüse und regionale Spezialitäten von Hamburg bis Island.

haebel

www.haebel.hamburg/#restaurant

Paul-Roosen-Straße 31 (A4), PLZ 22767 (OT: St. Pauli), **T 0151 72423046**
20 | Menü 104–129 € | Di-Sa Mo, So

Charmant und ungezwungen präsentiert sich das kleine Restaurant mit seinen Vintagemöbeln und der einsehbaren Küche. Wild aus nachhaltiger Jagd, leinengeangelter Fisch und schmackhafte vegetarische Gerichte vereint der aus Südbaden stammende Patron auf seiner Speisekarte. Dazu gibt es eine Auswahl an Bio- und Naturweinen.

Henssler & Henssler

www.hensslerhenssler.de

Große Elbstraße 160 (A5), PLZ 22767 (OT: Altona), **T 040 38699000**
120 | Hauptgericht 19–45 €, Menü 25–90 € | Di-Sa Mo, So

Lebhaftes, puristisch eingerichtetes Lokal in einer alten Lagerhalle am Hafen. Aus der offenen Küche von TV-Koch und Kochbuchautor Steffen Henssler kommen interessante japanische Speisen wie „Gebratenes Filet vom Färöer Lachs, Teriyaki Style“. Aber auch Sushi- und Grillspezialitäten findet man auf der Karte.

Kinfelts Kitchen & Wine

www.kinfelts.de

Am Kaiserkai 56 (C5), PLZ 20457 (OT: HafenCity), **T 040 30068369**
70 | Hauptgericht 25–49 €, Menü 69–99 € | So Mo, Mi-So Di

Ausgesprochen einladend der hohe Gastraum mit seinem puristischen Ambiente und der großen Fensterfront mit Blick auf den Museumshafen. Serviert wird eine gehobene Bistroküche zu fairen Preisen. Tipp: Großartige Weinkarte mit rund 400 Positionen.

Matsumi www.matsumi.de

Colonnaden 96 (C3), PLZ 20354 (OT: Neustadt), **T 040 343125**
30 | Hauptgericht 29–65 €, Menü 59–124 € | Di-Sa

Das schlichte Lokal in den Colonnaden gehört zweifellos zu den besten japanischen Restaurants der Hansestadt. Auf der Karte Sushi, Sashimi, Gegrilltes oder Spezialitäten wie Sukiyaki oder Shabu Shabu. Liebenswerter Service.

Restaurant Wattkorn www.wattkorn.de

Tangstedter Landstraße 230 (↗ F1), PLZ 22417 (OT: Langenhorn), **T 040 5203797**
80 | Hauptgericht 22–46 €, Menü 39–49 € | Di-So ⊘ Mo

Regionaltypisches Reetdachhaus mit gemütlich-nostalgischen Gaststuben und herrlichem Sommergarten. Das kulinarische Spektrum reicht von norddeutschen Klassikern über Fisch- und Wildspezialitäten bis hin zu Grillgerichten und Sushi.

VLET Kitchen & Bar www.vlet-kitchen.de

Jungfernstieg 7 (D3), PLZ 20354, **T 040 35018990**
130 | Hauptgericht 17–40 € | Di-So ⊘ Mo

In maritim-modernem Ambiente mit Blick auf die Alster und das Hamburger Rathaus bietet man hier eine kreative Speisekarte mit schmackhaften, international-hanseatischen Gerichte. Mit 130 Sitzplätzen im Innenraum sowie 45 weiteren auf dem Schwimmponton direkt auf der Alster ist das VLET Kitchen & Bar ein Treffpunkt für Frühstück, Brunch, Lunch, Kaffee und Kuchen oder Dinner.

Witwenball www.witwenball.com

Weidenallee 20 (A1), PLZ 20357 (OT: Eimbüttel), **T 040 53630085**
Hauptgericht 25–32 € | Mi-Fr ⊘ Mo, Di

Das junge Weinlokal mit massivem Marmortresen und opulenten Deckenleuchten zeigt sich im schicken Art-déco-Stil und offeriert schmackhafte Gerichte mit frischen und saisonalen Zutaten aus der Region. Das Weinangebot kann sich ebenfalls sehen lassen - rund 30 Weine gibt es auch glasweise! Übrigens: Der Name erinnert an das einstige Tanzlokal, das hier einmal beheimatet war.

Zipang
www.zipang.de

Eppendorfer Weg 171, PLZ 20253 (OT: Hoheluft), **T 040 43280032**
Hauptgericht 26–34 €, Menü 79–98 € | Di-Sa Mo, So

In diesem schmucken Jugendstilhaus treffen klassische japanische Speisen auf kreative, innovative Kochkunst. Neben klassischen Gerichten wie Sushi, Misosuppe und Tempura gibt es wechselnde Eigenkreationen im Fusionstyle. Das Interieur ist stilvoll, puristisch und edel, der Service ausgesprochen freundlich.

Atlantic Bar
www.brhhh.com/atlantic-hamburg

An der Alster 72-79 (E3, im Kempinski Hotel Atlantic), PLZ 20099 (OT: St. Georg),
T 040 2888862
75 | Hauptgericht 14–35 € | Mo-So

Weltoffen und mit charismatischem Esprit zeigt sich die neue Atlantic Bar. Dunkelblaue ikonische Sessel verströmen maritim-hanseatische Wohlfühlatmosphäre. Hier kann man internationale Cocktails, Classics und Neuinterpretationen mit erlesenen Zutaten aus aller Welt entdecken. Signature Drink: Jim Beam Rye, Crème de Cassis, Ingwerlikör, Zuckersirup, Zitronensaft, Champagner, Tonkabohne. Exklusive Smoker's Lounge.

Weinstube zur Traube **Neu!**
www.traube-hamburg.com

Karl-Theodor-Straße 4, PLZ 22765 (OT: Ottensen), **T 040 66977172**
30 | Hauptgericht 20–33 € | So Do-So Mo, Di, Mi

Das denkmalgeschützte Lokal, das zu den traditionsreichsten Hamburger Gastrokleinoden zählt, hat sich zum szenigen Treff für Weinfreunde entwickelt. Im liebevoll restaurierten Gastraum mit seinen alten Holzschnitzereien tischen die jungen Gastgeber eine saisonale Frischeküche mit mediterranen Einsprengseln auf. Die klassisch aufgebaute Weinkarte umfasst rund 400 Positionen, darunter auch einige spannende Neuentdeckungen.

HAMM (SIEG) 40 B
www.hamm-sieg.de

Rheinland-Pfalz | EW 3.500 | 220 m | Siegen 48 km, Siegburg 55 km

Alte Vogtei
www.altevogtei.de

Lindenallee 3, PLZ 57577, **T 02682 259,** F 8956
15 Zimmer | 2 Suiten | Ez 72–99 €, Dz 102–135 €, 13,00 €

Hübsches Fachwerkhaus aus dem Jahr 1753. Die gemütlichen, komfortabel ausgestatteten Zimmer lassen dank antiquarischen Accessoires Tradition und Moderne miteinander verschmelzen. In mehreren gemütlichen Gasträumen wird frische regionale Küche aufgetischt.

Folgen Sie uns: facebook.com/vartaguide

HAMM (WESTFALEN) 30 A
www.hamm.de

Nordrhein-Westfalen | EW 176.048 | 63 m | Soest 32 km, Münster 37 km
Schloss Heessen, Wasserschloss Oberwerries, Glaselefant im Maximilianpark, Hindu-Tempel, Haus Reck, Haus Vorschulze, Hauptbahnhof, Marktplatz, Pfarrkirche St. Pankratius, Pauluskirche, Alfred-Fischer-Halle, Wassertürme Bergen, Zeche Radbod.

Gut Kump
www.gut-kump.de

VARTA-TIPP Ambiente

Kumper Landstraße 5, PLZ 59069 (OT: Kump), **T 02385 921260,** F 9212699
35 Zimmer | 4 Suiten | 1 Apartment | Ez ab 119 €, Dz ab 149 €, inkl. Frühstück

Inmitten einer 40.000 qm großen Parkanlage befindet sich dieses hübsche Kleinod. Die Zimmer, die sich auf das gemütliche Fachwerkwohnhaus und das repräsentative Herrenhaus verteilen, sind mit einem leicht englischen Touch gestaltet und strahlen eine angenehm warme Atmosphäre aus. Im dezent-elegant eingerichteten Restaurant und auf der großzügigen Terrasse wird eine frische Regionalküche serviert. Es gibt auch repräsentative Fest- und Tagungsräume.

Gut Sternholz
www.gut-sternholz.de

Im Giesendahl, PLZ 59071 (OT: Bad Hamm), **T 02388 3010990**
8 Zimmer | 4 Suiten

Kleines SPA-Hotel mit umfassendem Sauna- und Wellnessangebot. Im Nordflügel des ehem. Gutshofes stehen hochwertige Zimmer und Suiten zur Verfügung. Diese sind mit gemütlichen Betten, edlen Eichenholzböden sowie Balkon oder Terrasse ausgestattet. Die Anlage ist umgeben von einem 50.000 qm großen Park.

WielandStuben
www.wieland-stuben.de

Wielandstraße 84, PLZ 59077 (OT: Wiescherhöfen), **T 02381 401217**
60 | Hauptgericht 25–45 €, Menü 80–125 € | So Mi-So Mo, Di

Die elegant-rustikalen Gasträume sind geschmackvoll mit vielen Antiquitäten und Kunstwerken ausgestattet. Die Küche ist klassisch französisch geprägt auf Basis frischer, hochwertiger Produkte. Schöne Hofterrasse.

HAMMELBURG 42 D
www.hammelburg.de

Bayern | EW 11.520 | 182 m | Gemünden am Main 20 km, Schweinfurt 30 km

Zum Stern
www.landgasthof-stern.com

€ Gut & Günstig ★★★

Obererthaler Straße 23, PLZ 97762 (OT: Obererthal), **T 09732 4707,** F 5400
19 Zimmer | 2 Apartments | Ez 55 €, Dz 92–97 €, inkl. Frühstück

Fränkisches Flair und eine familiäre Atmosphäre erwarten Sie hier. Die modern eingerichteten Zimmer verfügen teilweise über einen Balkon. In der gemütlichen Gaststube werden gutbürgerliche regionale Küche sowie hauseigene Weine und Schnäpse serviert.

HANAU 41 D www.hanau.de

Hessen | EW 93.613 | 104 m | Frankfurt am Main 20 km, Aschaffenburg 28 km

Villa Stokkum www.villastokkum.de

★★★★ garni

Steinheimer Vorstadt 70, PLZ 63456 (OT: Steinheim), **T 06181 6640,** F 661580
135 Zimmer | 2 Suiten | 24 h

Das klassische Businesshotel liegt fußläufig zur schönen Altstadt von Steinheim und ist bei Geschäftsreisenden und Tagungsgästen gleichermaßen beliebt. Das Design der Zimmer lehnt sich an die Geschichte des traditionsreichen Hauses an: Von 1870 bis 1926 wurde der hist. Gebäudeteil als Zigarrenfabrik genutzt.

Ristorante Mediterraneo www.golfo-mediterraneo.de

Willy-Brandt-Straße 24, PLZ 63454, **T 06181 99550**
90 | Hauptgericht 25–39 € | Di-Fr, So Di-So Mo

In dem traditionsreichen Ristorante im Herzen der Stadt mit seinem stilvollen und modern-gemütlichen Ambiente wird kreativ, authentisch und marktfrisch gekocht. Die Speisekarte bietet mediterrane Gerichte wie z.B. „Lammkaree | Kräuterkruste | Barolojus | Rosmarinkartoffeln | Gemüse". Im Sommer lockt die hübsche Terrasse am Teich.

HANN. MÜNDEN 32 C www.hann.muenden-tourismus.de

Niedersachsen | EW 24.505 | 127 m | Kassel 23 km, Göttingen 34 km

Alter Packhof www.packhof.com

★★★★ garni

Bremer Schlagd 10-14, PLZ 34346, **T 05541 98890,** F 988999
25 Zimmer | 5 Suiten | Ez 99–109 €, Dz 129–139 €, inkl. Frühstück | 24 h

Freundlich geführtes Hotel mit traditionellem Charakter in hist. Altstadtlage. Ländliche, mit massiven Holzmöbeln und schönen Bädern ausgestattete Zimmer, die alle einen schönen Blick über die Insel Tanzwerder bis ins Wesertal bieten. Reichhaltiges Frühstücksbuffet.

Flux - Biohotel im Werratal www.flux-biohotel.de

Buschweg 40, PLZ 34346 (OT: Laubach), **T 05541 9980,** F 998140
40 Zimmer | Ez ab 84 €, Dz ab 95 €, inkl. Frühstück

Aus drei Häusern bestehende Hotelanlage mit hellen, neuzeitlichen Gästezimmern und guten Tagungsmöglichkeiten. Den natürlichen „Wohlfühlfaktor" des familiengeführten Domizils schätzen aber nicht nur Geschäftsreisende, sondern auch Individualreisende wie Radfahrer und Wanderer.

Biorestaurant

VARTA-TIPP Küche

60 | Hauptgericht 18–34 € | Di-Sa Mo, So

Modern eingerichtetes Restaurant mit tollem Blick auf das Werratal. Für die ambitionierte Küche mit mediterranem Einschlag werden ausschließlich frische Bio-Produkte aus kontrolliertem Anbau verarbeitet. Das Preis-Leistungsverhältnis begeistert ebenso wie die gut zusammengestellte Weinauswahl und der nette, zuvorkommende Service.

HANNOVER 23 C www.hannover.de

Niedersachsen | EW 518.386 | 55 m | Bremen 110 km, Hamburg 170 km

Herrenhäuser Gärten, Erlebnis-Zoo, Neues Rathaus, Maschsee, Marktkirche und Altes Rathaus in norddeutscher Backsteingotik, Steinhuder Meer, Schloss Marienburg, Sprengel-Museum, August-Kästner-Museum, Niedersächsisches Landesmuseum, Opernhaus.

Einen Cityplan finden Sie auf Seite 530–531.

Kastens Hotel Luisenhof www.kastens-luisenhof.de

★★★★★S garni

Luisenstraße 1-3 (D3), PLZ 30159, **T 0511 30440,** F 3044807
149 Zimmer | 11 Suiten | 7 Apartments | 24 h

Dieses familiengeführte Traditionshotel gehört zweifellos zu den Top-Häusern der Stadt. Die individuellen, elegant ausgestatteten Zimmer sind in unterschiedlichen Kategorien buchbar. Schöner Fitness- und Wellnessbereich über den Dächern der Stadt. Sehr gutes Frühstück.

Mary's Restaurant www.marys-hannover.de

40 | Menü 52–99 € | Mo-So

Das Restaurant trägt den Namen der Tochter des Hotelgründers. Sie sitzen in klassisch-elegantem Ambiente an schön gedeckten Tischen und können zwischen kreativen, saisonal wechselnden Gerichten wählen, die in Menüform serviert werden - z.B. als Mary's Menü, Menü des Monats oder als 6-gängiges Gourmetmenü.

A
B
C
1
2
3
4
5
Herrenhäuser Str.
Großer Garten
Georgengarten
Graft
Friederikenbrücke
Leibniztempel
Augustabr.
Stadtteil Nordstadt
(zu Hannover)
Georgenpalais
(W.-Busch-Mus.)
Minigolf
In der Steintormasch
Leineaaltwasser
1=Zur Bettfedernfabrik
2=Emma-Frede-Weg
3=August-Baumgarte-Gang
Sportzentr. d. Universität Hann.
Neuer St. Nikolai-Friedhof
Appelstraße
Uni. Institute
Nienburger Straße
Prinzengarten
Welfengarten
Universität (Welfenschloss)
Techn. Inform. Bibliothek
Jüd. Friedhof
Klinikum Nordstadt
Strangriede
Schaufelder Str.
Rehbockstr.
Hahnenstr.
Im Moore
Engelbosteler Damm
Kopernikus-str.
1 = Am Kläperberg
Weidendamm
Conti-nental-Werke
Schloßwender Str.
Arndtstr.
Klagesmarkt
Postkamp
Alter St. Nikolai
Brenner-Str.
Königsworther Pl.
Neust. Friedhof
Schwanenburgkreuzung
Bremer Damm
Schwanenburgbrücke
Schwanenburg
Leine
Dornröschenbrücke
Stadtteil Linden-Nord
Gymnasium Limmer
Fred.-Grube-Pl.
Freizeitheim
Limmerstraße
Kötnerholzweg
Albert-Schweizer-Schule
Bethlehemstr.
Noltestr.
Justus-Garten-Brücke
Leinertbrücke
1=Wilma-Conradi-Weg
2=Elisabeth-Hoffmeier-W.
Spinnereistraße
Am Küchengarten
Theater
Stadtteil Calenberger Neustadt
Goethestr.
Brühlstraße
Gerberstr.
Lange Laube
enercity
Theater a. d. Glocksee
Glockseestr.
Humboldtstraße
Calenberger Str.
Leibnizufer
Fössebad
Liepmannstraße
Sportplätze
1=Lindener Schmuckplatz
Fössestraße
Stadtteil Linden-Mitte
(zu Hannover)
Davenstedter Straße
Blumenauer Str.
Lichtenbergpl.
Stephanusstr.
Falkenstr.
Gustav-Bratke-Allee
Schwarzer Bär
Waterlooplatz
Adolfstraße
Berufsb. Schulen
Baugebiet "Altes Stahlwerk"
Stadtfriedhf. Am Lindener Berge
Von-Alten-Garten
Deisterplatz
Deisterstr.
Lavesallee
Bot. Schulgarten
Badenstedter Straße
Am Lindener Berge
89
Lindener Berg
Stadion am Lindener Berg
Sportplatz
Spielfeldstr.
Göttinger Straße
DEKRA
Hanomagstr.
Haspelmathstr.
Ricklinger Straße
KRH Klinikum Siloah
Stadionbrücke
Fußballstadion
Robert-Enke-Str.
Schützenplatz
Bruchmeisterallee
Ihme
1=Ilse-ter-Meer-Weg
2=Plaza de Rosalia
3=Martha-Wissmann-Platz
4=Baumhaselweg
Kleingärten
Stadtteil Linden-Süd
(zu Hannover)
Bornumer Straße
Elfriede-Paul-Allee
Marianne-Baecker-Allee
Charlottenstr.
Ritterbrunnen
Stammestr.
Sportplätze
Lodemannbr.
Lodemannweg
Walter-Wülfing-Ufer
Ferd.-Wilh.-Fricke-Weg
Akademie des Sports
Swiss Life Hall
Gilde Parkbühne
Hochschule Hannover
Container Terminal
Gbf.
E.-Meyer-Allee
Fischerhof
6

D
E
F
1
2
3
4
5
Hannover
0 180 360m
HANNOVER
Stadtteil Oststadt
Stadtteil Mitte
Stadtteil
Stadtteil Südstadt
Zoo
Zoolog. Garten
Stadtpark
Maschpark
Masch-teich
Masch-see
Lister Pl.
Sedanstr./Lister Meile
Hbf./ZOB 10,17
Hann. Hbf.
Hbf. 8
Braunschw. Pl.
Geibelstr.
Altenbekener Damm
H-Bismarckstr.
Bernadotte-allee
Hohenzollernstraße
Friedrichswall
Hans-Böckler-A.
Marienstraße
Hildesheimer Str.
Willy-Brandt-Allee
Rudolf-von-Bennigsen-Ufer
Altenbekener Damm
Hamburger Allee
Celler Str.
Raschplatzhochstr.
Berliner Allee
Adenauerallee
Bischofsholer Damm
Kleefelder Str.
RE30,RE60,RE70,S3,S6,S7
RE2,RE10
S1,S2,S4,S5,S21,S51
1 = Derfflinger-str.
4 = An der Markuskirche
1=G.-Bäumer-Weg
2=A.-Siemsen-Weg
3=K.-Kollwitz-Weg
4=Modersohnweg
5 = Dietrich-Kittner-Platz
Tierärztliche Hochsch.
Kurt-Schwitters-Platz
NDR Landesfunkhs. Nds.
Sprengel-mus.
Rathaus
Theod.-Heuss-Platz
Congress-Centrum
Tennisplätze
Bootshäuser HRC

Courtyard by Marriott
www.courtyardhannover.com

Arthur-Menge-Ufer 3 (D4), PLZ 30169, **T 0511 366000,** F 36600555
149 Zimmer | 5 Suiten | Ez 99–514 €, Dz 99–514 €, 24,00 € | 24 h

Geschäftshotel in unmittelbarer Nachbarschaft zum Stadion. Hier stehen komfortable Zimmer in unterschiedlicher Größe zur Verfügung. Zum Haus gehören ein 24-Stunden-Shop, eine kleine Bibliothek, ein Fitnessraum sowie ein Businesscenter mit komplett ausgestatteten Arbeitsplätzen. Gastronomie: „Julian's Bar" mit schöner Terrasse.

Doubletree by Hilton Schweizerhof
www.schweizerhof-hannover.de

S garni

Hinüberstraße 6 (E2), PLZ 30175, **T 0511 34950,** F 3495123
200 Zimmer | 4 Suiten | Ez 135–600 €, Dz 160–650 €, 29,00 € | 24 h

Das zeitgemäße Atriumhotel wird überwiegend von Tagungs- und Geschäftsreisenden bevorzugt. Stilvoll, geräumig und modern präsentieren sich die Zimmer. Wellnessbereich mit Sauna und Fitnessraum sowie großem Massage- und Beautyangebot.

ALBERTZ - The German Eatery

75 | Hauptgericht 18–34 €, Menü 29–55 € | Mo-Fr Mo-Sa So

Das gepflegte Restaurant bietet den perfekten Rahmen für genussvolle Momente. Aus der offenen Küche kommen frische internationale Gerichte, bei denen überwiegend erstklassige Zutaten aus der Region Verwendung finden. Im Sommer lockt die wunderschöne Terrasse unter Bäumen.

Grand Hotel Mussmann
www.grandhotel.de

garni

Ernst-August-Platz 7 (D3), PLZ 30159, **T 0511 36560,** F 3656145
104 Zimmer | 10 Suiten | 1 Apartment | Ez 129–349 €, Dz 159–399 €, inkl. Frühstück | 24 h

Gegenüber dem Bahnhof liegt dieses traditionsreiche Familienhotel. Komfortable Gästezimmer mit Eichenparkett, Naturstein und geschmackvollen Einrichtungsdetails. Das Haus verfügt über eine Ladestation für Elektrofahrzeuge, eine Sauna und eine Garage.

Grand Palace
www.grand-palace-hannover.de

garni

Lavesstraße 77 (E3), PLZ 30159, **T 0511 543600,** F 54360777
94 Zimmer | 3 Suiten | Ez 69–129 €, Dz 99–159 €, ab 4,80 € | 24 h

Modernes Stadthotel in einem ehem. Reichsbahnverwaltungsgebäude. Stilvoll-elegante Zimmer in vier unterschiedlichen Kategorien. LAN-Internetzugang und Minibarinhalt sind für Hausgäste kostenfrei. Gute Tagungsmöglichkeiten.

Parkhotel Kronsberg
www.parkhotel-kronsberg.de

S

Gut Kronsberg 1, PLZ 30539 (OT: Bemerode), **T 0511 87400,** F 867112
200 Zimmer | 2 Suiten | 24 h

Das Businesshotel am Rande des Stadtzentrums verfügt über neuzeitlich ausgestattete Gästezimmer mit Wohlfühlatmosphäre, einen Wellnessbereich mit Schwimmbad, Sauna und römischem Dampfbad sowie einen großzügigen Tagungsbereich. Regionale und internationale Speisen im Restaurant „BOCK's".

Radisson Blu www.radissonhotels.com

★★★★ S

Expo Plaza 5, PLZ 30539 (OT: Mittelfeld), **T 0511 383830,** F 383838000
250 Zimmer | 13 Suiten | 24 h

Verkehrsgünstig und dennoch ruhig liegt dieses neuzeitliche Business- und Tagungshotel, das direkt mit dem internationalen Messegelände verbunden ist. Die urban und hell gehaltenen Zimmer sind mit modernen Möbeln, bequemen Betten und stilvollen Accessoires ausgestattet. Es gibt auch barrierefreie und allergikerfreundliche Gästezimmer.

Sheraton Pelikan Hotel www.sheratonpelikanhannover.com

★★★★

Pelikanplatz 31, PLZ 30177 (OT: List), **T 0511 90930,** F 9093555
147 Zimmer | 16 Suiten | 24 h

Das einstige Fabrikgebäude am Stadtwald Eilenriede beherbergt heute schlicht designte Zimmer mit hohen Decken und geschmackvollen Einrichtungsdetails. Sportbegeisterte werden über das 3.000 qm große Fitnesscenter erfreut sein. Internationale Küche serviert das Restaurant „5th Avenue".

Central-Hotel Kaiserhof www.centralhotel.de

★★★★

Ernst-August-Platz 4 (D2), PLZ 30159, **T 0511 36830,** F 3683114
78 Zimmer | 3 Suiten | 24 h

Familiär geführtes Traditionshaus mit elegantem Flair im Herzen von Hannover. Schallisolierte Zimmer im klassischen Stil mit kostenfreier Minibar. Gehobene deutsche Küche im Restaurant „Brunnenhof" mit großer Terrasse. Hauseigene Bäckerei und Pâtisserie mit eigener Kaffeeröstung.

Loftstyle Hotel www.loftstyle-hotels.de

★★★ S

Gradestraße 22, PLZ 30163, **T 0511 2002960**
351 Zimmer

Aus dem alten Postgebäude am Mittellandkanal ist ein schickes Designhotel entstanden. Die Zimmer sind modern sowie thematisch verschieden gestaltet und verbinden zweckmäßige Ausstattung mit aufregendem „Loftstyle"-Design. Zum Haus gehören Tagungsräume, ein Businesscenter und ein Fitnessbereich.

me and all hotel hannover hannover.meandallhotels.com

GREENSIGN

Aegidientorplatz 3 (D3), PLZ 30159, **T 0511 9368730**
165 Zimmer

Stylish, poppig und bunt zeigt sich das gemütliche Cityhotel in einem ehem. Bankgebäude am zentralen „Aegi". Rohe Backsteinwände und große Rundbogenfenster in der Lobby sowie puristische Regalkonstruktionen und extravagante Leuchten in den Zimmern bestimmen das Interiordesign, das unter dem Leitmotiv „Urban Industrial Look" steht. Zum Haus gehören auch eine Lounge mit Bar, ein Sauna- und Fitnessbereich, ein Boardroom sowie ein Pop-Up-Restaurant.

Viva Creativo www.viva-creativo.de

Im Heidkampe 80, PLZ 30659 (OT: Bothfeld), **T 0511 647550,** F 6475515
61 Zimmer | Ez 89–109 €, Dz 119–139 €, inkl. Frühstück

››

Angenehmes Hotel im ruhigen Stadtviertel Bothfeld. Geschmackvoll und originell eingerichtete Themenzimmer, die sich z.B. „Paris“, „Comic“ oder „Kräuterkammer“ nennen. Gutes Frühstück, sehr gute Tagungsmöglichkeiten.

Savoy www.hotel-savoy.de

★★★★ garni

Schlosswender Straße 10 (C2), PLZ 30159, **T 0511 1674870,** F 16748710
22 Zimmer | 4 Suiten | Ez 129–299 €, Dz 209–359 €, ab 18,50 €

Kleines, freundlich geführtes Hotel im Stadtzentrum. Die Gästezimmer sind von zurückhaltender Eleganz geprägt und in warmen Farben eingerichtet. Ein kleiner Wellnessbereich mit finnischer Sauna, Sanarium und Dampfbad sorgt für Entspannung. Sehr gutes Frühstück.

Jante www.jante-restaurant.de

VARTA★TIPP Küche VARTA-TIPP Service

Marienstraße 116 (F3), PLZ 30171 (OT: Südstadt), **T 0511 54555606**
30 | Menü 180–195 € | Sa Mi-Sa Mo, Di, So

Ein echtes Highlight, kulinarisch und atmosphärisch! In dem modernen, nordisch angehauchten Restaurant am Braunschweiger Platz dominieren ein rauchiges Blau und helle Holztöne. Auf gepolsterten Sesseln und an massiven blanken Holztischen kann man sich ein exklusives 7-Gänge-Menü schmecken lassen. Tony Hohlfelds Küche ist innovativ, ausdrucksstark und von einer wunderbaren Aromenvielfalt geprägt. Chefsommelière Mona Schrader komplettiert die anspruchsvollen Gerichte mit perfekt abgestimmten Weinen, auch abseits des Mainstreams.

VOTUM www.vo-tum.de

VARTA-TIPP Küche

Hannah-Arendt-Platz 1 (D3), PLZ 30159, **T 0511 30302412**
30 | Menü 175 € | Di-Sa Mo, So

Fine Dining im Leineschloss, in dem auch der niedersächsische Landtag seinen Sitz hat. Am Herd Benjamin Gallein - ein kreativer junger Mann, der durchaus eine eigene Handschrift erkennen lässt. Erstklassige Produkte und klare Aromen verbinden sich in seiner Küche zu komplexen und aussagekräftigen Gerichten, bei denen der Fokus immer auf den Geschmack gerichtet ist. Serviert wird ein 6-Gänge-Menü, das beliebig erweitert werden kann. Auch das Drumherum ist klasse: Das Restaurant ist ein echtes Schmuckstück. Hier hat man einen schönen Mix aus warmen Materialien und eleganter Geradlinigkeit geschaffen. Tischreservierung empfehlenswert.

Schorse Neu! www.schorse-im-leineschloss.de

Hannah-Arendt-Platz 1 (D3), PLZ 30159, **T 0511 30302411**
60 | Hauptgericht 18–32 €, Menü 55–65 € | Mo-Sa Di-Sa So

Ob im modern eingerichteten Restaurant oder auf der hübschen Terrasse am Leinewehr - hier darf man sich auf kreative französische Speisen mit regionalen und internationalen Einflüssen freuen. Lust auf „Kaninchenkeule in Weißwein geschmort mit Champignons, Perlzwiebeln und Safran-Kartoffelmousseline“? Stetig wechselndes Mittagsmenü.

Jetzt abonnieren: instagram.com/vartaguide

🍽 Gallo Nero

www.gallo-nero-hannover.com

Groß Buchholzer Kirchweg 72b, PLZ 30655 (OT: Groß Buchholz), **T 0511 5463434**
100 | Hauptgericht 17–40 € | So Mo, Mi-So Di

Freundlich und familiär geht es hier zu. Schmackhaft und frisch die italienische Küche, ansprechend das Ambiente mit Kamin, Holzbalken und wechselnden Ausstellungen anerkannter Künstler. Und zum Essen gibt es tolle Weine aus den unterschiedlichen Regionen Italiens. Mediterran anmutende Sommerterrasse.

🍽 Handwerk

www.handwerk-hannover.com

VARTA-TIPP Küche

Altenbekener Damm 17 (F5), PLZ 30173 (OT: Südstadt), **T 0511 26267588**
40 | Menü 125–135 € | Mi-So Mo, Di

Hier ist der Name Programm! In dem modernen Lokal bietet man ein unaufgeregt-frisches Konzept. Serviert wird ein festes Menü (5 bis 6 Gänge), das regelmäßig wechselt. Die Küche von Thomas Wohlfeld ist nachhaltig, weltoffen und saisonal geprägt. Seine Gerichte zeichnen sich durch Aromenvielfalt und Komplexität aus. In der offenen Küche kann man den Protagonisten am Herd bei der Arbeit zusehen. Dazu ein freundlicher, lebendiger Service.

🍽 Restaurant Marie **Neu!**

www.restaurantmarie.de

Wedekindplatz 1, PLZ 30161 (OT: Oststadt), **T 0511 65399074**
26 | Menü 65–82 € | Di-Sa Mo, So

Inmitten von wunderschön erhaltenen Altbauten, schattenspendenden Bäumen und vielen kleinen Ladenlokalen empfängt Sie dieses freundliche Restaurant mit seinen hohen Decken, Designleuchten und alten Holzdielen. Die Atmosphäre ist entsprechend unverkrampft und herrlich zwanglos. Hier werden erstklassige Zutaten zu facettenreichen französischen Speisen zusammengestellt und bekommen durch kreative Kombinationen gerne einen ganz neuen Twist.

🍽 Titus im Röhrbein

www.restaurant-titus.com

Joachimstraße 6 (C2), PLZ 30159 (OT: Mittelfeld), **T 0511 835524**
18 | Hauptgericht 32 €, Menü 82–112 € | Di-Sa Mo, So

Entspannter Genuss mit Anspruch in zwanglosem Rahmen. Geboten wird eine modern-klassische Küche aus hochwertigen saisonalen Produkten. Das wechselnde Speisenangebot ist aufgeteilt in ein kleines und ein großes Menü, deren Gänge untereinander ausgetauscht werden können. Das Ambiente: trendig und zeitgemäß.

Tropeano Di-Vino
www.restaurant-tropeano.de

Kleiner Hillen 4, PLZ 30559 (OT: Kirchrode), **T 0511 3533138**
90 | Hauptgericht 19–38 € | Di-So Mo

Restaurant und Weinbar in einem denkmalgeschützten Fachwerkhaus. Auf der Karte finden sich moderne und traditionelle italienische Gerichte wie „Kabeljaufilet gebraten mit Noriblatt auf Risotto mit Sepia und Lakritze“ oder „Hochrippe vom Weiderind auf Rauchwhiskysauce mit Rote-Zwiebel-Chutney“. Weinkarte mit mehr als 300 Positionen. Sehr fachkundiger Service.

HANSTEDT 15 C
www.hanstedt-nordheide.de

Niedersachsen | EW 5.055 | 40 m | Harburg 32 km, Lüneburg 32 km

Sellhorn
www.hotel-sellhorn.de

★★★★

Winsener Straße 23, PLZ 21271, **T 04184 8010,** F 801333
50 Zimmer | 6 Suiten | Ez ab 97 €, Dz ab 136 €, inkl. Frühstück

Traditionsreiches Familien- und Wellnesshotel mit attraktiven Landhaus- und Classiczimmern. Großzügige Bade- und Saunalandschaft. In den behaglichen Restauranträumen wird eine ansprechende regionale Küche serviert. Idyllische Gartenterrasse.

HARDERT 40 B
www.hardert.de

Rheinland-Pfalz | EW 870 | 330 m | Neuwied 13 km, Koblenz 28 km

Corona
www.restaurantcorona.de

Mittelstraße 13 (im Hotel zur Post), PLZ 56579, **T 02634 2727**
60 | Hauptgericht 18–40 €, Menü 45–59 € | Mi-So Mo, Di

In diesem hist. Gebäude wirkt ein engagiertes Team. Kerstin und Sergio Corona führen das Haus bereits in der vierten Generation. Aus marktfrischen, sehr guten Produkten wird eine schmackhafte mediterrane Küche zubereitet. Dazu gibt es erlesene Weine. Einfache, aber gepflegte Gästezimmer.

HAREN (EMS) 20 B
www.haren.de

Niedersachsen | EW 23.090 | 9 m | Meppen 14 km, Papenburg 50 km

Golfpark Gut Düneburg
www.golf-emsland.de

Düneburg 1, PLZ 49733, **T 05932 72740,** F 6686
31 Zimmer

Ehem. Herrensitz inmitten eines landschaftlich reizvollen Golfplatzes. Gepflegte Gästezimmer mit zeitgemäßem Komfort. Netter Saunabereich im Dachgeschoss. Stimmungsvolle Gastronomie in der hist. Torfscheune (internationales Speisenangebot).

Greive
www.hotel-greive.de

€ Gut & Günstig ★★★

Mittelstraße 9, PLZ 49733, **T 05932 72770,** F 7277100
44 Zimmer | 3 Apartments | Ez 80–82 €, Dz 110–115 €, inkl. Frühstück

Ein gepflegtes Stadthotel mit optimaler Verkehrsanbindung. Wohnliche Gästezimmer zu moderaten Preisen, die teilweise im Jahr 2023 renoviert wurden. Zum Haus gehören auch ein Restaurant mit Biergarten und moderner regionaler Küche sowie zwei Kegelbahnen.

Zur Ems
www.zur-ems.com

Emmelnerstraße 2, PLZ 49733, **T 05932 6403**
50 | Hauptgericht 24–59 € | So Mi-Sa Mo, Di

Direkt am Ufer der Ems befindet sich das freundlich geführte Haus, in dem regional-saisonal gekocht wird. Im Keller des Chefs lagern mehr als 1.000 verschiedene Weine. Nette Sonnenterrasse mit Blick auf die Flusslandschaft.

HARRISLEE 7 A
www.harrislee.de

Schleswig-Holstein | EW 11.830 | 43 m | Dänische Grenze 2 km, Flensburg 4 km

Boutique Hotel Wassersleben
www.hotel-wassersleben.de

★★★★ garni

Wassersleben 4, PLZ 24955 (OT: Wassersleben), **T 0461 77420,** F 7742133
25 Zimmer

In exponierter Lage direkt an der Förde finden Sie dieses charmante Boutique-Hotel. Das markante zweistöckige Gebäude mit seinem ausgebauten roten Ziegeldach bietet niveauvoll eingerichtete Balkonzimmer in maritimem Landhausambiente. Im Restaurant und auf der Panoramaterrasse können Sie nicht nur einen atemberaubenden Ausblick aufs Wasser, sondern auch eine frische norddeutsche Küche mit saisonalen Einflüssen genießen.

HARSEWINKEL 30 B
www.harsewinkel.de

Nordrhein-Westfalen | EW 24.101 | 65 m | Gütersloh 13 km, Warendorf 19 km

Klosterpforte
www.klosterpforte.de

★★★★ S garni

Klosterhof 2-3, PLZ 33428 (OT: Marienfeld), **T 05247 7080,** F 80484
152 Zimmer | 6 Suiten | 24 h

Weitläufige Hotelanlage mit mehreren Gästehäusern direkt neben einem 800 Jahre alten Kloster. Breites Zimmerrepertoire von klassisch-elegant bis modern. Wellness mit Sauna- und Poolbereich. Im Restaurant „Klosterstübchen" wird regionale und nationale Küche aufgetischt.

Poppenborg
www.hotel-poppenborg.de

Brockhäger Straße 9, PLZ 33428, **T 05247 2241**
26 | So Mo-Di, Do-So Mi

Heinz Poppenborg und sein Traditionsbetrieb... Was ihn zu einer gastronomischen Institution in Harsewinkel macht, ist schnell erklärt: höchste Kontinuität. Zusammen mit seiner Crew setzt der Patron auf eine unverfälschte, klassisch französische Küche. Das Ambiente: sehr gediegen, mit zahlreichen Art-déco-Elementen. Alternativ wird im gemütlichen Bistro sowie im romantischen „Farn"-Garten eine zeitgemäße Regionalküche serviert. Hotelzimmer vorhanden.

HARTENSTEIN 45 B
www.stadt-hartenstein.de

Sachsen | EW 4.721 | 360 m | Chemnitz 32 km, Gera 66 km

Jagdhaus Waldidyll
www.romantikhotel-waldidyll.de

Talstraße 1, PLZ 08118, **T 037605 840,** F 84444
28 Zimmer | 4 Suiten | Ez ab 80 €, Dz ab 134 €, inkl. Frühstück

Das hübsche Erzgebirgshaus, ruhig in einem Waldpark gelegen, ist geprägt von romantischem Flair, rustikaler Eleganz und liebenswerten Details. Die Zimmer sind geschmackvoll und wohnlich im edlen Landhausstil eingerichtet. Im holzgetäfelten Restaurant und auf der idyllischen Sommerterrasse wird regionale und internationale Küche serviert.

Schon probiert?
Der Varta-Führer ist auch als eBook für Ihren TabletPC oder Ihr Smartphone verfügbar!

HARTHEIM AM RHEIN 64 A
www.hartheim.de

Baden-Württemberg | EW 4.844 | 206 m | Bad Krozingen 8 km, Freiburg 22 km

Landhotel Bohrerhof Neu!
www.bohrerhof.de/landhotel

Zum Bohrerhof 1, PLZ 79258, **T 07633 9204049**
64 Zimmer | Ez 120–180 €, Dz 130–220 €, inkl. Frühstück

Umgeben von Wiesen und Feldern empfängt Sie dieses familiengeführte Landhotel. Der dreigeschossige Holzbau ist in Tafelbauweise entstanden und beherbergt helle, modern und klimafreundlich ausgestattete Zimmer - wahlweise mit Terrasse oder Balkon. Für das Frühstücksbuffet und die schmackhafte Küche im Restaurant finden überwiegend frische saisonale Produkte aus eigenem Anbau und der Hofbäckerei Verwendung. Im Landmarkt können Sie nach Lust und Laune einkaufen.

HARZBURG, BAD 33 A
www.bad-harzburg.de

Niedersachsen | EW 22.000 | 261 m | Goslar 10 km, Braunschweig 46 km

Braunschweiger Hof
www.hotel-braunschweiger-hof.de

Herzog-Wilhelm-Straße 54, PLZ 38667, **T 05322 7880,** F 788499
80 Zimmer | 12 Suiten | Ez ab 99 €, Dz ab 160 €, inkl. Frühstück | 24 h

Seit 1894 in Familienbesitz. Komfortabel im Landhausstil eingerichtete Zimmer und Suiten. Großzügiger Wellnessbereich mit Saunalandschaft, Schwimmbad und Beautyfarm.

Behnecke

120 | Hauptgericht 25–39 €, Menü 69–79 € | Mo-So

Gemütlich-rustikale Restaurantstuben mit gediegen-elegantem Ambiente. Auf den Tisch kommen frische saisonale Gerichte, z.B. „Geschmortes Duroc-Schweinebäckchen Schwarzbiersauce | Artischockenduxelles | gefülltes Butterkohlköpfchen | Kartoffel-Pfifferlingsspirale“. Gut sortierter Weinkeller. Schöne Parkterrasse.

Sonnenresort Ettershaus
www.sonnenhotels.de

★★★★ garni

Nordhäuser Straße 1, PLZ 38667, **T 05321 6855440**
67 Zimmer

Inmitten eines liebevoll angelegten, parkähnlichen Geländes empfängt Sie dieses schmucke Resort. Übernachten können Sie wahlweise im modernen Apartmentgebäude, in den faszinierenden Baumhäusern oder in der historischen Villa. Schöner Wellnessbereich mit Schwimmbad und Saunalandschaft. Im Restaurant „Tauts“ serviert man gehobene regionale und saisonale Küche.

Solehotel Tannenhof
www.solehotels.de/de/wohnen/tannenhof

★★★ S garni

Nordhäuser Straße 6 (an der B 4), PLZ 38667, **T 05322 96880,** F 968899
27 Zimmer | 3 Suiten | Ez 95–120 €, Dz 170–210 €, inkl. Frühstück

Ein inhabergeführtes Hotel mit familiärer Atmosphäre. Das Haus bietet wohnliche Zimmer, ein Panoramacafé mit Terrasse und einen hoteleigenen Zugang zur Soletherme.

HASELÜNNE 20 B
www.haseluenne.de

Niedersachsen | EW 12.448 | 21 m | Meppen 14 km, Cloppenburg 47 km

Burghotel Haselünne
www.burghotel-haseluenne.de

S garni

Steintorstraße 7, PLZ 49740, **T 05961 94330,** F 943340
42 Zimmer | 3 Apartments | Ez 89–119 €, Dz 99–129 €, 15,00 €

Sorgsam restaurierte Adelshäuser, die zweckmäßige Businesszimmer mit einem romantischen Boutique-Hotel im Jugendstil unter einem Dach verbinden. Kleiner SPA-Bereich mit Sauna und Massageraum. Das „Burgmannsfrühstück“ wird im einmaligen Ambiente des Kuppelsaals serviert.

HASLACH IM KINZIGTAL 57 C
www.haslach.de

Baden-Württemberg | EW 6.992 | 220 m | Offenburg 27 km, Freiburg 44 km

Mosers Blume
www.mosers-blume.de

Schnellinger Straße 56, PLZ 77716 (OT: Schnellingen), **T 07832 91250,** F 912599
25 Zimmer | 2 Suiten | Ez ab 90 €, Dz ab 90 €, inkl. Frühstück

Familiär geführtes Haus mit großzügigem Wellnessbereich. Die Zimmer im Stammhaus sind elegant im geschmackvollen Landhausstil eingerichtet. Die hellen, modernen Zimmer im Neubau beeindrucken durch ihre großflächige Gestaltung und ihre zeitgemäße Ausstattung. In den behaglichen Gaststuben wird regional gekocht.

HATTINGEN 29 D
www.hattingen-marketing.de

Nordrhein-Westfalen | EW 55.817 | 90 m | Bochum 10 km, Essen 21 km

Diergardts „Kühler Grund"
www.diergardt-hattingen.de

Am Büchsenschütz 15, PLZ 45527 (OT: Welper), **T 02324 96030**
120 | Hauptgericht 12–35 €, Menü 25–45 € | Sa-So Mi-So Mo, Di

In den stimmungsvoll gestalteten Gasträumen werden anspruchsvolle bürgerliche Gerichte aufgetischt. Wie wär's z.B. mit „Pot au feu von Muscheln und Edelfischen | Meeresspargel | Fenchel | Salzzitrone | Artischockenravioli"? Internationales Weinangebot. Im Sommer lockt die hübsche Gartenterrasse.

Wegermann's BIO-Landhaus
www.wegermanns-bio-landhaus.de

Wodantal 62, PLZ 45529 (OT: Bredenscheid-Stüter), **T 02324 395010**
50 Hauptgericht bis 32 €Menü bis 66 € | So Mo-Di, Fr-So Mi, Do

Behaglich speist man in den hellen, freundlichen Gasträumen. Serviert wird eine ideenreiche und schmackhaft zubereitete Bioküche. Lauschiger Biergarten direkt vor dem Haus. Individuelle, im italienischen Landhausstil eingerichtete Hotelzimmer.

Wiegt weniger ist aber genauso gut:
Der Varta-Führer ist auch als eBook für Ihren TabletPC oder Ihr Smartphone verfügbar!

HAUSEN OB VERENA 57 D
www.hausen-ob-verena.de

Baden-Württemberg | EW 780 | 807 m | Spaichingen 5 km, Trossingen 15 km

Hofgut Hohenkarpfen
www.hohenkarpfen.de

Hohenkarpfen 1, PLZ 78595, **T 07424 9450,** F 945245
21 Zimmer | Ez 98–118 €, Dz 128–165 €, inkl. Frühstück

Denkmalgeschütztes Anwesen in landschaftlich reizvoller Lage. In der ehem. Scheune des Hofguts stehen geschmackvoll ausgestattete Gästezimmer zur Verfügung. Ein Museum im Hause zeigt Kunst aus dem 19. Jh. Attraktiver Veranstaltungsort für Tagungen und Hochzeiten.

Hofgut Hohenkarpfen

60 | Hauptgericht 25–35 €, Menü 48–89 € | Mo-Fr, So Mo-So

Elegant-modern eingerichtetes Hotelrestaurant mit großzügiger Aussichtsterrasse. Hier serviert man Ihnen schmackhafte regionale und internationale Gerichte wie z.B. „Rinderbäckle | Schwarzwurzel | Rosenkohl | Crème-Fraîche-Püree | Portweinsauce".

HÄUSERN 64 B www.haeusern.de

Baden-Württemberg | EW 1.265 | 889 m | Höchenschwand 4 km, Freiburg 58 km

Adler www.adler-schwarzwald.de

VARTA-TIPP Service

★★★★ S gami

Sankt-Fridolin-Straße 15, PLZ 79837, **T 07672 4170,** F 417150
43 Zimmer | 8 Suiten | Ez ab 89 €, Dz ab 199 €, inkl. Frühstück

Eine tolle Urlaubsadresse! Das prächtige, traditionsreiche Schwarzwaldhaus - seit über 150 Jahren in Familienbesitz - wird mit persönlicher Note geführt und vereint Wellness, Genuss und Romantik auf höchstem Niveau. Hier erwarten Sie edle, im Landhausstil eingerichtete Nichtraucherzimmer, ein gepflegter SPA-Bereich mit Wasser- und Saunawelt sowie ein aufmerksamer Service in einem wunderschönen Ambiente. Abends genießen Sie im Rahmen der Verwöhnpension ein schmackhaftes 3-Gang-Gourmetmenü im neu gestalteten Restaurant.

Kamino www.restaurant-kamino.de

St.-Fridolin-Straße 1, PLZ 79837, **T 07672 4819970**
100 | Hauptgericht 20–37 € | Mo, Do-So Di

Im rustikal-behaglichen Schwarzwaldambiente erwarten Sie eine badisch-mediterrane Genussküche sowie leckere Tapasspezialitäten. Dazu ein gutes Weinangebot mit Schwerpunkt Baden und Spanien. In der warmen Jahreszeit lockt die lauschige Sonnenterrasse. Man hat auch wohnliche Gästezimmer.

HAUZENBERG 62 B www.hauzenberg.de

Bayern | EW 11.608 | 546 m | Thyrnau 10 km, Passau 18 km

Gidibauer Hof www.gidibauer.de

★★★★★ S gami

Grub 7, PLZ 94051, **T 08586 96440,** F 964444
19 Zimmer | 3 Suiten | 3 Apartments | Ez 62–75 €, Dz 110–130 €, inkl. Frühstück »

Unter Denkmalschutz stehender Vierseithof in herrlicher Einzellage. Die gelungene Verbindung von Alt und Neu wird vor allem in den Gästezimmern spürbar. Sie haben die Auswahl zwischen hellen Hotelzimmern mit naturbelassener Einrichtung oder modern gestalteten Businesszimmern.

Landgasthof Anetseder — anetseder-wirtshauskultur.de

VARTA-TIPP Küche

Lindenstraße 15, PLZ 94051 (OT: Haag), **T 08586 1314**
80 | Hauptgericht 12–35 €, Menü 30–52 € | So Mi-So Mo, Di

Hier wird traditionelle Wirtshauskultur modern gelebt. Gemütlich sitzt man im geschmackvoll renovierten Restaurant oder auf der lauschigen Terrasse. Gekocht wird ambitioniert mit regionalen und internationalen Einflüssen. So findet sich „Doradenfilet vom Grill mit Artischockencreme, gegrilltem Romanasalat, Taggiasca-Oliven und Gazpachoschaum" ebenso auf der Karte wie „Cordon Bleu vom Landschwein mit Kartoffel-Gurkensalat". Oder wie wäre es mit einem 3-gängigen Überraschungsmenü? Das Preis-Leistungsverhältnis ist kaum zu toppen! Kleine, aber feine Weinauswahl.

HAVELBERG 25 A — www.havelberg.de

Sachsen-Anhalt | EW 6.729 | 29 m | Wittenberge 37 km, Rathenow 43 km

Arthotel Kiebitzberg — www.arthotel-kiebitzberg.de

garni

Schönberger Weg 6, PLZ 39539, **T 039387 595151,** F 595152
31 Zimmer | 8 Suiten

Stilvolles Design und künstlerische Akzente stehen bei diesem Hotel im Vordergrund. Es befindet sich inmitten einer reizvollen Parkanlage. Helle, wohnliche Zimmer sorgen für einen entspannten Aufenthalt. Ideale Adresse für Freizeitaktivitäten wie Wandern, Radfahren oder Bootsfahrten auf der Havel.

HAYINGEN 58 D — www.hayingen.de

Baden-Württemberg | EW 2.150 | 661 m | Riedlingen 18 km, Münsingen 21 km

Rose — www.tress-gastronomie.de

★★★ S garni

Aichelauerstraße 6, PLZ 72534 (OT: Ehestetten), **T 07383 94980,** F 949822
12 Zimmer | 2 Apartments | Ez ab 89 €, Dz ab 125 €, inkl. Frühstück

Gönnen Sie sich eine Auszeit mitten im Biosphärengebiet der Schwäbischen Alb, es lohnt sich! Hier übernachten Sie im ersten zertifizierten Biohotel Baden-Württembergs. Es wurde nach baubiologischen Kriterien erbaut und eingerichtet. Das Mobiliar der hübschen Themenzimmer hat man sorgfältig ausgewählt und zusammengestellt. Morgens erwartet Sie ein vitales, biologisches Vollwertfrühstück.

Bio-Fine-Dining-Restaurant 1950

VARTA-TIPP Küche

16 | Menü 111 € | Do-So Mo, Di, Mi

Im kleinen, unprätentiös und modern eingerichteten Bio-Fine-Dining-Restaurant mit offener Showküche und verglaster Speisekammer kredenzt Ihnen Chefkoch Simon Tress ein vegetarisches CO2-Menü in 6 vegetarischen Gängen, ganz unter dem Motto „Exzellentes Essen im Einklang mit nachhaltiger Unternehmensphilosophie". Dazu gibt es tolle Weine von Demeter- und Bio-Weingütern. Achtung: Die Tischreservierung erfolgt online.

Rose

60 | Hauptgericht 22–44 € | Sa-So Mi-So Mo, Di

Bereits seit 1950 werden hier biologische Lebensmittel verarbeitet. Im Laufe der Jahre hat sich der kleine Gasthof mit Bauernhof zu einem renommierten Bio-Restaurant entwickelt. Das Konzept: Alle Hauptgänge sind vegetarisch oder vegan, wer mag, kann sich eine „Fleischbeilage" dazubestellen.

HEIDELAND 34 D www.heideland-elstertal.de

Thüringen | EW 1.942 | 302 m | Zeitz 20 km, Leipzig 70 km

Naturhotel Etzdorfer Hof www.etzdorferhof.de

★★★★★S garni

Crossener Straße 16, PLZ 07613 (OT: Etzdorf), **T 036691 5748113,** F 574826
14 Zimmer | 2 Apartments | Ez 55–60 €, Dz 85 €, inkl. Frühstück

Das nette Haus im ländlichen Stil ist in einem 1860 erbauten Vierseithof untergebracht. Hier stehen behagliche, mit hellen Fichtenmöbeln eingerichtete Gästezimmer zur Verfügung. In der Hofschenke werden typische Speisen der Thüringer Küche angeboten. Hauseigene Kegelbahn.

HEIDELBERG 51 C www.heidelberg.de

Baden-Württemberg | EW 152.113 | 114 m | Schwetzingen 11 km, Mannheim 20 km
Heidelberger Schloss, Karl-Theodor-Brücke mit zweitürmigem Brückentor, Zoo, Bergbahnen, Königsstuhl (568 m), Philosophenweg, Tiefburg, Jesuitenkirche, Peterskirche, Heiliggeistkirche am Marktplatz, Klosterruinen, Thingstätte auf dem Heiligenberg, Universitätsmuseum, Dt. Apothekenmuseum, Kurpfälzisches Museum, Völkerkundemuseum.
Einen Cityplan finden Sie auf Seite 544.

Europäischer Hof www.europaeischerhof.com

VARTA-TIPP Ambiente VARTA-TIPP Service

GREENSIGN ★★★★★S garni

Friedrich-Ebert-Anlage 1 (B3), PLZ 69117, **T 06221 5150,** F 515506
118 Zimmer | 14 Suiten | 4 Apartments | Ez 189–309 €, Dz 228–384 €, 13,50–38,00 € | 24 h

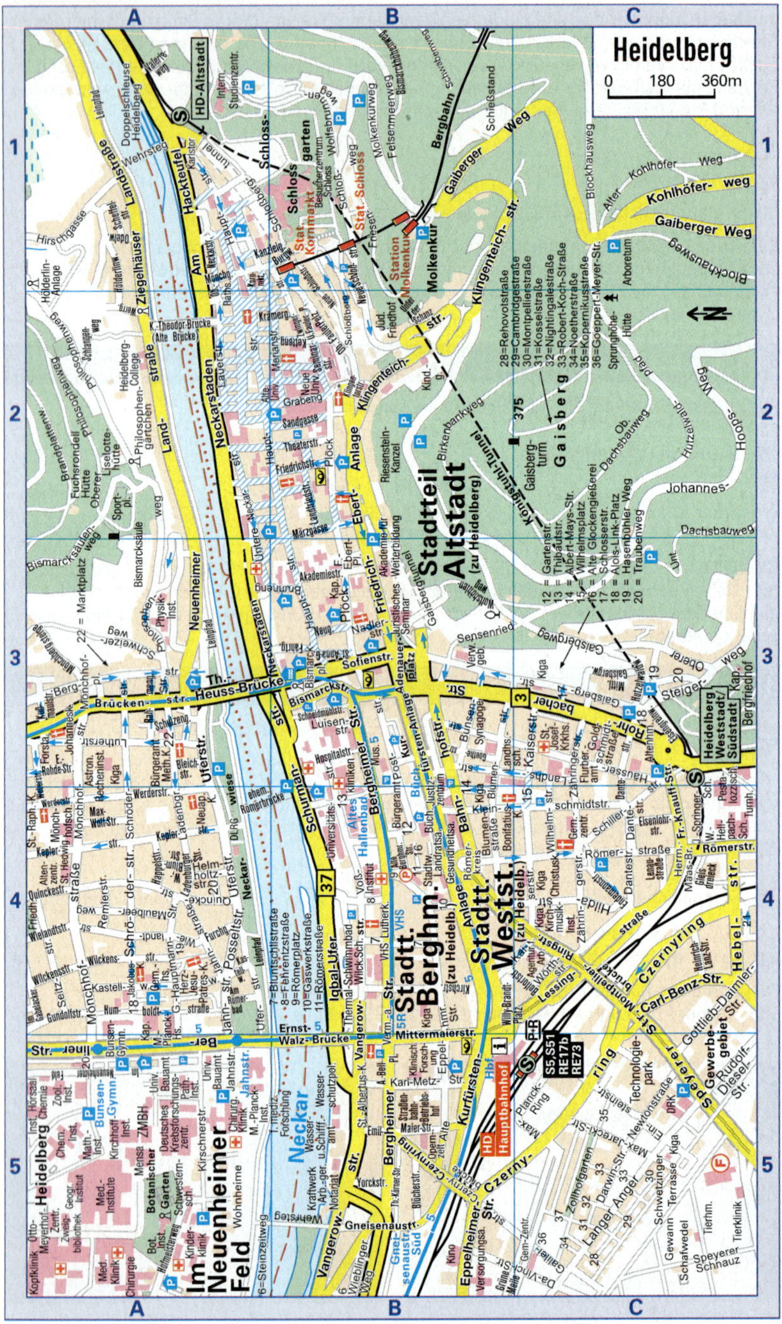
Heidelberg
0 180 360m
Stadtteil Altstadt (zu Heidelberg)
Stadtt. Berghm. (zu Heidelb.)
Stadtt. Weststt. (zu Heidelb.)
Im Neuenheimer Feld
Neckar
Gaisberg
Hauptbahnhof
HD-Altstadt
Heidelberg Weststadt/Südstadt
Theodor-Heuss-Brücke
Ernst-Walz-Brücke
K.-Theodor-Brücke (Alte Brücke)
Bergbahn
Stat. Kornmarkt
Stat. Schloss
Station Molkenkur
Molkenkur
Schlossgarten
Gaiberger Weg
Kohlhöferweg
Königstuhl-Tunnel
Gaisbergturm
Bismarckplatz
Universitätspl.
Kurfürsten-Anlage
Czernyring
Speyerer Str.
Römerstr.
Rohrbacher Str.
Bergheimer Str.
Mittermaierstr.
Hauptstr.
Neckarstaden
Ziegelhäuser Landstraße
Philosophenweg
Bunsen-Gymn.
Botanischer Garten
7=Bluntschlistraße
8=Fehrentzstraße
9=Römerplatz
10=Gaswerkstraße
11=Römerstraße
12=Gartenstr.
13=Thibautstr.
14=Albert-Mays-Str.
15=Wilhelmsplatz
16=Alte Glockengießerei
17=Schlossstr.
18=Alois-Link-Platz
19=Hasenbühler Weg
20=Traubenweg
22=Marktplatz
28=Rehovotstraße
29=Cambridgestraße
30=Montpellierstraße
31=Kosselstraße
32=Nightingalestraße
33=Robert-Koch-Straße
34=Noetherstraße
35=Kopernikusstraße
36=Goeppert-Meyer-Str.
A
B
C
1
2
3
4
5

Das opulente Grandhotel im Herzen der Altstadt - von Dr. Caroline von Kretschmann bereits in der 4. Generation geführt - ist das Flaggschiff der Rhein-Neckar-Metropole und vereint so einiges unter einem Dach: luxuriös ausgestattete Zimmer und Suiten, PANORAMA SPA mit Pool, Fitnessstudio und Sonnenterrasse, mehrere Restaurants, zahlreiche Veranstaltungsräume, eine eigene Ladenpassage und last but not least eine hervorragende Servicekultur.

Die Kurfürstenstube

60 | Hauptgericht ab 30 €, Menü ab 70 € | Mo-So

Mit aufwendigen Holzarbeiten und Wandmalereien zeigt sich das elegante Fine-Dining-Restaurant. Kulinarisch erwarten den Gast moderne europäische Interpretationen mit klassisch französischen Einflüssen. Umfangreiche Weinkarte mit ca. 300 verschiedenen Positionen, überwiegend aus Deutschland und Frankreich. Achtung: Nur im Winter geöffnet.

Berggasthof Königstuhl

www.gasthof-koenigstuhl.de

★★★★

Königstuhl 2 (↗ C1), PLZ 69117, **T 06221 4160300**
62 Zimmer

Gelegen auf dem Gipfel des Königstuhls, dem Hausberg von Heidelberg (auf 570 Metern Höhe), empfängt Sie dieses privat geführte Hotel mit einer atemberaubenden Aussicht über die Rheinebene bis hin zum Pfälzerwald. Das Haus bietet zudem sehr geschmackvolle und wohnliche Zimmer, die mit edlen Naturmaterialien wie Stein- und Holzbelägen ausgestattet sind. Aus den bodentiefen Fenstern genießt man einen entspannenden Berg- oder beeindruckenden Talblick. Für Entspannung sorgt ein Saunabereich mit Sonnenterrasse. In der Bergstube nebst Biergarten wird rustikale Regionalküche aufgetischt.

Arthotel

www.arthotel.de

Grabengasse 7 (B2), PLZ 69117, **T 06221 650060,** F 65006100
24 Zimmer | 1 Suite | Ez 119–232 €, Dz 139–262 €, 18,50 €

Ein architektonisch einzigartiges Tagungs- und Cityhotel in zentraler Lage unterhalb des Schlosses. Hinter der hist. Fassade verbergen sich individuell eingerichtete Designerzimmer mit sehr guter technischer Ausstattung. Einladendes Restaurant mit schöner Innenhofterrasse.

Bergheim41

www.bergheim41.de

Bergheimer Straße 41 (B3), PLZ 69115 (OT: Bergheim), **T 06221 750040,** F 75004100
32 Zimmer | 1 Suite | Ez 109–198 €, Dz 119–218 €

Eine gute Adresse für Geschäftsreisende und Heidelbergbesucher. Das Hotel ist eingebunden in den historischen Gebäudekomplex des Alten Hallenbades und bietet seinen Gästen designorientierte und gut ausgestattete Zimmer. Vom begrünten Dachgarten hat man einen schönen Ausblick auf die Stadt und das Schloss.

Heidelberg Astoria

www.heidelberg-astoria.de

Rahmengasse 30 (A3), PLZ 69120 (OT: Neuenheim), **T 06221 7290350,** F 7290359
6 Zimmer | Ez 95–145 €, Dz 145–190 €, inkl. Frühstück

Exklusive Stadtvilla von 1907 mit privater Atmosphäre. Die individuellen Gästezimmer wurden liebevoll und modern eingerichtet. Stilvoller Frühstücksbereich. Das Haus kann auf Anfrage auch komplett gemietet werden.

PLAZA Premium Heidelberg **Neu!** www.plazahotels.de/hotel-heidelberg

Sofienstraße 6-8 (B3), PLZ 69115, **T 06221 4353920**
166 Zimmer | 24 h

Sowohl Geschäftsreisende als auch Freizeitgäste trifft man in diesem 2022 eröffneten Hotel. Es bietet wohnliche Zimmer mit modern-geradlinigem Design und zeitgemäßer Technik. Ein besonderes Highlight ist das trendige Casual-Dining-Restaurant nebst Rooftopbar auf der 7. Etage. Top auch die Lage direkt in der hist. Altstadt.

Qube Bahnstadt www.qube-hotel-heidelberg.de

★★★★

Grüne Meile 21 (↘ B5), PLZ 69115, **T 06221 639000**
84 Zimmer

Das 2020 eröffnete Passivhaushotel fügt sich ästhetisch in ein Gebäudeensemble aus Wohnungen, Geschäften und Büros ein. Das Haus vermittelt das Gefühl von Großstadt und urbanem Schick. Dazu ein nachhaltiges Design, das auf langlebige und edle Materialien setzt. Großzügiger Bar- und Restaurantbereich mit Blick in den begrünten Innenhof.

Qube Bergheim www.qube-hotel-heidelberg.de/bergheim

★★★★

Bergheimer Straße 74/1 (B4), PLZ 69115 (OT: Bergheim), **T 06221 187990,** F 187999
70 Zimmer | 2 Suiten | 6 Apartments

Ein modernes Boutique-Hotel im Zentrum von Heidelberg. Hier erwarten Sie elegante, allergikergeeignete Nichtraucherzimmer mit Eichenvollholzparkett und schicken Bädern aus Naturstein. Die Gästezimmer verteilen sich auf das Haupthaus sowie die 60 Meter entfernte Qube-Villa. Darüber hinaus bietet das Hotel eine nette Dachterrasse mit schönem Ausblick sowie ein Restaurant im modernen Brasseriestil.

The Heidelberg Exzellenz Hotel www.the-heidelberg.de

★★★ S garni

Rohrbacher Straße 29 (B3), PLZ 69115, **T 06221 9150,** F 164272
47 Zimmer | Ez ab 79 €, Dz ab 89 €, 15,00 € | 24 h

Das charmante, individuell eingerichtete Nichtraucherhotel befindet sich in einem renovierten Jugendstilgebäude. Die Zimmer zeigen sich in modernem, geradlinigem Design. Die Studios verfügen über eine Kitchenette.

Zur alten Brücke www.hotel-zur-alten-bruecke.de

★★★

Oberer Neckarstraße 2 (A1), PLZ 69117, **T 06221 739130,** F 7391320
16 Zimmer | 4 Suiten

Kleines, familiäres Stadthotel in einem ehem. Bürgerhaus aus dem 18. Jh. an einem der schönsten Plätze der romantischen Altstadt. In der einstigen Herberge für altehrwürdige Studenten übernachtet man heute in modern ausgestatteten, individuell gestalteten Zimmern, von denen keines dem anderen gleicht. Heimeliges Restaurant mit regionaler Wirtshausküche und großem Außenbereich.

959 www.959heidelberg.com

Friedrich-Ebert-Anlage 2 (B3), PLZ 69117, **T 06221 6742959**
130 | Menü 115–180 € | Di-Sa Mo, So

Trendig, edel und mit einem Hauch von Glamour kommt das Restaurant am Heidelberger Stadtgarten daher. Während Sie am Mittag wechselnde, frisch zubereitete Lunchgerichte genießen können, verwöhnt Sie die Crew am Abend mit modernen Interpretationen einer klassischen Produktküche. Außergewöhnliche Auswahl an französischen Weinen und Champagner.

Restaurant Oben www.restaurant-oben.de

VARTA-TIPP Küche VARTA-TIPP Service

Kohlhof 5, PLZ 69117, **T 0172 9171744**
90 | Menü ab 150 € | Mi-Sa Mo, Di, So

Ein frisches, zeitgemäßes Konzept, das ankommt. Im hist. „Kohlhof" mit seinem ländlichen Charme sitzt man in einem intimen, behaglichen Gastraum an wertig eingedeckten Tischen. Hier erwartet Sie an vier Abenden in der Woche eine kreative Naturküche. Das saisonal wechselnde Feinschmeckermenü setzt auf 13 unverwechselbare Kombinationen - alle präzise aufeinander abgestimmt. Robert Rädel kocht ideenreich, handwerklich anspruchsvoll und angenehm reduziert. Chefin des charmant-professionellen Serviceteams ist Lynn Saßmannshausen, die Sie auch in punkto Weine kompetent berät.

Scharffs Schlossweinstube www.heidelberger-schloss-gastronomie.de

VARTA-TIPP Küche VARTA-TIPP Service

Schlosshof 1 (B1), PLZ 69117, **T 06221 8727010**
70 | Hauptgericht 40–45 €, Menü 69–125 € | Do-Sa Mo, Di, Mi

Hoch oben über den Dächern der Stadt bietet Spitzenkoch Martin Scharff Casual Fine Dining in hist. Kulisse. In den ehrwürdigen Räumen des Heidelberger Schlosses wird eine unkomplizierte, aber dennoch finessenreiche und ausdrucksstarke Geschmacksküche serviert. Saisonal abgestimmt gibt es diese als klassisches oder vegetarisches Menü in drei bis sechs Gängen. Das Ambiente: modern-elegant mit pastellfarbenen Wänden und edel eingedeckten Tischen. Der Service: freundlich und ausgesprochen charmant. Bei schönem Wetter können Sie auch auf der Sonnenterrasse im Innenhof speisen.

Zur Herrenmühle www.herrenmuehle.net

Hauptstraße 239 (A1), PLZ 69117, **T 06221 602909**
65 | Hauptgericht 30–39 €, Menü 78–95 € | So Mo-So

Sehr gute Küche, angenehme Atmosphäre, ein Hauch von Nostalgie und ein hervorragender Service erwarten Sie in diesem hist. Haus. Die frisch zubereiteten Kreationen nach klassischem Vorbild klingen z.B. so: „Wolfsbarschfilet auf Safranrisotto mit Gartenkräutersoße und Gemüse".

Adriatic Seven
www.adriatic-seven.de

VARTA-TIPP Küche

Karlsruher Straße 82, PLZ 69126 (OT: Rohrbach), **T 06221 4303782**
14 | Hauptgericht 20–39 €, Menü 127–147 € | Mi-Sa Mo, Di

Ein tolles Beispiel dafür, dass sich schlichtes, unprätentiöses Ambiente und Spitzenküche keineswegs ausschließen! In dem mediterran angehauchten Restaurant sitzt man an blanken Holztischen, angenehm entspannt die locker-legere Atmosphäre, sehr freundlich und gut organisiert der Service. Patron und Chef de Cuisine Drazen Postek kocht modern und kreativ mit erlesenen Zutaten aus der ganzen Welt. Freitags und samstags wird ein großes Gourmetmenü serviert (Reservierung erforderlich). Regelmäßig finden Kochkurse statt. Im A7 Online-Shop gibt es Olivenöle, Antipasti und Pastasaucen für Zuhause.

Backmulde
www.gasthaus-backmulde.de

Schiffgasse 11 (A2), PLZ 69117 (OT: Altstadt), **T 06221 53660**
50 | Hauptgericht 23–34 €, Menü 69 € | Do-Sa Mo, Di, Mi, So

Renoviertes hist. Haus aus dem Jahre 1689 in einer ruhigen Seitenstraße von Heidelberg gelegen. Man kocht regional, marktorientiert und zeitgemäß auf klassischer Basis - ganz konkret könnte das „Rinderrückensteak mit grüner Pfefferkornsoße und Bratkartoffeln" heißen.

Chambao
www.chambao-heidelberg.com

Dreikönigstraße 1-3 (A2), PLZ 69117, **T 06221 7258271**
59 | Di-Sa Mo, So

Rustikal und doch modern zeigt sich das sympathische Restaurant direkt an der Neckarpromenade. Serviert wird eine hochwertige mediterrane Küche im Tapasstil. Dabei liegt der Fokus auf frischen und qualitativ hochwertigen Produkten. Gute Weinauswahl mit Schwerpunkt Deutschland und Europa.

Traube Rohrbach
www.traube-heidelberg.de

Rathausstraße 75, PLZ 69126 (OT: Rohrbach), **T 06221 6737222**
50 | Menü 139 € | Mo, Fr-So Di, Mi, Do

Das traditionsreiche Gasthaus im alten Ortskern von Rohrbach wird freundlich und engagiert geführt. Hübsch das Ambiente in einer gelungenen Symbiose aus Tradition und Moderne. Unter saisonalen und regionalen Einflüssen entstehen spannende Kreationen, die in Menüform serviert werden. Dazu eine schöne Weinauswahl mit vielen heimischen Gewächsen und ein freundlicher, empathischer Service.

HEIDENHEIM 53 C www.markt-heidenheim.de

Bayern | EW 2.560 | 540 m | Gunzenhausen 15 km, Dinkelsbühl 37 km

Klostergasthof Heidenheim www.klostergasthof-heidenheim.de

Marktplatz 1, PLZ 91719, **T 09833 7709967**
18 Zimmer | Ez ab 82 €, Dz ab 142 €, inkl. Frühstück

Der schmucke Gasthof mit seinen denkmalgeschützten Mauern schaut schon von außen einladend aus. Im Innern erwartet Sie ein Mix aus hist. und modernen Elementen. Gepflegt und wohnlich sind die allergikergerechten Gästezimmer. Auch ein Besuch im Restaurant lohnt sich: Man kocht frisch und schmackhaft, es gibt fränkische Klassiker und Saisonales. Der behagliche Biergarten ist insbesondere bei Radfahrern und Wanderern ausgesprochen beliebt.

HEIGENBRÜCKEN 51 B www.heigenbruecken.de

Bayern | EW 2.300 | 274 m | Lohr 21 km, Aschaffenburg 26 km

Villa Marburg www.villa-marburg.de

Werner-Wenzel-Straße 1, PLZ 63869, **T 06020 979990,** F 97999999
38 Zimmer | 23 Suiten

Gepflegte Kaufmannsvilla aus dem 19. Jhd. mit modernem Anbau in schöner grüner Lage. Große, wohnlich eingerichtete Zimmer mit hervorragender Ausstattung. Ansprechender Wellnessbereich mit Whirlpool, Saunalandschaft und Fitnessraum. Gutes Frühstück mit Bioprodukten aus der Region.

Villa Marburg im Park

60 | Hauptgericht 23–36 € | Di-Sa Mo

Wie alles im Hause ist auch das Restaurant stimmig mit hübschen Stoffen, eleganter Tischkultur und dekorativen Accessoires ausstaffiert, dazu der tolle Blick auf den Garten und die umliegenden Wälder. Serviert werden internationale, klassisch-gehobene Speisen. An warmen Sommertagen ist auch die lauschige Parkterrasse geöffnet.

HEIKENDORF 8 C www.heikendorf.de

Schleswig-Holstein | EW 8.300 | 19 m | Laboe 6 km, Kiel 15 km

StrandHotel Seeblick www.strandhotel-seeblick.de

Uferweg 2, PLZ 24226, **T 0431 5332180,** F 53321820
13 Zimmer | Ez 150–235 €, Dz 225–330 €, inkl. Frühstück

Richtig nett übernachtet man in diesem kleinen, aber feinen Boutique-Hotel am Ostufer der Kieler Förde. Die Zimmer sind stilvoll mit edlen Eichenholzböden und Möbeln von Rivièra Maison ausgestattet. Im gemütlichen Restaurant wird regionale Küche aufgetischt.

HEILBRONN 51 D www.heilbronn.de/tourismus

Baden-Württemberg | EW 125.000 | 157 m | Neckarsulm 7 km, Stuttgart 50 km
Einen Cityplan finden Sie auf Seite 550.

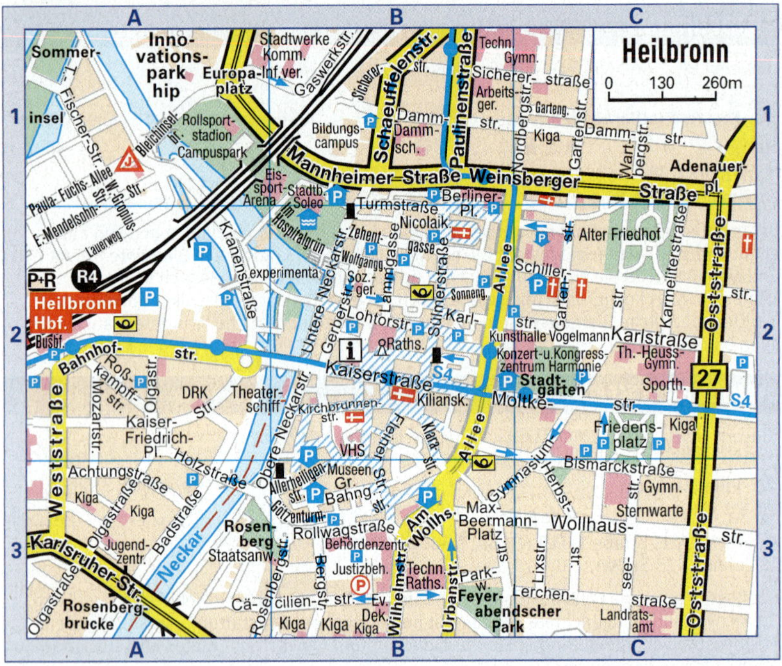

Insel-Hotel

www.insel-hotel.de

★★★★ S gami

Willy-Mayer-Brücke (B2, Anfahrt über Kranenstr.), PLZ 74072, **T 07131 6300,** F 626060
125 Zimmer | 4 Suiten | Ez ab 109 €, Dz ab 149 €, 19,50–29,50 € | 24 h

Komfortables Stadt- und Tagungshotel, umgeben von Parkanlagen auf einer kleinen Flussinsel in zentraler Citylage. Freundlich gestaltete Gästezimmer zur Neckar- oder Parkseite gelegen. Schwäbisches Restaurant mit regionaler und internationaler Küche.

Parkhotel Heilbronn

www.parkhotel-heilbronn.de

★★★★ S gami

Gartenstraße 1 (C2), PLZ 74072, **T 07131 382200**
170 Zimmer | 24 h

Das Businesshotel mit seiner schlicht-modernen Fassade ist direkt an das Konzert- und Kongresszentrum Harmonie angebunden. Wertig-zeitgemäße Einrichtung von der Lobby über die Zimmer und Suiten bis zu den Tagungsräumen. Alle Gästezimmer verfügen über einen französischen Balkon mit Ausblick in den Heilbronner Stadtgarten. Skybar im zehnten Stock.

TraumRaum

www.hotel-traumraum.de

S gami

Bahnhofstraße 31 (A2), PLZ 74072, **T 07131 5919240,** F 59192411
21 Zimmer | 4 Suiten | Ez 85–159 €, Dz 133–193 €, 15,00 €

Zentral gelegenes Themen-Designhotel gegenüber dem Hauptbahnhof. Die Gästezimmer sind individuell eingerichtet und erinnern an große Metropolen und berühmte Inseln. Gemütliche Lounge im Gewölbekeller.

Magnifico da Umberto
www.wtz-magnifico.de

Im Zukunftspark 10 (A1), PLZ 74072, **T 07131 74564140**
40 | Hauptgericht 18–58 €, Menü 95–125 € | Do-Sa Mo, Di, Mi, So

Das italienische Restaurant befindet sich im 60 Meter hohen WTZ-Turm im Heilbronner Zukunftspark Wohlgelegen. Hier genießen Sie einen fantastischen Ausblick auf die Neckarstadt. Auf der Karte: saisonal wechselnde Speisen wie z.B. „Wolfsbarsch | Strauchtomaten | Weißwein | Kapern | Basilikum".

Bachmaier
www.restaurant-bachmaier.de

Untere Neckarstraße 40 (B2), PLZ 74072, **T 07131 6420560**
16 | Menü 55–77 € | Di-Sa Mo, So

Modern in olivgrün gehaltenes kleines Restaurant mit offen einsehbarer Küche. Serviert wird klassische und italienische Küche in Menüform. Mediterran anmutende Holzterrasse mit Blick auf den Neckar.

Rebstock la petite provence
www.rebstock-provence.de

Eppinger Straße 43, PLZ 74080 (OT: Böckingen), **T 07131 4054351**
20 | Hauptgericht 26–36 €, Menü 52–95 € | Do-Sa Mo, Di, Mi, So

In dem kleinen, südländisch angehauchten Restaurant erwartet Sie eine authentische provenzialische Küche. Dass die Gastgeber früher an der Côte d'Azur gearbeitet haben, erkennt man bei Gerichten wie „Gegrillter Lammrücken mit Rosmarin-Orangen-Olivenöl, Ratatouille mit Sommertrüffel und Royale vom Knoblauch". Beliebt sind die Kochkurse des Patrons.

HEILIGENHAFEN 8 D
www.heiligenhafen-touristik.de

Schleswig-Holstein | EW 9.300 | 7 m | Burg a. Fehmarn 21 km, Kiel 67 km

Hafenhotel Meereszeiten
www.hafenhotel-meereszeiten.de

★★★★ garni

Am Yachthafen 2-4, PLZ 23774, **T 04362 500500,** F 50050555
86 Zimmer | 4 Suiten | 5 Apartments | Ez ab 89 €, Dz ab 94 €, inkl. Frühstück | 24 h

Mit moderner Innenarchitektur, hochwertiger Ausstattung und durchdachten Details präsentiert sich das schicke Hafenhotel. Die hellen, luftigen Zimmer und Suiten mit Blick aufs Wasser lassen dem Gast die Wahl zwischen unterschiedlichen Größen und Einrichtungslinien. Schöner Wellness- und Fitnessbereich. Modernes Restaurant mit regionaler Küche und frischen Fischgerichten.

HEILIGENHAUS 29 C
www.heiligenhaus.de

Nordrhein-Westfalen | EW 25.419 | 190 m | Düsseldorf 18 km, Mülheim 19 km

Waldhotel Heiligenhaus
www.wald-hotel.de

★★★★ garni

Parkstraße 38, PLZ 42579, **T 02056 5970,** F 597260
86 Zimmer | 3 Suiten | 6 Apartments | Ez ab 79 €, Dz ab 99 €, inkl. Frühstück | 24 h

Stattliches Herrenhaus mit außergewöhnlicher Architektur. Ruhige, geschmackvoll eingerichtete Zimmer. Moderne Tagungsräume. Lichtdurchflutetes Restaurant mit Blick auf den Gartenbereich und hübsch integriertem Wintergarten.

Neues Pastorat
www.hotel-neues-pastorat.de

Am Alten Pastorat 2, PLZ 42579, **T 02051 607512**
13 Zimmer | Ez ab 90 €, Dz ab 99 €, 14,00 €

2021 eröffnetes Integrations- und Inklusionshotel, das sich speziell auf die Bedürfnisse behinderter Menschen eingestellt hat. Das Haus zeigt sich in einer gelungenen Symbiose aus Alt und Neu und bietet moderne, barrierefrei ausgestattete Zimmer in drei Kategorien (Standard, Komfort, Family). Morgens gibt es ein frisches, gutes Frühstück.

HEILIGENSTADT I.OFR. 53 B
www.markt-heiligenstadt.de

Bayern | EW 3.688 | 304 m | Forchheim 23 km, Bamberg 26 km

Landhaus Sponsel-Regus
www.sponsel-regus.de

★★★★

Veilbronn 9, PLZ 91332 (OT: Veilbronn), **T 09198 222,** F 1483
73 Zimmer | 23 Suiten | Ez 98–185 €, Dz 236–340 €, inkl. Halbpension

Erweitertes, familiär geführtes Landhotel mit großzügigen und liebevoll eingerichteten Gästezimmern. Großzügige Wellnessanlage auf 2.500 qm mit Infinitypool, Saunalandschaft, Panoramadachterrasse und Sonnenwiese. Im gemütlichen Restaurant wird fränkische Küche serviert.

HEILIGENSTADT, HEILBAD 32 D
www.heilbad-heiligenstadt.de

Thüringen | EW 16.522 | 260 m | Göttingen 38 km, Bad Hersfeld 93 km

Am Vitalpark
www.hotel-am-vitalpark.de

★★★★ S

In der Leineaue 2, PLZ 37308, **T 03606 66370,** F 6637999
130 Zimmer | 4 Suiten | Ez ab 99 €, Dz ab 130 €, inkl. Frühstück | 24 h

Das neuzeitliche Hotel ist die perfekte Adresse für einen entspannten Wellness-, Kur- oder Gesundheitsurlaub. Die hell und freundlich eingerichteten Zimmer verfügen alle über eine kleine Terrasse oder einen französischen Balkon. Für Entspannung sorgt die 4.500 qm große Bade- und Saunalandschaft mit 7 Saunen und Dampfbädern, Kaminecke und verschiedenen Wellnessbehandlungen.

HEIMBUCHENTHAL 51 B
www.heimbuchenthal.de

Bayern | EW 2.154 | 234 m | Aschaffenburg 20 km, Wertheim 35 km

Heimathenhof
www.heimathenhof.com

★★★★

Heimathenhof 2, PLZ 63872 (OT: Heimathen), **T 06092 97150,** F 5683
45 Zimmer | Ez 99–135 €, Dz 160–205 €, inkl. Frühstück

Nettes Domizil in ruhiger Lage, ideal für Wellnessurlauber und Wanderfreunde. Hier erwarten Sie angenehme, teils großräumige Zimmer. Gute Landhausgastronomie mit rustikalem Charme und schöner Terrasse. Ein beliebter Anziehungspunkt ist das moderne Schwimmbad.

Lamm
www.hotel-lamm.de

★★★★

Sankt-Martinus-Straße 1, PLZ 63872, **T 06092 9440,** F 944100
75 Zimmer | 3 Suiten | Ez 105–140 €, Dz 150–210 €, inkl. Frühstück | 24 h

Gut geführtes Landdomizil unter familiärer Leitung mit mehreren Gästehäusern. Verschiedenen ausgestattete Zimmer, von rustikal bis modern. Großzügiger Wellnessbereich mit Sauna- und Badelandschaft. Das Restaurant serviert regionale und internationale Küche.

Panorama Hotel Heimbuchenthal www.panoramahotel.de

★★★ S garni

Am Eichenberg 1, PLZ 63872, **T 06092 6070,** F 6802
43 Zimmer | 8 Apartments | Ez 86–116 €, Dz 144–184 €, inkl. Frühstück

Familiengeführtes Tagungs- und Urlaubshotel in reizvoller Berglage im Naturpark Spessart. Unterschiedlich geschnittene, teils ruhige Aussichtszimmer mit moderner Ausstattung. Kleiner Wellnessbereich mit Hallenbad und Saunalandschaft. Im Restaurant mit Wintergarten und Sonnenterrasse wird regional und international gekocht.

Zum Wiesengrund www.hotel-zum-wiesengrund.eu

S garni

Elsavastraße 9, PLZ 63872, **T 06092 1564,** F 6977
25 Zimmer | Ez 72 €, Dz 144–164 €, inkl. Frühstück

Der vorbildlich geführte und ruhig gelegene Landgasthof bietet seinen Übernachtungsgästen freundliche Zimmer zu moderaten Preisen. Rustikale Gaststube mit bürgerlicher Küche. Zum Haus gehören auch eine Sauna, eine Terrasse und eine Liegewiese.

HEIMSHEIM 57 B www.heimsheim.de

Baden-Württemberg | EW 5.160 | 415 m | Weil der Stadt 11 km, Pforzheim 21 km

Hirsch www.hirsch-heimsheim.de

★★★ S garni

Hirschgasse 1, PLZ 71296, **T 07033 53990,** F 539929
43 Zimmer | 3 Apartments | Ez ab 72 €, Dz ab 94 €, inkl. Frühstück

In den letzten Jahren wurde das familiengeführte Hotel deutlich vergrößert und komfortabler gestaltet - schön z.B. die großzügigen und geschmackvoll ausgestatteten Business-Wohlfühlzimmer. Nicht zu vergessen das gemütliche Restaurant, in dem traditionelle schwäbische Köstlichkeiten und internationale Speisen serviert werden.

HEINSBERG 28 D www.heinsberger-land.de

Nordrhein-Westfalen | EW 40.908 | 76 m | Geilenkirchen 11 km, Erkelenz 20 km

Hensens Residenz www.rainerhensen.de

S garni

Feldstraße 48-50, PLZ 52525 (OT: Randerath), **T 02453 802**
6 Zimmer | 1 Suite | Ez 125–145 €, Dz 140–160 €, 21,00–35,00 €

Exquisit nächtigen Sie in diesem charmanten Domizil. Das kleine, aber feine Hotel verfügt nur über fünf Doppelzimmer und eine Suite. Die großzügig geschnittenen Räume sind komfortabel eingerichtet und barrierefrei über einen Aufzug erreichbar. Wechselnde 4-Gänge-Menüs serviert das gemütliche Restaurant.

Altes Brauhaus www.altesbrauhaus-heinsberg.de

Wurmstraße 4, PLZ 52525 (OT: Unterbruch), **T 02452 61035**
120 | Hauptgericht 29–37 € | So Mi-So Mo, Di

»

Hier schaffen schöne historische Details wie originale Gemälde und aufwendige Wandvertäfelungen eine rustikal-elegante Atmosphäre zur mediterranen Küche mit italienischen und französischen Einflüssen. Ausgewogene Weinkarte mit Schwerpunkt Deutschland.

HEITERSHEIM 64 A www.heitersheim.de

Baden-Württemberg | EW 5.968 | 254 m | Müllheim 9 km, Freiburg 20 km

Landhotel Krone www.landhotel-krone.de

★★★★ garni

Hauptstraße 12, PLZ 79423, **T 07634 51070,** F 510766
36 Zimmer | 3 Suiten | Ez ab 109 €, Dz ab 155 €, inkl. Frühstück | 24 h

Das gewachsene und familiär geführte Landhotel ist eine Oase der Harmonie, Ruhe und Entspannung. Das Haus bietet seinen Gästen gepflegte und liebevoll eingerichtete Zimmer und Apartments, die sich im Stamm- und im Turmhaus befinden. Toll das Wellnesshaus mit Außenschwimmbad, Saunen, Granitkräuterbad, Erlebniswassergrotte und Ruhegarten.

Restaurant im Landhotel Krone

65 | Hauptgericht 22–33 €, Menü 55–75 € | So Mo-So

Das Restaurant befindet sich im ältesten Teil des Hauses. Alte, originale Mauern und massive, tragende Holzbalken hat man hier mit modernen Elementen geschmackvoll in Szene gesetzt. Serviert wird eine klassisch französische Küche mit mediterranen und asiatischen Einflüssen. Alles, was hier auf den Tisch kommt, ist schmackhaft und topfrisch! Eine lauschige Terrasse sowie einen schönen Gewölbekeller für Festlichkeiten gibt es auch.

OX Hotel www.oxhotel.de

garni

Im Stühlinger 10, PLZ 79423, **T 07634 695580**
16 Zimmer | Ez ab 94 €, Dz ab 127 €, inkl. Frühstück

Traditionshaus am Ochsenplatz. Moderne Nichtraucherzimmer in schnörkellosem Design - als Twin- oder Doppelzimmer buchbar. Saisonale Küche im bistroartigen Restaurant.

HELGOLAND (INSEL) 6 C www.helgoland.de

Schleswig-Holstein | EW 1.400 | 40 m | Wangerooge 43 km, Borkum 95 km

Rickmers Insulaner www.insulaner.de

★★★★ garni

Am Südstrand 2, PLZ 27498 (OT: Unterland), **T 04725 81410,** F 814181
49 Zimmer | 7 Suiten | Ez 99–144 €, Dz 119–259 €, inkl. Frühstück | 24 h

Ansprechendes Haus an der Südstrandpromenade mit modern eingerichteten Zimmern und Suiten und einem hübschen Hotelgarten. Ansprechender Freizeit- und Wohlfühlbereich mit Saunalandschaft und Fitnessraum. Restaurant mit internationaler Hafenküche und einer Ausstellung originaler Helgoland-Gemälde.

Strandhotel Helgoland www.strandhotel-helgoland.de

★★★★ garni

Am Südstrand 16-17, PLZ 27498 (OT: Unterland), **T 04725 81530,** F 815355
34 Zimmer | 5 Suiten | 5 Apartments | Ez 85–125 €, Dz 150–190 €, inkl. Frühstück

Familiengeführtes Haus in bester Lage - direkt an der Promenade. Zimmer mit geschmackvoll zusammengestellten Designermöbeln, überwiegend mit Balkon mit Blick zur Nordsee. Große seeseitige Sonnenterrasse, auf der am Nachmittag hausgebackener Kuchen serviert wird.

HENNEF (SIEG) 40 A www.hennef.de

Nordrhein-Westfalen | EW 45.806 | 67 m | Bonn 18 km, Altenkirchen 32 km

Sängerheim - Das Restaurant www.das-saengerheim.de

Teichstraße 9, PLZ 53773 (OT: Heisterschoß), **T 02242 3480**
120 | Hauptgericht 8–40 €, Menü 28–65 € | So Fr-So Mo, Di, Mi, Do

Helles, freundliches Restaurant mit moderner Einrichtung und großer, einladender Sonnenterrasse. Die Küche überrascht mit bodenständig-kreativen Gerichten wie etwa „Spanferkelkeule aus dem Buchenrauch | Malzbier | Zwiebel | Bayrisch Kraut | Butterspätzle“ oder „Gebratenes Doradenfilet | Mönchsbart | Vitelotte-Kartoffeln | Limette“.

HERBORN 41 A www.herborn-erleben.de

Hessen | EW 20.813 | 223 m | Dillenburg 7 km, Wetzlar 24 km

Gutshof www.gutshof-herborn.de

★★★★

Im Gutshof 1, PLZ 35745, **T 02772 5755740,** F 5755741
72 Zimmer | Ez ab 92 €, Dz ab 102 €, inkl. Frühstück

In dem einstigen Bauernhof übernachten Sie heute in wohnlichen Gästezimmern, die im modernen Landhausstil gestaltet sind. Zum Entspannen steht ein kleiner Well-Fit-Bereich mit klassischer Sauna, Dampfsauna, Whirlpool und Fitnessraum zur Verfügung. Dieser ist 7 Tage in der Woche 24 Stunden für Hotelgäste geöffnet.

HERFORD 22 C www.herford.de

Nordrhein-Westfalen | EW 65.938 | 65 m | Bielefeld 15 km, Detmold 25 km

Am Osterfeuer www.am-osterfeuer.de

Hellerweg 35, PLZ 32052, **T 05221 70210**
55 | Hauptgericht 18–50 €, Menü 55–76 € | So Mi-So Mo, Di

Das traditionsreiche Restaurant hat man 2021 umfangreich renoviert. Das kulinarische Niveau ist unverändert gut: Gutbürgerliche Gerichte und westfälische Klassiker, aber auch mediterrane Köstlichkeiten stehen auf der Speisekarte, so z.B. „Zarter Tafelspitz mit Schlosskartoffeln, frischem Gemüse und Meerrettichschaum“ oder „Krosses Zanderfilet auf Kartoffelstampf mit Erbsen und Zitronenthymian, Gemüse und Champagnerschaum“. Der hauseigene Saal empfiehlt sich für kleine und große Veranstaltungen.

Die Alte Schule www.diealteschule.com

Holland 39, PLZ 32052, **T 05221 51558**
75 | Hauptgericht 34–42 €, Menü 38–99 € | Di-Sa Mo, So

In dem über mehrere Ebenen verteilten Restaurant speisen Sie in einem gemütlich-warmen Fachwerkambiente. Serviert wird eine frische saisonale Küche zu fairen Preisen.

HERLESHAUSEN 32 D www.herleshausen.de

Hessen | EW 2.828 | 263 m | Bad Hersfeld 45 km, Kassel 74 km

Hotel Hohenhaus www.hohenhaus.de

VARTA-TIPP Ambiente VARTA-TIPP Service

★★★★★

Hohenhaus 1, PLZ 37293 (OT: Holzhausen), **T 05654 9870,** F 1303
28 Zimmer | Ez 105–190 €, Dz 195–460 €, 35,00 €

Das exklusive Hideaway fügt sich ausgesprochen harmonisch in das landschaftlich reizvolle Werratal ein. Hier erwarten Sie exklusiver Wohnkomfort und ein nahezu perfekter Service. Individuell mit edlen Stoffen und ausgesuchten Antiquitäten eingerichtet sind die Zimmer dieses einst als Rittergut gegründeten Hauses. Entspannung bietet ein SPA mit Innenpool und Sauna. Die herrliche Lage nebst großzügig angelegtem Park zwischen prächtigen Bäumen ist ideal für Naturliebhaber, Romantiker und Ruhesuchende.

La Vallée Verte

VARTA★TIPP Küche VARTA-TIPP Service

15 | Menü 124–280 € | Mi-Sa Mo, Di, So

Im intimen, elegant-gediegenen Fine-Dining-Restaurant werden Sie ausgezeichnet bekocht und freundlich umsorgt! Es erwartet Sie eine deutsch-bretonische Gourmetküche unter Verwendung von nachhaltig selbst erzeugten Zutaten. Kreativ und akkurat setzt Küchenchef Luca Allevato die raffinierten und eindrucksvollen Gaumenfreuden in Szene, die man Ihnen in Form eines aufwendigen Degustationsmenüs serviert. Dazu gibt es sorgfältig ausgesuchte Weine, darunter beliebte Spitzengewächse, aber auch spannende Newcomer - vom Sommelierteam fachkundig präsentiert. Tischreservierung erforderlich.

Hohenhaus Grill

45 | Hauptgericht 30–200 €, Menü 40–200 € | Do-So Di-Sa Mo

Das Zweitrestaurant zeigt sich in behaglich-elegantem Ambiente. Auf der Karte stehen traditionelle, von der Region geprägte Gerichte, die zeitgemäß interpretiert werden, z.B. „Tomatenrisotto | Ofentomaten | gegrillter Fenchel | Bucheckern“ oder „Rotzunge | Kartoffeln in Dillbutter | Spinat | Weißweinsoße“. Herrliche Sonnenterrasse mit Blick ins Tal.

HERNE 29 B www.herne-tourismus.de

Nordrhein-Westfalen | EW 158.240 | 61 m | Bochum 7 km, Recklinghausen 8 km

Schlosskapelle, Wasserschloss Strünkede, Zechensiedlung Teutoburgia, Westfälisches Museum für Archäologie, Akademie Mont-Cenis, Rhein-Herne-Kanal, Mondpalast von Wanne-Eickel.

Parkhotel Herne www.parkhotel-herne.de

★★★★ garni

Schaeferstraße 109, PLZ 44623, **T 02323 9550,** F 955222
71 Zimmer | 3 Suiten | 2 Apartments | 24 h

Ruhige Lage im Stadtgarten mit Blick ins Grüne. Den Gast erwarten modern gestaltete Gästezimmer in unterschiedlichen Kategorien sowie gute Tagungsmöglichkeiten. Für Entspannung sorgt eine kleine Saunalandschaft. Leihfahrräder gegen Gebühr.

Gute Stube

65 | Hauptgericht 28–39 €, Menü 59–109 € | Do-So Mo, Di, Mi

Nicht nur zum Übernachten eine schöne Adresse, auch zum Essen kommt man gerne, denn in dem licht-eleganten Restaurant serviert man eine moderne und raffinierte Küche. Dazu ein hervorragend sortierter Weinkeller und eine kompetente Crew an der Gästefront.

HEROLDSBERG 53 B www.heroldsberg.de

Bayern | EW 8.365 | 362 m | Nürnberg 12 km, Erlangen 15 km

Freihardt www.freihardt.com

VARTA-TIPP Küche

Hauptstraße 81, PLZ 90562, **T 0911 5180805**
70 | Hauptgericht 25–46 €, Menü 50 € | Sa-So Mi-So Mo, Di

Sie sitzen im gemütlichen, modern gestylten Restaurant oder im hellen Wintergartenanbau. Die frische saisonale Heimatküche gibt's hier wie dort, so z.B. „Rosa gegrillte Rinderhüfte mit Blue-Stilton-Kruste | rotes Zwiebelconfit | grünes Sommergemüse | Schlosskartoffeln“. Die Produkte stammen überwiegend von regionalen Erzeugern. Das Fleisch von bayerischen Färsen reift in der hauseigenen Metzgerei nach „Dry aged“-Verfahren. Schönes Weinangebot mit erlesenen Tropfen aus Deutschland und Österreich.

HERRENALB, BAD 57 A www.badherrenalb.de

Baden-Württemberg | EW 7.389 | 365 m | Baden-Baden 22 km, Karlsruhe 26 km

Lamm www.lamm-rotensol.de

Mönchstraße 31, PLZ 76332 (OT: Rotensol), **T 07083 92440,** F 924444
30 Zimmer | 5 Suiten | Ez ab 90 €, Dz ab 128 €

Das seit 1790 familiengeführte Landhotel liegt von Wiesen und Wäldern umgeben auf 550 m Höhe inmitten des Nordschwarzwalds. Gemütlich im klassischen Schwarzwälder Stil oder im modernen Landhausstil eingerichtete Zimmer, wahlweise mit Blick auf den Garten oder mit Waldblick.

Lamm

65 | Hauptgericht 17–39 €, Menü 45–78 € | Mi-So Mo, Di

Gemütliche Stuben mit für den Schwarzwald typischen Holzelementen und heimeligem Ambiente. Auf der Speisekarte stehen badisch-schwäbische und saisonale Spezialitäten wie „Pfeffersteak vom Albtäler Weiderind mit gratinierten Ofenkartoffeln und buntem Marktgemüse“.

Parkhotel Luise www.parkhotel-luise.de

Dobler Straße 26, PLZ 76332, **T 07083 7420,** F 4071
136 Zimmer | Ez ab 99 €, Dz ab 129 €, inkl. Frühstück | 24 h

Das im typischen Schwarzwaldstil erbaute Haus bietet renovierte Gästezimmer mit modernen Designelementen. Für den regionalen Bezug sorgen die Materialien ebenso wie die guten Produkte zum Frühstück! Schön der Wellnessbereich mit Innenpool, Sauna und Dampfbad.

HERRENBERG 57 B www.herrenberg.de

Baden-Württemberg | EW 31.324 | 460 m | Calw 20 km, Tübingen 20 km

Gasthof Hasen www.hasen.de

Hasenplatz 6, PLZ 71083, **T 07032 2040,** F 204100
66 Zimmer | 4 Suiten | 8 Apartments | Ez 72–151 €, Dz 103–160 €, 14,00 €

Wirklich beeindruckend, wie sich das über 400 Jahre alte Traditionshaus in den letzten Jahren weiterentwickelt hat! Durch einen Neubau wurde das familiengeführte Hotel großzügig erweitert und bietet größtenteils renovierte Gästezimmer mit zeitgemäßem Komfort. Für Individualreisende hat man verschiedene Genuss-, Urlaubs- und Freizeitarrangements im Angebot. Der hauseigene Weinkeller eignet sich für Themenabende, Weinproben sowie private und geschäftliche Events.

Gasthof Hasen

85 | Hauptgericht 15–35 €, Menü 38–68 € | Mo-So

Das liebevoll renovierte Restaurant ist das Herzstück des Hauses. Schön, dass trotz der modernen Einrichtung der traditionelle Charme erhalten geblieben ist. Die Speisekarte bietet Klassiker wie Rostbraten, Züricher Kalbsgeschnetzeltes oder Wiener Kalbsschnitzel, aber auch ambitionierte Gerichte aus der internationalen Küche. Im Sommer wird auch auf der schattigen Gartenterrasse serviert. Tipp: preiswerter Mittagstisch.

HERRIEDEN 52 D www.herrieden.de

Bayern | EW 7.550 | 423 m | Ansbach 11 km, Feuchtwangen 20 km

Bergwirt www.hotel-bergwirt.de

Schernberg 1, PLZ 91567 (OT: Schernberg), **T 09825 20390,** F 2039299
65 Zimmer | 2 Suiten | Ez ab 70 €, Dz ab 99 €, inkl. Frühstück

Fränkischer Traditionslandgasthof, der sich seit 1880 in Familienbesitz befindet. Funktionelle Zimmer in unterschiedlichen Kategorien. Schöne Saunalandschaft in asiatischem Stil. Restaurant mit regionaler und gutbürgerlicher Küche.

HERRSCHING A. AMMERSEE 60 C www.herrsching.de

Bayern | EW 10.213 | 568 m | Starnberg 18 km, Weilheim 18 km

Romantik Boutique Hotel Chalet am Kiental www.chaletamkiental.de

VARTA-TIPP Ambiente

Andechsstraße 4, PLZ 82211, **T 08152 982570,** F 9825725
9 Zimmer | Ez 110–215 €, Dz 185–265 €, 16,50–36,00 €

Das ist kein Hotel von der Stange! Ein liebevoll renoviertes Refugium am Kienbach und direkt am alten Pilgerweg zum heiligen Berg von Andechs. Hinter der denkmalgeschützten Fassade erwarten Sie mit natürlichen Materialien und warmen Farben eingerichtete Designzimmer. Vor allem aber glänzt man hier mit zuvorkommender, authentischer Gastlichkeit. Ein wunderbarer Ort zum Genießen und Wohlfühlen.

Chalet am Kiental www.gourmetchalet.de

VARTA-TIPP Küche **VARTA-TIPP** Service

24 | Hauptgericht 25–54 €, Menü 60–195 € | Mo-Di, Do-So Mi

Hier trifft ländlich-moderne Atmosphäre auf ambitionierte Kulinarik und herzlichen Service. In den schlicht, aber sehr liebevoll dekorierten Räumlichkeiten wird eine regional und international beeinflusste Landhausküche serviert. Tipp: das kreative „Chaletmenü" in 3 bis 7 Gängen. Oder lieber à la carte? Es gibt z.B. „Seeteufel | Perlgraupen | Zitrone | San Daniele" oder „Perlhuhn | Pfifferlinge | Brombeerrisotto | Frühlingszwiebel".

HERSBRUCK 53 B www.hersbruck.de

Bayern | EW 12.500 | 336 m | Sulzbach-Rosenberg 23 km, Nürnberg 35 km

Grüner Baum www.gruener-baum-kuehnhofen.de

Kühnhofen 3, PLZ 91217 (OT: Kühnhofen), **T 09151 609560**, F 60956151
28 Zimmer | 1 Suite | Ez 78–99 €, Dz 98–130 €, inkl. Frühstück

Familiär geführtes Haus im Herzen der fränkischen Alb. Behaglich mit hochwertigen Naturholzmöbeln eingerichtete Gästezimmer mit moderner Ausstattung. Das Haus verfügt auch über ein Panoramarestaurant mit fränkisch-kreativer Kräuterküche, einen einladenden Loungebereich sowie moderne Tagungsräume.

HERSCHBERG 49 D www.vgtw.de

Rheinland-Pfalz | EW 814 | 367 m | Primasens 19 km, Zweibrücken 20 km

Landhotel Weihermühle www.landhotel-weihermuehle.de

Weihermühle 1, PLZ 66919 (OT: Weihermühle), **T 06334 449080**
34 Zimmer | 1 Suite | Ez 88–133 €, Dz 128–163 €, inkl. Frühstück | ⃠ 24.–27.12.23, 8.1.–11.2.24

Ein tipptopp gepflegtes Hotel - ruhig und idyllisch im Grünen gelegen. Die Gästezimmer sind komfortabel im modernen Landhausstil eingerichtet und verteilen sich auf das alte Mühlengebäude und das Gästehaus „Kornkammer". Im Restaurant serviert man eine gehobene Landhausküche. Sehr gute Anbindung an das umliegende Wanderwegenetz und den Mountainbikepark Pfälzerwald.

HERSFELD, BAD 42 B www.bad-hersfeld.de

Hessen | EW 28.867 | 212 m | Alsfeld 37 km, Fulda 45 km

Zum Stern www.zumsternhersfeld.de

Linggplatz 11, PLZ 36251, **T 06621 1890**, F 189260
54 Zimmer | 4 Suiten | Ez 75–210 €, Dz 140–260 €, inkl. Frühstück | 24 h

Gut geführtes Altstadthotel mit hist. Ambiente, das auf eine 400-jährige Geschichte zurückblicken kann. Unterschiedlich im Landhausstil eingerichtete Zimmer, wahlweise modern-elegant oder romantisch-verspielt. 300 qm großer Wellnessbereich „STERN*S SPA" mit Saunalandschaft.

L'étable

VARTA-TIPP Küche **VARTA-TIPP** Service

28 | Hauptgericht 38–42 €, Menü 89–139 € | So Do-So Mo, Di, Mi

Die zurückhaltend elegante, frisch renovierte Gourmetstube ist in den ehem. Stallbereichen der früheren Postkutschenstation untergebracht. Das modern-minimalistische Ambiente bietet mit hellen Erdtönen und einer zeitgemäßen Möblierung einen interessanten Kontrast zu den alten Gemäuern des Traditionshauses. Die Küche von Constantin Kaiser trägt eine unprätentiös puristische Handschrift. Seine Gerichte sind komplex, aufwendig und zudem noch richtig schön anzuschauen. Die hervorragenden Kompositionen können Sie à la carte oder in Menüform genießen. Alternativ empfiehlt sich das gemütlich-rustikale „Stern*s Restaurant" mit Holzvertäfelung, Kaminofen und bequemen Sitzbänken. Hier kredenzt man sowohl saisonale Gerichte mit regionalem Akzent als auch internationale Spezialitäten.

Schon probiert?
Der Varta-Führer ist auch als eBook für Ihren TabletPC oder Ihr Smartphone verfügbar!

HERXHEIM 50 D

www.herxheim.de

Rheinland-Pfalz | EW 10.519 | 129 m | Landau 12 km, Speyer 31 km

Krone

www.hotelkrone.de

VARTA-TIPP Service

Hauptstraße 62-64, PLZ 76863 (OT: Hayna), **T 07276 5080,** F 50814
66 Zimmer | 13 Suiten | Ez 99–198 €, Dz 218–348 €, inkl. Frühstück

Der gewachsene Familienbetrieb im romantischen Ortskern steht für Ruhe, genussreiche Stunden und eine vorbildliche Gästebetreuung. In den individuell und harmonisch eingerichteten Zimmern und Suiten, die sich auf das Stammhaus und die Gästehäuser „Erika" und „Katharina" verteilen, sorgen edle Materialien, ausgesuchte Stoffe und Naturmaterialien für exklusiven Wohnkomfort. Auch ein kleiner SPA-Bereich, ein hauseigener Fitnessraum sowie ein Outdoor-Tennisplatz stehen den Gästen hier zur Verfügung.

Pfälzer Stuben

VARTA-TIPP Küche

40 | Hauptgericht 28–40 €, Menü 59–79 € | So Mo-So

Kein Wunder, dass die „Krone" so viele Stammgäste hat! Richtig reizend und urig-heimelig ist es hier, jede Menge rustikales Holz und liebenswerte Deko! Serviert wird eine wohlschmeckende regionale Frischeküche, die auf Produktqualität und Nachhaltigkeit setzt. Bei Küchenchef Fabio Daneluzzi werden auch beliebte Klassiker wie die Rinderroulade oder der Pfälzer Saumagen gerne mal neu interpretiert. Stets ist ein aufmerksamer Service zur Stelle. Im Sommer lockt die begrünte Gartenterrasse, die sich auch für einen Nachmittagskaffee mit selbstgebackenem Kuchen anbietet.

Duwakschopp

www.hotel-duwakschopp.de

garni

Hauptstraße 103, PLZ 76863 (OT: Hayna), **T 07276 9872220,** F 98722226
19 Zimmer | 1 Apartment | Ez 64–89 €, Dz 79–99 €, inkl. Frühstück

Ein charmantes Bild gibt die hübsch sanierte Fachwerkfassade dieses gepflegten kleinen Hotels ab - da passen die Zimmer in ihrem ländlich-modernen Stil schön dazu, von denen eines rollstuhlgerecht eingerichtet ist. Auch eine Ferienwohnung ist vorhanden.

HERZLAKE 21 A

www.herzlake.de

Niedersachsen | EW 4.057 | 22 m | Lingen (Ems) 34 km, Cloppenburg 38 km

Aselager Mühle

aselager-muehle.de

★★★★ S garni

Zur alten Mühle 12, PLZ 49770 (OT: Aselage), **T 05962 93480,** F 9348160
50 Zimmer | 5 Suiten | 1 Apartment | Ez 98–140 €, Dz 156–195 €, inkl. Frühstück | 24 h

Mitten im grünen Emsland empfängt Sie dieses herzlich und individuell geführte Privathotel. Hier erwarten Sie geräumige, zeitgemäß ausgestattete Zimmer sowie eine schöne Wellness- und Saunalandschaft. Mit einer Tennisanlage, Fahrradverleih, einem FIFA-genormten Fußballplatz sowie nahegelegenen Golfplätzen bieten sich für sportbegeisterte Gäste zahlreiche Möglichkeiten.

HERZOGENAURACH 53 A

www.herzogenaurach.de

Bayern | EW 23.050 | 296 m | Erlangen 12 km, Nürnberg 23 km

HerzogsPark

www.herzogspark.de

★★★★ S garni

Beethovenstraße 6, PLZ 91074, **T 09132 7780,** F 778778
120 Zimmer | 3 Suiten | 22 Apartments | Ez ab 150 €, Dz ab 175 €, ab 20,00 € | 24 h

Großzügiges Tagungs- und Sporthotel am Rande von Herzogenaurach mit unterschiedlich eingerichteten Zimmern und Apartments. Schöner SPA-Bereich mit individuell abgestimmten Wellness-, Beauty- und Gesundheitsprogrammen. Im Restaurant „Stüberl" wird eine moderne regionale Küche serviert.

HESSDORF 53 A www.hessdorf.de

Bayern | EW 3.615 | 290 m | Erlangen 8 km, Höchstadt a. d. Aisch 15 km

Wirtschaft von Johann Gerner www.wirtschaft-von-johann-gerner.de

Dannberg 3, PLZ 91093 (OT: Dannberg), **T 09135 8182**
78 | Hauptgericht 23–35 €, Menü 65–74 € | Mi-So ⦸ Mo, Di

Hübsch restaurierter Gasthof in ländlicher Umgebung. Behagliche Räume und ein liebevoll gestalteter Außenbereich bieten beste Voraussetzungen für eine frische und unkomplizierte Küche, die sowohl regional als auch international geprägt ist.

HESSIGHEIM 51 D www.hessigheim.de

Baden-Württemberg | EW 2.384 | 189 m | Ludwigsburg 17 km, Heilbronn 23 km

exNicrum www.exnicrum.de

garni

Rathausstraße 2, PLZ 74394, **T 07143 9626850**
5 Zimmer | 1 Apartment, Dz ab 130 €, inkl. Frühstück

Eine charmante Adresse. Überall bestimmt wertiges, geradlinig-modernes Design das Bild. In den Zimmern ruhige Farben, hübsche Stoffe und warmer Holzboden. Ebenso schick und gemütlich sind der Frühstücksraum und die Vinothek im Erdgeschoss.

HILDEN 29 C www.stadtmarketing-hilden.de

Nordrhein-Westfalen | EW 54.737 | 50 m | Solingen 12 km, Düsseldorf 14 km

intensiu monopol-intensiu.de/restaurant-intensiu

Poststraße 42, PLZ 40721, **T 02103 54745**
42 | Mi-Sa ⦸ Mo, Di, So

Ausgesuchte Weine und Craftbier - dazu leckere Soulfood-Snacks... Die Weinbar im familiengeführten Hotel „Monopol" ist ausgesprochen einladend. Dafür sorgen die angenehm ungezwungene Atmosphäre nebst charmanten Service und das urban-stylische Interieur. Zum Übernachten hat man geschmackvolle Gästezimmer

Folgen Sie uns: facebook.com/vartaguide

HILDESHEIM 23 C www.hildesheim.de/tourismus

Niedersachsen | EW 102.903 | 93 m | Hannover 35 km, Braunschweig 45 km

Van der Valk www.hildesheim.vandervalk.de

Markt 4 (GPS: Jakobistraße), PLZ 31134, **T 05121 3000,** F 300444
125 Zimmer | 4 Suiten | 1 Apartment | Ez 89–339 €, Dz 109–359 €, 17,50 € | 24 h

Nach hist. Vorbild wiederaufgebautes Gebäudeensemble am Hildesheimer Marktplatz. Die geschmackvoll eingerichteten Gästezimmer verfügen über Klimaanlage, Kaffee- und Teezubehör sowie kostenfreies WLAN. Restaurant mit Terrasse und internationaler Küche. Navi/GPS: Jakobistraße.

Parkhotel Berghölzchen www.berghoelzchen.de

GREENSIGN

Am Berghölzchen 1, PLZ 31139 (OT: Moritzberg), **T 05121 9790,** F 979400
78 Zimmer | 1 Suite | Ez ab 79 €, Dz ab 79 €, inkl. Frühstück | 24 h

Privat geführtes, ruhig gelegenes Haus mit einzigartigem Blick über die Stadt, dessen Geschichte bis ins Jahr 1790 zurückreicht. Großzügige Gästezimmer in zwei Kategorien. Zum Haus gehören auch moderne Tagungsräume, eine Sauna im mediterranen Stil, ein gemütlicher Loungebereich sowie ein Restaurant mit Sonnenterrasse und saisonaler Küche.

HILLESHEIM 39 D www.hillesheim.de

Rheinland-Pfalz | EW 3.139 | 440 m | Daun 22 km, Blankenheim 24 km

Klosterhotel Eifel Neu! www.klosterhotel-eifel.de

Augustinerstraße 2, PLZ 54576, **T 06593 8028310**
57 Zimmer | Ez 89–139 €, Dz 129–179 €, inkl. Frühstück | 24 h

Das durch das Hochwasser stark in Mitleidenschaft gezogene Geschäfts- und Ferienhotel erstrahlt nach umfangreicher Renovierung in neuem Glanz. Hinter den geschichtsträchtigen Mauern des einstigen Augustinerklosters erwarten Sie wohnliche Gästezimmer mit zeitgemäßem Komfort. Dazu ein schönes Kloster-SPA mit ganzjährig beheiztem Innenpool sowie Sauna- und Fitnessbereich. Eifeltypische Gerichte mit saisonalen Einflüssen bietet das hauseigene Restaurant.

HINDELANG, BAD 66 D www.badhindelang.de

Bayern | EW 4.837 | 825 m | Sonthofen 8 km, Oberstdorf 21 km

Panoramahotel Oberjoch www.panoramahotel-oberjoch.de

Paßstraße 41, PLZ 87541 (OT: Oberjoch), **T 08324 93330,** F 9333499
114 Zimmer | 22 Suiten | Ez 168–354 €, Dz 168–354 €, inkl. Vollpension | 24 h

Großzügig, modern und hochwertig ausgestattet ist das Hotel inmitten einer atemberaubenden Kulisse für Urlauber und Geschäftsreisende gleichermaßen ideal! Nach einem langen Tag ruft das 3.000 qm große „Alpin Spa" mit beheiztem Außenpool und weitläufiger Saunalandschaft. Mehrere Restaurants bieten eine große Auswahl an internationalen und regionalen Gerichten.

Lanig www.lanig.de

Ornachstraße 11, PLZ 87541 (OT: Oberjoch), **T 08324 7080,** F 708200
40 Zimmer | 6 Suiten | Ez ab 200 €, Dz ab 270 €, inkl. Halbpension | 15.–28.5.24

Hüttenromantik pur verspricht das erweiterte und modernisierte Ferienhotel, dessen Geschichte bis in die 1930er Jahre zurückgeht. Die charmanten Zimmer im alpenländischen Stil bieten eine herrliche Aussicht auf die Bergwelt. Vielfältiges Wellnessangebot.

Alpengasthof Löwen
www.loewen-oberjoch.de

★★★ S garni

Paßstraße 17, PLZ 87541 (OT: Oberjoch), **T 08324 9730,** F 7515
37 Zimmer | 2 Suiten | Ez ab 72 €, Dz ab 126 €, inkl. Frühstück

Der seit fünf Generationen gut geführte Familienbetrieb verfügt über besonders wohnlich eingerichtete Zimmer in unterschiedlichen Kategorien, einen kleinen Saunabereich und ein behagliches Restaurant mit Sommerterrasse. Heimelige Atmosphäre versprüht die Hotelhalle.

Heckelmiller
www.heckelmiller.de

★★★ S garni

Ornachstraße 8, PLZ 87541 (OT: Oberjoch), **T 08324 982030,** F 9820330
18 Zimmer | 2 Suiten | Ez 67–94 €, Dz 118–204 €, inkl. Frühstück

Gepflegtes kleines Ferienhotel im alpenländischen Stil mit geräumigen, komfortabel eingerichteten Zimmern und Apartments. Hübscher Wellnessbereich mit Whirlpool, Sauna und Panoramablick. Restaurant mit regionaler Küche und Panoramaterrasse.

HINTERZARTEN 64 B
www.hochschwarzwald.de

Baden-Württemberg | EW 2.619 | 893 m | Löffingen 24 km, Freiburg 25 km

Parkhotel Adler
www.parkhoteladler.de

★★★★★ S garni

Adlerplatz 3, PLZ 79856, **T 07652 1270,** F 127717
56 Zimmer | 22 Suiten | Ez ab 219 €, Dz ab 398 €, inkl. Vollpension | 24 h

Ein großzügiges Hotelareal am Ortsrand mit verschiedenen Gebäuden aus unterschiedlichen Epochen. Über ein halbes Jahrhundert Geschichte ist hier verwurzelt. Zimmer gibt es von gemütlich-rustikal über modern bis elegant-gediegen, dazu SPA-Vielfalt samt Wellnessanwendungen und Pool im schönen großen Garten. Tipp: Freizeitaktivitäten wie Wandern, Nordic Walking und Mountainbiken sind direkt ab dem Hotel möglich.

Adler Stuben

110 | Hauptgericht 17–59 € | Mo-So

Das stimmige und einladende Ambiente des hist. Schwarzwaldhauses zieht sich bis ins Restaurant. In den behaglichen Gaststuben serviert man eine feine Regionalküche mit internationalen Einflüssen. Im Sommer können Sie auch auf der modern gestalteten Restaurantterrasse direkt unter dem hist. Holzbalkon speisen.

Erfurths Bergfried
www.bergfried.de

VARTA-TIPP Service

★★★★ S garni

Sickingerstraße 28, PLZ 79856, **T 07652 1280,** F 12888
42 Zimmer | 6 Suiten | 2 Apartments | Ez 160–189 €, Dz 330–388 €, inkl. Halbpension

Eine ausgesprochen wohnliche Adresse in herrlich ruhiger Waldrandlage mit aufmerksamem Service und farbenfrohen, im regionaltypischen Stil eingerichteten Nichtraucherzimmern. Entspannung bietet der großzügige „Bergfried SPA" mit Schwimmbad und Saunalandschaft. Gemütliche Lobby mit offenem Kamin.

Kesslermühle
www.kesslermuehle.de

VARTA-TIPP Service

★★★★ S

Erlenbrucker Straße 45, PLZ 79856, **T 07652 1290,** F 129159
48 Zimmer | 6 Suiten | Ez 139–183 €, Dz 334–366 €, inkl. Halbpension | 24 h

So wünscht man sich sein Ferienhotel: angenehm ruhig, schöne Lage, wohnliche Zimmer und reichlich Wellnessmöglichkeiten. Wenn man dann noch von der charmanten Besitzerfamilie und dem freundlichen Personal so liebevoll verwöhnt wird, ist die Urlaubsidylle perfekt. Auch kulinarisch fehlt es den Hausgästen an nichts, angesichts des üppigen Frühstücks und der schmackhaften 6-Gang-Wahlmenüs am Abend.

Reppert
www.reppert.de

VARTA-TIPP Service

★★★★ S

Adlerweg 21-23, PLZ 79856, **T 07652 12080,** F 120811
42 Zimmer | 8 Suiten | Ez ab 149 €, Dz ab 298 €, inkl. Vollpension | 24 h

Das vorbildlich geführte Ferienhotel verfügt über teils traditionell, teils modern eingerichtete Zimmer sowie einen 1.000 qm großen SPA-Bereich auf 3 Etagen. Mit freundlichem Charme sorgen gastorientierte Mitarbeiter:innen für ein individuelles Urlaubserlebnis.

Thomahof
www.thomahof.de

★★★★ S

Erlenbrucker Straße 16, PLZ 79856, **T 07652 1230,** F 123239
49 Zimmer | 5 Suiten | 10 Apartments | Ez ab 138 €, Dz ab 284 €, inkl. Vollpension

Gemütliches, traditionsreiches Ferienhotel mit eleganter Note und gediegenen Landhauszimmern. Großzügiger Bade- und Wellnessbereich mit verschiedenen Pools und Soletherme sowie Saunen und Ruhebereich. Gemütliches Restaurant mit kreativer regionaler Küche.

Alemannenhof
www.hotel-alemannenhof.de

★★★★

Bruderhalde 21, PLZ 79856 (OT: Bruderhalde), **T 07652 91180,** F 705
32 Zimmer | 1 Suite | 11 Apartments

Regionaltypisches Haus oberhalb des Titisees gelegen. Gemütliche Landhauszimmer, überwiegend mit Balkon und Seeblick. Großzügiger Wellnessbereich mit Naturbadestrand, Schwimmbad und Fasssauna mit Seeblick. Im Restaurant wird authentische Schwarzwälder Küche aufgetischt.

Waldhotel Fehrenbach
www.waldhotel-fehrenbach.de

★★★ S

Alpersbach 9, PLZ 79856 (OT: Alpersbach), **T 07652 91940,** F 919410
14 Zimmer | Ez 128–148 €, Dz 168 €, inkl. Frühstück | 24 h

Sehr idyllisch auf 1.000 m Höhe liegt dieses privat geführte Haus, das bereits seit 1908 Gäste empfängt. Sie wohnen in geräumigen, liebevoll eingerichteten Zimmern mit tollem Ausblick. Von der herrlichen Lage im Grünen profitieren Naturliebhaber.

Zur Goldenen Esche

70 | Menü 58–98 € | Di-Sa Mo, So

Traditionelles, heimelig eingerichtetes Restaurant. Hier brillieren kulinarische wie gastgeberische Leistungen. Die feine Schwarzwälder Kräuterküche des Patrons klingt z.B. so: „Kalbsrücken im Heu gegart | Morchelrahmsauce | Zuckerschoten | Nudeln". Spezialität: Geräucherte Forellen aus eigener Aufzucht.

Schwarzwaldhof www.schwarzwaldhof.com

★★★ garni

Freiburger Straße 2, PLZ 79856, **T 07652 12030,** F 120322
28 Zimmer | Ez ab 88 €, Dz ab 130 €, inkl. Frühstück

Ein traditionelles Familienhotel im regionaltypischen Schwarzwaldstil. Etwas unterschiedlich in Größe und Ausstattung sind die Gästezimmer. Kleiner Wellnessbereich mit Sauna und Dampfbad. Modernes Restaurant mit Cocktaillounge.

HIRSCHBERG A. D. BERGSTR. 51 C www.hirschberg-bergstrasse.de

Baden-Württemberg | EW 9.900 | 120 m | Weinheim 5 km, Heidelberg 12 km

Krone www.krone-grosssachsen.de

Landstraße 9, PLZ 69493 (OT: Großsachsen), **T 06201 5050**
250 | Hauptgericht 16–32 € | Fr-So Mi-So Mo, Di

Hier speisen Sie in der charmanten Bauernstube, im Jägerzimmer, im modern gestalteten Restaurant oder auf der lauschigen Terrasse. Die saisonal wechselnde Karte bietet raffiniert interpretierte Spezialitäten aus der Region und dem Rest der Welt. Für Übernachtungsgäste hat man behagliche Gästezimmer.

HITZACKER/ELBE 16 D www.hitzacker.de

Niedersachsen | EW 4.904 | 12 m | Dannenberg/Elbe 8 km, Uelzen 45 km

Hafen Hitzacker www.hotel-hafen-hitzacker-elbe.de

★★★★ garni

Am Weinberg 2, PLZ 29456, **T 05862 98780,** F 987818
35 Zimmer | 6 Suiten | 24 h

Neuzeitliches Hotel am Fuße des Weinbergs. Großzügig geschnittene Komfortzimmer mit hochwertiger Ausstattung und teilverglasten Balkonen. Im Café-Restaurant „Dierks" am gegenüberliegenden Ufer wird Frühstück sowie regionale Küche serviert.

HÖCHENSCHWAND 64 B www.hoechenschwand.de

Baden-Württemberg | EW 2.566 | 1.008 m | St. Blasien 7 km, Waldshut 18 km

Alpenblick
www.alpenblick-hotel.de

★★★★ garni

Sankt-Georg-Straße 9, PLZ 79862, **T 07672 4180,** F 418444
36 Zimmer | 13 Suiten | Ez 135–185 €, Dz 330–450 €, inkl. Frühstück

Zertifiziertes Biohotel in einem über 100 Jahre alten Schwarzwaldhaus mit sehr schöner Fitness- und Wellnesslandschaft. Die wohnlichen Zimmer sind in warmen Farben mit viel hellem Holz gestaltet. Neues Suitenhaus mit bodentiefen Fensterfronten und verglasten Südbalkonen. Für Hausgäste bietet das Restaurant im Rahmen der Verwöhnpension eine glutenfreie Bioküche.

Nägele
www.hotel-naegele.de

★★★★ garni

Bürgermeister-Huber-Straße 11, PLZ 79862, **T 07672 93030,** F 9303154
41 Zimmer | 3 Suiten | Ez 98–102 €, Dz 198–230 €, ab 17,50 €

Ein gepflegtes Ferienhotel mit Haupt- und Gästehaus in ruhiger Lage. Die Zimmer sind im Landhausstil eingerichtet und in unterschiedlichen Größen und Komfortstufen buchbar. Behaglich speist man im freundlichen Restaurant sowie auf der schönen Sonnenterrasse. Hübsche Wellnessoase mit großer Liegewiese.

Portens Hotel Fernblick
www.porten.de

★★★ S garni

Im Grün 15, PLZ 79862, **T 07672 93020,** F 4382
36 Zimmer | 2 Suiten | Ez 67–70 €, Dz 120–126 €, inkl. Frühstück

Das Hotel ist ruhig am südlichen Ortsrand gelegen. Die gepflegten und funktionellen Zimmer sind größtenteils mit einem Balkon ausgestattet. Entspannung bietet die Vital- und Saunalandschaft „Bergland“ mit Biosauna, Dampfhüsli und Schwarzwälder Sprudelwanne.

HOCHHEIM 41 C
www.hochheim-tourismus.de

Hessen | EW 17.702 | 129 m | Mainz 6 km, Wiesbaden 11 km

Zielonka
www.zielonka-privathotel.de

garni

Hajo-Rüter-Straße 15, PLZ 65239, **T 06146 90670,** F 906713
24 Zimmer | Ez 95–150 €, Dz 105–180 €, inkl. Frühstück

Dieses gut geführte Privathotel eignet sich zum Wohnen, Arbeiten und sportiven Entspannen. Hier erwarten Sie wohnlich eingerichtete Komfort- und Businesszimmer mit bodentiefen Fenstern. Zu den weiteren Annehmlichkeiten zählen eine Kaminlounge und eine hübsche Terrasse mit Garten.

Les Deux Dienstbach
www.les-deux-dienstbach.de

Geheimrat-Hummel-Platz 1a, PLZ 65239, **T 06146 5259228**
Menü 90–130 € | Mi-Sa ⃠ Mo, Di, So

Im wunderschönen Ambiente des renommierten Weinguts Künstler ist dieses stimmungsvolle frankophile Restaurant entstanden. Bei den sympathischen Zwillingsschwestern Jennifer und Nathalie Dienstbach kommt eine frische französische Landküche mit asiatischen Einflüssen auf den Tisch. Zur Auswahl stehen drei Menüs (bis zu 5 Gänge), davon eine vegetarische Variante. Dazu exzellente Weine, vorrangig die ausgezeichneten Tropfen des eigenen Weinguts, die Sie auch in der benachbarten Vinothek sowie im saisonal geöffneten Gutsausschank probieren können.

HÖCHST I. ODW. 51 A www.hoechst-i-odw.de

Hessen | EW 10.000 | 157 m | Aschaffenburg 31 km, Darmstadt 34 km

Krone www.krone-hetschbach.de

Rondellstraße 20, PLZ 64739 (OT: Hetschbach), **T 06163 931000**
35 | Hauptgericht 38–43 €, Menü 58–150 € | Fr-So Di-Mi, Fr-Sa Mo, Do

Gut geführter Familienbetrieb mit gastlicher Tradition. In modern-elegantem Landhausambiente verwöhnt Sie der Hausherr mit einer kreativen, französisch und mediterran inspirierten Küche. Das kulinarische Angebot basiert auf heimischem Einkauf und zeigt eine erfreuliche saisonale Abwechslung. Für Übernachtungsgäste hat man gepflegte Hotelzimmer.

HÖCHSTÄDT A. D. DONAU 59 B www.hoechstaedt.de

Bayern | EW 6.565 | 416 m | Dillingen a.d. Donau 6 km, Augsburg 44 km

Glocke Restaurant www.glocke.one

VARTA-TIPP Küche

Friedrich-von-Teck-Straße 12, PLZ 89420, **T 09074 957885**
30 | Hauptgericht 23–37 €, Menü 60–85 € | Sa Di-Sa Mo, So 22.12.23–7.1.24

Der modern-geradlinige Stil samt schöner Einrichtungsdetails mit natürlichen Materialien wie Holz, Sichtbeton, Glas oder Filz steht dem hist. Gebäude gut zu Gesicht. Aber nicht nur hier speist es sich überaus angenehm, sondern auch im gemütlichen Hofgarten. Daniel Stoiber kocht saisonal, zeitgemäß und topfrisch. Und wer einmal in einer Profiküche stehen und mit professioneller Unterstützung des Patrons ein Menü kochen möchte, sollte sich für einen der Kochkurse anmelden! Last but not least: Für Übernachtungsgäste hat man im Hotelanbau schöne Gästezimmer.

HOF 44 D www.hof.de

Bayern | EW 44.522 | 500 m | Plauen 27 km, Bayreuth 55 km

Central www.hotel-central-hof.de

★★★★

Kulmbacher Straße 2, PLZ 95030 (OT: Neuhof), **T 09281 6050,** F 62440
100 Zimmer | 2 Suiten | Ez 99–145 €, Dz 129–165 €, inkl. Frühstück | 24 h

Modernes Wellness- und Tagungshotel mit entspannter Atmosphäre. Individuell mit warmen Farben eingerichtete Zimmer. Großzügiger Saunabereich mit finnischer Panoramasauna und Dachterrasse. Golffans kommen beim Indoorgolf mit Golfsimulator auf ihre Kosten. Im Restaurant „Kastaniengarten“ wird regional und international gekocht.

HOFBIEBER 42 B www.hofbieber-tourismus.de

Hessen | EW 6.054 | 390 m | Fulda 14 km, Bad Hersfeld 40 km

Fohlenweide www.seminarhaus-fohlenweide.de

Fohlenweide 1, PLZ 36145, **T 06657 9880**
25 Zimmer | Ez ab 65 €, Dz ab 102 €, ab 16,00 € »

Tagungshotel inmitten der idyllischen Rhönlandschaft auf einem 3 Hektar großen, parkähnlichen Gelände mit altem Baumbestand. Hier stehen geschmackvoll eingerichtete Landhauszimmer und Maisonettes mit Blick zum hofeigenen idyllischen Teich zur Verfügung.

Lothar-Mai-Haus
www.lothar-mai-haus.de

★★★★ garni

Lothar-Mai-Straße 1, PLZ 36145 (OT: Steens), **T 06657 2309700,** F 9608300
30 Zimmer | 1 Suite | Ez 87–129 €, Dz 164–198 €, inkl. Frühstück

Umgeben von einer herrlichen Landschaft auf fast 700 Metern Höhe empfängt Sie das privat geführte Familienhotel. Neben der ruhigen Lage und der ländlichen Atmosphäre schätzen die Gäste die liebevoll mit echten Holzmöbeln und farbenfrohen Stoffen eingerichteten Zimmer (teilweise mit Balkon).

Schon probiert?
Der Varta-Führer ist auch als eBook für Ihren TabletPC oder Ihr Smartphone verfügbar!

HOFHEIM AM TAUNUS 41 C
www.hofheim.de

Hessen | EW 38.556 | 136 m | Frankfurt am Main 18 km, Wiesbaden 20 km

Vital Hotel Frankfurt
www.vital-hotel-frankfurt.de

★★★★ S garni

Niederhofheimer Straße 67, PLZ 65719, **T 06192 97779800,** F 97779899
97 Zimmer | 4 Suiten | 24 h

Die direkte Lage an der Rhein-Main-Therme und die gute Anbindung an die Frankfurter City machen das Hotel zu einem perfekten Mix aus Business- und Wellnessdomizil. Neben freundlich und zeitgemäß eingerichteten Gästezimmern verfügt das Haus auch über ein Restaurant sowie eine sich drehende Panoramabar.

Die Scheuer
www.die-scheuer.de

Burgstraße 12, PLZ 65719, **T 06192 27774**
70 | Hauptgericht 14–42 €, Menü 60–110 € | Mi-Sa Mo, Di, So

Ein charmantes, geschmackvoll eingerichtetes Restaurant im hist. Stadtkern. Geboten wird eine frische saisonale Landhausküche unter Verwendung regionaler Zutaten. Im Sommer lockt das behagliche Gartenlokal.

Romano
www.restaurant-romano.de

Casteller Straße 68, PLZ 65719 (OT: Diedenbergen), **T 06192 37108**
48 | Hauptgericht 10–35 €, Menü 30–70 € | Di-Fr, So Di-So

Kleines, gemütlich eingerichtetes Lokal - familiär und fürsorglich geführt. Auf der handgeschriebenen Schiefertafel locken Gerichte wie „Kalbsleber alla veneziana“ oder „Seeteufel auf Spinatbett mit Hummersauce“. Gute italienische Weine.

HOHEN DEMZIN 18 A
www.teterow.m-vp.de

Mecklenburg-Vorpommern | EW 453 | 70 m | Waren (Müritz) 27 km, Güstrow 36 km

Schlosshotel Burg Schlitz www.burg-schlitz.de

VARTA-TIPP Ambiente VARTA-TIPP Service

Burg Schlitz 2, PLZ 17166 (OT: Burg Schlitz), **T 03996 12700,** F 127070
21 Zimmer | 9 Suiten | Ez 205–260 €, Dz 230–335 €, 30,00 € | 24 h

Das klassizistische Anwesen von 1823 ist ummantelt von einem über 100 Hektar großen Landschaftspark und wird von den Gastgebern Manuela und Armin Hoeck mit viel Engagement und Herzblut geführt. Individuell und mit feinem Gespür fürs Detail hat man die Zimmer und Suiten eingerichtet. Biedermeier-Antiquitäten und maßgefertigtes Mobiliar sorgen für exzellenten Wohnkomfort und dezenten Luxus. Auch die verschiedenen Salons und die Davidoff-Cigarrenlounge in der Hotelbar sind exklusiv ausgestattet. Für Entspannung sorgt der kleine, aber feine „LIVINGROOM SPA".

Gourmetrestaurant im Wappen-Saal

26 | Menü 135–175 € | Di-Sa Mo, So

Edles Restaurant mit ehrwürdig-eleganter Atmosphäre im imposanten neoklassizistischen Wappensaal. Serviert werden saisonale Menüs - inspiriert von der klassischen französischen Küche. Etwas einfacher und preisgünstiger speist man übrigens in der Café-Brasserie „Louise". Romantische Gartenterrasse.

HOHENKAMMER 60 D www.hohenkammer.de

Bayern | EW 2.375 | 471 m | Pfaffenhofen 13 km, München 34 km

Schloss Hohenkammer www.schlosshohenkammer.de

Schlossstraße 18-25, PLZ 85411, **T 08137 9340,** F 934390
168 Zimmer | Ez 66–250 €, Dz 86–290 €, inkl. Frühstück | 24 h

Die Komposition von hist. Schlossteilen und moderner Architektur inmitten der Natur macht dieses Haus zu einer einzigartigen Übernachtungsadresse. Ausgesprochen einladend zeigen sich die modern und funktional ausgestatteten Zimmer. Geschmackvoller Wellnessbereich.

Camers Schlossrestaurant www.camers.de

VARTA-TIPP Küche **VARTA-TIPP** Service

T 08137 934443
30 | Hauptgericht 50 €, Menü 145–165 € | Mi-Sa Mo, Di, So 27.12.23–17.1.24, 25.3.–9.4.24, 29.7.–27.8.24

Der wunderschöne Gewölberaum bietet beste Voraussetzungen für ein genussreiches Vergnügen. Chefkoch Florian Vogel strotzt nur so vor Ideen. Bei seinem naturgegebenen, jahreszeitlich abgestimmten Schlossmenü lässt er seiner Kreativität freien Lauf und sorgt für eindrückliche Geschmackserlebnisse. Durch das schlosseigene Gut Eichethof ist die Saisonalität und Regionalität der verwendeten Produkte fest in der Küchenphilosophie verankert. Schöne Weinauswahl mit feinen Tropfen aus nah und fern. Der Service ist souverän, charmant und kompetent.

HOHENSTEIN 41 C www.hohenstein-hessen.de

Hessen | EW 5.961 | 334 m | Bad Schwalbach 10 km, Wiesbaden 15 km

Hofgut Georgenthal www.hofgut-georgenthal.de

★★★★ S garni

Georgenthal 1 (Richtung Strinz - Margarethä), PLZ 65329 (OT: Steckenroth), **T 06128 9430,** F 943333
40 Zimmer | 1 Suite | Ez ab 149 €, Dz ab 199 €, inkl. Frühstück | 24 h

In ruhiger Einzellage, umgeben von Wald und Wiesen, empfängt dieses ansprechende Landhotel seine Gäste. Hier erwarten Sie komfortable Wohlfühlzimmer mit zeitgemäßer technischer Ausstattung sowie ein beachtenswertes Wellnessangebot. Mediterrane und regionale Küche im Restaurant „Giorgios".

HOHENSTEIN 58 C www.gemeinde-hohenstein.de

Baden-Württemberg | EW 3.660 | 737 m | Trochtelfingen 8 km, Reutlingen 27 km

Speidels BrauManufaktur www.speidels-braumanufaktur.de

GREENSIGN ★★★★ S garni

Im Dorf 5, PLZ 72531 (OT: Ödenwaldstetten), **T 07387 98900,** F 989099
36 Zimmer

Das jüngste Gebäude im traditionsreichen Häuserensemble beherbergt wohnlich gestaltete Zimmer mit viel Holz und moderner Formensprache. Etwas einfacher sind die Zimmer im Gasthof Lamm. Im Restaurant wird traditionell schwäbisch gekocht, dazu gibt es frisch gebraute Speidel-Bierspezialitäten.

HOHENTENGEN 65 B www.hohentengen.de

Baden-Württemberg | EW 3.680 | 378 m | Baden (Schweiz) 33 km, Zürich (Schweiz) 37 km

Landgasthof Hirschen www.hirschen-lienheim.de

Rheintalstraße 13, PLZ 79801 (OT: Lienheim), **T 07742 7635**
60 | Hauptgericht 17–34 €, Menü 49–75 € | Mo-Fr Sa, So

Ländlich und richtig schön gemütlich sind die mehr als 400 Jahre alten Gasträume. Ein perfekter Rahmen für die bodenständige, marktfrische Regionalküche, die Ihnen hier aufgetischt wird. Für Übernachtungsgäste hat man im Haupt- und Gästehaus gut ausgestattete Zimmer und Apartments.

HÖHN 40 B www.westerburger-land.de

Rheinland-Pfalz | EW 3.400 | 500 m | Bad Marienberg 6 km, Montabaur 27 km

Millé www.restaurant-mille.de

Rheinstraße 2, PLZ 56462, **T 02661 8448**
50 | Hauptgericht 29–38 €, Menü 39–61 € | So Do-So Mo, Di, Mi

Ein bürgerlich-ländliches Gasthaus mit herzlicher Atmosphäre. Die Speisekarte wechselt regelmäßig und bietet sowohl regionale als auch internationale Spezialitäten. Wie wäre es z.B. mit „Lammhüfte unter einer Tomaten-Schafskäsehaube“? Mediterran anmutende Sommerterrasse.

HÖHR-GRENZHAUSEN 40 D www.kannenbaeckerland.de

Rheinland-Pfalz | EW 10.000 | 250 m | Montabaur 17 km, Neuwied 18 km

Zugbrücke Grenzau www.zugbruecke.de

★★★★ S gami

Brexbachstraße 11-17, PLZ 56203 (OT: Grenzau), **T 02624 1050,** F 105462
137 Zimmer | 1 Suite | Ez 114–144 €, Dz 179–239 €, inkl. Frühstück | 24 h

Stattliches Sport- und Tagungshotel unter familiärer Führung mit großer Wellness-, Fitness- und Freizeitanlage. Zeitlos-elegant bis trendig präsentieren sich die Gästezimmer. Mehrere Restaurants, Sky-Sportsbar-Lounge, Bowlingbahnen.

HOLZKIRCHEN 68 A www.holzkirchen.de

Bayern | EW 15.804 | 691 m | Bad Tölz 19 km, München 35 km

Alte Post www.alte-post-holzkirchen.de

Marktplatz 10a, PLZ 83607, **T 08024 30050,** F 3005555
43 Zimmer | 2 Apartments | Ez ab 120 €, Dz ab 158 €, inkl. Frühstück

Ehem. königlich-bayerische Posthalterei mit Lüftlmalerei - seit 1867 in Familienbesitz. Behagliche Gästezimmer in einer stimmigen Symbiose aus Alt und Neu, die in den Kategorien „Design“, „Landstil“ und „Rustik“ buchbar sind. Bayerische Schmankerl und internationale Gerichte werden im urigen Gasthof serviert.

HOLZMINDEN 31 B www.stadtmarketing-holzminden.de

Niedersachsen | EW 20.210 | 89 m | Höxter 10 km, Einbeck 36 km

Weserhotel Schwager www.weserhotel-schwager.de

★★★ S garni

Steinhof 2, PLZ 37603, **T 05531 701700**
35 Zimmer | Ez ab 89 €, Dz ab 139 €, inkl. Frühstück | 24 h

Das Hotel, das aus einer ehem. Jugendherberge entstanden ist, liegt unmittelbar am Weser-Radweg und am hist. Hafen von Holzminden. Es bietet zeitgemäße Nichtraucherzimmer und familiengerechte Apartments. Im Restaurant mit Flussblick genießen Sie regionale Gerichte. Fahrradverleih, E-Bike-Ladestation.

HOMBURG 49 D www.homburg.de

Saarland | EW 43.569 | 233 m | Zweibrücken 10 km, Saarbrücken 33 km

Peters Hotel & Spa www.peters-jaegersburg.de

★★★★ S garni

Kleinottweilerstraße 112, PLZ 66424 (OT: Jägersburg), **T 06841 189330,** F 1893399
31 Zimmer | 3 Suiten | Ez ab 109 €, Dz ab 183 € | 24 h

Das sympathische Hotel befindet sich am Ufer des Brückweihers im Naherholungsgebiet Jägersburg. Die Zimmer und Suiten - wahlweise mit See-, Garten- oder Waldblick - sind hell und modern eingerichtet. Im Restaurant werden Gerichte und Spezialitäten aus der Region serviert. Hübsch die Panoramabar mit gemütlicher Kaminlounge.

Schlossberg Hotel www.schlossberghotelhomburg.de

★★★★ S garni

Schlossberg-Höhen-Straße 1, PLZ 66424, **T 06841 6660,** F 666700
77 Zimmer | 4 Suiten | 10 Apartments | Ez 89–105 €, Dz 100–165 €, 18,00 € | 1.–7.1.24

Hoch über der Stadt auf dem Gipfel des Schlossbergs befindet sich das traditionsreiche Hotel, das von 2019 bis 2021 eine umfassende Renovierung erfahren hat. Neben der attraktiven Lage begeistern die modern und zeitlos eingerichteten Gästezimmer, die in unterschiedlichen Kategorien buchbar sind. Tipp: Vor der Haustür startet der beliebte Premiumwanderweg „Schlossbergtour“.

Restaurant im Schlossberg Hotel

60 | Hauptgericht 20–49 € | Sa-So Mo, Mi-So Di

Hell, freundlich und zeitgemäß kommt das Restaurant daher. Großzügig platzierte Designholztische und bequeme graue Sessel sorgen für eine einladende Atmosphäre. Dazu eine schöne Auswahl an neu interpretierten traditionellen Gerichten mit französischen Einflüssen sowie internationalen Aromen und Gewürzen, wie z.B. „Dorade Royal | Limonenrisotto | Fenchel | junger Lauch | Hummerbisque“. Eine tolle Aussicht genießt man von der Panoramaterrasse.

La Petite Maison www.lapetitemaison.saarland

Simonstraße 1, PLZ 66424 (OT: Erbach), **T 06841 15211**
20 | Menü 75–89 € | Di-Sa Mo, So

Die beiden freundlichen Gastgeber haben hier ein gemütliches kleines Restaurant mit Wohnzimmeratmosphäre nebst hübscher Gartenterrasse. Aus der Küche kommen überwiegend klassische, französisch beeinflusste Speisen.

HOMBURG V. D. HÖHE, BAD 41 D www.bad-homburg.de

Hessen | EW 52.000 | 197 m | Frankfurt am Main 18 km, Wiesbaden 35 km

Steigenberger www.bad-homburg.steigenberger.de

Kaiser-Friedrich-Promenade 69-75, PLZ 61348, **T 06172 1810,** F 181630
169 Zimmer | 21 Suiten | 24 h

Das Traditionshaus am Kurpark ist eine hervorragende Übernachtungsadresse für Privat- und Geschäftsreisende. Edle Materialien, fein abgestimmte Farben und moderne Technik prägen die Zimmereinrichtung. Das „All-day-dining"-Konzept im Restaurant offeriert internationale Speisen sowie eine große Steak- und Weinauswahl.

Parkhotel www.parkhotel-bad-homburg.de

★★★★

Kaiser-Friedrich-Promenade 53-55, PLZ 61348, **T 06172 8010,** F 801400
122 Zimmer | 10 Suiten | 2 Apartments | 24 h

Privat geführtes Haus mit eleganter Atmosphäre in bester Kurparklage. Komfortabel eingerichtete Zimmer mit moderner Ausstattung, überwiegend mit Balkon oder Loggia. Schöner Frühstücksraum mit Wintergarten. Indische und europäische Fusionsküche wird im Restaurant serviert.

Lindenallee www.restaurant-lindenallee.de

Lindenallee 2, PLZ 61350 (OT: Dornholzhausen), **T 06172 8506601**
30 | Hauptgericht 27–34 € | Di-Sa Mo, So

Was diese Adresse im Stadtteil Dornholzhausen so angenehm macht? Die gepflegte Atmosphäre, die stimmige Einrichtung mit Sinn fürs Detail, die raffinierte deutsche Küche und nicht zuletzt der liebenswerte Service. Schön auch die erlesene Auswahl nationaler und internationaler Weine.

HOPFERAU 67 A www.hopferau.de

Bayern | EW 1.112 | 811 m | Füssen 8 km, Markt Oberdorf 25 km

Schloss zu Hopferau www.schloss-hopferau.com

Schloßstraße 9-11, PLZ 87659, **T 08364 984890,** F 9848944
17 Zimmer | 1 Suite | Ez 89–99 €, Dz 128–198 €, inkl. Frühstück

Hist. Schloss im spätgot. Stil. Erbaut wurde es von Ritter Siegmund-Friedrich von Freyberg-Eisenberg im Jahre 1468. Das Refugium verfügt über gemütlich eingerichtete Nichtraucherzimmer in unterschiedlichen Kategorien. Das Restaurant im Seitenflügel des Schlosses serviert saisonale Küche sowie internationale Spezialitäten.

HOPPEGARTEN 27 A www.gemeinde-hoppegarten.de

Brandenburg | EW 16.920 | 54 m | Berlin 18 km, Zossen 46 km

Landhaus Hönow www.hoenow.de

€ Gut & Günstig garni

Dorfstraße 23, PLZ 15366 (OT: Hönow), **T 03342 83216,** F 300938
19 Zimmer | Ez ab 68 €, Dz ab 85 €, ab 6,50 €

Gemütliches Hotel in einem alten märkischen Bauernhof am Berliner Stadtrand. Harmonisch und individuell eingerichtete Zimmer mit Jugendstilelementen. Das stilvolle Restaurant im ehemaligen Wohnhaus des Bauernhofs ist mit Gründerzeitmöbeln eingerichtet und serviert traditionelle regionale Speisen.

Clinton's Restaurant www.clintons.de

Neuer Hönower Weg 7, PLZ 15366, **T 03342 3066102**
50 | Hauptgericht 20–69 €, Menü 65–124 € | Di-Sa Mo, So

Das durchgestylte Fine-Dining-Restaurant mit seinen großen Panoramafenstern hat man in die Europazentrale des Modekonzerns CLINTON integriert. Hier werden Sie nicht nur freundlich umsorgt, Sie können auch zuschauen, wie man in der offenen Showküche Ihr Essen zubereitet. Ob vegetarisch, vegan, Fisch oder Fleisch - das Angebot ist kreativ und vielfältig, z.B. „Adlerfisch | Süßkartoffel | Feige | Zitronentyhmian | Egerlinge".

HORB AM NECKAR 57 D www.horb.de

Baden-Württemberg | EW 25.721 | 437 m | Nagold 19 km, Freudenstadt 24 km

Quartier 77 www.quartier77.de

Am Garnisonsplatz 4, PLZ 72160, **T 07451 6230977**
60 | Di-Fr Mo

Diese Adresse auf dem Gelände der ehem. Hohenbergkaserne ist À-la-carte-Restaurant und Eventlocation in einem. Gemütliches, unkonventionelles Ambiente im trendigen Industrieschick. Gekocht wird deutsch und regional mit mediterranen Einflüssen. Für Feiern, Tagungen und Veranstaltungen aller Art hat man großzügig geschnittene Räumlichkeiten.

HORGAU 59 D www.horgau.de

Bayern | EW 2.539 | 465 m | Zusmarshausen 7 km, Ausgburg 18 km

Zum Schwarzen Reiter www.flairhotel-platzer.de

★★★ S garni

Hauptstraße 1, PLZ 86497, **T 08294 86080,** F 860877
48 Zimmer | 3 Suiten | 1 Apartment | Ez 79–120 €, Dz 99–135 €, inkl. Frühstück |
23.12.23–7.1.24

Land- und Tagungshotel mit über 250-jähriger Tradition und freundlichen Zimmern, die sich auf das Stammhaus, den Hotelanbau und das Gästehaus verteilen. Zum Haus gehören auch ein hübscher Saunabereich und ein gemütliches Restaurant mit internationaler Küche.

HORN-BAD MEINBERG 31 A www.hornbadmeinberg.de

Nordrhein-Westfalen | EW 17.795 | 207 m | Detmold 10 km, Bielefeld 37 km

Waldhotel Bärenstein www.hotel-baerenstein.de

★★★★ S garni

Am Bärenstein 44, PLZ 32805 (OT: Holzhausen-Externsteine), **T 05234 2090,** F 209269
73 Zimmer | 2 Suiten | 5 Apartments | Ez 79–99 €, Dz 99–119 €, 15,00 €

Das Hotel liegt mitten im Grünen und bietet helle, stilvoll eingerichtete Gästezimmer mit zeitgemäßer Ausstattung. Schöner Wellnessbereich mit medizinischer Badeabteilung. Das Restaurant mit Wintergarten verwöhnt Sie mit regionaler und internationaler Küche.

Die Windmühle

www.diewindmuehle.de

Windmühlenweg 10, PLZ 32805 (OT: Fissenknick), **T 05234 919602**
80 | Hauptgericht 17–29 €, Menü 40–65 € | Fr-So Mi-So Mo, Di

Das stilvolle Restaurant befindet sich in einer hist. Mühle aus dem 14. Jh. In der runden Mühlenstube, im Kaminzimmer und auf der Terrasse wird eine frische deutsche Küche mit internationalen Einflüssen serviert. Auch einige vegetarische Gerichte stehen auf der Karte.

HORNBACH 49 D

www.klosterstadt-hornbach.de

Rheinland-Pfalz | EW 1.465 | 233 m | Zweibrücken 11 km, Saarbrücken 48 km

Kloster Hornbach

www.kloster-hornbach.de

VARTA-TIPP Ambiente VARTA-TIPP Service

★★★★ S garni

Im Klosterbezirk, PLZ 66500, **T 06338 910100,** F 9101099
48 Zimmer | 15 Suiten | Ez 137–157 €, Dz 194–279 €, inkl. Frühstück | 24 h

Die geschichtsträchtigen Mauern des ehem. Benediktinerklosters aus dem 8. Jhd. beherbergen heute ein komfortables Wohlfühlhotel mit Gästehaus und einem hübsch begrünten Klosterhof. In den letzten Jahren hat man die öffentlichen Bereiche und die Zimmer umfangreich modernisiert. Hochwertig, farbenfroh und individuell zeigt sich die Einrichtung: zeitgenössische Akzente, unaufdringliche Eleganz und moderner Komfort. Dazu genießen Sie einen aufmerksamen Service - dank Gastgeberin Christiane Lösch und ihrem sympathischen Team.

Lösch für Freunde

www.loesch-fuer-freunde.de

Hauptstraße 19-21, PLZ 66500, **T 06338 91010200,** F 9101099
15 Zimmer | 10 Suiten | 1 Apartment | Ez 164–204 €, Dz 240–290 €, inkl. Frühstück | 24 h

Das hübsche Landhaus grenzt unmittelbar an das Gelände des Klosters Hornbach. Alles ist überaus geschmackvoll, wertig und stimmig, toll die unterschiedlich und liebevoll eingerichteten Themenzimmer. Der Empfangsbereich gleicht einem großen Wohnzimmer. Hier können die Gäste in lockerer und offener Atmosphäre gemeinsam kochen, essen und plaudern. Moderner, kuscheliger Wellnessbereich.

HÖRSTEL 21 C

www.hoerstel.de

Nordrhein-Westfalen | EW 19.491 | 45 m | Rheine 10 km, Ibbenbüren 12 km

Parkhotel Surenburg

www.parkhotel-surenburg.net

★★★★

Surenburg 13, PLZ 48477 (OT: Riesenbeck), **T 05454 93380,** F 933845
30 Zimmer | 4 Suiten | Ez ab 135 €, Dz ab 199 €, inkl. Frühstück | 24 h

Das komfortable Hotel liegt ruhig inmitten einer gepflegten Parkanlage und ist beliebt bei Individual-, Wellness- und Businessgästen. Die Zimmer sind wohnlich-modern, entspannen kann man bei Massage, Beautypflege und Health-Spa-Programmen. Im Restaurant wird regionale und internationale Küche serviert.

HÖVELHOF 31 A www.hoevelhof.de

Nordrhein-Westfalen | EW 16.092 | 107 m | Paderborn 14 km, Gütersloh 23 km

Hotel Hegemann www.hotel-hegemann-hoevelhof.de

garni

Schmiedeteich 3, PLZ 33161, **T 05257 9367387,** F 9367388
13 Zimmer | Ez ab 65 €, Dz ab 90 €, 9,00 €

Das zentral gelegene, familiengeführte Hotel überzeugt mit geschmackvoll eingerichteten Nichtraucherzimmern. Man verfügt zudem über eine Gemeinschaftsküche, eine Außenterrasse, einen Konferenzraum und einen Abstellraum für Fahrräder. Empfehlenswert ist das reichhaltige Frühstücksbuffet.

Gasthaus Spieker www.gasthaus-spieker.de

Detmolder Straße 86, PLZ 33161 (OT: Riege), **T 05257 2222**
100 | Hauptgericht 15–29 €, Menü 20–55 € | So Mi-So Mo, Di

Ein Gasthaus „mit Seele"! Bereits in dritter Generation geführt, serviert man Ihnen hier verfeinerte Regionalküche mit mediterranen Einflüssen. Lust auf „Filet von der Lachsforelle kross gebraten auf schwarzem Risotto mit Safransauce und grünem Gemüse"? Ausgezeichnet schlafen können Sie in einem der wohnlich eingerichteten Nichtraucherzimmer.

Gasthof Brink

Allee 38, PLZ 33161, **T 05257 3223**
30 | Do-So Mo, Di, Mi 1.–15.1.24, 31.7.–16.8.24

Ein traditionsreiches Gasthaus mit gediegener Atmosphäre. Hier serviert man Ihnen eine gehobene deutsch-französische Küche - und das zu einem sehr guten Preis-Leistungsverhältnis. Charmant-freundlicher Service. Es gibt auch neun Gästezimmer.

HÖXTER 31 B www.hoexter-tourismus.de

Nordrhein-Westfalen | EW 29.523 | 95 m | Detmold 53 km, Hameln 55 km

Niedersachsen www.hotelniedersachsen.de

Grubestraße 3-7, PLZ 37671, **T 05271 6880,** F 688444
80 Zimmer | 1 Suite | 24 h

Ein gepflegtes Haus mit schöner Fachwerkfassade, das vor allem bei Businessgästen sehr beliebt ist. Die Zimmer sind mit Holzmöbeln und modernen Bädern ausgestattet. Zeitgemäßer Tagungsbereich. Hauseigene, täglich geöffnete Bade- und Saunalandschaft.

HOYERSWERDA 36 D www.lausitzerseenland.de

Sachsen | EW 37.000 | 116 m | Bautzen 44 km, Dresden 65 km

Westphalenhof www.westphalenhof.de

Dorfaue 43, PLZ 02977 (OT: Zeißig), **T 03571 913944**
28 | Menü 100–120 € | Sa-So Mi-So Mo, Di

In diesem sehr stilvoll ausgestatteten Restaurant serviert man sorgfältig zubereitete regionale und internationale Gerichte. Auch ein vegetarisches Menü steht auf der Karte. Draußen wartet eine schöne Terrasse. Großer Beliebtheit erfreuen sich die kulinarischen Events.

HÜFINGEN 64 B

www.huefingen.de

Baden-Württemberg | EW 7.530 | 684 m | Donaueschingen 4 km, Tuttlingen 29 km

Hirschen

www.hirschen-mundelfingen.de

Wutachstraße 19, PLZ 78183 (OT: Mundelfingen), **T 07707 99050**
130 | Hauptgericht 26–39 €, Menü 43–89 € | Sa-So Mo-Di, Fr-So Mi, Do

Badischer Landgasthof mit familiärer Atmosphäre und lauschiger Gartenterrasse. Freuen Sie sich auf eine saisonal ausgerichtete Regionalküche mit mediterranen Akzenten. Man arbeitet mit vielen lokalen Erzeugern zusammen - so kommt das Getreide für das selbstgebackene Brot aus der heimischen Blattert-Mühle.

HÜNFELD 42 B

www.hessischeskegelspiel.de

Hessen | EW 16.047 | 261 m | Fulda 20 km, Bad Hersfeld 27 km

Best Western Plus Konrad Zuse Hotel

www.konrad-zuse-hotel.de

★★★★ garni

Josefstraße 1, PLZ 36088, **T 06652 74750,** F 7475255
100 Zimmer | 1 Suite | 24 h

Modernes Tagungs- und Seminarhotel mit komfortablen und technisch gut ausgestatteten Zimmern. 350 qm großer Sauna- und Fitnessbereich mit Blick über die Dächer von Hünfeld. Ansprechendes Restaurant mit internationalen Gerichten.

HUNGEN 41 D

www.hungen.de

Hessen | EW 12.864 | 144 m | Gießen 21 km, Wetzlar 37 km

Hungener Käsescheune

www.kaesescheune.de

Brauhofstraße 3-5, PLZ 35410, **T 06402 5188572**
Hauptgericht 18–32 € | Mi-Sa Mo, Di, So

Bistro mit Vinothek, Käseladen und Schaukäserei. Hier trifft hist. Fachwerkambiente auf modernes Interieur. In entspannter Atmosphäre können Sie sich mit saisonal inspirierten Speisen und Menüs aus der regionalen Küche verwöhnen lassen. Regelmäßig Themenevents, Seminare und Käseschulungen. Im liebevoll dekorierten Genussladen kann man Delikatessen und Spezialiäten aus der Region erwerben.

HUSUM 7 C

www.husum-tourismus.de

Schleswig-Holstein | EW 23.405 | 14 m | Schleswig 35 km, Flensburg 42 km

Altes Gymnasium

www.geniesserhotel-altes-gymnasium.de

★★★★★S garni

Süderstraße 2-10, PLZ 25813, **T 04841 8330,** F 83312
53 Zimmer | 5 Suiten | Ez 99–149 €, Dz 179–239 €, inkl. Frühstück | 24 h

Hier übernachten Sie in einem denkmalgeschützten, neugot. Schulgebäude von 1867. Die Gästezimmer sind mit italienischen Möbeln und englischen Stoffen ausgestattet. Einige Zimmer verfügen über einen Balkon. Für Entspannung sorgt ein 1.400 qm großer Bade- und Fitnessbereich in der ehemaligen Turnhalle.

Am Schlosspark
www.hotel-am-schlosspark-husum.de

★★★★ garni

Hinter der Neustadt 76-86, PLZ 25813, **T 04841 66110,** F 62062
64 Zimmer | 6 Suiten | 2 Apartments | Ez 92–112 €, Dz 115–155 €, inkl. Frühstück | 24 h
22.12.23–14.1.24

Stilvolles Haus im Herzen der Innenstadt mit nordisch-traditioneller Atmosphäre. Modern eingerichtete Zimmer unterschiedlicher Kategorien. Vielfältiges Frühstücksbuffet mit internationalen Kaffee- und Teespezialitäten.

Thomas Hotel
www.thomas-hotel.de

★★★★ garni

Zingel 7-9, PLZ 25813, **T 04841 66200,** F 6620439
56 Zimmer | 4 Suiten | Ez 85–179 €, Dz 119–199 €, inkl. Frühstück | 24 h

Familiengeführtes Lifestyle-Hotel am malerischen Hafen von Husum. Individuell, stylish und modern akzentuiert zeigen sich die unterschiedlich eingerichteten Zimmer. Entspannung bietet der hauseigene SPA-Bereich mit Fitnessraum und mehreren Saunen.

Altes Zollamt
www.hotel-altes-zollamt.de

Kleikuhle 1-2, PLZ 25813 (OT: Hockensbüll), **T 04841 2033**
26 Zimmer | Ez 89–150 €, Dz 89–150 €

Keine alltägliche Adresse! Ein architektonisches Schmuckstück, denkmalgeschützt und voller lebendiger Erinnerungen: alte Tresore, Tafeln und Schilder erzählen spannende Geschichten von früher. Hier wohnen Sie in gemütlichen und individuellen Zimmern, die in unterschiedlichen Kategorien buchbar sind. Tolles Frühstück mit saisonalen Produkten.

HUY 33 A
www.gemeindehuy.de

Sachsen-Anhalt | EW 7.500 | 122 m | Goslar 45 km, Nordhausen 75 km

Wasserschloss Westerburg
www.hotel-westerburg.de

★★★★ S

Westerburg 34, PLZ 38836 (OT: Dedeleben), **T 039422 9550,** F 95566
57 Zimmer | 2 Suiten

Liebevoll saniertes Anwesen, umgeben von einem 5 ha großen Park mit altem Baumbestand. Behagliche Zimmer (darunter Themenzimmer) im gehobenen Landhausstil. Attraktiver Galerie-SPA-Bereich. Romantisches Gewölberestaurant mit breit gefächertem Speisenangebot. Großzügiger Bankettbereich. Beliebte Adresse bei Hochzeiten.

IBBENBÜREN 21 C
www.tourismus-ibbenbueren.de

Nordrhein-Westfalen | EW 50.438 | 70 m | Tecklenburg 8 km, Greven 22 km

Hotel Hubertushof
www.hotelhubertushof.de

★★★★ garni

Münsterstraße 222, PLZ 49479 (OT: Lehen), **T 05451 94100,** F 941090
25 Zimmer | 3 Suiten | Ez 70–86 €, Dz 108–118 €, inkl. Frühstück

Gewachsenes Landhotel am Rande des Teutoburger Waldes, umgeben von einer hübschen Parklandschaft. Die zeitgemäßen und wohnlichen Gästezimmer sind mit Natursteinbädern ausgestattet. Idealer Ausgangspunkt für Wanderungen und Radtouren.

Leugermann
www.hotel-leugermann.de

★★★★

Osnabrücker Straße 33, PLZ 49477, **T 05451 9350,** F 935935
57 Zimmer | 2 Suiten | 7 Apartments | Ez 75–119 €, Dz 105–160 €, inkl. Frühstück

Angenehm wohnlich hat man es in diesem gut geführten Familienbetrieb. Zur Verfügung stehen freundlich gestaltete Nichtraucherzimmer in verschiedenen Kategorien. Entspannung bietet die Freizeit- und Beautyoase „Sonnenblick". Im Restaurant wird traditionell und mediterran gekocht.

IBURG, BAD 21 C
www.badiburg.de

Niedersachsen | EW 11.519 | 119 m | Osnabrück 16 km, Warendorf 26 km

Zum Freden
www.hotel-freden.de

★★★★

Zum Freden 41, PLZ 49186, **T 05403 4050,** F 1706
39 Zimmer | 2 Suiten | Ez ab 85 €, Dz ab 125 €, inkl. Frühstück

Traditionsreiches Ferien- und Tagungshotel am Rand eines ruhigen Wohngebietes. Unterschiedlich eingerichtete Gästezimmer in zwei Kategorien. Für Entspannung sorgt ein kleiner Saunabereich. Im Restaurant werden internationale und heimische Spezialitäten aus frischen Produkten der Region serviert. Schöne Gartenterrasse.

Gasthaus zum Dörenberg
www.hotel-doerenberg.de

Osnabrücker Straße 145, PLZ 49186, **T 05403 73240**
80 | Hauptgericht 25–59 €, Menü 45–95 € | So Mo-So 27.12.23–10.1.24

Das Restaurant ist das Herzstück des vorbildlich geführten Gasthauses. Hier verwöhnt Sie Patron Holger Bäumker sowohl mit ländlich-rustikalen Gerichten als auch mit feinen, französisch-mediterranen Kreationen. Probieren Sie z.B. „Geschmorte Schulter vom Teutoburger Hirsch | frische Pfifferlinge | Johannisbeeren | Rahmkohlrabi | hausgemachte Spätzle"! In den Sommermonaten können Sie auch auf der hübschen Terrasse speisen. Zum Übernachten stehen zeitgemäß ausgestattete Nichtraucherzimmer zur Verfügung.

ICHENHAUSEN 59 C www.ichenhausen.de

Bayern | EW 9.560 | 470 m | Günzburg 10 km, Krumbach 15 km

Brauereigasthof Autenried www.brauereigasthof-autenried.de

★★★★ garni

Hopfengartenweg 2, PLZ 89335 (OT: Autenried), **T 08223 968440,** F 968480
36 Zimmer | 2 Suiten | 2 Apartments | Ez 95–136 €, Dz 154–194 €, ab 16,00 €

Familienfreundliches kleines Hotel mit behaglich und komfortabel eingerichteten Gästezimmern. Netter Wellnessbereich mit Hallenschwimmbad, finnischer Sauna, Dampfbad und Tecaldarium. Restaurant mit Terrasse und Biergarten. Weitere Zimmer und Ferienwohnungen in der Dependance.

Schon probiert?
Der Varta-Führer ist auch als eBook für Ihren TabletPC oder Ihr Smartphone verfügbar!

IDAR-OBERSTEIN 49 B www.edelsteinland.de

Rheinland-Pfalz | EW 30.759 | 300 m | Kirn 17 km, Birkenfeld 20 km

Parkhotel www.parkhotel-idaroberstein.de

★★★★ garni

Hauptstraße 185, PLZ 55743 (OT: Idar), **T 06781 50900,** F 5090500
37 Zimmer | 3 Suiten | Ez 107–150 €, Dz 147–190 €, inkl. Frühstück

Das schmucke Domizil, das nur 500 Meter vom Wanderweg Saar-Hunsrück-Steig entfernt ist, erwartet Sie mit klassisch-eleganten Gästezimmern, einem gediegenen Restaurant und dem legeren Bistro „Classico".

IDSTEIN 41 C www.idstein.de

Hessen | EW 23.076 | 266 m | Wiesbaden 18 km, Limburg an der Lahn 28 km

Höerhof www.hoerhof.de

★★★★ garni

Obergasse 26, PLZ 65510, **T 06126 50026,** F 500226
14 Zimmer | 7 Suiten | Ez 110–140 €, Dz 140–170 €, 12,50 € | 24 h 1.–7.1.24

Ein aufwendig restauriertes Anwesen mit 400-jähriger Vergangenheit. Hinter der liebevoll gepflegten Fachwerkfassade mit kunstvollen Schnitzereien erwarten den Gast unterschiedlich große und sehr individuell gestaltete Hotelzimmer.

Henrich Höer's Speisezimmer

VARTA-TIPP Küche

45 | Hauptgericht 27–44 €, Menü 37–95 € | Di-Sa Mo, So 1.–7.1.24

Hier erobert man die Gunst der Gäste sofort beim Betreten der gemütlich eingerichteten Gaststuben, denn wie überall im Haus sind die Mitarbeiter:innen auch im Restaurant sehr zuvorkommend. Da lässt man sich gerne in traditioneller Atmosphäre mit Kaminofen, Fachwerk und Gewölbe mit moderner, nachhaltiger Küche verwöhnen. Dabei stellt Chefkoch Günter Rönner überwiegend regionale Produkte aus dem Taunus in den Mittelpunkt des Geschehens. Schön auch die Weinauswahl mit Schwerpunkt Deutschland. Im Sommer sitzt man wunderschön auf der idyllischen Innenhofterrasse.

IFFELDORF 67 B www.iffeldorf.de

Bayern | EW 2.704 | 603 m | Penzberg 4 km, Weilheim 22 km

Landgasthof Osterseen www.landgasthof-osterseen.de

★★★ S garni

Hofmark 9, PLZ 82393, **T 08856 92860,** F 928645
24 Zimmer | Ez 95–118 €, Dz 130–185 €, inkl. Frühstück | 24 h

Im alpenländischen Stil erbauter Gasthof inmitten des Naturschutzgebietes Osterseen. Wohnlich eingerichtete Zimmer, teilweise mit Seeblick und Balkon. Ländliches Restaurant mit schöner Sonnenterrasse.

IHRINGEN 56 D www.ihringen.de

Baden-Württemberg | EW 5.884 | 204 m | Breisach 6 km, Freiburg im Breisgau 28 km

Winzerstube Ihringen www.winzerstube-ihringen.de

★★★★ garni

Wasenweiler Straße 36, PLZ 79241, **T 07668 970910,** F 9709199
30 Zimmer | 4 Suiten | Ez 75–133 €, Dz 100–176 €, 17,90 €

Sie mögen es persönlich und familiär? Dann sind Sie in diesem Traditionshaus genau richtig! Es bietet wohnlich eingerichtete Zimmer und Suiten mit exklusiven Stoffen, Klimaanlage und großzügigen Balkonen. Im Restaurant wird eine leichte Winzerküche mit französischem Einfluss angeboten.

ILBESHEIM 50 D www.ilbesheim.de

Rheinland-Pfalz | EW 1.188 | 202 m | Landau 7 km, Bad Bergzabern 13 km

Hofgarten Rosa Neu! hofgartenrosa.de

Hauptstraße 1, PLZ 76831, **T 06341 9953152,** F 9953151
16 Zimmer | Ez ab 105 €, Dz ab 119 €, inkl. Frühstück

Aus dem geschichtsträchtigen Anwesen in der Ortsmitte ist ein charmantes kleines Boutique-Hotel entstanden. Das schmucke Domizil besticht durch seine familiäre Atmosphäre und die individuellen Gästezimmer, die mit viel Liebe zum Detail eingerichtet wurden. Tipp: Wer ein Faible für Wohnaccessoires hat, dem sei ein Besuch im angeschlossenen Geschenkelädchen „Selles & Jenes“ empfohlen.

Hubertushof www.restaurant-hubertushof-ilbesheim.de

Arzheimer Straße 5, PLZ 76831, **T 06341 930239**
30 | Hauptgericht 30–40 €, Menü 49–70 € | Di-Sa Mo, So

Wer in diesen denkmalgeschützten Gasthof einkehrt, sitzt in gemütlich-rustikalen Gasträumen oder auf der Hofterrasse im stimmungsvollen Innenhof. Der freundliche Service kredenzt schmackhaft zubereitete Pfälzer Spezialitäten sowie pfiffige Gerichte aus der neuen deutschen Küche.

ILLERTISSEN 59 C www.illertissen.de

Bayern | EW 16.775 | 513 m | Ulm 22 km, Memmingen 30 km

Dornweiler Hof www.dornweilerhof.de

★★★ garni

Dietenheimer Straße 93, PLZ 89257 (OT: Dornweiler), **T 07303 959140,** F 9591459
18 Zimmer

Kleines Landhotel am westlichen Stadtrand mitten im Grünen, das seit 1987 familiengeführt ist. Helle, im Landhausstil eingerichtete Zimmer mit Fußbodenheizung, die teils über einen französischen Rundbalkon verfügen. Gute Tagungsmöglichkeiten.

Dornweiler Hof

75 | Hauptgericht 10–28 €, Menü 22–42 € | Mo-Mi, Sa-So Mo-Mi, Fr-So Do

Teils rustikal, teils elegant zeigt sich das Flair in diesem ansprechenden Restaurant mit seinen Nischen und Stuben. Serviert werden kreative, feine und leichte regionale Spezialitäten aus überwiegend deutschen Produkten. Besonders schön speist man bei schönem Wetter auf der Sommerterrasse hinter dem Haus.

Vier Jahreszeiten www.vier-jahreszeiten-illertissen.de

VARTA-TIPP Küche

Dietenheimer Straße 63, PLZ 89257, **T 07303 9059600**
50 | Hauptgericht 14–36 €, Menü 55 € | Mo-Di, Do-Fr, So Mo-Di, Do-So Mi

In stilvoll-modernem Ambiente genießen Sie eine saisonal ausgerichtete Küche, in der sowohl internationale als auch regionale Produkte aus nachhaltigem Anbau Verwendung finden. Probieren Sie z.B. „Lechtaler Lachsforellenfilet mit Rahmkohlrabi und Ricotta-Pistazien-Maultäschle“! Preisgünstiges Mittagsangebot mit wechselnden Tagesgerichten. Im Sommer lockt der herrliche Biergarten unter einer großen Linde.

ILLSCHWANG 54 C www.illschwang.de

Bayern | EW 2.025 | 540 m | Sulzbach-Rosenberg 9 km, Amberg 16 km

Weißes Roß www.weisses-ross.de

Am Kirchberg 1, PLZ 92278, **T 09666 188050,** F 18805285
44 Zimmer | 3 Suiten | Ez ab 94 €, Dz ab 87 €, inkl. Frühstück

Familiär geführtes Landhotel in einem hist. Gebäude aus dem 15. Jhd. Behaglich eingerichtete Gästezimmer von romantisch bis klassisch-modern. Entspannung bietet der hauseigene Wellness- und Beautybereich „Hopfentherme Spa".

Cheval Blanc

VARTA-TIPP Küche VARTA-TIPP Service

19 | Hauptgericht 28–47 €, Menü 168–200 € | Mi-Sa Mo, Di, So

Das kleine, schlicht gehaltene Gourmetrestaurant ist das charmante Schmuckstück des Hauses. Hier kann der hochbegabte Christian Fleischmann an vier Abenden in der Woche seine Kreativität und Leidenschaft voll und ganz ausleben. Seine exzellenten Gaumenfreuden können Sie als Menü oder à la carte bestellen. Dazu gibt es edle Weine ausgesuchter Winzer. An der Gästefront brilliert seine Frau Katharina mit charmant-perfektem und zugewandtem Service. Und wenn Ihnen mal nicht nach einem Gourmetmenü ist, dann finden Sie in der gemütlichen Gaststube eine legere Alternative.

ILSENBURG 33 A www.ilsenburg.de

Sachsen-Anhalt | EW 9.785 | 250 m | Wernigerode 8 km, Bad Harzburg 14 km

Landhaus Zu den Rothen Forellen www.rotheforelle.de

Marktplatz 2, PLZ 38871, **T 039452 9393,** F 9399
76 Zimmer | 5 Suiten | Ez 120–150 €, Dz 220–260 €, inkl. Frühstück | 24 h

Erholung pur! Das am Forellensee gelegene Landhaushotel wurde mit viel Liebe zum Detail eingerichtet. Das wohlige Ambiente beginnt in der einladenden Lobby mit Kaminfeuer und setzt sich in den individuellen Zimmern und Suiten fort. Für Entspannung sorgt eine gepflegte Wellness- und Badelandschaft. Lichtdurchflutetes Restaurant mit großer Terrasse. Nachmittags gibt es hausgemachte Kuchen aus der hauseigenen Patisserie.

Berghotel Ilsenburg www.regiohotel.de/hotel/berghotel-ilsenburg

Suental 5, PLZ 38871, **T 05322 950210,** F 950139
36 Zimmer | 3 Suiten | 24 h

Tagungs- und Wellnesshotel, ruhig am Waldrand gelegen mit komfortablen Nichtraucherzimmern. Wellnessbereich mit Schwimmbad, Sauna und Sanarium. Restaurant mit regionaler und saisonaler Küche.

ILSFELD 51 D www.ilsfeld.de

Baden-Württemberg | EW 8.862 | 240 m | Heilbronn 13 km, Ludwigsburg 25 km

Häußermann's Ochsen
www.ochsen-ilsfeld.de

König-Wilhelm-Straße 31, PLZ 74360, **T 07062 67900**
130 | Hauptgericht 14–34 €, Menü 37–42 € | Mo-Mi, Sa-So Mo-Mi, Fr-So Do
1.–22.1.24

Hist. Fachwerkhaus mit neuerem Anbau - seit Generationen in Familienbesitz. In der gemütlichen Gaststube tischt der liebenswürdige Service neben Klassikern der schwäbischen Küche auch schmackhafte internationale Gerichte auf. Hotelangebot mit relativ einfachen, aber gepflegten Gästezimmern.

IMMENSTAAD 65 B
www.immenstaad.de

Baden-Württemberg | EW 6.200 | 407 m | Friedrichshafen 9 km, Meersburg 9 km

Heinzler am See
www.heinzleramsee.de

Strandbadstraße 3, PLZ 88090, **T 07545 93190,** F 3261
32 Zimmer | 9 Suiten | 2 Apartments | Ez 89–130 €, Dz 158–268 €, inkl. Frühstück

Gut geführtes Hotel an der Seepromenade mit hauseigenem Bootsanleger und Privatstrand. Gemütlich eingerichtete Gästezimmer, überwiegend mit Blick auf den See und die Schweizer Alpen. Netter Wellnessbereich mit Sauna und Massageangebot.

Heinzler am See

250 | Mo-So

Im lichtdurchfluteten Panoramarestaurant mit uriger Stube und schöner Seeterrasse darf man sich auf ein vielfältiges Speisenangebot freuen. Auf der Karte locken u.a. frischer Bodenseefisch, regionale Spezialitäten und Wild aus den umliegenden Wäldern.

Seehof
www.seehof-hotel.de

★★★

Bachstraße 15, PLZ 88090 (OT: Am Yachthafen), **T 07545 9360,** F 936133
45 Zimmer | 9 Apartments | Ez 90–140 €, Dz 140–290 €, inkl. Frühstück

Familie Hallerbach hat das Hotel am Jachthafen in den letzten Jahren zu einem sehr komfortablen und modernen Haus gemacht: angenehm persönlich die Atmosphäre, schön wohnlich die Zimmer, überwiegend mit Balkon und toller Aussicht auf See und Alpen. Hoteleigene Liegewiese.

Seehof

VARTA-TIPP Küche

90 | Hauptgericht 16–40 €, Menü 50–70 € | Mo-Di, Do-So Mi 24.–28.12.23

Hier können Sie in unterschiedlichen Räumlichkeiten hervorragend speisen. Die originelle Speisekarte von Jürgen Hallerbach offeriert heimische Gerichte in verschiedenen Variationen. Wie wäre es z.B. mit „Linzgauer Bachforellenfilets „Müllerin Art“ | braune Tomaten-Petersilen-Butter | Linzgauer Kartoffeln | Blattsalate“? Das Mittagsangebot wechselt täglich. An lauen Sommerabenden empfiehlt sich die malerische Seeterrasse.

IMMENSTADT I. ALLGÄU 66 B
www.immenstadt.de

Bayern | EW 14.040 | 729 m | Sonthofen 7 km, Oberstaufen 16 km

Krone
www.hotel-krone-stein.de

Rottachbergstraße 1, PLZ 87509 (OT: Stein), **T 08323 96610,** F 966150
53 Zimmer | 1 Suite | Ez ab 65 €, Dz ab 128 €, inkl. Frühstück

Wenn Sie im Urlaub auf eine tolle Aussicht, eine persönliche Atmosphäre und ein behagliches Ambiente Wert legen, sind Sie bei Familie Schafroth genau richtig! Das in 4. Generation geführte und kontinuierlich erweiterte Hotel bietet wohnliche Gästezimmer in unterschiedlichen Kategorien. Im traditionellen Restaurant wird gutbürgerlich und international gekocht.

INGELFINGEN 52 C
www.ingelfingen.de

Baden-Württemberg | EW 5.575 | 217 m | Künzelsau 4 km, Bad Mergentheim 32 km

Schlosshotel
www.schloss-hotel-ingelfingen.de

★★★ S garni

Schlossstraße 14, PLZ 74653, **T 07940 91650,** F 916550
34 Zimmer | 2 Suiten

Das Hotel ist Teil des Hohenlohe-Schlosses aus dem 18. Jh. Sie wohnen in modernen Zimmern, die mit hellen Farben und edlen Stoffen ausgestattet sind. Restaurant mit idyllischer Gartenterrasse.

INGELHEIM AM RHEIN 50 B
www.ingelheim.de

Rheinland-Pfalz | EW 24.050 | 110 m | Bingen 14 km, Mainz 18 km

Landhotel Fetzer
www.landhotel-fetzer.de

★★★★

Gaulsheimer Straße 19, PLZ 55218 (OT: Sporkenheim), **T 06725 30130,** F 301326
14 Zimmer

Inhabergeführtes Haus mit gepflegten Zimmern im Landhausstil. Für Entspannung sorgt die hauseigene Sauna. Im angeschlossenen Restaurant „Lindenhof" werden Sie mit Gerichten aus der regionalen und internationalen Küche verwöhnt.

INGOLSTADT 60 A
www.ingolstadt-tourismus.de

Bayern | EW 131.740 | 374 m | Donauwörth 57 km, Regensburg 73 km

Maritim Neu!
www.maritim.de

Schloßlände 24, PLZ 85049, **T 0841 881780**
223 Zimmer | 16 Suiten | ⏲ 24 h

In bester Lage direkt an der Donau empfängt Sie dieses 2023 eröffnete Businesshotel, das mit dem neu erbauten Congress Centrum verbunden ist. Das Haus bietet Geschäfts- und Privatreisenden modern und wohnlich ausgestattete Zimmer und Suiten in unterschiedlichen Kategorien. Zum Haus gehören außerdem ein Entspannungsbereich mit Schwimmbad und Sauna, mehrere gastronomische Einrichtungen sowie eine Rooftopterrasse im 4. Obergeschoss (mit Schlossblick).

Hotel am Campus
www.hotel-am-campus.de

★★★★ garni

Kälberschüttstraße 1, PLZ 85053, **T 0841 1380270,** F 13802727
79 Zimmer | Ez 90–140 €, Dz 115–180 €, inkl. Frühstück | ⏲ 24 h

››

Im Süden der Stadt empfängt Sie dieses neuzeitliche Businesshotel. Außen hübsche, farbenfrohe Fassade, drinnen top ausgestattete Zimmer mit modernem Wohnkomfort. Das Haus kann aber auch durch sein frisches Frühstück und die gute Verkehrsanbindung zur Autobahn A9 punkten.

Avus
www.avus-ingolstadt.de

Auto-Union-Straße 1, PLZ 85057, **T 0841 8941071**
80 | Hauptgericht 16–49 €, Menü 55–79 € | Mo-Fr Sa, So

Gehobenes À-la-carte-Restaurant in der ersten Etage des Audi Forums. In dezent-elegantem Ambiente wird eine moderne deutsche und internationale Küche angeboten. Angenehm leger und professionell agiert der Service. Für kleine Gesellschaften und Geschäftsessen gibt es Clubräume und exklusive Lounges.

INZELL 69 A
www.inzell.de

Bayern | EW 4.483 | 693 m | Traunstein 18 km, Bad Reichenhall 19 km

Alpenliebe Design Hotel
www.inzell-hotels.bayern

Fritz-Gastager-Straße 12, PLZ 83334, **T 08665 6720,** F 67225
21 Zimmer

Erst Operationsgebäude eines Krankenhauses, dann Sportakademie und nun ein zeitgemäßes Designhotel! Das geschmackvoll renovierte Haus bietet Erholungssuchenden und Geschäftsreisenden wohnliche, durchgestylte Zimmer mit hohem Wohlfühlfaktor. Durch die tolle Lage inmitten der bayerischen Alpen gibt es zahlreiche Freizeitmöglichkeiten.

Heißenhof
www.heissenhof.de

Windgrat 10, PLZ 83334 (OT: Windgrat), **T 08665 6730,** F 67379
40 Zimmer | 2 Suiten | Ez 90–98 €, Dz 146–170 €, inkl. Frühstück

Sympathisches Tagungs- und Seminarhotel in ruhiger Lage. Komfortable Gästezimmer mit rustikalen Möbeln, dekorativen Teppichen und ausgesuchten Wohnaccessoires. Kleiner Wellnessbereich mit Hallenbad und finnischer Sauna. Gemütliches Restaurant mit verzierter Gewölbedecke, Lüftlmalereien und Sonnenterrasse.

INZLINGEN 64 A
www.inzlingen.de

Baden-Württemberg | EW 2.403 | 377 m | Lörrach 4 km, Breisach 65 km

Inzlinger Wasserschloss
www.inzlinger-wasserschloss.de

Riehenstraße 5, PLZ 79594, **T 07621 47057**
50 | Hauptgericht 28–42 €, Menü 92–176 € | Mi-So Mo, Di

In dem von Wasser umgebenen Schlösschen aus dem 14. Jhd. begeistern die klassische Küche und das hist. Ambiente der behaglichen Räume gleichermaßen. Im rund 100 Meter entfernten Gästehaus stehen zeitgemäß eingerichtete Zimmer zur Verfügung.

Krone
www.wio-group.de/krone

VARTA-TIPP Küche

Riehenstraße 92, PLZ 79594, **T 07621 2226**
100 | Hauptgericht 19–36 €, Menü 62–91 € | Mo-Mi, Sa-So Mo-Mi, Fr-So Do

Man sitzt hier in gemütlichen, sehr gepflegten Gaststuben oder auf der schönen Gartenterrasse und lässt sich die kreative Küche von Marco Wagner schmecken. Der Spagat zwischen bodenständigen badischen Gerichten und neu interpretierten Klassikern gelingt dem jungen Küchenchef hervorragend. Auch ein vegetarisches Menü steht auf der Karte. Dazu ein stimmiges Weinangebot mit Schwerpunkt Deutschland und Frankreich. Im gleichnamigen Hotel hat man zeitlos-moderne und sehr wohnlich eingerichtete Zimmer.

IPHOFEN 52 B www.iphofen.de

Bayern | EW 4.500 | 250 m | Kitzingen 8 km, Würzburg 28 km

Zehntkeller www.zehntkeller.de

Bahnhofstraße 12, PLZ 97346, **T 09323 8440,** F 844123
59 Zimmer | 5 Suiten | Ez 110–126 €, Dz 150–165 €, inkl. Frühstück | ⃠ 23.–26.12.23

Gewachsener Hotel- und Weinbaubetrieb mit mehreren Gebäuden. Die Gästezimmer und Suiten wurden geschmackvoll, teils mit Antiquitäten und hochwertigen Möbeln ausgestattet. Attraktive Kurzurlauberarrangements.

Zehntkeller

140 | Hauptgericht 23–43 €, Menü 78 € | Di-So ⃠ Mo ⃠ 23.–26.12.23

Behagliche Gaststuben mit ländlichem Charme. Hier finden Sie typische regionale Spezialitäten, aber auch raffinierte internationale Gerichte - alles frisch und schmackhaft zubereitet. Probieren Sie z.B. „Lammhüfte unter der Kräuterkruste an Thymianjus mit Ratatouillegemüse und Rahmpolenta“.

Bausewein www.biobausewein.de

Breite Gasse 1, PLZ 97346, **T 09323 5210,** F 804090
10 Zimmer | Ez ab 89 €, Dz ab 120 €, inkl. Frühstück

Kleines Hotel mit gepflegten, hell und freundlich ausgestatteten Nichtraucherzimmern, die mit wertigen Kirschbaummöbeln eingerichtet sind. Für Hausgäste steht ein Aufenthaltsraum mit gemütlicher Sitzecke zur Verfügung. In der Weinstube wird fränkisch-regionale Küche serviert. Auch Weinproben sind möglich.

Goldene Krone www.gasthof-krone-iphofen.de

€ Gut & Günstig

Marktplatz 2, PLZ 97346, **T 09323 87240,** F 872424
20 Zimmer | Ez 45–99 €, Dz 93–126 €, inkl. Frühstück

Traditionsreicher Gasthof am Marktplatz. Hier erwarten Sie gepflegte, unterschiedlich möblierte Zimmer. Das Restaurant verwöhnt Sie mit regionalen und saisonalen Speisen sowie schmackhaften Wildgerichten.

Zur Iphöfer Kammer www.kammer-iphofen.de

Marktplatz 24, PLZ 97346, **T 09323 8772677**
26 | So Mi-Sa ⃠ Mo, Di

Authentisch, schmackhaft und frisch ist die saisonbezogene Regionalküche in diesem hübschen kleinen Restaurant am Marktplatz. Dazu gibt es feine Weine aus dem Weingut Hans Wirsching. Schön auch die lauschige Terrasse.

99er Kulinarium
www.99er-kulinarium.de

Pfarrgasse 18, PLZ 97346, **T 09323 804488**
80 | Hauptgericht 16–34 €, Menü 39–50 € | Di-Mi, Fr-So Mo, Do

Das hist. Gebäude mitten in der Altstadt verfügt über drei kleine gemütliche Gaststuben und eine Sonnenterrasse. Die Karte bietet regionale und internationale Küche mit frischen Produkten aus dem Umland und dem eigenen Biogarten. Schöne Auswahl an Weinen von heimischen Winzern.

Augustiner am See
www.augustiner-am-see.de

Klostergasse 8, PLZ 97346 (OT: Birklingen), **T 09326 978950**
120 | Hauptgericht 13–28 €, Menü 25–50 € | Mo, Fr-So Di, Mi, Do

Liebevoll restauriertes Kleinod neben der hist. Klosterkapelle aus dem 15. Jh. Geboten wird eine saisonal ausgerichtete regionale und deutsche Küche zu gastfreundlichen Preisen. Sonnige Gartenterrasse.

Folgen Sie uns: facebook.com/vartaguide

ISERLOHN 30 C
www.iserlohn.de

Nordrhein-Westfalen | EW 93.119 | 247 m | Menden 12 km, Hagen 19 km

VierJahreszeiten am Seilersee
www.vierjahreszeiten-iserlohn.de

★★★★ S

Seilerwaldstraße 10, PLZ 58636, **T 02371 9720,** F 972111
130 Zimmer | Ez 99–125 €, Dz 169–199 €, inkl. Frühstück | 24 h

Naturnah und ruhig in idyllischer Waldlage empfängt Sie dieses stilvolle Hotel mit neu eröffnetem Anbau. Die Gästezimmer sind mit warmen Farben, edlen Materialien und moderner Technik ausgestattet. Gäste können zwischen vier Zimmerkategorien wählen, zu denen auch acht „ReTREEt"-Suiten mit Regenwalddusche und privater Sauna zählen. Zum Haus gehören auch eine neue Hotelbar, ein Wellnessbereich sowie eine Kaffeerösterei. Zum Seilersee sind es nur wenige Schritte.

Neuhaus
www.hotel-neuhaus.de

★★★★

Lösseler Straße 149, PLZ 58644 (OT: Lössel), **T 02374 97800,** F 7664
33 Zimmer | 2 Suiten | Ez 79–233 €, Dz 110–253 €, 12,00–20,00 €

In diesem von einem Skulpturengarten umgebenen Haus verbinden sich Kunst, Kultur und Kreativität mit gehobener Lebensart und anspruchsvoller Gastlichkeit. Die Hotelzimmer und Suiten hat man liebevoll und komfortabel eingerichtet. Entspannung bietet der hauseigene SPA-Bereich mit Außenpool.

Neuhaus

60 | Hauptgericht 18–40 €, Menü 24–50 € | Sa-So Mo-So

Behaglich eingerichtete Restaurantstuben. Serviert wird eine kreativ-vielseitige Küche mit saisonalen Spezialitäten, klassischen Sauerländer Gerichten sowie internationalen Kreationen. Umfangreiches Weinangebot.

ISERNHAGEN 23 C www.isernhagen.de

Niedersachsen | EW 22.882 | 58 m | Langenhagen 6 km, Hannover 12 km

Heinrichs www.restaurant-heinrichs.de

Hauptstraße 1, PLZ 30916, **T 05139 87310**
160 | Hauptgericht 9–25 €, Menü ab 29 € | Sa-So Mo, Di

Deutsche Küche mit Pfiff erwartet Sie in diesem regionaltypischen Backsteinhaus aus dem Jahre 1868. Auf der Speisekarte locken Gerichte wie „Zanderfilet auf der Haut gebraten | Gemüserisotto“ oder „Rosa gebratenes Rumpsteak vom Black Angus | Bohnen | Kartoffelgratin“.

ISMANING 60 D www.ismaning.de

Bayern | EW 17.591 | 490 m | München 14 km, Erding 20 km

Zur Mühle www.hotel-muehle.de

Kirchplatz 5, PLZ 85737, **T 089 960930,** F 96093110
99 Zimmer | Ez ab 95 €, Dz ab 115 €, inkl. Frühstück | 24 h

Seit 1857 von der Familie geführtes Hotel mit gediegen rustikalen Zimmern in unterschiedlichen Kategorien. Heimelige Gaststuben, in denen regionale und internationale Küche serviert wird. Hübscher Biergarten unter alten Kastanien.

ISNY IM ALLGÄU 66 B www.isny.de

Baden-Württemberg | EW 14.443 | 704 m | Leutkirch 18 km, Wangen 24 km

Berghotel Jägerhof www.berghotel-jaegerhof.de

Jägerhof 1, PLZ 88316, **T 07562 770,** F 77202
88 Zimmer | 9 Suiten

Großzügige Hotelanlage mit drei miteinander verbundenen Gebäuden im Landhausstil, umgeben von gepflegten Grünanlagen. Man wohnt in eleganten Komfortzimmern, großzügigen Studios oder gemütlichen Suiten. Netter Wellnessbereich mit Schwimmbad, Saunalandschaft und Fitnessraum. Restaurant mit regionaler Küche und Panoramablick.

Hohe Linde www.hotel-hohe-linde.de

Lindauer Straße 75, PLZ 88316, **T 07562 97597,** F 975969
29 Zimmer | 3 Suiten | 2 Apartments | Ez 103 €, Dz 160 €, inkl. Frühstück | 24 h

Familiär geführtes Haus am Stadtrand von Isny. Solide und gepflegt zeigen sich die geschmackvoll eingerichteten Gästezimmer. Schöner Hotelgarten. Hauseigene Kochschule Susanne Rimmele.

Allgäuer Stuben

50 | Hauptgericht 13–28 €, Menü 35–65 € | Mo-Sa

Eleganter Stil gepaart mit einer ländlichen Note. Das schmucke Abendrestaurant bietet eine frische saisonale Küche unter Verwendung heimischer Produkte. An den sogenannten „Kaminabenden“ grillt man Fleisch- und Fischspezialitäten über der Glut am offenen Kamin.

Schloss Neutrauchburg www.schloss-neutrauchburg.de

Schlossstraße 11, PLZ 88316 (OT: Neutrauchburg), **T 07562 9756460,** F 9756466
13 Zimmer | 1 Suite | Ez 114 €, Dz 169 €, inkl. Frühstück

Das hübsche Anwesen aus dem 18. Jhd. fungiert heute als modernes Seminar- und Tagungszentrum. Sie wohnen in liebevoll und individuell ausgestatteten Gästezimmern. Im Restaurant wird eine leichte, zeitgemäße Küche mit regionalem Einfluss serviert. Schöne Terrasse mit Blick auf den weitläufigen Garten.

ISSELBURG 28 B www.isselburg.de

Nordrhein-Westfalen | EW 11.236 | 17 m | Rees 10 km, Bocholt 15 km

Parkhotel Wasserburg Anholt www.schloss-anholt.de

VARTA-TIPP Service

Schloss 2, PLZ 46419 (OT: Anholt), **T 02874 4590,** F 45999
31 Zimmer | 3 Suiten | Ez ab 140 €, Dz ab 225 €, inkl. Frühstück | 24 h

Reizvolle Hotelanlage inmitten einer großzügigen Park- und Gartenlandschaft. Neben individuell und stilvoll eingerichteten Zimmern besticht das Haus auch durch sein vorbildliches Service- und Dienstleistungsniveau. Im Restaurant „Wasserpavillon", das sich mitten im Schlossteich befindet, wird eine feine regionale Küche mit mediterranem Einfluss serviert. Richtig nett für einen Apero: die romantische Schlossterrasse oder die große hölzerne Schanktheke im Burgkeller.

Landhaus zur Issel www.hotel-restaurant-isselburg.de

€ Gut & Günstig

Minervastraße 26-28, PLZ 46419, **T 02874 770,** F 45673
12 Zimmer | Ez 55–71 €, Dz 81–85 €, 7,00 €

Unweit der niederländischen Grenze und der Autobahn A3 liegt dieses familiengeführte Hotel. Hier erwarten Sie großzügige, helle und gemütliche Gästezimmer. Im Restaurant mit urigem Weinkeller und mediterranem Garten wird gutbürgerliche Küche serviert.

JENA 44 B www.visit-jena.de

Thüringen | EW 107.679 | 148 m | Gera 39 km, Erfurt 45 km

Steigenberger Esplanade www.jena.steigenberger.de

Carl-Zeiß-Platz 4, PLZ 07743, **T 03641 8000,** F 800150
140 Zimmer | 13 Suiten | 5 Apartments | Ez 99–149 €, Dz 99–149 €, 17,00–20,00 € | 24 h

Eine lichtdurchflutete, sechsstöckige Atriumhalle mit Glaskuppel, gläserne Aufzüge und die originelle Architektur prägen das Ambiente des Hotels, das sich neben der Friedrich-Schiller-Universität befindet. Feine Hölzer und warme Farben verleihen den Zimmern eine edle, zurückhaltende Eleganz.

SCALA Turm Hotel www.scala-jena.de

Leutragraben 1, PLZ 07743, **T 03641 3113888,** F 3113889
17 Zimmer | 1 Suite | Ez 125 €, Dz 150 €, inkl. Frühstück

In der 27. Etage des JenTowers, etwa 120 m hoch über der Stadt, erwartet Sie hier ein atemberaubender Panoramablick auf die Saalestadt. Die designorientierten Aussichtszimmer überzeugen mit sehr gutem Schlafkomfort, gläsernen Bädern und einer ausgefeilten Lichtgestaltung.

SCALA Turm Restaurant

VARTA-TIPP Küche

48 | Hauptgericht 34–35 €, Menü 69–113 € | Mo-So Mo-Sa

Das Panoramarestaurant mit seinen raumhohen Fenstern ist zweifelsfrei die beste kulinarische Adresse der Stadt - und das nicht nur wegen der fantastischen Aussicht. Hier erwarten Sie ein freundlicher Service und eine schmackhafte internationale Küche, die Ihnen in Form eines Sharing-Menüs kredenzt wird. Wer mittags hier speisen möchte, wählt von einer kleinen wechselnden Lunchkarte. Auch das Weinangebot kann sich sehen lassen! Tischreservierung empfehlenswert.

Landgrafen

www.landgrafen.com

Landgrafenstieg 25, PLZ 07743, **T 03641 507071**
80 | Sa-So Do-So Mo, Di, Mi

Panoramarestaurant in reizvoller Lage, auch „Balkon Jenas" genannt. Im Angebot: internationale Küche und selbstgebackene Thüringer Kuchen. Nette Sonnenterrasse am Fuße des Aussichtsturms. Es stehen auch drei Gästezimmer zur Verfügung.

Jetzt vorbeischauen: pinterest.com/vartaguide

JEVER 13 A

www.stadt-jever.de

Niedersachsen | EW 13.904 | 9 m | Wilhelmshaven 18 km, Oldenburg 59 km

Greenline Hotel im Schützenhof

www.schuetzenhof-jever.de

GREENSIGN ★★★ S garni

Schützenhofstraße 47, PLZ 26441, **T 04461 9370,** F 937299
103 Zimmer | 2 Suiten | Ez ab 89 €, Dz ab 112 €, inkl. Frühstück

Etwas außerhalb liegt dieses gepflegte Hotel mit seinen liebevoll ausgestatteten Zimmern, die wahlweise in den Kategorien „friesisch-landart" oder „friesisch-premium" buchbar sind. Für Entspannung sorgt ein kleiner Wellnessbereich.

Friesen Hotel

www.jever-hotel.net

★★★ garni

Harlinger Weg 1, PLZ 26441, **T 04461 9340,** F 934111
32 Zimmer | Ez 70–80 €, Dz 103–113 €, inkl. Frühstück

Freundlich geführter Familienbetrieb mit persönlicher Note in Innenstadtnähe. Helle, funktional ausgestattete Gästezimmer mit gehobenem Komfort und kostenlosem WLAN. Gutes Frühstück, idyllischer Garten.

JOHANNESBERG 42 C

www.johannesberg.de

Bayern | EW 3.894 | 372 m | Mömbris 6 km, Aschaffenburg 8 km

Auberge de Temple - Helbigs Gasthaus
www.auberge-de-temple.de

VARTA-TIPP Küche

Hauptstraße 2, PLZ 63867, **T 06021 4548300**
40 | Hauptgericht 29–46 €, Menü 99–135 € | Di-Sa ⃠ Mo, So

Mitten in der herrlichen Natur des Vorspessarts liegt diese hervorragende Adresse. Im freundlich-modernen Landhausambiente kredenzt Chef de Cuisine Ludger Helbig eine kreative Gewürzküche. Seine Kreationen zeichnen sich durch wohlkomponierte Aromen und eine kompromisslose Qualität bei den Produkten aus. Das Angebot reicht vom exklusiven Genussmenü (4 bis 6 Gänge, auf Wunsch mit passender Weinbegleitung) bis hin zu frischen bodenständigen Gerichten, die Sie auch à la carte genießen können. Für Übernachtungsgäste stehen großzügig geschnittene und individuell eingerichtete Suiten zur Verfügung. Hauseigene Kochschule.

JONSDORF, KURORT 47 B
www.jonsdorf-kurort.de

Sachsen | EW 1.627 | 440 m | Zittau 12 km, Löbau 33 km

Gondelfahrt
www.hotel-gondelfahrt.de

★★★ S garni

Großschönauer Straße 38, PLZ 02796, **T 035844 7360,** F 73659
35 Zimmer | 3 Apartments | Ez 54–64 €, Dz 82–106 €, inkl. Frühstück

Familiengeführtes Haus in ruhiger Lage am Ortsrand. Zweckmäßig und funktional eingerichtete Gästezimmer. In der behaglichen Bauernstube mit hist. Kachelofen werden regionale und saisonale Spezialitäten serviert. Idyllisches Gartenlokal.

JUGENHEIM 50 B
www.jugenheim-rheinhessen.de

Rheinland-Pfalz | EW 1.670 | 155 m | Mainz 19 km, Hockenheim 98 km

Weedenhof
www.weedenhof.de

Mainzer Straße 6, PLZ 55270, **T 06130 941337**
45 | Hauptgericht 24–34 €, Menü 38–82 € | So Mi-So ⃠ Mo, Di

Ländliche Gaststuben mit gemütlicher Atmosphäre. Auf der Karte stehen regionale und internationale Gerichte wie z.B. „Lammrückenfilet | Bohnen I glasiertes Gemüse I Kartoffeltörtchen". Zum Übernachten hat man zeitgemäße Gästezimmer.

Folgen Sie uns: facebook.com/vartaguide

JUIST (INSEL) 12 B
www.juist.de

Niedersachsen | EW 1.540 | 3 m | Aurich (Ostfriesland) 31 km, Emden 37 km

Achterdiek
www.hotel-achterdiek.de

VARTA★TIPP Service

★★★★ S garni

Wilhelmstraße 36, PLZ 26571, **T 04935 8040,** F 1754
49 Zimmer | 14 Suiten | Ez 117–184 €, Dz 212–358 €, inkl. Frühstück

Ein Ferienhotel wie aus dem Bilderbuch! Hier erwarten Sie ostfriesisches Flair und familiäre Gastlichkeit, die von Herzen kommt. Sie logieren in wohnlichen, klassisch-modern eingerichteten Zimmern, teilweise mit Blick auf das Wattenmeer. Im hauseigenen SPA mit großzügiger Bade- und Saunalandschaft lässt es sich wunderbar entspannen. Feine, kreative Slowfoodküche bietet man im Restaurant. Für einen Aperitif oder Digestif empfiehlt sich die loungige Hotelbar.

Hotel Pabst www.hotelpabst.de

garni

Strandstraße 15-16, PLZ 26571, **T 04935 8050,** F 805155
56 Zimmer | 14 Suiten | 6 Apartments | Ez ab 125 €, Dz ab 230 €, inkl. Frühstück

Traditonsreiches, familiär geführtes Ferien- und Wellnesshotel. Die hellen, freundlichen Gästezimmer verfügen über eine zeitgemäße Ausstattung. Schöner Wellnessbereich mit Schwimmbad, Sauna und Tecaldarium. Netter Hotelgarten.

Westfalenhof www.hotel-westfalenhof.de

garni

Friesenstraße 24, PLZ 26571, **T 04935 91220,** F 912250
20 Zimmer | 3 Apartments | Ez 108 €, Dz 158–198 €, inkl. Frühstück

Top gepflegte Adresse, seit mehr als 100 Jahren im Familienbesitz. Traditionell eingerichtete Zimmer, teils mit Balkon. Hübsche Lounge mit Kamin.

KAARST 29 C www.kaarst.de

Nordrhein-Westfalen | EW 41.841 | 40 m | Neuss 6 km, Mönchengladbach 15 km

Landhaus Michels www.landhaus-michels.de

garni

Kaiser-Karl-Straße 10, PLZ 41564, **T 02131 76780,** F 767819
13 Zimmer | Ez ab 85 €, Dz ab 115 €, inkl. Frühstück | ⃠ 18.12.23–7.1.24, 12.7.–4.8.24

Der ehem. Landgasthof im alten Ortskern, der sich seit 1723 in Familienbesitz befindet, ist inzwischen zu einem komfortablen Hotel garni gewachsen. Die zweckmäßig und zeitgemäß eingerichteten Gästezimmer befinden sich in teils denkmalgeschützten Gebäuden.

KAHL A. MAIN 42 C www.kahl-main.de

Bayern | EW 7.285 | 110 m | Hanau 10 km, Aschaffenburg 16 km

Zeller www.hotel-zeller.de

garni

Aschaffenburger Straße 2, PLZ 63796, **T 06188 9180,** F 918100
82 Zimmer | 1 Suite | Ez ab 112 €, Dz ab 186 €, inkl. Frühstück | 24 h

Sehr gut geführtes Traditionshaus im Ortszentrum. Individuelle Zimmer mit geschmackvoller, harmonischer Einrichtung. Im Nebengebäude gibt es einige Apartments für Langzeitgäste. Entspannen kann man im hauseigenen Garten sowie im neuen Zeller „GardenSPA“ auf 600 qm mit Panoramapool.

Zeller

VARTA-TIPP Küche

80 | Hauptgericht 22–40 €, Menü 65–75 € | Mo-So

»

Bodenständig und ehrlich - aber auch so richtig trendig. Sowohl im schicken Hotelrestaurant an apart-modern eingedeckten Tischen als auch auf der eleganten Loungeterrasse unter alten, hochgewachsenen Bäumen wird eine verfeinerte Regionalküche aufgetischt. Probieren Sie z.B. „Filet vom Weiderind | Bohnengemüse | Kartoffel-Rucolastampf“. Dazu ein gastorientierter, sehr angenehmer Service. Mittags Business Lunch.

Am Leinritt
www.hotel-amleinritt.de

garni

Am Leinritt 2, PLZ 63796 (OT: Mainfeld), **T 06188 911880,** F 9118888
32 Zimmer

Das ruhig gelegene, familiär geführte Hotel verfügt über zweckmäßig eingerichtete Zimmer im Haupthaus und moderne Zimmer im Neubau. Gute Verkehrsanbindung an die umliegenden Autobahnen. Netter Frühstücksraum.

KAISERSESCH 40 C
www.vg.kaisersesch.de

Rheinland-Pfalz | EW 3.034 | 410 m | Mayen 15 km, Cochem 17 km

Waldhotel-Kurfürst
www.waldhotel-kurfuerst.de

★★★ S

Auf der Wacht 21, PLZ 56759, **T 02653 98910,** F 989119
23 Zimmer | Ez 68–140 €, Dz 102–140 €, 14,00–20,00 €

Das Haus ist bei Bikern beliebt und der ideale Ausgangspunkt für Ausflüge in die Eifel. Die gemütlichen Zimmer verfügen über Balkon oder Terrasse. Der exklusive Wellnessbereich auf 250 qm verfügt über eine finnische Sauna, eine Nebelstube und ein Tepidarium. Im Restaurant wird regional gekocht.

KAISERSLAUTERN 50 C
www.kaiserslautern.de

Rheinland-Pfalz | EW 102.542 | 251 m | Ludwigshafen 58 km, Saarbrücken 70 km

SAKS Urban Design Hotel
www.sakskaiserslautern.com

★★★★ S

Stiftsplatz 11, PLZ 67655, **T 0631 361250,** F 36125222
92 Zimmer | 24 h

Das stilvolle Business- und Tagungshotel verfügt nicht nur über geschmackvoll gestylte und hochwertig ausgestattete Zimmer und Suiten mit modernster Multimedia-Ausstattung, sondern auch über einen Rooftop-SPA mit Saunabereich und Gym, ein Conference Center sowie eine stylishe Bar.

Zollamt
www.hotel-zollamt.de

★★★★ garni

Buchenlochstraße 1, PLZ 67663, **T 0631 3166600,** F 3166666
33 Zimmer | Ez 98–108 €, Dz 125–145 €, 16,00 €

Ungestörte Businessatmosphäre und klares, schnörkelloses Design erwarten Sie in diesem familiär geführten Stadthotel. Hier wohnen Sie in hellen Gästezimmern mit puristischer Einrichtung und ästhetischem Farbkonzept. Auffallend das freundliche und serviceorientierte Personal. Mediterran gestaltete Außenanlage, auf der bei schönem Wetter auch gefrühstückt werden kann.

Jetzt abonnieren: instagram.com/vartaguide

KAISHEIM 59 B www.kaisheim.de

Bayern | EW 3.817 | 470 m | Donauwörth 7 km, Nördlingen 29 km

Schloss Leitheim www.schloss-leitheim.de

★★★★ S

Schlossstraße 1, PLZ 86687 (OT: Leitheim), **T 09097 485980,** F 48598999
49 Zimmer | 2 Suiten | Ez ab 135 €, Dz ab 220 €, inkl. Frühstück

Ausgesprochen schön hat man das Hotel in das Rokoko-Ensemble von Schloss Leitheim integriert. In den stilvollen Gästezimmern sorgen polierte Holzböden, ausgesuchte Stoffe, edles Mobiliar und harmonische Farben für Wohlfühlambiente par excellence! Und die Weitsicht über die Ebene der Donauauen gibt es gratis dazu. Schön auch der Wellnessbereich mit klassischer Sauna und Outdoorpool.

Weingärtnerhaus

70 | Hauptgericht 26–34 € | Mo-So

Das Restaurant verdankt seinen Namen den Weinbergen, die direkt unterhalb des Schlosses liegen. In den geschmackvoll renovierten Räumlichkeiten mit Kachelofen und Kamin wird Ihnen eine mediterran inspirierte, bodenständige Küche serviert. An sonnigen Tagen lockt das wunderschöne Terrassencafé.

KALKAR 28 B www.kalkar.de

Nordrhein-Westfalen | EW 13.670 | 15 m | Rees 9 km, Goch 12 km

Meier's Restaurant www.meiers-restaurant.de

Markt 14, PLZ 47546, **T 02824 3277**
45 | Do-So Mo, Di, Mi

Ob im mediterran angehauchten Restaurant, im hellen Wintergarten oder auf der idyllischen Innenhofterrasse - die kreative und marktorientierte Küche wird Sie begeistern! Köstliche Torten und ausgewählte Spezialitäten der gehobenen Küche werden im Bistro „Mango" serviert.

KALKHORST 16 B www.kluetzer-winkel.de

Mecklenburg-Vorpommern | EW 1.760 | 30 m | Wismar 31 km, Lübeck 53 km

Schlossgut Gross Schwansee www.schwansee.de

VARTA-TIPP Ambiente

Am Park 1, PLZ 23942 (OT: Gross Schwansee), **T 038827 88480,** F 884848
63 Zimmer | 13 Suiten | Ez 99–239 €, Dz 99–239 €, inkl. Frühstück

Prächtiges Schlossgut von 1745 mit See und großzügigem Park. Das Angebot reicht von klassischen Zimmern im Schloss und modern ausgestatteten Zimmern in den stylishen Parkgebäuden. Unterschiedliche Wellnessangebote bietet der Sauna- und Erholungsbereich. Kulinarisch hat man die Wahl zwischen dem Schlossrestaurant 1745 und der Brasserie nebst Sonnenterrasse. Auch als Tagungs- und Veranstaltungshotel hat sich das Haus längst einen Namen gemacht.

KALLMÜNZ 54 D www.kallmuenz.de

Bayern | EW 2.787 | 344 m | Regensburg 29 km, Amberg 37 km

Zum Goldenen Löwen www.zum-goldenenloewen.de

Alte Regensburger Straße 18, PLZ 93183, **T 09473 380**
45 | Hauptgericht 22–34 €, Menü 42–70 € | So Do-Sa Mo, Di, Mi

Hist. Gasthaus mit kleiner Brauerei. Serviert werden schmackhaft zubereitete regionale Gerichte zu angemessenen Preisen. Aus der Hausbrauerei kommen nicht nur Bierspezialitäten, sondern auch Whisky.

KALLSTADT 50 D www.freinsheim.de

Rheinland-Pfalz | EW 1.205 | 152 m | Bad Dürkheim 4 km, Grünstadt 9 km

Kallstadter Hof www.kallstadter-hof.de

★★★ S

Weinstraße 102, PLZ 67169, **T 06322 6001090,** F 66040
13 Zimmer | Ez 80–125 €, Dz 90–125 €, 15,00 €

Denkmalgeschützter ehem. Winzerhof mit liebevoll gestalteten Zimmern und sehr gutem Frühstück. Behagliches Restaurant und hist. Weinkeller aus dem 17. Jhd. Serviert wird regionale Küche mit mediterranen Einflüssen.

Weinhaus Henninger www.weinhaus-henninger.de

★★★★

Weinstraße 93, PLZ 67169, **T 06322 2277,** F 62861
13 Zimmer | 6 Suiten | Ez 100–180 €, Dz 170–255 €, 18,50–19,50 € | 22.–24.12.23

Die Zimmer und Suiten überzeugen mit ihrer durch und durch wohnlich-geschmackvollen Einrichtung. Modernes Landhausdesign, natürlich-warme Farben und eine klare, reduzierte Formensprache sorgen für Wohlfühlatmosphäre - der Ausblick in die Weinberge ist inklusive.

Weinhaus Henninger

117 | Hauptgericht 21–38 €, Menü 50–59 € | Mi, Fr-So Di-So Mo 22.–24.12.23

Fachwerkgehöft von 1615 mit hist. Flair. In der rustikalen Weinstube, im behaglichen Kaminzimmer sowie im mediterran anmutenden Hofgarten wird eine authentische Pfälzer Küche serviert. Für Veranstaltungen empfiehlt sich der hist. Barriquekeller.

Vinothek im Weingut am Nil www.seieinlilaloewe.de

Neugasse 21, PLZ 67169, **T 06322 9563160**
90 | Hauptgericht 15–57 € |

Die geschmackvoll eingerichtete Vinothek mit ihren hist. Felsmauerwänden, den hohen Decken und der hübschen Innenhofterrasse ist wirklich sehenswert! Die Karte bietet neben kleinen mediterranen Köstlichkeiten auch Steakspezialitäten. Im Gästehaus stehen 15 individuell und komfortabel eingerichtete Zimmer zur Verfügung.

KAMENZ 36 D www.kamenz.de

Sachsen | EW 15.301 | 170 m | Bautzen 24 km, Hoyerswerda 25 km

Goldner Hirsch www.hotel-kamenz.de

★★★★

Markt 10, PLZ 01917, **T 03578 78350,** F 7835599
45 Zimmer | 4 Apartments | Ez 95–105 €, Dz 120–130 €, inkl. Frühstück

Ein modern und komfortabel eingerichtetes Haus am Kamenzer Marktplatz mit einer über 450 Jahre alten Geschichte. Zum Übernachten stehen individuell und geschmackvoll eingerichtete Zimmer in zwei Kategorien zur Verfügung. Im Restaurant Ratskeller wird regionale und internationale Küche aufgetischt. Am Abend lockt die Hotelbar „The Little Irish Pub".

KAMP-LINTFORT 29 C www.kamp-lintfort.de

Nordrhein-Westfalen | EW 36.973 | 33 m | Duisburg 24 km, Wesel 27 km

Wellings Parkhotel www.wellings-parkhotel.de

★★★★

Neuendickstraße 96, PLZ 47475, **T 02842 21040,** F 2109
144 Zimmer | 9 Suiten

Privat geführtes Hotel in einem Klinkergebäude mit neuerem Anbau und großem Tagungsbereich. Individuell eingerichtete Zimmer unterschiedlicher Kategorien. Netter Wellnessbereich mit Schwimmbad und Saunalandschaft. Gediegenes Restaurant mit moderner internationaler Küche. Schöne Terrasse am See.

KANDEL 50 D www.suedpfalz-tourismus-kandel.de

Rheinland-Pfalz | EW 9.103 | 123 m | Karlsruhe 16 km, Landau in der Pfalz 17 km

Zum Riesen www.hotelzumriesen.de

Rheinstraße 54, PLZ 76870, **T 07275 3437,** F 61395
20 Zimmer | 2 Apartments | Ez 50–70 €, Dz 60–90 €, 10,00 €

Ein traditionsreicher Familienbetrieb - 1696 erstmals als Gasthaus erwähnt. In den geschmackvoll sanierten Fachwerkhäusern stehen unterschiedlich geschnittene Gästezimmer zur Verfügung. Die Einrichtung reicht von rustikal und preiswert bis zu individuell gestalteten Themenzimmern.

Zum Riesen

40 | Hauptgericht 23–38 €, Menü 42–105 € | Mi-Sa Mo, Di, So

Schick, trendig, gemütlich - so lässt sich dieses Restaurant recht treffend beschreiben! Neben Pfälzer Spezialitäten verwöhnt man Sie hier auch mit zeitgemäß interpretierten Gerichten aus der klassischen Küche. Die Weinkarte listet viele Tropfen von regionalen Winzern. Das Kaminzimmer und die Weinstube können für kleine Feierlichkeiten gebucht werden. Hübsches Gartenlokal.

Zur Pfalz www.hotelzurpfalz.de

★★★ S

Marktstraße 57, PLZ 76870, **T 07275 98550,** F 9855496
48 Zimmer | Ez ab 63 €, Dz ab 91 €, 4,50 € ››

Freundliches Haus unter familiärer Leitung. Gepflegte Zimmer unterschiedlicher Kategorien. Kleiner Wellnessbereich mit Aromadampfbad, Sauna, Whirlpool, Sonnenwiese und Solarium. Gemütliches Restaurant mit Pfälzer Spezialitäten und internationaler Küche. Hübsche Innenhofterrasse.

KANDERN 64 A — www.kandern.de

Baden-Württemberg | EW 8.130 | 352 m | Lörrach 11 km, Müllheim 15 km

Jägerhaus — www.restaurant-jaegerhaus.de

Wollbacherstraße 28, PLZ 79400 (OT: Egerten), **T 07626 8715**
20 | Hauptgericht 27–45 €, Menü 44–65 € | ◔ So ◐ Fr-So ⃠ Mo, Di, Mi, Do

Sympathische Gastronomie am Waldrand mit schmackhafter australischer und internationaler Küche. Gute Weine aus dem Markgräflerland. Hübsche Terrasse. Kunstfreunde sollten einen Besuch im angeschlossenen Max-Böhlen-Museum einplanen.

Jetzt vorbeischauen: pinterest.com/vartaguide

KAPPELRODECK 57 A — www.kappelrodeck.de

Baden-Württemberg | EW 5.944 | 220 m | Achern 6 km, Offenburg 21 km

Rebstock — www.rebstock-waldulm.de

VARTA-TIPP Küche VARTA-TIPP Service

Kutzendorf 1, PLZ 77876 (OT: Waldulm), **T 07842 9480**
40 | Hauptgericht 27–34 €, Menü 44–83 € |

Direkt an der badischen Weinstraße und an der deutschen Fachwerkstraße liegt dieser geschichtsträchtige Landgasthof. In den behaglichen holzvertäfelten Stuben und auf der teils überdachten Terrasse kredenzt Ihnen das überaus freundliche Serviceteam eine frische, modern interpretierte Regionalküche. Lust auf „Gefülltes Perlhuhnbrüstchen mit Schnittlauchrahmsößle, Rübchenpüree und Spätzle"? Dazu eine interessante Weinauswahl mit Schwerpunkt Baden. Tipp: Probieren Sie das Schwarzwälder Kirschwasser aus der hauseigenen Brennerei! Wohnliche Gästezimmer.

KARBEN 41 D — www.karben.de

Hessen | EW 21.756 | 125 m | Friedberg 14 km, Frankfurt am Main 18 km

Neidharts Küche — www.neidharts-kueche.de

Robert-Bosch-Straße 48, PLZ 61184, **T 06039 934443**
60 | Hauptgericht 24–26 €, Menü 42–55 € | ◐ Mi-So ⃠ Mo, Di

Geschmackvoll eingerichtetes Restaurant in einem Gewerbegebiet. Schmackhafte bodenständige Küche. Wie wäre es z.B. mit „Rinderroulade im eigenen Saft geschmort mit Kartoffelstampf und Röstzwiebeln"? Das Lokal zeichnet sich auch durch das sehr gute Preis-Leistungsverhältnis und den überaus herzlichen Service aus.

KARLSRUHE 57 A www.karlsruhe-tourismus.de

Baden-Württemberg | EW 309.000 | 115 m | Stuttgart 80 km, Frankfurt/Main 140 km

Pyramide am Marktplatz, Schloss mit Badischem Landesmuseum, Botanischer Garten, Staatliche Kunsthalle und Orangerie, Museum beim Markt, Kaiserstraße, Naturkundemuseum und Stephanskirche am Friedrichsplatz, Festplatz und Stadtgarten, Zentrum für Kunst und Medientechnologie, Sitz von Bundesverfassungsgericht und Bundesgerichtshof.

Einen Cityplan finden Sie auf Seite 602.

Der Blaue Reiter www.hotelderblauereiter.de

★★★★ S garni

Amalienbadstraße 16, PLZ 76227 (OT: Durlach), **T 0721 942660,** F 9426642
88 Zimmer | 3 Suiten | Ez 100–150 €, Dz 150–210 €, inkl. Frühstück | 24 h

Dieses geschmackvolle Stadthotel überzeugt durch seine freundlich-familiäre Führung, sein originelles Design und seine wohnlichen Gästezimmer. Es ist nach der berühmten deutschen Kunstbewegung benannt. Fantastische Farbkompositionen begleiten den Gast durch alle Zimmer und Hotelbereiche. Für Tagungen stehen multifunktionale Konferenzräume zur Verfügung.

Novotel www.all.accor.com

★★★★ S garni

Festplatz 2 (B4), PLZ 76137, **T 0721 35260,** F 3526100
246 Zimmer | 2 Suiten | 24 h

››

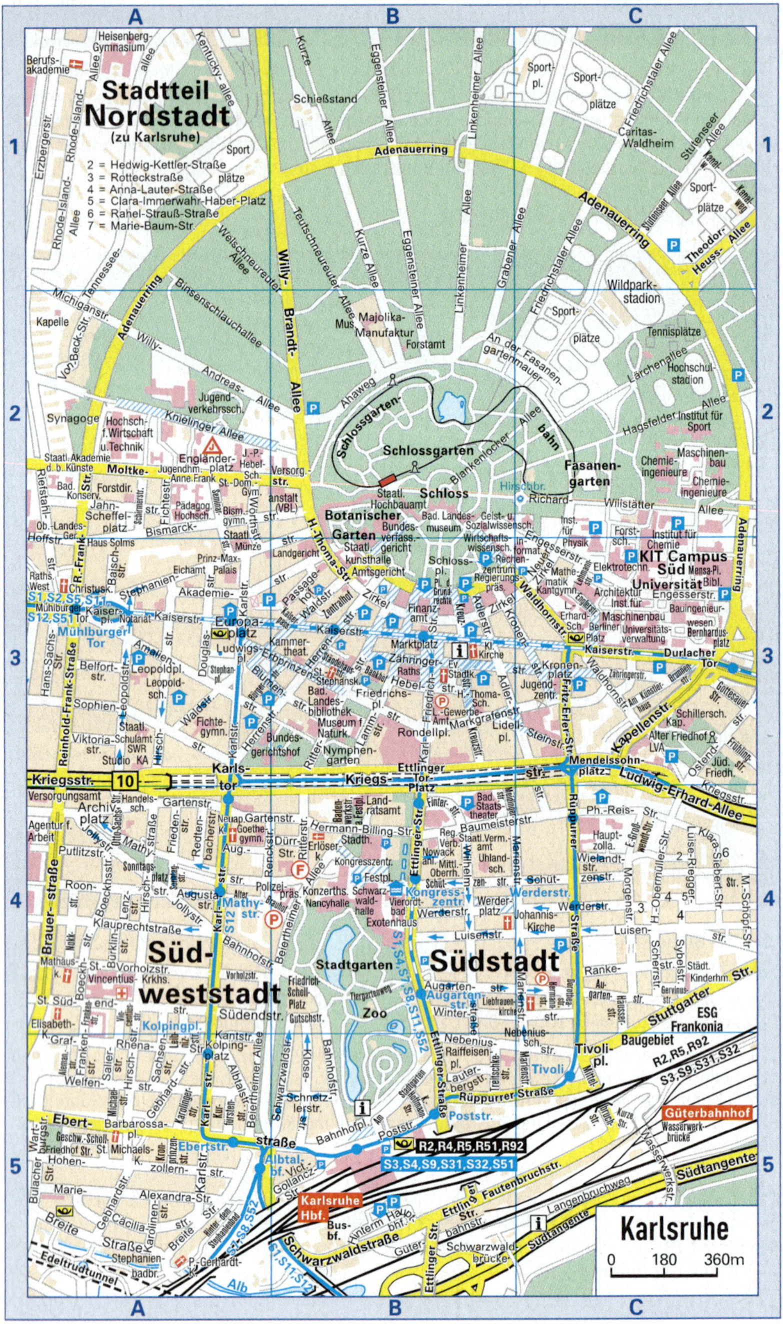
Stadtteil Nordstadt
(zu Karlsruhe)
2 = Hedwig-Kettler-Straße
3 = Rotteckstraße
4 = Anna-Lauter-Straße
5 = Clara-Immerwahr-Haber-Platz
6 = Rahel-Strauß-Straße
7 = Marie-Baum-Str.
Adenauerring
Schlossgarten
Schloss
Botanischer Garten
Fasanengarten
KIT Campus Süd Universität
Wildparkstadion
Südweststadt
Südstadt
Stadtgarten
Zoo
Karlsruhe Hbf.
Kriegsstr.
Kaiserstr.
Europaplatz
Marktplatz
Ettlinger Tor-Platz
Mendelssohnplatz
Ludwig-Erhard-Allee
Durlacher Tor
Mühlburger Tor
Karlstor
Kongresszentr.
Güterbahnhof
Südtangente
Schwarzwaldstraße
Karlsruhe
0 180 360m

Neuzeitliches Business- und Tagungshotel mit direktem Anschluss zum Kongresszentrum. Modern eingerichtete, klimatisierte Zimmer mit gutem technischen Komfort. Im Restaurant und auf der Terrasse wird regionale Küche serviert.

Schlosshotel
www.schlosshotelkarlsruhe.de

★★★★

Bahnhofplatz 2 (B5), PLZ 76137, **T 0721 38320,** F 3832333
96 Zimmer | 3 Suiten | 24 h

Traditionsreiches Konferenz- und Businesshotel direkt am Hauptbahnhof. Beeindruckend ist der hist. Fahrstuhl von 1914. Zur Verfügung stehen komfortable Zimmer und großzügige Suiten. Zum Haus gehören auch ein Sauna- und Fitnessbereich, ein badisches Restaurant sowie eine Cocktailbar.

Kaiserhof
www.hotelkaiserhof-ka.de

★★★★

Karl-Friedrich-Straße 12 (B3), PLZ 76133, **T 0721 91700,** F 9170150
57 Zimmer | 8 Suiten | 5 Apartments | Ez ab 111 €, Dz ab 140 €, inkl. Frühstück | 24 h

Zentral am Karlsruher Marktplatz gelegen. Helle Zimmer mit neuzeitlicher Ausstattung. Kleiner Wellnessbereich mit Sauna, Dampfbad und Teebar. Kostenlose Leihfahrräder.

Maison-Suisse
www.maison-suisse.de

VARTA-TIPP Ambiente **VARTA★TIPP** Service

★★★ S garni

Hildebrandstraße 24, PLZ 76227 (OT: Durlach), **T 0721 406048,** F 495996
14 Zimmer | 1 Suite | Ez 135–218 €, Dz 156–238 €, 18,00–22,00 €

Ein Kleinod gepflegter Hotelleriekultur. Hier wohnt man bei engagierten Gastgebern in einem klassisch geprägten und liebevoll dekorierten Hotel. Die Zimmer sind wohnlich und mit geschmackvollem Interieur ausgestattet. Ein toller Service und ein Komfort, der keine Wünsche offen lässt, sind hier selbstverständlich - vom appetitlichen Obstkorb bis hin zum großen Zeitschriftenangebot wird an jedes kleine Detail gedacht, um dem Gast den Aufenthalt zu versüßen.

Oberländer Weinstube
www.oberlaender-weinstube.de

Akademiestraße 7 (B3), PLZ 76133, **T 0721 25066**
50 | Hauptgericht 25–35 €, Menü 69–109 € | Di-Sa Mo, So

Das Restaurant hat Charme - das liegt an der gemütlichen Einrichtung und an den liebevoll eingedeckten Tischen. Der uralte Kachelofen und die restaurierte Holzdecke von 1918 unterstreichen die romantische Atmosphäre des hist. erhaltenen Lokals. Aus der Küche kommen bodenständige Gerichte mit modernen Einflüssen wie z.B. „Salzwiesenlamm mit Paprika, Zwiebel und Falafel“.

restaurant sein
www.restaurant-sein.de

VARTA★TIPP Küche VARTA-TIPP Service

Scheffelstraße 57 (↙ A3), PLZ 76135, **T 0721 40244776**
16 | Menü 180–200 € | Mi-Fr Mi-So ⦸ Mo, Di

Das kleine Restaurant in einer ruhigen Wohnstraße inmitten der Weststadt hat sich längst zum Gourmethotspot entwickelt. Das Ambiente ist recht schlicht und minimalistisch, der Service angenehm locker, aber gleichzeitig kompetent. Die Küche von Thorsten Bender zeigt sich modern und weltoffen. Seine Gerichte beeindrucken mit kraftvoller Präsenz, klarer Struktur und geschmacklicher Harmonie. Bender kocht mit ausgezeichneten Produkten und mit eigener Idee. Am Abend können Sie seine kulinarischen Kreationen in Form eines Degustationsmenüs (auch als vegetarische Variante) genießen. Mittags wird ein viergängiges Lunchmenü serviert.

Tawa Yama FINE
www.tawayama.de

VARTA-TIPP Küche VARTA-TIPP Service

Amalienbadstraße 41b, PLZ 76227 (OT: Durlach), **T 0721 9098950**
30 | Menü 129–160 € | Di-Sa ⦸ Mo, So

Auf dem Gelände einer stillgelegten Nähmaschinenfabrik befindet sich dieses Restaurant mit seinem exklusiven Fine-Dining-Bereich. Ebenso modern, hochwertig und geradlinig wie das Ambiente ist die weltoffene Kreativküche von Igor Yakushchenko. Seine Speisen basieren auf hervorragenden Zutaten und werden zu einzigartigen und eindrücklichen Geschmackserlebnissen. Zum wechselnden Menü empfiehlt der geschulte Service die passenden Weine. Neben dem Gourmetrestaurant gibt es noch das „TAWA YAMA EASY" (auch mittags geöffnet), in dem unkomplizierte Gerichte wie Bentoburger, Beef Tatar oder verschiedene Salatbowls aufgetischt werden.

Anders auf dem Turmberg
www.anders-turmberg.de

Reichardtstraße 22, PLZ 76227 (OT: Durlach), **T 0721 41459**
55 | Hauptgericht 20–40 €, Menü 52–120 € | So Mo, Do-So ⦸ Di, Mi

In schönster Lage mit fantastischem Blick über Karlsruhe und auf das badische Land empfängt Sie dieses schlichte, modern-puristisch gestaltete Restaurant. Serviert wird eine variantenreiche, weltoffene Küche. Im Sommer empfiehlt sich die tolle Aussichtsterrasse, im Winter ein Käse- oder Fleischfondue im romantischen Schäferwagen.

Bistro Margarete Neu!
bistro-margarete.de

VARTA-TIPP Küche

Scheffelstraße 55, PLZ 76135 (OT: Beiertheim-Bulach), **T 0721 40244773**
Hauptgericht 22–34 €, Menü 46–59 € | Mi-Fr Mi-So ⦸ Mo, Di

Auch im Zweitlokal von Thomas Bender, das sich in unmittelbarer Nachbarschaft seines Gourmetrestaurants „Sein" befindet, kann man hervorragend speisen. Die Karte umfasst sowohl klassische als auch neuzeitliche Kreationen. Lust auf „Rheinzander im Brotmantel | Nussbutterpüree | Spitzkohlsalat | Verjusschaum"? Dazu eine fair kalkulierte Weinauswahl. Die Atmosphäre ist ungezwungen und lebendig, im Sommer lockt ein begrünter Innenhof.

BRICK + BONE Steakhouse
www.brickandbone.de

Waldstraße 79 (A3), PLZ 76133, **T 0721 205000**
60 | Hauptgericht 18–70 € | Di-Fr, So Di-So ⦸ Mo

In diesem Steakhouse mit seinem lässig-eleganten Ambiente kommen Fleischliebhaber auf ihre Kosten. Ob T-Bone, Rib-Eye, Porterhouse oder Filet Mignon – die Auswahl ist vielfältig und hochwertig. Dazu gibt es eine große Auswahl an nationalen und internationalen Weinen.

DOM - Grill Kitchen Bar www.dom-grill.com

Hirschhof 5 (A3), PLZ 76133, **T 0721 90990090**
70 | Hauptgericht 19–58 € | Di-Fr Di-Sa Mo, So

Junges, hippes Steakhaus in einer ehem. anthroposophischen Kirche. In lässiger Atmosphäre bietet man den Gästen eine vielseitige und kreative Lunch- und Abendkarte. Highlight sind die verschiedenen Steakcuts vom Grill. Große Weinauswahl mit regionalen und internationalen Gewächsen. Eine echte Oase ist die Terrasse im Sommer.

Erasmus www.erasmus-karlsruhe.de

Nürnberger Straße 1, PLZ 76199 (OT: Rüppurr), **T 0721 40242391**
25 | Hauptgericht 28–42 €, Menü 105–139 € | Do-Fr Di-Sa Mo, So

Das Restaurant befindet sich im einstigen „Waschhaus“ der Wohnsiedlung Dammerstock, die nach den Plänen von Walter Gropius entworfen wurde. Hier erwartet Sie eine frische, hausgemachte Slow-Food-Küche, bei der fast ausschließlich Bio-Zutaten regionalen Ursprungs Verwendung finden. Die italienisch beeinflussten Gerichte klingen z.B. so: „Tortelli gefüllt mit Ricotta mit sautierten Zucchini und Basilikumpesto“ oder „Dreierlei vom biodynamischen Hähnchen, Pfifferlinge, Steinpilze, Kartoffel“.

Il Teatro² www.ilteatro.de

Ettlinger Straße 2c (B4), PLZ 76137, **T 0721 356566**
85 | Hauptgericht 24–45 €, Menü 54–105 € | Mo, Do-So Di, Mi

In diesem etablierten Ristorante in der Stadtmitte sorgen Daniele Di Sario und sein Team mit einer kreativen Küche und freundlichem Service für Ihr Wohl. Die Speisekarte offeriert traditionelle italienische Spezialitäten mit internationalen Einflüssen. Probieren Sie z.B. „Gebratener Oktopus an Paprika-Pinienkern-Vinaigrette, Knoblauch und gebratene Romanasalatherzen“! Dazu gibt es eine schöne Auswahl an Weiß- und Rotweinen aus Italien.

Nagel's Kranz www.nagels-kranz.de

Neureuter Hauptstraße 210, PLZ 76149 (OT: Neureut), **T 0721 705742**
32 | Hauptgericht 29–34 € | Mi-Do Di-Sa Mo, So

Ein gemütliches kleines Restaurant im nördlichen Teil von Karlsruhe. Serviert wird eine feine französische Landküche mit badischen Akzenten. Dazu werden erlesene lokale und internationale Weine kredenzt. Nette Gartenterrasse. Liebenswerter Service.

EigenArt
www.eigenart-karlsruhe.de

Hebelstraße 17 (B3), PLZ 76133, **T 0721 5703443**
Hauptgericht 18–38 € | Di-Sa Mo, So

Sympathisches Restaurant in der Innenstadt. Die angebotenen saisonalen Speisen werden frisch und originell zubereitet. Auch vegetarische Gerichte findet man auf der Speisekarte. Dazu gibt es eine schöne Auswahl an regionalen Weinen.

Kesselhaus
www.kesselhaus-ka.de

Griesbachstraße 10c, PLZ 76185 , **T 0721 6699269**
120 | Hauptgericht 30–60 €, Menü 68–92 € | Di-Fr Di-Sa Mo, So

Das denkmalgeschützte Gebäude aus dem Jahr 1910 hat man behutsam und aufwendig restauriert. Stilgerechte Industriearchitektur und modernes Interieur verleihen dieser Location ihre einzigartige Atmosphäre. Die Karte bietet neben preiswerten Lunchgerichten eine moderat gehobene internationale Küche. Hochwertige Tapas und erstklassige Weine kann man in der stilvoll neu renovierten Winelounge im „Industrial Jungle"-Ambiente genießen.

Folgen Sie uns: facebook.com/vartaguide

KASSEL 31 D
kassel-marketing.de

Hessen | EW 194.087 | 167 m | Erfurt 150 km, Hannover 164 km
Bergpark Wilhelmshöhe mit Wasserspielen und Herkules (UNESCO-Weltkulturerbe), Treppenstraße (erste Fußgängerzone der BRD), Ottoneum, Barocke Parkanlage Karlsaue, Gegenwartskunst im Museum Fridericianum, Gemäldegalerie Alte Meister im Museum Schloss Wilhelmshöhe.

Gude
www.hotel-gude.de

GREENSIGN ★★★★ S garni

Frankfurter Straße 299, PLZ 34134 (OT: Niederzwehren), **T 0561 48050,** F 4805101
89 Zimmer | 1 Suite | Ez 109–289 €, Dz 149–289 €, 17,00 € | 24 h

Ansprechende Tagungsadresse in einem Gebäude aus dem Jahr 1876. Das familiengeführte Hotel beherbergt helle, geräumige Zimmer, die teilweise über einen Balkon verfügen. Kleiner Wellnessbereich mit Sauna und Fitnessraum. Regionale und internationale Gerichte im Restaurant „Pfeffermühle".

Schlosshotel Bad Wilhelmshöhe
www.schlosshotel-kassel.de

★★★★ S garni

Schloßpark 8, PLZ 34131 (OT: Bad Wilhelmshöhe), **T 0561 30880,** F 3088428
130 Zimmer | 10 Suiten | Ez ab 110 €, Dz ab 135 €, inkl. Frühstück | 24 h

Ein elegantes Zuhause auf Zeit mit traumhaftem Blick über Kassel. Das Schlosshotel bietet exquisit ausgestattete Zimmer und Suiten sowie einen wunderschönen Wellnessbereich. Das Haus ist der perfekte Ort für Hochzeiten, Events und Tagungen.

Renthof
www.renthof-kassel.de

VARTA-TIPP Ambiente

GREENSIGN ★★★★★ S garni

Renthof 3 (C3), PLZ 34117, **T 0561 506680**
55 Zimmer | 2 Suiten | 24 h

»

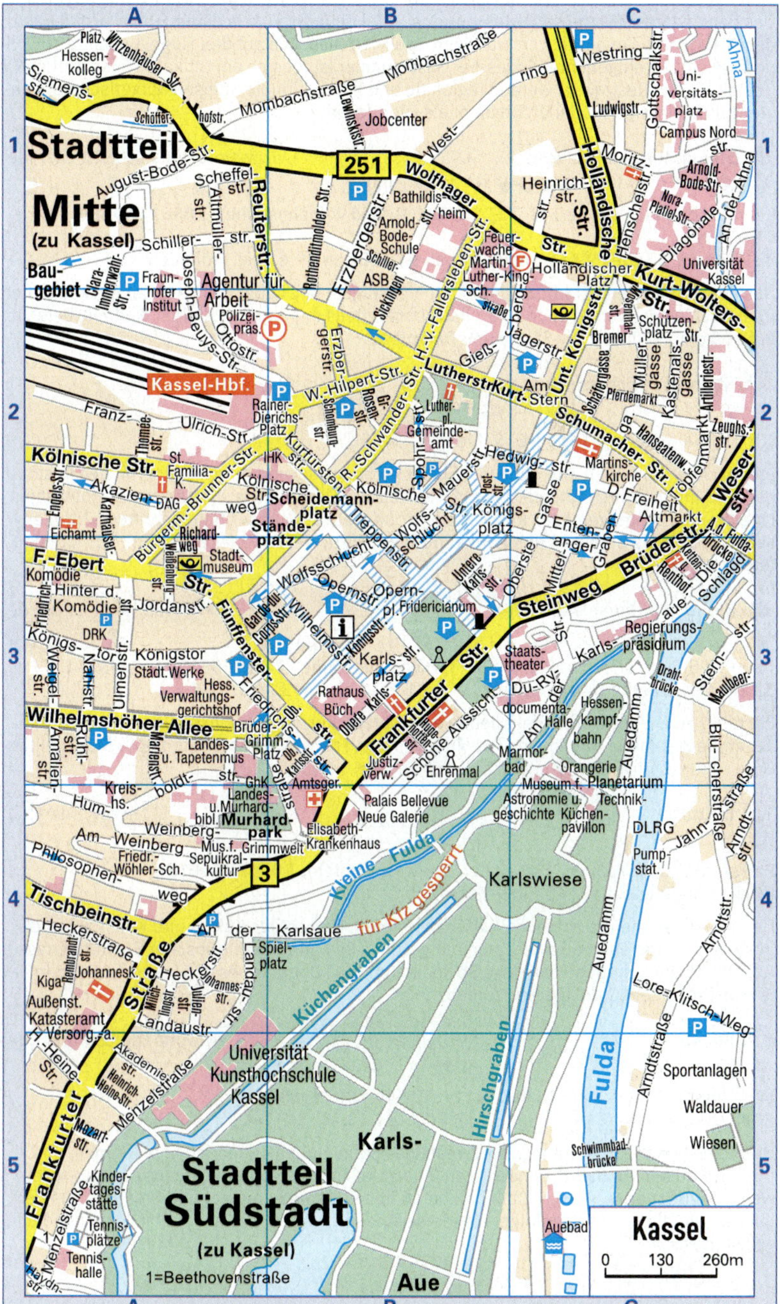
A
B
C
1
2
3
4
5
Stadtteil
Mitte
(zu Kassel)
Platz
Hessen-
kolleg
Witzenhäuser Str.
Siemens-
str.
Schöffer-
hofstr.
Mombachstraße
Mombachstraße
Lewinskistr.
Jobcenter
West-
ring
Westring
Gottschalkstr.
Ahna
Uni-
versitäts-
platz
Ludwigstr.
Campus Nord
str.
Moritz-
Arnold-
Bode-Str.
Nora-
Platiel-Str.
Diagonale
An der Ahna
251
Wolfhager
Str.
August-Bode-Str.
Scheffel-
str.
Altmüller-
str.
Reuterstr.
Rothenditmolder Str.
Erzbergerstr.
Bathildis-
heim
Arnold-
Bode-
Schule
Schiller-
str.
ASB
Sickingen
Heinrich-
str.
Holländische
Str.
Henschelstr.
Universität
Kassel
Kurt-Wolters-
Str.
Feuer-
wache
Martin-
Luther-King-
Sch.
Holländischer
Platz
Baugebiet
Clara-
Immerwahr-
Str.
Fraun-
hofer
Institut
Joseph-Beuys-Str.
Agentur für
Arbeit
Polizei-
präs.
Ottostr.
Erzber-
gerstr.
H.-v.-Fallersleben-Str.
Gieß-
berg
Jägerstr.
Unt. Königsstr.
Bremer
Schützen-
platz
Str.
Müller-
gasse
Kastenals-
gasse
Artilleriestr.
Kassel-Hbf.
W.-Hilpert-Str.
Rosen-
str.
Gr.
Schomburg-
str.
Lutherstr.
Luther-
pl.
Kurt-
Am
Stern
Schäfergasse
Pferdemarkt
Schumacher-
Str.
Hanseatenw.
Töpfenmarkt
Zeughs.
str.
Weser-
str.
Franz-
Thomée-
str.
Ulrich-Str.
Rainer-
Dierichs-
Platz
R.-Schwander-Str.
Gemeinde-
amt
Spohr-str.
Kölnische Str.
St.
Familia-
K.
IHK
Kurfürsten-
str.
Bürgerm.-Brunner-Str.
Hedwig-
str.
Martins-
kirche
Engels-str.
Akazien-
weg
DAG
Kölnische
Str.
Scheidemann-
platz
Kölnische
Mauerstr.
Post-
str.
Gasse
D. Freiheit
Altmarkt
Karthäuser.
Eichamt
Richard-
weg
Stände-
platz
Treppenstr.
Wolfs-
schlucht
Str.
Königs-
platz
Enten-
anger
Graben
Brüderstr.
A. d. Fulda-
brücke
Ketten-
Renthof
Die
Schlagd
F.-Ebert
Str.
Weißenburg-
str.
Stadt-
museum
Wolfsschlucht
Opernstr.
Opern-
pl.
Untere
Karls-
str.
Oberste
Mittel-
Steinweg
Komödie
Hinter d.
Komödie
Jordanstr.
Fünffenster-
Garde-du-
Corps-Str.
Wilhelmsstr.
Königsstr.
Fridericianum
aue
Regierungs-
präsidium
Friedrich-
DRK
Königs-
tor
Königstor
Städt. Werke
Karls-
platz
Frankfurter
Str.
Staats-
theater
Karls-
Du-Ry-
Str.
Stern-
str.
Maulbeer-
Draht-
brücke
Weigel-
str.
Nahlstr.
Ulmenstr.
Hess.
Verwaltungs-
gerichtshof
Friedrichs-
str.
Rathaus
Büch.
Obere Karls
Schöne Aussicht
documenta-
Halle
An der
Hessen-
kampf-
bahn
Auedamm
Blü-cherstraße
Wilhelmshöher Allee
Brüder-
Grimm-
Platz
Ob.
Karlsstr.
Justiz-
verw.
Ehrenmal
Marmor-
bad
Orangerie
Ruhl-
str.
Amalien-
str.
Marienstr.
Landes-
u. Tapetenmus
str.
GhK
Amtsger.
Palais Bellevue
Neue Galerie
Museum f.
Astronomie u.
geschichte
Planetarium
Technik-
Küchen-
pavillon
Kreis-
hs.
Hum-
boldt-
Landes-
u. Murhard-
bibl.
Murhard-
park
Elisabeth-
Krankenhaus
DLRG
Jahn-
straße
Arndt-
str.
Am
Weinberg
Weinberg-
Friedr.-
Wöhler-Sch.
Mus. f.
Sepulkral-
kultur
Grimmwelt
Fulda
Kleine
Pump-
stat.
Philosophen-
weg
3
für Kfz gesperrt
Karlswiese
Tischbeinstr.
An der Karlsaue
Heckerstraße
Spiel-
platz
Arndtstr.
Rembrandt-
str.
Johannesk.
Heckerstr.
Landau-
str.
Johannes-
str.
Küchengraben
Straße
Kiga
Außenst.
Katasteramt
H.-Versorg.-a.
Landaustr.
Milch-
lingstr.
Julien-
str.
Lore-Klitsch-Weg
H.-Heine-
Str.
Akademie-
str.
Heinrich-
Heine-Str.
Menzelstraße
Universität
Kunsthochschule
Kassel
Hirschgraben
Arndtstraße
Fulda
Sportanlagen
Waldauer
Wiesen
Frankfurter
Mozart-
str.
Karls-
Schwimmbad-
brücke
Stadtteil
Südstadt
(zu Kassel)
Kinder-
tages-
stätte
Tennis-
plätze
Tennis-
halle
Menzelstraße
Haydn-
str.
1=Beethovenstraße
Aue
Auebad
Kassel
0
130
260m

Das denkmalgeschützte, sanierte Boutique-Hotel befindet sich in einem ehem. Kloster aus dem 13. Jh. Die Zimmer des ehrwürdigen Baus verteilen sich auf drei Flügel und sind stilvoll und individuell eingerichtet. Jedes der Gästezimmer ist für sich ein Unikat in Zuschnitt und Gestaltung. Im Restaurant werden regionale und internationale Speisen aufgetischt. Die angrenzende einstige Brüderkirche dient als Eventlocation.

Steinernes Schweinchen www.steinernes-schweinchen.de

★★★★ garni

Konrad-Adenauer-Straße 117, PLZ 34132 (OT: Bad Wilhelmshöhe), **T 0561 940480,** F 94048555

83 Zimmer | 1 Suite | 9 Apartments | Ez ab 94 €, Dz ab 99 €, inkl. Frühstück

Das designorientierte Traditionshotel mit einmaligem Blick über das Kasseler Becken bietet freundlich eingerichtete, moderne Gästezimmer (teils mit Balkon). Kleiner Wellnessbereich auf 200 qm mit finnischer Sauna und Dampfbad.

Steinernes Schweinchen

130 | Hauptgericht 16–33 € | Mo-Fr Sa, So

Mit frischen Produkten und ohne viel Schnickschnack serviert man im gemütlichen Restaurant und im lichtdurchfluteten Wintergarten leckere Gerichte wie „Lammkarree | Rotweinjus | mediterranes Ofengemüse | Röstkartoffeln" oder „Lachs auf der Haut gebraten | Zitronensauce | gegrilltes Gemüse | Rosmarinkartoffeln". Dazu werden erlesene Weine aus nah und fern kredenzt.

Biohotel Wilhelmshöher Tor www.biohotel-kassel.de

garni

Heinrich-Schütz-Allee 24, PLZ 34131 (OT: Wilhelmshöhe), **T 0561 93890,** F 9389111

33 Zimmer | 1 Suite | 1 Apartment | Ez ab 81 €, Dz ab 110 €, 7,00 €

Ein ruhig gelegenes Hotel direkt neben dem Naturschutzgebiet Dönche. Die hellen, freundlichen Gästezimmer haben eine individuelle Note. Frisches Frühstück in 100% Bio-Qualität. Gute Tagungsmöglichkeiten, persönlicher Service.

El Erni www.el-erni.de

Parkstraße 42 (A2), PLZ 34119 (OT: Vorderer Westen), **T 0561 710018**

80 | Hauptgericht 12–40 € | Mo-So

Der aus Andalusien stammende Patron betreibt im Herzen des Kultur- und Künstlerviertels Vorderer Westen ein modernes, stimmungsvolles Restaurant mit hübscher Sommerterrasse. Aus der Küche kommen spanische Spezialitäten wie „Boquerones en vinagre", „Salmon al la plancha" oder „Chuletitas de cordero".

Mondi www.mondi-restaurant.de

Wilhelmhöher Allee 34 (B3), PLZ 34117, **T 0561 83079318**

50 | Menü ab 65 € | Di-Sa Mo, So 24.12.23–3.1.24

Diese zeitgemäße Bistronomie hat zweifellos „Stammlokal"-Potential! In modernem und unprätentiösem Ambiente serviert man Ihnen ein festes, stetig wechselndes Menü - wahlweise mit oder ohne Fleisch. Dabei diktieren das saisonale Angebot und Produkte aus dem lokalen Umfeld die Speisenfolge. Die Preise sind fair, der Service angenehm locker und ungezwungen.

Gutshof
www.restaurant-gutshof.de

Wilhelmshöher Allee 347a, PLZ 34131 (OT: Bad Wilhelmshöhe), **T 0561 32525**
84 | Hauptgericht 18–35 € | Mo-So

Rustikal im Landhausstil eingerichtete Räumlichkeiten hinter hist. Mauern. Die Küche ist bodenständig und serviert deutsche und internationale Spezialitäten, z.B. „Medaillons von der Truthahnbrust mit Sauce Hollandaise, Rahmpilzen und Quinoa“. Großer Biergarten.

Café Nenninger
www.cafe-nenninger.de

Friedrichsplatz 8 (B3), PLZ 34117, **T 0561 7661690**
100 | Hauptgericht 5–12 € | Mo–Sa 9:00–18:00 Uhr, So+Feiertag 10:00–18:00 Uhr

Traditionsreicher Familienbetrieb in der Nähe des Karlsplatzes. Große Kuchentheke mit traditionellen und frisch-fruchtigen Torten sowie feinsten Confiserie-Produkten. Spezialität: Nenninger Baumkuchenpräsente.

KASTELLAUN 40 D
www.kastellaun.de

Rheinland-Pfalz | EW 5.114 | 430 m | Simmern 13 km, Zell 28 km

Burgstadt-Hotel
www.burgstadt.de

★★★★ garni

Südstraße 34, PLZ 56288, **T 06762 40800,** F 4080100
59 Zimmer | 4 Suiten | 24 h

Am südlichen Ortsrand inmitten einer parkähnlichen Anlage liegt dieses Hotel. Es verfügt über hell und freundlich eingerichtete Zimmer sowie moderne Seminarräume. Sehenswert: Erlebniswelt „iTAKEOFF“ rund um die Themen Fliegerei und Flugsimulation. Restaurant mit griechischer Küche und Sommerterrasse.

KAUB 40 D
www.loreley-touristik.de

Rheinland-Pfalz | EW 836 | 74 m | St. Goarshausen 10 km, Rüdesheim 19 km

Zum Turm
www.rhein-hotel-turm.de

Zollstraße 50, PLZ 56349, **T 06774 92200**
35 | Hauptgericht 19–36 €, Menü 45–68 € | So Mo, Mi-So Di

In diesem über 300 Jahre alten Gebäude erwartet Sie ein gemütlich-rustikal eingerichtetes Restaurant. Gekocht wird mit marktfrischen Produkten - das Ergebnis: eine schmackhafte Regionalküche. Probieren Sie z.B. „Frisch geräuchertes Lachsfilet auf Fenchelfondue“ oder „Medaillon vom Kalb mit sautierten Pilzen der Saison“. Schöne Terrasse mit Rheinblick.

KEHL 56 B
www.marketing.kehl.de

Baden-Württemberg | EW 34.657 | 139 m | Straßburg 6 km, Offenburg 19 km

Calamus
www.hotel-calamus.de

★★★★ garni

Boschstraße 6, PLZ 77694 (OT: Sundheim), **T 07851 6430100**
99 Zimmer | 6 Suiten | 24 h

››

Eingebettet in das CALAMUS-AREAL bietet dieses neuzeitliche Konferenz- und Familienhotel modern und wohnlich eingerichtete Gästezimmer in drei verschiedenen Kategorien. Im Restaurant „Chattanooga“ mit schönem Blick in den angrenzenden Biergarten kommen leckere Grillspezialitäten auf den Tisch.

Der Rebstock
www.rebstock-kehl.de

Hauptstraße 183, PLZ 77694, **T 07851 91040,** F 78568
49 Zimmer | 3 Suiten | Ez ab 90 €, Dz ab 128 €, inkl. Frühstück | 24 h

Neben klassischen Gästezimmern verfügt das zu einem reizenden Boutique-Hotel gewachsene Haus auch über liebevoll gestaltete Designerzimmer, in denen sich Künstler wie Friedrich Geiler, Sylvie Lander oder Otmar Alt wiederfinden. Morgens frühstücken Sie mit Blick in den hübschen Kastaniengarten. Am Abend können Sie einen Cocktail in der AperoBAR genießen und anschließend genussvolle Stunden im Restaurant EssZimmer verbringen.

Landgasthof Schwanen
www.schwanen-kork.de

Landstraße 3, PLZ 77694 (OT: Kork), **T 07851 7960,** F 796222
41 Zimmer | Ez 64–99 €, Dz 92–117 €, 12,00 €

Seit 1750 kümmert sich der Schwanen in Kork um das Wohl seiner Gäste und wird heute in vierter Generation von Familie Lubberger geführt. Die geschmackvoll eingerichteten Zimmer verteilen sich auf Stammhaus, Gästehaus und Amtsbotenhaus. In den gemütlich-rustikalen Gaststuben wird badisch-elsässische Küche serviert.

Hirsch
www.hirsch-kork.de

Gerbereistraße 20, PLZ 77694 (OT: Kork), **T 07851 99160**
70 | Hauptgericht 11–38 €, Menü 69–89 € | Di-Fr Mo-Sa So

Viele Stammgäste mögen dieses Gasthaus, und das liegt nicht nur an der liebenswerten Gastfreundschaft, sondern auch an der schmackhaften Küche, die hier serviert wird. Das Angebot reicht von Käsespätzle über Wiener Schnitzel bis Variation von Edelfischen. An Sommerabenden sitzt man wunderschön auf der begrünten Terrasse. Für Übernachtungsgäste hat man modern und individuell eingerichtete Hotelzimmer.

Schon probiert?
Der Varta-Führer ist auch als eBook für Ihren TabletPC oder Ihr Smartphone verfügbar!

KELHEIM 60 B
www.kelheim.de

Bayern | EW 15.580 | 343 m | Regensburg 31 km, Ingolstadt 56 km

Weißes Bräuhaus zu Kelheim
www.weisses-brauhaus-kelheim.de

Emil-Ott-Straße 3, PLZ 93309, **T 09441 3480**
200 | Hauptgericht 9–24 € | Mi-So Mo, Di

Älteste Weißbierbrauerei Bayerns: seit 1607 wird hier die bekannte Bierspezialität „Schneider Weisse“ gebraut. Originell-rustikaler Gasthof mit urigem Flair und schönem Biergarten. Serviert werden bayerische Schmankerl und regionale Klassiker.

KELKHEIM (TAUNUS) 41 C www.kelkheim.de

Hessen | EW 29.000 | 193 m | Höchst/Main 7 km, Frankfurt am Main 18 km

Schloss Rettershof www.schlosshotel-rettershof.de

Rettershof 5, PLZ 65779, **T 06174 29090,** F 25352
35 Zimmer

Dieses wunderschöne, familiengeführte Hotel befindet sich auf dem Gelände eines Klosters aus dem 12. Jahrhundert. Hier verbinden sich Tradition und Moderne. Die klassisch gestalteten Zimmer, die sich auf das Schloss und den Anbau verteilen, sind wohnlich und mit zeitgemäßer Technik ausgestattet.

Retter's

50 | Hauptgericht 23–59 € | Do-Sa Mo, Di, Mi, So

Lust auf „Rotbarbe & Garnele | Nussbuttermousseline | gerösteter grüner Spargel | Kirschtomatenconfit"? Hier kocht man frisch und regional mit internationalen Einflüssen. Der Service ist freundlich, das Ambiente gemütlich und dennoch elegant. In den Sommermonaten kann man lauschige Abende auf der Schlossterrasse genießen.

KELL AM SEE 49 A www.hochwald-ferienland.de

Rheinland-Pfalz | EW 1.918 | 441 m | Hermeskeil 11 km, Saarburg 27 km

Fronhof www.hotel-fronhof.de

Fronhof 1, PLZ 54427, **T 06589 1641,** F 2162
12 Zimmer | Ez 80–82 €, Dz 115–125 €, inkl. Frühstück

Ein familienfreundliches Haus direkt am Stausee. Die Zimmer sind im modernen Landhausstil eingerichtet. Es gibt auch eine Ferienwohnung. Ein schönes Plätzchen ist die malerische Terrasse, auf der Sie nachmittags hausgebackenen Kuchen probieren können. Direkt neben dem Hotel befindet sich ein Pferdegestüt.

KELLENHUSEN 9 C www.kellenhusen.de

Schleswig-Holstein | EW 1.172 | 4 m | Grömitz 11 km, Oldenburg in Holstein 17 km

Erholung www.hotel-erholung.de

Strandstraße 1, PLZ 23746, **T 04364 470960,** F 4709670
33 Zimmer | 5 Suiten | 3 Apartments | Ez ab 65 €, Dz ab 102 €, inkl. Frühstück

Familiär geführtes Ferienhotel, nur wenige Gehminuten vom Strand entfernt. Das Haus verfügt über solide und zeitgemäß eingerichtete Zimmer. Ansprechende Saunalandschaft mit Strandlounge und Terrasse. Auch Ferienwohnungen vorhanden.

KELSTERBACH 41 C www.kelsterbach.de

Hessen | EW 17.576 | 107 m | Rüsselsheim 11 km, Frankfurt am Main 12 km

Ambiente Italiano
www.ambienteitaliano.de

Staufenstraße 16, PLZ 65451, **T 06107 9896840**
50 | Hauptgericht 19–39 €, Menü 55–105 € | Mo-Fr Mo-Sa So

Im hellen, elegant eingerichteten Wintergarten wird eine gehobene italienische Küche serviert, während die angeschlossene Trattoria auch verschiedene Pizza- und Pastagerichte bietet. Hübsche Sommerterrasse.

KEMPTEN 66 B
www.kempten.de

Bayern | EW 66.037 | 674 m | Marktoberdorf 25 km, Isny 28 km

Bayerischer Hof
www.bayerischerhof-kempten.de

★★★★ garni

Füssener Straße 96, PLZ 87437, **T 0831 57180,** F 5718100
50 Zimmer | 1 Suite | 2 Apartments

Die lange Tradition und Geschichte des historischen Hauses ist bis heute sichtbar. Das hübsch restaurierte Boutique-Hotel bietet elegante, individuell eingerichtete Zimmer in verschiedenen Kategorien. Mediterraner Fit- und Relax-Bereich. Restaurant mit griechischer Küche.

Allgäu Art Hotel
www.allgaeuarthotel.de

garni

Alpenstraße 9, PLZ 87435, **T 0831 5408600,** F 54086099
56 Zimmer | 24 h

Barrierefreies Hotel für Menschen mit und ohne Handicap. Das Design in den öffentlichen Bereichen, im Restaurant und in den Zimmern greift die Themen Entschleunigung und Allgäuer Natur auf. Zum Haus gehören auch eine großzügige Saunawelt sowie ein Restaurant mit Gartenterrasse und internationaler Küche.

bigBOX ALLGÄU Hotel
www.bigboxallgaeu.de/hotel

★★★★ garni

Kotterner Straße 62-64, PLZ 87435, **T 0831 570552000,** F 512882001
124 Zimmer | 1 Suite | Ez ab 99 €, Dz ab 109 €, inkl. Frühstück | 24 h

Moderne Übernachtungsadresse für Urlaubs- und Geschäftsreisende. Das Hotel hat einen direkten Anschluss an die Veranstaltungshalle „bigBOX Allgäu“. Umfangreiches Tagungsangebot. Im Restaurant „musics“ wird international gekocht.

Peterhof
www.hotelpeterhof.de

garni

Salzstraße 1, PLZ 87435, **T 0831 52440,** F 5244200
44 Zimmer | 2 Apartments | Ez 85–115 €, Dz 89–159 €, inkl. Frühstück | 24 h

Urlaubs- und Geschäftshotel in ruhiger Lage unweit des Ortszentrums. Schlicht und elegant oder im „Allgäu-Style“ eingerichtete Zimmer mit komfortabler Ausstattung. Reichhaltiges Frühstücksbuffet mit vielen selbstgemachten Produkten.

Waldhorn www.waldhorn-kempten.de

Steufzgen 80, PLZ 87435, **T 0831 580580,** F 5805899
70 Zimmer | 1 Apartment | Ez 72–108 €, Dz 98–150 €, inkl. Frühstück | 24 h

Neuzeitliches Hotel in ruhiger, verkehrsgünstiger Lage am Stadtrand mit familiärer Atmosphäre. Stilvoll mit warmen Farben eingerichtete Zimmer. Für Entspannung sorgt eine kleine Saunalandschaft. Im Restaurant wird regional und saisonal gekocht. Süße Leckereien werden in der hauseigenen Meisterkonditorei gefertigt.

KENZINGEN 56 D www.kenzingen.de

Baden-Württemberg | EW 9.196 | 174 m | Lahr 23 km, Freiburg im Breisgau 29 km

Schieble www.hotel-schieble.de

★★★ S

Offenburger Straße 6, PLZ 79341, **T 07644 9269990,** F 92699955
27 Zimmer | 1 Suite | Ez 73–109 €, Dz 109–140 €, inkl. Frühstück

Der traditionsreiche Familienbetrieb verfügt über wohnliche, im Landhausstil eingerichtete Zimmer. Im hauseigenen Restaurant werden frische bürgerliche Speisen mit französischen Einflüssen serviert. Durch die Nähe zum Kaiserstuhl, dem Schwarzwald und den Vogesen bieten sich zahlreiche Ausflugs- und Freizeitmöglichkeiten.

Scheidels Restaurant zum Kranz www.scheidels-kranz.de

Offenburger Straße 18 (an der B 3), PLZ 79341, **T 07644 6855**
50 | Hauptgericht 18–34 €, Menü 39–65 € | Mi-So Mo, Di

Ein familiär geführtes Landgasthaus mit gepflegten, einladenden Räumlichkeiten. Serviert werden schmackhafte, frisch zubereitete Speisen regionaler und internationaler Art. Hübsch der lauschige Biergarten mit altem Baumbestand.

KERNEN IM REMSTAL 58 A www.kernen.de

Baden-Württemberg | EW 14.936 | 292 m | Fellbach 4 km, Waiblingen 6 km

Malathounis www.malathounis.de

VARTA-TIPP Küche

Gartenstraße 5, PLZ 71394 (OT: Stetten), **T 07151 45252**
26 | Hauptgericht 19–44 €, Menü 39–99 € | Di-Sa Mo, So

Inmitten der schwäbischen Remstalidylle, etwas versteckt in einem Wohngebiet, liegt dieses Restaurant von Joannis Malathounis. Hier dürfen Sie sich auf eine exzellente „modern greek cuisine“ freuen. Die feinsinnigen, raffinierten und teils außergewöhnlichen Gerichte des Patrons bleiben in Erinnerung. Ein Facettenreichtum, der von Können, Neugierde und Fantasie zeugt. Der Weinkeller besticht mit einer fulminanten Auswahl an deutschen und internationalen Gewächsen.

Zum Ochsen
www.ochsen-kernen.de

Kirchstraße 15, PLZ 71394 (OT: Stetten), **T 07151 94360**
140 | Hauptgericht 16–40 €, Menü 60–80 € | Sa-So Mi-So Mo, Di

Traditionsgasthof mit angeschlossener Landmetzgerei. In den gemütlichen Stuben, im Wintergarten und auf der angrenzenden überdachten Terrasse werden schwäbische Spezialitäten sowie schmackhafte Gerichte aus der internationalen Küche aufgetischt. Dazu gibt es Weine von lokalen Winzern.

KERPEN 39 B
www.stadt-kerpen.de

Nordrhein-Westfalen | EW 64.669 | 95 m | Düren 17 km, Köln 26 km

Wilkens 1835
www.wilkens1835.de

★★★★ garni

Zum Breitmaar 1, PLZ 50170 (OT: Sindorf), **T 02273 60660,** F 6066200
22 Zimmer | Ez 85–95 €, Dz 125–140 €, inkl. Frühstück

Das Hotel ist sowohl für den Businessgast als auch für den privat reisenden Urlauber interessant. Die Zimmer sind modern, funktional und wohnlich. Gastronomisch hat man die Qual der Wahl zwischen dem exklusiven Restaurant, dem stylishen Gastroraum namens „Gastwerk" und der traditionell-urigen Schänke.

Schloss Loersfeld
www.schlossloersfeld.de

VARTA-TIPP Küche **VARTA-TIPP** Service

Schloss Loersfeld 1, PLZ 50171, **T 02273 57755**
60 | Hauptgericht 48–54 €, Menü 85–145 € | Mi-Sa Mo, Di, So

Geschichtsträchtiges Anwesen mit großzügig angelegtem Landschaftspark und stilvoll mit antiken Möbeln ausgestatteten, hohen Räumen. In diesem herrschaftlichen Rahmen verwöhnen Sie Küchenchef Benjamin Schöneich und sein kreatives Team mit einer modernen, französisch inspirierten Küche. Dazu werden Sie vom aufmerksamen und liebenswürdigen Service bestens betreut. Tipp: Mittwoch bis Freitag Lunchmenü in zwei bis drei Gängen. Für Übernachtungsgäste stehen drei hübsche Apartments im Nebenhaus zur Verfügung.

KETSCH 51 C
www.ketsch.de

Baden-Württemberg | EW 12.576 | 101 m | Schwetzingen 4 km, Speyer 10 km

Seehotel
www.seehotel.de

★★★★ garni

Kreuzwiesenweg 5, PLZ 68775, **T 06202 6970,** F 697199
70 Zimmer | 1 Suite | Ez ab 99 €, Dz ab 109 €, inkl. Frühstück

Barrierefreies Haus in ruhiger Einzellage am See - modern und geschmackvoll eingerichtet. Die stilvoll mit Naturmaterialien und Designermöbeln gestalteten Zimmer verfügen über zeitgemäße Technik und teilweise über begehbare Kleiderschränke.

Die Ente

50 | Hauptgericht 34–44 €, Menü 69–89 € | Mo-Sa

Stilvoll eingerichtetes Restaurant mit Wintergarten, Bar und lauschiger Terrasse. Serviert wird klassische Küche - modern interpretiert. Anspruchsvolle Weinkarte mit guten deutschen und französischen Gewächsen.

KEVELAER 28 B — www.kevelaer.de

Nordrhein-Westfalen | EW 29.000 | 22 m | Holländ. Grenze 8 km, Geldern 10 km

Klostergarten — www.hotel-klostergarten.eu

★★★ S garni

Klostergarten 1, PLZ 47623, **T 02832 9250100,** F 9250167
29 Zimmer | Ez 76–99 €, Dz 99–149 €, ab 12,90 €

Ein Integrationsbetrieb, in dem Menschen mit Behinderung gemeinsam mit nicht beeinträchtigten Kollegen arbeiten. Die Gästezimmer sind modern, wohnlich und farbenfroh gestaltet. Sämtliche Räume im Hotel sind komplett barrierefrei. Zum Haus gehören auch eine mediterrane Lounge, eine private Kapelle und ein schöner Klostergarten.

KIEDRICH 41 C — www.kiedrich.de

Hessen | EW 3.905 | 165 m | Eltville 3 km, Wiesbaden 15 km

Weinschänke Schloss Groenesteyn — www.groenesteyn.net

VARTA-TIPP Küche VARTA-TIPP Service

Oberstraße 36/37, PLZ 65399, **T 06123 1533**
70 | Hauptgericht 42–48 €, Menü 125–175 € | So Mo, Do-So Di, Mi

Mit ganz viel Herzblut setzen Dirk Schröer und seine Frau Amila Begic in der renommierten Gutsschänke ihr ambitioniertes Konzept um. Charmant das Interieur im alpenländischen Stil, der Service herzlich und professionell, die Küche klassisch, modern und kreativ. Dazu gibt es tolle Weine und Sekte aus dem Rheingau. Herrliche Terrasse mit wunderschönem Blick auf die Weinberge und das Schloss.

KIEL 8 C — www.kiel.de

Schleswig-Holstein | EW 241.533 | 5 m | Lübeck 75 km, Flensburg 83 km
Schönberger Strand, Museumsbahn Schönberger Strand, Aquarium Geomar, Alter Botanischer Garten, Schifffahrtsmuseum mit Museumshafen, Altes Schloss mit Schlossgarten, Leuchtturm, Zoologisches Museum, Marineehrenmal Laboe, Freilichtmuseum Schleswig-Holstein in Molfsee, Kiel-Hörn, Institut für Meereskunde, Nikolaikirche am Alten Markt, Rathaus und Opernhaus am Kleinen Kiel.
Einen Cityplan finden Sie auf Seite 616.

Kieler Kaufmann — www.kieler-kaufmann.de

★★★★ S

Niemannsweg 102 (C1), PLZ 24105, **T 0431 88110,** F 8811222
58 Zimmer | 1 Suite | Ez 139–215 €, Dz 185–300 €, 18,00–29,50 € | 24 h »

Kiel
0 180
A
B
C
1
2
3
4
5
Stadtt. Düsternbrook
(zu Kiel)
Düsternbrooker Gehölz
Kieler Hafen
Stadtteil Gaarden-Ost
Marine-arsenal
Schreven-park
Schreven-teich
Kleiner Kiel
Die Hörn
Hörn-brücke
Hbf.
ZOB
Universitäts-kliniken
Universitäts-brücke
Sporthafen Seeburg
Cruise Terminal
Schloss
Konzertsaal
Anlegestelle Seegartenbrücken
Museumsbrücke
Fischhalle
(Schifffahrtsmuseum)
Neues Rathaus
Rathaus
Opern-hs.
Alter Markt
Berliner Platz
Exerzier-platz
Wunderino Arena
Europapl.
Dreiecks-platz
Ministerien
Landeshaus
Finanzmin.
Anl. St. Reventloubrücke
Sporthafen
Schwentine-Linie
GEOMAR Helmholtz-Zentrum für Ozeanforschung
Aquarium
Kinder-klinik
Paulus-kirche
Alter Botan. Garten
Volkspark
Kinder- u. Jugend-theater
St. Joseph-Kirche
Techn. Fakultät d. Univ
Neuap. Kirche
St. Johannes-K.
Bücherei
Zoll-dienststelle
Halle 400
Jüd. Friedhof
Finanz-amt Kiel-Süd
St. Jürgen-Kirche
Reg. Berufbildungs-zentrum
Schule am Rondeel
Rondeel
Bau-stelle
Kieler Verkehrs-gesell-schaft
Turn-halle
Fröbelschule
Katzheide
Sommer-bad
Alten-heim
Kampf-Tennis-bahn
Sportpl.
1=Bahide-Arslan-Pl.
Moschee
Holtenauer Straße
Knooper Weg
Feldstraße
Forstweg
Düsternbrooker Weg
Kiellinie
Brunswiker Str.
Westring
Olshausenstr.
Gutenbergstr.
Lehmberg
Ziegelteich
Kaistr.
Werftstraße
Ostuferbahn
Ostring
Preetzer Straße
Sophienblatt
Königsweg
Gablenzstr.
Kronshagener Weg
Ring
Kirchhofallee
Schwedenkai
Karolinenweg
Reventlouallee
Esmarchstr.
Niemannsweg
Hardenbergschule
Abendrealsch.
Univ. Biblioth.
Schausp.-haus
Ansgar-kirche
Finanz-gericht
Advent-gem.
Ober-finanzdir.
Marine-gang
VHS-Haus
Kieler Gelehrten-sch.
Sportpl.
IHK
NDR
Lutherk.
Alten- und Pflegeheim
Stadtwerke
Universitäts-Nervenklinik
Mond-spiegel
Kieler Kaufmann
Inst. f. Weltwirtschaft
Krusen-koppel Jugendhm.
Freilichtbühne
Tennis-plätze
Wasserschutz-polizei
Becken
Moltkestraße
Brauereiviertel

Die Historie der schmucken Villa reicht zurück bis ins Jahr 1911, als das Gebäude als Familienwohnsitz der Bankiersfamilie Ahlmann erbaut wurde. Die Gästezimmer sind geräumig, komfortabel und mit hochwertigen Accessoires ausgestattet. Wohnlich, modern und klar präsentieren sich die neueren Zimmer im Parkflügel.

Ahlmanns

VARTA-TIPP Küche

24 | Menü 125–197 € | Mi-Sa ⦸ Mo, Di, So ⦸ 23.–27.12.23, 1.–7.1.24

Dass stilvoll-historischer Rahmen und entspannt-legere Atmosphäre zusammenpassen, beweist dieses Fine-Dining-Restaurant. Hier verwöhnt Sie Lasse Knickrehm mit einer modernen Produktküche, die sich auf das Wesentliche konzentriert und dabei weltoffen, saisonal und kreativ daherkommt. Geboten wird ein wechselndes Feinschmeckermenü in 4 bis 8 Gängen. Der freundliche Service und die trefflichen Weinempfehlungen von Sommelier Björn Urbach komplettieren das Genusserlebnis. Im Sommer lockt die großzügige Terrasse mit weitem Blick in den Park.

Kieler Yacht-Club Neu! www.hotel-kyc.de

Kiellinie 70 (C1), PLZ 24105 (OT: Düsternbrook), **T 0431 22189910**
21 Zimmer | 2 Suiten | 24 h

Das traditionsreiche Haus punktet mit hochwertigem, zeitgenössischem Interieur, herzlichem Service und der fantastischen Lage direkt am Jachthafen mit Blick auf die Kieler Förde. In den wohnlichen Zimmern und Suiten genießt man attraktiven, modernen Wohnkomfort. Das Angebot im stylishen Restaurant „Ahoi Kiel by Steffen Henssler" reicht von Burger über Currywurst bis Fish'n'Chips.

Schon probiert?
Der Varta-Führer ist auch als eBook für Ihren TabletPC oder Ihr Smartphone verfügbar!

Steigenberger Conti Hansa www.kiel.steigenberger.de

Schlossgarten 7 (B3), PLZ 24103, **T 0431 51150,** F 5115444
164 Zimmer | 1 Suite | 24 h

Gegenüber den beiden Terminals des Ostseekais liegt dieses renovierte Tagungs- und Geschäftshotel. Die wohnlichen Gästezimmer überzeugen durch schlichte Eleganz, nordisches Design und eine sehr gute technische Ausstattung. Regionale und internationale Spezialitäten werden im Restaurant und auf der geschützten Innenhofterrasse serviert.

Hotel Birke www.hotel-birke.de

★★★★S

Martenshofweg 2-8, PLZ 24109 (OT: Hasseldieksdamm), **T 0431 53310,** F 5331333
94 Zimmer | 12 Suiten | 4 Apartments | Ez 113–363 €, Dz 158–370 €, inkl. Frühstück | 24 h

Beliebtes Wellness- und Businesshotel. Die recht wohnlichen Zimmer sind in dezenten Farben gehalten und mit schönen Holzmöbeln ausgestattet. Im Restaurant „Fischers Fritz" wird regional, saisonal und frisch gekocht. Netter Innenhofgarten mit Strandkörben zum Entspannen.

KOS Fine dining www.kos-finedining.de

VARTA-TIPP Küche

Hamburger Chaussee 183, PLZ 24113 (OT: Hassee), **T 0431 640920**
28 | Menü 55–95 € | Mi-So Mo, Di

Eine wirkliche Bereicherung für die Kieler Fine-Dining-Szene! KOS steht für Wärme, Freundlichkeit, Fürsorge, Zusammengehörigkeit und Genießen. Neben dem geradlinigen, urbanen Interieur zeigt sich auch die Küche von einer klaren, modernen Seite. Regionalität und Nachhaltigkeit werden hier groß geschrieben. Die Zutaten stammen konsequent aus Meer, See, Wald und Feld der Region. Julian Richerts Menü ist geprägt von Ehrlichkeit, Frische und Natürlichkeit - seine Liebe zum Kochen ist ganz offensichtlich! Vom Serviceteam werden Sie bestens umsorgt.

Pastis www.pastis-grill-restaurant.de

Knorrstraße 28 (A1), PLZ 24106, **T 0431 26097000**
55 | Hauptgericht 25–37 €, Menü 49–80 € | Mo-Sa So

Mischung aus Bistro und Restaurant mit modern-trendigem Ambiente, gutem Essen und freundlichem Service. Die kleine Speisekarte lockt mit Tatarspezialitäten und Steaks vom Lavagrill. Dazu gibt es wechselnde Tagesangebote. Gutes Preis-Leistungsverhältnis.

KIPFENBERG 60 A www.kipfenberg.de

Bayern | EW 5.855 | 378 m | Beilngries 16 km, Eichstätt 25 km

Landhotel Geyer www.landhotel-geyer.de

★★★★ garni

Alte Hauptstraße 10, PLZ 85110 (OT: Pfahldorf), **T 08465 1730630,** F 17306364
48 Zimmer | 3 Suiten | Ez 99–150 €, Dz 154–200 €, inkl. Frühstück | 15.–24.12.23, 2.–9.1.24

Familiär geführter Feriengasthof in schöner Lage mitten im Naturpark Altmühltal. Wohnlich und individuell eingerichtete Zimmer mit zeitgemäßer Ausstattung. Schöner Bade- und Saunabereich. Im Restaurant wird regional gekocht.

Zur Linde www.linde-altmuehltal.de

★★★ garni

Bachweg 2, PLZ 85110 (OT: Schambach), **T 08465 94150,** F 941540
25 Zimmer | 2 Suiten | Ez 78–87 €, Dz 136–150 €, inkl. Frühstück

Bodenständige bayerische Gastfreundschaft und die herrliche Lage mitten im Grünen zeichnen das Haus aus. Ansprechender Wellnessbereich mit Saunalandschaft. Das Restaurant mit Terrasse besticht durch echte Altmühltaler Küche.

Römercastell Neu! www.romercastell.de

Wirtsstraße 9, PLZ 85110 (OT: Böhming), **T 08465 1729920**
100 | Hauptgericht 10–22 €, Menü 19–29 € | So

Das sympathische Wirtshaus der Webers liegt herrlich ruhig, direkt am Panoramawanderweg und am Altmühltal-Radweg. In den modern und liebevoll eingerichteten Gaststuben serviert man eine bodenständige Regionalküche mit Gerichten wie „Zwiebelrostbraten mit Bratkartoffeln und Salat“ oder „Rinderbraten mit Kartoffelknödel und Blaukraut“. Für Übernachtungsgäste bietet man renovierte und zeitgemäß ausgestattete Hotelzimmer, teils mit Balkon oder Terrasse.

KIRCHDORF 61 C www.kirchdorf-online.de

Bayern | EW 1.339 | 551 m | Mühldorf a. Inn 31 km, München 50 km

Christians Restaurant www.christians-restaurant.de

VARTA-TIPP Küche VARTA-TIPP Service

Dorfstraße 1, PLZ 83527, **T 08072 8510**
28 | Hauptgericht 33–48 €, Menü 79–135 € | Sa-So Do-So Mo, Di, Mi

Seit über 30 Jahren führt Christian F. Grainer den elterlichen Traditionsgasthof, dessen Geschichte bis ins 16. Jahrhundert zurückreicht. Die einzigartige Mischung aus persönlicher Atmosphäre, exzellenter Kulinarik und behaglichem Ambiente begeistert uns jedes Mal aufs Neue. Inspiriert von der klassisch-französischen Küche offeriert der Patron ein kreatives Überraschungsmenü (wahlweise in 3-6 Gängen). Zuvorkommend und fachkundig der Service samt der herzlichen Christiane Grainer - fundierte Weinberatung inklusive.

KIRCHDORF AN DER ILLER 59 C www.kirchdorf-iller.de

Baden-Württemberg | EW 3.477 | 551 m | Memmingen 14 km, Biberach an der Riß 30 km

Landgasthof Löwen www.loewen-oberopfingen.de

VARTA-TIPP Küche

Kirchdorfer Straße 8, PLZ 88457 (OT: Oberopfingen), **T 08395 667**
30 | Hauptgericht 14–39 €, Menü 77–116 € | So Do-So Mo, Di, Mi

Dieser gepflegte, traditionsreiche Landgasthof steht seit mehreren Generationen für familiäre Atmosphäre, ausgezeichnete Küche und herzlichen Service. Ob im liebevoll eingerichteten Gourmetrestaurant mit Stüble oder auf der hübschen Terrasse - Küchenchef Alexander Ruhland offeriert eine feine regionale Küche, die er gekonnt mit internationalen und klassisch französischen Einflüssen kombiniert. Auch ein vegetarisches Menü steht auf der Speisekarte. Für Übernachtungsgäste hat man renovierte Gästezimmer.

KIRCHHEIM A. D. WEINSTR. 50 B www.kirchheim-weinstrasse.de

Rheinland-Pfalz | EW 1.905 | 145 m | Bad Dürkheim 12 km, Mannheim 30 km

Schwarz Gourmet www.schwarz-restaurant.de

VARTA-TIPP Küche VARTA-TIPP Service

Weinstraße Süd 1, PLZ 67281, **T 06359 9241702**
12 | Hauptgericht 24–50 €, Menü 165–185 € | Fr-So Mo, Di, Mi, Do

»

Nicht nur Manfred Schwarz ist mit der Region verwurzelt, auch seine trendbewusste, gehobene Küche, die aber nie abgehoben ist. In punkto Top-Kulinarik hält er nach wie vor die Fahne hoch! Im eleganten kleinen Gourmetbereich des aufwendig renovierten Sandsteinhauses offeriert er an drei Abenden in der Woche ein kreatives Menü (4 oder 6 Gänge) mit Ausdruck und Tiefgang. Dazu freundlich-professioneller Service und sehr gute Weinberatung. Tischreservierung gewünscht.

Schwarz Restaurant

Weinstraße Süd 1, PLZ 67281, **T 06359 9241702**
28 | Menü 59–92 € | So Mo, Fr-So Di, Mi, Do

Schick, stylish und entspannt ist es in dem edel in grau und weiß gehaltenen Restaurant. Serviert wird eine verfeinerte Pfälzer Küche mit Gerichten wie „Steinbutt auf Pfälzer Stangenspargel | Morcheln I Spinat I Hollandaise" oder „Kalbsrückensteak mit frischen Pfifferlingen | Karotte I Kartoffelbaumkuchen I Spargelragout". Dazu gibt es leckere Weine aus der Region.

Restaurant Ochs&Schwan Neu! www.ochsundschwan.de

Weinstraße Nord 24, PLZ 67281, **T 06359 205060**
40 | Hauptgericht 26–32 €, Menü 100–140 € | So Di-So Mo

Die Geschichte des denkmalgeschützten Gasthauses im Weingut Benzinger reicht bis ins Jahr 1598 zurück. Unter dem Motto „Cuisine Régionale" bieten Swantje Schauss und Daniel Trommer in diesem sympathisch-unkomplizierten Restaurant eine moderne, kreative Frischeküche mit Produkten von heimischen Erzeugern, u.a. aus der Pfalz und dem Allgäu. Neben einem fixen Gourmetmenü werden auch verschiedene Hauptgangklassiker im Wirtshausstil angeboten. Hübsche Innenhofterrasse.

KIRCHHEIM UNTER TECK 58 B www.kirchheim-teck.de

Baden-Württemberg | EW 39.786 | 311 m | Göppingen 18 km, Reutlingen 30 km

Weisser Ochse www.weisser-ochse.de

Alleenstraße 102, PLZ 73230, **T 07021 8046616**
75 | Menü 64–114 € | Do-So Mo, Di, Mi

Ausgesprochen niveauvoll kommt das Restaurant in dem schmucken alten Fachwerkhaus am Alleenring daher - sowohl in punkto Ambiente (heimelig-elegante Atmosphäre) als auch kulinarisch. Finessenreich mischen sich hier Klassik und Moderne. Dazu ein professionell zusammengestelltes Weinangebot und ein freundlicher Service.

KIRCHHEIMBOLANDEN 50 B www.kirchheimbolanden.de

Rheinland-Pfalz | EW 7.726 | 340 m | Alzey 13 km, Worms 32 km

Parkhotel Schillerhain www.schillerhain.de

★★★★

Schillerhain 1, PLZ 67292 (OT: Schillerhain), **T 06352 7120,** F 712100
61 Zimmer | Ez 84–180 €, Dz 104–220 €, ab 12,00 €

Hier kann man entspannen und die Seele baumeln lassen. Das inhabergeführte Hotel liegt ruhig an einem bewaldeten Park und bietet zeitgemäß und wohnlich ausgestattete Gästezimmer, die sich auf das Stammhaus und den Neubau verteilen. Ansprechender „Natur-SPA"-Bereich mit Panoramasaunen, Saunagarten und Dachterrasse. Im freundlichen Restaurant und auf der großzügigen Sonnenterrasse wird deutsche Küche serviert.

ART-Hotel Braun www.hotelbraun.de

★★★★ garni

Uhlandstraße 1, PLZ 67292, **T 06352 40060,** F 400699
40 Zimmer | 1 Apartment | Ez 88–108 €, Dz 124–171 €, 9,50–16,50 €

Modernes Stadthotel in zentraler, verkehrsgünstiger Lage unweit des hist. Stadtkerns. Das Haus zeichnet sich durch zeitgenössische Kunstausstellungen, erstklassigen Service und eine familiäre Atmosphäre aus. Individuell eingerichtete Zimmer mit verschiedenen Designs und Farbkonzepten. Gemütliche Cocktaillounge.

KIRCHLAUTER 53 A www.kirchlauter.de

Bayern | EW 1.347 | 344 m | Bamberg 28 km, Nürnberg 87 km

Gutshof Andres www.gutshof-andres.de

Pettstadt 1, PLZ 96166 (OT: Pettstadt), **T 09536 221**
80 | Hauptgericht 16–32 €, Menü 40–69 € | Sa-So Mi-So Mo, Di

Idyllisch gelegenes, denkmalgeschütztes Fachwerkanwesen mit über 300-jähriger Familientradition. Auf den Tisch kommt fränkische Küche, teils mit Produkten aus eigenem Anbau. Nachmittags hausgemachte Kuchen. Zum Haus gehören auch eine Gutshofbrennerei, zwei Ferienwohnungen sowie einige Gästezimmer in der ehemaligen Remise.

KIRCHZARTEN 64 A www.kirchzarten.de

Baden-Württemberg | EW 9.691 | 392 m | Freiburg 9 km, Titisee-Neustadt 23 km

Schlegelhof www.schlegelhof.de

Höfener Straße 92, PLZ 79199 (OT: Burg-Höfen), **T 07661 5051,** F 62312
11 Zimmer | Ez ab 105 €, Dz ab 150 €, inkl. Frühstück

Das charmante, kleine Anwesen im Dreisamtal verfügt über hochwertig eingerichtete Gästezimmer mit modern-ländlichem Flair. Für Entspannung und Wohlbefinden sorgen der gut ausgestattete SPA-Bereich sowie die mediterran anmutende Terrasse. Auch das Frühstück kann in punkto Angebot und Qualität überzeugen.

Schlegelhof

75 | Hauptgericht 29–48 €, Menü 55–92 € | So Mo-Di, Do-So Mi

In diesem hell, modern und luftig eingerichteten Restaurant kommen überwiegend bodenständige Traditionsgerichte auf den Tisch. Lust auf „Sauté von der Rehkeule mit Pfifferlingen, Pfefferbirnen und Wirsingknöpfle“? Im Sommer empfiehlt sich die hübsche Terrasse im Grünen.

Sonne www.sonne-kirchzarten.de

★★★ S

Hauptstraße 28, PLZ 79199, **T 07661 901990,** F 7535
24 Zimmer | 3 Suiten | 1 Apartment | Ez 75–129 €, Dz 99–169 €, inkl. Frühstück

Heimeliges Schwarzwaldhotel mit familiärer Atmosphäre. Hier stehen Ihnen gepflegte Zimmer im Landhausstil zur Verfügung. Kleiner, aber feiner Wellnessbereich mit Sauna und Beautyangeboten. E-Bike-Verleih.

Sonne

120 | Hauptgericht 16–34 €, Menü 34–48 € | Mi-Do, So Di-So Mo

Hier speisen Sie in gemütlichen holzvertäfelten Gaststuben. Die freundliche Crew serviert feine regionale Spezialitäten wie „Sauté vom Hirsch | Pfifferlinge | Apfel | Mangold | Kartoffelkrapfen“ oder „Saiblingsfilet vom Grill | gegrillter grüner Spargel | Bärlauchgnocchi“.

rainhof scheune

www.rainhof-hotel.de

VARTA-TIPP Ambiente

S garni

Höllentalstraße 96, PLZ 79199, **T 07661 9886110,** F 9886146
16 Zimmer | 2 Suiten | Ez 79–129 €, Dz 99–144 €, 14,00 €

Das Hotel befindet sich in einem denkmalgeschützten Haus aus dem Jahr 1790, das komplett restauriert und modernisiert wurde. Die geräumigen, im Landhausstil dekorierten Themenzimmer überzeugen mit einem gelungenen Mix aus Tradition und Innovation. Es gibt auch einen kleinen Wellnessbereich mit Dampfbad und Sauna sowie ein Naturparkrestaurant mit Terrasse und Gartenwirtschaft.

Jetzt vorbeischauen: pinterest.com/vartaguide

KIRN 50 A

www.kirn.de

Rheinland-Pfalz | EW 8.770 | 250 m | Idar-Oberstein 16 km, Bad Kreuznach 27 km

Kyrburg

www.kyrburg.de

Auf der Kyrburg 1, PLZ 55606, **T 06752 91190**
70 | Hauptgericht 19–39 € | Mi-So Mo, Di

Die fast 900 Jahre alte Burgruine Kyrburg beherbergt ein urig-rustikales Restaurant, in dem frisch zubereitete Gerichte mit internationalem Einfluss serviert werden. Im Sommer sitzt man besonders schön auf der Terrasse mit herrlichem Blick auf das Nahetal. Vor oder nach dem Essen lohnt sich ein Besuch im Whiskymuseum, das sich 15 m unter dem Wachhaus in zwei parallelen Kellergewölben befindet.

KISSING 59 D

www.kissing.de

Bayern | EW 11.640 | 523 m | Augsburg 12 km, Fürstenfeldbruck 32 km

Kühners Landhaus

www.kuehners-landhaus.de

Gewerbering 3, PLZ 86438, **T 08233 20005**
120 | Hauptgericht 15–49 € | Fr-So Mi-Sa Mo, Di

Neuzeitlicher Gasthof mit verschiedenen rustikalen Stuben und überdachter Terrasse. Viel warmes Holz und behagliche Nischen sorgen für Wohlfühlambiente. Auf der Speisekarte stehen überwiegend internationale und saisonale Spezialitäten. Die Preise sind fair, der Service charmant.

KISSINGEN, BAD 43 C

www.badkissingen.de

Bayern | EW 20.791 | 220 m | Hammelburg 18 km, Schweinfurt 25 km

Kaiserhof Victoria
www.kaiserhof-victoria.de

★★★★ S garni

Am Kurgarten 5, PLZ 97688, **T 0971 7010,** F 701197
165 Zimmer | 2 Suiten | 24 h

Das direkt am Kurgarten gelegene Traditionshaus bietet einen Mix aus historischen Jugendstilelementen und zeitgemäßem Komfort. Klassik und Moderne vermitteln auch die geräumigen und wohnlichen Gästezimmer. Für Erholung sorgt der vitalisierende Kaiserhof-SPA. Im denkmalgeschützten Restaurant „Kaisersaal" in der Belle Etage wird regionale Küche serviert.

Laudensacks Parkhotel
www.laudensacks.de

VARTA-TIPP Service

★★★★★ S garni

Kurhausstraße 28, PLZ 97688, **T 0971 72240,** F 722444
21 Zimmer | 1 Suite | Ez 115–125 €, Dz 220–250 €, inkl. Frühstück | 24 h

Seine Tradition und der top Service machen das Haus zu einem großen Klassiker in Franken. Hier verbinden sich Romantik, ländlicher Charme und gepflegte Gastlichkeit. Die hübsche Gründerzeitvilla liegt in einem verträumten Park mit Seerosenteich. Die Zimmer zeichnen sich durch ihre stilvolle Inneneinrichtung mit ausgesuchten Stoffen und angenehmen Farben aus. Sehr zu empfehlen ist der exklusiv ausgestattete Wellnessbereich.

Laudensacks Gourmet-Restaurant

VARTA-TIPP Küche VARTA-TIPP Service

25 | Hauptgericht 29–41 €, Menü 86–108 € | Di-Sa Mo, So

Feinste Gaumenfreude für Kenner und Genießer! Ankommen, Platz nehmen, glücklich sein! Die moderne klassische Küche von Frederik Desch glänzt durch Exklusivität und Beständigkeit. Seine Kompositionen sind kreativ und abwechslungsreich, bei aller Raffinesse bleiben sie aber stets verständlich und sind von hohem Erinnerungswert. Charmanter Mittler zwischen Küche und Gast ist Restaurantleiter Sebastian Gottherr, der als ausgebildeter Sommelier mit Sensibilität und Leidenschaft die passenden Tropfen und weitere korrespondierende Getränke empfiehlt. Bei schönem Wetter sitzt man idyllisch auf der herrlichen Gourmetterrasse.

Dappers Hotel
www.residence-dapper.de

★★★★★ S garni

Menzelstraße 21, PLZ 97688, **T 0971 785480,** F 78548150
27 Zimmer | 7 Suiten | Ez ab 79 €, Dz ab 158 €, inkl. Frühstück

Das historische Jugendstilhotel mit familiärem Charakter ist von Parks umgeben und bietet Ihnen wohnlich eingerichtete 1- und 2-Raumzimmer sowie einen schönen Wellness- und Beautybereich. Im behaglichen Restaurant wird saisonal gekocht.

KISSLEGG 66 A
www.kisslegg.de

Baden-Württemberg | EW 8.530 | 648 m | Leutkirch 13 km, Wangen 14 km

Hofgut Farny
www.hofgut-farny.de

★★★★

Dürren 1, PLZ 88353, **T 07522 972880**
32 Zimmer

Diese Adresse ist ein idyllischer Rückzugsort mitten im Grünen. Die individuell gestalteten Gästezimmer verteilen sich auf den eindrucksvollen, denkmalgeschützten Altbau und den neu errichteten Hotelanbau. Ein besonderes Highlight ist der Wellnessbereich auf dem Dach des Erweiterungsbaus. In der angeschlossenen Brauereiwirtschaft mit Biergarten serviert man Allgäuer Spezialitäten.

KLEINES WIESENTAL 64 A
www.kleines-wiesental.eu

Baden-Württemberg | EW 2.843 | 440 m | Lörrach 20 km, Freiburg im Breisgau 67 km

Sennhütte
www.sennhuette.com

Schwand 14, PLZ 79692 (OT: Schwand), **T 07629 91020**
120 | Hauptgericht 16–40 € | Mi-So Mo, Di

Genuss und Gastlichkeit verspricht dieser engagiert geführte Familienbetrieb. Im ländlichen, lichtdurchfluteten Restaurant werden bürgerlich-regionale Spezialitäten serviert. Für Familienfeiern und geschäftliche Anlässe hat man passende Räumlichkeiten. Schön übernachten kann man ebenfalls.

KLEINWALLSTADT 51 B
www.kleinwallstadt.de

Bayern | EW 5.700 | 120 m | Aschaffenburg 15 km, Miltenberg 26 km

Landgasthof zum Hasen
www.kleinwallstadt-zumhasen.de

Marktstraße 3, PLZ 63839, **T 06022 7106590**
270 | Mi-So Mo, Di

Ein liebevoll restauriertes Haus in der Altstadt, in dem moderne Elemente und historische Bausubstanz ausgewogen miteinander harmonieren. Die Karte bietet eine saisonal orientierte Regionalküche zu fairen Preisen. Man hat auch ein paar Gästezimmer zum Übernachten.

KLETTGAU 64 B
www.klettgau.de

Baden-Württemberg | EW 7.600 | 424 m | Schluchsee 50 km, Freiburg 83 km

Landgasthof Mange
www.mange-griessen.de

Kirchstraße 2, PLZ 79771 (OT: Grießen), **T 07742 5417**
38 | Hauptgericht 18–38 €, Menü 28–58 € | Sa Mi-Sa Mo, Di, So

Hier erwarten Sie hübsche, mit hellem Zirbelholz eingerichtete Gaststuben. Serviert werden typische Spezialitäten der badischen Küche, die sich am Marktangebot orientieren. Gutes Preis-Leistungsverhältnis. Charmanter Service.

KLEVE 28 B www.kleve.de

Nordrhein-Westfalen | EW 49.392 | 40 m | Emmerich 9 km, Kalkar 12 km

elaya hotel www.elaya-hotels.com/kleve

★★★★

Bensdorpstraße 3, PLZ 47533, **T 02821 71180,** F 7118100
110 Zimmer | 24 h

Direkt am Spoykanal in Kleve empfängt Sie dieses neuzeitliche Businesshotel. Mit minimalistischer Einrichtung und extravaganter Raumaufteilung präsentieren sich die modernen Gästezimmer. Im Restaurant „Vitello Land & Meer" (mit Showküche) werden frische Grill- und Seafoodspezialitäten serviert.

KLOSTER LEHNIN 26 C www.kloster-lehnin.net

Brandenburg | EW 11.200 | 70 m | Beelitz/Mark 18 km, Brandenburg/Havel 21 km

Markgraf www.hotel-markgraf.de

★★★ S

Friedensstraße 13, PLZ 14797 (OT: Lehnin), **T 03382 7650,** F 765430
56 Zimmer | 1 Suite | Ez 79–89 €, Dz 102–115 €, inkl. Frühstück

Familiär geführtes Haus für Urlaubsgäste und Geschäftsreisende. Zeitgemäße Zimmer mit zweckmäßiger Ausstattung. Kleine Vitaloase. Restaurant mit regionaler und österreichischer Küche.

KLOTTEN 40 C www.klotten.de

Rheinland-Pfalz | EW 1.245 | 110 m | Cochem 3 km, Boppard 34 km

Zur Post www.hotelzurpost-klotten.de

€ Gut & Günstig ★★★

Bahnhofstraße 24, PLZ 56818, **T 02671 7116,** F 1311
10 Zimmer | 4 Apartments | Ez 65–95 €, Dz 95–125 €, inkl. Frühstück

Beliebtes Motorradhotel im Moseltal mit großer Sonnenterrasse. Helle, modern eingerichtete Zimmer mit guter Ausstattung, die 2022 komplett erneuert worden sind. Seit 2021 verfügt man auch über neue Apartments im 2. Stock mit Blick auf die Mosel.

Zur Post

35 | Hauptgericht 10–29 €, Menü 30–65 € | Mi-So Mo, Di

In den stilvollen Restauranträumen wird regionale Frischeküche mit saisonalen Spezialitäten und mediterranen Einflüssen serviert. Vinothek mit zahlreichen Spitzengewächsen der Mosel sowie internationalen Spezialitäten. Degustationen und wechselnde Events finden im urigen Gewölbekeller statt.

KNÜLLWALD 32 C www.knuelltouristik.de

Hessen | EW 4.661 | 260 m | Bad Hersfeld 27 km, Kassel 49 km

Sonneck www.hotel-sonneck.com

★★★ S

Zu den einzelnen Bäumen 13, PLZ 34593 (OT: Rengshausen), **T 05685 99957,** F 9995601
60 Zimmer | 1 Suite | Ez 90–129 €, Dz 129–175 €, inkl. Frühstück ››

In herrlich ruhiger Lage stehen Ihnen hier neuzeitliche Zimmer und ein hübscher Vitalbereich mit Schwimmbad, finnischer Sauna, Sanarium und Fitnessraum zur Verfügung. Deftige Kost und ausgefallene Menüs werden im Restaurant und auf der Sonnenterrasse serviert.

KOBERN-GONDORF 40 D www.kobern-gondorf.de

Rheinland-Pfalz | EW 3.156 | 82 m | Koblenz 16 km, Mayen 22 km

Alte Mühle www.altemuehlehoereth.de

Mühlental 17, PLZ 56330, **T 02607 6474**
160 | Hauptgericht 15–37 € | Sa-So Mo-So

Privat geführtes Haus in einer hist. Mühle aus dem 11. Jhd. mit schönem Innenhof. Serviert werden saisonale und regionale Gerichte, z.B. „Unter der Kartoffelkruste gebratenes Zanderfilet auf Mühlenrahmsauerkraut" oder „Saftige Maispoularde mit cremiger Preiselbeersoße, Rahmlauchkartoffeln und Romanescoröschen". Liebevoll eingerichtete Gästezimmer mit behaglichem Ambiente.

KOBLENZ 40 D www.koblenz-touristik.de

Rheinland-Pfalz | EW 110.643 | 73 m | Montabaur 25 km, Nürburgring 53 km
Deutsches Eck mit Kaiser-Wilhelm-Denkmal, Kurfürstliches Schloss, Uferpromenade, Schloss Stolzenfels, Festung Ehrenbreitstein, Seilbahn Koblenz, Mittelrhein-Museum, Ludwig-Museum im Deutschherrenhaus, DB Museum Koblenz, Basilika St. Kastor, Liebfrauenkirche, Haus Metternich am Münzplatz, Schängelbrunnen und Rathaus am Jesuitenplatz, Balduinbrücke.

Fährhaus www.faehr.haus

An der Fähre 3, PLZ 56072 (OT: Metternich), **T 0261 201710,** F 20171111
47 Zimmer | Ez 195–415 €, Dz 195–415 €, ab 32,00 € | 24 h

Direkt am Moselstausee liegt dieses Schmuckstück. Wertiges, modernes Design von den öffentlichen Bereichen über die Zimmer bis zum Restaurant! Besonders exklusiv logieren Sie im Penthouse mit 180-Grad-Aussicht und weitläufiger Dachterrasse. Für Entspannung sorgt ein großzügiger Fitness-, SPA- und Wellnessbereich auf zwei Etagen.

GOTTHARDT'S

VARTA-TIPP Küche

18 | Hauptgericht 34–49 €, Menü 102–149 € | Mi-Sa Mo, Di, So

Im kleinen, stilvollen Winter-Gourmetrestaurant speist man in angenehm freundlich-lockerer Atmosphäre mit Blick auf die Mosel. Mit Küchenchef Frank Seyfried und seinem Team hat man eine engagierte Brigade am Herd. Gekocht wird ideenreich und mit sehr guten Produkten. Die mediterran-deutschen Speisen können Sie einzeln oder als Menü (bis zu 6 Gänge) bestellen. Toll die Weinkarte, ebenso die Beratung durch den eloquenten Sommelier Steffen Mainz.

Restaurant Landgang

70 | Hauptgericht 26–36 €, Menü 55–89 € | Mo-So

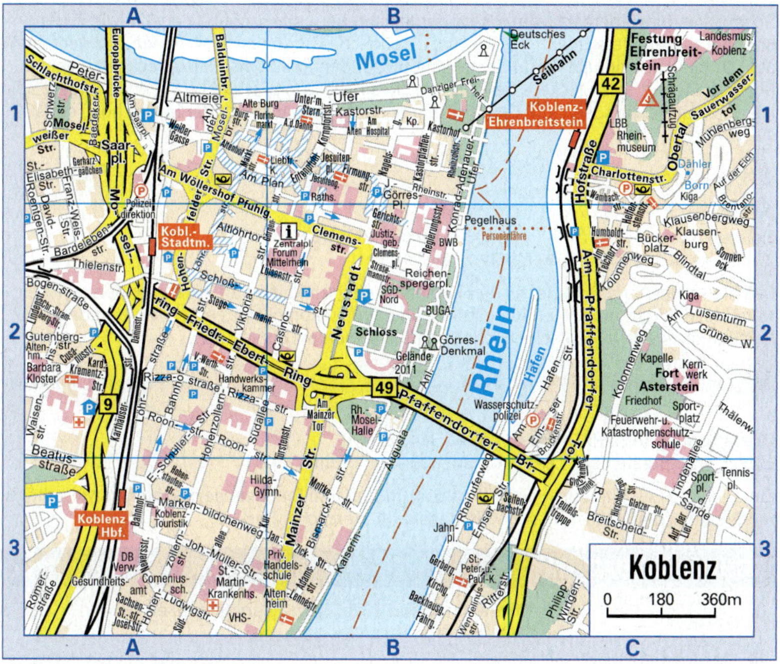

Auch im Zweitrestaurant wird ambitioniert gekocht. Die Speisekarte bietet einen Mix aus französischer, mediterraner und regionaler Küche und reicht von „Gnocchi | Staudensellerie | Aprikose | Sommertrüffel" bis „Filet vom Lachs | Oliven | Tomaten | Kartoffeln | Sauerampfersauce". Tipp: Preisgünstiger Mittagslunch.

Schiller's Manufaktur — www.hotel-stein.de

VARTA-TIPP Küche **VARTA-TIPP** Service

Mayener Straße 126, PLZ 56070 (OT: Lützel), **T 0261 963530**
70 | Hauptgericht 24–60 €, Menü 145–215 € | Do-Fr Mi-Sa ⦸ Mo, Di, So
⦸ 24.12.23–7.1.24

Helles, freundliches Restaurant mit ansprechender Innengestaltung und feiner Tischkultur. Chefkoch Mike Schiller kredenzt Ihnen hier eine anspruchsvolle Gourmetküche mit saisonalen Spezialitäten. Dabei setzt er die hochwertigen Zutaten in einen sehr kreativen und innovativen Kontext. Donnerstags und freitags wird mittags ein 3-gängiges Lunchmenü angeboten. Eine Alternative ist die Brasserie „Steingarten", in der eine erlesene Palette klassisch französischer Gerichte angeboten wird. Tipp: Viele hausgemachte Leckereien aus der „Kreativwerkstatt" des Patrons gibt es auch zum Mitnehmen für Zuhause.

Gerhards Genussgesellschaft — www.gerhards-genussgesellschaft.de

VARTA-TIPP Küche

Danziger Freiheit 3 (B1, im Blumenhof), PLZ 56068, **T 0261 91499133**
120 | Hauptgericht 26–29 €, Menü 36–68 € | Fr-So Mi-So ⦸ Mo, Di ››

Schmuckes Gewölberestaurant mit modernem Interieur direkt neben dem Ludwig-Museum. Hier dürfen Sie sich auf eine frische, ideenreiche Landhausküche freuen, bei der fast ausschließlich regionale Produkte Verwendung finden. Die Speisekarte wechselt regelmäßig und offeriert solch leckere Gerichte wie „Rosa gebratene Rehkeule mit Pfifferlingen, Spinat, glasierten Aprikosen und Gnocchi". Im Sommer wird auch auf der idyllischen Terrasse serviert.

Verbene
www.restaurant-verbene.de

Florinspfaffengasse 7 (B2), PLZ 56068, **T 0261 10046221**
22 | Menü 112–190 € | Mi-Sa Mo, Di, So

Das kleine Restaurant im Herzen der Koblenzer Altstadt kommt an mit seiner persönlichen Note, der schlicht-modernen Atmosphäre und dem unkomplizierten Service. Und dann ist da noch die kreative deutsche Küche mit internationalem Einschlag.

Café Baumann
www.cafe-baumann.de

Obere Löhr 93 (A2), PLZ 56068, **T 0261 31433**
140 | Hauptgericht 4–12 € | Mo–So 9:00–18:00 Uhr

Einladendes Café mit erlesener Auswahl an Trüffel- und Pralinenspezialitäten sowie sehr guten Blechkuchen. Frühstücks- und Mittagskarte. Herzlicher Service.

KOHLGRUB, BAD 67 B
www.bad-kohlgrub.de

Bayern | EW 2.556 | 828 m | Oberammergau 12 km, Murnau am Staffelsee 13 km

Das Johannesbad
www.das-johannesbad.de

★★★★ S

Saulgruber Straße 6, PLZ 82433, **T 08845 840,** F 84187
43 Zimmer | 3 Suiten | 1 Apartment | Ez ab 117 €, Dz ab 234 €, inkl. Frühstück

In diesem Medical SPA- und Vitalrefugium übernachten Sie in farbenfroh eingerichteten Zimmern mit alpinem Landhauscharme. Schöne Rückzugsorte zum Entspannen sind die Kaminbibliothek oder der Wellnessbereich mit Pool und Beauty Lounge. Im behaglichen Restaurant wird eine leichte, abwechslungsreiche Regionalküche aufgetischt.

Schillingshof
www.hotel-schillingshof.com

★★★★

Fallerstraße 11, PLZ 82433, **T 08845 7010,** F 8349
131 Zimmer | Ez ab 102 €, Dz ab 126 €, inkl. Frühstück | 24 h

Das Ferienhotel auf 900 m Höhe bietet neben seinen gemütlichen Zimmern im alpenländischen Stil mit Balkon oder Terrasse auch einen ansprechenden Beauty- und Freizeitbereich. Ruhige Lage, herrlicher Ausblick über das Tal und den Staffelsee.

Moor & Mehr Bio-Kurhotel
www.bio-kurhotel.de

★★★ S

Spengelstraße 6, PLZ 82433, **T 08845 7020,** F 702190
28 Zimmer | 2 Suiten | Ez 75–100 €, Dz 154–220 €, inkl. Frühstück

Gepflegtes, familiengeführtes Biohotel mit liebevoll eingerichteten Zimmern und großer Liegewiese. Umfangreiches Wellness- und Gesundheitsangebot mit Bad Kohlgruber Bergkiefernhochmoor, Schwimmbad, Sauna, Tepidarium, römischem Kräuterdampfbad und Feng-Shui-Ruhebereich.

KÖLN 39 B www.koelntourismus.de

Nordrhein-Westfalen | EW 1.027.500 | 53 m | Bonn 30 km, Düsseldorf 50 km
Dom (UNESCO-Weltkulturerbe), Domschatzkammer, Altstadt, Rathaus, Rheinpromenade, Rheinseilbahn, Gürzenich, Opernhaus am Offenbachplatz, rom. Groß-St.-Martin-Kirche, Duftmuseum im Farina-Haus, Römisch-Germanisches Museum, Museum Ludwig, Wallraf-Richartz-Museum, Museum für Angewandte Kunst, Schnütgen-Museum, Schokoladenmuseum, Zoo, Römerturm, Eigelsteintorburg, Archäolog. Zone, Kolumba, NS-Dokumentationszentrum, Rautenstrauch-Joest-Museum.
Einen Cityplan finden Sie auf Seite 630–631.

Excelsior Hotel Ernst www.excelsiorhotelernst.com

VARTA-TIPP Ambiente VARTA-TIPP Service

★★★★★S garni

Trankgasse 1-5 (C2), PLZ 50667, **T 0221 2701,** F 2703333
134 Zimmer | 28 Suiten | Ez ab 230 €, Dz ab 250 €, 36,00 € | 24 h

Ein Grandhotel par excellence, in dem schon viele weltberühmte Persönlichkeiten gastierten. Gediegene Eleganz, gelebte Tradition und eine erstklassige Servicekultur zeichnen dieses Haus aus. Sie logieren in individuellen, mit edlen Materialien und Antiquitäten eingerichteten Zimmern und Suiten. Auf der sechsten Etage hat man einen Sauna- und Fitnessbereich. Perfekt die zentrale Lage direkt gegenüber dem Kölner Dom.

Folgen Sie uns: facebook.com/vartaguide

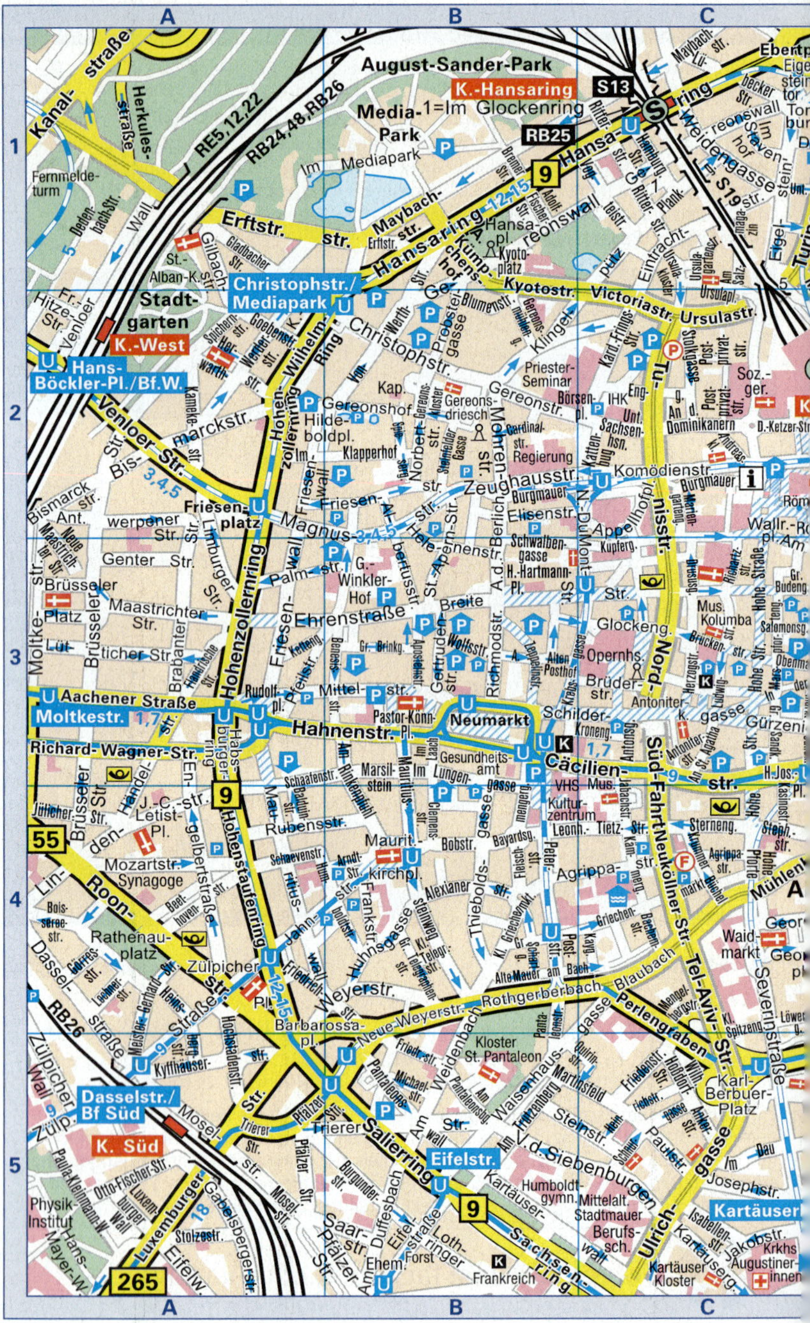
A
B
C
1
2
3
4
5
August-Sander-Park
K.-Hansaring
S13
Media-Park
1=Im Glockenring
RB25
Im Mediapark
Kanal-straße
Herkules-straße
RE5,12,22
RB24,48,RB26
Fernmelde-turm
Erftstr.
Maybach-str.
Hansaring
Hansa-pl.
Kyoto-platz
Kyotostr.
Victoriastr.
Ursulastr.
Eigelstein
Weidengasse
Christophstr./Mediapark
Stadt-garten
K.-West
Hans-Böckler-Pl./Bf.W.
Venloer Str.
Bismarckstr.
Christophstr.
Gereonshof
Gereonstr.
Gereonsdriesch
Klapperhof
Zeughausstr.
Komödienstr.
Burgmauer
Friesen-platz
Magnus-str.
Hohenzollernring
Friesenwall
Hohenzollernring
Appellhofpl.
Tunisstr.
Nord-Süd-Fahrt
Brüsseler Platz
Brüsseler Str.
Maastrichter Str.
Lütticher Str.
Moltkestr.
Genter Str.
Ehrenstraße
Breite Str.
Glockeng.
Opernhs.
Aachener Straße
Moltkestr.
Rudolfpl.
Hahnenstr.
Mittelstr.
Neumarkt
Schildergasse
Cäcilienstr.
Richard-Wagner-Str.
Habsburgerring
Hohenstaufenring
Mauritiussteinweg
Lungengasse
Rubensstr.
Mozartstr.
Synagoge
Roonstr.
Rathenauplatz
Zülpicher Str.
Barbarossapl.
Weyerstr.
Rothgerberbach
Blaubach
Perlengraben
Neue Weyerstr.
Kloster St. Pantaleon
Dasselstr./Bf Süd
K. Süd
Salierring
Eifelstr.
Sachsenring
Ulrichgasse
Kartäuser
Mittelalt. Stadtmauer
Berufs-sch.
Humboldt-gymn.
Physik Institut
Luxemburger Str.
Frankreich
Kartäuser Kloster
Augustinerinnen
Tel-Aviv-Str.
Severinstraße
Waidmarkt
Agrippastr.
Mühlenbach
9
55
265
18

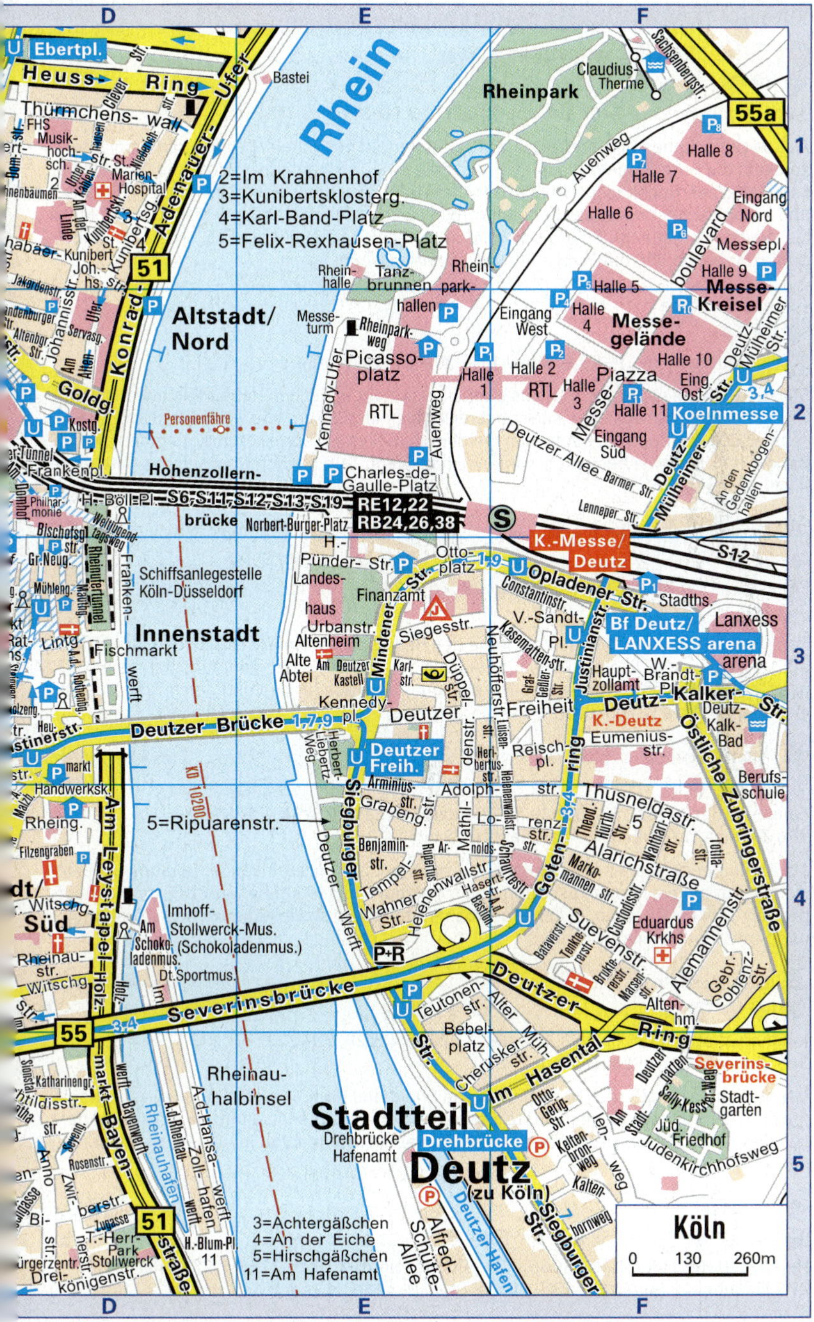

D
E
F
1
2
3
4
5
Rhein
Rheinpark
Claudius-Therme
Sachsenbergstr.
55a
Halle 8
Halle 7
Halle 6
Auenweg
Eingang Nord
Messepl.
boulevard
Halle 9
Messe-Kreisel
Halle 5
Halle 4
Messe-gelände
Halle 10
Eingang West
Halle 2
Halle 1
RTL
Halle 3
Piazza
Eing. Ost
Halle 11
Koelnmesse
Eingang Süd
Deutz-Mülheimer-Str.
Deutzer Allee
Barmer Str.
Lenneper Str.
An den Gedenkbogen-hallen
Ebertpl.
Heuss-Ring
Thürmchens-wall
FHS Musik-hoch-sch.
Marien-Hospital
Bastei
2=Im Krahnenhof
3=Kunibertsklosterg.
4=Karl-Band-Platz
5=Felix-Rexhausen-Platz
Rhein-halle
Tanz-brunnen
Rhein-park-hallen
Konrad-Adenauer-Ufer
51
Altstadt/Nord
Messe-turm
Rheinpark-weg
Picasso-platz
RTL
Auenweg
Kennedy-Ufer
Goldg.
Personenfähre
Hohenzollern-brücke
Charles-de-Gaulle-Platz
H.-Böll-Pl.
S6,S11,S12,S13,S19
RE12,22
RB24,26,38
Norbert-Burger-Platz
Philhar-monie
Frankenpl.
K.-Messe/Deutz
S12
Otto-platz
Opladener Str.
Stadths.
Lanxess arena
Bf Deutz/LANXESS arena
H.-Pünder-Str.
Landes-haus
Finanzamt
Urbanstr.
Altenheim
Siegesstr.
Mindener Str.
Constantinstr.
V.-Sandt-Pl.
Kasematten-str.
Justinianstr.
Schiffsanlegestelle Köln-Düsseldorf
Franken-werft
Innenstadt
Fischmarkt
Alte Abtei
Am Deutzer Kastell
Karl-str.
Düppel-str.
Neuhöfferstr.
Graf-Geßler-Str.
Hauptzollamt
W.-Brandt-Pl.
Deutz-Kalker-Str.
Deutz-Kalk-Bad
Kennedy-pl.
Deutzer Freiheit
K.-Deutz
Eumenius-str.
Deutzer Brücke
Deutzer Freih.
Reisch-pl.
Östliche Zubringerstraße
Berufs-schule
Arminius-str.
Graben-str.
Adolph-Lo-renz-str.
Thusneldastr.
Alarichstraße
Markomannen-str.
Goten-ring
5=Ripuarenstr.
Siegburger Str.
Deutzer Werft
Benjamin-str.
Tempel-str.
Wahner Str.
Helenenwallstr.
Hasert-str.
Suevenstr.
Eduardus Krkhs
Alemannenstr.
Gebr.-Coblenz-Str.
Am Leystapel
Holz-markt
Imhoff-Stollwerck-Mus. (Schokoladenmus.)
Dt.Sportmus.
Severinsbrücke
55
Deutzer Ring
Alten-hm.
Teutonen-str.
Bebel-platz
Cherusker-str.
Hasental
Severins-brücke
Stadt-garten
Jüd. Friedhof
Judenkirchhofsweg
Rheinau-halbinsel
Rheinauhafen
Stadtteil Deutz (zu Köln)
Drehbrücke Hafenamt
Drehbrücke
Alfred-Schütte-Allee
Deutzer Hafen
Siegburger Str.
Kalten-bornweg
Bayen-straße
Katharinengr.
Rosenstr.
T.-Herr-Park
Stollwerck
H.-Blum-Pl.
3=Achtergäßchen
4=An der Eiche
5=Hirschgäßchen
11=Am Hafenamt
Köln
0 130 260m

Taku

VARTA-TIPP Küche VARTA-TIPP Service

35 | Hauptgericht 20–45 €, Menü 140–170 € | Di-Sa Mo, So

Zeitlos-puristisches Gourmetrestaurant im Souterrain des Hotels. Service und Ambiente spiegeln die Feng-Shui-Philosophie wider. Freuen Sie sich auf anspruchsvolle Gerichte der ostasiatischen Hochküche - von Küchenchef Mirko Gaul und seiner Crew modern, kreativ und europäisch interpretiert. Geboten wird ein wechselndes Menü in 5 bis 7 Gängen (auch als „Veggie" erhältlich). Edle Weine runden die Speisen einmal mehr ab - Restaurantleiter Daniel Malskorn hilft mit Feingefühl und Expertise weiter.

Hanse Stube

90 | Hauptgericht 29–56 €, Menü 112–209 € | Mo-So

Stilvoll und gediegen zeigt sich das zweite Restaurant in diesem Haus. Hier erwartet Sie eine innovative französische Küche mit regionalen Einflüssen. Wie wäre es z.B. mit „Geschmorter Kurzrippe vom deutschen Weiderind | Sellerie | Espressobirne | gebratener wilder Brokkoli"? Dazu eine bemerkenswerte Weinauswahl. Tipp: täglich wechselndes Mittagsmenü zur Lunchtime.

Dorint Hotel am Heumarkt

www.hotel-koeln-city.dorint.com

garni

Pipinstraße 1 (C3), PLZ 50667, **T 0221 28060,** F 28061111
262 Zimmer | 17 Suiten | 24 h

Neuzeitliches Businesshotel in der Nähe des Heumarkts. Wohnliche und geräumige Zimmer mit klaren Linien. Gläserner Panorama-Aufzug mit Domblick. Entspannung bietet ein Wellnesscenter mit großem Innenpool. Die passende Location für den optimalen Tagesausklang ist die „Harry's New-York Bar".

Hyatt Regency

www.hyatt.com

S garni

Kennedy-Ufer 2a (E2), PLZ 50679 (OT: Deutz), **T 0221 8281234,** F 8281370
306 Zimmer | 17 Suiten | 1 Apartment | 24 h

Am Rheinufer gelegenes Luxushotel für Geschäfts- und Freizeitreisende. Geräumige Gästezimmer mit ansprechendem Komfort und moderner Farbgestaltung. Großzügiger Wellnessbereich. Drei Restaurants, in denen regional-fernöstliche sowie italienische Spezialitäten und Streetfood serviert wird.

Köln Marriott

www.koelnmarriott.de

S garni

Johannisstraße 76-80 (D2), PLZ 50668, **T 0221 942220,** F 94222777
365 Zimmer | 20 Suiten | 24 h

Internationales First-Class-Hotel unweit von Rhein und Dom, ideal für Tagungen und Konferenzen. Anspruchsvoll eingerichtete Zimmer mit komfortabler Ausstattung. Das Restaurant „Cast Iron Grill" bietet bewährte Klassiker, beliebte Favoriten und interessante neue Kreationen.

Pullman

www.all.accor.com

★★★★ S garni

Helenenstraße 14 (B3), PLZ 50667 (OT: Altstadt-Nord), **T 0221 2750,** F 2751301
275 Zimmer | 10 Suiten | Ez 138–408 €, Dz 138–428 € | 24 h

Kongresshotel mit moderner Architektur und zurückhaltender Eleganz. Geräumige Zimmer in zeitgenössischem Design. Kleiner SPA-Bereich mit Sauna, Dampfbad und Sonnenterrasse. Brasserie „E.L.F." mit internationaler Küche.

Radisson Blu
www.radissonhotels.com

★★★★ S

Messe-Kreisel 3 (F2), PLZ 50679 (OT: Deutz), **T 0221 277200,** F 2772010
393 Zimmer | 8 Suiten | 24 h

Das Businesshotel liegt gleich neben dem Gelände der Koelnmesse und unweit der LANXESS arena. Die Zimmer und Suiten zeigen sich im urbanen Look mit sehr gutem Wohn- und Arbeitskomfort. Im „Ellipse Restaurant" inmitten des imposanten, 15 m hohen gläsernen Atriums wird regionale und internationale Küche angeboten. Großzügige Meeting- und Eventflächen.

Wasserturm Hotel
www.wasserturm-hotel-cologne.com

VARTA-TIPP Ambiente

Kaygasse 2 (C4), PLZ 50676, **T 0221 20080,** F 2008888
88 Zimmer | 24 h

Eine Perle der Kölner Hotellandschaft! Nach der umfangreichen Renovierung hat man das elf Etagen umfassende Hotel, das sich in einem ehemaligen Wasserspeicher befindet, zu einer „State of the Art"-Adresse gemacht. Eleganz und Luxus vermitteln die exklusiv eingerichteten Zimmer und Suiten. Dazu der edle SPA und ein weitläufiger Eventbereich. Die außergewöhnliche Innenarchitektur gipfelt in der stylishen Hotelbar, von der aus man eine traumhafte Rundumsicht über ganz Köln genießen kann.

Courtyard by Marriott
koelncourtyard.de

Dagobertstraße 23 (D1), PLZ 50668, **T 0221 846330,** F 846337777
236 Zimmer | 24 h

Funktionelles Geschäftshotel in einem anthrazitfarbenen, fünfstöckigen Klinkerbau. Die Zimmer sind in wohnlich-zeitgemäßen Tönen gehalten und mit klassischen Kingsizebetten ausgestattet. Im Erdgeschoss des Hauses befinden sich ein rund um die Uhr geöffneter Shop sowie das Bistro „Eat.Drink.Connect".

Dorint An der Messe
hotel-koeln-messe.dorint.com

Deutz-Mülheimer-Straße 22-24 (F2), PLZ 50679 (OT: Deutz), **T 0221 801900,** F 80190800
313 Zimmer | 47 Suiten | 24 h

In hellem Holz, Glas und Metall gestylter Atriumbau. Freundliche Zimmer in verschiedenen Kategorien. Hübscher „Vital-Spa" mit Pool, finnischer Sauna, Dampfbad und Solegrotte. Restaurant mit regionaler und internationaler Küche.

Hilton
www.hiltonhotels.de

Marzellenstraße 13-17 (C2), PLZ 50668, **T 0221 130710,** F 130720
296 Zimmer | 19 Suiten | 24 h

Businesshotel im ehem. Postscheckamt. Freundliche Zimmer mit Parkettböden und hellen Holzmöbeln. Exklusiver SPA mit 24-Stunden-Fitnessstudio. Die „Pigeon Post Bar & Eatery" im Erdgeschoss bietet regionale und mediterrane Speisen.

Hotel Mondial am Dom - MGallery
www.all.accor.com

Kurt-Hackenberg-Platz 1 (D3), PLZ 50667, **T 0221 20630,** F 2063527
203 Zimmer | 6 Suiten | Ez 119–599 €, Dz 129–619 €, 29,00 € | 24 h

In der Innenstadt nicht weit vom Dom liegt das auf Geschäftsreisende ausgerichtete Hotel. Die Zimmer sind klassisch-modern im Stil und neuzeitlich in der Ausstattung. Stilvolle Saunalandschaft auf 180 qm. Das Restaurant „Mondial 1516" serviert eine kulinarische Reise durch Bierkulturen weltweit.

Regent
www.hotelregent.de

Melatengürtel 15, PLZ 50933 (OT: Braunsfeld), **T 0221 54990,** F 5499998
178 Zimmer | 24 h

Das moderne Design und die funktionelle Ausstattung des Hotels erfüllen höchste Businessansprüche. Geschmackvolle und technisch anspruchsvolle Zimmergestaltung. Hauseigener Fitness- und Saunabereich. Im Restaurant „Cantinetta" wird italienisch gekocht.

Savoy
www.savoy.de

Turiner Straße 9 (C1), PLZ 50668, **T 0221 16230,** F 1623200
102 Zimmer | 28 Suiten | 24 h

Das Designhotel gehört zweifellos zu den populärsten Adressen der Stadt. Kein Zimmer gleicht dem anderen. Hier trifft stylisher Luxus auf Opulenz. Wellnessvergnügen bietet der 650 qm große SPA-Bereich. Eine traditionelle englische Tea Time können Gäste in der Kaminlounge genießen.

Jetzt abonnieren: instagram.com/vartaguide

Steigenberger
www.hrewards.com

Habsburgerring 9-13 (A3), PLZ 50674, **T 0221 2280,** F 251206
305 Zimmer | 24 h

Bei Geschäfts- und Städtereisenden gleichermaßen beliebt: die zentrale Lage am Rudolfplatz, stylishe Zimmer mit großem Doppelbett, kostenfreiem WLAN und Nespresso-Kaffeemaschine sowie ein moderner Fitnessraum. Das helle Frühstücksrestaurant „Sands" bietet ein reichhaltiges Buffet mit regionalen und saisonalen Produkten.

V8 Hotel
www.v8hotel.koeln

Butzweilerstraße 35-39, PLZ 50829 (OT: Ossendorf), **T 0221 572760**
112 Zimmer | 1 Suite | Ez 99–299 €, Dz 129–329 € | 24 h

Das originelle Themenhotel befindet sich auf dem Gelände des historischen Flughafens Köln-Butzweilerhof, der zu seiner Zeit als ehemaliges „Luftkreuz des Westens" fungierte. Zum Haus gehören auch eine loungige Sommerterrasse, eine vielseitige Bibliothek und ein Fitnessraum.

25hours Hotel The Circle Cologne
www.25hours-hotels.com

Im Klapperhof 22-24 (B2), PLZ 50670, **T 0221 162530**
207 Zimmer | 24 h

Das originelle Themenhotel hat man in einen denkmalgeschützten Rundbau des Kölner Gerling Quartiers integriert. Hier erwarten den Gast schicke Zimmer im futuristischen Stil mit offener Raumaufteilung und unverkleideten Betondecken. Kommunikativer Treffpunkt ist die Monkey Bar sowie das Restaurant „NENI" in der 8. Etage mit tollem Blick auf die Stadt. In den öffentlichen Bereichen des Hotels kann man die Werke diverser Künstler bewundern.

Eden Hotel Früh am Dom

www.hotel-eden.de

★★★ S garni

Sporergasse 1 (C3), PLZ 50667 (OT: Altstadt-Nord), **T 0221 272920,** F 2580495
78 Zimmer | Ez ab 90 €, Dz ab 115 €, inkl. Frühstück | 24 h

Zentraler kann man in Köln kaum wohnen - das Haus liegt direkt gegenüber dem Kölner Dom. Designorientierte Zimmer mit modernen Möbeln und Echtholzparkett, teils mit Domblick. Gute Veranstaltungs- und Tagungsmöglichkeiten.

Falderhof

www.falderhof.info

★★★ S garni

Falderstraße 29, PLZ 50999 (OT: Sürth), **T 02236 966990,** F 966998
33 Zimmer | Ez ab 98 €, Dz ab 145 €, inkl. Frühstück | 24 h 22.12.23–14.1.24

Der unter Denkmalschutz stehende historische Gutshof beherbergt individuell ausgestattete Zimmer. Sämtliche Räume wurden mit hochwertigen Möbeln und vielen Antiquitäten ausgestattet. Restaurant mit stilvoll-gemütlichem Ambiente und schöner Hofterrasse.

Koncept Hotel Josefine

www.koncepthotels.com

S garni

Niehler Straße 104, PLZ 50733 (OT: Nippes), **T 0221 16530395**
40 Zimmer

Der Name der hippen Herberge soll an die Firmenchefin der ehemaligen Clouth Gummiwerke erinnern, auf dessen Gelände sich das Haus befindet. Die Zimmer - buchbar in den Kategorien „Medium", „Large" und „Extra Large" - zeigen sich in einem spannenden Mix aus cooler Ästhetik, inspirierender Innenarchitektur und viel Komfort. Zum Socializing empfiehlt sich der Salon - eine Melange aus Bibliothek, Lounge und Co-Working-Space. Highlight ist die Dachterrasse mit Blick auf die Kölner Skyline.

Legend Hotel

www.legendhotel.de

S garni

Bürgerstraße 2 (D3), PLZ 50667, **T 0221 22288777**
20 Zimmer | 7 Suiten | 24 h 24.–25.12.23

Das Neubau-Boutique-Hotel mit seiner auffällig roten Fassade liegt zentral im Herzen der Altstadt, gleich neben dem hist. Rathausturm. Das Haus überzeugt mit modernen, hochwertig und technisch gut ausgestatteten Zimmern in unterschiedlichen Größen und Preiskategorien. Durchdachte Accessoires, natürliche Farbelemente, warme Lichtquellen und Eichenparkett sorgen für exklusiven Wohnkomfort. Die Dachterrasse gewährt einen der schönsten Ausblicke über die Kölner Altstadt. In das Gebäude ist ein Aufzug integriert, über den die U-Bahn-Haltestelle „Rathaus" erreicht werden kann.

PULS

VARTA-TIPP Küche

30 | Hauptgericht 21–35 €, Menü 99–129 € | Di-Sa Mo, So

»

Nach dem „Ox & Klee“ hat Daniel Gottschlich auch mit seinem zweiten Lokal einen echten Volltreffer gelandet. Das durchdachte Design und die ambitionierte Kulinarik machen diese Location zu einem neuen Hotspot. Serviert werden kreative À-la-carte-Speisen und pfiffige Gerichte zum Teilen. Dabei kommen auch vegane und vegetarische Speisen nicht zu kurz. Das Restaurant transformiert sich am späteren Abend in eine coole Bar, in der außergewöhnliche Cocktail- und Snackkreationen angeboten werden.

Santo
www.hotelsanto.de

★★★★ garni

Dagobertstraße 22-26 (D1), PLZ 50668, **T 0221 9139770,** F 913977777
69 Zimmer | 24 h

Neuzeitliches Designhotel in der Altstadt. Die geradlinig-stylishen Zimmer sind mit Parkettboden ausgestattet und verfügen über Hochglanzmöbel und Natursteinböden in den Bädern. An den Wochenenden Langschläferfrühstück bis 12:00 Uhr.

Stadtpalais
www.hotelstadtpalais.de

★★★★

Deutz-Kalker Straße 52 (F3), PLZ 50679 (OT: Deutz), **T 0221 880420,** F 880424444
115 Zimmer | 2 Suiten | Ez ab 119 €, Dz ab 149 €, inkl. Frühstück | 24 h

Komfortables Stadthotel gegenüber der Kölner LANXESS arena. Das Ensemble der verschiedenen traditionellen Einzelgebäude hat man aufwendig saniert und durch einen Hotelneubau ergänzt. Hier stehen den Gästen geräumige, elegant eingerichtete Zimmer zur Verfügung. Im denkmalgeschützten Kaiser-Wilhelm-Bad befindet sich das KWB-Restaurant. Hier wird frische, regionale Küche aufgetischt.

The Qvest
www.qvest-hotel.com

Gereonskloster 12 (B2), PLZ 50670, **T 0221 2785780,** F 27857899
34 Zimmer | Ez 100–350 €, Dz 150–2500 €, 20,00–30,00 € | 24 h

Das hist. Gebäude aus dem Jahre 1897 birgt unterschiedlich große Zimmer mit Designklassikern aus der Mitte des Jahrhunderts und bis zu vier Meter hohen Decken. Herzstück des Hotels ist die hauseigene Bar. Diese ist auch für Nicht-Hotelgäste geöffnet.

Hotel Stern am Rathaus
www.stern-am-rathaus.de

★★★ S

Bürgerstraße 6 (D3), PLZ 50667 (OT: Altstadt-Nord), **T 0221 22251750**
10 Zimmer | Ez ab 115 €, Dz ab 175 €, inkl. Frühstück

In einer ruhigen Seitenstraße in der Altstadt befindet sich dieses kleine Boutique-Hotel. Das Haus bietet renovierte, moderne und technisch gut ausgestattete Zimmer. Morgens erwartet Sie ein sehr gutes Frühstück mit teils selbstgemachten und regionalen Produkten.

Hotel zur Malzmühle
www.hotelzurmalzmuehle.de

★★★ S

Heumarkt 6 (D4), PLZ 50667, **T 0221 92160611,** F 247701
37 Zimmer | 1 Suite | Ez ab 70 €, Dz ab 114 €, 15,00 € | 24 h

Am Traditionsstandort der Hausbrauerei im Herzen der Altstadt empfängt Sie dieses individuelle Hotel. Zur Heumarktseite haben alle Zimmer einen direkten Blick auf den Dom. Als besonderes Extra erwartet die Gäste in einigen Zimmern ein traditioneller Biersiphon mit hausgebrautem Mühlen Kölsch.

Uhu
www.hotel-uhu.de

★★★ S garni

Dellbrücker Hauptstraße 201, PLZ 51069 (OT: Dellbrück), **T 0221 9681960,** F 96819681
35 Zimmer | 1 Suite | Ez 80–145 €, Dz 115–165 €, inkl. Frühstück

Freundlich geführtes Haus am Stadtrand mit gepflegten und ansprechend ausgestatteten Zimmern, die sich auf Stammhaus und Gästehaus verteilen. Gutes Frühstück, moderate Preise, optimale Verkehrsanbindung.

Ox & Klee
www.oxundklee.de

VARTA★TIPP Küche   VARTA-TIPP Service

Im Zollhafen 18 (D5), PLZ 50678, **T 0221 16956603**
36 | Menü 230 € | Mi-Sa ⃠ Mo, Di, So

Das trendig-moderne Restaurant im ersten Stock des mittleren Kranhauses bietet eine tolle Aussicht auf Rhein und Kölner Dom. „Experience Taste“ lautet das kulinarische Motto von Inhaber und Spitzenkoch Daniel Gottschlich. Für seine Menüfolgen lässt er sich von marktfrischen Zutaten ebenso inspirieren wie von den wechselnden Jahreszeiten, wenn er seine aromentiefen, ausbalancierten Speisen in verführerischer Optik präsentiert. Für die passende Weinbegleitung sorgt Sommelier Lucas Wenzl mit viel Feingefühl und Fachkenntnis.

Schon probiert?
Der Varta-Führer ist auch als eBook für Ihren TabletPC oder Ihr Smartphone verfügbar!

Alfredo
www.ristorante-alfredo.com

VARTA-TIPP Küche

Tunisstraße 3 (C3), PLZ 50667, **T 0221 2577380**
38 | Hauptgericht 36–45 €, Menü 60–90 € | Mo-Fr ⃠ Sa, So

Ein Königreich für Gourmets: Das Kultlokal unweit der Kölner Oper gibt es schon seit 50 Jahren! Roberto Carturan hat die Kochtradition seines Vaters Alfredo gleichermaßen fortgeführt und weiterentwickelt. Der Padrone kocht geschmackssicher und abwechslungsreich auf gehobenem Niveau. Bei seiner edel-italienischen Produktküche achtet er auf beste Qualität und produziert fast alles selbst. Den Service leitet seine charmante Frau Susanne. Tischreservierung ratsam.

astrein – essen und trinken
www.astrein-restaurant.de

VARTA-TIPP Küche

Krefelder Straße 37 (↗ C1), PLZ 50670, **T 0221 95623990**
45 | Hauptgericht 32–49 €, Menü 119–129 € | Di-Sa ⃠ Mo, So

In unkompliziert-zwangloser Atmosphäre setzt Chefkoch Eric Werner auf eine klassische, aber dennoch weltoffene Produktküche, in der er die bevorzugt saisonalen Zutaten leicht, innovativ und vielseitig in Szene setzt. Seine Gerichte glänzen durch Finesse, präzises Handwerk und Kreativität. Der Gast hat die Wahl zwischen einem Menü mit Fisch und Fleisch oder einem vegetarischen Menü. Dazu gibt es erlesene Weine, vornehmlich aus Deutschland.

La Cuisine Rademacher
www.la-cuisine-koeln.de

VARTA-TIPP Küche

Dellbrücker Hauptstraße 176, PLZ 51069, **T 0221 96898898**
35 | Hauptgericht 35–55 €, Menü 155 € | Mi-Fr Fr-So Mo, Di

Modern, schick und gemütlich kommt das Restaurant daher. Freundlich der Service, locker die Atmosphäre. Der hochtalentierte Marlon Rademacher verbindet moderne Crossoverelemente und französische Raffinesse zu spannenden Geschmackserlebnissen, die Sie in Menüform genießen können. Dazu eine schöne Weinauswahl mit deutschen, französischen und spanischen Gewächsen. Tipp: Mittwoch bis Freitag preisgünstiges Lunchmenü (wahlweise 3 oder 4 Gänge)! Tischreservierung ratsam.

La Société
www.restaurant-lasociete.de

VARTA-TIPP Küche

Kyffhäuser Straße 53 (A5), PLZ 50674, **T 0221 232464**
30 | Hauptgericht 58–69 €, Menü 139–189 € | Mo, Do-So Di, Mi

Die kultige Traditionsadresse im Kölner Südviertel gehört für jeden Gourmet fraglos zu den ganz besonderen Erlebnissen. Leon Hofmockel hat hier eine moderne europäische Haute Cuisine entwickelt, die den Gast in eine spezielle und überraschende Geschmackswelt entführt. Wie beschreibt man Hofmockels Küche am besten? Absolut einzigartig, konsequent und aromenintensiv. Der langjährige Restaurantchef Stefan Helfrich sorgt in gewohnt persönlich-lockerer Art für gute Stimmung und einen reibungslosen Ablauf im Service. Das Zusammenspiel von großer Küche und herzlicher Gastfreundschaft ist im „La Société“ einfach perfekt.

Jetzt vorbeischauen: pinterest.com/vartaguide

NeoBiota
www.restaurant-neobiota.de

VARTA-TIPP Küche

Ehrenstraße 43c (B3), PLZ 50672 (OT: Altstadt-Nord), **T 0221 27088908**
30 | Menü 120–165 € | Di-Sa Mo, So

Tagsüber leckere Frühstücksvariationen, abends gehobene Gourmetmenüs (in 4, 6 oder 8 Gängen) - mit diesem innovativen Restaurantkonzept treffen Sonja Baumann und Erik Scheffler durchaus den Nerv der Zeit! Bei ihrer modernen Wohlfühlküche stehen Kreativität und erstklassige Produkte im Fokus. In der offenen Küche kann man der Crew bei der Arbeit zuschauen. Mit Staunen sieht man, mit wie viel Aufwand und wie detailreich und sorgfältig hier gekocht wird. Dazu ein cooles Ambiente, entspannte Atmosphäre und ein freundlicher, ungezwungener Service.

Restaurant Maximilian Lorenz
www.maximilianlorenz.de

VARTA-TIPP Küche

Johannisstraße 64 (D2), PLZ 50668, **T 0221 37999192**
44 | Menü 149–169 € | Di-Sa Mo, So

Im Kölner Kunibertsviertel bietet Maximilian Lorenz exklusives Fine Dining. Was in diesem modern-puristisch designten Restaurant an Aromenvielfalt, feinen Kontrasten und Tiefgang geboten wird, ist wirklich bemerkenswert! Lorenz setzt voll und ganz auf heimische Zutaten und entwickelt diese zu kulinarischen Hochgenüssen, die Ihnen in Menüform (6-8 Gänge) kredenzt werden. Zu den einzelnen Speisen wird ausschließlich eine deutsche Weinbegleitung angeboten. Ein ganz besonderes Highlight ist das Dinieren am Chef's Table mit Blick in die Küche.

Weinlokal heinzhermann

Johannisstraße 64 (D2), PLZ 50668, **T 0221 37999193**
56 | Hauptgericht 26–47 € | Di-Fr Di-Sa Mo, So

Eine schöne Alternative zum Gourmetrestaurant ist die angeschlossene Weinbar, die der Inhaber nach seinen beiden Großvätern benannt hat. Ein stimmiges, modernes Bild: trendig und hochwertig das Interieur, freundlich-locker und zugleich professionell der Service, kreativ die Küche. Auf der Karte locken Gerichte wie „Gebratene Maispoularde Supreme | knackiger Rotkohlsalat | Gewürzbulgur | Orangenjus" oder „Kross gebratene Polentaschnitte | glasiertes Ratatouille | geröstete Walnüsse | eingelegte Kirschtomaten".

Sahila
www.sahila-restaurant.de

VARTA-TIPP Küche

Kämmergasse 18 (C4), PLZ 50676, **T 0221 247238**
22 | Hauptgericht 24–35 €, Menü 143–174 € | So Di-Sa Mo

››

In intimer Atmosphäre mit orientalisch anmutendem Interieur dürfen sich die Gäste bei Spitzenköchin Julia Komp auf eine gehobene Fusionsküche mit internationalen Klassikern freuen. Ihre außergewöhnlichen mehrgängigen Menüs sind inspiriert von Rezepten, die Komp in Europa, Asien und dem Orient gesammelt hat. Die kreativen Speisen werden durch eine exzellente Weinauswahl begleitet. In der angeschlossenen Mezzebar „Yu*lia“, die mit dem Sahila über einen begrünten Innenhof verbunden ist, werden mediterrane und orientalische Vorspeisenklassiker zum Teilen und Genießen aufgetischt.

Zur Tant — www.zurtant.de

VARTA-TIPP Küche VARTA-TIPP Service

Rheinbergstraße 49, PLZ 51143 (OT: Porz-Langel), **T 02203 81883**
30 | Hauptgericht 39–45 €, Menü 114–134 € | Mo-Di, Fr-So ⃠ Mi, Do

Nicht ohne Grund findet diese Adresse schon lange regen Zuspruch bei den Gästen: In dem direkt am Rheinufer gelegenen Fachwerkhaus erwartet Sie eine junge und kreative deutsche Küche mit mediterranen Einflüssen. Das 6-gängige Degustationsmenü von Thomas Lösche wechselt saisonal. Dazu gibt es eine spannende Weinauswahl mit Schwerpunkt Deutschland und Österreich. Die guten „Geister“ im Service sind freundlich und ausgesprochen kompetent. Tischreservierung empfehlenswert.

Zur Tant - Piccolo

Rheinbergstraße 49, PLZ 51143 (OT: Porz-Langel), **T 02203 81883**
34 | Hauptgericht 24–28 €, Menü bis 44 € | Mo, Fr-So ⃠ Di, Mi, Do

Wer es lieber etwas einfacher mag, reserviert einen Tisch im angeschlossenen Bistro. Man schmeckt, dass hier mit Freude gekocht wird. Es gibt Bodenständiges mit Bezug zur Region - probieren Sie z.B. „Hüftsteak von der Färse | Zwiebel-Champignon-Gemüse | Kartoffel“. Im Sommer serviert man auch auf der Rheinterrasse.

Augustin Neu! — augustin-restaurant.com

Dagobertstraße 32 (D1), PLZ 50668, **T 0221 95313354**
70 | Hauptgericht 24–31 € | Mi-Sa Di-So ⃠ Mo

Im Kunibertsviertel hinterm Hauptbahnhof befindet sich das Zweitlokal von Eric Werner (siehe „astrein – essen und trinken“). Blickfang des charismatischen Gastraums ist eine beeindruckende Sammlung an Leuchtern, Lüstern und Lampions, die von der fünf Meter hohen Decke hängen und für eine gemütliche, fast schon heimelige Atmosphäre sorgen. Serviert wird eine frische bürgerliche Küche für jeden Tag mit schmackhaften Gerichten wie „Glasierte Perlhuhnbrust | Tomatengetreide | Rucola | geschmorte Paprika“.

CARUSO Pastabar Neu! — caruso-pastabar.de

Kasparstraße 19 (↗ C1), PLZ 50670, **T 0221**
Menü 42–48 € | Mo-Sa ⃠ So

Ob Rindertatar mit Misomayo und Sauerampfer, Strozzapreti mit Lamm oder Caserecce mit Kaninchenragout - bei Marcello Caruso ist alles handgemacht! In dem kleinen, gemütlichen Restaurant am Agnesplatz wechselt die Karte regelmäßig. Die angebotenen Weine kommen ausschließlich aus Italien. Die Atmosphäre ist entspannt, der Service überaus freundlich.

Christoph Paul's Restaurant — www.christoph-paul.koeln

Brüsseler Straße 26 (A3), PLZ 50674 (OT: Belgisches Viertel), **T 0221 34663545**
60 | Menü 53–64 € | Di-Sa ⃠ Mo, So

Bei Christoph Paul speisen Sie in einer ehem. Kapelle. Ein deckenhohes Ölgemälde, das die alte Apsis von St. Maria Regina zum Rosenkranz zeigt, zeugt davon. Der Patron beherrscht sein Handwerk souverän. Die servierten Gerichte sind kreativ, schmackhaft und konsequent regional (manchmal mit mediterranen Akzenten). Dazu eine kleine, aber feine Weinkarte. Die idyllische Terrasse im Hinterhof ist im Sommer ein Muss.

Der vierte König
www.derviertekoenig.com

Gottesweg 165 (↙ A5), PLZ 50939 (OT: Klettenberg), **T 0221 48481288**
40 | Hauptgericht 24–39 €, Menü 47–65 € | Mi-So ⊘ Mo, Di

Einen Hauch Jugendstilcharme versprüht dieses Restaurant im Stadtteil Klettenberg. Der indische Chefkoch vereint die gehobene französische Küche mit den aromatischen Gewürzen seiner Heimat. Auf der Speisekarte klingt das dann z.B. so: „Gebratene Dorade an grünem Spargel mit japanischem Knöterich, Orangensauce, Risottobällchen und Schnittlauchöl".

Gruber's
www.grubersrestaurant.de

Clever Straße 32 (↗ E1), PLZ 50668 (OT: Neustadt-Nord), **T 0221 7202670**
75 | Menü 61–110 € | Mo-Fr Mo-Sa ⊘ So

Das verspielt-rustikale Restaurant mit seiner großen Veranda gehört zweifellos zu den gastronomischen Institutionen der Stadt. Serviert wird schmackhafte österreichische Küche mit mediterranen Akzenten. Beliebte Hausklassiker sind u.a. Backhendl, Tafelspitz und Kaiserschmarrn. Schöne Weinauswahl.

Landhaus Kuckuck
www.landhaus-kuckuck.de

Olympiaweg 2, PLZ 50933 (OT: Müngersdorf), **T 0221 485360**
60 | Hauptgericht 19–34 €, Menü 58 € | Mi-So ⊘ Mo, Di

Im behaglich eingerichteten Restaurant sowie auf der lauschigen Gartenterrasse wird eine frische saison- und marktorientierte Landhausküche aufgetischt. Wir wär's z.B. mit „Gebratenem Island-Kabeljaufilet auf Rahmsauerkraut, Dijonsenfsauce und Rosmarinkartöffelchen"? Tipp: Nachmittags gibt es leckere Kuchen aus der Hauskonditorei.

phaedra Neu!
www.phaedra-restaurant.de

Elsaßstraße 30, PLZ 50677 (OT: Neustadt-Süd), **T 0221 16826625**
48 | Hauptgericht 32–42 €, Menü 67–74 € | Mi-Sa ⊘ Mo, Di, So

In der gemütlichen Taverne in der Südstadt geht es einladend, locker und lässig zu. Dazu passen die abwechslungsreiche Kulinarik und der entspannte Service geradezu perfekt. Die Crew am Herd kombiniert Top-Zutaten mit Können, Kreativität und Leidenschaft und lässt diese Eigenschaften in ihre wohlschmeckende mediterrane Küche einfließen. Lust auf „Gegrilltes Rinderfilet mit Sauce béarnaise, gegrilltem roten Spitzpaprika und Kartoffelstampf"? Fulminante Weinkarte mit rund 400 Positionen.

Poisson
www.poisson-restaurant.de

Wolfstraße 6-14 (B3), PLZ 50667, **T 0221 27736883**
48 | Hauptgericht 16–78 € | Di-Sa ⊘ Mo, So

Trendiges Ladenlokal in der Innenstadt mit offener Küche. Kreative, leichte Fischgerichte, die auf beständig hohem Niveau zubereitet werden. Tischreservierung empfehlenswert.

Pottkind
www.pottkind-restaurant.de

VARTA-TIPP Küche

Darmstädter Straße 9, PLZ 50678 (OT: Neustadt-Süd), **T 0221 42318030**
26 | Menü ab 95 € | Di-Sa Mo, So

In einer ruhigen Nebenstraße in der Kölner Südstadt trifft geradliniger Bistronomiestil auf kreative Küche. Der Name des Lokals ist der Herkunft der beiden Inhaber geschuldet. Dass hier mit Leidenschaft gekocht wird, spürt man sofort. Serviert werden frische saisonale und regionale Gerichte mit Anspruch, aber ohne Attitüde. Wer den Köchen bei der Arbeit zuschauen möchte, reserviert am besten einen der Thekenplätze an der offenen Küche. Der Service ist freundlich und ungezwungen.

Prunier Cologne
www.prunier-cologne.de

VARTA-TIPP Küche

Am Hof 48 (D3), PLZ 50667, **T 0221 71595520**
20 | Hauptgericht 19–49 €, Menü 69–92 € | Di-Sa Mo, So

Angelehnt an das Pariser Original steht das kleine, intime Restaurant am Fuße des Kölner Doms für frankophile Bistronomie. Hier trifft professionelle Gastlichkeit auf stilvolle Eleganz mit modern interpretierten Art-déco-Akzenten. Neben der Klassikerkarte gibt es mittags ein wöchentlich wechselndes „Menu de la semaine" und abends ein anspruchsvolles Gourmetmenü. In der angeschlossenen Feinkostboutique kann man u.a. den aus Frankreich stammenden Prunier-Kaviar und den aus der Schweiz kommenden Balik-Lachs käuflich erwerben.

HENNE. Weinbar
www.henne-weinbar.de

Pfeilstraße 31-35 (A3), PLZ 50672, **T 0221 34662647**
80 | Hauptgericht 11–13 € | Mo-Sa So

Restaurant & Weinbar in bester Altstadtlage. Unter dem Motto „sharing is caring" werden hier pfiffige Tapasgerichte zum Teilen angeboten. Aber nicht nur das Essen, sondern auch die schöne Weinkarte und der lauschige Innenhof sind äußerst verlockend.

ITO
ito-restaurant.de

Antwerpener Straße 15 (A2), PLZ 50672, **T 0221 3557327**
50 | Hauptgericht 29–69 €, Menü 99–124 € | Mi-Fr Di-Sa Mo, So

Holzmobiliar, patinierter Terrazzoboden und japanische Wandmotive sorgen hier für fernöstliches Ambiente. Kengo Nishimi offeriert einen von ihm individuell und modern interpretierten Stil traditioneller japanischer Küche, ergänzt durch europäische Einflüsse. Bei all seinen Gerichten setzt er auf klare Linien, top Produkte sowie ausgefallene Texturen und Aromen. Hinter der einsehbaren Bartheke entstehen Sushi und Sashimi. Sehr gefragt sind die Lunchmenüs am Mittag.

Maibeck
www.feinkost-maibeck.de

Am Frankenturm 5 (D3), PLZ 50667, **T 0221 96267300**
120 | Hauptgericht 23–36 €, Menü 69 € | Di-Sa Mo, So

Leger und unkompliziert geht es zu in diesem stylishen Restaurant am Rheinufer. Serviert wird eine frische, moderne Bistroküche zu bezahlbaren Preisen. Dazu passt das urbane Ambiente: blanke Tische, weiße Wände, unverkleidete Lüftungsrohre und ein geschmackvolles Beleuchtungskonzept.

Scherz
www.scherzrestaurant.de

Luxemburgerstraße 256 (A5), PLZ 50937 (OT: Sülz), **T 0221 16929440**
28 | Hauptgericht 18–25 €, Menü 37–59 € | So Di-So Mo

Der gebürtige Österreicher Michael Scherz hat ein Stück Alpenromantik nach Köln gebracht: In dem gemütlichen Ecklokal in Sülz stehen österreichische Klassiker und internationale Schmankerl auf der Speisekarte. Freundlicher, unkomplizierter Service.

Zen
www.restaurant-zen.de

Bachemer Straße 233, PLZ 50935 (OT: Lindenthal), **T 0221 28285755**
36 | Hauptgericht 12–52 € | Mo-So

In exotischer Loungeatmosphäre erleben Sie traditionelle japanische Kochkunst - modern interpretiert. Neben Sashimi, Sushi und Ura-Maki gibt es auch leckere À-la-carte-Gerichte wie „Gebratenes Lachsfilet mit Teriyakisauce“ oder „Gegrillte Rindfleischscheiben mit Yakinikusauce“. Charmant-liebenswerter Service.

Piano Bar
www.excelsiorhotelernst.com

Trankgasse 1-5 (C2, im Excelsior Hotel Ernst), PLZ 50667, **T 0221 2701**
30 | Hauptgericht 18–42 € | Mo-So

In der mahagonigetäfelten, von Graf Pilati entworfenen Bar genießen Sie tagsüber feine Kaffee- und Teespezialitäten sowie hausgemachte Patisserie und Kuchen, abends werden bei Pianomusik klassische Cocktails sowie eine ausgezeichnete Auswahl an Wein und Champagner serviert.

Brauhaus Früh am Dom
www.frueh-am-dom.de/brauhaus.html

Am Hof 12-18 (C3), PLZ 50667 (OT: Altstadt-Nord), **T 0221 2613215**
600 | Hauptgericht 10–21 € | Mo-So

Das Brauhaus am Heinzelmännchenbrunnen ist bei Einheimischen und Touristen gleichermaßen beliebt. Typisch kölsche Gastlichkeit auf drei Etagen. Zum frisch gezapften Kölsch werden bodenständige deutsche Gerichte serviert.

Peters Brauhaus
www.peters-brauhaus.de

Mühlengasse 1 (D3), PLZ 50667, **T 0221 2573950**
200 | Hauptgericht 11–25 €, Menü 33 € | Mo-So

Urige Brauereigaststätte hinter klassizistischer Fassade, beliebt bei Touristen wie Einheimischen. Im Inneren rustikale Holzvertäfelungen sowie Wand- und Deckenmalereien. Serviert werden bürgerliche Gerichte und kölsche Spezialitäten zu moderaten Preisen. Legerer, freundlicher Service.

Café Eigel
www.cafe-eigel.de

Brückenstraße 1-3 (C3), PLZ 50667, **T 0221 2575858**
270 | Mo–Fr 09:30–18:30 Uhr, Sa 09:00–18:00 Uhr

Großzügiges Café auf 400 qm mit moderner Kaffeehauskultur. Üppige Kuchentheke mit rund 40 verschiedenen Creme-, Sahne-, Käse- und Obsttorten (täglich frisch). Auch kleine Snacks im Angebot.

Café Fassbender
www.fassbender.de

Mittelstraße 12 (B3), PLZ 50672, **T 0221 9259990**
120 | Hauptgericht 5–9 €, Menü 9–20 € | Mo–Sa 9:30–19:00 Uhr, So 10:00–18:00 Uhr

In exzellenter Lage - zwischen Neumarkt und Rudolfplatz - befindet sich diese Traditionsadresse. Im großzügigen Ladenlokal mit Café sowie auf der hübschen Terrasse serviert man erlesene Tee- und Kaffeespezialitäten. Unbedingt probieren sollten Sie die berühmten Fassbender-Pralinen. Torten und Gebäck gibt es selbstverständlich auch zum Mitnehmen.

KÖNGEN 58 A
www.koengen.de

Baden-Württemberg | EW 9.648 | 281 m | Plochingen 6 km, Nürtingen 7 km

Schwanen
www.schwanen-koengen.de

★★★ S garni

Schwanenstraße 1, PLZ 73257, **T 07024 97250,** F 97256
62 Zimmer | 1 Suite | Ez 84–129 €, Dz 100–169 €, inkl. Frühstück | ⃠ 23.12.23–8.1.24

Tradition wird bei Familie Benz großgeschrieben, und das seit 1937. Das alteingesessene Hotel in der Ortsmitte bietet zeitgemäß und funktional ausgestattete Businesszimmer in unterschiedlichen Kategorien. Die Gästezimmer verteilen sich auf das Stammhaus und den modernen Erweiterungsbau.

Schwanen

VARTA-TIPP Service

85 | Hauptgericht 20–39 €, Menü 45–60 € | Di-Sa ⃠ Mo, So ⃠ 23.12.23–7.1.24

Schön das helle, freundliche und geradlinige Ambiente, aufmerksam und geschult der Service. Patrick Domon kocht ehrlich, frisch und regional mit internationalen Einflüssen. Für seine Gerichte verwendet er erlesene Zutaten, die dem Angebot der wechselnden Jahreszeiten entsprechen. Zum Haus gehören ein gemütliches Bistro und eine einladende Gartenterrasse.

Tafelhaus
www.hotel-neckartal.com

Bahnhofstraße 19, PLZ 73257, **T 07024 97220**
110 | Hauptgericht 26–45 €, Menü 42–95 € | Di-Sa ⃠ Mo, So

Sympathisch geführtes Haus mit modernen Gaststuben. Auf der Speisekarte stehen sowohl bodenständige Klassiker als auch gehobene internationale Speisen. Ein Muss für Liebhaber der regionalen Küche: Nödingers Rostbraten! Charmanter Service. Gästezimmer bietet das Hotel Neckartal.

Alte Vogtei
www.vogtei-koengen.de

Oberdorfstraße 15, PLZ 73257, **T 07024 5027474**
35 | Hauptgericht 14–30 € | Mi-Sa ⃠ Mo, Di, So

In dem historischen Fachwerkgebäude von 1540 erwartet Sie nicht nur eine charmante Atmosphäre, man kocht hier auch sehr gut. Auf der Speisekarte finden sich klassische schwäbische Gerichte wie Rostbraten, Maultaschen, Käsespätzle oder Ochsenbäckle in Trollingersoße.

KÖNGERNHEIM 50 B www.vg-rhein-selz.de

Rheinland-Pfalz | EW 1.310 | 138 m | Oppenheim 8 km, Alzey 18 km

Jordan's Untermühle www.jordans-untermuehle.de

VARTA-TIPP Service

★★★★ S garni

Außerhalb 1, PLZ 55278, **T 06737 71000,** F 710099
48 Zimmer | 5 Suiten | Ez ab 176 €, Dz ab 308 €, inkl. Halbpension

Hier trifft geschichtsträchtiges Fachwerk auf stilvolle Moderne. Das idyllisch gelegene historische Mühlenanwesen hat sich inzwischen zu einem attraktiven Wohlfühl-Refugium entwickelt. Es bietet wohnliche Zimmer - mal heimelig-traditionell, mal modern-reduziert eingerichtet. Für Entspannung sorgt der großzügige Wellnessbereich mit Saunalandschaft, beheiztem Außenpool und hübschem SPA-Garten. Dazu eine vorbildliche Gästebetreuung durch Familie Jordan und die fleißigen „Mühlengeister".

KÖNIG, BAD 51 A www.badkoenig-tourismus.de

Hessen | EW 9.434 | 183 m | Höchst i. Odw. 7 km, Darmstadt 39 km

Büchner www.hotel-buechner.de

★★★ S garni

Frankfurter Straße 6, PLZ 64732, **T 06063 50050,** F 57101
25 Zimmer | 1 Suite | Ez 65–75 €, Dz 95 €, inkl. Frühstück

Freundlich geführtes Hotel mit ländlich eingerichteten Zimmern. Gemütliche Lobby mit offenem Kamin. Kleiner Wellnessbereich mit Hallenbad und Sauna. Hübscher Parkgarten mit altem Baumbestand.

Zur Post www.zurpost-momart.de

€ Gut & Günstig S garni

Hauswiesenweg 16, PLZ 64732 (OT: Momart), **T 06063 1510,** F 3785
9 Zimmer | Ez ab 65 €, Dz ab 89 €, inkl. Frühstück

Gepflegtes, ruhig gelegenes Haus im idyllischen Bauerndorf Momart mitten im Odenwald. Geschmackvoll im Landhausstil mit mediterranen Elementen eingerichtete Zimmer, die über eine moderne Ausstattung verfügen. Das Restaurant mit Terrasse und Kaminzimmer serviert kreative regionale Küche.

KÖNIGSBRONN 59 A www.koenigsbronn.de

Baden-Württemberg | EW 7.017 | 499 m | Heidenheim an der Brenz 9 km, Aalen 14 km

Widmann's Alb.Leben
www.widmanns-albleben.de

★★★ S

Struthstraße 17, PLZ 89551 (OT: Zang), **T 07328 96270,** F 962710
21 Zimmer | Ez ab 63 €, Dz 89–186 €, inkl. Frühstück

Ein zeitgemäßer Hotelbetrieb mit gelebter schwäbischer Gastfreundschaft. Das Haus bietet neben freundlich und individuell eingerichteten Zimmern - wahlweise im modernen Alb-Lifestyle oder ganz heimelig im Landhausstil - auch großzügig geschnittene Chalets. Und wer das ganz Besondere sucht, kann auch in einem der gemütlichen und aufwendig restaurierten Bauwägen logieren.

ursprung - das Restaurant

VARTA-TIPP Küche

25 | Hauptgericht 13–48 €, Menü bis 165 € | Do-So Mo, Di, Mi

Schick und modern zeigt sich das Fine-Dining-Restaurant im ältesten Teil des Landgasthofs, in dem sich einst die Dorfmetzgerei und die erste Gaststube der Widmanns befanden. Beim Patron sprechen Produktqualität und Know-how eine deutliche Sprache. Mit Techniken aus Skandinavien und Fernost und inspiriert von den spannenden Produkten der Ostalb lässt er seiner Kreativität freien Lauf. Toll abgestimmt die Weinbegleitung zur Menüfolge. Tischreservierung erwünscht.

Gasthaus Widmann's Löwen

VARTA-TIPP Küche

175 | Hauptgericht 13–48 €, Menü 42–69 € | Do-So Mo, Mi-So Di

In den gemütlich-ländlichen Stuben fühlt man sich einfach sofort rundum wohl. Andreas Widmann steht für eine frische und geschmackvolle, traditionell geprägte Küche. Auf der Karte stehen z.B. typische schwäbische Klassiker wie „Saure Lemberger Kutteln mit Bratkartoffeln" oder „Maultaschen auf Kartoffelsalat mit Bratensoße und Zwiebelschmelze". In den warmen Sommermonaten kann man auch im lauschigen Löwen-Biergarten speisen.

KÖNIGSFELD 57 C
www.koenigsfeld.de

Baden-Württemberg | EW 6.000 | 761 m | Schramberg 12 km, Triberg 19 km

Rapp
www.cafe-rapp.de

Dörfle 22, PLZ 78126 (OT: Buchenberg), **T 07725 91510**
80 | Hauptgericht 29–42 €, Menü 38–65 € | Mi-So Mo, Di

Bei der Einrichtung des Hauses hat man den alten Charme der Räumlichkeiten bewahrt. Serviert werden marktfrische Regionalgerichte im Restaurant und hausgebackene Kuchen im Café. Es stehen auch sechs individuell eingerichtete Zimmer für Übernachtungsgäste zur Verfügung.

KÖNIGSTEIN (OBERPFALZ) 54 A
www.markt-koenigstein.de

Bayern | EW 1.790 | 490 m | Sulzbach-Rosenberg 20 km, Pegnitz 24 km

Wilder Mann
www.wilder-mann.de

★★★ S

Oberer Markt 1, PLZ 92281, **T 09665 91590,** F 9159100
31 Zimmer | 5 Suiten | Ez ab 55 €, Dz ab 95 €, inkl. Frühstück

Persönlich geführter Gasthof von 1572 mit Standard- sowie hübschen Landhauszimmern mit südeuropäischem Flair. Kleiner Wellnessbereich mit Sauna. Im ländlich-eleganten Restaurant mit Sonnenterrasse wird bürgerlich-regionale Küche serviert.

KÖNIGSTEIN IM TAUNUS 41 C www.koenigstein.de

Hessen | EW 16.000 | 362 m | Frankfurt am Main 24 km, Wiesbaden 27 km

Falkenstein Grand www.brhhh.com/falkenstein-grand

★★★★★S

Debusweg 6-18, PLZ 61462 (OT: Falkenstein), **T 06174 900,** F 909090
108 Zimmer | 22 Suiten | 24 Apartments | 24 h

Neoklassizistischer Zentralbau mit repräsentativem Gebäude-Ensemble in einem 6 ha großen Park. Hier logieren Sie in stilvoll gestalteten Zimmern und Suiten. Für Entspannung sorgt der SPA-Bereich auf 1.200 qm. Klassische und regional inspirierte Küche erwartet Sie im Restaurant „Landgut Falkenstein".

Miro's Ristorante www.miros-ristorante.de

Falkensteiner Straße 28, PLZ 61462, **T 06174 998342**
170 | Hauptgericht 13–39 € | Mo-So

Modernes Gastrokonzept mit Ristorante, Skylineterrasse, Trattoria, Vinothek und Smoker's Lounge. In den verschiedenen Genusszonen werden Klassiker aus der italienischen Küche sowie schmackhafte Fisch- und Fleischspezialitäten serviert. Der Betrieb wurde bereits mehrfach mit dem hessischen Gastronomiepreis ausgezeichnet.

Restaurant Villa Rothschild Grill & Health Neu! www.brhhh.com/villa-rothschild

Im Rothschildpark 1, PLZ 61462, **T 06174 29080**
100 | Hauptgericht 24–44 €, Menü 99–149 € | Do-Sa Mo, Di, Mi, So

Kreative Kulinarik in gediegener, kosmopolitischer Atmosphäre. Elegante Drei-Raum-Kombination aus Restaurant, Bibliothek und Lounge. Unter dem Motto „Casual Fine Dining" erwartet Sie hier eine finessenreiche, weltoffene Küche, die die französischen Wurzeln des Hauses mit erstklassigen, überwiegend regionalen Produkten verbindet. Wie wäre es z.B. mit „Rosa gegartem Lammrücken mit Aubergine, Mais und sautierten Pfifferlingen"? Im Sommer lockt ein hübscher Terrassenbereich zum Open-Air-Genuss mit imposantem Parkblick.

KÖNIGSWINTER 40 A www.siebengebirge.de

Nordrhein-Westfalen | EW 39.976 | 80 m | Bad Honnef 9 km, Bonn 10 km

Steigenberger Icon Grandhotel & Spa Petersberg www.hrewards.com

Auf dem Petersberg, PLZ 53639, **T 02223 740,** F 74443
111 Zimmer | 8 Suiten | 1 Apartment | Ez 179–279 €, Dz 199–299 €, inkl. Frühstück | 24 h

Gelebte Geschichte: Einst repräsentatives Gästehaus der Bundesregierung, heute ein renommiertes Grandhotel mit klassisch-elegant eingerichteten Zimmern und Suiten. In dem noblen Domizil waren schon zahlreiche hochrangige Politiker zu Gast. Zum Hotel gehören mehrere Restaurants, eine moderne Fitness- und Badelandschaft sowie ein umfangreiches Tagungsangebot.

Bill's Restaurant & Grill www.steigenberger.com/hotels

138 | Hauptgericht 25–32 €, Menü 42–89 € | Mo-So

Im elegant eingerichteten Grillrestaurant werden schmackhafte Steak-, Fisch- und Krustentierspezialitäten sowie hochwertige regionale und internationale Gerichte serviert. Von der Terrasse genießt man einen wunderbaren Blick auf das Rheintal und das umliegende Siebengebirge.

KONSTANZ 65 B www.konstanz-info.com

Baden-Württemberg | EW 86.190 | 405 m | Singen 31 km, Schaffhausen 48 km

RIVA www.hotel-riva.de

VARTA-TIPP Service

★★★★★S

Seestraße 25 (C1, Zufahrt über Kamorstr.), PLZ 78464 (OT: Petershausen), **T 07531 363090**, F 3630999

64 Zimmer | 7 Suiten | Ez 200–308 €, Dz 220–516 €, inkl. Frühstück | 24 h

Das exklusive Boutique-Hotel liegt direkt an der von Platanen gesäumten Uferpromenade. Eine elegante Jugendstilvilla und ein lichtdurchfluteter Neubau bilden eine spannende Symbiose aus Tradition und Moderne. Sie wohnen in hochwertig ausgestatteten Zimmern, teilweise mit Balkon und Seeblick. Ein ganz besonderes Highlight ist die Dachterrasse mit Pooldeck. Auch das hervorragende Service- und Dienstleistungsniveau sorgt für einen hohen Wohlfühlfaktor.

Ophelia
www.restaurant-ophelia.de

VARTA-TIPP Küche VARTA-TIPP Service

30 | Menü 220–250 € | Mo, Do-So Di, Mi

Das noble Abendrestaurant in der wunderschönen Jugendstilvilla des Hotels empfängt Sie mit raffiniert-elegantem Ambiente und gehobener Tischkultur. Dirk Hoberg glänzt mit einer modern interpretierten, klassisch französischen Küche. Insbesondere seine vielseitigen Gemüsegerichte sind ein Wunder an Kreativität, Frische und Geschmackstiefe. Auch die Weinkarte mit mehr als 400 verschiedenen Positionen - darunter Raritäten aus der ganzen Welt - kann sich sehen lassen. Nicht zu vergessen der Service unter Jerom Nicke, der sich herzlich, professionell und aufmerksam um die Gäste kümmert.

Hotel Halm
www.hotel-halm.de

★★★★

Bahnhofplatz 6 (B2), PLZ 78462, **T 07531 1210,** F 21803
101 Zimmer | 5 Suiten | 24 h

Denkmalgeschütztes Haus mit Gründerzeitcharme und zeitgemäßem Komfort. Modern-elegante Zimmer, teilweise mit Seeblick. In einem Maurischen Saal aus dem Jahr 1887, dem Herzstück des Hotels, befindet sich das Restaurant „Le Marrakech“ mit maurischer und internationaler Küche.

Steigenberger Inselhotel
www.konstanz.steigenberger.de

Auf der Insel 1 (B2), PLZ 78462, **T 07531 1250,** F 26402
100 Zimmer | 2 Suiten | Ez 115–295 €, Dz 195–325 €, 36,00 € | 24 h

Stilvolles Hotel in einem ehem. Dominikanerkloster. Edel mit hist. Einrichtungsgegenständen ausgestattete Zimmer und Suiten, teils mit Balkon. Für Tagungen und Veranstaltungen stehen verschiedene Räume und Salons zur Verfügung. Im Seerestaurant wird international gekocht, in der Dominikanerstube regional.

47 Grad
www.47grad.de

Reichenaustraße 17 (A1), PLZ 78467, **T 07531 127490**
99 Zimmer | 10 Suiten | 24 h

Ideal für Freizeit, Business und Wellness liegt das Hotel direkt am Seerhein. Doch nicht nur die Lage kommt an, sondern auch das Interieur: topmodern, schnörkelloses Design, warme Erdtöne mit Farbakzenten. Dieser Stil setzt sich im Restaurant fort. Auf der 6. Etage gibt es einen 300 qm großen SPA-Bereich.

San Martino Gourmet
www.san-martino.net

VARTA-TIPP Küche

Bruderturmgasse 3 (B2), PLZ 78462, **T 07531 2845678**
16 | Hauptgericht 48–68 €, Menü 146–195 € | Sa Do-Sa Mo, Di, Mi, So

Im historischen Kellergewölbe an der alten Konstanzer Stadtmauer befindet sich das kleine Gourmetseparé mit nur wenigen Tischen. Jochen Fecht steht für einen modernen, raffinierten Kochstil mit regionalem Twist - vollendet in einem anspruchsvollen „Menü Signature“. Eine Tischreservierung ist unbedingt zu empfehlen! Im Restaurant (Mi bis Sa: 11:30 bis 22:00 Uhr) wird in lockerer Atmosphäre eine schmackhafte Crossover-Küche aufgetischt. Für einen Aperitif oder Digestif empfiehlt sich die stimmungsvolle Bar-Lounge.

Ristorante Pinocchio
www.pinocchio-konstanz.de

Untere Laube 47 (B2), PLZ 78462, **T 07531 15777**
70 | Hauptgericht 13–35 €, Menü 40–72 € | Di-Fr Mo-Sa So

Traditioneller Familienbetrieb mit stilvoll-gemütlicher Atmosphäre. Die verwinkelten Gasträume mit Naturstein im mittelalterlichen Kellergewölbe vermitteln ein besonderes Flair. Die Speisekarte liest sich wie eine Reise durch die Regionen Italiens - mit Schwerpunkt Toskana und Piemont.

Brasserie Colette Tim Raue
www.brasseriecolette.de/konstanz

Brotlaube 2A (B2), PLZ 78462, **T 07531 1285100**
100 | Hauptgericht 29–39 €, Menü 82–109 € | Mi-So Mo, Di

In den ehem. Räumlichkeiten des „Gasthaus Krone“ sorgen klassische Elemente wie Mosaikböden, Vintagestühle und Marmortische für eine ungezwungene, lockere Atmosphäre. Auf der Speisekarte stehen schmackhafte Brasseriegerichte.

KORB 58 A
www.korb.de

Baden-Württemberg | EW 10.093 | 296 m | Waiblingen 3 km, Winnenden 5 km

Rebblick Neu!
www.rebblick-korb.de

Brucknerstraße 14, PLZ 71404, **T 07151 2740100**
89 | Hauptgericht 20–32 €, Menü 45–76 € | Fr, So Do-Sa Mo, Di, Mi

Das Restaurant an der Remstalhalle sorgt mit modernen Einrichtungsdetails, bequemen Stühlen und einem raffinierten Lichtkonzept für eine wohlige Atmosphäre. Dazu passt die feine, unkomplizierte Regionalküche mit internationalen Einflüssen. Probieren Sie z.B. „Lammrücken auf Bohnen-Linsen-Melange mit Auberginenpüree, Dattelsud und Sesamjoghurt“! Das Weinangebot wird vor allem von lokalen Winzern bespielt.

KORBACH 31 C
www.korbach.de

Hessen | EW 23.900 | 379 m | Waldeck 26 km, Kassel 59 km

Goldflair am Rathaus
www.hotel-goldflair.de

★★★ S garni

Stechbahn 8, PLZ 34497, **T 05631 50090,** F 500959
28 Zimmer | 2 Suiten | 2 Apartments | Ez 65–77 €, Dz 91–101 €, 12,90 €

Ein modernes Hotel gepaart mit traditionellem Flair direkt gegenüber dem historischen Rathaus. Hier erwarten Sie originelle Gold-Themenzimmer sowie ein reichhaltiges ländliches Frühstücksbuffet am Morgen. Restaurant „Goldstuben“ mit Biergarten und kreativer Küche.

KORSCHENBROICH 29 C www.korschenbroich.de

Nordrhein-Westfalen | EW 33.116 | 46 m | Mönchengladbach 6 km, Neuss 13 km

Gasthaus Stappen www.gasthaus-stappen.de

VARTA-TIPP Service

Steinhausen 39, PLZ 41352 (OT: Liedberg-Steinhausen), **T 02166 88226**
70 | Hauptgericht 20–40 €, Menü 42–69 € | So Mi-So Mo, Di

Bereits in der 5. Generation führen Carmen und Franz-Josef Stappen den elterlichen Betrieb. In gemütlich-modernem Ambiente und auf der Terrasse dürfen Sie sich auf eine kreative und saisonal ausgerichtete Küche freuen. Der Service ist aufmerksam und charmant, die Weinkarte gut zusammengestellt. Man verfügt auch über fünf Gästezimmer, die mit Liebe zum Detail eingerichtet wurden.

KÖTZTING, BAD 55 C www.bad-koetzting.de

Bayern | EW 7.143 | 409 m | Cham 18 km, Regensburg 82 km

Bayerwaldhof www.bayerwaldhof.de

Liebenstein 25, PLZ 93444 (OT: Liebenstein), **T 09941 94800,** F 9480800
94 Zimmer | 8 Suiten | Ez ab 167 €, Dz ab 153 €, inkl. Vollpension

Auf einem Wiesenhügel über Bad Kötzting befindet sich dieses gewachsene Ferienhotel. Neben eleganten Zimmern und Suiten mit Balkon oder Terrasse verfügt das Haus über eine 10.500 qm große Wellnessoase mit großer Wasser- und Saunawelt, Beautybereich, Fitnessstudio sowie mehreren Ruheräumen.

Leo's by Stephan Brandl

VARTA-TIPP Küche **VARTA-TIPP** Service

20 | Hauptgericht 35–46 €, Menü 135–165 € | Mi-Sa Mo, Di, So

Das elegante Fine-Dining-Restaurant steckt voller Charme und Wärme - der besonderen Mischung aus Holz, Leder und Kupfer sei Dank! So gemütlich der Rahmen, so geschmackvoll und aromenintensiv die französische „Nouvelle Cuisine“, die Küchenchef Stephan Brandl hier für Sie kreiert. Sie können zwischen zwei Menüs (5 und 8 Gänge) wählen. Dazu ein kompetenter Service nebst erstklassigen Weinempfehlungen von Chefsommelière Christina Empl. Tischreservierung empfehlenswert.

Amberger Hof
www.amberger-hof.de

Zeltendorfer Weg 4 (Anfahrt über Zeltendorfer Weg), PLZ 93444, **T 09941 9500,** F 950110
30 Zimmer | Ez 79–89 €, Dz 129–150 €, inkl. Frühstück | ⃠ 24.12.23–24.1.24, 7.–17.4.24, 1.–11.9.24, 22.12.24–22.1.25

Ein gewachsenes, traditionsreiches Haus mit familiärer Führung. Wohnlich eingerichtete Zimmer mit kostenlosem WLAN. Zum Haus gehört ein kleiner, moderner Saunabereich. Im Restaurant wird regionale Frischeküche aufgetischt.

KRAIBURG A. INN 61 C
www.lra-mue.de

Bayern | EW 3.985 | 462 m | Mühldorf am Inn 14 km, Erding 50 km

Hardthaus
www.hardthaus.de

Marktplatz 31, PLZ 84559, **T 08638 73067**
45 | Hauptgericht 22–36 €, Menü 39–90 € | Di-Sa ⃠ Mo, So

Im Entrée des denkmalgeschützten Hardthauses befindet sich dieses Restaurant. Raumhohe Holzregale eines ehem. Kolonialwarenhandels, die bis zur malereiverzierten Decke reichen, sorgen für ein originelles Ambiente. Serviert wird eine frische internationale Küche. Im gegenüberliegenden Boutique-Hotel gibt es moderne Gästezimmer.

KRAKOW AM SEE 17 B
www.krakow-am-see.de

Mecklenburg-Vorpommern | EW 3.754 | 50 m | Güstrow 12 km, Plau 22 km

Ich weiß ein Haus am See
www.hausamsee.de

VARTA-TIPP Küche

Paradiesweg 3, PLZ 18292 (OT: Kuchelmis), **T 038457 23273**
24 | Hauptgericht 28–34 €, Menü 110 € | Di-Sa ⃠ Mo, So

Ein ländliches Idyll mit Park, kleinem Badestrand und Bootssteg am Nordufer des Krakower Sees. Im lichten Restaurantrundbau offeriert Raik Zeigner eine hervorragende Frischmarkt- und Saisonküche, die in Form eines täglich wechselnden 4-Gang-Menüs serviert wird. Der gebürtige Mecklenburger verbindet dabei gekonnt heimische Zutaten mit internationalen Top-Produkten. Tischreservierung empfehlenswert! Himmlisch schläft man in den individuell eingerichteten Landhauszimmern (zur Seeseite mit Loggia).

KRANZBERG 60 D
www.kranzberg.de

Bayern | EW 4.131 | 483 m | Freising 4 km, Hallbergmoos 12 km

Hörger Biohotel
www.hoerger-biohotel.de

Hohenbercha 38, PLZ 85402 (OT: Hohenbercha), **T 08166 990980,** F 9909868
25 Zimmer | Ez ab 79 €, Dz ab 99 €, inkl. Frühstück

Vollholzbau aus Zirbelholz - malerisch gelegen inmitten von Apfelgärten. Es stehen ausschließlich Nichtraucherzimmer zur Verfügung. Nette Tafernwirtschaft mit landestypischen Gerichten unter Verwendung biologisch erzeugter Lebensmittel.

KREFELD 29 C www.krefeld.de

Nordrhein-Westfalen | EW 235.414 | 38 m | Duisburg 25 km, Düsseldorf 31 km
Stadttheater, Haus Lange und Haus Esters (Museen), Burg Linn mit Jagdschlösschen, Deutsches Textilmuseum, Mennonitenkirche, Haus Sollbrüggen, Zoologischer und Botanischer Garten, Weinbrennerei Dujardin.

KRasserie verve-kr.de/krasserie.html

Zur Feuerwache 5, PLZ 47805 (OT: Dießem/Lehmheide), **T 02151 9360800**
Hauptgericht 19–42 € | Di-Sa Mo, So

In einem Industriegebiet gegenüber der Hauptfeuer- und Rettungswache finden Sie diese ansprechende Fine-Dining-Adresse. In zeitgemäß-freundlichem Ambiente wird eine moderne, frankophil geprägte Küche mit regionalen Einflüssen serviert. Probieren Sie z.B. „Saftige Frikadelle vom Milchkalb | getrüffelter Rahmlauch I Kartoffel-Selleriemousseline | Röstzwiebeln“! Sehr gutes Preis-Genussverhältnis. Freundlicher Service.

PUR Essen und Trinken www.pur-krefeld.de

Roonstraße 1, PLZ 47799 (OT: Cracau), **T 02151 6223415**
39 | Hauptgericht 26–36 €, Menü 69 € | Fr-Sa Mo-So

Ein schickes, puristisches Restaurant gegenüber dem Sprödentalplatz, in dem Ihnen ein sympathisches Team exquisite Speisen und edle Weine serviert. Probieren Sie z.B. „Rinderfilet mit Aubergine und Polenta“ oder „Viktoriabarschfilet mit Tomate, Basilikum und Kartoffeln“.

Villa Medici www.villa-medici-krefeld.de

Schönwasserstraße 73, PLZ 47800, **T 02151 50660**
50 | Hauptgericht 38–58 € | Di-Fr Di-Sa Mo, So

In der restaurierten Jugendstilvilla mit stilvoll-gediegenem Flair, Stuck und getäfelten Wänden bietet man seit über 35 Jahren kulinarische Köstlichkeiten der italienischen Küche wie täglich frisch zubereitete Antipasti oder hausgemachte Pasta. Einige Gerichte werden unmittelbar am Tisch frisch zubereitet. Umfangreiche Weinkarte mit italienischen und internationalen Tropfen. Im Sommer sitzt man schön auf der mediterran anmutenden Terrasse.

Elfrather Mühle www.elfrather-muehle.de

An der Elfrather Mühle 145, PLZ 47802 (OT: Traar), **T 02151 7899722**
50 | Hauptgericht 15–28 € | Mo-So

Das aparte Restaurant mit Terrasse und angeschlossenem Golfclub befindet sich in einer historischen Mühle. Moderne Stoffe, gediegene Farben und rustikale Holztische sorgen hier für eine charmante Atmosphäre. Auf der Karte stehen saisonale deutsche Gerichte mit mediterraner Note. Sehr beliebt ist die Location bei Hochzeiten.

KREISCHA 46 B www.kreischa.de

Sachsen | EW 4.542 | 220 m | Dippoldiswalde 10 km, Dresden 15 km

Landhotel Rosenschänke landhotel-rosenschaenke.de

Baumschulenstraße 17, PLZ 01731 (OT: Gombsen), **T 035206 21870,** F 21858
10 Zimmer | Ez ab 79 €, Dz ab 109 €, ab 8,00 € ››

Sie haben Lust auf eine Auszeit im grünen Süden von Dresden? Das seit drei Generationen familiär geführte Landhotel ist ein echter Geheimtipp. Die Zimmer im modernen Cottagestil sind wohnlich und mit zeitgemäßer Technik ausgestattet. Im Restaurant sowie im ruhigen Rosengarten hinter dem Haus wird eine bodenständig-saisonale Landküche serviert.

KREMMEN 26 B www.kremmen.de

Brandenburg | EW 7.110 | 39 m | Oranienburg 16 km, Berlin 30 km

Sommerfeld www.hotel-sommerfeld.de

★★★★ S garni

Beetzer Straße 1a, PLZ 16766 (OT: Sommerfeld), **T 033055 970,** F 97445
85 Zimmer | 2 Suiten | 2 Apartments | Ez 113–123 €, Dz 189–209 €, inkl. Frühstück | 24 h

Modernes Tagungs- und Ferienhotel unmittelbar am Beetzer See gelegen. Sie übernachten in wohnlich eingerichteten Zimmern und Suiten. Ansprechender Wellnessbereich „ANIMA SPA“ mit Innen- und Außenpool sowie Saunalandschaft.

Schloss Ziethen www.schlossziethen.de

VARTA-TIPP Ambiente

★★★★ S garni

Alte Dorfstraße 33, PLZ 16766 (OT: Groß Ziethen), **T 033055 950,** F 9559
44 Zimmer | 1 Suite | Ez 129–221 €, Dz 169–257 €, inkl. Frühstück

Ein prachtvolles, liebevoll restauriertes Herrenhaus vor den Toren Berlins. Es bietet seinen Gästen geschmackvoll und ansprechend eingerichtete Zimmer mit historischem Flair. Ein Teil der Gästezimmer befindet sich im Schloss selbst, die restlichen im ehemaligen Kornspeicher. In der lichtdurchfluteten Orangerie wird regional und mediterran beeinflusste Küche serviert. Diverse Salons, eine kleine Bibliothek sowie ein großer Park mit Teich runden das Angebot ab.

KRESSBRONN 66 A www.kressbronn.de

Baden-Württemberg | EW 8.305 | 407 m | Lindau 10 km, Friedrichshafen 12 km

Bodensee-Hotel Sonnenhof www.sonnenhof-bodensee.de

GREENSIGN ★★★★ S garni

Sonnenhof 8, PLZ 88079 (OT: Retterschen), **T 07543 500220,** F 50022500
31 Zimmer | 8 Suiten | Ez 89–149 €, Dz 149–299 €, inkl. Frühstück

Ansprechendes Feriendomizil in einer 100 Jahre alten Villa, eingebettet in eine ruhige Wohn- und Parkanlage. Stilvolle Zimmer mit wohnlich-eleganter Note, teils mit Seeblick. Großzügiger Fitness-, Gesundheits- und SPA-Bereich mit Panoramaschwimmbad und hauseigenem Privatstrand.

Restaurant im Bodensee-Hotel Sonnenhof

100 | Hauptgericht 12–34 € |

Großzügiges Restaurant mit angeschlossener Hotelbar. Serviert wird heimische Küche mit mediterranem Einschlag sowie frischer Fisch aus dem Bodensee. Kostprobe gefällig? „Confierte Kaninchenkeule in Weißwein | violetter Senf | Perlzwiebeln | getrocknete Tomaten | Oliven | frische Pasta“. Große Sonnenterrasse mit Blick über den Bodensee.

Boutique Hotel Friesinger
www.boutique-hotel-friesinger.de

VARTA-TIPP Ambiente

★★★★ garni

Bahnhofstraße 5, PLZ 88079, **T 07543 9398787,** F 9398780
7 Zimmer | 4 Suiten | Ez 118–198 €, Dz 142–208 €, inkl. Frühstück

Klein, aber fein! Individuell und mit viel Charme präsentieren sich die Räume dieser liebevoll sanierten Stadtvilla. Marmor, Naturstein und Stuck gepaart mit warmen Farben und modernem Interieur sorgen für den einzigartigen Charakter der Zimmer und Suiten. Der sehr gute Service und ein freundliches Lächeln in den Gesichtern der Gastgeber tragen erheblich zum Wohlbefinden bei.

Meersalz

40 | Hauptgericht 34–48 €, Menü 68–98 € | Fr-Sa ⃠ Mo, Di, Mi, Do

Kleines, modern gestaltetes Restaurant im Erdgeschoss. Serviert wird eine wohlschmeckende mediterrane Aromenküche. Auf der Karte stehen Gerichte wie „Kalbsbries und Kalbsragout mit getrüffelter Selleriecreme und Erbsen“. Regelmäßig finden Kochkurse sowie verschiedene Events wie Wein- und Themenabende statt.

KREUTH 68 A
www.kreuth.de

Bayern | EW 3.722 | 787 m | Tegernsee 10 km, Bad Tölz 29 km

Da Mimmo
www.ristorante-da-mimmo.com

Nördliche Hauptstraße 89, PLZ 83708 (OT: Scharling), **T 08029 315**
48 | Hauptgericht 25–34 € | Di-Sa ⃠ Mo, So

Eingestimmt von alpenländischer Atmosphäre genießen Sie bei Mimmo Lapenna feine italienische Spezialitäten, die im Sommer auch auf der sonnigen Terrasse serviert werden. Die Crew an der Gästefront ist freundlich und kompetent.

KREUZNACH, BAD 50 A
www.bad-kreuznach-tourist.de

Rheinland-Pfalz | EW 48.229 | 104 m | Bingen 15 km, Alzey 27 km

Fürstenhof
www.sympathie-hotel.de

★★★★ garni

Kurhausstraße 20, PLZ 55543, **T 0671 2984670,** F 9203022
76 Zimmer | 1 Suite | 24 h

Dieses Tagungshotel im Herzen des Kurgebietes bietet zeitgemäßen Komfort. Viele der recht geräumigen Zimmer verfügen über einen Balkon mit Blick auf den Fürstenplatz. Modernes Restaurant „nobelle“ mit Sonnenterrasse.

Leonardo Hotel Bad Kreuznach
www.leonardo-hotels.com

★★★★ garni

Otto-Meffert-Straße 1, PLZ 55543, **T 0671 970030,** F 97003222
91 Zimmer | 24 h

Das 2018 eröffnete Haus ist auf die Bedürfnisse von Businesskunden ausgerichtet. Der fünfgeschossige Neubau bietet moderne, freundliche Zimmer und Suiten sowie einen großzügigen Tagungs- und Seminarbereich. Im Restaurant „La Cave“ werden deutsche Gerichte serviert.

Im Gütchen
www.im-guetchen.com

Hüffelsheimer Straße 1, PLZ 55545, **T 0671 42626**
44 | Hauptgericht 18–44 €, Menü 62–99 € | So Mo, Do-So Di, Mi

Aufwendig saniertes Restaurant in einer ehem. Gutsanlage aus dem 18. Jhd. In stilvollem und originellem Ambiente wird eine heimatverbundene Gourmetküche mit internationalen Einflüssen serviert.

KREUZWERTHEIM 52 A
www.kreuzwertheim.de

Bayern | EW 3.783 | 144 m | Wertheim 1 km, Marktheidenfeld 12 km

Herrnwiesen
www.hotel-herrnwiesen.de

In den Herrnwiesen 4, PLZ 97892, **T 09342 93130**
23 Zimmer | 2 Apartments | Ez 99 €, Dz 133–155 €

Bei Radfahrern und Geschäftsreisenden beliebtes Hotel mit familiärer Atmosphäre direkt am Main-Radweg. Die gemütlichen Gästezimmer verfügen teils über Balkon mit Blick auf die Wertheimer Burg. Das Haus bietet zudem Ladestationen für E-Bikes und E-Autos sowie eine kostenfreie Fahrradgarage.

KROMBACH 42 C
www.gemeinde-krombach.de

Bayern | EW 2.200 | 240 m | Aschaffenburg 20 km, Hanau 26 km

Landhotel Windlicht
www.landhotel-windlicht.de

★★★ S

Tannenstraße 1, PLZ 63829, **T 06024 690300,** F 6903036
16 Zimmer | 1 Suite | Ez ab 80 €, Dz ab 118 €, inkl. Frühstück

Das familiengeführte Hotel ist landschaftlich reizvoll gelegen. Umgeben von Wiesen und Wäldern sorgen helle, wohnliche Landhauszimmer für pure Entspannung. Die Zimmer zur Südseite sind mit Balkon oder Terrasse ausgestattet. Im hauseigenen Restaurant wird eine frische saisonale Küche aufgetischt.

KRONACH 44 C
www.kronach.de

Bayern | EW 16.882 | 320 m | Kulmbach 22 km, Coburg 33 km

Die Kronacher Stadthotels
www.stadthotel-pfarrhof.de

VARTA-TIPP Ambiente

Amtsgerichtsstraße 12, PLZ 96317, **T 09261 5045990,** F 5045999
40 Zimmer | 4 Suiten | Ez 119–147 €, Dz 149–189 €, inkl. Frühstück | 24.12.23

Ein liebevoll restauriertes Haus von 1520 im Herzen der charmanten Altstadt. Die individuell eingerichteten Nostalgiezimmer verteilen sich auf die Dependancen „Pfarrhof", „Zum Floßherrn" und „Am Pförtchen". Für Entspannung sorgt die freundlich gestaltete Wellnessoase im Haupthaus. Im Restaurant, auf der Sonnenterrasse sowie im lauschigen Wirtshauswintergarten werden heimische Gerichte und fränkische Biere aufgetischt.

KRONBERG IM TAUNUS 41 C
www.kronberg.de

Hessen | EW 18.069 | 257 m | Königstein 3 km, Frankfurt am Main 17 km

Schlosshotel Kronberg www.schlosshotel-kronberg.com

★★★★★S garni

Hainstraße 25, PLZ 61476, **T 06173 70101,** F 701267
61 Zimmer | 16 Suiten, Dz 225–365 €, 35,00 € | 24 h

Herrschaftlich logieren Sie in dem für Kaiserin Victoria erbauten Schloss vor den Toren Frankfurts. Kunstwerke und stilvolles Mobiliar verleihen den Zimmern ihren ganz besonderen Charakter. Für Tagungen stehen elegante Veranstaltungsräume zur Verfügung. Informativ sind die öffentlichen historischen Führungen (an jedem 4. Sonntag eines Monats).

Schlossrestaurant Victoria

40 | Menü 70–155 € | Do-So Mo, Di, Mi

Hier speisen Sie in einem prunkvollen Saal mit gediegen-eleganter Atmosphäre. Die Karte bietet eine saisonal ausgerichtete, klassische Küche. Dazu ein gut sortiertes Weinangebot mit hauseigenen Weinen des Weinguts Prinz von Hessen sowie erlesenen Rebsorten aus aller Welt. Großzügige Terrasse - vis-à-vis dem Golfplatz - mit Blick in den prächtigen Schlosspark. Im Zweitrestaurant „Enrico d'Assia" werden Klassiker der deutschen und italienischen Küche serviert.

Vienna House by Wyndham www.wyndhamhotels.com

Bahnhofstraße 38, PLZ 61476, **T 06173 969940**
92 Zimmer

Jung, gemütlich, stylish - so könnte man dieses moderne Businesshotel kurz und trefflich beschreiben. Schön der offen gestaltete Lobbybereich auf 2 Ebenen mit lässiger Kreativtreppe und Wohnzimmeratmosphäre. Viel warmes Holz, Leder, Messing und Samt sind die tonangebenden Materialien in den hübschen Gästezimmern. Den Frühstücksraum hat man als große offene Küche gestaltet.

KROZINGEN, BAD 64 A www.bad-krozingen.info

Baden-Württemberg | EW 16.728 | 234 m | Freiburg 15 km, Müllheim 15 km

Storchen www.storchen-schmidhofen.de

VARTA-TIPP Küche

Felix-Nabor-Straße 2, PLZ 79189 (OT: Schmidhofen), **T 07633 5329**
45 | Hauptgericht 28–52 €, Menü 84–159 € | Di-Do, Sa-Sa Di-Sa Mo, So

Auf äußerst schmackhafte Weise werden in diesem heimeligen Landgasthof bevorzugt regionale und nachhaltig erzeugte Produkte zu wohlschmeckenden Speisen verarbeitet. Küchenchef Jochen Helfesrieder pflegt nicht nur die Tradition der Haute Cuisine, sondern begeistert auch mit niveauvollen, bodenständigen Gerichten. Dazu eine ansprechende Weinkarte mit rund 300 Positionen. Tipp: Mittagsmenü (3 Gänge) zum kleinen Preis! Hübsche Gartenterrasse am Teich. Zum Übernachten hat man modern und komfortabel ausgestattete Gästezimmer.

KRUMBACH (SCHWABEN) 59 C www.krumbach.de

Bayern | EW 12.851 | 512 m | Ulm 38 km, Memmingen 39 km

Drexels Parkhotel am Schloss
parkhotel-krumbach.de

garni

Karl-Mantel-Straße 53, PLZ 86381, **T 08282 995420**
53 Zimmer | 3 Suiten | Ez 67–77 €, Dz 99–129 €, ab 8,50 € | 24 h

Richtig gut wohnen lässt es sich in dem familiengeführten Freizeit- und Businesshotel: geschmackvolles Ambiente, moderne Technik, tolles Frühstück... und all das im Herzen des schwäbischen Städtchens Krumbach. Klares Design, freundliche Farben und hochwertige Materialien machen die Zimmer und Suiten ausgesprochen wohnlich. In den luftdurchfluteten, loftartigen Restauranträumen und auf der lauschigen Außenterrasse vor dem hist. Wasserschloss wird internationale Küche serviert.

KRUMMHÖRN 12 D
www.greetsiel.de

Niedersachsen | EW 13.357 | 1 m | Emden 14 km, Norden 16 km

Der Romantik-Hof
www.romantik-hof.de

★★★★ garni

Ankerstraße 4, PLZ 26736 (OT: Greetsiel), **T 04926 912151,** F 912153
32 Zimmer | Ez ab 115 €, Dz ab 160 €, inkl. Frühstück

Familiengeführtes Hotel mit wohnlichen Zimmern, wahlweise im romantischen Landhausstil oder mit modernem Flair. Hübsche Saunalandschaft mit finnischer Sauna, Aroma-Dampf-, Bio-Soft-Sauna, Nordseegarten und Schwimmteich. Schönes Frühstücksrestaurant mit rustikal-moderner Atmosphäre.

Landhaus Steinfeld
www.landhaus-steinfeld.de

★★★★ garni

Kleinbahnstraße 16, PLZ 26736 (OT: Greetsiel), **T 04926 91810,** F 918146
25 Zimmer | 1 Apartment | Ez ab 149 €, Dz ab 160 €, inkl. Frühstück

Über 160 Jahre alter Gutshof in idyllischer Parkanlage mit entspanntem Ambiente. Gepflegte, wohnlich eingerichtete Gästezimmer unterschiedlicher Kategorien. Stilvoller Wellnessbereich mit Sauna und beheiztem, mediterran anmutendem Schwimmbad. Urig und gemütlich eingerichtetes Restaurant mit ostfriesischer Küche.

Landhaus Uttum
www.landhaus-uttum.de

★★★ garni

Cirkwehrumer Straße 1, PLZ 26736 (OT: Uttum), **T 04923 911090**
10 Zimmer | 4 Suiten | Ez ab 81 €, Dz ab 108 €, inkl. Frühstück

Auffallend persönlich und familiär ist die Führung in diesem charmanten Domizil - man kümmert sich herzlich um die Gäste und sorgt dafür, dass alles gepflegt ist. Neben individuell eingerichteten Zimmern und Suiten gibt es ein liebevoll arrangiertes Frühstück, das man bei schönem Wetter auch auf der Caféterrasse einnehmen kann.

Witthus
www.witthus.de

★★★ garni

Katrepel 5-9, PLZ 26736 (OT: Greetsiel), **T 04926 92000,** F 920092
19 Zimmer | 4 Suiten | Ez 90–137 €, Dz 113–182 €, inkl. Frühstück

Freundlich geführtes Haus mit Teestube, Kunstgalerie und Gartencafé. Einfache, aber gepflegte Zimmer mit Ausblick auf das Siel, den Hafen, den Marktplatz oder die Kirche, teils mit antiken Möbelstücken und ostfriesischem Flair. In der gemütlichen Teestube kann man eine echte ostfriesische Teezeremonie erleben.

KRÜN 67 D www.kruen.de

Bayern | EW 1.937 | 875 m | Mittenwald 8 km, Garmisch-Partenkirchen 17 km

Schloss Elmau www.schloss-elmau.de

VARTA★TIPP Ambiente VARTA★TIPP Service

★★★★★S garni

In Elmau 2, PLZ 82493 (OT: Elmau), **T 08823 180,** F 18177
162 Zimmer | 127 Suiten | Ez ab 370 €, Dz ab 650 €, inkl. Frühstück | 24 h

Ein Hideaway der Extraklasse auf über 1.000 Metern Höhe in einem Hochtal im Wettersteingebirge! Wellness, Kunst und Kultur - all das vereint das hervorragend geführte Hotelresort. Nicht nur die beispielhafte Gästebetreuung ist sehr angenehm, die Zimmer und Suiten ebenso. Sie verfügen über allerhöchsten Wohnkomfort und bieten zudem eine atemberaubende Aussicht auf die Berge. Das exklusive SPA-Konzept sucht seinesgleichen. Weitere Zimmer stehen im 'Luxury Spa Retreat' zur Verfügung. Regelmäßig finden Klassik- und Jazzkonzerte statt.

Luce d'Oro

VARTA★TIPP Küche VARTA-TIPP Service

24 | Menü 229–249 € | Mi-Sa Mo, Di, So 3.–10.12.23, 17.–31.1.24, 10.4.–15.5.24

Stimmungsvolles Gourmetrestaurant mit Kamin und direktem Zugang zum exquisiten Weinkeller. An minimalistisch eingedeckten Holztischen kredenzt der geschulte Service eine klassisch französische Küche - von Spitzenkoch Christoph Rainer durch fernöstliche Aromen leicht und zeitgemäß interpretiert. Die tiefgründigen Speisen werden optisch eindrucksvoll in Szene gesetzt. Auf die kompetenten Weinempfehlungen von Chef-Sommelière Marie-Helen Krebs können Sie sich verlassen.

Das Kranzbach www.daskranzbach.de

VARTA-TIPP Ambiente VARTA-TIPP Service

★★★★★S garni

Im Kranzbach 1, PLZ 82493 (OT: Klais), **T 08823 928000,** F 92800900
136 Zimmer | 8 Suiten | Ez 255–360 €, Dz 450–630 €, inkl. Halbpension | 24 h

Das märchenhafte Hideaway in herrlicher Alleinlage besteht aus dem im Stil eines schottischen Landsitzes erbauten „Mary Portman House" und dem Gartenflügel. Hier genießen Sie Ruhe, SPA-Vielfalt und klassische Bergromantik. Individuelle Einrichtungsdetails sowie warme, natürliche Materialien prägen das Ambiente der exquisiten Zimmer und Suiten. Tipp: Ein ganz besonderer und außergewöhnlicher Rückzugsort ist das Baumhaus (100 m vom Hotel entfernt – mitten im Wald).

Alpenhof www.alpenhof-kruen.de

★★★★S garni

Edelweissstraße 11, PLZ 82494, **T 08825 1014,** F 1016
25 Zimmer | 3 Suiten | Ez 78–88 €, Dz 156–176 €, inkl. Frühstück

Schmuckes Ferienhotel mit regional-alpenländischem Charme. Hier wohnen Sie in gemütlichen Landhauszimmern. Entspannung bieten das „Alpin Spa" und der hoteleigene Garten mit Liegewiese. Herrlicher Blick auf die Zugspitze.

KUDDEWÖRDE 15 B www.kuddewoerde.de

Schleswig-Holstein | EW 1.339 | 28 m | Hamburg 30 km, Lübeck 52 km

Grander Mühle
www.grandermuehle.de

Lauenburger Straße 1, PLZ 22958, **T 04154 81021,** F 842049
13 Zimmer

Die bezaubernde Landherberge für Individualisten bietet geschmackvolle Romantikzimmer, die mit antiken Möbeln und netten Accessoires ausgestattet sind. Morgens erwartet Sie ein schmackhaftes Frühstücksbuffet nach Gutsherrenart. Restaurant mit authentischer italienischer Küche.

KUHLEN-WENDORF 17 A
www.stadt-brueel.de

Mecklenburg-Vorpommern | EW 821 | 50 m | Schwerin 29 km, Parchim 34 km

Grand Hotel Schloss Wendorf
www.grand-hotel-wendorf.com

★★★★★

Schlossallee 1, PLZ 19412 (OT: Wendorf), **T 038486 33660,** F 336610
21 Zimmer | 15 Suiten | 24 h

Dieses hübsche Herrenhaus inmitten eines weitläufigen Parks wurde zu einem exklusiven Luxusdomizil umgebaut. Sowohl im Schlosshotel als auch in der Residenz erwarten Sie individuell, teils mit antiken Möbeln eingerichtete Zimmer und Suiten. Im Fine-Dining-Restaurant „Cheval Blanc" wird regionale und saisonale Küche serviert.

KÜHLUNGSBORN 9 D
www.kuehlungsborn.de

Mecklenburg-Vorpommern | EW 7.489 | 16 m | Rostock 31 km, Wismar 39 km

Upstalsboom Kühlungsborn
www.hotelresidenz-kuehlungsborn.de

★★★★ S

Ostseeallee 21, PLZ 18225, **T 038293 42990,** F 4299999
169 Zimmer | 19 Suiten | Ez 108–248 €, Dz 138–338 €, inkl. Frühstück | 24 h

Großzügiges Ferienhotel in exponierter Lage mit freier Sicht auf das Meer. Komfortable, im maritimen Stil ausgestattete Zimmer und Suiten. Highlight des Hauses ist der 1.300 qm große SPA-Bereich, zu dem verschiedene Saunen und ein Innenpool gehören. Im Restaurant werden überwiegend Fischgerichte serviert.

Morada Strandhotel
www.strandhotel-kuehlungsborn.de

★★★★ S

Rudolf-Breitscheid-Straße 19, PLZ 18225, **T 038293 4310,** F 4312222
151 Zimmer | 30 Suiten, Dz ab 178 €, inkl. Frühstück | 24 h

Bäderarchitektonisch geprägtes Hotel in exquisiter Strandlage. Unterschiedliche Zimmertypen, die sich in Ausstattung, Lage und Größe unterscheiden. Ansprechender Wellnessbereich mit Meerwasserwelt und Saunalandschaft. Restaurant mit Ostseeblick. Gemütliche Raucherlounge.

Ostseehotel
www.travelcharme.com/hotels/ostseehotel-kuehlungsborn

★★★★ S

Zur Seebrücke 1, PLZ 18225, **T 038293 4150,** F 415555
110 Zimmer | 7 Suiten | 24 h

Beliebtes Urlaubshotel mit südländischem Ambiente direkt an der Strandpromenade. Komfortabel eingerichtete Zimmer und Suiten, alle mit Balkon oder Terrasse. Großzügiger Wellnessbereich mit Innen- und Außenpool sowie ansprechender Saunalandschaft. Stilvolles Restaurant mit regionaler Küche.

Strandblick

www.ringhotel-strandblick.de

Ostseeallee 6, PLZ 18225, **T 038293 633,** F 63500
52 Zimmer | 5 Suiten | Ez 130–195 €, Dz 150–210 €, inkl. Frühstück

Denkmalgeschütztes, liebevoll restauriertes Jugendstilgebäude. Die tolle Lage, gediegener Komfort und persönlicher Service zeichnen das Hotel aus. Die freundlichen, individuell geschnittenen Zimmer sind teils mit Balkon oder Terrasse ausgestattet. Moderner Wellnessbereich.

Strandauster

70 | Hauptgericht 17–29 €, Menü 33–49 € | Mo-So

Das Restaurant gehört zweifelsohne zu den Top-Adressen des Ostseebads, denn hier gibt es in gediegen-eleganter Atmosphäre schmackhafte regionale und saisonale Gerichte wie „Gebratene Zanderfilets | Paprika | Fenchel | Gnocchi“. Während der warmen Jahreszeit empfiehlt sich die zur sonnigen Südseite gelegene Gartenterrasse.

Aquamarin

www.hotel-aquamarin.de

Hermannstraße 33, PLZ 18225 (OT: West), **T 038293 4020,** F 40277
99 Zimmer | Ez 90–210 €, Dz 120–240 €, inkl. Frühstück | 24 h

Das Ferienhotel liegt nur einen Steinwurf von der Ostsee entfernt. Geschmackvoll eingerichtete Zimmer und Apartments, die auch für Langzeitgäste vermietet werden. Im lichtdurchfluteten Restaurant können Sie aus einem internationalen Speisenangebot wählen - oder Sie gönnen sich ein Guinness im stilechten Irish Pub.

Edison
www.hotel-edison.de

★★★★ garni

Dünenstraße 15, PLZ 18225, **T 038293 420,** F 42111
60 Zimmer | 1 Suite | 4 Apartments, Dz ab 128 €, inkl. Frühstück | 24 h

Ein moderner Hotelbau, nur 300 m vom Strand entfernt. Wohnliche Zimmer mit hellem Mobiliar, die zum Teil im Jahr 2020 renoviert wurden. Einige Zimmer verfügen über einen Balkon oder eine Terrasse. Schönes Wintergartenrestaurant mit gehobener regionaler Küche.

Max am Meer
www.hotel-max.de

★★★★ garni

Dünenstraße 13, PLZ 18225, **T 038293 820,** F 82222
31 Zimmer | Ez ab 88 €, Dz ab 111 €, inkl. Frühstück

Das Boutique-Hotel ist nur wenige Gehminuten vom Strand entfernt. Hier stehen ruhige Gästezimmer zur Verfügung, teilweise mit Balkon und Parkblick. Kleiner Wohlfühlbereich mit finnischer Sauna. Im Restaurant „Wings & Drums" werden verschiedene Geflügelspezialitäten angeboten.

Neptun
www.neptun-hotel.de

★★★★ garni

Strandstraße 37, PLZ 18225, **T 038293 630,** F 63299
40 Zimmer | 1 Suite | Ez 80–110 €, Dz 100–150 €, inkl. Frühstück | 24 h

Freundlich geführtes Urlaubs- und Geschäftshotel mit hellen, zeitgemäß und praktisch ausgestatteten Gästezimmern - 300 m vom Strand entfernt. Einige Zimmer bieten einen Balkon. Das Haus verfügt auch über ein behagliches Kaminzimmer, einen modernen Saunabereich sowie ein gemütliches Bistro.

Strandhotel Sonnenburg
www.strandhotelsonnenburg.de

★★★★ garni

Ostseeallee 15, PLZ 18225, **T 038293 8390,** F 83913
28 Zimmer | 1 Suite | 9 Apartments | Ez 73–105 €, Dz 105–180 €, inkl. Frühstück | 24 h

Gemütliche Urlaubsadresse im maritimen Landhausstil, nur wenige Schritte vom Strand entfernt. Helle, mit Naturholzmöbeln und mediterranen Farben eingerichtete Zimmer. Schönes Café-Restaurant.

Jetzt abonnieren: instagram.com/vartaguide

Vier Jahreszeiten
www.4jahreszeiten-kuehlungsborn.de

★★★★ S garni

Ostseeallee 10-12, PLZ 18225, **T 038293 81000,** F 81081
130 Zimmer | 79 Apartments | ⏲ 24 h

Moderner Hotel- und SPA-Komfort im klassischen Ambiente der Bäderarchitektur. Das gepflegte Haus bietet hochwertig und individuell eingerichtete Gästezimmer, einen schönen Wellnessbereich sowie mehrere Restaurants.

Villa Astoria
www.villa-astoria.de

★★★★★ S garni

Ostseeallee 2, PLZ 18225, **T 038293 410210,** F 410220
19 Zimmer | 19 Suiten, Dz 129–209 €, inkl. Frühstück

Was könnte man aus einer solch schönen Villa in strandnaher Lage Schöneres machen als ein niveauvolles Hotel? Vom Gartengeschoss bis zum exklusiven Mansardengeschoss wohnen Sie hier in komfortabel ausgestatteten Suiten. Ausgewählte Stoffe, warme Farben und hochwertige Materialien sorgen für Wohlfühlatmosphäre.

Tillmann Hahns GASTHAUS
www.tillmannhahn.de

80 | Hauptgericht 12–39 €, Menü 57–69 € |

Einladendes Restaurant im ländlich-skandinavischen Stil mit angeschlossenem Feinkostbistro. Die servierten Speisen sind schmackhaft und haben Slowfood-Charakter. Dazu gibt es tolle Weine renommierter deutscher Winzer. Terrasse mit Ostseeblick.

Westfalia
www.westfalia-kuehlungsborn.de

★★★★★ S garni

Ostseeallee 17-17a, PLZ 18225 (OT: Ost), **T 038293 43490,** F 434949
21 Zimmer | 3 Suiten | Ez 105–145 €, Dz 115–190 €, inkl. Frühstück | ⏲ 24 h

Wunderschöne Jugendstilvilla, unmittelbar zwischen der Strandpromenade und dem Kühlungsborner Stadtwald gelegen. Geräumige und liebevoll eingerichtete Zimmer und Apartments. Parkähnlich gestalteter Garten mit Terrasse und Liegewiese.

Folgen Sie uns: facebook.com/vartaguide

KULMBACH 44 D
www.kulmbach.de

Bayern | EW 26.842 | 325 m | Bayreuth 22 km, Münchberg 28 km

Dobrachtal
www.hotel-dobrachtal.de

★★★★★ S garni

Höferänger 10, PLZ 95326 (OT: Höferänger), **T 09221 9420,** F 942355
52 Zimmer | Ez 52–92 €, Dz 82–126 €, inkl. Frühstück | ⃠ 15.12.23–7.1.24, 20.12.24–6.1.25

Der gut geführte Gasthof bietet helle, freundliche Zimmer, teilweise mit Balkon oder Terrasse. Im gemütlichen Restaurant werden marktorientierte und saisonale Speisen sowie fränkische Spezialitäten angeboten.

KUNREUTH 53 B
www.walberla.de

Bayern | EW 1.385 | 313 m | Erlangen 18 km, Nürnberg 36 km

Berg-Gasthof Hötzelein
www.berg-gasthof.de

Regensberg 10, PLZ 91358 (OT: Regensberg), **T 09199 8090,** F 80999
31 Zimmer | Ez 99–115 €, Dz 120–150 €, inkl. Frühstück

Modernes, idyllisch auf einem Bergstock des fränkischen Jura gelegenes Berghotel unter familiärer Führung. Zweckmäßige Gästezimmer mit Standardausstattung zu gastfreundlichen Preisen. Panoramarestaurant mit fränkischer Küche.

KÜNZELL 42 B
www.kuenzell.de

Hessen | EW 15.953 | 336 m | Fulda 2 km, Bad Brückenau 37 km

Bäder-Park-Hotel
www.baeder-park-hotel.de

Harbacher Weg 1, PLZ 36093, **T 0661 3970,** F 397151
142 Zimmer | 1 Suite | Ez ab 119 €, Dz ab 159 €, inkl. Frühstück | 24 h

Elegantes Hotel im „Sieben Welten Therme & Spa Resort" am Fuldaer Stadtrand. Komfortabel eingerichtete Zimmer, teilweise mit Balkon oder Terrasse. Umfangreiches gastronomisches Angebot mit regionaler und internationaler Küche.

Der Florenberg
www.derflorenberg.de

Am Florenberg 2, PLZ 36093, **T 0661 9339565,** F 9339565
18 Zimmer

Angenehm sind hier nicht nur die tolle Lage auf 385 m Höhe sowie die familiäre Atmosphäre, sondern auch die modernen, wohnlichen Zimmer, die in dem neu errichteten Hoteltrakt entstanden sind. Einige der Gästezimmer verfügen über einen Balkon oder eine Terrasse. Stilvoll speisen können Sie im hauseigenen Restaurant. Im Sommer lockt der großzügige Biergarten.

KÜNZELSAU 52 C
www.kuenzelsau.de

Baden-Württemberg | EW 14.877 | 218 m | Schwäbisch Hall 23 km, Heilbronn 52 km

Anne-Sophie
www.hotel-anne-sophie.de

Hauptstraße 22-28, PLZ 74653, **T 07940 93460,** F 934677
54 Zimmer | Ez 89–150 €, Dz 130–185 €, inkl. Frühstück | 24 h

In diesem Hotel verfolgt man ein besonderes Integrationskonzept: Menschen mit und ohne Handicap arbeiten Hand in Hand zusammen. Sowohl im denkmalgeschützten Stammhaus am Schlossplatz als auch im neu errichteten Haupthaus, in dem sich auch die Rezeption und der Frühstücksraum befinden, stehen wohnliche Gästezimmer unterschiedlicher Größen und Stilrichtungen zur Verfügung. Hübscher Fitness- und Wohlfühlbereich.

Handicap

28 | Hauptgericht 30–38 €, Menü 80–120 € | So Mi-Sa Mo, Di

Auch im Feinschmeckerrestaurant, das fraglos zu den Schmuckstücken des Hauses zählt, ist der Name Programm. Im Service arbeiten Menschen mit und ohne Handicap. Die Decke des eleganten Restaurants ziert ein Himmelsgemälde des Künstlers Markus Schmidgall. Auf der Speisekarte stehen anspruchsvolle Gerichte, die auf Basis hochwertiger Zutaten zubereitet werden. Dazu kredenzt man ausgewählte Weine aus nah und fern.

Anne-Sophie

Schlossplatz 9, PLZ 74653
100 | Hauptgericht 25–30 €, Menü 41–65 € | Mo-So

Hier speisen Sie wahlweise im gemütlichen Restaurantbereich, im futuristischen Wintergarten (mit Schlossblick!) oder auf der netten Sommerterrasse. Serviert wird eine frische Hohenloher Küche mit internationalen Einflüssen. Ergänzt wird das gastronomische Ensemble des Hauses durch eine Vinothek in der Ortsmitte (nur wenige Meter vom Hotel entfernt).

KUPFERZELL 52 C www.kupferzell.de

Baden-Württemberg | EW 5.749 | 340 m | Künzelsau 9 km, Schwäbisch Hall 16 km

Hotel Kupferzell www.hotel-kupferzell.de

★★★★ garni

Marktplatz 10-12, PLZ 74635, **T 07944 4779900**
37 Zimmer | 3 Suiten | Ez 71–140 €, Dz 112–300 €, inkl. Frühstück

Das 2022 eröffnete Hotel am Kupferzeller Marktplatz bietet so ziemlich alle Annehmlichkeiten, die sich Businessgäste und Touristen auf Reisen wünschen: moderne, klimatisierte Zimmer mit funktioneller Ausstattung, schnelles und kostenfreies WLAN, Ladestationen für E-Autos und E-Bikes sowie ein Restaurant mit Snackbar und Gartenterrasse.

KÜRTEN 29 D www.kuerten.de

Nordrhein-Westfalen | EW 20.000 | 245 m | Köln 35 km, Lüdenscheid 47 km

Zur Mühle www.restaurant-zur-muehle.com

Wipperfürther Straße 391, PLZ 51515, **T 02268 6629**
60 | Hauptgericht 24–32 €, Menü 62 € | So Mo, Do-So

Rustikales Restaurant in einem gelungenen Stilmix aus Tradition und Moderne. Regional, mediterran und euro-asiatisch beeinflusste Küche mit regelmäßig wechselnder Speisekarte. Sehr gutes Weinangebot. Kleiner Biergarten.

Schon probiert?
Der Varta-Führer ist auch als eBook für Ihren TabletPC oder Ihr Smartphone verfügbar!

KUSTERDINGEN 58 A www.kusterdingen.de

Baden-Württemberg | EW 8.200 | 410 m | Tübingen 6 km, Reutlingen 8 km

Mayer's Waldhorn www.mayers-waldhorn.de

★★★ S garni

Neckar-Alb-Straße 47, PLZ 72127 (OT: Mähringen), **T 07071 13330,** F 133399
19 Zimmer | 1 Suite | Ez ab 80 €, Dz ab 100 €, inkl. Frühstück

Familiengeführter Landgasthof in ruhiger, aber verkehrsgünstiger Lage. Das Haus bietet gemütliche Gästezimmer mit zeitgemäßem Komfort. Im Restaurant serviert man überwiegend schwäbische Spezialitäten.

KYRITZ 25 B www.kyritz.de

Brandenburg | EW 9.152 | 42 m | Pritzwalk 30 km, Potsdam 85 km

Waldschlösschen www.waldschloesschen-kyritz.de

€ Gut & Günstig ★★★ S garni

Seestraße 110, PLZ 16866, **T 033971 30780,** F 307839
18 Zimmer | Ez ab 76 €, Dz ab 92 €, inkl. Frühstück

Nettes kleines Hotel in ruhiger Ortsrandlage mit über 100-jähriger Tradition. Gemütliche, individuell eingerichtete Zimmer. Helles Restaurant mit Wintergarten, in dem schmackhafte regionale Speisen serviert werden.

LAASPHE, BAD 41 A www.tourismus-badlaasphe.de

Nordrhein-Westfalen | EW 15.000 | 330 m | Marburg 38 km, Siegen 41 km

Jagdhof Glashütte www.jagdhof-glashuette.de

VARTA★TIPP Ambiente VARTA-TIPP Service

★★★★★ S garni

Glashütter Straße 20, PLZ 57334 (OT: Glashütte), **T 02754 3990,** F 399222
29 Zimmer | 9 Suiten | 1 Apartment | Ez 158–268 €, Dz 336–376 €, inkl. Frühstück | 24 h
8.–28.1.24

Das charmante Domizil ist seit vielen Jahren ein Garant für authentische Gastfreundschaft und hohes Dienstleistungsniveau. Familie Dornhöfer ist omnipräsent und sorgt mit spürbarer Herzlichkeit für das Wohlbefinden ihrer Gäste. Die Zimmer zeigen sich in unterschiedlichen Stilrichtungen: von ländlich-rustikal bis verspielt-romantisch. Dazu die idyllische Ruhe mitten im Grünen sowie ein erstklassiges Frühstück, das Sie auf keinen Fall verpassen sollten.

Ars Vivendi

P

25 | Hauptgericht 38–69 €, Menü 98–138 € | Do-Sa ⦸ Mo, Di, So

Auch wenn das Gourmetrestaurant nur an sogenannten „Gastkochtagen" geöffnet hat - hier legt man großen Wert auf Kulinarik. Das verraten eleganter Stil und gehobene Tischkultur, vor allem aber die genussvollen Speisen, die Ihnen das junge „Soulkitchen"-Team hier offeriert. Für einen rundum genussvollen Abend sorgen aber auch der freundliche, zuvorkommende Service und das hervorragende Weinangebot.

Jagdhofstuben

P

110 | Hauptgericht 17–49 €, Menü 59–89 € | So Mi-So ⦸ Mo, Di ⦸ 8.–28.1.24

Das liebevoll dekorierte Themen- und Grillrestaurant zeigt sich ausgesprochen einladend im gemütlich-ländlichen Rotisseriestil. Das abwechslungsreiche Speisenangebot reicht von Jagdhofklassikern wie Wiener Kalbsschnitzel über Wildgerichte bis zu Spezialitäten vom

spanischen Josper-Holzkohlengrill. Die Weinkarte listet bewährte Spitzenweine, aber auch Newcomer.

Landhotel Doerr
www.landhotel-doerr.de

★★★★

Sieg-Lahn-Straße 8, PLZ 57334 (OT: Feudingen), **T 02754 3700,** F 370100
49 Zimmer | 1 Suite | Ez 89–115 €, Dz 175–196 €, inkl. Frühstück | ⃠ 3.–19.1.24

Traditionsreiches Haus im Ortskern von Feudingen mit wohnlichen Gästezimmern im ländlich-eleganten Stil. Entspannung bietet ein schöner Wellnessbereich. Behagliches Restaurant mit vielen rustikalen Holzelementen, in dem eine marktfrische, mediterran beeinflusste Küche serviert wird.

Im Auerbachtal
www.auerbachtal.de

★★★ S

Wiesenweg 5, PLZ 57334 (OT: Feudingen), **T 02754 375880,** F 3758888
16 Zimmer | 2 Apartments | Ez 74–89 €, Dz 128–148 €, inkl. Frühstück | ⃠ 22.12.23–15.1.24, 20.12.24–15.1.25

Ruhig am Ortsrand gelegenes Hotel mit hell und freundlich eingerichteten Gästezimmern. Spezielle Themenzimmer sind verschiedenen Künstlern aus der Region gewidmet. Zum Haus gehören auch ein hübscher Wintergarten mit Bibliothek und offenem Kamin sowie ein kleines Hallenbad, eine finnische Sauna und ein Dampfbad.

LABOE 8 C
www.laboe.de

Schleswig-Holstein | EW 5.252 | 21 m | Schönberg 13 km, Kiel 18 km

Seeterrassen
www.seeterrassen-laboe.de

★★★

Strandstraße 84-88, PLZ 24235, **T 04343 6070,** F 60770
49 Zimmer | 7 Apartments | Ez 59–90 €, Dz 99–140 €, inkl. Frühstück | ⃠ 3.12.23–3.2.24, 1.12.24–1.2.25

Zeitgemäßes Urlaubshotel in Strandnähe mit herrlichem Blick auf die Kieler Förde. Modern ausgestattete Zimmer, teils mit Meerblick. Im Restaurant mit maritimem Ambiente wird regionale Küche serviert. Nachmittags kann man Spezialitäten aus der eigenen Konditorei genießen.

LADENBURG 51 C
www.ladenburg.de

Baden-Württemberg | EW 11.506 | 106 m | Mannheim 7 km, Heidelberg 7 km

Backmulde
www.back-mul.de

Hauptstraße 61, PLZ 68526, **T 06203 404080**
45 | Hauptgericht 26–49 €, Menü 74–109 € | ◔ So ◑ Do-So ⃠ Mo, Di, Mi

In den gemütlich-rustikalen Räumen des denkmalgeschützten Fachwerkhauses bietet man eine schmackhafte regional-mediterrane Slow-Food-Küche. Im angeschlossenen Weinladen kann man ein umfangreiches Sortiment an nationalen und internationalen Gewächsen erwerben. Liebenswerter Service.

Zum güldenen Stern
www.sternladenburg.de

Hauptstraße 65, PLZ 68526, **T 06203 15566**
40 | Hauptgericht 17–29 €, Menü 42–48 € | ◔ So ◑ Mo, Do-So ⃠ Di, Mi

Hier kocht man schmackhaft, frisch und regional-modern. Da kommen in dem ausgesprochen netten, hübsch dekorierten Gasthaus z.B. „Maishähnchenbrust an Zucchinirisotto, Mandeln und Gorgonzolasauce" oder „Kabeljau mit Salbei und Parmaschinken an Auberginenpüree und Tomatencouscous" auf den Tisch. Im Sommer kann man auch im lauschigen Hofgarten speisen.

LAER, BAD 21 C-D www.bad-laer.de

Niedersachsen | EW 9.509 | 79 m | Osnabrück 25 km, Bielefeld 44 km

Becker www.hotel-becker.de

★★★ S garni

Thieplatz 13, PLZ 49196, **T 05424 22110,** F 9195
33 Zimmer | 3 Suiten

Kur- und Ferienhotel mit angenehmer Atmosphäre und großem Park. Wohnliche Zimmer mit moderner Ausstattung. Großzügiger Wellnessbereich mit Badelandschaft, Sauna und Tecaldarium.

Haus Große Kettler www.haus-grosse-kettler.de

★★★ S garni

Bahnhofstraße 11, PLZ 49196, **T 05424 8070,** F 80777
34 Zimmer | Ez 67–84 €, Dz 98–120 €, inkl. Frühstück

Familiär geführter Gasthof in einem ehem. Bauernhaus nahe dem Kurpark. Praktische Zimmer mit zeitloser Einrichtung, viele mit Balkon. Das Haus verfügt auch über eine Bibliothek und einen ansprechenden Wellnessbereich mit Schwimmbad, Sauna und Sonnenterrasse. Rustikal eingerichtetes Restaurant mit regionaler Küche.

LAHR 56 D www.lahr.de

Baden-Württemberg | EW 43.728 | 170 m | Offenburg 18 km, Freiburg 53 km

Adler www.adler-lahr.de

S garni

Reichenbacher Hauptstraße 18, PLZ 77933 (OT: Reichenbach), **T 07821 906390,** F 9063933
21 Zimmer | 1 Suite | Ez 95–120 €, Dz 145–165 €, inkl. Frühstück

Ein familiär geführter Traditionsbetrieb mit ländlichem Erscheinungsbild und badischem Charme. Die ruhigen, überwiegend zum Garten gelegenen Zimmer sind ausgesprochen wohnlich. Warme Hölzer, moderne Farbakzente und eine hochwertige Ausstattung laden zum Wohlfühlen ein. Zahlreiche Wanderwege in unmittelbarer Nähe.

Adler

VARTA-TIPP Küche

60 | Hauptgericht ab 52 €, Menü 95–188 € | So Mi-So

Im Restaurant begeistert nicht nur die charmante Optik, sondern auch die schnörkellose, schmackhafte Gourmetküche von Daniel Fehrenbacher - ehrlich, handwerklich solide und ohne Eskapaden. Seine kulinarischen Kompositionen sind modern und weltoffen mit klassisch französischen Wurzeln. Mit dem tollen regionalen Weinangebot sowie dem charmant-familiären Service kann das Restaurant ebenfalls punkten. Hauseigene Kochschule.

Gasthaus

50 | Hauptgericht 16–42 €, Menü 33–46 € | Mi-So Mo, Di

Der Einrichtungsstil des „Gasthauses“ vereint Tradition und Moderne: Klare Linien, warmes Holz, frische Farben, moderne Lampen und großformatige Schwarz-Weiß-Fotografien von Tieren sorgen für eine wohlige Atmosphäre. Auf der Karte finden sich schmackhafte Küchenklassiker, saisonale Spezialitäten sowie Grill- und Wildgerichte. Ihr Menü können Sie sich aus mehreren Komponenten selbst zusammenstellen.

Fegers Grüner Baum — www.fegersgrunerbaum-lahr.de

Burgheimerstraße 105, PLZ 77933, **T 07821 22282**
60 | Hauptgericht 14–39 €, Menü 52–61 € | Di-Sa Mo, So

Gemütlich-ländliche Gaststube mit schöner Gartenwirtschaft. Die Speisekarte bietet Gerichte einer frischen, marktorientierten Küche mit mediterranen Akzenten. Dazu serviert man gute badische Weine.

Jetzt vorbeischauen: pinterest.com/vartaguide

LAM 55 C — www.lamer-winkel.bayern

Bayern | EW 2.700 | 550 m | Kötzting 18 km, Furth i. W. 23 km

Sonnenhof — www.sonnenhof-lam.de

★★★★ S garni

Himmelreich 13, PLZ 93462, **T 09943 370,** F 8191
174 Zimmer | 4 Suiten | 5 Apartments | Ez 180–225 €, Dz 270–360 €, inkl. Halbpension | 24 h

Ein weitläufiges Anwesen, bestehend aus drei miteinander verbundenen Häusern. Die Zimmer und Suiten sind wohnlich eingerichtet und in diversen Kategorien buchbar. Toll die ruhige Hanglage mit reizvollem Landschaftsblick. Für Erholung sorgt ein wunderschön angelegter „Asia SPA“. Das Hotel eignet sich aber auch für einen Wander- oder Skiurlaub.

Das Bayerwald — www.das-bayerwald.de

★★★ S garni

Arberstraße 73, PLZ 93462, **T 09943 9530,** F 8366
50 Zimmer | 5 Suiten | Ez 67–73 €, Dz 118–128 €, inkl. Frühstück

Regionaltypisches Kur- und Ferienhotel in hübscher Lage. Ländlich eingerichtete Zimmer in unterschiedlichen Kategorien. Großzügiger Wellnessbereich mit Hallenschwimmbad und Saunalandschaft. Gemütliches Restaurant mit international geprägter Küche.

LANDAU IN DER PFALZ 50 D — www.landau-tourismus.de

Rheinland-Pfalz | EW 48.353 | 144 m | Speyer 28 km, Karlsruhe 35 km

Parkhotel Landau mit Villa am Park — www.parkhotel-landau.de

GREENSIGN ★★★★ S garni

Mahlastraße 1, PLZ 76829, **T 06341 1450,** F 145444
110 Zimmer | Ez ab 87 €, Dz ab 117 €, 24,00 € | 24 h

Eine gute Adresse, sowohl für Businessgäste als auch für Privatreisende. Erst 2021 hat man das Bestandshaus um die Villa am Park erweitert. Hier stehen komfortable Zimmer im Art-déco-Stil zur Verfügung. Schöner Wellnessbereich mit großem Schwimmbad und drei Saunen. Im 1. OG des Haupthauses befindet sich die Brasserie „Wein & Dein“ mit schöner Sonnenterrasse.

Hotel Soho
www.soho-landau.de

garni

Marie-Curie-Straße 9, PLZ 76829 (OT: Queichheim), **T 06341 141960,** F 1419655
69 Zimmer | Ez ab 84 €, Dz ab 126 €, inkl. Frühstück

Ein funktionales Business- und Tagungshotel in verkehrsgünstiger Lage nahe der Autobahnausfahrt. Die Gästezimmer sind modern und freundlich eingerichtet. Eine schöne Aussicht hat man von der Dachterrasse des Restaurants. Hauseigene Kochschule.

Maximilians
www.maximilians-landau.de

garni

Maximilianstraße 28, PLZ 76829, **T 06341 2692921,** F 2694193
50 Zimmer | 2 Suiten | Ez 85–104 €, Dz 115–134 €, 14,50 €

Das inhabergeführte Boutique-Hotel ist für Businessgäste und Freizeittouristen gleichermaßen geeignet. Fünf Zimmerkategorien stehen zur Auswahl. In allen Zimmern designorientierte Einrichtung, bequeme Boxspringbetten, moderne Bäder mit Komfortdusche und Eichenparkett. Am Abend bietet die Weinbar „Max28“ Drinks und kleine Snacks.

LANDSHUT 61 A
www.landshut.de

Bayern | EW 67.000 | 393 m | Regensburg 62 km, München 69 km

Fürstenhof
www.hotel-fuerstenhof-landshut.de

★★★ S garni

Stethaimer Straße 3, PLZ 84034 (OT: Nikola), **T 0871 92550,** F 925544
22 Zimmer | 1 Suite | Ez 100–130 €, Dz 130–170 €, inkl. Frühstück

Gut geführtes Haus unweit der hist. Altstadt in einem Gebäude von 1906. Elegante, individuell und komfortabel ausgestattete Zimmer und Suiten mit nostalgischem Charme, die in warmen Farben und edlen Holztönen gehalten sind. Gute Tagungsmöglichkeiten.

Fürstenhof

50 | Hauptgericht 32–44 €, Menü 69–98 € | Di-Sa Mo, So

Im eleganten Fürstenzimmer, im bayerischen Herzogstüberl, im Wintergartenpavillon oder auf der idyllischen Gartenterrasse werden sowohl internationale als auch bayerisch-regionale Gerichte serviert.

Hotel Amalia Neu!
hotel-amalia.de

garni

Postplatz 395-397, PLZ 84028 (OT: Altstadt), **T 0871 9656770**
69 Zimmer | Ez ab 109 €, Dz ab 139 €

In der repräsentativen Landshuter Post an der Heilig-Geist-Kirche ist ein modernes Boutique-Hotel entstanden. Dabei hat man das herrschaftliche Ambiente des denkmalgeschützten Gebäudes perfekt in das Interior-Design-Konzept integriert. Kleine Wandbilder mit historischen Motiven schmücken die freundlich und geschmackvoll eingerichteten Zimmer. Hell und zeitgemäß zeigt sich der kleine, feine Wellnessbereich.

Lifestyle
www.hotel-lifestyle.com

★★★ garni

Flurstraße 2, PLZ 84032 (OT: Landshut), **T 0871 97270,** F 972727
45 Zimmer | 8 Suiten | Ez ab 79 €, Dz ab 99 €, inkl. Frühstück

Modernes Business- und Tagungshotel am Stadtrand mit schöner Sommergartenterrasse. Funktional eingerichtete Designerzimmer mit französischen Betten. Reichhaltiges Frühstücksbuffet mit Schokoladenecke. Originelles Restaurant mit bayerischer und Südtiroler Küche.

Ristorante Bellini
www.bellini-landshut.de

Papiererstraße 12, PLZ 84034, **T 0871 630303**
70 | Hauptgericht 10–33 €, Menü 76 € | Mo-Fr, So Mo-So

Hier fühlt man sich sofort wohl: Ein hell und freundlich gestaltetes Restaurant mit kleiner Hofterrasse. Neben Pizza und Pasta kommen auch gehobene italienische Speisen auf den Tisch. Die aktuelle Menüempfehlung wechselt regelmäßig.

Café Belstner
www.cafe-belstner.de

Altstadt 295, PLZ 84028, **T 0871 22190**
200 | Hauptgericht 6–9 € | Mo–Sa 9:00–18:00 Uhr, So+Feiertag 13:00–18:00 Uhr

Ein alteingesessenes Café im Herzen der Altstadt. Reizvolle Einrichtung mit dominanten Farben, elegantem Mobiliar und stilvollen Accessoires. Umfangreiches Angebot an Kuchen, Torten und Gebäck aus eigener Herstellung. Spezialität des Hauses: Baumkuchen.

LANGEN 51 A
www.langen.de

Hessen | EW 39.316 | 144 m | Darmstadt 14 km, Frankfurt/Main 22 km

Merzenmühle
www.merzenmuehle.de

Koberstädterstraße 204, PLZ 63225, **T 06103 53533**
60 | Hauptgericht 13–39 € | Mi-Fr, So Mi-Sa Mo, Di

600 Jahre alte Wassermühle mit hübschem Fachwerk und rustikalem Charme. Geboten werden moderne, leichte Speisen sowie traditionelle Gerichte der österreichischen Küche wie Tafelspitz oder Kaiserschmarrn. Eine Alternative zum Restaurant ist die sogenannte „Scheuer“ - eine Mischung aus Wiener Heurigen und Sachsenhäuser Apfelweinkneipe.

LANGENARGEN 66 A
www.langenargen.de

Baden-Württemberg | EW 7.728 | 398 m | Friedrichshafen 10 km, Lindau 15 km

Löwen
www.loewen-langenargen.de

★★★★

Obere Seestraße 4, PLZ 88085, **T 07543 3010,** F 30151
27 Zimmer | 1 Apartment | Ez 85–201 €, Dz 125–256 €, inkl. Frühstück | 24 h

Direkt am Gondelhafen liegt dieses geschmackvolle Haus. Die Gästezimmer sind mit edlem Mahagoniholz eingerichtet. Restaurant mit großer Fensterfront und erhöhter Seeterrasse. Im schattigen Platanengarten kann auch gefrühstückt werden.

Schwedi
www.hotel-schwedi.de

Schwedi 1, PLZ 88085 (OT: Schwedi), **T 07543 934950,** F 93495100
30 Zimmer | 3 Suiten | 1 Apartment | Ez 77–130 €, Dz 127–220 €, inkl. Frühstück

Nur wenige Schritte vom Bodensee entfernt, in herrlich ruhiger Lage, befindet sich dieses familiär geführte Haus. Hier erwarten Sie helle, freundliche Gästezimmer, die teilweise mit Balkon oder Loggia ausgestattet sind. Hübscher See-SPA mit glasüberdachtem Panoramaschwimmbad.

Schwedi

240 | Hauptgericht 15–30 € | Mi-So Mo, Di

Sie mögen es regional-saisonal? Auf der Speisekarte des gemütlichen Hotelrestaurants finden sich „Geschnetzeltes von der Putenbrust“, „Käsespätzle“ oder „Wiener Schnitzel“. Aber auch Spezialitäten aus dem eigenen Fischereibetrieb werden angeboten. Schön die Gartenterrasse mit herrlichem Blick auf den Bodensee.

Seevital Hotel
www.seevital.de

★★★★ garni

Marktplatz 1, PLZ 88085, **T 07543 93380,** F 9338111
47 Zimmer | 5 Suiten | Ez ab 150 €, Dz ab 250 €, inkl. Frühstück | 24 h

Exponierte Lage direkt am Ufer des Bodensees. Hier bietet man moderne, mit frischem Farbkonzept gestaltete Zimmer - teils mit Seeblick. Dazu ein ansprechender SPA-Bereich mit schönem Blick auf den Bodensee.

SEO Küchenhandwerk
www.restaurant-seo.de

VARTA-TIPP Küche **VARTA-TIPP** Service

12 | Menü ab 169 € | Mi-Sa Mo, Di, So

Im kleinen, eleganten Fine-Dining-Bereich serviert man eine kreative, kunstvoll inszenierte Küche in Form eines mehrgängigen Gourmetmenüs. Küchenchef Roland Pieber legt größten Wert auf besondere Geschmackserlebnisse, perfekte handwerkliche Zubereitung und das Zusammenspiel von Aromen aus erstklassigen Produkten. Die Weinkarte ist gespickt mit regionalen und internationalen Gewächsen. Bei Fragen oder kleinen Sonderwünschen ist das zuverlässige Serviceteam ein aufmerksamer Ansprechpartner.

Malereck
www.restaurantmalereck.de

Argenweg 60, PLZ 88085, **T 07543 912491**
80 | Hauptgericht 22–42 €, Menü 45–89 € | Mo-Di, Fr-So Mi, Do

Im BMK-Jachthafen liegt dieses charmante, sehr liebevoll eingerichtete Restaurant. Neben frisch zubereiteten regionalen Gerichten werden hier auch Seafoodspezialitäten aufgetischt. Sehr idyllisch sitzt man in den Sommermonaten auf der malerischen Gartenterrasse.

Schuppen 13
www.schuppen13.de

Argenweg 60, PLZ 88085, **T 07543 1577**
180 | Hauptgericht 22–39 €, Menü 45–75 € | Mi-So Mo, Di

Im BMK-Jachthafen lockt das charmante Restaurant mit mediterranem Flair und einer schmackhaften Küche. Auf der Karte finden Sie u.a. hausgemachte Pasta, sehr gute Fischgerichte und erlesene Weine.

LANGENAU 59 C
www.langenau.de

Baden-Württemberg | EW 14.358 | 461 m | Ulm 19 km, Günzburg 20 km

Gasthof Zum Bad
www.gasthof-zum-bad.de

VARTA-TIPP Service

Burghof 11, PLZ 89129, **T 07345 96000,** F 960050
36 Zimmer | 1 Suite | Ez 75–95 €, Dz 110–140 €, inkl. Frühstück | ⃠ 23.12.23–10.1.24

Freundlich und engagiert führt Familie Hägele das gewachsene Traditionshaus in der Ortsmitte. Hier gibt es behaglich eingerichtete Zimmer im Haupthaus und moderne Businesszimmer im Gästehaus „Badgarten". Morgens erwartet Sie ein sehr gutes Frühstück. Fragen Sie nach den Wochenend-Genießer-Arrangements.

Gasthof Zum Bad

VARTA-TIPP Küche

45 | Hauptgericht 26–46 €, Menü 69–158 € | Do-So Mi-Sa ⃠ Mo

Schön sitzt man in dem gepflegten Gasthof - drinnen ebenso wie auf der hübschen Terrasse. Dass man sich hier wirklich willkommen fühlt, liegt nicht nur am liebenswerten Service, sondern auch an der exzellenten Küche. Vater und Sohn stehen gemeinsam am Herd und verwöhnen Sie mit einer anspruchsvollen Haute Cuisine, die sich durch präzise Zubereitung und hervorragende Produkte auszeichnet. Sie können zwischen verschiedenen Menüs wählen. Dazu werden regionale und internationale Weine von namhaften Winzern serviert.

Schon probiert?
Der Varta-Führer ist auch als eBook für Ihren TabletPC oder Ihr Smartphone verfügbar!

LANGENBURG 52 C
www.langenburg.de

Baden-Württemberg | EW 1.800 | 439 m | Schwäbisch Hall 25 km, Heilbronn 65 km

Mawell Resort
www.mawell-resort.de

Roseneck 5, PLZ 74595, **T 07905 94140,** F 9414100
104 Zimmer | Ez ab 220 €, Dz ab 320 €, inkl. Frühstück | 24 h

Das ruhig gelegene Hotelresort setzt ganz auf eine unvergleichliche Atmosphäre, die durch natürliche Baumaterialien und den allgegenwärtigen Panoramablick auf die weitläufige Hohenloher Ebene erzeugt wird. Die großzügig geschnittenen Zimmer mit feinen Holzböden und Terrassen wählt man aus drei Kategorien. Erstklassiger SPA-Bereich.

Zur Post
www.gasthofpostlangenburg.de

Hauptstraße 55, PLZ 74595, **T 07905 5432,** F 5547
13 Zimmer | Ez 65–75 €, Dz 100–105 €, inkl. Frühstück

In der Ortsmitte liegt dieser familiär geführte Gasthof. Man bietet moderne, geschmackvoll eingerichtete Zimmer sowie behagliche Gaststuben im ländlichen Stil, in denen frische Regionalküche zu fairen Preisen serviert wird.

LANGENHAGEN 23 C
www.langenhagen.de

Niedersachsen | EW 51.847 | 52 m | Hannover 9 km, Celle 39 km

Maritim Airport Hotel Hannover www.maritim.de

Maritimstraße 1, PLZ 30855 (OT: Schulenburg-Nord), **T 0511 97370,** F 9737590
527 Zimmer | 30 Suiten | 24 h

Ein imposantes Businesshotel mit großer Atriumlobby und komfortablen Gästezimmern in unterschiedlichen Kategorien. Von großem Vorteil sind die direkte Anbindung an den Airport sowie die Nähe zur S-Bahn-Station Hannover-Flughafen. Große Kapazität an Konferenzräumen.

LANGENLONSHEIM 50 A www.langenlonsheim.de

Rheinland-Pfalz | EW 3.800 | 160 m | Alzey 30 km, Mainz 34 km

Jugendstil-Hof www.jugendstil-hof.de

VARTA-TIPP Ambiente

Naheweinstraße 172, PLZ 55450, **T 06704 9638682,** F 9638684
3 Zimmer | Ez 225–255 €, Dz 235–275 €, inkl. Frühstück

Dieses kleine, aber feine Boutique-Hotel verfügt nur über drei Zimmer. Diese sind geräumig und individuell mit extravaganten Möbeln und Accessoires eingerichtet. Stammgäste schätzen die persönliche Atmosphäre und die ehrliche Herzlichkeit der Gastgeber. Sehr gutes Frühstück - teils mit frischen Produkten aus dem eigenen Obst- und Gemüsegarten.

LANGENZENN 53 C www.langenzenn.de

Bayern | EW 10.371 | 313 m | Fürth 17 km, Nürnberg 26 km

Seerose www.hotel-seerose.de

Gräfenweg 13, PLZ 90579 (OT: Horbach), **T 09101 90940,** F 909497
35 Zimmer | 1 Suite | Ez ab 80 €, Dz ab 126 €, inkl. Frühstück | 24 h 24.12.23–2.1.24

Neuzeitliches Landhotel in ruhiger Ortsrandlage mit schick eingerichteten Zimmern und freundlich-familiärer Führung. Ansprechend gestalteter Sauna- und Wellnessbereich. Rustikales Restaurant mit regionaler Küche und Terrasse am Seerosenteich.

Keidenzeller Hof keidenzeller-hof.de

VARTA-TIPP Küche VARTA-TIPP Service

Fürther Straße 11, PLZ 90579 (OT: Keidenzell), **T 09101 901226**
20 | Menü 150 € | Sa Do-Sa Mo, Di, Mi, So

»

Das schmucke alte Sandsteinbauernhaus präsentiert sich als gelungene Melange aus Tradition und Moderne. Authentisch, kreativ und abwechslungsreich sind die regionalen und internationalen Gerichte von Chefkoch Martin Grimmer. Für ihn gibt es keine Grenzen, wenn er neue Geschmackserlebnisse kreiert und in einem saisonal wechselnden Menü in Szene setzt. Der Service ist freundlich und zuvorkommend. Wunderschöne Terrasse unter zwei gigantischen alten Linden. Die „Scheune" eignet sich für Veranstaltungen. Tipp: Samstags Gourmet-Lunch.

LANGEOOG (INSEL) 12 B www.langeoog.de

Niedersachsen | EW 1.741 | 5 m | Aurich 28 km, Leer 63 km

Logierhus www.logierhus-langeoog.de

★★★★ S garni

Mittelstraße 10, PLZ 26465, **T 04972 91190,** F 911933
36 Zimmer | Ez 158–249 €, Dz 176–277 €, inkl. Frühstück | 24 h

Klimaschonendes Hotel, das sich durch seine umweltschonende Bauweise auszeichnet. Hochwertige und elegante Zimmerausstattung mit Zirbenholzmöbeln und Eichendielenböden aus nachhaltiger Forstwirtschaft. Zum Haus gehören auch ein schöner Wellnessbereich sowie das Restaurant „Anno 1828" (regionale und internationale Küche).

Flörke www.hotel-florke.de

★★★★ garni

Hauptstraße 17-19, PLZ 26465, **T 04972 92200,** F 1690
50 Zimmer | 3 Suiten | Ez 90–130 €, Dz 135–210 €, inkl. Frühstück | 24 h

Ruhig gelegenes Ferienhotel unter familiärer Leitung. In harmonischen Farbtönen gestaltete und mit nordisch interpretierten Möbeln eingerichtete Gästezimmer. Weitere Zimmer und Apartments im benachbarten Hotel „Langeooger Inselzeiten". 300 qm großer Wellnessbereich mit Pool und Saunalandschaft.

Kolb www.hotel-kolb.de

★★★★ garni

Barkhausenstraße 32, PLZ 26465, **T 04972 91040,** F 910490
37 Zimmer | 1 Suite | 4 Apartments | Ez ab 89 €, Dz ab 156 €, inkl. Frühstück

Ansprechendes Ferienhotel, das aus den Häusern „Classic", „Lifestyle" und „Inselchalets" besteht. Man bietet geschmackvoll und individuell eingerichtete Zimmer. Dazu ein schickes Wellnessareal im römischen Stil und ein gemütliches Gourmetrestaurant mit dezent maritimem Ambiente.

Norderriff www.hotel-norderriff.de

★★★★ S garni

Willrath-Dreesen-Straße 25, PLZ 26465, **T 04972 96980,** F 969850
14 Zimmer | 3 Suiten | 4 Apartments | Ez 105–115 €, Dz 180–210 €, inkl. Frühstück

Das schmucke Boutique-Hotel ist nur wenige Gehminuten vom Strand der Nordküste Langeoogs entfernt. Die freundlichen Gästezimmer bestechen durch ihre gelungene Mischung aus modernem Interieur und Möbeln im Antikstil. Kleines „Norderriff Spa" mit Sauna und Pool. Das Frühstück können Sie bei schönem Wetter auch auf der Terrasse genießen.

Retro Design Hotel www.hotel-kolb.de

★★★ S garni

Abke-Jansen-Weg 6, PLZ 26465, **T 04972 6829990,** F 68299200
21 Zimmer | 5 Suiten

Der Ableger des „Hotel Kolb“ kombiniert den Retrolook der 70er Jahre mit den Annehmlichkeiten von heute. Möbel in Cebranoholz und weißem Schleiflack sowie die kultigen Farben Pink, Türkis und Braun sorgen für ein Wohlfühlambiente der ganz besonderen Art. Hausgäste können das Wellnessangebot im Schwesterhotel (10 Gehminuten) kostenfrei nutzen.

LANGERWEHE 39 A www.langerwehe.de

Nordrhein-Westfalen | EW 13.544 | 158 m | Eschweiler 10 km, Düren 10 km

Wettsteins Restaurant www.wettsteins-restaurant.de

Schlossstraße 66, PLZ 52379 (OT: Merode), **T 02423 2298**
100 | Hauptgericht 20–34 € | Fr-So Mi-Sa Mo, Di 23.12.23–10.1.24

Wirklich hübsch, das ländliche Restaurant, lauschig die Terrasse mit Blick in den Meroder Wald - beides ein idealer Rahmen für die frische regionale Küche, die z.B. in Form von „Seezungenfilets mit gegrillten Jakobsmuscheln in Pernodschaum, dazu Brokkoli und Butterkartöffelchen“ daherkommt.

LAUCHHEIM 59 A www.lauchheim.de

Baden-Württemberg | EW 4.716 | 492 m | Aalen 15 km, Nördlingen 21 km

Roter Ochsen www.roter-ochsen-lauchheim.de

Hauptstraße 24, PLZ 73466, **T 07363 5329**
50 | Hauptgericht 10–32 € | Di-So Mo

In diesem kleinen, familiengeführten Hotel kann man nicht nur gut und günstig übernachten, sondern auch hervorragend speisen. Die Gaststube ist gemütlich mit ihrem historischen Charme, der Service ist herzlich und die breitgefächerte Speisekarte bietet frische saisonale und regionale Gerichte, so z.B. „Braten vom Reh in Lemberger gebeizt mit Wacholderrahmsauce, Pilzen, Spätzle und Preiselbeeren“. Dienstag bis Freitag: preisgünstiger Mittagstisch.

LAUDA-KÖNIGSHOFEN 52 A www.lauda-koenigshofen.de

Baden-Württemberg | EW 14.684 | 192 m | Boxberg 14 km, Würzburg 40 km

Becksteiner Rebenhof www.rebenhof.net

★★★★

Am Hummelacker 34-52, PLZ 97922 (OT: Beckstein), **T 09343 9809000,** F 9809999
25 Zimmer | 6 Suiten | 6 Apartments | Ez ab 155 €, Dz ab 210 €, ab 22,00 € ››

Hübsches Domizil in ruhiger Lage umringt von Weinbergen und Streuobstwiesen. Sie wohnen in liebevoll eingerichteten, sogenannten Winzerlodges im modernen Landhausstil. Freundlich gestaltete SPA.AREA mit Indoorpool und Saunalandschaft. Restaurant mit regionaler und mediterraner Küche.

Rebgut - Die Weinherberge **Neu!** www.rebgut.de

★★★★

Rebgutstraße 80, PLZ 97922 (OT: Lauda), **T 09343 614700,** F 6147010
31 Zimmer | 2 Apartments | Ez 109–120 €, Dz 155–165 €, inkl. Frühstück

Vor der Kulisse des denkmalgeschützten ehem. Weinguts ist dieses moderne Landhotel ein idealer Ort für Erholungssuchende. In den neu erbauten Häusern „Wengert“ und „Remise“ sowie im hist. Gutshaus stehen geräumige Wohlfühldoppelzimmer und Apartments zur Verfügung. Morgens erwartet Sie ein reichhaltiges Genießerfrühstück.

Rebgut - Das Weinrestaurant

55 | Hauptgericht 20–35 €, Menü 79–89 € | Mo-Sa ⃠ So

Wirklich schön, wie man das geschmackvoll-moderne Interieur in den historischen Rahmen des Weinguts eingebunden hat. Das ist ebenso einladend wie die Küche - Region und Jahreszeit definieren das wechselnde Speisenangebot. Entweder Sie entscheiden sich für ein Menü (auch als vegetarische Variante) oder Sie bestellen à la carte. Dazu eine sorgfältig zusammengestellte Weinkarte mit einer erlesenen Auswahl an edlen Tropfen von ausgesuchten Weingütern.

Weinhotel Benz www.weingut-benz.de

garni

Am Nonnenberg 12, PLZ 97922 (OT: Beckstein), **T 09343 998,** F 58388
15 Zimmer | 1 Suite

Im kleinen Hotel des Weinguts Benz wohnt man nicht nur geschmackvoll und modern, sondern auch mit Panoramablick! Und es gibt noch mehr Annehmlichkeiten: WLAN, teils Betten in Überlänge, Lounge mit (Wein-)Bücherecke, kleine Vinothek mit Shop, auf Wunsch Leihfahrräder und E-Bikes.

LAUDENBACH 51 B www.laudenbach-am-main.de

Bayern | EW 1.417 | 127 m | Miltenberg 6 km, Amorbach 14 km

Goldner Engel www.goldner-engel.de

Miltenberger Straße 5, PLZ 63925, **T 09372 99930**
40 | Hauptgericht 17–37 €, Menü 45–65 € | Mo-Di, Do-So Mo, Do-So ⃠ Mi ⃠ 24.–27.12.23, 1.–3.1.24, 12.–15.2.24

Fränkischer Fachwerkbau von 1596 mit rustikalen Gaststuben und angeschlossener Landmetzgerei. Serviert werden schmackhafte regionale und internationale Speisen. Bemerkenswerte Weinkarte. Es gibt auch sieben Gästezimmer.

LAUF A.D.PEGNITZ 53 B www.lauf.de

Bayern | EW 26.090 | 327 m | Nürnberg 16 km, Amberg 47 km

Waldgasthof Am Letten www.waldgasthof-am-letten.de

Am Letten 13, PLZ 91207 (OT: Letten), **T 09123 9530,** F 2064
52 Zimmer | Ez 115–125 €, Dz 145 €, inkl. Frühstück | 24 h

Das familiär geführte Geschäfts- und Tagungshotel liegt angenehm ruhig am Waldrand und bietet seinen Gästen helle, funktional eingerichtete Zimmer. Hübsch dekorierte Gaststuben mit gemütlichen Nischen und rustikalen Holzbalken. Serviert wird eine schmackhafte fränkische Frischeküche unter Verwendung regionaler Produkte.

Zur Post www.hotelzurpost-lauf.de

★★★

Friedensplatz 8, PLZ 91207, **T 09123 9590,** F 959400
40 Zimmer | 1 Suite | Ez ab 95 €, Dz ab 130 €, inkl. Frühstück

Gepflegter Familienbetrieb unweit des Marktplatzes mit zeitgemäß ausgestatteten Nichtraucherzimmern und guten Tagungsmöglichkeiten. Im rustikalen Restaurant werden regionale und saisonale Spezialitäten serviert.

Altes Rathaus Neu! www.altes-rathaus-in-lauf.de

Marktplatz 1, PLZ 91207, **T 09123 2700**
60 | Hauptgericht 8–28 €, Menü 14–33 € | Di-So Mo

Das gemütlich-rustikale Restaurant befindet sich in den historischen Gemäuern des alten Rathauses. Auf der Karte finden Sie gutbürgerliche Gerichte und fränkische Spezialitäten, z.B. „Hirschbraten mit frischen Pilzen, Wildpfefferrahmsauce, Preiselbeeren und hausgemachte Spätzle". Im Sommer kann man auch auf der hübschen Terrasse speisen.

LAUFEN A.D. SALZACH 69 A www.stadtlaufen.de

Bayern | EW 6.839 | 412 m | Waging am See 20 km, Salzburg (Österreich) 21 km

zumOXN www.zumoxn.de

Tittmoninger Straße 19 (an der B20), PLZ 83410, **T 08682 6649100**
37 Zimmer | 1 Apartment | Ez ab 119 €, Dz ab 170 €, inkl. Frühstück ››

Auf dem Gelände des ehem. Traunsteiner Hofs ist ein moderner Hotelneubau entstanden. Geschmackvoll der klassisch-verrückte Stil der Gästezimmer, alles sehr wohnlich - fragen Sie nach dem Rooftopzimmer mit Dachterrasse! Zum Haus gehören weiterhin ein schöner Wellnessbereich mit Naturbadeteich und Saunen sowie ein Grillrestaurant.

LAUFENBURG 64 B www.laufenburg.de

Baden-Württemberg | EW 8.875 | 337 m | Waldshut-Tiengen 15 km, Basel (Schweiz) 39 km

Brutsches Rebstock www.hotel-rebstock-laufenburg.de

€ Gut & Günstig

Hauptstraße 28, PLZ 79725, **T 07763 92170,** F 921792
27 Zimmer | 1 Apartment | Ez 60–80 €, Dz 105–120 €, inkl. Frühstück

Im Zentrum der Altstadt oberhalb des Rheins gelegenes Haus mit unterschiedlichen, von schlicht bis stilvoll und wohnlich elegant eingerichteten Zimmern. Traditionsreiche Gaststube mit regionalem Speisenangebot.

Jetzt vorbeischauen: pinterest.com/vartaguide

LAUFFEN AM NECKAR 51 D www.lauffen.de

Baden-Württemberg | EW 11.800 | 175 m | Heilbronn 10 km, Stuttgart 49 km

Elefanten www.hotel-elefanten.de

Bahnhofstraße 12, PLZ 74348, **T 07133 95080**
32 | Hauptgericht 14–29 €, Menü 23–65 € | So Mo-Do, Sa-So Fr

In dem gediegenen Fachwerkhaus sorgt sich die Gastgeberfamilie rührig um das Wohl der Gäste. Die Küche ist frisch, schmackhaft und preislich fair kalkuliert. Appetit auf „Filets vom Salzwiesenlamm mit Basilikumpesto an wildem Brokkoli und neuen Kartoffeln"? Gutes Weinangebot - überwiegend von regionalen Winzern. Es gibt auch gepflegte Hotelzimmer.

Landturm Uwe Straub www.uwe-straub.de

Landturm 1, PLZ 74348, **T 07133 2044464**
35 | Hauptgericht 28–49 € | Do-So Mo, Di, Mi

Auch in Uwe Straubs neuem Domizil, dem ehem. Lauffener Wartturm, erwarten den Gast eine entspannte, herzliche Atmosphäre und die bekannt kreative Küche des Patrons. Fast schon legendär ist sein Gänsebraten - frisch aus dem Rohr - jährlich ab dem 11. November (Reservierung ratsam)! Regelmäßig finden Feinschmeckerabende statt.

LAUINGEN (DONAU) 59 A www.lauingen.de

Bayern | EW 10.598 | 439 m | Dillingen 5 km, Günzburg 20 km

Lodner Genusswerkstatt www.hotel-lodner.de

VARTA-TIPP Küche

Imhofstraße 6+7, PLZ 89415, **T 09072 95890**
70 | Hauptgericht 25–42 €, Menü 69–115 € | Mi-Sa Di-Sa Mo, So

Den Charme des geschichtsträchtigen Gebäudes spürt man auch im Restaurant: gemütlich die alte Holzvertäfelung und die Gewölbedecke, lebendig die Atmosphäre - und dazu gibt es eine schmackhafte kreative Küche aus der Genusswerkstatt von Tobias Eisele, bei der er auch Produkte aus der hauseigenen Gewürzmanufaktur verwendet. Mittags ist das Angebot etwas kleiner, am Abend dürfen Sie sich neben verschiedenen À-la-carte-Gerichten auf ein gehobenes Feinschmeckermenü (bis 6 Gänge) freuen. Verschiedene „Delikatessen to go" gibt es im angeschlossenen Feinkostladen. Und zum Übernachten bietet man tipptopp gepflegte Hotelzimmer.

LAUTENBACH 57 A www.renchtal-tourismus.de

Baden-Württemberg | EW 1.850 | 215 m | Offenburg 20 km, Freudenstadt 32 km

Sonnenhof www.sonnenhof-lautenbach.de

★★★★

Hauptstraße 51, PLZ 77794, **T 07802 704090,** F 7040929
48 Zimmer | 1 Suite | Ez 119–149 €, Dz 169–199 €, inkl. Frühstück

Ein gewachsenes Hotel in landschaftlich reizvoller Lage. Harmonische Verbindung zwischen Tradition und Moderne. Individuell eingerichtete Gästezimmer, die sich auf das Stammhaus und den Neubau verteilen. Für Entspannung sorgt ein zeitgemäßer SPA- und Fitnessbereich.

Restaurant Sonne

VARTA-TIPP Küche

70 | Hauptgericht 17–29 €, Menü 32–63 € | Mo-So

Im gemütlichen Restaurant darf man sich auf eine gehobene badische und internationale Küche freuen. Saisonalität, Regionalität und Nachhaltigkeit werden bei Küchenchef Carsten Stingl groß geschrieben. Das Angebot reicht von „Geräuchertes Forellenfilet" über „Geschmorte Lammkeule" bis hin zu „Schwarzwaldburger". Dazu ein sehr gutes Weinangebot mit einigen Spitzengewächsen aus dem Bordeaux. Für eine Zigarre nach dem Essen oder einen Digestif empfiehlt sich die gemütliche Lounge.

Folgen Sie uns: facebook.com/vartaguide

LAUTERBACH (HESSEN) 42 A www.lauterbach-hessen.de

Hessen | EW 13.228 | 296 m | Alsfeld 17 km, Fulda 25 km

Schubert www.hotel-schubert.de

★★★★

Kanalstraße 12, PLZ 36341, **T 06641 96070,** F 960739
36 Zimmer | 3 Suiten | Ez 95–115 €, Dz 165–195 €, inkl. Frühstück

Familiär geführtes Hotel in der Stadtmitte. Die Zimmer sind mit viel Liebe zum Detail eingerichtet. Besonders nett sind die extravaganten Themenzimmer „Toskana", „Rosen" und „Zen". Gute Tagungsmöglichkeiten.

schuberts

VARTA-TIPP Küche

50 | Hauptgericht 18–41 €, Menü 25–65 € | Mo-Sa ⃠ So

››

Hier sorgen warme Brauntöne, stilvolle Einrichtungsdetails, edle Hölzer und eine weite Fensterfront für ein modernes und dennoch legeres Ambiente. Der herzliche Service verwöhnt Sie mit einer gehobenen, saisonal ausgerichteten Küche zu fairen Preisen. Auf der Speisekarte von Chefkoch Stefan Schubert locken Gerichte wie „Vogelsberger Rehrücken | Krokant-Spitzkohl | Pfifferlinge | Mini Feigen | Kartoffelschaum". Wer es etwas uriger mag, reserviert einen Tisch im rustikal-gemütlichen „Entennest" im alten Fachwerkhäuschen direkt gegenüber.

LAUTERBERG, BAD 32 B — www.badlauterberg.de

Niedersachsen | EW 11.257 | 296 m | Braunlage 18 km, Osterode 23 km

Mühl Vital Resort — www.muehlvitalresort.de

Ritscherstraße 1-3, PLZ 37431, **T 05524 85080,** F 850834
87 Zimmer | 24 Suiten | ⏲ 24 h

In dieser ruhigen Umgebung können Sie entspannt Ferien machen: bei Massage- und Beautyanwendungen, beim Essen im Restaurant „Die Genussschmiede", in einem der ländlich-elegant eingerichteten Zimmer... Das familiengeführte Wellnesshotel besticht durch seine harmonische Atmosphäre und das vorbildliche Dienstleistungsniveau.

revita- Wellness Hotel & Resort — www.revita-hotel.de

★★★★★

Sebastian-Kneipp-Promenade 56, PLZ 37431, **T 05524 831,** F 80412
260 Zimmer | 12 Suiten | Ez 194–219 €, Dz 328–378 €, inkl. Vollpension | ⏲ 24 h

Familiär geführtes Ferienhotel in weitläufiger Parkanlage. Hell und freundlich oder rustikal im Landhausstil eingerichtete Gästezimmer. Großzügiger Wellnessbereich auf 3.000 qm mit mediterraner Schwimmbadwelt, Saunalandschaft und Fitnessclub. Mehrere Restaurants.

LECHBRUCK A. SEE 67 A — www.auerbergland.de

Bayern | EW 2.672 | 737 m | Füssen 20 km, Kempten 51 km

Auf der Gsteig — www.aufdergsteig.de

★★★★

Gsteig 1, PLZ 86983 (OT: Gsteig), **T 08862 98770,** F 98777
42 Zimmer | 6 Suiten | Ez 100–140 €, Dz 150–200 €, inkl. Frühstück | ⏲ 24 h

Das idyllisch auf einer Anhöhe gelegene Hotel, zu dem auch ein 18-Loch-Golfplatz gehört, verfügt über wohnliche Gästezimmer im Landhausstil. Schöner Wellnessbereich. Rustikal gestaltetes Restaurant mit bayerisch-mediterraner Küche, Panoramawintergarten und Sonnenterrasse.

LEER 12 D — www.touristik-leer.de

Niedersachsen | EW 35.572 | 3 m | Holländische Grenze 20 km, Papenburg 21 km

Hotel Hafenspeicher — www.hotel-hafenspeicher.de

★★★★

Ledastraße 23, PLZ 26789, **T 0491 9975300,** F 99753030
100 Zimmer | Ez ab 99 €, Dz ab 135 €, inkl. Frühstück | ⏲ 24 h

Das architektonisch sehr gelungene Stadthotel verbindet ein denkmalgeschütztes Hafenspeichergebäude mit einem modernen Anbau. Die schallisolierten Gästezimmer sind hell, freundlich und zeitgemäß eingerichtet. Das Haus bietet zudem einen Sauna- und Fitnessbereich sowie drei Tagungsräume.

Frisia www.hotel-frisia.de

★★★★ garni

Bahnhofsring 16-20, PLZ 26789, **T 0491 92840,** F 9284400
82 Zimmer | Ez 89–119 €, Dz 119–149 €, inkl. Frühstück | 24 h

Das moderne Stadthotel im Zentrum präsentiert sich mit einer Kombination aus ostfriesischer Tradition und zeitgemäßem Komfort. Das reichhaltige Frühstücksbuffet wird im Wintergarten serviert. Zum Haus gehören auch ein Kaminzimmer, ein großer Saunabereich und eine urige Hotelbar mit Sky-Live-Sport.

Zur Waage www.restaurant-zur-waage.de

Neue Straße 1, PLZ 26789, **T 0491 62244**
50 | Hauptgericht 22–39 € | Mi-So Mo, Di

Eine gastronomische Institution in wunderschöner Altstadtlage. Norddeutsch, nachhaltig und schmackhaft ist die regionale Produktküche, die Ihnen in den gemütlichen Gaststuben serviert wird. Lust auf „Seeteufel | Pfifferlingsragout | Bio-Tomate | Kräutergraupen" oder lieber „Filet vom friesischen Rind | Bohne | Birne | Pilzragout | getrüffeltes Kartoffelpüree"? Ein Muss im Sommer: die schöne Terrasse am Museumshafen.

LEHMKUHLEN 8 C www.amtpreetzland.de

Schleswig-Holstein | EW 1.461 | 36 m | Kiel 23 km, Neumünster 47 km

Neeth www.neeth.de

GREENSIGN ★★★ S

Preetzer Straße 1-3, PLZ 24211 (OT: Dammdorf), **T 04342 82374,** F 84749
21 Zimmer | 2 Suiten | Ez 77–104 €, Dz 126–146 €, inkl. Frühstück

Persönlich geführtes Haus in verkehrsgünstiger Lage. Im Stammhaus sowie in den Gästehäusern stehen behagliche Zimmer im ländlichen Stil zur Verfügung. Restaurant mit regionaler und deutscher Küche.

LEHRTE 23 C www.lehrte.de

Niedersachsen | EW 43.419 | 60 m | Burgdorf 9 km, Hannover 16 km

Median www.median-hotel.de/median-hotel-lehrte

★★★★

Zum Blauen See 3, PLZ 31275, **T 05132 82900,** F 8290555
177 Zimmer | 24 h

Freundlich geführtes Geschäfts- und Tagungshotel in verkehrsgünstiger Lage zur A2 und A7. Modern eingerichtete Zimmer, teils in Designermanier. Das Haus verfügt nach einem umfangreichen Umbau über neue moderne Tagungsräume, einen Wintergarten, Ladesäulen für E-Fahrzeuge und eine 200 qm große Meeting Area im Außenbereich.

LEIMEN 51 C www.leimen.de

Baden-Württemberg | EW 25.812 | 118 m | Heidelberg 7 km, Mannheim 25 km

Villa Toskana www.hotel-villa-toskana.de

GREENSIGN ★★★★

Hamburger Straße 4-10, PLZ 69181, **T 06224 82920,** F 829211
317 Zimmer | 12 Suiten | 10 Apartments | Ez 98–178 €, Dz 108–188 €, 24,00 € | 24 h »

Modernes Hotel mit mediterranem Flair. Die hellen, freundlichen Zimmer und Apartments sind im toskanischen Stil eingerichtet. Zum Haus gehören auch ein Restaurant mit Terrasse, ein Kaminraum, ein Wintergarten sowie ein Wellnessbereich mit Sauna und hauseigenem Kosmetikinstitut.

LEINFELDEN-ECHTERDINGEN 58 A www.leinfelden-echterdingen.de

Baden-Württemberg | EW 38.500 | 432 m | Stuttgart 12 km, Tübingen 28 km

Parkhotel Stuttgart Messe-Airport www.parkhotel-stuttgart.de

★★★★ S

Filderbahnstraße 2, PLZ 70771 (OT: Echterdingen), **T 0711 633440,** F 63344100
220 Zimmer | 10 Suiten | 16 Apartments | Ez ab 79 €, Dz ab 89 €, inkl. Frühstück | 24 h

Dieses Businesshotel ist für Tagungs-, Freizeit- und Messegäste bestens geeignet. Es verfügt über helle, designorientierte Gästezimmer in unterschiedlichen Kategorien und einen großzügigen Veranstaltungsbereich. Internationale Küche wird im Parkrestaurant serviert, frisch gebrautes Bier und lokale Spezialitäten gibt es im Echterdinger Brauhaus mit Biergarten.

Essential by Dorint Stuttgart-Airport www.hotel-stuttgart-airport.dorint.com

Heilbronner Straße 15, PLZ 70771, **T 0711 320640,** F 32064100
155 Zimmer | 15 Suiten | Ez 89–299 €, Dz 89–299 € | 24 h

Neuzeitliches Themenhotel mit ausgezeichneter Anbindung zum Flughafen und zur Messe Stuttgart. Moderne und klimatisierte Zimmer in drei Kategorien. Das Motto „Fliegerei & Flugverkehr" zieht sich gestalterisch durch alle Räume. Das Restaurant „Cabin" mit außergewöhnlichem Flughafendesign bietet regionale und internationale Küche.

Restaurant im Hotel Am Park www.hotelampark-leinfelden.de

Lessingstraße 4-6, PLZ 70771 (OT: Leinfelden), **T 0711 903100**
80 | Hauptgericht 11–26 €, Menü 24–56 € | Mo-Fr Sa, So

Das klassisch gehaltene Restaurant bietet eine marktorientierte Küche mit regionalen und internationalen Gerichten. Auch schwäbische Spezialitäten findet man auf der Speisekarte. Hier kehrt man zum schnellen Business Lunch genauso gern ein wie zum romantischen Abendessen zu zweit. Im Sommer lockt die großzügige Gartenterrasse. Zum Übernachten hat man gepflegte, zeitlos eingerichtete Gästezimmer.

LEINSWEILER 50 D www.landauland.de

Rheinland-Pfalz | EW 440 | 263 m | Annweiler 10 km, Landau 10 km

Leinsweiler Hof www.leinsweilerhof.de

★★★★

Leinsweiler Hof 1, PLZ 76829, **T 06345 4090,** F 3614
61 Zimmer | 5 Suiten | 16 Apartments | Ez ab 122 €, Dz ab 154 €, inkl. Frühstück

Inmitten der Weinberge liegt dieses vorbildlich geführte Haus. Hier erwarten Sie wohnliche Zimmer und Suiten. Für Entspannung sorgt ein schöner Wellnessbereich mit großem Außenbecken (28°C) und traumhafter Liegewiese. Vielfältige Erholungs- und Freizeitmöglichkeiten in direkter Umgebung.

Leinsweiler Hof

100 | Mo-So

So richtig zum Wohlfühlen ist dieses helle, freundliche Restaurant mit tollem Blick über die Rheinebene und einer toskanisch anmutenden Gartenterrasse. Geboten wird eine leichte mediterrane Küche gepaart mit wechselnden regionalen Spezialitäten. Zuvorkommend und freundlich ist der Service.

Castell
www.hotel-castell-leinsweiler.de

★★★ S garni

Hauptstraße 32, PLZ 76829, **T 06345 94210,** F 9421200
16 Zimmer | Ez 100–115 €, Dz 130–169 €, inkl. Frühstück

Das gepflegte kleine Landhotel bietet funktionell ausgestattete Unterkünfte und ein neuzeitliches Restaurant. Gefrühstückt wird in der sonnendurchfluteten „guten Stubb“ oder auf der herrlichen Sommerterrasse. Wunderschöne Rundwanderwege in direkter Umgebung.

LEIPZIG 34 D
www.leipzig.travel

Sachsen | EW 531.582 | 112 m | Schkeuditz 15 km, Dresden 111 km
Gewandhaus, Opernhaus, Auerbachs Keller (aus Goethes Faust), Zoologischer Garten, Völkerschlachtdenkmal, Grassi Museum für Kunst und Musikinstrumente, Ägyptisches Museum, Mädler-Passage, Altes Rathaus mit Stadtgeschichtlichem Museum, Spätgot. Thomaskirche, Alte Börse, Nikolaikirche, Hauptbahnhof, Gohliser Schlösschen.
Einen Cityplan finden Sie auf Seite 686.

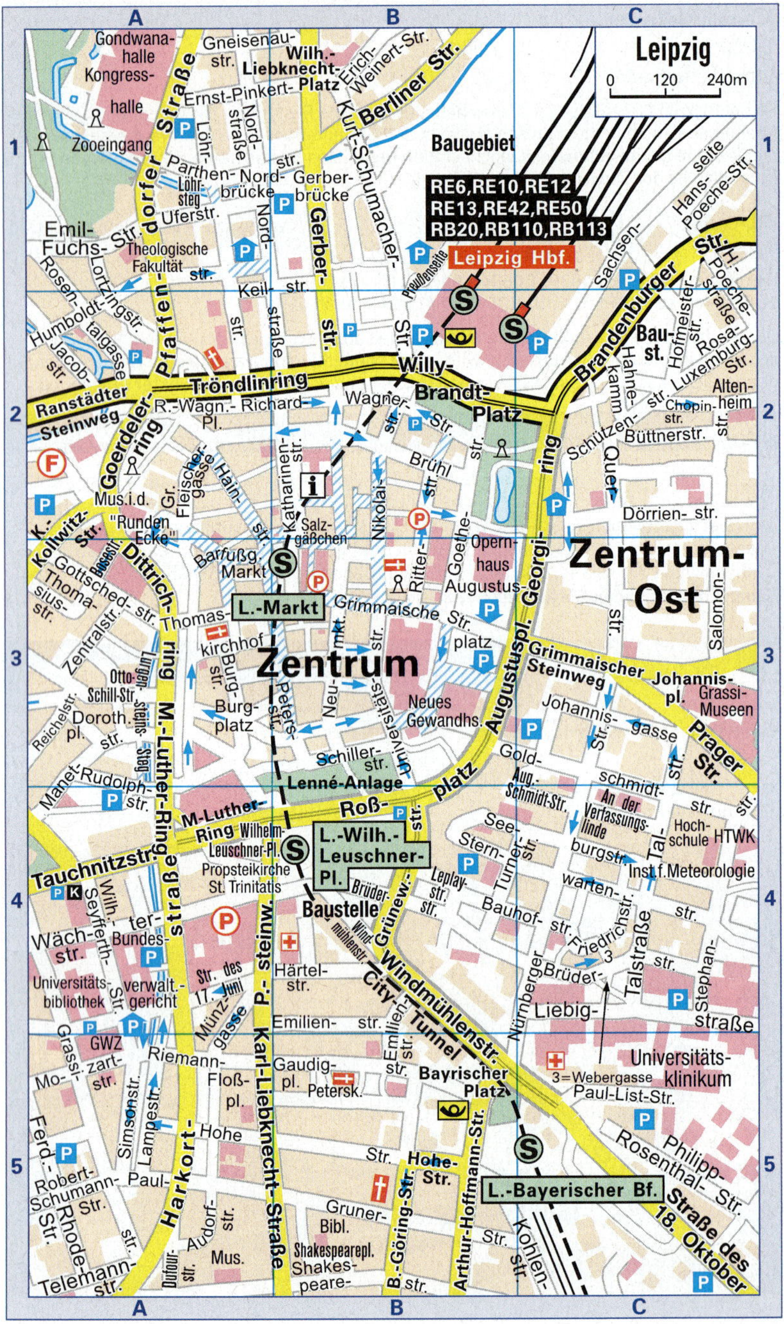

Leipzig
0 120 240m
A
B
C
1
2
3
4
5
Gondwana-halle
Kongress-halle
Zooeingang
Gneisenau-str.
Wilh.-Liebknecht-Platz
Erich-Weinert-Str.
Berliner Str.
Ernst-Pinkert-Str.
Löhr-str.
Nord-straße
Parthen-steg
Löhr-steg
Uferstr.
Nord-brücke
Gerber-brücke
Kurt-Schumacher-Str.
Baugebiet
RE6,RE10,RE12
RE13,RE42,RE50
RB20,RB110,RB113
Leipzig Hbf.
Preußenseite
Emil-Fuchs-Str.
Theologische Fakultät
Pfaffendorfer Straße
Keil-str.
Nordstraße
Gerber-str.
Rosen-talgasse
Lortzingstr.
Humboldt-str.
Jacob-str.
Tröndlinring
Willy-Brandt-Platz
Ranstädter Steinweg
R.-Wagn.-Pl.
Richard-Wagner-Str.
Goerdeler-ring
Brühl
Sachsen-seite
Hans-Poeche-Str.
H.-Poeche-straße
Brandenburger Str.
Bau-st.
Hofmeister-str.
Rosa-Luxemburg-Str.
Hahne-kamm
Chopin-str.
Alten-heim
Schützen-str.
Büttnerstr.
Quer-str.
Dörrien-str.
Mus.i.d. "Runden Ecke"
Gr. Fleischer-gasse
Hain-str.
Katharinen-str.
Salz-gäßchen
Nikolai-str.
Ritter-str.
Goethe-str.
Opern-haus
Augustus-platz
Georgi-ring
Zentrum-Ost
K.-Kollwitz-Str.
Dittrich-ring
Bosestr.
Gottsched-str.
Thoma-sius-str.
Barfußg.
Markt
L.-Markt
Thomas-kirchhof
Grimmaische Str.
Neu-markt
Universitäts-str.
Zentrum
Grimmaischer Steinweg
Johannis-pl.
Grassi-Museen
Salomon-str.
Zentralstr.
Otto-Schill-Str.
Burg-str.
Peters-str.
Neues Gewandhs.
Augustuspl.
Johannis-gasse
Prager Str.
Reichelstr.
Doroth.-pl.
Burg-platz
Schiller-str.
Lenné-Anlage
Gold-schmidt-str.
Aug.-Schmidt-Str.
An der Verfassungs-linde
Tal-str.
Hoch-schule HTWK
Manet-str.
Rudolph-str.
M.-Luther-Ring
Roß-platz
See-burgstr.
Stern-warten-str.
Turner-str.
Inst.f.Meteorologie
Tauchnitzstr.
Wilhelm-Leuschner-Pl.
L.-Wilh.-Leuschner-Pl.
Propsteikirche St. Trinitatis
Brüder-str.
Leplay-str.
Grünew.-str.
Bauhof-str.
Friedrichstr.
Wilh.-Seyfferth-Str.
Wäch-ter-str.
Bundes-verwalt.-gericht
Baustelle
Windmühlenstr.
Talstraße
Stephan-straße
Str. des 17. Juni
Härtel-str.
City Tunnel
Nürnberger Str.
Brüder-str.
3
Liebig-str.
Universitätsbibliothek
Münz-gasse
Emilien-str.
GWZ
Grassi-str.
Mo-zart-str.
Riemann-str.
Floß-pl.
Gaudig-pl.
Petersk.
Bayrischer Platz
3=Webergasse
Paul-List-Str.
Universitäts-klinikum
Simsonstr.
Lampestr.
Hohe Str.
Hohe-Str.
Arthur-Hoffmann-Str.
Philipp-Rosenthal-Str.
Ferd.-Rhode-Str.
Robert-Schumann-Str.
Paul-str.
Harkort-str.
Karl-Liebknecht-Straße
P.-steinw.
Gruner-str.
Bibl.
L.-Bayerischer Bf.
Straße des 18. Oktober
Telemann-str.
Dufour-str.
Audorf-str.
Mus.
Shakespearepl.
Shakes-peare-str.
B.-Göring-Str.
Kohlen-str.

Marriott
www.leipzigmarriott.de

Am Hallischen Tor 1 (B2), PLZ 04109, **T 0341 96530,** F 9653998
231 Zimmer | Ez ab 109 €, Dz ab 109 €, ab 22,00 € | 24 h

Modernes Businesshotel nahe dem Bahnhof. Wohnliche Gästezimmer mit zeitgemäßer Technik, gutem Schlafkomfort und Marmorbädern. Kleiner Fitnessbereich mit Pool. Saisonale Gerichte mit internationaler Note serviert das Restaurant „The Local". Zuvorkommender Service.

Radisson Blu
www.radisson-leipzig.com

Augustusplatz 5-6 (C3), PLZ 04109, **T 0341 21460,** F 2146815
214 Zimmer | 24 Suiten | Ez 99–220 €, Dz 99–220 € | 24 h

Zeitgemäßes Businesshotel am Rande der Altstadt, vis-à-vis von Gewandhaus und Oper. Zimmer in schickem Design mit moderner Ausstattung. Restaurant „Spagos" mit internationaler Küche.

Steigenberger Icon Grandhotel Handelshof
hrewards.com

Salzgäßchen 6 (B3), PLZ 04109, **T 0341 3505810,** F 350581888
177 Zimmer | 14 Suiten | Ez ab 179 €, Dz ab 179 €, 29,00 € | 24 h

Repräsentatives Grandhotel in bester Citylage. Hinter der prunkvollen hist. Fassade des ehem. Handelshofes stehen elegant-moderne Zimmer zur Verfügung, die sich durch Lage und Größe unterscheiden. 350 qm große SPA-World auf zwei Etagen. Französisch und mediterran inspirierte Speisen werden in der „Brasserie Le Grand" serviert.

The Westin
www.westinleipzig.com

Gerberstraße 15 (B2), PLZ 04105, **T 0341 9880,** F 9881229
436 Zimmer | 32 Suiten | 24 h

Kongress- und Tagungshotel in der Nähe des Hauptbahnhofs. Geschmackvoll und modern eingerichtete Gästezimmer, teils mit faszinierendem Blick über die Leipziger Innenstadt. Zum Haus gehören mehrere Restaurants, ein SPA-Bereich mit Swimmingpool sowie 50 Veranstaltungsräume für bis zu 700 Personen.

Falco
www.falco-leipzig.de

VARTA★TIPP Küche VARTA-TIPP Service

40 | Hauptgericht 180–250 €, Menü 262–295 € | Di-Sa Mo, So

Das Gourmetrestaurant befindet sich in der 27. Etage des Hotels. Das durchgestylte Interieur in eleganter gold-grauer Optik ist trendy und schick. Bei einem ausgezeichneten Blick auf die Skyline von Leipzig werden Sie von Maître Hannes Fischer und seinem Team bestens verwöhnt. Die Küche von Peter Maria Schnurr ist unprätentiös, modern und ausgesprochen ideenreich. Die Bezeichnung „cuisine passion légère" ist längst zu seinem Markenzeichen geworden! Ein Highlight ist der begehbare Weincaveau.

Innside by Meliá
www.melia.com

★★★★ S

Gottschedstraße 1 (A3), PLZ 04109, **T 0341 3937670,** F 393767999
177 Zimmer | 9 Suiten | 24 h

››

Hinter der imposanten neoklassizistischen Fassade verbirgt sich ein modernes und funktionelles Businesshotel. Das Haus bietet seinen Gästen zeitgemäß eingerichtete Zimmer und Lifestyle-Suiten. Im À-la-carte-Restaurant „Syndeo" wird internationale Crossover-Küche serviert. Tolle Dachterrasse mit Panoramablick.

Pentahotel
www.pentahotels.com/de/hotels/deutschland/leipzig

Großer Brockhaus 3 (C3), PLZ 04103, **T 0341 12920,** F 1292800
356 Zimmer | 61 Suiten | 24 h

Elegantes Lifestyle-Hotel in zentraler Lage mit geräumigen, modernen Zimmern im Matteo-Thun-Design. Zum Wellnessbereich gehören eine Sauna, ein Whirlpool und ein Fitnessraum. Im Restaurant wird international gekocht.

Seaside Park Hotel
www.parkhotelleipzig.de

★★★★

Richard-Wagner-Straße 7 (B2), PLZ 04109, **T 0341 98520,** F 9852750
288 Zimmer | 10 Suiten | Ez ab 95 €, Dz ab 115 €, ab 16,00 € | 24 h

Die Einrichtung des traditionsreichen Hotels ist eine gelungene Symbiose aus zeitgemäßen, klassischen Elementen und modernem Art-déco-Stil. Für Entspannung sorgt ein exklusiver Wellnessbereich. Das Restaurant „STEAKTRAIN" bietet hochwertige Steaks vom Lavagrill.

Victor's Residenz-Hotel
www.victors.de/hotels/victor-s-residenz-hotel-leipzig

GREENSIGN ★★★★

Georgiring 13 (C2), PLZ 04103, **T 0341 68660,** F 6866899
101 Zimmer | 10 Suiten | Ez 99–300 €, Dz 99–300 €, inkl. Frühstück | 24 h

Elegantes Businesshotel mit Jugendstilfassade in der Leipziger Innenstadt. Individuell eingerichtete Zimmer und Suiten unterschiedlicher Kategorien. Restaurant mit Sommerterrasse im grünen Innenhof und internationaler Küche.

Hiemann
www.hotel-hiemann.de

★★★ S

Delitzscher Landstraße 75, PLZ 04158 (OT: Wiederitzsch), **T 0341 52530,** F 5253154
37 Zimmer | 1 Suite | Ez ab 69 €, Dz ab 89 €, inkl. Frühstück

Familiär geführtes Hotel mit freundlicher Atmosphäre. Individuell und wohnlich gestaltete Zimmer mit zeitgemäßer Ausstattung. Zum Haus gehören auch ein modernes Restaurant mit traditioneller Küche, eine funktionale Lounge mit angrenzender Sonnenterrasse und ein gemütlicher Biergarten.

Michaelis
www.michaelis-leipzig.de

GREENSIGN ★★★ S

Paul-Gruner-Straße 44 (B5), PLZ 04107 (OT: Südvorstadt), **T 0341 26780,** F 2678100
87 Zimmer | 2 Suiten | 27 Apartments | Ez ab 100 €, Dz ab 125 €, inkl. Frühstück | 24 h

Das privat geführte Hotel mit seiner liebevoll restaurierten Gründerzeitfassade beherbergt individuell gestaltete Zimmer, die über zeitgemäße Annehmlichkeiten verfügen. Die moderne, sachliche Inneneinrichtung spielt mit Lichteffekten und sanften Farbtönen. Für Longstay-Gäste eignen sich die großzügig geschnittenen „Miaboda Appartements" im Neubau nebenan.

Michaelis Restaurant

VARTA-TIPP Küche **VARTA-TIPP** Service

34 | Hauptgericht 15–31 €, Menü 43–56 € | Mo-Sa So

Ob im puristisch-urbanen Fine-Dining-Restaurant oder auf der wunderschönen Sommerterrasse - hier begeben Sie sich auf eine wunderbare Genussreise mit engagierten Gastgebern in elegant-zwanglosem Ambiente. Gekocht wird betont saisonal und regional mit moderat weltoffenen Ausflügen. Sie können à la carte oder aus verschiedenen Menü-Offerten wählen. In punkto Wein berät der Service ausgesprochen kompetent.

Townhouse
www.vagabondclub.com/leipzig

garni

Thomaskirchhof 13/14 (A3), PLZ 04109, **T 0341 496140,** F 49614100
52 Zimmer | 1 Suite

Ein charmantes Hotel und Boardinghaus im denkmalgeschützten Thomaskirchhof. Unterschiedlich geschnittene Apartments mit moderner Innengestaltung in einer Kombination aus Musik und Design. Zum Haus gehören auch ein Fitness- und Saunabereich sowie eine Bibliothek.

elaya hotel Leipzig City Center
www.elaya-hotels.com/leipzig-city-center

garni

Hainstraße 21 (A2), PLZ 04109, **T 0341 21203100,** F 21203199
97 Zimmer | 24 h

Modernes Designhotel in bester Citylage, das mit seiner prägnanten Außenfassade an ein modernes Stadtpalais erinnert. In den sehr geschmackvoll gestalteten Räumen verbinden sich klassische Stilelemente mit lebendigen, zeitlosen Farben. Business Lounge für Tagungen und Veranstaltungen im vierten Stock.

Fregehaus
www.hotel-fregehaus.de

garni

Katharinenstraße 11 (B2), PLZ 04109, **T 0341 26393157,** F 26394184
20 Zimmer | 2 Apartments | Ez 90–110 €, Dz 100–130 €, ab 15,00 €

Ein charmantes, gut geführtes Boutique-Hotel gegenüber dem Museum der bildenden Künste. Die Zimmer unterschiedlicher Größe sind wohnlich und individuell eingerichtet. In der 2. Etage befinden sich die Rezeption und ein historischer Salon, der sowohl als Frühstücks- als auch als Gesellschaftsraum dient.

C'est la vie
www.cest-la-vie.restaurant

Zentralstraße 7 (A3), PLZ 04109, **T 0341 97501210**
45 | Menü 80–125 € | Di-Sa Mo, So

Hier isst man richtig gut! Opulente Einrichtung und fein gedeckte Tische mit rubinroten Accessoires geben dem Restaurant einen attraktiven, eleganten Rahmen. Serviert wird eine klassisch französische Küche mit modernen Einflüssen und besten Produkten aus der Region. Das freundliche Team an der Gästefront serviert z.B. „Petersfisch | Karotte | Chicorée | Dijonsenf". Dazu gibt es ausgesuchte Weine aus Frankreich.

Frieda
www.frieda-restaurant.de

VARTA-TIPP Küche

Menckestraße 48-50, PLZ 04155 (OT: Gohlis), **T 0341 56108648**
24 | Menü 109–119 € | Di-Sa Mo, So

Sie mögen moderne Bistro-Atmosphäre und eine ehrliche, authentische Küche? Dann sollten Sie das „Frieda“ unbedingt kennenlernen! Mit sehr viel Herzblut und Engagement führen Lisa Angermann und Andreas Reinke dieses Restaurant im Stadtteil Gohlis, und das spiegelt sich auch bei der Zubereitung der produktorientierten Gerichte wider. Das Menü wechselt regelmäßig und basiert auf saisonalen und regionalen Zutaten. Das Ambiente: elegant und clean, aber dennoch gemütlich.

Stadtpfeiffer
www.stadtpfeiffer.de

VARTA★TIPP Küche **VARTA-TIPP** Service

Augustusplatz 8 (B3, im Gewandhaus), PLZ 04109, **T 0341 2178920**
44 | Hauptgericht 38–44 €, Menü 120–165 € | Di-Sa Mo, So

Was schon das elegante und rundum verglaste Restaurant des Leipziger Gewandhauses ankündigt, setzt sich sowohl im geradlinigen Interieur als auch auf dem Teller fort: Hier präsentiert Detlef Schlegel eine geschmacklich und handwerklich exzellente Menüfolge (auch als vegetarische Variante), wobei die erstklassige Qualität der Produkte natürlich völlig außer Frage steht! Nicht zu vergessen: der charmante und geschulte Service unter der Leitung von Gastgeberin Petra Schlegel.

Campus
www.michaelis-leipzig.de

Schösschenweg 2, PLZ 04155 (OT: Gohlis-Süd), **T 0341 56296750**
34 | Hauptgericht 10–26 € | Mo-Fr Sa, So

Nettes Bistrorant auf dem Mediencampus Villa Ida mit ungezwungener Atmosphäre. Große Glasfronten, dunkles Holz und helles Leder sorgen für ein stylishes Ambiente. Überwiegend junges Publikum. Serviert wird ambitionierte Frischeküche zu recht zivilen Preisen. Hübsche Sommerterrasse.

Kuultivo Neu!
www.kuultivo.com

VARTA-TIPP Küche

Könneritzstraße 24, PLZ 04229 (OT: Schleußig), **T 0341 24884161**
30 | Menü ab 75 € | Mi-Sa Mo, Di, So

Die perfekte Adresse für unkonventionelle Feinschmecker, die das zwanglose Gourmeterlebnis suchen. Schlichte Holztische mit direktem Blick zur offenen Küche sorgen für eine lockere und ungezwungene Atmosphäre. Chefkoch Klaus Schunack überzeugt mit raffiniertem, kompromisslosem Handwerk. Seine Speisen sind geradlinig und ehrlich, basieren auf hochwertigen Zutaten (meist von lokalen Produzenten) und werden zu einem fairen Preis-Leistungsverhältnis angeboten. Serviert wird ein fixes 4-Gang-Menü, das man auf Wunsch auch als vegetarische Variante bestellen kann.

Schon probiert?
Der Varta-Führer ist auch als eBook für Ihren TabletPC oder Ihr Smartphone verfügbar!

Max Enk
www.max-enk.de

Neumarkt 9-19 (B3), PLZ 04109, **T 0341 99997638**
64 | Hauptgericht 24–60 €, Menü 60–84 € | Mo-Sa So

Das schlicht und kunstvoll gestaltete Lichthofrestaurant im historischen Speisesaal des Städtischen Kaufhauses serviert schmackhafte internationale Speisen, z.B. „Kross gebratenes Zanderfilet mit gerösteter Blutwurst auf Koriander-Rahm-Sauerkraut und Petersilienkartoffeln“. Mittags interessanter Lunch zu günstigem Preis.

Drogerie
www.drogerie-leipzig.net

Schillerweg 36 (Eingang Menckestraße), PLZ 04155 (OT: Gohlis), **T 0341 22286466**
50 | Menü 50–70 € | Mo-Sa So

Sympathisches kleines Lokal in einem hübsch sanierten Gebäude aus dem frühen 19. Jhd. Gekocht wird klassisch mit internationalen Einflüssen. Wie wäre es z.B. mit „Filet vom Black Angus und Wildgarnele | Spitzkohl | Schmortomate | Polentataler“? Dazu gibt es regionale und internationale Weine.

Planerts Restaurant
www.planerts.com

Ritterstraße 23 (B2), PLZ 04109, **T 0341 99999975**
32 | Hauptgericht 20–36 € | Do-Sa Di-Sa Mo, So

Das Restaurant im angesagten Industrie-Schick hat man in den historischen Gebäudekomplex „Oelßner's Hof“ integriert. Es dominieren Holz und Grautöne, die Tische und Stühle kommen im stylishen Retrolook daher. Serviert wird eine kreative internationale Küche.

Schaarschmidts
www.schaarschmidts.de

Coppistraße 32, PLZ 04157 (OT: Gohlis), **T 0341 9120517**
60 | Hauptgericht 18–29 €, Menü 30–75 € | Mo-Sa

Leipzigs „Gute Stube“ ist schon längst kein Geheimtipp mehr. Hier fühlt man sich ein wenig wie in einem heimeligen Wohnzimmer. Auf der Karte finden sich sächsische Klassiker, aber auch Gerichte aus der internationalen Küche. Gutes Weinangebot.

FALCO Bar & Lounge
www.falco-leipzig.de

Gerberstraße 15 (B2, im Hotel The Westin), PLZ 04105, **T 0341 9882727**
45 | Di-Sa Mo, So

In fast schwindelerregender Höhe werden Sie mit einem grandiosen Blick auf die Leipziger City belohnt. Ob vor oder nach dem Besuch des mehrfach ausgezeichneten Gourmetrestaurants - ein Besuch lohnt sich auf jeden Fall. Die charmanten Barkeeper kredenzen hochwertige Spirituosen, edle Weine und leckere Cocktails.

LEIWEN 49 A www.leiwen.de

Rheinland-Pfalz | EW 1.560 | 129 m | Bernkastel-Kues 29 km, Trier 40 km

vierzehn85 www.vierzehn85.de

Euchariusstraße 10-12, PLZ 54340, **T 06507 9393901**
40 | Hauptgericht 32–35 €, Menü 59–70 € | Mo, Do-So Di, Mi

Hier speisen Sie in einem der schönsten und ältesten Häuser an der Mittelmosel, das mit viel Liebe zum Detail renoviert wurde. Die Atmosphäre: sympathisch, freundlich, ungezwungen. Die Karte ist überschaubar. Gekocht wird frisch, schmackhaft und im Rhythmus der Natur. Lust auf „Filet vom Stör | grüner Tee | Erdnuss | Kopfsalat | Fenchel"? Wer länger bleiben möchte: Es gibt auch zwei hübsche Gästezimmer.

LENGERICH 21 C www.lengerich.de

Nordrhein-Westfalen | EW 23.227 | 80 m | Osnabrück 17 km, Münster (Westfalen) 39 km

Hinterding www.hinterding-lengerich.de

Bahnhofstraße 72, PLZ 49525, **T 05481 94240**
45 | Hauptgericht 26–49 €, Menü 69–79 € | So Mi-So Mo, Di

Großzügig ausgestattete, restaurierte Stadtvilla aus dem Jahre 1904. Man bietet eine klassisch französische Küche sowie ausgesuchte Weine mit Schwerpunkt Deutschland, Italien und Spanien. Fünf wohnlich eingerichtete Gästezimmer vorhanden.

LENGGRIES 68 A www.lenggries.de

Bayern | EW 9.771 | 679 m | Bad Tölz 9 km, München 60 km

Schweizer Wirt(in) www.schweizer-wirt.de

Schlegldorf 83, PLZ 83661 (OT: Schlegldorf), **T 08042 8902**
80 | Hauptgericht 15–35 €, Menü 35–80 € | Mi-So Mo, Di

Ein wenig oberhalb der Straße, direkt am Höhenweg von Bad Tölz nach Lenggries, liegt das alte, hübsch renovierte Gasthaus. Hier erwarten Sie eine urgemütliche Gaststube, eine hübsch begrünte Sonnenterrasse sowie ein schattiger Biergarten. Die Chefin kocht selbst! Serviert werden überwiegend traditionell-bayerische Gerichte unter Verwendung regionaler Produkte.

LENZKIRCH 64 B www.hochschwarzwald.de

Baden-Württemberg | EW 5.074 | 808 m | Titisee-Neustadt 11 km, Bonndorf 16 km

Saigerhöh www.saigerhoeh.de

★★★★ S garni

Saigerhöh 8-10, PLZ 79853 (OT: Saig), **T 07653 6850,** F 741
95 Zimmer | 15 Suiten | Ez ab 140 €, Dz ab 240 €, inkl. Frühstück

Idyllisch auf einem 1.055 m hohen Plateau gelegen. Gemütliche Lobby mit Bar und Kamin. Nette Landhauszimmer (fast ausschließlich mit Balkon). Einladender Wellnessbereich mit Infinitypool, zwei Saunen und Dampfbad. Panoramarestaurant im reizvollen Schwarzwaldstil mit jahreszeitlich orientierter internationaler Küche.

Ochsen
www.ochsen-saig.de

★★★ S garni

Dorfplatz 1, PLZ 79853 (OT: Saig), **T 07653 90010,** F 900170
35 Zimmer | Ez 94–106 €, Dz 168–208 €, inkl. Frühstück

Familiengeführtes Haus mit urig-gediegenem Ambiente und typisch Schwarzwälder Gastlichkeit. Fragen Sie nach den großzügigen Zimmern mit Südbalkon. Kleiner Wellnessbereich mit Hallenbad, finnischer Sauna und Dampfbad. Traditionelles Restaurant mit badischer Frischeküche.

LICH 41 B
www.lich.de

Hessen | EW 13.356 | 171 m | Gießen 14 km, Bad Nauheim 28 km

Zum Heiligen Stein
www.zum-heiligen-stein.de

Kirchberg 1A, PLZ 35423 (OT: Muschenheim), **T 06404 6680908**
45 | Hauptgericht 28–38 €, Menü 59–95 € | So Do-So Mo, Di, Mi

Liebhaber einer ländlichen, naturbelassenen Küche werden diese Adresse mögen. Frisch, saisonal und ohne Schnörkel - so kocht man in diesem sympathischen Restaurant. Dabei werden fast ausschließlich heimische Produkte verarbeitet. Spezialität: Lamm aus eigener Zucht. An Wochenenden gibt es eine reichhaltige Auswahl selbstgebackener Kuchen. Die Atmosphäre ist gemütlich, der Service freundlich.

LICHTENAU 45 B
www.gemeinde-lichtenau.de

Sachsen | EW 8.020 | 349 m | Chemnitz 12 km, Freiberg (Sachsen) 29 km

Hotel am Sonnenlandpark
www.hotel-am-sonnenlandpark.de

Zum Sonnenlandpark 3, PLZ 09244, **T 037208 28790**
54 Zimmer | Ez 70–110 €, Dz 100–140 €, inkl. Frühstück

Eine gute Übernachtungsmöglichkeit für Familien, die den gleichnamigen Freizeit- und Erlebnispark besuchen möchten, ist dieses 2022 eröffnete Hotel. Das inhabergeführte Haus bietet moderne, komfortable Zimmer, die mit natürlichen Materialien ausgestattet sind. Großzügiger Lobby- und Frühstücksbereich nebst Terrasse mit direktem Blick auf das Rothirschgehege des Sonnenlandparks. Gute Verkehrsanbindung an die A4.

LICHTENBERG 44 D
www.stadt-lichtenberg.de

Bayern | EW 1.120 | 564 m | Naila 7 km, Lobenstein 10 km

Harmonie
www.harmonie-lichtenberg.de

VARTA-TIPP Küche

Schlossberg 2, PLZ 95192, **T 09288 246**
60 | Hauptgericht 22–50 €, Menü 48–55 € | So Mi-Sa Mo, Di

Die Geschichte dieses hist. Gasthofs geht bis in das Jahr 1823 zurück. In gemütlichen, holzvertäfelten Gaststuben verwöhnt Sie Iris Mayer mit einer frischen, regional und mediterran beeinflussten Küche. Dabei verwendet sie fast ausschließlich biologisch angebaute, hochwertige Produkte. Die Preise sind fair, die Atmosphäre angenehm locker und familiär.

LICHTENSTEIN 58 C www.gemeinde-lichtenstein.de

Baden-Württemberg | EW 9.200 | 507 m | Reutlingen 10 km, Tübingen 20 km

Forellenhof Rössle www.forellenhof-roessle.de

Heerstraße 20, PLZ 72805 (OT: Honau), **T 07129 92970,** F 929750
32 Zimmer | 3 Suiten | 1 Apartment | Ez ab 83 €, Dz ab 112 €, inkl. Frühstück

Traditionshotel - seit über 200 Jahren in Familienbesitz. Wohnliche Gästezimmer in unterschiedlichen Kategorien. Die Wellnessburg auf dem Dach bietet entspannende Bäder, vitalisierende Anwendungen und schweißtreibende Saunagänge. Das Restaurant ist bekannt für seine Forellen aus eigener Zucht.

LICHTENSTEIN 45 B www.lichtenstein-sachsen.de

Sachsen | EW 12.817 | 305 m | Glauchau 13 km, Zwickau 14 km

Schönburger Palais www.schoenburger-palais.de

Schlossberg 19, PLZ 09350, **T 037204 601010**
Hauptgericht 17–29 €, Menü 34–45 € | So Mi-So Mo, Di

Ein wirklich charmantes Anwesen ist dieses 1706/07 erbaute Palais unterhalb der Schlossanlage. Im historischen Kreuzgewölbe, dem Salon und der Rauchfangküche können Sie Schmackhaftes aus der deutschen und internationalen Küche genießen. Erlesene Weinauswahl, u.a. sächsische Weine aus der Region Meißen. Hübsche Terrasse im historischen Innenhof.

LIEBENZELL, BAD 57 B www.bad-liebenzell.de

Baden-Württemberg | EW 8.779 | 320 m | Calw 7 km, Pforzheim 19 km

Hirsch www.hirsch-genusshandwerk.de

Monbachstraße 47, PLZ 75378 (OT: Monakam), **T 07052 2367**
35 | Hauptgericht 15–35 €, Menü 73–99 € | Sa Mo, Fr-So Di, Mi, Do

Das Gasthaus blickt auf eine jahrzehntelange Familientradition zurück. Junior Andreas Sondej kocht frisch und ambitioniert. Auf der Karte stehen solch raffinierte Gerichte wie „Rücken vom Rehbock | wilder Brokkoli | gepfefferte Aprikosen | geräuchter Lardo | Lorbeerschaum". Spezialität: Hausgemachte Obstbrände und Liköre.

LIESER 49 A www.lieser-mosel.de

Rheinland-Pfalz | EW 1.221 | 140 m | Bernkastel-Kues 6 km, Wittlich 15 km

Schloss Lieser www.schlosslieser.de

VARTA-TIPP Ambiente

Moselstraße 33, PLZ 54470, **T 06531 986990**
50 Zimmer | Ez 149–329 €, Dz 149–329 €

Das historische Schloss aus dem 19. Jahrhundert - einst private Residenz des erfolgreichen Unternehmers Eduard Puricelli - hat man wunderschön restauriert und in ein Luxushotel umgewandelt. Die eleganten und exquisit gestalteten Gästezimmer bieten wahlweise Blick auf die Mosel oder auf die umliegenden Weinberge. Der SPA- und Wellnessbereich umfasst einen Fitnessraum, Innenpool, Saunen und Massageräume. Ihren Nachmittagstee können Sie in der hauseigenen Bibliothek genießen.

Puricelli Neu!

Hauptgericht 19–31 € | Mo-So

Eine zurückhaltend verzierte Gewölbedecke, Kristallleuchter, edle Holzvertäfelung, antikes Mobiliar... Hier herrscht eine gemütliche und zugleich elegant-stilvolle Atmosphäre, die der niveauvollen Küche bestens zu Gesicht steht. Die Speisekarte ist übersichtlich, dafür ist das Angebot an erlesenen Weinen vielfältig. Zur Schlossgastronomie gehören noch das Restaurant Orangerie, eine Hotelbar sowie eine großzügige Sonnenterrasse.

Weinhaus Stettler www.top-wein.com

€ Gut & Günstig

Moselstraße 41, PLZ 54470, **T 06531 7550,** F 7325
15 Zimmer | 24 h

Das gepflegte kleine Hotel und Weinhaus am Moselufer steht unter familiärer Führung und beherbergt behagliche Gästezimmer zu maßvollen Preisen. Natürlich können Sie auch feine Tropfen vom hauseigenen Weingut kaufen.

Wiegt weniger ist aber genauso gut:
Der Varta-Führer ist auch als eBook für Ihren TabletPC oder Ihr Smartphone verfügbar!

LIMBACH-OBERFROHNA 45 B www.limbach-oberfrohna.de

Sachsen | EW 24.257 | 349 m | Chemnitz 15 km, Gera 64 km

Ratsstube Neu! ratsstube-restaurant.de

Rathausplatz 1, PLZ 09212, **T 03722 92480**
20 | Menü 75–120 € | Mi-Sa Mo, Di, So

Ein schöner 2-Mann-Betrieb (korrekt gesagt: Mann-Frau-Betrieb): Ronny und Antje Peters sind ein eingespieltes Team und bieten Ihnen in ihrem schönen Restaurant in einem Seitenflügel des Rathauses eine moderne regionale Küche, die sich stets am saisonalen Frischeangebot orientiert. Während am Abend ein innovatives Menü serviert wird, gibt es am Mittag wechselnde „Take-Away-Gerichte" zum Mitnehmen. Im Sommer sitzt man sehr nett auf der kleinen Terrasse auf der Rückseite des Gebäudes.

LIMBURG 41 C www.limburg.de

Hessen | EW 35.492 | 122 m | Weilburg 23 km, Wiesbaden 40 km

Dom Hotel www.domhotellimburg.de

★★★★ garni

Grabenstraße 57, PLZ 65549, **T 06431 9010,** F 6856
48 Zimmer | 24 h

Das traditionsreiche Hotel mit seiner klassizistischen Fassade liegt schön verkehrsberuhigt am Rande der malerischen Altstadt. Die Zimmer sind wohnlich und individuell eingerichtet. Man verfügt auch über Seminarräume für Tagungen und Firmenevents.

Restaurant 360° www.restaurant360grad.de

VARTA-TIPP Küche

Bahnhofsplatz 1a, PLZ 65549, **T 06431 2113360**
30 | Menü 125–175 € | Mi-Sa ⃠ Mo, Di, So ⃠ 1.–14.1.24

Helles, durchgängig verglastes Restaurant mit minimalistisch-modernem Ambiente und herrlichem Rundumblick auf die Stadt. Chef de Cuisine Alexander Hohlwein arbeitet mit einer erstaunlichen Konstanz auf kulinarischem Topniveau, ohne dass jemals etwas routiniert wirkt. Er steht für eine geschmacksintensive Aromenküche, die sich nach allen Richtungen offen zeigt - von regional bis international. Gastgeberin und Sommelière Rebekka Weickert hat dazu die passenden Weinempfehlungen. Tipp: Mittwoch- bis Samstagmittag schneller Business Lunch.

Black Cow www.black-cow.de

Bahnhofsplatz 2c (Zugang über Haupteingänge der WERKStadt), PLZ 65549,
T 06431 2113374
80 | Hauptgericht 18–50 € | Di-Sa ⃠ Mo, So

Ein Mix aus Weinhaus und Steakmanufaktur - integriert in das Einkaufs- und Erlebniscenter WERKStadt Limburg. Die Speisekarte bietet erstklassige Steakcuts sowie frische Fischspezialitäten. Dazu kredenzt der freundliche, ungezwungene Service erlesene Weine aus aller Welt. Mittags kann man im Lunchrestaurant & Bistro „Little Cow" speisen (Di-Sa 12:00-14:30 Uhr).

LINDAU (BODENSEE) 66 A www.lindau.de

Bayern | EW 24.681 | 401 m | Bregenz 8 km, Friedrichshafen 21 km

Bad Schachen www.badschachen.de

★★★★★S garni

Bad Schachen 1, PLZ 88131 (OT: Bad Schachen), **T 08382 2980,** F 25390
129 Zimmer | 20 Suiten | Ez 132–189 €, Dz 208–294 €, inkl. Frühstück | 24 h

Das altehrwürdige und nostalgisch anmutende Grandhotel ist bereits seit 1752 in Familienbesitz. Wohnlich eingerichtete Zimmer, ein schöner SPA-Bereich und die wunderbare Lage am Ufer des Bodensees sind die Vorzüge des Hauses. Im Restaurant und auf der Seeterrasse werden regionale und internationale Köstlichkeiten aufgetischt.

Bayerischer Hof
www.bayerischerhof-lindau.de

★★★★★ garni

Bahnhofplatz 2, PLZ 88131 (OT: Auf der Insel / Seepromenade), **T 08382 9150,** F 915591
101 Zimmer | 3 Suiten | Ez ab 168 €, Dz ab 237 €, inkl. Frühstück | 24 h

Das familiengeführte Haus mit 150-jähriger Tradition liegt direkt an der Lindauer Seepromenade. Großzügig und individuell gestaltete Nichtraucherzimmer, teilweise mit Balkon und tollem Blick über den Bodensee. Für Entspannung sorgt der Wellnessbereich mit Indoor- und Outdoorpool. Das elegant und stilvoll eingerichtete Restaurant mit Gartenterrasse serviert regionale und internationale Spezialitäten.

Lindauer Hof
www.lindauerhof.de

★★★★ garni

An der Seepromenade/ Dammgasse 2, PLZ 88131 (OT: Auf der Insel), **T 08382 4064,**
F 24203
36 Zimmer | 4 Suiten, Dz ab 154 €, inkl. Frühstück

Ein persönlich geführtes Nichtraucherhotel mit Tradition und familiärer Atmosphäre. Schöne Lage direkt an der Lindauer Hafeneinfahrt. Hier erwarten Sie wohnlich und ansprechend eingerichtete Deluxezimmer, teils mit Seeblick. Neu renovierte Zimmer und Suiten sowie Tagungsräume im angrenzenden Kornspeicher.

Lindauer Hof

90 | Hauptgericht 15–37 € | Mo, Do-So Di, Mi

Lichtdurchflutetes Wintergartenrestaurant mit Panoramaterrasse und herrlicher Aussicht auf den Lindauer Hafen. Die Karte bietet regionale und internationale Spezialitäten. Besonders beliebt sind Gerichte mit frischen Bodenseefischen.

Alte Schule Lindau
www.hotelalteschule-lindau.de

VARTA-TIPP Service

garni

Alter Schulplatz 2, PLZ 88131, **T 08382 9114444**
15 Zimmer | 2 Suiten | Ez 88–108 €, Dz 134–235 €, 15,00 €

Wirklich beeindruckend, was man aus dem denkmalgeschützten Gebäude in der Altstadt gemacht hat! Viele historische Elemente, z.B. die steinernen Säulen aus dem 16. Jhd. oder die „Lindauer Decke“ - eine leichte gewölbte Holzbalkendecke, die in vielen Räumen erhalten und frisch restauriert wurde. Für den regionalen Bezug sorgen die Materialien der farbenfroh eingerichteten Themenzimmer ebenso wie die frischen heimischen Produkte zum Frühstück.

Boutique-Hotel Adara
www.adara-lindau.de

VARTA-TIPP Ambiente

garni

Alter Schulplatz 1, PLZ 88131, **T 08382 943500,** F 9435050
16 Zimmer | 2 Suiten | Ez ab 130 €, Dz ab 160 €, inkl. Frühstück ››

Als individuelles Schmuckkästchen präsentiert sich dieses kleine elegante Boutique-Hotel am Alten Schulplatz. Sehr geschmackvoll und mit viel Liebe zum Detail hat man das verwinkelte mittelalterliche Gebäude renoviert. Die Zimmer und Suiten überzeugen durch das besondere Flair eines sehr alten Hauses in Verbindung mit modernem Wohnkomfort. Das Zentrum und die Lindauer Hafeneinfahrt sind übrigens nur wenige Gehminuten entfernt.

KARRisma

Menü 110–135 € | Di-Sa Mo, So

Wie das Hotel erfreut sich auch das Restaurant großer Beliebtheit. Zahlreiche Wandspiegel, Kupferlampen und moderne Einrichtungselemente prägen das Ambiente. Geboten wird ein wechselndes Menü, das wahlweise in vier oder sechs Gängen zu haben ist. Im Sommer wird auch auf der hübschen Terrasse serviert.

Seereich — www.seereich.de

★★★ S garni

Bregenzer Straße 16/18, PLZ 88131, **T 08382 3736,** F 26213
32 Zimmer | 1 Suite | Ez 89–129 €, Dz 130–205 €, inkl. Frühstück

Die Verwandlung der einstigen Pension Sommerland in ein zeitgemäßes Boutique-Hotel ist gelungen. Alles ist wertig und schick. Die Zimmer sind wohnlich und liebevoll eingerichtet und verfügen größtenteils über einen Balkon oder eine Terrasse. Morgens erwartet den Gast ein reichhaltiges Frühstücksbuffet.

VILLINO — www.villino.de

VARTA★TIPP Service

Mittenbuch 6, PLZ 88131, **T 08382 93450,** F 934512
21 Zimmer | 6 Suiten | 8 Apartments | Ez 120–300 €, Dz 180–320 €, inkl. Frühstück | 20.–25.12.23, 7.–31.1.24

Eingebettet in eine märchenhaft schöne Gartenanlage empfängt Sie das vorbildlich geführte Hotel hoch oben auf dem Hoyerberg. Die wohnlichen und mit viel Liebe zum Detail eingerichteten Landhauszimmer versprühen südländischen Charme. Für Entspannung sorgt eine 400 qm große Wellness- und Beauty-Oase. Last but not least: Morgens werden Sie mit einem tollen Frühstück verwöhnt.

VILLINO

VARTA-TIPP Küche **VARTA-TIPP** Service

50 | Hauptgericht 48–58 €, Menü 126–174 € | Di-Sa Mo, So 20.–25.12.23, 7.–31.1.24

Erlesenes Porzellan, edle Stoffe, liebevoll dekorierte Tische. In diesem stilvollen Rahmen können Sie die exzellenten Speisen von Toni Neumann genießen. Was er auf die Teller zaubert, ist nicht „von der Stange“: Das Geschick und die Leichtigkeit, mit der aus besten Produkten, klassischer Zubereitung und mit mediterranen sowie euro-asiatischen Einflüssen raffinierte Speisen entstehen, sind wahrhaft beeindruckend. Der gut bestückte Weinkeller hält Überraschendes und Exquisites bereit. Herzlicher Service mit viel Leidenschaft und Feingefühl für individuelle Gästewünsche.

YachtHotel Helvetia — www.hotel-helvetia.com

Seepromenade, PLZ 88131 (OT: Auf der Insel), **T 08382 9130,** F 4004
43 Zimmer | 7 Suiten

Das Wellness- und Tagungsdomizil liegt am Lindauer Hafen und verfügt über wohnliche Zimmer mit alpenländischem Charme sowie exklusiv ausgestattete Themensuiten, teils mit eigener Sonnenterrasse. Im stylishen Restaurant „La Mommerie" werden frische Fischgerichte und ausgesuchte Bodenseeweine angeboten.

Restaurant Valentin — www.valentin-lindau.de

VARTA-TIPP Küche

In der Grub 28a, PLZ 88131, **T 08382 5043740**
28 | Hauptgericht 27–35 €, Menü 90–140 € | Di-Sa Mo, So

Ausgesprochen gut speisen Sie in dem mit viel Weiß aufgehellten Gewölbekeller im Herzen der Altstadt. Die Küche ist frisch, innovativ und modern. Die aus guten Bioprodukten zubereiteten Gerichte gibt es à la carte oder als Fine-Dining-Menü (bis 7 Gänge). Dazu sorgt sich ein freundliches Team um das Wohlergehen der Gäste. Ein schönes Plätzchen im Sommer ist die lauschige Terrasse im Hof.

Alte Post — www.alte-post-lindau.de

Fischergasse 3, PLZ 88131 (OT: Auf der Insel), **T 08382 93460**
80 | Hauptgericht 16–29 € | Di-So Mo

Liebenswürdige Adresse mit herzlicher Gastfreundschaft. Hier isst man regional, saisonal und biologisch. Ob Steirischer Backhendl-Salat, Wiener Schnitzel vom Kalbsrücken oder schwäbische Maultaschen – wir können so ziemlich alles empfehlen! Übernachten können Sie in einem der zeitgemäß ausgestatteten Zimmer.

Eil.Gut.Halle — www.eilguthalle.li

Schützingerweg 2, PLZ 88131, **T 08382 9111229**
Hauptgericht 22–39 € | Mi-So Mo, Di

Tages- und Eventgastronomie in direkter Seelage am Lindauer Hafen. Frische Zutaten von heimischen Produzenten und Lieferanten sind die Grundlage der regionalen und internationalen Gerichte, die hier serviert werden. Sehr zu empfehlen sind die Fleisch- und Fischspezialitäten vom Jospergrill.

LINDENBERG I. ALLGÄU 66 A — www.lindenberg.de

Bayern | EW 11.148 | 764 m | Wangen 14 km, Lindau (Bodensee) 24 km

Waldsee — www.hotel-waldsee.de

★★★ S garni

Austraße 41, PLZ 88161, **T 08381 92610,** F 926144
17 Zimmer | 1 Suite | Ez ab 77 €, Dz ab 116 €, inkl. Frühstück

Ausgesprochen idyllisch liegt dieses charmante kleine Hotel inmitten einer herrlichen Naturkulisse. Die Zimmer sind individuell im romantischen Stil eingerichtet. Wohlfühlatmosphäre bietet das Restaurant „Bacalau" mit Seeblick. Hier gibt es fangfrischen Fisch und saisonale Spezialitäten.

LINGEN (EMS) 20 B — www.lingen.de

Niedersachsen | EW 55.000 | 23 m | Meppen 20 km, Nordhorn 20 km

Looken Inn www.looken-inn.de

★★★★

Bernd-Rosemeyer-Straße 21, PLZ 49808, **T 0591 807300,** F 80730499
99 Zimmer | Ez ab 109 €, Dz ab 129 € | 24 h

Historisch angehaucht und stylish zugleich präsentiert sich dieses zeitgemäße Businesshotel im Herzen der Stadt. Die Zimmer überzeugen durch ihren gelungenen Mix aus moderner Linienführung, hellen Farben und freundlichen Details. Die beiden Restaurants servieren Steakspezialitäten sowie italienische Küche.

Zum Märchenwald www.hotel-zum-maerchenwald.de

€ Gut & Günstig ★★★

Vennestraße 25, PLZ 49809, **T 0591 912840,** F 9128450
48 Zimmer

Ein traditioneller Familienbetrieb mit gepflegten Gästezimmern. Zum Hotel gehören ein Wintergarten (Restaurant mit regionaler Küche), eine Lounge, eine Sonnenterrasse, eine urige Kneipe sowie ein gemütliches Kaminzimmer.

LINSENGERICHT 42 C www.linsengericht.de

Hessen | EW 9.891 | 145 m | Gelnhausen 2 km, Hanau 22 km

Der Löwe www.derloewe.com

Dorfstraße 20, PLZ 63589 (OT: Eidengesäß), **T 06051 71343**
70 | Hauptgericht 21–34 €, Menü 48–69 € | Sa-So Mi-So Mo, Di

Inhabergeführtes Haus mit gemütlichen Gaststuben im rustikalen Stil, das auf eine über 120-jährige bewegte Vergangenheit zurückblicken kann. Der freundliche Service offeriert regionale Gerichte von sehr guter Qualität, z.B. „Frischer Lammrücken mit Schafskäse überbacken, Limetten-Knoblauchsoße, Bohnengemüse und Béchamelkartoffeln".

LINTHE 26 C www.amt-brueck.de

Brandenburg | EW 873 | 50 m | Luckenwalde 38 km, Potsdam 41 km

Linther Hof www.linther-hof.de

★★★★

Chausseestraße 20, PLZ 14822, **T 033844 7670,** F 76722
35 Zimmer | 1 Suite | Ez 95–125 €, Dz 140–185 €, inkl. Frühstück | 24 h

Einstiger Vierseithof am Rande des Naturparks Hoher Fläming mit individuellem Design. Warme Farben, komfortable Boxspringbetten und exklusive Einrichtung zeichnen die wohnlichen Zimmer aus. Für Entspannung sorgt eine finnische Sauna mit Panoramafenster. Moderne deutsche und saisonale Küche wird im Restaurant mit begrüntem Hofgarten serviert.

LIPPSPRINGE, BAD 31 A www.bad-lippspringe.de

Nordrhein-Westfalen | EW 15.203 | 140 m | Paderborn 9 km, Detmold 18 km

Park Hotel & Spa www.parkhotel-lippspringe.de

★★★★ S

Peter-Hartmann-Allee 4, PLZ 33175, **T 05252 9630,** F 963111
135 Zimmer | 8 Suiten | 24 h

Wellness- und Urlaubshotel mit modernen Zimmern und Juniorsuiten. Idyllische Gartenanlage mit Naturschwimmteich und Liegewiese. Im eleganten Restaurant „karl" direkt am Kaiser-Karls-Park wird regionale Küche mit mediterranen Einflüssen serviert.

LIPPSTADT 30 B www.lippstadt.de

Nordrhein-Westfalen | EW 70.885 | 75 m | Rheda-Wiedenbrück 19 km, Paderborn 33 km

Fellini www.fellini-lippstadt.de

Cappelstraße 44a, PLZ 59555, **T 02941 924150**
38 | Hauptgericht 14–37 € | Di-Sa Mo, So

In einem schmucken Fachwerkhaus direkt im Altstadtkern befindet sich dieses italienische Ristorante. Hier trifft historisches Fachwerk auf helles, modernes Design. Die wechselnde Speisekarte offeriert schmackhafte Gerichte unter Verwendung frischer saisonaler Produkte. Idyllische Terrasse im Hinterhof.

LÖBAU 37 C www.loebau.de

Sachsen | EW 15.531 | 263 m | Bautzen 19 km, Görlitz 21 km

Berg-Gasthof Honigbrunnen www.honigbrunnen.de

Löbauer Berg 4, PLZ 02708, **T 03585 4139130,** F 4139139
23 Zimmer | 2 Apartments | Ez 65–75 €, Dz 105–125 €, 10,00 € | 24.12.23

Das im schweizerischen Baustil sanierte Haus ist ein architektonisches Glanzstück in herrlicher Panoramalage. Das Hotel beherbergt geschmackvolle Gästezimmer und ein behagliches Restaurant mit großzügig angelegter Terrasse.

LOHMAR 40 A www.lohmar.de

Nordrhein-Westfalen | EW 29.679 | 64 m | Siegburg 4 km, Bonn 16 km

Schloss Auel www.schlossauel.de

Haus Auel 1, PLZ 53797 (OT: Wahlscheid), **T 02206 60030,** F 6003222
30 Zimmer | 8 Suiten | 1 Apartment | Ez 80–125 €, Dz 140–210 €, 15,00 €

Die romantische Wasserburg von 1391 ist heute ein komfortables Boutique-Hotel mit angeschlossenem 27-Loch-Golfplatz. Sie logieren in individuell und stilgerecht gestalteten Zimmern, die mit wertvollen Antiquitäten und erlesenen Stoffen ausgestattet sind. Modern und minimalistisch sind die Zimmer in der neuen Golflodge. Hist. Restauranträume mit schöner Schlossterrasse.

Gasthaus Scheiderhöhe www.gasthaus-scheiderhoehe.de

Scheiderhöher Straße 49, PLZ 53797, **T 02246 18892**
50 | Menü 69–97 € | So Do-So Mo, Di, Mi

Im behaglichen Fachwerkhaus mit Wintergarten und lauschigem Biergarten offeriert der Patron eine moderne Gasthausküche unter Verwendung nachhaltiger, regionaler Produkte. Auf der Speisekarte klingt das z.B. so: „In Butter gebratenes Bries vom Weidekalb | Erbsen à la parisienne | Kartoffelpüree | Morcheln | Madeirajus". Dazu gibt es frisch gezapftes Bier vom Fass oder einen heimischen Ahrwein.

LOHMEN 36 D www.lohmen-sachsen.de

Sachsen | EW 3.200 | 204 m | Pirna 7 km, Sebnitz 10 km

Berghotel Bastei www.berghotel-bastei.de

★★★★ S garni

PLZ 01847, **T 035024 7790**
64 Zimmer | 1 Suite | Ez ab 90 €, Dz ab 126 €, inkl. Frühstück | 24 h

Das familiengeführte Haus befindet sich in einzigartiger Lage auf dem Bastei-Felsplateau mitten im Herzen des Nationalparks Sächsische Schweiz. Zeitgemäße Zimmer unterschiedlicher Größe mit Naturholzmöbeln. Großzügiger Wellnessbereich mit Panorama-Saunalandschaft. Panoramarestaurant mit regionaler und internationaler Küche.

LOHR 52 A www.lohr.de

Bayern | EW 16.000 | 161 m | Hammelburg 31 km, Aschaffenburg 38 km

Bundschuh www.hotelbundschuh.de

★★★ S garni

Am Kaibach 7, PLZ 97816, **T 09352 87610,** F 876139
38 Zimmer

Ruhiges, persönlich geführtes Haus mit familiärer Atmosphäre inmitten eines 4.000 qm großen Parks. Die individuell eingerichteten Zimmer verfügen teilweise über einen Balkon oder eine eigene Sonnenterrasse und sind mit maßgefertigten Möbeln aus Holz, Glas und Granit sowie exklusiven Stoffen ausgestattet. Morgens wartet ein reichhaltiges Frühstücksbuffet.

LONGUICH 49 A www.longuich-kirsch.de

Rheinland-Pfalz | EW 1.300 | 125 m | Trier 10 km, Wittlich 25 km

WeinKulturgut Longen-Schlöder www.longen-schloeder.de

S garni

Kirchenweg 9, PLZ 54340 (OT: Kirsch), **T 06502 8345,** F 95166
20 Zimmer | Ez 85–120 €, Dz 120–180 €, inkl. Frühstück

Das nahe am Ufer der Mosel gelegene, familiengeführte Hotel bietet helle, funktional eingerichtete Zimmer in Form von kleinen Winzerhäuschen und eine stimmungsvolle Vinothek. Hauseigener Weinberg, dessen Erzeugnisse vor Ort probiert und gekauft werden können.

LÖNINGEN 21 A www.loeningen.de

Niedersachsen | EW 12.932 | 22 m | Haselünne 23 km, Cloppenburg 25 km

Rüwe www.hotel-ruewe.de

★★★ S garni

Parkstraße 15, PLZ 49624, **T 05432 94200,** F 942011
11 Zimmer | Ez ab 85 €, Dz ab 108 €, inkl. Frühstück | 24 h

Kleines, privat geführtes Hotel in der Stadtmitte von Löningen. Wohnliche, sehr gepflegte Gästezimmer mit Balkon oder Terrasse. Restaurant mit regionaler Küche und Sommerterrasse.

LORCH 40 D www.lorch-rhein.de

Hessen | EW 3.800 | 80 m | Rüdesheim 13 km, St. Goarshausen 16 km

Hotel im Schulhaus
www.hotel-im-schulhaus.com

★★★ S garni

Schwalbacher Straße 41, PLZ 65391, **T 06726 807160,** F 807162222
44 Zimmer | 1 Suite | Ez 80–150 €, Dz 105–170 €, inkl. Frühstück

Wie der Name bereits verrät, wohnen Sie hier in einer ehemaligen Schule, die zu einem Hotel umgebaut wurde. Neuzeitlich eingerichtete Gästezimmer - wahlweise mit Blick auf den Rhein, die Burgruine Nollig oder ins wildromantische Wispertal. Großer Frühstücksraum im Wintergarten. Auch Wanderer und Radfahrer sind willkommen.

Jetzt abonnieren: instagram.com/vartaguide

LÖRRACH 64 A
www.loerrach.de

Baden-Württemberg | EW 48.307 | 294 m | Basel (Schweiz) 10 km, Zürich (Schweiz) 83 km

Hotel Stadt Lörrach
www.hotel-stadt-loerrach.com

Belchenstraße 19a, PLZ 79539, **T 07621 592040,** F 5924111
223 Zimmer | 32 Suiten | 45 Apartments

In dem imposanten Hotelturm nahe dem Hauptbahnhof erwarten Sie modern eingerichtete Zimmer mit klaren Linien und dezenten Farben. Netter Sauna- und Fitnessbereich in der 20. Etage mit tollem Panoramablick über die Dächer der Stadt. Im Restaurant „Hebel“ serviert man eine frische Crossover-Küche sowie regionale Spezialitäten.

Drei König
www.wio-group.de/drei-koenig

Basler Straße 169, PLZ 79539, **T 07621 5504790**
17 Zimmer

In der Lörracher Fußgängerzone direkt am Marktplatz erwartet Sie dieses Hotel mit seinen neuzeitlich eingerichteten Zimmern. Rezeption und Frühstücksbereich im 2. Obergeschoss. Gutes Frühstück.

Villa Elben
www.villa-elben.de

★★★ S garni

Hünerbergweg 26, PLZ 79539, **T 07621 577080,** F 5770877
34 Zimmer | Ez ab 87 €, Dz ab 121 €, Frühstück 11,00 €

Seit über 60 Jahren familiengeführte Jugendstilvilla mit modernem Anbau inmitten eines ruhigen Parks mit Sicht auf Lörrach und Basel. Elegante Zimmer mit eigenem Balkon und kostenfreiem WLAN. Herrliche Dachterrasse mit großer Chill-Out-Lounge und eigener Bar.

Villa Feer
www.villa-feer.com

Beim Haagensteg 1, PLZ 79541 (OT: Brombach), **T 07621 5791077**
Hauptgericht 30–35 € | Do-So, Ruhetage Mo, Di, Mi

Lust auf sorgfältig gekochte, leichte internationale Küche? Dann wird es Ihnen in diesem sympathischen Restaurant schmecken. Ein kleiner erster Eindruck: „Gebratenes Kalbsfilet unter der Senfkruste auf gerahmtem Kohlrabi mit Schupfnudeln und Kalbskopf-Vinaigrette“. Nachmittags gibt es eine Auswahl an hausgemachten Desserts sowie verschiedene Eis- und Sorbetsorten.

Wirtshaus Mättle
www.wio-group.de/maettle

VARTA-TIPP Küche

Freiburger Straße 314, PLZ 79539 (OT: Tumringen), **T 07621 5884300**
70 | Hauptgericht 16–32 € | Di-Fr Di-Sa Mo, So

Sie mögen es modern? Im geradlinig-schlichten Wirtshausambiente gibt es eine frische bodenständige Küche mit Bezug zur Saison, z.B. „Kalbskotelett Milanese mit Rucola, Parmesan und Tagliolini an Tomatensugo" oder „Medaillon vom bretonischen Seeteufel mit roter Paprika, Bouchon-Muscheln und Polenta". Mittags wird ein wöchentlich wechselndes Lunchmenü angeboten. Im UG befindet sich das „THEODOR", eine Mischung aus Restaurant und Bar (ideal für kleine Feierlichkeiten).

LOSHEIM AM SEE 49 A
www.losheim-saarschleifenland.de

Saarland | EW 15.821 | 300 m | Merzig 11 km, Wadern 14 km

Hochwälder Wohlfühlhotel
www.hochwaelder-wohlfuehlhotel.de

★★★★ S garni

Zum Stausee 192, PLZ 66679, **T 06872 96920,** F 9692200
62 Zimmer | 6 Suiten | Ez 92–99 €, Dz 139–149 €, inkl. Frühstück | 24 h

Dieses gepflegte Hotel bietet moderne, lichtdurchflutete Zimmer mit herrlicher Aussicht auf den See oder Blick zum Hochwald. Kleiner Wellnessbereich mit Saunawelt und verschiedenen Kosmetikangeboten. Im Restaurant werden saarländische Spezialitäten und hausgebrautes Bier serviert.

LOTTSTETTEN 65 A
www.lottstetten.de

Baden-Württemberg | EW 2.278 | 442 m | Schaffhausen (Schweiz) 11 km, Waldshut 36 km

Gasthof Zum Kranz
www.gasthof-zum-kranz.de

VARTA-TIPP Küche VARTA-TIPP Service

Dorfstraße 23, PLZ 79807 (OT: Nack), **T 07745 7302**
50 | Hauptgericht 32–49 €, Menü 45–99 € | Mo, Do-So Di, Mi

Gastgeber im „Kranz" sind Gerd Saremba und Manuela Fritz - echte Gastronomen aus Leidenschaft. Hinreißend schön renoviert, präsentiert sich der traditionsreiche Gasthof unweit der Schweizer Grenze heute als kulinarisches Kleinod der Extraklasse. Die modern-elegante Einrichtung und hist. Details verbinden sich zu einem charmanten und gemütlichen Ambiente. Der Patron bereitet seine ausgeklügelten Speisen aus Zutaten in kompromisslos guter Qualität. Dabei kombiniert er regionale Produkte mit Spezialitäten aus aller Welt. Ein zugewandter und sehr liebenswürdiger Service begleitet den Restaurantbesuch. Zum Übernachten hat man vier wohnliche Gästezimmer.

LÜBBEN (SPREEWALD) 27 C
www.luebben.de

Brandenburg | EW 14.144 | 50 m | Cottbus 53 km, Frankfurt/Oder 68 km

Strandhaus
www.strandhaus-spreewald.de

★★★★ S garni

Ernst-von-Houwald-Damm 16, PLZ 15907, **T 03546 7364,** F 226399
20 Zimmer | 4 Suiten | Ez 118–308 €, Dz 158–358 €, inkl. Frühstück

Das Haus ist ansprechend in behaglich-modernem Stil gehalten: klare Linien kombiniert mit warmen Farbtönen und viel Holz. Die geräumigen Nichtraucherzimmer verfügen entweder über einen Balkon oder eine Terrasse. Für Entspannung sorgt ein kleiner SPA-Bereich. Regionale und deutsche Küche wird im Restaurant serviert.

LÜBBENAU/SPREEWALD 36 B www.luebbenau-spreewald.com

Brandenburg | EW 16.086 | 52 m | Lübben 13 km, Cottbus 35 km

Schloss Lübbenau www.schloss-luebbenau.de

★★★★

Schlossbezirk 6, PLZ 03222, **T 03542 8730,** F 873666
62 Zimmer | 16 Suiten | 3 Apartments | Ez 100–140 €, Dz 120–180 €, inkl. Frühstück | 24 h

Ruhige Lage im Landschaftspark. Stilvolle, individuell gestaltete Gästezimmer, die sich auf das Schloss und den Marstall verteilen. Im Schlossrestaurant „Linari" mit schöner Schlossterrasse werden regionale und internationale Spezialitäten serviert.

Hotel Spreewelten www.spreewelten.de

★★★★

Alte Huttung 13, PLZ 03222, **T 03542 894160,** F 894166
60 Zimmer

Das Familien- und Themenhotel wurde im Stil eines Dreiseitenhofs mit Gutshaus und Speicher errichtet. Es bietet geräumige Zimmer und Apartments mit zeitgemäßem Komfort. Typische Blaudruckmotive des Spreewaldes ziehen sich durchs ganze Haus. Der Eintritt in das benachbarte Freizeitbad Spreewelten (über einen Bademantelgang erreichbar) ist für Hotelgäste kostenfrei.

Ebusch www.hotel-ebusch.de

★★★★ garni

Topfmarkt 4, PLZ 03222, **T 03542 3670,** F 2706
9 Zimmer

In dem denkmalgeschützten Gebäude direkt am Topfmarkt verbindet sich barockes Retro-Ambiente mit modernem technischen Komfort. Die extravaganten Zimmer sind unterschiedlich geschnitten und individuell nach Edelsteinfarben eingerichtet. Morgens erwartet Sie ein sehr gutes Frühstück mit frischen heimischen Produkten.

LÜBECK 16 A www.luebecker-verkehrsverein.de

Schleswig-Holstein | EW 209.818 | 13 m | Hamburg 65 km, Kiel 75 km
UNESCO-Weltkulturerbe: Mittelalterlicher Stadtkern mit Rathaus, Holstentor, Burgkloster, Jakobikirche, St.-Petri-Kirche (Aussichtsturm) und Heiligen-Geist-Hospital, Marienkirche, Buddenbrookhaus mit Barockfassade, Dom, St.-Annen-Museum und Kunsthalle, Günter-Grass-Haus, Museum für Puppentheater, Stadtteil Travemünde.
Einen Cityplan finden Sie auf Seite 706.

A-ROSA Travemünde www.a-rosa-resorts.de/reiseziele/travemuende.html

Außenallee 10, PLZ 23570 (OT: Travemünde), **T 04502 30700,** F 3070700
191 Zimmer | 39 Suiten | Ez 158–278 €, Dz 235–358 €, inkl. Frühstück | 24 h »

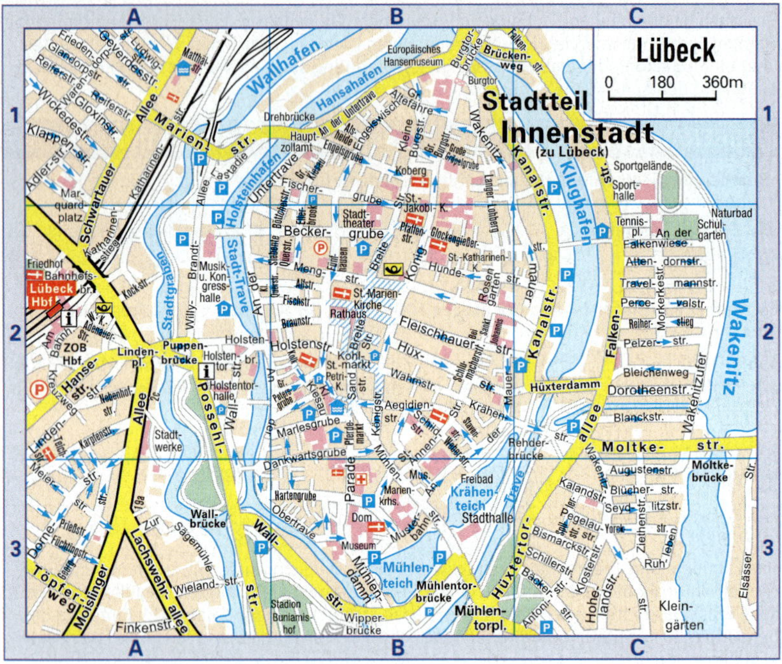

Das denkmalgeschützte ehem. Kurhaus und heutige Grandhotel gehört zweifellos zu den schönsten Wellnessdomizilen an der Ostsee. Die komfortabel ausgestatteten Gästezimmer (mit Blick auf das Meer oder die Dünen), das umfangreiche gastronomische Angebot sowie der 4.500 qm große SPA-Bereich lassen die Herzen von anspruchsvollen Feriengästen höher schlagen.

Atlantic Grand Hotel Travemünde www.atlantic-hotels.de

Kaiserallee 2, PLZ 23570 (OT: Travemünde), **T 04502 3080,** F 308500
83 Zimmer | Ez 159–269 €, Dz 199–469 €, inkl. Frühstück | 24 h

Direkt an der Strandpromenade empfängt Sie dieses modernisierte Traditionshaus, das 2023 um eine neue Dependance erweitert wurde. Es bietet stilvoll ausgestattete Zimmer und Suiten mit modernen Annehmlichkeiten. Das Schwimmbecken in der Wellnesswelt begeistert mit einer illuminierten Ostseepanoramaprojektion. Im Restaurant „Holstein's“ wird norddeutsche und internationale Küche serviert.

Atlantic www.atlantic-hotels.de/hotel-luebeck

★★★★

Schmiedestraße 9-15 (B2), PLZ 23552 (OT: Altstadt), **T 0451 384790,** F 38479500
135 Zimmer | Ez 139–239 €, Dz 169–269 €, inkl. Frühstück | 24 h

Business- und Stadthotel im Herzen der hist. Altstadt. Moderne Gästezimmer mit geschmackvollem Interieurdesign. Umfangreiches Tagungs- und Veranstaltungsangebot. Das Restaurant „SALIS“ serviert Fischgerichte und Steakspezialitäten vom Lavasteingrill.

Katerberg

www.hotel-katerberg.de

★★★★ garni

Bergstraße 6, PLZ 29439, **T 05841 97760,** F 977660
39 Zimmer | Ez 60–99 €, Dz 92–115 €, 12,00 €

Das moderne, sympathisch geführte Hotel ist sowohl für Businessgäste als auch für Freizeitreisende geeignet. Es liegt verkehrsgünstig an der B493/248. Sie logieren in geschmackvoll renovierten Zimmern in unterschiedlichen Kategorien. Dazu ein gutes Frühstück am Morgen. Wander- und Radwege in unmittelbarer Umgebung.

Field

VARTA-TIPP Service

25 | Menü 160 € | Mi-Sa Mo, Di, So

Freundlich, geradlinig und unkompliziert das Ambiente, frisch und mediterran die Küche. Dabei legt Chefkoch Salvatore Fontanazza größten Wert auf die Verwendung hochwertiger Produkte. Das Degustationsmenü (auf Wunsch mit passender Weinbegleitung) zeigt das ganze Spektrum seines Könnens. Vom Service werden Sie herzlich und aufmerksam umsorgt. Tipp: Der Chef's Table an einem hohen Holztisch im renovierten Barbereich gewährt einen exklusiven Einblick in die Küche.

Landgasthof Rieger

www.landgasthof-rieger.de

€ Gut & Günstig ★★★ garni

Dörpstroat 33, PLZ 29488 (OT: Dangenstorf), **T 05883 638,** F 1330
11 Zimmer | 1 Suite | 1 Apartment | Ez ab 53 €, Dz ab 75 €, ab 9,50 €

Familiär geführter, gemütlicher Gasthof in einem denkmalgeschützten Fachwerkhaus. Geräumige, preiswerte Zimmer im Landhausstil mit zweckmäßiger Ausstattung. Kleiner Wellnessbereich mit Sauna, Solarium, Fitnessraum und Liegewiese. Restaurant mit Biergarten und regionaler Küche.

LÜDENSCHEID 30 C

www.luedenscheid.de

Nordrhein-Westfalen | EW 75.000 | 420 m | Hagen 27 km, Iserlohn 29 km

vif das kleine Restaurant

www.vif-luedenscheid.de

Südstraße 70a, PLZ 58509, **T 02351 8947585**
26 | Menü 72–82 € | Sa Mi-Sa Mo, Di, So

In angenehmer Atmosphäre werden traditionelle, regionaltypische Gerichte früherer Zeiten neu und leicht interpretiert. Mögen Sie z.B. „Gegrilltes Filet von der Versetaler Lachsforelle | Safranvelouté | Belugacreme | Bulgur"? Beachtenswertes Weinangebot. Tischreservierung ratsam.

Kaffeehaus Weßling
www.kaffeehaus-wessling.de

Hochstraße 1A, PLZ 58511, **T 02351 4320898**
34 | Hauptgericht 3–7 € | Mi–Sa 9:00–18:00 Uhr, So 10:00–17:30 Uhr

KAFFEEHAUS-WESSLING.DE

Zeitgemäß ausgestattetes Kaffeehaus mit gepflegter Atmosphäre. Ansprechende Frühstücksauswahl, kleine Mittagsgerichte sowie ausgezeichnete Kuchen und Torten. Unkomplizierter Service in den historischen Räumen und im stilechten „Kaffeegarten". Unbedingt probieren sollte man die hausgemachten Schokoladenspezialitäten.

LÜDINGHAUSEN 29 B
www.lhmarketing.de

Nordrhein-Westfalen | EW 24.196 | 50 m | Münster 28 km, Dortmund 36 km

Steverbett Hotel
www.steverbett.de

Borg 26, PLZ 59348, **T 02591 9490300,** F 9490307
47 Zimmer

Das 4-stöckige Hotelgebäude liegt am Rand der Fußgängerzone und verfügt über wohnliche Zimmer in fünf verschiedenen Kategorien. Sämtliche Gästezimmer zeichnen sich durch hochwertige Materialien und ein harmonisches Lichtkonzept aus. Mit dem Eventpavillon B26 steht auch eine großzügige Veranstaltungsfläche zur Verfügung.

Hotel No. 11
www.no11hotel.de

Hermannstraße 11, PLZ 59348, **T 02591 7949176,** F 7949178
17 Zimmer | Ez 85–92 €, Dz 121–159 €, inkl. Frühstück

Inmitten der Fußgängerzone im Herzen der Altstadt liegt das charmante kleine Hotel. Die individuellen Zimmer sind sehr liebevoll mit vielen originellen Kleinigkeiten ausgestattet. Das Frühstück wird im französisch angehauchten Bistro serviert.

LUDWIGSBURG 58 A
www.ludwigsburg.de

Baden-Württemberg | EW 88.085 | 293 m | Stuttgart 15 km, Heilbronn 36 km
Barocker Marktplatz, Residenzschloss, Gartenschau Blühendes Barock mit Märchengarten, Favoriteschloss und Wildpark, Seeschloss Monrepos, Barockweihnachtsmarkt, Kürbisausstellung, Schlossfestspiele.

Nestor
www.ghotel-group.de/hotels/ludwigsburg

★★★★

Stuttgarter Straße 35/2, PLZ 71638, **T 07141 9670,** F 967113
179 Zimmer | 14 Suiten | Ez 99–199 €, Dz 119–219 €, 21,00 € | 24 h

Der denkmalgeschützte Backsteinbau der ehem. Garnisonsbäckerei aus dem Jahre 1874 zeigt sich heute als großzügiges Businesshotel. Das Haus besticht durch seine lichtdurchflutete Architektur, die modernen und geräumigen Gästezimmer sowie das sehr gut ausgestattete Konferenzzentrum.

Schlosshotel Monrepos
www.schlosshotel-monrepos.de

★★★★

Domäne Monrepos 22, PLZ 71634 (OT: Eglosheim), **T 07141 3020,** F 302200
77 Zimmer | 2 Suiten | 24 h

Modernes Freizeit- und Tagungshotel inmitten einer 250 Hektar großen Parkanlage mit Schloss, See, Golf- und Reitplatz. Hier erwarten Sie attraktive, großzügig geschnittene Zimmer mit zeitgemäßem Komfort. Für Tagungen und private Feierlichkeiten stehen maßgeschneiderte Räumlichkeiten zur Verfügung.

Restaurant Gutsschenke

70 | Hauptgericht 32–49 €, Menü 69–110 € | Di-Sa Mo, So

Gemütlich sitzt man sowohl im Inneren als auch auf der großzügigen Sommerterrasse unter alten Kastanien. Zum netten Ambiente gibt es schmackhafte, regional inspirierte Speisen, z.B. in Form von „Kalbsrahmschnitzel | Zucchini-Minz-Gemüse | gebratene Pfifferlinge | hausgemachte Spätzle | Rahmsauce“.

Bergamo Hotel
www.hotel-bergamo.de

€ Gut & Günstig garni

Bauhofstraße 4, PLZ 71634, **T 07141 6892399**
55 Zimmer | Ez ab 69 €, Dz 69–149 €, 9,50 €

Auffällig ist das CO2-neutrale Hotelgebäude durch seine reduzierte Formensprache. Die topmodernen Zimmer hat man in nachhaltiger Holzbauweise gefertigt. Bei schönem Wetter lädt die Gartenterrasse zum Frühstück im Freien ein. Ihre Zimmerkarte erhalten Gäste außerhalb der Rezeptionsöffnungszeiten bequem über einen Check-In-Automat.

Folgen Sie uns: facebook.com/vartaguide

Danza
www.danza-restaurant.de

Stuttgarter Straße 33, PLZ 71638, **T 07141 977970**
85 | Hauptgericht 21–36 €, Menü 55–65 € | Di-Sa Mo, So

Im Forum Ludwigsburg befindet sich das zu einem Catering-Unternehmen gehörende Restaurant mit Weinbar. In wertig-schickem Ambiente bietet man eine spannende Küche - kreativ, modern, produktorientiert und weltoffen. Liebhaber regionaler Weine kommen ebenfalls auf ihre Kosten. Wunderschöne Terrasse mit Blick ins Grüne. Hinweis: An Vorstellungstagen hat das Restaurant für Besucher des Gastspielhauses auch außerhalb der regulären Öffnungszeiten geöffnet.

Post-Cantz
www.post-cantz.de

Eberhardstraße 6, PLZ 71634, **T 07141 923563**
90 | Hauptgericht 16–38 €, Menü 39–85 € | Mo-Di, Fr-So Mi, Do

Ein urig-gemütliches Traditionsgasthaus mit fast 300-jähriger Geschichte. In familiärer Atmosphäre wird moderne regionale und internationale Küche serviert. Auch schwäbische Klassiker wie Rostbraten, Käsespätzle oder Maultaschen stehen auf der Karte.

LUDWIGSHAFEN 50 D www.ludwigshafen.de

Rheinland-Pfalz | EW 167.510 | 96 m | Mannheim 6 km, Heidelberg 22 km
Rathaus, Theater im Pfalzbau und Pfalzsäule, Prinzregenten-Theater im Hemshof, Theater Hemshof-Schachtel, Wilhelm-Hack-Museum, Hauptbahnhof, Lutherbrunnen, Ebertpark, Friedenspark, Wallfahrtskirche Mariä Himmelfahrt und Schillerhaus in Oggersheim, Maudacher Bruch.

René Bohn www.renebohn.basf.de

★★★★ S garni

René-Bohn-Straße 4, PLZ 67063 (OT: Friesenheim), **T 0621 6099100,** F 6099200
91 Zimmer | 8 Suiten | 11 Apartments | Ez 119–179 €, Dz 119–179 €, inkl. Frühstück | 24 h

Das moderne Tagungs- und Businesshotel ist nur wenige Gehminuten vom BASF-Headquarter entfernt. Es bietet seinen Gästen wohnlich und zeitgemäß eingerichtete Zimmer in unterschiedlichen Kategorien. Morgens frühstücken Sie im lichtdurchfluteten Glaspavillon mit Blick ins Grüne. Zu den weiteren Annehmlichkeiten gehören eine rund um die Uhr geöffnete Bar, ein modern ausgestatteter Fitnessraum sowie kostenlose Leihfahrräder.

LUDWIGSLUST 17 C www.ludwigslust.de

Mecklenburg-Vorpommern | EW 12.233 | 35 m | Perleberg 35 km, Schwerin 36 km

Hotel de Weimar www.hotel-de-weimar.de

Schlossstraße 15, PLZ 19288, **T 03874 4180,** F 418190
46 Zimmer | 3 Suiten | Ez 84–130 €, Dz 105–220 €, 16,00 €

Ehem. Gästehaus des benachbarten Barockschlosses mit geschmackvoll und individuell eingerichteten Stilzimmern. Zum Hotel gehören auch ein kleiner Saunabereich, ein Bankettsaal sowie moderne Konferenz- und Tagungsräume.

Landküche

24 | Hauptgericht 20–48 €, Menü 48–78 € | Di-Sa Mo, So

Das 2020 umgestaltete Restaurant befindet sich im glasüberdachten Innenhof und bietet eine ehrliche, bodenständige Küche mit Produkten aus der Region zu einem fairen Preis. Wie wäre es z.B. mit „Müritzer Zanderschnitte | Weiße Bohnen | Paprika“? Umfangreiche Weinauswahl mit Schwerpunkt Deutschland und Italien.

LUNDEN 7 C www.amt-lunden.de

Schleswig-Holstein | EW 1.730 | 2 m | Husum 27 km, St. Peter-Ording 30 km

Lindenhof 1887 www.lindenhof1887.de

Friedrichstraße 39, PLZ 25774, **T 04882 407**
155 | Hauptgericht 22–45 €, Menü 67–99 € | Sa-So Mo, Mi-So Di

Einen sehr schönen Rahmen zum Speisen bietet dieser familiär geführte Landgasthof. Gastgeber und Küchenchef Tjark Peter Maaß offeriert eine gehobene, regional inspirierte Küche zu fairen Preisen. Wie wäre es z.B. mit „Rücken und Keule vom Maibock | Schokolade | Mandel | Sellerie | Kräuterseitlinge | lila Blumenkohl"? Dazu gibt es eine kleine, erlesene Auswahl überwiegend deutscher Weine. Für Übernachtungsgäste hat man attraktive Gästezimmer.

LÜNEBURG 15 D www.lueneburg.info

Niedersachsen | EW 71.668 | 17 m | Uelzen 36 km, Soltau 50 km
Mittelalterl. Rathaus, ev. Johanniskirche, ev. Michaeliskirche, ev. Nicolaikirche, Kloster Lüne, Backsteinbauten, Wasserturm, Dt. Salzmuseum, Brauereimuseum.

ANNO 1433 www.anno-1433.de

Neue Sülze 24, PLZ 21335, **T 04131 6036400,** F 6036402
12 Zimmer | 4 Suiten | Ez 100–115 €, Dz 100–120 €, 9,50 €

Kleines, charmantes Hotel in einem ehemaligen Patrizierhaus aus dem Jahre 1433. Nach liebevoller Sanierung verbinden sich hier historisches Ambiente und modernster Komfort. Die Zimmer: trendy, zeitgemäß, hochwertig. Besonders exklusiv logieren Sie in den großzügigen, luxuriös ausgestatteten Suiten.

Bremer Hof www.bremer-hof.de

Lüner Straße 12-13, PLZ 21335, **T 04131 2240,** F 2240
46 Zimmer | Ez 87–143 €, Dz 118–174 €, 17,00 € | 24 h

Mittelalterliches Kaufmannshaus in zentraler Altstadtlage im hist. Wasserviertel mit familiärer Tradition seit 1889. Unterschiedlich ausgestattete Zimmer in verschiedenen Kategorien, die sich auf das Stammhaus und zwei Gästehäuser verteilen. Restaurant mit regionaler Küche.

Einzigartig www.hoteleinzigartig.de

Lünertorstr. 3, PLZ 21335, **T 04131 4006000,** F 40060020
17 Zimmer | 4 Suiten | Ez 120–140 €, Dz 169–189 €, inkl. Frühstück

Das kleine, persönlich geführte Hotel im Wasserviertel macht seinem Namen alle Ehre! Modernes Design, ausgewählte Kunst und jede Menge hist. Details sorgen für ein einzigartiges Ambiente. Die Zimmer überzeugen durch ihren reduzierten und funktionalen Einrichtungsstil. Im Restaurant werden frische internationale Speisen aufgetischt.

LÜNEN 30 A www.luenen.de

Nordrhein-Westfalen | EW 87.783 | 55 m | Dortmund 14 km, Münster 45 km

Am Stadtpark www.riepe.com/luenen/willkommen

★★★★

Kurt-Schumacher-Straße 43, PLZ 44532, **T 02306 20100,** F 201055
124 Zimmer | 5 Suiten | Ez ab 105 €, Dz ab 133 €, inkl. Frühstück | 24 h »

Familiengeführtes Businesshotel in der Nähe des Konferenzzentrums mit persönlicher Atmosphäre. Geräumige, funktionale Zimmer in verschiedenen Kategorien. 600 qm großer Wellnessbereich mit Schwimmbad und Saunalandschaft. Regional bis international ausgerichtetes Speisenangebot im Restaurant.

LÜTJENBURG 8 D www.hohwachterbucht.de

Schleswig-Holstein | EW 5.397 | 33 m | Hohwacht 7 km, Plön 20 km

PUR www.einfachpurgeniessen.de

Neuwerkstraße 9, PLZ 24321, **T 04381 404147**
24 | Hauptgericht 15–29 € | Fr-Sa Mi-Sa Mo, Di, So

Das einladende Bistro mit angeschlossenem Feinkostladen bietet eine saisonale Speisekarte mit Produkten aus der Region sowie ausgesuchte Weine. Im Sommer lädt das Gartenbistro zum Verweilen ein.

LÜTJENSEE 15 B www.luetjensee.de

Schleswig-Holstein | EW 3.244 | 53 m | Trittau 11 km, Ahrensburg 14 km

Fischerklause www.fischerklause-luetjensee.de

garni

Am See 1, PLZ 22952, **T 04154 792200**, F 792234
12 Zimmer | 1 Suite | Ez ab 79 €, Dz ab 110 €, 18,00 €

Mit ländlichem Charme eingerichtete Gästezimmer in herrlicher Lage - direkt am Ufer des Lütjensees. Sehr gutes Frühstück. Einladende Terrasse direkt am Seeufer. Bootsverleih.

Fischerklause

100 | Hauptgericht 24–35 € | Do-So Mi-So Mo, Di

Modern gestaltetes Restaurant mit Panoramablick auf den malerischen Lütjensee. Regionale norddeutsche Küche in jugendlichem Gewand. Schmackhafte Fischgerichte (Hecht, Aal, Forelle). Tolles Weinsortiment mit mehr als 600 Positionen, darunter Klassiker mit Jahrgangstiefe.

LYCHEN 18 D www.lychen.de

Brandenburg | EW 3.970 | 60 m | Barsdorf 11 km, Neustrelitz 35 km

mein.lychen www.meinlychen.de

VARTA-TIPP Service

garni

Berliner Straße 43, PLZ 17279, **T 039888 522188**
6 Zimmer | 2 Suiten | Ez 95–105 €, Dz 105–125 €, inkl. Frühstück

Mit ihrem Bed & Breakfast-Haus haben Friedrich und Konrad Niemann ein echtes Kleinod geschaffen. Die Themenzimmer sind entsprechend der Länder und Regionen gestaltet, mit denen die Brüder Erinnerungen verknüpfen. In der kommunikativen Bibliothek, deren Mittelpunkt ein großer, langer Tisch bildet, finden sich die Gäste zum Frühstück zusammen. Im Nebengebäude gibt es eine Sauna mit Schwalldusche und Ruheliegen. Toll: 2.000 qm großer Garten mit eigenem Bootsanleger.

MAGDEBURG 25 C www.magdeburg-tourist.de

Sachsen-Anhalt | EW 230.456 | 50 m | Haldensleben 25 km, Dessau 63 km
Got. Dom St. Mauritius und St. Katharina, Domplatz mit Barockhäusern und Teilen der Stadtmauer, Kunstmuseum Kloster Unser Lieben Frauen, Alter Markt mit Reiterstandbild und barockem Rathaus, Otto-von-Guericke-, Doktor-Eisenbart- und Martin-Luther-Denkmal, spätgot. Johanniskirche, Hundertwassers Grüne Zitadelle, Jahrtausendturm im Elbauenpark.

Einen Cityplan finden Sie auf Seite 716.

Dorint Herrenkrug Parkhotel hotel-magdeburg.dorint.com

★★★★ S garni

Herrenkrug 3, PLZ 39114 (OT: Herrenkrug), **T 0391 85080,** F 8508501
147 Zimmer | 21 Suiten | Ez 77–140 €, Dz 97–160 € | 24 h

Ein nobles Jugendstil-Kleinod mit modernem Hotelanbau in einem von Lenné gestalteten Landschaftspark. Geräumige Gästezimmer mit stilvoller Ausstattung. Der Wellnessbereich umfasst ein Panoramaschwimmbad, eine Sauna, einen Whirlpool und ein türkisches Dampfbad.

Parkrestaurant Die Saison

126 | Hauptgericht 19–32 € | Mo-So

Umgeben von einem zauberhaften Jugendstilambiente mit einer imposanten Holzdecke und majestätischen Korbbogenfenstern werden hier moderne, international und regional geprägte Speisen serviert. Gut sortierter Weinkeller. Großzügige Terrasse.

artHOTEL www.arthotel-magdeburg.de

★★★ S garni

Breiter Weg 9 (B3), PLZ 39104 (OT: Altstadt), **T 0391 620780,** F 62078199
40 Zimmer | 24 h

Das Designhotel in der Grünen Zitadelle steht ganz im Zeichen von Friedensreich Hundertwasser. Die trendigen Zimmer sind mit individuellen Möbeln und teils außergewöhnlichen Fliesen ausgestattet. Jedes Zimmer verfügt über ein persönlich von Hundertwasser geplantes Badezimmer. Toll auch die zentrale Lage mitten im Zentrum der Stadt.

Residenz Joop www.residenzjoop.de

VARTA-TIPP Service

S garni

Jean-Burger-Straße 16 (A5), PLZ 39112, **T 0391 62620,** F 6262100
24 Zimmer | Ez 90–110 €, Dz 106–134 €, inkl. Frühstück

Die hübsche Gründerzeitvilla von 1903 beherbergt heute ein stilvolles Privathotel. Hier sorgt die Gastgeberfamilie Joop für eine inspirierende, herzliche und entspannte Atmosphäre. Sie übernachten in liebevoll eingerichteten Zimmern mit zeitgemäßem Komfort. Das frische Frühstück am Morgen sollten Sie auf keinen Fall verpassen! Ein kleiner Garten lädt zum Verweilen ein.

Highkitchen www.highkitchen.de

Otto-von-Guericke-Straße 86a (A3), PLZ 39104, **T 0391 5639395**
40 | Menü 110 € | Mi-Sa Mo, Di, So

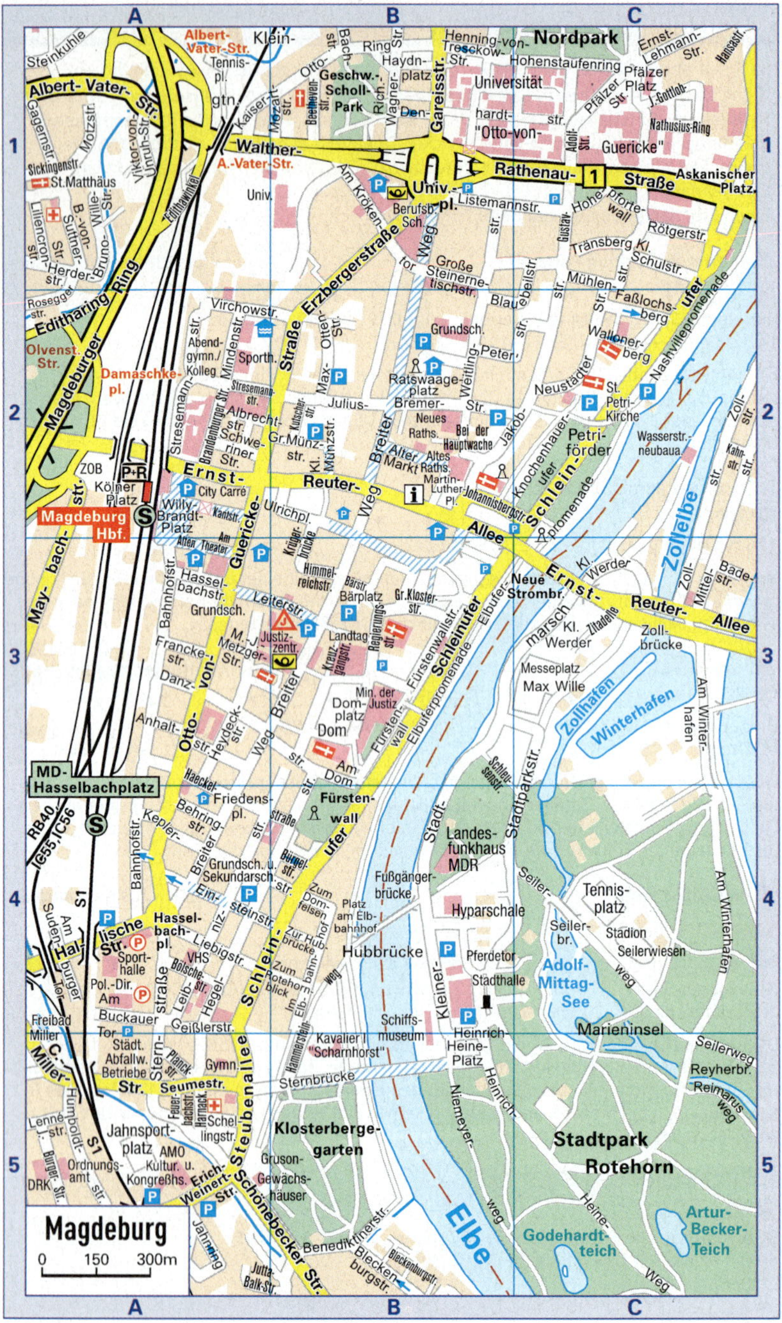
Nordpark
Universität
Rathenau-Straße
Walther-Rathenau-Straße
Albert-Vater-Str.
Editharing
Magdeburger Ring
Ernst-Reuter-Allee
Otto-von-Guericke-Straße
Breiter Weg
Erzbergerstraße
Magdeburg Hbf.
MD-Hasselbachplatz
Hasselbachpl.
Alter Markt
Altes Raths.
Dom
Domplatz
Fürstenwall
Schleinufer
Neue Strombr.
Zollelbe
Zollhafen
Winterhafen
Elbe
Hubbrücke
Landesfunkhaus MDR
Hyparschale
Stadthalle
Adolf-Mittag-See
Marieninsel
Stadtpark Rotehorn
Klosterbergegarten
Sternbrücke
Steubenallee
Schönebecker Str.
Godehardt-teich
Artur-Becker-Teich
Magdeburg
0 150 300m

Sympathisch, erfrischend, unprätentiös. Im höchsten Restaurant der Stadt mit grandiosem Blick über die Dächer Magdeburgs gibt es moderne Crossover-Küche, die sich aufs Wesentliche konzentriert. Überzeugend die Produktqualität, freundlich und aufmerksam der Service. Eine nette Aussichtsterrasse hat man ebenfalls.

Landhaus Hadrys www.landhaus-hadrys.de

VARTA-TIPP Küche VARTA-TIPP Service

An der Halberstädter Chaussee 1, PLZ 39116 (OT: Ottersleben), **T 0391 6626680**
52 | Hauptgericht 25–30 €, Menü 45–75 € | Sa Mi-Sa Mo, Di, So

In den stilvoll gestalteten Räumen der schmucken Gründerzeitvilla lässt es sich hervorragend tafeln. Ein aufmerksames Serviceteam sorgt sich um ein schönes Wohlgefühl rund um den Genuss einer ausgesprochen guten, französisch orientierten Küche von Gastgeber und Küchenchef Sebastian Hadrys. Beachtung findet auch die gut zusammengestellte Weinkarte mit ausgesuchten Tropfen aus nah und fern. Hauseigene Kochschule.

MAIERHÖFEN 66 B www.maierhoefen.de

Bayern | EW 1.613 | 741 m | Isny 5 km, Kempten 28 km

Natur-Landhaus Krone www.naturlandhaus-krone.de

GREENSIGN garni

Kirchweg 2, PLZ 88167, **T 08383 254,** F 1267
26 Zimmer | 8 Suiten | 2 Apartments | Ez 126–132 €, Dz 252–290 €, inkl. Frühstück

Traditionsbewusstes kleines Wohlfühlhotel im Westallgäu. Hier wohnen Sie in hellen, großzügigen Landhauszimmern. Im Stammhaus sind die Zimmer etwas kleiner. Schöner Wellnessbereich mit Schwimmbad und Entspannungsgarten. Im Restaurant wird eine frische Landküche serviert.

MAIKAMMER 50 D www.maikammer-erlebnisland.de

Rheinland-Pfalz | EW 4.283 | 151 m | Landau 15 km, Mannheim 42 km

Immenhof www.hotel-immenhof.de

★★★★ garni

Immengartenstraße 26, PLZ 67487, **T 06321 9550,** F 955200
58 Zimmer | Ez 82–92 €, Dz 148–216 €, inkl. Frühstück

Das familiengeführte Haus liegt ruhig am Ortsrand und ist umgeben von einer mediterran anmutenden Gartenlandschaft. Attraktiven Wohnkomfort bieten die klassisch eingerichteten Gästezimmer. Für Entspannung sorgt ein kleiner, aber feiner Wellnessbereich. Gemütliches Restaurant mit Wintergarten und Sonnenterrasse, das regionale Küche serviert.

Waldhaus Wilhelm www.waldhaus-wilhelm.de

garni

Kalmithöhenstraße 6, PLZ 67487, **T 06321 58044,** F 58564
22 Zimmer | Ez 53–61 €, Dz 102–132 €, inkl. Frühstück | 24 h

Traditionsreiches Haus am Waldrand inmitten einer großzügigen Parklandschaft mit mediterranem Flair. Gemütliche, helle Zimmer mit moderner Ausstattung, teils mit Balkon. Ansprechend eingerichtete Gasträume, in denen überwiegend regionale Spezialitäten aufgetischt werden.

Dorf-Chronik
www.restaurant-dorfchronik.de

VARTA-TIPP Küche

Marktstraße 7, PLZ 67487, **T 06321 58240**
60 | Hauptgericht 18–35 €, Menü 30–50 € | So Mo-Di, Fr-So Mi, Do

In der heimeligen Gaststube sowie im lauschigen Sommergarten erwarten Sie erlesene Speisen, authentische Gastfreundschaft und perfektes Wohlfühlambiente. Serviert werden klassisch basierte deutsche und internationale Gerichte mit saisonalem Bezug. Wie wäre es z.B. mit „Kabeljaufilet | Safranpolenta | Ratatouille | Burrata"? Dazu können Sie Qualitätsweine aus dem hauseigenen Weingut probieren. Tischreservierung empfehlenswert.

MAINTAL 41 D
www.stadt-maintal.de

Hessen | EW 36.846 | 103 m | Frankfurt am Main 10 km, Hanau 10 km

Irmchen
www.hotel-irmchen.de

garni

Berliner Straße 4, PLZ 63477 (OT: Dörnigheim), **T 06181 43000,** F 430043
22 Zimmer | Ez 85 €, Dz 100 €, inkl. Frühstück | 24 h

Das sehr gepflegte Haus zeichnet sich insbesondere durch seine persönliche Führung und den freundlichen Gästeumgang aus. Sie wohnen in individuell eingerichteten Zimmern mit nostalgischem Touch. Gutes Frühstück.

Fleur de Sel
www.restaurant-fleurdesel.de

Florscheidstraße 19, PLZ 63477 (OT: Dörnigheim), **T 06181 9683385**
60 | Hauptgericht 21–39 €, Menü 47–60 € | Sa Di-Sa Mo, So

Warum nicht den Weg nach Frankfurt unterbrechen und sich von Familie Theumer in Maintal kulinarisch verwöhnen lassen? Im südländisch geprägten Ambiente bietet man eine französisch-mediterrane Küche unter Verwendung von marktfrischen Produkten. Die wechselnde Speisekarte offeriert schmackhafte Gerichte wie „Rotbarbenfilet auf Safranrisotto an mediterranem Gemüse und Tomaten-Krustentiersauce" oder „Kross gebratenes Schwarzfederhuhn auf Trüffel-Fazzoletti und Karotten-Zucchini-Spaghettini mit Trüffeljus".

MAINZ 41 C
mainz-tourismus.com

Rheinland-Pfalz | EW 221.603 | 110 m | Wiesbaden 11 km, Bingen 28 km
Dom St. Martin und St. Stephan, Renaissance-Marktbrunnen am Domplatz, Gutenbergmuseum (Weltmuseum der Druckkunst), Römisch-Germanisches Zentralmuseum im Kurfürstlichen Schloss, got. St.-Stephan-Kirche mit Chagall-Fenstern, Museum für antike Schifffahrt, Römersteine (Reste eines 2000 Jahre alten Aquädukts).

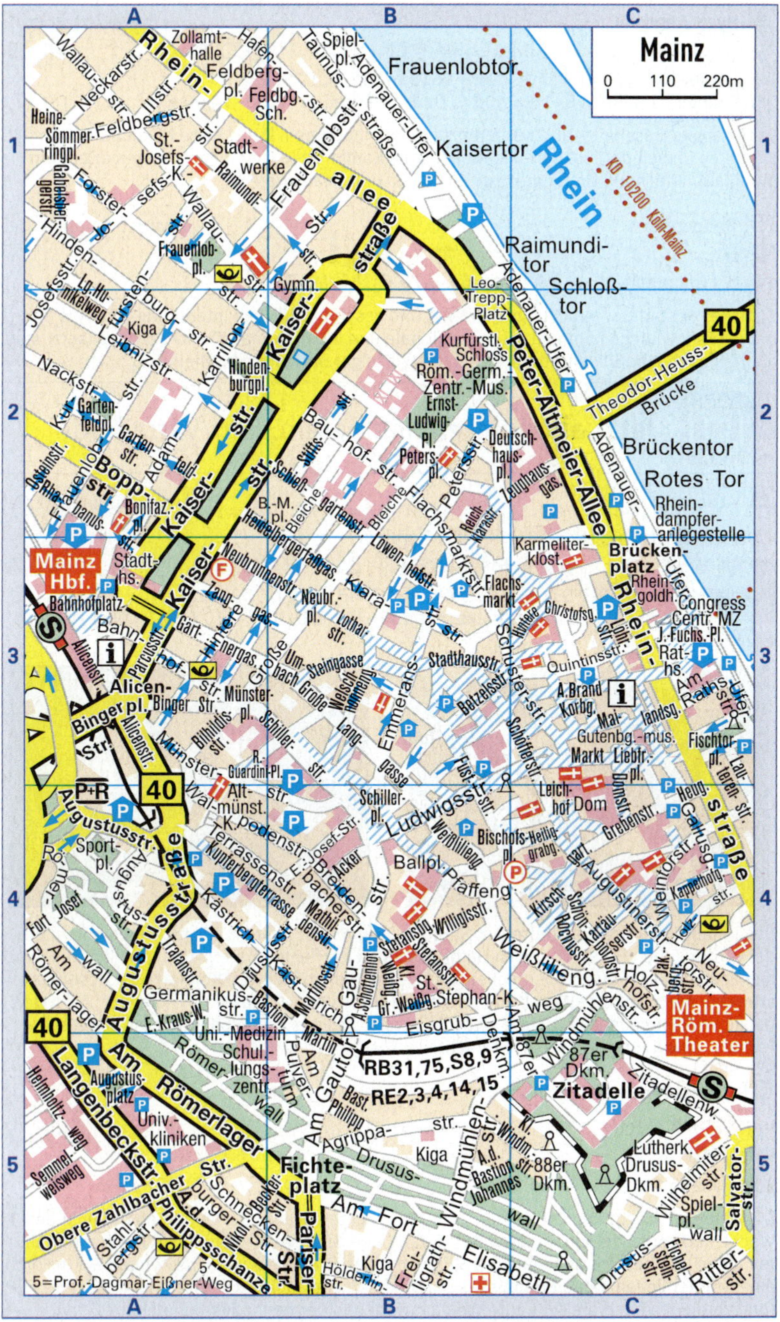
Mainz
0 110 220m
A
B
C
1
2
3
4
5
Rhein
KD 10200 Köln-Mainz
Frauenlobtor
Kaisertor
Raimunditor
Schloßtor
Brückentor
Rotes Tor
Theodor-Heuss-Brücke
40
Rheindampferanlegestelle
Zollamthalle
Hafenstr.
Feldbergpl.
Feldbg.-Sch.
Spielpl.
Taunusstr.
Adenauer-Ufer
Wallaustr.
Neckarstr.
Illstr.
Feldbergstr.
Heine-Sömmer-ringpl.
St.-Josefs-K.
Stadtwerke
Raimundistr.
Frauenlobstr.
Kaiser-Wilhelm-Ring
Forsterstr.
Josefsstr.
Hindenburgstr.
Frauenlobpl.
Gymn.
Kaiserstraße
Leo-Trepp-Platz
Kurfürstl. Schloss
Röm.-Germ. Zentr.-Mus.
Ernst-Ludwig-Pl.
Peter-Altmeier-Allee
Kiga
Leibnizstr.
Nackstr.
Gartenfeldpl.
Gartenstr.
Adamstr.
Bopp-str.
Hindenburgpl.
Karillonstr.
Kaiserstr.
Bauhofstr.
Stiftsstr.
Schloßstr.
Petersstr.
Peterspl.
Deutschhauspl.
Zeughausgas.
B.-M.-pl.
Bleiche
Heidelbergerfaßgas.
Flachsmarktstr.
Bonifazpl.
Mainz Hbf.
Stadths.
Bahnhofplatz
Neubrunnenstr.
Klarastr.
Neubr.pl.
Löwenhofstr.
Flachsmarkt
Karmeliterklost.
Brückenplatz
Rheingoldh.
Congress Centr. MZ
J.-Fuchs-Pl.
Rheinstr.
Christofsg.
Quintinsstr.
Rat-hs.
Am Rathaus
Lotharstr.
Steingasse
Stadthausstr.
Schusterstr.
Gärtnergas.
Hintere Bleiche
Große Langgasse
Alicenstr.
Parcusstr.
Alicenpl.
Binger Str.
Münsterpl.
Umbach
Welschnonnengasse
Emmeransstr.
Betzelsstr.
A.Brand Korbg.
Gutenbg.-mus.
Markt
Liebfr.-pl.
Fischtorpl.
Schillerstr.
Bilhildisstr.
Münsterstr.
R.-Guardini-Pl.
Schillerpl.
Fuststr.
Leichhof
Dom
Domstr.
Grebenstr.
Heugg.
Gallusg.
Rheinstraße
P+R
Augustusstr.
Wallstr.
Alt-münst.
K.-Bodenstr.
Ludwigsstr.
Weißliliengasse
Bischofs-pl.
Heilig-grabg.
Sportpl.
Terrassenstr.
E.-Josef-Str.
Ackerstr.
Ballpl.
Pfaffeng.
Augustinerstr.
Weintorstr.
Kapellhofg.
Kästrich
Breidenbacherstr.
Mathildenstr.
Stefansbg.
Willigisstr.
Kirschgarten
Rochusstr.
Karthäuserhofstr.
Holzstr.
Neutorstr.
Am Römerlager
Trajanstr.
Drususstr.
Martinsstr.
A.-Schottenhof
St.-Stephan-K.
Gr.Weißg.
Weißliliengasse
Holzhofstr.
Mainz-Röm. Theater
Germanikusstr.
E.-Kraus-W.
Uni.-Medizin
Martin
Gaustr.
Eisgrub-weg
Windmühlenstr.
87er Dkm.
Zitadelle
Zitadellenw.
Schulungszentr.
Am Pulverturm
Am Gautor
RB31,75,S8,9
RE2,3,4,14,15
Bast. Philipp
Agrippastr.
Kiga
Kl. Windm.str.
A.d. Bastion Johannes
88er Dkm.
Lutherk.
Drusus-Dkm.
Wilhelmiterstr.
Spielpl.
Salvatorstr.
Langenbeckstr.
Augustusplatz
Univ.-kliniken
Römerlager
Helmholtzweg
Semmelweisweg
Fichteplatz
Obere Zahlbacher Str.
Schneckenburgerstr.
Nikol.-Becker-Str.
Am Fort Elisabeth
Drususwall
Eichelsteinstr.
Ritterstr.
Stahlbergstr.
A.d. Philippsschanze
Pariser Str.
Hölderlinstr.
Freiligrathstr.
5=Prof.-Dagmar-Eißner-Weg

Hyatt Regency

www.hyatt.com

Templerstraße 6 (C4), PLZ 55116, **T 06131 731234,** F 731235
268 Zimmer | 3 Suiten | Ez 165–600 €, Dz 165–600 €, 17,00–34,00 € | 24 h

Großzügiges Geschäfts- und Konferenzhotel mit modernem Design und hist. Charme. Direkt am Rhein unweit der hist. Innenstadt gelegen. Komfortable Zimmer mit zeitgemäßer Kommunikationstechnik. Umfangreicher Wellness- und Beautybereich.

Bellpepper

www.bellpepper.de

144 | Hauptgericht 14–49 €, Menü 64–79 € | Mo-So

Schickes Restaurant mit Loungecharakter und geschmackvollem Interieurdesign. Aus der offenen Showküche kommen frische regionale und internationale Gerichte, dabei setzt man auf heimische Produkte und Hersteller. Erstklassiger Blick auf den Rhein.

Jetzt abonnieren: instagram.com/vartaguide

Atrium

www.atrium-mainz.de

VARTA-TIPP Ambiente **VARTA-TIPP** Service

★★★★S

Flugplatzstraße 44, PLZ 55126 (OT: Finthen), **T 06131 4910,** F 491128
147 Zimmer | 3 Suiten | 29 Apartments | Ez 109–280 €, Dz 109–310 €, 15,00 € | 24 h
21.12.23–7.1.24

Das inhabergeführte Privathotel am Stadtrand von Mainz besteht aus mehreren miteinander verbundenen Häusern, die im Halbkreis einen gepflegten Garten umschließen. Die Zimmer zeichnen sich durch ansprechendes Design und großzügigen Komfort aus. Besonders attraktiv: die „Wellness World" mit ihrem vielfältigen Bade- und Beauty-Angebot. Auch der herzliche Gästeumgang, das sehr gute Frühstück und das ansprechende gastronomische Angebot sind Gründe, hier zu übernachten.

GenussWerkstatt

VARTA-TIPP Küche

20 | Menü 105 € | Do-Sa Mo, Di, Mi, So

Der Name ist Programm: Exklusives Genussambiente erwartet Sie an drei Abenden in der Woche in diesem kleinen, intimen Restaurant. Carl Grünewald kocht mit Schwung, raffinierten Ideen und herrlich unverfälscht. Seine ambitionierte Regionalküche können Sie in Form eines einheitlichen Menü-Erlebnisses (nach Absprache auch vegetarisch) genießen. Beachtung verdienen auch die sehr gute Weinauswahl und der freundlich-kompetente Service.

Adagio Restaurant und Weinbar

60 | Hauptgericht 22–38 €, Menü 50–75 € | Di-Sa Mo, So 17.12.23–15.1.24

Moderne Designelemente und dezent-verspielte Akzente sorgen im À-la-carte-Restaurant für elegante Gemütlichkeit. Hier serviert man feinste Gerichte mit moderner Note, die gleichermaßen bodenständig, regional und kreativ sind. Dazu gibt es erlesene Weine zu fairen Preisen.

Favorite Parkhotel
www.favorite-mainz.de

★★★★ S

Karl-Weiser-Straße 1, PLZ 55131 (OT: Weisenau), **T 06131 80150,** F 8015420
145 Zimmer | 7 Suiten | 1 Apartment | Ez ab 149 €, Dz ab 179 €, inkl. Frühstück | 24 h

Das inhabergeführte Haus wurde 2020 redesigned, um neben Business- und Tagungsgästen nun auch Urlaubsreisende als Zielgruppe ins Visier zu nehmen. Toll die ruhige Lage mitten im Grünen mit einzigartigem Blick auf den Rhein. Fragen Sie nach den neueren Zimmern im Rheinflügel! Der Rooftop-SPA auf dem Dach mit verglasten Saunen, Fitnessraum, Whirlpool und Liegebereich ergänzt den bereits vorhandenen Indoorpool.

Favorite Restaurant

VARTA-TIPP Küche VARTA-TIPP Service

45 | Menü 145–200 € | Mi-Sa Mo, Di, So

Eine gefragte Adresse, nicht nur bei Hotelgästen! Sehr gute Produkte und handwerkliches Können - auf dieser Grundlage verwöhnt Sie Tobias Schmitt in diesem eleganten Gourmetrestaurant mit einer leichten, feinsinnigen und modernen Küche. Auch ein vegetarisches Menü steht auf der Speisekarte. Schöne Weinauswahl unterschiedlichster Kreszenzen. Der Service: fachkundig und sehr aufmerksam! Herrlich die Panoramaterrasse mit Blick auf Rhein und Dom. Regelmäßig Kochkurse und Küchenpartys.

Hilton Mainz
www.hiltonhotels.de

Rheinstraße 68 (C3), PLZ 55116, **T 06131 2450,** F 2453299
431 Zimmer | 16 Suiten | 24 h

Das besonders auf Tagungen und Businessgäste zugeschnittene Hotel neben der Rheingoldhalle bietet einen komfortablen Rahmen, geschmackvoll eingerichtete Zimmer in urbanem Design und einen modernen Meetingbereich. Internationale Küche im Restaurant „Weinstube“.

AC Hotel
www.marriott.de

Bahnhofsplatz 8 (A3), PLZ 55116, **T 06131 26790**
58 Zimmer | Ez 89–150 €, Dz 99–165 €, 19,00–23,50 € | 24 h

Das zeitgemäße Boutique-Hotel liegt zentral am Hauptbahnhof. Es bietet hochwertig ausgestattete, moderne Zimmer mit Wohlfühlcharme. Zum Haus gehören auch ein Fitnessbereich sowie ein Wintergartenrestaurant mit Bar.

me and all hotel mainz
mainz.meandallhotels.com

GREENSIGN

Binger Straße 23 (A3), PLZ 55131 (OT: Oberstadt), **T 06131 894460**
162 Zimmer | 24 h

Jung, locker und ungezwungen präsentiert sich das Boutique-Designhotel in guter Citylage. Das Konzept spricht junge und junggebliebene Gäste an: trendige Zimmer mit urbaner Designarchitektur, hippe Welcome- und Eventlounge mit Coworking-Spaces, Bar und Terrasse, komplett verglaster Fitness- und SPA-Bereich mit tollem Blick über die Stadt...

Gebert's Weinstuben www.geberts-weinstuben.de

VARTA-TIPP Küche

Frauenlobstraße 94 (B1), PLZ 55118, **T 06131 611619**
50 | Hauptgericht 19–31 €, Menü ab 37 € | Mi-So ⦸ Mo, Di

Wie kein anderes steht dieses Restaurant von Familie Gebert für Qualität und Tradition. Schlichte Eleganz und antikes Mobiliar sorgen für eine rundum gemütliche Atmosphäre. Der Patron erfreut seine Gäste mit einer schmackhaften, regional geprägten Produktküche zu fairen Preisen. Lust auf „In Burgunder geschmorte Lammhinterhaxe auf gerührter Zucchini-Polenta" oder lieber „Hausgemachte Steinpilzravioli à la crème"? Schöne Weinauswahl mit vielen heimischen Gewächsen.

Incontro www.incontro-ristorante.de

Augustinerstraße 57 (C4), PLZ 55116, **T 06131 238221**
55 | Hauptgericht 21–37 €, Menü 62 € | Di-So ⦸ Mo

Viel italienisches Herzblut steckt in diesem klar und sachlich eingerichteten Ristorante. Die mediterran angehauchte Speisekarte offeriert eine variantenreiche Antipasti-Auswahl, feine Meeresspezialitäten, schmackhafte Fleischgerichte sowie hausgemachte Pasta von sehr guter Qualität.

La Gallerie www.lagallerie-mainz.de

Gaustraße 29 (B4), PLZ 55116 (OT: Altstadt), **T 06131 6969414**
55 | Hauptgericht 27–39 €, Menü 38–79 € | Di-Sa ⦸ Mo, So

Das kommt an: modern-elegantes Ambiente, anspruchsvolle saisonale Küche mit mediterranen und asiatischen Einflüssen, freundlicher Service - und dazu noch ein ansprechendes Preis-Leistungsverhältnis. Tipp: wechselnder Mittagstisch in drei Gängen.

Steins Traube steins-traube.de

VARTA-TIPP Küche

Poststraße 4, PLZ 55126 (OT: Finthen), **T 06131 40249**
60 | Hauptgericht 39–48 €, Menü 100–150 € | Mi-So Di-So ⦸ Mo

Ein Familienbetrieb par excellence! Der Weg hierher lohnt sich allemal, denn die Küche von Philipp Stein ist schmackhaft, das Ambiente stimmungsvoll und der Service überaus herzlich. Kredenzt werden innovative Gerichte wie „Seeteufelbäckchen | Bouillabaissesud | eingelegte Tomaten | Fregola Sarda | Wurzelgemüse“. Dazu ein erlesenes Weinsortiment mit Schwerpunkt Rheinhessen und Mosel. Idyllische Hofterrasse mit Garten. Ausgesprochen beliebt sind die Kochkurse des Patrons.

Willems www.gasthaus-willems.de

Kapuzinerstraße 29 (C4), PLZ 55116, **T 06131 2109170**
60 | Hauptgericht 22–36 € | Sa Di-Fr, So Mo

In einem der ältesten Häuser der Stadt befindet sich dieses geschmackvoll renovierte Gasthaus. Gekocht wird frisch, modern und regional. Aus allen Gerichten kann man Menüs zum Festpreis kombinieren oder auch à la carte bestellen, z.B. „Bio-Lammkeule | Aprikosenchutney | Bärlauchpolenta | Kräuterseitlinge | Frühlingsmöhren“. Die Weine kommen vorzugsweise aus der Region und sind preislich fair kalkuliert.

Dom-Café www.domcafemainz.de

Markt 12-16 (C3), PLZ 55116, **T 06131 222365**
135 | Hauptgericht 3–9 €, Menü 3–9 € | Mo, Mi, Do 9:30–18:00 Uhr, Di, Fr, Sa 8:30–18:00 Uhr

Traditionsreiches Café im Schatten des Mainzer Domes. Hervorragende Auswahl an Torten (Tipp: Dom-Café-Spezialtorte), kleine Speisekarte am Mittag. Hübsche Terrasse mit Blick zum Marktplatz.

Jetzt vorbeischauen: pinterest.com/vartaguide

MAISACH 60 C www.maisach.de

Bayern | EW 13.164 | 514 m | Fürstenfeldbruck 6 km, Landsberg am Lech 44 km

Gasthof Heinzinger www.gasthof-heinzinger.de

VARTA-TIPP Küche

Weiherhauser Straße 1, PLZ 82216 (OT: Rottbach), **T 08135 9942763**
42 | Hauptgericht 15–42 €, Menü 59–125 € | Do, So Mi-So

Richtig nett und urig ist es hier - typisch bayerische Wirtshausatmosphäre eben! Am Herd spielen Regionalität und Nachhaltigkeit eine übergeordnete Rolle. Das Repertoire reicht von bodenständigen Schmankerln wie Krautwickerl oder Kasspatzen über hochwertige Steakspezialitäten (Tomahawk, Entrecote, Bone-in-Ribeye...) bis hin zum anspruchsvollen Gourmetmenü. Tipp: Unbedingt probieren sollten Sie die hausgemachten Dampfnudeln (immer donnerstags, außer feiertags)! Im Sommer lockt der kleine, aber feine Wirtsgarten.

Gasthof Widmann

Bergstraße 4, PLZ 82216 (OT: Überacker), **T 08135 485**
20 | Menü 72 € | Mi-Sa Mo, So

In diesem gut geführten Familienbetrieb mit seinen zwei ländlich-behaglichen Gaststuben werden schmackhafte regionale und internationale Speisen in Menüform serviert. Die Preise sind fair, der Service liebenswert und unkompliziert.

Schon probiert?
Der Varta-Führer ist auch als eBook für Ihren TabletPC oder Ihr Smartphone verfügbar!

MALENTE 8 D www.bad-malente.de

Schleswig-Holstein | EW 10.410 | 32 m | Eutin 6 km, Plön 13 km

Gut Immenhof www.gut-immenhof.de

VARTA-TIPP Ambiente

Rothensande 1, PLZ 23714 (OT: Gremsmühlen), **T 04523 88280**
56 Zimmer »

Ein schönes Domizil für Familien sowie Natur- und Genussliebhaber! Die weitläufige Gutsanlage am Kellersee war in den 1950er Jahren Schauplatz für zahlreiche Heimatfilme. Heute stehen hier - verteilt auf mehrere Gebäude - unterschiedlich große Hotelzimmer und Suiten im lässig-authentischen Landhausstil zur Verfügung. Für Erholung und Entspannung sorgt ein kleiner, aber feiner Wellnessbereich. Zum Haus gehört auch eine Reitanlage mit diversen Angeboten für Kinder und Erwachsene.

Rodesand

Hauptgericht 42–68 €, Menü 92–139 € | Di-Sa Mo, So

Das elegante Fine-Dining-Restaurant befindet sich im hist. Herrenhaus und bietet eine modern inspirierte Küche mit regionalen Einflüssen und den besten Produkten aus der ganzen Welt. Lust auf „Entenbrust | fermentierte Bohne | Kohlrabi | Zitrone“? Wer es etwas einfacher mag: Im Zweitrestaurant „Melkhus“ und auf der Seeterrasse wird eine saisonal-bodenständige Hofküche aufgetischt.

See-Villa www.hotel-see-villa.de

★★★ S garni

Frahmsallee 11, PLZ 23714 (OT: Bad Malente-Gremsmühlen), **T 04523 1871,** F 997814
13 Zimmer | 2 Suiten | 1 Apartment | Ez 53–73 €, Dz 67–97 €, inkl. Frühstück

Über 100 Jahre altes, im Villenstil erbautes Privathotel mit schöner Gartenanlage, 170 m vom Dieksee entfernt. Geschmackvoll eingerichtete Zimmer und Suiten unterschiedlicher Kategorien. Neu angelegte Gartenanlage mit Strandkorb. Sehr gutes Frühstücksbuffet.

MANDELBACHTAL 49 D www.mandelbachtal.de

Saarland | EW 10.907 | 313 m | Zweibrücken 24 km, Saarbrücken 24 km

Gräfinthaler Hof www.graefinthaler-hof.de

Gräfinthal 6, PLZ 66399 (OT: Gräfinthal), **T 06804 91100**
90 | Hauptgericht 19–39 €, Menü 39–55 € | Mi-So Mi-Sa Mo, Di

Jörg Künzer kocht regional mit saisonalen und mediterranen Einflüssen. Lust auf „Gebratenes Filet vom Wolfsbarsch | Ragout von Artischocken | Kirschtomaten | Rosmarinkartoffeln“? Hell, offen und freundlich hat man das Gasthaus gestaltet. Draußen gibt es eine schöne Terrasse.

MANNHEIM 50 D www.mannheim.de

Baden-Württemberg | EW 296.690 | 97 m | Ludwigshafen 1 km, Heidelberg 20 km
Altes Rathaus und Untere Pfarrkirche am Marktplatz, ehem. kurfürstliches Schloss, barocke Jesuitenkirche, Reiss-Engelhorn-Museum und Zeughaus, Wasserturm am Friedrichsplatz, Kunsthalle, Herzogenriedpark, Planetarium.
Einen Cityplan finden Sie auf Seite 726.

Dorint Kongresshotel hotel-mannheim.dorint.com

★★★★ S

Friedrichsring 6 (C2), PLZ 68161, **T 0621 12510,** F 1251100
287 Zimmer | 2 Suiten | Ez 90–280 €, Dz 90–300 €, 23,00 € | 24 h

Neuzeitliches Stadthotel - direkt angebunden an das Congress Center Rosengarten. Komfortable Zimmer in freundlichem Design. Hausgästen steht ein 350 qm großer Fitnessbereich zur Verfügung. Regionale und internationale Küche im Restaurant „Symphonie".

Hilton Garden Inn www.hgimannheim.hgi.com

★★★★

Willy-Brandt-Platz 13 (B3), PLZ 68161, **T 0621 178960**
197 Zimmer | 2 Suiten | Ez 99–177 €, Dz 99–177 €, ab 20,00 € | 24 h

Im Kepler-Quartier direkt am Mannheimer Hauptbahnhof befindet sich dieses Hotel. Die denkmalgeschützten Portale des ehem. Postgebäudes bilden die historische Komponente des dominanten Neubaus. Geschmackvoll die urban-moderne Zimmereinrichtung. Von den oberen Etagen hat man einen einzigartigen Panoramablick über die Stadt. Begrünter Innenhof.

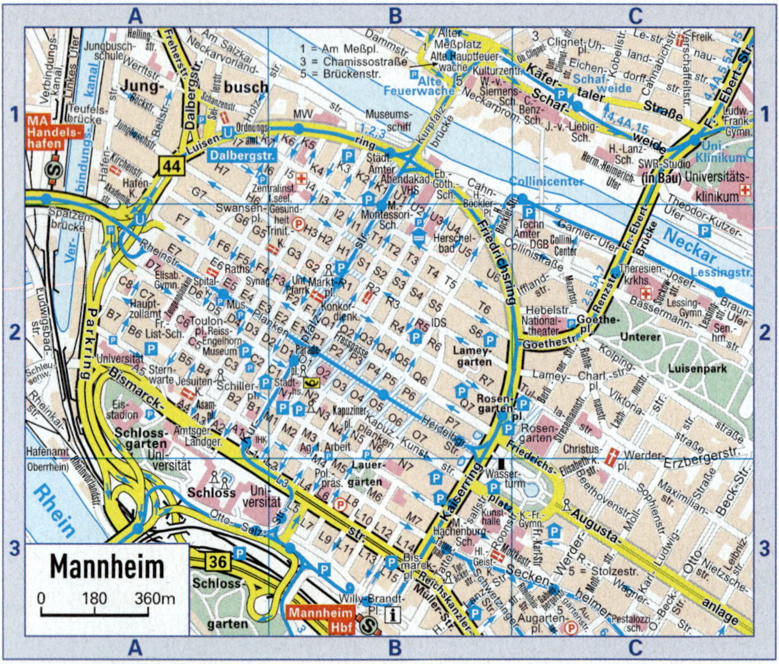

Radisson Blu Hotel Mannheim

www.radissonhotels.com

★★★★

Q7 27 (B2), PLZ 68161, **T 0621 336500,** F 336504499
229 Zimmer | 10 Suiten | 13 Apartments | 24 h

Eine ideale Adresse für Businessgäste. Das Hotel liegt sehr zentral mit intelligenter Anbindung zum Hbf, den umliegenden Autobahnen und zum Kongresszentrum Rosengarten. In den Zimmern dominieren Blau- und Cremetöne. Das Restaurant „SQUARE" serviert leichte regionale und internationale Gerichte. Aufladestation für Elektroautos.

Hotel Speicher 7

www.speicher7.com

VARTA-TIPP Ambiente

Rheinvorlandstraße 7 (↖ A1), PLZ 68159, **T 0621 1226680,** F 12266899
20 Zimmer | Ez 110–398 €, Dz 110–398 €, 25,00 €

Aus dem prägnanten alten Speichergebäude am Hafen ist ein trendiges Designhotel entstanden. Bei der Ausstattung hat man großen Wert auf die Erhaltung der originalen Stilelemente des Gebäudes gelegt. Die Zimmer und Lounges sind stylish-individuell und bieten einen besonderen Blick auf die Hafenkulisse. Zum Hotelangebot gehören auch eine Bar im Foyer und eine Terrasse direkt am Rhein.

Staytion Hotel

www.staytion.de

Heinrich-Lanz-Straße 5 (B3), PLZ 68165, **T 0621 49076780,** F 49076770
43 Zimmer | Ez 69–169 €, Dz 89–189 €, ab 21,50 €

2016 eröffnetes Hotel in zentraler Lage direkt am Hauptbahnhof. „Music meets Industry" ist das Motto für das einzigartige Designkonzept des Hauses. Jede Etage ist einem Künstler, einer Band oder einer Stilrichtung gewidmet. Die Zimmer sind in unterschiedlichen Kategorien buchbar. Zum Haus gehört auch eine Bar-Lounge.

SYTE Hotel www.sytehotel.de

Tattersallstraße 2 (B3), PLZ 68165, **T 0621 4907670,** F 49076770
39 Zimmer | 1 Suite | Ez ab 109 €, Dz ab 129 €, ab 21,50 € | 24 h

Das schicke Designhotel liegt verkehrsgünstig direkt am Hauptbahnhof. Hinter der denkmalgeschützten Fassade aus dunkelrotem Sandstein erwarten Sie klimatisierte Gästezimmer mit zeitgemäßem Komfort. Erlesene schwere Stoffe, kostbares Leder und edles dunkles Holz prägen die Einrichtung. Zum Haus gehören auch ein Fitnessraum und ein hoteleigenes Restaurant.

Opus V www.restaurant-opus-v.de

VARTA★TIPP Küche VARTA-TIPP Service

O 5 9-12 (B2), PLZ 68161 (OT: Quadrate), **T 0621 1671199**
30 | Menü 209 € | Sa Mi-Sa Mo, Di, So

Casual Fine Dining im sechsten Stock des Modehauses „Engelhorn". Hinter raumhohen Fenstern entfalten naturbelassene Materialien, edles Holz, stimmungsvolles Licht und schlichte, dekorative Accessoires ihre äußerst wohnliche Wirkung. „Urban Nature Cuisine" nennt Chefkoch Dominik Paul seine innovative Küche. Das anspruchsvolle Sechs-Gänge-Menü ist das Ergebnis handwerklich niveauvoller, aufwendiger und kreativer Zubereitung exzellenter Produkte. Äußerst aufmerksam, herzlich und versiert der Service samt trefflicher Weinberatung.

Doblers www.doblers.de

VARTA-TIPP Küche

Seckenheimer Straße 20 (C3), PLZ 68165, **T 0621 14397**
55 | Hauptgericht 43–49 €, Menü 104–138 € | Di-Sa Mo, So

Mit viel Engagement und Hingabe führen die Doblers ihr gleichnamiges Restaurant am Rande der Oststadt. Die feine, französisch geprägte Küche des Patrons begeistert Stammgäste seit mehr als drei Jahrzehnten. Dabei setzen Eric Schumacher und Norbert Dobler auf regionale und saisonale Produkte von ausgesuchter Qualität, die sie mit unverkennbarer Finesse und präzisem Handwerk zu niveauvollen Gerichten verwandeln. Im gut bestückten Weinkeller lagern erlesene Weine, darunter Bewährtes, aber auch einige Raritäten.

Marly
www.restaurant-marly.com

VARTA-TIPP Küche

Rheinvorlandstraße 7 (A3, am Hafen), PLZ 68159, **T 0621 86242121**
40 | Hauptgericht 28–34 €, Menü 99–139 € | Di-Fr Di-Sa Mo, So

Ein modernes Restaurant mit zeitgemäßem Industrieambiente in einem ehem. Getreidespeicher am Mannheimer Hafen. Hier verwöhnt Gregor Ruppenthal seine Gäste mit einer kreativ und französisch-mediterran inspirierten Gourmetküche, die in Menüform serviert wird. Auch die Auswahl des riesigen Weinklimaschranks kann sich sehen lassen. Preisgünstiger Mittagslunch. Schöne Terrasse direkt am Rhein.

Le Comptoir 17
www.comptoir17.com

Lameystraße 17 (C2), PLZ 68165, **T 0621 73617000**
Hauptgericht 21–31 € | Di-Fr Di-Sa Mo, So

Hinter den Mauern dieses Gründerzeithauses verbirgt sich ein stimmungsvolles Restaurant mit typisch Pariser Bistro-Atmosphäre. Es gibt schmackhafte französische Küche mit saisonalem Bezug. Probieren Sie z.B. „Gebratene Kalbsleber mit Apfel, frittierten Zwiebeln, Balsamicojus, Kartoffelgnocchi"! Mittags: Plat du jour inkl. Glas Wein, Wasser und Espresso.

Le Corange **Neu!**
www.corange-restaurant.de

O 5 9-12 (B2), PLZ 68161, **T 0621 1671199**
65 | Hauptgericht 32–63 €, Menü 139 € | Fr-Sa Di-Sa

Das Restaurant befindet sich in der 6. Etage des Modehauses „Engelhorn". Die Atmosphäre ist locker und unkompliziert, dazu ein unvergleichlicher Blick über die Dächer Mannheims. Aus der großen offenen Küche kommen moderne Seafoodvariationen auf klassisch französischer Basis. Bei Redaktionsschluss für diese Buchausgabe befand sich das Restaurant in einer kreativen Pause. Neubewertung folgt.

Jetzt vorbeischauen: pinterest.com/vartaguide

MARBURG 41 B
www.marburg-tourismus.de

Hessen | EW 73.125 | 186 m | Gießen 30 km, Kassel 93 km

Vila Vita Rosenpark
www.rosenpark.com

Anneliese-Pohl-Allee 7-17, PLZ 35037, **T 06421 60050,** F 6005100
194 Zimmer | 27 Suiten | 24 h

Dieses wunderschöne Refugium bietet Ihnen komfortabel und stilvoll ausgestattete Zimmer und Suiten sowie eine moderne Wellnesslandschaft auf 1.000 qm. Im Restaurant „Oliva" und auf der großzügigen Sommerterrasse wird mediterrane Küche serviert.

Marburger Esszimmer by Denis Feix **Neu!**
www.marburger-esszimmer.de

VARTA-TIPP Küche **VARTA-TIPP** Service

Anneliese-Pohl-Allee 1, PLZ 35037, **T 06421 8890471**
40 | Hauptgericht 18–49 €, Menü 139–169 € | So Mi-Sa Mo, Di

Gedeckte Grün- und Brauntöne und dezent elegantes Design dominieren das Gourmetrestaurant. Eyecatcher des Restaurants ist ein Hydroschrank, in dem Kräutersprösslinge und Salate heranwachsen. Das regionale Green-Fine-Dining-Konzept, das Denis Feix hier umsetzt, trifft den Zahn der Zeit. Seine überaus kreativen Gerichte können Sie als vier- oder sechsgängiges Menü genießen, wobei die Gänge auch flexibel kombiniert werden können. Ehefrau und Sommelière Kathrin Feix ist die geborene Gastgeberin, und auch die Weinauswahl mit rund 300 nachhaltig erzeugten Bio- und Demeter-zertifizierten Weinen trägt ihre Handschrift.

Blé Noir
www.ble-noir.de

Lingelgasse 10, PLZ 35037, **T 0177 1660166**
28 | Hauptgericht 5–40 € | Mo-So

Blé Noir steht für bretonische und französische Esskultur - und genau die wird hier zelebriert. In dem kleinen, intimen Restaurant kocht man frisch und ohne viel Schnickschnack. Wie wäre es z.B. mit „Kleine Meeresfrüchteplatte mit Bouchot-Muscheln, bretonischen Felsenaustern und französischen Crevetten"? Tischreservierung ratsam.

MARCH 56 D
www.march.de

Baden-Württemberg | EW 8.752 | 201 m | Emmendingen 8 km, Freiburg 10 km

Jauch's Löwen
www.jauch-loewen.de

Eichstetter Straße 4, PLZ 79232 (OT: Neuershausen), **T 07665 92090**
90 | Hauptgericht 20–45 €, Menü 38–83 € | Mo-Di, So Mo-Di, Fr-So Mi, Do

Bei den Jauchs kann man nicht nur angenehm übernachten, sondern auch fantastisch speisen. Das gemütliche Restaurant hat viele Stammgäste, die den freundlichen Service sowie die typisch badische Küche schätzen - einschließlich der saisonalen Köstlichkeiten mit Spargel, Pilzen oder Wild.

MARIENBERG 46 A
www.marienberg.de

Sachsen | EW 17.505 | 620 m | Chemnitz 30 km, Zwickau 62 km

Drei Brüder Höhe
www.drei-brueder-hoehe.de

★★★★

Drei Brüder Höhe 1, PLZ 09496 (OT: Wolfsberg), **T 03735 6000,** F 60050
38 Zimmer | 1 Suite | 1 Apartment | Ez ab 80 €, Dz ab 133 €, inkl. Frühstück

Auf einer Anhöhe am Waldrand gelegenes Landhaus mit Bowlingbahn und Biergarten. Helle, freundlich eingerichtete Zimmer mit funktionaler Ausstattung. Zum Haus gehören auch eine Sauna, ein Fitnessraum, ein Relaxgarten und ein Restaurant mit traditionell-moderner Erzgebirgsküche.

MARIENBERG, BAD 40 B
www.badmarienberg.de

Rheinland-Pfalz | EW 5.845 | 470 m | Hachenburg 12 km, Herborn 25 km

Steig-Alm Hotel Neu!
www.steig-alm.de

★★★S

Wildparkstraße 15, PLZ 56470, **T 02661 5810,** F 938723
22 Zimmer | Ez ab 99 €, Dz ab 139 €, inkl. Frühstück

››

Wer abschalten möchte und eine Auszeit benötigt, ist hier genau richtig: Das Hotel mit seinem rustikal-gemütlichen Alpencharme befindet sich inmitten des Wildparks Bad Marienberg - ruhig, mit purer Natur und vielen Tieren direkt vor der Haustür. Für Entspannung sorgen aber auch die wohnlichen, mit viel Holz ausgestatteten Zimmer sowie ein kleiner, moderner SPA- und Wellnessbereich mit Außensauna. Der berühmte Westerwaldsteig führt direkt am Haus vorbei.

MARKKLEEBERG 34 D www.markkleeberg.de

Sachsen | EW 24.254 | 116 m | Zwenkau 4 km, Leipzig 9 km

Markkleeberger Hof www.markkleeberger-hof.com

Städtelner Straße 122-124, PLZ 04416, **T 034299 70580**, F 7058222
59 Zimmer | 24 h

Neuzeitliches, privat geführtes Urlaubs- und Tagungshotel am grünen Rand von Leipzig. Komfortabel eingerichtete Gästezimmer mit moderner Ausstattung. Kleiner Wellnessbereich mit Sauna und Fitnessraum.

MARKT WEISENDORF 53 A www.weisendorf.de

Bayern | EW 6.700 | 308 m | Herzogenaurach 7 km, Höchstadt 9 km

Acantus Hotel www.acantus-hotel.de

Ringstraße 13, PLZ 91085 (OT: Oberlindach), **T 09135 211660**, F 21166200
59 Zimmer | 2 Suiten | 12 Apartments | Ez ab 70 €, Dz ab 100 €, inkl. Frühstück

Hier lässt es sich schön wohnen: ein freundlich geführtes Hotel in landschaftlich reizvoller Lage mit gepflegten, schallisolierten Zimmern, einem Sauna- und Fitnessbereich sowie verschiedenen Tagungs- und Eventmöglichkeiten. Beim Bau des Hotels wurde großer Wert auf ökologische Baustoffe gelegt.

MARKTBERGEL 52 D www.marktbergel.de

Bayern | EW 1.581 | 363 m | Rothenburg ob der Tauber 20 km, Crailsheim 58 km

Rotes Ross www.rotes-ross-marktbergel.de

VARTA-TIPP Küche

Würzburger Straße 1, PLZ 91613, **T 09843 936600**
50 | Hauptgericht 8–23 €, Menü 22–50 € | So Di-Sa Mo

Hinter der markant roten Fassade des stilvoll renovierten Gasthauses aus dem 16. Jahrhundert verbergen sich nicht nur geschmackvoll eingerichtete Wohlfühlzimmer, sondern auch zwei ländliche Gaststuben. Hier verwöhnt Sie Chefkoch Thomas Bogner mit einer regionalen Frischeküche, die er mit pfiffigen Ideen und hochwertigen einheimischen Produkten verfeinert. Dazu serviert man gute fränkische und ausländische Weine. Der grüne Salon im Obergeschoss eignet sich bestens für Veranstaltungen.

MARKTBREIT 52 B www.marktbreit.de

Bayern | EW 3.673 | 191 m | Ochsenfurt 6 km, Kitzingen 11 km

Löwen
www.loewen-marktbreit.de

★★★ garni

Marktstraße 8, PLZ 97340, **T 09332 50540,** F 9438
29 Zimmer | 1 Apartment | Ez ab 88 €, Dz ab 113 €, inkl. Frühstück

Traditionsreicher Familienbetrieb, der zu den ältesten Gasthöfen Süddeutschlands gehört. Individuell eingerichtete Gästezimmer mit zeitgemäßer Ausstattung und gemütlichem Charme. Rustikale Gaststuben mit fränkischer und internationaler Küche.

Alter Esel
www.alteresel-marktbreit.de

Marktstraße 10, PLZ 97340, **T 09332 5949477**
30 | Hauptgericht 21–24 €, Menü 52–79 € | So Mi-Sa Mo, Di

Schön liegt das Gasthaus - direkt im historisch geprägten Ortskern. Das Gebäude stammt aus dem 18. Jh. und steht unter Denkmalschutz. Gekocht wird regional und international, aber stets mit saisonalen Produkten. Die Weinkarte bietet eine gute Auswahl an fränkischen Gewächsen, aber auch Weine aus anderen bedeutenden Anbaugebieten.

Drachenburg
www.drachenburg.eu

Enheimer Straße 1, PLZ 97340, **T 09332 1430**
80 | Hauptgericht 16–34 €, Menü 22–35 € | So Mo, Do-So Di, Mi

Gemütliches Ambiente mit dekorativen Möbelstücken und Antiquitäten in einem Bruchsteinhaus aus dem Jahr 1926. Das freundliche Serviceteam serviert raffinierte fränkisch-internationale Gerichte. Netter Garten mit altem Baumbestand.

Michels Stern
www.michelsstern.de

Bahnhofstraße 9, PLZ 97340, **T 09332 1316**
30 | Hauptgericht 13–29 €, Menü 28–45 € | Mo-Di, Fr-So Mi, Do

Fränkisches Wohlfühlgasthaus mit ländlichem Flair. Abwechslungsreiche Speisekarte mit regionalen und internationalen Spezialitäten. Die Weinkarte listet über 200 fränkische Weine. Auch Gästezimmer vorhanden.

MARKTHEIDENFELD 52 A
www.marktheidenfeld.de

Bayern | EW 10.854 | 154 m | Wertheim 13 km, Lohr 18 km

Anker
www.hotel-anker.de

★★★★ garni

Kolpingstraße 7, PLZ 97828, **T 09391 60040,** F 600477
40 Zimmer | 4 Suiten | 1 Apartment | Ez 98–117 €, Dz 137–149 €, inkl. Frühstück | 24 h

Hotel und Weingut mit engagierter familiärer Führung seit 1872. Es erwarten Sie unterschiedliche, teils mit Antiquitäten eingerichtete Zimmer. Das Frühstück wird im lichtdurchfluteten Gartensaal oder bei schönem Wetter im romantischen Innenhof serviert.

Weinhaus Anker

VARTA-TIPP Küche

Obertorstraße 13, PLZ 97828
65 | Hauptgericht 13–39 €, Menü 42–109 € | Di-So Mo-So

››

Das hist. Weinhaus bietet gemütliche Räumlichkeiten mit nostalgischem Flair. Ein besonderer Hingucker ist die freigelegte und fachmännisch ergänzte Deckenbemalung in der alten Stube. In der „Anker"-Küche bilden Traditionelles und Zeitgeistiges eine kreative Einheit. Auf der saisonal wechselnden Speisekarte von Chef de Cuisine Bernhard Lermann finden sich solch schmackhafte Gerichte wie „Zart geschmortes Ragout vom Spessartreh | kräftige Spätburgundersauce | Kartoffelklöße | ausgelassener Speck | Trauben". Tipp: Weinprobe im hist. Holzfasskeller.

Zum Löwen
www.loewen-marktheidenfeld.de

★★★ S garni

Marktplatz 3, PLZ 97828, **T 09391 1571,** F 1721
27 Zimmer | 1 Suite | Ez ab 76 €, Dz ab 95 €

Liebevoll restauriertes Anwesen direkt neben dem Fischerbrunnen in der Altstadt. Harmonisch eingerichtete Zimmer in vier verschiedenden Kategorien. Kleiner Saunabereich. Das vielseitige Frühstücksbuffet kann im Sommer auch auf der Terrasse genossen werden.

Mainblick
www.hotel-mainblick.de

€ Gut & Günstig garni

Mainkai 11, PLZ 97828, **T 09391 98650,** F 986544
24 Zimmer | Ez 70–83 €, Dz 99–109 €, inkl. Frühstück

Hübsch gestalteter Gasthof in zentraler und sehr ruhiger Lage direkt an der Mainuferpromenade, der sich seit 1954 in Familienbesitz befindet. Geschmackvoll und komfortabel eingerichtete Gästezimmer mit moderner Ausstattung.

MARKTOBERDORF 67 A
www.touristik-marktoberdorf.de

Bayern | EW 18.160 | 758 m | Kaufbeuren 13 km, Schongau 25 km

Das Weitblick Allgäu
www.weitblick-allgaeu.com

★★★★

Schongauer Straße 48, PLZ 87616, **T 08341 41010**
98 Zimmer | Ez 94–223 €, Dz 188–446 €, inkl. Halbpension

Ferienhotel in herrlicher Alleinlage mit unbebautem Blick bis zu den Allgäuer Alpen. Die modernen, mit warmen Farben und viel Holz eingerichteten Zimmer versprühen alpine Gemütlichkeit. Ein besonderer Vorzug des Hauses ist der 2.000 qm große Hot-SPA-Wellnessbereich, der keine Wünsche offen lässt. Sky Bar im 3. OG mit schöner Dachterrasse.

MARLOW 10 D
www.stadtmarlow.de

Mecklenburg-Vorpommern | EW 4.629 | 30 m | Ribnitz-Damgarten 16 km, Rostock 36 km

Recknitztal-Hotel
www.recknitztal-hotel.de

★★★★

Carl-Kossow-Straße 35-37, PLZ 18337, **T 038221 42240,** F 4224100
48 Zimmer | 3 Suiten | 5 Apartments | ⏲ 24 h

Komfortable Suiten in der hist. Villa und moderne Gästezimmer im Bettenhaus. Netter Wellnessbereich mit finnischer Sauna und Dampfbad. Zum Haus gehören auch eine Bowlingbahn, eine Minigolfanlage und ein Kinderspielplatz. Deftig und rustikal geht es im Brauhaus „Zur alten Fassfabrik" zu.

MARXZELL 57 A
www.marxzell.de

Baden-Württemberg | EW 5.388 | 387 m | Gaggenau 19 km, Pforzheim 21 km

Landgasthof König von Preussen
www.koenig-von-preussen.eu

Klosterstraße 8, PLZ 76359 (OT: Frauenalb), **T 07248 1617,** F 4130
11 Zimmer | Ez ab 80 €, Dz ab 80 €, 5,00 €

Die freundlichen Gastgeber haben inmitten des wunderschönen Albtals einen netten Landgasthof, in dem man sehr gepflegt wohnt. In den hübsch ausgestatteten Zimmern verbinden sich traditioneller Charme und moderner Komfort. Gutbürgerliche bis gehobene Küche serviert man im Restaurant.

MASELHEIM 58 D
www.maselheim.de

Baden-Württemberg | EW 4.399 | 542 m | Biberach an der Riß 10 km, Laupheim 15 km

Lamm
www.sulminger-lamm.de

VARTA-TIPP Küche

Baltringer Straße 14, PLZ 88437 (OT: Sulmingen), **T 07356 937078**
40 | Hauptgericht 28–35 €, Menü 57–79 € | Mi-Sa Mo, Di, So

In diesem geschmackvoll restaurierten Landgasthof im Ortskern von Sulmingen verwöhnen Sie Constanze und Mike Becker mit einer exquisiten Küche. Neben gehobenen internationalen Gerichten stehen auch bodenständige Klassiker auf der wechselnden Speisekarte. Der Service ist kompetent, souverän und sehr liebenswürdig. Toll die liebevoll angelegte Gartenterrasse.

MASSERBERG 43 B
www.masserberg.de

Thüringen | EW 2.352 | 780 m | Neuhaus am Rennweg 25 km, Suhl 37 km

Rennsteig
www.hotel-rennsteig.com

★★★★

Am Badehaus 1, PLZ 98666, **T 036870 800,** F 88888
92 Zimmer | 5 Suiten | Ez ab 78 €, Dz ab 99 €, inkl. Frühstück

Am Ortsrand gelegenes Hotel, das architektonisch vom Bauhausstil inspiriert wurde. Neuzeitliche Zimmer mit zweckmäßiger Ausstattung. Fitnessraum, Saunabereich, Kegelbahn, Kaminzimmer und Bogenschießkeller. Restaurant mit feiner regionaler Küche.

MASSWEILER 50 C
www.vg-thaleischweiler-froeschen.de

Rheinland-Pfalz | EW 1.059 | 435 m | Zweibrücken 16 km, Kaiserslautern 34 km

Borst
www.restaurant-borst.de

Luitpoldstraße 4, PLZ 66506, **T 06334 1431**
30 | Hauptgericht 40–44 €, Menü 62–105 € | Do-So Mi-So Mo, Di

Das Restaurant von Monika und Harry Borst ist seit vielen Jahren eine verlässliche Genussadresse. Erst kürzlich hat man die Gasträume frisch renoviert. Nach seinen Lehr- und Wanderjahren ist inzwischen auch Sohn Maximilian an den heimischen Herd zurückgekehrt. Er verwöhnt seine Gäste mit einer feinen, klassischen Gourmetküche mit mediterranen Einflüssen. Die Weinkarte ist gekonnt zusammengestellt und fair kalkuliert. 7 behagliche Gästezimmer gibt es auch.

MAUERSTETTEN 67 A www.mauerstetten.de

Bayern | EW 3.019 | 716 m | Kaufbeuren 4 km, Bad Wörishofen 18 km

Landgasthof Zum goldenen Schwanen www.hotelgasthof-schwanen.de

€ Gut & Günstig

Paul-Gaupp-Straße 1, PLZ 87665 (OT: Frankenried), **T 08341 93960,** F 939630
12 Zimmer | 1 Apartment | Ez 64–79 €, Dz 99–119 €, inkl. Frühstück

Familiär geführter Dorfgasthof in den hist. Mauern eines alten Bauernhofs mit guten Tagungsmöglichkeiten. Gemütlich im ländlichen Stil eingerichtete Zimmer mit kostenlosem WLAN. Das Restaurant serviert abwechslungsreiche bayerische Küche.

MAXHÜTTE-HAIDHOF 54 D www.maxhuette-haidhof.de

Bayern | EW 10.554 | 416 m | Regensburg 27 km, Amberg 45 km

Kandlbinder Küche www.kandlbinderkueche.de

Postplatz 1, PLZ 93142 (OT: Ponholz), **T 09471 6050646**
100 | Hauptgericht 10–33 €, Menü 40–70 € | So Mo, Do-So Di, Mi

Richtig charmant ist die ehem. Poststation aus dem 18. Jh. mit ihren geschmackvollen Räumen und dem lauschigen Biergarten. Martin Kandlbinder verwendet für seine Speisen ausschließlich frische und hochwertige Lebensmittel - mal traditionell, mal crossover zubereitet. Lust auf „Gebratene Maishähnchenbrust | Selleriepüree | roh marinierter Kohlrabi | gebackener Steinpilz"?

MEERANE 45 A www.meerane.de

Sachsen | EW 16.287 | 250 m | Zwickau 13 km, Altenburg 20 km

Schwanefeld www.schwanefeld.de

★★★★ S

Schwanefelder Straße 22 (an der B 93), PLZ 08393, **T 03764 4050,** F 405606
53 Zimmer | 2 Suiten | 1 Apartment | Ez ab 99 €, Dz ab 149 €, inkl. Frühstück

Gewachsenes Landhotel mit Gästehaus in idyllischer Parkanlage. Individuelle Zimmer in unterschiedlichen Kategorien. Wellnessbereich über 4 Etagen auf 1.200 qm mit ganzjährig beheiztem Außenpool. Zwei Restaurants mit regionaler und mediterraner Küche.

Parkhotel Meerane www.parkhotel-meerane.de

Martinstraße 54, PLZ 08393, **T 03764 779580,** F 7795818
40 Zimmer | Ez 89–99 €, Dz 130–165 €, inkl. Frühstück | 24 h

Hist. Villa mit Jugendstilfassade in ruhiger Lage direkt am Stadtpark. Hell und freundlich eingerichtete Zimmer - Sie haben die Wahl zwischen den traditionellen Räumen im Altbau oder den modern eingerichteten Zimmern im Neubau. Im behaglichen Restaurant wird deutsche Küche mit mediterranen Einflüssen serviert.

MEERBUSCH 29 C www.meerbusch.de

Nordrhein-Westfalen | EW 58.000 | 36 m | Neuss 8 km, Düsseldorf 9 km

Anthony's Kitchen
www.anthonys.kitchen

VARTA-TIPP Küche

Moerser Straße 81, PLZ 40667 (OT: Büderich), **T 02132 9851425**
15 | Hauptgericht 28–34 €, Menü 115–160 € | Do-So ⃠ Mo, Di, Mi

Mit Freude, Leidenschaft und Herzblut führt Gründer und Namensgeber Anthony Sarpong das kleine Fine-Dining-Restaurant mit angeschlossener Kochschule. In stylishem Ambiente offeriert der in Ghana geborene Koch kreative Gerichte aus der gehobenen internationalen Küche mit französischen, arabischen und afrikanischen Einflüssen. Auch bei den Weinempfehlungen zum Menü liegt der charismatische Gastgeber goldrichtig. Tischreservierung notwendig! Tipp: Beliebt sind Anthony's Kochboxen, die man sich über den Onlineshop bequem nach Hause bestellen kann.

Landhaus Mönchenwerth
www.moenchenwerth.de

Niederlöricker Straße 56, PLZ 40667 (OT: Büderich), **T 02132 757650**
100 | Hauptgericht 28–58 € | So Di-So ⃠ Mo

In diesem hübschen, denkmalgeschützten Landhaus serviert man klassisch französische Küche mit internationalen Einflüssen. Probieren Sie z.B. „Filet vom Steinbutt mit Safranrisotto und Krustentierschaum"! Im Sommer der beste Platz weit und breit: das idyllische Gartenrestaurant direkt am Rhein.

MEERFELD 39 D
www.gesundland-vulkaneifel.de

Rheinland-Pfalz | EW 362 | 295 m | Bitburg 34 km, Koblenz 86 km

Die Post
www.die-post-meerfeld.de

★★★ S

Meerbachstraße 24-26, PLZ 54531, **T 06572 931900**
33 Zimmer | Ez 87 €, Dz 143 €, inkl. Frühstück

Das sympathische Haus befindet sich in ruhiger, reizvoller Lage im Herzen der Vulkaneifel am Meerfelder Maar. Die Zimmer (mit Balkon) sind wohnlich und zeitgemäß eingerichtet. Ob Fahrradfahren, Mountainbiketouren, Wandern oder Angeln – die Umgebung bietet hierfür zahlreiche Möglichkeiten.

Poststuben

Hauptgericht 18–30 € | So Mi-So ⃠ Mo, Di

Nach Lehr- und Wanderjahren in gastronomischen Spitzenhäusern ist Küchenmeister Sven Molitor in den elterlichen Betrieb zurückgekehrt. Im ländlich gehaltenen Restaurant serviert er raffiniert zubereitete Klassiker der regionalen Küche. Sehr gutes Preis-Leistungsverhältnis.

MEERSBURG 65 B
www.meersburg.de

Baden-Württemberg | EW 5.627 | 444 m | Überlingen 14 km, Friedrichshafen 18 km

Wilder Mann Neu!
meersburg-wilder-mann.de

Bismarckplatz 2, PLZ 88709, **T 07532 807580**
40 Zimmer | Dz ab 110 €, inkl. Frühstück

»

In dem traditionsreichen Hotel logierten bereits Persönlichkeiten aus Hochadel, Politik und Wirtschaft. Nach aufwendigem Umbau präsentiert sich das historische Gebäude am Ufer des Bodensees seit 2022 in neuem Glanz. Es bietet helle, liebevoll gestaltete Zimmer in unterschiedlichen Kategorien. Besonders komfortabel wohnt man in der großzügigen Suite mit direkter See- und Alpensicht. Zum Haus gehören auch ein Restaurant mit wunderschöner Terrasse und ein eigener Bootsanlegesteg.

3 Stuben — www.3stuben.de

Kirchstraße 7, PLZ 88709, **T 07532 80090,** F 800940
28 Zimmer | Ez 90–110 €, Dz 128–175 €, inkl. Frühstück | ⦸ 17.12.23–10.3.24

Zentral gelegenes Haus in einem Fachwerkgebäude aus dem 16. Jhd., das mit zahlreichen Kunstwerken geschmückt ist. Stilvoll und individuell gestaltete Zimmer mit komfortabler Ausstattung.

Residenz am See — www.hotel-residenz-meersburg.com

VARTA★TIPP Service

Uferpromenade 11, PLZ 88709, **T 07532 80040,** F 800470
26 Zimmer | 3 Suiten | 1 Apartment | Ez 118–142 €, Dz 198–342 €, inkl. Frühstück | ⦸ 23.–27.12.23, 5.2.–7.3.24

Erholen leicht gemacht: toller Service, charmantes Ambiente und dazu noch die herrliche Lage - eingebettet zwischen Weinberge und Bodensee. Bequem und individuell eingerichtete Zimmer im mediterranen Stil sorgen ebenfalls für einen angenehmen Aufenthalt. Morgens erwartet Sie ein sehr gutes Frühstück. In der gegenüberliegenden Meersburg-Therme genießen Hausgäste die Wellnessanwendungen zu Sonderkonditionen.

Casala - das Restaurant

VARTA-TIPP Küche **VARTA-TIPP** Service

12 | Mo, Do-So ⦸ Di, Mi ⦸ 23.–27.12.23, 5.2.–6.3.24

Eine kulinarische wie ambientige Trouvaille! Küchenchef Markus Philippi gehört zweifellos zu den kreativsten und experimentierfreudigsten Köchen im Süden der Republik. Regionale, frische Produkte verschmelzen hier zu erstklassigen Kreationen und lassen Sie die Bodenseeregion kulinarisch in all ihren Facetten erleben. Erlesene Weine aus dem hauseigenen Weinkeller mit über 350 Positionen und ein liebenswerter, zugewandter Service komplementieren das Genusserlebnis.

Villa Seeschau — www.hotel-seeschau.de

VARTA-TIPP Ambiente

garni

Von-Laßberg-Straße 12, PLZ 88709, **T 07532 434490,** F 434499
18 Zimmer | 2 Suiten | Ez 95–255 €, Dz 180–350 €, inkl. Frühstück

Das im mediterranen, villenhaften Stil erbaute Hotel empfängt Sie mit unterschiedlich eingerichteten Gästezimmern, die alle über einen Balkon oder eine Terrasse verfügen. Den See hat man hier praktisch immer im Blick. Schön auch die großzügige Gartenanlage mit Sonnenterrassen und Whirlpool. Hier genießen Sie die eindrucksvolle Aussicht sowie die wohltuende Ruhe dieses persönlich geführten Domizils.

MEINHARD 32 D — www.meinhard.de

Hessen | EW 5.540 | 250 m | Bad Sooden-Allendorf 18 km, Eisenach 44 km

Schloss Wolfsbrunnen
www.wolfsbrunnen.de

Am Berg 1, PLZ 37276 (OT: Schwebda), **T 05651 335790,** F 3357912
53 Zimmer | 7 Suiten | Ez 119–149 €, Dz 159–189 €, inkl. Frühstück

Das 1904 im Stil der Renaissance erbaute Schloss liegt inmitten des Werratals am Werratalsee. Die Zimmer sind individuell, allesamt schön, stilvoll und wohnlich. Zum Haus gehören auch Veranstaltungssäle, ein Restaurant, ein SPA-Bereich und eine Bibliothek. In den Sommermonaten lockt die großzügige Schlossterrasse.

MEISENHEIM 50 A
www.meisenheim.de

Rheinland-Pfalz | EW 2.795 | 160 m | Bad Kreuznach 31 km, Kaiserslautern 43 km

Meisenheimer Hof
www.meisenheimer-hof.de

Obergasse 33, PLZ 55590, **T 06753 1237780**
23 Zimmer | 5 Suiten | Ez 98–109 €, Dz 149–199 €, inkl. Frühstück

Ein schön restauriertes Weinhotel in der hist. Altstadt. Die meisten der Suiten und Themenzimmer sind nach berühmten Weinbergen an der Nahe benannt. Hausgästen stehen eine Dachterrasse und eine Bibliothek zur Verfügung. Im Keller lagern beste Weine.

Meisenheimer Hof

VARTA-TIPP Küche

44 | Hauptgericht 22–44 €, Menü 89–129 € | So Di-So Mo

Originale Holzdielen, Täfelung aus dem 18. Jh., Biedermeierstühle, Kirschholztische... Das Restaurant mit seinen drei miteinander verbundenen Gaststuben hat schon seinen ganz eigenen Stil - und dazu passt die zeitgemäß interpretierte, innovative Küche von Gastgeber und Küchenchef Markus Pape. Der gebürtige Sauerländer ist ein echtes Talent! Die Bandbreite seines Könnens zeigt er in einem kreativen Degustationsmenü (4 bis 7 Gänge). Der liebenswürdige Service gibt Tipps zu den passenden Weinen und der weiteren Getränkeauswahl. Bei schönem Wetter empfiehlt sich der schattige Innenhof.

MEISSEN 35 D
www.stadt-meissen.de

Sachsen | EW 28.198 | 106 m | Dresden 25 km, Riesa 26 km

Burgkeller & Residenz Kerstinghaus
www.burgkeller-meissen.de

★★★★

Domplatz 11, PLZ 01662, **T 03521 41400,** F 414070
25 Zimmer | 3 Suiten | 1 Apartment | Ez ab 80 €, Dz ab 130 €, inkl. Frühstück ››

In exponierter Lage auf dem Meißner Burgberg bietet dieses Haus eine tolle Aussicht auf Altstadt und Elbe. Die Gästezimmer wurden gemütlich und mit viel Liebe zum Detail eingerichtet. Hübscher Wellnessbereich mit Wintergarten und Außenterrasse. Panoramarestaurant mit regionaler und internationaler Küche.

Dorint Parkhotel www.dorint.com/meissen

★★★★ S

Hafenstraße 27-31, PLZ 01662, **T 03521 72250,** F 722904
118 Zimmer | 6 Suiten | 24 h

Mittelpunkt der Hotelanlage bildet die Jugendstilvilla von 1870 mit hübschem Elbblick. In mehreren Gebäuden stehen angenehme, wohnlich eingerichtete Zimmer in vier verschiedenen Kategorien zur Verfügung. Im eleganten Restaurant mit Wintergarten werden saisonal wechselnde regionale und internationale Speisen serviert.

Vincenz Richter www.restaurant.vincenz-richter.de

An der Frauenkirche 12, PLZ 01662, **T 03521 453285**
80 | Hauptgericht 14–27 € | Fr-So Di-Sa Mo

Restaurantkultur in historischer Atmosphäre, verbunden mit sächsischer Gastlichkeit und schmackhafter saisonal geprägter Küche - das gemütliche Weinrestaurant mit Terrasse und Innenhof sollte man sich als Meißen-Besucher nicht entgehen lassen. Edle Tropfen vom eigenen Weinberg.

Zum Goldenen Fass www.goldenes-fass-meissen.de

Vorbrücker Straße 1, PLZ 01662, **T 03521 719200**
50 | Hauptgericht 16–26 €, Menü 30–49 € | Mo-So

Unter dem Motto „Einfach lecker!“ bietet man in diesem ehem. Weinbauernhof eine schmackhafte saisonale Küche unter Verwendung regionaler Produkte. Dazu gibt es gute Weine aus dem Elbtal. Romantischer Hofgarten, hübsche Gästezimmer.

MELLE 21 D www.stadt-melle.de

Niedersachsen | EW 49.000 | 76 m | Osnabrück 22 km, Herford 26 km

Van der Valk www.melle.vandervalk.de

★★★★

Wellingholzhausener Straße 7, PLZ 49324 (OT: Drantum), **T 05422 96240,** F 9624444
118 Zimmer | 10 Suiten | 24 h

Modernes Freizeit- und Tagungshotel, verkehrsgünstig an der A30 gelegen. Geräumige Zimmer und Themensuiten in unterschiedlichen Kategorien. Kleiner Wellnessbereich mit Panoramasauna und Fitnessraum. Restaurant mit regionaler und internationaler Küche. Schöne Gartenterrasse.

Akzenthotel Hubertus www.hubertus-melle.de

★★★

Westerhausener Straße 50, PLZ 49324 (OT: Westerhausen), **T 05422 98290,** F 982929
33 Zimmer | 2 Apartments | Ez 59–89 €, Dz 85–130 €, inkl. Frühstück

Traditionsreiches, familiengeführtes Haus mit guter Verkehrsanbindung (nur 2 km zur A3/ Autobahnabfahrt Gesmold). Geschmackvoll eingerichtete Zimmer mit komfortabler und zeitgemäßer Ausstattung. Das Restaurant serviert überwiegend regionale Spezialitäten.

MELLRICHSTADT 43 C www.mellrichstadt-rhoen.de

Bayern | EW 5.500 | 270 m | Meiningen 21 km, Suhl 51 km

Biohotel Sturm www.hotel-sturm.com

Ignaz-Reder-Straße 3, PLZ 97638, **T 09776 81800,** F 818040
45 Zimmer | Ez ab 91 €, Dz ab 142 €, inkl. Frühstück

Das erste Biohotel im Biosphärenreservat Rhön ist ein Wohlfühlort für Individualisten. Die schnörkellosen Zimmer bestechen mit Klarheit, modernem Design und Eleganz der verwendeten Naturmaterialien. Fragen Sie nach den neuen Gartenblickzimmern! Zum Haus gehören auch ein schöner Wellnessbereich mit Kräutersauna, Schwimmteich und parkähnlichem Garten, das Biorestaurant „Otto's" sowie ein Naschgarten.

MELSUNGEN 32 C www.melsungen.de

Hessen | EW 13.309 | 179 m | Kassel 20 km, Fritzlar 24 km

Centrinum www.centrinum.de

Rosenstraße 1, PLZ 34212, **T 05661 926060,** F 9260666
22 Zimmer | 1 Apartment | Ez 90 €, Dz 140 €, inkl. Frühstück

Privat geführtes Hotel inmitten der Melsunger Altstadt, das sich in einem unter Denkmalschutz stehenden Gebäudeensemble befindet. Individuell eingerichtete Gästezimmer mit stilvoller Möblierung und historischer Raumcharakteristik. Angeschlossenes Bistro und Weinlokal mit hübscher Außenterrasse.

MEMMELSDORF 53 A www.memmelsdorf.de

Bayern | EW 8.854 | 262 m | Bamberg 8 km, Scheßlitz 13 km

Drei Kronen www.drei-kronen.de

★★★ S

Hauptstraße 19, PLZ 96117, **T 0951 944330,** F 9443366
36 Zimmer | Ez ab 78 €, Dz ab 111 €, inkl. Frühstück | ⃠ 21.–25.12.23

Hist. Haus mit familiärer Atmosphäre und wohnlichen Gästezimmern in verschiedenen Kategorien - von fränkisch-gemütlich bis modern-luxuriös. In den behaglichen Gaststuben werden bodenständige Gerichte und hausgebraute Biere serviert.

Höhn www.hotel-gasthof-hoehn.de

★★★

Hauptstraße 11, PLZ 96117, **T 0951 406140,** F 4061444
40 Zimmer | Ez ab 64 €, Dz ab 99 €, inkl. Frühstück

Der fränkische Brauereigasthof befindet sich bereits seit vielen Jahren in Familienbesitz. Hier erwarten Sie eine gemütliche Gaststube, ein idyllischer Hofgarten und gepflegte Landhauszimmer. Es werden auch Brauereiführungen angeboten.

MEPPEN 20 B www.meppen.de

Niedersachsen | EW 36.076 | 14 m | Holländische Grenze 16 km, Lingen 20 km

VIA PLAZA Hotel Meppen Neu! www.viaplaza.de

An der Mündung 1, PLZ 49716, **T 05931 97900**
81 Zimmer | Ez 99–129 €, Dz 119–149 €, inkl. Frühstück | 24 h

Hier wohnen Sie in einem modernen, energieeffizienten und nachhaltig gebauten Haus im Meppener Flusseck zwischen Ems und Hase. Das Businesshotel bietet geräumige und technisch gut ausgestattete Zimmer, teils mit Balkon und Flussblick. Im Obergeschoss befindet sich ein schöner Wellnessbereich.

von Euch www.voneuch.de

VARTA-TIPP Küche

Kuhstraße 21-25, PLZ 49716, **T 05931 4950100**
50 | Hauptgericht 15–24 €, Menü 23–38 € | Mi-So Mo-So

Ein Paradebeispiel für herzlichen Service, gepflegtes Ambiente und schmackhafte saisonale Küche ist das einladende Restaurant in dem gleichnamigen Hotel. Lust auf „Filet von der deutschen Färse | grüner Spargel | Dauphine-Kartoffel | Spitzmorchel“ oder „Geschmorte Ochsenschulter | Kartoffel | junges Gemüse | Jus“? Ergänzt wird das kulinarische Angebot durch eine gute Auswahl an Weinen und regionalem Craftbier aus einer emsländischen Braumanufaktur. Zum Übernachten bietet man gepflegte, neuzeitlich eingerichtete Nichtraucherzimmer.

Jetzt vorbeischauen: pinterest.com/vartaguide

MERCHING 59 D www.merching.de

Bayern | EW 3.251 | 529 m | Augsburg 18 km, Aichach 30 km

Aumiller Landgasthof www.landgasthof-aumiller.de

Kirchfeldstraße 13, PLZ 86504, **T 08233 74370,** F 743755
30 Zimmer | Ez 75–95 €, Dz 105–150 €, inkl. Frühstück | 22.12.23–7.1.24

Dieser Gasthof hat jede Menge Charme - dafür sorgen die herzlich-familiäre Atmosphäre ebenso wie die geräumigen und sehr wohnlich eingerichteten Zimmer. Dazu behagliche Gaststuben, in denen eine frische bodenständige Küche aufgetischt wird. Schöner Biergarten unter Kastanienbäumen.

MERGENTHEIM, BAD 52 C www.bad-mergentheim.de

Baden-Württemberg | EW 22.511 | 206 m | Tauberbischofsheim 16 km, Künzelsau 30 km

Bundschu www.hotel-bundschu.de

★★★★

Milchlingstraße 24, PLZ 97980, **T 07931 9330,** F 933633
60 Zimmer | Ez ab 79 €, Dz ab 116 €, inkl. Frühstück

Zeitgemäßer Wohnkomfort und fränkische Gastlichkeit erwarten Sie in diesem inhabergeführten Haus im Taubertal. Das Hotel bietet lichtdurchflutete Gästezimmer in unterschiedlichen Kategorien. Es gibt auch einen schönen Saunabereich und Massageangebote.

Bundschu

80 | Hauptgericht 14–30 €, Menü 25–48 € | Sa-So Di-So Mo

Ein gemütliches Hotelrestaurant mit mediterranem Flair. Was hier serviert wird, sind schmackhafte, ambitionierte Gerichte, für die man sehr gute Produkte verwendet. Darf es vielleicht „In Tauberwein geschmortes Rindergulasch mit hausgemachten Dinkelspätzle und Frischgemüse“ sein? Oder lieber „Steinbeißerfilet aus der Pfanne auf Rahmspargel mit kleinen Röstkartoffeln“? Im Sommer hat man eine nette Gartenterrasse.

Edelfinger Hof www.edelfinger-hof.de

★★★★

Landstraße 14, PLZ 97980 (OT: Edelfingen), **T 07931 9580,** F 958222
65 Zimmer | 3 Suiten | Ez ab 99 €, Dz ab 139 €, inkl. Frühstück

Freundlich geführtes Landhotel mit komfortabel und wohnlich eingerichteten Zimmern. Zum Haus gehören auch verschiedene Tagungsräume, ein gemütliches Restaurant, die Eventlocation „L'Osteria“ und eine große Sonnenterrasse.

MERKLINGEN 58 B www.merklingen.de

Baden-Württemberg | EW 1.933 | 699 m | Laichingen 7 km, Ulm 26 km

Ochsen www.hotel-ochsen-merklingen.de

★★★ S

Hauptstraße 12, PLZ 89188, **T 07337 96180,** F 9618200
31 Zimmer | Ez 75–109 €, Dz 99–129 €, inkl. Frühstück

Traditionsreicher Gasthof mit familiärer Führung. Das Haus bietet einfache, aber gepflegte Gästezimmer, die in unterschiedlichen Kategorien buchbar sind. Im modernen Restaurant wird gehobene schwäbische Traditionsküche mit internationaler Note serviert.

MERTESDORF 49 A www.mertesdorf.de

Rheinland-Pfalz | EW 1.673 | 220 m | Trier 9 km, Koblenz 89 km

Weis www.hotel-weis.de

★★★★

Eitelsbacher Weg 4, PLZ 54318, **T 0651 95610,** F 9561150
48 Zimmer | 1 Suite

Hotel mit angeschlossenem Weingut - idyllisch in den Weinbergen des Ruwertals gelegen. Geschmackvolle Zimmer, die mit Naturholzmöbeln eingerichtet sind. 350 qm großer „Riesling Spa“ mit Sauna und Dampfbad. Behagliches Restaurant, Vinothek und Gutsweinstube.

MERZIG 49 C www.merzig.de

Saarland | EW 30.518 | 174 m | Saarlouis 21 km, Luxembourg 56 km

Roemer
www.roemer-merzig.de

★★★ S garni

Schankstraße 2, PLZ 66663, **T 06861 93390,** F 933930
41 Zimmer | Ez 79–99 €, Dz 99–120 €, inkl. Frühstück

Gewachsenes Stadthotel von 1871 mit zeitgemäßen und funktional eingerichteten Zimmern. Modern gestaltetes Restaurant mit regionalen und internationalen Spezialitäten. Regelmäßig finden Events wie Weinproben, Whiskytastings und Candlelight-Dinner statt.

MESCHEDE 30 D
www.hennesee-tourismus.de

Nordrhein-Westfalen | EW 32.475 | 260 m | Brilon 22 km, Lippstadt 43 km

Landhotel Donner
www.landhotel-donner.de

★★★ S garni

Zur alten Schmiede 4, PLZ 59872 (OT: Remblinghausen), **T 0291 952700,** F 9527010
14 Zimmer | Ez 84–96 €, Dz 118–146 €, inkl. Frühstück

Angenehm persönlich ist die Atmosphäre in diesem familiär geführten Landhotel. Hier stehen gemütliche, komfortable Zimmer im Cottagestil zur Verfügung. Zahlreiche Wanderwege befinden sich in direkter Umgebung.

Landhotel Donner

VARTA-TIPP Küche

90 | Hauptgericht 25–43 €, Menü 28–58 € | Sa Mo-Di, Do-Sa Mi, So

Drei Generationen Familientradition, dazu behagliche Atmosphäre mit viel Holz und gute Küche - wer kommt da nicht gerne zum Essen? Dass es hier schmeckt, beweisen solide gekochte, bürgerlich-regionale Gerichte wie z.B. „Gebratene Maispoulardenbrust auf geschmortem Spitzkohl mit Kalbsjus, Pfifferlingen und Kartoffel-Schnittlauchpüree". Auch der herzliche Service und das ausgewogene Preis-Leistungsverhältnis können überzeugen.

Von Korff
www.hotelvonkorff.de

Le-Puy-Straße 19, PLZ 59872, **T 0291 99140**
100 | Hauptgericht 17–38 € | Mo-Sa So

Modern eingerichtetes Restaurant in einem Patrizierhaus aus dem Jahr 1902. Serviert werden Spezialitäten aus der mediterranen und regionalen Küche. Aufmerksamer und freundlicher Service.

MESPELBRUNN 51 B
www.spessartraeuberland.de

Bayern | EW 2.192 | 269 m | Aschaffenburg 20 km, Marktheidenfeld 24 km

Müller's Landhotel www.muellers-landhotel.info

Am Dürrenberg 1, PLZ 63875 (OT: Hessenthal), **T 06092 824820,** F 82482299
29 Zimmer | 2 Suiten | Ez 59–109 €, Dz 98–178 €, inkl. Frühstück

Das neuzeitliche Hotel am Ortsrand von Mespelbrunn verfügt über sehr gepflegte, modern ausgestattete Zimmer mit gutem Platzangebot. Von den Balkonen blickt man ins Grüne. Gute Tagungsmöglichkeiten. Wanderwege in unmittelbarer Nähe.

Müller's Frischeküche

80 | Hauptgericht 17–28 €, Menü 39 € | So Mo-So

Hell und zeitgemäß präsentiert sich dieses Restaurant mit Sonnenterrasse und Wintergarten. Die regionalen und internationalen Speisen werden aus frischen Produkten schmackhaft zubereitet und freundlich serviert. Regelmäßig Spezialitäten- und Themenwochen.

Rügers Forstgut www.ruegers-forstgut.de

★★★★

Schlossallee 25, PLZ 63875, **T 06092 6080,** F 608100
40 Zimmer | 2 Suiten | Ez ab 95 €, Dz ab 140 €, inkl. Frühstück

Restaurierter Fachwerkbau von 1910 in ruhiger Lage. Meist zeitgemäß gestaltete Zimmer mit hochwertiger Ausstattung. Wellnesslounge mit Sauna, Dampfbad und Sonnenwiese. Restaurant mit fränkischem Wirtshausflair und idyllischer Gartenterrasse.

Zum Engel www.mespelbrunn-hotel-engel.de

Hauptstraße 268, PLZ 63875, **T 06092 97380,** F 973839
23 Zimmer | Ez ab 85 €, Dz ab 120 €, inkl. Frühstück

Familiengeführter Gasthof mit über 400-jähriger Tradition. Wohnlich eingerichtete Zimmer mit zeitgemäßer Ausstattung und kostenlosem WLAN. Regionale Spezialitäten bietet das Restaurant.

MESSKIRCH 58 C www.messkirch.de

Baden-Württemberg | EW 8.100 | 616 m | Sigmaringen 21 km, Stockach 23 km

Adler Leitishofen www.adler-leitishofen.de

Leitishofen 35, PLZ 88605 (OT: Menningen), **T 07575 925080**
150 | Hauptgericht 17–35 € | Mo, Do-So Di, Mi

Möchten Sie in den traditionell-modernen Stuben des Gasthofs speisen oder lieber auf der herrlichen Terrasse im Grünen? Es gibt regionale Spezialitäten aus den heimischen Wäldern und dem nahegelegenen Bodensee sowie saisonale und internationale Gerichte. Zum Übernachten hat man gepflegte, freundliche Zimmer.

MESSSTETTEN 57 D www.messstetten.de

Baden-Württemberg | EW 9.996 | 907 m | Pfullingen 25 km, Sigmaringen 35 km

Lammstuben www.lammstuben.de

Römerstraße 2, PLZ 72469 (OT: Hartheim), **T 07579 621**
60 | Hauptgericht 12–29 €, Menü 25–43 € | Do, Sa-So Mo, Do-So Di, Mi ››

Aus dem ehem. Gasthof mit Landwirtschaft ist ein geschmackvolles Restaurant entstanden. Wandvertäfelungen, historische Bilder, bemalte Holzdecken und opulente Stoffe sorgen für eine behagliche Atmosphäre. Gekocht wird überwiegend regional.

METTLACH 49 C www.tourist-info.mettlach.de

Saarland | EW 12.300 | 175 m | Merzig 8 km, Saarlouis 29 km

Anzeige

Buchnas Landhotel Saarschleife www.hotel-saarschleife.de

★★★★ garni

Cloefstraße 44, PLZ 66693 (OT: Orscholz), **T 06865 1790,** F 17930
41 Zimmer | 3 Suiten | 1 Apartment | Ez 85–144 €, Dz 139–210 €, inkl. Frühstück

Ein gepflegtes, familiengeführtes Hotel direkt an der imposanten Saarschleife. Das Haus verfügt über stilvolle Zimmer und Suiten mit ländlich-romantischem Charme, einen schönen SPA- und Wellnessbereich sowie einen gepflegten Hotelpark mit Sonnenwiese. Morgens werden Sie mit einem reichhaltigen Frühstück mit frischen regionalen Produkten verwöhnt.

Buchnas Landküche & Dorfküche

VARTA-TIPP Service

80 | Hauptgericht 20–30 € | Mo-So

Das Gastronomiekonzept des Hotels teilt sich in zwei Bereiche: Während im einladend-rustikalen Restaurant „Dorfküche" frische, bodenständige Gerichte zu moderaten Preisen aufgetischt werden, bietet das Restaurant „Landküche" im unaufdringlich-elegant gehaltenen Kaminzimmer eine feine, ambitionierte Produktküche. Patron und Chefkoch Christian Münch-Buchna legt bei der Verwendung seiner Lebensmittel größten Wert auf Saisonalität, Regionalität und Nachhaltigkeit. Dazu gibt es ausgesuchte Weine aus nah und fern. An der Gästefront fungiert Pierre Näke als routinierter und umsichtiger Restaurantleiter.

METTMANN 29 C www.mettmann.de

Nordrhein-Westfalen | EW 37.867 | 140 m | Düsseldorf 15 km, Wuppertal 16 km

Land Gut Höhne www.guthoehne.de

★★★★ S

Düsseldorfer Straße 253, PLZ 40822, **T 02104 7780,** F 778778
130 Zimmer | 4 Suiten | Ez ab 115 €, Dz ab 205 €, inkl. Frühstück | 24 h

Stilvoll-rustikales Hotel, das in eine schöne alte Gutsanlage eingebettet ist. Wohnliche, baubiologisch gestaltete Zimmer mit Zirbenholzbetten und zeitgemäßer Technik. Sehr gutes SPA- und Tagungsangebot. Behagliches Gutshofrestaurant mit zahlreichen Nischen und verwinkelten Sitzecken.

METZINGEN 58 A www.metzingen.de

Baden-Württemberg | EW 21.172 | 350 m | Reutlingen 8 km, Stuttgart 34 km

Schwanen www.hotel-schwanen-metzingen.de

★★★★

Bei der Martinskirche 10, PLZ 72555, **T 07123 9460,** F 946100
72 Zimmer | 4 Suiten | Ez 100–175 €, Dz 125–251 €, 18,90 €

Der gewachsene Familienbetrieb ist äußerst gepflegt und seit Jahren eine gute Adresse - nicht nur für Besucher der Mode-Outlets, die sich in unmittelbarer Nähe befinden. Besonders nett wohnen Sie übrigens in den neueren Zimmern im Gartenhaus. Im liebevoll gestalteten Restaurant wird gehobene, schwäbisch-saisonale Küche serviert.

Stausee-Hotel www.stausee-hotel.de

GREENSIGN ★★★ S

Unterer Hof 3, PLZ 72555 (OT: Glems), **T 07123 92360,** F 923663
22 Zimmer | 2 Apartments | Ez 95–125 €, Dz 130–145 €, inkl. Frühstück

Das familiengeführte Haus besticht durch seine schöne Lage oberhalb des Glemser Stausees. Hier wohnen Sie in hellen, neuzeitlich ausgestatteten Gästezimmern. Im Restaurant wird saisonal gekocht. Sonnige Terrasse mit Seeblick.

MICHELAU I.OFR 44 C www.gemeinde-michelau.de

Bayern | EW 6.407 | 266 m | Kronach 22 km, Coburg 24 km

Goldene Krone www.krone-michelau.de

€ Gut & Günstig ★★★

Kirchplatz 14, PLZ 96247, **T 09571 97050,** F 970598
11 Zimmer | Ez 54–75 €, Dz 98–120 €, inkl. Frühstück | 27.12.23–2.1.24

Traditionsreicher fränkischer Gasthof in einem um 1740 erbauten Haus, der in der 3. Generation familiengeführt ist. Gemütlich eingerichtete Zimmer mit zeitgemäßer Ausstattung. In den gepflegten Gaststuben werden fränkische Schmankerl und überregionale Küche serviert.

MICHELSTADT 51 A www.michelstadt.de

Hessen | EW 16.108 | 206 m | Eberbach 25 km, Miltenberg 31 km

Landgasthof Geiersmühle www.geiersmuehle.de

Ohrnbach-Außenliegend 1, PLZ 64720 (OT: Vielbrunn), **T 06066 721**
40 | So Fr-So

Ehem. Mühlenanwesen in idyllischer Waldrandlage mit familiär-freundlichem Service. Serviert werden schmackhafte mediterrane und deutsche Gerichte, die man im gemütlichen Restaurant mit Kachelofen und im Sommer auf der Hofterrasse mit Blick ins Grüne genießen kann. Geräumige Gästezimmer vorhanden.

MIESBACH 68 A www.miesbach.de

Bayern | EW 11.268 | 688 m | Bad Tölz 22 km, Rosenheim 32 km

Bayerischer Hof www.bayerischerhof-online.de

★★★★

Oskar-von-Miller-Straße 2-4, PLZ 83714, **T 08025 2880,** F 288288
134 Zimmer | 19 Suiten | Ez ab 119 €, Dz ab 159 €, inkl. Frühstück | 24 h

Das Tagungs- und Urlaubshotel liegt vor einem herrlichen Bergpanorama. Die geräumigen Zimmer sind im klassischen Stil eingerichtet und verfügen über einen Balkon oder eine Terrasse. Großzügige Saunalandschaft auf 500 qm. Restaurant mit regionaler und saisonaler Küche.

Manuelis www.manuelis.de

VARTA-TIPP Küche

Kolpingstraße 2, PLZ 83714, **T 01515 4694237**
30 | Menü 59–129 € | Do-So Mo, Di, Mi

Was von außen eher unscheinbar daherkommt, entpuppt sich im Innern als echtes Juwel! Hier wird mit Liebe und Leidenschaft gekocht. Die Küche von Manuel Greindl ist modern-kreativ, angenehm klar und verwendet fast ausschließlich frische regionale Lebensmittel. Sie haben die Wahl zwischen einem Drei-, Fünf-, Sieben- oder Neun-Gänge-Menü. Zu ausgewählten Terminen finden sogenannte Themenmenüabende statt. Zum Restaurant gehört auch eine Ferienwohnung.

MILTENBERG 51 B www.miltenberg.info

Bayern | EW 9.412 | 127 m | Michelstadt 29 km, Wertheim 30 km

Hopfengarten www.flairhotel-hopfengarten.de

★★★ garni

Ankergasse 16-20, PLZ 63897, **T 09371 97370,** F 69758
19 Zimmer | 1 Suite | Ez 62–118 €, Dz 98–164 €, inkl. Frühstück

Familiär geführtes Haus in zentraler Lage. Wohnliche Gästezimmer mit neuzeitlicher Ausstattung in vier verschiedenen Kategorien. Das Haus bietet auch Stellplätze für Fahr- und Motorräder. Das reichhaltige Frühstücksbuffet wird bei schönem Wetter auch auf der Terrasse serviert.

MINDELHEIM 59 C www.mindelheim.de

Bayern | EW 14.377 | 604 m | Memmingen 28 km, Landsberg 28 km

Kunstmühle www.kunstmuehle-mn.de

Hermelestraße 19, PLZ 87719, **T 08261 7595823,** F 7595821
18 Zimmer | Ez ab 76 €, Dz ab 94 €, 9,00 €

Aus der ehem. Kunstscheune ist ein hübsches kleines Hotel mit modernen und wohnlichen Nichtraucherzimmern entstanden. Zum Haus gehören auch ein italienisches Restaurant im Landhausstil sowie eine Terrasse mit Flussblick.

MINDEN 22 D www.mindenmarketing.de

Nordrhein-Westfalen | EW 82.400 | 48 m | Hameln 41 km, Bielefeld 46 km

Victoria Hotel www.victoriahotel-minden.de

Markt 11, PLZ 32423, **T 0571 973100,** F 9731090
32 Zimmer | Ez ab 110 €, Dz ab 135 €, inkl. Frühstück

In einem hist. Gebäude von 1840 befindet sich dieses komfortable Hotel. Behaglich ausgestattete Gästezimmer und Apartments. Klassisch gehaltenes Restaurant mit mediterran inspirierter Küche. Tolle Lage direkt am Mindener Markt.

MITTENWALD 67 D www.mittenwald.de

Bayern | EW 7.100 | 913 m | Garmisch-Partenkirchen 18 km, Innsbruck (Österreich) 38 km

Posthotel www.posthotel-mittenwald.de

★★★★

Karwendelstraße 14, PLZ 82481, **T 08823 9382333,** F 9382999
73 Zimmer | 7 Suiten | Ez ab 74 €, Dz ab 132 €, inkl. Frühstück | 24 h

Hist. Gasthof im Ortszentrum mit unterschiedlichen Gästezimmern, die von einfach-rustikal bis wohnlich-elegant eingerichtet sind. Kleiner Wellnessbereich mit Pool und finnischer Sauna. Behagliches Restaurant mit Sonnenterrasse, die den Blick auf den Karwendel freigibt.

Landhaus Sonnenbichl www.sonnenbichl-mittenwald.de

★★★ S garni

Klausnerweg 32, PLZ 82481, **T 08823 92230,** F 5814
18 Zimmer | 4 Apartments | Ez ab 74 €, Dz ab 135 €, inkl. Frühstück

Gepflegter Familienbetrieb in sonnenverwöhnter ruhiger Lage mit einem traumhaften Ausblick auf das Karwendelgebirge. Gemütliche, im Landhausstil eingerichtete Zimmer mit zeitgemäßer Ausstattung. Das reichhaltige Frühstück wird im behaglichen Frühstücksraum mit Kachelofen oder bei schönem Wetter auf der großen Sonnenterrasse serviert.

Das Marktrestaurant www.das-marktrestaurant.de

VARTA-TIPP Küche

Dekan-Karl-Platz 21, PLZ 82481, **T 08823 9269595**
40 | Hauptgericht 25–50 €, Menü 94–132 € | Fr-Sa Di-Sa Mo, So

››

Ein echtes Schmuckstück ist dieses leger-gemütliche Restaurant. Andreas Hillejans Leidenschaft gilt der neuen deutschen Küche - bodenständig und ehrlich, aber gleichzeitig mit jeder Menge Raum für Kreativität. Für seine spannenden Gerichte verwendet er vor allem frische und saisonale Spitzenprodukte aus der direkten Umgebung. Nette Terrasse im Innenhof mit einmaligem Blick auf das Karwendelgebirge. Der hist. Gewölbekeller eignet sich bestens für Veranstaltungen. Regelmäßig Kochkurse.

Brauereigaststätte Post-Keller Neu! brauereigaststaette-postkeller.de

Innsbrucker Straße 12, PLZ 82481, **T 08823 9379480**
250 | Hauptgericht 13–30 € | Mo, Do-So Di, Mi

Direkt unter der westlichen Karwendelspitze und gleich neben der Brauerei Mittenwald empfängt Sie dieses urig-gemütliche Wirtshaus. Das historische Gebäude von 1896 hat man liebevoll renoviert. Serviert wird eine authentische Brauhausküche zu fairen Preisen. Dazu gibt es selbstgebraute Biere - frisch gezapft vom Fass. Für Familien- oder Firmenfeiern stehen verschiedene Räumlichkeiten zur Verfügung.

MITTERSKIRCHEN 61 D www.mitterskirchen-hp.de

Bayern | EW 2.059 | 433 m | Eggenfelden 8 km, Mühldorf am Inn 22 km

Freilinger Wirt Neu! www.freilinger-wirt.de

Hofmarkstraße 5, PLZ 84335, **T 08725 200**
110 | Hauptgericht 10–30 €, Menü 25–60 € | Sa-So Mi-So Mo, Di

Ein sympathisches Wirtshaus mit viel Holz, moderner Formensprache und geradlinigem Interieur. Am Herd steht Junior Michael Freilinger, und was aus der Küche kommt, ist ehrlich, bodenständig und einfach gut gekocht, so z.B. „Filet vom Strohschwein mit Pfefferkruste auf gebratenem Gemüse und Kartoffelrösti". Die Zutaten kommen größtenteils von heimischen Erzeugern und orientieren sich am saisonalen Marktangebot. Im Sommer geht's raus in den schönen, windgeschützten Biergarten.

MOERS 29 C www.moers.de

Nordrhein-Westfalen | EW 103.108 | 30 m | Duisburg 13 km, Krefeld 20 km

Wellings Hotel zur Linde www.hotel-zur-linde.de

★★★★ garni

An der Linde 2, PLZ 47445 (OT: Repelen), **T 02841 9760,** F 97666
60 Zimmer | 5 Suiten | 5 Apartments | 22.12.23–7.1.24

Persönlich geführtes Haus mit individuell eingerichteten Zimmern und guten Tagungsmöglichkeiten. Schöne Wellnesslandschaft mit Sauna, Fitnessraum und Ruhebereich. Große Parklandschaft hinter dem Hotel.

Wellings Hotel zur Linde

180 | Hauptgericht 22–44 €, Menü 59–89 € | Di-Sa Mo, So 22.12.23–7.1.24

Hübsch dekorierte Gaststuben im hist. Teil des Hauses. Aus der Küche kommen regionale und internationale Speisen wie z.B. „Gebratene Lammkeule mit zweierlei Bohnen und Käserahmkartoffeln" oder „Auf der Haut gebratenes Lachsfilet mit cremigem Fregolarisotto".

Kurlbaum www.restaurant-kurlbaum.de

Burgstraße 7, PLZ 47441, **T 02841 27200**
40 | Hauptgericht 28–38 €, Menü 49–85 € | Mi-Fr Mi-So Mo, Di

Zeitlos-elegantes Restaurant in der Fußgängerzone. Seit Jahren bietet man hier eine gehobene internationale Küche in beständiger Qualität. Im Bistrobereich im Erdgeschoss wird mittags ein preisgünstiges 2-Gang-Menü (inkl. Mineralwasser) serviert.

MOLFSEE 8 C www.molfsee.de

Schleswig-Holstein | EW 5.407 | 24 m | Kiel 7 km, Neumünster 23 km

Bärenkrug www.baerenkrug.de

★★★ S garni

Hamburger Chaussee 10, PLZ 24113, **T 04347 71200,** F 712013
36 Zimmer | Ez ab 80 €, Dz ab 130 €, inkl. Frühstück | 23.12.23–7.1.24

Traditionsbetrieb aus dem 17. Jh., der seit 1919 familiengeführt ist. Individuell eingerichtete, großzügige Zimmer im Landhausstil für Wochenend- und Geschäftsreisende. Für Entspannung sorgt eine finnische Naturstammsauna nahe dem hauseigenen Kräutergarten.

Bärenkrug

130 | Hauptgericht 21–38 €, Menü 59–74 € | Mi-So Mo, Di 23.12.23–7.1.24

Stilvolles Restaurant im friesisch-nordischen oder mediterranen Landhausstil mit saisonal orientierter, regionaler Küche. Idyllischer Hofgarten mit alten Kastanienbäumen.

MÖLLN 16 A www.moelln-tourismus.de

Schleswig-Holstein | EW 18.492 | 19 m | Ratzeburg 10 km, Lauenburg 38 km

Seehotel Schwanenhof www.seehotel-schwanenhof.de

★★★★ S garni

Am Schulsee, PLZ 23879, **T 04542 84830,** F 848383
29 Zimmer | 1 Suite | Ez 115 €, Dz 150 €, inkl. Frühstück

Schlichter Hotelbau am Schulsee im Naturpark Lauenburgische Seen. Hier erwarten den Gast hell und freundlich eingerichtete Zimmer und Suiten mit Seeblick. Das Restaurant bietet regionale und internationale Gerichte sowie hausgemachte Kuchen.

MÖNCHENGLADBACH 28 D www.moenchengladbach.de

Nordrhein-Westfalen | EW 255.430 | 70 m | Krefeld 22 km, Düsseldorf 30 km
Pfarrkirche St. Mariä Himmelfahrt am Alten Markt, Spätrom. Münster, Karnevalsmuseum Altes Zeughaus, Wasserturm mit 16 Aussichtskanzeln, Schloss Rheydt, Schloss Dyck.

H4 Hotel im BORUSSIA-PARK www.h-hotels.com

★★★★★ S garni

Hennes-Weisweiler-Allee 1, PLZ 41179 (OT: Rheindahlen-Genhülsen), **T 02161 56700,** F 5670100
131 Zimmer | 24 h

››

Fußballfreunde werden sich hier wohlfühlen! Das 2019 eröffnete Themenhotel liegt im Borussia-Park, unmittelbar am gleichnamigen Stadion des Fußball-Bundesligisten. In den Etagen erinnern verschiedene gestalterische Elemente an große Momente der Vereinsgeschichte. Die bestens ausgestatteten Zimmer lassen einen Blick auf das Trainingsgelände der „Fohlen" zu. Attraktive Fitness- und Tagungsmöglichkeiten.

Palace St. George
www.palace-st-george.de

Konrad-Zuse-Ring 10, PLZ 41179 (OT: Rheindahlen), **T 02161 549880,** F 5498854
12 Zimmer | 5 Suiten | Ez ab 90 €, Dz ab 110 €, 15,00 €

Nettes kleines Designhotel in einem denkmalgeschützten Gebäude von 1904. Nach seiner gelungenen Modernisierung im Jahr 2020 zeigt sich das Haus frischer und jugendlicher. Hochwertiges Interieur, moderne Bildtapeten und unterschiedliche Stilrichtungen prägen die Gästezimmer. Im Hotelrestaurant wird eine pfiffige Crossover-Küche aufgetischt.

Restaurant Kasteel
www.lindenhof-mg.de

Vorster Straße 535, PLZ 41169 (OT: Hardt), **T 02161 559340**
35 | Hauptgericht 36–49 €, Menü 70–108 € | Di-Sa Mo, So

Behagliches Restaurant mit rustikalem Ambiente und gepflegter Tischkultur. Dunkle Hölzer und sonnengelbe Dekoration schaffen hier eine gemütliche Atmosphäre. Serviert wird neue deutsche Küche mit mediterranen und französischen Akzenten. Die Speisekarte wechselt regelmäßig im Rhythmus der Jahreszeiten. Wohnlich eingerichtete Gästezimmer mit moderner Ausstattung und kostenlosem WLAN.

MONTABAUR 40 D
www.suedlicher-westerwald.de

Rheinland-Pfalz | EW 12.447 | 230 m | Limburg 22 km, Koblenz 25 km

Bernhards
www.bernhards.restaurant

Rudolf-Diesel-Straße 6, PLZ 56410 (OT: Alter Galgen), **T 02602 937444**
80 | Hauptgericht 24–53 €, Menü 45–59 € | Di-Fr Di-Sa Mo, So

Im Gewerbegebiet unweit der Autobahn A3 hat sich das Restaurant als gastronomisches Gesamtkunstwerk etabliert. Das Interieur ist offen, hell und geradlinig gestaltet. Serviert wird Regional-Saisonales wie „Gebratene Rotgarnelen und Pulpo auf geschmolzenen Erbsen mit Pfifferlingen und Safranschaum". Schön feiern kann man hier übrigens auch.

MORBACH 49 B
www.morbach.de

Rheinland-Pfalz | EW 10.843 | 440 m | Bernkastel-Kues 17 km, Idar-Oberstein 21 km

Hotel & Restaurant 2tHEIMAT
www.2theimat.de

Am Kirschbaum 55-57, PLZ 54497, **T 06533 93950**
21 Zimmer | 6 Suiten | Ez ab 89 €, Dz ab 135 €, inkl. Frühstück

Familiär geführtes Wellnesshotel in ruhiger Lage in unmittelbarer Nähe zum Saar-Hunsrück-Steig. Gemütliche Zimmer mit Balkon oder Terrasse. Im Restaurant wird regional und saisonal gekocht.

MORITZBURG 36 C
www.kulturlandschaft-moritzburg.de

Sachsen | EW 8.311 | 166 m | Dresden 16 km, Meißen 16 km

Adams Gasthof www.adamsgasthof.de

Markt 9, PLZ 01468, **T 035207 99775**
100 | Hauptgericht 17–27 € | Di-So Mo

In dem liebevoll und aufwendig sanierten Fachwerkhaus serviert man schmackhafte deutsche und regionale Küche. Probieren Sie z.B. „Adams Hirschgulasch mit Apfelrotkohl & Kartoffelkloß mit Semmelbutter". Für Privatfeiern stehen eine Eventscheune und ein Ballsaal zur Verfügung. Idyllische Sommerterrasse.

MORSCHEN 32 C www.morschen.de

Hessen | EW 3.395 | 177 m | Rotenburg/Fulda 13 km, Kassel 46 km

Kloster Haydau www.hotel-kloster-haydau.de

★★★★ S garni

In der Haydau 2, PLZ 34326, **T 05664 939100,** F 478569
136 Zimmer | 12 Suiten | 24 h

Harmonisch hat man dieses Tagungshotel in die Klosteranlage eingebunden. Hier verbinden sich moderne Elemente mit historischem Ambiente. Sie übernachten zeitgemäß und komfortabel. Die Zimmer der obersten Etage verfügen über einen Balkon und Klimatisierung. Zum Haus gehört auch ein 350 qm großer SPA-Bereich mit Sauna und Fitnesscenter.

MOSBACH 51 D www.mosbach.de

Baden-Württemberg | EW 24.549 | 156 m | Eberbach 28 km, Heilbronn 32 km

Zum Amtsstüble www.amtsstueble.de

★★★ S garni

Lohrtalweg 1, PLZ 74821, **T 06261 93460,** F 934610
50 Zimmer

Das Hotel am Rande der hist. Altstadt besteht aus Hauptgebäude und Neubau. Hier stehen hell und freundlich eingerichtete Zimmer zur Verfügung. Ansprechendes und reichhaltiges Frühstücksbuffet. Das bürgerliche Restaurant serviert regionale und mediterrane Küche.

MOTTEN 42 D www.motten.de

Bayern | EW 1.747 | 420 m | Fulda 19 km, Würzburg 93 km

Hotel - Gasthof Zum Biber www.gasthof-zum-biber.de

€ Gut & Günstig ★★★ S garni

Hauptstraße 17, PLZ 97786 (OT: Speicherz), **T 09748 91220,** F 912266
42 Zimmer | 1 Apartment | Ez 74–83 €, Dz 104–115 €, inkl. Frühstück

Traditionsgasthof mit Hausmetzgerei und hauseigener Schnapsbrennerei. Zweckmäßige Zimmer unterschiedlicher Kategorien, teilw. mit Balkon oder Terrasse. Abschließbare Garagen. Bürgerliches Restaurant.

MUGGENSTURM 57 A www.muggensturm.de

Baden-Württemberg | EW 6.174 | 122 m | Rastatt 7 km, Karlsruhe 23 km

Lamm
www.lamm-muggensturm.com

Hauptstraße 24, PLZ 76461, **T 07222 52005**
Hauptgericht 22–46 €, Menü 47–79 € | Mo, Do-Fr, So Mo, Do-So Di, Mi

In dem freundlichen Restaurant genießen Sie eine zeitgemäß interpretierte Küche nach klassischem Vorbild, in der auch Produkte aus der Region integriert sind. Auf der Karte finden sich Gerichte wie „Salzgras-Lammrücken & Wildgarnelen, Bärlauch-Knoblauchjus, Couscous, Granatapfel, Orange, Pistazien". Man verfügt auch über einige Gästezimmer, die zweckmäßig eingerichtet sind.

MÜHLTAL 51 A
www.muehltal.de

Hessen | EW 13.908 | 173 m | Darmstadt 6 km, Heidelberg 44 km

Hofgut Dippelshof
www.dippelshof.de

Am Dippelshof 1 (am Golfplatz), PLZ 64367 (OT: Traisa), **T 06151 917188,** F 917189
18 Zimmer | 1 Apartment | Ez ab 99 €, Dz ab 139 €, inkl. Frühstück

Schmuckes Anwesen aus der Jugendstilzeit mit über 400-jähriger Geschichte, gelegen in einer herrlichen Parkanlage. Individuell mit Liebe zum Detail eingerichtete Gästezimmer mit zeitgemäßer Ausstattung. Die Terrasse, die Pavillons oder das Gartenhaus im Jugendstilpark eignen sich perfekt für Feierlichkeiten aller Art.

Hofgut Dippelshof

120 | Hauptgericht 23–38 €, Menü 40–71 € | So Do-So Mo, Di, Mi

Im Blauen Saal, im Rattanzimmer oder auf der Terrasse im Schatten einer jahrhundertealten Kastanie werden eine feine Frischeküche mit französischen Einflüssen sowie regionale Spezialitäten serviert.

MULFINGEN 52 C
www.mulfingen.de

Baden-Württemberg | EW 3.752 | 268 m | Künzelsau 17 km, Bad Mergentheim 24 km

Altes Amtshaus
www.amtshaus-ailringen.de

★★★ S garni

Kirchbergweg 3, PLZ 74673 (OT: Ailringen), **T 07937 9700,** F 97030
15 Zimmer | 3 Suiten | Ez 100–110 €, Dz 130–140 €, inkl. Frühstück

Das Haus fungiert als Dependance des 15 km entfernten Hotel-Restaurants Anne-Sophie in Künzelsau. Die herrliche Lage mitten im idyllischen Jagsttal, das alte historische Gemäuer sowie die geschmackvoll im Landhausstil eingerichteten Zimmer und Suiten machen den Charme dieses Hotels aus. Auch für Feierlichkeiten, Tagungen und Events empfiehlt sich diese Adresse.

Wiegt weniger ist aber genauso gut:
Der Varta-Führer ist auch als eBook für Ihren TabletPC oder Ihr Smartphone verfügbar!

Folgen Sie uns: facebook.com/vartaguide

Jagstmühle www.jagstmuehle.de

VARTA-TIPP Service

★★★★

Jagstmühlenweg 10, PLZ 74673 (OT: Heimhausen), **T 07938 90300,** F 9030336
26 Zimmer | Ez 145–240 €, Dz 160–260 €, inkl. Frühstück

Ehem. Wassermühle in idyllischer Lage am Ufer der Jagst. In diesem romantischen Landgasthof logieren Sie in wohnlich und farbenfroh eingerichteten Zimmern (teils mit eigener kleiner Terrasse), die sich auf verschiedene Gebäude verteilen. Die Gäste schätzen die individuelle Betreuung durch das freundliche Team. Das regional geprägte Frühstücksbuffet lässt keine Wünsche offen. Die angrenzende Jagstinsel lädt zu ausgedehnten Spaziergängen und zu unvergesslichen Festen ein.

Jagstmühle

VARTA-TIPP Küche **VARTA-TIPP** Service

110 | Hauptgericht 23–43 €, Menü 78–135 € | Mo-So

Im den stilvoll-eleganten, aber dennoch gemütlich eingerichteten Restaurantstuben bietet Steffen Mezger eine produktbezogene moderne Küche auf klassischer Basis. Das Angebot reicht von traditionellen Mühlenklassikern bis zum gehobenen Feinschmeckermenü. Er arbeitet konzentriert und sorgfältig und präsentiert unverfälschte Speisen, die er sinnvoll mit saisonalen Spezialitäten ergänzt. Dazu kommt der aufmerksame und freundliche Service, der bei Fragen auskunftsfreudig und kompetent zur Verfügung steht.

MÜLHEIM AN DER MOSEL 49 A www.muelheimmosel.de

Rheinland-Pfalz | EW 1.018 | 119 m | Bernkastel-Kues 6 km, Wittlich 14 km

Weinromantikhotel Richtershof
www.weinromantikhotel.com

VARTA-TIPP Service

★★★★ S garni

Hauptstraße 81-83, PLZ 54486, **T 06534 9480,** F 948100
43 Zimmer | 5 Suiten | Ez 159–180 €, Dz 179–249 €, inkl. Frühstück

Das Gebäudeensemble zeigt sich in einem Mix aus Barock, Gründerzeit und Jugendstil und ist eingebettet in eine großzügige Parkanlage. In allen Bereichen des Hauses ist die Historie des ehem. Weinguts allgegenwärtig. Die individuell gestalteten Gästezimmer tragen Namen von Rebsorten und berühmten Lagen der Mosel. Speisen können Sie wahlweise im modern-eleganten Restaurant, in der Vinothek „Remise" oder auf der herrlichen Terrasse am Seerosenteich. Für Entspannung sorgt der hübsche SPA-Bereich.

Kur- und Gesundheitshotel Schiffmann
www.landhaus-schiffmann.de

Veldenzer Straße 49a, PLZ 54486, **T 06534 93940,** F 939466
52 Zimmer | 5 Suiten | 9 Apartments | Ez 141–153 €, Dz 240–260 €, inkl. Frühstück

Das Kur- und Gesundheitshotel bietet freundlich eingerichtete Zimmer und Suiten sowie einen 5.000 qm großen Garten mit Liegewiese zum Bach. Umfangreiches Angebot an Anwendungen - von der Gesichtsbehandlung bis hin zur Pediküre mit Fußmassage. Diverse Wanderwege beginnen direkt am Haus. Kostenlose Leihfahrräder.

Weisser Bär
www.hotel-weisser-baer.de

★★★★ S

Moselstraße 7, PLZ 54486, **T 06534 94770,** F 9477100
33 Zimmer | 5 Suiten | Ez 110–120 €, Dz 172–237 €, inkl. Frühstück | ⏲ 24 h

Das Wellness- und Genusshotel liegt direkt an der Mosel. Zur Auswahl stehen unterschiedliche Themenzimmer mit ausgesuchter, hochwertiger Einrichtung. Relaxen kann man im großzügigen SPA- und Beautybereich auf einer Fläche von 1.000 qm. Zum Haus gehört auch ein Restaurant mit mediterraner Küche und Gourmetterrasse.

Moseldomizil
www.hotel-moseldomizil.de

★★★

Hauptstraße 52, PLZ 54486, **T 06534 947690,** F 9476910
18 Zimmer | Ez 85–95 €, Dz 129–139 €, inkl. Frühstück

Zeitgemäß eingerichtetes Hotel in der Ortsmitte. Hier logieren Sie in wohnlichen Gästezimmern, die mit Balkon oder Terrasse ausgestattet sind. Mineralwasser und WLAN-Nutzung sind im Zimmerpreis enthalten. Fahrradgarage mit Ladestation.

MÜLHEIM AN DER RUHR 29 C
www.muelheim-tourismus.de

Nordrhein-Westfalen | EW 167.471 | 40 m | Oberhausen 7 km, Duisburg 10 km
Schloß Broich, Kloster Saarn, Hist. Rathaus, Aquarius-Wassermuseum am Schloß Styrum, Wasserbahnhof, Bismarckturm, St.-Mariae-Geburt-Kirche, St.-Laurentius-Kirche Mintard, Theater an der Ruhr, Camera Obscura, Leder- und Gerbermuseum, Ruhrtalbrücke, Gründer- und Unternehmermuseum.

Villa am Ruhrufer
www.villa-am-ruhrufer.de

★★★★★ S garni

Dohne 105, PLZ 45468, **T 0208 9413970,** F 94139750
12 Zimmer | 6 Suiten | Ez 175–375 €, Dz 225–375 €, ☕ 25,00 € | ⏲ 24 h

Die denkmalgeschützte Villa aus dem Jahr 1898 beherbergt heute ein schmuckes Boutique-Hotel mit modern und edel eingerichteten Zimmern sowie klassisch-eleganten Suiten. Für Entspannung sorgt ein kleiner, aber feiner SPA-Bereich mit 12-Meter-Pool und Sauna. Für Golfer stellt das Haus einen kostenfreien Shuttleservice zu den hauseigenen Golfclubs zur Verfügung.

Hotel im Forum — www.hotelimforum.de

★★★★ garni

Hans-Böckler-Platz 19, PLZ 45468, **T 0208 308630,** F 30863113
51 Zimmer | Ez 96–129 €, Dz 121–169 €, inkl. Frühstück

Modernes Cityhotel auf dem Einkaufszentrum Forum City Mülheim im Herzen der Stadt. Großzügige, funktionell eingerichtete Zimmer mit zeitgemäßem Komfort. Reichhaltiges Frühstücksbuffet.

Thiesmann — www.hotel-thiesmann.de

★★★★

Dimbeck 56, PLZ 45470, **T 0208 306890,** F 3068990
44 Zimmer | 5 Apartments | Ez ab 94 €, Dz ab 119 €, inkl. Frühstück

Das Traditionshaus, das sich seit 1910 im Familienbesitz befindet, bietet seinen Gästen zeitgemäß eingerichtete Zimmer, einen kleinen Freizeitbereich mit Sauna, Dampfbad, Fitnesscenter und Solarium sowie ein Restaurant mit internationaler Küche.

Mölleckens Altes Zollhaus — www.moellecken.de

Duisburger Straße 239, PLZ 45478 (OT: Speldorf), **T 0208 50349**
50 | Hauptgericht 17–30 € | Di-Fr, So Mi-Sa Mo

Hinter der renovierten Fassade der ehem. Zollstation verbergen sich neben fünf wohnlichen Gästezimmern auch mediterran angehauchte Restauranträume. Hier werden frisch zubereitete regionale und internationale Gerichte angeboten, wie z.B. „Rumpsteak vom Black Angus | Pfifferlinge | bunte Möhren | breite Bohnen | Kartoffelgratin". Im Sommer wird auch auf der gemütlichen Gartenterrasse serviert.

MÜLHEIM-KÄRLICH 40 D — www.muelheim-kaerlich.de

Rheinland-Pfalz | EW 10.886 | 76 m | Koblenz 10 km, Andernach 10 km

Zur Linde — www.zurlinde.info

Bachstraße 12, PLZ 56218 (OT: Mülheim), **T 02630 4130**
42 | Hauptgericht 24–32 €, Menü 68 € | Mi-Fr, So Mi-So Mo, Di 6.–16.2.24

Familienbetrieb mit Restaurant, Weinstube und hübsch angelegter Gartenterrasse. Geboten wird eine gehobene deutsche und internationale Küche. Dazu gibt es attraktive Weine, die in der hauseigenen Enoteca auch verkauft werden.

MÜLLHEIM 64 A — www.muellheim.de

Baden-Württemberg | EW 18.321 | 230 m | Badenweiler 7 km, Freiburg 28 km

Alte Post — www.alte-post.net

Posthalterweg, PLZ 79379, **T 07631 17870,** F 178787
51 Zimmer | 1 Apartment | Ez 75–215 €, Dz 125–250 €, inkl. Frühstück

››

Ehem. Posthalterei aus dem 18. Jh. - malerisch am Ortsrand von Müllheim gelegen. In den letzten Jahren hat sich das familiengeführte Haus zu einem umweltbewussten Biohotel entwickelt. So hat man die ansprechenden Landhauszimmer mit heimischen und baubiologisch wertvollen Materialien ausgestattet. Man bietet auch zwei Zimmer im japanischen Stil mit typisch minimalistischer Atmosphäre.

Hebelstube

70 | Hauptgericht 24–36 €, Menü 49–79 € | Mo-Sa Mo-So

Authentisch, abwechslungsreich und kreativ, so präsentiert sich die französisch orientierte Küche im ländlich-gemütlichen Restaurant. Küchenchef Pierre-Marie Barrel verwöhnt Sie hier mit köstlichen Interpretationen aus traditionsreicher Kulinarik mit modernem Touch. Hierfür verwendet er überwiegend Bio-Produkte und nachhaltig erzeugte Lebensmittel. Im Sommer empfiehlt sich das wunderschöne Gartenrestaurant mit seiner mediterranen Note.

Schon probiert?

Der Varta-Führer ist auch als eBook für Ihren TabletPC oder Ihr Smartphone verfügbar!

Altes Spital
www.spitalhotel.de

Hauptstraße 78, PLZ 79379, **T 07631 9899988**
25 Zimmer | Ez ab 94 €, Dz ab 127 €, inkl. Frühstück

Im einstigen Stadtspital befindet sich dieses kleine Hotel nebst Restaurant, Café und Bar. Die Zimmer bestechen durch ihre schnörkellos-reduzierte Einrichtung, das offene Bad mit geräumigen Regenduschen und die Panoramafenster im neuen Anbau. Das Restaurant bietet regionale und internationale Küche.

Boutique-Hotel Im Weingarten
www.app-hotel-im-weingarten.de

Kochmatt 8, PLZ 79379, **T 07631 36940,** F 369425
13 Zimmer | 1 Suite | 6 Apartments | Ez 99–139 €, Dz 154–184 €, inkl. Frühstück | 8.–31.1.24

Familiär geführtes Hotel in ruhiger Lage am Fuße des Südschwarzwalds. Individuell ausgestattete Nichtraucherapartments mit Küchenzeile und Balkon oder Terrasse. Wellnessbereich mit Panoramahallenbad, Sauna und Liegewiese. Das Frühstück wird im lichtdurchfluteten Wintergarten oder auf der sonnigen Terrasse serviert.

Messer und Gradel
www.messerundgradel.de

Goethestraße 10, PLZ 79379, **T 07631 10060**
Menü 46–52 € | Di-Fr Mo, Sa, So

Ein zeitgemäßes Konzept aus Restaurant, Bar und Lounge. Die Slowfood-Küche ist modern, hochwertig und weltoffen. Auf der Speisekarte klingt das z.B. so: „Ricotta-Zitronenravioli mit Pilzen, Kräutern und Grana Padano“ oder „Tataki vom Hamachi, Cantaloupe-Melone, Yuzu, Pak Choi, Teriyakisauce“.

Ochsen
www.ochsen-feldberg.de

Bürgelnstraße 32, PLZ 79379 (OT: Feldberg), **T 07631 3503**
50 | Hauptgericht 12–38 €, Menü 40–69 € | Mo-Di, Fr-So ⊘ Mi, Do ⊘ 7.2.–8.3.24

Der familiär geführte Landgasthof ist eine Institution im Ortsteil Feldberg. Seine Geschichte geht bis ins Jahr 1763 zurück. Gutes Angebot an saisonalen und regionalen Gerichten. Hier stimmen Produktqualität, Frische und Geschmack. Hübsche Terrasse.

Taberna
www.taberna-restaurant.de

Marktplatz 7, PLZ 79379, **T 07631 174884**
80 | Menü 41–68 € | Mi-Fr Mi-Sa ⊘ Mo, Di, So

In lockerer und ungezwungener Atmosphäre serviert man Ihnen hier eine pfiffige Frischmarktküche. Gekocht wird mit klarer Linie und ohne Chichi. Aus der spannenden Karte können Sie am Abend ein 2- bis 5-gängiges Menü zusammenstellen. Mittags lockt ein preisgünstiges Lunchangebot.

MÜNCHEN 60 D
www.muenchen.de

Bayern | EW 1.485.000 | 518 m | Nürnberg 155 km, Stuttgart 222 km

Marienplatz mit Mariensäule und neugot. Neuen Rathaus, Viktualienmarkt, Stadtmuseum, St.-Johannes-Nepomuk-Kirche, Isartor mit Valentin-Musäum, Hofbräuhaus, Frauenkirche, Residenz mit Schatzkammer, Englischer Garten, Lenbachhaus, Alte und Neue Pinakothek, Pinakothek der Moderne, Deutsches Museum, Schloss Nymphenburg, Allianz Arena, Friedensengel, Bavaria, Olympiagelände mit Olympiaturm, BMW Welt.

Einen Cityplan finden Sie auf Seite 758–759.

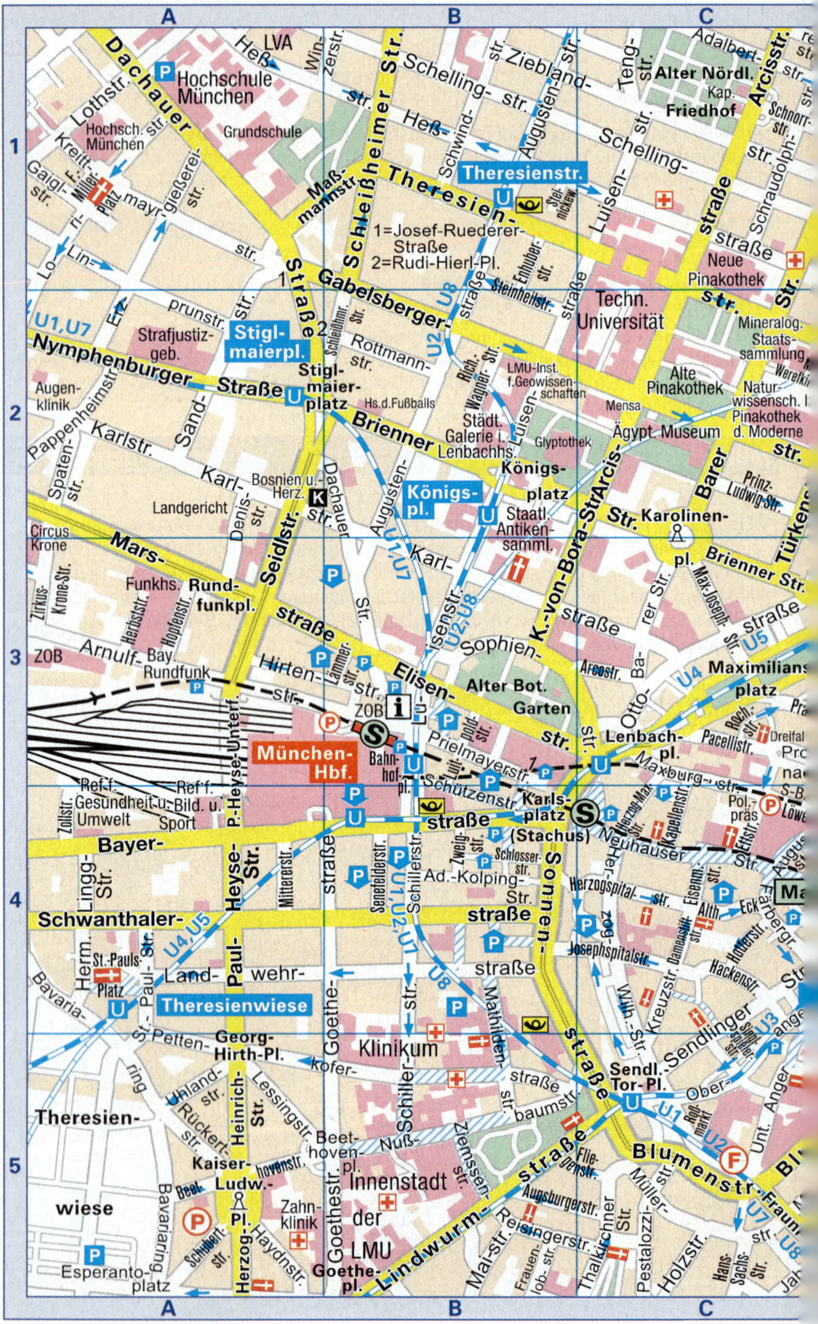
A
B
C
1
2
3
4
5
Dachauer
Hochschule München
LVA
Heß-
Lothstr.
Hochsch. München
Grundschule
Kreitt-
Gaigl-str.
F.-Miller-Platz
mayr-
gießerei-
str.
Lin-
Lo-
Ziebland-
str.
Schelling-
str.
Heß-
Schwind-
Augusten-
Teng-
str.
Alter Nördl. Friedhof
Kap.
Adalbert-
Arcisstr.
Schnorr-str.
Schraudolph-
Theresienstr.
Theresien-
Maß-mannstr.
Schleißheimer Str.
1=Josef-Ruederer-Straße
2=Rudi-Hierl-Pl.
Enhuber-str.
Steinheilstr.
Luisen-
Neue Pinakothek
Techn. Universität
Gabelsberger-
str.
Straße
Mineralog. Staats-sammlung
U1,U7
prunstr.
Strafjustiz-geb.
Stiglmaierpl.
Stigl-maier-platz
Rottmann-str.
Nymphenburger
Straße
Augen-klinik
Hs.d.Fußballs
Brienner
LMU-Inst. f.Geowissen-schaften
Alte Pinakothek
Natur-wissensch.
Pinakothek d. Moderne
Mensa
Ägypt. Museum
Glyptothek
Städt. Galerie i. Lenbachhs.
Königs-platz
Königs-pl.
Pappenheimstr.
Karlstr.
Sand-
Spaten-str.
Karl-
Bosnien u.-Herz.
Landgericht
Denis-str.
Staatl. Antiken-samml.
Barer
Str.
Prinz-Ludwig-Str.
Karolinen-pl.
Brienner Str.
Circus Krone
Mars-
Seidlstr.
Dachauer str.
Funkhs.
Rundfunkpl.
Zirkus-Krone-Str.
Herbststr.
Hopfenstr.
straße
Karl-
K.-von-Bora-Str.
Arcis-
Max-Joseph-
straße
Sophien-
ZOB
Arnulf-
Bay. Rundfunk
Hirten-
str.
Elisen-
Alter Bot. Garten
Arcostr.
Otto-
Maximiliansplatz
U4
U5
ZOB
München-Hbf.
Bahn-hof-pl.
Prielmayerstr.
Lenbach-pl.
Pacellistr.
Maxburg-str.
Ref.f. Gesundheit u. Umwelt
Ref.f. Bild. u. Sport
Zollstr.
P.-Heyse-Unterf.
Schützenstr.
Karls-platz (Stachus)
Neuhauser
Herzog-Max-Str.
Kapellenstr.
Pol.-präs.
Bayer-
straße
Lingg-Str.
Heyse-Str.
Mittererstr.
Senefelderstr.
Schillerstr.
Zweig-str.
Schlosser-str.
Ad.-Kolping-Str.
Sonnen-
Herzogspital-str.
Eisenm.-str.
Alth.
Eck
Schwanthaler-
straße
Herm.-Lingg-Str.
St.-Pauls-Platz
St.-Paul-Str.
Land-
wehr-
straße
Paul-
Josephspitalstr.
Damenstiftstr.
Hackenstr.
Hotterstr.
Theresienwiese
Bavaria-
Goethe-
Mathilden-
Kreuzstr.
Sendlinger
Petten-
Georg-Hirth-Pl.
kofer-
Klinikum
Schiller-
str.
Sendl.-Tor-Pl.
U3
Theresien-
Uhland-str.
Rückert-str.
Heinrich-Str.
Lessingstr.
Beet-hoven-pl.
Nuß-
baumstr.
Ober-
U1
U2
Kaiser-Ludw.-Pl.
hovenstr.
Innenstadt der LMU
Ziemssen-str.
Fliegenstr.
Blumenstr.
wiese
Beet-
Bavariaring
Zahn-klinik
Goethestr.
Lindwurm-
Augsburgerstr.
Reisingerstr.
Müller-str.
Esperanto-platz
Schubertstr.
Herzog-
Haydnstr.
Goethe-pl.
Mai-str.
Frauen-lob-str.
Thalkirchner Str.
Pestalozzi-str.
Holzstr.
Hans-Sachs-Str.
U7
U8

München
0 120 240m
Englischer Garten
Chinesischer Turm
Rumfordschlössl
Monopteros
Institut der Universität
Tierärztl. Kliniken
Siegestor
Ak. d. bildenden Künste
Univ.
Ludw.-Maximil.-Uni.
Georgianum
Milchhäusl
Alemannenhs.
Orff-Zentr.
Bay. Verw.-gerichtshf.
Bayer. Staatsbibl.
Bayer. Haupt-Staatsarchiv
Haus d. Kunst
Eisbachwelle
1=Riedlstr.
2=Crusiusstr.
Sportpl.
Prinzregentenstraße
Luitpoldbr. (Prinzreg.-br.)
Friedensengel
Isar
Hofgarten
Staatskanzlei
Residenz
Odeonsplatz
Max-Joseph-Pl.
Marienhof
Neues Raths.
Viktualienmarkt
Isartorplatz
Maximilianstr.
Maximiliansbr.
Bay.-Landtag Maximilianeum
Praterinsel
Maxi-milian-anlagen
Wiener Pl.
Mariannenpl.
Gärtnerplatz
Europ. Patentamt
Infobüro Europ. Parl.
CinemaxX München
Ludwigsbrücke
Museumsinsel
Deutsches Mus.
Kulturzentr. Gasteig (Sanierung bis vorauss. 2025)
Gasteig
Stadtbibl.
Rosenheimer Str.
Frauenstraße
Erhardtstraße
Zweibrückenstr.
Steinsdorfstraße
Widenmayerstraße
Oettingenstr.
V.-d.-Tann-Str.
Ludwigstr.
Leopoldstr.
Schellingstr.
Theresienstr.
Briennerstr.
Theatinerstr.
Thomas-Wimmer-Ring
Karl-Scharnagl-Ring
F.-J.-Strauß-Ring
Königinstraße
Veterinärstr.
Adalbertstr.
Akademiestr.
Tal
S-Bahnstrecke in Bau
U3, U6
U4, U5
D
E
F
1
2
3
4
5

Bayerischer Hof
www.bayerischerhof.de

★★★★★S garni

Promenadeplatz 2-6 (D3), PLZ 80333 (OT: Altstadt-Lehel), **T 089 21200,** F 2120906
337 Zimmer | 74 Suiten | Ez 400–520 €, Dz 470–780 €, 47,00 € | 24 h

Das Grandhotel befindet sich seit über 100 Jahren im Familienbesitz. Die luxuriösen Zimmer wurden individuell in verschiedenen Stilen eingerichtet. Die neu gestalteten, eleganten Zimmer und Suiten im neuen „Seventh Floor" überzeugen durch ein dezentes Design in Natur- und Erdtönen. Formidables Wellnessrefugium auf vier Etagen.

Atelier

VARTA★TIPP Küche VARTA-TIPP Service

33 | Menü 190–275 € | Di-Sa Mo, So

Als wäre der luxuriöse „Bayerische Hof" nicht schon als Hotel beeindruckend genug, trumpft er auch noch mit diesem Gourmetrestaurant auf. Das von Axel Vervoordt geschaffene, edel-schlichte Design verbreitet das Flair eines Künstlerateliers mit intimer Atmosphäre. Und die Küche? Mit Anton Gschwendtner ist hier ein Meister am Werk, der technisch auf einem ausgesprochen hohen Niveau arbeitet, dessen Kreationen jedoch nie verspielt oder aufdringlich herüberkommen. Er kocht ideenreich und subtil und erweitert seine elegante französische Küche mit asiatischen Aromen und Zutaten. Dazu kredenzt Chef-Sommelier Shahzad Talukder ausgesuchte Spitzenweine.

Garden

74 | Hauptgericht 30–68 € | Mo-So

Der Wintergarten, gestaltet vom renommierten belgischen Designer und Kunsthändler Axel Vervoordt, wirkt dank Akzenten im Industrial-Style wie ein Künstleratelier mit angrenzender Gartenterrasse. Ob Business Lunch oder entspanntes Dinner am Abend - das Restaurant ist die perfekte Genusslocation für alle Gelegenheiten. Serviert wird eine saisonale Kontinentalküche.

Mandarin Oriental
www.mandarinoriental.de/munich

VARTA★TIPP Ambiente VARTA★TIPP Service

★★★★★S garni

Neuturmstraße 1 (E4), PLZ 80331, **T 089 290980,** F 222539
73 Zimmer | 25 Suiten | Ez 750–895 €, Dz 750–895 €, 44,00 € | 24 h

Luxuriös und kosmopolitisch zeigt sich das im Neo-Renaissancestil erbaute Hotel im Herzen der Altstadt. Die Zimmer und Suiten des luxuriösen Refugiums sind mit handgefertigten Möbeln und ausgesuchten Antiquitäten eingerichtet. Ein ganz besonderes Highlight ist der beheizte Swimmingpool auf der Dachterrasse (geöffnet: Mai bis Oktober). Beeindruckend auch die gastronomische Vielfalt und der individuell abgestimmte Service in allen Bereichen des Hauses.

Matsuhisa Munich

95 | Hauptgericht 18–134 € | Mo-So

Fine Dining in zwangloser Atmosphäre bietet man in diesem Gourmetrestaurant. Ein dunkler Holzboden sowie die minimalistischen, stylishen Möbel aus Palmenholz und Leder schaffen ein warmes, luxuriöses Ambiente. Die Speisekarte offeriert japanisch-peruanische Gerichte.

The Charles
www.roccofortehotels.com

★★★★★S

Sophienstraße 28 (B3), PLZ 80333 (OT: Maxvorstadt), **T 089 5445550,** F 5445552000
160 Zimmer | 24 Suiten | Ez 300–850 €, Dz 300–850 €, 19,00–45,00 € | 24 h

Das luxuriöse Hotel am Alten Botanischen Garten glänzt mit zeitloser Eleganz, außergewöhnlichem Komfort und persönlichem Service. Die charmanten Zimmer haben einen ganz individuellen Charakter. Schöner SPA mit Fitnessstudio, Sauna, Dampfbad und großem Indoorpool.

Sophia's
www.sophiasmuenchen.de

150 | Hauptgericht 32–52 €, Menü 89 € | Mo-Fr Mo-So

Zwanglos und unkompliziert die Atmosphäre, wunderbar gelungen der stylishe Neo-Bistrostil - so wertig der Rahmen, so schmackhaft die Küche. Serviert werden sorgfältig zubereitete, aromenreiche Gerichte der modernen italienischen Küche. In der angrenzenden Cocktailbar kann man den Abend entspannt ausklingen lassen.

Andaz München
www.hyatt.com

Leopoldstraße 170, PLZ 80804, **T 089 9041234,** F 9041235
277 Zimmer | 24 h

Direkt am Schwabinger Tor empfängt Sie das in einem Hochhaus untergebrachte Luxury-Lifestyle-Hotel. Die Zimmer und Suiten präsentieren sich in schick-modernem Design und sind mit mindestens 38 qm äußerst geräumig. WLAN und Minibar sind für Hausgäste kostenfrei. Das Restaurant „The Lonely Broccoli" serviert bayerische Fleischspezialitäten. Spektakulär die Rooftopbar in der 12. Etage mit 360°-Blick auf die Stadt.

Beyond by Geisel
www.beyond-muc.de

VARTA-TIPP Ambiente **VARTA-TIPP** Service

Marienplatz 22 (C4), PLZ 80331 (OT: Altstadt-Lehel), **T 089 700746700**
19 Zimmer | 7 Suiten, Dz 480–880 €, 12,00–25,00 € | 24 h

Direkt am Marienplatz befindet sich dieses exklusive Stadt-Hideaway, das keine Wünsche offen lässt. Die bis zu 57 qm großen, mit viel Designliebe gestalteten Zimmer gruppieren sich um ein lichtes Bibliotheksatrium. In der Weinlounge können Sie Ihren Nachmittagstee oder einen Aperitif genießen. Für Hausgäste steht ein Privatkoch zur Verfügung. Einen 24-Stunden-Concierge-Service gibt es natürlich auch.

Excelsior by Geisel
www.excelsior-hotel.de

Schützenstraße 11 (B4), PLZ 80335 (OT: Ludwigsvorstadt), **T 089 551370,** F 551377121
114 Zimmer | 12 Suiten | Ez ab 120 €, Dz ab 145 €, 25,00 € | 24 h

»

Zentraler kann man in München kaum wohnen! Das inhabergeführte Stadthotel steht wie kein anderes für Eleganz, Wohlfühlatmosphäre und persönlichen Service. Die Zimmer sind hochklassig und individuell eingerichtet. Hier trifft moderner Komfort auf traditionell bayerischen Charme. Besonders luxuriös logieren Sie in der neu renovierten Alpinsuite. Morgens erwartet Sie ein ausgezeichnetes Frühstück.

Vinothek by Geisel

VARTA-TIPP Küche

85 | Hauptgericht 28–38 €, Menü 68–80 € | Mi-Fr Di-Sa Mo, So

Hier kommen Genussliebhaber voll auf ihre Kosten! Das Restaurant ist bekannt für seine hochkarätige Weinauswahl. Erlesene Tropfen aus aller Welt lagern im Keller. Zahlreiche Weine kann man auch im Offenausschank genießen. Dazu offerieren Thomas Kahl und seine Crew schmackhafte, mediterran inspirierte Speisen wie „Brust vom Kärntner Maishendl mit geröstetem Blumenkohlpüree und Paprika-Spitzkohl". Die hauseigene Showküche kann für Kochkurse und Küchenpartys gebucht werden. Tipp: mittags preisgünstiges Lunchmenü.

Folgen Sie uns: facebook.com/vartaguide

Hilton Munich Airport

www.hilton.com/de

Terminalstraße Mitte 20, PLZ 85356 (OT: Flughafen), **T 089 97820,** F 97822610
551 Zimmer | Ez 179–559 €, Dz 179–559 €, 22,00–34,00 € | 24 h

Das markante Gebäude mit seiner auffälligen Glasfassade und der großen Indoorlobby gehört zweifellos zu den beeindruckendsten Flughafenhotels im Land. Es liegt fußläufig zwischen Terminal 1 und 2 des Münchener Airports. Das Hotel bietet seinen Gästen großzügige Zimmer und Suiten, die erst kürzlich im Stil der hauseigenen Marke modernisiert wurden. Für Kurzaufenthalte lassen sich auch Tageszimmer buchen. Dazu ein schöner SPA-Bereich mit Pool, Sauna und Dampfbad.

Mountain Hub Gourmet

www.mountainhub.de/gourmet

30 | Hauptgericht 35–55 €, Menü 145–165 € | Mi-Fr Di-Fr Mo, Sa, So
23.12.23–8.1.24

Würden Sie in einem riesigen Hotel, in dem vornehmlich Businessgäste und Flugpassagiere logieren, ein schickes, zeitloses Restaurant erwarten, das auch noch anspruchsvolle Küche kredenzt? Nach problemlosem Parken oder Einchecken heißt es hier einfach nur genießen! Das Fine-Dining-Restaurant zeigt sich im alpinen Architekturdesign und erinnert ein wenig an ein luxuriöses Bergchalet. Während am Mittag ein unkonventioneller Business Lunch angeboten wird, erwartet Sie am Abend ein außergewöhnliches Dinner in Form eines Gourmetmenüs. Als Alternative bietet das lässig-urbane „Mountain Hub Social Dining" eine frische, moderne Alpenküche.

Hilton Munich Park

www.hiltonhotels.de/deutschland/hilton-munich-park

Am Tucherpark 7 (↗ F1), PLZ 80538 (OT: Altstadt-Lehel), **T 089 38450,** F 38452588
484 Zimmer | 16 Suiten | Ez 139–479 €, Dz 139–479 €, inkl. Frühstück | 24 h

Ruhige Lage direkt am Englischen Garten. Die modernen, großzügig geschnittenen Zimmer verfügen alle über einen Balkon. Für Tagungen und Veranstaltungen stehen 21 Meetingräume, ein Baalsaal sowie ein Veranstaltungsraum in der 15. Etage mit Panoramablick über München zur Verfügung. Restaurant „Tivoli" mit regionaler und internationaler Küche.

Anzeige

MOUNTAIN HUB
GOURMET
MICHELIN
2023
IHRE
GENUSS-DESTINATION
AM MÜNCHNER FLUGHAFEN
MOUNTAIN HUB GOURMET
@ Hilton Munich Airport
mountainhub.de
Erfahren Sie mehr >>>

Le Méridien
www.lemeridienmunich.com

Bayerstraße 41 (A4), PLZ 80335, **T 089 24220,** F 24221111
381 Zimmer | 29 Suiten | Ez 149–629 €, Dz 149–629 € | 24 h

Komfortables Urlaubs- und Tagungshotel in zentraler Innenstadtlage. Großzügig geschnittene Zimmer und Suiten mit edlem Mobiliar. Schicker SPA-Bereich auf 750 qm mit einem der größten Pools in der Innenstadt. Das urbane Restaurant „Irmi" serviert moderne Münchner Küche.

München Palace
www.hotel-muenchen-palace.de

VARTA TIPP Service

★★★★★

Trogerstraße 21, PLZ 81675 (OT: Bogenhausen), **T 089 419710,** F 41971809
89 Zimmer | 15 Suiten | Ez ab 205 €, Dz ab 245 €, 35,00 € | 24 h

Erlesene Eleganz, außergewöhnlicher Komfort und ein hervorragender Gästeumgang erwarten Sie in diesem sehr persönlich geführten Boutique-Hotel. Alle Zimmer und Suiten zeigen sich im klassisch-modernen Stil und verfügen über bequeme Betten, Parkettböden und Marmorbäder. Dazu ein vorzüglicher, sehr liebenswürdiger Service und ein Komfort, der keine Wünsche offen lässt. Erwähnenswert ist auch das ausgezeichnete Frühstück, das allein schon den Besuch wert ist. Ein schöner Rückzugsort ist der ruhige Hotelgarten.

Jetzt vorbeischauen: pinterest.com/vartaguide

Pullman Munich
www.pullman-hotel-muenchen.de

Theodor-Dombart-Straße 4, PLZ 80805 (OT: Schwabing-Freimann), **T 089 360990,** F 360996900
331 Zimmer | 24 Suiten | 24 h

Neuzeitliches Businesshotel in der Nähe des Englischen Gartens. Schon die Halle beeindruckt mit Großzügigkeit und internationalem Flair. Moderne, technisch sehr gut ausgestattete Gästezimmer, teils mit eigenem Balkon oder Loggia. Restaurant mit Biergartenterrasse im Innenhof. Kleiner Wellnessbereich.

Sofitel Munich Bayerpost
www.sofitel-munich.com/de

★★★★★S

Bayerstraße 12 (A4), PLZ 80335, **T 089 599480,** F 599481000
396 Zimmer | 57 Suiten | Ez ab 250 €, Dz ab 250 €, 40,00 € | 24 h

Imposantes Luxushotel hinter hist. Gründerzeitfassade des ehem. Königlich Bayerischen Postamts. Gästezimmer mit puristisch-moderner Designereinrichtung, die durch viel Leder, Naturholz, poliertes Chrom und Glas besticht. Beachtenswerter Wellnessbereich mit spiralförmigem Pool, Dampfbad und Sauna. Hinweis: Pool, Sauna und Garage sind von Januar bis Juni 2024 aufgrund umfangreicher Sanierungsarbeiten geschlossen.

Délice La Brasserie
www.delice-la-brasserie.de

50 | Hauptgericht 18–48 € | Mo-So

Das geschmackvolle Weinlokal im EG des Hotels versprüht etwas Pariser Brasserie-Atmosphäre. Eine offene Küche, raumhohe Fenster und moderne Einrichtungselemente unterstreichen den urbanen Stil. Die raffinierte französische Küche hält u.a. Klassiker wie Caesar Salat, Schnecken und Zwiebelsuppe bereit.

Vier Jahreszeiten Kempinski
www.kempinski.com/de

★★★★★S

Maximilianstraße 17 (E4), PLZ 80539 (OT: Altstadt-Lehel), **T 089 21250,** F 21252000
305 Zimmer | Ez 260–700 €, Dz 300–1170 €, 42,00 € | 24 h

Das Traditionshaus an der Shoppingmeile Maximilianstraße zeigt sich im Stil eines altehrwürdigen Grandhotels. Es verbindet Münchner Herzlichkeit und dezenten Luxus. In den Zimmern sorgen edles Design und zeitlose Eleganz für höchsten Wohnkomfort. Attraktiver Wellnessbereich auf der 6. Etage mit Dampfbad, Sauna und Indoorpool.

Schwarzreiter
www.schwarzreiter-muenchen.de

50 | Menü 145–185 € | Mi-Sa Mo, Di, So

Hier bietet man gleich zwei Konzepte unter einem Dach: Während in der Tagesbar unkomplizierte Gerichte aus der regionalen Küche aufgetischt werden, kredenzt man im noblen Gourmetrestaurant ein saisonal wechselndes Fine-Dining Menü (wahlweise 4 bis 6 Gänge). Dazu ein freundlicher, fachkundiger Service nebst guter Weinberatung.

AMERON München Motorworld
www.ameroncollection.com/de

Lilienthalallee 35, PLZ 80939 (OT: Schwabing-Freimann), **T 0**
156 Zimmer | Ez 119–499 €, Dz 135–515 €, 16,00–20,00 € | 24 h

Das 2021 eröffnete Boutique-Hotel in der spektakulären Lokhalle der Motorworld München bietet attraktive Zimmer, die auf unterschiedliche Art und Weise ihre Inspiration aus verschiedenen Epochen der Automobilität beziehen. Kulinarisch kommen Gäste in der hauseigenen Trattoria & Bar „BACiO della Mamma“ auf ihre Kosten. Der kleine, aber feine „Vitality Spa“ lockt mit zwei Saunen und einem Fitnessbereich.

Courtyard München City Ost
www.courtyardmunichcityeast.com

Orleansstraße 81-83, PLZ 81667 (OT: Au-Haidhausen), **T 089 5589250,** F 5589251000
227 Zimmer | 2 Suiten | 24 h

Das Hotel ist eine ideale Businessadresse. Die wohnlich-komfortablen Gästezimmer sind mit stilvollen Möbeln und zeitgemäßer Technik ausgestattet. Zeitungen, Souvenirs, Sandwiches und Getränke werden in einem kleinen Einkaufsmarkt in der Lobby angeboten. Ein weiterer Pluspunkt: Der nahe gelegene Ostbahnhof bietet eine gute Anbindung an alle Stadtteile.

Eden Hotel Wolff
www.eden-hotel-wolff.de

Arnulfstraße 4 (B3), PLZ 80335 (OT: Maxvorstadt), **T 089 551150,** F 55115555
214 Zimmer | 2 Suiten | Ez ab 129 €, Dz ab 179 € | 24 h

Ein traditionsreiches Privathotel gegenüber dem Hauptbahnhof. Die Zimmer sind in verschiedenen Stilrichtungen von klassisch bis modern eingerichtet. Kleine Wellnessoase mit Sauna, Dampfbad, Solarium und Dachterrasse. Im stilvollen Restaurant „Central“ wird bayerisch-internationale Küche serviert.

Hilton Garden Inn Munich City West
www.hiltonhotels.de/deutschland

Landsberger Straße 112, PLZ 80339, **T 089 2388550,** F 238855100
128 Zimmer

»

Nicht nur Businessgäste schätzen die gute Lage unweit von Altstadt, Oktoberfest und Marienplatz, auch bei Freizeittouristen kommt das Hotel mit seinem schlichten, klaren Design gut an. Schön die modernen Zimmer. Zum Haus gehören ein 24-Stunden-Businesscenter, ein Fitnesscenter und eine Lobbybar.

Hotel Opéra
www.hotel-opera.de

★★★★ garni

Sankt-Anna-Straße 10 (E4), PLZ 80538, **T 089 2104940,** F 21049477
25 Zimmer | 5 Suiten | Ez ab 150 €, Dz ab 170 €, inkl. Frühstück | 24 h

Elegantes kleines Stadtpalais mit imposanter Architektur. Das Hotel bietet individuell eingerichtete Stil- und Themenzimmer, einen südländisch anmutenden Innenhof, in dem im Sommer auch gefrühstückt werden kann, sowie einen 24-Stunden-Concierge-Service.

Hyperion Hotel München
www.h-hotels.com

Truderinger Straße 13, PLZ 81677 (OT: Bogenhausen), **T 089 909017200,** F 909017111
341 Zimmer | 24 h

Sie wohnen östlich der Innenstadt, und zwar in einem 14-stöckigen Hotelneubau im Gebäudekomplex „Bogenhausener Tor". Das Businesshotel bietet modern gestaltete Komfortzimmer sowie mehrere Konferenz- und Veranstaltungsräume für bis zu 290 Teilnehmer. Im Restaurant mit Frontcooking-Station wird internationale Küche serviert.

Living Hotel Das Viktualienmarkt
www.living-hotels.com

Frauenstraße 4 (D5), PLZ 80469, **T 089 8856560**
83 Zimmer | 24 h

Ein energiefreundliches Haus in Bestlage! Offen, modern und stylish – in diesem Dreiklang zeigen sich Zimmer und Serviced Apartments. Klare Linien, coole Farben und innovative Ölvitalbetten sichern den hohen Wohlfühlfaktor. Zum Haus gehört auch ein Fitnessraum mit modernsten Cardiogeräten.

Louis Hotel
www.louis-hotel.com

Viktualienmarkt 6 (D4), PLZ 80331 (OT: Altstadt-Lehel), **T 089 41119080,** F 4111908100
72 Zimmer | 1 Suite | Ez ab 229 €, Dz 269–589 €, 31,50 € | 24 h

In dem schicken Boutique-Hotel am Viktualienmarkt kommen Designfans voll auf ihre Kosten. Das Haus bietet klassisch-modern gestylte Zimmer mit liebevollen Details und hochwertigen Materialien. Einheimische Hölzer, Stoffe in Naturfarben und Naturstein aus der Region sorgen für eine anheimelnde Atmosphäre. Ein besonderes Highlight ist die Dachterrasse, sie besticht mit urbanem Look und einzigartigem Blick über die Dächer Münchens.

The LOUIS Grillroom Neu!
www.thelouisgrillroom.com

T 089 4111908111
70 | Hauptgericht 25–49 €, Menü ab 79 € | Mo-So

Einrichtung und Ambiente in diesem Restaurant sind mindestens so erlesen und luxuriös wie die Fleischauswahl. Handgefertigte Holztische, bequeme Sessel, gedeckte Farben und eine fein austarierte Lichtstimmung sorgen hier für eine ganz eigene Aura. Neben zeitgemäßen Speisen liegt der Schwerpunkt auf hochwertigen Steaks vom Grill. Nach dem Essen empfiehlt sich ein Besuch in der „The LOUIS Sparkling Bar".

Marriott Hotel
www.marriott-muenchen.de

Berliner Straße 93, PLZ 80805 (OT: Schwabing), **T 089 360020,** F 36002200
348 Zimmer | 14 Suiten | Ez 109–399 €, Dz 109–399 € | 24 h

Stilvoll-modernes Business- und Cityhotel unweit des Stadtzentrums. Nach umfassender Renovierung bieten die neu gestalteten Zimmer und Suiten einen modernen Rückzugsort. Für Entspannung sorgt der „Himaphan Pool & Health Club" mit Poolandschaft und mehreren Saunen. Morgens wartet ein reichhaltiges amerikanisches Frühstücksbuffet. Umfangreiches kulinarisches Angebot mit mehreren Restaurants.

Folgen Sie uns: facebook.com/vartaguide

Platzl Hotel
www.platzl.de

★★★★ S

Sparkassenstraße 10 (D4), PLZ 80331 (OT: Altstadt-Lehel), **T 089 237030,** F 23703800
167 Zimmer | 1 Suite | Ez ab 169 €, Dz ab 219 € | 24 h

Zweifelsfrei gehört das charmante Hotel inmitten der hist. Altstadt zu den traditionsreichsten Adressen der Stadt. Die Zimmer und Suiten sind komplett im bayerisch-eleganten Stil eingerichtet. Kleiner Freizeitbereich mit Fitnessraum, Sauna und Dampfbad.

Pfistermühle
www.pfistermuehle.de

Pfisterstraße 4 (D4), PLZ 80331 (OT: Altstadt-Lehel), **T 089 23703865**
85 | Hauptgericht 29–44 €, Menü 95–119 € | Di-Sa Mo, So

Behagliches Wirtshausambiente mit stilvollem Interieur und gehobener Tischkultur. Unter der liebevoll restaurierten Gewölbedecke werden anspruchsvoll zubereitete bayerische Spezialitäten sowie gehobene internationale Gerichte serviert.

Wirtshaus Ayinger am Platzl
www.ayinger-am-platzl.de

Platzl 1a (D4), PLZ 80331 (OT: Altstadt-Lehel)
140 | Hauptgericht 15–28 € | Mo-So

Lust auf Zwiebelrostbraten, Altbayerischen Schweinebraten oder zart geschmorte Kalbsbackerl? Das Lokal steht für lebendige Wirtshaustradition mit einer regionalen, bodenständigen Küche. Das Fassbier kommt aus der traditionsreichen Familienbrauerei.

Roomers
www.roomers-munich.com

Landsberger Straße 68 (A4), PLZ 80339, **T 089 4522020**
281 Zimmer | 24 h

››

Design- und Lifestyle-Hotel im Westend unweit der Theresienwiese. Die stylish-moderne Lobby wirkt wie ein großes, cooles Wohnzimmer. Die Rezeption ist Teil einer avantgardistischen Bar. Das lässig-unkomplizierte Konzept setzt sich in den Zimmern und Suiten fort. Zum Haus gehören auch eine großzügige Eventfläche, eine Bar sowie ein 600 qm großer SPA-Bereich mit Pool.

IZAKAYA www.izakaya-restaurant.com/munich

120 | Di-Sa Mo, So

„Japan meets Südamerika" heißt es in diesem großräumig gestalteten Restaurant. Das Ambiente: stylish, mit einem Hauch Extravaganz. Die kreative Fusionküche klingt z.B. so: „Knuspriger Oktopustentakel mit Austernpilzen und Jalapeñodressing", „Chilenischer Wolfsbarsch mit schwarzen Bohnen, Ingwer und Schnittlauch" oder „Frühlingshähnchen, Enoki-Pilz-Tempura mit Trüffelteriyaki".

Scandic München Macherei Neu! www.scandichotels.de

Berg-am-Laim-Straße 109, PLZ 81673 (OT: Berg am Laim), **T 089 9254950**
234 Zimmer

Das moderne Gebäude mit seiner ansprechenden Klinkerfassade fügt sich perfekt in das neue Stadtquartier „Macherei" ein. Mittelpunkt des Hauses ist der großzügige Eingangsbereich mit Restaurant, Bar, Meetingstudios und smart konzipierten Wohlfühlbereichen. Die unterschiedlich großen Zimmer sind zeitgemäß ausgestattet, verfügen über Holzböden und einen skandinavisch reduzierten Stil.

Steigenberger Hotel München www.hrewards.com/de/steigenberger-hotel-muenchen

Berliner Straße 85, PLZ 80805 (OT: Schwabing-Freimann), **T 089 1590610**
292 Zimmer | 9 Suiten | Ez 99–499 €, Dz 99–499 €

Das moderne Businesshotel befindet sich in einem ehem. Verwaltungsgebäude und setzt in punkto Innendesign auf „modern bavarian lifestyle". Schick und wohnlich die Zimmer, lebendig die Bar mit Kamin- und Zigarrenlounge - hier trinkt man einfach mal einen Kaffee oder ein Glas Wein. Zum Haus gehört auch ein großzügiger Tagungs- und Veranstaltungsbereich.

Torbräu www.torbraeu.de

★★★★

Tal 41 (E4), PLZ 80331 (OT: Altstadt-Lehel), **T 089 242340,** F 24234235
85 Zimmer | 3 Suiten | Ez 155–290 €, Dz 195–330 €, inkl. Frühstück | 24 h

Restauriertes Haus von 1490 im Herzen von München mit gemütlichen Zimmern und gutem Frühstücksbuffet. Vom Jugendstil inspirierte Bar, die berühmte Motive Gustav Klimts zieren. Gute Tagungsmöglichkeiten.

Alpen Hotel München www.alpenhotel-muenchen.de

★★★★

Adolf-Kolping-Straße 14 (B4), PLZ 80336 (OT: Ludwigsvorstadt-Isarvorstadt), **T 089 559330,** F 55933100
53 Zimmer | 1 Suite | Ez 99–265 €, Dz 142–415 €, inkl. Frühstück

Familiengeführtes Haus in einer ruhigen Seitenstraße unweit des Hauptbahnhofs. Wohnliche, in warmen Farbtönen gestaltete Zimmer mit zeitgemäßer Technik und modernen Bädern. Hübscher Gartenhof, in dem man auch frühstücken kann.

An der Oper
www.hotelanderoper.de

★★★★

Falkenturmstraße 10 (D4), PLZ 80331, **T 089 2900270,** F 29002729
69 Zimmer | 13 Suiten | 7 Apartments | Ez ab 135 €, Dz ab 180 €, 21,00 € | 24 h

Stadthotel in zentraler, aber ruhiger Lage im Herzen der Münchner Altstadt. Stilvoll und individuell eingerichtete Gästezimmer unterschiedlicher Kategorien. Die Osteria „Il Tenore" serviert feine italienische Küche.

Best Western Arabellapark
www.hotel-arabellapark.de

★★★ S

Arabellastraße 13-15, PLZ 81925 (OT: Bogenhausen), **T 089 3803360,** F 380336199
220 Zimmer

Nahe dem Englischen Garten im renommierten Stadtquartier Arabellapark befindet sich dieses 2021 eröffnete Hotel, das für Geschäftsreisende und Städtetouristen gleichermaßen interessant ist. Es steht für schicken Lifestyle, der cooles Ambiente und regionale Designimpressionen vereint. So zeigen sich die Zimmer in alpenländischem Stil und technisch up to date.

Jetzt vorbeischauen: pinterest.com/vartaguide

Cortiina
www.cortiina.com

Lederstraße 8 (D4), PLZ 80331 (OT: Altstadt-Lehel), **T 089 2422490,** F 242249100
75 Zimmer | 6 Suiten | 24 h

Sanierter Altstadtbau mit Designereinrichtung. Schick gestylte Zimmer mit Naturhölzern, Eichenparkett und speziell angefertigten Möbeln sowie mit Jura-Naturstein ausgestattete Badezimmer. Reichhaltiges Frühstücksbuffet mit regionalen Produkten vom Viktualienmarkt.

Fleming's Hotel München-City
www.flemings-hotels.com/muenchen-city-hotel

Bayerstraße 47 (A4), PLZ 80335, **T 089 4444660,** F 444466999
112 Zimmer | 13 Suiten | 24 h

In unmittelbarer Nähe des Hauptbahnhofs befindet sich dieses zeitgemäße Stadthotel. Sie wohnen in klimatisierten, schallisolierten Zimmern mit modernen Glasbädern. Das Restaurant „Cucina Nina" serviert Bowls, Focaccia und Pasta.

Freisinger Hof
www.freisinger-hof.de

★★★★

Oberföhringer Straße 189 - 191, PLZ 81925, **T 089 952302,** F 9578516
51 Zimmer | 4 Suiten | Ez ab 148 €, Dz ab 186 €, inkl. Frühstück

Der privat geführte Gasthof von 1875 mit neuerem Hotelnebenhaus bietet komfortable, hübsch mit edlen Materialien eingerichtete Landhauszimmer. Kleine Wellnessoase mit Sauna und Dampfbad. Gute Tagungsmöglichkeiten.

Freisinger Hof

120 | Hauptgericht 24–38 € | Mo-So

Gemütliches Restaurant mit angenehmem Ambiente, hübscher Terrasse und gemütlichem Gastgarten. Serviert wird gute bayerisch-österreichische Küche mit Gerichten wie Backhendl vom Kärntner Bio-Huhn, Wiener Schnitzel vom Kalb oder Wachauer Marillenpalatschinken.

Marias Platzl
www.mariasplatzl.de

Mariahilfplatz 4 (↘ E5), PLZ 81541 (OT: Au-Haidhausen), **T 089 6223370,** F 6223373778
34 Zimmer

Die kleine Dependance des Münchner Platzl-Hotels hat sich konzeptionell dem Thema „Heimatgefühl" verschrieben. So sorgen in den Zimmern beispielsweise handgeschreinerte Holzvertäfelungen und Tapeten aus traditionellem Dirndlstoff für ein traditionell-heimeliges Ambiente. Bayerische Küche im Wirtshaus „Ayinger in der Au".

MOMA1890
www.moma1890.com

Orleansplatz 6a, PLZ 81667 (OT: Au-Haidhausen), **T 089 4482424,** F 485987
51 Zimmer | Ez ab 97 €, Dz ab 127 €, ab 17,00 € | 24 h

Das denkmalgeschützte Gebäude, das viele Jahre als Hotel Stadt Rosenheim firmierte, hat sich in ein schmuckes Boutique-Hotel verwandelt. Herzstück des Hauses ist das hohe Treppenhaus mit originalen Treppen und einer gut erhaltenen, spektakulären Tapete aus den 1960er Jahren. Jedes Zimmer ist ein Unikat, der Einrichtungsstil reicht von modern bis verspielt. Besonders originell sind die charmanten Vintagezimmer. Gefrühstückt wird in der gemütlichen MOMA-Lounge.

relexa hotel München
www.relexa-hotel-muenchen.de

Schwanthalerstraße 58-60 (A4), PLZ 80336 (OT: Ludwigsvorstadt-Isarvorstadt),
T 089 9965060
121 Zimmer | Ez 87–448 €, Dz 105–466 €, inkl. Frühstück | 24 h

Eine zentrale Adresse, nur 600 m von der Theresienwiese entfernt. Hell, geradlinig und technisch auf dem neuesten Stand - so bieten die Zimmer einen guten Arbeitsplatz für Businessgäste und eine angenehm moderne Übernachtungsmöglichkeit für Städtetouristen. Es gibt sogar einen sogenannten Ladies Executive Floor mit 11 liebevoll gestalteten Zimmern speziell für Frauen.

Schiller 5
www.schiller5.com

★★★★ garni

Schillerstraße 5 (B4), PLZ 80336, **T 089 515040,** F 51504500
62 Zimmer | 2 Suiten | 52 Apartments | 24 h

Hotel und Boardinghouse mit modernem, klarem Design und persönlicher Führung im Herzen von München. Sehr gut ausgestattete Zimmer und Suiten mit XXL-Betten (2,10 m lang), Kitchenette und Klimaanlage. Gutes Frühstück.

Schwabinger Wahrheit by Geisel
www.schwabinger-wahrheit.de

Hohenzollernstraße 5 (↗ E1), PLZ 80801 (OT: Schwabing), **T 089 383810,** F 38381111
80 Zimmer | 3 Suiten | 24 h

Modern, smart und innovativ - so zeigt sich dieses urbane Stadthotel, das sich vor allem durch hohe Flexibilität im Raumangebot auszeichnet: Durch intelligente Funktionen und Einrichtungselemente ist jedes Zimmer auf bis zu vier Personen erweiterbar. Für Entspannung sorgt ein kleiner Wellnessbereich mit Sauna, Freiluftwhirlpool und Fitnessgeräten.

The Rilano Hotel
www.rilano-hotel-muenchen.de

★★★★

Domagkstraße 26, PLZ 80807 (OT: Schwabing-Freimann), **T 089 360010,** F 360019217
378 Zimmer | 10 Suiten | 24 h

Modernes Tagungshotel inmitten der Parkstadt Schwabing mit bayerischem Charme und internationalem Service. In Grau- und Beigetönen gestaltete Zimmer mit modern-elegantem Einrichtungsstil und zeitgemäßer technischer Ausstattung. Umfangreiches gastronomisches Angebot.

Unsöld's Factory Hotel **Neu!** www.unsoelds-hotel.de

★★★★ garni

Unsöldstraße 10 (E3), PLZ 80538, **T 089 2441621014**
63 Zimmer | 4 Suiten | Ez 119–349 €, Dz 139–399 €, 17,50 €

Mitten in einer der beliebtesten Wohngegenden von München liegt dieses lebendige Lifestyle-Hotel mit seinem einzigartigen Charakter. Hier verschmelzen lässiges Industrial Flair und eleganter Boutique-Schick. Das Haus bietet individuelle Zimmer in verschiedensten Kategorien - vom 12 qm kleinen Klassikzimmer bis zur 68 qm großen Penthousesuite. Herzstück des Hotels ist die großzügige Lounge mit ihrer gemütlichen und geselligen Atmosphäre.

Gambino Hotel Werksviertel www.gambinohotelwerksviertel.com

Atelierstraße 7, PLZ 81671 (OT: Berg am Laim), **T 089 998280611**
303 Zimmer | Ez 60–399 €, Dz 70–499 € | 24 h

Das innovative Urban-Economy-Konzept kommt an! Direkt auf dem ehemaligen Pfanni-Werksgelände befindet sich das moderne Lifestyle-Hotel. Es bietet seinen Gästen zeitgemäß ausgestattete Zimmer im erdig-entspannten Industrial Design - wahlweise mit Blick auf das Werksviertel oder in den begrünten Innenhof. Bodentiefe Schallschutzfenster hat man als bequeme Sitznischen zum Relaxen und Arbeiten konzipiert. In der Lobby steht ein Snackautomat mit allerlei Köstlichem bereit.

Jagdschloss www.jagd-schloss.com

Alte Allee 21, PLZ 81245 (OT: Pasing-Obermenzing), **T 089 820820,** F 82082100
28 Zimmer | 2 Suiten | 2 Apartments | Ez ab 120 €, Dz ab 180 €, inkl. Frühstück

Um die Jahrhundertwende erbautes, liebevoll renoviertes Jagdschloss im Westen Münchens. Gemütlich mit Holzmöbeln eingerichtete Zimmer. Mit den Boardinghäusern Jagdschloss-Residenz und der Gartenvilla Sefi stehen moderne und voll möblierte Apartments zur Langzeitnutzung zur Verfügung.

Jagdschloss

160 | Hauptgericht 8–24 €, Menü 26–51 € | Do-So Mo-So

Bayerisch-gemütliches Wirtshaus mit rustikalem Flair und harmonischer Dekoration im Jagdstil. Auf der umfangreichen Speisekarte finden sich Klassiker der Münchner Küche. Unbedingt probieren sollte man die hausgemachten Maultaschen! Schöner Biergarten.

Kriemhild www.kriemhild.de

★★★ garni

Guntherstraße 16, PLZ 80639 (OT: Neuhausen-Nymphenburg), **T 089 1711170,** F 17111755
20 Zimmer | 4 Suiten | Ez 87–168 €, Dz 92–280 €, ab 11,50 € | 27.12.23–4.1.24

Privat geführtes kleines Stadthotel unweit des Schlosses Nymphenburg. Freundliche, helle Zimmer mit zweckmäßiger Ausstattung. Das reichhaltige Frühstück wird im klimatisierten Frühstücksraum mit Wintergarten serviert.

Mio by Amano
www.amanogroup.de/de/hotels/mio

Sendlinger Straße 46 (C5), PLZ 80331 (OT: Altstadt-Lehel), **T 089 6142110**
114 Zimmer | Ez ab 95 €, Dz ab 150 € | 24 h

Das beim Sendlinger Tor gelegene Boutique-Hotel befindet sich in einem charismatischen Altbau inmitten der Fußgängerzone. In den Zimmern, die in drei Kategorien buchbar sind, treffen klare Linien auf moderne Farben und verspielte Details. High-Speed-WLAN, LCD-Smart-TV und Klimaanlage gehören zur Standardausstattung. Die hauseigene Bar im 1. Stock lädt Hotelgäste und Locals zu leckeren Drinks ein.

Schlicker
www.hotel-schlicker.de

★★★ S garni

Tal 8 (D4), PLZ 80331 (OT: Altstadt-Lehel), **T 089 2428870,** F 296059
70 Zimmer | 5 Suiten | 2 Apartments | Ez 115–155 €, Dz 180–230 €, inkl. Frühstück | 24 h

Charmantes Traditionshotel in Sichtweite des Marienplatzes, das seit 5 Generationen familiengeführt ist. Individuell und behaglich eingerichtete Zimmer mit kostenlosem WLAN. Gutes Frühstück, Fahrradverleih.

Splendid-Dollmann
www.splendid-dollmann.de

garni

Thierschstraße 49 (F4), PLZ 80538 (OT: Lehel), **T 089 238080,** F 23808365
36 Zimmer | 2 Suiten | Ez 140–380 €, Dz 170–450 €, 16,00 €

Klassizistisches Bürgerhaus aus dem 19. Jh. in unmittelbarer Nähe der Maximilianstraße. Stilvolle Zimmer, die mit Antiquitäten aus dem 18. und 19. Jh. sowie edlen Materialien und Stoffen eingerichtet sind. Zum Haus gehören auch eine Bibliothek, eine Lobby mit Kamin und ein liebevoll angelegter Garten.

Vi Vadi Hotel Bayer 89
www.vivadihotels.com/de/hotels/bayer-89

★★★ S

Bayerstraße 89 (A4), PLZ 80335, **T 089 24415880**
80 Zimmer | 3 Suiten | 24 h

Ein neuzeitliches Stadthotel in unmittelbarer Nähe der Theresienwiese. Sowohl in den öffentlichen Bereichen als auch in den Zimmern trifft moderne Eleganz auf warmes, naturbelassenes Interieur. Die modernen Bäder sind mit Fußbodenheizung und Regendusche ausgestattet. Italienische Spezialitäten erwarten den Gast im hauseigenen Restaurant.

EssZimmer
www.esszimmer-muenchen.de

VARTA★TIPP Küche   VARTA-TIPP Service

Am Olympiapark 1 (in der BMW Welt / 3. Etage), PLZ 80809 (OT: Milbertshofen-Am Hart),
T 089 358991814
45 | Menü 200–245 € | Di-Sa Mo, So

Eine elegant-exklusive Gourmetadresse. Das Auge freut sich über harmonisch arrangierte Einrichtungselemente, der Gaumen über die zeitgemäß-kreative Küche von Bobby Bräuer. Seine sorgfältig zubereiteten Speisen begeistern in ihrer Vielfalt und Aromentiefe. Das Menü (5 bis 8 Gänge) können Sie auch als vegetarische Variante bestellen! Dazu kredenzt der geschulte Service unter der Leitung von Restaurantleiter und Sommelier Domenico Durante deutsche und europäische Spitzenweine. Kostenloser Chauffeurservice innerhalb des Münchner Stadtgebiets.

Bavarie
www.feinkost-kaefer.de/bavarie

Am Olympiapark 1 (in der BMW Welt / 2. Etage), PLZ 80809 (OT: Milbertshofen-Am Hart), **T 089 358991818**
180 | Hauptgericht 24–35 €, Menü 59–68 € | Mo-Sa Di-Sa So

Hier trifft typisch französische Brasserie-Atmosphäre auf feinste bayerische Regionalität. Schicke Holzmöbel, edle Stoffe, Pflanzen und ein raffiniertes Beleuchtungskonzept sorgen für reichlich Wohlfühlatmosphäre. Serviert wird eine zeitgemäße internationale Küche. Dazu eine kleine, aber feine Weinauswahl. Mittags 3-Gang-Business-Menü.

Jan
jan-hartwig.com

VARTA★TIPP Küche VARTA-TIPP Service

Luisenstraße 27 (B2), PLZ 80333, **T 089 23708658**
40 | Menü 320 € | Mi-Fr Di-Fr Mo, Sa, So 1.–15.1.24

Im sogenannten Rhaetenhaus, nur einen Steinwurf vom Königsplatz entfernt, finden Sie diesen Gourmethotspot. Im lichtdurchfluteten Restaurant mit betont zurückhaltender, puristischer Formensprache und offener Küche knüpft Jan Hartwig an seine Erfolge als Küchenchef des Ateliers im Bayerischen Hof an. Seine Speisen (abends in Form eines mehrgängigen Menüs und mittags als reduzierte Variante) demonstrieren einmal mehr große Innovationsfreude, perfektes Handwerk und intelligente Aromenkombinationen. Dazu eine hochkarätige Weinkarte und ein fachkundiger und zugewandter Service unter der Leitung von Kilian Skalet.

KOMU Neu!
komu-restaurant.de

VARTA★TIPP Küche VARTA-TIPP Service

Hackenstraße 4, PLZ 80331, **T 0173 1560415**
32 | Hauptgericht 39–95 €, Menü 195–249 € | Do-Sa Mi-Sa Mo, Di, So

Außergewöhnliche Genussmomente warten in außergewöhnlichem Ambiente auf den anspruchsvollen Gast. Die denkmalgeschützten, hohen Räume bestechen durch einen Chef's Table mit Blick in die offene Küche, eine Bar am Eingang und eine sehr edle und zugleich gemütliche Atmosphäre. Wenn man kulinarische Leidenschaft schmecken kann, dann bei Patron und Chefkoch Christoph Kunz. Mit Können, Hingabe, Mut und Feingefühl zelebriert er eine französische Hochküche mit japanisch-asiatischen Einflüssen. Mittags können Sie zwischen 3 oder 4 Gängen wählen, das Dinnermenü umfasst bis zu 8 Gänge. Gerne erläutert Maximiliane Lemli mit ihrem Serviceteam kompetent die exzellente Küche und gibt wertvolle Tipps zu den edlen Tropfen, die die Speisen zusätzlich adeln.

Tantris Restaurant
www.tantris.de

VARTA★TIPP Küche VARTA★TIPP Service

Johann-Fichte-Straße 7, PLZ 80805 (OT: Schwabing-Freimann), **T 089 3619590**
60 | Menü 230–295 € | Mi-Sa Mo, Di, So

Seit Herbst 2021 schreibt man die erfolgreiche Geschichte des behutsam sanierten, denkmalgeschützten Betontempels aus den frühen 1970er Jahren weiter. Im Menürestaurant bietet Benjamin Chmura eine kreative und produktorientierte Hochküche, die mittags in 4 oder 6 und abends in 6 oder 8 Gängen serviert wird. Im klimatisierten Tagesweinkeller lagern erstklassige Weine aus nah und fern. Dazu ein geschmackvolles Ambiente, das elegant und gleichermaßen gemütlich ist. Der aufmerksame und sehr persönliche Service sorgt ebenso für genussvolle Tantris-Atmosphäre.

Tantris DNA

VARTA-TIPP Küche **VARTA-TIPP** Service

Johann-Fichte-Straße 7, PLZ 80805 (OT: Schwabing-Freimann), **T 089 3619590**
30 | Hauptgericht 74–92 € | Mo, Fr-So ⊘ Di, Mi, Do

Im Zweitrestaurant besinnt man sich zurück auf die Grundgedanken der Haute Cuisine. Auf der Karte stehen beliebte Klassiker aus fünf Jahrzehnten Tantris-Geschichte von den Spitzenköchen Eckart Witzigmann, Heinz Winkler und Hans Haas. Eine zeitlose, produktorientierte Küche - serviert auf historischem, restauriertem Tafelsilber aus der Gründungszeit des Gourmetrestaurants. Auch ein traditionsbewusster, geschulter Service gehört zum ganzheitlichen Angebot. In der Bar gibt es täglich bis ein Uhr klassische Cocktails, offene Weine und Champagner aus dem Tantris-Keller.

Tohru in der Schreiberei
schreiberei-muc.de/tohru

VARTA★TIPP Küche **VARTA-TIPP** Service

Burgstraße 5 (D4), PLZ 80331, **T 089 21529172**
36 | Menü 280 € | Di-Sa ⊘ Mo, So

Fine Dining auf Top-Niveau erwartet Sie in der ehem. Stadtschreiberei. Hier zelebriert Tohru Nakamura sein Erfolgsrezept - und das heißt: europäisch-französische Hochküche, erweitert durch die Produkt- und Aromenwelt Japans. Das servierte Menü ist eine kulinarische Inszenierung, die seinesgleichen sucht. Konsequent, unverwechselbar und mit präzisem Handwerk setzt der Spitzenkoch seine ganz eigenen Vorstellungen um. Die Atmosphäre in den Gasträumen ist überaus behaglich, man sitzt auf bequemen Ledersesseln und wird vom charmant-lockeren und zugleich geschulten Service bestens umsorgt.

Folgen Sie uns: facebook.com/vartaguide

Acquarello
www.acquarello.com

VARTA-TIPP Küche

Mühlbaurstraße 36, PLZ 81677 (OT: Bogenhausen), **T 089 4704848**
70 | Hauptgericht 39–55 €, Menü 135 € | Di-Fr Di-So ⊘ Mo

Die Küche von Mario Gamba, der einst als Autodidakt kochen gelernt hat, zeigt sich seit vielen Jahren auf Top-Niveau. Südländische Kreativität und Leichtigkeit prägen die handwerklich perfekt zubereiteten Gerichte des Italieners, die Sie sowohl à la carte als auch in Form eines saisonalen Menüs genießen können. Dazu eine mediterrane Atmosphäre mit edlen Natursteinen, Stühlen aus Florenz, Wandmalereien und faszinierenden Lichtspielen. Rund um den edlen Tropfen und die weiteren Getränke gibt das charmante Serviceteam kompetent und sehr gern Auskunft.

Bogenhauser Hof **Neu!**
www.bogenhauserhof.de

Ismaninger Straße 85, PLZ 81675 (OT: Bogenhausen), **T 089 985586**
70 | Hauptgericht 26–52 €, Menü ab 98 € | Mo-Sa ⊘ So

Nach Umbau und Renovierung hat das Münchener Traditionsgasthaus seit 2023 wieder geöffnet. In freundlich-modernem Ambiente wird eine frische alpine Küche mit asiatischem Twist serviert, bei der Bewährtes und Neues mit viel Talent geschmackvoll kombiniert werden. Für Veranstaltungen stehen vier Themenzimmer zur Verfügung. Im Sommer lockt die herrlich begrünte Gartenterrasse.

Brothers Neu! www.brothers-munich.com

VARTA-TIPP Küche

Kurfürstenstraße 41, PLZ 80801 (OT: Schwabing-West), **T 089 45461930**
Hauptgericht 36–40 €, Menü ab 155 € | So Mi-Sa Mo, Di

Die Zwillingsbrüder Markus und Tobias Klaas haben hier als Gastgeber und Sommelier eine coole, lebendige Fine-Dining-Adresse etabliert. Das Interieur wirkt urban, unprätentiös und angenehm zeitlos. Chefkoch Daniel Bodamer setzt klassische Küche modern um. Dabei legt er Wert auf saisonalen Bezug und ausgezeichnete Produkte. Neben dem wechselnden „Tasting Menue" gibt es auch eine À-la-carte-Auswahl. Auf der Weinkarte ist die Passion zu Frankreich erkennbar, sie listet sowohl „Must-Haves" als auch spannende „Underdogs".

Essence www.essence-restaurant.de

VARTA-TIPP Service

Gottfried-Keller-Straße 35, PLZ 81245 (OT: Pasing-Obermenzing), **T 089 80040025**
80 | Menü 109–127 € | Mi-Fr Mi-So Mo, Di

Seit mehr als 10 Jahren steht dieses Gourmetrestaurant in Pasing für französisch inspirierte Hochküche mit mediterranen und asiatischen Anklängen. Fine Dining vom Feinsten: eine ideale Adresse für alle, die gerne sehr gut essen und einen optimalen Service im stimmungsvollen Ambiente zu schätzen wissen. Sehr gute Weinauswahl und kompetente Beratung durch die freundliche Crew an der Gästefront.

Green Beetle www.feinkost-kaefer.de/greenbeetle

Schumannstraße 9, PLZ 81679 (OT: Bogenhausen), **T 0176 14168023**
80 | Menü 89–149 € | Di-Sa Mo, So

Wer sich gerne gesund, nachhaltig und regional ernährt, ist hier genau richtig! Das durchgestylte Restaurant, das zur Käfer-Gruppe gehört, ist nur wenige Gehminuten vom renommierten Feinkostgeschäft entfernt. Das kulinarische Konzept gibt dem Gemüse eine große Bühne. Und dass vegetarische oder vegane Küche keineswegs Verzicht auf Genuss bedeuten muss, zeigen solch abwechslungsreiche Gerichte wie „Kartoffelblini | Peperonata | Rucola | Ingwer" oder „Schmorgurke | Blumenkohl | Radieschen | Himbeeren".

Les Deux www.lesdeux-muc.de

VARTA-TIPP Küche **VARTA-TIPP** Service

Maffeistraße 3a (D4), PLZ 80333 (OT: Altstadt-Lehel), **T 089 710407373**
60 | Hauptgericht 49–79 €, Menü bis 185 € | Mo-Fr Sa, So

In den Schäfflerhöfen wird kreativ gekocht! Geradlinig, produktorientiert und handwerklich perfekt zeigt sich die moderne französische Küche von Nathalie Leblond. Während Sie im

Gourmetrestaurant im 1. Stock ein aufwendiges Degustationsmenü genießen können, werden im Parterre und auf der großen, geschützten Außenterrasse klassische und saisonal abgestimmte Brasseriegerichte serviert. Maître Vincent Leblond leitet liebenswürdig durch den Abend und kann sich auf sein gut geschultes und umsichtiges Serviceteam verlassen. Nicht zu vergessen die exzellente Weinkarte mit mehr als 500 Positionen.

MUN Restaurant
www.munrestaurant.de

Innere Wiener Straße 18 (F5), PLZ 81667 (OT: Au-Haidhausen), **T 089 62809520**
Menü 75–108 € | Di-Sa ⃠ Mo, So

Ein kleines, intimes Kellerlokal mit edel-schlichtem Interieur, gedämpftem Licht und dezenter Loungemusik zur akustischen Untermalung. Hier zelebriert man asiatische Küche mit internationalen Einflüssen auf hohem Niveau. Sehr zu empfehlen sind die 4- und 6-Gang-Degustationsmenüs, bei denen man sich auf eine kulinarische Reise durch Japan, Korea und China begibt.

Mural Restaurant
www.muralrestaurant.de

VARTA-TIPP Küche

Hotterstraße 12 (C4), PLZ 80331, **T 089 23023186**
50 | Menü 89–195 € | Di-Sa ⃠ Mo, So ⃠ 24.–30.12.23

Rauer Industriecharme und lässiges Ambiente prägen das urbane Fine-Dining-Restaurant im Streetart-Museum MUCA, das sich im einstigen Umspannwerk der Stadtwerke München befindet. Getreu dem Motto „Eat local, drink natural" verwöhnt Küchenchef Joshua Leise seine Gäste mit zeitgenössischen Gerichten, die akkurat und stimmig zubereitet sind. Er verwendet beste saisonale Produkte von ausgesuchten heimischen Erzeugern. Auch ein 100 % veganes Gourmetmenü steht auf der Karte. Dazu eine spannende Weinauswahl, bei der naturnah erzeugte Weine von außergewöhnlichen Winzern im Fokus stehen.

Pageou
www.pageou.de

Kardinal-Faulhaber-Straße 10 (D3), PLZ 80333, **T 089 24231310**
56 | Hauptgericht 23–48 €, Menü 99–159 € | Di-Sa ⃠ Mo, So

Gehoben, aber keineswegs steif zeigt sich dieses Restaurant in den Fünf Höfen. Holz, Leder und schöne Stoffe treffen auf klare, lichte Formen. Serviert wird eine moderne, kosmopolitische Küche, die mit exotischen und orientalischen Einflüssen verfeinert ist. Sie können zwischen zwei Menüs wählen. Hübsch begrünte Innenhofterrasse.

Restaurant le Plaisant
www.restaurant-leplaisant.eu

Regerplatz 3, PLZ 81541 (OT: Au-Haidhausen), **T 089 44449940**
32 | Menü 78–98 € | Mo-Fr ⃠ Sa, So

Klein, aber fein: In diesem Restaurant muss man sich einfach wohlfühlen! Das Ambiente: elegant und mit zurückhaltender Geradheit, der Service freundlich und die Küche ausgesprochen schmackhaft! Serviert wird ein wechselndes Menü in 3 bis 5 Gängen (auf Wunsch mit passender Weinbegleitung).

Rocca Riviera www.roccariviera.com

Wittelsbacher Platz 2 (D3), PLZ 80333, **T 089 28724421**
150 | Hauptgericht 19–59 € | Mo-Fr Mo-Sa So

Das französisch-italienisch inspirierte Lifestyle-Restaurant befindet sich in der Siemens-Konzernzentrale und erstreckt sich über zwei Etagen. Opulente Ausstattung im glamourösen Retrostil mit edlen Materialien und feiner Tischkultur. Kulinarisch liegt der Schwerpunkt auf der facettenreichen Mittelmeerküche. Das Angebot reicht von Antipasti über frischen Fisch bis zu Fleischspezialitäten vom Holzkohlegrill.

Showroom www.showroom-restaurant.de

VARTA-TIPP Küche **VARTA-TIPP** Service

Lilienstraße 6 (F5), PLZ 81669 (OT: Au-Haidhausen), **T 089 44429082**
28 | Menü 170–190 € | Mo-Fr Sa, So

Hier kommen Gourmets und Neugierige auf ihre Kosten. Im kleinen, aber feinen Restaurant offeriert Ihnen Dominik Käppeler eine beeindruckende Soulfoodküche. Das fixe, regelmäßig wechselnde Menü (5 bis 8 Gänge) ist das Ergebnis handwerklich niveauvoller, aufwendiger und kreativer Zubereitung exzellenter Produkte. Dazu kredenzt der fachkundige und ausgesprochen freundliche Service erlesene Weine aus nah und fern.

Sparkling Bistro www.sparklingbistro.de

VARTA-TIPP Küche **VARTA-TIPP** Service

Amalienstraße 89 (D1, Zugang über die Amalienpassage), PLZ 80799 (OT: Maxvorstadt / Schwabing), **T 089 46138267**
36 | Menü 150–180 € | Di-Sa Mo, So

Minimalistisch und schick zeigt sich das modern-elegante Fine-Dining-Restaurant in der Münchner Amalienpassage. Jürgen Wolfsgruber bietet hier eine kompromisslose, kontrastreiche Produktküche, die in Menüform (5 bis 7 Gänge) serviert und von exzellenten Weinen begleitet wird. Von der Crew an der Gästefront werden Sie charmant und fachkundig umsorgt. Toll die umfangreiche Auswahl an Schaumweinen. Tischreservierung empfehlenswert.

Werneckhof Sigi Schelling www.werneckhof-schelling.de

VARTA★TIPP Küche

Werneckstraße 11, PLZ 80802 (OT: Schwabing-Freimann), **T 089 244189190**
45 | Menü 215 € | Mi-Sa Mo, Di, So 24.12.23–16.1.24, 24.3.–2.4.24

Der „Werneckhof" ist ein Haus mit kulinarischer Geschichte. Schon der vorherige Küchenchef Tohru Nakamura erfüllte hier höchste kulinarische Ansprüche. Der schlichte kleine Gastraum mit seinen historischen Sprossenfenstern zeigt sich hell und mit moderner Kunst. Sigi Schelling (viele Jahre Souschefin bei Hans Haas im legendären Tantris) setzt auf klassisches Handwerk sowie eine schnörkellose, saisonal beeinflusste Produktküche, die Sie in Form eines fünfgängigen Menüs genießen können. Die Weinkarte wurde von der bekannten Sommelière Paula Bosch zusammengestellt.

Acetaia
www.restaurant-acetaia.de

Nymphenburger Straße 215, PLZ 80639 (OT: Neuhausen-Nymphenburg), **T 089 13929077**
38 | Hauptgericht 20–45 €, Menü 85 € | Mo-Di, Do-Fr, So Mo-Di, Do-So Mi

Das Ristorante vis-à-vis dem Grünwald-Park gehört seit vielen Jahren zu den Top-Italienern in München. Mosaikboden, Lederbänke und Deckenstuck sorgen für nostalgisches Flair. Die Karte bietet klassische italienische Speisen sowie eine sehr gute Weinauswahl von besten Weingütern aus dem Piemont bis Sizilien.

ASAM Schlössl Neu!
www.asamschloessl.de

Maria-Einsiedel-Straße 45, PLZ 81379 (OT: Thalkirchen-Obersendling-Solln),
T 089 780167790
230 | Hauptgericht 17–38 € | Fr-So Mi-So Mo, Di 24.12.23

Das renovierte barocke Anwesen ist sowohl äußerlich als auch im Innern ein echtes Schmuckstück. Toll die Freskenbemalung an der Fassade, dazu urig-gemütliche Gaststuben und ein prächtiger Barocksaal, der sich im 2. Stock befindet und für Festlichkeiten gemietet werden kann. Kulinarisch liegt der Fokus auf bayerisch geprägter Küche und Barbecuespezialitäten. In der warmen Jahreszeit ist der idyllische Schlösslgarten ein echtes Kleinod.

Azuki Restaurant
www.azukimunich.com

Maximilianstraße 2A (D4), PLZ 80539, **T 089 41327560**
180 | Hauptgericht 25–80 € | Mo-So

Japan trifft Vietnam - so lautet das kulinarische Konzept in diesem weitläufigen Restaurant im Palais an der Oper. Ob im Restaurant, im Barroom oder unter den Arkaden - serviert werden schmackhafte asiatische Gerichte sowie verschiedene Sushi- und Sashimi-Spezialitäten. Aber auch Fleischliebhaber kommen auf ihre Kosten und dürfen sich z.B. auf gegrilltes Rib-Eye-Steak oder Special Cut vom japanischen Wagyu freuen. Tolle Cocktailkarte.

Blauer Bock
www.restaurant-blauerbock.de

Sebastiansplatz 9 (D5), PLZ 80331, **T 089 45222333**
68 | Hauptgericht 24–65 €, Menü 95–124 € | Di-Sa Mo, So

Das Restaurant am Viktualienmarkt ist ein Dauerbrenner in Münchens Gastro-Szene. Gekocht wird mal regional, mal mediterran - aber stets saisonbetont und mit frischen Produkten. Regelmäßig wechselnde Mittagskarte! Im Sommer sind die Terrassenplätze sehr gefragt.

Brasserie Colette
www.brasseriecolette.de/muenchen

Klenzestraße 72 (↘ C5), PLZ 80469, **T 089 23002555**
80 | Hauptgericht 23–43 €, Menü 85–119 € | Mo-So

Auch wenn Tim Raue hier nicht selbst am Herd steht, ein Besuch lohnt sich allemal. Die Speisekarte offeriert klassische französische Gerichte, die Atmosphäre ist locker bis ungezwungen mit dem Charakter eines Wohnzimmers. Mosaikböden, durchlaufende Sitzbänke und geschwungene alte Stühle sorgen für typisches Brasserieflair.

Der Dantler
www.derdantler.de

Werinherstraße 15, PLZ 81541, **T 089 39292689**
35 | Menü ab 95 € | Di-Fr Mo, Sa, So

In dem charmanten Deli-Restaurant serviert man mittags einfache und schnelle Gerichte wie Salate, hausgemachte Pasta oder Pastramisandwiches. Abends ist die Küche etwas aufwendiger und raffinierter. Aus kleinen Tellergerichten kann man sich sein eigenes Menü zusammenstellen. Schöne Weinauswahl mit Schwerpunkt Deutschland, Österreich und Südtirol.

Falke23 Neu! www.falke23.de

Falkenstraße 23, PLZ 81541 (OT: Au-Haidhausen), **T 089 24643126**
Menü 46–56 € | Mo-Sa So

Das traditionsreiche Wirtshaus ist behaglich eingerichtet und eine gelungene Mischung aus Tradition und Moderne. Hier wird ambitioniert und mit frischen Produkten gekocht. Beim feinen, individuellen und so gar nicht wirtshaustypischen Menü (wahlweise 3 oder 4 Gänge) kann man aus verschiedenen Komponenten wählen. Ausgesuchte Biere und Weine begleiten die Speisen. Dazu ein freundlicher, eloquenter Service.

Gabelspiel www.restaurant-gabelspiel.de

Zehentbauernstraße 20, PLZ 81539 (OT: Giesing), **T 089 12253940**
40 | Menü 170–180 € | Di-Sa Mo, So

Ein Besuch in dem kleinen, modern umgebauten Gastraum des alleinstehenden Altbaus lohnt sich! Florian und Sabrina Berger verwöhnen ihre Gäste mit frischen saisonalen Gerichten, die in Menüform serviert werden. Tischreservierung empfehlenswert.

George Prime Steak & Raw Bar www.georgeprimesteakmunich.com

Maximiliansplatz 9 (C3), PLZ 80333 (OT: Maxvorstadt), **T 089 215367777**
80 | Hauptgericht 57–210 € | Di-Sa Mo, So

Edel, mondän und stylish zeigt sich das großzügig angelegte Steakrestaurant. Highlights sind der begehbare gläserne Weinkühlschrank sowie der große Dry-Aged-Humidor im Eingangsbereich. Serviert werden hochwertiges, US-amerikanisches Prime-Beef-Fleisch sowie beste kalifornische Weine. In der angeschlossenen Raw Bar kann man Sushispezialitäten der Nikkeiküche und Cocktails genießen.

Halali www.restaurant-halali.de

Schönfeldstraße 22 (E2), PLZ 80539 (OT: Maxvorstadt), **T 089 285909**
65 | Hauptgericht 30–40 €, Menü 83 € | Mi-Fr Mi-Sa Mo, Di, So

Das aus dem 19. Jhd. stammende Gasthaus nahe dem Englischen Garten ist mit zahlreichen Jagdtrophäen dekoriert. Serviert werden bayerische und internationale Speisen, aber auch wegen seiner exzellenten Wildgerichte hat sich das Lokal längst einen Namen gemacht. Auf der umfangreichen Weinkarte findet man viele österreichische Weine.

Hippocampus www.hippocampus-restaurant.de

Mühlbaurstraße 5, PLZ 81677 (OT: Bogenhausen), **T 089 475855**
50 | Hauptgericht 22–39 €, Menü 75 € | Mi-Fr, So Mi-So Mo, Di

Perfekt gestylter Raum mit gelb-schwarz gemasertem Marmorfußboden, Wandvertäfelungen aus edlem Nussbaumholz, hübschen Jugendstil-Bronzelampen und zahlreichen Accessoires aus Italien. Ambitionierte italienische Küche, gute Weine, aufmerksame Servicebrigade.

Huber
www.huber-restaurant.de

VARTA-TIPP Küche

Newtonstraße 13, PLZ 81679 (OT: Bogenhausen), **T 089 985152**
45 | Hauptgericht 25–35 €, Menü 89–127 € | Sa-So Di-So Mo

Sehr schick zeigt sich dieses durchgestylte Restaurant mit roten Sitzbänken, hellen Wänden, subtilem Lichtkonzept und klassisch eingedeckten Tischen. Hier offeriert Michael Huber eine moderne deutsche und internationale Küche. Das Menü (4 bis 6 Gänge) gibt es auch als vegetarische Variante. Der Service ist wunderbar unprätentiös und freundlich. Im Sommer kann man auch auf der Terrasse speisen.

Il Borgo
www.il-borgo.de

Georgenstraße 144, PLZ 80797 (OT: Schwabing-West), **T 089 1292119**
55 | Hauptgericht 21–74 €, Menü 73 € | Di-Fr Di-Sa Mo, So

Lockere Bistroatmosphäre mit großen Spiegeln, eleganten weißen Säulen und bunten Kacheln. Zur typisch südländischen Gastfreundschaft gesellt sich eine gehobene italienische Küche aus hochwertigen Frischeprodukten. Tipp: täglich wechselndes Degustationsmenü mit kleinen Probierportionen.

Johannas
www.restaurant-johannas.de

VARTA-TIPP Küche

Heiglhofstraße 18 (im Hotel Neumayr), PLZ 81377 (OT: Großhadern), **T 089 7411440**
64 | Hauptgericht 25–55 €, Menü 85–150 € | Fr-So Mi-So Mo, Di

In diesem ländlichen Gasthof verwöhnt Sie der Junior des Hauses mit einer frischen, bodenständigen Regionalküche. Andi Neumayr verwendet fast ausschließlich Kräuter aus seinem eigenen Garten, während er das Gemüse von Landwirten aus der Region bezieht. Die Vielfalt der Natur inspiriert ihn zu solch anspruchsvollen Gerichten wie „Hirschkalbsrücken | Sanddorn | Pumpernickel | Waldpilze | Spitzkraut | Knollensellerie". Dazu ein feines, erlesenes Weinangebot.

Käfer-Schänke
www.feinkost-kaefer.de

Prinzregentenstraße 73, PLZ 81675 (OT: Bogenhausen), **T 089 4168247**
280 | Hauptgericht 29–109 €, Menü 92–139 € | Mo-Sa So

Ein modern-gemütliches Ambiente, exzellenter Service sowie die frische, ideenreiche Küche machen dieses Restaurant aus. Wie wär's mit „Gebratenem Filet vom Steinbutt auf Blumenkohlpüree mit Zucchiniblüte und getrüffelter Yuzu-Vinaigrette"? Begehbarer Weinraum mit 900 feinen Weinen, Raritäten und Beratung durch einen hauseigenen Sommelier. Feinkostladen im eigenen Haus.

Wiegt weniger ist aber genauso gut:
Der Varta-Führer ist auch als eBook für Ihren TabletPC oder Ihr Smartphone verfügbar!

La Bohème
www.boheme-schwabing.de

Leopoldstraße 180, PLZ 80804, **T 089 23762323**
90 | Hauptgericht 36–79 € | ◔ Sa-So ◑ Mo-So

Ein Ort für Augen und Gaumen. Hier trifft zeitgemäßes, kunstvolles Ambiente auf französische Atmosphäre. Mit tollem Blick in die Küche lassen Sie sich z.B. 12 verschiedene Steakcuts und feine Fischgerichte schmecken. Und als Dessert vielleicht Crêpes Suzettes oder Crème Brûlée? Samstags und sonntags Brunch.

Le Stollberg
www.lestollberg.de

Stollbergstraße 2 (E4), PLZ 80539 (OT: Altstadt-Lehel), **T 089 24243450**
50 | Hauptgericht 26–39 €, Menü 73–99 € | ◔ Mi-Fr ◑ Mi-Sa ⊘ Mo, Di, So

Treffpunkt für Feinschmecker und Liebhaber der französisch inspirierten Küche, die aus besten Produkten zubereitet wird - teils aus der Region, teils direkt aus Frankreich. Täglich wechselndes Business-Lunchmenü. Helles, freundliches Ambiente. Charmantes Servicepersonal.

Little London
www.little-london.de

Tal 31 (D4), PLZ 80331 (OT: Altstadt-Lehel), **T 089 122239470**
120 | Hauptgericht 20–159 € | ◑ Di-Sa

In dem länglichen, mit britischen Tapeten versehenen Gastraum sitzt man ausgesprochen gemütlich. Die Hauptdarsteller auf der Speisekarte sind Prime Beef, Wagyu, Black Angus, Chateaubriand und Lammkarree. Sämtliche Fleischspezialitäten werden auf einem amerikanischen Montague-Grill zubereitet. Die Bar bietet eine bemerkenswerte Wein-, Gin- und Whiskeyauswahl.

Mural Farmhouse **Neu!**
www.muralfarmhouse.de/fine-dine

VARTA-TIPP Küche

Gmunder Straße 27, PLZ 81379 (OT: Obersendling), **T 089 262089079**
70 | Hauptgericht 18–30 €, Menü ab 130 € | ◔ Mo-So ◑ Di-So ⊘ 27.–30.12.23

Das Mitglied der „Mural-Familie" befindet sich im siebenstöckigen Gebäude des Aparthotels „WunderLocke". Auf einer Ebene und luftig gestaltet liegt dieses großzügige Restaurant, das sich in zwei Bereiche gliedert: Im exklusiven Fine-Dining-Restaurant gibt es von Dienstag bis Samstag ein wechselndes Überraschungsmenü (auch als pescetarische oder rein vegetarische Variante) in bis zu 16 kleinen Gängen, ansonsten kann der Gast im À-la-carte-Restaurant auch aus verschiedenen saisonal und regional inspirierten Gerichten wählen. Dabei setzt der hochtalentierte Rico Birndt besonders auf Nachhaltigkeit und heimische Produkte. Tipp: Nach dem Essen lohnt ein Besuch in der stylishen Cocktailbar nebst Rooftopterrasse.

Nymphenburger Hof
www.nymphenburgerhof.de

Nymphenburger Straße 24 (A2), PLZ 80335, **T 089 1233830**
50 | Hauptgericht 36–44 €, Menü 68–78 € | Di-Fr Di-Sa Mo, So

Ein sehr nettes, liebevoll dekoriertes Restaurant mit bezauberndem Gartenlokal. Aus der Küche kommen feine österreichische und internationale Speisen sowie wechselnde Gourmetmenüs. Preisgünstiger Mittagstisch.

Restaurant Museum
www.museum-muenchen.de

Prinzregentenstraße 3 (F3), PLZ 80538 (OT: Altstadt-Lehel), **T 089 45224430**
70 | Hauptgericht 28–41 €, Menü 89–109 € | Di-So Mi-Sa Mo

Das elegante, aber trotzdem unkomplizierte Restaurant befindet sich im Westflügel des Bayerischen Nationalmuseums. Die perfekte Adresse zum Business Lunch oder zum entspannten Dinner mit Freunden. Gekocht wird international und saisonal mit regionalen Einflüssen. Im Sommer lockt die schöne, ruhige Terrasse im Rosengarten.

Vecchia Lanterna
www.meinwein-munchen.de/vecchia-lanterna

St.-Anna-Straße 31 (E3), PLZ 80538 (OT: Altstadt-Lehel), **T 089 81892096**
40 | Di-Sa Mo, So

Das stylishe Restaurant gefällt durch sein originelles Weinregal und die modernen Lampen. Aus der einsehbaren Küche kommen hochwertige mediterrane Spezialitäten. Die Pasta ist hausgemacht, die Fisch- und Fleischgerichte werden raffiniert und schmackhaft zubereitet. Dazu serviert man sehr gute Weine - überwiegend aus Italien.

Vinaiolo
www.vinaiolo.de

Steinstraße 42 (↘ F5), PLZ 81667 (OT: Au-Haidhausen), **T 089 48950356**
52 | Hauptgericht 22–40 €, Menü 39–52 € | Di-Fr, So Di-So Mo

Ein antiker Kaufmannsladen von 1904 dient als Kulisse für diese Edelosteria im Stadtteil Haidhausen. Die Speisekarte offenbart schmackhafte italienische Klassiker, aber auch regionale und weniger bekannte Gerichte aus Venetien, Friaul und Kampanien. Ergänzt wird das Angebot durch eine wechselnde Mittagskarte und eine vorzügliche Weinauswahl.

WACA Restaurant
www.wacarestaurant.com

Am Ausbesserungswerk 8, PLZ 80939 (OT: Schwabing-Freimann), **T 089 90407722**
Hauptgericht 12–185 € | So Mo-So

Das opulent-moderne Restaurant in der Motorworld ist der neue Hotspot der Stadt. Hier trifft Industrial Chic auf japanisch-peruanische Geschmackserlebnisse. Neben wohlschmeckenden Fisch- und Fleischgerichten aus der offenen Showküche darf man sich auch auf eine spannende Auswahl an Desserts freuen. Schönes Weinangebot mit Schwerpunkt Deutschland, Frankreich und Italien.

Weinhaus Neuner — www.weinhaus-neuner.de

VARTA-TIPP Küche

Herzogspitalstraße 8 (C4), PLZ 80331 (OT: Altstadt-Lehel), **T 089 2603954**
140 | Hauptgericht 17–32 €, Menü 69–95 € | Mo-Sa

Richtig gemütlich ist es in Münchens ältestem Weinhaus mit seinem weißen Säulengewölbe, neugotischer Wandtäfelung und den hist. Blechmalereien aus dem 19. Jhd. Dass man hier nicht nur gute Weine genießen, sondern auch hervorragend speisen kann, zeigen solch schmackhafte Gerichte wie „Getrüffeltes Hühnerfrikassee unter der Blätterteighaube" oder „Gesottener Rindertafelspitz im eigenen Sud mit Blattspinat, Salzkartoffeln und Apfelkren". Der Service ist präsent und hat jederzeit einen aufmerksamen Blick aufs Restaurantgeschehen.

Zum Goldenen Kalb — www.zum-goldenen-kalb.de

Utzschneiderstraße 1 (D5), PLZ 80469 (OT: Altstadt-Lehel), **T 089 23542290**
95 | Hauptgericht 19–60 € | Di-Sa ⃠ Mo, So

Direkt gegenüber der Schranne am Viktualienmarkt befindet sich dieses New-York-Steakhouse. Fleischliebhaber kommen hier auf ihre Kosten und können neben den klassischen US-Cuts auch Klassiker wie Austern, verschiedene Tatars, Spareribs oder Burger probieren. Das Ambiente: rustikal mit Backsteinwänden und vielen Antiquitäten.

Atelier Gourmet — www.ateliergourmet.de

Rablstraße 37, PLZ 81669 (OT: Au-Haidhausen), **T 089 487220**
35 | Menü 67–86 € | Mo-Fr ⃠ Sa, So

Sympathisches kleines Restaurant mit ansteckender Gemütlichkeit und französisch-mediterraner Küche, die man in Form eines 4- bis 7-gängigen Menüs genießen kann. Tischreservierung ratsam.

Bachmeier — www.bachmeier-genussfreuden.de

Westenriederstraße 43 (D4), PLZ 80331 (OT: Altstadt-Lehel), **T 089 28755010**
40 | Hauptgericht 25–39 € | Di-Sa ⃠ Mo, So

Schön leger sitzt man in dem langgezogenen Gastraum mit seinen riesigen Fenstern und der großen Theke aus hellem Holz. Aus sehr guten Produkten entstehen frische gehobenregionale Gerichte wie „Wolfsbarsch | Süßkartoffel | Fenchelsalat | gegrillte Paprika" oder „Poltinger Reh | Pastinake | Sauerkirschen". Zusätzlich können sich Gourmets mit erlesenen Delikatessen wie Wein, Pasta, Olivenöl, Sugo oder Edelsalze für ihren Hausgebrauch eindecken.

Brenner Grill — www.brennergrill.de

Maximilianstraße 15 (E3), PLZ 80539 (OT: Altstadt-Lehel), **T 089 4522880**
450 | Hauptgericht 15–42 € | Mo-Sa ⃠ So

››

Innovatives Restaurantkonzept mit einem Mix aus Bar, Café und Restaurant. In der eindrucksvollen Säulenhalle trifft sich die Münchner Schickeria. Breites Speisenangebot von hausgemachten Pastagerichten über Dorade Royal bis hin zu Steakspezialitäten, die im offenen Grillbereich zubereitet werden. In den Sommermonaten sitzt man im Freien unter Olivenbäumen und im Schatten des Probengebäudes der Bayerischen Staatsoper.

Ederer www.restaurant-ederer.de

Lindwurmstraße 48 (↙ A5), PLZ 80337 (OT: Ludwigsvorstadt-Isarvorstadt), **T 089 74747928**
30 | Hauptgericht 16–33 € | Di-Fr Mo-Fr ⊘ Sa, So

Sehr ansprechend die helle, freundliche Atmosphäre samt zeitgenössischer Kunst an den Wänden. Gutes Essen und guter Wein gehen hier Hand in Hand: die Küche klassisch, regional und schnörkellos mit saisonalen Zutaten, das Weinangebot abwechslungsreich mit europäischem Schwerpunkt.

Gandl www.gandl.de

St.-Anna-Platz 1 (E3), PLZ 80538, **T 089 29162525**
65 | Hauptgericht 23–32 €, Menü 64 € | Di-Sa ⊘ Mo, So

Das lebendige Restaurant mit offenem Kamin und schöner Terrasse am St.-Anna-Platz ist längst kein Geheimtipp mehr. Während mittags überwiegend leichte Gerichte mit feiner italienischer Note aufgetischt werden, serviert man am Abend gehobene internationale Speisen mit Einflüssen aus der französischen Küche.

Gasthaus Waltz Neu! www.waltz-gasthaus.de

Ickstattstraße 13, PLZ 80469 (OT: Ludwigsvorstadt-Isarvorstadt), **T 089 90429847**
55 | Hauptgericht 19–28 € | Mo, Do-So ⊘ Di, Mi

In dem jungen, gemütlichen Lokal im Glockenbachviertel wird man nicht nur herzlich umsorgt, man isst auch noch richtig gut! Die Küche ist bodenständig - man setzt auf eine frische österreichische Wirtshausküche mit schmackhaften Gerichten wie „Backhendl mit Erdäpfel-Brunnenkressesalat und Preiselbeeren". In punkto Wein liegt der Fokus vor allem auf qualitativ hochwertigen Tropfen verschiedener Preisklassen, von denen viele auch glasweise ausgeschenkt werden.

JAPATAPA TOSHIBAR Neu! www.japatapa-toshibar.de

Marschallstraße 2, PLZ 80802 (OT: Schwabing-Freimann), **T 089 25546942**
30 | Hauptgericht 14–75 €, Menü 77–99 € | Di-So ⊘ Mo

Liebhaber der japanischen Küche werden die kleine „Highclass"-Kneipe unweit der Münchner Freiheit mögen. Das Ambiente minimalistisch-schlicht, der Service ausgesprochen freundlich. Gäste erleben hier eine erlebnisreiche Reise durch die gehobene Esskultur Japans. Das Angebot reicht von leckeren Sushi- und Sashimivariationen bis zum anspruchsvollen 9-Gänge-Menü.

Jin — www.restaurant-jin.de

Kanalstraße 14 (E4), PLZ 80538, **T 089 21949970**
55 | Hauptgericht 15–38 €, Menü 85–120 € | Sa-So Di-So Mo

Das beliebte Asialokal unweit des Isartors bereichert bereits seit 20 Jahren das Zentrum von München mit seiner authentischen südchinesischen Küche. Die Karte bietet kreative Gerichte wie „Tatar vom Blue-Fin-Thunfisch mit weißem Sesam, Reisessig und Chili" oder „Praline vom Schweinebauch mit Ingwer-Soja-Honig-Sud".

Landersdorfer & Innerhofer — www.landersdorferundinnerhofer.de

Hackenstraße 6-8 (C4), PLZ 80331, **T 089 26018637**
50 | Menü 112 € | Mo-Fr

Das kleine Lokal mit seinen weiß eingedeckten Tischen befindet sich in einem alten Patrizierhaus in der Münchner Altstadt. Hier trifft bodenständige Hausmannskost auf innovative Haute Cuisine. Eine Speisekarte sucht man vergebens, stattdessen kreiert Johann Landersdorfer am Abend ein wechselndes Überraschungsmenü mit marktfrischen Zutaten. Mittags Lunchmenü in 2 Gängen.

Maison Massard — www.maison-massard.de

Bazeillesstraße 5, PLZ 81669 (OT: Haidhausen), **T 089 44419962**
80 | Hauptgericht 18–29 €, Menü 38–89 € | Mo-Sa So

Bei Bruno Massard fühlt man sich fast wie in Frankreich, dafür sorgen die charmante, unkomplizierte Brasserie-Atmosphäre und ebenso authentische, wechselnde Gerichte - frisch, schmackhaft und saisonal, z.B. „Rotbarbenfilet an Tomaten-Oliven-Sauce" oder „Entenbrust mit Kirschsauce".

Schlosswirtschaft zur Schwaige — www.schlosswirtschaft-schwaige.de

Schloß Nymphenburg 30, PLZ 80638 (OT: Neuhausen-Nymphenburg), **T 089 12020890**
220 | Hauptgericht 12–32 €, Menü 35–75 € | Mo-So

Im Seitenbau des Barockschlosses empfängt Sie das gemütliche Restaurant. Ob bayerische Schmankerl oder internationale Klassiker, hier gibt es Schmackhaftes zu einem guten Preis-Leistungsverhältnis. Nach dem Essen lädt der angrenzende Schlossgarten zu einem ausgiebigen Spaziergang ein.

Zum Franziskaner — www.zum-franziskaner.de

Residenzstraße 9 (D4), PLZ 80333 (OT: Altstadt-Lehel), **T 089 2318120**
750 | Hauptgericht 13–35 € | Mo-So

Hier lebt die bayerische Wirtshauskultur! Traditionsgaststätte mit urgemütlicher Einrichtung, direkt an der Oper gelegen. Zu den gutbürgerlichen Schmankerln auf der Speisekarte gehören Schweinshaxe, Spanferkel und Rostbratwürstel. Als Dessert locken ofenfrischer Kaiserschmarrn oder Apfelstrudel.

falk's Bar
www.bayerischerhof.de

Promenadeplatz 2-6 (D3, im Hotel Bayerischer Hof), PLZ 80333 (OT: Altstadt-Lehel),
T 089 2120956
50 | Hauptgericht 16–36 € | Mo-So

Die Bar befindet sich im berühmten Spiegelsaal von 1841, dem einzigen Raum des Bayerischen Hofes, der den 2. Weltkrieg unversehrt überstand. Die schicke LED-Bar taucht den schneeweißen Raum in stimmungsvolle Farben. Aber nicht nur mit dem Ambiente kann man punkten, auch die Barkarte mit ihren klassischen Cocktails, Longdrinks und Eigenkreationen kann sich sehen lassen.

Jahreszeiten Bar
www.kempinski.com

Maximilianstraße 17 (E4, im Hotel Vier Jahreszeiten), PLZ 80539 (OT: Altstadt-Lehel),
T 089 21250
135 | Hauptgericht 12–36 € | Mo-So

Elegante, typische American Bar mit edlen Hölzern und englischen Stilelementen. Die Cocktailkreationen fokussieren sich auf Martini und Mixology Drinks. Exklusive Auswahl von über 20 Champagnersorten.

Der Pschorr
www.der-pschorr.de

Viktualienmarkt 15 (D4), PLZ 80331, **T 089 442383940**
800 | Hauptgericht 13–45 € | Mo-So

Urig-gemütliches Wirtshaus direkt neben dem Viktualienmarkt. Die Spezialität des Hauses: frisch gezapftes, mit Stangeneis gekühltes Edelhell aus dem Holzfass, das nach alter Tradition im Holzfasskeller gelagert wird. Zum Bier gibt's frische bayerische Klassiker wie z.B. Fleischpflanzerl, Tafelspitz oder Schweinshaxe.

Max Emanuel Brauerei Neu!
www.max-emanuel.de

Nordendstraße 4 (D1), PLZ 80799 (OT: Maxvorstadt), **T 089 51818118**
Hauptgericht 10–23 € | Mo-So

Das traditionsreiche Gasthaus erlebt seit seiner Wiedereröffnung großen Zuspruch. Wände im edlen Dunkelgrün und viel Holz sorgen für eine gemütliche Atmosphäre. Serviert werden überwiegend bodenständige Wirtshaus-Klassiker wie Wiener Backhendl, Schweinsbraten oder ofenfrischer Kaiserschmarrn. Dazu gibt es frisch gezapftes Bier vom Fass sowie Weine von deutschen und österreichischen Winzern. Der angrenzende Biergarten unter mehr als 100 Jahre alten Kastanien ist ein Kleinod im Herzen der Maxvorstadt.

Schneider Bräuhaus
www.schneider-brauhaus.de

Tal 7 (D4), PLZ 80331 (OT: Altstadt-Lehel), **T 089 2901380**
630 | Hauptgericht 11–22 € | Mo-So

Eine gemütlich-bayerische Traditionsadresse. Nostalgische Stuben mit urigen Holztischen, alten Lampen und historischen Bildern. Im Angebot: Weißbierspezialitäten, bayerische Schmankerl und alte Münchner Gerichte. Spezialität: Original Münchner Kronfleisch.

Spatenhaus an der Oper
www.kuffler.de/de/spatenhaus

Residenzstraße 12 (D3), PLZ 80333, **T 089 2907060**
450 | Hauptgericht 18–49 € | Mo-So

Bayerischer Brauereigasthof gegenüber dem Opernhaus mit verschiedenen Gaststuben und originellem Flair. Breit gefächertes Speisenangebot von bodenständiger Regionalküche über feine Fischgerichte bis hin zu österreichischen Spezialitäten. Schöne Sommerterrasse.

Zwickl Neu! www.zwickl-muenchen.de

Dreifaltigkeitsplatz 2 (D4), PLZ 80331, **T 089 46228833**
40 | Hauptgericht 13–28 € | Di-Sa ⃠ Mo, So

Das bayerisch-rustikale Wirtshaus am Viktualienmarkt ist eine Kultstätte für Gastlichkeit. Serviert werden frische regionale Speisen und frisch gezapfte Biere aus München. Etwas Besonders sind die verschiedenen „Fleischpflanzerl"-Kreationen - sie gibt es klassisch, mit Huhn, Lamm oder Garnelen und auch vegetarisch. Dazu ein aufmerksamer und liebenswürdiger Service.

MÜNCHWEILER AN DER ALSENZ 50 A www.winnweiler-vg.de

Rheinland-Pfalz | EW 1.220 | 259 m | Pirmasens 12 km, Kaiserslautern 20 km

Klostermühle www.klostermuehle.com

Mühlstraße 19, PLZ 67728, **T 06302 92200**
45 | Hauptgericht 19–35 €, Menü 33–55 € | So Mi-Sa ⃠ Mo, Di ⃠ 27.12.23–7.1.24

Wunderbar ländlich liegt diese mittelalterliche Klosteranlage aus dem 12. Jahrhundert. Hier kann man nicht nur gut übernachten, sondern auch sehr gut speisen. Im hellen, stimmungsvollen Restaurant mit offenem Dachgebälk und auf der hübschen Terrasse mit Blick auf den Garten serviert man eine frische, saisonale Heimatküche mit schmackhaften Gerichten wie „Langsam geschmorte Rinderbacke mit Rotweinjus, Selleriepüree und Semmelknödelscheiben". Dazu kredenzt das freundliche Serviceteam erlesene Weine von befreundeten Winzern sowie vom familieneigenen Weingut.

MÜNDER, BAD 22 D www.bad-muender.de

Niedersachsen | EW 17.325 | 119 m | Hameln 16 km, Hannover 33 km

Kastanienhof www.hotel-kastanienhof.de

★★★★ garni

Am Stadtbahnhof 11, PLZ 31848, **T 05042 3063,** F 3885
30 Zimmer | 4 Suiten | Ez ab 96 €, Dz ab 145 €, inkl. Frühstück

Privat geführtes Hotel mit gediegenen, wohnlich eingerichteten Gästezimmern, das sich seit über 50 Jahren in Familienbesitz befindet. Kleiner Wellnessbereich mit Schwimmbad, Sauna und Solarium. Internationales Restaurant mit Wintergarten und Terrasse.

MÜNSING 67 B www.tourismus.muensing.de

Bayern | EW 4.199 | 666 m | Wolfratshausen 7 km, Starnberg 15 km

Schlossgut Oberambach www.schlossgut.de

garni

Oberambach 1, PLZ 82541 (OT: Oberambach), **T 08177 9323,** F 932400
40 Zimmer | 4 Suiten | Ez 108–150 €, Dz 155–228 €, 30,00 € | 24 h

Wunderschön liegt dieses Biohotel mit seiner Dependance auf einem 52 Hektar großen, bewaldeten Parkgrundstück mit Blick auf den Starnberger See. Hier wohnen Sie in exklusiven Nichtraucherzimmern, von denen die meisten im mediterranen Stil eingerichtet sind. Ein Relaxbereich sowie ein Naturbadeteich sorgen für Entspannung.

MÜNSINGEN 58 D www.muensingen.com

Baden-Württemberg | EW 14.500 | 707 m | Bad Urach 13 km, Ehingen 27 km

Herrmann www.hotelherrmann.de

Ernst-Berzler-Straße 3, PLZ 72525, **T 07381 18260,** F 6282
44 Zimmer | 2 Suiten | 1 Apartment | Ez 86–124 €, Dz 146–202 €, inkl. Frühstück

Hübscher Fachwerkgasthof in der Altstadt mit geschmackvoll gestalteten Hotelzimmern und gutem Vitalfrühstück. Entspannung bietet der Relaxbereich „Verbena SPA". Gemütliches Restaurant mit regionaltypischer Küche.

MÜNSTER 30 A www.tourismus.muenster.de

Nordrhein-Westfalen | EW 312.215 | 60 m | Rheine 38 km, Osnabrück 58 km
Historisches Rathaus am Prinzipalmarkt, Dom St. Paulus mit astronomischer Uhr, LWL-Museum für Kunst und Kultur, Kunstmuseum Pablo Picasso, Pferdemuseum, Haus Rüschhaus, Erbdrostenhof, Fürstbischöfliches Schloss, Museum für Lackkunst, Bibelmuseum.

Atlantic Hotel Münster www.atlantic-hotels.de/hotel-muenster

Engelstraße 39 (C3), PLZ 48143, **T 0251**
224 Zimmer | 24 h

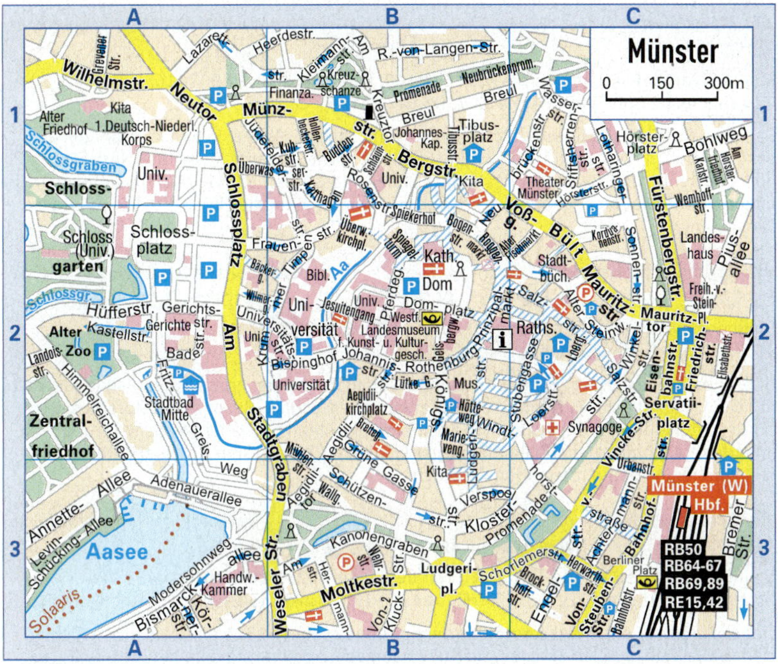

Das zentral gelegene Hotel mit seinen bodentiefen Fenstern kombiniert urbane Architektur mit neuester Eventtechnik und exklusivem Design. Die Gästezimmer sind mit hochwertigen Materialien eingerichtet und in warmen Erdtönen gehalten. Im Restaurant „ATLANTIC Grillroom" gibt es Fleisch- und Fischklassiker vom Lavasteingrill. Darüber hinaus bietet das Haus seinen Gästen eine Skybar sowie einen 380 qm großen gläsernen Veranstaltungssaal in der 6. Etage mit fantastischem Ausblick.

Jetzt vorbeischauen: pinterest.com/vartaguide

Kaiserhof

www.kaiserhof-muenster.de

★★★★ S

Bahnhofstraße 14 (C3), PLZ 48143, **T 0251 41780,** F 4178666
100 Zimmer | 5 Suiten | Ez ab 99 €, Dz ab 119 €, ab 20,50 € | 24 h

Das Traditionshotel gegenüber dem Hauptbahnhof ist eine beliebte Adresse bei Geschäfts- und Tagungsgästen. Für einen Besuch sprechen die freundliche Führung, die modernen, sehr gut ausgestatteten Zimmer und die 400 qm große Wellnessoase.

Gabriel's

78 | Hauptgericht 25–43 €, Menü 79 € | Mo-Fr Sa, So

Ein schickes und sehr edles Restaurant mit schöner Lichtgestaltung. Hier wird eine frische saisonale Küche mit regionalem Einschlag geboten. Ein besonderer Blickfang ist das einzigartige Mosaikbild des Erzengels Gabriel (Namenspate des Restaurants). Der hauseigene Weinkeller kann exklusiv gemietet werden.

Mövenpick
www.movenpick.com/muenster

Kardinal-von-Galen-Ring 65 (A3), PLZ 48149, **T 0251 89020,** F 8902616
224 Zimmer | 2 Suiten | Ez 112–183 €, Dz 142–213 € | 24 h

Schickes Geschäfts- und Urlaubshotel in schöner Lage am Aasee. In den komfortabel ausgestatteten Zimmern dominieren warme Farbtöne sowie elegante Möbel aus Nussbaumholz und Leder. Im Fine-Dining-Restaurant „Chesa Rössli" mit offenem Kamin bietet man ein marktorientiertes Angebot aus der Schweizer und internationalen Küche. Schöne Terrasse im Grünen.

Parkhotel Hohenfeld
www.hotel-muenster-hohenfeld.de

★★★★

Dingbängerweg 400, PLZ 48161 (OT: Roxel), **T 02534 8080,** F 7114
96 Zimmer | 2 Suiten | 7 Apartments | 24 h

Hübsches Anwesen im gehobenen Landhausstil inmitten einer großzügigen Parklandschaft mit altem Baumbestand. Gepflegte Zimmer mit guter Technik. Besonders empfehlenswert für Geschäfts- und Tagungsgäste. Für Entspannung sorgen ein beheiztes Schwimmbad mit integriertem Whirlcorner und eine finnische Sauna mit Zugang zum Hotelpark. Im Restaurant wird regional und international gekocht.

Schloss Wilkinghege
www.schloss-wilkinghege.de

★★★★

Steinfurter Straße 374, PLZ 48159 (OT: Kinderhaus), **T 0251 144270,** F 1442733
34 Zimmer | 10 Suiten | Ez 120–290 €, Dz 170–390 €, inkl. Frühstück

Liebevoll restauriertes Wasserschloss der Spätrenaissance - 1311 erstmals urkundlich erwähnt. Die individuellen Zimmer und Suiten sorgen durch ihre stilvolle Einrichtung für authentische Schlossatmosphäre. Weitere Unterkünfte stehen in der benachbarten Dependance zur Verfügung. Rückseitig ist das Gebäude von einem 18-Loch-Golfplatz gesäumt.

Von Rhemen

30 | Hauptgericht 25–38 €, Menü 72–98 € | Di-Sa Mo, So

Exklusives Restaurant mit Stuckdecke, feiner Tafelkultur und stilvollen Antiquitäten. Serviert wird eine anspruchsvolle, international beeinflusste Küche in zeitgemäßer Interpretation. An warmen Sommerabenden kann man auch auf der malerischen Schlossterrasse speisen.

Factory Hotel
www.factoryhotel-muenster.de

An der Germania Brauerei 5, PLZ 48159, **T 0251 41880,** F 4188999
144 Zimmer | 16 Suiten | Ez ab 89 €, Dz ab 89 €, 17,00 € | 24 h

Designhotel in einer ehem. Brauerei mit urbanem Flair und puristischen Zimmern. Kombination aus denkmalgeschützten Elementen und wohnlich-modernem Komfort. Französische Küche bietet die Brasserie „DADI", spanische Spezialitäten genießt man in der Tapasbar „la tapia".

Hof Zur Linde
www.hof-zur-linde.de

VARTA TIPP Service

Handorfer Werseufer 1, PLZ 48157 (OT: Handorf), **T 0251 32750,** F 327513
47 Zimmer | 9 Suiten | Ez 90–150 €, Dz 140–190 €, ab 14,00 €

Das ehem. Hofgut, dessen Geschichte bis ins 14. Jh. zurückgeht, ist heute ein gewachsenes Landhotel mit unterschiedlichen Zimmern und Suiten, die sich mal im rustikalen Landhausstil und mal im frischen, modernen Design zeigen. Das Haus punktet mit seiner herrlich ruhigen Lage und dem guten Service- und Dienstleistungsniveau. Zum Hotel gehören noch zwei kleine charmante Ferienhäuser.

Hof Zur Linde

80 | Hauptgericht 22–45 €, Menü 40–97 € | Di-Sa Mo, So

Geschmackvoll eingerichtetes Hotelrestaurant mit liebevoll arrangierten Accessoires. Serviert wird eine leichte, bodenständige Küche, bei der saisonale Produkte im Mittelpunkt stehen. Die einstige Scheune dient als Veranstaltungsbereich.

Landhaus Eggert www.landhaus-eggert.de

★★★★ S

Zur Haskenau 81, PLZ 48157 (OT: Handorf), **T 0251 328040,** F 12121212
37 Zimmer | 3 Suiten | 1 Apartment | Ez 99–147 €, Dz 168–209 €, inkl. Frühstück

Naturnah gelegener, erweiterter Gutshof mit über 165-jähriger Tradition inmitten einer gepflegten Parkanlage. Wohnlich eingerichtete Zimmer mit moderner Ausstattung. Kleiner Wellnessbereich mit Sauna, Dampfbad und großzügiger Liegewiese.

Landhaus Restaurant

80 | Hauptgericht 23–40 €, Menü 58–71 € | Mo-So

In dem ländlich-gediegenen Restaurant ist die Atmosphäre stilvoll und elegant. Klassisch und kompetent der Service, gut die regionale Küche aus frischen Produkten. Schöne Terrasse mit Weitblick in das romantische Wersetal.

Mauritzhof www.mauritzhof.de

VARTA-TIPP Ambiente

★★★★ S

Eisenbahnstraße 17 (C2), PLZ 48143, **T 0251 41720,** F 417299
50 Zimmer | 1 Suite | Ez 170–240 €, Dz 191–261 €, 22,00–32,00 € | 24 h

Hinter der dezenten und geradlinigen Sandsteinfassade verbergen sich designorientierte Gästezimmer. Diese sind modern, sachlich und mit zurückhaltenden Farben eingerichtet. Die Zimmer zur Promenade verfügen über bodentiefe Fenster und sind zudem mit kleinen Balkonen ausgestattet. Das Restaurant bietet unkomplizierte Gerichte mit mediterranem Einfluss.

Stadthotel www.stadthotel-muenster.de

★★★ S

Aegidiistraße 21 (B2), PLZ 48143, **T 0251 48120,** F 4812123
137 Zimmer | Ez 79–219 €, Dz 89–229 €, 17,00 € | 24 h

Die gepflegte Übernachtungsadresse ist für Privat- und Geschäftsreisende gleichermaßen geeignet. Die renovierten Gästezimmer sind unterschiedlich groß und bieten zeitgemäßen Komfort. Kleiner Saunabereich mit schöner Außenterrasse.

Central www.central-hotel-muenster.de

Aegidiistraße 1 (B2), PLZ 48143, **T 0251 510150,** F 5101550
20 Zimmer | 3 Suiten

»

Charmantes Stadthotel mit einer umfangreichen Kunstsammlung in unmittelbarer Nähe zu den Galerien und Museen. Helle, freundlich und individuell eingerichtete Zimmer mit Super-Kingsizebetten und Regendusche, teils mit Balkon. Reichhaltiges Frühstücksbuffet mit regionalen Spezialitäten.

Zur Prinzenbrücke

www.hotel-zur-prinzenbruecke.de

★★★ garni

Osttor 16 (C3), PLZ 48165 (OT: Hiltrup), **T 02501 44970,** F 449797
36 Zimmer | 1 Suite | 2 Apartments | Ez 99–120 €, Dz 135–155 €, inkl. Frühstück

Das familiengeführte Hotel liegt direkt am Dortmund-Ems-Kanal im ruhigen Münsteraner Stadtviertel Hiltrup. Die Gäste wohnen in gepflegten, funktionell ausgestatteten Zimmern. Gemütliche Sonnenterrasse am Wasser.

Coeur D'Artichaut

www.coeur-dartichaut.de

VARTA★TIPP Küche VARTA-TIPP Service

Alter Fischmarkt 11a (C2), PLZ 48143 (OT: Dom), **T 0251 39582823**
30 | Menü 140–210 € | So Mi-Sa Mo, Di 24.–28.12.23, 1.–11.1.24

Was die Küche von Frédéric Morel so spannend macht? Bei seinen ideenreichen Gerichten trifft bretonischer Einfluss auf westfälische Zutaten und kreolische Gewürze. Beim Einkauf der Produkte ist Morel kompromisslos, er achtet auf saisonalen Bezug und regionale Herkunft. Das wechselnde Menü „Morel's Tasting" gibt es mit 4, 6 oder 8 Gängen. Alle Tische sind zur offenen Küche ausgerichtet, somit können Sie den Protagonisten am Herd beim Kreieren ihrer exzellenten Menükompositionen zuschauen. Dazu eine entspannte Atmosphäre und ein angenehm unkomplizierter Service unter der souveränen Leitung von Greta Traumann, die zudem kenntnisreich zu den korrespondierenden Weinen berät.

BOK - Brust oder Keule

www.brustoderkeule.de

VARTA-TIPP Küche VARTA-TIPP Service

Melcherstraße 32, PLZ 48149 (OT: Centrum), **T 0251 9179656**
28 | Menü 120–171 € | Di-Sa Mo, So

Entspannten Genuss verspricht dieses schicke Fine-Dining-Restaurant im Kreuzviertel, in dem Laurin Kux als verantwortlicher Chefkoch am Herd steht. Er und sein engagiertes Team bieten hier eine moderne und produktorientierte Gourmetküche, die Sie wahlweise als „Menü Flora" oder „Menü Fauna" genießen können. Dazu eine erlesene Weinauswahl und ein erfrischender, unkonventioneller Service. Für den kleinen Appetit oder einen Digestif empfiehlt sich die Bistrotheke. Schöne Sommerterrasse.

Giverny

www.restaurant-giverny.de

Spiekerhof 25 (B2), PLZ 48143, **T 0251 511435**
72 | Hauptgericht 37–50 €, Menü 85–105 € | Di-Sa Mo, So

Ein Stück Frankreich in Münster! Das im Landhausstil liebevoll dekorierte Lokal ist mittlerweile eine Institution! Besonders beliebt ist die Küche des Patrons wegen ihrer sehr guten Fischgerichte. Freunde von Crevetten, Krebsen, Muscheln & Co. kommen hier absolut auf ihre Kosten. Immer mittwochs gibt es die traditionelle „Bouillabaisse Marseillaise" (serviert in zwei Gängen). Auch die Weinauswahl kann sich sehen lassen. Regelmäßig Kochkurse.

Jetzt vorbeischauen: pinterest.com/vartaguide

Restaurant Spitzner
www.spitzner-restaurant.de

VARTA-TIPP Küche

Königsstraße 42 (B2), PLZ 48143, **T 0251 41441550**
50 | Hauptgericht 47–52 €, Menü 95–125 € | Sa Di-Sa Mo, So

Im hist. Oer'schen Hof in der Münsteraner Innenstadt finden Sie dieses gemütliche Restaurant mit seinen charmanten kleinen Räumen und der lauschigen Innenhofterrasse. Hier dürfen Sie sich auf eine französisch-mediterrane Küche mit regionalen Akzenten freuen. Patron und Küchenchef Karl-Nikolas Spitzner konzentriert sich dabei voll und ganz auf die Produkte und verzichtet bewusst auf Schnickschnack. Gekonnt bringt er dennoch jede Menge Aromen und Kontraste in Einklang. Der Service ist freundlich und zuvorkommend. Kurzum: ein Ort, der Klasse und Wohlfühlambiente bestens miteinander vereint.

Jetzt abonnieren: instagram.com/vartaguide

Villa Medici
www.villa-medici-muenster.de

Prozessionsweg 402, PLZ 48155 (OT: St. Mauritz), **T 0251 34218**
90 | Hauptgericht 19–37 €, Menü ab 80 € | Mi-Fr, So Mi-So Mo, Di

Auch in der neuen Location steht die Villa Medici für italienisch-mediterrane Genüsse mit frischen saisonalen Produkten. Auf der Speisekarte locken Gerichte wie „Spaghetti Gamberi | Hummersauce | Spinat | Knoblauch" oder „Kalbsfilet | Spargel | Erbse | Möhre | Gnocchi". Mittags preisgünstiger Business Lunch. Wunderschöne Veranda mit Blick ins Grüne.

MÜNSTERTAL 64 A
www.muenstertal.de

Baden-Württemberg | EW 5.064 | 373 m | Staufen 6 km, Müllheim 21 km

Spielweg
www.spielweg.com

VARTA-TIPP Service

Spielweg 61, PLZ 79244 (OT: Obermünstertal), **T 07636 7090,** F 70966
43 Zimmer | 2 Suiten | 6 Apartments | Ez 112–141 €, Dz 159–245 €, inkl. Frühstück

Bereits in sechster Generation führen Kristin und Viktoria Fuchs dieses traditionsreiche Schwarzwaldhotel, das sich in den letzten Jahren kontinuierlich weiterentwickelt hat. Die weitläufige Anlage besteht aus dem Stammhaus und verschiedenen Gästehäusern. Hier erwarten Sie ausgesprochen wohnliche, teils mit antiken Möbeln ausgestattete Zimmer. Das Frühstück kann in punkto Frische, Auswahl und Qualität überzeugen. Das Hotel ist ausgesprochen kinderfreundlich und bietet zahlreiche Annehmlichkeiten für den perfekten Familienurlaub. Hübsche Badewelt mit großer Liegewiese.

Spielweg

VARTA-TIPP Küche

80 | Hauptgericht 29–39 €, Menü 80–99 € | Mo-So

Badische Gastlichkeit in Perfektion! In den historischen Wirtsstuben sorgen ein Schwarzwälder Kachelofen, Wandvertäfelungen und Kassettendecken für jede Menge Charme. Nach ihren Wanderjahren ist Viktoria Fuchs zurück am heimischen Herd und erfreut hier eine breite Fangemeinde mit ihrer raffinierten, saisonal geprägten Küche, bei der sie das Produkt klar in den Mittelpunkt stellt. Einfach fantastisch sind ihre kreativ-modernen Wildgerichte, z.B. „Rosa gebratener Rehrücken und geschmorte Rehschulter mit grünem Gemüse, geschwenkten Pfifferlingen, geschmorten Aprikosen, handgerollten Schupfnudeln, Mélange-Noir-Jus". Liebenswerter Service unter der Leitung ihrer Schwester Sabine.

Historisches Landgasthaus Zur Linde www.landgasthaus.de

garni

Krumlinden 13, PLZ 79244 (OT: Obermünstertal), **T 07636 447,** F 1632
11 Zimmer | 2 Suiten, Dz 139–185 €, inkl. Frühstück

In diesem denkmalgeschützten Schwarzwaldhaus stehen individuell gestaltete Landhauszimmer mit rustikalem Charme zur Verfügung. Besonders nett schlafen Sie in der großzügigen Panoramasuite (für 2-4 Personen) mit großem Südbalkon und weitem Blick über das Münstertal.

Historisches Landgasthaus Zur Linde

70 | Hauptgericht 13–30 € | Mo-Di, Fr-So Mi, Do

Heimelige Räumlichkeiten mit nostalgischem Flair. Auf der Speisekarte stehen Klassiker der traditionellen Schwarzwaldküche. Spezialität: Forellengerichte. Herrliche Sommerterrasse am Wildbach.

Landgasthaus Langeck www.langeck.de

Langeck 6, PLZ 79244 (OT: Untermünstertal), **T 07636 7877580**
65 | Hauptgericht 12–29 €, Menü 31 € | Mo, Do-So Di, Mi

In diesem gepflegten Landhausrestaurant serviert man eine ambitionierte Frischeküche mit saisonalem Bezug. Auf der Karte finden Sie z.B. Gerichte wie „Hausgemachte Wildkräutergnocchi | geschmelzte Tomaten | Burrata". Idyllische Gartenterrasse. Ruhige, großzügig geschnittene Gästezimmer vorhanden.

MURNAU 67 B www.murnau.de

Bayern | EW 12.198 | 688 m | Weilheim 20 km, Garmisch-Partenkirchen 25 km

Alpenhof Murnau www.alpenhof-murnau.com

GREENSIGN ★★★★★S garni

Ramsachstraße 8, PLZ 82418, **T 08841 4910,** F 491100
104 Zimmer | 19 Suiten | Ez ab 219 €, Dz ab 259 €, inkl. Frühstück | 24 h

Ein Ferien- und Tagungshotel mit Atmosphäre! In den elegant eingerichteten Zimmern wirkt zeitgemäßes Design gepaart mit alpenländischer Tradition. Für Entspannung sorgt ein großzügiger Wellnessbereich mit Saunalandschaft und einem beheizten Freibad im Garten.

Restaurant im Alpenhof Murnau

VARTA-TIPP Service

220 | Hauptgericht 19–36 €, Menü 48–134 € | Mo-So

Im eleganten Panoramarestaurant wird Wohlfühlen großgeschrieben. Große Fenster ermöglichen einen tollen Blick auf die atemberaubende Kulisse der Ammergauer Alpen, kleine Sitznischen und thematische Naturstuben sorgen für Wärme und Gemütlichkeit. Aus der Küche kommen original bayerische Speisen, aber auch internationale Spezialitäten. Dazu kredenzt das überaus freundliche Team im Service erlesene Weine. Mittags kleineres Speisenangebot.

Angerbräu
www.angerbraeu.de

S

Untermarkt 44, PLZ 82418, **T 08841 625876,** F 625877
31 Zimmer | 1 Suite | Ez 93–114 €, Dz 133–166 €, inkl. Frühstück

Traditionsreiches Haus mit neuzeitlich ausgestatteten Gästezimmern. In den öffentlichen Bereichen gibt es regelmäßig Kunstausstellungen. Kleiner Wellnessbereich mit Blick auf die Berge.

Hotel Post
www.hotel-post-murnau.de

garni

Obermarkt 1, PLZ 82418, **T 08841 48780,** F 487813
17 Zimmer | Ez 89–95 €, Dz 139–199 €, inkl. Frühstück

In der Fußgängerzone gelegenes, liebevoll eingerichtetes hist. Haus, das sich seit 1632 in Familienbesitz befindet. Behagliche Zimmer im Landhausstil, die mit modernster Technik ausgestattet sind. Schöner Frühstücksraum mit antiken Möbelstücken und Hinterglasmalereien.

NACHRODT-WIBLINGWERDE 30 C
www.nachrodt-wiblingwerde.de

Nordrhein-Westfalen | EW 7.000 | 140 m | Lüdenscheid 14 km, Hagen 28 km

Schloss Hotel Holzrichter
www.hotel-holzrichter.de

VARTA-TIPP Service

S

Hohenlimburger Straße 15, PLZ 58769 (OT: Veserde), **T 02334 929960,** F 1515
28 Zimmer | 4 Suiten | Ez 102–150 €, Dz 160–220 €, inkl. Frühstück

Wohnliche Hotelzimmer, ruhige Lage, hervorragender Service und dann noch das sehr gute Frühstück - in diesem familiengeführten Haus kommen schon so einige Annehmlichkeiten zusammen. Natürlich sei auch das gemütliche Restaurant erwähnt, in dem frische Regionalküche serviert wird. Ideale Adresse für ein entspanntes Wellnesswochenende oder romantische Stunden zu zweit.

NAGOLD 57 B
www.nagold.de

Baden-Württemberg | EW 23.104 | 411 m | Herrenberg 13 km, Horb 16 km

Pfrondorfer Mühle
www.pfrondorfer-muehle.de

Pfrondorfer Mühle 1, PLZ 72202, **T 07452 84000,** F 840048
21 Zimmer | 2 Suiten | Ez 69–100 €, Dz 98–138 €, inkl. Frühstück

»

Die ehem. Mühle beherbergt heute wohnlich eingerichtete Gästezimmer. In den behaglichen Gaststuben wird regionale Küche aufgetischt. Umfangreiches Sportangebot. Rustikales Restaurant mit urigem Biergarten und sonniger Kaffeeterrasse.

NAUEN 26 A www.nauen.de

Brandenburg | EW 16.616 | 35 m | Berlin 18 km, Potsdam 24 km

Landgut Stober www.landgut-stober.de

★★★★ garni

Behnitzer Dorfstraße 27-31, PLZ 14641 (OT: Groß Behnitz), **T 033239 20440,** F 208069
300 Zimmer | 23 Suiten | Ez 119–149 €, Dz 149–179 €, inkl. Frühstück | ⃠ 23.12.23–1.1.24

Aufwendig saniertes Anwesen inmitten einer ruhigen Parklandschaft westlich von Berlin am Groß Behnitzer See. Übernachten kann man sowohl im neu gebauten Biohotel als auch im hist. Logierhaus. Im Restaurant mit Café und Seeterrasse wird regionale Küche serviert. Ideale Adresse für Hochzeiten - das hauseigene Standesamt befindet sich im denkmalgeschützten Hauptgebäude aus rotem Backstein.

NAUMBURG (SAALE) 34 C www.naumburg.de

Sachsen-Anhalt | EW 33.600 | 135 m | Jena 42 km, Leipzig 68 km

Gasthof Zufriedenheit www.gasthof-zufriedenheit.de

garni

Steinweg 26, PLZ 06618, **T 03445 7912051,** F 7912054
17 Zimmer | 2 Suiten

Das hübsche kleine Boutique-Hotel liegt nur wenige Gehminuten vom Naumburger Dom entfernt. Diesem Haus hat man ein wirklich schönes, sachlich-elegantes Interieur verpasst: Klare Linien, regionale Baustoffe und wertige Möbel machen die Zimmer und Suiten zu kleinen Wohlfühloasen. Morgens erwartet Sie ein charmantes Frühstück.

Gasthof Zufriedenheit

45 | Hauptgericht 19–39 €, Menü 54–148 € | Di-So ⃠ Mo

Im puristisch eingerichteten Restaurant mit Lounge und ruhiger Hofterrasse serviert man mitteldeutsche Küche sowie europäisch inspirierte Gerichte. Es gibt auch eine vegetarische Speisekarte. Dazu werden erlesene Weine von lokalen Winzern kredenzt.

Hotel Hallescher Anger www.hallescher-anger.de

€ Gut & Günstig ★★★ garni

Hallescher Anger 1, PLZ 06618, **T 03445 237520,** F 232626
11 Zimmer | Ez 75–100 €, Dz 95–130 €, inkl. Frühstück

Ein traditionelles Hotel, das ein wenig an ein Museum erinnert. Jedes der individuell eingerichteten Themenzimmer ist ein Unikat und bezieht sich auf eine historische Person wie die Naumburger Uta oder Königin Luise. Im stilvollen Restaurant sowie auf der angrenzenden Saaleterrasse wird internationale Küche serviert.

NAURATH (WALD) 49 A www.hermeskeil.de

Rheinland-Pfalz | EW 228 | 395 m | Hermeskeil 17 km, Trier 28 km

RÜSSELs Landhaus www.ruessels-landhaus.de

VARTA-TIPP Service

★★★★ garni

Büdlicherbrück 1, PLZ 54426, **T 06509 91400,** F 914040
14 Zimmer | 3 Suiten | Ez 120–175 €, Dz 140–240 €, inkl. Frühstück

In einem ruhigen Seitental der Mittelmosel zwischen Wald und Reben liegt das von Familie Rüssel sehr persönlich geführte Haus. Hier erwarten Sie neben komfortablen Zimmern im Landhauslook auch spezielle Themenzimmer mit so klangvollen Namen wie „Weinselig", „Im Olivenhain" oder „Ein Bett im Kornfeld". Von hervorragender Frische und Qualität ist das Frühstück. Vor der Tür liegen traumhafte Wanderschleifen, Radwege und Weingüter.

RÜSSELs Landhaus

VARTA-TIPP Küche **VARTA-TIPP** Service

35 | Menü 160–190 € | Fr-So Mo, Do-So Di, Mi

Stimmiges Ambiente, perfekte Betreuung und eine top Küchenleistung erwarten Sie in dieser Gourmetresidenz. Patron Harald Rüssel kocht seit vielen Jahren auf einem konstant hohen Niveau. Seine Menüs sind kreativ, begeisternd und heimatverbunden. Er verwendet ausschließlich regionale Produkte ausgewählter Zulieferer. Edle Weine von ausgesuchten Winzern runden die Speisefolgen perfekt ab, hier berät Ehefrau Ruth als kenntnisreiche Gastgeberin mit Expertise und feinem Gespür für den Gästewunsch.

Rüssels Hasenpfeffer

36 | Hauptgericht 19–47 €, Menü 75–85 € | Mo, Do-So Di, Mi

Das Zweitrestaurant hat der Patron nach dem Gegenstand seiner Leidenschaft, der Jagd, benannt. Hier zeigt er eindrücklich, dass lokale Landhausküche ebenso schmackhaft wie erschwinglich sein kann. Probieren Sie z.B. „Hausgemachte Rehwürstchen | Linsen | Spiegelei | Kartoffelpüree | Riesling-Senf-Sauce"! Hübsch sitzt man auf der neu gestalteten Terrasse am hauseigenen Teich.

NECKARGEMÜND 51 C www.neckargemuend.de

Baden-Württemberg | EW 13.321 | 127 m | Heidelberg 10 km, Eberbach 17 km

Christians Restaurant www.restaurant-christian.de

Neckarstraße 40, PLZ 69151, **T 06223 9737323**
60 | Hauptgericht 25–38 €, Menü 55–105 € | Sa-So Do-So Mo, Di, Mi 1.–24.1.24, 20.5.–5.6.24, 28.10.–6.11.24

Ausgesprochen einladend ist diese kulinarische Adresse: freundlich, stimmig, elegant das Ambiente, versiert der Service, ausgezeichnet die Küche samt Weinbegleitung. Serviert werden mediterran inspirierte saisonale Kreationen wie z.B. „Kalbsrücken | Weißer Pfirsich | Pfifferlinge | Mangold-Ricotta-Ravioli". Hübsche Terrasse.

Zum Rössl
www.roessel-waldhilsbach.de

Heidelberger Straße 15, PLZ 69151 (OT: Waldhilsbach), **T 06223 2665**
120 | Hauptgericht 18–25 €, Menü 29–56 € | Do-So Mo, Di, Mi

Die ehem. Poststation von 1642 ist seit mehreren Generationen in Familienbesitz. Die Räumlichkeiten zeigen sich behaglich im traditionellen Landhausstil. Serviert werden feine regionale und internationale Gerichte. Ausgesprochen beliebt sind die „Rössle"-Klassiker, z.B. „Wiener Schnitzel mit Rahmkarotten und Kartoffelpüree". Idyllische Gartenterrasse.

NECKARSULM 51 D
www.neckarsulm.de

Baden-Württemberg | EW 26.800 | 162 m | Heilbronn 6 km, Stuttgart 59 km

Welcome Hotel
www.welcome-hotels.com/hotels/neckarsulm

★★★★

Obere Bahnhofstraße 8, PLZ 74172, **T 07132 3696600,** F 3696601
162 Zimmer | 14 Suiten | 2 Apartments | Ez 89–199 €, Dz 99–209 €, ab 19,00 € | 24 h

Attraktiv sind hier die sehr gute, zeitgemäß-funktionale Ausstattung sowie die zentrale Lage, nicht weit vom Bahnhof Neckarsulm. Gemütlich das hoteleigene Restaurant „Vino", herrlich der Biergarten. Schön auch der Wellnessbereich mit angeschlossener Dachterrasse.

NENNDORF, BAD 22 D
www.badnenndorf.de

Niedersachsen | EW 10.317 | 82 m | Stadthagen 12 km, Hannover 33 km

Harms
www.hotel-harms.de

★★★★

Gartenstraße 5, PLZ 31542, **T 05723 9500,** F 950280
41 Zimmer | 2 Suiten | 2 Apartments | Ez 75–98 €, Dz 110–139 €, inkl. Frühstück

Gepflegtes Haus in einer ruhigen Privatstraße. Freundlich gestaltete Zimmer und Apartments. Hübscher Bade- und Beautybereich im toskanischen Stil mit Saunalandschaft, Schwimmbad und Whirlgrotte.

Schmiedegasthaus Gehrke
www.schmiedegasthaus.de

★★★★

Riepener Straße 21, PLZ 31542 (OT: Riepen), **T 05725 94410,** F 944141
19 Zimmer | 2 Suiten | Ez 78–98 €, Dz 108–128 €, inkl. Frühstück | 24.12.23–11.1.24

Landhausidylle und persönliche Atmosphäre bietet das traditionsreiche Haus. Hier übernachten Sie in schlichten Gästezimmern mit individuellem Charme. WLAN nutzen Hausgäste kostenfrei. Schöne Lage am Stadtrand von Bad Nenndorf.

Das August

VARTA-TIPP Küche

60 | Hauptgericht 22–32 €, Menü 40–50 € | Sa-So Mi-So Mo, Di 24.12.23–11.1.24

In dem modern gestalteten Restaurant erwartet Sie eine kreative Frischeküche zu fairen Preisen. Die Zutaten kommen von bekannten Händlern und Erzeugern aus dem Umland und gelangen im jahreszeitlichen Wechsel auf den Teller. Eindrucksvolles Weinangebot mit rund 500 Positionen, darunter eine große Auswahl namhafter deutscher und französischer Winzer. In den Sommermonaten kann man auch auf der Terrasse im liebevoll angelegten Obstgarten speisen.

NESSELWANG 67 A www.nesselwang.de

Bayern | EW 3.487 | 867 m | Füssen 17 km, Kempten (Allgäu) 24 km

Alpenrose www.alpenrose.de

★★★ garni

Jupiterstraße 9, PLZ 87484, **T 08361 92040,** F 920440
25 Zimmer | 3 Suiten | 3 Apartments | Ez ab 83 €, Dz ab 115 €, inkl. Frühstück

Das Haus im Allgäuer Stil liegt verkehrsgünstig am Ortsrand. Die Zimmer sind gepflegt und solide - mit schönem Ausblick auf die Allgäuer Alpen. Idealer Ausgangspunkt zum Wandern und Skifahren. Auch Biker sind willkommen.

Explorer Hotel Neuschwanstein www.explorer-hotels.com/neuschwanstein

€ Gut & Günstig garni

An der Riese 45, PLZ 87484, **T 08361 9989000,** F 9407910
98 Zimmer

Das Design-Budgethotel liegt direkt gegenüber dem örtlichen Skilift und spricht vor allem ein sportlich-aktives Publikum an. Die Zimmer sind sachlich und geradlinig-modern mit schöner Aussicht auf die Allgäuer Alpen. Sport-SPA mit Sauna, Dampfbad, Infrarotkabine und Fitnessgeräten.

NEU-ANSPACH 41 C www.neu-anspach.de

Hessen | EW 14.605 | 342 m | Bad Homburg v.d. Höhe 16 km, Frankfurt am Main 35 km

Landhotel Zum Hessenpark www.landhotel-zum-hessenpark.de

garni

Laubweg 1, PLZ 61267, **T 06081 94981940,** F 5776280
34 Zimmer | Ez 89–109 €, Dz 139–199 €, inkl. Frühstück

Zeitgemäß eingerichtetes Hotel inmitten des Museumsdorfes mit seinen historischen Fachwerkhäusern. Wohnliche, in warmen Farbtönen gehaltene Zimmer in unterschiedlichen Kategorien. Hoteleigenes Restaurant mit Terrasse direkt am malerischen Marktplatz.

NEU-ISENBURG 41 D www.neu-isenburg.de

Hessen | EW 39.568 | 122 m | Frankfurt am Main 10 km, Offenbach 12 km

Kempinski Hotel Frankfurt www.kempinski.com/de/hotel-gravenbruch

★★★★★S garni

Graf-zu-Ysenburg-und-Büdingen-Platz 1, PLZ 63263 (OT: Gravenbruch), **T 069 389880,** F 38988911
225 Zimmer | 38 Suiten | 3 Apartments | Ez 189–359 €, Dz 189–359 €, 35,00 € | 24 h

Das wunderschön gelegene Traditionshaus ist eine der Top-Adressen im Rhein-Main-Gebiet. Super Komfort, neueste Technik und wertigste Materialien sprechen in den Gästezimmern eine deutliche Sprache! Für die Präsidentensuite ist kein Superlativ zu hoch gegriffen - hier residieren Sie wie einst der deutsche Hochadel. Großzügiger SPA auf 2.000 qm mit Innen- und Außenschwimmbad. Große Parklandschaft mit eigenem Seegelände.

EssTisch

130 | Hauptgericht 12–49 € | Mo-Sa

››

Gemütlichkeit, herzlicher Service, feine Küche. Das elegante Restaurant eignet sich für ein stilvolles Dinner ebenso wie für ein Abendessen mit Geschäftspartnern. Man kocht klassisch und modern mit mediterranen Einflüssen. Dazu können Sie von der umfangreichen Weinkarte einen passenden Tropfen wählen. Toll auch die ruhige Terrasse mit Blick auf den Hotelpark.

NEU-ULM 59 C nu.neu-ulm.de

Bayern | EW 53.504 | 471 m | Ulm 6 km, Günzburg 31 km

Zur Post www.post-schwaighofen.de

★★★ S garni

Reuttier Straße 172, PLZ 89233 (OT: Schwaighofen), **T 0731 97670,** F 9767100
28 Zimmer | 1 Suite | Ez 90 €, Dz 112 €, inkl. Frühstück

Gewachsener Landgasthof in einer ehem. Poststation mit modernem Hotelanbau. Helle, behaglich eingerichtete Gästezimmer mit moderner Ausstattung. Restaurant mit regionaler und internationaler Küche.

Riku Hotel www.riku-hotel.de/standorte/neu-ulm

S garni

Maximilianstraße 4, PLZ 89231, **T 0731 98094150,** F 98094151
69 Zimmer

Das freundlich geführte Designhotel überzeugt mit sehr modernen und wohnlichen Gästezimmern in warmen Farben. Zur guten technischen Ausstattung zählt auch kostenfreies WLAN. Freundlich und geradlinig hat man den Frühstücksraum gestaltet. Kleine Barlounge.

NEUBERG 41 D neuberg.eu

Hessen | EW 5.251 | 135 m | Hanau 13 km, Frankfurt am Main 30 km

Bei den Tongruben www.hotel-tongruben.de

★★★ S garni

Im Unterfeld 19, PLZ 63543 (OT: Ravolzhausen), **T 06183 20400,** F 204099
28 Zimmer, Dz ab 101 €, inkl. Frühstück | 24 h

Ein gepflegtes Haus mit herzlicher, familiärer Atmosphäre. Geboten werden eine neuzeitliche Zimmerausstattung, liebevoll arrangierte Details, eine hauseigene Sauna sowie ein moderner Fitness- und Cardiobereich. Morgens kann bei schönem Wetter in der idyllischen Gartenlounge gefrühstückt werden.

NEUBEUERN 68 B www.neubeuern.de

Bayern | EW 4.233 | 478 m | Rosenheim 14 km, Bernau am Chiemsee 20 km

Auers Schlosswirtschaft www.auers-schlosswirtschaft.de

Rosenheimer Straße 8, PLZ 83115, **T 08035 2669**
60 | Hauptgericht 16–30 €, Menü 38–70 € | Mi-Sa Mo, Di, So

Ein behaglicher Landgasthof mit geschmackvoll eingerichteten Räumlichkeiten und freundlicher Atmosphäre. Serviert wird deutsche und internationale Küche. Schöner Wirtsgarten unter Linden und Kastanien.

NEUBURG A. D. DONAU 60 A — www.neuburg-donau.de

Bayern | EW 28.404 | 383 m | Ingolstadt 23 km, Donauwörth 34 km

Zum Klosterbräu — www.zum-klosterbraeu.de

★★★★ S garni

Kirchplatz 1, PLZ 86633 (OT: Bergen), **T 08431 67750,** F 41120
33 Zimmer | 1 Suite | Ez 110–164 €, Dz 143–310 €, 19,90–39,50 €

Der familiär geführte Gasthof ist umgeben von einem drei Hektar großen Klostergarten. Hier erwarten Sie harmonisch in warmen Farben und mit Naturholzmöbeln eingerichtete Zimmer sowie historische Gaststuben mit heimeliger Atmosphäre. Im denkmalgeschützten Zehntstadel steht ein exklusives Badehaus mit großem Whirlpool und Familiendampfbad zur Verfügung.

NEUENAHR-AHRWEILER, BAD 40 A — www.ahrtaltourismus.de

Rheinland-Pfalz | EW 27.928 | 104 m | Bonn 25 km, Euskirchen 32 km

Steigenberger **Neu!** — www.bad-neuenahr.steigenberger.de

★★★★★ S garni

Kurgartenstraße 1, PLZ 53474 (OT: Bad Neuenahr), **T 02641 9410,** F 941410
216 Zimmer | 35 Suiten | Ez 104–149 €, Dz 148–328 €, inkl. Frühstück | 24 h

Direkt neben dem Kurpark befindet sich dieser Prachtbau mit seiner schönen Gründerzeitarchitektur. Hier wohnen Sie in modern und stilvoll eingerichteten Zimmern und Suiten - wahlweise mit Blick zum Park, zur Stadt oder zum Thermalbadehaus. Für Entspannung sorgt ein 800 qm großer SPA-Bereich mit Innenpool, verschiedenen Saunen sowie exklusiven Wellness- und Beautytreatments. Achtung: Bei Redaktionsschluss für diese Buchausgabe war das Hotel wegen der Renovierungsarbeiten infolge der Flutschäden noch geschlossen. Neubewertung folgt.

Sanct Peter seit 1246 - Restaurant Brogsitter **Neu!** — www.sanct-peter.de

VARTA-TIPP Küche **VARTA-TIPP** Service

Walporzheimer Straße 134, PLZ 53474 (OT: Walporzheim), **T 02641 97750**
25 | Hauptgericht 36–39 €, Menü 106–199 € | Sa-So Mi-So Mo, Di

Das Gourmetrestaurant des historischen Gasthauses Sanct Peter nimmt die nächste Stufe seiner Entwicklung und wartet seit 2023 mit völlig neuen Räumen auf, die in einem Anbau neben der Gartenterrasse entstanden sind. Hier trifft edles, wertiges Interieur auf eine innovative und aufwendige Feinschmeckerküche, die in Form eines 3- bis 6-gängigen Menüs angeboten wird. Dass Küchenchef Benjamin Schöneich dabei ausschließlich auf erstklassige Produkte setzt, versteht sich von selbst. Die formidable Weinkarte ist gespickt mit regionalen und internationalen Spitzengewächsen. Ausgezeichnet auch der Service.

Sanct Peter seit 1246 - Restaurant Weinkirche Neu!

VARTA-TIPP Küche

Walporzheimer Straße 134, PLZ 53474 (OT: Walporzheim), **T 02641 97750**
60 | Hauptgericht 30–49 €, Menü 49–119 € | Mi-So Mo, Di

Nach einer umfangreichen Frischzellenkur präsentiert sich das Zweitrestaurant im ehem. Kelterhaus im neuen Look - ein wenig frischer, ein wenig zeitgemäßer und ein wenig schöner! Dabei hat die „Weinkirche“ mit ihrer romantischen Empore und den bleiverglasten Fenstern glücklicherweise nichts von ihrer behaglichen, stimmungsvollen Atmosphäre eingebüßt. Auf der Karte stehen überwiegend regionale und klassische Gerichte. Toll, dass viele Weine hier auch glasweise ausgeschenkt werden. In der über 100 Jahre alten Gründerzeitvilla sowie im gegenüberliegenden Landhotel hält man gepflegte Gästezimmer bereit.

Steinheuers Restaurant

www.steinheuers.de

VARTA★TIPP Küche VARTA-TIPP Service

Landskroner Straße 110, PLZ 53474 (OT: Heppingen), **T 02641 94860**
20 | Hauptgericht 52–69 €, Menü 175–225 € | So Do-So Mo, Di, Mi 1.–18.1.24

Ein Gourmetrefugium der Sonderklasse. Daran hat auch der Generationswechsel am Herd nichts geändert. Wie kaum ein anderer beherrscht Patron Hans Stefan Steinheuer das klassisch französische Repertoire, entwickelt es stetig weiter und vollendet zusammen mit Schwiegersohn und Küchenchef Christian Binder seine Gerichte mit top Produkten, tollen Aromen und feinsten Saucen. Der Service unter der Leitung von Gastgeberin Gabriele Steinheuer ist kompetent, charmant und stets zur Stelle - da fühlt man sich richtig wohl! Beachtung verdient auch die hervorragende Weinkarte mit erlesenen Tropfen aus nah und fern.

Landgasthof Poststuben

Landskroner Straße 110, PLZ 53474 (OT: Heppingen), **T 02641 94860**
40 | Hauptgericht 28–39 €, Menü 69–84 € | Mo, Do-So Di, Mi

Das ländlich-elegante Zweitrestaurant nebst lauschiger Gartenterrasse offeriert bodenständige Regionalküche zu fairen Preisen. Probieren Sie z.B. „Rehmedaillons mit Nusskruste, Pfefferkirschen, Wirsing und hausgemachten Spätzle“ oder „Wolfsbarsch auf Ratatouille mit weißer Balsamicosauce und Risoléekartoffeln“. Im Haupthaus direkt über dem Landgasthof stehen individuell und liebevoll eingerichtete Hotelzimmer zur Verfügung.

Prümer Gang Neu!

www.pruemergang.de

Niederhutstraße 58, PLZ 53474 (OT: Ahrweiler), **T 02641 4757**
70 | Hauptgericht 21–35 € | Fr-So Mi-So Di

Anja Heuser und Roger Müller haben das historische Gasthaus in der Altstadt von Ahrweiler nach dem verheerenden Hochwasser 2021 liebevoll wieder hergerichtet. Nach der Renovierung erstrahlt das Restaurant in einem frischen modernen Ambiente. Unverändert schmackhaft, bodenständig und ambitioniert ist die zeitgenössische Küche mit internationalem Einschlag. „Rinderrücken, Café-de-Paris-Kruste, feine Böhnchen und Gnocchi" kommt da ebenso gut an wie „Rotbarschfilet, gegrillter Romanasalat, Tomate und Kapern, kleine Rosmarinkartöffelchen". Zum Übernachten hat man gepflegte Nichtraucherzimmer.

NEUENDETTELSAU 53 C www.neuendettelsau.eu

Bayern | EW 7.809 | 438 m | Ansbach 18 km, Nürnberg 34 km

Sonne www.landhotel-sonne.com

★★★★ garni

Hauptstraße 43, PLZ 91564, **T 09874 5080,** F 50818
69 Zimmer | 2 Suiten | Ez 86–92 €, Dz 124–132 €, inkl. Frühstück | 2.–14.1.24

Familiär geführtes Urlaubs- und Tagungshotel mit 500-jähriger Tradition in verkehrsgünstiger Lage. Zur Wahl stehen gemütliche Landhauszimmer oder designorientierte Businesszimmer. Der neue Fitnessraum steht Hotelgästen rund um die Uhr kostenfrei zur Verfügung.

Sonne

€ Gut & Günstig

180 | Hauptgericht 13–29 € | Mo-So Mo-Sa 2.–14.1.24

Geschmackvoll eingerichtetes Hotelrestaurant mit stilvollem Ambiente. Serviert wird in der traditionellen Wirtsstube oder im dezent gestalteten Restaurant. Die Speisekarte bietet eine vielfältige Auswahl an fränkisch-internationalen Gerichten aus heimischen Produkten. Herzlicher Service.

NEUENDORF-SACHSENBANDE 14 B www.wilster.de

Schleswig-Holstein | EW 483 | 5 m | Itzehoe 15 km, Neumünster 53 km

Zum Dückerstieg www.dueckerstieg.de

VARTA-TIPP Küche

Dückerstieg 7, PLZ 25554, **T 04823 92929**
54 | Hauptgericht 9–30 €, Menü 35–49 € | Fr-So Mi-So Mo, Di

Die behagliche Landhauseinrichtung gefällt auf Anhieb. Hinzu kommt die frische und schmackhafte Slowfoodküche. Ein echter Klassiker ist die „Steakpfanne 'Dückerstieg' (Steaks von Rind, Schwein und Geflügel) mit Pilzen, Sauce béarnaise, Kräutergemüsen und Bratkartoffeln". Das Preis-Genussverhältnis ist stimmig und der Service freundlich. Zum Übernachten hat man stilvolle Zimmer mit Balkon oder Terrasse.

NEUENHAUS 20 D www.neuenhaus.de

Niedersachsen | EW 9.782 | 17 m | Nordhorn 10 km, Lingen 25 km

Domicil Lebensart www.domicil-lebensart.de

VARTA-TIPP Ambiente

garni

Veldhausener Straße 30, PLZ 49828, **T 05941 9894980,** F 9894989
4 Zimmer | 1 Suite | Ez 125–180 €, Dz 149–259 €, 20,00 € ››

Schön und sehr wertig hat man das hist. Gebäude im Ortskern saniert und in ein kleines Nichtraucherhotel verwandelt. Jedes der vier Zimmer wurde nach einem individuellen Designkonzept eingerichtet. Morgens frühstücken Sie in angenehmer und stilvoller Atmosphäre. Liebevoll angelegte Gartenanlage.

NEUENKIRCHEN (KREIS STEINFURT) 20 D www.neuenkirchen.de

Nordrhein-Westfalen | EW 13.551 | 60 m | Rheine 7 km, Steinfurt 14 km

Landidyll Wilminks Parkhotel www.wilminks-parkhotel.de

★★★ S

Wettringer Straße 46, PLZ 48485, **T 05973 94960,** F 1817
30 Zimmer | Ez 68–75 €, Dz 115–128 €, inkl. Frühstück

Ein gepflegter Familienbetrieb mit persönlicher Note. Unterschiedliche Zimmer, überwiegend modern und hell eingerichtet. Restaurant mit regionaler Küche.

NEUENKIRCHEN BEI GREIFSWALD 11 C www.17498neuenkirchen.de

Mecklenburg-Vorpommern | EW 2.323 | 1 m | Greifswald 5 km, Stralsund 32 km

Stettiner Hof www.stettiner-hof.de

Theodor-Körner-Straße 20, PLZ 17498, **T 03834 899624,** F 899627
24 Zimmer | 2 Suiten | Ez ab 85 €, Dz ab 110 €, inkl. Frühstück | 24 h

Gepflegte, inhabergeführte Übernachtungsadresse am nördlichen Stadtrand von Greifswald. Funktional ausgestattete Gästezimmer. Es gibt auch zwei großzügige Suiten. Bürgerliches Restaurant mit Wintergarten und Terrasse.

Jetzt abonnieren: instagram.com/vartaguide

NEUENSTEIN 42 B www.neuenstein.net

Hessen | EW 3.026 | 359 m | Bad Hersfeld 13 km, Rotenburg (Fulda) 27 km

Landgasthof Hess www.landgasthof-hess.de

Geistalstraße 8, PLZ 36286 (OT: Aua), **T 06677 92080,** F 1322
52 Zimmer | 1 Apartment | Ez ab 70 €, Dz ab 95 €, inkl. Frühstück

Eine freundlich-familiär geführte Adresse, die sich perfekt für einen Zwischenstopp oder Kurzurlaub eignet. Die Gästezimmer sind rustikal bis modern eingerichtet. Im Restaurant kocht man frisch und bodenständig mit regionalen Produkten.

NEUENSTEIN 52 C www.neuenstein.de

Baden-Württemberg | EW 6.200 | 284 m | Öhringen 4 km, Heilbronn 28 km

Goldene Sonne Neu! goldene-sonne.com

VARTA-TIPP Service

Vorstadt 2, PLZ 74632, **T 07942 9290614**
30 | Hauptgericht 38–42 €, Menü ab 80 € | Di-Sa Mo, So

Hier lockt nicht nur das heimelige Ambiente des behutsam renovierten Fachwerkhauses, es wird auch noch richtig gut gekocht. Am Herd steht mit Patron Heiner Bahnet ein erfahrener Mann, der auf Top-Stationen in Frankreich zurückblicken kann. Die französische Klassik bildet auch die Basis seiner ambitionierten Küche, bei der er auf saisonalen Bezug ebenso Wert legt wie auf ausgesuchte Produkte. Dazu sollten Sie auf die Weinempfehlungen der kompetenten und charmanten Gastgeberin Constanza Piccolo vertrauen! Zum Übernachten hat man in der angeschlossenen kleinen Pension liebevoll gestaltete Gästezimmer.

NEUFFEN 58 A www.neuffen.de

Baden-Württemberg | EW 6.302 | 408 m | Metzingen 9 km, Nürtingen 10 km

Traube www.traube-neuffen.de

Hauptstraße 24, PLZ 72639, **T 07025 92090**
60 | Hauptgericht 17–33 € | Di-Do, So Mo-Do Fr, Sa 22.12.23–7.1.24

Familiär geführter Landgasthof mit schöner Fachwerkfassade und behaglicher, holzgetäfelter Gaststube. Serviert wird frische Regionalküche zu fairen Preisen - im Sommer auch im idyllischen Altstadtgärtchen. Gepflegte Fremdenzimmer.

NEUHARDENBERG 27 B www.neuhardenberg-information.de

Brandenburg | EW 2.698 | 12 m | Frankfurt/Oder 43 km, Eberswalde 48 km

Schloss Neuhardenberg www.schlossneuhardenberg.de

VARTA-TIPP Service

Schinkelplatz, PLZ 15320, **T 033476 6000,** F 600800
56 Zimmer | 2 Suiten | Ez 119–149 €, Dz 159–189 €, inkl. Frühstück | 24 h

Das märkische Oderland ist immer eine Reise wert, besonders wenn man sich im hist. Ambiente des hübsch sanierten Schlossensembles in Neuhardenberg verwöhnen lassen möchte. Komfortable, mit zurückhaltender Eleganz eingerichtete Zimmer sorgen für reichlich Wohlfühlatmosphäre. Sie frühstücken im verglasten Rundbau mit herrlichem Blick in den Landschaftspark. Das Hotel ist eine beliebte Location für Tagungen, eignet sich aber auch bestens für einen spontanen Kurzurlaub.

Landgasthaus Die Brennerei

80 | Hauptgericht 20–25 € | Mo-So

In modern-rustikal designtem Ambiente können Sie sich neuzeitlich interpretierte Gerichte aus der Region schmecken lassen. Wie wäre es z.B. mit „Sanft gegartem Kalbsschaufelbraten, Pastinakenküchlein, Frühlingsgemüse und Pilzsauce“? Im Sommer wird auch auf der windgeschützten Terrasse im Brennereihof serviert.

NEUHAUS AM RENNWEG 44 A www.neuhaus-am-rennweg.de

Thüringen | EW 9.075 | 800 m | Coburg 40 km, Suhl 54 km

Schieferhof www.schieferhof.de

★★★★

Eisfelder Straße 26, PLZ 98724 (OT: Rennsteig), **T 03679 7740,** F 774100
38 Zimmer | Ez 95–130 €, Dz 130–190 €, inkl. Frühstück ››

Über 100 Jahre altes verschiefertes Fachwerkhaus mit modern designtem Interieur. Hier erwarten Sie geschmackvoll eingerichtete Zimmer mit mediterranem Landhausflair. Im hauseigenen Restaurant setzt man auf eine ehrliche und grundsolide Küche.

NEUHAUSEN 57 B www.neuhausen-enzkreis.de

Baden-Württemberg | EW 5.422 | 482 m | Bad Liebenzell 8 km, Pforzheim 17 km

Alte Baiz www.gruenerwald.de

VARTA-TIPP Küche VARTA-TIPP Service

Hauptstraße 2, PLZ 75242 (OT: Hamberg), **T 07234 9473899**
24 | Menü 122–162 € | Fr-Sa Mo, Di, Mi, Do, So

Wirklich beeindruckend, was Patron Claudio Urru aus dem ältesten Gasthaus im Ort gemacht hat: schön stimmig das geschmackvolle Interieur mit edel-gemütlichem Touch. Im Gourmetbereich offeriert man eine gehobene Feinschmeckerküche, die Ihnen in Menüform (bis 5 Gänge) serviert wird. Dabei setzt er auf moderne Elemente, kombiniert mit durchdachter Präzision in punkto Zubereitung und Präsentation. Toll das Weinangebot, ebenso die Beratung durch das eloquente Serviceteam.

Braustüble

Hauptstraße 2, PLZ 75242 (OT: Hamberg), **T 07234 9473899**
Hauptgericht 11–29 € | Sa-So Mi-Fr Mo, Di

Warmes Holz, rustikale Kupferelemente und echter Hamberger Sandstein sorgen hier für eine behagliche Atmosphäre. Serviert werden eine bodenständige, aber raffinierte schwäbisch-badische Küche sowie frischgezapfte Biere aus der Hamberger Brauwerkstatt. Lauschiger Biergarten.

NEUHAUSEN/ERZGEB. 46 B www.neuhausen.de

Sachsen | EW 2.771 | 661 m | Seiffen 6 km, Chemnitz 55 km

Schloss Purschenstein www.purschenstein.de

★★★★ garni

Purschenstein 1, PLZ 09544, **T 037361 14080,** F 140888
47 Zimmer | 18 Suiten

Das Schloss besticht durch seine schöne Lage inmitten der reizvollen Landschaft des Erzgebirges und die überaus wohnliche, elegante Einrichtung. Die mit antiken Möbeln ausgestatteten Suiten, Maisonetten und Doppelzimmer verbinden hist. Ambiente mit klassischer Moderne. Wellnessbereich mit Pool im romantischen Gewölbekeller.

NEUHOF A. D. ZENN 53 C www.neuhof-zenn.de

Bayern | EW 2.073 | 334 m | Neustadt a. d. Aisch 17 km, Fürth 28 km

Riesengebirge www.hotel-riesengebirge.de

GREENSIGN garni

Marktplatz 14, PLZ 90616, **T 09107 924410,** F 92441234
42 Zimmer | 3 Suiten | Ez ab 79 €, Dz ab 89 €, inkl. Frühstück | 24 h

Familiär geführtes Haus mit herzlicher Atmosphäre in zentraler, ruhiger Lage. Gepflegte Zimmer im modernen Landhausstil mit zeitgemäßer Ausstattung. In den heimeligen Gaststuben und im Biergarten wird traditionell fränkische Küche mit jungen, kreativen Einflüssen serviert.

NEUHÜTTEN 49 A www.hermeskeil.de

Rheinland-Pfalz | EW 788 | 540 m | Hermeskeil 8 km, Trier 30 km

Le Temple www.le-temple.de

VARTA-TIPP Küche VARTA-TIPP Service

Saarstraße 2, PLZ 54422, **T 06503 7669**
30 | Hauptgericht 44–48 €, Menü 140–170 € | So Do-So Mo, Di, Mi

Seit vielen Jahren eine Kultstätte des Genusses. Christiane Detemple-Schäfer und ihr Mann Oliver sind perfekte Gastgeber und verwöhnen Sie in dem kleinen Gourmetlokal mit einer aufwendigen, jahreszeitlich abgestimmten Feinschmeckerküche, die in Menüform (5 oder 7 Gänge) serviert wird. Kompetent empfiehlt man dazu die passenden Weine. Last but not least: Schön übernachten kann man ebenfalls.

Folgen Sie uns: facebook.com/vartaguide

NEUKIRCH 66 A www.neukirch-gemeinde.de

Baden-Württemberg | EW 2.671 | 562 m | Wangen i. Allgäu 12 km, Lindau 17 km

Zum Hirsch www.gasthof-zum-hirsch.com

Argenstraße 29, PLZ 88099 (OT: Goppertsweiler), **T 07528 1765**
50 | Hauptgericht 15–39 €, Menü 35–75 € | So Mi-So Mo, Di 3.–21.3.24

Ländlicher Gasthof mit hübschen Räumen und einer idyllischen Gartenterrasse. Serviert wird kreative regionale Küche mit mediterranem Einschlag. Zum Übernachten stehen wohnliche Gästezimmer zur Verfügung.

NEUKIRCHEN 61 B www.neukirchen.net

Bayern | EW 1.734 | 400 m | Straubing 20 km, Deggendorf 29 km

Bayerwald Residenz www.hotel-bayerwaldresidenz.de

★★★★

Bayerwaldstraße 2a, PLZ 94362, **T 09961 942940,** F 94294294
22 Zimmer | Ez 90–105 €, Dz 160–170 €, inkl. Frühstück

Familiär geführtes Haus mit ländlicher Atmosphäre. Zum Übernachten stehen geschmackvoll in Blau- oder Terrakottatönen gestaltete Zimmer zur Verfügung. Nette Wellnesslandschaft mit verschiedenen Saunen und Liegewiese. Im Restaurant wird bayerisch und international gekocht.

NEUKIRCHEN-VLUYN 29 C www.neukirchen-vluyn.de

Nordrhein-Westfalen | EW 26.846 | 15 m | Moers 4 km, Duisburg 17 km

Little John's
www.little-johns.de

Niederrheinallee 310, PLZ 47506 (OT: Rayen), **T 02845 7908210**
Hauptgericht 19–29 €, Menü 45–64 € | ◔ Do-Fr ◕ Mi-Sa

Wer in dem kleinen, sympathischen Restaurant im ehemaligen Grotepaß-Haus speisen möchte, sollte sicherheitshalber im Vorfeld reservieren! Das Restaurant ist liebevoll im skandinavischen Stil eingerichtet und bietet seinen Gästen eine einfallsreiche Küche mit regionalem und saisonalem Bezug. Wechselnde Wochenkarte. Achtung: Nur Barzahlung möglich.

NEUKLOSTER 17 A
www.stadt-neukloster.de

Mecklenburg-Vorpommern | EW 3.986 | 30 m | Wismar 20 km, Schwerin 37 km

Seehotel am Neuklostersee
www.seehotel-neuklostersee.de

★★★★ garni

Seestraße 1, PLZ 23992 (OT: Nakenstorf), **T 038422 4570,** F 45717
26 Zimmer | 13 Suiten | 1 Apartment | Ez 160–195 €, Dz 200–235 €, inkl. Frühstück

Eine echte Wohlfühloase! Das privat geführte Haus am Neuklostersee bietet familienfreundliche Zimmer, Maisonetten und Apartments. Zum Hotel gehören auch eine Badescheune mit Schwimmbad und Sauna, eine Gänsebar, ein Kinderhotel, ein Wohlfühlhäuschen sowie ein hauseigener Strand.

Allesisstgut

60 | Hauptgericht 16–28 €, Menü 35–51 € | ◔ Do-So ◕ Mo, Mi-So ⃠ Di

Restaurant mit mediterranem Charakter im Backsteinhaus des Seehotels. Wechselnde Karte mit saisonal ausgerichteten Spezialitäten, u.a. fangfrischer Fisch und Fleisch von umliegenden Bauernhöfen. Die Weinkarte ist regional-europäisch ausgerichtet. Toller Seeblick vom Wintergarten und der großen Holzterrasse.

NEULEININGEN 50 B
www.neuleiningen.de

Rheinland-Pfalz | EW 817 | 300 m | Bad Dürkheim 15 km, Kaiserslautern 34 km

Alte Pfarrey
www.altepfarrey.com

VARTA-TIPP Ambiente

garni

Untergasse 54, PLZ 67271, **T 06359 86066,** F 86060
11 Zimmer | Ez 115–125 €, Dz 130–180 €, inkl. Frühstück

Das ehem. Pfarrhaus mit seinen hübschen Erkern und Türmchen ist ein wahres Schmuckstück. Jedes der geschmackvoll und sehr individuell ausgestatteten Gästezimmer besticht durch seinen ganz eigenen Charme. Morgens erwartet Sie ein sehr gutes Frühstück. Zimmerreservierungen am Wochenende und an Feiertagen sind nur in Verbindung mit einer Tischreservierung möglich.

Alte Pfarrey

VARTA-TIPP Küche **VARTA-TIPP** Service

48 | Hauptgericht 34–40 €, Menü 95–170 € | Fr-Sa Di-Sa Mo, So

Küche und Service leuchten mit sehr gut motiviertem Engagement, um dem Gast den Aufenthalt so angenehm wie möglich zu gestalten. Silvio Lange kocht produktbezogen, modern und geschmacksintensiv. Die Zutaten für seine unverfälschten, ausbalancierten Speisen kauft er am liebsten in marktfrischer Topqualität von bekannten Händlern und Erzeugern aus der Region. Dazu ein stimmungsvolles Ambiente mit warmer Eleganz und gehobener Tischkultur. Und wer unmittelbar vom Wissen des Meisters am Herd profitieren möchte, besucht einfach einen seiner Kochkurse.

H'MANNS

www.hmanns.de

Am Goldberg 2, PLZ 67271, **T 06359 5341**
32 | Hauptgericht 22–44 €, Menü 65–125 € | Do-So Mo, Di, Mi

Engagierte Gastgeber, gepflegte Tischkultur und eine frische, mediterran inspirierte Küche, bei der man großen Wert auf nachhaltige, saisonale Produkte legt. Eine spezielle Tapaskarte bietet zudem abwechslungsreiche warme und kalte Kleinigkeiten. In punkto Wein setzt man fast ausschließlich auf Pfälzer Winzer.

NEUMAGEN-DHRON 49 A

www.neumagen-dhron.de

Rheinland-Pfalz | EW 2.700 | 112 m | Bernkastel-Kues 22 km, Trier 40 km

Lekker

www.hotel-lekker.de

garni

Grafenweg 1, PLZ 54347, **T 06507 939771,** F 939800
11 Zimmer | 7 Suiten | 1 Apartment | Ez ab 85 €, Dz ab 115 €

Ein schöner Anblick ist das hübsch sanierte, monumentale Gebäude von 1700. Die Gästezimmer sind geschmackvoll eingerichtet und bestehen aus separatem Schlaf- und Wohnbereich. Zum Haus gehören auch ein prächtiger Gewölbekeller und ein lauschiger Biergarten. Das reichhaltige Frühstück kann man im Sommer auch auf der Terrasse mit Moselblick genießen.

NEUMARKT I.D.OPF. 53 D

www.tourismus-neumarkt.de

Bayern | EW 38.477 | 424 m | Nürnberg 38 km, Amberg 41 km

Park Inn by Radisson

www.parkinn-hotel-neumarkt.de

★★★★ garni

Nürnberger Straße 4, PLZ 92318, **T 09181 89890**
105 Zimmer | 24 h

Zeitgemäßes Tagungs- und Veranstaltungshotel direkt am Neumarkt. Die Gästezimmer präsentieren sich in hellem, modernem Design. Zum Haus gehören auch ein Fitness- und Wellnessbereich mit Dachterrasse, sieben Veranstaltungsräume sowie ein Restaurant mit internationaler Küche.

AlmRefugio Landhotel
www.almrefugio.de

VARTA-TIPP Ambiente

★★★★

Am Höhenberg 5, PLZ 92318 (OT: Höhenberg), **T 09181 32584**
8 Zimmer

Ein architektonisches Kleinod für Erholungssuchende. Aus dem ehemaligen Heustadel mit Kuhstall ist ein charmantes kleines Landhotel entstanden. In den behaglichen Gästezimmern herrscht moderner Alpenstil. Als perfekter Rückzugsort eignet sich die stimmungsvolle Almlounge. Traditionelle Wirtshauskultur und moderne bayerische Naturküche erwarten Sie im hauseigenen Restaurant.

Mehl
www.hotel-mehl.de

garni

Viehmarkt 20, PLZ 92318, **T 09181 2920,** F 292110
24 Zimmer | Ez 79–109 €, Dz 104–154 €, ab 6,00 € | 27.12.23–7.1.24, 23.3.–7.4.24

Individuell und freundlich geführtes Stadthotel mit heiterer Landhausatmosphäre und modern ausgestatteten Zimmern. Am Morgen wartet ein reichhaltiges und hochwertiges Frühstück mit regionalen Qualitätsprodukten und hausgemachten Köstlichkeiten. In unmittelbarer Nähe zum Hotel gibt es verschiedene Wander- und Radwege, Golfplätze sowie attraktive Ausflugsziele.

Gasthof Wittmann
www.hotel-wittmann.de

Bahnhofstraße 21, PLZ 92318, **T 09181 907426**
150 | Hauptgericht 9–55 € | Mo-So Mo-Sa

Familiengeführter Gasthof mit gemütlich-ländlichen Stuben. Serviert werden Oberpfälzer Schmankerl sowie Steak in bester amerikanischer Steakhousetradition, dabei stehen Produkte aus der hauseigenen Metzgerei absolut im Fokus. Die Atmosphäre ist angenehm unkompliziert, der Service charmant und freundlich. Übernachten kann man in modernen Hotelzimmern. Es gibt sogar eine Weißwurstmanufaktur nebst Museum.

Jetzt abonnieren: instagram.com/vartaguide

NEUMÜNSTER 7 D
www.neumuenster-tourismus.de

Schleswig-Holstein | EW 77.058 | 22 m | Bad Segeberg 27 km, Kiel 31 km

Altes Stahlwerk
www.altes-stahlwerk.com

Rendsburger Straße 81, PLZ 24537 (OT: Gartenstadt), **T 04321 55600,** F 5560260
100 Zimmer | 3 Suiten | Ez ab 97 €, Dz ab 135 €, inkl. Frühstück | 24 h

Industriecharme, moderner Zeitgeist und klare Linien prägen das Ambiente dieses Business- und Lifestyle-Hotels. Geschmackvoll eingerichtete Zimmer in vier Kategorien. Zum Haus gehören auch ein liebevoll angelegter Garten im Innenhof, ein ansprechender SPA-Bereich, eine Bar sowie das Restaurant „1500°C“ mit offener Frontküche.

Das grüne Stadthotel
www.hildebrandts-hotel.de

GREENSIGN ★★★ S garni

Plöner Straße 76, PLZ 24534, **T 04321 252220,** F 2522222
23 Zimmer | 4 Suiten | Ez ab 103 €, Dz ab 137 €, ab 16,00 €

Seit 2020 erstrahlt das kleine, feine Hotel in zentraler Lage in neuem Glanz. Die modern gestalteten Zimmer verfügen über bequeme Boxspringbetten und schallisolierte Fenster. Das besonders reichhaltige Frühstücksbuffet erwartet Sie mit regionalen Produkten, hausgemachten Marmeladen und frisch zubereiteten Eierspeisen in Bio-Qualität und kann auch auf der Terrasse genossen werden.

NEUNBURG VORM WALD 54 D www.neunburgvormwald.de

Bayern | EW 8.500 | 398 m | Cham 35 km, Regensburg 56 km

Der Birkenhof Spa & Genuss Resort www.der-birkenhof.de

★★★★★

Hofenstetten 55, PLZ 92431 (OT: Hofenstetten), **T 09439 9500,** F 950150
79 Zimmer | 24 Suiten | Ez ab 106 €, Dz ab 210 €, inkl. Frühstück | 24 h

Das herrlich ruhig gelegene Ferien- und Tagungsdomizil hat man während der Coronakrise aufwendig modernisiert und erweitert. Hier logieren Sie in geräumigen Zimmern, die wohnlich und komfortabel eingerichtet sind. Im Neubau „Seesonne“ stehen lichtdurchflutete, luxuriöse Suiten zur Verfügung. Weitläufiges Wellnessareal mit umfangreichem SPA- und Beauty-Angebot. Toll die neu gestaltete Pianobar.

Obendorfers Eisvogel

VARTA-TIPP Küche VARTA-TIPP Service

24 | Menü 198–238 € | Di-Sa Mo, So

Ein wahrer Verwöhntempel: modern-puristisches Design, exklusiver Panoramablick über die Oberpfälzer Seen sowie Hochgefühle für Augen und Gaumen. Am Herd steht Sebastian Obendorfer, der in kurzer Zeit seinen ganz eigenen Stil entwickelt hat. Filigran, aufwendig und ausgesprochen präzise - so zeigt sich seine kreative, weltoffene Gourmetküche. Wirklich beeindruckend, wie er die Grundprodukte bis ins Detail herausarbeitet und sie auf den Tellern raffiniert in Szene setzt. Der Service brilliert durch authentische Freundlichkeit und Professionalität.

Turmstube

VARTA-TIPP Küche

60 | Hauptgericht 25–40 €, Menü 43–65 € | Mo-So

Eine richtig gute Alternative ist das À-la-carte-Restaurant! In dezent-rustikalem Ambiente serviert man eine frische, bodenständige Landküche auf der Grundlage traditioneller Rezepte, so z.B. „Nüsschen vom hemischen Reh | Selleriegratin | Pfifferlingsgemüse | Lauchcreme | Pfeffer-Kirschjus" oder „Schwarzer Heilbutt gebraten | Zitronengrasschaum | Linsencurry | Pak Choi". Das Preis-Genussverhältnis ist absolut stimmig. Effizient und freundlich agiert der Service.

NEUNKIRCHEN (BADEN) 51 C www.neunkirchen-baden.de

Baden-Württemberg | EW 1.809 | 297 m | Mosbach 15 km, Heilbronn 42 km

NaturKulturHotel Stumpf www.hotel-stumpf.de

★★★★

Zeilweg 16, PLZ 74867, **T 06262 92290,** F 9229100
47 Zimmer | 4 Suiten

Tagungs- und Feriendomizil in ruhiger Ortsrandlage mit hellen und geräumigen Landhauszimmern. Schöner SPA- und Beautybereich. Restaurant mit internationaler Küche.

NEUNKIRCHEN (SAAR) 49 D www.neunkirchen.de

Saarland | EW 47.585 | 252 m | Homburg 15 km, St. Wendel 16 km

Hostellerie Bacher - Wögerbauer www.hostellerie-bacher.de

Limbacher Straße 2, PLZ 66539 (OT: Kohlhof), **T 06821 31314**
80 | Hauptgericht 22–34 € | So Di-Sa Mo

Schöne Landhausvilla in ruhiger, grüner Lage am Stadtrand. Im eleganten Restaurant oder auf der mediterranen Terrasse serviert man eine leichte, moderne Küche mit französischem und österreichischem Einschlag. Zum Übernachten hat man geschmackvoll eingerichtete Zimmer, die sich auf Haupt- und Gästehaus verteilen.

NEUPOTZ 50 D www.vg-jockgrim.de

Rheinland-Pfalz | EW 1.879 | 99 m | Landau (Pfalz) 23 km, Karlsruhe 26 km

Gehrlein's Hardtwald
www.gehrlein-hardtwald.de

Sandhohl 14, PLZ 76777, **T 07272 2440**
Mo-Di, Fr-So Mi, Do

Gemütlich im alpinen Landhausstil eingerichtetes Restaurant. Serviert wird regionale und französische Küche mit schöner Fischauswahl. Gemütliche Gartenterrasse. Übernachtungsmöglichkeiten gibt es im Gästehaus gegenüber.

Zum Lamm
www.gasthof-lamm-neupotz.de

VARTA-TIPP Küche

Hauptstraße 7, PLZ 76777, **T 07272 2809**
40 | Hauptgericht 17–27 €, Menü 30–55 € | So Di-Sa Mo

Richtig gemütlich sind die elegant-rustikalen Stuben in diesem alteingesessenen Pfälzer Landgasthof. Patron Manfred Kreger ist bekannt für seine schmackhafte, saisonorientierte Küche mit frischen und hochwertigen Zutaten. Die Weine kommen von ausgewählten Winzern aus der Region. In den Sommermonaten wird auch auf der lauschigen Gartenterrasse serviert. Gepflegt übernachten können Sie hier auch.

Jetzt vorbeischauen: pinterest.com/vartaguide

NEURUPPIN 26 A
www.tourismus-neuruppin.de

Brandenburg | EW 31.574 | 42 m | Potsdam 60 km, Berlin 65 km

Resort Mark Brandenburg Seehotel Fontane
www.resort-mark-brandenburg.de

★★★★ S garni

An der Seepromenade 20, PLZ 16816, **T 03391 40350,** F 40352459
130 Zimmer | 9 Suiten | Ez ab 145 €, Dz ab 220 €, inkl. Frühstück | 24 h

Neuzeitliches Geschäfts- und Ferienhotel in hübscher Seeuferlage. Modern gestaltete Zimmer in fünf verschiedenen Kategorien. Umfangreicher Wellness- und SPA-Bereich mit mehreren Pools, verschiedenen Themensaunen und einer schwimmenden Seesauna. Mehrere Restaurants mit regionaler und internationaler Küche.

Am Alten Rhin
www.hotel-am-alten-rhin.de

★★★ S garni

Friedrich-Engels-Straße 12, PLZ 16827 (OT: Alt Ruppin), **T 03391 7650,** F 76515
35 Zimmer | 7 Suiten | Ez ab 89 €, Dz 110–120 €, inkl. Frühstück | 4.–19.2.24, 17.7.–1.8.24

Familiengeführtes Stadthotel unmittelbar an der B167 gelegen. Das Haus versprüht ländlichen Charme und bietet seinen Gästen individuell gestaltete Zimmer, einen hübschen Saunabereich und ein gemütliches Restaurant mit regionaler und bürgerlicher Küche. Über die hauseigene Brücke hat man direkten Zugang zum Landschaftsschutzgebiet.

NEUSS 29 C
www.neuss-marketing.de

Nordrhein-Westfalen | EW 152.252 | 40 m | Düsseldorf 10 km, Krefeld 22 km
Quirinus-Münster, Neugot. Marienkirche, Obertor, Clemens-Sels-Museum, Museum Insel Hombroich, Langen Foundation, Rheinisches Landestheater, Globe-Theater mit Shakespeare-Festival, Botanischer Garten.

Fire & Ice
www.alpenpark-neuss.de

★★★★ S garni

An der Skihalle 1, PLZ 41472 (OT: Grefrath), **T 02131 1244500,** F 1244510
101 Zimmer | 8 Suiten | 24 h

Sport- und Tagungshotel mit direkter Anbindung an die Neusser Skihalle sowie geschmackvoll eingerichteten Premium- und Themenzimmern. Vielfältiges Freizeitangebot. Toller Wellnessbereich mit Pistenblick. Zum Haus gehören auch originelle Baumchalets und eine urige Hüttengastronomie.

Herzog von Burgund
www.herzogvonburgund.de

Erftstraße 88, PLZ 41460, **T 02131 23552**
45 | Hauptgericht 26–39 €, Menü 50 € | Di-Fr Di-Sa Mo, So

Geschmackvoll restaurierte Patriziervilla am grün gesäumten Erftkanal. Burgunderrot und taubenblau gehaltene Salons. Serviert werden aufwendige Gourmetgerichte mit mediterranen Einflüssen. Schön sitzt man auch auf der Gartenterrasse. Mittags günstiges Lunchangebot. Regelmäßig Kochkurse.

Zum Stübchen
www.restaurant-zum-stuebchen.de

Preußenstraße 73, PLZ 41464, **T 02131 82216**
55 | Hauptgericht 18–42 €, Menü 35–81 € | So Mi-So Mo, Di

Das gemütliche, mit hellen Eckbankgruppen eingerichtete Restaurant ist seit vielen Jahren eine beliebte Genussadresse. Serviert wird eine leichte, anspruchsvolle Küche auf französischer Basis mit internationalem Einfluss. Gutes europäisches Weinangebot.

NEUSTADT (DOSSE) 25 B
www.neustadt-dosse.de

Brandenburg | EW 3.622 | 35 m | Kyritz 13 km, Neuruppin 28 km

Parkhotel Neustadt
www.park-hotel-neustadt.de

garni

Prinz-von-Homburg-Straße 35, PLZ 16845, **T 033970 970,** F 9740
20 Zimmer | Ez 60–78 €, Dz 71–88 €, ab 11,00 €

Idyllisch in einem kleinen Park gelegenes Landhotel unter familiärer Führung mit geschmackvoll und individuell eingerichteten Zimmern. Für Tagungen und kleinere Gesellschaften steht ein Wintergarten mit Blick ins Grüne zur Verfügung.

NEUSTADT A.D. DONAU 60 B
www.neustadt-donau.de

Bayern | EW 13.070 | 354 m | Kelheim 18 km, Ingolstadt 33 km

Dorint Marc Aurel Resort
www.marcaurel.de

★★★★ S

Heiligenstädter Straße 34-36, PLZ 93333 (OT: Bad Gögging), **T 09445 9580,** F 958444
165 Zimmer | 16 Suiten | 24 h

Ein weitläufiges Ferien- und Sportdomizil mit römisch-mediterranem Flair. Sie wohnen in zeitgemäß eingerichteten Zimmern. Direkt vor der Haustür befindet sich ein 9-Loch-Golfplatz (ganzjährig bespielbar). Für Entspannung sorgt die römische Pool- und Saunalandschaft auf 2.800 qm.

Der Eisvogel www.hotel-eisvogel.de

An der Abens 20, PLZ 93333 (OT: Bad Gögging), **T 09445 9690,** F 8475
58 Zimmer | 6 Suiten | Ez ab 100 €, Dz 260–310 €, inkl. Frühstück

Ferien- und Landhotel in idyllischer Uferlage. Warme Farben, viel Holz und besondere Stoffe zeichnen die gemütlichen Zimmer aus, von denen einige 2022 komplett runderneuert wurden. Großzügiger SPA-Bereich auf 1.600 qm mit Schwimmbad, Saunalandschaft und Liegewiese. Restaurant mit regionaler und internationaler Küche.

Gigl www.gigl.de

€ Gut & Günstig

Herzog-Ludwig-Straße 6, PLZ 93333, **T 09445 9670,** F 96740
27 Zimmer | 2 Suiten | Ez 62–92 €, Dz 101–108 €, inkl. Frühstück

Traditionsreicher bayerischer Familienbetrieb in der 4. Generation. Helle, freundlich eingerichtete Zimmer zu moderaten Preisen. Ansprechend gestalteter Saunabereich. Rustikales Restaurant mit Biergarten und regionaler Küche.

NEUSTADT A.D.AISCH 53 A www.neustadt-aisch.de

Bayern | EW 12.704 | 293 m | Bad Windsheim 19 km, Fürth 35 km

Allee Hotel www.allee-hotel.de

Alleestraße 14, PLZ 91413, **T 09161 89550,** F 895589
41 Zimmer | 5 Suiten | Ez 75–99 €, Dz 119–139 €, inkl. Frühstück | 24 h

Denkmalgeschütztes Gebäude mit geschmackvollen, im Jugendstil eingerichteten Zimmern. Weitere Gästezimmer in der Dependance, die dem klassizistischen Stil des Hotels nachempfunden ist. Restaurant mit internationaler Küche.

NEUSTADT AN DER ORLA 44 B www.neustadtanderorla.de

Thüringen | EW 8.230 | 300 m | Saalfeld 34 km, Gera 34 km

Schlossberg www.ringhotel-schlossberg.de

Ernst-Thälmann-Straße 62, PLZ 07806, **T 036481 660,** F 66100
31 Zimmer | 2 Suiten | Ez 85–90 €, Dz 120–140 €, inkl. Frühstück | 24 h

Kleines Businesshotel im denkmalgeschützten Altstadtkern. Behaglich eingerichtete Gästezimmer. Im Restaurant bietet man internationale und heimische Spezialitäten.

NEUSTADT AN DER SAALE, BAD 43 C www.tourismus-nes.de

Bayern | EW 15.668 | 242 m | Schweinfurt 40 km, Fulda 57 km

Schlosshotel www.schlosshotel-bad-neustadt.de

Schlossplatz 5, PLZ 97616 (OT: Mühlbach), **T 09771 61610,** F 616161
26 Zimmer | 24 h

Die 1767 erbaute spätbarocke Schlossanlage wurde 2006 mit besonderer Liebe zum Detail renoviert und Ende 2020 um zwölf neue Zimmer erweitert. Hier trifft historisches Ambiente auf familiäre Atmosphäre. Zum Haus gehören auch eine gepflegte Parkanlage, eine Schlosskapelle, ein kleiner Fitnessbereich sowie ein elegantes Restaurant mit Sommerterrasse.

Die Scheune

Hauptstraße 206, PLZ 97616 (OT: Brendlorenzen), **T 09771 6319882**
36 | Hauptgericht 14–45 €, Menü 21–37 € | Mo-So

In der ehem. Scheune pflegt die Chefin, die selbst am Herd steht, die klassische, traditionelle Kochkunst. Serviert wird eine schmackhafte regionale Gourmetküche, bei der auch Produkte aus dem eigenen Kräuter- und Gemüsegarten Verwendung finden. Hübsche Terrasse mit Blick in den Rosengarten. Tischreservierung ratsam.

NEUSTADT AN DER WEINSTRASSE 50 D www.neustadt.eu

Rheinland-Pfalz | EW 53.525 | 136 m | Bad Dürkheim 14 km, Landau 21 km

Palatina www.hotel-palatina.com

★★★★

Gartenstraße 8, PLZ 67433, **T 06321 924000**, F 9240029
38 Zimmer | Ez 77–92 €, Dz 104–124 €, 18,00 €

Das neuzeitliche Hotel befindet sich auf einem ehemaligen Weingut und verfügt neben geschmackvoll und wohnlich eingerichteten Zimmern und Suiten auch über ein Restaurant, eine moderne Bar, einen romantischen Garten im Innenhof sowie einen hübschen Wellnessbereich.

Irori Neu! www.the-irori.com

VARTA-TIPP Küche

Weinstraße 507, PLZ 67434 (OT: Diedesfeld), **T 0175 2437801**
85 | Menü 130 € | Mo, Fr-So Di, Mi, Do

Was als kurzes Gastspiel in Form eines Pop-Up-Restaurants begann, hat sich zwischenzeitlich als dauerhafte Institution etabliert. Im traditionellen Japan ist der Irori eine Feuerstelle im Haus, an der man zusammen kommt, um sich aufzuwärmen, zu essen und zu trinken. Und genau das vermitteln Max Goldberg und Kerstin Bauer sinnbildlich in ihrem kleinen Restaurant. Die beiden sind ein eingespieltes Team und hervorragende Gastgeber. Für das 10-Gang-Überraschungsmenü verwendet Goldberg fast ausschließlich frische saisonale Lebensmittel heimischer Landwirte und Erzeuger. Sein Handwerk ist absolut präzise, und in seinen Speisen findet sich so manch außergewöhnliche Aromenkombination. Tipp: Sonntags Late Lunch.

Urgestein www.restaurant-urgestein.de

VARTA-TIPP Küche **VARTA-TIPP** Service

Rathausstraße 6a, PLZ 67433, **T 06321 489060**
20 | Menü 130–150 € | Di-Sa Mo, So

Das stimmungsvolle Gewölberestaurant befindet sich im ehem. Marstall des Fachwerkensembles Steinhäuser Hof. Hier verwöhnt Sie Hedi Rink mit ihrer innovativen, aromenreichen Gourmetküche, die in Menüform (5 oder 6 Gänge) serviert wird. Die gut zusammengestellte Weinkarte umfasst edle Tropfen aus nah und fern. Zum Haus gehören auch ein mediterran gehaltener Innenhof, eine Weinbar sowie sechs geräumige Gästezimmer.

Spinne www.restaurant-spinne.de

Eichkehle 58, PLZ 67433 (OT: Haardt), **T 06321 9597799**
50 | Hauptgericht 36–37 €, Menü 55–78 € | Mi-So Mo, Di

NEUZELLE 27 D www.neuzelle.de

Brandenburg | EW 4.302 | 43 m | Eisenhüttenstadt 8 km, Cottbus 53 km

Klosterhotel Neuzelle www.neuzelle-hotel.de

VARTA-TIPP Ambiente

★★★★ S garni

Bahnhofstraße 18, PLZ 15898, **T 033652 823991,** F 823992
14 Zimmer | Ez ab 59 €, Dz ab 129 €, inkl. Frühstück

Vis-à-vis einer der schönsten Klosteranlagen Europas liegt dieses originelle Designhotel. Die 150 Jahre alte Villa beherbergt individuelle Gästezimmer, die mit barocken Möbeln, modernen Stoffen und fast alle mit Terrasse oder Balkon ausgestattet sind. Besonders komfortabel zeigen sich die großzügigen SPA-Suiten mit privatem Saunabereich.

Wilde Klosterküche www.wildeklosterkueche.de

VARTA-TIPP Küche

40 | Hauptgericht 18–35 €, Menü 57 € | Do-So ⊘ Mo, Di, Mi

Casual Dining und tolle Genusserlebnisse, die man in dem ostbrandenburgischen Örtchen Neuzelle so sicher nicht erwartet. Der Name des Restaurants ist Programm! Chefkoch Manuel Bunke und sein junges Team haben Mut, Bekanntes neu zu interpretieren. Das Ergebnis: eine raffinierte Regionalküche auf der Basis klassischer Rezepte. Serviert wird ein Menü in vier oder sechs Gängen. Ein Highlight ist die hauseigene Ginproduktion.

NIDDERAU 41 D www.nidderau.de

Hessen | EW 19.944 | 117 m | Hanau 12 km, Friedberg 19 km

Zum Adler www.hoteladler-goy.de

★★★ S garni

Windecker Straße 2, PLZ 61130, **T 06187 9270,** F 927223
24 Zimmer | Ez 71–96 €, Dz 117–145 €, inkl. Frühstück | ⊘ 24.12.23–7.1.24

Familiengeführtes Hotel in einem hist. Gebäude, das sich seit 1859 in Familienbesitz befindet. Sachlicher Einrichtungsstil im Gästehaus, klassische Ausstattung im Haupthaus. Stilvolle Frühstücksstube.

NIDEGGEN 39 A www.nideggen.de

Nordrhein-Westfalen | EW 10.716 | 300 m | Düren 14 km, Euskirchen 26 km

Burg Nideggen - Brockel Schlimbach www.burgrestaurant-nideggen.de

VARTA-TIPP Küche

Kirchgasse 10, PLZ 52385, **T 02427 9091066**
12 | Menü 135–155 € | So Fr-So ⊘ Mo, Di, Mi, Do

Das kleine, intime Gourmetrestaurant ist eingebettet in die historischen Burgmauern des wunderschönen Anwesens aus dem 12. Jh. und trägt die Namen der beiden Herren, die für die kulinarischen Leistungen verantwortlich sind. Die Küche von Herbert Brockel und Tobias Schlimbach ist regional, aber nicht weltfremd. Serviert wird ein modernes, innovatives Menü (wahlweise 5 oder 6 Gänge). Dazu kredenzt man exzellente Weine aus nah und fern. Im Restaurant „Kaiserblick“ bietet man gutbürgerliche Spezialitäten. Die Burgschenke und der Rittersaal eignen sich für Feierlichkeiten jeder Art.

NIEBÜLL 6 B www.niebuell.de

Schleswig-Holstein | EW 8.070 | 2 m | Dänische Grenze 13 km, Husum 40 km

Hotel Landhafen www.landhafen.com

★★★ S

Deezbüller Straße 70, PLZ 25899, **T 04661 7089270**
45 Zimmer

Das Ferienhotel unweit der Nordsee begeistert mit einem spannenden Mix aus traditionellem Landhausstil und modernem Industriedesign. In den Wohneinheiten schöner Holzboden, liebevolle Details, Naturfarben und zeitgemäße Technik. Dusche und Waschtisch hat man in den meisten Zimmern in den Wohn-/Schlafbereich integriert. Für Entspannung sorgen ein Saunabereich und der große Obstgarten.

NIEDERHAUSEN 50 A www.niederhausen-nahe.com

Rheinland-Pfalz | EW 559 | 119 m | Bad Kreuznach 13 km, Mainz 52 km

Hermannshöhle Restaurant Weck www.hermannshoehle-weck.de

Hermannhöhle 1, PLZ 55585, **T 06758 6486**
40 | Hauptgericht 20–40 €, Menü 48–89 € | Di-Sa ⃠ Mo, So

Das ehem. Fährhaus von 1517 beherbergt heute ein gemütliches Restaurant mit schöner Sommerterrasse. Wenn Sie frische saisonale Gerichte mögen, werden Sie sich z.B. über „Glasiertes Seezungenfilet auf Lauchgemüse mit Rieslingsauce" freuen.

NIEDERHORBACH 50 D www.niederhorbach.de

Rheinland-Pfalz | EW 491 | 165 m | Landau in der Pfalz 13 km, Karlsruhe 39 km

WeinHotel Fritz Walter www.fritz-walter.de

★★★ S

Landauer Straße 82, PLZ 76889, **T 06343 936550,** F 9365551
25 Zimmer, Dz ab 88 €, inkl. Frühstück | ⃠ 18.–26.12.23

Ein charmantes Weinhotel für den genussorientierten Gast. Die Zimmer sind individuell mit vinophilen Elementen eingerichtet und sorgen für reichlich Wohlfühlatmosphäre. Im „Wein-Restaurant" werden moderne Regionalgerichte serviert. Die Vinothek bietet edle Tropfen aus dem eigenen Weingut.

NIEDERKASSEL 40 A www.niederkassel.de

Nordrhein-Westfalen | EW 36.841 | 55 m | Bonn 12 km, Siegburg 15 km

Clostermanns Hof www.clostermannshof.de

★★★★ S

Heerstraße 2a, PLZ 53859 (OT: Uckendorf), **T 02208 94800,** F 9480100
66 Zimmer | 12 Suiten | Ez ab 99 €, Dz ab 99 €, 17,00 € | 24 h

Hist. denkmalgeschützter Viereckshof mit geschmackvoll und individuell eingerichteten Zimmern in vier Kategorien. Das Haus bietet gute Bankett- und Tagungsräumlichkeiten. Es gibt auch einen kleinen Sauna- und Fitnessbereich. Ermäßigtes Greenfee für Hotelgäste auf dem benachbarten Golfplatz.

Clostermanns Le Gourmet

VARTA-TIPP Küche

34 | Menü ab 109 € | Mi-Sa Mo, Di, So

Fine Dining auf hohem Niveau! So richtig schön freundlich und modern ist es hier: klare Linien, edelste Materialen, hochwertige Einrichtung, dekorativ die Kunst an den Wänden..: Zeitgemäß und klar ist auch die Gourmetküche von Thomas Gilles. Die kreativ und sorgfältig zubereiteten Speisen werden in Menüform (ab 5 Gänge) serviert - auf Wunsch auch mit korrespondierenden Weinen. Tischreservierung ratsam.

Clostermanns

100 | Hauptgericht 12–33 € | Mo-So

Auch das zweite Restaurant ist sehr zu empfehlen! In freundlicher Wintergartenatmosphäre (mit Blick ins Grüne!) darf man sich auf regionale Klassiker freuen. Appetit auf „Filet vom Dorsch | Kartoffelpüree | Nordseekrabben | Fenchel-Gurken-Gemüse" oder lieber einen Flammkuchen aus dem Steinofen? Tipp für die warme Jahreszeit: lauschiger Biergarten im Innenhof.

NIEDERKRÜCHTEN 28 D www.niederkruechten.de

Nordrhein-Westfalen | EW 15.390 | 50 m | Nettetal 17 km, Viersen 19 km

Römers Restaurant Neu! www.roemers-restaurant.de

Wiesenstraße 29, PLZ 41372 (OT: Brempt), **T 02163 80428**
40 | Hauptgericht 22–33 €, Menü 60–70 € | So Do-So Mo, Di, Mi

Eine sympathische Adresse für Liebhaber einer regional-mediterranen Frischeküche. Das Angebot an frischen schmackhaften Speisen reicht hier von Rumpsteak vom Black-Angus-Rind über Basilikumravioli „Vegetarisch" bis Lachsfilet an Kaiserschotenschaum. Dazu ein elegant-gemütliches Ambiente - die Einrichtung steckt voller Charme und Liebe zum Detail. Im Sommer lockt die herrliche Gartenterrasse unter Platanen.

NIEDERNBERG 51 B www.niedernberg.de

Bayern | EW 4.934 | 117 m | Sulzbach a. Main 3 km, Aschaffenburg 11 km

Seehotel Niedernberg www.seehotel-niedernberg.de

★★★★ S garni

Leerweg 1, PLZ 63843, **T 06028 9990,** F 9992222
107 Zimmer | 10 Suiten | Ez ab 125 €, Dz ab 160 €, 24,50 € | 24 h

Gute Tagungs- und Wellnessadresse in idyllischer Lage. Das Dorf - bestehend aus einzelnen Häusern - bietet geräumige Zimmer in unterschiedlichen Kategorien. Faszinierend: das umfassende SPA-Angebot, fast immer mit Seeblick.

ELIES

120 | Hauptgericht 19–40 € | Mo-So

Hier sitzt man angenehm leger in stilvoll-warmer Atmosphäre mit viel Tageslicht und freier Sicht über den See. Serviert wird eine schmackhafte Vitalküche - natürlich, kreativ und gesund! Wie wäre es z.B. mit „Gebratenem Zanderfilet | Hummerkrabbenragout | sautierter Babyspinat | violettes Kartoffelpüree"? Regelmäßig finden kulinarische Events statt.

NIEDERWEIS 48 B
www.suedeifelinfo.de

Rheinland-Pfalz | EW 247 | 207 m | Bitburg 15 km, Trier 25 km

Restaurant Schloss Niederweis
www.schloss-niederweis.de

Hauptstraße 9, PLZ 54668, **T 06568 9696450**
60 | Hauptgericht 28–69 €, Menü 49–69 € | Mi-So Mo, Di

In der ehem. Zehntscheune des Schlosses befindet sich das schick möblierte Restaurant. Serviert wird eine frische, bodenständig-regionale Küche. Ein besonderer Anziehungspunkt im Sommer ist der lauschige Biergarten im Schlosshof. Die Tenne mit ihren urigen Holzbalken und der 14 Meter hohen Decke ist die perfekte Location für Hochzeiten oder andere Familienfeste.

Jetzt abonnieren: instagram.com/vartaguide

NIEDERWINKLING 61 B
www.niederwinkling.de

Bayern | EW 2.857 | 320 m | Deggendorf 14 km, Straubing 18 km

Buchners Hotel
www.buchners-hotel.de

★★★★★S garni

Hauptstraße 20-22, PLZ 94559, **T 09962 2035107,** F 2035108
31 Zimmer | Ez 79–109 €, Dz 119–149 €, inkl. Frühstück

Ein zeitgemäßes Business- und Freizeithotel mit hochwertigem Interieur und gelungenem Wohnkonzept. Die Zimmer sind mit viel hellem Holz stilvoll-modern eingerichtet. Modernes Hotelrestaurant mit offener Küche.

Buchner Welchenberg 1658
www.buchner-welchenberg.de

VARTA-TIPP Küche

Freymannstraße 15, PLZ 94559 (OT: Welchenberg), **T 09962 730**
60 | Hauptgericht 19–42 €, Menü 79–175 € | Sa-So Do-So Mo, Di, Mi

Der liebevoll restaurierte Gasthof von 1658 erwartet Sie mit romantisch-rustikalen Stuben. Ein schöner Mix aus ländlichem Flair und Moderne, „Hingucker" ist der kunstvoll bemalte Kachelofen. Serviert werden verfeinerte regional-bayerische Gerichte, u.a. Wild aus eigener Jagd und Fisch aus heimischen Gewässern. Für Weinliebhaber hält man eine spannende Auswahl edelster Tropfen bereit. Netter Gastgarten im Schatten riesiger Kastanienbäume.

NIEMEGK 26 C
www.amt-niemegk.de

Brandenburg | EW 1.999 | 75 m | Bad Belzig 12 km, Luckenwalde 41 km

Landhaus Alte Schmiede
www.landhausalteschmiede.de

★★★★★S garni

Dorfstraße 13, PLZ 14823 (OT: Lühnsdorf), **T 033843 9220,** F 92210
20 Zimmer | 5 Apartments | Ez ab 85 €, Dz ab 115 €, inkl. Frühstück

Liebevoll restaurierter Vierseithof in ruhiger, naturnaher Lage mit lauschigem Innenhof und ausgedehntem Landschaftsgarten. Ländlich und individuell eingerichtete, mit natürlichen Materialien gestaltete Gästezimmer. Für die kleinen Gäste gibt es einen Kinderbauernhof mit Kaninchen, Schafen und Hühnern.

Landhaus Alte Schmiede

100 | Hauptgericht 17–39 € | Sa-So Mo, Mi-So Di

Rustikal-elegante Restaurantstuben mit Wintergarten. Vielfältiges regionales Speisenangebot mit Wild aus den umliegenden Wäldern, Fisch aus heimischen Gewässern und Kartoffelgerichten aus der Flämingkartoffel. Regelmäßig Kochkurse für Gruppen, Familien und Firmenevents.

NIENSTÄDT 22 D www.sg-nienstaedt.de

Niedersachsen | EW 4.960 | 120 m | Stadthagen 3 km, Minden 24 km

Sülbecker Krug www.suelbeckerkrug.de

Mindener Straße 6, PLZ 31688 (OT: Sülbeck), **T 05724 3992550**
70 | Hauptgericht 22–79 €, Menü 44–65 € | Do-So Mo, Di, Mi

Direkt an der B65 zwischen Stadthagen und Bückeburg liegt dieses sympathische Restaurant mit angeschlossener Weinbar. Gekocht wird klassisch-saisonal, schmackhaft z.B. „Gebratenes Wolfsbarschfilet | Hummerschaumsauce | Safranrisotto | Pimentos". Es gibt auch eine extra Steakkarte. Für Übernachtungsgäste gibt es einfache, aber gepflegte Zimmer.

NIERSTEIN 50 B www.nierstein.de

Rheinland-Pfalz | EW 8.790 | 85 m | Mainz 17 km, Darmstadt 23 km

Wein- und Parkhotel www.weinhotel.bestwestern.de

★★★★

An der Kaiserlinde 1, PLZ 55283, **T 06133 5080,** F 508333
55 Zimmer | Ez 79–185 €, Dz 99–345 €, inkl. Frühstück | 24 h

Modernes Tagungs- und Feriendomizil im Ortskern. Hier stehen Ihnen wohnlich eingerichtete Zimmer zur Verfügung. Das Restaurant „Am Heyl'schen Garten" mit Terrasse und angeschlossener Vinothek bietet regionale und internationale Küche.

NITTEL 48 B www.konz.eu

Rheinland-Pfalz | EW 2.299 | 180 m | Saarburg 14 km, Konz 17 km

Culinarium www.culinarium-nittel.de

Weinstraße 5, PLZ 54453, **T 06584 91450,** F 914526
20 Zimmer | 1 Suite | Ez ab 88 €, Dz ab 100 €, inkl. Frühstück

Unweit der luxemburgischen Grenze hält das Weingut Dostert ruhige und wohnlich eingerichtete Zimmer bereit, die sich auf das Haupthaus und das 300 Meter entfernte Gästehaus „Schlafgut" verteilen. Ein kleiner Wellnessbereich mit finnischer Sauna und Tepidarium ist auch vorhanden.

Culinarium

50 | Hauptgericht 23–39 € | So Mi-Sa Mo, Di

Das modern gehaltene Restaurant bietet eine gehobene regionale Küche mit internationalen Einflüssen. Weine und Edelbrände kommen vom hauseigenen Weingut. Weinverkauf.

NITTENAU 54 D www.nittenau.de

Bayern | EW 9.400 | 352 m | Roding 21 km, Regensburg 38 km

Brauereigasthof Jakob www.brauereigasthof-jakob.de

€ Gut & Günstig

Hauptstraße 10, PLZ 93149, **T 09436 8224**
100 | Mo-Di, Do-So Mi

Eine ehem. Poststation, die liebevoll zum Gasthaus umgebaut wurde. In der schönen rustikalen Gaststube sowie im gemütlichen Nebenzimmer werden bodenständige Gerichte serviert. Dazu gibt es eine schöne Auswahl an Bieren aus der Hausbrauerei. Behagliche Gästezimmer. Idyllischer Biergarten.

NOHFELDEN 49 B www.nohfelden.de

Saarland | EW 10.151 | 350 m | St. Wendel 16 km, Hermeskeil 21 km

Seezeitlodge Hotel & Spa www.seezeitlodge-bostalsee.de

GREENSIGN garni

Am Bostalsee 1 (Navigationssystem: Staudammstr.), PLZ 66625 (OT: Gonnesweiler),
T 06852 80980, F 8098333
97 Zimmer | 14 Suiten | Ez 249–334 €, Dz 418–588 €, inkl. Halbpension | 24 h

Das beeindruckt: toll die einzigartige Lage direkt am Bostalsee, klasse die Aussicht! Eingebunden in die Mittelgebirgslandschaft des Naturparks Saar-Hunsrück empfängt Sie dieses attraktive Wellnesshotel. Die Zimmer zeigen sich geradlinig und lässig, aber dennoch gemütlich. Für Entspannung sorgt der großzügige, 2023 umgebaute und erweiterte „Seezeit SPA" auf 5.000 qm mit keltischem Saunadorf, Jurte und Naturbadeteich.

Restaurant Lumi

T 06852 8098370
150 | Hauptgericht 18–38 €, Menü ab 46 € | Mo-So

Lichtdurchflutet und modern ist das Restaurant - von den Fensterplätzen und der Terrasse genießt man tolle Ausblicke in die Natur. Ohne Schnickschnack, dafür mit Finesse und saisonalem Bezug bietet die Küche pfiffige Regionalgerichte wie „Gegrilltes Steinbuttfilet | Fichtenessig | hausgemachtes Miso | Pinienkernpolenta". Großer Beliebtheit erfreuen sich die LUMI-Küchenpartys.

NONNENHORN 66 A www.nonnenhorn.de

Bayern | EW 1.689 | 404 m | Lindau 8 km, Friedrichshafen 14 km

Torkel
www.hotel-torkel.de

★★★★ S

Seehalde 14, PLZ 88149, **T 08382 98620,** F 986262
24 Zimmer | 9 Suiten | Ez ab 159 €, Dz ab 299 €, inkl. Halbpension

Diese gepflegte Übernachtungsadresse mit ihrem neuen Hotelanbau steht für herzliche Gastfreundschaft, geschmackvolle Zimmer mit modernem Wohnkomfort, einen ansprechenden, zeitgemäßen SPA mit Biosauna und beheiztem Außenpool sowie ein sehr gutes Frühstück.

Torkel

65 | Hauptgericht 20–55 €, Menü 59–119 € | Mo-Di, Do-So Mi

Auch in punkto Kulinarik kann das Haus punkten. Schmackhafte Gerichte aus regionalen und saisonalen Produkten gibt es z.B. als „Geschmortes vom heimischen Reh | Pfifferlinge | Dinkelspätzle | Balsamicokraut". Stilvoller Weinkeller mit erlesener Auswahl an Rot- und Weißweinen. Bei Sonnenschein lockt die schöne Terrasse.

Haus am See
www.hausamsee-nonnenhorn.de

VARTA TIPP Service

Uferstraße 23, PLZ 88149, **T 08382 988510,** F 9885175
24 Zimmer | 2 Suiten | 1 Apartment | Ez 85–140 €, Dz 135–260 €, inkl. Frühstück

Das beliebte Hotel mit Gästehaus liegt direkt am See und verfügt über eine große Liegewiese sowie einen eigenen Badestrand. Modern und farbenfroh präsentieren sich die Zimmer, die teilweise nach der Feng-Shui-Philosophie gestaltet wurden. Für Entspannung sorgt ein hübscher kleiner SPA-Bereich. Und nicht zu vergessen: der charmante Service im ganzen Haus.

Haus am See

60 | Hauptgericht 30–48 €, Menü 58–102 € | Mo, Do-So Di, Mi

»

Für kulinarische Gaumenfreuden sorgt der Juniorchef am Herd. Bodenständig, frisch und unverfälscht ist die feine Bodenseeküche, die Ihnen im hell und modern eingerichteten Restaurant serviert wird. Wie wäre es z.B. mit „Zanderfilet | Safranfenchel | Dill | Zitronenbrandade“? Idyllische Terrasse.

Weingut Hornstein www.hornstein.wine

Sonnenbichlstraße 5-7, PLZ 88149, **T 08382 887570**
14 Zimmer | 1 Suite | Ez 89–179 €, Dz 109–219 €, inkl. Frühstück

Als Ergänzung zu Weingut und Gutsschenke ist hier ein neues Gästehaus mit individuell und hochwertig eingerichteten Hotelzimmern entstanden. Alle Möbel sowie der Parkettboden wurden eigens aus betriebseigenen Edelhölzern wie Zwetschge und Nuss angefertigt. Im Erdgeschoss des Anbaus befindet sich eine moderne Vinothek.

Zur Kapelle www.witzigmann-kapelle.de

€ Gut & Günstig ★★★

Kapellenplatz 3, PLZ 88149, **T 08382 8274,** F 89181
17 Zimmer | Ez 64–78 €, Dz 108–144 €, inkl. Frühstück

Gepflegter Dorfgasthof mit über 100-jähriger Familientradition. Gemütliche Landhauszimmer mit komfortabler Ausstattung, die in drei verschiedenen Kategorien buchbar sind. In den rustikalen Gaststuben werden saisonale Spezialitäten und fangfrischer Fisch serviert.

NONNWEILER 49 A www.nonnweiler.de

Saarland | EW 8.705 | 414 m | Hermeskeil 6 km, Idar-Oberstein 40 km

Landgasthof Paulus www.landgasthof-paulus.de

Prälat-Faber-Straße 2-4, PLZ 66620 (OT: Sitzerath), **T 06873 91011**
80 | Hauptgericht 28–40 €, Menü 50–63 € | Mi-So ⃠ Mo, Di

Elegant-rustikal eingerichtetes Restaurant. Geboten wird eine ansprechende Frischeküche unter Verwendung von regionalen Bio-Produkten und heimischen Kräutern. Große Auswahl ausgesuchter Weine. Lauschige Weinterrasse mit Blick auf den Bauerngarten.

NORDEN 12 B www.norddeich.de

Niedersachsen | EW 25.044 | 7 m | Aurich 27 km, Emden 44 km

Fährhaus www.hotel-faehrhaus.de

★★★★ S

Hafenstraße 1, PLZ 26506 (OT: Norddeich), **T 04931 98877,** F 988788
80 Zimmer | 16 Suiten | 24 h

Direkt am Hafen liegt dieses traditionsreiche Haus. Helle, moderne Zimmer im renovierten Stammhaus, wohnliche Zimmer und Suiten mit Seeblick im neueren Anbau. Schöne Wellnessabteilung auf dem Dach des 9-stöckigen Hotelturms. Restaurant mit Wintergarten.

Regina Maris www.hotel-regina-maris.de

★★★★

Badestraße 7c, PLZ 26506 (OT: Norddeich), **T 04931 18930,** F 189375
61 Zimmer | 6 Suiten | Ez ab 130 €, Dz ab 237 €, inkl. Frühstück

Beliebtes Urlaubsdomizil an der Nordseeküste. Wohnliche Zimmer in verschiedenen Größen - teils mit Meerblick. Ansprechend gestalteter Wellnessbereich mit finnischer Sauna und Schwimmbad. Café-Restaurant mit Wintergarten und offener Terrasse.

Reichshof
www.reichshof-norden.de

★★★★ S garni

Neuer Weg 53, PLZ 26506, **T 04931 1750,** F 17575
56 Zimmer | 10 Suiten | 8 Apartments | Ez ab 110 €, Dz ab 170 €, inkl. Frühstück | 24 h

Schmale Gassen führen durch die historischen Gebäude, in denen individuelle Zimmer und Suiten für ostfriesisches Wohlfühlambiente sorgen. Toll auch der großzügige Wellnessbereich mit Badelandschaft und verschiedenen Saunen. Im behaglichen Restaurant wird regionale und saisonale Küche aufgetischt.

NORDENHAM 13 D
www.nordenham.net

Niedersachsen | EW 26.262 | 3 m | Bremerhaven 10 km, Wilhelmshaven 66 km

Am Markt
www.hotel-am-markt.de

★★★★ S garni

Marktstraße 12, PLZ 26954, **T 04731 93720,** F 937255
44 Zimmer | 3 Suiten | 24 h

Der rote Klinkerbau befindet sich in zentraler Lage unweit des Bahnhofs. Wohnliche Zimmer in drei Kategorien. Modernes Restaurant, in dem internationale Kreationen und fangfrische Fischspezialitäten serviert werden.

NORDERNEY (INSEL) 12 B
www.norderney.de

Niedersachsen | EW 6.000 | 5 m | Norden 15 km, Emden 48 km

Seesteg
www.seesteg-norderney.de

VARTA-TIPP Ambiente **VARTA-TIPP** Service

★★★★★ S garni

Damenpfad 36a, PLZ 26548, **T 04932 893600,** F 893630
16 Zimmer | 9 Suiten | Ez ab 350 €, Dz ab 350 €, inkl. Frühstück | 24 h

Das extravagante Well-being-Designhotel am Nordseestrand vereint Tradition und Moderne. Es bietet edle Lofts, Studios und Penthouse-Suiten, die alle mit hochwertigen Naturmaterialien wie Eichenholz, nordischem Klinker und Naturseide gestaltet sind. Ein besonderes Highlight ist der ganzjährig beheizte, 25 m lange Rooftop-Pool auf der Dachterrasse mit Panoramasicht auf die Nordsee. Das Frühstück wird à la carte serviert – wahlweise im Restaurant oder auf dem Zimmer.

Seesteg

VARTA-TIPP Küche

60 | Hauptgericht 24–48 €, Menü 65–120 € | Mo-So

Stimmungsvolles, schnörkellos ausgestattetes Restaurant mit gläserner Showküche, in der die Crew um Markus Krebschull neu interpretierte internationale Küchenklassiker auf die Teller zaubert. Nur handverlesene, erstklassige Zutaten kombiniert er virtuos zu immer wieder neuen, innovativen Kompositionen, die in Menüform serviert werden. Dazu ein niveauvoller, liebenswerter Service sowie ein kleines, fair kalkuliertes Weinangebot. Tipp: Abendessen bei Sonnenuntergang auf der romantischen Seeterrasse.

Strandhotel Georgshöhe
www.georgshoehe.de

★★★★ S garni

Kaiserstraße 24, PLZ 26548, **T 04932 8980,** F 898200
132 Zimmer | 25 Suiten | Ez 76–179 €, Dz 167–331 €, inkl. Frühstück | 3.–26.12.23 »

Ein großzügig angelegtes Ferienhotel in strandnaher Lage. Moderne Zimmer, teils im Designerstil, sowie ein sehr gut ausgestatteter Sport- und Wellnessbereich sorgen für bestes Urlaubsvergnügen. Schöner Frühstücksraum mit Meerblick und Seeterrasse.

N'eys

44 | Hauptgericht 30–46 € | Fr-So ⦸ Mo, Di, Mi, Do ⦸ 3.–26.12.23

Stimmungsvolles Abendrestaurant mit hübscher Seeveranda und herrlichem Meerblick. Serviert wird eine Kombination aus friesischer und mediterran beeinflusster Küche. Gutes Weinsortiment.

1884 Norderney Neu!

1884-norderney.de

VARTA-TIPP Ambiente

garni

Am Weststrand 3-4, PLZ 26548, **T 04932 5219900**
20 Zimmer | 1 Suite | 1 Apartment | Ez 49–134 €, Dz 89–179 €, inkl. Frühstück

Das kleine, individuell gestaltete Boutique-Hotel am Weststrand von Norderney zeigt sich im charakteristischen Seebäderstil der Gründerzeit. Sehr geschmackvoll wohnt man hier. Es erwarten Sie individuelle Gästezimmer mit modern-funktioneller Ausstattung in schickem Design - von retro bis modern. Fast alle Zimmer und Suiten bieten Meerblick, die meisten von ihnen mit traumhafter Sicht über den Strand. Dazu ein guter Service samt freundlicher Gästebetreuung.

Restaurant Müllers by Nelson Müller Neu!

VARTA-TIPP Küche

60 | Hauptgericht 15–58 € | Di-Sa ⦸ Mo, So

Als weitere Dependance des MÜLLERS auf der Rü hat es das erfolgreiche Essener Gastrokonzept von Spitzenkoch Nelson Müller nun auch auf die Nordseeinsel Norderney geschafft. In lässig-ungezwungener Atmosphäre können Sie sich deutsche und französische Hausmannskost schmecken lassen. Das Angebot reicht von Brasserieklassikern wie Tatar, Fischsuppe und Pasta bis hin zu Streetfood wie Burger, Wiener Schnitzel und Currywurst.

Hotel Villa Ney Neu!

www.villa-ney.de

garni

Gartenstraße 59, PLZ 26548, **T 04932 9170,** F 91731
17 Zimmer | 11 Suiten | Ez 149–209 €, Dz 209–259 €, inkl. Frühstück

Ein Rückzugsort mit Stil und Komfort. Das kleine Boutique-Hotel bietet seinen Gästen modernisierte, mit Liebe zum Detail eingerichtete Zimmer. Der Service ist herzlich und aufmerksam, die Einrichtung wertig und geschmackvoll, dazu diverse kleine Extras und ein sehr gutes Frühstück. Der Kurplatz mit allen Einrichtungen sowie verschiedenen Restaurants und Cafés befindet sich nur wenige Gehminuten vom Haus entfernt.

Inselloft Norderney

www.inselloft-norderney.de

garni

Damenpfad 37-40, PLZ 26548, **T 04932 893800,** F 893898
35 Zimmer | 22 Suiten

Modernes Aparthotel mit traumhaftem See- und Inselblick. Hier wohnen Sie in hochwertig ausgestatteten Studios, Lofts oder Penthouse-Suiten (teils mit Balkon oder Terrasse). Zum Haus gehören auch ein kleiner Wellnessbereich, eine Bäckerei, ein Designshop sowie ein Restaurant mit offener Küche.

Jetzt abonnieren: instagram.com/vartaguide

New Wave
www.new-wave.de

Luisenstraße 13-15, PLZ 26548, **T 04932 934200**
73 Zimmer

In diesem zeitgemäßen Boutique-Hotel trifft Pop Art auf skandinavische Lässigkeit. Die individuell eingerichteten und top durchgestylten Zimmer mit offenem Badezimmerbereich überzeugen mit modernem Komfort und hellen Designelementen. Hübsch der begrünte Innenhof sowie die großzügige Dachterrasse mit Rooftopbar.

Oktopussy
www.oktopussy-norderney.de

80 | Hauptgericht 24–34 € | Mo, Mi-So Di

Der heiter-maritime Stil kommt ebenso gut an wie der freundliche Service und die schmackhafte Küche. Das Repertoire reicht von neu interpretierten Fisch-, Fleisch- und vegetarischen Gerichten bis hin zu Tapasspezialitäten. Die Karte wechselt mit den Jahreszeiten und spiegelt die Saisonalität der Zutaten wider.

Aquamarin
www.hotel-aquamarin-norderney.de

garni

Friedrichstraße 5, PLZ 26548, **T 04932 92850,** F 928528
13 Zimmer | 2 Suiten | Ez 89–119 €, Dz 145–234 €, inkl. Frühstück

Das kleine Boutique-Hotel wurde um 1900 in klassischer Bäderarchitektur erbaut und verfügt neben wohnlich eingerichteten Zimmern auch über einen Aufenthaltsraum mit Kamin, eine Bibliothek und eine große Dachterrasse. Frühstücksbuffet und Tee am Nachmittag sind im Zimmerpreis inklusive.

Haus Norderney
www.hotel-haus-norderney.de

VARTA-TIPP Ambiente

garni

Janusstraße 6, PLZ 26548, **T 04932 2288,** F 83617
10 Zimmer | 1 Suite | Ez 89–115 €, Dz 159–235 €, inkl. Frühstück | 3.12.23–8.2.24

Schmucke Jugendstilvilla von 1927 mit wohnlichen Zimmern in zeitgemäßem Design. Hier kommen Individualisten voll und ganz auf ihre Kosten. Zum Haus gehören eine gemütliche Kaminecke, eine Sauna sowie eine nette Sommerterrasse. Das Frühstück wird im gläsernen Anbau oder im Garten serviert. Kostenfreie Leihfahrräder.

Weiße Düne
www.weisseduene.com

Weiße Düne 1, PLZ 26548, **T 04932 935717**
120 | Hauptgericht 11–35 € | Mo-So

Beliebtes Ausflugslokal direkt hinter den Dünen am Ostbadestrand von Norderney. Ansprechendes regional-internationales Speisenangebot - auf der Karte stehen z.B. „Kartoffelsuppe mit Kutterkrabben", „Dünengartensalat" oder „Beachburger mit Süßkartoffelstäbchen". Gemütliche Kaminlounge.

NORDERSTEDT 15 A
www.norderstedt.de

Schleswig-Holstein | EW 75.394 | 29 m | Hamburg 22 km, Lübeck 69 km

Schmöker-Hof www.bestwestern.de

Oststraße 18, PLZ 22844 (OT: Harksheide), **T 040 526070,** F 5262231
122 Zimmer

Sympathisches Haus vor den Toren der Stadt Hamburg mit individuell eingerichteten Zimmern im Landhausstil. Moderner Tagungskomplex mit mehreren Veranstaltungsräumen. Restaurant mit regionaler Küche und schönem Biergarten mit altem Baumbestand.

NORDHAUSEN 33 C www.nordhausen.de

Thüringen | EW 41.839 | 185 m | Erfurt 74 km, Göttingen 82 km

Wolfsmühle www.wolfsmuehle.de

€ Gut & Günstig

Zur Wolfsmühle 20, PLZ 99734 (OT: Rodishain), **T 034653 348,** F 83226
42 Zimmer | 7 Suiten | Ez 64–74 €, Dz 74–95 €, inkl. Frühstück

Feriengasthof in naturnaher Lage, umgeben von dicht bewaldeten Bergen und Hügeln. Individuell gestaltete, komfortabel ausgestattete Gästezimmer. Für Entspannung sorgen ein Naturbadeteich sowie ein großzügiger Saunabereich mit Fasssauna. Gemütliches Restaurant mit regionaler Küche.

Feine Speiseschenke www.speiseschenke.de

Winkelberg 13-15, PLZ 99734 (OT: Rüdigsdorf), **T 03631 4736490**
30 | Hauptgericht 18–38 €, Menü 38–93 € | So Mi-Sa Mo, Di

Ansprechend modern das Ambiente, frisch und ambitioniert die Küche. Hier sollten Sie z.B. „Geschmortes vom Hochlandrind mit Rotweinjus, Sellerie, Karotte, Kartoffelkrapfen" oder „Thüringer Rostbrätl, geschmorte Zwiebeln, Spiegelei, Brartkartoffeln" probieren. Im Sommer sitzt man natürlich gerne auf der hübschen Terrasse.

NORDHEIM 52 B www.nordheim-main.de

Bayern | EW 992 | 196 m | Volkach 2 km, Kitzingen 15 km

Markert www.gasthof-markert.de

Am Rain 22, PLZ 97334, **T 09381 84900,** F 8490400
23 Zimmer | 1 Suite | Ez 60 €, Dz 95 €, inkl. Frühstück

Familiengeführter Gasthof in ruhiger Ortsrandlage mit fränkisch-bodenständiger Gastlichkeit. Gepflegte, komfortable Zimmer mit zeitgemäßer Ausstattung. Im Restaurant mit rebenumrankter Weinterrasse wird traditionell fränkisch gekocht.

REISERS Zehnthof Neu! www.der-reiser.de

Hauptstraße 2, PLZ 97334, **T 09381 1702**
85 | Hauptgericht 19–35 €, Menü 45 € | ◔ Do-So ◐ Mi-So ⊘ Mo, Di

Wirklich schön, diese Dreiflügelanlage mit ihren alten Mauern, den Platanen im Innenhof und der historischen Kapelle mit ihren Fresken aus dem 18. Jh. In den geschmackvoll renovierten Gasträumen lässt es sich richtig schön speisen, und das liegt nicht nur am stimmungsvollen Ambiente. Serviert wird feinste fränkische Handwerksküche mit zeitgemäßen Einflüssen. Dazu gibt es ausgesuchte heimische Weine.

Gasthaus Zur Sonne www.franken-sonne.de

€ Gut & Günstig
Hauptstraße 18, PLZ 97334, **T 09381 80710**
50 | ◔ Sa-So ◐ Mo-Mi, Fr-So ⊘ Do

Liebevoll renoviertes Barockhaus aus dem Jahr 1780. Gemütliche Gaststuben mit fränkischem Charme, in denen frische regionale Küche serviert wird. Schöner Garten im malerischen Innenhof. Nette Gästezimmer vorhanden.

Jetzt abonnieren: instagram.com/vartaguide

NORDHORN 20 D www.vvv-nordhorn.de

Niedersachsen | EW 53.353 | 23 m | Holländische Grenze 4 km, Lingen 20 km

Hotel am Stadtring www.hotel-am-stadtring.de

★★★★
Stadtring 33, PLZ 48527, **T 05921 88330,** F 75391
38 Zimmer | 1 Suite | Ez 80–125 €, Dz 134–152 €, inkl. Frühstück

Das traditionsreiche Hotel in der Ortsmitte ist für Geschäftsreisende und Urlauber gleichermaßen geeignet. Die hellen, geräumigen Zimmer sind mit komfortablen Betten, kostenlosem WLAN und Klimaanlage ausgestattet. Ansprechend gestalteter Wellnessbereich mit Sauna und Dampfbad. Im Restaurant wird international gekocht. Gute Tagungsmöglichkeiten.

Riverside Hotel www.riverside-nordhorn.de

★★★★
Heseper Weg 40, PLZ 48529, **T 05921 819810,** F 8198170
46 Zimmer | Ez ab 131 €, Dz ab 151 €, inkl. Frühstück

Neuzeitliches Ferien- und Businesshotel direkt am Vechtesee mit modern und freundlich gestalteten Gästezimmern. Das „Pier99“ mit großer Glasfront und überdachter Seeterrasse ist eine Mischung aus Bar, Club/Lounge und Restaurant. Für Entspannung sorgen eine tageslichtdurchflutete Sauna und ein Dampfbad.

NORDKIRCHEN 30 A www.nordkirchen.de

Nordrhein-Westfalen | EW 10.577 | 65 m | Lüdinghausen 7 km, Lünen 15 km

Schloss Restaurant Nordkirchen www.lauter-nordkirchen.de

Schloss 1, PLZ 59394, **T 02596 972472**
40 | Menü 40–145 € | ◔◐ Do-So ⊘ Mo, Di, Mi

››

Ein elegantes Fine-Dining-Restaurant mit schönem Blick auf den barocken Skulpturengarten „Venus". Die saisonal wechselnde Karte offeriert ein Menü in 12 Gängen. Der Kochstil: Mix aus französischer Klassik und traditionellen Gerichten - neuzeitlich interpretiert. Appetit machen z.B. „Seesaibling auf Asienreise, Süßkartoffel-Püree" oder „Kalbsrücken, Jus, Pfifferlingsalat, Salbeignocchi". Ansprechende Weinkarte mit rund 300 Positionen.

NÖRDLINGEN 59 A www.noerdlingen.de

Bayern | EW 22.421 | 431 m | Donauwörth 28 km, Dinkelsbühl 31 km

2nd Home Hotel www.2ndhomehotel.de

★★★★ garni

Luntenbuck 9, PLZ 86720, **T 09081 2729330**
45 Zimmer | 1 Suite | Ez 85–99 €, Dz 105–129 €, 18,00 €

Moderner Hotelneubau mit purer und zeitgemäßer Architektur am Rande eines Industrieareals. In den Gästezimmern schaffen naturbelassene Materialien und ein ausgewähltes Interiordesign eine anregende Wohlfühlatmosphäre. Zum Haus gehören auch ein kleiner Erholungsbereich mit Sauna, Seminarräume und eine Bar mit Kaminlounge. Gutes Frühstück mit frischen Fairtrade- und Bioprodukten.

Restaurant im 2nd Home Hotel

Hauptgericht 19–39 € | Mo-Fr Sa, So

Hier trifft modern designtes Ambiente auf ambitionierte Küche. Letztere kommt z.B. als „Französische Perlhuhnbrust aus dem Ofen | Jus | Schwarzwurzel-Morchel-Ragout | hausgemachte Tagliarini". In den schmackhaften Gerichten finden sich auch saisonales Gemüse, Salate und Kräuter aus dem eigenen Hotelgarten wieder.

Wirtshaus Meyers Keller www.jockl-kaiser.de

VARTA-TIPP Küche

Marienhöhe 8 (über Oskar-Meyer-Straße), PLZ 86720, **T 09081 4493**
70 | Hauptgericht 21–46 €, Menü 85–189 € | Do-So Mi-So Mo, Di

Dass sich ambitionierte Kreativküche und traditionelle Landhausküche nicht unbedingt ausschließen müssen, beweist Jockl Kaiser mit großer Leidenschaft in seinem behaglichen Restaurant auf der Marienhöhe an der „Romantischen Straße". Seit Generationen pflegt man hier herzliche Gastlichkeit. Die Karte bietet sowohl traditionelle Klassiker wie „Knusprig gebackene Krautwickel" oder „Geschmelzte Maultaschen" als auch ein anspruchsvolles Feinschmeckermenü (3 bis 7 Gänge). Dazu gibt es eine erlesene Auswahl an Qualitätsweinen. Toll der herrliche Sommergarten unter 100 Jahre alten Kastanien und Linden. Auch als Eventlocation hat das Wirtshaus eine große Tradition.

NÖRTEN-HARDENBERG 32 B www.noerten-hardenberg.de

Niedersachsen | EW 8.102 | 159 m | Northeim 10 km, Göttingen 11 km

Hardenberg BurgHotel www.burghotel-hardenberg.de

VARTA-TIPP Service

★★★★★ garni

Hinterhaus 11a, PLZ 37176, **T 05503 9810,** F 981666
42 Zimmer | 4 Suiten, Dz 198–299 €, 29,00 € | 24 h

Kein „Hotel von der Stange" ist dieses bildschöne Fachwerkensemble aus dem 18. Jh. Die Zimmer und Suiten präsentieren sich zurückhaltend elegant. Individuelle Möblierung, hochwertige Stoffe und geschmackvolle Bäder sorgen für Wohlfühlatmosphäre. Ein schöner SPA-Bereich mit Blick auf die 1.000-jährige Burgruine und die vorbildliche Gästebetreuung runden den positiven Gesamteindruck ab.

Novalis

60 | Hauptgericht 35–49 €, Menü 85–125 € | Mo-So

Gourmetrestaurant mit stilvoll-eleganter Einrichtung. Geboten wird eine klassisch französische Küche unter Verwendung erstklassiger Produkte. Weinkarte mit mehr als 300 Positionen. Großzügige Terrasse direkt am Reitplatz.

Hotel Sachsenross
www.sachsenross.com

★★★★

Obere Dorfstraße 32, PLZ 37176 (OT: Lütgenrode), **T 05503 80030,** F 800250
60 Zimmer | 2 Suiten | Ez 75–149 €, Dz 90–199 €, 5,80–12,50 €

Seit mehr als 150 Jahren ist dieses Haus bereits im Familienbesitz. Schön wohnt man in den modern und freundlich eingerichteten Zimmern. Für Entspannung sorgt ein kleiner Saunabereich. Zum Hotel gehören auch eine Eventscheune, ein Restaurant und eine Kegelbahn. Verkehrsgünstige Lage nahe der A7.

NORTHEIM 32 B
www.northeim-touristik.de

Niedersachsen | EW 29.657 | 120 m | Osterode 20 km, Göttingen 21 km

Freigeist
www.freigeist-northeim.de

GREENSIGN ★★★★

Am Gesundbrunnen, PLZ 37154, **T 05551 6070,** F 6075333
62 Zimmer | 24 h

Beliebtes Golf- und Tagungshotel am Northeimer Wieter. Die Gästezimmer sind wohnlich und mit modernem Interieur ausgestattet. Man verfügt über einen weiträumigen Bankett- und Tagungsbereich. Im Restaurant „Waldwerk" sowie auf der wunderschönen Terrasse wird saisonale und internationale Küche serviert.

NOTZINGEN 58 B
www.notzingen.de

Baden-Württemberg | EW 3.550 | 330 m | Nürtingen 12 km, Reutlingen 40 km

Die Kelter
www.kelter-notzingen.de

Kelterstraße 15, PLZ 73274, **T 07021 863786**
90 | Hauptgericht 17–35 €, Menü 32–49 € | So Mi-So Mo, Di

Ansprechend saniertes Kleinod am Notzinger Dorfplatz. Gemütlich-rustikale Atmosphäre mit offenem Fachwerk und Kunstausstellung. Wechselnde Speisekarte mit frischer, mediterran orientierter Küche. Im Sommer lockt der lauschige Keltergarten.

NÜRBURG 39 D
www.nuerburg.de

Rheinland-Pfalz | EW 180 | 539 m | Daun 22 km, Blankenheim 31 km

Lindner Nürburgring Congress Hotel www.lindner.de

★★★★ S garni

Stefan-Bellof-Straße, PLZ 53520, **T 02691 3025000,** F 3025655
154 Zimmer | 14 Suiten | Ez 129–499 €, Dz 169–539 €, inkl. Frühstück | 24 h

An der Start- und Zielgeraden von Deutschlands berühmtester Rennstrecke gelegen. Schallisolierte Zimmer in modern-elegantem Stil mit sehr guter technischer Ausstattung. Vielseitige Sport-, Wellness- und Freizeitmöglichkeiten. Zwei Restaurants, Bar, Lounge mit Kamin, kleiner Wellnessbereich.

Dorint Am Nürburgring Hocheifel hotel-eifel-nuerburgring.dorint.com

★★★★ S garni

Grand-Prix-Strecke, PLZ 53520, **T 02691 3090,** F 309460
207 Zimmer | 3 Suiten | Ez 104–200 €, Dz 144–240 €, inkl. Frühstück | 24 h

Das komfortable Hotel ist ganz dem Thema Motorsport gewidmet. Modern-funktionale Zimmer mit imposantem Blick auf den Nürburgring. Im Restaurant wird regionale und internationale Küche geboten. Das Haus ist auch für Tagungen gut geeignet.

NÜRNBERG 53 D www.nuernberg.de

Bayern | EW 503.673 | 309 m | Würzburg 105 km, München 165 km

Neues Museum für Kunst und Design, Staatstheater, Handwerkerhof, Germanisches Nationalmuseum, Verkehrsmuseum, got. St.-Lorenz-Kirche, Ehekarussell-Brunnen auf dem Jakobsplatz, Schöner Brunnen auf dem Hauptmarkt, got. Frauenkirche, St.-Sebaldus-Kirche, Spielzeugmuseum, Kaiserburg, Albrecht-Dürer-Haus, Tiergarten mit Delphinlagune, ehem. Reichsparteitagsgelände mit Dokumentationszentrum, Memorium Nürnberger Prozesse, Stadtmuseum Fembohaus.

Einen Cityplan finden Sie auf Seite 836–837.

Le Méridien www.lemeridiennuernberg.com

Bahnhofstraße 1-3 (D4), PLZ 90402 (OT: Gleißbühl), **T 0911 23220,** F 2322444
192 Zimmer | 24 Suiten | 24 h

Gegenüber dem Hauptbahnhof direkt am Eingang zur Altstadt liegt dieses traditionsreiche Grandhotel. Hier erwarten Sie modern gestaltete Zimmer und Suiten, acht stilvolle Veranstaltungsräume, ein Restaurant sowie eine im Art-déco-Stil eingerichtete Atelierbar.

Sheraton Carlton Nürnberg www.carlton-nuernberg.de

Eilgutstraße 15 (D5), PLZ 90443, **T 0911 20030,** F 2003111
166 Zimmer | 5 Suiten | 24 h

Ein vorbildlich geführtes Haus am Rande der Altstadt. Hier stehen modern-elegante Hotelzimmer in unterschiedlichen Kategorien zur Verfügung. Schöner Fitness- und Saunabereich mit sehenswertem Rundblick über die Stadt. Im Restaurant gibt es fränkische Spezialitäten und internationale Klassiker.

Leonardo Royal Hotel Nürnberg www.leonardo-hotels.de

Bahnhofsplatz 3 (E4), PLZ 90443 (OT: Tafelhof), **T 0911 6336660**
238 Zimmer | 24 h

Sie suchen ein großzügiges und zeitgemäßes Businesshotel in zentraler Lage? Dann sind Sie hier genau richtig! Der moderne Hotelneubau mit seinem denkmalgeschützten Rundbau aus den 1920er Jahren ist Teil des städtischen Tafelhof-Palais-Ensembles. Hier finden Sie wohnliche und technisch gut ausgestattete Zimmer, die in unterschiedlichen Kategorien buchbar sind. Es gibt auch sogenannte „Leonettes"-Zimmer mit klarem, modernem und femininem Raumkonzept - speziell designt von Frauen für Frauen. Hauseigenes Restaurant mit Terrasse zum Innenhof.

Novotel Nürnberg Centre Ville www.novotel.com

S

Bahnhofstraße 12 (E4), PLZ 90402, **T 0911 300350,** F 30035777
240 Zimmer | Ez 89–429 €, Dz 89–429 € | 24 h

Das zeitgemäße Businesshotel unweit des Bahnhofs eignet sich sowohl für Geschäftsreisende als auch für Touristen. Die Zimmer: frisch und wohnlich in den Kategorien „Standard" und „Executive" - immer mit Minibar, Safe und gratis Wi-Fi. Großzügiger Fitness- und SPA-Bereich mit Pools sowie mehreren Saunen. Die Pizzeria „Posta" serviert italienische Speisen.

Park Plaza www.parkplaza.com/nuremberg

Bahnhofstraße 5 (D4), PLZ 90402, **T 0911 215550,** F 21555555
177 Zimmer | 3 Suiten | Ez 100–1000 €, Dz 100–1000 €, inkl. Frühstück | 24 h

Das Hotel befindet sich in einem denkmalgeschützten Gebäude gegenüber dem Hbf. Die Zimmer sind wohnlich und ansprechend ausgestattet. Zum Haus gehören ein moderner Fitnessbereich, eine Sauna sowie ein Restaurant mit regionaler und internationaler Küche.

Deutscher Kaiser www.deutscher-kaiser-hotel.de

Königstraße 55 (D4), PLZ 90402, **T 0911 242660,** F 24266166
49 Zimmer | 2 Suiten | Ez ab 99 €, Dz ab 129 €, inkl. Frühstück | 24 h

»

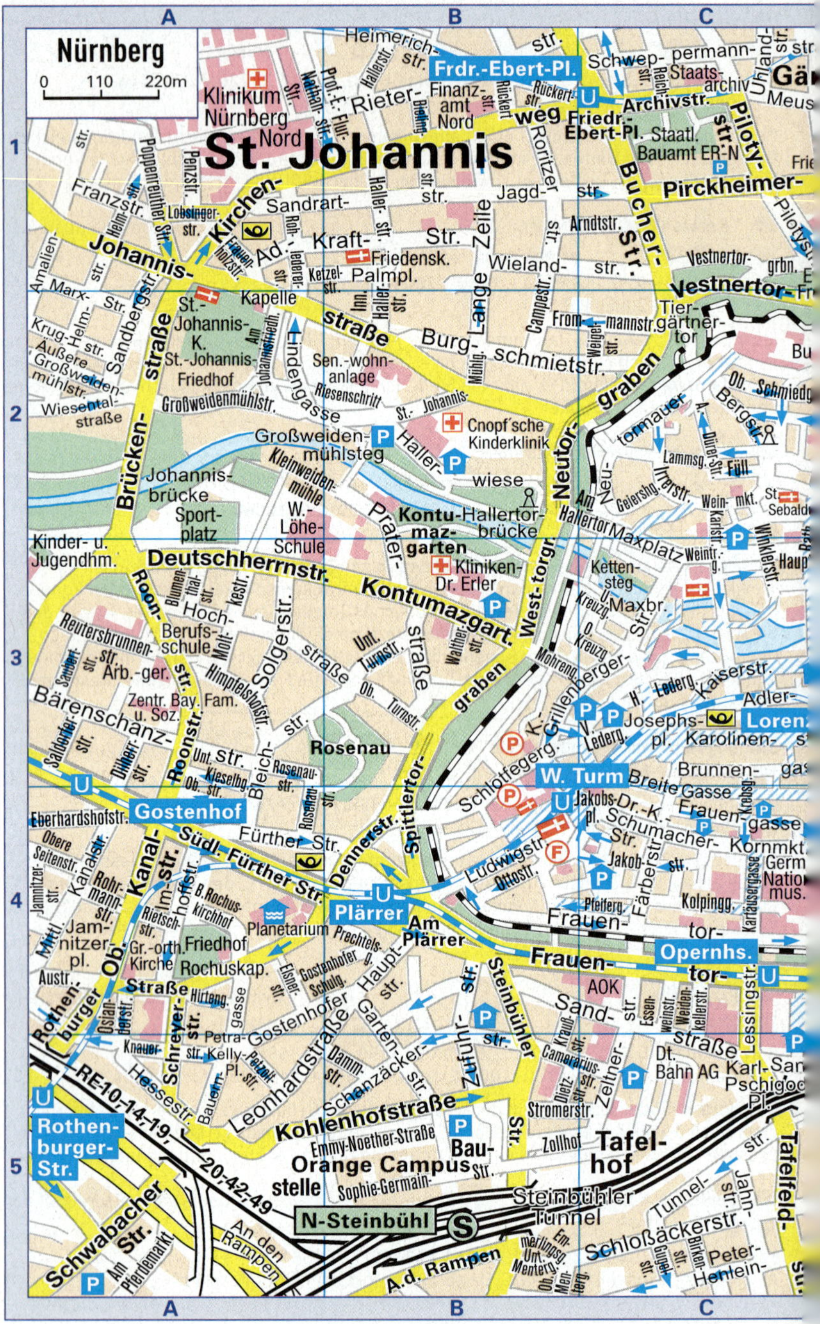

Nürnberg
0 110 220m
A
B
C
1
2
3
4
5
St. Johannis
Klinikum Nürnberg Nord
Frdr.-Ebert-Pl.
Friedr.-Ebert-Pl.
Heimerich-str.
Rieter-str.
Finanz-amt Nord
Archivstr.
Staatsarchiv
Staatl. Bauamt ER-N
Pirckheimer-str.
Bucher-Str.
Piloty-str.
Johannis-straße
Kirchen-weg
Sandrart-str.
Ad.-Kraft-Str.
Friedensk.
Palmpl.
Jagd-str.
Arndtstr.
Wieland-str.
Vestnertor-grbn.
Vestnertor
Tiergärtnertor
Burgschmietstr.
Lange Zeile
Frommannstr.
St.-Johannis-K.
St.-Johannis-Friedhof
Kapelle
Lindengasse
Sen.-wohn-anlage
Riesenschritt
Großweidenmühlstr.
Großweiden-mühlsteg
Cnopf'sche Kinderklinik
Hallerwiese
Kleinweiden-mühle
Neutorgraben
Johannisbrücke
Sportplatz
W.-Löhe-Schule
Praterstr.
Kontumazgarten
Hallertorbrücke
Am Hallertor
Maxplatz
Kinder- u. Jugendhm.
Deutschherrnstr.
Kontumazgart.
Kliniken-Dr. Erler
Kettensteg
Maxbr.
West-torgr.
Roonstr.
Hochstr.
Berufsschule
Solgerstr.
Reutersbrunnenstr.
Arb.-ger.
Bärenschanzstr.
Zentr. Bay. Fam. u. Soz.
Rosenau
Spittlertorgraben
Karolinen-str.
Josephs-pl.
Adlerstr.
Lorenz
Kaiserstr.
W. Turm
Breite Gasse
Brunnengasse
Jakobs-pl.
Ludwigstr.
Gostenhof
Eberhardshofstr.
Fürther Str.
Südl. Fürther Str.
Dennerstr.
Plärrer
Am Plärrer
Frauentorgraben
Frauengasse
Kornmkt.
Germ. Nation. mus.
Kolpingg.
Opernhs.
Planetarium
Friedhof
Rochuskap.
Kanal-str.
Jamnitzer-pl.
Rothenburger Straße
Hessestr.
Petra-Kelly-Pl.
Gostenhofer Hauptstr.
Leonhardstraße
Schanzäckerstr.
Gartenstr.
Zufuhrstr.
Steinbühler Str.
Sandstraße
AOK
Dt. Bahn AG
Karl-Pschigode-Pl.
Lessingstr.
Kohlenhofstraße
Emmy-Noether-Straße
Orange Campus
Baustelle
Sophie-Germain-Str.
Stromerstr.
Zollhof
Tafelhof
Tafelfeldstr.
Rothenburger-Str.
RE-10-14-19, 20-42-49
N-Steinbühl
Steinbühler Tunnel
Tunnelstr.
Schloßäckerstr.
Peter-Henlein-Str.
A.d. Rampen
An den Rampen
Schwabacher Str.
Am Pferdemarkt

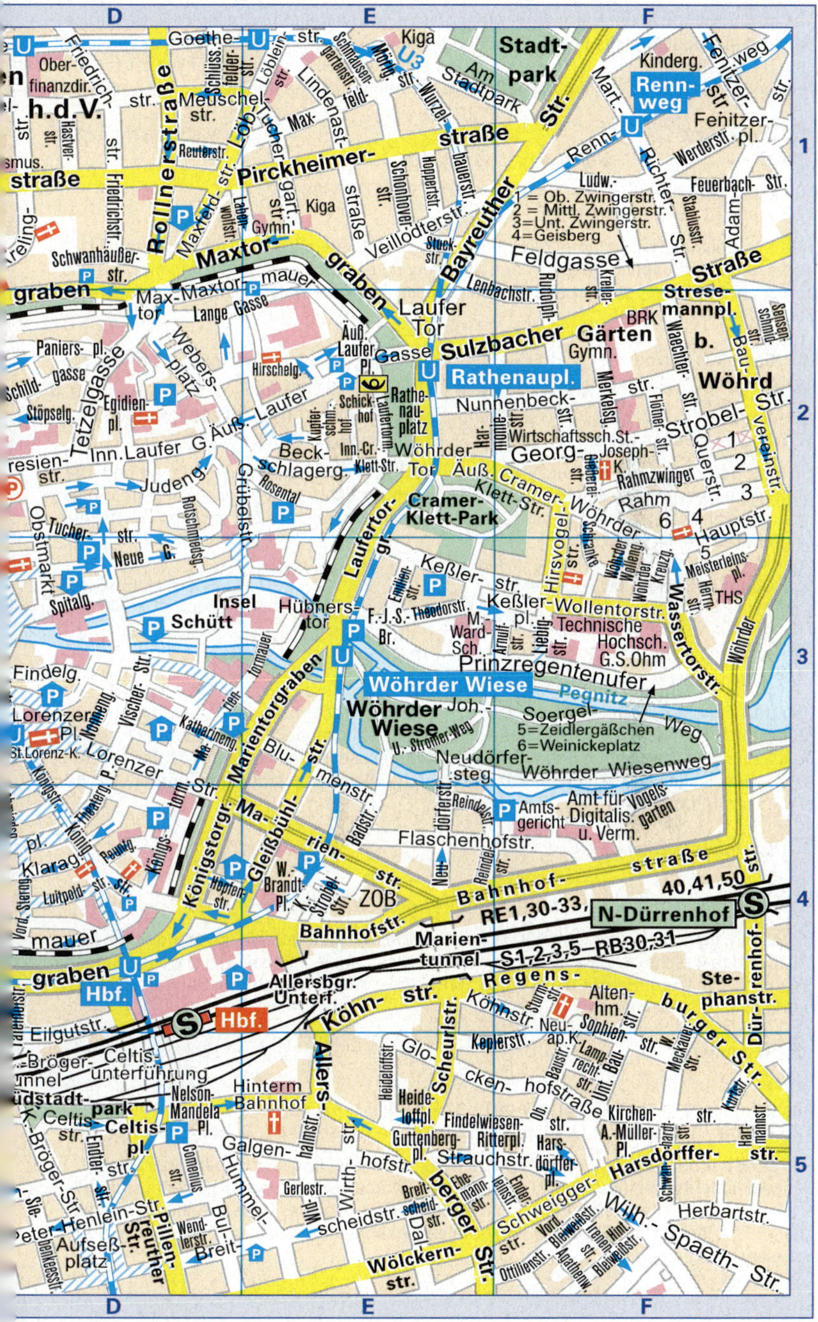
D
E
F
1
2
3
4
5
Stadt-
park
Am Stadtpark
Kiga
U3
Goethe-str.
Ober-finanzdir.
h.d.V.
Friedrich-str.
Rollnerstraße
Meuschel-str.
Löbleinstr.
Lindenast-str.
Schnieglinger-str.
Max-feld-str.
Wurzelbauerstr.
Reuterstr.
Pirckheimer-
straße
Bayreuther
Str.
Renn-weg
Kinderg.
Fenitzer-str.
Fenitzer-pl.
Werderstr.
Richter-str.
Feuerbach-Str.
Adam-
Friedrichstr.
Schonhoverstr.
Veilhofstr.
Veillodterstr.
Kiga
Gymn.
Maxtor-
graben
Schwanhäußer-str.
Ludw.-
1 = Ob. Zwingerstr.
2 = Mittl. Zwingerstr.
3=Unt. Zwingerstr.
4=Geisberg
Feldgasse
Straße
Lenbachstr.
Rudolph-
Krellerstr.
Max-tor
Maxtormauer
Lange Gasse
Laufer
Tor
Sulzbacher
Gärten
BRK
Gymn.
Strese-mannpl.
Wöhrd
Bau-vereinstr.
Äuß. Laufer Pl.
Gasse
Rathenaupl.
Hirschelg.
Paniers-pl.
Webers-platz
Schild-gasse
Stöpselg.
Egidien-pl.
Tetzelgasse
Inn. Laufer G.
Äuß. Laufer
Schick-hof
Rathe-nau-platz
Nunnenbeck-str.
Merkelsg.
Strobel-
Querstr.
Wirtschaftssch.St.
Georg-
Joseph-K.
Rahmzwinger
Rahm
Beck-schlagerg.
Inn.-Cr.-Klett-Str.
Wöhrder Tor
Äuß. Cramer-Klett-Str.
Wöhrder Hauptstr.
Meisterleins-pl.
Judeng.
Rosental
Grübelstr.
Cramer-Klett-Park
Obstmarkt
Tucher-str.
Neue G.
Spitalg.
Laufertor-gr.
Keßler-str.
Keßler-pl.
Hirsvogel-str.
Wollentorstr.
Technische Hochsch. G.S.Ohm
Wassertorstr.
THS
Wöhrder
Insel Schütt
Hübners-tor
F.-J.-S.-Br.
Theodorstr.
M.-Ward.-Sch.
Prinzregentenufer
Findelg.
Lorenzer Pl.
St.Lorenz-K.
Lorenzer Str.
Katharineng.
Marientorgraben
Wöhrder Wiese
Pegnitz
Joh.-Soergel-Weg
5=Zeidlergäßchen
6=Weinickeplatz
Neudörfer-steg
Wöhrder Wiesenweg
Blumenstr.
Gleißbühl-str.
Marienstr.
Badstr.
Reindelstr.
Amts-gericht
Amt für Digitalis. u. Verm.
Vogels-garten
Flaschenhofstr.
Königstorgr.
Klarag.
Luitpold-str.
W.-Brandt-Pl.
ZOB
Bahnhof-straße
40,41,50
RE1,30-33,
N-Dürrenhof
S
Bahnhofstr.
Marien-tunnel
S1,2,3,5–RB30,31
mauer
graben
Hbf.
Allersbgr. Unterf.
Regens-burger Str.
Köhn-str.
Kohnstr.
Alten-hm.
Neu-ap.K.
Ste-phanstr.
Dürrenhof-str.
Eilgutstr.
Keplerstr.
Sophien-str.
Bröger-Celtis-unterführung
Südstadt-park
Nelson-Mandela Pl.
Hinterm Bahnhof
Celtis-pl.
Allers-str.
Glockenhofstraße
Scheurlstr.
Heide-loffpl.
Findelwiesen-str.
Kirchen-str.
A.-Müller-Pl.
Guttenberg-pl.
Ritterpl.
Strauchstr.
Harsdörffer-pl.
Harsdörffer-str.
Galgenhofstr.
Hummel-str.
Gerlestr.
Wirth-str.
Dallinger-str.
scheidstr.
Schweigger-str.
Wilh.-Spaeth-Str.
Herbartstr.
Peter-Henlein-Str.
Aufseß-platz
Pillenreuther Str.
Breit-
Wölckern-str.
K.-Bröger-Str.

Das hist. Gebäude in der Nürnberger Altstadt ist eine architektonische Perle. Das Hotel beherbergt individuelle, teils mit antiken Möbeln eingerichtete Zimmer in zwei Kategorien. Zum Haus gehören auch ein Fitnessraum und eine kleine Bibliothek. Ein besonderes Lob verdienen die Qualität des Frühstücks sowie der freundliche Gästeumgang.

Drei Raben www.hoteldreiraben.de

★★★★

Königstraße 63 (D4), PLZ 90402 (OT: Lorenz), **T 0911 274380,** F 232611
21 Zimmer | 1 Suite | 1 Apartment | 24 h

Traditionsreiches Themenhotel direkt in der Altstadt. Modern und individuell mittels Schrift, Accessoires und Sandsteinreliefs nach Nürnberger Legenden gestaltete Zimmer. Die stylishe Bar „RABENWEIN" serviert eine ungewöhnliche Auswahl an naturnahen Weinen sowie Cocktails und Drinks.

Gasthaus Rottner www.rottner-hotel.de

★★★★

Winterstraße 15, PLZ 90431 (OT: Großreuth bei Schweinau), **T 0911 612032,** F 65848203
37 Zimmer | 4 Suiten | Ez 89–310 €, Dz 125–390 €, inkl. Frühstück | 23.12.23–7.1.24

Ein historischer Gasthof mit neuzeitlichem Hotelbau in ruhiger, ländlicher Umgebung. Die wohnlich eingerichteten Zimmer bieten alle Annehmlichkeiten für einen erholsamen Aufenthalt. Üppiges Frühstücksbuffet mit fränkischen Spezialitäten, das bei schönem Wetter auf der Terrasse serviert wird.

Gourmet-Restaurant Waidwerk www.waidwerk-restaurant.de

VARTA-TIPP Küche **VARTA-TIPP** Service

25 | Menü 150–190 € | Mi-Sa Mo, Di, So

Hier trifft Genuss auf Tradition und Nachhaltigkeit. Der hochtalentierte Valentin Rottner bietet seinen Gästen eine junge, geschmacklich präzise Küche, bei der ausschließlich Top-Produkte zum Einsatz kommen. Beim liebenswerten Service ist die motivierende Begeisterung an der Gastlichkeit unübersehbar. Die Gourmetstube selbst: geradlinig-moderner Stil und ein Schuss Historie.

Gasthaus Rottner

80 | Hauptgericht 24–44 €, Menü 62–90 € | Di-Sa Mo, So 26.12.23–7.1.24

Historisch, gemütlich, urig... Im 300 Jahre alten Gasthaus bietet man unverändert eine hochwertige Geschmacksküche mit saisonaler Ausrichtung, z.B. bei „Fjordforelle | Spinat | Fregola | Olive | Senf-Beurre-blanc" oder „Entenbrust | Rösti | Lauch". Im Sommer sitzt man herrlich im Nussbaumgarten.

Karl August www.karlaugust.de

Augustinerhof 1 (C3), PLZ 90402, **T 0911 3767660,** F 37676629
120 Zimmer | 11 Suiten | 9 Apartments | Ez ab 119 €, Dz ab 129 €, ab 24,00 € | 24 h

Das stylish-urbane Designhotel gehört zum Augustinerhof und liegt neben einer Dependance des Deutschen Museums. Die modernen Zimmer, Suiten und Apartments sind in sieben verschiedenen Kategorien buchbar. Unter dem Dach des Hauses befindet sich ein kleiner SPA-Bereich mit Skyfinitypool. Hotelgäste können ihr À-la-carte-Frühstück in der Brasserie Nitz einnehmen.

Landgasthof Gentner

www.landgasthof-hotel-gentner.de

★★★★ garni

Bregenzer Straße 31, PLZ 90475, **T 0911 80070,** F 8007234
52 Zimmer | 1 Suite | Ez 88–378 €, Dz 148–408 €, inkl. Frühstück

Dieser familiär und sehr persönlich geführte Landgasthof am Stadtrand ist sowohl bei Geschäftsreisenden als auch bei Freizeitgästen sehr beliebt. Schön modern und wohnlich die Zimmer, herzlich der Service. Im gemütlichen Wirtshaus „Johanns" wird regional, saisonal und nachhaltig gekocht.

Premier Inn Nürnberg City Nordost

www.premierinn.com

garni

Leipziger Platz 22, PLZ 90491 (OT: Nordostbahnhof), **T 0911 88199025**
201 Zimmer | 24 h

Lifestyle-Budget-Hotel für Geschäfts- und Städtereisende nahe der Nürnberger City. Modern gestaltete Zimmer mit individuell regelbarer Klimaanlage und schallisolierten Fenstern. Schönes Frühstücksrestaurant.

Ringhotel Loew's Merkur

www.loews-hotel-merkur.de

★★★★ garni

Pillenreuther Straße 1 (D5), PLZ 90459, **T 0911 994330,** F 99433666
195 Zimmer | 24 h

Familiär geführtes Stadthotel, nur wenige Schritte vom Hauptbahnhof entfernt. Unterschiedlich eingerichtete Gästezimmer. Schöner Poolbereich mit Sauna. Angebotsreiches Frühstücksbuffet. Im À-la-carte-Restaurant wird regionale und internationale Küche serviert.

Schindlerhof

www.schindlerhof.de

★★★★ garni

Steinacher Straße 6-10, PLZ 90427 (OT: Boxdorf), **T 0911 93020,** F 9302620
92 Zimmer | 6 Suiten | Ez 115–170 €, Dz 198–220 €, 19,00 €

Das einstige Hofgut mit Refugiumcharakter empfängt Sie heute als innovatives Tagungshotel mit Landhausflair. Hier erwarten den Gast moderne, individuell eingerichtete Themenzimmer. Großzügige Gartenanlagen laden zum Verweilen ein. Kleine Speisen und leckere Weine werden in der Vinothek „DankBar" aufgetischt.

unvergESSlich

P

108 | Hauptgericht 24–32 €, Menü 60–71 € | Mo-So

Unter dem Motto „Franken geht fremd" – fränkische Küche kombiniert mit Rezepten aus aller Welt – lässt man sich in stimmungsvollem Ambiente Gerichte wie „Duett von Lachsforelle und Garnele auf Erbsenpüree, Paprika-Walnusscreme und gebackener Kartoffelroulade mit Noilly-Prat-Schaum" schmecken.

Sorat Saxx

www.sorat-hotels.com/de/hotel/nuernberg.html

★★★S garni

Hauptmarkt 17 (C3), PLZ 90403, **T 0911 242700**
103 Zimmer | Ez ab 100 €, Dz ab 119 €, 14,00 € | 24 h

Am zentralen Marktplatz im Herzen der Altstadt empfängt Sie dieses stylishe Designhotel hinter historischer Fassade. Die schnörkellos-lässigen Gästezimmer zeichnen sich durch fränkisch-innovative Ideen und einen funktionalen Style aus. Lichtdurchflutetes Frühstücksrestaurant mit großer Glasfront und Blick auf den Schönen Brunnen.

Victoria
www.hotelvictoria.de

★★★★ garni

Königstraße 80 (D4), PLZ 90402, **T 0911 24050**
65 Zimmer | 2 Suiten | Ez ab 98 €, Dz ab 128 €, inkl. Frühstück | 24 h

Inhabergeführtes Privathotel hinter denkmalgeschützter Fassade mit über 120-jähriger Geschichte. Individuell eingerichtete Zimmer mit modernem Komfort. Reichhaltiges Frühstücksbuffet mit hausgemachten „Frühstückstapas". Sehr gute Tagungsmöglichkeiten.

Am Jakobsmarkt
www.hotel-am-jakobsmarkt.de

★★★ garni

Schottengasse 5 (C4), PLZ 90402, **T 0911 20070,** F 2007200
66 Zimmer | 4 Suiten | 2 Apartments | Ez 49–279 €, Dz 69–299 €, 12,00 € | 24 h

Ruhiges, zentral gelegenes Altstadthotel mit historischem Flair. Das Haus empfängt Sie mit zeitgemäß eingerichteten Zimmern in unterschiedlichen Kategorien. Gutes Frühstück.

Art & Business Hotel
www.art-business-hotel.com

★★★ S garni

Gleißbühlstraße 15 (E4), PLZ 90402, **T 0911 23210,** F 2321511
49 Zimmer | Ez ab 62 €, Dz ab 92 €, inkl. Frühstück

Nettes, familiengeführtes Boutique-Hotel in der Nähe des Hauptbahnhofs. Moderne Zimmer mit komfortabler Einrichtung und schicken Bädern. Lauschiger Innenhof unter Platanen, der mit ausgesuchten Kunstobjekten geschmückt ist.

Essigbrätlein
www.essigbraetlein.de

VARTA★TIPP Küche VARTA-TIPP Service

Weinmarkt 3 (C2), PLZ 90403, **T 0911 225131**
28 | Menü 150–180 € | Di-Sa Mo, So

Diese Adresse ist aus der deutschen Gourmetszene nicht mehr wegzudenken. Im denkmalgeschützten Altstadthaus begeistern Andree Köthe und Yves Ollech ihre Gäste seit vielen Jahren mit einer einzigartigen Gewürz- und Kräuterküche, bei der sie ausschließlich auf regionale Produkte setzen. Im Fokus stehen komplexe und dennoch zugängliche, meist fleischlose Kompositionen. Die Menüs des Köcheduos offenbaren die ganze Bandbreite ihrer technisch sehr anspruchsvollen und ebenso geschmacksintensiven Kreationen. Sommelier Ivan Jakir liefert dazu die kongeniale Weinbegleitung.

Restaurant etz
www.etzrestaurant.de

VARTA★TIPP Küche VARTA-TIPP Service

Wiesentalstraße 40 (↙ A2), PLZ 90419 (OT: St. Johannis), **T 0911 47712809**
24 | Menü 210 € | Do-Sa Mo, Di, Mi, So

Die bemerkenswerte Küchengeschichte, die einst im legendären „Sosein" in Heroldsberg bei Nürnberg begann, setzt Felix Schneider nach einem zwischenzeitlichen Gastspiel in der Bindergass-Theke nun in seiner neuen Location fort. Ein großes, offenes Restaurant mit vielen Fenstern, klar und urban in der Einrichtung mit einer massiven, goldfarbenen Anrichte- und Präsentationsfläche. An den Grundfesten einer ganzheitlich gedachten Naturküche hält Schneider weiterhin fest. Alles ist tagesfrisch, hausgemacht und aus der Region. Zum Menü wird wahlweise eine Wein- oder alkoholfreie Begleitung angeboten. Vom Service werden Sie charmant und aufmerksam umsorgt.

Entenstuben
www.entenstuben.de

VARTA-TIPP Küche

Schranke 9 (F3), PLZ 90489 (OT: Wöhrd), **T 0911 5209128**
30 | Hauptgericht 25–35 €, Menü 159–239 € | Mi-Sa ⃠ Mo, Di, So

Niveauvolle, angenehm schnörkellose klassische Küche bekommen Sie bei Fabian Denninger. Die Produkte sind topfrisch und erstklassig, die Aromen komplex und stimmig, das Handwerk sehr exakt. Sein wechselndes Abendmenü gibt es auf Vorbestellung auch als vegetarische Variante. Auch die Weinauswahl überzeugt: Zusammen mit dem Winzer Markus Meier aus Südfranken hat man sogar eine eigene Weinserie entwickelt. Das Ambiente gemütlich-elegant, der Service aufmerksam und geschult.

Goldener Pudel
www.goldenerpudel.com

Grasergasse 15 (D4), PLZ 90402 (OT: Lorenz), **T 0911 24278650**
Hauptgericht 18–70 € | Mo-Sa ⃠ So

Das stylishe Restaurant serviert schmackhafte Fleisch- und Fischspezialitäten, aber auch vegetarische Alternativen hat man im Repertoire. Leckere Drinks gibt es an der Cocktailbar.

Der Varta-Führer digital

Der Varta-Führer ist auch als eBook erhältlich. Ganz einfach online laden und mobil auf Ihrem Smartphone oder Tablet nutzen.

Weitere Hotel- und Restaurantempfehlungen sowie zahlreiche Freizeittipps erhalten Sie unter: **www.varta-guide.de**

Imperial by Alexander Herrmann
www.ah-imperial.de

Königstraße 70 (D4), PLZ 90402, **T 0911 24029955**
78 | Menü 149–229 € | Mi-Sa ⃠ Mo, Di, So

„Cool Dining“ im trendig-modernen Restaurant. Wer es relaxed und entspannt mag und trotzdem richtig gut essen möchte, ist hier genau richtig! Im offenen Küchenbereich zaubert die Crew geradlinige, aufs Wesentliche konzentrierte Gerichte mit japanischen Einflüssen. Macht Ihnen z.B. „Filet von der Lachsforelle stark geröstet | Champagner-Estragon-Sud | krosse Wasabi-Kichererbsen | Kirsche | marinierte Zucchini“ Appetit? OpenHausBrunch an ausgewählten Sonntagen.

Tisane
restaurant-tisane.de

VARTA-TIPP Küche VARTA-TIPP Service

Augustinerhof 1 (C3), PLZ 90403 (OT: Sebald), **T 0911 376766276**
16 | Menü 175 € | Mi-Sa Mo, Di, So

Mittendrin statt nur dabei heißt es in diesem urban-modernen Fine-Dining-Restaurant. Atmosphäre, Musik und Lichtstimmung sind ausgesprochen stilvoll. Eine U-förmige Betontheke mit bequemen Barstühlen umschließt die offene Küche, in der René Stein und seine Crew vor den Augen von maximal 16 Gästen ausgefeilte kulinarische Kompositionen auf die Teller zaubern. Für die passende Wein- und Getränkebegleitung zum 9 Gänge umfassenden Menü sorgt Sommelière Martina Prenn mit großer Fachkenntnis und Empathie. Tischreservierung notwendig (Tickets können online gebucht werden).

Veles Restaurant
www.veles-restaurant.de

VARTA-TIPP Küche VARTA-TIPP Service

Kernstraße 29, PLZ 90429 (OT: Gostenhof), **T 0911 5985385**
30 | Menü 135–175 € | Di-Sa Mo, So

Entspannter Genuss in zwanglosem Rahmen: Aus der einstigen Eckkneipe im Kiez Gostenhof ist ein wirklich tolles Restaurant entstanden. Geradlinig und schnörkellos ist nicht nur das rustikal-elegante Ambiente, sondern auch die Küche von Patron Vadim Karasev. Beste Zutaten aus der Umgebung, unverfälschte Aromen sowie höchstes handwerkliches Niveau zeichnen seine Kreationen aus. Serviert wird ein mehrgängiges Saisonmenü (5 bis 7 Gänge). Dabei werden die einzelnen Gerichte vom fachkundigen Service explizit erklärt. Die Weinkarte offeriert spannende Bio- und Naturweine.

Folgen Sie uns: facebook.com/vartaguide

ZweiSinn Meiers | Fine Dining
www.meierszweisinn.de

VARTA-TIPP Küche VARTA-TIPP Service

Äußere Sulzbacher Straße 118, PLZ 90491 (OT: Erlenstegen), **T 0911 92300823**
38 | Menü 140–160 € | Mi-Sa Mo, Di, So

Ein modernes, stylishes Fine-Dining-Restaurant, in dem erdige Farbtöne und ausgefallene Lichtinstallationen dominieren. Stefan Meier glänzt hier mit einer höchst innovativen Gourmetküche, die er in Form eines Degustationsmenüs offeriert. Produkte von ausgezeichneter Qualität werden als feine, ausgesprochen stimmige und nicht alltägliche Kombinationen präsentiert. Zum Genusserlebnis tragen auch die ansprechende Weinauswahl sowie der liebenswerte und persönliche Service bei. Regelmäßig Kochkurse und Themenabende.

ZweiSinn Meiers | Bistro

Äußere Sulzbacher Straße 118, PLZ 90491 (OT: Erlenstegen), **T 0911 92300823**
40 | Hauptgericht 26–41 € | Di-Fr Di-Sa Mo, So

Auch im zwanglosen Bistro darf man sich auf eine schmackhafte Küche freuen. Die Karte offeriert zeitgemäße, französisch-mediterran inspirierte Gerichte - frisch, bezahlbar und ohne modischen Firlefanz. Lust auf „Geschmorte Kalbsschulter | Topfenpizokel | sautierte Steinpilze | Kohlrabi à la crème" oder „Adlerfisch | korsische Aubergine | Artischockencreme | Parmesanschaum"? Tipp: täglich wechselnder Business Lunch.

1515 Rhinocerus

www.1515rhinocerus.de

Rohledererstraße 1 (A1), PLZ 90419 (OT: St. Johannis), **T 0911 30728542**
16 | Menü 140 € | Do-Sa Mo, Di, Mi, So

Das kleine Restaurant ist geschmackvoll zurückhaltend möbliert. Kulinarisch trifft Brasiliens Streetfood auf feine regionale Küche. Wie wäre es z.B. mit „Fisch-Moqueca mit Paprika, Ingwer, Chilli & Dendéöl"? Die Preise sind fair. Der Service ist aufmerksam und freundlich.

Jøwåy

www.joway.de

Hutergasse 1 (C3), PLZ 90403 (OT: Lorenz), **T 0911 24033130**
25 | Menü 80–130 € | Sa Di-Sa Mo, So

Ob gehobenes Fine-Dining-Menü oder einfach nur ein Gläschen Wein mit Käse (vom bekannten Käseaffineur Waltmann aus Erlangen) - das kulinarische Konzept hält für jeden Geschmack etwas bereit. In lockerer und zwangloser Atmosphäre wird eine ambitionierte, gut gemachte Küche aufgetischt.

Koch & Kellner

www.kochundkellner.de

Obere Seitenstraße 4 (A4), PLZ 90429 (OT: Gostenhof), **T 0911 266166**
46 | Hauptgericht 30–50 €, Menü 100–200 € | Mo-Sa

Kreativ, modern und individuell geht es in diesem gemütlichen Restaurant zu. Fröhlich-lebendiges Bistro-Ambiente, dazu eine raffiniert-aufwendige Küche aus saisonalen Produkten. Gutes Preis-Leistungsverhältnis. Umfangreiches Weinangebot.

Minneci

www.minneci-ristorante.de

Zirkelschmiedsgasse 28 (C4), PLZ 90402 (OT: Lorenz), **T 0911 209655**
55 | Hauptgericht 42–44 €, Menü 69–96 € | Di-Sa Mo, So

In den geschmackvollen Räumen des original erhaltenen Gebäudes aus dem 16. Jhd. kann man ungezwungen speisen. Die frisch zubereitete italienische Küche reicht von Antipasti über Pasta bis hin zu Fleisch- und Fischgerichten. Die Plätze auf der idyllischen Terrasse sind sehr begehrt.

Opatija Max Kandel

www.opatija-restaurant.de

Unschlittplatz 7 (C3), PLZ 90403 (OT: Sebald), **T 0911 227196**
80 | Hauptgericht 19–29 € | Mo-Di, Do-So Mi

Hier kocht man mediterran, aber auch mit regionalen Einflüssen - schmackhaft z.B. „Glasierte Salatherzen | Riebelschnitte | Wirsingchip | Limettenschaum" oder „Zander | Bulgursalat | Joghurt | Grapefruit | Gartenkräuter". Im hell und freundlich gehaltenen Restaurant und auf der stimmungsvollen Terrasse sitzt man dabei gleichermaßen schön.

Restauration Fischer **Neu!** www.fischer-restauration.de

Friedrichstraße 64, PLZ 90408, **T 0911 9898870**
40 | Hauptgericht ab 29 €, Menü 56–82 € | Mi-So Mo, Di

Eine rustikale Jugendstiladresse mit großen Fenstern, Stuckdecke und einer langen Theke vor einer raumhohen Bar. Patron und Küchenchef Ingo Fischer hat sein Handwerk von der Pike auf gelernt. Er verwöhnt seine Gäste mit einer klassischen Küche mit zeitgemäßem Twist. Die kleine Terrasse vor dem Lokal macht den Restaurantbesuch an warmen Tagen zu einem Freiluftvergnügen.

Weinklang **Neu!** www.weinklang.co

Johannisstraße 130, PLZ 90419 (OT: St. Johannis), **T 0911 91947480**
40 | Hauptgericht ab 18 €, Menü ab 70 € | Di-Sa Mo, So

Abschalten und verwöhnen lassen heißt es in diesem sympathischen Lokal mit seinen marmorierten Wänden, blanken Tischen und offenen Weinregalen. Frisch, regional und saisoninspiriert ist die schmackhafte Crossover-Küche, die Ihnen hier serviert wird. Spannende Geschmackserlebnisse versprechen Gerichte wie „Steinbutt | Zuckerschoten | Weißkohl" oder „Black Angus | Rotkraut | Kartoffelgratin | Barolo-Sauce". Dazu gibt es eine Auswahl erlesener Weine.

Wonka www.restaurant-wonka.de

VARTA-TIPP Küche

Johannisstraße 38 (B2), PLZ 90419 (OT: St. Johannis), **T 0911 396215**
42 | Hauptgericht 34–36 €, Menü 98–118 € | Mi-Fr Di-Sa Mo, So 1.–9.1.24, 19.8.–10.9.24

Im eleganten Jugendstilambiente mit zeitgenössischer Kunst und hübschem Hofgarten begeistert die kreative, moderne Küche, die von Kräutern, Aromen und Gewürzen geprägt ist. Die Abendkarte offeriert zwei Menüs (davon eine vegetarische Variante) - auf Wunsch mit Weinbegleitung. Mittags wird ein Lunchmenü in 3 oder 4 Gängen angeboten. Das Preis-Genuss-Verhältnis ist stimmig, der Service charmant und versiert.

Würzhaus www.wuerzhaus.info

Kirchenweg 3a (B1), PLZ 90419 (OT: St. Johannis), **T 0911 9373455**
65 | Hauptgericht 27–33 €, Menü 75–105 € | Di-Fr Di-Sa Mo, So 1.–11.1.24

Hier freut man sich in ungezwungener Atmosphäre über eine kreative, saisonal ausgerichtete Küche mit spannenden Gewürzakzenten. Probieren Sie z.B. „Spanferkel | Aubergine" oder „Heilbutt | Kohlrabi | Shiitake". Das Preis-Leistungsverhältnis stimmt, der Service ist freundlich.

Zirbelstube www.zirbelstube.com

Friedrich-Overbeck-Straße 1, PLZ 90455 (OT: Worzeldorf), **T 0911 998820**
24 | Menü 68–94 € | Di-Sa Mo, So

Holzvertäfeltes Restaurant mit gemütlicher Atmosphäre. Serviert wird eine regionale Frischeküche - auch im Gewölbe und auf der Gartenterrasse. Dazu gibt es gute fränkische Weine. Zum Übernachten stehen individuell eingerichtete Landhauszimmer zur Verfügung.

Bratwurstglöcklein im Handwerkerhof
www.die-nuernberger-bratwurst.de

Waffenhof 5 (D4), PLZ 90402, **T 0911 227625**
112 | Hauptgericht 10–15 €, Menü 23–43 € | Mo-So Mo-Sa

Das traditionsreiche Gasthaus wurde 1313 erstmals erwähnt. Die Bratwürste aus der hauseigenen Metzgerei werden auf offenem Buchenholzfeuer von Hand gegrillt und im Zinnteller in Glockenform nach historischem Vorbild serviert.

Zum Gulden Stern
www.bratwurstkueche.de

Zirkelschmiedsgasse 26 (C4), PLZ 90402 (OT: Lorenz), **T 0911 2059288**
150 | Hauptgericht 10–14 €, Menü 20–25 € | Mo-So

Die älteste Bratwurstküche der Welt ist bei Einheimischen und Touristen gleichermaßen beliebt. Nostalgische Innenräume mit niedrigen Decken und Balken sorgen für urig-rustikalen Charme. Spezialität: Frisch auf dem Buchenholzrost gebratene Nürnberger.

Jetzt abonnieren: instagram.com/vartaguide

NÜRTINGEN 58 A
www.nuertingen.de

Baden-Württemberg | EW 41.017 | 291 m | Reutlingen 25 km, Stuttgart 28 km

Am Schlossberg
www.hotel-am-schlossberg.de

★★★★

Europastraße 13, PLZ 72622, **T 07022 7040,** F 704343
163 Zimmer | Ez 89–179 €, Dz 89–179 € | 24 h

Das Businesshotel bietet geräumige und funktionelle Zimmer mit zeitgemäßer Technik. Ansprechendes Wellnessangebot mit Schwimmbad, Sauna, Dampfbad und Whirlpool. Mehrere Restaurants. Umfangreiche Veranstaltungsmöglichkeiten.

belsers Restaurant
www.belsers.com

Brunnsteige 15, PLZ 72622, **T 07022 7195860**
120 | Hauptgericht 20–49 €, Menü 70–80 € | Fr, So Di-So Mo

Günstiger und einfacher Mittagstisch oder gehobene, französisch-mediterran geprägte Küche am Abend? Trendig, modern und angenehm ungezwungen speisen Sie in diesem Restaurant in der historischen Altstadt. Lust auf „Türmchen von der Wildfang-Dorade Royal auf Kartoffel-Oliven-Ecrasé mit Pinienkernen, sautiertem Babyspinat und Tomatenglace“? Das Kellergewölbe kann man exklusiv für Feiern und Veranstaltungen mieten.

Weinstube zum Schloßberg

Schloßberg 1, PLZ 72622, **T 07022 32878**
Hauptgericht 11–28 €, Menü 30–38 € | Di-Sa Mo, So

So behaglich wie die Stube bei den Großeltern... Kein Wunder also, dass man dieses hübsche Lokal in dem denkmalgeschützten Fachwerkhaus in der Nürtinger Altstadt gerne besucht. Zu essen gibt’s Regionales mit saisonalen Einflüssen. Weinkarte mit vielen heimischen, aber auch ausländischen Weinen.

NUTHETAL 26 D www.nuthetal.de

Brandenburg | EW 8.747 | 84 m | Potsdam 11 km, Berlin 37 km

Philippsthal www.restaurant-philippsthal.de

Philippsthaler Dorfstraße 35, PLZ 14558 (OT: Philippsthal), **T 033200 524432**
50 | Hauptgericht 32–36 € | Do-So Mi-So Mo, Di

Restaurant in einem hübsch restaurierten ehem. Bauernhaus in unmittelbarer Nähe der Philippsthaler Dorfkirche. Kleine Karte mit frischen, leichten Regionalgerichten, z.B. „Eismeer-Lachsforellenfilet auf Zitrusfenchel und Bandnudeln". Schöner Hofgarten mit Tenne.

OBERAMMERGAU 67 B www.gemeinde-oberammergau.de

Bayern | EW 5.114 | 837 m | Garmisch-Partenkirchen 20 km, Schongau 33 km

Maximilian www.maximilian-oberammergau.de

Ettaler Straße 5, PLZ 82487, **T 08822 948740,** F 9487449
20 Zimmer | 2 Suiten | Ez ab 176 €, Dz ab 225 €, inkl. Frühstück | 24 h

Schickes Lifestyle- und Designhotel im alpenländischen Stil. Hier wohnen Sie in geschmackvollen Gästezimmern, die mit edlen Materialien ausgestattet sind. Für Entspannung sorgt ein kleiner, aber feiner Wellnessbereich.

Parkhotel Sonnenhof www.parkhotel-sonnenhof.de

★★★★

König-Ludwig-Straße 12, PLZ 82487, **T 08822 9130,** F 913300
47 Zimmer | 12 Suiten | 3 Apartments | Ez 90–140 €, Dz 130–230 €, inkl. Frühstück

Gewachsenes Ferienhotel im alpenländischen Stil in der herrlichen Landschaft des Ammertals am Fuße des Kofels, dem Hausberg von Oberammergau. Individuell mit viel Holz eingerichtete Zimmer und Suiten, teils mit beeindruckendem Ausblick auf die Bergwelt. Ansprechender Wellnessbereich mit Bio-Landhaussauna und Felsgrottendampfbad.

Ammergauer Maxbräu www.maximilian-oberammergau.de

Ettaler Straße 5, PLZ 82487, **T 08822 948740**
100 | Hauptgericht 13–35 €, Menü ab 32 € | Mi-So Mo, Di

Urig-rustikale Gaststuben mit gemütlicher Atmosphäre. Auf der Speisekarte stehen bodenständige Regionalgerichte. Dazu gibt es Biere aus eigener Herstellung.

OBERAUDORF 68 B www.oberaudorf.de

Bayern | EW 4.958 | 480 m | Kufstein 9 km, Rosenheim 27 km

Feuriger Tatzlwurm www.tatzlwurm.de

★★★★

Tatzelwurm 1, PLZ 83080 (OT: Tatzelwurm), **T 08034 30080,** F 300838
55 Zimmer | 5 Suiten

Das Ferienhotel auf einem sonnigen Bergplateau in den bayerischen Alpen eignet sich bestens für einen Wander- oder Wellnessurlaub. Alpin-gemütliche Zimmer, teils mit Balkon und Panoramablick, die sich auf das Haupt- und das Stammhaus verteilen. Exklusiver Wellnessbereich mit großzügiger Bade- und Saunalandschaft. Rustikales Restaurant mit regionaler und internationaler Küche.

Alpenhof
www.alpenhof-oberaudorf.de

€ Gut & Günstig ★★★ garni

Rosenheimer Straße 97, PLZ 83080 (OT: Niederaudorf), **T 08033 308180,** F 4424
16 Zimmer | Ez 75–104 €, Dz 106–154 €, inkl. Frühstück

Kleines Landhotel in schöner grüner Lage. Komfortabel ausgestattete Zimmer, die über einen Balkon mit Bergblick verfügen. Für Entspannung sorgt die neue Stallsauna mit viel Holz. Im Restaurant wird regional mit Produkten der eigenen Landwirtschaft gekocht.

Bernhard's Restaurant
www.bernhards.biz

Marienplatz 2, PLZ 83080, **T 08033 30570**
85 | Hauptgericht 15–32 € | Mo-Di, Fr-So Mo-Di, Do-So Mi 21.–24.12.23

Das Spezialitätenrestaurant präsentiert sich im behaglichen Landhausstil. Serviert werden mediterran und bayerisch beeinflusste Speisen aus der Schweizer Heimat des Chefs. Zur warmen Jahreszeit kann man auch auf der Terrasse speisen.

OBERAULA 42 B
www.oberaula.de

Hessen | EW 3.236 | 326 m | Schwalmstadt 20 km, Bad Hersfeld 23 km

Parkhotel zum Stern
www.hotelzumstern.de

★★★★ garni

Hersfelder Straße 1, PLZ 36280, **T 06628 92020,** F 920235
72 Zimmer | 4 Apartments | Ez 70–90 €, Dz 116–142 €, inkl. Frühstück

Nettes Fachwerkhäuschen mit behaglich eingerichteten Zimmern im Landhausstil, die sich auf das Haupt- und Gästehaus verteilen. Kleiner Wellnessbereich mit Hallenbad und Saunalandschaft. Deutsche und regionale Küche im Restaurant.

OBERBOIHINGEN 58 A
www.oberboihingen.de

Baden-Württemberg | EW 5.500 | 276 m | Nürtingen 4 km, Kirchheim unter Teck 9 km

Zur Linde
www.linde-oberboihingen.de

VARTA-TIPP Service

Nürtinger Straße 24, PLZ 72644, **T 07022 61168**
100 | Hauptgericht 12–34 €, Menü 35–78 € | Mi-So Mo, Di

Seit vielen Jahren führen Jörg und Heike Ebermann diesen Traditionsbetrieb. Wenn Sie Maultaschen, Kalbshaxe oder Zwiebelrostbraten mögen, sind Sie hier genau richtig! Der Patron offeriert eine marktfrische und saisonal ausgerichtete Küche zu fairen Preisen. Niveauvoll auch der Service: freundlich, aufmerksam und angenehm persönlich. Für Langzeitgäste hat man exklusiv eingerichtete Apartments im benachbarten Boardinghouse.

OBERHACHING 60 D
www.oberhaching.de

Bayern | EW 12.775 | 576 m | München 9 km, Starnberg 27 km

Hachinger Hof
www.hachinger-hof.de

garni

Pfarrer-Socher-Straße 39, PLZ 82041, **T 089 613780,** F 61378200
74 Zimmer | 6 Suiten | Ez ab 80 €, Dz ab 115 €, inkl. Frühstück

››

Persönlich geführtes Haus in voralpenländischer Umgebung am Rande eines Wohngebietes. Geräumige und komfortable Zimmer, die im ländlich-bayerischen Stil eingerichtet sind. Im Restaurant werden regionale und saisonale Gerichte serviert. Zum Haus gehören auch eine kostenfreie Tiefgarage, eine Sauna sowie ein Fitnessraum.

OBERHAUSEN 29 C www.oberhausen-tourismus.de

Nordrhein-Westfalen | EW 209.097 | 35 m | Essen 12 km, Duisburg 12 km
Burg Vondern, Neugot. Hallenkirche Herz-Jesu und Nike-Säule am Altmarkt, Gasometer, Friedensplatz, Grenzwehranlage Kastell Holten, Rehberger-Brücke, Schloss Oberhausen mit Kaisergarten, Siedlung Eisenheim.

elaya hotel oberhausen www.elaya-hotels.com/oberhausen

Paul-Reusch-Straße 38, PLZ 46045, **T 0208 8279950**
135 Zimmer | 24 h

Ob Businesstrip oder Städtetour - das moderne Haus ist die perfekte Adresse für jedermann. Die Top-Innenstadtlage könnte kaum besser sein! Und das schicke Hotel im Gebäude des ehem. Kaufhofs hat noch mehr zu bieten: geschmackvoll designte Zimmer in verschiedenen Größen und Ausstattungen. Auch die lichtdurchflutete Lobby und das Frühstücksrestaurant können sich sehen lassen.

Parkhotel www.parkhotel-oberhausen.de

★★★★ S

Teutoburger Straße 156, PLZ 46119 (OT: Osterfeld), **T 0208 69020,** F 6902158
98 Zimmer | 10 Suiten | Ez 75–145 €, Dz 89–145 €, 12,00 € | 24 h 23.–25.12.23, 23.–25.12.24

Das verkehrsgünstig gelegene Geschäftshotel bietet wohnlich und funktional ausgestattete Zimmer in unterschiedlichen Kategorien. Besonders modern und großzügig sind die Zimmer im viergeschossigen Neubau. Restaurant „Zur Bockmühle“ mit sehr guter Frischeküche.

Schmachtendorf www.hotel-schmachtendorf.de

★★★★

Buchenweg 14, PLZ 46147 (OT: Schmachtendorf), **T 0208 6217880**
30 Zimmer

Das traditionsreiche Haus am Schmachtendorfer Marktplatz befindet sich in idealer Lage zu den Ausflugszielen in Oberhausen und Umgebung. Hier wohnt man in modern und wertig eingerichteten Zimmern. Zum Haus gehören auch eine einladende Lounge, ein Restaurant mit offener Showküche sowie ein gut bestückter Weinkeller.

OBERHEIMBACH 40 D www.rhein-nahe-touristik.de

Rheinland-Pfalz | EW 558 | 140 m | Bacharach 6 km, Bingen am Rhein 15 km

Weinberg-Schlößchen www.weinberg-schloesschen.de

★★★ S

Hauptstraße 2, PLZ 55413, **T 06743 9471840,** F 6208
31 Zimmer | 1 Suite

Hier übernachten Sie ruhig und komfortabel inmitten der Weinberge. Liebevoll gestaltete Hotelzimmer sorgen für echte Wohlfühlatmosphäre. Behagliches Restaurant mit großer Sommerterrasse und Weingarten.

OBERHOF 43 B www.oberhof.de

Thüringen | EW 1.631 | 800 m | Arnstadt 25 km, Meiningen 33 km

The Grand Green Resort www.thegrandgreen.de

Tambacher Straße 2, PLZ 98559, **T 08324 7098888**
105 Zimmer | 24 h

Die familiengerechte Ferienanlage richtet sich vor allem an Eltern mit Babys und Kindern. Neben Spiel-, Kinderbetreuungs- und Sportbereichen verfügt das nachhaltig gebaute und konzipierte Resort über eine Indoor-Gokartbahn, Softplay-Anlagen, ein Kino, einen Virtual-Reality-Raum sowie eine tolle Bade- und Saunalandschaft. Dazu bietet das Hotel großzügige Familiensuiten sowie luxuriöse Chalets. Achtung: Ausschließlich All-inclusive-Angebot (Vollpension).

Berghotel mit Villa Silvia www.berghotel-oberhof.de

Theo-Neubauer-Straße 20, PLZ 98559, **T 036842 270**
81 Zimmer | 5 Suiten | 1 Apartment | Ez ab 90 €, Dz ab 136 €, inkl. Frühstück | 24 h

Ein gepflegtes Ferienhotel mit über 100-jähriger Geschichte. Wohnlich eingerichtete Zimmer - wahlweise im Haupthaus oder in der Villa Silva. Helles, freundliches Restaurant mit schöner Terrasse. 1.350 qm großer Wellness- und SPA-Bereich. Toll die ruhige Lage im Park.

Traumblick Neu! www.pension-traumblick.de

★★★ S

Gräfenrodaer Straße 36, PLZ 98559, **T 036842 53151**
33 Zimmer | Ez ab 55 €, Dz ab 64 €, 11,00 €

Direkt am Rennsteig inmitten des Thüringer Waldes empfängt Sie dieses familiengeführte, ruhig gelegene Domizil. Von den wohnlich und komfortabel eingerichteten Zimmern hat man einen wunderschönen Blick über das Kehltal. Neben einem freundlichen Frühstücksbereich und einer neuen, modernen Saunalandschaft bietet das Hotel ein hauseigenes Restaurant, in dem deutsche und europäische Küche serviert wird.

OBERKIRCH 56 B www.renchtal-tourismus.de

Baden-Württemberg | EW 20.277 | 192 m | Achern 17 km, Offenburg 17 km

Waldhotel Grüner Baum www.waldhotel-gruener-baum.de

★★★★ S

Alm 33, PLZ 77704 (OT: Oedsbach), **T 07802 8090,** F 80988
45 Zimmer | 5 Suiten | Ez 122–148 €, Dz 202–264 €, inkl. Frühstück

Exklusives Landhotel in idyllischer Lage. Das Haus verfügt über geräumige Zimmer unterschiedlicher Einrichtungsstile sowie elegante Suiten mit Balkon und schönem Blick ins Grüne. Toll auch der exklusive Wellnessbereich mit original Außenlivingpool (Mai bis Oktober) sowie großzügiger Liegewiese.

Die Alm www.hotel-die-alm.de

Alm 32, PLZ 77704 (OT: Ödsbach), **T 07802 1319,** F 50514
21 Zimmer | Ez ab 88 €, Dz ab 122 €, inkl. Frühstück

»

Fantastisch der Blick über die Obst- und Weingärten, herrlich die Ruhe, dazu moderne, liebevoll gestaltete Zimmer (fast alle mit Balkon oder Terrasse) im ländlich-alpinen Design. Diese Schwarzwaldidylle muss man einfach erleben! Im gemütlichen Restaurant „Almstüble" wird traditionelle, gutbürgerliche Küche aufgetischt. Große Gartenterrasse.

Haus am Berg www.haus-am-berg-oberkirch.de

Am Rebhof 5 (Anfahrt über B 28), PLZ 77704, **T 07802 4701**
30 | Hauptgericht 14–35 €, Menü 42 € | Sa-So Mo, Mi-So Di

Schickes Landhausrestaurant in idyllischer Lage umgeben von Weinbergen mit herrlichem Blick auf die Rheinebene. Ambitionierte badische und internationale Spezialitäten. Wie wäre es z.B. mit „Kalbschnitzel mit frischen Pilzen und handgeschabte Spätzle" oder „Doradenfilet mit Grünmuschel auf Trauben-Spitzkohl mit Beurre blanc"? Im Sommer lockt die lauschige Terrasse.

OBERKOCHEN 59 A www.oberkochen.de

Baden-Württemberg | EW 7.900 | 496 m | Aalen 9 km, Schwäbisch Gmünd 32 km

VILOTEL www.vilotel.de

GREENSIGN S garni

Eugen-Bolz-Platz 2, PLZ 73447, **T 07364 955540,** F 9555413
74 Zimmer | 2 Suiten | 2 Apartments | Ez 90–130 €, Dz 120–160 €, inkl. Frühstück

Modernste Technik und lokaler Charme prägen dieses 2018 eröffnete Haus. Die wohnlich-komfortablen Zimmer verfügen über Panoramafenster mit beleuchteten Eichenholzrahmen und integrierten Sitzpolstern. Im Erdgeschoss gehen Lobby, Bar, Rezeption und Restaurant im Rahmen einer Wohnzimmerkonzeption ineinander über. Kleiner SPA-Bereich mit großer Außenterrasse und Sauna.

OBERMAISELSTEIN 66 D www.obermaiselstein.de

Bayern | EW 940 | 859 m | Fischen 3 km, Oberstdorf 9 km

Berwanger Hof www.berwangerhof.de

★★★★ S garni

Niederdorf 11, PLZ 87538, **T 08326 36330,** F 363336
42 Zimmer | 2 Suiten | 6 Apartments | Ez 99–147 €, Dz 198–320 €, inkl. Frühstück

Familiär geführtes Haus mit herrlichem Blick auf die Allgäuer Alpen. Gemütlich eingerichtete Zimmer, die sich auf das Haupthaus und zwei Gästehäuser verteilen. Schöner SPA-Bereich auf 1.000 qm mit mehreren Saunen, Aromapool und Panoramaschwimmbad. Gemütliches Restaurant mit moderner Allgäuer Küche.

OBEROTTERBACH 50 D www.oberotterbach.de

Rheinland-Pfalz | EW 1.181 | 192 m | Bad Bergzabern 5 km, Landau (Pfalz) 21 km

Schlössl www.schloessl-suedpfalz.de

S garni

Weinstraße 6, PLZ 76889, **T 06342 923230,** F 923231
8 Zimmer | 1 Suite | Ez 90 €, Dz 175 €, inkl. Frühstück

Ein wirklich wundervolles Anwesen ist das stilvolle Amtshaus von 1778 samt herrlichem Barockgarten. Stilvolle Möbel, helle Farben, Dielenböden, teilweise gemütliche Dachschrägen... Die Zimmer mischen äußerst geschmackvoll historischen Charme mit modernem Komfort. Im Weinbistro „Gudd Gess" wird frisch und regional gekocht.

OBERRIED 64 B www.dreisamtal.de

Baden-Württemberg | EW 2.823 | 455 m | Kirchzarten 5 km, Freiburg 14 km

Die Halde www.halde.com

Halde 2, PLZ 79254 (OT: Hofsgrund), **T 07602 94470,** F 944741
39 Zimmer | 2 Suiten | Ez 259–285 €, Dz 312–424 €, inkl. Vollpension | ⃠ 22.–25.12.23

Ruhig und einzeln auf 1.147 m Höhe liegt dieses Domizil, das vor allem bei Wanderfreunden äußerst beliebt ist. Heimische Hölzer, frische Farben und schöne Stoffe prägen die Einrichtung der geschmackvollen Zimmer und Apartments. Großzügiges „BergSpa" auf zwei Ebenen mit Kräutersanarium, finnischer Sauna, Kräuterdampfbad, Panoramahallenbad und Naturbadeteich.

Die Halde

VARTA-TIPP Küche VARTA-TIPP Service

100 | Hauptgericht 28–42 €, Menü 45–78 € | Mo-So

Behagliche, jahrhundertealte Stuben mit Schwarzwälder Charme bilden den Rahmen für die ausgezeichnete Küche von Hausherr Martin Hegar. Er kocht frisch, saisonal und bodenständig mit frischen regionalen Produkten. Wie wäre es z.B. mit „Rindergeschnetzeltes | Senf | Pilze | Blattspinat | geschmälztes Kartoffelpüree"? Im Service agiert ein freundliches und kompetentes Team. Herrliche Sonnenterrasse.

Sternen Post www.gasthaus-sternen-post.de

Hauptstraße 30, PLZ 79254, **T 07661 989849**
80 | Mo, Do-So Do-So ⃠ Di, Mi

Hist. Gasthaus in der Ortsmitte mit großem Gartengrundstück und hellen, rustikalen Gaststuben. Serviert wird eine feine regionale Küche auf klassischer Basis mit mediterranen Einflüssen. Nett sitzt man auf der gemütlichen Sonnenterrasse. Man verfügt auch über schöne, im Landhausstil eingerichtete Hotelzimmer.

OBERSTAUFEN 66 B www.oberstaufen.de

Bayern | EW 7.225 | 791 m | Sonthofen 24 km, Kempten (Allgäu) 37 km

Bergkristall www.bergkristall.de

★★★★ S

Willis 8, PLZ 87534 (OT: Willis), **T 08386 9110,** F 911150
75 Zimmer | 21 Suiten | Ez ab 259 €, Dz ab 268 €, inkl. Halbpension | 24 h

Ein traditionsreicher Familienbetrieb in schöner Aussichtslage. Die Gästezimmer des gewachsenen Wellnessresorts zeigen sich in modernem Alpenschick. Besonderen Komfort bieten die neuen Premiumsuiten. Toll auch der großzügige Wellnessbereich mit Panoramasaunalandschaft und ganzjährig beheiztem Außenpool mit Sonnendeck. Auch Anwendungen wie Ayurveda-Massagen, Heubäder und Kosmetikbehandlungen sind möglich.

Das.Hochgrat www.das-hochgrat.de

Rothenfelsstraße 6+8, PLZ 87534, **T 08386 9914620,** F 99146250
18 Zimmer | 17 Apartments, Dz 190–265 €, 19,00 € »

Das schöne Chalethotel bietet seinen Gästen exklusive Luxus-Ferienwohnungen im modern-alpinen Stil. Holz, Glas und Naturmaterialien versprühen Wärme und Behaglichkeit. Darüber hinaus sorgen Kamine in den Wohnräumen, voll ausgestattete Designküchen, große Terrassen und Balkone sowie edle Bäder für jede Menge Wohnkomfort. Kleiner, aber feiner SPA-Bereich mit zwei Saunen, Relaxlounge und Außenpool.

die.speisekammer

www.die-speisekammer.de

VARTA-TIPP Küche **VARTA-TIPP** Service

48 | Hauptgericht 35–54 €, Menü 90–145 € | So Mo, Do-So Di, Mi 4.–20.3.24, 4.–27.11.24

Das geradlinig-moderne Restaurant mit seinem alpinen Charme und der einladenden Terrasse offeriert eine ambitionierte Küche. Am Herd steht mit Daniel Kuban ein motivierter, höchst talentierter Küchenchef. Seine neu entwickelten, zeitgemäß reduzierten Gerichte bringen das Maximale an Geschmack auf den Teller. Im Fokus stehen vor allem Produkte regionaler Produzenten vom Bodensee und aus dem Allgäu. Toll auch der engagierte Service unter der Leitung von Gastgeber und Sommelier Thomas Klopfer nebst kompetenter Weinberatung.

Haubers Naturresort

www.haubers.de

★★★★ S

Meerau 34, PLZ 87534 (OT: Kalzhofen), **T 08386 93305,** F 933010
69 Zimmer | 4 Suiten | 10 Apartments | Ez 151–176 €, Dz 288–542 €, inkl. Frühstück

Ein familiengeführtes Hotel in traumhaft ruhiger Lage am Südhang der Meerau. In den zwei Logiergebäuden 'Gutshof' und 'Landhaus' erwarten Sie komfortabel eingerichtete Zimmer und Studios in unterschiedlichen Kategorien. Umfangreiches Wellnessangebot, toll der 2.500 qm große Naturbadesee mit Liegewiese und Alpenblick.

Allgäu Sonne

www.allgaeu-sonne.de

★★★★★

Stießberg 1, PLZ 87534, **T 08386 7020,** F 7027826
149 Zimmer | 12 Suiten | 33 Apartments | Ez ab 137 €, Dz ab 280 €, inkl. Frühstück | 24 h

Großes Urlaubshotel eingebettet in die reizvolle Allgäuer Hügellandschaft. Hier wohnen Sie in klassisch-traditionell oder modern-alpin eingerichteten Zimmern, die sich auf das Haupthaus und mehrere Landhäuser verteilen. Einen hohen Wohlfühlfaktor bietet die großzügige Wellnessoase auf 2.100 qm. Restaurant mit regionaler und internationaler Küche.

Allgäuer Rosenalp

www.rosenalp.de

★★★★ S

Am Lohacker 5, PLZ 87534, **T 08386 7060,** F 706435
103 Zimmer | 16 Suiten | Ez ab 189 €, Dz ab 352 €, inkl. Frühstück

Familiengeführtes Wellness- und Ferienhotel im alpenländischen Stil, das 2020 komplett umgebaut und renoviert wurde. Hochwertige Materialien, feine Stoffe und warme Farben dominieren die angenehmen, sehr gepflegten Zimmer, die in unterschiedlichen Größen und Kategorien buchbar sind. 4.500 qm großer SPA- und Wellnessbereich mit Innen- und Außenpool, großzügiger Saunalandschaft und Ruhegarten.

Alpenkönig — www.hotel-alpenkoenig.de

VARTA-TIPP Service

★★★★ S garni

Kalzhofer Straße 25, PLZ 87534, **T 08386 93450,** F 9345499
25 Zimmer | 2 Suiten | Ez 123–175 €, Dz 226–330 €, inkl. Frühstück

In diesem vorbildlich geführten Kur- und Ferienhotel am Ortsrand von Oberstaufen können Sie unvergessliche Urlaubstage verbringen. Hier überzeugen nicht nur die angenehm familiäre Atmosphäre sowie die komfortabel, im klassischen Stil eingerichteten Zimmer, sondern auch die geschmackvoll gestaltete Bade- und Saunawelt. Im Restaurant „Esslust" mit der heimeligen Jäger- und Bauernstube wird eine frische regionale Küche mit multinationalen Einflüssen aufgetischt.

Concordia — www.concordia-hotel.de

★★★★ S garni

In Pfalzen 8, PLZ 87534, **T 08386 4840,** F 484130
60 Zimmer | 3 Suiten | Ez ab 89 €, Dz ab 148 €, inkl. Frühstück | 24 h

Gut geführtes Wellness- und SPA-Hotel mitten im Oberallgäu. Die unterschiedlich akzentuierten Komfortzimmer sind im gemütlichen Landhausstil eingerichtet und verfügen über modernen Holzdesignboden, hochwertige neue Boxspringbetten sowie allergiegerechte Gesundheitskopfkissen, Bettinlets und Bettwäsche. Umfangreiches Wellness-, Beauty- und Medicalangebot.

Lindner Parkhotel — www.lindnerhotels.com

GREENSIGN ★★★★ S garni

Argenstraße 1, PLZ 87534, **T 08386 7030,** F 703704
74 Zimmer | 13 Suiten | Ez 160–210 €, Dz 249–349 €, inkl. Frühstück | 24 h

Kur- und Ferienhotel im regionaltypischen Erscheinungsbild mit unterschiedlich geschnittenen Gästezimmern im alpenländischen Stil. Schöner SPA-Bereich auf 900 qm mit mehreren Pools und Saunen, Wintergarten und Kräuteranwendungen. Zwei Restaurants mit saisonaler und regionaler Küche.

MONDI Resort Oberstaufen — www.oberstaufen.mondihotels.com

★★★★ S garni

Malas 8 - 16, PLZ 87534 (OT: Malas), **T 08386 7000,** F 4116
183 Zimmer | 24 h

Die perfekte Adresse für einen erholsamen Urlaub! Fern jeder Hektik in einer parkähnlichen Anlage mit mehreren Gebäuden erwarten Sie behagliche Hotelstudios und -apartments sowie gehobene Chaletunterkünfte. Individuelles Wohngefühl, herzlicher Service und ein grandioses Bergpanorama zeichnen dieses Resort aus. Im Restaurant „Luca's" werden internationale Spezialitäten serviert. Schöner SPA-Bereich mit Schwimmbad und Sauna.

Adler — www.adler-oberstaufen.de

★★★★ S garni

Kirchplatz 6, PLZ 87534, **T 08386 93210,** F 4763
28 Zimmer | 2 Suiten | 1 Apartment | Ez 79–125 €, Dz 140–245 €, inkl. Frühstück | 24 h ››

Traditionsreiches Haus von 1574, zentral in der Fußgängerzone von Oberstaufen gelegen. Trotz regelmäßiger Modernisierungen hat sich das Haus seinen heimeligen, alpinen Charme bewahrt. Hier erwarten Sie gediegen bis modern eingerichtete Landhauszimmer in unterschiedlichen Kategorien. Kleine, aber feine Wellnesswelt mit Salarium, finnischer Sauna, Dampfbad und Whirlpool. Im Restaurant mit seinen behaglichen Gaststuben und auf der großen Sonnenterrasse gibt es Regionales sowie leichte raffinierte Gerichte aus der neuen deutschen Küche.

Das Bad Rain
www.bad-rain.de

★★★★

Hinterstaufen 9, PLZ 87534 (OT: Bad Rain), **T 08386 93240,** F 932499
26 Zimmer | 1 Suite | Ez 89–119 €, Dz 198–288 €, inkl. Frühstück

Ansprechendes, seit 5 Generationen familiengeführtes Landhotel in ruhiger, naturnaher Lage am Rande des Naturpark Rainwald. Komfortable, in alpinem Stil eingerichtete Zimmer. Ansprechender Wellnessbereich mit Quellwasserhallenbad, Sauna und Infrarotkabine. In den gemütlichen Gaststuben, auf der Sonnenterrasse und im Biergarten wird regionale Küche serviert.

Tyrol
www.hotel-tyrol-oberstaufen.de

★★★★

Am Kühlen Grund 1, PLZ 87534, **T 08386 9803830,** F 98038399
34 Zimmer | 5 Suiten | Ez 92–119 €, Dz 174–226 €, inkl. Halbpension

Familiär geführtes Wohlfühlhotel am Ortsrand von Oberstaufen. Wohnlich eingerichtete Zimmer mit großem Balkon. Hübscher Wellnessbereich mit Schwimmbad, Sauna und Dampfbad. Restaurant im alpenländischen Stil mit regionaler und österreichischer Küche.

Thalkirchdorfer Dorfhaus
www.dorfhaus.de

Kirchdorfer Straße 5-7, PLZ 87534 (OT: Thalkirchdorf), **T 08325 9580**
Hauptgericht 11–28 € | Di-So ⃠ Mo

Dass man sich hier richtig wohlfühlt, liegt zum einen an der heimeligen Atmosphäre und zum anderen an der wirklich guten Saisonküche mit Gerichten wie „Zwiebelrostbraten vom heimischen Rinderrücken mit Speckbohnen und hausgemachten Spätzle". Für Übernachtungsgäste gibt es ansprechende Chalets zum Wohlfühlen. Zudem verfügt man über einen Dorfladen, eine Käseschule und eine hauseigene Sennerei.

Traube
www.traube-thalkirchdorf.de

Kirchdorfer Straße 12, PLZ 87534 (OT: Thalkirchdorf), **T 08325 9200**
90 | Hauptgericht 27–31 €, Menü 27–52 € | Mi-So ⃠ Mo, Di

Das sympathische Restaurant des gleichnamigen Hotels bietet regionale und gutbürgerliche Küche, für die man saisonale Produkte verwendet. Freundlich-gemütlich das Ambiente - besonders beliebt sind die urigen Wirtsstuben und der schöne Biergarten. Zum Übernachten hat man gepflegte Zimmer.

OBERSTDORF 66 D
www.oberstdorf.de

Bayern | EW 10.000 | 815 m | Sonthofen 14 km, Immenstadt im Allgäu 20 km

Alpenhotel Oberstdorf
www.alpenhotel-oberstdorf.com

★★★★ S

Falkenstraße 15, PLZ 87561 (OT: Tiefenbach), **T 08322 702100,** F 702222
82 Zimmer | 10 Suiten | Ez ab 90 €, Dz ab 180 €, inkl. Frühstück

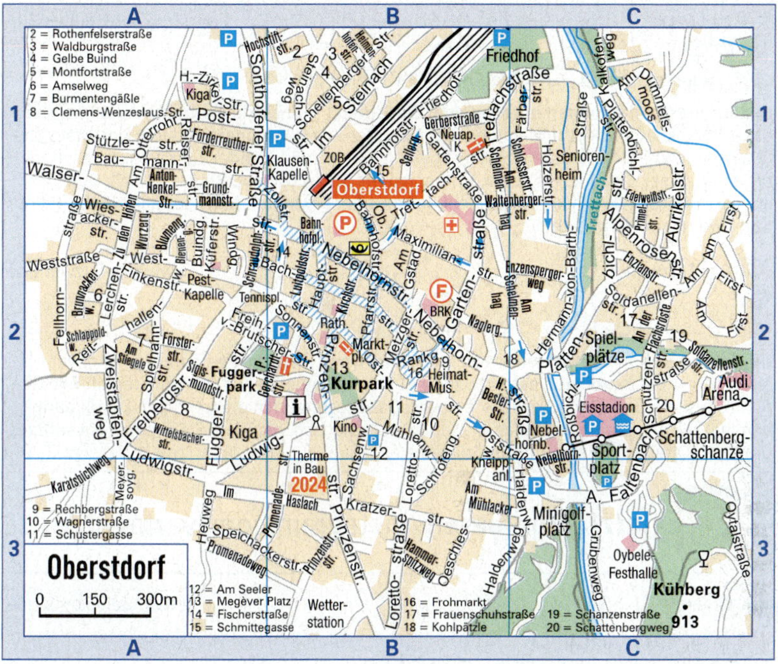

Ferienhotel mit unterirdisch verbundenen Gästehäusern. Die Landhauszimmer sind mit Holzmöbeln und hochwertigen Stoffen eingerichtet und verfügen teilweise über einen Balkon. Schöner Wellness- und Beautybereich mit Panorama-Innenpool, Quellengarten und finnischer Steinofensauna.

Best Western Plus Hotel Alpenhof

www.alpenhof-oberstdorf.de

★★★★ S garni

Fellhornstraße 36 (A2), PLZ 87561, **T 08322 96020,** F 960218
74 Zimmer | 6 Suiten | Ez 134–275 €, Dz 198–410 €, inkl. Frühstück

Das sympathische Ferienhotel in bevorzugter Ortsrandlage hat man in den letzten Jahren umfangreich erweitert. Die komfortabel eingerichteten Zimmer und Studios (alle mit Balkon oder Terrasse) verteilen sich auf das Haupthaus, den neueren Anbau und die Dependance Auenhof. Großzügiger Wellness- und Beautybereich. Panoramarestaurant mit Wintergarten und Südterrasse.

Das Freiberg

www.das-freiberg.de

★★★★ S garni

Freibergstraße 21 (A2), PLZ 87561, **T 08322 96780,** F 967843
28 Zimmer | 3 Suiten | Ez ab 137 €, Dz ab 196 €, inkl. Frühstück | 24 h

In dem gewachsenen, persönlich geführten Ferienhotel erwarten Sie sehr individuell gestaltete Gästezimmer, die sich auf das Haupthaus und das neu entstandene Nebengebäude verteilen. Entspannung bietet ein Wellnessbereich mit „Living Wall", finnischer Sauna, Bio-Kräuter-Sauna sowie beheiztem Outdoorpool mit Blick auf das Nebelhorn.

Das MAXI
www.das-maximilians.de

25 | Hauptgericht 23–43 €, Menü 59–79 € | Mo-Sa So

Historische Details gepaart mit moderner Einrichtung - ein wirklich attraktiver Rahmen für die schmackhafte Küche, die durch frische Zutaten sowie regionale und internationale Einflüsse geprägt ist. Freundlich umsorgt speist man hier z.B. „Zander auf Kalbskopfsalat, gebratener grüner Spargel, gehobelte Champignons & Radieschen, Beurre blanc". Oder Sie entscheiden sich für ein kreatives Menü in 3, 4 oder 5 Gängen. Auch der Blick in die gut sortierte Weinkarte lohnt sich.

Das Fetzwerk
www.das-fetzwerk.de

40 | Hauptgericht 11–25 € | Mo-So

Ungezwungen und lebhaft geht es zu in diesem sympathischen Restaurant. Hier erwartet den Gast ein trendiges Gastrokonzept: Aus der „Genusswerkstatt" kommen pfiffige Gerichte, Tapas zum Teilen und leckere Bowls. Dabei zeigen sich die trendigen Foodkreationen mal regional, mal mediterran und auch mal asiatisch inspiriert. Dazu passt ein süffiges Craftbier. Offene Weine gibt es natürlich auch.

Jetzt abonnieren: instagram.com/vartaguide

Exquisit
www.hotel-exquisit.de

VARTA-TIPP Ambiente

★★★★ S garni

Lorettostraße 20 (B3), PLZ 87561, **T 08322 96330,** F 963360
52 Zimmer | 11 Suiten | Ez ab 185 €, Dz ab 330 €, inkl. Frühstück | 24 h

Stylishes Design, große Fensterfronten und edle Materialien prägen die Architektur dieses Traditionshotels. Sie logieren in individuell eingerichteten Zimmern mit Blick auf die umliegende Bergwelt. Für Entspannung und Wohlbefinden sorgt der modern gestaltete Wellnessbereich. Feine Menüs von Chefkoch Frank Aldinger werden im hauseigenen Gourmetrestaurant (nur für Hausgäste) serviert.

Franks
www.hotel-franks.de

VARTA-TIPP Service

★★★★★ S garni

Sachsenweg 11 (B3), PLZ 87561, **T 08322 7060,** F 706286
81 Zimmer | 12 Suiten | Ez 160–209 €, Dz 330–438 € | 24 h

Die Gastgeber-Familie Frank hat aus ihrem Haus ein echtes Schmuckstück gemacht: Für eine geschmackvolle Optik und unbeschwerten Urlaub sorgen die stilvoll-ländlichen Gästezimmer, das luxuriöse Adults-Only-Rooftop-SPA mit Blick auf die alpine Kulisse sowie der 4.000 qm große Garten mit Liegewiese, fürs Gefühl die persönliche Atmosphäre und die gastorientierten Mitarbeiter:innen! Morgens erwartet Sie ein tolles Frühstück, das Sie bei schönem Wetter auch auf der Terrasse einnehmen können.

Kühberg - Das Hotel über Oberstdorf **Neu!**
www.hotel-kuehberg.de

★★★★ S garni

Oytalstraße 2 (C3), PLZ 87561, **T 08322 3323**
20 Zimmer | 1 Suite | Ez 165–350 €, Dz 240–435 €, inkl. Halbpension

Ein Paradebeispiel für ein Ferienhotel „deluxe“! Das vorbildlich geführte Haus am Nebelhorn, das hoch über den Dächern des Ortes thront, bietet seinen Gästen nicht nur einen individuellen Service, sondern auch hell und luftig gestaltete Wohlfühlzimmer in unterschiedlichen Kategorien. Die Zimmer der Kategorie „Private Spa“ sind mit Regendusche, Badewanne und Sauna oder Infrarotkabine ausgestattet. Morgens erwartet Sie eine vielseitige Frühstücksauswahl (teils mit Bio-Produkten) in Buffetform. Das Panoramarestaurant „Augenblick“ bietet frische Allgäuer Küche mit kreativen Akzenten.

Löwen & Strauss

www.loewen-strauss.de

Kirchstraße 1 (B2), PLZ 87561, **T 08322 800080,** F 800081
32 Zimmer | 7 Suiten | Ez ab 90 €, Dz ab 150 €, inkl. Frühstück

Das geschmackvolle Lifestyle-Hotel im Herzen von Oberstdorf zeigt sich in einem gelungenen Stilmix aus zeitgemäßem Design und typisch alpenländischem Charme. Neben den hübschen Komfort-Doppelzimmern stehen auch großzügig geschnittene Suiten zur Verfügung. Kleine Wellnessoase mit Aromasauna, Tepidarium und Outdoorwhirlpool.

Ess Atelier Strauss

VARTA-TIPP Küche **VARTA-TIPP** Service

22 | Hauptgericht 35–45 €, Menü 160 € | Do-So | Mo, Di, Mi

Sie suchen das Besondere? Dann sind Sie hier richtig! Alpines Design, warmes Licht, feinste Stoffe und elegante, nach Maß gefertigte Altholzmöbel sorgen in dem kleinen, intimen Gourmetrestaurant für eine ganz eigene Atmosphäre. Und die Küche? Spannend, aromenintensiv, mit eigener Note - Peter A. Strauss verarbeitet für seine klassischen Menüfolgen nur erstklassige Produkte. Edle Weine lagern im 18 qm großen Klimaregal. Ein zugewandter, liebenswürdiger Service unter der Leitung von Sieglinde Strauss begleitet den Besuch.

Nebelhornblick

www.nebelhornblick.de

Kornau 49, PLZ 87561 (OT: Kornau), **T 08322 96420,** F 964250
37 Zimmer | 2 Suiten | 4 Apartments | Ez ab 94 €, Dz ab 144 €, inkl. Frühstück

Ferienhotel in ruhiger Aussichtslage oberhalb von Oberstdorf. Geräumige, geschmackvoll eingerichtete Zimmer mit herrlichem Bergblick auf die Allgäuer Alpen. Schöner Wellnessbereich mit Schwimmbad und Saunalandschaft.

SCHÜLE'S Gesundheitsresort & SPA

www.schueles.com

Ludwigstraße 37-41a (A3), PLZ 87561, **T 08322 7010,** F 701516
114 Zimmer | 3 Suiten | 6 Apartments | Ez 133–232 €, Dz 260–434 €, inkl. Frühstück | 24 h

Gesundheits- und Wellnesshotel in ruhiger, sonniger Lage. Geräumige Gästezimmer mit regionaltypischer Einrichtung und herrlichem Blick auf die Berge. 2.600 qm großer Vital- und SPA-Bereich. Auch Medical Wellness mit qualifizierten Therapeuten wird angeboten. Gemütliches Restaurant mit regionaler und internationaler Küche.

Alpe Dornach

www.alpe-dornach.de

Sesselweg 16, PLZ 87561 (OT: Tiefenbach), **T 08322 6630,** F 988110
15 Zimmer | 10 Suiten

››

Ein persönlich geführtes Haus in 1.000 m Höhe. Für Gäste stehen geschmackvolle Zimmer, großzügige SPA-Apartments und Ferienwohnungen bereit. Zum Angebot der Alpe gehören ein Kinderspielplatz und ein Naturschwimmteich. Das Ticket für die Bergbahnen der Umgebung ist für Hausgäste inklusive. Im Winter auf Wunsch Shuttleservice zum Skigebiet.

Alpe Dornach

160 | Hauptgericht 11–39 € | Mo-So

Das behagliche Restaurant bietet eine typische Allgäuer Schmankerlküche, aber auch moderne, leichte Gerichte. Probieren Sie z.B. „Bergsaiblingsfilet | Heu-Beurre-blanc | Lauchtexturen | Kartoffelblini | Saiblingskaviar". Große Sonnenterrasse mit einzigartigem Bergpanorama. Liebenswürdiger Service.

Kappeler-Haus

www.kappeler-haus.de

★★★ garni

Am Seeler 2 (B2), PLZ 87561, **T 08322 96860,** F 968613
47 Zimmer | Ez 62–83 €, Dz 108–144 €, inkl. Frühstück

Landhotel im Allgäuer Stil im Stadtzentrum, gelegen inmitten einer 3.000 qm großen Parkanlage. Großzügige Gästezimmer mit komfortabler Ausstattung. Für Entspannung sorgen der beheizte Außenpool mit Sonnenterrasse und Liegewiese.

Luitpold

www.luitpold-oberstdorf.de

★★★ garni

Ludwigstraße 18 (B2), PLZ 87561, **T 08322 6030,** F 60377
24 Zimmer | 7 Suiten | Ez 57–67 €, Dz 114–134 €, inkl. Frühstück

Sympathisches Ferienhotel mit persönlicher und ungezwungener Atmosphäre. Großzügige, moderne Zimmer mit Balkon und Panoramablick auf die Oberstdorfer Berge. 2020 renovierter Frühstücksraum mit modernem Design und großen Panoramafenstern mit Blick auf den Garten.

Ondersch Genusswirtschaft

www.ondersch.de

VARTA-TIPP Küche

Ludwigstraße 7 (B2), PLZ 87561, **T 08322 3004885**
30 | Hauptgericht 23–49 €, Menü 52–76 € | Di-Sa Mo, So

In diesem schicken LOFT hat man 3D-Kino, Kunst, Kultur und Kulinarik unter einem Dach vereint. Egal ob Streetfood oder Genießermenü, die servierten Speisen sind unkompliziert, originell und kreativ. Wie wäre es z.B. mit „Geschmorter Lammhaxe | Thymianjus | Bohnenragout | Reichenauer Tomate"? Bei der Auswahl der Produkte setzt die Küchencrew auf gute Qualität, Nachhaltigkeit und Regionalität. Das Preis-Leistungsverhältnis ist kaum zu toppen.

OBERTHAL 49 B

www.oberthal.de

Saarland | EW 4.487 | 451 m | St. Wendel 8 km, Saarlouis 34 km

Zum Blauen Fuchs

www.zumblauenfuchs.de

Walhausener Straße 1, PLZ 66649 (OT: Steinberg-Deckenhardt), **T 06852 6740**
30 | Menü 74–104 € | So Fr-Sa Mo, Di, Mi, Do

Kleines, heimeliges Landgasthaus mit nostalgischem Charme. Im Angebot: wechselnde Menüs mit Spezialitäten aus der französisch-mediterranen Küche. Dazu ein gutes Preis-Genuss-Verhältnis, erlesene Weine sowie ein charmant-herzlicher Service.

OBERTHULBA 42 D www.oberthulba.de

Bayern | EW 5.048 | 270 m | Bad Kissingen 9 km, Hammelburg 14 km

Rhöner Land -B&B- www.hotelrhoenerland.de

★★★★ garni

Zum Weißen Kreuz 20, PLZ 97723, **T 09736 7070,** F 707444
28 Zimmer | 1 Suite | 3 Apartments | Ez 55–90 €, Dz 55–160 €, ab 13,00 €

Gemütliches Landhaus unter familiärer Führung mit ansprechend eingerichteten Zimmern. Sky-TV und WLAN sind im Zimmerpreis enthalten. Gutes Frühstück.

OBERTSHAUSEN 41 D www.obertshausen.de

Hessen | EW 24.131 | 122 m | Hanau 8 km, Offenbach 9 km

Zum Nachtwächter www.nachtwaechter-obh.de

Fünfhäusergasse 3, PLZ 63179, **T 06104 43376**
80 | Hauptgericht 15–35 € | So Di-Sa Mo

In einem der ältesten und geschichtsträchtigsten Gebäude Obertshausens bietet man eine frische, unverfälschte Wirtshausküche zu fairen Preisen. Neben klassischen Gerichten wie Schnitzel Wiener Art oder Cordon Bleu stehen auch vegetarische Speisen auf der Karte. Tipp für die warme Jahreszeit: gemütlicher Biergarten.

OBERURSEL 41 D www.oberursel.de

Hessen | EW 44.779 | 197 m | Bad Homburg 4 km, Frankfurt am Main 17 km

Dorint Hotel Frankfurt Oberursel www.dorint.com/de

Königsteiner Straße 29, PLZ 61440, **T 06171 27690,** F 2769100
140 Zimmer | 15 Suiten | Ez 119–450 €, Dz 119–450 € | 24 h

Das Hotelensemble inmitten einer historischen Parkanlage besteht aus der denkmalgeschützten Villa Gans, die originalgetreu rekonstruiert wurde, und einem modernen Anbau. Hier stehen zeitgemäße und technisch gut ausgestattete Zimmer zur Verfügung. Zum Haus gehören auch ein 360 qm großer Wellnessbereich, ein Restaurant sowie die Ludwig-Wilhelm-Bar mit Parkterrasse und Ausblick ins Grüne.

Parkhotel am Taunus www.parkhotel-am-taunus.de

★★★★

Hohemarkstraße 168, PLZ 61440, **T 06171 9200,** F 26627
100 Zimmer | 30 Apartments | 24 h

Tagungs- und Freizeithotel umgeben von einem weitläufigen Park. Die Zimmer sind zweckmäßig und zeitgemäß. Schöner Sauna- und Wellnessbereich mit großer Dachterrasse. Für Langzeitgäste stehen Apartments im Boardinghaus zur Verfügung.

Kraftwerk www.kraftwerkrestaurant.de

VARTA-TIPP Küche

Zimmersmühlenweg 2, PLZ 61440, **T 06171 929982**
40 | Menü 69–159 € | Di-Sa Mo, So

»

Das denkmalgeschützte ehem. Kraftwerk ist nicht nur eine extravagante Eventlocation, es beherbergt auch ein schönes Restaurant. In zwanglosem Ambiente kredenzt man Ihnen traditionelle, heimatliche Gerichte mit internationalen Einflüssen. Küchenchef Adalbert Seebacher bringt aber auch immer wieder seine österreichischen Wurzeln auf die Karte. Geschmackvolles Interieur mit reichlich Industriecharme und fachkundiger Service samt guter Weinberatung machen das niveauvolle Bild komplett.

OBERWESEL 40 D — www.oberwesel.de

Rheinland-Pfalz | EW 2.817 | 75 m | Bingen 21 km, Koblenz 42 km

Burghotel Auf Schönburg — www.burghotel-schoenburg.de

VARTA-TIPP Ambiente VARTA-TIPP Service

★★★★

Schönburg 1, PLZ 55430, **T 06744 93930**, F 939388
27 Zimmer | 8 Suiten | Ez 130–190 €, Dz 230–380 €, inkl. Halbpension

Weithin sichtbar thront die mittelalterliche Burganlage aus dem 10. Jh. hoch oben am Berg. In den alten Mauern erwarten Sie stilvoll und individuell mit Antiquitäten eingerichtete Zimmer und Suiten. Von Familie Hüttl und ihrem Team werden Sie „fürstlich" umsorgt. Morgens lockt ein ausgezeichnetes Frühstück. Zahlreiche Wander- und Radwege in direkter Umgebung.

OBERWIESENTHAL, KURORT 45 D — www.oberwiesenthal.de

Sachsen | EW 2.501 | 914 m | Annaberg-Buchholz 21 km, Zwickau 68 km

Ahorn Hotel — www.ahorn-hotels.de

★★★★

Vierenstraße 18, PLZ 09484, **T 037348 140**, F 14444
172 Zimmer | 44 Suiten | 6 Apartments | 24 h

Ein mehrgeschossiges Ferienhotel am Südhang des Fichtelberges mit herrlicher Aussicht. Dieses Domizil ist ein reines Erwachsenenhotel (14+) und bietet seinen Gästen zeitgemäße, praktisch ausgestattete Zimmer, einen hübschen Wohlfühlbereich mit Saunen sowie ein behagliches Restaurant mit Sonnenterrasse.

OBERWOLFACH 57 C — www.oberwolfach.de

Baden-Württemberg | EW 2.651 | 323 m | Wolfach 2 km, Freudenstadt 33 km

Hirschen Landhotel — www.hotel-hirschen-oberwolfach.de

★★★ S

Schwarzwaldstraße 2, PLZ 77709 (OT: Walke), **T 07834 8370**, F 6775
29 Zimmer | Ez 85–110 €, Dz 120–175 €, inkl. Frühstück

Familiär geführtes Hotel in traumhafter Lage und mit authentischem Landhausambiente. Wohnliche Zimmer verschiedener Größe und Kategorien mit Möbeln aus unterschiedlichen Hölzern, teilweise mit Natursteinbad. Einige Zimmer wurden 2021 komplett neu gestaltet. Restaurant mit deftiger Schwarzwaldküche sowie feinen internationalen Kreationen.

OBING 61 C — www.urlaub-in-obing.de

Bayern | EW 4.517 | 564 m | Trostberg 14 km, Wasserburg am Inn 18 km

Oberwirt www.oberwirt.de

Kienberger Straße 14, PLZ 83119, **T 08624 89110,** F 891144
48 Zimmer | 4 Apartments | Ez ab 85 €, Dz 135–165 €, inkl. Frühstück | ⃠ 18.–25.12.23

Familiär geführtes Traditionshaus mit privatem Badesteg am Obinger See. Wohnliche Gästezimmer unterschiedlicher Ausstattungen, teilweise mit Balkon. Urgemütliches Restaurant mit regionaler und internationaler Küche. Lauschiger Biergarten im Innenhof.

OCHSENFURT 52 B www.ochsenfurt.com

Bayern | EW 11.248 | 187 m | Würzburg 22 km, Rothenburg ob der Tauber 41 km

Flockenwerk www.flockenwerk.com

VARTA-TIPP Küche

Floßhafenstraße 1, PLZ 97199, **T 09331 9840170**
140 | Hauptgericht 15–27 €, Menü 40–50 € | Mo, Do-So ⃠ Di

Ein gastronomischer Mix aus Restaurant, Bistro, Vinothek und Eventlocation in einem hist. Industriegebäude von 1917. Das vielfältige Angebot reicht vom unkomplizierten Frühstück über feinstes Naschwerk zum Nachmittagskaffee bis hin zu erlesenen Gaumenfreuden am Abend. Auf der Karte lockt Schmackhaftes wie „Dorade | Zucchini | Minze | Joghurt | bunte Tomaten | Bruschetta". Dazu eine gut sortierte Weinkarte mit Fokus auf fränkischen Spitzengewächsen. Auf dem Areal des ehemaligen „Flockenwerks" eröffnet 2024 auch noch ein Hotel in Holzbauweise, das sich bei Redaktionsschluss für diese Buchausgabe noch im Bau befand.

OCKFEN 49 A www.saar-obermosel.de

Rheinland-Pfalz | EW 602 | 170 m | Saarburg 5 km, Trier 29 km

Weinhotel Klostermühle www.klostermuehle-saar.de

Hauptstraße 1, PLZ 54441, **T 06581 92930,** F 929320
26 Zimmer | 1 Suite | 1 Apartment | Ez 75–155 €, Dz 110–195 €, inkl. Frühstück

Familiengeführtes Hotel-Weingut in ländlicher Umgebung. Gepflegte, funktionelle Zimmer, teilweise mit Aussicht auf den Weinort Ockfen. Rustikales Restaurant mit saisonaler Frischeküche. Das Haus ist besonders bei Rad- oder Wandertouristen sehr beliebt.

ODELZHAUSEN 60 C www.odelzhausen.de

Bayern | EW 4.679 | 499 m | München 25 km, Augsburg 29 km

Staffler www.hotel-staffler.de

Hauptstraße 3, PLZ 85235, **T 08134 6006,** F 7737
28 Zimmer | Ez 93–149 €, Dz 145–185 €, inkl. Frühstück

Familiär geführtes Haus mit guter Anbindung zur Autobahn. Zweckmäßig ausgestattete Zimmer zu gastfreundlichen Preisen. Ideale Adresse für Geschäftsreisende und Kurzurlauber. Kreative bayerische Küche wird in „Schreiners Restaurant" serviert.

ODENTHAL 40 A www.odenthal.de

Nordrhein-Westfalen | EW 14.727 | 149 m | Bergisch Gladbach 5 km, Leverkusen 11 km

Altenberger Hof
www.altenberger-hof.de

★★★★ S garni

Eugen-Heinen-Platz 7, PLZ 51519 (OT: Altenberg), **T 02174 4970**
39 Zimmer | 2 Suiten | Ez 109–129 €, Dz 129–179 €, inkl. Frühstück | 24 h

Direkt gegenüber dem mittelalterlichen Altenberger Dom empfängt Sie dieses Hotel. Die hellen, freundlichen Gästezimmer verfügen über zeitgemäßen Komfort und sind geschmackvoll eingerichtet - von klassisch-modern bis zu romantisch-elegant. Im Restaurant „St. Markus" und auf der herrlichen Sommerterrasse wird regionale und internationale Küche serviert.

Zur Post
www.hotel-restaurant-zur-post.de

Altenberger-Dom-Straße 23, PLZ 51519, **T 02202 977780,** F 9777849
16 Zimmer | 1 Suite | Ez 99–195 €, Dz 139–235 €, inkl. Frühstück

In harmonischer Ergänzung zu dem unter Denkmalschutz stehenden Stammhaus bietet das familiär geführte Hotel modern und neuzeitlich eingerichtete Gästezimmer. Morgens erwartet Sie ein reichhaltiges Frühstücksbuffet.

Gourmetrestaurant

VARTA-TIPP Küche **VARTA-TIPP** Service

45 | Menü 79–165 € | So Mi-Sa Mo, Di

Hinter der hübschen Schieferfassade erwartet Sie das kulinarische Herzstück des denkmalgeschützten Gebäudes. Alejandro und Christopher Wilbrand kochen kreativ-individuell mit regionalem und mediterranem Touch. Die tiefgründigen Speisen werden auch optisch ungemein raffiniert in Szene gesetzt und sind eindrucksvolle kleine Kunstwerke. Dazu gibt es erlesene Weine aus nah und fern. Der Service ist zugewandt und liebenswürdig.

Postschänke

25 | Hauptgericht 26–38 €, Menü 45–52 € | Mi-So Mi-Sa Mo, Di

Eine schöne Alternative zum Gourmetrestaurant! In freundlich-ländlicher Atmosphäre darf man sich auf eine schmackhafte saisonale Küche aus marktfrischen Zutaten freuen. Auf der Speisekarte klingt das z.B. so: „Seelachsfilet | Blattspinat | Paprikagnocchi | geröstete Haselnüsse | Champagnersauce". Tipp: „Schänkenmenü" zu unschlagbarem Preis-Leistungsverhältnis.

OEBISFELDE-WEFERLINGEN 24 D www.stadt-oebisfelde-weferlingen.de

Sachsen-Anhalt | EW 13.558 | 63 m | Wolfsburg 18 km, Gardelegen 35 km

Hotel Am Markt
www.hotel-am-markt-oebisfelde.de

€ Gut & Günstig garni

Marktplatz 3, PLZ 39646 (OT: Oebisfelde), **T 039002 815730**
16 Zimmer | Ez ab 70 €, Dz ab 76 €, inkl. Frühstück

Das geschichtsträchtige Haus in der Altstadt wurde in der Barockzeit um 1739 erbaut und vor einigen Jahren zu einem hübschen Hotel umgestaltet. Historisches Flair und Moderne vereinen die stilvoll eingerichteten Zimmer. Nachmittags gibt es hausgebackenen Kuchen und Kaffee.

OESTRICH-WINKEL 50 B www.oestrich-winkel.de

Hessen | EW 11.717 | 93 m | Rüdesheim 9 km, Wiesbaden 18 km

Nägler's www.naeglers-hotel.de

★★★★ garni

Hauptstraße 1, PLZ 65375 (OT: Winkel), **T 06723 99020,** F 990280
44 Zimmer | 1 Suite | 1 Apartment | Ez 110–120 €, Dz 150–165 €, inkl. Frühstück

Sehr gut schläft man in diesem schicken Boutique-Hotel: private Atmosphäre, zeitgemäße, nach Themen gestaltete Zimmer, frisches Frühstück - und drumherum ein faszinierendes Wein- und Wandergebiet mit zahlreichen Freizeitmöglichkeiten. Für Entspannung sorgt ein ansprechender Wellnessbereich mit Saunalandschaft und Ruheoase.

Gutshotel F. B. Schönleber www.fb-schoenleber.de

Hauptstraße 1b, PLZ 65375 (OT: Winkel), **T 06723 91760,** F 917616
17 Zimmer | Ez ab 92 €, Dz 108–125 €, inkl. Frühstück

Ein gepflegtes, familiär geführtes Haus mit angeschlossenem Weingut. Helle, im Landhausstil eingerichtete Zimmer, die teilweise über Balkon und Rheinblick verfügen. Gemütliche Weinstube mit Kachelofen und Terrasse, in der zünftige regionale Spezialitäten serviert werden.

graues haus trüffel im rheingau www.graueshaus.com

Graugasse 10, PLZ 65375 (OT: Winkel), **T 06723 8853911**
50 | Menü 45–55 € | Di-Sa Mo, So

Im vermeintlich ältesten Steinhaus Deutschlands hat sich eine ansprechende gastronomische Mischung aus Feinkosttheke, Bistro und Restaurant etabliert. Herzstück ist das elegant-puristische Fine-Dining-Restaurant mit Blick auf den Rhein, den hauseigenen Weinberg und in den romantischen Innenhof. Serviert wird eine mediterrane, weltoffene Küche in drei oder vier Gängen. Alternativ trifft man sich entspannt im Café-Bistro (geöffnet: Di-Sa 9:30-22:30 Uhr) auf einen Snack und ein Gläschen Wein. Im Feinkostshop gibt es feine Kost aus Deutschland, Frankreich und Italien zum Mitnehmen.

OEVERSEE 7 A www.tourismus-nord.de

Schleswig-Holstein | EW 3.362 | 31 m | Flensburg 10 km, Schleswig 24 km

Historischer Krug www.historischer-krug.de

Grazer Platz 1 (an der B 76), PLZ 24988, **T 04630 9400,** F 780
50 Zimmer | 5 Suiten | Ez ab 89 €, Dz ab 149 €, inkl. Frühstück

Romantisches Ferien- und Tagungshotel in einer ehem. Poststation aus dem 16. Jh. mit gemütlichen, im Landhausstil eingerichteten Zimmern und Galeriesuiten, die sich auf mehrere Gästehäuser verteilen. Für Entspannung sorgt die „Krugtherme" - eine gepflegte Wellnessanlage mit Schwimmbad, Sauna, türkischem Hamam, Massagepool und Kneippanlage. Im Restaurant „Krugwirtschaft" wird eine feine Regionalküche aufgetischt.

OFFENBURG 56 D www.offenburg.de

Baden-Württemberg | EW 57.448 | 163 m | Kehl 18 km, Freudenstadt 51 km

Hotel Liberty www.hotel-liberty.de

VARTA-TIPP Ambiente

Grabenallee 8, PLZ 77652, **T 0781 28953000**
38 Zimmer | 5 Suiten | Ez ab 170 €, Dz ab 170 €, 19,50–26,50 €

Das ehemalige Gefängnis hat man liebevoll, behutsam und mit Respekt vor der Geschichte des alten Gebäudes renoviert. Edles Parkett, freigelegte Backsteingewölbedecken und moderne Badezimmer prägen die wohnlichen Zimmer und Suiten des designorientierten Wohlfühlhotels. Softdrinks aus der Minibar sind im Preis inbegriffen. Zum Haus gehören auch eine Lounge/Bibliothek, ein modernes Restaurant mit offenem Grill, eine Bar sowie ein historischer Gewölbekeller. Das Freizeit- und Wellnessbad Stegermatt (2 Min. zu Fuß) können LIBERTY-Gäste kostenlos besuchen.

OFTERSCHWANG 66 D www.ofterschwang.de

Bayern | EW 2.055 | 864 m | Sonthofen 5 km, Oberstdorf 12 km

Sonnenalp Resort www.sonnenalp.de

VARTA★TIPP Service

Sonnenalp 1, PLZ 87527, **T 08321 2720,** F 272242
225 Zimmer | 70 Suiten | Ez 145–535 €, Dz 275–525 €, inkl. Halbpension | 24 h

Ein Haus der Superlative, eingebettet in die wunderschöne Landschaft des Oberallgäus. Das Traditionshotel hat sich seit seiner Gründung vor über 100 Jahren über vier Generationen hinweg zu einem luxuriösen Ferienresort entwickelt. Hier ist alles auf Wärme und Harmonie ausgerichtet. Sie wohnen in behaglichen Zimmern und Suiten, die im alpinen Landhausstil eingerichtet sind. Besonders für Familien bietet das Hotel eine breite Erlebnisvielfalt. Das exklusive Wellnessareal mit mehreren Pools und eigenem Bergsee sucht seinesgleichen.

Silberdistel

VARTA-TIPP Küche **VARTA-TIPP** Service

36 | Hauptgericht 69–85 €, Menü 126–158 € | Mi-So Mo, Di

Natürlich erwartet man in einem Hotel dieser Klasse auch ein erstklassiges Fine-Dining-Restaurant. Von den Fensterplätzen hat man eine tolle Aussicht auf Wiesen und Bergwelt. Dazu eine intelligente Karte für diverse kulinarische Genüsse - von Küchenchef Florian Wagenbach exzellent komponiert und vom Team um Oberkellner Brian McLaren fachkundig serviert. Die moderne und gehobene „Fusion Cuisine“ können Sie mittwochs, donnerstags und samstags in Form eines 5- bis 7-gängigen Menüs genießen. Und auch das feinsinnig zusammengestellte Weinrepertoire aus dem gut bestückten Sonnenalp-Weinkeller (inkl. hauseigener Sonnenalp-Weinlinie) kann sich absolut sehen lassen.

freistil. – Boutiquehotel www.kiehnes-freistil.de

Schweineberg 20, PLZ 87527 (OT: Schweineberg), **T 08321 3509,** F 84244
14 Zimmer | 10 Suiten

Ein charmantes Boutique-Hotel auf 800 Metern Höhe. Die hellen, freundlichen Zimmer in alpin-puristischem Stil bieten reichlich Platz zum Wohlfühlen. Besondere Akzente setzen handgefertigte Möbelstücke. Schön auch der hauseigene Wellnessbereich mit Indoorpool, kleiner Sauna und Ruheraum.

freistil. – Restaurant

Hauptgericht 16–42 € | Mo-So

In dem einladenden Restaurant sorgen warme Farben, indirektes Licht und verarbeitete Naturmaterialien wie Weißtanne oder Fichte für eine gemütlich-ländliche Atmosphäre. Die abwechslungsreiche Karte des Patrons offeriert bodenständige, moderne Gerichte wie „Kalbsbrust | Frühlingszwiebel | Lauchöl | Selleriepüree“. Tolle Sonnenterrasse mit Blick auf die Allgäuer Alpen.

OHMDEN 58 B www.ohmden.de

Baden-Württemberg | EW 1.709 | 363 m | Kirchheim/Teck 7 km, Göppingen 15 km

Landgasthof am Königsweg www.landgasthof-koenigsweg.de

Hauptstraße 58, PLZ 73275, **T 07023 9422929**
40 | Hauptgericht 22–48 €, Menü bis 69 € | Di-Mi, Fr-So Mo, Do

Lust auf „Bunte Urtomaten | Büffelmozzarella | alter Balsamico | Rucola“ oder „Zanderfilet | Pfifferlinge | Tomate | Kartoffelstampf | Baby Leaf“? Ehrliche, bodenständige Küche erwartet Sie in diesem traditionsreichen Landgasthof. Übernachten kann man im gleichnamigen Hotel hinter denkmalgeschütztem Fachwerk aus dem Jahre 1676.

Jetzt abonnieren: instagram.com/vartaguide

ÖHNINGEN 65 A www.oehningen.de

Baden-Württemberg | EW 3.686 | 446 m | Radolfzell 14 km, Schaffhausen 23 km

Falconera falconera.de/das-falconera

VARTA-TIPP Küche

Zum Mühlental 1, PLZ 78337 (OT: Schienen), **T 07735 2340**
70 | Hauptgericht 40–55 €, Menü 85–130 € | Fr-Sa Mi-Sa Mo, Di, So

Landschaftlich reizvoll auf der Bodenseehalbinsel Höri liegt das wunderschöne Restaurant von Anne und Johannes Wuhrer. Im rustikal-eleganten Ambiente der einstigen Mühle und Falknerei verwöhnt Sie der Patron mit einer kreativen, frischen Saisonküche. Die Produkte stammen von regionalen und überregionalen Partnern und bilden die Grundlage für die exzellenten Gaumenfreuden. Auch ein reines Gemüsemenü steht auf der Karte. Lauschige Gartenterrasse.

ÖHRINGEN 52 C www.oehringen.de

Baden-Württemberg | EW 22.777 | 230 m | Heilbronn 28 km, Schwäbisch Hall 29 km

Württemberger Hof www.wuerttemberger-hof.de

★★★★ garni

Karlsvorstadt 4, PLZ 74613, **T 07941 92000,** F 920080
60 Zimmer | 2 Suiten | 24 h

Hist. Haus in zentraler Lage am Rand der Fußgängerzone mit geschmackvoll eingerichteten Zimmern unterschiedlicher Kategorien. Ansprechender Wellnessbereich, Restaurant mit regionaler und internationaler Küche.

Kleinod
www.restaurant-kleinod.de

Uhlandstraße 27, PLZ 74613, **T 07941 9894727**
30 | Hauptgericht 15–28 €, Menü 85–120 € | So Mi-So Mo, Di

Das schicke, wertige Interieur der ehem. Orangerie im Öhringer Hofgarten und die durchdachte, moderne Crossover-Küche ergeben ein stimmiges Bild. Die saisonalen Gerichte mit internationalen Einflüssen können Sie à la carte oder in Menüform bestellen. Hübsch die idyllische Sommerterrasse.

OLBERNHAU 46 A
www.olbernhau.de

Sachsen | EW 9.276 | 450 m | Seiffen 10 km, Annaberg-Buchholz 29 km

Zum Berghof
www.zum-berghof.de

Berggasse 2, PLZ 09526, **T 037360 699172**
24 | Hauptgericht 19–30 € | Sa-So Mo, Do-So Di, Mi

Ehrliche regionale und saisonale Küche in gemütlich-eleganter Atmosphäre heißt es in diesem sympathischen Restaurant. Auf den Tisch kommt z.B. „Gefüllte Maishähnchenbrust mit Tomatenrisotto und glasierten Erbsen" oder „Gegrilltes Doradenfilet auf Orangen-Fenchelsalat, kanarischen Kartoffeln und Olivenölschaumsauce". Dazu eine europäisch ausgerichtete Weinkarte und ein freundlich-angenehmer Service.

OLCHING 60 C
www.olching.de

Bayern | EW 26.149 | 503 m | Fürstenfeldbruck 7 km, Dachau 16 km

Schiller´s Hotel
www.hotel-schiller.de

★★★ S garni

Nöscherstraße 20, PLZ 82140, **T 08142 4730**, F 473399
51 Zimmer | Ez 89–190 €, Dz 99–210 €, inkl. Frühstück | 23.12.23–7.1.24

Gewachsenes, familiengeführtes Urlaubs- und Geschäftshotel in verkehrsgünstiger Lage. Hell und zeitgemäß eingerichtete Nichtraucherzimmer unterschiedlicher Größe. Kleiner Asia-Vital-Wellnessbereich mit Sauna und Dampfbad. Restaurant mit regionaler und internationaler Küche.

OLDENBURG 13 D
www.oldenburg-tourist.de

Niedersachsen | EW 169.000 | 4 m | Cloppenburg 42 km, Bremen 48 km
Wahrzeichen Lappan, Rathaus und Lambertikirche am Markt, ehem. großherzogliches Schloss mit Landesmuseum für Kunst und Kulturgeschichte, Schlossgarten im englischen Landschaftsstil, Staatstheater, Landesmuseum Natur und Mensch, Stadtmuseum, Horst-Janssen-Museum.

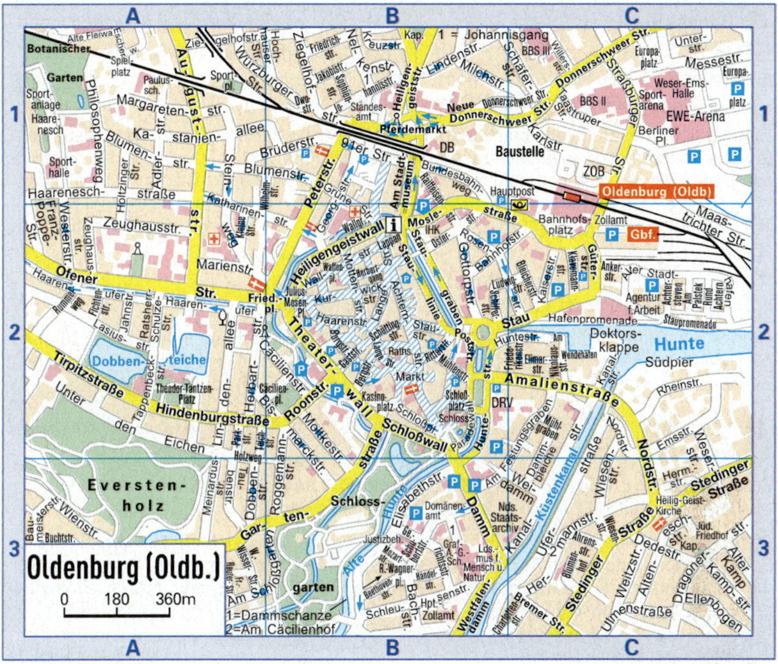

Altera Hotel
www.altera-hotels.de

★★★★

Herbartgang 23 (B2, Zufahrt über Mottenstr.), PLZ 26122, **T 0441 219080,** F 2190888
56 Zimmer

Warme Farben und ein puristischer Einrichtungsstil prägen den Charakter des Hauses. Mit der Lounge in der obersten Etage bietet man einen komfortablen Arbeits- und Besprechungsbereich für Businessgäste. Kostenfreier Zugang zum „Altera Gym".

Michael Schmitz Brasserie & Vinothek

Herbartgang 6 (B2), PLZ 26122
35 | Hauptgericht 18–55 €, Menü 45–70 € | Sa Di-Sa Mo, So

Gelungene Liaison aus Bistro, Restaurant und Vinothek. Die saisonal wechselnde Speisekarte bietet u.a. internationale Klassiker, frische Pasta und Fischvariationen. Hauspezialität: Fleischspezialitäten vom Lavasteingrill. Tolle Weinkarte.

HIIVE Oldenburg Neu!
www.hiive.de/hotel/hiive

Rosenstraße 4 (C2), PLZ 26122, **T 0441 21213838**
100 Zimmer

Modern, stylish und urban - so präsentiert sich Oldenburgs neuer Hotspot für Businessreisende und Stadtentdecker. Das Boutique- und Designhotel ist Teil des Mixed-Use-Projekts Drei Höfe. Das Angebot reicht von puristischen Doppelzimmern bis hin zu großzügigen Suiten mit Pantryküche. Darüber hinaus bietet das Haus seinen Gästen Tagungs- und Eventräume sowie einen Fitness- und Wellnessbereich.

Hermes Hotel
www.hermes-hotel-oldenburg.de

★★★ S garni

Ankerstraße 19 (C2), PLZ 26122, **T 0441 779390,** F 7793999
55 Zimmer | Ez ab 93 €, Dz ab 135 €, inkl. Frühstück

Familiär geführtes Hotel am Innenstadtrand. „All inclusive"-Leistungen für Hausgäste: kostenfreie Internetnutzung, Erfrischungsgetränke in der Halle und auf der Etage, Saunabenutzung, Nutzung des benachbarten Fitnessstudios, kostenfreier Parkplatz.

Rosenbohm Designhotel
www.hotel-rosenbohm.de

garni

Pferdemarkt 7 (B1), PLZ 26121, **T 0441 80063444,** F 885481
8 Zimmer | 1 Suite | Ez ab 110 €, Dz ab 135 €, inkl. Frühstück

Kleines Stadthotel in einem denkmalgeschützten Eckhaus am Pferdemarkt. Tür an Tür mit dem gleichnamigen Einrichtungshaus wohnen Sie in individuell gestylten Designerzimmern. Besonderheit: Gäste können die Einrichtungsgegenstände auch käuflich erwerben.

Villa Stern
www.hotelvillastern.de

garni

Bremer Straße 41 (C3), PLZ 26135 (OT: Osternburg), **T 0441 30424144,** F 30488685
15 Zimmer | 1 Suite | Ez ab 80 €, Dz 110–150 €, inkl. Frühstück

Die hübsch sanierte Jugendstilvilla beherbergt individuell eingerichtete Zimmer, die mit Holzböden und bequemen Boxspringbetten ausgestattet sind. Hier sorgen Menschen mit und ohne Behinderung dafür, dass Sie sich wohlfühlen. Zum Haus gehören ein schöner Hotelgarten und ein hauseigenes Café.

Restaurant Kevin Gideon
www.kevingideon.de

VARTA-TIPP Küche

Heiligengeistwall 9 (B2), PLZ 26122, **T 0441 18005066**
22 | Menü 70–140 € | Sa Di-Sa ⃠ Mo, So ⃠ 23.12.23–11.1.24

Blanke Holztische mit einem industriellen Metallrahmen und grüne Stühle mit Samtbezug sorgen in diesem Gourmetrestaurant am Heiligengeistwall für unkonventionelle, aber dennoch stilvolle Wohnzimmeratmosphäre. Das Credo von Chefkoch Kevin Gideon: „Klasse statt Masse". So gibt es auch keine herkömmliche Speisekarte, sondern ein monatlich wechselndes Menü (auf Vorbestellung auch vegetarisch), aus dem der Gast zwischen 3, 5 oder 7 Gängen wählen kann. Die Gerichte des Patrons zeichnen sich durch präzises Handwerk, Kreativität sowie qualitativ hochwertige Lebensmittel aus. Überaus freundlich und natürlich ist der Service.

Der Varta-Führer digital

Der Varta-Führer ist auch als eBook erhältlich. Ganz einfach online laden und mobil auf Ihrem Smartphone oder Tablet nutzen.

Weitere Hotel- und Restaurantempfehlungen sowie zahlreiche Freizeittipps erhalten Sie unter: **www.varta-guide.de**

Kaiserküche
kaiserkueche-ol.de

VARTA-TIPP Küche

Kaiserstraße 18/20 (C2), PLZ 26122, **T 0176 96664638**
50 | Hauptgericht 12–40 €, Menü 65–95 € | Do-So Mo, Di, Mi

Die Gastgeber Clarissa und Malte Ibbeken lieben und leben ihren Beruf - das spürt man, sobald man das zurückhaltend und puristisch eingerichtete Restaurant betritt. In der einsehbaren Küche verwendet man bevorzugt Zutaten von Erzeugern aus dem Umland, die handwerklich präzise verarbeitet werden. Die ausbalancierten, feinsinnigen und unverfälschten Speisen können Sie sowohl in Form eines Menüs als auch à la carte genießen. Dazu gibt es ausgewählte Weine und leckere Longdrinks.

OLPE 30 C
www.olpe.de

Nordrhein-Westfalen | EW 24.592 | 307 m | Attendorn 15 km, Gummersbach 29 km

Hotel Diehlberg
hotel-diehlberg.de

★★★★ garni

Am Diehlberg 2, PLZ 57462 (OT: Sondern am Biggesee), **T 02761 941740,** F 9417419
70 Zimmer | 1 Suite | Ez ab 109 €, Dz 170–190 €, inkl. Frühstück | 24 h

Für Freizeitaktivitäten wie Schwimmen, Wandern, Fitnesstraining, Mountainbike- oder E-Bikefahren ist das eine ideale Adresse. Hier können Sie Ihre Seele baumeln lassen und die gute Luft am Biggesee im grünen Herzen des Südsauerlandes genießen. Modern und komfortabel eingerichtet sind die lichtdurchfluteten Nichtraucherzimmer. Gemütliche Kaminlounge.

Kochs Stadthotel
www.kochs-stadthotel.de

Bruchstraße 16, PLZ 57462, **T 02761 82520,** F 825299
52 Zimmer | 2 Suiten | 2 Apartments | Ez ab 75 €, Dz ab 94 €, 14,00 €

Familiengeführtes Hotel bestehend aus zwei Häusern mitten im Südsauerland. Gepflegte Wohlfühlzimmer in verschiedenen Kategorien. Schöner Tagungsbereich. Im Restaurant „Altes Olpe“ wird regional gekocht.

OLSBERG 30 D
www.olsberg-touristik.de

Nordrhein-Westfalen | EW 14.716 | 360 m | Brilon 10 km, Meschede 14 km

Kurpark Villa
www.kurparkvilla.info

★★★★

Mühlenufer 4a, PLZ 59939, **T 02962 97970,** F 979797
32 Zimmer | 1 Suite | Ez 78–98 €, Dz 156–176 €, 12,00 €

»

Ansprechende Ferien- und Gesundheitsoase in ruhiger Lage am Kurpark. Die geschmackvollen Zimmer wurden individuell nach klassischem Vorbild eingerichtet. Für Entspannung sorgt der modern gestaltete SPA-Garten. Eine leichte Frischeküche wird im Restaurant „Avocado" serviert.

Schinkenwirt www.schinkenwirt.com

★★★ S garni

Eisenberg 2, PLZ 59939, **T 02962 979050,** F 9790544
18 Zimmer | 1 Suite | 2 Apartments | Ez 65 €, Dz 112–122 €, inkl. Frühstück

Gepflegtes Haus in ruhiger Alleinlage am Waldrand. Hier erwarten Sie neuzeitlich eingerichtete Landhauszimmer und ein hübsches Restaurant mit saisonaler Naturküche. Ideale Adresse für Wander- und Fahrradtouristen.

OPPENAU 57 C www.renchtal-tourismus.de

Baden-Württemberg | EW 4.873 | 277 m | Freudenstadt 24 km, Kehl 32 km

Gasthof Blume www.blume-lierbach.de

★★★ S garni

Rotenbachstraße 1, PLZ 77728 (OT: Lierbach), **T 07804 3004,** F 3017
10 Zimmer | 1 Suite | Ez 80–85 €, Dz 120–140 €, inkl. Frühstück

Traditioneller Schwarzwaldgasthof mit familiärer Atmosphäre. Gepflegte, freundlich eingerichtete Zimmer, teilweise mit Balkon oder Terrasse. Rustikales Restaurant mit traditionell badischer Küche und internationalen Spezialitäten.

Höhenhotel Kalikutt www.kalikutt.de

★★★ S garni

Kalikutt 10, PLZ 77728 (OT: Ramsbach), **T 07804 450,** F 45222
26 Zimmer | 2 Suiten | Ez ab 77 €, Dz ab 117 €, inkl. Frühstück

Traditionshotel mit typisch Schwarzwälder Charme in ländlich-idyllischer Lage. Modernisierte Gästezimmer unterschiedlicher Kategorien. Kleiner Saunabereich mit finnischer Sauna. Behagliches Restaurant mit bürgerlicher Küche.

Rebstock www.rebstock-oppenau.de

S garni

Straßburger Straße 13, PLZ 77728, **T 07804 728,** F 978200
15 Zimmer | 1 Apartment | Ez 82 €, Dz 100 €, 10,00 €

Das hübsche Fachwerkhaus liegt direkt am Bächlein Lierbach, das durch den Ort fließt. Richtig schön sind die liebenswert gestalteten Zimmer. Im Restaurant und auf der überdachten Terrasse wird badisch-elsässische Küche serviert.

OPPENHEIM 50 B www.stadt-oppenheim.de

Rheinland-Pfalz | EW 7.202 | 87 m | Mainz 19 km, Worms 26 km

Völker www.restaurant-voelker.de

Krämerstraße 7 (Eingang über Schulstr.), PLZ 55276, **T 06133 2269**
75 | Hauptgericht 15–32 €, Menü 39–49 € | Sa-So Fr-So Mo, Di, Mi, Do

Das geschmackvoll eingerichtete Restaurant befindet sich in einem ehem. Weingut und vereint historische Bausubstanz mit modernen Elementen. Die Chefin steht am Herd und offeriert feine regionale und mediterrane Speisen. Idyllischer Garten mit südländischem Flair. Die Kellerräume im Untergrund werden regelmäßig für Veranstaltungen genutzt.

Jetzt vorbeischauen: pinterest.com/vartaguide

OPPENWEILER 58 B www.oppenweiler.de

Baden-Württemberg | EW 4.046 | 267 m | Ludwigsburg 26 km, Stuttgart 40 km

Einhorn www.restaurant-einhorn.de

Hauptstraße 55, PLZ 71570, **T 07191 340280**
120 | Hauptgericht 22–39 €, Menü 43–74 € | Mo-Di, Do-Fr Mo-Di, Do-Sa Mi, So

Wirklich nett sitzt man im Innern des imposanten Fachwerkbaus. Im sachlich-modernen Landhausambiente wird eine international angereicherte Regionalküche serviert. Auf der Karte findet sich z.B. „Filet von der Scholle auf Pak Choi an leichter Kapern-Zitronensauce mit Kartoffel-Senfpüree". Dazu eine gepflegte Weinauswahl zu fairen Preisen. Im Sommer lockt die lauschige Hofterrasse. Im benachbarten Gästehaus hat man geräumige und zeitgemäß eingerichtete Doppelzimmer.

ORB, BAD 42 C www.bad-orb.info

Hessen | EW 9.779 | 189 m | Schlüchtern 24 km, Hanau 36 km

Rauchfang www.restaurant-rauchfang.de

Gutenbergstraße 15, PLZ 63619, **T 06052 912376**
6 | Hauptgericht 36–49 €, Menü bis 119 € | Do-So Mo, Di, Mi

Rustikal-elegantes Ambiente und freundliche Gastgeber zeichnen das „Rauchfang" aus. Serviert werden gehobene italienische Küche und hausgemachte Pastaspezialitäten, die auch auf der mediterranen Terrasse eingenommen werden können.

ORTENBURG 62 A www.ortenburg.de

Bayern | EW 7.126 | 358 m | Vilshofen 11 km, Griesbach i. R. 12 km

Zum Koch www.zumkoch.de

★★★★

Vorderhainberg 8, PLZ 94496 (OT: Vorderhainberg), **T 08542 1670,** F 167440
69 Zimmer | 6 Suiten | Ez ab 102 €, Dz ab 202 €, inkl. Vollpension

Wirklich gepflegt wohnt man in dem familiär geführten Ferienhotel, das mitten im Grünen auf einer kleinen Anhöhe liegt. Die renovierten Zimmer sind zeitgemäß eingerichtet, man kümmert sich herzlich um die Gäste und am Morgen erwartet Sie ein tolles Frühstück. Für Entspannung sorgt ein 2.200 qm großer Wellnessbereich. Im hauseigenen Restaurant gibt es traditionelle bayerische Küche mit internationalen Einflüssen.

OSNABRÜCK 21 C www.osnabrueck.de

Niedersachsen | EW 168.507 | 63 m | Rheine 46 km, Bielefeld 53 km

Spätgot. Rathaus mit Friedenssaal am Markt, Marienkirche, Dom St. Petrus, Heger-Tor-Viertel mit alten Fachwerkbauten, Kulturgeschichtliches Museum, Neuer Graben mit Stadthalle und fürstbischöflichem Schloss, Felix-Nussbaum-Haus, Museum am Schölerberg, Museum Industriekultur.

Einen Cityplan finden Sie auf Seite 872.

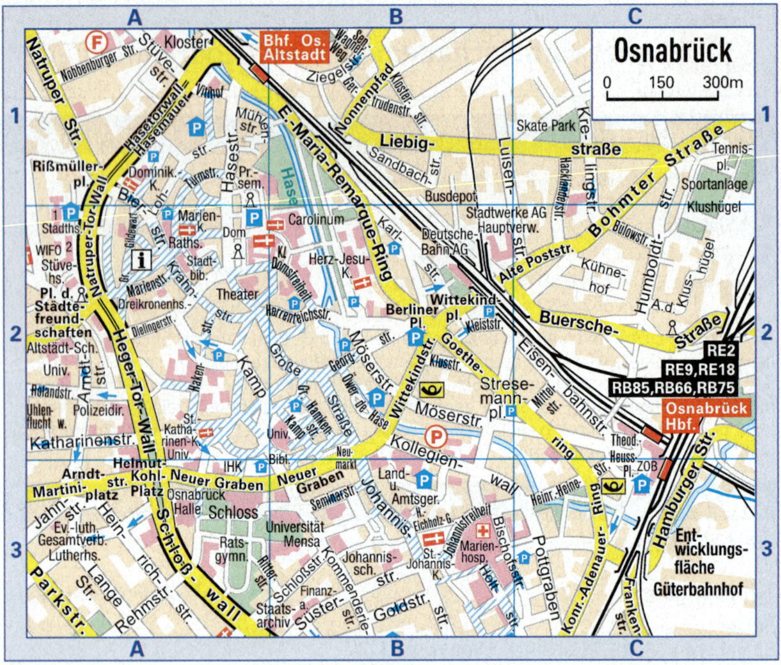

Walhalla

www.hotel-walhalla.de

Bierstraße 24 (A2), PLZ 49074, **T 0541 34910,** F 3491144
69 Zimmer | 2 Suiten | Ez 99–129 €, Dz 109–149 €, ab 19,50 € | 24 h

Osnabrücks ältestes bestehendes Gasthaus, ein prachtvoller Barock-Fachwerkbau im Herzen der Altstadt, ist heute ein liebevoll und familiär geführtes Privathotel. Die Gästezimmer verteilen sich auf verschiedene Gebäude, sie sind modern und wohnlich ausgestattet. Es gibt auch einen schönen Wellnessbereich mit Biosauna, Dampfbad und Sonnenwiese.

Walhalla

100 | Hauptgericht 22–44 €, Menü 49–65 € | Mo-So

Ein wirklich schöner Ort: Da ist der stimmungsvolle Restaurantbereich, die behagliche Lounge mit ruhiger Sommerterrasse und natürlich die schmackhafte, regional ausgerichtete Frischeküche. Lust auf „Loup-de-Mer-Filet mit Pernodschaum, Zuckerschoten und Safranrisotto"? Schönes Weinsortiment mit über 100 Gewächsen.

Friedrich **Neu!**

www.friedrich-osnabrueck.de

VARTA-TIPP Küche

Lotter Straße 99, PLZ 49078 (OT: Weststadt), **T 0541 96380899**
25 | Menü 159–189 € | Mi-Sa Mo, Di, So 24.12.23–3.1.24

Eines vorweg: Sie sollten reservieren, denn die Plätze im Fine-Dining-Bereich sind begrenzt - und sehr gefragt! Das verwundert nicht, denn in dem schmucken Stadthaus im noblen Westerbergviertel kann man sich nur wohlfühlen. Doch neben dem stilvoll-eleganten Ambiente begeistert hier vor allem die Küche von Lars Keiling. Fantastisch verbindet er in seinem Gourmetmenü (4 bis 7 Gänge) klassisch französische und moderne Elemente. Gina Duesmann, die Freundin des Patrons, punktet nicht nur mit ihrem exzellenten Weinwissen, sie fungiert auch als kongeniale Gastgeberin an der Gästefront. Eine schöne Alternative ist das Bistro „Kleiner Friedrich" (nebst Terrasse) mit moderner Crossover-Küche.

Kesselhaus — www.kesselhaus-os.de

VARTA-TIPP Küche **VARTA-TIPP** Service

Neulandstraße 12, PLZ 49084 (OT: Fledder), **T 0541 97000072**
25 | Menü 149–179 € | Sa Di-Sa Mo, So

Das „Kesselhaus", das sind die charmante Gastgeberin Thayarni Garthoff sowie der äußerst talentierte Randy De Jong am Herd, die hier versteckt auf einem Industriehof mit ihrem schick designten Restaurant richtig gut ankommen. Gekocht wird mit hochwertigsten Zutaten, bevorzugt von regionalen Lieferanten. Das Ergebnis: ein anspruchsvolles Menü in fünf bis sieben Gängen - geschmackvoll, kreativ und abwechslungsreich. Der aufmerksame und freundliche Service sorgt für die passende Weinbegleitung.

Iko Restaurant — www.iko-restaurant.de

VARTA-TIPP Küche

Stadtweg 38a, PLZ 49086 (OT: Lüstringen), **T 0541 44018030**
40 | Menü 135–165 € | Do-Sa Mo, Di, Mi, So

Ein Ort zum Wohlfühlen und Genießen! Das Ambiente: stylish-modern mit warmen Blautönen, dazu Feng-Shui-Elemente und edle Massivholzmöbel. Die Küche: international geprägt - trendig, finessenreich und ausdrucksstark. Serviert wird ein Menü in 5 oder 7 Gängen. Dazu gibt es ausgesuchte Weine. Mit den Gasträumen offen verbunden sind ein Blumenstudio sowie ein Kunstatelier.

Wilde Triebe — www.wilde-triebe.de

Am Sutthauser Bahnhof 5, PLZ 49082 (OT: Sutthausen), **T 0541 60079033**
95 | Hauptgericht 26–38 €, Menü 57–81 € | Mi-Sa Mo, Di, So

In diesem hist. Gebäude des ehem. Sutthauser Bahnhofs wird ambitioniert gekocht. Aus regional produzierten Produkten entstehen schmackhafte, unverfälschte Gerichte wie „Karree vom Duroc-Schwein | Erbsen und Möhren | Zwiebel | Kartoffel-Erbsen-Püree" oder „Kabeljau unter der Pfifferlingshaube | Rieslingsauce | grünes Gemüse | Kartoffelstampf". Das Interieur stammt vom Osnabrücker Künstler Volker-Johannes Trieb. Im Sommer lockt ein wundervoller Garten.

OSTRACH 65 B — www.ostrach.de

Baden-Württemberg | EW 6.588 | 611 m | Ravensburg 33 km, Ulm 83 km

Alte Mühle — www.landhotelaltemuehle.de

garni

Auenstraße 13 (Naturschutzg. Pfrungener Ried), PLZ 88356 (OT: Waldbeuren),
T 07585 9390, F 939100
58 Zimmer | 4 Suiten | 20 Apartments | Ez 89–96 €, Dz 130–152 €, inkl. Frühstück ››

Behagliches Landhotel mit gemütlichen Gästezimmern und persönlicher Atmosphäre. Es sind auch Familienapartments und Ferienwohnungen vorhanden. Die Wellnessoase mit finnischer Sauna, Dampfbad und Panoramahallenbad sorgt für Entspannung. Restaurant mit regionaler Küche.

Landhotel Gasthof zum Hirsch
www.landhotel-hirsch.de

★★★ S

Hauptstraße 27, PLZ 88356, **T 07585 92490,** F 924949
15 Zimmer | Ez 81–89 €, Dz 122 €, inkl. Frühstück

Traditionsreicher Familienbetrieb in der Ortsmitte mit individuell gestalteten, sehr gepflegten Zimmern. Besucher schätzen die ländliche Atmosphäre und den freundlichen Gästeumgang. Gutes oberschwäbisches Frühstücksbuffet.

Landhotel Gasthof zum Hirsch

70 | Hauptgericht 18–35 €, Menü 22–40 € | Mo-Sa, So

Liebhaber der schwäbischen Küche werden in der gemütlichen holzgetäfelten Gaststube vom freundlichen Serviceteam verwöhnt. Auch internationale Gerichte stehen auf der Speisekarte. Im Sommer werden die schmackhaften Gerichte auch auf der Terrasse serviert.

Jetzt vorbeischauen: pinterest.com/vartaguide

ÖSTRINGEN 51 C
www.oestringen.de

Baden-Württemberg | EW 12.564 | 163 m | Heidelberg 30 km, Karlsruhe 38 km

Heitlinger Hof
www.heitlinger-genusswelten.de

Am Mühlberg 1-3, PLZ 76684 (OT: Tiefenbach), **T 07259 4640112**
31 Zimmer | 2 Suiten | Ez 120–145 €, Dz 159–189 €, inkl. Frühstück

Inmitten von sanft geschwungenen Hügeln und Weinbergen bietet dieses moderne Nichtraucherhotel geschmackvoll eingerichtete Zimmer (ab 23 qm) und Juniorsuiten (47 qm). Das Interieur verbindet klassische Eleganz mit modernen Materialien. Das Restaurant bietet internationale und regionale Küche. Mehrere Außenterrassen. Eigener 18-Loch-Golfplatz gegenüber dem Hotel.

ÖTISHEIM 57 B
www.oetisheim.de

Baden-Württemberg | EW 4.682 | 243 m | Karlsruhe 43 km, Stuttgart 46 km

Krone
www.gasthof-krone.eu

€ Gut & Günstig ★★★

Maulbronner Straße 11, PLZ 75443, **T 07041 2807,** F 861521
17 Zimmer | Ez 65 €, Dz 89 €, inkl. Frühstück

Gut geführter Traditionsgasthof mit familiärer Atmosphäre. Saubere, gepflegte Gästezimmer mit kostenlosem WLAN. Gemütliches Restaurant mit schöner Sonnenterrasse und gutbürgerlicher schwäbischer Küche.

OTTERNDORF 14 B
www.otterndorf.de

Niedersachsen | EW 7.110 | 2 m | Cuxhaven 19 km, Bremerhaven 41 km

Am Medemufer www.hotel-am-medemufer.de

S garni

Goethestraße 15, PLZ 21762, **T 04751 99990**
39 Zimmer | 6 Suiten

Ein mediterran anmutendes Urlaubs- und Geschäftshotel direkt am Medemufer. Sehr individuell und mit Liebe zum Detail hat man das gesamte Haus eingerichtet. Wohnliche Zimmer im nordischen Stil mit guter Technik. Im Restaurant „Leuchtfeuer" wird regional gekocht.

OTTOBEUREN 66 B www.ottobeuren.de

Bayern | EW 8.314 | 669 m | Memmingen 11 km, Kempten 28 km

Parkhotel Maximilian www.parkhotel-ottobeuren.de

S garni

Bannwaldweg 11, PLZ 87724, **T 08332 92370,** F 92371111
111 Zimmer | 7 Suiten | 24 h

Das Hotelkonzept ist sowohl auf Kurzurlauber als auch auf Geschäftsreisende und Tagungsgäste zugeschnitten. Sie logieren in lichtdurchfluteten Gästezimmern, die fast alle zur Südseite gelegen sind. Aufwendiger Beauty- und Wellnessbereich, der 2023 erweitert und modernisiert wurde. Ruhige Lage oberhalb des Klosters am Waldrand.

Am Mühlbach www.hotel-am-muehlbach.de

S garni

Luitpoldstraße 57, PLZ 87724, **T 08332 92050,** F 9205111
20 Zimmer | Ez 78–98 €, Dz 895–125 €, inkl. Frühstück

Kleines, individuelles Urlaubshotel in ruhiger, aber zentraler Lage. Gemütliche Zimmer mit schöner Aussicht in den begrünten Innenhof mit Gartenteich, teils mit Balkon oder Terrasse. Morgens erwartet Sie ein reichhaltiges und ausgewogenes Allgäuer Landhausfrühstück.

Brauerei Hotel Hirsch www.hirsch-ottobeuren.de

S garni

Marktplatz 12, PLZ 87724, **T 08332 796770,** F 7967770
48 Zimmer | 3 Suiten

Traditionsreiches Haus direkt am Marktplatz. Helle, renovierte Gästezimmer mit Wohlfühlatmosphäre. Mit Marmor und natürlichem Schiefer ausgestattete Bäder. Restaurant mit gehobener Regionalküche.

OY-MITTELBERG 66 B www.oy-mittelberg.de

Bayern | EW 4.446 | 929 m | Kempten (Allgäu) 19 km, Füssen 22 km

Vitalhotel Die Mittelburg
www.hotel-mittelburg-allgaeu.de

VARTA-TIPP Service

★★★★

Mittelburgweg 1-3, PLZ 87466 (OT: Mittelberg), **T 08366 180,** F 1835
27 Zimmer | 4 Suiten | Ez 108–139 €, Dz 186–298 €, inkl. Frühstück | 24 h

Gastfreundschaft und Herzlichkeit machen den Aufenthalt in diesem familiengeführten Vital- und Wellnesshotel zum Vergnügen. Von den meisten Zimmern haben Sie einen schönen Ausblick auf weite Wiesen und die Allgäuer Berge. Für Entspannung und Erholung sorgt ein gepflegter SPA-Bereich mit Innenpool, Saunalandschaft und Fitnessraum. Das wunderbare Frühstück am Morgen sollten Sie nicht verpassen.

OYBIN, KURORT 47 B
www.oybin.com

Sachsen | EW 1.524 | 460 m | Zittau 9 km, Görlitz 42 km

Café Meier
www.hotelcafemeier.de

€ Gut & Günstig

Hauptstraße 1, PLZ 02797, **T 035844 7140,** F 71413
30 Zimmer | Ez 59 €, Dz 94–104 €, 12,00 €

Eingebettet in die romantische Bergwelt des Zittauer Gebirges liegt dieses familiengeführte Hotel. Hier wohnen Sie in klassischen Zimmern mit zeitgemäßer Technik und ländlichem Charme. Zum Haus gehören auch eine Sauna sowie ein Wiener Café.

PADERBORN 31 A
www.paderborn.de

Nordrhein-Westfalen | EW 147.021 | 110 m | Detmold 32 km, Lippstadt 33 km

Aspethera
www.hotel-aspethera.de

★★★ S

Am Busdorf 7, PLZ 33098 (OT: Kernstadt), **T 05251 2888100,** F 2888101
57 Zimmer | Ez 89–106 €, Dz 114–138 €, 19,00 € | 24 h

Die Architektur des eleganten Stadthotels ist ein reizvoller Mix aus Historischem und Modernem. Das Haus bietet hübsche, wohnliche Zimmer und gute Tagungsmöglichkeiten. Frische regionale Küche mit mediterranen Akzenten serviert man im Restaurant.

Waldhotel Nachtigall
www.waldhotel-nachtigall.de

★★★★

Hatzfelder Straße 45, PLZ 33104 (OT: Schloß Neuhaus), **T 05254 805350,** F 80535144
52 Zimmer | 2 Suiten | Ez 85–87 €, Dz 100 €, 12,00 €

Hist. Haus in ruhiger Lage - seit 1891 im Familienbesitz. Das Hotel bietet modern ausgestattete Gästezimmer, einen kleinen Wellnessbereich mit Saunalandschaft sowie ein behagliches Restaurant mit regionaler Küche.

Welcome Hotel
www.welcome-hotels.com/hotels/paderborn

Fürstenweg 13, PLZ 33102, **T 05251 28800,** F 2880100
153 Zimmer | 12 Suiten | 24 h

Modernes Businesshotel in unmittelbarer Nähe zum Heinz-Nixdorf-Museum und den Paderquellen. Modern ausgestattete Gästezimmer mit schönen Farbakzenten. Gute Tagungsmöglichkeiten, kleiner Saunabereich. Gastronomie: Restaurant „Paderaue“ und Gaststätte „Plückers“.

Galerie-Hotel
www.galerie-hotel.de

★★★ S garni

Bachstraße 1, PLZ 33098, **T 05251 12240,** F 122419
11 Zimmer | Ez 84–94 €, Dz 105 €, 17,50 €

Hist. Gebäude mit individuell und liebevoll ausgestatteten Zimmern, die teilweise nach berühmten Künstlern benannt sind. Zum Haus gehören ein hübsch dekoriertes Restaurant mit offenem Kamin sowie ein heimeliges Teestübchen. Das Hotel liegt zentral und ruhig am Quellenpark.

Zur Mühle
www.hotelzurmuehle.de

★★★ S garni

Mühlenstraße 2, PLZ 33098, **T 05251 10750,** F 107545
25 Zimmer | 1 Suite | Ez 102–177 €, Dz 139–199 €, inkl. Frühstück | 22.12.23–7.1.24

Privat geführtes Wohlfühlhotel in der Innenstadt - direkt an der urbanen Parklandschaft „Paderquellgebiet“ gelegen. Individuell eingerichtete Zimmer mit gutem Schlafkomfort und modernen Bädern. Das reichhaltige Frühstück kann entweder im mediterran gestalteten Frühstücksraum oder im idyllischen Innenhof genossen werden.

Balthasar
www.restaurant-balthasar.de

VARTA★TIPP Küche VARTA-TIPP Service

Warburger Straße 28, PLZ 33098, **T 05251 24448**
48 | Hauptgericht 30–45 €, Menü 115–175 € | Di-Sa Mo, So

Garant für gediegenes Genießen in modern-stilvollem Ambiente. Die hervorragende Küche von Elmar Simon verwendet und präsentiert Auserlesenes. Bei seinem Fine-Dining-Menü stehen sehr gute Produkte und ihre harmonisch abgestimmten Aromen im Fokus. Dazu ein tolles Weinangebot - bestens abgestimmt mit den kulinarischen Genüssen. Im Service wirkt ein erfahrenes, gut motiviertes Team unter der kompetenten Leitung von Laura Simon. Im Sommer können Sie auch auf der mediterran anmutenden Terrasse speisen.

PALLING 69 A
www.palling.de

Bayern | EW 3.357 | 531 m | Bad Reichenhall 49 km, Rosenheim 64 km

Landgasthof Michlwirt
www.michlwirt.net

★★★ S garni

Steiner Straße 1-3, PLZ 83349, **T 08629 98810,** F 988181
46 Zimmer | 2 Suiten | Ez 55–79 €, Dz 99–119 €, inkl. Frühstück

Familiär geführtes Traditionshaus mit unterschiedlichen Zimmerkategorien. Besonders edel logiert man in der Welcome Suite mit Swarovsky-Design-Deckenlampen, Schiffsparkettboden und Designer-Rokoko-Waschtisch. Ansprechend gestalteter Wellnessbereich. Sehr behagliche, ländliche Gaststuben, in denen bayerische Küche serviert wird. Hauseigene Metzgerei.

PANKER 8 D www.amt-luetjenburg.de

Schleswig-Holstein | EW 1.446 | 55 m | Lütjenburg 5 km, Kiel 37 km

Ole Liese ole-liese.de

VARTA-TIPP Ambiente

Gut Panker, PLZ 24321, **T 04381 90690,** F 9069200
20 Zimmer | 2 Suiten | Ez ab 99 €, Dz ab 139 €, inkl. Frühstück

Eine echte Oase der Ruhe ist dieses historische Anwesen. Die individuell und sehr liebevoll eingerichteten Zimmer und Suiten bieten einen herrlichen Ausblick auf den Park oder die Wiesen. Zum Haus gehören auch eine hübsche Kaminlobby, ein kleiner Wellnessbereich und eine Schlosskapelle. Von Gastgeberin Birthe Domnick und ihrem Team werden Sie sehr persönlich und freundlich umsorgt.

Restaurant 1797

VARTA-TIPP Küche VARTA-TIPP Service

14 | Menü 155 € | Mi-Sa Mo, Di, So

Im stilvollen Gourmetrestaurant - dem ehemaligen Jagdzimmer - offeriert man eine moderne deutsche Küche, die in Menüform serviert wird. Chefkoch Volker M. Fuhrwerk hat ein Händchen für ausdrucksstarke Kombinationen und tolle Kontraste. Fleisch und Fisch von regionalen Erzeugern sowie Produkte aus dem eigenen Gemüse- und Kräutergarten werden exakt zubereitet und toll präsentiert. Dazu passen auch der freundliche, zuvorkommende Service und die ausgewogene Weinauswahl. Schön ist der Ausblick auf die Pferdekoppeln des Guts. Tischreservierung erforderlich.

Ole Liese Wirtschaft

80 | Hauptgericht 25–30 €, Menü 55–72 € | Sa-So Di-So Mo

Restaurant mit rustikalem Charme und ungezwungener Landhausatmosphäre. Serviert werden bodenständige Klassiker der deutschen Küche sowie regionale Spezialitäten. Zu empfehlen sind auch die Fischgerichte, z.B. „Gebratener Steinköhler aus der Nordsee mit geschwenkten Eiszapfen, Kartoffelrösti und Schinkenvelouté“. Am Nachmittag gibt es hausgebackenen Kuchen.

PAPENBURG 12 D www.papenburg-tourismus.de

Niedersachsen | EW 35.423 | 1 m | Leer 24 km, Meppen 47 km

Alte Werft www.hotel-alte-werft.de

★★★★ garni

Ölmühlenweg 1, PLZ 26871, **T 04961 9200,** F 920100
122 Zimmer | 9 Suiten | Ez ab 139 €, Dz ab 184 €, inkl. Frühstück | 24 h

Das komfortable Hotel befindet sich in den ehem. Gebäuden der Meyer Werft. Die Gästezimmer sind zeitgemäß eingerichtet und in verschiedenen Kategorien buchbar. Zwei Restaurants mit Biergarten und internationaler Küche.

Park Inn by Radisson www.parkinn-hotel-papenburg.de

★★★★ garni

Hauptkanal Rechts 7, PLZ 26871, **T 04961 66400,** F 6640444
101 Zimmer | 14 Suiten | 24 h

Modernes Geschäfts- und Tagungshotel unweit des Binnenhafens. Zeitgemäß eingerichtete Gästezimmer in zwei Kategorien. Kleiner Fitness- und Saunabereich im Erdgeschoss. Mehrere Veranstaltungsräume. Regionale und internationale Küche wird im Restaurant serviert.

PAPPENHEIM 60 A www.pappenheim.de

Bayern | EW 4.000 | 407 m | Weißenburg 15 km, Eichstädt 20 km

Gasthof Zur Sonne www.sonne-pappenheim.de

Deisinger Straße 20, PLZ 91788, **T 09143 837837,** F 837835
26 Zimmer | 2 Suiten | Ez 80–90 €, Dz 130–175 €, inkl. Frühstück

Der gewachsene, familiär geführte Gasthof liegt am berühmten Altmühl-Radwanderweg. Hier erwarten Sie neu renovierte Zimmer im ländlichen Stil, die auf Wunsch auch mit einem Halbpensionsmenü buchbar sind. Morgens werden Sie mit einem sehr guten Frühstück in Buffetform verwöhnt. Ausflugsziele wie die Burg Pappenheim, das Fränkische Seenland sowie die römischen Thermen sind von hier in kürzester Zeit erreichbar.

Zur Sonne

VARTA-TIPP Küche VARTA-TIPP Service

250 | Hauptgericht 9–32 €, Menü 40 € | Mo, Mi-So ⃠ Di

Hier fühlt man sich sofort wohl: Stefanie und Sven-Wolfgang Glück sind Gastgeber mit Leib und Seele, außerdem ist das Restaurant ausgesprochen gemütlich. Sie haben die Wahl zwischen den urigen Gaststuben der „Glück's Wirtschaft" mit Kachelofen, alten Bauernmöbeln und traditioneller Holzvertäfelung oder dem zeitlos-modernen Wintergartenrestaurant „Hand.Werk" mit seiner großen Fensterfront. Das Speisenangebot reicht von bodenständigen regionalen Gerichten bis hin zu kreativer Crossover-Küche. Schöne Sommerterrasse direkt hinter dem Haus.

PARSBERG 54 C www.parsberg.de

Bayern | EW 6.630 | 553 m | Neumarkt (Oberpfalz) 27 km, Regensburg 47 km

Hirschen www.romantikhotelhirschen.de

★★★★ S garni

Marktstraße 1a, PLZ 92331, **T 09492 6060,** F 606222
71 Zimmer | 12 Suiten | Ez 133–203 €, Dz 163–253 €, inkl. Frühstück | ⃠ 21.–27.12.23

Erst kürzlich hat man diesen traditionellen Oberpfälzer Gasthof umfangreich renoviert. Sie wohnen in hellen, freundlichen Landhauszimmern. In den behaglichen Wirtsstuben wird regional gekocht. Für Entspannung sorgt der 600 qm große SPA-Bereich mit Outdoornaturpool.

PASEWALK 19 C www.pasewalk.de

Mecklenburg-Vorpommern | EW 11.100 | 15 m | Torgelow 18 km, Anklam 47 km

Villa Knobelsdorff www.villa-knobelsdorff.de

★★★ S garni

Ringstraße 121, PLZ 17309, **T 03973 20910,** F 209110
18 Zimmer

››

Gepflegte Gründerzeitvilla aus dem Jahre 1896 mit geschmackvoll eingerichteten Zimmern im italienischen Landhausstil. Das urige Restaurant im Untergeschoss bietet hausgebrautes Bier und regionale Spezialitäten.

PASSADE 8 C www.passade.de

Schleswig-Holstein | EW 347 | 29 m | Kiel 17 km, Malente 35 km

Fischerwiege www.fischerwiege-passade.de

garni

An der Laak 11, PLZ 24253, **T 04344 4138616,** F 3014435
11 Zimmer | 1 Suite | Ez 90–130 €, Dz 110–145 €, inkl. Frühstück

Das kleine, charmante Hotel mit Landhauscharakter befindet sich in einem idyllischen Örtchen direkt am Passader See. Sie wohnen in harmonisch eingerichteten Zimmern und Suiten. Gutes Landfrühstück mit Spezialitäten der Region. Für Hausgäste steht ein Lesezimmer mit kleiner Bibliothek zur Verfügung.

PASSAU 62 B www.passau.de

Bayern | EW 49.454 | 312 m | Straubing 83 km, Regensburg 120 km

Altstadt-Hotel www.altstadt-hotel.de

★★★★ garni

Bräugasse 29, PLZ 94032 (OT: Dreiflüsse-Eck), **T 0851 3370,** F 337100
34 Zimmer | 2 Suiten | Ez ab 125 €, Dz ab 165 €, inkl. Frühstück

Am Dreiflüsseeck gelegenes, gut geführtes Haus mit hist. Bausubstanz und unterschiedlich geschnittenen Zimmern mit zeitgemäßer Ausstattung. Von der überdachten Donauterrasse mit beeindruckendem Blick auf das Dreiflüsseeck und zur Veste Oberhaus kann man in lauen Sommernächten den Tag in Ruhe ausklingen lassen.

Dreiflüssehof www.dreifluessehof.de

★★★★ garni

Danziger Straße 42-44, PLZ 94036, **T 0851 72040,** F 72478
60 Zimmer | 1 Suite | Ez 90–130 €, Dz 140–210 €, inkl. Frühstück

Moderner Familienbetrieb mit gemütlicher Atmosphäre. Komfortable, individuell eingerichtete Zimmer in Haupt- und Gästehaus. Gepflegtes Restaurant im traditionellen Stil mit regionaler Küche und hübscher Gartenterrasse.

Residenz www.residenz-passau.de

★★★★ garni

Fritz-Schäffer-Promenade 6, PLZ 94032, **T 0851 989020,** F 98902200
49 Zimmer | 2 Suiten | Ez 70–169 €, Dz 119–189 €, inkl. Frühstück | 24 h

Traditionshotel am Donauufer mit zeitgemäßer Zimmerausstattung. Zum Haus gehören auch eine umfangreiche Bibliothek und ein keiner Wellnessbereich mit Sauna. Reichhaltiges Frühstück mit hausgemachten Spezialitäten, das man bei schönem Wetter auch auf der Terrasse zur Donau genießen kann.

Das Oberhaus www.dasoberhaus.com

Oberhaus 1, PLZ 94034, **T 0851 37930657**
450 | Hauptgericht 8–26 €, Menü 35–89 € | Mo-So

Über den Dächern Passaus mit fantastischem Panoramablick können Sie sich hier auf eine ausgezeichnete Wirtshausküche freuen. Auf der Karte stehen Gerichte wie Surschnitzel, Zwiebelrostbraten oder Buttermilchbackhendl. Dazu gibt es ein frisch gezapftes Augustiner Edelstoff. Traumhafte Terrasse.

Heilig-Geist-Stift-Schenke

www.stiftskeller-passau.de

Heiliggeistgasse 4, PLZ 94032, **T 0851 2607**
120 | Hauptgericht 12–27 € | Mo-Di, Fr-So ⦸ Mi, Do

Das Franziskanerkloster von 1358 beherbergt rustikale Gaststuben mit historischem Charme. Kulinarisch reicht das Spektrum von regionalen Schmankerln über lebendfrische Fische bis zu Spezialitäten aus der österreichischen Küche. Dazu werden stiftseigene Weine serviert.

Weingut | restaurant.weinbar.vinothek

www.weingut-passau.de

VARTA-TIPP Service

Theresienstraße 28, PLZ 94032, **T 0851 37930500**
60 | Hauptgericht 24–40 € | Di-Sa ⦸ Mo, So

Ein Mix aus Vinothek, Weinbar und Bistro am Rande der Fußgängerzone. Mit dem gelungenen Konzept trifft Stephan Öller den Nerv der Zeit: die Atmosphäre gemütlich und lebendig, der Service professionell, freundlich und angenehm leger, die Küche richtig gut und bezahlbar. Bemerkenswerte Weinauswahl mit fast 1.000 Positionen. Achtung: Es gibt 2 Reservierungszeiten: 17:30 - 20:00 Uhr und ab 20:15 Uhr.

PEINE 23 D

www.peinemarketing.de

Niedersachsen | EW 50.636 | 68 m | Braunschweig 24 km, Hildesheim 32 km

Schönau

www.hotel-schoenau.de

★★★★

Peiner Straße 17, PLZ 31228 (OT: Stederdorf), **T 05171 9980,** F 998166
64 Zimmer | 2 Suiten | 3 Apartments | Ez 85–105 €, Dz 120–140 €, inkl. Frühstück

Ein gepflegtes, seit vier Generationen familiär geführtes Landhotel in verkehrsgünstiger Lage nahe der Autobahn A2. Wohnliche Zimmer mit kostenfreiem WLAN. Modernes Restaurant mit regionalem und internationalem Speisenangebot.

PELLWORM (INSEL) 6 B

www.pellworm.de

Schleswig-Holstein | EW 1.161 | 1 m | Sylt 55 km, Schleswig 61 km

NordseeLodge

www.nordseelodge.de

★★★ S

Alte Kirche 1, PLZ 25849, **T 04844 7894100,** F 7894129
22 Zimmer | 24 h

Mittlerweile in der 5. Generation ist dieses schöne Haus in Familienbesitz. Das Hotel hat moderne, im nordischen Stil eingerichtete Zimmer (teilweise mit Balkon), einen netten Garten sowie ein SPA- & Wellnesscenter für Sie! Das hauseigene Restaurant serviert eine feine Auswahl an regionalen Gerichten.

PENZBERG 67 B

www.penzberg.de

Bayern | EW 16.176 | 596 m | Weilheim 25 km, Wolfratshausen 33 km

Hoisl-Bräu www.hoisl-braeu.de

★★★ garni

Promberg 1, PLZ 82377 (OT: Promberg), **T 08856 9017330,** F 123456
23 Zimmer | 1 Suite | Ez 90–125 €, Dz 120–149 €, inkl. Frühstück

Im ruhigen Ortsteil Promberg liegt dieses gewachsene Landhotel. Hier erwarten Sie wohnliche Zimmer mit schönem Ausblick in die Natur. In den gemütlichen Gaststuben werden Sie mit nationalen Schmankerln verwöhnt.

PERASDORF 61 B www.perasdorf.de

Bayern | EW 551 | 497 m | Deggendorf 24 km, Straubing 26 km

Gasthaus Jakob www.genuss-jakob.de

VARTA-TIPP Küche

Haigrub 19, PLZ 94366, **T 09965 80014**
38 | Hauptgericht 22–29 €, Menü 74–109 € | Mi-Sa ⃠ Mo, Di, So

Diese Adresse hat sich zum kulinarischen Juwel für Feinschmecker gemausert. Sie sitzen wahlweise in der urig-gemütlichen Gaststube, im Wintergarten oder bei schönem Wetter auf der kleinen Terrasse direkt vor dem Haus. Die feine Küche von Michael Ammon gibt es hier wie dort. Er kocht klassisch, bindet aber auch moderne Elemente ein. Folgerichtig nennt er seine Menüs (3 bis 5 Gänge) „Klassik" und „Inspiration". Die umfangreiche Weinkarte ist nach Geschmacksrichtungen sortiert. Tischreservierung ratsam! Zum Übernachten hat man drei luxuriös ausgestattete Chalets.

PERL 48 D perl.saarland

Saarland | EW 8.000 | 254 m | Saarburg 19 km, Merzig 26 km

Victor's Residenz-Hotel Schloss Berg79100 www.victors.de

GREENSIGN ★★★★★S garni

Schlossstraße 27-29, PLZ 66706 (OT: Nennig), **T 06866 790,** F 79100
90 Zimmer | Ez 145–345 €, Dz 185–385 €, inkl. Frühstück | 24 h

Inmitten von Weinbergen liegt das wunderschöne Renaissanceschloss, das mit individuell und teils aufwendig gestalteten Zimmern und Suiten aufwartet. Entspannung garantiert der stilvolle Wellnessbereich. Im Restaurant „Bacchus" wird mediterran gekocht.

Victor's Fine Dining by Christian Bau www.victors-fine-dining.de

VARTA★TIPP Küche VARTA★TIPP Service

24 | Menü 300–345 € | Sa-So Do-So ⃠ Mo, Di, Mi

Mehr Fine Dining geht nicht! Im modern-eleganten Rahmen des Gourmetrestaurants zaubert Christian Bau mit außergewöhnlicher Raffinesse, kompromisslosem Anspruch und beeindruckender Beständigkeit kreative Kompositionen der Haute Cuisine. Seine Küche ist zeitgemäß, leicht und weltoffen. Die kulinarische Verbindung in seinem Menü reicht von Paris bis Tokio. Maître Felix Kress und sein erstklassig geschultes Team sorgen sich mit dem richtigen Maß an Zuwendung und authentischer Freundlichkeit um das Wohl der Gäste.

Hotel Sonnenhof www.sonnenhof-perl.de

Merziger Straße 3, PLZ 66706 (OT: Hellendorf), **T 06868 773,** F 180344
17 Zimmer | Ez 66–72 €, Dz 96 €, inkl. Frühstück

Das familiengeführte Hotel wurde individuell, charmant und mit viel Liebe zum Detail gestaltet, so auch die wohnlichen Gästezimmer, die sich durch warme Farbtöne, hochwertige Materialien und geschmackvolles Mobiliar auszeichnen. Im Winter sorgen ein lichtdurchfluteter Wintergarten und die Bauernstube für Behaglichkeit, im Sommer zieht es die Gäste auf die herrliche Gartenterrasse.

PETERSHAGEN/EGGERSDORF 27 A www.petershagen-eggersdorf.de

Brandenburg | EW 13.823 | 52 m | Strausberg 8 km, Berlin 20 km

Hotel Villago www.villago.de

★★★★

Altlandsberger Chaussee 88-89, PLZ 15345 (OT: Eggersdorf), **T 03341 304500**
60 Zimmer | 1 Suite | 24 h

Der sanierte und erweiterte Traditionsbetrieb bietet seinen Gästen behagliche Zimmer im Coming-Home-Style, zudem gibt es zwei exklusive Wellnesssuiten. Im hauseigenen Restaurant wird regional und saisonal gekocht. Relaxen kann man im neu geschaffenen SPA-Bereich im Erdgeschoss. Große Liegewiese und Chill-Out-Area direkt am See.

Zum Mühlenteich www.landgasthof.de

★★★★

Karl-Marx-Straße 32, PLZ 15345 (OT: Eggersdorf), **T 03341 42660,** F 426666
20 Zimmer | 1 Suite | Ez ab 90 €, Dz ab 130 €, inkl. Frühstück

Familiengeführtes Haus am Rande von Berlin. Die Gästezimmer sind behaglich und liebevoll im eleganten Landhausstil eingerichtet. Das heimelige Restaurant mit Kachelofen bietet freundlichen Service und eine bodenständige Küche zu moderaten Preisen.

PETERSTAL-GRIESBACH, BAD 57 C www.bad-peterstal-griesbach.de

Baden-Württemberg | EW 2.716 | 393 m | Freudenstadt 24 km, Offenburg 36 km

Dollenberg www.dollenberg.de

VARTA-TIPP Service

★★★★★S

Dollenberg 3, PLZ 77740, **T 07806 780,** F 1272
100 Zimmer | 9 Suiten | Ez 181–1207 €, Dz ab 272 €, inkl. Frühstück | 24 h

Dieses familiär geführte Kur- und Sporthotel - hoch über Bad Peterstal-Griesbach gelegen - gehört zweifellos zu den Top-Adressen im Schwarzwald. Man geht mit der Zeit und hält dennoch die Tradition lebendig. Unter den wohnlichen und großzügig geschnittenen Zimmern stechen die Luxussuiten besonders hervor. Wellnessfreuden verspricht der exklusive SPA auf 5.000 qm mit Pools, Bergsee und großem Saunabereich. Nicht zu vergessen der vorbildliche Gästeservice in allen Bereichen des Hauses.

Le Pavillon

VARTA★TIPP Küche VARTA-TIPP Service

30 | Menü 159–220 € | Mo, Do-So Di, Mi

Für Kenner der gehobenen Gastronomie ein erhabener Rahmen für kulinarisch erlesene, ja vollkommene Genüsse. Leidenschaft in Verbindung mit Raffinesse und Bodenständigkeit, das ist das Credo, mit dem Martin Herrmann seine Gäste seit vielen Jahren verwöhnt. Dabei lässt er nicht nur französische und mediterrane Einflüsse zu, sondern bereichert seine kreativen und handwerklich akkuraten Kreationen gekonnt mit filigranen fernöstlichen Akzenten. Die Servicecrew führt Sie charmant und fachkundig durch den Abend. Christophe Meyer ergänzt sie in der Weinberatung und gibt kenntnisreiche Auskunft zur exzellent sortierten Weinkarte.

Kaminstube

VARTA-TIPP Küche VARTA-TIPP Service

120 | Hauptgericht 25–36 €, Menü 29–65 € | Mo-So

Das zweite Restaurant zeigt sich in punkto Ambiente ländlich-elegant und bietet eine schöne Atmosphäre für entspanntes Genießen. Hier lebt die gute regionale Küche mit dem gewissen Etwas, auch mit beachtlichen Tropfen deutscher und europäischer Winzer. Dazu ein herzlicher, effizienter Service. Großzügige Sonnenterrasse.

Renchtalhütte

www.renchtalhuette.de

€ Gut & Günstig

Rohrenbach 8, PLZ 77740, **T 07806 910075**
80 | Hauptgericht 8–25 € | Mo-So

Urig-gemütlich geht es hier zu! An rustikalen blanken Holztischen werden regionale Schwarzwaldgerichte, Flammkuchen und zünftige Vesper serviert. Nachmittags gibt es hausgemachte Kuchen und Torten. Herrliche Panoramaterrasse mit schöner Aussicht auf das Renchtal. Spielplatz und Streichelzoo für Kinder.

Adlerbad

www.adlerbad.de

★★★ S garni

Kniebisstraße 55, PLZ 77740 (OT: Bad Griesbach), **T 07806 98930,** F 8421
24 Zimmer | 2 Suiten | Ez ab 68 €, Dz ab 122 €, inkl. Frühstück | 24 h

Gut geführtes Schwarzwaldhotel mit langer Tradition und freundlichem Service. Gepflegte, individuell eingerichtete Zimmer mit komfortabler Ausstattung. Ansprechend gestalteter Saunabereich. Im Restaurant wird regionale Küche serviert.

PFAFFENHOFEN A.D.ILM 60 B

www.pfaffenhofen.de

Bayern | EW 24.441 | 428 m | München 52 km, Augsburg 67 km

Moosburger Hof

www.moosburgerhof.de

★★★★ S garni

Moosburger Straße 3, PLZ 85276, **T 08441 2770080,** F 27700888
48 Zimmer | 2 Suiten | Ez ab 80 €, Dz ab 194 €

Komfortabel und geschmackvoll ausgestattetes Business- und Cityhotel in der Innenstadt. Die stilvoll eingerichteten Zimmer sind in unterschiedlichen Kategorien buchbar. Gute Tagungsmöglichkeiten.

Hotel Alea City
www.hotel-alea.de/alea-city

garni

Joseph-Fraunhofer-Straße 18, PLZ 85276, **T 08441 8713587,** F 784596
42 Zimmer | 1 Apartment

Neuzeitliches Privathotel in verkehrsgünstiger Lage. Blickfang und zentraler Bereich des Hauses ist die fast 7 Meter hohe Frühstückshalle. Die lichtdurchfluteten Zimmer sind modern möbliert und verfügen über schöne Bäder mit Designwaschtisch und großer Dusche.

PFALZGRAFENWEILER 57 B
www.pfalzgrafenweiler.de

Baden-Württemberg | EW 7.052 | 636 m | Freudenstadt 15 km, Nagold 17 km

Nationalparkhotel Waldsägmühle
www.waldsaegmuehle.de

★★★★ S

Waldsägmühle 1, PLZ 72285 (OT: Kälberbronn), **T 07445 85150,** F 6750
45 Zimmer | 5 Suiten | Ez 160–165 €, Dz 260–310 €, inkl. Vollpension

Das freundlich geführte Landhotel ist eingebettet in eine ruhige und geschützte Naturlandschaft. Es bietet geräumige Zimmer, die im modernen Schwarzwaldstil eingerichtet sind. Großzügiger Wellnessbereich „Zinsbach Therme" mit Pools und Saunawelt. Im Restaurant werden regionale und internationale Gerichte serviert.

Schwanen Kälberbronn
www.hotel-schwanen.de

★★★★

Große Tannenstraße 10, PLZ 72285 (OT: Kälberbronn), **T 07445 1880,** F 18899
55 Zimmer | 4 Suiten | Ez 85–99 €, Dz 147–193 €, inkl. Frühstück

Familiengeführtes Hotel in hübscher Lage. Gepflegte Zimmer mit unterschiedlicher Ausstattung. Gemütliche Gasträume, in denen regionale Gerichte serviert werden. Das Fleisch stammt teilweise vom eigenen Bauernhof. Das Haus ist ein idealer Ausgangspunkt für Freizeitaktivitäten wie Wanderungen, Kutschfahrten, Rad- oder Langlauftouren.

PFINZTAL 57 B
www.pfinztal.de

Baden-Württemberg | EW 17.588 | 151 m | Karlsruhe 13 km, Pforzheim 21 km

Villa Hammerschmiede
www.villa-hammerschmiede.de

VARTA-TIPP Ambiente **VARTA-TIPP** Service

★★★★ S

Hauptstraße 162, PLZ 76327 (OT: Söllingen), **T 07240 6010,** F 60160
30 Zimmer | 5 Suiten | 24 h

Wirklich einladend ist diese charaktervolle Gründerzeitvilla auf einer sanften Anhöhe, umgeben von einem 25.000 qm großen Waldpark. Der ist auch die perfekte Kulisse für Hochzeiten (und andere private Feierlichkeiten), die hier einen unvergesslich schönen Rahmen finden. Die eleganten, in unterschiedlichen Stilrichtungen ausgestatteten Zimmer und Suiten bieten einen hohen Wohnkomfort. Dazu versüßen Ihnen der zuvorkommende Service, das leckere Frühstück und ein exquisiter SPA-Bereich den Aufenthalt.

Villa Hammerschmiede

VARTA-TIPP Küche

80 | Hauptgericht 26–36 €, Menü 75–118 € | Di-Fr Di-Sa Mo, So

»

Egal, ob Sie in den gemütlichen „Guten Stuben", im lichtdurchfluteten Pavillon oder auf der lauschigen Terrasse speisen, Küchenchef Michael Grünbacher sorgt mit seinen Gerichten für absolute Kulinarikhotspots. Seine Küche ist frisch, authentisch, inspirativ und nicht alltäglich. Macht Ihnen z.B. „In Rapsöl gebratenes Filet vom Heilbutt mit Schwertmuschel mit Aubergine und Datteltomate an Sommerkräuteröl und Sonnenblumenkernen" Appetit? Tipp: Mittags „Villa-Lunch" zum kleinen Preis.

PFOFELD 53 C www.pfofeld-am-brombachsee.de

Bayern | EW 1.487 | 446 m | Theilenhofen 5 km, Gunzenhausen 8 km

Strandhotel Seehof www.strandhotel-seehof.de

★★★★ S garni

Seestraße 33, PLZ 91738 (OT: Langlau), **T 09834 9880,** F 988988
85 Zimmer | 3 Suiten | 24 h

Ferien- und Tagungshotel in exponierter Seeuferlage mit umfangreichem Freizeitprogramm. Wohnliche Zimmer mit unterschiedlichem Platzangebot - eingerichtet im Tiroler Landhausstil. Im hauseigenen À-la-carte-Restaurant werden regionaltypische sowie internationale Spezialitäten serviert.

Folgen Sie uns: facebook.com/vartaguide

PFORZHEIM 57 B www.pforzheim.de

Baden-Württemberg | EW 127.200 | 273 m | Karlsruhe 30 km, Stuttgart 45 km
Gasometer mit 360°-Panorama, Schmuckmuseum, Technisches Museum der Schmuck- und Uhrenindustrie, Einkaufs- und Erlebniszentrum Schmuckwelten, Schloss- und Stiftskirche St. Michael, Barfüßerkirche, Burgruine Liebeneck, Kulturzentrum Reuchlinhaus, Archäologischer Schauplatz Kappelhof, Wildpark.

Parkhotel Pforzheim www.parkhotel-pforzheim.de

★★★★ S garni

Deimlingstraße 32-36, PLZ 75175, **T 07231 1610,** F 161690
208 Zimmer | 8 Suiten | Ez 84–154 €, Dz 119–199 €, inkl. Frühstück | 24 h

Zentrale Lage an den Flussauen von Enz und Nagold, direkt neben dem Stadttheater und mit direkter Anbindung zum CongressCentrum. Sie wohnen in hellen Nichtraucherzimmern mit zeitgemäßem Interieur. Schönes Wintergartencafé mit Terrasse. Der Wellnessbereich im Dachgeschoss umfasst neben Saunen und Dampfbad auch einen Whirlpool im Freien.

Riva by Tristan Brandt Neu! www.riva-by-tristan-brandt.de

VARTA-TIPP Küche

Poststraße 8-10, PLZ 75172, **T 07231 3972722**
Hauptgericht 29–42 €, Menü 98–148 € | Di-Fr Di-Sa Mo, So

Wunderbar lässig und entspannt geht es zu in diesem zeitlos-modernen Restaurant in der Innenstadt. Namensgeber Tristan Brandt und Küchenchef Can Basar setzen hier auf ein weltoffenes Küchenkonzept, das regionale Produkte und Einflüsse integriert. Der Gast entscheidet, ob er à la carte speisen möchte oder sich von einem mehrgängigen Menü (4 bis 6 Gänge) inspirieren lässt. Die recht überschaubare Weinkarte richtet den Fokus auf heimische Gewächse sowie solide Tropfen aus Frankreich und Italien. Tipp: Genießen Sie Ihren Aperitif oder Digestif an der angeschlossenen Bar.

Hoppe's
hoppes-pforzheim.de

Weiherstraße 15, PLZ 75173 (OT: Südweststadt), **T 07231 105776**
Hauptgericht 18–26 € | Mi-Sa Mo, Di, So

Einen Hauch Elsass versprüht das intime Restaurant in der Südweststadt. Bei badischer Gemütlichkeit essen Sie z.B. Coq au vin, Straßburger Entenlebermousse, Froschschenkel in Riesling-Knoblauch-Sauce oder Flammkuchen.

PFRONTEN 67 A
www.pfronten.de

Bayern | EW 8.150 | 853 m | Füssen 12 km, Kempten (Allgäu) 33 km

Blaue Burg Falkenstein
www.blaueburg.com

VARTA-TIPP Ambiente **VARTA-TIPP** Service

Auf dem Falkenstein 1, PLZ 87459 (OT: Meilingen), **T 08363 914540,** F 9145444
17 Zimmer | 8 Suiten | Ez 140–200 €, Dz 280–550 €, inkl. Frühstück

Ein Kleinod der Ruhe. Der Ausblick vom Hotel in 1.250 Meter Höhe auf das Allgäu ist nicht zu toppen. In den liebevoll eingerichteten Themenzimmern schaffen hochwertige und natürliche Materialien, maßgefertigte Möbel und verspielte Details eine wohnliche Atmosphäre. Dazu ein außergewöhnlicher SPA-Bereich, ein sehr gutes Frühstück und freundliche, präsente Gastgeber.

PAVO

VARTA-TIPP Küche **VARTA-TIPP** Service

17 | Menü 170 € | Do-So Mo, Di, Mi 18.12.23–14.1.24

Das kleine, aber exklusive Gourmetrestaurant bietet nur wenige Plätze, eine Tischreservierung ist daher zwingend notwendig! Simon Schlachter ist bekannt für seine durchdachte Produktküche, in der er die bevorzugt saisonalen Zutaten unkonventionell, innovativ und vielseitig in Szene setzt. Unter dem Motto „The Royal Fine Cuisine" können Sie hier facettenreiche Gerichte im Sharing-Charakter probieren. Sabrina Haas gibt wertvolle Tipps rund um das Weinangebot und weiß, welcher Tropfen welcher Speise das viel zitierte i-Tüpfelchen aufsetzt.

Restaurant 1250

VARTA-TIPP Küche

60 | Hauptgericht 24–42 €, Menü 70–95 € | Mo-So

Auch im zweiten Restaurant des Burghotels setzt man auf gemütlich-elegantes Ambiente und eine raffinierte Kreativküche, die gekonnt regionale Produkte mit internationalen Einflüssen verbindet. Wie wäre es z.B. mit „Rehrücken | Schokolade | Selleriecreme | Steinpilz | Brombeere | Serviettenknödel"? Auf der herrlichen Panoramaterrasse können Sie den Blick über die Alpen schweifen lassen.

Schlossanger-Alp
www.schlossanger.de

VARTA-TIPP Service

Am Schlossanger 1, PLZ 87459 (OT: Obermeilingen), **T 08363 914550,** F 91455555
35 Zimmer | 17 Suiten | Ez 141–178 €, Dz 254–324 €, inkl. Frühstück ››

Das hübsche Ganzjahresferienhotel in ruhiger Umgebung auf 1.130 m Höhe kann auf treue Stammgäste zählen. Kein Wunder, die modern-alpinen Zimmer und Suiten sind bestens in Schuss, der Wellnessbereich ist up to date und das Dienstleistungsniveau beispielhaft. Ein schöner Rückzugsort ist das gemütliche Kaminzimmer - hier kann man die Seele baumeln lassen. Für die Kleinen gibt es einen hauseigenen Kinderspielplatz.

Schlossanger-Alp

VARTA-TIPP Küche VARTA-TIPP Service

100 | Hauptgericht 25–41 €, Menü 49–68 € | Mo-So

Vor der eindrucksvollen Kulisse der Allgäuer Bergwelt lässt es sich hervorragend schlemmen. Heimatverbundenheit, Liebe zum Handwerk und das Talent, Begeisterung mit Genuss zu verbinden - das ist das, was den Kochstil von Barbara Schlachter-Ebert über viele Jahre ausgezeichnet hat. Am Herd hat man zwischenzeitlich den Generationswechsel vollzogen. Sohn Bastian wird alles daran setzen, die Qualität der leichten regionalen Küche weiter hoch zu halten und ihr dennoch seine ganz eigene Handschrift zu verleihen. Der Service ist aufmerksam und charmant. Im Weinkeller lagern viele Schätze aus der ganzen Welt.

Alpenhotel Krone

www.alpenhotelkrone.de

★★★★

Tiroler Straße 29, PLZ 87459 (OT: Dorf), **T 08363 69050,** F 6905555
32 Zimmer | 2 Suiten | Ez ab 125 €, Dz ab 172 €, inkl. Frühstück

Denkmalgeschütztes ehem. Amtshaus von 1770 mit hübschen Lüftlmalereien. Zeitgemäß eingerichtete Zimmer und Tagungsräume. Schöner Wellnessbereich mit Sauna, Ruhebereich und Fitnesscenter. In den gemütlichen Restaurantstuben wird bayerische Küche mit internationalen Einflüssen serviert.

PIDING 69 A

www.piding.net

Bayern | EW 5.238 | 455 m | Bad Reichenhall 6 km, Freilassing 11 km

Lohmayr Stub'n

www.lohmayr.com

Salzburger Straße 13, PLZ 83451, **T 08651 714478**
40 | Hauptgericht 19–30 €, Menü 45–56 € | So Mo, Do-So Di, Mi

Oberbayerisches Gasthaus mit schmuckem Garten und heimeligem Stubenambiente. Angeboten wird eine schmackhafte regionale und mediterran beeinflusste Küche. Wie wäre es z.B. mit „Carpaccio vom heimischen Rind mit Parmigiano Reggiano“ und anschließend „Geschmorte Kalbsbackerl in Cabernetreduktion mit Zitronenpüree“? Liebenswerter Service.

PIESPORT 49 A

www.piesport.de

Rheinland-Pfalz | EW 1.929 | 110 m | Bernkastel-Kues 18 km, Wittlich 18 km

schanz.hotel

www.schanz-hotel.de

VARTA-TIPP Ambiente VARTA-TIPP Service

★★★★

Bahnhofstraße 8a, PLZ 54498 (OT: Niederemmel), **T 06507 92520,** F 925252
12 Zimmer | 3 Apartments | Ez 127–133 €, Dz 159–165 €, inkl. Frühstück

Angenehm persönlich ist die Atmosphäre in diesem kleinen, familiär geführten Genusshotel. Die liebevoll renovierten Gästezimmer überzeugen durch formschönes Design, zeitgemäße Technik und wertig-geschmackvolle Bäder. Zum schönen Ambiente kommen ein aufmerksamer Service und ein gutes Frühstück. Auf der großzügigen Sonnenterrasse können Sie das mediterrane Moselklima genießen.

schanz.restaurant www.schanz-restaurant.de

VARTA★TIPP Küche VARTA-TIPP Service

30 | Hauptgericht 65–77 €, Menü 217–277 € | Fr, So Mi-So Mo, Di 15.1.–4.2.24

Moselschiefer, helle Stoffe, geöltes Eichenholz und warme Lichtakzente sorgen hier für ein edel-zeitloses Ambiente. Der passende Rahmen für die kulinarischen Höchstleistungen von Thomas Schanz. Die aufwendige, moderne und variantenreiche Gourmetküche setzt er auf dem Teller perfekt in Szene. Das ausgewogene Weinrepertoire bietet feine Tropfen vom hauseigenen Weingut und befreundeten Moselwinzern. Das Serviceteam ist charmant und kompetent. Tischreservierung empfehlenswert.

Jetzt abonnieren: instagram.com/vartaguide

PILSACH 54 C www.pilsach.de

Bayern | EW 2.815 | 445 m | Neumarkt (Oberpfalz) 7 km, Nürnberg 40 km

Gasthof Am Schloss www.am-schloss.de

€ Gut & Günstig ★★★

Litzloher Straße 8, PLZ 92367, **T 09181 510600,** F 5106099
16 Zimmer | Ez 79–139 €, Dz 109–149 €, inkl. Frühstück

Neuzeitlicher, familiär geführter Gasthof in ruhiger, ländlicher Umgebung. Hier stehen einfache, aber gepflegte Zimmer zur Verfügung. Behagliches Restaurant mit bayerischen Schmankerln und bürgerlicher Küche. Schöne Terrasse.

HIO – Der Acker kocht www.hilzhof.com/de/hio-gourmetrestaurant

VARTA★TIPP Küche

Hilzhofen 18, PLZ 92367 (OT: Hilzhofen), **T 09186 237**
16 | Menü ab 150 € | Do-Sa

Wenn Sie wissen möchten, wie ehrliche, unverfälschte Heimat-Gourmetküche schmeckt, dann sollten Sie die Fine-Dining-Lounge im renommierten Landgasthof Meier besuchen! In punkto Interiordesign unterstreichen große Fenster, schwarz geköhlerte Eichenholztische, mit heimischer Ackererde vermengter Wandputz und Lounge Chairs mit Schafwollbezug den naturverbundenen Charakter des Restaurants. In diesem exklusiven, fast schon intimen Rahmen genießen Sie hautnahes Frontcooking von Moritz Techet und seiner Crew. Serviert werden ausgefeilte und handwerklich tadellose Kompositionen, die inspiriert sind von der klassischen französischen und modernen nordischen sowie der japanischen Küche. Dazu ein umfangreiches Weinangebot mit Schwerpunkt Deutschland und Österreich.

PINNEBERG 15 A www.pinneberg.de

Schleswig-Holstein | EW 42.314 | 2 m | Elmshorn 17 km, Hamburg 19 km

Cap Polonio
cap-polonio.de

Fahltskamp 48, PLZ 25421, **T 04101 5330,** F 533190
53 Zimmer | 3 Suiten | Ez ab 103 €, Dz ab 129 €, inkl. Frühstück | 24 h

Direkt am Pinneberger Stadtwald begrüßt Sie dieses familiengeführte Haus, das über Teile der Originaleinrichtung des Hamburger Dreischrauben-Luxus-Schnelldampfers Cap Polonio verfügt. In den Zimmern sorgen geschmackvolle Farben und ausgesuchte Materialien für angenehmen Wohnkomfort. Historischer Ballsaal mit Kristallleuchter und Tanzparkett.

Rolin

70 | Hauptgericht 24–39 €, Menü 39–75 € | Mi-Sa Mo, Di, So

Das klassisch-elegante Restaurant ist nach dem damaligen Kapitän des Cap Polonio benannt und bietet nationale und internationale Küche, z.B. „Kross gebratene französische Perlhuhnbrust mit Trüffelsauce | Pfifferlinge | roh marinierter Spitzkohl | Walnusskerne | gepickelte Heidelbeeren | Creme von Knollensellerie". Dazu eine Menüempfehlung mit korrespondierenden Weinen.

PIRK 54 B
www.gemeinde-pirk.de

Bayern | EW 1.872 | 397 m | Weiden in der Oberpfalz 6 km, Amberg 50 km

Genussschmiede
www.genussschmiede-pirk.de

Rathausplatz 6, PLZ 92712, **T 0961 48026600**
50 | Hauptgericht 17–40 €, Menü 52–82 € | Fr-So Mi-So Mo, Di

In der einstigen Schmiede sitzt man heute gemütlich im hellen, großzügigen Gastraum und lässt sich leckere Gerichte schmecken - immer frisch und immer regional. Dazu gibt es eine kleine, aber feine Weinauswahl.

PIRMASENS 50 C www.pirmasens.de

Rheinland-Pfalz | EW 40.101 | 387 m | Zweibrücken 23 km, Kaiserslautern 35 km

Kunz www.hotel-kunz.de

★★★★ S garni

Bottenbacher Straße 74, PLZ 66954 (OT: Winzeln), **T 06331 8750,** F 875125
56 Zimmer | 2 Suiten | Ez ab 99 €, Dz 135–180 €, inkl. Frühstück | 24 h 23.12.23–5.1.24

Bereits in dritter Generation leitet Juniorchef Eric Kunz dieses gewachsene Hotel in einem ruhigen Vorort von Pirmasens. Hier erwarten Sie komfortable Zimmer, luxuriöse Suiten und ein exklusiver Wellnessbereich auf 300 qm.

Kunz

110 | Hauptgericht 22–52 €, Menü 45–95 € | Mo-Do, So Mo-So 23.12.23–5.1.24

Das gemütlich-elegante Hotelrestaurant bietet sowohl regionale Gerichte als auch mediterran beeinflusste Speisen. Gediegenes Ambiente und eine kleine Bistrokarte gibt es in „Emil's Bar". Vinothek im hauseigenen Gewölbekeller.

Die Brasserie diebrasserie-ps.de

VARTA-TIPP Küche

Landauer Straße 103-105, PLZ 66953, **T 06331 7255544**
40 | Hauptgericht 48–59 €, Menü 98–125 € | Do-Sa Mo, Di, Mi, So 28.12.23–15.1.24

Aus dem einstigen „Waldschlöß'l" ist eine erstklassige Genussadresse entstanden. Hier offeriert Ihnen Vjekoslav Pavic eine klassisch-saisonale Brasserieküche - aromatisch, handwerklich präzise zubereitet und ansprechend präsentiert. Probieren Sie z.B. „Filet vom schottischen Ikarimi-Lachs mit Spitzpaprika, Bulgur, Zedernkernen und Zitronenverbenesauce". Das Ambiente: interessanter Stilmix aus hist. Elementen und großstädtischer Bistroatmosphäre. Im Sommer lockt die wunderschöne Terrasse.

PIRNA 46 B www.pirna.de

Sachsen | EW 37.645 | 118 m | Dresden 20 km, Chemnitz 91 km

Designhotel Laurichhof www.laurichhof.de

VARTA-TIPP Ambiente

Hauptplatz 4, PLZ 01796, **T 03501 7709077**
27 Zimmer

Das originelle Lifestylehotel wird besonders kunst- und designliebende Gäste ansprechen. Die Innenausstattung überrascht, polarisiert und inspiriert. Jede der mit ausgesuchten Designermöbelstücken eingerichteten Suiten erzählt ihre eigene Geschichte. Die Räume tragen solch fantasievolle Namen wie „Goldrausch", „Honey-Mohn" oder „Unter dem Meer". Ob klassisch, modern oder romantisch - hier ist für jeden Geschmack etwas dabei.

Lazy Laurich www.lazylaurich.de

60 | Hauptgericht 19–42 € | Mo-So

››

Stylish und modern das Ambiente, freundlich der Service, frisch und schmackhaft die bodenständige Regionalküche - da machen z.B. „Gebratenes Saiblingsfilet | hausgemachte Bärlauchgnocchi | geschmolzener Paprika | Grana-Padano-Schaum“ oder „Kotelett vom Havelländer Apfelschwein | Pilzfüllung | gebratene Kartoffeln | Speckbohnen | Bärlauchpesto“ Appetit. Nachmittags Kaffee und Kuchen.

Pirn'scher Hof
www.pirnscher-hof.de

Am Markt 4, PLZ 01796, **T 03501 44380,** F 443815
24 Zimmer | Ez ab 70 €, Dz ab 110 €, ab 10,00 €

Charmantes kleines Boutique-Hotel direkt am Markt. Das renovierte mittelalterliche Haus ist inhabergeführt und bietet wohnliche Nichtraucherzimmer mit zeitgemäßer Ausstattung. Das Highlight des Hauses ist das Braumeisterzimmer mit eigener Zapfanlage. Ideale Adresse für Freizeitgäste und Businessreisende. Zwei Ladestationen für Elektroautos vorhanden.

Felsenbirne
www.felsenbirne-restaurant.de

Lange Straße 34, PLZ 01796 (OT: Altstadt), **T 03501 7599791**
36 | Hauptgericht 19–30 €, Menü 59–82 € | Mo, Fr-Sa Mo-Sa So

Gastgeber und Chefkoch Felix Mikulla bietet moderne deutsche Küche mit klassisch französischen Einflüssen, z.B. als „Heilbutt gebraten | Kartoffelkrapfen | Pfifferlinge | sautierter Pak Choi“. Auch einige vegane Gerichte stehen auf der wechselnden Speisekarte. Schön hat man es sowohl in den beiden modern gehaltenen Gasträumen als auch auf der lauschigen Innenhofterrasse.

Brauhaus Pirna Zum Gießer
www.brauhaus-pirna.de

€ Gut & Günstig

Basteistraße 60b, PLZ 01796 (OT: Copitz), **T 03501 464646**
210 | Hauptgericht 10–27 €, Menü 25–32 € | Mo-So

Blickfang in dem rustikal mit dunklem Holz vertäfelten Brausaal ist der große kupferne Sudkessel. Neben hausgebrautem Bier gibt es zünftige Speisen, z.B. sächsische Krautnudeln, deftige Bauernsülze oder Schwarzbiergulasch vom Weideochsen. Zum Haus gehören eine Kegelbahn, eine Terrasse mit Gartenlokal sowie ein Biergarten.

Jetzt vorbeischauen: pinterest.com/vartaguide

PLANEGG 60 C
www.planegg.de

Bayern | EW 10.480 | 542 m | München 15 km, Starnberg 15 km

Asemann Planegg
hotel-planegg.de

★★★ garni

Gumstraße 13, PLZ 82152, **T 089 8996760,** F 89967662
39 Zimmer | 1 Apartment | Ez 82–92 €, Dz 136–146 €, inkl. Frühstück

Tipptopp gepflegtes, ruhig gelegenes Haus mit wohnlichen Gästezimmern. Hier erwarten Sie eine gemütliche Atmosphäre und familiärer Service. Heller, freundlicher Frühstücksraum mit Blick in den Garten.

PLAU AM SEE 17 D
www.info-plau.de

Mecklenburg-Vorpommern | EW 6.070 | 72 m | Pritzwalk 37 km, Schwerin 73 km

Parkhotel Klüschenberg
www.klueschenberg.de

★★★★

Klüschenberg 14, PLZ 19395, **T 038735 49210,** F 49212190
76 Zimmer | 7 Suiten | 3 Apartments | Ez 79–99 €, Dz 109–139 €, inkl. Frühstück | 24 h

Individuell und geschmackvoll eingerichtete Zimmer in idyllischer Parklage. Schöner Wellnessbereich mit Innenpool, finnischer Sauna, Dampfbad und Trimm-Dich-Raum. Stilvolles Restaurant mit modern-traditioneller Mecklenburger Küche und schöner Gartenterrasse mit altem Baumbestand.

PLEISKIRCHEN 61 D
www.pleiskirchen.de

Bayern | EW 2.385 | 450 m | Altötting 15 km, Eggenfelden 20 km

Huberwirt
www.huber-wirt.de

VARTA-TIPP Küche

Hofmark 3, PLZ 84568, **T 08635 201**
60 | Hauptgericht 30–48 €, Menü 79–149 € | Fr-So Mi-So Mo, Di

Seit mehr als 400 Jahren wird dieses Gasthaus als Familienbetrieb geführt. Hier verwöhnt Junior Alexander Huber seine Gäste mit einer innovativen und modern interpretierten Wirtshausküche. Seine Kreationen beweisen einmal mehr, dass sich kulinarischer Anspruch und Bodenständigkeit nicht ausschließen. Die Zutaten sind handverlesen und orientieren sich am saisonalen Marktangebot. Mittags wird ein wechselndes Lunchmenü angeboten. Die Räumlichkeiten vereinen ländlichen Charme und einen Hauch Eleganz. In der hauseigenen Kochschule können Sie dem Patron über die Schulter schauen.

PLEISWEILER-OBERHOFEN 50 D
www.pleisweiler-oberhofen.de

Rheinland-Pfalz | EW 828 | 190 m | Bad Bergzabern 2 km, Landau in der Pfalz 15 km

Landhotel Hauer
www.landhotel-hauer.de

★★★★

Hauptstraße 31, PLZ 76889 (OT: Oberhofen), **T 06343 700700,** F 700707
22 Zimmer | 1 Suite | 1 Apartment | Ez 84–104 €, Dz 134–172 €, inkl. Frühstück

Eingebettet in die sanften Hügel der Weinberge liegt das historische Bauernanwesen mit seinem neueren Hotelanbau. Die Gästezimmer, teilweise mit Balkon, sind individuell und gemütlich ausgestattet. Zum Haus gehören auch eine Wellnessoase mit mehreren Saunen sowie das Restaurant „Adams“ mit regionaler und saisonaler Küche.

PLIEZHAUSEN 58 A
www.pliezhausen.de

Baden-Württemberg | EW 9.400 | 340 m | Metzingen 7 km, Tübingen 12 km

Landgasthaus Linde
www.linde-doernach.de

Schönbuchstraße 8, PLZ 72124 (OT: Dörnach), **T 07127 890066**
40 | Menü 93–102 € | So Mo, Do-So Di, Mi

Das charmante Restaurant mit seinem stilvoll anmutenden Landhausflair bietet ambitionierte Speisen zu maßvollen Preisen. Lust auf „Rehrücken | grüner Spargel | Nussspätzle“ oder lieber „Kalbskotelett mit Kräuterkruste | Tomaten-Zucchinigemüse | Orecchiette“? Im Sommer empfiehlt sich die idyllische Gartenterrasse.

PLOCHINGEN 58 A www.plochingen.de

Baden-Württemberg | EW 14.115 | 276 m | Göppingen 18 km, Stuttgart 24 km

Stumpenhof stumpenhof.de

VARTA-TIPP Küche VARTA-TIPP Service

Am Stumpenhof 1, PLZ 73207 (OT: Stumpenhof), **T 07153 22425**
110 | Hauptgericht 15–33 €, Menü 22–61 € | Do-So Mi-So Mo, Di

„Seesaiblingsfilet | Kräuterkruste | Gemüse | Pfifferlingrisotto" - so oder so ähnlich klingen die schmackhaften Gerichte, die Uli Wägerle aus guten Produkten zubereitet. Die Speisekarte wechselt regelmäßig, mittags wird ein preisgünstiges Businessmenü serviert. Schön auch der Rahmen: drinnen behaglich mit gepflegter Tischkultur, draußen die hübsche Terrasse. Vom Service werden Sie ausgesprochen charmant und freundlich umsorgt. Tischreservierung ratsam.

Gasthaus Cervus www.gasthaus-cervus.de

Bergstraße 1, PLZ 73207, **T 07153 558869**
32 | Hauptgericht 28–33 €, Menü 49–82 € | Di-Do Di-Sa Mo, So

Charmante Adresse mit urig-gemütlicher Atmosphäre und reichlich Fachwerkromantik. Frische regionale Küche mit stark mediterranem Einschlag. Gutes Preis-Leistungsverhältnis. Wöchentlich wechselnder Mittagstisch. Kleine Hofterrasse.

PLÖN 8 D www.ploen.de

Schleswig-Holstein | EW 8.647 | 28 m | Eutin 15 km, Kiel 29 km

Landhaus Hohe Buchen www.landhaus-hohebuchen.de

garni

Lütjenburgerstraße 34, PLZ 24306, **T 04522 789410,** F 789428
10 Zimmer | 1 Suite | Ez ab 80 €, Dz ab 110 €, inkl. Frühstück

Kleines, persönlich geführtes Landhotel mitten in einem parkähnlichen Garten mit altem Baumbestand. Gemütliche, mit Antiquitäten eingerichtete Zimmer mit modernem Komfort. Reichhaltiges Frühstück mit frischen Bio-Produkten.

Robert Stolz www.robertstolz.de

VARTA-TIPP Küche

Markt 24, PLZ 24306, **T 04522 7895295**
16 | Menü 95 € | Do-Sa Mo, Di, Mi, So

Ein Abend bei Robert Stolz ist jedes Mal ein kulinarisches Erlebnis! Gemeinsam mit anderen Gästen sitzen Sie wie in einem Wohnzimmer an zwei großen Eichentischen mit Sichtweite zur offenen Küche. Freuen Sie sich auf ein nordisch inspiriertes, 6-gängiges Social-Dining-Menü inkl. 3 Snacks und Mineralwasser. Darüber hinaus gehören Kochkurse und kulturelle Events zum Konzept „eat.share.live". Die Reservierung erfolgt über ein Online-Ticketsystem.

POPPENHAUSEN 42 D www.poppenhausen-wasserkuppe.de

Hessen | EW 2.605 | 452 m | Gersfeld 8 km, Fulda 17 km

Hof Wasserkuppe www.hof-wasserkuppe.de

★★★★ garni

Pferdskopfstraße 3, PLZ 36163, **T 06658 9810,** F 98155
16 Zimmer | 1 Suite | 4 Apartments | Ez 95–105 €, Dz 150–165 €, inkl. Frühstück

Kleines, familiär geführtes Wellnesshotel in schöner grüner Lage, das in modernem Landhausstil gehalten ist. Behagliche Zimmer mit persönlicher Atmosphäre. Ansprechender Freizeitbereich mit Hallenbad, mehreren Saunen und „Vital-Studio" für Beauty und Massage.

PÖSSNECK 44 B www.poessneck.de

Thüringen | EW 13.000 | 220 m | Saalfeld 19 km, Gera 47 km

Villa Altenburg www.villa-altenburg.de

Straße des Friedens 49, PLZ 07381, **T 03647 5042888,** F 5042889
15 Zimmer | 1 Suite | Ez 88–157 €, Dz 124–200 €, inkl. Frühstück

Die ehem. Fabrikantenvilla inmitten eines parkähnlichen Gartens bietet heute individuelle Gästezimmer, die entweder historisch oder modern eingerichtet sind. Herrschaftliches Ambiente und ausgesuchte Antiquitäten sorgen für den unverwechselbaren Charme dieses Boutique-Hotels.

POTSDAM 26 D www.potsdamtourismus.de

Brandenburg | EW 161.468 | 35 m | Brandenburg 38 km, Berlin 40 km
Holländisches Viertel, Filmpark Babelsberg, Klassizistische Nikolaikirche, Park und Schloss Sanssouci mit Orangerie im Stil italienischer Renaissancepaläste, Schloss Cecilienhof, Russische Kolonie, Spätklassizistische Friedenskirche, Filmmuseum.
Einen Cityplan finden Sie auf Seite 896.

Am Jägertor www.potsdam-hotel-am-jaegertor.de

★★★★

Hegelallee 11 (B2), PLZ 14467, **T 0331 2011100,** F 2011333
62 Zimmer | 4 Suiten | Ez ab 101 €, Dz ab 116 €, 21,00 € | 24 h

Die hübsche Stadtvilla mit ihrer neoklassizistischen Fassade liegt direkt im Zentrum. Sie übernachten in klassisch-elegant eingerichteten Stilzimmern. Einige Zimmer verfügen über einen Balkon. Das Frühstück kann bei schönem Wetter auch auf der Gartenterrasse eingenommen werden.

Brandenburger Tor www.hotel-brandenburger-tor.de

★★★★ garni

Brandenburger Straße 1 (A2), PLZ 14467, **T 0331 87700000,** F 23607555
39 Zimmer | 2 Suiten | 3 Apartments | 24 h

Ein elegantes Hotel mit schöner Barockfassade. Sowohl die einladenden Superiorzimmer im Neubau als auch die exklusiv ausgestatteten Residenzzimmer im hist. Teil des Gebäudeensembles bieten höchste Wohnkultur. Das vielfältige Frühstücksbuffet wird im stilvollen „Luisenzimmer" im Erdgeschoss serviert. Am Abend lockt die gemütliche Voltaire-Bar.

Inselhotel www.inselhotel-potsdam.de

★★★★

Hermannswerder 30, PLZ 14473, **T 0331 23200,** F 2320100
88 Zimmer | 8 Suiten | Ez 145–195 €, Dz 175–235 €, inkl. Frühstück | 24 h ››

Zeittypisches Hotel mit Parkgelände, eigenem Schiffsanleger und Bootsliegeplätzen. Großes Tagungscenter mit direktem Zugang zu Seeterrassen. Umfangreicher SPA- und Wellnessbereich auf 2.000 qm mit beheiztem Außen- und Innenpool und schwimmender Seesauna.

Am Katharinenholz

www.hotel-katharinenholz.de

★★★ garni

Amundsenstraße 24d, PLZ 14469, **T 0331 24348040**, F 23189094
9 Zimmer | 1 Suite | 24 h

Hübsches, familiär geführtes Hotel in idyllischer Lage nördlich des Schlossparks von Sanssouci. Freundlich eingerichtete Zimmer mit moderner Ausstattung, teils mit Balkon oder Terrasse. Großer, gepflegter Garten mit Liegewiese unter schattigen Eichen. Das Frühstück wird im Wintergarten serviert.

kochZIMMER

www.restaurant-kochzimmer.de

VARTA-TIPP Küche **VARTA-TIPP** Service

Am Neuen Markt 10 (B3), PLZ 14467, **T 0331 20090666**
50 | Menü 135–175 € | Mi-Sa Mo, Di, So

„Neue preußische Küche“ in der altehrwürdigen Gaststätte zur Ratswaage - das sind Gastgeber Jörg Frankenhäuser und Küchenchef David Schubert, die in dem zeitgemäß und individuell gestalteten Restaurant bestens ankommen. Gehobene Kulinarik in Perfektion verspricht das sechsgängige Abendmenü, das es auf Vorbestellung auch als vegetarische Variante gibt. Dazu eine gut sortierte Weinkarte sowie ein überaus herzlicher und fachkundiger Service. Nett der romantische Innenhof mit hist. Brunnen.

Juliette
www.restaurant-juliette.de

Jägerstraße 39 (B2), PLZ 14467, **T 0331 2701791**
64 | Menü 62–99 € | Sa-So Mi-So Mo, Di

Jede Menge französisches Flair versprüht dieses Restaurant in einem denkmalgeschützten Fachwerkhaus aus dem 17. Jh. Dunkles Fachwerk kombiniert mit hell verputzten schlichten Wänden und rohem Backstein dominieren den charmant gestalteten Innenbereich. Die Küche überzeugt mit französisch geprägten Gerichten und modernen Kreationen. Dazu eine gute Weinauswahl mit über 120 verschiedenen Positionen edelster Tropfen.

Villa Kellermann
www.villakellermann.de

VARTA-TIPP Küche

Mangerstraße 34-36 (↗ C1), PLZ 14467 (OT: Berliner Vorstadt), **T 0331 20046540**
60 | Hauptgericht 25–34 € | Sa-So Mi-So Mo, Di

In beeindruckender Kulisse direkt am Heiligen See mit Blick auf das Marmorpalais empfängt Sie diese liebevoll sanierte historische Villa. In den edlen Salons offeriert Christopher Wecker eine von Brandenburg und Potsdam inspirierte Küche in zeitgemäßer Manier. Auf der Karte locken Gerichte wie „Knusprige Spanferkelhaxe | Kohlrabi | Birne | Senf" oder „Gedämpfter Zander | grüner Apfel | Staudensellerie | Riesling-Beurre-blanc". Ansprechende Weinauswahl mit Schwerpunkt Deutschland, Frankreich und Italien.

POTTENSTEIN 53 B
www.pottenstein.de

Bayern | EW 5.500 | 400 m | Pegnitz 15 km, Bayreuth 30 km

Hotel Schwan
www.hotel-schwan-pottenstein.de

garni

Am Kurzentrum 6, PLZ 91278, **T 09243 9810**
26 Zimmer | 2 Suiten | Ez 65 €, Dz 95 €, inkl. Frühstück

Gepflegtes Nichtraucherhotel unter familiärer Führung. Die harmonisch gestalteten Zimmer wurden Anfang 2023 renoviert und verfügen über bequeme Boxspringbetten. Direkter Zugang zur angegliederten Badewelt „Juramar" (Eintritt für Hausgäste kostenlos). Kleines Café-Bistro mit idyllischem Innenhof.

PREROW, OSTSEEBAD 10 D
www.ostseebad-prerow.de

Mecklenburg-Vorpommern | EW 1.498 | 1 m | Barth 20 km, Ribnitz-Damgarten 40 km

Waldschlösschen
www.waldschloesschen-prerow.de

★★★★

Bernsteinweg 9, PLZ 18375, **T 038233 6170,** F 617403
33 Zimmer | 12 Suiten | Ez ab 173 €, Dz ab 240 €, inkl. Halbpension | 24 h

Familiengeführtes Hotel inmitten einer Parkanlage, nur 300 m vom Nordstrand entfernt. Individuell eingerichtete Zimmer mit moderner Ausstattung, die sich auf das Haupthaus sowie das Alte und Neue Gartenhaus verteilen. Großzügiger Wellnessbereich mit beheiztem Außenpool und Saunalandschaft. Das „CP1" ist Bistro, Probierladen und Restaurant mit Showküche in einem.

Gingko Mare
www.ginkgomare.de

garni

Buchenstraße 41a, PLZ 18375, **T 038233 7013,** F 70141
13 Zimmer | Ez 90–130 €, Dz 160–190 €, inkl. Frühstück | 16.12.23–7.1.24 ››

Kleines Medical-Wellness-Hotel mit angeschlossenem Gesundheitszentrum, nur wenige Minuten vom Darßwald entfernt. Wohnliche Zimmer mit Möbeln aus Vollholzbirke. Im lichtdurchfluteten Frühstücksraum erwartet Sie jeden Morgen ein vollwertiges Bio-Frühstücksbuffet.

PRESSECK 44 D www.presseck.de

Bayern | EW 1.833 | 642 m | Kulmbach 19 km, Bayreuth 40 km

Gasthof Berghof - Ursprung www.berghof-wartenfels.de

VARTA-TIPP Küche

Wartenfels 85, PLZ 95355 (OT: Wartenfels), **T 09223 229**
50 | Hauptgericht 14–49 €, Menü 39–82 € | Mi-So Mo, Di

Tradition trifft Moderne in diesem stimmungsvollen, mit Naturmaterialien eingerichteten Restaurant. Hier inszeniert Alexander Schütz einen Mix aus bodenständiger fränkischer Hausmannskost und kreativer Frischeküche, bei der überwiegend regionale Produkte Verwendung finden. Im Gästehaus stehen wohnliche Hotelzimmer zur Verfügung. Sehr beliebt sind die Kochkurse des Patrons.

PRICHSENSTADT 52 B www.prichsenstadt.de

Bayern | EW 3.104 | 248 m | Gerolzhofen 12 km, Kitzingen 14 km

Freihof www.hotelfreihof.com

Freihofgasse 3, PLZ 97357, **T 09383 9020340,** F 90203488
30 Zimmer | 4 Suiten

Das geschmackvoll renovierte Fachwerkhaus in der Altstadt beherbergt helle Gästezimmer mit schicker, moderner Innenausstattung. Den 250 qm großen Wellnessbereich nutzen Hausgäste kostenfrei. Das Restaurant „Prichs“ nebst loungigem Innenhof serviert kreative fränkische Küche mit internationalen Einflüssen.

PRIEN 68 B www.tourismus.prien.de

Bayern | EW 10.292 | 533 m | Aschau im Chiemgau 12 km, Rosenheim 30 km

Garden Hotel Reinhart www.reinhart-hotel.de

★★★★

Erlenweg 16, PLZ 83209, **T 08051 6940,** F 694100
37 Zimmer | 7 Suiten | Ez 135 €, Dz 165–225 €, inkl. Frühstück

Ein gepflegtes Ferienhotel am Ufer des Chiemsees. Traditionell und mit anheimelnder Atmosphäre zeigen sich die im bayerischen Landhausstil eingerichteten Gästezimmer. Für Entspannung sorgen ein Pool, eine Saunalandschaft sowie die hoteleigene Liegewiese.

Restaurant im Garden Hotel Reinhart

80 | Hauptgericht 14–29 € | Mo-So

In den gemütlichen Gasträumen und auf der Sommerterrasse serviert man Ihnen eine unkomplizierte bayerisch-mediterrane Küche. Das Angebot reicht von Chiemseer Saibling über Kalbstafelspitz bis Pasta und Burger. Dazu eine schöne Weinauswahl mit Schwerpunkt Österreich und Deutschland.

Yachthotel Chiemsee
www.yachthotel.de

★★★★ garni

Harrasser Straße 49, PLZ 83209 (OT: Harras), **T 08051 6960,** F 5171
100 Zimmer | 5 Suiten | 24 h

Traumhaft gelegenes Ferien- und Tagungshotel mit Jachthafen, großer Liegewiese und eigenem Badestrand. Ruhige, komfortable Zimmer, teils mit Seeblick. Für Entspannung sorgt die vielseitige SPA- und Wellnesslandschaft. Restaurant „Kitz & Gloria“ mit elegant-rustikaler Atmosphäre und regionaler Küche.

Zum Fischer am See
www.fischeramsee.de

★★★ S garni

Harrasser Straße 145, PLZ 83209 (OT: Harras), **T 08051 90760,** F 62940
16 Zimmer

Freundlich geführtes Ferienhotel direkt am Westufer des Chiemsees mit eigenem Bootshafen. Behagliche Gästezimmer, teils mit Blick über den „Irschener Winkel“ und die Bergkette der Chiemgauer Alpen. Im Restaurant mit großer Sonnenterrasse werden regionale Küche und täglich fangfrischer Chiemseefisch serviert.

Wachter Foodbar Neu!
wachter-foodbar.de

VARTA-TIPP Küche

Bernauer Straße 31, PLZ 83209, **T 08051 966888**
22 | Menü 89–124 € | Mi-Sa Mo, Di, So

In der einstigen Kochschule mit Bistro hat Dominik Wachter eine kulinarische Adresse im Chiemgau wiederbelebt. Seine Foodbar steht für ein modernes Tresenkozept mit Wohlfühlatmosphäre. Wertig und schick-elegant ist das Ambiente: Sie sitzen wahlweise an der großen Bar oder an Hochtischen und können der Küchencrew bei der Arbeit zuschauen. Das Menü ist gespickt mit feinsten kulinarischen Kreationen, die Spaß machen. Für die aromenreichen Gerichte kommen überwiegend Produkte aus der Gegend zum Einsatz. Erlesene Weinauswahl mit Schwerpunkt Deutschland, Italien und Frankreich.

PRITZWALK 17 D
www.pritzwalk.de

Brandenburg | EW 11.982 | 63 m | Wittstock 22 km, Perleberg 22 km

Schönhagener Mühle Neu!
www.schoenhagener-muehle.de

★★★★ garni

Schönhagener Mühle 10, PLZ 16928, **T 03395 401421**
12 Zimmer | 1 Suite | 2 Apartments | Ez 90–110 €, Dz 110–130 €, ab 15,50 €

Direkt an der Dömnitz finden Sie das charmante Bio-Hotel, das besonders bei Wanderern und Radfahrern sehr beliebt ist. Das ehemalige Mühlengebäude birgt hübsche, individuelle Zimmer und Apartments mit ländlichem Flair. Zum Haus gehören auch ein ansprechend gestaltetes Gartenrestaurant mit Kamin und Terrasse sowie eine kleine, aber feine Wellnessoase. Morgens erwartet Sie ein leckeres Langschläferfrühstück mit ausgesuchten Bio-Produkten.

PRONSTORF 15 B
www.pronstorf.de

Schleswig-Holstein | EW 1.694 | 37 m | Bad Segeberg 18 km, Bad Schwartau 22 km

Strengliner Mühle www.strenglinermuehle.de

Mühlenstraße 2, PLZ 23820 (OT: Strenglin), **T 04556 997099,** F 997016
35 Zimmer | 2 Apartments | Ez 75–95 €, Dz 115–170 €, inkl. Frühstück

Gemütliches Landhotel mit über 250-jähriger Geschichte. Geschmackvoll eingerichtete Zimmer im Haupt- und im reetgedeckten Gästehaus. 250 qm großer Wellnessbereich mit Sauna und Fußreflexzonenpfad. Im Restaurant mit mehreren Stuben und Mühlenterrasse wird regional gekocht.

PULHEIM 29 C www.pulheim.de

Nordrhein-Westfalen | EW 53.842 | 47 m | Frechen 11 km, Grevenbroich 14 km

Gut Lärchenhof www.restaurant-gutlaerchenhof.de

VARTA-TIPP Küche **VARTA-TIPP** Service

Hahnenstraße , PLZ 50259 (OT: Stommeln), **T 02238 9231016**
60 | Hauptgericht 55–79 €, Menü 149–199 € | Sa-So Do-Sa Mo, Di, Mi

Den Besuch im stilvoll-eleganten Gourmetrestaurant des gleichnamigen Golfclubs werden Sie nicht bereuen! Hier kocht der höchst talentierte Torben Schuster, dessen Küchenleistung sich gefühlt von Jahr zu Jahr steigert. Seine Speisen zeichnen sich durch Finesse, stimmige Aromenspiele, sehr gute Produkte sowie eine hervorragende Optik aus. Seinen Gästen offeriert er ein stimmiges Degustationsmenü in fünf bis acht Gängen. Fast schon legendär ist die Weinkarte: Sie bietet mit mehr als 1.000 Positionen viel Spannendes. Der Service unter der Leitung von Gastgeber Christoph Barciaga glänzt mit Freundlichkeit und diskreter Aufmerksamkeit. Im Sommer kann man auch auf der großzügigen Terrasse mit Blick auf die Grünflächen des Golfplatzes speisen.

PULLACH 60 D www.pullach.de

Bayern | EW 8.619 | 583 m | München 12 km, Starnberg 15 km

Seitner Hof www.seitnerhof.de

Habenschadenstraße 4, PLZ 82049, **T 089 744320,** F 74432100
40 Zimmer | 1 Suite | Ez 129–254 €, Dz 165–254 €, inkl. Frühstück | 24 h 22.12.23–7.1.24

Traditioneller Familienbetrieb in einem ehemaligen Gutshof, malerisch am Isarhochufer gelegen. Hier werden Sie mit ländlichem Charme und authentischer Herzlichkeit verwöhnt. Neben geräumigen, gut ausgestatteten Zimmern und Suiten bietet das Hotel einen Mini-SPA mit Sauna und Dampfbad sowie einen begrünten Innenhof.

PÜNDERICH 40 C www.puenderich.de

Rheinland-Pfalz | EW 1.040 | 100 m | Burg/Mosel 4 km, Neef 5 km

Zur Marienburg Neu! www.zur-marienburg.de

Hauptstraße 32, PLZ 56862, **T 06542 181440,** F 1814444
27 Zimmer | 3 Suiten | Ez 78–169 €, Dz 55–129 €, ab 19,90 €

Mit viel Engagement und Herzblut hat die Gastgeberfamilie die alteingesessene Metzgerei nebst Gasthaus in ein zeitgemäßes Landhotel verwandelt. Neben dem Ausblick auf die Rebhänge und die geschichtsträchtige Marienburg dürfen sich die Gäste im Neubau auf modern designte Gästezimmer (teils mit Balkon) in unterschiedlichen Kategorien freuen. Für eine Auszeit eignet sich der hübsche „Private Marienburg Spa" mit finnischer Außensauna, Whirlwanne und Kuschelecke. Im großzügigen Restaurant und auf der Terrasse wird eine frische, variantenreiche Regionalküche angeboten.

PYRMONT, BAD 31 B www.badpyrmont.de

Niedersachsen | EW 18.909 | 111 m | Hameln 20 km, Detmold 36 km

Steigenberger www.bad-pyrmont.steigenberger.de

★★★★★ garni

Heiligenangerstraße 2-4, PLZ 31812, **T 05281 1502,** F 152020
151 Zimmer | 6 Suiten | 3 Apartments | 24 h

Das 1777 erbaute Traditionshotel empfängt Sie im Kurpark inmitten herrlicher Natur. Das Haus besticht durch elegantes und komfortables Interieur, wohnliche Gästezimmer und vielfältige Wohlfühlangebote. Großzügiger Wellnessbereich auf 1.500 qm mit Badelandschaft, Meersalzgrotte und mehreren Saunen. Restaurant mit regionaler Küche und Blick in den Kurpark.

Alte Villa Schlossblick www.alte-villa-schlossblick.de

★★★ garni

Kirchstraße 23, PLZ 31812, **T 05281 95660,** F 9566113
12 Zimmer | Ez 70–80 €, Dz 120–130 €, inkl. Frühstück

Die denkmalgeschützte Villa von 1894 wurde sorgsam restauriert und bietet einen wirklich charmanten Rahmen. Auf zwei Etagen stehen individuelle Zimmer zur Verfügung. Im hauseigenen Restaurant stehen sowohl saisonale als auch regionale Gerichte auf der Karte. Zum Kurpark, der Spielbank und dem Erlebnisbad Pyrmonter Welle sind es nur ein paar Schritte.

QUEDLINBURG 33 B www.quedlinburg.de

Sachsen-Anhalt | EW 25.055 | 123 m | Magdeburg 56 km, Halle 76 km

Am Brühl www.hotelambruehl.de

VARTA-TIPP Ambiente

garni

Billungstraße 11, PLZ 06484, **T 03946 96180,** F 9618246
46 Zimmer | 4 Suiten | 2 Apartments | Ez ab 133 €, Dz ab 168 €, inkl. Frühstück | 24 h

Behutsam renovierter ehem. Gutshof mit mediterranem Flair und romantisch begrüntem Innenhof. Die individuell und geschmackvoll eingerichteten Zimmer und Suiten zeigen sich im toskanischen Landhausstil. An kühlen Abenden lockt die gemütliche Kaminlounge mit Bar oder die hauseigene Sauna.

Weinstube

70 | Hauptgericht 20–32 €, Menü 56–94 € | Mo-So

Restaurant mit elegant-südländischem Ambiente und feiner Tischkultur. Die Küche ist jung, frisch und kreativ. Wie wäre es z.B. mit „Rotem Welsfilet | BBQ | Coleslaw | Foccacia" oder lieber „Kaninchenrücken | Chorizo | Paprika | Semmelknödel"? Gastfreundlich kalkulierte Weinkarte.

Theophano
www.hotel-theophano.de

Markt 13-14, PLZ 06484, **T 03946 96300,** F 963036
39 Zimmer | Ez ab 89 €, Dz ab 119 €, inkl. Frühstück | 24 h

Unter Denkmalschutz stehendes Fachwerkhaus aus dem 17. Jh. in zentraler Altstadtlage. Nostalgisch und individuell eingerichtete Zimmer, teils mit Ausblick auf den hist. Marktplatz. Das Restaurant im Gewölbekeller serviert regionale Küche.

RADEBEUL 36 C
www.radebeul.de

Sachsen | EW 33.466 | 117 m | Moritzburg 8 km, Dresden 12 km

Goldener Anker
www.goldener-anker-radebeul.de

Altkötzschenbroda 61, PLZ 01445 (OT: Altkötzschenbroda), **T 0351 83990100,** F 8399067
60 Zimmer | Ez 85–110 €, Dz 115–130 €, inkl. Frühstück

Ein familiär geführtes Haus an der Sächsischen Weinstraße. Geschmackvolle, unterschiedlich gestaltete Stilzimmer mit liebevoll restaurierten Möbeln. Man verfügt auch über einen Ballsaal, einen Weinkeller sowie Gesellschafts- und Tagungsräume. Restaurant mit überregionaler Küche.

Villa Sorgenfrei
www.hotel-villa-sorgenfrei.de

VARTA-TIPP Ambiente VARTA-TIPP Service

Augustusweg 48, PLZ 01445, **T 0351 7956660,** F 79566677
16 Zimmer | 2 Suiten | Ez 114–184 €, Dz 129–309 €, inkl. Frühstück

Das wunderschön restaurierte Herrenhaus empfängt Sie im hist. Ambiente des 18. Jh. Die charmanten Gästezimmer bestechen mit bezaubernden Wandmalereien, antiken Möbeln und modernen Annehmlichkeiten. Für eine romantische Auszeit zu zweit bucht man am besten die im hellen Landhausstil gestaltete Suite mit eigenem Garten und kleiner Terrasse. Die Atmosphäre ist angenehm persönlich und das Frühstück sehr gut.

Atelier Sanssouci

VARTA-TIPP Küche VARTA-TIPP Service

34 | Hauptgericht 45–49 €, Menü 155–199 € | Mo, Do-So Di, Mi

Prachtvolle Eleganz auf der ganzen Linie! Aufwendig restauriert ist der einmalige Fest- und Gartensaal heute ein wahres Schmuckstück. Sandsteinfußboden, Stuckdecke, kostbare Wand- bzw. Spiegelmalereien sowie ein über 200 Jahre alter Bleikristalllüster sorgen hier für ein unverwechselbares Ambiente. Dazu die feinen, klassisch französischen Gaumenfreuden von Küchenchef Marcus Langer, die Ihnen in Menüform (5 bis 10 Gänge) serviert werden. John Piotrowskys Weinempfehlungen sollte man unbedingt folgen, sein Fachwissen und sein Feingefühl sind großartig.

RADEBURG 36 C
www.radeburg.de

Sachsen | EW 7.587 | 149 m | Meißen 18 km, Dresden 22 km

Gasthof Bärwalde
www.olav-seidel.de

Kalkreuther Straße 10a, PLZ 01471 (OT: Bärwalde), **T 035208 342901**
28 | Hauptgericht 18–29 €, Menü 36–54 € | So Do-Sa Mo, Di, Mi

Gute Produkte und Können - auf dieser Grundlage sorgt Olav Seidel für eine schmackhafte, französisch inspirierte Küche, die er immer wieder mit modernen Elementen spickt. Das Restaurant ist gemütlich, der Service freundlich und aufmerksam.

RADOLFZELL AM BODENSEE 65 A www.radolfzell-tourismus.de

Baden-Württemberg | EW 30.620 | 404 m | Singen 11 km, Stockach 14 km

bora HotSpaResort www.bora-hotsparesort.de

★★★★ S garni

Karl-Wolf-Straße 35, PLZ 78315, **T 07732 950400**
84 Zimmer | 5 Suiten | Ez 140–285 €, Dz 230–330 €, inkl. Frühstück | 24 h

Designorientiertes Haus am westlichen Bodenseeufer. Sie wohnen in lichtdurchfluteten Zimmern und Suiten mit bodentiefen Fenstern und Balkon. Die verglaste Sky-Lounge bietet einen einzigartigen 180-Grad-Blick auf das Seepanorama. HotSpa mit großzügiger, textilfreier Saunawelt. Restaurant mit moderner euro-asiatischer Küche.

aquaTurm Hotel www.aquaturm.de

garni

Güttinger Straße 15, PLZ 78315, **T 07732 52255**
20 Zimmer | 1 Suite, Dz ab 105 €, inkl. Frühstück

Nullenergiehotel in einem ehem. Wasserturm, das zu 100 Prozent aus erneuerbaren Energien versorgt wird. Hier wohnen Sie in modern und individuell eingerichteten Panoramazimmern und Etagenapartments mit einzigartigem Blick auf den See und die Stadt. Exklusiver Frühstücksraum mit Panoramaterrasse im 11. OG.

Hotel K99 www.hotel-k99.de

Kasernenstraße 99, PLZ 78315, **T 07732 9788899**
71 Zimmer

Die perfekte Adresse für Geschäftsleute und Freizeitgäste! Alles ist ausgesprochen charmant, hochwertig und liebevoll eingerichtet. Die klimatisierten Zimmer verfügen über Holzböden, Boxspringbetten und moderne Akzentmöbel. Ein ganz besonderes Highlight ist das Frühstücksrestaurant mit Dachterrasse im 8. Stock mit toller Weitsicht auf das Umland.

RAESFELD 29 A www.gemeinde-raesfeld.de

Nordrhein-Westfalen | EW 11.070 | 60 m | Borken 10 km, Dorsten 16 km

Lieb&Wert Neu! liebundwert.de

Weseler Straße 71, PLZ 46348, **T 02865 589330**
16 Zimmer | 3 Suiten | Ez ab 80 €, Dz ab 110 €, 14,00 €

Umfangreich renoviert zeigt sich dieses engagiert geführte Hotel mit seiner freundlichen, fast schon heimeligen Atmosphäre. Holz zieht sich wie ein roter Faden durch das Haus, man setzt bewusst auf Nachhaltigkeit und eine Einrichtung aus heimischen Materialien. Die Zimmer (teils mit Terrasse oder Balkon) sind geräumig und wohnlich und bieten zeitgemäßen Komfort. Ergänzt wird das Angebot durch eine hauseigene Gastronomie mit großem Festsaal und Sonnenterrasse sowie zwei Kegelbahnen.

RAHDEN 22 C www.rahden.de

Nordrhein-Westfalen | EW 16.780 | 43 m | Lübbecke 15 km, Minden 28 km

Westfalen Hof
www.westfalen-hof.de

★★★★

Rudolf-Diesel-Straße 13, PLZ 32369, **T 05771 97000,** F 5539
34 Zimmer | 2 Suiten | Ez ab 85 €, Dz ab 109 €, inkl. Frühstück

Privat geführtes Hotel mit modern eingerichteten Zimmern. Ansprechendes Freizeit- und Sportangebot mit Saunalandschaft, Tennishalle, Kegelbahnen und Profi-Soccercourt. Internationale Küche im À-la-carte-Restaurant „Rupert".

RAIN 59 B
www.rain.de

Bayern | EW 9.239 | 402 m | Augsburg 38 km, Ingolstadt 46 km

Hotel Lutz
hotel-lutz.com

Hauptstraße 52, PLZ 86641, **T 09090 7057100**
36 Zimmer | Ez 76–104 €, Dz 110–140 €, inkl. Frühstück

Ein gemütliches, modernes Hotel im Zentrum der Altstadt. Es besteht aus dem ehem. Gasthof Lutz und dem 2022 fertiggestellten Anbau. Das Gebäude besticht durch einen einzigartigen Mix aus verschiedenen Baustilen. Hier wohnen Sie in individuell und hochwertig eingerichteten Gästezimmern. In dem im Haupthaus gelegenen Restaurant „Perla d'Oro" wird gehobene italienische Küche serviert. Für Veranstaltungen gibt es einen stilvollen Festsaal mit Platz für bis zu 180 Personen.

RAMMINGEN 59 A
www.rammingen-bw.de

Baden-Württemberg | EW 1.277 | 512 m | Giengen an der Brenz 18 km, Ulm 23 km

Landgasthof Adler
www.adlerlandgasthof.de

Riegestraße 15, PLZ 89192, **T 07345 96410,** F 964110
9 Zimmer | Ez 74–99 €, Dz 134–150 €, inkl. Frühstück

Romantisches Fachwerkhaus mit über 200-jähriger Tradition. Stilvoll ausgestattete Hotelzimmer, sehr gutes Frühstück.

Landgasthof Adler

50 | Hauptgericht 15–28 €, Menü 64–104 € | Fr-So Di-Mi, Fr-So Mo, Do

Modern-ländlich präsentiert sich das stilvolle Restaurant. Serviert werden gefällige Gerichte, bei denen überwiegend traditionelle Zutaten Verwendung finden. Die Weinkarte listet ausgesuchte nationale und internationale Spezialitäten. Nette Sommerterrasse mit südländischer Atmosphäre.

RAMSAU 69 A
www.ramsau.de

Bayern | EW 1.775 | 670 m | Berchtesgaden 10 km, Bad Reichenhall 20 km

Berghotel Rehlegg
www.rehlegg.de

★★★★ S

Holzengasse 16, PLZ 83486, **T 08657 98840,** F 9884444
87 Zimmer | 9 Suiten | Ez ab 137 €, Dz ab 275 €, inkl. Vollpension | 24 h

Am Fuße des Watzmann liegt dieses familiär geführte Wellnesshotel. Das Haus bietet seinen Gästen ansprechende Landhauszimmer mit herrlichem Alpenblick, die mit natürlichen Materialien wie Schurwolle, Loden, Bauernleinen und Holzfußboden ausgestattet sind. Ansprechender Wellnessbereich „Almwies'n SPA" mit Saunalandschaft sowie Innen- und Außenpool.

RANDERSACKER 52 B www.randersacker.de

Bayern | EW 3.399 | 175 m | Würzburg 7 km, Kitzingen 15 km

Gasthof Bären www.baeren-randersacker.de

Würzburger Straße 6, PLZ 97236, **T 0931 70510**
39 Zimmer | 1 Suite | Ez 92–119 €, Dz 126–158 €, inkl. Frühstück

Hübscher, aus Bruchsteinen errichteter Gasthof mit langer Familientradition. Das Haus ist seit Jahren ein Inbegriff für Gastlichkeit und Behaglichkeit. Es bietet ansprechend eingerichtete Zimmer in unterschiedlichen Kategorien. Im Gartenhaus stehen zudem einige Tagungsräume zur Verfügung.

Gasthof Bären

70 | Hauptgericht 14–36 € | Mo-Sa So

Ehrliche regionale Küche mit internationalen Einflüssen lautet die Devise in den gemütlich-rustikalen Gaststuben. Es gibt z.B. „Geschmortes Lamm mit Rotweinsoße, Gemüse und Thymiankartoffeln" oder „Fränkische Bratwürste mit Wirsinggemüse und neuen Kartoffeln". Beschauliche Innenhofterrasse.

RASTATT 57 A www.rastatt.de

Baden-Württemberg | EW 48.000 | 123 m | Baden-Baden 13 km, Karlsruhe 24 km

DAS HOTEL by Hopfenschlingel Neu! www.hotel-hopfenschlingel.com

Militärstraße 2-4, PLZ 76437, **T 0**
27 Zimmer | 24 h

Im Ober- und Dachgeschoss der ehemaligen Hopfenscheune ist ein schmuckes Boutique-Hotel entstanden. Hier verbinden sich historische Gemäuer und modernes Design. Die durchgestylten Zimmer sind ein behagliches Zuhause auf Zeit. Das Gasthaus bietet traditionell-deftige Gerichte sowie selbstgebraute Biere aus der offenen Hausbrauerei.

Am Kulturplatz www.hotel-am-kulturplatz.de

garni

Am Schlossplatz 7, PLZ 76437, **T 07222 158870**
10 Zimmer | Ez 85 €, Dz 110 €, inkl. Frühstück

Das denkmalgeschützte Haus von 1907 wurde aufwendig saniert und zu einem geschmackvollen Hotel umgebaut. Die Gästezimmer sind modern und geradlinig eingerichtet. Ideale Adresse für Geschäftsreisende und Stadtbesucher.

RATHENOW 25 B www.westhavelland.de

Brandenburg | EW 25.515 | 28 m | Brandenburg 32 km, Stendal 39 km

GolfResort Semlin

www.golfresort-semlin.de

Ferchesarer Straße 8b, PLZ 14712 (OT: Semlin), **T 03385 5540,** F 554400
72 Zimmer | 24 h

Modernes Urlaubs- und Tagungshotel umgeben von der schönen Landschaft des Golfgeländes. Großzügig ausgestattete Gästezimmer, teils mit Waldblick. Im Restaurant „Hasenpfeffer" wird eine feine deutsch-französische Küche serviert.

RATINGEN 29 C

www.ratingen.de

Nordrhein-Westfalen | EW 91.306 | 50 m | Düsseldorf 9 km, Essen 25 km

Landhotel Krummenweg

www.hotelkrummenweg.de

Am Krummenweg 1, PLZ 40885 (OT: Lintorf), **T 02102 700670,** F 70067100
72 Zimmer | 3 Suiten | 24 h

Freundlich geführtes Geschäftshotel in verkehrsgünstiger Lage mit großzügig geschnittenen, modern ausgestatteten Gästezimmern und einem ansprechenden Tagungsbereich. Das rustikale Restaurant in einem denkmalgeschützten Fachwerkhaus bietet regionale und französische Speisen.

Landgasthof Gut Porz

www.gutporz.de

Hülsenbergweg 10-12, PLZ 40885 (OT: Lintorf), **T 02102 934080**
160 | Hauptgericht 10–30 €, Menü 29–45 € | So Mo, Do-So

Hist. Fachwerkhaus mit weißer Fassade und Wintergartenanbau. Die wöchentlich wechselnde Speisekarte hält ein überwiegend regionales Speisenangebot bereit. Gemütlicher Biergarten im windgeschützten Innenhof.

Folgen Sie uns: facebook.com/vartaguide

RATSHAUSEN 57 D

www.ratshausen.de

Baden-Württemberg | EW 758 | 676 m | Balingen 15 km, Sigmaringen 48 km

Adler

www.adler-ratshausen.de

VARTA-TIPP Küche

Hohnerstraße 3, PLZ 72365, **T 07427 2260**
40 | Hauptgericht 19–48 € | So Do-So Mo, Di, Mi

Seit vielen Jahren wird der sympathische Gasthof mit Engagement und Herzblut geführt. Die mit viel Holz eingerichteten Gaststuben versprühen Gemütlichkeit, der Service ist aufmerksam und gekocht wird regional mit mediterranen und steirischen Einflüssen. Appetit auf „Toskanisches Ofenhühnchen mit Limone und Chili, glasierten Zuckerschoten und Rosmarinpolenta"? Tipp: Nach dem Essen sollten Sie sich einen Schnaps aus der hauseigenen „Adler"-Destillerie gönnen.

RATTENBERG 55 C

www.rattenberg.de

Bayern | EW 1.840 | 560 m | St. Englmar 13 km, Kötzting 19 km

Posthotel Rattenberg
www.posthotel-rattenberg.de

Dorfplatz 2, PLZ 94371, **T 09963 9500,** F 950222
49 Zimmer | 4 Suiten | Ez ab 140 €, Dz ab 264 €, inkl. Vollpension | 24 h

Charmantes Ferienhotel unter familiärer Führung mit bayerischer Atmosphäre. Verschiedene Zimmertypen stehen zur Auswahl. Ansprechender Wellness-Saunabereich auf 1.000 qm. Ländliches Restaurant mit regionaler und internationaler Küche.

RATZEBURG 16 A
www.inselstadt-ratzeburg.de

Schleswig-Holstein | EW 15.000 | 36 m | Lübeck 24 km, Lauenburg 50 km

Der Seehof
www.der-seehof.de

Lüneburger Damm 1-3, PLZ 23909, **T 04541 860101,** F 860102
50 Zimmer | 5 Suiten

Traditionshotel direkt am Ufer des Küchensees. Hier logieren Sie in hellen, freundlichen Zimmern, die teilweise mit Balkon oder Terrasse ausgestattet sind. Kostenloser Kanu- und Ruderbootverleih direkt am hauseigenen Bootssteg. Im Restaurant serviert man eine frische Küche mit saisonal-regionalem Bezug.

RAUENBERG 51 C
www.rauenberg.de

Baden-Württemberg | EW 8.349 | 132 m | Wiesloch 4 km, Sinsheim 14 km

Winzerhof
www.winzerhof.net

Bahnhofstraße 2-8, PLZ 69231, **T 06222 9520,** F 952350
97 Zimmer | 1 Apartment | Ez 99–150 €, Dz 170–200 €, inkl. Frühstück

In 5. Generation familiär geführtes Tagungs- und Businesshotel. Im neueren Anbau geräumige Zimmer in eleganter Landhausmanier. Ansprechender Wellnessbereich mit römischem Dachhallenschwimmbad und Panoramaterrasse.

Winzerhof Stuben

100 | Hauptgericht 18–40 €, Menü 30–110 € | Di-So Mo-So

Das gediegen-elegante Gourmetrestaurant überrascht mit bodenständigen regionalen Spezialitäten aus besten Zutaten der Region. Charmant und gleichermaßen aufmerksam der Service.

RAUHENEBRACH 53 A
www.rauhenebrach.de

Bayern | EW 2.965 | 320 m | Bamberg 28 km, Würzburg 59 km

Gasthof Hofmann
www.schindelsee.de

VARTA-TIPP Küche

Schindelsee 1, PLZ 96181 (OT: Schindelsee), **T 09549 98760**
70 | Hauptgericht 15–40 €, Menü 40–85 € | So Mi, Fr-So Mo, Di, Do

»

Einst ein landwirtschaftlicher Betrieb, heute ein familiär geführter Gasthof. In gepflegter Atmosphäre serviert man Ihnen eine gehobene fränkische Küche, die sich stark am saisonalen Angebot orientiert. Die Speisekarte wechselt regelmäßig. Macht Ihnen z.B. „Seeteufel | Schlangengurken | Erbsenpüree | Silvanerschaum" Appetit? Zum Übernachten stehen im ehem. Heuboden gemütliche Gästezimmer bereit.

Schon probiert?

Der Varta-Führer ist auch als eBook für Ihren TabletPC oder Ihr Smartphone verfügbar!

RAVENSBURG 66 A — www.ravensburg.de

Baden-Württemberg | EW 49.098 | 450 m | Bad Waldsee 21 km, Wangen 25 km

Hotel Kaiserhof **Neu!** — www.kaiserhof-rv.de

Mauerstraße 17, PLZ 88212, **T 0751 3624770**
51 Zimmer

Sie suchen etwas mehr Stil und Charme als in einem gewöhnlichen Stadthotel? Wie wär's mit diesem Domizil in der Ravensburger Altstadt, das historische Details, hochwertiges Design und erstklassigen Genuss unter einem Dach vereint? Das aufwendig renovierte Boutique-Hotel verbindet überaus elegant und wertig Altes mit Neuem. Man wohnt in geschmackvoll und individuell ausgestatteten Zimmern und Suiten, die sich auf insgesamt vier Etagen verteilen. Klein, aber fein die Saunalandschaft über den Dächern der Stadt.

Hermanns **Neu!**

VARTA-TIPP Küche

50 | Hauptgericht 25–38 €, Menü 49 € | Sa ⦸ Mo, So

So schick wie das Hotel ist auch die Gastronomie - ein Mix aus Restaurant, Café & Bar. Das Interieur ist stilvoll-modern, reduziert und zugleich gemütlich. In der Küche zeigt Chefkoch Kevin Leitner, dass er sich auf klassisches Handwerk ebenso versteht wie auf kreative Elemente. Sie können sich wahlweise mit einem köstlichen 3-Gänge-Menü oder auch à la carte verwöhnen lassen. Freundlich der Service, stimmig die empfohlenen Weine. Im Sommer hat man eine hübsche Terrasse.

Obertor — www.hotelobertor.de

★★★ garni

Marktstraße 67, PLZ 88212, **T 0751 36670,** F 3667200
26 Zimmer | 1 Suite | Ez 85–120 €, Dz 150–210 €, inkl. Frühstück

Charmante Übernachtungsadresse inmitten der Altstadt - seit 4 Generationen familiengeführt. Individuell und behaglich eingerichtete Zimmer mit Parkettboden. Für Entspannung sorgen ein Wellnessbereich mit Sauna und Whirlpool, eine gemütliche Dachterrasse sowie die urige Wein- und Bierstube.

Atelier Tian | Das Restaurant der Veitsburg — www.atelier-tian.de

VARTA-TIPP Service

Veitsburg 2, PLZ 88212, **T 0751 95125949**
40 | Menü 65–170 € | Mi-Sa ⦸ Mo, Di, So

Hier speisen Sie hinter den historischen Mauern einer mittelalterlichen Höhenburganlage auf dem sogenannten „Burgberg", 525 Meter oberhalb von Ravensburg. Im zeitgemäß und urban gestalteten Restaurant mit herrlichem Panoramablick kredenzt Patron und Chefkoch Chris Ott eine moderne und weltoffene Küche mit regionalem Bezug, die Sie in Form eines Menüs (3 bis 7 Gänge) genießen können. Der zuvorkommende Service kümmert sich charmant und versiert um die Gäste. Das hübsche Turmzimmer im 1. Obergeschoss eignet sich für Veranstaltungen. Der lauschige SB-Biergarten im Burghof kommt in der warmen Jahreszeit vor allem bei Ausflüglern sehr gut an.

Gasthaus Lumperhof — www.lumperhof.de

Lumper 1, PLZ 88212, **T 0751 3525001**
50 | Hauptgericht 22–39 €, Menü 54–82 € | Sa-So Mi-So Mo, Di 20.5.–3.6.24

Eingebettet in eine ländliche Idylle empfängt Sie dieses freundliche Gasthaus. Die Speisekarte bietet regionale Küche mit Wild und Freilandgeflügel aus dem Umland sowie feine internationale Gerichte mit mediterranen Einflüssen. Im Sommer lädt der gemütliche Biergarten mit seinem alten Lindenbestand zum Verweilen ein.

RECKLINGHAUSEN 29 B — www.recklinghausen.de

Nordrhein-Westfalen | EW 119.931 | 85 m | Bochum 16 km, Essen 30 km

Parkhotel Engelsburg — www.parkhotel-engelsburg.de

★★★★ S garni

Augustinessenstraße 10, PLZ 45657, **T 02361 2010,** F 201120
65 Zimmer | 7 Suiten | 13 Apartments | Ez 104–127 €, Dz 132–212 €, 17,00 € | 24 h
23.12.23–7.1.24

Das ehem. Herrenhaus vereint nostalgischen Charme und modernen Komfort. Das Hotel bietet seinen Gästen wohnlich und zeitgemäß eingerichtete Zimmer in verschiedenen Kategorien. Kleiner Wellnessbereich mit Sauna und Dampfbad im historischen Kellergewölbe.

Restaurant Engels in der Burg **Neu!** — www.engels-in-der-burg.de

VARTA-TIPP Küche

Too Good To Go

T 02361 201125
40 | Hauptgericht 18–39 €, Menü 50–88 € | Di-Sa Mo, So 26.12.23–7.1.24

Ein Mix aus hist. Ambiente und zeitgenössischem Design erwartet Sie hier. Sebastian Benz führt charmant und routiniert den Service, Chefkoch Stefan Hardt kreiert aus frischen saisonalen Produkten und feinsten Aromen spannende Kompositionen aus der westfälischen und internationalen Küche, die Sie entweder à la carte oder in Form eines 3- bis 5-gängigen Menüs genießen können. Dazu eine schöne Wein- und Champagnerauswahl. Nett die Terrasse im Burggarten, der von der hist. Stadtmauer begrenzt ist.

REES 28 B — www.stadt-rees.de

Nordrhein-Westfalen | EW 21.303 | 17 m | Emmerich 15 km, Bocholt 20 km

Insel-Gasthof Nass — www.inselgasthof-nass.de

Grietherort 1, PLZ 46459 (OT: Grietherort), **T 02851 6324**
198 | Hauptgericht 11–40 €, Menü 20–50 € | Di-So Mo ››

Familiär geführtes Haus direkt am Rhein gelegen. Sehr gute Fischspezialitäten wie z.B. „Zanderfilet gebraten mit Campignons, Kräutergarnelen, Tomaten und Rucola" oder „Seeteufel gebraten an frischem Wirsing in Rahm und brauner Nussbuttersauce". Schöne Terrasse mit Rheinblick.

Landhaus Drei Raben **Neu!** www.landhaus-drei-raben.de

Reeserward 5, PLZ 46459 (OT: Reeserward), **T 02851 1852**
40 | Hauptgericht 16–26 €, Menü 35–49 € | Mi-So

Ländlich eingerichtetes Restaurant in einem alten Landgut aus dem 18. Jhd. direkt gegenüber dem Jachthafen. Die Speisekarte bietet frische bodenständige Gerichte mit süddeutsch-schweizerischen Einflüssen und Kräutern aus dem eigenen Garten. Von der mediterranen Terrasse aus hat man einen schönen Blick zum Wasser.

Jetzt abonnieren: instagram.com/vartaguide

REGENSBURG 54 D www.regensburg.de

Bayern | EW 134.218 | 343 m | Nürnberg 105 km, Passau 120 km

Hist. Altstadt (UNESCO-Weltkulturerbe) mit Altem Rathaus, got. Dom St. Peter und Steinerner Brücke, Präsidialpalast und Stadttheater am Bismarckplatz, Schottenkirche St. Jakob, Haidplatz, Museum Keplerhaus, Porta Praetoria, Städtisches Museum im ehem. Minoritenkloster, Diözesanmuseum in der frühgot. St.-Ulrich-Kirche, ehemalige Klosterkirche St. Emmeram, Fürstliches Schloss Thurn und Taxis.

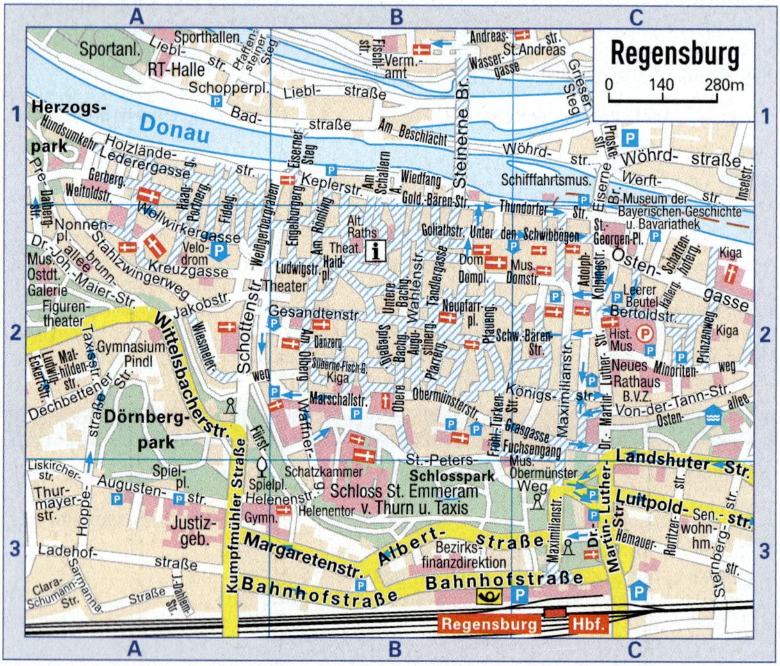

David
www.hotel-david.de

VARTA-TIPP Ambiente

garni

Goldene-Bären-Straße 7 (B1), PLZ 93047, **T 0941 2000900**
19 Zimmer | Ez ab 109 €, Dz ab 139 €, ab 12,00 € | 24 h

Die ehemalige Kapelle direkt am Ufer der Donau hat man erstklassig restauriert und zu einem geschmackvollen Designhotel umgebaut. Die Zimmer zeigen sich in einem einzigartigen Stilmix aus originalen Elementen, alten Wandmalereien und modernen Möbeln. Ein- und auschecken sowie frühstücken können Sie im 50 m entfernten Hotel Goliath am Dom.

Goliath Am Dom
www.hotel-goliath.de

★★★★★ garni

Goliathstraße 10 (B2), PLZ 93047, **T 0941 2000900,** F 20009099
41 Zimmer | 2 Suiten | 24 h

Attraktive Hoteladresse inmitten der Altstadt. Individuell eingerichtete Gästezimmer mit maßgeschreinerten Möbeln, stilvoll-eleganten Stoffen und Badezimmern aus Naturstein. Kleiner Wellnessbereich mit Sauna, Dampfbad und Fitnessraum. Hübsches Café im Erdgeschoss. 24-Stunden-Zimmerservice.

Bischofshof am Dom
www.hotel-bischofshof.de

Krauterermarkt 3 (B2), PLZ 93047, **T 0941 58460,** F 5846146
57 Zimmer | 8 Suiten | 24 h

In dem ehem. Bischofssitz, in dem auch schon Kaiser und Könige zu residieren pflegten, erwarten Sie romantische Landhauszimmer, teils mit Blick auf den Dom. Im rustikalen Restaurant mit Biergarten werden neben bayerischen Klassikern auch kreative internationale Gerichte serviert.

Das Götzfried
www.hotel-goetzfried.de

★★★★

Wutzlhofen 1, PLZ 93057 (OT: Wutzlhofen), **T 0941 69610,** F 6961232
55 Zimmer | 3 Suiten | Ez ab 92 €, Dz ab 185 €, inkl. Frühstück

Gewachsenes Landhotel unter familiärer Leitung mit geschmackvoll und individuell eingerichteten Zimmern unterschiedlicher Kategorien. Großzügiger Wellnessbereich auf 1.100 qm mit mehreren Saunen, Naturpool und Relaxgarten. Umfangreiches gastronomisches Angebot.

Jakob
www.hotel-jakob-regensburg.de

garni

Jakobstraße 14 (A2), PLZ 93047, **T 0941 6009290,** F 60092999
38 Zimmer | 5 Suiten | 24 h

Inmitten der hist. Altstadt befindet sich das Gebäude aus dem 18. Jhd., das zunächst als Speicher, dann als städtisches Verwaltungsgebäude und zuletzt über 100 Jahre als Polizeistation diente. Heute empfängt Sie hier ein angenehm neuzeitliches und freundliches Hotel mit wohnlichen Gästezimmern in unterschiedlichen Kategorien.

Münchner Hof und Blauer Turm
www.muenchner-hof.de/hotel-muenchner-hof

★★★★ garni

Tändlergasse 9 (B2), PLZ 93047, **T 0941 58440,** F 561709
58 Zimmer | 5 Suiten | 24 h

»

Das Hotel in der Fußgängerzone der Altstadt besteht aus mehreren mittelalterlichen Partizierhäusern. Geschmackvoll eingerichtete Zimmer mit unterschiedlichem Charakter. Für Radfahrer gibt es eine Fahrradgarage und eine Ladestation für E-Bikes.

Orphée Großes Haus
www.hotel-orphee.de

VARTA-TIPP Ambiente

Untere Bachgasse 8 (B2), PLZ 93047, **T 0941 596020,** F 59602199
33 Zimmer | Ez 115–135 €, Dz 155–180 €, inkl. Frühstück

Dieses außergewöhnliche Hotel befindet sich in einem sanierten hist. Barockbau im Herzen der Regensburger Altstadt. Das Haus verfügt über individuell eingerichtete Zimmer mit schönen Stuckdecken, Himmelbetten und antikem Mobiliar. Das angeschlossene Restaurant im original französischen Bistrostil offeriert eine mediterran-bodenständige Küche ohne Chichi.

Central
www.hotel-central-regensburg.de

Margaretenstraße 18 (B3), PLZ 93047, **T 0941 2984840,** F 29848429
70 Zimmer | 1 Suite | 24 h

Zentral am Altstadtrand gelegenes Hotel für Businessgäste und Individualreisende mit hell und freundlich ausgestatteten Gästezimmern, die teilweise über Schlossblick verfügen. Das Hotelfoyer ist eine großzügig gestaltete Symbiose von Rezeption, Frühstückscafé, Lounge, Lobby und Bar. Gute Tagungsmöglichkeiten.

Elements Hotel
www.hotel-elements.de

Alter Kornmarkt 3 (C2), PLZ 93047, **T 0941 20072275**
4 Zimmer | 4 Suiten

Die Elemente Feuer, Erde, Wasser und Luft bestimmen das Ambiente der vier individuellen Themensuiten dieses kleinen Hotels in der Regensburger Altstadt. Das Frühstück können Sie im benachbarten Caffé Rinaldi einnehmen.

Dock1
www.dockeins.com

€ Gut & Günstig

Alte Straubinger Straße 7, PLZ 93055 (OT: Ostenviertel), **T 0941 6009090,** F 60090999
66 Zimmer | 2 Suiten | 1 Apartment | Ez ab 70 €, Dz ab 90 €, 11,00 €

Die stylishe Adresse am Osthafen richtet sich vor allem an Geschäftsreisende. Die hellen Nichtraucherzimmer sind funktionell eingerichtet, verfügen über kostenfreies WLAN, bequeme Boxspringbetten und moderne Bäder. Gratis-Parkplätze sowie Bushaltestelle direkt vor der Haustür.

Restaurant ONTRA
www.ontra-regensburg.de

Franz-Mayer-Straße 5a, PLZ 93053, **T 0941 20492049**
80 | Hauptgericht 19–39 €, Menü 149 € | Di-Fr Mo-So

Modern-urbanes Interieur, indirekte Beleuchtung und ein begehbares Weinhaus sorgen hier für eine entspannte Atmosphäre. Auf der Speisekarte ist für jeden etwas dabei: Das Angebot reicht von traditionellen Klassikern über exklusive Cuts aus dem Dry Ager bis hin zum anspruchsvollen Gourmetmenü. Mittags gibt es günstige Lunchgerichte. Auch der freundliche Service und die gut zusammengestellte Weinauswahl sorgen für ein stimmiges Gesamtbild. Überdachte, beheizbare Terrasse.

Roter Hahn
www.roter-hahn.com

VARTA-TIPP Küche

Rote-Hahnen-Gasse 10 (B2), PLZ 93047, **T 0941 595090**
45 | Hauptgericht 21–45 €, Menü 155–185 € | Fr-Sa Mi-Sa Mo, Di, So

Seit Juniorchef Maximilian Schmidt nach seinen Wanderjahren die Küchenleitung übernommen hat, gehört der „Rote Hahn" wieder zu den kulinarischen Geheimtipps der Domstadt. Der spannungsreiche Kontrast von Heimat und Ferne spiegelt sich in seinen kreativen, abwechslungsreichen Gerichten wider, die am Abend in Form eines anspruchsvollen Gourmetmenüs serviert werden. Tipp: Mittags Lunchmenü in drei bis fünf Gängen! Für Übernachtungsgäste hat man gemütliche Hotelzimmer.

Storstad
www.storstad.de

VARTA-TIPP Küche

Watmarkt 5 (B2), PLZ 93047, **T 0941 59993000**
50 | Hauptgericht 39–45 €, Menü 155–175 € | Do-Sa Di-Sa Mo, So

Im 5. Stock des Goliath-Hauses erwarten den Gast drei ineinander übergehende Genussbereiche: Restaurant, Bar und Lounge. Schlicht und skandinavisch angehaucht ist das Ambiente mit großer Fensterfront und hellen Holztischen. Die zeitgemäß-europäische Küche von Anton Schmaus ist variantenreich, aromatisch und produktorientiert. Mittags wird ein fair kalkuliertes Lunchmenü (wahlweise 3 oder 4 Gänge) angeboten. Unaufgeregter, zuvorkommender Service.

Aska
www.aska.restaurant

VARTA-TIPP Küche **VARTA-TIPP** Service

Watmarkt 5 (B2), PLZ 93047, **T 0941 59993000**
12 | Menü 125–150 € | Sa Di-Sa Mo, So

Die kleine, exklusive Sushibar ist das Zweitrestaurant von Spitzenkoch Anton Schmaus. In tiefschwarzem Interieur zelebriert Sushimeister Atsushi Sugimoto über den Dächern der Regensburger Altstadt feinste Sushikreationen. Die ausgesprochen sorgfältig zubereiteten Gänge der Menüfolge (wahlweise 8 oder 10 Gänge) zeigen sich voller Geschmack, Kraft und Finesse. Äußerst zuvorkommend und perfekt im Umgang mit dem Gast erlebten wir den Service.

Sticky Fingers
www.stickyfingers.restaurant

Untere Bachgasse 9 (B2), PLZ 93047, **T 0941 58658808**
60 | Hauptgericht 27–30 €, Menü 45–90 € | Mi-Sa Mo, Di, So

Cool, provokant und ein wenig verrucht zeigt sich das Bar-Restaurant im leger-extravaganten Clubstil inmitten der Regensburger Altstadt. Mit Philipp Bittenbinder steht ein Kosmopolit am Herd. Er begeistert mit einer kreativen orientalisch-französischen Fusionsküche. Ausgewogenes Weinangebot, dazu kreative Cocktails und Longdrinks.

Kreutzer's
www.kreutzers.kitchen

Prinz-Ludwig-Straße 15, PLZ 93055, **T 0941 569565020**
110 | Hauptgericht 22–90 €, Menü 39–69 € | Mo-Fr Mo-Sa So »

Originelles Restaurant inmitten des alten Regensburger Hafenviertels in einer vor dem Abriss bewahrten historischen Lagerhalle. Hier erwarten Sie eine gehobene mediterran-französische Küche sowie hochwertige Steaks (Irish Hereford, Fassona, US-Beef, Wagyu...), die auf dem offenen Showgrill mitten im Gastraum zubereitet werden.

REHLINGEN-SIERSBURG 49 C www.rehlingen-siersburg.de

Saarland | EW 14.343 | 193 m | französische Grenze 7 km, Saarlouis 10 km

Niedmühle www.restaurant-niedmuehle.de

Niedtalstraße 13-14, PLZ 66780 (OT: Eimersdorf), **T 06835 67450**
60 | Hauptgericht 28–42 €, Menü 65–109 € | Di-Fr Di-Sa Mo, So

Das stimmungsvolle Restaurant ist im neuzeitlichen Landhausstil gehalten. Geboten wird eine moderne europäische Küche mit mediterranen Einflüssen. Dazu gibt es ein ansprechendes Angebot internationaler Spitzenweine. 11 exklusiv ausgestattete Hotelzimmer.

REICHELSHEIM 51 A www.reichelsheim.de

Hessen | EW 8.551 | 211 m | Erbach i.O. 22 km, Bensheim 25 km

Treuschs Schwanen www.treuschs-schwanen.com

Rathausplatz 2, PLZ 64385, **T 06164 2226**
50 | Menü 49–98 € | Mo-Di, Fr-So Mi, Do

Traditionsrestaurant mit Weinlounge und hübschem Gartenlokal. Auf der Speisekarte stehen sowohl regionale als auch internationale Klassiker. Umfangreiches Weinangebot mit rund 300 Positionen. Regelmäßig Kochkurse.

REICHENAU 65 B www.reichenau-tourismus.de

Baden-Württemberg | EW 5.156 | 403 m | Konstanz 12 km, Singen (Hohentwiel) 29 km

Mohren www.mohren-bodensee.de

Pirminstraße 141, PLZ 78479 (OT: Mittelzell), **T 07534 99440,** F 9944610
38 Zimmer | Ez ab 100 €, Dz ab 110 €, ab 18,00 €

Zentral auf der Insel gelegenes Haus für Tagungs- und Urlaubsgäste mit Tradition seit 1820. Seit 1988 befindet sich das Hotel im Besitz der Familie Ganter. Überwiegend modern ausgestattete Zimmer mit zeitgemäßem Komfort. Entspannung bietet eine kleine Saunalandschaft.

Mohren

100 | Hauptgericht 15–31 € | Sa-So Mo-So

In den behaglichen Gaststuben serviert man eine kreative Küche mit regionalen Wurzeln. Die umfangreiche Weinkarte bietet sowohl badische als auch internationale Spitzenweine. Romantikern sei das Candlelight-Dinner bei Kerzenschein im Séparée empfohlen.

REICHENHALL, BAD 69 A www.bad-reichenhall.de

Bayern | EW 17.137 | 473 m | Salzburg 19 km, Berchtesgaden 20 km

Haus Seeblick
www.hotel-seeblick.de

★★★ S

Thumsee 10, PLZ 83435 (OT: Karlstein), **T 08651 98630,** F 986388
45 Zimmer | 12 Suiten | Ez ab 120 €, Dz ab 240 €, inkl. Halbpension | 24 h

Wunderschön am idyllischen Thumsee gelegenes Urlaubshotel. Unterschiedliche, modern oder im Landhausstil eingerichtete Zimmer mit Balkon oder Terrasse. Hauseigene Wellnessoase mit Schwimmbad und Saunalandschaft. Gemütliches Restaurant mit regionaler und internationaler Küche.

Hubertus
www.hubertus-thumsee.de

€ Gut & Günstig

Thumsee 5, PLZ 83435 (OT: Karlstein), **T 08651 2252,** F 63845
16 Zimmer | 1 Apartment | Ez 49–70 €, Dz 80–140 €, inkl. Frühstück

Gepflegtes Urlaubshotel in Alleinlage auf einem weitläufigen Seegrundstück mit Liegewiese und Bootsanleger. Behagliche Zimmer im ländlich-bayerischen Stil. Das Frühstück kann sowohl im typisch bayerisch eingerichteten Frühstücksraum als auch im Pavillon und auf der Seeterrasse eingenommen werden.

REICHENOW-MÖGLIN 27 A
www.barnim-oderbruch.de

Brandenburg | EW 670 | 552 m | Eberswalde 41 km, Berlin 56 km

Schloss Reichenow
www.schlossreichenow.com

★★★★

Neue Dorfstraße 1, PLZ 15345 (OT: Reichenow), **T 033437 276628**
22 Zimmer | Ez 96–118 €, Dz 128–168 €, 9,60–12,50 €

Eingebettet zwischen dem satten Grün des 25 Hektar großen Parks und der malerischen Schilflandschaft des Langen Sees erwartet Sie dieses herrschaftliche Anwesen. Die Zimmer hat man hochwertig renoviert, Parkett, funkelnde Kronleuchter und ausgesuchtes Mobiliar sorgen für höchsten Wohnkomfort. Im Restaurant mit gemütlichem Barbereich und großer Terrasse stehen regionale Spezialitäten im Mittelpunkt.

REICHSHOF 40 B
www.ferienland-reichshof.de

Nordrhein-Westfalen | EW 19.708 | 370 m | Gummersbach 16 km, Siegen 37 km

Ballebäuschen
www.ballebaeuschen.de

Hasseler Straße 10, PLZ 51580 (OT: Hespert), **T 02265 9394**
80 | Hauptgericht 25–45 €, Menü 45–79 € | Sa-So Fr-So Mo, Di, Mi, Do

Familiär geführter Landgasthof mit behaglichem Ambiente. Geboten wird ein gelungener Mix aus regionaler und klassisch französischer Küche. Sonntags gibt's am Nachmittag Bergische Waffeln. Nette Gartenterrasse.

REIL 40 C
www.reil-mosel.de

Rheinland-Pfalz | EW 1.012 | 110 m | Wittlich 21 km, Cochem 47 km

Villa Melsheimer
www.melsheimer.de

★★★★

Moselstraße 5, PLZ 56861, **T 06542 900034,** F 9019007
17 Zimmer | 3 Suiten | Ez 65–105 €, Dz 90–145 €, inkl. Frühstück

»

Unmittelbar am Moselufer liegt dieses kleine, charmante Boutique-Hotel. Das Anwesen umfasst drei Gebäudeteile - das Stammhaus, die „Villa“ und das „Müllehaus“ an der Pariser Straße. Hier stehen wohnliche Gästezimmer in unterschiedlichen Kategorien zur Verfügung. Ein schöner Rückzugsort ist das gemütliche Kaminzimmer. Im Sommer können Sie auch im liebevoll angelegten Steingarten frühstücken.

Restaurant Wine & Dine

40 | Menü 55–179 € | Sa-So Do-So Mo, Di, Mi

Hier wird ambitioniert gekocht. Der Küchenstil von Alessando Riemer und Dirk Melsheimer lässt sich als zeitgemäß, weltoffen und mit klassisch französischen Wurzeln beschreiben. Der Gast hat die Wahl zwischen einem regionalen, einem vegetarischen und einem Gourmetmenü. Dazu kredenzt der freundliche Service ausgesuchte Weine. Im Zweitrestaurant „Villa Classic“ wird bodenständige und saisonale Regionalküche angeboten.

Reiler Hof www.reiler-hof.de

Moselstraße 27, PLZ 56861, **T 06542 2629,** F 1490
26 Zimmer | 2 Suiten | Ez 85–145 €, Dz 98–290 €, inkl. Frühstück

Direkt an der Moselpromenade befindet sich dieses gepflegte Hotel. Es bietet unterschiedlich geschnittene Landhauszimmer im Haupthaus sowie im angegliederten Gästehaus, teils mit urigem Fachwerkgebälk, Blick zur Mosel und Balkon. Für Entspannung sorgt der neue „Heim's SPA“ mit Sauna, Dampfbad, Kneippfußbecken und Sonnenterrasse.

Heim's Restaurant

130 | Hauptgericht 9–75 €, Menü 33–98 € | Mo-Di, Do-So Mi 18.12.23–29.2.24

Ein behagliches Restaurant mit modern-elegantem Ambiente. Mit sehr guten marktfrischen Produkten wird ambitioniert gekocht. Aber auch auf ländlich-deftige Gerichte müssen Gäste nicht verzichten, z.B. „Kalbsbries gebacken | Spinat | Kartoffelmousseline“.

REINBEK 15 B www.reinbek.de

Schleswig-Holstein | EW 25.874 | 27 m | Hamburg 18 km, Lauenburg 32 km

Waldhaus Reinbek www.waldhaus.de

Loddenallee 2, PLZ 21465, **T 040 727520,** F 72752100
50 Zimmer | 6 Suiten | Ez ab 109 €, Dz ab 119 €, 19,50 € | 24 h

Familiär geführtes Haus mit gemütlichen, im Landhausstil eingerichteten Zimmern und Suiten. Facettenreiche Restaurantlandschaft mit regionalen Spezialitäten und internationalen Klassikern. Das Hotel liegt am Rande von Schleswig-Holsteins größtem Waldgebiet, dem Sachsenwald.

REINFELD 15 B www.reinfeld.de

Schleswig-Holstein | EW 8.549 | 19 m | Lübeck 14 km, Hamburg 49 km

Gästehaus Freyer www.hotel-freyer.de

€ Gut & Günstig garni

Bolande 41a, PLZ 23858, **T 04533 70010,** F 700122
11 Zimmer | Ez 63–68 €, Dz 86–90 €, inkl. Frühstück | 24 h

Sie mögen es ruhig und wohnlich? Das sympathische kleine Hotel liegt am Waldrand und bietet freundlich eingerichtete Zimmer. Einladend auch der helle Frühstücksraum mit Blick ins Grüne. Für die kleinen Gäste steht ein Kinderspielplatz zur Verfügung.

REINSBÜTTEL 6 D www.amt-buesum-wesselburen.de

Schleswig-Holstein | EW 408 | 2 m | Büsum 7 km, Heide 15 km

My Suite Leesch www.my-suite-leesch.de

Dorfstraße 14, PLZ 25764, **T 04833 2289**
80 | Hauptgericht ab 29 €, Menü ab 90 € | Fr-So Di-So Mo

Seine jahrzehntelange Historie macht das schöne Backsteinhaus besonders. Inzwischen wird der Gasthof in dritter Generation als Familienbetrieb geführt. Man speist in edlem Ambiente und lässt sich klassische, moderne und traditionelle Gerichte schmecken. Probieren Sie z.B. „Geschmorte Ochsenschulter | Barolosauce | Schülper Feldmöhrchen | Bioerbsenpüree". Seit 2022 bietet man 7 elegante Suiten zum Übernachten.

REIT IM WINKL 68 B www.reitimwinkl.de

Bayern | EW 2.365 | 696 m | Ruhpolding 24 km, Prien 33 km

Gut Steinbach www.gutsteinbach.de

★★★★ S garni

Steinbachweg 10, PLZ 83242 (OT: Blindau), **T 08640 8070,** F 807100
56 Zimmer | 4 Suiten | 4 Apartments | 24 h

Das freundlich geführte Wellnessresort liegt zu Füßen der drei Skisprungschanzen des Ortes. Es umfasst neben dem Haupthaus mehrere Chalets sowie den Steinbacher Hof. Hier lässt es sich gut wohnen, nämlich in schönen, freundlichen Landhauszimmern mit elegantem Mobiliar und zeitgemäßen Bädern. Für Entspannung sorgt die 2.000 qm große Bade- und Saunalandschaft. Sehr gepflegte Adresse, umgeben von einer malerischen Alpenlandschaft.

Gut Steinbach

150 | Hauptgericht 19–54 €, Menü ab 49 € | Mo-So

Mehrere, thematisch unterschiedlich gestaltete Gaststuben mit viel Holz und behaglich-eleganter Atmosphäre. Man verfolgt eine konsequent regionale Küchenphilosophie - somit kommen ausschließlich frische bodenständige Gerichte aus heimischen Produkten auf den Tisch. Ihren Aperitif können Sie in der gemütlichen Kaminbar einnehmen.

Unterwirt www.unterwirt.de

★★★★ S garni

Kirchplatz 2, PLZ 83242, **T 08640 8010,** F 801150
74 Zimmer | 3 Suiten | 3 Apartments | Ez 135–210 €, Dz 242–420 €, inkl. Frühstück

Wellness, Gemütlichkeit und bayerische Gastfreundschaft vereint dieses traditionsreiche Domizil. Wohnliche Gästezimmer im typisch alpenländischen Stil. Großzügige Bade- und Saunalandschaft mit einem vielfältigen Behandlungsangebot. Im stilvollen Restaurant wird regional und international gekocht.

REMAGEN 40 A www.remagen.de

Rheinland-Pfalz | EW 18.500 | 60 m | Bonn 21 km, Koblenz 38 km

Alte Rebe
www.alte-rebe-remagen.de

Kirchstraße 4, PLZ 53424, **T 02642 9029269**
Hauptgericht 18–39 € | ◔ Mi-Fr, So ◕ Mi-So ⊘ Mo, Di

Nette Adresse am historischen Marktplatz. „Rotes Thai-Curry mit gebratener Maispoularde, Gemüse und Basmatireis", „Gebackener Rotbarsch mit Panko-Kartoffeln und hausgemachter Remoulade"... Die internationale Küche ist wirklich gut, angenehm locker die Atmosphäre in dem geradlinig-modern eingerichteten Restaurant. Auch die Vielfalt an hochwertigen Weinen ist beachtlich.

REMCHINGEN 57 B
www.remchingen.de

Baden-Württemberg | EW 11.662 | 160 m | Pforzheim 13 km, Karlsruhe 20 km

Landgasthof Hirsch
www.hirsch-remchingen.de

Hauptstraße 23, PLZ 75196 (OT: Wilferdingen), **T 07232 79636**
70 | Hauptgericht 30–38 €, Menü 74–106 € | ◔◕ Di-Sa ⊘ Mo, So

In diesem traditionsreichen Gasthof von 1688 ist alles richtig schön gemütlich: jede Menge behagliches Holz, warme Farben, geschmackvolle Accessoires... Und auch die Küche macht richtig Spaß. Sowohl in der Ofenstube als auch im rustikalen Gewölbekeller serviert man eine marktfrische Küche mit mediterranen und regionalen Einflüssen. Herrliche Sommerterrasse mit Blick in den Bauerngarten. Last but not least: Gut und preiswert übernachten kann man hier auch.

REMSCHEID 29 D
www.remscheid.de

Nordrhein-Westfalen | EW 108.955 | 365 m | Solingen 12 km, Wuppertal 15 km

Heldmann & Herzhaft
heldmann-herzhaft.de

Brüderstraße 56, PLZ 42853, **T 02191 291941**
30 | Hauptgericht 24–44 €, Menü 45–69 € | ◕ Mi-Sa ⊘ Mo, Di, So

In der 1889 erbauten Fabrikantenvilla Concordia befindet sich dieses Restaurant, in dem Sie eine regional und mediterran geprägte Küche genießen können. Dazu ein kleines, aber feines Weinangebot mit Schwerpunkt Deutschland. Im Sommer können Sie auch auf der Terrasse speisen.

REMSHALDEN 58 B
www.remshalden.de

Baden-Württemberg | EW 13.494 | 271 m | Waiblingen 7 km, Schorndorf 9 km

Lamm
www.lamm-hebsack.de

Winterbacher Straße 1, PLZ 73630 (OT: Hebsack), **T 07181 45061**
80 | Hauptgericht 24–42 €, Menü 60–80 € | ◔ Di-Sa ◕ Mo-Sa ⊘ So

Ein gastfreundliches Haus mit gemütlich und individuell gestalteten Stuben. Die mediterran inspirierte Regionalküche gibt es z.B. als „Medaillons vom Seeteufel mit knusprigem Pankocrunch, Krustentieröl, Frühlingsgemüse und Bärlauchgnocchi". Interessante Weinproben. Solide ausgestattete Gästezimmer.

RENCHEN 57 A www.stadt-renchen.de

Baden-Württemberg | EW 7.316 | 150 m | Offenburg 15 km, Kehl 21 km

Drei Könige www.3-koenige.de

Erlacher Straße 1, PLZ 77871 (OT: Erlach), **T 07843 2287**
95 | Hauptgericht 14–34 € | Di, Do-Fr, So So Mo, Mi

Das sympathisch geführte Gasthaus bietet in seinen heimeligen holzvertäfelten Stuben eine schmackhafte Regionalküche. Die Speisekarte wechselt alle sechs Wochen. Spezielle Aktionswochen laden zum Genuss saisonaler Highlights wie Spargel, Pfifferlinge oder Wildgerichte. Netter Biergarten mit Terrassenscheune.

RENDSBURG 7 D www.rendsburg.de

Schleswig-Holstein | EW 28.192 | 6 m | Schleswig 28 km, Neumünster 32 km

ConventGarten www.conventgarten.de

★★★★

Hindenburgstraße 38-42, PLZ 24768, **T 04331 59050,** F 590565
80 Zimmer | 8 Suiten | Ez 89–129 €, Dz 129–159 €, inkl. Frühstück | 24 h

Das Haus befindet sich direkt am Nord-Ostsee-Kanal. Hinter der schlichten weißen Fassade erwartet Sie ein gepflegtes und freundliches Ambiente. Die Zimmer, viele mit Kanalblick, sind wohnlich und zeitgemäß eingerichtet. Das Restaurant „Achterdeck" serviert traditionell schleswig-holsteinische Spezialitäten.

Hotel 1690 www.hotel-1690.de

Herrenstraße 6, PLZ 24768, **T 04331 770290,** F 7702910
16 Zimmer | Ez ab 69 €, Dz ab 109 €, inkl. Frühstück

Hinter der klassischen Fassade des historischen Backsteingebäudes verbirgt sich ein kleines, inhabergeführtes Boutique-Hotel. Klar, puristisch, wertig - so das Design der modernen Gästezimmer. Das regionale Frühstück können Sie im hellen Frühstücksraum oder auf der Terrasse genießen.

REUSSENKÖGE 6 B www.amnf.de

Schleswig-Holstein | EW 335 | 2 m | Husum 21 km, Flensburg 48 km

Hallig Krog www.hallig-krog.de

Hamburger Hallig , PLZ 25821, **T 04671 942788**
95 | Hauptgericht 16–32 € | Mo-So

Lust auf Husumer Krabbensuppe, kräftig geschmorte Salzwiesenlammhaxe oder Cordon bleu vom nordfriesischen Landrasseschwein? Dann sind Sie hier richtig! Das urige Lokal bietet einfallsreiche und schmackhafte Hausmannskost zu fairen Preisen. Nachmittags gibt es frisch gebackenen Kuchen und hausgemachte Torten.

REUTLINGEN 58 C www.tourismus-reutlingen.de

Baden-Württemberg | EW 111.357 | 382 m | Tübingen 13 km, Stuttgart 44 km

Achalm. Hotel
www.achalm.com

Achalm (Gewand) 2, PLZ 72766, **T 07121 4820,** F 482100
100 Zimmer | 11 Suiten | Ez 189–219 €, Dz 189–219 €, inkl. Frühstück | 24 h

Modernes Tagungs- und Familienhotel in herrlicher Panoramalage mit Ausblick auf Reutlingen und die Schwäbische Alb. Die designorientierten Gästezimmer sind mit edlen Naturmaterialien ausgestattet. Ruhe und Entspannung bietet ein 350 qm großer Sauna- und Wellnessbereich. Im Restaurant mit großer Außenterrasse wird saisonale und regionale Küche serviert.

RHEDA-WIEDENBRÜCK 30 B
www.flora-westfalica.de

Nordrhein-Westfalen | EW 46.988 | 72 m | Gütersloh 9 km, Lippstadt 22 km

Ratskeller
www.ratskeller-wiedenbrueck.de

Markt 11, PLZ 33378 (OT: Wiedenbrück), **T 05242 9210,** F 921100
30 Zimmer

Liebevoll restauriertes Fachwerkhaus von 1560 mit behaglichen Hotelzimmern, die teils mit Stilmöbeln ausgestattet sind. Schöner Saunabereich mit Dachterrasse. Hist. Gasträume mit nostalgischem Flair, Marktplatzterrasse und Biergarten.

Reuter
www.hotelreuter.de

Bleichstraße 3, PLZ 33378 (OT: Rheda), **T 05242 94520,** F 945244
35 Zimmer | 3 Apartments | Ez 95–169 €, Dz 139–249 €, inkl. Frühstück | 23.12.23–7.1.24, 29.7.–13.8.24

Das persönlich geführte Stadthotel befindet sich bereits seit 1894 im Familienbesitz. Das Haus bietet wohnliche Zimmer und Apartments, die ganz unterschiedlichen Stilrichtungen entspringen. Für Events und Tagungen hat man verschiedene Räumlichkeiten.

Reuter

VARTA-TIPP Küche

20 | Menü 149 € | Mi-Sa Mo, Di, So 23.12.23–23.1.24, 8.7.–3.9.24

Stilvolles Ambiente, authentische Gastfreundschaft und top Kulinarik schaffen hier ein entspanntes, souveränes und zeitgemäßes Genusserlebnis. Was die Küche von Iris Bettinger verlässt, überzeugt mit Finesse, Frische und Geschmack. Ihr Kochstil ist vielseitig: mal klassisch französisch inspiriert, mal mit regionalen Akzenten gespickt, mal gekonnt mit asiatischen und exotischen Nuancen verfeinert. Serviceleiter Marco Rückl und Sommelier Armin Weisenberger kümmern sich mit Engagement und Freude um das Wohl der Gäste. Tischreservierung erforderlich.

Gastwirtschaft Ferdinand Reuter

80 | Hauptgericht 23–47 € | Di-Sa Mo, So

Seit 2020 zeigt sich das Zweitrestaurant in neuem Design. In urban-lässiger Bistro-Atmosphäre serviert man kleine Köstlichkeiten, schmackhafte Regionalmenüs und beliebte Küchenklassiker wie „Entrecote vom bayerischen Rind“ oder Schnitzel „Wiener Art“. Zum Konzept gehören eine offene Küche und der Verkauf von hausgemachten Produkten. Bei schönem Wetter empfiehlt sich die lauschige Sommerterrasse.

Königs
www.das-koenigs.de

Berliner Straße 47, PLZ 33378 (OT: Rheda), **T 05242 408060,** F 4080666
26 Zimmer | 24 h

Zentral gelegenes Geschäftshotel am Schlosspark mit guten Tagungsmöglichkeiten. Individuell eingerichtete Themenzimmer mit moderner Ausstattung. Kleiner Wellnessbereich mit finnischer Sauna und Fitnessraum. Das Restaurant serviert kreative internationale Küche.

Emshaus
www.emshausrheda.de

Gütersloher Straße 22, PLZ 33378 (OT: Rheda), **T 05242 4060400**
74 | Hauptgericht 21–35 €, Menü 43–56 € | So Mi-So Mo, Di

Im Rhedaer Teil des ehem. Gartenschaugeländes zwischen Rosengarten und Schlosspark befindet sich dieses attraktive Restaurant. Die monatlich wechselnde Speisekarte offeriert eine frische regionale Küche mit italienischen und französischen Einflüssen. Die Preise sind fair und der Service freundlich.

RHEINAU 56 B
www.rheinau.de

Baden-Württemberg | EW 10.997 | 130 m | Achern 11 km, Kehl 16 km

Gioias Restaurant
www.gioias.de

VARTA-TIPP Küche

Hauptstraße 215-217, PLZ 77866, **T 07844 91822999**
25 | Menü 99–110 € | So Mi-So Mo, Di

Schon von außen versprüht das hübsch herausgeputzte Herrenhaus südländisches Flair, drinnen dann ein ebenso geschmackvolles wie stimmiges Ambiente. Mit seiner zeitgemäßen Fusionsküche vereint Patron Francesco D'Agostino unterschiedliche Küchenkulturen und kennt beim Zubereiten der frischen und saisonalen Produkte aus der Region keine Kreativitätsgrenzen. Bei seinen Gerichten sind Einflüsse aus Italien, Südamerika, Frankreich und Deutschland unverkennbar. Gut die offene Weinbegleitung. Für kleine Veranstaltungen steht ein Gewölbekeller zur Verfügung.

RHEINE 20 D
www.rheine-tourismus.de

Nordrhein-Westfalen | EW 80.000 | 35 m | Lingen/Ems 31 km, Osnabrück 46 km

Lücke
www.hotel-luecke.de

garni

Heiliggeistplatz 1a, PLZ 48431, **T 05971 16180,** F 161816
39 Zimmer | Ez 99–131 €, Dz 129–159 €, 10,00 € | 24 h

»

Zentral gelegenes Haus an der Ems mit Aussicht auf den Fluss. Hell und modern eingerichtete Zimmer. Kleine Wellnessoase mit finnischer Sauna. Das einladende Restaurant „Sun-Days" mit Sonnenveranda und Biergarten serviert marktfrische saisonale Spezialitäten.

Zum alten Brunnen
www.zumaltenbrunnen.de

garni

Dreierwalder Straße 25-27, PLZ 48429, **T 05971 961715,** F 9617166
16 Zimmer | 3 Suiten | 2 Apartments | Ez 98–128 €, Dz 110–148 €, inkl. Frühstück | 24 h

Wie ein idyllisches kleines Dörfchen zeigt sich dieses privat geführte Hotel mit dem alten Brunnen als Mittelpunkt. In verschiedenen Gebäuden stehen stilvoll eingerichtete Zimmer zur Verfügung. Liebevoll restaurierte antike Möbel geben den Räumen ihren ganz individuellen Charme.

Beesten
www.restaurant-beesten.de

VARTA-TIPP Küche

Eichenstraße 3, PLZ 48431 (OT: Bannewiese), **T 05971 3253**
50 | Hauptgericht 27–36 €, Menü 42–72 € | Mo-Di, Fr-So Mi, Do

In diesem Traditionsgasthof können Sie das „Gast sein" so richtig genießen. Neben unkompliziertem, freundlichem Service gibt es frische saisonale Gerichte aus der deutschen und französischen Küche, so z.B. „Medaillon vom Seeteufel auf Kohlrabi-Pfifferling-Ragout mit Zucchinirouladen und Bandnudeln". Bei schönem Wetter lässt es sich auch wunderbar im Gartenlokal speisen.

RHEINFELDEN 64 A
www.tourismus-rheinfelden.de

Baden-Württemberg | EW 32.245 | 280 m | Basel (Schweiz) 15 km, Bad Säckingen 19 km

Boutique Hotel Bellevue
www.hotel-bellevue-rheinfelden.de

garni

Kapuzinerstraße 2, PLZ 79618, **T 07623 965130**
20 Zimmer

Kleines Hotel im 3.OG des Hochrhein Centers Rheinfelden. Das persönlich geführte Haus überzeugt mit wohnlich-neuzeitlichen Zimmern, die technisch gut ausgestattet sind. Zum Hoteleingang gelangt man direkt über einen stylishen Aufzug im Glasturm.

Maien
www.maien.com

★★★ S

Maienplatz 2, PLZ 79618 (OT: Obereichsel), **T 07623 72150,** F 721530
21 Zimmer | Ez ab 83 €, Dz ab 115 €, inkl. Frühstück

Gepflegter Landgasthof mit Hotelanbau in ländlicher Umgebung - seit 1894 in Familienbesitz. Praktisch eingerichtete Gästezimmer, teilweise mit Balkon. Im regionaltypischen Restaurant und auf der Terrasse werden badische Spezialitäten aufgetischt.

RHODT UNTER RIETBURG 50 D www.rhodt.de

Rheinland-Pfalz | EW 1.097 | 206 m | Landau (Pfalz) 10 km, Neustadt a.d. Weinstr. 12 km

Alte Rebschule www.alte-rebschule.de

★★★★

Theresienstraße 200, PLZ 76835, **T 06323 70440,** F 704470
37 Zimmer | 3 Suiten | Ez 189–279 €, Dz 269–389 €, inkl. Halbpension

Ruhiges, oberhalb des Ortes in den Weinbergen gelegenes Hotel. Geräumige, im modernen Landhausstil eingerichtete Zimmer. Hübscher Wellnessbereich auf 1.000 qm mit Panoramaschwimmbad. Im Restaurant mit netter Terrasse wird eine saisonale Frischeküche serviert.

Alter Kastanienhof www.alter-kastanienhof.de

Theresienstraße 79, PLZ 76835, **T 06323 9881300**
80 | Hauptgericht 10–24 € | Mo-Di, Fr-So Mi, Do

Das sympathische Gasthaus empfängt Sie in urig-rustikalem Ambiente. Hier dürfen Sie sich auf traditionelle pfälzische Gerichte aus frischen regionalen Zutaten freuen. Zur warmen Jahreszeit lockt der lauschige Biergarten. Für Übernachtungsgäste hat man gepflegte, zweckmäßige Zimmer.

Jetzt abonnieren: instagram.com/vartaguide

RIEDENBURG 60 B www.riedenburg.de

Bayern | EW 5.572 | 360 m | Kelheim 16 km, Ingolstadt 33 km

Forst's Landhaus www.forsts-landhaus.de

Mühlstraße 37b, PLZ 93339, **T 09442 9919399**
70 | Hauptgericht 18–33 €, Menü 65–85 € | Sa-So Mi-Sa Mo, Di

Moderne Gastronomie und ländliche Tradition zu verbinden, ist in diesem Gasthaus wunderbar gelungen. Ob in einem der beiden Restauranträume oder auf der Sonnenterrasse - hier können Sie sowohl bodenständige Gerichte als auch feine, originelle Speisen genießen. Elf liebevoll eingerichtete Zimmer im angeschlossenen Hotel.

RIETBERG 30 B www.rietberg.de

Nordrhein-Westfalen | EW 28.696 | 78 m | Rheda-Wiedenbrück 9 km, Delbrück 12 km

Lind Hotel
www.lind-hotel.de

★★★★ S garni

Am Nordtor 1, PLZ 33397, **T 05244 700100,** F 700107
80 Zimmer | 2 Suiten | Ez 105–160 €, Dz 126–210 €, inkl. Frühstück | 24 h

Das Hotel ist ideal für Geschäftsreisende und bietet wohnliche Zimmer mit gutem Platzangebot. Für Entspannung sorgt der gepflegte SPA-Bereich. Und gastronomisch? Saisonale Küche im Restaurant „Mauritz“, dazu eine Hotelbar sowie eine großzügige Terrassenanlage mit herrlichem Blick auf den Flusslauf der Ems.

Domschenke
www.domschenke-mastholte.de

Lippstädter Straße 1, PLZ 33397 (OT: Mastholte), **T 02944 318**
55 | Hauptgericht 22–36 €, Menü 45–75 € | So Mo, Do-So Di, Mi

Ländlich gelegenes Traditionshaus mit gemütlicher Gaststube und lichtdurchflutetem Wintergarten. Die regionalen Klassiker sowie die französisch-mediterran angehauchten Spezialitäten sind absolut zu empfehlen. Wie wäre es z.B. mit „Geschmorter Ochsenbacke auf Kartoffel-Schnittlauchpüree mit Balsamico-Zwetschgen und glasierten jungen Karotten mit Pinienkernen“? Idyllischer Biergarten unter alten Eichen.

RINCHNACH 62 A
www.rinchnach.de

Bayern | EW 3.248 | 564 m | Regen 7 km, Zwiesel 9 km

St. Gunther
www.st-gunther.de

★★★★ S garni

Regener Straße 7, PLZ 94269, **T 09921 8090,** F 809200
51 Zimmer | 20 Suiten | 2 Apartments | Ez 170–200 €, Dz 320–370 €, inkl. Vollpension

Modernes, familiengeführtes Wellnesshotel mit herrlichem Panoramablick auf die Berge. Geschmackvoll, teils rustikal eingerichtete Zimmer und Suiten. Über 3.000 qm großer Wellnessbereich mit Panoramahallenbad und bayerischem Saunadorf.

RINGE 20 B
www.emlichheim.de

Niedersachsen | EW 2.181 | 15 m | Meppen 34 km, Lingen (Ems) 35 km

Altes Landhaus Buddenberg
www.landhaus-buddenberg.de

Emlichheimer Straße 63, PLZ 49824 (OT: Kleinringe), **T 05943 98390**
125 | Hauptgericht 14–28 € | So Mo, Mi-So Di

Inmitten einer reizvollen Moorlandschaft liegt dieses zauberhafte Anwesen. Die Speisekarte zeigt einen harmonischen Mix aus traditioneller, regionaler sowie innovativer Küche. Das angeschlossene Hotel bietet exklusiv eingerichtete Zimmer.

RINTELN 22 D
www.rinteln.de

Niedersachsen | EW 25.228 | 56 m | Bückeburg 15 km, Hameln 27 km

Stadt Kassel Neu!
www.hotel-stadtkassel.de

★★★ S garni

Klosterstraße 42, PLZ 31737, **T 05751 95040,** F 44066
62 Zimmer | Ez ab 105 €, Dz ab 140 €, inkl. Frühstück

Eine gelungene Einheit von Historie und Moderne ist das familiengeführte Hotel in der Altstadt. Das stattliche Fachwerkhaus aus dem 17. Jhd., das man behutsam renoviert hat, beherbergt helle, freundliche Zimmer mit zeitgemäßer Ausstattung. Für Fahrradtouristen hat man einen ebenerdigen Fahrradabstellraum, den die Gäste nebst der Ladestationen für E-Bikes kostenlos nutzen können.

Restaurant Fachwerk Neu!

65 | Hauptgericht 19–65 €, Menü 53–77 € | Sa Di-Sa Mo, So

Ausgesprochen nett sitzt man sowohl in der urigen hist. Gaststube mit ihren Fachwerkmauern als auch im loungeähnlichen modernen Clubraum. Hier wird saisonal, regional und ehrlich mit wirklich guten Produkten gekocht - und der Preis stimmt auch! Daniel Klein und sein Team bringen z.B. „Schaufelstück vom Wolowina-Rind mit Vanillekarotten, Schupfnudeln und Kartoffel-Röstzwiebelpüree" auf den Tisch. Dazu serviert man eine vielfältige Auswahl an Weinen mit dem Fokus auf deutsche Gewächse. Im Sommer lockt der ruhige, innenliegende Biergarten.

Speisekammer Anno 1583 Neu! www.speisekammer-anno1583.de

VARTA-TIPP Küche

Marktplatz 6, PLZ 31737, **T 05751 9933390**
60 | Hauptgericht 13–24 € | Mo-So

Im einstigen Ratskeller im Herzen der Rintelner Innenstadt herrscht wieder reger Betrieb. Hier erwartet Sie ein modernes Wirtshauskonzept, das stark auf Regionalität und Nachhaltigkeit setzt. Die im industriellen Stil renovierten Räumlichkeiten präsentieren sich im neuen Look. Die abwechslungsreiche Speisekarte bietet von Käsespätzle über Fiakergulasch bis hin zum Schnitzel vom Landschwein eine breit gefächerte Palette an kulinarischen Köstlichkeiten. Mit dem Gewölbekeller, der „Tafelrunde" sowie dem großen Saal im Obergeschoss stehen verschiedene Veranstaltungsräume zur Verfügung.

RIPPOLDSAU-SCHAPBACH, BAD 57 C bad-rippoldsau-schapbach.de

Baden-Württemberg | EW 2.224 | 564 m | Freudenstadt 16 km, Wolfach 23 km

Klösterle Hof kloesterlehof.de

VARTA-TIPP Küche

Klösterleweg 2, PLZ 77776 (OT: Bad Rippoldsau), **T 07440 215**
30 | Hauptgericht 13–36 €, Menü 35–90 € | Di-Sa Mo, So 7.–31.1.24

Typisches Schwarzwälder Restaurant mit gemütlich-rustikaler Einrichtung und romantischem Flair. Küchenchef Markus Klein schätzt und verarbeitet gekonnt die frischen Angebote der Region. Das Resultat: leckere Gerichte wie „Rückensteak vom iberischen Schwein mit frischen Pfifferlingen in Sahne und Kartoffelkrusteln" oder „Geschmortes Kalbsbäckle mit Spargelrisotto". Übernachtungsgäste freuen sich über die ländlichen Zimmer.

RÖBEL/MÜRITZ 18 C www.amt-roebel-mueritz.de

Mecklenburg-Vorpommern | EW 5.136 | 65 m | Waren 24 km, Wittstock 29 km

Landhaus Müritzgarten www.hotel-mueritzgarten.de

garni

Seebadstraße 45, PLZ 17207, **T 039931 8810**, F 881113
37 Zimmer | 6 Suiten | Ez 80–140 €, Dz 98–205 €, inkl. Frühstück »

Wohnlich eingerichtetes Landhaus in ruhiger Seeuferlage mit kleinem Gartenpark. Gemütliche, im Landhausstil eingerichtete Nichtraucherzimmer. Zum Haus gehören auch eine große Liegewiese, eine Sauna und eine eigene Fahrradgarage.

RODALBEN 50 C www.rodalben.de

Rheinland-Pfalz | EW 7.500 | 250 m | Pirmasens 6 km, Zweibrücken 28 km

Zum Grünen Kranz www.boldskranz.de

Pirmasenserstraße 2, PLZ 66976, **T 06331 23170**
32 | Hauptgericht 13–28 € | Mo-Mi, Fr-Fr, So Mo-Mi, Fr-Sa Do

Zentral in der Ortsmitte gelegenes, familiengeführtes Haus mit gemütlicher Atmosphäre. Serviert werden traditionelle Spezialitäten der gehobenen Pfälzer Küche mit modernen Einflüssen. Dazu ein angemessenes Preis-Leistungsverhältnis und ein charmanter Service. Zum Übernachten hat man behaglich eingerichtete Zimmer (teilweise mit Balkon).

RÖDELSEE 52 B www.roedelsee.de

Bayern | EW 1.702 | 236 m | Kitzingen 6 km, Schweinfurt 59 km

Stegner www.hotel-stegner.de

€ Gut & Günstig garni

Mainbernheimer Straße 26, PLZ 97348, **T 09323 87210,** F 6335
18 Zimmer | Ez 68–70 €, Dz 104–110 €, inkl. Frühstück | 24 h

Gemütlicher, in 4. Generation familiengeführter Gasthof in schöner grüner Lage. Behaglich mit viel Holz eingerichtete Zimmer mit kostenlosem WLAN, teils mit Balkon. Das Frühstück wird im lichtdurchfluteten Wintergarten serviert. Fahrradverleih.

RÖDENTAL 44 C www.roedental.de

Bayern | EW 13.046 | 342 m | Coburg 8 km, Bamberg 58 km

Brauhotel & Gasthof GROSCH www.der-grosch.de

★★★ S

Oeslauer Straße 115, PLZ 96472 (OT: Oeslau), **T 09563 7500,** F 750147
44 Zimmer | 24 h

Uriger Brauereigasthof mit fast 600-jähriger Familientradition. Hübsch eingerichtete Zimmer, die nach den Bierzutaten Wasser, Hopfen und Malz gestaltet sind. Das Restaurant bietet saisonale fränkische Gerichte und Bierspezialitäten aus der eigenen Brauerei. Schöner Biergarten.

Alte Mühle www.alte-muehle-hotel.com

Mühlgarten 5, PLZ 96472 (OT: Oberwohlsbach), **T 09563 72380**
90 | Hauptgericht 17–48 € | Sa Di-Sa Mo, So

Umringt von zwei romantisch plätschernden Mühlbächen im Ortsteil Oberwohlsbach empfängt Sie dieses freundlich und engagiert geführte Haus. Der Chef steht selbst am Herd und bietet typisch fränkische und mediterrane Gerichte mit frischen Zutaten aus der Umgebung. So gemütlich wie der Gastraum sind auch die Hotelzimmer.

Restaurant Froschgrundsee **Neu!**
www.restaurant-froschgrundsee.de

Schönstädt 14, PLZ 96472, **T 09563 8013**
65 | Hauptgericht ab 17 € | Mi-So Mi-Sa Mo, Di

Gemütlich sitzt man in dem reizenden Landhaus, eingebettet in ein schönes Naturschutzgebiet mit Wald- und Wiesenflächen oberhalb des kleinen Froschgrundsees. Serviert wird eine grundehrliche Küche, in der heimische Klassiker und saisonale Speisen frisch und schmackhaft zubereitet werden. Lust auf „Geschmorte Ochsenbäckchen mit Rotweinjus, knackiges Marktgemüse und Kartoffel-Nussbutterstampf"? Mittags wird eine Extrakarte gereicht. Tipp: Für Grill-Fans bietet man an ausgewählten Terminen spezielle „Smoker-Abende".

RODING 55 C
www.roding.de

Bayern | EW 11.437 | 369 m | Cham 14 km, Regensburg 40 km

City Hotel
www.city-hotel-roding.de

★★★★ S garni

Schulstraße 25, PLZ 93426, **T 09461 40250,** F 40252222
88 Zimmer | 4 Suiten | Ez 105–118 €, Dz 160–170 €, inkl. Frühstück | 24 h

Modern ausgestattetes Aktiv- und Businesshotel mit hellen, freundlichen Gästezimmern. Kleiner Wellnessbereich mit Indoorpool, Saunen und Whirlpool. Im Gasthaus „Zum Goldenen Anker" wird traditionelle bayerische Küche serviert. Schöner Biergarten im Innenhof.

ROHRDORF 68 B
www.rohrdorf.de

Bayern | EW 5.457 | 476 m | Rosenheim 10 km, Bad Reichenhall 71 km

Zur Post
www.post-rohrdorf.de

★★★ S garni

Dorfplatz 14, PLZ 83101, **T 08032 1830,** F 5844
113 Zimmer | 69 Apartments | Ez 79–129 €, Dz 99–159 €, inkl. Frühstück

Das Hotel bietet geschmackvolle Landhauszimmer mit bayerischem Wohlfühlambiente im Haupthaus und hochwertig, mit edlen Hölzern und warmen Farben ausgestattete Zimmer im neu gebauten Gästehaus. Bürgerliches Restaurant mit heimischer Küche und hauseigener Metzgerei.

RÖHRNBACH 62 B
www.roehrnbach-bayerischer-wald.de

Bayern | EW 4.394 | 438 m | Freyung 12 km, Passau 28 km

Wellness- & Sporthotel Jagdhof www.jagdhof-roehrnbach.de

★★★★★ garni

Putzgartenstaße 2, PLZ 94133, **T 08582 91590,** F 9159222
105 Zimmer | 64 Suiten | Ez ab 240 €, Dz ab 418 €, inkl. Vollpension | 24 h

Familiär geführtes Ferienhotel im alpenländischen Stil mit unterschiedlichen, praktisch und modern eingerichteten Zimmern. Für Entspannung sorgt Bayerns größte Wellness- und Wasserwelt auf 6.500 qm mit mehreren Pools, Naturbadeteich, Saunalandschaft und Liegewiese. Behagliches Restaurant mit regionaler und internationaler Küche.

RONNENBERG 23 C www.ronnenberg.de

Niedersachsen | EW 23.539 | 73 m | Hannover 8 km, Hildesheim 39 km

Benther Berg www.hotel-benther-berg.de

★★★ S garni

Vogelsangstraße 18, PLZ 30952 (OT: Benthe), **T 05108 64060,** F 640650
64 Zimmer | 3 Suiten | Ez 98–120 €, Dz 120–160 €, inkl. Frühstück | ⃠ 2.–5.1.24

Herrenhaus von 1894, gelegen inmitten einer ruhigen und weitläufigen Parklandschaft. Wohnliche, solide ausgestattete Zimmer und Suiten, die sich auf drei Gebäude verteilen. Stilvoller Wellnessbereich mit mediterranem Ambiente. Gute Verkehrsanbindung nach Hannover.

Benther Berg

120 | Hauptgericht 15–35 €, Menü 45–85 € | Mo-So ⃠ 2.–5.1.24

Im Mittelpunkt der regionalen und internationalen Küche stehen die sehr guten Produkte, und die werden handwerklich solide und schmackhaft zubereitet. Auf der Karte locken Gerichte wie „Zanderfilet auf der Haut gebraten | Currysauce | glasierte Karotten | Zucchinispalten | Safranspaghettini“ oder „Rinderfilet unter der Kräuterkruste | Pfeffersauce | Selleriemousseline | Bohnencassoulet | Kartoffelgratin“.

ROSENBERG 52 D www.gemeinde-rosenberg.de

Baden-Württemberg | EW 2.688 | 503 m | Ellwangen 10 km, Crailsheim 20 km

Landgasthof Adler www.landgasthofadler.de

VARTA-TIPP Küche

Ellwanger Straße 15, PLZ 73494, **T 07967 513**
60 | Hauptgericht 16–32 €, Menü 70–110 € | Fr-So Mi-Sa ⃠ Mo, Di

Die Gaststube zeigt sich in einem Stilmix aus Tradition und Moderne. Hier treffen Fachwerk und rustikaler Parkettfußboden auf kräftige Farbgestaltung und Designklassiker aus der Bauhauszeit. Dass Küchenchef Florian Vogel der Region schon immer sehr verbunden ist, spiegelt sich auch in der kulinarischen Philosophie wider. Seine kompromisslose Produktküche ist frisch, schmackhaft und handwerklich klassisch zubereitet. Im angeschlossenen Lädle gibt es eine Auswahl regionaler Produkte, teilweise aus eigener Herstellung. Gepflegt übernachten kann man hier ebenfalls.

ROSENHEIM 68 B www.touristinfo-rosenheim.de

Bayern | EW 60.877 | 446 m | München 68 km, Salzburg (Österreich) 75 km

Parkhotel Crombach
www.parkhotel-crombach.de

★★★ S garni

Kufsteiner Straße 2, PLZ 83022, **T 08031 3580,** F 33727
64 Zimmer | 7 Suiten | Ez 84–124 €, Dz 120–180 €, ab 14,00 €

Familiengeführtes Haus am Park in zentraler Lage nahe der Altstadt an der Fußgängerzone neben der Stadthalle. Das Hotel bietet neben den Zimmern zum Park Juniorsuiten sowie Suiten mit Küche und Luxusbad für 2 bis 5 Personen, Konferenzräume von 10 bis 100 Personen und einen kostenlosen Fitnessraum.

San Gabriele
www.hotel-sangabriele.de

★★★★

Zellerhornstraße 16, PLZ 83026 (OT: Heilig Blut), **T 08031 26070,** F 260740
38 Zimmer | Ez ab 90 €, Dz ab 120 €, 12,50 €

Hier nächtigen Sie im Ambiente eines mittelalterlichen Klosters. Entworfen wurde das Hotel vom Architekten Rudolf Rechl. Die Zimmer haben einen ganz individuellen Charme und verfügen teils über Gewölbedecken und Himmelbetten. Italienische Küche serviert das „Ristorante Il Convento".

Restaurant Nouille
www.nouille.eu

Bahnhofstraße 21, PLZ 83022, **T 08031 2315116**
48 | Hauptgericht 15–38 € | Mo-Fr Mo-Sa So

Schön sitzt man in diesem geradlinig-modernen Restaurant mit seiner geschmackvollen Einrichtung und der großen Fensterfront. Und es gibt noch etwas fürs Auge: Die klassisch mediterranen Speisen (u.a. hausgemachte Pasta) werden in der einsehbaren Küche liebevoll zubereitet. Auf der wechselnden Karte finden sich schmackhafte Gerichte wie „Saibling im Nudelblatt | Weißer-Trüffel-Portweinschaum | Zwiebelconfit | Kürbis | Linsen". Mittags günstige Lunchgerichte.

ROSSHAUPTEN 67 A
www.rosshaupten.de

Bayern | EW 2.128 | 816 m | Füssen 12 km, Marktoberdorf 18 km

Kaufmann
www.hotel-kaufmann.de

★★★★

Füssener Straße 44, PLZ 87672, **T 08367 91230,** F 1223
43 Zimmer | 5 Suiten

Attraktives Ferien- und Tagungshotel am Forggensee mit schönem Blick auf die Allgäuer Alpen. Wohnliche Komfortzimmer im Stammhaus, exklusiv ausgestattete, großzügige Deluxe-Zimmer und Suiten im neueren Anbau. Für Entspannung sorgt eine ansprechende Sauna- und Wasserlandschaft.

Haflingerhof
www.haflingerhof.com

★★★ S

Vordersulzberg 1, PLZ 87672, **T 08364 98480,** F 984828
22 Zimmer | 8 Suiten | 6 Apartments | Ez 78 €, Dz 98–142 €, inkl. Frühstück

Ein nettes Feriendomizil mit freundlichen Gastgebern. Einfachere Gästezimmer mit rustikalem Charme bietet das traditionelle Landhaus, großzügiger und moderner zeigen sich die neuen Suiten im Landhotel. Im sonnendurchfluteten Wintergarten sowie in der urigen Bauernstube wird regionale Küche aufgetischt. Zum Hotel gehört auch ein Reitstall.

ROSTOCK 10 C www.rostock.de

Mecklenburg-Vorpommern | EW 203.431 | 14 m | Schwerin 89 km, Lübeck 115 km

Rathaus, Bürgerhäuser und Marienkirche am Neuen Markt, Schifffahrtsmuseum, Einkaufsmeile Kröpeliner Straße, Kuhtor, Stadtbibliothek im Haus Ratschow, Brunnen der Lebensfreude auf dem dreieckigen Universitätsplatz, Kulturhistorisches Museum im ehem. Zisterzienserinnenkloster, Stadthafen, Theater im Stadthafen, Seebad Warnemünde, Leuchtturm.

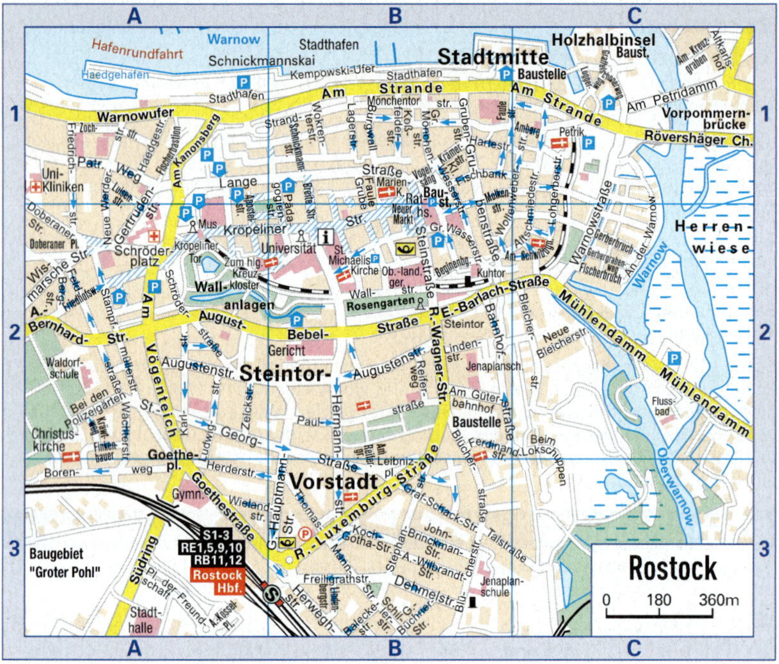

Yachthafenresidenz Hohe Düne www.hohe-duene.de

Am Yachthafen 1, PLZ 18119 (OT: Hohe Düne), **T 0381 50400,** F 50406099
368 Zimmer | 26 Suiten | Ez 205–355 €, Dz 245–425 €, inkl. Frühstück | 24 h

Das exklusive Ferienresort ist nicht nur die perfekte Urlaubsadresse, sondern kann auch im Businessbereich punkten. Die stilvollen Zimmer bestechen durch warme Farbtöne und eine hochwertige Einrichtung. Zum Haus gehören auch eine exklusive Wellnessoase, ein Kinderclub, ein eigener Jachthafen mit direktem Zugang zum offenen Meer sowie ein perfekt ausgestattetes Kongresszentrum.

Der Butt

VARTA★TIPP Küche **VARTA-TIPP** Service

22 | Menü 189–249 € | Di-Sa Mo, So

In der obersten Etage des Restaurantpavillons erleben Sie kulinarische Gaumenfreuden, die mit einem atemberaubenden Ostseeblick gekrönt werden. Küchenchef André Münch ist ein Koch mit Leidenschaft und außergewöhnlichen Ideen. Seine Gourmetkreationen sind modern, kontrastreich und ausdrucksstark. Eine exzellente Weinkultur und ein eloquenter Service unter der Leitung von Thomas Heimann runden das Angebot ab.

Brasserie

220 | Hauptgericht 24–49 € | Mo-So

Klassisches Ambiente im Stile einer französischen Brauereigaststätte mit dunklen Hölzern, geschliffenen Spiegeln, schweren Vorhängen und feiner Tischkultur. Aus der Küche kommt Regionales und Internationales, sowohl à la carte als auch in Buffetform.

Pentahotel
www.pentahotels.com

Schwaansche Straße 6 (B2), PLZ 18055, **T 0381 49700,** F 4970700
152 Zimmer | 2 Suiten | 24 h

Das stylishe Businesshotel ist in das Einkaufszentrum Rostocker Hof integriert und bietet einen direkten Zugang zur Fußgängerzone. Es verfügt über wohnliche und zeitgemäß eingerichtete Gästezimmer sowie Coworking-Bereiche und Studio-Apartments, die auf Longstay-Aufenthalte ausgerichtet sind. Mit seinen ausgewählten Farbakzenten und Eyecatchern bietet das Haus einen optimalen Rahmen für fokussiertes und kreatives Arbeiten. Zum alten Hafen sind es nur wenige Gehminuten.

Radisson Blu
www.radissonhotels.com

★★★★ S

Lange Straße 40 (A1), PLZ 18055, **T 0381 37500,** F 375010
251 Zimmer | 10 Suiten | Ez 129–349 €, Dz 129–349 €, 21,00–24,00 € | 24 h

Schickes, modernes Stadt- und Tagungshotel nahe der Fußgängerzone. Klimatisierte Zimmer mit einem geschmackvollen und modernen Innendesign, teils mit Ausblick auf den Hafen. 500 qm großer SPA- und Fitnessbereich im 7. Stock. Gemütliches Restaurant mit norddeutscher und internationaler Küche.

Jetzt abonnieren: instagram.com/vartaguide

Am Leuchtturm
www.hotel-am-leuchtturm.de

★★★★

Am Leuchtturm 16, PLZ 18119 (OT: Warnemünde), **T 0381 54370,** F 543712
34 Zimmer | 2 Apartments | Ez ab 135 €, Dz ab 175 €, 17,50 € | 24 h

Direkt an der Promenade gelegenes Boutique-Hotel mit Tradition seit 1850. Klassisch-modern eingerichtete Zimmer mit mediterranem Landhausflair und fantastischen Ausblicken auf Ostsee, Hafeneinfahrt, Leuchtturm und Strand. Elegante Frühstückslounge.

Ringelnatz
www.ringelnatz-warnemuende.de

garni

Alexandrinenstraße 60, PLZ 18119, **T 0381 20746407**
6 Zimmer | Ez 100–130 €, Dz 120–170 €, inkl. Frühstück | 24 h

Modern gestaltete Gästezimmer sowie gut erhaltene historische Elemente in Verbindung mit stylishen Details machen dieses Haus aus. Ringelnatz, der einst hier Stammgast war, zieht sich wie ein roter Faden durch das gesamte Hotel. Das Frühstück wird in der gemütlichen Café-Bar serviert.

Trihotel
www.trihotel-rostock.de

Tessiner Straße 103, PLZ 18055 (OT: Brinckmansdorf), **T 0381 65970,** F 6597600
117 Zimmer | 3 Apartments | Ez 79–189 €, Dz 89–199 €, Frühstück 21,00–25,00 € | 24 h

Familiengeführtes Urlaubshotel direkt am idyllischen Schweizer Wald. Elegante Gästezimmer mit moderner Technik. 1.800 qm großer SPA-Bereich mit romantischem Panoramaschwimmbad und Saunalandschaft. Erlebnisrestaurant „5 Elemente" mit Wintergarten und modern-regionaler Küche.

Susewind
www.godewind-hotels.de/hotel-susewind

★★★

Warnemünder Straße 1, PLZ 18146 (OT: Markgrafenheide), **T 0381 609570,** F 60957111
35 Zimmer | Ez ab 87 €, Dz ab 87 €, inkl. Frühstück

Hier lässt es sich wirklich gepflegt wohnen: Das freundlich geführte Hotel ist nur 200 m vom Ostseestrand entfernt. Es bietet wohnliche, mit viel Holz ausgestattete Zimmer in zwei Kategorien. Für Entspannung sorgt ein kleiner Wohlfühlbereich mit finnischer Sauna.

Jetzt abonnieren: instagram.com/vartaguide

ROT AM SEE 52 D
www.rotamsee.de

Baden-Württemberg | EW 5.242 | 419 m | Crailsheim 18 km, Würzburg 78 km

Landhaus Hohenlohe
www.landhaus-hohenlohe.de

VARTA-TIPP Küche

Erlenweg 24, PLZ 74585, **T 07955 93100**
55 Plätze | Hauptgericht 20–45 €, Menü 65–85 € | So Di-Sa ⦸ Mo ⦸ 1.–22.1.24

In dem hübschen, gepflegten Landhaus hat man viele Stammgäste, und die kommen vor allem wegen des hervorragenden Essens. Die Küche des Patrons steht für regionale Eigenständigkeit, beste Produkte und kreative Aromenvielfalt. Dazu gibt es sehr gute Weine ausgewählter Winzer. Im Sommer kann man auch auf der lauschigen Terrasse und in der Gartenlounge unter dem Sonnensegel speisen. Zeitgemäß eingerichtete Gästezimmer.

ROTENBURG (WÜMME) 14 D
www.rotenburg-wuemme.de

Niedersachsen | EW 21.936 | 23 m | Verden 25 km, Soltau 35 km

Landhaus Wachtelhof
www.wachtelhof.de

VARTA-TIPP Service

★★★★★S

Gerberstraße 6, PLZ 27356, **T 04261 8530,** F 853200
38 Zimmer | 2 Suiten | Ez 170–230 €, Dz 240–295 €, Frühstück 29,00–32,00 € | 24 h

Ein traditionsreiches Haus mit beeindruckender Schlossfassade und idyllischem Gartenpark. Die geräumigen Zimmer und Turmsuiten sind in warmen Farbtönen gehalten und mit natürlichen Materialien gestaltet. Entspannen können Sie im mediterranen Ambiente der 1.000 qm großen „Wachtelhof-Therme" mit beeindruckender Sauna- und Badelandschaft. Die herzlichen Mitarbeiter:innen vermitteln Ihnen ein wohliges „Zuhause-Gefühl".

Die Wachtelei

80 | Hauptgericht 20–38 €, Menü 60 € | Mo-So

Stilvoll und gemütlich ist die Atmosphäre in dem mit warmen Beigetönen gestalteten Restaurant. Und wenn dann noch guter Service und eine schmackhafte saisonale Küche mit regionalem Bezug und französischen Akzenten dazukommen, ist das stimmige Bild komplett.

ROTHENBURG OB DER TAUBER 52 D www.rothenburg.de

Bayern | EW 11.053 | 430 m | Ansbach 35 km, Bad Mergentheim 45 km

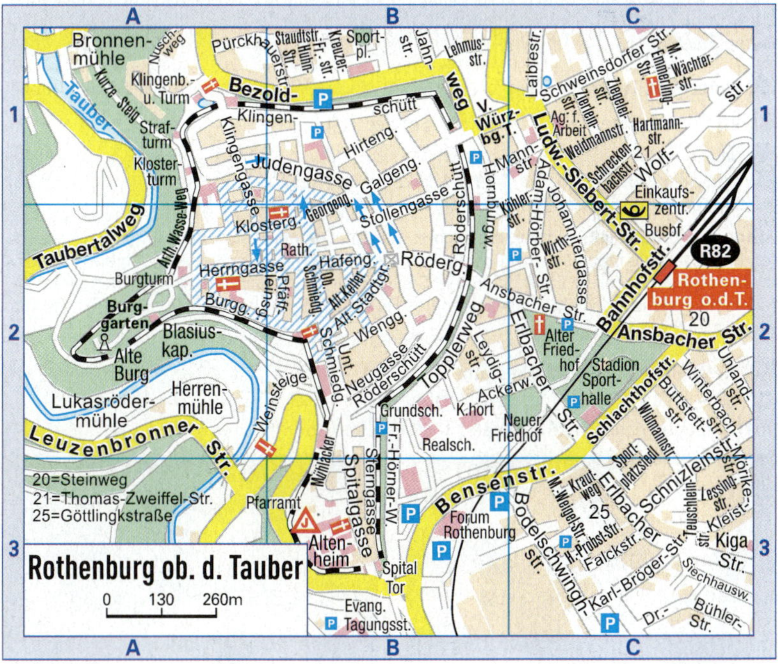

Hotel herrnschlösschen www.hotel-rothenburg.de/de/home

★★★★

Herrngasse 20 (A2), PLZ 91541, **T 09861 873890,** F 87389111

8 Zimmer | 4 Suiten | Ez 155–195 €, Dz 180–355 €, inkl. Frühstück | 24 h ››

Das charmante kleine Hotel befindet sich in einem der ältesten Gebäude Rothenburgs. Edler französischer Landhausstil, warme Farben und hochwertiges Design prägen das Ambiente des Hauses. Jedes der exklusiv eingerichteten Zimmer ist ein Unikat. Für Entspannung sorgen ein kleiner Vitalbereich sowie ein wunderschöner Barockgarten.

Burg-Hotel www.burghotel.eu

garni

Klostergasse 1-3 (A2), PLZ 91541, **T 09861 94890,** F 948940
15 Zimmer | 5 Suiten

Hist. Burg in herrlicher Aussichtslage über der Stadt. Großzügige Zimmer und Suiten mit schönem Blick auf das Taubertal oder den Klostergarten. Kleiner SPA-Bereich in den Gewölben der alten Stadtmauer mit Sauna und Sonnenwiese.

Eisenhut Neu! www.hotel-eisenhut.de

★★★★

Herrngasse 3-5/7 (B2), PLZ 91541, **T 09861 7050,** F 70545
75 Zimmer | Ez 80–180 €, Dz 80–188 €, ab 17,50 € | 24 h

Das schmucke Hotelensemble, das aus mehreren Gebäuden besteht, wurde in den letzten Jahren umfangreich modernisiert. Dabei hat man den traditionellen Charakter der denkmalgeschützten Patrizierhäuser bewahrt. Moderner Komfort und historisches Design zeichnen die teil- und vollrenovierten Zimmer aus. Im Restaurant „Agnes Stüberl" und auf der Panoramaterrasse wird saisonale und regionale Küche aufgetischt. Für einen kleinen Snack oder einen Drink empfiehlt sich die gemütliche Weinwirtschaft oder die Pfäffleinslounge mit Blick in den Garten.

Hotel Markusturm www.markusturm.de

VARTA-TIPP Ambiente **VARTA-TIPP** Service

Rödergasse 1 (B2), PLZ 91541, **T 09861 94280,** F 9428113
22 Zimmer | 6 Suiten | Ez 120–140 €, Dz 153–260 €, inkl. Frühstück

Schon von außen ein Blickfang, dieses hist. Haus mit seinem unverwechselbaren Charakter. Ein Hotel, wie man es sich wünscht! Warme, angenehme Atmosphäre, stilgerecht und individuell eingerichtete Zimmer und ein Service, der dem geschmackvollen Interieur in nichts nachsteht. Dazu ein ausgezeichnetes Frühstück. Ein schöner Rückzugsort ist der mit Blumen geschmückte Innenhof.

Restaurant im Hotel Markusturm

90 | Hauptgericht 18–28 €, Menü 25–60 € | Mo-So

Wer nach einem Stadtspaziergang gemütlich einkehren und gut essen möchte, kommt hier ganz sicher auf seine Kosten. Im behaglichen Restaurant des uralten Fachwerkhauses bietet man Klassisches, Regionales und Saisonales. Dazu gibt es selbstgebrautes Bier oder einen erlesenen Tropfen aus dem Weinkeller.

Wiegt weniger ist aber genauso gut:
Der Varta-Führer ist auch als eBook für Ihren TabletPC oder Ihr Smartphone verfügbar!

Mittermeiers Alter Ego
www.mittermeiersalterego.de

VARTA-TIPP Ambiente

garni

Vorm Würzburger Tor 15 (B1), PLZ 91541 (OT: Detwang), **T 09861 94540,** F 945494
11 Zimmer | Ez 95–210 €, Dz 99–269 €, 24,50 €

In diesem kleinen, innovativen Hybridhotel ist alles etwas anders als in gewöhnlichen Hotels. Sie übernachten in exklusiv ausgestatteten Zimmern, die sich wie Apartments anfühlen. Dazu Multimedia unlimited mit High-Speed-WLAN, iPad und aktuellen Streamingdiensten. Kaffee und Tee sowie gefiltertes Wasser stehen kostenfrei zur Verfügung. Eine Rezeption gibt es nicht, ein- und auschecken kann man bequem per Smartphone.

Prinzhotel Rothenburg
www.prinzhotel-rothenburg.de

An der Hofstatt 3 (B2), PLZ 91541, **T 09861 9750,** F 97575
50 Zimmer | 2 Suiten

Schönes Fachwerkensemble direkt neben der historischen Stadtmauer. Helle und wohnlich eingerichtete Zimmer. Für Entspannung sorgen die „Wellness Suite Whirlpool“ sowie die „Aqua Spa Suite“ mit Whirlpool, Raindancedusche und freistehender Badewanne.

Villa Mittermeier
www.villamittermeier.de

VARTA-TIPP Ambiente

Vorm Würzburger Tor 7 (B1), PLZ 91541, **T 09861 94540,** F 945494
28 Zimmer | Ez 75–150 €, Dz 85–209 €, 24,50 €

Die hübsche alte Sandsteinvilla verfügt über originelle Nostalgiezimmer, teils mit offenem Badbereich. Sämtliche Zimmer und Suiten sind Unikate. Designmöbel und ausgesuchte Accessoires bestimmen die Einrichtung. Aber auch die herzliche Gastfreundschaft und das tolle Frühstück sind gute Gründe, hier zu übernachten.

Restaurant Mittermeier

30 | Menü 69–159 € | Di-Sa ⊘ Mo, So

Trendig, ungezwungen-leger, aber dennoch elegant zeigt sich das Fine-Dining-Restaurant. Höchsten Genuss und solides Handwerk verspricht die moderne Küche auf klassischer Basis. Dazu gibt es ausgesuchte Weine. Tischreservierung empfehlenswert.

BurgGartenpalais
www.burggartenpalais.de

Herrngasse 26 (A2), PLZ 91541, **T 09861 8747430,** F 87474340
14 Zimmer | 1 Apartment | Ez ab 85 €, Dz 145–225 €, inkl. Frühstück

Eines der ältesten Patrizierhäuser der Stadt aus dem Jahre 1583. Sie wohnen in unterschiedlichen Zimmern, die teilweise mit bemalten Bauernmöbeln eingerichtet sind. Im rustikalen Restaurant mit schöner Terrasse wird bodenständige Küche serviert.

ROTTACH-EGERN 68 A www.rottach-egern.de

Bayern | EW 5.607 | 736 m | Miesbach 21 km, Bad Tölz 22 km

Bachmair Weissach www.bachmair-weissach.com

Wiesseer Straße 1, PLZ 83700 (OT: Weissach), **T 08022 2780,** F 278550
141 Zimmer | 78 Suiten | Ez ab 225 €, Dz ab 255 €, inkl. Frühstück | 24 h

Hier fühlt man sich richtig wohl: ein geschmackvoll renoviertes Traditionshaus mit alpinem Charme, zeitgemäßem Komfort und dezentem Luxus. Schicke Zimmer mit bequemen Betten und toller Aussicht, dazu ein ausgezeichnetes Angebot im großzügigen SPA-Bereich. Im „Gasthof zur Weissach" wird gehobene alpenländische Küche serviert.

Mizu Sushi Bar

44 | Hauptgericht 25–120 € | Mi-So Mo, Di

Das einzige japanische Restaurant am Tegernsee begeistert nicht nur durch sein trendig-modernes Ambiente, sondern auch mit einer tollen Auswahl an Nigiri-, Sashimi- und Maki-Variationen, die Küchenchef Kudo Chiori und sein Team hier für Sie zubereiten. In der angeschlossenen MIZU-Bar gibt es kleine Snacks und leckere Cocktails.

Wiegt weniger ist aber genauso gut:
Der Varta-Führer ist auch als eBook für Ihren TabletPC oder Ihr Smartphone verfügbar!

Parkhotel Egerner Höfe www.egerner-hoefe.de

VARTA-TIPP Service

★★★★★S

Aribostraße 19-26, PLZ 83700, **T 08022 6660,** F 666200
107 Zimmer | 40 Suiten | Ez 300–450 €, Dz 350–550 €, inkl. Frühstück | 24 h

Das privat geführte Traditionshaus setzt auf Heimatverbundenheit, Genuss und dezenten Luxus. Sie logieren in gemütlichen und hochwertig ausgestatteten Zimmern und Suiten. Liebevoll gestaltete Details, warme Farben und naturbelassene Materialien aus der Region prägen das Interieur. Der hoteleigene Park lädt zum Verweilen ein. Auch das exzellente Frühstück, der individuelle Service sowie der eindrucksvolle „Mangfall Spa" mit seinem 20 Meter langen Pool machen das Haus zu einer der besten Übernachtungsadressen am Tegernsee.

Gourmetrestaurant Dichter www.gourmetrestaurant-dichter.de

VARTA★TIPP Küche VARTA-TIPP Service

T 08022 666566
40 | Menü 178–238 € | Mi-Sa Mo, Di, So

Das Gourmetrestaurant unter der Leitung von Thomas Kellermann ist der Inbegriff von echtem Genuss am Tegernsee. Die Küche ist leicht, harmonisch und klar, setzt auf Details und präzises Handwerk. Hochwertigste und regionale Produkte stehen stets im Mittelpunkt der saisonal ausgerichteten Menüs. Im Restaurant geben große Fensterfronten den Blick auf die umliegenden Berge des Tegernseer Tals frei und bringen das elegante Design in Einklang mit der Natur. Der „Chef's Table" mit sechs exklusiven Plätzen an der offen gestalteten Küche verspricht Gourmets einen ganz exklusiven Einblick in die Arbeit der Crew.

Seehotel Überfahrt www.seehotel-ueberfahrt.com

VARTA-TIPP Ambiente

★★★★★S garni

Überfahrtstraße 10, PLZ 83700, **T 08022 6690,** F 6691000
176 Zimmer | 53 Suiten | Ez 265–500 €, Dz 295–550 €, ab 35,00 € | 24 h

Ein attraktives Ferienhotel in reizvoller Seelage. Unter dem Motto „Elegant Nature Style" hat man die Zimmer mit Naturmaterialien und warmen Erdtönen eingerichtet. Im 3.000 qm großen und professionell geführten SPA-Bereich stehen die vier Elemente Feuer, Wasser, Erde und Luft im Vordergrund. Zum Haus gehören verschiedene Themenrestaurants und eine stilvolle Bar. Toll der Ausblick auf den Tegernsee und die Voralpen.

Le Duc Tegernsee

VARTA-TIPP Küche

40 | Menü 125–185 € | Di-Sa

Mit dem neuen Restaurantkonzept hat man schnell die Herzen der Feinschmecker erobert. In eleganter, aber dennoch ungezwungener Atmosphäre können Sie sich auf eine asiatische Crossover-Küche in fünf oder acht Gängen freuen. Die Basis dafür sind beste Produkte, die mit reichlich Geschick zu fein ausbalancierten, geschmacksintensiven Gerichten mit intelligenten Kontrasten verarbeitet werden. Für all jene, die auf Fisch und Fleisch verzichten möchten, hält man auch eine vegetarische Menüvariante bereit.

Il Barcaiolo

80 | Hauptgericht 19–56 €, Menü 70–83 € | Mo-So ››

In legerer Atmosphäre genießt man hier Antipasti und Gerichte aus der traditionellen, raffiniert interpretierten Küche Norditaliens wie selbstgebackene Focaccia, frische Pasta, Saltimbocca alla romana und vieles mehr. Mittags preiswertes Lunchmenü (inkl. einem Glas Wein).

Egerner Bucht

110 | Hauptgericht 20–49 €, Menü 18–50 € | Mo-So

Ansprechendes Hotelrestaurant mit stilvoll-elegantem Ambiente und einem malerischen Blick auf die Egerner Bucht. Morgens genießt man hier ein reichhaltiges Frühstücksbuffet mit handgemachten Semmeln und Brezn, abends wird man mit klassischen Gerichten aus alpinen Spitzenprodukten verwöhnt. Spezialität: fangfrischer Saibling aus dem Tegernsee.

Fährhütte 14

www.faehrhuette14.de

Weissachdamm 50, PLZ 83700, **T 08022 188220**
55 | Hauptgericht 31–56 € | Do-So Mo, Di, Mi

Das stylishe Restaurant (gehört zum Althoff Seehotel Überfahrt) mit Beachclub, Lounge, Terrasse und Bar ist eine echte Lifestyle-Location und liegt ruhig am Ufer des Sees. Serviert wird global inspirierte See-und Landfoodküche - z.B. „Red Snapper | Aubergine | Artischocke | Tomaten-Beurre-blanc | Olivencrumble“. Für gute Stimmung sorgt ein junges, motiviertes Serviceteam.

Haubentaucher

www.haubentaucher-tegernsee.de

Seestraße 30, PLZ 83700, **T 08022 6615704**
25 | Hauptgericht 15–30 €, Menü 55–85 € | Mi-Sa Mo, Di, So

Herrlich liegt dieses Bistro-Restaurant samt netter Terrasse mit Blick auf den See. Hier trifft Lifestyle auf raffinierte Frischmarktküche. Das kulinarische Spektrum ist groß: von wechselnden Tagesgerichten am Mittag über Kuchen und Gebäck am Nachmittag bis hin zu feinen Überraschungsmenüs am Abend.

ROTTENDORF 52 B

www.rottendorf.eu

Bayern | EW 5.313 | 252 m | Würzburg 4 km, Kitzingen 13 km

Grüner Hase Neu!

www.restaurantgruenerhase.de

Zehntplatz 1, PLZ 97228, **T 09302 9895606**
40 | Hauptgericht 18–28 €, Menü 45–75 € | Do-So Mo, Di, Mi

Modernes Ambiente, angenehm legere Atmosphäre und ein freundlich-ungezwungener Service gehen hier Hand in Hand. Gekocht wird frisch, regional und mit saisonalen Einflüssen, z.B. „Forelle mit Fenchel und Kartoffel“ oder „Weiderind mit Möhren und Dinkelreis“. Sie können sich aber auch mit einem drei- bis fünfgängigen Menü überraschen lassen.

Waldhaus

www.waldhaus-leonhardt.de

Waldhaus 1, PLZ 97228, **T 09302 92290**
100 | Hauptgericht 10–30 €, Menü 20–38 € | Mo-Di, Fr-So Mi, Do

In ruhiger Waldrandlage gelegenes Restaurant mit mehreren Gaststuben, das seit drei Generationen familiengeführt ist. Serviert wird frische regionale und internationale Küche. Schöner Sommergarten.

ROTTWEIL 57 D www.rottweil.de

Baden-Württemberg | EW 25.739 | 597 m | Villingen-Schwenningen 23 km, Albstadt 37 km

Maiers Johanniterbad www.johanniterbad.de

★★★★ garni

Johannsergasse 12, PLZ 78628, **T 0741 530700,** F 41273
43 Zimmer | 1 Suite | Ez 101–118 €, Dz 141–167 €, inkl. Frühstück

Hoch über dem Festungsgraben in ruhiger Grünanlage gelegenes Haus unter familiärer Führung. Warme Naturfarben, natürliche Materialien wie Holz, Stein und Loden sowie ein nordisch-schlichter Stil zeichnen das Haus sowie die modern ausgestatteten Zimmer aus. Gute Tagungsmöglichkeiten.

Johanniterstube

70 | Hauptgericht 21–39 €, Menü 36–85 € | Di-So Mo-Sa

Schlicht und modern eingerichtetes Restaurant mit gemütlichem Ambiente. Serviert wird eine innovative regionale Frischeküche mit mediterraner Note. Gut sortierte Weinkarte mit regionalen sowie ausländischen Tropfen. Im Sommer lockt der Johannitergarten ins Freie.

RÖTZ 55 C www.roetz.de

Bayern | EW 3.462 | 453 m | Cham 23 km, Weiden 54 km

Wutzschleife www.wutzschleife.de

★★★★ S garni

Hillstett 40, PLZ 92444 (OT: Hillstett), **T 09976 180,** F 18180
59 Zimmer | 4 Suiten | Ez 84–176 €, Dz 128–298 €, inkl. Frühstück | 24 h

Beliebtes Ferien- und Tagungshotel im Naturpark Oberer Bayerischer Wald. Das Haus bietet seinen Gästen elegante, individuell eingerichtete Zimmer, einen 1.200 qm großen Wellnessbereich im mediterranen Stil sowie einen eigenen Naturgolfplatz.

Gregor's

VARTA-TIPP Küche

20 | Menü 119–148 € | Mi-Sa Mo, Di, So

Das Fine-Dining-Restaurant ist seit vielen Jahren ein Treffpunkt für Feinschmecker. Hier beeindruckt nicht nur das stilvoll-elegante Ambiente, auch kulinarisch erfüllt man höchste Gästeansprüche. Chefköchin Angela Deml verwöhnt Sie mit einer ausgeklügelten und finessenreichen Gourmetküche. Die erlesenen Zutaten werden mit Raffinesse und Präzision zu einem abwechslungsreichen Menü (bis zu 5 Gänge) zusammengestellt, auf Wunsch mit passender Weinempfehlung.

RÜCKHOLZ 67 A www.rueckholz.de

Bayern | EW 892 | 879 m | Nesselwang 5 km, Marktoberdorf 17 km

Land- & Wellnesshotel Panorama www.panorama-allgaeu.de

Seeleuten 62, PLZ 87494 (OT: Seeleuten), **T 08364 248,** F 8469
41 Zimmer | 37 Suiten | Ez 250–350 €, Dz 300–400 €, inkl. Halbpension »

Ob renovierter Alt- oder Neubau - hier hat man für jeden Geschmack die passende Zimmerkategorie. Die mit viel Holz und warmen Farben eingerichteten Zimmer bieten einen tollen Blick auf das Bergpanorama. Hübscher SPA-Bereich mit Panoramapool. Im Restaurant wird Allgäuer Küche serviert.

RUDERATSHOFEN 67 A www.ruderatshofen.de

Bayern | EW 1.725 | 728 m | Kaufbeuren 9 km, Kempten (Allgäu) 30 km

Landgasthof Hubertus www.hubertus-apfeltrang.de

Wenglinger Straße 2, PLZ 87674 (OT: Apfeltrang), **T 08341 81976**
180 | Hauptgericht 15–27 € | Mi-So Mo-So

In bester Familientradition wird dieser Landgasthof engagiert und freundlich geführt. Das Ambiente der gepflegten Gasträume ist herrlich entspannt und unprätentiös. Hier kann man einkehren und sich mit einer facettenreichen Küche kulinarisch verwöhnen lassen. Die Crew am Herd arbeitet präzise und bezieht die Zutaten für Ihre saisonalen Gerichte in der Region. Im angeschlossenen Hotel stehen wohnliche Gästezimmer und ein Wellnessbereich mit verschiedenen Saunen zur Verfügung.

RUDERSBERG 58 B www.rudersberg.de

Baden-Württemberg | EW 11.436 | 279 m | Schorndorf 10 km, Backnang 12 km

Sonne www.sonne-rudersberg.de

★★★★ garni

Heilbronner Straße 70, PLZ 73635 (OT: Schlechtbach), **T 07183 305920,** F 30592444
48 Zimmer | 4 Suiten | Ez 85–155 €, Dz 135–199 €, inkl. Frühstück

Familiengeführtes Hotel mit persönlichem Ambiente und individuellem Service. Das Haus bietet hell und freundlich eingerichtete Zimmer in unterschiedlichen Kategorien. Kleiner Erholungsbereich mit Schwimmbad und finnischer Sauna. Behagliches Restaurant mit regionaler und internationaler Küche.

RUDERTING 62 A www.ruderting.de

Bayern | EW 3.036 | 450 m | Passau 13 km, Vilshofen an der Donau 30 km

Landgasthof zum Müller Neu! www.landgasthofzummueller.de

Passauer Straße 16, PLZ 94161, **T 08509 1224**
180 | Mo, Do-So Di, Mi

Lust auf leckeres Essen und gemütlich-rustikales Flair? Ganz gleich zu welcher Jahreszeit Sie sich für einen Besuch in diesem familiengeführten Landgasthof entscheiden, im Sommer wie auch im Winter stehen Ihnen gemütliche Stuben und ein lauschiger Gastgarten zur Verfügung. Schmackhafte regionale Gerichte wie „Filet vom Vilstaler Strohschwein mit Rahmpfifferlingen und Kartoffelkrapfen" bescheren diesem sympathischen Restaurant zahlreiche Gäste. Wer über Nacht bleibt, schläft in ländlich-charmanten Zimmern.

RÜDESHEIM AM RHEIN 40 D www.ruedesheim.de

Hessen | EW 9.624 | 86 m | Wiesbaden 27 km, Koblenz 60 km

Breuer's Rüdesheimer Schloss www.ruedesheimer-schloss.com

★★★★

Steingasse 10, PLZ 65385, **T 06722 90500,** F 905050
26 Zimmer | 3 Suiten | Ez 99–119 €, Dz 139–169 €, inkl. Frühstück | 24 h

1729 von den Erzbischöfen zu Mainz erbaut. Geräumige Zimmer mit moderner Designereinrichtung. Möbelunikate, Bilder und Fotokunst verschiedener Künstler sind im gesamten Haus verteilt. Das Frühstück wird im Wintergarten und bei schönem Wetter im Schlossgarten serviert. Weingasthaus mit feiner Landküche.

Central-Hotel www.centralhotel.net

★★★ S

Kirchstraße 6, PLZ 65385, **T 06722 9120,** F 912259
40 Zimmer | Ez 92–108 €, Dz 128–176 €, inkl. Frühstück | 17.12.23–10.3.24

Hist. Gebäude im Stadtkern mit behaglichen Zimmern und guten Tagungsmöglichkeiten. Gemütliches Restaurant mit überwiegend regionalen Spezialitäten aus Küche und Keller und schöner Sonnenterrasse.

Jagdschloss Niederwald www.niederwald.de

★★★★

Jagdschloss Niederwald 1, PLZ 65385, **T 06722 71060,** F 7106666
52 Zimmer | 5 Suiten | Ez 109–129 €, Dz 159–185 €, ab 12,00 €

Ehem. Jagdschloss der Herzöge von Nassau und Fürstbischöfe von Mainz im Naturpark Rhein-Taunus mit komfortabel und wohnlich eingerichteten Zimmern. Hauseigene Wohlfühlwelt mit Hallenbad und finnischer Sauna. Stilvolles Restaurant mit elegantem Ambiente und internationaler Küche.

Jetzt vorbeischauen: pinterest.com/vartaguide

RUDOLSTADT 44 A www.rudolstadt.de

Thüringen | EW 22.739 | 195 m | Erfurt 48 km, Coburg 79 km

Marienturm www.hotel-marienturm.de

★★★★

Marienturm 1, PLZ 07407 (OT: Cumbach), **T 03672 43270,** F 432785
29 Zimmer | Ez 120–140 €, Dz 120–140 €, 15,00 €

Inhabergeführtes Haus hoch über dem Saaletal mit Blick auf den Thüringer Wald. Hier erwarten Sie gediegen-gemütliche Gästezimmer mit zeitgemäßer Ausstattung. Im Restaurant mit Kamin und herrlicher Panoramaterrasse werden traditionelle regionale Gerichte serviert.

RÜGEN (INSEL) 11 A-D www.ruegen.de

Mecklenburg-Vorpommern | Greifswald 60 km, Schwerin 186 km

Nationalpark Jasmund mit dem Nationalparkzentrum Königsstuhl, den Kreidefelsen und dem Buchenwald Stubnitz (UNESCO-Weltnaturerbe), Boddenlandschaft, Kap Arkona mit Leuchttürmen, Fischerdorf Vitt, Schlosspark, Orangerie und Residenztheater in Putbus, Ernst-Moritz-Arndt-Turm in Bergen, Strandpromenade und Bäderarchitektur in Binz, Seebad Prora bei Binz, Stadthafen in Sassnitz, Jagdschloss Granitz und Seebrücke in Sellin, Schloss und Störtebeker-Festspiele in Ralswiek, Schloss Spycker in Glowe, dampfbetriebene Kleinbahn Rasender Roland.

ALTEFÄHR

Sundblick www.hotelsundblick.de

€ Gut & Günstig garni

Fährberg 8b, PLZ 18573, **T 038306 7130,** F 7131
10 Zimmer | Ez 69–79 €, Dz 89–128 €, inkl. Frühstück

Familiär geführte kleine Pension direkt am Sportboothafen mit freundlichen Zimmern. Weitläufige Dachterrasse mit traumhaftem Blick auf den Strelasund und die Hansestadt Stralsund. Bootsverleih.

BAABE, OSTSEEBAD

Solthus am See www.solthus.de

★★★★

Bollwerkstraße 1, PLZ 18586, **T 038303 87160,** F 871699
42 Zimmer | 2 Suiten | Ez ab 62 €, Dz ab 91 €, inkl. Frühstück | 24 h

Reetgedecktes Haus in herrlich idyllischer Lage. Alle Zimmer sind mit Balkon oder Terrasse ausgestattet. 300 qm großer Wellnessbereich mit Schwimmbad und Saunalandschaft. Holzgetäfelte Bibliothek mit Kamin. Restaurant im skandinavischen Stil mit internationaler Küche.

Villa Granitz www.villa-granitz.de

€ Gut & Günstig garni

Birkenallee 17, PLZ 18586, **T 038303 1410,** F 14144
59 Zimmer | 6 Suiten | 9 Apartments | Ez 72–105 €, Dz 98–152 €, inkl. Frühstück

Das familiengeführte Hotel präsentiert sich im typischen Stil der Rügener Bäderarchitektur. Die hell eingerichteten Zimmer sind unterschiedlich geschnitten und verfügen über einen eigenen Balkon oder eine Terrasse. Idyllischer Garten mit angelegtem Bachlauf.

BERGEN

Parkhotel Rügen www.parkhotel-ruegen.de

★★★★

Stralsunder Chaussee 1, PLZ 18528, **T 03838 8150,** F 815500
154 Zimmer | Ez ab 69 €, Dz ab 124 €, inkl. Frühstück | 24 h

Das Haus besticht mit seiner idealen Lage in der Inselmitte am Rande der Altstadt. Helle, freundlich eingerichtete Zimmer mit kostenlosem WLAN. Restaurant „Orchidee" mit großzügigem Buffetbereich und Live-Kochstation.

BINZ, OSTSEEBAD

Grand Hotel Binz
www.grandhotelbinz.de

Strandpromenade 7, PLZ 18609, **T 038393 150,** F 15555
124 Zimmer | 6 Suiten | ⏲ 24 h

Das exklusive Ferienhotel wurde 1998 im Stil der typischen Bäderarchitektur erbaut. Die komfortablen Zimmer und großzügigen Maisonettesuiten verfügen über einen Balkon bzw. eine Dachterrasse. Toll die Nähe zum Strand! Für Entspannung sorgt der fernöstlich angehauchte SPA-Bereich. Internationale Küche wird im Restaurant „RUIANI" serviert.

Kurhaus Binz
www.travelcharme.com/kurhaus-binz

VARTA TIPP Ambiente

Strandpromenade 27, PLZ 18609, **T 038393 14081,** F 665555
137 Zimmer | 20 Suiten | 11 Apartments | Ez 91–243 €, Dz 158–446 €, inkl. Frühstück | ⏲ 24 h

Die zweiflügelige, schlossähnliche Anlage thront über der Binzer Promenade und ist das unbestrittene Wahrzeichen des Ostseebads. Die Zimmereinrichtung verbindet dezenten Luxus mit traditionellem Charme. Von den Balkonen hat man einen herrlichen Ausblick auf die Ostsee. Beeindruckender SPA mit Pools, Saunen und Wellnessmöglichkeiten. Mit dem „Kurhaus-Restaurant", der „Kakadu Café Lounge & Bar" sowie dem „Tegernseer Wirtshaus" nebst Biergarten bietet man gleich drei verschiedene Restaurants.

Am Meer & Spa
www.hotel-am-meer.de

Strandpromenade 34, PLZ 18609, **T 038393 440,** F 44444
62 Zimmer | 2 Apartments | Ez ab 120 €, Dz ab 196 €, inkl. Frühstück | ⏲ 24 h

Nur wenige Schritte vom Ostseestrand entfernt empfängt Sie dieses professionell geführte Ferienhotel. Vor allem der schöne, topmodern gestylte SPA-Bereich beeindruckt. Sie logieren in zeitgemäßen, geschmackvoll ausgestatteten Gästezimmern mit uneingeschränktem Meerblick.

Arkona Strandhotel
www.arkona-strandhotel.de

Strandpromenade 59, PLZ 18609, **T 038393 550,** F 57777
196 Zimmer | 29 Suiten | ⏲ 24 h

Privat geführtes, modernes Ferienhotel direkt an der Strandpromenade. Elegant eingerichtete Zimmer und Suiten verschiedener Kategorien. Ansprechender Wellnessbereich mit Schwimmbad und Saunalandschaft. Im Restaurant „Rossini" wird eine kreative Regionalküche serviert.

Cerês am Meer
www.ceres-hotel.de

Strandpromenade 24, PLZ 18609, **T 038393 66670,** F 666768
37 Zimmer | ⏲ 24 h

Das erstklassige Designhotel am Rondell der Seebrücke ist ein charismatischer Rückzugsort für Gäste, die auf Lifestyle und Service großen Wert legen. Klar, puristisch und zeitlos elegant zeigen sich die Gästezimmer, die mit edlen Accessoires in Schwarz, Silber und Platin ausgestattet sind. Wenn Sie besonders exklusiv logieren möchten, dann buchen Sie am besten die großzügige Kuppelsuite mit Blick auf die Ostsee! Toll auch der einladende SPA-Bereich sowie der hübsche Garten mit Loungeflair.

Dorint Strandhotel www.hotel-ruegen.dorint.com

Strandpromenade 58, PLZ 18609, **T 038393 430,** F 43100
63 Zimmer | 47 Suiten | 24 h

Ferienhotel mit sehr gutem Freizeitangebot direkt an der Strandpromenade. Wohnliche Zimmer mit südländischem Charme. Ansprechender Wellnessbereich auf 430 qm mit finnischer Sauna, beheiztem Innenpool und Fitnessraum. Mediterrane Köstlichkeiten und regionale Spezialitäten werden im Restaurant „Olivio" serviert.

Rugard Thermal Strandhotel www.rugard-strandhotel.de

★★★★ S

Strandpromenade 62, PLZ 18609, **T 038393 560,** F 56666
231 Zimmer | 27 Suiten | 24 h

In exponierter Lage empfängt Sie dieses gut geführte Ferienhotel direkt am feinen Sandstrand. Sie logieren in geschmackvoll eingerichteten Gästezimmern mit sehr gutem Wohnkomfort. Für Entspannung sorgt der „Rugard Royal SPA" mit seinem 18x6 m großen Salzwasserbecken. Umfangreiches gastronomisches Angebot mit mehreren Restaurants.

Genusswerkstatt I By Robert Schindler www.genusswerkstatt-binz.de

VARTA-TIPP Küche

20 | Menü 68–119 € | Mi-Sa Mo, Di, So

Ein elegantes Gourmetrestaurant mit Wintergartenflair im 5. Stock des Hotels. Hier genießen Sie nicht nur den herrlichen Ausblick auf die weißen Kreidefelsen und die Ostsee, sondern auch eine schmackhafte Küche. In punkto Speisen setzt Robert Schindler auf Frische aus der Region. Sie können zwischen zwei wechselnden Menüs (3 bis 5 Gänge) wählen. Vom Service werden Sie charmant umsorgt.

Loev www.loev.de

★★★★

Hauptstraße 20-22, PLZ 18609, **T 038393 390,** F 39444
77 Zimmer | 19 Suiten | 4 Apartments | 24 h

Im typischen Bäderstil erbautes Hotel direkt an der Flaniermeile mit martimem Charakter. Elegant mit Eichenparkett und Vollholztischen eingerichtete Nichtraucherzimmer mit kostenlosem WLAN, teilweise mit Balkon. Großzügige Wellness- und SPA-Landschaft auf 650 qm mit Saunen und Indoorpool.

nixe www.nixe-hotel.de

Strandpromenade 10, PLZ 18609, **T 038393 666200**
16 Zimmer, Dz ab 264 €, inkl. Frühstück

Als Dependance des „HOTEL AM MEER" bietet dieses kleine Boutique-Hotel individuell und wohnlich eingerichtete Suiten, die sich auf das Haupthaus (historische Villa von 1903) und ein modernes Nebengebäude verteilen. Die Gästezimmer bestechen durch Komfort, Geräumigkeit und eine stilsichere Einrichtung. Das Haus ist nur wenige Gehminuten von der Binzer Seebrücke entfernt.

Strandhotel Binz www.strandhotel-binz.de

★★★★

Strandpromenade 33, PLZ 18609, **T 038393 3810,** F 381430
54 Zimmer | Ez 79–249 €, Dz 99–269 €, inkl. Frühstück | 24 h

Ehem. Kleinod aus gründerzeitlicher Bäderarchitektur direkt an der Strandpromenade. Moderne und behaglich ausgestattete Gästezimmer, überwiegend mit Meerblick. Umfangreicher Wellness- und Beautybereich mit Saunalandschaft. Das Restaurant „Fischmarkt" mit Sonnenterrasse auf der Strandpromenade serviert fangfrischen Fisch und inseltypische Gerichte.

Vier Jahreszeiten
www.vier-jahreszeiten.de

★★★★ S

Zeppelinstraße 8, PLZ 18609, **T 038393 500,** F 50431
99 Zimmer | 3 Suiten | 21 Apartments | 24 h

Das Hotel mit seiner wunderschönen Fassade im Bäderstil des frühen 20. Jhd. bietet klassisch eingerichtete Zimmer sowie einen großzügigen SPA-Bereich auf zwei Etagen. Ein opulentes Frühstück mit Aussicht auf die naheliegenden Wälder der Granitz wird im lichtdurchfluteten Restaurant „Orangerie" serviert.

Freustil
www.freustil.de

VARTA-TIPP Küche

32 | Hauptgericht 26–34 €, Menü 88–128 € | Mi-So | Mo, Di

Für anspruchsvolle Rügen-Besucher eine attraktive kulinarische Adresse: moderne, naturverbundene Küche in lässig-eleganter Bistro-Atmosphäre. Auch wer gerne vegetarisch speist, ist bei Ralf Haug goldrichtig. Seine nordisch geprägten Kreationen mit frischen, einfachen Produkten sind kreativ und handwerklich präzise zubereitet. Das servierte „freustil Menü" zeigt die große Bandbreite seines Könnens.

Villa Salve
www.salve-binz.de

Strandpromenade 41, PLZ 18609, **T 038393 2223,** F 13629
13 Zimmer | 2 Suiten | 13 Apartments

Hist. Villa im Bäderstil mit Blick auf den Binzer Strand. Individuell mit italienischen Stilmöbeln eingerichtete Zimmer und Suiten unterschiedlicher Kategorien. Das Frühstück kann man bei schönem Wetter auch auf der Terrasse mit Blick auf die Ostsee und die Binzer Bucht genießen. Das Restaurant serviert international inspirierte Regionalküche.

GÖHREN, OSTSEEBAD

Vju Hotel
www.vju-ruegen.de

★★★★★

Nordperdstraße 2, PLZ 18586, **T 038308 515,** F 51600
133 Zimmer | 6 Suiten | Ez 129–229 €, Dz 139–329 €, inkl. Frühstück | 24 h

Ein Glanzstück der Rügener Bäderarchitektur, das man 2021 umfangreich modernisiert hat. Umgeben von uralten Bäumen liegt das Hotel am Nordperd, einer ins Meer ragenden Landzunge im Südosten der Insel. Den Gast erwartet eine ungezwungene Atmosphäre verbunden mit modernem Komfort. Fast alle Zimmer, Studios und Suiten bieten einen weiten Blick übers Meer. Für Regeneration und Erholung sorgt ein großzügiger SPA-Bereich.

Koopmanns
www.koopmanns.de

Thiessower Straße 31, PLZ 18586, **T 038308 66650**
53 Zimmer

››

Inspiriert von hanseatischer Kaufmannskultur und dem nostalgischen Charme legendärer Tante-Emma-Läden hat man das frühere 'Hotel Berliner Bär' 2022 umfangreich renoviert. Die Zimmer und Apartments (teilweise mit Ostseeblick) präsentieren sich zeitgemäß und wohnlich in skandinavisch angehauchtem Landhausambiente. Im angeschlossenen Hotellädchen gibt es allerlei Leckeres von der Insel Rügen - vom duftenden Tee bis zum aromatischen Inselhonig.

LOHME

Schloss Ranzow
www.schloss-ranzow.de

Schlossallee 1, PLZ 18551 (OT: Ranzow), **T 038302 88910**
22 Zimmer | 1 Suite | 11 Apartments

Kleines Luxushotel mitten im Nationalpark Jasmund. Die hübsche Hotelanlage verfügt über komfortabel und elegant ausgestattete Zimmer im Schloss sowie großzügig geschnittene Studios im Apartmenthaus. Zum Haus gehört auch ein 18-Loch-Golfplatz sowie das Restaurant „Earl“, in dem regionale und internationale Küche serviert wird.

Panorama Hotel
www.panorama-hotel-lohme.de

An der Steilküste 8, PLZ 18551, **T 038302 9110,** F 911132
47 Zimmer | 1 Suite | 4 Apartments | Ez 69–89 €, Dz 99–179 €, inkl. Frühstück | 24 h

Freundlich geführtes Landhotel in exponierter Aussichtslage. Es erwarten Sie individuell eingerichtete Gästezimmer, die sich auf mehrere Gebäude verteilen. Panoramarestaurant mit verglaster Veranda und Speisesaal im Stil der Belle Epoque. Das Frühstück kann man entweder im lichdurchfluteten Wintergarten oder auf der Aussichtsterrasse genießen.

Jetzt abonnieren: instagram.com/vartaguide

MÖNCHGUT, OSTSEEBAD

Fürst Jaromar Hotel Resort & Spa
www.jaromar.de

Hauptstraße 1, PLZ 18586 (OT: Thiessow), **T 038308 345,** F 34600
40 Zimmer | 14 Suiten | 4 Apartments | Ez 80–144 €, Dz 100–150 €, inkl. Frühstück

Hotelanlage auf einer schmalen Landzunge zwischen Bodden und Meer inmitten einer 8.800 qm großen Parklandschaft. Wohnliche Hotelsuiten mit schönen Möbeln und geschmackvollen Stoffen. Ansprechender Wellnessbereich auf über 600 qm. Auch Ferienwohnungen vorhanden.

PUTBUS

Badehaus Goor
www.hotel-badehaus-goor.de

Fürst-Malte-Allee 1, PLZ 18581 (OT: Lauterbach), **T 038301 88260,** F 8826300
86 Zimmer | 5 Suiten | 24 h

Schön und ruhig gelegenes Hotel mit geschmackvoll eingerichteten, lichtdurchfluteten Zimmern. Großzügiger Beauty- und Wellnessbereich mit verschiedenen Solebecken. Restaurant mit regional-mediterraner Küche am Ufer des Greifswalder Boddens.

RALSWIEK

Schlosshotel Ralswiek
www.schlosshotel-ralswiek.de

Parkstraße 3, PLZ 18528, **T 03838 20320,** F 2032222
65 Zimmer | 2 Suiten | Ez 70–99 €, Dz 103–208 €, inkl. Frühstück | 24 h

Komplett restauriertes, 1893 im Stil der Neorenaissance erbautes Schloss in traumhaft schöner Lage am Großen Jasmunder Bodden. Komfortabel und individuell ausgestattete Zimmer und Suiten mit Blick auf den Schlossinnenhof oder den Park. Großzügige Lobby mit hist. Kamin. Das Restaurant serviert regionale Küche.

SASSNITZ

Gastmahl des Meeres
www.gastmahl-des-meeres-ruegen.de

Strandpromenade 2, PLZ 18546, **T 038392 5170**
100 | Hauptgericht 10–22 €, Menü 19–30 € | Mo-So

Ein beliebtes Fischspezialitätenrestaurant direkt an der Strandpromenade. Wie wäre es z.B. mit „Kutterdorsch gebraten auf Gartengemüse mit Lauch-Senfschaumsauce und Dillkartoffeln"? Im Sommer lockt die herrliche Terrasse. Übernachten kann man in einem der individuell eingerichteten Gästezimmer.

SEHLEN

Gutshaus Kubbelkow
www.kubbelkow.de

Dorfstraße 8, PLZ 18528 (OT: Klein-Kubbelkow), **T 03838 8227777,** F 8227710
8 Zimmer | 5 Suiten | Ez 125 €, Dz 145 €, inkl. Frühstück | 24 h

Hübsches Herrenhaus aus dem Jahr 1908. Ruhig gelegen mit großzügigen, geschmackvoll ausgestatteten Zimmern und Suiten. Vier Hektar großer Gutspark. Im Gutsherrenbad befinden sich eine Bibliothek sowie ein kleiner Wellnessbereich mit mehreren Saunen und Sanarium.

Gutshaus Kubbelkow

30 | Menü 61–81 € | Di-Sa Mo, So

Elegantes Gutshausrestaurant mit verschiedenen gemütlichen Stuben und freundlichem Service. Die bewusst knapp gehaltene Speisekarte offeriert ein täglich wechselndes Angebot an frischen Regionalgerichten sowie französischen Spezialiäten. Ansprechende Weinauswahl.

SELLIN, OSTSEEBAD

Roewers Privathotel - The Spa Concept
www.roewers.de

VARTA-TIPP Service

★★★★★S

Wilhelmstraße 34, PLZ 18586, **T 038303 1220,** F 122122
52 Zimmer | 24 Suiten | Ez 174–259 €, Dz 194–289 €, inkl. Frühstück | 24 h

»

Exklusivität, höchsten Wohnkomfort und eine persönliche Atmosphäre genießt der Gast in diesem Hotelvillenensemble mit hübsch angelegtem Privatpark. Toll die Lage an Sellins Prachtmeile, der Wilhelmstraße, nur wenige Schritte vom Ostseestrand und der Seebrücke entfernt. In verschiedenen, originalgetreu restaurierten und unter Denkmalschutz stehenden Villen stehen liebevoll eingerichtete Zimmer zur Verfügung. Beste Erholung erlebt man im 3.000 qm großen Wellnessbereich. Ein besonderes Highlight ist der Rooftop-Pool mit Outdoorsauna in der Villa Sella. In „Jules Bar" können Sie am Abend leckere Longdrinks und Cocktails genießen.

Ambiance

T 038303 122150
32 | Hauptgericht 24–66 €, Menü 54–99 € | Mo-So

Ausgesprochen schick zeigt sich das elegante Feinschmeckerrestaurant nebst großzügiger Hotelterrasse. Serviert wird eine abwechslungsreiche und zeitgemäße Küche mit frischen regionalen Produkten und internationalen Einflüssen. Alternativ lädt die neu gestaltete Brasserie „Toujours" unter dem Motto „nice and easy" zum Lunch oder zu einem unkomplizierten Abendessen ein.

Cliff Hotel Rügen
www.cliff-hotel.de

Cliff am Meer 1, PLZ 18586, **T 038303 8218,** F 8490
246 Zimmer | 5 Suiten | 24 h

Das Ferienhotel kann mit einem Privatstrand sowie stilvollen, mit zurückhaltender Eleganz eingerichteten Zimmern aufwarten. 2.000 qm großer SPA-Bereich „RÜLAX" mit dem größten Hotelschwimmbad der Insel. Mehrere Restaurants.

TRENT

Aedenlife Hotel & Resort Rügen
www.aedenlife-ruegen.com

Vaschvitz 17, PLZ 18569 (OT: Vaschvitz), **T 038309 220,** F 22599
153 Zimmer | 7 Suiten | 24 h

Das 2021 eröffnete Ferienhotel im Nordwesten Rügens mit seinen attraktiven Beauty- und Wellnessangeboten ist ein reizvolles Refugium für Erholungssuchende, Naturliebhaber und Aktivurlauber. Die geschmackvoll renovierten Hotelzimmer und neu entstandenen Apartments zeigen sich in nordischem Flair mit hellen und warmen Farben, die sich sowohl an den Wänden als auch im Interieur wiederfinden. Für reichlich Entspannung sorgt die SPA-Landschaft mit Badehaus und Saunabereich.

WIEK

Lieblingsplatz Bohlendorf
www.lieblingsplatz-hotels.de/bohlendorf

Bohlendorf 6a, PLZ 18556 (OT: Bohlendorf), **T 038391 770,** F 70280
28 Zimmer | 2 Suiten | 8 Apartments | 24 h

Umgeben von einem großen ruhigen Park auf der Halbinsel Wittow liegt dieses ehem. Landgut aus dem Jahr 1316. Die Zimmer und Ferienwohnungen punkten mit Gemütlichkeit und dezentem, natürlichem Design. Für Entspannung sorgt ein kleiner Saunabereich.

RUHPOLDING 69 A
www.ruhpolding.de

Bayern | EW 6.296 | 656 m | Traunstein 14 km, Bad Reichenhall 30 km

aja Ruhpolding www.aja.de/standorte/ruhpolding.html

Zell 2, PLZ 83324 (OT: Zell), **T 08663 417302525**
244 Zimmer | 14 Suiten | Ez 118–238 €, Dz 178–298 €, inkl. Halbpension | 24 h

Eine tolle Adresse für Aktivurlauber! Trendig-moderne Zimmer mit zeitgemäßer Einrichtung und hochwertigen Komfortbetten. Für Entspannung sorgt ein SPA-Bereich mit Fitnessstudio, Saunen und zwei Schwimmbädern (toll der Außenpool mit Blick auf das Bergpanorama!). Loipe und Golfplatz direkt vor dem Haus. E-Mountainbike-Verleih.

HELDs Vitalhotel www.helds-vitalhotel.de

Hauptstraße 70, PLZ 83324, **T 08663 5410**
65 Zimmer | Ez ab 93 €, Dz ab 168 €, inkl. Frühstück

Das familiengeführte Vitalhotel im Ruhpoldinger Talkessel verfügt über wohnlich eingerichtete Landhauszimmer, die sich auf das Stammhaus und den Neubau verteilen. Zum Haus gehören auch ein hübscher kleiner SPA-Bereich mit zwei Bergblicksaunen sowie ein behagliches Restaurant, in dem bodenständige Küche serviert wird.

RUHSTORF A.D.ROTT 62 C www.ruhstorf.de

Bayern | EW 7.029 | 319 m | Bad Griesbach im Rottal 14 km, Passau 20 km

Antoniushof www.antoniushof.de

★★★★

Ernst-Hatz-Straße 2, PLZ 94099, **T 08531 93490,** F 9349210
39 Zimmer | 3 Suiten

Familiär geführter Betrieb mit umfangreichem SPA-Angebot und wohnlich eingerichteten Zimmern. Highlight ist die 67 qm große Spa-Suite mit extralangen Boxspringbetten, eigener Sauna, Whirlpool und Relaxliege. 3.000 qm großer Feng-Shui-Garten.

RÜSSELSHEIM 41 C www.ruesselsheim.de

Hessen | EW 60.929 | 88 m | Mainz 9 km, Groß-Gerau 10 km

Höll am Main www.hoellammain.de

VARTA-TIPP Ambiente

Mainstraße 17, PLZ 65428, **T 06142 961280**
19 Zimmer | 1 Suite | 2 Apartments | Ez ab 89 €, Dz ab 119 €, inkl. Frühstück

Das familiär geführte Boutique-Hotel hat seinen ganz eigenen Charme. Die von Künstlerhand gestalteten Zimmer sind individuell zugeschnitten und ausgestattet. Ausgesuchte Designobjekte, moderne Farben und offene Bäder sorgen für Wohlfühlambiente. Entspannung bietet der kleine SPA-Bereich.

Wellenlänge

130 | Hauptgericht 16–45 €, Menü 52–80 € | Di-Sa Mo, So

Wie das Hotel erfreut sich auch das Restaurant der Hölls großer Beliebtheit. Internationale Klassiker, Pasta, Salate, Steaks... das Angebot ist vielfältig. Im Weinkeller lagern eigene Weine und die von ausgewählten Winzern. Tipp: die schöne überdachte Außenterrasse.

RUST 56 D www.rust.de

Baden-Württemberg | EW 3.754 | 164 m | Emmendingen 24 km, Freiburg i. Br. 37 km

Europa-Park Hotels | Bell Rock
www.europapark.de/bell-rock

★★★★ S garni

Peter-Thumb-Straße 6 (im Europa-Park), PLZ 77977, **T 07822 8600,** F 8605545
225 Zimmer | 35 Suiten | Ez 216 €, Dz 138 €, inkl. Frühstück | 24 h

Das familienfreundliche Hotelresort begibt sich thematisch auf die Spuren der Pilgerväter und Entdecker Amerikas. Das Haupthaus und die sechs Nebengebäude werden von einem imposanten, 35 Meter hohen Leuchtturm gekrönt. Die Zimmer und Suiten durchströmt maritimes Flair. Sie sind mit geschmackvollen Accessoires sowie hochwertigen Antiquitäten und Möbeln eingerichtet. Zum Haus gehören drei Restaurants, eine Poollandschaft sowie ein top ausgestattetes Fitnesscenter.

Ammolite
www.ammolite-restaurant.de

VARTA★TIPP Küche VARTA-TIPP Service

T 07822 776699
36 | Menü 189 € | So Mi-So Mo, Di

In diesem Fine-Dining-Restaurant verschmelzen Stil, Design, Angebot und Anspruch zu einem kulinarischen Gesamtkunstwerk. Ausgewählte Stoffe, wertige Materialien sowie ein perfektes Zusammenspiel von Licht und Farben sorgen für eine einzigartige Atmosphäre. Peter Hagen-Wiest serviert eine klassische Haute Cuisine, die Bewährtes und Neues auf besondere Weise vereint. Seine beiden Menüs nennt er „Around the World" und „Green Forest". Für die passende Weinbegleitung sorgt Sommelier Marco Gerlach.

Europa-Park Hotels | Colosseo
www.europapark.de/hotels

★★★★ S garni

Europa-Park-Straße 4+6, PLZ 77977, **T 07822 8600,** F 8605545
350 Zimmer | 22 Suiten | Ez 216 €, Dz 138 €, inkl. Frühstück | 24 h

Das Erlebnishotel „Colosseo“, erbaut im Stil des historischen Rom, bietet Zimmer in italienisch-römischem Flair, landestypische Restaurants, Bars und Cafés sowie einen Wohlfühlbereich mit Poollandschaft im Inneren des Kolosseumbogens.

Europa-Park Hotels | Krønasår www.europapark.de

★★★★ S

Roland-Mack-Ring 3, PLZ 77977, **T 07822 8600,** F 8605545
304 Zimmer | 28 Suiten | Ez 216 €, Dz 138 €, inkl. Frühstück | ⏲ 24 h

Das imposante Haus mit seiner nordischen Backsteinarchitektur ist einem Naturkundemuseum nachempfunden und bietet individuelle Zimmer sowie liebevoll ausgestattete Themensuiten, die skandinavischen Persönlichkeiten oder Sagengestalten gewidmet sind. Außergewöhnlichen Komfort bieten die neuen „Krønasår Boutique Suites“. Überall im Hotel hängen Teile von alten Schiffen und Utensilien der Wikinger. Über eine Brücke gelangen Übernachtungsgäste direkt in die angrenzende Indoor-Wasserwelt. Mehrere ambitionierte Gastro-Outlets.

Europa-Park Hotels | Santa Isabel www.europapark.de/santa-isabel

★★★★ S

Europa-Park-Straße 4+6 (im Europa-Park), PLZ 77977, **T 07822 8600,** F 8605545
66 Zimmer | 8 Suiten | Ez 192 €, Dz 246 €, inkl. Frühstück | ⏲ 24 h

Das Resorthotel im römischen Stil wurde einem portugiesischen Kloster nachempfunden. Geschmackvoll-mediterran die Zimmer und Themensuiten, für die Kinder gibt es ein großes Freizeitangebot. Im hauseigenen Restaurant „Sala Santa Isabel“ werden Fleisch- und Fischspezialitäten vom Lavasteingrill serviert.

Jetzt vorbeischauen: pinterest.com/vartaguide

RUTESHEIM 57 B www.rutesheim.de

Baden-Württemberg | EW 10.916 | 447 m | Leonberg 7 km, Pforzheim 23 km

Hotel 2050 www.hotel2050.de

garni

Drescherstraße 46, PLZ 71277, **T 07152 3317800,** F 3317801
40 Zimmer

Das barrierefreie Nichtraucherhotel wurde in reiner Holzbauweise erstellt. Die geräumigen Gästezimmer sind mit edlen Stoffen, Echtholzparkett und luxuriösen Boxspringbetten (größtenteils mit Überlänge) ausgestattet. Für Tagungen steht im OG ein 250 qm großer Panoramaraum zur Verfügung. Gute Verkehrsanbindung zur Autobahn A8.

RÜTHEN 30 D www.ruethen.de

Nordrhein-Westfalen | EW 11.060 | 380 m | Warstein 10 km, Brilon 19 km

Landhotel Knippschild www.hotel-knippschild.de

★★★★

Theodor-Ernst-Straße 3, PLZ 59602 (OT: Kallenhardt), **T 02902 80330,** F 803310
20 Zimmer | 6 Suiten | Ez ab 99 €, Dz ab 140 €, inkl. Frühstück | ⏲ 24 h

Persönlich geführtes Haus mit traditionellem Ambiente. Im alpinen Stil eingerichtete Gästezimmer mit zeitgemäßer Ausstattung. Schöner SPA-Bereich mit originell-urigem Saunadorf, das ausschließlich mit unterschiedlichen Naturmaterialien gestaltet wurde.

Landhotel Knippschild

VARTA-TIPP Küche

100 | Hauptgericht 19–36 € | Di-So Mo-So

In den gemütlich-rustikalen Gaststuben wird eine niveauvolle, angenehm schnörkellose Küche aufgetischt. Auf der Speisekarte finden sich typische Sauerländer Spezialitäten mit internationalem Einfluss sowie feine Fisch- und Wildgerichte. Lust auf „Sauerländer Wildragout in Rotwein-Preiselbeersauce mit Rahmwirsing und hausgemachten Spätzle“? (Stamm-) Gäste schätzen den aufmerksamen, herzlichen Service und die sympathisch-ungezwungene Atmosphäre.

Wiegt weniger ist aber genauso gut:
Der Varta-Führer ist auch als eBook für Ihren TabletPC oder Ihr Smartphone verfügbar!

SAALFELD/SAALE 44 A www.saalfeld-tourismus.de

Thüringen | EW 26.000 | 240 m | Jena 50 km, Suhl 65 km

Anker

www.hotel-anker-saalfeld.de

Markt 25, PLZ 07318, **T 03671 5990,** F 599103
49 Zimmer | 2 Suiten | 1 Apartment | Ez 71–97 €, Dz 101–154 €, inkl. Frühstück | 24 h

Traditionsreiches Hotel am Marktplatz mit individueller Note und familiärer Atmosphäre - erste Erwähnung im Jahr 1543. Mix aus historischem Flair und zeitgemäßer Zimmerausstattung. Gefrühstückt wird mit Blick über den Saalfelder Marktplatz.

Güldene Gans

www.gueldene-gans.de

25 | Menü 50–75 € | Di-Sa Mo, So

Gourmetrestaurant im hist. Fürstenkeller mit Kreuzgewölbe und urigem Charme. Hier wird eine modern zubereitete Kreativküche mit mediterranen Einflüssen in Menüform angeboten.

Mellestollen
www.mellestollen.de

★★★

Wittmannsgereuther Straße 105, PLZ 07318, **T 03671 8200,** F 820222
30 Zimmer | 2 Suiten | Ez 80–110 €, Dz 120–140 €, inkl. Frühstück | ⦸ 15.1.–11.2.24

Ehem. Steigerhütte, heute ein ruhig und einzeln gelegenes Ferienhotel mit wohnlich eingerichteten Landhauszimmern. Zum Haus gehören auch ein kleiner Wellnessbereich, ein Restaurant mit moderner Thüringer Küche, ein Tiergehege und ein Abenteuerspielplatz.

SAARBRÜCKEN 49 C
www.die-region-saarbruecken.de

Saarland | EW 175.810 | 190 m | Karlsruhe 145 km, Mainz 152 km

St.-Johanner-Markt mit barockem Marktbrunnen, Basilika St. Johann, Alte Brücke, Schloss, Schlossplatz mit Barockbauten, Abenteuermuseum, Hist. Museum Saar, barocke Ludwigskirche am Ludwigsplatz, Stiftskirche St. Arnual, Deutsch-Französischer Garten mit Parkeisenbahn.

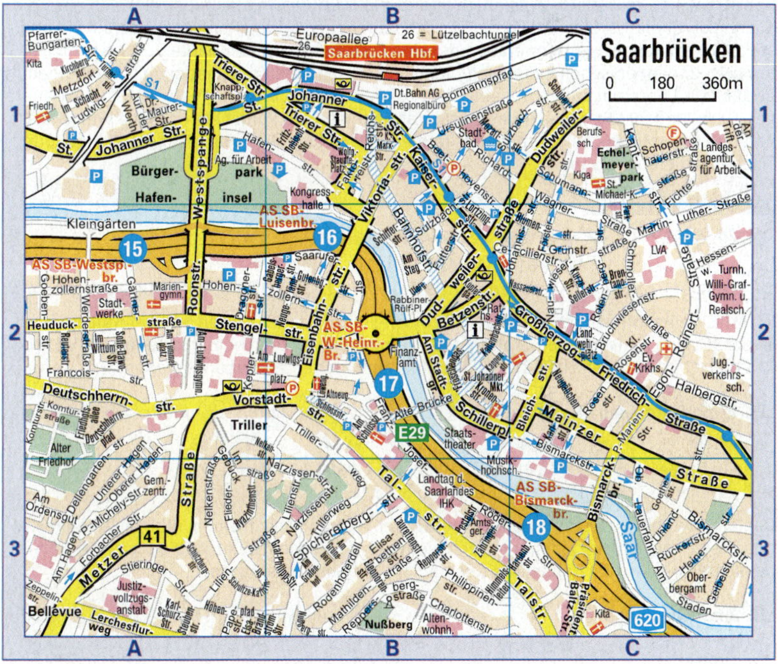

Esplanade
www.esplanade-sb.de

★★★★

Nauwieserstraße 5 (C2), PLZ 66111 (OT: Nauwieser Viertel), **T 0681 84499120,** F 84499129
16 Zimmer | Ez 260–290 €, Dz 280–310 €, inkl. Frühstück

Das denkmalgeschützte Gebäude aus der Gründerzeit hat man respektvoll und mit viel Liebe zum Detail renoviert. Hinter dicken Sandsteinmauern mischt sich Moderne äußerst stilvoll mit klassischen Elementen. Die lichtdurchfluteten Zimmer zeichnen sich durch ein wertiges und zugleich formreduziertes Interieur in zeitlosem Design aus.

Esplanade

VARTA★TIPP Küche VARTA-TIPP Service

30 | Hauptgericht 42–139 €, Menü 175–210 € | Mi-Sa Mo, Di, So

So wie das minimalistisch-feinsinnige Interieur des Gourmetrestaurants zeigt sich auch die Küche von Chefkoch Silio Del Fabro. Er gehört zur neuen Generation der Spitzenköche und steht für eine moderne Interpretation der klassisch-französischen Haute Cuisine mit mediterranen und japanischen Einflüssen. Seine ausgeklügelten Kombinationen, spannenden Aromen und präzisen Zubereitungen finden sich in einem „Menu Signature“ (5 bis 8 Gänge). Dazu kredenzt Sommelier und Restaurantleiter Jérôme Pourchère erlesene Weine aus nah und fern. Mittwochs bis samstags (außer an Feiertagen): preisgünstiges „Plat du Jour“. Tischreservierung ratsam.

Victor's Residenz www.victors.de

★★★★ S garni

Deutschmühlental 19, PLZ 66117, **T 0681 588210,** F 58821199
142 Zimmer | 1 Suite | 3 Apartments | Ez 99–169 €, Dz 119–189 €, inkl. Frühstück | 24 h

Klassisch-elegantes Hotel neben dem Deutsch-Französischen Garten und der Spielbank. Neuzeitlich im pariserischen Grandhotelstil eingerichtete Zimmer mit kostenfreiem WLAN. Restaurant im französischen Brasseriestil mit Sommerterrasse und Biergarten.

Victor's Residenz-Hotel Rodenhof www.victors-rodenhof-saarbruecken.de

★★★★ S garni

Kálmánstraße 47-51, PLZ 66113 (OT: Malstatt), **T 0681 41020,** F 43785
100 Zimmer | 17 Suiten | Ez ab 70 €, Dz ab 80 €, ab 12,50 € | 24 h

Das komfortable Business- und Konferenzhotel befindet sich in einem ruhigen Wohngebiet und bietet neuzeitliche Zimmer in verschiedenen Kategorien, einen 400 qm großen Wellnessbereich sowie ein behagliches Restaurant mit Sommerterrasse.

Am Triller www.hotel-am-triller-saarbruecken.de

★★★★ S garni

Trillerweg 57 (B3), PLZ 66117, **T 0681 580000,** F 58000303
114 Zimmer | 3 Suiten | 5 Apartments | 24 h

Das Designhotel in ruhiger Parklage beherbergt individuell eingerichtete Gästezimmer, darunter Themenzimmer wie „Planet Ocean“, „Musée de Paris“ oder „SaarLegenden“. Das Frühstücksbuffet besteht größtenteils aus Bio-Produkten. Im Restaurant wird eine feine mediterrane Küche mit regionalen Einflüssen serviert.

Domicil Leidinger www.leidinger-saarbruecken.de

★★★ S garni

Mainzer Straße 10 (C2), PLZ 66111 (OT: St. Johann), **T 0681 93270,** F 38013
53 Zimmer | 6 Suiten | 24 h

Das hist. Haus in der Altstadt bildet eine Synthese aus Klassizismus und Moderne. Im „Domaine“ übernachten Sie in individuellen Themenzimmern mit Designerelementen, im „Domicil“ stehen zweckmäßige Zimmer mit Standardausstattung bereit. Das reichhaltige Frühstück mit hausgemachten Marmeladen und frischen Crêpes kann man auch im Wintergarten oder im Zen-Garten genießen.

Bayrischer Hof — www.bayrischerhof-sb.de

garni

St. Ingberter Straße 46-48, PLZ 66123 (OT: St Johann), **T 0681 9582840,** F 95828444
22 Zimmer | Ez 85–99 €, Dz 115–130 €, inkl. Frühstück

Das persönlich geführte Nichtraucherhotel liegt angenehm ruhig in einem bevorzugten Wohnviertel. Die Gästezimmer sind mit viel Liebe zum Detail im Laura-Ashley-Stil eingerichtet. Kleine Hausbibliothek. Abschließbare Fahrradgarage.

Gästehaus Klaus Erfort — www.gaestehaus-erfort.de

VARTA TIPP Küche VARTA TIPP Service

Mainzer Straße 95 (C3), PLZ 66121, **T 0681 9582682**
35 | Hauptgericht 48–75 €, Menü 160–235 € | Mo-Fr Sa, So

Die schmucke weiße Villa aus der Anfangszeit des 20. Jhd. ist ein Eldorado für höchste kulinarische Ansprüche. Außen eine spannende Symbiose aus Klassizismus und geradliniger Moderne, innen entspannte Eleganz. In diesem perfekt inszenierten Umfeld zelebriert Klaus Erfort seit mehr als 20 Jahren mit begeisternder und gleichzeitig furchterregender Konstanz eine moderne Aromenküche, die auf erstklassigen Produkten basiert und mit unterschiedlichen Konsistenzen und Texturen spielt. Ein bemerkenswertes Weinangebot, der bestens geschulte Service unter der Leitung von Susanne Nguyen und eine romantische Terrasse am Park komplettieren die vorzügliche Genusskultur dieses Top-Restaurants.

Le Comptoir — www.lecomptoir-saarbruecken.de

Försterstraße 15 (C2), PLZ 66111 (OT: St. Johann), **T 0681 83907886**
14 | Menü 82–92 € | Di-Sa Mo, So

Wertig, modern und gleichermaßen gemütlich zeigt sich das von außen recht unscheinbare Minirestaurant im Nauwieser Viertel. Geboten wird eine moderne französische Küche, die Sie wahlweise als 4- oder 5-Gänge-Menü bestellen können. Sehr nett und persönlich agiert der Service.

Schlachthof Brasserie — www.schlachthof-brasserie.com

Straße des 13. Januar 35, PLZ 66121 (OT: St Johann), **T 0681 6853332**
80 | Hauptgericht 19–98 €, Menü ab 39 € | Mo-Fr Sa, So

Stimmungsvolle Behaglichkeit umgibt die liebevoll renovierten Räume der ehem. Schlachthofdirektion. Aus der Brasserieküche kommen modern interpretierte Bistroklassiker und ausgezeichnete Steakgerichte, die auf einem 800°C heißen Spezialgrill zubereitet werden. Inspirierte Weinkarte mit Schwerpunkt Deutschland und Frankreich.

Schlossgarten — www.restaurant-schlossgarten-saarbruecken.de

Spichererbergstraße 11 (B3), PLZ 66119 (OT: Alt Saarbrücken), **T 0681 51985**
50 | Hauptgericht 19–39 €, Menü 82–92 € | Di-Fr Di-Sa Mo, So

In den hellen Räumen dieses Restaurants speisen Sie in wohltuend eleganter Atmosphäre. Serviert werden feine regionale und französische Gerichte wie z.B. „Steinbutt im offenen Ravioli, Blattspinat, Champagnersauce“. Fachkundig zusammengestellte Weinkarte.

Jouliard
www.jouliard.de

Scheidter Straße 66 (↗ C1), PLZ 66123 (OT: Rotenbühl), **T 0681 68615322**
Hauptgericht 23–36 €, Menü 53–65 € | Mo-Sa | So

Gemütlich hat man es hier in charmanter Bistro-Atmosphäre bei traditionellen, bodenständigen Gerichten mit französischem Einfluss. Aus der Küche kommt Leckeres wie z.B. „Rindertatar mit Gurke, Steinpilzcreme und gebeiztem Eigelb" oder „Limonenhuhn mit Miso-Zucchini, Tomate und Kartoffelgratin".

SAARLOUIS 49 C
www.saarlouis.de

Saarland | EW 37.328 | 185 m | Saarbrücken 24 km, Trier 65 km

La Maison
www.lamaison-hotel.de

VARTA-TIPP Ambiente VARTA-TIPP Service

★★★★S

Prälat-Subtil-Ring 22, PLZ 66740, **T 06831 89440440,** F 89440444
50 Zimmer | Ez 135–160 €, Dz 215–250 €, inkl. Frühstück | 24 h

Die kernsanierte Villa nebst minimalistischem Neubau und Gästehaus ist umgeben von einer waldartigen Parkanlage. Stilvoll, modern und mit gutem Gespür für Licht und Farben hat man die Gebäude eingerichtet. Sie wohnen in individuellen Zimmern mit eleganten Stoffen, maßgeschneidertem Mobiliar und edlen Bädern. Dazu ein zuvorkommender, gastorientierter Service und ein sehr gutes Frühstück.

LOUIS restaurant

VARTA★TIPP Küche VARTA-TIPP Service

20 | Menü 155–205 € | Mi-Sa | Mo, Di, So

Gourmetgenuss und hoher Wohlfühlfaktor im alten Gerichtssaal. Das Fine-Dining-Restaurant mit direktem Zugang zur Parkterrasse imponiert mit hohen Decken, extravaganten Kronleuchtern und stilvoll-elegantem Interieur. So exquisit und wertig das Ambiente daherkommt, so niveauvoll und ambitioniert ist auch die modern inspirierte Küche von Sebastian Sandor, und die gibt es als fein abgestimmtes, produktorientiertes Menü in 7 Gängen. Dazu empfiehlt Ihnen Sommelier Robert Jankowski die passenden Weine.

PASTIS bistro

74 | Hauptgericht 17–38 € | Di-Sa | Mo, So

Et voilà! Eine nette Alternative zum Gourmetrestaurant und ein lebendiger Treffpunkt für einen schnellen Business Lunch. Aus der Küche kommen frische, finessenreiche Gerichte in französischer Bistromanier. In den Sommermonaten lockt der idyllische Garten im Innenhof. Hinweis: Abends ist das PASTIS bistro ausschließlich Hotelgästen vorbehalten.

Victor's Residenz-Hotel www.victors.de/saarlouis

★★★ S

Bahnhofsallee 4, PLZ 66740 (OT: Roden), **T 06831 9800,** F 980603
115 Zimmer | 24 Suiten | 3 Apartments | 24 h

Neuzeitliches Geschäfts- und Tagungshotel nahe dem Bahnhof und in Gehweite zur Innenstadt mit hellen, funktional eingerichteten Zimmern. Kleiner Wellnessbereich im asiatischen Look mit Sauna, Dachterrasse und Fitnessraum. Stylishes Grillrestaurant, das Fleischspezialitäten nach amerikanischem Originalrezept serviert.

SAAROW, BAD 27 C www.bad-saarow.de

Brandenburg | EW 5.006 | 45 m | Frankfurt/Oder 37 km, Königs Wusterhausen 40 km

Esplanade Resort & Spa www.esplanade-resort.de

★★★★ S

Seestraße 49, PLZ 15526 (OT: Saarow-Mitte), **T 033631 4320,** F 4328222
169 Zimmer | 5 Suiten | 24 h

Inmitten einer wunderschönen Waldlandschaft direkt am Ufer des Scharmützelsees liegt dieses großzügige, kinderfreie Wellnessresort. Neben modern gestalteten Gästezimmern bietet das Haus auch einen ansprechenden SPA-Bereich auf 3.500 qm sowie mehrere Restaurants.

Precise Resort Neu! www.precisehotels.com/bad-saarow

Parkallee 1, PLZ 15526, **T 033631 483400**
155 Zimmer | 27 Suiten | 1 Apartment | 24 h

Am Ufer des idyllischen Scharmützelsees gelegen, bietet das familienfreundliche Domizil seinen Gästen ein vielseitiges Sport-, Freizeit- und Spa-Angebot. Die hochwertig und komfortabel eingerichteten Zimmer sind in unterschiedlichen Kategorien buchbar. Regionale und internationale Küche wird im hauseigenen Restaurant „Seeblick" und auf der weitläufigen Terrasse serviert. Zum Resort gehören auch ein Golfclub mit vier Plätzen, eine Tennisanlage sowie eine angeschlossene Jachtakademie.

Villa Contessa www.villa-contessa.de

VARTA-TIPP Ambiente

★★★★★ S

Seestraße 18, PLZ 15526 (OT: Saarow-Mitte), **T 033631 58018,** F 58019
14 Zimmer | 10 Suiten | Ez 339–519 €, Dz 339–519 € | 24 h

Die hübsche kleine Villa liegt auf einem malerischen Seegrundstück. Die wenigen Zimmer sind individuell und mit viel Liebe zum Detail eingerichtet. Stilgerecht hat man zahlreiche Antiquitäten in das wohnliche Interieur integriert. Im „Contessa Royal SPA" kann man ausgiebig relaxen. Die perfekte Adresse für alle, die das Besondere suchen.

aja Bad Saarow www.aja.de/standorte/bad-saarow.html

Am Golfplatz 2, PLZ 15526, **T 033631 4022525,** F 4022626
150 Zimmer | 24 h

››

Unkompliziertes, zeitgemäßes Wohnen inmitten einer reizenden Naturlandschaft! Die Zimmer bieten formschönes Design, bequeme Kingsizebetten und intelligente Interieurideen. Alles, was man so benötigt, gibt's im hauseigenen „aja Shop". Das Haus verfügt auch über einen hübschen SPA- und Wellnessbereich mit NIVEA Haus sowie einen Privatstrand am Scharmützelsee.

Seepalais www.see-palais.de

VARTA-TIPP Service

garni

Karl-Marx-Damm 23, PLZ 15526 (OT: Saarow-Mitte), **T 033631 8610**
10 Zimmer | 2 Suiten, Dz 125–169 €, inkl. Frühstück

Ein wahres Refugium direkt am Scharmützelsee mit gepflegter Garten- und Terrassenanlage. Die kleinen, geschmackvoll eingerichteten Nichtraucherzimmer (alle mit Blick zum See) bestechen durch klassische Eleganz und mediterranen Charme. Sehr freundlich und engagiert kümmern sich die Mitarbeiter:innen des Hauses um das Wohl der Gäste. Direkter Zugang zum See mit Bootsanleger.

AS am See www.asamsee.de

Seestraße 9, PLZ 15526 (OT: Saarow-Mitte), **T 033631 599244**
30 | Menü 60–100 € | So Mi-Sa Mo, Di

Ein Bistro mit Vinothek im Erdgeschoss einer eher unscheinbaren Villa. „AS" steht für Andreas Staack (Patron und Küchenchef), der sich bereits in der Berliner Gastroszene einen Namen gemacht hat, bevor es ihn in die brandenburgische Idylle verschlug. Seine Küche ist anspruchsvoll, saisonal und zeitgemäß. Schön zusammengestellte Weinkarte.

Das Dorsch www.das-dorsch.de

Humboldtstraße 16, PLZ 15526 (OT: Strand), **T 033631 2404**
70 | Hauptgericht 17–59 € | Mi-So Mo, Di

Idyllisch gelegenes Restaurant im mediterranen Landhausstil mit Bistroflair. Großzügige Gartenterrasse mit Panoramablick auf den Scharmützelsee. Serviert werden frische Fischgerichte, regionale Spezialitäten und internationale Küche.

SACHSA, BAD 33 A www.badsachsainfo.de

Niedersachsen | EW 7.392 | 310 m | Herzberg 24 km, Braunlage 25 km

Romantischer Winkel www.romantischer-winkel.de

★★★★★S garni

Bismarckstraße 23, PLZ 37441, **T 05523 3040**, F 304122
94 Zimmer | 6 Suiten | Ez 128–241 €, Dz 254–504 €, inkl. Frühstück | 24 h

Ein familiengeführtes Feriendomizil mit wohnlichen, individuell eingerichteten Gästezimmern, teils mit toskanischem Ambiente. Repräsentativer SPA-Bereich auf 3.500 qm mit Badewelt, Saunalandschaft und toskanischem Innenhof. Morgens erwartet Sie ein reichhaltiges Sektfrühstück mit regionalen Spezialitäten.

Joseph's Fine Dining Neu! www.josephs-fine-dining.de

VARTA-TIPP Küche

T 05523 304930
18 | Menü 210 € | Do-Sa

Mit dem kleinen, exklusiven Fine-Dining-Restaurant hat sich der Seniorchef des Hotels, Joseph Oelkers, einen Lebenstraum erfüllt. Am Herd hat der erfahrene Chefkoch Ralph Hollokoi das Sagen. Unter dem Motto „Der Harz trifft auf die Welt“ kreiert er ein abwechslungsreiches Degustationsmenü. Seine Küche ist angenehm klar und saisonal beeinflusst. Die in den Raum integrierte Front-Cooking-Station sorgt für eine attraktive Kochstudio-Atmosphäre. Achtung: Tischreservierung erwünscht, denn die Sitzplätze sind limitiert.

SACHSENHEIM 51 D — www.sachsenheim.de

Baden-Württemberg | EW 17.600 | 245 m | Ludwigsburg 15 km, Pforzheim 24 km

Hotel am Kirchplatz — www.hotelamkirchplatz-sachsenheim.de

garni

Obere Straße 15, PLZ 74343 (OT: Großsachsenheim), **T 07147 2765780**
10 Zimmer | Ez 89–109 €, Dz 139 €, inkl. Frühstück

Ein kleines Hotel im Ortskern, in dem man wirklich gerne übernachtet! Die Zimmer sind schön, zeitgemäß und wohnlich, das Frühstück ist appetitlich und die Preise stimmen auch noch. Auffallend individuell gehalten ist das sogenannte „Turmzimmer“, ein Salonzimmer mit gleich acht Fenstern, das dem Gast einen interessanten Rundblick über die Stadt bietet.

SÄCKINGEN, BAD 64 A — www.bad-saeckingen.de

Baden-Württemberg | EW 16.808 | 291 m | Waldshut 24 km, Basel (Schweiz) 31 km

Goldener Knopf — www.goldenerknopf.de

★★★★

Rathausplatz 9, PLZ 79713, **T 07761 5650,** F 565444
68 Zimmer | 5 Suiten | Ez ab 105 €, Dz ab 165 €, inkl. Frühstück | 24 h

Komfortabler könnte die Lage kaum sein: Das inhabergeführte Altstadthotel liegt direkt am Rhein. Die Gästezimmer sind hell und freundlich eingerichtet und verfügen teilweise über einen Balkon. Kulinarisch kann man sich im Restaurant „Le Jardin“ mit regionalen und saisonalen Gerichten verwöhnen lassen.

SAPIA Hotel Rheinsberg — www.sapia-hotels.de

garni

Schaffhauserstraße 123/1, PLZ 79713, **T 07761 9998999,** F 9997355
25 Zimmer | 6 Suiten | Ez 99–139 €, Dz 129–169 €, inkl. Frühstück

Das Hotel befindet sich auf dem Gelände der Golf- und Freizeitwelt Hochrhein. Die Zimmer sind modern und heimelig mit viel Holz ausgestattet und bieten einen schönen Blick ins Grüne. Das Bistro bietet internationale Küche.

Genuss-Apotheke — www.genuss-apotheke.de

VARTA-TIPP Küche **VARTA-TIPP** Service

Schönaugasse 11, PLZ 79713, **T 07761 9333767**
24 | Menü 132–172 € | Mi-Sa Mo, Di, So

Das gastronomische Konzept der sogenannten „Genussapotheke“ bestehend aus Restaurant und Kochatelier geht auf! Urban-elegantes Ambiente mit einem Hauch von Wohnzimmeratmosphäre, dazu begeistert Raimar Pilz seine Gäste mit einer mediterranen Gewürzküche, bei der das Produkt klar im Mittelpunkt steht. Am Abend wird ein einheitliches Menü (5 bis 8 Gänge) serviert. Die „Perle“ im Service ist Annett Ronneberger. Regelmäßig finden Kochkurse statt.

SAILAUF 42 C www.sailauf.de

Bayern | EW 3.619 | 177 m | Aschaffenburg 11 km, Hanau 41 km

Schlosshotel Weyberhöfe www.schlosshotel-weyberhoefe.com

★★★★ S

Weyberhöfe 9-15, PLZ 63877, **T 06093 993320,** F 99332223
40 Zimmer | 6 Suiten | Ez bis 250 €, Dz 300–320 €, inkl. Frühstück | 24 h

Das Schlosshotel befindet sich in einem ursprünglichen Jagdschloss aus dem Jahre 1265. Die Zimmer und Suiten eint der historische Charakter, gepaart mit stilvollem Ambiente und außergewöhnlichem Schlafkomfort. SPA-Bereich im orientalischen Stil auf 300 qm.

Restaurant Rumpolt

80 | Hauptgericht 22–45 €, Menü 80 € | Di-Sa Mo, So

Im historischen Ambiente mit Natursteinmauern und sichtbarem Dachgebälk werden moderne Gerichte aus der regionalen und internationalen Küche aufgetischt - z.B. „Rinderfilet | Kartoffelpüree | Ratatouillegemüse | Jus“ oder „Lachs | Fenchel | Edamame“.

Schon probiert?
Der Varta-Führer ist auch als eBook für Ihren TabletPC oder Ihr Smartphone verfügbar!

SALACH 58 B www.salach.de

Baden-Württemberg | EW 7.800 | 363 m | Göppingen 8 km, Ulm 43 km

Burghotel Staufeneck www.burg-staufeneck.de

GREENSIGN ★★★★★ S

Staufeneck 1, PLZ 73084, **T 07162 933440**
44 Zimmer | 3 Suiten | 3 Apartments | Ez 140–210 €, Dz 250–290 €, inkl. Frühstück | 24 h

Genuss und Entspannung auf höchstem Niveau - das verspricht dieses gewachsene Burghotel. Das hist. Anwesen ist schon von außen ein Blickfang, attraktiv die herrlich verträumte Lage hoch über dem wunderschönen Filstal. Die lichtdurchfluteten, individuell eingerichteten Zimmer und Suiten bieten höchsten Wohnkomfort. Dazu ein bemerkenswerter Wellnessbereich mit beheiztem Panorama-Außenpool.

Gourmetrestaurant „fine dining RS“

VARTA★TIPP Küche VARTA-TIPP Service

40 | Menü 122–185 € | Do-So Mo, Di, Mi

Das Fine-Dining-Restaurant ist längst zum Gourmet-Treffpunkt für Genießer avanciert. Das Interieur: klassisch-modern mit bequemen Sesseln, schlichten Holztischen und Eichenparkett. Rolf Straubinger und sein Küchenchef Markus Waibel begeistern ihre Gäste mit einer nachhaltigen, außergewöhnlichen Küche, die in Form eines kreativen Feinschmeckermenüs serviert wird. Dazu ein kompetenter Service und eine fulminante Weinauswahl mit rund 1.000 Positionen, zu der Sie der erfahrene Sommelier Markus Canestrini bestens berät.

Burgrestaurant „oifach andersch“

VARTA-TIPP Küche

80 | Hauptgericht ab 24 € | So Do-So Mo, Di, Mi

Urig-gemütlich zeigt sich das im modernen Landhausstil eingerichtete Zweitrestaurant, das sich im Stammhaus der Burganlage befindet. Hier erwartet Sie eine überwiegend regionale und traditionelle schwäbische Küche mit beliebten Klassikern wie Wiener Schnitzel vom Kalb, Rostbraten oder Maultaschen. Aber auch vegetarische und internationale Spezialitäten finden sich auf der Karte. Einen beeindruckenden Panoramablick hat man von der großzügigen Sommerterrasse.

SALEM 65 B www.bodensee-linzgau.de

Baden-Württemberg | EW 11.043 | 440 m | Überlingen 15 km, Konstanz 27 km

Reck's Hotel www.recks-hotel.de

S garni

Bahnhofstraße 111, PLZ 88682 (OT: Mimmenhausen - Neufrach), **T 07553 201,** F 202
27 Zimmer | 2 Apartments | Ez 98–130 €, Dz 140–198 €, inkl. Frühstück »

Persönlich von drei Schwestern geführtes Haus nahe dem Bodensee mit individuellem Flair. Behaglich mit Stilmöbeln eingerichtete Zimmer, teils mit Blick auf alte Streuobstwiesen. Ansprechend gestalteter Wellnessbereich mit Sauna und japanischem Garten. Reichhaltiges Frühstücksbuffet.

Reck's Restaurant

VARTA-TIPP Küche

60 | Hauptgericht 19–39 €, Menü 44–64 € | Mo-Di, Fr-So ⃠ Mi, Do

Genussvoll schlemmen im Salemer Tal. In den liebevoll eingerichteten Gaststuben und auf der herrlichen Gartenterrasse serviert man Ihnen eine schmackhafte regionale Küche zu fairen Preisen. Dabei setzt Küchenchefin Alexandra Reck überwiegend auf frische saisonale und heimische Produkte. Sehr zu empfehlen sind die Gerichte mit frischen Bodenseefischen.

SALZGITTER 23 D

www.tourismus-salzgitter.de

Niedersachsen | EW 107.426 | 90 m | Braunschweig 28 km, Hildesheim 33 km

Hotel am See

www.hotelamsee.com

★★★★

Kampstraße 37-41, PLZ 38226 (OT: Lebenstedt), **T 05341 18900,** F 1890100
52 Zimmer | 1 Suite | Ez 90–150 €, Dz 130–195 €, 15,00 €

Denkmalgeschütztes Tagungs- und Businesshotel mit zeitgemäß eingerichteten Zimmern in unterschiedlichen Kategorien. Im Gourmetrestaurant „Shiraz" wird gehobene internationale Küche mit saisonalen und regionalen Schwerpunkten serviert.

Jetzt vorbeischauen: pinterest.com/vartaguide

SALZKOTTEN 31 A

www.salzkotten.de

Nordrhein-Westfalen | EW 24.547 | 97 m | Paderborn 14 km, Gütersloh 38 km

Walz

www.hotel-walz.de

★★★ garni

Paderborner Straße 21, PLZ 33154, **T 05258 9880,** F 4849
25 Zimmer | Ez 80–95 €, Dz 109–125 €, inkl. Frühstück

Empfehlenswerte Übernachtungsadresse am Stadtrand in verkehrsgünstiger Lage. Das familiengeführte Haus verfügt über praktisch eingerichtete Gästezimmer, Unterstellmöglichkeiten für Fahr- und Motorräder und ein nettes Frühstücksrestaurant.

Café Hölter

www.cafe-hoelter.de

Langestraße 33, PLZ 33154, **T 05258 5844**
20 | Mi–Fr 13:00–18:00 Uhr, So 13:00–18:00 Uhr

In einem hist. Fachwerkhaus begrüßt Sie diese alteingesessene Bäckerei mit angeschlossenem Café. Große Auswahl an verschiedenen Blechkuchen und leckeren Torten. Für Zuhause empfiehlt sich das selbstgebackene Brot aus dem Holzofen. Im Sommer sitzt man sehr nett auf der begrünten Gartenterrasse.

SALZUFLEN, BAD 22 C

www.bad-salzuflen.de

Nordrhein-Westfalen | EW 54.850 | 80 m | Herford 7 km, Lemgo 14 km

Arminius

www.hotelarminius.de

★★★★ garni

Ritterstraße 2-8, PLZ 32105, **T 05222 3660,** F 366111
71 Zimmer | 11 Suiten | Ez 99–129 €, Dz 139 €, inkl. Frühstück | 24 h

Moderne Hotelausstattung, verbunden mit dem hist. Charakter der verschiedenen Fachwerkgebäude. Individuell eingerichtete Zimmer und Suiten. Kleiner Wellnessbereich mit Dampfbad und Sauna. Saisonale Frischeküche im Restaurant „Varus".

DER LIPPISCHE HOF

www.hof-hotels.de

★★★★ garni

Mauerstraße 1-5, PLZ 32105, **T 05222 5340,** F 50571
99 Zimmer | 4 Suiten | 1 Apartment | Ez 103–144 €, Dz 179–214 €, inkl. Frühstück | 24 h

Gute Übernachtungsadresse im Herzen von Bad Salzuflen. Wohnliche Zimmer in verschiedenen Stilrichtungen mit funktionalem Komfort und hochwertigen Materialien. Stilvoller Wellnessbereich mit Saunalandschaft und Indoorpool.

Walter's Pharmacy

T 05222 534296
80 | Hauptgericht 20–68 €, Menü 47 € | Mo-Sa So

Umgebaute englische Apotheke mit origineller Atmosphäre. Marktfrische Küche mit regionalen und mediterranen Einflüssen. Spezialität: Dry-Aged-Steaks aus dem eigenen Reifeschrank. Umfangreiches Angebot an Weinen und Cocktails.

Kurpark Hotel

www.kurparkhotel.de

★★★★ garni

Parkstraße 1, PLZ 32105, **T 05222 3990,** F 399462
73 Zimmer | 1 Suite | Ez 111–136 €, Dz 180–234 €, inkl. Frühstück

Inhabergeführtes Haus direkt am Kurpark sowie am heilsamen Gradierwerk. Helle, geräumige Zimmer mit geschmackvoller Einrichtung. Hotelrestaurant mit stilvollem Bistroflair und buntem Speisenangebot aus der deutschen und internationalen Küche.

Wiegt weniger ist aber genauso gut:
Der Varta-Führer ist auch als eBook für Ihren TabletPC oder Ihr Smartphone verfügbar!

SAMERBERG 68 B www.samerberg.de

Bayern | EW 2.600 | 750 m | Rosenheim 16 km, Traunstein 44 km

Gasthof Alpenrose www.alpenrose-samerberg.de

VARTA-TIPP Küche

Kirchplatz 2, PLZ 83122, **T 08032 8263**
120 | Hauptgericht 16–24 € | Mi-So ⊘ Mo, Di

Wer hier einmal war, versteht, warum dieser Gasthof so viele treue Anhänger hat. Das Ambiente gemütlich, der Service liebenswert und die Küche bayerisch-steirisch mit leckeren Gerichten wie „Seeforellenfilet mit Süßkartoffelpüree und buntem Gemüse". Im Sommer lockt der lauschige Biergarten. Und zum Übernachten hat man freundlich-funktionelle Zimmer - von modern bis nostalgisch.

SANKT ...

Alle Orte mit Zusatz Sankt finden Sie unter St.

SASBACHWALDEN 57 A www.sasbachwalden.de

Baden-Württemberg | EW 2.413 | 257 m | Offenburg 27 km, Baden-Baden 30 km

Engel www.engel-sasbachwalden.de

★★★ S

Talstraße 14, PLZ 77887, **T 07841 3000,** F 26394
14 Zimmer | Ez 100–150 €, Dz 140–190 €, inkl. Frühstück

Hinter einer schönen Fachwerkfassade bietet das freundlich geführte Hotel gemütliche Zimmer im modernen Landhausstil. Das Haus ist zudem der perfekte Ausgangspunkt für Entdeckungstouren durch die malerischen Weinberge entlang der badischen Weinstraße.

Engel

VARTA-TIPP Küche

120 | Hauptgericht 18–38 €, Menü 44–67 € | Di-So ⊘ Mo

In der behaglichen „Engel-Wirts-Stube" sowie auf der windgeschützten Terrasse genießen Sie optisch wie kulinarisch Entdeckungsreisen durch eine regional ausgerichtete Frischmarktküche. Aber auch internationale Speisen und ein vegetarisches Menü stehen auf der Karte. Der Service begeistert durch herzliche Fürsorge. Für private und geschäftliche Veranstaltungen hat man charmante Räumlichkeiten.

Relaxhotel Tannenhof www.relaxhotel-tannenhof.de

garni

Murberg 6, PLZ 77887 (OT: Murberg), **T 07841 64070,** F 640716
19 Zimmer | Ez ab 79 €, Dz 152–182 €, inkl. Frühstück

Kleines, familiär geführtes Relax- und Wellnesshotel in ruhiger Lage oberhalb des Ortes mit weiter Aussicht über die Weinberge. Überwiegend Balkonzimmer im Schwarzwaldstil. Der ansprechende Wellnessbereich sorgt mit Panorama-Innenpool, finnischer Sauna und Liegewiese für Entspannung. Nettes Frühstücksrestaurant mit Blick ins Rheintal.

SAULGAU, BAD 66 A www.bad-saulgau.de

Baden-Württemberg | EW 17.480 | 587 m | Sigmaringen 29 km, Friedrichshafen 51 km

Hotel Kleber Post www.kleberpost.de

★★★★ S garni

Poststraße 1, PLZ 88348, **T 07581 5010,** F 501499
55 Zimmer | 2 Suiten | Ez 99–159 €, Dz 159–209 €, ab 21,00 €

Das liebevoll renovierte Traditionshaus verfügt über großzügig ausgestattete, elegante Gästezimmer und -suiten, die das Lebensgefühl der Oberschwäbischen Barockstraße widerspiegeln. Beeindruckend ist der 250 qm große Wellnessbereich auf dem Dach des Hauses mit Blick auf die Altstadt Bad Saulgaus.

Restaurant Klebers

90 | Hauptgericht 20–50 €, Menü 45–99 € | Mo, Mi-Fr, So Mo, Mi-So Di

Dezent, edel und elegant gedeckte Tische, ein offener Kamin, das raumhohe Weinregal und eine Fensterfront mit Blick in die Gartenoase machen das edle Ambiente dieses Hotelrestaurants aus. Serviert werden kreative Interpretationen, die die Leidenschaft Oberschwabens zelebrieren, sowie internationale Gerichte.

Ochsen www.ochsen-bad-saulgau.de

★★★ S garni

Paradiesstraße 6, PLZ 88348, **T 07581 487330,** F 4873320
18 Zimmer | 24 h

Zentral in der Altstadt gelegenes Haus mit zeitlosem Design. Renovierte, wohnlich eingerichtete Gästezimmer. Modernes Restaurant mit traditioneller Holzbalkendecke, in dem argentinische Steakspezialitäten, regionale Klassiker und saisonale Spezialitäten serviert werden. Abschließbare Fahrradgarage.

SAULHEIM 50 B www.saulheim.de

Rheinland-Pfalz | EW 7.294 | 154 m | Mainz 20 km, Alzey 20 km

mundart Restaurant www.mundart-restaurant.de

VARTA-TIPP Küche

Weedengasse 8, PLZ 55291, **T 06732 9322966**
45 | Hauptgericht 18–38 €, Menü 33–99 € | ◔ So ◑ Mo-Di, Fr-So ⦸ Mi, Do

In dem 300 Jahre alten Fachwerkhaus mit seinen auffallend grünen Fensterläden hat Patron Markus Hebestreit eine äußerst ansprechende Wohlfühlgastronomie geschaffen. Hier mag man die feine, schnörkellose Frischmarktküche zu fairen Preisen und den charmanten Service - am liebsten draußen auf der lauschigen Innenhofterrasse. Tolle rheinhessische Weine.

Der Varta-Führer digital

Der Varta-Führer ist auch als eBook erhältlich. Ganz einfach online laden und mobil auf Ihrem Smartphone oder Tablet nutzen.

Weitere Hotel- und Restaurantempfehlungen sowie zahlreiche Freizeittipps erhalten Sie unter: **www.varta-guide.de**

SAYDA 46 A www.sayda.eu

Sachsen | EW 2.050 | 680 m | Olbernhau 8 km, Freiberg 21 km

Waldhotel Kreuztanne Neu! www.kreuztanne.com

★★★★S garni

Kreuztannenstraße 10, PLZ 09619 (OT: Friedebach), **T 037365 1760,** F 17626
50 Zimmer | 2 Suiten | Ez 99–153 €, Dz 74–99 €, inkl. Frühstück | ⏲ 24 h

Das renovierte und sehr sympathisch geführte Freizeithotel verfügt über unterschiedliche Zimmertypen - von wohnlich-gediegen bis modern. Für Entspannung sorgt ein gepflegter Wellnessbereich. Eine große Liegewiese, die Bibliothek sowie gemütliche Sitzecken im Innen- und Außenbereich sind schöne Rückzugsorte. Im hauseigenen Restaurant, im Wintergarten sowie auf der Terrasse werden regionale und saisonale Spezialitäten serviert.

SCHALKENMEHREN 39 D www.schalkenmehren.de

Rheinland-Pfalz | EW 590 | 425 m | Daun 8 km, Cochem 34 km

MICHELS Wellness- & Wohlfühlhotel www.michels-wohlfuehlhotel.de

VARTA-TIPP Service

★★★★ S garni

Sankt-Martin-Straße 9, PLZ 54552, **T 06592 9280,** F 928160
65 Zimmer | 1 Suite | 5 Apartments | Ez 122–151 €, Dz 196–326 €, inkl. Frühstück

Wellness, Kulinarik, top Service und eine idyllische Lage verspricht dieses engagiert geführte Urlaubs- und Wohlfühlhotel. Bei Familie Drayer und ihrem Team wird Gastfreundschaft gelebt, hier heißt es: ankommen und wohlfühlen! Gemütlich, geschmackvoll und technisch modern sind die Gästezimmer, die in unterschiedlichen Kategorien buchbar sind. Für beste Entspannung sorgt der hauseigene „VitalQuell SPA“ mit seiner 2.000 qm großen Wellnessfläche. Morgens werden Sie mit einem reichhaltigen Frühstück verwöhnt. E-Tankstelle für Gäste.

MICHELS Wellness- & Wohlfühlhotel

175 | Hauptgericht 21–44 € | Mo-So

Liebevoll gestaltete Räumlichkeiten sorgen für eine gemütlich-moderne Atmosphäre. Ob Halbpensionsmenü oder Candlelight-Dinner - hier wird frisch und schmackhaft gekocht. Freuen Sie sich auf regionale Eifeler Spezialitäten sowie internationale Küche aus heimischen Produkten. Wie wäre es z.B. mit „Gebratener Hähnchenbrust mit Rotweinjus, Pfifferlingsrisotto und marinierten Wildkräutern“? Im Sommer lockt die hübsch gestaltete Gartenterrasse.

SCHALKHAM 61 C www.ostbayern-tourismus.de

Bayern | EW 868 | 430 m | Eggenfelden 30 km, Landshut 30 km

Sebastianihof www.sebastianihof.de

Brunnenstraße 9, PLZ 84175 (OT: Johannesbrunn), **T 08744 919445**
100 | Hauptgericht 19–36 €, Menü 33–88 € | So Do-Sa Mo, Di, Mi

Das denkmalgeschützte Vierseitensemble ist ein uriges Eldorado für Jung und Alt. Die moderne bayerische Heimatküche lebt von der sorgfältigen Zubereitung und den frischen Produkten aus dem Umland. An der Gästefront agiert eine sympathische Servicecrew. In der warmen Jahreszeit lockt der gemütliche Sommergarten im Innenhof.

SCHANDAU, BAD 47 A bad-schandau.de

Sachsen | EW 3.532 | 146 m | Dresden 35 km, Görlitz 78 km

Elbresidenz an der Therme www.toskanaworld.net

Markt 1-11, PLZ 01814, **T 035022 9190,** F 919711
207 Zimmer | 24 h

Direkt am Ufer der Elbe, umgeben von der eindrucksvollen Naturkulisse des Elbsandsteingebirges, liegt dieses imposante Hotel. Neben wohnlich und zeitgemäß eingerichteten Zimmern bietet man ein elegantes Foyer mit offenem Kamin, eine stilvolle Bibliothek, einen großzügig angelegten SPA-Bereich sowie ein Restaurant mit bodentiefen Fenstern und schöner Terrasse.

Helvetia www.hotelhelvetia.eu/hotel-helvetia

Schmilka 11, PLZ 01814 (OT: Schmilka), **T 035022 9130,** F 9131190
22 Zimmer | Ez ab 199 €, Dz ab 249 €, inkl. Frühstück

Das Bio- und Nationalparkhotel ist eingebettet in eine etwa 2 ha große Parkanlage. Sie wohnen in hellen, freundlichen Gästezimmern, die mit Naturholzmöbeln eingerichtet sind. Im Restaurant wird eine gesundheitsbewusste Bio-Vital-Küche angeboten.

Parkhotel www.pura-hotels.de

Rudolf-Sendig-Straße 12, PLZ 01814, **T 035022 520,** F 52215
75 Zimmer | 4 Suiten | Ez 75–105 €, Dz 110–210 €, ab 18,00 € | 24 h

Traditionsreiches Haus in einzigartiger Lage - umgeben von einer Parkanlage direkt an der Elbpromenade. Die modern eingerichteten Zimmer verteilen sich auf die hist. Villa und die neu errichtete Residenz. Zum Haus gehören auch eine Saunalandschaft, ein Außenpool, verschiedene Restaurants mit Terrasse, eine Bar und besondere Veranstaltungsräume.

SCHARBEUTZ 8 D www.luebecker-bucht-ostsee.de

Schleswig-Holstein | EW 11.309 | 12 m | Neustadt i. Holstein 8 km, Eutin 18 km

Gran Hotel BelVeder www.hotel-belveder.de

★★★★★S

Strandallee 146, PLZ 23683, **T 04503 3526600,** F 3526699
83 Zimmer | 23 Suiten | 1 Apartment | 24 h

Im südländischen Stil erbautes Haus - unmittelbar am Sandstrand der Lübecker Bucht gelegen. Wohnliche, mit erlesenen Materialien ausgestattete Gästezimmer. Hausgäste haben freien Zutritt in die Wasser- und Saunawelten der Ostsee-Therme. Am Abend empfiehlt sich die „CaVa's Bar" mit einer exquisiten Auswahl an Whiskeys und Malts.

DiVa

VARTA-TIPP Küche **VARTA-TIPP** Service

20 | Hauptgericht 39–64 €, Menü 94–145 € | Mi-Sa Mo, Di, So

Wie man es in einem Hotel dieser Klasse erwartet, ist auch im Fine-Dining-Restaurant alles überaus stilvoll und hochwertig. Hier werden Sie mit einer französisch-mediterranen Küche verwöhnt. Ob Fleisch oder Fisch, Gunter Ehinger kocht exakt, schnörkellos und sehr kreativ, und das mit sehr viel Liebe und professioneller Leidenschaft. Geboten wird ein wechselndes Menü mit bis zu 6 Gängen. Dazu serviert die umsichtige Crew exzellente Qualitätsweine. Es gibt auch eine stilvolle Smoker's Lounge.

BAYSIDE
www.bayside.de

★★★★ S garni

Strandallee 130a, PLZ 23683 (OT: Scharbeutz), **T 04503 60960**, F 6096101
134 Zimmer | 26 Suiten | Ez 139–229 €, Dz 170–450 €, inkl. Frühstück | 24 h

Ein bemerkenswertes Haus in traumhafter Lage mit Blick auf die Ostsee und in die Lübecker Bucht. Alles in diesem Hotel ist überaus hochwertig und formschön in geradlinigem Design gestaltet. Elegante Beige- und Brauntöne, Glas und Holz dominieren. SPA- und Wellnesscenter auf 1.500 qm mit Indoorpool und Saunalandschaft sowie exklusiven Anwendungen. Zwei Restaurants, Cocktailbar und große Dachterrasse.

Herzbergs Restaurant
www.herzbergs-restaurant.de

Strandallee 129, PLZ 23683, **T 04503 74159**
65 | Hauptgericht 10–54 €, Menü 38–70 € | Mo-Di, Do-So Mi

Restaurant im maritimen Landhausstil mit hübschem Dekor und freundlichem Service. Serviert werden Spezialitäten aus der Region im Wechsel der Jahreszeiten sowie fangfrische Fischgerichte.

Landgasthof Brechtmann
www.brechtmann.de

Hackendohrredder 9, PLZ 23684 (OT: Schürsdorf), **T 04524 9952**
85 | Hauptgericht 24–42 € | Mi-So Mo, Di

Das renommierte Restaurant in traumhafter Lage serviert eine frische regionale Küche. Besonders zu empfehlen sind die Spezialitäten von der Flugente. Schöne Sommerterrasse.

Der Varta-Führer digital

Der Varta-Führer ist auch als eBook erhältlich. Ganz einfach online laden und mobil auf Ihrem Smartphone oder Tablet nutzen.

Weitere Hotel- und Restaurantempfehlungen sowie zahlreiche Freizeittipps erhalten Sie unter: **www.varta-guide.de**

SCHEER 58 C
www.stadtscheer.de

Baden-Württemberg | EW 2.559 | 577 m | Sigmaringen 9 km, Bad Saulgau 20 km

Brunnenstube Scheer
www.brunnenstube-scheer.de

Mengener Straße 4, PLZ 72516, **T 07572 3692**
30 | Hauptgericht 21–36 €, Menü 38–70 € | So Mi-So Mo, Di

Das markante Gebäude im Dorfkern beherbergt edel-rustikale Räumlichkeiten. Hier wird saisonale Frischeküche mit regionalen und französischen Akzenten aufgetischt. Zuvorkommender Service unter Leitung der Chefin. Nette Sommerterrasse.

SCHEIDEGG 66 A
www.scheidegg.de

Bayern | EW 4.118 | 804 m | Lindau 20 km, Wangen 25 km

Hotel Edita www.hotel-edita.com

★★★★ S garni

Am Hammerweiher 3, PLZ 88175, **T 08381 912320,** F 91232111
93 Zimmer | 6 Suiten

Hier lässt es sich richtig schön wohnen: ruhige Lage, schicke Zimmer in modern-alpinem Look und ein attraktiver Wellnessbereich. Motorisierten Gästen bietet das Haus eine großzügige Tiefgarage mit überdurchschnittlich hoher Durchfahrtshöhe, diverse E-Tankstellen und eine beheizte Auffahrt. Im Restaurant wird regionale Küche mit internationalen Einflüssen serviert.

Birkenmoor www.hotel-birkenmoor.de

garni

Am Brunnenbühl 10, PLZ 88175, **T 08381 92000,** F 920030
16 Zimmer | Ez 60–75 €, Dz 120–150 €, inkl. Frühstück | 24 h

Familiäres Haus in idyllischer Lage mit großem Garten. Die hellen Nichtraucherzimmer verfügen über Terrasse oder Balkon und sind mit Allergikerbetten ausgestattet. Kleine Saunalandschaft mit Hallenbad. Heller, freundlich gestalteter Frühstücksraum.

SCHELKLINGEN 58 D www.schelklingen.de

Baden-Württemberg | EW 7.130 | 540 m | Blaubeuren 9 km, Ulm 24 km

Hotel HGS3 www.hgs3.de

★★★★

Heinrich-Günther-Straße 3, PLZ 89601, **T 07394 931490,** F 5280319
30 Zimmer | 6 Suiten | 6 Apartments

Aus dem ehem. Schelklinger Bürgerheim ist nach sorgfältiger Sanierung ein geschmackvolles Designhotel mit Bistro und Weinhandlung entstanden. Die stylishen, farblich zurückhaltenden Zimmer sind mit moderner Technik ausgestattet. Im dritten Stock stehen sechs vollmöblierte Wohnungen zur Verfügung.

SCHENEFELD 15 A www.stadt-schenefeld.de

Schleswig-Holstein | EW 18.672 | 21 m | Pinneberg 10 km, Hamburg 10 km

Klövensteen www.hotel-kloevensteen.de

★★★★

Hauptstraße 83, PLZ 22869, **T 040 8393630,** F 83936343
58 Zimmer | Ez ab 99 €, Dz ab 121 €, inkl. Frühstück

Gut geführtes Hotel mit wohnlichen Zimmern im Landhausstil, die sich auf das Stammhaus und den neueren Anbau verteilen. Das Haus verfügt zudem über einen freundlichen Frühstücksraum sowie eine Sauna mit Ruheraum. Im Restaurant „Peter's Bistro" regionale und internationale Küche.

SCHENKENZELL 57 C www.schenkenzell.de

Baden-Württemberg | EW 1.780 | 365 m | Freudenstadt 23 km, Offenburg 54 km

Waldblick www.hotel-waldblick.de

Schulstraße 12, PLZ 77773, **T 07836 93960,** F 939699
28 Zimmer | Ez 85–19 €, Dz 115–149 €, inkl. Frühstück

Angenehmer Familienbetrieb im Kinzigtal. Geschmackvolle Gästezimmer, die teils allergikergerecht eingerichtet sind. Einladendes Restaurant mit freundlich gestalteten Räumlichkeiten und schöner Gartenterrasse. Solide Regionalküche zu moderaten Preisen.

SCHERMBECK 29 A www.schermbeck.de

Nordrhein-Westfalen | EW 13.600 | 27 m | Dorsten 7 km, Borken 16 km

Landhotel Voshövel www.landhotel.de

VARTA-TIPP Service

Am Voshövel 1, PLZ 46514 (OT: Voshövel), **T 02856 91400**
75 Zimmer | 7 Suiten | Ez 249–329 €, Dz 367–535 €, inkl. Vollpension | ⦸ 22.–26.12.23

In diesem familiengeführten Landhotel wird so einiges geboten, angefangen beim großzügigen Rahmen über exklusive Stil- und Themenzimmer bis hin zum vielfältigen SPA auf rund 2.500 Quadratmetern. Dazu ein gastorientierter Service mit persönlicher Note und eine hauseigene Bio-Bäckerei. Last but not least: In unmittelbarer Nähe zum Hotel gibt es eine 18-Loch-Golfanlage von internationalem Standard.

Landhotel Voshövel

150 | Menü 74–129 € | Mo-So

Sie sind recht verschieden, die Restaurantstuben, aber allesamt hell, stilvoll und gemütlich. Die Küche steht für solides Handwerk, frische regionale Produkte und jede Menge Kreativität. In der romantisch-mediterranen „Lindenstube" verwöhnt Sie Chefkoch Christian Penzhorn mit einem exquisiten Abendmenü. In den Sommermonaten lockt die Gartenterrasse zu Kaffee und hausgebackenem Kuchen.

SCHESSLITZ 44 C www.schesslitz.de

Bayern | EW 7.184 | 310 m | Bamberg 20 km, Bayreuth 45 km

Schloss Burgellern www.burgellern.de

★★★★

Kirchplatz 1, PLZ 96110 (OT: Burgellern), **T 09542 5559990,** F 774757
23 Zimmer | 5 Suiten

300 Jahre altes Domkapitelschloss, umgeben von einem 7 Hektar großen, pittoresken Landschaftspark aus dem 18. Jh. Das Haus bietet individuell und elegant eingerichtete Zimmer mit schicken italienischen Stilmöbeln und modernen Bädern. Im klassisch gehaltenen Restaurant werden regionale und internationale Spezialitäten serviert.

SCHIFFERSTADT 50 D www.schifferstadt.de

Rheinland-Pfalz | EW 19.277 | 104 m | Speyer 10 km, Ludwigshafen 14 km

Salischer Hof www.salischer-hof.de

★★★

Burgstraße 12-14, PLZ 67105, **T 06235 9310,** F 931200
22 Zimmer | Ez 99–105 €, Dz 150–160 €, inkl. Frühstück | ⃠ 1.–15.1.24, 21.8.–3.9.24

Zwei denkmalgeschützte Fachwerkhäuschen mit gelungener Verbindung zu einem modernen Hotelanbau. Die wohnlichen Zimmer sind individuell im gemütlichen Landhausstil eingerichtet. Im Restaurant mit chilliger Empore, lichtdurchflutetem Wintergarten und lauschigem Gartenlokal wird eine kreative, zeitgemäße Küche serviert.

SCHILLINGSFÜRST 52 D www.schillingsfuerst.de

Bayern | EW 2.765 | 516 m | Feuchtwangen 16 km, Ansbach 28 km

Die Post www.hotel-diepost.de

Rothenburger Straße 1, PLZ 91583, **T 09868 9500,** F 950250
13 Zimmer | Ez 80–95 €, Dz 100–130 €, inkl. Frühstück

Hist. Landgasthof mit familiärer Tradition seit 1870. Unterschiedlich eingerichtete Zimmer in drei Katergorien, teils mit herrlichem Blick ins Quellgebiet der Tauber. Gemütliche Gaststuben mit ländlichem Flair, in denen saisonale und heimische Spezialitäten serviert werden.

SCHILTACH 57 C www.schiltach.de

Baden-Württemberg | EW 3.900 | 330 m | Freudenstadt 27 km, Offenburg 49 km

Zum weyßen Rössle www.weysses-roessle.de

★★★

Schenkenzeller Straße 42, PLZ 77761, **T 07836 387**
9 Zimmer | Ez 68–88 €, Dz 98–116 €, inkl. Frühstück | ⃠ 22.12.23–8.1.24

Der liebevoll renovierte Gasthof aus dem 16. Jh. beherbergt heute zeitgemäße, hell und freundlich gestaltete Gästezimmer. Im heimeligen Restaurant wird regionale Küche aufgetischt.

SCHIRGISWALDE-KIRSCHAU 36 D schirgiswalde-kirschau.de

Sachsen | EW 6.518 | 250 m | Bautzen 37 km, Dresden 76 km

Bei Schumann www.bei-schumann.de

VARTA-TIPP Ambiente **VARTA-TIPP** Service

★★★★★S

Bautzener Straße 74, PLZ 02681 (OT: Kirschau), **T 03592 5200,** F 520599
63 Zimmer | 41 Suiten | Ez 124–142 €, Dz 139–157 €, inkl. Frühstück | 24 h

Hier übernachtet man gerne! Im hist. Jugendstilschlösschen erwarten Sie elegante Gästezimmer mit hochwertigen Materialien, handgefertigten Möbeln und Bädern aus italienischem Marmor. Darüber hinaus bietet der Neubau „Seeflügel“ exklusive Juniorsuiten im minimalistischen „slow living“-Design. Ein besonderes Highlight ist Deutschlands erster Flyingpool mit einzigartigem Naturpanoramablick. Für Erholung und Entspannung sorgt zudem der große römische SPA-Tempel mit verschiedenen Saunen. Angenehme Rückzugsorte sind der wunderschöne „PORTICUS-Garten“ sowie der 2.700 qm große See namens „Seewunderbar“.

Gourmetrestaurant JUWEL

VARTA-TIPP Küche **VARTA-TIPP** Service

40 | Menü 157–184 € | Do-Sa ⃠ Mo, Di, Mi, So ⃠ 11.–17.12.23

Zweifelsohne eine der Top-Adressen in Sachsen! Hier trifft schlichte Eleganz auf räumliche Großzügigkeit. In punkto Einrichtung dominieren die Farben Schwarz und Violett. Die beiden Küchenchefs Robert Hauptvogel und Tobias Heldt kochen kreativ, leidenschaftlich und angenehm ungekünstelt. Mit vollmundigen und ausdrucksstarken Gerichten verbinden sie in ihrem saisonalen Menü (5 bis 7 Gänge) die klassische Basis mit allerbesten regionalen und überregionalen Produkten. Dazu verwöhnt Sie ein ausgezeichnetes Serviceteam unter der Leitung des langjährigen Restaurantleiters Patrick Grunewald.

WEBERSTUBE Neu!

42 | Hauptgericht 22–32 € | Di-Sa Mo, So

Das urige Ambiente des Restaurants erinnert an die Geschichte der Region, denn die Gegend um Kirschau war früher geprägt vom Handwerk der Leinenweber. Serviert wird eine verfeinerte Regionalküche mit besten Zutaten aus der Region. Unbedingt probieren sollten Sie das frisch gebackene Sauerteigbrot aus der hauseigenen Backstube! In der klimatisierten Raucherlounge neben der Weberstube können Zigarrenliebhaber den Abend entspannt ausklingen lassen.

AL FORNO

52 | Hauptgericht 9–36 €, Menü ab 45 € | Mo, Do-So Di, Mi

Auch im gemütlichen Ristorante kann man hervorragend speisen, wenngleich die kulinarische Ausrichtung eine andere ist. Aus der offenen Showküche kommen italienisch inspirierte Gerichte, selbstgemachte Pasta und Pizza aus dem Steinofen! In den Sommermonaten empfiehlt sich die idyllische Terrasse.

SCHKOPAU 34 D www.gemeinde-schkopau.de

Sachsen-Anhalt | EW 10.928 | 98 m | Halle (Saale) 15 km, Leipzig 56 km

Schlosshotel Schkopau www.schlosshotel-schkopau.de

garni

Am Schloss 1-5, PLZ 06258, **T 03461 7490,** F 749100
54 Zimmer | 7 Suiten | 1 Apartment | 24 h

Renovierte Schlossanlage aus dem 10. Jh. Sie logieren in stilvoll eingerichteten Nichtraucherzimmern. Kleiner Beauty- und Relaxbereich. Im stimmungsvollen Restaurant mit Kreuzgewölbe kredenzt man regionale und internationale Speisen mit saisonalen Highlights.

SCHLECHING 68 B www.schleching.de

Bayern | EW 1.750 | 570 m | Reit im Winkl 15 km, Prien 24 km

Rait'ner Wirt www.raitnerwirt.de

garni

Achentalstraße 8, PLZ 83259 (OT: Raiten), **T 08641 5911170,** F 5910538
14 Zimmer | Ez 84–148 €, Dz 98–179 €, inkl. Frühstück

Das traditionsreiche Haus mit seinem regionaltypischen Charme liegt im beschaulichen Chiemgauer Achental. Hier übernachten Sie in modern und wohnlich eingerichteten Landhauszimmern. Ob Wandern, Mountainbiken im Sommer oder Skifahren im Winter - Gästen bieten sich zahlreiche Freizeitmöglichkeiten.

Rait'ner Wirt

120 | Hauptgericht 12–32 €, Menü 36 € | So Mi-So Mo, Di

In den gepflegten Gaststuben isst man angenehm unkompliziert und schmackhaft. Aus der Küche kommen frische, bodenständige Gerichte, für die viele Produkte aus der Region verwendet werden. Macht Ihnen z.B. „Gebratene Kalbsleber mit Kartoffelpüree und Apfel" Appetit? Lauschiger Biergarten.

SCHLEPZIG 27 C www.unterspreewald.de

Brandenburg | EW 629 | 47 m | Lübben 9 km, Cottbus 66 km

Spreewaldresort Seinerzeit www.seinerzeit.de

★★★★ garni

Dorfstraße 53, PLZ 15910, **T 035472 6620**
41 Zimmer

Der einstige Landgasthof hat sich in den letzten Jahren zu einem hübschen Resorthotel gemausert. Gediegene Gemütlichkeit vermitteln die regionaltypisch eingerichteten Landhauszimmer, darunter auch kleine SPA-Suiten mit eigener Sauna. Kulinarisch haben Sie die Qual der Wahl zwischen dem rustikalen Brauhaus mit Biergarten und dem gehobenen Restaurant „FEINE KÜCHE".

SCHLESWIG 7 A/C www.ostseefjordschlei.de

Schleswig-Holstein | EW 23.635 | 1 m | Flensburg 33 km, Kiel 53 km

Waldschlösschen www.hotel-waldschloesschen.de

★★★★ S garni

Kolonnenweg 152, PLZ 24837, **T 04621 3830,** F 383105
116 Zimmer | 2 Suiten | Ez 95–159 €, Dz 125–189 €, inkl. Frühstück

Traditionsreiches Haus in ruhiger Waldrandlage. Schöne Themenzimmer, die teils mit Betten in Überlänge ausgestattet sind. Ansprechender Wellnessbereich mit Saunalandschaft, Schwimmbad und Duftgarten. Im Restaurant „Olearius" wird eine regionale Küche aus marktfrischen Produkten serviert.

F-Ritz www.hotel-f-ritz.de

garni

Friedrichstr. 102, PLZ 24837, **T 04621 932280,** F 932281
23 Zimmer | 7 Apartments | Ez ab 85 €, Dz ab 125 €, inkl. Frühstück

››

Nicht von der Stange ist dieses charmante kleine Designhotel. Es wird freundlich geführt und bietet helle, geschmackvolle Zimmer, die mit individuell gestalteten Möbeln und einzigartigen Kunstwerken ausgestattet sind. Zum Haus gehören auch ein Pool und eine Gartenterrasse. Leihfahrräder vorhanden.

SCHLIER 66 A www.schlier.de

Baden-Württemberg | EW 3.660 | 616 m | Ravensburg 5 km, Wangen 21 km

Krone www.krone-schlier.de

Eibeschstraße 2, PLZ 88281, **T 07529 4879760**
28 | Hauptgericht 32–45 €, Menü 54–82 € | Mo-Di, Do-Sa Mi, So 21.12.23–7.1.24

Die historischen Räumlichkeiten des schmucken Landgasthauses hat man aufwändig und behutsam renoviert. Wunderschöne alte Eichenböden, edle Kirschtäfelungen und liebevoll arrangierte Accessoires sorgen für eine warme, behagliche Atmosphäre. Patron und Chefkoch Benedikt Geßler verwöhnt Sie mit einer kreativen internationalen Küche unter Verwendung marktfrischer Produkte. Das „Krone Menü" ist auch als vegetarische Variante erhältlich. Dazu kredenzt die freundliche Crew im Service erlesene Weine aus nah und fern.

SCHLIERSEE 68 A www.schliersee.de

Bayern | EW 6.664 | 784 m | Miesbach 8 km, Rosenheim 36 km

Arabella Alpenhotel am Spitzingsee www.arabella-alpenhotel.com

★★★★ S

Seeweg 7, PLZ 83727 (OT: Spitzingsee), **T 08026 7980,** F 798879
120 Zimmer | 12 Suiten, Dz ab 180 €, inkl. Frühstück | 24 h

Tagungs- und Ferienanlage in traumhaft schöner Umgebung des Bergsees mit sehr guten Kur- und Wellnessangeboten sowie komfortablen Landhauszimmern mit Balkon. Kulinarisch hat man die Wahl zwischen der „König Ludwig Stube" (gehobene Regionalküche) und der „Osteria L'Oliva" (mediterrane Köstlichkeiten). Hauseigenes Strandbad.

SCHLUCHSEE 64 B www.hochschwarzwald.de

Baden-Württemberg | EW 2.546 | 950 m | Häusern 11 km, Freiburg 47 km

Parkhotel Flora www.parkhotel-flora.de

★★★★ S

Sonnhalde 22, PLZ 79859, **T 07656 97420,** F 9742410
56 Zimmer | 9 Suiten | Ez 180–200 €, Dz 268–295 €, inkl. Halbpension

Charmantes, privat geführtes Ferienhotel in ruhiger Lage. Behaglich und großzügig gestaltete Gästezimmer mit Balkon oder Terrasse. Kleiner SPA-Bereich mit attraktivem Außenpool und ansprechender Saunalandschaft. Sehr gutes Frühstück.

Restaurant im Parkhotel Flora

90 | Menü 49 € | Mo-So

Hier gesellt sich zum gemütlichen Ambiente eine raffinierte Küche mit regionalen Wurzeln, die mit asiatischen, mediterranen und orientalischen Einflüssen ergänzt wird und als mehrgängiges Menü daherkommt. Bei schönem Wetter serviert man auch auf der großen Terrasse direkt am hoteleigenen Park.

Vier Jahreszeiten
www.vjz.de

Am Riesenbühl 4, PLZ 79859, **T 07656 700,** F 70323
207 Zimmer | 10 Suiten | 27 Apartments | Ez ab 135 €, Dz ab 245 €, inkl. Frühstück | 24 h

Die großzügige Hotelanlage auf einer Höhe von 1.000 m bietet geschmackvoll eingerichtete Zimmer unterschiedlicher Kategorien. Für Entspannung sorgt ein exklusiver Wellnessbereich mit Schönheitspavillon sowie 4.000 qm großer Bade- und Saunalandschaft. Kulinarisch stehen verschiedene Restaurants zur Auswahl.

Mühle
www.muehle-schluchsee.de

VARTA-TIPP Ambiente

Unterer Mühlenweg 13, PLZ 79859, **T 07656 209**
10 Zimmer | Ez 135–155 €, Dz 175–205 €, inkl. Frühstück

Das historische Landhaus wurde 1603 als Schwarzwaldhof erbaut und diente bis ins 18. Jh. hinein als Getreidemühle. Nun hat man das Gebäude mit Gefühl und Geschmack modernisiert und zu einem wunderschönen Boutique-Hotel umgebaut. Die Zimmer (teilweise mit Balkon) sind individuell und wohnlich eingerichtet. Umgeben von Wald und Natur lässt es sich hier wunderbar entspannen, u.a. im 100 qm großen Schwimmteich.

Restaurant Mühle

VARTA-TIPP Küche **VARTA★TIPP** Service

20 | Menü 169–239 € | Mo, Do-So Di, Mi

Niclas Nußbaumer setzt bei seinem erstklassigen Gourmetmenü auf eine modern beeinflusste, klassisch französische Küche, die gänzlich auf Effekthascherei verzichtet. Alles auf dem Teller ist perfekt abgestimmt und kommt leicht und ungezwungen daher. Die Zutaten für seine facettenreichen Speisen werden unter Aspekten von Ethik, Nachhaltigkeit und Tierwohl bezogen - vieles kommt aus dem Umland, und alle Produkte sind von kompromisslos guter Qualität. Dazu eine erlesene Weinauswahl und ein edel-modernes Ambiente. Der Service unter Lea Rupps aufmerksamer Leitung ist so präsent wie unaufdringlich.

SCHMALLENBERG 30 D
www.schmallenberger-sauerland.de

Nordrhein-Westfalen | EW 24.980 | 400 m | Winterberg 27 km, Meschede 33 km

Hotel Deimann
www.deimann.de

GREENSIGN ★★★★★

Alte Handelsstraße 5, PLZ 57392 (OT: Winkhausen), **T 02975 810,** F 81289
120 Zimmer | 7 Suiten | 35 Apartments | Ez ab 180 €, Dz ab 280 €, inkl. Halbpension | 24 h

Das Herrenhaus von 1880 ist heute ein großzügiges Ferien- und Wellnesshotel. Das schmucke Domizil beherbergt individuell eingerichtete Zimmer, die fast alle über einen Balkon oder eine Loggia verfügen. Toll die großzügige Sauna- und Badelandschaft, die man erst kürzlich um einen exklusiven Adults-Only-Liege- und Ruhebereich erweitert hat.

Hofstube Deimann

VARTA-TIPP Küche

30 | Menü 119–149 € | Mi-Sa ⃠ Mo, Di, So

Im elegant-gemütlichen Fine-Dining-Restaurant dürfen Sie sich auf erlesene Menükreationen freuen. Die Gerichte des jungen, hochtalentierten Felix Weber zeigen sich modern-französisch, puristisch und von allerhöchster Produktqualität. Dazu berät Maître Jochen Deimann kenntnisreich zu den korrespondierenden Weinen und hilft bei Fragen gerne weiter.

Schon probiert?
Der Varta-Führer ist auch als eBook für Ihren TabletPC oder Ihr Smartphone verfügbar!

Gasthof Schütte

www.hotel-schuette.de

★★★★ S garni

Eggeweg 2, PLZ 57392 (OT: Oberkirchen), **T 02975 820,** F 82522
61 Zimmer | 12 Apartments | Ez 120–166 €, Dz 240–380 €, inkl. Halbpension | ⃠ 1.–26.12.24

Hübsches Fachwerkhaus aus dem 18. Jh. mit verschiedenen Anbauten. Ausgesprochen wohnlich und mit schönen Farbakzenten zeigen sich die individuellen Gästezimmer. Für Entspannung sorgen die 700 qm große Bade- und Saunalandschaft sowie die weitläufige Gartenanlage mit beheiztem Freibad. Liegehalle, Bachlauf und Spielplatz für die Kleinen.

Gasthof Schütte

VARTA-TIPP Küche

100 | Menü 25–65 € | Mo-So 1.–26.12.24

Gemütlich sitzt man in den hübschen Stuben des ehem. Bauernhauses aus dem 18. Jhd. Peter Wellner führt die hohe Qualität des langjährigen Küchenchefs Martin Friedrich in beeindruckender Weise fort. Er kocht frisch, regional und mit modernen Einflüssen. Macht Ihnen z.B. „Gesottener Tafelspitz mit Apfel-Meerrettich-Sauce auf Bouillonkartoffeln" Appetit? Oder doch lieber das 4-gängige Sauerlandmenü? Dazu eine eindrucksvolle Weinauswahl und ein flinker, liebenswerter Service.

Hotel Rimberg

www.hotel-rimberg.de

★★★★ S garni

Rimberg 1, PLZ 57392 (OT: Rimberg), **T 02974 7770,** F 777100

62 Zimmer | 5 Apartments | Ez ab 118 €, Dz ab 220 €, inkl. Frühstück

Eine tolle Urlaubsadresse mit schöner Fernsicht und vielfältigem Freizeitangebot. Das Traditionshaus am Fuße des Rimbergs hat man vor einigen Jahren hochwertig modernisiert und erweitert. Es bietet individuell gestaltete Zimmer mit exklusiven Loggien. Warme Naturtöne, edle Materialien und massive Holzböden sorgen für eine wohnliche Atmosphäre. Großzügiger Wellnessbereich mit Indoorpool (6 x 18m).

Waldhaus Ohlenbach

www.waldhaus-ohlenbach.de

VARTA-TIPP Service

★★★★ S garni

Ohlenbach 10, PLZ 57392 (OT: Ohlenbach), **T 02975 840,** F 8448

47 Zimmer | 3 Suiten | 12 Apartments | Ez 145–175 €, Dz 260–310 €, inkl. Halbpension

Das engagiert geführte Ferienhotel liegt an einem sonnigen Südhang des Kahlen Astens. In rund 700 Metern Höhe genießen Sie einen überwältigenden Ausblick über das Rothaargebirge. Sie logieren in großzügig geschnittenen Zimmern mit behaglicher Einrichtung. Schöner SPA-Bereich mit Panoramapool und Saunen. Hervorhebenswert ist auch der individuelle und sehr gastorientierte Service.

Schneiderstube

32 | Hauptgericht 14–35 € | Mo-So

Klassisch französisches Restaurant mit stilvoll-gediegenem Ambiente. Sehr gute Küche, bei der ausschließlich frische, hochwertige Produkte Verwendung finden. Wie wäre es z.B. mit „Stubenküken | Taube | Blumenkohl" oder „Hummer | weiße Schokolade | Zwiebel"? Dazu gibt es erlesene Weine aus nah und fern. Im Sommer lockt die herrliche Aussichtsterrasse.

Jagdhaus Wiese

www.jagdhaus-wiese.de

★★★★ S garni

Jagdhaus 3, PLZ 57392 (OT: Jagdhaus), **T 02972 3060,** F 306288
63 Zimmer | 21 Suiten | Ez 125–157 €, Dz 196–286 €, inkl. Frühstück | 17.–26.12.23

Auf über 600 m Höhe mitten im Wald liegt das hübsche Anwesen. Es verfügt über unterschiedlich geschnittene, meist rustikal ausgestattete Zimmer, Apartments und Suiten. Panoramaschwimmbad mit Blick ins Grüne. Bürgerliche Gastronomie im Parkrestaurant und in der Jagdstube.

Romantikhotel Störmann

www.hotel-stoermann.de

GREENSIGN ★★★★ S garni

Weststraße 58, PLZ 57392, **T 02972 999123,** F 999289
31 Zimmer | 1 Suite | Ez ab 180 €, Dz ab 280 €, inkl. Frühstück

Hier wohnen Sie mitten in der Altstadt und dennoch angenehm ruhig. Die Einrichtung der Gästezimmer ist geschmackvoll und funktional zugleich. Für Entspannung sorgt ein kleiner Wellnessbereich mit Schwimmbad und Sauna. Das Restaurant bietet Regionales sowie Spezialitäten aus dem Josper-Holzkohlenofen.

Gut Vorwald

www.gut-vorwald.de

★★★ S garni

Vorwald 3, PLZ 57392 (OT: Oberkirchen), **T 02975 96610,** F 96610
14 Zimmer | 1 Apartment | Ez 90–99 €, Dz 148–192 €, inkl. Frühstück

Sehr schön im Grünen gelegenes Haus mit familiärer Atmosphäre. Die Zimmer sind hell und freundlich eingerichtet. Man verfügt auch über eine finnische Sauna, einen Biergarten, einen Kinderspielplatz und einen hoteleigenen Ponyhof.

Hubertus
www.gasthof-hubertus.de

Latroper Straße 24, PLZ 57392 (OT: Fleckenberg), **T 02972 5077,** F 1731
21 Zimmer | 2 Suiten | Ez 84 €, Dz 154–168 €, inkl. Frühstück

Landhaushotel in idyllischer Lage. Gepflegte Gästezimmer, die teilweise über Balkon oder Terrasse verfügen. Weiträumiger Badebereich „HUBERTUS-BORN" mit Whirlpool, Dampfsauna und Kneipptretbecken mit eigenem Felsquellwasser. Im rustikalen Restaurant werden herzhafte regionale Gaumenfreuden – u.a. Wildgerichte aus heimischen Wäldern – serviert.

SCHNAITTACH 53 B
www.schnaittach.de

Bayern | EW 8.000 | 355 m | Lauf a. d. Pegnitz 8 km, Pegnitz 15 km

Berggasthof Igelwirt
www.igelwirt.de

★★★

Igelweg 6, PLZ 91220 (OT: Osternohe), **T 09153 4060,** F 406166
32 Zimmer | Ez 78–93 €, Dz 118–128 €, inkl. Frühstück | ⃠ 23.12.23–2.1.24

Familiengeführter Berggasthof mit über 100-jähriger Tradition. Im Stammhaus behagliche Bauernmöbelzimmer, im neueren Gästehaus komfortable Zimmer in modernem Design. Im Restaurant wird bürgerlich-regional gekocht.

SCHNEEBERG 45 B
www.schneeberg.de

Sachsen | EW 14.353 | 470 m | Aue 5 km, Zwickau 20 km

Büttner
www.hotel-buettner.de

Markt 3, PLZ 08289, **T 03772 3530,** F 353200
12 Zimmer | 1 Suite | 1 Apartment | Ez ab 69 €, Dz ab 83 €, ☕ 8,00 €

Traditionsreiches Gebäude, das nach dem Stadtbrand im Jahr 1719 im bürgerlichen Barock wiederaufgebaut wurde. Gemütliche Gästezimmer mit zweckmäßiger Ausstattung. Hübsches Frühstücksrestaurant, Lounge im hist. Kreuzgewölbe.

SCHNEVERDINGEN 15 C
www.schneverdingen-touristik.de

Niedersachsen | EW 18.900 | 86 m | Soltau 21 km, Hamburg 60 km

Hof Tütsberg
www.tuetsberg.de

Im Naturschutzpark, PLZ 29640, **T 05199 900,** F 9050
29 Zimmer | 5 Apartments | Ez 65–105 €, Dz 105–169 €, inkl. Frühstück

Reizvoll im Naturschutzpark gelegenes hist. Heidegut aus dem 16. Jh. Stilvoll eingerichtete Zimmer, die sich auf das Haupt- und die Nebenhäuser verteilen. Freundliche Gaststube mit ländlichem Charme und großem Garten, in der frische kreative Landküche serviert wird.

Ramster
www.hotel-ramster.de

Heberer Straße 16, PLZ 29640, **T 05193 6888**
70 | Hauptgericht 19–32 €, Menü 49 € | Fr-So Di-So ⃠ Mo

»

Das Restaurant ist bekannt für seine schmackhafte regionale und saisonale Küche. Lust auf „Gebratenes Lachsfilet mit Pommery-Senfsauce, Gemüse vom Markt und Bratkartoffeln"? Das Ambiente ist behaglich, die Preise fair und der Service freundlich. Die schöne Gartenterrasse lädt zum Verweilen ein. Für Übernachtungsgäste hat man gepflegte Zimmer.

SCHÖNAU A.KÖNIGSSEE 69 A www.koenigssee.com

Bayern | EW 5.314 | 630 m | Berchtesgaden 3 km, Bad Reichenhall 23 km

Alpenhof www.alpenhof.de

★★★★ S garni

Richard-Voß-Straße 30, PLZ 83471 (OT: Faselsberg), **T 08652 6020,** F 64399
52 Zimmer | Ez ab 111 €, Dz ab 210 €, inkl. Vollpension

Das Wellnesshotel befindet sich in 700 m Höhe auf einem 6 ha großen Wiesengrundstück am Königssee. Die hübschen, alpin-rustikal eingerichteten Zimmer ermöglichen einen herrlichen Blick auf die Berge. Für Entspannung sorgt ein ansprechender Wohlfühlbereich mit ganzjährig beheiztem Freibad.

Alpenhotel Zechmeisterlehen www.zechmeisterlehen.de

VARTA-TIPP Service

★★★★ S garni

Wahlstraße 35, PLZ 83471 (OT: Oberschönau), **T 08652 9450,** F 945299
56 Zimmer | 10 Suiten | 3 Apartments | Ez 195–289 €, Dz 246–434 €, inkl. Vollpension

Wie fern der Alltag ist, merken Sie, wenn Sie in diesem Haus übernachten! Das landschaftlich reizvoll gelegene Ferien- und Wellnesshotel vermittelt Niveau und Exklusivität, von den sehr behaglich eingerichteten Zimmern über das SPA bis zum Bemühen um den Gast. In den gepflegten Restaurantstuben dürfen Sie sich auf regionale und internationale Köstlichkeiten freuen.

Georgenhof www.hotel-georgenhof.de

★★★ S garni

Modereggweg 21, PLZ 83471, **T 08652 9500,** F 950200
21 Zimmer | 6 Apartments | Ez 65–75 €, Dz 120–160 €, inkl. Frühstück

Rustikales Landhotel in ruhiger Lage direkt am Waldrand. Gemütliche, im alpenländischen Stil eingerichtete Gästezimmer. Für Entspannung sorgen ein Saunabereich, eine Sonnenterrasse sowie eine große Liegewiese. In den behaglichen Restaurantstuben werden regionale Spezialitäten serviert.

SCHÖNAU IM SCHWARZWALD 64 A www.schoenau-im-schwarzwald.de

Baden-Württemberg | EW 2.300 | 540 m | Lörrach 37 km, Freiburg im Breisgau 39 km

Vier Löwen www.vier-loewen.de

S garni

Talstraße 18, PLZ 79677, **T 07673 918120,** F 9181240
18 Zimmer | Ez ab 78 €, Dz ab 124 €, inkl. Frühstück

Familiengeführter Gasthof mit behaglichem Ambiente. Individuell eingerichtete Gästezimmer mit moderner Ausstattung. Gutes Frühstück.

SCHÖNBECK 19 A www.amt-woldegk.de

Mecklenburg-Vorpommern | EW 423 | 44 m | Neubrandenburg 25 km, Neustrelitz 50 km

Schloss Rattey
www.schlossrattey.de

Schlossplatz 1, PLZ 17349 (OT: Rattey), **T 03968 255010,** F 255050
19 Zimmer | 2 Suiten | 1 Apartment | Ez 85–95 €, Dz 120–135 €, inkl. Frühstück

Das im Jahre 1806 errichtete Herrenhaus wurde aufwendig saniert und zu einem eleganten Schlosshotel umgestaltet. Es hält stilvolle, mit Antiquitäten ausgestattete Gästezimmer bereit. Schöne Parkanlage mit altem Baumbestand. Stilvolles Restaurant mit Südterrasse und regionaler Küche.

SCHÖNBERG 62 A
www.schoenberg-bayerwald.de

Bayern | EW 3.830 | 563 m | Grafenau 7 km, Regen 24 km

Landhaus zur Ohe
www.landhaus-zur-ohe.de

★★★★S

Maukenreuth 1, PLZ 94513 (OT: Maukenreuth), **T 08554 96070,** F 960798
50 Zimmer

Familienfreundliches Urlaubshotel mit angeschlossenem Pferdehof in schöner Aussichtslage mitten im Grünen. Praktische Zimmer in unterschiedlichen Größen mit zweckmäßiger Ausstattung. Für Kinder gibt es ein 140.000 qm großes Outdoor-Abenteuerareal sowie einen 4-stöckigen Indoor-Spielturm.

SCHÖNBORN, BAD 51 C
www.bad-schoenborn.de

Baden-Württemberg | EW 12.483 | 122 m | Bruchsal 12 km, Heidelberg 23 km

Villa Medici
www.hotel-villa-medici.de

★★★★

Waldparkstraße 20, PLZ 76669 (OT: Mingolsheim), **T 07253 9871170,** F 9871100
90 Zimmer | 3 Suiten | Ez 99–149 €, Dz 119–169 €, 23,00–25,00 € | 24 h

Das charmante, privat geführte Hotel befindet sich gegenüber dem Kurpark. Hier stehen Ihnen bis zu 40 qm große Zimmer mit südländischer Note zur Verfügung. Geschmackvolle Wellnessoase auf 300 qm. Deutsch-mediterrane Küche wird im Restaurant „Dolce Vita“ serviert.

Der Erck - Dein Restaurant
www.dein-erck.de

Heidelberger Straße 22 (im Hotel Erck), PLZ 76669 (OT: Bad Mingolsheim), **T 07253 977910**
50 | Hauptgericht 18–35 €, Menü 30–75 € | Di-Sa Mo, So

Ob in der urgemütlichen Gaststube, im lichtdurchfluteten Wintergarten oder auf der Sonnenterrasse - hier wird badische Regionalküche kreativ und modern umgesetzt. Auf der Speisekarte klingt das z.B. so: „Zweierlei vom heimischen Wildschwein | Pfifferlinge | Aprikose | Schupfnudeln". Auch die Weinauswahl kann sich sehen lassen. Großer Beliebtheit erfreuen sich die Küchenpartys des jungen Patrons.

SCHÖNECK 45 C schoeneck-vogtland.de

Sachsen | EW 4.000 | 800 m | Klingenthal 14 km, Plauen 21 km

Tannenhaus www.tannenhaus.de

Klingenthaler Straße 19, PLZ 08261, **T 037464 341110**
16 Zimmer | 4 Suiten

Das schmucke kleine Domizil befindet sich mitten im Skigebiet, unmittelbar an der bekannten Kammloipe. Ob ausgedehnte Waldspaziergänge im Sommer oder Langlauf im Winter, für Freizeitgäste ist das Haus die perfekte Adresse. Die Zimmer sind gemütlich und modern eingerichtet. Zum Hotel gehören auch ein hübscher Saunabereich und ein urig-gemütliches Restaurant.

SCHÖNECK 41 D www.schoeneck.de

Hessen | EW 11.625 | 122 m | Hanau 9 km, Frankfurt/Main 24 km

Lauer www.hotellauer.de

€ Gut & Günstig

Frankfurter Straße 17, PLZ 61137 (OT: Kilianstädten), **T 06187 95010,** F 950120
17 Zimmer | Ez 80–90 €, Dz 100–110 €, inkl. Frühstück

Ein mit Liebe zum Detail saniertes Fachwerkhaus in zentraler, aber ruhiger Lage. Zeitgemäß eingerichtete Gästezimmer mit zweckmäßiger Ausstattung. Im Haus befindet sich eine Pizzeria.

SCHÖNEFELD 26 D www.gemeinde-schoenefeld.de

Brandenburg | EW 13.890 | 46 m | Berlin 25 km, Brandenburg 89 km

Steigenberger Airport Hotel Berlin www.hrewards.com

Willy-Brandt-Platz 3, PLZ 12529, **T 030 2464970**
322 Zimmer

Hochwertig und wohnlich hat man es in dem modernen Hotel, das sich direkt am Terminal des neuen Flughafen Berlin Brandenburg befindet. Sehr gut der Service, groß und komfortabel die Zimmer und Suiten, dazu ideale, zeitgemäße Meetingräume und eine rund um die Uhr geöffnete Lobbybar. Großzügiger SPA- und Fitnessbereich in der fünften Etage.

SCHÖNTAL 52 C www.schoental.de

Baden-Württemberg | EW 5.544 | 209 m | Heilbronn 44 km, Stuttgart 86 km

Zur Post www.gasthof-post-schoental.de

Honigsteige 1, PLZ 74214, **T 07943 2226,** F 2563
32 Zimmer | Ez ab 90 €, Dz ab 120 €, inkl. Frühstück

Gewachsener Landgasthof gegenüber dem Barockkloster Schöntal. Hübsch eingerichtete Landhauszimmer im denkmalgeschützten Stammhaus, Zimmer mit mediterranem Flair im neueren Anbau. Umfangreicher Wellnessbereich mit finnischer Sauna, türkischem Dampfbad, Kneippfußbecken, Solarium und Ruhebereich.

SCHÖNWALD 57 C www.schoenwald.net

Baden-Württemberg | EW 2.396 | 988 m | Triberg 5 km, Furtwangen 9 km

Zum Ochsen www.ochsen.com

★★★★ S garni

Ludwig-Uhland-Straße 18, PLZ 78141, **T 07722 866480,** F 8664888
36 Zimmer | Ez 118–177 €, Dz 138–197 €, inkl. Frühstück

Familiär geführtes Ferienhotel in herrlicher Lage auf einem Hochplateau. Über alle Kategorien hinweg stehen sowohl urig als auch modern eingerichtete Zimmer mit zeitgemäßer Ausstattung zur Verfügung. Ansprechender Wellnessbereich mit Schwimmbad und Saunalandschaft.

Zum Ochsen

150 | Hauptgericht 23–36 €, Menü 48–77 € | Sa-So Mo-So

Behagliches Restaurant mit holzgetäfelter Gaststube und gemütlicher Atmosphäre. Serviert wird eine kreative badische Küche mit internationalen Einflüssen. Nette Sommerterrasse.

SCHOPFHEIM 64 A www.schopfheim.de

Baden-Württemberg | EW 18.988 | 373 m | Lörrach 15 km, Bad Säckingen 19 km

Krone www.krone-wiechs.de

★★★ S garni

Am Rain 6, PLZ 79650 (OT: Wiechs), **T 07622 39940,** F 399420
54 Zimmer | 3 Suiten | 1 Apartment | Ez 94–97 €, Dz 160–170 €, inkl. Frühstück

Vorbildlich geführter Familienbetrieb mit zweckmäßigen, teils renovierten Zimmern, überwiegend mit Blick auf die Schwarzwaldberge. Ansprechender Wellnessbereich mit Hallenbad, Saunalandschaft und Liegewiese. Im Restaurant wird badisch und international gekocht. Terrasse mit Ausblick.

Mühle zu Gersbach www.kurzurlaub-schwarzwald.com

★★★ S garni

Zum Bühl 4, PLZ 79650 (OT: Gersbach), **T 07620 90400,** F 904055
16 Zimmer | 1 Suite | Ez 89–136 €, Dz 128–232 €, inkl. Frühstück

Kleines, familiär geführtes Landhotel in reizvoller Lage. Behagliche Gästezimmer in verschiedenen Kategorien, teils mit Balkon. Hübscher Garten mit Bachlauf. Idealer Ausgangspunkt für Ausflüge ins Elsass oder in die Nordschweiz.

Mühle zu Gersbach

80 | Hauptgericht 21–36 €, Menü 32–62 € | Sa-So Mi-So Mo, Di

Hotelrestaurant mit behaglich-gediegenem Ambiente. Serviert wird feine Regionalküche mit französischem Einschlag. Gut sortierte Weinkarte, herzlicher Service.

SCHORFHEIDE 27 A www.gemeinde-schorfheide.de

Brandenburg | EW 10.409 | 62 m | Eberswalde 23 km, Oranienburg 33 km

Fontane Hotel www.fontanehotel.com

Am See 7, PLZ 16244 (OT: Altenhof), **T 033363 52390**
23 Zimmer | Ez ab 120 €, Dz ab 140 €, inkl. Frühstück

Direkt am Werbellinsee befindet sich das 2018 eröffnete Hotel. Das Haus bietet hell und zeitgemäß eingerichtete Zimmer in unterschiedlichsten Kategorien. Wechselnde saisonale Gerichte serviert das Restaurant „Theodor's", das sich im Erdgeschoss befindet. Von der Dachterrasse hat man eine traumhafte Aussicht auf den See.

SCHORNDORF 58 B www.schorndorf.de

Baden-Württemberg | EW 38.431 | 256 m | Göppingen 20 km, Stuttgart 35 km

Boutique Hotel Pfauen www.pfauen-schorndorf.de

VARTA-TIPP Ambiente

Höllgasse 9, PLZ 73614, **T 07181 6699010**
7 Zimmer | Ez 95–160 €, Dz 110–200 €

In diesem charmanten kleinen Hotel übernachten Sie Wand an Wand zum Geburtshaus Gottlieb Daimlers im Herzen der Altstadt. Die Designzimmer bestechen durch ihr liebevoll gestaltetes Interieur mit hist. Elementen und zeitgemäßer Technik. Sie tragen die Namen berühmter Automobilpersönlichkeiten wie Robert Bosch, Nikolaus Otto oder Carl Benz.

Gourmetrestaurant Nico Burkhardt

VARTA-TIPP Küche **VARTA-TIPP** Service

8 | Menü 134–198 € | Mi-Sa Mo, Di, So

Essvergnügen auf zwei Ebenen: Die wenigen Plätze im Erdgeschoss bieten Exklusivität im einzigartigen Ambiente dieses aufwendig sanierten Fachwerkhauses. Hier offeriert Ihnen Nico Burkhardt ein exklusives Empfehlungsmenü (bis 7 Gänge). Seine französisch inspirierten Kreationen glänzen durch Raffinesse, solides Handwerk und außergewöhnliche Zutaten. Die bezaubernde Bianca Burkhardt ist stets präsent und sorgt für einen persönlichen Service. Das Restaurant „Pfauen" im Galeriegeschoss serviert eine leichte und moderne Wohlfühlküche mit internationalen Einflüssen.

SCHORSSOW 18 A www.amt-mecklenburgische-schweiz.de

Mecklenburg-Vorpommern | EW 446 | 8 m | Teterow 11 km, Parchim 71 km

Seeschloss Schorssow
www.schloss-schorssow.de

Am Haussee 3, PLZ 17166, **T 039933 790,** F 79100
44 Zimmer | 1 Suite | 3 Apartments | Ez 110–176 €, Dz 135–201 €, 22,00 € | 7.–25.1.24

Elegantes Schlosshotel mit großzügigem englischen Landschaftspark in schöner Einzellage am See. Alle Zimmer im Haupthaus und der nur wenige Meter entfernt liegenden Residenz unterscheiden sich in Form und Farbe. Sie sind stilvoll und komfortabel eingerichtet. Fast schon herrschaftlich speisen Sie im Restaurant „Von Moltke".

SCHOTTEN 42 C
www.tourist-schotten.de

Hessen | EW 10.137 | 330 m | Bad Nauheim 39 km, Gießen 44 km

Taufsteinhütte
www.taufsteinhuette.de

Am Hoherodskopf 2, PLZ 63679, **T 06044 2381**
Hauptgericht 15–37 € | Mi-So Mo, Di

In idyllischer Waldlage nahe dem Hoherodskopf empfängt Sie dieses beliebte Ausflugsziel. Gemütlich und sympathisch-lebhaft ist es hier. Toll das authentisch-alpine Hüttenflair mit viel Holzgebälk, grob verputzten Wänden und offenen Kaminen. Dazu eine schmackhafte Küche, die auf Regionalität und Nachhaltigkeit setzt.

SCHRAMBERG 57 C
www.schramberg.de

Baden-Württemberg | EW 20.716 | 426 m | Rottweil 24 km, Freudenstadt 37 km

Gasthof Hirsch
www.hotel-gasthof-hirsch.com

VARTA-TIPP Küche

Hauptstraße 11, PLZ 78713, **T 07422 280120**
40 | Hauptgericht 24–42 €, Menü 75–90 € | Mo, Fr-So Mo, Do-So Di, Mi

Hier erwarten Sie Schwarzwälder Gastlichkeit sowie eine feine badisch-französische Küche von beachtenswerter Frische und Qualität. Thomas Zimmermann verwendet fast ausschließlich hochwertige Produkte, die vorwiegend aus der Region stammen. Das Ergebnis: schmackhafte Gerichte wie „Ragout vom Reh aus heimischer Jagd mit frischen Pfifferlingen, handgemachte Spätzle und Preiselbeeren". Das Ambiente ist stilvoll-gediegen, der Service stets freundlich und aufmerksam. Sechs liebevoll gestaltete Gästezimmer gibt es auch.

Gasthof Adler
www.adler-tennenbronn.de

VARTA-TIPP Service

Hauptstraße 60, PLZ 78144 (OT: Tennenbronn), **T 07729 92280**
80 | Hauptgericht 19–36 €, Menü 38–65 € | So Mi-So Mo, Di

Ein tipptopp gepflegter Landgasthof, seit 1790 im Familienbesitz. Bei den Reutlingers darf man sich auf eine frische bodenständige Küche freuen - regional, saisonal und biologisch! Liebevoll umsorgt werden Sie von der überaus freundlichen Servicecrew. Zum Übernachten hat man helle, freundliche Gästezimmer, die mit Fichtenholzmöbeln eingerichtet sind.

SCHRIESHEIM 51 C
www.schriesheim.de

Baden-Württemberg | EW 15.008 | 121 m | Heidelberg 8 km, Mannheim 13 km

Kaiser Kulturhotel
www.kaiser-kulturhotel.de

Talstraße 44, PLZ 69198, **T 06203 9248980**
25 Zimmer | 2 Suiten | Ez ab 97 €, Dz ab 127 €, inkl. Frühstück | 24 h

Der Ursprung des frisch renovierten und 2022 wiedereröffneten Boutique-Hotels geht bis ins 17. Jhd. zurück, als es noch eine Poststation war. Das charmante Domizil mit seinem geschlossenen Innenhof bietet wohnlich und individuell eingerichtete Zimmer und Suiten. Im Restaurant wird badisch-bodenständige Küche aufgetischt. Toll die stimmungsvolle Bar im Gewölbekeller.

SCHWABENHEIM 50 B
www.schwabenheim.de

Rheinland-Pfalz | EW 2.604 | 140 m | Mainz 20 km, Bingen 23 km

Zum alten Weinkeller
www.immerheiser-wein.de

S garni

Schulstraße 6-10, PLZ 55270, **T 06130 941800,** F 9418080
16 Zimmer | 1 Suite | Ez 85–105 €, Dz 120–130 €, inkl. Frühstück | 24 h

In diesem persönlich geführten Weinhotel vereinen sich Ambiente, Genuss und Lifestyle. Sie haben die Wahl zwischen schlichten, im ländlichen Stil eingerichteten Zimmern im Haupthaus und gemütlichen, individuell eingerichteten Gästezimmern im gegenüberliegenden Gästehaus „Casa Rustica". Exklusiven Chaletcharme versprüht die 45 qm große Landhaussuite „TRAUMTÄNZER".

Zum alten Weinkeller

60 | Hauptgericht 19–29 €, Menü 39–85 € | So Fr-So Mo, Di, Mi, Do

Im mediterran gestalteten Restaurant kann sich der Gast aus den wechselnden saisonalen Gerichten seine eigene Menüfolge zusammenstellen. Großen Wert legt die Küchencrew auf hausgemachte Produkte, frische Zutaten und eine leichte, bekömmliche Zubereitung. Dazu gibt es korrespondierende Weine, u.a. vom hauseigenen Weingut. Im alten Kelterhaus mit dem darunter liegenden Fasskeller und in den ehem. Stallungen des Gehöftes hat man eine hübsche Vinothek eingerichtet.

Landgasthof Engel

Markt 8, PLZ 55270, **T 06130 929394**
100 | Hauptgericht 17–30 € | Mo-So

Das denkmalgeschützte Anwesen mit seinen rustikalen Eichenfenstern, Holzfußböden und jahrhundertealtem Gebälk hat man liebevoll renoviert. Hier kocht man bürgerlich mit Bezug zur Region. Probieren Sie z.B. „Tafelspitzsülze mit Sauce Tatar und Bratkartoffeln“ oder „Pfälzer Saumagen mit Rahmkraut und Bauernbrot“! Reizvoller Innenhof mit mediterranem Flair.

Schon probiert?
Der Varta-Führer ist auch als eBook für Ihren TabletPC oder Ihr Smartphone verfügbar!

SCHWÄBISCH GMÜND 58 B www.schwaebisch-gmuend.de

Baden-Württemberg | EW 60.167 | 321 m | Aalen 23 km, Stuttgart 56 km

Hotel am Remspark www.hotelamremspark.de

★★★ S garni

Remspark 1, PLZ 73525, **T 07171 7988200,** F 7988222
105 Zimmer | 4 Suiten | Ez 90–135 €, Dz 115–155 €, inkl. Frühstück | 24 h

Das Business- und Lifestyle-Hotel mit seiner unverwechselbaren silbernen Fassade liegt unmittelbar an der Rems unweit des Bahnhofs. Es bietet hell und freundlich eingerichtete Zimmer mit zeitgemäßem Komfort. Im Haus befinden sich auch Veranstaltungsräume und ein großzügiges Gym mit modernen Fitnessgeräten. E-Bike-Verleih (gebührenpflichtig).

Hi, Charles

120 | Hauptgericht 15–39 €, Menü 34–79 € | Di-Fr Mo-Sa So

Ein schön urbanes Ambiente: lichtdurchflutet mit großen Panoramafenstern und Designerleuchten. Da passt die moderne Küche perfekt ins Bild. Serviert wird eine feine Auswahl ausgesuchter Speisen. Hotspot für Einheimische und Hotelgäste ist die 250 qm große Rooftopbar im 8. Stock mit herrlichem 360°-Blick.

Restaurant Krietsch
www.restaurant-krietsch.de

Münstergasse 2, PLZ 73525, **T 07171 30003**
60 | Hauptgericht 15–32 € | Di-Sa Mo, So

Im ältesten erhaltenen Steinhaus der Stadt laden verschiedene Räumlichkeiten zum Verweilen ein. Aus der Küche kommen frische schwäbische und internationale Speisen, so z.B. „Filet von der Gelbschwanzmakrele mit Kräutervinaigrette, gebratenem Blumenkohl und Kartoffelpüree". Im Sommer lockt das Gartenrestaurant mit Blick auf das Heilig-Kreuz-Münster.

s'Michele am Spielplatz
www.micheleamspielplatz.de

Münsterplatz 12, PLZ 73525, **T 0174 9732269**
38 | Hauptgericht 12–36 €, Menü 39–86 € | Mo-Mi, Fr-So Do

In dem modern und geschmackvoll eingerichteten Restaurant und auf der hübschen Terrasse gegenüber dem Heilig-Kreuz-Münster serviert man frische schmackhafte Gerichte mit schwäbischen Wurzeln und internationalen Einflüssen. Lust auf „Geschmorte Kalbsbäckchen mit Karottengemüse und Butterspätzle" oder lieber „Maishähnchenbrust auf Pfifferlingsgraupen mit wildem Brokkoli"? Tipp: Preisgünstiger Mittagstisch.

Folgen Sie uns: facebook.com/vartaguide

SCHWÄBISCH HALL 52 C www.schwaebischhall.de

Baden-Württemberg | EW 38.100 | 304 m | Heilbronn 53 km, Stuttgart 64 km

Der Adelshof www.uno-hotels.de/adelshof-index.html

★★★★

Am Markt 12-13, PLZ 74523, **T 0791 75890,** F 7589890
45 Zimmer | 2 Suiten

Geschichtsträchtiges Haus in zentraler Innenstadtlage mit liebevoll ausgestatteten Themenzimmern. Kleine, mediterran anmutende Wellnessoase mit finnischer Sauna und Tepidarium.

Hohenlohe www.hotel-hohenlohe.de

★★★★ S

Weilertor 14, PLZ 74523, **T 0791 75870,** F 758784
114 Zimmer | 6 Suiten | Ez 127–169 €, Dz 170–244 €, inkl. Frühstück | 24 h

Komfortables Tagungs- und Freizeithotel am Rande des hist. Stadtkerns in bester Aussichtslage. Hell und modern eingerichtete Zimmer mit trendigen Designbädern und Boxspringbetten, teils mit Balkon oder Dachterrasse. Großzügiger Wellnessbereich mit Solebad, Sauna-Erlebniswelt und Salzgrotte.

Aussichtsrestaurant

120 | Hauptgericht 28–38 €, Menü 49–64 € | Sa-So Mo-So

Das Restaurant macht seinem Namen alle Ehre: Die großzügig verglaste Fassade ermöglicht den uneingeschränkten Blick auf die malerische Altstadt und das Kochertal. Dazu kredenzt man eine regionaltypische Frischeküche mit internationalen Einflüssen.

Rebers Pflug www.rebers-pflug.de

Weckriedener Straße 2, PLZ 74523 (OT: Weckrieden), **T 0791 931230,** F 9312345
27 Zimmer | 6 Suiten | Ez 98–158 €, Dz 138–198 €, inkl. Frühstück | 1.–14.1.24, 25.8.–8.9.24

In diesem liebevoll renovierten Hotel hat man Traditionelles bewahrt und dennoch ein stilvolles, modernes Ambiente geschaffen. Die Zimmer sind in unterschiedlichen Kategorien buchbar und behaglich im zeitgemäßen Landhausstil eingerichtet. Sehr geschmackvoll sind die Zimmer und Suiten im 2019 neu entstandenen „Wohn.Reich". Idyllischer Sommergarten mit südlichem Flair.

Rebers Pflug

VARTA-TIPP Küche **VARTA-TIPP** Service

70 | Hauptgericht 29–52 €, Menü 80–125 € | Di-Sa Mo, So 1.–15.1.24, 25.8.–9.9.24

Außen heimelig, drinnen zeitgemäß. Das eindrückliche, designorientierte Ambiente beflügelt die Küchenleistung. Hans-Harald Reber kocht so, wie er es verspricht: kreativ, schnörkellos und aromenstark. Das Spektrum reicht von heimatorientierter Frischeküche bis zu weltoffenen Kreativmenüs. Dazu eine umfangreiche Weinauswahl mit Klassikern und einigen Raritäten sowie ein professionell-herzlicher Service. An warmen Tagen sitzt man ganz besonders schön im mediterranen Sommergarten.

Landhaus Wolf

www.landhauswolf.eu

Karl-Kurz-Straße 2, PLZ 74523 (OT: Hessental), **T 0791 930660,** F 93066110
58 Zimmer | 1 Suite | Ez 88–105 €, Dz 111–144 €, inkl. Frühstück

In diesem familiengeführten Hotel übernachtet man gerne, keine Frage: Neuzeitlich-komfortable Zimmer und eine angenehm persönliche Atmosphäre machen diese Adresse aus. Tipp: Demi-Suite mit eigenem kleinen Saunabereich. Gute Tagungsmöglichkeiten.

Eisenbahn

VARTA-TIPP Küche VARTA-TIPP Service

35 | Hauptgericht 26–45 €, Menü 85–160 € | Mi-Sa Mo, Di, So

Seit vielen Jahren ein Garant für gediegene Gastlichkeit und exzellente Kulinarik. Josef Wolf und Sohnemann Thomas offerieren eine kreative, handwerklich perfekt zubereitete Produktküche, die Ihnen in Form eines „Menü Prestige" (3 bis 7 Gänge) kredenzt wird. Im Service wirkt ein freundliches, gastorientiertes Team. Der Weinkeller ist bekannt für ausgezeichnete Gewächse. Tipp: Mittagstisch im Bistro „s'Bähnle" und auf der hübschen Terrasse.

Smartino

www.hotel-smartino.de

€ Gut & Günstig

Dolanallee 17, PLZ 74523 (OT: Hessental), **T 0791 85659595,** F 85659599
38 Zimmer | Ez ab 59 €, Dz ab 80 €, inkl. Frühstück

Die geschmackvolle Einrichtung, die zeitgemäße Technik und das sehr gute Preis-Leistungsverhältnis machen dieses Budget-Designhotel im Haller Solpark zu einer angenehmen Übernachtungsadresse. Lobby, Rezeption, Bar, Gastronomie und Lounge gehen fließend ineinander über.

Landhaus zum Rössle

www.roessle-veinau.de

Zeilwiesen 5, PLZ 74523 (OT: Veinau), **T 0791 2593**
40 | Hauptgericht 16–32 € | So Mo-Di, Do-Sa Mi

Liebevoll hat man die Gasträume gestaltet: rustikal mit moderner Note. Serviert werden traditionelle Gerichte - zeitgemäß interpretiert. So liest man auf der Karte z.B. „Gebratener Zander auf Fenchel-Tomatengemüse mit Gnocchi“. Die zum Festsaal umgebaute alte Scheune eignet sich für Veranstaltungen aller Art. Für Übernachtungsgäste stehen behagliche Hotelzimmer zur Verfügung.

Sudhaus
www.sudhaus-sha.de

Lange Straße 35/1 (an der Kunsthalle Würth), PLZ 74523, **T 0791 9467270**
80 | Hauptgericht 15–30 € | Di-So Mo

Repräsentativer, behutsam restaurierter Industriebau aus der Zeit um 1900. Auf mehreren Etagen wird frische regionale Küche serviert. Das Angebot reicht von Zwiebelrostbraten über Käsespätzle bis zu hausgemachten Semmelknödeln. Dazu gibt es hausgebrautes Sudhausbier. Großzügige Dachterrasse mit tollem Stadtblick.

SCHWAIGERN 51 D
www.schwaigern.de

Baden-Württemberg | EW 10.936 | 197 m | Heilbronn 11 km, Eppingen 12 km

Zum Alten Rentamt
www.altesrentamt.de

Schlossstraße 6-8, PLZ 74193, **T 07138 5258**
55 | Hauptgericht 25–40 €, Menü 54–79 € | Di-Sa Mo, So

Denkmalgeschütztes Fachwerkhaus mit hist. Charme. Geboten wird frische regionale Küche mit mediterranen Einflüssen. Im Sommer lockt der idyllische, mediterrane Garten im Innenhof. Für Übernachtungsgäste stehen dreizehn liebevoll eingerichtete Zimmer zur Verfügung.

SCHWANGAU 67 A
www.schwangau.de

Bayern | EW 3.338 | 796 m | Füssen 4 km, Schongau 35 km

AMERON Neuschwanstein Alpsee Resort & Spa
www.ameroncollection.com

★★★★ S garni

Alpseestraße 21, PLZ 87645 (OT: Hohenschwangau), **T 08362 70300**
137 Zimmer

Das Fundament des großzügigen Hotelareals bilden die drei sorgfältig sanierten Traditionshäuser „Alpenrose“, „Jägerhaus“ und „Schlosshotel Lisl“. Diese wurden mit den Neubauten „Galeria“ und „Seehaus“ zu einem neuen Ensemble verbunden. Natürliche Materialien und warme Farben prägen die stilvollen Zimmer und Suiten. Zum Resort gehören auch ein moderner SPA-Bereich mit direktem Blick auf den Alpsee sowie verschiedene Restaurants.

König Ludwig www.koenig-ludwig-hotel.de

Kreuzweg 15, PLZ 87645, **T 08362 8890,** F 889990
140 Zimmer | Ez ab 224 €, Dz ab 405 €, inkl. Halbpension

Ein weitläufiges Wellnessresort in wunderschöner Panoramalage mit freiem Bergblick. Die Zimmer, Chalets und Suiten verteilen sich auf vier Logiergebäude, die miteinander verbunden sind. Der alpine Einrichtungsstil wird ergänzt durch modernes Interieur, stimmungsvolle Lichtelemente, Komfortbetten und edle Bäder. Beeindruckend ist der 6.600 qm große „Ludwig-SPA" mit 21 Bade-, Schwitz- und Relaxattraktionen sowie Wellnessgarten.

Das Rübezahl www.hotelruebezahl.de

VARTA-TIPP Service

Am Ehberg 31, PLZ 87645 (OT: Horn), **T 08362 8888,** F 81701
54 Zimmer | 19 Suiten | Ez 230–320 €, Dz 308–440 €, inkl. Frühstück

Ein vorbildlich geführtes Boutique-Hotel mit freiem Blick auf die Schlösser Neuschwanstein und Hohenschwangau. Hier wohnen Sie in alpin eingerichteten Landhauszimmern, die sich auf das Stammhaus und den neuen Anbau verteilen. Für Erholung sorgt ein Wellnessbereich der Extraklasse mit Kräuter-Dampfbad, Solegrotte, Saunen, Whirlpools und ganzjährig beheiztem Außenpool. Gratis Shuttle bei An- und Abreise zum Bahnhof Füssen (mit Voranmeldung).

Gams & Gloria

10 | Menü 129–169 € | Fr-So Mo, Di, Mi, Do

Im kleinen, holzvertäfelten Restaurant erwartet Sie ein anspruchsvolles Gourmetmenü (4 oder 6 Gänge). Die Küche ist ausdrucksstark, kreativ und heimatverliebt. Dazu kredenzt Ihnen der freundliche Service erlesene Weine aus nah und fern. Tischreservierung ratsam.

Suite Hotel Villa Ludwig www.suitehotel-neuschwanstein.de

garni

Colomanstraße 12, PLZ 87645 (OT: Hohenschwangau), **T 08362 929920**
18 Zimmer | 15 Suiten | Ez 135–209 €, Dz 179–329 €, inkl. Frühstück

In einer liebevoll sanierten Villa aus dem Jahre 1899 am Fuße von Schloss Neuschwanstein empfängt Sie dieses charmante Boutique-Designhotel. Wohnlich eingerichtete Suiten, ein gutes Frühstücksbuffet und ein hübscher kleiner SPA-Bereich zeichnen dieses Haus aus.

SCHWANSTETTEN 53 D www.schwanstetten.de

Bayern | EW 7.305 | 350 m | Schwabach 7 km, Nürnberg 17 km

Der SCHWAN www.hotel-der-schwan.de

Am Marktplatz 7, PLZ 90596 (OT: Schwand), **T 09170 1052,** F 2377
20 Zimmer | Ez ab 84 €, Dz ab 110 €, inkl. Frühstück

Das Hotel befindet sich in einem hist. Fachwerkgebäude im Ortskern. Hier stehen charmante Themenzimmer zur Verfügung. Diese sind mit Holzböden und antiken Möbeln ausgestattet. Gemütliches Restaurant mit großer Terrasse und Biergarten.

SCHWARMSTEDT 23 A www.schwarmstedt.de

Niedersachsen | EW 5.233 | 30 m | Celle 32 km, Nienburg 35 km

Gästehaus Schloss Bothmer
www.schlossbothmer.de

Alte Dorfstraße 15, PLZ 29690 (OT: Bothmer), **T 05071 3037**
6 Zimmer | 1 Apartment | Ez ab 100 €, Dz ab 145 €, inkl. Frühstück

Ruhig in einem Schlosspark mit altem Baumbestand gelegenes Gästehaus mit geschmackvoll eingerichteten Zimmern, teils mit kleinem Wintergarten. Restaurant mit feiner, regional beeinflusster deutscher Küche.

SCHWARZENBERG 45 B
www.schwarzenberg.de

Sachsen | EW 18.687 | 450 m | Zwickau 36 km, Chemnitz 41 km

Neustädter Hof
www.neustaedterhof.de

★★★★

Grünhainer Straße 24 (an der B 101), PLZ 08340, **T 03774 1250,** F 125500
75 Zimmer | 3 Suiten | Ez ab 77 €, Dz ab 113 €, inkl. Frühstück | 24 h

Das im klassischen Stil erbaute Hotel blickt auf eine mittlerweile mehr als 100-jährige Geschichte zurück. Die Zimmervielfalt reicht vom einfachen Economy-Einzelzimmer bis zum komfortablen Superior-Doppelzimmer. Zum Haus gehören ein kleiner Fitnessraum, ein Sauna- und Relaxbereich sowie ein Restaurant nebst Biergarten.

SCHWARZENFELD 54 D
www.schwarzenfeld.de

Bayern | EW 6.311 | 364 m | Weiden i. d. Oberpfalz 38 km, Regensburg 53 km

esskunst
www.restaurant-esskunst.de

VARTA-TIPP Küche

Hauptstraße 24, PLZ 92521, **T 09435 6999610**
28 | Hauptgericht 14–27 €, Menü 60–65 € | So Mi-So Mo, Di

Der Name des Restaurants passt vorzüglich, denn bei Küchenchef Christian Bernholz wird Essen zur Kunst! Seine aromenreichen klassischen Gerichte mit modernen Einflüssen werden zu echten Kunstwerken auf dem Teller - das Auge isst bekanntlich mit. Dazu eine schöne Weinauswahl, schlicht-modernes Ambiente und freundlicher, zuvorkommender Service.

SCHWEINFURT 43 C
www.schweinfurt360.de

Bayern | EW 53.000 | 226 m | Würzburg 38 km, Bamberg 57 km

Panorama
www.panoramahotel-schweinfurt.de

Am Oberen Marienbach 1, PLZ 97421, **T 09721 77070**
93 Zimmer | Ez 59–160 €, Dz 84–185 €, 17,90–18,90 € | 24 h

Trendiges Designhotel am Eingang zur Fußgängerzone. Moderne Gästezimmer mit fantastischem Ausblick auf die Altstadt und die umliegende fränkische Landschaft. Sehr gutes Frühstück, das man in den Sommermonaten auch auf der großen Dachterrasse genießen kann. Nutzung des Fitnessstudios für Hausgäste kostenfrei.

Ross
www.hotel-ross.de

Hohe Brückengasse 4, PLZ 97421, **T 09721 20010,** F 200113
50 Zimmer | 1 Suite

»

Mitten in der Innenstadt liegt dieses traditionsreiche Geschäftshotel mit familiärer Führung. Die unterschiedlichen Zimmer sind wohnlich und funktionell eingerichtet. Rustikal-gemütliches Restaurant mit moderner fränkischer Küche.

Kugelmühle www.restaurant-kugelmuehle.de

VARTA-TIPP Küche VARTA-TIPP Service

Georg-Schäfer-Straße 30, PLZ 97421, **T 09721 914702**
40 | Hauptgericht 25–35 €, Menü 59–85 € | Mo-Fr Sa, So

Engagement, Leidenschaft und Kontinuität - das zeichnet Inhaber und Küchenchef Max Matreux aus. Er kocht mit Finesse und Geschmack. Seine exzellenten Gerichte sind mal mediterran, mal französisch und mal regional inspiriert. Macht Ihnen z.B. „Seeteufel im Speckmantel in Limettenjus auf mediterranem Kartoffel-Bohnengemüse" Appetit? Dazu ein freundlicher, zugewandter Service unter der Leitung von Franziska Bigos-Kiesel. Sehr beliebt sind die informativen Kochkurse des Patrons.

Kings & Queens www.kingsqueens.eu

VARTA-TIPP Küche

Bauerngasse 101, PLZ 97421, **T 09721 533242**
22 | Hauptgericht 25–38 €, Menü 71–105 € | Di-Sa Mo, So

Patron Marc Wiederer bietet in seinem heimeligen kleinen Restaurant reichlich Abwechslung für den Gaumen, da die Karte saisonal wechselt. Freuen Sie sich auf eine modern interpretierte Küche auf klassischer Basis, die manchmal auch mediterran beeinflusst ist. Sie haben die Wahl zwischen dem kleinen, dem großen oder dem vegetarischen Menü. Die Weinkarte listet überwiegend Gewächse befreundeter fränkischer Winzer.

SCHWELM 29 D www.schwelm.de

Nordrhein-Westfalen | EW 29.012 | 220 m | Wuppertal 7 km, Hagen 17 km

Das Schulhaus Hotel www.schulhaushotel.de

Westfalendamm 15, PLZ 58332, **T 02336 8198833,** F 8198839
35 Zimmer | 1 Suite | Ez 95–125 €, Dz 120–140 €, 15,00 €

Aus der ehem. Grundschule ist ein einladendes Boutique-Hotel entstanden. Wo früher Schulbänke und Stühle standen, erwarten Sie heute helle, individuell geschnittene Zimmer. Diese sind modern und zeitgemäß mit Echtholzeichenparkett, bequemen Betten, geräumigen Bädern und regelbarer Fußbodenheizung ausgestattet. In der 1. und 2. Etage stehen für die Gäste hist. Trinkbrunnen zur Verfügung.

Die Turnhalle

80 | Hauptgericht 19–35 €, Menü 38 € | Di-Sa

Über einen modernen Verbindungsbau ist das Hotelrestaurant erreichbar. Hier darf man sich auf eine innovative Crossover-Küche mit westfälischen Komponenten freuen. Dazu gibt es deutsche und europäische Weine. Das Ambiente: sportlich-cool - so schmücken etwa großformatige schwarzweiße Turnerfotos und Basketballbodenlinien die Restaurantwände.

SCHWENDI 58 D www.schwendi.de

Baden-Württemberg | EW 6.257 | 538 m | Ulm 35 km, Memmingen 36 km

Oberschwäbischer Hof www.oberschwaebischer-hof.de

★★★★ garni

Hauptstraße 9-15, PLZ 88477, **T 07353 98490,** F 9849200
30 Zimmer | 2 Suiten | 2 Apartments | Ez 119 €, Dz 159 €, inkl. Frühstück | 24 h 21.–28.12.23

Das familiär geführte Hotel verbindet modernes Design mit ökologischer Bauweise. Es bietet seinen Gästen funktionelle und sachlich eingerichtete Zimmer, die nahezu alle über einen Balkon verfügen. Zum Haus gehören auch zwei Bowlingbahnen.

Esszimmer by Julius Reisch

VARTA-TIPP Küche

30 | Menü 89–139 € | Sa Mi-Sa Mo, Di, So

Vor einigen Jahren ist Julius Reisch nach seinen Wanderjahren in den elterlichen Betrieb zurückgekehrt und hat die Küchenleitung übernommen. Dass er kochen kann, steht völlig außer Frage. So finden sich auf dem Teller weder Show noch Spielerei. Was auf den ersten Blick einfach erscheinen mag, ist in Geschmack und Harmonie sehr komplex, aber stets zugänglich. Sein ganzes Können stellt er in einem anspruchsvollen 6-gängigen Menü unter Beweis, das man auch als vegetarische Variante bestellen kann. Dazu ein sehr gutes Weinangebot mit Schwerpunkt Deutschland und Frankreich. Wer es etwas einfacher mag, kann in der gemütlichen „Lazarus-Stube“ mediterran beeinflusste Regionalgerichte probieren.

SCHWERIN 16 B www.schwerin.com

Mecklenburg-Vorpommern | EW 91.583 | 44 m | Lübeck 67 km, Rostock 89 km

Niederländischer Hof www.niederlaendischer-hof.de

★★★★ garni

Alexandrinenstraße 12-13, PLZ 19055 (OT: Paulsstadt), **T 0385 591100,** F 59110999
24 Zimmer | 6 Suiten | 24 h

Schwerins ältestes Hotel mit denkmalgeschützter Fassade in schöner Innenstadtlage am Pfaffenteich. Stilvoll mit englischen Möbeln und luxuriösen Marmorbädern eingerichtete Zimmer. Zum Haus gehören auch eine Hotelbar mit Raucherlounge sowie eine Bibliothek mit Kamin.

Seehotel Frankenhorst www.seehotelfrankenhorst-schwerin.de

★★★★ garni

Frankenhorst 5, PLZ 19055 (OT: Wickendorf), **T 0385 592220,** F 59222145
67 Zimmer | 3 Suiten | 12 Apartments | Ez 95–149 €, Dz 105–240 € | 24 h »

Ein Refugium für Ruhesuchende: Das Haus liegt in einer großen Parkanlage direkt am See. Modern und gemütlich eingerichtete Zimmer im Landhausstil. Im Restaurant „Bootshaus" mit Wintergarten und Sommerterrasse wird regionale Küche serviert. Großzügiger Wellness- und Beautybereich mit Schwimmbad, Badesteg und Seesauna.

Speicher am Ziegelsee
www.speicher-hotel.com

★★★★ garni

Speicherstraße 11, PLZ 19055 (OT: Werdervorstadt), **T 0385 50030,** F 5003111
77 Zimmer | 13 Suiten | 14 Apartments | Ez ab 132 €, Dz ab 157 €, inkl. Frühstück | 24 h

Aufwendig umgebauter, hist. und denkmalgeschützter Getreidespeicher aus dem Jahre 1939. Hier erwarten Sie gepflegte Gästezimmer in unterschiedlichen Größen sowie ein zeitgemäßes Restaurant mit regionaler Küche. Großzügiger Saunabereich mit finnischer Sauna und Sanarium.

Weinhaus Uhle
www.weinhaus-uhle.de

★★★★ S garni

Schusterstraße 13-15, PLZ 19055, **T 0385 48939430,** F 48939459
18 Zimmer | 2 Suiten | Ez 135–185 €, Dz 145–245 €, ab 24,00 €

Das liebevoll renovierte Traditionshaus liegt angenehm ruhig in einer Seitenstraße mitten in der Altstadt. Hier hat man geschmackvolle, charmante Zimmer geschaffen. Hochwertige, zeitlose Möbel, klare Formen und individuelle Schnitte machen die Räume ausgesprochen gemütlich. Gäste dürfen sich über Annehmlichkeiten wie kostenfreies WLAN, Kopfkissenmenü und eine Nespresso-Kaffeemaschine auf dem Zimmer freuen.

Gourmetrestaurant „1751"

VARTA-TIPP Küche

24 | Menü 115–149 € | Mi-Sa Mo, Di, So

Es sind der charmante Biedermeierstil und das hist. Tonnengewölbe, die dieses Restaurant so reizvoll machen, doch auch die leichten, kreativen und raffinierten Gerichte, die sich die beiden Protagonisten am Herd, Ronny Bell und Holger Mootz, einfallen lassen, kommen bei den Gästen hervorragend an. Im wechselnden Degustationsmenü werden fast ausschließlich Produkte heimischer Produzenten verwendet. Die umfangreiche Weinkarte umfasst rund 300 edle Tropfen aus nah und fern. Liebenswürdiger Service.

Weinbistro „George"

24 | Hauptgericht 16–38 €, Menü 28–65 € | Mo-So

Gut essen kann man auch im Zweitrestaurant - einem Mix aus Weinhandlung und zwanglosem Bistro. Die Küche ist ehrlich und unkompliziert. Serviert werden schmackhafte, bodenständige Gerichte unter Verwendung regionaler, nachhaltiger Zutaten. Probieren Sie z.B. „Kalbsfilet rosa gebraten, weißer Spargel, Sauce Hollandaise, Kartoffelpavé"! Schöne Auswahl an offenen Weinen.

Biohotel Amadeus
www.schwerin.bio

★★★★ garni

Franz-Mehring-Straße 26, PLZ 19053 (OT: Paulsstadt), **T 0385 512084,** F 39438222
12 Zimmer | 1 Suite | Ez 85–130 €, Dz 100–190 €, 19,00 €

Persönlich geführtes Innenstadthotel mit Pensionscharakter in einer über 150 Jahre alten Stadtvilla. Helle, funktional eingerichtete Zimmer, teils mit Vollholzmöbeln und metallfreien Kokosmatratzen. Für Entspannung sorgt die hauseigene Sauna. Gutes Frühstück in Bio-Qualität.

Cube by Mika Neu!

cube-bymika.de

VARTA-TIPP Küche

Domhof 6, PLZ 19055 (OT: Altstadt), **T 0385 77887706**
Hauptgericht 12–25 €, Menü 120 € | Di-Sa Mo, So

In diesem unkomplizierten, minimalistisch eingerichteten Restaurant kommt der Gast in den Genuss einer beachtenswerten Fusionsküche, in die das Beste aus der euroasiatischen und französischen Küche einfließt. Basis für die genialen und innovativen Kombinationen von Chefkoch Mika Drouin sind frische, erstklassige Zutaten. Die IZAKAYA-Karte bietet kleine À-la-carte-Gerichte zum Teilen. Dabei kommen die Speisen ohne klassische Abfolge kontinuierlich auf den Tisch. Zu bestimmten Wochenenden wird ein Degustationsmenü in 8 bis 10 Gängen serviert. Reservierung notwendig.

Gourmetfabrik

www.gourmetfabrik.de

Werderstraße 74b, PLZ 19055 (OT: Werdervorstadt), **T 0385 76098570**
50 | Hauptgericht 19–40 € | Di-Fr Di-Sa Mo, So

Daniel Bockholt setzt nicht nur auf Geschmack und solides Handwerk, sondern auch auf Nachhaltigkeit und gute regionale Produkte. Serviert wird eine frische internationale Küche, z.B. „Krosser Zander | Kartoffel-Erbsen-Püree | Chorizo | Rieslingsauce | gebutterte Radieschen". Im Sommer besonders einladend: die Terrasse mit Blick auf den Schweriner See.

La Bouche et El Pato

www.bistrolabouche.de

Buschstraße 9, PLZ 19053, **T 0385 39456092**
60 | Hauptgericht 16–27 €, Menü 47 € | Fr-Sa Di-Sa Mo, So

Einen Hauch Frankreich versprüht das lebendige Bistro in der Schweriner Altstadt. Geboten wird eine frische und unkomplizierte französische Küche. Wie wäre es z.B. mit „Filet vom Kabeljau mit Safran, Kirschtomate, Miesmuschelfleisch, knusprig gebackener Garnele, Kartoffelpüree, geschwenktem Babyspinat und knusprigen Butterbröseln"? Die Preise sind fair, der Service freundlich.

Jetzt abonnieren: instagram.com/vartaguide

SCHWERTE 30 C

www.schwerte.de

Nordrhein-Westfalen | EW 49.454 | 120 m | Iserlohn 14 km, Dortmund 20 km

Rohrmeisterei

www.rohrmeisterei-schwerte.de

Ruhrstraße 20, PLZ 58239, **T 02304 2013001**
130 | Hauptgericht 14–35 €, Menü 69–129 € | Sa-So Di-So Mo

Mix aus Kultur und Gastronomie in einem sehenswerten Industriedenkmal. Im Restaurant „Glaskasten" wird eine moderne, weltoffene Küche serviert. Im Bistro „Unter'm Kran" und auf der Terrasse ist das Angebot etwas bodenständiger.

SCHWETZINGEN 51 C

www.schwetzingen.de

Baden-Württemberg | EW 21.147 | 101 m | Heidelberg 11 km, Mannheim 15 km

Villa Benz
www.villa-benz.de

VARTA-TIPP Service

★★★ S garni

Zähringer Straße 51, PLZ 68723, **T 06202 936090,** F 9360920
10 Zimmer | Ez 86–99 €, Dz 129–145 €, inkl. Frühstück

Die liebevoll gestaltete Villa versprüht südländisches Flair. So einladend heimelig wie das Gebäude sind auch die wohnlichen Zimmer. Vom Empfang bis zur Abreise bietet das familiengeführte Landhotel eine überaus persönliche Atmosphäre und eine vorbildliche Gästebetreuung. Morgens genießt man ein reichhaltiges Wohlfühlfrühstück vom Buffet.

möbius
www.dermoebius.com

Kurfürstenstraße 22, PLZ 68723, **T 06202 6085020**
32 | Hauptgericht 10–24 €, Menü 19–48 € | Di-Sa Di-Fr Mo, So

Das gastronomische Kleinod bestehend aus Bistro, Weinbar und Feinkostgeschäft punktet nicht nur wegen seiner trendigen Atmosphäre, man kann hier auch hervorragend speisen. Ob preiswerter Mittagstisch oder entspanntes Abendessen - diese Adresse eignet sich für jede Gelegenheit. Dazu können Sie an der Feinkosttheke nach Lust und Laune einkaufen.

SEEBACH 57 A
www.seebach.de

Baden-Württemberg | EW 1.390 | 388 m | Achern 11 km, Bühl 21 km

Berghotel Mummelsee
www.mummelsee.de

★★★ S garni

Schwarzwaldhochstraße 11, PLZ 77889 (OT: Mummelsee), **T 07842 99286,** F 30266
24 Zimmer | 5 Suiten | Ez 82–122 €, Dz 132–192 €, inkl. Frühstück

Neuerer Hotelbau im modernen Schwarzwaldstil am sagenumwobenen Mummelsee. Wohnlich eingerichtete Zimmer mit Tal- oder Seeblick. Beliebter Anlaufpunkt für Ausflügler und Biker. Mehrere Restaurants mit regionaler, badischer und elsässischer Küche.

SEEGEBIET MANSFELDER LAND 34 C
seegebiet-mansfelder-land.de

Sachsen-Anhalt | EW 8.916 | 95 m | Lutherstadt Eisleben 9 km, Halle (Saale) 25 km

Orangerie Seeburg
www.orangerie-seeburg.com

Schlossstraße 1, PLZ 06317 (OT: Seeburg), **T 034774 701780**
32 | Hauptgericht 22–36 €, Menü 66 € | Mo, Fr-So Di, Mi, Do

Nicht nur wegen der tollen Kulisse (direkt am über 1.000-jährigen Schloss Seeburg gelegen) lohnt sich ein Besuch hier. Gut essen kann man auch: Es gibt Internationales wie z.B. „Französische Entenbrust | Süßkartoffel | Saisongemüse | Teriyaki | Praline | Kirschen". Man verwendet gute regionale Produkte und kocht durchdacht, leicht und frisch. Tipp: Traumhafte Terrasse mit exzellentem Ausblick über den Süßen See.

SEESEN 32 B www.seesen.de

Niedersachsen | EW 19.386 | 205 m | Goslar 26 km, Göttingen 53 km

Restaurant Harzfenster Neu! restaurant-harzfenster.de

VARTA-TIPP Küche

Bulkstraße 1, PLZ 38723, **T 05381 78877**
Menü 78–115 € | Mi-Sa ⃠ Mo, Di, So

In diesem Fine-Dining-Restaurant können Sie in entspannter Atmosphäre einen genussvollen Abend verbringen. Seit 2021 ist Johannes Steingrüber zurück im eigenen Familienbetrieb. Seine Küche ist kreativ, raffiniert und modern. Er steht für klare Geschmackslinien, intensive Aromen und erstklassige Produktqualität. Von der Terrasse hat man einen fantastischen Panoramablick über Seesen. Das angeschlossene Hotel mit seiner tollen Lage im Grünen bietet zudem zeitgemäß ausgestattete Zimmer und Apartments sowie ein reichhaltiges Genießerfrühstück.

SEESHAUPT 67 B www.seeshaupt.de

Bayern | EW 2.873 | 597 m | Weilheim 14 km, Starnberg 26 km

The Starnbergsee Hideaway www.thestarnbergsee.com

★★★★ S

St.-Heinricher-Straße 111, PLZ 82402, **T 08801 789**
30 Zimmer

Klassisch, zeitlos und elegant präsentiert sich das Hideaway-Hotel auf einem 6 Hektar großen Grundstück am Südufer des Starnberger Sees. Die Gästezimmer sind individuell gestaltet - große Fenster, edles Echtholzparkett, hohe Decken und warme Farben sorgen für eine heimelige Atmosphäre. Hübscher SPA-Bereich.

Seeresidenz Alte Post www.seeresidenz-alte-post.de

Alter Postplatz 1, PLZ 82402, **T 08801 9140,** F 913210
17 Zimmer | Ez 99–119 €, Dz 165–207 €, inkl. Frühstück | 24 h

Ferienhotel mit Seniorenresidenz am Südufer des Starnberger Sees. Geschmackvoll eingerichtete Zimmer mit modernem Design und herrlichem Ausblick. Hauseigenes Seegrundstück mit Badesteg.

SEEVETAL 15 C www.seevetal.de

Niedersachsen | EW 39.810 | 14 m | Hamburg 18 km, Lüneburg 33 km

Lieblingsplatz www.restaurant-lieblingsplatz.de

Moorstraße 41, PLZ 21218, **T 04105 6766966**
60 | Hauptgericht 14–35 €, Menü 60 € | Do-So ⃠ Mo, Di, Mi

Kein Wunder, dass dieses Restaurant südlich von Hamburg so gefragt ist: klassisch-moderne Gasträume, die Atmosphäre ist leger, der Service freundlich und die Gerichte sind frisch und preislich fair! Nett auch die Terrasse mit herrlichem Blick in die Natur.

SEHNDE 23 C www.sehnde.de

Niedersachsen | EW 23.181 | 53 m | Hannover 16 km, Hildesheim 23 km

Parkhotel Bilm im Glück www.parkhotel-hannover.de

★★★★

Behmerothsfeld 6, PLZ 31319 (OT: Bilm), **T 05138 6090,** F 609100
45 Zimmer | Ez 105–145 €, Dz 140–180 €, inkl. Frühstück

Ruhig im Grünen liegt dieses gut geführte Haus, das für Tagungsgäste und Urlauber gleichermaßen interessant ist. Angenehme Zimmer, ein ansprechender Wellnessbereich und ein gepflegter Garten sorgen für reichlich Wohlfühlatmosphäre. WLAN und Minibar sind für Hausgäste kostenfrei.

SEIFFEN, KURORT 46 B www.seiffen.de

Sachsen | EW 2.457 | 640 m | Freiberg 39 km, Chemnitz 55 km

Erbgericht Buntes Haus www.buntes-haus.com

Hauptstraße 94, PLZ 09548, **T 037362 7760,** F 77660
44 Zimmer

Dekor aus dem Spielzeugdorf Seiffen schmückt dieses Haus unter familiärer Leitung mit wohnlich und praktisch gestalteten Zimmern. Für Entspannung sorgt ein kleiner Saunabereich. Gemütliches Restaurant mit regionaler und internationaler Küche.

SELB 45 C www.selb.de

Bayern | EW 16.038 | 541 m | Marktredwitz 23 km, Hof 27 km

Schade's Wohlfühlhotel www.schades-wohlfuehlhotel.de

★★★ S

Vielitz 7, PLZ 95100, **T 09287 3922,** F 78766
28 Zimmer | 3 Suiten

Der zum Hotel gewachsene Betrieb in netter ländlicher Umgebung ist seit 1991 in Familienbesitz. Gut gepflegte und modern eingerichtete Gästezimmer. Für Entspannung sorgt die mediterran gestaltete Saunalandschaft Das hauseigene Restaurant ist auf frische Wild- und Fischgerichte spezialisiert. Idyllischer Biergarten.

SELZEN 50 B www.selzen.de

Rheinland-Pfalz | EW 1.504 | 156 m | Mainz 16 km, Worms 47 km

Kaupers Restaurant im Kapellenhof www.kaupers-kapellenhof.de

VARTA-TIPP Küche VARTA-TIPP Service

Kapellenstraße 18a, PLZ 55278, **T 06737 8325**
14 | Menü 124–144 € |

Ein stimmungsvolles Gourmetrestaurant mit offenem Fachwerk und wohltuendem Ambiente. Aus der Küche von Sebastian Kauper kommen vorzüglich zubereitete Menüs, raffiniert gewürzt und optisch bestechend präsentiert. Seine Speisen sind absolut natürlich und harmonieren mit den Jahreszeiten. Liebenswert und versiert der Service samt guter Weinberatung. Die begrünte Dachterrasse ist an warmen Sommertagen sehr gefragt.

SENFTENBERG 36 B www.senftenberg.de

Brandenburg | EW 24.987 | 102 m | Hoyerswerda 24 km, Cottbus 49 km

Wellnesshotel Seeschlößchen www.ayurveda-seeschloesschen.de

VARTA-TIPP Ambiente

Buchwalder Straße 77, PLZ 01968 (OT: Buchwalde), **T 03573 37890,** F 378932
50 Zimmer | 3 Suiten | Ez 222–274 €, Dz 344–448 €, inkl. Halbpension

Malerisch gelegenes Ayurveda- und Naturresort am Ufer des Senftenberger Sees. Die Zimmer und Suiten sind extravagant, geräumig und mit liebevollen Details ausgestattet. Für Entspannung und Wohlbefinden sorgen eine großzügige Saunaanlage mit Beauty- und Wellnessbereich sowie das umfangreiche Yoga- und Ayurvedaangebot. Verschiedene Restaurants laden zum Verweilen ein, u.a. lockt die kleine „Lutki-Hütte" mit einladender Terrasse direkt am See.

Strandhotel Senftenberger See www.senftenberger-see.de/de/strandhotel.html

Am See 3, PLZ 01968, **T 03573 800400,** F 800401
42 Zimmer | 1 Suite | Ez ab 76 €, Dz ab 95 €, inkl. Frühstück

Sympathisches Hotel mit neuzeitlich eingerichteten Zimmern in ruhiger Lage direkt am Senftenberger See. Das Haus verfügt über eine eigene Badestelle, einen Bootsanleger sowie ein Restaurant mit Terrasse und Wintergarten, das regionale Spezialitäten serviert.

SESSLACH 43 D www.sesslach.de

Bayern | EW 4.066 | 271 m | Coburg 19 km, Bamberg 40 km

Pörtnerhof www.poertnerhof-sesslach.de

Luitpoldstraße 15, PLZ 96145, **T 09569 1886900**
50 | Hauptgericht 10–27 €, Menü 26–39 € | Do-So Mo, Di, Mi

Liebevoll restauriertes Haus mit einem Mix aus historischen und modernen architektonischen Elementen. Ansprechende Karte mit frisch zubereiteten Gerichten aus der internationalen und mediterranen Küche. Stimmungsvoller Innenhof. Nur wenige Gehminuten vom Hauptgebäude des Pörtnerhofs entfernt kann man in liebevoll hergerichteten Zimmern übernachten.

SIEGBURG 40 A www.siegburg.de

Nordrhein-Westfalen | EW 39.563 | 60 m | Bonn 10 km, Köln 25 km

Kranz Parkhotel www.kranzparkhotel.de

Mühlenstraße 32, PLZ 53721, **T 02241 5470,** F 547444
109 Zimmer | 4 Suiten | 24 h

Neuzeitliches Business- und Tagungshotel am Rande der Altstadt mit komfortablen, geräumigen Zimmern. Kleiner Wellnessbereich mit finnischer Sauna und Dampfbad. Im Restaurant „La Saison" internationale und rheinische Küche, das „Beefer's Royal" serviert ausgewählte Steakspezialiäten.

Café Fassbender

www.fassbender.de

Markt 12, PLZ 53721, **T 02241 170717**
100 | Hauptgericht 7–13 €, Menü 10–20 € | Mo–Sa 9:00–19:00 Uhr, So+Feiertag 10:00–18:00 Uhr

Direkt am Marktplatz bietet das modern gestaltete Café mit Atrium ein breites Torten- und Kuchenrepertoire. 80 verschiedene Schokoladen- und Pralinenspezialitäten. Im Sommer lockt die mediterran anmutende Terrasse.

SIEGEN 41 A

www.siegen-guide.de

Nordrhein-Westfalen | EW 99.403 | 267 m | Olpe 30 km, Wetzlar 60 km

Pfeffermühle

www.pfeffermuehle-siegen.de

★★★ S

Frankfurter Straße 261, PLZ 57074, **T 0271 230520,** F 51019
42 Zimmer | 1 Suite | 1 Apartment | Ez 78–116 €, Dz 89–129 €, 8,00 €

Familiengeführtes Tagungs- und Urlaubshotel in ruhiger, aber zentraler Lage auf einer Anhöhe oberhalb der Stadt. Großzügige, im Landhausstil eingerichtete Zimmer mit moderner Ausstattung. Im hauseigenen Restaurant, im lichtdurchfluteten Wintergarten und auf der Sommerterrasse wird internationale Küche serviert.

SIGMARINGEN 58 C

www.sigmaringen.de

Baden-Württemberg | EW 16.000 | 580 m | Albstadt 25 km, Tuttlingen 44 km

KARLS HOTEL

karlshotel.de

★★★★

In den Burgwiesen 7, PLZ 72488, **T 07571 927960**
70 Zimmer | Ez ab 90 €, Dz ab 125 €

Das 2022 eröffnete Hotel wurde im Palaisstil erbaut und liegt direkt am beliebten Donauradweg. Die funktionellen, vollklimatisierten Gästezimmer zeigen sich in klassisch-modernem Ambiente mit Blick auf das über Fluss und Stadt aufragende Hohenzollernschloss. Besonders komfortabel logieren Sie in den ca. 50 qm großen Mastersuiten mit separatem Wohn- und Schlafraum sowie freistehender Badewanne in einem Tageslichtbad. Zum Haus gehören zudem ein Wohlfühlbereich mit Sauna und Dachterrasse, ein Fitnessraum sowie drei Tagungsräume.

SIMONSBERG 6 D

www.husum-tourismus.de

Schleswig-Holstein | EW 825 | 5 m | Husum 9 km, Schleswig 45 km

Lundenbergsand

www.hotel-lundenbergsand.de

★★★★ S

Lundenbergweg 3, PLZ 25813, **T 04841 83930,** F 839350
23 Zimmer | 7 Suiten | Ez ab 149 €, Dz ab 189 €, inkl. Frühstück

Das reetgedeckte Wellnesshotel in ruhiger Deichlage bietet friesische Gastlichkeit mit persönlichem Charme. Helle, freundlich eingerichtete Zimmer mit nostalgischem Touch. Toll der Wellnessbereich „Watt'n Spa“ auf vier Ebenen mit beheiztem Außenpool, Nordseeschlick-Dampfbad und mehreren Saunen. Restaurant mit regionaler Küche.

SIMONSWALD 57 C www.simonswald.de

Baden-Württemberg | EW 3.015 | 372 m | Freiburg 26 km, Villingen-Schwenningen 45 km

Hugenhof www.hugenhof.de

VARTA-TIPP Küche

Am Neuenberg 14, PLZ 79263, **T 07683 930066**
24 | Menü ab 68 € | Mi-So ⃠ Mo, Di ⃠ 5.–27.2.24, 12.8.–3.9.24

In einem alten Bauernhaus befindet sich das hübsche Restaurant von Petra Ringwald und Klaus Ditz. Gepflegte Tischkultur, moderner Landhausstil und ein offener Kamin sorgen für eine behagliche Atmosphäre. Serviert wird eine fantasievolle franco-mediterrane Küche mit badischem Einfluss. Das angebotene 4-Gänge-Menü mit ausgewählten Zutaten der Saison wechselt regelmäßig. Übernachten kann man im zugehörigen Landhaus.

SINDELFINGEN 58 A www.sindelfingen.de

Baden-Württemberg | EW 61.669 | 449 m | Böblingen 4 km, Stuttgart 19 km

Erikson Hotel www.erikson.de

★★★★

Hanns-Martin-Schleyer-Straße 8, PLZ 71063, **T 07031 9350,** F 935555
93 Zimmer | 24 h

Privat geführtes Hotel für Geschäftsreisende in zentraler Lage. Familiärer Charme und ein modernes, gemütliches Ambiente zeichnen das Haus aus. Geschmackvoll eingerichtete Zimmer mit individueller Note. Im stilvollen Restaurant mit klassicher Eleganz wird ansprechende internationale Küche serviert, das urige „Kramers Stüble" bietet schwäbische Schmankerl.

SINGEN AM HOHENTWIEL 65 A www.singen.de

Baden-Württemberg | EW 45.717 | 429 m | Radolfzell 10 km, Konstanz 31 km

Lamm www.hotellamm.com

★★★★

Alemannenstraße 42, PLZ 78224, **T 07731 4020,** F 402200
76 Zimmer | 2 Suiten | Ez 80–150 €, Dz 100–190 €, 18,00–22,00 € | ⃠ 15.12.23–14.1.24

Das Hotel liegt in einem ruhigen Wohngebiet, nur wenige Gehminuten vom Stadtzentrum entfernt. Den Gästen stehen moderne und teilweise auch rollstuhlgerechte Zimmer in fünf Kategorien zur Verfügung. Der sogenannte „CupClub" (Bar & Lounge) bietet am Abend kleine Gerichte und eine feine Weinauswahl.

Trezor www.hotel-trezor.de

garni

Forststraße 16, PLZ 78224, **T 07731 939690,** F 9396988
60 Zimmer

Das 2018 eröffnete Stadthotel ist für Business- und Privatgäste gleichermaßen geeignet. Die vollklimatisierten Zimmer zeichnen sich durch moderne Technik, zeitlose Eleganz und optimale Funktionalität aus. Zum Haus gehören auch eine finnische Sauna, ein Fitnessraum sowie ein Gameroom. Gute Anbindung zur Schweiz.

Hotel Zapa www.restaurant-zapa.de

Bohlinger Dorfstraße 48, PLZ 78224 (OT: Bohlingen), **T 07731 796161,** F 796162
14 Zimmer | Ez 98–145 €, Dz 132–165 €, inkl. Frühstück

Idyllisch im Grünen gelegen ist das ländliche Hotel ein charmanter Rückzugsort für Erholungssuchende. Das Haus bietet freundliche, komfortable Zimmer, eine Sauna mit Panoramablick, einen großzügigen Garten sowie ein Restaurant mit saisonaler und regionaler Küche.

SINZHEIM 57 A www.sinzheim.de

Baden-Württemberg | EW 11.207 | 128 m | Baden-Baden 7 km, Iffezheim 10 km

Restaurant Ebanat Neu! weingut-kopp.com

Ebenunger Straße 23, PLZ 76547 (OT: Ebenung), **T 07221 3977068**
80 | Hauptgericht 19–39 €, Menü 49–59 € | Mi-So Mo, Di

Im 1. Stock eines imposanten Stahlbetonquaders, dessen Längsseite verglast ist und einen sensationellen Ausblick auf Rebland und Schwarzwald ermöglicht, verbirgt sich dieses Restaurant. Modern eingerichtet, ist die Atmosphäre hier herrlich entspannt, lässig und kosmopolitisch. Dazu passt die frische regionale Küche mit leichtem internationalen Einfluss. Das hauseigene Weingut Kopp liefert die passenden Weine.

SINZIG 40 A www.sinzig-info.de

Rheinland-Pfalz | EW 17.620 | 90 m | Bonn 25 km, Koblenz 33 km

Feinschliff www.restaurant-feinschliff.de

Kirchplatz 8-9, PLZ 53489, **T 02642 9959699**
Menü 85 € | Mo, Do-So Di, Mi

Natürliche Materialien und erdige dunkle Farbtöne prägen das Interieur des modernen, trendigen Restaurants. Herzstück ist ein zentral platzierter, einsehbarer Küchenkubus, in dem die exquisiten Speisen zubereitet werden. Offeriert wird ein regelmäßig wechselndes Vier-Gang-Menü mit passender Weinbegleitung (Reservierung zwingend erforderlich). Für den reibungslosen Ablauf im Service sorgt die charmante Gastgeberin Victoria Lölsberg.

SOBERNHEIM, BAD 50 A www.bad-sobernheim.de

Rheinland-Pfalz | EW 6.411 | 140 m | Bad Kreuznach 18 km, Idar-Oberstein 31 km

BollAnts - Spa im Park www.bollants.de

Felkestraße 100, PLZ 55566, **T 06751 93390,** F 9339269
120 Zimmer | 3 Suiten | Ez 174–184 €, Dz 348–408 €, inkl. Halbpension

Von Jugendstil über Bauhaus bis zum hist. Fachwerk finden sich in diesem gewachsenen Hotelensemble die Stile vergangener Jahrzehnte wieder. Ob Classiczimmer oder Heimatlodge - die unterschiedlich großen Zimmer sind ruhig, wohnlich und zeitgemäß ausgestattet. Das umfangreiche SPA- und Wellnessangebot sucht seinesgleichen. Der hübsche Park eignet sich perfekt für einen romantischen Spaziergang.

Das Jungborn

VARTA-TIPP Küche

20 | Menü 136–159 € | Di-Sa ⃠ Mo, So ⃠ 26.3.–10.4.24, 23.7.–21.8.24, 15.–30.10.24

Leichte, zeitgemäße Gerichte, überraschende Aromen, Top-Produkte und nicht zu vergessen eine eindrucksvolle Optik - so erleben Sie die klassische Haute Cuisine von Küchenchef Philipp Helzle. In den beiden Abendmenüs kann er die ganze Bandbreite seines Könnens zeigen. Dazu kredenzt der eloquente Service unter der Leitung der charmanten Petra Helzle erlesene Weine. Und der Rahmen? Das Fine-Dining-Restaurant im hist. Sandsteingewölbe präsentiert sich romantisch und stimmungsvoll mit modernem, designorientiertem Interieur. An lauen Sommerabenden können Sie auch auf der weinberankten Innenhofterrasse speisen.

Hermannshof

40 | Hauptgericht 18–28 €, Menü 46–55 € | Di-Sa ⃠ Mo, So

Ein Hauch von Vintage durchströmt das kleine, feine Bistrorestaurant mit seinem uralten Holzboden und dem urigen Gewölbe. Hier serviert man wechselnde, mediterran beeinflusste 4-Gang-Menüs. Außer-Haus-Gäste dürfen zudem à la carte speisen und dafür aus den Menüs wählen. Tischreservierung erwünscht.

Maasberg Therme

www.hotel-maasberg-therme.de

★★★★ S garni

Kurhaus am Maasberg, PLZ 55566, **T 06751 8760,** F 876201
35 Zimmer | 5 Suiten | Ez 134–148 €, Dz 184–198 €, inkl. Frühstück

Kur- und Wellnessoase inmitten eines 75.000 qm großen Parks oberhalb der Stadt. Unterschiedlich eingerichtete Gästezimmer mit Balkon und Blick ins romantische Nahetal. Großzügiger Wellness- und Beautybereich mit Innen- und Außenpool sowie Saunalandschaft mit Saunagarten. Eigener Golfplatz direkt am Haus.

SODEN-SALMÜNSTER, BAD 42 C www.badsoden-salmuenster.de

Hessen | EW 13.351 | 150 m | Fulda 45 km, Frankfurt/Main 61 km

Birkenhof

www.hotel-birkenhof-am-park.de

★★★★ S garni

König-Heinrich-Weg 1, PLZ 63628, **T 06056 91690,** F 916959
52 Zimmer | 1 Suite | 4 Apartments | Ez 61–114 €, Dz 95–165 €, 12,00–22,50 € | ⃠ 2.–14.1.24

››

Eingebettet in die idyllischen Berge von Spessart und Vogelsberg empfängt Sie dieses familiengeführte Hotel. Es bietet moderne, wohnlich gestaltete Zimmer und einen Freizeitbereich mit verschiedenen Beauty- und Wellnessanwendungen. Restaurant mit regionaler Küche.

Spezerei & Hotel Fiori — www.spezerei-im-fiori.de/hotel-fiori

VARTA-TIPP Service

€ Gut & Günstig

Franz-von-Sickingen-Straße 3, PLZ 63628 (OT: Bad Soden), **T 06056 919712,** F 919713
7 Zimmer | 5 Suiten | Ez 61–78 €, Dz 81–98 €, inkl. Frühstück

Eine persönliche und zugleich trendige Unterkunft. Patric Sgobba und Christoph Lesser sind Gastgeber aus Leidenschaft. Alles ist wohnlich gestaltet - von den öffentlichen Bereichen über die schönen gemütlichen Zimmer bis hin zu dem mit viel Liebe im mediterranen Stil eingerichteten Restaurant. Morgens erwartet Sie ein individuelles À-la-carte-Frühstück. Woher der originelle Hotelname kommt? Mit dem italienischen Begriff „Fiori" (zu deutsch „Blumen") verbindet man die Natur mit südländischer Lebensfreude.

SODEN, BAD 41 C — www.bad-soden.de

Hessen | EW 21.657 | 141 m | Frankfurt/Main 19 km, Wiesbaden 30 km

bellasLOKAL Neu! — bellaslokal.de

Langstraße 15, PLZ 65812 (OT: Altenhain), **T 06174 9529141**
Menü 70–90 € | So Mo, Do-Sa Di, Mi

Das einstige Gasthaus „Zur Krone" ist heute ein junges, puristisches Lokal mit einem gelungenen Stilmix aus Alt und Neu. In der Küche legt man größten Wert auf Heimat, Saisonalität und die Qualität der Produkte, die auf der Website des Restaurants transparent aufgelistet sind. Auf der kleinen, regelmäßig wechselnden Karte finden sich spannende und minimalistisch beschriebene Gerichte wie „Schaf | Paprika | Joghurt" oder „Zander | Blaubeere | Fichte".

SODERSTORF 15 D — www.soderstorf.de

Niedersachsen | EW 1.444 | 53 m | Bispingen 14 km, Lüneburg 27 km

Gut Thansen — www.gut-thansen.de

Gut Thansen, PLZ 21388, **T 04132 93330,** F 933321
50 Zimmer | 1 Suite | Ez ab 128 €, Dz ab 185 €, inkl. Frühstück

Hotel, Seminar- und Eventzentrum in malerischer Lage auf dem Gelände eines ehem. Bauernhofs. Die schlicht-modern eingerichteten Gästezimmer verteilen sich auf mehrere Gebäude. Zur Hotelanlage gehören ein 800 qm großer Tagungsbereich, ein Restaurant sowie eine finnische Grillkota.

SOLINGEN 29 D — www.solingen.de

Nordrhein-Westfalen | EW 155.768 | 221 m | Wuppertal 16 km, Düsseldorf 34 km

St.-Clemens-Kirche, Balkhauser Kotten und Wipperkotten, Müngstener Brücke (höchste Eisenbahnbrücke Deutschlands), Bergisches Museum im Schloss Burg, hist. Marktplatz, Pfarrkirche St. Mariä Himmelfahrt und Dt. Klingenmuseum im Stadtteil Gräfrath (5 km N), Laurel-and-Hardy-Museum.

MAKU Restaurant & Bar Neu!
www.makuconcept.com

Prinzenstraße 2a, PLZ 42697 (OT: Ohligs), **T 0212 64569661**
Hauptgericht 22–34 € | Mi-Sa Mo, Di, So

Modern, stylish und schnörkellos zeigt sich dieses Restaurant in einem geschmackvoll umgebauten Industriegebäude. Unverkleidete Deckenrohre, blanke Holztische und warme Lichtelemente sorgen für eine unkompliziert-legere Atmosphäre. In der offenen Küche wird regional und saisonal gekocht. Ob vegetarisch, vegan, Fisch oder Fleisch - auf der regelmäßig wechselnden Speisekarte ist für jeden etwas dabei. Zum gastronomischen Konzept gehören noch zwei gemütliche Weinbar-Café-Locations in Ohligs (Ohligser Markt 1) sowie in Gräfrath (Gräfrather Markt 2).

Restaurant Pfaffenberg
www.gastro-pfaffenberg.de

Pfaffenberger Weg 284, PLZ 42659, **T 0212 42363**
60 | Hauptgericht 15–47 €, Menü 49–89 € | Sa-So Mo-Di, Do-So Mi

Hier hat man mit Naturstein, Holz, warmen Farben und modernen Einrichtungselementen eine leger-gemütliche Atmosphäre geschaffen. Aus der Küche kommen ambitionierte Gerichte wie „Lammkarree mit gegrilltem Romanasalat, Rosmarinkartoffeln und hauseigener Jus“. Herrliche Terrasse mit wundervollem Ausblick auf das weite Bergische Land.

SOMMERACH 52 B
www.sommerach.de

Bayern | EW 1.443 | 202 m | Volkach 5 km, Kitzingen 13 km

Gasthof Zum Weißen Lamm
www.strobel-lamm.de

€ Gut & Günstig

Hauptstraße 2, PLZ 97334, **T 09381 9377,** F 4933
19 Zimmer | Ez 60–80 €, Dz 90–145 €, inkl. Frühstück

Der Landgasthof von 1870 beherbergt hell, wohnlich und modern eingerichtete Zimmer sowie gemütlich-rustikale Gaststuben, in denen bodenständige Speisen zu angemessenen Preisen serviert werden. Eigenes Weingut.

SOMMERHAUSEN 52 B
www.sommerhausen.de

Bayern | EW 1.661 | 181 m | Würzburg 13 km, Volkach 32 km

Philipp
www.restaurant-philipp.de

VARTA-TIPP Küche **VARTA TIPP** Service

Hauptstraße 12, PLZ 97286, **T 09333 1406**
20 | Hauptgericht 40–65 €, Menü 145–175 € | Sa-So Fr-So Mo, Di, Mi, Do

Klassik hinter altem Fachwerk. Im eleganten Gastraum des imposanten, über 400 Jahre alten Patrizierhauses locken die kulinarischen Verführungen von Michael Philipp. Er ist bekannt für seine unkomplizierte und unbeschwerte Küche, die Sie in Form eines Degustationsmenüs kennenlernen können. Der Spagat zwischen fränkischer Bodenständigkeit und französisch inspiriertem Kochstil gelingt ihm hervorragend. Von seiner Frau Heike werden Sie im Service sympathisch und professionell umsorgt. Auf der Weinkarte stehen fränkische und internationale Gewächse. Wer länger bleiben möchte: Im ersten Stock des Gebäudes stehen zwei Suiten und ein Doppelzimmer zur Verfügung.

SONNENBÜHL 58 C www.sonnenbuehl.de

Baden-Württemberg | EW 7.190 | 775 m | Reutlingen 26 km, Hechingen 28 km

Hirsch www.romantikhotel-hirsch.de

VARTA-TIPP Service

★★★★ garni

Im Dorf 12, PLZ 72820 (OT: Erpfingen), **T 07128 92910,** F 929134
15 Zimmer | 3 Suiten | Ez 103–180 €, Dz 150–280 €, inkl. Frühstück

Ein ausgesprochen gepflegtes Haus mit persönlich-familiärer Note. Die lichtdurchfluteten Zimmer und Suiten zeigen sich im farbenfrohen Landhausstil. Entspannen können Sie in den „Albwiesen-Schwitzstuben" mit Bio-Sauna und wohligem Ruhebereich. Morgens erwartet Sie ein sehr gutes Frühstück. Direkt am Hotel beginnt das sehr gut ausgeschilderte Wander- und Mountainbikenetz der Schwäbischen Alb.

Hirsch

VARTA-TIPP Küche

45 | Hauptgericht 45–48 €, Menü 68–148 € | Fr-So Do-So Mo, Di, Mi

Im ländlich-eleganten Feinschmeckerrestaurant zeigt Gerd Windhösel einmal mehr, dass er als Pionier der gepflegten Regionalküche zur Crème de la Crème der deutschen Kochelite gehört. Seine kulinarischen Leistungen sind seit Jahren auf einem top Niveau. Das ganze Spektrum seines Könnens lernen Sie am besten kennen, wenn Sie sich für das 8-gängige Überraschungsmenü entscheiden! Der liebenswerte Service sowie die vortreffliche Weinauswahl passen ebenfalls in das niveauvolle Gesamtbild.

Dorfstube

VARTA-TIPP Küche

20 | Hauptgericht 19–35 € | Mo-So

Rustikal geht es im zweiten Restaurant zu: in einer einzigartigen heimeligen Holzstube aus dem 19. Jhd. werden schmackhafte regionale Gerichte aus frischen heimischen Zutaten serviert, so z.B. „Häxle vom Alblamm | Sommerwirsing | Kartoffelpüree | Rotweinsoße" oder „Zwiebelrostbraten | Maultäschle | Kräuterschupfnudeln | Rahmsoße | kleiner Salatteller".

SOODEN-ALLENDORF, BAD 32 D www.bad-sooden-allendorf.de

Hessen | EW 8.272 | 162 m | Kassel 47 km, Mühlhausen/Thüringen 53 km

Romantik Hotel Ahrenberg www.hotel-ahrenberg.de

★★★★★S garni

Auf dem Ahrenberg 5, PLZ 37242 (OT: Ahrenberg), **T 05652 95730,** F 1854
35 Zimmer | 2 Suiten | Ez ab 89 €, Dz ab 125 €, inkl. Frühstück

Oberhalb des Werratals und des Kurortes Bad Sooden-Allendorf gelegener Berggasthof mit herrlicher Aussicht. Im modernen Landhausstil eingerichtete Zimmer in unterschiedlichen Kategorien. Bürgerliche Gaststuben mit regionalem und internationalem Speisenangebot.

SPALT 53 C www.spalt.de

Bayern | EW 5.042 | 371 m | Ansbach 35 km, Nürnberg 48 km

Gasthof Blumenthal
www.g...

Stiegelmühle 42, PLZ 91174 (OT: Stiegelmühle), **T 09873 332**
160 | Hauptgericht 11–34 €, Menü 35–65 € | Mi-So Mi-S...

Ein renovierter Landgasthof mit traditionsreicher Gastronomie. Hier e... zubereitete fränkische Küche, in der überwiegend regionale Produkte Ver... An lauen Sommerabenden lockt der hübsch dekorierte Innenhof.

SPIEGELAU

Das famili... ge Zimm... das ans...

SPEYER 50 D
www.speye...

Rheinland-Pfalz | EW 49.811 | 103 m | Ludwigshafen 21 km, Heidelberg 25 km

Lindner Hotel
www.lindnerhotels.com/hotels/lindner-hotel-speyer

GREENSIGN ★★★★ S garni

Binshof 1, PLZ 67346 (OT: Binshof), **T 06232 6470,** F 647699
133 Zimmer | 12 Suiten | Ez 129–399 €, Dz 198–998 €, inkl. Frühstück | 24 h

In reizvoller Nachbarschaft zu einem Landschaftsschutzgebiet empfängt Sie dieses Hotel. Die Zimmer, Suiten und Studios sind kreativ und individuell gestaltet - teils mit südländischem Flair, teils stilvoll elegant. Für Entspannung sorgt der großzügige SPA-Bereich auf 5.200 qm mit mehreren Pools, Saunalandschaft und Hamam.

Domhof
www.hoteldomhof.de

★★★★ S garni

Bauhof 3, PLZ 67346, **T 06232 13290,** F 132990
47 Zimmer | 2 Suiten | Ez 120–300 €, Dz 160–400 €, inkl. Frühstück | 24 h

Hotel im unter Denkmalschutz stehenden ehem. Reichskammergericht mit hist. Ambiente. Unterschiedlich eingerichtete Gästezimmer, die rund um den mediterranen Innenhof gruppiert sind. Das reichhaltige Frühstücksbuffet mit orientalischen Spezialitäten kann man bei schönem Wetter im Innenhof genießen. Rustikales Brauhausrestaurant mit bayerischer und pfälzischer Küche.

Hotel Residenz am Königsplatz
www.residenz-speyer.de

★★★★ S garni

Ludwigstraße 6, PLZ 67346, **T 06232 684990,** F 6849999
15 Zimmer | Ez 120–135 €, Dz 160–175 €, inkl. Frühstück

Privat geführtes Hotel in einem denkmalgeschützten Gebäude. Vom Empfang bis zur Abreise erfährt der Gast hier Herzlichkeit und persönlichen Service. Für einen angenehmen Aufenthalt sorgen auch die stilvoll-klassischen Gästezimmer und das sehr gute Frühstück, das sowohl im Gewölbekeller als auch im Wintergarten eingenommen werden kann.

Löwengarten
www.hotel-loewengarten.de

★★★★ S garni

Schwerdstraße 14, PLZ 67346, **T 06232 6270,** F 627222
64 Zimmer | 2 Suiten | Ez ab 90 €, Dz ab 102 €, 16,00 € | 24 h

Familiengeführtes Businesshotel im Herzen von Speyer, das im Jahr 2021 renoviert wurde. Hell und freundlich eingerichtete Gästezimmer in verschiedenen Kategorien mit kostenlosem WLAN. Gute Bankett- und Tagungsmöglichkeiten.

Am Wartturm
www.hotel-amwartturm.de

★★★ S garni

Landwehrstraße 28, PLZ 67346, **T 06232 64330,** F 643321
24 Zimmer | 7 Apartments | Ez 79–139 €, Dz 99–169 €, ab 11,50 €

…geführte Hotel ist nur wenige Meter vom hist. Wartturm entfernt. Helle, geräumi… Auffallend sind die gute Dienstleistungsbereitschaft der Mitarbeiter:innen und …rechende Frühstück am Morgen. Gute Adresse für Geschäfts- und Privatreisende.

…vantGarthe www.avantgarthe.de

…dwigstraße 2 (im Wittelsbacher Hof), PLZ 67346, **T 06232 687359**
…0 | Hauptgericht 18–39 € | Mi-So Mo, Di

Dieses modern-elegante Restaurant hat mit dem historischen Wittelsbacher Hof einen schönen Rahmen für die niveauvolle internationale Küche. Für private oder geschäftliche Anlässe steht ein kleiner Veranstaltungsraum zur Verfügung. Romantische Sommerterrasse im Innenhof.

CLYNe - Das Restaurant www.restaurant-clyne.de

Große Greifengasse 5, PLZ 67346, **T 06232 1008285**
14 | Hauptgericht 22–32 €, Menü 58–72 € | So Do-Sa Mo, Di, Mi

Elegant und gemütlich zugleich das Ambiente und ambitioniert die Küche. Hier hat man die Wahl zwischen drei verschiedenen Menüs - vom Land, aus dem Wasser und vegetarisch. Die kreativen Gerichte klingen z.B. so: „Wolfsbarsch, Landgurkengemüse, Fischschaum, blaue Gnocchi“ oder „Donnersberger Hahnenbrust im Brezelmantel, Tomatengemüse, Heidekartoffelsalat“.

Hausbrauerei im Domhof www.domhof.de

Große Himmelsgasse 6 (im Hotel Domhof), PLZ 67346, **T 06232 67440**
180 | Hauptgericht 10–36 € | Mo-So

Uriger Brauereiausschank mit rustikalem Charme und direktem Bick ins Sudhaus. Serviert wird deftige Regionalküche ebenso wie internationale Spezialitäten. Das hausgebraute Bier gibt es in drei verschiedenen Sorten. Großzügig angelegter Biergarten unter schattenspendenden Kastanienbäumen mit Blick zum Kaiserdom.

SPIEGELAU 62 A www.spiegelau.de

Bayern | EW 3.946 | 759 m | Grafenau 8 km, Zwiesel 21 km

Hochriegel www.hotel-hochriegel.de

★★★★ garni

Frauenauer Straße 31, PLZ 94518 (OT: Klingenbrunn), **T 08553 9700,** F 970193
58 Zimmer | 2 Suiten | 20 Apartments | Ez ab 100 €, Dz ab 180 €, inkl. Vollpension

Ansprechendes Haus mit unterschiedlichen, meist praktisch ausgestatteten Zimmern. Großzügige Apartments stehen im Gästehaus zur Verfügung. Ansprechender Wellnessbereich mit asiatischem Shiatsu-Raum und ayurvedischem Verwöhntempel.

SPIEKEROOG (INSEL) 13 A www.spiekeroog.de

Niedersachsen | EW 781 | 3 m | Aurich (Ostfriesland) 33 km, Wilhelmshaven 46 km

Inselfriede www.inselfriede.de

★★★★ garni

…derloog 12, PLZ 26474, **T 04976 91920,** F 919266
… Zimmer | 12 Suiten | 17 Apartments | Ez 98–146 €, Dz 146–226 €, inkl. Frühstück |
…1.–23.2.24

Gewachsenes Ferienhotel mit angeschlossenen Apartmenthäusern. Die mit viel Liebe zum Detail ausgestatteten Zimmer sorgen für einen entspannten Aufenthalt. Schöne Wellnesslandschaft mit Schwimmbad, mehreren Saunen und Sonnenterrasse. Zum Haus gehören das Restaurant „Friesenstube" sowie ein Irish Pub.

SPROCKHÖVEL 29 D www.svsprockhoevel.de

Nordrhein-Westfalen | EW 24.989 | 219 m | Wuppertal 16 km, Bochum 18 km

Eggers www.hotel-restaurant-eggers.de

Hauptstraße 78, PLZ 45549 (OT: Niedersprockhövel), **T 02324 71780**
180 | Hauptgericht 15–39 €, Menü 42 € | Mo, Do-So Di, Mi

Die hist. Räume mit ihrer rustikalen Atmosphäre sowie der lauschige Weingarten gehören ebenso zu „Eggers" wie die schmackhaft zubereitete regionale und internationale Küche des Patrons. Wie wäre es z.B. mit „Rostbraten unter der Senf-Zwiebelkruste auf Blattspinat mit Krustentiersoße und Trüffelteigtaschen"? Der sogenannte „Hobbyraum" wird für Kochkurse und private Feierlichkeiten genutzt.

Habbel's www.habbel-restaurant.de

Gevelsberger Straße 127, PLZ 45549 (OT: Hasslinghausen), **T 02339 914312**
90 | Hauptgericht 13–41 €, Menü 40–50 € | So Mi-So Mo, Di

Seit Jahren ist das Restaurant ein beliebter Treffpunkt für Genießer. Hier erwartet Sie eine schmackhafte deutsch-mediterrane Küche. Die Preise sind fair, der Service freundlich. Ausgezeichnete Auswahl an Weinen sowie Spirituosen aus hauseigener Destillerie und Brennerei (auch Verkauf). Großer Gastgarten.

ST. ENGLMAR 61 B www.urlaubsregion-sankt-englmar.de

Bayern | EW 1.800 | 808 m | Straubing 34 km, Deggendorf 36 km

Angerhof www.angerhof.de

★★★★ S

Am Anger 38, PLZ 94379, **T 09965 1860,** F 18619
70 Zimmer | 13 Suiten | Ez 140–240 €, Dz 290–400 €, inkl. Vollpension | 24 h

Ein elegantes Feriendomizil in naturnaher Südhanglage mit herrlichem Fernblick über das Donautal bis zur Alpenkette. Das Haus bietet freundlich gestaltete Zimmer und Suiten in unterschiedlichen Kategorien. Erholungssuchende dürfen sich auf eine 6.500 qm große Wellnesslandschaft mit fünf verschiedenen Bademöglichkeiten und Saunawelt freuen.

Berghotel Maibrunn www.berghotel-maibrunn.de

★★★★ S

Maibrunn 1, PLZ 94379 (OT: Maibrunn), **T 09965 8500,** F 850100
52 Zimmer | 2 Suiten | Ez 109–130 €, Dz 308–400 €, inkl. Halbpension

Die Top-Lage in 850 Metern Höhe mit grandiosem Blick in die Weite des Bayerischen Waldes ist einzigartig. Die unterschiedlich großen Zimmer und Suiten überzeugen durch innovatives Interieur und regional-zeitgemäßen Stilmix. Für Entspannung und Wohlbefinden sorgt der hauseigene Bade- und Wellnessbereich.

Carpe Diem

160 | Hauptgericht 16–36 € | Mo-So

»

Gediegener Landhausstil in heiteren, mediterranen Farben. Serviert wird eine leichte Mittelmeerküche (z.B. hausgemachte Pasta). An den Nachmittagen gibt es Kuchen aus der hauseigenen Konditorei. Stimmungsvolle Terrasse mit Panoramablick.

Reinerhof
www.reinerhof.de

★★★★ S garni

Grün 9, PLZ 94379 (OT: Grün), **T 09965 8510,** F 851125
48 Zimmer | 6 Suiten | 2 Apartments | Ez 117–180 €, Dz 206–278 €, inkl. Frühstück

Familiär geführtes Urlaubsquartier mit persönlicher Atmosphäre. Wohnliche Zimmer mit sehr guter Ausstattung und herrlichem Blick auf die Höhenlagen des Bayerischen Waldes. Schöner SPA-Bereich mit Bade- und Saunalandschaft. Das Restaurant mit Wintergarten und Sonnenterrasse serviert traditionelle regionale Küche.

ST. GEORGEN I. SCHWARZWALD 57 C
www.st-georgen.de

Baden-Württemberg | EW 13.208 | 862 m | Triberg 12 km, Villingen-Schwenningen 15 km

Federwerk
www.federwerk.com

★★★★★ S garni

Museumstraße 1, PLZ 78112, **T 07724 8849100,** F 8849499
51 Zimmer | 5 Apartments

Das hist. Industriegebäude, in dem einst eine Uhrenfabrik untergebracht war, hat sich in ein modernes Hotel verwandelt. Die Zimmer sind großzügig und unterschiedlich geschnitten, jedes hat seinen individuellen Charme. Zum Haus gehören auch ein Sauna- und Fitnessbereich, ein Restaurant mit Südterrasse sowie ein rundum verglaster Veranstaltungsraum auf dem Dach des Hotels.

ST. GOAR 40 D
www.st-goar.de

Rheinland-Pfalz | EW 2.790 | 80 m | Bingen 28 km, Koblenz 43 km

Schloss Rheinfels
www.schloss-rheinfels.de

★★★★ S garni

Schlossberg 47, PLZ 56329, **T 06741 8020,** F 802802
64 Zimmer | 4 Suiten | 5 Apartments | Ez ab 95 €, Dz ab 180 €, inkl. Frühstück | 24 h

Hist. Burganlage mit fantastischem Blick ins Rheintal und auf die berühmte Loreley. Sie wohnen in schönen, individuell eingerichteten Gästezimmern. Dazu ein hübsch gestalteter SPA-Bereich mit Außensauna. Kulinarisch haben Sie die Wahl zwischen dem Schlossrestaurant mit Wintergarten und der rustikalen Burgschänke mit Terrasse.

Weinhotel Landsknecht
www.hotel-landsknecht.de

★★★ S garni

Rheinuferstraße (an der B 9), PLZ 56329 (OT: Fellen), **T 06741 2011,** F 7499
21 Zimmer | 1 Suite | Ez 79–150 €, Dz 95–230 €, inkl. Frühstück

Die einmalig schöne Lage und die familiäre Gastfreundschaft sorgen für das perfekte Urlaubserlebnis. Zudem erwarten Sie gepflegte Gästezimmer, teils mit schönem Blick auf den Rhein. Einladendes Restaurant mit großer Terrasse. Hier bietet man eine saisonale Frischeküche. Die Weine des hauseigenen Weinguts „Toni Lorenz“ kann man in der angeschlossenen Vinothek probieren und käuflich erwerben.

ST. INGBERT 49 D
sanktingbert.de

Saarland | EW 36.254 | 229 m | Saarbrücken 13 km, Neunkirchen/Saar 13 km

Die Alte Brauerei
www.diealtebrauerei.com

Kaiserstraße 101, PLZ 66386, **T 06894 92860**
100 | Hauptgericht 14–40 €, Menü 40–69 € | Mo, Mi-Fr, So Mo, Mi-So Di

Rustikal-eleganter Gasthof in einem hist. Gebäude-Ensemble aus dem 18. Jhd. Schmackhafte französische Küche, bei der frische saisonale Produkte Verwendung finden. Lauschige Terrasse am Stadtpark. Unterschiedlich eingerichtete Gästezimmer vorhanden.

La Trattoria del Postillione
www.postillione.de

Neue Bahnhofstraße 2, PLZ 66386, **T 06894 381061**
70 | Hauptgericht 16–35 €, Menü 57–80 € | Mi-Sa Mo, Di, So

Gemütliches italienisches Restaurant in einem alten Bahnhof mit behaglicher Atmosphäre und schöner, mit Weinreben bedeckter Terrasse. Auf der regelmäßig wechselnden Speisekarte findet sich eine klassische italienische Küche mit saisonalem Bezug. Preisgünstiger Mittagstisch.

ST. JOHANN 50 B
www.vg-sg.de

Rheinland-Pfalz | EW 839 | 150 m | Bad Kreuznach 15 km, Ingelheim am Rhein 20 km

Hofgut Wißberg
www.hofgut-wissberg.de

garni

Hofgut Wissberg, PLZ 55578, **T 06701 916450**
21 Zimmer | 2 Suiten | Ez 139–239 €, Dz 159–259 €, inkl. Frühstück

Denkmalgeschütztes Hofgut inmitten einer 18-Loch-Golfanlage. Das Boutique-Hotel bietet seinen Gästen moderne und geschmackvoll eingerichtete Zimmer und Studios, teilweise mit hübschem Ausblick auf die Weinberge. Gute Tagungsmöglichkeiten, hauseigener E-Bike-Verleih.

ST. MÄRGEN 64 B
www.sankt-maergen.de

Baden-Württemberg | EW 1.828 | 895 m | Freiburg 27 km, Villingen-Schwenningen 45 km

Der Hirschen
www.derhirschen.de

garni

Feldbergstraße 9, PLZ 79274, **T 07669 940680,** F 9406888
40 Zimmer | 3 Suiten

Traditionsreicher Gasthof mit hübscher Gartenanlage und zeitlos eingerichteten Zimmern unterschiedlicher Größe, die sich auf Stammhaus, Landhaus und HIRSCHENlodge verteilen. Das Haus verfügt auch über eine weitläufige Gartenanlage mit altem Baumbestand, eine Biergartenterrasse, einen Relaxbereich mit finnischer Sauna sowie ein Restaurant mit regionaler Küche.

Zum Kreuz
www.gasthaus-zum-kreuz.de

Hohlengraben 1, PLZ 79274, **T 07669 91010**
60 | Hauptgericht 17–34 €, Menü 42–97 € | Mo-Di, Fr-So Mi, Do

Reichlich Holz, Eckbänke, kleine Erker und ein hübscher Kachelofen machen dieses ländlich-charmante Restaurant urig und gemütlich. Aus der Küche kommen überwiegend regionale Gerichte unter Verwendung saisonfrischer Zutaten. Dazu gibt es badische Weine. Sympathischer Service. Im Haupt- und Gästehaus stehen gepflegte Hotelzimmer zur Verfügung.

ST. MARTIN 50 D

sankt-martin.de

Rheinland-Pfalz | EW 1.813 | 225 m | Landau 10 km, Wörth 37 km

Consulat des Weins

www.consulat-des-weins.de

★★★ S garni

Maikammerer Straße 44, PLZ 67487, **T 06323 8040,** F 804426
50 Zimmer | 15 Apartments | Ez 95–160 €, Dz 160–230 €, inkl. Frühstück

Das sympathisch geführte Hotel befindet sich auf einem weitläufigen, parkähnlichen Gelände am Ortsrand. Es bietet behaglich eingerichtete Zimmer mit zweckmäßiger Ausstattung im Stammhaus sowie großzügige, moderne Zimmer im neuen Appartementhaus. Der Nachmittagskaffee mit Kuchen und kleiner Brotzeit sowie eine Probiermöglichkeit in der hauseigenen Vinothek ist im Zimmerpreis enthalten.

Consulat des Weins Neu!

80 | Hauptgericht 19–31 €, Menü 38–42 € | Mo-Sa ⃠ So ⃠ 22.–26.12.23, 2.–18.1.24

Im stimmungsvollen Restaurant wird mit guten Produkten und kreativen Akzenten gekocht. Das Angebot reicht von „Steinpilz-Ravioli | Passionsfruchtessigschaum | grüner Spargel | roter Rettich | Mangochutney“ bis „Ragout aus der deutschen Rehkeule | Holunderbeerensahnesoße | Pfifferlinge | Brezelknödel | Essigzwetschgen“. Dazu kredenzt der freundliche Service erlesene Tropfen der Weingüter Herrengut St. Martin und Vinification Ludwigshöhe in Edenkoben.

Das Landhotel Weingut Gernert

weingut-gernert.de

Maikammerer Straße 39, PLZ 67487, **T 06323 94180,** F 941840
17 Zimmer | 1 Apartment | Ez 88–98 €, Dz 148–165 €, inkl. Frühstück

Individuelles Landhotel mit südlichem Flair inmitten von Weingütern und Wanderwegen. Komfortable Zimmer im mediterranen Landhausstil, überwiegend mit Balkon oder Terrasse. Hochwertiger Relax- und Wellnessbereich mit Sauna, Dampfbad und Kaminlounge. Das Restaurant im Gewölbekeller serviert regionale Küche und eigene Weine.

Hotel Arens 327

www.arens327.de

★★★ S garni

Oberst-Barret-Straße 1, PLZ 67487, **T 06323 9450,** F 81111
65 Zimmer | 1 Suite | 2 Apartments | Ez ab 53 €, Dz ab 102 €, inkl. Frühstück

Am Ufer des pfälzischen Rebenmeers erwartet Sie dieses Tagungs- und Urlaubsdomizil. Zum Haus gehören freundliche Gästezimmer, eine gemütliche Hotelbar sowie zwei Restaurants mit Blick über die Pfälzer Weinstraße und die Rheinebene.

St. Martiner Castell
www.martinercastell.de

Maikammerer Straße 2, PLZ 67487, **T 06323 9510,** F 951200
24 Zimmer | 2 Suiten | Ez 65–75 €, Dz 115–120 €, 10,00 €

Familiär geführtes Haus im Dorfkern mit rustikal-eleganten Zimmern auf zwei Etagen, die teilweise im Landhausstil eingerichtet sind. Entspannen kann man in der hauseigenen Sauna. Restaurant mit regionaler und internationaler Küche sowie mediterraner Sonnenterrasse.

Wiedemann's Weinhotel
www.wiedemanns-weinhotel.de

Einlaubstraße 62-66, PLZ 67487, **T 06323 94430,** F 944330
20 Zimmer | Ez ab 133 €, Dz ab 266 €, inkl. Halbpension

Sympathisches Haus unter familiärer Führung in ruhiger Hanglage mit hübschen Nichtraucherzimmern im Landhausstil. Teilweise herrlicher Blick auf die Rheinebene. Charmante Wellnessoase mit beheiztem Panoramafreischwimmbad, finnischer Sauna und Rasulbad. Im Restaurant wird regionale Frischeküche serviert.

ST. PETER 64 B
www.st-peter-schwarzwald.de

Baden-Württemberg | EW 2.536 | 720 m | Freiburg 21 km, Titisee-Neustadt 24 km

Zur Sonne
www.sonne-schwarzwald.de

Zähringer Straße 2, PLZ 79271, **T 07660 94010**
50 | Hauptgericht 19–48 €, Menü 59–69 € | Di-So Mo

Die herzliche „Sonne-Atmosphäre" schätzen verwöhnte Einheimische und anspruchsvolle Reisende gleichermaßen. Im hellen, holzgetäfelten Gastraum gelingt der Spagat zwischen klassischer Haute Cusine und badisch-regionaler Küche. An warmen Abenden lockt die hübsche Sonnenterrasse. Übernachten kann man in einem der behaglich eingerichteten Zimmer.

ST. PETER-ORDING 6 D
www.st-peter-ording.de

Schleswig-Holstein | EW 4.300 | 3 m | Husum 44 km, Rendsburg 83 km

Aalernhüs
www.aalernhues.de

Friedrich-Hebbel-Straße 2, PLZ 25826, **T 04863 7010,** F 2689
64 Zimmer | 16 Suiten | Ez 144–314 €, Dz 159–359 €, inkl. Frühstück | 24 h

Das Wellness- und Ferienhotel liegt inmitten einer großzügigen Garten- und Parkanlage. Es bietet seinen Gästen geschmackvoll eingerichtete Zimmer mit Balkon sowie großzügige Residenzen unterschiedlicher Kategorien. Zum Haus gehören außerdem eine großzügige Lobby mit Kaminlounge, ein Restaurant mit Terrasse, ein modern gestalteter SPA- und Wellnessbereich sowie ein Fitnessraum.

Urban Nature Hotel
www.urban-nature.de

Fritz-Wischer-Straße 13, PLZ 25826 (OT: St. Peter-Bad), **T 04863 476500**
90 Zimmer | 24 h

»

Besser könnte das lässig-entspannte Lifestyle-Hotel kaum liegen: direkt am Deich mit herrlichem Blick auf Wald, Dünen und Nordsee. Dazu wohnt man in modernen, nachhaltig eingerichteten Zimmern und relaxt im 800 qm großen SPA mit verschiedenen Saunen, einem Functional-Fitnessraum sowie einer Außenterrasse. Heimische Soulfoodküche serviert man im Restaurant „Auntie Clara". Darüber hinaus gibt es im Kiosk im EG Getränke und Snacks rund um die Uhr.

Hotel Zweite Heimat
www.hotel-zweiteheimat.de

Am Deich 41, PLZ 25826, **T 04863 474890,** F 4748948
47 Zimmer | 27 Suiten | 24 h

Das sympathische Lifestyle-Hotel befindet sich direkt hinter den Dünen mit Blick auf Sand, Meer, Salzwiesen und die berühmten Pfahlbauten. Die Zimmer werden in „Kleine" und „Große Stuben" (Themensuiten) unterteilt. Geschmackvolle Einrichtung mit viel Holz, liebevollen Details und exklusiven Möbeln von Rivièra Maison.

Esszimmer

70 | Hauptgericht 19–45 € | Mo-So

Helles, freundliches Restaurant mit hübscher Terrasse direkt am Deich. Serviert wird eine frische saisonale und regionale Küche mit Gerichten wie „Fjordforelle | Holunder | Saubohnen | Kartoffel" oder „Filet vom Holsteiner Rind | BBQ | Mais | Süßkartoffel". Nachmittags gibt es hausgemachte Kuchen.

Landhaus an de Dün
www.hotel-landhaus.de

VARTA-TIPP Service

★★★★ garni

Im Bad 63, PLZ 25826, **T 04863 96060**
15 Zimmer | 6 Suiten | Ez 104–255 €, Dz 149–255 €, inkl. Frühstück

Lust auf eine Auszeit am Meer? Das vorbildlich geführte Hotel bietet seinen Gästen zeitgemäße, großzügig geschnittene Zimmer, die nahezu alle über einen Balkon oder eine Terrasse verfügen. Dazu ein schöner Wellnessbereich mit Erlebnisschwimmbad. Auch SPA- und Massageanwendungen werden angeboten. Nachmittags können Sie sich im Café mit hausgemachtem Kuchen verwöhnen lassen.

Das Frühstückshotel SPO
www.fruehstueckshotel-spo.de

garni

Waldstraße 19-21, PLZ 25826, **T 04863 96880,** F 2735
38 Zimmer | 2 Suiten | Ez 49–109 €, Dz 79–169 €, 15,00–25,00 € | 10.–27.12.23

Eine gepflegte Adresse in ruhiger Waldrandlage. Die Gästezimmer sind hell und individuell eingerichtet. Für Entspannung sorgen ein kleiner Saunabereich sowie der Wohlfühlgarten mit Strandkörben. Bei schönem Wetter können Sie Ihr Frühstück auch auf der geräumigen Terrasse einnehmen.

Hotel Tweed
www.hotel-tweed.de

★★★S garni

Im Bad 65, PLZ 25826 (OT: Bad), **T 04863 9503939**
8 Zimmer

Das kleine, stilvolle Boutique-Hotel vereint das Norddeutsche mit dem Irischen. Kein Wunder, denn die Gastgeberfamilie hat viele Jahre in Irland gelebt. Die Suiten sind im englisch-irischen Country-Stil eingerichtet. Ein ganz besonderes Highlight: Das Frühstück wird morgens direkt im Zimmer serviert.

Lieblingsplatz Strandhotel
www.lieblingsplatz-hotels.de/strandhotel

Im Bad 73, PLZ 25826 (OT: Bad), **T 04863 9589325**
39 Zimmer | 1 Suite | 1 Apartment

Schon von außen wirkt das schmucke Backsteingebäude äußerst einladend, im Innern besticht die geschmackvolle Einrichtung. Die geräumigen und modernen Gästezimmer sind mit maritimen Details versehen. Weitläufiger Garten auf einem Dünengrundstück mit altem Baumbestand. E-Bike-Verleih.

Der Varta-Führer digital

Der Varta-Führer ist auch als eBook erhältlich. Ganz einfach online laden und mobil auf Ihrem Smartphone oder Tablet nutzen.

Weitere Hotel- und Restaurantempfehlungen sowie zahlreiche Freizeittipps erhalten Sie unter: **www.varta-guide.de**

ST. WENDEL 49 D
www.sankt-wendel.de

Saarland | EW 25.890 | 300 m | Saarbrücken 36 km, Idar-Oberstein 41 km

Hotel Le Journal
www.cafe-le-journal.de

★★★ garni

Schillerstraße 9, PLZ 66606, **T 06851 9378782,** F 9122206
40 Zimmer

Das extravagante Gästehaus „Auberge le Journal“ besticht durch seine auffällig bemalte Fassade. Hier erwarten Sie wohnliche Komfortzimmer mit Lehmwänden und künstlerisch gestalteten Bädern. Etwas einfacher, aber zweckmäßig und gemütlich sind die Standardzimmer im Stammhaus.

Kunz
www.restaurant-kunz.de

VARTA-TIPP Küche

Kirchstraße 22, PLZ 66606 (OT: Bliesen), **T 06854 8145**
16 | Hauptgericht ab 38 €, Menü 69–179 € | Do-Fr, So Do-Sa Mo, Di, Mi

Einladendes, modern gestaltetes Restaurant mit Lounge, Wintergarten und Kaminzimmer. Chefkoch Alexander Kunz hat sich über die Grenzen des Saarlandes hinaus längst einen Namen gemacht. Die leichte, klassisch französische Küche wird von ihm regelrecht zelebriert. Er verarbeitet edelste Produkte zu fantasievollen, köstlichen Gerichten. Das wechselnde siebengängige 'Menü Signature' kann man auf bis zu vier Gänge reduzieren. Sie können aber auch à la carte speisen. Charmant und fachkundig empfiehlt Anke Kunz dazu die passenden Weine. Tischreservierung empfehlenswert.

STAFFELSTEIN, BAD 43 D
www.bad-staffelstein.de

Bayern | EW 10.499 | 274 m | Coburg 26 km, Bamberg 32 km

Kurhotel an der Obermaintherme
www.kurhotel-staffelstein.de

Am Kurpark 7, PLZ 96231, **T 09573 3330,** F 333299
136 Zimmer | 4 Suiten | Ez 103–212 €, Dz 156–324 €, inkl. Frühstück | 24 h

Kur- und Tagungshotel mit geräumigen und geschmackvoll eingerichteten Landhauszimmern. Besonderen Luxus bieten die Penthousesuiten auf dem Dach des Hauses. Über einen hoteleigenen Bademantelgang gelangen Hausgäste zur benachbarten Obermain Therme mit 35.000 qm großer Wellnesslandschaft. Das Hotel wird ökologisch mit Strom versorgt. Das Gourmetrestaurant „v. Scheffel" bietet gehobene mediterrane Küche.

Erich Rödiger
www.hotel-roediger.de

Zur Herrgottsmühle 2, PLZ 96231, **T 09573 9260,** F 926262
50 Zimmer | Ez 102–142 €, Dz 134–174 €, inkl. Frühstück

Nur wenige Schritte von der Obermain Therme entfernt, im Herzen des Kurortes, liegt dieses familiär geführte Geschäfts- und Ferienhotel. Liebevoll eingerichtete Nichtraucherzimmer mit individueller Ausstattung. Das Restaurant serviert fränkische und internationale Küche.

Augustin
www.hotel-augustin.de

Schwabthal 3, PLZ 96231 (OT: Schwabthal), **T 09573 96970,** F 969739
28 Zimmer | 2 Apartments | Ez ab 79 €, Dz ab 140 €, inkl. Frühstück

Ein romantischer Feriengasthof mit mediterranem Flair und hübsch eingerichteten Landhauszimmern. Restaurant mit mehreren Gaststuben und schönem Garten, in denen eine traditionell fränkische Küche serviert wird.

Jetzt abonnieren: instagram.com/vartaguide

STARNBERG 67 B
www.starnbergammersee.de

Bayern | EW 22.650 | 588 m | München 28 km, Bad Tölz 45 km

Vier Jahreszeiten
www.vier-jahreszeiten-starnberg.de

Münchner Straße 17, PLZ 82319, **T 08151 44700,** F 4470161
122 Zimmer | 7 Suiten | Ez 129–299 €, Dz 149–339 €, inkl. Frühstück | 24 h

Für Feriengäste und Tagungen gleichermaßen geeignetes Hotel mit geräumigen, gut ausgestatteten Gästezimmern. Kleiner, aber feiner Wellness- und Fitnessbereich im fünften Stock mit finnischer Sauna, Dampfbad und großer Sonnenterrasse. Die Umgebung lockt mit einer Vielzahl an Outdooraktivitäten wie Wandern oder Radfahren.

Aubergine
www.aubergine-starnberg.de

VARTA-TIPP Küche **VARTA-TIPP** Service

44 | Menü 129–149 € | Mi-Sa Mo, Di, So

Moderne, klare Architektur, gehobene Tafelkultur sowie kontrastreiche, auberginefarbene Akzente prägen das Interieur dieses stilvollen Gourmetrestaurants. Die Küche von Maximilian Moser begeistert mit ausgezeichnetem Handwerk und kreativer Kulinarik im Rhythmus der Jahreszeiten. Zum exquisiten „Menü Aubergine“ (7 Gänge) kredenzt Ihnen das freundliche, zugewandte und versierte Serviceteam erlesene Weine aus nah und fern.

Fischerhaus
www.hotel-fischerhaus-starnberg.de

Achheimstraße 1, PLZ 82319, **T 08151 90550,** F 905520
11 Zimmer | Ez 89–179 €, Dz 129–189 €, inkl. Frühstück

Kleines Privathotel nahe des Starnberger Sees mit geschmackvollen, im Landhausstil eingerichteten Gästezimmern mit Balkon oder kleiner Terrasse. Das reichhaltige Frühstücksbuffet kann bei schönem Wetter auch im Freien genossen werden. Freundliches Personal.

STAUFEN 64 A
www.muenstertal-staufen.de

Baden-Württemberg | EW 8.200 | 288 m | Freiburg 22 km, Basel (Schweiz) 58 km

Ambiente
www.restaurant-ambiente.com

Ballrechter Straße 8, PLZ 79219 (OT: Grunern), **T 07633 802442**
20 | Hauptgericht 34–42 €, Menü 70–80 € | Mo-Di, So Mo-Di, Fr-So Mi, Do

Familiär geführtes Restaurant mit mediterran angehauchtem Ambiente. Patron und Küchenchef Mathias Luiz kredenzt eine frische, facettenreiche Crossover-Küche. Dazu eine gut sortierte Weinkarte mit rund 100 Positionen. Die nette Terrasse bietet zur warmen Jahreszeit zusätzliche Sitzplätze im Freien.

Die Krone
www.die-krone-staufen.de

Hauptstraße 30, PLZ 79219, **T 07633 5840**
75 | Hauptgericht 21–38 €, Menü 42–55 € | So Mo-Fr, So Sa

Urig und gemütlich ist die hist. Gaststube, die im Jahr 1520 zum ersten Mal erwähnt wurde. Auf den Tisch kommen schmackhaft zubereitete badische Gerichte unter Verwendung frischer Zutaten. Dazu eine gut sortierte Weinkarte sowie ein freundlich-charmanter Service. Zum Übernachten hat man wohnliche Gästezimmer mit zeitgemäßer Ausstattung (zum Teil mit Terrasse oder Balkon).

STEBEN, BAD 44 D
www.bad-steben.de

Bayern | EW 3.375 | 578 m | Hof 25 km, Kronach 35 km

Villa Siegfried
www.villasiegfried.com

€ Gut & Günstig ★★★ garni

Hemplastraße 7, PLZ 95138, **T 09288 1607,** F 924969
11 Zimmer | 2 Suiten | 2 Apartments | Ez 62 €, Dz ab 98 €, inkl. Frühstück ››

In der 4. Generation familiengeführtes Hotel in einer Jugendstilvilla von 1911 mit modernem Ambiente. Individuell eingerichtete Zimmer mit komfortabler Ausstattung. Zum Haus gehören auch eine Bibliothek sowie ein malerischer Garten mit Liegewiese. Sehr gutes Frühstück.

STEINEN 64 A www.steinen.de

Baden-Württemberg | EW 10.100 | 660 m | Schopfheim 7 km, Lörrach 8 km

Landmann www.hotel-landmann.de

Hausmatt 3, PLZ 79585 (OT: Endenburg - Kirchhausen), **T 07629 388**
160 | Hauptgericht 12–27 € | So Mo-So

Inmitten des Kleinen Wiesentals im beschaulichen Schwarzwalddorf Kirchhausen erwartet Sie dieses tipptopp gepflegte Gasthaus mit seinen behaglichen Stuben. Aus der Küche kommen regional beeinflusste Gerichte, bei denen frische und hochwertige Produkte Verwendung finden. Die Preise sind fair, der Service zuvorkommend. Zum Übernachten stehen individuell eingerichtete Gästezimmer bereit.

STEINENBRONN 58 A www.steinenbronn.de

Baden-Württemberg | EW 6.143 | 431 m | Böblingen 14 km, Stuttgart 19 km

Apartmenthotel Residenz Steinenbronn Neu! www.residenz-hotel.de

★★★ garni

Lerchenstraße 14, PLZ 71144, **T 07157 7360,** F 3074
176 Zimmer | 2 Suiten | 76 Apartments

Dieses moderne Apartmenthotel bietet helle, großzügige Zimmer mit zeitgemäßem Komfort. Das Angebot reicht von schicken, komplett ausgestatteten 1-Zimmer-Studios bis hin zu 2- bzw. 3-Zimmer-Apartments mit Küchenzeile. Günstig ist die Nähe zum Stuttgarter Messegelände und zum Flughafen.

STEINFURT 20 D www.steinfurt-touristik.de

Nordrhein-Westfalen | EW 34.085 | 65 m | Rheine 18 km, Münster 30 km

Posthotel Monegro www.posthotel-monegro.de

Münsterstraße 8 (Zufahrt über Lindenstr.), PLZ 48565 (OT: Borghorst), **T 02552 99510,** F 62484
18 Zimmer | 3 Suiten | Ez ab 69 €, Dz ab 125 €, inkl. Frühstück

Ehem. Posthalterei aus dem Jahr 1827, die zu einem zeitgemäßen Hotel umgebaut wurde. Neben individuell eingerichteten Zimmern und Suiten verfügt das Haus auch über unterschiedliche Veranstaltungsräume sowie eine gemütliche Gartenterrasse.

STEINHEIM (WESTFALEN) 31 A-B www.steinheim.de

Nordrhein-Westfalen | EW 12.790 | 141 m | Detmold 22 km, Höxter 24 km

Germanenhof www.germanenhof.de

★★★ S garni

Teutoburger-Wald-Straße 29, PLZ 32839 (OT: Sandebeck), **T 05238 98900,** F 989090
35 Zimmer | 3 Suiten | Ez ab 92 €, Dz ab 125 €, inkl. Frühstück

Ein charmantes Privathotel in herrlich ruhiger Lage. Hier erwarten Sie gemütlich eingerichtete Zimmer im Landhausstil. Kleiner Wellnessbereich mit finnischer Sauna und Dampfbad. Die landschaftlich und kulturell reizvolle Umgebung eignet sich bestens für Freizeitausflüge.

Germanenhof

200 | Hauptgericht 16–39 €, Menü 43–53 € | So Mo, Mi-So Di

Behagliches, alpenländisches Ambiente. Auf der Speisekarte locken internationale Spezialitäten und westfälische Gaumenfreuden wie z.B. „Filetsteak mit Quittenchutney, Meerettich und geschmorten Kartoffeln". Gut bestückter Weinkeller.

STEINHEIM AM ALBUCH 59 A www.steinheim.com

Baden-Württemberg | EW 8.509 | 539 m | Heidenheim 8 km, Göppingen 38 km

sKreuz www.skreuz.de

★★★★ S garni

Hauptstraße 26, PLZ 89555, **T 07329 96150,** F 961555
45 Zimmer | 24 h

Über 300-jähriger Brauereigasthof am östlichen Rande der Schwäbischen Alb. Das familiär geführte Haus ist mit liebevollen Details eingerichtet und verfügt über freundliche und komfortabel ausgestattete Zimmer. Im Restaurant werden zum hausgebrauten naturtrüben Kellerbier Gerichte aus der regionalen und internationalen Küche serviert.

STEINSFELD 52 D www.steinsfeld.de

Bayern | EW 1.192 | 405 m | Rothenburg ob der Tauber 6 km, Ansbach 35 km

Landwehrbräu www.landwehr-braeu.de

★★★ S garni

Reichelshofen 31, PLZ 91628 (OT: Reichelshofen), **T 09865 9890,** F 989686
37 Zimmer | Ez ab 95 €, Dz ab 116 €, inkl. Frühstück

Hist. Fachwerkbau von 1387 mit separatem Gästehaus. Stilvoll und individuell eingerichtete Zimmer, die mit zahlreichen Antiquitäten aus der Brauerei-Vergangenheit des Hauses ausgestattet sind. Im rustikalen Restaurant wird gehobene regionale Küche serviert. Neben selbst gebrautem Bier werden auch Bierbrände und ein Bierlikör angeboten.

Gasthof Zum Schwan www.hotel-zum-schwan-rothenburg.de

€ Gut & Günstig S garni

Hartershofen 39, PLZ 91628 (OT: Hartershofen), **T 09861 3387**
13 Zimmer | Ez ab 58 €, Dz ab 80 €, inkl. Frühstück

››

Charmanter, familiär geführter Dorfgasthof mit zeitgemäß eingerichteten Gästezimmern unterschiedlicher Größe. Rustikales Restaurant mit fränkischer und deutscher Küche.

STEPHANSKIRCHEN 68 B www.stephanskirchen.de

Bayern | EW 10.113 | 440 m | Rosenheim 10 km, Prien 17 km

Gocklwirt www.gocklwirt.de

Weinbergstraße 9, PLZ 83071 (OT: Baierbach), **T 08036 1215**
120 | Hauptgericht 12–39 €, Menü 62–78 € | Fr-So Do-So Mo, Di, Mi

Ein originelles Antiquitäten- und Spezialitätenrestaurant mit vielen gemütlichen Nischen und Ecken sowie themenbezogenen Stuben. Hier gibt es regionale und alpenländische Schmankerl inmitten einer Ausstellung von hist. landwirtschaftlichen Geräten. Gemütlicher Biergarten.

STIEFENHOFEN 66 B www.stiefenhofen.de

Bayern | EW 1.788 | 805 m | Oberstaufen 6 km, Isny i. Allgäu 15 km

Landgasthof Rössle www.roessle.net

★★★ garni

Hauptstraße 14, PLZ 88167, **T 08383 92090,** F 920949
13 Zimmer | Ez 84 €, Dz 115–145 €, inkl. Frühstück | 24 h

Gepflegtes Landhotel mit familiärer Atmosphäre. Hell und wohnlich eingerichtete Gästezimmer zu zivilen Preisen. In den hist. Gaststuben werden bodenständige allgäu-schwäbische Speisen sowie schmackhafte Kräutergerichte serviert. Direkt am Haus befinden sich ein Kneippbecken und eine Langlaufloipe.

STOCKHEIM 44 C www.stockheim-online.de

Bayern | EW 4.948 | 350 m | Coburg 40 km, Bayreuth 53 km

Rebhan's www.hotel-rebhan.de

★★★★ S garni

Ludwigsstädter Straße 95-99, PLZ 96342 (OT: Neukenroth), **T 09265 9556100,** F 9556600
90 Zimmer | 3 Suiten | Ez 75–130 €, Dz 109–189 €, ab 10,00 € | 24 h

Modernes, familiengeführtes Business- und Wellnesshotel in grüner Lage. Wohnlich eingerichtete Zimmer mit zweckmäßiger Ausstattung. Mediterran gestaltetes Restaurant mit internationaler Küche. Zum Haus gehören auch eine Sauna, eine Schwimm- und Badewelt sowie eine Bowlingbahn.

Landgasthof Detsch www.landgasthof-detsch-haig.de

Coburger Straße 9, PLZ 96342 (OT: Haig), **T 09261 62490**
60 | Hauptgericht 14–32 €, Menü 26–49 € | Di-Sa Mo, So

Das familiengeführte Gasthaus bietet eine schmackhafte Regionalküche, bei der fast ausschließlich heimische Produkte Verwendung finden. Wie wäre es z.B. mit „Geschmorter Keule vom Angus-Bio-Kalb mit gebratenen Pfifferlingen, dazu Marktgemüse und Kräuter-Brezelknödel“? Toll der Gastgarten unter Kastanien im Sommer.

STOLLBERG 45 B www.stollberg-erzgebirge.de

Sachsen | EW 13.500 | 400 m | Chemnitz 20 km, Plauen 66 km

Locanda Boutique Hotel Neu! www.locanda-hotel.de

★★★★

Hartensteiner Straße 59, PLZ 09366 (OT: Mitteldorf), **T 037296 2484,** F 3603
15 Zimmer | Ez 95 €, Dz 120 €, inkl. Frühstück

Mediterranes Flair am Fuße des Erzgebirges. Mit viel Charme und Charakter empfängt Sie das kleine, familiär geführte Boutique-Hotel. Die Zimmer sind in klarem, geradlinigem Design gehalten und verfügen über eine zeitgemäße Ausstattung mit Flachbildfernseher, Natursteinbad, Minibar und Nespresso-Maschine.

Der Varta-Führer digital

Der Varta-Führer ist auch als eBook erhältlich. Ganz einfach online laden und mobil auf Ihrem Smartphone oder Tablet nutzen.

Weitere Hotel- und Restaurantempfehlungen sowie zahlreiche Freizeittipps erhalten Sie unter: **www.varta-guide.de**

STOLPE AN DER PEENE 19 A www.amt-anklam-land.de

Mecklenburg-Vorpommern | EW 313 | 3 m | Anklam 10 km, Greifswald 40 km

Gutshaus Stolpe www.gutshaus-stolpe.de

VARTA-TIPP Service

Peenstraße 33, PLZ 17391, **T 039721 5500,** F 55099
38 Zimmer | 4 Suiten | Ez 175–230 €, Dz 200–350 €, inkl. Frühstück | ⏲ 24 h

Ein echtes Refugium und komfortables Zuhause auf Zeit für Erholungssuchende! Ein weitläufiger Park mit altem Baumbestand umgibt die denkmalgeschützte Gutsanlage. Edle Materialien, ausgesuchte Antiquitäten und feinstes Interiordesign prägen die individuell ausgestatteten Landhauszimmer. Für Entspannung sorgt die Wellnesslounge mit Sauna, Dampfbad und beheiztem Außenpool. Und auch der vorbildliche Service sorgt dafür, dass sich der Gast hier rundum wohlfühlt.

Gutshaus Stolpe

VARTA-TIPP Küche VARTA-TIPP Service

40 | Hauptgericht 35–48 €, Menü 150–190 € | Di-So Mo

Genussreiche Stunden verspricht der Aufenthalt in diesem eleganten Gourmetrestaurant. In der Gutsherrenküche führt Chefkoch Christian Somann Regie, und man spürt deutlich sein Engagement: Geschmack, schöne Kontraste und Harmonie begeistern hier ebenso wie die Produktqualität und die Verbundenheit zur Region. Umsorgt wird man von einem professionellen Serviceteam. Deftige, bodenständige Speisen gibt es im historischen Wirtshaus „Stolper Fährkrug".

STOLPEN 36 D www.stolpen.de

Sachsen | EW 5.648 | 274 m | Neustadt 5 km, Radeberg 12 km

Zum Erbgericht www.erbgericht.de

★★★★

Am Markt 8, PLZ 01833 (OT: Heeselicht), **T 035973 2290,** F 24212
12 Zimmer | 1 Suite | Ez 94–96 €, Dz 148–152 €, inkl. Frühstück

Das familiengeführte Landhotel am Polenztal ist ein idealer Ausgangspunkt für Wanderungen und Besichtigungstouren in der Sächsischen Schweiz. Das Haus bietet seinen Gästen wohnliche Zimmer (auch Familienzimmer) mit zeitgemäßer Ausstattung. Es gibt auch zwei Kegelbahnen.

Restaurant im Landhotel Zum Erbgericht

120 | Hauptgericht 19–30 € | Mi-So Mo-So

Im hellen, freundlichen Restaurant verwöhnt Sie der Junior des Hauses mit einer gehobenen, aber bodenständigen Küche, bei der überwiegend regionale und saisonale Zutaten Verwendung finden. Man hat auch Räumlichkeiten für Veranstaltungen.

Burghotel Stolpen www.burghotel-stolpen.de

Schlossstraße 12 (Anfahrt über Poetenweg), PLZ 01833, **T 035973 29900**
33 Zimmer | 17 Suiten | Ez 90–120 €, Dz 130–150 €, inkl. Frühstück | 24 h

Am Fuß der Burg Stolpen liegt dieses familiengeführte Hotel. Das Haus verfügt über funktional eingerichtete Zimmer sowie ein rustikales Restaurant mit Wintergarten, in dem regionale und internationale Küche serviert wird.

STORKOW 27 C www.storkow-mark.de

Brandenburg | EW 9.111 | 37 m | Fürstenwalde 18 km, Frankfurt (Oder) 53 km

Köllnitzer Hofküche Neu!

www.koellnitz.de

Groß Schauener Hauptstraße 31, PLZ 15859 (OT: Groß Schauen), **T 033678 61084**
70 | Hauptgericht 19–23 €, Menü 89 € | Mi-So Fr-Sa Mo, Di

In eindrucksvoller idyllischer Landschaft bietet das stilvolle, in Naturtönen gehaltene Restaurant eine schmackhafte saisonale Küche mit frischen Zutaten vom hauseigenen Gut. Auf der Karte findet sich z.B. „Heiß geräucherter Lachs mit Zuckerschoten-Bohnen-Cassoulet und Röstkartoffeln". Im Hofladen kann man nach Lust und Laune einkaufen. Und wer gerne länger bleiben möchte: Im angeschlossenen Hotel in direkter Seelage hat man gepflegte Gästezimmer.

STRALSUND 11 C

www.stralsundtourismus.de

Mecklenburg-Vorpommern | EW 57.778 | 13 m | Greifswald 31 km, Rostock 71 km
Altstadt (UNESCO-Weltkulturerbe), Backsteingotik: Rathaus, Kirchen, Johanniskloster, Heilgeistkloster, Meeresmuseum, Stralsund Museum, Stadtmauer mit Stadttoren, Giebelhäuser, Ozeaneum.

Scheelehof

www.scheelehof.de

★★★★ S garni

Fährstraße 23-25, PLZ 18439, **T 03831 283300,** F 2833488
87 Zimmer | 17 Suiten | Ez 109–280 €, Dz 135–300 €, inkl. Frühstück | 24 h

Aufwendig saniertes Anwesen in exponierter Altstadtlage, bestehend aus zwei beeindruckenden Giebelhäusern aus dem 14. Jh. Das Hotel bietet seinen Gästen individuelle Zimmer und Suiten in unterschiedlichen Größen. In der hauseigenen Kellerkneipe können Sie abends frisch gezapftes Bier, gute Whiskys und leckere Cocktails genießen.

Zum Scheele

110 | Hauptgericht 21–37 €, Menü 69–79 € | Mo-So

Genussvolle Momente verspricht die gute Stube des mittelalterlichen Kaufmannshauses. Die Küche ist abwechslungsreich, kreativ und weltoffen. Appetit macht z.B. „Rinderfilet I Haselnussspinat I Trüffelkartoffeln I Rote-Bete-Melissensalat". Mittags offeriert man preiswerte Lunchgerichte. Am Nachmittag gibt es leckere Kuchen und Spezialitäten aus der hauseigenen Kaffeerösterei.

Hafenresidenz

www.hotel-hafenresidenz.de

★★★★ garni

Seestraße 10-13, PLZ 18439, **T 03831 282120,** F 2821299
71 Zimmer | 2 Suiten | 8 Apartments | 24 h

Direkt an der Sundpromenade liegt dieses moderne Stadthotel. Die neuzeitlichen Zimmer mit See- bzw. Altstadtblick bieten einen gelungenen Mix aus Design, Funktionalität und Behaglichkeit. Restaurant „ROCKERIA" im amerikanischen Stil mit atemberaubendem Ausblick auf den Strelasund.

Kontorhaus

www.hotel-kontorhaus-stralsund.de

garni

Am Querkanal 1, PLZ 18439 (OT: Hafeninsel), **T 03831 289800,** F 289809
18 Zimmer | 2 Suiten | Ez 95–165 €, Dz 125–190 €

In einer traditionsreichen Ecke der Hansestadt gelegenes Haus, das hanseatisches Flair mit moderner maritimer Gegenwart verbindet. Die behaglichen Zimmer mit moderner Ausstattung tragen Namen aus der Schifffahrt von gestern und heute und verfügen teils über einen Balkon sowie Ausblick auf den Seglerhafen.

Lara
www.das-restaurant-lara.de

Am Fischmarkt 4, PLZ 18439, **T 03831 666339**
35 | Hauptgericht 20–38 €, Menü 44–86 € | Sa Di-Sa Mo, So

Das geradlinige Interieur kann sich wirklich sehen lassen, ebenso die moderne europäische Küche, die Ihnen hier kredenzt wird. Wie wäre es z.B. mit „Filet vom Steinbeißer unter einer Pumpernickel-Olivenkruste mit sautierten Tomaten und Kartoffelnocken"? Der Service ist freundlich und kompetent.

Störtebeker Braugasthaus
www.stoertebeker-brauquartier.com

Greifswalder Chaussee 84-85, PLZ 18439 (OT: Franken), **T 03831 255500**
120 | Hauptgericht 16–30 € | Fr-So Mo-Sa

Braugasthaus im hist. Gebäude der ehem. Stralsunder Vereinsbrauerei. Hier kann man spannende Genusswelten und außergewöhnliche Kombinationen von saisonalen Gerichten sowie regionalen Köstlichkeiten und den Störtebeker Brauspezialitäten erleben. Regelmäßig finden Brauereiführungen, Genussverkostungen und Biersommelierabende statt.

STRANDE, OSTSEEBAD 8 C
www.strande.de

Schleswig-Holstein | EW 1.468 | 4 m | Kiel 18 km, Eckernförde 29 km

Strandhotel
www.strandhotel.de

Strandstraße 21, PLZ 24229, **T 04349 91790,** F 919840
29 Zimmer

Das privat geführte Urlaubshotel mit schönem Blick auf die Kieler Außenförde bietet gepflegte, neuzeitlich ausgestattete Gästezimmer. Kleiner Saunabereich mit Ruheraum. Im maritimen Restaurant wird regional und international gekocht.

STRASSLACH-DINGHARTING 60 D
www.strasslach.de

Bayern | EW 3.013 | 635 m | Starnberg 24 km, München 24 km

Zum Wildpark
www.gasthof-zum-wildpark.de

€ Gut & Günstig

Tölzerstraße 2, PLZ 82064 (OT: Strasslach), **T 08170 99620**
280 | Hauptgericht 8–29 € | Mo-So

Der traditionsreiche Gasthof beherbergt mehrere individuell gestaltete Stuben. Regionaltypische Speisekarte mit bürgerlichen Gerichten wie „Kalbsnierchen in Pfeffersauce mit Kartoffelpüree und Karotten" oder „Schweinebraten mit Kartoffelknödel". Das Fleisch kommt aus der hauseigenen Metzgerei nebenan.

STRAUBING 61 B
www.straubing.de

Bayern | EW 48.114 | 331 m | Deggendorf 36 km, Regensburg 42 km

Asam
www.hotelasam.de

GREENSIGN ★★★★S

Wittelsbacher Höhe 1, PLZ 94315, **T 09421 788680,** F 788688
101 Zimmer | 5 Suiten | Ez ab 95 €, Dz ab 114 €, inkl. Frühstück | 24 h

Komfortables Stadt- und Tagungshotel hinter der Fassade eines denkmalgeschützten Gründerzeitgebäudes. Klimatisierte und elegante, im Bauhausstil gestaltete Zimmer. Für Entspannung sorgt der Wellnessbereich mit Sauna, Dampfbad, Sonnenwiese und Dachterrasse. Das Restaurant bietet bayerisch-mediterrane Küche. Schöner Biergarten mit altem Baumbestand.

STROMBERG 50 A www.stromberg.de

Rheinland-Pfalz | EW 3.208 | 220 m | Bingen 11 km, Bad Kreuznach 18 km

1242 Stromburg by Kilger www.stromburg.com

Schlossberg 1, PLZ 55442, **T 06724 93100**
13 Zimmer | 24 h

Die auf einem Bergsporn am Soonwald erbaute und durch Johann Lafer bekannt gewordene Burganlage ist zurück! Hinter den alten Mauern weht ein Hauch von Burgromantik. In den geschmackvoll renovierten Gästezimmern sorgen warme Farben, hochwertige Textilien und komfortable Betten für einen hohen Wohlfühlfaktor. Wer es ganz besonders exklusiv mag, bucht die großzügige „Turmsuite Lafer" über drei Etagen. Für geschäftliche und private Anlässe stehen diverse Eventräumlichkeiten zur Verfügung.

Land- & Golf Hotel Stromberg www.golfhotel-stromberg.de

★★★★S

Am Buchenring 6, PLZ 55442 (OT: Schindeldorf), **T 06724 6000,** F 600433
174 Zimmer | 16 Suiten | Ez ab 135 €, Dz ab 270 €, inkl. Frühstück | 24 h

Das ansprechende Hotel bietet komfortabel eingerichtete Landhauszimmer in sechs verschiedenen Kategorien. Zum Haus gehören auch eine Bibliothek mit Kamin und angrenzendem Wintergarten, ein großzügiger SPA-Bereich auf 2.500 qm, eine 18-Loch-Golfanlage sowie diverse Tagungsräume.

Le Délice

22 | Menü 113–173 € | Do-Sa Mo, Di, Mi, So

Im behaglich-eleganten Gourmetrestaurant erwarten den Gast eine ideenreiche internationale Küche, ein aufmerksamer Service sowie eine sehr gute Weinauswahl. Serviert wird ein monatlich wechselndes Menü in vier bis acht Gängen, das man auch mit alkoholfreier Getränkebegleitung bestellen kann.

STRUPPEN 46 B www.struppen.de

Sachsen | EW 2.930 | 337 m | Pirna 8 km, Bad Schandau 12 km

Bei.Gretel Hotel Neu! www.bei-gretel.de

★★★★S

Weißig 7d, PLZ 01796 (OT: Weißig), **T 035021 593370,** F 593371
28 Zimmer

Das Ayurveda- und Wellnesshotel liegt landschaftlich reizvoll inmitten des Nationalparks Sächsische Schweiz, in direkter Nachbarschaft der Festung Königstein. Hier erwartet den Gast eine Oase des ganzheitlichen Wohlbefindens. Sie wohnen in schick designten Zimmern, teils mit Balkon und herrlichem Landschaftsblick, relaxen im Wellness- und Anwendungsbereich und genießen ein gutes Frühstück sowie einen angenehm persönlichen Service. Im hoteleigenen Restaurant nebst Terrasse und Wintergarten wird regionale und internationale Küche serviert.

STÜHLINGEN 64 B www.stuehlingen.de

Baden-Württemberg | EW 5.000 | 501 m | Schaffhausen 23 km, Waldshut 29 km

Landgasthof Rebstock www.rebstock.eu

€ Gut & Günstig

Schlossstraße 10, PLZ 79780, **T 07744 92120,** F 921299
33 Zimmer | 4 Apartments | Ez 70–72 €, Dz 102–106 €, inkl. Frühstück

Gemütlicher Gasthof mit familiärem Ambiente und über 600-jähriger Tradition. Behaglich eingerichtete Zimmer mit zweckmäßiger Ausstattung. Im Schwarzwälder Stil eingerichtete Gaststuben mit regionaler Küche. In der alten Scheune des Landgasthofs kann man ein Bauern- und Bulldogmuseum besichtigen.

Gasthaus Schwanen www.gasthaus-schwanen.de

Talstraße 9, PLZ 79780 (OT: Schwaningen), **T 07744 5177**
40 | Hauptgericht 21–30 €, Menü 39–69 € | So Mo-Di, Do-So Mi

Im 1912 erbauten Gasthaus ist die Atmosphäre heimelig und die Küche ausgesprochen schmackhaft. Die liebenswürdige Servicecrew verwöhnt Sie mit leckeren Gerichten wie „Rückensteak vom Weiderind unter der Pommerysenfkruste mit Kartoffelgratin". Im Sommer ist der Biergarten ein richtig gemütliches Plätzchen. Übernachten kann man in einem der liebevoll eingerichteten Gästezimmer.

Gengs Linde www.gengslinde.de

St.-Gallus-Straße 37, PLZ 79780 (OT: Mauchen), **T 07744 1255**
80 | Hauptgericht 16–35 €, Menü 46–48 € | So Mo, Mi-So Di

Freundlich, mit moderner, klarer Note kommt das sympathisch geführte Gasthaus daher. Man kocht überwiegend traditionell mit saisonalen Einflüssen. Probieren Sie z.B. „Fischvariation mit Krustentiersauce, Marktgemüse und frische Pfifferlingsnudeln". Toll, dass man auch eine kleine Speisekarte für Kids anbietet. Zum Übernachten hat man gepflegte Hotelzimmer.

STUHR 14 C www.stuhr.de

Niedersachsen | EW 32.556 | 20 m | Delmenhorst 10 km, Bremen 12 km

Nobel www.nobel-moordeich.de

Neuer Weg 13, PLZ 28816 (OT: Moordeich), **T 0421 56800**
120 | Hauptgericht 10–30 €, Menü 37–65 € | Mi-So Fr-So

Das alteingesessene Traditionsgasthaus ist eine persönlich geführte Adresse mit sehr guter Küche. Serviert werden bürgerliche und internationale Gerichte, z.B. „Roulade von Lachs und Scholle mit Hummerrahmsauce auf einem Gemüsebett und Basmatireistimbal". Für Veranstaltungen stehen unterschiedliche Räumlichkeiten zur Verfügung.

Schon probiert?
Der Varta-Führer ist auch als eBook für Ihren TabletPC oder Ihr Smartphone verfügbar!

STUTTGART 58 A www.stuttgart-tourist.de

Baden-Württemberg | EW 604.297 | 245 m | Karlsruhe 75 km, Heidelberg 118 km
Hauptbahnhof, Schlossplatz mit Neuem Schloss und Jubiläumssäule, Kunstmuseum, Schlossgarten mit Landtagsgebäude, Opernhaus, Staatstheater und Carl-Zeiss-Planetarium, Staatsgalerie, Altes Schloss, Schillerplatz mit Schiller-Denkmal, Stiftskirche, Lindenmuseum, Hoppenlau-Friedhof, Weißenhofsiedlung mit 2 Häusern von Le Corbusier (UNESCO-Weltkulturerbe), Museum am Löwentor, Zoologisch-Botanischer Garten Wilhelma, Mercedes-Benz-Museum, Fernsehturm, Schloss Solitude, Porsche-Museum.
Einen Cityplan finden Sie auf Seite 1032–1033.

Le Méridien www.lemeridienstuttgart.com

Willy-Brandt-Straße 30 (E1), PLZ 70173, **T 0711 22210,** F 22212599
293 Zimmer | 13 Suiten | 24 h

Zeitgemäßes Businesshotel mit elegantem Hallenbereich vis-à-vis dem Schlossgarten in der Stadtmitte. Hochwertig ausgestattete Zimmer mit schickem Design. Exklusiver Wellnessbereich auf 850 qm mit Pool, Dampfbad und Fitnesscenter. Das Restaurant „Kleinschmeckerei“ serviert exklusive Steakspezialitäten.

Steigenberger Graf Zeppelin www.hrewards.com

Arnulf-Klett-Platz 7 (D1), PLZ 70173, **T 0711 20480,** F 2048542
78 Zimmer | 26 Suiten | Ez 159–550 €, Dz 169–560 €, 15,00–32,00 € | 24 h »

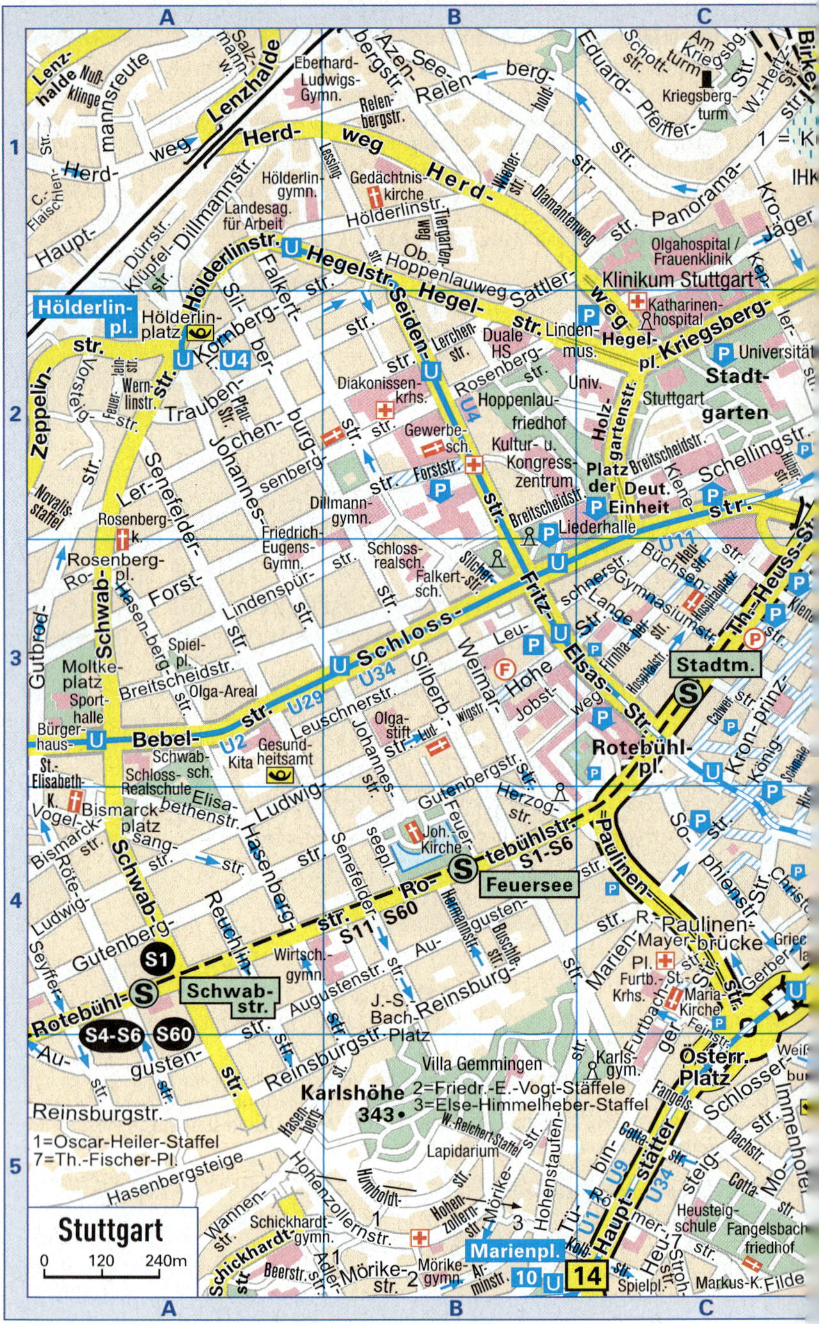
A
B
C
1
2
3
4
5
Stuttgart
0 120 240m
1=Oscar-Heiler-Staffel
7=Th.-Fischer-Pl.
2=Friedr.-E.-Vogt-Stäffele
3=Else-Himmelheber-Staffel
Lenzhalde
Herdweg
Hölderlinstr.
Hölderlinpl.
Hölderlinplatz
Hegelstr.
Hegelpl.
Kriegsbergstr.
Kriegsbergturm
Eduard-Pfeiffer-Str.
Panoramastr.
Olgahospital / Frauenklinik
Klinikum Stuttgart
Katharinenhospital
Universität
Stadtgarten
Univ. Stuttgart
Hoppenlaufriedhof
Kultur- u. Kongresszentrum
Liederhalle
Platz der Deut. Einheit
Schellingstr.
Breitscheidstr.
Holzgartenstr.
Seidenstr.
Diakonissenkrhs.
Gewerbesch.
Forststr.
Dillmann-gymn.
Friedrich-Eugens-Gymn.
Schlossrealsch.
Schlossstr.
Fritz-Elsas-Str.
Stadtm.
Rotebühlpl.
Rotebühlstr.
Feuersee
Joh.-Kirche
Gutenbergstr.
Herzogstr.
Paulinenstr.
Paulinenbrücke
Marienstr.
Österr. Platz
Karlshöhe 343
Villa Gemmingen
Lapidarium
Marienpl.
Hauptstätter Str.
Schwabstr.
Bebelstr.
Moltkeplatz
Sporthalle
Bürgerhaus
Olga-Areal
Gesundheitsamt
Kita
Rosenbergpl.
Rosenbergstr.
Senefelderstr.
Johannesstr.
Reinsburgstr.
Augustenstr.
Hasenbergsteige
Schickhardtstr.
Schickhardt-gymn.
Mörikestr.
Mörike-gymn.
Hohenzollernstr.
Karls-gymn.
Heusteigschule
Fangelsbachfriedhof
Maria-Kirche
Eberhard-Ludwigs-Gymn.
Gedächtniskirche
Landesag. für Arbeit
Duale HS
Zeppelinstr.
Wirtsch.-gymn.
J.-S.-Bach-Platz
Schwab-sch.
Schloss-Realschule
St.-Elisabeth-K.
Bismarckplatz
S1
S4-S6
S60
S11
S1-S6
U4
U2
U29
U34
U11
U9
U1
14
10

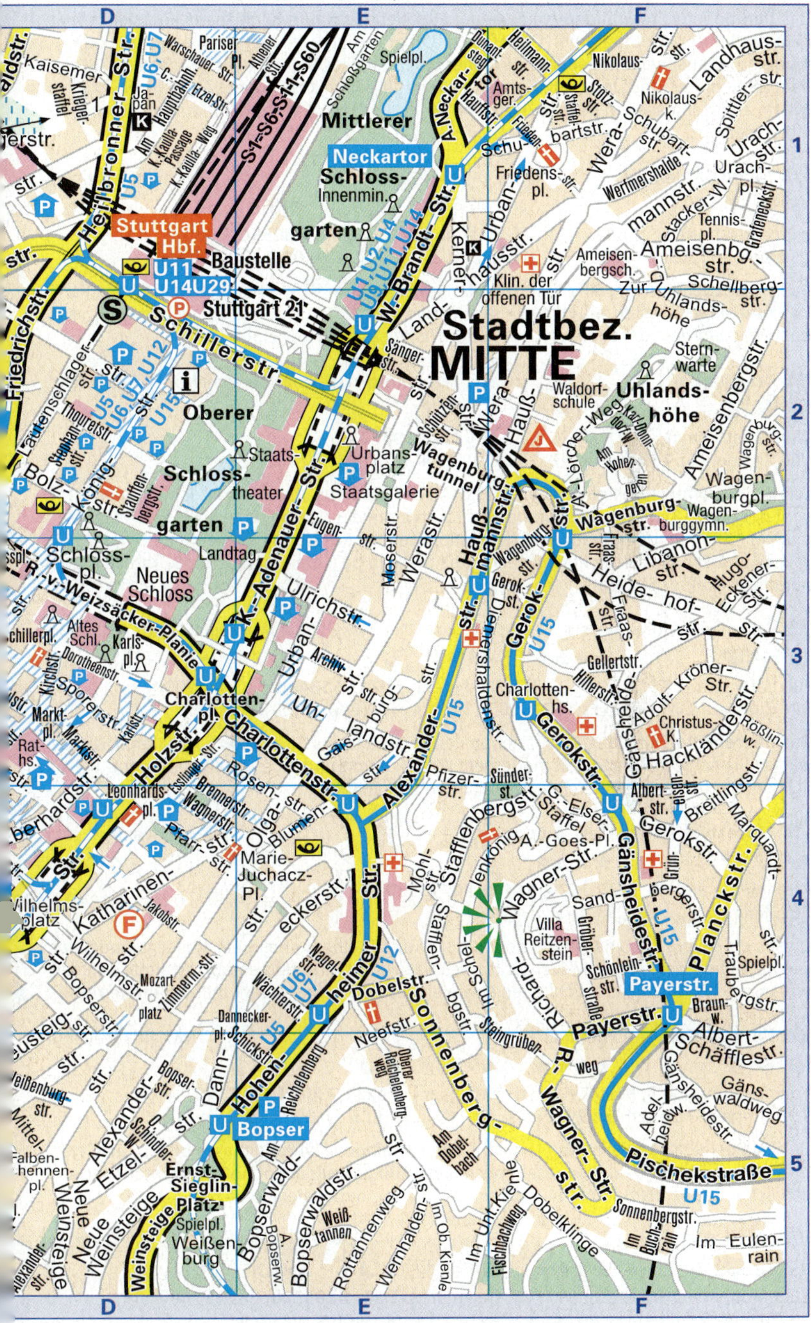
D
E
F
1
2
3
4
5
Kaisemer
Warschauer Str.
Pariser Pl.
Athener Str.
S1-S6,S11,S60
Spielpl.
Mittlerer
Neckartor
Schloss-
Innenmin.
garten
Stuttgart Hbf.
Baustelle
U11
U14U29
Stuttgart 21
Schillerstr.
Friedrichstr.
Heilbronner Str.
Oberer
Schloss-
garten
Staats-
theater
Landtag
Neues
Schloss
Altes
Schl.
Karls-
pl.
Charlotten-
pl.
Charlottenstr.
Holzstr.
Markt-
pl.
Rat-
hs.
Leonhards-
pl.
Wilhelms-
platz
Katharinen-
str.
Wilhelmsstr.
Bopserstr.
Mozart-
platz
Zimmerm.-str.
Dannecker-
pl.
Schickstr.
Hohen-
heimer
Str.
Bopser
Ernst-
Sieglin-
Platz
Spielpl.
Weißen-
burg
Weinsteige
Neue
Weinsteige
Alexander-
str.
Etzel-
str.
Bopserwald-
str.
Bopserwaldstr.
Weiß-
tannen
Rottannenweg
Wernhalden-
str.
Im Ob. Kienle
Im Unt. Kienle
Fischbachweg
Dobelklinge
Am
Dobel-
bach
Sonnenberg-
str.
Dobelstr.
Neefstr.
Olga-
str.
Marie-
Juchacz-
Pl.
Blumen-
str.
Rosen-
str.
Urban-
str.
Uh-
landstr.
Ulrichstr.
Archiv-
str.
Eugen-
str.
Staatsgalerie
Urbans-
platz
Konrad-Adenauer-Str.
W.-Brandt-Str.
Land-
Sänger-
str.
Stadtbez.
MITTE
Wagenburg-
tunnel
Wera-
str.
Hauß-
mannstr.
Moserstr.
Werastr.
Alexander-
str.
Pfizer-
str.
Sünder-
st.
Stafflenbergstr.
Diemershaldenstr.
Gerok-
str.
Gerokstr.
Charlotten-
hs.
Gänsheidestr.
Wagner-Str.
Villa
Reitzen-
stein
Richard-
Wagner-
Str.
Payerstr.
Pischekstraße
Sonnenbergstr.
Im
Eulen-
rain
Planckstr.
Albert-
Schäfflestr.
Gäns-
waldweg
Traubergstr.
Spielpl.
Hackländerstr.
Christus-
K.
Adolf-Kröner-
Str.
Gellertstr.
Hillerstr.
Heide-
hof-
str.
Libanon-
str.
Hugo-
Eckener-
Str.
Wagenburg-
str.
Wagen-
burggymn.
Wagen-
burgpl.
Uhlands-
höhe
Waldorf-
schule
Stern-
warte
Zur Uhlands-
höhe
Ameisenbergstr.
Ameisenbg.-
str.
Ameisen-
bergsch.
Schellberg-
str.
Tennis-
pl.
Urach-
str.
Urach-
pl.
Landhaus-
str.
Nikolaus-
str.
Werfmershalde
Schubart-
str.
Friedens-
pl.
Klin. der
offenen Tür
Kerner-
str.
Neckartor
Amts-
ger.
U15
U5
U6,U7
U12
U1,U2,U4
U9,U11,U14

Das traditionsreiche Grandhotel mit seiner auffallenden Natursteinfassade liegt gegenüber dem Stuttgarter Hauptbahnhof. Das Haus bietet großzügige, im klassisch eleganten oder modern-puristischen Stil gehaltene Zimmer und Suiten. 500 qm großer SPA-Bereich über den Dächern der Stadt mit Pool, Sauna und Dampfbad. Im Restaurant „Zeppelin-Stüble“ sowie im angeschlossenen Bistro „Zeppelino’S“ werden regionale und internationale Spezialitäten serviert.

Hilton Garden Inn www.hiltonhotels.de

Mercedesstraße 75, PLZ 70372 (OT: Bad Cannstatt), **T 0711 900550,** F 90055100
150 Zimmer | 9 Suiten | Ez 123–312 €, Dz 123–312 €, 20,00 € | 24 h

Das neuzeitliche Businesshotel liegt mitten im Stuttgarter Veranstaltungsareal NeckarPark. Es bietet seinen Gästen zeitgemäß eingerichtete Zimmer mit gutem technischen Komfort. Business Center in der Lobby. Hauseigener Wellness- und Fitnessbereich.

Jaz Stuttgart www.hrewards.com/de/jaz-in-the-city-stuttgart

Wolframstraße 41 (↗ D1), PLZ 70191, **T 0711 969840**
166 Zimmer | Ez 139–699 €, Dz 139–699 €, 22,00 € | 24 h

Das 2018 eröffnete Designhotel im 18-stöckigen Hochhaus „Cloud No.7“ ist der neue Hotspot der Stadt. Geräumig die Zimmer, schick-modern das Design. Edel auch der Relaxbereich mit Saunen, Dampfbad und Erlebnisduschen. Im Restaurant serviert man Burger, Steaks und Tapas. Für Nachtschwärmer „the place to be“: die trendige Bar & Terrace mit Panoramablick über Stuttgart.

Mövenpick Hotel Airport www.movenpick.com/stuttgart-airport

★★★★ S

Flughafenstraße 50, PLZ 70629 (OT: Flughafen), **T 0711 553440,** F 553449000
326 Zimmer | 14 Suiten | Ez 119–380 €, Dz 144–400 €, 32,00 € | 24 h

Das neuzeitliche Hotel liegt direkt neben den Terminals des Stuttgarter Flughafens. Hier erwarten Sie schicke Zimmer mit modernem Wohnkomfort und edlen Designerbädern. Sachlich gestalteter Wellnessbereich mit mehreren Saunen.

Mövenpick Hotel Messe & Congress www.movenpick.com

★★★★

Flughafenstraße 43, PLZ 70629, **T 0711 90705330**
262 Zimmer

Dieses großzügige Businesshotel befindet sich unmittelbar neben dem Messegelände, dem Flughafen und dem ersten Mövenpick Hotel. Das Haus bietet zeitgemäß gestaltete Zimmer, umfangreiche Tagungsmöglichkeiten sowie ein modernes Restaurant mit Sommerterrasse.

Pullman Stuttgart Fontana www.all.accor.com

★★★★ S

Vollmoellerstraße 5, PLZ 70563 (OT: Vaihingen), **T 0711 7300,** F 7302525
252 Zimmer | 3 Suiten | Ez 99–209 €, Dz 109–219 €, 24,00 € | 24 h

Großes Businesshotel mit guter U- und S-Bahn-Anbindung zum Flughafen und in die City. Großzügiger Sauna- und Wellnessbereich auf 1.200 qm mit Innenpool, Sonnenterrasse und finnischer Sauna. Restaurant mit regionaler und internationaler Küche.

Waldhotel Stuttgart www.waldhotel-stuttgart.de

GREENSIGN ★★★★ S

Guts-Muths-Weg 18, PLZ 70597 (OT: Degerloch), **T 0711 185720,** F 18572400
96 Zimmer | 2 Suiten | Ez ab 144 €, Dz ab 171 €, 28,00 € | 24 h

Direkt am Waldrand oberhalb des Stuttgarter Talkessels liegt dieses Hotel auf einem idyllischen Parkgrundstück. Das Haus bietet hochwertig und zeitgemäß eingerichtete Zimmer, multifunktionale Konferenzräume sowie einen kleinen Wohlfühlbereich mit Sauna und Fitnessraum. Gute Anbindung zur Messe und zum Flughafen.

Finch

42 | Hauptgericht 22–39 € | Mo-So

Behaglich und elegant zugleich kommt das Restaurant daher, das im ältesten und denkmalgeschützten Teil des Hauses untergebracht ist. Was hier serviert wird, ist schmackhaft, saisonal und aus guten Produkten zubereitet. Einladende Terrasse im Innenhof.

Azenberg

www.hotelazenberg.de

★★★★ garni

Seestraße 114-116 (B1), PLZ 70174 (OT: Nord), **T 0711 2255040,** F 22550499
58 Zimmer | 1 Suite | Ez 95–165 €, Dz 110–250 €, 18,00–22,00 € | 24 h 22.12.23–8.1.24

Privat geführtes Hotel, wenige Gehminuten vom Zentrum entfernt. Gut ausgestattete Gästezimmer. Hübscher Freizeitbereich mit Schwimmbad, Sauna und Dampfbad. Liebevoll gestalteter Garten mit Terrasse.

Jetzt abonnieren: instagram.com/vartaguide

Der Zauberlehrling

www.zauberlehrling.de

VARTA-TIPP Ambiente

★★★★

Rosenstraße 38 (E4), PLZ 70182, **T 0711 2377770,** F 2377775
17 Zimmer | 4 Suiten | Ez 135–199 €, Dz 190–290 €, 19,00 € | 24 h

Ein privat geführtes Haus im schönen Bohnenviertel mit individuell eingerichteten Zimmern und Suiten. Geschäftsreisende und Freizeitgäste, die das Besondere mögen, werden sich hier wohlfühlen. Die originellen Themenzimmer tragen so klangvolle Namen wie „Paddington", „Titanic" oder „Mondschau". Gegen einen Aufpreis können Sie das Frühstück auch in Ihrem Zimmer einnehmen.

Der Zauberlehrling

VARTA-TIPP Küche VARTA-TIPP Service

25 | Hauptgericht 45–70 €, Menü 125–225 € | Mo-Sa So

Ganz schön cool und trendy! Das Gourmetrestaurant im stylishen Designhotel kommt geradlinig und dezent-unaufgeregt, aber keineswegs steif daher. Das frische, zeitgemäße Konzept gilt auch für die Küche. Am Herd steht der überaus talentierte Fabian Heldmann und verwöhnt seine Gäste mit einer modernen, produktorientierten Kreativküche mit Einflüssen aus dem asiatischen Raum. Dazu ein omnipräsenter, freundlicher Service und ein hervorragendes Weinangebot. Sehr beliebt sind die Themenabende und Kochkurse des Patrons.

EmiLu Hotel

www.emilu-hotel.com

VARTA-TIPP Ambiente

Nadlerstraße 4 (D3), PLZ 70173, **T 0711 3420620**
90 Zimmer | 24 h

››

In diesem eindrucksvollen Designhotel wohnt man überaus modern und dazu noch in bester Innenstadtlage. Hochwertige Materialien, ausgewählte Stoffe, klare Linien und eigens angefertigtes Mobiliar geben den Zimmern ihre individuelle Note. Von den Suiten in der sechsten Etage hat man einen herrlichen Blick über die Stadt. Tipp: Im hauseigenen Restaurant „Fritz" (mit Außenbereich) können externe Gäste bis in den Nachmittag hinein ausgiebig frühstücken.

Kronenhotel www.kronenhotel-stuttgart.de

★★★★ garni

Kronenstraße 48 (C1), PLZ 70174, **T 0711 22510,** F 2251404
80 Zimmer | Ez ab 115 €, Dz ab 165 €, inkl. Frühstück | 24 h

Familiengeführtes Businesshotel in der Innenstadt. Überwiegend klimatisierte Nichtraucherzimmer mit zeitloser Einrichtung. Zum Haus gehören auch eine gemütliche Lobbybar, ein lichtdurchfluteter Frühstücksraum mit angrenzendem Garten sowie eine Wohlfühlsauna.

Unger www.hotel-unger.de

★★★★ garni

Kronenstraße 17 (D2), PLZ 70173, **T 0711 20990,** F 2099100
106 Zimmer | Ez 96–192 €, Dz 133–273 €, inkl. Frühstück | 24 h

Zentral gelegenes Geschäfts- und Stadthotel nahe dem Hauptbahnhof. Mit Naturholzmöbeln ausgestattete Zimmer, teils klimatisiert. Überall im Haus kann man Kunstwerke schwäbischer Künstler bewundern. Reichhaltiges Frühstücksbuffet mit frischen saisonalen Produkten.

Zur Weinsteige www.zur-weinsteige.de

★★★★

Hohenheimer Straße 28-30 (E4), PLZ 70184, **T 0711 2367000,** F 2367007
28 Zimmer | 3 Suiten | Ez 110–150 €, Dz 130–280 €, ab 15,00 €

Gediegen, edel, rustikal, persönlich - so lässt sich das Hotel am trefflichsten beschreiben, das seit vielen Jahren von Familie Scherle sehr engagiert geführt wird. Neben etwas einfacheren Zimmern im Haupthaus stehen im sogenannten „Schlösschen" auch lichtdurchflutete und elegant eingerichtete Zimmer und Suiten zur Verfügung. Hübscher Koikarpfenteich im mediterran anmutenden Hotelgarten.

Restaurant Zur Weinsteige

45 | Menü 69–150 € | Di-Sa Mo, So

Leuchtendes Blattgold und moderne Elemente fügen sich harmonisch in den rustikalen Gastraum. Aus der Küche von Jörg Scherle kommen wohlschmeckende regionale Gerichte mit mediterranen und japanischen Akzenten. Sein Bruder Andreas sorgt für die fachkundige Weinberatung und kann dabei auf ein Repertoire von mehr als 1.500 Weinen zurückgreifen.

Gloria www.hotelgloria.de

★★★ S

Sigmaringer Straße 59, PLZ 70567 (OT: Möhringen), **T 0711 71850,** F 7185121
83 Zimmer | Ez 69–299 €, Dz 89–339 €, inkl. Frühstück

Attraktive Adresse für Businessgäste und Musicalbesucher. Gepflegte, zweckmäßige Zimmer mit guter technischer Ausstattung. Zum Haus gehören auch eine Sauna, eine mediterrane Gartenterrasse und ein Wintergarten. Bürgerliche Küche im hoteleigenen Restaurant „Möhringer Hexle".

Speisemeisterei

www.speisemeisterei.de

VARTA★TIPP Küche VARTA-TIPP Service

Am Schloss Hohenheim , PLZ 70599 (OT: Hohenheim), **T 0711 34217979**
30 | Menü 190–220 € | Mo, Do-So ⃠ Di, Mi

Das Gourmetrestaurant im Kavaliersbau von Schloss Hohenheim kombiniert opulenten Barockstil mit einem zeitgenössischen Einrichtungskonzept. Dem edlen Ambiente wird auch die Küche von Stefan Gschwendtner absolut gerecht. Beste Produkte treffen hier auf ausgezeichnetes Handwerk - es entstehen kreative Gerichte, modern und regional, durchdacht und harmonisch bis ins Detail. Die Weinkarte bietet eine Top-Auswahl an exklusiven Weinen aus Deutschland, Europa und Übersee. Fürsorglich und kompetent der Service unter der Leitung von Maître Benedikt Doll.

Restaurant 5

www.5.fo

VARTA-TIPP Küche VARTA-TIPP Service

Bolzstraße 8 (D2), PLZ 70173, **T 0711 65557011**
32 | Menü 129–199 € | Mi-So ⃠ Mo ⃠ 1.–14.1.24

Unverändert zählt die durchgestylte Location in den Räumlichkeiten des ersten Stuttgarter Bahnhofs zu den kulinarischen Hotspots der Schwabenmetropole. Hier vereint man unterschiedliche Konzepte unter einem Dach. Im puristisch-eleganten Gourmetrestaurant im 1. OG verwöhnt Alexander Dinter seine Gäste mit höchst anspruchsvoller Kulinarik in Form eines Abendmenüs mit bis zu 7 Gängen. Sein Erfolgsrezept? Exaktheit, Know-how und jede Menge Fingerspitzengefühl. Nicht zu vergessen: gekonnt in Szene gesetzte Produkte von top Qualität. Der Service herzlich und versiert, kompetent die Weinberatung. Das Erdgeschoss nebst kleiner Terrasse ist Lounge, Club, Bar und Frühstückscafé in einem.

Jetzt vorbeischauen: pinterest.com/vartaguide

Wielandshöhe www.wielandshoehe.de

VARTA-TIPP Küche VARTA-TIPP Service

Alte Weinsteige 71, PLZ 70597 (OT: Degerloch), **T 0711 6408848**
65 | Hauptgericht 50–65 €, Menü 125–150 € | Mi-Sa ⃠ Mo, Di, So

Eine Ikone im Schwabenländle! Vincent Klink versteht es, mit Freundlichkeit, Authentizität und uneingeschränktem Engagement diese gastronomische Institution am Leben zu halten. Viele Stammgäste beehren das Gourmetrestaurant seit vielen Jahren, weil Sie das gediegen-elegante Ambiente, den liebenswerten Service und vor allem die kompromisslose Qualität der klassischen Heimatküche zu schätzen wissen. Tipp: frühzeitig reservieren! Dies gilt erst recht, wer im Sommer ein Plätzchen auf der geschützten Aussichtsterrasse ergattern möchte.

Délice www.restaurant-delice.de

VARTA-TIPP Küche VARTA-TIPP Service

Hauptstätter Straße 61 (C4), PLZ 70178, **T 0711 6403222**
26 | Menü 138 € | Di-Fr ⃠ Mo, Sa, So

Der kleine, charmante Gewölbekeller zählt längst zur gastronomischen Elite der Schwabenmetropole. Die klassische Gourmetküche von Andreas Hettinger, bei der alle verfügbaren Register gezogen werden, kommt geschmacklich einwandfrei und handwerklich perfekt daher. Die offene Küche gewährt dabei interessante Einblicke in das Geschehen am Herd. Serviert wird ein fixes 5-gängiges Menü, das auf Wunsch auf 4 Gänge reduziert werden kann.

Hegel Eins www.hegeleins.de

Hegelplatz 1 (C2), PLZ 70174, **T 0711 6744360**
30 | Menü 144–160 € | Di-Sa ⃠ Mo, So

Museumsgastronomie vom Feinsten! Modern, gemütlich und völlig chichi-frei zeigt sich das Restaurant hinter den neoklassizistischen Mauern des Lindenmuseums. Hier erwartet Sie ein ebenso stylishes wie einladendes Jägerstübchen: klar im Design mit olivgrünen Wänden, mächtigen Kronleuchtern und einer braunen Schindelwand, die einen Kamin umsäumt. Gekocht wird regional und saisonal mit internationalen Einflüssen. Eine Speisekarte sucht man hier vergebens, stattdessen dürfen Sie sich überraschen lassen, was sich die Küchencrew für Sie ausgedacht hat. Dazu ein aufmerksamer, aber unaufgeregter Service.

Hupperts Restaurant www.hupperts-restaurant.de

VARTA-TIPP Küche VARTA-TIPP Service

Gebelsbergstraße 97 (↙ A5), PLZ 70199 (OT: Süd), **T 0711 6406467**
28 | Menü 129–139 € | Di-Sa ⃠ Mo, So

Kleines, sachlich-elegant eingerichtetes Restaurant in einem Wohngebiet im Stuttgarter Süden. Hier wird regional beeinflusste klassische Küche geboten, die sich durch Feinheit, Kontraste und Harmonie auszeichnet. Aus frischen saisonalen Produkten zaubert Michael Huppert ein kreatives Menü mit 5 oder 6 Gängen (auf Wunsch mit Weinbegleitung). Dazu ein charmanter und fachkundiger Service. Im Sommer können Sie auch auf der kleinen Terrasse speisen.

Folgen Sie uns: facebook.com/vartaguide

New Josch Neu! www.new-josch.de

VARTA-TIPP Küche

Feuerbacher Weg 101, PLZ 70192 (OT: Nord), **T 0711 3608350**
40 | Hauptgericht 31–63 € | Di-Sa Mo, So

Kulinarischer Hochgenuss in entspannter Atmosphäre. Das Edelrestaurant in der noblen Wohngegend am Stuttgarter Killesberg serviert eine kreative, französisch inspirierte Küche, bei der überwiegend regionale Produkte Verwendung finden. Auf der Karte liest man z.B. „Königskrabbe | offene Ravioli I Krustentierbisque I Eigelb I Mandel". In der Schatzkammer des gut bestückten Gewölbekellers, wo sich auch eine Zigarrenlounge befindet, lagern erstklassige Weine. In der warmen Jahreszeit empfiehlt sich die Sommerterrasse im Innenhof. Mit dem holzvertäfelten Jägerzimmer steht zudem ein exklusiver Private-Dining-Room zur Verfügung.

Ritzi www.ritzi-stuttgart.de

VARTA-TIPP Küche

Friedrichstraße 6 (C2), PLZ 70174, **T 0711 137920**
90 | Hauptgericht 28–48 €, Menü 78–100 € | Fr-Sa Mo-Sa So

Hochwertig, stylish, unkompliziert - so zeigt sich diese Location im Erdgeschoss des Bürokomplexes Citygate unweit des Zeppelin-Carrés. Im Restaurant wird eine leichte Brasserieküche aufgetischt, die sich von saisonalen und regionalen Produkten inspirieren lässt und auf klassisch französischer Basis zubereitet wird. Im Gourmetbereich auf der kleinen Empore verwöhnt Küchenchef Ben Benasr seine Gäste mit einem kreativen Feinschmeckermenü (Mi-Sa abends, Sa auch mittags). Der freundliche Service berät kompetent zu den Weinen, die es in herrlicher Fülle und top Qualität zu entdecken gibt.

Christophorus www.porsche.com

Porscheplatz 5, PLZ 70435 (OT: Zuffenhausen), **T 0711 91125980**
80 | Hauptgericht 28–56 €, Menü 94–110 € | Di-Sa Mo, So

Großzügiges, edel eingerichtetes Exklusivrestaurant im Porsche-Museum. Im Angebot: Mediterrane und regionale Küche sowie sehr gute Steakgerichte (Spezialität: Amerikanisches Prime Beef vom Grill). Aber auch vegane Gerichte stehen auf der Speisekarte. Erlesenes Weinangebot mit rund 700 Positionen.

Cube www.cube-restaurant.de

Kleiner Schlossplatz 1 (D3), PLZ 70173, **T 0711 2804441**
140 | Hauptgericht 25–50 €, Menü 60–90 € | Mo-So

››

Puristisch gehaltenes Restaurant im Kunstmuseum mit spektakulärem Blick auf den Stuttgarter Schlossplatz. Serviert werden geschmacklich ausdrucksstarke Gerichte aus der mediterran-asiatischen Küche - z.B. „Steak vom Gelbflossenthunfisch | Zitronengrasrisotto | Dashivinaigrette".

Fässle le restaurant — www.restaurant-faessle.de

VARTA-TIPP Küche

Löwenstraße 51, PLZ 70597 (OT: Degerloch), **T 0711 760100**
70 | Hauptgericht 35–41 €, Menü 58–90 € | Mi-Sa Di-Sa Mo, So

Gemütlich hat man es in diesem Stuttgarter Traditionsrestaurant. Unablässig und höchst motiviert sorgt Patrick Giboin für Qualität und Ausdruck auf dem Teller. Seine französisch und international beeinflusste Küche zeichnet sich durch Liebe zum Detail, feinste Aromen und erstklassige Produkte aus. Mittags gibt es ein preisgünstiges „Menu du Jour". Für einen reibungslosen Ablauf im Service sorgt der erfahrene Maître Pascal Foechterlé. Im Sommer wird auch auf der kleinen Terrasse serviert.

Il Quinto Quarto — www.ilquintoquarto.de

Parlerstraße 110 (B1), PLZ 70192 (OT: Killesberg), **T 0711 6154636**
150 | Hauptgericht 9–43 €, Menü 33–80 € | Mo-So

So manch einer ist im Clubrestaurant im Weißenhof schon zum Stammgast geworden. Hier können Sie vom Urlaub in Italien träumen. Auf die fein gedeckten Tische kommen schmackhafte mediterrane Gerichte. Beeindruckende Weinkarte mit 250 verschiedenen Tropfen.

La Fenice — www.ristorante-la-fenice.de

Rotebühlplatz 29 (C4), PLZ 70178, **T 0711 6151144**
44 | Hauptgericht 22–42 €, Menü 80 € | Mi-Fr Mo-Sa So

Gelungene Kombination aus stimmungsvollem Ambiente und moderner Kunst. Serviert wird feine italienische Küche. Sehr gutes Weinangebot mit über 80 Positionen. Das hauseigene Olivenöl kann man käuflich erwerben.

Meister Lampe — www.restaurant-meisterlampe.com

Solitudestraße 261, PLZ 70499 (OT: Weilimdorf), **T 0711 9898980**
40 | Hauptgericht 33–49 €, Menü 67–95 € | So Di-Sa Mo

Heimeliges Restaurant mit gepflegter Tischkultur und sympathischem Service. Hier erwartet Sie eine trendige, frische Regionalküche. Appetit macht z.B. „Rosa gebratener Lammrücken mit Thymianjus, Wirsing, Cranberries und Butterspätzle". Tolle Weinauswahl aus Baden, Württemberg und der Pfalz.

Nagare — www.restaurant-nagare.de

Feuerbacher-Tal-Straße 34, PLZ 70469 (OT: Feuerbach), **T 0711 93541290**
30 | Hauptgericht 27–38 €, Menü 64–140 € | Do-So Mo, Di, Mi

Der kleine, junge Familienbetrieb am Ortsrand von Feuerbach hat inzwischen viele Anhänger gefunden. Kulinarisch trifft raffinierte japanische Küche auf europäische Vielfalt. Das „Nagare"-Menü kann man in vier oder fünf Gängen bestellen, auf Wunsch auch vegetarisch. Ein rustikaler Kachelboden, Massivholztische und fernöstliche Accessoires sorgen für eine angenehm ungezwungene Atmosphäre. Der Service ist freundlich und charmant.

Nannina
www.nannina.de

Gaishämmerstraße 14, PLZ 70186 (OT: Gablenberg), **T 0711 7775172**
42 | Fr Di-Sa Mo, So

Das schicke Restaurant ist zweifellos einer der „places to be“ im Stuttgarter Osten: elegant die Einrichtung, freundlich und zuvorkommend der Service, schmackhaft-italienisch die Küche - Klassiker wie Vitello tonnato oder gegrillter Oktopus locken ebenso wie die hausgemachten Teigtaschen gefüllt mit Gorgonzola.

Plenum
www.restaurant-plenum-stuttgart.de

Konrad-Adenauer-Straße 3 (im EG des Stuttgarter Landtags), PLZ 70173, **T 0711 30000016**
160 | Hauptgericht 22–30 €, Menü 44 € | Mo-So

Wirklich schön sitzt man in diesem weitläufigen, lichtdurchfluteten Restaurant mit seinen durchgängigen Panoramafenstern. Hier begeistert nicht nur der schöne Ausblick auf Staatsoper und Neues Schloss, sondern auch die ambitionierte Regionalküche mit internationalen Einflüssen. Auf der Karte findet sich z.B. „Rehkeule I Wirsing I Pfifferling I Kranichbeere I Knöpfle“. Im Sommer empfiehlt sich die wunderschön gelegene Terrasse. Tipp: Preisgünstiger Business Lunch am Mittag.

Schweizers
www.schweizers-restaurant.de

Olgastraße 133b (D5), PLZ 70180, **T 0711 60197540**
50 | Menü 90–140 € | Di-Sa Mo, So

Das liebevoll gestaltete Restaurant befindet sich in einem denkmalgeschützten Gebäude aus der Jahrhundertwende. Im wundervollen Jugendstilambiente erfreuen Sie Gero Schweizer und sein Team mit einer kreativen Frischeküche, bei der saisonale Produkte Verwendung finden. Auch in punkto Weinangebot ist man hier bestens aufgestellt.

Augustenstüble
www.augustenstuble.de

Augustenstraße 104 (A5), PLZ 70197 (OT: West), **T 0711 621248**
55 | Hauptgericht 19–34 €, Menü 65–75 € | Di-Sa Mo, So

Gemütliches kleines Ecklokal im Stuttgarter Westen mit dunkler Holzvertäfelung und herzlichem Service. Auf die Wirtshaustische kommt bodenständige französische Küche. Spezialität: Boeuf Bourguignon.

Gasthaus zur Linde
www.linde-stuttgart.de

Sigmaringer Straße 49, PLZ 70567 (OT: Möhringen), **T 0711 7199590**
40 | Hauptgericht 17–37 €, Menü 60–70 € | Mo-Sa So

Das denkmalgeschützte Haus, das einst als Poststation diente, beherbergt heute ein heimeliges Restaurant mit edel-rustikalem Ambiente. Serviert wird eine feine regionale Küche auf der Basis von alten schwäbischen Rezepturen. Lauschige Gartenterrasse hinter dem Haus.

goldener Adler
www.goldener-adler-stuttgart.de

Böheimstraße 38 (B5), PLZ 70178 (OT: Süd), **T 0711 6338802**
65 | Hauptgericht 16–36 € | Mo-So

››

Das Ambiente ist schnörkellos und edel, der Service lässig-leger. Dazu ein ausgewogenes, inspiriertes Speisenangebot. Hier erwarten Sie schmackhafte schwäbische Gerichte sowie mediterran beeinflusste Köstlichkeiten. Schöne Weinauswahl mit überwiegend heimischen Gewächsen.

Pier 51 www.pier51-stuttgart.de

Löffelstraße 22 (↗ F1), PLZ 70597 (OT: Degerloch), **T 0711 9769997**
120 | Hauptgericht 19–50 € | So Mo-So

Zwischen Backsteinwänden, Stahlträgern, warmem Holz und roten Lederbänken fühlt man sich ein wenig wie in einem amerikanischen Hafenrestaurant. Abwechslungsreiche Cross-Culture-Küche mit Seafood (Spezialität: Hummer), Steaks und einigen Thai-Gerichten. Dazu eine schöne Auswahl an Weinen, u.a. bemerkenswerte Gewächse aus Kalifornien. Sonntags ist Familybrunch-Tag.

Vetter Essen & Trinken www.vetter-essen-trinken.de

Bopserstraße 18 (D4), PLZ 70180, **T 0711 241916**
55 | Hauptgericht 9–18 € | Di-Sa Mo, So

Beliebtes Lokal im Heusteigviertel. Puristisch-modernes Gasthausambiente. Die Karte (wechselt fast täglich) offeriert wohlschmeckende schwäbische und mediterrane Gerichte. Schön sitzt man zur warmen Jahreszeit im Freien. Tischreservierung empfehlenswert.

Zeppelin Bar hrewards.com/de/steigenberger-graf-zeppelin-stuttgart

Arnulf-Klett-Platz 7 (D1, im Hotel Steigenberger Graf Zeppelin), PLZ 70173, **T 0711 2048269**
47 | Hauptgericht 15–34 € | Mo-So

Diese klassische „Bilderbuch-Bar" ist seit vielen Jahren ein gut frequentierter Treffpunkt - und das nicht nur für Hotelgäste. Während nachmittags Kaffeespezialitäten und leichte Snacks serviert werden, kann man sich abends mit spritzigen Cocktails und ausgewählten Spirituosen verwöhnen lassen.

Stuttgarter Stäffele www.staeffele.de

Buschlestraße 2a (B4), PLZ 70178 (OT: West), **T 0711 664190**
55 | Hauptgericht 7–35 €, Menü 20–50 € | Mo-So

Kleinod schwäbischer Gastlichkeit in der Nähe des Feuersees mit schmackhafter regionaler Küche. Hausgemachte Fleischküchle mit Kartoffelsalat, Saure Nierle, Schwäbischer Rostbraten mit Sauerkraut und Spätzle... hier kann man eigentlich alles empfehlen! In den Regalen des Gewölbekellers lagern einmalige Weinschätze, die man auf Wunsch bei einer Weinprobe erforschen kann.

Konditorei – Café Schurr www.konditorei-schurr.de

Böblinger Straße 85, PLZ 70199 (OT: Heslach), **T 0711 604351**
60 | Mo–Fr 10:00–18:00 Uhr, Sa 09:00–18:00 Uhr, So 11:00–18:00 Uhr

Wirklich beeindruckend, dass der leicht plüschige, wunderbar nostalgische Charme in dieser Stuttgarter Kaffeehauslegende bis heute erhalten geblieben ist! Auch wenn die Einrichtung auf den ersten Blick etwas „old school" erscheint, ein Besuch lohnt schon wegen der exzellenten Kuchen- und Tortenauswahl, darunter Klassiker wie „Bienenstich", „Nusscremetorte" oder „Krokantring". Sehr zu empfehlen sind auch die selbstgemachten Eissorten.

SÜDHARZ 33 A www.tourismus-suedharz.de

Sachsen-Anhalt | EW 9.308 | 145 m | Erfurt 87 km, Göttingen 113 km

FreiWerk www.hotel-freiwerk.de

Thyrahöhe 24, PLZ 06536 (OT: Stadt Stolberg), **T 034654 85900,** F 8590199
18 Zimmer | 1 Suite

Nach Erweiterung und Renovierung erstrahlt die denkmalgeschützte Fachwerkanlage seit 2020 in neuem Glanz. Hoch über den Dächern von Stolberg wohnen Sie in liebevoll eingerichteten Zimmern mit gehobenem Wohnkomfort. Wie wäre es z.B. mit einer geräumigen Suite im Dachgeschoss des zweistöckigen Kutscherhauses? Im neuen FreiWerk-Restaurant „20zwanzig" serviert man saisonale Küche.

Naturresort Schindelbruch www.schindelbruch.de

GREENSIGN S garni

Schindelbruch 1, PLZ 06536 (OT: Stolberg), **T 034654 8080,** F 808458
96 Zimmer | 17 Suiten | Ez ab 210 €, Dz ab 302 €, inkl. Frühstück | 24 h

Großzügiges Resorthotel in herrlich ruhiger Waldlage. Hier stehen Ihnen sowohl rustikalländliche als auch elegant-modern eingerichtete Zimmer zur Verfügung. Zum Haus gehören mehrere Restaurants, eine Hotelbar, eine Vinothek sowie eine 2.500 qm große SPA-Landschaft.

SÜDMÜRITZ 18 C www.ludorf-mueritz.de

Mecklenburg-Vorpommern | EW 885 | 65 m | Waren (Müritz) 28 km, Plau am See 37 km

Gutshaus Ludorf www.gutshaus-ludorf.de

Rondell 7-8, PLZ 17207 (OT: Ludorf), **T 039931 8400,** F 84020
27 Zimmer | 2 Suiten | 1 Apartment | Ez 76–99 €, Dz 110–250 €, inkl. Frühstück

Herrschaftliches Backsteinhaus, das 1698 im Stil der dänischen Klinkerrenaissance erbaut wurde. Geschmackvolles Interieur und zurückhaltende Eleganz prägen dieses hübsche Landhotel. Jedes Zimmer ist individuell gestaltet und fügt sich harmonisch in das Ensemble ein.

Morizaner im Gutshaus Ludorf

60 | Hauptgericht 22–30 €, Menü 39–49 € | Mo-So

Gemütlich eingerichtetes Restaurant im rechten Parterreflügel des Gutshauses. Unter Verwendung heimischer Produkte wird hier die typische traditionelle Küche Mecklenburgs zu neuem Leben erweckt - Sie werden sehen, der „Ludorfer Morizanerbraten" schmeckt ebenso gut wie frischer Fisch aus der Müritz.

SULZBURG 64 A www.sulzburg.de

Baden-Württemberg | EW 2.731 | 337 m | Müllheim 11 km, Freiburg 27 km

Waldhotel Bad Sulzburg www.waldhotelforyou.de

Badstraße 67, PLZ 79295 (OT: Bad Sulzburg), **T 07634 505490,** F 5054915
38 Zimmer | 4 Suiten | Ez 98–168 €, Dz 123–198 €, inkl. Frühstück »

Mitten im Grünen, in herrlich ruhiger Waldlage, bietet das Hotel seinen Gästen geschmackvoll und individuell eingerichtete Zimmer. Ansprechender Wellnessbereich mit großzügiger Saunalandschaft. Restaurant mit regionaler Küche.

Dormitorium Hotel am Klostergarten Neu! dormitorium-sulzburg.de

garni

Klosterplatz 2, PLZ 79295, **T 07634 5088277**
10 Zimmer | Ez ab 85 €, Dz ab 105 €

Das ehemals klösterliche Gebäude des Klosters St. Cyriak hat man liebevoll zu einem kleinen Weinhotel umgebaut. Hell und wohnlich gestaltete Zimmer und die angenehm private Atmosphäre sind die Vorzüge des Hauses. Morgens erwartet Sie ein leckeres badisches Frühstück, das Sie bei schönem Wetter auch auf der Sonnenterrasse einnehmen können. Angeschlossen ist ein Familienweingut.

Hirschen www.douce-steiner.de

Hauptstraße 69, PLZ 79295, **T 07634 8208,** F 6717
10 Zimmer | Ez 125–255 €, Dz 140–270 €, inkl. Frühstück

In den liebevoll und individuell ausgestatteten Gästezimmern lässt es sich hervorragend schlummern. Auf Fernsehen und Internet wurde dabei bewusst verzichtet, um den Gästen einen ruhigen, entspannten Aufenthalt zu bieten. Zwei Straßen weiter steht in einer kleinen Villa auch noch ein 100 qm großes Luxusapartment zur Verfügung.

Hirschen

VARTA★TIPP Küche VARTA-TIPP Service

40 | Menü 225–298 € | Mi-Sa Mo, Di, So

Eine Oase des Genusses: Tadellose Leistungen von Spitzenköchin Douce Steiner, ländlich-elegante Gaststuben und ein charmegeladener Service machen süchtig. Liebhaber einer leichten, klassisch französischen Küche sind hier genau richtig, denn auf dem Teller landet z.B. „Tranche vom wilden Steinbutt auf einer Essenz von Karotte und Ingwer, eingelegte Aprikosen, neue Mandeln, Koriander“. Sehr schön die Auswahl an europäischen Weinen, fachkundige Beratung inklusive.

Landgasthof Rebstock www.rebstock-in-sulzburg.de

Hauptstraße 77, PLZ 79295, **T 07634 503140**
45 | Hauptgericht 17–36 € | Mo-Di, Do-Sa Mi, So

Ländlich-behaglich ist die Atmosphäre in dem schönen Gasthof, in dem der Patron selbst am Herd steht. Er kocht klassische Speisen, aber auch Regionales zu günstigen Preisen. Weine aus dem Markgräfler Land ergänzen die badische Küche. Es gibt auch einige Gästezimmer.

SULZFELD 51 C www.sulzfeld.de

Baden-Württemberg | EW 4.652 | 204 m | Sinsheim 22 km, Bruchsal 24 km

Burgrestaurant Ravensburg www.burgrestaurant-ravensburg.de

Mühlbacher Straße 84, PLZ 75056, **T 07269 914191**
60 | Hauptgericht 15–35 €, Menü ab 45 € | Sa-So Do-So Mo, Di, Mi 27.12.23–14.2.24

Die hist. Burg aus den Anfängen des 17. Jh. ist ein beliebtes Ausflugsdomizil. Gemütliches Burgrestaurant mit urigem Kachelofen. Die Karte bietet regional-schwäbische und internationale Küche. Herrlicher Panoramablick über den Kraichgau.

SULZFELD A.MAIN 52 B www.sulzfeld-main.de

Bayern | EW 1.226 | 202 m | Kitzingen 4 km, Würzburg 22 km

Vinotel Augustin www.weingut-augustin.de/vinotel

garni

Mathias-Schiestl-Straße 4, PLZ 97320, **T 09321 2672960,** F 26729696
9 Zimmer | 1 Apartment | Ez 90–115 €, Dz 135–145 €, inkl. Frühstück | 23.12.23–7.1.24

An das Weingut von Arno Augustin ist ein kleines, persönlich geführtes Themenhotel angeschlossen. Dessen individuell ausgestattete Designzimmer tragen solch interessante Namen wie „Orient“, „Tropen“, „Pop Art“ oder „Afrika“. Morgens erwartet Sie ein sehr gutes Frühstücksbuffet. Weinproben finden im hoteleigenen Weinkeller statt.

Schon probiert?
Der Varta-Führer ist auch als eBook für Ihren TabletPC oder Ihr Smartphone verfügbar!

SUNDERN 30 D www.sundern-sorpesee.de

Nordrhein-Westfalen | EW 28.022 | 265 m | Meschede 26 km, Iserlohn 30 km

Sunderland Hotel www.sunderlandhotel.de

Rathausplatz 2, PLZ 59846, **T 02933 9870**
55 Zimmer | 4 Suiten | 5 Apartments | Ez ab 74 €, Dz ab 84 €, inkl. Frühstück | 24 h

Gut geführtes Haus mit individuellem Service und guten Tagungsmöglichkeiten. Sowohl die hell und freundlich eingerichteten Zimmer und Suiten als auch die Saunaoase „Kenbali“ sind von afrikanischem Design inspiriert. Das Restaurant bietet regionale Küche mit afrikanischen Spezialitäten.

Seegarten www.hotel-seegarten.com

Zum Sorpedamm 21, PLZ 59846 (OT: Langscheid), **T 02935 96460,** F 7192
60 Zimmer | Ez ab 105 €, Dz ab 165 €, inkl. Frühstück

Fachwerkanwesen mit modernem Hotelanbau in naturnaher Lage am Sorpesee. Die bestens ausgestatteten Zimmer präsentieren sich ausgesprochen wohnlich im behaglichen Landhausstil. Besonders komfortabel hat man es in den 52 qm großen Panoramalofts. Hübsche Sauna- und Ruhelandschaft.

Seegarten

55 | Hauptgericht 8–32 € | Di-So Mo

Im behaglichen Restaurant kommt eine frische moderne Küche auf den Tisch. Gekocht wird mit nachhaltig erzeugten Lebensmitteln aus der Region. Freuen darf man sich z.B. auf „Backfisch vom Sauerländer Saibling, Mousseline aus Kartoffeln, Gartenerbsen und Minze und glasierte Vanillekarotten“. Nachmittags gibt es hausgemachte Kuchen.

SYLT (INSEL) 6 A/B www.sylt.de

Schleswig-Holstein | Husum 53 km, Flensburg 55 km

Nationalpark Wattenmeer (UNESCO-Weltnaturerbe), Wanderdünen im Naturschutzgebiet List, Morsum-Kliff, Rotes Kliff zwischen Wenningstedt und Kampen, Großsteingrab Denghoog in Wenningstedt aus dem 3. Jahrtausend v. Chr., Tinnumburg (Wallanlage), Hindenburgdamm, Altes Kurhaus und Stadtkirche St. Nicolai in Westerland, St.-Severin-Kirche, Kapitänshäuser und Sylter Heimatmuseum in Keitum.

HÖRNUM

Budersand Hotel www.budersand.de

VARTA-TIPP Service

★★★★★S

Am Kai 3, PLZ 25997, **T 04651 46070,** F 4607450

77 Zimmer | 6 Suiten | Ez 265–390 €, Dz 315–560 €, inkl. Frühstück | 24 h

Das exklusive Luxushotel liegt direkt am Wasser und ist nicht nur für gutbetuchte Golfer eine Top-Adresse. Es verbindet eindrucksvolle Architektur, auserwählte Kunst, Genuss und Entspannung. Die geschmackvoll und hochwertig ausgestatteten Zimmer bieten zahlreiche Annehmlichkeiten wie z.B. übergroße Betten, Flatscreen-TV inklusive Sky-Entertainment-Sender oder Regenduschen. Zum Hotel gehören auch eine hauseigene Bibliothek, ein großzügiger SPA-Bereich sowie ein mehrfach prämierter 18-Loch-Golfplatz.

KAI3

VARTA-TIPP Küche VARTA-TIPP Service

40 | Hauptgericht 40–70 €, Menü 138–198 € | Mo-Di, Fr-So Mi, Do

Ein ansprechend modernes Ambiente und der herrliche Meerblick bilden den perfekten Rahmen für Felix Gabels „Nordic Fusion Cuisine“, die von unterschiedlichen Küchenstilen und internationalen Einflüssen inspiriert ist. Darüber hinaus begeistern der freundliche, gut geschulte Service und die bemerkenswerte Weinauswahl mit zahlreichen europäischen Spitzengewächsen.

Hotel 54 Grad Nord www.hotel54gradnord.de

Strandstraße 2, PLZ 25997, **T 04651 449170,** F 4491755

22 Zimmer | 18 Suiten | 18 Apartments, Dz ab 120 €, inkl. Frühstück

Das moderne Hotel im Herzen von Hörnum wurde ursprünglich von der Hapag-Reederei erbaut. Hier logieren Sie in designorientierten Zimmern und Suiten mit herrlichem Blick zum Meer, zum Leuchtturm oder in die Dünenlandschaft. Kleiner Wellnessbereich mit finnischer Sauna, Dampfbad und gemütlichem Ruhebereich. Das im Containerstil gestaltete Bistro „DOCK 2“ bietet internationale Snacks sowie Bier aus der Sylter Meersalzmanufaktur.

Strænd www.straend-sylt.de

Am Campingplatz 3, PLZ 25997, **T 04651 9364333**

Mi-So Mo, Di

Ein stylisher „place to be“ auf der Insel, direkt am Strandübergang beim Campingplatz Hörnum. Modern-friesisch - das trifft den Einrichtungsstil des Restaurants am besten. Dazu ein überaus herzliches Gastgeberteam und ein toller Blick auf die Dünenlandschaft. Aus der Strænd-Küche kommen leckere, kreative Speisen mit überwiegend regionalen Bio-Zutaten.

KAMPEN

Walter's Hof
www.walters-hof.de

garni

Kurhausstraße 23, PLZ 25999, **T 04651 449000,** F 45590
32 Zimmer | 13 Suiten | 17 Apartments, Dz ab 160 €, 25,00 € | 24 h

Das kleine Hotel in dem langgezogenen Backsteinhaus profitiert zweifellos von seiner außergewöhnlichen Premiumlage. Individuell eingerichtete Gästezimmer, teils mit schönem Blick über das Rote Kliff zur Nordsee. Für Langzeitgäste bietet man Apartmenthäuser und Ferienwohnungen.

Tappe's im Walter's Hof

60 | Hauptgericht 25–55 € | Mo-So

Seit vielen Jahren ein Anziehungspunkt für Feinschmecker. Ob im behaglichen Restaurant oder auf der wunderschönen Terrasse - hier wird Ihnen eine zeitgemäße Frischeküche serviert. Dabei legt man großen Wert auf die Qualität der Produkte. Beeindruckende Wein-, Champagner- und Digestifauswahl.

Hotel Village
www.village-kampen.de

VARTA-TIPP Ambiente **VARTA-TIPP** Service

garni

Alte Dorfstraße 7, PLZ 25999, **T 04651 9707555,** F 9707777
10 Zimmer | 7 Suiten | Ez 258–394 €, Dz 258–394 €, inkl. Frühstück

Eine Perle in der Sylter Hotellandschaft! In dem kleinen, privat geführten Hideaway werden Sie von herzlichen Mitarbeiter:innen individuell umsorgt. Alle Zimmer und Suiten sind unterschiedlich und überzeugen durch ästhetischen Luxus. Kleine Details machen den Unterschied: Shuttleservice, Zimmerfrühstück, Mineralwasser, Tageszeitung sowie täglich frisches Obst sind nur einige der Annehmlichkeiten, die Sie hier erwarten.

Reethüüs
www.reethues-sylt.de

garni

Hauptstraße 18, PLZ 25999, **T 04651 98550,** F 985547
24 Zimmer | 2 Suiten | 4 Apartments | Ez ab 155 €, Dz ab 190 €, inkl. Frühstück

Privat geführtes Lifestylehotel mit sicht- und spürbarer Wohlfühlatmosphäre und behaglich eingerichteten Gästezimmern. Weitere Vorzüge des Hauses: Ein kleiner Wellnessbereich mit Indoorpool und Sauna, eine weitläufige Gartenanlage, eine windgeschützte Terrasse sowie ein stylisher Frühstücksraum.

Ahnenhof
www.ahnenhof.de

★★★ S garni

Kurhausstraße 8, PLZ 25999, **T 04651 42645,** F 44016
14 Zimmer | Ez 111–161 €, Dz 201–344 €, inkl. Frühstück | 7.–31.1.24

Kleines Wohlfühlhotel in herrlicher Lage. Wohnliche Zimmer, die meisten mit Blick auf das Meer. Entspannung bieten der hübsche Garten und der große Freizeitbereich. Tolles Frühstück, das man zur warmen Jahreszeit auch im Freien genießen kann.

Gogärtchen
www.gogaertchen.com

Strönwai 12, PLZ 25999, **T 04651 41242**
65 | Hauptgericht 25–48 € | Mo-So

»

Seit mehr als sechs Jahrzehnten eine angesagte Kultadresse auf Sylt. In den hellen, lichtdurchfluteten Räumen fühlt man sich auf Anhieb wohl. Breites kulinarisches Angebot von deftigen Regionalgerichten bis zur anspruchsvollen Küche. Bei Gästen sehr beliebt ist die großzügige Terrasse.

Rauchfang
www.rauchfang-kampen.de

Strönwai 5, PLZ 25999, **T 04651 42672**
Hauptgericht 12–68 € | Sa-So Mo, Mi-So Di

Das kleine Reetdachhaus im Strönwai beherbergt ein geschmackvolles Restaurant mit Bar und großer, überdachter Terrasse. Von klassischen Fleischgerichten bis zu regionalem Fisch bietet man eine frische, bodenständige Küche mit mediterranen Einflüssen. Sehr gutes Weinangebot.

Manne Pahl
www.manne-pahl.de

Zur Uwe Düne 2, PLZ 25999, **T 04651 42510**
80 | Hauptgericht 18–46 € | Mo-Di, Do-So Mi

Ob im hübschen Gastraum mit Holzvertäfelung und blankgescheuerten Holzdielen oder im lichtdurchfluteten Wintergarten - hier erfreuen frische, gutbürgerliche Gerichte sowie köstliche Kuchen und Torten am Nachmittag.

LIST AUF SYLT

A-ROSA Sylt
www.a-rosa-resorts.de/reiseziele/sylt.html

★★★★★S

Listlandstraße 11, PLZ 25992, **T 04651 96750700,** F 96750799
177 Zimmer | 30 Suiten | 24 h

Das Ferienresort an der Lister Wattenmeerküste lässt die Herzen anspruchsvoller Feriengäste höher schlagen. Die Zimmer und Suiten sind modern, hochwertig und wohnlich eingerichtet. Eindrucksvoller, 3.500 qm großer SPA-Bereich mit Meerblick. Im Restaurant „THE FISH CLUB" werden maritime Köstlichkeiten serviert.

Hotel Strand am Königshafen
www.hotel-strand-sylt.de

VARTA-TIPP Ambiente

garni

Hafenstraße 41, PLZ 25992, **T 04651 889750,** F 8897555
41 Zimmer | 15 Suiten | Ez 155–325 €, Dz 180–350 €, inkl. Frühstück

Neuzeitliches Lifestyle-Hotel in einzigartiger Lage im Lister Königshafen. Hinter der Holz-Backstein-Fassade erwarten Sie komfortable Zimmer und geräumige Apartments, die mit großen Fensterfronten, schicken Natursteinbädern sowie Balkon oder Terrasse ausgestattet sind. Morgens erwartet Sie ein reichhaltiges friesisches Frühstücksbuffet. Zum Haus gehören auch ein schöner Wellnessbereich und ein eigener Bootssteg.

SYLT-ARCHSUM

Parkresidenz Christian VIII
hotel-christianderviii.de

garni

Heleeker 1, PLZ 25980, **T 04651 97070,** F 970777
12 Zimmer | 12 Suiten

Weitläufiges Anwesen mit eigener Parkanlage. Hier erwarten Sie elegante und behagliche Suiten, die sich auf zwei Gebäude verteilen. Das Frühstücksrestaurant befindet sich im Untergeschoss des Haupthauses. Kleiner Wellnessbereich mit Schwimmbad und Sauna.

Jetzt vorbeischauen: pinterest.com/vartaguide

SYLT-KEITUM

Severin's Resort & Spa
www.severins-sylt.de

VARTA-TIPP Service

★★★★★S garni

Am Tipkenhoog 18, PLZ 25980, **T 04651 460660,** F 46066500
89 Zimmer | 27 Apartments | Ez 330–635 €, Dz 390–695 €, inkl. Frühstück | 24 h

Hier fühlt man sich wohl - wer einmal da war, kommt definitiv wieder! Das im Keitumer Baustil errichtete Luxusresort bietet erstklassig ausgestattete Zimmer und Suiten sowie großzügige Apartments für Langzeitgäste. Der Service zeichnet sich durch Diskretion und natürliche Herzlichkeit aus. Für Ruhe und Erholung sorgt ein attraktiver, 2.000 qm großer SPA-Bereich mit Schwimmbad und Saunen.

Tipken's by Nils Henkel

VARTA-TIPP Küche

40 | Hauptgericht 42–52 €, Menü 135–185 € | Mi-So Mo, Di 6.1.–8.2.24

Der prominente Spitzenkoch Nils Henkel hat dem Restaurant ein neues kulinarisches Konzept verpasst: In ungezwungener Atmosphäre serviert man eine frische, zeitgenössische Küche, die heimische Produkte mit den besten Zutaten und Aromen der Welt verbindet. Die beiden Küchenchefs René Verse und Uwe Benkowsky offerieren ein wechselndes Menü in vier bis sechs Gängen (auf Wunsch mit Weinbegleitung), man kann aber auch à la carte speisen. Liebenswerter, zugewandter Service.

Hoog

100 | Hauptgericht 25–45 € | Mo-So

Die moderne Variation einer nordfriesischen Teestube. Auf der Karte stehen traditionelle Spezialitäten wie „Rinderfilet vom Holsteiner Weiderind mit Kartoffelkrapfen, wildem Brokkoli und Café-de-Paris-Butter". Bei den zubereiteten Gerichten liegt der Fokus auf besten Produkten aus der Region. Das Kellergewölbe im Untergeschoss ist ein schöner Rahmen für Weinproben in geselliger Runde.

Aarnhoog
www.aarnhoog.de

VARTA-TIPP Service

garni

Gaat 13, PLZ 25980, **T 04651 3990,** F 39910
17 Zimmer | 7 Suiten | 5 Apartments | Ez 209–339 €, Dz 268–398 €, inkl. Frühstück

Klein, fein und edel im Design zeigt sich dieses romantische Domizil. Das regionaltypische Backsteinhaus aus dem 17. Jhd. beherbergt großzügige Gästezimmer, einen netten SPA-Bereich mit Pool sowie eine gemütliche Tee- und Kaffeestuuv für das opulente Langschläferfrühstück am Morgen. Zusammen mit einem vorbildlichen Service- und Dienstleistungsniveau sind dies beste Rahmenbedingungen für den perfekten Sylt-Urlaub.

Benen-Diken-Hof
benen-diken-hof.de

VARTA-TIPP Service

Keitumer Süderstraße 3-5, PLZ 25980, **T 04651 93830,** F 9383183
48 Zimmer | 8 Suiten | 20 Apartments | Ez 146–248 €, Dz 166–386 €, inkl. Frühstück

Aus einer friesischen Gutshofanlage von 1841 hat Familie Johannsen eines der schönsten Ferienhideaways der Insel geschaffen. Das reetgedeckte Hotelensemble besteht aus mehreren Gebäuden mit bezauberndem Landhauscharme. Hier logieren Sie in stilsicher eingerichteten Zimmern und Suiten. Es gibt auch großzügige Apartments und exklusive Ferienhäuser. Weiterer Wohlfühlfaktor: die angenehm persönliche Atmosphäre.

Restaurant KÖKKEN

80 | Hauptgericht 18–45 €, Menü 77–112 € | Mo, Do-So ⃠ Di, Mi

Elegantes Abendrestaurant mit friesisch-moderner Atmosphäre. Hier kredenzt Ihnen der liebenswürdige Service eine schmackhafte Regionalküche mit mediterranen Einflüssen. Neben frischem Fisch und Fleisch stehen auch innovative vegetarische Gerichte auf der Karte. Schöner Blick auf Garten und Terrasse.

Oma Wilma
www.omawilma.de

Gurtstieg 32, PLZ 25980, **T 04651 8860066**
45 | Hauptgericht 30–35 €, Menü 59–73 € | Di-Sa ⃠ Mo, So ⃠ 8.1.–13.2.24

In diesem hübsch restaurierten Kapitänshaus erwartet Sie in zeitgemäß-gemütlichem Ambiente eine friesische Heimatküche. Dabei werden traditionelle norddeutsche Rezepte mit modernen Einflüssen kombiniert. Auf der Speisekarte klingt das z.B. so: „Rotbarschfilet | Erbse | Kopfsalat | Eiervinaigrette“. Kleine, aber feine Auswahl an deutschen und internationalen Weinen.

SYLT-MORSUM

Landhaus Severins
www.landhaus-severins.de

Nösistig 13, PLZ 25980, **T 04651 4606880**
13 Zimmer

Das charmante Landhaus beherbergt komfortable Gästezimmer mit ländlich-behaglicher Einrichtung. Die Zimmer sind in drei Kategorien (20-35 qm) buchbar und bieten einen freien Blick auf das Wattenmeer sowie die umliegende Naturlandschaft. Kleiner hoteleigener SPA-Bereich mit Sauna und Dampfbad. Im À-la-carte-Restaurant wird authentische Sylter Küche serviert.

SYLT-MUNKMARSCH

Fährhaus Sylt
www.faehrhaus-sylt.de

VARTA TIPP Service

★★★★★S

Bi Heef 1, PLZ 25980, **T 04651 93970,** F 939710
44 Zimmer | 12 Suiten | 3 Apartments | Ez 359–559 €, Dz 418–618 €, inkl. Frühstück | 24 h

Die Sylter Nobelherberge mit ihrer einzigartigen Lage am UNESCO-Weltnaturerbe gehört zweifelsohne zu den schönsten Hotels auf der Insel. Für außerordentliches Wohlbefinden sorgen die geschmackvoll und exklusiv ausgestatteten Zimmer und Suiten, das ausgezeichnete Frühstück sowie die 700 qm große SPA-Landschaft. Der zuvorkommende Service tut ein Übriges. Abends lässt es sich schön in der gemütlichen Hotelbar mit Blick über das Wattenmeer verweilen.

Käpt'n Selmer-Stube

40 | Hauptgericht 38–59 €, Menü ab 74 € | Mo-So

Friesisches Ambiente mit antiken Möbeln und liebevollen Accessoires. Serviert werden klassische regionale Speisen mit Einflüssen aus der Crossover-Küche. Sehr nett sitzt man auf der im viktorianischen Stil gebauten Terrasse mit Blick über den Jachthafen.

SYLT-RANTUM

Anzeige

Söl'ring Hof

www.soelring-hof.de

VARTA-TIPP Service

★★★★★

Am Sandwall 1, PLZ 25980, **T 04651 836200,** F 8362020
15 Zimmer | 8 Suiten | Ez 520–665 €, Dz 545–940 €, inkl. Frühstück | 24 h ››

Exquisites Verwöhnhotel mit hohem Wohlfühlfaktor inmitten der faszinierenden Dünenlandschaft von Rantum. Das noble Domizil zeichnet sich durch seinen persönlichen und sehr individuellen Führungsstil aus. Der Fokus liegt klar auf dem Bestreben, den Gästen nahezu alle Wünsche zu erfüllen. Dazu beeindruckt die hochwertige und liebevolle Zimmereinrichtung im eleganten Landhausstil. Der Blick von den Terrassen ins Watt ist unschlagbar. Hausgäste profitieren zudem von zahlreichen Annehmlichkeiten wie Shuttleservice, eigener Strandkorb oder kostenfreie Minibar.

Söl'ring Hof

VARTA★TIPP Küche VARTA★TIPP Service

36 | Menü 279–309 € | Di-Sa Mo, So

Wenn Sie in diesem schönen Gourmetrestaurant Platz genommen haben und den Köchen bei der Arbeit zuschauen, ist das ein Erlebnis, das seinesgleichen sucht. Patron Jan-Philipp Berner und seine beiden Küchenchefs Benedikt Arps und Jan Fehling setzen auf bodenständige und ehrliche Produkte. Ihre kreativen und intelligent zubereiteten Speisen, die sich am Wechsel der Jahreszeiten orientieren, können Sie in Form eines exquisiten Degustationsmenüs (6 bis 8 Gänge) genießen. Die fachkundig zusammengestellte Weinkarte bietet so ziemlich alles, was das Herz eines Weinliebhabers begehrt. Nicht zu vergessen der angenehme, bestens geschulte Service.

Watthof

www.watthof.de

VARTA-TIPP Service

Raanwai 42, PLZ 25980, **T 04651 8020,** F 80222
10 Zimmer | 2 Suiten, Dz ab 295 €, inkl. Frühstück

Das schmucke Domizil mit seinem komfortablen Landhausambiente fügt sich harmonisch in die verträumte Deichlandschaft ein. Die hell und freundlich gestalteten Gästezimmer verteilen sich auf zwei Gebäude. Mit Wattblick die Seele baumeln lassen - das gelingt Ihnen hier vorzüglich. Dazu tragen natürlich auch die äußerst gastorientierten Mitarbeiter:innen bei.

Hotel Duene

www.hotel-duene.de

Stiindeelke 1, PLZ 25980, **T 04651 1660,** F 21096
16 Zimmer | 5 Suiten | Ez 110–252 €, Dz 130–270 €, inkl. Frühstück

Das charmante kleine Hotel wurde liebevoll im Landhausstil eingerichtet. Ein Teil der modernen und hellen Gästezimmer befindet sich im Hotel, der andere Teil liegt direkt über dem Restaurant „Coast". Morgens erwartet Sie ein traditionelles Sylter Frühstück. Kleine Wellnessoase mit beheiztem Schwimmbad.

Coast

www.restaurant-coast.de

50 | Hauptgericht 18–49 € | Mo, Mi-So Di

Angenehme Atmosphäre mit geschmackvollem Interieur und einem Hauch Industriestyle. Geboten wird eine kreative Küche mit Spezialitäten von Land und Meer. Umfangreiches internationales Weinangebot. Schöne Terrasse.

Sansibar

www.sansibar.de

Hörnumer Straße 80, PLZ 25980, **T 04651 964646**
180 | Hauptgericht 9–45 € | Mo-So

Seit vielen Jahren eine Kultadresse - sowohl für Einheimische als auch für Touristen - mitten in den Dünen. Serviert werden Steaks, frische Fischgerichte und leckere Desserts. Mit weit über 1.000 Gewächsen erwartet Sie ein vorzügliches Weinangebot vom klassischen Landwein bis zu edlen Raritäten.

SYLT-TINNUM

Landhaus Stricker

www.landhaus-stricker.com

VARTA-TIPP Ambiente VARTA-TIPP Service

★★★★★S garni

Boy-Nielsen-Straße 10, PLZ 25980, **T 04651 88990,** F 8899499
38 Zimmer | 21 Suiten | Ez ab 190 €, Dz ab 290 €, inkl. Frühstück | 24 h

Dieses privat geführte Wohlfühlrefugium mit seinem vorzüglichen Service- und Dienstleistungsniveau zählt seit vielen Jahren zu den ersten Adressen auf der Insel. Die Hotelanlage mit ihren friesischen Backsteinlandhäusern befindet sich inmitten einer hübsch angelegten Gartenlandschaft mit Teich. Ruhe und Entspannung in niveauvoller Atmosphäre sind hier garantiert! Die Zimmer und Suiten erstrahlen nach einem Re-Design 2023 in neuem Glanz. Ein schöner Rückzugsort ist die gemütliche Wellnesslounge.

Bodendorf's

VARTA★TIPP Küche VARTA-TIPP Service

22 | Hauptgericht 58–62 €, Menü 224–279 € | Di-Fr Mo, Sa, So

Wandverkleidungen, Emporen, Sitzecken, Tischplatten aus geräuchertem Eichenholz, Vitra-Designstühle sowie ein intelligentes Lichtkonzept sorgen in diesem durchgestylten Gourmetrestaurant für stilvolle Eleganz und Gemütlichkeit. Die Küchenlinie von Holger Bodendorf und Denis Brühl hat sich stetig weiterentwickelt. Inzwischen fokussieren sie sich noch mehr auf die Klassik und offerieren ein kreatives Menü mit 6 bis 9 Gängen - minimalistisch, kontrastreich in Aromen und Texturen und gleichzeitig absolut harmonisch. Die gut sortierte Weinkarte mit mehr als 900 Positionen bietet die passende Begleitung. Der Service ist freundlich, kompetent und omnipräsent.

Siebzehn84

VARTA-TIPP Küche

70 | Hauptgericht 25–40 €, Menü 90–102 € | Mo-So

Gemütlich hat man es im Zweitrestaurant, das auch von Insulanern gern besucht wird. Warme Farben sorgen für eine entspannt-charmante Atmosphäre. Serviert werden neben modernen Gerichten auch altbewährte Klassiker wie Kalbstafelspitz, Entenbrust oder gebratener Kabeljau. Die Ressourcen der Umgebung bilden die Basis für das saisonal geprägte Speisenangebot. Dazu eine große Auswahl erlesener Weine und Spirituosen aus aller Welt.

SYLT-WESTERLAND

Jörg Müller

www.jmsylt.de

VARTA-TIPP Ambiente

★★★★

Süderstraße 8, PLZ 25980, **T 04651 27788,** F 201471
22 Zimmer | 3 Suiten | 1 Apartment | Ez ab 175 €, Dz ab 220 €, inkl. Frühstück | 24 h

Ein wunderschönes Refugium in Toplage! Traumhaftes Wohnen ist hier garantiert. Das Haus zeichnet sich durch seine persönliche Führung, die liebevoll und individuell eingerichteten Zimmer (einige mit Gartenterrasse) sowie das tolle Frühstück aus. Für Entspannung sorgt der hauseigene Wellnessbereich mit Sauna, Dampfbad und Kleopatra-Bad.

Restaurant JM

VARTA-TIPP Küche

80 | Hauptgericht 36–76 €, Menü 86–94 € | Mi-So Mo, Di

In der gemütlichen Friesenstube ist die Atmosphäre stilvoll und regional angehaucht. Die Speisekarte bietet neben Jörg Müllers Klassikern aus dem einstigen Gourmetrestaurant auch bodenständige Gerichte wie „Filet vom Holsteiner Rind mit Pfefferrahm, Bohnen und Kartoffelgratin“ oder „Nordseedorsch ‚Provençale‘ mit Tomatencoulis, Blattspinat und Rosmarinkartoffeln“. Eine facettenreiche Weinauswahl begleitet die Speisen.

Miramar

www.hotel-miramar.de

★★★★★

Friedrichstraße 43, PLZ 25980, **T 04651 8550,** F 855222
62 Zimmer | 22 Suiten | 24 h

Das 1903 erbaute Jugendstilgebäude mit dem Charme eines Grandhotels der Jahrhundertwende wurde in den letzten Jahren immer wieder renoviert. Es bietet individuelle Gästezimmer - zur Seeseite mit einmaligem Ausblick. Im Restaurant werden regionale und mediterrane Speisen serviert.

Stadt Hamburg
www.hotelstadthamburg.com

VARTA-TIPP Ambiente VARTA-TIPP Service

Strandstraße 2, PLZ 25980, **T 04651 8580,** F 858220
70 Zimmer | 25 Suiten | Ez 120–360 €, Dz 225–470 €, 35,00 € | 24 h

Ein familiär geführtes Privathotel mit dezentem Luxus und hanseatischer Gastlichkeit. Die sehr geschmackvoll ausgestatteten Zimmer bieten dem anspruchsvollen Gast Wohnkomfort auf hohem Niveau. Die renovierten Suiten im Gartenflügel sind mit freundlichen Farben, warmen Holztönen und antiken Möbeln eingerichtet. Fürs persönliche Wohlbefinden sorgt ein 500 qm großer SPA-Bereich im asiatischen Kolonialstil. Morgens wird Ihnen ein opulentes Frühstück serviert - auf Wunsch auch à la carte.

Hardy's Restaurant

45 | Hauptgericht 25–48 €, Menü 90–101 € | Mi-Sa Mo, Di, So

In diesem Restaurant setzt man auf „Casual Fine Dining". Serviert wird eine besonders leichte, überwiegend mediterrane Küche, bei der größtenteils regionale Produkte Verwendung finden. Die Weinkarte punktet mit namhaften deutschen und internationalen Gewächsen. Im Bistro und auf der sonnigen Terrasse ganztägig warme Küche.

I Love Sylt Hotel Terminus
ilovesylt.de

VARTA-TIPP Service

★★★★

Elisabethstraße 15, PLZ 25980, **T 04651 9959256,** F 9959230
24 Zimmer | 1 Suite | Ez ab 185 €, Dz ab 210 €, inkl. Frühstück

In diesem durchgestylten Boutique-Hotel werden Sie sich wohlfühlen! Außen aparte Architektur, innen edles Design. Sie logieren in wohnlich und modern eingerichteten Zimmern in vier Kategorien. Wer den besonderen Luxus sucht, bucht das Penthouse mit persönlichem Conciergeservice und eigener Dachterrasse. Den exklusiven Service genießt man auch beim hochwertigen Verwöhnfrühstück. Für Entspannung sorgt ein kleiner, aber feiner SPA- und Gymbereich. Im stylishen Restaurant „Hummerkoje" werden Seafood und frische Sylt-Cuisine serviert.

Wiking
www.hotel-wiking-sylt.de

Steinmannstraße 11, PLZ 25980, **T 04651 46060,** F 4606299
28 Zimmer | Ez 87–232 €, Dz 152–279 €, inkl. Frühstück

Neuzeitlicher Hotelbau in zentraler Lage, nur wenige Schritte vom Strand entfernt. Antike „Delfter Fliesen" sorgen für den besonderen Charme des Hauses. Helle, maritim eingerichtete Zimmer mit Balkon oder Terrasse. Reichhaltiges Frühstücksbuffet mit regionalen Spezialitäten.

Wyn. Strandhotel Sylt
www.wyn-sylt.de

Brandenburger Straße 13, PLZ 25980, **T 04651 8310**
72 Zimmer

Herrliche Lage direkt an der Strandpromenade, wohnliches Ambiente, angenehm unkompliziertе Atmosphäre... ideal für erholsame Ferien! Die Zimmer zeigen sich klar und modern mit hellem Holz und warmen, natürlichen Stoffen. Ansprechend auch die SPA.LOUNGE mit Panoramapool und erstklassigem Nordseeblick. Im Restaurant wird regionale und internationale Küche serviert.

Villa Monika
www.hotel-villa-monika-sylt.de

VARTA-TIPP Service

Johann-Möller-Straße 32, PLZ 25980, **T 04651 4461752**
8 Zimmer, Dz ab 209 €, 27,00 €

Kleines charmantes Boutique-Hotel in einer liebevoll sanierten Villa von 1893. Wertigkeit zieht sich durchs ganze Haus, von den modern-eleganten Zimmern (teils mit Balkon/Dachterrasse) bis zum tollen Langschläferfrühstück am Morgen. Die Minibar und Nespresso-Kaffee sind im Zimmerpreis inbegriffen. Auch der persönliche Service und die Nähe zum Strand machen dieses Domizil so interessant.

Web Christel
www.webchristel.de

Süderstraße 11, PLZ 25980, **T 04651 22900**
70 | Hauptgericht 25–70 €, Menü 45–75 € | Mo-Di, Do-So Mi

Traditionsreiche Adresse in einem friesischen Reetdachhaus. Serviert werden marktfrische Gerichte, ergänzt durch kreative Tagesempfehlungen. Weinkarte mit mehr als 200 Positionen.

WENNINGSTEDT-BRADERUP

Fitschen am Dorfteich
www.fitschen-am-dorfteich.de

Am Dorfteich 2, PLZ 25996, **T 04651 32120**
70 | Hauptgericht 24–48 €, Menü 88 € | Mi-So Mo, Di

Familienbetrieb mit herzlicher Atmosphäre. Serviert wird gehobene Küche mit Gerichten aus der Nordseeregion ergänzt durch schwäbische und mediterrane Spezialitäten. Idyllische Terrasse mit Strandkörben am Dorfteich. Auch Gästezimmer vorhanden.

TABARZ, BAD 43 A
www.tabarz.de

Thüringen | EW 3.966 | 394 m | Gotha 23 km, Eisenach 31 km

Frauenberger
www.hotel-frauenberger.de

★★★★

Max-Alvary-Straße 9-11, PLZ 99891, **T 036259 5220,** F 522100
42 Zimmer | 1 Apartment | Ez 85–110 €, Dz 125–175 €, inkl. Frühstück

Das Hotel befindet sich in ruhiger Ortsrandlage am bekannten Wanderweg Rennsteig und bietet hübsch eingerichtete Zimmer im Landhausstil, ein Restaurant mit regionaler und internationaler Küche, einen ansprechenden Bade- und Wellnessbereich sowie ein romantisches Kaminzimmer.

Zur Post
www.hotel-tabarz.de

★★★★

Lauchagrundstraße 16, PLZ 99891, **T 036259 6660,** F 66666
40 Zimmer | 2 Suiten | 2 Apartments | Ez 89–129 €, Dz 120–150 €, inkl. Frühstück

Ferien- und Tagungshotel in Rennsteignähe mit neuzeitlich eingerichteten Zimmern. Beautyclub mit mediterraner Saunalandschaft. Zahlreiche Freizeitangebote in unmittelbarer Umgebung. Im Restaurant wird regional gekocht.

TANGERMÜNDE 25 A www.tourismus-tangermuende.de

Sachsen-Anhalt | EW 11.005 | 45 m | Stendal 9 km, Magdeburg 72 km

Schloss Storkau Neu! www.schloss-storkau.de

★★★★ S garni

Im Park 1, PLZ 39590 (OT: Storkau), **T 039321 5210,** F 5220
99 Zimmer | 1 Suite | 1 Apartment | Ez 109–119 €, Dz 129–189 €, inkl. Frühstück | 24 h

Hier wohnt man in einem sehr schönen Umfeld: Ruhig in einem Landschaftspark direkt am Elbufer empfängt Sie dieses wiederaufgebaute neoklassizistische Schloss. Im Innern sorgen Stuckdecken, Parkettböden und originale Antiquitäten für herrschaftliches Ambiente. Liebevoll eingerichtete Zimmer.

Schloss Tangermünde www.schloss-tangermuende.de

★★★ S garni

Auf der Burg, Amt 1, PLZ 39590, **T 039322 7373,** F 73773
37 Zimmer | 2 Suiten | Ez 147–205 €, Dz 150–276 €, 9,00–14,50 €

Imposanter Schlossbau mit Gartenhäusern und Dependancen in einer wunderschönen Gartenanlage. Wohnliche, sehr stilvoll gestaltete Zimmer, teilweise mit Blick auf die Elbniederung. Im behaglichen Restaurant und auf der idyllischen Terrasse wird gutbürgerliche regionale Küche serviert.

TANGSTEDT (STORMARN) 15 A www.tangstedt-stormarn.de

Schleswig-Holstein | EW 6.323 | 33 m | Norderstedt 11 km, Hamburg 25 km

Guts Küche Wulksfelde www.gutskueche.de

VARTA-TIPP Küche

Wulksfelder Damm 15-17, PLZ 22889, **T 040 64419441**
90 | Hauptgericht 16–32 € | Di-So Mo

In einer ehem. Scheune ist dieses hübsche Restaurant untergebracht. Bei Rebecca und Matthias Gfrörer stehen Geschmack, Transparenz und Nachhaltigkeit im Vordergrund. Aus der offenen Showküche kommen kreative, saisonale Spezialitäten - frisch und zu 100% bio-organisch zubereitet. Im Sommer ein Muss: der lauschige GutsGarten.

TANN (RHÖN) 43 A www.tann-rhoen.de

Hessen | EW 4.446 | 371 m | Fulda 30 km, Bad Hersfeld 43 km

Landhaus Kehl www.landhaus-kehl.de

★★★ garni

Eisenacher Straße 15, PLZ 36142 (OT: Lahrbach), **T 06682 387,** F 1435
37 Zimmer | Ez 54–65 €, Dz 88–110 €, inkl. Frühstück

In dem familiär geführten Landhotel stehen gemütliche, zeitlos eingerichtete Gästezimmer zur Verfügung. Im Gästehaus sind die Zimmer etwas großzügiger. Gut ausgestatteter Wellness- und Fitnessbereich auf 200 qm. Ländlich-rustikales Restaurant.

TAUBERBISCHOFSHEIM 52 A www.tauberbischofsheim.de

Baden-Württemberg | EW 13.136 | 183 m | Bad Mergentheim 18 km, Würzburg 32 km

Das Bischof www.dasbischof.de

★★★★ garni

Stammbergweg 3, PLZ 97941, **T 09341 84840**
57 Zimmer | Ez ab 99 €, Dz ab 139 €, inkl. Frühstück

Hist. Mauern aus dem 19. Jh. umgeben das umfangreich sanierte Hotel, das nur wenige Gehminuten von der Innenstadt entfernt liegt. Das eindrucksvolle Ziegelsteingebäude beherbergt stilvoll-moderne Zimmer und Suiten mit zeitgemäßem Komfort. Durch einen direkten Zugang vom Hotel gelangt man ins benachbarte „Ristorante Carellas“, in dem italienische Köstlichkeiten aufgetischt werden. Als außergewöhnliche Eventlocation fungiert die ehemalige Kirche, die zum Hotel gehört.

Das kleine Amtshotel www.das-kleine-amtshotel.de

garni

Amtstraße 2, PLZ 97941 (OT: Distelhausen), **T 09341 7888**
10 Zimmer | Ez 75 €, Dz 110 €, inkl. Frühstück

Bei den herzlichen und engagierten Gastgebern darf man sich auf moderne Zimmer und ein schönes Frühstück freuen. Der Chef ist zertifizierter Bierbotschafter. Erlebenswert sind seine Bier-Hefe- oder Bier-Hopfen-Bäder, die man sowohl alleine als auch zu zweit genießen kann.

TAUNUSSTEIN 41 C www.taunusstein.de

Hessen | EW 28.515 | 369 m | Wiesbaden 11 km, Mainz 23 km

Légère Hotel Wiesbaden-Taunusstein www.legere-hotelgroup.com

GREENSIGN garni

Heinz-Hankammer-Straße 2, PLZ 65232 (OT: Neuhof), **T 06128 609810,** F 6098199
91 Zimmer | Ez 79–149 €, Dz 89–149 € | 24 h

Ein funktionelles Businesshotel, das sowohl für Geschäftsleute als auch für Freizeitgäste interessant ist. Es bietet helle, geschmackvoll möblierte Zimmer mit innovativem Design und klar akzentuierten Formen. Dazu eine große Meeting- und Eventarea sowie ein hauseigenes Restaurant mit Terrasse.

TECKLENBURG 21 C www.tecklenburg-touristik.de

Nordrhein-Westfalen | EW 8.840 | 200 m | Ibbenbüren 9 km, Osnabrück 23 km

DRIEHOF - LandGut & Residenz Neu! www.driehof.de

Osnabrücker Straße 7, PLZ 49545, **T 05482 236**
9 Zimmer

Inmitten traumhafter Ländereien und grüner Wiesen mit direktem Blick auf den Staatsforst liegt dieses paradiesische Hideaway. Hier wohnen Sie in stilvollen und modernen Design-LifeStyle-Apartments mit komfortabler Ausstattung und hohem Wohlfühlfaktor. Entspannen kann man in der hauseigenen Panoramasauna, bei einer Wellnessmassage oder während eines Spaziergangs durch die idyllische Parkanlage. Auch ein Shuttleservice mit einer Oldtimer-Limousine (in einem Umkreis von ca. 100 km) wird angeboten.

Teutoburger Wald www.rhtw.de

Im Bocketal 2, PLZ 49545 (OT: Brochterbeck), **T 05455 93000,** F 930070
43 Zimmer | 1 Suite | Ez ab 105 €, Dz ab 165 €, 10,00–21,50 € | 17.–25.12.23

Seit 1902 befindet sich dieses Haus in Familienbesitz. Behagliche Zimmer, ein gepflegter Hotelgarten mit Teich sowie eine großzügige Schwimm- und Saunaanlage sorgen für Wohlfühlatmosphäre. Im Café-Restaurant genießt man regionale und saisonale Küche sowie hausgemachten Kuchen am Nachmittag.

TEGERNHEIM 54 D www.tegernheim.de

Bayern | EW 5.750 | 332 m | Regensburg 8 km, Wörth an der Donau 23 km

WalhallaHotel Regensburg @ Hoeferer Neu! www.hotel-hoeferer.de

Gewerbegebiet Nord 6a, PLZ 93105, **T 09403 9696800**
18 Zimmer | 6 Suiten | 18 Apartments | Ez 100–150 €, Dz 120–170 €, 13,00 € | 24 h

Das barrierefreie, nachhaltig gebaute Hotel bezaubert nicht nur durch seine verkehrsgünstige Lage vor den Toren von Regensburg, sondern auch durch die hellen, freundlichen Zimmer und Suiten, die im nordischen Stil eingerichtet sind. Morgens erwartet Sie ein abwechslungsreiches Frühstück mit regionalen, teils hofeigenen Produkten.

TEGERNSEE 68 A www.tegernsee.de

Bayern | EW 3.639 | 747 m | Miesbach 17 km, Bad Tölz 21 km

Caro & Selig Neu! www.caroundselig.de

VARTA-TIPP Ambiente

Bahnhofstraße 29, PLZ 83684, **T 08022 98200**
125 Zimmer | 24 h

»

Welch reizendes Refugium auf dem ehemaligen Krankenhausareal entstanden ist! Das 2023 eröffnete Boutique- und Designhotel ist im luxuriösen „Quartier Tegernsee" angesiedelt und liegt fußläufig zum See. Sie wohnen in hochwertigen Zimmern und Suiten mit exklusivem Schlafkomfort und genießen am Morgen ein hervorragendes Frühstück. Toll der großzügige SPA mit Indoorpool, Saunen, Fitnessbereich und Beautytreatments. Das Herzstück des Hotels ist zweifellos die 380 qm große Dachterrasse „Ni Bar" mit grandiosem Blick auf den See und die Berge.

Der Westerhof
www.derwesterhof.de

garni

Olaf-Gulbransson-Straße 19, PLZ 83684, **T 08022 188988,** F 188990
43 Zimmer | 10 Suiten | 6 Apartments | Ez ab 139 €, Dz ab 189 €, inkl. Frühstück | 24 h

Hoch oben inmitten der oberbayerischen Bergwelt liegt dieses freundliche Feriendomizil. Die Zimmer (alle mit Südbalkon oder Terrasse) sind äußerst wohnlich und bieten einen uneingeschränkten Blick auf den Tegernsee. Für Entspannung sorgen der Sauna- und Wellnessbereich sowie der 6 ha große Bergpark.

Seehotel Luitpold
www.seehotel-luitpold.de

★★★★

Hauptstraße 42, PLZ 83684, **T 08022 1877970,** F 18779723
16 Zimmer | 24 h

Das aufwendig und liebevoll renovierte hist. Gebäude im Tegernseer Tal verfügt über individuelle Zimmer mit wunderschönem Seeblick und exklusiv ausgestatteten Designerbädern. In direkter Nachbarschaft befindet sich das Tegernseer Seebad „monte mare". Das stilvolle Restaurant serviert regionale und internationale Spezialitäten sowie Steaks.

Leeberghof
www.leeberghof.de

Ellinger Straße 10, PLZ 83684, **T 08022 188090**
70 | Hauptgericht 29–40 € | Sa-So Di-So Mo

Diese Adresse ist einen Besuch wert: atemberaubende Lage, geschmackvoll-ländlich das Interieur, auf der Speisekarte internationale Crossover-Küche und bayerische Klassiker. Im Sommer ein Muss: die traumhafte Terrasse mit unvergleichlichem Ausblick auf die Egerner Bucht.

Schlosswirtschaft Tegernsee
www.schlosswirtschaft-tegernsee.de

Schlossplatz 1e, PLZ 83684, **T 08022 4560**
200 | Hauptgericht 10–27 € | Mo, Do-So Di, Mi

Modernes Wirtshausflair in den Gemäuern eines ehem. Klosters. Die Küche ist alpenländisch orientiert und bietet Leckeres wie „Ofenfrischer Schweinsbraten | Kartoffelknödel | Dunkelbiersauce | Krautsalat" oder „Tegernseer Saibling | braune Butter | Petersilienkartoffeln". Zur warmen Jahreszeit empfiehlt sich die großzügige Sonnenterrasse.

Herzogliches Bräustüberl Tegernsee
www.braustuberl.de

Schlossplatz 1, PLZ 83684, **T 08022 4141**
1400 | Hauptgericht 10–13 € | Mo-So

Charmantes Traditionslokal mit über 300-jähriger Geschichte. Große hist. Gewölberäume mit regionaltypischer Bierhauskultur. Serviert werden deftige bayerische Schmankerln wie Schweinshax'n, Münchner Tellerfleisch oder hausgemachte Bratensülze. Im Sommer lockt der zünftige Biergarten mit Aussicht.

TEINACH-ZAVELSTEIN, BAD 57 B www.teinachtal.de

Baden-Württemberg | EW 2.977 | 391 m | Calw 12 km, Pforzheim 40 km

Berlins Hotel KroneLamm www.berlins-hotel.de

★★★★ S garni

Marktplatz 1-3, PLZ 75385 (OT: Zavelstein), **T 07053 92940**
63 Zimmer | 3 Suiten | Ez 185–309 €, Dz 265–430 €, inkl. Halbpension

Die beiden Häuser im ruhigen Ortsteil Zavelstein bieten geschmackvoll eingerichtete Zimmer im Landhausstil, die in verschiedenen Kategorien gebucht werden können. Vom kinderfreien Wellnessbereich „königSPA“ genießen Sie einen traumhaften Blick über die malerischen Täler des Teinachtals.

Berlins Krone

VARTA-TIPP Küche VARTA-TIPP Service

35 | Menü 129–159 € | Mi-Sa Mo, Di, So 7.–24.1.24, 20.5.–5.6.24

Gediegen-elegantes Ambiente, geschulter Service und dazu eine eigenständige, lebendige Küche mit besten Produkten, das alles ist hier vereint. Franz Berlin kocht kreativ auf klassischer Basis, mutige und gleichermaßen gelungene Aromenkombinationen zeichnen seine Gerichte aus. Das exklusive Abendmenü (4 bis 7 Gänge) erhalten Sie auf Vorbestellung auch als vegetarische Variante. Mit Empathie und Fachkenntnis sorgt der erfahrene Sommelier Michael Kolb für die passenden Wein- und Getränkeempfehlungen.

Berlins Lamm

120 | Hauptgericht 14–30 €, Menü 63 € | So Mo-So

„Schnitzel nach Wiener Art aus dem Kalbsrücken“, „Hausgemachte Maultaschen“, „Forellenfilets nach Art des Chefs“, „Zwiebelrostbraten“... Bekommen Sie da nicht Appetit? Leckere Gerichte wie diese gibt es im lichtdurchfluteten Hauptrestaurant nebst großzügiger Panoramaterrasse.

Hotel Therme www.hotel-therme-teinach.de

★★★★ S garni

Otto-Neidhart-Allee 5, PLZ 75385 (OT: Bad Teinach), **T 07053 290,** F 29177
121 Zimmer | 10 Suiten | Ez 59–200 €, Dz 109–279 €, inkl. Frühstück | 24 h

Das renommierte Haus mit direktem Zugang zur Therme zeigt sich in einem Mix aus edler Architektur und stylish-eleganter Ausstattung. Besonders großzügig und wohnlich sind die Zimmer und Suiten aus hochwertigen Naturmaterialien. Im „Quellenrestaurant“ wird eine schwäbisch-badische Küche mit internationalen Einflüssen serviert.

TEISENDORF 69 A www.teisendorf.de

Bayern | EW 9.189 | 501 m | Traunstein 19 km, Salzburg (Österreich) 32 km

Wellness Natur Resort Gut Edermann www.gut-edermann.de

Holzhausen 2, PLZ 83317 (OT: Holzhausen), **T 08666 92730,** F 9273199
50 Zimmer | 3 Suiten | Ez ab 119 €, Dz ab 201 €, inkl. Halbpension

Traditon trifft auf Moderne. Geschmackvolles Anwesen in ländlicher Idylle. Gemütliche Designzimmer, mit Liebe zum Detail gestaltet. Entspannung bietet der 2.700 qm große Wellness- und SPA-Bereich. Im Sommer können sich die Gäste im hauseigenen Naturbadeteich erfrischen.

Restaurant MundArt2015

168 | Hauptgericht 20–32 €, Menü 47–59 € | Mo-So

Im elegant gestalteten Gourmetrestaurant wird frisch und schmackhaft gekocht. Die Küchencrew setzt dabei überwiegend auf heimische Zutaten. Sehr gute Auswahl an regionalen und internationalen Weinen ausgesuchter Winzer. Zum Haus gehören auch noch die gemütlich-rustikale „Bauernstube Anno 1910“, der Wintergarten und eine Sommerterrasse.

Wiegt weniger ist aber genauso gut:
Der Varta-Führer ist auch als eBook für Ihren TabletPC oder Ihr Smartphone verfügbar!

TEISNACH 55 C www.teisnach.de

Bayern | EW 2.933 | 467 m | Regen 15 km, Deggendorf 24 km

Relais & Châteaux Landromantik Hotel Oswald www.hotel-oswald.de

Am Platzl 2, PLZ 94244 (OT: Kaikenried), **T 09923 84100,** F 841010
63 Zimmer | 30 Suiten | Ez ab 209 €, Dz ab 398 €, inkl. Vollpension

Geschmackvoll wohnen! Das idyllisch gelegene Ferienhotel mit langer Familientradition erwartet Sie mit schönen wohnlichen Zimmern, teils in Zirben- und Altholz gehalten. Überzeugend ist der großzügige SPA-Bereich mit Saunen, Pools und Wellnessgarten sowie der neu gestalteten Salzwelt.

Oswald's Gourmetstube

VARTA-TIPP Küche **VARTA-TIPP** Service

20 | Menü 55–115 € | Mi-Sa Mo, Di, So

Ein ganz und gar stimmiges Bild: Die feine, elegante Klassik, die der stilvolle Raum ausstrahlt, findet sich auch in den gelungen zusammengestellten Kreationen von Küchenchef Thomas Gerber. Aroma und präzises Handwerk stehen bei seinen Menüs klar im Mittelpunkt. So kommen die ausgezeichneten Produkte schön zur Geltung. Niveauvoll auch der Service: professionell und angenehm persönlich. Dazu ein sorgfältig abgestimmtes Weinsortiment. Tischreservierung empfehlenswert.

TELGTE 21 C www.telgte.de

Nordrhein-Westfalen | EW 19.218 | 50 m | Münster 12 km, Osnabrück 54 km

Telgter Hof www.telgter-hof.com

Münsterstraße 29, PLZ 48291, **T 02504 8896260**
Hauptgericht 16–28 € | Di-Mi, Fr-So Mo, Do

Seit Jahrzehnten wird das Haus mit Engagement und Leidenschaft geführt. Was man in dem gemütlich-zeitgemäßen Restaurant serviert bekommt, ist sowohl regional als auch international geprägt und nennt sich z.B. „Gegrilltes Doradenfilet und Riesengarnelen mit Pimientos, Mojo rojo und Patatas Bravas". Es gibt auch einige Gästezimmer.

TEMPLIN 18 D www.templin.de

Brandenburg | EW 16.062 | 60 m | Prenzlau 31 km, Oranienburg 66 km

Döllnsee-Schorfheide www.doellnsee.de

★★★★

Döllnkrug 2, PLZ 17268, **T 039882 630,** F 63402
126 Zimmer | 2 Suiten | Ez 78–195 €, Dz 84–314 €, inkl. Frühstück | 24 h

Freundlich geführtes Hotel in idyllischer Waldlage des Naturschutzgebietes Schorfheide. Renovierter Altbau mit zwei Neubauflügeln und Zimmern in stilvollem Edelholzambiente. Nette Wellnesslounge. Das Restaurant „Cottage" serviert uckermärkische und internationale Spezialitäten.

TENGEN 65 A www.tengen.de

Baden-Württemberg | EW 4.641 | 614 m | Schaffhausen (Schweiz) 25 km, Konstanz 50 km

Bibermühle www.bibermuehle.de

Untere Mühle 1, PLZ 78250 (OT: Blumenfeld/Hegau), **T 07736 92930,** F 9293140
31 Zimmer | Ez 76 €, Dz 124–142 €, 12,00 €

Tagungs- und Geschäftshotel in naturnaher Umgebung mit ansprechend eingerichteten Zimmern. Kleiner Wellnessbereich mit finnischer Sauna, Tauchbecken und Ruhebereich. Restaurant mit rustikalem Ambiente und schöner Gartenterrasse.

Zur Sonne www.sonne-wiechs.de

Hauptstraße 57, PLZ 78250 (OT: Wiechs), **T 07736 7543**
45 | Hauptgericht 19–33 €, Menü 39–84 € | Fr-So Mi-So Mo, Di

In der hübsch dekorierten Gaststube wird eine regionale Küche mit mediterranem Einfluss aufgetischt. Spezialität: Hausgemachte Ravioli. Schön sitzt man im Sommer auf der lauschigen Südwestterrasse. Es stehen auch einige Gästezimmer zur Verfügung.

TETEROW 18 A www.teterow.de

Mecklenburg-Vorpommern | EW 9.012 | 10 m | Malchin 13 km, Güstrow 18 km

Moshack www.restaurant-moshack-teterow.de

Bahnhofstraße 1, PLZ 17166, **T 03996 1852346**
40 | Hauptgericht 17–32 € | Di-Sa Mo, So

Im Bahnhof Teterow wird ambitioniert gekocht, und zwar regionale und saisonale Gerichte aus hervorragenden Produkten. Wie wär's mit „Gebratenem Zanderfilet mit gepickeltem Weißkohl und Kartoffeln im Soljankasud"? Dazu erwarten Sie gemütlich-modernes Ambiente und ein freundlich-charmanter Service.

TETTNANG 66 A www.tettnang.de

Baden-Württemberg | EW 19.500 | 466 m | Friedrichshafen 10 km, Ravensburg 13 km

Rad www.hotel-rad.com

Lindauer Straße 2, PLZ 88069, **T 07542 5400,** F 53636
69 Zimmer | 2 Suiten

Familiengeführtes Ferien- und Geschäftshotel in einem 100 Jahre alten Fachwerkhaus. Man verfügt über moderne, aber auch rustikale Zimmer. Gemütliche Restauranträume, in denen schwäbische und internationale Gerichte serviert werden.

THALE 33 A www.bodetal.de

Sachsen-Anhalt | EW 19.365 | 170 m | Halberstadt 21 km, Nordhausen 48 km

Mythenresort Heimdall www.mythenresort.de

★★★★

Poststraße 18, PLZ 06502, **T 03947 9394466**
60 Zimmer | 1 Suite

Dieses Privathotel liegt am beliebten Wanderweg „Harzer Hexenstieg". Die wohnlich und farbenfroh eingerichteten Zimmer bieten schöne Ausblicke auf die Stadt, den Hexentanzplatz und die bewaldeten Ausläufer der Harzer Berge. Das hauseigene Restaurant mit offener Küche serviert Harzer Spezialitäten.

THIERHAUPTEN 59 B www.thierhaupten.de

Bayern | EW 3.887 | 430 m | Augsburg 24 km, Donauwörth 25 km

Klostergasthof www.hotel-klostergasthof.de

Augsburger Straße 3, PLZ 86672, **T 08271 81810,** F 818150
46 Zimmer | Ez ab 65 €, Dz ab 85 €, inkl. Frühstück

Seminar- und Tagungshotel im ehem. Sudhaus des Klosters. Das Haus vereint eine 400-jährige Geschichte mit moderner Architektur. Geschmackvolle Gästezimmer mit Designeranklängen. Stilvolles Restaurant mit überwiegend regionaler Küche.

Schon probiert?
Der Varta-Führer ist auch als eBook für Ihren TabletPC oder Ihr Smartphone verfügbar!

THYRNAU 62 B www.thyrnau.de

Bayern | EW 4.140 | 455 m | Passau 13 km, Vilshofen an der Donau 33 km

Parkschlössl zu Thyrnau www.hotel-parkschloessl.de

Hundsdorf 20a, PLZ 94136 (OT: Hundsdorf), **T 08501 9220,** F 922123
42 Zimmer | 9 Suiten | Ez 125 €, Dz 230–256 €, inkl. Vollpension

Neuzeitliches Hotel in ruhiger Lage. Wohnliche Zimmer mit italienischen Möbeln und aufwendigen Bädern. Zum Haus gehören auch ein Wellness- und Beautybereich, ein schöner Park mit Naturbadeteich sowie ein elegantes Restaurant.

Golf- und Landhotel Anetseder www.hotel-anetseder.de

Rassbach 8, PLZ 94136 (OT: Raßbach), **T 08501 91313,** F 91314
19 Zimmer | 1 Suite | Ez ab 87 €, Dz ab 144 €, inkl. Frühstück

Familiengeführtes Hotel unmittelbar am 24-Loch-Golfplatz des Golfclubs Passau-Raßbach. Solide eingerichtete Zimmer mit neuzeitlichem Komfort. Kleiner Wellnessbereich mit hochwertig ausgestatteter Saunalandschaft. Bodenständiges Restaurant „Leo's" mit großer Sonnenterrasse.

Lindenhof www.lindenhof-kellberg.de

garni

Kurpromenade 12, PLZ 94136 (OT: Kellberg), **T 08501 8080,** F 80815
34 Zimmer | 6 Suiten | Ez ab 65 €, Dz ab 95 €, inkl. Frühstück

Ansprechendes, familiengeführtes Haus in ruhiger Lage direkt am Golfplatz. Geräumige Zimmer mit hellem Holzmobiliar und zeitgemäßer Ausstattung. Für Entspannung sorgt eine kleine Saunalandschaft. Morgens wird man mit einem reichhaltigen Frühstücksbuffet verwöhnt.

TIEFENBRONN 57 B www.tiefenbronn.de

Baden-Württemberg | EW 5.400 | 432 m | Heimsheim 4 km, Pforzheim 12 km

Ochsenpost

www.ochsen-post.de

Franz-Josef-Gall-Straße 13, PLZ 75233, **T 07234 95450,** F 9545145
37 Zimmer | 6 Suiten | Ez 89–135 €, Dz 110–170 €, inkl. Frühstück

Ein Ort zum Wohlfühlen und Genießen! Das traditionsreiche Haus (anno 1694) mit seinem modernen Hotelneubau bietet geschmackvolle, mit edlen Materialien eingerichtete Zimmer unterschiedlicher Größe und Preiskategorien. Im Restaurant „Backhaus“ werden rustikale Vesper und Kleinigkeiten der badisch-schwäbischen Küche serviert. Hauseigene Holzofenbäckerei und Fleischmanufaktur.

Bauernstuben

VARTA-TIPP Küche

90 | Hauptgericht 17–54 €, Menü 69–96 € | Di-Sa Mo-Sa So

Seit vielen Jahren ist dieser Familienbetrieb eine hervorragende Genussadresse! In den nostalgisch anmutenden, urgemütlichen Gaststuben werden Sie mit einer abwechslungsreichen und innovativen Küche verwöhnt. Das Angebot reicht von schmackhaften Regionalgerichten über hochwertiges Steakfleisch von deutschen Färsen bis hin zu modernen internationalen Speisen. Die feine Kulinarik steht in harmonischem Einklang mit dem liebenswerten Service. Im Sommer lockt das mediterran anmutende Gartenrestaurant.

Arnegger's Adler

www.arneggers-adler.de

Tiefenbronner Straße 20, PLZ 75233 (OT: Mühlhausen), **T 07234 953530**
35 | Hauptgericht 19–37 € | Sa-So Di-So Mo

Das Haus ist schon seit Generationen ein engagiert geführter Familienbetrieb mit gepflegter Gastlichkeit und persönlichem Service. Auf der Speisekarte stehen überwiegend regionale Gerichte mit internationalen Einflüssen. Wohnliche Gästezimmer.

TIMMENDORFER STRAND 8 D www.timmendorfer-strand.de

Schleswig-Holstein | EW 8.769 | 2 m | Bad Schwartau 15 km, Lübeck 22 km

Grand Hotel Seeschlösschen www.seeschloesschen.de

Strandallee 141, PLZ 23669, **T 04503 6011,** F 601333
122 Zimmer | 23 Suiten | Ez ab 139 €, Dz ab 199 €, inkl. Frühstück | 24 h

Behagliches Wohnambiente und familiäre Atmosphäre erwarten Sie in diesem stilvoll gestalteten Grandhotel. Das Haus bietet exklusiv eingerichtete Zimmer, mehrere Restaurants, eine herrliche Seeterrasse sowie einen 2.300 qm großen Wellnessbereich. Eigene 36-Loch-Golfanlage in unmittelbarer Nähe zum Ostseestrand.

Strandhotel Fontana www.strandhotel-fontana.de

Strandallee 47-49, PLZ 23669, **T 04503 87040,** F 870428
19 Zimmer | 1 Suite | 1 Apartment | Ez 180–235 €, Dz 205–450 €, inkl. Frühstück

Familiengeführtes Traditionshaus mit elegantem Neubau im klassizistischen Bäderstil. Die zeitlos-modernen Zimmer sind mit hochwertigen Möbeln, bequemen Betten, Kunst und liebevollen Details ausgestattet. Exklusives Wohnen garantiert die großzügige Suite mit Ostseeterrasse im Stammhaus.

Horizont

50 | Hauptgericht 18–45 € | Mi-So Mo, Di 22.1.–4.2.24

Das Restaurant befindet sich im Erdgeschoss der schmucken Villa. Das Ambiente ist geprägt von einer wohltuenden Mischung aus klaren Linien, sanften Farbtönen und elegantem Design. Serviert wird eine raffinierte nordische Küche mit asiatischen Komponenten.

Fuchsbau www.fuchsbau-timmendorf.de

VARTA-TIPP Ambiente

★★★★ S garni

Dorfstraße 11, PLZ 23669 (OT: Groß Timmendorf), **T 04503 8020,** F 5767
75 Zimmer

Das romantische Hideaway ist die perfekte Adresse für eine Auszeit zwischen Land und Meer! Die Zimmer und Suiten hat man im klaren Stil skandinavischer Gelassenheit eingerichtet. Harmonische Farbgebung, erlesene Materialien und liebevolle Details sorgen für modern-behagliches Wohlfühlambiente. Aber auch der 700 qm große SPA und die persönliche Atmosphäre zeichnen dieses Haus aus. Im gemütlichen Restaurant werden typisch norddeutsche Spezialitäten aufgetischt.

Holsteiner Hof www.holsteiner-hof.de

★★★★ garni

Strandallee 92, PLZ 23669, **T 04503 35740,** F 357419
22 Zimmer | 3 Suiten | 6 Apartments | Ez 69–219 €, Dz 79–249 €, ab 20,00 €

Ein freundlich geführtes Haus. Hier vereinen sich angenehmer Wohnkomfort und Liebe zum Detail. Die Zimmer und Suiten sind individuell und stilvoll ausgestattet. Im stilvollen Restaurant mit beheizter Terrasse wird regional und international gekocht.

Landhaus Carstens www.landhauscarstens.de

★★★★ S garni

Strandallee 73, PLZ 23669, **T 04503 6080,** F 60860
32 Zimmer | 3 Suiten | Ez ab 105 €, Dz ab 160 €, inkl. Frühstück | 24 h

Gepflegtes Ostholsteiner Landhaus mit gutem Freizeitbereich in strandnaher Lage. Das Hotel verfügt über wohnliche Zimmer, die mit Stilmöbeln eingerichtet sind. Rustikal-gemütliches Restaurant mit schöner Terrasse.

Sand www.hotelsand.de

★★★★ garni

Strandallee 168, PLZ 23669, **T 04503 8970,** F 898199
77 Zimmer | 3 Suiten | 24 h

Das zeitgemäße Lifestyle-Hotel verspricht anspruchsvolles Wohnen in entspannter Atmosphäre. Klare Farben, modernes Design und natürliche Materialien prägen die Zimmerausstattung. Für Entspannung sorgt die sonnige Dachterrasse mit Außensauna.

Seehuus www.seehuus-hotel.de

garni

Strandstraße 69, PLZ 23669 (OT: Niendorf), **T 04503 801260,** F 801261
74 Zimmer | 7 Suiten | Ez ab 109 €, Dz ab 135 €, inkl. Frühstück | 24 h

Das moderne Lifestyle-Hotel liegt direkt am Niendorfer Strand. Die Zimmer sind schick designt und verfügen alle über einen Balkon, teils mit schönem Ostseeblick. Dazu ein richtig toller SPA mit Schwimmbad, Saunen und Beautykabinen.

The Cozy Hotel www.thecozy-hotel.de

garni

Schmilinskystraße 2, PLZ 23669, **T 04503 76091000,** F 76091999
55 Zimmer | Ez 75–370 €, Dz 95–390 €, inkl. Frühstück

Direkt am Alten Kurpark befindet sich das stylishe Hotel. Weißes Leinen, grobes Holz, geflochtener Korb und helle Stoffe prägen die Räume und verleihen dem Hotel zurückhaltenden Charme und erfrischende Lässigkeit. Hübscher SPA- und Gymbereich mit vielfältigen Trainings- und Wellnessangeboten. Tipp: Die schönsten Stücke aus dem Hotelinterieur gibt es im Shop auch für zu Hause.

Yachtclub www.hotel-yachtclub.de

★★★★ garni

Strandstraße 94, PLZ 23669 (OT: Niendorf), **T 04503 8060**
60 Zimmer | 6 Suiten | Ez 99–290 €, Dz 115–290 €, 8,75–19,00 €

Ein sympathisches, maritim gestaltetes Hotel, nur wenige Schritte vom Sandstrand entfernt. Hier erwarten Sie hell und wohnlich eingerichtete Zimmer mit komfortabler Ausstattung. Für Entspannung sorgt der SPA-Bereich „AuraVita".

Gourmetrestaurant Orangerie
www.orangerie-timmendorfer-strand.de

VARTA-TIPP Küche VARTA-TIPP Service

Strandallee 73 (im Maritim Seehotel), PLZ 23669, **T 04503 6050**
50 | Hauptgericht 32–59 €, Menü 94–146 € | Fr-So ⃠ Mo, Di, Mi, Do

Die „Orangerie" im Maritim Seehotel Timmendorfer Strand ist ein Restaurant, wie man es sich in jedem Hotel wünscht: Eintreten, die gediegene Eleganz und das weltoffene Flair auf sich wirken lassen und sich einfach wohlfühlen. Herzstück ist die offene Küche, die von allen Seiten einsehbar ist. Hier kann man die leidenschaftliche Crew um Chefkoch Lutz Niemann beobachten. Serviert werden raffinierte Gerichte mit regionalen und französischen Einflüssen. Es gibt ein wechselndes Menü mit drei bis sechs Gängen. Maître Ralf Brönner leitet den aufmerksamen Service und empfiehlt exzellente Weine aus nah und fern. Im Sommer sitzt man wunderschön auf der Gartenterrasse mit Blick auf den Kurpark.

Folgen Sie uns: facebook.com/vartaguide

TITISEE-NEUSTADT 64 B
www.hochschwarzwald.de

Baden-Württemberg | EW 11.835 | 849 m | Lenzkirch 9 km, Freiburg 31 km

Treschers Schwarzwald-Hotel
www.treschers.de

VARTA-TIPP Ambiente

★★★★ S garni

Seestraße 10, PLZ 79822 (OT: Titisee), **T 07651 8050,** F 8116
83 Zimmer | 7 Suiten | 2 Apartments | Ez ab 175 €, Dz ab 240 €, inkl. Frühstück | 24 h

In dem am Ufer des Titisees gelegenen Traditionshotel sind nicht nur die hell und wohnlich eingerichteten Zimmer ideal zum Erholen, auch der Wellnessbereich hat da so einiges zu bieten: Badelandschaft, Saunaparadies, Liegewiese mit privatem Seezugang und Schwimmsteg... In den beiden Panorama-Restaurants mit einzigartigem Seeblick genießen Halbpensionsgäste am Abend ihr 4-Gang-Wahl-Menü. Alternativ kann man auch in den urgemütlichen Gaststuben mit besonderem Schwarzwaldflair dinieren.

Bären
www.baeren-titisee.de

★★★★ S garni

Neustädter Straße 35, PLZ 79822 (OT: Titisee), **T 07651 8060,** F 806604
48 Zimmer | 5 Suiten | Ez ab 164 €, Dz ab 264 €, inkl. Vollpension

Zeitgemäßes Wohnen, vielfältige Gastronomie sowie eine anspruchsvolle Wellnesslandschaft bietet dieses familiengeführte Schwarzwaldhotel. Moderne Materialien aus Stein, Holz und Glas sowie viel Licht sorgen für ein helles, freundliches Ambiente. Ruhige Lage am Waldrand. Herzliche Gastgeber.

Brugger's Hotelpark am See www.hotel-brugger.de

Strandbadstraße 14, PLZ 79822 (OT: Titisee), **T 07651 8010,** F 801800
57 Zimmer | 4 Suiten | Ez ab 128 €, Dz ab 208 €, inkl. Frühstück | 24 h

Komfortables Lifestyle-Hotel in herrlicher Lage. Modern und geradlinig eingerichtete Gästezimmer, teils mit 10 qm großen Dachterrassen und atemberaubendem Blick auf den Titisee. Ansprechend gestalteter Wellnessbereich. Restaurant mit regionaler Küche und Seeterrasse.

Parkhotel Waldeck www.parkhotel-waldeck.de

Parkstraße 4-6, PLZ 79822 (OT: Titisee), **T 07651 8090,** F 80999
45 Zimmer | Ez 99–189 €, Dz 119–209 €, inkl. Frühstück | 3.–31.12.23

Zentral gelegenes Schwarzwaldhotel gegenüber des Kurparks mit gediegen eingerichteten Zimmern unterschiedlicher Kategorien. Für Entspannung sorgt eine kleine Saunalandschaft mit sonnigem Ruheraum und Blick auf den Garten. Im Restaurant erwarten den Gast badische Küche sowie amerikanische Spezialitäten.

Seehotel Wiesler www.seehotel-wiesler.de

S garni

Strandbadstraße 5, PLZ 79822 (OT: Titisee), **T 07651 98090,** F 980980
36 Zimmer | 2 Suiten

Familiär geführtes Ferienhotel direkt am Titisee. Das Haus bietet helle, freundliche Zimmer, die fast alle über Seeblick verfügen. Großzügiger Wellnessbereich mit Panoramaschwimmbad, Saunalandschaft und Außenbereich. Restaurant mit badischer Küche.

Sonne-Post www.sonne-post.de

Landstraße 13, PLZ 79822 (OT: Waldau), **T 07669 91020,** F 910299
31 Zimmer | 2 Suiten | 18 Apartments | Ez 90–95 €, Dz 150–159 €, inkl. Frühstück

Traditionsreicher Schwarzwälder Familienbetrieb mit wohnlichen Gästezimmern. Ansprechender Wellnessbereich mit Hallenbad, Saunalandschaft und Liegewiese. Im heimeligen Restaurant werden bodenständige badische Gerichte aufgetischt. Schöne Sommerterrasse.

TITTING 53 D www.titting.de

Bayern | EW 2.631 | 447 m | Beilngries 26 km, Ingolstadt 43 km

Hotel Dirsch www.hotel-dirsch.de

Hauptstraße 13, PLZ 85135 (OT: Emsing), **T 08423 1890,** F 1370
90 Zimmer | 40 Suiten | Ez ab 95 €, Dz ab 125 €, inkl. Frühstück | 17.–29.12.23, 15.–29.12.24

Familiengeführtes Hotel in ländlicher Umgebung. Wohnliche, unterschiedlich große Zimmer. Schöne Sauna- und Dampfbäderlandschaft auf 1.800 qm. Umfangreiches Tagungsangebot.

TITTMONING 61 D www.tittmoning.de

Bayern | EW 6.100 | 400 m | Traunstein 30 km, Salzburg 41 km

Inspiration www.hotel-inspiration.de

★★★ garni

Mayerhofen 9, PLZ 84529 (OT: Mayerhofen), **T 08683 891220,** F 89122150
32 Zimmer | 2 Suiten | 2 Apartments | Ez 89–99 €, Dz 139–149 €, inkl. Frühstück

Sehr gepflegt wohnt man in diesem persönlich geführten Familienbetrieb im Ortsteil Mayerhofen. Hier ist die ruhige Lage Trumpf! Aber auch die geschmackvollen, individuell gestalteten Zimmer und das sehr gute Frühstück sind Grund genug, das kleine Hotel einmal zu besuchen.

TODTMOOS 64 B www.todtmoos.de

Baden-Württemberg | EW 1.987 | 820 m | Todtnau 17 km, Bad Säckingen 28 km

Rössle www.hotel-roessle.de

★★★★ S

Kapellenweg 2, PLZ 79682 (OT: Strick), **T 07674 90660,** F 906680
35 Zimmer | 6 Suiten | 2 Apartments | Ez 111–127 €, Dz 190–286 €, inkl. Frühstück

Schön wohnlich hat man es in diesem traditionellen Schwarzwaldgasthof. Stammgäste schätzen die familiäre Atmosphäre, die behagliche Zimmerausstattung und die ruhige Lage. 350 qm großer Wellnessbereich mit Hallenbad, finnischer Sauna und römischem Dampfbad. Im Restaurant werden vorwiegend badische Spezialitäten serviert.

TODTNAU 64 A www.hochschwarzwald.de/Todtnau

Baden-Württemberg | EW 4.828 | 659 m | Freiburg 32 km, Basel (Schweiz) 53 km

derWaldfrieden www.derwaldfrieden.de

★★★

Dorfstraße 8, PLZ 79674 (OT: Herrenschwand), **T 07674 920930,** F 9209390
22 Zimmer | 2 Suiten | Ez 110 €, Dz 150–190 €, inkl. Frühstück

Das Naturparkhotel liegt auf einem sonnigen, nach Süden offenen Hochplateau - abseits jeglicher Durchgangsstraßen. Die behaglichen Zimmer im regionaltypischen Schwarzwaldstil verteilen sich auf das Stammhaus und das 50 Meter entfernte SpaHaus. Aktiv- und Erholungsurlaub lassen sich hier optimal miteinander verbinden.

derWaldfrieden

VARTA-TIPP Küche

90 | Hauptgericht 22–38 €, Menü 37–59 € | Mo, Mi-So Di

Eleganter Stil gepaart mit einer ländlichen Note, das passt schön zum historischen Rahmen des Stammhauses. In den behaglich eingerichteten Gasträumen werden Sie von Irmgard Hupfer und ihrem Serviceteam mit einer verfeinerten Regionalküche verwöhnt, bei der fast ausschließlich heimische, nachhaltig produzierte Lebensmittel Verwendung finden. Eine romantische Gartenterrasse im Grünen lädt in der warmen Jahreszeit zum Outdoor-Genuss ein.

Waldhotel am Notschreipass — www.schwarzwald-waldhotel.de

★★★★ garni

Notschrei Passhöhe 2, PLZ 79674, **T 07602 94200,** F 9420111
28 Zimmer | 13 Suiten | 5 Apartments | Ez ab 160 €, Dz ab 238 €, inkl. Halbpension

Wander- und Wellnesshotel in schöner Lage auf 1.121 m Höhe. Gemütlich eingerichtete Landhauszimmer mit moderner Ausstattung. Ansprechender Wellnessbereich mit Panoramahallenbad, Saunawelt und Liegewiese. Das Restaurant serviert regionale Gerichte mit Wildkräutern, Fichtensprossen, Pilzen und Waldbeeren aus den umliegenden Wäldern.

TÖLZ, BAD 68 A — www.bad-toelz.de

Bayern | EW 18.802 | 658 m | Miesbach 22 km, Weilheim 46 km

Hotel Bergeblick Neu! — www.hotel-bergeblick.de

garni

Wackersberger Straße 21, PLZ 83646 (OT: Wackersberg), **T 08041 7994000**
49 Zimmer | 8 Suiten | Ez ab 209 €, Dz ab 139 €, inkl. Frühstück

Das 2023 eröffnete Hotel macht seinem Namen alle Ehre: In absoluter Traumlage auf der Wackersberger Höhe und mit herrlichem Blick auf die majestätischen Gipfel der Alpen empfängt Sie diese attraktive Urlaubsoase. Die zeitgemäß und nachhaltig ausgestatteten Zimmer, Suiten und Lodges sind wunderbare Rückzugsorte. Herzstück der Anlage ist der hochwertige SPA-Bereich mit Outdoorpool, Saunen und Meditationshaus. Am Abend wird den Gästen auf Wunsch eine bayerische Brotzeit angeboten.

Schwingshackl ESSKULTUR — www.schwingshackl-esskultur.de

VARTA★TIPP Küche   VARTA-TIPP Service

An der Isarlust 1, PLZ 83646, **T 08041 6030**
25 | Hauptgericht 33–45 €, Menü 89–135 € | Mi-So, Ruhetag: Mo, Di

Diese Gourmetoase ist der perfekte Ort, um den Alltag für ein paar Stunden zu vergessen und um sich aufs Feinste kulinarisch verwöhnen zu lassen. Patron Erich Schwingshackl kocht innovativ und zeitgemäß, ohne dabei die klassische Basis aus den Augen zu verlieren. Handwerklich präzise verarbeitet er die ausgesuchten Zutaten und ertüftelt Kombinationen, die in ihrer Aromenvielfalt und Komplexität überzeugen. Mit seiner Frau Katharina steht ihm eine geprüfte Sommelière von internationaler Klasse zur Seite, die mit Sensibilität und fachlichem Know-how erstklassige Weinempfehlungen ausspricht. Hier können Sie sich auf einen stimmungsvollen Abend in atmosphärischem Ambiente voller unvergesslicher Momente freuen.

Schwingshackl HEIMATKÜCHE

VARTA-TIPP Küche

An der Isarlust 1, PLZ 83646, **T 08041 6030**
40 | Hauptgericht 15–27 €, Menü 35–65 € | Mi-So Mo, Di

Heimatküche im besten Sinne, denn im Zweitrestaurant erwartet Sie eine feine alpenländische Genussküche, u.a. mit schmackhaften Gerichten aus Erich Schwingshackls Heimat Südtirol. Dabei achtet der Patron auf regionalen und saisonalen Bezug. Dass die Atmosphäre so angenehm entspannt ist, ist nicht zuletzt dem freundlichen Service zu verdanken. Schön sitzt man in der warmen Jahreszeit auf der Terrasse zur Isar. Und wer gerne übernachten möchte, es gibt auch gepflegte Doppelzimmer mit großzügigem Südbalkon.

Gasthaus Jägerwirt

www.jaegerwirt.de

Nikolaus-Rank-Straße 1, PLZ 83646 (OT: Kirchbichl), **T 08041 9548**
150 | Hauptgericht 11–37 € | Mo, Fr-So Mo, Do-So Di, Mi

Familienbetrieb, der bereits seit 1927 als Gastwirtschaft geführt wird. Gemütliche Stube mit Kachelofen und bayerischer Küche. Auf Vorbestellung: Kalbs- und Schweinshaxe vom Grill. Idyllischer Biergarten.

Folgen Sie uns: facebook.com/vartaguide

TÖNNING 6 D

www.toenning.de

Schleswig-Holstein | EW 4.887 | 2 m | St. Peter-Ording 23 km, Husum 23 km

Be Bio Hotel be active

www.be-bio-hotels.de

garni

Westerstraße 21, PLZ 25832, **T 04861 909400**
34 Zimmer | Ez 119–179 €, Dz 149–199 €, inkl. Frühstück

Biozertifiziertes Hotel in einem ehem. Schulgebäude. Wohnlich ausgestattete Zimmer mit bequemen Boxspringbetten sowie Sky-TV. Großes Angebot an Massagen, Kosmetikbehandlungen und Aktivkursen wie Yoga oder Qi Gong. Regional gehaltenes Frühstücksbuffet in Bio-Qualität.

TRABEN-TRARBACH 40 C

www.traben-trarbach.de

Rheinland-Pfalz | EW 5.898 | 110 m | Bernkastel-Kues 22 km, Trier 58 km

Jugendstilhotel Bellevue
www.bellevue-hotel.de

VARTA-TIPP Ambiente

★★★★ S garni

An der Mosel 11, PLZ 56841 (OT: Traben), **T 06541 7030,** F 703400
69 Zimmer | 25 Suiten | 20 Apartments | Ez ab 129 €, Dz ab 164 €, inkl. Frühstück | 24 h

Eine romantische Oase mit harmonischem Umfeld für Träumer, Nostalgiker und Genießer. Individuell und geschmackvoll, teils mit original Jugendstilinterieur, teils ganz modern eingerichtet sind die Zimmer des 1903 erbauten Hauses und seiner Dependancen. Im Restaurant „Belle Epoque" pflegt man einen klassisch-modernen sowie französisch geprägten Küchenstil. Weitere Übernachtungsmöglichkeiten im benachbarten All-Suiten-Haus „Palais Kayser".

Moselschlößchen
www.moselschloesschen.de

★★★★ S garni

An der Mosel 15, PLZ 56841 (OT: Traben), **T 06541 8320,** F 832255
72 Zimmer | Ez ab 225 €, Dz ab 390 €, inkl. Vollpension | 24 h

Das einstige Freizeit- und Tagungshotel hat sich nach Umbau und Erweiterung in ein Adults-Only-Refugium mit Fokus auf Wellness und Spa entwickelt. In malerischer Südlage direkt an der Moselpromenade liegt dieses denkmalgeschützte, liebevoll sanierte Ensemble verschiedenster zusammenhängender Gebäude. Es bietet unterschiedlich geschnittene Gästezimmer im geschmackvoll-eleganten Landhausstil. Fragen Sie nach den neuen Juniorsuiten und Suiten! Umfangreiches gastronomisches Angebot.

Goldene Traube - by Neugart
www.goldenetraube-hotel.de

★★★ S garni

Am Markt 8, PLZ 56841 (OT: Trarbach), **T 06541 816450**
30 Zimmer | 1 Suite | Ez 99–140 €, Dz 127–175 €, inkl. Frühstück

Das kleine, privat geführte Haus liegt schön zentral, direkt am Rathaus. Es bietet charmante Nichtraucherzimmer mit harmonischen Farbkonzepten und zeitgemäßem Wohnkomfort, die sich auf Haupt- und Nebenhaus verteilen. Toll die Dachterrasse, die wie alle Etagen mit einem Aufzug erreichbar ist.

Trabener Hof
www.trabener-hof.de

★★★ S garni

Bahnstraße 25, PLZ 56841 (OT: Traben), **T 06541 70080,** F 700888
32 Zimmer | 8 Suiten | Ez ab 80 €, Dz ab 97 €, 10,00 €

Stadthotel in einem hist. Gebäude von 1898 mit mediterran-modernem Ambiente. Gemütliche, in verschiedenen Farbkonzepten eingerichtete Zimmer, teils mit Balkon oder Terrasse. Es gibt auch eine Ferienwohnung.

TRASSENHEIDE 11 D
www.trassenheide.de

Mecklenburg-Vorpommern | EW 930 | 1 m | Zinnowitz 3 km, Greifswald 39 km

Upstalsboom Strandidyll
www.strandidyll-trassenheide.de

★★★★★ S garni

Strandstraße 13, PLZ 17449, **T 038371 2680,** F 268199
48 Zimmer

Ruhig und idyllisch auf einer kleinen Lichtung im Dünenwald Usedoms und gerade mal 70 Meter vom Ostseestrand entfernt liegt diese charmante Ferienperle. Neben komfortablen Zimmern gibt es auch geräumige Apartments für Langzeitaufenthalte. Zum Haus gehören ein gemütliches Frühstücksrestaurant mit Terrasse sowie ein Saunahäuschen mit zwei Saunen und Entspannungsbereich.

TRAUNSTEIN 69 A www.traunstein.de

Bayern | EW 18.944 | 591 m | Salzburg (Österreich) 38 km, Rosenheim 46 km

Parkhotel 1888 Traunstein www.parkhotel-traunstein.de

Bahnhofstraße 11, PLZ 83278, **T 08640 5049001**
56 Zimmer | 3 Suiten | Ez ab 75 €, Dz ab 120 €, inkl. Frühstück

Traditionsreiches Hotel in einem herrschaftlichen Gutshof aus dem Jahr 1888. Die Einrichtung des Hauses ist eine detailverliebte Mischung aus einem Hauch Geschichte und modernem, praktikablem Ambiente. Die Zimmer und Suiten sind klassisch eingerichtet. Im Restaurant wird international gekocht.

TRECHTINGSHAUSEN 40 D www.rhein-nahe-touristik.de

Rheinland-Pfalz | EW 1.050 | 90 m | Bacharach 8 km, Bingen am Rhein 9 km

Burg Reichenstein www.burg-reichenstein.com

Burgweg 24, PLZ 55413, **T 06721 6117,** F 961696
24 Zimmer

Geschmackvoll wohnen! Die historische Burganlage mit dem tollen Blick über den Rhein erwartet Sie mit schönen, individuell gestalteten Zimmern. Im Restaurant „Puricelli“ wird eine frische saisonale Küche serviert. Historie hautnah erleben Sie im angeschlossenen Burgmuseum.

TREIS-KARDEN 40 C www.treis-karden.de

Rheinland-Pfalz | EW 2.230 | 87 m | Cochem 13 km, Kastellaun 23 km

Schloß-Hotel Petry www.schloss-hotel-petry.de

★★★★

St.-Castor-Straße 80, PLZ 56253 (OT: Karden), **T 02672 9340,** F 934440
70 Zimmer | 3 Suiten | Ez ab 79 €, Dz ab 118 €, inkl. Frühstück | 24 h

Die familiengeführte Hotelanlage bietet ihren Gästen hist. Räume im Schloss, geräumige Komfortzimmer im Haus Kohlbecher und ruhige Zimmer in der 100 m entfernten Dependance. In der Beletage können sich Gäste mit Massagen und Kosmetikanwendungen verwöhnen lassen.

Schloßstube

40 | Hauptgericht 15–34 €, Menü 68–89 € | Mo-So

Stilvoll-elegantes Restaurant mit feiner Tischkultur. Man bietet eine kreative, moderne Küche unter Verwendung saisonaler und regionaler Viktualien. Dazu hält der exquisite Weinkeller ausgesuchte Tropfen bereit. Hübsche Schlossterrasse.

TRIBERG 57 C www.triberg.de

Baden-Württemberg | EW 4.889 | 864 m | Schonach 3 km, Offenburg 54 km

Schwarzwald Residenz www.residenz-triberg.bestwestern.de

★★★ S

Bürgermeister-de-Pellegrini-Straße 20, PLZ 78098, **T 07722 96230,** F 962365
36 Zimmer | 11 Apartments

Zeitgemäßes Domizil mit Balkonfassade und schöner Aussicht. Helle, freundliche Zimmer mit Naturholzmobiliar. Kleiner Wellnessbereich mit Sauna und Hallenbad. Restaurant mit bürgerlicher Küche und großer Terrasse.

TRIEFENSTEIN 52 A www.markt-triefenstein.de

Bayern | EW 4.264 | 180 m | Marktheidenfeld 8 km, Würzburg 38 km

Weinhaus zum Ritter www.weinhaus-ritter.de

Rittergasse 2, PLZ 97855 (OT: Homburg), **T 09395 1506**
35 | Hauptgericht 11–25 €, Menü 39 € | Mi-So Di-So Mo

Schönes Fachwerkhaus aus dem 16. Jhd. mit gemütlichen Gaststuben. Serviert werden schmackhaft zubereitete, überwiegend regionale Gerichte zu vergleichsweise günstigen Preisen. Nett sitzt man auf der Terrasse.

TRIER 49 A www.trier-info.de

Rheinland-Pfalz | EW 108.875 | 137 m | Saarbrücken 90 km, Koblenz 140 km
UNESCO-Weltkulturerbe: Dom St. Peter (älteste Bischofskirche Deutschlands), Liebfrauenkirche und römische Baudenkmäler (Konstantinsbasilika (ehem. röm. Palastaula), Römerbrücke, Amphitheater, Röm. Stadttor Porta Nigra, Ruinen röm. Kaiserthermen), barocke St.-Paulin-Kirche, Hauptmarkt mit Marktkreuz und -brunnen, Karl-Marx-Haus, Rheinisches Landesmuseum, Kurfürstliches Palais.

Park Plaza www.parkplaza-trier.de

★★★★ S

Nikolaus-Koch-Platz 1 (B3), PLZ 54290, **T 0651 99930,** F 9993555
150 Zimmer | 5 Suiten | Ez ab 145 €, Dz ab 179 €, 26,00 € | 24 h

Das neuzeitliche Hotel nahe der Fußgängerzone bietet wohnlich-moderne Zimmer, einen stilvollen Wellnessbereich mit römischem Ambiente sowie gute Tagungsmöglichkeiten. Im Grillrestaurant „Plaza Grill" werden hochwertige Fleischspezialitäten serviert.

Ante Porta - Das Stadthotel www.hotel-anteporta.de

★★★ S garni

Paulinstraße 66 (C2), PLZ 54292, **T 0651 436850,** F 4368510
37 Zimmer | Ez 84–154 €, Dz 89–174 €, 12,00 € | 22.12.23–7.1.24

In idealer Innenstadtlage unweit der Porta Nigra begrüßt Sie dieses charmante Hotel. Die in den Farbtönen Grün und Braun gehaltenen Gästezimmer verfügen teilweise über einen Balkon. Einladende Lobby mit Lounge. Freundliches Personal.

Becker's Hotel www.beckers-trier.de

★★★★

Olewiger Straße 206, PLZ 54295 (OT: Olewig), **T 0651 938080,** F 9380888
27 Zimmer | 3 Suiten | Ez 95–110 €, Dz 150–170 €, 5,00–25,00 € | 24 h ››

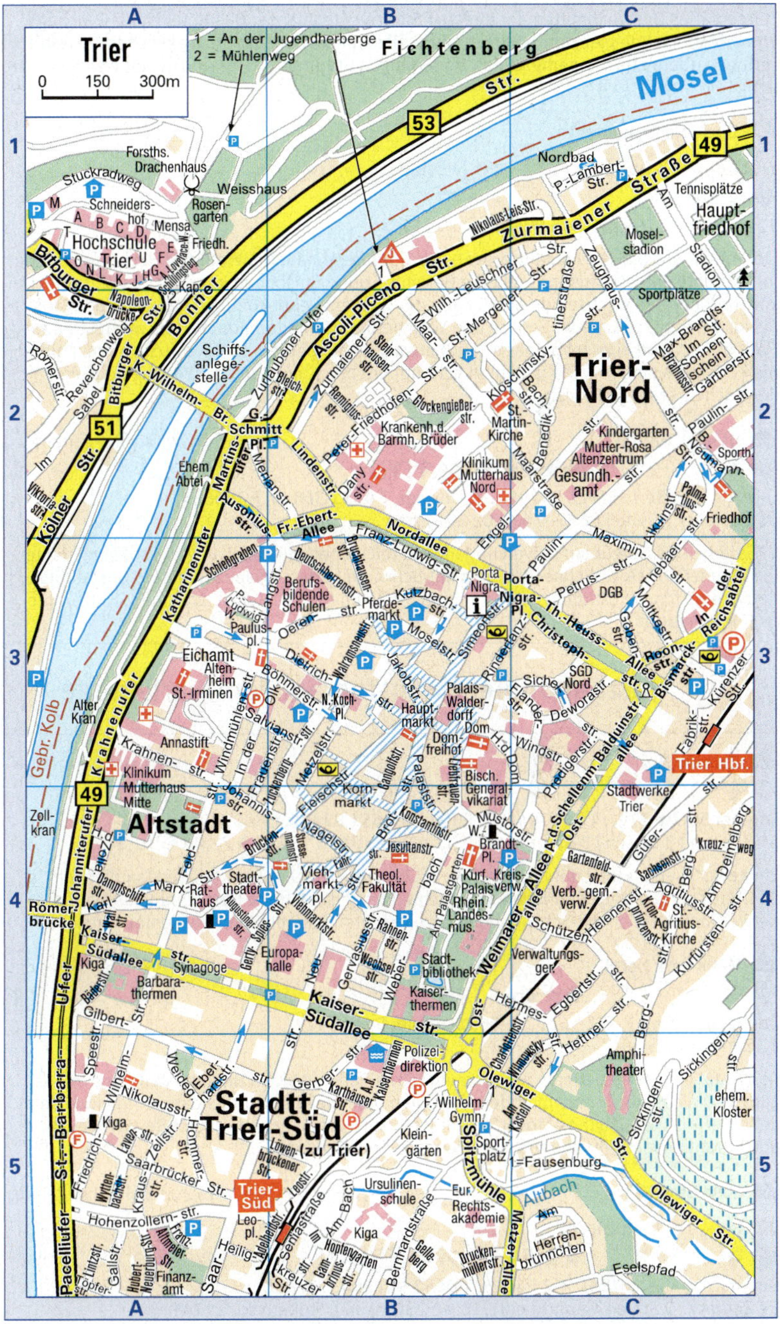

Trier
0 150 300m
1 = An der Jugendherberge
2 = Mühlenweg
Fichtenberg
Mosel
A
B
C
1
2
3
4
5
53
49
51
Forsths. Drachenhaus
Weisshaus
Rosen-garten
Stuckradweg
Schneiders-hof
Mensa
Hochschule Trier
Friedh.
Bitburger Str.
Napoleon-brücke
Bonner Str.
Zurmaiener Str.
Zurmaiener Straße
Ascoli-Piceno Str.
Nordbad
P.-Lambert-Str.
Nikolaus-Leis-Str.
Mosel-stadion
Tennisplätze
Haupt-friedhof
Sportplätze
Zeughaus-str.
Am Stadion
Schiffs-anlege-stelle
Zurlaubener Ufer
Reverchonweg
Römerstr.
Sabel
Bitburger Str.
K.-Wilhelm-Br.
G.-Schmitt-Pl.
Martinsufer
Ehem. Abtei
Kölner Str.
Viktoriastr.
Trier-Nord
Krankenh.d. Barmh. Brüder
Klinikum Mutterhaus Nord
St.-Martin-Kirche
Kindergarten Mutter-Rosa Altenzentrum
Gesundh.-amt
Glockengießer-str.
Peter-Friedhofen-Str.
Lindenstr.
Maarstraße
Benedikt-str.
Max-Brandts-str.
Im Sonnen-schein
Gärtnerstr.
Paulin-str.
Friedhof
Nordallee
Fr.-Ebert-Allee
Ausoniusstr.
Franz-Ludwig-Str.
Porta Nigra
Porta-Nigra-Pl.
Th.-Heuss-Allee
Christoph-str.
Maximin-str.
Petrus-str.
DGB
In der Reichsabtei
Katharinenufer
Schießgraben
Berufs-bildende Schulen
Deutschherrenstr.
Pferde-markt
Kutzbach-str.
Moselstr.
Simeonstr.
Eichamt
Altenheim St.-Irminen
Alter Kran
Gebr. Kolb
Krahnenufer
Klinikum Mutterhaus Mitte
Annastift
Dietrich-str.
Böhmerstr.
N.-Koch-Pl.
Jakobstr.
Haupt-markt
Palais-Walder-dorff
Dom
Dom-freihof
Bisch. General-vikariat
Sichelstr.
SGD Nord
Deworastr.
Windstr.
Predigerstr.
Balduinstr.
Bismarckstr.
Roonstr.
Moltkestr.
Kürenzer Str.
Fabrikstr.
Trier Hbf.
Stadtwerke Trier
Altstadt
Zollkran
Johanniterufer
Kornmarkt
Fleischstr.
Nagelstr.
Konstantinstr.
Jesuitenstr.
Theol. Fakultät
Viehmarkt-pl.
Stadt-theater
Rathaus
Römerbrücke
Karl-Marx-Str.
Brandt-Pl.
Kurf. Palais
Kreis-verw.
Rhein. Landes-mus.
Mustorstr.
Ost-allee
Weimarer Allee
A.d. Schellenm.
Gartenfeldstr.
Güterstr.
Verb.-gem.-verw.
Schützenstr.
Helenenstr.
Agritiusstr.
St.-Agritius-Kirche
Kurfürstenstr.
Am Deimelberg
Kreuzweg
Verwaltungs-ger.
Egbertstr.
Hermesstr.
Kaiser-Südallee
Synagoge
Kiga
Barbara-thermen
Europa-halle
Stadt-bibliothek
Kaiser-thermen
Gilbertstr.
Polizei-direktion
Olewiger Str.
Amphi-theater
Sickingenstr.
ehem. Kloster
Stadtt. Trier-Süd
Nikolausstr.
Saarbrücker Str.
Gerberstr.
Karthäuser Str.
F.-Wilhelm-Gymn.
Sport-platz
Klein-gärten
1=Fausenburg
Spitzmühle
Altbach
Am Herren-brünnchen
Eselspfad
Ursulinen-schule
Eur. Rechts-akademie
Metzer Allee
Trier-Süd
Leo-pl.
Hohenzollernstr.
Finanz-amt
Heiligkreuzer Str.
Semastraße
Am Bach
Hopfengarten
Bernhardstraße
Speestr.
Weidegg
St.-Barbara-Ufer
Pacelliufer

Zeitgemäßes Design inmitten der ältesten Stadt Deutschlands. Das Hotel ist für Geschäfts- und Privatreisende gleichermaßen attraktiv. Die Zimmer sind großzügig geschnitten und verfügen über helle, moderne Bäder. Vom ruhigen Stadtteil Olewig sind es nur wenige Minuten in die City.

Becker's Restaurant

VARTA-TIPP Küche **VARTA-TIPP** Service

32 | Menü 115–165 € | Mi-Sa ⊘ Mo, Di, So

Moderne und schlichte Eleganz prägen das Gourmetrestaurant. Wolfgang Becker kreiert klare, authentische und ausdrucksstarke Gerichte - ohne Chichi und ganz auf das Wesentliche konzentriert. Das wechselnde Menü kann der Gast entweder komplett genießen oder auf bis zu 4 Gänge reduzieren. Service und Weinberatung sind formidabel. Im Zweitrestaurant „Weinhaus“ wird eine zeitgemäße Landhausküche angeboten. Und wenn Sie einmal hinter die Kulissen schauen und Küchenluft schnuppern möchten, dann buchen Sie doch einen der Kochkurse des Patrons.

Blesius Garten

www.blesius-garten.de

★★★★

Olewiger Straße 135, PLZ 54295 (OT: Olewig), **T 0651 36060,** F 360633
61 Zimmer | 1 Suite | Ez 70–76 €, Dz 89–129 €

1789 erbautes Hofgut mit stilvoll und individuell im behaglichen Landhausstil eingerichteten Zimmern. Kleiner Wellnessbereich mit Schwimmbad und Sauna. Mehrere Gaststuben, in denen eine frische Landhausküche mit internationalen Akzenten serviert wird. Hausbrauerei mit Biergarten.

Jetzt abonnieren: instagram.com/vartaguide

Eurener Hof

www.eurener-hof.de

Eurener Straße 171, PLZ 54294 (OT: Euren), **T 0651 82400,** F 800900
69 Zimmer | 3 Suiten | 3 Apartments | Ez ab 94 €, Dz ab 130 €, 22,00 € | 24 h

Ein gewachsenes Hotel mit nostalgischem Charme - seit vier Generationen familiengeführt. Das Haus verfügt über wohnliche, unterschiedlich geschnittene Gästezimmer. Ansprechender Wellnessbereich mit Schwimmbad und mehreren Saunen. Mehrere Restaurants.

Nells Park Hotel

www.nellsparkhotel.de

★★★★

Dasbachstraße 12, PLZ 54292, **T 0651 14440,** F 1444222
77 Zimmer | 1 Suite

Das Hotel liegt eingebettet in einen traumhaften Park mit altem Baumbestand und Rosengarten. Die Zimmer kommen modern-naturnah oder elegant-luxuriös daher. Individuell eingerichtet sind die „Mythos Mosel“-Themenzimmer. Große Saunawelt mit Beautybereich. Restaurant im hist. Herrenhaus, zwei Terrassen mit Parkblick.

Villa Hügel

www.hotel-villa-huegel.de

VARTA★TIPP Ambiente

★★★★S

Bernhardstraße 14 (B5), PLZ 54295, **T 0651 937100,** F 37958
37 Zimmer | 1 Suite | 4 Apartments, Dz ab 230 €, inkl. Frühstück | 24 h

Diese liebevoll restaurierte Jugendstilvilla wurde 1914 als Haus einer Weinhändlerfamilie erbaut. Neben stilvoll und farbenfroh eingerichteten Zimmern bietet das persönlich geführte Nichtraucherhotel auch einen schönen Sauna- und Ruhebereich mit Pool und SPA-Terrasse. Im lichtdurchfluteten Restaurant und auf der weitläufigen Panoramaterrasse wird eine leichte und zeitgemäße Küche serviert, die Sie entweder à la carte oder in Form eines viergängigen Abendmenüs genießen können.

Klosterschenke www.hotel-klosterschenke.de

★★★ S

Klosterstraße 10, PLZ 54293 (OT: Pfalzel), **T 0651 968440,** F 9684430
13 Zimmer | 2 Apartments

Seit vier Generationen in Familienbesitz. Liebevoll und individuell eingerichtete Gästezimmer, teilweise mit original barockem Stuck. Uriges Restaurant mit hist. Kreuzgewölbe. Serviert wird eine abwechslungsreiche Frischeküche unter Verwendung marktfrischer Zutaten. Nette Sommerterrasse.

Petrisberg www.hotel-petrisberg.de

garni

Sickingenstraße 11-13 (C4), PLZ 54296, **T 0651 4640,** F 46450
26 Zimmer | 3 Suiten | Ez 65–75 €, Dz 109–119 €, 10,50 €

Am südlichen Höhenrand des Trierer Talkessels liegt diese gepflegte Übernachtungsadresse. Die Zimmer sind zweckmäßig eingerichtet. Die Balkone zur Stadtseite bieten eine herrliche Aussicht.

Schroeders Wein-Style-Hotel www.schroedershotels.com

garni

Keuneweg 7, PLZ 54295, **T 0651 69984670**
32 Zimmer | Ez ab 66 €, Dz ab 78 €, inkl. Frühstück

Das Hotel liegt unweit des Trierer Zentrums zwischen dem Stadtwald und dem malerischen Gillenbachtal. Modern und freundlich zeigen sich sowohl die Zimmer als auch die Weinbar. Toll die große Panoramaterrasse (170 qm) mit Blick in die Weinberge des Avelertals.

Bagatelle Neu! www.bagatelle.de

VARTA-TIPP Küche

Zurlaubener Ufer 78 (B2), PLZ 54292, **T 0651 43697380**
50 | Hauptgericht 43–49 €, Menü 90–120 € | Fr, So Mi-So Mo, Di

Der Service angenehm leger, das Ambiente modern-puristisch und die Küche frisch, aufwendig und kreativ. Gerald Schöberl pflegt seinen ganz eigenen Kochstil: klassisch, filigran und detailverliebt. Was er in Menüform auf die Teller zaubert, ist handwerklich präzise zubereitet und auch optisch stets ein Hingucker. Schön sitzt man auf der verglasten Terrasse mit romantischem Moselblick.

Schloss Monaise www.schloss-monaise.de

Schloss Monaise 7, PLZ 54294 (OT: Euren), **T 0651 828670**
80 | Hauptgericht 38–48 €, Menü 118–138 € | Do-So Mi-So Mo, Di

Frühklassizistisches Schloss am Moselufer. In den stilvollen Räumen mit Stuck und Intarsienparkett wird eine leichte mediterrane Küche aufgetischt. Freuen Sie sich z.B. auf „Zander | Sauerkraut | Senfsauce“ oder „Kalbsnieren | Kohlrabi | Rotwein-Schalottensauce“! Liebenswerter Service.

Brasserie
www.brasserie-trier.de

Fleischstraße 12 (B3), PLZ 54290, **T 0651 978000**
Hauptgericht 15–38 € | Mo-Sa So

Ein eleganter und trotzdem unprätentiöser Treff unweit des historischen Marktplatzes - beliebt natürlich auch aufgrund der bodenständigen deutschen Küche, die z. B. als „Geschmorte Lammhaxe auf gepfeffertem Bohnenragout mit Rosmarinkartoffeln“ daherkommt! Ein idealer Treffpunkt vor oder nach dem Stadtbummel.

Schlemmereule
www.schlemmereule.com

Domfreihof 1b (B3, im Palais Walderdorff), PLZ 54290, **T 0651 73616**
60 | Hauptgericht 26–42 € | Di-Sa Mo, So

Das elegante Bistro im Herzen der Stadt bietet eine gelungene Kombination aus hist. Ambiente und modernem Rahmen. International und saisonal ausgerichtete Küche. Lauschige Sommerterrasse im Hof. In den kalten Monaten kann man auch in der neu gestalteten Winterlounge Platz nehmen.

TRITTENHEIM 49 A
www.trittenheim.de

Rheinland-Pfalz | EW 1.071 | 130 m | Bernkastel-Kues 27 km, Trier 35 km

Wein- und Tafelhaus
www.wein-tafelhaus.de

VARTA-TIPP Küche **VARTA-TIPP** Service

Moselpromenade 4, PLZ 54349, **T 06507 702803**
45 | Hauptgericht 30–50 €, Menü 140–189 € | Di-Sa Mo, So

Fine Dining an der Moseluferpromenade: Bei Daniela und Alexander Oos muss man sich einfach wohlfühlen! In ländlich-elegantem Ambiente kredenzt Ihnen der fröhlich-charmante Service saisonal-klassische Gerichte mit mediterranen Elementen sowie hervorragende Weine aus nah und fern. Es gibt auch eine lauschige Terrasse, eine Kochschule sowie individuell gestaltete Hotelzimmer mit Blick auf die Trittenheimer Weinberge.

TROISDORF 40 A
www.troisdorf.de

Nordrhein-Westfalen | EW 72.978 | 60 m | Bonn 14 km, Köln 22 km

Forsthaus Telegraph
www.forsthaus-telegraph.de

Mauspfad 3, PLZ 53842 (OT: Spich), **T 02241 76649**
20 | Hauptgericht 21–37 €, Menü 49–62 € | Mi-So Mo, Di

Ehemalige Telegrafenstation in ruhiger Waldlage mit ländlichem Flair. Modern zubereitete, französisch geprägte Küche mit italienischen Akzenten, z.B. „Gebratenes Filet vom arktischen Saibling in Limonen-Kapern-Vinaigrette“. Im Sommer sitzt man gemütlich auf der begrünten Terrasse.

Zur Scheune www.zur-scheune.de

Rheinstraße 66, PLZ 53844 (OT: Eschmar), **T 02241 400555**
40 | Hauptgericht 25–44 €, Menü 57–89 € | So Do-So Mo, Di, Mi

Schmuckes Fachwerkhaus mit behaglich-rustikalen Gasträumen. Begleitet von erlesenen Weinen wird hier eine schmackhafte internationale Küche serviert. Die Karte wechselt regelmäßig. Im Sommer kann man auf der kleinen gemütlichen Terrasse im Innenhof speisen.

TROSSINGEN 57 D www.trossingen.de

Baden-Württemberg | EW 15.128 | 699 m | Rottweil 16 km, Donaueschingen 24 km

Landgasthof Bären www.baeren-schura.de

Lange Straße 18, PLZ 78647 (OT: Schura), **T 07425 8178,** F 31222
8 Zimmer | Ez ab 85 €, Dz ab 98 €, inkl. Frühstück

Einladender, familiengeführter Landgasthof in zentraler, aber ruhiger Lage. Moderne Themenzimmer mit zeitgemäßem Komfort. Ländliches Restaurant mit gemütlichem Ambiente. Die Speisekarte offeriert eine Kombination aus traditionell schwäbischer Küche und kreativen Speisen mit internationalen Einflüssen.

TROSTBERG 69 A www.stadt-trostberg.de

Bayern | EW 11.044 | 493 m | Traunstein 25 km, Rosenheim 46 km

Auf Wolke 8 www.hotelaufwolke-8.de

garni

Schwarzerberg 8, PLZ 83308, **T 08621 6484900**
22 Zimmer | Ez 68–95 €, Dz 115–140 €, inkl. Frühstück

Die gepflegte Übernachtungsadresse liegt herrlich im Grünen, direkt am Alz-Inn-Fahrradweg. Freundlich eingerichtete Zimmer mit zeitgemäßer Technik. Im Sommer kann man auf der hübsch begrünten Terrasse mit Panoramablick frühstücken.

TÜBINGEN 58 A www.tuebingen-info.de

Baden-Württemberg | EW 89.700 | 341 m | Reutlingen 12 km, Stuttgart 41 km
Hist. Altstadt mit Neckarfront und Hölderlinturm, Fruchtkasten, Glockenspiel am Tübinger Rathaus, Cotta Haus, Franz. Viertel, Bismarckturm, Steinenbergturm, Österbergturm, Schloss Hohentübingen, Eberhard-Karls-Universität, Goethehäuschen, Nonnenhaus, Kloster Bebenhausen, Stiftskirche, Wilhelmsstift, Kunsthalle Tübingen, Auto- und Spielzeugmuseum, Botanischer Garten.

Domizil www.hotel-domizil.com

★★★★

Wöhrdstraße 5-9, PLZ 72072, **T 07071 1390,** F 139250
79 Zimmer | 3 Suiten | Ez 125–159 €, Dz 184–239 €, inkl. Frühstück | 24 h 23.12.23–7.1.24

››

Moderner Hotelkomplex direkt am Neckarufer in ruhiger Aussichtslage. Geschmackvoll eingerichtete Zimmer und Suiten mit funktionaler Ausstattung, die in sanftem Grün und Neckarblau gestaltet sind.

Hotel La Casa www.lacasa-tuebingen.de

VARTA-TIPP Service

★★★★★

Hechinger Straße 59, PLZ 72072, **T 07071 946660,** F 9466679
39 Zimmer | 2 Suiten | 3 Apartments

In diesem Boutique-Hotel in der Südstadt überzeugen neben dem persönlichen, freundlichen Service auch die wohnlichen und formschön gestalteten Zimmer. Zum Relaxen bietet man gleich zwei Wellnessbereiche: das „SPA La CASA" im DG sowie das „Arabische Bad & Hamam" im UG.

Krone www.krone-tuebingen.de

★★★★ S

Uhlandstraße 1, PLZ 72072, **T 07071 13310,** F 133132
65 Zimmer | 4 Suiten | 24 h

Das Hotel am Rande der Altstadt präsentiert sich in einem Stilmix aus Tradition und Moderne. Sie wohnen in unterschiedlich geschnittenen Zimmern mit neuzeitlichem Komfort. Das Restaurant „Ludwigs" im Glasanbau serviert regionale und internationale Küche.

Am Schloss www.hotelamschloss.de

★★★ S

Burgsteige 18, PLZ 72070, **T 07071 92940,** F 929410
30 Zimmer | 1 Suite | 1 Apartment | Ez 99–125 €, Dz 158–188 €, inkl. Frühstück

Familiengeführtes Haus in ruhiger Lage direkt am Schloss. Wohnlich eingerichtete Zimmer mit moderner Ausstattung. Schwäbisch-alemannisches Restaurant „Mauganeschtle" mit Gartenterrasse und Blick auf Alt-Tübingen.

Schranners Waldhorn www.schranners-waldhorn.de

Schönbuchstraße 49, PLZ 72074 (OT: Bebenhausen), **T 07071 61270**
50 | Hauptgericht 30–39 €, Menü 69–95 € | Mi-So ⃠ Mo, Di

Das familiengeführte Restaurant mit seinem behaglichen Ambiente steht für eine anspruchsvoll interpretierte und dennoch bodenständige Küche, die Sie sowohl à la carte als auch in Menüform genießen können. Dazu eine ansprechende Weinauswahl und ein zuvorkommender Service. Schön sitzt man an warmen Tagen auf der idyllischen Bachterrasse. Tipp: 'Schranners Lunchmenü' zum kleinen Preis.

Basilikum www.ristorantebasilikum.de

Kreuzstraße 24, PLZ 72074 (OT: Lustnau), **T 07071 87549**
45 | Hauptgericht 14–35 €, Menü 48–58 € | Di-Sa ⃠ Mo, So

Das sympathische Lokal ist seit Jahren ein Dauerbrenner in der Tübinger Gastroszene. Stammgäste schätzen die südländische Gastlichkeit und die schmackhafte italienische Landküche, die man im Sommer auch auf der Terrasse genießen kann.

Gasthaus Hirsch www.hirsch-kilchberg.com

Closenweg 4, PLZ 72072 (OT: Kilchberg), **T 07071 72443**
Hauptgericht 23–34 €, Menü 47–85 € | Do-Fr Di-Mi, Fr-Sa ⃠ Mo, So

Ausgesprochen behaglich sitzen Sie in diesem rund 400 Jahre alten Gebäude, welches fast durchgängig als Gasthaus betrieben wurde. Niedrige Decken und eine originelle Beleuchtung sorgen für Wohlfühlatmosphäre. Serviert werden deutsche und saisonale Gerichte, bei denen Frische und die Qualität der Produkte im Mittelpunkt stehen. Dazu fair kalkulierte Weine und ein charmanter Service.

Historische Weinstube Forelle
www.weinstube-forelle.de

Kronenstraße 8, PLZ 72070, **T 07071 5668980**
90 | Hauptgericht 17–31 € | Mo-Sa So

Traditionsreiches Gasthaus, das sich bereits seit über 200 Jahren im Herzen der Altstadt befindet. Serviert wird eine schnörkellose schwäbische Landküche in Räumen, die vom Hofmaler Robert Haag im 19. Jhd. dekoriert wurden. Preiswerter Mittagstisch.

TUNAU 64 A
www.gemeinde-tunau.de

Baden-Württemberg | EW 181 | 734 m | Todtnau 11 km, Freiburg im Breisgau 42 km

Zur Tanne
www.tanne-tunau.de

Alter Weg 4, PLZ 79677, **T 07673 310**
40 | Hauptgericht 18–35 €, Menü 44–64 € | So Fr-So Mo, Di, Mi, Do

Charmantes, 400 Jahre altes Schwarzwaldhaus in idyllischer Lage. Serviert wird bodenständige Küche zu gastfreundlichen Preisen. Auch Gästezimmer vorhanden.

TUTTLINGEN 65 A
www.tuttlingen.de

Baden-Württemberg | EW 34.590 | 645 m | Rottweil 29 km, Radolfzell 35 km

Légère Hotel
www.legere-hotelgroup.com

GREENSIGN ★★★★

Königstraße 25, PLZ 78532, **T 07461 96160,** F 9616466
114 Zimmer | 24 h

Moderne Farbgestaltung, klare Formensprache und wertige Materialien geben diesem Designhotel seinen unverwechselbaren Stil. Alles passt zusammen: wohnliche Zimmer, freundliche Atmosphäre und eine geschmackvolle Breakfast & Evening-Lounge. Highspeed-WLAN sowie die Softgetränke in der Minibar sind für Hausgäste kostenfrei.

Restaurant Anima
www.restaurant-anima.de

VARTA-TIPP Küche **VARTA-TIPP** Service

In Wöhrden 5, PLZ 78532, **T 07461 7803020**
35 | Menü 150–170 € | Mi-Sa Mo, Di, So

Casual Fine Dining auf höchstem Niveau! Eine leichte, weltoffene Naturküche, die mit Finesse, Ausdruck und Produktqualität überzeugt. Am besten genießt man das komplette siebengängige Menü ANIMA, so lernt man das gesamte Spektrum von Heiko Lachers Ideenvielfalt kennen! Um Sie herum ein attraktives Interieur aus geradlinigem Design, viel Holz und offener Küche. Sehr angenehm der Service: freundlich und natürlich - und eine fachkundige Weinberatung bekommen Sie ebenfalls.

TUTZING 67 B
www.tutzing-tourismus.de

Bayern | EW 9.473 | 611 m | Starnberg 14 km, München 42 km

Hotel Reschen www.hotel-reschen.de

garni

Marienstraße 7, PLZ 82327, **T 08158 9390,** F 939100
18 Zimmer | 1 Suite | Ez ab 105 €, Dz ab 154 €, inkl. Frühstück

Modern, charmant, individuell - so präsentiert sich das herzlich geführte Boutique-Hotel. Jedes der ruhigen Nichtraucherzimmer hat seine eigene Note. Ein Teil der Zimmer ist mit Balkon oder Terrasse ausgestattet. Bis zum See sind es nur wenige Gehminuten. Gutes Frühstück mit vorwiegend regionalen und Bio-Produkten.

Forsthaus Ilkahöhe www.restaurant-ilkahoehe.de

Oberzeismering 2, PLZ 82327 (OT: Oberzeismering), **T 08158 8242**
120 | Hauptgericht 18–45 € | Mo, Do-So Di, Mi

Genuss und Wohlbefinden werden hier groß geschrieben. In moderner Landhausatmosphäre serviert man eine frische saisonale Küche mit internationalen Einflüssen. Aber auch klassische Regionalgerichte wie „Cordon bleu mit Kartoffel-Gurken-Specksalat" stehen auf der Karte. Ein Traum: die Terrasse mit Blick auf die umliegenden Almwiesen, den Starnberger See und die Alpenkette.

Jetzt abonnieren: instagram.com/vartaguide

TWIST 20 B www.twist-emsland.de

Niedersachsen | EW 9.623 | 18 m | Meppen 21 km, Oldenburg 118 km

Landgasthof Backers www.gasthof-backers.de

Kirchstraße 25, PLZ 49767 (OT: Bült), **T 05936 904770**
35 | Hauptgericht 17–35 €, Menü 50–75 € | So Mi-So Mo, Di

Rustikales Lokal in einsamer Lage mit netter Atmosphäre. Serviert wird eine kreative regionale Küche mit frischen Produkten aus der Region. Zum Haus gehören auch eine malerische Gartenterrasse sowie fünf gemütliche, liebevoll eingerichtete Gästezimmer.

ÜBERHERRN 49 C www.ueberherrn.de

Saarland | EW 11.736 | 210 m | Völklingen 8 km, Saarlouis 13 km

Linslerhof www.linslerhof.de

★★★★

Linslerhof 1, PLZ 66802, **T 06836 8070,** F 80717
62 Zimmer | 24 h

Liebevoll renoviertes, ruhig gelegenes hist. Hofgut mit Reit- und Jagdschule. Individuell und geschmackvoll im englischen Landhausstil eingerichtete Zimmer. Kleiner Wellnessbereich. Idyllisches Gärtchen. Restaurant mit Biergarten und internationaler Küche.

ÜBERLINGEN 65 B www.ueberlingen-bodensee.de

Baden-Württemberg | EW 22.046 | 403 m | Stockach 18 km, Friedrichshafen 32 km

Bad-Hotel

www.bad-hotel-ueberlingen.de

★★★★ S garni

Christophstraße 2, PLZ 88662, **T 07551 8370,** F 837449
76 Zimmer | 4 Suiten | 24 h

Direkt am Badgarten empfängt Sie das aus mehreren Gebäuden bestehende Ferien- und Businesshotel. In den Zimmern und Suiten sorgen klassisches Interiordesign kombiniert mit warmen Naturmaterialien, kräftigen Farbakzenten und edlen Stoffen für angenehmen Wohnkomfort. In der neu gestalteten Villa Seeburg steht ein exklusiver SPA-Bereich zur Verfügung. Im Seerestaurant „Rotunde" wird eine moderne Regionalküche aufgetischt. Toll die Sonnenterrasse mit Blick auf See und Park.

Johanniter-Kreuz

www.johanniter-kreuz.de

★★★★ S garni

Johanniterweg 11, PLZ 88662 (OT: Andelshofen), **T 07551 937060,** F 93706190
29 Zimmer | 4 Suiten | Ez ab 95 €, Dz ab 146 €, inkl. Frühstück

Familiengeführtes Hotel mit dem gewachsenen Ambiente eines 400 Jahre alten Landhauses. Hier wohnen Sie in behaglichen Gästezimmern unterschiedlicher Kategorien, die sich auf das hist. Stammhaus und den modernen Anbau verteilen. Für Entspannung sorgt der hoteleigene SPA mit Sauna und Sanarium.

Johanniter-Kreuz

90 | Hauptgericht 29–35 €, Menü 45–72 € | Mi-So Di-So Mo

Das romantische Restaurant befindet sich im ehemaligen Stall und sorgt mit viel Fachwerk und offenem Kamin für eine gemütliche Atmosphäre. Serviert wird eine saison- und marktorientierte Küche mit kreativen Akzenten. Schön sitzt man auch im hellen Wintergarten oder bei schönem Wetter auf der Sonnenterrasse. Freundliche Servicecrew.

Parkhotel St. Leonhard

www.parkhotel-st-leonhard.de

★★★★ S garni

Obere St.-Leonhard-Straße 71, PLZ 88662, **T 07551 808100,** F 808531
183 Zimmer | 9 Suiten | Ez 89–199 €, Dz 139–349 €, inkl. Frühstück | 24 h

»

Inmitten eines 70 ha großen Parkareals hoch über dem See liegt dieses freundlich geführte Hotel. Geräumige Gästezimmer mit Blick zur See- oder Landseite. Ansprechender Wellnessbereich mit Schwimmbad und Panoramasauna. Restaurant und Weinstube mit regional-mediterraner Küche und Panoramaterrasse.

Landgasthof Zum Adler

www.adler-lippertsreute.de

★★★ S garni

Hauptstraße 44, PLZ 88662 (OT: Lippertsreute), **T 07553 82550,** F 825570
16 Zimmer | 10 Apartments | Ez 86 €, Dz 130 €, inkl. Frühstück

Ein prächtiges, über 300 Jahre altes Anwesen im Dorfkern von Lippertsreute. Sie haben die Wahl zwischen den modern gestalteten Gästezimmern im hist. Gasthof oder den behaglichen Apartments mit Kochgelegenheit im Nebengebäude. In den umliegenden ehem. Stallungen gibt es auch Ferienwohnungen.

Landgasthof Zum Adler

80 | Hauptgericht 17–29 € | Mo-Di, Fr-So Mi, Do

In den gemütlichen holzvertäfelten Stuben oder auf der Terrasse serviert man eine traditionelle badische Küche mit modernen Einflüssen. Wie wäre es z.B. mit „Kalbsrahmschnitzel mit hausgemachten Spätzle und buntem Salatteller"? Die passenden Weine lagern im Naturfelsenkeller.

Strandhotel Seehof

www.seehof-bodensee.de

★★★ S garni

Strandweg 6, PLZ 88662, **T 07551 947980,** F 9479899
35 Zimmer | Ez 70–105 €, Dz 115–180 €, inkl. Frühstück

Persönlich geführtes Kur- und Ferienhotel in direkter Seelage, das aus einer Strandvilla der 1920er Jahre entstanden ist. Die behaglich eingerichteten Zimmer verfügen überwiegend über Seeblick. Ein großzügiger Garten mit Seezugang lädt zum Entspannen ein.

Landgasthof Keller

www.landgasthofkeller.de

€ Gut & Günstig ★★★ S garni

Riedweg 2, PLZ 88662 (OT: Lippertsreute), **T 07553 827290,** F 82729101
19 Zimmer | 3 Suiten | Ez ab 82 €, Dz ab 98 €, inkl. Frühstück

Der urgemütliche Landgasthof - seit 6 Generationen ein Familienbetrieb - hält zeitgemäße, helle Zimmer bereit. In den ländlichen Stuben werden Sie mit Gaumenfreuden aus der Region verwöhnt. Lauschiger Kastaniengarten.

Bürgerbräu

www.bb-ueb.de

Aufkircher Straße 20, PLZ 88662, **T 07551 92740**
36 | Hauptgericht 16–32 € | Mo-Mi, Fr-So

Das charmante Fachwerkhaus im alten Ortskern ist eine gastronomische Institution in Überlingen. Im Restaurant sorgen Holzböden, Holzmobiliar und stylishe Lampen für eine gemütliche Atmosphäre. Serviert wird eine neue bürgerliche Küche mit zahlreichen Produkten aus dem Bodenseeraum. Schön übernachten kann man auch.

UECKERMÜNDE 19 A

www.ueckermuende.de

Mecklenburg-Vorpommern | EW 8.928 | 5 m | Pasewalk 26 km, Anklam 33 km

Haffhus
www.haffhus.de

garni

Dorfstraße 35, PLZ 17373 (OT: Bellin), **T 039771 5370,** F 53750
47 Zimmer | 3 Suiten | 18 Apartments

Eine idyllisch gelegene Hotelanlage direkt am Stettiner Haff. Das Hauptgebäude befindet sich in einem schönen historischen Gebäude mit Reetdach. Das umfangreiche Übernachtungsangebot reicht von Doppelzimmern über Studios bis hin zu Apartments und Ferienwohnungen. Zur Anlage gehören ein eigener kleiner Sandstrand mit Bootssteg sowie eine großzügige Liegewiese.

HafenHotel PommernYacht
www.pommernyacht.de

★★★ S garni

Altes Bollwerk 1b, PLZ 17373, **T 039771 2150,** F 21539
18 Zimmer | Ez 99–195 €, Dz 124–229 €, inkl. Frühstück

Modernes und freundlich geführtes Haus. Die geschmackvoll eingerichteten Gästezimmer sind entweder zur Wasserseite mit Blick auf den Stadthafen oder zur Parkseite gelegen. Das Restaurant „Roter Butt“ bietet frische Küche mit Fisch- und Wildspezialitäten.

UETERSEN 15 A
www.stadt-uetersen.de

Schleswig-Holstein | EW 17.630 | 6 m | Hamburg 29 km, Itzehoe 32 km

Mühlenpark
www.muehlenpark.de

S garni

Mühlenstraße 49, PLZ 25436, **T 04122 92550,** F 925510
23 Zimmer | 2 Suiten | Ez ab 100 €, Dz ab 150 €, inkl. Frühstück

Kleine, familiengeführte Jugendstilvilla mit eleganter Fassade und gemütlichem Ambiente auf einem parkähnlichen Grundstück. Stilvoll mit geblümten Stoffen eingerichtete Zimmer.

UFFING A. STAFFELSEE 67 B
www.uffing.de

Bayern | EW 2.971 | 659 m | Penzberg 21 km, Starnberg 42 km

Seerestaurant Alpenblick
www.seerestaurant-alpenblick.de

Kirchtalstraße 30, PLZ 82449, **T 08846 9300**
20 | Hauptgericht 14–29 €, Menü 35 € | Mi-So Mo, Di

Das Restaurant liegt direkt am Staffelsee und ist besonders bei Ausflüglern sehr beliebt. Geboten wird regionale und internationale Küche unter Verwendung heimischer Produkte. Zum Haus gehören auch eine Seeterrasse und ein wunderschöner Biergarten.

UHINGEN 58 B www.uhingen.de

Baden-Württemberg | EW 14.000 | 300 m | Göppingen 5 km, Esslingen am Neckar 25 km

Schloß Filseck www.restaurant-auf-schloss-filseck.de

VARTA-TIPP Küche VARTA-TIPP Service

Filseck 1, PLZ 73066, **T 07161 28380**
40 | Menü 145–190 € | Di-Fr Di-Sa Mo, So

Edler Granitboden, Natursteinwände und eine hohe Holzbalkendecke geben dem stilvoll-eleganten Schlossrestaurant eine ganz spezielle Note. Hier genießen Sie eine modern und mediterran interpretierte Crossover-Küche, die am Abend in Form eines fünf- bis siebengängigen Gourmetmenüs serviert wird. Daniele Corona steht für geradlinige Gerichte ohne Schnörkel, bei denen ausschließlich Top-Produkte Verwendung finden. Dazu ein umfangreiches Weinangebot mit Schwerpunkt Deutschland, Italien und Frankreich sowie ein geschulter und aufmerksamer Service. Kostenloser Shuttle-Service im Umkreis von 20 km (Reservierung erforderlich).

UHLDINGEN-MÜHLHOFEN 65 B www.seeferien.com

Baden-Württemberg | EW 7.950 | 418 m | Meersburg 5 km, Überlingen 9 km

Fischerhaus www.fischerhaus-seefelden.de

VARTA-TIPP Service

Seefelden 3, PLZ 88690 (OT: Seefelden), **T 07556 8563,** F 6063
23 Zimmer | 6 Suiten | Ez 90–180 €, Dz 120–220 €, inkl. Frühstück

Am Ufer des Überlinger Sees inmitten einer wunderschönen Grünanlage mit Obstbäumen und Biotopen steht der über 300-jährige Fachwerkhof mit seinen zwei neuzeitlich ausgestatteten Gästehäusern „Birkenhaus" und „Wiesengrund". Gepflegtes Ambiente, gemütliche Zimmer und Apartments sowie eine freundliche Gästebetreuung zeichnen dieses Landhotel aus. Für Badespaß sorgt ein beheizter Pool. Vom Garten aus gelangt man direkt zum hoteleigenen Seestrand.

Pilgerhof + Rebmannshof www.hotel-pilgerhof.de

Birnau-Maurach 2, PLZ 88690 (OT: Maurach), **T 07556 9390,** F 6555
48 Zimmer | 3 Suiten | 6 Apartments | Ez 95–145 €, Dz 130–190 €, inkl. Frühstück

Gastliche Adresse direkt am Bodensee, unterhalb der bekannten Wallfahrtskirche Birnau. Die Zimmer verteilen sich auf zwei separate Häuser und unterscheiden sich etwas in Komfort und Einrichtung. Größtenteils bieten sie See- oder Bergblick. Das Restaurant mit schöner Terrasse bietet bürgerliche Küche.

Seehalde www.seehalde.de

Birnau-Maurach 1, PLZ 88690 (OT: Maurach), **T 07556 92210,** F 922188
20 Zimmer | 1 Suite | Ez 139–199 €, Dz 198–340 €, inkl. Frühstück

Familiär geführtes Ferienhotel in direkter Seeuferlage. Ruhige Zimmer mit herrlicher Sicht auf See- und Alpenpanorama. Zum Haus gehören auch ein eigener Badestrand mit Liegewiese, ein Bootshafen mit Anlegesteg sowie ein Hallenbad mit Sauna. Anfahrt über Kloster Birnau.

Seehalde

50 | Hauptgericht 27–47 €, Menü 59–69 € | Mo, Do-So Di, Mi

In diesem hübschen Restaurant mit idyllischer Seeterrasse genießen Sie neben der tollen Aussicht auch eine wohlschmeckende, jahreszeitlich ausgerichtete Regionalküche. Kostprobe gefällig? „Steinbutt | Leipziger Allerlei | Krebsschaum | Gnocchi“. Spezialität: fangfrische Fische aus dem Bodensee.

Mainaublick

www.hotel-mainaublick.de

garni

Seefelder Straße 22, PLZ 88690 (OT: Unteruhldingen), **T 07556 92130,** F 5844
32 Zimmer | 2 Apartments | Ez 75–85 €, Dz 145–160 €, inkl. Frühstück

In 4. Generation familiär geführtes Ferienhotel in ruhiger Lage direkt am Jachthafen und der Uferpromenade. Geschmackvoll eingerichtete Zimmer mit zweckmäßiger Ausstattung, teilweise mit Balkon und Seeblick. Entspannen kann man in der hauseigenen Blockhaussauna. Restaurant mit Gartenterrasse und regionaler Küche.

ULM 58 D

www.tourismus.ulm.de

Baden-Württemberg | EW 126.329 | 478 m | Neu-Ulm 6 km, Stuttgart 95 km

Ulmer Münster, Ulmer Museum, Rathaus mit astronomischer Uhr, Fischer- und Gerberviertel, Museum Brot & Kunst, ehem. Bundesfestung Ulm, Donauschwäbisches Zentralmuseum, ehem. Benediktinerkloster Wiblingen, Kunsthalle Weishaupt, Tiergarten Ulm mit Park Friedrichsau.

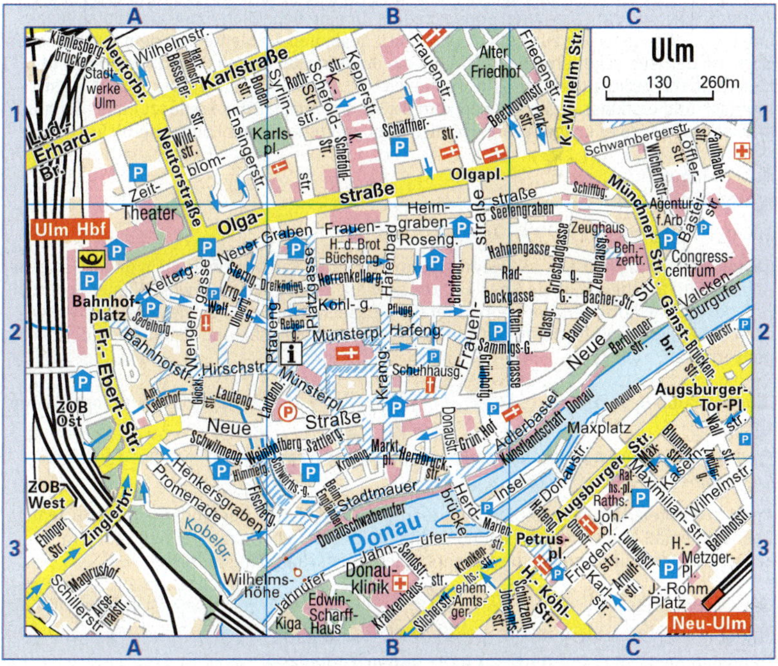

LAGO
www.lago-ulm.de

★★★★ garni

Friedrichsau 50, PLZ 89073, **T 0731 2064000,** F 206400121
60 Zimmer | 24 h

Privat geführtes Designhotel inmitten der Ulmer Friedrichsau. Das Haus bietet komfortable Gästezimmer mit zeitgemäßer Technik und modernen Wohlfühlbädern. Nett auch der Wellnessbereich im 6. Stock mit Sauna, Dampfbad und Sanarium sowie Blick auf den angrenzenden Natursee.

Seestern

VARTA-TIPP Küche

25 | Menü 105–179 € | Di-Sa | Mo, So

In eleganten Blau- und Grautönen zeigt sich das nordisch-schlichte Gourmetrestaurant. Warmes Holz und ein Kaminofen sorgen zudem für eine behaglich-maritime Bootshausatmosphäre. Was man hier zusätzlich zum schick designten Ambiente und dem fantastischen Blick auf den Ausee geboten bekommt, ist die moderne Küche von Benedikt Wittek und Klaus Buderath, die durchdacht, finessenreich und angenehm klar ist. Die Produkte sind topfrisch und erstklassig, die Aromen komplex und stimmig. Dazu kredenzt Ihnen der aufmerksame Service erlesene Weine. Herrliche Sommerterrasse mit Loungebereich.

Treibgut

100 | Hauptgericht 13–29 € | Di-Sa | Mo, So

Casual Fine Dining heißt es im Zweitrestaurant für jeden Tag. Hier werden in ungezwungener Atmosphäre frische regionale Spezialitäten serviert. Es gibt Klassiker wie „Wiener Schnitzel" oder „Schwäbischer Zwiebelrostbraten" und saisonale Gerichte wie „Filet vom Adlerfisch auf Perlgraupenrisotto mit Artischocken, Oliven, Parmesan und Velouté von der Zitronenverbene".

Leonardo Royal Hotel
www.leonardo-hotels.com

Mörikestraße 17 (A2), PLZ 89077 (OT: Söflingen), **T 0731 407270**
148 Zimmer | 4 Suiten | 24 h

Attraktive Hoteladresse im neuen Stadtquartier Dichterviertel. Der moderne Neubau verfügt über zeitgemäß und wohnlich gestaltete Zimmer und Suiten mit raumhohen Fenstern. Großzügige Bereiche für Tagungen und Events. Dachterrasse mit Münsterblick.

Comfor
www.comfor.de

garni

Frauenstraße 51 (B2), PLZ 89073, **T 0731 96490,** F 9649499
101 Zimmer | 20 Suiten | Ez 84–110 €, Dz ab 85 €, 10,50 € | 24 h

Komfortables Nichtraucherhotel in zentraler Altstadtlage - nur wenige Minuten vom Münster entfernt. Geschmackvoll eingerichtete Zimmer mit kostenlosem WLAN. Schöner Frühstücksraum im Wintergarten mit Aussicht auf den begrünten Innenhof.

me and all hotel Ulm — www.meandallhotels.com/hotels/ulm.html

Bahnhofplatz 7 (A2), PLZ 89073, **T 0731 7255710**
147 Zimmer | Ez 99–350 €, Dz 119–380 €, 21,00 € | 24 h

Junges, hippes Boutique-Hotel im Stadtzentrum. Das geradlinig-urbane Interieur der Zimmer mischt Sichtbeton, Industrieglas und Massivholz. Gut ausgestatteter Fitnessbereich mit Ausblick auf der 7. Etage. Ein Stockwerk darüber gibt es eine Rooftopbar mit Dachterrasse und Co-Working-Spaces.

Neuthor — www.hotel-neuthor.de

garni

Neuer Graben 17 (A2), PLZ 89073, **T 0731 9752790,** F 975279399
24 Zimmer | Ez 82–91 €, Dz 93–105 €, 10,50 €

Komfortabel eingerichtetes Nichtraucherhotel in zentraler Altstadtlage. Die kleinen, modern eingerichteten Zimmer bieten Aussicht auf die alte Stadtmauer mit ihren Fachwerkhäusern. Das fahrradfreundliche Haus ist ein guter Ausgangspunkt für Radreisen. Morgens erwartet Sie ein gutes Frühstück.

Roter Löwe — www.hotel-roter-loewe.de

Ulmer Gasse 8 (A2), PLZ 89073, **T 0731 140890,** F 14089200
34 Zimmer | Ez 95–125 €, Dz 125–135 €, inkl. Frühstück | 24 h

Sympathisches Hotel in ruhiger Lage mit behaglich eingerichteten Zimmern, nur wenige Gehminuten von Münster, Rathaus und der hist. Altstadt entfernt. Kleiner Wellnessbereich mit Sauna und Schwimmbad. Rustikal-gemütliches Restaurant, in dem bayerische und schwäbische Spezialitäten serviert werden.

Siedepunkt — www.siedepunkt-restaurant.de

VARTA-TIPP Küche **VARTA-TIPP** Service

Eberhard-Finckh-Straße 17, PLZ 89075 (OT: Böfingen), **T 0731 9271666**
30 | Menü 119–179 € | Mi-Sa Mo, Di, So

In dem Fine-Dining-Restaurant im Atrium-Anbau des Hotels sorgen runde Tische, bequeme Sessel und schicke Grautöne für ein schlichtes, elegantes Ambiente. Eyecatcher ist die markante Wand mit den einsehbaren Weinkühlschränken. Hendrik Friedrich und seine Crew begeistern mit einer ehrlichen und doch sehr feinsinnigen, modernen Küche. Zu genießen in Form eines innovativen Feinschmeckermenüs, bei dem Sie die Anzahl der Gänge selbst bestimmen. Ein Lob an Tim Maushard, der als Gastgeber umsichtig den zugewandten Service leitet und dafür Sorge trägt, dass sich der Gast bereits beim Betreten des Restaurants wohlfühlt.

bi:braud Neu! — bebrout.com

VARTA-TIPP Küche

Büchsengasse 20 (B2), PLZ 89073, **T 0731 1537512**
25 | Menü 99–125 € | Di-Sa Mo, So

››

Das Restaurant liegt etwas versteckt in einer Nebengasse im Schatten des Ulmer Münsters. Die Atmosphäre ist einladend-entspannt und man fühlt sich in den liebevoll eingerichteten Gasträumen sofort wohl. Patronne und Chefköchin Alina Meissner Bebrout arbeitet mit exquisiten saisonalen Grundprodukten aus der Region und verwandelt diese mit viel Leidenschaft und Kreativität in innovative, leckere Gerichte, die Ihnen von der freundlichen Servicecrew in Form eines 5-Gang-Menüs kredenzt werden. Wer nur eine Kleinigkeit und einen Wein genießen möchte, wird in der stetig wechselnden Barkarte fündig. Im Sommer gefällt die kleine, mediterran anmutende Terrasse.

UMKIRCH 56 D www.umkirch.de

Baden-Württemberg | EW 5.790 | 207 m | Freiburg im Breisgau 8 km, Emmendingen 16 km

Villa Thai www.villa-thai.de

Hugstetter Straße 2 (im Hotel Pfauen), PLZ 79224, **T 07665 93760**
50 | Hauptgericht 20–33 €, Menü 60–80 € | Mo, Do-So Di, Mi

Hier erwarten Sie authentische und abwechslungsreiche Speisen in original thailändischem Ambiente. Außerdem können Sie feine japanische Sushispezialitäten probieren. Zur warmen Jahreszeit wird auch auf der Sommerterrasse serviert. Einfache, aber gepflegte Zimmer im Hotel Pfauen.

UNKEL 40 A www.unkel.de

Rheinland-Pfalz | EW 5.120 | 56 m | Bad Honnef 6 km, Neuwied 29 km

Rheinhotel Schulz www.rheinhotel-schulz.de

★★★★

Vogtsgasse 4-7, PLZ 53572, **T 02224 901050,** F 9010599
37 Zimmer | 6 Suiten | Ez 89–139 €, Dz 109–210 €, inkl. Frühstück | 24 h 23.12.23–8.1.24

Eine gepflegte Adresse für Business oder Freizeit. Das Hotel befindet sich in unmittelbarer Rheinlage und verfügt über großzügig gestaltete Zimmer, die sich auf Haupthaus, Rheinflügel und Sonnenflügel verteilen. Im eleganten Hotelrestaurant wird eine klassisch französische Küche serviert. Terrasse mit Flussblick.

UNTERAMMERGAU 67 A www.unterammergau.de

Bayern | EW 1.519 | 836 m | Oberammergau 5 km, Murnau 22 km

Boutique-Hotel Lartor www.lartor.de

VARTA-TIPP Ambiente

Weiherweg 34-36, PLZ 82497, **T 08822 929910**
12 Zimmer

Ein wunderschönes Boutique-Hotel mit angeschlossener Kunsthalle und hübschem Skulpturengarten. Mit den originellen Fassaden aus weitmaschigem Holzfachwerk und Glaselementen hat man die traditionelle Bauweise der Ammergauer Alpen aufgegriffen. Auch die Gästezimmer sind keinesfalls „von der Stange" - sie sind mit Eichenparkett, Designermöbeln und allergikerfreundlichen Betten ausgestattet. Spektakulär sind die gläsernen Duschröhren, die mittig im Zimmer stehen.

Hieronymus

80 | Hauptgericht 18–110 €, Menü 75–85 € | So Mi-So Mo, Di

Rund um die offene Küche des gemütlichen Restaurants herrscht eine lockere, ungezwungene Atmosphäre. Serviert wird eine frische Crossover-Küche mit abwechslungsreichen Menüs, feinsten Dry-Aged-Fleischspezialitäten und frischem Fisch vom Grill oder aus dem Tandoor. Edle Tropfen lagern in der schwebenden Weinschatzkammer.

UNTERFÖHRING 60 D www.unterfoehring.de

Bayern | EW 10.759 | 508 m | München 10 km, Erding 28 km

Lechnerhof www.hotel-lechnerhof.de

★★★★ garni

Eichenweg 4, PLZ 85774, **T 089 958280,** F 95828140
70 Zimmer | 5 Suiten | 2 Apartments | Ez ab 115 €, Dz ab 130 €, inkl. Frühstück

Persönlich geführtes Landhotel mit wohnlich eingerichteten Zimmern. Separate Nichtraucheretage mit luxuriösen Designerzimmern. Kleine Wellnesslandschaft mit Sauna und Fitnessbereich. Sie frühstücken im holzvertäfelten Gewölbesaal.

UNTERGRIESBACH 62 B www.untergriesbach.de

Bayern | EW 6.240 | 560 m | Passau 26 km, Bad Griesbach im Rottal 49 km

Landrefugium Obermüller Neu! www.balancehotel-obermueller.de

GREENSIGN ★★★★

Sonnenweg 12, PLZ 94107, **T 08593 90050,** F 900544
48 Zimmer | 7 Suiten | Ez ab 92 €, Dz ab 138 €, inkl. Frühstück

Das freundlich und engagiert geführte Selfness- und Balance-Hotel ist der perfekte Rückzugsort vom Alltag. Hier können Sie so richtig entspannen. Dafür sorgen zum einen der umfassende SPA mit ganzjährig beheiztem Infinitiy-Außenpool, Wellnessgarten, Panoramahallenbad, verschiedenen Saunen und gemütlichen Themenruheräumen, aber auch die modern und wertig gestalteten Zimmer und Suiten sowie die herzliche Gästebetreuung.

UNTERNEUKIRCHEN 61 D www.unterneukirchen.de

Bayern | EW 2.957 | 460 m | Altötting 10 km, Mühldorf am Inn 15 km

Raspl's Hotel Traumschmiede www.hotel-traumschmiede.de

Tüßlinger Str. 1, PLZ 84579, **T 08634 1535,** F 5484
35 Zimmer | 7 Apartments | Ez ab 74 €, Dz ab 114 €, 14,50 €

In diesem familiengeführten Refugium treffen modernes Design und Funktionalität auf bayerische Tradition. Das zeigt sich sowohl in den öffentlichen Bereichen als auch in den Gästezimmern und Apartments. Herzstück des Hauses ist die Lobbylounge, das sogenannte „Traumschmiedewohnzimmer".

UNTERREICHENBACH 57 B www.unterreichenbach.de

Baden-Württemberg | EW 2.256 | 314 m | Bad Liebenzell 7 km, Pforzheim 13 km

Mönch's Waldhotel Kapfenhardter Mühle
www.moenchs-waldhotel.de

Zu den Mühlen 2, PLZ 75399 (OT: Kapfenhardt), **T 07235 7900,** F 790190
65 Zimmer | 4 Suiten | Ez 73–140 €, Dz 129–190 €, inkl. Frühstück

Gewachsenes Ferien- und Tagungshotel mit rustikalem Charme, ruhig in einem idyllischen Wildbachtal gelegen. Renovierte Gästezimmer von traditionell-regional bis klassisch-modern. Großzügiger Wellnessbereich mit Schwimmbad und Saunalandschaft. Restaurant mit regionaler Küche und hübscher Terrasse.

UNTERSCHLEISSHEIM 60 D
www.unterschleissheim.de

Bayern | EW 28.329 | 474 m | Neufahrn b. Freising 9 km, München 16 km

Infinity Munich
www.infinity-munich.de

Andreas-Danzer-Weg 1-3, PLZ 85716, **T 089 999560,** F 370530911
439 Zimmer | Ez ab 99 €, Dz ab 129 €, inkl. Frühstück | 24 h

Neuzeitliches Tagungs- und Kongresshotel mit modern eingerichteten Gästezimmern und weitläufigem Veranstaltungsbereich. Für Entspannung sorgt ein 1.700 qm großer SPA-Bereich mit großem Pool, verschiedenen Saunen, Aromadampfbad und Trainingsmöglichkeiten. Im Restaurant „Le Bistro" wird eine französisch-mediterrane Küche serviert.

Restaurant Redox Neu!

Hauptgericht 18–35 €, Menü 50–130 € | Mi-Sa Mo, Di, So

Gelungen hat man hier schlichte Eleganz mit modernen Elementen und stimmungsvollem Licht vereint. Im edlen Fine-Dining-Restaurant bietet die Crew am Herd eine gehobene französische Küche, die durch Einflüsse aus der ganzen Welt bereichert wird. Dazu gibt es eine schöne Auswahl deutscher und internationaler Weine. Nach dem Essen empfiehlt sich ein „Signature Cocktail" in der Hotelbar.

Victor's Residenz-Hotel
www.victors.de

GREENSIGN

Keplerstraße 14, PLZ 85716, **T 089 3210309,** F 32103899
220 Zimmer | 2 Suiten | 24 h

Zeitgemäßes Businesshotel vor den Toren Münchens. Die Gästezimmer sind freundlich und großzügig gestaltet. Warme Holztöne mit schwarzen Applikationen geben den Räumen eine unaufdringliche, moderne Note. Zum Haus gehören auch sechs Veranstaltungsräume sowie das Restaurant „The Club" mit Sonnenterrasse.

URACH, BAD 58 C
www.badurach-tourismus.de

Baden-Württemberg | EW 11.829 | 464 m | Reutlingen 18 km, Ulm 55 km

Bischoffs
www.bischoffs-badurach.de

Pfählerstraße 7, PLZ 72574, **T 07125 947330,** F 947329
18 Zimmer | Ez 79–72 €, Dz 134–169 €, inkl. Frühstück

Das hübsch renovierte Haus mit neuem Anbau liegt im Herzen von Bad Urach und beherbergt ein freundlich geführtes Hotel mit schöner, wertig-moderner Einrichtung von den Gästezimmern bis zum Frühstücksraum - samt gutem Buffet. Für Entspannung sorgt ein Saunabereich mit Sonnenterrasse.

Restaurant Kesselhaus

60 | Hauptgericht 9–21 €, Menü 29–65 € | Mo-Sa So

Das ursprüngliche Kesselhaus der früheren Brauerei hat nichts von seinem industriellen Charme verloren. Hier kredenzt der Patron eine schwäbische Soulfoodküche. Das Angebot reicht von Zwiebelrostbraten über Käsespätzle bis Pulled-Lachs-Burger. Schick auch die Vinothek im ehemaligen Kesselraum.

ÜRZIG 40 C www.uerzig.de

Rheinland-Pfalz | EW 862 | 104 m | Bernkastel-Kues 11 km, Traben-Trarbach 13 km

Zur Traube www.zurtraubeuerzig.de

Hüwel 16, PLZ 54539, **T 06532 930830,** F 9308311
15 Zimmer | 7 Suiten | Ez 95–210 €, Dz 95–210 €, inkl. Frühstück

Ein kleines, freundlich geführtes Hotel vis-à-vis der Mosel. Das Haus verfügt über gepflegte Zimmer mit hübschem Landhausmobiliar - teils mit Balkon zum Fluss, teils mit Terrasse zu den Weinbergen. Im neuzeitlichen Restaurant mit Panoramaterrasse werden Sie mit saisonalen und regionalen Spezialitäten verwöhnt.

USEDOM (INSEL) 19 A/B www.usedom.de

Mecklenburg-Vorpommern | Neubrandenburg 81 km, Rostock 136 km
Drei Kaiserbäder (Heringsdorf, Bansin, Ahlbeck) mit mondäner Bäderarchitektur und Bädervillen, Europa-Promenade (längste Strandpromenade Europas) von Bansin bis Swinemünde, Wasserschloss Mellenthin, Schloss Stolpe, Ruine der Hubbrücke Karnin, Seebrücke Heringsdorf (längste Seebrücke Deutschlands), hist. Seebrücke Ahlbeck, Historisch-Technisches Museum Peenemünde.

BENZ

Balmer See - Hotel Golf & SPA www.golfhotel-usedom.de

★★★★S garni

Drewinscher Weg 1, PLZ 17429 (OT: Balm), **T 038379 280,** F 28222
178 Zimmer | 21 Suiten | 64 Apartments | 24 h

Die großzügige Hotelanlage befindet sich in idyllischer Lage am Balmer See. Die modern ausgestatteten Zimmer und Suiten verteilen sich auf mehrere Gebäude. Zum Haus gehören zwei Golfplätze, ein Wellnessbereich und verschiedene Restaurants.

HERINGSDORF, OSTSEEBAD

Steigenberger Grandhotel & Spa www.heringsdorf.steigenberger.de

Liehrstraße 11, PLZ 17424, **T 038378 4950,** F 495999
167 Zimmer | Ez 145–345 €, Dz 175–375 €, inkl. Frühstück | 24 h

Das familienfreundliche Resorthotel besteht aus sieben Gebäuden, die unterirdisch miteinander verbunden sind. Hier erwarten Sie großzügige Zimmer und Suiten mit maritimer Anmutung. Zum Haus gehören auch ein schöner SPA-Bereich auf 2.000 qm mit Sauna- und Beautywelt sowie mehrere Restaurants.

Strandidyll
www.travelcharme.com/hotels/strandidyll-heringsdorf

★★★★ S garni

Delbrückstraße 10, PLZ 17424, **T 038378 4760,** F 476555
143 Zimmer | 7 Suiten | Ez 115–189 €, Dz 152–880 €, inkl. Frühstück | 24 h

Im Stil der Bäderarchitektur zeigt sich dieses wunderschöne Hotel direkt an der Strandpromenade. Die wohnlichen Zimmer und Suiten sind großzügig geschnitten und haben fast alle einen Balkon. Dazu ein hübscher, mediterran inspirierter Hotelgarten sowie ein überzeugender Wellnessbereich mit ganzjährig beheiztem Außenpool.

Restaurant Belvedere

26 | Menü 75–115 € | Di-Sa Mo, So

Kulinarik mit Aussicht: Das lichtdurchflutete Restaurant in der 4. Etage des Hotels bietet nicht nur einen wunderschönen Blick auf die Ostsee, sondern auch eine ambitionierte Feinschmeckerküche, die in Menüform serviert wird. Dazu kredenzt der freundliche, zuvorkommende Service erlesene Weine.

Das Ahlbeck
www.das-ahlbeck.de

★★★★ S garni

Dünenstraße 48, PLZ 17419 (OT: Seebad Ahlbeck), **T 038378 49940,** F 4994999
77 Zimmer | 6 Suiten | 31 Apartments, Dz ab 80 €, inkl. Frühstück

Modernes Boutique-Hotel direkt an der Strandpromenade. Die elegant eingerichteten Zimmer und Apartmentsuiten verfügen teils über einen eigenen Kamin. Großzügig angelegter, lichtdurchfluteter SPA-Bereich mit Infinitypool und Meerblicksaunen.

Restaurant Düne 48

120 | Hauptgericht 18–33 €, Menü 37–72 € | Mo-So

Restaurant mit bodentiefen Fenstern und gläserner Küche. Speisekarte mit frischen, regionalen und saisonalen Gerichten. Schöne Terrasse.

Esplanade
www.seetel.de

GREENSIGN ★★★★ S garni

Seestraße 5, PLZ 17424, **T 038378 700,** F 70400
79 Zimmer | 31 Apartments | 24 h

Ein traditionsreiches Schlosshotel mit schöner Jugendstilfassade - nur wenige Meter von der Strandpromenade entfernt. Harmonisch eingerichtete Zimmer mit exklusiver Atmosphäre und modernem Komfort. Hausgäste haben die Möglichkeit, das Wellnessparadies in der gegenüberliegenden Ostseeresidenz Heringsdorf zu nutzen. Im Restaurant „Epikur" und auf der großen Terrasse werden regionale und saisonale Speisen serviert.

Hotel Zur Post
www.hzp-usedom.de

Seestraße 5, PLZ 17429 (OT: Seebad Bansin), **T 038378 49990,** F 56220
170 Zimmer | 60 Suiten | Ez 190–290 €, Dz 210–310 €, inkl. Frühstück | 24 h

Im Stile der Kaiserbäderarchitektur erbaut, empfängt Sie dieses elegante Hotel mit einem Hauch von Luxus verbunden mit familiärer Atmosphäre. Die 25 bis 55 qm großen Zimmer und Suiten verteilen sich auf mehrere Gebäude. Glanzstück des Hauses ist der 1.200 qm große Wellnessbereich.

Alte Post - Natürlich Vorpommern

45 | Hauptgericht 14–31 € | Di-Sa Mo, So

Das elegante Gourmetrestaurant wartet mit edlen Speisen, charmantem Service und schönem Weinangebot auf. Hier stehen Gerichte wie „Geschmorte Rinderbacke | Kartoffelkuchen | Erbsenpüree | Schmorgemüse“ oder „Gebratenes Zanderfilet | Balsamicolinsen | Radieschen | Zuckerschoten“ auf der Speisekarte.

Folgen Sie uns: facebook.com/vartaguide

Kaiserstrand Beachhotel
www.seetel.de

Strandpromenade 21, PLZ 17429 (OT: Seebad Bansin), **T 038378 4960,** F 496100
136 Zimmer | 24 h

Direkt an der Strandpromenade befindet sich dieses Lifestyle-Hotel. Die Gästezimmer zeigen sich in frischem Design, kombiniert mit hochwertigen Materialien. Das Haus bietet mehrere Restaurants sowie vielfältige Aufenthalts- und Freizeitangebote, darunter einen 900 qm großen Schwimmbad- und Poolbereich.

Seetel Hotel Ahlbecker Hof
www.seetel.de/ahlbecker-hof

Dünenstraße 47, PLZ 17419 (OT: Seebad Ahlbeck), **T 038378 620,** F 62100
90 Zimmer | 50 Suiten | Ez 128–288 €, Dz 152–312 €, inkl. Frühstück | 24 h

Das prachtvolle Hotel mit seiner eindrucksvollen Fassade liegt direkt an der Strandpromenade. Die Zimmer und Suiten (teilweise mit tollem Ostseeblick) verbinden nostalgischen Charme mit modernstem Komfort. Wohlfühlstunden garantiert das fabelhafte Bade- und Wellnessareal „Kinnaree Spa & Beauty“ mit asiatischem Flair.

Strandhotel
www.travelcharme.com/hotels/strandhotel-bansin

Bergstraße 30, PLZ 17429 (OT: Seebad Bansin), **T 038378 8000,** F 800111
100 Zimmer | 8 Suiten | 24 h

Familienfreundliches Wellnesshotel, nur wenige Schritte vom Strand entfernt. Komfortabel und modern eingerichtete Zimmer. 900 qm Wellnessbereich mit herrlichem Ostseeblick aus dem Indoorpool. Das Restaurant „Gabbiano“ serviert mediterrane Kreationen.

Strandhotel Atlantic
www.seetel.de/Strandhotel-Atlantic

VARTA-TIPP Ambiente

Bergstraße 40, PLZ 17424 (OT: Seebad Bansin), **T 038378 605,** F 60600
46 Zimmer | 11 Suiten | Ez ab 114 €, Dz ab 129 €, inkl. Frühstück

››

Das architektonische Kleinod aus der Zeit der Jahrhundertwende hat bis heute nichts von seinem Charme eingebüßt. Die stilvollen Zimmer bestechen durch hochwertige Stoffe, moderne Stilmöblierung, Echtholzvertäfelung, raffinierte Lichteffekte und nicht zuletzt durch den traumhaften Blick auf Dünen, Strand und Meer. Im Restaurant „1922" und auf der großzügigen Sonnenterrasse wird regionale und internationale Küche serviert.

Strandhotel Ostende **Neu!** strandhotel-ostende.de

★★★★ S

Dünenstraße 24, PLZ 17419 (OT: Seebad Ahlbeck), **T 038378 510,** F 51403
29 Zimmer | 6 Suiten | 2 Apartments, Dz ab 149 €, inkl. Frühstück | 24 h

Ankommen und wohlfühlen heißt es in diesem exklusiven Designhotel (Adults only). Seit 2023 erstrahlt das renommierte, altehrwürdige Haus in neuem Glanz. Direkt an der Ahlbecker Promenade gelegen, empfängt Sie das Hotel mit stilvoll und nordisch schick eingerichteten Zimmern. Hochwertige Naturmaterialien, warme Farben und komfortable Möbel ausgesuchter Designer sorgen für jede Menge Atmosphäre und Behaglichkeit. Im hauseigenen Restaurant wird eine neu interpretierte, klassisch französische Küche serviert.

The Breeze **Neu!** www.thebreeze.de

Rathenaustraße 3, PLZ 17419 (OT: Seebad Ahlbeck), **T 038378 6920**
127 Zimmer

Im modernen Bäderstil 2.0 präsentiert sich das 2023 eröffnete Hotel in direkter Strandlage an der Promenade zwischen Ahlbeck und Heringsdorf. Hier stehen unterschiedliche Apartmenttypen zur Verfügung - vom Studio bis hin zu 3-Bedroom-Apartments mit Balkon, Terrasse oder Wintergarten. Für Entspannung sorgt ein schöner Wellnessbereich mit großem Indoorpool, vier Saunen und Behandlungsräumen. Im Restaurant „BRACA" mit Showküche serviert man regionale und internationale Küche.

Upstalsboom Hotel Ostseestrand www.hotel-ostseestrand-usedom.de

★★★★ S

Eichenweg 4-5, PLZ 17424, **T 038378 630,** F 63444
99 Zimmer | 4 Suiten | 24 h

Stilvolles Haus in Strandnähe. Die geräumigen Zimmer und Suiten bieten größtenteils einen Balkon oder eine Terrasse. 1.000 qm großer Wellnessbereich „BALTIC SPA" mit Pool, Dampfbad und Saunalandschaft. Restaurant „Theo's" mit regionaler und internationaler Küche.

Ostseehotel Ahlbeck www.seetel.de/ostseehotel-ahlbeck

GREENSIGN ★★★★ S

Dünenstraße 41, PLZ 17419 (OT: Seebad Ahlbeck), **T 038378 600,** F 60100
69 Zimmer | 21 Apartments | Ez ab 94 €, Dz ab 94 €, inkl. Frühstück

Direkt an der Strandpromenade und nur wenige Schritte von der historischen Seebrücke entfernt liegt dieses traditionsreiche Hotel. Die frisch renovierten Zimmer (teils mit Meerblick) zeichnen sich durch Individualität, zeitgemäßen Komfort und wohnliches Ambiente aus. Schöner Wellnessbereich mit Schwimmbad, Sauna und orientalisch anmutendem Ruhebereich. Im Restaurant „Dünenblick" wird regionale Küche aufgetischt.

Seetelhotel Pommerscher Hof www.seetel.de/pommerscher-hof

GREENSIGN ★★★★

Seestraße 41, PLZ 17424, **T 038378 610,** F 61100
95 Zimmer | Ez ab 89 €, Dz ab 119 €, inkl. Frühstück

Gemütliches Hotel mit hist. Fassade der Kaiserbäderarchitektur, nur wenige Minuten vom Strand entfernt. Stilvoll eingerichtete Zimmer, teils mit Balkon. Die orientalische Wellnessoase „Shehrazade" bietet Schwimmbad, Sauna und osmanisches Dampfbad. Im Wintergartenrestaurant wird regionale und deutsche Küche serviert. Café mit eigener Rösterei.

Strandhotel Ostseeblick
www.strandhotel-ostseeblick.de

★★★★ S garni

Kulmstraße 28, PLZ 17424, **T 038378 540,** F 54299
60 Zimmer | 6 Suiten | Ez 115–300 €, Dz 145–330 €, 25,00 € | 24 h

Familiengeführtes Privathotel direkt an der Promenade auf einer kleinen Anhöhe mit traumhaftem Ostseepanorama. Komfortable Zimmer und Suiten, teilweise mit direktem Meerblick. Wellnessbereich „MEERness Spa" auf 1.000 qm mit Panoramapool, Saunalandschaft und Sonnenterrasse.

Bernstein

90 | Hauptgericht 36–39 €, Menü 79–99 € | Mo-So

Kulinarische Kreativität, klassisches Handwerk, regionale Produkte, Weine der jungen deutschen Winzergeneration, lockerer Service mit großer Herzlichkeit - das zeichnet das Restaurant mit einmaligem Ostseepanorama aus. Die international inspirierte Küche kommt als wöchentlich wechselndes 3- bis 5-gängiges Menü auf den Tisch.

Kulmeck
www.kulmeck.de

VARTA-TIPP Küche

Kulmstraße 17, PLZ 17424, **T 038378 488040**
30 | Menü 160 € | Mi-Sa Mo, Di, So

Kulinarischer Lifestyle und legerer Hochgenuss in charmantem Ambiente. Authentisch, saisonal und kompromisslos frisch – die Küche von Tom Wickboldt ist wunderbar ehrlich und schnörkellos. Das Produkt ist der Star und er rückt es mit kreativen Ideen und handwerklicher Präzision ins rechte Licht. Kompetent empfiehlt Ihnen der freundliche und souveräne Service dazu das Passende von der Weinkarte.

The O'Room - Fine Dining
www.strandcasino-marc-o-polo.com

VARTA-TIPP Küche

Kulmstraße 33 (im Concept Store von MARC O'POLO), PLZ 17424, **T 038378 183912**
18 | Menü 165 € | Mo-Do, So Fr, Sa

Ein weiterer Beweis dafür, dass sich Mode und gehobene Gastronomie nicht ausschließen. Das Fine-Dining-Restaurant ist mit dem „Marc O'Polo Strandcasino"-Store unter einem Dach. Modernes Interieur, liebenswerter Service und eine ambitionierte deutsche Küche mit nordischen Einflüssen erwarten Sie hier. André Kähler und seine Crew kreieren spannende Gerichte, die in Form eines Sieben-Gänge-Menüs serviert werden. Die kleine, aber sorgfältig zusammengestellte Weinauswahl bietet Gewächse aus Deutschland, Frankreich und Italien. Tischreservierung notwendig.

Kaisers Eck
www.kaiserseck.de

Kaiserstraße 1, PLZ 17419 (OT: Seebad Ahlbeck), **T 038378 30058**
28 | Hauptgericht 27–42 €, Menü 39–87 € | Di-Sa Mo

»

Das kleine, aber feine Restaurant an der Ahlbecker Kirche bietet eine pfiffige Regionalküche mit internationalen Einflüssen. Auf der Karte liest man z.B. „Black-Angus-Rückensteak auf Selleriegemüse mit Speck und Zwiebeln, Kräuterhaube, Steinpilzravioli“ oder „Gebratenes Dorschfilet mit Serranoschinken, glasiertem Gemüse und Kartoffel-Bärlauch-Püree“.

KORSWANDT

Baltic Hills Usedom
www.dorint.com/usedom

★★★★

Hauptstraße 10, PLZ 17419, **T 038378 80500,** F 805050
84 Zimmer | 8 Suiten | 11 Apartments | 24 h

Ein modernes Ferienresort direkt neben dem Golfclub Baltic Hills. Das Haus verfügt über modern eingerichtete Zimmer, Suiten und Familienapartments von 25 bis 97 qm Größe. Schöner SPA- und Wellnessbereich mit beheiztem Außenpool sowie großzügiger Gartenanlage. Für Golfgäste bietet man attraktive Pakete, Kurse sowie ermäßigtes Greenfee an.

Jetzt abonnieren: instagram.com/vartaguide

LODDIN

Strandhotel Seerose
www.strandhotel-seerose.de

★★★★ S

Strandstraße 1, PLZ 17459 (OT: Kölpinsee), **T 038375 540,** F 54199
112 Zimmer | 4 Suiten | 2 Apartments | 24 h

Familiär geführtes Haus in einzigartig ruhiger Lage. Die unterschiedlich großen Zimmer, Studios und Suiten verfügen größtenteils über Meerblick. Großzügige Bade- und Saunalandschaft mit zahlreichen Wellnessanwendungen. Im lichtdurchfluteten Restaurant „Alexander“ wird regionale und internationale Küche serviert.

MELLENTHIN

Wasserschloss Mellenthin
www.wasserschloss-mellenthin.de

Schlossallee 5, PLZ 17429, **T 038379 28780,** F 2878280
26 Zimmer | Ez ab 70 €, Dz ab 104 €, inkl. Frühstück

In den Westflügel der über 400 Jahre alten Schlossanlage hat man dieses Hotel integriert. Das Haus bietet stilvoll ausgestattete Zimmer mit modernster Technik, einen großzügigen Wellnessbereich mit Saunalandschaft sowie ein behagliches Restaurant mit Terrasse.

ZINNOWITZ

Kleine Strandburg
www.kleine-strandburg-zinnowitz.de

★★★★

Dünenstraße 11, PLZ 17454, **T 038377 38000,** F 38555
75 Zimmer | 6 Suiten | Ez 116–219 €, Dz 172–292 €, inkl. Frühstück | 24 h

Urlaubs- und Ferienhotel in unmittelbarer Nähe zum Strand. Geschmackvoll eingerichtete Zimmer und Suiten, überwiegend mit Balkon oder Terrasse. Für Entspannung sorgt die ansprechende Saunalandschaft. Nachmittags lockt das abwechslungsreiche Kuchenbuffet im Terrassencafé an der Strandpromenade.

Usedom Palace
www.usedom-palace.de

Dünenstraße 8, PLZ 17454, **T 038377 3960,** F 39699
43 Zimmer | 2 Suiten | 2 Apartments | 24 h

Direkt am Sandstrand liegt das im Stil der Bäderarchitektur erbaute Hotel. Hier stehen Ihnen geräumige, individuell gestaltete Zimmer in verschiedenen Kategorien zur Verfügung. Großzügige Badelandschaft. „Schwabe's Restaurant" direkt an der Strandpromenade mit internationaler Küche.

USINGEN 41 C
www.usingen.de

Hessen | EW 14.961 | 292 m | Bad Homburg 14 km, Frankfurt/Main 32 km

Uwe & Uli – Zuhause bei uns
www.uwe-uli.de

Marktplatz 21, PLZ 61250, **T 06081 5763760**
60 | Hauptgericht 28–49 €, Menü 99–121 € | Mo-Fr Mo-Sa So

Das mehr als 300 Jahre alte Fachwerkhaus hat man nach historischem Vorbild liebevoll restauriert und dabei moderne Komponenten harmonisch integriert. Am Herd sorgt Uwe Weber für kulinarische Gaumenfreuden. Er bietet sowohl Traditionelles aus der Region als auch anspruchsvolle Gerichte mit internationaler Inspiration. Dazu gibt es hervorragende Weine.

USLAR 32 A
www.uslar.de

Niedersachsen | EW 14.369 | 178 m | Göttingen 32 km, Hann. Münden 35 km

Romantisches Hotel Menzhausen
www.hotel-menzhausen.de

Mauerstraße 2, PLZ 37170, **T 05571 92230,** F 922330
40 Zimmer | 8 Suiten | Ez ab 119 €, Dz ab 165 €, inkl. Frühstück

Das hist. Gebäude mit seiner hübsch verzierten Fachwerkfassade bietet individuelle Märchenzimmer im Stammhaus und großzügigere Zimmer im Mauerschlösschen mit direktem Blick in den Hotelpark. Romantisch-elegantes Restaurant mit nettem Innenhof.

Landhotel Am Rothenberg
www.am-rothenberg.de

Rothenbergstraße 4, PLZ 37170 (OT: Volpriehausen), **T 05573 9590,** F 959100
77 Zimmer | 3 Suiten | 7 Apartments | Ez ab 82 €, Dz ab 104 €, ab 15,00 €

Familiengeführtes Tagungs- und Erlebnisresort mit großer Gartenanlage. Die Zimmer unterschiedlicher Kategorien verteilen sich auf mehrere Häuser. Restaurant mit bürgerlicher Küche. Ansprechender Wellnessbereich mit Panoramasauna, Erlebnisstollen und Naturteich.

UTTING AM AMMERSEE 60 C
www.utting.de

Bayern | EW 4.401 | 554 m | Landsberg/Lech 20 km, München 47 km

Lenas am See
www.lenasamsee.de

Seestraße 10, PLZ 86919, **T 08806 9570957**
85 | Hauptgericht 21–39 € | Do-So Mo, Di, Mi

››

Ein helles, geräumiges Restaurant mit großzügigem Außenbereich, direkt am Ufer des Ammersees. Panoramafenster, Sichtbeton, freigelegte Holzbalken, indirekte Beleuchtung sowie bequeme Bänke und Ledersitze sorgen im Innern für eine modern-gemütliche Atmosphäre. Die Küche ist jung, pfiffig und saisonal. Das Angebot reicht von Thai-Curry über Spanferkelburger bis zu Kalbsschnitzel.

VAIHINGEN AN DER ENZ 57 B www.vaihingen.de

Baden-Württemberg | EW 30.001 | 217 m | Stuttgart 31 km, Heilbronn 40 km

Lamm www.hotel-lamm-horrheim.de

★★★

Klosterbergstraße 45, PLZ 71665 (OT: Horrheim), **T 07042 83220,** F 832250
25 Zimmer | 4 Apartments | Ez 102–122 €, Dz 153–162 €, inkl. Frühstück

In der Region Stromberg-Heuchelberg an der Württembergischen Weinstraße liegt dieses gepflegte Haus, das sich für Tagungsgäste und Urlauber gleichermaßen eignet. Hier wohnen Sie in geräumigen, zeitgemäß ausgestatteten Zimmern. In den gemütlichen Gaststuben sowie auf der malerischen Terrasse serviert man eine feine Regionalküche mit modern-internationalem Einfluss.

Lamm Roßwag www.lamm-rosswag.de

Rathausstraße 4/1, PLZ 71665 (OT: Roßwag), **T 07042 21413,** F 26189
12 Zimmer | Ez 95–115 €, Dz 150–160 €, inkl. Frühstück

Der nette Familienbetrieb ist nicht nur bei Radfahrern sehr beliebt. Hier wohnen Sie in neu renovierten Zimmern, die zeitgemäß ausgestattet sind. Morgens erwartet Sie ein reichhaltiges, regionales Frühstück.

Lamm Roßwag

VARTA-TIPP Küche

30 | Hauptgericht 40–48 €, Menü 95–160 € | Sa Mi-Sa Mo, Di, So 24.–28.12.23

Bei Sonja und Steffen Ruggaber wird Gastlichkeit gelebt - das spürt man! Der Patron verwandelt marktfrische Produkte natürlich und kreativ in moderne, saisonale Gerichte, die Sie in Form eines Gourmetmenüs genießen können. Das Ambiente ist dezent-elegant, auch der aufmerksame und kompetente Service harmoniert mit den kulinarischen Genüssen. In punkto Wein setzt man konsequent auf erlesene Tropfen deutscher Winzer.

VALLENDAR 40 D www.vallendar-rhein.de

Rheinland-Pfalz | EW 8.333 | 99 m | Koblenz 8 km, Neuwied 14 km

Die Traube www.dietraube-vallendar.de

Rathausplatz 12, PLZ 56179, **T 0261 61162**
40 | Hauptgericht 23–44 € | Mi-Sa Mo, Di, So

Dieses Gasthaus bietet nicht nur eine urig-gemütliche Atmosphäre, man isst auch sehr gut. Von regional bis mediterran werden alle Speisen frisch und schmackhaft zubereitet, so z.B. „Seeteufel mit Nudelblättern, Hummerfond und Kürbis“. Mittags wechselndes Tagesgericht für den Genuss vor Ort oder zum Mitnehmen.

VAREL 13 D www.dangast.de

Niedersachsen | EW 24.663 | 9 m | Wilhelmshaven 30 km, Nordenham 35 km

Upstalsboom Varel Dangast www.landhotel-friesland-varel.de

Mühlenteichstraße 78, PLZ 26316 (OT: Obenstrohe), **T 04451 9210,** F 921100
105 Zimmer | 3 Suiten | Ez 100–180 €, Dz 110–280 €, 18,00–36,00 € | 24 h

Ob Wellness, Tagung oder Kurzurlaub - dieses Feriendomizil wird jedem gerecht. Die Gäste wohnen hier in individuell eingerichteten Zimmern. Es gibt auch spezielle Maisonette-Familienzimmer. Der 2.500 qm große orientalische SPA-Bereich verläuft über 3 Etagen. Naturnahe Lage - mitten im Grünen.

Graf Bentinck www.bentinck.de

Dauenser Straße 7, PLZ 26316 (OT: Dangast), **T 04451 1390,** F 139222
42 Zimmer | Ez ab 99 €, Dz ab 149 €, inkl. Frühstück | 24 h

Das gemütliche, reetgedeckte Hotel mit seiner roten Backsteinfassade verfügt über bequeme, mit viel Liebe zum Detail eingerichtete Zimmer. Kleine Wohlfühloase mit Sauna und Dampfbad. Saisonal wechselnde Speisen werden im Restaurant aufgetischt.

VATERSTETTEN 60 D www.vaterstetten.de

Bayern | EW 22.087 | 528 m | München 17 km, Erding 36 km

Bader Hotel www.dasbaderhotel.com

Heimstettener Straße 12, PLZ 85599 (OT: Parsdorf), **T 089 24415470,** F 244154777
50 Zimmer | Ez ab 79 €, Dz ab 105 €, inkl. Frühstück

Das Business-Boutique-Hotel in skandinavischem Design liegt fünf Kilometer von der Neuen Messe in München entfernt. Individuelle Wohnlichkeit bieten die mit Fichtenholz und bodentiefen Fenstern ausgestatteten Zimmer. Die Lobby mit Kamin ist der Mittelpunkt des Hauses. Bodenständige regionale Küche im Restaurant „Kaspar".

Gutsgasthof Stangl www.hotel-stangl.de

Münchener Straße 1, PLZ 85646 (OT: Neufarn), **T 089 905010,** F 90501363
56 Zimmer | Ez ab 81 €, Dz ab 91 €, inkl. Frühstück

Traditionsreicher Jugendstilgutshof mit stilvollem, harmonischem Ambiente. Modern und zeitlos sowie urig-charmant eingerichtete Zimmer mit individueller Einrichtung, wahlweise zum Garten oder zum ruhigen Innenhof gelegen. Rustikales Restaurant mit regional-mediterraner Küche und schönem Biergarten.

VEITSHÖCHHEIM 52 A www.veitshoechheim.de

Bayern | EW 9.945 | 170 m | Würzburg 7 km, Volkach 33 km

Hotel am Main www.hotel-am-main.de

garni

Untere Maingasse 35, PLZ 97209, **T 0931 98040,** F 9804121
35 Zimmer | 1 Suite | Ez ab 71 €, Dz ab 104 €, inkl. Frühstück

››

Nachhaltig und familiär geführtes Urlaubs- und Geschäftshotel in ruhiger Lage direkt an der Uferpromenade des Mains. Die individuell eingerichteten Zimmer verfügen über hochwertige Boxspringbetten. Im ganzen Haus erwarten den Gast Kunstwerke regionaler und überregionaler Künstler. Sehr gutes Frühstück in Bio-Qualität.

VELBERT 29 C stadtmarketing.velbert.de

Nordrhein-Westfalen | EW 84.633 | 245 m | Essen 16 km, Wuppertal 19 km

Stüttgens Hotel www.stuettgens-hotel.de

Friedrichstraße 168 (Hotelanfahrt: Nedderstr. 4), PLZ 42551, **T 02051 4261**
22 Zimmer | 1 Apartment | Ez 79–180 €, Dz 99–190 €, 11,00 €

Das familiengeführte Traditionshotel hat man 2018 wiederbelebt. Nach umfangreicher Renovierung bietet das Haus komfortable und hochwertig ausgestattete Zimmer, die in unterschiedlichen Nuancen Tradition und Moderne verbinden. Für Events stehen verschiedene Räumlichkeiten zur Verfügung.

Haus Stemberg haus-stemberg.de

VARTA TIPP Küche VARTA-TIPP Service

Kuhlendahler Straße 295, PLZ 42553 (OT: Neviges), **T 02053 5649**
55 | Hauptgericht 24–48 €, Menü 94–126 € | Sa-So Mo-Mi, Sa-So Do, Fr

Eine große Erfolgsgeschichte: Das ländlich-elegante Gasthaus führt Patron und Küchenchef Sascha Stemberg bereits in der 5. Generation. Ob regionale Klassiker oder weltoffene, moderne Gourmetgerichte - die exzellente Küche macht diesen charmanten Familienbetrieb zu einer der besten Genussadressen im Bergischen Land. Präzises Handwerk und raffinierte Ideen treffen aufeinander und münden mit ausbalancierten Aromen und Texturen in spannende Geschmackswelten. Auch Weinliebhaber kommen voll auf ihre Kosten: In zwei hist. Felsenweinkellern lagern hervorragende Tropfen. Kein Wunder also, dass im Laufe der Jahre so mancher Feinschmecker hier zum Stammgast geworden ist.

VELBURG 54 C www.velburg.de

Bayern | EW 5.194 | 492 m | Neumarkt i.d.OPf. 20 km, Amberg 39 km

Winkler Bräu www.winkler-braeu.de

Sankt-Martin-Straße 6, PLZ 92355 (OT: Lengenfeld), **T 09182 170,** F 17110
71 Zimmer | 4 Suiten | Ez ab 100 €, Dz ab 143 €, inkl. Frühstück

Hist. Brauereigasthof von 1428 mit familiärer Führung. Gemütliche Zimmer mit Schreinermöbeln im Gutshof sowie im Bräustüberl, moderne Zimmer mit Highspeed-Internetzugang in der ehem. Mälzerei. Ansprechender Wellnessbereich mit Hallenbad, Sauna, Dampfbad und Fitnessraum.

Winkler Bräu

250 | Hauptgericht 16–34 €, Menü 60 € | Mo-So

Rustikale Gasträume, in denen hausgebraute Bierspezialitäten und schmackhafte Gerichte aus der bürgerlichen und verfeinerten deutschen Küche serviert werden. Biergarten im Innenhof.

VELDENZ 49 A www.veldenz-mosel.de

Rheinland-Pfalz | EW 936 | 170 m | Bernkastel-Kues 10 km, Traben-Trarbach 28 km

Rittersturz - Volker Kruft www.rendezvousmitgenuss.de

Veldenzer Hammer 1a, PLZ 54472 (OT: Veldenzer Hammer), **T 06534 18292**
45 | Hauptgericht 30–36 €, Menü 60–68 € | So Mi-So Mo, Di

Behagliches Restaurant mit geschmackvollem Interieur und saisonal ausgerichteter Speisekarte. Der Patron kocht raffiniert und stets mit viel Liebe zum Produkt. Dazu gibt es gute Weine von renommierten Winzern der Mittelmosel. Hübsche Gartenterrasse.

VERDEN 22 B www.verden.de

Niedersachsen | EW 26.846 | 20 m | Bremen 38 km, Hannover 85 km

Pades Restaurant www.pades.de

Grüne Straße 15, PLZ 27283, **T 04231 3060**
80 | Hauptgericht 11–28 € | So Mo-So

Die schmucke Patriziervilla aus dem 15. Jh. vereint historische und moderne Elemente. Die abwechslungsreiche Speisekarte offeriert saisonale Klassiker mit mediterraner Prägung. Dabei verwendet man fast ausschließlich Lebensmittel von regionalen Erzeugern. Gut zusammengestellte Weinkarte mit Schwerpunkt Deutschland. Hübscher Bier- und Kaffeegarten.

Jetzt vorbeischauen: pinterest.com/vartaguide

VIECHTACH 55 C www.viechtacher-land.de

Bayern | EW 8.100 | 435 m | Regen 23 km, Cham 28 km

Burghotel Sterr www.burghotel-sterr.de

★★★★ garni

Neunußberg 35, PLZ 94234 (OT: Neunußberg), **T 09942 8050**, F 805200
36 Zimmer | 10 Suiten | Ez ab 138 €, Dz ab 264 €, inkl. Vollpension | 24 h

Ruhig und idyllisch liegt das familiengeführte Ferienhotel mit Blick auf die Bayerwaldberge. Hier stehen Ihnen wohnliche Zimmer in unterschiedlicher Größe und ein neuzeitlicher Wellnessbereich zur Verfügung. Gepflegter Hotelgarten mit Badeteich.

VILBEL, BAD 41 D www.bad-vilbel.de

Hessen | EW 32.500 | 95 m | Frankfurt/Main 10 km, Bad Homburg v.d.Höhe 14 km

Dorint Parkhotel hotel-bad-vilbel.dorint.com

Niddastraße 1, PLZ 61118, **T 06101 65560**
180 Zimmer | Ez ab 99 €, Dz ab 99 € | 24 h

Inmitten des Kurparks und in direkter Nachbarschaft zur neuen Stadthalle „Vilco“ liegt dieses neuzeitliche Businesshotel. Moderne Einrichtung und harmonische Farbgestaltung kennzeichnen die klimatisierten Zimmer. In der lichtdurchfluteten Brasserie „Moulins“ wird unkomplizierte französische Küche serviert. Hübsche Hotelbar in kunstvollem Ambiente.

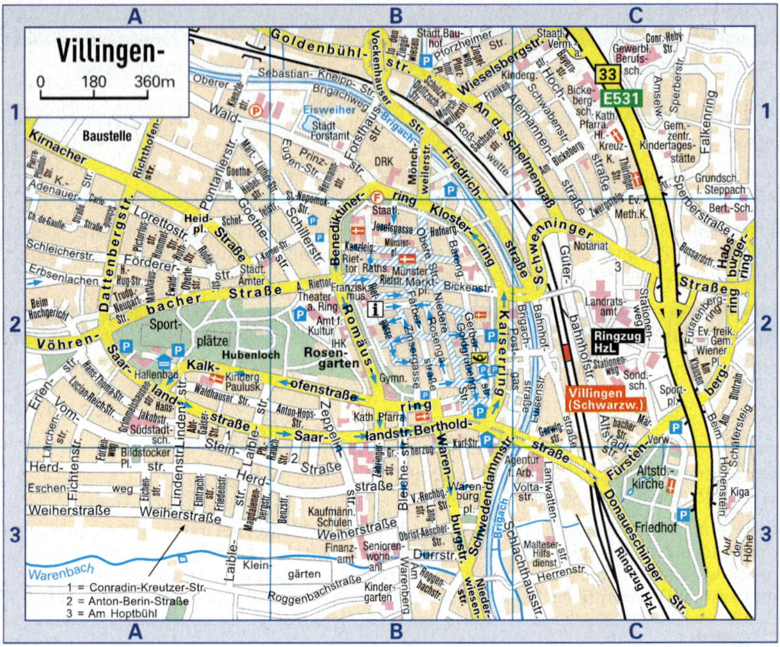
Villingen-
0 180 360m
1 = Conradin-Kreutzer-Str.
2 = Anton-Berin-Straße
3 = Am Hoptbühl

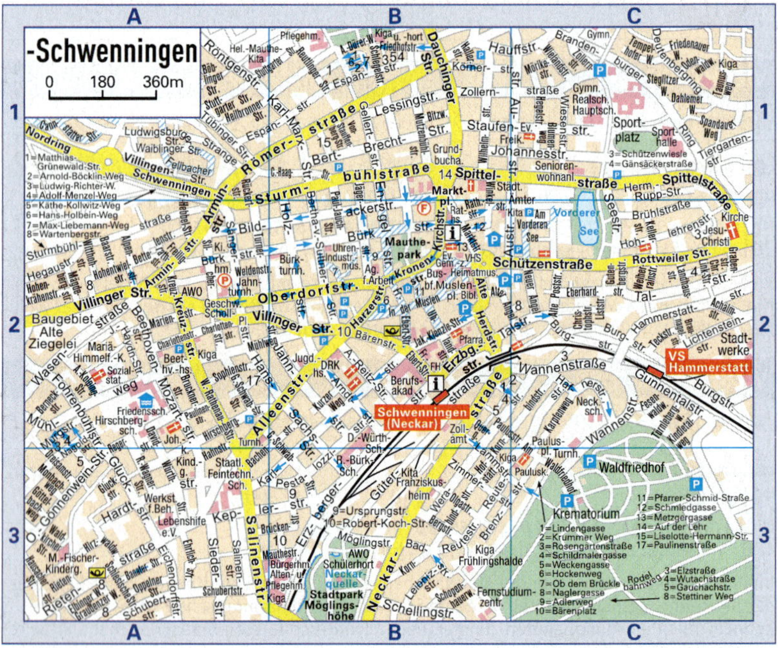
-Schwenningen
0 180 360m
1=Matthias-Grünewald-Str.
2=Arnold-Böcklin-Weg
3=Ludwig-Richter-W.
4=Adolf-Menzel-Weg
5=Käthe-Kollwitz-Weg
6=Hans-Holbein-Weg
7=Max-Liebemann-Weg
8=Wartenbergstr.
3=Schützenwiesle
4=Gänsäckerstraße
9=Ursprungstr.
10=Robert-Koch-Str.
1=Lindengasse
2=Krummer Weg
3=Rosengartenstraße
4=Schildmalergasse
5=Weckengasse
6=Hockenweg
7=Ob dem Brückle
8=Naglergasse
9=Adlerweg
10=Bärenplatz
11=Pfarrer-Schmid-Straße
12=Schmiedgasse
13=Metzgergasse
14=Auf der Lehr
15=Liselotte-Hermann-Str.
17=Paulinenstraße
3=Elzstraße
4=Wutachstraße
5=Gauchachstr.
8=Stettiner Weg

VILLINGEN-SCHWENNINGEN 57 C www.tourismus-vs.de

Baden-Württemberg | EW 80.617 | 704 m | Donaueschingen 17 km, Rottweil 22 km
Einen Cityplan finden Sie auf Seite 1106.

Rindenmühle www.rindenmuehle.de

VARTA-TIPP Service

★★★★

Am Kneippbad 9 (A1), PLZ 78052 (OT: Villingen), **T 07721 88680**
23 Zimmer | Ez 118–188 €, Dz 188–218 €, inkl. Frühstück

Mitten im Grünen - direkt am Villinger Kurgarten und nur wenige Schritte vom Kneippbad entfernt - empfängt Sie dieses familiengeführte Hotel. Stammgäste schätzen den persönlichen Umgang ebenso wie die komfortabel, gemütlich und hochwertig eingerichteten Zimmer, die in drei Kategorien buchbar sind. Zum Haus gehören eine großzügige Lobby, eine Grillhütte, ein Kräutergarten, eine Liegewiese, ein Kinderspielplatz sowie ein hübscher Fitness- und Saunabereich.

Rindenmühle

VARTA-TIPP Küche

45 | Hauptgericht 30–46 €, Menü 48–85 € | Di-Sa ⃠ Mo, So ⃠ 25.2.–16.3.24

Schön gemütlich ist es in diesem geschmackvollen Restaurant, aber auch auf der mediterran anmutenden Terrasse. Die saison- und marktfrischen Speisen zeigen die kreative Handschrift der Küche, etwa bei „Filet vom Adlerfisch | buntes Paprikagemüse | Sauce von Safran und Fenchel | Kartoffel-Oliven-Soufflé“. Die Gäste schätzen das ausgezeichnete Preis-Leistungsverhältnis und den liebenswerten, zugewandten Service. Im historischen Weinkeller lagern erlesene Weine aus nah und fern.

Schlenkers Hotel Ochsen www.hotelochsen.com

Bürkstraße 59 (B2), PLZ 78054 (OT: Schwenningen), **T 07720 8390,** F 839639
37 Zimmer | Ez 82–130 €, Dz 130–150 €, 10,00 € | ⃠ 22.12.23–8.1.24

Familiär geführtes Haus in ruhiger Lage mit über 100-jähriger Tradition. Geschmackvolle und wohnliche Zimmer in unterschiedlichen Größen mit funktionaler Ausstattung. In den gemütlich-eleganten Gasträumen und auf der schönen Sonnenterrasse werden bodenständig-regionale Gerichte aufgetischt.

Sombea www.sombea.de

★★★★

Reutestraße 127 (B3), PLZ 78056 (OT: Schwenningen), **T 07720 609860**
85 Zimmer | Ez 84–149 €, Dz 94–159 €, 9,90–15,00 € ››

„Sombea" setzt sich aus den beiden Begriffen „Somnum" und „Beatum" zusammen und bedeutet soviel wie „Glücklich schlafen" - und das kann man in diesem Stadthotel, das Ende 2021 eröffnet wurde, wirklich hervorragend. Der moderne Neubau beherbergt neuzeitlich eingerichtete Zimmer mit hochwertigen Boxspringbetten und offen gestalteten Duschbereichen. Zum Haus gehört auch ein Restaurant mit Bar und Zigarrenlounge.

VILLMAR 41 C — www.villmar.de

Hessen | EW 7.500 | 160 m | Limburg an der Lahn 15 km, Gießen 56 km

Wissegiggl — www.wissegiggl.de

Wiesenstraße 3, PLZ 65606 (OT: Weyer), **T 06483 8007765**
175 | Hauptgericht 10–30 € | So Mi-So Mo, Di

Wo es lebendig, herzlich und familiär zugeht, kehrt man gerne ein! Das behagliche Blockhausrestaurant mit seinem alpenländischen Charme setzt auf Hausmannskost, traditionelle Wirtshausklassiker und saisonale Spezialitäten. Das engagierte Team serviert solch schmackhafte Gerichte wie „Wildgulasch an Preiselbeeren mit Kartoffelklößen und Apfelrotkohl". Zum Übernachten bietet das Carolinger Hüttendorf Chalets, Apartments und eine Ferienwohnung.

VOGT 66 A — www.gemeinde-vogt.de

Baden-Württemberg | EW 4.400 | 700 m | Wangen 14 km, Ravensburg 17 km

Der BIO-Adler in Vogt — www.vogter-adler.de

Ravensburger Straße 2, PLZ 88267, **T 07529 912212**
10 Zimmer | Ez ab 104 €, Dz ab 154 €, inkl. Frühstück

Das historische Fachwerkhaus hat man im Jahr 2018 nach ökologischen Prinzipien renoviert. Viel warmes Holz prägt das Erscheinungsbild der Gästezimmer. Die Betten sind mit einer Matratze aus Naturkautschuk und Biobaumwollbezügen ausgestattet. Reizvolles Restaurant mit heimeligen Gaststuben und schmackhafter Bio-Küche.

Schon probiert?
Der Varta-Führer ist auch als eBook für Ihren TabletPC oder Ihr Smartphone verfügbar!

VOGTSBURG IM KAISERSTUHL 56 D — www.vogtsburg-im-kaiserstuhl.de

Baden-Württemberg | EW 5.730 | 218 m | Emmendingen 20 km, Freiburg 25 km

Schwarzer Adler — www.franz-keller.de

Badbergstraße 23, PLZ 79235 (OT: Oberbergen), **T 07662 933010,** F 933046
14 Zimmer | Ez 135–155 €, Dz 170–190 €, inkl. Frühstück | 29.1.–23.2.24

Das traditionsreiche Haus nebst Dependance ist ein geschmackvolles Domizil, das engagiert und persönlich geführt wird. Die Zimmer sind individuell, charmant und stilvoll eingerichtet. Morgens werden Sie mit einem sehr guten Frühstück verwöhnt.

Schwarzer Adler

VARTA★TIPP Küche VARTA-TIPP Service

50 | Hauptgericht 42–52 €, Menü 145 € | Sa-So Mo-Di, Fr-So Mi, Do 29.1.–23.2.24

Ein Landgasthof wie aus dem Bilderbuch: Gemütlich-elegant das Ambiente, stilvoll-herzliche Gastlichkeit und dazu eine klassische badisch-französische Küche - von Chefkoch Christian Baur zeitgenössisch interpretiert. Wie wäre es z.B. mit „Allgäuer Rehrücken mit Polentaschnitte, grünem Spargel und karamellisierter Perlzwiebel"? Ein top geschulter Service begleitet mit sehr viel Überblick, zugewandt und stets ansprechbar den Restaurantbesuch. Gigantische Weinkarte mit rund 4.000 Positionen. | Fotos: © Lucie Greiner.

Winzerhaus Rebstock

Badbergstraße 22, PLZ 79235 (OT: Oberbergen)
50 | Hauptgericht 19–34 €, Menü 52–59 € | Do-So Mi-So Mo, Di 10.–30.1.24

Gegenüber dem renommierten „Schwarzen Adler" liegt das 200 Jahre alte Wirtshaus. In dem mit viel Liebe zum Detail eingerichteten, holzgetäfelten Gastraum serviert man schmackhafte Gerichte - mal etwas feiner, mal traditionell-bodenständig. Dazu gibt's Weine vom eigenen Gut. Nette Terrasse im Innenhof.

Kreuz-Post www.kreuz-post.de

★★★ S garni

Landstraße 1, PLZ 79235 (OT: Burkheim), **T 07662 90910,** F 1298
35 Zimmer | Ez 89–142 €, Dz 152–210 €, inkl. Frühstück

Hübsches Hotel umgeben von Weinreben und idyllischen Obstgärten. Verschiedene Zimmertypen in unterschiedlichen Preiskategorien. Für Entspannung sorgt der „Kaiserstuhl-Spa" mit Sauna, Ruheoasen, Indoorpool sowie großzügigem Außenbereich. Hell und freundlich gestaltetes Hotelrestaurant mit badisch-elsässischer Küche.

Köpfers Steinbuck www.koepfers-steinbuck.de

Steinbuckstraße 20, PLZ 79235 (OT: Bischoffingen), **T 07662 9494650**
80 | Hauptgericht 24–41 €, Menü 52–84 € | Di-Sa Mo, So

Sie mögen authentische Gastlichkeit und eine ebensolche Küche? In dem gut geführten Familienbetrieb kocht man mit modernen und saisonalen Einflüssen - da heißt es z.B. „Weißer Heilbutt aus Wildfang | Pernod-Pfeffer-Sauce | Pinienkerne | Kapern | Fenchel | Quarkgnocchi". Dazu gibt es eine schöne Auswahl an nationalen und internationalen Weinen. Im Sommer lockt die Terrasse mit herrlicher Aussicht über die Landschaft des Kaiserstuhls.

Steinbuck Stube
www.steinbuck-stube.de

Talstraße 2, PLZ 79235 (OT: Bischoffingen), **T 07662 911210**
75 | Hauptgericht 21–38 €, Menü 52–64 € | So Mi-So Mo, Di

Ein hübsch renoviertes Landgasthaus, in dem man schmackhafte regionale Speisen serviert - begleitet von einer guten Weinauswahl. Regelmäßig werden Degustationsmenüs angeboten. Geschützter Innenhof. Neun liebevoll ausgestattete Gästezimmer vorhanden.

Gasthaus Zum Kaiserstuhl
www.gasthaus-zum-kaiserstuhl.de

Niederrotweil 4, PLZ 79235 (OT: Niederrotweil), **T 07662 237**
36 | Hauptgericht 10–24 €, Menü 25–40 € | Di-So Di-Sa Mo

Ein kleines ländliches Gasthaus mit regionaltypischem Ambiente. Die gesundheitsbewusste Kräuter- und Blütenküche mit Zutaten aus dem eigenen Garten orientiert sich am saisonalen Angebot. Lust auf „Milchkalbsrücken an einer Steinpilzsoße mit Brennnesselspätzle und Marktgemüse"? Für Übernachtungsgäste hat man einfache, aber gepflegte Gästezimmer.

VOHENSTRAUSS 54 B
www.vohenstrauss.de

Bayern | EW 7.461 | 580 m | Weiden 24 km, Amberg 53 km

Landhotel Lindenhof
www.landhotel-lindenhof-voh.de

★★★ S garni

Braunetsrieth 12, PLZ 92648 (OT: Braunetsrieth), **T 09651 2220,** F 4302
20 Zimmer | 2 Suiten | Ez ab 79 €, Dz ab 109 €, inkl. Frühstück

Das ruhig gelegene, gut geführte Landhotel mit großem Garten und Liegewiese verfügt über ländliche Zimmer, die wohnlich und zugleich funktionell eingerichtet sind. Kleine Verwöhnoase mit Sauna, Erlebnisduschtempel und mediterran eingerichtetem Ruheraum. Die gemütlichen Gasträume und der romantische Biergarten laden ebenfalls zum Verweilen ein.

VÖHL 31 C
www.voehl.de

Hessen | EW 5.701 | 302 m | Korbach 14 km, Kassel 53 km

Freund
www.hotelfreund.de

★★★★ S garni

Sauerlandstraße 6, PLZ 34516 (OT: Oberorke), **T 06454 7090,** F 7091488
80 Zimmer | 5 Suiten | 5 Apartments | Ez ab 104 €, Dz ab 206 €, inkl. Frühstück

Tagungs- und Ferienhotel am Südrand des Sauerlandes mit unterschiedlich eingerichteten, überwiegend geräumigen Zimmern. Ansprechender Wellnessbereich „Orkeland-Spa" mit mediterranem Poolgarten und Panorama-Innenpool. Umfangreiches Freizeitangebot. Gehobene internationale Küche im Restaurant „L'Ami" .

VÖHRINGEN 59 C www.voehringen.de

Bayern | EW 13.000 | 499 m | Illertissen 7 km, Ulm 16 km

Speisemeisterei Burgthalschenke www.speisemeisterei-burgthalschenke.de

VARTA-TIPP Küche

Untere Hauptstraße 4, PLZ 89269 (OT: Thal), **T 07306 5265**
100 | Menü 64 € | Mi-So ⃠ Mo, Di

Belebtes, rustikal gestaltetes Restaurant auf drei Ebenen. Hier sorgt sich ein aufmerksames Serviceteam um das Wohlgefühl der Gäste. In der Küche setzt Patron Karl Großhammer auf heimische Produkte mit saisonalem Bezug. Lust auf „Gebratene Perlhuhnbrust mit Oliven und Basilikumgnocchi"? Im Sommer lockt die hübsche Gartenterrasse. Für Veranstaltungen gibt es schöne Räumlichkeiten.

VOLKACH 52 B www.volkach.de

Bayern | EW 8.664 | 203 m | Gerolzhofen 12 km, Kitzingen 21 km

Sonnenhotel Weingut Römmert www.sonnenhotels.de

★★★★

Erlachhof 1a, PLZ 97332, **T 09381 718160,** F 71816069
104 Zimmer | 4 Suiten

Dieses Themenhotel befindet sich direkt an einem Weingut. Das Thema Wein findet sich im ganzen Hotel wieder. So erinnern die hellen, warmen Farben in den Zimmern an die Weinberge und Weinflaschen agieren als indirekte Beleuchtung. Zum Haus gehören auch ein Wellnessbereich mit Pool und Saunen sowie ein Restaurant mit Sonnenterrasse. Einkaufen kann man in der Vinothek gegenüber.

Zur Schwane www.schwane.de

★★★★

Hauptstraße 12, PLZ 97332, **T 09381 80660,** F 806666
41 Zimmer | 2 Suiten | 1 Apartment | Ez ab 110 €, Dz 175–255 €, ab 8,50 €

Der gewachsene Familienbetrieb im Herzen von Volkach ist ein bezauberndes Schmuckstück und eignet sich ideal für einen spontanen Wochenendurlaub. Die behaglichen Gästezimmer sind mit zeitgemäßer Technik und zahlreichen Antiquitäten eingerichtet. An warmen Sommertagen lädt der spätbarocke Innenhof zum Verweilen ein. Weitere Zimmer stehen im Gästehaus „Gendarmerie" zur Verfügung.

Restaurant Weinstock

VARTA-TIPP Küche VARTA-TIPP Service

18 | Hauptgericht 42–49 €, Menü 119–189 € | Mo-Di, Sa-So ⃠ Mi, Do, Fr
⃠ 20.12.23–5.1.24

Im edel und schlicht gestalteten Gourmetrestaurant mit seiner barocken Stuckdecke, den grauen Wänden, dem gediegenem Holzbohlenboden und den messingfarbenen Pendelleuchten geht es auch kulinarisch exklusiv zu. Mit Top-Produkten und eigenen Ideen zelebriert Cornelia Fischer eine moderne Kreativküche, die auf klassischen Wurzeln basiert. Was sie an Finesse, feinen Kontrasten und Aromenvielfalt auf die Teller zaubert, ist wirklich bemerkenswert. Dazu empfiehlt Sommelier Jan Pislcajt erstklassige Weine regionaler Winzer. Ein bestens geschulter Service macht das niveauvolle Bild komplett.

Schwane 1404

40 | Hauptgericht 20–36 €, Menü 54–64 € | Mo-Di, Fr-So Mi, Do

Eine hervorragende Alternative zum Gourmetrestaurant! In den heimeligen Gaststuben, die liebenswert mit viel Holz und unterschiedlichen Accessoires ausstaffiert sind, wird eine gehobene Heimatküche serviert. Auf der Karte locken Gerichte wie „Gebratene Schwarzfederhuhnbrust | Polenta | Frühlingslauch“ oder „Zander | Silvaner-Rahmkraut | Kartoffelschaum“.

Am Torturm www.hotel-am-torturm.de

garni

Hauptstraße 41, PLZ 97332, **T 09381 80670,** F 806744
21 Zimmer | 1 Apartment | Ez 80–100 €, Dz 109–160 €, inkl. Frühstück | 22.12.23–8.1.24

Kleinstadthotel neben dem mittelalterlichen Torturm des Gaibacher Tores mit persönlicher Atmosphäre und großzügig geschnittenen Gästezimmern. Das regionale Frühstück mit hausgemachter Marmelade kann im eleganten Frühstücksraum oder im bezaubernden Höfchen eingenommen werden.

Weinhotel Rose www.rose-volkach.de

★★★S

Dimbacher Straße 1, PLZ 97332, **T 09381 8400,** F 840333
30 Zimmer | 1 Suite | 24 h

Familiär geführtes Haus am Rande der Altstadt mit zeitgemäßem Ambiente und überwiegend geräumigen, wohnlichen Zimmern, die zum Garten hin über einen Balkon verfügen. In den rustikalen Gaststuben und auf der Terrasse wird fränkische Küche serviert.

VÖLKLINGEN 49 C www.voelklingen.de

Saarland | EW 38.468 | 200 m | Saarbrücken 13 km, Saarlouis 13 km

Leonardo www.leonardo-hotels.com

Kühlweinstraße 105, PLZ 66333, **T 06898 56610,** F 5661444
98 Zimmer | 2 Suiten | 24 h

Die ruhige Lage am Bürgerpark dürfte jeden erfreuen, ebenso das schöne, schlichte Design mit einem Hauch saarländischer Industriekultur: in den Zimmern klare Linien, viel Licht und moderne Farbakzente. Traditionelle und internationale Küche wird im Restaurant serviert.

VÖRSTETTEN 56 D www.voerstetten.de

Baden-Württemberg | EW 3.124 | 220 m | Emmendingen 9 km, Freiburg im Breisgau 9 km

Sonne www.sonne-voerstetten.de

Freiburger Straße 4, PLZ 79279 (OT: Schupfholz), **T 07666 2326**
80 | Hauptgericht 13–40 €, Menü 44–49 € | So Mi-So Mo, Di

Gemütlich hat man es in diesem wunderschönen Gasthaus, das seit über 250 Jahren im Familienbesitz ist. In der kühlen Jahreszeit sorgt ein Kachelofen für eine wohlige Atmosphäre, in den Sommermonaten lockt die stimmungsvolle Gartenwirtschaft. Es gibt regional-saisonale Küche, z.B. als „Badischer Sauerbraten mit kalt gerührten Preiselbeeren und hausgemachten Spätzle“. Zum Übernachten hat man liebevoll eingerichtete Zimmer.

VREDEN 29 A www.stadtmarketing-vreden.de

Nordrhein-Westfalen | EW 22.641 | 32 m | Gronau 25 km, Coesfeld 33 km

Büschker's Stuben www.amkring.de

Kring 6-8 (im Hotel am Kring), PLZ 48691, **T 02564 93080**
70 | Hauptgericht 17–31 € | Di-Sa Mo, So

Schon die hübsche Lage inmitten eines denkmalgeschützten Dorfkringes lockt einen hierher, aber auch die frische Küche ist einen Besuch wert. Die Verbundenheit mit der Region zeigt sich in Gerichten wie „Mutters Hochzeitssuppe" oder „Münsterländer Zwiebelfleisch". Im Zweitrestaurant „Clemens" bietet man an den Wochenenden ein wechselndes Feinschmeckermenü an. Gepflegt übernachten kann man im angeschlossenen Hotel.

WAAKIRCHEN 68 A www.waakirchen.de

Bayern | EW 5.571 | 759 m | Bad Tölz 9 km, München 50 km

Der Margarethenhof www.margarethenhof.com

★★★★

Gut Steinberg 1-3, PLZ 83666 (OT: Marienstein), **T 08022 75060,** F 74818
35 Zimmer | 35 Suiten

Landschaftlich sehr schön gelegenes Anwesen hoch über dem Tegernseer Tal mit 18-Loch-Golfanlage. Hübsche Apartments im bayerischen Landhausstil. Kleiner Wellnessbereich mit Sauna, Outdoorpool und Lindengarten. Behagliches Restaurant mit herrlicher Terrasse.

WACHENHEIM A.D. WEINSTRASSE 50 D www.wachenheim.de

Rheinland-Pfalz | EW 4.678 | 141 m | Bad Dürkheim 3 km, Haßloch 14 km

Rieslinghof www.rieslinghof.com

★★★★

Weinstraße 86, PLZ 67157, **T 06322 9898920**
6 Zimmer | Ez 90–125 €, Dz 100–140 €, inkl. Frühstück

Das langgestreckte, mit regionaltypischem Sandstein errichtete Gebäude eignet sich nicht nur als perfekte Veranstaltungslocation, man kann hier auch wunderbar übernachten. Im ersten Obergeschoss des Anwesens hat man geschmackvolle Zimmer, die mit Eichenholzdielen, behaglichen Vollholzmöbeln und modernen Bädern ausgestattet sind.

Restaurant Intense Neu! www.restaurant-inten.se

VARTA★TIPP Küche VARTA-TIPP Service

Weinstraße 31, PLZ 67157, **T 06322 9897877**
30 | Menü 195 € | Di-Sa Mo, So

Genuss-Performance in Vollendung! Wirklich beeindruckend, was Chefkoch Benjamin Peifer und seine Frau Bettina Peifer-Thiel hier auf die Beine gestellt haben: Nachdem man in der „Guud Stubb" Aperitif und Pfälzer Fingerfood genossen hat, wird im edel, aber schlicht gehaltenen Hauptraum des Restaurants ein erstklassiges Menü in ca. 15 kleinen Gängen serviert. Kulinarisch bleibt sich der Spitzenkoch treu: Zeitgemäße klassische Küche mit fernöstlichem Einschlag. Wer mag, reserviert ein Plätzchen an der Theke mit Blick auf die offene Küche und den Grill! Bei der sorgfältig zusammengestellten Weinauswahl liegt der Fokus natürlich auf Spitzengewächsen aus der Pfalz.

The Izakaya
www.the-izakaya.com

VARTA-TIPP Küche

Weinstraße 36, PLZ 67157, **T 06322 9593729**
20 | Menü 85 € | Di-Sa ⊘ Mo, So

Ein Mix aus Restaurant und Bar mit offener Küche und angenehm ungezwungener Atmosphäre. Hier erwartet Sie eine einfallsreiche pfälzisch-japanische Fusionsküche, die Sie in Form eines feststehenden Menüs (auf Wunsch mit passender Getränkebegleitung) genießen können. Eine Tischreservierung ist notwendig! In den hinteren Teil des Lokals ist die Weinhandlung „ROHSTOFF“ integriert. Dort werden neben großartigen Weinen auch kleine Snacks angeboten.

WACHENROTH 53 A
www.wachenroth.de

Bayern | EW 2.000 | 285 m | Bamberg 26 km, Erlangen 40 km

Landgasthof Weichlein
www.gasthofweichlein.de

Weingartsgreuth 20, PLZ 96193, **T 09548 349**
90 | Hauptgericht 17–35 €, Menü 40–75 € | Fr-So Mi-So ⊘ Mo, Di

Ein familiär geführter Gasthof mit ländlich-rustikalem Ambiente und schmackhafter fränkischer Küche. Auf der Karte stehen Gerichte wie „Schweinefilet | Walnuss-Pfefferkruste | Balsamicopilze | Sellerie-Erbsenpüree | Gartensalat“. Im Sommer lockt der Biergarten im hübsch bepflanzten Innenhof. Es gibt auch zweckmäßig eingerichtete Hotelzimmer.

Der Varta-Führer digital

Der Varta-Führer ist auch als eBook erhältlich. Ganz einfach online laden und mobil auf Ihrem Smartphone oder Tablet nutzen.

Weitere Hotel- und Restaurantempfehlungen sowie zahlreiche Freizeittipps erhalten Sie unter: **www.varta-guide.de**

WACHTBERG 40 A
www.wachtberg.de

Nordrhein-Westfalen | EW 19.827 | 222 m | Remagen 11 km, Bonn 17 km

Kräutergarten
www.gasthaus-kraeutergarten.de

Töpferstraße 30, PLZ 53343 (OT: Adendorf), **T 02225 7578**
40 | Hauptgericht 36–40 €, Menü 55 € | So Mo, Fr-So ⊘ Di, Mi, Do

Familiengeführtes Restaurant mit mediterran-elegantem Flair. Hier genießen Sie eine einfallsreiche internationale Küche. Wie wäre es z.B. mit „Filet vom Wolfsbarsch auf Zitronenrisotto und Artischocken“? Im Sommer können Sie auch auf der Gartenterrasse speisen.

WACKERSBERG 68 A
www.tourismus.wackersberg.de

Bayern | EW 3.489 | 735 m | Bad Tölz 5 km, Rosenheim 56 km

Benediktenhof
www.benediktenhof.de

VARTA-TIPP Service

★★★★ garni

Alpenbadstraße 16, PLZ 83646 (OT: Arzbach), **T 08042 91470,** F 914729
12 Zimmer | 4 Suiten | 1 Apartment | Ez 81–92 €, Dz 131–171 €, inkl. Frühstück | 24 h

Ein regelrechter Geheimtipp ist das aparte kleine Bio-Landhotel im malerischen Isarwinkel. Der familiäre Charme der Gastgeber wird Sie ebenso begeistern wie die romantischen Zimmer und Suiten. Luxus und Wellness in absoluter Privatsphäre bietet das 80 qm große Chalet. Morgens dürfen Sie sich auf ein tolles Frühstücksbuffet mit frischen Bio-Produkten, hausgemachten Marmeladen und Honig aus eigener Imkerei freuen.

Tölzer Schießstätte
www.michaela-hager.de

Kiefersau 138, PLZ 83646, **T 08041 3545**
Hauptgericht 24–47 € | Di-Mi, Fr-So Di-Mi, Fr-Sa Mo, Do

Eine urig-gemütliche Adresse mit harmonisch angepasster Einrichtung und herzlicher Gastfreundschaft. Frisches regionales Speisenangebot. Lust auf „Gebratenes Steinbeißerfilet auf Tomaten-Zucchiniragout, Olivengremolata und Petersilienkartoffeln“? Idyllische Sommerterrasse.

WADERN 49 A
www.wadern.de

Saarland | EW 16.000 | 275 m | Losheim am See 15 km, Merzig 28 km

Zum Dompropst Neu!
www.dompropst-wadern.de

Marktplatz 19, PLZ 66687, **T 06871 8762**
30 | Hauptgericht 19–35 €, Menü 28–35 € | Mo-Di, Do-Fr, So Mo-Di, Do-So Mi

ZUM DOMPROPST

Mit seiner saisonalen Regionalküche und dem freundlichen Service ist das Restaurant unbedingt einen Besuch wert. Gekocht wird frisch und geschmackvoll, ob „Gebratenes Wolfsbarschfilet | Safransauce | Lauch | Tomate | Nudeln“ oder „Perlhuhnbrust | Schinken | Salbei

| Kartoffel-Kräuter-Krapfen | Salat“. Hübsch die gemütliche Einrichtung im französischen Bistrostil, einladend die Terrasse am Marktplatz.

WAGENFELD 22 A www.wagenfeld.de

Niedersachsen | EW 7.480 | 37 m | Vechta 34 km, Minden 41 km

Central Hotel www.centralhotel-wagenfeld.de

€ Gut & Günstig

Hauptstraße 68, PLZ 49419, **T 05444 2129858**
16 Zimmer | 4 Suiten | Ez 65–75 €, Dz 86–100 €, 11,90 €

Das traditionsreiche Hotel im Ortskern ist für Urlauber und Geschäftsreisende gleichermaßen interessant. Es bietet frisch renovierte und wohnlich eingerichtete Zimmer im Haupt- und Gästehaus. Das Spektrum reicht vom einfachen Standardzimmer bis zur Seniorsuite. Frühstücken können Hausgäste im Café der Bäckerei Overmeyer.

Wiegt weniger ist aber genauso gut:
Der Varta-Führer ist auch als eBook für Ihren TabletPC oder Ihr Smartphone verfügbar!

WAGING A.SEE 69 A www.waging.de

Bayern | EW 6.509 | 465 m | Traunstein 12 km, Laufen 20 km

Landhaus Tanner www.landhaustanner.de

VARTA-TIPP Service

Aglassing 1, PLZ 83329, **T 08681 69750,** F 697549
22 Zimmer | 7 Suiten | Ez 118–151 €, Dz 190–202 €, inkl. Frühstück | ⃠ 23.–25.12.23

Am Ortsrand von Waging befindet sich dieser schmucke Landgasthof. Die Freundlichkeit und das Engagement der Gastgeberfamilie machen das Haus so beliebt, aber auch das wohnliche Ambiente. Perfekt zum Relaxen ist der im alpenländischen Stil gestaltete SPA-Bereich. Sie können sich aber auch in die gemütliche Lobby mit Kamin oder in den mediterranen Innenhof zurückziehen. Dazu hochwertig und modern eingerichtete Landhauszimmer in unterschiedlichen Kategorien und ein Spielzimmer für die kleinen Gäste.

Landhaus Tanner

VARTA-TIPP Küche

85 | Hauptgericht 14–39 €, Menü 48–78 € | Di-Sa Mo-Sa ⃠ So ⃠ 23.–25.12.23

„Chiemgauer Kalbshaxe | Gremolata | mediterranes Gemüseallerlei | Gnocchi“, „Doradenfilet gegrillt | Algen | Spinat | Tomate | Fregola Sarda“... Schmackhaft-regional isst man bei Patron Franz Tanner, der ein absoluter Slowfood-Verfechter ist. Im Sommer sollten Sie unbedingt auf der malerischen Sonnenterrasse essen! Tipp: Am Wochenende gibt es nachmittags hausgemachte Kuchen.

Eichenhof
www.hotel-eichenhof.de

★★★★

Angerpoint 1, PLZ 83329, **T 08681 4030,** F 40325
48 Zimmer | 2 Suiten | 3 Apartments | Ez 85–100 €, Dz 140–165 €, inkl. Frühstück | 24 h

Gepflegtes Landhotel in reizvoller Lage direkt am Waginger See mit alpiner Kulisse. Naturholz und freundliche Farben prägen die großzügigen, modern ausgestatteten Zimmer. Ansprechendes Angebot an verschiedenen Massagen und Beauty-Anwendungen. Regionale Gerichte werden im Restaurant, im Wintergarten und auf der Sonnenterrasse serviert.

WAIBLINGEN 58 A
www.wtm-waiblingen.de

Baden-Württemberg | EW 52.890 | 230 m | Stuttgart 12 km, Backnang 20 km

Bachofer
www.bachofer.info

VARTA-TIPP Küche

Marktplatz 6, PLZ 71332, **T 07151 976430**
40 | Menü 87–162 € | Do Mi-Sa Mo, Di, So

Trendiges, puristisches Ambiente am Waiblinger Marktplatz. Asiatische Einflüsse ergänzen die aromenreichen Kreationen von Bernd Bachofer, der für seine handwerkliche Präzision und Experimentierfreude bekannt ist. An der Essbar kann man den Köchen bei der Arbeit zuschauen. Regelmäßig finden Events, Weinproben und Kochkurse statt. In der warmen Jahreszeit ein Muss: die prächtige Sommer-Terrasse. Sie möchten übernachten? In dem denkmalgeschützten Gebäude gibt es auch acht individuell gestaltete Designzimmer.

Brunnenstuben
www.brunnenstuben.de

Quellenstraße 14, PLZ 71334 (OT: Beinstein), **T 07151 9441227**
60 | Menü 46–89 € | So Mi-So Mo, Di

Lassen Sie sich vom Äußeren des Gebäudes nicht abschrecken! Im Inneren erwarten Sie gepflegte Gasträume mit bürgerlich-rustikalem Charakter. Hier offeriert man Ihnen eine wohlschmeckende schwäbische Küche mit internationalen Einflüssen. Die begrünte Terrasse sorgt für sommerliches Feeling.

WALDBREITBACH 40 A
www.touristikverband-wiedtal.de

Rheinland-Pfalz | EW 1.859 | 140 m | Bad Hönningen 11 km, Neuwied 22 km

Zur Post
www.hotelzurpost.de

★★★ S

Neuwieder Straße 44, PLZ 56588, **T 02638 9260**
44 Zimmer | 6 Suiten | Ez 69–77 €, Dz 112–130 €, inkl. Frühstück »

Traditionsreicher, über die Jahre gewachsener Gasthof mit geschmackvoll und wohnlich eingerichteten Zimmern. Kleine, einem Schiffsdeck nachempfundene Saunalandschaft. Ländliche Gasträume mit Freiterrasse und saisonaler Frischeküche.

WALDBRONN 57 A www.waldbronn-tourismus.de

Baden-Württemberg | EW 12.649 | 261 m | Karlsruhe 16 km, Pforzheim 23 km

Schwitzer's am Park schwitzers.com

VARTA-TIPP Service

★★★★ S garni

Etzenroter Straße 4, PLZ 76337 (OT: Reichenbach), **T 07243 354850,** F 3548585
20 Zimmer | 2 Suiten | Ez 140–340 €, Dz 175–395 €, 22,00 €

Ruhige Lage am Rande des Kurparks, wohnliches Ambiente, exzellenter Service, hervorragendes Frühstück... Ideal für erholsame Ferien oder ein kulinarisches Wochenende zu zweit! Wie wär's z.B. mit der exklusiven Parksuite mit getrenntem Wohn- und Schlafbereich? Das Interieur der geschmackvoll eingerichteten Gästezimmer ist geprägt durch einen Stilmix aus Art déco, Chesterfield und modern-schlichter Eleganz. Sehr ansprechend auch der Wohlfühlbereich mit Sauna, Dampfbad und Fitness.

Cédric Schwitzer´s Gourmet-Restaurant

VARTA★TIPP Küche VARTA-TIPP Service

15 | Menü 179 € | Mi-Sa Mo, Di, So

Cédric Schwitzer ist ein Synonym für Engagement und Herzblut, und das steckt nicht nur in der Gestaltung des kleinen, sehr wertig und elegant eingerichteten Fine-Dining-Restaurants, das 2023 in die ehemaligen Räumlichkeiten der Hotelbar umgezogen ist; vor allem am Herd ist der gebürtige Franzose mit Hingabe bei der Sache. Schwitzer achtet akribisch auf die Qualität der verwendeten Viktualien und deren Bezug zur Saison. Vor den Augen der Gäste entstehen eindrückliche und kreative Gerichte, die in Form eines anspruchsvollen sechsgängigen Menüs (wahlweise mit Fisch und Fleisch oder vegetarisch) serviert werden. Freundlich und kompetent wird man in Sachen Wein beraten.

Schwitzer's PUR Neu!

50 | Hauptgericht 30–48 €, Menü ab 88 € | So Mo-Di, Fr-Sa Mi, Do

Das Zweitrestaurant präsentiert sich ganz im Zeichen des „Casual Fine Dining". In den ehemaligen, komplett renovierten Räumen des Gourmetrestaurants bietet man den Gästen in ungezwungener Atmosphäre ein saisonal wechselndes Speisenkonzept. Hierbei können Sie entweder die À-la-carte-Optionen wählen oder sich vom „Menu Surprise" überraschen lassen. In der warmen Jahreszeit ist die Sommerterrasse geöffnet.

Schwitzer's Brasserie & Lounge

Etzenroter Straße 2, PLZ 76337
60 | Hauptgericht 13–35 €, Menü 38–44 € | Mo-So

Eine schöne Alternative zum Gourmetrestaurant: Die moderne Brasserie nebst Kaminlounge und Terrasse befindet sich im Nachbargebäude des Hotels. „Roh marinierte Scheiben vom Schwertfisch", „Lammnüsschen mit Aubergine, Bohnen, Merguez und Ras El Hanout" oder „Austernpilze auf asiatischem Gemüse und Chili-Limetten-Mayonnaise" - was hier gekocht wird, ist schmackhaft und alles andere als langweilig. Tipp: wechselndes Azubimenü in 3 Gängen.

WALDECK 31 C www.waldeck.de

Hessen | EW 7.233 | 404 m | Bad Wildungen 16 km, Korbach 26 km

Schloss Waldeck www.schloss-hotel-waldeck.de

★★★★ S garni

Schloss Waldeck 1, PLZ 34513, **T 05623 5890,** F 589289
42 Zimmer | 2 Suiten | Ez 110–183 €, Dz 188–228 €, inkl. Frühstück | 24 h

Im 11. Jh. erbaute ehem. Ritterburg mit herrlichem Ausblick auf den Edersee. Geschmackvoll renovierte Gästezimmer, die mit warmen Farben und natürlichen Materialien ausgestattet sind. Gehobene Küche im Restaurant „Alte Turmuhr". Räumlichkeiten wie das stilvolle Kaminzimmer oder der Rittersaal eignen sich bestens für Veranstaltungen.

WALDENBUCH 58 A www.waldenbuch.de

Baden-Württemberg | EW 8.476 | 362 m | Schönaich 8 km, Nürtingen 18 km

Gasthof Krone www.krone-waldenbuch.de

Nürtinger Straße 14, PLZ 71111, **T 07157 408849**
40 | Hauptgericht 30–45 €, Menü 80–130 € | Fr, So Mi-So Mo, Di

Ein denkmalgeschützter Gasthof am Fuße des Schlossberges mit ländlich-elegantem Charme. Serviert wird feine internationale Küche, bei der sowohl Frische und Qualität als auch saisonale Produkte eine übergeordnete Rolle spielen. Schöne Terrasse.

WALDENBURG 52 C www.waldenburg-hohenlohe.de

Baden-Württemberg | EW 3.100 | 505 m | Öhringen 15 km, Schwäbisch Hall 20 km

Panoramahotel Waldenburg www.panoramahotel-waldenburg.de

★★★★ garni

Hauptstraße 86, PLZ 74638, **T 07942 91000,** F 9100888
120 Zimmer | 3 Suiten | Ez ab 112 €, Dz ab 143 €, inkl. Frühstück | 24 h

Der 2018 eröffnete Hotelneubau befindet sich hoch oben auf dem „Balkon Hohenlohes" mit bestechender Aussicht auf das umliegende Land. Ferien- und Businessgäste fühlen sich wohl in den schönen Zimmern, in der gemütlichen Bar und im kleinen Wellnessbereich mit zwei Saunen. Im Restaurant und auf den beiden Panoramaterrassen wird frische regionale Küche serviert.

Villa Blum www.villa-blum.de

VARTA-TIPP Service

Haller Straße 12, PLZ 74638, **T 07942 94370,** F 943727
11 Zimmer | Ez ab 89 €, Dz ab 135 €, 8,00–15,00 € | 24 h

Das kleine, sehr persönlich geführte Hotel vereint hist. Bauweise mit zeitgemäßem Komfort. Die ehemals fürstliche Stadtvilla mit ihrem authentischen Altbaucharme empfängt Sie mit wohnlichen, individuell gestalteten Gästezimmern. WLAN, die Getränke aus der Minibar und die Nutzung der hauseigenen Sauna sind für Hausgäste kostenfrei. Das sehr gute Frühstück am Morgen sollten Sie nicht verpassen! Wäsche-, Büro- oder Einkaufsservice auf Anfrage.

WALDKIRCH 56 D www.stadt-waldkirch.de

Baden-Württemberg | EW 21.141 | 274 m | Emmendingen 12 km, Freiburg 15 km

Artbau Designhotel **Neu!** artbau-designhotel.de

Kastelbergstraße 19, PLZ 79183 (OT: Kollnau), **T 07681 4990460**
8 Zimmer

Direkt am Elzufer empfängt Sie das kleine, stilvolle Hotel, umgeben von zahlreichen Wander- und Fahrradrouten. Hier erwarten Sie individuelle Designzimmer mit exklusivem Wohnkomfort und tollem Ausblick auf die Berge. Neben dem Frühstück am Morgen bietet die hauseigene „Bauart Tagesbar" Lunchgerichte, hausgemachte Kuchen, Vesper und Drinks.

Löwen
www.loewen-buchholz.com

Schwarzwaldstraße 34, PLZ 79183 (OT: Buchholz), **T 07681 9868,** F 25253
42 Zimmer | 8 Suiten | Ez 75–95 €, Dz 114–128 €, inkl. Frühstück

Bei Familie Dages können Sie ruhig und komfortabel übernachten. Es erwarten Sie helle und freundlich gestaltete Hotelzimmer. Einige verfügen über einen Balkon oder eine Terrasse. Kleiner Sauna- und Fitnessbereich. Im gemütlichen Restaurant wird badische Küche aufgetischt.

Zum Storchen
www.zum-storchen-waldkirch.de

Lange Straße 24, PLZ 79183, **T 07681 4749590,** F 4749599
28 Zimmer | 2 Suiten | Ez ab 70 €, Dz ab 85 €, 15,00 €

Sie haben es gerne persönlich und familiär? Dann werden Sie sich hier wohlfühlen! Die Zimmer sind zeitgemäß und tipptopp gepflegt, und morgens wartet ein leckeres Frühstück auf Sie. Für Entspannung sorgt eine gemütliche Panoramasauna.

Zum Storchen

60 | Hauptgericht 24–34 €, Menü 36–74 € | Di-Sa Mo, So

Frische Gerichte, freundlicher Service und ansprechendes Ambiente - da mischt man sich doch gerne unter die Gäste und lässt sich von der regional und saisonal geprägten Speisekarte Appetit machen. Wie wäre es denn z.B. mit „Gebratenem Filet vom Saibling mit Frühlingsrüben, Radieschen und Kartoffel-Bärlauch-Püree“? Gutes Weinangebot.

WALDKIRCHEN 62 B
www.waldkirchen.de

Bayern | EW 10.244 | 573 m | Passau 28 km, Grafenau 30 km

Johanns
www.restaurant-johanns.de

VARTA-TIPP Küche

Marktplatz 24, PLZ 94065, **T 08581 2082000**
60 | Hauptgericht 18–45 €, Menü 75–95 € | Mo-Sa So

Erst shoppen, dann gut essen? Kein Problem: das Modehaus Garhammer bietet im obersten Stockwerk ein exklusives Gourmetrestaurant. Die Küche von Michael Simon Reis ist ein Garant für ausgezeichnete regionale Produkte sowie aromenreiche, kreative Speisen, z.B. „Auf der Haut gebratener Zander mit jungem Chicorée, Avocado, gelber Karotte und Anisbrandteig“. Dazu kredenzt der geschulte und freundliche Service erlesene Weine aus nah und fern.

WALDSEE, BAD 66 A
www.bad-waldsee.de

Baden-Württemberg | EW 20.000 | 600 m | Ravensburg 20 km, Biberach 23 km

Waldsee Golf-Resort
www.waldsee-golf.de

★★★★

Hopfenweiler 9, PLZ 88339 (OT: Hopfenweiler), **T 07524 40170,** F 4017100
40 Zimmer | Ez 94–169 €, Dz 159–229 €, inkl. Frühstück | 24 h

Eingebettet in eine Golfanlage erwartet Sie dieses anspruchsvolle Domizil. Das Hotel verfügt über komfortable Zimmer, einen ansprechenden Vitalbereich mit verschiedenen Saunen, Dampfbad und Ruheraum sowie ein Restaurant mit gemütlichem Kamin und Terrasse.

Adler
www.hotel-gasthaus-adler.de

★★★ garni

Bundesstraße 15, PLZ 88339 (OT: Gaisbeuren), **T 07524 9980,** F 998152
31 Zimmer | 1 Suite | Ez ab 71 €, Dz ab 98 €, inkl. Frühstück

Familiär geführter Gasthof von 1481 mit neuerem Hotelanbau. Wohnliche Gästezimmer, die mit Kirschbaummöbeln ausgestattet sind. In den gemütlichen Gaststuben wird eine schmackhafte regionale und deutsche Küche serviert - u.a. Wildspezialitäten aus eigener Jagd.

Gästehaus Rössle
www.gaestehaus-roessle.com

€ Gut & Günstig garni

Wurzacher Straße 30, PLZ 88339, **T 07524 40100,** F 401040
12 Zimmer | Ez ab 67 €, Dz ab 115 €, inkl. Frühstück

Familiär geführtes Gästehaus im Zentrum der Altstadt. Gepflegte, moderne Zimmer mit kostenfreiem WLAN. Gutes Frühstück.

Gasthof Kreuz
www.kreuz-gasthof.de

Gut-Betha-Platz 1, PLZ 88339, **T 07524 3927**
70 | Hauptgericht 14–28 €, Menü 21 € | Mi-So Mi-Sa Mo, Di

In einer der ältesten Wirtschaften von Bad Waldsee serviert man eine feine regionale Küche zu fairen Preisen. Aber auch mediterran inspirierte Gerichte stehen auf der Speisekarte. Kleine, aber feine Weinkarte mit Gewächsen bekannter Erzeuger sowie unbekannten Newcomern. Sechs renovierte, gemütliche Gästezimmer.

WALDSHUT-TIENGEN 64 B
www.waldshut-tiengen.de

Baden-Württemberg | EW 22.876 | 341 m | Schaffhausen (Schweiz) 30 km, Lörrach 60 km

Bercher
www.bercher.de

★★★★ garni

Peter-Thumb-Straße 11, PLZ 79761 (OT: Tiengen), **T 07741 47470,** F 4747100
38 Zimmer | 1 Suite | Ez 99–132 €, Dz 160–210 €, inkl. Frühstück

Zentral gelegenes, seit 1911 von der Familie geführtes Haus mit komfortabel im Landhausstil eingerichteten Zimmern. Hübsche Saunalandschaft mit fünf Saunen. Bürgerliches Restaurant mit traditioneller und internationaler Küche.

Landgasthof Hirschen
www.hirschen-breitenfeld.de

★★★ garni

Breitenfeld 13, PLZ 79761 (OT: Breitenfeld), **T 07741 68250,** F 682568
27 Zimmer | 1 Suite | Ez 54–75 €, Dz 111–120 €, inkl. Frühstück

Ein gepflegtes Haus mit komfortablen, recht geräumigen Zimmern im Gästehaus Cäcilia. Die Gästezimmer im Stammhaus sind etwas einfacher. Kleiner Wellnessbereich mit Sauna, Dampfbad und Fitnessraum. Heimeliges Restaurant mit saisonaler und regionaler Küche.

WALDSTETTEN 58 B www.waldstetten.de

Baden-Württemberg | EW 7.113 | 387 m | Schwäbisch Gmünd 6 km, Göppingen 21 km

Hölzle www.hoelzle.de

€ Gut & Günstig ★★★

Waldstetter Straße 19, PLZ 73550 (OT: Weilerstoffel), **T 07171 40050,** F 400531
17 Zimmer | Ez ab 75 €, Dz ab 98 €, inkl. Frühstück

Familiär geführter Gasthof am Fuße der Schwäbischen Alb mit 100-jähriger Tradition. Die einfachen, aber gepflegten Zimmer verfügen teils über einen Balkon. Gemütliches Restaurant mit schwäbischer Küche. Im angeschlossenen „Mehlstüble“ kann man Mehle, backfrisches Brot, Öle, Honig und vieles mehr erwerben.

Sonnenhof www.sonnenhof.de

Lauchgasse 19, PLZ 73550, **T 07171 947770**
50 | Hauptgericht 17–34 €, Menü 45–65 € | So Mi-So Mo, Di

Ein sympathisch geführtes Restaurant der Wirtsleute Helmut und Rita Hilse. Serviert werden traditionelle schwäbische Spezialitäten und heimische Weine. Ausgesprochen nett sitzt man im lauschigen Biergarten.

WALLDORF 51 C www.walldorf.de

Baden-Württemberg | EW 14.685 | 108 m | Wiesloch 4 km, Heidelberg 15 km

Vorfelder www.hotel-vorfelder.de

★★★★

Bahnhofstraße 28, PLZ 69190, **T 06227 6990,** F 30541
65 Zimmer | 3 Suiten | Ez ab 100 €, Dz ab 135 €, inkl. Frühstück | 24 h

Das familiär geführte Hotel punktet nicht nur durch seine verkehrsgünstige Lage, sondern auch durch seine zeitgemäß und geradlinig ausgestatteten Gästezimmer. Im modernen Kaminrestaurant nebst Lounge wird frisch und kreativ gekocht.

WALLGAU 67 B www.alpenwelt-karwendel.de

Bayern | EW 1.440 | 866 m | Mittenwald 10 km, Farchant 12 km

Parkhotel www.parkhotel-wallgau.de

★★★★ S

Barmseestraße 1, PLZ 82499, **T 08825 290,** F 366
45 Zimmer | 15 Suiten | Ez 135–165 €, Dz 200–290 €, inkl. Halbpension | 24 h

Ein Refugium zum Wohlfühlen! Dieses freundlich geführte Hotel liegt im Ortszentrum und begeistert mit alpenländischer Gastfreundschaft. Warme Holztöne sowie traditionelle Möbel und Stoffe prägen die Einrichtung der gemütlichen Zimmer. Ländlich-elegantes Restaurant. SPA-Bereich mit Schwimmbad und Saunalandschaft.

WALLUF 41 C www.walluf.de

Hessen | EW 5.464 | 102 m | Eltville 3 km, Wiesbaden 9 km

Zur Schlupp www.gasthauszurschlupp.de

Hauptstraße 25, PLZ 65396 (OT: Niederwalluf), **T 06123 72638**
20 | Hauptgericht 18–32 €, Menü 52–62 € | Mo, Fr-So Di, Mi, Do

Ausgesprochen angenehm sitzt man in den heimeligen, teils holzgetäfelten Stuben, die noch ein klein wenig an die Rheingauer Weinlokale aus alten Zeiten erinnern. Aus der Küche kommen frische, saisonal geprägte Gerichte. Liebenswerter Service.

WALSRODE 23 A www.walsrode.de

Niedersachsen | EW 23.353 | 49 m | Soltau 25 km, Verden 30 km

Forellenhof www.forellenhof.de

★★★★

Hünzingen 3, PLZ 29664 (OT: Hünzingen), **T 05161 9700,** F 970123
63 Zimmer | 4 Suiten

Traditioneller Familienbetrieb in ruhiger Lage mit behaglich und zeitgemäß eingerichteten Zimmern, die sich auf das Haupthaus und verschiedene Gästehäuser verteilen. Gemütliches Restaurant mit regionaler Küche und großer Außenterrasse. Bei Redaktionsschluss für diese Buchausgabe befand sich ein neuer Hoteltrakt mit Wellnessbereich gerade im Bau, voraussichtliche Eröffnung im Sommer 2024.

WALTROP 29 B www.waltrop.de

Nordrhein-Westfalen | EW 29.837 | 70 m | Lünen 12 km, Dortmund 13 km

Gasthaus Stromberg www.gasthaus-stromberg.de

Dortmunder Straße 5, PLZ 45731, **T 02309 4228**
80 | Hauptgericht 18–36 € | Sa Di-Sa Mo, So

Ein hübsches Fachwerkhaus mit moderner Inneneinrichtung. Geboten werden gekonnt zubereitete heimische und internationale Gerichte, die von einer freundlichen Crew zu Tisch gebracht werden. Das exklusive Küchenloft steht für Kochkurse, Events und Veranstaltungen aller Art zur Verfügung.

WANGELS 8 D www.ostseeurlaub-in-wangels.info

Schleswig-Holstein | EW 2.172 | 56 m | Kiel 53 km, Neumünster 70 km

Weissenhaus www.weissenhaus.de

VARTA-TIPP Ambiente VARTA-TIPP Service

Parkallee 1, PLZ 23758 (OT: Weissenhaus), **T 04382 92620,** F 92621704
60 Zimmer | 14 Suiten | 14 Apartments | Ez 475–710 €, Dz 515–810 €, inkl. Frühstück | 24 h

Das exklusive „Private Nature Luxury Resort“ mit seinem weitläufigen Landschaftspark und dem 3 Kilometer langen Ostseestrand gehört zweifellos zu Deutschlands luxuriösesten Destinationen. Hier logieren Sie in edel ausgestatteten, unterschiedlich großen Gästezimmern, die sich auf mehrere Dependancen sowie historische Gebäude verteilen. Neueste Ergänzung ist die noble Signature Villa mit vier Suiten und Privatgarten. Für Entspannung und Wohlbefinden sorgt ein großzügiger SPA-Bereich. Das Service- und Dienstleistungsniveau ist in allen Bereichen des Hauses vorbildlich.

Courtier

VARTA★TIPP Küche VARTA-TIPP Service

24 Plätze | Menü 239–259 € | Mi-Sa ⊘ Mo, Di, So

Höchste Genusskultur an der Ostsee! Christian Scharrer steht für eine raffinierte Produktküche mit regionalem Bezug - handwerklich perfekt zubereitet und immer wieder spannend präsentiert. Angeboten wird ein Menü in 7 Gängen, das auf 6 Gänge reduziert werden kann. Dazu ein kompetenter Service unter der Leitung der charmanten Gastgeberin Nathalie Scharrer. Niveauvoll ist auch das Ambiente mit funkelnden Kronleuchtern, wertvollen Gemälden und aufwendigem Stuck. Malerische Schlossterrasse mit herrlichem Blick über die grünen Wiesen bis zum Meer.

Bootshaus

70 Plätze | Hauptgericht 29–59 €, Menü 95 € | Mo-So

Direkt am Meer liegt das moderne Restaurant mit seiner großen Fensterfront. Hier bekommt man in entspannter Atmosphäre italienische Speisen aufgetischt, die mit frischen Produkten und saisonalem Einfluss zubereitet werden. Eine 400 qm große Lounge mit Sitzkissen, Strandkörben und Feuerstellen lädt besonders in den Sommermonaten zum Verweilen ein.

WANGEN IM ALLGÄU 66 A www.wangen-tourismus.de

Baden-Württemberg | EW 27.000 | 556 m | Lindau 19 km, Kempten 43 km

4K-Hotel www.4k-hotel.de

Schillerstraße 13, PLZ 88239, **T 07522 9778000**
76 Zimmer

2022 ist auf dem Gelände des ehemaligen Gasthofs Baumgarten ein modernes Lifestyle-Hotel entstanden. Es bietet wohnliche Zimmer und Suiten in insgesamt vier Kategorien. Sie zeichnen sich durch hochwertige Materialien und zeitgemäße Technik aus. Zusätzlich stehen im obersten Stockwerk großzügige Longstay-Apartments für Geschäftsreisende oder länger verweilende Urlauber zur Verfügung. Auch ein Restaurant, Tagungsräume und eine spektakuläre Dachterrasse gehören zum Hotel.

Allgovia Hotel www.hotel-allgovia.de

garni

Scherrichmühlweg 15, PLZ 88239, **T 07522 9168890,** F 91688989
21 Zimmer | 1 Suite | Ez ab 79 €, Dz ab 119 €, inkl. Frühstück

Freundliches Hotel mit zeitgemäßen Gästezimmern und gemütlicher Hotelbar. Morgens wird im modernen Salon ein gutes Frühstück mit regionalen Produkten serviert. Zum Haus gehören auch ein Saunabereich und ein großzügiger Garten.

Alte Kanzlei www.alte-kanzlei-wangen.de

Spitalstraße 15, PLZ 88239, **T 07522 7090810**
Hauptgericht 13–20 € | Mo, Do-So ⊘ Di, Mi

In legerer Weinbaratmosphäre wird frische mediterrane Küche mit hausgemachter Pasta und ofenfrischer Pizza serviert. Hier genießt man z.B. „Tagliatelle in Steinpilztrüffelsoße mit Rucola und Parmesansplittern“. Der Service ist freundlich und aufmerksam. Fair kalkulierte Weinauswahl.

Landgasthaus Adler adler-deuchelried.de

VARTA-TIPP Küche VARTA-TIPP Service

Obere Dorfstraße 4, PLZ 88239 (OT: Deuchelried), **T 07522 707477**
45 | Hauptgericht 20–28 €, Menü 39–58 € | Sa-So Fr-So Mo, Di, Mi, Do

Charmant kommt dieses Allgäuer Landgasthaus daher mit seinen einladenden Gaststuben und der familiär-herzlichen Atmosphäre. Serviert werden schmackhafte regionale Gerichte mit mediterranen Einflüssen. Der Patron kocht authentisch, ohne Chichi und mit frischen, heimischen Produkten. Ebenso geschätzt: der umsichtige und herzliche Service unter der Leitung von Anne Kathrin Zöller. Tipp: Romantisch ist im Sommer die Terrasse.

WANGERLAND 13 A www.wangerland.de

Niedersachsen | EW 10.020 | 2 m | Nordseebad Wangerooge 17 km, Jever 20 km

Altes Zollhaus www.zollhaus.de

★★★★

Zum Hafen 1, PLZ 26434 (OT: Horumersiel), **T 04426 99090,** F 990966
42 Zimmer | 2 Suiten, Dz ab 127 €, inkl. Frühstück | 24 h

Familiengeführtes Haus in zentraler Lage. Freundliche, zeitgemäße Zimmer, zum Teil mit Balkon oder Terrasse. Kleiner, aber feiner Saunabereich mit finnischer Sauna und Bio-Sauna. Restaurant mit internationaler Küche. Hauseigene Konditorei.

Leuchtfeuer www.leuchtfeuer-horumersiel.de

★★★★

Pommernweg 1, PLZ 26434 (OT: Horumersiel), **T 04426 99030,** F 9903110
34 Zimmer | 3 Suiten | 6 Apartments | Ez 110–130 €, Dz 144–172 €, inkl. Frühstück

Familiär geführtes Ferienhotel mit freundlicher Atmosphäre. Modern und komfortabel mit natürlich verarbeitetem Holz eingerichtete Zimmer und Suiten. Kleiner Wellnessbereich mit Sauna, Dampfbad und Terrasse. Im Restaurant werden frisch zubereitete Fischspezialitäten und regionale Klassiker serviert.

WANGEROOGE (INSEL) 13 A www.wangerooge.de

Niedersachsen | EW 1.294 | 3 m | Wittmund 30 km, Wilhelmshaven 53 km

Strandhotel Gerken www.strandhotel-gerken.de

Obere Strandpromenade 21, PLZ 26486, **T 04469 8760,** F 876511
81 Zimmer | 12 Suiten | Ez ab 104 €, Dz ab 168 €, inkl. Frühstück

Zeitgemäßer Stil, tolle Sicht, top Lage direkt am feinen Sandstrand. Das renovierte Ferienhotel bietet liebevoll gestaltete Gästezimmer - die meisten mit direktem Meerblick. Dazu ein großzügiger SPA-Bereich mit Pool, Saunen und exklusiven Wellnessanwendungen. Nachmittags können Sie sich während der traditionellen Teetied sowohl im Restaurant als auch auf der großzügigen Terrasse mit leckeren Torten, Kuchen und Waffeln mit heißen Kirschen verwöhnen lassen.

Atlantic www.atlantic-wangerooge.de

★★★ garni

Peterstraße 13, PLZ 26486, **T 04469 1801,** F 1464
16 Zimmer | Ez 110–130 €, Dz 140–185 €, inkl. Frühstück

Das sehr persönlich geführte Haus bietet gemütlich eingerichtete Zimmer, wahlweise mit Meer- oder Gartenblick. Bis zum Strand sind es nur wenige Schritte. Das reichhaltige Frühstück kann auch im Garten eingenommen werden.

WARBURG 31 D — www.warburg-touristik.de

Nordrhein-Westfalen | EW 23.611 | 210 m | Kassel 33 km, Paderborn 42 km

Hotel Zeitgeist — www.hotel-zeitgeist.de

€ Gut & Günstig

Paderborner Tor 115, PLZ 34414, **T 05641 79600**
57 Zimmer | Ez ab 79 €, Dz ab 97 €, 12,00 €

Der Name ist Programm! Modern, wohnlich und technisch auf dem neusten Stand präsentiert sich dieses freundlich geführte Stadthotel. Es bietet funktionell und zeitgemäß ausgestattete Gästezimmer (teils mit Balkon) zu moderaten Preisen. Im hauseigenen Restaurant gibt es nachmittags Kuchen und Waffeln und abends eine kleine Auswahl an À-la-carte-Gerichten.

WARDENBURG 13 D — www.wardenburg.de

Niedersachsen | EW 16.003 | 9 m | Oldenburg 11 km, Bremen 55 km

Wardenburger Hof — www.wardenburger-hof.de

★★★ S

Oldenburger Straße 255, PLZ 26203, **T 04407 92100,** F 20710
48 Zimmer | 6 Apartments | Ez 80–85 €, Dz 115–120 €, inkl. Frühstück

Moderner Landgasthof mit friesischer Gastlichkeit und nostalgischem Charme. Rustikale, mit Eichenmassivholzmöbeln ausgestattete Zimmer. Im Restaurant wird eine saisonale Küche serviert.

WAREN (MÜRITZ) 18 A — www.waren-tourismus.de

Mecklenburg-Vorpommern | EW 21.164 | 70 m | Neustrelitz 45 km, Rostock 68 km

Am Yachthafen — www.am-yachthafen.de

Strandstraße 2, PLZ 17192, **T 03991 67250,** F 672525
16 Zimmer | 4 Suiten | Ez 79–89 €, Dz 89–159 €, 9,50 €

Stadthotel in einem ehemaligen Hafenspeicher mit Blick auf den Jachthafen und die Müritz in unmittelbarer Nähe der hist. Altstadt. Stilvoll mit hellem oder dunklem Holz eingerichtete Gästezimmer. Restaurant mit mediterraner und deutscher Küche.

Kleines Meer
www.kleinesmeer.de

★★★★ garni

Alter Markt 7, PLZ 17192, **T 03991 6480,** F 648222
28 Zimmer | 2 Suiten | Ez ab 89 €, Dz ab 119 €, inkl. Frühstück | ⃠ 21.–27.12.23

Das zentral gelegene Hotel bietet freundliche Zimmer im skandinavischen Design - wahlweise mit tollem Blick auf die Müritz oder den Alten Markt von Waren. Kleiner Entspannungsbereich mit Sauna, Sanarium und Ruhezone.

Kleines Meer
www.restaurant-kleinesmeer.de

45 | Menü 39–79 € | Di-Sa ⃠ Mo, So ⃠ 3.–25.1.24

Fisch aus der Müritz, Wild aus umliegenden Wäldern und saisonale Spezialitäten - die frische regionale Küche kommt an, ebenso das originelle Ambiente (Giebelraum mit hohem Gebälk und Oberlicht) und der aufmerksame Service.

Villa Margarete
www.villa-margarete.de

★★★★ garni

Fontanestraße 11, PLZ 17192, **T 03991 6250,** F 625100
29 Zimmer | 1 Suite | Ez 95–130 €, Dz 135–219 €, inkl. Frühstück | 24 h

Ruhig gelegenes Hotel in einer Villa aus dem 19. Jhd. Geschmackvoll eingerichtete Zimmer mit moderner Ausstattung. Behaglicher Wellnessbereich „SilvaSPA" mit Sole-Dampfbad und Saunagarten. Im Restaurant mit Blick auf den Müritz-Nationalpark wird regional-kreativ gekocht.

Hotel Waren
www.hotel-waren.com

garni

Große Grüne Straße 11, PLZ 17192, **T 03991 633717**
12 Zimmer

Mitten im historischen Altstadtkern und nur etwa 400 Meter vom Ufer des Müritzsees entfernt liegt dieses charmante Boutique-Hotel. Das denkmalgeschützte Fachwerkhaus von 1698 beherbergt zeitgemäß ausgestattete Zimmer und Studios, die man liebevoll renoviert hat. Morgens wird ein gutes Frühstück angeboten.

WARENDORF 30 B
www.warendorf.de

Nordrhein-Westfalen | EW 37.829 | 63 m | Münster 26 km, Osnabrück 41 km

Im Engel
www.hotel-im-engel.de

★★★★ garni

Brünebrede 33-37, PLZ 48231, **T 02581 93020,** F 62726
39 Zimmer | 4 Suiten | Ez 79–105 €, Dz 120–175 €, inkl. Frühstück

Das traditionsreiche Haus ist seit 1692 im Familienbesitz. Im Laufe der Jahre hat man das Hotel stets erweitert und modernisiert. Die Zimmer sind geschmackvoll mit Kirschbaummöbeln und italienischen Stoffen eingerichtet. Zum Entspannen steht ein Saunabereich mit Whirlpool zur Verfügung.

Im Engel

65 | Hauptgericht 17–35 €, Menü 20–65 € | Mo-Sa

Das Restaurant mit seinen unterschiedlich eingerichteten Räumlichkeiten bietet deutsche, westfälische und mediterrane Küche. Im Sommer lockt im Innenhof die großzügige Terrasse mit südländischem Ambiente. Eine Alternative ist das ganztägig geöffnete „Engelchen" - ein Mix aus Café, Bistro und Vinothek.

WARTENBERG-ROHRBACH 50 A www.wartenberg-rohrbach.de

Rheinland-Pfalz | EW 461 | 266 m | Otterberg 7 km, Kaiserslautern 17 km

Mühle am Schlossberg www.muehle-schlossberg.de

★★★ S garni

Schlossberg 16, PLZ 67681 (OT: Wartenberg), **T 06302 92340,** F 923434
16 Zimmer | 1 Suite | Ez 75–117 €, Dz 95–200 €, inkl. Frühstück

Ein Haus mit absoluter Willkommensatmosphäre! Der hist. Dreiseithof aus dem 16. Jhd. zeigt sich in einer gelungenen Verbindung von alter Bausubstanz und moderner Architektur. Hier wohnt man in modernen Hotelzimmern, die von namhaften Künstlern aus der Region eingerichtet wurden.

Mühlenrestaurant

VARTA-TIPP Küche

34 | Hauptgericht 19–40 €, Menü 47–67 € | Mi-So Mo, Di

Im hist. Kreuzgewölbe des ehem. Kuhstalls verwöhnt Sie die Crew in der Küche mit kreativen, überwiegend regional beeinflussten Speisen, die sich am saisonalen Marktangebot orientieren. Auch frische Kräuter aus dem hauseigenen Mühlengarten finden Verwendung. Probieren Sie z.B. „Rinderfilet mit Pilzen, Kartoffel-Selleriemousse und Portweinjus"! Wunderschön sitzt man während der warmen Jahreszeit auf der lauschigen Hofterrasse.

WARTMANNSROTH 42 D www.wartmannsroth.de

Bayern | EW 2.246 | 340 m | Bad Brückenau 18 km, Gemünden 19 km

Neumühle Resort & Spa
www.neumuehle-resort.de

VARTA-TIPP Ambiente VARTA-TIPP Service

Neumühle 54 (zwischen Diebach und Morlesau), PLZ 97797, **T 09732 8030,** F 80379
30 Zimmer | Dz ab 329 €, Suite ab 439 €, inkl. Halbpension | 24 h

Das ehem. Mühlenanwesen von 1520 - idyllisch am Ufer der fränkischen Saale gelegen - hat sich zu einem anspruchsvollen Hotelresort entwickelt. Hier sorgt sich ein äußerst engagiertes Team um das Wohl der Gäste. Die Zimmer und Suiten sind geschmackvoll und individuell eingerichtet. Edle Materialien, klare Linien und viel Licht prägen den modernen SPA- und Wellnessbereich mit Indoorpool und Sauna. Im gemütlichen Restaurant „Scheune" können Sie die fränkische Küche in all ihren Facetten in Form eines 4-Gang Gourmetmenüs genießen.

WASSERBURG (BODENSEE) 66 A
www.wasserburg-bodensee.de

Bayern | EW 3.500 | 406 m | Lindau 6 km, Tettnang 9 km

Caraleon
www.caraleon.de

Halbinselstraße 70, PLZ 88142, **T 08382 9800**
18 Zimmer | 14 Suiten | Ez 130–230 €, Dz 170–270 €, inkl. Frühstück

Das Hotel liegt direkt an der Wasserburger Bucht mit einem exklusiven Zugang zum hauseigenen Strandbad. Hier erwarten Sie individuell und mit Stil eingerichtete Zimmer, die sich auf vier verschiedene Gebäude verteilen. Im Restaurant wird eine moderne alpenländische Küche serviert. Die Atmosphäre ist privat, man wird persönlich betreut und morgens gibt es ein sehr gutes Frühstück.

Lipprandt
www.hotel-lipprandt.de

Halbinselstraße 63, PLZ 88142, **T 08382 98760,** F 887245
44 Zimmer | 6 Suiten | 10 Apartments | Ez 112–132 €, Dz 168–252 €, inkl. Frühstück

Familiengeführtes Wellness- und Ferienhotel direkt am Bodensee mit eigenem Badestrand. Helle, in warmen Farben eingerichtete Zimmer mit moderner Ausstattung. Ansprechender Wellnessbereich mit Schwimmbad und Saunalandschaft. Im Restaurant und auf der Panoramaterrasse werden regionale Spezialitäten serviert.

Walserhof
www.walserhof.de

Nonnenhorner Straße 15, PLZ 88142, **T 08382 98560,** F 985610
28 Zimmer | 10 Suiten | 1 Apartment

Ein auffallend gepflegtes Haus mit Charme und Atmosphäre, nur fünf Gehminuten vom Bodensee entfernt. Wohnliche Zimmer mit Balkon oder Dachgarten. Freundliche Gastgeber, sehr gutes Frühstück. Alpenländisches Restaurant mit saisonalen und regionalen Gerichten.

WASSERBURG A.INN 61 C www.wasserburg.de

Bayern | EW 12.348 | 427 m | München 60 km, Landshut 70 km

Herrenhaus www.restaurant-herrenhaus.de

Herrengasse 17, PLZ 83512, **T 08071 5971170**
50 | Hauptgericht 16–39 €, Menü 50–70 € | Di-Sa Mo, So

Beliebtes Restaurant in der Wasserburger Altstadt mit historischem Flair und gemütlicher Einrichtung. Geboten wird eine schmackhafte deutsch-regionale und internationale Küche. Mittags zwischen zwölf und zwei Uhr bietet man ein täglich wechselndes Mittagsmenü an. Ansprechende Weinkarte mit Schwerpunkt Deutschland, Österreich und Italien.

WASSERLIESCH 49 A www.wasserliesch.de

Rheinland-Pfalz | EW 2.277 | 135 m | Trier 12 km, Saarburg 14 km

Scheid's scheids-wasserliesch.de/scheids

Reiniger Straße 48, PLZ 54332, **T 06501 9209792**
50 | Hauptgericht 21–30 € | So Mi-So Mo, Di

Ein klassisch-modernes Restaurant mit gemütlicher Lounge-Ecke und separatem Raum für Feierlichkeiten. Serviert wird eine zeitgemäß interpretierte Landhausküche zu moderaten Preisen. In den beiden oberen Etagen des Hauses stehen helle, renovierte Gästezimmer zur Verfügung.

WEEZE 28 B www.weeze.de

Nordrhein-Westfalen | EW 10.127 | 20 m | Kleve 20 km, Duisburg 59 km

Schloss Wissen www.schloss-wissen.de

garni

Schlossallee 21, PLZ 47652, **T 02837 96190,** F 961911
18 Zimmer | 1 Suite | 8 Apartments

Das geschichtsträchtige Anwesen ist seit über 500 Jahren Stammsitz der Familie von Loë. Die stilvoll und individuell eingerichteten Doppel- und Mehrbettzimmer verteilen sich auf 6 verschiedene Gästehäuser. Das Frühstück serviert man in der hist. Getreidemühle. Das Restaurant in der hist. Wassermühle bietet feine saisonale Küche.

WEGBERG 28 D www.wegberg.de

Nordrhein-Westfalen | EW 29.307 | 60 m | Erkelenz 9 km, Mönchengladbach 16 km

Sternzeit www.hotelsternzeit.de

★★★★

Friedrich-List-Allee 9, PLZ 41844 (OT: Wildenrath), **T 02432 4920,** F 492492
56 Zimmer | 2 Suiten | 4 Apartments

››

Modernes Tagungshotel in der Nähe des Naturparks Schwalm-Nette. Helle und freundliche Zimmer mit sehr gutem technischen Equipment. Restaurant mit Sonnenterrasse, in dem internationale und mediterrane Gerichte serviert werden.

WEGSCHEID 62 B www.wegscheid.de

Bayern | EW 5.740 | 730 m | Hauzenberg 19 km, Passau 39 km

Reischlhof www.reischlhof.de

★★★★ S garni

Sperlbrunn 7, PLZ 94110, **T 08592 93900,** F 9390700
75 Zimmer | 40 Suiten | Ez ab 246 €, Dz ab 386 €, inkl. Vollpension | 24 h

Inhabergeführtes Ferienhotel in ruhiger Lage mit wohnlichen Gästezimmern und erstklassigem Wellnessangebot. Erst 2021 wurde das Haus umfangreich saniert und erweitert. Auf mehr als 5.000 qm bietet man u.a. eine Wasserlandschaft mit Sport- und Außenschwimmbecken, verschiedene Saunen, zahlreiche Themenruheräume, einen Naturbadesee sowie einen toll angelegten Chilloutgarten. Traditionelles Restaurant mit bayerischer und internationaler Küche. Alle Bereiche des Hauses sind ausschließlich Hotelgästen vorbehalten.

WEIDEN IN DER OBERPFALZ 54 B www.weiden.de

Bayern | EW 41.726 | 397 m | Bayreuth 61 km, Regensburg 88 km

Altstadt Hotel Bräu Wirt www.altstadthotel-braeuwirt.de

★★★★ S garni

Türlgasse 10-14, PLZ 92637, **T 0961 3881800,** F 38818099
25 Zimmer | 5 Suiten | Ez 89 €, Dz 134 €, inkl. Frühstück | 24 h

Empfehlenswerte Hoteladresse mit klassisch-eleganter Atmosphäre. Stilvolle, großzügig geschnittene Zimmer, die mit italienischen Luxusmöbeln ausgestattet wurden. Gemütliches Restaurant mit bayerischen Schmankerln und Bier aus der eigenen Hausbrauerei.

WEIGENHEIM 52 B www.weigenheim.de

Bayern | EW 963 | 332 m | Bad Windsheim 20 km, Würzburg 43 km

Le Frankenberg www.lefrankenberg.de

VARTA-TIPP Küche **VARTA-TIPP** Service

Schloss Frankenberg 1, PLZ 97215, **T 09339 9714571**
40 | Menü 149–168 € | Do-Sa Mo, Di, Mi, So

Auf einem Bergsporn im südlichen Steigerwald thront die aufwendig renovierte mittelalterliche Schlossanlage. Absolut stimmig, wie der barocke Charme mit Stuck, Gobelins, stilechtem Mobiliar und erlesenen Accessoires den eindrucksvollen Rahmen des ehrwürdigen Schlosses unterstreicht. Im Restaurant, das sich im Südflügel des Gebäudes befindet, fühlt man sich zurückversetzt in die Kaiserzeit: prachtvolles Interieur und gediegen-elegante Tischkultur. Das edle Ambiente passt hervorragend zur exquisiten Küche von Steffen Szabo. Seine französische Haute Cuisine kombiniert alte und avantgardistische Zubereitungstechniken. Seine Gerichte sind kreativ und zeichnen sich durch ein Höchstmaß an Frische und Geschmack aus. Dazu eine perfekt abgestimmte Weinbegleitung und ein zuvorkommender Service.

WEIHERHAMMER 54 B www.weiherhammer.de

Bayern | EW 3.875 | 394 m | Weiden in der Oberpfalz 11 km, Amberg 33 km

Restaurant Elements
www.elements-bhs.de

Paul-Engel-Straße 1, PLZ 92729, **T 09605 9199210**
50 | Hauptgericht 22–30 €, Menü 51–90 € | Di-Sa Mo, So

Das modern und stilvoll eingerichtete Fine-Dining-Restaurant befindet sich im 1. OG des Firmengebäudes der BHS Maschinen- und Anlagenbau. Hier wird schmackhaft gekocht. Man lässt sich regional und international inspirieren und bindet gekonnt kreative Elemente mit ein - so entstehen ausdrucksstarke und harmonische Gerichte, die nicht überladen sind. Besonders angenehm ist die Terrasse mit ihrem zauberhaften Blick auf das naturgeschützte Areal.

WEIKERSHEIM 52 C
www.weikersheim.de

Baden-Württemberg | EW 7.400 | 230 m | Bad Mergentheim 12 km, Würzburg 41 km

Laurentius
www.hotel-laurentius.de

VARTA-TIPP Service

Marktplatz 5, PLZ 97990, **T 07934 91080,** F 910818
13 Zimmer | 3 Suiten | Ez ab 86 €, Dz ab 94 €, inkl. Frühstück

Eine charmante Übernachtungsadresse, idyllisch am Weikersheimer Marktplatz, neben dem bekannten Hohenloher Renaissance-Schloss gelegen. Hier wohnt man individuell, die geschmackvoll renovierten Zimmer haben alle einen weinthematischen Bezug. Die Chefin kümmert sich sehr persönlich um das Wohl der Gäste. Morgens erwartet Sie ein ausgezeichnetes Frühstück.

Laurentius

VARTA-TIPP Küche

50 | Hauptgericht 46 €, Menü 79–136 € | So Mi-Sa Mo, Di

Bei den Kochs kehrt man einfach gerne ein, denn Überraschungen aus Küche und Keller sind garantiert. Im imposanten Gewölberestaurant mit „Wow“-Effekt wird eine kreative, schmackhafte und tiefsinnige Frischmarktküche serviert. Das Beste aus Hohenlohe und dem Rest der Welt vereint Jürgen Koch in einem mehrgängigen Abendmenü (3 bis 6 Gänge). Sonntags wird eine separate Karte angeboten. Tischreservierung notwendig.

WEIL AM RHEIN 64 A
www.w-wt.de

Baden-Württemberg | EW 30.175 | 281 m | Lörrach 4 km, Basel (Schweiz) 5 km

Café Gupi Neu!
www.cafegupi.de

VARTA-TIPP Küche

Römerstr. 1, PLZ 79576, **T 07621 9358553**
24 | Menü 54–79 € | Mi-Sa Mo, Di, So

Eine richtig schöne Location! Im einstigen Gärtnerhaus des prächtigen historischen Landguts im Läublinpark befindet sich das stimmungsvolle Restaurant mit Weinbar. Auf dem Teller zeigen harmonische Geschmacksbilder und die richtige Dosis Kreativität das Talent des Küchenchefs. Christoph Düster verarbeitet ausgesuchte Produkte, die er vorzugsweise aus der Region bezieht. Umsorgt wird man sehr freundlich und herzlich. Mit dem Chambre Séparée im zweiten Stock hat man einen exklusiven Raum für Veranstaltungen. Im Sommer lockt die charmante Sonnenterrasse.

WEILER-SIMMERBERG 66 A www.weiler-tourismus.de

Bayern | EW 6.580 | 632 m | Wangen 20 km, Immenstadt 30 km

Tannenhof www.tannenhof.com

Lindenberger Straße 33, PLZ 88171 (OT: Weiler), **T 08387 1235,** F 1626
117 Zimmer | 10 Suiten | 7 Apartments | Ez ab 175 €, Dz ab 260 €, inkl. Vollpension

Zeitgemäß, alpenländisch und komfortabel zeigt sich dieses Ferien- und Wellnesshotel. Hier stehen wohnliche Zimmer in unterschiedlichen Kategorien zur Verfügung. Umfangreiches Sport- und Unterhaltungsprogramm. Restaurant im modern-rustikalen Stil. Gemütliche Kaminbar.

WEILHEIM AN DER TECK 58 B www.weilheim-teck.de

Baden-Württemberg | EW 9.700 | 385 m | Göppingen 15 km, Stuttgart 44 km

Casa Nova

Marktstraße 5, PLZ 73235, **T 07023 9588444**
50 | Hauptgericht 19–60 € | Mo-Fr Mo-Sa So

In einem stilvoll renovierten Fachwerkhaus inmitten der kleinen Weilheimer Gastromeile ist dieses schmucke Ristorante beheimatet. Hier serviert man auf zwei Ebenen hausgemachte Pasta, gehobene Fleischspezialitäten und schmackhafte Fischgerichte. Stammgäste schätzen insbesondere die ausgefallenen Risottovariationen. Dazu gibt es Weine aus der Heimat des Patrons. Der Service ist authentisch und freundlich.

WEILHEIM I.OB 67 B www.weilheim.de

Bayern | EW 22.500 | 565 m | Garmisch-Partenkirchen 45 km, München 50 km

Altstadthotel Bachbräu www.hotelweilheim.de

Pöltnerstraße 4, PLZ 82362, **T 0881 39464183**
14 Zimmer

Inmitten der Weilheimer Altstadt empfängt Sie dieses gemütliche Boutique-Hotel. Das Haus wird Sie mit seinem Charme gefangen nehmen, dafür sorgen der individuelle Komfort, das historische Interieur und die vielen liebevollen Details. Bei schönem Wetter kann man sein Frühstück im idyllischen Innenhof genießen. Für Entspannung sorgt die hauseigene Sauna.

Pöltner Hof www.hotel-weilheim.de

Pollinger Straße 4 & 6, PLZ 82362, **T 0881 3946470**
41 Zimmer | 1 Apartment | Ez 95 €, Dz 128–140 €, inkl. Frühstück

Das hübsche Anwesen verbindet modernste und denkmalgeschützte Architektur und bringt dadurch reichlich Atmosphäre mit sich. Und die spürt man sowohl in den wohnlichen und zeitgemäß ausgestatteten Gästezimmern des Hotelneubaus als auch in der geschmackvoll sanierten Schwaige (früher ein Kuhstall), wo sich heute Restaurant und Tagungsbereich befinden.

WEIMAR 33 D www.weimar.de

Thüringen | EW 63.315 | 208 m | Jena 21 km, Erfurt 24 km
UNESCO-Weltkulturerbe: Klassisches Weimar (Goethes Wohn- und Gartenhaus, Schiller-Haus, Wittumspalais, Herzogin Anna Amalia Bibliothek, Stadtschloss, hist. Friedhof mit Fürstengruft) sowie Stätten des Bauhauses (Bauhaus-Universität, ehem. Kunstgewerbeschule, Haus am Horn), Weimar Haus, Deutsches Nationaltheater, Lucas-Cranach-Haus, Neues Museum, Bauhausmuseum.
Einen Cityplan finden Sie auf Seite 1136.

Dorint Am Goethepark www.hotel-weimar.dorint.com

S garni

Beethovenplatz 1-2 (B5), PLZ 99423 (OT: Westvorstadt), **T 03643 8720,** F 872100
143 Zimmer | 8 Suiten | 3 Apartments | Ez 99–159 €, Dz 99–159 €, 23,00 € | 24 h

Neuzeitliches Hotel am Beethovenplatz. Geschmackvolles Ambiente mit Jugendstil- und Bauhauselementen. Komfortabel ausgestattete Gästezimmer. Frische internationale Küche im stilvollen Restaurant „Bettina von Arnim". Urige Bierstube.

Dorotheenhof www.wellnesshotel-weimar.de

★★★★ S garni

Dorotheenhof 1, PLZ 99427 (OT: Schöndorf), **T 03643 4590,** F 459200
56 Zimmer | 4 Suiten | Ez ab 99 €, Dz ab 149 €, ab 19,50 € | 24 h

Das Land- und Tagungshotel profitiert von seiner idyllischen Lage am Stadtrand von Weimar. Hier erwarten Sie individuelle Zimmer, die im gehobenen Landhausstil eingerichtet sind. Entspannung bieten der geschmackvolle Wellness- und SPA-Bereich sowie der hauseigene Hotelpark.

Grand Hotel Russischer Hof www.russischerhof-weimar.de

S garni

Goetheplatz 2 (A3), PLZ 99423, **T 03643 7740,** F 774840
126 Zimmer | 9 Suiten | 8 Apartments | 24 h

Dieses Haus blickt auf eine über 200-jährige Geschichte zurück. Zur Verfügung stehen stilvolle Zimmer und Suiten in unterschiedlichen Kategorien. Zum Hotel gehören auch eine Bar, ein Fitnessbereich mit Sauna, Dampfbad und Solarium, ein Restaurant mit österreichischer Küche sowie ein einladendes Kaffeehaus.

Hotel Elephant www.hotelelephantweimar.de

S garni

Markt 19 (B4), PLZ 99423, **T 03643 8020,** F 802610
99 Zimmer | 6 Suiten | 24 h

Historie auf der einen Seite, zeitlose Eleganz auf der anderen - und das in exponierter Lage direkt am Marktplatz. Die traditionsreiche Adresse zeigt sich heute als elegantes Boutique-Hotel, dessen Innenarchitektur an die Stilrichtungen Art déco und Bauhaus angelehnt ist.

AnnA

103 | Hauptgericht 29–40 €, Menü 91–102 € | Mo-So

Freundliches Restaurant mit urban-legerer Atmosphäre im Stil der 20er und 30er Jahre. Hier werden klassische Gerichte der mitteldeutschen Küche modern und zeitgemäß interpretiert. Die Weinauswahl ist regional geprägt und wird durch europäische Gewächse ergänzt.

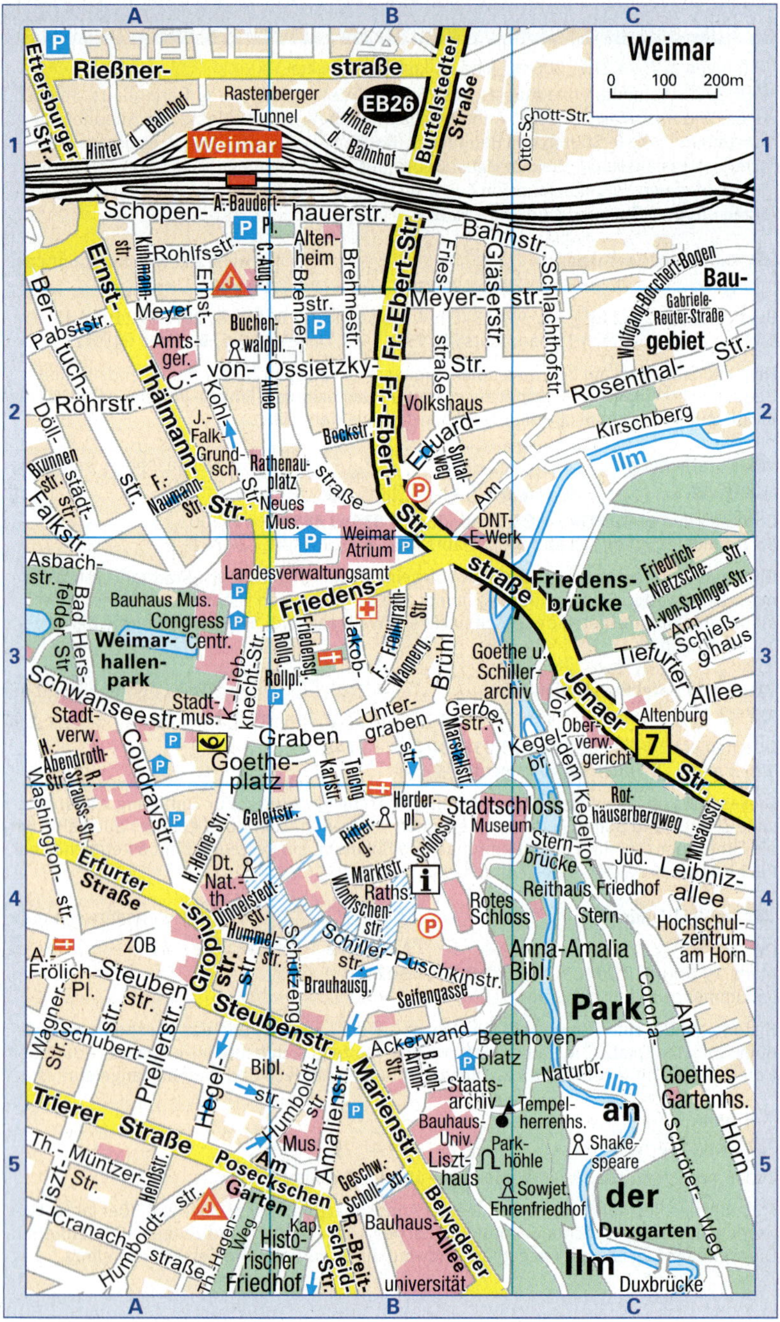
Weimar
0 100 200m
A
B
C
1
2
3
4
5
Rießner- straße
Ettersburger Str.
Rastenberger Tunnel
EB26
Buttelstedter Straße
Hinter d. Bahnhof
Weimar
Otto-Schott-Str.
Schopen- hauerstr.
A.-Baudert-Pl.
Bahnstr.
Alten- heim
Rohlfsstr.
Kuhlmann-str.
C.-Aug.-
Ernst-
Brenner- str.
Brehmestr.
Fr.-Ebert-Str.
Fries- straße
Gläserstr.
Schlachthofstr.
Meyer- str.
Wolfgang-Borchert-Bogen
Gabriele-Reuter-Straße
Bau- gebiet
Ber- tuch-
Pabststr.
Ernst- Thälmann- Str.
Meyer str.
Amts- ger.
Buchen- waldpl.
C.- von- Ossietzky- Str.
Allee
Rosenthal- Str.
Röhrstr.
J.- Falk- Grund- sch.
Kohl-
Volkshaus
Kirschberg
Ilm
Döll- städt- str.
Brunnen str.
Bockstr.
Eduard- Rosenthal- straße
Spital- weg
Falkstr.
F.- Naumann- Str.
Rathenau- platz
Neues Mus.
Am
DNT
E-Werk
Asbach- str.
Weimar Atrium
Landesverwaltungsamt
Friedens- straße
Friedens- brücke
Friedrich- Nietzsche- Str.
A.-von-Szpinger-Str.
Bad Hers- felder Str.
Bauhaus Mus.
Congress Centr.
Weimar- hallen- park
Friedensg.
Jakob-
F.-Freiligrath-Str.
Am Schieß- haus
Goethe u. Schiller- archiv
Tiefurter Allee
Rollg.
Rollpl.
Wagnerg.
Brühl
Jenaer Str.
Schwanseestr.
Stadt- mus.
K.-Lieb- knecht-Str.
Unter- graben
Gerber- str.
Vor dem
Ober- verw. gericht
Altenburg
7
Stadt- verw.
Graben
Marstallstr.
Kegel- br.
H.-Abendroth-Str.
R.-Strauss-Str.
Coudraystr.
Goethe- platz
Karlstr.
Teichg.
Kegeltor
Rot- häuserbergweg
Musäusstr.
Washington- str.
Geleitstr.
Herder- pl.
Stadtschloss Museum
Ritter- g.
Schlossg.
Stern- brücke
Jüd. Friedhof
Leibniz- allee
Erfurter Straße
H.-Heine-Str.
Dt. Nat.- th.
Marktstr.
Raths.
Windischen- str.
Reithaus
Rotes Schloss
Stern
Hochschul- zentrum am Horn
Dingelstedt- str.
Hummel- str.
Schützeng.
Schiller- str.
A.- Frölich- Pl.
ZOB
Gropius- str.
Puschkinstr.
Anna-Amalia Bibl.
Corona-
Steuben str.
Brauhausg.
Seifengasse
Park
Am Horn
Wagner- Str.
Schubert- str.
Prellerstr.
Steubenstr.
Ackerwand
Beethoven- platz
Hegel- str.
Bibl.
B.-von-Arnim-Str.
Naturbr.
Goethes Gartenhs.
Trierer Straße
Humboldt- str.
Amalienstr.
Marienstr.
Staats- archiv
Tempel- herrenhs.
an
Bauhaus- Univ.
Mus.
Park- höhle
Shake- speare
Schröter- Weg
Th.-Müntzer- Str.
Henßstr.
Am Poseckschen Garten
Geschw.-Scholl- Str.
Liszt- haus
Sowjet. Ehrenfriedhof
der
Liszt- str.
Humboldt- str.
Kap.
Duxgarten
Cranach- straße
Th.-Hagen-Weg
Histo- rischer Friedhof
R.-Breit- scheid- Str.
Bauhaus- universität
Belvederer Allee
Ilm
Duxbrücke

Hotel Schillerhof www.schillerhof-weimar.de

VARTA-TIPP Ambiente

Schützengasse 1 (B4), PLZ 99423, **T 03643 8819010**
102 Zimmer | Ez 110–170 €, Dz 125–185 €, 25,00 € | 24 h

In der altstädtischen Fußgängerzone empfängt Sie das charmante Boutique-Hotel. Das historische Gebäude mit seiner frisch restaurierten neobarocken Fassade geht in einen modernen Neubau mit aufwendiger Dachkonstruktion über. In allen Bereichen des Hauses treffen minimalistische Stilelemente auf liebevoll erhaltene klassizistische Details. Die Zimmer und Suiten sind zeitgemäß und hochwertig ausgestattet. Ruhige Erdtöne prägen das Ambiente. Die hauseigene Bar im Erdgeschoss bietet Cocktaiils, Longdrinks und zahlreiche Ginsorten.

Grande Albergo Giancarlo giancarlo-weimar.de

VARTA-TIPP Ambiente

Puschkinstraße 1 (B4), PLZ 99423, **T 03643 9083942,** F 804790
20 Zimmer | 2 Suiten | Ez 85–140 €, Dz 85–140 €, ab 15,00 €

Einen Hauch Italiencharme versprüht dieses kleine Hotel mitten in der Altstadt. Was Sie hinter der renovierten Fassade erwartet, ist wirklich schön: wohnliche, individuelle Zimmer in unterschiedlichen Farben, stilvolle Deko sowie eine Dachterrasse mit Sky Lounge und eindrucksvoller Aussicht auf den Frauenplan und die Schillerstraße. Nicht zu vergessen das frisch zubereitete Frühstück, das Sie im Restaurant „Mi Piace" im EG genießen können.

Kaiserin Augusta www.hotel-kaiserin-augusta.de

★★★

Carl-August-Allee 17 (A1), PLZ 99423, **T 03643 2340,** F 234444
134 Zimmer | 1 Suite | Ez 69–121 €, Dz 84–151 €, 15,00 € | 24 h

Charmantes Privathotel am nördlichen Stadtrand mit behaglich eingerichteten Zimmern in unterschiedlichen Kategorien. Thüringer und leichte saisonale Küche im Restaurant „Wintergarten".

Restaurant Andreas Scholz www.restaurant-andreas-scholz.de

Prellerstraße 2 (im Hotel Alt Weimar), PLZ 99423, **T 03643 861922**
35 | Menü 78–180 € | Mi-So Mo, Di

Ein überaus charmantes Restaurant mit bleiverglasten Motivfenstern, Stuckdecke und originaler Holzvertäfelung. Andreas Scholz kocht klassisch und doch mit modernem Akzent. Seine schmackhaften und durchdachten Gerichte können Sie in Form eines Menüs (wahlweise mit passender Weinbegleitung) kennenlernen. Tipp für Übernachtungsgäste: Das Hotel Alt Weimar bietet freundliche Zimmer, die von der modernen Bauhausarchitektur geprägt sind.

Weinbar Weimar www.weinbar-weimar.de

Humboldtstraße 2 (B5), PLZ 99423, **T 03643 4699533**
55 | Hauptgericht 24–34 €, Menü 89 € | Di-Sa Mo, So

Ein Hotspot in der Weimarer Gastroszene! In gemütlich-legerer Atmosphäre werden schmackhafte internationale Barfoodgerichte serviert. Darüber hinaus bietet man rund 100 handverlesene Weine, die auf Wunsch auch glasweise ausgeschenkt werden. Regelmäßig finden Weinveranstaltungen und Genussevents statt. Im Sommer lockt die kleine Gartenterrasse.

Zum weißen Schwan
www.weisserschwan.de

Frauentorstraße 23 (B4), PLZ 99423, **T 03643 908751**
140 | Hauptgericht 15–20 € | Mo-So

Das Gasthaus ist eines der geschichtsträchtigsten, ältesten noch erhaltenen und geöffneten Wirtshäuser Europas. Hier, wo bereits Goethe ein- und ausging, serviert man gutbürgerliche Gerichte sowie Deftiges aus Thüringer Töpfen und Pfannen wie z.B. Original Rinderroulade nach Großmutters Art oder Sauerbraten mit Thüringer Klößen.

Der Varta-Führer digital

Der Varta-Führer ist auch als eBook erhältlich. Ganz einfach online laden und mobil auf Ihrem Smartphone oder Tablet nutzen.

Weitere Hotel- und Restaurantempfehlungen sowie zahlreiche Freizeittipps erhalten Sie unter: **www.varta-guide.de**

WEINGARTEN 66 A
www.weingarten-online.de

Baden-Württemberg | EW 24.000 | 485 m | Baienfurt 4 km, Ravensburg 7 km

Syrlin Speisewelt - Markos
syrlin-speisewelt.de

VARTA-TIPP Küche VARTA TIPP Service

Ravensburger Straße 56, PLZ 88250, **T 0751 56163714**
25 | Menü 130–180 € | Mi-Sa Mo, Di, So

In der ersten Etage eines Dienstleistungskomplexes befindet sich dieser kulinarische Hotspot von Spitzenkoch Marco Akuzun. Schon der Rahmen ist besonders: Die hochwertige Echtholzeinrichtung sorgt für ein erstklassiges, modernes und gemütliches Ambiente. Begeisterung kommt aber nicht nur angesichts des stylish-eleganten Interiordesigns auf, auch die kreative Küche mit spannenden Kontrasten in Geschmack und Textur sucht ihresgleichen. Zum Feinschmeckermenü (4 bis 6 Gänge), das technisch sehr anspruchsvoll, aber trotzdem ohne Chichi daherkommt, bestellen Sie am besten die stimmige Weinbegleitung! Das Serviceteam unter der Leitung von Nadine Akuzun sorgt auf überaus charmante und lockere, aber gleichermaßen professionelle Art für einen reibungslosen Ablauf an der Gästefront.

Syrlin Speisewelt - Kostbar

Ravensburger Straße 56, PLZ 88250, **T 0751 56163714**
50 | Hauptgericht 23–38 €, Menü 55–99 € | Mi-Sa Mo, Di, So

Das Bistro nebst Bar und attraktiver Terrasse ist eine tolle Alternative zum Fine-Dining-Restaurant. Hier können Sie sich auf ausgezeichnete Gaumenfreuden wie „Saibling | mediterranes Gemüse | weiße Tomatensauce | Gnocchi" oder „Maishähnchenbrust „BBQ" | Coleslaw | Perlzwiebeln | Paprika | Polenta | Mais" freuen.

WEINGARTEN (BADEN) 51 C www.weingarten-baden.de

Baden-Württemberg | EW 10.080 | 119 m | Bruchsal 10 km, Karlsruhe 14 km

Walk'sches Haus www.walksches-haus.de

Marktplatz 7, PLZ 76356, **T 07244 70370,** F 703740
26 Zimmer | Ez ab 80 €, Dz ab 134 €, inkl. Frühstück

Ein Fachwerkhaus wie aus dem Bilderbuch - die Grundmauern reichen bis ins Jahr 1509 zurück. Das denkmalgeschützte Gebäude am Marktplatz beherbergt individuell und geschmackvoll eingerichtete Zimmer, die sich auf Haupt- und Gästehaus verteilen.

Zeit | Geist

VARTA-TIPP Küche **VARTA-TIPP** Service

40 | Hauptgericht 26–36 €, Menü 75–109 € | Di-Sa Mo, So

Locker, ungezwungen und voll im Trend - so zeigt sich nicht nur das Fine-Dining-Restaurant, sondern auch der junge, moderne und raffinierte Küchenstil von Sebastian Syrbe. Sein ganzes kulinarisches Spektrum erleben Sie, wenn Sie sich für das Überraschungsmenü (4, 6 oder 8 Gänge) entscheiden! Dazu empfiehlt Ihnen der fachkundige Service edle Tropfen aus dem herausragend bestückten Weinkeller. Im Bistro „stil l bruch" kommen kleine Snacks sowie saison- und marktorientierte Gerichte auf den Tisch.

WEINHEIM 51 A www.weinheim.de

Baden-Württemberg | EW 43.627 | 135 m | Viernheim 7 km, Heidelberg 17 km

Fuchs'sche Mühle www.fuchssche-muehle.de

Birkenauer Talstraße 10, PLZ 69469, **T 06201 10020,** F 100222
22 Zimmer | Ez 85–115 €, Dz 160 €, inkl. Frühstück ››

Hist. Mühle von 1563 direkt an der Weschnitz, die sich seit 1782 im Familienbesitz befindet. Geräumige und geschmackvoll eingerichtete Nichtraucherzimmer, die alle zur Waldseite hin gelegen sind. Kleiner Wellnessbereich mit Sauna und Liegewiese.

Fuchs'sche Mühle

25 | Hauptgericht 24–45 € | Mo-Sa

Gemütliche, ländlich-gediegen eingerichtete Gaststuben. Elegante Terrasse, idyllischer Waldbiergarten. Serviert wird feine regionale Küche mit internationalen Akzenten.

Goldener Pflug
www.hotel-goldener-pflug.de

garni

Obertorstraße 5, PLZ 69469, **T 06201 90280,** F 902829
17 Zimmer | 4 Suiten | 1 Apartment | Ez 90–100 €, Dz 120–130 €, inkl. Frühstück

Der schmale hist. Fachwerkbau in der Altstadt überzeugt durch seine familiäre Führung sowie die modern und gemütlich eingerichteten Zimmer mit Kirschbaumholz. Zum Haus gehört auch eine urige Weinstube.

bistronauten
www.bistronauten.de

Kopernikusstraße 43, PLZ 69469, **T 06201 8461856**
Di-Sa Mo, So

Eine originelle Location im alten OEG-Bahnhof. Unkompliziert-legere Atmosphäre mit offener Showküche, Natursteinziegelwänden und massiven Holztischen. Hier kocht man frisch, saisonal und ohne Chichi. Angeboten werden täglich drei Hauptgerichte (Fleisch, Fisch, vegetarisch), dazu Suppe, Salat und ein Dessert.

SO Weinheim
www.soweinheim.de

Marktplatz 12, PLZ 69469, **T 06201 65586**
70 | Hauptgericht 21–33 €, Menü 40–53 € | So Mi-Sa Mo, Di

In dem sympathischen Restaurant am historischen Marktplatz sitzt man gemütlich und speist z.B. „Tatar, Sashimi und Steak vom Thunfisch | Guacamole | Mango | Wasabi | Edamame". Oberhalb der Gasträume und im Dachgeschoss stehen 5 Ferienwohnungen zur Verfügung.

esszimmer das restaurant
www.esszimmer-weinheim.de

Alte Postgasse 53, PLZ 69469, **T 06201 8776787**
65 | Menü 85–115 € | Mi-Sa Mo, Di, So

Das Restaurant in der hist. Alten Post bietet neben klassischer Gourmetküche auch regionale Gerichte von der Bergstraße. Die Atmosphäre stimmt: der Service freundlich, das Ambiente elegant-rustikal und ausgesprochen einladend. Umfangreiche Weinkarte mit 350 Positionen.

WEINSBERG 51 D www.weinsberg.de

Baden-Württemberg | EW 11.569 | 219 m | Heilbronn 5 km, Neckarsulm 7 km

Rappenhof www.rappenhof.de

★★★ S garni

Rappenhofweg 1, PLZ 74189, **T 07134 5190,** F 51955
39 Zimmer | Ez ab 104 €, Dz ab 128 €, inkl. Frühstück

Gepflegtes Urlaubs- und Tagungshotel in herrlicher Aussichtslage mit freundlich gestalteten, komfortablen Nichtraucherzimmern, die größtenteils über Balkon oder Terrasse verfügen. Zum Haus gehört auch ein bio-zertifiziertes Restaurant.

WEINSTADT 58 A www.weinstadt.de

Baden-Württemberg | EW 26.000 | 241 m | Waiblingen 5 km, Schorndorf 13 km

Restaurant Cédric Neu! www.restaurant-cedric.de

VARTA-TIPP Küche

Marktstraße 39, PLZ 71384 (OT: Beutelsbach), **T 07151 997010**
25 | Menü 99 € | Mo-Fr Sa, So

Der namensgebende Cédric Staudenmayer hat der traditionsreichen „Krone“, die einst sein Großvater bewirtschaftete, ein neues kulinarisches Konzept verpasst. Genießer dürfen sich auf ein spannendes Menü mit fünf perfekt aufeinander abgestimmten Gängen (wahlweise mit Wein- oder alkoholfreier Begleitung) freuen. Für Vegetarier gibt es auf Wunsch eine fleischlose Variante. Die Küche ist modern und verständlich und geprägt durch saisonale und regionale Produkte. Umsorgt wird man freundlich, und das in einem gemütlichen, feinbürgerlichen Ambiente, bei dessen Gestaltung man wirklich Geschmack bewiesen hat.

Gasthaus Rössle www.roessle-baach.de

Forststraße 6, PLZ 71384 (OT: Baach), **T 07151 66824**
100 | Hauptgericht 12–30 €, Menü 28–41 € | Mo-Di, Fr-Sa

Bürgerliches Gasthaus mit behaglich eingerichteten Restauranträumen. Aus der Küche des Patrons kommen neben schwäbischen Spezialitäten auch moderne saisonale Gerichte. Weine aus heimischem Anbau.

Gasthof Lamm **Neu!** www.lamm-weinstadt.de

Silcherstraße 75, PLZ 71384 (OT: Schnait), **T 07151 2053030**
40 | Hauptgericht 13–28 €, Menü 20–54 € | Mo-Fr Sa, So 25.12.23–8.1.24

In dem sympathischen Restaurant passt alles zusammen: die entspannte Atmosphäre, Geselligkeit, liebenswürdiger Service und eine frische regionale Küche, die von bodenständig bis modern reicht. Im angeschlossenen Hotel stehen zweckmäßige Gästezimmer zur Verfügung.

WEISENHEIM AM BERG 50 B www.weisenheim.de

Rheinland-Pfalz | EW 1.760 | 107 m | Bad Dürkheim 7 km, Frankenthal 18 km

Rothfuss-Hotel www.rothfuss-hotel.com

garni

Hauptstraße 82, PLZ 67273, **T 06353 9570047**
7 Zimmer, Dz ab 130 €, inkl. Frühstück

Kleines, modernes Hotel im malerischen Ortskern. In dem hübsch sanierten Gebäude eines ehem. Weingutes übernachten Sie in zeitgemäßen und überaus wohnlichen Zimmern. Zum Frühstück werden fast ausschließlich Bio-Lebensmittel angeboten. Zahlreiche Freizeitmöglichkeiten in unmittelbarer Umgebung.

Admiral www.admiral-weisenheim.de

Leistadter Straße 6, PLZ 67273, **T 06353 4175**
40 | Menü 120–155 € | So Mi-So Mo, Di

Behagliches Ambiente mit hist. Fachwerk und liebevoll arrangierten Accessoires. Kulinarisch bietet man eine gehobene, mediterran interpretierte Landhausküche, die in Menüform (5 bis 8 Gänge) serviert wird. Nette Hofterrasse mit idyllischem Garten.

WEISKIRCHEN 49 A www.weiskirchen.de

Saarland | EW 6.427 | 400 m | Merzig 19 km, Trier 33 km

Parkhotel Weiskirchen www.parkhotel-weiskirchen.de

★★★★ S

Kurparkstraße 4, PLZ 66709, **T 06876 9190,** F 919519
125 Zimmer | 2 Suiten | Ez 85–155 €, Dz 120–255 €, inkl. Frühstück | 24 h

Persönlich geführtes Wellness- und Tagungsdomizil gegenüber dem Kurpark mit hellen, freundlichen Zimmern. Das Vitalis-Bäderzentrum ist dem Hotel direkt angeschlossen. Im Restaurant „Vier Jahreszeiten“ und der Brasserie werden regionale sowie internationale Gerichte serviert.

WEISSENBRUNN 44 C www.weissenbrunn.de

Bayern | EW 2.850 | 330 m | Coburg 37 km, Bayreuth 38 km

Gasthof Alex Neu! www.gasthofalex.de

VARTA-TIPP Küche

Gössersdorf 25, PLZ 96369, **T 09223 1234**
25 | Menü 80–95 € | So Mi-Sa Mo, Di

Lockere, ungezwungene Atmosphäre und Spitzenküche? Wie wunderbar das zusammenpasst, beweisen Domenik Alex und Madlen Häckel in diesem traditionsreichen Gasthof am Fuße des Frankenwaldes. Zeitgeistig, raffiniert und kreativ ist die Küche, die sowohl von regionalen als auch kosmopolitischen Einflüssen inspiriert ist. Serviert wird ein fixes Menü (Menüstart: 18:30 Uhr), das regelmäßig wechselt. Angenehm entspannt und ebenso professionell begleiten Sie die Chefin und ihr Team durch den Abend. Schön übernachten kann man in den gemütlich und stilvoll eingerichteten Hotelzimmern.

WEISSENFELS 34 D www.weissenfels.de

Sachsen-Anhalt | EW 41.303 | 100 m | Halle 37 km, Leipzig 38 km

Parkhotel Güldene Berge www.gueldene-berge.de

★★★★

Langendorfer Straße 94, PLZ 06667, **T 03443 39200,** F 392020
36 Zimmer | 2 Suiten | Ez 95–105 €, Dz 135–155 €, inkl. Frühstück | 24 h 29.12.23–7.1.24

Eine hist. Jugendstilvilla aus dem Jahre 1889 mit angeschlossenem Gästehaus - umgeben von einer kleinen Grünanlage. Hier stehen Ihnen wohnliche Zimmer unterschiedlicher Kategorien zur Verfügung. Im stimmungsvollen Restaurant werden sächsische Spezialitäten und internationale Gerichte serviert.

WEISSENHORN 59 C www.weissenhorn.de

Bayern | EW 13.400 | 501 m | Illertissen 14 km, Ulm 21 km

Zum Löwen www.der-loewen.de

★★★ garni

Martin-Kuen-Straße 5, PLZ 89264, **T 07309 96500,** F 965037
22 Zimmer | Ez 55–95 €, Dz 95–105 €, 15,00 €

Freundlich und familiär geführter Gasthof im Ortskern mit traditionsreicher Vergangenheit, die bis ins Jahr 1524 zurückreicht. Individuell eingerichtete Zimmer, die sich auf Haupt- und Gästehaus verteilen. Das Haus ist fahrradfreundlich und verfügt über einen sicheren Abstellraum und eine Ladestation für E-Bikes.

WEISSENSTADT 44 D www.weissenstadt.de

Bayern | EW 3.187 | 630 m | Selb 24 km, Bayreuth 35 km

Gasthaus Egertal www.gasthausegertal.de

Wunsiedler Straße 49, PLZ 95163, **T 09253 237**
60 | Hauptgericht 19–40 €, Menü 89 € | So Mo, Do-So Di, Mi

››

Seit Jahrzehnten eine verlässliche Adresse! Das hübsch sanierte Gasthaus von Familie Ruprecht verfügt über heimelige Stuben mit schlichter Eleganz. Serviert wird eine klassisch und saisonal ausgerichtete Frischeküche zu fairen Preisen.

WEITNAU 66 B — www.weitnau.de

Bayern | EW 5.124 | 797 m | Isny im Allgäu 13 km, Kempten 26 km

Hanusel Hof — www.hanusel-hof.de

★★★★ S garni

Helingerstraße 5, PLZ 87480 (OT: Hellengerst), **T 08378 92000,** F 920019
48 Zimmer | 14 Suiten | Ez 217–435 €, Dz 309–912 €, inkl. Halbpension

Hotel mit hauseigener 18-Loch-Golfanlage inmitten der reizvollen Allgäuer Landschaft. Hier erwarten Sie gepflegte Zimmer mit zeitgemäßer Ausstattung, ein großer Wellnessbereich mit Saunen und Hallenbad sowie ein ganzjährig beheizter Außenpool. Das Restaurant serviert regionale und traditionelle Gerichte sowie Wildspezialitäten.

WENDEN 40 B — www.wenden.de

Nordrhein-Westfalen | EW 19.528 | 411 m | Olpe 9 km, Siegen 22 km

Landhaus Berghof — www.landhaus-berghof.de

Berghof 1, PLZ 57482 (OT: Berghof), **T 02762 5266,** F 3708
15 Zimmer | 1 Apartment | Ez 77–87 €, Dz 119 €, inkl. Frühstück

Auf einer Anhöhe in herrlicher Einzellage empfängt Sie dieses familiengeführte Hotel. Hier erwarten Sie wohnlich eingerichtete Zimmer unterschiedlicher Größe und Ausstattung. Einheimische und internationale Gerichte werden im Restaurant und auf der hübschen Waldterrasse serviert.

WENDLINGEN AM NECKAR 58 A — www.wendlingen.de

Baden-Württemberg | EW 16.281 | 294 m | Nürtingen 7 km, Stuttgart 23 km

Villa Behr — www.villa-behr.de

★★★★

Behrstraße 90, PLZ 73240, **T 07024 5019551,** F 5019553
12 Zimmer | 2 Suiten | Ez 99–130 €, Dz 120–140 €, ab 14,90 €

Das schicke Designhotel befindet sich in einem denkmalgeschützten Gebäude aus dem Jahre 1910, das fast 100 Jahre als Kantine der ehemaligen Möbelfabrik Erwin Behr diente. Die hell und freundlich eingerichteten Gästezimmer bieten geradlinig-modernes Interieur mit großen Fenstern und Holzböden.

Osteria Bonomi

100 | Hauptgericht 10–42 €, Menü 39–99 € | Mo-Fr, So Mo-So

Die gemütliche Osteria bietet eine gepflegte Tischkultur, freundlichen Service und ein tolles Speisenangebot mit italienischen Köstlichkeiten aus dem Piemont. Die knusprig-leckere Pizza kommt direkt aus dem hauseigenen Holzofen und könnte in Italien kaum besser sein. Lauschige Sommerterrasse. Die angeschlossene Vinothek „Barbaresco" hat sich gänzlich dem Genuss von Wein und Zigarren verschrieben.

WERBACH 52 A www.werbach.de

Baden-Württemberg | EW 3.700 | 170 m | Tauberbischofsheim 8 km, Wertheim 24 km

Hotel Belle Maison www.belle-maison-hotel.de

★★★ garni

Oberes Tor 7, PLZ 97956, **T 09341 6005300,** F 6005329
13 Zimmer | Ez 86–89 €, Dz 132 €, inkl. Frühstück

Das kleine, privat geführte Familienhotel versprüht einen Hauch Südfrankreich mitten im „Lieblichen Taubertal". Die behaglichen Gästezimmer, die teilweise über einen Balkon oder eine Terrasse verfügen, präsentieren sich im gehobenen Landhausstil. Das gute Vital-Frühstück sollte man sich nicht entgehen lassen.

WERDER (HAVEL) 26 D www.werder-havel.de

Brandenburg | EW 23.838 | 31 m | Potsdam 12 km, Berlin 40 km

Precise Resort Schwielowsee www.precisehotels.com/werder

★★★★ S

Am Schwielowsee 117, PLZ 14542 (OT: Petzow), **T 03327 56960**
181 Zimmer | 5 Suiten | 20 Apartments | 24 h

Ein weitläufiges Ferienresort am Schwielowsee mit 1.500 qm Wellness- und Poolareal sowie modernem Jachthafen. Hier erwarten den Gast großzügig geschnittene Zimmer und Suiten mit exquisitem Ambiente und unterschiedlichen Wohnstilen. Im „Harbour Restaurant" mit großer Seeterrasse werden mediterrane Speisen und Kreationen aus dem Nahen Osten serviert.

mein.werder - Hotel am Markt www.meinwerder-hotel.de

Baderstraße 19, PLZ 14542 (OT: Insel), **T 03327 7317670**
7 Zimmer | 2 Suiten | Ez ab 75 €, Dz ab 95 €, inkl. Frühstück

In diesem geschmackvoll renovierten Häuschen am historischen Marktplatz stecken jede Menge Charme und Individualität. Die Zimmer sind wohnlich, komfortabel und technisch auf dem neuesten Stand. Wer Ruhe sucht: Im Winter lockt das gemütliche Kaminzimmer, das von einem offenen Kamin von 1821 dominiert wird, und während der warmen Jahreszeit eignet sich der hübsche Hofgarten als schönes Plätzchen zum Entspannen.

Alte Überfahrt www.alte-ueberfahrt.de

VARTA-TIPP Küche

Fischerstraße 48B (Zugang über Uferstraße), PLZ 14542, **T 03327 7313336**
60 | Menü 105–140 € | Sa-So Di-So Mo

››

Hier wird ambitioniert gekocht! In dem modern gestalteten Restaurant oder auf der einladenden Terrasse am Seeufer kredenzt Ihnen Thomas Hübner eine frische, produktorientierte Saisonküche. Sein Spiel mit Aromen und Texturen ist gekonnt und raffiniert. Für eine abwechslungsreiche Weinbegleitung sorgt Patron und Gastgeber Patrick Schwatke. Übernachten kann man im angeschlossenen Hotel „Prinz Heinrich".

Jetzt abonnieren: instagram.com/vartaguide

WERDOHL 30 C www.werdohl.de

Nordrhein-Westfalen | EW 18.073 | 210 m | Altena 12 km, Lüdenscheid 13 km

Thuns Dorfkrug www.thuns.de

Brauck 7, PLZ 58791, **T 02392 97980**
50 | Hauptgericht 22–38 €, Menü 45–55 € | Di-Sa Mo, So

Freundlich gestaltetes Restaurant mit feiner Tafelkultur. Geboten wird ein Mix aus regional, mediterran und asiatisch inspirierter Küche. Schlichte Hotelzimmer mit klaren Formen.

WERMELSKIRCHEN 29 D www.wermelskirchen.de

Nordrhein-Westfalen | EW 35.483 | 310 m | Wuppertal 23 km, Leverkusen 25 km

Landhaus Spatzenhof www.landhaus-spatzenhof.de

Süppelbach 11, PLZ 42929, **T 02196 97590,** F 9759199
6 Zimmer | 6 Suiten

Exklusives kleines Landhaushotel in einem ehem. Waisenhaus aus dem Jahr 1913. Hier lässt es sich schön wohnen. Dafür sorgen die sympathisch-familiäre Atmosphäre, die hochwertigen und individuell eingerichteten Themensuiten sowie die gemütlichen Restauranträume.

Landhaus Spatzenhof

50 | Hauptgericht 24–34 € | Di-Sa Mo, So

Gepflegte Tischkultur, freundlicher Service und gute Küche, die einen schmackhaften Mix aus Bodenständigem und Regionalem bietet. Wie wäre es z.B. mit „Rosa gebratenem Flanksteak | cremige Polenta | sautierter wilder Spargel | Grillzwiebeljus | Pankocrunch"? In den Sommermonaten sind die Terrassenplätze äußerst begehrt.

WILD! Konditorei www.echt-wild.de

Markt 1, PLZ 42929, **T 02196 4935**
70 | Mi–Sa 9:30–17:30 Uhr, So 11:00–17:30 Uhr

Nett eingerichtetes Café in einem weit über 100 Jahre alten Haus mit gemütlichem Außenbereich. Hier erwarten Sie hervorragende Confiseriespezialitäten sowie Baumkuchen nach altem Hausrezept. Auch Frühstück sowie eine kleine MIttagskarte werden geboten.

WERNBERG-KÖBLITZ 54 B www.wernberg-koeblitz.de

Bayern | EW 5.586 | 400 m | Weiden 20 km, Schwandorf 30 km

Landgasthof Burkhard www.hotel-burkhard.de

Marktplatz 10, PLZ 92533, **T 09604 92180,** F 921850
32 Zimmer | 3 Suiten | Ez ab 70 €, Dz ab 74 €, 8,00 € | 24 h

Seit 1854 familiär geführtes Haus in der Ortsmitte für Urlaubs- und Geschäftsreisende. Helle, großzügige Zimmer unterschiedlicher Kategorien mit moderner Ausstattung und kostenlosem WLAN, teils mit Balkon. Gute Tagungsmöglichkeiten.

Landgasthof Burkhard

45 | Mo-Do, So Mo-Mi, Sa-Sa Fr

In der heimeligen, mit Zirbelkieferholz getäfelten Kaminstube werden Sie mit einer französisch beeinflussten Frischeküche verwöhnt. Charmanter Service. Hauseigener Biergarten.

WERNIGERODE 33 A www.wernigerode-tourismus.de

Sachsen-Anhalt | EW 33.479 | 240 m | Braunlage 24 km, Halberstadt 24 km

Gothisches Haus www.travelcharme.com

★★★★ S

Marktplatz 2, PLZ 38855, **T 03943 6750,** F 675555
116 Zimmer | 10 Suiten | Ez 92–165 €, Dz 128–264 €, inkl. Frühstück | 24 h

Eine gepflegte Adresse - nicht nur für Romantiker! Hinter einer prachtvollen Fachwerkfassade verzaubert das Hotel seine Gäste mit harmonischem Ambiente und komfortablen Gästezimmern, in denen warme Farben und unterschiedliche Stilelemente Akzente setzen. Für Entspannung sorgt der Wellnessbereich „PURIA Spa“ mit Whirlpool, Saunalandschaft und Ostseestrand.

Gaststuben Gothisches Haus

120 | Hauptgericht 17–35 €, Menü 39–59 € | Mo-So

Individuell und gediegen gestaltete Gaststuben (Bohlen-, Ritter- und Hexenstube). Hier speisen Sie mit Blick auf den historischen Marktplatz. Aufgetischt wird eine originell zubereitete Frischeküche mit internationalen Einflüssen. Aber auch harztypische Spezialitäten stehen auf der Karte. Tipp: wöchentlich wechselnde Mittagsgerichte.

Boutique-Hotel Anno 1910 — hotel-anno1910.de

VARTA-TIPP Ambiente

Marktstraße 20, PLZ 38855, **T 03943 2655919**
8 Zimmer, Dz 109–139 €, inkl. Frühstück

In dem reizenden kleinen Jugendstilfachwerkhaus in der Altstadt sorgen stilvoll-historische Details und moderne Elemente für romantisches Flair. Das Hotel begeistert durch freundlichen Service, ausgesprochen wohnliche Gästezimmer und ein hervorragendes Frühstück mit frischen Produkten, die zum größten Teil aus der Region stammen. Am Abend empfiehlt sich ein Besuch in der hauseigenen Weinbar.

Weißer Hirsch — www.hotel-weisser-hirsch.de

★★★★

Marktplatz 5, PLZ 38855, **T 03943 267110,** F 26711199
64 Zimmer | 5 Suiten | Ez 89–155 €, Dz 118–185 €, inkl. Frühstück | 24 h

Das hist. Fachwerkgebäude am Marktplatz ist das älteste erhaltene Hotel Sachsen-Anhalts. Die wohnlich eingerichteten Zimmer in unterschiedlichen Kategorien sind komfortabel ausgestattet. Im Restaurant „Weißer Hirsch" kommen Harzer Spezialitäten und internationale Küche auf den Tisch.

Restaurant Pietsch — www.robin-pietsch.de/restaurant-pietsch

VARTA-TIPP Küche

Breite Straße 53a, PLZ 38855, **T 03943 5536053**
18 | Menü 130–150 € | Mi-Sa | Mo, Di, So

Hier erwartet den Gast ein trendig-modernes Gastrokonzept: An einem langen Tresen speisen bis zu 18 Gäste. Serviert wird ein abendliches Menü mit vielen kleinen Gängen, dessen Startzeit für alle einheitlich um 19:45 Uhr ist. Die weltoffene, asiatisch inspirierte Küche zeichnet sich durch Experimentierfreude, klare Geschmackslinien, intensive Aromen und erstklassige Produktqualität aus. Die passenden Weinempfehlungen hat Maître Max Mittag. Tischreservierung notwendig.

Zeitwerk — www.robin-pietsch.de/zeitwerk

VARTA-TIPP Küche **VARTA-TIPP** Service

Breite Straße 53a, PLZ 38855, **T 03943 6947884**
18 | Menü 130–150 € | Mi-Sa | Mo, Di, So

Das „Zeitwerk" befindet sich seit Sommer 2022 direkt neben dem Restaurant Pietsch. Wohnzimmeratmosphäre im besten Sinne: modernes Mobiliar, liebevoll arrangierte Deko, minimalistischer Stil... Dazu gewährt eine große Glasscheibe Einblicke in die Küche. Robin Pietsch kocht konsequent regional, interpretiert die traditionellen Rezepte aber mit Können, Neugier und Experimentierfreude neu und zeitgemäß. Menüstart ist um 19:15 Uhr. Das zugewandte und liebenswürdige Serviceteam begleitet den Abend perfekt und berät kompetent in punkto Wein.

WERTHEIM 52 A — www.tourismus-wertheim.de

Baden-Württemberg | EW 23.750 | 145 m | Tauberbischofsheim 29 km, Lohr 31 km

Schwan
www.hotel-schwan-wertheim.de

Mainplatz 8, PLZ 97877, **T 09342 92330,** F 923366
31 Zimmer | 10 Suiten | Ez 89–99 €, Dz 109–139 €, inkl. Frühstück

Traditionsreiches Haus am Rande der Altstadt. Während im Altbau zweckmäßige, preisgünstige Zimmer zur Verfügung stehen, bietet der Neubau gemütliche, recht moderne Zimmer, die teils mit hochwertigen Materialien ausgestattet sind. Im stilvollen Restaurant wird moderne fränkische Küche serviert.

Bestenheider Stuben
www.bestenheider-stuben.de

Breslauer Straße 1, PLZ 97877 (OT: Bestenheid), **T 09342 96540**
60 | Hauptgericht 17–38 €, Menü 68–85 € | Mo-So

In dem am Ortsrand gelegenen Haus mit seiner rustikalen Holzfassade erwartet Sie ein einladendes, im modernen Landhausstil eingerichtetes Restaurant. Neben deftigen regionalen Hausklassikern werden auch raffiniert zubereitete klassische Gerichte angeboten, und das z.B. in Form von „Gebratener Lachs, Zander und Riesengarnelen, frisches Gemüse, Pimentonudeln, Sauce Choron". Zum Übernachten hat man gepflegte Gästezimmer. Schöne Sonnenterrasse.

WERTINGEN 59 B
www.wertingen.de

Bayern | EW 8.990 | 419 m | Dillingen 17 km, Augsburg 30 km

Gänsweid
www.gaensweid.de

Gänsweid 1, PLZ 86637, **T 08272 642132**
60 | Hauptgericht 17–32 €, Menü 49 € | Mo, Do-Fr, So Mo, Do-So Di, Mi

Die ehem. Werkstatt hat sich in ein modernes, in warmen Farben gestaltetes Restaurant mit Weinbar verwandelt. Aus der offenen Küche kommen wechselnde schwäbisch-mediterrane Speisen. Gute offene Weinbegleitung.

WESENBERG 18 D
www.klein-seenplatte.de

Mecklenburg-Vorpommern | EW 3.268 | 60 m | Neustrelitz 18 km, Neubrandenburg 48 km

Borchard's Rookhus am See
www.rookhus.de

★★★★ garni

Am Großen Labussee 12, PLZ 17255, **T 039832 500,** F 50100
40 Zimmer | 8 Suiten | 16 Apartments | 24 h

››

Familien- und Kinderhotel direkt am Großen Labussee im Müritz-Nationalpark. Das Haus besticht mit großzügigen und individuell eingerichteten Zimmern, einer SPA- und Wasserwelt mit Hallenbad und Sauna, einem rusitkal-ländlichen Restaurant mit internationaler Küche, unterschiedlichen Familienprogrammen sowie einem Kinderbetreuungsangebot.

WESTERBURG 40 B www.stadt-westerburg.de

Rheinland-Pfalz | EW 5.617 | 343 m | Hachenburg 20 km, Montabaur 26 km

Lindner Hotel Wiesensee www.lindnerhotels.com/hotels/lindner-hotel-wiesensee

Am Wiesensee, PLZ 56457 (OT: Stahlhofen), **T 02663 99100,** F 991199
87 Zimmer | 24 h

Tagungs- und Sporthotel in wunderschöner Lage. Elegante Zimmer, Suiten und Apartments mit Blick auf den Wiesensee oder den angrenzenden 18-Loch-Golfplatz. Wellness- und Beautybereich mit Pool, Sauna und Solarium.

WESTERSTEDE 13 C www.westerstede.de

Niedersachsen | EW 22.188 | 8 m | Oldenburg 25 km, Wilhelmshaven 30 km

Voss www.schokoladenhotel.de

Bahnhofstraße 17, PLZ 26655, **T 04488 5190,** F 6062
81 Zimmer

Ein modernes Wohlfühlhotel inmitten einer einzigartigen Parklandschaft. Wohnlich eingerichtete Zimmer mit zeitgemäßer Ausstattung. Ansprechendes Wellnessangebot mit Badelandschaft, Saunabereich und Beauty-Anwendungen. Hauseigene Schokoladenmanufaktur samt Schokoladenshop.

Altes Stadthaus www.hotel-altes-stadthaus.de

Albert-Post-Platz 21, PLZ 26655, **T 04488 84710,** F 847130
17 Zimmer | Ez 84–100 €, Dz 104–150 €, inkl. Frühstück

Stadthotel in einer hist. Kornbrennerei von 1813 direkt am Marktplatz. Individuell eingerichtete Zimmer mit moderner Ausstattung. Das Restaurant mit Biergarten serviert frische regionale Küche.

WESTHOFEN 50 B www.westhofen.de

Rheinland-Pfalz | EW 3.482 | 121 m | Mainz 50 km, Speyer 60 km

GUT LEBEN am Morstein www.am-morstein.de

Mainzer Straße 8-10, PLZ 67593, **T 06244 9198660**
60 | Hauptgericht 24–35 €, Menü 49–60 € | So Mi-So Mo, Di

Die Gründerzeitvilla mit benachbartem Gehöft beherbergt neben individuell eingerichteten Zimmern auch ein elegantes Restaurant. Serviert wird eine gehobene internationale Küche mit vielen rein pflanzenbasierten Kreationen. Im Sommer eignet sich die 1.000 qm große hist. Gartenanlage für Empfänge und Feierlichkeiten.

WETTENBERG 41 B www.wettenberg.de

Hessen | EW 12.800 | 176 m | Gießen 5 km, Wetzlar 19 km

Burg Gleiberg www.burggleiberg.de

Burgstraße 90, PLZ 35435, **T 0641 81444**
60 | Hauptgericht 21–38 € | Fr-So Do-So Mo, Di, Mi

Die auf einem markanten Basaltkegel gelegene mittelalterliche Burganlage ist ein beliebtes Ausflugsziel. Im nostalgisch anmutenden Hauptrestaurant, den „Nassauer Stuben", wird eine zeitgemäße, klassisch gehaltene Küche serviert. In der urig-gemütlichen „Albertusklause" nebst Biergarten ist das Angebot etwas einfacher.

Jetzt abonnieren: instagram.com/vartaguide

WETZLAR 41 A www.wetzlar-tourismus.de

Hessen | EW 51.497 | 168 m | Gießen 16 km, Limburg an der Lahn 42 km

Naunheimer Mühle www.naunheimer-muehle.de

★★★★

Mühle 2, PLZ 35584 (OT: Naunheim), **T 06441 93530,** F 935393
42 Zimmer | 1 Suite | Ez ab 95 €, Dz ab 138 €, inkl. Frühstück

Familiengeführtes Landhotel mit persönlicher Atmosphäre. Das Haus punktet vor allem durch die idyllische Lage am Ufer der Lahn. Die Zimmer sind individuell, wohnlich und zeitgemäß eingerichtet. Zum Hotel gehört auch ein bürgerliches Restaurant mit netter Terrasse.

WICKEDE 30 C www.wickede.de

Nordrhein-Westfalen | EW 11.354 | 140 m | Unna 16 km, Soest 21 km

Haus Gerbens www.haus-gerbens.de

Hauptstraße 211, PLZ 58739, **T 02377 1013**
50 | Hauptgericht 20–35 €, Menü 45–60 € | Di-Sa Mo, So

Modern eingerichtetes Restaurant mit schmackhafter internationaler Küche und hübscher Lounge. Individuell eingerichtete Zimmer für Übernachtungsgäste.

WIECK A. DARSS 10 D www.fischland-darss-zingst.de

Mecklenburg-Vorpommern | EW 715 | 1 m | Prerow 4 km, Barth 22 km

Haferland www.hotelhaferland.de

Bauernreihe 5a, PLZ 18375, **T 038233 680,** F 68220
46 Zimmer | 14 Apartments | Ez 179–214 €, Dz 238–273 €, inkl. Halbpension

Reetgedecktes Landhotel in ruhiger Ortsrandlage gegenüber dem Seglerhafen. Hier bietet man seinen Gästen stilvolle, mit hellen Echtholzmöbeln eingerichtete Zimmer. Für Entspannung sorgt der Wellnessbereich mit Schwimmbad und Saunalandschaft. Im ländlichen Restaurant werden feine regionale Gerichte und wechselnde Menüs serviert. Schöne Sonnenterrasse mit Blick auf den Hafen von Wieck.

WIEDEN 64 A www.schwarzwaldregion.belchen.de

Baden-Württemberg | EW 580 | 1.050 m | Schönau 8 km, Todtnau 11 km

Berghotel Wiedener Eck www.wiedener-eck.de

Oberwieden 15, PLZ 79695, **T 07673 9090,** F 90930
28 Zimmer | 4 Suiten

Seit mehr als 100 Jahren ist dieses Haus bereits in Familienhand. Die freundlich-warme Atmosphäre und die einzigartige Lage auf der Passhöhe zwischen dem Münstertal und dem Wiesental werden Sie begeistern. Die Zimmer sind äußerst wohnlich und zeitgemäß ausgestattet. In den urigen Gaststuben sowie im lichtdurchfluteten Panoramarestaurant wird eine verfeinerte Regionalküche aufgetischt.

WIENHAUSEN 23 B www.lueneburger-heide.de

Niedersachsen | EW 4.170 | 43 m | Celle 10 km, Hannover 44 km

HOTEL Am Kloster www.hotel-wienhausen.de

★★★ S garni

Mühlenstraße 6-7, PLZ 29342, **T 05149 185550,** F 1855511
24 Zimmer | 4 Apartments | Ez 85–95 €, Dz 135–160 €, inkl. Frühstück

Kleines, sympathisches Hotel direkt am berühmten Zisterzienserkloster aus dem 13. Jhd. Geschmackvoll eingerichtete Zimmer mit moderner Farbgebung. Liebevoll zubereitetes Frühstück (auch auf der Terrasse möglich). Leihfahrräder.

WIESAU 54 B www.wiesau.de

Bayern | EW 4.200 | 605 m | Tirschenreuth 16 km, Marktredwitz 19 km

Holzfellas Neu! www.holzfellas.restaurant

Industriestraße 8, PLZ 95676, **T 09636 92094800**
60 | Hauptgericht 14–26 €, Menü 40–62 € | Di-Sa Mo, So

Eine gefragte Adresse ist dieses sympathische Restaurant in der nördlichen Oberpfalz. Hier wird frisch und zeitgemäß mit saisonalem und regionalem Bezug gekocht (u.a. auch vegetarisch und vegan). Toll auch die gemütlich-moderne Einrichtung mit einem Mix aus warmem Holz und industriellen Stilelementen. Im Sommer lockt der attraktive Biergarten, und für Übernachtungsgäste hat man 8 gepflegte Hotelzimmer.

Der Varta-Führer digital

Der Varta-Führer ist auch als eBook erhältlich. Ganz einfach online laden und mobil auf Ihrem Smartphone oder Tablet nutzen.

Weitere Hotel- und Restaurantempfehlungen sowie zahlreiche Freizeittipps erhalten Sie unter: **www.varta-guide.de**

WIESBADEN 41 C www.wiesbaden.de

Hessen | EW 275.976 | 115 m | Mainz 11 km, Rüdesheim 27 km
Kurhaus Wiesbaden mit Bowling Green und Kurpark, Casino, Kochbrunnen, Altstadt mit Bäckerbrunnen, Schlossplatz mit Stadtschloss (Hessischer Landtag), Hessisches Staatstheater, Neroberg mit Nerobergbahn, russische Kirche, Schloss Biebrich mit Schlosspark, Kaiser-Friedrich-Therme.
Einen Cityplan finden Sie auf Seite 1154.

Nassauer Hof www.hommage-hotels.com/nassauer-hof

VARTA-TIPP Service

★★★★★S garni

Kaiser-Friedrich-Platz 3-4 (B2), PLZ 65183, **T 0611 1330,** F 133632
159 Zimmer | 24 Suiten | 24 h

Hinter der wilhelminischen Prachtfassade des ehrwürdigen Grandhotels erwartet Sie ein luxuriöser und urbaner Rückzugsort. Hier genießen Sie ultimativen Komfort, absolute Ruhe sowie einen hohen Qualitäts- und Servicestandard. Die Zimmer und Suiten beeindrucken durch zeitlose Eleganz, eine angenehm warme Farbgestaltung und erlesenes Interieur. Toll auch der Relax- und SPA-Bereich mit eigener Thermalquelle.

Ente

VARTA-TIPP Küche **VARTA-TIPP** Service

80 | Hauptgericht 37–43 €, Menü 89–115 € | Mi-Sa Mo, Di, So ››

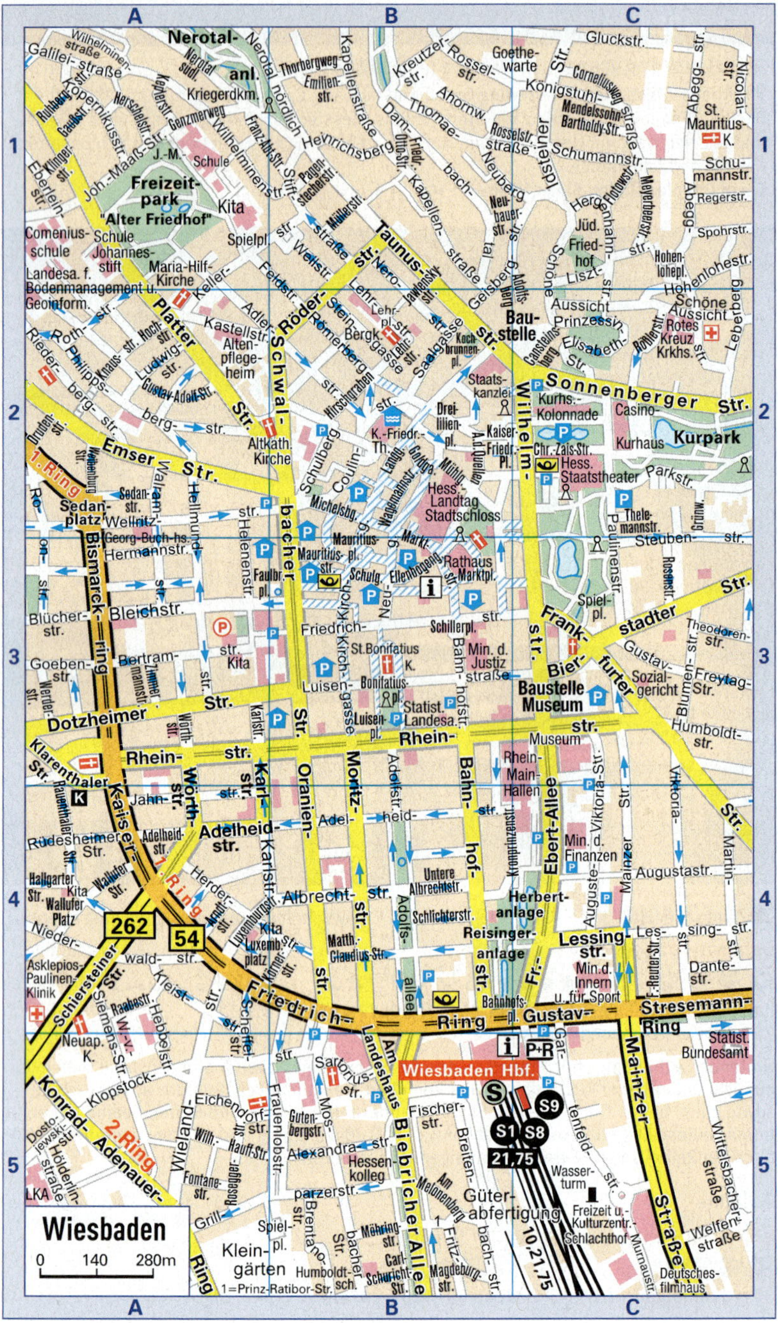
Wiesbaden
0 140 280m
1=Prinz-Ratibor-Str.
A
B
C
1
2
3
4
5
Nerotal-anl.
Kriegerdkm.
Freizeit-park "Alter Friedhof"
Comenius-schule
Landesa. f. Bodenmanagement u. Geoinform.
Maria-Hilf-Kirche
Altkath. Kirche
Platter Str.
Emser Str.
Taunus-str.
Röder-str.
Schwal-bacher Str.
Wilhelm-str.
Sonnenberger Str.
Kurhs.-Kolonnade
Casino
Kurhaus
Kurpark
Hess. Staatstheater
Hess. Landtag Stadtschloss
Rathaus
Marktpl.
Staatskanzlei
Baustelle
Baustelle Museum
Frankfurter Str.
Bierstadter Str.
Sozial-gericht
Dotzheimer Str.
Rhein-str.
Bismarck-ring
1. Ring
Sedan-platz
Bleichstr.
Friedrich-str.
St. Bonifatius K.
Luisen-pl.
Statist. Landesa.
Min. d. Justiz
Rhein-Main-Hallen
Min. d. Finanzen
Herbert-anlage
Reisinger-anlage
Min.d. Innern u. für Sport
Friedrich-Ring
Gustav-Stresemann-Ring
Wiesbaden Hbf.
Statist. Bundesamt
Kaiser-Ring
Adelheid-str.
Albrecht-str.
Oranien-str.
Moritz-str.
Bahnhof-str.
Mainzer Str.
Biebricher Allee
Güter-abfertigung
Wasser-turm
Freizeit u. Kulturzentr. Schlachthof
Deutsches-filmhaus
Asklepios-Paulinen-Klinik
Schiersteiner Str.
Konrad-Adenauer-Ring
2. Ring
Klopstock-str.
Kleingärten
Hessen-kolleg
S1
S8
S9
21,75
10,21,75
262
54

Hier stimmt einfach alles: Ambiente, Service und Küchenleistung. Seit vielen Jahren ein sicherer Wert in der Wiesbadener Gastronomie. Im klassisch-gediegenen Restaurant glänzt Michael Kammermeier mit seiner geradlinigen europäischen Kreativküche, die er durch eine besondere persönliche Note individuell interpretiert. Dazu eine exzellente Weinkarte mit rund 600 Positionen und ein professioneller Service unter der Leitung von Jimmy Ledemazel. Alternativ bietet das „ENTE Bistro" eine feine französisch-italienische Küche in ungezwungener Atmosphäre.

Mercure Hotel Wiesbaden City
www.all.accor.com/hotel/9753/index.de.shtml

Bahnhofstraße 10-12 (B3), PLZ 65185, **T 0611 1620,** F 304599
235 Zimmer | Ez 80–329 €, Dz 90–339 €, ab 21,00 € | 24 h

Das moderne Businesshotel im historischen Stadtzentrum verfügt über freundliche Gästezimmer mit zeitgemäßer Technik und sehr gutem Schlafkomfort. Wellnessoase mit zwei Saunen, Pool und Gym. Restaurant mit internationaler Küche.

Radisson Blu Schwarzer Bock
www.radissonhotels.com

S

Kranzplatz 12 (B2), PLZ 65183, **T 0611 1550,** F 155111
142 Zimmer | 7 Suiten | 24 h

Traditionsreiches Hotel mit hist. Fassade und nostalgischem Charme, dessen Geschichte bis ins 15. Jhd. zurückreicht. Individuell eingerichtete Zimmer und Suiten unterschiedlicher Kategorien. Schönes Frühstücksrestaurant mit hohen Decken, großen Fenstern und einer Einrichtung aus Marmor.

Best Western
www.hotel-wiesbaden.de

S garni

Mainzer Straße 74 (C5), PLZ 65187, **T 0611 1701790,** F 170179511
165 Zimmer | 24 h

Das Business- und Stadthotel mit amerikanischem Touch ist Teil des neu entstandenen Quartiers Verso. Die Zimmer: frisch, wohnlich, modern in den Kategorien „Standard", „Komfort" und „Executive". Offene Lobby mit Bar-Bistro-Konzept. Kleiner Fitnessbereich im EG.

De France
www.hoteldefrance.de

Taunusstraße 49 (B1), PLZ 65183, **T 0611 959730**
37 Zimmer | 3 Suiten

Ein privat geführtes Boutique-Hotel mit geschmackvollen Gästezimmern in unterschiedlichen Kategorien. Der mediterrane Hotelgarten steht exklusiv Hausgästen zur Verfügung.

Oranien
www.hotel-oranien.de

S

Platter Straße 2 (B2), PLZ 65193, **T 0611 18820,** F 1882200
76 Zimmer | 3 Suiten | 4 Apartments | Ez 105–175 €, Dz 125–225 €, 19,00 € | 24 h

Ein elegantes Privathotel im Herzen der Stadt, in dem man auf Persönlichkeit und Service großen Wert legt. Stammgäste schätzen die individuelle, wohnliche Einrichtung und das gepflegte Frühstück. Im Restaurant „Linner" wird regional und international gekocht.

Trüffel
www.citta-hotel.de

Webergasse 6-8 (B2), PLZ 65183, **T 0611 990550,** F 9905511
30 Zimmer | 3 Suiten

››

Sehr gute Adresse für einen kurzen oder längeren Businessaufenthalt. Geschmackvolle, schallisolierte Zimmer mit klarem Raumdesign, sehr guter technischer Ausstattung und großzügigen Bädern. Kleine Sauna und voll ausgestatteter Fitnessraum im 1. OG.

Town Hotel — www.townhotel.de

garni

Spiegelgasse 5 (B2), PLZ 65183, **T 0611 360160,** F 360166
25 Zimmer | Ez 75–199 €, Dz 85–199 €, bis 12,00 €

Modernes Stadthotel in ruhiger Lage mit familiärem Charakter. Helle, freundlich eingerichtete Gästezimmer mit bodentiefen Fenstern, künstlerisch gestalteten Wänden und ökologischem Parkettboden. Nette Frühstückslounge mit Olivenbaum.

Schwarzbach — www.schwarzbach.restaurant

Taunusstraße 49 (B1), PLZ 65183, **T 0611 16866466**
40 | Hauptgericht 23–38 €, Menü 52–75 € | Mo-Sa So

Hier sind Wohlfühlatmosphäre und Gaumengenuss garantiert. Das Interieur des stimmungsvollen, fast schon mondän wirkenden Restaurants zeigt sich als gelungener Stilmix aus Klassik und Moderne. Ein besonderer Blickfang ist die denkmalgeschützte Holzkassettendecke. Der warme Parkettboden trifft auf zeitgemäße graue Sitzmöbel. Serviert wird eine ambitionierte internationale Küche mit mediterranen Einflüssen.

Benner's Bistronomie — www.benner-s.de

Kurhausplatz 1 (C2), PLZ 65189 (OT: Südost), **T 0611 536200**
250 | Hauptgericht 20–53 € | Mo-So

Das nostalgisch anmutende Bistrorant ist im Stil der Belle Époque eingerichtet. Serviert werden raffinierte Speisen aus der französischen und kosmopolitischen Küche. Im Sommer lockt die großzügige Außenterrasse. Montags bis freitags: Business-Lunch-Menü.

DAS GOLDSTEIN by Gollner's Neu! — www.gollners.de

Goldsteintal 50, PLZ 65207 (OT: Sonnenberg), **T 0611 541187**
120 | Hauptgericht 24–48 €, Menü 75–150 € | Do-So Mi-So Mo, Di

An einem der schönsten Plätze Wiesbadens – mitten im Naturschutzgebiet Goldsteintal – empfängt Sie dieses charmante Restaurant. Das 1911 erbaute ehemalige Schützenhaus macht mit seinem Fachwerk, den hübschen Türmchen und den kleinen Dachgauben fast schon einen verwunschenen Eindruck. Serviert wird eine moderne internationale Küche mit ausgewählten Produkten von heimischen Produzenten. Im begehbaren Weinkeller schlummern erlesene Tropfen. Es gibt auch ein paar Zimmer zum Übernachten mit Blick ins Grüne.

Landhaus Diedert — www.landhaus-diedert.de

Am Kloster Klarenthal 9, PLZ 65195 (OT: Alt-Klarenthal), **T 0611 1846600**
80 | Hauptgericht 13–40 € | Mi-Fr, So Mi-So Mo, Di

Das familiär geführte Restaurant liegt ruhig am Stadtrand und präsentiert sich im französischen Landhausstil. Aus der Küche kommen frische, international inspirierte Gerichte wie „Gegrilltes Bavette vom US-Beef | Bohnenbündchen I Balsamicomöhren I Macairekartoffeln".

WIESENBRONN 52 B — www.wiesenbronn.de

Bayern | EW 960 | 262 m | Würzburg 34 km, Schweinfurt 42 km

Rothweinhotel
www.rothweinhotel.de

€ Gut & Günstig ★★★ garni

Büttnergasse 8, PLZ 97355, **T 09325 9794080,** F 97940840
29 Zimmer | 1 Apartment | Ez 69–75 €, Dz 110–135 €, inkl. Frühstück

Das neben dem Weingut Roth gelegene Hotel bietet individuell gestaltete Zimmer, die nach Rebsorten benannt sind. Morgens erwartet Sie ein abwechslungsreiches Frühstücksbuffet mit vielen regionalen Bio-Produkten. Zum Haus gehören auch ein Tagungsraum und ein Gewölbekeller.

WIESLOCH 51 C
www.wiesloch.de

Baden-Württemberg | EW 25.502 | 130 m | Heidelberg 14 km, Bruchsal 25 km

Brauhaus Freihof
www.brauhaus-freihof.de

Freihofstraße 2, PLZ 69168, **T 06222 9353994**
180 | Hauptgericht 14–27 € | Mi-So Di-Sa Mo

Mit großem Aufwand hat man das historische Gebäude im Wieslocher Stadtkern renoviert und zu einem Brauereigasthaus umgebaut. Auf der Speisekarte locken bodenständig-regionale Gerichte wie „Pfälzer Saumagen mit Sauerkraut" oder „Rindergulasch mit Spätzle". Dazu gibt es frisch gebrautes Bier aus hauseigener Produktion. Lauschiger Biergarten direkt am Haus.

WIESMOOR 13 C
www.wiesmoor.de

Niedersachsen | EW 12.887 | 13 m | Aurich 24 km, Leer 30 km

Blauer Fasan
www.blauer-fasan.de

Fliederstraße 1, PLZ 26639 (OT: Hinrichsfehn), **T 04944 92700,** F 927070
33 Zimmer | Ez 95–120 €, Dz 140–180 €, inkl. Frühstück | 24 h

Reetgedecktes friesisches Gasthaus inmitten einer kleinen Parklandschaft. Modern puristisch oder nordisch klassisch eingerichtete Zimmer mit Gartenblick und Balkon. Auch mehrere Ferienwohnungen sind vorhanden. Traditionelle Gerichte mit modernem Pfiff werden in den charmanten Gaststuben serviert.

Zur Post
www.hotelzurpost-wiesmoor.de

Am Rathaus 6, PLZ 26639, **T 04944 91060**
80 | Di-So Mo

In diesem engagiert geführten Familienhotel kann man nicht nur gepflegt übernachten, sondern auch exzellent speisen. Aus der Küche des Chefs kommen bürgerlich-regionale Gerichte, die preislich fair kalkuliert sind. Am Nachmittag werden Sie mit selbstgebackenem Kuchen und echtem Ostfriesentee verwöhnt.

WIESSEE, BAD 68 A
www.bad-wiessee.de

Bayern | EW 4.664 | 750 m | Miesbach 19 km, Bad Tölz 21 km

Berghotel Sonnenbichl
www.berghotel-sonnenbichl.de

Sonnenbichl 1, PLZ 83707, **T 08022 98730,** F 98711
23 Zimmer | Ez 170–250 €, Dz 210–250 €, inkl. Frühstück ››

Das ländliche Chalethotel wurde 2022 nachhaltig renoviert. In den geschmackvollen Gästezimmern (wahlweise mit Berg-, Wald- oder Seeblick) dominiert alpiner Schick - kombiniert mit liebevoll restaurierten Möbeln und Dekofundstücken. Morgens erwartet Sie ein gesundes Frühstück - à la carte und aus regionalen Bioprodukten. Gemütliches Restaurant mit bayerischer und internationaler Küche.

Landhaus am Stein
www.landhausamstein.de

garni

Im Sapplfeld 8, PLZ 83707 (OT: Abwinkel), **T 08022 98470,** F 83560
20 Zimmer | 4 Suiten | Ez ab 145 €, Dz ab 270 €, inkl. Frühstück | 24 h

Ruhig und sehr idyllisch liegt dieses familiengeführte Haus inmitten einer traumhaften Bergkulisse. Hier stehen Ihnen liebevoll im Landhausstil eingerichtete Nichtraucherzimmer zur Verfügung. Dazu ein schöner Wellnessbereich und ein gepflegter Garten.

Relais Chalet Wilhelmy
www.relais-chalet.com

Freihausstraße 15, PLZ 83707, **T 08022 98680,** F 9868233
28 Zimmer | 3 Suiten | 2 Apartments | Ez ab 150 €, Dz ab 229 €, inkl. Frühstück

Das einzigartige Boutique-Hotel bietet individuelle Zimmer im stylishen Landhausstil, ein Restaurant mit französisch inspirierter Küche sowie einen großzügigen Wellnessbereich mit Saunalandschaft und ganzjährig beheiztem Außenpool. Seit Jahren eine der Top-Adressen im Ort.

Bellevue
www.hotel-bellevue-badwiessee.de

★★★

Hirschberg 22, PLZ 83707, **T 08022 66490,** F 664949
25 Zimmer | 1 Suite | Ez ab 55 €, Dz ab 110 €, inkl. Frühstück

Behaglicher oberbayerischer Familienbetrieb nahe dem See. Die einfachen, aber gepflegten Gästezimmer sind größtenteils mit einem Balkon ausgestattet. Regionaltypisches Restaurant mit schöner Sonnenterrasse.

Landhaus Marinella
www.landhaus-marinella.de

VARTA-TIPP Service

garni

Am Strandbad 7, PLZ 83707, **T 08022 8599990,** F 85999919
11 Zimmer | 3 Suiten | Ez 140–200 €, Dz 175–240 €, inkl. Frühstück

Ein reizendes Domizil, idyllisch zwischen Jachtclub und Strandbad gelegen. Alles hier ist ein bisschen mehr als nur „Standard“: die geräumigen, mit liebevollen Details ausgestatteten Zimmer, der schöne Garten, der aufmerksame Service und nicht zuletzt das sehr gute Frühstück mit frischen Produkten aus der Region.

Freihaus Brenner
www.freihaus-brenner.de

VARTA-TIPP Service

Freihaus 4, PLZ 83707, **T 08022 86560**
160 | Hauptgericht 19–46 € | Mo-Di, Do-So Mi

Seit vielen Jahren eine echte Genuss- und Wohlfühladresse! Ob in den behaglichen, mit viel Holz ausgestatteten Gaststuben oder auf der herrlichen Südterrasse mit traumhaftem Seeblick, die sympathische Servicecrew kredenzt Ihnen eine frische, klassisch-regionale Küche zu fairen Preisen, so z.B. „Gegrilltes Steinbuttfilet | Kräuterrisotto | Ofentomate“ oder „Knusprig gebratene Bauernente | Blaukraut | Kartoffelknödel“.

WILDBAD, BAD 57 A www.bad-wildbad.de

Baden-Württemberg | EW 10.544 | 425 m | Calw 21 km, Pforzheim 25 km

Mokni's Palais Hotel & Spa www.moknis.com

Kurplatz 4-6, PLZ 75323, **T 07081 3010,** F 301166
120 Zimmer | 10 Suiten | 4 Apartments | Ez ab 115 €, Dz ab 190 €, inkl. Frühstück

Ruhige Lage in einer verkehrsberuhigten Fußgängerzone. Individuell eingerichtete Zimmer, die sich auf zwei Häuser verteilen. Entspannung bietet das Palais Thermal, zu dem Hausgäste freien Zutritt haben. Restaurant im gegenüberliegenden Hotel Rossini.

WILDBERG 57 B www.wildberg.de

Baden-Württemberg | EW 9.644 | 395 m | Nagold 11 km, Calw 17 km

Claus Weitbrecht - Das Gourmetrestaurant www.talblick-wildberg.de

VARTA-TIPP Küche

Bahnhofsträßle 6, PLZ 72218, **T 07054 5247**
120 | Hauptgericht 9–35 €, Menü 120 € | Mo, Do-So ⃠ Di, Mi

Im behaglichen Schwarzwaldflair des Hotels Talblick kommt der Genuss garantiert nicht zu kurz. Zu den kulinarischen Überraschungen von Patron und Küchenchef Claus Weitbrecht gehören sowohl bodenständige Regionalgerichte als auch ein wechselndes Gourmetmenü in 7 Gängen. Die hochwertigen Zutaten setzt er in einen sehr kreativen und innovativen Kontext. Das familiäre Engagement bleibt nicht auf die Küche beschränkt: Else Weitbrecht leitet charmant und umsichtig den Service. Und wer länger bleiben möchte: Preiswerte Hotelzimmer gibt es hier auch.

WILDEMANN 32 B www.oberharz.de

Niedersachsen | EW 1.200 | 410 m | Clausthal-Zellerfeld 5 km, Altenau/Harz 12 km

Rathaus www.hotel-rathaus-wildemann.de

Bohlweg 37, PLZ 38709, **T 05323 6261**
35 | Hauptgericht 11–50 € | Mi-So ⃠ Mo, Di

Das Restaurant im Hotel Rathaus kann man uneingeschränkt empfehlen: Gemütliche Atmosphäre mit holzgetäfelten Wänden und Sichtbalken, schmackhafte Küche, bei der ausschließlich Produkte von regionalen Erzeugern verarbeitet werden, und last but not least ein angenehm freundlicher Service. Zum Übernachten bietet man behagliche Gästezimmer.

WILDUNGEN, BAD 31 D www.bad-wildungen.de

Hessen | EW 16.672 | 273 m | Korbach 35 km, Kassel 40 km

Göbel's Quellenhof www.goebels-quellenhof.de

★★★★

Brunnenallee 54, PLZ 34537, **T 05621 8070,** F 807500
117 Zimmer | Ez ab 115 €, Dz ab 165 €, inkl. Frühstück ››

Urlaubs- und Geschäftshotel mit prachtvoller Jugendstilfassade und stilvollem Interieur. Behaglich eingerichtete Zimmer mit moderner Ausstattung. Großzügiger SPA- und Wellnessbereich mit Schwimmbad- und Saunalandschaft. Umfangreiches gastronomisches Angebot mit mehreren Restaurants.

WILGARTSWIESEN 50 C www.hauenstein-pfalz.de

Rheinland-Pfalz | EW 1.054 | 222 m | Annweiler 7 km, Pirmasens 24 km

Am Hirschhorn www.landhausamhirschhorn.de

★★★★ garni

Am Hirschhorn 12-14, PLZ 76848, **T 06392 581,** F 3578
17 Zimmer | 1 Suite | 3 Apartments | Ez 110–140 €, Dz 138–240 €, inkl. Frühstück

Das ruhig gelegene Landhotel ist vor allem bei Freizeitgästen sehr beliebt. Es verfügt über hochwertig und freundlich eingerichtete Zimmer in verschiedenen Kategorien und Stilrichtungen. Wellnessbereich mit Indoorpool, Saunalandschaft und mediterraner Liegewiese.

Jetzt abonnieren: instagram.com/vartaguide

WILHELMSHAVEN 13 B www.wilhelmshaven-touristik.de

Niedersachsen | EW 78.524 | 2 m | Oldenburg 55 km, Emden 80 km
Küstenmuseum, Dt. Marinemuseum, UNESCO-Weltnaturerbe Wattenmeer mit Besucherzentrum, Container-Tiefwasserhafen JadeWeserPort mit Info-Center, Kaiser-Wilhelm-Brücke, Feuerschiff Weser, Seetonnenleger Kapitän Meyer, Südstrandpromenade, Rosarium, Bot. Garten, Kunsthalle, Piratenmuseum, hist. Kirchen.

Atlantic Hotel www.atlantic-hotels.de/hotel-wilhelmshaven

GREENSIGN ★★★★ S garni

Jadeallee 50, PLZ 26382 (OT: Innenhafen), **T 04421 773380,** F 7733811
145 Zimmer | 25 Suiten | Ez 139–229 €, Dz 199–259 €, inkl. Frühstück | 24 h

Moderner Hotelbau im Stil eines imposanten Kreuzfahrtschiffes direkt am Großen Hafen. Die lichtdurchfluteten Zimmer mit stilvoll-moderner, maritim geprägter Ausstattung ermöglichen einen schönen Blick auf den Hafen, den Jadebusen oder den Banter See. Exklusive Sauna- und Wellnesslandschaft auf 1.000 qm.

Harbour View

80 | Hauptgericht 24–39 € | Mo-So

Großzügiges, lichtdurchflutetes Ganztagesrestaurant mit Ausblick über den Großen Hafen und auf die Kaiser-Wilhelm-Brücke. Jahreszeitlich abgestimmte regionale und internationale Gerichte. Séparée mit Blick auf die hoteleigene Gartenanlage und den Banter See.

Nordsee-Hotel www.nordseehotel-whv.de

garni

Zum Ölhafen 205, PLZ 26384 (OT: Heppenser Groden), **T 04421 9650,** F 965280
51 Zimmer | 4 Suiten | 1 Apartment | Ez ab 57 €, Dz ab 65 €

Direkt am Ölhafen gelegenes Urlaubs- und Geschäftshotel mit guten Tagungsmöglichkeiten. Etagenzimmer mit Panoramablick über den Jadebusen. Unterschiedliche Zimmertypen mit zeitgemäßer Ausstattung. Für Entspannung sorgt ein kleiner Saunabereich. Restaurant „Meerblick“ mit internationaler Küche.

Fliegerdeich
www.hotel-fliegerdeich.de

VARTA-TIPP Ambiente

★★★

Fliegerdeich 3, PLZ 26382, **T 04421 7557940**
13 Zimmer | 2 Suiten, Dz ab 119 €, inkl. Frühstück

Modern, jung und detailverliebt zeigt sich dieses Boutique-Hotel am Wilhelmshavener Südstrand, das sich thematisch der Fliegerei widmet. So finden sich in dem dreistöckigen Gebäude viele Details aus der Luftfahrt. Darüber hinaus hat man attraktive, im schicken „Industrial Style" gehaltene Zimmer - wahlweise mit Land- oder Meerblick. Im gemütlichen Restaurant serviert man nordisch-frische Küche mit internationalen Einflüssen.

Artischocke
www.artischocke-whv.de

Peterstraße 19, PLZ 26382, **T 04421 34305**
45 | Hauptgericht 13–29 €, Menü 44–48 € | Di-Sa Mo, So

Warum sich das Restaurant im Stadttheater Wilhelmshaven so großer Beliebtheit erfreut? Das Ambiente ist dezent-elegant, der Service herzlich und die Küche richtig gut. Der Mix aus französisch-mediterran, saisonal und modern bietet z.B. „Heilbuttfilet in Butter gebraten mit Senfschaum, kleinem Gemüse, frischen Pfifferlingen und buttrigem Püree". Tipp: preiswerter Mittagstisch.

WILLINGEN (UPLAND) 31 C
www.willingen.de

Hessen | EW 7.700 | 550 m | Brilon 15 km, Korbach 23 km

Stryckhaus
www.goebel-hotels.com/willingen/stryckhaus

★★★★

Mühlenkopfstraße 12, PLZ 34508 (OT: Stryck), **T 05632 9860,** F 69961
56 Zimmer | 2 Suiten | 1 Apartment | Ez ab 95 €, Dz ab 170 €, inkl. Frühstück

In diesem vorbildlich geführten Haus mit schönem Garten direkt am Waldrand logieren Sie in behaglich und individuell eingerichteten Wohlfühlzimmern, die meist über einen Balkon oder eine Terrasse verfügen. Im hauseigenen, 600 qm großen Wellnessbereich lässt es sich wunderbar entspannen.

Stryckhaus

145 | Hauptgericht 12–37 € | Mo-So

Klassisch-elegantes Restaurant mit offenem Kamin und schönem Ausblick. Serviert wird eine gehobene Frischeküche, die sich durch regionale Produkte, saisonale Speisen und internationales Flair auszeichnet. Großzügige Gartenterrasse.

Waldecker Hof & Spa
www.waldecker-hof.de

Waldecker Straße 28, PLZ 34508, **T 05632 9880,** F 988360
34 Zimmer | 3 Suiten | 2 Apartments | Ez 82 €, Dz 164 €, inkl. Frühstück

Über 100-jähriger Familienbetrieb in zentraler Lage. Stilvoll in warmen Farben eingerichtete Zimmer mit moderner Ausstattung. Netter Wellnessbereich mit Schwimmbad, Sauna und Spa Garden. Im Restaurant werden deutsche und thailändische Spezialitäten serviert.

Gutshof Itterbach
www.gutshof-itterbach.de

Mühlenkopfstraße 7, PLZ 34508, **T 05632 96940**
94 | Hauptgericht 16–33 €, Menü 42–48 € |

Großräumiges Restaurant mit dunklem Holz und schönen Farbakzenten. Hier wird eine schmackhafte internationale Küche serviert. Schön zusammengestellte Weinkarte mit Schwerpunkt Rheingau, Rheinhessen und Nahe. Nette Terrasse mit Blick ins Grüne.

WILSNACK, BAD 25 A
www.bad-wilsnack.de

Brandenburg | EW 2.671 | 27 m | Wittenberge 16 km, Perleberg 17 km

Vitalhotel Ambiente
www.vitalhotel-ambiente.de

★★★★

Dr.-Wilhelm-Külz-Straße 5a, PLZ 19336, **T 038791 760,** F 76400
58 Zimmer | 10 Suiten | 24 h

Nettes Hotel am Kurpark. Zimmereinrichtung mit klaren Formen, freundlichen Farben und natürlichen Materialien. Kleiner Wohlfühlbereich mit Saunalandschaft. Restaurant mit regionaler Küche und malerischer Sonnenterrasse.

WILTHEN 36 D
www.wilthen.de

Sachsen | EW 5.268 | 288 m | Bautzen 14 km, Dresden 54 km

Erbgericht Tautewalde
www.tautewalde.de

★★★★

Hauptstraße 25, PLZ 02681 (OT: Tautewalde), **T 03592 38300**
31 Zimmer | 2 Apartments | Ez 84–107 €, Dz 117–150 €, inkl. Frühstück

Nett geführtes Domizil in reizvoller Umgebung. Der Hotelbau beherbergt wohnliche Gästezimmer mit zeitgemäßem Komfort. Das Service- und Dienstleistungsniveau ist vorbildlich. Als Tagungs-, Seminar- und Veranstaltungsraum steht die historische Feldsteinscheune zur Verfügung.

Erbgericht Tautewalde

VARTA-TIPP Küche

50 | Hauptgericht 20–33 €, Menü 36–50 € | Mo-Sa So

Im hist. Gebäudeteil des Hotels befindet sich das einladende und sehr gemütliche Restaurant. Neben dem „Landidyll-Menü" und dem „À-la-carte-Menü" stehen auch Oberlausitzer Klassiker auf der Speisekarte. Mit Bedacht kauft Patron und Chefkoch Enrico Schulz die Zutaten bei heimischen Erzeugern ein, lässt sich von den wechselnden Jahreszeiten inspirieren und dem eigenen Ideenreichtum leiten. Im Sommer kann man auch auf der hübschen Hofterrasse speisen.

WIMPFEN, BAD 51 D www.badwimpfen.de

Baden-Württemberg | EW 7.200 | 195 m | Heilbronn 16 km, Mosbach 30 km

Neues Tor www.neuestor.de

garni

Biberacher Straße 1, PLZ 74206, **T 07063 93000,** F 9300909
50 Zimmer | 4 Suiten | Ez 109–179 €, Dz 135–195 €, inkl. Frühstück | 24 h

Das moderne Hotel ist sowohl für Touristen als auch für Businessgäste bestens geeignet. Viel Holz, geölte Parkettböden, Naturstein und hochwertige Komfortbetten prägen die Zimmer, die in vier Kategorien angeboten werden. Im Restaurant „Staufers" mit großer Fensterfront und grandiosem Blick auf die Altstadt werden regional orientierte Speisen modern zubereitet.

Friedrich www.friedrich-feyerabend.de

Hauptstraße 74, PLZ 74206, **T 07063 245**
40 | Hauptgericht 23–35 € | Mi-So Mo, Di

Modernes Restaurant im Stil der 20er Jahre im 1. Stock eines malerisch gelegenen Altstadthauses. Serviert wird internationale Küche. Im Erdgeschoss befinden sich ein Café sowie die traditionsreiche Weinstube „Feyerabend".

WINDELSBACH 52 D www.windelsbach.de

Bayern | EW 1.070 | 450 m | Rothenburg ob der Tauber 14 km, Nürnberg 65 km

Landhaus Lebert www.landhaus-rothenburg.de

Schlossstraße 8, PLZ 91635, **T 09867 9570**
45 | Hauptgericht 16–38 €, Menü 49–135 € | Sa-So Di-So Mo

In dem kleinen, familiengeführten Gasthaus pflegt man eine authentische Gastfreundschaft. Auf der Karte finden sich schmackhafte Gerichte wie „Saiblingsfilet | Beurre blanc | Salzzitronenrisotto | Spinat mit Oliven" oder „Gefüllte Wachtel | Jus | Pilze in Kräuterrahm | Spargel". Die ausgebaute Scheune eignet sich bestens für Feiern oder Veranstaltungen.

WINDEN 57 C www.winden-im-elztal.de

Baden-Württemberg | EW 2.813 | 340 m | Waldkirch 12 km, Freiburg 28 km

Elztalhotel www.elztalhotel.de

★★★★ S garni

Am Rüttlersberg 5, PLZ 79297 (OT: Oberwinden), **T 07682 91140,** F 1767
90 Zimmer | 12 Suiten | 18 Apartments | Ez ab 208 €, Dz ab 416 €, inkl. Vollpension

Oberhalb des Ortes gelegenes Ferien- und Sporthotel, das aus einem Schwarzwaldbauernhof entstanden ist. Angenehme, individuell gestaltete Zimmer unterschiedlicher Größe, die in 7 verschiedenen Kategorien buchbar sind. Umfangreicher SPA- und Wellnessbereich auf 6.000 qm mit Innen- und Außenschwimmbecken, Whirlpool und großzügigen Liegeflächen. Vielfältiges gastronomisches Angebot.

WINDORF 62 A www.markt-windorf.de

Bayern | EW 4.400 | 350 m | Vilshofen 3 km, Passau 20 km

Feilmeiers Landleben www.feilmeiers-landleben.de

VARTA-TIPP Küche

Schwarzhöring 14, PLZ 94575 (OT: Schwarzhöring), **T 08541 8293**
70 | Menü 35–87 € | Sa-So Mi-So Mo, Di

Mit modern möblierten Gaststuben und einer lauschigen Sommerterrasse empfängt Sie dieses schmucke Wirtshaus - eingebettet in die ländliche Idylle des kleinen Dorfes Schwarzhöring. Appetit machen hier frische gutbürgerliche Gerichte wie „Angus-Rinderscheiberl zart geschmort in reduzierter Spätburgunderjus mit feinem Rahmpfifferlingsfondue, junges Gemüse und Knödeltörtchen vom Sommerkräuterbaguette". Auf der Weinkarte finden Sie sowohl Klassiker als auch Trendiges. Hauseigene Kochschule.

WINDSHEIM, BAD 52 D tourismus.bad-windsheim.de

Bayern | EW 11.901 | 321 m | Rothenburg o. d. Tauber 27 km, Ansbach 34 km

Arvena Reichsstadt www.arvena-reichsstadt.de

★★★★ garni

Pastoriusstraße 5, PLZ 91438, **T 09841 9070,** F 907200
112 Zimmer | 2 Suiten | Ez 89–110 €, Dz 110–140 €, inkl. Frühstück | ⃠ 23.12.23–7.1.24, 23.12.24–5.1.25

Aufwendig restauriertes Stadt- und Geschäftshotel mitten in der Altstadt. Geschmackvoll eingerichtete Zimmer mit moderner Ausstattung. Im Restaurant „Alte Schule", das bis 1908 tatsächlich als Schule genutzt wurde, werden fränkische und internationale Spezialitäten serviert.

Weinstube Drei Kronen www.weinstubedreikronen.de

Schüsselmarkt 7, PLZ 91438, **T 09841 9199903**
30 | Hauptgericht 17–26 €, Menü 47–62 € | Mo, Do-So ⃠ Di, Mi

Die historische Weinwirtschaft hat schon ihren ganz besonderen Reiz. In der urigen holzgetäfelten Stube serviert man eine kreative fränkisch-japanische Fusionsküche. Die Karte wechselt saisonal und ist auf ein musikalisches, cineastisches oder historisches Thema ausgerichtet.

WINGST 14 B www.wingst.de

Niedersachsen | EW 3.503 | 9 m | Cuxhaven 29 km, Stade 42 km

Oehlschläger-Stube
www.peters-wingst.de

Bahnhofstraße 1 (im Hotel Peter), PLZ 21789, **T 04778 279**
32 | Hauptgericht 20–30 €, Menü 40–79 € | So Do-So Mo, Di, Mi

In dem stimmungsvollen Restaurant, das nach dem Heimatmaler Mario Oehlschläger (1898 – 1970) benannt wurde, erwartet Sie eine ideenreiche regionale Küche mit Einflüssen aus dem Fernen Osten. Auch schmackhafte Fischgerichte stehen auf der Karte. Sehr beliebt sind die Kochevents des Patrons. Zum Übernachten hat man gemütliche und zweckmäßig eingerichtete Zimmer.

WINTERBACH 58 B
www.winterbach.de

Baden-Württemberg | EW 7.561 | 258 m | Schorndorf 5 km, Waiblingen 14 km

Landgasthaus Hirsch
www.hirsch-manolzweiler.de

Kaiserstraße 8, PLZ 73650 (OT: Manolzweiler), **T 07181 41515**
120 | Hauptgericht 18–42 €, Menü 39 € | Fr-So Mo, Di, Mi, Do

Bei Familie Waldenmaier isst man richtig gut. In den gemütlichen Gaststuben und auf der herrlichen Sommerterrasse werden schmackhafte regional und mediterran geprägte Speisen serviert. Dazu gibt es erlesene Weine von heimischen Winzern. Das urige Henna-Häusle eignet sich bestens für kleine Gesellschaften.

WINTERBERG 31 C
www.winterberg.de

Nordrhein-Westfalen | EW 13.770 | 668 m | Brilon 31 km, Köln 114 km

Berghotel Astenkrone
www.astenkrone.de

VARTA-TIPP Service

★★★★ S garni

Astenstraße 24, PLZ 59955 (OT: Altastenberg), **T 02981 8090,** F 809198
39 Zimmer | 7 Suiten | Ez ab 95 €, Dz ab 120 €, inkl. Frühstück | 24 h

Zweifellos eines der schönsten Häuser im Sauerländer Feriengebiet. Toll die herrlich ruhige Lage am Fuße des Kahlen Astens mit schöner Aussicht. Aber auch wegen seiner elegant eingerichteten Zimmer, der vorbildlichen Gästebetreuung sowie der vielfältigen Beauty-Arrangements kann das Hotel punkten. Behagliches, im gediegen-rustikalen Landhausstil gestaltetes Restaurant mit regionaler und internationaler Küche.

Haus Astenberg
www.haus-astenberg.de

Astenberg 3, PLZ 59955 (OT: Lenneplätze-Neuastenberg), **T 02981 1878,** F 929478
16 Zimmer | 6 Suiten | 1 Apartment

Ein sehr gepflegtes Landhotel mit Charme und Atmosphäre. Sie wohnen in mediterran mit Bozener Möbeln eingerichteten Zimmern und Suiten. Das lichtdurchflutete Panoramarestaurant bietet südländisches Flair und eine herrliche Aussicht auf Neuastenberg. Eine Langlaufloipe sowie der bekannte Wanderweg Rothaarsteig beginnen direkt vor dem Haus.

Oversum Vital Resort Winterberg
www.oversum-vitalresort.de

★★★★ S

Am Kurpark 6, PLZ 59955, **T 02981 929550,** F 92955222
76 Zimmer | 10 Suiten | 24 h

››

Eiförmiges Designkunstwerk in direkter Kurparklage. Modern eingerichtete Zimmer und Suiten auf sieben Etagen mit tollem Panoramablick. Großzügige Sauna- und Badelandschaft. Hauseigenes Kultur- und Kongresscenter.

Astenturm Hotel & Restaurant www.astenturm.com

Astenturm 1, PLZ 59955, **T 02981 897888,** F 928748111
17 Zimmer

Im Sommer wie im Winter beindruckend schön: Das Haus befindet sich auf dem 842 Meter hohen Kahlen Asten und ist damit das höchstgelegene Hotel Nordrhein-Westfalens. Auf die Gäste warten wohnlich gestaltete Zimmer und ein ansprechendes Restaurant. Von hier genießt man einen wunderschönen Ausblick über die Heidelandschaft und die Sauerländer Berge.

Boutiquehotel Liebesglück www.hotel-liebesglueck.de

★★★★

Nuhnestraße 5, PLZ 59955, **T 02981 92230,** F 92235
24 Zimmer | 6 Suiten | Ez ab 76 €, Dz ab 94 € | 24 h

In diesem Adult-Only-Hotel im Herzen des Hochsauerlandes stehen Romantik und Zweisamkeit im Fokus. Das engagiert geführte Haus besticht durch eine einzigartige Mischung aus modernem Komfort und gemütlichem Ambiente. Für Entspannung sorgt ein kleiner Saunabereich.

WIRSBERG 44 D www.wirsberg.de

Bayern | EW 1.830 | 370 m | Bad Berneck 13 km, Kulmbach 17 km

Herrmann's Posthotel www.herrmanns-posthotel.de

★★★★

Marktplatz 11, PLZ 95339, **T 09227 2080,** F 5860
41 Zimmer | 17 Suiten | Ez ab 119 €, Dz ab 249 €, inkl. Frühstück

Ehem. Poststation von 1869 mit individuell und geschmackvoll eingerichteten Zimmern von traditionell gemütlich bis klassisch modern. Morgens dürfen sich Gäste auf ein Feinschmeckerfrühstück freuen. Zum Haus gehört auch eine schöne Natursteinbadelandschaft.

Aura by Alexander Herrmann & Tobias Bätz

VARTA★TIPP Küche VARTA-TIPP Service

50 | Menü 215–245 € | Mi-Sa Mo, Di, So

Kulinarisch setzt „Genusshandwerker" Tobias Bätz im sehr ästhetisch eingerichteten Gourmetrestaurant auf einen konsequent regionalen Kochstil. In seinen beiden kreativen Menüfolgen darf man sich auf eine spannende Dramaturgie aus Temperaturen, Konsistenzen und Aromen freuen. Eine tolle Verbindung von feinem Essen, erlesenen Weinen und charmanter, professioneller Betreuung. Wer es etwas einfacher mag: Im Bistro „oma & enkel" kommen moderne Versionen der „Best of Franken"-Favourites auf den Tisch.

Reiterhof www.reiterhof-wirsberg.de

★★★★ S

Sessenreuther Straße 50, PLZ 95339 (OT: Sessenreuth), **T 09227 2040,** F 7058
46 Zimmer | 8 Suiten | Ez 109–235 €, Dz 198–312 €, inkl. Frühstück

Das familiengeführte Ferien- und Wellnesshotel liegt reizvoll eingebettet zwischen Frankenwald und Fichtelgebirge. Es bietet komfortable, mit fränkischen Renaissancemöbeln ausgestattete Zimmer sowie ein gemütlich-rustikales Restaurant mit sonniger Panoramaterrasse.

WISMAR 16 B www.wismar.de

Mecklenburg-Vorpommern | EW 44.470 | 15 m | Lübeck 49 km, Rostock 59 km

Wonnemar www.wonnemar-resorts.de/wismar

★★★★

Bürgermeister-Haupt-Straße 36, PLZ 23966, **T 03841 37420,** F 3742429
90 Zimmer | Ez 100–280 €, Dz 120–300 € | 24 h

Das Resort-Hotel bietet freundlich-moderne Zimmer und einen direkten Anschluss an das 15.000 qm große WONNEMAR Erlebnisbad. Im schick gestalteten Restaurant „Tafelhuus" mit Außenterrasse und Biergarten serviert man regionale und saisonale Speisen der Ostseeregion.

Am Alten Hafen www.hotel-am-alten-hafen.de

★★★ garni

Spiegelberg 61-65, PLZ 23966 (OT: Altstadt), **T 03841 4260,** F 426666
61 Zimmer | 3 Apartments

Eine gepflegte Hoteladresse im Zentrum der historischen Hansestadt. Hier wohnt man in hellen, zweckmäßigen Zimmern (teils mit Hafenblick), die mit geschmackvollen Materialien und guter Technik ausgestattet sind. Für Biker und Radfahrer steht im gegenüberliegenden „Zollhaus" eine kostenfreie Garage zur Verfügung.

Fründts Hotel www.hotel-stadtwismar.de

garni

Schweinsbrücke 1-3, PLZ 23966, **T 03841 2256982,** F 2256984
35 Zimmer | 3 Suiten | Ez 75–87 €, Dz 110–149 €, 15,00 €

Ein sympathisches Stadthotel in zentraler Innenstadtlage. In warmen Farben gehaltene Zimmer mit modernem Komfort. Liebevoll gestalteter Außenbereich mit Sitzflächen, Riesenschachspiel und Kinderspielplatz. Stilvoller Frühstückssaal.

Hotel Wismar www.hotel-restaurant-wismar.de

★★★

Breite Straße 10, PLZ 23966 (OT: Altstadt), **T 03841 227340,** F 22734222
15 Zimmer | Ez 85–95 €, Dz 100–115 €, inkl. Frühstück

Ansprechende Adresse für Städte- und Geschäftsreisende - zentral im historischen Stadtzentrum gelegen. Freundliche, in warmen Farbtönen eingerichtete Gästezimmer. Behagliches Restaurant mit regionaler Küche und frischen Fischgerichten.

WITTENBERG, LUTHERSTADT 35 A www.lutherstadt-wittenberg.de

Sachsen-Anhalt | EW 46.729 | 74 m | Leipzig 67 km, Potsdam 68 km

Soibelmanns www.soibelmanns-lw.bestwestern.de

★★★★

Collegienstraße 56-57, PLZ 06886, **T 03491 4250,** F 425100
80 Zimmer | 24 h

››

Das historische Haus liegt mitten in der historischen Altstadt, direkt neben dem berühmten Lutherhaus. Hier erwarten Sie wohnliche Zimmer unterschiedlicher Kategorien. Das Interieur zeichnet sich durch hochwertige Materialien aus der Reformationszeit aus. Im gemütlichen Restaurant mit Terrasse im begrünten Innenhof wird regionale Küche serviert.

martas Hotel hotel-wittenberg.martas.org

★★★ S garni

Neustraße 7-10, PLZ 06886, **T 03491 4580,** F 458100
159 Zimmer | 1 Suite | 2 Apartments | Ez 93–124 €, Dz 125–156 €, inkl. Frühstück

Verkehrsgünstig gelegenes Stadthotel in unmittelbarer Nähe zur Fußgängerzone mit wohnlichen Gästezimmern. Ein Highlight ist die Dachterrasse mit herrlichem Blick über die Lutherstadt. Gute Tagungsmöglichkeiten. Im Restaurant stehen kreative internationale Gerichte auf der Speisekarte.

Jetzt abonnieren: instagram.com/vartaguide

WITTENBERGE 25 A www.wittenberge.de

Brandenburg | EW 17.297 | 25 m | Perleberg 10 km, Bad Wilsnack 15 km

Alte Ölmühle www.oelmuehle-wittenberge.de

★★★★ S garni

Bad Wilsnacker Straße 52, PLZ 19322, **T 03877 567994600,** F 56799430
61 Zimmer | 1 Suite | 4 Apartments | Ez ab 125 €, Dz ab 180 €, inkl. Frühstück | 24 h

Die einstige Ölfabrik beherbergt heute ein charmantes Hotel. Von den modernen Zimmern blicken Sie entweder auf die Elbe oder auf die imposanten Speicher des Industriedenkmals. Für Entspannung sorgt ein Wellnessbereich in der fünften Etage des Speichergebäudes. Zum Haus gehören eine eigene, traditionsreiche Brauerei sowie ein Restaurant mit großzügiger Terrasse am Flussufer.

WITTLICH 49 A www.wittlich.de

Rheinland-Pfalz | EW 18.333 | 160 m | Bernkastel-Kues 18 km, Trier 39 km

Hotel Vulcano Lindenhof www.vulcanolindenhof.de

★★★★ S garni

Am Mundwald 5, PLZ 54516, **T 06571 6920**
42 Zimmer | 1 Suite | Ez 95–119 €, Dz 149–169 €, inkl. Frühstück | 24 h 24.12.23

Am Ortsrand gelegenes Hotel mit Panoramablick über das Wittlicher Tal. Man bietet behagliche und zeitgemäß ausgestattete Gästezimmer in 3 Kategorien. Kleiner, stylisher Wellnessbereich. Im Restaurant wird internationale Küche serviert.

Well www.hotel-well.de

★★★ S garni

Marktplatz 5, PLZ 54516, **T 06571 91190,** F 911950
25 Zimmer | Ez 80–160 €, Dz 115–200 €, inkl. Frühstück

Familiär geführtes Stadthotel mit historischer Fassade und persönlicher Atmosphäre. Individuell eingerichtete Gästezimmer mit komfortabler Ausstattung, teils mit Balkon. Gutes Frühstück.

WITTMUND 13 A www.wittmund.de

Niedersachsen | EW 20.884 | 4 m | Aurich 25 km, Wilhelmshaven 27 km

Schluister Park Neu! www.hotel-schluister-park.de

★★★ garni

Friedrichsschleuse 7, PLZ 26409 (OT: Carolinensiel), **T 04464 8696100,** F 86961029
33 Zimmer | Ez 59–74 €, Dz 98–118 €, inkl. Frühstück

Eine schöne Adresse direkt am Deich - mit der Nordsee in unmittelbarer Nähe. Ruhe und Erholung sind hier garantiert. Das kleine, CO2-neutrale Hotel bietet gemütliche Gästezimmer, die sich durch geradliniges Design, wertige Materialien und moderne Technik auszeichnen. Die Unterkunft ist ein guter Ausgangspunkt für zahlreiche Freizeitaktivitäten vor Ort sowie Ausflüge auf die Ostfriesischen Inseln.

Hotel Siebzehn80 www.hotel1780.de

★★★

Am Hafen West 1, PLZ 26409 (OT: Carolinensiel), **T 04464 206,** F 9459630
23 Zimmer | 1 Suite | Ez 89–108 €, Dz 128–158 €

Urbaner Lifestyle und traditionelle Gastlichkeit erwarten Sie in diesem Hotel. Die elegant-gemütlichen Gästezimmer sind ein entspannter Rückzugsort für jede Art von Aufenthalt. Im Restaurant kommen zeitgemäße regionale Gerichte auf den Tisch.

WOLFACH 57 C www.wolfach.info

Baden-Württemberg | EW 5.831 | 280 m | Offenburg 39 km, Freudenstadt 41 km

Naturparkhotel Adler www.naturparkhotel-adler.de

★★★★ S

Sankt Roman 14, PLZ 77709 (OT: St. Roman), **T 07836 93780,** F 7434
56 Zimmer | 15 Suiten | 5 Apartments | Ez 104–180 €, Dz 186–290 €, inkl. Frühstück

Nicht umsonst hat dieses freundlich geführte Ferienhotel in St. Roman so viele Stammgäste. Das Haus bietet wohnliche Zimmer im Landhausstil, ein sehr gutes Frühstück sowie einen großzügig angelegten Wellnessbereich. Das Haus ist zudem ein idealer Ausgangspunkt für Wanderungen und Radtouren durch die angrenzende Natur.

Naturparkhotel Adler

150 | Hauptgericht 13–35 € | Mo-So

Sie speisen wahlweise im Restaurant, im Wintergarten oder auf der Terrasse. Serviert werden überwiegend typische Schwarzwälder Gerichte. Spezialität: Forellen- und Wildgerichte aus heimischer Jagd sowie dem hoteleigenen Gehege und Weiher.

Kirnbacher Hof www.kirnbacher-hof.de

Untere Bahnhofstraße 6, PLZ 77709 (OT: Kirnbach), **T 07834 6111,** F 47655
20 Zimmer | Ez 80–108 €, Dz 142–192 €, inkl. Frühstück | 24 h

Sympathische Übernachtungsadresse mit modern eingerichteten Wohlfühlzimmern zu gastfreundlichen Preisen. Ansprechender Wellnessbereich mit Panoramasauna. Im Restaurant und auf der Terrasse werden sowohl regionale als auch neue innovative Gerichte serviert.

Wiegt weniger ist aber genauso gut:
Der Varta-Führer ist auch als eBook für Ihren TabletPC oder Ihr Smartphone verfügbar!

WOLFENBÜTTEL 24 C www.lessingstadt-wolfenbuettel.de

Niedersachsen | EW 51.569 | 75 m | Braunschweig 13 km, Hildesheim 46 km

Rilano Hotel www.rilano-247-hotel-wolfenbuettel.de

Bahnhofstraße 9, PLZ 38300, **T 05331 98860,** F 988611
48 Zimmer | 24 h

Modern durchgestyltes Hotel für den designorientierten Gast in bester Innenstadtlage. Helle, in leichten Grau- und Fliedertönen designte Zimmer mit eigenem Soundsystem und sehr gutem Schlafkomfort.

Parkhotel Altes Kaffeehaus www.parkhotel-wolfenbuettel.de

★★★

Harztorwall 18, PLZ 38300, **T 05331 8880,** F 888100
75 Zimmer | 10 Suiten | Ez 80–119 €, Dz 104–197 €, inkl. Frühstück | 24 h

Modernes Stadt- und Geschäftshotel in zentraler Lage. Helle, stilvoll eingerichtete Zimmer und Suiten. Das Restaurant mit Gartenterrasse serviert regionale und internationale Spezialitäten. Herzstück des Hauses ist die „Historische Weingrotte“ in den denkmalgeschützten Gemäuern des „Türkischen Kaffeehauses“ von 1838.

WOLFRAMS-ESCHENBACH 53 C www.wolframs-eschenbach.de

Bayern | EW 2.900 | 440 m | Gunzenhausen 15 km, Ansbach 17 km

Alte Vogtei www.alte-vogtei-wolframs-eschenbach.de

Hauptstraße 21, PLZ 91639, **T 09875 968880**
21 Zimmer | 3 Suiten

Ein richtiges Schmuckstück ist das aufwendig sanierte Traditionshaus, das einst stolzer Amtssitz des deutschen Ritterordens war. Das Hotel bietet historische und zugleich zeitgemäß-elegante Zimmer aus heimischen Baumaterialien. Für Entspannung sorgt ein kleiner Wellnessbereich im Untergeschoss. Im Restaurant serviert man fränkische Küche mit internationalen Einflüssen.

WOLFSBURG 24 C www.wolfsburg.de/tourismus

Niedersachsen | EW 121.451 | 63 m | Braunschweig 29 km, Hannover 80 km

Park- und Seelandschaft, VW-Autostadt, Schloss Wolfsburg mit Städtischer Galerie und Museum, Kunstmuseum, Planetarium am Klieversberg, AutoMuseum, BadeLand, Alvar-Aalto-Kulturhaus, phaeno - die Experimentierlandschaft.

Schon probiert?
Der Varta-Führer ist auch als eBook für Ihren TabletPC oder Ihr Smartphone verfügbar!

The Ritz-Carlton

www.ritzcarlton.com/de

VARTA-TIPP Ambiente VARTA-TIPP Service

★★★★★S garni

Parkstraße 1, PLZ 38440, **T 05361 607000**, F 608000
170 Zimmer | 23 Suiten | Ez ab 325 €, Dz ab 355 €, 45,00 € | 24 h

Das noble Businesshotel – am Hafenbecken des Mittellandkanals gelegen – besticht durch ein gelungenes Zusammenspiel von Design, Kunst und Architektur. Der ringförmige Bau aus Glas und Naturstein im Westen der Autostadt beherbergt elegant und zeitgemäß ausgestattete Zimmer und Suiten. Das Bemühen um den Gast steht hier an erster Stelle. Außerordentliches Badevergnügen garantiert der freischwimmende Außenpool mit einzigartigem Ausblick auf die mächtigen Schornsteine des Volkswagen-Kraftwerkes.

Aqua

www.restaurant-aqua.de

VARTA-TIPP Küche VARTA-TIPP Service

38 | Menü 215–245 € | Mi-Sa Mo, Di, So

Eine kulinarische Erfolgsgeschichte par excellence: Seit mehr als 20 Jahren gehört dieses Fine-Dining-Restaurant zu den Top-Adressen im Land. Edle Materialen, feine Stoffe und wohltuende Farbakzente unterstreichen das zeitlos-elegante Ambiente. Sven Elverfeld ist und bleibt ein absolutes Ausnahmetalent. Seine modern-europäische Spitzenküche stellt die Harmonie der Texturen und den Eigengeschmack hochwertigster Zutaten in den Mittelpunkt. Geboten werden zwei Menüs in fünf bis sieben Gängen. Dazu passt der niveauvolle und überaus freundliche Service nebst fachkundiger Weinberatung.

Terra

84 | Hauptgericht 22–52 €, Menü 65–85 € | Di-Sa Mo, So

Das durchgestylte Interieur des Restaurants ist geprägt durch erdige Farbtöne, strukturierte Oberflächen und natürliche Materialien. Durch die bodentiefen Fenster gleitet der Blick direkt auf das Hafenbecken der Autostadt und das denkmalgeschützte Volkswagen-Kraftwerk. Und die Küche? Unkompliziert, saisonal und frisch unter Verwendung naturbelassener, heimischer Produkte. Neben Fleisch- und Fischgerichten bilden vegetarische Speisen einen besonderen Schwerpunkt auf der Karte.

An der Wasserburg

www.hotel-in-wolfsburg.de

S garni

An der Wasserburg 2, PLZ 38446 (OT: Neuhaus), **T 05363 9400,** F 71574
58 Zimmer | 20 Suiten | 2 Apartments | Ez 90–165 €, Dz 175–205 €, 15,00 € | 24 h

Ein liebevoll restauriertes Wellness- und Tagungshotel gegenüber der romantischen Wasserburg Neuhaus. Ideale Adresse für Businessgäste. Schöner SPA-Bereich mit Indoorpool und verschiedenen Saunen. Leih-E-Bikes stehen gegen Gebühr zur Verfügung.

Christalle

60 | Hauptgericht 12–39 €, Menü 48 € | Mo-Sa So

Im hellen, lässig-eleganten Restaurant und auf der schönen Sommerterrasse bietet man richtig gute regionale und saisonale Küche sowie Wild aus der Region. „Frische Pasta mit frittiertem Rucola“, „Lachsfilet mit Zwiebelpüree“ und Klassiker wie Kalbsschnitzel oder Rumpsteak sind gleichermaßen gefragt - nicht nur bei Hotelgästen.

Courtyard by Marriott

www.marriott.com

★★★★ S garni

Allerpark 8, PLZ 38448, **T 05361 30660,** F 3066702
152 Zimmer | 5 Suiten | 24 h

Die zeitgemäße Businessadresse befindet sich im Allerpark mit herrlichem Blick auf den See. Die Zimmer zeigen sich topmodern in Design und Technik. Für Veranstaltungen stehen mehrere Konferenzräume zur Verfügung. Internationale Küche bietet das Restaurant „Allerlei“ mit seiner schönen Sonnenterrasse. Zu den Services des Hotels zählen Fahrradverleih, ein rund um die Uhr geöffneter Minimarkt und Ladestationen für E-Fahrzeuge.

INNSIDE by Meliá

www.melia.com

★★★★ S garni

Heinrich-Nordhoff-Straße 2, PLZ 38440, **T 05361 60900,** F 6090999
219 Zimmer | 3 Suiten | 24 h

Das moderne Businesshotel liegt direkt neben dem Volkswagengelände und der Autostadt. Es bietet neuzeitliche Gästezimmer mit komfortabler Ausstattung. Zum Haus gehören auch ein Gourmetrestaurant, eine avantgardistische Skybar mit großer Terrasse, eine Panoramasauna sowie ein Fitnessraum.

Leonardo Hotel
www.leonardo-hotels.de

Rathausstraße 1, PLZ 38440, **T 05361 2070,** F 207981
343 Zimmer | Ez 74–249 €, Dz 84–259 €, inkl. Frühstück | 24 h

Verkehrsgünstig gelegenes Tagungs- und Businesshotel, das 2018 umfangreich renoviert wurde. Das Haus verfügt über geräumige, technisch gut ausgestattete Zimmer mit kostenlosem WLAN. Großzügiger Konferenzbereich. Gastronomieangebot mit regionaler Küche.

Einschlaf
www.einschlaf.de

An der St. Annen-Kirche 24, PLZ 38440 (OT: Rothenfelde), **T 05361 12219**
3 Zimmer | 1 Suite | Ez ab 109 €, Dz ab 139 €, ab 22,00 €

Außergewöhnliches Hotel mit individueller Einrichtung. Geschmackvolle Zimmer mit exklusiver Ausstattung und minimalistischem Design. Das hervorragende Frühstück im benachbarten Atelier Café sollten Sie nicht verpassen.

Parkhotel
www.parkhotel-wolfsburg.de

Unter den Eichen 55, PLZ 38446 (OT: Steimkerberg), **T 05361 5050,** F 505250
30 Zimmer | 4 Suiten

Ruhiges, unter Denkmalschutz stehendes Business- und Familienhotel umgeben von alten Bäumen mit modern eingerichteten Zimmern. Im stilvollen Restaurant wird saisonal inspirierte Regionalküche serviert.

L'Oliva nera
www.olivanera.de

Westerstraße 1, PLZ 38442 (OT: Fallersleben), **T 05362 932622**
20 | Hauptgericht 20–55 €, Menü 85–150 € | Mi-So Mo, Di

Uriges Weinlokal in einer umgebauten ehemaligen Schmiede, eines der ältesten Fachwerkhäuser Fallerslebens. Hier serviert man leichte, mediterran beeinflusste Speisen. Dazu bietet man eine breite Palette italienischer Weine.

WOLNZACH 60 B
www.wolnzach.de

Bayern | EW 11.808 | 415 m | Ingolstadt 30 km, München 59 km

Haimerlhof
www.haimerlhof.de

VARTA-TIPP Service

Preysingstraße 7, PLZ 85283, **T 08442 956910,** F 9569129
12 Zimmer | Ez ab 95 €, Dz ab 140 €, inkl. Frühstück

Kleines, persönlich geführtes Privathotel in einem denkmalgeschützten Gebäude im Ortskern. Sie wohnen in stilvoll und komfortabel ausgestatteten Nichtraucherzimmern. Für Langzeitgäste stehen freundliche Apartments zur Verfügung. Sehr gemütlich ist der Frühstücksraum mit offenem Dachstuhl. Ein großes Lob verdient die freundliche und individuelle Gästebetreuung.

WÖRISHOFEN, BAD 67 A www.bad-woerishofen.de

Bayern | EW 14.965 | 630 m | Mindelheim 10 km, Kaufbeuren 17 km

Steigenberger Der Sonnenhof www.spahotel-sonnenhof.de

★★★★★S

Hermann-Aust-Straße 11, PLZ 86825, **T 08247 9590,** F 959599
156 Zimmer | 13 Suiten | Ez 295–365 €, Dz 395–465 €, inkl. Frühstück | 24 h

Komfortables Kurhotel umgeben von weitläufigen Parkanlagen. Elegante Möbel und erlesene Stoffe zeichnen die hellen, freundlichen Zimmer und Suiten aus. Energie tanken kann man in der weitläufigen Wellnesslandschaft auf 3.000 qm mit großzügigen Wasserlandschaften - u.a. gibt es einen Infinityaußenpool mit Wasserfall.

Calla

40 | Hauptgericht 28–59 €, Menü 79–104 € | Mi-Sa Mo, Di, So

Ein elegantes, lichtdurchflutetes Gourmetrestaurant mit gepflegter Tischkultur. Aus der offenen Showküche kommen euro-asiatische Gerichte und Köstlichkeiten vom CALLA-Grill. Im Zweitrestaurant, der Brasserie „Petit Plaisir", werden französische Spezialitäten serviert.

Fontenay | le petit château www.kurhotel-fontenay.de

VARTA TIPP Service

★★★★★

Eichwaldstraße 8-12, PLZ 86825, **T 08247 3060**
60 Zimmer | 3 Suiten | 3 Apartments | Ez 205–295 €, Dz 365–520 €, inkl. Halbpension | 24 h

Hier kommen Erholungssuchende voll auf ihre Kosten. Das sehr gut geführte Kur- und SPA-Hotel wartet mit gediegenem Luxus, modernem Komfort und einem Hauch von Nostalgie auf. Die meisten der individuell eingerichteten Zimmer verfügen über einen Balkon oder eine Terrasse. Entspannung bietet der bemerkenswerte Wellness- und Anwendungsbereich.

Fontenay | le petit château

25 | Hauptgericht 21–55 € | Mo-So

Im eleganten Hotelrestaurant setzt man auf gewohnt Traditionelles aus der klassischen Küche - kombiniert mit raffinierter Leichtigkeit. Serviert werden wechselnde Menüs sowie saisonale À-la-carte-Gerichte wie „Geschmorte Milchkalbsbäckchen | Barolojus | sautierte Edelpilze | gebackene Kartoffelkrapfen".

Tanneck www.tanneck.info

★★★★S

Hartenthaler Straße 29, PLZ 86825, **T 08247 3070,** F 307280
80 Zimmer | 9 Suiten | 2 Apartments | Ez 102–132 €, Dz 92–162 €, inkl. Frühstück | 24 h

Das Hotel liegt idyllisch am unverbauten Südrand von Bad Wörishofen. Wohnliche Gästezimmer mit freiem Blick auf das eindrucksvolle Alpenpanorama. Großzügiger Bade- und Wellnessbereich mit Schwimmbad, Whirlpool, Sauna und Dampfbad. Stilvolles Restaurant mit regionaler und internationaler Küche.

Edelweiß www.hotel-edelweiss.de

★★★★

Bürgermeister-Singer-Straße 11, PLZ 86825, **T 08247 35010,** F 350175
49 Zimmer | 2 Suiten | 2 Apartments | Ez ab 92 €, Dz ab 194 €, inkl. Vollpension | 24 h

Das familiär geführte Medical-Wellness-Hotel bietet eine großzügige Wellness- und Beautylandschaft sowie umfangreiche Kurbehandlungen (z.B. Kneipp-Therapie). Gepflegte Gästezimmer mit gediegen-klassischer Einrichtung. Entspannen kann man in der hauseigenen Bibliothek oder im Garten mit Sonnenwiese.

Café Schwermer
www.cafe-schwermer.de

Heuweg 36, PLZ 86825, **T 08247 90213**
400 | Hauptgericht 5–10 € | Mo, Mi–Fr 11:00–18:00 Uhr, Sa, So 10:00–18:00 Uhr

Stilvolles Café mit Tradition seit 1894. Zur Auswahl stehen erlesene Confiseriespezialitäten wie Marzipan- und Schokoladenpralinen sowie tagesfrische Kuchen und Torten aus der hauseigenen Backstube.

WORPSWEDE 14 D
www.worpswede.de

Niedersachsen | EW 9.157 | 17 m | Bremen 23 km, Bremerhaven 55 km

Buchenhof
www.hotel-buchenhof.de

★★★★ garni

Ostendorfer Straße 16, PLZ 27726, **T 04792 93390,** F 933929
28 Zimmer | 2 Suiten | Ez 79–89 €, Dz 102–132 €, 11,50 € | 24 h

Im Stil der Jahrhundertwende gestaltetes Haus inmitten eines Gartens mit altem Baumbestand. Individuell und geschmackvoll eingerichtete Zimmer unterschiedlicher Kategorien. Für Entspannung sorgt der kleine Wellnessbereich mit finnischer Sauna, Kräuter-Dampfsauna und Saunagarten.

Hotel Village
www.village-worpswede.de

Bergstraße 22, PLZ 27726, **T 04792 93500,** F 935029
9 Zimmer | 8 Suiten | Ez 110–119 €, Dz 179 €, inkl. Frühstück

Kleines, exquisites Hotel mit individuell eingerichteten Zimmern. Im Haus befinden sich eine Galerie mit wechselnden Ausstellungen sowie mehrere kleine Shops und Boutiquen. Das Bistro serviert das reichhaltige Frühstücksbuffet sowie Flammkuchen und süße Köstlichkeiten.

WUNSIEDEL 45 C
www.wunsiedel.de

Bayern | EW 9.515 | 550 m | Selb 22 km, Bayreuth 44 km

Wirtshaus Gläßl im Gut
www.wirtshausimgut.de

€ Gut & Günstig

Göpfersgrün 2, PLZ 95632 (OT: Göpfersgrün), **T 09232 917767**
120 | Hauptgericht 12–26 € | Mi-So Mo, Di

Ruhig gelegenes Wirtshaus mit heller rustikaler Gaststube und urigem Gewölbestüberl. Auf der Speisekarte stehen überwiegend regionale Gerichte unter Verwendung frischer Produkte von umliegenden Betrieben aus der Nachbarschaft. Jeden Sonn- und Feiertag gibt es selbstgebackenen Kuchen.

WUNSTORF 22 D
www.steinhuder-meer.de

Niedersachsen | EW 41.134 | 43 m | Bad Nenndorf 10 km, Hannover 25 km

cantera by Wiegand www.cantera-hotel.de

Adolph-Brosang-Straße 32, PLZ 31515, **T 05031 95290,** F 952929
11 Zimmer

Designhotel mit individuell eingerichteten Gästezimmern, die teilweise über Natursteindusche, Terrasse oder Echtholzkamin verfügen. Schöne Saunalandschaft mit Sanarium, Kalttauchbecken und Saunagarten. Im Restaurant wird mediterran gekocht.

Schweers-Harms-Fischerhus www.schweers-harms-fischerhus.de

Graf-Wilhelm-Straße 9, PLZ 31515 (OT: Steinhude), **T 05033 5228**
62 | Hauptgericht 9–42 € | Mo-So

Altes niedersächsisches Bauernhaus mit rustikalem Charme, verschiedenen Stuben und schöner Außenterrasse. Auf der Karte stehen überwiegend Fischspezialitäten wie z.B. Kutterscholle „Finkenwerder Art“, Aal gebacken, Regenbogenforelle oder der beliebte „Fischerhustopf“.

WUPPERTAL 29 D www.wuppertal.de

Nordrhein-Westfalen | EW 343.488 | 160 m | Essen 32 km, Düsseldorf 33 km
Schwebebahn (13,3 km lang) entlang der Wupper, Von-der-Heydt-Museum, Stadthalle, Zoologischer Garten, Wallfahrtskirche Neviges, Jubiläumsbrunnen auf dem Elberfelder Neumarkt, Stadtteil Barmen mit Rathaus und Oper, Kluterthöhle (9 km Ö).

Park Villa www.parkvilla-wuppertal.de

VARTA-TIPP Ambiente

★★★★ S garni

Erich-Hoepner-Ring 5, PLZ 42369 (OT: Ronsdorf), **T 0202 28335400,** F 28335401
30 Zimmer | 7 Suiten | Ez 119–160 €, Dz 135–165 €, 17,50 €

Die aufwendig sanierte Villa aus dem Jahre 1907 wird heute von Familie Wilzbach als exquisites kleines Boutique-Hotel geführt. Das angebaute „Design House“ steht im Kontrast zum hist. Stil der Villa. Die Zimmer hat man liebevoll umgebaut und sehr geschmackvoll mit ausgesuchten Möbeln und Antiquitäten eingerichtet. Tolles Frühstück im hellen Wintergarten mit Blick zum Park.

Postboutique Hotel www.postboutiquehotel-wuppertal.de

VARTA-TIPP Ambiente

Platz am Kolk 3, PLZ 42103 (OT: Elberfeld), **T 0202 28180780**
73 Zimmer

Das unter Denkmalschutz stehende Gebäude der ehem. Wuppertaler Hauptpost ist wieder mit Leben gefüllt. In dem 2021 eröffneten Boutique-Hotel trifft urbane Lässigkeit auf stilvolles Vintagedesign. In den Gästezimmern entfalten sich die Eleganz und der Glanz der 1920er und 1930er Jahre. Ausgesuchte Möbelstücke und Wohnaccessoires unterstreichen den besonderen Wohnkomfort. Überall im Haus sehr freundliche und hilfsbereite Mitarbeiter:innen. Leckere Drinks und kleine Snacks bietet die stimmungsvolle „Rex Bar“.

Fachwerk-Hotel www.fachwerk-hotel-wuppertal.de

Mühlenweg 39, PLZ 42275 (OT: Barmen), **T 0202 75885533**
12 Zimmer

Das stolze, denkmalgeschützte Bürgerhaus ist nach seiner Komplettsanierung ein echter Hingucker. Über das barocke Treppenhaus mit mächtigem Aufgang und geschwungenem Handlauf geht es in die hell und modern ausgestatteten Zimmer. Das Frühstück mit bergischen Spezialitäten wird im Nebengebäude serviert.

Restaurant Shiraz www.restaurant-shiraz.com

VARTA-TIPP Küche **VARTA-TIPP** Service

Wittener Straße 288, PLZ 42279 (OT: Oberbarmen), **T 0202 26533779**
26 | Hauptgericht 44–76 €, Menü 148–180 € | Mi-Sa Mo, Di, So

Dieser Kulinarik-Stopp lohnt sich! In einem relativ unscheinbaren Gasthaus versteckt sich dieses kleine Juwel. In klassisch-modernem Ambiente bietet man eine ebenso klassisch-moderne Küche, aber auch mit internationalen Einflüssen. Chef de Cuisine Alexander Hoppe setzt auf exquisite Produkte, die er zu stimmigen, ausdrucksstarken Gerichten verarbeitet. Dass man sich rundum wohlfühlt, liegt nicht zuletzt auch am überaus aufmerksamen und kompetenten Gastgeber Serkan Akgün.

Scarpati www.scarpati.de

Scheffelstraße 41, PLZ 42327 (OT: Vohwinkel), **T 0202 784074**
110 | Hauptgericht 12–48 €, Menü 54–85 € | So Mi-So Mo, Di

Das alteingesessene Restaurant befindet sich in einer hübschen Jugendstilvilla. In zeitlos-elegantem Ambiente wird eine moderne internationale Küche mit mediterranen Einflüssen serviert. Die Weine bezieht man von verschiedenen Spitzenweingütern, hauptsächlich aus Italien. Tipp: Jeden Mittwoch Amuse-bouche-Menü (6 Gänge).

WÜRSELEN 39 A www.wuerselen.de

Nordrhein-Westfalen | EW 39.800 | 170 m | Aachen 6 km, Köln 70 km

Alte Feuerwache www.alte-feuerwache-wuerselen.de

Oppener Straße 115, PLZ 52146, **T 02405 4290112**
16 | Menü 65–89 € | Mi-Do Mi-Sa Mo, Di, So

Saisonale und klassische Kulinarik erwarten Sie in diesem sympathischen Restaurant von Monika und Kurt Podobnik. Auf der Karte entdeckt man Gerichte wie „Gebackenes Kalbskotelett an Salbei-Limettenjus, cremige Pfifferlinge, Erbsenpüree und Parmesan-Speckgnocchi". Täglich wechselnde Lunchempfehlungen.

WURSTER NORDSEEKÜSTE 14 A www.wursternordseekueste.de

Niedersachsen | EW 16.799 | 21 m | Bremerhaven 21 km, Cuxhaven 22 km

Deichhotel Grube www.deichhotel-grube.de

€ Gut & Günstig garni

Am Neuen Deich 2, PLZ 27639 (OT: Dorum-Neufeld), **T 04741 96970,** F 969730
13 Zimmer | 3 Apartments | Ez 70–85 €, Dz 98–105 €, inkl. Frühstück

Freundlich eingerichtetes Hotel hinterm Deich am Kutterhafen, unweit des Strands und des Schwefelsolen-Wellenbads gelegen. Die hellen Zimmer wurden 2020 renoviert und bieten einen schönen Blick auf den Garten oder den Deich.

Gasthaus Wolters Zur Börse
www.zur-boerse.de

In der Langen Straße 22, PLZ 27639 (OT: Wremen), **T 04705 1277**
40 | Hauptgericht 7–30 €, Menü 22–56 € | Mo, Do-So Di, Mi

Ein hist. Bauernhaus aus dem 18. Jh. In ländlich-rustikalem Rahmen wird eine frische regionale und internationale Küche serviert. Auf der Karte locken Gerichte wie „Lammfilet unter der Honig-Senfkruste“ oder „Lachsfilet mit Schafskäse und Basilikumpesto überbacken“.

Der Varta-Führer digital

Der Varta-Führer ist auch als eBook erhältlich. Ganz einfach online laden und mobil auf Ihrem Smartphone oder Tablet nutzen.

Weitere Hotel- und Restaurantempfehlungen sowie zahlreiche Freizeittipps erhalten Sie unter: **www.varta-guide.de**

WÜRZBURG 52 A
www.wuerzburg.de

Bayern | EW 130.131 | 177 m | Nürnberg 105 km, Frankfurt/Main 120 km
Fürstbischöfliche Residenz mit Hofgarten, Residenzplatz und dem größten Deckengemälde der Welt (UNESCO-Weltkulturerbe), Dom St. Kilian, Marienkapelle mit Grabmälern fränkischer Ritter und bedeutender Bewohner, Haus zum Falken mit Rokokostuckfassade, Alte Mainbrücke, Festung Marienberg, Museum für Franken, Fürstenbaumuseum, Museum im Kulturspeicher, Museum am Dom, Wallfahrtskirche Käppele, jährliches Mozartfest in der Residenz.

Rebstock
www.rebstock.com

VARTA-TIPP Service

★★★★ garni

Neubaustraße 7 (B3), PLZ 97070, **T 0931 30930,** F 3093100
125 Zimmer | 31 Suiten | 8 Apartments | Ez 116–145 €, Dz 197–450 €, 18,00 € | 24 h

Stilvolles Ambiente und Familientradition hinter einer denkmalgeschützten Rokokofassade. Das Hotel mit Ursprung im Jahre 1408 hat man in den vergangenen Jahren immer wieder erweitert und verschönert. Hübsch und wohnlich die individuellen Gästezimmer - von klassisch-gediegen bis hochmodern. Der Service ist ausgesprochen freundlich, diskret und gastorientiert.

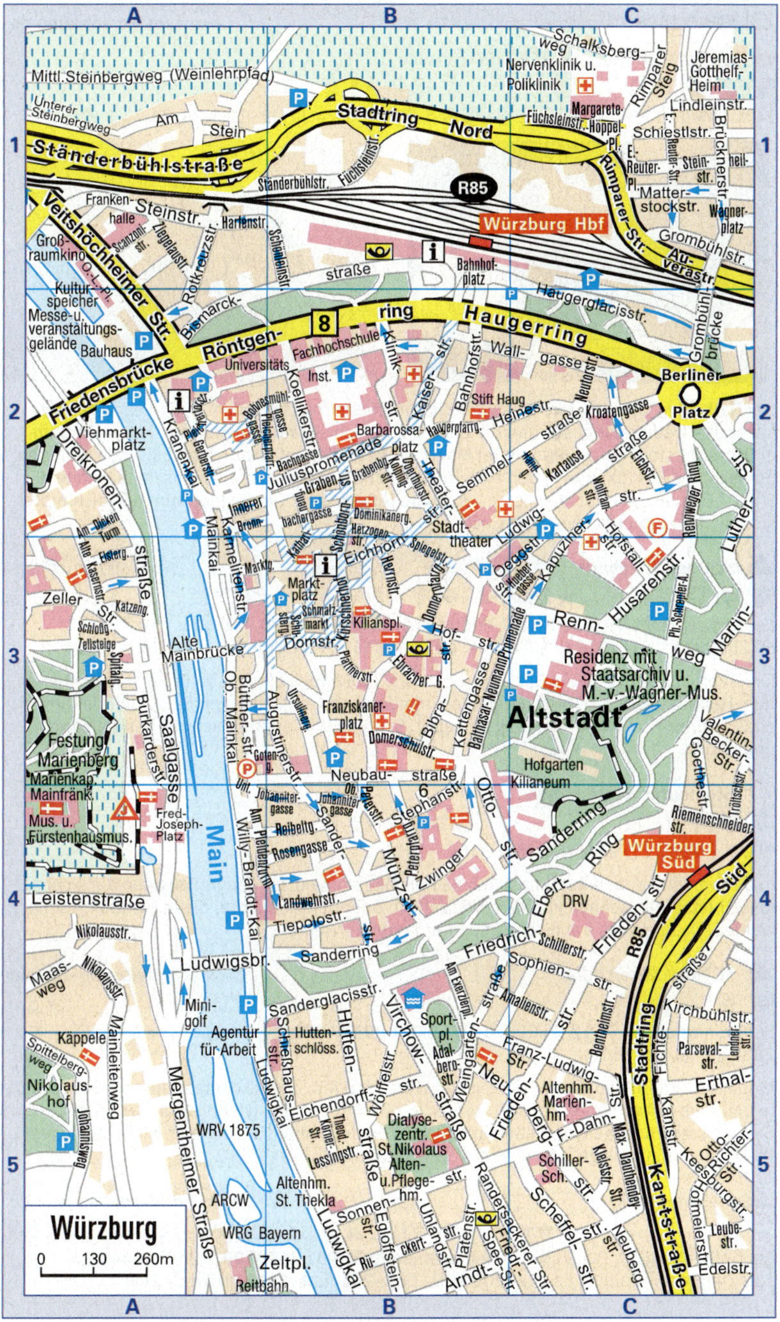
A
B
C
1
2
3
4
5
Würzburg
0 130 260m
Mittl. Steinbergweg (Weinlehrpfad)
Unterer Steinbergweg
Am Stein
Ständerbühlstraße
Stadtring Nord
Schalksbergweg
Nervenklinik u. Poliklinik
Jeremias-Gotthelf-Heim
Rimparer Steig
Lindleinstr.
Margarete-Höppel-Pl.
Füchsleinstr.
Schiestlstr.
E.-Reuter-Pl.
Stein-str.
Brücknerstr.
Matterstockstr.
Wagnerplatz
Rimparer-Str.
Grombühlstr.
Auverastr.
R85
Würzburg Hbf
Ständerbühlstr.
Füchsleinstr.
Frankenhalle
Steinstr.
Harfenstr.
Schönleinstr.
Veitshöchheimer Str.
Großraumkino
Kulturspeicher
Messe- u. veranstaltungsgelände
Bauhaus
Rotkreuzstr.
Bismarck-straße
Bahnhofplatz
Haugerglacisstr.
Grombühlbrücke
Röntgenring
8
Haugerring
Wallgasse
Neutorstr.
Berliner Platz
Friedensbrücke
Fachhochschule
Universitäts Inst.
Klinikstr.
Kaiserstr.
Bahnhofstr.
Stift Haug
Heinestr.
Kroatengasse
Viehmarktplatz
Dreikronenstraße
Koellikerstr.
Juliuspromenade
Barbarossaplatz
Semmelstraße
Kartause
Theaterstr.
Stadttheater
Ludwigstr.
Kranenkai
Mainkai
Karmelitenstr.
Innerer Graben
Dominikanerg.
Herzogenstr.
Eichhornstr.
Spiegelstr.
Schönbornstr.
Marktplatz
Kiliansplatz
Domerschulstr.
Hofstr.
Promenade
Kapuzinerstr.
Husarenstr.
Rennweg
Martinstr.
Lutherstr.
Zeller Str.
Am Dicken Turm
Alte Kasernstr.
Katzeng.
Schloßg.
Tellsteige
Spitalg.
Alte Mainbrücke
Domstr.
Kirschbaumstr.
Hofstall
Residenz mit Staatsarchiv u. M.-v.-Wagner-Mus.
Altstadt
Hofgarten
Kilianeum
Valentin-Becker-Str.
Goethestr.
Burkarderstr.
Saalgasse
Büttnerstr.
Augustinerstr.
Franziskanerplatz
Ebracher G.
Bibrastr.
Kettengasse
Balthasar-Neumann-Promenade
Festung Marienberg
Marienkap.
Mainfränk. Mus. u. Fürstenhausmus.
Fred-Joseph-Platz
Main
Neubaustraße
Ottostr.
Sanderring
Riemenschneiderstr.
Würzburg Süd
Johannitergasse
Reibeltg.
Rosengasse
Sanderstr.
Stephanstr.
Peterstr.
Peterpl.
Zwinger
Münzstr.
Willy-Brandt-Kai
Landwehrstr.
Tiepolostr.
Leistenstraße
Nikolausstr.
Ludwigsbr.
Sanderring
Friedrich-Ebert-Ring
DRV
Schillerstr.
Friedenstr.
Sophienstr.
Maasweg
Minigolf
Agentur für Arbeit
Sanderglacisstr.
Huttenstr.
Huttenschlöss.
Virchowstraße
Sportpl.
Am Exerzierpl.
Amalienstr.
Weingartenstr.
Bertheimstr.
Stadtring Süd
Kirchbühlstr.
Parsevalstr.
Erthalstr.
Käppele
Spittelbergweg
Nikolaushof
Mainleitenweg
Mergentheimer Straße
WRV 1875
Schießhausstr.
Ludwigkai
Eichendorffstr.
Wolffelstr.
Adalberostr.
Neubergstr.
Franz-Ludwig-Str.
Friedenbergstr.
Altenhm. Marienhm.
F.-Dahn-Str.
Max-Dauthendey-Str.
Kantstr.
Kantstraße
Otto-Richter-Str.
Keesburgstr.
Dialysezentr.
St. Nikolaus Altenu. Pflegehm.
Lessingstr.
Theod.-Körner-Str.
Schiller-Sch.
Kleiststr.
Scheffelstr.
Hofmeierstr.
Leubestr.
Edelstr.
Johannisweg
ARCW
Altenhm. St. Thekla
Sonnenstr.
Uhlandstr.
Platenstr.
Randersackerer Str.
Friedr.-Spee-Str.
WRG Bayern
Zeltpl.
Reitbahn
Eglofsteinstr.
Arndtstr.

KUNO 1408

www.restaurant-kuno.de

VARTA-TIPP Küche VARTA-TIPP Service

24 | Menü 125–175 € | Mi-Sa Mo, Di, So 24.12.23–11.1.24, 31.7.–5.9.24

Der Name des kleinen, durchgestylten Gourmetrestaurants erinnert an den einstigen Besitzer des Traditionshauses und die erste urkundliche Erwähnung im Jahr 1408. Mit Daniel Schröder steht ein ambitionierter Mann am Herd, der bei seinen französisch inspirierten Speisen das Produkt klar in den Mittelpunkt stellt. Serviert wird ein Feinschmeckermenü in 5 bis 7 Gängen, die durchaus eine verspielte Note zeigen. Der Service kümmert sich professionell und aufmerksam um die Gäste.

Schloss Steinburg

www.steinburg.com

★★★★

Reußenweg 2, PLZ 97080 (OT: Unterdürrbach), **T 0931 97020,** F 97121
69 Zimmer | 2 Suiten | Ez 138–175 €, Dz 204–314 €, inkl. Frühstück | 24 h

Exponierte Lage mit tollem Blick auf Würzburg! Individuell eingerichtete Schlosszimmer im hist. Haupthaus und schlicht-moderne Zimmer im neu entstandenen Refugium. Umfangreiches Tagungs- und Veranstaltungsangebot. Schöner Wellnessbereich mit Panoramapool und Sauna.

Steinburgs Restaurant

150 | Menü 73–92 € | Mo-So

In den verschiedenen authentischen Räumlichkeiten und auf der großzügigen Aussichtsterrasse bietet man schmackhafte, jahreszeitlich orientierte Gerichte, die in Menüform serviert werden. Dazu gibt es fränkische und internationale Weine.

AC Hotel Wuerzburg

www.ac-hotels.marriott.com

Schweinfurter Straße 12 (C2), PLZ 97080, **T 0931 452160**
168 Zimmer | 24 h

Modern wohnen, und das im Herzen von Würzburg! Mit seiner kosmopolitischen Atmosphäre und dem zeitgemäßen Komfort ist das 2021 eröffnete Lifestylehotel für Freizeitgäste und Businessreisende gleichermaßen interessant. Helle, gemütliche Zimmer mit kostenlosem WLAN und Klimaanlage. Hauseigenes Fitnesscenter.

Melchior Park

www.hotel-melchiorpark.de

★★★★ S

Am Galgenberg 49, PLZ 97074 (OT: Frauenland), **T 0931 3590400,** F 359040444
118 Zimmer | 6 Suiten | Ez 122–202 €, Dz 161–241 €, ab 19,00 € | 24 h

Angrenzend an das ehem. Landesgartenschaugelände und den Campus der Universität Würzburg findet man dieses neuzeitliche Businesshotel. Es bietet wohnliche Zimmer mit modern-funktioneller Ausstattung. Vom Wellnessbereich hat man einen tollen Blick in den Park. Das Angebot im Restaurant ist regional und international.

Wittelsbacher Höh www.wittelsbacherhoeh.de

★★★ S garni

Hexenbruchweg 10, PLZ 97082 (OT: Zellerau), **T 0931 453040,** F 45304522
65 Zimmer | Ez 105–125 €, Dz 145–175 €, 11,00 € | ⃠ 2.–8.1.24

Ehem. fränkischer Gasthof von 1880 mit neuzeitlichem Anbau unter familiärer Führung. Geschmackvoll eingerichtete Stilzimmer, überwiegend mit schönem Blick über Würzburg. Im Restaurant und auf der Sommerterrasse wird fränkische und mediterrane Küche serviert.

Würzburger Hof www.hotel-wuerzburgerhof.de

★★★★ garni

Barbarossaplatz 2 (B2), PLZ 97070, **T 0931 53814,** F 58324
34 Zimmer | 5 Suiten | 1 Apartment

Das zentral gelegene Haus gegenüber dem Weingut Juliusspital kann auf eine lange Tradition zurückblicken: seit 1911 beherbergt man hier Gäste. Komfortable, individuell gestaltete Zimmer, die teils mit Antiquitäten ausgestattet sind. Einige Zimmer sind Themen und Persönlichkeiten gewidmet, die Würzburg entscheidend geprägt haben. Stimmungsvoller Frühstückssaal.

Grüner Baum www.gruener-baum-wuerzburg.de

garni

Zeller Straße 35-37 (A3), PLZ 97082, **T 0931 450680,** F 4506888
24 Zimmer

Familiär geführtes Stadthotel unterhalb der Festung Marienberg mit modernem Komfort und fränkischem Charme. Kleine, aber gemütliche Zimmer mit hellem, massivem Weichholzmobiliar. Schöner Frühstücksraum im Gewölbekeller.

Aifach Reisers www.der-reiser.de/aifach

VARTA-TIPP Küche

Marktgasse 2 (B3), PLZ 97070, **T 0931 45265755**
65 | Hauptgericht 27–34 €, Menü 65–79 € | Mo-Sa ⃠ So

Die stylishe Location am Würzburger Marktplatz hat sich schnell zu einem beliebten kulinarischen Hotspot für Einheimische und Touristen entwickelt. In den Räumen der ehemaligen Markthalle werden auf zwei Ebenen pfiffige marktfrische Gerichte serviert. Wer sich überraschen lassen möchte, wählt das „Vier- oder Fünf-Gang-Menü à la Chef". Dazu gibt es ausgesuchte Weine renommierter Winzer. Im Sommer lockt der wunderschöne Außenbereich. Tipp: Quick Lunch zum kleinen Preis.

Backöfele **Neu!** www.backoefele.de

Ursulinengasse 2 (B3), PLZ 97070, **T 0931 59059**
190 | Hauptgericht 12–39 € | Sa-So Mo-So

Rustikal und stimmungsvoll geht es zu in diesem Traditionsrestaurant, das sowohl bei Einheimischen als auch bei Touristen äußerst beliebt ist. In den behaglichen Räumlichkeiten nebst großer Innenhofterrasse serviert man eine bodenständige fränkische Küche mit einer großen Auswahl an Fleisch- und Fischspezialitäten. Dazu gibt es ausgesuchte Frankenweine.

Bürgerspital Weinstuben
www.buergerspital-weinstuben.de

Theaterstraße 19 (B2), PLZ 97070, **T 0931 352880**
480 | Hauptgericht 10–39 €, Menü 20–65 € | Mo-So

Traditionelle Weinstube von 1873. Neben fränkischen Klassikern bietet man auch leichte und kreative Gerichte aus der mediterranen Küche. Schöner Innenhof vor prächtiger Barockkulisse.

Juliusspital Weinstuben
www.weinstuben-juliusspital.de

Juliuspromenade 19 (B2), PLZ 97070, **T 0931 54080**
140 | Hauptgericht 14–32 € | Mo-So

Traditionsreiches Lokal mit gemütlichen Gaststuben und überwiegend regionalem Speisenangebot. Spezialität: Fisch- und Wildgerichte. Man bietet größtenteils Weine vom stiftungseigenen Juliusspital-Weingut an. Hübscher Innenhof mit mediterraner Atmosphäre.

Der Varta-Führer digital

Der Varta-Führer ist auch als eBook erhältlich. Ganz einfach online laden und mobil auf Ihrem Smartphone oder Tablet nutzen.

Weitere Hotel- und Restaurantempfehlungen sowie zahlreiche Freizeittipps erhalten Sie unter: **www.varta-guide.de**

WUSTROW, OSTSEEBAD 10 D
www.ostseebad-wustrow.de

Mecklenburg-Vorpommern | EW 1.165 | 2 m | Born a. Darß 11 km, Rostock 41 km

Dorint Strandresort & Spa
hotel-ostseebad-wustrow.dorint.com

★★★★

Strandstraße 46, PLZ 18347, **T 038220 650,** F 65100
97 Zimmer | 45 Apartments | Ez ab 79 €, Dz ab 89 € | 24 h

Das familiengeführte Ferienresort bietet hell und nordisch-modern eingerichtete Zimmer und Suiten. Für Entspannung sorgt ein 750 qm großer SPA-Bereich mit Pool und Saunalandschaft. Mehrere Restaurants.

Schimmel's
www.schimmels.de

Parkstraße 1, PLZ 18347 (OT: Wustrow), **T 038220 66500**
25 | Hauptgericht 16–24 €, Menü 38–54 € |

Das orangerote Kapitänshäuschen beherbergt ein einladendes Restaurant mit Holztischen und Lederstühlen. Serviert wird eine regional beeinflusste Landhausküche. Probieren Sie z.B. „Krosses Zanderfilet mit Krabben, Brunnenkresse und gestovtem Kohlrabi“. Wer länger bleiben mag: Drei individuell eingerichtete Zimmer sind auch vorhanden.

Jetzt abonnieren: instagram.com/vartaguide

XANTEN 28 B www.xanten.de

Nordrhein-Westfalen | EW 21.186 | 22 m | Geldern 21 km, Moers 30 km

Landhaus Köpp www.landhauskoepp.de

VARTA-TIPP Küche VARTA-TIPP Service

Husenweg 147, PLZ 46509 (OT: Obermörmter), **T 02804 1626**
27 | Hauptgericht 33–40 € | Di-Fr, So Di-Sa Mo

Seit mehr als 20 Jahren zeichnen wir dieses Restaurant mit einem „Varta-Tipp Küche" aus - zurecht! Jürgen Köpp sorgt mit seiner beeindruckenden Kochkunst und enormem Fleiß dafür, dass das Landhaus Köpp nach wie vor zu einer der besten und feinsten kulinarischen Adressen am Niederrhein zählt. Der Patron ist vom Wunsch beseelt, seinen Gästen ganz besondere Genussmomente zu bescheren. Mit großer Hingabe komponiert er finessen- und kontrastreiche Gerichte auf klassischer Basis. Dazu ein charmanter Service und eine ausgewogene Weinauswahl. Im Restaurant „Filius" wird etwas bürgerlicher, aber nicht weniger schmackhaft gekocht. Sehr beliebt sind die Kochkurse des Patrons.

ZEISKAM 50 D www.suedpfalz-tourismus-vg-bellheim.de

Rheinland-Pfalz | EW 1.915 | 120 m | Landau i. d. Pfalz 10 km, Germersheim 10 km

Zeiskamer Mühle www.zeiskamermuehle.de

★★★ S garni

Hauptstraße 87, PLZ 67378, **T 06347 97400,** F 974066
36 Zimmer | 1 Suite | Ez ab 95 €, Dz ab 160 €, inkl. Frühstück

Hist. Anwesen direkt am Mühlbach umgeben von Wald und Wiesen. Sachlich-funktionale Zimmer in unterschiedlichen Kategorien. Ein Tennisplatz sowie eine Reitanlage befinden sich in Sichtweite. Im behaglichen Restaurant werden heimische Gerichte mit mediterranen Einflüssen serviert. Besonders nett sitzt man im Sommer auf der überdachten Terrasse.

ZELL 58 B www.zellua.de

Baden-Württemberg | EW 2.701 | 384 m | Kirchheim unter Teck 11 km, Göppingen 12 km

Schäferhof
www.schaeferhof-zell.de

Bollerstraße 4, PLZ 73119, **T 07164 14367**
70 | Hauptgericht 14–23 €, Menü 50 € | Mo, Do-Fr, So Mo, Do-So Di, Mi

In klassisch-gediegenem Ambiente serviert man frische bodenständige Küche mit saisonalen und regionalen Einflüssen - ein Klassiker ist z.B. der „Zwiebelrostbraten mit Bratkartoffeln“. Ebenso lecker: „Schwäbische Käsespätzle mit gerösteten Zwiebeln“. Es gibt auch einen Festsaal für Veranstaltungen und einen lauschigen Biergarten unter Kastanien.

ZELL AM HARMERSBACH 57 C
www.zell.de

Baden-Württemberg | EW 7.952 | 223 m | Lahr 19 km, Offenburg 22 km

Bräukeller
www.braeukeller-zell.de

Fabrikstraße 8, PLZ 77736, **T 07835 548800**
65 | Hauptgericht 9–27 € | Mi-So Mo, Di

Gemütliches Lokal in einem Kellergewölbe aus dem Jahre 1768 mit badisch-mediterranem Flair. Hier gibt es marktfrische Küche und heimische Biere. Spezialität: Bouillabaisse. Nettes Gartenlokal direkt an der hist. Stadtmauer gelegen.

ZELL IM WIESENTAL 64 A
www.zell-im-wiesental.de

Baden-Württemberg | EW 5.987 | 443 m | Lörrach 23 km, Freiburg 50 km

Berggasthof Schlüssel
www.berggasthof-schluessel.de

VARTA-TIPP Küche

Pfaffenberg 2, PLZ 79669 (OT: Pfaffenberg), **T 07625 375**
80 | Hauptgericht 20–30 €, Menü ab 76 € | Mo, Do-So Di, Mi

Genussreiche Stunden und authentische Gastfreundschaft verspricht dieser charmante Schwarzwaldgasthof auf 700 Metern Höhe. Hier sitzt man nicht nur schön (in den ländlich-rustikalen Gaststuben oder auf der herrlichen Aussichtsterrasse), es wird auch richtig ambitioniert gekocht! Die saisonal inspirierte, produktbezogene Küche von Jakob Brasch gibt es z.B. als „Filet vom Wolfsbarsch mit Kartoffel-Olivenöl-Püree und Tomaten-Kapern-Vinaigrette“.

ZELTINGEN-RACHTIG 49 A
www.zeltingen-rachtig.de

Rheinland-Pfalz | EW 2.197 | 106 m | Bernkastel-Kues 6 km, Wittlich 11 km

St. Stephanus

www.hotel-stephanus.de

★★★★ garni

Uferallee 9, PLZ 54492 (OT: Zeltingen), **T 06532 680,** F 68420
43 Zimmer | 1 Suite | Ez 85–125 €, Dz 120–250 €, inkl. Frühstück

Klassizistisches Herrenhaus mit hübscher Bruchsteinfassade und erweitertem Hotelanbau. Hier erwarten Sie wohnlich eingerichtete Zimmer, teils mit direktem Blick auf die Mosel. Zum Haus gehört auch ein kleiner Beauty- und Saunabereich.

Saxler's Restaurant

70 | Hauptgericht 26–49 €, Menü 62–105 € | Mo-So 17.–21.1.24

Im gediegen-eleganten Restaurant sowie auf der Sonnenterrasse mit herrlichem Blick auf die Uferpromenade der Mosel werden verfeinerte regionale und internationale Gerichte aufgetischt. Lust auf „Kabeljaurücken aus Norwegen auf der Haut gebraten | Pommerysenf | Spinatsprossen | Annabelle-Mousseline“? Eine Alternative zum Gourmetrestaurant ist der urige Braukeller im Untergeschoss. Hier gibt's rustikale Speisen und frisch gezapftes Klosterbier.

ZERBST 34 B

www.stadt-zerbst.de

Sachsen-Anhalt | EW 22.002 | 67 m | Magdeburg 41 km, Wittenberg 44 km

Park Restaurant Vogelherd

Lindauer Straße 78, PLZ 39261, **T 03923 780444**
40 | Hauptgericht 18–28 €, Menü 32–60 € | Sa-So Mi-Fr

Das familiär geführte Restaurant am Stadtrand von Zerbst serviert anspruchsvolle Feinschmeckergerichte mit saisonalem Einschlag in den hist. Mauern eines ehem. Gutshauses. Freundlicher Service, nette Gartenterrasse.

ZEULENRODA-TRIEBES 44 B

www.zeulenrodaer-meer.de

Thüringen | EW 16.344 | 420 m | Schleiz 17 km, Gera 34 km

Bio-Seehotel Zeulenroda

www.bio-seehotel-zeulenroda.de

★★★★ S garni

Bauerfeindallee 1, PLZ 07937, **T 036628 980,** F 98100
174 Zimmer | 42 Suiten | Ez 109–129 €, Dz 184–219 €, inkl. Frühstück | 24 h

Ferien- und Tagungshotel in schöner Seelage mit modern und komfortabel gestalteten Gästezimmern. Panorama-Restaurantetage mit faszinierendem Landschaftsblick. Attraktiver SPA-Bereich mit 20 m langem Infinitypool, Bio-Zirbensauna und Birkendampfbad. Netter Biergarten mit Kinderspielplatz.

ZEUTHEN 27 C

www.zeuthen.de

Brandenburg | EW 10.811 | 35 m | Königs Wusterhausen 8 km, Berlin 29 km

Leutloff's Wirtshaus am See

www.wirtshaus-zeuthen.de

Schulzendorfer Straße 5-6, PLZ 15738 (OT: Miersdorfer See), **T 033762 72366**
70 | Hauptgericht 31–43 €, Menü 57–87 € | Do-So Mo, Di, Mi

››

Direkt am Miersdorfer See liegt dieses Lokal. Geboten werden eine schmackhaft zubereitete deutsche Küche und ein umfangreiches Weinsortiment. Wechselnde Events, teils mit Live-Musik.

ZIESAR 25 D www.ziesar.de

Brandenburg | EW 2.605 | 55 m | Brandenburg an der Havel 29 km, Potsdam 74 km

Burg Hotel www.burghotel-ziesar.de

€ Gut & Günstig ★★★ S garni

Frauentor 5, PLZ 14793, **T 033830 6660,** F 666111
14 Zimmer | Ez 89–109 €, Dz 119–139 €, inkl. Frühstück

Das romantische Domizil verfügt über behaglich eingerichtete Zimmer und ein rustikales Burgrestaurant mit Steinbackofen, Hofgarten und Kaminzimmer. Gute Verkehrsanbindung zur Autobahn A2.

ZIMMERN OB ROTTWEIL 57 D www.zimmern-or.de

Baden-Württemberg | EW 5.921 | 673 m | Rottweil 3 km, Villingen-Schwenningen 18 km

Linde Post www.lindepost.de

Alte Hausener Straße 8, PLZ 78658 (OT: Horgen), **T 0741 33333**
75 | Hauptgericht 11–39 €, Menü 22–45 € | Mo-Mi, Fr-Fr, So Mo-Mi, Fr-So Do

Behagliches Restaurant mit südländischem Ambiente und schöner Gartenterrasse. Auf den Tisch kommt eine verfeinerte Regionalküche mit mediterranen Akzenten. Zu den Spezialitäten des Hauses zählen schwäbische Gulaschsuppe, Zwiebelrostbraten, Rückensteak vom Strohschwein sowie Rehmedaillon aus heimischer Jagd. Die Wurstwaren stammen aus eigener Herstellung.

ZINGST, OSTSEEHEILBAD 10 D www.zingst.de

Mecklenburg-Vorpommern | EW 3.185 | 2 m | Barth 13 km, Greifswald 58 km

Meerlust www.hotelmeerlust.de

★★★★ S garni

Seestraße 72, PLZ 18374, **T 038232 8850,** F 88599
58 Zimmer | 7 Suiten | Ez 180–230 €, Dz 260–410 €, inkl. Halbpension | 24 h

Perfekte Urlaubsbedingungen bietet dieses engagiert und freundlich geführte Ferienhotel am Seedeich. Sie wohnen in stilvoll-elegant eingerichteten Zimmern, überwiegend mit Balkon zur Meerseite. Schöner SPA- und Beautybereich mit erstklassigem Wohlfühlprogramm. Gediegen speist man im Restaurant, hier wird eine gehobene internationale Küche serviert.

Strandhotel Zingst www.strandhotel-zingst.de

S garni

Seestraße 60, PLZ 18374, **T 038232 842100,** F 842111
123 Zimmer | 6 Suiten | 24 h

Komfortables Hotel in bester Strandlage. Großzügige Zimmer mit hochwertiger Ausstattung. Im wiederaufgebauten Kapitänshaus befinden sich zwei Luxussuiten. Entspannung bietet der Wellnesspavillon. Im Restaurant „Nautica“ speisen Sie regional und international.

Vier Jahreszeiten
www.4jahreszeiten-zingst.de

Boddenweg 2, PLZ 18374, **T 038232 1740,** F 17474
95 Zimmer | 31 Suiten | 24 h

Großzügiges Wellness- und Familienhotel, nur wenige Gehminuten vom Strand entfernt. Das Haus verfügt über modern eingerichtete Gästezimmer, einen 1.500 qm großen Beauty- und Wellnessbereich sowie ein Restaurant mit regionaler und internationaler Küche.

Café Rosengarten
www.caferosengarten.net

Strandstraße 12, PLZ 18374, **T 038232 84704**
28 | Mo–Sa 12:00–17:30 Uhr

Das wunderschöne Café ist aus Zingst nicht mehr wegzudenken. Draußen sitzt man in dem mit diversen Rosensorten bewachsenen Garten und drinnen macht man es sich unter dem Reetdach am Kamin gemütlich. Die Kuchen und Torten sind selbstverständlich hausgemacht. Dazu gibt es eine schöne Auswahl an diversen Kaffeevariationen. Der Service ist freundlich und charmant. Wer länger bleiben möchte: eine Ferienwohnung gibt es auch.

ZITTAU 47 B
www.zittau.de

Sachsen | EW 25.950 | 242 m | Löbau 30 km, Bautzen 50 km

Sonne
www.hotel-sonne-zittau.de

Markt 9, PLZ 02763, **T 03583 549960**
15 Zimmer

Ein schmuckes Designhotel direkt am Zittauer Markt. Das unter Denkmalschutz stehende Gebäude zeigt sich in einem beeindruckenden Stilmix aus Barock und Moderne. Großer Wert wurde auf die Erhaltung der originalen Elemente gelegt - so sorgen Eichenholzdielen, hist. Türen und freigelegte Sandsteinwände für reichlich Patina. Die Gästezimmer zeichnen sich durch räumliche Großzügigkeit und zeitgemäßen Komfort aus. Im angeschlossenen Restaurant „Horschel" wird eine moderne Regionalküche aufgetischt.

ZORNEDING 60 D
www.zorneding.de

Bayern | EW 8.846 | 560 m | München 21 km, Wasserburg am Inn 35 km

Neuwirt
www.hotelneuwirt.de

Münchner Straße 4, PLZ 85604, **T 08106 24260,** F 2426166
50 Zimmer | 14 Apartments | Ez 85–99 €, Dz 109–129 €, inkl. Frühstück

Regionaltypischer, familiär und freundlich geführter Gasthof mit angeschlossenem Apartmenthaus. Die stilvollen Zimmer sind in den Kategorien „Tradition" und „Deluxe" buchbar. Für Entspannung sorgt ein kleiner Wellnessbereich mit Sauna und Dampfbad. Im Restaurant wird regional und international gekocht.

Alte Posthalterei
www.alteposthalterei-zorneding.de

Anton-Grandauer-Straße 9, PLZ 85604, **T 08106 20007**
125 | Mi-So Mo, Di

Einladender Gasthof unter familiärer Führung mit gediegen-rustikalen Gasträumen. Die Küche des Patrons ist schmackhaft, frisch und ehrlich - sie reicht von regionalen bis hin zu klassischen Gerichten. Schöner Sommergarten mit alten Kastanien.

Der Varta-Führer digital

Der Varta-Führer ist auch als eBook erhältlich. Ganz einfach online laden und mobil auf Ihrem Smartphone oder Tablet nutzen.

Weitere Hotel- und Restaurantempfehlungen sowie zahlreiche Freizeittipps erhalten Sie unter: **www.varta-guide.de**

ZUSMARSHAUSEN 59 D — www.zusmarshausen.de

Bayern | EW 6.191 | 466 m | Augsburg 25 km, Günzburg 28 km

Alte Posthalterei — www.posthalterei.com

★★★★ S

Augsburger Straße 2, PLZ 86441, **T 08291 858220,** F 85822222
66 Zimmer | 2 Suiten | 1 Apartment | Ez 85–160 €, Dz 110–185 €, inkl. Frühstück | 24 h

Mit seinem historischen Charme und den geschmackvollen, individuellen Zimmern und Suiten ist das toprenovierte Traditionshaus von 1648 etwas ganz Besonderes! Egal, ob man im Kutscherzimmer, im Adelszimmer oder im Fürstenzimmer „Napoleon" übernachtet - hier heißt es ankommen und wohlfühlen. Im gemütlichen Restaurant setzt man auf eine bayerisch-schwäbische Heimatküche.

ZWEIBRÜCKEN 49 D — www.zweibruecken.de

Rheinland-Pfalz | EW 34.084 | 300 m | Homburg/Saar 11 km, Saarbrücken 40 km

Landschloss Fasanerie — www.landschloss-fasanerie.de

★★★★ S

Fasanerie 1, PLZ 66482, **T 06332 9730,** F 973111
50 Zimmer | 13 Suiten | Ez ab 109 €, Dz ab 129 €, inkl. Frühstück | 24 h

Das hist. Anwesen in einer hübschen Parkanlage bietet seinen Gästen geschmackvoll und wohnlich eingerichtete Landhauszimmer in unterschiedlichen Kategorien. Schön auch der Wellnessbereich mit Hallenbad und Saunalandschaft.

ESSLIBRIS

40 | Hauptgericht 29–56 €, Menü 62–89 € | Di-So Di-Sa Mo

Im elegant mit lila Farbtönen gestalteten Wintergartenrestaurant mit tollem Blick zum Garten serviert man Ihnen klassisch inspirierte Gerichte mit mediterranen Einflüssen. Auf der Weinkarte finden sich neben bekannten Gewächsen aus der Pfalz auch edle Tropfen aus Frankreich und Italien. Im Zweitrestaurant „Landhaus", einem ehem. Stallgebäude aus dem 18. Jhd., werden bodenständige Gerichte aus Südtirol und der Region aufgetischt.

ZWEIFLINGEN 52 C — www.zweiflingen.de

Baden-Württemberg | EW 1.652 | 308 m | Forchtenberg 6 km, Heilbronn 34 km

Wald & Schlosshotel Friedrichsruhe
www.schlosshotel-friedrichsruhe.de

VARTA TIPP Service

★★★★★S garni

Kärcherstraße 11, PLZ 74639 (OT: Friedrichsruhe), **T 07941 60870,** F 6087888
66 Zimmer | 29 Suiten | Ez 220–380 €, Dz 440–520 €, inkl. Frühstück | 24 h

Die noble Herberge im Hohenlohekreis zählt ohne Zweifel zu den elegantesten Landhotels Deutschlands. Die luxuriös ausgestatteten Zimmer und Suiten sind auf mehrere Gebäude in einem weitläufigen Park verteilt. Mit dem 4.400 qm großen Spa-Haus bietet man den Gästen eine Wellnessoase der Extraklasse! Service hat in diesem vorbildlich geführten Hotel übrigens einen hohen Stellenwert, und auch das Frühstück ist ausgezeichnet.

Gourmet-Restaurant Le Cerf

VARTA TIPP Küche VARTA TIPP Service

25 | Hauptgericht 46–58 €, Menü 152–220 € | Mi-Fr Mo, Di, Sa, So

Das hat schon was: Hier tafelt man in wahrhaft herrschaftlicher Atmosphäre. Prächtige Seidenstoffe, luxuriöse Tapeten und glitzernde Kristallleuchter prägen das edle Interieur. Boris Rommel kocht mit großer Freude und bemerkenswerter Präzision. Seine exquisite Haute Cuisine ist schnörkellos und von ausgezeichneter Qualität. Eindrucksvoll, wie viel Finesse und gleichzeitig geschmackliche Wucht in seinen Gerichten stecken. Dazu eine verlockende Weinkarte mit erstklassigen Gewächsen von europäischen Spitzenweingütern. Nicht zu vergessen der geschulte und überaus freundliche Service.

Schon probiert?
Der Varta-Führer ist auch als eBook für Ihren TabletPC oder Ihr Smartphone verfügbar!

Jägerstube

40 | Hauptgericht 26–32 €, Menü 54–58 € | Mo-So

Mit waidmännischen Motiven dekorierte Stube mit gemütlichem Ambiente. Serviert werden feine Gerichte der gehobenen Regionalküche, so z.B. „Rosa gebratenes Kalbsrückensteak mit Chorizokruste, Rotweinjus, Honig-Estragon-Karotten und Kartoffelkrapfen“.

ZWICKAU 45 A www.zwickautourist.de

Sachsen | EW 94.340 | 267 m | Chemnitz 40 km, Gera 49 km

First Inn Hotel www.hotel-firstinn-zwickau.de

★★★★S gami

Kornmarkt 9, PLZ 08056, **T 0375 27920**, F 2792666
128 Zimmer | 3 Suiten | 9 Apartments | Ez 134–144 €, Dz 169–203 €, inkl. Frühstück | 24 h

Modernes Komforthotel in der Innenstadt. Hier erwarten Sie wohnliche Zimmer mit neuzeitlichen Möbeln und warmen Farben. Schöne Terrasse mit Blick auf den hist. Kornmarkt. Restaurant mit saisonaler und internationaler Küche.

Filetstück Restaurant Neu! www.filetstuck-restaurant.de

Leipziger Straße 180, PLZ 08058 (OT: Pölbitz), **T 0375 30333400**
50 | Hauptgericht 16–44 €, Menü 55–75 € | Di-Sa Mo, So

Im Erdgeschoss des ACHAT Hotel Zwickau finden Sie dieses etablierte Restaurant. Auf der Speisekarte stehen sowohl Klassiker als auch kreativ-moderne Gerichte. Dabei legt die Küche größten Wert auf Frische, kurze Lieferwege und auf nachhaltig erzeugte Lebensmittel. Die verschiedenen Steakcuts stammen aus den hauseigenen Fleischreifeschränken. Schöner Biergarten im Grünen.

Jetzt vorbeischauen: pinterest.com/vartaguide

ZWIESEL 55 D www.zwiesel.de

Bayern | EW 9.200 | 585 m | Regen 10 km, Grafenau 29 km

Robenstein Neu! robenstein.de

★★★★★S gami

Stormbergerstraße 27, PLZ 94227, **T 09922 71640**
90 Zimmer

Das Aktiv- und SPA-Hotel empfängt Sie in exponierter Lage oberhalb von Zwiesel auf über 700 Metern Höhe mit herrlichem Blick ins Tal. Die modern und wohnlich eingerichteten Zimmer und Suiten verteilen sich auf das Haupthaus und die historische Villa. Für jede Menge Entspannung sorgen die SPA-Bereiche nebst unvergleichlichem Saunadorf im hauseigenen Forst. Das Domizil ist der ideale Ausgangspunkt für verschiedene Outdooraktivitäten wie Wandern, Mountainbiketouren oder Skifahren.

Glashotel
www.glashotel.de

Hochstraße 45, PLZ 94227, **T 09922 8540**
24 Zimmer | 9 Suiten | 1 Apartment | Ez 66–71 €, Dz 150–160 €, inkl. Frühstück

Urlaubshotel mit wohnlich eingerichteten Gästezimmern und lichtdurchflutetem Frühstücksraum. Traditionelles Restaurant mit Kachelofen und regionaler Küche. Großzügige Wellnesslandschaft auf 500 qm mit Hallenbad und mehreren Saunen.

Zur Waldbahn
www.zurwaldbahn.de

Bahnhofsplatz 2, PLZ 94227, **T 09922 8570,** F 857222
20 Zimmer | Ez 85–120 €, Dz 120–200 €, inkl. Frühstück

Solide geführter Gasthof mit Anbau, der sich bereits seit 5 Generationen in Familienbesitz befindet. Gepflegte, zeitgemäß eingerichtete Zimmer. Für Entspannung sorgen ein Hallenbad und eine Sauna. Gaststuben mit bayerischem Charakter und regionalen Spezialitäten.

Folgen Sie uns: facebook.com/vartaguide

ZWINGENBERG 51 A
www.zwingenberg.de

Hessen | EW 6.705 | 100 m | Bensheim 6 km, Darmstadt 19 km

Kaltwassers Wohnzimmer
www.kaltwasserswohnzimmer.de

VARTA-TIPP Küche

Obergasse 15, PLZ 64673, **T 06251 1058640**
90 | Hauptgericht 25–35 €, Menü 55–75 € | So Mi-So Mo, Di

Im schmucken Fachwerkhaus wird überwiegend regional gekocht. Patron und Küchenchef Marc-André Kaltwasser setzt auf natürliche, unverfälschte Produkte. Sehr beliebt ist das Überraschungsmenü in 3, 4 oder 5 Gängen (auch vegetarisch). Das Ambiente: Sofas, antike Stühle und Retro-Accessoires aus den 1950ern sorgen für behagliche Wohnzimmeratmosphäre.

ZWISCHENAHN, BAD 13 C
www.bad-zwischenahn-touristik.de

Niedersachsen | EW 28.531 | 7 m | Westerstede 12 km, Oldenburg 15 km

Haus am Meer
www.hausammeer.de

Auf dem Hohen Ufer 25, PLZ 26160, **T 04403 9400,** F 940300
71 Zimmer | 1 Suite | Ez 108–131 €, Dz 192–243 €, inkl. Frühstück | 24 h

Familiengeführtes Haus in ruhiger Lage mit exklusivem Ambiente und kompetentem Service. Komfortabel eingerichtete, lichtdurchflutete Zimmer unterschiedlicher Kategorien. Das Restaurant serviert internationale Küche mit saisonalen Einflüssen.

Jagdhaus Eiden am See

www.jagdhaus-eiden.de

Eiden 9, PLZ 26160, **T 04403 698000,** F 698398
114 Zimmer | 24 Suiten | 14 Apartments | Ez ab 69 €, Dz ab 135 €, inkl. Frühstück | 24 h

Ein familiengeführtes Wohlfühlresort in idyllischer Lage - umgeben von einem 10 ha großen, liebevoll gepflegten Park. Sie logieren in angenehm wohnlichen Landhauszimmern und Suiten. Wellness pur verspricht der 1.500 qm große SPA-Bereich. Hauseigener Anleger und Privatstrand direkt am Zwischenahner Meer.

Apicius

VARTA-TIPP Küche **VARTA-TIPP** Service

25 | Hauptgericht 33–50 €, Menü 134–175 € | Di-Fr Mo, Sa, So

Das Gourmetrestaurant ist weit über die Grenzen des Ammerlandes hinaus bekannt. Tim Extra kocht klar und aufs Wesentliche konzentriert, modern und dennoch mit klassischer Note. Immer wieder lässt er sich von der asiatischen Küche inspirieren. Viele Produkte stammen aus dem hoteleigenen Gemüse- und Obstgarten. Auch ein vegetarisches Menü steht auf der wechselnden Speisekarte. Für die passenden Weinempfehlungen sorgt Restaurantleiterin und Sommelière Isabell Hennig.

Eiden Restaurant

150 | Hauptgericht 17–42 €, Menü 55–62 € | Mo-So

Ob saisonfrisch zubereitete Spezialitäten der Region oder internationale Klassiker neu interpretiert - auch im behaglich eingerichteten Zweitrestaurant können Sie hervorragend speisen, z.B. „Loup de Mer in Olivenöl gegart | Kartoffel-Knoblauchcreme | Artischockenherzen | Kalamata-Olive | confierte Tomate | Kräuter". Dazu kredenzt man ausgesuchte Weine aus nah und fern.

Der Varta-Führer digital

Der Varta-Führer ist auch als eBook erhältlich. Ganz einfach online laden und mobil auf Ihrem Smartphone oder Tablet nutzen.

Weitere Hotel- und Restaurantempfehlungen sowie zahlreiche Freizeittipps erhalten Sie unter: **www.varta-guide.de**

Am Badepark

www.hotelambadepark.de

★★★★

Am Badepark 5, PLZ 26160, **T 04403 6960,** F 696373
50 Zimmer | 5 Suiten | Ez ab 86 €, Dz ab 69 €, inkl. Frühstück

Hotel in ruhiger Lage mit komfortabel ausgestatteten Zimmern. Nutzung des Badeparks (in den Sommermonaten geöffnet) mit beheizten Pools und einer 80 m langen Wasserrutsche für Hausgäste kostenfrei. Restaurant mit schöner Gartenterrasse.

Amsterdam

www.hotel-amsterdam.de

★★★★ garni

Wiefelsteder Straße 18, PLZ 26160 (OT: Aschhauserfeld), **T 04403 9340,** F 934234
40 Zimmer | Ez 79–135 €, Dz 118–161 €, inkl. Frühstück

Hier lässt es sich richtig gut wohnen. Überaus ansprechend die komfortabel und zeitgemäß eingerichteten Zimmer. Morgens wartet ein reichhaltiges Frühstücksbuffet mit Superfood-Bar. Gemütliche Loungebar mit großer Gartenterrasse.

Seehotel Fährhaus

www.seehotel-faehrhaus.de

★★★★

Auf dem Hohen Ufer 8, PLZ 26160, **T 04403 6000,** F 600500
64 Zimmer | 2 Suiten | Ez 99–174 €, Dz 169–209 €, inkl. Frühstück | ⏲ 24 h

Inmitten gepflegter Parkanlagen direkt am Zwischenahner Meer gelegen. Die komfortablen Gästezimmer in unterschiedlichen Kategorien verfügen zum Teil über Balkon oder Loggia. Für Entspannung sorgt eine kleine Wellnesslandschaft. Regionale Gerichte im Restaurant „Graf Luckner“.

A

Aachen 116
Aalen 118
Abbach, Bad 119
Abenberg 119
Abstatt 120
Achern 120
Achim 121
Adelsdorf 121
Adelshofen 121
Adelsried 122
Adendorf 122
Aerzen 122
Ahorn 123
Ahorntal 123
Ahrensburg 123
Ahrenshoop, Ostseebad 124
Aibling, Bad 125
Ainring 125
Aitern 125
Aldersbach 125
Aldingen 126
Alf 126
Alfeld (Mittelfranken) 126
Allersberg 127
Allmannshofen 127
Alpirsbach 127
Alsfeld 127
Alt Duvenstedt 128
Altdorf b. Nürnberg 129
Altenahr 129
Altenberge 129
Altenmarkt 130
Altenstadt (Iller) 130
Altensteig 130
Altötting 131
Alveslohe 131
Alzenau 131
Alzey 132
Amberg 132
Amorbach 133
Amrum (Insel) 133
Amstetten 134
Amtzell 134
Andernach 135
Angelbachtal 136
Anger 136
Anklam 136
Ansbach 137
Antrifttal 137
Appenweier 137
Argenbühl 138
Arnsberg 138
Arnschwang 139
Arnstadt 139
Arnstorf 140
Arolsen, Bad 140
Aschaffenburg 140
Aschau 141
Ascheberg (Westfalen) 141
Aspach 142
Asperg 142
Attendorn 142
Au i.d. Hallertau 143
Aue 144
Auerbach i.d.OPf. 145
Auerbach/Vogtl. 145
Auggen 145
Augsburg 146
Aulendorf 152
Aumühle 152
Aurich 152
Aying 153
Ayl 154

B

Bacharach 154
Bad ... 154
Baden-Baden 155
Badenweiler 161
Baierbrunn 162
Baiersbronn 163
Balderschwang 169
Balduinstein 170
Baltrum (Insel) 170
Balve 171
Bamberg 171
Bannewitz 173
Barsinghausen 173
Barth 174
Baunach 174
Bautzen 174
Bayerisch Gmain 175
Bayersoien, Bad 175
Bayreuth 175
Bayrischzell 176
Beilngries 177
Beilstein 178
Bellheim 178
Bellingen, Bad 178
Belzig, Bad 179
Bempflingen 179
Bendestorf 179
Bendorf 179
Benz (bei Wismar) 180
Berching 180
Berchtesgaden 180
Berg (Starnberger See) 182
Bergen b. Auerbach 182
Berghaupten 182
Bergisch Gladbach 182
Bergkirchen 184
Bergneustadt 184
Bergzabern, Bad 184
Berleburg, Bad 184
Berlin 185
Bernau im Schwarzwald 226
Berneck i.Fichtelgebirge, Bad 227
Bernkastel-Kues 227
Bernried am Starnberger See 228
Bertrich, Bad 228
Bescheid 228
Besigheim 229
Betzdorf 229
Biberach (Baden) 229
Biberach an der Riß 229
Biebelried 230
Bielefeld 230
Bienenbüttel 232
Bietigheim-Bissingen 232
Billerbeck 233
Bilsen 234
Bindlach 234
Bingen am Rhein 234
Binzen 235
Birkenau 235
Birnbach, Bad 236
Bischofsgrün 236
Bischofswiesen 236
Bispingen 237
Bitburg 238
Blankenbach 238
Blankenburg (Harz) 238
Blankenfelde-Mahlow 239
Blankenhain 239
Blaubeuren 241
Blieskastel 241
Böbing 241
Böblingen 242
Bocholt 243
Bochum 243
Bocklet, Bad 244
Bodenmais 244
Bodenwerder-Polle 245
Bodenwöhr 245
Bodman-Ludwigshafen 246
Böhmenkirch 246
Bokel 247
Boltenhagen, Ostseebad 247
Bonn 247
Bonndorf 253
Bönnigheim 254
Boppard 254
Borken/Westfalen 255
Borkum (Insel) 255
Bosau 256
Bottrop 256
Brackenheim 256
Brandenburg an der Havel 256
Braubach 257
Braunfels 257
Braunlage 257
Braunsbedra 258
Braunschweig 258
Bredstedt 261
Breisach 261
Breisig, Bad 262
Breitenbrunn/Erzgeb. 263
Breitenburg 263
Breitnau 263
Bremen 264
Bremerhaven 270
Bretten 273
Bretzenheim 273
Bretzfeld 274
Briesen (Mark) 274
Brilon 274
Bruchhausen-Vilsen 275
Bruchsal 275
Brückenau, Bad 276
Brühl (Baden) 276
Brühl (Rheinland) 276
Brunsbüttel 277
Buchbach 277
Buchholz in der Nordheide 277
Bückeburg 278
Büdelsdorf 278
Bühl 278
Bühlertal 279
Bullay 280
Bünde 280
Bundenbach 280
Burbach 280
Burg (Spreewald) 281
Burgbrohl 282
Burghausen 282
Bürgstadt 283
Burgwedel 283
Burkardroth 284
Burrweiler 284
Burscheid 284
Büsingen am Hochrhein 285
Büsum 285
Büttelborn 287
Buxtehude 287

C

Calw 287
Celle 287
Cham 290
Chemnitz 290
Chieming 293
Clausthal-Zellerfeld 294
Cloppenburg 294
Coburg 294
Cochem 295
Colmberg 295
Cottbus 296
Crailsheim 296
Crimmitschau 296
Crivitz 297

Cuxhaven 297

D

Dachau 300
Dahn 300
Darmstadt 301
Darscheid 303
Daun 303
Deggendorf 304
Deggenhausertal 305
Deidesheim 305
Delbrück 307
Delmenhorst 308
Denkendorf (Württemberg) 308
Denzlingen 308
Dermbach 308
Dernau 309
Dernbach (Pfalz) 309
Dessau-Roßlau 310
Detmold 310
Dettighofen 311
Dettmannsdorf 311
Dieblich 311
Dierhagen 312
Dießen a. Ammersee 314
Dietersheim 315
Dietmannsried 315
Dietramszell 315
Dietzenbach 315
Dillenburg 316
Dillingen a.d. Donau 316
Dillingen/Saar 316
Dingolfing 316
Dinkelsbühl 317
Dinklage 318
Dinslaken 318
Ditzenbach, Bad 318
Doberan, Bad 319
Donaueschingen 320
Donaustauf 321
Donauwörth 321
Dormagen 322
Dornum 322
Dörscheid 322
Dorsten 323
Dortmund 324
Dossenheim 328
Drachselsried 328
Dreieich 329
Dreis 329
Drensteinfurt 331
Dresden 331
Driburg, Bad 339
Düben, Bad 340
Dudeldorf 340
Duderstadt 340
Duggendorf 340
Duisburg 341
Dülmen 342
Durbach 342
Düren 343
Dürkheim, Bad 343
Dürrheim, Bad 344
Düsseldorf 345

E

Ebensfeld 360
Ebersbach an der Fils 360
Eching (Landkreis Freising) 360
Edenkoben 360
Edesheim 361
Efringen-Kirchen 361
Eggenstein-Leopoldshafen 362
Egling 363
Ehingen 363
Ehningen 363
Eibelstadt 364
Eichstätt 365
Einbeck 365
Eisenach 365
Eisenschmitt 367
Eislingen/Fils 367
Ellwangen (Jagst) 367
Elster, Bad 368
Eltville 368
Elzach 370
Emden 371
Emmendingen 371
Emmerich am Rhein 372
Emmingen-Liptingen 372
Ems, Bad 372
Emsdetten 373
Endingen 373
Enge-Sande 374
Engelthal 374
Enkenbach-Alsenborn 375
Enzklösterle 375
Eppenbrunn 375
Eppingen 375
Erding 376
Erftstadt 376
Erfurt 377
Erkelenz 381
Erkheim 381
Erkrath 382
Erlangen 382
Eschborn 383
Eschenbach i.d.OPf. 383
Eslohe 383
Essel 384
Essen 385
Essen, Bad 391
Esslingen am Neckar 391
Ettenheim 391
Ettlingen 392
Euskirchen 393

F

Falkensee 394
Farchant 394
Faßberg 394
Fehmarn (Insel) 395
Fehrbellin 395
Feldberg 396
Feldberger Seenlandschaft 397
Feldkirchen 398
Feldkirchen-Westerham 398
Fellbach 399
Felsberg 399
Feuchtwangen 400
Fichtenau 400
Filderstadt 400
Fincken 401
Finning 401
Finsterwalde 401
Fischbachau 401
Fischen 402
Fischerbach 402
Fladungen 403
Flensburg 403
Flintsbach a.Inn 404
Flonheim 404
Fockbek 405
Föhr (Insel) 405
Forchheim 406
Forst an der Weinstraße 407
Forstinning 407
Frammersbach 408
Frankenau 408
Frankenberg (Eder) 408
Frankenthal (Pfalz) 409
Frankfurt am Main 410
Frasdorf 426
Frauenau 427
Freiamt 428
Freiberg/Sachsen 429
Freiburg im Breisgau 430
Freiensteinau 436
Freienwalde, Bad 436
Freilassing 436
Freinsheim 437
Freising 438
Freital 438
Freudenstadt 438
Freyburg (Unstrut) 440
Freyung 440
Frickenhausen a.Main 441
Frickingen 441
Fridolfing 441
Friedberg (Bayern) 442
Friedberg (Hessen) 442
Friedewald 442
Friedland 443
Friedrichshafen 444
Friedrichshall, Bad 446
Friedrichstadt 447
Friesenheim 447
Fröndenberg/Ruhr 447
Fulda 447
Fürstenfeldbruck 449
Fürth 450
Füssen 450
Füssing, Bad 452

G

Gaggenau 454
Gaienhofen 454
Gailingen am Hochrhein 455
Ganderkesee 455
Garbsen 455
Garching b. München 456
Garmisch-Partenkirchen 457
Garrel 460
Gärtringen 461
Gau-Bischofsheim 461
Gehrden 461
Geisenheim 461
Geisingen 463
Geislingen 463
Geldern 463
Gelnhausen 463
Gelsenkirchen 464
Gemünden a. Main 464
Gengenbach 464
Georgsmarienhütte 466
Gera 466
Gernsbach 466
Gerolstein 467
Gersfeld (Rhön) 467
Geseke 468
Giengen 468
Gießen 468
Gilching 469
Glashütten 469
Glees 470
Gleisweiler 470
Glonn 470
Glottertal 470
Glücksburg 471
Gmund a.Tegernsee 473
Gnotzheim 473
Göhren-Lebbin 473
Gohrisch 474
Göppingen 474
Görlitz 475
Goslar 476
Gößweinstein 476
Gotha 476
Gottenheim 477

Göttingen 477
Graal-Müritz 479
Grafenau 480
Grafenwiesen 480
Grainau 480
Grainet 482
Grasellenbach 483
Grassau 483
Greifswald 483
Grenzach-Wyhlen 484
Greven 485
Grevenbroich 485
Griesbach i.Rottal, Bad 486
Grimma 487
Grömitz, Ostseebad 487
Gronau 488
Grönenbach, Bad 488
Groß Meckelsen 488
Groß Nemerow 489
Groß-Gerau 489
Groß-Umstadt 490
Großefehn 490
Großheubach 490
Großostheim 491
Großräschen 491
Großschönau 491
Grünberg 491
Grünhain-Beierfeld 492
Grünwald 492
Gummersbach 493
Gundelfingen a. d. Donau 493
Günzburg 493
Gunzenhausen 493
Güstrow 494
Gutenzell-Hürbel 494
Gütersloh 495

H

Haan 495
Hadamar 495
Hagen 496
Hagnau am Bodensee 496
Haiger 497
Halberstadt 497
Hallbergmoos 498
Halle (Saale) 498
Halle (Westf.) 499
Hallenberg 499
Halsenbach 499
Haltern am See 500
Hamberge 500
Hamburg 501
Hamm (Sieg) 526
Hamm (Westfalen) 526
Hammelburg 527
Hanau 528
Hann. Münden 528
Hannover 529
Hanstedt 536
Hardert 536
Haren (Ems) 536
Harrislee 537
Harsewinkel 537
Hartenstein 537
Hartheim am Rhein 538
Harzburg, Bad 538
Haselünne 539
Haslach im Kinzigtal 539
Hattingen 540
Hausen ob Verena 540
Häusern 541
Hauzenberg 541
Havelberg 542
Hayingen 542
Heideland 543
Heidelberg 543
Heidenheim 549
Heigenbrücken 549
Heikendorf 549
Heilbronn 549
Heiligenhafen 551
Heiligenhaus 551
Heiligenstadt i.OFr. 552
Heiligenstadt, Heilbad 552
Heimbuchenthal 552
Heimsheim 553
Heinsberg 553
Heitersheim 554
Helgoland (Insel) 554
Hennef (Sieg) 555
Herborn 555
Herford 555
Herleshausen 556
Herne 557
Heroldsberg 557
Herrenalb, Bad 558
Herrenberg 558
Herrieden 559
Herrsching a. Ammersee 559
Hersbruck 560
Herschberg 560
Hersfeld, Bad 560
Herxheim 561
Herzlake 562
Herzogenaurach 562
Heßdorf 563
Hessigheim 563
Hilden 563
Hildesheim 563
Hillesheim 564
Hindelang, Bad 564
Hinterzarten 565
Hirschberg a. d. Bergstr. 567
Hitzacker/Elbe 567
Höchenschwand 567
Hochheim 568
Höchst i. Odw. 569
Höchstädt a. d. Donau 569
Hof 569
Hofbieber 569
Hofheim am Taunus 570
Hohen Demzin 570
Hohenkammer 571
Hohenstein 572
Hohenstein 572
Hohentengen 573
Höhn 573
Höhr-Grenzhausen 573
Holzkirchen 573
Holzminden 574
Homburg 574
Homburg v. d. Höhe, Bad 575
Hopferau 575
Hoppegarten 575
Horb am Neckar 576
Horgau 576
Horn-Bad Meinberg 576
Hornbach 577
Hörstel 577
Hövelhof 578
Höxter 578
Hoyerswerda 578
Hüfingen 579
Hünfeld 579
Hungen 579
Husum 579
Huy 580

I

Ibbenbüren 580
Iburg, Bad 581
Ichenhausen 582
Idar-Oberstein 582
Idstein 582
Iffeldorf 583
Ihringen 583
Ilbesheim 583
Illertissen 584
Illschwang 585
Ilsenburg 585
Ilsfeld 585
Immenstaad 586
Immenstadt i. Allgäu 586
Ingelfingen 587
Ingelheim am Rhein 587
Ingolstadt 587
Inzell 588
Inzlingen 588
Iphofen 589
Iserlohn 590
Isernhagen 591
Ismaning 591
Isny im Allgäu 591
Isselburg 592

J

Jena 592
Jever 593
Johannesberg 593
Jonsdorf, Kurort 594
Jugenheim 594
Juist (Insel) 594

K

Kaarst 595
Kahl a. Main 595
Kaisersesch 596
Kaiserslautern 596
Kaisheim 597
Kalkar 597
Kalkhorst 597
Kallmünz 598
Kallstadt 598
Kamenz 599
Kamp-Lintfort 599
Kandel 599
Kandern 600
Kappelrodeck 600
Karben 600
Karlsruhe 601
Kassel 606
Kastellaun 609
Kaub 609
Kehl 609
Kelheim 610
Kelkheim (Taunus) 611
Kell am See 611
Kellenhusen 611
Kelsterbach 611
Kempten 612
Kenzingen 613
Kernen im Remstal 613
Kerpen 614
Ketsch 614
Kevelaer 615
Kiedrich 615
Kiel 615
Kipfenberg 618
Kirchdorf 619
Kirchdorf an der Iller 619
Kirchheim a. d. Weinstr. 619
Kirchheim unter Teck 620
Kirchheimbolanden 620
Kirchlauter 621
Kirchzarten 621
Kirn 622
Kissing 622
Kissingen, Bad 622
Kißlegg 624

Kleines Wiesental 624
Kleinwallstadt 624
Klettgau 624
Kleve 625
Kloster Lehnin 625
Klotten 625
Knüllwald 625
Kobern-Gondorf 626
Koblenz 626
Kohlgrub, Bad 628
Köln 629
Köngen 644
Köngernheim 645
König, Bad 645
Königsbronn 645
Königsfeld 646
Königstein (Oberpfalz) 646
Königstein im Taunus 647
Königswinter 647
Konstanz 648
Korb 650
Korbach 650
Korschenbroich 651
Kötzting, Bad 651
Kraiburg a. Inn 652
Krakow am See 652
Kranzberg 652
Krefeld 653
Kreischa 653
Kremmen 654
Kressbronn 654
Kreuth 655
Kreuznach, Bad 655
Kreuzwertheim 656
Krombach 656
Kronach 656
Kronberg im Taunus 656
Krozingen, Bad 657
Krumbach (Schwaben) 657
Krummhörn 658
Krün 659
Kuddewörde 659
Kuhlen-Wendorf 660
Kühlungsborn 660
Kulmbach 663
Kunreuth 663
Künzell 664
Künzelsau 664
Kupferzell 665
Kürten 666
Kusterdingen 666
Kyritz 666

L

Laasphe, Bad 666
Laboe 668
Ladenburg 668
Laer, Bad 669
Lahr 669
Lam 670
Landau in der Pfalz 670
Landshut 671
Langen 672
Langenargen 672
Langenau 673
Langenburg 674
Langenhagen 674
Langenlonsheim 675
Langenzenn 675
Langeoog (Insel) 676
Langerwehe 677
Lauchheim 677
Lauda-Königshofen 677
Laudenbach 678
Lauf a.d.Pegnitz 679
Laufen a.d. Salzach 679
Laufenburg 680
Lauffen am Neckar 680
Lauingen (Donau) 680
Lautenbach 681
Lauterbach (Hessen) 681
Lauterberg, Bad 682
Lechbruck a. See 682
Leer 682
Lehmkuhlen 683
Lehrte 683
Leimen 683
Leinfelden-Echterdingen 684
Leinsweiler 684
Leipzig 685
Leiwen 692
Lengerich 692
Lenggries 692
Lenzkirch 692
Lich 693
Lichtenau 693
Lichtenberg 693
Lichtenstein 694
Lichtenstein 694
Liebenzell, Bad 694
Lieser 694
Limbach-Oberfrohna 695
Limburg 695
Lindau (Bodensee) 696
Lindenberg i. Allgäu 699
Lingen (Ems) 699
Linsengericht 700
Linthe 700
Lippspringe, Bad 700
Lippstadt 701
Löbau 701
Lohmar 701
Lohmen 702
Lohr 702
Longuich 702
Löningen 702
Lorch 702
Lörrach 703
Losheim am See 704
Lottstetten 704
Lübben (Spreewald) 704
Lübbenau/Spreewald 705
Lübeck 705
Lüchow 708
Lüdenscheid 709
Lüdinghausen 710
Ludwigsburg 710
Ludwigshafen 712
Ludwigslust 712
Lunden 712
Lüneburg 713
Lünen 713
Lütjenburg 714
Lütjensee 714
Lychen 714

M

Magdeburg 715
Maierhöfen 717
Maikammer 717
Maintal 718
Mainz 718
Maisach 723
Malente 724
Mandelbachtal 724
Mannheim 725
Marburg 728
March 729
Marienberg 729
Marienberg, Bad 729
Markkleeberg 730
Markt Weisendorf 730
Marktbergel 730
Marktbreit 730
Marktheidenfeld 731
Marktoberdorf 732
Marlow 732
Marxzell 732
Maselheim 733
Masserberg 733
Maßweiler 733
Mauerstetten 734
Maxhütte-Haidhof 734
Meerane 734
Meerbusch 734
Meerfeld 735
Meersburg 735
Meinhard 736
Meisenheim 737
Meißen 737
Melle 738
Mellrichstadt 739
Melsungen 739
Memmelsdorf 739
Meppen 739
Merching 740
Mergentheim, Bad 740
Merklingen 741
Mertesdorf 741
Merzig 741
Meschede 742
Mespelbrunn 742
Meßkirch 743
Meßstetten 743
Mettlach 744
Mettmann 745
Metzingen 745
Michelau i.OFr 745
Michelstadt 746
Miesbach 746
Miltenberg 746
Mindelheim 747
Minden 747
Mittenwald 747
Mitterskirchen 748
Moers 748
Molfsee 749
Mölln 749
Mönchengladbach 749
Montabaur 750
Morbach 750
Moritzburg 750
Morschen 751
Mosbach 751
Motten 751
Muggensturm 751
Mühltal 752
Mulfingen 752
Mülheim an der Mosel 753
Mülheim an der Ruhr 754
Mülheim-Kärlich 755
Müllheim 755
München 757
Münchweiler an der Alsenz 787
Münder, Bad 787
Münsing 787
Münsingen 788
Münster 788
Münstertal 793
Murnau 794

N

Nachrodt-Wiblingwerde 795
Nagold 795
Nauen 796
Naumburg (Saale) 796
Naurath (Wald) 797
Neckargemünd 797
Neckarsulm 798
Nenndorf, Bad 798
Nesselwang 799

Neu-Anspach 799
Neu-Isenburg 799
Neu-Ulm 800
Neuberg 800
Neubeuern 800
Neuburg a. d. Donau 801
Neuenahr-Ahrweiler, Bad 801
Neuendettelsau 803
Neuendorf-Sachsenbande 803
Neuenhaus 803
Neuenkirchen (Kreis Steinfurt) 804
Neuenkirchen bei Greifswald 804
Neuenstein 804
Neuenstein 804
Neuffen 805
Neuhardenberg 805
Neuhaus am Rennweg 805
Neuhausen 806
Neuhausen/Erzgeb. 806
Neuhof a. d. Zenn 806
Neuhütten 807
Neukirch 807
Neukirchen 807
Neukirchen-Vluyn 807
Neukloster 808
Neuleiningen 808
Neumagen-Dhron 809
Neumarkt i.d.OPf. 809
Neumünster 810
Neunburg vorm Wald 811
Neunkirchen (Baden) 812
Neunkirchen (Saar) 812
Neupotz 812
Neuruppin 813
Neuss 813
Neustadt (Dosse) 814
Neustadt a.d. Donau 814
Neustadt a.d.Aisch 815
Neustadt an der Orla 815
Neustadt an der Saale, Bad 815
Neustadt an der Weinstraße 816
Neustadt in Holstein 817
Neustadt-Glewe 817
Neustrelitz 817
Neutraubling 818
Neuwied 818
Neuzelle 819
Nidderau 819
Nideggen 819
Niebüll 820
Niederhausen 820
Niederhorbach 820
Niederkassel 820
Niederkrüchten 821
Niedernberg 821
Niederweis 822
Niederwinkling 822
Niemegk 822
Nienstädt 823
Nierstein 823
Nittel 823
Nittenau 824
Nohfelden 824
Nonnenhorn 824
Nonnweiler 826
Norden 826
Nordenham 827
Norderney (Insel) 827
Norderstedt 829
Nordhausen 830
Nordheim 830
Nordhorn 831
Nordkirchen 831
Nördlingen 832
Nörten-Hardenberg 832
Northeim 833
Notzingen 833
Nürburg 833
Nürnberg 834
Nürtingen 845
Nuthetal 846

O

Oberammergau 846
Oberaudorf 846
Oberaula 847
Oberboihingen 847
Oberhaching 847
Oberhausen 848
Oberheimbach 848
Oberhof 849
Oberkirch 849
Oberkochen 850
Obermaiselstein 850
Oberotterbach 850
Oberried 851
Oberstaufen 851
Oberstdorf 854
Oberthal 858
Oberthulba 859
Obertshausen 859
Oberursel 859
Oberwesel 860
Oberwiesenthal, Kurort 860
Oberwolfach 860
Obing 860
Ochsenfurt 861
Ockfen 861
Odelzhausen 861
Odenthal 861
Oebisfelde-Weferlingen 862
Oestrich-Winkel 863
Oeversee 863
Offenburg 863
Ofterschwang 864
Ohmden 865
Öhningen 865
Öhringen 865
Olbernhau 866
Olching 866
Oldenburg 866
Olpe 869
Olsberg 869
Oppenau 870
Oppenheim 870
Oppenweiler 871
Orb, Bad 871
Ortenburg 871
Osnabrück 871
Ostrach 873
Östringen 874
Ötisheim 874
Otterndorf 874
Ottobeuren 875
Oy-Mittelberg 875
Oybin, Kurort 876

P

Paderborn 876
Palling 877
Panker 878
Papenburg 878
Pappenheim 879
Parsberg 879
Pasewalk 879
Passade 880
Passau 880
Peine 881
Pellworm (Insel) 881
Penzberg 881
Perasdorf 882
Perl 882
Petershagen/Eggersdorf 883
Peterstal-Griesbach, Bad 883
Pfaffenhofen a.d.Ilm 884
Pfalzgrafenweiler 885
Pfinztal 885
Pfofeld 886
Pforzheim 886
Pfronten 887
Piding 888
Piesport 888
Pilsach 889
Pinneberg 889
Pirk 890
Pirmasens 891
Pirna 891
Planegg 892
Plau am See 892
Pleiskirchen 893
Pleisweiler-Oberhofen 893
Pliezhausen 893
Plochingen 894
Plön 894
Poppenhausen 894
Pößneck 895
Potsdam 895
Pottenstein 897
Prerow, Ostseebad 897
Presseck 898
Prichsenstadt 898
Prien 898
Pritzwalk 899
Pronstorf 899
Pulheim 900
Pullach 900
Pünderich 900
Pyrmont, Bad 901

Q

Quedlinburg 901

R

Radebeul 902
Radeburg 902
Radolfzell am Bodensee 903
Raesfeld 903
Rahden 903
Rain 904
Rammingen 904
Ramsau 904
Randersacker 905
Rastatt 905
Rathenow 905
Ratingen 906
Ratshausen 906
Rattenberg 906
Ratzeburg 907
Rauenberg 907
Rauhenebrach 907
Ravensburg 908
Recklinghausen 909
Rees 909
Regensburg 910
Rehlingen-Siersburg 914
Reichelsheim 914
Reichenau 914
Reichenhall, Bad 914
Reichenow-Möglin 915
Reichshof 915
Reil 915
Reinbek 916
Reinfeld 916
Reinsbüttel 917
Reit im Winkl 917
Remagen 917
Remchingen 918
Remscheid 918